བྱང་ངོས་སྤྲུལ་པ་སྣེ་ཡི་ལྷ་ཁང་དུ། །གནས་ལྔ་རིག་པའི་མཐར་སོན་འཛམ་པའི་དབྱངས། །
རིགས་ལྡན་རྒྱལ་བ་འཛོམས་པའི་དཔལ་པོ་ཆེ། །ས་སྐྱ་པཎ་ཆེན་ཞབས་ལ་གསོལ་བ་འདེབས། །

ཚར་ཆེན་བློ་གསལ་རྒྱ་མཚོས།

དཔལ་ཡུལ་ཆོས་མཛོད། ༡༠

༄༅། །དཔལ་ཡུལ་སྐུའི་སྡོམ་གསུམ་ཕྱོགས་བསྒྲིགས་བཞུགས་སོ། །

པོད་བརྒྱད་པ།

དགོན་སློབ་དག་དབང་ལེགས་གྲུབ་སོགས་ཀྱིས་མཛད།

སི་ཁྲོན་བོད་ཡིག་དཔེ་རྙིང་བསྡུ་སྒྲིག་ཁང་གིས་བསྒྲིགས།

རྒྱལ་ཁབ་དཔེ་མཛོད་དཔེ་སྐྲུན་ཁང་།

དཀར་ཆག

༄༅། །ཡོངས་རྫོགས་བསྟན་པའི་ཉམས་ལེན་སྡོམ་པ་གསུམ་ གདན་ལ་འབེབས་པ་འཇམ་དབྱངས་བླ་མའི་ དགོངས་རྒྱན་བཞུགས་སོ། །

དཔོན་སློབ་ངག་དབང་ལེགས་གྲུབ།

ཨོཾ་སྭ་སྟི་བི་ཛ་ཡནྟུ། སྲིད་ལས་ངེས་པ་འབྱུང་བའི་ཚུལ་ཁྲིམས་དང་། །དམན་སེམས་མཆོག་གི་བློར་བསྒྱུར་སེམས་བསྐྱེད་དང་། །ཆོས་ཀུན་ལྷ་དང་ཡེ་ཤེས་སུ་སྡོམ་པ། །རིམ་བཞིན་ཕོག་མཛད་དྲིན་ཅན་བླ་མ་རྒྱལ། །བསྐལ་མང་འདས་པའི་སྔོན་ནས་བྱང་ཆུབ་ཀྱང་། །སྙིགས་མའི་འགྲོ་ལ་བརྩེ་བའི་གཡར་དམ་གྱིས། །བརྩེ་གཉིས་མཛད་པའི་བློས་གར་བསྒྱུར་མཁས་པའི། །བསྐལ་བཟང་རྣམ་འདྲེན་བཞི་པར་གུས་ཕྱག་འཚལ། །སྐྱེ་འཛམ་མིག་གི་དཔལ་གྱུར་གཞོན་ནུའི་ཚུལ། །གསུང་འཇམ་རྣ་བའི་བདུད་རྩི་ཚངས་པའི་དབྱངས། །ཐུགས་འཇམ་འདྲེན་པའི་ཡེ་ཤེས་རྡོ་རྗེ་དངོས། །ཕྲིན་ལས་རྒྱུན་ཆགས་བརྟན་པའི་འཁོར་ལོས་སྐྱོངས། །ཐེག་པ་ཀུན་གྱི་དགོངས་པ་འགལ་མེད་དུ། །གཟིགས་ཀྱང་གནང་བཀག་བསླབ་མཚམས་མ་འདྲེས་པར། །འདོམས་མཁས་སྡོམ་གསུམ་བརྒྱུད་པའི་ཕྲེང་བ་ཡི། །རྣམ་ཐར་བསམ་གྱིན་དད་པའི་ལུས་སྐྱེས་གཡོ། །ཁྱད་པར་ཆོས་དང་ཆོས་མིན་འབྱེད་པའི་སྤྱན། །དཀྱུས་སུ་རིང་བ་འཇམ་དབྱངས་བླ་མའི་ཞབས། །གང་དེའི་བཞེད་གཞུང་གཞན་དྲིང་མི་འཇོག་པར། །སྨྲ་བའི་སེང་གེ་གོ་རམ་ཆེན་པོ་རྒྱལ། །ཐུབ་བསྟན་ཡོངས་སུ་རྫོགས་པའི་ཉམས་ལེན་གཞུང་། །སྤྱི་དོན་རགས་པ་མ་དྲིས་ཆུ་གཏེར་ལས། །སྐབས་དོན་ཞིབ་རྒྱས་ཆུ་བོ་བཞི་ཡི་རྒྱུན། །བསྐལ་བཟང་བློ་ཡིས་ལྟད་མོ་འབེབ་ཀྱིས་ལྟོས། །

འགྲོ་སེམས་ཀུན་གཞིའམ་དྲི་བཅས་དེ་བཞིན་ཉིད། །ལམ་གྱིས་སྦྱངས་པས་འབྲས་བུ་རྫོགས་སངས་རྒྱས། །མངོན་དུ་འགྱུར་རུང་གསུམ་པོ་རྒྱུན་ཆགས་པ། །གཞི་འབྲས་དབྱེར་མེད་ལྡོག་ཚུལ་ཐ་དད་དོ། །རྒྱལ་བས་ཇི་སྙེད་འགྲོ་བའི་ཁམས་བཞིན་དུ། །དེ་སྙེད་ཐེག་པ་སྣ་ཚོགས་གསུངས་པ་ཀུན། །དེ་བཞིན་ཉིད་ལ་འབབ་ཅིང་གཞོལ་བས་ན། །སྲིད་ལམ་འཁྱུན་པས་དུབ་རྣམས་དབུགས་དབྱུང་སླད། །གནས་སྐབས་མྱང་འདས་ལམ་གྱི་ངལ་སྡེགས་སུ། །བཤད་ཀྱི་རིགས་ཅན་གསུམ་ཀ་མཐར་ཐུག་གི །མྱ་ངན་འདས་ལ་མཚམས་སྦྱོར་བགྲོད་

གཅིག་ལམ། །བླ་མེད་རྡོ་རྗེ་ཐེག་པ་ལས་གཞན་ཅི། དེས་བསྒྲུབ་འབྲས་བུ་སྲིད་ལས་རྣམ་གྲོལ་ཡང་། །ཞི་བར་མི་གནས་ཡེ་ཤེས་སྐུ་མའི་གར། །ཀུན་མཁྱེན་རྡོ་རྗེ་འཆང་བ་ཁོ་ནའོ། །དེས་ན་ཐེག་པ་དྲང་ངེས་ཀྱིས་བསྡུས་པའི། །ཉམས་ལེན་སོ་སོའི་མི་མཐུན་ཕྱོགས་སྤོང་བས། །སྡོམ་པའི་དོན་དུ་འགྱུར་ཕྱིར་ལམ་ཐམས་ཅད། །སྡོམ་པར་འདུས་པ་བཤད་བྱའི་ལུས་ཉིད་དོ། །འཆད་བྱེད་སྡོམ་པའི་དབྱེ་བསྡུ་རང་ལུགས་བཟུང་། །མིང་དོན་འཇོག་བྱེད་མཐའ་དཔྱོད་དང་བཅས་པ། །རྣ་ལྡུས་ངེས་བྱ་གསུམ་དུ་དབྱེ་བ་ནི། །མདོན་པ་གོང་འོག་མཐུན་པར་སོ་ཐར་དང་། །བསམ་གཏན་ཟག་མེད་སྡོམ་པ་ལ་འཇོག་སྟེ། །བྱང་ཆུབ་གསུམ་པོ་སྒྲུབ་ལ་རང་རང་གི།སྤང་བྱ་ཟག་མེད་ཤེས་རབ་ཀྱིས་སྤོང་ཞིང་། །དེ་ཉིད་ཧིང་འཛིན་ལ་བརྟེན་དེ་ཡང་ནི། །ཚུལ་ཁྲིམས་ལ་བརྟེན་བསླབ་པ་གསུམ་དང་གཅིག །

ཉན་ཐོས་བསླབ་ཚིག་གསུམ་ལ་འཇོག་པ་དང་། །སོ་ཐར་མདོ་བཞིན་ལུས་ངག་ཡིད་གསུམ་གྱི། །སྡོམ་པར་འཇོག་མོད་ཡིད་སྡོམ་མཚན་ཉིད་པར། །མདོ་སྡེ་པས་བཞེད་བྱེ་སྨྲས་བཏགས་པར་འདོད། །དཀོན་བརྩེགས་གཙོར་གྱུར་ཐེག་ཆེན་མདོ་སྡེ་ལས། །ཉེས་སྤྱོད་སྡོམ་སོགས་ཚུལ་ཁྲིམས་གསུམ་ལ་འཇོག །

ཁ་སྦྱོར་རྒྱུད་བཞིན་སེམས་བསྐྱེད་བསྐྱེད་རྫོགས་ཀྱི། །སྡོམ་པ་གསུམ་དང་སྐུ་གསུང་ཐུགས་ཀྱི་ནི། །དམ་ཚིག་གསུམ་ལ་འཇོག་པའང་ཊཱི་ཀར་གསལ། །གྲུབ་ཆེན་སྨན་པའི་ཞབས་ཀྱིས་སྒོ་གསུམ་ལས། །བླང་དོར་མེད་པར་སྤྱོད་ལ་སྡོམ་གསུམ་དུ། །འཇོག་པ་བཏྟན་པ་ཐོབ་པ་ཉིད་ལ་དགོངས། །རྡོ་རྗེ་རྩེ་མོར་སོ་ཐར་བྱང་ཆུབ་སེམས། །རིག་འཛིན་སྔགས་ཀྱི་སྡོམ་པ་གསུམ་ལ་བཞེད། །གཉིས་སུ་འཇོག་པ་སློབ་དཔོན་སྨན་ཞབས་ཀྱིས། །རིག་པའི་དབང་ལྔ་མན་ཆད་ལས་ཐོབ་པར། །ཐུན་མོང་སྡོམ་པ་ཙམ་དང་སློབ་དཔོན་གྱི། །དབང་ལས་ཐོབ་པ་ཐུན་མོང་མིན་པར་བཞེད། །སྡོམ་འབྱུང་དང་ནི་འདུས་པའི་རྒྱུད་ཕྱི་མ། །བསྐྱེད་རྫོགས་གཉིས་པོ་སྡོམ་པའི་མིང་གིས་བསྟན། །ཕྱི་ནང་སྡོམ་པ་གཉིས་སུའང་གོང་མས་བཤད། །གཅིག་ཏུ་འདུ་བ་ཉི་མའི་ཟེར་གྱི་དཔེས། །ཤེར་ཕྱིན་བསླབ་པར་བསླབ་ཀུན་འདུ་བ་དང་། །སྡོམ་པའི་ཐ་སྙད་བཅས་ཏེ་སྨྲ་པར་གསུངས། །

འདིར་བསྟན་རྣམ་གཞག་བསྟན་པ་སྤྱི་ལུགས་སམ། །གཙོ་བོར་གསང་ཆེན་ཐུན་མོང་མ་ཡིན་པའི། །བསྟན་པའི་ཉམས་ལེན་དབང་གི་ཡན་ལག་ཏུ། །ཉན་ཐོས་འདུལ་བའི་གཞུང་དང་ཐུན་མོང་བའི། །བྱང་སེམས་སོ་ཐར་བསྟན་པའི་ཉམས་ལེན་དང་། །ཕར་ཕྱིན་སྡེ་སྣོད་རྣམས་དང་ཐུན་མོང་བའི། །བསྟན་པའི་ཉམས་ལེན་འཛིན་ཅིང་སྔགས་ཀྱི་སྡོམ། །རྒྱུན་ལྡན་ལ་བཞེད་རྒྱུད་ཀྱི་དགོངས་པ་སྟེ། །ཉན་ཐོས་སྡེ་སྣོད་རྣམས་སུ་གོང་མ་གཉིས། །ཟུར་ཙམ་མ་བསྟན་ཕར་ཕྱིན་ཐེག་པར་ཡང་། །སྔགས་ཀྱི་སྡོམ་པའི་རྣམ་གཞག་མེད་ཕྱིར་རོ། །རྒྱུ

མཚན་ཉན་ཐོས་པ་རྣམས་མྱང་འདས་གསུམ། །གང་རུང་ལ་དམིགས་སོ་ཐར་ཁྲིམས་སྲུང་སྟེ། །ཞི་ལྷག་བསྒོམ་པས་དེ་དག་ཐོབ་པར་འདོད། །ཕར་ཕྱིན་ཐེག་པ་བྱང་ཆུབ་སྒྲུབ་བྱེད་ཀྱི། །གཙོ་བོ་བྱང་སྡོམ་ཡིན་ཀྱང་གནས་པའི་གཞིར། །བྱང་སེམས་སོ་ཐར་ཅིས་ཀྱང་དགོས་པ་བཞེད། །གསང་སྔགས་པ་རྣམས་སྡོམ་པ་འོག་མ་གཉིས། །རྟེན་དུ་བཞེད་མོད་སོ་སོའི་ཆོག་ལས། །རིམ་གྱིས་ཐོབ་དང་དབང་གི་ཆོག་ལས། །གཅིག་ཆར་ཐོབ་པ་གཉིས་ཀྱི་ཕྱི་མ་དེའི། །སྐྱབས་འགྲོ་ལས་རྙེད་སོ་ཐར་སྡོམ་པ་དེ། །ཡོངས་རྫོགས་དགེ་བསྙེན་དང་མཉམ་ཐེག་ཆེན་གྱི། །སོ་ཐར་དུ་བཞེད་སྡོམ་པ་བསྒྲགས་དང་མཐུན། །འོན་ཀྱང་སྔགས་ཀྱི་རྟེན་དུ་དགེ་སློང་མཆོག །དགེ་ཚུལ་འབྲིང་ཡིན་སར་གནས་མ་གཏོགས་པའི། ཁྲིམ་པ་ཐ་མར་གསུངས་ཤིང་བྱང་སྡོམ་གྱི། །རྟེན་དུའང་དགེ་སློང་མཆོག་ཉིད་ཡིན་པར་བཤད། །མིང་དོན་སྤྱི་ཙམ་རང་གི་ངོས་སྐལ་གྱི། །སྤོང་བྱ་སྤོང་བས་སྡོམ་པ་ཞེས་བྱ་ཞིང་། །སྤང་བྱ་མཐའ་དག་སྤོང་བས་མ་ཁྱབ་སྟེ། །སྣ་གཅིག་སྤྱོད་པའི་དགེ་བསྙེན་སོགས་ཀྱིས་སོ། །འཇོག་བྱེད་སྤང་བྱ་སྤོང་བའི་ལྡོག་པ་ནས། །འཇིག་ཚོ་ལུས་དང་ངག་གི་རང་བཞིན་གྱི། །མི་དགེ་གཙོ་བོར་སྡོམ་པས་སོ་ཐར་དང་། །སེམས་ཀྱི་ཁ་ན་མ་ཐོ་གཙོར་སྡོམ་པར། །བྱང་སྡོམ་འདོག་ཅིང་ཐབས་མཁས་ཁྱད་པར་གྱིས། །མཚན་རྟོག་སྤོང་བས་སྔགས་ཀྱི་སྡོམ་པར་འཇོག །ཤེས་བྱེད་སོ་ཐར་མདོ་དང་སྤྱོད་འཇུག་དང་། །ཁ་སྦྱོར་རྒྱུད་ཀྱི་ལུང་གིས་ཚད་མས་གྲུབ། །སོ་སོའི་ངོ་བོའི་ལྡོག་པ་ནས་བཞག་ན། །གཞན་གནོད་གཞིར་བཅས་སྤོང་བས་སོ་ཐར་དང་། །གཞན་ལ་ཕན་འདོག་ཞུགས་པས་བྱང་སྡོམ་དང་། །དེ་ཀུན་ལྷ་དང་ཡེ་ཤེས་རྣམ་རོལ་དུ། །བྱིན་གྱིས་བརླབས་ནས་སྤྱོད་པ་སྔགས་སྡོམ་འཇོག །དོན་འདི་རྗེ་བཙུན་གྲགས་པས་འཁྲུལ་སྤོང་དུ། །ལེགས་པར་གདན་ལ་ཕབ་པའང་ཡིད་ཆེས་གནས། །དེ་ཕྱིར་སྔགས་ཀྱི་སྡོམ་པ་ཡིན་ཕྱིན་ཆད། །བྱང་སྡོམ་ཡིན་པས་ཁྱབ་ཅིང་དེ་ཡིན་ན། །སོར་སྡོམ་ཡིན་པས་ཁྱབ་སྟེ་རྒྱུ་མཚན་ཀྱང་། །དེ་དེར་ཁྱབ་བྱེད་མཚན་ཉིད་ཚང་ཕྱིར་རོ། ། མདོར་ན་སྔགས་སྡོམ་བྱང་སྡོམ་བྱེ་བྲག་ཏུ། །གྲུབ་ཅིང་ཕན་གནོད་སེམས་གཉིས་དུས་གཅིག་ཏུ། །འཇུག་མིན་བྱང་སྡོམ་ཉིད་ལའང་སོ་ཐར་ཚང་། །སྡོམ་པ་གོང་མ་ གཉིས་ལ་སོ་ཐར་གྱིས། ཁྱབ་པའི་ཚུལ་འདི་བཅུ་ཆེན་ཡབ་སྲས་ཀྱི། །དགོངས་པའི་གཏེར་མཛོད་གོ་རམ་མཁྱེན་པས་བརྟོལ། །སྔགས་ལའང་འོག་མ་སྔོན་འགྲོ་སྔ་གོན་གྱི༑ ཁྱད་དོན་ཞུ་དང་སྦྱོ་བ་བསྐྱེད་པ་དང་། །དངོས་གཞིའི་སྡོམ་པ་བསྒྲགས་པའི་ཚིག་གིས་ཟིན། །ཁྱད་པར་རྒྱུན་བཤགས་བྱས་པས་འོག་མ་གཉིས། །དངོས་དང་ཤུགས་ལས་འཛིན་པར་ཤེས་བྱ་ཞིང་། །ཉམས་ལེན་ཐུན་རེའི་ཐོག་མར་སྡོམ་གསུམ་གྱི། །ཉེས་པ་གསོ་ཤིང་གོང་དུ་སྤེལ་བའི་ཕྱིར། །སྔོན་འགྲོ་གསུམ་སོགས་བྱེད་པས་འཐད་པར་གྲུབ། །

མདོར་ན་རྒྱལ་བའི་བསྟན་པའི་ཉམས་ལེན་ཀུན། །སྡོམ་པ་གསུམ་དུ་འདུས་ཤིང་དེ་ཉིད་ཀྱི། །ངོས་འཛིན་སྙིང་པོ་གོང་དུ་སྨོས་ཟིན་པའི། །རྒྱ་མོའི་ལུང་དེ་ཐེག་ཆེན་སོ་ཐར་ལ། །དགོངས་ཞེས་རྗེ་བཙུན་གསུངས་ལ་རབ་དབྱེ་ཡི། །དགོངས་པ་ཆ་གཉིས་ཞིབ་མོའི་བློ་ཡིས་དབྱེ། །ཞེས་ཡོངས་རྫོགས་བསྟན་པའི་ཉམས་ལེན་སྡོམ་པ་གསུམ་གདན་ལ་འབེབ་པ་འཇམ་དབྱངས་བླ་མའི་དགོངས་རྒྱན་ལས་སྤྱི་དོན་རགས་པའི་ལེའུ་སྟེ་དང་པོའོ།། །།

སྐབས་དོན་གདན་ལ་དབབ་པར་ཐ་དད་དང་། །བསྡུས་ཏེ་འཆད་དོ་དང་པོར་རེ་རེ་ནས། །ངོ་བོ་ངོས་བཟུང་དང་པོར་བླང་བའི་ཐབས། །བར་དུ་སྲུང་ཚུལ་ཉམས་པ་ཕྱིར་བཅོས་བཅས། །བཞི་བཞིས་རྫོགས་པར་བྱ་ཞིང་ངོས་འཛིན་ལ། །མཚན་གཞི་མཚན་ཉིད་ནང་གསེས་དབྱེ་བའོ། །ཐོག་མར་སོ་ཐར་སྡོམ་པའི་མཚན་གཞི་ནི། །མཐོ་དམན་བར་མ་གང་དུ་སྐྱེས་གྱུར་ཏམ། །གང་དུ་གནས་སམ་སུ་དང་འགྲོགས་ཀྱང་རུང་། །ཅི་ལ་ལོངས་སུ་སྤྱོད་པ་ཐམས་ཅད་ཀྱང་། །མི་ཡི་རང་བཞིན་ཚ་བ་ཡིན་པ་ལྟར། །སྡུག་བསྔལ་གསུམ་གྱི་རྒྱུ་དང་རང་བཞིན་ཅན། །ངན་སྐྱུགས་དག་ལས་སྤྱོས་བཞིན་བདེ་བ་ཡི། །འབྱུང་ཁུངས་མིན་པར་རྟོགས་པའི་སྐྱོ་ཤས་ཀྱིས། །འཁོར་བ་སྤོང་འདོད་གཙམ་བུ་མིན་པའི་བློས། །ཡོངས་སུ་ཟིན་པ་ངེས་འབྱུང་ཚུལ་ཁྲིམས་སོ། །ངེས་པར་འབྱུང་བ་ཞེས་བྱ་སྨྲང་འདས་ཏེ། །བསམ་པ་དེ་ཡིས་མ་བཟུང་རིགས་བརྒྱད་ཀྱི། །འཇིགས་སྐྱོབ་ལེགས་སྨོན་སོ་སོར་ཐར་པ་མིན། །དེ་ཕྱིར་ངེས་པར་འབྱུང་བས་ཀུན་བསླངས་ཏེ། །གཞན་གནོད་གཞིར་བཅས་སྤོང་བའི་སེམས་པ་དང་། །སེམས་པ་དེ་དང་མཚུངས་ལྡན་བཅས་པ་ནི། །སོ་ཐར་སྡོམ་པའི་མཚན་ཉིད་མིང་གཞན་ཡང་། །ངེས་འབྱུང་བསམ་པས་ཟིན་པའི་སྡོམ་པ་དང་། །ཐར་པའི་ལམ་དུ་འགྱུར་བའི་སྡོམ་པ་དང་། །ངེས་པར་འབྱུང་བའི་ཚུལ་ཁྲིམས་ཞེས་ཀྱང་བྱ། །ཐར་པའི་ལམ་དུ་ཞུགས་པའི་གང་ཟག་གི།རྒྱུད་ཀྱི་སྡོམ་པ་ཞེས་བྱ་རྣམ་གྲངས་སོ། །

དབྱེ་བ་རྟེན་རྫས་ཀུན་སློང་སྒོ་ནས་ཏེ། །རྟེན་གྱིས་ཕྱེ་བ་དགེ་སློང་ཕ་མ་གཉིས། །དེ་བཞིན་དགེ་ཚུལ་གཉིས་དང་དགེ་སློབ་མ། །དགེ་བསྙེན་གཉིས་དང་བསྙེན་གནས་སྡོམ་པས་བརྒྱད། །བདུན་པོ་ཇི་སྲིད་འཚོ་བའི་མཐའ་ཅན་དང་། །ཕྱི་མ་ཉིན་ཞག་རེ་ཡི་མཐའ་ཅན་ནོ། །རྫས་སམ་ངོ་བོས་དབྱེ་ན་དགེ་སློང་དང་། །དགེ་ཚུལ་དགེ་བསྙེན་བསྙེན་གནས་དག་དང་བཞི། །ཀུན་སློང་རང་ཉིད་ཞི་བདེ་དོན་གཉེར་བློས། །ཚུལ་འདིར་ཞུགས་པ་ཐེག་དམན་སོ་ཐར་དང་། །གཞན་ཕྱིར་རྫོགས་པའི་བྱང་ཆུབ་ལ་དམིགས་ཏེ། །ཞུགས་པ་ཐེག་ཆེན་སོ་སོར་ཐར་པར་བཞེད། །

མ་ཐོབ་སྡོམ་པ་ཐོབ་པར་བྱེད་པ་ལ། །ལེན་པའི་ཆོ་ག་སྐྱེ་ཚུལ་ཐོབ་མཚམས་བཅས། །སྔོན་ཆོག་རང

བྱུང་གིས་ནི་བསྙེན་རྫོགས་དང་། །ཡེ་ཤེས་ཁོང་རྒྱུད་འཕྲིན་གྱིས་རྫོགས་པ་དང་། །སྟོན་པ་ཁས་བླངས་ཚུར་ཤོག་གསོལ་བཞི་དང་། །དྲིས་པའི་ལན་ལྡོན་ལྷི་ཆོས་སྐྱབས་ཁས་བླང་། །གདུལ་བྱ་དག་དང་འཕགས་པའི་སྤྱོད་ཡུལ་ལོ། །ད་ལྟའི་ཆོ་ག་ཀུན་གྱིས་སྒྲུབ་རུང་བ། །དུས་ཁྲིམས་བསྙེན་གནས་བླང་བའི་ཆོ་ག་ལ། །བྱེ་བྲག་སྨྲ་བས་གླིང་གསུམ་སྐྱེས་པ་དང་། །བུད་མེད་ལས་གཞན་འགྲོ་ལ་སྐྱེ་བ་བཀག །དུད་འགྲོ་སོགས་ལ་སྐྱེ་བར་མདོ་སྡེ་པས། །བཞེད་ཅིང་ལེན་པའི་ཡུལ་ཡང་དགེ་སློང་དང་། །དགེ་བསྙེན་ཡན་ལས་ལེན་རུང་རིམ་བཞིན་འདོད། །ཉིན་ཞག་མཐའ་ཅན་བཞེད་པ་མཐུན་ན་ཡང་། །དམིགས་བསལ་སྐབས་གཅིག་བླངས་པ་བླ་རེ་ཡི། །དུས་གསུམ་དེ་དེར་གསར་དུ་བླངས་དགོས་ཀྱང་། །ཟས་ཟོས་རྗེས་སུ་སྐྱེ་བ་མདོ་པའི་ལུགས། །ཐེག་ཆེན་རྟེན་གྱི་དྲུང་ནས་ལེན་རུང་འདོད། །ཡུལ་ལས་དམའ་བར་འདུག་སྟེ་དེའི་རྗེས་སུ། །བཟླ་བ་ལན་གསུམ་ཚོ་གའི་དངོས་གཞིའོ། །གནས་ཁྲིམས་ཚིགས་ཀྱིས་བསྡུས་པ་སྔ་ཕྱི་གཉིས། །སྔ་མ་དགེ་བསྙེན་དང་ནི་དགེ་ཚུལ་ལོ། །དགེ་བསྙེན་ཡོངས་སུ་རྫོགས་དང་ཉེ་ཚེ་བ། །རིགས་བརྒྱད་ཡ་གྱལ་ཡོངས་རྫོགས་ཁོ་ནའོ། །སྡོམ་པ་བརྒྱད་པར་ལེན་ཡུལ་དགེ་བསྙེན་གྱིས། །ཚིག་པར་བཤད་མོད་ཐམས་ཅད་ཡོད་སྨྲ་བ། །དགེ་སློང་དགོས་པར་བཞེད་ཅིང་མདོ་རྩ་ལྟར། །སྐྱབས་འགྲོས་རྫོམ་བྱེད་དགེ་བསྙེན་དུ་ཁས་བླངས། །བསླབ་བརྗོད་རྣམས་ཏེ་དེ་ཉིད་ཁ་སྐོང་པས། །ཉི་ཚེ་བ་སོགས་འགྱུར་ཅིང་རབ་བྱུང་ལ། །དྲི་དང་དགེ་བསྙེན་སྔོན་སོང་རྟེན་ཅན་ཉིད། །བར་མ་རབ་བྱུང་སྦྱོར་བའི་ཆོ་ག་དང་། །སྐྱབས་འགྲོས་རྫོམ་བྱེད་དགེ་ཚུལ་དུ་ཁས་བླང་། །དུས་གོ་བསླབ་པ་བརྗོད་རྣམས་དངོས་དང་རྗེས། །

ཞུ་ཡུལ་དགེ་འདུན་དགོས་ཀྱང་བླང་བའི་ཡུལ། །གང་ཟག་ལས་སྐྱེ་ངེས་པ་ལྟ་བྲལ་བ། །ཆ་འདྲ་དགོས་སོ་དཀོན་མཆོག་སློབ་དཔོན་སོགས། །མངོན་གྱུར་བཅུ་ཚང་ངེས་པ་ལྟ་དང་བྲལ། །སྦྱོར་དངོས་རྗེས་ཀྱི་ལག་ལེན་རྣམ་དག་པས། །ཀརྨ་ཤ་ཏམ་སྡོམ་གྱི་ཚིགས་བཅད་ལྟར། །དགེ་ཚུལ་བསྙེན་པར་རྫོགས་པ་སངས་རྒྱས་ཀྱི། །བསྟན་པའི་རྩ་བ་ལུང་རྟོགས་ཆོས་ཀུན་གྱི། །སྣོད་ཡིན་ཕྱིར་ན་རྩིང་སྤྱོད་སྤྱོང་བར་གཅེས། །ཐེག་ཆེན་སོ་ཐར་སྡོན་ཆོག་དཀོན་བརྩེགས་ལས། །བྱམས་པ་འཇམ་དབྱངས་སོགས་ཀྱིས་འགྲོ་མང་པོ། །བསྙེན་པར་རྫོགས་པར་མཛད་ཅེས་གསུངས་པ་དང་། །ད་ཆོག་གནད་ལ་དབབ་པ་བསྡུ་བ་ནས། །དགེ་བསྙེན་དགེ་ཚུལ་རང་གིས་ལེན་པ་ཡི། །ཆོག་འབྱུང་མོད་དེ་ཡི་ལག་ལེན་ནུབ། །དེང་སང་སྒྲུབ་རུང་ཆོག་ཐུན་མོང་དང་། །ཐུན་མོང་མིན་པ་ལས་ཐོབ་རྣམ་པ་གཉིས། །དམན་སེམས་རྒྱུད་གཅིག་སྡོམ་པ་གོང་མ་དག །སྐྱེ་དང་གནས་པའི་རྟེན་དུ་མི་རུང་བས། །བསམ་པ་ཐེག་ཆེན་སེམས་བསྐྱེད་ཀྱིས་ཟིན་པས། །ཆོ་ག་ཉན་ཐོས་ལུགས་བཞིན་བླངས་གྱུར་ན༑ ༑ཀུན་སློང་ཆོ་ག་སོ་སོའི་སྟོབས་ཀྱིས་ནི། །བྱང་སེམས་སོ་སོ་ཐར་པའི་ངོ་བོར་སྐྱེ། །ལུགས་འདི་དགོས་པ

གཞན་དང་བཅས་པའི་ཕྱིར། །འཇམ་དབྱངས་བླ་མ་བརྒྱུད་པར་བཅས་རྣམས་དང་། །མཆིམས་དང་བུ་སྟོན་ཆེ་སོགས་འདུལ་འཛིན་པ། །ཞལ་ཆེར་བཞེད་ཕྱིར་ལག་ལེན་སྙིང་པོར་བྲངས། །དོན་ཞུགས་ནས་གསུངས་གསོ་སྦྱོང་ཡན་ལག་བརྒྱད། །རང་གིས་ལེན་དང་སེམས་བསྐྱེད་དབང་བསྒྱུར་གྱི། །སྐྱབས་འགྲོ་ལས་ཐོབ་ད་ལྟའི་ཆོ་གར་འདུ། །བུད་མེད་དགེ་བསྙེན་དགེ་ཚུལ་མར་སྒྲུབ་པར། །བསྒྲུབ་བྱའི་མིང་བསྒྱུར་དྲི་ཚིག་ལྷག་པོར་བཅས། །དེ་རྗེས་ཁྲིམས་སོ་མ་བཟུང་བཅོ་བརྒྱད་དང་། །བཟུང་ན་ལོ་བཅུ་ལོན་པའི་རྟེན་ཅན་དེ། །ཡུལ་ཁམས་དབུས་མཐའི་ཁྱད་ཀྱིས་དགེ་སློང་མ། །བཅུ་གཉིས་ཚོགས་སམ་དྲུག་ཚོགས་གང་རུང་གིས། །གསོལ་དང་ལས་གཉིས་དགེ་སློབ་སྡོམ་པ་སྦྱིན། །སྔར་བཞིན་ཁྲིམས་སོ་བཟུང་དང་མ་བཟུང་བའི། །དབྱེ་བས་བཅུ་གཉིས་ཉི་ཤུ་ལོན་པ་ལ། །མ་ཚོགས་མཁན་མོ་བཅས་པས་རྟགས་བྱིན་ཏེ། །དྲི་སོགས་སྔོན་འགྲོས་ཚངས་སྤྱོད་ཉེར་གནས་ཀྱི། །སྡོམ་པ་བྱིན་ལ་དགེ་སློང་ཕ་ཚོགས་དང་། །བཅས་ཏེ་བསྙེན་པར་རྫོགས་པ་ཡིན་མོད་ཀྱང་། །ལྗོངས་འདིར་མ་ཚོགས་མེད་ཕྱིར་ཚིགས་ཕྱི་མ། །སྒྲུབ་པའི་ལག་ལེན་སྔོན་གྱི་དུས་ནས་མེད། །སྐྱེ་ཚུལ་དགེ་སློང་སྡོམ་པ་རྒྱ་གསུམ་གྱིས། །རྣམ་པར་རིག་བྱེད་ཡིན་དང་མིན་གཉིས་ཀྱིས། །བསྡུས་པ་གཟུགས་རྫས་བདུན་གྱི་ངོ་བོ་རུ། །སྐྱེ་བར་བྱེ་བྲག་སྨྲ་བས་བཞེད་ཅིང་དེ། །གང་ཟག་ཐོབ་པ་ཐག་པ་ལྟ་བུ་ཡིས། །སྒྲིལ་བའམ་འཆལ་ཚུལ་འབབ་པའི་རྒྱུན་སྡོམ་ཞིང་། །འགོག་པར་བྱེད་པའི་ཆུ་ལོན་ལྟ་བུར་གསུངས། །ངེས་འབྱུང་བསམ་པས་ཉེ་བར་ལེན་པའི་རྒྱུ། །མངོན་གྱུར་བཅུ་པོས་ལྡན་ཅིག་བྱེད་པའི་རྐྱེན། །བྱས་ཏེ་ཤེས་པའི་ངོ་བོར་སྐྱེ་བ་ནི། །མདོ་སྡེ་པ་ཡན་གྲུབ་མཐའ་གོང་མའི་ལུགས། །འདི་ལ་སོར་སྡོམ་རྒྱུད་ལྡན་སེམས་པ་དེ། །སྡོམ་པར་སོང་ན་དེ་དང་མཚུངས་ལྡན་གྱི། །སེམས་དང་སེམས་བྱུང་ཀུན་ཀྱང་སྡོམ་པར་འགྲོ། །ཡ་གྱལ་ཡིན་ཙམ་སྡོམ་པས་མ་ཁྱབ་སྟེ། །ཀུན་གཞིའི་རྣམ་ཤེས་མ་སྒྲིབ་ལུང་མ་བསྟན། །ཡིན་ཕྱིར་དགེ་བའི་ཐ་སྙད་མེད་པར་གསུངས། །ཚུལ་འདི་དག་གིས་རང་རང་སྐབས་བཤད་པའི། །རྒྱུ་རྐྱེན་ལས་བསྐྱེད་བསླབ་ཚིགས་སྔ་མར་བསྒྲུ། །སྤྱིར་ན་གཞན་གནོད་ཞེས་པ་ལུས་ངག་གི །མི་དགེ་བདུན་ནོ་དེ་ཡི་གཞིར་གྱུར་པའི། །ཡིད་ཀྱི་མི་དགེ་གསུམ་དང་བཅས་སྤོང་བས། །རིགས་བདུན་མི་དགེ་བཅུ་སྤོང་སྡོམ་པས་ཁྱབ། །དེ་ཕྱིར་སྤོང་བདུན་འཁོར་དང་བཅས་པ་དང་། །གཞན་གནོད་གཞིར་བཅས་སྤོང་གཉིས་གཅིག་ཏུ་གྲུབ། །ཐོབ་མཚམས་སྔ་མ་གཉིས་ལ་བརྗོད་པ་གསུམ། །ཡོད་པའི་བདག་བརྗོད་རྫོགས་པའི་དགེ་བསྙེན་དུའམ། །དགེ་ཚུལ་དུ་ཞེས་བརྗོད་པ་འགག་མ་ཐག །དེ་དེའི་སྡོམ་པ་སྐྱེ་ཞིང་ཚིགས་ཕྱི་མའི། །ལས་བརྗོད་གསུམ་པར་ངོ་བོ་བྱ་བྱེད་ཀྱི། །དབྱེ་བས་བྱ་བ་བརྗོད་པའི་གསོལ་ན་ཞེས། །རྫོགས་པའི་མཚམས་དེར་སྡོམ་པ་སྐྱེ་བར་བཞེད། །དེ་ལྟའི་སོ་ཐར་སྡོམ་པའི་བརྒྱུད་པ་ལ། །སྟོད་སྨད་གསུམ་ལས་ལུགས་འདི་པཎ་ཆེན་

བརྒྱད། །

ཐོབ་པ་ཇི་བཞིན་བསྲུང་ན་ཕན་ཡོན་དང་། །ལྡན་ཞིང་མ་བསྲུངས་ཉེས་དམིགས་གཞིར་འགྱུར་བར། །མདོ་ལས་གསུངས་ཕྱིར་བརྩོན་དང་དང་བག་ཡོད་པ། །ཤེས་བཞིན་ལྡན་པས་བསླབ་ལས་འདའ་མི་བྱ། །བསླབ་བྱ་སྤྱི་ཙམ་ཐེག་པས་འབྱེད་ན་ཡང་། །བྱེ་བྲག་རྟེན་གྱི་སྒོ་ནས་དབྱེ་དགོས་པས། ཁྱིམ་པའི་ཕྱོགས་ལ་བསྙེན་གནས་དགེ་བསྙེན་གཉིས། །རྩ་བཞི་སྤོང་བ་ཚུལ་ཁྲིམས་ཡན་ལག་དང་། །སྨྱོས་འགྱུར་སྤོང་བ་བག་ཡོད་ཡན་ལག་དང་། །མལ་སྟན་ཆེ་མཐོ་སྙིག་འཆོས་ཕྱི་དྲོའི་ཟས། །སྤོང་རྣམས་བརྟུལ་ཞུགས་ཡན་ལག་དྲིལ་བས་བརྒྱད། །ཞག་རེ་བསྲུང་བ་གསོ་སྦྱོང་ངམ་བསྙེན་གནས། །འདི་དག་ཇི་སྲིད་འཚོ་ཡི་བར་བླངས་ན། །གཏན་ཁྲིམས་འགྱུར་ལ་གོ་མི་དགེ་བསྙེན་འབོད། །ཐེག་ཆེན་མདོ་སྡེ་དཀོན་བརྩེགས་ལས་ཀྱང་གསུངས། །ཇི་སྲིད་འཚོ་བར་གསུམ་ལ་སྐྱབས་སོང་ནས། །དེ་ཡི་བསླབ་བྱར་སྐྱབས་གཞན་མི་འཚོལ་ཞིང་། །སེམས་ཅན་འཚེ་བ་སྤོང་དང་མུ་སྟེགས་ཅན། །གྲོགས་སུ་མི་བསྟེན་གཞན་ཡང་སྐུ་ཡི་རྟེན། །ཆག་དུམ་ཙམ་དང་ཡི་གེ་གཉིས་ལོངས་པ། །ཆོས་གོས་ཚལ་བུ་ཙམ་ལའང་གུས་པར་བསྐྱེད། །སོ་སོའི་བསླབ་བྱ་ཡིན་ཞིང་ཐུན་མོང་དུ། །སྲོག་དང་བྱ་དགའི་ཕྱིར་ཡང་དཀོན་མཆོག་གསུམ། །མི་སྤང་འདོད་དོན་སྒྲུབ་དང་རྐྱེན་སེལ་བར། །དཀོན་མཆོག་མཆོད་དང་གསོལ་བ་གདབ་པ་ལས། །ཐབས་གཞན་མི་རྩོམ་དུས་ཀྱི་མཆོད་མི་བཅག སེམས་ཅན་སྐྱབས་འགྲོ་ལ་འགོད་འགྲོ་བའི་ཚེ༑ །ཕྱོགས་དེའི་རྒྱལ་ལ་ཕྱག་འཚལ་ལྷ་ཡིན་ཞིང་། །བཞི་ཚན་གཉིས་སུའང་དབྱེ་བ་གཞན་དུ་ཤེས། །

སྲོག་གཅོད་ལྔ་བུ་རྩ་བཞིའི་གཅིག་སྤོང་བ། །སྣ་གཅིག་སྤྱོད་དང་གཉིས་སྤོང་སྣ་འགའ་སྤྱོད། །གསུམ་སྤོང་ཕལ་ཆེར་སྤྱོད་དང་རྩ་བ་བཞི། །ཚང་བཅས་སྤོང་བ་ཡོངས་རྫོགས་དགེ་བསྙེན་ཏེ། །སྡོམ་མ་གསུམ་དང་སྐྱབས་གསུམ་འཛིན་པ་ནི། །ཉི་ཚེ་བ་སྟེ་རིགས་བདུན་བགྲང་བྱ་མིན། །ཡོངས་རྫོགས་བསླབ་སྟེང་འཕྲིག་པའི་ཚོས་སྤོང་བ། །ཚངས་སྤྱོད་དགེ་བསྙེན་འདི་དང་གོ་མི་གཉིས། །རྟེན་གྱི་དབྱེ་རུ་མེད་པ་མཁས་རྣམས་བཞེད། །རྩ་བཞི་ལས་གཞན་མི་མིན་གསོད་སོགས་དང་། །མི་དགེ་དྲུག་ལྡུག་ཕྱོགས་མཐུན་སྤང་བྱ་དང་། །སྡིགས་པ་ཁྲིམ་པས་རྟགས་དང་ཆོ་ག་ཙམ། །མ་གཏོགས་འདུལ་བའི་བསླབ་བྱ་མ་ལུས་པ། །ཉམས་སུ་ལེན་པ་དཔུང་པ་བཟང་པོར་བཤད། །

རབ་བྱུང་ཕྱོགས་ལ་གསུམ་ལས་དགེ་ཚུལ་ལ། །བླང་འདས་དངོས་དང་བསྡམས་བྱའི་ཉེས་བྱས་དང་། །བར་མ་རབ་བྱུང་དུས་སུ་བླང་པ་ལས། །འདས་པ་ཕྱོགས་མཐུན་རྣམས་ལས་དང་པོ་ནི། །སྲོག་༡གཅོད་རྐུ་༢དང་མི་ཚངས་༣སྤྱོད་དང་བརྫུན༤། །ཚང་འཐུང་༥གར་༦སོགས་ཕྲེང་༧སོགས་མལ་ཆེ་༨མཐོ། །ཕྱི་དྲོའི་ཁ

༩ཟས་གསེར་༡༠དངུལ་ལེན་སྤོང་བ། །རྩ་བ་བཞི་དང་ཕྱི་མ་དྲུག་ཡན་ལག །གཞི་བསམ་སྦྱོར་བ་མཐར་ཐུག་ཡན་ལག་བཞི། །ཚང་ན་ཕམ་འདྲའི་ཉེས་བྱས་སུ་འགྱུར་ཞིང་། །འཆབ་མེད་གསོར་རུང་འཆབ་བཅས་གསོར་མི་རུང་། །ཞུམ་པ་བསལ་ཕྱིར་རགས་སྡོམ་བཅུར་དྲིལ་ཡང་། །སྲོག་གཅོད་ཕམ་འདྲའི་ཆར་གཏོགས་དུད་༡འགྲོ་གསོད། །སྲོག་ཆགས་བཅས་༢པའི་རྩ་དང་ཆུར་འདེབས་པ། །སྲོག་ཆགས་དང་བཅས་ཆུ་ལ་ལོངས་སྤྱོད་པ༑ ༑བརྟེན་གཏོགས་གཞི་མེད་༤དང་ནི་བག་ཙམ་གྱ། །ཕམ་པའི་སྐུར་བ་༥འདེབས་དང་དགེ་འདུན་༦དབྱེན། །དེ་རྗེས་ཕྱོགས་༧དང་ཁྲིམས་སུན་འབྱིན་པ་༨དང་། །ཤེས་བཞིན་རྫུན་སྨྲ༩བཤེས་ངོར་འཕྱ་བ་༡༠དང་། །ཞལ་ཏ་བར་འཕྱ་༡༡ཆོས་སྟོན་སྐུར་འདེབས་༡༢དང་། །ལྟག་མའི་སྐུར་འདེབས་༡༣བསླབ་པ་ཁྱད་གསོད་ཀྱིས། །སྤྱོད་དང་༡༤ལྷག་པོར་ལེན་ཕྱིར་འབྲས་ཆན་འགེབས༡༥། །མདོར་ན་རྩ་བཞི་ཆར་གཏོགས་བཅས་བཅུ་དགུ། །ཆང་དང་གར་དང་གླུ་དང་རོལ་མོའི་སྒྲ། །རྒྱན་ཕྲེང་ཁ་དོག་འཆང་དང་སྤོས་བྱུག་པ། །རིང་ཐང་ཅན་དང་ཁྲི་གང་ལས་ལྷག་པའི། །མལ་སྟན་ཆེ་མཐོ་ཕྱི་དྲོ་དུས་རུང་གི། །ཟས་ལ་ལོངས་སྤྱོད་གསེར་དངུལ་ལེན་པ་དང་། །ཉམས་པ་གསུམ་པོ་བསྟན་པས་སུམ་ཅུ་གསུམ། །ཡང་ན་འབྲས་ཆན་འགེབས་དོར་བཅུ་བཞིའི་སྟེང་། །མ་བྱིན་ལེན་གཏོགས་ཁང་པ་ཁང་ཆེན་དང་། །རིན་པོ་ཆེ་ཡི་ཁབ་རལ་བྱེད་པ་གསུམ། །མི་ཚངས་སྤྱོད་གཏོགས་དགེ་འདུན་གྱིས་སྤངས་པའི། །མཚན་མི་མཐུན་དང་ལྷན་ཅིག་ཉལ་སྤྱོང་བ། །བཞི་ཀར་གཏོགས་པ་གསོ་སྦྱོང་དབྱར་གནས་པ། །དགག་དབྱེ་གནས་འཆའ་བསྟན་པས་ཉི་ཤུ་གཉིས། །

གཉིས་པ་ཆོས་གོས་ལྷུང་བཟེད་འཆང་འབྲལ་དང་། །ས་རྐྱ་རིན་ཆེན་ལ་རེག་མེ་ལ་རེག །སྤངས་ནས་ཟ་དང་ལྡོན་ཤིང་ལ་འཛེགས་དང་། །ཤིང་གཅོད་བྱིན་ལེན་མ་བྱས་ཟ་བ་དང་། །རྩ་སྔོན་མི་གཙང་འདོར་དང་གསོག་འཛོག་ཟ། །ས་བོན་འཇོམས་རྣམས་གནང་ཞིང་འཆང་བ་ལ། །གཉིས་སུ་ཕྱེ་བས་ཉེས་མེད་བཅུ་གསུམ་སྟེང་། །བོད་ཀྱི་འདུལ་འཛིན་རྣམས་ཀྱིས་རུང་མཐུན་དུ། །འཆང་བའི་ཟླར་བསྒོ་གོས་རྒྱུ་ཟླ་བ་ར་འཛོག འབྲལ་བའི་ཟླར་བསྒོ་དགོན་པའི་འབྲལ་སྤང་དང་། །གསོག་འཛོག་ཟ་བའི་ཟླར་བསྒོ་གསོག་འཛོག་དང་། །ལས་ཀྱི་གནས་ནས་མི་སླ་འགྲོ་བ་དང་། །འདུན་པ་ཕྱིར་བསྒྱུར་མ་རྫོགས་ཉུབ་ལྷག་ཉལ། །དེ་ལྟར་དྲུག་བསྟན་ཉེས་མེད་བཅུ་དགུ་པོ། །མ་གཏོགས་སྤང་བ་དགེ་སློང་དང་འདྲ་ཡང་ཡིད་ཀྱིས་བསྡམས་པས་འདག་ཕྱིར་དེ་སྐད་བརྗོད། །གཞན་ཡང་རྟགས་ཀྱི་གཞི་ལས་གྱུར་པ་སོགས། །ཕྱོགས་མཐུན་བཅུ་རུ་རྒྱ་ཆེར་འགྲེལ་ལས་བཤད། །

གསུམ་པ་ཁྲིམས་པའི་རྟགས་སྤྱོང་རབ་བྱུང་གི །རྟགས་ལེན་ཁས་བླངས་དག་ལས་ཉམས་པ་དང་བརྟེས

པ་མཁན་པོར་གསོལ་བཏབ་ལས་ཉམས་པ། །སྤྱང་དང་སུམ་བརྒྱ་པར་བཤད་ཕྱོགས་མཐུན་རྣམས། །སྲུང་བ་དགེ་ཚུལ་ཕ་མའི་བསླབ་བྱའོ། །

དགེ་སློབ་མ་ནི་དགེ་ཚུལ་བསླབ་གཞིའི་སྟེང་། །གཅིག་པུ་ལམ་འགྲོ་ཆུ་ཡི་ཕ་རོལ་རྒྱལ། །སྐྱེས་པ་ལ་རེག་དེ་དང་ལྷན་ཅིག་འདུག་ཁ་ན་མ་ཐོ་འཆབ་དང་སྨྱན་བྱ་བ། །དེ་རྣམས་སྤྱངས་བྱ་རྩ་བའི་ཆོས་དྲུག་གོ། །གསེར་ལེན་གསང་བའི་གནས་ཀྱི་སྤུ་འབྲེག་དང་། །ས་རྐོ་རྩྭ་སྔོན་ལ་སོགས་གཅོད་པ་དང་། །བྱིན་ལེན་མ་བྱས་ཟ་དང་གསོག་འཇོག་ཟ། །སྤྱང་བྱ་རྗེས་མཐུན་ཆོས་དྲུག་བླང་འདས་དངོས། །ཉེས་མེད་བདུན་པོ་མ་གཏོགས་དགེ་སློང་མའི། །བསླབ་བྱ་མཐའ་དག་ཕྱོགས་མཐུན་སྡོམ་བྱ་སྟེ། །དེ་ཀུན་ལོ་གཉིས་བར་དུ་སློབ་པར་བཤད། །

དགེ་སློང་བསླབ་བྱ་སྲུང་ཚུལ་བསླབ་པ་དངོས། །སྲུང་ཚུལ་བསྙེན་པར་རྫོགས་མ་ཐག་པ་དེས། །གནས་ཀྱི་སློབ་དཔོན་མཁན་པོ་དེ་ཉིད་དམ། །མིན་ཀྱང་བསྙེན་པར་རྫོགས་ནས་ལོ་བཅུ་ལོན། །ལྔ་ཕྲུག་གང་རུང་ལྡན་ལ་གནས་འཆའ་བའི། །ཚིག་བྱས་ཏེ་བསྟན་ཚུལ་མ་ཉམས་ཤིང་། །གནས་ཀྱི་བླང་དོར་གནས་རྣམས་ལེགས་འདོམས་པ། །གནས་པས་གུས་པས་ཉན་པའི་སྒོ་ནས་སྲུང་། །གནས་དང་གནས་པའི་མཚན་ཉིད་མདོར་བསྡུས་པར། །ཚུལ་ཁྲིམས་ལྡན་ཞིང་འདུལ་བའི་ཆོ་ག་ཤེས། །ནད་པར་སྙིང་བརྩེ་འཁོར་ནི་དག་པ་དང་། །ཆོས་དང་ཟང་ཟིང་ཕན་འདོགས་ཀྱིས་བརྩོན་པ། །དུས་སུ་འདོམས་པ་དེ་དག་བླ་མར་བསྟུགས། །སློབ་དཔོན་ལ་གུས་ཚུལ་ཁྲིམས་ཡང་དག་དང་། །བསམ་གཏན་དང་ནི་འདོན་ལ་རྟག་བརྩོན་དང་། །ཁྲིམས་ཤིང་དུལ་ལ་བཟོད་དང་ལྡན་པ་ནི། །སྡོམ་བརྩོན་གནས་པའི་ཆོས་ལྡན་ཤེས་པར་བྱ། །ཞེས་གསུངས་གཞན་ལ་ལྟོས་ཏེ་སྲུང་ཚུལ་ལོ། །

བླང་དོར་ཚུལ་ལ་སྤྲོ་བའི་བརྩོན་འགྲུས་དང་། །འཇུག་ལྡོག་གནས་ལ་གཟབ་པའི་བག་ཡོད་དང་། །རང་གི་རྒྱུད་ལ་རྟོག་པའི་ཤེས་བཞིན་དང་། །བླང་དོར་བྱའི་གནས་ཀུན་ཤེས་པའི་སྣད། །འདུལ་བའི་སྡེ་སྣོད་ཐོས་བསམ་བྱེད་པ་རྣམས། །རང་གི་བསམ་སྦྱོར་སྒོ་ནས་སྲུང་ཚུལ་ལོ། །

གང་ཞིག་ལུས་དང་ངག་གིས་སྤྱད་པའི་ལས། །བཅས་པ་ལས་འདས་སྡོང་བདུན་འགལ་བའི་ཕྱོགས། །ཕམ་པ་བཞི་དང་ལྷག་མ་བཅུ་གསུམ་དང་། །སྤང་ལྟུང་སུམ་ཅུ་ལྟུང་བྱེད་འབའ་ཞིག་པ། །དགུ་བཅུ་ཐམ་པ་སོ་སོར་བཤགས་པ་བཞི། །ཉེས་བྱས་བརྒྱ་རྩ་བཅུ་གཉིས་དེ་ཀུན་ཀྱང་། །ལྷག་མ་མེད་དང་དགེ་འདུན་ལྷག་མ་དང་། །གང་ཟག་ལྷག་མ་ཞེས་བྱ་གསུམ་དུ་འདུས། །དངོས་གཞིའི་ལྟུང་སོགས་གསུམ་དུ་འཇོག་པའང་ཡོད། །ངོ་བོ་རང་བཞིན་བཅས་པའི་སྡིག་པ་གཉིས། །

སྤྱོད་ནས་སྐད་ཅིག་ཙམ་ཡང་བཅབས་གྱུར་ན། །སྡོམ་པ་ལྷག་མ་མེད་པ་གཅོད་པས་ན། །རྩ་བའི་ལྟུང་

བའམ་སྡོམ་པའི་མི་མཐུན་པའི། །ཕྱོགས་ཀྱིས་གཉེན་པོ་ཕམ་ཕྱིར་ཕམ་པ་སྟེ། །ཀུན་ཀྱང་གཞི་བསམ་སྦྱོར་བ་མཐར་ཐུག་ག །ཡན་ལག་ཚང་བས་དེར་འགྱུར་དང་པོ་ནི། །གཞི་ཡི་ཡན་ལག་འཁྲིག་བདེ་བསྐྱེད་ནུས་པ། །ལུས་ཕྱེད་ལོངས་པ་ཡན་གྱི་རྨ་སྒོ་གསུམ། །རང་གི་ཕོ་དབང་ནད་མེད་ལས་རུང་བ། །བསམ་པ་ངོ་ཚ་འཛེམ་མེད་ཆགས་སེམས་ཀྱིས། །སྦྱོར་བ་སྐྱུལ་དྲུད་མཐར་ཐུག་སོ་དང་ནི། །ཁྱུན་ལྤགས་རིམ་ལས་འདས་བདེ་མྱོང་བ། །ཡིད་ཀྱིས་བདག་གིར་བྱས་པས་ཚངས་སྤྱོད་ལས། །རྣམ་པར་ཉམས་ཕྱིར་མི་ཚངས་སྤྱོད་༡པར་བརྗོད། །གཉིས་པ་གཞི་ནི་མི་ཡིས་བདག་བཟུང་བ། །ཀརྵ་པ་ཎའི་བཞི་ཆ་ལོངས་པའི་དངོས། །བསམ་པ་རང་ཉིད་འཚོ་ཕྱིར་སྦྱོར་བས་བརྐུས། །མཐར་ཐུག་ཐོབ་བློ་སྐྱེས་པ་མ་བྱིན་པ། །བླངས་ཕྱིར་དེ་ཡི་ཕམ་པ་ཞེས་སུ་བརྗོད། །གསུམ་ པ་གཞི་ནི་མི་འམ་མིར་ཆགས་པ། །བསམ་པ་འདུ་ཤེས་མ་འཁྲུལ་གསོད་འདོད་ཀྱིས། །སྦྱོར་བ་དུག་མཚོན་བརྒྱམས་ལས་མ་བཟློག་པ། །གསོད་བཅུག་ཡི་རང་བསྔགས་པ་སོགས་ཀྱིས་ཀྱང་། །མཐར་ཐུག་རང་ཤིའི་སྔོན་དུ་སྲོག་འགགས་པར། །སྲོག་རྒྱུན་བཅད་ཕྱིར་དེ་ཡི་ཕམ་༢པར་བརྗོད། །བཞི་པར་གཞི་ནི་སྨྲ་ཤེས་དོན་གོའི་མིར། །བསམ་པ་ཡོ་བྱད་ལ་ཆགས་གྲགས་འདོད་ཀྱིས། །འདུ་ཤེས་བསྒྱུར་ནས་སྨྲ་འདོད་རྒྱུན་ཆགས་པ། །སྦྱོར་བ་མཚན་ཉིད་དྲུག་ལྡན་བརྫུན་སྨྲ་བ། །མཐར་ ཐུག་ཡུལ་དེས་གོ་བར་ཤེས་ཤིང་གོ་བའོ། །མི་ཡི་ཆོས་ལས་བླ་མར་གྱུར་པའི་བརྫུན༩། །ཡིན་ཕྱིར་དེ་ཡི་ཕམ་པར་རབ་ཏུ་བསྔགས། །

གང་ཞིག་ཕམ་ལྷག་ཆར་གཏོགས་གཙོ་ཆེ་བ། །སྔོ་ལྟར་མ་འདུས་ལྟུང་བ་ ཉེས་བྱས་ལས། །ལྷོ་བས་སྡོམ་པོར་གྲགས་ལ་ལྔི་ཡང་ནི། །ཉོན་མོངས་ཆེ་ཆུང་གིས་དབྱེ་ཕམ་ལྷག་གི །དངོས་གཞི་བསྐྱེད་དམ་མི་བསྐྱེད་གང་ཡིན་ཀྱང་། །སྦྱོར་བ་ཕལ་ཆེར་སྦྱོར་བའི་སྡོམ་པོར་འགྱུར། །ལྟུང་བྱེད་སྦྱོར་བ་རྣམས་ཀྱང་དེ་བཞིན་ནོ། །སྦྱོར་མཐར་ལྟུང་དང་ཕམ་ལྷག་འབྱུང་རྒྱུ་ལ། །ཡན་ལག་མ་ཚང་དངོས་གཞི་དང་འདྲ་བའི། །སྡོམ་པོའམ་དངོས་གཞིའི་རྣམ་པའི་སྡོམ་པོ་དང་། །མི་ཡི་ཡན་ལག་གཅོད་དང་དབྱེན་ཕྱིར་བརྟན། །སྨྲ་སོགས་གནས་སྐབས་གཞན་གྱི་སྡོམ་པོར་བཤད། །

གང་ཞིག་སྤྱད་ན་ངན་འགྲོར་ལྟུང་བྱེད་པ། །སྤང་ལྟུང་དང་ནི་ལྟུང་བྱེད་འབའ་ཞིག་པ། །དངོས་པོ་སྤང་འབྲལ་སྟོན་འགྲོས་འཆོས་དགོས་ཤིང་། །རང་ གི་མིང་གིས་བཅོས་ན་དག་རུང་བར། །དབྱེ་ན་གོས་ཀྱི་སྡེ་དང་སྟན་སོགས་དང་། །ལྷུང་བཟེད་སོགས་ཀྱི་སྡེ་སྟེ་བཅུ་ཚན་གསུམ། །རང་དབང་གོས་ལྷག་བྱིན་གྱིས་མ་བརླབས་པའམ། །བརླབས་ཀྱང་ཤན་འབྲེལ་ཞག་བཅུར་འདས་༡པར་འཆང་། །རབ་གནས་ཉེ་འཁོར་བཅས་ལས་བྱིན་བརླབས་པའི། །ཆོས་གོས་དང་བྲལ་ཞག་གཅིག་༢ལོན་པ་དང་། །གོས་རྒྱུ་བྲུར་ལོངས་བྱིན་གྱིས་མ་

བསྐྱབས་པའམ། །བསྐྱབས་ཀྱང་ཤན་དང་རྗེས་འབྲེལ་ཟླ་༢གཅིག་འཛོག དེ་གསུམ་སྲ་བརྒྱུང་བཏིང་ལ་བག་ཡངས་གནང་། །རང་གི་ཉེ་དུ་མིན་པའི་དགེ་སློང་མར། །ཆོས་གོས་གདིང་བ་སྙིང་པ་འཁྲུར་༨འཇུག་པ། །ཡོད་བཞིན་དེ་ལས་གོས་རྒྱུ་ཡིན་པ་༥དང་། །ཉེ་མིན་ཁྱིམ་པར་གོས་རྒྱུ་སློང་བ་༦དང་། །ཆོས་གོས་མེད་པས་ཉེ་མིན་ཁྱིམ་པ་ལས། །སློང་བར་རིགས་ཀྱང་དེ་ལས་ལྷག་༧པར་ཡིན། །དེ་འདྲས་རང་ལ་སྤེར་བའམ་བློས་དཔག་པར། །རིན་དང་ཚད་སོགས་སྤར་༢བརྗོད་སློང་བ་དང་། ཁྱིམ་བདག་ཕོ་མོ་སོ་སོས་སྤེར་དཔག་པའི། །གོས་སོགས་ལས་ནི་ལྷག་པར་བསླངས་༩པ་དང་། །གོས་རིན་རིན་ཆེན་བསྐུར་ལས་བསྐུལ་བ་དང་། །བསྟོད་པ་གསུམ་ལས་ལྷག་ཚེ་སྤང་༡༠བར་འགྱུར། །གང་དུ་རིན་ཆེའི་སྲིན་བལ་བལ་ནག་དང་། །དཀར་ནག་ནག་པོ་ཤས་ཆེ་རང་ཉིད་དམ། །བསྙོས་པས་ནང་ཚངས་༡༢ཅན་ ༢གྱི་སྟན་བྱེད་དང་། །ལོ་དྲུག་མ་སོང་ནང་ཚངས་༨ཅན་གསར་བྱེད། །གདིང་བ་གསར་པ་བཟོ་ཚེ་དོར་བྱ་ནས། །བདེ་གཤེགས་མཐོ་གང་མ་གླན་༥ལོངས་སྤྱོད་པ༔ ༔བལ་སོགས་ཁུར་ཆེན་འཁྱེར་གྲོགས་ཡོད་བཞིན་དུ། །རྒྱང་གྲགས་༦འདས་པར་འཁྱེར་ལ་དགེ་ཚུལ་སོགས། །འཁྱེར་གྲོགས་མེད་ཚེ་དཔག་ཚད་གསུམ་ཚུན་གནང་། །ཉེ་མིན་དགེ་སློང་མ་ལ་བལ་འཁྲུ་དང་། །སྨིལ་དང་འཚེད་འཇུག་༧གསེར་སོགས་རིན་པོ་ཆེ། །རྟུང་བར་མ་བྱས་ཆགས་པའི་སེམས་ཀྱིས་རེག ཁྱིམ་པར་བུན་བསྐྱེད་མངོན་ཚན་ཅན་བཏང་དང་། །༩ཁེ་སྤོགས་འདོད་ཕྱིར་འབྲུ་སོགས་ཉོ་ཚོང་༡༠བྱེད། །ལྷུང་བཟེད་བྱིན་གྱིས་མ་བརླབས་ཞག་བཅུ་ལས། །འདས་པར་༡འཆང་དང་ལྷུང་བཟེད་ལྷག་༢ པོར་འཚོལ། །གླ་རྔན་མེད་པར་རས་སོགས་འཐག་༢འཇུག་དང་། །བསྔོས་ཆོད་ལས་ལྷག་འདོད་པས་ཐག་༨རྒྱ་བསྐྱེད། །གོས་སོགས་ཡོ་བྱད་བྱིན་ནས་༥སླར་འཕྲོག་དང་། །དབྱར་གྱི་སྙེད་པ་དུས་མིན་བདག་༦གིར་བྱས། །དགོན་པ་གནས་པས་ཆོས་གོས་དང་བྲལ་བས། །ཞག་དྲུག་ལྷག་པར་མཚམས་ལས་འདས་༧པ་དང་། །རས་ཆེན་དབྱར་ལས་ཟླ་གཅིག་ལྷག་སྔ་ཞིང་། །དགག་དབྱེའི་རྗེས་སུ་འང་ཟླ་ཕྱེད་འདས་པར་༢བཅངས། །གཞན་ལ་བསྔོས་པའི་གོས་སོགས་རང་ལ་༩བསྒྱུར། །སྨན་གསུམ་དུས་ལས་འདས་པའི་གསོག་འཛོག་གོ། །

གང་ཞིག་སྤྱང་འབྲལ་སྤོན་འགྲོ་མི་དགོས་ཤིང་། །ལྟུང་བྱེད་རང་མིང་གིས་འཚོས་དག་རུང་བར། །དབྱེ་ན་ཤེས་བཞིན་སྤྱི་སོགས་བཅུ་ཚན་དགུ །རིགས་བཞི་ལས་གཞན་ཤེས་བཞིན་བརྫུན་སྨྲ་༡བ། །དགེ་སློང་གཞན་གྱི་སྐྱོན་༢བརྗོད་ཕྲ་མས་༢འབྱེད། །གང་ཟག་རྩོད་པ་དགེ་འདུན་གྱིས་ཟླུམས་པར། །སྐྱོ་སློགས་བྱེད་པས་༨བཤིགས་པར་རྩོམ་པ་དང་། །ཁྲིམས་གྲོགས་མེད་པར་བུད་མེད་ཆོས་༥སྟོན་དང་། །མ་རྫོགས་པ་དང་ལྷན་ཅིག་ཀློད་བག་གི། །བསམ་པས་སྣ་ཚོགས་གདངས་ཀྱིས་ཆོས་༦འདོན་པ། །ཕམ་ལྷག་ལྟུང་བ་གླེང་ལ་མ་བསྙོས

བཞིན། །མ་རྫོགས་མདུན་དུ་གནས་ངན་ལེན་[༧]བརྗོད་པ། །མ་རྫོགས་པ་ལ་དགོས་པ་མེད་བཞིན་དུ། །མི་ཆོས་བླ་མའི་ཡོན་ཏན་བདེན་པར་[༨]སྨྲ། །བྱ་བ་ལྷག་པར་བཅོལ་ལ་དགེ་འདུན་གྱིས། །ཡོ་བྱད་བྱིན་པར་བཤེས་ངོར་བྱེད་ཅེས་སྐུར་[༩]། །མདོ་འདོན་ཚེ་ན་བསླབ་གཞི་ཕྲ་མོ་དག །བཏོན་པས་ཅི་ཞིག་བྱ་ཞེས་ཁྱད་དུ་[༡༠]གསོད། །

ས་བོན་དང་ནི་ལྗོ་གུ་སྐྱེ་བ་[༡]འཛོམས། །ཞལ་ཏ་ཆོས་བཞིན་བྱེད་ལ་རྒྱུ་མེད་འགྱུ་[༢]། །བསྒོ་བ་རྣ་གཟོན་ཞེས་པ་དགེ་འདུན་གྱིས། །ལྟུང་བ་གླེང་ལ་ཁས་མི་ལེན་པར་བསྒྱུར། །ཁྲི་སོགས་གནས་མལ་སྤྱད་ནས་མ་བསྡུས་པར། །བླ་གབ་མེད་པར་བོར་ནས་ཕྱིན་པ་[༤]དང་། །དེ་བཞིན་རྩྭ་སོགས་གདིང་བ་མ་བསྡུས་[༥]པ། །འདི་གཉིས་ལས་བྱེད་པར་འབྱུང་དགོས་མེད་པར། །གཙུག་ལག་ཁང་ནས་དགེ་སློང་སྐྲོད་[༦]པ་དང་། །སྔར་ཞུགས་དགེ་སློང་དག་ལ་ཕོ་འཚམས་[༧]པ། །དགེ་འདུན་ཁང་སྟེང་མལ་ཁྲིས་བུག་པ་བརྡོལ། །སྲོག་ཆགས་དང་བཅས་རྩྭ་ཆུ་འདེབས་[༩]དང་སྤྱོད། །འཇིག་རྐྱེན་ཡོད་སར་གཙུག་ལག་[༡༠]རྩིག་པར་རྩོམ། །

མ་བསྐོས་དགེ་སློང་མ་[༡]ལ་ཆོས་སྟོན་དང་། །དགག་དབྱེའི་སྐབས་མིན་མཚན་མོ་ཆོས་སྟོན་[༢]དང་། །དེས་ཟས་ཞུལ་བར་ཟས་ཕྱིར་སྟོན་ཞེས་འགྱུ་[༣]། །ཉེ་མིན་དགེ་སློང་མ་ཡི་གོས་བཙེམས་དང་[༤]། །དེ་ལ་གོས་[༥]སྦྱིན་ལྷན་ཅིག་ལམ་དུ་[༦]འགྲོ། །ལྷན་ཅིག་གྲུར་འཛུག་དབེན་པ་སྐྱབས་ཡོད་དུ། །ལྷན་ཅིག་ཁྲིམས་གྲོགས་མེད་པར་འདུག་[༨]དང་འགྲེང་[༩]། །དགེ་སློང་མར་མངག་ཁྱིམ་པ་[༡༠]ཟས་སྦྱོར་འཇུག །

ནད་ཀྱིས་བཏབ་དང་དགེ་འདུན་བྱ་བ་སོགས། །དགོས་པ་མེད་བཞིན་ཡང་ཡང་[༡]ཟ་བ་དང་། །མུ་སྟེགས་ཅན་གནས་ཁྱིམ་དུ་ཟ་བ་[༢]དང་། །ཉེ་མིན་ཁྱིམ་ལས་ལྷུང་བཟེད་གསུམ་ལྷག་[༣]ལེན། །དུས་རུང་བཟའ་བཅའ་སྤངས་ཟིན་སླར་[༤]ཟ་བ། །དེ་བཞིན་སྤངས་ཟིན་གཞན་ལ་སྐོབས་[༥]པ་དང་། །འདི་གཉིས་ལྷག་པོར་ཆོ་ག་བྱས་ན་མིན། །མི་མཐུན་སེམས་ཀྱིས་མང་པོ་འདུས་ནས་[༦]ཟ། །རང་གླིང་ཉིན་ཕྱེད་ཡོལ་ནས་སྐྱ་རེངས་བར། །ན་སོགས་སྐྱོན་མེད་བཞིན་དུ་ཟ་བ་[༧]དང་། །མུ་གེའི་དུས་མིན་གསོག་འཇོག་བྱས་པ་[༨]ཟ། །དེ་ལས་འཕྲོས་པ་ལག་ཉ་སོགས་ཀྱང་ངོ་། །སྨན་བཞིན་ན་བ་སོགས་ཀྱི་རྐྱེན་མེད་པར། །བྱིན་ལེན་མ་བྱས་ཤེས་བཞིན་སྤྱོད་པ་[༩]དང་། །ཉེ་མིན་ཁྱིམ་ལས་ཁ་ཟས་བསོད་པ་དག །ན་སོགས་སྐྱོན་མེད་བཞིན་དུ་སློང་[༡༠]བའོ། །

ཆུ་ཚག་མེད་པ་སྲོག་ཆགས་དང་བཅས་པའི། །ཆུ་ལ་[༡]ལོངས་སྤྱོད་འཚེ་བ་གཞན་ཡང་ངོ་། །ཁྱིམ་པ་ཉལ་པོ་བྱེད་ལ་མངོན་ཕྱོགས་པའི། ཁྱིམ་དུ་འདུག་[༢]དང་འགྲེང་བས་[༣]བ་གཅོད་པ། །གཅེར་བུ་པ་ལ་དགོས་མེད་ཟས་སྦྱིན་པ་[༤]། །རྒྱལ་པོས་བོས་པ་སོགས་ཀྱི་རྐྱེན་མེད་པར། །དམག་དཔུང་ལ་བལྟ་[༥]དེ་ཡི་ནང་ན་འདུག་[༦] །གོ་མཚོན་བཤམ་པ་གཞན་དུ་དཀྲུག་[༧]པ་དང་། །དགེ་སློང་གཞན་ལ་བརྡེག་[༨]དང་བརྡེག་པར་གཟས་[༩]། །མཐོལ་

ཡུལ་ཡོད་བཞིན་དགེ་སློང་གཞན་རྒྱུད་ཀྱི། །ཕམ་ལྷག་གཉིས་ཀྱི་གནས་ངན་ལེན་འཆབ་པ། །གནོད་པའི་སེམས་ཀྱིས་དགེ་སློང་གཞན་ཟས་༡༠གཅོད། །

རྒོད་ བག་དབང་གིས་མེར་རེག་༡རེག་ཏུ་འཇུག གང་ཟག་དོན་དུ་ཚོགས་པས་ལས་བྱས་པར། །འདུན་པ་ཕུལ་ཟིན་ལྡོག་པའི་ཚིག་གིས་༣བསྒྱུར། །མ་རྫོགས་པ་དང་ལྷན་ཅིག་རྐྱེན་མེད་པར། །ནུབ་གཉིས་ལས་ལྷག་ཉལ་༤ལ་ཁྲུ་ཕྱེད་དགུས། །བར་དུ་ཆོད་ན་ལྟུང་བ་མེད་པའང་བཤད། །ཆང་འཐུང་ལ་སོགས་ཉེས་མེད་དུ་སྨྲ་བའི། །སྡིག་ལྟ་བཟློག་བྱེད་ལྟ་མཐར་༥མི་གཏོང་བ། །དགེ་འདུན་གྱིས་སྤངས་དགེ་སློང་དང་མཉམ་དུ། །སྤྱོད་ལམ་མཐུན་པས་མཚན་མོ་འདའ་༦བ་དང་། །དེ་བཞིན་དགེ་འདུན་གྱིས་བསྐྱིལ་དགེ་ཚུལ་དང་། །ལྷན་ཅིག་ཉལ་སོགས་ཞག་ཏུ་ལོན་པ་༧དང་། །རུང་བའི་མཚོན་གྱིས་མ་བསྒྱུར་དཀར་པོའི་གོས། །ཕྲུར་ལོངས་ཕྱི་གཡོགས་མེད་པ་གྱོན་པ་༨དང་། །ཆུད་འཛའ་སྤངས་སོགས་དགོས་པ་མེད་བཞིན་དུ། །གཞན་དབང་མུ་ཏིག་ལ་སོགས་རིན་པོ་ཆེ། །མཚོན་ཆའི་ཚོགས་དང་རོལ་མོའི་ཆ་བྱད་ལ། །རྒོད་བག་དབང་གིས་རང་ངམ་བསྒོས་༩པས་རེག །ཚ་དུས་ཟླ་བ་ཕྱེད་གསུམ་མ་གཏོགས་པར། །ཟླ་ཕྱེད་སྔ་རོལ་ཁྲུས་ཕྱིར་ཆུར་ཞུགས་༡༠པའོ། །

གསོད་པའི་སེམས་ཀྱིས་དུད་འགྲོར་བསྣུན་ཏེ་ཤི །ཕ་རོལ་བསྙེན་པར་རྫོགས་པའི་ཡོན་ཏན་ལ། །མ་རྫོགས་ཤེས་སྨད་འགྱོད་པ་༢བསྐྱེད་པ་དང་། །དགེ་སློང་གཞན་གྱི་མཆན་སོགས་གཡའ་བའི་གནས་སུ་ཚུར་སོར་མོས་ག་ག་ཚིལ་བྱེད་པ་༣། །རྒོད་བག་དབང་གིས་ཆུ་ལ་རྩེ་བ་༤དང་། །བུད་མེད་ལྷན་ཅིག་གཉིད་ལོག་མཚན་མཐའ་འདས་༥། །དགེ་སློང་དངངས་ཕྱིར་འཇིགས་སྐྱོན་༦སྟོན་དུ་འཇུག །དེ་ཡི་ཡོ་བྱད་སྦེད་དམ་སྦེད་པར་༧བསྒོ། །གོས་སོགས་བྱིན་པའི་གདེངས་མེད་ལོངས་སྤྱོད་པ། །དགེ་སློང་དག་པར་ལྷག་མའི་སྐུར་འདེབས་༩དང་། །ཉེ་མིན་བུད་མེད་དག་དང་༡༠མཉམ་འགྲོ་བ། །ཁྲིམས་གྲོགས་མེད་པས་རྒྱང་གྲགས་འདས་པའོ། །

ཆོམ་རྐུན་དང་འགྲོགས་རྒྱང་གྲགས་འདས་པ་༡དང་། །ཉི་ཤུ་མ་ལོན་པ་ལ་བསྙེན་རྫོགས་༢ཕོག །དགོས་པ་མེད་པར་ས་བརྐོ་བསྐོར་འཇུག་༣པ། །མགྲོན་དུ་གཉེར་བའི་ཚོད་ལས་ལྷག་པར་༤སྡོད། །གཞན་གྱིས་བསླབ་པ་ལ་བསྐུལ་ཁྲེད་ཉིད་ཀྱིས། །མི་ཤེས་ཞེས་པས་ཁྲེད་༥གསོད་དེས་གོ་བ། །དགེ་སློང་གྲོས་བྱེད་པ་ལ་ཉན་རྣ་༦བྱེད། །ལས་ལ་འདུས་ནས་འདུན་པ་མ་ཕུལ་ཞིང་། །མ་སྨྲས་ཐོས་པའི་ཉེ་འཁོར་བརྒྱལ་ཏེ་འགྲོ། །དགེ་འདུན་གྱིས་བཅས་ཆོས་ལྡན་བསྒོ་བ་ལ། །ཤད་སྒྲུང་མེད་པར་མ་གུས་༧འགལ་བར་བྱེད། །འབྲུ་ཡི་ཆང་སོགས་མྱོས་འགྱུར་༩མེད་པ་དང་། །ཕྱི་དྲོའི་དུས་སུ་གྲོགས་ལ་མ་སྨྲས་པ། །གྲོང་དུ་སོང་སྟེ་༡༠སྐྱ་རེངས་འཆར་བྱེད་པའོ། །

སྔ་དྲོ་ཡིན་ཀྱང་ཁྲིམ་གསུམ་སོགས་འདས་པར། །རྒྱུ་བས་[༡]དགེ་འདུན་གདུགས་ཚོད་སྟོབས་ལ་གནོད། །བཙུན་མོར་བཅས་པའི་རྒྱལ་པོའི་ཕོ་བྲང་དུ། །འགྲོ་[༢]ཞིང་སྐྱ་རེངས་ཤར་བར་བསྡད་པ་དང་། །གསོ་སྦྱོང་མདོ་གདོན་ལན་གཉིས་ཡན་ཐོས་པས། །མ་རྫོགས་ཀྱང་ནི་ཁྲུད་[༣]གསོད་ཚིག་སླུ་བ། །དཀོན་པའི་རྫས་ལས་ཁབ་རལ་[༤]འཚོས་སམ་བསྒོ། །ཁྲི་རྐང་ཁྲུ་གང་ཚད་ལས་ལྷག་[༥]འཚོས་དང་། །དགེ་འདུན་ཁྲི་དང་ཁྲི་འུར་ངན་སེམས་ཀྱིས། །ཤིང་བལ་བརྡལ་[༦]བས་ཉལ་ལ་གོས་པར་བྱེད། །གདིང་བ་ཚད་ལས་ལྷག་པར་བྱེད་དུ་[༧]བཅུ། །དེ་བཞིན་གཡན་དགབ་[༨]རས་ཆེན་དག་ཀྱང་ངོ་། །དེ་བཞིན་གཤེགས་པའི་ཆོས་གོས་ཚད་དང་ནི། །ལྷག་པར་བྱེད་དམ་བྱེད་དུ་བཅུག་[༡༠]པའོ། །

གང་ཞིག་སླེ་སྟུགས་ཚིག་གིས་སོ་སོ་རུ། །བཤགས་པས་དག་རུང་སྟེ་ལ་རབ་བྱུང་དང་། ཁྲིམ་པའི་གཞི་ལས་བྱུར་པ་གཉིས་ཚན་གཉིས། །ཉེ་མིན་དགེ་སློང་མ་ནི་གྲོང་འདུག་པས། །རང་བཟའི་ཆེད་དུ་སྦྱར་ལས་ཟས་སློང་[༡]ཟོས། །དགེ་འདུན་གདུགས་ཚོད་ངོས་མགྲོན་བྱེད་པ་ལས། །ཚིག་གིས་མ་བཟློག་བླངས་ཏེ་ཟོས་པ་[༢]དང་། །གསོལ་བའི་ལས་ཀྱིས་སློང་དུ་མེད་པའི་ཁྲིམ། །བསླབ་པ་དབུལ་ཏེ་ཞུགས་ཤིང་ཟས་སློང་[༣]ཟོས། །འཇིགས་སར་ནགས་ཉུལ་བསྒོམས་པའི་དགེ་སློང་གིས། །ནགས་མ་བརྟགས་པར་ཟས་སློང་ཟོས་[༤]པའོ། །

གང་ཞིག་ཉེས་པ་ཕྲ་མོའི་རང་བཞིན་ཅན། །རང་རང་མིང་གིས་འཚོས་པས་དག་རུང་བ། །དབྱེ་ན་བརྒྱ་རྩ་བཅུ་གཉིས་དེ་ཀུན་ཀྱང་། །གོས་བགོའི་སྟེ་སོགས་སྟེ་ཚན་བརྒྱད་དུ་འདུས། །དང་པོ་ཤམ་ཐབས་ཟླུམ་པོར་མ་[༡]བསྒོམས་དང་། །ཧ་ཅང་རྩེངས་པས་པུས་མོ་མ་[༢]ཁེབ་དང་། །ཧ་ཅང་འཇོལ་ཆེས་ལོང་བུ་[༣]ཁེབ་པ་དང་། །གླང་པོའི་སྣ་ལྟར་མདུན་དུ་འཕྱུར་[༤]བ་དང་། །སྐྲ་རགས་གོང་དུ་ལྟེབ་[༥]དང་བར་ནས་འབུར་[༦]། །སྐྲ་རགས་གོང་དུ་གདེངས་ཀ་[༧]ལྟར་བྱས་དང་། །བླ་གོས་སྣམ་སྦྱར་ཟླུམ་པོར་མ་བསྒོམས་[༨]ཞིང་། །ཧ་ཅང་ཐུང་[༩]དང་ཆེས་ཆེར་[༡༠]འཇོལ་བ་སྤྱང་། །

ཁྲིམ་དུ་འགྲོ་ཚེ་ལུས་ངག་མ་བསྡམས་[༡]འཇུག །བླ་གོས་མཐང་གོས་མཉམ་ལེགས་མ་བསྒོམས་[༢]དང་། །ཅ་ཅོའི་སྐྲར་[༣]བཅས་གཡས་གཡོན་གཡེང་བས་[༤]བལྟ། །མདུན་དུའང་གཉའ་ཤིང་གང་ལས་ལྷག་བལྟ་[༥]བ། །གོས་ཀྱིས་མགོ་བསྡུམས་[༦]ཞམ་ཐབས་འདོམས་[༧]སྣང་བརྫེ། །བླ་གོས་ཕྲག་གཉིས་གཟར་[༨]དང་ལག་པ་གཉིས། །གཉའ་གོང་དུ་བསྣོལ་(༩རྒྱབ་ནས་ལྟག་པར་[༡༠]བསྣོལ། །མཆོང་ཞིང་[༡༡]འགྲོ་དང་གོམ་པ་ཆེས་དྲག་པས། །སྒྲིད་པ་བརྐྱང་བསྐུམ་བྱེད་ཅིང་[༡༢]འགྲོ་བར་བྱེད། །ཙོག་པུས་འགྲོ་དང་[༡༣]ཐང་གིས་འགྲོ་བ་དང་[༡༤]། །ལག་པ་རྐེད་བརྟེན་གྲུ་མོ་རྒྱངས་[༡༥]ཏེ་འགྲོ། །ལུས་པོ་ཀྱོག་བསྐྱུར་[༡༦]ལག་པ་གཡབ་[༡༧]ཅིང་འགྲོ། །མགོ་བོ་བསྐྱུར་[༡༨]ཞིང་

གཞན་དང་ཕྲག་སྤྱད་༡༩ཀྱིས། །འགྲོ་དང་ཕན་ཚུན་ལག་སྤྲེལ་གྱིས་༢༠འགྲོ་བ། །

སྟན་ལ་གཞན་གྱིས་མ་བསྒོས་པར་༡འདུག་པ། །དེ་བཞིན་སྲོག་ཆགས་ཡོད་མེད་མ་༢བརྟགས་དང་། །ལུས་ཀྱི་ལྗིད་ཕབ་གྱི་ཚོམ་༣དུ་འདུག་པ། །རྐང་པ་བརྐྱངས་ཏེ་སྟེང་འོག་བསྒོལ་༤བ་དང་། །བརླ་སྟེང་བརླ་༥དང་དེ་བཞིན་ལོང་བུ་༦བརྩེགས། །རྐང་པ་ཁྲི་ཡི་འོག་ཏུ་བཀུག་༧པ་དང་། །ཕན་ཚུན་ཕྲལ་༨དང་འདོམས་མི་སྦྱེད་༩པའོ། །ལེགས་པར་ཟས་སློང་བ་༡ལ་བསླབ་པར་བྱ། །ཁ་ཟས་ལྷུང་བཟེད་ཁ་ལས་༢མཐོ་བ་༡དང་། །འབྲས་ཆན་ཚོད་མ་མང་ཉུང་མཉམ་༣པར་ལེན། །བསླབ་གྲལ་མཐར་ཆགས་སུ་ནི་མི་ལེན་༤དང་། །ལྷུང་བཟེད་མིག་གིས་མི་བལྟ་གཡེང་༥བས་ལེན། །ལྷུང་བཟེད་ཁ་གདངས་༦སྟུས་དང་འབྲས་ཆན་དག །འདོད་ཕྱིར་འབྲས་ཆན་ཚོད་མས་འགེབ་པ་དང་། །ཚོད་མ་འདོད་པས་སྟར་ལས་བཟློག་པ་༧དང་། །བཟའ་བཅའི་སྟེང་དུ་སྟོད་བཞེད་པ་༨རྣམས་སོ། །

བཟའ་ཚེ་འདུལ་བ་དང་འགལ་མི་ལེགས་༡ཟ། །ཧ་ཅང་ཁམ་ཚོད་༢ཆེ་དང་ཆུང་བ་༣དང་། །ཁམ་ཚོད་རན་༤མིན་ཁ་གདངས་སྟུས་༥པ་དང་། །ཟ་བཞིན་གཏམ་སྨྲ་༦ཁ་སྒྲ་ཙུག་ཙུག་༡དང་། །ཅག་ཅག་༢ཧུ་ཧུ་༣ཕུ་ཕུ་༤ལྕེ་ཕྱིར་ཕྱུང་༥། །འབྲས་ཆན་ལ་སོགས་འཕྲུ་རེ་ནས་ཟ་༡དང་། །ཟས་ལ་འཕྱ་༢སྐྱོད་མཁུར་བ་ཕན་ཚུན་༣སྦོ། །རྐན་སྐྲ་ཏོག་༤དང་ཁམ་འཕྲོ་སོས་བཅད་༥ཟ། །ལག་པར་ཟས་ཆགས་ལྡག་༡དང་ལྷུང་བཟེད་སོགས། །ལྕེ་ཡིས་ལྡག་༢དང་ལག་པར་ཟས་གོས་སྤྲུག༣། །ཟས་དང་བཅས་པའི་ལྷུང་བཟེད་སྐྱུམ་༤སྐྱུམ་བྱེད། །ཁ་ཟས་མཆོད་རྟེན་འདྲར་བཅོས་བཟའ་༥བའོ། །

གཞན་གྱི་ལྷུང་བཟེད་འཕྱ་ཕྱིར་བལྟ་༡བ་དང་། །ལག་པ་ཟས་ཀྱིས་སྦགས་པས་ཆུ་༢སྣོད་རེག དགེ་སློང་གཞན་ལ་ཟས་བཅས་ཆུ་འཐོར་༣དང་། །ཁྱིམ་དུ་མ་དྲིས་ཟས་བཅས་ཆུ་འབོ་༤བ། །ཟས་ལྷག་ལྷུང་བཟེད་ནང་དུ་འདོར་བ་༥དང་། །ལྷུང་བཟེད་ས་རྗེན་ལ་༦འཇོག་གཡང་སར་༧དང་། །གད་ཁར་༨དང་ནི་དཀན་གཟར་པོར་འཇོག༩པ། །འགྲེང་སྟེ་ལྷུང་བཟེད་༡༠བཀྲུ་དང་གད་ཁར་༡༡དང་། །གཡང་སར་དཀན་གཟར་པོ་རུ་འབྲུ༡༣བ་དང་། །ཆུ་དྲག་རྒྱུན་ལས་བཟློག་སྟེ་འཆུ་༡༤བའོ། །

ཆོས་འཆད་ཆེ་ན་ཉན་མཁན་ན་མིན་པར། །རང་ཉིད་འགྲེང་སྟེ་འཆད་༡དང་དེ་བཞིན་དུ། །ཉལ་དང་༢མཐོན་པོའི་སྟན་ལ་འདུག་༣པ་དང་། །མདུན་ནས་འགྲོ་ལ་རྒྱབ་༤ནས་འཆད་པ་དང་། །ལམ་དབུས་འགྲོ་ལ་ཟུར་ནས་༥འཆད་པའོ། །མི་ན་བཞིན་དུ་མགོ་༡དཀྲིས་གོས་བརྫེས་པ་༢། །ཕྲག་པར་གོས་གཟར་༣ལག་གཉིས་གཉའ་གོང་༤བསྣོལ། །དེ་བཞིན་ལྟག་པར་བསྣོལ་༥ལ་འཆད་པའོ། །དོ་ཀེར་༡ཅན་དང་ཞྭ་གྱོན་༢མགོ་བོ་ལ། །ཅོད་

པན་༣བཏགས་དང་མེ་ཏོག་ཕྲེང་བ་༩བཅིངས། །ཐོད་ཀྱིས་བཀྲིས་ལ་འཆད་དང་གླང་༧པོ་ཆེ། །རྟ་ལ་༢ཞོན་དང་ཁྲོགས་ཀྱི་སྟེང་ན་འདུག༣། །ཤིང་རྟ་ལ་འདུག་༩མཆིལ་ལྷམ་གྱོན་༥ལའང་མིན། །ལག་ན་འཁར་བ་༧གདུགས་༢དང་མཚོན་ཐོགས་དང་། །རལ་གྲི་༩དང་ནི་མདའ་གཞུ༥ཐོགས་པ་དང་། །གོ་ཆ་གྱོན་པའི་མི་ལ་འཆད་༨པ་སྤང་། །

དགེ་སློང་གང་དག་ན་བ་མ་ཡིན་པས། །འགྲེང་སྟེ་བཤང་༧གཅི་འདོར་དང་གོ་སྐབས་ནི། །མེད་ན་མ་གཏོགས་ཆུ་ལ་བཤང་གཅི་དང་། །མཆིལ་སྣབས་སྐྱུགས་པ་༢འདོར་སྤང་དེ་བཞིན་དུ། །རྩ་སྔོན་ཡོད་པའི་ཕྱོགས་སུ་འདོར་བ་༢དང་། །གནོད་པ་བྱུང་ན་མ་གཏོགས་ལྗོན་ཤིང་ལ། །མི་གང་ཙམ་ལས་ལྷག་པར་༩འཛེགས་པར་སྤང་། །

དགེ་སློང་མ་ལ་བསླབ་ཁྲིམས་སུམ་བརྒྱ་དང་། །དྲུག་ཅུ་རྩ་བཞིར་གསུངས་ཏེ་ཕམ་པ་བརྒྱད། །ལྷག་མ་ཉི་ཤུ་སྤང་བ་སུམ་ཅུ་གསུམ། །ལྟུང་བྱེད་བརྒྱ་དང་བརྒྱད་ཅུ་སོར་བཤགས་སྟེ། །བཅུ་གཅིག་ཉེས་བྱས་བརྒྱ་རྩ་བཅུ་གཉིས་སོ། །

དགེ་སློང་སྐབས་ཀྱི་ཕམ་པ་བཞི་ཡི་སྟེང་། །ཆགས་པས་སྐྱེས་པའི་ལུས་ལ་རེག་ཅིང་ནོམ། །དེ་བཞིན་ལུས་བཀན་གྲོགས་ཀྱི་ཕམ་པ་འཆབ། །དགེ་འདུན་གྱིས་དབྱུང་དགེ་སློང་འགྲོད་སྐྱེས་པར། །དགེ་སློང་མས་ནི་ཕྱིར་བཟློག་མི་བཏང་བའོ། །

དགེ་སློང་སྐབས་བཤད་ལྷག་མ་བཅུ་གསུམ་ལས། །སྨྱན་བྱས་པ་དང་གཞི་མེད་སྐུར་འདེབས་ནས། །བཀའ་བློ་མི་བདེའི་བར་ཏེ་བདུན་གྱི་སྟེང་། །འཁྲིག་ཕྱིར་ནོར་དག་ལེན་དང་ལེན་འཇུག་དང་། །མཚན་མོ་ཁྲིམས་གྲོགས་མེད་པར་མཚམས་ལས་འདས། །དེ་བཞིན་ཉིན་འདས་ལམ་ཞུགས་ཆུ་བོ་རྒྱལ། །མ་གནང་བུད་མེད་རབ་ཏུ་འབྱིན་པ་དང་། །བརྒྱུད་མེད་ཤི་བའི་ནོར་ལེན་གནས་དབྱུང་བར། །བཟོད་པར་གསོལ་འཇུག་དཀོན་མཆོག་སྤོང་ཟེར་དང་། །བུད་མེད་དག་དང་གཞོག་སྟེགས་བྱས་བྱེད་འཇུག འཐབ་ཀྲོལ་བྱེད་རྣམས་བཟློག་ཀྱང་མི་གཏོང་བའོ། །

སྤང་ལྟུང་བཅུ་ཚན་དང་པོ་འདྲ་བའི་སྟེང་། །བཅུ་ཚན་གཉིས་པའི་ཕྱི་མ་ གསུམ་དང་ནི། །གསུམ་པའི་གཉིས་པ་གསུམ་པ་བཞི་པ་དང་། །ལྔ་པ་དགུ་པ་བཅུ་པ་རྣམས་ཀྱང་མཚུངས། །ལྟུང་བཟེད་ལྷག་པོ་ཞག་གཅིག་འདས་པར་༢༠འཆང་། །ཆོས་གོས་བྱིན་གྱིས་མ་བརླབས་ཞག་འདས་ཤིང་། །བློ་ཕྱེད་ནས་ཀྱང་བརླབ་དགོས་མ་གྲུབ་༢༧བཅས། །ཟླ་བརྒྱད་དུས་མིན་འབྱིན་༢༢དང་དུས་སུ་ནི། །དབྱུང་ལ་མ་༢༣ཚོགས་པ་དང་དབྱར་

ཁང་གི། །དགོས་ཆེད་མིན་པར་དབྱིག་སོགས་སློངས་པ་༢༩དང་། །གླེགས་བམ་འདྲི་སོགས་ཆོས་ཀྱི་ཕྱིར་རྙེད་པའི། །གོས་༢༥དང་གོས་རྒྱུ་༢༦དང་ནི་མལ་ཆའི་རྒྱུ། །དབྱར་ཁང་༢༧རྒྱུ་རྣམས་ཟས་སུ་བསྒྱུར་ཏེ་འཇོག །གྲངས་༢༨སུ་བཅད་དང་སྤྱི་ལ་བསྔོས་༣༠པ་དག །རང་ལ་བསྒྱུར་དང་ཆགས་ཡུལ་སྐྱེས་བུ་དག །ཉན་ཕྱིར་འཆིང་འགྲོལ་སོགས་ཀྱིས་༣༡འབྲིད་པ་དང་། །དངོས་དང་རིན་གྱིས་ལྕི་༣༢དང་ཡང་༣༣བའི་གོས། །བརྟེན་རྣམས་ཐུན་མོང་མིན་པའི་སྤང་ལྟུང་ངོ་། །མ་བཀྲོས་པ་སོགས་བཅུ་ཚན་གཅིག་དང་ནི། །ཡང་ཡང་ཟ་དང་རས་ཆེན་སྒྲོད་པ་དང་། །ཟས་བསོད་སློང་དང་དབེན་གཉིས་མ་ལོན་རྫོགས། །ཕྱིར་མ་བསླངས་པར་སྤྱོད་རྣམས་མ་གཏོགས་པའི། །བདུན་ཅུ་རྩ་གཉིས་སྟེང་དུ་བཅུ་གཉིས་ལོ། །མ་ལོན་པས་རྫོགས་འཁོར་འཛོག་འཁོར་མང་འཛོག །ཁྱིམ་སོ་བཟུང་དང་མ་བཟུང་བྱེ་བྲག་ལས། །བཅུ་གཉིས་ཉི་ཤུ་མ་ལོན་རྫོགས་པར་བྱེད། །ཚིགས་ལས་འདས་པ་གཉིས་དང་མ་བསླབ་རྫོགས། །བསླབ་ཟིན་མི་རྫོགས་ཆོས་ཚོང་འདྲིད་པ་དང་། །འཁོར་མང་གསོག་དང་མ་གནང་སྟུད་པ་དང་། །འབྲུལ་མོ་སྤྲུམ་མ་མྱུ་ངན་གྱིས་གཟིར་དང་། །འཐབ་ཀྲོལ་ཅན་ཏེ་སྐྱོན་ཅན་སྟུད་པ་བཞི། །མི་འདོགས་མི་འདྲེན་མི་སློབ་ནད་པའི་གཡོག །མི་བྱེད་པ་སྐྱེ་ཡལ་བར་འདོར་བ་བཞི། །འདོད་རྟེན་འདོད་རྟེན་ལྟར་བཅོས་ལྟར་གནོད་དང་། །བརྟེན་པར་བྱ་བ་འཆོས་པའི་ལྟུང་བྱེད་དོ། ཁྱིམ་པ་དང་ནི་དགེ་སློང་ཡུལ་དག་ལ། །བརྟེན་ནས་བླ་གབ་ཡོད་མེད་འགྲེངས་བ་བཞི། །དེ་བཞིན་ཕན་ཚུན་ཤུབ་ཅིང་སྨྲ་བ་བཞི། ཁྱིམ་པ་ལས་ནི་རིག་པ་ལེན་དང་གློག རྨ་བཅིངས་འགྲོལ་དུ་འཇུག་དང་བུ་འཚོ་དང་། །མཚན་མོ་ཁྱིམ་གཞན་ཉལ་དང་མ་བཏགས་ཉལ། །གཅིག་ཉལ་སྟན་ཅིག་སྤྱོད་ཅིང་གནས་པ་བཏང་། །རང་ལུས་དགེ་སློང་མ་དང་དགེ་སློབ་མ། །དགེ་ཚུལ་མོ་དང་ཁྱིམ་མོ་མུ་སྟེགས་མོར། །དྲིལ་ཕྱིས་བྱེད་འཇུག་ཆུ་ཡིས་འབྲུ་རུ་འཇུག དྲི་ཞིམ་འབྲུ་མར་ཚིགས་སྐྱད་ཆུར་ལོངས་སྤྱོད། །སྤྲ་ཤེལ་རྩི་དང་སོ་མངས་སྤྱིག་ཤད་གསུམ། །སོ་སོའམ་གསུམ་གྱིས་སྐྲ་ཤད་སྐྲ་ཚབ་དང་། །ཁྱིམ་པའི་རྒྱན་ཐོགས་བྲོ་གླུ་རོལ་མོ་བྱེད། །གདུགས་ཐོགས་མཆིལ་ལྷམ་གྱོན་དང་ཁྲི་འུར་འདུག །ཕྱེས་གཏོད་ལོག་ཐབས་བྱེད་དང་སྐྱད་པ་མཁལ། །དགེ་འདུན་མའི་གོས་བདག་གིར་བྱེད་པ་དང་། །ཟས་འཚོང་ཁྱིམ་གྱི་བྱ་བ་བརྗེད་པ་འཚོད། །ལྷོ་འདུན་སྙོག་ཟ་རྨེ་གབ་མི་བརྟེན་དང་། །ཆུ་གོས་མི་འཆར་བཀྲུ་མཁན་གོས་འབྲུར་འཇུག །རྡུང་བའི་གོས་ལ་མ་གྲུས་སྟེར་དང་བརྗེ། །གཞན་བསྡུགས་ཁྱིམ་གནས་རྙེད་ཆོས་སེར་སྣ་ལྔ། །དབྱར་ཁང་ཁྱིམ་གཞན་ནས་སྒྲོད་པོ་འཆམ་པ། །ལོག་པར་སྟོན་དང་རྣམ་འགྱུར་བརྣམས་ཐབས་བྱེད། །སྦྱོ་དང་ཆུ་འཐོར་འཕྲུག་ལོང་ཡལ་བར་འདོར། །བློ་མཐུན་མི་བྱེད་གདམས་ངག་མྱོང་མི་བྱེད། །དགེ་སློང་མེད་པར་གསོ་སྦྱོང་དབྱར་གནས་བྱེད། །གཉིས་ཀའི་ཚོགས་ལ་དགག་དབྱེ་མི་བྱེད་དང་། །དབུལ་པོ་སྲ་བརྒྱང་སྦྱོར་

འཇུག་དབྱུང་འགྱེད་ཕྱིར། །ཚོགས་པར་མི་སྤྱིན་དབྱར་ཁང་ཡལ་བར་འདོར། །ལྷོངས་རྒྱུར་འགྲོ་དང་མི་འགྲོ་དོགས་བཅས་འགྲོ། །བཀག་པའི་ཕྱོགས་འགྲོ་གཞན་གནས་འཐབ་བཀྲོལ་བྱེད། །སྐབས་མ་ཕྱེ་འདྲི་ཕྱི་སར་གཅིག་པུར་འགྲོ། །ཅ་སྟོན་སྟེང་དང་མ་བལྟས་བཤང་གཅི་འདོར། །བརྒྱ་ཙ་བརྒྱད་པོ་སྒོས་ཀྱི་ལྟུང་བྱེད་དོ། །

དགེ་སློང་སྐབས་བཤད་སོར་བཤགས་གསུམ་པའི་སྟེང་། །ནད་མ་མིན་བཞིན་འོ་ཞོ་མར་ཞུན་མར། །འབྲུ་མར་སྦྲང་རྩི་ཉ་རམ་དབྱུ་བ་དང་། །ཉ་ཤ་ཤ་དང་ཤ་སྐམ་རྣམས་བསླངས་ཏེ། །སྤྱོད་པ་འདི་བཅུ་ཐུན་མོང་མིན་པར་བཤད།

ཉེས་བྱས་རྣམས་ལས་མ་བསྒོས་སྟན་ལ་འདུག ཙ་སྟོན་ཡོད་སར་བཤང་གཅི་འདོར་བ་གཉིས། །ལྟུང་བྱེད་སྐབས་སུ་སོང་ཟིན་དེའི་ཚབ་ཏུ། །ཤམ་ཐབས་རྐེད་པ་སྣང་བར་བགོ་བ་དང་། །ཆགས་བཞིན་ཁྱིམ་གཞན་དུ་ནི་འགྲོ་བ་གཉིས། །ཉེས་བྱས་ཉིད་དུ་བཤད་བསྟན་གྲངས་མཐུན་ནོ། །དགག་པའི་བསླབ་བྱ་ཞེས་པ་ རྩུལ་ཁྲིམས་ཀྱི། །མི་མཐུན་ཕྱོགས་རྣམས་ངོས་འཛིན་རག་ཙམ་མོ། །ཉམས་དང་མ་ཆགས་སྡེ་ལྔའི་གཞིར་ཞུགས་ཀྱང་། །ཉེས་བྱས་ཙམ་བསྐྱེད་གསོལ་བཞིའི་བསླབ་བྱིན་ལ། །སྡེ་ལྔའི་དངོས་གཞི་བསྐྱེད་པ་དགེ་སློང་བཞིན། །དེ་སོགས་ཞིབ་པའི་མཐའ་དཔྱོད་གཞན་དུ་འཆད། །

ཐེག་ཆེན་སོ་ཐར་སྡིག་ཏོ་མི་དགེའི་ཕྱོགས། །ཕལ་ཆེར་སྔར་བཤད་ཉན་ཐོས་ལུགས་བཞིན་བསྲུང་། །རང་འདོད་བྲལ་ཞིང་གཞན་དོན་འགྱུར་ངེས་ན། །ལྟུང་བ་འགའ་ཞིག་བྱང་སེམས་སྐབས་གཞིན་སྤྱད། །འཇིག་རྟེན་མ་དད་འགྱུར་པའི་སྤྱོད་པ་ཀུན། །གཉིས་ཀ་མཐུན་པར་འདྲི་ཞིང་བརྟགས་ཏེ་སྤང་། །སྐྱེ་བོ་ཆོས་ལ་འཇུག་པའི་རྒྱུར་མཐོང་ན། །བཀག་པ་རྣམས་ཀྱང་གནང་བས་དུས་སྐབས་དཔྱད། །ཐོག་མ་ཉིད་ནས་གནང་དང་བཀག་པ་མེད། །རུང་དང་ཉེ་བཟུང་མི་རུང་དང་ཉེ་བ། །ཀུན་ཏུ་མི་སྤྱད་དེ་དག་ལས་ཟློག་པ། །རིམ་བཞིན་སྤང་དང་བླང་བྱར་བསྡུས་ཏེ་གསུངས། །འདུལ་བར་མི་སྣང་མདོ་སྡེ་ལ་མི་འཇུག ཆོས་ཉིད་དང་འགལ་བླང་བྱ་མིན་པར་ཤེས། །དེ་ལས་ཟློག་པའི་མཚན་ཉིད་གསུམ་ལྡན་ན། །བླང་ངོ་བསླབ་པ་ཕྲ་མོ་ཁྱད་བསད་ན། །དུད་འགྲོར་སྐྱེ་འགྱུར་ཨེ་ལའི་འདབ་ཀླུ་བཞིན། །ཕམ་ལྕག་སོགས་ཀྱི་རིམ་པས་ཚབ་ནས། །ཡང་སོས་བར་གྱི་སྡུག་བསྔལ་བསྐྱེད་པར་གསུངས། །ཚེ་འདིའི་འཇིགས་སྐྱོབས་ཕྱི་མའི་ལེགས་སྨོན་ནི། །ཁྲིམས་སྲུང་ཙམ་གྱིས་འགྲུབ་མོད་ངེས་འབྱུང་གིས། །ཟིན་པའི་སྡོམ་པས་ངེས་ལེགས་འདོད་བཞིན་འགྲུབ། །

རབ་བྱུང་གཞི་ནས་དབྱེན་གྱི་གཞི་ཡི་བར། །རྣམ་གྲངས་བཅུ་བདུན་ལུང་ གཞི་ནས་གསུངས་པའི། །དང་པོ་བཤད་ཟིན་སྒྲུབ་པའི་བསླབ་བྱ་ལ། །བསླབ་པ་ཡོངས་སྤྱོང་བདེ་བར་གནས་པའི་རྐྱེན། །དགོས་པ་སྒྲུབ་བྱེད་

ལས་ཀྱི་གཞི་རྣམས་སོ། །དང་པོར་གསོ་སྦྱོང་དབྱར་གནས་དགག་དབྱེ་གསུམ། །ཞི་གནས་གསོ་སྦྱོང་ཚུལ་ཁྲིམས་ཐོས་བསམ་གྱིས། །རང་རྒྱུད་སྦྱངས་ཏེ་འདུ་འཛི་གཡེང་སྤྱངས་ནས། །སྤོང་ཁང་བརྩིགས་ཤིང་འོས་པ་ཞལ་ཏར་བསྐོ། །མི་སྡུག་བྱམས་པ་རྟེན་འབྱུང་དབུགས་བགྲང་བ། །ཁམས་ཀྱི་རབ་དབྱེ་བསྒོམ་པས་དུག་གསུམ་དང་། །རྣམ་རྟོག་ང་རྒྱལ་གཞིལ་ཏེ་ཞི་གནས་སྒྲུབ། །བྱང་ཕྱོགས་སོ་བདུན་སྡེ་ཚན་རེ་རེ་ནས། །དམིགས་སོགས་རྣམ་ལྔས་སྒྲི་འདོགས་ཆོད་བྱས་ཏེ། །ཚོགས་སྦྱོར་འཕགས་ལམ་བགྲོད་ཕྱིར་ལྷག་མཐོང་བསྐྱེད། །

མཐུན་པའི་གསོ་སྦྱོང་བཅུ་བཞིའམ་བཅོ་ལྔ་པ། །ཟླ་ཕྱེད་དུས་ངེས་ཕྱིར་ན་དེའི་མིང་ཅན། །སྡིག་པའི་ལྟུང་བ་ཡོངས་སུ་སྦྱོང་བས་ན། །སྡིག་པ་དམན་གྱི་གསོ་སྦྱོང་ཞེས་རབ་བརྟགས། །གྲུབ་བམ་རྩོལ་བས་བྱས་གནས་མཚམས་བཅད་དེ། །འདུས་པས་བློ་མཐུན་བྱས་པར་གྲངས་ཚངས་ཤིང་། །ཁ་སྐོང་ཆོས་ལྡན་མི་མཐུན་གཉིས་བྲལ་བའི། །རབ་བྱུང་སྡེ་ལྔའི་བསླབ་པ་གོང་འཕེལ་ཞིང་། །ཉམས་པ་ཕྱིར་བཅོས་བྱ་ཕྱིར་ཚུལ་དེ་བརྩམ། །སྦྱོར་བ་རང་རྒྱུད་དག་བྱས་གཎྜི་བརྡུང་། །ཉིན་རེ་བཞིན་གྱི་བྱ་བ་རྒྱུན་ཆགས་གསུམ། །གཏོར་མ་བཏང་དང་དུས་བཟང་མདོ་གདོན་པ། །མེད་མི་རུང་གི་སྦྱོར་བ་མ་ཡིན་ཀྱང་། །འདུས་འཕྲལ་མཛད་པ་སྔོན་གྱི་དུས་ནས་དར། །དགེ་སློང་འདུན་དུ་སྟུགས་ལན་གསུམ་བརྗོད་པའི། །དགེ་ཚུལ་གསོ་སྦྱོང་གྲུབ་ནས་ལོགས་སུ་བཀྲི། །མདོ་ཡི་ཆེ་བརྗོད་དུས་བརྗོད་འདུན་པར་བླངས། །དངོས་གཞི་ཉན་པར་གདམས་དང་གསོལ་བའི་ལས། །སོ་སོར་ཐར་པ་གླེང་གཞི་ཕམ་ལྷག་སོགས། །ཇི་ལྟར་ནུས་པ་གདོན་ཞིང་དག་པ་དྲི། །ལྷག་མ་ཐོས་བསྒྲག་ཚུལ་གྱིས་རུང་བའང་འདོད། །རྗེས་ནི་བསྔོ་བ་ཤིས་པར་བརྗོད་པའོ། །གསོ་སྦྱོང་མ་གྲུབ་བྱིན་གྱིས་བརླབ་པའམ། །ཚིགས་བཅད་འདོན་ལ་བསྡུས་པའི་གསོ་སྦྱོང་ཟེར། །རབ་གནས་དོན་སོགས་བཀྲ་ཤིས་གསོ་སྦྱོང་དང་། །རིམས་སོགས་གནོད་པ་བཟློག་པའི་གསོ་སྦྱོང་དང་། །དབྱེན་སོགས་རྩོད་པ་བསྡུམ་པའི་གསོ་སྦྱོང་རྣམས། །སོ་སོའི་མིང་གིས་བསྒྲགས་མོད་ཆོ་ག་མཐུན། །དུས་ངེས་མེད་ཕྱིར་དེ་ཡི་ཐ་སྙད་འདོག །

དབྱར་གནས་སྟ་ཕྱི་ཆུ་སྟོད་གྲོ་ཞུན་ཟླ། །གང་རུང་མར་ངོ་ནས་བཟུང་ཟླ་བ་གསུམ། །འོན་ཀྱང་དགོས་པ་སྲོག་ཆགས་གནོད་སྤང་དང་། །ཆར་ཆུའི་སྐབས་ཡིན་པས་ན་སྟོན་ཟླ་ཡི། །བཅུ་དྲུག་ནས་དབྱར་ཁས་ལེན་ལེགས་སོ་ཞེས། །སྒྲུབ་བྱེད་དང་བཅས་བུ་སྟོན་ཆེ་སོགས་གསུངས། །མཐུན་པའི་གནས་སུ་བཅོ་ལྔའི་གསོ་སྦྱོང་ཆོ། །གནས་མལ་སྟོབ་དང་ཚུལ་ཤིང་བྲིམ་པ་བསྐོ། །བླངས་པའི་གྲངས་བརྗོད་གནས་སྟོབ་སྦྱོར་བའི་ཆོས། །ཕྱི་ཉིན་རང་གནས་བླ་གབ་བཅས་པ་རུ། །དགེ་སློང་མདུན་དུ་བརྗོད་པ་གསུམ་གྱིས་ནི། །ཁས་བླངས་ཇི་སྐད་བཤད་པའི་ངང་ཚུགས་ལ། །གནས་པ་དངོས་གཞིའོ་གང་ཟག་དགེ་འདུན་ཆེད། །བདུན་དང་བཞི་བཅུའི་གནང་

བ་འོས་ཚེ་སྒྲིན། །ཡུལ་དུ་འབྲུགས་ལོང་བྱུང་དམ་འཐབ་ཀྲོལ་ཅན། །ཞུགས་པས་དབྱར་གནས་འགྲོལ་དང་གང་ཟག་ཅམ། །བསྐོས་པར་དགག་དབྱེ་ཞུས་ཏེ་འགྲོ་བའང་ཡོད། །

དགག་དབྱེ་དུས་དང་དུས་མིན་གློ་བུར་བ། །རིང་སྦྱོར་སྤྱོད་ཡུལ་གྲོང་དུ་གོ་བྱ་སོགས། །ཉེ་སྦྱོར་ཟླ་བ་གསུམ་ཚང་བཅོ་ལྔའི་ཉིན། །ཕན་ཚུལ་བཟོད་གསོལ་རྒྱུད་ཆགས་གསུམ་སོགས་མཐར། །ནད་པའི་འདུན་པ་སོགས་བླངས་འོས་པ་བསྐོ། གསོལ་བ་འི་ལས་བྱ་དངོས་གཞིར་ཡུལ་རྟེན་གཉིས། །འདུག་སྟེ་དནྟ་ནས་འཛིན་བརྗོད་པ་གསུམ། །བྱ་བ་ལྟུང་བའི་དགག་དབྱེ་སླར་ཡང་ནི། །རྫས་ཀྱི་དགག་དབྱེ་དགེ་ཚུལ་དགག་དབྱེ་སོགས། །རིམ་པ་བཞིན་བྱ་གལ་ཏེ་རྐྱེན་དབང་གིས། །གསོ་སྦྱོང་གསུམ་མམ་གཉིས་སོང་མཚམས་སུའང་རུང་། །གློ་བུར་འགྱེས་དགོས་ཚོགས་ཀྱི་དགག་དབྱེར་བརྗོད། །བཞི་ལས་མེད་ན་བསྐོ་བ་མ་གཏོགས་བྱ། །བདེ་བར་གནས་པ་རྐྱེན་གྱི་གཞི་ཞེས་པ། །ཟླ་བརྒྱད་གོས་དང་ཀོ་ལྤགས་སྨན་རྣམས་སོ། །གང་དུ་དབྱར་གནས་སྔ་མ་ཁས་བླངས་པར། །བླངས་ལམ་རལ་བ་ཡི་དགེ་སློང་གིས། །དགག་དབྱེ་འཕོན་ནས་དངོས་པོ་དབྱར་རྙེད་པ། །དགེ་འདུན་སྤྱིར་དབང་ཆོས་གོས་སུམ་ཕྲུག་ཡན། །སྦྱོར་དངོས་རྗེས་གསུམ་ཚང་བས་ལེགས་བཏིང་སྦྱིང་། །ཐྲ་གཏན་དངོས་ཡིན་འདྲ་ཕྱིར་བཏགས་པ་བ། །དབྱུང་ལ་གཉིས་ལས་འཇུག་ཐྲལ་རང་འཇིག་པ། །བཅོས་མ་ཟླ་བ་ལྔ་ནས་ཚོགས་པས་སོ། །བག་ཡངས་དང་འབྲེལ་ཕན་ཡོན་རྣམ་བཅུ་ལྡན། །རྙེད་པ་ཐུན་མོང་དུ་དབང་དམིགས་བསལ་གྱི། །གང་ཟག་བཅུས་ནི་རྙེད་ཐོབ་ཕན་ཡོན་མིན། །

རྒྱུ་ཚད་དབྱིབས་ཀྱིས་མི་རུང་བ་སྤངས་པའི། །ལུག་བལ་ལས་བྱས་ལ་སོགས་རུང་བ་བདུན། །བཀྲུས་ཏེ་ཚོན་ཆེན་བརྒྱད་སྤང་རུང་ཚོན་གྱིས། །ཁ་བསྒྱུར་སྣམ་སྦྱར་ངེས་པར་དྲ་ཞིང་དྲུབ། །གཞན་རྣམས་དྲས་ལ་གླེགས་བུ་ལྷན་ཐབས་རུང་། །འཚོ་དང་མགོ་བ་ལྐུག་པའི་ཡོ་བྱད་གསུམ། །ལུས་འཚོའི་ཕྱིར་གནང་རུང་བ་ཚད་ལྡན་གོས། །སྣམ་སྦྱར་བླ་གོས་མཐང་གོས་ཤམ་ཐབས་དང་། །ཤམ་ཐབས་ཀྱི་གཟན་རྟུལ་གཟན་དེ་ཡི་གཟན། །གདོང་ཕྱིས་རྣག་གཟན་གཡན་པ་དགབ་སྐྲ་བཟེད། །གདིང་བ་དབྱར་གྱི་རས་ཆེན་ཏེ་བཅུ་གསུམ། །ངོ་བོ་སྣམ་སྦྱར་སྣམ་ཕྲན་དགུ་མ་ནས། །ཉེར་ལྔའི་བར་ཏེ་ཆུང་གསུམ་འབྲིང་པོ་གསུམ། །ཆེ་བ་གསུམ་འབྱུང་གླེགས་བུ་ཕྱེད་དང་གསུམ། །ཕྱེད་བཞི་ཕྱེད་དང་ལྔ་པ་རིམ་བཞིན་ནོ། །ཆེ་བསྐོར་གསུམ་དཔངས་སུ་ཁྲུ་གསུམ་པ༑ །སྲིད་དུ་ཁྲུ་ལྔ་ཆུང་གསུམ་ཁྲུ་ཕྱེད་ཕྱེད། །ཕྲི་ཞིང་འབྲིང་གསུམ་དེ་ཡི་བར་བར་བྱ། །བླ་གོས་སྣམ་ཕྲན་བདུན་ལ་མཐང་གོས་ལྔ། །གླེགས་བུ་ཕྱེད་གསུམ་ཕྱེད་གཉིས་རིམ་བཞིན་དང་། །བླ་གོས་ཚད་ནི་སྣམ་སྦྱར་ཇི་བཞིན་ནོ། །མཐང་གོས་དཔངས་སུ་ཁྲུ་དོ་ཞེང་དུ་ནི། །ཁྲུ་ལྔ་ཡིན་མོད་བསྟན་ཀྱང་རུང་བར་བཤད། །དགེ་སློང་

མ་ལ་ཆོས་གོས་གསུམ་གྱི་སྟེང་། །ཤིང་ང་དཔྱུང་ཚད་བསྟན་པའི་རྣམ་ལྔ་ཡོད། །ཉིན་མོ་མཐང་གོས་ནང་གྱོན་ཤམ་ཐབས་དང་། །མཚན་མོ་རྟུལ་གཟན་སྟེང་གཡོག་ཤམ་ཐབས་གཟན། །ཉིན་མོ་ཤ་ལ་གྱོན་པ་རྟུལ་གཟན་ཏེ། །མཚན་མོ་ཤ་ལ་གྱོན་པ་དེ་ཡི་གཟན། །ཤམ་ཐབས་ཤམ་ཐབས་གཟན་གཉིས་ཉིན་མཚན་དུ། །ནང་དུ་གྱོན་བྱ་ཁོ་ནར་བཞེད་པའང་ཡོད། །ཚད་ནི་ཆོས་གོས་ཕྱི་མ་གཉིས་དང་མཚུངས། །གདོང་དང་ལག་པའི་དྲི་མ་ཕྱི་བའི་རས། །རྨ་ཅན་དགབ་པའི་ཕྱིར་གནང་རྣག་གཟན་དང་། །དེ་བཞིན་གཡན་པའི་ནད་ཅན་ལ་གནང་གོས། །སྐྲ་བྲེག་དུས་བཟེད་སྟོད་དུ་གྱོན་བྱའི་རས། །གཞན་གྱི་གནས་མལ་རྒྱུད་འཛའི་སྐྱོན་སྲུང་ཕྱིར། །གནང་བའི་གདིང་བ་གླེགས་བུ་ཕྱེད་གཉིས་པ། །ཚ་དུས་རྒྱུར་ཞུགས་ལུས་སྐྱོབ་རས་ཆེན་རྣམས། །ཚད་བཞིན་སླྲུབ་པ་བྱིན་གྱིས་བརླབས་ཏེ་བཅང་། །མ་གྲུབ་རེ་ཞིག་རྒྱུ་ལ་བྱིན་རླབས་རུང་། །སྣམ་སྦྱར་བསོད་སྙོམས་རྒྱུ་དང་ཕྱག་འཚལ་དང་། །ལས་ཆོག་ལ་འདུས་འཆད་ཉན་ཆེ་མ་གཏོགས། །མི་གྱོན་བླ་གོས་ཉིན་པ་ཕལ་ཆེར་བགོ། །མཐང་གོས་རྟག་ཏུ་བགོ་བྱ་གཞན་རྣམས་སྤྱད། །རང་གི་འབྲུ་ཞིང་ཁ་བསྒྱུར་ལེགས་པར་སྐྱོང་། །

རང་དང་ཚངས་པ་མཚུངས་སྤྱོད་ལ་དམིགས་ཏེ། ཁྲུར་ལོངས་པ་ནས་འཁོར་གསུམ་ཁེབ་པའི་ཚད། །དཀར་པོ་ལ་སོགས་བྱིན་གྱིས་བརླབས་པ་དང་། །བསིལ་ཡབ་སྲུང་ཡབ་གདུར་བུ་ལྷུང་བཟེད་ཚུང་། །ཚ་སྟོད་ཟོ་ཕོར་ལྷེ་མིག་གྲི་གུ་དང་། །ཁབ་དང་འདྲེག་སྤྱད་ནལ་ཟེ་ཐལ་ཕྱག་དང་། །ཆུ་སྣོད་གཞོང་པ་སྦྱི་བླུགས་འཁར་གསིལ་དང་། །ཞྭ་དང་སྣ་རགས་ཁྲུ་གང་མ་ལོངས་པའི། །གོས་ཀྱི་ཚལ་བུ་ལ་སོགས་ཕྲན་ཚེགས་པ། །བྱིན་རླབས་མེད་རུང་མཁོ་བའི་ཡོ་བྱད་དོ། །

གཞན་ལ་ཡིད་གཏད་བྱིན་གྱིས་བརླབས་ནས་སུ། །ཞེན་མེད་འཆང་རུང་ཆོས་གོས་ལྷག་པོ་དང་། །རིན་དང་རྒྱུ་སོགས་ལྷག་པའི་ཡོ་བྱད་དོ། །རྟེན་དང་དངོས་པོ་ཉམས་དང་འཕྲོག་གམ་བྱིན། །དབྱུང་བས་འཇིག་རྣམས་སྤྱིར་བཏང་ཡིད་གཏད་ཡུལ། །ཤི་བ་ཕྱིར་མའི་འཇིག་རྒྱུ་དམིགས་བསལ་ལོ། །གོས་རྙེད་སངས་རྒྱས་ཆོས་ལ་སྣལ་ཕུལ་ནས། །དངོས་སམ་བསྒྱུར་བ་བསྔོས་པས་ཆོ་ག་བཞིན། །མཉམ་པོར་བགོ་བྱ་ཆོས་མིན་ཕྱོགས་སོང་དང་། །མ་སླེབ་ཤི་དང་བབ་ལ་མི་སྦྱིན་ནོ། །རབ་བྱུང་སྤྱིར་རྙེད་དགེ་སློང་ཕ་མ་སོགས། །མཉམ་པོར་ཐོབ་ལ་དགེ་ཚུལ་ཕ་མ་ལ། །སུམ་གཉིས་སྦྱིན་བྱ་ཁྲིམས་འཆལ་ནམ་ཡང་མིན། །ཤི་བའི་ཡོ་བྱད་ཆོས་གོས་གསུམ་ལ་སོགས། །ནད་གཡོག་དབང་མོད་ཁྱིམ་པའི་ཕྱོགས་ལ་མིན། །ལྷག་མ་ཡོན་བཤད་གསོལ་བའི་ལས་ཀྱིས་བགོ། །སྐྱིར་ན་ཕྱག་དར་ཁྲིད་པ་ལ་བརྟེན་ནས། །མྱང་འདས་སེམས་ཀྱིས་ཚུལ་ཁྲིམས་དག་པ་དང་། །ཐོས་བསམ་སྒོམ་པས་རང་གཞན་དོན་གཉིས་སྒྲུབ། །ཡོན་ཏན་དེ་ལྡན་འབད་རྩོལ་མི་དགོས་པར། །རྙེད་ན་རིན་ཐང

ཅན་སོགས་བཟང་པོའི་གོས། །ཡོངས་སུ་སྤྱད་པས་ཚོག་སྟེ་འདོད་པ་དང་། །དུབ་པའི་མཐའ་སྤང་དབུ་མར་བརྟེན་པར་གསུངས། །

མི་རུང་ཤས་ཆེ་ཀོ་ལྤགས་ལས་གྱུར་པའི། །མཆིལ་ལྷམ་མཐའ་འཁོབ་དག་ཏུ་གནང་བ་ལ། །ཁྲ་བོ་གཉེར་མ་རྒྱན་དང་སྐྲར་བཅས་དང་། །ཡུལ་གཞན་དྲུང་དང་ཟས་བཟའ་སོགས་ལ་བཀག །མིག་དང་རླུང་སོགས་ལ་ཕན་དོམ་གྱི་ལྤགས། །འདིང་དང་ལྷམ་གྱི་ནང་དུ་གཞུག་པར་གནང་། །མཐའ་འཁོབ་འགའ་ལ་ཀོ་ལྤགས་བསྟེན་བྱ་རུ། །གསུངས་པ་ལུག་ལྤགས་སོགས་ཧེ་སེང་གེ་དང་། །སྟག་སོགས་མ་གནང་ཁྱིམ་དུ་གཞན་མེད་ན། །འདུག་པ་ཙམ་གནང་འཁྲུགས་རོམ་ཡོད་ས་རུ། །ཞྭ་དང་ལྷམ་སྒྲོག་ཅན་གནང་དུས་སྐབས་དཔྱད། །

གང་ཞིག་ཁམ་ཟས་ལ་བརྟེན་འཚོ་བའི་རྒྱེན། །སྐྱེ་མཆེད་གསུམ་ལྡན་དུས་རུང་སྨན་སོགས་བཞི། །རབ་བྱུང་སྡེ་ལྡས་སྐྱ་རེངས་ཤར་བ་ནས། །གུང་ཚིག་བར་སྤྱད་བཟའ་བཅའ་དུས་རུང་སྨན། །བུ་རམ་བྱིན་རླབས་ལམ་ཞུགས་དགེ་བསྙོས་དང་། །ལག་གི་བླས་ནི་དུས་མིན་བཟའ་རུང་ཉིད། །ཟན་ཆད་པས་ནི་བཟའ་བཅའ་དག་ཀྱང་ངོ་། །

གནང་བའི་བཀྲུང་བ་རུང་ཆུས་བཏབ་པ་དང་། །ཚགས་ཀྱིས་བཙག་པ་སླ་བ་བཞིན་རས་སྣང་། །ཉིན་མཚན་སོ་སོའི་ཐུན་ཚོད་མཐའ་ཞེས་པ། །རྒྱུ་སྐར་འཆར་ཉེ་དེ་བཞིན་སྐྱ་རེང་གོང་། །གང་གང་ཉིད་དུ་བྱིན་བརླབས་དེ་དེའི་མཐའ། །ཚུན་ལ་ཅི་བདེར་སྤྱོང་བྱ་ཐུན་ཚོད་དུ། །རུང་བའི་སྨན་ཧེ་སྟར་བཤད་དོན་ཚང་ན། །ནས་ཁུ་ཤ་ཁུའི་ཐང་སོགས་ནད་པར་གནང་། །

ཞུན་མར་སོགས་བཞི་དེ་དང་འདྲ་བ་འགའ། །ཞག་བདུན་མཐའ་རུ་བྱིན་བརླབས་ཧེ་གོང་དུ། །བསྟེན་པ་ཞག་བདུན་པ་ཡི་སྨན་དུ་གྲགས། །རྩ་བ་སྡོང་པོའདབ་མ་མེ་ཏོག་དང་། །འབྲས་བུ་ཟས་ལ་མ་ཁྱབ་པ་ཡི་སྨན། །ཇི་སྲིད་འཚོ་བར་བྱིན་བརླབས་དགོས་དུས་སུ། །བརྟེན་པ་འཚོ་བཅང་སྨན་ཧེ་ཕྱི་མ་གསུམ། །གཙོ་ཆེ་ནད་པ་ལ་གནང་རོ་ནུས་དག །འགྱུར་ན་གསོག་འཇོག་འགྲོ་བས་སྤང་དགོས་ཤིང་། །བཞི་ཀར་བྱིན་ལེན་བྱས་ཤིང་འཆགས་པ་གཙོ། །དེ་ཕྱིར་རུང་ཁང་བཅོས་ནས་བྱིན་རླབས་གསུངས། །དུས་རུང་ཟས་ལ་སྤྱོད་དུས་རང་ཉིད་ལ༑ །ནད་པའི་འདུ་ཤེས་ཟས་ལ་སྨན་དུ་བརྟག །རན་པ་ལོངས་སྤྱོད་ཁ་བགྲུ་མདོ་བསྔོ་བྱ། །དམིགས་བསལ་མུ་གེའི་དུས་དང་ན་བའི་ཚེ། །ལག་ཉ་མཚམས་བཅོས་ནང་དུ་ཞག་ལོན་དང་། །རྗེན་བཅོས་གསོག་འཇོག་ཡང་ཡང་བཟའ་བ་དང་། །ས་བོན་སྐྱེ་འཇིག་བྱིན་ལེན་མ་བྱས་པར། །བཟའ་ལ་ལྟུང་བ་མི་འབྱུང་བག་ཡངས་གནང་། །མཆིལ་སྣབས་ལུད་པ་ཁྲུས་ཆུ་ལ་སོགས་པ། །གཙུག་ལག་ཁང་སོགས་དགེ་འདུན་གནས་མལ་ལ། །བསྐྱུད་

དང་འདོར་བ་རྣམ་པ་ཀུན་ཏུ་སྤང་། །མདོར་ན་ཁ་ཟས་བསོད་སྙོམས་གདན་གཅིག་དང་། །སྣན་ནི་བཀུས་ཏེ་བོར་སོགས་ངན་ངོན་གྱིས། །ཚིག་ཤེས་བྱ་ཞིང་དུབ་པའི་མཐའ་ཡང་གསལ། །

འགྲུབ་བྱེད་ལས་ཀྱི་གཞི་ལ་དགེ་འདུན་དང་། །གང་ཟག་གིས་དབྱེ་དགེ་སློང་ཕ་དང་མ། །ལྷག་མ་ནས་དབྱུང་ཕ་མ་ཉི་ཤུ་དང་། །བཞི་བཅུ་རིམ་ཚོགས་སྐྱེས་པ་བསྙེན་རྫོགས་པར། །དབུས་སུ་བཅུ་ཚོགས་མཐའ་འཁོབ་ལྔས་ཀྱང་རུང་། །བུད་མེད་བསྙེན་རྫོགས་ཕ་མ་བཅུ་བཅུ་གཉིས། །ཕྱེད་དབྲི་སྔར་བཞིན་དགེ་སློབ་སོགས་སྦྱིན་པར། །མ་ཚོགས་བཅུ་གཉིས་དྲུག་གི་ཁྱད་སྔར་བཞིན། །ཕ་ཡི་གསོ་སྦྱོང་ལ་སོགས་ལས་གཞན་ལ། །དགེ་འདུན་དུ་ལོངས་དགེ་སློང་མའི་དགག་དབྱེ། །ཕ་མ་ལྔ་བཞི་དེ་ཡི་མགུ་སྦྱོད་ལ། །ཕ་མ་བཞི་བཞི་བརྒྱད་དེ་གྲངས་ཚང་པ། །མི་འདུག་འགྲེང་དང་གང་ལ་བྱ་བ་དང་། །འདུན་དང་ཡོངས་དག་ཕུལ་དང་མ་རྫོགས་དང་། །མཚན་ཉམས་མཚམས་མེད་བྱས་དང་སྡིག་ལྟ་ཅན། །ས་གཞན་ན་གནས་འབྲུལ་བཅས་མཚམས་གཞན་གནས། །དགོན་མཆོག་གཞན་ཡིན་རང་བཞིན་མི་གནས་དང་། །མཚན་མི་མཐུན་ཏེ་བཅུ་གསུམ་མ་ཡིན་ན། །ཁ་སྐོང་འོས་ཤིང་མཚམས་ནང་དེར་གནས་པའི། །འདུ་འོས་ཀུན་འདུས་འདུས་པ་ཕྱིར་བཟློག་དང་། །བྲལ་བས་མི་མཐུན་པ་མེད་ལས་བྱེད་མཁན། །ཁ་སྐོང་ཆོས་ལྡན་བརྗོད་པ་ཚིག་ཕྱེད་ཀྱང་། །མ་འབྲུལ་བློར་ཐོན་བརྡ་སྦྲོད་མཁས་ཤིང་སྤྲོ། །མཚམས་ཆེན་བཅད་སོགས་བརྒྱད་པོ་བྱ་བའི་ཡུལ། །སེམས་ཅན་ལ་མིན་གནས་དང་དངོས་པོའི་ཁྱད། །ལྟུང་བཟེད་སྣུབ་སོགས་ཁྲིམ་པའི་རྟེན་ལ་དང་། །དགེ་སློབ་ཚངས་སྤྱོད་ཉེར་གནས་བསྙེན་རྫོགས་སྦྱིན། །དགེ་ཚུལ་བསྒྲིལ་རྣམས་མ་རྫོགས་རྟེན་ལའོ། །

ཁང་པ་ཁང་ཆེན་བརྩིགས་པའི་གནང་བ་སོགས། །སྦྱིན་པའི་ལས་ཏེ་ཉི་ཤུ་རྩ་དྲུག་དང་། །གསང་སྟོན་བསྒོ་སོགས་བསྒོ་བའི་ལས་སོ་བཞི། །བསྒོ་བྱ་ཁྱད་ཆོས་བཞི་ལྡན་ཚོགས་ལོངས་མིན། །བསྡིགས་དང་སྨད་སོགས་ཚད་པའི་ལས་བཅུ་བཞི། །བསྒྲུ་གྱུར་གྲངས་སུ་གཞུག་སྡོམ་བཅུ་བཞི་ནི། །ཚད་པ་དང་ནི་རྗེས་སུ་མཐུན་པའི་ལས། །དེ་ཀུན་བསྙེན་པར་རྫོགས་པའི་རྟེན་ལའོ། །བྱེད་པོ་དགེ་འདུན་ཐམས་ཅད་ལྟུང་བ་ཡིས། །དག་པ་དགོས་ལ་ལྷག་མ་མན་ཆད་ཐོག །ཀུན་གྱིས་དེར་འདུ་ཤེས་རྣམས་བྱིན་རླབས་པས། །ལས་ལ་མི་སྒྲིབས་ཕམ་ཅན་ནམ་ཡང་མིན། །

བསྟན་འགྲོར་ཕན་པའི་བསམ་པས་ལས་དེ་ཉིད། །སྙིང་ནས་བྱེད་འདོད་ཐར་པའི་རྒྱུར་འགྱུར་བའི། །ཀུན་སློང་ཁྱད་པར་ཅན་ལྡན་ལས་ཆགས་རྒྱུ། །ལས་གང་ཡིན་པའི་ངོ་བོ་མ་ནོར་ཞིང་། །གོ་རིམ་དང་ནི་ཚིག་ཕྱེད་མ་འབྲུལ་བར། །བརྗོད་པ་དག་གི་རིག་བྱེད་ལས་དངོས་སོ། །དགེ་འདུན་གྱིས་ཀྱང་ཉན་ཤེས་ཀྱིས་ཐོས་ཤིང་། །ཡིད་

ཞེས་ཀྱིས་གོ་ལས་དོན་ཉམས་སྨྱོང་ཚད། །གསོལ་བ་འབའ་ཞིག་པ་དང་གསོལ་བ་དང་། །གཉིས་ཀྱི་ལས་རྣམས་ཚར་རེ་རྫོགས་རྫེས་ཆགས། །གསོལ་དང་བཞི་ཡི་ལས་ལ་བརྗོད་པ་གསུམ། །ལན་གསུམ་བརྗོད་དགོས་གསུམ་པའི་ངོ་བོ་དང་། །བྱ་བ་བརྗོད་པ་རྫོགས་རྫེས་ལས་འཆགས་སོ། །

དགེ་འདུན་ལས་ལ་བརྒྱ་རྩ་གཅིག་ཡོད་པ། །གསུམ་དུ་འདུས་ཤིང་སོ་སོའི་མཚན་ཉིད་ནི། །གསང་སྟོན་བསྐོ་ནས་ལྟུང་བཟེད་སྦྱུབ་སྲང་བར། །གསོལ་བ་འབའ་ཞིག་པ་སྟེ་བརྗོད་པ་མེད། །གསོ་སྦྱོང་གནས་ལ་བློ་མཐུན་བྱ་བ་ནས། །དབྱར་ལས་ཕྱིར་འགྲོ་བཞི་བཅུའི་གནང་བའི་བར། །གསོལ་བ་སྟོན་འགྲོའི་བརྗོད་པ་མཐུག་སྟུད་དང་། །བཅས་ལ་གསོལ་དང་གཉིས་ཀྱི་ལས་ཞེས་བརྗོད། །སྒྲུབ་བྱ་བསྙེན་རྫོགས་ནས་བཟུང་ཕམ་པ་ལ། །བསླབ་བྱིན་བར་ནི་གསོལ་བ་སྟོན་འགྲོ་བའི། །བརྗོད་པ་ལན་གསུམ་འཐུག་སྟུད་དང་བཅས་པ། །དེ་ཕྱིར་གསོལ་དང་བཞི་ཡི་ལས་ཞེས་བརྗོད། །

ལྐོག་དང་མངོན་དུ་བར་ཆད་དྲི་བ་དང་། །སྨྲིན་ལས་ཀུན་གྱི་ཐོག་མར་དགེ་འདུན་ལ། །གསོལ་བ་འདེབས་རྣམས་དགེ་འདུན་དང་འབྲེལ་པའི། །གང་ཟག་ལས་ཡིན་ཆོས་གོས་ལྷུང་བཟེད་སོགས། །ཡོ་བྱད་སྔུན་རྣམས་བྱིན་རླབས་དགེ་བསྙེན་དང་། །བར་མ་རབ་བྱུང་དགེ་ཚུལ་སྒྲུབ་པ་སོགས། །གང་ཟག་རྐྱང་པའི་ལས་སོ་དགེ་སློང་གཞན། །མེད་ཚེ་ཆོས་གོས་རླབས་དབྱུང་གསོ་སྦྱོང་དང་། །དགག་དབྱེའི་སྡུགས་དངོས་ལན་གསུམ་བརྗོད་པས་འགྲུབ། །དེ་བཞིན་ཆོས་གོས་བརྟག་དང་མགྲོན་པོས་པར། །ཁས་བླངས་འདི་ཀུན་ཡིད་ཀྱིས་རྣམ་པར་བརྟག

གལ་ཏེ་ཉམས་ན་ཕྱིར་བཅོས་བྱ་བ་ལ། །འདིར་ནི་ལུང་གི་གཞི་རྣམས་ཚང་བའི་ཕྱིར། །ལྟུང་དང་རྩོད་པ་ཕྱིར་བཅོས་གཉིས་སུ་འཆད། །ལྟུང་བ་ཕྱིར་བཅོས་གསུམ་དང་འཕྲོས་པ་གཞན། །གང་ལ་བྱ་བ་འཕབ་ཀྱོལ་བྱེད་པ་སོགས། །གཞིདེ་མ་ཞིམ་བཏང་མངོན་འདུག་ན། །འོས་པས་གླེང་ངམ་བསྐོ་དང་གྲགས་པས་བསྐྱིགས། །བྱེད་པོ་དགེ་འདུན་ཚུལ་ཁྲིམས་རྣམ་དག་ཅིང་།ཁ་སྐོང་ཆོས་ལྡན་འཁོན་བཅས་མ་ཡིན་པ། །བརྩེ་ལྡན་དགོངས་པ་དག་པས་དགེ་འདུན་རྣམས། །བྱེ་འགྱུར་དགག་བྱ་མེད་པའི་དུས་སུའོ། །སྡར་བྱས་འཁྲོ་གཅོད་འཚོས་སུ་གཞུག་པའི་ཕྱིར། །གླེང་དྲན་བཞམ་བསྐོ་སྟོན་སོང་གསོལ་དང་བཞིའི། །ནན་ཏུར་ལས་བྱ་མངོན་སུམ་མ་འོངས་ན། །གོ་བར་བྱ་ཞིང་བསྒྲགས་པ་ཡིས་ཀྱང་ངོ། །

ནན་ཏུར་དང་ནི་ས་གཞན་གནས་པ་ལ། །མུ་བཞི་རྩེར་ཡོད་ལས་ཀྱི་དབྱེ་བ་ནི། །འཕབ་ཀྱོལ་བྱེད་ལ་ཐོང་བསྐོ་མི་བཏང་ན། །གནས་དབྱུང་གིས་བསྐྱིགས་༎གསོལ་བཞིའི་ལས་དང་ནི། །ལྷག་མ་མི་འཆོས་བཏུད

ནས་བྱེད་པ་ལ། །སློད་པའི་གསོལ་༢བཞི་ཁྲིམས་སྲུན་འབྱིན་པ་ལ། །བསྐྲད་༣པའི་གསོལ་བཞི་ཁྲིམས་པའམ་རབ་བྱུང་ལྟར། །ཕོ་འཚམས་པ་ལ་མཇའ་ཞིང་གཙུགས་པ་དང་། །དགའ་༤བའི་དངོས་ལས་ཕྱིར་འགྱེད་གསོལ་བཞིའི་ལས། །བྱ་སྟེ་རང་རང་ནན་ཏུར་མིང་དུ་གྲགས། །དེ་དེའི་མཐའ་ལ་མི་གཏོང་གནས་དབྱུང་བྱ། །གནས་ཕྱུང་རྒྱུ་བདུན་༥གང་ལས་གྱུར་ཀྱང་རུང་། །རེ་ཞིག་གཞན་དུ་བཞག་ལ་ལྟན་ཅིག་ཏུ། །གནས་དང་ལོངས་སྤྱོད་མི་དབང་བཟོད་གསོལ་ན། །བཟོད་དང་མཐུན་པ་མཐུན་པའི་གསོ་སྦྱོང་རྣམས། །རིམ་བཞིན་བྱིན་པས་རང་བཞིན་གནས་པ་ཐོབ། །སྡེ་སྣོད་འཛིན་ཞིང་ཕྱོགས་དང་འཁོར་མང་བ། །གྲགས་དང་བསོད་ཅན་གནས་དབྱུང་འོས་གྱུར་ཀྱང་། །མི་བྱ་བྱེ་བའི་རྒྱུ་དང་སྦོམ་པོར་འགྱུར། །བསྡིགས་སོགས་བཞི་པོ་དགེ་ཚུལ་ཕ་མ་དང་། །དགེ་སློབ་མ་ལའང་ཇི་ལྟར་འོས་པར་བྱ། །ལྟུང་བ་གླེང་ཡང་སྐབས་མི་འབྱེད་པ་དང་། །ཕྱི་ཡང་མཉན་པར་མི་བྱེད་གང་ཟག་ལ། །གསོ་སྦྱོང་དགག་༦དབྱེ་འཛོག་དང་ལས་གྲལ་༧ལ། །འོང་དུ་མི་བཞུག་གསོལ་བརྗོད་བཞག་པའོ། །སྡིག་ལྟ་ཅན་གྱི་དགེ་ཚུལ་ལྡོག་བྱེད་ལྟར། །ལྡོག་ཀྱང་མི་གཏོང་དབྱུང་༨ལ་བསྐྱིལ་ཞེས་བརྗོད། །ཡང་དག་མིན་པའི་བཀུར་འདེབས་ཁྲིམས་དུ་ནི། །འགྲོ་འདུག་ཟས་ལ་ལོངས་སྤྱོད་སོགས་བཀགས་པ། །ལྟུང་བཟེད་སྤྲབ་༡༠པ་ཞེས་བྱ་ནན་ཏུར་བཅུ། །ནན་ཏུར་དང་པོ་བཞི་ལ་བཟོད་གསོལ་ན། །དང་དུ་བླངས་ཏེ་གསོལ་བཞིས་བཟོད་པ་སྦྱིན། །གསོ་དགག་བཞག་སོགས་གླེང་བའི་སྐབས་ཕྱེས་ན། །ལྟན་ཅིག་གསོ་དགག་བྱས་པས་བཟོད་གསོལ་འགྲུབ། ཁྲིམས་པས་བཟོད་གསོལ་ལྟུང་བཟེད་གསོལ་བས་བསྲུང་། །ཕམ་པ་བྱུང་བ་མཚམས་ཀྱི་ཕྱིར་རུ་བསྐྲད། །འཆབ་མེད་སྙིང་ནས་བཟོད་གསོལ་དང་དུ་བླངས། །གསོལ་བཞིའི་ཆད་ལས་བསླབ་བྱིན་དགེ་འདུན་བཀུར། །དམན་ སྤྱོད་དང་དུ་བླངས་ཤིང་ཁྲིད་པར་གྱི། །སྤྱོད་པ་སྤང་ཏེ་ཐོས་བསམ་སྒོམ་ལ་འབད། །
དགྲ་བཅོམ་ཐོབ་ན་རང་བཞིན་གནས་པར་འགྱུར། །འཆབ་བཅས་དང་ནི་མཚམས་མེད་བྱས་པ་དག གསོ་རུ་མི་རུང་རྣམ་གྲོལ་སྐལ་བས་དབེན། །

བསྒོ་བསྒྱུར་བཅུ་ནི་མཚམས་ནང་དེར་གནས་པའི། །དགེ་འདུན་ཀུན་ལ་ཕྱིར་བཅོས་བྱ་ཞིང་བཤགས། །སོར་བཤགས་རྣམས་ནི་གང་ཟག་ལ་རུང་བས། །ཐོས་པར་བྱ་ཞིང་སྒྲི་ཐུགས་ཚུལ་གྱིས་བཤགས། །སྤང་ལྟུང་དངོས་པོ་སྤངས་པའི་ཞག་གཅིག་ནས། །གང་ཟག་ལ་བཤགས་ལྟག་མ་ལ་གཏོགས་པའི། །སྦོམ་པོ་ལྔ་རྣམས་དགེ་སློང་ལྔ་ནས་བཟུང་། །ཇི་སྙེད་ལ་བཤགས་དེ་ཡི་ཡང་བ་རྣམས། །གཅིག་ལ་བཤགས་ཤིང་ཕམ་པའི་སྦོམ་ལྕི་བ། །དྲུག་ནས་ཇི་སྙེད་ལ་བཤགས་དེའི་ཡང་བ། །བཞི་སོགས་ལ་བཤགས་ལྟུང་བ་བྱུང་བ་ལྟར། །དྲན་པའི་དགེ་སློང་གྱིས་སོ་སྙིང་ནས་ནི། །བཤགས་འདོད་འགྱོད་དང་སྡོམ་སེམས་བརྟན་པོ་གཙོ། །ཚིག་བཤགས་པའི་ཚིག་རྣམས

གཞན་དུ་ཤེས། །དགོས་པ་ལྟུང་དང་རྣམ་སྨིན་དག་པ་དང་། །གཉེན་པོའི་བསླབ་པ་གོང་འཕེལ་འགྱུར་བ་འོ། །

ལྷག་མ་འཆབ་བཅས་དེ་ཡི་ཞག་གྲངས་བཞིན། །དགེ་འདུན་གཡོག་བྱའི་སྤོ་བ་གསོལ་བཞིས་སྦྱིན། །ནངས་པར་སྔར་ལང་སྔོ་དབྱེ་ཀོང་བུ་བསལ། །ཆག་ཆག་གདབ་དང་ཕྱག་དར་ལྕི་བས་བྱུག །བཤང་གཅིའི་སྐྱབས་སྐྱང་བ་སོགས་མཉེས་པར་སྒྲུབ། །འདི་དག་ནན་ཏུར་གནས་ཕྱུང་གིས་ཀྱང་བྱ། །དེ་བར་ལྟུང་བ་རིགས་མཐུན་རིམ་ཞུགས་ན། །གཞི་ནས་སྤོ་དང་སླར་ཡང་སྤོ་བ་སྦྱིན། །འཆབ་ཉེས་མ་བྱུང་དེའི་མཐར་གསོལ་བཞི་ཡིས། །ཕ་མའི་དབྱེ་བས་ཞག་དྲུག་ལྷ་ཕྱེད་དུ། །དགེ་འདུན་མཉེས་པའི་གཡོག་བྱའི་མགུ་བ་སྦྱིན། །གཞི་ནས་མགུ་དང་ཡང་མགུ་སྔ་མས་འགྲེ །ལྟུང་གཞན་དྲན་ན་སྤོ་མགུ་ཐ་དད་སྦྱིན། །ངོ་ཚ་ཆེ་ལྡན་སྔེ་སྟོད་གསུམ་འཛིན་ན། །གང་ཟག་མདུན་དུ་ལྷག་མའང་བཤགས་རུང་བཞེད། །ཀཽཤམྦི་དང་དམར་སེར་ཅན་གྱི་གཞིར། །གྲགས་ཏེ་གླེང་གཞི་ཐོག་མར་བྱུང་བས་སོ། །གཞན་ཡང་བཤགས་བྱའི་ཉེས་བྱས་གང་ཟག་ལ། །རང་མིང་གིས་བཤགས་བསྡམ་བྱ་ཡིད་ཀྱིས་སྡོམ། །དགེ་ཚུལ་ཕམ་འདྲ་འཆབ་བཅས་གསོར་མི་རུང་། །འཆབ་མེད་དགེ་སློང་སྐབས་བཞིན་བསླབ་བྱིན་སྒྲུབ། །བླང་འདས་གཞན་རྣམས་དགེ་སློང་གཅིག་ལ་བཤགས། །ཉེས་མེད་མ་གཏོགས་བླང་འདས་ཕྱོགས་མཐུན་རྣམས། །ཡིད་ཀྱིས་བསྡམ་ཞིང་དགེ་སློབ་མ་ལའང་འགྲེ། །ཡོངས་རྫོགས་དགེ་བསྙེན་ལ་ནི་མི་གསོད་སོགས། །རྩ་བ་བཞི་བྱུང་སྡོམ་པ་བསྐྱར་ནས་བླང་། །མི་མིན་གསོད་སོགས་མྱོས་འགྱུར་བཏུང་བ་རྣམས། །སྡོམ་ལྡན་ལ་བཤགས་ཕྲ་མ་སོགས་དྲུག་པོ། །འགྱོད་སྡོམ་སེམས་ཀྱིས་འཚོས་རུང་ཞར་བྱུང་ངོ། །

མི་ཤེས་བརྗེད་དང་དྲན་པར་མི་ནུས་དང་། །མ་རྫོགས་གནས་ཕྱུང་རྣམས་ལ་འཆབ་ཉེས་མིན། །དེ་ལས་ཟློག་པའི་ཁྱད་ཆོས་ལྡན་ལ་འབྱུང་། །བྱུང་བར་འདུ་ཤེས་ཞག་ལོན་ཁྱད་གསོད་པ། །དེ་ཡིས་ཀུན་ནས་བསླངས་པའི་ལུས་ངག་ལས། །གོ་བར་བྱ་ཡུལ་དགེ་སློང་རྣམ་དག་པ། །ཡོད་བཞིན་མ་བརྗོད་སྐྱ་རེངས་ཤར་བ་རྣམས། །རིམ་བཞིན་གཞི་བསམ་སྦྱོར་བ་མཐར་ཐུག་སྟེ། །འཆབ་ཉེས་འགྱུར་བའི་ཚད་དོ་སྨྲོ་བ་དང་། །མ་བཅས་པ་ལ་ལྟུང་བ་ཀུན་མི་འབྱུང་། །ནན་ཏུར་བཞི་དང་བསླབ་བྱིན་ས་གཞན་ན། །གནས་པ་རྣམས་ལའང་ལྟུང་དང་འཆབ་ཉེས་འབྱུང་། །ལྷག་མ་ཡིད་གཉིས་ཟླ་ལ་དེ་བཞིན་ནོ། །བཅབ་པའི་ཞག་གྲངས་མི་དྲན་མང་ཚད་སྤྱར། །ལྡང་བའི་དུས་དང་དུས་མིན་བསྡུས་པས་ན། །དེ་ཡི་གཞིའམ་གང་ཟག་གཞི་ཞེས་བརྗོད། །

སྤོ་ལས་མགུ་དང་མགུ་ལས་རང་བཞིན་དུ། །གནས་པར་མ་དབྱུང་སྤོ་ལྡན་མགུ་ལྡན་སོགས། །ས་གཞན་ན་གནས་སྤྱི་ཡི་བསླབ་བྱ་ནི། །རང་ལས་གཞོན་པའི་ཕྱག་དང་ལྡང་བ་སོགས། །མི་བླང་དགེ་སློང་རང་བཞིན་དུ་གནས་པར། །ལྟུང་བ་གླེང་སོགས་གདམས་ངག་བཞག་པ་སོགས། །ཚད་ལས་རྒྱུ་བརྗོད་ལ་སོགས

ཀུན་ནས་སྤྱང་། །སྤྲོ་མགུའི་སྐབས་བཤད་མཉེས་པ་མཐའ་དག་སྒྲུབ། །རང་བཞིན་གནས་པ་རྣམས་ཀྱིས་དེ་དག་ལ། །མངོན་པར་སྨྲ་དང་ཕྱག་སོགས་གུས་པའི་ལས། །མི་བྱ་ལྟན་ཅིག་གནས་སོགས་འདྲེ་བ་སྤང་། །སྤྲོ་བའི་གཞི་ཞེས་གསུངས་ཀྱང་ཆད་ལས་སུ། །གཏོགས་པའི་ཀུན་སྤྱོད་བསྟན་ཕྱིར་མདོ་རྩ་བར། །ས་གཞན་ན་གནས་སྤྱོད་པའི་གཞིར་བཞག་གོ །

གཞན་གྱི་ལྟུང་བ་མཐོང་ཐོས་དོགས་གསུམ་གྱིས། །བྱུང་བར་གྲགས་རྣམས་གླེང་རྡུང་གཞི་མེད་དང་། །ངོ་བོ་མ་རྟོགས་མ་གྲགས་པ་ནི་མིན། །ལྟུང་བ་བྱུང་དང་སྡིག་ལྟ་སྐྱེས་པ་དང་། །འགྲོ་འཆག་ཉལ་གསུམ་འདུལ་བ་དང་མི་མཐུན། །ལོག་འཚོ་ལ་སྤྱོད་རིམ་བཞིན་ཚུལ་ཁྲིམས་དང་། །ལྟ་བ་ཆོག་འཚོ་བ་ཉམས་པ་སྟེ། །གླེང་བྱའི་དངོས་པོའི་ཀུན་ལས་ལྟུང་བ་གཙོ། །གླེང་ཚེ་ཁས་མི་ལེན་ན་དྲན་དུ་གཞུག ཕྱིར་བཅོས་མི་བྱེད་པ་ནི་གནས་དབྱུང་བྱ། །གླེང་བའི་སྐབས་མི་འབྱེད་ན་བརྗོད་བཅས་བྱ། །ད་དུང་མ་ཕྱེ་ལུང་འབོག་གཏམ་འདྲེ་སྤང་། །གསོ་དགག་བཞག་པའི་ནན་ཏུར་དགོས་ན་བྱ། །སྐབས་ཕྱེད་གྱུར་ཀྱང་མཉམ་པར་མི་བྱེད་ན། །ཕྱུར་བཅས་ཞེས་པ་ལྟུང་བའི་ཁྲུར་བཀལ་ཞིང་། །ཉེས་པ་བཤད་དེ་བཏང་བར་བྱ་བ་ཉིད། །མཁན་སློབ་དགེ་འདུན་དྲུང་དང་ཞེ་འགྲས་པའི། །མདུན་དུ་མི་གླེང་དབེན་པར་བག་ཕབ་སྟེ། །གླེང་ངོ་གསོ་སྦྱོང་བཞག་པའི་གཞིར་གསུངས་མོད། །གཞན་གྱི་རྒྱུད་སྦྱོང་ཕྱིར་ན་མདོ་རྩ་བར། །ཡོངས་སུ་སྦྱང་བའི་གཞི་ཡི་མིང་གིས་བསྟན། །

རྩོད་པ་ཕྱིར་བཅོས་དབྱེན་གྱི་གཞི་དང་ནི། །རྩོད་པའི་གཞི་སྟེ་མཚམས་ཀྱི་ནང་གཅིག་ཏུ། །ཕན་ཚུན་དགེ་འདུན་དུ་ལོངས་དེ་ཡི་ཚེ། །ཆོས་མིན་སྨྲ་བ་དག་གིས་ཆོས་ཕྱོགས་ལས། །དབྱེ་བའི་སེམས་ཀྱིས་ཐ་དད་ལས་བྱས་པས། །དགེ་འདུན་བྱེ་སྟེ་བྱེད་པ་པོ་ལ་གྲུབ། །མཚམས་མེད་འགྱུར་བ་འདུ་ཤེས་ལ་རག་ལས། །བྱེ་འགྱུར་དོགས་པས་ཆོས་མིན་ཕྱོགས་པ་ལ། །གླེང་དང་གླེང་བའི་ལན་ཟློག་མི་བྱ་ཞིང་། །དགེ་འདུན་ཐུགས་མི་མཐུན་པའི་རྒྱུ་ཀུན་སྤང་། །གལ་ཏེ་བཟོད་པ་གསོལ་ན་བཟོད་པ་དང་། །མཐུན་པ་མཐུན་པའི་གསོ་སྦྱོང་རིམ་བྱིན་སྟེ། །དགེ་འདུན་ཐུགས་མཐུན་པ་ལ་འབད་པས་སྦྱར། །ཐར་ལམ་གྱིས་བསྡུས་ཆོས་ལས་ཐ་དད་པའི། །དངོས་པོ་གསོལ་བས་དབྱེན་དུ་གྱུར་པ་དང་། །དོན་དེས་ཚུལ་ཤིང་ཁྲིམ་ལས་གྱུར་པའང་ཡོད། །སྟོན་བྱུང་ལྔ་སྦྱིན་ལས་ཏེ་ཆོས་འཁོར་རྒྱུན། །ཞག་གཅིག་བཅད་ཕྱིར་འཁོར་ལོའི་དབྱེན་དུ་གསུངས། །གཞན་དུ་མི་འབྱུང་འགྲན་ཟླ་མེད་པས་སོ། །

འཁྲུགས་ལོང་ངོ་བོ་ཕན་ཚུན་མི་མཐུན་པ། །སླུས་པའི་ཚིག་རྫས་སེམས་གཞོལ་ལུས་ངག་ལས། །དངོས

པོའི་དེ་ཉིད་ལོག་པར་སྨྲ་བ་དང་། །གདམས་ངག་ལུང་མི་འབོག་དང་གླེང་བྱ་བའི། །ལྟུང་བར་བཅས་དང་ལས་ལ་མཐུན་པ་ཉིད། །མི་སྦྱིན་པ་སྟེ་རྒྱུ་བཞི་ལས་གྱུར་པའི། །རྩོད་པ་བཞི་ལ་ཞི་བྱེད་ཆོས་བདུན་ནོ། །དང་པོར་མངོན་སུམ་གཉིས་པར་དེ་དང་ནི། །དྲན་པ་མ་མྱོས་པ་སྟེ་གསུམ་འདུག་ཅིང་།གསུམ་པར་ངོ་བོ་འཚོལ་ཏུ་གཞུག་པ་དང་། །བཤགས་པས་ཕྱིར་བཅོས་རྩྭ་བཀྲམ་ལྟ་བུ་དང་། །ལྟུང་བ་ཁས་བླངས་པ་སྟེ་གསུམ་པོ་འདུག །བཞི་པར་བདུན་ཀ་འདུག་སྟེ་སོ་སོའི་མཐར། །རང་འབྲས་འབྱིན་པས་ཞིར་འགྱུར་ཚོ་ག་ནི། །དང་པོ་མངོན་སུམ་འདུལ་བ་བརྒྱུད་འབྱུང་བའི། །གྲོལ་དང་ཕྱིར་གྲོལ་གཟུ་བོ་དགེ་འདུན་སོགས། །གོང་མ་གོང་མར་མཐུ་ཡི་ཁྱད་ཞུགས་པས། །འཐད་ཕྱོགས་སྒྲུབས་ཤིང་མི་འཐད་པའི་ཕྱོགས་ལ། །གནོད་བྱེད་བཀོད་ཅིང་འཐབ་པས་ཞི་བར་འགྱུར། །དེས་ཀྱང་མ་ཞི་བསྐོས་པའི་དགེ་སློང་གིས། །སོ་སོའི་ཚུལ་ཤིང་ཚོ་ག་བཞིན་བྲིམ་སྟེ། །ཆོས་ཕྱོགས་མང་བའི་ཐབས་ལ་ལེགས་གཞོལ་བས། །རྩོད་པ་ཆོས་ཀྱི་ཕྱོགས་སུ་ཞི་བར་བྱ། །

གཉིས་པ་ཞི་བྱེད་སྦྱར་གྱི་མངོན་སུམ་སྟེང་། །གཞི་མེད་གླེང་ཆེས་བཅོས་ཟིན་ནས་བརྩམ་པའི། །དག་པ་སྦྱིན་པའམ་དྲན་པའི་འདུལ་བ་སྦྱིན། །སྨྱོ་ལ་ཉེས་མེད་ཚུལ་བཤད་མ་མྱོས་པའི། །འདུལ་སྦྱིན་ཀུན་གྱིས་དག་པར་གོ་ན་ཞི། །འདི་ལ་ཞི་བྱ་དང་པོ་གསུམ་པ་དག འདྲེས་པ་ཆ་གཉིས་ཡོད་པའི་གོ་བ་གཙོ། །གསུམ་པར་ཞི་བྱ་གསུམ་སྟེ་གླེང་ཡུལ་དང་། །གླེང་བ་པོ་སྟེ་གཞན་ལ་མ་འགྲོས་ན། །ཡུལ་གྱིས་ཁས་བླང་ཙམ་གྱིས་རང་ཞིར་འགྱུར། །དེ་རྗེས་ཕྱི་བཅོས་བྱ་ཞིང་གཉིས་ཙམ་དུ། ། མ་ཟད་དགེ་འདུན་གཏོགས་འགའ་རྗེས་འབྲང་ན། །གྲོལ་བར་ལན་གྱིས་མངོན་སུམ་ཞི་བར་བྱ། །དེར་གནས་དགེ་འདུན་མཐའ་དག་ཕྱོགས་གཉིས་སུ། །གྱུར་པའི་རྩོད་པ་ཕན་ཚུན་ཕྲུག་བྱས་ཏེ། །བཟོད་པར་གསོལ་བས་ཐམས་ཅད་མཐུན་པར་ཞི། །རྩྭ་སྔོན་རྩེ་སྤྲད་བཀྲམ་པའི་དཔེས་བསྟན་ནོ། །ཚུལ་འདིས་གང་ཟག་དུ་མའི་ལྟུང་བ་རྣམས། །གཅིག་གིས་འཆོས་རུང་ཡུལ་ཡང་གང་ཟག་སྟེ། །ཚོགས་སུ་བཤགས་དགོས་རྣམས་ནི་མ་གཏོགས་སོ། །

ལྟུང་བ་གླེང་མཁན་ལུས་དང་ངག་བསྡམས་ཤིང་། །སྤྱི་སྒྲོད་ཤེས་ལ་སོགས་སུ་བསམ་བཞིན་དུ། །ཆོས་དང་འདུལ་བ་ལོག་པར་མི་སྟོན་ཅིང་། །ལོག་པ་ཆོས་དང་འདུལ་བར་མི་སྟོན་པའི། །ཁྱད་ཆོས་གསུམ་ལྡན་རྣམ་པ་ཀུན་ཏུ་གཅེས། །བཞི་པར་ཐམས་ཅད་ཚང་བས་ཞི་བྱེད་འགྲུབ། །དགོས་པ་དགེ་འདུན་མཐུན་པས་འཇིག་རྟེན་དུ། །བདེ་སྐྱིད་འབྱུང་ཞིང་བསྟན་པ་དར་རྒྱས་འགྱུར། །

གནས་མལ་གཞི་ལ་གང་དུ་བྱ་བའི་ཕྱོགས། །རྩོད་པ་ཅན་དང་ཉམ་ང་སྲོག་ཆགས་བཅས། །ཚེར་མ་ཅན་སོགས་མིན་པའི་གཞི་དག་པར། །དགེ་འདུན་གྱིས་གནང་གཙུག་ལག་ཁང་པ་བརྩེགས། །ལུང་ལས

གསུངས་པ་མ་མཐའི་ཚད་ཡིན་གྱི། །དེ་ཡན་ཇི་ཙམ་དགོས་པ་བློ་ཡིས་དཔྱད། །གྲུ་བཞི་ཁྲུམས་དང་སྒོ་ཁང་དྲི་གཙང་ཁང་། །རུང་ཁང་བསྲོ་ཁང་ལག་མཛོད་ལ་སོགས་པ། །བཤད་ཚོད་བཞིན་དང་ཆོས་སླའི་སེང་ཁྲི་བྱ། །སྒོ་ལ་གསང་བ་པ་ཡི་བདག་པོ་དང་། །སྒོ་ཁང་སྲིད་པའི་འཁོར་ལོ་ཆ་ལྔ་པ། །དྲི་གཙང་ཁང་དུ་བསྟན་གཙོ་སློབ་མར་བཅས། །དངོས་གཞིར་ཐུབ་པའི་སྟོན་གྱི་སྐྱེས་རབས་རྣམས། །དྲི་བ་ལ་སོགས་ལུང་ལས་འབྱུང་བཞིན་སྒྲུབ། །གང་ཟག་སོ་སོའི་ཁང་པ་སྤྱོད་ལམ་བཞི། །ཤོང་བའི་ཚད་དོ་ཐལ་ན་ལྷག་མས་རེག །གཞན་དུ་ཤིང་དྲུང་བས་མཐའ་དུར་ཁྲོད་ལ། །བརྟེན་ནས་ཚུལ་ཁྲིམས་ཐོས་བསམ་བསྒོམ་ལ་འབད། །ཡོན་ཏན་དེ་ལྡན་ཞེན་པ་མི་སྐྱེ་ཞིང་། །དཀའ་བས་མ་སྒྲུབ་རྙེད་ན་ཁང་བཟང་དང་།།ཁང་བརྩེགས་སྤྱད་རུང་མཐའ་གཉིས་རྣམ་པར་བསལ། །ཀུན་དགའ་ར་བར་དགེ་འདུན་དང་ཚུགས་ལ། །སྤྱོད་པའི་ལས་ཚན་གནས་ཁང་བསྒོ་བ་ནས། །སྙིའུ་ཚང་བསྲུང་བའི་བར་གྱི་བཅོ་བརྒྱད་པོ། །གསོལ་དང་གཉིས་ཀྱི་ལས་ཀྱིས་བསྒོས་ལ་བཞག །བསླབ་ཚིག་འོག་མ་འོག་མས་གོང་མ་དང་། །གོང་མར་ཕྱག་བྱ་མཉམ་ན་བསླབ་དུས་ཀྱིས། །རྒན་ལའོ་ཐུད་མེད་བསླབ་དུས་རྒན་གྱུར་ཀྱང་། །སྐྱེས་པ་བསླབ་ནང་མཐུན་ལ་ཕྱག་བྱར་འོས། །ས་གཞན་ན་གནས་དགེ་སློང་ཡིན་གྱུར་ཀྱང་། །དགེ་སློང་མས་མིན་རང་བཞིན་གནས་པ་ཡང་། །ཉལ་དང་ཧིང་འཛིན་སྙོམས་འཇུག་བྱ་བས་བྲེལ། །གཡེང་དང་རྒྱབ་ཀྱིས་ཕྱོགས་དང་ཁྲིམ་གཞན་གནས། །ཟས་ཀྱི་གྲལ་དུ་འདུག་ལ་སུས་ཀྱང་མིན། །མཁན་སློབ་ཉམས་ཀྱང་སློབ་མས་ཕྱག་བྱ་ཞིང་། །སྔགས་དང་གཅེས་བུར་ཕྱག་མིན་དེས་ཀྱང་ནི། །མི་བྱ་ངོ་བོ་ཡན་ལག་ལྔས་འཚལ་དང་། །ཡུལ་གྱི་སྲིད་པ་ལ་འཁྲུད་ཕྱག་གཉིས་སོ། །མཆོད་རྟེན་དང་ནི་ཀུན་དགའ་ར་བ་ལ། །རྒྱལ་མཚན་གཟུགས་ཏེ་རྣམ་པ་བཞི་ཡོད་དོ། །དེ་ལྟར་གཙུག་ལག་ཁང་དང་ཁང་ཁྲན་སོགས། །གནང་བ་ཇི་བཞིན་བསྒྲུབ་ན་ཡོན་གྱི་བདག །བསོད་ནམས་བསྐྱེད་ཅིང་དགེ་འདུན་བག་ཕེབ་པས། །འཁོར་ལོ་གསུམ་གྱིས་བསྟན་པ་ཡུན་རིང་སྐྱོང་། །ཡོངས་རྫོགས་བསྟན་པའི་ཉམས་ལེན་སྡོམ་པ་གསུམ་གཏན་ལ་དབབ་པ་འཇམ་དབྱངས་བླ་མའི་དགོངས་རྒྱན་ལས་སོ་སོར་ཐར་པའི་སྡོམ་པའི་ལེའུ་སྟེ་གཉིས་པའོ།། །།

སེམས་བསྐྱེད་ལ་ནི་ཀུན་རྫོབ་དོན་དམ་གཉིས། །བྱང་སེམས་སོ་སྐྱེའི་རྒྱུད་ཀྱི་སེམས་བསྐྱེད་དང་། །བྱང་འཕགས་རྗེས་ཐོབ་རྒྱུད་ཀྱི་སེམས་བསྐྱེད་དག །སྨོན་འཇུག་དང་ནི་ཀུན་རྫོབ་སེམས་སུ་གཅིག །བྱང་འཕགས་མཉམ་གཞག་རྒྱུད་ཀྱི་སེམས་བསྐྱེད་ནི། །སྨོན་འཇུག་དང་ནི་དོན་དམ་སེམས་སུ་མཐུན། །

རྫོགས་བྱང་ཆུབ་ཀྱི་སྒྲུབ་པ་ཁྱད་པར་བ། །རང་ཉིད་ཞི་བདེ་འདོད་པ་རྒྱང་བསྲིངས་ནས། །མར་གྱུར་འགྲོ་བའི་དོན་དུ་རྫོགས་སངས་རྒྱས། །ཐོབ་པར་འདོད་དང་དེ་ཡི་ཆེད་དུ་ལམ། །སྒྲུབ་པར་འདོད་པའི་འདུན་པ

མཚུངས་ལྡན་བཅས། །རིམ་བཞིན་སྨོན་འཇུག་སེམས་བསྐྱེད་མཚན་ཉིད་དང་། །མི་མཐུན་ཕྱོགས་སྤོང་སེམས་པ་མཚུངས་ལྡན་བཅས། །དབང་ལྡན་རྒྱུན་ཆགས་བྱང་སྡོམ་མཚན་ཉིད་དོ། །བྱང་སེམས་སོ་སོར་ཐར་པའི་སྡོམ་པ་དང་། །ཐེག་ཆེན་སེམས་བསྐྱེད་དེ་ཡི་སོ་ཐར་དང་། །ཐེག་ཆེན་ལམ་རྣམས་དོན་གཅིག་རྣམ་གྲངས་སོ། །ངོ་བས་དབྱེ་ན་སྨོན་འཇུག་རྣམ་པ་གཉིས། །ཡུལ་གྱིས་དབྱེ་ན་ཀུན་རྫོབ་དོན་དམ་གཉིས། །སྐྱེ་ཚུལ་གྱིས་དབྱེ་བརྡ་ལས་བྱུང་བ་དང་། །ཆོས་ཉིད་བསྒོམས་པའི་སྟོབས་ཀྱིས་ཐོབ་པ་གཉིས། །ས་མཚམས་ཀྱིས་དབྱེ་མོས་པས་ཐོབ་པ་དང་། །ལྷག་བསམ་རྣམ་དག་རྣམ་པར་སྨིན་པ་དང་། །སྒྲིབ་པ་དག་པ་རྣམས་ཏེ་རིམ་བཞིན་དུ། །ཚོགས་སྦྱོར་མ་དག་ས་བདུན་དག་ས་གསུམ། །སངས་རྒྱས་ས་སྟེ་བཞི་ལ་སྦྱར་བའོ། །རྟེན་གྱིས་དབྱེ་བ་ས་གསེར་ཟླ་བ་སོགས། །འདུན་པ་ནས་བཟུང་ཆོས་སྐུ་མཚུངས་ལྡན་བར། །སྦྱོར་ཞིང་ཚོགས་ལམ་ན་གསུམ་སྦྱོར་ལམ་གཅིག །མཐོང་སྒོམ་ན་བཅུ་གསུམ་ཀ་ལ་ཁྱབ་ལྡ། །སངས་རྒྱས་ས་ལ་གསུམ་སྟེ་དེ་ཀུན་ཀྱང་། །དཔེ་གྲོགས་ཆོས་གསུམ་སྦྱོར་ཚུལ་ཤེས་པར་བྱ། །ཡང་ན་རྟེན་དང་ངོ་བོ་ཚོགས་འབྱེད། །ཐེག་ཆེན་སློབ་ལམ་མཐའ་དག་སྐྱེ་འཕགས་ཀྱི། །རྒྱུད་ཀྱིས་བསྡུས་པའི་བྱང་སེམས་སྡོམ་པ་དང་། །མི་སློབ་ལམ་ནི་སངས་རྒྱས་འཕགས་རྒྱུད་ཀྱི། །སྡོམ་པའོ་བྱང་ཆུབ་ཆེ་ལ་སྨོན་པ་དང་། །དེ་ལ་འཇུག་པ་སོ་སོའི་སེམས་བསྐྱེད་དེ། །ཕར་ཕྱིན་ལུགས་ཀྱི་ཆོག་ལས་ཐོབ་དང་། །སྔགས་ཀྱི་བརྒྱུད་པ་ལས་འོང་རྣམ་པ་གཉིས། །སྔ་མར་གཉིས་ཏེ་མགོན་པོ་འཇམ་དབྱངས་ནས། །ཀླུ་སྒྲུབ་ལ་བརྒྱུད་ཞི་བ་ལྷ་ཡི་སྲོལ། །ལྗོངས་འདིར་བ་རི་བས་སྤེལ་ས་སྐྱ་པའི། །ཕྱག་བཞེས་གཙོ་བོར་སྣང་བ་དབུ་མ་ལུགས། །མགོན་པོ་བྱམས་པའི་ཞབས་ནས་ཐོགས་མེད་ལ། །བརྒྱུད་པ་བཙུན་པ་ཟླ་བའི་ཕྱག་སྲོལ་ནི། །མཉམ་མེད་ཨ་ཏི་ཤས་སྤེལ་བཀའ་གདམས་པས། །ཕྱག་ལེན་མཛད་པ་སེམས་ཙམ་པ་ཡི་སྲོལ། །དབང་གི་སྟོན་འགྲོའི་སེམས་བསྐྱེད་ཆོག་ནི། །འཇིགས་བྲལ་ཆོས་སྐྱོང་ཞབས་དང་ནཱ་རོ་པའི། །བརྒྱུད་པ་ལས་བྱོན་དཔལ་ལྡན་བརྩེ་བ་ཆེར། །བཀའ་བབས་དབུ་མ་ལུགས་དང་ཆ་མཐུན་ནོ། །

བླང་བའི་རྟེན་ནི་བརྡ་ཤེས་དོན་གོ་ཞིང་། །བྱང་ཆུབ་དོན་གཉེར་འགྲོ་བ་མཐའ་དག་ལ། །དངོས་དང་བརྒྱུད་ནས་སྐྱེ་བ་བསྐལ་བཟང་དང་། །སྟོང་པོ་བཀོད་པ་ནམ་མཁའི་སྙིང་པོའི་མདོ། །གཙུག་ན་རིན་ཆེན་རྒྱ་མཚོས་ཞུས་པ་དང་། །ཀླུ་སྒྲུབ་ཞི་བ་ལྷ་ཡི་གསུང་གིས་གྲུབ། །གཞན་དུ་སོ་སོར་ཐར་པ་རིགས་བདུན་གྱི། །སྡོམ་ལྡན་ཁོ་ནའི་རྟེན་ལ་སྐྱེ་བ་ནི། །ཐོགས་མེད་ཞབས་དང་མར་མེ་མཛད་ཀྱིས་གསུངས། །ལེན་ཡུལ་རིན་ཕྲེང་མདོ་སྡེ་རྒྱན་དག་ལས། །བཤད་པའི་མཚན་ཉིད་ཚང་དགོས་སོ་སོར་བཞེད། །སྤྱིར་བཏང་སྡོམ་ལྡན་ཆོ་ག་བརྡ་སྤྲོད་མཁས། །སྙིང་རྗེ་ལྡན་པ་གཙོ་ཆེ་ཆོ་ག་ལ། །དང་པོ་ལྟར་ན་རྟེན་བཤམ་གསོལ་བ་གདབ། །ཡན་ལག་བདུན

པས་རྒྱུད་སྦྱང་སྦྱོར་བའི་ཆོས། །བསམ་པ་སྦྱང་ཞིང་དམ་བཅའ་ཚིག་ཏུ་བརྗོད། །སློན་འཇུག་སྐབས་གཅིག་ལེན་པ་དངོས་གཞིའི་ཆོས། །རང་གཞན་དགའ་བ་སྒོམ་དང་བསྒོམ་དུ་གཞུག །བསླབ་བརྗོད་གཏང་རག་དབུལ་བ་རྗེས་ཀྱི་ཆོས། །གཉིས་པ་ལྟར་ན་སྐྱབས་འགྲོ་ཕྱག་མཆོད་དང་། །དངོས་གཞི་རང་གཞན་སྦྱོར་བའི་སྟོབས་གསུམ་གྱིས། །བློ་སྦྱང་སློན་པ་དམ་བཅའི་ཚུལ་གྱིས་བླང་། །རྗེས་ལ་གཟེངས་བསྟོད་བསླབ་བརྗོད་གཏང་རག་དབུལ། །དེ་ཡི་བསླབ་བྱ་སྦྱང་ཞིང་ཐེག་ཆེན་གྱི། །སྡེ་སྣོད་ལ་སྦྱང་འཇུག་སྡོམ་དོན་གཉེར་ན། །གསོལ་གདབ་བསམ་པ་རྟགས་ཤིང་ཡང་གསོལ་གདབ། །བར་ཆད་དྲི་ཞིང་བསླབ་པར་གོ་བ་བསྐྱེད། །སྦྲོ་བ་དྲི་རྣམས་སྔོན་སོང་དངོས་གཞི་ལ། །བློ་སྦྱང་ཁས་ལེན་སྤེལ་བ་རྣམ་གསུམ་མོ། །

འཇུག་ཆོག་མཁྱེན་པར་གསོལ་ཞིང་ཕན་ཡོན་བསྟན། །གསང་གདམས་བསླབ་པ་བརྗོད་ཅིང་གཏང་རག་བྱ། །འདི་གཉིས་ཆོ་ག་ཐ་དད་འབྱུང་བའི་རྒྱུ། །དབུ་མ་ ལྟ་བ་མཐོ་ཞིང་གདུལ་བྱ་ལ། །སངས་རྒྱས་ས་བོན་འཛོག་པའི་དགོངས་པ་ཡངས། །ཅིག་ཤོས་ལྟ་བ་ཙུང་ཟད་དམན་པས་ན། །ཆོ་ག་ཉན་ཐོས་ལུགས་དང་བསྟུན་པས་དོགས། །གལ་ཏེ་སྡོམ་པ་བླང་དང་གསོ་བའི་ཡུལ། །འོས་པ་མ་རྙེད་གྱུར་ན་དཀོན་མཆོག་གི །སྤྱན་སྔར་རང་གིས་ལེན་རུང་དབུ་མ་ལུགས། །སྲོག་དང་ཚངས་པར་སྤྱོད་པའི་བར་ཆད་དུ། །འགྱུར་ན་མ་གཏོགས་མི་རུང་བྱང་སར་བཤད། །ངོ་བོ་ཙམ་ཞིག་ཆོ་གར་མ་ལྟོས་པར། །སྐྱེ་བར་སྲིད་མོད་སྡོམ་པས་ཟིན་པ་ནི། །དགེ་བའི་བཤེས་གཉེན་གྱིས་བཟུང་རང་བཞིན་གྱི། །གནས་རིགས་སད་ཅིང་དགེ་རྩ་རྒྱས་པ་དང་། །ཐེག་ཆེན་ཐོས་ཤིང་དགེ་བར་གོམ་པ་རྒྱུ། །ཆོག་ཕྱུན་ཚོགས་གཞན་གྱི་མཐུ་ཡི་རྐྱེན། །ཚོགས་པ་ལས་ནི་འདུན་པ་སློན་སེམས་དང་། །སེམས་པ་འཇུག་པའི་སེམས་བསྐྱེད་ངོ་བོར་སྐྱེ། །འོན་ཀྱང་ཚོགས་ལམ་ཞུགས་དང་མཚན་ཉིད་པ། །སྐྱེས་པ་དུས་མཉམ་སྡོམ་པར་དེ་ནས་འགྱུར། །དེ་ཚེ་གཅོ་ཕལ་དབང་གིས་སེམས་པ་དེ། །སློན་འཇུག་མཚན་ཉིད་པར་སོང་སེམས་སེམས་བྱུང་། །རིལ་གྱིས་བྱང་སྡོམ་འགྲོ་ཞིང་ཚོགས་ལམ་ལ། །མ་ཞུགས་པར་ཡང་སྡོམ་པ་གདགས་རུང་ཙམ། །

དངོས་གཞི་བརྗོད་པ་གསུམ་པའི་མཚམས་སུ་སྐྱེ། །ཐོབ་པ་མ་ཉམས་བསྲུང་དགོས་དེ་ཡི་ཚུལ། །ཐེག་ཆེན་འཛིན་པའི་བཤེས་གཉེན་མི་བཏང་ཞིང་། །བྱང་སེམས་སྡེ་སྣོད་རྣམས་དང་བསྟན་བཅོས་ཀུན། །ཉན་སེམས་བལྟ་བས་སྒྲོ་འདོགས་ཆོད་པ་དང་། །སེམས་བསྐྱེད་འདོར་དང་རྣམ་པར་ཉམས་པའི་རྒྱུ། །འཕེལ་བའི་རྒྱུ་དང་ལྡང་བའི་རྣམ་གཞག་ཀུན། །ཤེས་པར་བྱས་ཏེ་བརྩོན་པ་བསྐྱེད་ཅིང་སླུབ། །བསླབ་བྱ་དངོས་ལ་སློན་འཇུག་ཐུན་མོང་དུ། །ཐེག་ཆེན་དགེ་བའི་བཤེས་གཉེན་ལ་གུས་པ། །དཀོན་མཆོག་གསུམ་གྱི་གདུང་རྒྱུན་མི་

བཅད་པ། །སེམས་ཅན་བློས་མི་འདོར་རྣམས་སྒྲུབ་པའི་ཆོས། །བསམ་པ་ངན་པས་བསྐྱེད་པའི་སྲོག་གཅོད་དང་། །རྐུ་འཕྲོག་ལ་སོགས་ཀུན་ཏུ་ལྟུང་བར་འགྱུར། །མང་པོའི་སྲོག་སྐྱབ་ཕྱིར་ན་གཅིག་གསོད་སོགས། །རང་འདོད་མེད་ན་ལྟུང་བའི་གཟུགས་བརྙན་ཙམ། །བསམ་པ་དག་པའི་སྦྱིན་དང་ཚུལ་ཁྲིམས་སོགས། །ལྟུང་མེད་ཡིན་ནོ་གཞན་ལ་གནོད་གྱུར་ན། །དྲང་པོར་སླུས་སོགས་ལྟུང་བ་མེད་པ་ཡི། །གཟུགས་བརྙན་ཞེས་བྱ་ཤེས་པར་བྱ་བའི་ཆོས། །སོ་སོའི་བསླབ་བྱ་སྨོན་པ་སེམས་བསྐྱེད་ལ། །མགོ་དང་རྐང་ལག་གཏོང་སོགས་སྤྱད་དཀའ་བས། །བློ་གྲོས་ཞུམ་དང་གྲངས་མེད་གསུམ་སོགས་སུ། །ཚོགས་གཉིས་བསགས་པའི་ཡུན་གྱིས་སྐྱིད་ལུགས་དང་། །འཁོར་བའི་ཉེས་པས་སྐྲགས་ནས་སྤོང་བ་རྣམས། །མི་མཐུན་ཕྱོགས་སོ་བླ་མ་དང་མཆོད་འོས། །རྫུན་གྱིས་བསླུ་༡དང་ཐེག་ཆེན་གང་ཟག་ལ། །བསྔགས་པ་མ་ཡིན་བརྗོད་དང་༢སེམས་ཅན་ལ། །གཡོ་དང་སྒྱུས་༣སྤྱོད་འགྱོད་པའི་གནས་མིན་པར། །འགྱོད་པར་བསྐྱེད་རྣམས་༤ནག་པོའི་ཆོས་བཞིར་གྲགས། །སྡིག་པའི་གྲོགས་དང་ཆོས་དང་ཡོན་ཏན་གྱི། །གེགས་གྱུར་ཀུན་དང་ཕྲག་དོག་འཁོན་འཛིན་བཅས། །ཉེར་ལེན་ཡིད་གསོད་དམན་ལ་མོས་པ་རྣམས། །སེམས་བསྐྱེད་ཉམས་པའི་རྒྱུ་སྟེ་སྤང་བྱའོ། །སངས་རྒྱས་ཐོབ་པར་བྱ་སྙམ་འབྲས་བུར་སྨོན། །དེའི་ཕྱིར་ས་ལམ་སྒྲུབ་སྙམ་ཐབས་ལ་སྨོན། །སེམས་ཅན་ཀུན་གྱི་རེ་བ་ཡིད་བཞིན་དུ། །བསྐང་བར་བྱ་སྙམ་ཕྲིན་ལས་ལ་སྨོན་པ། །སྨིས་བུ་དམ་པའི་སྨོན་པ་བསུམ་དང་ནི། །སྔར་གྱི་འགལ་རྐྱེན་རྣམས་ལས་ཟློག་ཕྱོགས་སུ། །གྱུར་པའི་དགེ་བ་ལ་སློབ་བསླབ་བྱའི་ཆོས། །

འཇུག་པའི་བསླབ་བྱ་ལ་ཡང་སྤང་སྒྲུབ་གཉིས། །ཐོས་པར་མི་མོས་བསམ་པར་གཡེལ་བ་དང་། །སྒོམ་པ་ལྷོད་རྣམས་རང་ཉིད་སྨིན་པའི་གེགས། །སྤྱོད་པ་འཇིག་རྟེན་མ་དད་གྱུར་པ་དང་། །སྦྱོར་བ་ལེ་ལོ་ཆེ་དང་དངོས་གཞིའི་སྐབས། །ཕན་མི་འདོགས་དང་ཆོས་ཀྱིས་མི་གདགས་དང་། །རྗེས་ལ་གོལ་བའི་ལམ་དུ་སྒྱུར་བ་རྣམས། །གཞན་རྒྱུད་སྨིན་པའི་གེགས་ཏེ་སྤང་བྱའི་ཆོས། །

བྱང་ཆུབ་སེམས་བསྐྱེད་བླངས་པའི་ཕན་ཡོན་དང་། །ཉམས་པའི་ཉེས་དམིགས་སྐྱེ་བ་ཐམས་ཅད་དུ། །སྙིང་པར་དཀའ་བ་དྲན་རྣམས་ཚེ་འདི་ལ། །མི་ཉམས་པ་ཡི་རྒྱུ་ཡིན་དུས་གསུམ་དུ། །སྡིག་པ་བཤགས་སོགས་ཡན་ལག་བདུན་པ་བྱ། །སངས་རྒྱས་བྱང་སེམས་རྣམས་ལ་གསོལ་བ་གདབ། །བདུད་ཀྱི་ལས་རྣམས་ཤེས་ནས་སྤང་བར་བྱ། །སྲོག་གི་ཕྱིར་ཡང་རྫུན་ཚིག་མི་སྨྲ་ཞིང་༡། །བྱང་སེམས་རྣམས་ལ་སྟོན་པའི་འདུ་ཤེས་བསྐྱེད་༢། །སེམས་ཅན་ཀུན་ལ་ལྷག་བསམ་རྣམ་དག་པ་༣། །གདུལ་བྱར་གྱུར་རྣམས་ཐེག་པ་ཆེ་ལ་སྦྱར་༤། །དཀར་པོའི་ཆོས་བཞིའོ་ཕྱི་མར་མི་ཉམས་རྒྱུ། །བྱང་ཆུབ་སེམས་ལ་ལུས་དང་དགེ་བ་གཞན། །ཀུན་ལས་གཅེས་པར་གཟུང་ཞིང་

སེམས་ཅན་ལ། །གཉེན་བཤེས་ཡིད་འོང་བས་ཀྱང་གཅེས་པར་ལྟ། །དམ་པའི་ཆོས་ལ་སྨན་ནམ་ནོར་བུ་ལས། །གཅེས་པར་འཛིན་དང་དགེ་བའི་བཤེས་གཉེན་ལ། །སྨན་པ་མཁས་པའམ་དམིགས་བུའི་འདུ་ཤེས་བསྒོམ། །བྱང་ཆུབ་ལ་ནི་བགྲེས་པས་ཟས་དང་ནི། །སྐོམ་པས་ཆུ་འདོད་བཞིན་དུ་དུང་དེ་བ། །བྱ་བ་བླ་ན་མེད་པའི་འདུ་ཤེས་ལྟ། །འདི་དག་རྣམ་པ་ཀུན་ཏུ་མི་ཉམས་བྱ། །

བྱང་ཆུབ་སེམས་དཔའི་བསླབ་པའི་གནས་མཐའ་དག །ཚུལ་ཁྲིམས་གསུམ་དུ་འདུས་པའི་དང་པོ་ནི། །ཉེས་སྤྱོད་ཆ་དང་བཅས་པ་རྣམ་ཀུན་ཏུ། །སྤོང་བའི་སེམས་པ་རྒྱུན་ཆགས་མཚན་ཉིད་ཅན། །སྤྱོད་པ་ཙམ་གྱིས་ཁ་ན་མ་ཐོ་བར། །འགྱུར་བ་སྲོག་གཅོད་མ་བྱིན་ལེན་པ་སོགས། །སྒོ་གསུམ་རང་བཞིན་སྡིག་པ་མཐའ་དག་དང་། །བཅས་ལ་སྡིག་པར་འགྱུར་བའི་ལྟུང་བ་རྣམས། །སྤང་བ་ལ་བསླབ་བཅས་རང་གཉིས་པོ་ཡང་། །ཐེག་པ་ཆེ་ཆུང་འཛོག་ཚུལ་ཐ་དད་པས། །སྐབས་འདིར་བྱང་ཆུབ་སེམས་དཔའི་སྡེ་སྣོད་གཙོ། །འོན་ཀྱང་དགེ་སློང་སོགས་ཀྱི་རྟེན་ཅན་གྱིས། །དགོས་པ་མེད་པར་འོག་མ་ཁྱད་མི་བསད། །བཅས་ལ་ངོ་བོའི་ཆ་ནས་སྡིག་མེད་ན། །འཆའ་བ་དོན་མེད་སླམས་ན་དོན་ཡོད་དེ། །ཞིང་བསྲུང་འདོད་པས་རིབ་མ་བསྲུང་དགོས་ལྟར།ཁྲིམས་ལ་གུས་དང་བསྲུང་བའི་ཐབས་སུ་གསུངས། །དེ་ལྟར་མིན་ན་ལྟུང་མེད་གཟུགས་བརྙན་ཡང་། །མི་འཐད་པར་འགྱུར་བཅས་པ་མི་འདྲ་བས། །དགྲ་བཅོམ་བྱང་སེམས་ཕལ་ཆེར་ལྟུང་ལྡན་འགྱུར། །གོང་དུ་མུ་བཞིར་ཕྱེས་མོད་འདིར་མ་ཁོལ། །བསྐལ་པ་དུ་མར་དགེ་སྤྱད་བྱང་སེམས་ཀྱིས། །ཉན་ཐོས་རང་སེམས་བསྐྱེད་སྡིག་པ་ལྕི། །དེ་ཉིད་ཉན་ཐོས་ལུགས་ཀྱི་དགེ་ཆེན་ཡིན། །ཐབས་མཁས་བྱང་སེམས་ལྡན་པས་འདོད་ཡོན་ལྷ། །སྤྱོད་པ་ཐེག་ཆེན་དགེ་ལ་འོག་མའི་སྡིག གཞན་དོན་སེམས་ཀྱིས་ཕམ་པ་བཞི་སྤྱད་དང་། །འགྲོ་ལ་རྗེས་ཆགས་བསམ་བཞིན་ཡང་སྲིད་ལེན། །རྒྱལ་སྲས་དགེ་བ་ཉན་ཐོས་ཉེས་པར་འགྱུར། །

གཉིས་པ་བྱང་ཆུབ་སེམས་དཔས་བསྒྲུབ་བྱ་བ། ཁྱད་ཆོས་བཞི་ལྡན་ཕ་རོལ་ཕྱིན་དྲུག་གིས། །བསྡུས་པ་དགེ་བའི་ཆོས་ཀུན་སྡུད་པའམ། །སྒྲུབ་པའི་སེམས་པ་མཚུངས་ལྡན་དང་བཅས་པ། །སོ་སྐྱེ་ཉན་རང་དགེ་བའི་ཕ་རོལ་ཏུ། །ཕྱིན་པའི་དོན་ཅན་སྦྱིན་སོགས་དྲུག་པོ་ནི། །སྦྱིན་པའི་སྦྱིན་སོགས་ཀུན་ལ་དྲུག་དྲུག་ལྡན། །རྒྱུ་དང་ངོ་བོ་ཁྱད་པར་གྱི་སྒོ་ནས། །དང་པོ་གསུམ་ནི་ཚུལ་ཁྲིམས་བསླབ་པར་བསྡུས། །བསམ་གཏན་ཤེས་རབ་རང་རང་བསླབ་པའི་རྐང་། །བརྩོན་འགྲུས་ཀུན་གྱི་གྲོགས་ཏེ་གསུམ་དུ་འདུ། །ལྟ་མ་ལ་བརྟེན་ཕྱི་མ་སྐྱེ་བ་དང་། །དམན་མཆོག་རགས་དང་ཕྲ་བའི་གོ་རིམ་འཛོག ཚེ་འདིའི་ལན་དང་ཕྱི་མའི་རྣམ་སྨིན་ལ། །རེ་བ་མེད་པའི་སྦྱིན་པ་བདེ་འགྲོ་ལ། །སྨོན་པ་བྲལ་བའི་ཚུལ་ཁྲིམས་འགྲོ་ཀུན་ལ། །ཞེ་འགྲས་སྤངས་པའི་བཟོད་པ་དགེ་བའི་ཆོས། །མྱུར་

དུ་སྟོད་པའི་བསྟོན་འགྲུས་བསམ་གཟུགས་ལས། །འདས་པའི་ཏིང་འཛིན་སྙིང་རྗེ་ཆེན་པོ་དང་། །ལྡན་པའི་ཤེས་རབ་བརྟན་པ་རྣམས་ཀྱིས་བསླུབ། །རྫོགས་པའི་བྱང་ཆུབ་ལ་དམིགས་རྒྱ་ཆེ་བ། །སོ་སོའི་མི་མཐུན་ཕྱོགས་བྲལ་ཟང་ཟིང་མེད། །སྐལ་བཞིན་བྱང་ཆུབ་ལ་འགོད་དོན་ཆེ་བ། །ཐབས་དང་བསྔོ་བས་ཟིན་པས་མི་ཟད་པ། །ཡོན་ཏན་ཁྱད་ཡིན་ལོངས་སྤྱོད་བདེ་བ་སོགས། །གནས་སྐབས་སུ་འབྱུང་ཕར་ཕྱིན་དྲུག་པོ་ཡང་། །བསོད་ནམས་ཡེ་ཤེས་ཚོགས་ལས་གཞན་མིན་པས། །མཐར་ཐུག་འབྲས་བུ་ཆོས་གཟུགས་དབྱེར་མེད་ཐོབ། །སོ་སོའི་ངོ་བོ་སེར་སྣ་མེད་པསོགས། །མི་མཐུན་ཕྱོགས་བྲལ་འཁོར་གསུམ་མི་རྟོག་པའི། །ཤེས་རབ་གྲོགས་ལྡན་གཞན་གྱི་འདོད་དོན་ཀུན། །རྫོགས་པའི་བྱེད་ལས་ཅན་དང་སེམས་ཅན་རྣམས། །བྱང་ཆུབ་གསུམ་དུ་རྣམ་པར་སྨིན་ནུས་པའི། །ཡོན་ཏན་བཞི་ལྡན་སེར་སྣ་ཚུལ་འཆལ་སོགས། །མི་མཐུན་ཕྱོགས་ཆགས་ཕྱི་བཤོལ་ཚོག་འཛིན་དང་། །ལན་དང་རྣམ་སྨིན་བག་ལ་ཉལ་དང་ནི། །གཡེང་བ་ལ་ཆགས་པ་སྐྱེ་བདུན་སྤོང་བའི། །ཆོས་དང་མི་འདེགས་ཟང་ཟིང་སྦྱིན་པ་རྣམས། །གོམས་པའི་ཚོད་དང་རྟེན་དང་ས་མཚམས་ཀྱི། །རིམ་པས་སློང་བའི་རེ་བ་རྫོགས་པར་གཏོང་། །སྡོང་སེམས་ཐོབ་པས་ཚུལ་ཁྲིམས་གསུམ་སྲུད་ན། །སྡོམ་པར་འགྱུར་ཏེ་བཤད་ཟིན་འཆད་པར་འང་འགྱུར། །

ཆོས་ཕྱིར་དཀའ་བ་དང་དུ་ལེན་པ་དང་། །གཞན་དོན་ཁུར་བཟོད་ཟབ་མོས་མི་སྐྲག་པ། །གནོད་པར་བྱེད་ལ་རང་སེམས་མི་འཁྲུགས་ཤིང་། །གནོད་ལན་མི་བྱེད་སླར་ཡང་ཕན་འདོགས་པ། །འཁོན་འཛིན་སྤང་སོགས་སྣ་ཚོགས་ཚུལ་གྱིས་བསྒོམ། །བདུད་ཀྱིས་ཟྀ་བར་མི་ནུས་གོ་ཆ་དང་། །དགེ་ཚོགས་ལག་ལེན་ཐེབ་པའི་སྦྱོར་བ་དང་། །གཞན་གྱི་དོན་ལ་སྦྲོ་བའི་བརྩོན་འགྲུས་རྣམས། །སྤྱོད་ཡུལ་སྒྲུབ་པ་ཕུན་ཚོགས་གཉིས་ཀྱིས་བརྩོམ། །གཉེན་པོར་བདེར་གནས་ཡོན་ཏན་མངོན་སྒྲུབ་པ། །སེམས་ཅན་དོན་བྱེད་བསམ་གཏན་རྣམ་གསུམ་པོ༑ །རྣམ་གཡེང་རྒྱུར་བཅས་སྤངས་ནས་དབེན་པར་བསྟེན། །བསམ་གཏན་ཉེར་བསྡོགས་ལ་བརྟེན་ཁམས་གོང་མའི། །འཇུག་ངོགས་གོམས་བྱེད་འཇིག་རྟེན་དང་ཐུན་མོང་། །བསམ་གཟུགས་ལས་འདས་ཞི་ལྷག་བསྐྱེད་པ་ནི། །ཉན་ཐོས་དག་དང་ཐུན་མོང་སྔར་བཤད་ཟིན། །ཐུན་མོང་མིན་པ་ཚངས་པའི་གནས་བཞི་པོ། །བྱམས་དང་སྙིང་རྗེར་བསྡུས་པ་ལེགས་གོམས་ནས། །བདག་གཞན་མཉམ་བརྗེའི་བྱང་ཆུབ་སེམས་ཀྱིས་སྦྱབ། །

ཀུན་རྫོབ་དོན་དམ་སེམས་ཅན་ལ་དམིགས་པའི། །ཤེས་རབ་གསུམ་ཡང་ཐོས་བསམ་རྒྱུད་སྦྱངས་ནས། །བདེན་པ་གཉིས་ཀྱི་རྣམ་དབྱེ་ལེགས་ཤེས་པས། །ཤེས་དང་ཤེས་བྱའི་སྒྲིབ་པས་མི་ཕྱེད་པའི། །བདག་མེད་འོད་གསལ་ནམ་མཁའི་མཚན་ཉིད་ཅན། །བསལ་བཞག་མེད་པར་སྐྱོངས་ཤིང་ཐུན་རྗེས་སུ། །དམིགས་པ

མེད་པའི་སྙིང་རྗེ་བསྐྱེད་དེ་སྲུབ། །དྲུག་པོ་ཀུན་ཀྱང་སྦྱོར་བ་སེམས་བསྐྱེད་དང་། །དངོས་གཞིར་འཁོར་གསུམ་མི་རྟོག་ཤེས་རབ་དང་། །རྗེས་ནི་ཡོངས་སུ་བསྔོ་བས་ཟིན་པར་གཅེས། །གཞན་ཡང་རྒྱལ་བའི་སྲས་ཀྱིས་མི་བསླབ་པའི། །དངོས་དེ་གང་ཡང་ཡོད་པར་མིན་གསུངས་པས། །སྒྲ་ཚད་ལ་སོགས་རིག་པའི་གནས་ཀུན་བསླབ། །

གསུམ་པ་སེམས་ཅན་དོན་བྱེད་ཚུལ་ཁྲིམས་ནི། །གཞན་རྒྱུད་སྨིན་བྱེད་ཐབས་མཁས་ཁྱད་པར་བ། །ཕན་པར་ལྷུར་ལེན་སེམས་པ་མཚུངས་ལྡན་བཅས། །དབྱེ་ན་བཞི་སྟེ་དག་པའི་སྦྱིན་པ་ཡི། །གཡབ་མོས་ལེགས་བསྡུས་སྙན་སྨྲས་མགུ་བྱས་ཏེ། །རིམ་གྱིས་བློ་དྲངས་སྟོད་དང་འཚམས་པར་བཤད། །བསྒྲུབ་སླའི་གདམ་གྱིས་བག་ཕབ་དོན་སྤྱོད་པ། །གཞན་དག་གཞུག་པའི་ཆེད་དུ་རང་ཉིད་ཀྱང་། །དེ་ལ་འཇུག་པས་དོན་མཐུན་གྲོས་ཆེན་གདབ། །གཞན་ཡང་གདུལ་བྱ་དད་འདུན་མོས་པའི་རྒྱུར། །འགྱུར་བའི་ཀུན་སྤྱོད་ཚུལ་འཆོས་སྤངས་པར་སྤྱད། །བསླབ་པ་ཐམས་ཅད་མྱུར་དུ་འགྲུབ་པའི་རྒྱུ། །སེམས་བསྲུང་བ་ལ་འབད་ཅིང་དེ་སྲུང་བར། །དྲན་དང་ཤེས་བཞིན་གྱིས་བསྲུང་དེ་ཡི་རྒྱུ། །ཕྱི་དང་ནང་གི་བཤེས་གཉེན་རྒྱུན་དུ་བསྟེན། །རྒྱས་པར་བསླབ་བཏུས་སྤྱོད་འཇུག་རིན་ཆེན་ཕྲེང་། །མདོ་ཀུན་ལས་བཏུས་བྱང་ཆུབ་སེམས་དཔའི་ས། །སྡོམ་པ་ཉི་ཤུ་པ་སོགས་བསྟན་བཅོས་དང་། །ཐེག་ཆེན་མདོ་སྡེ་འགའ་དང་དཔུང་བཟང་དང་། །རྣམ་སྣང་མངོན་བྱང་རྒྱུད་ལས་འབྱུང་བཞིན་བསླབ། །

བརྩོན་པ་ཐམས་ཅད་དེ་ཙམ་མི་ལྕོགས་ན། །སྨོན་པ་མི་འདོར་ལོག་ལྟ་མི་བསྐྱེད་ཅིང་། །ནག་པོའི་ཆོས་བཞི་སྤོང་བ་ཙམ་ལ་བསླབ། །ཤིན་ཏུ་ཐ་མས་སྨོན་སེམས་ལྡན་པའི་ཁར། །དོན་མེད་སྡིག་པ་སྤངས་ཤིང་བསོད་ནམས་ཀྱང་། །ཅི་ནུས་བསགས་པ་རྒྱལ་པོར་གདམས་པར་དང་། །ཐབས་ལ་མཁས་དང་ལག་བཟང་ཞུས་མདོ་ལས། །གསུངས་ཞིང་བསླབ་བཏུས་སུ་ཡང་རང་སྟོབས་དང་། །སྦྱར་ཏེ་སྡོམ་པ་བླང་བཤད་ལེན་ཚིག་དང་། །འགྲོ་བ་ཀུན་ལ་སྐྱེ་བའི་རིགས་པས་གྲུབ། །

སྡོམ་པའི་ཚུལ་ཁྲིམས་བྱེ་བྲག་རྩ་ལྟུང་དང་། །ཉེས་བྱས་རྣམ་གཞག་སྒྲོལ་གཉིས་ཐ་དད་པས། །དང་པོའི་རྩ་ལྟུང་དབང་པོའི་བྱེ་བྲག་གིས། །བཅུ་བཞིར་དབྱེ་དང་བཞི་དང་གཅིག་ཏུ་འདུས། །དཀོན་མཆོག་དཀོར་འཕྲོག་༡)དམ་ཆོས་སྤོང་བ་༢དང་། །དགེ་སློང་ཆད་པས་གཅོད་ཅིང་ཁྲིམ་པར་༣འབེབ། །མཚམས་མེད་བྱེད་དང་༤ལོག་ལྟ་འཛིན་པ་ལྔ། །རྒྱལ་པོ་ལ་ངེས་དེ་ཡི་དང་པོ་བཞི། །གྲོང་དང་ལྗོངས་སོགས་འཇོམས་རྣམས་གཅིག་བསྒྲང་བའི། །ལྔ་ནི་བློན་པོར་ངེས་པའི་རྩ་ལྟུང་ངོ་། །བློ་སྦྱངས་མ་བྱས་སྟོང་ཉིད་སྟོན་པ་༡)དང་། །རྫོགས་པའི་བྱང་

ཆུབ་ཞུགས་པ་ལས་ལྡོག་དང་༢། །ཉན་ཐོས་རིགས་ཅན་སྨད་དེ་ཐེག་ཆེན་སྦྱོར་༣། །སློབ་པའི་ཐེག་པས་ཆགས་སོགས་མི་སྤོང་ས་པར། །འཛིན་ཅིང་འཛིན་གཞུག་རྙེད་བཀུར་སོགས་ཀྱི་རྒྱུས། །བདག་བསྟོད་གཞན་༤(སྨོད་ཟབ་མོ་བཟོད་པར་ཀློམ༥། །དགེ་སྦྱོང་ཆད་པས་གཅོད་དུ་གཞུག་པ་དང་། །དེ་ཡིས་དཀོན་མཆོག་ དཀོར་བརྐུས་སུས་སྟེར་ལེན། །དབང་པོ་ཆེར་སྟེར་གཉིས་ཀར་ལྟུང་བར་༦འགྱུར། །དགེ་སྦྱོང་ཆོས་ལྡན་ལ་གནོད་ཁྲིམས་བཅས་ཏེ། །ཞི་གནས་ལ་སོགས་རྣལ་འབྱོར་འདོར་འཇུག་ཅིང་། །སྤོང་བ་བསམ་གཏན་པ་ཡི་ལོངས་སྤྱོད་རྣམས། །ཕྲོག་ནས་ཀློག་པ་པར་སྦྱིན་སྦྱིན་འཇུག་རྣམས༧། །དང་པོའི་ལས་པར་ངེས་པའི་རྩ་ལྟུང་བརྒྱད། །འདི་ལ་ལྔ་ཚན་གཉིས་དང་བརྒྱད་ཚན་གཅིག །བཅོ་བརྒྱད་གསུངས་པ་རྟེན་གྱི་སྒོ་ནས་ཏེ། །མཚམས་མེད་ལྔར་དབྱེ་ཉི་ཤུ་རྩ་གཉིས་འགྱུར། །

ང་བོ་སློན་པོའི་རྩ་ལྟུང་དང་པོ་བཞི། །རྒྱལ་པོར་ངེས་པའི་ལྟུང་བ་དང་དོན་གཅིག །དེ་ཕྱིར་རྗེས་སུ་བཅུ་བཞིའོ་དེ་དག་ཀྱང་། །རྒྱལ་བློན་སོགས་ཀྱི་རྟེན་ཅན་བྱང་སེམས་ལ། །འབྱུང་བ་ཉེ་ཕྱིར་དེ་དེའི་ལྟུང་བ་སྨྲ། །འཇོག་མོད་གང་ཟག་གསུམ་པོ་སུས་སྤྱད་ཀྱང་། །ལྟུང་བར་འགྱུར་ཏེ་ནམ་མཁའི་སྙིང་པོ་ཡི། །མདོ་སྡེའི་དགོངས་པའོ་བཞི་རུ་བསྟན་པ་ནི། །སྨོན་པའི་བྱང་སེམས་ཡལ་བར་འདོར་བ་དང་༨། །ཆགས་དང་སེར་སྣས་སྦྱིན་པར་མི་བྱེད་དང་༩། །ཁྲོས་ཆེ་བསྒྲིམས་ཏེ་དགའ་བར་བྱེད་གྱུར་ཀྱང་། །མི་བཟོད་པས་ནི་སླར་ཡང་བཟེག་པ་དང་༣། །ཆོས་ལྟར་བཅོས་པས་དགའ་བའི་ཉོན་མོངས་པར། །གནས་མཐུན་དམ་ཆོས་འདྲར་སྣང་སྟོན་པ་༤སྐྱེ། །ཐབས་ལ་མཁས་པའི་མདོ་སྡེའི་དགོངས་པའོ། །གཅིག་ཏུ་བསྡུ་བ་སྨོན་སེམས་མི་འདོར་བ། །ཡིན་ཏེ་རྒྱལ་པོར་གདམས་པའི་མདོ་ལས་གསུངས། །སྨོན་སེམས་སྤོང་བ་གང་ཟག་གསུམ་ཀ་ཡི། །རྩ་ལྟུང་ལྔི་བའང་སྤྱད་པའི་ལུང་གིས་གྲུབ། །བླང་བའི་སྐལ་མེད་དགེ་རྩ་ཆད་པས་ན། །རྩ་ལྟུང་ཞེས་བརྗོད་ཡན་ལག་ཉེས་བྱས་ནི། །གཞན་གྱི་སྡུག་བསྔལ་ཡིད་མི་བདེ་བ་དག །ཞི་བར་ནུས་བཞིན་ཞི་བར་མི་བྱེད་དང་། །བདེ་དང་ཡིད་བདེ་ནུས་བཞིན་མི་བསྐྱེད་པ། །དེ་གཉིས་ལུས་སེམས་རྟེན་གྱི་དབྱེ་བས་བཞི། །དེ་ཉིད་དུ་ལྟ་བ་དང་མ་འོངས་པས། །ཕྱེ་བས་བརྒྱད་དུ་འགྱུར་རོ་དེའི་ཆེད་དུ། །མི་བརྩོན་ཕན་པའི་རྒྱུ་རྐྱེན་མི་འཚོལ་དང་། །གཉེན་པོར་མི་འབད་པ་སྐྱེ་རྗེས་སྒྲུབ་ཀྱི། །སྒོ་གསུམ་གྱིས་དབྱེ་ཉི་ཤུ་རྩ་བཞིར་ནི། །བདེ་སྡུག་ཡལ་བར་འདོར་བ་ཞེས་སུ་བཤད། །སྡུག་བསྔལ་དང་ནི་ཡིད་མི་བདེ་ཆེན་པོའི། །གཉེན་པོ་ཆུང་དུ་མི་བསྐྱེད་པ་གཉིས་ལ། །འདི་དང་ཕྱི་མའི་སྒོ་བས་ཕྱེ་བས་བཞི། །དེ་བཞིན་རང་གཞན་རྒྱུད་ཀྱི་དབྱེ་བས་བཞི། །བདེ་བ་དང་ནི་ཡིད་བདེ་ཆེན་པོའི་ཕྱིར། །ཆུང་དུ་ཉམས་པར་མི་བྱེད་པ་གཉིས་ཀྱང་། །སྔར་ལྟར་ཕྱེ་བས་བརྒྱད་དེ་བཅུ་དྲུག་པོ། །སྒྲུབ་པ་ཡལ་བར་འདོར་བ་ཞེས་སུ་བཤད། །དེ་

ལྔའི་བཞི་བཅུ་ཐམ་པ་རེ་རེ་ནས། །རེ་ཞིག་ཡལ་བར་འདོར་དང་གདན་དུ་ནི། །ཡལ་བར་འདོར་བས་དབྱེ་བས་བརྒྱད་ཅུ་འབྱུང་། །བསླབ་ཀུན་བཏུས་པར་དངོས་སུ་དེ་ཙམ་དང་། །སོགས་ཀྱིས་བསྟན་པ་མདོ་སྡེ་སྣ་ཚོགས་ནས། །བཤད་པའི་ཉེས་པ་སྲིད་དོ་ཅོག་ཀུན་ནོ། །དོན་མེད་རྒྱུག་འཚོང་རྐང་བརྐྱངས་རྩེད་མོ་སོགས། །དགག་པའི་ཕྱོགས་དང་མིག་ཕབ་བལྟ་བ་སོགས། །བསྒྲུབ་བྱ་ལས་ཉམས་ཉེས་བྱས་ཉིད་དུ་འདུ། །

བྱང་སའི་དགོངས་པ་སྡོམ་པ་ཉི་ཤུ་པར། །བཤད་པའི་ཕམ་འདྲ་ཡན་ལག་ཉེས་བྱས་གཉིས། །རྙེད་དང་བཀུར་སྟིར་ཆགས་པས་ཀུན་བསླངས་ཏེ། །བདག་བསྟོད་གང་ཟག་གཞན་ལ་སྨོད་པ་[༡]དང་། །བཀྲེན་པས་སྡུག་བསྔལ་མགོན་མེད་གྱུར་པ་ལ། །སེར་སྣ་དྲག་པོས་ཆོས་ནོར་མི་སྟེར་དང་[༢]། །གཞན་གྱིས་བཤགས་ཀྱང་ཤད་སྦྱངས་མི་ཉན་པར། །དབྱུག་པ་སོགས་ཀྱིས་བརྡེག་ཅིང་ཁྲོ་འཚམས་དང་[༣]། །བྱང་ཆུབ་སེམས་དཔའི་སྡེ་སྣོད་སྤོང་བྱེད་ཅིང་། །ཆོས་ལྟར་བཅོས་པར་མོས་ཤིང་སྟོན་པ་[༤]རྣམས། །རང་རང་ཡན་ལག་ལྡང་བའི་ངོ་བོ་སྟེ། །བཞི་ཀར་སྡོམ་ལྡན་ཤེས་པ་རྣལ་དུ་གནས། །ཀུན་དཀྲིས་ཆེན་པོས་བསླངས་གསུམ་ཐུན་མོང་གི། །ཡན་ལག་ཡིན་པས་དེ་ཚང་ཕམ་འདྲར་འགྱུར། །རྒྱུན་ཆད་མེད་པར་སྤྱོད་དང་ངོ་ཚ་དང་། །ཁྲེལ་མེད་པ་དང་ལས་དེས་མགུ་བྱེད་ཅིང་། །ཡོན་ཏན་དུ་བལྟ་ཀུན་དཀྲིས་ཆེན་པོའོ། །

དེ་ལས་ཉོན་མོངས་གཉིས་སམ་ཅིག་ལྡན་གྱིས། །འབྲིང་དང་ཆུང་ངུར་དབྱེ་དང་ངོ་ཚ་བ། །སྐྱེས་པ་རིང་མུར་གྱིས་ཕྱི་གཞན་ཡང་ནི། །ཉོན་མོངས་སྐྱེས་དང་དེ་ལ་གཉོལ་ཞིང་འབབ། །དེ་ཡི་དབང་དུ་གྱུར་ཏམ་བབ་པ་ཡིས། །ཆུང་འབྲིང་ཆེན་པོར་དབྱེར་ཡོད་ཕྱི་མ་གཙོ། །ཉེས་བྱས་བཞི་བཅུ་རྩ་དྲུག་གསུངས་པ་ལས། །དགེ་བ་ཆོས་སྡུད་དང་འགལ་སུམ་ཅུ་བཞི། །དཀོན་མཆོག་མི་[༡]མཆོད་འདོད་སེམས་རྗེས་སུ་[༢]འཇུག །རྒན་པར་མི་[༣]གུས་དྲིས་པར་ལན་མི་འདེབས[༤]། །མགྲོན་བོས་མི་འགྲོ[༥]ཁྲོས་ནས་ནོར་མི་ལེན[༦]། །ཆོས་མི་སྟེར་[༧]རྣམས་སྦྱིན་དང་འགལ་བ་བདུན། ཁྲིམས་འཆལ་ཡལ་[༨]འདོར་དད་ཕྱིར་སློབ་[༩]མི་བྱེད། །སེམས་ཅན་དོན་ལ་བྱ་བ་ཆུང་བ་[༡༠]དང་། །བརྩེར་བཅས་མི་དགེ་གནང་ཡང་མ་སྤྱད་[༡༡]དང་། །ལོག་འཚོ་བདག་གིར་བྱེད་དང་[༡༢]དགོད་ཅིང་རྩེ་[༡༣]། །སྲིད་པས་འཁོར་བ་གཅིག་པུ་བསྒྲོད་སེམས་[༡༤]དང་། །གྲགས་[༡༥]ངན་མི་འཛེམས་ཉོན་མོངས་ཅན་[༡༦]མི་འཆོས། །དེ་རྣམས་ཚུལ་ཁྲིམས་དང་འགལ་ཉེས་བྱས་དགུ །གཤེ་ལ་ལན་མི་གཤེ་སོགས་དགེ་སྦྱོང་གི །ཆོས་བཞི་མི་སླབ་[༡༧]ཁྲོས་པ་ཡལ་བར་[༡༨]འདོར། །ཆོས་བཞིན་བཤགས་པར་[༡༩]མི་ཉན་ཁྲོ་བ་ཡི། །རྗེས་སུ་འཇུག་རྣམས་[༢༠]བཟོད་པ་དང་འགལ་བཞི། །རྙེད་བཀུར་འདོད་ཕྱིར་འཁོར་སྡུད་[༢༡]ལེ་ལོ་སོགས། །མི་སེལ་[༢༢]འདུ་འཛིའི་གཏམ་གྱིས་དུས་ཆ་ཡོལ་[༢༣]། །བརྩོན་འགྲུས་དང་འགལ་གསུམ་ཡིན་ཏིང་ངེ་

འཛིན། །མི་འཚོལ་༢༤བསམ་གཏན་སྒྲིབ་པ་མི་སྤོང་དང་༢༥། ཏིང་འཛིན་རོ་ལ་ཡོན་ཏན་བལྟ་བ་རྣམས་༢༦། །བསམ་གཏན་དང་འགལ་གསུམ་མོ་ཉན་ཐོས་ཀྱི། །ཐེག་པ་སྤོང་དང་༢༧ཐེག་ཆེན་སྡེ་སྣོད་ཀྱང་། །སྤངས་ནས་ཉན་ཐོས་སྡེ་སྣོད་ལ་༢༨བརྩོན་དང་། །དེ་བཞིན་ཕྱི་རོལ་བསྟན་བཅོས་བརྩོན་པ་དང་༢༩། །དེ་ལ་དགའ་༣༠དང་ཐེག་ཆེན་ཁྱད་ཆོས་ལ་༣༡། །མི་མོས་ཁྲོ་བས་བདག་བསྟོད་གཞན་སྨོད་༣༢དང་། །ང་རྒྱལ་སོགས་ཀྱིས་ཐོས་པའི་ཕྱིར་མི་འགྲོ་༣༣། །ཆོས་སླར་སྨོད་ཅིང་ཚིག་ལ་རྟོན་པ་ཡིས། །མ་གུས་༣༤པ་རྣམས་ཤེས་རབ་དང་འགལ་བརྒྱད། །སེམས་ཅན་དོན་བྱེད་དང་འགལ་བཅུ་གཉིས་ནི། །བསོད་ནམས་དང་ནི་དབྱེན་སྡུམ་ལ་སོགས་པ། །དགོས་པའི་གྲོགས་༡མི་བྱེད་དང་ནད་པ་སྤོང་༢། །སྡུག་བསྔལ་མི་སེལ་༣བག་མེད་ལུགས་མི་འཚོལ་༤། །བྱས་པ་མི་༥གཟོ་གཞན་གྱི་མྱ་ངན་དག །མི་བསལ་བ་༦དང་འདོད་ལ་ནོར་མི་སྦྱིན་༧། །འཁོར་ལ་ཕན་མི་འདོགས་༨ཤིང་བློ་མི་བསྟུན་༩། །ཡོན་ཏན་ཅན་ལ་བསྔགས་པ་མི་བརྗོད་དང་༡༠། །ལོགས་ཞུགས་ཚར་མི་གཅོད་༡༡དང་རྫུ་འཕྲུལ་གྱིས། །གདུལ་འོས་མི་འདུལ་༡༢བ་སྟེ་རྣམ་གྲངས་ཙམ། །མ་གུས་སྙོམ་ལས་ཀྱིས་སྤྱད་ཉོན་མོངས་ཅན། །བརྗེད་པས་སྤྱད་སོགས་ཉོན་མོངས་ཅན་མིན་དང་། །སེམས་འཁྲུགས་དགེ་འདུན་ཁྲིམས་བསྲུངས་ཉེས་མེད་དེ། །ཞིབ་པར་རྗེ་བཙུན་ཆེན་པོའི་འགྲེལ་པར་ཤེས། །

དབུ་སེམས་ལྟུང་བའི་རྣམ་གཞག་ཐ་དད་ཀྱང་། །སྤྱོད་པ་ངོ་བོ་མཐུན་ཕྱིར་མདོར་བསྟན་ན། །མཐོང་ཆོས་ཚེ་འདིར་མྱོང་ལ་བདེ་བ་དང་། །ཕྱི་མ་ཕན་ཆད་མྱོང་འགྱུར་ཕན་པ་སྟེ། །གཉིས་ཀར་འགྱུར་བ་སྤྱད་བྱ་མི་བདེ་དང་། །གནོད་པ་གཉིས་ཀའི་རྒྱུ་ནི་རྣམ་པར་སྤང་། །རང་དང་གཞན་ལ་ཕན་པར་འགྱུར་མཐོང་ན། །ཚེ་འདིར་མི་བདེར་གྱུར་ཀྱང་སྤྱད་བྱ་སྟེ། །ཚད་པའི་ནད་ལ་ཁ་བའི་སྨན་བསྟེན་མཚུངས། །ཚེ་འདིར་བདེ་ཡང་མི་ཕན་རྒྱུ་མི་སྤྱད། །ཟས་མཆོག་དུག་གིས་སྦྲག་པ་ཇི་བཞིན་ནོ། །དེ་ཕྱིར་སྙིང་རྗེ་ལྡན་པས་བྱ་བ་དང་། །བྱ་བ་མིན་པའི་ཆ་རྣམས་ལེགས་ཤེས་ནས། །གོང་དུ་སྨོས་པའི་མུ་བཞིའི་ལྟུང་མེད་དང་། །ལྟུང་བའི་གཟུགས་བརྙན་དག་ནི་སྤྱད་པར་བྱ། །

ལྟུང་བ་དང་ནི་ལྟུང་བ་མེད་པ་ཡི། །གཟུགས་བརྙན་གཉིས་ནི་རྣམ་པ་ཀུན་ཏུ་སྤང་། །ཚུལ་ཁྲིམས་གསུམ་ལས་སྡོམ་པ་གཉིས་འདོམ་ན། །དགེ་བ་ཆོས་བསྡུད་གཙོ་སྤྱད་དེ་དང་ནི། །སེམས་ཅན་དོན་བྱེད་སྤྱུངས་ན་ཕྱི་མ་ཉིད། །གཙོར་བྱ་གཞན་དག་མཚམས་མེད་སོགས་ལུགས་པ། །བཟློག་ཐབས་གཞན་མེད་རང་ཉིད་བློས་བོར་ཏེ༔ །དེ་བསད་དགེར་འགྱུར་དེད་དཔོན་སྐྱེས་རབས་བཞིན། །ཐབས་གཞན་ཡོད་བཞིན་བསད་ན་བག་ཡངས་ཀྱི༔ །ཉེས་པར་འགྱུར་བ་མི་དགེ་གཞན་ལའང་བསྒྲེ། །ཉམས་ན་སངས་རྒྱས་སེམས་ཅན་རང་ཉིད་བསླུ། །རྒྱལ་

སྲིད་ཞོར་ལྟར་མི་འདོད་པ་ཀུན་འདུ། །དགེ་རྩ་གཙོད་ཅིང་དམྱལ་བ་ཆེན་པོར་འགྲོ། །མ་ཉམས་བསོད་ནམས་རྒྱུན་ཆགས་འབྱུང་བ་དང་། །རྒྱལ་སྲས་སུ་འགྱུར་བྱང་ཆུབ་རིམ་གྱིས་ཐོབ། །

བཞི་པ་གལ་ཏེ་ཉམས་ན་ཕྱིར་བཅོས་ཚུལ། །དབུ་མའི་ལུགས་ལ་རྩ་ལྟུང་བྱུང་གྱུར་ན། །རྨི་ལམ་དུ་ནི་ནམ་མཁའི་སྙིང་པོ་ཡི། །མདུན་དུ་བཤགས་པས་དག་པའི་ལྟས་མཐོང་ན། །ལྟུང་བ་ལས་ལྡང་ཆོ་ག་གཞན་དུ་ཤེས། །ལྟུང་བ་གཞན་རྣམས་ཉིན་མཚན་དུས་དྲུག་ཏུ། །ཕུང་པོ་གསུམ་པ་གདོན་དང་བྱང་ཆུབ་སེམས། །བརྟན་པས་བཤགས་དང་སྡོམ་བས་བཞིའི་བཤགས་ཆོག་དང་། །དེ་བཞིན་གཤེགས་པའི་ཡིག་བརྒྱས་འདག་པར་གསུངས། །སེམས་ཙམ་ལུགས་ལ་ཀུན་དཀྲིས་དྲག་པོ་ཡིས། །ཕམ་འདྲ་བཞི་སྤྱད་སྡོམ་པ་སླར་ཡང་བླང་། །ཟག་པ་འབྲིང་ནི་སྡོམ་ལྡན་གསུམ་གྱི་མདུན། །དངོས་པོ་བརྗོད་པས་བཤགས་ཤིང་ཆུང་ངུ་ནི། །ཚུལ་དེས་སྡོམ་ལྡན་གཅིག་གི་དྲུང་དུ་བཤགས། །ཉེས་བྱས་ཉོན་མོངས་ཅན་རྣམས་དེ་དང་མཚུངས། །ཉོན་མོངས་མེད་རྣམས་ཁྲེལ་ཡོད་ཡིད་ཀྱིས་བསྡོམ། །ཕམ་འདྲ་འབྲིང་པོ་མན་ལའང་རྟེན་མེད་ན། །བསྐྱམ་པས་རུང་བར་མདོན་པ་གོང་མར་གསུངས། །

ཆོས་ཉིད་མངོན་སུམ་རྟོགས་པའི་ཡེ་ཤེས་གང་། །བྱང་འཕགས་མཉམ་གཞག་ངོ་བོ་སངས་རྒྱས་ཀྱི། །མཉམ་རྗེས་རོ་གཅིག་དོན་དམ་སེམས་བསྐྱེད་ཀྱི། །མཚན་ཉིད་ཡིན་ཏེ་ཐུན་མོང་གྲགས་ཚོད་དུ། །དོན་དམ་ཞེས་པ་སྒྲིབ་བྲལ་ཆོས་ཀྱི་དབྱིངས། །སེམས་བསྐྱེད་དེ་ཉིད་མངོན་སུམ་དུ་མཐོང་བའི། །ཡེ་ཤེས་ལ་འཇོག་མདོ་སྡེ་རྒྱན་ལས་ཀྱང་། །དམ་པ་གསུམ་གྱིས་ཟིན་པའི་སེམས་བསྐྱེད་གསུངས། །འདུས་པའི་རྒྱུད་དོན་འཕགས་པ་ཀླུ་སྒྲུབ་ཀྱིས། །བདག་དང་ཕུང་སོགས་ཀྱིས་བསྡུས་བཟུང་ཡུལ་དང་། །རྣམ་རིག་ཡུལ་ཅན་འཛིན་པས་མ་སྒྲིབ་པའི། །ཡེ་ཤེས་སྤྲོས་བྲལ་མཚན་ཉིད་ཅན་དུ་བཤད། །འདི་ཡི་བསྐྱེད་ཆོག་མདོ་ལས་མ་གསུངས་ཤིང་། །སྔགས་ལ་ཐབས་བྱིན་རླབས་ཚུལ་ཡོད་ཀྱང་། །སེམས་བསྐྱེད་ཐ་སྙད་མཁས་པས་བསྒྲགས་པར་མེད། །ཚོགས་སྦྱོར་གྲངས་མེད་གཅིག་ཏུ་གོམས་པའི་མཐར། །དོན་དམ་སེམས་བསྐྱེད་རྣམ་པར་མི་རྟོག་པའི། །ཡེ་ཤེས་ཀྱིས་བསྡུས་མཚན་ཉིད་པ་སྐྱེ་ལ། །ཡུལ་ངེས་ལྔ་ལས་ཏིང་འཛིན་ཤེས་རབ་དག །མཚུངས་ལྡན་དང་བཅས་དེར་སོང་སྡོམ་པའོ། །དམ་པའི་དོན་དུ་ངོ་བོ་ཉིད་མེད་གཞོལ། །ཀུན་རྫོབ་སྒྲུབ་པ་རྒྱ་ཆེན་མདོ་སྡེའི་དོན། །ལྟ་སྤྱོད་མི་འགལ་ཐུན་ཚག་བསྡུས་མིན་པའི། །ཚུལ་དེ་རྒྱལ་བའི་སྲས་ཀྱི་ལམ་བཟང་ཡིན། །ཞེས་ཡོངས་རྫོགས་བསྟན་པའི་ཉམས་ལེན་སྡོམ་པ་གསུམ་གདན་ལ་དབབ་པ་འཇམ་དབྱངས་བླ་མའི་དགོངས་རྒྱན་ལས་བྱང་ཆུབ་སེམས་དཔའི་སྡོམ་པའི་ལེའུ་སྟེ་གསུམ་པའོ།། །།

སྔགས་ཀྱི་སྡོམ་པར་སྐལ་དམན་རིམ་འཇུག་ཚུལ། །སྤྱོད་པ་སྟར་བཤད་རྣམས་ཏེ་གསོ་སྦྱོང་ལ། །བསླབ་པ་ནས་བརྩམས་སེམས་བསྐྱེད་བར་གྱིས་སོ། །ལྷ་བ་རིམ་ཅན་བྱེ་མདོ་རྣལ་འབྱོར་སྤྱོད། །དབུ་མ་རྣམས་ཏེ་ཐུན་མོང་ཐེག་པ་དང་། །བྱ་སྤྱོད་རྣལ་འབྱོར་རྒྱུད་ཀྱི་རིམ་པ་ཀུན། །ཤེས་ནས་རྣལ་འབྱོར་ཆེན་པོ་ཉིད་ལ་འཇུག །སྐལ་ལྡན་ཅིག་ཆར་ཉིད་དུ་འཇུག་པ་ལ། །ཐེག་ཆེན་ཐུན་མོང་མིན་པའི་སྐྱབས་འགྲོ་དང་། །འབྲེལ་བའི་སེམས་བསྐྱེད་ཐོབ་ནས་དབང་ལ་འཇུག །དབང་ལས་ཐོབ་པའི་སྔགས་ཀྱི་སྡོམ་པ་གང་། །ཡིད་ནི་མཚན་རྟོག་ལས་སྐྱོབ་ཐབས་ཁྱད་ཅན། །མི་མཐུན་ཕྱོགས་སྤོང་སེམས་པ་མཚུངས་ལྡན་བཅས། །སྡོམ་པའི་མཚན་ཉིད་དབང་གི་དམ་ཚིག་དང་། །རིག་འཛིན་སྡོམ་པ་གསར་སྡོམ་རྒྱུན་ལྡན་གྱི། །གང་ཟག་རྒྱུད་ཀྱི་སྔགས་ལམ་རྣམས་དོན་གཅིག །དབྱེ་བ་བརྗོད་བྱ་རྗོད་བྱེད་ཚོགས་སོ། །དང་པོ་རྒྱུ་དང་ཐབས་དང་འབྲས་བུ་ཡི། །རྒྱུད་ཀྱི་སྡོམ་པ་གསུམ་འབྱུང་རིམ་པ་བཞིན། །སོ་སྐྱེའི་རྒྱུད་ཀྱི་སྣང་བ་ཧ་སྐྱེད་པ། །གསལ་སྟོང་ཟུང་དུ་འཇུག་པའི་ངོ་བོར་སྡོམ། །ཟླ་མེད་ལམ་ཞུགས་སློབ་པའི་གང་ཟག་གི །སྣང་བ་བསྐྱེད་རྫོགས་ལམ་གྱི་ངོ་བོར་སྡོམ། །སངས་རྒྱས་རྒྱུད་ཀྱི་རང་སྣང་ཡེ་ཤེས་ལ། །ཤེས་བྱ་ཀུན་ཀྱང་བསམ་གྱིས་མི་ཁྱབ་པའི། །གསང་གསུམ་ངོ་བོར་འཆར་བའི་སྡོམ་པའོ། །

དེ་ལྟར་གསུམ་གྱི་དང་པོ་བཏགས་པ་བ། །གཉིས་ནི་སྡོམ་པ་མཚན་ཉིད་པ་རུ་བཞེད། །རྒྱུ་ལ་གནས་པའི་རང་བཞིན་སྡོམ་པ་དེ། །དབང་གི་སྐབས་སུ་མྱོང་བའི་ངོ་བོར་སྐྱེ། །ལྟ་བ་དང་ནི་ལམ་བཞི་བསྒོམ་པ་ལས། །ཟླ་བའི་དཔེ་ཡིས་མཚོན་བྱེད་ཡེ་ཤེས་མཐོང་། །རྗོད་བྱེད་རྒྱུད་སྡེ་བཞི་ཡི་སྡོམ་པ་སྐྱེ། །བལྟ་དགོད་ལག་བཅངས་འཁྱུད་པའི་ལམ་བྱེད་ཀྱིས། །མཚན་རྟོག་ལས་སྐྱོབ་སྤོང་སེམས་མཚུངས་ལྡན་བཅས། །ཚིག་སྔ་གོན་རྒྱུན་བཤགས་ལས་ཐོབ་པ། །སོ་བྱང་སྡོམ་པའོ་གནས་གསུམ་བྱིན་རླབས་དུས། །སྔགས་སྡོམ་རྡོ་རྗེ་གསུམ་གྱི་ས་བོན་ཐེབ། །སྡོམ་གཟུང་སྐབས་སུ་ཁས་བླངས་སྒོ་ནས་ཐོབ། །ཟླ་བ་རྡོ་རྗེའི་སེམས་བསྐྱེད་ལ་སོགས་པ། །འཇུག་པ་ཕྱི་ནང་སློབ་མ་སློབ་དཔོན་གྱིས། །བསྐུས་པའི་དབང་བཞིའི་ཚིག་ལས་ཐོབ་པ། །ཟླ་མེད་ལུགས་སོ་རྒྱུད་སྡེ་འོག་མ་གསུམ། །ཁས་བླངས་ཚིག་དངོས་བསྟན་ཙམ་གྱིས་སོ། །གང་དུ་བསྐྱལ་བའི་དཀྱིལ་འཁོར་རྣམ་པ་ལྔ། །སྟོན་པ་རྡོ་རྗེ་འཆང་གིས་རྒྱུད་གསུངས་ཚེ། །འཁོར་རྣམས་གཞུག་ཅིང་དབང་བསྐུར་རྣམ་འཕྲུལ་པ། །སྟོན་འཁོར་དབྱེར་མེད་ཡེ་ཤེས་དཀྱིལ་འཁོར་བརྗོད། །སར་གནས་འཕགས་པ་རྣམས་དང་སོ་སྐྱེ་ཡང་། །དག་པའི་བློ་ངོར་སངས་རྒྱས་བྱང་སེམས་སམ། །ཡེ་ཤེས་མཁའ་འགྲོ་མས་སྤྲུལ་དེའི་དཀྱིལ་འཁོར། །ས་ར་ཧ་པ་སོགས་ཀྱིས་དབང་ཐོབ་བཞིན། །ཏིང་འཛིན་བརྟན་པའི་འཕགས་དང་སོ་སྐྱེ་ཡིས། །ལུས་ངག་རྩོལ་མེད་བསམ་གཏན་འབའ་ཞིག་གིས། །རྫུལ་ཚོན་དཀྱིལ་འཁོར་བལྟ་དང་བསྟན་ནུས་པར། །བསྐུར་བ་ཏིང་ངེ་འཛིན་གྱི་དཀྱིལ་

འཁོར་ཏེ། །དཔའ་བོ་རྡོ་རྗེས་འབྲོག་མི་ལ་ཧེ་བཞིན། །སོ་སྐྱེའི་རྡོ་རྗེ་སློབ་དཔོན་ཅི་རིགས་པས། །རྒྱུད་ནས་གསུངས་པའི་དབང་གི་མངོན་རྟོགས་ཀུན། །ཚང་བས་བསྐུར་བ་རྡུལ་ཚོན་དཀྱིལ་འཁོར་རོ། །

སྤྱི་དོན་དངོས་གཞི་གཉིས་ཀྱིས་བསྐུར་བ་ནི། །མི་གཡོ་བླ་མེད་རྒྱུད་དང་དྲིལ་བུ་པས། །གསུངས་བཞིན་རས་བྲིས་དཀྱིལ་འཁོར་ཉིད་དུའོ། །ཕྱི་དཀྱིལ་འཇུག་པ་སྟོན་སོང་སྐལ་ལྡན་ལ༑ ༑ནང་ལ་གཞོལ་བའི་ལུས་དཀྱིལ་ཀྱང་ཡོད་དོ། །མ་སྨིན་སྨིན་བྱེད་རྒྱུ་ཡི་དབང་ལ་ནི། །རྡུལ་ཚོན་ངེས་པར་དགོས་ཤིང་སྐབས་གཞན་དུ། །རས་བྲིས་ཀྱིས་རུང་བསྐུར་བའི་ཆོ་ག་ནི། །རྗེས་བཟུང་སཾ་བུ་ཊ་ར་བཤད་བསྟེན་པ་ལ། །བུམ་པར་བརྟེན་དང་མ་བརྟེན་གང་ཡིན་ཀྱང་། །དུས་གྲངས་མཚན་མར་རབ་འབྲིང་ཐ་མ་ཡི། །དབྱེ་བས་དགུར་འགྱུར་གྲངས་བསྟེན་བརྟག་གཉིས་དང་། །སྡོམ་འབྱུང་དུ་གསལ་ས་ཡི་ཆོ་ག་ནི། །བརྟགས་ནས་བློས་བཟུང་བདག་པོ་ལས་བསླངས་ཏེ༑ ༑སྐྱོན་དང་བགེགས་སྦྱངས་བཟུང་བསྲུང་ཆོ་ག་བཅས། །སྤྱི་རྒྱུད་གུར་སོགས་ཀུན་ལས་ཐོར་བུར་བསྟན། །ས་ལྷ་ལྷ་དང་བུམ་པ་སློབ་མ་རྣམས། །ལྷག་གནས་བྱ་བ་ཁ་སྦྱོར་སོགས་ནས་གསུངས། །ཐིག་གིས་བྲི་བར་ཆ་ཕྲན་རེ་བཞི་དང་། །གོ་དྲུག་པ་སྟེ་གཉིས་འབྱུང་སྡུ་མ་ནི། །ཤྲཱི་ཛྙཱས་གཞུང་མཛད་ལོ་ཆེན་བརྒྱུད་པའི་སྲོལ། །རྗེ་བཙུན་གོང་མའི་ཕྱག་བཞེས་འདི་ཉིད་དོ། །ཕྱི་མ་ཨ་བྷྱ་ཡས་བཀྲལ་གཞན་ལུགས་གཙོ། །ཚོན་གྱིས་བྲི་བར་མཚན་མ་དགོད་ཚུལ་གྱི། །དབྱེ་བས་བཞིར་འགྱུར་བུམ་པ་དབུལ་བ་དང་། །བཅས་པའི་རྒྱན་དགྲམ་དཀྱིལ་འཁོར་སྒྲུབ་པ་ལ། །བདག་མདུན་སོ་སོ་བ་དང་དབྱེར་མེད་གཉིས། །མཆོད་པ་དབྱེ་བ་མང་ཡང་བླ་མེད་སྐབས། །ཕྱི་ནང་གསང་བ་དེ་ཁོ་ན་ཉིད་བཞིར། །འདུས་སོ་སློབ་དཔོན་འཇུག་ཅིང་དབང་བླང་བ། །སཾ་བུ་ཊ་ར་བཤད་ཀུན་གྱི་སྲོལ་དུ་སྣང་། །སློབ་མ་གཞུག་པ་སྦྱོར་བའི་བྱེ་བྲག་གིས། །རྒྱས་བསྡུས་འབྱུང་མོད་ཆོ་གའི་གཙོ་བོ་མཐུན། །

དངོས་གཞི་ཡེ་ཤེས་ཐིག་ལེའི་ལུང་ཞིན་དུ། །བྱ་བའི་རྒྱུད་ལ་ཆུ་དང་ཅོད་པན་དབང་། །སྤྱོད་རྒྱུད་དེ་སྟེང་རྡོ་རྗེ་དྲིལ་བུ་དང་། །མིང་གི་དབང་བསྐུར་རྣལ་འབྱོར་རྒྱུད་ལ་ནི། །ཕྱིར་མི་ལྡོག་པའི་དབང་བསྣན་བླ་མེད་ལ། །གོང་མ་གསུམ་གྱི་དབང་གི་དངོས་གཞི་རྫོགས། །འདི་ལ་བཅུ་བཞིར་དབྱེ་དང་བཅུ་གཅིག་ཏུ། །བསྡུ་བ་དེ་ཡང་རྣམ་པ་བཞིར་འདུས་སོ། །དང་པོ་བཤད་རྒྱུད་རྡོ་རྗེ་ཕྲེང་བ་དང་། །ཕྱག་ཆེན་ཐིག་ལེ་སངས་རྒྱས་ཐོད་པའི་རྒྱུད། །དྲིལ་བུའི་གཞུང་ལས་འབྱུང་ཞིང་ངོས་འཛིན་ནི། །མེ་ཏོག་ཕྲེང་བ་ཆུ་དང་ཅོད་པན་དང་། །རྡོ་རྗེ་དྲིལ་བུ་མིང་དང་བརྟུལ་ཞུགས་དང་། །རྡོ་རྗེ་སློབ་དཔོན་དབང་དང་མཐའ་རྟེན་གསུམ། །དེ་རྣམས་བུམ་པའི་དབང་སྟེ་བཅུ་གཅིག་སྟེང་། །གསང་དང་ཤེས་རབ་བཞི་པས་བཅུ་བཞིར་འགྱུར། །དབུགས་དབྱུང་གཟེངས་བསྟོད་གཅིག་ཏུ་བྱས་པའོ། །ཡང་ན་ལུང་བསྟན་དབུགས་དབྱུང་གཟེངས་བསྟོད་གསུམ། །སོ་སོར་དབྱེ་ཞིང་རྗེས་གནང་སློབ

དཔོན་གྱི། །ཁོངས་སུ་བསྡུས་པས་བཅུ་བཞིའམ་བརྟུལ་ཞུགས་ལ། །ཐུན་མོང་ཐུན་མོང་མིན་པ་གཉིས་ཡོད་ན། །སློབ་དཔོན་རྗེས་གནང་བཅས་པ་དབང་སྤྱི་ཡི། །ཁྱབ་བྱེད་དུ་བཏང་བཅུ་བཞི་ཉིད་དུ་འགྱུར། །དེ་གཉིས་སོ་སོར་བགྲང་སྟེ་ལུང་བསྟན་སོགས། །གསུམ་པོ་གཅིག་ཏུ་བྱ་བའི་ཚུལ་ཡང་ཡོད། །གོང་མ་སྡོམ་འབྱུང་ནས་བཤད་གཞན་གསུམ་ནི། །གྲུབ་པ་བརྒྱད་པའི་གསུང་གི་རྣམ་བཞག་གོ །བཅུ་གཅིག་བསྡུ་བ་རྡོ་རྗེ་གུར་ལྟར་ན། །བུམ་དབང་བརྒྱད་དབྱེ་གོང་མ་གསུམ་དང་བཅས། །དུས་འཁོར་ལྟར་ན་བྱིས་པ་འཇུག་པའི་དབང་། །བདུན་དང་གོང་མ་བཞི་སྟེ་བཅུ་གཅིག་གོ །བཞི་རུ་བསྡུ་བ་བརྟག་གཉིས་ལ་སོགས་ནས། །དགོད་སོགས་ཆགས་བཞི་དག་པའི་རིམ་པས་གསུངས། །མདོར་ན་དབྱེ་བ་ཐམས་ཅད་བུམ་དབང་ལས། །འབྱེད་ཕྱིར་བཞི་རུ་འདུ་སྟེ་རྒྱུ་མཚན་ཡང་། །སྦྱང་བྱ་དྲི་མ་བཞི་དང་བསྒོམ་བྱའི་ལམ། །བཞི་དང་འབྲས་བུ་སྐུ་བཞི་ཡིན་པ་སོགས། །ཞིབ་པར་རྣལ་འབྱོར་དབང་ཕྱུག་མན་ངག་ལས། །ཤེས་ཤིང་གྲུབ་དབང་ཐམས་ཅད་དགོངས་པ་མཐུན། །

མཇུག་ཆོག་མཆོད་ནས་གཤེགས་གསོལ་ལ་སོགས་སོ། །བསྐུར་བའི་དགོས་པ་གང་ཟག་དབང་པོ་རབ། །དབང་རྗེས་གྲོལ་བ་ཨིནྡྲ་བྷཱུ་ཏི་བཞིན། །འབྲིང་རྣམས་དབང་ལ་གོམས་ན་སྐྱེ་བདུན་དང་། །བཅུ་དྲུག་ནའགྲུབ་ཐ་མ་ལམ་བསྒོམ་པའི། །སྣོད་རུང་དུ་བྱེད་ལམ་གྱི་རྩ་བར་གྲུབ། །དཀྱིལ་འཁོར་མཐོང་བས་སྡིག་ཀུན་བྱང་བ་དང་། །དངོས་གྲུབ་གང་འདོད་འབྱུང་བ་ཕན་ཡོན་ནོ། །གལ་ཏེ་མ་ཐོབ་རྒྱུད་དང་མན་ངག་དག །ཉན་བཤད་སྒོམ་པར་མི་དབང་སྔགས་སྤྱོད་ན། །ཐུན་མོང་དངོས་གྲུབ་ཐོབ་ཀྱང་དམྱལ་བར་སྐྱེ། །སློབ་དཔོན་མཚན་ཉིད་གསུངས་ཚད་མདོར་བསྡུ་ན། །བླ་མ་བརྒྱུད་པ་དང་ལྡན་རྒྱུད་དོན་རིག །དམ་ཚིག་མཆོག་སྲུང་མན་ངག་དུ་མས་བརྒྱན། །སྙིང་རྗེས་རྒྱུད་བརླན་བསྟན་བཅོས་དུ་མ་ཤེས། །ཞེས་གསུངས་ཕྱི་དང་གསང་བ་ཉེར་མཁོ་ཡི། །དེ་ཉིད་བཅུ་རིག་རྟེན་ཡང་དགེ་སློང་མཆོག །དགེ་ཚུལ་འབྲིང་ཡིན་སར་གནས་མ་གཏོགས་པའི། །ཁྱིམ་པ་ཐ་མར་གསུངས་སོ་སློབ་མ་ཡང་། །མཚན་ཉིད་ཅི་རིགས་པ་ཚང་ཁྱད་པར་དུ། །བླ་མེད་བྱང་ཆུབ་བསྒྲུབ་ལ་ཆེས་རིངས་པས། །དམ་ཚིག་དོན་དུ་གཉེར་གཙོ་བསྐུར་བའི་དུས། །བསྐུར་བའི་གནས་རྣམས་རྒྱུད་ནས་གསུངས་བཞིན་བརྟག །དབང་བཞི་རིམ་པར་སྤྱི་བོ་ལྟེ་དང་ནི། །དབང་གི་གནས་དང་རླུང་སེམས་ལ་གཏོར་ཞིང་། །བླུགས་པའི་ངེས་ཚིག་ས་བོན་ཆུ་ལུད་ཀྱིས། །བྲན་པའི་དཔེས་བསྟན་སྐུ་བཞིའི་མྱུ་གུ་བསྐྱེད། །གཞན་ཡང་དྲི་མ་འབྱུང་དང་ལམ་ལ་དབང་། །དངོས་གྲུབ་སྐལ་སྐྱེར་མཆོག་གི་གོ་འཕང་ལ། །འཇོག་ཕྱིར་དབང་ཞེས་བརྗོད་པ་སྒྲ་དོན་ནོ། །གནས་སྐབས་རགས་པ་རྒྱུ་ལམ་འབྲས་གསུམ་གྱིས། །འབྱེད་ཀྱང་གང་ཟག་ལ་ལྟོས་དུ་མར་འགྱུར། །དབང་ཆོག་དེ་ལས་ཐུགས་སྡོམ་ཐོབ་པའི་དུས། །རིགས་ལྔའི་སྡོམ་བཟུང་བརྗོད་པ་ཐ་མའི་རྗེས། །སྐྱེ་བར་འདོད་ཀྱང་ཁས་

བླངས་ཀྱི་སྒོ་ནས། །ཐོབ་པ་ཙམ་སྟེ་ཚོགས་བསྐྱེད་པ་མིན། །འདོད་ན་དངོས་གཞིའི་ཚིག་དོན་མེད་འགྱུར། །ཁ་ཅིག་དམ་ཚིག་གསུམ་སྦྱིན་གནས་སྐབས་སུ། །ཐོབ་པས་བུམ་དབང་ཉིད་ཀྱིས་རྫོགས་པར་འདོད། །རབ་དབྱེར་བླ་མ་བཅོལ་ལ་དབང་བཞི་བླངས། །དེ་ཡིས་སྡོམ་པ་གསུམ་ལྡན་འགྱུར་རོ་ཞེས། །རྒྱལ་བ་ཀུན་གྱི་བགྲོད་ཅིག་བླ་མེད་ཀྱི། །དབང་དུ་མཛད་ནས་གསུངས་པ་འགོག་གམ་ཅི། །གལ་ཏེ་འདོད་ན་རྣལ་འབྱོར་རྒྱུད་དང་ནི། །རྣལ་འབྱོར་ཆེན་པོའི་སྡོམ་པ་ཁྱད་མེད་འགྱུར། །ཡེ་ཤེས་ཞབས་ལུགས་ལ་སོགས་འགའ་ཞིག་ཏུ། །དམ་ཚིག་གསུམ་པོ་སློབ་མའི་དབང་གི་སྐབས། །འབྱུང་བས་དུས་དེར་རྫོགས་པར་སྨྲ་ནུས་སམ། །སངས་རྒྱས་ཀུན་གྱི་སྡོམ་པ་ཨེ་ཝཾ་གྱི། །རྣམ་པ་བདེ་བ་ཆེན་པོ་གསུམ་པ་ཡི། །དབང་ལས་ཐོབ་པ་རྒྱུད་ནས་བསྟན་པ་དང་། །དམ་ཚིག་ཉི་ཤུ་མན་ངག་གནད་དྲུག་སོགས། །གསུང་ངག་རྣམ་གཞག་མཐའ་དག་བློས་འདོར་རམ། །འདི་ཉིད་ལུང་དང་རིགས་པས་དགག་པ་དང་། །རང་ལུགས་སྒྲུབ་པ་ཀུན་མཁྱེན་ཆོས་ཀྱི་རྗེའི། །གསུང་རབ་བདུད་རྩི་ཉིང་ཁུ་རྩ་འགྲེལ་ལ། །བལྟས་པས་སྙིང་ལ་ཟབ་དོན་རི་མོ་འཆར། །

མདོར་ན་རྒྱུད་སྡེ་བཞི་པོ་རང་རང་གི །དབང་གི་དངོས་གཞི་རྡོ་རྗེ་སློབ་དཔོན་དུ། །སྒྲུབ་པའི་དབང་ཡིན་སྤྱི་རྒྱུད་ལུང་གིས་གྲུབ། །དེ་ཕྱིར་སོ་སོའི་སློབ་དཔོན་དབང་གི་སྐབས། །རྒྱུད་བཞི་རང་སྐལ་དམ་ཚིག་སྡོམ་པ་ཐོབ། །

བླ་མེད་སྐབས་སུ་དམ་ཚིག་གསུམ་སྦྱིན་པར། །སློབ་དཔོན་དབང་ཞེས་གསུངས་པ་ཡོ་ག་དང་། །སྒོ་བསྟུན་ཙམ་ཡིན་དེ་ཉིད་བུམ་དབང་དུ། །བཞག་སྟེ་གོང་མ་གསུམ་དང་བཅས་པ་ནི། །དངོས་གཞི་སློབ་དཔོན་དབང་དུ་གྲུར་ལས་བཤད། །

གོང་མ་དབང་གི་དངོས་གཞི་མི་འདོད་ན། །རྫོགས་རིམ་དང་ནི་སྐུ་བཞིའི་ཕྱི་མ་གསུམ། །ལམ་དང་འབྲས་བུའི་དངོས་གཞི་མིན་པར་འགྱུར། །ཅེས་ཀྱང་འདོད་ན་བསྐྱེད་རྫོགས་རྣམ་པ་གཉིས། །རྟེན་དང་བརྟེན་པར་གསུངས་པ་གང་གིས་སྒྲུབ། །

བུམ་དབང་སྐབས་ཐོབ་བསྐྱེད་རིམ་སྡོམ་པ་ནི། །ཐ་མལ་རྣམ་རྟོག་སྦྱོང་བའི་སེམས་པ་དང་། །མཚུངས་ལྡན་དུ་གྱུར་གཙོ་སེམས་རྣམ་རིག་གི །ངོ་བོར་སྐྱེ་ཞིང་གོང་མ་གསུམ་གྱི་སྐབས། །ཐོབ་པའི་རྫོགས་རིམ་སྡོམ་པའང་དེ་བཞིན་དུ། །ཀུན་རྟོག་ལྷར་ཞེན་རྟོག་པ་སྦྱོང་སེམས་ཀྱི། །སེམས་བྱུང་གཙོ་སེམས་བཅས་པའི་ངོ་བོར་སྐྱེ། །འདི་ཡི་སྦྱོང་སེམས་ཐོབ་པ་ཉན་ཐོས་ལྟར། །སྤོང་བར་ཁས་བླང་སེམས་པ་མངོན་གྱུར་ཙམ། །མིན་པར་ཉམས་མྱོང་ཁྱད་པར་ཅན་སྐྱེས་པས། །དོན་གྱིས་ཐོབ་པ་གང་ཟག་ཕལ་ཆེ་ལ། །འབྱུང་མོད་དཔོན་སློབ་ཚོ་ག་ཚད་ལྡན

གཙོ། །འབྲས་བུ་སངས་རྒྱས་ཡེ་ཤེས་ངོ་བོ་རུ། །སྐྱེ་བའང་ཡོད་དེ་ཨིནྡྲ་ཧྨུ་ཧི་བཞིན། །སྤྲུལ་པའི་དཀྱིལ་འཁོར་ཉིད་དུ་དབང་ཐོབ་པ། །ངེས་པར་མཆོན་བྱ་དོན་གྱི་ཡེ་ཤེས་སུ། །སྐྱེ་བ་རྟེ་བཙུན་རྣལ་འབྱོར་དབང་ཕྱུག་བཞིན། །གྲུབ་པས་བསྐུར་དང་སློབ་མ་དག་པ་ལ། །མཆོན་བྱེད་དཔེ་ཡི་ཡེ་ཤེས་ཉིད་དུ་སྐྱེ། །དོན་གྱི་ཡེ་ཤེས་སྐྱེ་བའི་སྐབས་ཀྱང་སྲིད། །བསོད་ནམས་བསགས་དང་ལས་འཕྲོ་སད་པ་དང་། །རྩ་ཁམས་བཟང་བའི་སློབ་མར་རྟེས་ཀྱི་བློས། །གསལ་བར་ངོ་ཤེས་ཡེ་ཤེས་ཉིད་དུ་སྐྱེ། །སྐུ་བཞིའི་ས་བོན་ཐེབ་པའང་འདི་ནས་འཛོག །

ཐོབ་པ་ཇི་བཞིན་བསྲུངས་ན་དངོས་གྲུབ་དང་། །མ་བསྲུངས་མནར་མེད་ལ་སོགས་སྐྱེ་འགྱུར་བར། །དྲན་པས་རིགས་གཟུགས་སྙེམས་བཅས་ལྟུང་བ་ལ། །ཇི་མི་སྙམ་པའི་ང་རྒྱལ་ངེས་བཅོམ་སྟེ། །བག་ཡོད་དྲན་ཤེས་མ་འབྲལ་བ་ཡིས་བསྲུང་། །བྱ་རྒྱུད་དམ་ཚིག་གསང་བ་སྤྱི་རྒྱུད་ལས། །ཐེག་པ་ཆེན་པོའི་དཀོན་མཆོག་རྣམ་གསུམ་པོ། །ནམ་ཡང་མི་བཏང་[༡]སྐྱབས་འགྲོའི་བསླབ་བྱ་བཟུང་། །བྱང་སེམས་རྣམས་དང་དེ་ཡི་སྟེ་སྣོད་དུ། །བཤད་པའི་བསླབ་བྱ་རྣམས་ཀྱང་གུས་པས་སྒྲུབ[༢]། །རིགས་སྔགས་གསང་སྔགས་ཀྱིས་བསྔུས་ལྷ་ཚོགས་ལ། །བཟང་ངན་འཛིན་སྤང་[༣]སྤྱི་ཡི་དམ་ཚིག་གོ །

རང་འདོད་ལྷ་ལ་ལྷག་པར་གུས་[༡]བྱ་ཞིང་། །མ་གྲུབ་བཅིངས་སོགས་སྤྱོག་ཚིག་ཀྱང་མི་བྱ། །བྱ་རྒྱུད་སྤྱོར་ཞུགས་དམ་ཚིག་ཅན་[༢]དང་ནི། །བསྟན་ལ་ཞུགས་ཤིང་སྒྲུབ་པའི་མཛའ་བོ་དང་[༣]། །དབང་རྒྱུད་མན་ངག་སྟེར་བའི་བླ་མ་ལ[༤]། །རབ་ཏུ་གུས་པར་བྱ་ཡི་བརྙས་པ་དང་། །སྨད་དང་མཐོ་འཚམས་གནོད་པར་འགྱུར་མི་བྱ། །གནོད་གནས་ལ་སོགས་ཐུན་མོང་སྒྲུབ་པའི་ལྷ། །མ་ཐུབ[༥]སྟོང་དང་བྲོ་བ་མི་བྱའོ། །ཆོས་བརྒྱད་ལ་སོགས་དུས་མཚམས་བཟང་པོ་ལ། །རང་འདོད་ལྷ་དང་དཀོན་མཆོག་གསུམ་པོ་མཆོད[༦]། །དབང་ཕྱུག་ཁྱབ་འཇུག་ལ་སོགས་ཕྱི་རོལ་པའི། །གཞུང་ལྟར་མི་[༧]མཆོད་རྣལ་འབྱོར་ཉམས་མི་ལེན། །གློ་བུར་འོངས་པའི་མགྲོན་ལ་ཟས་དང་ནི། །གནས་མལ་སོགས་ཀྱིས་མཆོད་པ་[༨]ཙི་འགྲུབ་བྱ། །སྲོག་ཆགས་ཕྲ་མོ་རྣམས་ལ་བྱམས་[༩]པའི་སེམས། །བརྟན་པར་བཞག་ཅིང་གནོད་པའི་ལས་མི་བྱ། །ཐེག་པ་ཆེ་ལ་དགའ་བས་བསོད་ནམས་དག་འཕེལ་ཕྱིར་བཟླས་བརྗོད་སྦྱིན་སྲེག་མཆོད་པ་དང་། །སྡོམ་པ་བཟུང་བ་སོགས་ལ་ནན་ཏན་[༡༠]བསྐྱེད། །བཟླས་བརྗོད་བྱེད་ལ་བརྩོན་པ་དེའི་ཀུན་སྤྱོད། །ལེགས་གྲུབ་སོགས་ཀྱི་རྒྱུད་ནས་འབྱུང་བཞིན་སྤྱོད[༡༡]། །དམ་ཚིག་གསུམ་བཀོད་ལ་སོགས་སོ་སོ་ཡི། །རྒྱུད་ནས་བསྟན་པའི་དམ་ཚིག་རྣམས་ཀྱང་སྲུང་[༡༢]། །དབང་བསྐུར་མ་ཐོབ་ཐོབ་ཀྱང་ཉམས་པ་ལ། །སྔགས་དང་ཕྱག་རྒྱ་མི་སྦྱིན་སྦ་བ་[༡༣]རྣམས། །དབང་ལས་ཐོབ་པའི་དམ་ཚིག་བཅུ་གསུམ་མོ། །

འདི་ཡི་སྒྲུབ་ཕྱོགས་ལས་འདས་དགག་ཕྱོགས་སུ། །སྤྱང་བས་རྩ་ལྟུང་ཉིད་དུ་འགྱུར་བར་བཤད། །སྤྱོད་རྒྱུད་དམ་ཚིག་རྣམ་སྣང་མངོན་བྱང་ལས། །ཐུན་མོང་བསླབ་བྱ་མི་དགེ་བཅུ་སྤོང་ཞིང་། །བྱང་ཆུབ་སེམས་དཔའི་སྡོམ་པ་འཛིན་པ་རྣམས། །ཡིན་ཞིང་ཐུན་མོང་མིན་པའི་དམ་ཚིག་ནི། །དམ་པའི་ཆོས་༡དང་སྨོན་འཇུག་བྱང་ཆུབ་སེམས༢། །སྲོག་གི་ཕྱིར་ཡང་མི་བཏང་སེར་སྣ་དང་༣། །སེམས་ཅན་གནོད་པ་༤མི་བྱ་བཞི་པོ་ལས། །ལྟོག་པ་རྩ་ལྟུང་ཡིན་གསུངས་ཡོ་ག་ལ། །ཁས་བླངས་དང་ནི་ཆོ་གས་ཐོབ་པ་གཉིས། །དང་པོ་བཤད་རྒྱུད་རྡོ་རྗེ་རྩེ་མོ་ནས། །རིགས་ལྔ་སོ་སོ་དང་ནི་སྤྱིའི་དམ་ཚིག །དེ་དག་མདོར་བསྡུས་བསྒྲགས་པའི་ཚུལ་གསུམ་གསུངས། །སོ་སོའི་དམ་ཚིག་དེ་བཞིན་གཤེགས་རིགས་ལ། །བླ་ན་མེད་པའི་དཀོན་མཆོག་རྣམ་པ་གསུམ། །སྐྱབས་སུ་བཟུང་དང་རྡོ་རྗེའི་རིགས་མཆོག་ལ། །རྡོ་རྗེ་དྲིལ་བུ་ཕྱག་རྒྱ་ཆེན་པོ་སྟེ། །སྐུ་གསུང་ཐུགས་ཀྱིས་བསྡུས་པ་སློབ་དཔོན་བཅས། །བཟུང་བ་ཡིན་ནོ་རིན་ཆེན་རིགས་ལ་ནི། །ཟང་ཟིང་མི་འཇིགས་ཆོས་དང་བྱམས་པ་སྟེ། །སྦྱིན་པ་རྣམ་བཞི་དུས་དྲུག་དངོས་དང་ནི། །འདུན་པས་བཏང་ངོ་པདྨའི་རིགས་དག་པར། །ཕྱི་དང་གསང་བའི་རྒྱུད་དང་ཐེག་གསུམ་གྱིས། །བསྡུས་པའི་ཆོས་འཛིན་ལས་ཀྱི་རིགས་ཆེན་པོར། །སྡོམ་པ་ཐམས་ཅད་འཛིན་དང་མཆོད་པ་ལ། །བརྩོན་པ་རྣམས་སོ་རིགས་ལྔ་སྤྱིའི་དམ་ཚིག །ཚུལ་ཁྲིམས་གསུམ་པོ་སྤྱི་རུ་བཤད་པ་ནི། །ནམ་སྙིང་མདོར་བཤད་བྱང་ཆུབ་སེམས་དཔའཡི། །ཕམ་པ་བཅུ་བཞིའི་སོ་སོར་བཤད་པ་ནི། །རྩ་བཞི་ཚང་དང་བཅས་པ་གཞན་དོན་དུ། །འགྱུར་ན་མ་གཏོགས་སྤོང་བ་ཉེས་སྤྱོད་སྡོམ། །སྐྱེས་བུ་དམ་པ་དང་ནི་རྣལ་འབྱོར་པར། །བསྟེན་ནས་དགེ་བཅུའི་ཆོས་ཀུན་སྡུད་ཅིང་སྤྱོད། །ཐེག་པ་དམན་ལ་འདོད་པ་མི་བྱ་སོགས། །ལྟོག་ཕྱོགས་བཞི་བྲལ་སེམས་ཅན་དོན་བྱེད་དོ། །བསྡུས་ཏེ་བསྒྲགས་པར་སྡོམ་པ་གོང་མ་རུ། །འོག་མ་འདུ་ཕྱིར་གཞན་ལ་གནོད་པ་དང་། །གཞན་དག་མ་དད་འགྱུར་སྤོང་ཕྱག་རྒྱ་དང་། །མཚན་མ་འགོམ་སོགས་བརྙས་ཐབས་ཀུན་སྤོང་ཞིང་། །བྱ་སྤྱོད་དམ་ཚིག་རྣམས་ཀྱང་སྲུང་དགོས་བསྟན། །དེ་ཉིད་བཟུང་བར་གོ་རིམ་དངོས་ཤུགས་ཀྱི། །ཚིག་རིས་ཙམ་ལས་ངོ་བོར་ཁྱད་པར་ཅི། །ཆོ་གས་ཐོབ་པ་དཔལ་མཆོག་དང་པོ་ནས། །རྩ་ལྟུང་བཅུར་བསྟན་༡སྨོན་འཇུག་༢སེམས་བསྐྱེད་དང་། །བླ་བ་རྡོ་རྗེའི་བདེན་གཉིས་སེམས་༣བཏང་དང་། །དམ་ཆོས་འཐིང་སླད་༤ཀྱིས་སྤོང་ངག་ཙམ་གྱིས། །སྤོང་ཞིང་༥གླེགས་བམ་ཚོང་སོགས་ཀྱིས་འདོར་བ། །སྨོངས་པའི་དབང་གིས་ཆོས་ལ་༦སྐྱོད་པ་སྟེ། །དང་པོ་གཉིས་ནི་རྫོད་བྱེད་སྟེ་སྟོད་དང་། །ཕྱི་མ་བརྗོད་བྱའི་ཉམས་ལེན་སྤོང་བར་འཛོག །དབང་ཐོབ་ལུས་ངག་ཡིད་གསུམ་བྱེད་ལས་བཅས། །ཕྱག་རྒྱ་བཞི་འབྲེལ་ལྷ་ཡི་རྣལ་འབྱོར་བཞིན། །བྱིན་གྱིས་བརླབས་པའི་བདག་ཉིད་ཡོངས་དོར་ནས༧། །དཀའ་ཐུབ་དྲག་པོས་ལུས་སེམས་གདུང་བ་དང་། །དམ་ཚིག་རྡོ་རྗེ་དྲིལ་བུ་སྤོང་བ་༨དང་། །ཕྱག་རྒྱ

བཞི་སྐྱོང་(ཐ་མལ་གནས་པ་དང་། །རྡོ་རྗེ་སློབ་དཔོན་སྣད་པ་)°རྣམས་ཀྱི་སྟེང་། །རྡོ་རྗེ་འབྱུང་བར་མ་སྨིན་གསང་སྒྲོག་པ། །རྩ་ལྟུང་ཉིད་དུ་བཤད་བསྟན་བཅུ་གཅིག་གོ །

རྣལ་འབྱོར་བླ་མེད་རྒྱུད་ལ་ཁས་བླངས་ཀྱིས། །ཐོབ་པ་ཡོ་ག་དང་མཚུངས་སྔ་གོན་ནས། །བཞི་པའི་བར་གྱི་ཆོ་ག་ལས་སྐྱེས་པར། །འདུས་པར་རིགས་ལྔའི་དམ་ཚིག་ཤ་ལྔ་པོ། །བསྙེན་པ་དང་ནི་དགོངས་ཏེ་གསུངས་པ་ཡི། །དམ་ཚིག་བཞི་བཤད་བདེ་མཆོག་རྒྱུད་དུ་ནི། །ཚངས་སྤྱོད་ཉེར་གཉིས་ཤེས་རབ་མར་བརྟེན་པའི། །དམ་ཚིག་བརྒྱད་སོགས་འབྱུང་ཞིང་དུས་འཁོར་ནས། །བརྟུལ་ཞུགས་ཉེར་ལྔ་བཤད་དང་ལམ་འབྲས་སུ། །དབང་བཞིའི་དམ་ཚིག་ཉི་ཤུ་གསུངས་པ་སོགས། །རྒྱུད་དང་མན་ངག་སྐོར་གྱི་ཆོས་མང་ཡང་། །སྤང་བྱ་སྤོང་དང་བསྟེན་བྱ་བསྟེན་པར་འདུ། །སྤང་བྱ་རྩ་བའི་ལྟུང་བ་བཅུ་བཞི་དང་། །ཡན་ལག་ལྟུང་བ་བརྒྱད་དེ་ཉི་ཤུ་གཉིས། །བུམ་དབང་དམ་ཚིག་བླ་མེད་ཐམས་ཅད་མཐུན། །གཞུང་དངོས་འདུས་པའི་རྒྱུད་ཆེན་འབུམ་པ་ལས། །ཕྱུང་བར་བཞེད་ཅིང་དམ་པ་དང་པོ་དང་། །གཤིན་རྗེའི་དགྲ་ནག་གུར་གྱིས་གསལ་བར་བསྟན། །གང་ཟུང་གཅིག་སྤྱད་སྡུགས་སྡོམ་རྩ་བ་ནས། །ཟད་ཅིང་དངོས་གྲུབ་སྐལ་བ་མེད་པས་ན། །རྩ་བའི་ལྟུང་བ་ཞེས་བརྗོད་ལྡོན་ཤིང་གི། །རྩ་བ་ཉམས་པ་དང་མཚུངས་རེ་རེ་ནས། །དུག་གི་རྣམ་པར་འཛོག་བྱེད་རགས་པ་ནི། །ལྟུང་བའི་ངོ་བོ་ལུས་ངག་ཡིད་གསུམ་ཀས། །བསྐྱེད་ཀྱང་ཡིད་གཙོ་སློབ་དཔོན་སྨོད་སོགས་སོ། །ཡན་ལག་ལྔ་ལས་ལྟུང་བ་འབྱུང་བའི་རྟེན། །སྡོམ་ལྡན་ཤེས་པ་རང་བཞིན་དུ་གནས་པ། །ཡུལ་ནི་བླ་མ་རྡོ་རྗེའི་སྤུན་སོགས་སོ། །

ངོ་བོ་ཉིད་ཀྱི་ཡན་ལག་ཡིད་ཉིད་ལ། །རྫོགས་བྱེད་ལུས་ངག་གང་འདྲུག་གིས་གྲོགས་བྱས། །འབྱུང་བའི་རྒྱུ་ནི་མི་ཤེས་བག་མེད་པ། །ཉོན་མོངས་མང་དང་བསླབ་ལ་མ་གུས་པ། །དུས་སྐབས་ཡན་ལག་བྱ་བ་ཟིན་པ་དང་། །ཡུལ་གྱིས་གོ་དང་ཕྱིན་པར་གྱུར་སོགས་དཔྱད། །ལྟུང་བར་འགྱུར་བའི་རྒྱུ་མཚན་དབང་གི་དུས། །དམ་ལ་བཞག་ཅིང་སྲུང་བར་ཁས་བླངས་ཕྱིར། །མི་འབྱུང་ཆེད་དུ་བླ་མ་ལྷ་དང་ནི། །སྨིན་པར་འདུ་ཤེས་བཀའ་ལ་ལམ་པོ་ཆེ། །སྤྱན་ལ་དག་སྣང་སྤྱང་བ་སོགས་ལ་འབད། །བྱུང་བ་ཕྱིར་འཆོས་འོག་ནས་འཆད་འགྱུར་ཞིང་། །ཆེ་ཆུང་འཇོག་བྱེད་ཡུལ་བསམ་ངོ་བོ་ཉིད། །ནུས་ཚབ་ལན་གྲངས་རྣམ་པ་ལྔ་ཡིས་ཏེ། །ཡུལ་ལ་མཆོག་འབྲིང་དམན་དང་བསམ་པ་ལ། །ཉོན་མོངས་མང་དང་མ་གུས་བག་མེད་སྟོང་། །ངོ་བོ་ལུས་ངག་ཡིད་གསུམ་ཚང་བ་དང་། །གཉིས་ལྡན་ཅིག་ཆུང་ཉེས་པའི་ནུས་པ་ལ། །ཕ་རོལ་ཡུལ་ལ་གནོད་ཚབ་ཆེ་འབྲིང་ཆུང་། །ལན་གྲངས་ཡང་ཡང་བྱས་དང་གཉིས་སམ་གསུམ། །གཅིག་སྤྱད་དེ་དག་ཀུན་ཀྱང་རིམ་བཞིན་དུ། །རྣམ་སྨིན་ལ་ལྟོས་ཆེ་འབྲིང་ཆུང་དུར་འཇོག །

ཞིབ་པར་འཕྲུལ་སྤྱོང་ཉིད་ལས་རྟོགས་བྱ་མོད། །འདིར་ནི་སོ་སོའི་ངོ་བོ་ཙམ་བརྗོད་ན། །དབང་རྒྱུད་མན་ངག་སྙེར་བའི་སྲུམ་ལྡན་ནམ། །གང་ལས་དབང་ཐོབ་རྡོ་རྗེ་སློབ་དཔོན་ལ། །བརྟེན་ཤིང་ཀུན་ནས་མནར་སེམས་ཀྱིས་སྐྱོད་པ༡། །དགོས་པ་མེད་པ་འོག་མའི་ཕམ་པ་དང་། །ཕམ་འདྲ་བཞི་སྤྱོད་བདེ་གཤེགས་བཀའ་ལས་འདས་༢། །སྔགས་ཀྱི་ཐེག་པ་སྙིང་ཞུགས་རྡོ་རྗེའི་སྤུན། །བླ་མ་དཀྱིལ་འཁོར་གཅིག་གྱུར་རིམ་ལྔི་བར། །དགྲར་འཛིན་སེམས་ཀྱིས་ཁྲོ་ཞིང་རྣམ་པར་༣འཚོ། །སེམས་ཅན་གང་ཡང་རུང་ལ་བདེ་འདོད་དང་། །བྲལ་བའི་སེམས་ཀྱིས་བྱམས་པ་བཏང་བ་༤དང་། །སེམས་ཞུམ་བྱང་ཆུབ་སྤྱོད་པས་སྒྲིད་ལུག་ཅིང་། །ཞི་བར་སྲེད་པས་སྨོན་སེམས་བཏང་བ༥དང་། །ཐེག་པ་གོང་འོག་གིས་བསྡུས་རང་གཞན་གྱི། །གྲུབ་པའི་མཐའ་སྟེ་ཆོས་ལ་སྐྱོད་པ་༦དང་། །དབང་བསྐུར་མ་ཐོབ་ཐོབ་ཀྱང་ཉམས་པ་ལ། །གསང་བའི་རྫས་དང་ཀུན་སྤྱོད་ཆོས་སྟོན་དང་༧། །སངས་རྒྱས་ལྷ་སོགས་རང་བཞིན་ཕུང་ཁམས་ལ། །ངན་དང་མི་གཙང་འདུ་ཤེས་ཀྱིས་སྐྱོད་ཅིང་། །ལོག་པའི་དཀའ་ཐུབ་ཀྱིས་གཟིར་ལྟེབ་སོགས་རྩོམ་༨། །དོན་དམ་དེ་བཞིན་ཉིད་ཀྱི་དག་པ་དང་། །ཀུན་རྫོབ་ལྷ་སྔགས་སོ་སོའི་དག་པ་ལ། །དག་གམ་མ་དག་སྙམ་པའི་ཐེ་ཚོམ་༩པ། །བླ་མ་བསྟན་པ་སེམས་ཅན་ལ་འཚེ་བའི། །གདུག་པ་ཅན་ལ་བྱམས་ཤིང་མི་སྒྲོལ་༡༠བ། །མིང་དང་མཚན་མ་སོགས་བྲལ་ཆོས་རྣམས་ལ། །དེར་འཛིན་རྟེན་འབྲེལ་ཟབ་མོར་མི་དཔྱོད་པ་༡༡། །སེམས་ཅན་དཀོན་མཆོག་གསུམ་སོགས་ལ་དད་པ། །སེམས་སུན་འབྱིན་པས་དད་པ་ལོག་འཇུག་པ་༡༢། །ཚོགས་ཀྱི་དམ་རྫས་གཙང་སྙིའི་རྟོག་པ་དང་། །སྔོམ་པ་འོག་མར་ཞེན་པས་མི་བསྟེན་པ། །ཤེས་རབ་རང་བཞིན་བུད་མེད་རྟེན་ཉིད་ལ། །སྐྱེས་པའི་རྟེན་ལས་བཀར་ཏེ་སྐྱོད་པ་༡༣རྣམས། །ཡིད་ཀྱི་མི་དགེ་ཆེན་པོ་དང་ལྡན་ཕྱིར། །རྩ་བའམ་རང་བཞིན་ཉེས་པའི་ཐ་སྙད་རུང་། །སྤྱོད་པས་དངོས་གྲུབ་འགྱུང་བ་ལྡོན་ཞིང་གི། །ཡལ་ག་བཅད་མཚུངས་ཡན་ལག་ལྟུང་བ་ཞེས། །རྩ་ལྟུང་ཅི་རིག་པར་གཏོགས་ཡན་ལག་དག །མ་ཚང་བ་སྟེ་སྔོམ་པོ་ཞེས་སུའང་བརྗོད། །རྟེན་ཡུལ་བསམ་པ་ངོ་བོ་དུས་སྐབས་ལྔ། །ཞིབ་ཏུ་རྩེ་བྱ་སོ་སོའི་ངོ་བོ་ནི། །མ་སྨིན་ཉམས་པས་དམ་ཚིག་མི་ལྡན་པའི། །རིག་མ་བསྟེན་པར་དགའ་ཞིང་དམ་བཅས་པ་༡། །ཚོགས་འཁོར་དུས་སུ་ཁྲོ་བའི་སེམས་མེད་ཀྱང་། །ཁ་ཤགས་སྣ་ཚོགས་འགྱེད་པས་རྩོད་པ་༢དང་། །དུས་སྐབས་གཞན་དུ་དབང་ཐོབ་གང་ཟག་ལ། །དགོས་པ་མེད་པར་བརྫུན་སྐད་སྟོན་པ་༣དང་། །གང་ལ་དད་པའི་ལམ་ལས་ལམ་གཞན་གྱིས། །དཀྲི་བ་སྤྱོད་དང་མི་མཐུན་ཆོས་སྟོན་པ༤། །རྡོ་རྗེ་ཐེག་པར་མི་མོས་ཉན་ཐོས་སམ། །དེ་འདྲའི་ནང་དུ་ཞག་བདུན་འདའ་བར་གནས། །བུམ་དབང་དང་ནི་དབང་རྫོགས་སྤྱོར་བ་ངེས། །མ་སོང་མཆོག་དབང་བསྐུར་དང་གྲོལ་༥ལམ་སྟོན། །ཕྱག་རྒྱའི་དགོས་པ་དང་ནི་དེ་བཞིན་ཉིད། །མི་ཤེས་པའི་དུང་ཕྱག་རྒྱ་དགོས་མེད་འཆའ་༧། །ལྷ་ཡི་

བསྙེན་པ་ལས་ཟུང་མ་སོང་བ། །དཀྱིལ་འཁོར་བྲི་སྒྲུབ་སོགས་ལ་འཇུག་ར་བ་དང་། །ཕྱི་དྲོའི་ཁ་ཟས་ས་བཀོ་རྩ་གཙོད་སོགས། །འོག་མའི་བཅས་ལས་དགོས་མེད་འདའ་བའོ། །

འདི་ཡི་གསུམ་པ་བདུན་པ་ངག་ལུས་ཀྱི། །དབྱེ་བ་ཙམ་ལས་ངོ་བོ་གཅིག་ཏུ་འདུ། །ཀུན་ཀྱང་ཡིད་ཀྱི་མི་དགེ་ཕྲ་མོ་ཡིས། །བསྙེད་ཕྱིར་བཅས་པའི་ཁ་ན་མ་ཐོར་བརྗོད། །རྩ་ལྟུང་སྤྱོད་པས་བདུད་བཞིས་འཚེ་བ་དང་། །ལྷ་ཡང་དབང་གིས་མནར་མེད་དམྱལ་གཞན་གྱི། །སྡུག་བསྔལ་རིམ་བསྙེད་ཅི་སྟེ་ཐར་གྱུར་ཀྱང་། །ངན་འགྲོ་གཞན་སྨྱོང་ཡན་ལག་ལྟུང་བ་ཡིས། །དངོས་གྲུབ་འགོར་ཞིང་བདུད་དང་སྡུག་བསྔལ་འཕེལ། །རྩ་ལྟུང་མ་གོས་ལམ་ལ་མ་འབད་ཀྱང་། །སྐྱེ་བ་བཅུ་དྲུག་ཚུན་ལ་མཆོག་འགྲུབ་ཅིང་། །གནས་སྐབས་དངོས་གྲུབ་འབྱུང་སོགས་ཕན་ཡོན་ཏེ། །རྒྱུད་སྡེ་འོག་མ་གསུམ་ལ་ཚུལ་འདི་དང་། །བྱང་སྡོམ་གང་ཉིའི་ལྟུང་བའི་རིག་པ་བསྒྲེ། །

བསྙེན་བྱའི་དམ་ཚིག་རགས་བསྡུས་གྱུར་ལྟར་ན། །དང་པོའི་ལས་པའི་སྒྲུབ་བྱའི་ཆོས་བཅུ་བདུན། །བརྟན་པ་ཐོབ་པའི་བསླབ་བྱ་རྣམ་པ་དྲུག །བྱང་ཆུབ་བར་དུ་སྐྱབས་གསུམ་མི་སྤོང་ཞིང་། །ཁས་བླང་དམ་ཚིག་མི་ཉམས་རྟག་ཏུ་བསྲུང་། །རྡོ་རྗེ་དྲིལ་བུ་དང་ནི་གཙུག་ཏོར་བཅང་། །སྦྱིན་སྲེག་བླུག་ཅིང་དཀྱིལ་འཁོར་བཞེངས་པ་དང་། །སྐུ་གཟུགས་རབ་གནས་འབྱུང་པོའི་གཏོར་མ་སྟེ། །ཀུན་ཀྱང་ཕྱི་ནང་གསང་བ་གསུམ་གསུམ་ལྡན། །རྒྱུན་དུ་སྡིགས་བཟླས་བསྙེད་རིམ་བསམ་གཏན་སྒྲུབ། །སློབ་མ་བསྡུ་ཞིང་རྒྱུད་སོགས་ཆོས་ཟབ་བཤད། །སེམས་ཅན་བྱམས་པས་བསྲུང་བ་འདི་གསུམ་ལ། །སྦྱིན་པ་རྣམ་བཞི་ཚང་གསུང་སངས་རྒྱས་ལ། །ཚོགས་བསགས་ཛམྦྷ་ལ་ལ་ཆུ་སྦྱིན་ཞིང་། །ཞི་སོགས་རབ་འབྱམས་ལས་རྣམས་ཡང་དག་སྤྱད། །མཆོད་རྟེན་གདབ་པ་རྣམས་ཏེ་སློབ་མ་དང་། །སློབ་དཔོན་རིགས་ཅན་བྱ་བ་རྣམ་པར་དབྱེ། །ཏིང་འཛིན་བརྟན་པ་དྲོད་ཐོབ་གང་ཟག་གིས། །ཝ་གས་ཀྱུ་ཞགས་སོགས་ཕྱག་རྒྱ་འཆིང་སྤྱང་ཞིང་། །མཆོད་རྟེན་གདབ་པའི་ལས་ནི་མི་བྱ་ལ། །རྡོ་རྗེ་གསུམ་གྱི་གཟུགས་བརྙན་ཕྱག་བྱ་སྤང་། །དཀྱིལ་འཁོར་འདྲི་སོགས་ལུས་ཀྱི་ལས་མི་སྤྱད། །རང་གི་སློབ་དཔོན་མིན་ལ་ཕྱག་མི་བྱ། །བླ་མ་བརྒྱུད་པར་བཅས་ལ་ཕྱག་བྱའོ། །བརྟན་པ་ཆེར་ཐོབ་བླང་དང་དོར་བྱ་དང་། །བཟའ་དང་བཟའ་མིན་གཉིས་སུ་མེད་སྤྱད་པ། །སྡོམ་ལས་གྲོལ་བའི་བརྟུལ་ཞུགས་ཤུགས་ཀྱིས་བསྟན། །

གལ་ཏེ་ཉམས་ན་ཕྱིར་བཅོས་བྱ་བའི་ཚུལ། །བྱ་བའི་རྒྱུད་ལ་ལེགས་པར་གྲུབ་པ་ནས། །ཉིན་པར་བག་མེད་པར་གྱུར་མཚན་མོར་བཤགས། །དེ་བཞིན་མཚན་མོ་གྱུར་གང་ཉིན་པར་བཤགས། །ཞེས་གསུངས་དྲུག་ཆ་མ་ཡོལ་ཚུན་ལ་སྟེ། །བཤགས་ཚུལ་སྡོམ་ལྡན་མདུན་དུ་ལྟུང་བ་ཡི། །མིང་ནས་སྨོས་ཏེ་སྡོབས་བཞི་ཚང་བས་བཤགས། །དེ་སྟེང་ཉོན་མོངས་ཆུང་འབྲིང་ཆེ་གསུམ་གྱི། །བསྐྱེད་པའི་དབྱེ་བས་ཉེས་པ་ཆུང་ངུ་ལ། །རང་གི་ལྷ་

ཡི་སྙིང་པོ་འབུམ་ཕྲག་གམ། །མི་ལྟར་རྨོངས་ནི་སྟོང་ཕྲག་གཅིག །བཟླས་པས་དག་འགྱུར་འབྲིང་ལ་ཞི་བ་ཡི༑ ༑སྲེག་བླུགས་མང་བྱ་ཉེས་པ་ཆེན་པོ་ལ། །དབང་བསྐུར་བསྐུར་ནས་བླང་གསུངས་སྤྱོད་རྒྱུད་དང་། །རྣལ་འབྱོར་རྒྱུད་ལ་དེ་ཡི་རིགས་པས་དཔག །བླ་མེད་ལུགས་ལ་ཡན་ལག་མ་ཚང་བའི། །ལྟུང་བ་སྡོམ་ལྡན་དྲུང་དུ་སྡོམ་བས་བཞི་ཡིས། །ལྟུང་བ་རང་མིང་སྨོས་པས་བཤགས་པ་དང་། །དམ་ཚིག་རྡོ་རྗེའི་བསྒོམ་བཟླས་རྟགས་བྱུང་གི༑ ༑ར་དུ་འབད་ཅིང་རང་གི་ལྷག་པའི་ལྷའི། །བསྙེད་རྫོགས་ཐུན་བཞིར་བསྒོམ་དང་བསྙེན་པ་བསྐྱལ། །ཞི་བའི་སྦྱིན་སྲེག་བྱ་ཞིང་ཁྱད་པར་དུ། །དམ་ལྡན་རྣལ་འབྱོར་ཕོ་མོ་མང་བསོགས་ཏེ། །ཚོགས་འཁོར་ཚུལ་བཞིན་བྱ་བ་བསྐང་བའི་གཙོ། །གཞན་ཡང་སྒྲིབ་སྦྱོང་རིགས་ལ་འབད་པས་ལྡང་། །ཡན་ལག་ཚང་བས་རྩ་ལྟུང་དུ་གྱུར་ན༑ ༑བླ་མ་ལས་ནི་དབང་བཞི་རྫོགས་པར་བླང་། །གལ་ཏེ་རྣམ་སྨིན་མི་བཟད་པས་ལྡི་ན། །དབང་དང་བདག་འཇུག་ལན་མང་བསྐྱར་བའི་སྟེང་། །སྟར་བཤད་བཤགས་པའི་རིགས་ལ་རབ་འབད་ན། །ལྟུང་དང་རྣམ་སྨིན་གཅིག་ཆར་སོར་ཆུད་འགྱུར། །

ཞེས་ཡོངས་རྫོགས་བསྟན་པའི་ཉམས་ལེན་སྡོམ་པ་གསུམ་གདན་ལ་དབབ་པ་འཇམ་དབྱངས་བླ་མའི་དགོངས་རྒྱན་ལས་རིག་པ་འཛིན་པའི་སྡོམ་པའི་ལེའུ་སྟེ་བཞི་པའོ།། ༎

སུམ་ལྡན་གང་ཟག་རྒྱུད་ལ་སྡོམ་པ་གསུམ། །ཇི་ལྟར་གནས་སམ་ལྡན་དང་གཏོང་བའི་ཚུལ། །འགལ་མེད་ཉམས་ལེན་སྙིང་པོར་དྲིལ་བ་ལ། །སྣོད་གཙང་ཆུ་དང་ནོར་བུར་བཅས་པའི་དཔེས། །སྡོམ་གསུམ་རྟེན་དང་བརྟེན་པར་བཞེད་པ་དང་། །ཉི་ཟླ་སྐར་གསུམ་དཔེས་མཚོན་གོང་མ་ཡིས། །འོག་མ་ཟིལ་ནོན་འདོད་པ་ཡོད་མོད་ཀྱང་། །དྲི་མེད་ལུང་དང་ཤེས་བྱེད་ཚད་མས་གནོད། །རང་ལུགས་འཕྲུལ་ཟད་གྲགས་པ་རྒྱལ་མཚན་གྱིས། །བསྟན་བཅོས་གཉིས་སུ་སྡོམ་གསུམ་གནས་གྱུར་པ། །ངོ་བོ་གཅིག་པའི་ཚུལ་དུ་གདན་ལ་ཕབ། །རོང་ཟོམ་ཟུར་པ་ཀློང་ཆེན་རབ་འབྱམས་སོགས། །རྙིང་ཕྱོགས་མཁས་གྲུབ་རྣམས་ཀྱང་འདི་ཉིད་བཞེད། །ཤེས་བྱེད་རྡོ་ཡི་རིགས་ཀྱི་བྱེ་བྲག་ལས། །ལྕགས་ཟངས་དངུལ་གསུམ་འགྱུར་བ་གསེར་འགྱུར་རྩིས། །གསེར་གྱི་དངོས་པོར་འགྱུར་དང་ཚོས་མཚུངས་པར། །ཐལ་པའི་རྒྱུད་ལས་མྱང་འདས་རིགས་ཅན་གསུམ། །ཐེག་གསུམ་བསླབ་པས་སྡོམ་རྣམས་དཀྱིལ་འཁོར་ཆེར། །ཞུགས་པས་རྡོ་རྗེ་འཛིན་པར་འགྱུར་རོ་ཞེས། །འདུས་པའི་རྒྱུད་ཆེན་འབུམ་པའི་ལུང་གིས་གྲུབ། །

སྤྱིར་ན་སྡོམ་པ་ལེན་ཚུལ་རྣམ་གྲངས་སུ། །ཐོག་མར་ཉན་ཐོས་སོ་ཐར་སྡོམ་པ་བླང་། །དེ་ནས་བྱང་སྡོམ་སྔར་ཡང་སྔགས་སྡོམ་བླང་། །ཡང་ན་ཐེག་ཆེན་སོ་ཐར་བླངས་རྗེས་སུ། །སྡོམ་པ་གོང་མ་གཉིས་པོ་རིམ་བཞིན་

བླང་། །ཡང་ན་ཉན་ཐོས་རང་རྒྱལ་གྱིས་བསྡུས་པའི། །ཐེག་དམན་སྡོམ་ལྡན་སྔགས་ཞུགས་དེས་མཚོན་པའི། །ཐེག་ཆེན་སོ་ཐར་ཙམ་ནས་འཇུག་པའང་ཡོད། །ཡང་ན་བྱང་སྡོམ་འཛིན་པ་སྔགས་ལ་འཇུག འོག་མ་མ་བླང་སྔགས་ལ་ཞུགས་པ་དང་། །ཐོག་མ་སྔགས་སྡོམ་བླངས་ནས་དེ་རྗེས་སུ། །འོག་མ་གཉིས་ལེན་པ་སྟེ་བདུན་དུ་ངེས། །དང་པོ་བརྟག་གཉིས་སྐལ་དམན་རིམ་འཇུག་གི །ལུང་གིས་གྲུབ་ཅིང་ཐེག་དམན་རང་རྒྱུད་པས། །ཐེག་ཆེན་ཡོན་ཏན་ཐོས་པས་བློ་འགྱུར་ཏེ། །བྱང་སྡོམ་བླངས་ཚེ་དམན་སེམས་ཆ་དོར་ནས། །སྤོང་སེམས་ཆ་དེ་བྱང་སྡོམ་ངོ་བོར་འགྱུར། །སླར་ཡང་སྨྱུར་ལམ་འཚོལ་བའི་དད་བརྩོན་གྱིས། །དབང་བསྐུར་བླངས་པས་ཐབས་མཁས་ཁྱད་པར་གྱིས། །ཐ་མལ་སྣང་ཞེན་ལྡོག་པ་བཏང་གྱུར་ཀྱང་། །འོག་མའི་ལྡོག་ཆ་གཉིས་པོ་གོང་འཕེལ་གྱི། །ཚུལ་གྱིས་རིགས་ལྔ་སྤྱི་ཡི་དམ་ཚིག་ཏུ། །འདུས་ཕྱིར་སྔགས་སྡོམ་ངོ་བོར་གནས་འགྱུར་རོ། །

གཉིས་པ་ལྟར་ན་བྱང་སྡོམ་བླངས་གྱུར་ཀྱང་། །གནས་གྱུར་རྒྱུ་རུ་མེད་ཐེག་ཆེན་སོ་ཐར་ལ། །དང་པོ་ཉིད་ནས་དམན་སེམས་མེད་པ་དང་། །བྱང་སྡོམ་ངོ་བོ་ཙམ་ཞིག་ཡོད་ཕྱིར་རོ། །འོན་ཀྱང་བྱང་སྡོམ་སྐྱེས་ཚེ་ཡོན་ཏན་ཆ། །བསྟན་པའི་ཚུལ་གྱིས་ངོ་བོ་གཅིག་ཏུ་སྐྱེ། །འཇུག་ཚུལ་གསུམ་བཞི་ལྟ་པ་སྔར་དྲངས་པའི། །འབུམ་པའི་ལུང་གིས་གྲུབ་ཅིང་འོག་མ་སྟེ། །འབྲས་བུ་ལམ་བྱེད་ཐབས་ཀྱིས་མ་བཟུང་བའི། །སྡོམ་པ་ཀུན་ཀྱང་སྔགས་སྡོམ་ཐོབ་ཙམ་ནས། །ཐབས་དེས་ཟིན་པའི་སྡོམ་པར་གནས་འགྱུར་རོ། །འགྱུར་རྒྱུའི་ཐེག་དམན་སོར་སྡོམ་རང་རྒྱལ་གྱི། །སྡོམ་པ་ཡིན་ཀྱང་ཉན་ཐོས་ཀྱིས་ཁྱབ་སྟེ། །དམིགས་བྱའི་སྟེ་སྣོད་ལོགས་སུ་མེད་ཕྱིར་རོ། །

ཐེག་དམན་རིགས་ལ་བསམ་པ་ཁྱད་པར་ཅན། །སྔོན་དུ་མ་སྐྱེས་སྔགས་ཞུགས་ཡོད་མིན་པར། །དབང་ཆུ་ཆེན་མོའི་རིམ་འཇུག་སྐབས་ཀྱིས་ཤེས། །དེས་ན་བྱང་སེམས་སྡོམ་པ་ཚོ་ག་ཡིས། །བླངས་པར་མེད་ཀྱང་སེམས་བསྐྱེད་ཆ་འདྲ་བའི། །ཀུན་སློང་ཁྱད་འཕགས་བསྐྱེད་དེ་སྔགས་ལ་འཇུག །ཐེག་ཆེན་སོ་ཐར་བླངས་ནས་ཀུན་སློང་དེས། །སྔགས་ཞུགས་ཀྱང་ཡོད་གནས་འགྱུར་བྱང་སྡོམ་མཚུངས། །དྲུག་པ་དབང་ཆུའི་གཅིག་ཆར་འཇུག་པ་ཡི། །ཚིག་གིས་ཟིན་ཅིང་སྡོམ་པ་གསུམ་ཀ་ཡང་། །ཚོ་ག་གཅིག་ལས་ཐོབ་ཕྱིར་ངོ་བོ་ཡང་། །གཅིག་ཏུ་སྐྱེ་ཞིང་གནས་འགྱུར་བརྟེ་མི་དགོས། །ཚུལ་འདི་སོ་ཐར་སྔོན་དུ་མ་སོང་བའི། །སེམས་བསྐྱེད་ཚོགས་སོ་ཐར་ཐོབ་ལའང་འགྲེ །ལེན་ཚུལ་བདུན་པ་རྡོ་རྗེ་རྩེ་མོ་ཡི། །བསྒྲགས་བཟུང་ཚིག་འགྲོས་ཀྱིསཤེས་འོག་མ་གཉིས། །སྔགས་ཀྱི་སྡོམ་པའི་ཚུལ་ཁྲིམས་རྣམ་གསུམ་གྱི། །ངོ་བོ་གཅིག་ཏུ་སྐྱེ་ཕྱིར་གནས་གྱུར་པ། །བརྟེ་རུ་མེད་ཅིང་བླ་མེད་སྡོམ་ལྡན་གྱིས། །རྒྱུད་སྡེ་འོག་མ་འཇུག་ལའང་ཚུལ་འདིས་དཔག །སྡོམ་པ་འོག་མའི་ངོ་བོ་མ་ཐོབ་པ། །གསར་དུ་ཐོབ་བྱ་མེད་ཀྱང་རྟེན་གྱི་མཆོག །བསྟན་པའི་འཇུག་སྒོ་གདུལ་བྱ་སྣ་ཚོགས་པ། །བསྐྱང་དང་རྗེས་སུ་འཛིན་ལ་

གཅེས་ཕྱིར་དཔེར། །བྲིས་པ་འདྲིད་ཕྱིར་བྱེ་མའི་ཁང་བུ་ལ། །རྩེ་གྲོགས་བྱེད་ཀྱང་ཞེན་པ་མེད་པ་སྟེ། །བླ་ཆེན་འཕགས་པ་སོགས་ཀྱི་རྣམ་ཐར་བཞིན། །

དེས་ན་སྡོམ་པ་རང་རྐང་གསུམ་པོ་དང་། །སྔ་མ་ཕྱི་མར་གནས་གྱུར་བཤད་ཟིན་ལྟར། །ཡིན་ཀྱང་སོ་ཐར་ཙམ་ནི་བྱང་སྡོམ་དུ། །འགྱུར་བ་མིན་ཏེ་བྱང་སྡོམ་རང་ཉིད་ཀྱང་། །སོ་ཐར་སྡོམ་པའི་བྱེ་བྲག་ཡིན་ཕྱིར་རོ། །དེ་དག་ཙམ་ཡང་སྔགས་ཀྱི་སྡོམ་པ་རུ། །འགྱུར་མིན་སྔ་མ་དག་གི་བྱེ་བྲག་ཏུ། །གྲུབ་སྟེ་ཁྱབ་བྱ་ཁྱབ་བྱེད་འབྲེལ་པས་སོ། །

དེ་ལྟའི་ལེན་ཚུལ་བདུན་པོ་གང་ཡིན་ཀྱང་། །སྔགས་སྡོམ་རྒྱུད་ལྡན་ཆེ་ན་གསུམ་ཆར་ཡང་། །ངོ་བོ་གཅིག་ལྡན་ཡིན་ཏེ་རིམ་བཞིན་དུ། །གནས་གྱུར་སྔགས་སྡོམ་ངོ་བོར་ཡོད་པའི་ཕྱིར། །ཅིག་ཆར་འཇུག་པ་ཡིན་ཀྱང་དབང་ཚིག་ལས། །འབྲས་བུ་ལམ་བྱེད་ཀྱིས་ཟིན་གསུམ་གཅིག་ཆར། །ཐོབ་པའི་ཕྱིར་རོ་སྔགས་ལ་མ་ཞུགས་པའི། །རང་རྐང་གཉིས་པོ་སྔགས་སྡོམ་དང་མི་གཅིག །ལམ་བྱེད་དེ་མེད་པས་སོ་བྱང་སྡོམ་དང་། །གཅིག་རུང་ཐེག་ཆེན་སོ་ཐར་ཉིད་ཡིན་གྱིས། །ཅིག་ཤོས་དང་ནི་རྣམ་པ་ཀུན་ཏུ་འགལ། །དེས་ན་བྱང་སྡོམ་ཡིན་ན་གཉིས་ལྡན་དང་། །སྔགས་སྡོམ་ཡིན་ན་གསུམ་ལྡན་གྱིས་ཁྱབ་པ། །མདོ་རྒྱུད་མངའ་བདག་བརྩེ་ཆེན་ཞབས་ཀྱི་གྲོལ། །

གཏོང་བའི་རྒྱུ་ནི་སོ་ཐར་གཏན་ཁྲིམས་ལ། །བསླབ་པ་ཕུལ་དང་ཤི་འཕོས་མཚན་གཉིས་བྱུང་། །མཚན་ལན་གསུམ་གྱུར་ལོག་ལྟ་སྐྱེས་པ་རྣམས། །སྤྱིར་གྲགས་སྟེ་པའི་འདོད་ཚུལ་གཞན་ཡང་ཡོད། །བསྙེན་གནས་གཏོང་རྒྱུ་མཚན་མོ་འདས་པ་དང་། །ཉི་ཤུ་མ་ལོན་རྫོགས་རྫེས་ཤེས་པ་སོགས། །འཇིག་པའི་རྒྱུ་ཡིན་བྱང་སྡོམ་གཏོང་བའི་རྒྱུ། །སྨོན་སེམས་གཏོང་དང་ཕམ་ལྟར་བྱུང་བ་སྟེ། །ཕྱིར་བཅོས་མ་གྲུབ་ཞག་གི་དུག་ཆ་ལས། །འདས་པས་རྟེན་གཞི་ཉམས་ཤིང་སྡོམ་པ་གཏོང་། །སེམས་ཅན་བློས་བཏང་ནག་པོའི་ཆོས་བཞི་སྤྱད། །སྨོན་འཇུག་ཅིག་ཆར་གཏོང་ཞིང་ཕམ་འདྲ་བཞི། །རྒྱུན་དུ་སྤྱོད་ཅིང་ངོ་ཚ་ཁྲེལ་མེད་དང་། །དེས་མགུ་དེ་ལ་ཡོན་ཏན་དུ་བལྟ་བ༑ ༑ཡན་ལག་བཞི་ཚང་ཀུན་དཀྲིས་ཆེན་པོ་སྟེ། །སྡོམ་པ་འཇོམས་པའི་རྒྱུར་གསུངས་ཡན་ལག་དག །མ་ཚང་འབྲིར་དང་ཆུང་ངུ་གཏོང་རྒྱུ་མིན། །རིམ་བཞིན་བསླབ་བཏུས་བྱང་སའི་དགོངས་པའོ། །སྔགས་ལ་རྒྱུད་སྡེ་བཞི་པོ་རང་རང་གི །རྩ་ལྟུང་སྤྱད་པས་སོ་སོའི་དམ་ཚིག་དང་། །སྡོམ་པ་ཟད་ཕྱིར་གཏོང་བའི་ཐ་སྙད་རུང་། །སྡོམ་གསུམ་རིམ་གྱིས་བླངས་པའི་དགེ་སློང་གིས། །གཞན་དོན་འགྱུར་སོགས་དགོས་པ་ཁྱད་པར་ཅན། །མཐོང་བས་བསླབ་པ་ཕུལ་དང་ཤི་འཕོས་ཚེ། །དགེ་སློང་སྡོམ་པ་གཏོང་མོད་གོང་མ་གཉིས། །གཏོང་མིན་སྨོན་སེམས

བཏང་དང་ཕམ་འདྲ་བཞི། །ཀུན་དཀྲིས་ཆེན་པོས་སྤྱད་ཚེ་གོང་མ་གཉིས། །གཏོང་སྟེ་བྱང་སྡོམ་གཏོང་རྒྱུ་དངོས་བྱུང་ཞིང་། །སྔགས་ཀྱི་རྩ་ལྟུང་ལྔ་པ་གཉིས་པ་དག །བྱུང་བའི་ཕྱིར་རོ་དགེ་སློང་སྡོམ་པ་ནི། །གཏོང་བ་མིན་ཞིང་དེ་ལྟའི་དགེ་སློང་གིས། །དགོས་པ་ཁྱད་པར་ཅན་མེད་ཕམ་པ་བཞི། །སྤྱད་པས་དགེ་སློང་སྡོམ་དང་སྔགས་སྡོམ་གཉིས། །གཏོང་སྟེ་ཕམ་དང་རྩ་ལྟུང་གཉིས་པ་དག །བྱུང་བའི་ཕྱིར་རོ་བྱང་སྡོམ་མ་གཏོགས་སོ། །སྔགས་ཀྱི་རྩ་ལྟུང་བདུན་པ་ལ་སོགས་པ། །ཐུན་མོང་མིན་རྣམས་སྤྱད་པས་སྔགས་སྡོམ་ཉིད། །གཏོང་མོད་སྡོམ་པ་འོག་མ་གཉིས་ནི་མིན། །སྨོན་སེམས་བཏང་ནས་སོ་ཐར་ཕམ་པ་བཞི། །སྤྱད་པས་གསུམ་ཆར་གཏོང་སྟེ་རྒྱུ་མཚན་སོང་། །ཕྱིར་ན་བྱང་སྡོམ་གཏང་བས་སྔགས་སྡོམ་ཡང་། །གཏོང་སྟེ་སྔ་མའི་བྱེ་བྲག་ཡིན་པའི་ཕྱིར། །རིགས་བདུན་ལྡོག་ཆ་མིན་པའི་སོ་ཐར་ཙམ། །བཏོང་བས་གོང་མ་གཏོང་སྟེ་དེ་གཉིས་ཀྱང་། །སོ་ཐར་སྡོམ་པའི་བྱེ་བྲག་ཡིན་ཕྱིར་རོ། །

དབང་ཚིག་གཅིག་ཕྱུས་སྡོམ་གསུམ་ཐོབ་པ་ལ། །སྔགས་ཀྱི་རྩ་ལྟུང་བྱུང་ཚེ་གསུམ་ཆར་གཏོང་། །འོན་ཀྱང་སྨོན་སེམས་མ་བཏང་སྡོམ་པ་ཡི། །ལྡོག་པ་གཏོང་ཡང་བྱང་སེམས་ལྡོག་པ་ནི། །མི་བཏང་བ་ཡོད་སེམས་བསྐྱེད་ཚིག་ལས། །སོ་བྱང་གཉིས་ལྡན་ཐོབ་ལའང་རིག་པ་འགྲེ། །ཐེག་ཆེན་སོ་ཐར་དགེ་སློང་སྡོམ་སོགས་ཀྱི། །ལྡོག་པ་བཏང་ཡང་ཀུན་སློང་ལྡོག་པ་དང་། །ཕན་ཡོན་ཤི་འཕོས་ནས་ཀྱང་རྗེས་སུ་འབྲང་། །ཉམས་ལེན་དྲིལ་བར་སུམ་ལྡན་རྡོར་འཛིན་གྱིས། །ཇི་སྲིད་རིམ་གཉིས་ཏིང་འཛིན་མཐར་ཕྱིན་ཏེ། །བསླབ་དང་དབང་ལས་གྲོལ་བའི་རྟོགས་པ་ནི། །བརྟན་པར་མ་གྱུར་དེ་སྲིད་སྡོམ་གསུམ་གྱི། །སྤང་བླང་མཉམ་རྣམས་གསུམ་ཀ་མི་འགལ་བར། །སྤྱད་བྱ་ཕན་ཚུན་འགལ་ན་གོང་མ་ཡི། །དབང་དུ་བྱས་ཏེ་སྲུང་དགོས་རྒྱུ་མཚན་ཡང་། །གནས་གྱུར་གོང་མའི་ངོ་བོར་ཡོད་ཕྱིར་རོ། །འོན་ཀྱང་དང་པོའི་ལས་པས་དགག་བྱ་དང་། །དགོས་པ་ཁྱད་པར་ཅན་ཞིག་རྩེ་མེད་ན། །མ་གཙོར་བྱ་རྒྱུད་ཚོད་བསྟུན་པར་གཅེས། །སྡོམ་པ་རེ་རེའང་སུམ་ལྡན་དུ་སྒྲུབ་པ། །སོ་ཐར་ཉམས་ལེན་དཔེར་ན་རང་རྒྱུད་ལ། །འདོད་ཆགས་སྐྱེས་ཚེ་གཉེན་པོ་མི་སྡུག་པ། །བསྒོམ་དང་རྟེན་གྱི་ངོ་ཚ་ཁྲེལ་ཡོད་པས། །སྤོང་བ་སོ་ཐར་སྡོམ་པ་དེའི་སྟེང་དུ། །གཞན་གྱི་འདོད་ཆགས་རྒྱུ་འབྲས་མ་ལུས་པ། །རང་ལ་ལེན་ཅིང་བདེ་དགེ་ཕར་གཏོང་བས། །འགྲོ་ཀུན་འདོད་ཆགས་མེད་པའི་བདེ་བ་དང་། །ལྡན་པར་བསྒོམ་པ་བྱང་སྡོམ་དེ་རྗེས་སུ། །བླ་མ་སྤྱི་བོའམ་སྙིང་གར་བསྒོམ་པ་ལ། །གསོལ་བ་བཏབ་ནས་རང་སེམས་གསལ་བའི་ཆ། །ཆགས་པར་ཤར་བ་དེ་ཉིད་འོད་དཔག་མེད། །བསྒོམ་སྟེ་བདེ་སྟོང་དང་ལ་མཉམ་པར་བཞག །ཞེ་སྡང་ལ་སོགས་ཉོན་མོངས་གཞན་ལ་ཡང་། །རྟུང་མཐུན་རིག་འགྲེ་སྔགས་ཀྱི་སྡོམ་པ་སྟེ། །སོ་ཐར་གསུམ་ལྡན་ཉམས་སུ་ལེན་ཚུལ་ལོ། །བྱང་སྡོམ་ཉམས་ལེན་དཔེར་ན་སྦྱིན་གཏོང་ཚེ། །ཚང་དང་དུག་དང་མཚོན་སོགས་གནོད་པའི་རྒྱུར། །འགྱུར་བའི་མ་དག

སྨིན་སྒྲོང་སོ་ཐར་དང་། །སྨིན་པས་བསྡུས་ནས་ཆོས་བཤད་ཕན་བདེ་ལ། །འགོད་ཅིང་ཤེས་རབ་ཀྱིས་ཟིན་བྱང་སྡོམ་དང་། །ཀུན་ཀྱང་ལྷ་དང་ཡེ་ཤེས་རང་བཞིན་དུ། །བལྟ་བ་སྔགས་ཏེ་ཕར་ཕྱིན་དྲུག་ཀ་ལ། །སྦྱར་བ་བྱང་སྡོམ་གསུམ་ལྡན་སྒྲུབ་ཚུལ་ལོ། །

སྔགས་ཀྱི་ཉམས་ལེན་སྒྲུབ་ཐབས་གཅིག་ལ་ཡང་། །སྔོན་འགྲོས་སྡོམ་གསུམ་སོར་ཆུད་དངོས་གཞི་ལ༔ །སྣོད་བཅུད་སྦྱང་བསྒྱུར་གནོད་སྤྱང་ཕན་སྒྲུབ་པ། །གཅིག་ཆར་འཇུག་ཕྱིར་སོ་བྱང་ཉམས་ལེན་ཚང་། །ངོ་བོ་བདེ་ཆེན་ལམ་བྱེད་སྔགས་སྡོམ་དངོས། །རྗེས་སྤྱོད་འགྲོ་དོན་སྒྲུབ་ལའང་ཚང་རྒྱ་བ། །ཆོས་ཉིད་བསམ་ལས་འདས་པའི་ཡོ་ལང་སྟེ། །གསུང་ངག་དབང་བཞིའི་ལམ་རེའང་བཞི་ལྡན་དུ། །ཉམས་སུ་ལེན་པར་གསུངས་ཤིང་རིམ་ལྔ་ཡི། །རིམ་པ་རེ་རེའང་ལྔ་ལྡན་སྒྲུབ་པ་དང་། །གསང་མཐའི་སྒྲུབ་ཐབས་སྐུ་གསུམ་ལམ་བྱེད་ལ། །རེ་རེའང་གསུམ་ལྡན་ཉིད་དུ་གསུངས་པས་ཤེས། །སྔགས་སུ་མ་ཟད་ཕ་རོལ་ཕྱིན་གཞུང་ལས། །རེ་རེ་དྲུག་ལྡན་སྤྱད་པར་གསུངས་པས་ན། །གསང་ཆེན་ཟབ་མོའི་གནས་ལུགས་འདི་ཙམ་ཞེས། །བྱིས་པའི་བློ་དང་རྟོག་གེས་ཅི་སྟེ་དཔོག །མདོར་ན་ཕན་གནོད་སེམས་གཉིས་གཅིག་ཆར་དུ། །འཇུག་མིན་གཞན་གནོད་གཞིར་བཅས་སྤོང་སེམས་དེ། །ཕན་འདོགས་ཞུགས་པར་གནས་གྱུར་དེ་ཉིད་ཀྱང་། །ལྷ་དང་ཡེ་ཤེས་ཆོས་གཟུགས་ལམ་བྱེད་ཀྱིས། །ཟིན་པར་གནས་གྱུར་བས་ན་ངོ་བོ་གཅིག །ལེན་ཡུལ་བསམ་པ་ཆོག་དུས་སྐབས་བཅས། །ཐ་དད་ཕྱིར་ན་རང་ལྡོག་མ་འདྲེས་པ། །དགག་བྱ་ཉོན་མོངས་ཐབས་ཀྱི་བྱེ་བྲག་གིས། །སྤོང་དང་མི་འཆིང་དགོས་པའི་གནད་གཅིག་པར། །བརྩེ་རུ་བཀུར་ཅིང་གང་ཟག་ས་མཚམས་དག །ཕྱེད་པའི་དབང་གིས་མི་འགལ་འོག་མ་ཡི། །ཡོན་ཏན་ཡར་ལྡན་ཚུལ་གྱིས་རྫོགས་པར་བཞེད། །

དེ་བཞིན་གཤེགས་པའི་འདུལ་བ་འདའ་དཀའ་བའི། །རྡོ་རྗེའི་དམ་ཚིག་སངས་རྒྱས་ཀུན་གྱི་སྡོམ། །ཨེ་ཝཾ་རྣམ་པ་མི་འགྱུར་བདེ་བ་ཆེ། །རྣམ་ཀུན་མཆོག་དང་ལྡན་པའི་ཡན་ལག་ཏུ། །བསྟན་པའི་ཉམས་ལེན་མཐའ་དག་འདུ་མོད་ཀྱི། །ལམ་གྱི་ངོ་བོ་གཞན་དུ་མི་འཚོལ་བའི། །མངོན་པར་རྟོགས་པ་འདུས་པའི་རྒྱུད་ཕྱི་མར། །རྒྱུ་རྒྱུད་ཐབས་རྒྱུད་འབྲས་བུའི་རྒྱུད་གསུམ་དུ། །བསྟན་ཅིང་ཀླུ་སྒྲུབ་ཞབས་ཀྱིས་ལམ་ཐམས་ཅད། །བསྐྱེད་རིམ་ལུས་དབེན་བཅས་པ་སྔོན་སོང་བའི། །ངག་དབེན་སེམས་དབེན་སྒྱུ་ལུས་འོད་གསལ་དང་། །ཟུང་འཇུག་རིམ་པ་ལྔ་ཡིས་བསྡུས་པའམ། །བསྐྱེད་རིམ་ལོགས་སུ་བྱས་ཏེ་རྫོགས་རིམ་ལ། །ལྔར་དབྱེ་མངོན་རྟོགས་དྲུག་གིས་བསྡུས་པར་བཞེད། །སྤྱོད་བསྡུས་སྒྲོན་མེར་སངས་རྒྱས་པའི་ཐེག་པ། །ཐེག་གསང་དྲན་གཅིག་རྟོགས་པའི་རྣལ་འབྱོར་དང་། །དབེན་གསུམ་བདེན་གཉིས་ཟུང་འཇུག་རིམ་བཞིན་དུ། །བསླབ་པ་དཀྱུས་བསྡུས་སྔ་མ་དང་དོན་

གཅིག །སློབ་དཔོན་སྐལ་བཟང་རྡོ་རྗེའི་ལམ་རིམ་ལས། །མངོན་རྟོགས་ལྔར་བཤད་སྨིན་པར་བྱེད་པ་དབང་། །སྨིན་པ་མི་ཉམས་བྱེད་པ་དམ་ཚིག་དང་། །མཚན་ཉིད་ཤེས་པའི་ཐབས་སུ་རྒྱུད་ཉན་པ། །བྱང་ཆུབ་འགྲུབ་པའི་ཐབས་སུ་སེམས་སྒྲུང་བ། །དེ་ཉིད་མཐའ་རུ་ཕྱིན་བྱེད་སྤྱོད་པའོ། །

དེ་ཡི་དང་པོ་གསུམ་ནི་སྔོན་འགྲོ་དང་། །བཞི་པ་ལམ་གྱི་དངོས་གཞི་ལྔ་པ་ལ། །རྒྱུ་ནི་སྤྱོད་པ་མཐར་ཕྱིན་འབྲས་བུ་སྟེ། །གཉིས་སུ་ཕྱེ་བ་རྒྱུད་གསུམ་དང་མཐུན་ནོ། །དགྲ་ནག་འགྲེལ་པར་དབང་དང་དམ་ཚིག་དང་། །བསྙེན་སྒྲུབ་འབྲས་བུ་ལས་ཚོགས་དྲུག་གིས་ནི། །བསྡུས་པར་བཞེད་དེ་སྔ་མ་ཉིད་དང་མཚུངས། །ལེགས་ལྡན་འབྱེད་ཀྱིས་ལམ་དང་འབྲས་བུ་ཡིས། །བསྡུས་པར་བཞེད་དེ་ལམ་ལ་སྨིན་གྲོལ་གཉིས། །སྨིན་བྱེད་དབང་བཞི་གྲོལ་བྱེད་དེ་ཁོ་ནའི། །ཏིང་ངེ་འཛིན་དང་གྲོགས་སུ་སྤྱོད་པའོ། །འབྲས་བུ་གནས་སྐབས་དང་ནི་མཐར་ཐུག་པ། །ཏིང་ངེ་འཛིན་ལ་གཉིས་ཏེ་བསྐྱེད་རིམ་དང་། །རྫོགས་རིམ་རིམ་ལྔ་སྤྱོད་པ་སྤྲོས་བཅས་དང་། །སྤྲོས་མེད་ཤིན་ཏུ་སྤྲོས་མེད་གསུམ་འབྱུང་ངོ་། །

དེ་ལྟའི་མངོན་རྟོགས་ཚུལ་མི་འདྲ་མང་ཡང་། །རྒྱུད་འདི་ཉན་དང་སྒྲུབ་རུང་གང་ཟག་གིས། ། སྦྱང་གཞི་རང་བཞིན་ཐ་མལ་པ་སྣང་བ། །སྦྱང་བྱ་རྟོག་པ་གསུམ་གྱི་ས་བོན་བཅས། །སྦྱོང་དང་སྦྱོང་ཕྱིར་དམིགས་ཡུལ་རིགས་དྲུག་པར། །དམིགས་ཏེ་སྨིན་གྲོལ་ལམ་གཉིས་ཉམས་བླངས་པས། །འབྲས་བུ་རེ་ཞིག་པ་དང་མཐར་ཐུག་པ། །ཐོབ་པ་རྒྱུད་འདིའི་བརྗོད་བྱ་མདོར་བསྡུས་པའོ། །འཁོར་ལོ་བདེ་མཆོག་རྩ་རྒྱུད་ལ་བརྟེན་ནས། །སྦྱོང་པའི་རྡོ་རྗེས་སྨིན་བྱ་དབང་བཞི་དང་། །ཉམས་སུ་བླང་བྱ་རིམ་གཉིས་གྲོགས་དམ་ཚིག །འབྲས་བུ་སྐུ་གསུམ་གྱིས་བསྡུས་བཤད་པའི་རྒྱུད། །ཀུན་སྤྱོད་ལ་བརྟེན་གྲུབ་ཆེན་ལཱུ་ཧི་པས། །གང་ཟག་ལམ་དང་འབྲས་བུའི་ཀུན་སྤྱོད་དེ། །སྤྱི་ཡི་མངོན་རྟོགས་གསུམ་གྱི་གང་ཟག་ལ། །དྲུག་དང་ལམ་ལ་གཙོ་བོ་ཡན་ལག་གི། །ཀུན་སྤྱོད་གཉིས་འབྱུང་གཙོ་བོར་སྐུ་གསུམ་པོ། །ལམ་བྱེད་མངོན་རྟོགས་གསུམ་དང་ཡན་ལག་ལ། །དང་པོ་གཉིས་ཀྱི་རྫོགས་བྱེད་ཡན་ལག་ལྔ། །གསུམ་ཀ་རྫོགས་བྱེད་ཡན་ལག་ལྔ་སྟེ་བཅུ། །འབྲས་བུ་ཐུན་མོང་གཉིས་དང་མཆོག་སྟེ་གསུམ། །དབྱེ་བའི་ཉེར་གཉིས་ཀྱིས་བསྡུས་རྒྱུད་གསུམ་དང་། །མཐུན་ཞིང་ཡུལ་དང་སྦྱར་བའི་ས་བགྲོད་ཚུལ། །འོག་ནས་ཅུང་ཟད་འཆད་འགྱུར་གཞན་དུའང་ལྟོས། །དམ་པ་དང་པོའི་རྒྱུད་ཀྱི་དགོངས་པ་ནི། །ཕྱི་ལྟར་འཇིག་རྟེན་ཁམས་དང་ནང་དུ་ནི། །རྡོ་རྗེ་ལུས་ཀྱི་གནས་ལུགས་གཏན་དབབ་ནས། །གཞན་དུ་བསྙེན་སྒྲུབ་ཡན་ལག་བཞི་ལྡན་པའི། །བསྐྱེད་པའི་རིམ་པས་གཙོ་བོར་འཇིག་རྟེན་དང་། །རྣལ་འབྱོར་རྣམ་པ་དྲུག་གི་རྫོགས་རིམ་གྱིས། །སྒོ་གསུམ་ཤིན་སྦྱང་རྡོ་རྗེ་གསུམ་འགྲུབ་ཅིང་། །མི་འགྱུར་མཆོག་བདེའི་འབྲས་བུ་ལ་སྦྱོར

རོ༔ །རྒྱུད་ཆེན་གཞན་དང་གཞན་ལ་བརྟེན་པ་ཡི། །རྣམ་གཞག་མང་མོད་འདི་དག་ཁྱབ་ཆེར་སྣང་། །

ཁྱད་པར་དགེས་པ་རྡོ་རྗེ་ལ་བརྟེན་པའི། །གྲོལ་ཆེན་དུ་མ་ཡོད་ཀྱང་གཙོ་གྱུར་པ། །བིརྺ་ཊོ་ཎྚི་ར་བཅས་པའི་རྗེས་འབྲང་བ། །མི་ཐུབ་ཟླ་བའི་གཞུང་ལས་རྒྱུད་གསུམ་གྱིས། །ཕྱི་བའི་མངོན་རྟོགས་སུམ་ཅུ་རྩ་བརྒྱད་དེ། །རྒྱུ་དང་སྣང་བ་རིགས་དང་རྐྱེན་དུས་ལ། །ལྟོས་པའི་གང་ཟག་ལྔ་དང་དབང་བསྐུར་བའི། །སློབ་དཔོན་མཚན་ཉིད་དེ་ཡི་བྱ་བ་ལ། །འཇུག་པ་དཀྱིལ་འཁོར་བསྟན་དང་དངོས་གཞི་ཡི། །ཚིག་རྣམས་ཏེ་རྒྱུ་རྒྱུད་མངོན་རྟོགས་དགུ །མཆོག་སྒྲུབ་པ་དང་དངོས་གྲུབ་མཐའ་དག་ནི། །སྒྲུབ་པའི་མངོན་རྟོགས་གཉིས་ལས་དང་པོ་ལ། །ལྔ་བ་བསྐྱེད་རྫོགས་སྤྱོད་དང་ཉེ་རྒྱུ་བཞི། །བསྐྱེད་རིམ་ཡབ་ཀྱི་བཞི་དང་ཡུམ་གྱི་གཅིག །རྫོགས་རིམ་རྡོ་རྗེའི་ལུས་ཀྱི་གནས་ལུགས་དང་། །གཉིས་མེད་ཡེ་ཤེས་ངོ་བོ་ཐབས་ལམ་དངོས། །རང་བྱིན་རླབས་དང་དཀྱིལ་འཁོར་འཁོར་ལོ་གཉིས། །ཡེ་ཤེས་མཚན་ཉིད་ཕན་ཡོན་བཅས་ཏེ་ལྔ། །སྤྱོད་པ་ཀུན་འདར་དང་ནི་ཀུན་བཟང་ངོ་། །གཉིས་པར་བཟླས་དང་སྦྱིན་སྲེག་གཏོར་མ་དང་། །རབ་གནས་འཁྲུལ་འཁོར་འཆང་བྱ་དམ་ཚིག་སྟེ༔ །ཐབས་རྒྱུད་མངོན་རྟོགས་ཉི་ཤུ་རྩ་གཅིག་གོ །དབྱེ་གཞི་སྐུ་གསུམ་ཡེ་ཤེས་ལྔར་བསྡུས་པ། །དེ་ལས་ཕྱི་བའི་ཡན་ལག་བདུན་ཏེ་བརྒྱད། །དེ་དག་རྒྱུད་ན་འཁྲུགས་ཀྱི་ཚུལ་ཅན་ཏེ། །རགས་པ་གང་ཟག་གཞུག་པའི་རིམ་པ་ལྟར། །འབྲས་བུ་ལམ་དང་གང་ཟག་རྣམས་བསྟན་ཏོ། །

དེ་བཞིན་བིརྺའི་རྗེས་འབྲང་ནག་པོ་པའི། །བཤད་སྲོལ་མན་ངག་ལུགས་ལ་རྒྱུད་གསུམ་ལས། །ཕྱི་བའི་མངོན་རྟོགས་ལྔ་བཅུ་རྩ་བདུན་ཏེ། །རྒྱུ་རྒྱུད་ལ་བཞི་ཐབས་རྒྱུད་ལ་སོ་དྲུག །འབྲས་བུའི་རྒྱུད་ལ་བཅུ་བདུན་འབྱུང་བ་ནི། །རིན་ཆེན་ལྗོན་ཤིང་ཉིད་ལས་རྟོགས་པར་བྱ། །མངོན་རྟོགས་གཙོ་བོ་དབང་དང་རིམ་གཉིས་ལས། །བྱུང་བའི་ཕྱག་ཆེན་རྣམ་བཞག་རྗེ་བཙུན་གྱིས། །རང་སེམས་གདོད་ནས་སྤྲོས་བྲལ་རྒྱུ་རྒྱུད་དང་། །དབང་གི་ཡེ་ཤེས་ལམ་གྱི་ལྔ་བ་དང་། །ཉམས་མྱོང་སངས་རྒྱས་ས་དང་ངོ་བོ་གཅིག །རྟོགས་པའི་ཁྱད་པར་ཟླ་བའི་དཔེ་ཡིས་བསྟན། །ཞེས་གསུངས་རྒྱུད་གསུམ་དབྱེར་མེད་དུ་སྡོམ་པའི། །དྲི་བྲལ་ཆོས་དབྱིངས་རྟོགས་ཚད་མོས་སྤྱོད་དང་། །འཕགས་ས་བཅུ་གསུམ་དབྱེ་བས་འགྲིབ་འཕྲོ་དང་། །ཡར་ངོར་ཆ་ཤས་འཕེལ་བའི་ཟླ་བའི་དཔེས། །མཆོན་ཞིང་ཀླུ་སྒྲུབ་ཞབས་ཀྱིས་དེ་མཚུངས་བཤད། །ཞིབ་པར་བདུད་རྩིའི་ཉིང་ཁུ་རྩ་འགྲེལ་ལྟོས། །དཔེ་དོན་ཡེ་ཤེས་གཉིས་ཀྱི་ངོ་བོ་ཙམ། །སློས་ན་རྣམ་གྲངས་པ་ཡི་དོན་དམ་བདེན། །མངོན་སུམ་རྟོགས་པ་བླ་མེད་ལམ་ཞུགས་ཀྱི༔ །སོ་སྐྱེའི་རྒྱུད་ཀྱི་ཡེ་ཤེས་ཐེག་པ་གང་། །མཚོན་བྱེད་དཔེ་ཡི་ཡེ་ཤེས་དཔེའི་ཕྱག་ཆེན། །དཔེ་ཡི་སྟུགས་སྡོམ་ཞེས་བྱ་དོན་དུ་གཅིག །དབང་དང་རིམ་གཉིས་ལས་བྱུང་རང་བྱུང་གི །ཡེ་ཤེས་ཉིད་ཡིན་རང་རིག་མངོན་སུམ་

པར། །བཞེད་དེ་སོ་སྐྱེའི་ཡེ་ཤེས་ཡིན་པས་སོ། །

རང་བྱུང་དེ་ལ་བདེ་ཆེན་ཡེ་ཤེས་སོགས། །མཚན་གྲངས་མང་ཡང་ཡེ་ཤེས་མ་སྐྱེས་པའི། །སྦྱོང་སེམས་ཙམ་ལ་དེ་དག་མི་འཇུག་པས། །སྡོམ་དང་ཡེ་ཤེས་ཁྱབ་མཉམ་དུ་མི་བཟུང་། །ཡུལ་ལ་འཕྲོ་བཀག་རྟོག་པ་ཁ་ཚོམ་པའི། །སྟོང་རྐྱང་ཕྱག་ཆེན་འདོད་མོད་སྟགས་ཀྱི་མིན། །དེ་བཞིན་གསལ་ཆ་སྣང་སྟོང་ཕྲ་མོ་ཙམ། །རྟོགས་ལ་མཐོང་ལམ་འདོད་པའང་དབང་དུས་ཀྱི། །ཡེ་ཤེས་སྐད་ཅིག་མ་ལ་མཐོང་ལམ་དུ། །བཏགས་པའི་ནུ་རོའི་སྒྲོས་ཀྱིས་འཁྲུལ་གཞི་བྱས། །ཆོས་ཉིད་མངོན་སུམ་མཐོང་བའི་ཡེ་ཤེས་གང་། །མཚོན་པར་བྱ་བ་དོན་གྱི་ཡེ་ཤེས་དང་། །དོན་གྱི་ཕྱག་ཆེན་དོན་གྱི་སྟགས་སྡོམ་དང་། །ཟླ་མེད་འཕགས་པའི་ཡེ་ཤེས་དོན་གཅིག་པ། །རང་བྱུང་ཡེ་ཤེས་གོམས་བརྟན་མཐོང་བའི་ལམ། །མཚན་མར་བཅས་པའི་འབད་རྩོལ་ལ་མི་ལྟོས། །བློ་རིགས་བྱེ་བྲག་རྣལ་འབྱོར་མངོན་སུམ་མོ། །སངས་རྒྱས་ས་དང་དེ་ཡི་ཡེ་ཤེས་དང་། །འབྲས་བུའི་རྒྱུད་ཀྱི་སྟགས་སྡོམ་རྣམས་དོན་གཅིག །དེ་ལྟའི་དཔེ་དོན་ཡེ་ཤེས་རིམ་སྐྱེས་པས། །འཕགས་པའི་ས་ཐོབ་དེ་ཡི་རྣམ་གཞག་ནི། །གནས་སྐབས་འབྲས་བུ་སློབ་ལམ་ས་བཅུ་གཉིས། །གནས་སོགས་བཅུ་གཉིས་དང་སྦྱར་ཀྱི་རྡོ་རྗེའི། །རྩ་བཤད་སྟེབ་པ་ལྟར་ན་དང་པོ་གཉིས། །བགྲོད་བྱེད་ཕྱི་ནང་ཡུལ་ཆེན་བཞི་བཞི་དང་། །གསུམ་པ་ནས་ནི་བཅུ་པའི་བར་བགྲོད་བྱེད། །གཉིས་གཉིས་འབྱུང་ཞིང་བཅུ་གཅིག་བཅུ་གཉིས་པར། །བཞི་བཞི་སྦྱར་བའི་སུམ་ཅུ་རྩ་གཉིས་སྟེང་། །སྒྲུབ་པ་པོ་ཉིད་གང་དུ་འཚང་རྒྱ་བའི། །ཕྱོགས་བཞི་དབུས་ལྔ་བསྟན་པས་སོ་བདུན་ནོ། །

བགྲོད་ཚུལ་ཕྱི་རོལ་ཡུལ་ཆེན་སོ་གཉིས་ཀྱི། །མཁའ་འགྲོ་དབང་དུ་འདུས་ཤིང་ནང་དུ་ནི། །དེ་དག་རང་བཞིན་རྩ་ཡིག་སོ་གཉིས་ཀྱི། །རླུང་སེམས་དབུ་མར་ཐིམ་པའི་རྟེན་འབྲེལ་གྱིས། །བགྲོད་བྱ་བཅུ་གཉིས་ས་ཡི་སྣང་རྟོགས་བསྐྱེད། །འདི་ནི་བརྟག་གཉིས་དགོངས་པ་སཾ་བུ་ཊས། །སྒྲོང་བའི་ལུགས་ཡིན་ཕྱག་ཆེན་ཐིག་ལེ་ཡིས། །སྒྲོང་བ་ཡོད་དེ་བདག་མེད་བསྟོད་པ་དང་། །འཕགས་མཆན་ལུགས་སུ་རིམ་བཞིན་རྟོགས་པར་བྱ། །བདེ་མཆོག་ལྷུང་དུ་མངོན་བརྗོད་བླ་མ་གཉིས། །སྟེབས་པས་དེ་བཞིན་འབྱུང་ཕྱིར་དགོངས་པ་མཐུན། །ཕྱི་ཡི་ཕྱོགས་བཞི་དབུས་སམ་རི་གླིང་ལྷུའི། །མཁའ་འགྲོ་དབང་དུ་འདུས་ཤིང་སྙིང་དབུས་ཀྱི། །སྤྲས་པའི་རྩ་ལྔ་བདུད་འབྲལ་ཆ་དང་བཅས། །སྤྱི་གཙུག་དབུ་མར་ཐིམ་ལས་མི་སློབ་ལམ། །བཅུ་གསུམ་རྡོ་རྗེ་འཛིན་ས་མངོན་དུ་འགྱུར། །

སྤྱིར་ན་ཚོགས་སྦྱོར་ཕ་རོལ་ཕྱིན་ལམ་གྱིས། །བགྲོད་ནས་ཟླ་མེད་ལམ་ཞུགས་དེ་ཡན་ཆད། །ཟླ་མེད་ལམ་གྱིས་བགྲོད་དང་ས་དང་པོ། །དྲུག་པ་བཅུ་པ་ཐོབ་ནས་འཇུག་པའང་ཡོད། །བཅུ་གཅིག་པ་ཡིན་ཟླ་མེད་ཁོ་

ན་ལས། །གཞན་གྱིས་བགྲོད་མིན་སྦས་པའི་ས་ཡིན་ཕྱིར། །དོན་སྦས་མིང་མ་སྦས་དང་གཉིས་ཀ་སྦས། །མིང་སྦས་དོན་མ་སྦས་པ་རིམ་བཞིན་འཇུག །ཕར་ཕྱིན་གཞུང་ལས་ཀུན་ཏུ་འོད་ས་དེ། །སངས་རྒྱས་སུ་བཤད་མཐར་ཐུག་འདོད་པའི་ཕྱིར། །མདོ་སྔགས་སངས་རྒྱས་མཚན་གཞི་མ་མཐུན་ཀྱང་། །སྤངསརྫོག །ས་ས་མཐར་ཐུག་བརྙེས་ལ་སངས་རྒྱས་སུ། །འཇོག་ཕྱིར་མཚན་ཉིད་རྣམ་པ་ཀུན་ཏུ་མཐུན། །རྒྱུ་མཚན་བྲེ་སྦྲའི་གཞུང་ནས་བླ་མེད་བར། །སྐུ་དང་ཡེ་ཤེས་རྣམ་བཞག་བཤད་ཚད་ཀུན། །གདུལ་བྱའི་བློར་མཚམས་ཡོན་ཏན་ལྡོག་པའི་ཆ། །སློས་པ་ཙམ་ལས་ཐོབ་བྱར་མཚུངས་གྱུར་ཀྱང་། །དེ་དེའི་ལམ་གྱིས་ཐོབ་པའི་ངེས་པ་ཅི། །བྲེ་སྦྲས་སྐུ་གཉིས་ལས་གཞན་མི་འདོད་ཅིང་། །མདོ་སེམས་དབུ་གསུམ་མཐུན་པར་སྐུ་གསུམ་དང་། །ཡེ་ཤེས་བཞི་འདོད་བྱ་སྤྱོད་རྒྱུད་སྡེ་ལས།…།ངོ་བོ་དེ་མཚུངས་རྣམ་པ་སོ་སོར་ཡོད། །ཡོ་གར་གཟུགས་སྐུ་རིགས་ལྔར་འདོད་པའི་ཚེ། །ཡེ་ཤེས་ལྔར་བཞེད་དག་བྱའི་དབང་གིས་སོ། །རྣལ་འབྱོར་ཆེན་པོར་དབང་བཞི་ལམ་བཞི་ཡི། །རྟེན་འབྲེལ་ཉིད་ལས་སྐུ་བཞི་འབྱུང་བར་བཞེད། །ལམ་འབྲས་དགོངས་པ་སྐུ་ལྔར་བཞེད་པ་དང་། །འཇམ་དཔལ་རང་གི་ལྷ་འདོད་མདོར་བསྟན་པའི། །མདོ་ལས་སྐུ་གཅིག་ནས་ནི་སྐུ་ལྔའི་བར། །གསུངས་པའི་ལུང་དེའི་དགར་དང་འབྱེད་ཚིག་གི༔ ༔ནུས་པས་སྐུ་གསུམ་སྐུ་བཞིར་འདོད་པ་གཉིས། །འབྱུང་བས་ཕར་ཕྱིན་ལུགས་ལ་སྐུ་གསུམ་འཐད། །བླ་མེད་སྤྱི་ལ་ཡན་ལག་བདུན་ལྡན་དུ། །བཞེད་དང་དེ་ཡང་སྐུ་གསུམ་གྱིས་བསྡུས་པ། །ཡང་ན་དོན་དམ་སྐུ་དང་ཀུན་རྫོབ་སྐུ། །གཉིས་པོ་རེ་རེའང་སྐུ་གསུམ་དང་ལྡན་ཞིང་། །ཡན་ལག་བདུན་བདུན་ལྡན་པས་བསྡུས་པ་ཡོད། །ཁྱད་པར་ཀྱེ་རྡོར་རྒྱུད་ལས་སྐུ་བཞི་པོ། །དངོས་སུ་བསྟན་ཅིང་ཤིན་ཏུ་རྣམ་དག་པའི། །ངོ་བོ་ཉིད་སྐུ་བསྟན་པས་སྐུ་ལྔ་དང་། །ཀུར་ལས་ཡེ་ཤེས་ལྔས་བསྡུས་བཤད་གཞི་སྟེ། །འཆད་བྱེད་ཡན་ལག་ལྔས་བསྡུས་སྐུ་ཡན་ལག །བསྲེ་བའི་ཚུལ་རྣམས་རྒྱུད་ཀྱི་མངོན་རྟོགས་ལྟོས། །མདོར་ན་ཐོབ་བྱ་ཐོབ་བྱེད་མཐར་ཐུག་པ། །ངེས་གསང་ཚུལ་ལས་གཞན་དུ་སུ་ཞིག་ཆོལ། །ཐབས་དེ་རྫོགས་ལ་ཐུབ་བསྟན་གྲུ་བཞི་པར། །ཉམས་སུ་ལེན་པ་ངོ་མཚར་རྨད་ཀྱི་ཆོས། །

ཞེས་ཡོངས་རྫོགས་བསྟན་པའི་ཉམས་ལེན་སྡོམ་པ་གསུམ་གཏན་ལ་འབེབས་པ་འཇམ་དབྱངས་བླ་མའི་དགོངས་རྒྱན་ལས་སྡོམ་གསུམ་གནས་གྱུར་སོགས་བཤད་པའི་ལེའུ་སྟེ་ལྔ་པའོ།། །།

མཁས་པའི་ཉི་མ་རྣམས་ནི་ཞིང་གཞན་བཞུད། །འགའ་ཙམ་བཞུགས་པའང་ལེགས་བཤད་འོད་མི་འགྱེད། །བློ་གསལ་ཟླ་བ་གཞན་དབང་གཟའ་ཡིས་ཟིན། །དགེ་འདུན་སྐར་ཕྲེང་འདུ་འཛིའི་སྤྲིན་གྱིས་སྒྲིབ། །རྒྱུ་དེས་སངས་རྒྱས་བསྟན་པ་མཚན་མོར་གྱུར། །འཇིག་རྟེན་འོང་བ་དམིགས་བུ་བྲལ་བཞིན་འཁྱམས། །འཁོར་

ལྡན་རྣམས་ནི་བླུན་པོའི་ཝང་པ་འདེགས། །མ་བསླབས་མ་སྦྱངས་དགེ་སྦྱོང་ཁས་འཆེ་བས། །འདུལ་བར་མི་སྣང་མདོ་སྡེ་ལ་མི་འཇུག ཆོས་ཉིད་དང་འགལ་བརྟུལ་ཞུགས་འཚོ་བ་ཉམས། །ཁྲིང་འཛིན་ཤེས་རབ་ལོག་པའི་ཕྱོགས་སུ་སྤྱོད། །སྟོང་ཉིད་རྒྱུ་འདེད་སྤྱགས་ལ་རང་དགར་འཇུག ཇི་བཞིན་སྒྲ་དང་སྒྲ་མིན་རྣམ་པར་འཆོལ། །དགོངས་དང་དགོངས་པ་མིན་པའི་ཆ་མ་རྟོགས། །དྲང་དང་ངེས་པའི་དོན་གྱི་ཤན་མ་ཕྱེད། །བསྟན་པ་དཀྲུགས་འདི་བཙོས་སུ་ཅང་ཡོད་དམ། །འོན་ཏང་མཁས་པ་ཅི་ཡོད་དཔྱད་བསྒྲིལ་ཏེ། །ཚུལ་བཞིན་བཤད་ན་དཀར་ཕྱོགས་དབུགས་འབྱིན་ཅིང་། །བདུད་སྡེ་དཔུང་བཅས་མྱ་ངན་ཁུང་བུར་འཛུད། །ཐུབ་བསྟན་སྐྱ་རེངས་གསར་པ་འཆར་ཡང་སྲིད། །དེ་ཕྱིར་ས་སྐྱའི་འཇམ་དབྱངས་བླ་མ་ཞེས། །གྲགས་པའི་མེ་ཏོག་རྣམ་པར་རྒྱས་དེ་དང་། །སྲོལ་འབྱེད་ཉི་མ་འགྲན་བྲལ་གོ་རམས་ཆེའི། །ལེགས་བཤད་ལ་བརྟེན་ཚུལ་འདི་འབད་པས་སྨྲར། །བདག་བློ་དམན་ཞིང་སྦྱངས་པའི་མཐུ་ཆུང་བས། །ནོངས་པར་གྱུར་གང་མཁས་པའི་མདུན་སར་བཤགས། །ལྷག་བསམ་ཟླ་བའི་མ་མའི་ཀུན་ཕན་གྱིས། །སྙིང་ལ་སིམ་པ་སྨེར་རོ་སྐལ་བཟང་རྣམས། །བསོད་ནམས་དུང་ལྟར་དཀར་ཞིང་གཡུར་ལྟར། །བསིལ་པ་དེས་ནི་འགྲོ་ཀུན་འདུལ་བ་གསུམ། །འགལ་མེད་སྤྱོད་ལས་ཆོས་ཀུན་བདེ་བ་ཆེར། །སྨོན་པའི་ཕྱུག་རྒྱ་ཆེན་པོ་གྲུབ་གྱུར་ཅིག །

འགྲོ་བའི་སྡུག་བསྔལ་སྨན་གཅིག་རྒྱལ་བའི་བསྟན། །ཡུན་རིང་གནས་ཤིང་གཙུག་ལག་ཁང་པ་རྣམས། །ཀློག་སོགས་འཁོར་ལོ་གསུམ་ལྡན་དགེ་འདུན་གྱིས། །གང་ཞིང་རྒྱལ་ཁམས་བདེ་བར་འཚོ་གྱུར་ཅིག །སྲིད་པ་གསུམ་ན་འཇམ་དབྱངས་བླ་མ་ཞེས། །མཚན་སྙན་གསེར་གྱི་འཁོར་ལོས་སྒྱུར་བའི་མོད། །ལོག་སྨྲའི་སྡེ་དཔུང་སྟོབས་ཤུགས་རང་ཉམས་པ། །ཆོས་ཀྱི་རྒྱལ་པོའི་ཤིས་པར་རྒྱས་གྱུར་ཅིག །བསོད་ནམས་བྱེ་བའི་གངས་རིར་གནས་བཅས་ཤིང་། །ཐུབ་བསྟན་མ་སླད་སེང་གེའི་སྒྲ་དབྱངས་ཅན། །བྱང་ཕྱོགས་འདི་ན་གོ་རམས་ཆེན་པོར་གྲགས། །བསྟན་པའི་ཉི་མའི་ཤིས་པ་འབར་གྱུར་ཅིག །

དེ་ལྟར་ཡོངས་རྫོགས་བསྟན་པའི་ཉམས་ལེན་སྨོམ་པ་གསུམ་གཏན་ལ་འབེབས་པ་འཇམ་དབྱངས་བླ་མའི་དགོངས་རྒྱན་ཞེས་བྱ་བ་འདི་ནི། ཁྱབ་བདག་འཇམ་པའི་རྡོ་རྗེ་དུར་སྒྲིག་འཆང་བའི་སྒྱུ་འཕྲུལ་མཁན་ཆེན་དཔལ་ལྡན་ཆོས་ཀྱི་རྒྱལ་མཚན་དྲི་མེད་ལེགས་པའི་བློ་གྲོས་དཔལ་བཟང་པོའི་ཞལ་སྔ་ནས་སྨོམ་པ་གསུམ་གྱི་བཀའ་དྲིན་ནོས་པས་ཐོག་དྲངས་ཡོངས་འཛིན་ཆོས་བཞིན་དུ་འདོམས་པ་མང་པོའི་ཞལ་གྱི་བདུད་རྩི་ཐོབ་ཅིང་། ཁྱད་པར་ལུང་རིགས་སྨྲ་བའི་གཙུག་རྒྱན་མཁན་ཆེན་མི་ཕམ་སེང་གེ་རབ་རྒྱས་དཔལ་བཟང་པོའི་དྲུང་དུ་ལུགས་སྲོལ་དྲི་མ་མེད་པ་འདི་ཉིད་ཕྱོགས་ཙམ་ཐོས་པའི་སྐལ་བཟང་ཅན། རྒྱལ་ཁམས་པ་ངག་དབང་བློ་གྲོས་སྙིང་པོ་

གཞན་ཕན་མཐའ་ཡས་པའི་འོད་ཟེར་རམ། ཐ་སྙད་རིག་པའི་བཏགས་མིང་དུ། འཇམ་དབྱངས་སྨྲ་བའི་ཉི་མ་ཚངས་སྲས་དགྱེས་པའི་ལང་ཚོ་ཞེས་བོད་པས། ཁམས་གསུམ་ཆོས་ཀྱི་རྒྱལ་པོ་འཇམ་དབྱངས་བླ་མ་ས་སྐྱ་པཎྜི་ཏ་ཆེན་པོ་དགོངས་པ་ཆོས་དབྱིངས་སུ་མཉམ་པར་བཞག་པའི་ཚུལ་བསྟན་ནས་ལོ་དྲུག་བརྒྱ་དང་བདུན་ཅུ་དོན་གཉིས་བགྲལ་ཞིང་། བྱང་ཕྱོགས་ཐུབ་པའི་རྒྱལ་ཚབ་བྱམས་མགོན་གཉིས་པ་གོ་རམས་བསྟན་པའི་ཉི་མ་བསོད་ནམས་སེང་གེ་ཞིང་ཁམས་གཞན་གྱི་གདུལ་བྱ་ལ་གཟིགས་ནས་ལོ་སུམ་བརྒྱ་དང་དྲུག་ཅུ་རེ་དགུ་སྔོན་དུ་འདས་པ་འཕགས་པའི་ཡུལ་ན་རཀྟ་ས་སྟེ་སྨིན་པོ་ཞེས་པ་ཤིང་མོ་ཡོས་ཀྱི་ལོ། གྲོ་ཞུན་ཟླ་བའི་དཀར་ཕྱོགས་ཀྱི་རྒྱལ་བ་དང་པོའི་ཚེས་ལ་མདོ་སྨད་སའི་ཐིག་ལེ་སྡེ་དགེ་ལྷུན་གྲུབ་སྟེང་དུ་གྲུབ་པར་བགྱིས་པའོ།། །།

༄༅། །སྡོམ་པ་གསུམ་གདན་ལ་འབེབས་པའི་བསྟན་བཅོས་ཀྱི་བསྡུས་དོན་ཡོན་ཏན་རིན་པོ་ཆེའི་སྒོ་འབྱེད་ཅེས་བྱ་བ་བཞུགས་སོ། །

དཔོན་སློབ་ངག་དབང་ལེགས་གྲུབ།

རྗེ་བཙུན་བླ་མ་དམ་པ་ཐུགས་རྗེ་ཆེན་པོ་དང་ལྡན་པ་རྣམས་ལ་ཕྱག་འཚལ་ལོ། །ཡོངས་རྫོགས་བསྟན་པའི་ཉམས་ལེན་སྡོམ་པ་གསུམ་གདན་ལ་འབེབས་པ་འདི་ལ་དོན་གསུམ་སྟེ། རྩོམ་པ་ལ་འཇུག་པ་སྐབས་ཀྱི་དོན་དང་། རྩོམ་པར་བྱ་བ་གཞུང་གི་དོན་དང་། རྩོམ་པ་མཐར་ཕྱིན་པ་འཇུག་གི་དོན་ནོ། །དང་པོ་ལ་གཉིས་ཏེ། མཆོད་པ་བརྗོད་པ་དང་། རྩོམ་པར་དམ་བཅའ་བའོ། །དེའི་དང་པོ་ལ་ལྔ་སྟེ། རང་ཉིད་ཀྱི་རྩ་བའི་བླ་མ་ལ་སྡོམ་གསུམ་རིམ་ཅན་དུ་སྩལ་བའི་བཀའ་དྲིན་རྗེས་སུ་དྲན་པའི་སྒོ་ནས་དང་། བསྟན་པ་འདི་ཉིད་ཀྱི་སྟོན་པ་ཤཱཀྱའི་རྒྱལ་པོ་ལ་ངེས་པ་དང་དྲང་བའི་བྱང་ཆུབ་བརྙེས་བསྟན་གྱི་སྒོ་ནས་དང་། ལྷག་པའི་ལྷ་རྗེ་བཙུན་བརྟན་པའི་འཁོར་ལོ་ལ་མཚན་གྱི་གཙོ་བོ་བཞི་དོན་དང་སྦྱོལ་བའི་སྒོ་ནས་དང་། འཕགས་བོད་ཀྱི་སྡོམ་གསུམ་བརྒྱུད་པའི་ཕྲེང་བ་ལ་སྤྱིའི་རྣམ་ཐར་རྗེས་སུ་དྲན་པའི་སྒོ་ནས་དང་། ཆོས་ཀྱི་རྒྱལ་པོ་འཇམ་མགོན་བླ་མ་ས་སྐྱ་པཎྜི་ཏ་ཆེན་པོ༑ རྒྱལ་ཚབ་གོ་རམ་བསྟན་པའི་ཉི་མ་ར་བཅས་ལ་སོ་སོའི་ཕྲིན་ལས་ཀྱི་ཁྱད་པར་རྗེས་སུ་དྲན་པའི་སྒོ་ནས་མཆོད་པར་བརྗོད་པའོ། །

གཉིས་པ་གཞུང་གི་དོན་ལ་གསུམ་སྟེ། སྤྱིའི་དོན་རག་པ་བཤད་གཞི་རྣམ་པར་ཕྱེ་བས་མདོར་བསྟན། སྐབས་ཀྱི་དོན་ཕྲ་ཞིང་ཕྲ་བ་སྡོམ་པ་གསུམ་སོ་སོར་གདན་ལ་ཕབ་པས་རྒྱས་པར་བཤད། དེ་གསུམ་གང་ཟག་གཅིག་གི་རྒྱུད་ལ་གནས་པ་དང་གཏོང་བའི་ཚུལ་ཉམས་ལེན་འགལ་མེད་དུ་དྲིལ་བས་དོན་བསྡུ་བའོ། །དང་པོ་ལ་གསུམ་སྟེ། ཤེས་ཐོབ་ཀྱི་དམིགས་བྱ་སྣང་གཞི་ཁམས་དང་སྣང་འབྲས་མཐར་ཐུག་པ་དག །སྦྱོང་བྱེད་དང་བྲལ་འབྲས་སྒྲུབ་བྱེད་ལམ་གྱི་ཐེག་པ་ཐམས་ཅད་གཅིག་ཏུ་འདུ་བའི་ཚུལ་གྱིས་ངོས་བཟུང་བ། སྡོམ་པའི་དོན་ཅན་གྱི་ལམ་རྣམ་པར་བཞག་པ། ལམ་གྱི་གནད་སྡོམ་པ་གསུམ་གྱི་ཉམས་ལེན་དུ་བསྡུས་པའི་འབྲེལ་གྱིས་ཁོག་ཕུབ་པའོ། །དེའི་གཉིས་པ་ལ་ལྔ་སྟེ། སྡོམ་པ་དབྱེ་བསྡུའི་འཇོག་ཚུལ། དེ་ལས་རང་ལུགས་ངོས་བཟུང་བ། སྡོམ་

པའི་མིང་དོན། སྡོམ་པར་འཇོག་བྱེད། མཐའ་དཔྱད་པའི་སྒོ་ནས་སོ་བྱང་གཉིས་སྔགས་སྡོམས་ཀྱི་ཡན་ལག་ཏུ་བསྡུ་བའོ། །དང་པོ་འཇོག་ཚུལ་ལ་གསུམ་སྟེ། སྡོམ་པ་གསུམ་དུ་འཇོག་པ། གཉིས་སུ་འཇོག་པ། གཅིག་ཏུ་འདུ་བའི་ཚུལ་ལོ། །དེའི་དང་པོ་ལ་བཞི་སྟེ། སོ་སོར་སྒྲི་ལ་གྲགས་པ། ཉན་ཐོས་ལ་གྲགས་པ། ཐེག་ཆེན་ལ་གྲགས་པ༔ གསང་སྔགས་ལ་གྲགས་པའི་འཇོག་ཚུལ་ལོ། །

རྒྱ་བའི་ས་བཅད་གཉིས་པ་སྐབས་ཀྱི་དོན་གཏན་ལ་འབེབས་པ་ལ་གསུམ་སྟེ། སོ་ཐར་གྱི་སྡོམ་པ་བཤད་པ། བྱང་སེམས་ཀྱི་སྡོམ་པ་བཤད་པ། རིག་པ་འཛིན་པའི་སྡོམ་པ་བཤད་པའོ། །དང་པོ་ལ་བཞི་སྟེ། ངོ་བོ་ངོས་བཟུང་བ། དང་པོར་བླང་བའི་ཐབས། བར་དུ་སྲུང་བའི་ཐབས། ཉམས་ན་ཕྱིར་བཅོས་པའི་ཆོ་གའོ། །དེའི་དང་པོ་ལ་གསུམ་སྟེ། མཚན་གཞི། མཚན་ཉིད། ནང་གསེས་ཀྱི་དབྱེ་བའོ། །གཉིས་པ་མཚན་ཉིད་ལ་གཉིས་ཏེ། མཚན་ཉིད་དངོས་དང་། མཚན་ཉིད་དེ་ལྡན་གྱི་མིང་གི་རྣམ་གྲངས་སོ། །དབྱེ་བ་ལ་གསུམ་སྟེ། རྟེན་གྱིས་དབྱེ་བ་དང་། རྫས་ཀྱི་དབྱེ་བ་དང་། ཀུན་སློང་གི་དབྱེ་བའོ། །རྟེན་ལ་བདུན་སྟེ། དགེ་སློང་ཕ་མ། དགེ་ཚུལ་ཕ་མ། དགེ་སློབ་མ། དགེ་བསྙེན་ཕ་མའོ། །རྫས་སམ་ངོ་བོ་ནི་བཞི་སྟེ། དགེ་སློང་། དགེ་ཚུལ། དགེ་བསྙེན། བསྙེན་གནས་སོ། །ཀུན་སློང་ནི་གཉིས་ཏེ། ཐེག་དམན་སོ་ཐར། ཐེག་ཆེན་སོ་ཐར་རོ། །སྡོམ་པ་བླང་པའི་ཐབས་སོགས་ཕྱི་མ་གསུམ་ནི་ལུང་ལས་གསུངས་པའི་གཞི་བཅུ་བདུན་དང་སྦྱར་ཏེ་འཆད་ན། དང་པོ་རབ་བྱུང་གི་གཞིའི་དངོས་བསྟན་དང་། མདོ་དང་བསྟན་བཅོས་ཅི་རིགས་པས་བསྟན་པའི་སྡོམ་པ་བླང་བའི་ཐབས་ལ་གསུམ་སྟེ༔ ལེན་པའི་ཆོ་ག་དངོས། བླངས་པ་དེ་སྐྱེ་བའི་ཚུལ། སྐྱེས་པའམ་ཐོབ་པ་དེའི་མཚམས་སོ། །ཆོ་ག་ལ་གཉིས་ཏེ༔ ཐེག་དམན་ལྟར་བླང་བ། ཐེག་ཆེན་ལྟར་བླང་བའོ། །དེའི་དང་པོ་ལ་གཉིས་ཏེ། སྔོན་ཆོག་དང་། ད་ཆོག་གོ། །ད་ཆོག་ལ་གཉིས་ཏེ། ཕ་ཆོག་དང་། མ་ཆོག་གོ། །དང་པོ་ལ་གཉིས་ཏེ་དུས་ཁྲིམས་བླང་བ་དང་། གཏན་ཁྲིམས་བླང་བའོ། །དེའི་ཕྱི་མ་ལ་གཉིས་ཏེ་ཚིགས་སྔ་མ་ཕྱི་མའོ། །ཚིག་སྔ་མ་ལ་གཉིས་ཏེ་དགེ་བསྙེན་དང་། དགེ་ཚུལ་ལོ༔ །དགེ་བསྙེན་ལའང་གཉིས་ཏེ། ཡོངས་རྫོགས་དང་ཉི་ཚེ་བའོ། །ཚངས་སྤྱོད་གོ་མི་གཉིས་ནི་སྔ་མའི་ཞར་བྱུང་ངོ་། །ཐེག་ཆེན་སོ་ཐར་ལ་གཉིས་ཏེ་སྔོན་ཆོག་དང་། ད་ཆོག་གོ། །ད་ཆོག་ལ་གཉིས་ཏེ། ཆོ་ག་ཐུན་མོང་བ་དང་། ཆོ་ག་ཐུན་མོང་མ་ཡིན་པ་ལས་ཐོབ་པའོ། །སྡོམ་པ་སྐྱེ་ཚུལ་ལ་གཉིས་ཏེ། ཐམས་ཅད་ཡོད་སྨྲའི་ལུགས། མདོ་སྡེ་པ་སོགས་ཀྱི་ལུགས་སོ། །ཐོབ་མཚམས་ལ་གཉིས་ཏེ་ཚིག་སྔ་མའི་ཐོབ་མཚམས་དང་། ཕྱི་མའི་ཐོབ་མཚམས་སོ། །

གསུམ་པ་བར་དུ་ཇི་ལྟར་སྲུང་བའི་ཚུལ་ལ་གསུམ་སྟེ་སྤྱིར་བཏང་གི་སྲུང་ཚུལ་དངོས་དང་། བསླབ་བྱ

ངོས་བཟུང་བ། ཉེས་དམིགས་དང་ཕན་ཡོན་བསྟན་པའོ། །དེའི་གཉིས་པ་ལ་གཉིས་ཏེ་ཐེག་དམན་ལྟར་བཤད་པ་དང་། ཐེག་ཆེན་གྱི་དམིགས་བསལ་ལོ། །དེའི་དང་པོ་ལ་གཉིས་ཏེ་ཁྱིམ་པའི་ཕྱོགས་ཀྱི་བསླབ་བྱ། རབ་བྱུང་གི་ཕྱོགས་ཀྱི་བསླབ་བྱའོ། །དེའི་དང་པོ་ལ་གཉིས་ཏེ་བསྙེན་གནས་དང་དགེ་བསྙེན་ནོ། །དགེ་བསྙེན་གྱི་བསླབ་བྱ་ལ་གསུམ་སྟེ། ཉེ་ཚེ་བ་དང་། ཡོངས་རྫོགས་དང་ཞར་བྱུང་ངོ་། །གཉིས་པ་རབ་བྱུང་གི་ཕྱོགས་ཀྱི་བསླབ་བྱ་ལ་བཞི་སྟེ། དགེ་ཚུལ། དགེ་སློབ་མ། དགེ་སློང་། དགེ་སློང་མའི་བསླབ་བྱའོ། །དགེ་ཚུལ་གྱི་བསླབ་བྱ་ལ་གསུམ་སྟེ། བླང་འདས་དངོས། བསྡམ་བྱའི་ཉེས་བྱས། བླང་འདས་ཕྱོགས་མཐུན་ནོ། །དགེ་སློང་གི་བསླབ་བྱ་ལ་གཉིས་ཏེ་བསྲུང་ཚུལ་ཁྱད་པར་བ་དང་། བསླབ་བྱ་དངོས་སོ། །དང་པོ་ལ་གཉིས་ཏེ། གཞན་ལ་ལྟོས་པ་དང་། རང་གི་བསམ་སྦྱོར་གྱི་སྒོ་ནས་བསྲུང་ཚུལ་ལོ། །གཉིས་པ་བསླབ་བྱ་ངོས་བཟུང་བ་ལ་གཉིས་ཏེ་དགག་པའི་བསླབ་བྱ་དང་། སྒྲུབ་པའི་བསླབ་བྱའོ། །དང་པོ་ལ་གཉིས་ཏེ་སྤྱིར་བཤད་པ་དང་། སྡེ་ལྔ་བྱེ་བྲག་ཏུ་བཤད་པའོ། །ཕྱི་མ་འདི་ལ་ལྔ་སྟེ། ཕམ་པའི་སྡེ། ལྷག་མའི་སྡེ། ལྟུང་བྱེད་ཀྱི་སྡེ། སོར་བཤགས་ཀྱི་སྡེ། ཉེས་བྱས་ཀྱི་སྡེ། ལྷག་མའི་ཞར་བྱུང་མ་ངེས་པ་གཉིས་དང་། གཙོ་བོ་ཕམ་ལྷག་གི་ཆར་གཏོགས་པའི་སྡོམ་པོ་གསུམ་བཅས་བཤད་པའོ། །དེའི་གསུམ་པ་ལྟུང་བྱེད་ཀྱི་སྡེ་ལ་གཉིས་ཏེ་སྤང་བའི་ལྟུང་བྱེད་དང་། ལྟུང་བྱེད་འབའ་ཞིག་པའོ། །དེ་ཐམས་ཅད་ཀྱང་གཉིས་གཉིས་ཀྱིས་བསྟན་ཏེ། མཚན་ཉིད་དང་མིང་དོན་གཞི་མཐུན་པས་མདོར་བསྟན། སོ་སོའི་ངོ་བོས་རྒྱས་པར་བཤད་པའོ། །དེའི་སྤང་ལྟུང་ལ་སྡེ་ཚན་གསུམ་སྟེ་གོས་སོགས་ཀྱི་སྡེ། སྟན་སོགས་ཀྱི་སྡེ། ལྟུང་བཟེད་སོགས་ཀྱི་སྡེའོ། །ལྟུང་བྱེད་འབའ་ཞིག་པ་ལ་བཅུ་ཚན་དགུ་སྟེ། ཤེས་བཞིན་གྱི་རྫུན་སོགས། ས་བོན་འཇོམས་པ་སོགས། མ་བསྐོས་པ་སྟོན་པ་སོགས། ཡང་ཡང་ཟ་བ་སོགས། སྲོག་ཆགས་དང་བཅས་པའི་ཆུ་ལ་སྤྱོད་པ་སོགས། ཟན་གཙོད་དུ་འདུག་པ་སོགས། དུད་འགྲོ་གསོད་པ་སོགས། རྐུན་མ་དང་ལྷན་ཅིག་ཏུ་འགྲོ་བ་སོགས། གྲོང་གཞན་དུ་འགྲོ་བ་སོགས་སོ། །ཉེས་བྱས་ལ་སྡེ་ཚན་བརྒྱད་དེ། གོས་བགོ་བའི་སྡེ། སྤྱོད་ཡུལ་དུ་འགྲོ་བའི་སྡེ། སྟན་ལ་འདུག་པའི་སྡེ། ཟས་བླང་བའི་སྡེ། ཟ་བའི་སྡེ། ལྟུང་བཟེད་ལ་ལོངས་སྤྱོད་པའི་སྡེ། ཆོས་སྟོན་པའི་སྡེ། སྒྲུབ་པའི་ཚུལ་ལས་གྱུར་པའི་སྡེའོ། །དགེ་སློང་མའི་མི་འདྲ་བའི་ཁྱད་པར་ནི་སྡེ་ལྔ་སྟེ་སྔར་བཞིན་དང་། ཞར་བྱུང་འདིར་སློས་ཀྱིས་མ་ལོངས་པ་རྣམས་གཞན་དུ་ཁ་འཕང་པའི་ཚུལ་གྱིས་བསྟན་པའོ། །གཉིས་པ་སྒྲུབ་པའི་བསླབ་བྱ་ལ་གསུམ་སྟེ། བསླབ་པ་ཡོངས་སུ་སྦྱོང་བའི་གཞི། བདེ་བར་གནས་པའི་རྐྱེན་གྱི་གཞི། དགོས་པ་སྒྲུབ་བྱེད་ལས་ཀྱི་གཞིའོ། །དང་པོ་ལ་གསུམ་སྟེ་གསོ་སྦྱོང་གི་གཞི། དབྱར་གནས་ཀྱི་གཞི། དགག་དབྱེའི་གཞིའོ། །གསོ་སྦྱོང་ལ་གཉིས་ཏེ་ཞི་གནས་ཀྱི་གསོ་སྦྱོང་དང་། མཐུན་པའི་གསོ་སྦྱོང་ངོ་། །ཕྱི་མ་ལ་

གཉིས་ཏེ་དུས་ངེས་པ་ཅན་དང་། མ་ངེས་པའི་གསོ་སྦྱོང་ངོ་། །དེའི་སྔ་མ་ལ་གསུམ་སྟེ། གསོ་སྦྱོང་བྱ་བའི་གནས་ལ་བློ་མཐུན་བྱ་བ། གང་གིས་གསོ་སྦྱོང་བྱེད་པའི་ཁྱད་པར་གྱི་ཆོས། ཇི་ལྟར་བྱ་བའི་ཆོ་གའོ། །ཆོ་ག་ལ་གསུམ་སྟེ་སྦྱོར་བ་དང་། དངོས་གཞི། རྗེས་སོ། །གཉིས་པ་དབྱར་གནས་ཀྱི་གཞི་ལ་དྲུག་སྟེ་ནམ་ཁས་ལེན་པའི་དུས། ཡུན་ཚད་འགྲོས་བཅས། སྔོན་དུ་འགྲོ་བའི་སྦྱོར་བ། དངོས་གཞི་ཁས་བླངས་ནས་སྲུང་བའི་ཚུལ། ཆོས་ལྡན་གྱི་བྱ་བ་ལ་བྱིན་གྱིས་བརླབ་པ། ཡུན་ཚད་ལ་དམིགས་བསལ་བསྟན་པའོ། །དགག་དབྱེ་ལ་གསུམ་སྟེ། དུས་དང་དུས་མ་ཡིན་པ་དང་། གློ་བུར་བའོ། །དེའི་དང་པོ་ལ་གསུམ་སྟེ་སྦྱོར་བ། དངོས་གཞི། རྗེས་སོ། །ཞར་ལས་འོང་བ་ཚོགས་ཀྱིས་དང་། གང་ཟག་གི་དམིགས་བསལ་ལོ། །

གཉིས་པ་བདེ་བར་གནས་པ་རྐྱེན་གྱི་གཞི་ལ་བཞི་སྟེ། བག་ཡངས་དང་འབྲེལ་པ་སྨྲ་བརྒྱད་གི་གཞི། གོས་མཐའ་གཉིས་སུ་མ་ལྷུང་བ་གོས་ཀྱི་གཞི། མི་རུང་བ་ཤས་ཆེ་བ་ཀོ་ལྤགས་ཀྱི་གཞི། ཟས་མཐའ་གཉིས་སུ་མ་ལྷུང་བ་སྨན་གྱི་གཞི་རྣམས་སོ། །དང་པོ་སྨྲ་བརྒྱད་གི་གཞི་ལ་དྲུག་སྟེ། གནས་གང་དུ། གང་ཟག་གང་གིས། དངོས་པོ་གང་འདིང་བ། ཆོ་ག་གང་གིས་འདིང་བ། བཏིང་བ་དེ་ཇི་ལྟར་སྐྱོང་བའི་ཚུལ་བསླབ་བྱ་དང་བཅས་པ། དུས་སུ་འབྱིན་པའོ། །དབྱུང་བ་ལ་གཉིས་ཏེ་རང་འཇུག་བྲལ་དང་བཅས་མའོ། །ཕན་ཡོན་དང་རྙེད་པའི་དམིགས་བསལ་ནི་འཕྲོས་དོན་ཙམ་མོ། །

གཉིས་པ་གོས་ཀྱི་གཞི་ལ་ལྔ་སྟེ། གོས་ཀྱི་རྒྱུ་རུང་མི་རུང་བསྟན་པ། རུང་བ་ལས་བཟོ་བའི་ཚུལ། བཟོས་པ་དང་མ་བཟོས་པ་དང་རྙེད་པ་རྣམས་རིམ་གྱིས་གཙོ་ཆེ་བའི་ཡོ་བྱད་གསུམ་དུ་དབྱེ་བ། དབྱེ་བ་སོ་སོའི་རྣམ་གཞག །གོས་ལ་ལོངས་སྤྱོད་པའི་ཚུལ་ལོ། །འཕྲོས་དོན་ལ་གསུམ་སྟེ། བྱིན་རླབས་འདེབ་པའི་རྒྱུ། གོས་རྙེད་སོགས་བགོ་བའི་ཚུལ། མཐའ་གཉིས་སྤོང་བར་གདམས་པའོ། །

གསུམ་པ་ཀོ་ལྤགས་ཀྱི་གཞི་ལ་གསུམ་སྟེ། མཐའ་འཁོབ་སྤྱིར་འཆིལ་ལྷམ་གནང་བ། མིག་སོགས་ལ་ཕན་ཕྱིར་དེམ་ལྤགས་གནང་བ། མཐའ་འཁོབ་བྱེ་བྲག་པར་ཀོ་ལྤགས་བསྟེན་བྱར་གསུངས་པའོ། །

བཞི་པ་སྨན་གྱི་གཞི་ལ་གསུམ་སྟེ། ངོ་བོ་སྤྱིར་བསྟན་པ། སོ་སོའི་མཚན་ཉིད་བསྟེན་ཚུལ་དང་བཅས་པ། བྱེ་བྲག་དུས་རུང་གི་ཟས་ལ་ལོངས་སྤྱོད་པའི་ཚུལ་དམིགས་བསལ་གྱི་གནང་བ་འཕྲོས་དོན་དང་བཅས་པའོ། །གསུམ་པ་འགྲུབ་བྱེད་ལས་ཀྱི་གཞི་ལ་གཉིས་ཏེ་དགེ་འདུན་གྱི་ལས་དང་། གང་ཟག་གི་ལས་ཞར་བྱུང་དང་བཅས་པའོ། །དང་པོ་ལ་ལྔ་སྟེ་ལས་ཆགས་པའི་རྒྱུ་ཚོགས་དང་བསམ་པ། བརྗོད་པ་ལས་ཀྱི་ངོ་བོ། ལས་ཉམས་སུ་མྱོང་བའི་དོན། ལས་ཆགས་པའི་དུས། ལས་ཀྱི་དབྱེ་བསྡུ་བསྟན་པའོ། །དང་པོ་ལ་གསུམ་སྟེ་བློ

མཐུན་པར་བྱེད་པ་དགེ་འདུན་གྱི་ཁྱད་པར། བརྗོད་པར་བྱེད་པ་ལས་མཁན་གྱི་ཁྱད་པར། གང་ལ་བྱ་བའི་ཡུལ་གྱི་ཁྱད་པར་རོ། །ཕྱི་མ་འདི་ལ་གཉིས་ཏེ་སེམས་ཅན་མ་ཡིན་པ་ལ་བྱ་བ། སེམས་ཅན་ལ་བྱ་བའོ། །དང་པོ་ལ་བརྒྱད་དེ་མཚམས་ཆེན་པོ་བཅད་པ་ལ་སོགས་པའོ། །གཉིས་པ་ལ་གཉིས་ཏེ་ཁྲིམ་པ་དང་། རབ་ཏུ་བྱུང་བ་ལ་བྱ་བའོ། །ཁྲིམ་པ་ལ་བྱ་བ་ལ་ལྔ་སྟེ་ལྟུང་བཟེད་ཁ་སྦུབ་པ་དང་། བསྔང་བ་སོགས་སོ། །རབ་ཏུ་བྱུང་བ་ལ་བྱ་བ་གཉིས་ཏེ་བསྙེན་པར་མ་རྫོགས་པ་དང་། རྫོགས་པའི་རྟེན་ལ་བྱ་བའོ། །དང་པོ་ལ་བཞི་སྟེ་སྦྱིན་ལས་གསུམ་དང་། ཚད་པའི་ལས་གཅིག་གོ །རྫོགས་པའི་རྟེན་ལ་བྱ་བ་བཞི་སྟེ་སྦྱིན་པའི་ལས། བསྒོ་བའི་ལས། ཚད་པས་བཅད་པའི་ལས། ཚད་པ་དང་རྗེས་སུ་མཐུན་པའི་ལས་སོ། །བསམ་པ་ལ་གཉིས་ཏེ་འདུ་ཤེས་དང་། ཀུན་སློང་ངོ་། །གང་ཟག་གི་ལས་ལ་གཉིས་ཏེ་དངོས་དང་ཞར་བྱུང་ངོ་། །

གསུམ་པ་ཉམས་ན་ཕྱིར་བཅོས་པའི་ཐབས་ནི། གཞི་བཅུ་བདུན་གྱི་དབང་དུ་བྱས་ན་ལྟུང་བ་ཕྱིར་བཅོས་པ་དང་། རྩོད་པ་ཕྱིར་བཅོས་པ་གཉིས་འབྱུང་བའི་དང་པོ་ལྟུང་བ་ཕྱིར་བཅོས་ཀྱི་གཞི་ལ་གཉིས་ཏེ་དངོས་དང་། དེ་ལས་འཕྲོས་པའི་གཞི་གཞན་བཤད་པའོ། །དང་པོ་ལ་གསུམ་སྟེ་ནན་ཏུར་གྱི་ཕྱིར་བཅོས་དང་། བཤགས་པས་ཕྱིར་བཅོས་དང་། སྤོ་མགུའི་ཕྱིར་བཅོས་སོ། །དང་པོ་ལ་གསུམ་སྟེ་སྤྱིར་བསྟན་པ། སོ་སོར་བཤད་པ། ནན་ཏུར་བྱས་པ་ལ་བཟོད་པ་བླང་བའོ། །དང་པོ་ལ་དྲུག་སྟེ། གཞི་གང་ལ་བྱ་བ། དགེ་འདུན་གང་གིས་བྱ་བ། དུས་ནམ་གྱི་ཚེ་བྱ་བ། དགོས་པ་གང་གི་ཚེ་བྱ་བ། ཆོག་ཇི་ལྟ་བུས་བྱ་བ། སུ་བཞི་རྩིར་ཡོད་པ་ཁ་འཕངས་པའོ། །གཉིས་པ་སོ་སོར་བཤད་པ་ལ་བཅུ་སྟེ་སྟེགས་པ་ནན་ཏུར་ནས་བཟུང་ལྟུང་བཟེད་ཁ་སྦུབ་པའི་བར་རོ། །གཉིས་པ་བཤགས་པས་ཕྱིར་བཅོས་པ་ལ་ལྔ་སྟེ། ཡུལ། གང་ཟག །བསམ་པ། ཆོག །དགོས་པ། ཞར་བྱུང་ཉེས་བྱས་དང་། བསླབ་ཚིག་སྨ་མའི་ཕྱིར་བཅོས་བསྟན་པའོ། །གཉིས་པ་ཕྱིར་བཅོས་ལས་འཕྲོས་པའི་གཞི་གཞན་བཤད་པ་ལ་གསུམ་སྟེ། དུས་དང་དུས་མ་ཡིན་པ་བསྡུས་པའི་གཞི། ས་གཞན་ན་སྤྱོད་པའི་གཞི། ཡོངས་སུ་སྤྱོང་བའི་གཞིའོ། །

གཉིས་པ་དགེ་འདུན་མཐུན་པས་ཞི་བར་བྱེད་པ་རྩོད་པའི་ཕྱིར་བཅོས་ལ་གཉིས་ཏེ་དབྱེན་གྱི་གཞི་དང་། རྩོད་པའི་གཞིའོ། །དང་པོ་ལ་གཉིས་ཏེ་ལས་ཀྱི་དབྱེན་དང་། འཁོར་ལོའི་དབྱེན་ནོ། །དང་པོ་ལ་གཉིས་ཏེ་ངོ་བོ་དང་། བསྡུམས་པའོ། །རྩོད་པའི་གཞི་ལ་གསུམ་སྟེ། རྩོད་པ་བྱ་བའི་གཞི་ངོས་བཟུང་བ། རྩོད་པ་གང་ལ་ཞི་བྱེད་གང་འཇུག་པ། རྩོད་པ་ཞི་བའི་ཕན་ཡོན་ནོ། །དང་པོ་ལ་བཞི་སྟེ་འགྱེད་ཕྱིར་གྱི་རྩོད་པ། མི་གདམས་པའི་ཕྱིར་གྱི་རྩོད་པ། ལྟུང་ཕྱིར་གྱི་རྩོད་པ། བྱ་ཕྱིར་གྱི་རྩོད་པའོ། །གཉིས་པ་ལ་གཉིས་ཏེ་མདོར་བསྟན་པ་དང་། སོ

སོར་བཤད་པའོ། །བདེ་བར་གནས་པའི་རྐྱེན་གྱི་ཡ་གྱལ་བསྟན་པ་ཡུན་རིང་དུ་གནས་པ་བྱ་བ་གནས་མལ་གྱི་གཞི་ལ་དྲུག་སྟེ་དགེ་འདུན་སྤྱིའི་གཙུག་ལག་ཁང་བཞེངས་པའི་ཚུལ། དེ་ལ་རི་མོའི་བཀོད་པ། གང་ཟག་གི་ཁང་པའི་ཁྱད་པར། ལས་ཚན་གྱི་རིམ་པ། བསླབ་ཚིག་གོང་མར་ཕྱག་བྱ་བའི་ཚུལ། སྟེང་དུ་རྒྱལ་མཚན་འཛུག་པ༑ ཞར་བྱུང་གནས་མལ་གྱི་དགོས་པ་ཅུང་ཟད་དང་བཅས་པའོ། །

གཉིས་པ་བྱང་ཆུབ་སེམས་དཔའི་སྡོམ་པའམ་སེམས་བསྐྱེད་གཏན་ལ་དབབ་པ་ལ་གཉིས་ཏེ་ཀུན་རྫོབ་སེམས་བསྐྱེད་དང་། དོན་དམ་སེམས་བསྐྱེད་དོ། །དང་པོ་ལ་བཞི་སྟེ་ངོ་བོ་ངོས་བཟུང་བ། དང་པོ་བླང་བའི་ཐབས། བར་དུ་སྲུང་བའི་ཐབས། ཉམས་ན་ཕྱིར་བཅོས་པའོ། །དང་པོ་ལ་གསུམ་སྟེ་མཚན་གཞི། མཚན་ཉིད། དབྱེ་བའོ། །དེའི་གཉིས་པ་ལ་གཉིས་ཏེ་མཚན་ཉིད་དངོས་དང་། མཚན་ཉིད་དེ་ལྡན་གྱི་མིང་གི་རྣམ་གྲངས་སོ༑ །མཚན་ཉིད་ལའང་གཉིས་ཏེ་སེམས་བསྐྱེད་ཀྱི་མཚན་ཉིད་དང་། དེ་ཉིད་སྡོམ་པར་སོང་བའི་མཚན་ཉིད་དོ། །གསུམ་པ་དབྱེ་བ་ལ་ཚུལ་གཉིས་སུ་ཡོད་པའི་དང་པོ་ཆོས་རྗེ་པའི་སེམས་བསྐྱེད་ཆེན་མོ་ལྟར་ན་ལྔ་སྟེ་ངོ་བོས་དབྱེ་བ། ཡུལ་གྱིས་དབྱེ་བ། སྐྱེ་ཚུལ་གྱིས་དབྱེ་བ། ས་མཚམས་ཀྱིས་དབྱེ་བ། རྟེན་གྱིས་དབྱེ་བའོ། །མདོར་བསྡུས་པ་རབ་དབྱེའི་སྤྱི་དོན་ལྟར་ན་གསུམ་སྟེ་རྟེན་གྱིས་དབྱེ་བ་དང་། ངོ་བོས་དང་། ཚིགས་སོ། །ཕྱི་མ་ལ་གཉིས་ཏེ་གང་ལས་འོངས་པ་བརྒྱུད་པའི་ཁྱད་པར་དང་། དེ་ལས་བྱུང་བའི་ཆོ་ག་དངོས་ཀྱི་དབྱེ་བའོ། །དེའི་གཉིས་པ་ལ་གསུམ་སྟེ་སྡོམ་པ་བླང་བའི་ཆོ་ག་དང་། བླངས་པ་དེ་ཇི་ལྟར་སྐྱེ་བའི་ཚུལ་དང་། སྐྱེས་པའམ་ཐོབ་པ་དེའི་ས་མཚམས་སོ། །དང་པོ་ལ་གསུམ་སྟེ་གང་གིས་བླང་བ་རྟེན་གྱིས་ཁྱད་པར། གང་ལས་ལེན་པ་ཡུལ་གྱི་ཁྱད་པར། ཇི་ལྟར་བླང་བ་ཆོ་གའི་ཁྱད་པར་རྣམས་སོ། །

སྤྱི་དོན་གསུམ་པ་བར་དུ་མི་ཉམས་པ་སྲུང་བའི་ཚུལ་ལ་གསུམ་སྟེ་བསྲུང་ཚུལ་སྤྱིར་གདམས་པ་དང་། བསླབ་བྱ་དངོས་དང་། ཉེས་དམིགས་དང་ཕན་ཡོན་བསྟན་པའོ། །གཉིས་པ་ལ་གཉིས་ཏེ། བསླབ་བྱའི་གནས་མཐའ་དག་སྤྱིར་བསྟན་པ་དང་། རྩ་ལྟུང་སོགས་ཀྱི་རྣམ་བཞག་བྱེ་བྲག་ཏུ་བཤད་པ་དང་། སྲུང་བའི་དུས་སྐབས་ལ་དཔྱད་པའོ། །བསླབ་བྱའི་གནས་ལ་གཉིས་ཏེ་སྨོན་འཇུག་ཐུན་མོང་གི་བསླབ་པར་བྱ་བ་དང་། སོ་སོའི་བསླབ་པར་བྱ་བའོ། །དེའི་དང་པོ་ལ་གཉིས་ཏེ་སྒྲུབ་པར་བྱ་བའི་ཆོས་གསུམ་དང་། ཤེས་པར་བྱ་བའི་ཆོས་བཞིའོ། །གཉིས་པ་སོ་སོའི་བསླབ་བྱ་ལ་གཉིས་ཏེ་རྒྱས་པར་བསླབ་པ་དང་། བསྡུས་ཏེ་བསླབ་པའོ། །རྒྱས་པ་ལ་གཉིས་ཏེ་སྨོན་པའི་བསླབ་བྱ་དང་། འཇུག་པའི་བསླབ་བྱའོ། །དང་པོ་ལ་གཉིས་ཏེ་སྤང་བའི་བསླབ་བྱ་དང་། སྒྲུབ་པའི་བསླབ་བྱའོ། །སྤང་བ་ལ་གསུམ་སྟེ་མི་མཐུན་པའི་ཕྱོགས་གསུམ། ནག་པོའི་ཆོས་བཞི། མི་འཕེལ་

བའི་རྒྱུ་དྲུག་སྤང་བའོ། །འཇུག་པའི་བསླབ་བྱ་ལ་འང་གཉིས་ཏེ་སྤང་བ་དང་། སྒྲུབ་པའོ། །དང་པོ་ལ་གཉིས་ཏེ་རང་སྒྲིན་པའི་གེགས་དང་། གཞན་དོན་མི་འགྲུབ་པའི་རྒྱུ་ལྟ་སྤོང་བའོ། །སྒྲུབ་པ་ལ་གཉིས་ཏེ་མི་ཉམས་པའི་རྒྱུ་དང་། འཕེལ་བའི་རྒྱུ་ལ་བསླབ་པའོ། །དང་པོ་ལ་གསུམ་སྟེ་ཚེ་འདིར་མི་ཉམས་པའི་རྒྱུ། ཕྱི་མ་མི་ཉམས་པའི་རྒྱུ༔ ཐམས་ཅད་དུ་མི་ཉམས་པའི་རྒྱུའོ། །གཉིས་པ་འཕེལ་བའི་རྒྱུ་བྱང་ཆུབ་སེམས་དཔའི་བསླབ་པའི་གནས་མཐའ་དག་ཚུལ་ཁྲིམས་གསུམ་དུ་འདུས་པའི་དང་པོ་ཉེས་སྤྱོད་སྡོམ་པའི་ཚུལ་ཁྲིམས་བཤད་པ་ལ་གསུམ་སྟེ་མཚན་ཉིད་དང་། དབྱེ་བ་དང་། ཉེ་བར་མཁོ་བའི་མཐའ་དཔྱད་དོ། །གཉིས་པ་དགེ་བ་ཆོས་བསྡུད་ཀྱི་ཚུལ་ཁྲིམས་ལ་གཉིས་ཏེ་ཕ་རོལ་ཏུ་ཕྱིན་པ་དྲུག་ལ་སློབ་པ་དང་། ཤེས་བྱའི་གནས་མཐའ་དག་ལ་བསླབ་པའོ། །དང་པོ་ལ་གཉིས་ཏེ་མདོར་བསྟན་པ་དང་། རྒྱས་པར་བཤད་པའོ། །དེའི་དང་པོ་ལ་བདུན་སྟེ་མཚན་ཉིད། སྒྲ་དོན། དབྱེ་བ། གྲངས་ངེས། གོ་རིམ། སྒྲུབ་ཚུལ། ཡོན་ཏན་གྱི་ཁྱད་པར་ཕན་ཡོན་དང་བཅས་པའོ། །གསུམ་པ་སེམས་ཅན་དོན་བྱེད་ཀྱི་ཚུལ་ཁྲིམས་ལ་གཉིས་ཏེ་མཚན་ཉིད་དང་། དབྱེ་བའོ། །ཞར་ལས་འོངས་པ་ལ་གཉིས་ཏེ་བསླབ་པ་རྣམས་མྱུར་དུ་འགྲུབ་པའི་རྒྱུ་དང་། མ་བཤད་པ་གཞན་དུ་ཁ་འཕངས་པའི་ཚུལ་ལོ། །

རྩ་ལྟུང་སོགས་ཀྱི་རྣམ་བཞག་བྱེ་བྲག་ཏུ་བཤད་པ་ལ་གཉིས་ཏེ་བསླབ་བཏུས་ནས་བཤད་པ་དབུ་མ་པའི་ལུགས་དང་། བྱང་སའི་དགོངས་པ་སྡོམ་པ་ཉི་ཤུ་པ་ནས་བཤད་པ་སེམས་ཙམ་པའི་ལུགས་སོ། །དང་པོ་ལ་གཉིས་ཏེ་རྩ་ལྟུང་བཤད་པ་དང་། ཡན་ལག་གི་ཉེས་བྱས་བཤད་པའོ། །དེའི་དང་པོ་ལ་གསུམ་སྟེ་དབང་རྣོན་ལ་རྩ་ལྟུང་བཅུ་བཞིར་དབྱེ་བ་དང་། དབང་འབྲིང་ལ་བཞིར་བསྟན་པ་དང་། དབང་བརྟུལ་ལ་གཅིག་ཏུ་བསྡུ་བའོ། །གཉིས་པ་སེམས་ཙམ་པའི་ལུགས་ལ་གཉིས་ཏེ་ཕམ་འདྲ་བཤད་པ་དང་། ཡན་ལག་གི་ཉེས་བྱས་བཤད་པའོ། །དེའི་དང་པོ་ལ་གཉིས་ཏེ་རང་རང་གི་ཡན་ལག་དང་། ཐུན་མོང་གི་ཡན་ལག་གོ། །ཉེས་བྱས་ལ་གཉིས་ཏེ༔ དགེ་བ་ཆོས་བསྡུད་དང་འགལ་བ་དང་། སེམས་ཅན་དོན་བྱེད་དང་འགལ་བའོ། །དེའི་དང་པོ་ལ་དྲུག་སྟེ་སྦྱིན་པ་དང་འགལ་བ་སོགས་སོ། །ཉམས་པའི་ཉེས་དམིགས་ལ་གཉིས་ཏེ་ལྟུང་བ་སྤྱིའི་ཉེས་དམིགས་དང་། ཁྱད་པར་རྩ་ལྟུང་གི་ཉེས་དམིགས་སོ། །

སྤྱི་དོན་བཞི་པ་གལ་ཏེ་ཉམས་ན་ཕྱིར་བཅོས་པའི་ཚུལ་ལ་གཉིས་ཏེ། དབུ་མ་པའི་ལུགས་དང་། སེམས་ཙམ་པའི་ལུགས་སོ། །དོན་དམ་སེམས་བསྐྱེད་བཤད་པ་ལ་ལྔ་སྟེ་མཚན་ཉིད་དང་། འཇོག་ཚུལ་དང་། དེ་ཉིད་སྒོམ་སྟོབས་ཀྱིས་སྐྱེ་བའི་དུས་དང་། སྐྱེ་བའི་ཚུལ་དང་། དེ་སྡོམ་པར་འགྲོ་བའི་ཚུལ་ལོ། །

སྐབས་ཀྱི་དོན་གསུམ་པ་སྔགས་ཀྱི་སྡོམ་པ་གཏན་ལ་དབབ་པ་ལ་གཉིས་ཏེ་སྔགས་བླ་མེད་ལ་འཇུག་

ཚུལ་དང་། སྔགས་སྡོམ་དངོས་གཏན་ལ་དབབ་པའོ། །དང་པོ་ལ་གཉིས་ཏེ་སྐལ་དམན་རིམ་གྱིས་འཇུག་པའི་ཚུལ་དང་། སྐལ་ལྡན་གཅིག་ཆར་དུ་འཇུག་པའི་ཚུལ་ལོ། །སྔགས་སྡོམ་དངོས་གཏན་ལ་དབབ་པ་ལ་བཞི་སྟེ་ངོ་བོ་ངོས་བཟུང་བ། དང་པོ་བླང་བའི་ཐབས། བར་དུ་སྲུང་བའི་ཚུལ། ཉམས་ན་ཕྱིར་བཅོས་པའོ། །ངོ་བོ་ངོས་བཟུང་བ་ལ་གསུམ་སྟེ་མཚན་གཞི། མཚན་ཉིད། དབྱེ་བའོ། །དེའི་བར་པ་ལ་གཉིས་ཏེ་མཚན་ཉིད་དངོས་དང་། མཚན་ཉིད་དེ་ལྡན་གྱི་མིང་གི་རྣམ་གྲངས་སོ། །དབྱེ་བ་ལ་གསུམ་སྟེ་བརྗོད་བྱ། བརྗོད་བྱེད། ཚིག་འི་སྒྲོནས་སོ། །བརྗོད་བྱ་ལ་གསུམ་སྟེ། རྒྱུ་རྒྱུད་ཀྱི་སྡོམ་པ། ཐབས་རྒྱུད་ཀྱི་སྡོམ་པ། འབྲས་རྒྱུད་ཀྱི་སྡོམ་པའོ། །བླང་བའི་ཐབས་ལ་བདུན་ཏེ། གང་དུ་བསྐུར་བའི་དཀྱིལ་འཁོར། ཇི་ལྟར་བསྐུར་བའི་ཆོ་ག །དབང་བསྐུར་བའི་དགོས་པ། སློབ་དཔོན་དང་སློབ་མ་དུས་དང་གནས་ཀྱི་མཚན་ཉིད་རྒྱུད་དང་བསྟན་བཅོས་སུ་ཁ་འཕངས་པའི་ཚུལ་གྱིས་བསྟན་པ༑ དབང་གི་ངེས་ཚིག །དབང་ཚིག་དེ་ལས་སྔགས་སྡོམ་ཐོབ་པའི་དུས་བསྟན་པ། ཐོབ་པ་དེ་ཇི་ལྟར་སྐྱེད་པའི་ཚུལ་ལོ། །གང་དུ་བསྐུར་བའི་དཀྱིལ་འཁོར་ལ་ལྔ་སྟེ། ཡེ་ཤེས་ཀྱི་དཀྱིལ་འཁོར། སྤྲུལ་པའི་དཀྱིལ་འཁོར། ཏིང་ངེ་འཛིན་གྱི་དཀྱིལ་འཁོར། རྟུལ་ཚོན་གྱི་དཀྱིལ་འཁོར། རས་བྲིས་ཀྱི་དཀྱིལ་འཁོར། ཀུང་གིས་སྒྲས་བསྡུས་པ་ལུས་དཀྱིལ་ལོ། །ཆོག་ལ་བརྒྱད་དེ་སློབ་མ་རྗེས་བཟུང་། བསྙེན་པ། སཆོག །སྟ་གོན། བྲི་ཞིང་རྒྱན་དགྲམ་པ། སྒྲུབ་ཅིང་མཆོད་པ། འཇུག་ཅིང་དབང་བསྐུར་བ། མཇུག་གི་བྱ་བའོ། །ཐོབ་པའི་དུས་བསྟན་པ་ལ་གཉིས་ཏེ། གཙོ་བོར་གཞན་འདོད་དགག་པའི་ཤུགས་ལས་རང་ལུགས་ཐུན་མོང་མ་ཡིན་པ་རྟོག་པར་བྱ་བ་དང་། དབང་གི་དངོས་གཞི་རྡོ་རྗེ་སློབ་དཔོན་གྱི་དབང་དུ་སྒྲུབ་པས་ཀུང་ངེས་ཤེས་བསྐྱེད་པའོ། །བར་དུ་སྲུང་བའི་ཚུལ་ལ་གསུམ་སྟེ། སྲུང་ཚུལ་སྤྱིར་གདམས་པ་དང་། བསྲུང་བྱའི་དམ་ཚིག་དངོས་དང་། ཉེས་དམིགས་དང་ཕན་ཡོན་བཤག་པའོ། །དེའི་གཉིས་པ་ལ་བཞི་སྟེ་བྱ་རྒྱུད་ཀྱི་དམ་ཚིག །སྤྱོད་རྒྱུད་ཀྱི་དམ་ཚིག །རྣལ་འབྱོར་གྱི་རྒྱུད་ཀྱི་དམ་ཚིག །རྣལ་འབྱོར་བླ་ན་མེད་པའི་རྒྱུད་ཀྱི་དམ་ཚིག་གོ། །བྱ་རྒྱུད་ཀྱི་དམ་ཚིག་ལ་གཉིས་ཏེ་སྤྱིའི་དམ་ཚིག་དང་། དབང་གི་དམ་ཚིག་གོ། །སྤྱོད་རྒྱུད་ཀྱི་དམ་ཚིག་ལ་གཉིས་ཏེ་ཐུན་མོང་གི་བསླབ་བྱ་དང་། ཐུན་མོང་མ་ཡིན་པའི་དམ་ཚིག་གོ། །རྣལ་འབྱོར་གྱི་རྒྱུད་ཀྱི་དམ་ཚིག་ལ་གཉིས་ཏེ་ཁས་བླངས་ཀྱིས་ཐོབ་པ་དང་། ཆོ་གས་ཐོབ་པའོ། །བླ་མེད་ཀྱི་དམ་ཚིག་ལའང་གཉིས་ཏེ་ཁས་བླངས་ཀྱིས་ཐོབ་པ་དང་། ཆོ་གས་ཐོབ་པའོ། །ཕྱི་མ་ལ་གཉིས་ཏེ་སྤོང་བྱ་སྤོང་བ་དང་། བསྟེན་བྱ་བསྟེན་པའོ། །དེའི་དང་པོ་ལ་གཉིས་ཏེ་རྩ་བའི་ལྟུང་བ་དང་། ཡན་ལག་གི་ལྟུང་བའམ་ཉེས་བྱས་སོ། །དང་པོ་ལ་གཉིས་ཏེ་མིང་དོན་གྱིས་མདོར་བསྟན་པ། སྤྱི་དང་སོ་སོའི་དོན་གྱིས་རྒྱས་པར་བཤད་པའོ། །སྤྱིའི་དོན་ལ་ལྔ་སྟེ། ལྟུང་བའི་ངོ་བོ་ཉིད་དང་། ཡན་ལག་དུ་ཞིག་གིས་ལྟུང་བ

འགྱུར་བ་དང་། ལྟུང་བར་འགྱུར་བའི་རྒྱུ་མཚན་དང་། མི་འབྱུང་བ་བྱ་བའི་ཕྱིར་བསླབ་པ་དང་བྱུང་བ་ཕྱིར་བཅོས་དང་། རྣམ་སྨིན་རྟོགས་པར་བྱ་བའི་ཕྱི་ཆེ་འབྲིང་སོགས་ཀྱི་རྣམ་བཞག་གོ། །ཞར་བྱུང་ཞིབ་ཏུ་བཤད་པས་དུབ་འབྲུལ་སྤོང་དུ་ཁ་འཕངས་པའི་ཚུལ་ཏེ་འོག་ལའང་ཤེས་པར་བྱ་བའོ། །ཡང་རག་གི་ལྟུང་བ་ལའང་གཉིས་ཏེ་མི་དོན་གྱིས་མདོར་བསྟན་པ་དང་། སོ་སོའི་དོན་གྱིས་ཅུང་ཟད་ཕྱེ་བ་བའོ། །བསྟེན་བྱ་བསྟེན་པ་ལ་གཉིས་ཏེ་ལས་དང་པོའི་སྦྲུབ་བྱ་དང་། བརྟན་པ་ཐོབ་པའི་བསླབ་བྱའོ། །ཉམས་ན་ཕྱིར་བཅོས་པའི་ཐབས་ལ་གཉིས། བྱ་རྒྱུད་སོགས་ནས་བཤད་པའི་ཕྱིར་བཅོས་དང་། བླ་མེད་ཀྱི་ཕྱིར་བཅོས་སོ། །ཕྱི་མ་ལ་གཉིས་ཏེ་ཡན་ལག་མ་ཚང་བའི་ལྟུང་བ་ལས་ལྡང་བའི་ཚུལ་དང་། ཡན་ལག་ཚང་བས་རྩ་ལྟུང་དུ་གྱུར་པ་ལས་ལྡང་བའི་ཚུལ་ལོ། །

རྩ་བའི་ས་བཅད་གསུམ་པའམ་སྐབས་ཀྱི་དོན་བཞི་པ་སྡོམ་པ་གནས་གྱུར་སོགས་འཆད་པ་ལ་གཉིས་ཏེ་དོན་དངོས་དང་། ཞར་བྱུང་ངོ་། །དང་པོ་ལ་བཞི་སྟེ་གནས་པའི་ཚུལ། གཏོང་བའི་ཚུལ། སུམ་ལྡན་གང་ཟག་གིས་ཉམས་ལེན་དྲིལ་བའི་ཚུལ། གནས་གྱུར་སོགས་ཁྱད་ཆོས་དྲུག་ལྡན་གྱིས་མདོར་བསྡུ་བའོ། །གནས་པའི་ཚུལ་ལ་གཉིས་ཏེ། གཞན་ལུགས་དགག་པ་དང་། རང་ལུགས་བཞག་པའོ། །དེའི་ཕྱི་མ་ལ་གཉིས་ཏེ་ལེན་ཚུལ་བདུན་དང་བསྟུན་པའི་གནས་གྱུར་ཡོད་མེད་རྩི་བ་དང་། དེ་ཉིད་གང་ཟག་གཅིག་གི་རྒྱུད་ལ་ཇི་ལྟར་ལྡན་པའི་ཚུལ་ལོ། །གཏོང་བའི་ཚུལ་ལ་གསུམ་སྟེ། གཏོང་བའི་རྒྱུ་དངོས་བཟུང་བ་དང་། སྡོམ་གསུམ་རིམ་ཅན་དུ་བླངས་པའི་གཏོང་ཚུལ་དང་། དབང་བསྐུར་གྱི་ཚོག་ཁོ་ན་ལས་ཐོབ་པའི་གཏོང་ཚུལ་ལོ། །སུམ་ལྡན་གང་ཟག་གིས་སྡོམ་པ་གསུམ་ཉམས་སུ་ལེན་པའི་ཚུལ་ལ་གཉིས་ཏེ་སོ་སོའི་བསླབ་བྱ་ལ་སློབ་ཚུལ་དང་། རེ་རེའང་སུམ་ལྡན་དུ་ཉམས་སུ་ལེན་པའི་ཚུལ་ལོ། །

ཞར་ལས་འོངས་པ་ལ་གསུམ་སྟེ་དེ་ལྟར་ངོ་བོ་གཅིག་ཏུ་ལྡན་པའི་བླ་མེད་ཀྱི་རྒྱུད་ཀྱི་མངོན་པར་རྟོགས་པ་དང་། མངོན་རྟོགས་ཀྱི་གཙོ་བོ་དབང་དང་རིམ་གཉིས་བསྒོམ་པ་ལས་བྱུང་བའི་ཡེ་ཤེས་ཕྱག་རྒྱ་ཆེན་པོའི་རྣམ་བཞག་དང་། དེ་ལྟ་བུའི་ལྡན་ཅིག་སྐྱེས་པའི་སྡོམ་པ་དཔེ་དོན་གྱི་ཡེ་ཤེས་རིམ་གྱིས་སྐྱེས་པས་འཕགས་པའི་ས་ཐོབ་པའི་རྣམ་བཞག་ཅུང་ཟད་བསྟན་པའོ། །དེའི་དང་པོ་ལ་གཉིས་ཏེ། མཚམས་སྦྱར་བ་དང་། དོན་དངོས་སོ། །དོན་དངོས་ལ་གཉིས་ཏེ། ཐབས་ཤེས་ཀྱི་རྒྱུད་སོ་སོ་ནས་བསྟན་པའི་མངོན་རྟོགས་རྣམས་རྣམ་གྲངས་སུ་སྨོས་པ་དང་། ཀྱེ་བྲག་ཏུ་ཀྱེ་རྡོ་རྗེའི་རྒྱུད་གསུམ་ནས་བསྟན་པའི་མངོན་རྟོགས་གྲུབ་མཐའི་སྟོང་པོའི་ཚུལ་དུ་སྨོས་པའོ། །དང་པོ་ལ་གཉིས་ཏེ། ཐབས་ཀྱི་རྒྱུད་ནས་བསྟན་པའི་མངོན་རྟོགས་དང་། ཤེས་རབ་ཀྱི་རྒྱུད་ནས་བསྟན་པའི་མངོན་རྟོགས་སོ། །དེའི་དང་པོ་ལ་གསུམ་སྟེ། བཤད་གཞི་གསང་བ་འདུས་པའི་རྒྱུད་ཕྱི་མ་ནས་བསྟན་པ་དང་། དེ་

ཉིད་འཕགས་པ་ཡབ་སྲས་སོགས་ཀྱིས་བཀྲལ་བའི་ཚུལ་ཐ་དད་པ་དང་། དེ་དག་འགལ་མེད་དུ་སྒྲུབ་པས་མདོར་བསྡུ་བའོ། །གཉིས་པ་ཞེས་རབ་ཀྱི་རྒྱུད་ནས་བསྟན་པ་ལ་གསུམ་སྟེ། འཁོར་ལོ་བདེ་མཆོག་རྩ་བའི་རྒྱུད་ཀྱི་དགོངས་པ་དང་། དེའི་བཤད་རྒྱུད་ཀུན་སྤྱོད་ཀྱི་དགོངས་པ་དང་། དཔལ་དམ་པ་དང་པོའི་རྒྱུད་ཀྱི་དགོངས་པའོ། །ཁྱེ་བྲག་ཀྱེ་རྡོ་རྗེའི་རྩ་བཤད་ལ་བརྟེན་པའི་མངོན་རྟོགས་ལ་གཉིས་ཏེ། དཔལ་ལྡན་བིརྺ་པའི་སློབ་མ་ཌོཾ་བྷི་པའི་བཤད་སྲོལ་ལས་བྱུང་བ་འགྲེལ་པ་ལུགས་ཀྱི་མངོན་རྟོགས་དང་། ནག་པོ་པའི་བཤད་སྲོལ་མན་ངག་ལུགས་ཀྱི་མངོན་རྟོགས་སོ། །གཉིས་པ་ཕྱག་ཆེན་གྱི་རྣམ་བཞག་ལ་གཉིས་ཏེ་མཚམས་སྦྱར་བ་དང་། དོན་དངོས་སོ། །ཕྱི་མ་ལ་གཉིས་ཏེ་རྗེ་བཙུན་གྱི་ལུང་གིས་མདོར་སྨོས་པ་དང་། དཔེ་དོན་གྱི་ཡེ་ཤེས་སོ་སོའི་ངོ་བོས་ཟུང་ཟད་རྒྱས་པར་ཕྱེ་བའོ། །དེ་རེ་རེ་ལའང་གཉིས་གཉིས་ཏེ་སོ་སོའི་མཚན་གཞི་དང་མཚན་ཉིད་དོ། །

གསུམ་པ་འབྲས་བུ་འཕགས་པའི་སའི་རྣམ་བཞག་ལ་གཉིས་ཏེ་མཚམས་སྦྱར་བ་དང་དོན་དངོས་སོ། །ཕྱི་མ་ལ་གཉིས་ཏེ་གནས་སྐབས་དང་མཐར་ཐུག་གི་འབྲས་བུ་སྤྱིར་བཤད་པ་དང་། ཕྱི་མ་ཁྱེ་བྲག་ཏུ་བཤད་པའོ། །སྤྱིར་བཤད་པ་ལ་གཉིས་ཏེ་བགྲོད་བྱ་ས་དང་བགྲོད་བྱེད་ཡུལ་ཆེན་སྦྱར་བ་དང་། བགྲོད་ཚུལ་གྱི་མངོན་རྟོགས་སོ། །མཐར་ཐུག་ཁྱེ་བྲག་ཏུ་བཤད་པ་ལ་གཉིས་ཏེ་འཇོག་བྱེད་དང་། འཇོག་བྱའོ། །དེའི་ཕྱི་མ་ལ་གཉིས་ཏེ་གཞུང་གཞན་དུ་བཤད་ཆོད་རྣམས་ཟུང་ཟད་སྨོས་པ་དང་། ཁྱད་པར་ཀྱེ་རྡོ་རྗེའི་རྩ་བཤད་ནས་བསྟན་པ་མངོན་རྟོགས་ལ་ཁ་འཕངས་པའི་ཚུལ་གྱིས་སྨོས་པའོ། །

སྤྱི་དོན་གསུམ་པ་རྩོམ་པ་མཐར་ཕྱིན་པ་མཇུག་གི་དོན་ལ་གསུམ་སྟེ། གང་རྩོམ་པའི་རྒྱུ་དང་ཇི་ལྟར་རྩོམ་པའི་ཚུལ་དང་། དེ་ལྟར་རྩོམ་པའི་དགེ་བ་བསྔོ་བའོ། །དེའི་དང་པོ་ལ་གཉིས་ཏེ་མཁས་པས་མ་བཤད་པའི་སྐྱོན་དང་། བཤད་པའི་ཕན་ཡོན་དང་འབྲེལ་བའོ། །ཇི་ལྟར་རྩོམ་པའི་ཚུལ་ལ་གསུམ་སྟེ། བཤད་སྲོལ་གང་གི་རྗེས་སུ་འབྲང་སྟེ་རྩོམ་པ་དང་། ནོངས་པའི་ཆ་བཟོད་པར་གསོལ་བ་དང་། ལེགས་པའི་ཆ་ནས་གཞན་སྤྲོ་བསྐྱེད་པའོ། །དགེ་བ་བསྔོ་བ་ལ་གསུམ་མཐར་ཐུག་བྱང་ཆུབ་ཀྱི་དོན་དུ་བསྔོ་བ་དང་། གནས་སྐབས་སུ་བསྟན་པ་རྒྱས་པ་སོགས་སྨོན་པ་དང་། སྲོལ་འབྱེད་ཤིང་རྟ་ཆེན་གྱི་ཕྲིན་ལས་ལས་བརྩམ་པའི་ཤིས་པར་བརྗོད་པའོ། །རྩོམ་པའི་ཚུལ་ལས་འཕྲོས་པའི་སྨྲ་བྱང་ལ་གསུམ་སྟེ་གང་ཟག་གང་གིས། དུས་ནམ་གྱི་ཚེ། གནས་གང་དུ་སྦྱར་བ་རྣམས་ཏེ་བསྡུས་པའི་དོན་རྗོགས་སོ། །

ཞེས་པ་འདི་འང་རྩ་བའི་གཞུང་རྩོམ་པ་པོ་ཤྲཱ་ཀཱིརྟི་རང་ཉིད་ཀྱིས་བྲིས་པ་སརྦ་དཱ་ཀ་ལྱཱ་ཎཾ་བྷཱུ་ཡཱཏ།། ༎

༄༅། །སྡོམ་གསུམ་སྤྱི་དོན་ས་གཞུང་སྦྲག་མ་ཟིན་ཐུན་སྐྱོར་ཚིག་མ་ངག་གི་པདྨོ་བཞད་པ་ཞེས་བྱ་བ་བཞུགས་སོ། །

ངག་དབང་བསོད་ནམས་རྒྱལ་མཚན།

ཨོཾ་སྭ་སྟི་སིདྡྷཾ། གསུང་གི་མངའ་བདག་འཕགས་པ་འཇམ་དཔལ་གཞོན་ནུར་གྱུར་པ་ལ་ཕྱག་འཚལ་ལོ༑ ༑འདིར་སྡོམ་གསུམ་སྤྱི་དོན་འཇམ་དབྱངས་བླ་མའི་དགོངས་རྒྱན་ས་གཞུང་སྦྲག་མ་ཟིན་ཐུན་སྐྱོར་ཚིག་མ་བྲི་བར་བྱའོ། །དེ་ཡང་།

ཡོངས་རྫོགས་བསྟན་པའི་ཉམས་ལེན་སྡོམ་པ་གསུམ་གཏན་ལ་འབེབས་པ་འདི་ལ་དོན་གསུམ་སྟེ། རྩོམ་པ་ལ་འཇུག་པ་ཀླད་ཀྱི་དོན། རྩོམ་པར་བྱ་བ་གཞུང་གི་དོན། རྩོམ་པ་མཐར་ཕྱིན་པ་མཇུག་གི་དོན་ནོ། །དང་པོ་ལ་གཉིས་ཏེ། མཆོད་པར་བརྗོད་པ་དང་། རྩོམ་པར་དམ་བཅའ་བའོ། །དེའི་དང་པོ་ལ་ལྔ་སྟེ། རང་གི་རྩ་བའི་བླ་མ་ལ་སྡོམ་གསུམ་རིམ་ཅན་དུ་སྩལ་བའི་བཀའ་དྲིན་རྗེས་སུ་དྲན་པའི་སྒོ་ནས་དང་། བསྟན་པ་འདི་ཉིད་ཀྱི་སྟོན་པ་ཤཱཀྱའི་རྒྱལ་པོ་ལ་ངེས་པ་དང་དྲང་བའི་བྱང་ཆུབ་བརྙེས་བསྟན་གྱི་སྒོ་ནས་དང་། ལྷག་པའི་ལྷ་རྗེ་བཙུན་བརྟན་པའི་འཁོར་ལོ་ལ་མཚན་གྱི་གཙོ་བོ་གཞི་དོན་དང་སྦྱོལ་བའི་སྒོ་ནས་དང་། འཕགས་བོད་ཀྱི་སྡོམ་གསུམ་བརྒྱུད་པའི་ཕྲེང་བ་ལ་སྤྱིའི་རྣམ་ཐར་རྗེས་སུ་དྲན་པའི་སྒོ་ནས་དང་། ཆོས་ཀྱི་རྒྱལ་པོ་འཇམ་མགོན་བླ་མ་ས་སྐྱ་པཎྜི་ཏ་ཆེན་པོ། རྒྱལ་ཚབ་གོ་རམ་བསྟན་པའི་ཉི་མར་བཅས་ལ་སོ་སོའི་ཕྲིན་ལས་ཀྱི་ཁྱད་པར་རྗེས་སུ་དྲན་པའི་སྒོ་ནས་མཆོད་པར་བརྗོད་པའོ། །དེའི་དང་པོ་རང་ཉིད་ཀྱི་རྩ་བའི་བླ་མ་ལ་སྡོམ་གསུམ་རིམ་ཅན་སྩལ་བའི་བཀའ་དྲིན་རྗེས་སུ་དྲན་པའི་སྒོ་ནས་མཆོད་པར་བརྗོད་པ་ནི། སྲིད་ལས་སོགས་ནས། རྒྱལ་ཞེས་པས་བསྟན། གཉིས་པ་བསྟན་པ་འདི་ཉིད་ཀྱི་སྟོན་པ་ཤཱཀྱའི་རྒྱལ་པོ་ལ་ངེས་པ་དང་དྲང་བའི་བྱང་ཆུབ་བརྙེས་བསྟན་གྱི་སྒོ་ནས་མཆོད་པར་བརྗོད་པ་ནི། བསྐལ་མང་འདས་ནས། གུས་ཕྱག་འཚལ་ཞེས་པས་བསྟན། གསུམ་པ་ལྷག་པའི་ལྷ་རྗེ་བཙུན་བརྟན་པའི་འཁོར་ལོ་ལ་མཚན་གྱི་གཙོ་བོ་བཞི་དོན་དང་སྦྱོལ་བའི་སྒོ་ནས་མཆོད་པར་བརྗོད་པ་ནི། སྐྱུ་འཛམ་ནས། འཁོར་ལོས་སྐྱོངས་ཞེས་པས་བསྟན། བཞི་པ་འཕགས་བོད་ཀྱི་སྡོམ་གསུམ་བརྒྱུད་པའི་

ཕྲེང་བ་ལ་སྤྱིའི་རྣམ་ཐར་རྗེས་སུ་དྲན་པའི་སྒོ་ནས་མཆོད་པར་བརྗོད་པ་ནི། ཐེག་པ་ནས། དད་པའི་ལུས་སྐྱེས་གཡོ་ཞེས་པས་བསྟན། ལྔ་པ་ཆོས་ཀྱི་རྒྱལ་པོ་འཇམ་མགོན་བླ་མ་ས་སྐྱ་པཎྜི་ཏ་ཆེན་པོ། རྒྱལ་ཚབ་གོ་རམས་བསྟན་པའི་ཉི་མར་བཅས་ལ་སོ་སོའི་ཕྲིན་ལས་ཀྱི་ཁྱད་པར་རྗེས་སུ་དྲན་པའི་སྒོ་ནས་མཆོད་པར་བརྗོད་པ་ནི། ཁྱད་པར་ནས། གོ་རམས་ཆེན་པོ་རྒྱལ། ཞེས་པས་བསྟན།

གཉིས་པ་རྩོམ་པར་དམ་བཅའ་བ་ནི། ཐུབ་བསྟན་ནས། འབེབས་ཀྱིས་ལྟོས། ཞེས་པས་བསྟན།

སྤྱི་དོན་གཉིས་པ་རྩོམ་པ་བྱ་བ་གཞུང་གི་དོན་ལ་གསུམ་སྟེ། སྤྱིའི་དོན་རགས་པ་བཤད་གཞི་རྣམ་པར་ཕྱེ་བས་མདོར་བསྟན། སྐབས་ཀྱི་དོན་ཕྲ་ཞིང་ཕྲ་བ་སྡོམ་པ་གསུམ་གཏན་ལ་ཕབ་པས་རྒྱས་པར་བཤད། དེ་གསུམ་གང་ཟག་གཅིག་གི་རྒྱུད་ལ་གནས་པ་དང་གཏོང་བའི་ཚུལ་ཉམས་ལེན་འགལ་མེད་དུ་དྲིལ་བས་དོན་བསྡུ་བའོ། །དང་པོ་མདོར་བསྟན་ལ་གསུམ་སྟེ། ཤེས་ཐོབ་ཀྱི་དམིགས་བྱ་སྤྱང་གཞི་ཁམས་དང་སྦྱང་འབྲས་མཐར་ཐུག་པ་དག །སྦྱོར་བྱེད་དམ་བྲལ་འབྲས་སྒྲུབ་བྱེད་ལམ་གྱི་ཐེག་པ་ཐམས་ཅད་གཅིག་ཏུ་འདུ་བའི་ཚུལ་གྱིས་ངོས་བཟུང་བ། སྡོམ་པ་དོན་ཅན་གྱི་ལམ་རྣམ་པར་བཞག་པ། ལམ་གྱི་གནད་སྡོམ་པ་གསུམ་གྱི་ཉམས་ལེན་དུ་བསྡུས་པའི་འབྲེལ་གྱིས་ཁོག་ཕུབ་པའོ། །དང་པོ་ཤེས་ཐོབ་ཀྱི་དམིགས་བྱ་སྤྱང་གཞི་ཁམས་དང་སྦྱང་འབྲས་མཐར་ཐུག་པ་དག །སྦྱོང་བྱེད་དམ་བྲལ་འབྲས་སྒྲུབ་བྱེད་ལམ་གྱི་ཐེག་པ་ཐམས་ཅད་གཅིག་ཏུ་འདུ་བའི་ཚུལ་གྱིས་ངོས་བཟུང་བ་ནི། འགྲོ་སེམས་ཀུན་གཞི་ནས། ཀུན་མཁྱེན་རྡོ་རྗེ་འཆང་བ་ཁོ་ནའོ། །ཞེས་པའི་བར་གྱིས་བསྟན།

གཉིས་པ་སྡོམ་པའི་དོན་ཅན་གྱི་ལམ་རྣམ་པར་བཞག་པ་ལ་ཞིབ་ཏུ་དབྱེ་ན་བཤད་བྱ་ལུས་རྣམ་པར་བཞག་པ་དང་། འཆད་བྱེད་ཡན་ལག་རྒྱས་བཤད་གཉིས་སུ་འགྱུར་བའི་དང་པོ་ནི། དེས་ན་ཐེག་པ་དྲང་ངེས་ནས། ལུས་ཉིད་དོ། །ཞེས་པས་བསྟན། གཉིས་པ་འཆད་བྱེད་ཡན་ལག་གི་དོན་ནི། འཆད་བྱེད་སྡོམ་པའི་དབྱེ་ནས། རྣམ་ལྔས་ངེས་བྱ་ཞེས་པའི་བར་གྱི་བསྡུས་དོན་གྱི་ཟིན་པ་ལ་ལྔ་སྟེ། སྡོམ་པ་དབྱེ་བསྡུའི་འཇོག་ཚུལ། དེ་ལས་རང་ལུགས་ངོས་བཟུང་བ། སྡོམ་པའི་མིང་དོན། སྡོམ་པར་འཇོག་བྱེད། མཐའ་དཔྱད་པའི་སྒོ་ནས་སོ་བྱང་གཉིས་སྔགས་སྡོམ་གྱི་ཡན་ལག་ཏུ་བསྡུ་བའོ། །དེའི་དང་པོ་ལ་གསུམ་སྟེ། སྡོམ་པ་གསུམ་དུ་འཇོག་པ། གཉིས་སུ་འཇོག་པ། གཅིག་ཏུ་འདུ་བའི་ཚུལ་ལོ། །དེའི་དང་པོ་ལ་བཞི་སྟེ། སོ་སྡོད་སྤྱི་ལ་གྲགས་པ། ཉན་ཐོས་ལ་གྲགས་པ། ཐེག་ཆེན་ལ་གྲགས་པ། གསང་སྔགས་ལ་གྲགས་པའི་འཇོག་ཚུལ་ལོ། །དང་པོ་སོ་སྡོད་སྤྱི་ལ་གྲགས་པ་ལྟར་གསུམ་དུ་དབྱེ་བ་ནི། མངོན་པ་གོང་འོག་མཐུན་ནས། བསླབ་པ་གསུམ་དང་གཅིག །ཅེས་པས

བསྟན། གཉིས་པ་ཉན་ཐོས་ལ་གྲགས་པ་ལ་གཉིས་ཀྱི། དང་པོ། ཉན་ཐོས་བསླབ་ཚིགས་ཞེས་པས་བསྟན། གཉིས་པ། སོ་ཐར་མདོ་བཞིན་ནས། བཏགས་པར་འདོད། ཅེས་པས་བསྟན། གསུམ་པ་ཐེག་ཆེན་སྤྱི་ལ་གྲགས་པ་ལྟར་ན། དཀོན་བརྩེགས་ནས། འཇོག་ཅེས་པས་བསྟན། བཞི་པ་གསང་སྔགས་ཁོ་ན་ལ་གྲགས་པའི་འཇོག་ཚུལ་ལ་བཞི་ཡོད་པའི་དང་པོ་ནི། ཁ་སྦྱོར་རྒྱུད་བཞིན་ནས། སྡོམ་པ་གསུམ་དང་ཞེས་པས་བསྟན། གཉིས་པ་ནི། སྐུ་གསུང་ཐུགས་ནས། ཊཱི་ཀར་གསལ། ཞེས་པས་བསྟན། གསུམ་པ་ནི། གྲུབ་ཆེན་སླན་པའི་ཞབས་ནས། དགོངས་ཞེས་པས་བསྟན། བཞི་པ་ནི། ཪོ་རྗེ་ཏྲེ་མོ་ནས། བཞེད་ཅེས་པས་བསྟན། གཉིས་པ་སྡོམ་པ་གཉིས་སུ་འཇོག་པ་ལ་གསུམ་ཡོད་པའི་དང་པོ་ནི། གཉིས་སུ་འཇོག་ནས། མིན་པར་བཞེད་ཅེས་པས་བསྟན། གཉིས་པ་ནི་སྡོམ་འབྱུང་ནས། མིང་གིས་བསྟན། ཞེས་པས་བསྟན། གསུམ་པ་ནི། ཕྱི་ནང་སྡོམ་པ་གཉིས་སུའང་གོང་མས་བཤད། ཅེས་པས་བསྟན། གསུམ་པ་སྡོམ་པ་གཅིག་ཏུ་འདུ་བ་ནི། གཅིག་ཏུ་འདུ་བ་ནི། སྔད་པར་གསུངས། ཞེས་པས་བསྟན།

སྤྱིའི་གཉིས་པ་དེ་ལས་རང་ལུགས་ངོས་བཟུང་བ་ནི། འདིར་བསྟན་རྣམ་བཞག་ནས། མཆོག་ཉིད་ཡིན་པར་བཤད། ཅེས་པའི་བར་གྱིས་བསྟན། གསུམ་པ་སྡོམ་པའི་མིང་དོན་ནི། མིང་དོན་སྤྱི་ཙམ་ནས། སོགས་ཀྱིས་སོ་ཞེས་པས་བསྟན། བཞི་པ་སྡོམ་པ་འཇོག་བྱེད་ལ་གཉིས་སྟེ། སྤང་བྱ་སྤང་བའི་ལྡོག་པ་ནས་བཞག་པ་དང་། སོ་སོའི་ངོ་བོའི་སྒོ་ནས་བཞག་པའོ། །དང་པོ་ནི། འཇོག་བྱེད་སྤང་བྱ་ནས། ལུང་གིས་ཚད་མར་གྲུབ། ཅེས་པས་བསྟན། གཉིས་པ་སོ་སོའི་ངོ་བོའི་སྒོ་ནས་འཇོག་པ་ནི། སོ་སོའི་ངོ་བོའི་ནས། མཁྱེན་པས་བརྗོལ། ཞེས་པས་བསྟན། ལྔ་པ་མཐའ་དཔྱད་པའི་སྒོ་ནས་སོ་བྱང་གཉིས་སྔགས་སྡོམ་གྱི་ཡན་ལག་ཏུ་བསྡུ་བ་ནི། སྔགས་ལའང་ནས། འཐད་པར་གྲུབ། ཅེས་པས་བསྟན། སྤྱིའི་གསུམ་པ་ལམ་གྱི་གནད་སྡོམ་པ་གསུམ་གྱི་ཉམས་ལེན་དུ་བསྡུས་པའི་འབྲེལ་གྱིས་ཁོག་ཕུབ་པ་ནི། མདོར་ན་ནས། བློ་ཡིས་དཔྱེ། ཞེས་པས་བསྟན། ལེའུའི་མཇུག་བསྡུ་བ་ནི། ཡོངས་རྫོགས་བསྟན་པའི་སོགས་སོ། །

རྩ་བའི་ས་བཅད་གཉིས་པ་སྐབས་ཀྱི་དོན་གཏན་ལ་འབེབས་པ་ལ། སྐབས་དོན་གཏན་ལ་དབབ་པར་ཐ་དད་དང་། བསྡུས་ཏེ་འཆད་དོ། །ཞེས་པས་སྡོམ་པ་གསུམ་ཐ་དད་དུ་འཆད་འོས་པ་རྣམས་ལེའུ་བར་པ་གསུམ་གྱིས་སོ་སོར་འཆད། བསྡུས་ཏེ་འཆད་འོས་པ་རྣམས་ལེའུ་ཐ་མས་ཐུན་མོང་དུ་འཆད་དོ་ཞེས་འཆམས་སྦྱར་བའི་དོན་ཡིན་ལ། དང་པོ་སོ་སོར་བཤད་པ་ལ་གསུམ་སྟེ། སོ་ཐར་གྱི་སྡོམ་པ་བཤད་པ། བྱང་སེམས་ཀྱི་སྡོམ་པ་བཤད་པ། རིག་པ་འཛིན་པའི་སྡོམ་པ་བཤད་པའོ། །དེ་གསུམ་ཀྱང་བསྡུས་དོན་ལུས་རྣམ་བཞག

ཕྱོགས་གཅིག་ཏུ་བྱ་བ་དང་། ཚིག་དོན་ཡན་ལག་རྒྱས་བཤད་སོ་སོར་བྱ་བ་ལས། བསྡུས་དོན་ནི། དང་པོ་རེ་རེའང་ནས། དབྱེ་བའོ། །ཞེས་པའི་དོན་སྡོམ་པ་གསུམ་པོ་རེ་རེ་ལའང་ངོ་བོ་ངོས་བཟུང་བ། དང་པོར་བླང་བའི་ཐབས། བར་དུ་སྲུང་བའི་ཐབས། ཉམས་ན་ཕྱིར་བཅོས་པའི་ཚིག་འོ། །དེའི་དང་པོ་ལ་གསུམ་སྟེ། མཚན་གཞི། མཚན་ཉིད་ནང་གསེས་ཀྱི་དབྱེ་བའོ། །

ཚིག་དོན་ཡན་ལག་རྒྱས་བཤད་རེ་ཞིག་སོ་ཐར་གྱི་དབང་དུ་བྱས་ན་ངོ་བོ་ངོས་འཛིན་པ་སོགས་བཞིའི་དང་པོ་ལ་གསུམ་གྱི་མཚན་གཞི་ནི། ཐོག་མར་ནས། ཚུལ་ཁྲིམས་སོ། །ཞེས་པས་བསྟན། གཉིས་པ་མཚན་ཉིད་ལ་གཉིས་ཏེ། མཚན་ཉིད་དངོས་དང་། མཚན་ཉིད་དེ་ལྡན་གྱི་མིང་གི་རྣམ་གྲངས་སོ། །དང་པོ་ནི། ངེས་པར་འབྱུང་ནས། མཚན་ཉིད་ཅེས་པས་བསྟན། གཉིས་པ་མིང་གི་རྣམ་གྲངས་ནི། མིང་གཞན་ཡང་ནས། རྣམ་གྲངས་སོ། །ཞེས་པས་བསྟན།

གསུམ་པ་ནང་གསེས་ཀྱི་དབྱེ་བ་ནི། དབྱེ་བ་རྟེན་རྫས་ཀུན་སློང་སྒོ་ནས་སྟེ། ཞེས་པ་ལྟར་གསུམ་སྟེ། རྟེན་གྱིས་དབྱེ་བ། རྫས་ཀྱིས་དབྱེ་བ། ཀུན་སློང་གིས་དབྱེ་བའོ། །དང་པོ་རྟེན་གྱིས་དབྱེ་བ་ལ་བདུན་ནམ་བརྒྱད་ཡོད་པ་ནི། རྟེན་གྱིས་དབྱེ་བ་ནས། མཐའ་ཅན་ནོ། །ཞེས་པས་བསྟན། གཉིས་པ་རྫས་ཀྱི་དབྱེ་བ་ལ་བཞི་ཡོད་པ་ནི། རྫས་སམ་ངོ་བོས་ནས། དག་དང་བཞི། ཞེས་པས་བསྟན། གསུམ་པ་ཀུན་སློང་གྱིས་དབྱེ་བ་ལ་གཉིས་ཡོད་པ། ཀུན་སློང་རང་ཉིད་ནས། སོ་སོ་ཐར་པ་བཞེད། ཅེས་པས་བསྟན། སྡོམ་པ་བླང་བའི་ཐབས་སོགས་ཕྱི་མ་གསུམ་ནི་ལུང་ལས་གསུངས་པའི་གཞི་བཅུ་བདུན་དང་སྦྱར་ཏེ་འཆད་ན། མ་ཐོབ་སྡོམ་པ་ཞེས་སོགས་ཏེ། དང་པོ་རབ་བྱུང་གི་གཞིའི་དངོས་བསྟན་དང་། མདོ་དང་བསྟན་བཅོས་ཅི་རིགས་པས་བསྟན་པའི་སྡོམ་པ་བླང་བའི་ཐབས་ལ་གསུམ་སྟེ། ལེན་པའི་ཚིག་དངོས། བླངས་པ་དེ་སྐྱེ་བའི་ཚུལ། སྐྱེས་པའམ་ཐོབ་པ་དེའི་མཚམས་སོ། །ཚིག་ལ་གཉིས་ཏེ་ཐེག་དམན་ལྟར་བླང་བ་དང་། ཐེག་ཆེན་ལྟར་བླང་བའོ། །དེའི་དང་པོ་ལ་གཉིས་ཏེ་སྔོན་ཆོག་དང་། ད་ཆོག་གོ། །དང་པོ་སྔོན་ཆོག་བཅུ་ནི། སྔོན་ཆོག་ནས། སྤྱོད་ཡུལ་ལོ་ཞེས་པས་བསྟན།

གཉིས་པ་ད་ཆོག་ནི། ད་ལྟ་སྒྲུབ་རྫུང་གི་ཆོ་ག་རིགས་བརྒྱད་པོ་ཕྱོགས་གཅིག་ཏུ་བཤད་པའི་ངོས་ནས་དབྱེ་ན་གཉིས། ཕ་ཆོག་དང་། མ་ཆོག་གོ། །དང་པོ་ལ་གཉིས་ཏེ། དུས་ཁྲིམས་བླང་བ་དང་། གཏན་ཁྲིམས་བླང་བའོ། །དང་པོ་ནི། དུས་ཁྲིམས་བསྙེན་གནས་ནས། དངོས་གཞིའོ་ཞེས་པས་བསྟན།

གཉིས་པ་གཏན་ཁྲིམས་བླང་བ་ནི། གཏན་ཁྲིམས་ཞེས་སོགས་ཏེ། དེ་ཡང་ཚིགས་ཀྱིས་བསྡུས་པ་ལས

ཚིགས་སྡུ་མ་དང་ཕྱི་མ་གཉིས། སྡུ་མ་ལ་གཉིས་ཏེ། དགེ་བསྙེན་དང་དགེ་ཚུལ་ལོ། །དང་པོ་ནི། དགེ་བསྙེན་ནས། ཉི་ཚེ་བ་སོགས་འགྲུབ་ཅིང་ཞེས་པས་བསྟན། གཉིས་པ་དགེ་ཚུལ་དུ་སྒྲུབ་པ་ནི། རབ་བྱུང་ལ་ནས། དགོས་སོ། །ཞེས་པས་བསྟན། ཚིགས་ཕྱི་མ་དགེ་སློང་དུ་སྒྲུབ་པ་ནི། དཀོན་མཆོག་སློབ་དཔོན་ནས། སྒྲོང་བར་གཅེས་ཞེས་པས་བསྟན། གཉིས་པ་ཐེག་ཆེན་ལྟར་དུ་བླང་བ་ལ་གཉིས་ཏེ་སྔོན་ཚོག་དང་། དངོས་གཞི། །དང་པོ་ནི། ཐེག་ཆེན་སོ་ཐར་ནས། གསུངས་པ་དང་ཞེས་པས་བསྟན། གཉིས་པ་དངོས་ཚོག་ལ་གཉིས་ཏེ། བཤད་ཚོད་དང་། སྒྲུབ་རུང་གི་ཆོ་ག་འོ། །དང་པོ་ནི། དཆོག་ནས། ལག་ལེན་ནུབ་ཅེས་པས་བསྟན། གཉིས་པ་དེང་སང་སྒྲུབ་རུང་གི་ཆོ་ག་ལ་གཉིས་ཏེ། ཆོ་ག་ཐུན་མོང་བ་ལས་ཐོབ་པ་དང་། ཐུན་མོང་མ་ཡིན་པ་ལས་ཐོབ་པའོ། །དང་པོ་ནི། དེང་སང་སྒྲུབ་རུང་ནས། སྔོན་པོར་བྱུང་ཞེས་པས་བསྟན། གཉིས་པ་ཆོ་ག་ཐུན་མོང་མ་ཡིན་པ་ལས་ཐོབ་པ་ནི། དོན་ཞགས་ལས་གསུངས་ནས། ཆོག་ར་འདུ་ཞེས་པས་བསྟན།

གཉིས་པ་མཆོག་ལ། སྤྱིར་བཏང་ཕལ་ཆེར་སྐྱེས་པའི་སྐབས་ལྟར་ལས་འདིར་མ་སྨོས་ལ། མི་འདྲ་བའི་ཁྱད་པར་བསླབ་ཚིགས་ཀྱི་དབང་དུ་བྱས་ན་བཞི་སྟེ། དགེ་བསྙེན། དགེ་ཚུལ། དགེ་སློབ་མ། དགེ་སློང་མའོ། །དང་པོ་གཉིས་ནི། བུད་མེད་ནས། ལྷག་པོར་བཅས་ཞེས་པས་བསྟན། གསུམ་པ་ནི། དེ་རྗེས་ནས། སྡོམ་པ་སྦྱིན་ཞེས་པས་བསྟན། བཞི་པ་ནི། སྔར་བཞིན་ནས། དུས་ནས་མེད་ཅེས་པས་བསྟན།

གཉིས་པ་ཐོབ་པའི་སྡོམ་པ་དེ་ཇི་ལྟར་སྐྱེ་བའི་ཚུལ་ལ་གཉིས་ཏེ། སྐྱེ་ཚུལ་དངོས་དང་། སྐྱེས་པ་དེའི་ངོ་བོའི་ཁྱབ་འབྲེལ་ལོ། །དང་པོ་ལ་གཉིས་ཏེ་སྡོམ་པ་གཟུགས་ཅན་དུ་འདོད་པའི་སྐྱེ་ཚུལ་དང་། སྡོམ་པ་ཤེས་པར་འདོད་པའི་སྐྱེ་ཚུལ་ལོ། །དང་པོ་ནི། སྐྱེ་ཚུལ་དགེ་སློང་ནས། ལྟ་བུར་གསུངས་ཞེས་པས་བསྟན། གཉིས་པ་སྡོམ་པ་ཤེས་པར་འདོད་པ་ལྟར་ན་གཉིས་ཏེ། སྤྱི་ཙམ་དུ་བསྟན་པ་དང་། ཐེག་ཆེན་སོ་ཐར་དང་བསྟུན་ཏེ་དབུ་མ་པའི་བཞེད་པ་ཁྱེ་བྲག་ཏུ་བསྟན་པའོ། །དང་པོ་ནི། ངེས་འབྱུང་ནས། གོང་མའི་ལུགས་ཞེས་པས་བསྟན། དེའི་གཉིས་པ་ནི། འདི་ལ་སོར་སྡོམ་ནས། སྡུ་མར་བསྒྲེ་ཞེས་པས་བསྟན། གཉིས་པ་སྡོམ་པ་སྐྱེས་པ་དེའི་ངོ་བོའི་ཁྱབ་འབྲེལ་ནི། སྤྱིར་ན་གཞན་གནོད་ནས། གཅིག་ཏུ་གྲུབ་ཅེས་པས་བསྟན། གོང་གི་གསུམ་པ་སྐྱེས་པ་འམ་ཐོབ་པ་དེའི་མཚམས་ལ་གཉིས་ཏེ། ཚིགས་སྡུ་མའི་ཐོབ་མཚམས་དང་། ཕྱི་མའི་ཐོབ་མཚམས་སོ། །དང་པོ་ནི། ཐོབ་མཚམས་སྡུ་མ་ནས། སྐྱེ་ཞིང་ཞེས་པས་བསྟན། གཉིས་པ་ནི། ཚིགས་ཕྱི་མ་ནས། སྐྱེ་བ་བཞེད་ཅེས་པས་བསྟན། ཞར་བྱུང་སྡོམ་རྒྱུན་ངེས་བཟུང་བ་ནི། དེ་ལྟའི་ནས། པཎ་ཆེན་བརྒྱད་ཅེས་པས་བསྟན། །

སྤྱི་དོན་གསུམ་པ་བར་དུ་ཇི་ལྟར་སྲུང་བའི་ཚུལ་ལ་གསུམ་སྟེ། སྤྱིར་བཏང་གི་སྲུང་ཚུལ་དངོས་དང་།

བསླབ་བྱ་ངོས་བཟུང་བ། ཉེས་དམིགས་དང་ཕན་ཡོན་བསྟན་པའོ། །དང་པོ་ནི། ཐོབ་པ་ཇི་བཞིན་ནས། འདའ་མི་བྱ་ཞེས་པས་བསྟན། གཉིས་པ་བསླབ་བྱ་ངོས་བཟུང་བ་ལ་གཉིས་ཏེ། སྤྱི་ཙམ་དུ་ཐེག་པས་དབྱེ་བ་དང་། བྱེ་བྲག་ཏུ་རྟེན་གྱིས་དབྱེ་བའོ། །དང་པོ། བསླབ་བྱ་སྤྱི་ཙམ་ཐེག་པས་དབྱེ་ན་ཡང་། ཞེས་པ་ལ་གསུམ་སྟེ་ཐེག་དམན་ལྟར་བཤད་པ་དང་། ཐེག་ཆེན་གྱི་དམིགས་བསལ་དང་། དངོས་སུ་མ་སྨོས་པའི་བསླབ་བྱ་རྫུང་མཐུན་བསྡུས་ཏེ་བསྟན་པའོ། །དེའི་དང་པོ། བྱེ་བྲག་རྟེན་གྱི་སྒོ་ནས་དབྱེ་དགོས་པས། ཞེས་པས་རྟེན་གྱིས་དབྱེ་ན་གཉིས་ཏེ། ཁྱིམ་པའི་ཕྱོགས་ཀྱི་བསླབ་བྱ། རབ་བྱུང་ཕྱོགས་ཀྱི་བསླབ་བྱའོ། །དེའི་དང་པོ། ཁྱིམ་པའི་ཕྱོགས་ལ་བསྙེན་གནས་དགེ་བསྙེན་གཉིས། ཞེས་པ་ལྟར་གཉིས་ཏེ་བསྙེན་གནས་དང་། དགེ་བསྙེན་ནོ། །དང་པོ་ལ་གཉིས་ཏེ། དུས་ཁྲིམས་དངོས་དང་། དེ་ཉིད་གཏན་ཁྲིམས་སུ་འགྱུར་བའི་ཚུལ་ལོ། །དང་པོ་ནི། རྩ་བཞི་སྤོང་བ་ནས། བསྙེན་གནས་ཞེས་པས་བསྟན། གཉིས་པ་ནི། འདི་དག་ཇི་སྲིད་ནས། གསུངས་ཞེས་པས་བསྟན།

གཉིས་པ་དགེ་བསྙེན་གྱི་བསླབ་བྱ་ལ་གསུམ་སྟེ། ཉེ་ཚེ་བ་དང་། ཡོངས་རྫོགས་དང་། དེའི་ཞར་བྱུང་ངོ་། །དང་པོ་ལ་བཞི་སྟེ། སྐྱབས་གསུམ་འཛིན་པ། སྣ་གཅིག་སྤྱོད་པ། སྣ་འགའ་སྤྱོད་པ། ཕལ་ཆེར་སྤྱོད་པའོ། །དང་པོ་ལ་གཉིས་ཏེ། མཚན་གཞི་དང་བསླབ་བྱ་དངོས་སོ། །དང་པོ་ནི། ཇི་སྲིད་འཚོ་བར་གསུམ་ལ་སྐྱབས་སོང་ནས། དེའི་བསླབ་བྱར་ཞེས་པས་བསྟན། བསླབ་བྱ་དངོས་ལ་གཉིས་ཏེ། སོ་སོའི་བསླབ་བྱ་དང་། ཐུན་མོང་གི་བསླབ་བྱའོ། །དང་པོ་ལ་གཉིས་ཏེ། དགག་པའི་བསླབ་བྱ། བསྒྲུབ་པའི་བསླབ་བྱའོ། །དང་པོ་ནི། སྐྱབས་གཞན་ནས། ཕྱོགས་སུ་མི་བསྟེན། ཞེས་པས་བསྟན། གཉིས་པ་སྒྲུབ་པའི་བསླབ་བྱ་ནི། གཞན་ཡང་ནས། ཡིན་ཞིང་ཞེས་པས་བསྟན། གཉིས་པ་ཐུན་མོང་གི་བསླབ་བྱ་ལ་གཉིས་ཏེ། མདོར་བསྡུས་པ་དངོས་སུ་བསྟན་པ་དང་། རྒྱས་པ་གཞན་དུ་ཁ་འཕངས་པའོ། །དང་པོ་ནི། ཐུན་མོང་དུ་ནས། ཡིན་ཞིང་ཞེས་པས་བསྟན། གཉིས་པ་རྒྱས་པ་གཞན་དུ་ཁ་འཕངས་པ་ནི། བཞི་ཚན་གཉིས་སུ་དབྱེ་བའང་གཞན་དུ་ཤེས། ཞེས་པས་བསྟན། གཉིས་པ་སོགས་ནི། སྲོག་གཅོད་ནས། སྤྱོད་དང་ཞེས་པས་བསྟན།

གཉིས་པ་ཡོངས་རྫོགས་དགེ་བསྙེན་ནི། རྩ་བ་བཞི་ནས། བགྲང་བྱ་མིན། ཞེས་པས་བསྟན། གསུམ་པ་ཡོངས་རྫོགས་ཀྱི་ཞར་བྱུང་ནི། ཡོངས་རྫོགས་བསླབ་སྟེང་ནས། མཁས་རྣམས་བཞེད་ཅེས་པས་བསྟན། དེ་ཙམ་དུ་མ་ཟད་ཡོངས་རྫོགས་དང་ཚངས་སྤྱོད་གོ་མི་གཉིས་ལའང་དོན་གྱིས་འཇུག་པ་བསྡམ་བྱ་ཡན་ལག་མ་ཚང་བའི་ཕྲ་མོའམ། མི་དགེ་བ་ཕྱོགས་མཐུན་དྲུག་བཅས་སྤོང་དགོས་པ་ནི། རྩ་བཞི་ལས་གཞན་ནས། སྤང་བྱ་དང་ཞེས་པས་བསྟན། ཞར་ལས་འོངས་པ་གཞན་ཡང་། སྡིགས་པ་ཁྱིམ་པས་ནས། དཔྱད་པ་བཟང་པོར་བཤད་

ཅེས་པས་བསྟན།

གཉིས་པ་རབ་བྱུང་ཕྱོགས་ཀྱི་བསླབ་བྱ་བཤད་པ་ནི། རབ་བྱུང་ཕྱོགས་ལ་གསུམ་ནས། རྣམས་ལས་ཞེས་པ་ལྟར་དབྱེ་ན་གསུམ་མམ་བཞི་ཡོད་པ་དགེ་ཚུལ་གྱི་བསླབ་བྱ། དགེ་སློབ་མའི་བསླབ་བྱ། དགེ་སློང་གི་བསླབ་བྱ། དགེ་སློང་མའི་དམིགས་བསལ་རྣམས་སོ། །དང་པོ་དགེ་ཚུལ་གྱི་བསླབ་བྱ་ལ་གསུམ་སྟེ། བླང་འདས་དངོས། ཕྱོགས་མཐུན་བསྡམ་བྱའི་ཉེས་བྱས། རབ་བྱུང་གི་དུས་སུ་བླངས་པ་ལས་འདས་པའི་ཕྱོགས་མཐུན་ནོ། །དང་པོ་ནི། སྲོག་གཅོད་ནས། གསོར་མི་རུང་ཞེས་པས་བསྟན། དེ་དག་ལས་ཞིབ་ཏུ་དབྱེ་བའི་ཚུལ་ནི༑ ཞུམ་པ་བསལ་ཕྱིར་ནས། ཉི་ཤུ་གཉིས་ཞེས་པས་བསྟན། གཉིས་པ་ཕྱོགས་མཐུན་བསྡམ་བྱའི་ཉེས་བྱས་ནི། ཉེས་མེད་བཅུ་གསུམ་མམ། བཅུ་དགུ་མ་གཏོགས་པའི་དགེ་སློང་ཕ་མའི་བཅས་པ་རྣམས་སོ། །དེ་ལ་ཉེས་མེད་ངོས་འཛིན་ནི། གཉིས་པ་ཆོས་གོས་ནས། འགྲེལ་ལས་བཤད་ཅེས་པས་བསྟན། གསུམ་པ་རབ་བྱུང་གི་དུས་སུ་བླངས་པ་ལས་འདས་པའི་ཕྱོགས་མཐུན་ནི། གསུམ་པ་ཁྲིམ་པའི་ནས། བསླབ་བྱའོ། །ཞེས་པས་བསྟན།

གཉིས་པ་དགེ་སློབ་མའི་བསླབ་བྱ་ལ་གཉིས་ཏེ། བླང་འདས་དངོས་དང་། ཕྱོགས་མཐུན་བསྡམ་བྱའོ། །དང་པོ་ལ་གཉིས་ཏེ། རྩ་བའི་ཆོས་དྲུག་དང་། རྗེས་མཐུན་གྱི་ཆོས་དྲུག་གོ། །དང་པོ་ནི། དགེ་སློབ་མ་ནི་ནས། ཆོས་དྲུག་པོ་ཞེས་པས་བསྟན། གཉིས་པ་རྗེས་མཐུན་གྱི་ཆོས་དྲུག་ནི། གསེར་ལེན་ནས། བླང་འདས་དངོས་ཞེས་པས་བསྟན། གཉིས་པ་ཕྱོགས་མཐུན་བསྡམ་བྱ་ནི། ཉེས་མེད་ནས། སློབ་པར་བཤད། ཅེས་པས་བསྟན།

གསུམ་པ་དགེ་སློང་གི་བསླབ་བྱ་ནི། དགེ་སློང་བསླབ་བྱ་བསྲུང་ཚུལ་བསླབ་པ་དངོས། ཞེས་པ་ལྟར་བཤད་ན་གཉིས་ཏེ། བསྲུང་ཚུལ་ཁྱད་པར་བ་དང་། བསླབ་བྱ་དངོས་སོ། །དང་པོ་ལ་གཉིས་ཏེ་གཞན་ལ་ལྟོས་པ་དང་། རང་གི་བསམ་སྦྱོར་གྱི་སྒོ་ནས་བསྲུང་བའི་ཚུལ་ལོ། །དང་པོ་ལ་གསུམ་སྟེ་གནས་འཆའ་བའི་ཚུལ། གནས་ལ་བརྟེན་པའི་ཚུལ། གནས་དང་གནས་པའི་མཚན་ཉིད་མདོར་བསྡུས་ཏེ་སྨོས་པའོ། །དང་པོ་ནི། བསྲུང་ཚུལ་བསྙེན་པར་རྫོགས་ནས། ཚོ་ག་བྱས་ཏེ། ཞེས་པས་བསྟན། གཉིས་པ་གནས་ལ་བརྟེན་པའི་ཚུལ་ནི། བསྙེན་ཚུལ་མ་ཉམས་ཤིང་ནས། སྒོ་ནས་བསྲུང་ཞེས་པས་བསྟན། གསུམ་པ་ནི། གནས་དང་གནས་པའི་མཚན་ཉིད་མདོར་བསྡུ་ན་ནས། སྲུང་ཚུལ་ལོ་ཞེས་པས་བསྟན། །གཉིས་པ་རང་གི་བསམ་སྦྱོར་གྱི་སྒོ་ནས་སྲུང་བའི་ཚུལ་ལ་གཉིས་ཏེ་བསམ་པ་དང་སྦྱོར་བའོ། །དང་པོ་ནི། བླང་དོར་ཚུལ་ལ་ནས། ཤེས་བཞིན་དང་། ཞེས་པས་བསྟན། གཉིས་པ་ནི། བླང་དང་དོར་བྱའི་ནས། སྲུང་ཚུལ་ལོ། །ཞེས་པས་བསྟན།

གཉིས་པ་བསླབ་བྱ་ངོས་བཟུང་བ་ལ་གཉིས་ཏེ། དགག་པའི་བསླབ་བྱ་དང་། སྒྲུབ་པའི་བསླབ་བྱའོ། །དང་པོ་ལ་གཉིས་ཏེ་སྤྱིར་བཤད་པ་དང་། སོ་ལྟ་བྱེ་བྲག་ཏུ་བཤད་པའོ། །དང་པོ་ལ་གཉིས་ཏེ་ལྟུང་བའི་མཚན་ཉིད་དང་། དབྱེ་བའོ། །དང་པོ་ནི། གང་ཞིག་ལུས་དང་ནས། འགལ་བའི་ཕྱོགས་ཞེས་པས་བསྟན། གཉིས་པ་དབྱེ་བ་ནི། ཕམ་པ་བཞི་དང་ནས། སྡིག་པ་གཉིས་ཞེས་པས་བསྟན།

གཉིས་པ་སོ་ལྟ་བྱེ་བྲག་ཏུ་བཤད་པ་ལ་ལྔའམ་དྲུག་སྟེ། ཕམ་པའི་སྡེ། དགེ་འདུན་ལྷག་མའི་སྡེ་མ་ངེས་པ་དང་བཅས་པ། ཕམ་ལྷག་གཉིས་ཀའི་ཆར་གཏོགས་སྦོམ་པོ། ལྟུང་བྱེད་ཀྱི་སྡེ། སོར་བཤགས་ཀྱི་སྡེ། ཉེས་བྱས་ཀྱི་སྡེ་བཤད་པའོ། །དང་པོ་ལ་གཉིས་ཏེ་མཚན་ཉིད་དང་མིང་དོན་གཞི་མཐུན་པས་མདོར་བསྟན་པ་དང་། ཡན་ལག་རྒྱས་པར་བཤད་པའོ། །དང་པོ་ནི། སྤྱད་ནས་སྐད་ཅིག་ནས། དེར་འགྱུར་ཞེས་པས་བསྟན། གཉིས་པ་ཡན་ལག་རྒྱས་པར་བཤད་པ་ལ་བཞིའི་དང་པོ་མི་ཚངས་སྤྱོད་ཀྱི་ཕམ་པ་ནི། དང་པོ་ནི་ནས། སྤྱོད་པར་བརྗོད། ཅེས་པས་བསྟན། གཉིས་པ་མ་བྱིན་ལེན་གྱི་ཕམ་པ་ནི། གཉིས་པ་གཞི་ནི་ནས། ཞེས་སུ་བརྗོད། ཅེས་པས་བསྟན། གསུམ་པ་སྲོག་གཅོད་ཀྱི་ཕམ་པ་ནི། གསུམ་པ་གཞི་ནི་ནས། ཕམ་པར་བརྗོད། ཅེས་པས་བསྟན། བཞི་པ་མི་ཆོས་བླ་མའི་རྫུན་སྨྲ་བའི་ཕམ་པ་ནི། བཞི་པ་གཞི་ནི་ནས། རབ་ཏུ་བསྒྲགས། ཞེས་པས་བསྟན།

གཉིས་པ་དགེ་འདུན་ལྷག་མའི་སྡེ་བཤད་པ་ལ་གཉིས་ཏེ། མཚན་ཉིད་དང་མིང་དོན་གཞི་མཐུན་པས་མདོར་བསྟན་པ་དང་། ཡན་ལག་རྒྱས་པར་བཤད་པའོ། །དང་པོ་ལ་གཉིས་ཏེ། མཚན་ཉིད་དང་དབྱེ་བའོ། །དང་པོ་ནི༑ གང་ཞིག་གསོ་བ་ནས། དག་རྫུང་ལ་དབྱེ་ན་ཞེས་པས་བསྟན། གཉིས་པ་དབྱེ་བ་ནི། འདོད་པ་ལས་གྱུར་ནས། གཞི་ཞེས་པས་བསྟན། གཉིས་པ་ཡན་ལག་རྒྱས་པར་བཤད་པ་ནི། ལམ་གསུམ་མིན་པ་ནས། བཏང་ན་གྲུབ་ཅེས་པས་བསྟན། བསྒོ་གྱུར་བཅུ་རྫུ་དབྱེར་ཡོད་འདིར་མི་འཆད་ཅེས་པ་ནི་སྐབས་འདིར་བསྟུས་ཏེ་འཆད་མི་དགོས་པའི་དོན་མིན་ནོ། །ཞར་བྱུང་མ་ངེས་པ་གཉིས་བཤད་པ་ནི། དབེན་པ་སྐྱབས་ཡོད་ནས། མ་ངེས་པའོ། །ཞེས་པས་བསྟན།

གསུམ་པ་ཕམ་ལྷག་གང་རུང་གི་ཆར་གཏོགས་སྦོམ་པོར་བཤད་པ་ལ་གཉིས་ཏེ་མཚན་ཉིད་དང་མིང་དོན་གཞི་མཐུན་པས་མདོར་བསྟན་པ་དང་། ཡན་ལག་རྒྱས་པར་བཤད་པའོ། །དང་པོ་ནི། གང་ཞིག་ཕམ་ལྷག་ནས། གྲགས་ལ་ཞེས་པས་བསྟན། གཉིས་པ་ཡན་ལག་རྒྱས་པར་བཤད་པ་ལ་གཉིས་ཏེ། ཀུན་སློང་གིས་ཕྱེ་སྟེ་བཤད་པ་དང་། སྦྱོར་དངོས་སོགས་ཀྱིས་ཕྱེ་སྟེ་བཤད་པའོ། །དང་པོ་ནི། ལྟེ་ཡང་སོགས་ཏེ་ནས། གིས་དབྱེ་ཞེས་པས་བསྟན། གཉིས་པ་ནི། སྦྱོར་བའི་སྦོམ་པོ་དང་། དངོས་གཞིའི་རྣམ་པའི་སྦོམ་པོ་དང་། གནས་སྐབས

གཞན་གྱི་སྦོམ་པོ་སྟེ་གསུམ་དུ་ཕྱེ་བ་ལྟར་བརྗོད་ན། ཕམ་ལྷག་གི་ནས། སྦོམ་པོར་བཤད་ཅེས་པས་བསྟན།

བཞི་པའམ་སྡེ་ལྔ་ལྟར་ན་གསུམ་པ་ལྟུང་བྱེད་ཀྱི་སྡེ་བཤད་པ་ལ་གཉིས་ཏེ། ལྟུང་བྱེད་ཙམ་གྱི་མཚན་ཉིད་དང་། དབྱེ་བའོ། །དང་པོ་ནི། གང་ཞིག་སྤྱད་ན་ངན་འགྲོར་ལྟུང་བྱེད་པ། ཞེས་པ་སྟེ་གོ་སླའོ། ། གཉིས་པ་ནི། སྤང་ལྟུང་དང་ལྟུང་བྱེད་འབའ་ཞིག་པ་ཞེས་པ་སྟེ་ལྟུང་བྱེད་ལ་དབྱེ་ན་སྤང་བའི་ལྟུང་བྱེད་དང་། ལྟུང་བྱེད་འབའ་ཞིག་པ་སྟེ་གཉིས་སུ་ཡོད་པའི་དོན་ཏེ། དེའི་དང་པོ་ལ་གཉིས་ཏེ་མཚན་ཉིད་དང་མིང་དོན་གཞི་མཐུན་པས་མདོར་བསྟན་པ་དང་། ཡན་ལག་རྒྱས་པར་བཤད་པའོ། །དང་པོ་ལ་གཉིས་ཏེ། མཚན་ཉིད་དང་། དབྱེ་བའོ། །དང་པོ་ནི། དངོས་པོ་སྤང་འབྲལ་ནས། རུང་བར་ཞེས་པས་བསྟན། གཉིས་པ་དབྱེ་བ་ནི། དབྱེ་ན་གོས་ཀྱི་སྡེ་ནས། བཅུ་ཚན་གསུམ་ཞེས་པས་བསྟན། གཉིས་པ་ཡན་ལག་རྒྱས་པར་བཤད་པ་ལ་གོས་སོགས་ཀྱི་སྡེ་ནི། རང་དབང་གོས་ལྷག་ནས། སྤང་བར་འགྱུར་ཞེས་པས་བསྟན། སྟན་སོགས་ཀྱི་སྡེ་ནི། གང་དུ་རིན་ཆེའི་ནས། ཉོ་ཚོང་བྱེད་ཅེས་པས་བསྟན། ལྟུང་བཟེད་སོགས་ཀྱི་སྡེ་ནི། ལྟུང་བཟེད་བྱིན་གྱིས་མ་བརླབས་ནས། གསོགས་འཇོག་གོ །ཞེས་པས་བསྟན། གཉིས་པ་ལྟུང་བྱེད་འབའ་ཞིག་པ་བཤད་པ་ལ་གཉིས་ཏེ། མཚན་ཉིད་དང་མིང་དོན་གཞི་མཐུན་པས་མདོར་བསྟན་པ་དང་། ཡན་ལག་རྒྱས་པར་བཤད་པའོ། །དང་པོ་ལ་གཉིས་ཏེ། མཚན་ཉིད་དངོས་དང་། དབྱེ་བའོ། །དང་པོ་ནི། གང་ཞིག་སྤང་འབྲལ་སྨོན་འགྲོ་ནས། དག་རུང་བ་ཞེས་པས་བསྟན། གཉིས་པ་ནི། དབྱེ་ན་ཤེས་བཞིན་སྡེ་སོགས་བཅུ་ཚན་དགུ། ཞེས་པས་བསྟན། གཉིས་པ་ཡན་ལག་རྒྱས་བཤད་ལ་བཅུ་ཚན་དང་པོ་ནི། རིགས་བཞི་ལས་གཞན་ནས། ཁྲད་དུ་གསོད། ཅེས་པས་བསྟན། བཅུ་ཚན་གཉིས་པ་ནི། ས་བོན་དང་ནི་ནས། རྒྱུག་པ་ཙམ་ཞེས་པས་བསྟན།

བཅུ་ཚན་གསུམ་པ་ནི། མ་བསྐོས་དགེ་སློང་མ་ནས། ཟས་སྦྱོར་འདུག་ཅེས་པས་བསྟན། བཅུ་ཚན་བཞི་པ་ནི། ནད་ཀྱིས་བཏབ་དང་ནས། སློང་བའོ། །ཞེས་པས་བསྟན། བཅུ་ཚན་ལྔ་པ་ནི། ཆུ་ཚགས་མེད་པ་ནས། འཆབ་པ་ཞེས་པས་བསྟན། བཅུ་ཚན་དྲུག་པ་ནི། གནོད་པའི་སེམས་ཀྱིས་ནས། རྒྱུར་ཞུགས་པའོ་ཞེས་པས་བསྟན། བཅུ་ཚན་བདུན་པ་ནི། གསོད་པའི་སེམས་ཀྱིས་ནས། འདས་པའོ། །ཞེས་པས་བསྟན། བཅུ་ཚན་བརྒྱད་པ་ནི། ཆོམ་རྐུན་དང་འགྲོགས་ནས། འཆར་བྱེད་པའོ། །ཞེས་པས་བསྟན། བཅུ་ཚན་དགུ་པ་ནི། སྔ་དྲོ་ཡིན་ཀྱང་ནས། བཅུག་པའོ། །ཞེས་པས་བསྟན།

ལྔ་པའམ་སྡེ་ལྔ་ལྟར་ན་བཞི་པ་སོར་བཤགས་ཀྱི་སྡེ་བཤད་པ་ལ་གཉིས་ཏེ། མཚན་ཉིད་དང་མིང་དོན་གཞི་མཐུན་པས་མདོར་བསྟན་པ། ཡན་ལག་རྒྱས་པར་བཤད་པའོ། །དང་པོ་ལ་གཉིས་ཏེ། མཚན་ཉིད་དངོས་

དང་། དབྱེ་བའོ། །དང་པོ་ནི། གང་ཞིག་སླེ་སྤྲུགས་ནས། སྟེ་ལ་ཞེས་པས་བསྟན། གཉིས་པ་དབྱེ་བ་ནི། རབ་བྱུང་ནས། གཉིས་ཚན་གཉིས་ཞེས་པས་བསྟན། གཉིས་པ་ཡན་ལག་རྒྱས་པར་བཤད་པ་ནི། ཉེ་མིན་དགེ་སློང་མ་ནི་ནས། ཟློས་པའོ། །ཞེས་པས་བསྟན།

དྲུག་པའམ་སྟེ་ལྔ་ལྟར་ན་ཉེས་བྱས་ཀྱི་སྡེ་བཤད་པ་ལ་གཉིས་ཏེ། མཚན་ཉིད་དང་མིང་དོན་གཞི་མཐུན་པས་མདོར་བསྟན་པ་དང་། ཡན་ལག་རྒྱས་པར་བཤད་པའོ། །དང་པོ་ལ་གཉིས་ཏེ། མཚན་ཉིད་དངོས་དང་། དབྱེ་བའོ། །དང་པོ་ནི། གང་ཞིག་ཉེས་པ་ཕྲ་མོ་ནས། དག་རུང་བ་ཞེས་པས་བསྟན། གཉིས་པ་དབྱེ་བ་ནི། དབྱེ་ན་བརྒྱ་རྩ་བཅུ་གཉིས་ནས། བརྒྱད་དུ་འདུས་ཞེས་པས་བསྟན།

གཉིས་པ་ཡན་ལག་རྒྱས་པར་བཤད་པ་ནི། དང་པོ་གོས་བགོ་བའི་སྡེའི་དང་པོ་ཤམ་ཐབས་ཀྱི་བདུན་ནི༑ དང་པོ་ཤམ་ཐབས་ནས། ལྟར་བྱས་དང་ཞེས་པས་བསྟན། གཉིས་པ་བླ་གོས་ཀྱི་གསུམ་ནི། བླ་གོས་སྣམ་སྦྱར་ནས། འཛོལ་བ་སྤང་ཞེས་པས་བསྟན། ༢ གཉིས་པ་སྤྱོད་ཡུལ་དུ་འགྲོ་བའི་ལྔ་ཚན་དང་པོ་ནི། ཁྱིམ་དུ་ནས། ལྷག་པ་ལྟ་བ་ཞེས་པས་བསྟན། ལྔ་ཚན་གཉིས་པ་ནི། གོས་ཀྱི་ནས། བསྒོལ་ཞེས་པས་བསྟན།

ལྔ་ཚན་གསུམ་པ་ནི། འཚོང་ཞིང་ནས། རྒྱངས་ཏེ་འགྲོ་ཞེས་པས་བསྟན། ལྔ་ཚན་བཞི་པ་ནི། ལུས་པོ་ཀྱོག་བསྒྱུར་ནས། སྤྲེལ་གྱིས་འགྲོ་བ་ཞེས་པས་བསྟན། ༢ གསུམ་པ་སྟན་ལ་འདུག་པའི་དགུ་ཚན་གཅིག་ནི། སྟན་ལ་གཞན་ནས། མི་སྟེད་པའོ་ཞེས་པས་བསྟན། ༢ བཞི་པ་ཟས་བསླང་བའི་བརྒྱད་ཚན་གཅིག་ནི། ཁ་ཟས་ལྷུང་བཟེད་ནས། རྣམས་སོ་ཞེས་པས་བསྟན། ༢ ལྔ་པ་ཟས་ལ་སྤྱོད་པའི་དང་པོ་དྲུག་ཚན་པ་གཅིག་ཏེ། བཟའ་ཚེ་ནས། གདམ་སླ་ཞེས་པས་བསྟན། ལྔ་ཚན་པ་གསུམ་གྱི་དང་པོ། ཁ་སྦྲ་ནས། ཕྱིར་ཕྱུང་ཞེས་པས་བསྟན། ལྔ་ཚན་གཉིས་པ་ནི། འབྲས་ཆན་ནས། སོས་བཅད་ཟ་ཞེས་པས་བསྟན། ལྔ་ཚན་གསུམ་པ་ནི། ལག་པར་ཟས་ཆགས་ནས། བཅོས་བཟའ་བའོ་ཞེས་པས་བསྟན། ༢ དྲུག་པ་ལྷུང་བཟེད་ལ་སྤྱོད་པའི་དང་པོ། བཞི་ཚན་གཅིག་ནི། གཞན་གྱི་ལྷུང་བཟེད་ནས། ཆུ་འབོ་བ་ཞེས་པས་བསྟན། ཕྱི་མ་བཅུ་ཚན་གཅིག་ནི། ཟས་ལྷག་ལྷུང་བཟེད་ནས། སྡེ་འཆུ་བའོ་ཞེས་པས་བསྟན། ༢ བདུན་པ་ཆོས་སྟོན་པའི་ལྔ་ཚན་བཞི་དང་དྲུག་ཚན་གཅིག་གི་ལྔ་ཚན་དང་པོ་ནི། ཆོས་འཆད་ཆེ་ན་ནས། འཆད་པའོ་ཞེས་པས་བསྟན། ལྔ་ཚན་གཉིས་པ་ནི། མིན་བཞིན་ནས། འཆད་པའོ་ཞེས་པས་བསྟན།

ལྔ་ཚན་གསུམ་པ་ནི། དོ་ཀེར་ཅན་ནས། འཆད་དང་ཞེས་པས་བསྟན། ལྔ་ཚན་བཞི་པ་ནི། གླང་པོ་ཆེ་ནས། མིན་ཞེས་པས་བསྟན། དྲུག་ཚན་གཅིག་ནི། ལག་ན་འཁར་བ་ནས། འཆད་པ་སྤང་ཞེས་པས་བསྟན། ༢

བརྒྱད་པ་སྒྲུབ་པའི་ཚུལ་ལས་གྱུར་པའི་བཞི་ཚན་གཅིག་ནི། དགེ་སློང་གང་དག་ནས། འཛིག་པ་སྤྱང་ཞེས་པས་བསྟན།

བཞི་པ་དགེ་སློང་མའི་བསླབ་བྱ་བཤད་པ་ལ། སྡེ་ལྔའི་རྐང་གྲངས་ཀྱིས་མདོར་བསྟན་པ་དང་སོ་སོའི་ངོ་བོའི་སྒོ་ནས་ཉུང་ཟད་རྒྱས་པར་བཤད་པའོ། །དང་པོ་ནི། དགེ་སློང་མ་ལ་ནས། བཅུ་གཉིས་སོང་ཞེས་པས་བསྟན། གཉིས་པ་སོ་སོའི་ངོ་བོའི་སྒོ་ནས་ཉུང་ཟད་རྒྱས་པར་བཤད་པ་ལ་སྡེ་ལྔ་ལས། དང་པོ་ཕམ་པའི་སྡེ་ནི། དགེ་སློང་སྐབས་ཀྱི་ནས། མི་གཏང་བའོ་ཞེས་པས་བསྟན། གཉིས་པ་ལྷག་མའི་སྡེ་ནི། དགེ་སློང་སྐབས་བཤད་ནས། བཟློག་ཀྱང་མི་གཏང་བའོ་ཞེས་པས་བསྟན།

གསུམ་པ་ལྟུང་བྱེད་ལ་གཉིས་ཀྱི་དང་པོ་སྤང་ལྟུང་ནི། སྤང་ལྟུང་བཅུ་ཚན་ནས། སྤང་ལྟུང་ངོ་ཞེས་པས་བསྟན། གཉིས་པ་ལྟུང་བྱེད་འབའ་ཞིག་པ་ནི། མ་བསྒོས་པ་ནས། ལྟུང་བྱེད་དོ་ཞེས་པས་བསྟན། བཞི་པ་སོར་བཤགས་ཀྱི་སྡེ་ནི། དགེ་སློང་སྐབས་བཤད་ནས། མིན་པར་བཤད་ཅེས་པས་བསྟན། ལྔ་པ་ཉེས་བྱས་ཀྱི་སྡེ་ནི། ཉེས་བྱས་རྣམས་ལས་ནས། མཐུན་ནོ་ཞེས་པས་བསྟན།

དེ་དག་གི་མཇུག་བསྡུ་བ་ནི། དགག་པའི་བསླབ་བྱ་ནས། ཙམ་མོ་ཞེས་པས་བསྟན། ཞར་བྱུང་ཐུན་མོང་གི་མཐའ་དཔྱོད་མགོ་སློས་ནས་སོགས་ཀྱི་སྒྲས་འཆད་འགྱུར་དུ་བཞག་པ་ནི། ཉམས་དང་མ་ཆགས་ནས། གཞན་དུ་འཆད། ཅེས་པས་བསྟན།

གཉིས་པ་ཐེག་ཆེན་གྱི་དམིགས་བསལ་འཆད་པ་ནི། ཐེག་ཆེན་སོར་ཐར་ནས། དུས་སྐབས་དཔྱད་ཅེས་པས་བསྟན། གསུམ་པ་དངོས་སུ་མ་སློས་པའི་བསླབ་བྱ་ཐམས་ཅད་རྫུང་མཐུན་བསྡུས་ཏེ་བསྟན་པ་ནི། ཐོག་མ་ཉིད་ནས། ླང་ངོ་ཞེས་པས་བསྟན། སྤྱི་དོན་བཞི་པ་ཉེས་དམིགས་དང་ཕན་ཡོན་བསྟན་པ་ལ་གཉིས་ཀྱི་དང་པོ་མ་སྲུང་བའི་ཉེས་དམིགས་ནི། བསླབ་པ་ཕྲ་མོ་ཁྱད་བསད་ན་ནས། བསྐྱེད་པར་གསུངས་ཞེས་པས་བསྟན། གཉིས་པ་བསྲུང་བའི་ཕན་ཡོན་ནི། ཚེ་འདིའི་འཇིགས་སྐྱོབ་ནས། འདོད་བཞིན་འགྲུབ་ཅེས་པས་བསྟན། སྤྱི་དོན་གཉིས་པ་བསྒྲུབ་པའི་བསླབ་བྱ་ལ་འཇུག་པའི་ཚུལ་ཁྲིམས་བཤད་པ་ལ་གཉིས་ཏེ། སྤྱིའི་འབྲེལ་དགོད་པས་མཚམས་སྦྱར་བ། གཞི་སོ་སོའི་མཚན་ཉིད་རྒྱས་པར་བཤད་པའོ། །དང་པོ་ནི། རང་བྱུང་གཞི་ནས། དང་པོ་བཤད་ཟིན་ཞེས་པས་བསྟན། གཉིས་པ་གཞི་སོ་སོའི་མཚན་ཉིད་རྒྱས་པར་བཤད་པ་ལ་གཉིས་ཏེ་དབྱེ་བ་དང་། རྒྱས་བཤད་དངོས་སོ། །དང་པོ་ནི། སྒྲུབ་པའི་བསླབ་ནས། དགག་དབྱེ་གསུམ་ཞེས་པས་བསྟན་ཏེ། གཞུང་འདིའི་ས་བཅད་འདེབས་ཚུལ་གྱི་དབང་དུ་བྱས་ན་གོང་དུ་སློས་པའི་གཞི་བཅུ་བདུན་

ལས་ནན་ཏུར་གྱི་གཞི་སོགས་གསུམ་དངོས་དང་། དུས་དང་དུས་མ་ཡིན་པར་བསྡུས་པའི་གཞི་སོགས་གསུམ་འཕྲོས་པའི་ཚུལ་དུ་སྐབས་དོན་གྱི་ས་བཅད་གསུམ་པར་འཆད་པར་འགྱུར་ལ། ས་བཅད་གཉིས་པ་འདིར་འཆད་འོས་སྒྲུབ་པའི་བསླབ་བྱ་ལ་གསུམ་སྟེ། བསླབ་པ་ཡོངས་སུ་སྦྱོང་བའི་གཞི། བདེ་བར་གནས་པ་རྐྱེན་གྱི་གཞི། དགོས་པ་སྒྲུབ་བྱེད་ལས་ཀྱི་གཞིའོ། །དང་པོ་ལ་གསུམ་སྟེ། གསོ་སྦྱོང་གི་གཞི། དབྱར་གནས་ཀྱི་གཞི། དགག་དབྱེའི་གཞིའོ། གསོ་སྦྱོང་ལ་གཉིས་ཏེ། ཞི་གནས་ཀྱི་གསོ་སྦྱོང་དང་། མཐུན་པའི་གསོ་སྦྱོང་ངོ་། །

གཉིས་པ་རྒྱས་བཤད་དངོས་ནི། ཞི་གནས་གསོ་སྦྱོང་ནས། ལྷག་མཐོང་བསྒྱིད་ཅེས་པས་བསྟན། གཉིས་པ་མཐུན་པའི་གསོ་སྦྱོང་ལ་གཉིས་ཏེ། དུས་ངེས་ཅན་དང་། དུས་མ་ངེས་པའི་གསོ་སྦྱོང་ངོ་། །དང་པོ་ལ་གཉིས་ཏེ། མཚན་ཉིད་དང་མིང་དོན་གཞི་མཐུན་པས་མདོར་བསྟན་པ་དང་། ཚོགའི་རྣམ་བཞག་གིས་རྒྱས་པར་ཕྱེ་བའོ། །དང་པོ་ནི། མཐུན་པའི་གསོ་སྦྱོང་ནས། ཞེས་རབ་བསྔགས་ཞེས་པས་བསྟན། གཉིས་པ་ལ་གསུམ་སྟེ། གསོ་སྦྱོང་བྱ་བའི་གནས་ལ་བློ་མཐུན་བྱ་བ་དང་། གང་གིས་གསོ་སྦྱོང་བྱེད་པའི་ཁྲིད་པར་གྱི་ཆོས། ཇི་ལྟར་བྱ་བའི་ཆོ་གའོ། །དང་པོ་ནི། གྲུབ་བམ་ནས། བློ་མཐུན་བྱས་པར་ཞེས་པས་བསྟན། གཉིས་པ་གང་གིས་བྱེད་པ་ཁྲིད་པར་གྱི་ཆོས་ནི། གྲངས་ཚངས་ཤིང་ནས། ཚུལ་དེ་བརྒྱམ་ཞེས་པས་བསྟན།

གསུམ་པ་ཆོག་ལ་གསུམ་སྟེ། སྦྱོར་བ། དངོས་གཞི། རྗེས་སོ། །དང་པོ་ནི། སྦྱོར་བ་ནས། དུས་ནས་དར་ཞེས་པས་བསྟན། གཉིས་པ་དངོས་གཞི་ལ། དགེ་སློང་མདུན་དུ་ནས། རྟུང་བའང་འདོད་ཅེས་པས་བསྟན།

གསུམ་པ་རྗེས་ཀྱི་བྱ་བ་ནི། རྗེས་ནི་ནས། བརྗོད་པའོ། །ཞེས་པས་བསྟན། ཞར་བྱུང་གྲངས་མ་ཚང་བ་སོགས་ཀྱིས་མ་གྲུབ་ན་ཇི་ལྟར་བྱ་བའི་ཚུལ་ནི། གསོ་སྦྱོང་ནས། གསོ་སྦྱོང་ཟེར་ཞེས་པས་བསྟན། གཉིས་པ་དུས་མ་ངེས་པའི་གསོ་སྦྱོང་ནི། རབ་གནས་དོང་ནས། སྐད་འདོག་ཅེས་པས་བསྟན། གཉིས་པ་དབྱར་གནས་ཀྱི་གཞི་ལ་གཉིས་ཏེ། གླེང་གཞི་དང་འབྲེལ་བའི་མིང་གིས་མདོར་བསྟན་པ་དང་། ཚོགའི་རྣམ་བཞག་གིས་རྒྱས་པར་བཤད་པའོ། །དང་པོ་ནི། དབྱར་གནས་ཞེས་པས་བསྟན།

གཉིས་པ་རྣམ་བཞག་རྒྱས་པར་བཤད་པ་ལ་དྲུག་ཏེ། ཁས་ལེན་པའི་དུས། ཡུན་ཚད་འཕྲོས་བཅས། སྔོན་དུ་འགྲོ་བའི་སྦྱོར་བ། དངོས་གཞི་ཁས་བླང་ནས་སྲུང་བའི་ཚུལ། ཆོས་ལྡན་གྱི་བྱ་བ་ལ་བྱིན་གྱིས་བརླབ་པ། ཡུན་ཚད་ལ་དམིགས་བསལ་བསྟན་པའོ། །དང་པོ་ནི། སྔ་ཕྱི་རྒྱ་སྐོད་གྲོ་ཞུན་ཟླ་ནས། ཆེ་སོགས་གསུང་ཞེས་པས་བསྟན། གསུམ་པ་སྔོན་དུ་འགྲོ་བའི་སྦྱོར་བ་ནི། མཐུན་པའི་གནས་སུ་ནས། སྦྱོར་བའི་ཆོས་ཞེས་པས་བསྟན། བཞི་པ་དངོས་གཞི་ཁས་བླངས་ནས་སྲུང་བའི་ཚུལ་ནི། ཕྱི་ཉིན་ནས། དངོས་གཞིའོ་ཞེས་པས་བསྟན།

ལྔ་པ་ཆོས་ལྡན་གྱི་བྱ་བ་ལ་བྱིན་གྱིས་བརླབས་པ་ནི། གང་ཟག་ནས། འོས་ཆོ་སྒྲིན་ཞེས་པས་བསྟན། དྲུག་པ་ཡུན་ཚད་ལ་དམིགས་བསལ་བསྟན་པ་ནི། ཡུལ་དུ་འབྲུགས་འོང་ནས། འགྲོ་བའང་ཡོད་ཅེས་པས་བསྟན།

གསུམ་པ་དགག་དབྱེའི་གཞི་བཤད་པ་ལ་གཉིས་ཏེ། མིང་དོན་དང་འབྲེལ་བའི་དབྱེ་བས་མདོར་བསྟན་པ་དང་། ཆོ་གའི་རྣམ་བཞག་རྒྱས་པར་བཤད་པའོ། །དང་པོ་ནི། དགག་དབྱེ་དུས་དང་དུས་མིན་གླེ་བུར་བ་ཞེས་པས་བསྟན། གཉིས་པ་ཆོ་གའི་རྣམ་བཞག་ལ་གསུམ་སྟེ། སྦྱོར་བ་དང་། དངོས་གཞི། རྗེས་ཀྱི་བྱ་བའོ། །དང་པོ་ནི། རིང་སྦྱོར་ནས། ལས་བྱ་ཞེས་པས་བསྟན། གཉིས་པ་དངོས་གཞི་ནི། དངོས་གཞིར་ནས། བཞིན་བྱ་ཞེས་པས་བསྟན། གསུམ་པ་རྗེས་ཀྱི་བྱ་བ་ནི། གོས་སོགས་དབྱར་རྙེད་པ་གོ་བ་སྟེ། འོག་གོས་ཀྱི་གཞིར་འཆད་པར་འགྱུར་བས་འདིར་མ་སྤྲོས་སོ། །ཞར་ལས་འོངས་པ་ལ་གཉིས་ཏེ། རྐྱེན་དབང་དང་། གང་ཟག་གི་དམིགས་བསལ་ལོ། །དང་པོ་ལ་གཉིས་ཏེ། དུས་མ་ཡིན་པ་དང་། ཚོགས་ཀྱི་དགག་དབྱེའོ། །དེ་དག་རིམ་བཞིན། གལ་ཏེ་རྐྱེན་དབང་ནས། མ་གཏོགས་བྱ་ཞེས་པས་བསྟན།

སྐྱབ་པའི་བསླབ་བྱ་གཉིས་པ་བདེ་བར་གནས་པའི་རྐྱེན་གྱི་གཞི་ཞེས་བྱ་བ་འཆད་པ་ལ་གཉིས་ཏེ། མིང་དོན་དང་འབྲེལ་བའི་དབྱེ་བས་མདོར་བསྟན་པ་དང་། སོ་སོའི་རྣམ་བཞག་གིས་རྒྱས་པར་བཤད་པའོ། །དང་པོ་ནི༏ བདེ་བར་གནས་ནས། རྣམས་སོ་ཞེས་པས་བསྟན། གཉིས་པ་སོ་སོའི་རྣམ་བཞག་རྒྱས་པར་བཤད་པ་ལ། དང་པོ་ཟྭ་བརྒྱད་ཀྱི་གཞི་ལ་བདུན་ཏེ། གནས་གང་དུ་འདིང་བ། གང་ཟག་གང་གིས་འདིང་བ། དངོས་པོ་གང་འདིང་བ། ཆོ་ག་གང་གིས་འདིང་བ། བཏིང་བ་དེ་ཇི་ལྟར་སྐྱོང་བའི་ཚུལ། མིང་གི་དོན། དུས་སུ་འབྱིན་པའོ། །དང་པོ་ནི། གང་དུ་དབྱར་གནས་སྤྱི་མ་ཁས་བླངས་པར་ཞེས་པས་བསྟན། གཉིས་པ་ནི། བླངས་ལ་ནས། འཐོན་ནས་ཞེས་པས་བསྟན། གསུམ་པ་དངོས་པོ་གང་འདིང་བ་ནི། དངོས་པོ་ནས། སུམ་ཕྲུག་ཡན་ཞེས་པས་བསྟན། བཞི་པ་ཆོ་ག་གང་གིས་འདིང་བ་ནི། སྦྱོར་དངོས་རྗེས་གསུམ་ཚང་བས་ལེགས་བཏིང་ཞེས་པས་བསྟན། ལྔ་པ་བཏིང་བ་དེ་ཇི་ལྟར་སྐྱོང་བའི་ཚུལ་ནི། སྐྱོང་ཞེས་དང་། དྲུག་པ་མིང་དོན་ནི། ཟྭ་གཏན་དངོས་ཡིན་འདྲ་ཕྱིར་བཏག་པ་བ་ཞེས་པས་བསྟན། བདུན་པ་འབྱིན་པ་ནི། དབྱུང་ལ་གཉིས་ནས། ཚོགས་པས་སོ་ཞེས་པས་བསྟན།

དེ་དག་ལས་འཕྲོས་པ་ཕན་ཡོན་དང་རྙེད་པའི་ཐོབ་ཚུལ་ནི། བག་ཡངས་དང་འབྲེལ་ནས། ཕན་ཡོན་མིན་ཞེས་པས་བསྟན།

གཉིས་པ་གོས་ཀྱི་གཞི་ལ་བདུན་སྟེ། གོས་ཀྱི་རྒྱུ་རུང་མི་རུང་བསྟན་པ། རུང་བ་ལས་བཟོ་བའི་ཚུལ། བཟོས་པ་དང་། མ་བཟོས་པ་དང་། རྙེད་པ་རྣམས་རིམ་གྱིས་གཙོ་ཆེ་བའི་ཡོ་བྱད་གསུམ་དུ་ཕྱེ་བ། དབྱེ་བ་སོ

སོའི་རྣམ་བཞག །ཕྱིན་རླབས་འཇིག་པའི་རྒྱུ། གོས་རྙེད་སོགས་གོ་བའི་ཚུལ། མཐའ་གཉིས་སྤྱང་བར་གདམས་པའོ། །དང་པོ་ནི། རྒྱུ་ཚང་ནས། རུང་བ་བདུན་ཞེས་པས་བསྟན། གཉིས་པ་རུང་བའི་གོས་ལས་བཟོ་ཚུལ་ནི། བཀྲུས་ཏེ་ནས། ཐབས་རུང་ཞེས་པས་བསྟན། གསུམ་པ་བཟོས་པ་སོགས་ཀྱི་སྒོ་ནས་ཡོ་བྱད་གསུམ་དུ་དབྱེ་བ་ནི༑ འཚོ་དང་མཁོ་བ་ལྷག་པའི་ཡོ་བྱད་གསུམ་ཞེས་པས་བསྟན། བཞི་པ་དབྱེ་བ་སོ་སོའི་རྣམ་བཞག་རྒྱས་པར་བཤད་པ་ལ་དང་པོ་འཚོ་བའི་ཡོ་བྱད་ཀྱི་རྣམ་བཞག་ལ་བཞི་སྟེ། དབྱེ་བ་དང་། ངོ་བོ་དང་། ཕྱིན་གྱིས་བརླབས་པ་དང་། བགོ་བའི་དུས་སོ། །དང་པོ་ནི། ལུས་འཚོའི་ཕྱིར་གནང་ནས། བཅུ་གསུམ་ཞེས་པས་བསྟན། གཉིས་པ་སོ་སོའི་ངོ་བོ་ནི། ངོ་བོ་སྣམ་སྦྱར་ནས། སྒྲུབ་པ་ཞེས་པས་བསྟན། གསུམ་པ་ཕྱིན་གྱིས་བརླབས་པ་ནི། ཕྱིན་གྱིས་བརླབས་ཏེ་ནས། ཕྱིན་རླབས་རུང་ཞེས་པས་བསྟན། བཞི་པ་བགོ་བའི་དུས་ནི། སྣམ་སྦྱར་བསོད་སྙོམས་ནས། ལེགས་པར་སྤྱོང་ཞེས་པས་བསྟན། གཉིས་པ་གོས་མ་བཟོས་པ་གཙོ་ཆེ་བ་མཁོ་བའི་ཡོ་བྱད་ནི། རང་དང་ཚངས་པར་མཚུངས་སྤྱོད་ནས། ཡོ་བྱད་དོ་ཞེས་པས་བསྟན། གསུམ་པ་རྙེད་པ་གཙོ་ཆེ་བ་ལྷག་པའི་ཡོ་བྱད་ནི། གཞན་ལ་ཡིད་གཏད་ནས། ལྷག་པའི་ཡོ་བྱད་དོ་ཞེས་པས་བསྟན། ལྔ་པ་ཕྱིན་རླབས་འཇིག་པའི་རྒྱུ་ནི། རྟེན་དང་དངོས་པོ་ནས། བསལ་ལོ་ཞེས་པས་བསྟན། དྲུག་པ་གོས་རྙེད་སོགས་བགོ་བའི་ཚུལ་ནི། གོས་རྙེད་ནས། ལས་ཀྱིས་བགོ །ཞེས་པས་བསྟན། བདུན་པ་མཐའ་གཉིས་སྤྱང་བར་གདམས་པ་ནི། སྤྱིར་ན་ནས། བརྟེན་པར་གསུངས་ཞེས་པས་བསྟན།

གསུམ་པ་ཀོ་ལྤགས་ཀྱི་གཞི་ལ་གསུམ་སྟེ། མཐའ་འཁོབ་ཕྱིར་འཆིལ་ལྷམ་གནང་བ། མིག་སོགས་ལ་ཕན་པའི་དོམ་ལྤགས་གནང་བ། མཐའ་འཁོབ་བྱེ་བྲག་པར་ཀོ་ལྤགས་བརྟེན་བྱར་གསུངས་པའོ། །དང་པོ་ནི། མི་རུང་ཤས་ཆེ་ནས། སོགས་ལ་བཀག་ཅེས་པས་བསྟན། གཉིས་པ་ནི། མིག་དང་ནས། གནང་ཞེས་པས་བསྟན། གསུམ་པ་ནི། མཐའ་འཁོབ་ནས། དཔྱད་ཅེས་པས་བསྟན།

བཞི་པ་སྨན་གྱི་གཞི་ལ་ལྔ་སྟེ། ངོ་བོ་སྤྱིར་བསྟན་པ། སོ་སོའི་མཚན་ཉིད་བསྟེན་ཚུལ་དང་བཅས་པ། བྱེ་བྲག་དུས་རུང་གི་ཟས་ལ་ལོངས་སྤྱོད་པའི་ཚུལ། དམིགས་བསལ་གྱི་གནང་བ་བསླབ་བྱ་གཞན་དང་བཅས་པ། མཐའ་གཉིས་སྤྱང་བར་གདམས་པའོ། །དང་པོ་ནི། གང་ཞིག་ཁམས་ཟས་ནས། སྨན་སོགས་བཞི་ཞེས་པས་བསྟན། གཉིས་པ་སོ་སོའི་མཚན་ཉིད་བསྟེན་ཚུལ་དང་བཅས་པ་ལ་དང་པོ་དུས་རུང་གི་སྨན་ནི། རབ་བྱུང་སྟེ་ལྔས་ནས། དག་ཀྱང་ངོ་ཞེས་པས་བསྟན། གཉིས་པ་ཐུན་ཚོད་དུ་རུང་བའི་སྨན་ནི། གནང་བའི་བཙུང་བ་ནས། ནད་པར་གནང་ཞེས་པས་བསྟན། གསུམ་པ་ཞག་བདུན་པའི་སྨན་ནི། ཞུན་མར་ནས། སྨན་དུ་གྲགས། ཞེས

པས་བསྟན། བཞི་པ་འཚོ་བཅང་གི་སྨན་ནི། རྩ་བ་ནས། བྱིན་བརླབས་གསུངས་ཞེས་པས་བསྟན། གསུམ་པ་བྱེ་བྲག་ཏུ་དུས་རུང་གི་ཟས་ལ་ལོངས་སྤྱོད་པའི་ཚུལ་ནི། དུས་རུང་ཟས་ལ་ནས། མདོ་བསྒོ་བྱ་ཞེས་པས་བསྟན། བཞི་པ་དམིགས་བསལ་གྱི་གནང་བ་བསླབ་བྱ་གཞན་དང་བཅས་པ་ནི། དམིགས་བསལ་ནས། ཀུན་ཏུ་སྤྱང་ཞེས་པས་བསྟན། ལྔ་པ་མཐའ་གཉིས་སྤང་བར་གདམས་པ་ནི། མདོར་ན་ནས། མཐའ་ཡང་བསལ་ཞེས་པས་བསྟན།

གསུམ་པ་དགོས་པ་སྒྲུབ་བྱེད་ལས་ཀྱི་གཞི་འཆད་པ་ལ་གཉིས་ཏེ། མིང་དོན་དང་འབྲེལ་བའི་དབྱེ་བས་མདོར་བསྟན་པ་དང་། རྣམ་བཞག་རྒྱས་པར་བཤད་པའོ། །དང་པོ་ནི། འགྲུབ་བྱེད་ནས། གང་ཟག་གིས་དབྱེ། ཞེས་པས་བསྟན། དེའི་དང་པོ་དགེ་འདུན་གྱི་ལས་ལ་ལྔ་སྟེ། ལས་ཆགས་པའི་རྒྱུ་ཚོགས་དང་བསམ་པ། བརྗོད་པ་ལས་ཀྱི་ངོ་བོ། ལས་ཉམས་སུ་མྱོང་བའི་དོན། ལས་ཆགས་པའི་དུས། ལས་ཀྱི་དབྱེ་བསྡུ་བསྟན་པའོ། །དང་པོ་ཚོགས་ལ་གསུམ་སྟེ་བློ་མཐུན་པར་བྱེད་པ་དགེ་འདུན་གྱི་ཁྱད་པར། བརྗོད་པར་བྱེད་པ་ལས་མཁན་གྱི་ཁྱད་པར། གང་ལ་བྱ་བ་ཡུལ་གྱི་ཁྱད་པར་རོ། །དེའི་དང་པོ་ལ་གྲངས་ཚང་བ་དང་། ཁ་སྐོང་འོས་པ་དང་། མི་མཐུན་པ་མེད་པ་གསུམ་གྱི་དང་པོ་ནི། དགེ་སློང་ཕ་དང་མ་ནས། གྲངས་ཚང་བ་ཞེས་པས་བསྟན། གཉིས་པ་ཁ་སྐོང་བ་འོས་པ་ནི། མི་འདུག་འགྲེང་ནས། འོས་ཤིང་ཞེས་པས་བསྟན། གསུམ་པ་མི་མཐུན་པ་མེད་པ་ནི། མཚམས་ནང་ནས། མེད་ཅེས་པས་བསྟན། གཉིས་པ་བརྗོད་པར་བྱེད་པ་ལས་མཁན་གྱི་ཁྱད་པར་ནི། ལས་བྱེད་མཁན་ནས། མཁས་ཤིང་སྒྲོ་ཞེས་པས་བསྟན། གསུམ་པ་གང་ལ་བྱ་བའི་ཡུལ་གྱི་ཁྱད་པར་ལ་གཉིས་ཏེ༑ སེམས་ཅན་མ་ཡིན་པ་ལ་བྱ་བ་དང་། སེམས་ཅན་ལ་བྱ་བའོ། །དང་པོ་ནི། མཚམས་ཆེན་ནས། དངོས་པོའི་ཁྱད་ཅེས་པས་བསྟན།

གཉིས་པ་སེམས་ཅན་ལ་བྱ་བ་ལ་གཉིས་ཏེ། ཁྱིམ་པའི་རྟེན་ལ་བྱ་བ་དང་། རབ་བྱུང་གི་རྟེན་ལ་བྱ་བའོ། །དང་པོ་ནི། ལྷུང་བཟེད་སྦྱུབ་ནས། རྟེན་ལ་དང་ཞེས་པས་བསྟན། གཉིས་པ་རབ་ཏུ་བྱུང་བའི་རྟེན་ལ་བྱ་བ་ལའང་གཉིས་ཏེ། བསྙེན་པ་མ་རྫོགས་པའི་རྟེན་ལ་བྱ་བ་དང་། རྫོགས་པའི་རྟེན་ལ་བྱ་བའོ། །དང་པོ་ནི། དགེ་སློང་ནས། རྟེན་ལའོ། །ཞེས་པས་བསྟན། གཉིས་པ་རྫོགས་པའི་རྟེན་ལ་བྱ་བ་ལའང་བཞི་སྟེ། སྦྱིན་པའི་ལས་དང་། བསྒོ་བའི་ལས་དང་། ཆད་པས་བཅད་པའི་ལས་དང་། ཆད་པ་དང་རྗེས་སུ་མཐུན་པའི་ལས་སོ། །དང་པོ་ནི། ཁང་པ་ནས། དབྱུག་དང་ཞེས་པས་བསྟན། གཉིས་པ་བསྒོ་བའི་ལས་ནི། གསང་སྟོན་ནས། མིན་ཞེས་པས་བསྟན། གསུམ་པ་ཆད་པས་བཅད་པའི་ལས་ནི། བསྡིགས་ནས་བཅུ་བཞི་ཞེས་པས་བསྟན། བཞི་པ་ཆད་

པ་དང་རྗེས་སུ་མཐུན་པའི་ལས་ནི། བསྒོ་གྱུར་ནས། རྟེན་ལའོ་ཞེས་པས་བསྟན། དེ་བཞིན་དུ་བསམ་པ་ལའང་འདུ་ཤེས་དང་ཀུན་སློང་གཉིས་ལས། དང་པོ་ནི། བྱེད་པོ་ནས། མིན་ཞེས་པས་བསྟན། གཉིས་པ་ཀུན་སློང་ནི། བསྟན་འགྲོར་ནས། རྒྱུ་ཞེས་པས་བསྟན། སྤྱིའི་གཉིས་པ་བརྗོད་པ་ལས་ཀྱི་ངོ་བོ་ནི། ལས་གང་ཡིན་ནས། དངོས་པོ་ཞེས་པས་བསྟན། གསུམ་པ་ལས་ཉམས་སུ་མྱོང་བའི་ཚད་ནི། དགེ་འདུན་ནས། ཉམས་མྱོང་ཚད་ཅེས་པས་བསྟན། བཞི་པ་ལས་ཆགས་པའི་དུས་ནི། གསོལ་བ་ནས། འཆགས་སོ་ཞེས་པས་བསྟན།

ལྔ་པ་ལས་ཀྱི་དབྱེ་བསྡུ་བསྟན་པ་ལ་གཉིས་ཏེ་སྤྱིར་བསྟན་པ་དང་། སོ་སོར་བཤད་པའོ། །དང་པོ་ནི། དགེ་འདུན་ལས་ལ་ནས། འདུས་ཤིང་ཞེས་པས་བསྟན། གཉིས་པ་སོ་སོར་བཤད་པ་ནི། སོ་སོའི་མཚན་ཉིད་ནས། ཞེས་བརྗོད་ཅེས་པས་བསྟན། སྤྱི་དོན་གཉིས་པ་གང་ཟག་གི་ལས་ཞར་བྱུང་དང་བཅས་པ་ནི། ཕྱོག་དང་མངོན་གྱུར་ནས། བརྟག་ཅེས་པས་བསྟན།

སྤྱི་དོན་གསུམ་པ་ཉམས་ན་ཕྱིར་བཅོས་པའི་ཐབས་ལ་གཉིས་ཏེ། དབྱེ་བ་དང་། རྒྱས་བཤད་དོ། །དང་པོ་ནི༑ གལ་ཏེ་ཉམས་ན་ནས། འཕྲོས་པ་གཞན་ཞེས་པས་བསྟན། དེའི་དང་པོ་ལྟུང་བ་ཕྱིར་བཅོས་ལ་གཉིས་ཏེ། ཕྱིར་བཅོས་ཀྱི་གཞི་དངོས་དང་། དེ་ལས་འཕྲོས་པའི་གཞི་གཞན་བཤད་པའོ། །གཉིས་པ་རྒྱས་བཤད་ནི། དང་པོ་ལྟུང་བ་ཕྱིར་བཅོས་ལ་གཉིས་ཏེ། དགེ་སློང་ཕ་མའི་ཕྱིར་བཅོས་དངོས་དང་། ཞར་བྱུང་བསླབ་ཚིག་སྨྲ་མའི་ཕྱིར་བཅོས་སོ། །དང་པོ་ལ་གསུམ་སྟེ་ནན་ཏུར་གྱི་ཕྱིར་བཅོས་དང་། བཤགས་པས་ཕྱིར་བཅོས། སྦྱོ་མགུའི་ཕྱིར་བཅོས་སོ། །དང་པོ་ལ་གསུམ་སྟེ་སྤྱིར་བསྟན་པ། སོ་སོར་བཤད་པ། ནན་ཏུར་བྱས་པ་ལ་བཟོད་པ་བླང་བའོ། །དང་པོ་ལ་དྲུག་སྟེ། གཞི་གང་ལ་བྱ་བ། དགེ་འདུན་གང་གིས་བྱ་བ། དུས་ནམ་གྱི་ཚེ་བྱ་བ། དགོས་པ་གང་གི་ཆེད་དུ་བྱ་བ། ཆོག་ཇི་ལྟར་བྱ་བ། མུ་བཞི་རྩིར་ཡོད་པ་ཁ་འཕངས་པའོ། །དང་པོ་ནི། གང་ལ་བྱ་བ་ནས། སྡིགས་ཞེས་པས་བསྟན། གཉིས་པ་དགེ་འདུན་གང་གིས་བྱ་བ་ནི། བྱེད་པོ་ནས། དག་པས་ཞེས་པས་བསྟན། གསུམ་པ་དུས་ནམ་གྱི་ཚེ་བྱ་བ་ནི། དགེ་འདུན་རྣམས་ནས། དུས་སུའོ་ཞེས་པས་བསྟན། བཞི་པ་དགོས་པ་གང་གི་ཆེད་དུ་བྱ་བ་ནི། སྔར་བྱས་འགྲོ་གཅོད་འཚོས་སུ་གཞུག་པའི་ཕྱིར་ཞེས་པས་བསྟན། ལྔ་པ་ཆོག་ཇི་ལྟར་བྱ་བ་ནི༑ གླེང་དྲན་ནས། ཡིས་ཀྱང་ངོ་ཞེས་པས་བསྟན། དྲུག་པ་མུ་བཞི་རྩིར་ཡོད་པ་ཁ་འཕངས་པ་ནི། ནན་ཏུར་ནས། དབྱེ་བ་ནི་ཞེས་པས་བསྟན།

གཉིས་པ་སོ་སོར་བཤད་པ་ལ། ལས་ཀྱི་དབྱེ་བ་བཅུ་ཡོད་པའི་དང་པོ་སྡིག་པ་ནན་ཏུར་ནི། འཐབ་ཀྲོལ་ནས། ལས་དང་ནི། ཞེས་པས་བསྟན། གཉིས་པ་སྨད་པ་ནན་ཏུར་ནི། ལྷག་མ་ནས། གསོལ་བཞི་ཞེས་པས

བསྟན། གསུམ་པ་བསྒྲུབ་པ་ནན་ཏུར་ནི། ཁྲིམ་སྲུན་འཕྲིན་ནས། བསྒྲུབ་པའི་གསོལ་གཞི་ཞེས་པས་བསྟན། བཞི་པ་ཕྱིར་འགྱེད་ནན་ཏུར་ནི། ཁྲིམ་པའམ་ནས། གནས་དབྱུང་བྱ་ཞེས་པས་བསྟན། ལྔ་པ་གནས་དབྱུང་བ་ནི༑ གནས་ཕྱུང་རྒྱུ་བདུན་ནས། འོས་པར་བྱ་ཞེས་པས་བསྟན། དྲུག་པ་གསོ་སྦྱོང་བཞག་པ་དང་། བདུན་པ་དགག་དབྱེ་བཞག་པ་དང་། བརྒྱད་པ་གསོལ་བརྗོད་བཞག་པ་རྣམས་ནི། ལྟུང་བ་གླེང་ཡང་ནས། བཞག་པའོ་ཞེས་པས་བསྟན། དགུ་པ་དགེ་ཚུལ་བསྒྲིལ་བ་ནི། སྡིག་ལྟ་ནས། བརྗོད་ཅེས་པས་བསྟན། བཅུ་པ་ལྟུང་བཟེད་ཁ་སྦྱབ་པ་ནི། ཡང་དག་ནས། སྦྱབ་པ་ཞེས་བྱ་ཞེས་པས་བསྟན། གསུམ་པ་ནན་ཏུར་བྱས་པ་ལ་བཟོད་པ་བླང་བ་ནི། ནན་ཏུར་ནས། སྐལ་བས་དབེན་ཞེས་པས་བསྟན། གཉིས་པ་བཤགས་པས་ཕྱིར་བཅོས་པ་ལ་ལྔ་སྟེ། ཡུལ། གང་ཟག །བསམ་པ། ཚིག །དགོས་པའོ། །དང་པོ་ནི། བགོ་བསྒྱུར་བཅུ་ནི་ནས། ལ་བཤགས་ཞེས་པས་བསྟན། གཉིས་པ་གང་ཟག་ནི། ལྟུང་བ་བྱུང་བ་ལྟར་ནས། གྱིས་སོ་ཞེས་པས་བསྟན། གསུམ་པ་བསམ་པ་ནི༑ སྙིང་ནས་སོགས་ནས། བརྟན་པོ་གཙོ་ཞེས་པས་བསྟན། བཞི་པ་ཚིག་ནི། ཚིག་ནས། གཞན་དུ་ཤེས་ཞེས་པས་བསྟན། ལྔ་པ་དགོས་པ་ནི། དགོས་པ་ནས། འགྱུར་བའོ་ཞེས་པས་བསྟན། གསུམ་པ་སྡོ་མགུའི་ཕྱིར་བཅོས་ནི། ལྷག་མ་འཆབ་ནས། སྡོམ་ཞེས་པས་བསྟན།

གཉིས་པ་ཞར་བྱུང་བསླབ་ཚིགས་སྤྱ་མའི་ཕྱིར་བཅོས་ནི། དགེ་ཚུལ་ནས། བྱུང་ངོ་ཞེས་པས་བསྟན། གཉིས་པ་དེ་ལས་འཕྲོས་པའི་གཞི་གཞན་བཤད་པ་ལ་གསུམ་སྟེ། དུས་དང་དུས་མ་ཡིན་པས་བསྡུས་པའི་གཞི། ས་གཞན་ན་སྤྱོད་པའི་གཞི། ཡོངས་སུ་སྦྱོང་བའི་གཞིའོ། །དང་པོ་ལ་སྒྲ་དོན་གང་དུ་སྨོས་པ་ལྟར་གྱི་སྤོ་བ་ཚུལ་བཞིན་དུ་སྤྱད་པས་བཅབ་ཉེས་ལས་ལྡང་བའི་ཚད་དང་། སྤོ་བ་སྤྱད་པ་མ་རྫོགས་པས་ལྡང་བའི་དུས་མ་ཡིན་པ་གཉིས་སོ་སོར་དབྱེ་བ་ལ་འདྲུག་པས་འཆབ་ཉེས་སུ་གྱུར་པའི་ཚད་རྟོགས་དགོས་ལ། དེ་ལ་བཞི། བསམ་པ། སྦྱོར་བ། མཐར་ཐུག་པའི་ཡན་ལག་སྟེ་བཞིའི་དང་པོ་ནི། མི་ཤེས་ནས། ལ་འབྱུང་ཞེས་པས་བསྟན། གཉིས་པ་བསམ་པའི་ཡན་ལག་ནི། བྱུང་བར་ནས། གསོད་པ་ཞེས་པས་བསྟན། གསུམ་པ་སྦྱོར་བའི་ཡན་ལག་ནི། དེ་ཡིས་ནས། ངག་ལས་ཞེས་པས་བསྟན། བཞི་པ་མཐར་ཐུག་གི་ཡན་ལག་ནི། གོ་བར་ནས། ཞེས་བརྗོད། ཅེས་པས་བསྟན། གཉིས་པ་ས་གཞན་ན་སྤྱོད་པའི་གཞི་ལ་གཉིས་སྟེ། མཚན་ཉིད་དང་འབྲེལ་བའི་དབྱེ་བ། དེ་ལ་སྤྱོད་པའི་བསླབ་བྱའོ། །དང་པོ་ནི། སྤོ་ལས་ནས། གཞན་ན་གནས་ཞེས་པས་བསྟན།

གཉིས་པ་དེ་དག་ལ་སྤྱོད་པའི་བསླབ་བྱ་ལས་གཞན་ན་གནས་པ་ཆུང་ངུ་དང་། ཆེན་པོ་གཉིས་སུ་བསྡུས་ནས་དམན་སྤྱོད་དང་དུ་བླང་མི་དགོས་པ་དང་། དགོས་པ་གཉིས་སུ་འཇོག་པ་ཡོད་ནའང་འདིར་དབྱེ་བསལ་མི་

མཛད་པའི་ལུགས་ལྟར་ན། སྤྱིའི་བསླབ་ནས། བཞག་གོ་ཞེས་པས་བསྟན། གསུམ་པ་ཡོངས་སུ་སྦྱོང་བའི་གཞི་ལ་གསུམ་སྟེ། ཡུལ་གང་ལ་གླེང་བ། དངོས་པོ་གང་གླེང་བ། གླེང་ནས་ཇི་ལྟར་སྒྲུབ་པའོ། །དང་པོ་ནི། གཞན་གྱི་ལྟུང་བ་ནས། མིན་ཞེས་པས་བསྟན། གཉིས་པ་དངོས་པོ་གང་གླེང་བ་ནི། ལྟུང་བ་ནས། གསོ་ཞེས་པས་བསྟན། གསུམ་པ་གླེང་ནས་ཇི་ལྟར་སྒྲུབ་པའི་ཚུལ་ནི། གླེང་ཚེ་ནས། བསྟན་ཞེས་པས་བསྟན། གཉིས་པ་དགེ་འདུན་མཐུན་པའི་ཆོས་ལས་ཉམས་པ་སོར་ཆུད་པར་བྱེད་པ་རྩོད་པ་ཕྱིར་བཅོས་བཤད་པ་ལ་གཉིས་ཏེ། དབྱེ་བ་དང་། དབྱེ་བའི་ངོ་བོའོ། །དང་པོ་ནི། རྩོད་པ་ཕྱིར་བཅོས་ནས། གཞི་སྟེ་ཞེས་པས་བསྟན། དང་པོ་ལ་གཉིས་ཏེ་ལས་ཀྱི་དབྱེན་དང་། འཁོར་ལོའི་དབྱེན་ནོ། །དང་པོ་ལ་བྱ་བ་གང་གི་དབྱེན་དུ་འགྱུར་བ་དང་། གྱུར་པ་དེ་ཇི་ལྟར་བསྡུམ་པའི་ཚུལ་གཉིས་ཀྱི། དང་པོ་ནི། མཚམས་ཀྱི་ནང་ནས། རག་ལས་ཞེས་པས་བསྟན། གཉིས་པ་དབྱེན་དུ་གྱུར་པ་ཇི་ལྟར་བསྡུམ་པའི་ཚུལ་ནི། བྱེ་འགྱུར་ནས། སྡུར་ཞེས་པས་བསྟན། གཉིས་པ་འཁོར་ལོའི་དབྱེན་ནི། ཐར་ལམ་ནས། པས་སོ་ཞེས་པས་བསྟན། གཉིས་པ་རྩོད་པའི་གཞི་ལ་གསུམ་སྟེ་ངོ་བོ་ངོས་བཟུང་བ་དང་། རྩོད་པ་གང་ལ་ཞི་བྱེད་གང་འཇུག་པ། རྩོད་པ་ཞི་བའི་ཕན་ཡོན་ནོ། །དང་པོ་ནི། འཕྲུགས་ལོང་ནས། བདུན་ནོ་ཞེས་པས་བསྟན། གཉིས་པ་རྩོད་པ་གང་ལ་ཞི་བྱེད་གང་འཇུག་པ་ལ་གཉིས་ཏེ། མདོར་བསྟན་པ་དང་། སོ་སོར་བཤད་པའོ། །དང་པོ་ནི། དང་པོར་མངོན་སུམ་ནས། ཞིར་འགྱུར་ཞེས་པས་བསྟན། གཉིས་པ་སོ་སོར་བཤད་པ་ལ་བཞིའི་དང་པོ་ནི། ཚིག་ནས། ཞི་བར་བྱ་ཞེས་པས་བསྟན། རྩོད་པ་གཉིས་པ་ཞི་བྱེད་ནི། གཉིས་པ་ནས། གོ་བ་གསོ་ཞེས་པས་བསྟན། རྩོད་པ་གསུམ་པ་ཞི་བྱེད་ནི། གསུམ་པ་ནས། གཅེས་ཞེས་པས་བསྟན། རྩོད་པ་བཞི་པ་ཞི་བྱེད་ནི། བཞི་པར་ནས། འགྲུབ་ཅེས་པས་བསྟན། གསུམ་པ་རྩོད་པ་ཞི་བའི་ཕན་ཡོན་ནི། དགོས་པ་ནས། འགྱུར་ཞེས་པས་བསྟན།

བདེ་བར་གནས་པའི་རྐྱེན་གྱི་ཡ་གྱལ་བསྟན་པ་ཡུན་རིང་དུ་གནས་པར་བྱ་བ་གནས་མལ་གྱི་གཞི་ལ་དྲུག་སྟེ། དགེ་འདུན་སྤྱིའི་གཙུག་ལག་ཁང་བཞེངས་པའི་ཚུལ། དེ་ལ་རི་མོའི་བཀོད་པ། གང་ཟག་གི་ཁང་པའི་ཁྱད་པར། གཙུག་ལག་ཁང་ལ་སྤྱོད་པའི་ལས་ཚན་གྱི་རིམ་པ། བསླབ་ཚིག་གོང་མར་ཕྱུག་བྱ་བའི་ཚུལ། སྟེང་དུ་རྒྱལ་མཚན་འཛུགས་པ། ཞར་བྱུང་གནས་མལ་གྱི་དགོས་པ་ཙུང་ཟད་སྨོས་པའོ། །དང་པོ་ནི། གནས་མལ་གཞི་ནས། སེང་ཁྲི་བྱ་ཞེས་པས་བསྟན། གཉིས་པ་བཞེངས་ནས་རི་མོའི་བཀོད་པ་བྱ་བའི་ཚུལ་ནི། སྒོ་ལ་ནས། སྒྲུབ་ཅེས་པས་བསྟན། གསུམ་པ་གང་ཟག་གི་ཁང་པའི་ཁྱད་པར་ནི། གང་ཟག་སོ་སོའི་ནས། རྣམ་པར་བསལ་ཞེས་པས་བསྟན། བཞི་པ་གཙུག་ལག་ཁང་ལ་སྤྱོད་པའི་ལས་ཚན་གྱི་རིམ་པ་ནི། ཀུན་དགའ་ར་བར་ནས། བསྐོས་

ལ་བཞག་ཅེས་པས་བསྟན། ལྔ་པ་བསླབ་ཚིགས་གོང་མ་ཕྲུག་བུའི་ཡུལ་ནི། བསླབ་ཚིགས་འོག་མ་ནས། གཉིས་སོ་ཞེས་པས་བསྟན། དྲུག་པ་མཆོད་རྟེན་དང་ཀུན་དགའ་ར་བ་ལ་རྒྱལ་མཚན་འཛུག་པ་ནི། མཆོད་རྟེན་ནས། ཡོད་དོ་ཞེས་པས་བསྟན། ཞར་བྱུང་གནས་མལ་གྱི་དགོས་པ་ཅུང་ཟད་བཤད་པ་ནི། དེ་ལྟར་ནས། ཡུན་རིང་སྐྱོང་ཞེས་པས་བསྟན། ལེའུའི་མཇུག་བསྡུ་བ་ནི། ཡོངས་རྫོགས་ནས། ལེའུ་སྟེ་གཉིས་པའོ། །ཞེས་པས་བསྟན་ཏོ།། །།

སྐབས་ཀྱི་དོན་གཉིས་པ་བྱང་ཆུབ་སེམས་དཔའི་སྡོམ་པའམ། སེམས་བསྐྱེད་གཏན་ལ་འབེབ་པ་ལ་བཞི་སྟེ། ངོ་བོ་ངོས་བཟུང་བ། དང་པོར་བླང་བའི་ཐབས། བར་དུ་བསྲུང་བའི་ཐབས། ཉམས་ན་ཕྱིར་བཅོས་པའོ། །དང་པོ་ལ་གསུམ་སྟེ། མཚན་གཞི། མཚན་ཉིད། དབྱེ་བའོ། །དང་པོ་མཚན་གཞི་སྤྱིར་བསྟན་པ་ནི། སེམས་བསྐྱེད་ལ་ནི་ནས་སེམས་སུ་མཐུན། །ཞེས་པས་བསྟན། གཉིས་པ་མཚན་ཉིད་ལ་དོན་དམ་བྱང་སེམས་ཀྱི་མཚན་ཉིད་འོག་ཏུ་འཆད་པར་འགྱུར་ལ། འདིར་ཀུན་རྫོབ་བྱང་སེམས་ཀྱི་མཚན་ཉིད་ལ་གཉིས་ཏེ། མཚན་ཉིད་དངོས་དང་། མཚན་ཉིད་དེ་ལྡན་གྱི་མིང་གི་རྣམ་གྲངས་སོ། །དེའི་དང་པོ་ལ་གཉིས་ཏེ་སེམས་བསྐྱེད་ཀྱི་མཚན་ཉིད་དང་། དེ་ཉིད་སྡོམ་པར་སོང་བའི་མཚན་ཉིད་དོ། །དེའི་དང་པོ་ནི་རྫོགས་བྱང་ཆུབ་ཀྱི་ནས་མཚན་ཉིད་དང་། །ཞེས་པས་བསྟན། གཉིས་པ་མཚན་ཉིད་དེ་ལྡན་གྱི་མིང་གི་རྣམ་གྲངས་ནི། བྱང་སེམས་སོ་སོར་ཐར་པ་ནས་རྣམ་གྲངས་སོ། །ཞེས་པས་བསྟན། གསུམ་པ་དབྱེ་བ་སྤྱིར་བསྟན་པ་ལ་ཚུལ་གཉིས་སུ་ཡོད་པའི་དང་པོ་ཆོས་རྗེ་པའི་སེམས་བསྐྱེད་ཆེན་མོ་ལྟར་ན་ལྔ་སྟེ། ངོ་བོས་དབྱེ་བ། ཡུལ་གྱིས་དབྱེ་བ། སྐྱེ་ཚུལ་གྱིས་དབྱེ་བ། ས་མཚམས་ཀྱིས་དབྱེ་བ། རྟེན་གྱིས་དབྱེ་བའོ། །དང་པོ་ནི། ངོ་བོས་སོགས་ཚིག་རྐང་གཅིག་དང་། གཉིས་པ་ནི། ཡུལ་གྱིས་སོགས་ཚིག་རྐང་གཅིག་དང་། གསུམ་པ་ནི། སྐྱེ་ཚུལ་སོགས་ཚིག་རྐང་གཉིས་དང་། བཞི་པ་ནི། ས་མཚམས་ནས། སྨྲར་བའོ། །ཞེས་པས་དང་། ལྔ་པ་ནི། རྟེན་གྱིས་ནས། ཤེས་པར་བྱ། ཞེས་པས་བསྟན། མདོར་བསྡུས་པ་རབ་དབྱེའི་སྤྱི་དོན་ལྟར་ན་གསུམ་སྟེ། ཡང་ན། རྟེན་དང་ངོ་བོ་ཚོགས་འབྱེད། །ཅེས་རྟེན་གྱིས་དབྱེ་བ་དང་། ངོ་བོས་དང་། ཚོགས་སོ། །དང་པོ་ནི། ཐེག་ཆེན་སློབ་ལམ་ནས། སྡོམ་པའོ། །ཞེས་པས་བསྟན། གཉིས་པ་ནི། བྱང་ཆུབ་ཆེ་ལ་ནས། སེམས་བསྐྱེད་དེ། ཞེས་པས་བསྟན། གསུམ་པ་ནི། ཕར་ཕྱིན་ལུགས་ནས། ཆ་མཐུན་ནོ། །ཞེས་པས་བསྟན། སྤྱི་དོན་གཉིས་པ་དང་པོར་བླང་བའི་ཐབས་ལ་གསུམ་སྟེ། སྡོམ་པ་བླང་བའི་ཆོ་ག་དང་། བླངས་པ་དེ་ཇི་ལྟར་སྐྱེ་བའི་ཚུལ་དང་། སྐྱེས་པའམ་ཐོབ་པ་དེའི་ས་མཚམས་སོ། །དང་པོ་ལ་གསུམ་སྟེ༑ གང་གིས་བླང་བ་རྟེན་གྱིས་ཁྱད་པར། གང་ལས་ལེན་པ་ཡུལ་གྱི་ཁྱད་པར། ཇི་ལྟར་བླང་བ་ཆོ་གའི་ཁྱད་

པར་རྣམས་སོ། །དེའི་དང་པོ་ནི། བླང་བའི་རྟེན་ནི་ནས། མར་མེ་མཛད་ཀྱིས་གསུངས། ཞེས་པས་བསྟན། གཉིས་པ་གང་ལས་བླང་སའི་ཡུལ་གྱི་ཁྱད་པར་ནི། ལེན་ཡུལ་ནས། གཙོ་ཆེ་ཞེས་པས་བསྟན། གསུམ་པ་ཇི་ལྟར་བླང་བའི་ཆོ་གའི་ཁྱད་པར་པ་ལ་གསུམ་སྟེ། དབྱེ་བ་དངོས་དང་། མཐའ་དཔྱད་པ་དང་། ལེན་ཡུལ་གྱི་དམིགས་བསལ་ལོ། །དང་པོ་ནི། ཆོ་ག་ལ། དང་པོ་ལྟར་ན་ནས་རྗེས་ཀྱི་ཆོས། ཞེས་དང་། གཉིས་པ་ལྟར་ན་ནས། གཏང་རག་བྱ་ཞེས་པས་བསྟན། །གཉིས་པ་མཐའ་དཔྱད་པ་ནི། འདི་གཉིས་ནས། བསྟུན་པས་དོགས། །ཞེས་པས་བསྟན། གསུམ་པ་ལེན་ཡུལ་གྱི་དམིགས་བསལ་ནི། གལ་ཏེ་སྡོམ་པ་ནས། བྱང་སར་བཤད། ཅེས་པས་བསྟན། གཉིས་པ་བླངས་པ་དེ་ཇི་ལྟར་སྐྱེ་བའི་ཚུལ་ནི། ངོ་བོ་ཙམ་ནས། བྱང་སྡོམ་འགྲོ་ཞིང་། ཞེས་པས་བསྟན། གསུམ་པ་སྐྱེས་པའམ་ཐོབ་པ་དེའི་ས་མཚམས་ནི། ཚོགས་ལམ་ལ་ནས། མཚམས་སུ་སྐྱེ། ཞེས་པས་བསྟན།

སྤྱི་དོན་གསུམ་པ་བར་དུ་བསྲུང་བའི་ཚུལ་ལ་གསུམ་སྟེ། བསྲུང་ཚུལ་སྤྱིར་གདམས་པ་དང་། བསླབ་བྱ་དངོས་དང་། ཉེས་དམིགས་དང་ཕན་ཡོན་བསྟན་པའོ། །དང་པོ་ནི། ཐོབ་པ་མ་ཉམས་ནས། བསྐྱེད་ཅིང་སྦྱིབ། ཅེས་པས་བསྟན། གཉིས་པ་ལ་གཉིས་ཏེ། བསླབ་བྱའི་གནས་མཐའ་དག་སྤྱིར་བསྟན་པ་དང་། རྩ་ལྟུང་སོགས་ཀྱི་རྣམ་བཞག་བྱེ་བྲག་ཏུ་བཤད་པ། སྲུང་བའི་དུས་སྐབས་ལ་དཔྱད་པའོ། །བསླབ་བྱའི་གནས་ལ་གཉིས་ཏེ། སྨོན་འཇུག་ཐུན་མོང་གི་བསླབ་པར་བྱ་བ་དང་། སོ་སོའི་བསླབ་པར་བྱ་བའོ། །དེའི་དང་པོ་ལ་གཉིས་ཏེ། སྒྲུབ་པར་བྱ་བའི་ཆོས་གསུམ་དང་། ཤེས་པར་བྱ་བའི་ཆོས་བཞིའོ། །དང་པོ་ནི། བསླབ་བྱ་དངོས་ལ་ནས། སྒྲུབ་པའི་ཆོས་ཞེས་པས་བསྟན། གཉིས་པ་ནི། བསམ་པ་ངན་པས་ནས། བྱ་བའི་ཆོས། ཞེས་པས་བསྟན།

གཉིས་པ་སོ་སོའི་བསླབ་བྱ་ལ་གཉིས་ཏེ། རྒྱས་པར་བསླབ་པ་དང་། བསྡུས་ཏེ་བསླབ་པའོ། །རྒྱས་པ་ལ་གཉིས་ཏེ། སྨོན་པའི་བསླབ་བྱ་དང་། འཇུག་པའི་བསླབ་བྱའོ། །དང་པོ་ལ་གཉིས་ཏེ། སྤང་བའི་བསླབ་བྱ་དང་། སྒྲུབ་པའི་བསླབ་བྱའོ། །སྤང་བའི་བསླབ་བྱ་ལ་གསུམ་ཏེ། མི་མཐུན་པའི་ཕྱོགས་གསུམ། ནག་པོའི་ཆོས་བཞི། མི་འཕེལ་བའི་རྒྱུ་དྲུག་སྤང་བའོ། །དེའི་དང་པོ་ནི། སོ་སོའི་བསླབ་བྱ་ནས། མི་མཐུན་ཕྱོགས་སོ། །ཞེས་པས་བསྟན། གཉིས་པ་ནི། བླ་མ་དང་། ཆོས་བཞིར་གྲགས། །ཞེས་པས་བསྟན། གསུམ་པ་ནི། སྡིག་པའི་ནས། སྤང་བྱའོ། །ཞེས་པས་བསྟན། གཉིས་པ་སྒྲུབ་པའི་བསླབ་བྱ་ནི། སངས་རྒྱས་ནས། སྒྲུབ་བྱའི་ཆོས། ཞེས་པས་བསྟན། གཉིས་པ་འཇུག་པའི་བསླབ་བྱ་ལའང་གཉིས་ཏེ། སྤང་བྱ་དང་། སྒྲུབ་བྱའོ། །དང་པོ་ནི། འཇུག་པའི་བསླབ་བྱ་ནས། སྤང་བྱའོ། །ཞེས་པས་བསྟན། གཉིས་པ་བསྒྲུབ་པའི་བསླབ་བྱ་ལ་གཉིས་ཏེ། མི་ཉམས་པའི་རྒྱུ་

དང་། འཕེལ་བའི་རྒྱུ་ལ་བསླབ་པའོ། །དང་པོ་ལ་གསུམ་སྟེ། ཚེ་འདིར་མི་ཉམས་པའི་རྒྱུ། ཕྱི་མ་ཕན་ཆད་དུ་མི་ཉམས་པའི་རྒྱུ། རྣམ་པ་ཐམས་ཅད་དུ་མི་ཉམས་པའི་རྒྱུའོ། །དེའི་དང་པོ་ནི། བྱང་ཆུབ་སེམས་བསྐྱེད་ནས། རྒྱུ་ཡིན། ཞེས་པས་བསྟན། གཉིས་པ་ནི། དུས་གསུམ་དུ་ནས། མི་ཉམས་རྒྱུ། ཞེས་པས་བསྟན། གསུམ་པ་ནི། བྱང་ཆུབ་སེམས་ལ་ནས། མི་ཉམས་རྒྱུ། ཞེས་པས་བསྟན། གཉིས་པ་འཕེལ་བའི་རྒྱུ་བྱང་ཆུབ་སེམས་དཔའི་བསླབ་པའི་གནས་མཐའ་དག་ཚུལ་ཁྲིམས་གསུམ་དུ་འདུས་པས་འདིར་བཤད་པ་ལ། བྱང་ཆུབ་སོགས་ཚིག་རྐང་གཉིས་ཀྱིས་མཚམས་སྦྱར་ནས། དང་པོ་ཉེས་སྤྱོད་སྡོམ་པའི་ཚུལ་ཁྲིམས་བཤད་པ་ལ་གསུམ་སྟེ། མཚན་ཉིད་དང་། དབྱེ་བ་དང་། ཉེ་བར་མཁོ་བའི་མཐའ་དཔྱད་དོ། །དང་པོ་ནི། ཉེས་སྤྱོད་ནས། མཚན་ཉིད་ཅན། བར་གྱིས་བསྟན། གཉིས་པ་དབྱེ་བ་ལ་གཉིས་ཏེ། རང་བཞིན་གྱི་ཁ་ན་མ་ཐོ་བ་དང་། བཅས་པའི་ཁ་ན་མ་ཐོ་བ་གཉིས་སོ། །དང་པོ་ནི། སྤྱད་པ་ཙམ་གྱིས་ནས། །ཁྱད་མི་བསད་། ཅེས་པས་བསྟན།

གསུམ་པ་མཐའ་དཔྱད་པ་ནི། བཅས་ལ་ནས། ཉེས་པར་འགྱུར། ཞེས་པས་བསྟན། གཉིས་པ་དགེ་བ་ཆོས་བསྡུད་ཀྱི་ཚུལ་ཁྲིམས་ལ་གཉིས་ཏེ། ཕ་རོལ་ཏུ་ཕྱིན་པ་དྲུག་ལ་སློབ་པ་དང་། ཤེས་བྱའི་གནས་མཐའ་དག་སློབ་པའོ། །དང་པོ་ལ་གཉིས་ཏེ། མདོར་བསྟན་པ་དང་། རྒྱས་པར་བཤད་པའོ། །དེའི་དང་པོ་ལ་བདུན་སྟེ། མཚན་ཉིད། སྒྲ་དོན། དབྱེ་བ། གྲངས་ངེས་ཀྱི་བསྡུ་བ། གོ་རིམ། སྒྲུབ་ཚུལ། ཡོན་ཏན་གྱི་ཁྱད་པར་ཕན་ཡོན་དང་བཅས་པའོ། །དང་པོ་ནི། གཉིས་པ་བྱང་ཆུབ་ནས། བཅས་ལ་ཞེས་པས་བསྟན། གཉིས་པ་སྒྲ་དོན་ནི། སོ་སྐྱེ་ནས། དོན་ཅན་ཞེས་པས་བསྟན། གསུམ་པ་དབྱེ་བ་ནི། སྦྱིན་སོགས་ནས། དྲུག་དྲུག་ལྡན་ཞེས་པས་བསྟན། བཞི་པ་གྲངས་ཀྱི་བསྡུ་བ་ནི། རྒྱུ་དང་ངོ་བོ་ནས། གསུམ་དུ་འདུ་ཞེས་པས་བསྟན། ལྔ་པ་གོ་རིམ་ནི། སྔ་མ་ལ་བརྟེན་ནས། འཇོག་ཅེས་པས་བསྟན། དྲུག་པ་སྒྲུབ་ཚུལ་ནི། ཚེ་འདིའི་ལན་དང་ནས། བསྒྲུབ་ཅེས་པས་བསྟན། བདུན་པ་ཡོན་ཏན་གྱི་ཁྱད་པར་ཕན་ཡོན་དང་བཅས་པ་ནི། རྫོགས་པའི་བྱང་ཆུབ་ནས། དབྱེར་མེད་ཐོབ། ཅེས་པས་བསྟན། ཕྱི་དོན་གཉིས་པ་སོ་སོའི་ངོ་བོ་རྒྱས་པར་བཤད་པ་ནི། སོ་སོའི་ངོ་བོ་ནས། ཟིན་པར་གཅེས། ཞེས་པས་བསྟན། གཉིས་པ་ཤེས་བྱའི་གནས་མཐའ་དག་ལ་སློབ་པ་ནི། གཞན་ཡང་རྒྱལ་པོའི་སྲས་ཀྱི་ནས། གནས་ཀུན་བསླབ། ཅེས་པས་བསྟན། གསུམ་པ་སེམས་ཅན་དོན་བྱེད་ཀྱི་ཚུལ་ཁྲིམས་བཤད་པ་ལ་གཉིས་ཏེ། མཚན་ཉིད་དང་། དབྱེ་བའོ། །དང་པོ་ནི། གསུམ་པ་སེམས་ཅན་དོན་བྱེད་ནས། མཚུངས་ལྡན་བཅས། ཞེས་པས་བསྟན། གཉིས་པ་དབྱེ་བ་ནི། དབྱེ་ན་བཞི་སྟེ་ནས། སྤངས་པར་སྤྱད། ཅེས་པས་བསྟན། ཞར་ལས་འོངས་པ་ལ་གཉིས་ཏེ་བསླབ་པ་རྣམས་མྱུར་དུ་འགྲུབ་པའི་རྒྱུ་དང་། མ་བཤད་པ་གཞན་དུ་ཁ་འཕངས་པའི་ཚུལ་ལོ། །དང

པོ་ནི། བསླབ་པ་ཐམས་ཅད་ནས། རྒྱུན་དུ་བསྟེན། ཞེས་པས་བསྟན། གཉིས་པ་མ་བཤད་པ་གཞན་དུ་ཁ་འཕངས་པའི་ཚུལ་ནི། རྒྱས་པ་བསླབ་བཏུས་ནས། འབྱུང་བཞིན་བསླབ། ཅེས་པས་བསྟན། གཉིས་པ་བསྡུས་ཏེ་བསླབ་པའི་ཚུལ་ནི། བརྩོན་པ་ཐམས་ནས། རིག་པས་གྲུབ་ཅེས་པས་བསྟན།

སྤྱི་དོན་གཉིས་པ་རྩ་ལྟུང་སོགས་ཀྱི་རྣམ་བཞག་བྱེ་བྲག་ཏུ་བཤད་པ་ལ་གཉིས་ཏེ། སྤྱི་དང་། ཡན་ལག་གི་དོན་ནོ། དང་པོ་ལ་གཉིས་ཏེ། མཚན་ཉིད་དང་། དབྱེ་བའོ། །དང་པོ་ནི། སྡོམ་པའི་ནས། ཉེས་བྱས་ཞེས་པས་བསྟན། གཉིས་པ་ནི། རྣམ་བཞག་སོ་ལ་གཉིས་ཐ་དད་པས། ཞེས་པས་བསྟན། གཉིས་པ་ཡན་ལག་གི་དོན་ནི། དང་པོ་དབུ་མ་པའི་ལུགས་བཤད་པ་ལ་གཉིས་ཏེ། རྩ་ལྟུང་བཤད་པ་དང་། ཉེས་བྱས་བཤད་པའོ། །དང་པོ་ལ་གཉིས་ཏེ། མདོར་བསྟན་པ་དང་། བཤད་པ་དངོས་སོ། །དང་པོ་ནི། དང་པོའི་ནས། གཅིག་ཏུ་འདུས་ཞེས་པས་བསྟན། གཉིས་པ་བཤད་པ་དངོས་ལ། དང་པོ་དབང་རྣོན་ལ་བཅུ་བཞིར་དབྱེ་བ་ནི། དཀོན་མཆོག་དཀོར་འཕྲོག་ནས། དགོངས་པའོ། །ཞེས་པས་བསྟན། གཉིས་པ་དབང་པོ་འབྲིང་ལ་བཞི་རུ་བསྟན་པ་ནི། བཞི་རུ་ནས། དགོངས་པའོ། །ཞེས་པས་བསྟན། གསུམ་པ་དབང་རྟུལ་གཅིག་ཏུ་བསྡུ་བ་ནི། གཅིག་ཏུ་ནས། རྩ་ལྟུང་ཞེས་བརྗོད། ཞེས་པས་བསྟན། གཉིས་པ་ཡན་ལག་གི་ཉེས་བྱས་བཤད་པ་ལ་གཉིས་ཏེ། བསླབ་བཏུས་ནས་དངོས་སུ་བཤད་པ་དང་། སོགས་ཀྱིས་བསྡུས་པའོ། །དང་པོ་ནི། ཉེས་བྱས་ནི་ནས། དེ་ཙམ་དང་། ཞེས་པས་བསྟན། གཉིས་པ་ནི། སོགས་ཀྱི་ནས། ཉིད་དུ་འདུ། ཞེས་པས་བསྟན།

གཉིས་པ་སེམས་ཙམ་པའི་སེམས་བསྐྱེད་ཀྱི་རྩ་ལྟུང་སོགས་ཀྱི་རྣམ་བཞག་ལ་རང་གཉིས་ཏེ། མདོར་སྨོས་པ་དང་། བཤད་པ་དངོས་སོ། དང་པོ་ནི། བྱང་སའི་ནས། ཉེས་བྱས་གཉིས་ཞེས་པས་བསྟན། གཉིས་པ་ལ་གཉིས་ཏེ། ཕམ་འདྲ་བཤད་པ་དང་། ཉེས་བྱས་བཤད་པའོ། །དང་པོ་ལ་གཉིས་ཏེ། རང་རང་གི་ཡན་ལག་དང་། ཐུན་མོང་གི་ཡན་ལག་གོ །དང་པོ་ནི། བསྟོད་དང་ནས། ངོ་བོ་སྟེ་ཞེས་པས་བསྟན། གཉིས་པ་ཐུན་མོང་གི་ཡན་ལག་ནི། བཞི་ཀར་ནས། ཕྱི་མ་གཙོ། ཞེས་པས་བསྟན། གཉིས་པ་ཡན་ལག་གི་ཉེས་བྱས་ལ་གཉིས་ཏེ། དགེ་བ་ཆོས་བསྡུད་དང་འགལ་བ་དང་། སེམས་ཅན་དོན་བྱེད་དང་འགལ་བའོ། །དེ་དག་བཤད་པ་ལ། ཉེས་བྱས་བཞི་བཅུ་རྩ་དྲུག་གསུངས་པ་ལས། ཞེས་སྤྱིའི་གྲངས་ཀྱིས་ལམ་ཕྱེས་ནས་སོ་སོར་བཤད་པ་ལ། དང་པོ་ནི། དགེ་བ་ཆོས་བསྡུད་ནས། ཤེས་རབ་དང་འགལ་བརྒྱད། ཅེས་པས་བསྟན། གཉིས་པ་སེམས་ཅན་དོན་བྱེད་དང་འགལ་བ་ནི། སེམས་ཅན་དོན་བྱེད་ནས། འགྲེལ་པར་ཤེས། ཞེས་པས་བསྟན།

སྤྱི་དོན་གསུམ་པ་བསྲུང་བའི་དུས་སྐབས་ལ་དབྱེ་བ་ནི། དབུ་སེམས་ནས། གཞན་ལའང་བསྒྲེ། ཞེས་

པས་བསྟན། གསུམ་པ་ཕན་ཡོན་དང་ཉེས་དམིགས་བསྟན་པའི་དང་པོ་ཉམས་པའི་ཉེས་དམིགས་བསྟན་པ་ལ་གཉིས་ཏེ། ལྟུང་བ་སྤྱིའི་ཉེས་དམིགས་དང་། ཁྱད་པར་རྩ་ལྟུང་གི་ཉེས་དམིགས་སོ། །དང་པོ་ནི། ཉམས་ན་ནས། འདུ་ཞེས་པས་བསྟན། གཉིས་པ་ཁྱད་པར་རྩ་ལྟུང་གི་ཉེས་དམིགས་ནི། དགེ་རྩ་གཅོད་ཅིང་ནས། འགྲོ་ཞེས་པས་བསྟན། མ་ཉམས་པའི་ཕན་ཡོན་བསྟན་པ་ནི། མ་ཉམས་ནས། ཐོབ་ཅེས་པས་བསྟན།

སྤྱི་དོན་བཞི་པ་ཉམས་ན་ཕྱིར་བཅོས་པའི་ཚུལ་ལ་གཉིས་ཏེ། དབུ་མ་པའི་ལུགས་ཀྱི་ཕྱིར་བཅོས་དང་། སེམས་ཙམ་པའི་ལུགས་ཀྱི་ཕྱིར་བཅོས་སོ། །དང་པོ་ལ་གཉིས་ཏེ། རྩ་ལྟུང་གི་ཕྱིར་བཅོས་དང་། ཉེས་བྱས་ཀྱི་ཕྱིར་བཅོས་སོ། །དང་པོ་ནི་དབུ་མའི་ནས། གཞན་དུ་ཤེས། ཞེས་པས་བསྟན། གཉིས་པ་ནི། ལྟུང་བ་གཞན་ནས། འདག་པར་གསུངས། ཞེས་པས་བསྟན། གཉིས་པ་སེམས་ཙམ་པའི་ལུགས་ཀྱི་ཕྱིར་བཅོས་ལ་གསུམ་སྟེ། ཕམ་འདྲའི་ཕྱིར་བཅོས་དང་། ཉེས་བྱས་ཀྱི་ཕྱིར་བཅོས་དང་། རྟེན་མེད་པའི་དམིགས་བསལ་ལོ། །དང་པོ་ནི། སེམས་ཙམ་ལུགས་ནས། དྲུང་དུ་བཤགས། ཞེས་པས་བསྟན། གཉིས་པ་ནི། ཉེས་བྱས་ནས། ཡིད་ཀྱིས་བསྡམ། ཞེས་པས་བསྟན། གསུམ་པ་ནི་ཕམ་འདྲ་ནས། གོང་མར་གསུངས། །ཞེས་པས་བསྟན།

སྤྱིའི་གཉིས་པ་དོན་དམ་སེམས་བསྐྱེད་བཤད་པ་ལ་དྲུག་སྟེ། མཚན་ཉིད་དང་། འཇོག་ཚུལ་དང་། ཅོ་ག་ལས་སྐྱེ་བ་དགག་པ། བསྒོམ་སྟོབས་ཀྱི་སྐྱེ་བའི་དུས་དང་། སྐྱེ་བའི་ཚུལ་དང་། དེ་ཉིད་སྟོམ་པར་འགྲོ་བའི་ཚུལ་ལོ། །དང་པོ་ནི། ཆོས་ཉིད་ནས། མཚན་ཉིད་ཡིན་ཏེ། ཞེས་པས་བསྟན། གཉིས་པ་ལ་གཉིས་ཏེ། ཐུན་མོང་དུ་གྲགས་པའི་འཇོག་ཚུལ་དང་། ཐུན་མོང་མ་ཡིན་པའི་འཇོག་ཚུལ་ལོ། །དང་པོ་ནི། ཐུན་མོང་ནས། སེམས་བསྐྱེད་གསུངས། གཉིས་པ་ཐུན་མོང་མ་ཡིན་པའི་འཇོག་ཚུལ་ནི། འདུས་པའི་རྒྱུད་དོན་ནས། ཅན་དུ་བཤད། ཅེས་པས་བསྟན། གསུམ་པ་ཅོག་ལས་སྐྱེ་བ་དགག་པ་ནི། འདི་ཡི་ནས། བསྒྲུབས་པར་མེད། ཅེས་པས་བསྟན། བཞི་པ་བསྒོམ་སྟོབས་ཀྱི་སྐྱེ་བའི་དུས་ནི། ཚོགས་སྦྱོར་ནས། མཐར་ཞེས་པས་བསྟན། ལྔ་པ་སྐྱེ་བའི་ཚུལ་ནི། དོན་དམ་ནས། སྐྱེ་ལ་ཞེས་པས་བསྟན། དྲུག་པ་དེ་ཉིད་སྡོམ་པ་རུ་འགྲོ་བའི་ཚུལ་ནི། ཡུལ་དེས་ནས། སྡོམ་པའོ། །ཞེས་པས་བསྟན། འདིའི་སྐབས་འཕྲོས་དོན་གྱི་ཚིགས་བཅད་གཞན་ཡང་སྨྲས་པ་ནི། དམ་པའི་དོན་དུ་ནས། ལམ་བཟང་ཡིན། ཞེས་སོ། །ལེའུ་མཇུག་བསྡུ་བ་ནི། ཡོངས་རྫོགས་བསྟན་པའི་ཉམས་ལེན་ནས། གསུམ་པའོ། །ཞེས་སོ། །

སྐབས་ཀྱི་དོན་གསུམ་པ་སྔགས་ཀྱི་སྡོམ་པ་གཏན་ལ་དབབ་པ་ལ་གཉིས་ཏེ་རྟེན་དང་འབྲེལ་པ་སྔགས་བླ་མེད་ལ་འཇུག་ཚུལ་དང་། སྔགས་སྡོམ་དངོས་གཏན་ལ་དབབ་པའོ། །གདབ་པ་ལ་གཉིས་ཏེ། སྐལ་དམན་

རིམ་གྱིས་འཇུག་པའི་ཚུལ་དང་། སྐལ་ལྡན་གཅིག་ཆར་དུ་འཇུག་པའི་ཚུལ་ལོ། །དང་པོ་ནི། སྔགས་ཀྱི་སྡོམ་པ་ནས། ཉིད་ལ་འཇུག །ཅེས་པས་བསྟན། གཉིས་པ་སྐལ་ལྡན་གཅིག་ཆར་དུ་འཇུག་པའི་ཚུལ་ནི། སྐལ་ལྡན་ནས། དབང་ལ་འཇུག་ཅེས་པས་བསྟན།

གཉིས་པ་སྔགས་སྡོམ་དངོས་གཏན་ལ་དབབ་པ་ལ་བཞི་སྟེ། ངོ་བོ་ངོས་བཟུང་བ། དང་པོར་བླང་བའི་ཐབས། བར་དུ་སྲུང་བའི་ཚུལ། ཉམས་ན་ཕྱིར་བཅོས་པའོ། །དང་པོ་ལ་གསུམ་སྟེ། མཚན་གཞི། མཚན་ཉིད། དབྱེ་བའོ། །དང་པོ་ནི། དབང་ལས་ནས། གང་ཞེས་པས་བསྟན། གཉིས་པ་ལ་གཉིས་ཏེ། མཚན་ཉིད་དངོས་དང་། མཚན་ཉིད་དེ་ལྡན་གྱི་མིང་གི་རྣམ་གྲངས་སོ། །དང་པོ་ནི། ཡིད་ནི་མཚན་རྟོག་ནས། སྡོམ་པའི་མཚན་ཉིད་ཅེས་པས་བསྟན། གཉིས་པ་མཚན་ཉིད་དེ་ལྡན་གྱི་མིང་གི་རྣམ་གྲངས་ནི། དབང་གི་ནས། དོན་གཅིག་ཅེས་པས་བསྟན། གསུམ་པ་དབྱེ་བ་ལ་གཉིས་ཏེ། དབྱེ་བ་དངོས་དང་། དེ་ལས་དངོས་བཏགས་ཕྱེ་བའོ། །དང་པོ་ལ་གཉིས་ཏེ། རྐང་གྲངས་ཀྱིས་མདོར་བསྟན་པ་དང་། སོ་སོའི་ངོ་བོས་ཚུང་ཟད་རྒྱས་པར་བཤད་པའོ། །དང་པོ་ནི། དབྱེ་བ་ནས། གསུམ་འབྱུང་ཞེས་པས་བསྟན། གཉིས་པ་ལ། དང་པོ་བརྗོད་བྱའི་དབྱེ་བ་ནི། རིམ་པ་བཞིན་ནས། སྡོམ་པའོ། །ཞེས་པས་བསྟན། གཉིས་པ་དངོས་བཏགས་ཕྱེ་བ་ནི། དེ་ལྟར་ནས། ཡེ་ཤེས་མཐོང་། ཞེས་པས་བསྟན། གཉིས་པ་བརྗོད་བྱེད་ཀྱི་དབྱེ་བ་ནི། བརྗོད་བྱེད་ནས། མཚུངས་ལྡན་བཅས། ཞེས་པས་བསྟན། །གསུམ་པ་ཐོབ་བྱེད་ཆོག་འི་སྒོ་ནས་དབྱེ་བ་ནི། ཆོག་ནས། ཚུལ་གྱིས་སོ། །ཞེས་པས་བསྟན།

སྤྱི་དོན་གཉིས་པ་དང་པོར་བླང་བའི་ཐབས་ལ་བདུན་ཏེ། གང་དུ་བསྐུར་བའི་དཀྱིལ་འཁོར། ཇི་ལྟར་བསྐུར་བའི་ཆོག །དབང་བསྐུར་བའི་དགོས་པ། སློབ་དཔོན་གྱི་མཚན་ཉིད་སོགས་ཁ་ལ་འདས་པའི་ཚུལ་གྱིས་བསྟན་པ། དབང་གི་ངེས་ཚིག །དབང་ཆོག་དེ་ལས་སྔགས་སྡོམ་ཐོབ་པའི་དུས་བསྟན་པ། ཐོབ་པ་དེ་ཇི་ལྟར་སྐྱེ་བའི་ཚུལ་ལོ། །དང་པོ་ལ་གཉིས་ཏེ། དཀྱིལ་འཁོར་གྱི་དབྱེ་བ་དང་། དེ་ལས་དེང་སང་གི་སྨིན་བྱེད་དུ་རུང་བ་ངོས་བཟུང་བའོ། །དང་པོ་ལ་ལྔ་སྟེ། ཡེ་ཤེས་ཀྱི་དཀྱིལ་འཁོར། སྤྲུལ་བའི་དཀྱིལ་འཁོར། ཏིང་ངེ་འཛིན་གྱི་དཀྱིལ་འཁོར། རྡུལ་ཚོན་གྱི་དཀྱིལ་འཁོར། རས་བྲིས་ཀྱི་དཀྱིལ་འཁོར། ཀུང་གི་སྒྲས་བསྟུས་པའི་ལུས་དཀྱིལ་ལོ༎ ༎དེ་དག་རིམ་པ་བཞིན་བཤད་པ་ནི། གང་དུ་བསྐུར་བའི་ནས། ཡོད་དོ་ཞེས་པས་བསྟན། གཉིས་པ་དེ་ལས་དེང་སང་གི་སྨིན་བྱེད་དུ་རུང་བ་ངོས་བཟུང་བ་ནི། མ་སྨིན་ནས། རས་བྲིས་ཀྱིས་རུང་ཞེས་པས་བསྟན། གཉིས་པ་ཇི་ལྟར་བསྐུར་བའི་ཆོག་ནི། འདིར་རྗེས་བཟུང་སོགས་སྤྱི་སྡོམ་བརྒྱད་ཀྱིས་བསྡུས་པ་ལྟར་བཤད་ན། བསྐུར་བའི་ཆོག་ནི་ཞེས་མཚམས་སྦྱར་ནས། དང་པོ་རྗེས་བཟུང་ནི། རྗེས་བཟུང་སོགས་དང་། གཉིས་པ་

བསྟེན་པ་ནི། བུམ་པར་སོགས་དང་། གསུམ་པ་ས་ཆོག་ནི། ས་ཡི་སོགས་དང་། བཞི་པ་སྟ་གོན་ནི། ས་ལྷ་སོགས་དང་། ལྔ་པ་བྲི་ཞིང་རྒྱན་དགྲམ་པ་ནི། ཐིག་གིས་སོགས་དང་། དྲུག་པ་སྒྲུབ་ཅིང་མཆོད་པ་ནི། དཀྱིལ་འཁོར་སྒྲུབ་པ་ལ་སོགས་དང་། བདུན་པ་འཇུག་ཅིང་དབང་བླང་བ་ནི། སློབ་དཔོན་འཇུག་ཅིང་སོགས་དང་། བརྒྱད་པ་དཀྱིལ་འཁོར་གྱི་མཇུག་གི་ཆོ་ག་ནི། མཇུག་ཆོག་སོགས།

གསུམ་པ་དབང་བསྐུར་བའི་དགོས་པ་ལ་གཉིས་ཏེ། དབང་བསྐུར་བ་ཐོབ་པའི་ཕན་ཡོན་དང་། ཕན་ཡོན་ཅན་གྱི་དབང་དེ་མ་ཐོབ་པའི་ཉེས་དམིགས་སོ། །དང་པོ་ནི། བསྐུར་བའི་དགོས་པ་ནས། ཕན་ཡོན་ནོ་ཞེས་པས་བསྟན། གཉིས་པ་ནི། གལ་ཏེ་མ་ཐོབ་ནས། དམྱལ་བར་སྐྱེ། ཞེས་པས་བསྟན། བཞི་པ་སློབ་དཔོན་གྱི་མཚན་ཉིད་སོགས་ཁ་འཕངས་པའི་ཚུལ་གྱིས་བསྟན་པ་ནི། སློབ་དཔོན་མཚན་ཉིད་ནས། གསུངས་བཞིན་བཏག །ཅེས་པས་བསྟན། ལྔ་པ་དབང་གི་ངེས་ཚིག་ནི། དབང་བཞི་རིམ་པ་ནས། དུ་མར་འགྱུར་ཞེས་པས་བསྟན།

དྲུག་པ་དབང་ཆོག་དེ་ལས་སྡུགས་སྡོམ་ཐོབ་པའི་དུས་བསྟན་པ་ནི། དབང་ཆོག་དེ་ལས་སྡུགས་སྡོམ་ཐོབ་པའི་དུས་ཞེས་པས་མཚམས་སྦྱར་ནས་བཤད་པ་དངོས་ལ་གཉིས་ཏེ། ལུགས་གཞན་འགོག་པའི་ཞར་ལས་བཤད་པ་དང་། མདོར་བསྟུ་བ་དབང་གི་དངོས་གཞི་རྡོ་རྗེ་སློབ་དཔོན་གྱི་དབང་དུ་སྒྲུབ་པའི་སྒོ་ནས་བཤད་པའོ། །དང་པོ་ལ་གསུམ་སྟེ་སྡོམ་བཟུང་བརྗོད་པ་ཐ་མ་ལ་ཐོབ་པར་འདོད་པ་འགོག་པའི་ཞར་ལས་རང་ལུགས་ཐོབ་ཚུལ་གཉིས་སུ་འཇོག་པ་དང་། བུམ་དབང་གི་དམ་ཚིག་གསུམ་སྦྱིན་པའི་སྐབས་སུ་ཐོབ་པར་འདོད་པ་འགོག་པའི་ཞར་ལས་དབང་བཞི་རྫོགས་པས་སྡོམ་པ་གསུམ་ལྡན་དུ་སྒྲུབ་པ་དང་། དགག་སྒྲུབ་རྒྱས་པ་བདུད་རྩི་ཉིང་ཁུ་རྩ་འགྲེལ་ལ་བལྟ་བར་གདམས་པའོ། །དང་པོ་ནི། རིགས་ལྔའི་ནས། དོན་མེད་འགྱུར་ཞེས་པས་བསམ། །གཉིས་པ་ནི། ཁ་ཅིག་ནས། བློས་འདོར་རམ་ཞེས་པས་བསྟན། གསུམ་པ་དགག་སྒྲུབ་རྒྱས་པ་བདུད་རྩི་ཉིད་ཁུ་རྩ་འགྲེལ་ལ་བལྟ་བར་གདམས་པ་ནི། འདི་ཉིད་ནས། འཆར་ཞེས་པས་བསྟན། གོང་གི་གསུམ་པ་མདོར་བསྟུ་བ་དབང་གི་དངོས་གཞི་རྡོ་རྗེ་སློབ་དཔོན་གྱི་དབང་དུ་སྒྲུབ་པའི་སྒོ་ནས་བཤད་པ་ལ་གཉིས་ཏེ། སྤྱི་རྒྱུད་ཀྱི་ལུང་དང་སྦྱར་ཏེ་སྤྱིར་བཤད་པ་དང་། གུར་གྱི་ལུང་དང་སྦྱར་ཏེ་བྱེ་བྲག་ཏུ་བཤད་པའོ། །དང་པོ་ནི༏ མདོར་ན་རྒྱུད་སྡེ་སོགས་ནས། སྡོམ་པ་ཐོབ་ཅེས་པའི་བར་གྱིས་བསྟན། གཉིས་པ་གུར་གྱི་ལུང་དང་སྦྱར་ཏེ་བྱེ་བྲག་ཏུ་བཤད་པ་ལ་གཉིས་ཏེ། དངོས་དང་། བརྒལ་ལན་གྱི་སྒོ་ནས་བཤད་པའོ། །དང་པོ་ནི། བླ་མེད་སྐབས་སུ་ནས། གུར་ལས་བཤད་ཅེས་པས་བསྟན། གཉིས་པ་ནི། གོང་མ་དབང་གི་ནས། གང་གིས་སྒྲུབ་ཅེས

པས་བསྟན། བདུན་པ་ཐོབ་པ་དེ་ཇི་ལྟར་སྐྱེ་བའི་ཚུལ་ལ་གཉིས་ཏེ། སྡོམ་པ་ཁོ་ནའི་སྐྱེ་ཚུལ་དང་། ཡེ་ཤེས་སྡོམ་པ་ངོ་བོ་གཅིག་པའི་སྐྱེ་ཚུལ་ལོ། །དང་པོ་ལ་གསུམ་སྟེ། བསྐྱེད་རིམ་གྱི་སྡོམ་པའི་སྐྱེ་ཚུལ་དང་། རྫོགས་རིམ་གྱི་སྡོམ་པའི་སྐྱེ་ཚུལ་དང་། དེ་གཉིས་ཐུན་མོང་གི་འཇོག་བྱེད་དོ། །དང་པོ་ནི། བུམ་དབང་སྐབས་ཐོབ་ནས། ངོ་བོར་སྐྱེ་ཞིང་ཞེས་པས་བསྟན། གཉིས་པ་ནི། གོང་མ་གསུམ་གྱི་སྐབས་ནས། ངོ་བོར་སྐྱེ་ཞེས་པས་བསྟན། གསུམ་པ་ནི། འདི་ཡི་སྤྱོང་སེམས་ནས། ཚད་ལྡན་གཙོ་ཞེས་པས་བསྟན། གཉིས་པ་སྡོམ་པ་དང་ཡེ་ཤེས་ངོ་བོ་གཅིག་པའི་སྐྱེ་ཚུལ་ལ་གཉིས་ཏེ། དངོས་དང་། ཆ་མཐུན་ནོ། །དང་པོ་ནི། འབྲས་བུ་སངས་རྒྱས་ནས། སྐབས་ཀྱང་སྲིད་ཅེས་པས་བསྟན། གཉིས་པ་ནི། བསོད་ནམས་བསགས་དང་ནས། འདི་ནས་འཇོག་ཅེས་པས་བསྟན་ཏོ།། །།

སྤྱི་དོན་གསུམ་པ་བར་དུ་སྲུང་བའི་ཚུལ་ལ་བཞི་སྟེ། སྲུང་ཚུལ་སྤྱིར་གདམས་པ་དང་། བསྲུང་བྱའི་དམ་ཚིག་དངོས་དང་། ཉེས་དམིགས་དང་ཕན་ཡོན་གཞག་པ་དང་། རྒྱུད་སྡེ་འོག་མའི་རྩ་ལྟུང་ལ་ལྟོ་ཡང་འཇོག་ཚུལ་ལོ། །དང་པོ་ནི། ཐོབ་པ་ཇི་བཞིན་ནས། པ་ཡིས་བསྲུང་ཞེས་པས་བསྟན། གཉིས་པ་ལ་བཞི་སྟེ། བྱ་རྒྱུད་ཀྱི་དམ་ཚིག །སྤྱོད་རྒྱུད་ཀྱི་དམ་ཚིག །རྣལ་འབྱོར་རྒྱུད་ཀྱི་དམ་ཚིག །རྣལ་འབྱོར་བླ་ན་མེད་པའི་རྒྱུད་ཀྱི་དམ་ཚིག་གོ། །དང་པོ་ལ་གསུམ་སྟེ། སྐྱེ་བའི་དམ་ཚིག་དང་། དབང་གི་དམ་ཚིག་དང་། དེ་དག་ལས་རྩ་ལྟུང་དུ་འགྱུར་ཚུལ་ལོ། །དང་པོ་ནི། བྱ་རྒྱུད་དམ་ཚིག་ནས། དམ་ཚིག་གོ་ཞེས་པས་བསྟན། གཉིས་པ་དབང་གི་དམ་ཚིག་ནི། རང་འདོད་ལྷ་ལ་ནས། བཅུ་གསུམ་མོ་ཞེས་པས་བསྟན། གསུམ་པ་དེ་དག་རྩ་ལྟུང་དུ་འགྱུར་བའི་ཚུལ་ནི། འདི་ཡི་སྒྲུབ་ཕྱོགས་ནས། འགྱུར་བར་བཤད་ཅེས་པས་བསྟན། གཉིས་པ་སྤྱོད་རྒྱུད་ཀྱི་དམ་ཚིག་ནི། སྤྱོད་རྒྱུད་དམ་ཚིག་ནས། རྩ་ལྟུང་ཡིན་གསུངས་ཞེས་པས་བསྟན། གསུམ་པ་རྣལ་འབྱོར་གྱི་རྒྱུད་ཀྱི་དམ་ཚིག་ནི་མདོར་བསྟན་དང་། རྒྱས་བཤད་གཉིས། དང་པོ་ནི། ཡོ་ག་ལ། །ཁས་བླང་དང་ནི་ཚོགས་ཐོབ་པ་གཉིས། ཞེས་པ་མདོར་སྨོས་ནས་རྒྱས་བཤད་ལ། དང་པོ་ཁས་བླངས་ཀྱི་སྒོ་ནས་ཐོབ་པ་ནི། དང་པོ་བཤད་རྒྱུད་ནས། བརྩོན་པ་རྣམས་སོ་ཞེས་པས་བསྟན། གཉིས་པ་ནི། རིགས་ལྔ་སྤྱིའི་དམ་ཚིག་བསྒྲགས་པ་ལ་གཉིས་ཏེ། ཚུལ་ཁྲིམས་གསུམ་སྤྱིར་བཤད་པ་དང་། སོ་སོར་བཤད་པ་གཉིས་ཀྱི། དང་པོ་ནི། རིགས་ལྔ་སྤྱིའི་དམ་ཚིག །ཚུལ་ཁྲིམས་གསུམ་པོ་སྤྱི་རུ་བཤད་པ་ནི། ཞེས་པས་མཚམས་སྦྱར་ནས། བཤད་པ་དངོས་ཀྱི་བསྒྲག་ཚིག་བསྟན་པ་ནི། ནམ་སྙིང་མདོར་བཤད་ནས། ཕམ་པ་བཅུ་བཞིའོ་ཞེས་པས་བསྟན། གཉིས་པ་སོ་སོར་བཤད་པ་ལ་གསུམ་སྟེ། ཉེས་སྤྱོད་སྡོམ་པ་དང་། དགེ་བའི་ཆོས་སྡུད་པ་དང་། སེམས་ཅན་དོན་བྱེད་ཀྱི་ཚུལ་ཁྲིམས་སོ། དང་པོ་ནི། སོ་སོར་བཤད་

པ་ནི། ཞེས་པས་མཚམས་སྦྱར་ཏེ་བཤད་པ་དངོས་ལ། རྒྱ་བཞི་ཆང་དང་ནས། ཉེས་སྤྱོད་སྡོམ་ཞེས་པས་བསྟན། གཉིས་པ་ནི། སྐྱེས་བུ་དམ་པ་ནས། སྤྱད་ཅིང་སྤྱོད་ཅེས་པས་བསྟན། གསུམ་པ་ནི། ཐེག་པ་དམན་པ་ནས། དོན་བྱེད་དོ་ཞེས་པས་བསྟན། གསུམ་པ་དེ་དག་མདོར་བསྡུས་ཏེ་བསྒྲུག་པ་ནི། བསྡུས་ཏེ་བསྒྲུག་པ་ཞེས་པས་མཚམས་སྦྱར་ནས། བཤད་པ་དངོས་ནི། སྡོམ་པ་འོག་མ་ནས། ཁྱད་པར་ཅི་ཞེས་པས་བསྟན། གཉིས་པ་ཚོ་གའི་སྒོ་ནས་ཐོབ་པ་ནི། ཚོ་གའི་སྒོ་ནས། བཅུ་གཅིག་གོ་ཞེས་པས་བསྟན། བཞི་པ་རྣལ་འབྱོར་བླ་མེད་ཀྱི་དམ་ཚིག་ལ་གཉིས་ཏེ། ཁས་བླངས་ཀྱི་སྒོ་ནས་ཐོབ་པ་དང་། ཚོ་གའི་སྒོ་ནས་ཐོབ་པའོ། །དང་པོ་ནི། རྣལ་འབྱོར་རྒྱུད་ལ་ཞེས་མཚམས་སྦྱར་ནས། བཤད་པ་དངོས་ལ། ཁས་བླངས་ཀྱིས། ཐོབ་པ་ཡོ་ག་དང་མཚུངས་ཞེས་པས་བསྟན། གཉིས་པ་ཚོ་གའི་སྒོ་ནས་ཐོབ་པ་ནི། སྔ་གོན་ནས། བཞི་པའི་བར་གྱི་ཚོ་ག་ལས་སྐྱེ་བ། །ཞེས་པས་མཚམས་སྦྱར་ཏེ། བཤད་པ་དངོས་ལ་གཉིས་ཏེ། སྔོས་ཆོས་རྣམས་མདོར་བསྡུས་ཏེ་སྨོས་པ་དང་། སྤྱིའི་ཆོས་རྒྱས་པར་བཤད་པའོ། །དང་པོ་ནི། འདུས་པར་རིགས་ལྔའི་ནས། ཆོས་མང་ཡང་ཞེས་པས་བསྟན།

གཉིས་པ་སྤྱིའི་ཆོས་རྒྱས་པར་བཤད་པ་ལ་གཉིས་ཏེ། སྒྲུབ་བྱ་སྒྲུབ་པའི་ཚུལ་རྒྱས་པར་བཤད་པ་དང་། བསྟེན་བྱ་བསྟེན་པའི་ཚུལ་རྒྱས་པར་བཤད་པའོ། །དང་པོ་ལ་གཉིས་ཏེ། བཤད་གཞིའི་གཞུང་དགོད་པ་དང་། བཤད་པ་དངོས་སོ། །དང་པོ་ནི། སྒྲུབ་བྱ་རྒྱ་བའི་ནས། གསལ་བར་བསྟན་ཞེས་པས་བསྟན། གཉིས་པ་བཤད་པ་དངོས་ལ་གཉིས་ཏེ། རྒྱ་བའི་ལྟུང་བ་བཤད་པ་དང་། ཡན་ལག་གི་ལྟུང་བའམ་ཉེས་བྱས་བཤད་པའོ། །དང་པོ་ལ་གཉིས་ཏེ། མིང་དོན་མདོར་བསྟན་པ་དང་། སྤྱི་དང་སོ་སོའི་དོན་རྒྱས་པར་བཤད་པའོ། །དང་པོ་ནི། གང་ཟུང་གཅིག་སྤྱད་ནས། དང་མཚུངས་ཞེས་པས་བསྟན། གཉིས་པ་ལ་སྤྱི་དང་སོ་སོའི་དོན་གཉིས་ཀྱི། དང་པོ་ནི། རེ་རེ་ནས། དྲུག་གིས་རྣམ་པར་འཇོག་བྱེད་ཅེས་པས་མདོར་སྨོས་ནས། དེ་དག་མདོར་བསྡུས་ཏེ་བཤད་པར་འདོད་ནས། རགས་པ་ནི། ཞེས་པས་མཚམས་སྦྱར་ཏེ། བཤད་པ་དངོས་ལ། དང་པོ་ནི། ལྟུང་བའི་ངོ་བོ་ནས། སྨོད་སོགས་སོ། །ཞེས་པས་བསྟན། གཉིས་པ་ནི། ཡན་ལག་ལྔ་ལས་ནས། གྱུར་སོགས་དཔྱད་ཅེས་པས་བསྟན། གསུམ་པ་ནི། ལྟུང་བའི་འགྱུར་བའི་ནས། ཁས་བླངས་ཕྱིར། ཞེས་པའི་བར་བསྟན། བཞི་པ་ནི། མི་འབྱུང་ཆེད་དུ་ནས། སོགས་ལ་འབབ་ཅེས་པས་བསྟན། ལྔ་པ་ནི། ལྟུང་བ་ཕྱིར་འཆོས་འོག་ནས་འཆད་འགྱུར་ཞིང་། །ཞེས་པས་བསྟན། དྲུག་པ་ནི། ཆེ་ཆུང་འཇོག་བྱེད་ནས། ཆུང་དུར་འཇོག་ཅེས་པས་བསྟན། གཉིས་པ་སོ་སོའི་དོན་རྒྱས་པར་བཤད་པ་ནི། ཞིབ་པར་འབྲུལ་སྤོང་ནས། ཐ་སྙད་ཟུང་ཞེས་པས་བསྟན།

གཉིས་པ་ཡན་ལག་གི་ལྟུང་བའམ་ཉེས་བྱས་བཤད་པ་ལ་གཉིས་ཏེ། མིང་དོན་མདོར་བསྟན་པ་དང་།

སྤྱི་དང་སོ་སོའི་དོན་ཅུང་ཟད་རྒྱས་པར་བཤད་པའོ། །དང་པོ་ནི། སྤྱོད་པའི་དངོས་གྲུབ་ནས། སྡོམ་པོ་ཞེས་སྨྲའང་བརྗོད་ཅེས་པས་བསྟན། གཉིས་པ་སྤྱིའི་དོན་དང་། སོ་སོའི་དོན་གཉིས་ལས། དང་པོ་ནི། རྟེན་ཡུལ། བསམ་པ་ནས། ཞིབ་ཏུ་རྩེ་བྱ་ཞེས་པས་བསྟན། གཉིས་པ་སོ་སོའི་དོན་གྱིས་ངོ་བོ་ཉིད་ཀྱི་ཡན་ལག་ཅུང་ཟད་རྒྱས་པར་བཤད་པ་ལ། སོ་སོའི་ངོ་བོ་ནི་ཞེས་པས་མཚམས་སྦྱར་ནས། རྒྱས་བཤད་ལ། མ་སྒྲིན་ཉམས་པས་ནས། མ་ཐོར་བརྗོད་ཅེས་པས་བསྟན། གསུམ་པ་ཉེས་དམིགས་དང་ཕན་ཡོན་བཞག་པ་ནི། རྩ་ལྟུང་སྤྱོད་པས་ནས། ཕན་ཡོན་ཏེ་ཞེས་པས་བསྟན། བཞི་པ་རྒྱུད་སྡེ་འོག་མའི་རྩ་ལྟུང་ལ་ལྟོ་ཡང་འཇོག་ཚུལ་ནི། རྒྱུད་སྡེ་འོག་མ་ནས། རིག་པ་བསྒྲེ་ཞེས་པས་བསྟན། གོང་གི་གཉིས་པ་བསྟེན་བྱ་བསྟེན་པའི་ཚུལ་རྒྱས་པར་བཤད་པ་ནི། བསྟེན་བྱའི་དམ་ཚིག་ནས། ཤུགས་ཀྱིས་བསྟན་ཞེས་པས་བསྟན།

སྤྱི་དོན་བཞི་པ་ཉམས་ན་ཕྱིར་བཅོས་པའི་ཚུལ་ནི། མཚམས་སྦྱར་དང་། རྒྱས་བཤད་གཉིས་སོ། །དང་པོ་ནི། གལ་ཏེ་ཉམས་ན་ཕྱིར་བཅོས་བྱ་བའི་ཚུལ། །ཞེས་པས་བསྟན་ནས། རྒྱས་བཤད་དངོས་ལ་གཉིས་ཏེ། རྒྱུད་སྡེ་འོག་མའི་ལྟུང་བ་ཕྱིར་བཅོས་ཚུལ་དང་། བླ་མེད་ཀྱི་ལྟུང་བ་ཕྱིར་བཅོས་ཚུལ་ལོ། །དང་པོ་ནི། བྱ་བའི་རྒྱུད་ལ་ནས། རིག་པས་དཔག་ཅེས་པས་བསྟན། གཉིས་པ་བླ་མེད་ཀྱི་ལྟུང་བ་ཕྱིར་བཅོས་པའི་ཚུལ་ནི། བླ་མེད་ལུགས་ལ་ནས། སོར་ཆུད་འགྱུར་ཞེས་པས་བསྟན། ལེའུའི་མཇུག་བསྡུ་བ་ནི། ཡོངས་རྫོགས་བསྟན་པའི་ནས། བཞི་པའོ་ཞེས་པས་བསྟན་ཏོ། །

རྩ་བའི་ས་བཅད་གསུམ་པའམ་སྐབས་ཀྱི་དོན་བཞི་པ་སྡོམ་གསུམ་གནས་འགྱུར་སོགས་འཆད་པ་ལ་གཉིས་ཏེ། དོན་དངོས་དང་། ཞར་བྱུང་ངོ་། །དང་པོ་ལ་གཉིས་ཏེ། བསྡུས་དོན་དང་འབྲེལ་བ་མཚམས་སྦྱར་བ་དང་། ཚིག་དོན་ཡན་ལག་རྒྱས་པར་བཤད་པའོ། །དང་པོ་ནི། སུམ་ལྡན་གང་ཟག་ནས། དྲིལ་བ་ལ་ཞེས་པའི་བར་གྱིས་མཚམས་སྦྱར་ཏེ། གཉིས་པ་ཡན་ལག་རྒྱས་པར་བཤད་པ་ལ་བཞི་སྟེ། གནས་པའི་ཚུལ། གཏོང་བའི་ཚུལ། སུམ་ལྡན་གང་ཟག་གི་ཉམས་ལེན་དྲིལ་བའི་ཚུལ། གནས་འགྱུར་སོགས་ཁྱད་ཆོས་དྲུག་ལྡན་གྱིས་ངེས་ཤེས་བསྐྱེད་པའོ། །དང་པོ་གནས་པའི་ཚུལ་ལ་གཉིས་ཏེ། གཞན་ལུགས་མདོར་བསྡུས་ཏེ་དགག་པ་དང་། རང་ལུགས་ཞིབ་ཏུ་བསྟན་པའོ། །དང་པོ་ནི། སྔོན་གཙང་ཆུ་དང་ནས། ཚངས་མས་གནོད་ཅེས་པས་བསྟན།

གཉིས་པ་རང་ལུགས་བཞག་པ་ལ་གསུམ་སྟེ། ཇི་ལྟར་གནས་འགྱུར་ཚུལ་དངོས་དང་། ལེན་ཚུལ་བདུན་དང་བསྟུན་ཏེ་གནས་འགྱུར་ཡོད་མེད་བརྩི་བས་ངེས་ཤེས་བསྐྱེད་པ་དང་། དེ་ཉིད་གང་ཟག་གཅིག་གི་རྒྱུད་ལ་ཇི་ལྟར་ལྡན་པའི་ཚུལ་ལོ། །དང་པོ་ནི། རང་ལུགས་འཁྲུལ་ཟད་ནས། ལུང་གིས་གྲུབ་ཅེས་པས་བསྟན།

གཉིས་པ་ལེན་ཚུལ་བདུན་དང་བསྟུན་ནས་གནས་འགྱུར་ཡོད་མེད་བརྩི་བས་ངེས་ཤེས་བསྐྱེད་པ་ལ་གསུམ་སྟེ། མཚམས་སྦྱར་བ་དང་། སྤྱིར་བཤད་པ། སོ་སོར་བཤད་པའོ། །དང་པོ་ནི། སྤྱིར་ནི་སྡོམ་པ་ལེན་ཚུལ་རྣམ་གྲངས་སུ; །ཞེས་པས་བསྟན། གཉིས་པ་ནི། ཐོག་མར་ཉན་ཐོས་ནས། བདུན་དུ་ངེས་ཞེས་པས་བསྟན། གསུམ་པ་ནི། དང་པོ་བརྟག་གཉིས་ནས། འབྲེལ་པས་སོ་ཞེས་པས་བསྟན།

གསུམ་པ་དེ་ཉིད་གང་ཟག་གཅིག་གི་རྒྱུད་ལ་ཇི་ལྟར་ལྡན་པའི་ཚུལ་ནི། དེ་ལྟའི་ཚུལ་ནས། ཞབས་ཀྱི་སྲོལ་ཞེས་པས་བསྟན། གཉིས་པ་གནས་པ་དེ་རྐྱེན་གྱིས་ཇི་ལྟར་གཏོང་བའི་ཚུལ་ལ་གསུམ་སྟེ། གཏོང་བའི་རྒྱུ་ངོས་གཟུང་བ་དང་། སྡོམ་གསུམ་རིམ་ཅན་དུ་བླངས་པ་གཏོང་ཚུལ་དང་། དབང་བསྐུར་གྱི་ཚོ་ག་ཁོ་ན་ལས་ཐོབ་པའི་གཏོང་ཚུལ་ལོ། །དང་པོ་ལ་གསུམ་སྟེ། སོ་ཐར་གྱི་གཏོང་བའི་རྒྱུ་ངོས་གཟུང་བ། བྱང་སེམས་ཀྱི་གཏོང་བའི་རྒྱུ་ངོས་གཟུང་བ། སྔགས་སྡོམ་གྱི་གཏོང་བའི་རྒྱུ་གཟུང་བའོ། །དང་པོ་ནི། གཏོང་བའི་རྒྱུ་ནི་ནས། འཇིག་པའི་རྒྱུ་ཡིན་ཞེས་པས་བསྟན། གཉིས་པ་ནི། བྱང་སྡོམ་གཏོང་བའི་རྒྱུ་ནས། དགོངས་པའོ་ཞེས་པས་བསྟན། གསུམ་པ་ནི། སྔགས་ལ་རྒྱུད་སྡེ་ནས། ཐ་སྙད་རུང་ཞེས་པས་བསྟན།

གཉིས་པ་སྡོམ་གསུམ་རིམ་ཅན་དུ་བླངས་པའི་གཏོང་ཚུལ་ལ། དགེ་སློང་གི་སྡོམ་པ་བཏང་ནས་གོང་མ་གཉིས་མི་གཏོང་བ་དང་། གོང་མ་གཉིས་བཏང་ནས་དགེ་སློང་གི་སྡོམ་པ་མི་གཏོང་བ་དང་། དགེ་སློང་གི་སྡོམ་པ་དང་སྔགས་སྡོམ་གཉིས་བཏང་ནས་བྱང་སྡོམ་མི་གཏོང་བ་དང་། སྔགས་སྡོམ་བཏང་ནས་འོག་མ་གཉིས་མི་གཏོང་བ་དང་། གསུམ་ཆར་དུས་མཉམ་དུ་གཏོང་བ་དང་ལྔ་ལས། དང་པོ་ནི། སྡོམ་གསུམ་རིམ་གྱིས་ནས། གཏོང་མིན་ཞེས་པས་བསྟན། གཉིས་པ་ནི། སྨོན་སེམས་གཏོང་དང་ནས། གཏོང་བ་མིན་ཞིང་ཞེས་པས་བསྟན། གསུམ་པ་ནི། དེ་ལྟའི་དགེ་སློང་ནས། མ་གཏོགས་སོ་ཞེས་པས་བསྟན། བཞི་པ་ནི། སྔགས་ཀྱི་རྩ་ལྟུང་ནས། གཉིས་ནི་མིན་ཞེས་པས་བསྟན། ལྔ་པ་ནི། སྨོན་སེམས་བཏང་ནས་ནས། ཡིན་ཕྱིར་རོ་ཞེས་པས་བསྟན། གསུམ་པ་དབང་བསྐུར་གྱི་ཚོ་ག་ཁོ་ན་ལས་ཐོབ་པའི་གཏོང་ཚུལ་ནི། དབང་ཚོག་གཅིག་པུས་ནས། རྗེས་སུ་འབྲང་ཞེས་པས་བསྟན། གསུམ་པ་སུམ་ལྡན་གང་ཟག་གིས་སྡོམ་པ་ཉམས་སུ་ལེན་པའི་ཚུལ་ལ་གཉིས་ཏེ། སོ་སོའི་བསླབ་བྱ་ལ་སློབ་ཚུལ་དང་། རེ་རེའང་སུམ་ལྡན་དུ་ཉམས་སུ་ལེན་པའི་ཚུལ་ལོ། །དང་པོ་ནི། ཉམས་ལེན་དྲིལ་བར་ནས། བསྟུན་པར་གཅེས་ཞེས་པས་བསྟན།

གཉིས་པ་རེ་རེའང་སུམ་ལྡན་དུ་ཉམས་སུ་ལེན་པའི་ཚུལ་ལ་མཚམས་སྦྱར་བ་དང་། རྒྱས་པར་བཤད་པའོ། །དང་པོ་ནི། སྡོམ་པ་རེ་རེའང་སུམ་ལྡན་དུ་སྒྲུབ་པ། །ཞེས་པས་བསྟན། གཉིས་པ་ནི། སོ་ཐར་ཉམས

ལེན་ནས། ཅི་སྟེ་དཔོག་ཅེས་པས་བསྟན། གང་གི་བཞི་པ་གནས་འགྱུར་སོགས་ཁྱད་ཆོས་དྲུག་ལྡན་གྱིས་མདོར་བསྡུ་བ་ནི། མདོར་ན་ཕན་གནོད་ནས། རྫོགས་པར་བཞེད་ཅེས་པས་བསྟན་ཏོ། །ཞར་ལས་འོངས་པ་ལ་གསུམ་སྟེ༑ དེ་ལྟར་ངོ་བོ་གཅིག་ཏུ་ལྡན་པའི་བླ་མེད་ཀྱི་རྒྱུད་ཀྱི་མངོན་པར་རྟོགས་པ་དང་། མངོན་རྟོགས་ཀྱི་གཙོ་བོ་དབང་དང་རིམ་གཉིས་བསྒོམས་པ་ལས་བྱུང་བའི་ཡེ་ཤེས་ཕྱག་རྒྱ་ཆེན་པོའི་རྣམ་གཞག་དང་། དེ་ལྟ་བུའི་ལྡན་ཅིག་སྐྱེས་པའི་སྡོམ་པ་དཔེ་དོན་གྱི་ཡེ་ཤེས་རིམ་གྱིས་སྐྱེས་པས་འཕགས་པའི་ས་ཐོབ་པའི་རྣམ་གཞག་ཙུང་ཟད་བསྟན་པའོ། །དེའི་དང་པོ་ལ་གཉིས་ཏེ། མཚམས་སྦྱོར་དང་། དོན་དངོས་སོ། །དང་པོ་ནི། དེ་བཞིན་གཤེགས་པའི་ནས། མི་འཚོལ་ཞིང་ཞེས་པས་བསྟན། གཉིས་པ་དོན་དངོས་ལ་གཉིས་ཏེ། ཐབས་ཤེས་ཀྱི་རྒྱུད་སོ་སོ་ནས་བསྟན་པའི་མངོན་རྟོགས་རྣམས་རྣམ་གྲངས་སུ་སྨོས་པ་དང་། བྱེ་བྲག་ཏུ་ཀྱེ་རྡོ་རྗེའི་རྒྱུད་གསུམ་ནས་བསྟན་པའི་མངོན་རྟོགས་གྲུབ་མཐའི་སྟོང་པོའི་ཚུལ་དུ་སྨོས་པའོ། །དང་པོ་ལ་གཉིས་ཏེ། ཐབས་ཀྱི་རྒྱུད་ནས་བསྟན་པའི་མངོན་རྟོགས་དང་། ཤེས་རབ་ཀྱི་རྒྱུད་ནས་བསྟན་པའི་མངོན་རྟོགས་སོ། །དེའི་དང་པོ་ལ་གསུམ་སྟེ། བཤད་གཞི་གསང་བ་འདུས་པའི་རྒྱུད་ཕྱི་མ་ནས་བསྟན་པ་དང་། དེ་ཉིད་འཕགས་པ་ཡབ་སྲས་སོགས་ཀྱིས་བཀྲལ་བའི་ཚུལ་ཐ་དད་པ་དང་། དེ་དག་འགལ་མེད་དུ་སྒྲུབ་པས་མདོར་བསྡུ་བའོ། །དང་པོ་ནི། མངོན་པར་རྟོགས་པ་ནས། བསྟན་ཅིང་ཞེས་པས་བསྟན། གཉིས་པ་ནི། ཀླུ་སྒྲུབ་ཞབས་ཀྱི་ནས། གསུམ་འབྱུང་ངོ་ཞེས་པས་བསྟན། གསུམ་པ་ནི། དེ་ལྟའི་མངོན་རྟོགས་ནས། མདོར་བསྡུས་པའོ་ཞེས་པས་བསྟན། གཉིས་པ་ཤེས་རབ་ཀྱི་རྒྱུད་ནས་བསྟན་པ་ལ་གསུམ་སྟེ། འཁོར་ལོ་བདེ་མཆོག་རྩ་བའི་རྒྱུད་ཀྱི་དགོངས་པ་དང་། དེའི་བཤད་རྒྱུད་ཀུན་སྤྱོད་ཀྱི་དགོངས་པ་དང་། དཔལ་དམ་པ་དང་པོའི་རྒྱུད་ཀྱི་དགོངས་པའོ། །དང་པོ་ནི། འཁོར་ལོ་བདེ་མཆོག་ནས། སྐུ་གསུམ་གྱིས་བསྡུས་ཞེས་པས་བསྟན། གཉིས་པ་ནི། བཤད་པའི་རྒྱུད་ནས། གཞན་དུའང་ལྡོས་ཞེས་པས་བསྟན། གསུམ་པ་ནི། དམ་པ་དང་པོའི་ནས། ཁྱབ་ཆེར་སྣང་ཞེས་པས་བསྟན།

བྱེ་བྲག་ཀྱེ་རྡོ་རྗེའི་རྩ་བཤད་ལ་བརྟེན་པའི་མངོན་རྟོགས་ལ་གཉིས་ཏེ། དཔལ་ལྡན་བིརྺ་པའི་སློབ་མ་ཌོམྦྷི་པའི་བཤད་སྲོལ་ལས་བྱུང་བའི་འགྲེལ་པ་ལུགས་ཀྱི་མངོན་རྟོགས་དང་། ནག་པོ་པའི་བཤད་སྲོལ་མན་ངག་ལུགས་ཀྱི་མངོན་རྟོགས་སོ། །དང་པོ་ནི། ཁྱད་པར་དགོས་པ་ནས། རྣམས་བསྟན་ཏོ་ཞེས་པས་བསྟན། གཉིས་པ་ནི། དེ་བཞིན་བིརྺ་ནས། རྟོག་པར་བྱ་ཞེས་པས་བསྟན། གཉིས་པ་ཕྱག་ཆེན་རྣམ་གཞག་ལ་གཉིས་ཏེ། མཚམས་སྦྱར་བ་དང་། དོན་དངོས་སོ། །དང་པོ་ནི། མངོན་རྟོགས་གཙོ་བོ་དབང་དང་རིམ་གཉིས་ལས། །བྱུང་བའི་ཕྱག་ཆེན་རྣམ་གཞག་ཅེས་པས་བསྟན། གཉིས་པ་དོན་དངོས་ལ་གཉིས་ཏེ། རྗེ་བཙུན་གྱི་ལུང་གིས་མདོར་

སློབ་པ་དང་། དཔེ་དོན་གྱི་ཡེ་ཤེས་སོ་སོའི་ངོ་བོ་ཙུང་ཟད་རྒྱས་པར་བཤད་པའོ། །དང་པོ་ནི། རྗེ་བཙུན་གྱིས་ནས། རྒྱ་འགྲེལ་ལྟོས་ཞེས་པས་བསྟན། གཉིས་པ་དཔེ་དོན་གྱི་ཡེ་ཤེས་སོ་སོའི་ངོ་བོ་ཙུང་ཟད་རྒྱས་པར་ཕྱེ་བ་ལ་གཉིས་ཏེ། མཚོན་བྱེད་དཔེའི་ཡེ་ཤེས་དང་། མཚོན་བྱ་དོན་གྱི་ཡེ་ཤེས་སོ། །དང་པོ་ལ་གསུམ། མཚན་གཞི་དང་། མཚན་ཉིད། མི་འཐད་པའི་ཕྱོགས་བསྟན་པའོ། །དང་པོ་ནི། དཔེ་དོན་ཡེ་ཤེས་ནས། དོན་དུ་གཅིག་ཅེས་པས་བསྟན། གཉིས་པ་ནི། དབང་དང་རིམ་གཉིས་ནས། དུ་མི་བཟུང་ཞེས་པས་བསྟན། གསུམ་པ་ནི། ཡུལ་ལ་འཕྲོ་བཀག་ནས། འབྲུལ་གཞི་བྱས་ཞེས་པས་བསྟན། གཉིས་པ་མཚོན་བྱ་དོན་གྱི་ཡེ་ཤེས་ལ་གཉིས་ཏེ། མཚན་གཞི་དང་། མཚན་ཉིད་དོ། །དང་པོ་ནི། ཆོས་ཉིད་མངོན་སུམ་ནས། དོན་གཅིག་པ་ཞེས་པས་བསྟན། གཉིས་པ་ནི༔ རང་བྱུང་ཡེ་ཤེས་ནས། རྣམས་དོན་གཅིག་ཅེས་པས་བསྟན། གསུམ་པ་འབྲས་བུ་འཕགས་པའི་སའི་རྣམ་གཞག་ལ་གཉིས་ཏེ། མཚམས་སྦྱར་བ་དང་། དོན་དངོས་སོ། །དང་པོ་ནི། དེ་ལྟའི་དཔེ་དོན་ནས། རྣམ་གཞག་ནི་ཞེས་པས་བསྟན། གཉིས་པ་དོན་དངོས་ལ་གཉིས་ཏེ། གནས་སྐབས་དང་མཐར་ཐུག་གི་འབྲས་བུ་སྤྱིར་བཤད་པ་དང་། ཕྱི་མ་བྱེ་བྲག་ཏུ་བཤད་པའོ། །དང་པོ་སྤྱིར་བཤད་པ་ལ་གཉིས་ཏེ། བགྲོད་བྱ་ས་དང་བགྲོད་བྱེད་ཡུལ་ཆེན་སྦྱར་བ། བགྲོད་ཚུལ་གྱི་མངོན་རྟོགས་སོ། །དང་པོ་ནི། གནས་སྐབས་འབྲས་བུ་ནས། སོ་བདུན་ནོ་ཞེས་པས་བསྟན། གཉིས་པ་བགྲོད་ཚུལ་གྱི་མངོན་རྟོགས་ནི། བགྲོད་ཚུལ་ཕྱི་རོལ་ནས། རིམ་བཞིན་འཇུག་ཅེས་པས་བསྟན། གཉིས་པ་མཐར་ཐུག་བྱེ་བྲག་ཏུ་བཤད་པ་ལ་གཉིས་ཏེ། འཇོག་བྱེད་དང་། བཞག་བྱའོ། །དང་པོ་ནི༔ ཕར་ཕྱིན་གཞུང་ལས་ནས། ངེས་པ་ཅི་ཞེས་པས་བསྟན། གཉིས་པ་བཞག་བྱ་ལ་གཉིས་ཏེ། གཞུང་གཞན་དུ་བཤད་ཚོད་རྣམས་ཙུང་ཟད་སློས་པ་དང་། ཁྱད་པར་ཀྱི་རྡོ་རྗེའི་རྒྱ་བཤད་ནས་བསྟན་པ་མངོན་རྟོགས་ལ་ཁ་འཕངས་པའི་ཚུལ་གྱིས་སློས་པའོ། །དང་པོ་ལ་བཞི་སྟེ། སྡེ་སྣོད་ལས་གསུངས་ཚུལ། རྒྱུད་སྡེ་ལས་གསུངས་ཚུལ། མདོ་སྔགས་ཐུན་མོང་བའི་མདོ་ལས་གསུངས་ཚུལ། ཁྱད་པར་རྡོ་རྗེ་ཐེག་པ་ལས་གསུངས་ཚུལ་གཞན་བསྟན་པའོ། །དང་པོ་ནི། བྱེ་སྨྲས་སྐུ་གཉིས་ནས། ཡེ་ཤེས་བཞི་འདོད་ཅེས་པས་བསྟན། གཉིས་པ་ནི། བྱ་སྤྱོད་རྒྱུད་སྡེ་ལས་ནས། བཞེད་པ་དང་ཞེས་པས་བསྟན། གསུམ་པ་ནི། འཇམ་དཔལ་རང་གི་ནས། སྐུ་གསུམ་འཐད་ཅེས་པས་བསྟན། བཞི་པ་ནི། བླ་མེད་སྤྱི་ལ་ནས། བསྡུས་པ་ཡོད་ཅེས་པས་བསྟན། གཉིས་པ་ཁྱད་པར་ཀྱི་རྡོ་རྗེའི་རྒྱ་བཤད་ནས་བསྟན་པའི་ལ་ཁ་འཕངས་པའི་ཚུལ་གྱིས་སློས་པ་ནི། ཁྱད་པར་ཀྱི་རྡོར་ནས། སྨད་ཀྱི་ཆོས་ཞེས་པས་བསྟན་ཏོ། །ལེའུའི་མཇུག་བསྡུ་བ་ནི། ཡོངས་རྫོགས་བསྟན་པའི་ནས། ལྔ་པའོ་ཞེས་པས་བསྟན་ཏོ༎ ༎

སྤྱི་དོན་གསུམ་པ་རྫོམ་པ་མཐར་ཕྱིན་པ་མཇུག་གི་དོན་ལ་གསུམ་སྟེ། གང་རྫོམ་པའི་རྒྱུ་དང་། ཇི་ལྟར་རྫོམ་པའི་ཚུལ། དེ་ལྟར་བརྩམས་པའི་དགེ་བ་བསྔོ་བའོ། །དང་པོ་ལ་གཉིས་ཏེ། མཁས་པས་མ་བཤད་པའི་སྐྱོན་དང་། བཤད་པའི་ཕན་ཡོན་དང་འབྲེལ་བའོ། །དང་པོ་ནི། མཁས་པའི་ཉི་མ་ནས། ཅང་ཡོད་དམ་ཞེས་པས་བསྟན། གཉིས་པ་ནི། འོན་ཏང་མཁས་པ་ནས། འཆར་ཡང་སྲིད་ཅེས་པས་བསྟན། གཉིས་པ་ཇི་ལྟར་རྫོམ་པའི་ཚུལ་ལ་གསུམ་སྟེ། བཤད་སྒྲོལ་གང་གི་རྗེས་སུ་འབྲངས་ཏེ་རྫོམ་པ་དང་། ནོངས་པའི་ཆ་བཟོད་པར་གསོལ་བ། ལེགས་པའི་ཆ་ནས་གཞན་སྒྲོ་བ་སྐྱེད་པའོ། །དང་པོ་ནི། དེ་ཕྱིར་ས་སྐྱའི་ནས། འབད་པས་སྤྱིར་ཞེས་པས་བསྟན། གཉིས་པ་ནི། བདག་བློ་དམན་ཞིང་ནས། མདུན་སར་བཤགས་ཞེས་པས་བསྟན། གསུམ་པ་ནི༔ ལྷག་བསམ་ཟླ་བའི་ནས། སྐལ་བཟང་རྣམས་ཞེས་པས་བསྟན། གསུམ་པ་བརྩམས་པའི་དགེ་བ་བསྔོ་བ་ལ་གསུམ་སྟེ། མཐར་ཐུག་བྱང་ཆུབ་ཀྱི་དོན་དུ་བསྔོ་བ་དང་། གནས་སྐབས་སུ་བསྟན་པ་རྒྱས་པ་སོགས་སྨོན་པ་དང་། སྒྲོལ་འབྱེད་ཤིང་རྟ་ཟུང་གི་ཕྲིན་ལས་ལས་བརྩམས་པའི་ཤིས་པ་བརྗོད་པའོ། །དང་པོ་ནི། བསོད་ནམས་དུང་ལྟར་ནས། འགྲུབ་གྱུར་ཅིག་ཅེས་པས་བསྟན། གཉིས་པ་ནི། འགྲོ་བའི་སྡུག་བསྔལ་ནས། འཚོ་གྱུར་ཅིག་ཅེས་པས་བསྟན། གསུམ་པ་ནི། སྲིད་པ་གསུམ་ནས། འབར་གྱུར་ཅིག་ཅེས་པས་བསྟན།

རྫོམ་པའི་ཚུལ་ལས་འཕྲོས་པའི་སྨྲར་བྱང་ལ་གསུམ་སྟེ། གང་ཟག་གང་གིས་རྫོམ་པ། དུས་ནམ་གྱི་ཚེ་རྫོམ་པ། གནས་གང་དུ་སྦྱར་བའོ། །དང་པོ་ནི། དེ་ལྟར་ཡོངས་རྫོགས་ནས། ཞེས་བོད་པས་ཞེས་པས་བསྟན། གཉིས་པ་ནི། ཁམས་གསུམ་ཆོས་ཀྱི་ནས། དང་པོའི་ཆོས་ལ་ཞེས་པས་བསྟན། གསུམ་པ་ནི། མདོ་སྨད་སའི་ནས། བགྱིས་པའོ་ཞེས་པའི་བར་གྱིས་བསྟན་ཏོ།། །།

ཞེས་སྡོམ་གསུམ་སྤྱི་དོན་ས་གཞུང་སྦྲགས་མ་ཟིན་ཐུན་སྐྱོར་ཚོག་མ་ངག་གི་པདྨོ་བཞད་པ་ཞེས་བྱ་བ་འདི་ཡང་། རྗ་གཞུང་བསྟན་བཅོས་མཛད་པ་པོ་འཇམ་མགོན་ཐམས་ཅད་མཁྱེན་པ་ཆེན་པོ་ནས་སྔགས་སྡོམ་ཐོབ་པའི་དུས་བསྟན་པ་ཡན་ཆད་མཛད་ནས་དེའི་འཕྲོས་ལུས་འདུག་པས་ཞལ་སྐོང་དུ། རྗེ་བླ་མ་འདི་ཉིད་ཀྱི་དབུས་མཁས་ཤིང་གྲུབ་བརྙེས་ཡོངས་འཛིན་དམ་པ་མང་པོའི་ཞབས་རྟུལ་སྤྱི་བོར་བསྟེན་ཞིང་གསུང་གི་བདུད་རྩིས་མྱོས་པའི་སྐལ་བ་ཅན། རྒྱལ་བ་གཉིས་པ་རྗེ་བཙུན་ཨེ་ཝཾ་པ་ཆེན་པོའི་ཆོས་སྲིད་ཕྲིན་ལས་ཀྱི་རྗེས་སུ་ཞུགས་ཤིང་། གཙང་རོང་གི་ཀུན་ཏུ་རྒྱུ་ཆོས་སྨྲ་བའི་ཚུལ་ལྟར་འཚོས་པ་ངག་དབང་བསོད་ནམས་རྒྱལ་མཚན་བློ་གྲོས་མི་ཟད་པའི་སྒྲ་དབྱངས་སུ་བོད་པས་ཤིང་མོ་ཕག་གི་ལོ་ནག་པ་ཟླ་བའི་དཀར་ཕྱོགས་ཀྱི་རྫོགས་པ་གསུམ་པ་བདག་ཅག་གི་སྟོན་པས་དཔལ་ལྡན་འབྲས་སྤུངས་སུ་དཔལ་དུས་ཀྱི་འཁོར་ལོའི་ཆོས་འཁོར་བསྐོར་བའི

དུས་ཆེན་གྱི་ཉིན་ཤྲཱི་ཛོང་སར་དགོན་དུ་ལེགས་པར་གྲུབ་པར་བགྱིས་པའོ། །འདིས་ཀྱང་བསྟན་འགྲོ་སྤྱི་དང་བྱེ་བྲག་བློ་གྲོས་དང་ལྡན་པ་རྣམས་ལ་ཕན་པ་རྒྱ་ཆེན་པོའི་སྒོ་ནས་སེམས་ཅན་གྱི་དོན་བྱེད་པའི་ནུས་པ་དང་ལྡན་པའི་རྒྱུར་གྱུར་ཅིག །སརྦ་དཱ་ཛ་ག་ཏཾ།། །།

༄༅། །སྡོམ་པ་གསུམ་གྱི་ཉམས་ལེན་གདན་ལ་འབེབས་པ་འཇམ་དབྱངས་བླ་མའི་དགོངས་རྒྱན་གྱི་རྣམ་འགྲེལ་སྐལ་བཟང་མིག་འབྱེད་ཀྱི་གསེར་ཐུར་ཞེས་བྱ་བ་བཞུགས་སོ། །

ངག་དབང་བསོད་ནམས་རྒྱལ་མཚན།

ཨོཾ་སྭསྟི་སིདྡྷཾ། མགོན་པོ་གང་གི་ཐུགས་ནི་གདོད་ནས་འཇམ་པའི་རྡོ་རྗེའི་ངོ་བོར་བྱང་ཆུབ་ཀྱང་། །ཐ་མལ་སྣང་ངོར་སྐྱེ་སྲིད་ཀུན་ཏུ་ལེགས་པར་སྦྱངས་པའི་པཎྜི་ཏར་གྱུར་པས། །ས་སྐྱའི་འཇམ་མགོན་བླ་མར་གྲགས་པའི་དབྱངས་ཀྱིས་མཁས་པ་ཀུན་གྱི་སྙེམས་འཕྲོགས་པ། །ཕྱོགས་ལས་རྣམ་རྒྱལ་ཀུན་དགའ་རྒྱལ་མཚན་དཔལ་ལྡན་བཟང་པོའི་ཞབས་རྡུལ་སྤྱི་བོར་མཆོད། །གང་དེའི་བཞེད་གཞུང་ཐུབ་བསྟན་མ་སླད་ཚལ྄ས་ཡོངས་རྫོགས་ནམ་མཁའི་ནོར་བུ་ནི། །མ་རྟོགས་ལོག་རྟོག་ངན་གཡོའི་འཁྲིགས་བཤད་སྟུག་པོའི་སྤྲིན་གྱིས་སྒྲིབ་ཚེ་ལུང་བཟང་དང་། །རིག་པའི་རླུང་ཆེན་གྱིས་བསལ་འཁྲུལ་མེད་ལྷ་གྲུབ་སྙིང་པོའི་དཀྱིལ་འཁོར་འདི་ན་ཞེས། །འགྲོ་ལ་སྣང་མཛད་ཤིང་རྟ་ཆེན་པོ་ཀུན་མཁྱེན་བླ་མ་བརྒྱུད་པར་བཅས་རྣམས་རྒྱལ། །འདི་ན་རང་ཉིད་གསུང་རབ་དོན་དཔྱོད་བློ་རྩལ་རིམ་གྱིས་རྫོགས་དང་སྐལ་མཉམ་གྱི། །དོན་གཉེར་གཞན་དག་འཇུག་པ་བདེ་ཕྱིར་འབད་རྩོལ་གྱིས་བསྡེབས་སྡོམ་གསུམ་ཉམས་ལེན་གཞུང་། །སླར་ཡང་འགྲེལ་ལ་ཚིག་སྦྱོར་རྒྱས་པ་འབྲི་དང་འཛིན་པར་ཡི་གེའི་ཚོགས་ཆེན་པོས། །འཇིགས་ཕྱིར་མདོ་རུ་བསྡུས་པ་སྐལ་བཟང་མིག་འབྱེད་གསེར་གྱི་ཐུར་མ་རྟོན་པོར་བསྒྲུན། །

ཞེས་མཆོད་བརྗོད་དང་དམ་བཅའི་ཚིག་གིས་སྔོན་བསུས་ཏེ། འདིར་བདག་ཉིད་ཆེན་པོ་འཇམ་མགོན་བླ་མ་ས་སྐྱ་པཎྜི་ཏ་ཆེན་པོའི་ཞལ་སྔ་ནས་ཆོས་དང་ཆོས་མ་ཡིན་པ་རྣམ་པར་འབྱེད་པའི་བསྟན་བཅོས་ཆེན་པོ་སྡོམ་གསུམ་གྱི་རབ་ཏུ་དབྱེ་བ་ཞེས་བྱ་བ་མཛད་པ་དངོས་བསྟན་བཀའ་ཕྱུག་སོགས་གཞན་ལུགས་ཀྱི་འཁྲུལ་པ་དགག་པའི་ཤུགས་ལས་རང་ལུགས་མ་འཁྲུལ་པའི་ཉམས་ལེན་རྟོགས་དགོས་པ་ཉིད། ཚུལ་བཞིན་དུ་འགྲེལ་པ་ལ་གཞན་ལ་རག་མ་ལས་པའི་སྤོབས་པ་བརྙེས་པ་རིག་པའི་དབང་ཕྱུག་གོ་རམ་ཆེན་པོའི་སྤྱི་དོན་སོགས་ལ་

བརྟེན་ནས་བཤད་པ་སྟེ། ཤུགས་བསྟན་བསམ་དཔྱོད་ཀྱི་ངལ་བ་ལ་མ་ལྟོས་པ་བདེ་བླག་ཏུ་རྟོགས་ནུས་པ་ཡོངས་རྫོགས་བསྟན་པའི་ཉམས་ལེན་སྡོམ་པ་གསུམ་གཏན་ལ་འབེབ་པ་འཇམ་དབྱངས་བླ་མའི་དགོངས་རྒྱན་ཞེས་བྱ་བ་འདི་གང་བཤད་པར་བྱ་བའི་ཆོས་སོ། །

དེ་ལྟ་བུའི་བསྟན་བཅོས་འདི་ཉིད་དོན་རྣམ་པ་གསུམ་གྱིས་བསྡུས་པར་ཤེས་པར་བྱ་སྟེ། གང་ཞེ་ན་རྩོམ་པ་ལ་འཇུག་པ་ཀླད་ཀྱི་དོན། རྩོམ་པར་བྱ་བ་གཞུང་གི་དོན། རྩོམ་པ་མཐར་ཕྱིན་པ་མཇུག་གི་དོན་ནོ། །དང་པོ་ལ་གཉིས་ཏེ། མཆོད་པར་བརྗོད་པ་དང་། རྩོམ་པར་དམ་བཅའ་བའོ། །དེའི་དང་པོ་ལ་ལྔ་སྟེ། རང་ཉིད་ཀྱི་རྩ་བའི་བླ་མ་ལ་སྡོམ་གསུམ་རིམ་ཅན་དུ་སྩལ་བའི་བཀའ་དྲིན་རྗེས་སུ་དྲན་པའི་སྒོ་ནས་དང་། བསྟན་པ་འདི་ཉིད་ཀྱི་སྟོན་པ་ཤཱཀྱའི་རྒྱལ་པོ་ལ་ངེས་པ་དང་དྲང་བའི་བྱང་ཆུབ་བརྙེས་བསྟན་གྱི་སྒོ་ནས་དང་། ལྷག་པའི་ལྷ་རྗེ་བཙུན་བརྟན་པའི་འཁོར་ལོ་ལ་མཚན་གྱི་གཙོ་བོ་བཞི་དོན་དང་སྦྱེལ་བའི་སྒོ་ནས་དང་། འཕགས་བོད་ཀྱི་སྡོམ་གསུམ་བརྒྱུད་པའི་ཕྲེང་བ་ལ་སྤྱིའི་རྣམ་ཐར་རྗེས་སུ་དྲན་པའི་སྒོ་ནས་དང་། ཆོས་ཀྱི་རྒྱལ་པོ་འཇམ་མགོན་བླ་མ་ས་སྐྱ་པཎྜི་ཏ་ཆེན་པོ། རྒྱལ་ཚབ་གོ་རམ་སབསྟན་པའི་ཉི་མར་བཅས་ལ་སོ་སོའི་ཕྲིན་ལས་ཀྱི་ཁྱད་པར་རྗེས་སུ་དྲན་པའི་སྒོ་ནས་མཆོད་པར་བརྗོད་པའོ། །དེ་དག་ཀྱང་སྲིད་ལས་ངེས་པར་འབྱུང་བའི་སོགས་ཚིགས་བཅད་ལྔས་བསྟན་ཏོ། །

ད་ནི་དེ་དག་གི་དོན་འགྲེལ་པ་ལ། དབྱིག་གཉེན་གྱི་རྣམ་བཤད་རིགས་པར། །མདོ་དོན་སྨྲ་བ་རྣམས་ཀྱིས་ནི། །དགོས་པ་བསྡུས་པའི་དོན་བཅས་དང་། །ཚིག་དོན་བཅས་དང་མཚམས་སྦྱོར་བཅས། །བརྒལ་ལན་བཅས་ཏེ་བཤད་པར་བྱ། ཞེས་མདོའི་དོན་བསྟན་བཅོས་ཀྱིས་འཆད་པའི་མན་ངག་ལྟར་གསུངས་པའི་དང་པོ་བཞི་ནི་གཞུང་འདིའི་དབུ་ཞབས་ཀུན་ཏུ་དོན་ཐོབ་ཀྱིས་ལེགས་པར་འཇུག་ལ། བརྒལ་ལན་གྱི་སྒོ་ནས་བསྟན་པ་གཞུང་གིས་དངོས་སུ་མ་ཟིན་ཀྱང་སྐབས་སུ་བབ་ཚེ་རིག་པ་དང་མི་འགལ་བར་རྣམ་པར་སྦྱོར་བས་ཆོག་གོ། །གཞན་ཡང་བདག་ཉིད་ཆེན་པོས། གཞུང་ལུགས་གང་དང་གང་འཆད་པ། །བྱེད་པའི་ཚིག་ནི་རབ་སྦྱར་ཏེ། །ཚིག་དོན་ལེགས་པར་སྦྲེལ་ནས་ནི། །འཆད་པ་བརྗ་སྦྱོད་བྱེད་པའི་ལུགས། །ཞེས་གསུངས་པ་ལྟར། བྱེད་པའི་ཚིག་དྲུག་ལ་སོགས་པ་དང་སྦྱར་ཏེ། ཚིག་དོན་ལེགས་པར་སྦྲེལ་ནས་འཆད་པ་སྨྲ་བའི་ལུགས་ཏེ་འཕགས་ཡུལ་དུ་གྲགས་ཆེ་ལ། འདིར་བོད་ལ་ཉེ་བར་མཁོ་བའི་བཤད་ཐབས། ལས་དང་བྱེད་པོ་བྱ་བ་ཡི། །ཚིག་དོན་སྦྲེལ་ལ་དག་དོན་བླང་། །ཞེས་དཔེར་བརྗོད་དང་བཅས་ཏེ་གསུངས་པ་ལྟར་གྱི་ངོས་འཛིན་མཆོད་བརྗོད་ལ་སྦྱར་ན། ལས་ནི་རྩ་བའི་བླ་མ་སོགས་ཏེ་རྣམ་དབྱེ་གཉིས་པ་འཇུག་པའི་ཡུལ། བྱེད་པ་པོ་ནི་བསྟན་བཅོས་རྩོམ་པ་པོ། བྱ་བ་ནི་

མཆོད་བརྗོད་དངོས་ཏེ། མཆོད་བསྟོད་འདུད་སོགས་ཀྱི་མཐའ་ཅན་ནོ། །ཇི་ལྟར་འཆད་པའི་ཚུལ་ནི། ཁྱད་པར་གྱི་གཞི་བསྡུས་ལ་དག་དོན་བླང་། ཁྱད་པར་གྱི་ཆོས་བཤད་དེ་ཚིག་དོན་རྣམ་པར་དབྱེ་བར་བྱའོ། །ཞེས་གསུངས་པ་ནི། མཆོད་པར་བརྗོད་ཅེས་བཤད་གཞིར་བཀོད་པ་དེ་ནི། སེང་གེའི་ལྟ་སྟངས་ཀྱིས་ཁྱད་པར་གྱི་གཞི་བླང་བ། ཡུལ་གང་ལ་གང་ཟག་གང་གིས་ཚུལ་ཇི་ལྟར་མཆོད་པར་བརྗོད་ཅེས་པ་གསུམ་ནི་སྤྲུལ་པའི་འཕར་བས་སྐབས་དོན་སོ་སོར་དབྱེ་བ། ཚིག་དོན་མ་ལུས་པ་བཤད་པ་ནི་རུས་སྦལ་གྱི་འགྲོས་ཀྱིས་གཞུང་དོན་འཇེབས་པར་བཤད་ཅེས་གྲགས་པ་དེ་ཡིན་ནོ། །

དེ་ནི་དེ་ཐམས་ཅད་དང་མི་འགལ་བར་དགོས་པའི་དོན། བསྡུས་པའི་དོན། ཚིག་གི་དོན་གསུམ་གསུམ་གྱིས་ཅུང་ཟད་བཤད་ན། དང་པོ་ནི། བདག་ཉིད་ཆེན་པོས། བསྟན་བཅོས་བྱེད་པ་དམ་པ་ཡིས། །སྟོན་པ་ལ་ནི་མཆོད་བརྗོད་བྱ། །བསྟན་པ་སྤེལ་ཕྱིར་དག་པ་ཡི། འདི་ལ་འཐད་པ་བཟང་པོ་མཐོང་། །ཞེས་བསྟན་པ་རྣམ་དག་གི་རྒྱན་སྤེལ་བ་ལ་གང་ལས་བརྒྱུད་པའི་སྟོན་པ་ངོས་འཛིན་དགོས་པ་དེ་ཡང་མཆོད་བརྗོད་ཀྱིས་རྟོགས་ནུས་ཤིང་། རྩོམ་པ་པོ་རང་དང་། ཉན་བཤད་བྱེད་པ་གཞན་གྱི་རྒྱུད་ལ་བསོད་ནམས་འཕེལ་བ་དང་། རྩོམ་པ་མཐར་ཕྱིན་པར་འགྱུར་བའི་དགོས་པ་ཡོད་དོ། །དགོས་པ་དེ་ལྟ་བུ་དང་ལྡན་པའི་མཆོད་བརྗོད་དེ་ཡང་སྦྱོར་ཚུལ་གཅིག་ཁོ་ནར་ངེས་སམ་ཞེ་ན་མ་ངེས་ཏེ། མཆོད་བསྟོད་འདུད་པའི་བདག་ཉིད་ཅན། །ཤིས་པར་བརྗོད་སོགས་མི་འགལ་ཏེ། །ཐམས་ཅད་དུ་ཡང་སྟོན་པ་ཡི། །ཆེ་བ་འབའ་ཞིག་སྟོན་ཕྱིར་རོ། །ཞེས་ཡུལ་གྱི་ཡོན་ཏན་བརྗོད་པ་གཞིར་བྱས་པ་མཆོད་པའི་མཐའ་ཅན་དང་། དེ་བཞིན་དུ་བསྟོད་པ་དང་ཕྱག་འཚལ་བ་དང་ཤིས་པར་བརྗོད་པའི་མཐའ་ཅན་རྣམས་སུ་ཡོད་པ་ལས་འདིར་ཅི་ལྟར་མཛེས་པ་རེ་སྦྱར་བའོ། །གཉིས་པ་བསྡུས་པའི་དོན་ནི། བློ་ག་དང་པོའི་དབང་དུ་བྱས་ན། ཡུལ་གང་ལ་མཆོད་པར་བརྗོད་ན་རང་གི་རྩ་བའི་བླ་མ་དམ་པ་ལའོ། །གང་ཟག་གང་གིས་ན་རྩོམ་པ་པོས་སོ། །ཚུལ་ཇི་ལྟར་ན་སྡོམ་གསུམ་རིམ་ཅན་དུ་སྐྱོལ་བའི་བཀའ་དྲིན་རྗེས་སུ་དྲན་པའི་སྒོ་ནས་སོ། །འདི་དག་འོག་མ་རྣམས་ལ་འང་རིག་བསྒྲེ་ཞིང་བསྟད་པར་བྱའོ། །

གསུམ་པ་ཚིག་གི་དོན་ནི་ཚིགས་བཅད་དང་པོ་ཅུང་ཟད་བཤད་ན། སྲིད་ལས་ངེས་པར་འབྱུང་བའི་ཚུལ་ཁྲིམས་ཏེ་སོ་སོར་ཐར་པའི་སྡོམ་པ་དང་། དེའི་དམན་སེམས་ཀྱི་ཆ་རྒྱལ་སྲས་མཆོག་གི་བློར་བསྒྱུར་བ་སྨོན་འཇུག་ཚོགས་འབོགས་པ་སེམས་བསྐྱེད་ཀྱི་སྡོམ་པ་དང་། སྣང་བའི་ཆོས་ཀུན་ལྷ་དང་ཡེ་ཤེས་ཀྱི་ངོ་བོར་སྡོམ་པ་དབང་བཞིས་བསྐྱེད་པ་བསྐྱེད་རྫོགས་ཀྱི་སྡོམ་པ་སྟེ། སྡོམ་གསུམ་ཅིག་ཆར་དང་རིམ་ཅན་པ་གཉིས་ལས། འདིར་ཕྱི་མའི་དབང་དུ་བྱས་ནས་གོ་རིམ་བཞིན་བདག་རྒྱུད་ལ་ཕོག་མཛད། དྲིན་ཆེན་གྱི་བླ་མ་མཆོག་དེ་ཉིད།

རྣམ་ཐར་འདི་ཉིད་ལས་ལྷོག་ཕྱོགས་སུ་གྱུར་པའི་བདུད་ཀྱི་དཔུང་ལས་རྒྱལ་བར་གྱུར་ཅིག་ཅེས་ཤིས་བརྗོད་ཀྱི་མཐའ་ཅན་ནོ། །དོན་འདིས་དཀྲུས་ཀྱི་བརྗོད་བྱ་བསྡུས་པ་ཡིན་པས་འཆད་འགྱུར་གྱི་དབང་གིས་ཞིབ་པར་མ་སྤྲོས་སོ། །ཚིགས་བཅད་གཉིས་པའི་དོན་ཡང་། ཉན་ཐོས་པ་སྤྱིར་ལོངས་སྐུ་ཁས་མི་ལེན་ཞིང་སྟོན་པ་འདི་ཉིད་ཀྱང་རྒྱལ་བུ་དོན་གྲུབ་ཀྱི་རྟེན་ཁོ་ན་ལ་བྱང་ཆུབ་བརྙེས་པ་འདོད་ནའང་། ངེས་པའི་དོན་དུ་བསྐལ་པ་དཔག་ཏུ་མེད་པའི་སྔོན་རོལ་དུ་མངོན་པར་རྫོགས་པར་སངས་རྒྱས་ཟིན་པ་ཡིན་ཏེ། ཡབ་སྲས་མཇལ་བའི་མདོར། སྔོན་འདས་པའི་དུས་བསྐལ་པ་དཔག་ཏུ་མེད་པའི་གོང་རོལ་དུ་འཇིག་རྟེན་གྱི་ཁམས་གནྡྷའི་གླིང་གི་བྱེ་མ་སྙེད་ཀྱི་ཞིང་གཅིག་ཏུ་གྱུར་པ་ཏེ། དེ་བཞིན་གཤེགས་པ་དབང་པོའི་ཏོག་ཅེས་བྱ་བར་སངས་རྒྱས་ནས་ཞེས་སོགས་དང་། །བྱེ་བ་ཕྲག་བརྒྱར་རྒྱལ་བ་ཉིད། །སངས་རྒྱས་ཉིད་དུ་བསྟན་གྱུར་ཀྱང་། །ད་དུང་ཡང་ནི་འདྲེན་པ་ཁྱོད། །སངས་རྒྱས་མང་པོ་སྟོན་པར་མཛད། །ཅེས་སོགས་སྤྲུལ་སྐུའི་དབང་དུ་མཛད་ནས་གསུངས་པ་དང་། ཁྱད་པར་དུ་རྒྱན་སྟུག་པོ་བཀོད་པ་དང་། རྡོ་རྗེ་སྙིང་པོ་རྒྱན་གྱི་རྒྱུད་སོགས་མདོ་རྒྱུད་བསྟན་བཅོས་མང་པོར་ཐོག་མར་འོག་མིན་དུ་ལོངས་སྐུར་སངས་རྒྱས་ནས། དེ་ཙམ་གྱིས་སྤྲུལ་སྐུའི་ཞིང་ཁམས་རབ་འབྱམས་རྣམས་སུ་དགའ་ལྡན་དུ་གནས་པ་དང་། འཕོ་བ་དང་འཛམ་བུའི་གླིང་དུ་མཛད་པ་བཅུ་གཉིས་ཀྱི་ཚུལ་གྱིས་འཚང་རྒྱ་བར་སྟོན་པ་སོགས་ལྷུན་གྲུབ་རྒྱུན་མི་འཆད་པར་སྣང་བར་གསུངས་པའི་དོན་སློབ་དཔོན་ངག་དབང་གྲགས་པས། །དཔལ་ལྡན་སྟུག་པོ་བཀོད་པ་ཉིད་དུ་དོན་དམ་ཐུགས་ཆུད་ཅིང་། །དགའ་ལྡན་སྐྱེ་བོའི་དོན་མཛད་ཕྱིར་ནི་དམ་པ་ཏོག་དཀར་གྱུར། །དེ་ནས་འདིར་ནི་འགྲོ་བའི་དོན་དུ་ཤཱཀྱའི་ཏོག་གྱུར་གང་། །འཆི་བདག་ལས་རྒྱལ་སྐྱུ་མ་ཀུན་སྟོན་དེ་ནི་རྒྱལ་གྱུར་ཅིག །ཅེས་གསུངས་པ་དང་སྦྱར་བ་སྟེ་ཕྱག་འཚལ་བའི་མཐའ་ཅན་ནོ། །ཚིགས་བཅད་གསུམ་པ་ནི། སྐུ་གསུང་ཐུགས་ཕྲིན་ལས་ཀྱི་ཆེ་བ་སོ་སོ་ནས་སྨོས་པ་སྟེ། སྐུ་འཇམ་པ་མཐོང་ན་མི་མཐུན་པ་མེད་པ་གདུལ་བྱའི་མིག་གི་དཔལ་དུ་གྱུར་པ། དུས་གསུམ་དུས་མེད་རྟོག་པའི་ཡེ་ཤེས་རྒྱལ་བ་ཐམས་ཅད་བསྐྱེད་པའི་ཡབ་ཏུ་གྱུར་ཀྱང་། ཁྱེས་པ་ལོ་བརྒྱད་དམ་བཅུ་དྲུག་ལོན་པའི་ལང་ཚོ་ལྟར་སྣང་བས་སམ། བྱང་ཆུབ་སེམས་དཔའ་ཆེན་རབས་སུ་གྲགས་པ་འཇིག་རྟེན་དབང་ཕྱུག་དང་། ཕྱག་ན་རྡོ་རྗེ་སོགས་ཀྱི་བླ་མར་གྱུར་ཀྱང་། ཚངས་པ་སྤྱོད་པ་གཞོན་ནུའི་ས་པའི་ཚུལ་འཛིན་པས་ན་འཇམ་དཔལ་གཞོན་ནུར་གྱུར་པ་དང་། གསུང་འཇམ་པ་སྙན་ཅིང་འཇེབས་པ་ཐོས་པས་ཡིད་འཕྲོག་པ་ཚངས་པའི་དབྱངས་ལྟ་བུ་མངའ་བས་ན་འཇམ་པའི་དབྱངས་དང་། ཐུགས་འཇམ་པ་མཚན་རྟོག་གི་སྤྲོས་པས་མ་རྨུབ་པ་གཉིས་སུ་མེད་པའི་ཡེ་ཤེས་རྡོ་རྗེའི་རང་བཞིན་ཅན་མངོན་དུ་མཛད་པས་ན་འཇམ་པའི་རྡོ་རྗེ་སྟེ་ལུང་དང་སྦྱར་བའི་སྒྲ་བཤད་གཞན་དུ་རྟོགས་པར་བྱའོ། །མཚན་གྱི་

ཟུར་འདི་དག་གིས་སྐུ་བཞི་མཚོན་ཏེ། བདག་ཉིད་ཆེན་པོས་མཉྫུ་ཞེས་བྱ་བ་འཇམ་པའི་སྒྲས་རྟེན་སྤྲོས་བྲལ་ཆོས་ཀྱི་སྐུ་སྤྱིར་བསྟན་པ་དང་། རྡོ་རྗེའི་སྒྲས་ཟག་མེད་པའི་བདེ་བ་དང་ལྡན་པ་ལོངས་སྤྱོད་རྫོགས་པ་དང་། དཔལ་གྱི་སྒྲས་གཞན་དོན་ཕུན་སུམ་ཚོགས་པ་སྤྲུལ་པའི་སྐུ་དང་། དབྱངས་ཀྱི་སྒྲས་ཡེ་ཤེས་ཀྱིས་བསྡུས་པའི་ངོ་བོ་ཉིད་ཀྱི་སྐུ་སྟེ་ཞེས་གསུངས་སོ། །ཕྲིན་ལས་སྤྱིར་བཞལ་འཇམ་པོས་སྤྲུལ་སྤྱུར་སྟོད་པ་ལྟར། སེམས་ཅན་འབད་མེད་དུ་རྗེས་སུ་འཛིན་པ་ལ་འཛོག་པ་ཡོད་མོད། འདིར་ཁྱད་པར་དུ་བྱས་པ་ཤེས་རབ་ཀྱི་འཁོར་ལོས་མ་རིག་པའི་དྲྭ་བ་གཅོད་པའམ། དེའི་འོད་ཀྱིས་རྨོངས་པའི་མུན་པ་སེལ་བས་ན་བརྟན་པའི་འཁོར་ལོ་ཞེས་སྨོས་ཏེ། གཞུང་ལས། འཇམ་དཔལ་དང་ནི་གཉིས་མེད་གོ་འཕང་འཆང་ཞིང་ཡི་གེ་བཅས་ཉིད་ཡོངས་སུ་ཡིད་ལ་འདོད་བྱེད་པ། །འདི་ནི་འཁོར་ལོ་གསལ་པོས་ཉེ་བར་སོང་ཞིང་ཉིན་དང་མཚན་མོ་བསམ་གཏན་བྱེད་ལ་མངོན་སྤྱོར་བས། །དེ་ཡིས་སྟོན་མ་མཐོང་བའི་ངག་གི་རང་བཞིན་གྲངས་ཀྱི་རིག་པའི་ཚོགས་ནི་མ་ལུས་དེ་ཡང་ནི། །ཇི་ལྟར་བདེ་བར་ཡིད་ནི་རབ་ཏུ་འཇུག་ཅིང་ནོར་བའི་སྒྲོན་ལྟར་རབ་གསལ་མཐུག་པོའི་མུན་འཇོམས་པ། །ཞེས་སོགས་འབྱུང་བའི་དོན་ཅན་གྱིས་བདག་ནམ་ཡང་མི་བཏང་བར་བློ་དང་སྦྱོབས་པ། གཟུངས་དང་ཏིང་ངེ་འཛིན་སྟོབས་པའི་སྒོ་ནས་སྐྱོངས་ཤིག་ཅེས་ཤིས་བརྗོད་ཀྱི་མཐའ་ཅན་ནོ། །ཚིགས་བཅད་བཞི་པའི་དོན། ཐེག་པ་འོག་མར་ཉོན་མོངས་པ་སྤོང་བ་དང་། གོང་མར་ཐབས་ཀྱིས་ལམ་དུ་འཁྱེར་བ་གཉིས་སུ་གསུངས་པ་ཡང་། དོན་དུ་འཁོར་བར་མི་འཆིང་བར་སྒྲུབ་པའི་གནད་ཀྱིས་མི་འགལ་བར་གཟིགས་ཀྱང་། ཡུལ་དུས་གང་ཟག་གི་རིམ་པས་གནང་བཀག་གི་བསླབ་མཚམས་མ་འཆོལ་བར་རང་གིས་སྒྲུབ་པ་བཞིན། འབོག་སློབ་འཆོས་གསུམ་གྱི་སྒོ་ནས་གཞན་ལ་འདོམས་བར་མཛད་པའི་བརྒྱུད་པ་རིམ་བྱོན་ཏེ། སོ་ཐར་སྡོམ་རྒྱུན། ཐུབ་དབང་། ཤཱ་རིའི་བུ། སྒྲ་གཅན་ཟིན་ནས་ཁོ་བོའི་མཁན་པོའི་མཁན་པོ་ངག་དབང་དམ་ཆོས་རྒྱལ་མཚན་གྱི་བར་ཁ་ཆེའི་མཁན་བརྒྱུད་དྲི་མ་མེད་པ་ལས་འོངས་པ་དང་། བྱང་སྡོམ་བརྒྱུད་པ། ཐུབ་དབང་། འཇམ་པའི་དབྱངས། དཔལ་མགོན་ཀླུ་སྒྲུབ་ནས་བྱམས་པ་བསྟན་འཛིན་ཕྲིན་ལས་ཀྱི་བར་དུ་བྱོན་པས་གཙོས་ཐོབ་ཡུལ་ཐ་དད་པའི་སེམས་ཙམ་ལུགས་སོགས་ཀྱི་བརྒྱུད་རིམ་དང་། སྔགས་སྡོམ་རྒྱུན། རྡོ་རྗེ་འཆང་ཡབ་ཡུམ། རྣལ་འབྱོར་གྱི་དབང་ཕྱུག་བིར་ཝ་པ་ནས་ངག་དབང་དམ་ཆོས་རྒྱལ་མཚན་གྱི་བར་དང་། བརྒྱུད་རིམ་གཞན་དང་གཞན་ཀུན་ལའང་སོ་སོའི་རྣམ་ཐར་བསམ་གྱིན་དད་པའི་ལུས་སྐྱེས་སྟེ་བ་སྤུ་གཡོ་ཞེས་པའང་འདུད་པའི་མཐའ་ཅན་དུ་གདགས་སོ། །ཚིགས་བཅད་ལྔ་པའི་དོན་ནི། བོད་ཡུལ་དུ་སྐབས་ཤིག་ནས་སོར་སྡོམ་ཤི་འཕོས་ནས་ཀྱང་རྗེས་སུ་འབྲང་བ་འདོད་པ་དང་། ཆོས་དབྱིངས་བསྔོ་རྒྱུའི་དགེ་རྩར་འདོད་པ་དང་། སེམས་བསྐྱེད་རྨི་ལམ་མ་དང་། ཕག་མོའི་བྱིན་རླབས

སྨིན་བྱེད་དུ་འདོད་པ་སོགས་ཆོས་ལྟར་བཅོས་པ་མང་པོས་བསྟན་པ་ལྟེམ་པོར་གྱུར་པ་ན། ཆོས་ནི་འདི་འོ་ཆོས་མ་ཡིན་པ་ནི་འདི་འོ་ཞེས་མ་འདྲེས་པར་འབྱེད་པའི་མཁྱེན་རབ་ཀྱི་སྤྱན་དཀྲུས་རིང་པོ་བརྙེས་པས་བསྟན་པའི་བྱི་དོར་བླ་ན་མེད་པ་སྒྲུབ་པའི་ཕྲིན་ལས་ཅན་ནི། ཆོས་ཀྱི་རྒྱལ་པོ་འཇམ་མགོན་བླ་མ་ས་སྐྱ་པཎྜི་ཏ་ཆེན་པོ་ཁོ་ནར་ངེས་པ་དང་། མགོན་པོ་དེ་ཉིད་སློབ་ཚོགས་དང་བཅས་པ་གཤེགས་ནས་རིང་ཞིག་ལོན་པ་ན་ཐེག་ཆེན་གྱི་སྐབས་སུའང་སོར་སྡོམ་གཟུགས་ཅན་དུ་འདོད་པ་དང་། སོ་ཐར་ལའང་འཇིགས་སྐྱོབས་སོགས་དབྱེར་འདོད་པ་དང་། བདག་གཞན་བརྗེ་བའི་དོན་གཅེས་འཛིན་གྱི་བློ་བརྗེ་བ་ཙམ་ལ་འདོད་པ་དང་། མེད་དགག་གི་ངེས་ངོར་ཞེན་པ་གནས་ལུགས་མཐར་ཐུག་ཏུ་འདོད་པ་དང་། བླ་མེད་ཀྱི་དཀྱིལ་འཁོར་གཅིག་གི་དབང་བསྐུར་ཐོབ་པས་དཀྱིལ་འཁོར་ཀུན་གྱི་དབང་བསྐུར་ཐོབ་པར་འདོད་པ་སོགས་མུན་སྤྲུལ་དཔག་ཏུ་མེད་པ་འཕེལ་བ་རྣམས་ལུང་རིག་རྣམ་པར་དག་པས་བཀག་ནས། རྗེ་ས་སྐྱ་པའི་བཞེད་པ་བཞིན་མ་འཁྲུལ་པའི་ལྟ་གྲུབ་གཏན་ལ་ཕབ་པ་དང་། ཁྱད་པར་དུ་བདག་ཉིད་ཆེན་པོའི་གསུང་རབ་ཀྱི་གཙོ་བོ་སྡོམ་རིག་གཉིས་ཀྱི་དགོངས་པ་མ་རྟོགས་པ་དང་། ལོག་པར་རྟོགས་པ་དང་། རང་བཟོའི་གྲུབ་མཐའི་རྒྱབ་སྐྱོར་དུ་འཁྱོགས་པོར་འགྲེལ་པ་དང་། གཞུང་གི་ཚིག་ཟུར་གཞན་དུ་འཆོས་པ་དང་། ཐ་ནའང་དྲི་བའི་ཟོལ་གྱིས་འགོག་པ་ལ་བརྩོན་པ་ལ་སོགས་པས་གནས་སྐབས་ཡང་བར་གྱུར་པ་ན། རྗེ་བཙུན་ཆེན་པོའི་ཐུགས་ལས་སྤྲུལ་པའི་ཡེ་ཤེས་ཀྱི་གསལ་སྣང་སད་པའི་མཐུས། སྡོམ་རིག་གི་དགོངས་དོན་འགྲེལ་པ་ལ་གཞན་དྲིང་མི་འཛོག་པའི་སྦྱོབ་པས་བསྟན་པའི་བྱི་དོར་ཆེན་པོ་གཉིས་པ་སྒྲུབ་པའི་ཕྲིན་ལས་ཅན་ནི། སླ་བའི་སེང་གེ་གོ་བོ་རབ་འབྱམས་པ་ཆེན་པོ་སྟེ། ཐུབ་བསྟན་ཇི་སྲིད་གནས་ཀྱི་བར་དུ་སོ་སོའི་ཕྲིན་ལས་ཀྱི་སྣང་བ་དེ་ཉིད་ལོག་སྨྲ་མུན་པའི་གཡུལ་ལས་རྒྱལ་བར་གྱུར་ཅིག་ཅེས་པའང་ཤེས་བརྗོད་ཀྱི་མཐའ་ཅན་ནོ།

།གཉིས་པ་རྩོམ་པར་དམ་བཅའ་བ་ནི། ཐུབ་བསྟན་ཡོངས་སུ་རྫོགས་པའི་ཉམས་ལེན་གཞུང་ཞེས་སོགས་ཏེ། དེ་ལྟར་མཆོད་པར་བརྗོད་ནས་ལས་སུ་བྱ་བ་ཅི་ཞིག་བྱེད་ཅེ་ན། རྩོམ་པར་བྱ་ཞེས་སྦྲེལ་བ་སྟེ། བདག་ཉིད་ཆེན་པོས། དམ་བཅའ་བ་དང་བསྐུལ་ཚིག་སོགས། །འཆད་ཕྱིར་སྒྲོ་བ་སྟོན་པ་སྟེ། །མཆོག་རྟོགས་གྲུབ་པའི་རྒྱུར་འགྱུར་བས། །ཁས་ལེན་པ་ལ་འགལ་བ་མེད། །ཅེས་གསུངས་པ་ལྟར་གཞུང་འཆད་པ་ལ་སྒྲོ་བས་ཁས་བླང་བ་དང་། བསྐུལ་བའི་ཚིག་སོགས་འབྱུང་བ་ལས། འདིར་སྙན་དངགས་གཟུགས་ཅན་གྱི་དབང་གིས་བཤད་ཀྱིས་ཉོན་ཞེས་པའི་བསྐུལ་ཚིག་འཕེབ་ཀྱིས་ལྷོས་ཞེས་འགྱུར་བ་བཤད་གཞིར་བྱས་ཏེ། དགོས་པ་གང་གི་ཕྱིར་འཆད་ན། སྡོམ་གསུམ་ཉམས་སུ་ལེན་པའི་སྐལ་བ་བཟང་པོ་ཅན་རྣམས་ཀྱི་བློ་གྲོས་ཀྱི་མིག་ལ་ངོ་

མཚར་བའི་ལྷད་མོ་བསྒྲུབ་པའི་ཕྱིར་འཆད། བསྡུས་པའི་དོན་ནི། ལས། བྱེད་པོ། བྱ་བ་གསུམ་སྟེ། གང་འཆད་ན༑ ཐུབ་པའི་བསྟན་པ་མ་གི་དགེ་བསྙེན་གྱི་གཞུང་ནས་ཡ་གི་བླ་མེད་རྡོ་རྗེ་ཐེག་པའི་བར་ཡོངས་སུ་རྫོགས་པའི་ཉམས་ལེན་སྟོན་པའི་གཞུང་འདི་འཆད། གང་གིས་བཤད་ན་རྩོམ་པ་པོས། ཚུལ་ཇི་ལྟར་འཆད་ན་ལེའུ་དང་པོ་སྤྱི་དོན་རྣམ་པར་ཕྱེ་བ་རགས་པའི་ཚུལ་དང་། ལེའུ་ཕྱི་མ་བཞི་སྐབས་དོན་སོ་སོར་བ་དང་བསྡུས་པ་ཞིབ་རྒྱས་ཀྱི་ཚུལ་དུ་འཆད། ཚིག་གི་དོན་ནི་རིམ་བཞིན་ཆུ་གཏེར་ཆེན་པོ་མ་དྲོས་པ་དང་། གཙླ་ལ་སོགས་པའི་ཆུ་བོ་བཞིའི་གཟུགས་སུ་བཀོད་པ་སྟེ་གོ་བར་ཟད་དོ། ༎ །

སྤྱི་དོན་གཉིས་པ་རྩོམ་པར་བྱ་བ་གཞུང་གི་དོན་ལ་གསུམ་སྟེ། སྤྱིའི་དོན་རགས་པ་བཤད་གཞི་རྣམ་པར་ཕྱེ་བས་མདོར་བསྟན། སྐབས་ཀྱི་དོན་ཕྲ་ཞིང་ཕྲ་བ་སྡོམ་པ་གསུམ་སོ་སོར་གཏན་ལ་ཕབ་པས་རྒྱས་པར་བཤད། དེ་གསུམ་གང་ཟག་གཅིག་གི་རྒྱུད་ལ་གནས་པ་དང་གཏོང་བའི་ཚུལ་ཉམས་ལེན་འགལ་མེད་དུ་དྲིལ་བས་དོན་བསྡུ་བའོ། །དང་པོ་ལ་གསུམ་སྟེ། ཤེས་ཐོབ་ཀྱི་དམིགས་བྱ་སྦྱང་གཞི་ཁམས་དང་སྦྱང་འབྲས་མཐར་ཐུག་པ་དག །སྦྱོང་བྱེད་དམ་བྲལ་འབྲས་སྒྲུབ་བྱེད་ལམ་གྱི་ཐེག་པ་ཐམས་ཅད་གཅིག་ཏུ་འདུ་བའི་ཚུལ་གྱིས་ངོས་བཟུང་བ༑ སྡོམ་པའི་དོན་ཅན་གྱི་ལམ་རྣམ་པར་གཞག་པ། ལམ་གྱི་གནད་སྡོམ་པ་གསུམ་གྱི་ཉམས་ལེན་དུ་བསྡུས་པའི་འབྲེལ་གྱིས་ཁོག་ཕུབ་པའོ། །དེའི་དང་པོ་ནི། ཉན་ཐོས་པ་དག་གཞིའི་གནས་སྐབས་སུ་ཀུན་གཞི་དང་གཤེགས་སྙིང་སོགས་ཁས་མི་ལེན་མོད། འདིར་ཐེག་ཆེན་ཐུན་མོང་མ་ཡིན་པའི་དབང་དུ་བྱས་ན། འགྲོ་སེམས་ཀུན༷་གཞི༷་འམ་ཞེས་སོགས་ནས་ཁོ་ནའོ་ཞེས་པའི་བར་ཏེ། རྒྱུའི་རྒྱུད་དམ་སྦྱང་གཞི་མཐར་ཐུག་པ་ཞེས་ཤེས་པར་བྱ་བའི་སྒོ་ནས་དམིགས་བྱ་ནི། འགྲོ་བ་ཐམས་ཅད་ཀྱི་རྒྱུད་ལ་རང་བཞིན་གྱིས་གནས་པའི་གཞི་དུས་ཀྱི་སེམས་ཉིད་གཉིས་སུ་མེད་པའི་ཡེ་ཤེས་གསལ་སྟོང་ཟུང་དུ་འཇུག་པའི་བདག་ཉིད་ཅན་དེའི་མཚན་ཉིད་གསལ་བའི་ཆ་ལ་གཙོ་བོའི་སྒོ་ནས་ཀུན་གཞིའི་རྣམ་ཤེས་དང་། རང་བཞིན་སྟོང་པའི་ཆ་ལ་དྲི་བཅས་དེ་བཞིན་ཉིད་དམ། ཁམས་བདེ་གཤེགས་སྙིང་པོ་ཞེས་བྱ་ལ། འཛིན་བྱེད་ཀྱང་སྡུ་མ་དགེ་སྡིག་གི་ལས་ཀྱི་བག་ཆགས་བསྒོ་བའི་གཞི་ཡིན་པས་འཁོར་འདས་ཀུན་གྱི་གཞི་བྱེད་པའི་ཕྱིར་ཀུན་གཞིར་འཛོག་ཅིང་། ཕྱི་མ་གློ་བུར་གྱི་དྲི་མ་འི་རྟེན་བྱེད་པའི་ཕྱིར་དྲི་བཅས་དེ་བཞིན་ཉིད་དང་། དྲི་མ་དང་བྲལ་བའི་ཡེ་ཤེས་ནི་རྣམ་གྲོལ་ཡིན་པས་བདེ་སྙིང་དུའང་འཛོག་པ་ཡིན་ནོ། །དེ་གཉིས་བློ་སེལ་བའི་ངོར་ལྡོག་ཚུལ་ཐ་དད་ཀྱང་ངོ་བོ་དབྱེར་མེད་ཡིན་པ་ནི། རྒྱན་སྟུག་པོ་བཀོད་པ་ལས། ས་རྣམས་སྣ་ཚོགས་ཀུན་གཞི་སྟེ། །བདེ་གཤེགས་སྙིང་པོ་དགེ་བའང་དེ། །སྙིང་པོ་དེ་ལ་ཀུན་གཞིའི་སྒྲས། །དེ་བཞིན་གཤེགས་པས་སྟོན་པར་མཛད། །སྙིང་པོ་ཀུན་གཞིར་བསྟན་པ་ཡང་། །བློ་ཆུང

རྣམས་ཀྱིས་མི་ཤེས་སོ། །སེམས་ཀྱི་རང་བཞིན་འོད་གསལ་བ། །དེ་བཞིན་གཤེགས་པའི་སྙིང་པོ་དགེ། །ཞེས་གསུངས་པས་གཤེགས་སྙིང་ཁོ་ན་གཏན་ལ་འབེབས་པ་ན་ཟུང་འཇུག་ལ་འཛོག་དགོས་པ་ཁ་བསྐང་འགྲེལ་པར་བཅས་པ་ན་གསལ་ལོ། །ཟུང་འཇུག་དེ་ཉིད་རྒྱུན་ལམ་གྱིས་སྦྱངས་པས་འབྲས་བུ་རྫོགས་པའི་སངས་རྒྱས་ཀྱི་ཡེ་ཤེས་མངོན་དུ་འགྱུར་རུང་བའི་རིགས་སུ་གནས་པ། སེམས་ཅན་ནས་སངས་རྒྱས་ཀྱི་བར་རམ་གཞི་ལམ་འབྲས་བུའི་གནས་སྐབས་གསུམ་དུ་རྒྱུན་མི་འཆད་པ་སྟེ། གུར་འགྲེལ་ལས། རྒྱུའི་རྒྱུད་ཅེས་བྱ་བ་ནི་འབྲས་བུའི་ཁུར་གྱིས་བཀབ་ཅིང་ལྷོ་བར་གྱུར་པས་ན་རྒྱུད་ཅེས་དང་། རྡོ་རྗེ་རྩེ་མོ་ལས། རྒྱུད་ནི་རྒྱུན་ཆགས་ཞེས་བྱ་སྟེ། །འཁོར་བ་རྒྱུད་དུ་འདོད་པ་ཡིན། །ཞེས་འབྱུང་། འོན་ཀྱང་ཀུན་གཞིའི་འདོད་ཚུལ་མངོན་པ་གོང་མར་རྣམ་ཤེས་ཚོགས་བདུན་ལས་རྫས་གཞན་པའི་ཀུན་གཞི་བདེན་གྲུབ་བཤད་པ་ནི་སེམས་ཙམ་གྱི་གྲུབ་མཐའི་དབང་དུ་བྱས་པ་ཡིན་ལ། ལུགས་འདིར་ཡིད་ཀྱི་ཤེས་པ་གཅིག་ཉིད་ལ་གསལ་ཙམ་རྒྱུན་མི་འཆད་པའི་ཆ་དང་ཀུན་གཞི། རེས་འགའ་ངར་འཛིན་པའི་ཆ་དང་ཉོན་ཡིད། རེས་འགའ་ཡུལ་དྲུག་པ་ཆོས་ལ་དམིགས་པའི་ཆ་སྟེ་ཡིད་ཀྱི་རྣམ་ཤེས། གསུམ་ཡོད་པ་ལས། སྔ་མ་དེ་ལ་ཀུན་གཞི་ཞེས་བྱ་ལ། དེའི་རང་བཞིན་གཤེགས་སྙིང་དོན་དམ་པར་རྟག་བརྟན་གྱི་ཚུལ་དུ་ཡོད་པ་མ་ཡིན་ཀྱང་། ཐ་སྙད་དུ་རྟེན་ཅིང་འབྲེལ་བར་འབྱུང་བ་སྒྱུ་མ་ཙམ་དུ་ཡོད་པར་འཆད་དགོས་པ་ཡིན་ཏེ། མྱང་འདས་ཆེན་པོ་ལས། ཤེས་རབ་ཅན་རྣམས་ཀྱིས་ནི་ངའི་ལུས་ལ་ཆོས་ཀྱི་སྐུའི་ས་བོན་དེ་ལྟ་བུ་ཡོད་དོ་སྙམ་དུ་ཤེས་པས་ཐམས་ཅད་འཛིན་པར་མི་བྱེད་དོ་ཞེས་པ་ནས་རྟག་པ་དང་བརྟན་པ་དང་། ཐེར་ཟུག་པ་མ་ཡིན་པར་དེ་སྒྱུ་མ་ཙམ་དུ་ཡོད་པར་ཤེས་སོ་ཞེས་གསུངས་སོ། །དེ་གཉིས་ངོ་བོ་དབྱེར་མེད་ཡིན་ཀྱང་ཕན་ཚུན་ཁྱབ་མཉམ་དུ་འདོད་པར་མི་བྱ་སྟེ། བདེན་གཉིས་ཀྱི་རྣམ་དབྱེ་དང་འགལ་བར་འགྱུར་བས་སོ། །མདོར་ན་གཞི་འབྲས་ངོ་བོ་དབྱེར་མེད་པ་ཡོན་ཏན་མངོན་དུ་གྱུར་མ་གྱུར་གྱི་གནས་སྐབས་ཀྱི་ལྡོག་ཚུལ་ཐ་དད་པ་འཆར་བའོ། །དེས་ན་རྒྱལ་བ་ཐབས་མཁས་ལ་ཐུགས་རྗེ་ཆེན་པོ་དང་ལྡན་པ་དེ་ཉིད་ཀྱིས། འགྲོ་བའི་ཁམས་དང་དབང་པོའི་རིམ་པ་མི་འདྲ་བ་ཇི་སྙེད་ཅིག་ཡོད་པ་བཞིན། དེ་སྙེད་ཀྱི་ཐེག་པའི་རིམ་པ་སྣ་ཚོགས་པ་གསུངས་པ་ཀུན་ཀྱང་། མཐར་གནས་ལུགས་དེ་བཞིན་ཉིད་དང་། གནས་ལུགས་མཐར་ཕྱིན་པ་མི་གནས་པའི་མྱ་ངན་ལས་འདས་པ་ལ་འབབ་ཅིང་གཞོལ་བ་སྟེ། མདོ་ལས། བདེ་བར་གཤེགས་པའི་གསུང་རབ་ཐམས་ཅད་ནི། དེ་ཁོ་ན་ཉིད་ལ་འབབ། དེ་ཁོ་ན་ཉིད་ལ་གཞོལ། དེ་ཁོ་ན་ཉིད་ལ་མངོན་དུ་ཕྱོགས་ཞེས་སོགས་གསུངས་པས་ན་ཐོག་མ་མེད་པ་ནས་སྲིད་པ་མྱ་ངན་གྱི་ཐང་ངམ། ཚང་ཚིང་སྡུག་པོའི་ཁྲོད་ལྟ་བུར་འཁྱམ་པས་དུབ་པ་རྣམས་དབུགས་དབྱུང་བའི་སླད་དུ་གནས་སྐབས་ཀྱི་མྱང་འདས་བསྟན་ཏེ། དེའི་ཚུལ་ལ་སློབ་དཔོན་ཁ་ཅིག །རིགས་ཅན་

གསུམ་ཀ་ལམ་ཐེག་པ་ཆེན་པོ་ལ་བརྟེན་ནས་གནས་སྐབས་སུ་འབྲས་བུ་ཉན་རང་གི་བྱང་ཆུབ་གང་རུང་ཞིག་བསྒྲུབས་ཏེ་མཐར་ཐུག་འཚང་རྒྱ་བར་བཞེད་པ་དང་། ཡང་སློབ་དཔོན་ཁ་ཅིག །མདོ་སྡེ་པདྨ་དཀར་པོར། དེད་དཔོན་ཐབས་ལ་མཁས་པས་རྒྱ་མཚོའི་འགྲམ་དུ་ཡིད་འོང་གི་གྲོང་ཁྱེར་སྤྲུལ་ཏེ། ཚོང་ཕྲུག་གསར་བུ་རྣམས་ངལ་བསོས་ནས་རིམ་གྱིས་རིན་པོ་ཆེའི་གླིང་དུ་བཀྲི་བའི་དཔེ་དང་སྦྱར་ཏེ་རྒྱས་པར་གསུངས་པ་བཞིན། གནས་སྐབས་སུ་ལམ་གསུམ་ལ་བཀོད་ནས་མཐར་ཐུག་འཚང་རྒྱ་བར་བཞེད། ལུགས་དེ་གཉིས་ཀར་ཡང་ཉན་རང་གི་ཞི་བ་ལ་གནས་པས་སྡུག་བསྔལ་ལས་ངལ་བསོ་ཐོབ་པ་དེ་ལ། བསྐལ་པའམ་བསྐལ་པ་ལས་ལྷག་པ་ན་སངས་རྒྱས་ཀྱི་འོད་ཟེར་གྱིས་འགོག་པ་ལས་བསླངས་ནས། གདོད་སེམས་བསྐྱེད་པ་ནས་བརྩམས་དགོས་པ་ཡིན་ཏེ། ལངྐར་གཤེགས་པར། སྲིད་པའི་ལམ་གྱིས་དུབ་པ་རྣམས། །ངལ་བསོའི་དོན་ཏེ་དེ་ཉིད་མིན། ཞེས་དང་། ཏིང་ངེ་འཛིན་གྱི་ལུས་ཐོབ་ནས། །བསྐལ་པའི་བར་དུ་མི་འཚང་ངོ་། །དཔེར་ན་སྨྱོས་བུ་མྱོས་གྱུར་པ། །མྱོས་གྱུར་སངས་ཚེ་མེད་པ་ལྟར། །དེ་ལྟར་དེ་དག་ང་ཡི་སྐུ། །སངས་རྒྱས་ཆོས་ཞེས་བྱ་བ་ཐོབ། །ཅེས་གསུངས་པས་སོ། །སློབ་དཔོན་རིན་པོ་ཆེ་རྩེ་མོའི་ཞབས་ཀྱིས། ཚུལ་འདི་གཉིས་ངོ་བོ་མཚུངས་པས་ན་ཞལ་གྱིས་བཞེས་ལ། སློབ་དཔོན་ཐོགས་མེད་སོགས་ལམ་གསུམ་ལ་འབྲས་བུ་གསུམ་འདོད་པ་དང་། ཀླུ་སྒྲུབ་སོགས་ལམ་གཅིག་ལ་འབྲས་བུ་གསུམ་འདོད་པ་ནི་དགོངས་པ་ཅན་དུ་བཞེད་དོ། །ཡང་དེ་ཉིད་ཀྱིས། སྦྱོར་ལམ་མི་མཐུན་པ་དུ་མ་ཡོད་ཀྱང་མཐར་ཐུག་གཅིག་ཁོ་ན་ཡིན་ནོ། །དེ་ལྟར་དཔལ་ཁ་སྦྱོར་ལས་ཀྱང་། གང་ཕྱིར་ཆོས་ནི་དུ་མས་ནི། །ཆུ་བོའི་རྒྱུན་ནི་རྒྱ་མཚོ་ལྟར། །ཐར་པ་ཉིད་ནི་གཅིག་པུ་ཉིད། །མང་པོ་དམིགས་པར་མི་འགྱུར་རོ། །ཞེས་གསུངས་པ་དང་། རྒྱུད་ཕྱི་མ་ལས་ཀྱང་ཆུ་བོ་དང་རྒྱ་མཚོའི་དཔེས་ནི་ཕྱོགས་གཉིས་ཀའི་དཔེར་བརྗོད་དོ་ཞེས་པ་དང་། ཡང་དཔེར་ན་རྒྱ་མཚོ་ཆེན་པོ་ལས་ཆུ་བོ་དུ་མ་བབས་པ་ནི་སོ་སོར་སྣང་བའི་སྐབས་མེད་དོ་ཞེས་གསུངས་ཏེ། གྲུབ་མཐའ་དུ་མ་ཡོད་ཀྱང་གནས་ལུགས་གཅིག་ལས་མེད་པ་དང་། ལམ་དུ་མ་ཡོད་ཀྱང་མཐར་ཐུག་གཅིག་ལས་མེད་པར་གྲུབ་བོ། །དེའང་འབྲས་བུ་མཐར་ཐུག་པ་ནི་དངོས་པོའི་གནས་ལུགས་རྟོག་པ་ཡིན་ལ། དངོས་པོའི་གནས་ལུགས་དུ་མ་མེད་པའི་ཕྱིར་མཐར་ཐུག་ཀྱང་དུ་མ་མེད་དོ། །ཞེས་གསུངས་སོ། །དེས་ན་སངས་རྒྱས་ཀྱི་རིགས་ཅན་ཕ་རོལ་ཏུ་ཕྱིན་པའི་ལམ་དུ་ཞུགས་པ་རྣམས་ས་བཅུ་པའི་བར་ལམ་དེས་བགྲོད་ནུས་ཀྱང་། དེ་ཡན་ཀྱི་སྦྲས་པའི་ས་རྣམས་སྔགས་ལམ་ལ་མ་བརྟེན་པར་བགྲོད་པར་མི་ནུས་པས་ན། རིགས་ཅན་གསུམ་ཀ་མཐར་ཐུག་གི་འབྲས་བུ་ལ་མཚམས་སྦྱོར་བ་པོ་ནི་སངས་རྒྱས་ཐམས་ཅད་ཀྱི་བགྲོད་པ་གཅིག་པའི་ལམ་བླ་མེད་རྡོ་རྗེ་ཐེག་པ་ཁོ་ན་སྟེ། མཚན་བརྗོད་ལས། །ཐེག་པ་སྣ་ཚོགས་ཐབས་ཚུལ་གྱིས། །འགྲོ་བའི་དོན་ལ་རྟོགས་པ་པོ། །ཐེག་

པ་གསུམ་གྱི་རིམ་འབྱུང་ལས། །ཐེག་པ་གཅིག་གི་འབྲས་བུར་གནས། །ཞེས་དང་། དོན་དམ་བསྙེན་པ་ལས་ཀྱང་། ཉན་ཐོས་ཐེག་པ་ཉིད་ནི་ཐེག་པ་མ་ཡིན་ཏེ། །རང་རྒྱལ་འདི་ལྟར་རྒྱལ་བའི་ས་ནི་མིན་པར་གསུངས། །དཔལ་ལྡན་རྡོ་རྗེ་ཐེག་པ་རྒྱལ་བའི་ཐེག་པ་ཉིད། །དེ་ཡང་གཉིས་ལས་ཐེག་པ་བར་དང་ཐ་མར་བྱེད། །དེ་ཕྱིར་བླ་ན་མེད་པའི་ཐེག་པ་བོར་ནས་ནི། །འདོད་པའི་བླ་མེད་བྱང་ཆུབ་ཐོབ་པར་མི་འགྱུར་རོ། །ཞེས་གསུངས་ཤིང་། ཇོ་བོ་རྗེས། སྡོམ་པ་གསུམ་ལ་རིམ་པ་བཞིན། ཉན་ཐོས་ཀྱི་འདུལ་བ། བྱང་ཆུབ་སེམས་དཔའི་འདུལ་བ། དེ་བཞིན་གཤེགས་པའི་འདུལ་བ་ཞེས་གསུངས་པར་གྲགས་པ་ཡང་དོན་འདི་ལ་དགོངས་པར་སྣང་ངོ་། །ལམ་དེས་བསྐྲུན་པའི་འབྲས་བུ་འམ་དམིགས་པར་བྱ་བའི་ཡུལ་ནི། ཤེས་རབ་ཆེན་པོས་ཆོས་དང་གང་ཟག་ཏུ་འཛིན་པ་སྤྲངས་པས་སྲིད་པའི་སྡུག་བསྔལ་ལས་རྣམ་པར་གྲོལ་བ་བརྙེས་ཀྱང་། སྙིང་རྗེ་ཆེན་པོས་སེམས་ཅན་ཡོངས་སུ་མི་བཏང་བར་རྗེས་སུ་འཛིན་པས་ཞི་བའི་མཐའ་ལའང་མི་གནས་པའི་མྱང་འདས་སྤང་གཉེན་ནམ། གཞི་འབྲས་རོ་གཅིག་པའི་རྟོག་པ་དབྱིངས་སུ་རྫོགས་པ་རྣམ་ཀུན་མཆོག་ལྡན་གྱི་སྟོང་པ་ཉིད་དང་། མི་འགྱུར་བའི་བདེ་བ་ཆེན་པོ་ཐ་དད་དུ་དབྱེར་མེད་པའི་ཡེ་ཤེས་ཕྱག་རྒྱ་ཆེན་པོ་འདུ་འབྲལ་སྤང་ཐོབ་མེད་པ་ལྷུན་གྱིས་གྲུབ་པ་སྲིད་ཞི་ཀུན་ལ་ཁྱབ་ཅིང་། ཀུན་གྱི་དབང་ཕྱུག་ཏུ་བཞུགས་ཀྱང་། །སྲིད་ཞིའི་རྟོག་པས་དག་པའི་སྐུ། །ཡེ་ཤེས་སྒྱུ་མ་ལྟ་བུའི་ཟློས་གར། རྣམ་པར་ཐམས་ཅད་མཁྱེན་པའི་སངས་རྒྱས་རྡོ་རྗེ་འཆང་བ་ཆེན་པོ་ཉིད་དེ། འཇམ་དཔལ་ཞལ་ལུང་ལས། རྫོགས་པ་ཆེན་པོ་ཡེ་ཤེས་སྒྱུ་ཡི་གཟུགས། །ཡོངས་སུ་དག་སྒྱུ་རྡོ་རྗེ་འཆང་ཆེན་པོ། །ཞེས་གསུངས་ཤིང་། དེ་ཉིད་ལམ་གྱི་དམིགས་ཡུལ་དུ་འཛོག་པ་ནི། འགོས་ཀྱི་སྟོང་ཐུན་ཆེན་མོར། བསྐྱེད་རྫོགས་གཉིས་ཀའི་དམིགས་པའི་ཡུལ་བཅོམ་ལྡན་འདས་དྲུག་པ་རྡོ་རྗེ་འཆང་མགོན་པོ་ཟུང་འཇུག་གཉིས་སུ་མེད་པའི་ཡེ་ཤེས་མི་སློབ་པ་ཐམས་ཅད་མཁྱེན་པ་རྡོ་རྗེ་འཆང་ཆེན་པོའི་ཞེས་སོགས་འཐད་པ་དང་བཅས་ཏེ་རྒྱ་ཆེར་གསུངས་སོ། །དེ་ལྟ་བུའི་སྤངས་རྟོགས་མཐར་ཕྱིན་བརྙེས་པའི་སངས་རྒྱས་དེ་ཉིད་ལམ་དུས་སུ་ཚོགས་གཉིས་མ་ལུས་པ་རྫོགས་པའི་འབྱོར་པ། ཁ་སྦྱོར་ཡན་ལག་བདུན་སོགས་ཀྱིས་བསྡུས་པའི། སྐུ་དང་ཡེ་ཤེས་དང་། ཞིང་ཁམས་དང་། གདུལ་བྱ་དག་པ་སོགས་སོ་སྐྱེའི་བསམ་པའི་ཡུལ་ལས་འདས་ཤིང་། ཞི་བ་དང་། ཁྲོ་བོ་དང་། རྗེས་སུ་ཆགས་པའི་རྣམ་འགྱུར་སྣ་ཚོགས་སུ་སྣང་བ་ནི། མཉམ་སྦྱོར་དུ། གང་དུ་དྲུག་པ་ཅེས་བྱའི་སངས་རྒྱས་ནི༑ །གཅིག་པུ་ཉིད་ནི་དུ་མའི་གར་མཛད་དོ། །ཞེས་གསུངས་སོ། །

གཉིས་པ་སྡོམ་པའི་དོན་ཅན་གྱི་ལམ་རྣམ་པར་བཞག་པ་ལ་ཞིབ་ཏུ་དབྱེ་ན་བཤད་བྱ་ལུས་རྣམ་པར་བཞག་པ་དང་། འཆད་བྱེད་ཡན་ལག་རྒྱས་བཤད་གཉིས་སུ་འགྱུར་བ་ནི། དེས་ན་ཐེག་པ་དྲང་ངེས་ཞེས

སོགས་ཏེ་གོང་དུ་ལམ་ཞེས་ཡང་ཡང་སྨོས་པའི་དབང་གིས་དེ་ནི་ཞེས་མཚམས་སྦྱར་ཏེ། འདྲེན་པའི་ཐེག་པ་གསུམ་པོ་དག །ཅེས་སོགས་དང་། ངེས་པའི་ཐེག་པ་ཅིས་མ་གསུངས། ཞེས་དྲིས་པ་ལན་དང་བཅས་པས་ཟིན་པ༑ བཀྲི་ཚུལ་གོང་དུ་སྨོས་པའི་དྲང་ངེས་ཀྱིས་བསྡུས་པའི་ཐེག་པ་ཆེ་ཆུང་གི་ཉམས་ལེན་སོ་སོའི་མི་མཐུན་པའི་ཕྱོགས་སྤོང་བའི་ཚུལ་ཁྲིམས་ནི་སྡོམ་པའི་དོན་ཏེ། དགེ་སློང་ལ་རབ་ཏུ་གཅེས་པའི་མདོ་ལས། དགེ་སློང་རང་གི་ངོ་བོ་བསྡམས་པ་སྟེ་ཞེས་དང་། ཐེག་ཆེན་དབུ་མ་པས། སྤྱོད་འཇུག་ལས། སྤོང་བའི་སེམས་ནི་ཐོབ་པ་ལ། །ཚུལ་ཁྲིམས་ཕ་རོལ་ཕྱིན་པར་བཤད། ཅེས་འཆལ་ཚུལ་སྤོང་སེམས་ཐོབ་པ་ལ་སྡོམ་པ་མཚན་ཉིད་པར་བཤད་པ་འདིས་ཕར་ཕྱིན་གཞན་ལའང་འགྲེ་བ་གོ་སླ་བ་ཀྱིས་ཤེས། དེས་ན་ལམ་ཐེག་དམན་དང་། ཐེག་ཆེན་ཐུན་མོང་བ་དང་། ཐུན་མོང་མ་ཡིན་པ་གསུམ་ཀ་སྡོམ་པ་གསུམ་དུ་དོན་གྱིས་འདུས་པ་བཞིན་བསྡུས་ཏེ་བཤད་པར་བྱ་བ་ཉིད་ཡིན་ནོ། །འཆད་བྱེད་ཡན་ལག་གི་དོན་ནི། འཆད་བྱེད་སྡོམ་པའི་དབྱེ་བསྡུ་སོགས་བསྡུས་དོན་གྱིས་ཟིན་པ་ལ་ལྔ་སྟེ། སྡོམ་པའི་དབྱེ་བསྡུའི་འཇོག་ཚུལ། དེ་ལས་རང་ལུགས་ངོས་བཟུང་བ། སྡོམ་པའི་མིང་དོན། སྡོམ་པར་འཇོག་བྱེད། མཐའ་དཔྱད་པའི་སྒོ་ནས་སོ་བྱང་གཉིས་སྔགས་སྡོམ་གྱི་ཡན་ལག་ཏུ་བསྡུ་བའོ། དེའི་དང་པོ་ལ་གསུམ་སྟེ། སྡོམ་པ་གསུམ་དུ་འཇོག་པ། གཉིས་སུ་འཇོག་པ། གཅིག་ཏུ་འདུ་བའི་ཚུལ་ལོ། །དེའི་དང་པོ་ལ་བཞི་སྟེ། སོ་སོར་སྒྲུབ་ལ་གྲགས་པ། ཉན་ཐོས་ལ་གྲགས་པ། ཐེག་ཆེན་ལ་གྲགས་པ། གསང་སྔགས་ལ་གྲགས་པའི་འཇོག་ཚུལ་ལོ། །དང་པོ་སོ་སོར་སྒྲུབ་ལ་གྲགས་པ་ལྟར་གསུམ་དུ་དབྱེ་བ་ན། མངོན་པ་གོང་འོག་མཐུན་པ་ཞེས་སོགས་ཏེ། སོ་ཐར། བསམ་གཏན། ཟག་མེད་ཀྱི་སྡོམ་པ་གསུམ་ལ་སྡོམ་པ་གསུམ་དུ་འཇོག་པ་ནི་ཐེག་པ་ཆེ་ཆུང་གི་མངོན་པའི་སྡེ་སྣོད་ཀུན་མཐུན་ཏེ། བྱང་ཆུབ་གསུམ་ཐོབ་པར་བྱེད་པ་ལ་ཟག་མེད་ཀྱི་ཤེས་རབ་ཀྱིས་རང་རང་གི་སྤང་བྱའི་ཉོན་མོངས་པ་སྤོང་དགོས། ཤེས་རབ་དེ་ཡང་ཏིང་ངེ་འཛིན་རྣམ་པར་དག་པའི་ཞི་གནས་ལ་བརྟེན། ཞི་གནས་དེ་ཡང་ཚུལ་ཁྲིམས་རྣམ་པར་དག་པ་ལ་བརྟེན་དགོས་པའི་དབང་དུ་བྱས་ཏེ་ལྷག་པའི་བསླབ་པ་གསུམ་གསུངས་པ་དང་དོན་གཅིག་གོ། །

གཉིས་པ་ཉན་ཐོས་ལ་གྲགས་པ་ལ་གཉིས་ཀྱི། དང་པོ་ནི། ཉན་ཐོས་བསླབ་ཚིག་སོགས་ཏེ། མཛོད་འགྲེལ་དུ། ཐ་དད་དེ་དག་འགལ་བ་མེད། ཅེས་པའི་འགྲེལ་པར། དགེ་བསྙེན། དགེ་ཚུལ། དགེ་སློང་གི་སྡོམ་པ་གསུམ་ལ་སྡོམ་པ་གསུམ་ཞེས་པའི་ཐ་སྙད་དངོས་སུ་གསུངས་ཏེ། ཚིག་གསུམ་རིམ་ཅན་དུ་བླངས་པའི་ཚེ་སྤོང་བའི་འཕེལ་བ་དང་ལྡན་ཕྱིར་སྡོམ་པ་དེ་དག་ལྔ་དང་བཅུ་དང་སོགས་ནས་སྡོམ་པ་གསུམ་དག་ལ་སྲོག་གཅོད་པ་སྤོང་བ་གསུམ་ནས་མྱོས་པར་འགྱུར་བའི་ལྟུང་བ་སྤོང་བ་གསུམ་གྱི་བར་དུ་མཚན་ཉིད་ཐ་དད་པར་སྐྱེ

སྟེ༑ ལྷག་མ་རྣམས་ཀྱང་དེ་དང་འདྲའོ་ཞེས་གདན་ཁྲིམས་བདུན་ལ་སྡོམ་པ་གསུམ་དུ་བཞག་པའོ། །གཉིས་པ་ནི་སོ་ཐར་གྱི་མདོར། ལུས་ཀྱི་སྡོམ་པ་ལེགས་པ་སྟེ། ཞེས་སོགས་ལུས་ངག་ཡིད་གསུམ་གྱི་སྡོམ་པའི་ཐ་སྙད་གསུངས་པ་ནི། བྱེ་བྲག་ཏུ་སྨྲ་བས་སྡོམ་པ་ནི་ལུས་ངག་གི་སྤོང་བཞིའམ་སྤོང་བདུན་ཁོ་ན་ཡིན་པས། ཡིད་ཀྱི་སྡོམ་པ་དྲན་ཤེས་བཞིན་གཉིས་ལ་བཏགས་པར་འདོད་ཀྱང་། མདོ་སྡེ་པ་ཡན་ཆད་སྡོམ་པ་སྤོང་སེམས་སུ་འདོད་པ་དག་གིས་ནི། ལུས་ངག་གི་སྡོམ་པའང་སྤོང་བའི་སེམས་པར་འདོད་པས་གསུམ་ཀའང་སྡོམ་པ་མཚན་ཉིད་པར་འཇོག་དགོས་སོ། །

གསུམ་པ་ཐེག་ཆེན་སྤྱི་ལ་གྲགས་པ་ལྟར་ན། དཀོ༷ན་བརྩེག༷ས་གཙོ༷ར་ཕྱུ༷ར་སོགས་ཏེ། ཞེས་སྤྱོད་སྤོང་བའི་ཚུལ་ཁྲིམས། དགེ་བ་ཆོས་སྡུད་ཀྱི་ཚུལ་ཁྲིམས། སེམས་ཅན་དོན་བྱེད་ཀྱི་ཚུལ་ཁྲིམས་གསུམ་ལ་བྱང་ཆུབ་སེམས་དཔའི་བསླབ་པ་གསུམ་མམ། ཚུལ་ཁྲིམས་གསུམ་དུ་གསུངས་པས་སྡོམ་པ་གསུམ་གྱི་ཐ་སྙད་ཐོབ་པ་ནི། དཀོན་མཆོག་བརྩེགས་པའི་སྡོམ་གསུམ་བསྟན་པའི་ལེའུར། འདི་གསུམ་གྱི་རྣམ་གཞག་རྒྱས་པར་གསུངས་ནས་སྡོམ་པ་གསུམ་བསྟན་པའི་མདོ་ཞེས་གསུངས་པས་གྲུབ་ཅིང་། མདོར་མ་ཟད་སྔགས་ཀྱི་ཉམས་ལེན་ཐམས་ཅད་ཀྱང་འདི་གསུམ་དུ་འདུས་ཏེ། རྒྱུད་ཀྱི་སྡོམ་པ་བསྒྲུག་བཟུང་གིས་ཟིན་པ་ལྟར་རིགས་ལྔ་སོ་སོའི་དམ་ཚིག་རིགས་ལྔ་སྤྱིའི་དམ་ཚིག་ཏུ་འདུས་དགོས་པའི་ཕྱིར་དང་། ཉམས་ལེན་ཐམས་ཅད་ཀྱང་མི་མཐུན་པའི་ཕྱོགས་སྤོང་བའི་ཆ་དང་། དགེ་བ་སྒྲུབ་པའི་ཆ་དང་། གཞན་དོན་བྱེད་པའི་ཆ་གསུམ་ལས་གཞན་མེད་པའི་ཕྱིར་རོ༑ ༑བཞི་པ་གསང་སྔགས་པ་ཁོ་ན་ལ་གྲགས་པའི་འཇོག་ཚུལ་ལ་བཞི་ཡོད་པའི་དང་པོ་ནི། ཁ༷་སྦྱོར༷་རྒྱུད༷་བཞི༷ན་སོགས་ཏེ། རྗེ་བཙུན་རྩེ་མོས་སཾ་བུ་ཊིའི་རྒྱུད་འདིར། ཇི་ལྟར་དུས་གསུམ་མགོན་པོ་རྣམས། ཞེས་པའི་སྐབས་ནས་བསྟན་པའི་ཕ་རོལ་ཏུ་ཕྱིན་པའི་སེམས་བསྐྱེད་ཀྱི་སྡོམ་པ་དང་། ཀུན་ནས་སྣ་ཚོགས་སྡོམ་པ་ཡིས། ཞེས་པའི་སྐབས་ནས་བསྟན་པའི་བསྐྱེད་རིམ་གྱི་སྡོམ་པ་དང་། སྡོམ་པའི་དབྱེ་བའང་བཤད་པར་བྱ་སྟེ། རྣལ་འབྱོར་མ་ལུས་དབུས་གནས་སུ། །ཨེཾ་གི་རྣམ་པ་སྡོམ་པའི་གནས། ཞེས་པའི་སྐབས་ནས་བསྟན་པ་རྫོགས་རིམ་གྱི་སྡོམ་པ་སྟེ་གསུམ་ཡོད་པར་གསུངས་སོ། །

གཉིས་པ་ནི་སྐུ་གསུ༷ང་ཐུག༷ས་ཀྱི༷་སོགས་ཏེ་དེ་ཉིད་ཀྱི་བརྟག་པ་བཅུ་པ་ལས། བུད་མེད་དམ་ནི་སྐྱེས་པའི་ལུས། །ལས་ནི་དུ་མས་བསྐྱེད་པས་ན། །མི་ཤེས་པས་ཀྱང་མི་བྱ་སྟེ། །སྐུ་ཡི་རྡོ་རྗེའི་དམ་ཚིག་གོ། །སེམས་ཅན་སྣ་ཚོགས་གདུང་བ་དང་། །ཀུན་རྟོག་དྲ་བའི་རྣམ་རྟོག་གིས། །སེམས་ལ་སྨད་པ་མི་བྱ་སྟེ། །ཐུགས་ཀྱི་རྡོ་རྗེའི་དམ་ཚིག་གོ། །ཕྲག་དོག་ཉིད་ཀྱིས་མ་རངས་པས། །ཚིག་རྩུབ་ལ་སོགས་སྨྲ་མི་བྱ། །རྣ་བ་བདེ་བར་བྱེད་པ

ཉིད། །གསུང་གི་རྡོ་རྗེའི་དམ་ཚིག་གོ། །ཞེས་སྐུ་གསུང་ཐུགས་ཀྱི་དམ་ཚིག་གསུམ་གསུངས་ཏེ། ཚིགས་བཅད་དང་པོ་གཉིས་ཀྱིས་གཞན་གྱི་ལུས་དང་སེམས་ལ་མི་སྨོད་པ་དམ་ཚིག་ཏུ་དངོས་སུ་བསྟན་ནས། རང་གི་ལུས་དང་སེམས་ཀྱིས་མི་དགེ་བ་དྲུག་སྤྱངས་པ་དམ་ཚིག་ཏུ་ཤུགས་ལ་བསྟན། ཕྱི་མས་རང་གི་ངག་གི་མི་དགེ་བ་བཞི་སྤྱངས་པ་དམ་ཚིག་ཏུ་དངོས་སུ་བསྟན་ནས་གཞན་གྱི་ངག་ལ་མི་སྨོད་པ་དམ་ཚིག་ཏུ་ཤུགས་ལ་བསྟན་ཏེ། དམ་ཚིག་དང་སྡོམ་པ་གཉིས་རྣམ་གྲངས་ཀྱི་སྒོ་ནས་དབྱེ་བ་ཡིན་གྱི་དོན་གཅིག་ཡིན་པར་རྗེ་བཙུན་གྱིས་གསུངས་སོ། །གསུམ་པ་ནི་གྲུབ་ཆེན་སླན་པའི་ཞབས་ཀྱིས་སོགས་ཏེ། དེ་ཉིད་ཀྱིས། ལུས་ཀྱི་ལས་བཟང་ངན་ལ་བླང་དོར་མི་བྱེད་པ་ངག་དང་ཡིད་ཀྱི་སྡོམ་པར་གསུངས་པ་ནི་བརྟན་པ་ཐོབ་པའི་དམ་ཚིག་ལ་དགོངས་པར་སྣང་ངོ་། །

བཞི་པ་ནི་རྡོ་རྗེ་རྩེ་མོ་ར་སོགས་ཏེ། རྒྱུད་དེ་ཉིད་ལས། སྡོམ་པ་གསུམ་ལ་གནས་པ་ནི། །དང་པོའི་ཁྲུས་སུ་བཤད་པ་ཡིན། ཅེས་དང་། སྲོག་གཅོད་རྐུ་དང་འཁྲིག་པ་དང་། །རྫུན་དང་ཆང་ནི་རྣམ་སྤངས་ཏེ། །ཁྱིམ་པའི་སྡོམ་ལ་ལེགས་གནས་ནས། །གསང་སྔགས་རྒྱལ་པོ་རབ་ཏུ་སྒྲུབ། །གལ་ཏེ་དེ་དག་རབ་བྱུང་གྱུར། །སྡོམ་པ་གསུམ་དང་ཡང་དག་ལྡན། །སོ་སོར་ཐར་དང་བྱང་ཆུབ་སེམས། །རིག་འཛིན་རང་གི་ངོ་བོའོ། །ཞེས་གསུངས་པ་ལྟར། སོ་ཐར། བྱང་སེམས། གསང་སྔགས་ཀྱི་སྡོམ་པ་གསུམ་སྟེ། སྔགས་སྡོམ་རྒྱུད་ལ་ལྡན་ན་སྡོམ་གསུམ་རིམ་གྱིས་བླངས་པའམ། དབང་བསྐུར་གྱི་ཅོ་ག་ལས་ཅིག་ཆར་དུ་ཐོབ་ཀྱང་རུང་སྟེ། སྡོམ་པ་གསུམ་ལྡན་གྱིས་ཁྱབ་པའི་དབང་དུ་བྱས་པའོ། །དེས་ན། གལ་ཏེ་དེ་དག་རབ་བྱུང་གྱུར། ཞེས་པའི་དོན་ཡང་རྟེན་དེ་ཁྱིམ་པའི་སྡོམ་པ་ལ་གནས་པའམ། གལ་ཏེ་རབ་བྱུང་དུ་གྱུར་པ་ཡིན་ཀྱང་རུང་། གསང་སྔགས་རྒྱལ་པོ་བསྒྲུབ་པའི་ཚེ། སྡོམ་པ་གསུམ་དང་ལྡན་ཞེས་པའི་དོན་ཡིན་གྱི་ཁྱིམ་པའི་རྟེན་ལ་སྡོམ་གསུམ་མི་ལྡན་ཡང་དེས་རབ་བྱུང་བྱས་པའི་ཚེ་སྡོམ་གསུམ་ལྡན་ཞེས་པའི་དོན་ནི་མ་ཡིན་ནོ། །

གཉིས་པ་སྡོམ་པ་གཉིས་སུ་འདོག་པ་ལ། ཉན་ཐོས་ཀྱི་ཐེག་པར་ཡིད་དང་དབང་པོའི་སྡོམ་པ་གཉིས་ཞེས་དང་། ཕར་ཕྱིན་ཐེག་པར་སྨོན་འཇུག་སེམས་བསྐྱེད་ཀྱི་སྡོམ་པ་གཉིས་ཞེས་གསུངས་པའང་ཡོད་མོད། སྔགས་ཀྱི་གཞུང་དུ་ནི་འདོག་ཚུལ་རྣམ་པ་གསུམ་མཐོང་སྟེ། དང་པོ་ནི། གཉིས་སུ་འདོག་པ་ཞེས་སོགས་ཏེ། སློབ་དཔོན་སླན་པའི་ཞབས་ཀྱིས། དམ་ཚིག་ལ་ཡང་རྣམ་གཉིས་ཏེ། ཐུན་མོང་སྡོམ་པར་བསྟན་པ་དང་། །ཐུན་མོང་མ་ཡིན་སྡོམ་པའོ། །ཞེས་གསུངས་པའི་ངོས་འཛིན་ཞལ་ལུང་གི་འགྲེལ་པར། རིག་པའི་དབང་ལྔ་མན་ཆད་དུ་ཐོབ་པ་ལ་ཐུན་མོང་གི་སྡོམ་པ། ཕྱིར་མི་ལྡོག་པ་རྡོ་རྗེ་སློབ་དཔོན་གྱི་དབང་གི་སྐབས་སུ་ཐོབ་པ་ལ་ཐུན་མོང་

མ་ཡིན་པའི་སྡོམ་པ་ཡིན་པར་གསུངས་སོ། །

གཉིས་པ་ནི། སྡོམ་འབྱུང་དང་ནི་སོགས་ཏེ། བདེ་མཆོག་སྡོམ་འབྱུང་གི་རིམ་པར་ཕྱེ་བ་དང་པོར། ཀྱེ་རྣམ་པ་ཀུན་གྱི་མཆོག་ལྡན་པའི། བསྐྱེད་པའི་རིམ་པའི་སྡོམ་པ་དང་། །རྫོགས་པའི་སྡོམ་པ་ཇི་ལྟར་ལགས། །ཞེས་པའི་ལན་དུ་རིམ་པར་ཕྱེ་བ་གཉིས་པར་བསྐྱེད་རིམ། །གསུམ་པར་རྫོགས་རིམ་བསྟན་ཏོ། །དེ་བཞིན་དུ་གསང་བ་འདུས་པའི་རྒྱུད་ཕྱི་མའི་དྲི་བ་སོ་གཉིས་པར། དེ་བཞིན་སྡོམ་པ་ཇི་ལྟ་བུ་ཞེས་པའི་ལན་དུ། སངས་རྒྱས་རྣམས་ཀྱི་དེར་བསྟན་པ། རིམ་པ་གཉིས་ལ་ཡང་དག་བརྟེན། །བསྐྱེད་པའི་རིམ་པ་ཉིད་དང་ནི། །དེ་བཞིན་རྫོགས་པའི་རིམ་ཉིད་དོ། །ཞེས་རྩ་རྒྱུད་ལེའུ་བཅུ་བདུན་པར་བསྟན་པའི་ཉམས་ལེན་ཐམས་ཅད་རིམ་པ་གཉིས་སུ་འདུས་པ་དེ་ཉིད་སྡོམ་པ་ཡིན་པར་གསུངས་སོ། །

གསུམ་པ་ནི། ཕྱི་ནང་སྡོམ་པ་གཉིས་སུ་འང་གོང་མས་བཤད། ཅེས་པ་སྟེ། རྗེ་བཙུན་གྱིས་ཊཱི་ཀཱ་བའི་ལམ་སྐོར་དུ། སྡོམ་པ་ལ་ཕྱིའི་སྡོམ་པ་དང་། ནང་གི་སྡོམ་པ་གཉིས་སུ་བྱས་ནས་གསུམ་ལྡན་གང་ཟག་གི་རྒྱུད་ཀྱི་སྡོམ་པ་གསུམ་པོ་རེ་རེ་ལའང་ཕྱི་ནང་གི་སྡོམ་པ་གཉིས་གཉིས་གསུངས་སོ། །གོང་གི་བཞི་པ་སྡོམ་པ་གཅིག་ཏུ་འདུ་བ་ནི། གཅིག་ཏུ་འདུ་བ་སོགས་ཏེ། མདོ་སྡུད་པ་ལས། ཉི་མ་མཁའ་ལ་འགྲོ་བའི་ཟེར་གྱིས་ཟིལ་ནོན་པའི། མདུན་གྱི་བར་སྣང་ལ་ནི་མུན་པ་མི་གནས་བཞིན། །ཤེས་རབ་ཕ་རོལ་ཕྱིན་ལ་བསླབ་པ་བྱས་རྣམས་ཀྱི། །ཕ་རོལ་ཕྱིན་པ་ཐམས་ཅད་འདི་ར་ནི་འདུས་པར་གསུངས། ཞེས་ཤེར་ཕྱིན་གྱི་བསླབ་པར་བསླབ་པ་ཐམས་ཅད་འདུས་པ་ལྟ་བུའོ། །དེ་ལ་སྡོམ་པའི་ཐ་སྙད་མེད་དོ་ཞེ་ན་ཡོད་དེ། དེ་ཉིད་ལས། གང་ལ་སྡོམ་དང་སྡོམ་པ་མ་ཡིན་རློམ་སེམས་མེད། འདི་ནི་ཚུལ་ཁྲིམས་སྡོམ་པར་རྣམ་པར་འདྲེན་པས་གསུངས། ཞེས་གསུངས་སོ། །དེར་མ་ཟད་སྔགས་གཞུང་ཐམས་ཅད་ཀྱི་དགོངས་པའང་འདི་ཉིད་ཡིན་ཏེ། རྒྱུ་ལམ་འབྲས་བུའི་ཆོས་ཐམས་ཅད་ཟུང་འཇུག་གི་ཡེ་ཤེས་གཅིག་གི་ངོ་བོར་སྡོམ་པར་གསུངས་ཏེ་འཁོར་འདས་དབྱེར་མེད་ཀྱི་གནད་ཀྱིས་སོ། །གཞན་ཡང་གསུངས་རབ་ནས་བཤད་ཚོད་ཀྱི་དབང་དུ་བྱས་ན། བསྡུ་བར། མི་དགེ་བ་བཅུ་སྤོང་བ་ལྡོག་པའི་སྒོ་ནས་སྡོམ་པ་བརྒྱའི་རྣམ་བཞག་དང་། སྡོམ་པ་གཅིག་ཉིད་ཀྱི་རྒྱུན་ལ་ལེན་པའི་ཀུན་སློང་སོགས་ཀྱི་དབྱེ་བས་སྡོམ་པ་བརྒྱད་དུ་འགྱུར་བ་ཐེག་ཆེན་གྱི་ལུགས་སུ་མཛད་པ་སོགས་ཡོད་དེ། འདིར་ཞིབ་ཏུ་མ་སྤྲོས་སོ། །

གཉིས་པ་རང་ལུགས་ཏེ་སྐབས་སུ་བབས་པའི་སྡོམ་པ་གསུམ་ངོས་འཛིན་པ་ནི། འདིར་བསྟན་རྣམ་བཞག་སོགས་ཏེ། རྩེ་མོའི་ལུང་གོང་དུ་སྨོས་པ་བཞིན། སོ་ཐར། བྱང་སེམས། རིག་པ་འཛིན་པའི་སྡོམ་པ་སྟེ། འདི་གསུམ་གྱིས་བསྟན་པ་སྤྱི་ལུགས་ཀྱི་ཉམས་ལེན་མ་ལུས་པ་བསྡུས་ཀྱང་གསུམ་པོ་ཕྱོགས་གཅིག་ཏུ

བསྒྲིགས་པའི་རྣམ་བཞག་ནི་གསང་སྔགས་ཀྱི་རྒྱུད་སྡེ་མ་ཡིན་པར་གཞན་ལ་མེད་པས་ན། འཇིག་རྟེན་གཙོ་བོར་གསང་ཆེན་ཐུན་མོང་མ་ཡིན་པའི་བསྟན་པའི་ཉམས་ལེན་དབང་གི་ཡན་ལག་ཏུ། ཉན་ཐོས་ཀྱི་འདུལ་བའི་གཞུང་དང་བསླབ་བྱའི་ངོ་བོ་ཐུན་མོང་དུ་གྱུར་པའི་བྱང་སེམས་སོ་ཐར་བསྟན་པའི་ཉམས་ལེན་དང་། དེ་བཞིན་དུ་ཕ་རོལ་ཏུ་ཕྱིན་པའི་སྡེ་སྣོད་དང་ཐུན་མོང་དུ་གྱུར་པའི་བསྟན་པའི་ཉམས་ལེན་འཛིན་ཅིང་། དེ་ཡང་སྔགས་སྡོམ་རྒྱུན་ལྡན་ལ་བཞེད་པ་རྒྱུད་ཀྱི་དགོངས་པ་ཁོ་ན་སྟེ། ཉན་ཐོས་ཀྱི་སྡེ་སྣོད་ལས། སྡོམ་པ་གོང་མ་གཉིས་ཀྱི་རྣམ་གཞག་ཟུར་ཙམ་ཡང་མ་གསུངས་ཤིང་ཕར་ཕྱིན་ཐེག་པར་ཡང་སྔགས་ཀྱི་སྡོམ་པའི་རྣམ་གཞག་མེད་པའི་ཕྱིར་རོ། །དེའི་རྒྱུ་མཚན་ཉན་ཐོས་པ་དག་བྱང་ཆུབ་གསུམ་པོ་གང་རུང་དུ་སེམས་བསྐྱེད་ནས་སོ་ཐར་གྱི་སྡོམ་པ་བསྲུངས་ཏེ། ཞི་ལྷག་གཉིས་བསྒོམ་པས་བྱང་ཆུབ་དེ་དང་དེ་ཐོབ་པར་འདོད། ཐེག་པ་ཆེན་པོ་ཕ་རོལ་ཏུ་ཕྱིན་པ་ལས་ནི། བྱང་སེམས་ཀྱི་སྡོམ་པས་བླ་ན་མེད་པའི་བྱང་ཆུབ་བསྒྲུབ་ནུས་ཀྱང་དེ་ཉིད་གནས་པའི་གཞིའམ་རྟེན་དུ་ཐེག་ཆེན་སོ་ཐར་ཅིས་ཀྱང་དགོས་པར་བཞེད། གསང་སྔགས་ཀྱི་རྒྱུད་སྡེ་ལས་ནི་བླ་ན་མེད་པའི་བྱང་ཆུབ་བསྒྲུབ་པ་ལ་གཙོ་བོར་སྔགས་སྡོམ་དགོས་ཀྱང་། དེའི་རྟེན་དུའང་བྱང་སེམས་དང་སོ་ཐར་གཉིས་ངེས་པར་དགོས་པས་སྡོམ་པ་གསུམ་ཆར་ཉམས་སུ་ལེན་པ་བཞེད་པའི་ཕྱིར་རོ། །དེ་ལྟར་ནའང་སོ་སོའི་ཆོ་ག་ལས་ཐོབ་པའམ། དབང་གི་ཆོ་ག་ལས་སྡོམ་པ་གསུམ་ཅིག་ཆར་དུ་ཐོབ་པ་གང་རུང་ལས་མ་འདས་ཤིང་། ཕྱི་མ་དེའི་སྐབས་འགྲོ་ལས་ཐོབ་པའི་སོ་ཐར་སྡོམ་པ་དེ། ཡོངས་རྫོགས་དགེ་བསྙེན་དང་ནམ་མཉམ་པའི་ཐེག་ཆེན་སོ་ཐར་དུ་བཞེད་པ་ནི། སྡོམ་པ་བསྒྲགས་པར། ཁྱོད་ཀྱིས་སྲོག་ཆགས་བསད་མི་བྱ། ཞེས་སོགས་འབྱུང་བ་དང་མཐུན་ནོ༑ ༑འོན་ཀྱང་གསང་སྔགས་ཀྱི་རྟེན་སྒྱུར་བཏང་དུ། དགེ་སློང་མཆོག་དགེ་ཚུལ་འབྲིང་། ཁྱིམ་པ་སྟེ་དགེ་བསྙེན་ཐ་མ་ཡིན་པར་དུས་འཁོར་རྩ་རྒྱུད་ལས། གསུམ་ལས་དགེ་སློང་མཆོག་ཡིན་འབྲིང་། །དགེ་ཚུལ་ཞེས་བྱ་དེ་དག་ལས། །ཁྱིམ་ན་གནས་པ་ཐ་མའོ། །ཞེས་གསུངས་ཤིང་། དམིགས་བསལ་རྟེན་ཁྱིམ་པ་ཡིན་ཀྱང་ས་ཐོབ་པ་ནི་མ་གཏོགས་ཏེ། ས་ཐོབ་མ་གཏོགས་ཁྱིམ་པ་ནི། །རྒྱལ་པོའི་བླ་མར་མི་བྱ་སྟེ། །ཞེས་སོགས་གསུངས་སོ། །དེ་འདྲ་བའི་གང་ཟག་ནི་ཁྱིམ་པའི་རྟགས་ཅན་ཡིན་ཀྱང་ས་སྙིང་འཁོར་ལོ་བཅུ་པའི་མདོ་དང་འདུལ་བ་ལུང་ལས་ཁྱིམ་པ་འཕགས་པའི་ཆོས་དང་ལྡན་པ་དོན་དམ་པའི་དགེ་སློང་དུ་བསྟུས་པ་དང་གནད་གཅིག་པ་སྟེ། དཔེར་ན་འདུལ་ལུང་དུ། རྒྱན་གྱིས་བརྒྱན་པར་བྱས་ཀྱང་ཆོས་སྤྱོད་ཅིང་། །དུལ་ཞིང་ཡང་དག་སྡོམ་ལ་ཚངས་པར་སྤྱོད། །འབྱུང་པོ་ཀུན་ལ་ཆད་པ་སྤངས་པ་དེ། །དགེ་སློང་དགེ་སྦྱོང་དེ་ཡིན་བྲམ་ཟེའང་དེ། །ཞེས་ཁྱིམ་བདག་གྲགས་པ་དགེ་སློང་དུ་གསུངས་པ་བཞིན་ནོ། །དེ་དག་ནི་ཡེ་ཤེས་དང་ལྡན་པའི་དབང་དུ་བྱས་ཀྱི་གཞན་དུ་གསང་སྔགས་སུམ་

ཟད་བྱང་སྡོམ་གྱི་རྟེན་ཀྱང་རབ་ཏུ་བྱུང་བ་སྟེ་དགེ་སློང་སོགས་མཆོག་ཏུ་བཤད་དེ། མདོ་ལས། བྱང་ཆུབ་སེམས་དཔའ་ཁྱིམ་པས་སྟོང་གསུམ་གྱི་སྟོང་ཆེན་པོའི་འཇིག་རྟེན་གྱི་ཁམས་རྒྱ་མར་གྱིས་བཀང་བའི་མར་མེ་དེ་བཞིན་གཤེགས་པའི་མཆོད་རྟེན་ལ་ཕུལ་བ་བས། བྱང་ཆུབ་སེམས་དཔའ་རབ་ཏུ་བྱུང་བས་སྡོང་བུ་འགའ་ཞིག་སྣུམ་གྱིས་སྦྱགས་ཏེ། དེ་བཞིན་གཤེགས་པའི་མཆོད་རྟེན་བཞུགས་པའི་གཙུག་ལག་ཁང་གི་སྒོ་ཐེམ་སྣང་བ་ཙམ་བྱས་ན་དེ་སྔ་མ་བས་བསོད་ནམས་ཆེའོ་ཞེས་སོགས་གསུངས་པ་དང་། མདོ་སྡེ་རྒྱན་ལས། རབ་ཏུ་བྱུང་བའི་ཕྱོགས་དག་ནི། །ཡོན་ཏན་ཚད་མེད་རྣམས་དང་ལྡན། །དེ་ལྟར་སྡོམ་བརྩོན་ཁྱིམ་པ་ཡི། །བྱང་སེམས་རྣམས་ལས་མཆོག་ཏུ་བཤད། །ཅེས་འབྱུང་བས་སོ། །

གསུམ་པ་སྡོམ་པའི་མིང་དོན་ནི། མིང་དོན་སྤྱི་ཙམ་སོགས་ཏེ། སྤྱི་ཁྱབ་ཙམ་དུ་རང་གི་ངོས་སྐལ་གྱི་སྤང་བྱ་སྤོང་བས་ན་སྡོམ་པ་ཞེས་བྱར་རུང་ཡང་། སྡོམ་པའི་ཐ་སྙད་འཇུག་ཚད་སྤང་བྱ་མཐའ་དག་སྤང་བའི་སྡོམ་པ་ཡིན་པས་མ་ཁྱབ་སྟེ། དཔེར་ན་སྣ་གཅིག་སྤྱོད་པ་དགེ་བསྙེན་གྱི་སྡོམ་པར་བགྲང་མེད། སྤང་བྱ་སྲོག་གཅོད་པ་ལྟ་བུ་གཅིག་ལས་མ་སྤངས་པའི་ཕྱིར་རོ། །

བཞི་པ་སྡོམ་པར་འཇོག་བྱེད་ནི། འཇོག་བྱེད་སྤང་བྱ་སྤོང་བའི་སོགས་ཏེ། དེ་ལའང་སྤང་བྱ་སྤོང་བའི་ལྡོག་པ་ནས་བཞག་པ་དང་། སོ་སོའི་ངོ་བོའི་སྒོ་ནས་བཞག་པ་གཉིས་ལས། དང་པོ་ནི། ལུས་ངག་གི་རང་བཞིན་གྱི་ཁ་ན་མ་ཐོ་བ་གཙོ་བོར་སྡོམ་པའི་ལྡོག་པ་ནས་སོ་སོར་ཐར་པའི་སྡོམ་པར་བཞག །སེམས་ཀྱི་ཁ་ན་མ་ཐོ་བ་གཙོ་བོར་སྤོང་བའི་ལྡོག་པ་ནས་བྱང་སེམས་ཀྱི་སྡོམ་པར་བཞག །ཐབས་ཁྱད་པར་ཅན་ལ་བརྟེན་ནས་མཚན་རྟོག་སྤོང་བའི་ལྡོག་པ་ནས་སྔགས་ཀྱི་སྡོམ་པར་འཇོག་པ་ཡིན་ཏེ། དེ་དག་རིམ་པ་བཞིན། སོ་ཐར་གྱི་མདོ་ལས། སྡིག་པ་ཅི་ཡང་མི་བྱ་ཞིང་། ཞེས་དང་། སྤྱོད་འཇུག་ལས། སེམས་བསྲུངས་བརྟུལ་ཞུགས་མ་གཏོགས་པ། །བརྟུལ་ཞུགས་མང་པོས་ཅི་ཞིག་བྱ། ཞེས་དང་། སམྦུ་ཊི་ལས། ཀུན་ལས་སྣ་ཚོགས་ཕྱག་རྒྱ་སྟེ། །ཀུན་ལས་སྣ་ཚོགས་སྡོམ་པ་ཡིན། ཞེས་གསུངས་སོ། །

གཉིས་པ་སོ་སོའི་ངོ་བོའི་སྒོ་ནས་བཞག་པ་ནི། སོ་ཐར་སྡོམ་པའི་ངོ་བོ་ནི། གཞན་གནོད་གཞིར་བཅས་སྤོང་བའི་ལྡོག་པ་ནས་བཞག །བྱང་སེམས་སྡོམ་པའི་ངོ་བོ་ནི། གཞན་ལ་ཕན་པ་ཁྱད་པར་ཅན་སྒྲུབ་པའི་ལྡོག་པ་ནས་བཞག །སྔགས་སྡོམ་གྱི་ངོ་བོ་ནི། སྣང་བ་ཐམས་ཅད་ལྷ་དང་ཡེ་ཤེས་གང་རུང་གི་རྣམ་རོལ་དུ་ཡོངས་སྦྱོད་པའི་ལྡོག་པ་ནས་འཇོག་སྟེ། རྩ་ལྟུང་འགྲེལ་སྤྱོང་ལས། འདིར་སོ་སོར་ཐར་པའི་རང་བཞིན་ནི། གཞན་ལ་གནོད་པ་གཞི་དང་བཅས་པ་ལས་ལྡོག་པ་བྱེད་པ་ཡིན་ལ་བྱང་ཆུབ་སེམས་དཔའི་སྡོམ་པ་ནི། དེའི་སྟེང་དུ

གཞན་ལ་ཕན་འདོགས་པར་ཞུགས་པ་ཡིན་ཅིང་། རིག་པ་འཛིན་པ་ནི། དེ་དག་ཀྱང་ལྷའི་རྣམ་པའམ། ཡེ་ཤེས་ཀྱིས་བྱིན་གྱིས་བརླབས་ནས་ལོངས་སྤྱོད་པས་ན། འདི་ལ་འགལ་བ་ཅི་ཡང་ཡོད་པ་མ་ཡིན་ནོ། །ཞེས་གསུངས་སོ༔ ༔རྒྱུ་མཚན་དེས་ན། སྔགས་སྡོམ་ཡིན་ན་བྱང་སྡོམ་ཡིན་པས་ཁྱབ། །བྱང་སྡོམ་ཡིན་ན་སོར་སྡོམ་ཡིན་པས་ཁྱབ་སྟེ། སྔགས་སྡོམ་ལ་བྱང་སྡོམ་གྱི་མཚན་ཉིད་ཚང་། བྱང་སྡོམ་ལ་སོར་སྡོམ་གྱི་མཚན་ཉིད་ཚང་བའི་ཕྱིར་རོ། །དེ་ཡང་ཀུན་མཁྱེན་ཆེན་པོས་སྡོམ་གསུམ་ཁ་སྐོང་ལས། སྔགས་སྡོམ་བྱང་སེམས་སྡོམ་པ་ཡི། །ཁྱེ་བྲག་ཡིན་ཞིང་དེ་ཉིད་ཀྱང་། །གཞན་ལ་ཕན་པ་བསྒྲུབ་པ་ལ། །གཞན་ལ་གནོད་པ་སྤོང་བ་ཡིས། །ཁྱབ་ཕྱིར་སོ་སོར་ཐར་པ་ཡི། དོན་ཚང་ཞེས་དང་། སྤྱི་དོན་ལས་ཀྱང་། དེས་ན་སྡོམ་པ་གསུམ་ཀ་ལ་སོ་ཐར་གྱི་སྡོམ་པས་ཁྱབ་པ་འདི་ནི་རྗེ་བཙུན་ས་སྐྱ་པ་ཡབ་སྲས་ཀྱི་དགོངས་པ་བླ་ན་མེད་པ་སྟེ། རྗེ་བཙུན་མུས་པ་ཆེན་པོའི་ཞལ་ལས་ཁོ་བོས་རྙེད་པའོ་ཞེས་གསུངས་པ་གཞུང་དང་སྦྱར་བ་སླའོ། །

ལྔ་པ་མཐའ་དཔྱད་པའི་སྒོ་ནས་སོར་བྱང་གཉིས་སྔགས་སྡོམ་གྱི་ཡན་ལག་ཏུ་བསྡུ་བ་ནི། སྔགས་ལ་འང་ཞེས་སོགས་ཏེ། སྔགས་སྡོམ་ལ་སྡོམ་པ་འོག་མ་གཉིས་སྔོན་དུ་འགྲོ་བ་སྔ་གོན་གྱི་སྐབས་ཁྱད་པར་ཅན་གྱི་དོན་ཞུ་བ་སྟེ་གསོལ་གདབ་ཀྱི་ཚིགས། དམ་ཚིག་དེ་ཉིད་བདག་ལ་སྩོལ། ཞེས་པས་སྔགས་སྡོམ་དང་། བྱང་ཆུབ་སེམས་ཀྱང་བདག་ལ་སྩོལ། ཞེས་པས་དེའི་རྟེན་དུ་བྱང་སྡོམ་དང་། སངས་རྒྱས་ཆོས་དང་དགེ་འདུན་ཏེ། །སྐྱབས་གསུམ་དག་ཀྱང་བདག་ལ་སྩོལ། ཞེས་པས་དེའི་རྟེན་དུ་སོ་ཐར་གྱི་སྡོམ་པ་སྩོལ་བར་གསོལ་བ་གདབ་ཅིང་། དེ་བཞིན་དུ་སྤྲོ་བ་བསྐྱེད་པ་དཀྱིལ་ཆོག་ཕལ་ཆེ་བར། རང་གི་བསླབ་ལྡན་འཁོར་བཞི་པོ། ཐེག་ཆེན་བློ་ཅན་རྣམས་ལ་ནི། །དེ་བཞིན་གཤེགས་པས་གསུངས་པ་ཡི། །ཡང་དག་ཚིག་རྗེས་སུ་གནང་། ཞེས་འབྱུང་བའི་ཚིག་རྐང་དང་པོས་སོ་ཐར། གཉིས་པས་བྱང་སེམས། ཕྱི་མ་གཉིས་ཀྱིས་སྔགས་སྡོམ་འབོག་པའི་ཚིག་བསྟན། དངོས་གཞིའི་སྐབས་སུ་སྡོམ་པ་བསྒྲགས་པའི་ཚེ། སངས་རྒྱས་ཆོས་དང་དགེ་འདུན་ཏེ། ཞེས་སོགས་རིགས་ལྔ་སོ་སོའི་དམ་ཚིག་གིས་སྔགས་སྡོམ། དེ་ལས་གཞན་ཡང་བཅུ་བཞི་ནི། ཞེས་སོགས་ཀྱིས་བྱང་སེམས། ཁྱོད་ཀྱིས་སྲོག་ཆགས་བསད་མི་བྱ། ཞེས་སོགས་ཀྱིས་སོ་ཐར་གྱི་སྡོམ་པ་ཟིན་ཅིང་། ཁྱད་པར་བཟུང་བའི་ཚེ་རྟེན་བརྟེན་པ་ཡིན་པས་ཐོག་མར་རྒྱུན་བཤགས་ཀྱིས་སོར་བྱང་གཉིས་དངོས་ཤུགས་ཀྱིས་འཛིན། དེ་ནས་རིགས་ལྔའི་སྡོམ་བཟུང་གིས་བསྲུང་བ་ཁས་བླངས་པ་ཙམ་ཞིག་བཟུང་ནས། སྡོམ་པ་རང་གི་ངོ་བོ་དངོས་གཞིའི་ཆོ་གས་བསྐྱེད་པར་མཛད་པ་འདི་ནི་དཀྱིལ་འཁོར་གྱི་ཆོ་ག་གཅིག་ཉིད་ལ་སྡོམ་གསུམ་ལེན་པའི་ཚུལ་གསལ་བ་ཡིན་ཀྱང་། མན་ངག་གི་མིག་དང་བྲལ་བ་རྣམས་ཀྱིས་ནི་མོས་པ་ཙམ་ཡང་བྱ་དཀའ་བར་སྣང་ངོ་ཞེས་ཀུན་མཁྱེན་རིན་པོ

ཆེས་གསུངས་སོ། །དེ་བཞིན་དུ་བསྐྱེད་རྫོགས་ཉམས་སུ་ལེན་པའི་ཚེ་ཐུན་རེའི་ཐོག་མར་སྡོམ་གསུམ་གྱི་ཉེས་པ་གསོ་ཞིང་སྡོམ་པ་གོང་དུ་སྤེལ་བའི་ཕྱིར། སྔོན་འགྲོ་གསུམ་དང་སོགས་ཀྱི་བསྡུས་པ་རྒྱུན་བཤགས་སྡོམ་བཟུང་བྱེད་པ་ལས། སྐྱབས་སེམས་སོར་བྱང་གཉིས་ཀྱི་ཉམས་ལེན་ཡིན་པས་ཀྱང་འོག་མ་གཉིས་སྔགས་སྡོམ་གྱི་ཡན་ལག་ཏུ་འཐད་པར་གྲུབ་ཅིང་། དེར་མ་ཟད་བསྲུང་ཚུལ་གྱི་དབང་དུ་བྱས་ནའང་སྔགས་ཀྱི་རྩ་ལྟུང་བསྲུང་ཚེ་འོག་མ་གཉིས་ཀྱི་རྩ་ལྟུང་ཡང་བསྲུང་དགོས་པ་ནི། བདེ་གཤེགས་བཀའ་འདས་ཀྱི་རྩ་ལྟུང་དོས་འཛིན་ཚུལ་གྱིས་ཤེས་སོ། །དོན་འདི་དག་ལ་དགོངས་ནས། བདག་ཉིད་ཆེན་པོས། །བླ་མ་བཙལ་ལ་དབང་བཞི་བླངས། །དེ་ཡིས་སྡོམ་པ་གསུམ་ལྡན་འགྱུར། ཞེས་དང་། །སྡོམ་པ་གསུམ་དང་ལྡན་པ་ཡི། །རིམ་གཉིས་ཟབ་མོའི་གནད་ཤེས་ན། ཞེས་སོགས་གསུངས་སོ། །

སྤྱི་དོན་གསུམ་པ་ལམ་གྱི་གནད་སྡོམ་པ་གསུམ་གྱི་ཉམས་ལེན་དུ་བསྡུས་པའི་འབྲེལ་གྱིས་ཁོག་ཕུབ་པ་ནི༑ མདོ་རྒྱུད་ཞེས་སོགས་ཏེ། རྒྱལ་བའི་བསྟན་པའི་ཉམས་ལེན་ཐམས་ཅད་ཕྱིལ་གྱིས་དྲིལ་ན་སྡོམ་པ་གསུམ་དུ་འདུས་པ་ཡིན་ཏེ། བདག་ཉིད་ཆེན་པོས། །སངས་རྒྱས་བསྟན་པ་རིན་པོ་ཆེ། །མདོར་བསྡུས་ཉམས་སུ་ལེན་པའི་ཚེ། །འདུལ་བ་ཕར་ཕྱིན་གསང་སྔགས་གསུམ། །སོ་སོའི་གཞུང་དང་མི་འགལ་བར། །ཉམས་སུ་ལེན་པ་བཀའ་དང་མཐུན། །ཞེས་བསྟན་པའི་རྩ་བ་འདུལ་བ། བསྟན་པའི་སྙིང་པོ་ཕར་ཕྱིན། བསྟན་པའི་ཉིང་ཁུ་གསང་སྔགས་ཡིན་པ་ལ་དགོངས་ཏེ་གསུངས་པ་དང་། དེ་དག་ཀྱང་ཐོབ་བྱ་མཐར་ཐུག་པ་རྡོ་རྗེ་འཛིན་པའི་ས་ཉིད་ཐོབ་བྱེད་མཐར་ཐུག་པ་ངེས་གསང་བླ་ན་མེད་པ་ལ་གཅིག་ཏུ་གཞོལ་ཞིང་གཅིག་ཏུ་འབབ་པའི་ཚུལ་གྱིས་བསྲུང་དགོས་པ་ནི། ཀུན་མཁྱེན་ཆེན་པོས། །རིམ་མམ་གཅིག་ཅར་བླངས་ཀྱང་རུང་། །སྡོམ་གསུམ་ཚོགས་ལྡན་བྱས་ནས། །རྡོ་རྗེ་ཐེག་པའི་ཉམས་ལེན་དུ། །གསུམ་ཅར་བསྲུང་བ་སྔགས་སྡོམ་ཡིན། ཞེས་དང་སྤྱི་དོན་ལས། སྔགས་སྡོམ་དང་ལྡན་ན། སྡོམ་པ་གསུམ་ཀ་དང་ལྡན་དགོས་པ་འདི་ཡང་མདོ་རྒྱུད་ཀྱི་དགོངས་པ་ཕྱིན་ཅི་མ་ལོག་པ་རྗེ་བཙུན་ས་སྐྱ་པ་ཡབ་སྲས་ཀྱི་ལུགས་འབའ་ཞིག་ཏུ་སྣང་སྟེ། ཞེས་གསུངས་སོ། །གསུམ་པོའི་ངོས་འཛིན་གོང་དུ་སྨོས་པའི་རྡོ་རྗེ་རྩེ་མོའི་ལུང་ལ་བརྟེན་པ་ཡིན་ཡང་། སྙིང་པོའི་གནད་དོན་རྩེ་མོའི་དངོས་བསྟན་གྱི་གསུམ་པོ་དེ་དང་། སྡོམ་པ་གསུམ་གྱི་རབ་ཏུ་དབྱེ་བ་ཞེས་པའི་དངོས་བསྟན་གྱི་གསུམ་པོ་རྣམས་ཐད་སོར་ཐད་སོར་འཁྲུལ་པར་མི་བྱ་སྟེ། སྔ་མའི་སོ་སོར་ཐར་དང་ཞེས་པའི་དངོས་བསྟན་གྱི་སོ་ཐར་དེ་ཐེག་ཆེན་སོ་ཐར་ཡིན་པར་རྗེ་བཙུན་ཆེན་པོས། རྡོ་རྗེ་རྩེ་མོའི་དགོངས་པ་ནི། བྱང་ཆུབ་སེམས་དཔའི་སོ་སོར་ཐར་པའོ། །ཞེས་སྡོམ་པ་ཉི་ཤུ་པའི་འགྲེལ་པར་གསུངས་ལ། རབ་དབྱེའི་མཚན་དོན་གྱིས་ཐེག་པ་ཆེ་ཆུང་གི་སོར་ཐར་སྤྱི་ཙམ་

དང་། དངོས་བསྟན་གཙོ་བོར་གཞན་འདོད་དགག་པའི་སྐབས་སུ་གསུངས་པ། ཉན་ཐོས་རྣམས་ཀྱི་སྐྱབས་འགྲོ་ནས། སོགས་དང་། བྱེ་བྲག་སྨྲ་བའི་བསྙེན་གནས་ཀྱང་། ཞེས་སོགས་ནི་ཉན་ཐོས་སོ་ཐར་ཁོ་ན་དང་། ཐེག་པ་ཆེན་པོ་ལས་བྱུང་བའི། །སོ་སོར་ཐར་པ་བཤད་ཀྱིས་ཉོན། ཞེས་སོགས། རང་བཞིན་ཉམས་ལེན་ཞར་བྱུང་དུ་གསུངས་པ་ནི་ཐེག་ཆེན་སོ་ཐར་ཡིན་ལ། ཐུན་མོང་དུ་བསྟན་པའང་ཅི་རིགས་པ་ཡོད་པའི་དགོངས་པ་ཆ་གཉིས་ཕྲ་ཞིང་ཞིབ་པའི་བློ་གྲོས་ཀྱིས་དབྱེ་བར་བྱའོ། །ཞེས་པའི་དོན་ཏེ་ལེའུ་དང་པོའི་རྣམ་བཤད་མདོར་བསྡུས་ཏེ་བརྗོད་ཟིན་ཏོ། །ལེའུའི་མཇུག་བསྡུ་བ་ནི་ཡོངས་རྫོགས་བསྟན་པའི་ཉམས་ལེན་ཞེས་སོགས་ཏེ་གོ་སླའོ། །འཆད་པོ་གཞན་གྱི་ཁ་དྲིས་མ་སྤྲགས་པའི། །བརྒྱུད་པའི་གསུང་གཙང་ལུང་རིག་བཅུད་ལྡན་ཆབ། །ལྷག་བསམ་མེ་ཏོག་དཀར་པོས་རྣམ་མཛེས་པ། །འཇམ་མགོན་བླ་མ་དགྱེས་པའི་མཆོད་ཡོན་ནོ། །ཞེས་ཀྱང་སྨྲས་སོ། །

ཙ་བའི་ས་བཅད་གཉིས་པ་སྐབས་ཀྱི་དོན་གདན་ལ་འབེབ་པ་ནི། སྐབ་སྡོ་ན་སོགས་ཏེ། སྡོམ་པ་གསུམ་ཐ་དད་དུ་འཆད་འོས་པ་རྣམས་ལེའུ་བར་པ་གསུམ་གྱིས་སོ་སོར་འཆད། བསྡུས་ཏེ་འཆད་འོས་པ་རྣམས་ལེའུ་ཐ་མས་ཐུན་མོང་དུ་འཆད་དོ་ཞེས་མཚམས་སྦྱར་བའི་དོན་ཡིན་ལ། དང་པོ་སོ་སོར་བཤད་པ་ལ་གསུམ་སྟེ། སོ་ཐར་གྱི་སྡོམ་པ་བཤད་པ། བྱང་སེམས་ཀྱི་སྡོམ་པ་བཤད་པ། རིག་པ་འཛིན་པའི་སྡོམ་པ་བཤད་པའོ། །དེ་གསུམ་ཀྱང་བསྡུས་དོན་ལུས་རྣམ་གཞག་ཕྱོགས་གཅིག་ཏུ་བྱ་བ་དང་། ཚིག་དོན་ཡན་ལག་རྒྱས་བཤད་སོ་སོར་བྱ་བ་ལས། བསྡུས་དོན་ནི། དང་པོ་རེ་རེའང་ཞེས་སོགས་ཏེ། སྡོམ་པ་གསུམ་པོ་རེ་རེ་ལའང་ངོ་བོ་ངོས་བཟུང་བ༑ དང་པོར་བླང་བའི་ཐབས། བར་དུ་སྲུང་བའི་ཐབས། ཉམས་ན་ཕྱིར་བཅོས་པའི་ཆོ་གའོ། །དེའི་དང་པོ་ལ་གསུམ་སྟེ། མཚན་གཞི། མཚན་ཉིད། ནང་གསེས་ཀྱི་དབྱེ་བའོ། །དེ་ལས་རེ་ཞིག་སོ་ཐར་གྱི་དབང་དུ་བྱས་ན་ངོ་བོ་ངོས་འཛིན་པ་སོགས་བཞིའི་དང་པོ་ལ་གསུམ་གྱི་མཚན་གཞི་ནི། ཐོག་མར་ཞེས་སོགས་ཏེ། མཐོ་དམན་བར་མ་གསུམ་གྱིས་བསྡུས་པའི་འགྲོ་བ་དྲུག་གི་ལུས་རྟེན་གང་དུ་སྐྱེས་སམ། ས་ཕྱོགས་གང་དུ་གནས་སམ། གྲོགས་སུ་དང་འགྲོགས་སམ། འདོད་པ་ཅི་ལ་ལོངས་སྤྱོད་པ་ཐམས་ཅད་ཀྱང་མེའི་རང་བཞིན་ཚ་བ་ཡིན་པ་ལྟར། སྡུག་བསྔལ་གསུམ་གྱི་རྒྱུ་ཅན། སྡུག་བསྔལ་གསུམ་གྱི་རང་བཞིན་ཁོ་ན་ཅན་ཏེ། རྒྱུད་བླ་མ་ལས། མི་གཙང་བ་ལ་དྲི་ཞིམ་མེད་བཞིན་འགྲོ་ལྔ་དག་ནའང་བདེ་བ་མེད། ཅེས་གསུངས་པ་ལྟར་བདེ་བའི་འབྱུང་ཁུངས་མིན་པ་རྟོག་པའི་སྒོ་ཤས་ཀྱིས། འཁོར་བའི་སྡུག་བསྔལ་རྒྱུ་དང་བཅས་པ་སྤོང་འདོད་གཙམ་བུ་སྟེ་བཅོས་མ་ཙམ་མ་ཡིན་པ་སྐྱེ་བའི་བློ་ནི་ངེས་འབྱུང་གི་བསམ་པ་དང་། བསམ་པ་དེས་ཟིན་པའི་ཚུལ་ཁྲིམས་ལ་ངེས་པར་འབྱུང་བའི་ཚུལ་ཁྲིམས་སམ་སོ་སོར་ཐར་པར་འཛོག་སྟེ། མདོ་ཙ་བར། ངེས་པར་འབྱུང་བའི་ཚུལ་ཁྲིམས་ཀྱི་

དབང་དུ་བྱས་ཏེ། ཞེས་དང་། སུམ་བརྒྱ་པ་ལས། ངེས་པར་འབྱུང་བའི་ཚུལ་ཁྲིམས་སྡུག་བསྔལ་སྤོང་། ཞེས་གསུངས་པའི་ཕྱིར་རོ། །

གཉིས་པ་མཚན་ཉིད་ལ་གཉིས་ཏེ། མཚན་ཉིད་དངོས་དང་། མཚན་ཉིད་དེ་ལྡན་གྱི་མིང་གི་རྣམ་གྲངས་སོ༑ ༑དང་པོ་ནི། ངེ༷ས་པ༷ར་འབྱུང༷་བ༷་སོགས་ཏེ། ངེས་པར་འབྱུང་བ་ཞེས་བྱ་བ་ནི། མྱ་ངན་ལས་འདས་པ་སྟེ། རྒྱ་ཆེར་འགྲེལ་ལས། ངེས་པར་འབྱུང་བའི་ཚུལ་ཁྲིམས་ནི་ངེས་པར་འབྱུང་བའི་ཚུལ་ཁྲིམས་སོ། །ཞེས་པའི་ཟུར་ སྡེ་ཕྱི་གཉིས་ནི། ངེས་འབྱུང་གི་བསམ་པས་ཟིན་པའི་ཚུལ་ཁྲིམས་འདི་ནི་མྱང་འདས་ཀྱི་ས་བྱང་ཆུབ་གསུམ་པོ་གང་རུང་དུ་ངེས་པར་ཏེ་གདོན་མི་ཟ་བར་འབྱུང་བར་བྱེད་པའི་ཚུལ་ཁྲིམས་སོ་ཞེས་པའི་དོན་དུ་སྣང་སྟེ། སློབ་ཕན་ལས། བྱང་ཆུབ་གསུམ་ཀའི་རྒྱུར་གསུངས་པ་དང་། དགེ་སློང་ལ་རབ་ཏུ་གཅེས་པའི་མདོ་ལས། ཚུལ་ཁྲིམས་འདི་ནི་བདེ་བའི་མཆོག །ཚུལ་ཁྲིམས་འདི་ནི་ཐར་པའི་ལམ། །ཚུལ་ཁྲིམས་འདི་ནི་ཡོན་ཏན་གཞི། །ཚུལ་ཁྲིམས་འདི་ནི་སངས་རྒྱས་རྒྱུ། ཞེས་འབྱུང་བས་སོ། །ངེས་འབྱུང་གི་བསམ་པ་དེ་ལྷ་བུས་མ་བཟུང་བའི་བསྙེན་གནས་སོགས་རིགས་བརྒྱད་ནི་ཚེ་འདིར་མི་དང་མི་མ་ཡིན་པའི་འཚེ་བ་ལས་བསྲུང་བའི་འཇིགས་སྐྱོབ་དང་། ཕྱི་མར་བདེ་འགྲོ་ཙམ་དོན་དུ་གཉེར་བའི་ལེགས་སྨོན་ཡིན་གྱི་སོ་སོར་ཐར་པ་མ་ཡིན་ཏེ། མཛོད་འགྲེལ་ལས། ཅི་ཕྱི་རོལ་པ་རྣམས་ལ་ཡང་དག་པར་བླངས་པའི་ཚུལ་ཁྲིམས་མེད་དམ་ཞེ་ན། ཡོད་མོད་ཀྱི་སོ་སོར་ཐར་པའི་སྡོམ་པ་ནི་མ་ཡིན་ནོ། །ཅིའི་ཕྱིར་ཞེ་ན། དེ་ནི་སྲིད་པ་ལ་བརྟེན་པའི་ཕྱིར། གཏན་དུ་སྡིག་པ་ལས་སོ་སོར་ཐར་པ་བྱེད་པ་མ་ཡིན་ནོ་ཞེས་གསུངས་སོ། །དེའི་ཕྱིར་སོ་ཐར་གྱི་སྡོམ་པའི་མཚན་ཉིད་ནི། ཀུན་མཁྱེན་རིན་པོ་ཆེའི་སྤྱི་དོན་ལས། སོ་སོར་ཐར་པའི་སྡོམ་པའི་ངོ་བོ་ནི། ངེས་འབྱུང་གི་བསམ་པས་ཀུན་ནས་བསླངས་ཏེ། གཞན་གནོད་གཞི་བཅས་སྤོང་བའི་སེམས་པ་མཚུངས་ལྡན་དང་བཅས་པའོ་ཞེས་སྐབས་འདིར་ཐེག་ཆེན་སོ་ཐར་གྱི་དབང་དུ་མཛད་དེ་གསུངས་པ་ལྟར་ཁས་བླང་ངོ་། །རྒྱུ་མཚན་སྡོམ་པའི་མཚན་ཉིད་དང་སྐྱེ་ཚུལ་སོགས་བསྟུན་དགོས་པས་ན། བྱེ་བྲག་སྨྲ་བའི་ལུགས་མཛོད་རང་རྐང་ལྟར་ན་རིག་བྱེད་མ་ཡིན་པའི་གཟུགས་སུ་སྐྱེ་བ་དེ་ཡི་མཚན་ཉིད་འཇོག་དགོས་ཀྱང་། མདོ་སྡེ་པ་ཡན་སྡོམ་པ་ཤེས་པའི་ངོ་བོར་སྐྱེ་བར་བཞེད་པ་ལ་ནང་གསེས་ཀྱི་དབྱེ་བ་ཕྲན་བུ་ཡོད་པ་ལས། བདག་ཉིད་ཆེན་པོས། དེས་ན་ད་ལྟའི་ཆོ་ག་ནི། །བསམ་པ་སེམས་བསྐྱེད་ཀྱིས་ཟིན་པའི། །ཆོ་ག་ཉན་ཐོས་ལུགས་བཞིན་གྱིས། ཞེས་གསུངས་པ་ལྟར་འབོག་ལེན་ཐེག་ཆེན་སོ་ཐར་བཞིན་མཛད་ཅིང་། ཀུན་མཁྱེན་བླ་མའི་སྤྱི་དོན་ཁ་སྐོང་སོགས་དགོངས་འགྲེལ་ཚད་ལྡན་རྣམས་སུ་མཚན་ཉིད་འཇོག་ཚུལ་དབུ་མ་ལྟར་མཛད་འདུག་པས་གཞན་དུ་དོགས་པ་མི་འཚལ་ལོ། །གཉིས་པ་མིང་གི་རྣམ་གྲངས་ནི། མི༷ང

གཞན་ཡང་། ཞེས་སོགས་ཏེ་གོ་སླའོ། །

གསུམ་པ་ནང་གསེས་ཀྱི་དབྱེ་བ་ལ་གསུམ་སྟེ། རྟེན་གྱིས་དབྱེ་བ། རྫས་ཀྱིས་དབྱེ་བ། ཀུན་སློང་གིས་དབྱེ་བའོ། །དང་པོ་རྟེན་གྱིས་དབྱེ་བ་ལ་བདུན་ནམ་བརྒྱད་ཡོད་པ་ནི། རྟེན་གྱིས་དབྱེ་བ་སོགས་ཏེ་གོ་སླའོ། གཉིས་པ་རྫས་ཀྱིས་དབྱེ་བ་ལ་བཞི་ཡོད་པ། རྫས་སམ་ངོ་བོས་སོགས་དང་། གསུམ་པ་ཀུན་སློང་གིས་དབྱེ་བ་ལ་གཉིས་ཡོད་པ། ཀུན་སློང་རང་ཉིད་སོགས་ཏེ་གོ་སླའོ། །སྡོམ་པ་བླང་བའི་ཐབས་སོགས་ཕྱི་མ་གསུམ་ནི་ལུང་ལས་གསུངས་པའི་གཞི་བཅུ་བདུན་དང་སྦྱར་ཏེ་འཆད་ན། མ་ཐོབ་སྡོམ་པ་ཞེས་སོགས་ཏེ། དང་པོ་རབ་བྱུང་གི་གཞིའི་དངོས་བསྟན་དང་། མདོ་དང་བསྟན་བཅོས་དགེ་བསྙེན་ཅི་རིགས་པས་བསྟན་པའི་སྡོམ་པ་བླང་བའི་ཐབས་ལ་གསུམ་སྟེ། ལེན་པའི་ཆོ་ག་དངོས། བླངས་པ་དེ་སྐྱེ་བའི་ཚུལ། སྐྱེས་པའམ་ཐོབ་པ་དེའི་མཚམས་སོ༑ །ཆོ་ག་ལ་གཉིས་ཏེ་ཐེག་དམན་ལྟར་བླང་བ་དང་། ཐེག་ཆེན་ལྟར་བླང་བའོ། །དེའི་དང་པོ་ལ་གཉིས་ཏེ་སྔོན་ཆོག་དང་། ད་ཆོག་གོ། །དང་པོ་ནི། སྔོན་ཆོག་རང་བྱུང་སོགས་ཏེ། བསྙེན་པར་རྫོགས་བྱེད་ཀྱི་ཆོ་ག་ད་ལྟའི་ཆོ་གའི་སྔ་རོལ་དུ་བྱུང་བའི་རིགས་སུ་གནས་པ་ནི་སྔོན་ཆོག་གི་མཚན་ཉིད་དེ། རྒྱ་ཆེར་འགྲེལ་ལས། ད་ལྟར་གྱི་ཆོ་ག་བས་སྔར་བསྟན་པ་དང་། མཁན་པོ་དང་སློབ་དཔོན་གྱི་གནང་བ་བས་སྔར་བཤད་པས་ན་དེའི་སྔོན་གྱི་ཆོ་ག་ཅེས་བྱ་སྟེ། ཞེས་གསུངས་པས་སོ། །འོན་ཀྱང་སྔོན་ཆོག་ཡིན་ཚད་ད་ཆོག་གི་སྔ་རོལ་དུ་བྱུང་བའང་མ་ངེས་ཏེ། སྟོན་པ་སངས་རྒྱས་ནས་ལོ་དྲུག་ལོན་པ་ན། ཤཱ་རིའི་བུས་འཆར་ཀ་ད་ཆོག་གི་སྒོ་ནས་བསྙེན་པར་རྫོགས་པ་དང་། ཚུར་ཤོག་གི་སྒོ་ནས་རྫོགས་པ་ནི་སྟོན་པས་སྐུ་ཚེ་ཧྲིལ་པོར་མཛད་ཅིང་། མྱ་ངན་ལས་འདའ་ཀར་ཀུན་ཏུ་རྒྱུ་རབ་བཟང་ཚུར་ཤོག་གི་སྒོ་ནས་རྫོགས་པར་བཤད་པས་སོ། །དེ་ལྟ་བུའི་སྔོན་ཆོག་ལ་དབྱེ་ན། རང་བྱུང་གི་བསྙེན་རྫོགས། ཡེ་ཤེས་ཁོང་རྒྱུད་ཀྱི། ཕྲིན་གྱི། སྟོན་པར་ཁས་བླངས་ཀྱི། ཚུར་ཤོག་གི །གསོལ་བཞིའི། དྲིས་པའི་ལན་ལྡོན་གྱི། ལྕི་བའི་ཆོས་ཁས་བླངས་ཀྱི། སྐྱབས་གསུམ་ཁས་བླངས་ཀྱི་བསྙེན་རྫོགས་དང་དགུ། རང་བྱུང་ལ་སངས་རྒྱས་དང་རང་སངས་རྒྱས་གཉིས་སོ་སོར་ཕྱེ་བས་བཅུར་འགྱུར་ཏེ། དང་པོ་ནི། སངས་རྒྱས་དང་རང་སངས་རྒྱས་གཉིས་ཀྱིས་ཟད་མི་སྐྱེ་ཤེས་ཀྱི་བྱང་ཆུབ་མངོན་དུ་བརྙེས་པའི་ཚེ། རང་གི་ངང་གིས་བསྙེན་པར་རྫོགས་པ་དང་། གཉིས་པ་ནི་ལྔ་སྡེ་བཟང་པོའི་རྒྱུད་ལ་མཐོང་ལམ་སྐྱེས་པའི་ཚེ་རང་གི་ངང་གིས་བསྙེན་པར་རྫོགས་པ་ལྟ་བུ། གསུམ་པ་ནི། དགེ་འདུན་སྡེ་གཉིས་ཀྱིས་དགེ་སློང་མ་ཨུཏྤ་ལའི་མདོག་ཅན་མ་ཕོ་ཉར་བཏང་ནས། གྲོང་ཁྱེར་མཉན་ཡོད་དུ་མཆོད་སྦྱིན་མ་ཕྲིན་གྱི་སྒོ་ནས་བསྙེན་པར་རྫོགས་པ་དང་།

བཞི་པ་ནི། འོད་སྲུང་ཆེན་པོས་སྟོན་པའི་དྲུང་དུ་ཁྱོད་ནི་ཁོ་བོའི་སྟོན་པའོ། །ཁོ་བོ་ནི་ཁྱོད་ཀྱི་ཉན་ཐོས་སོ

ཞེས་སྟོན་པར་ཁས་བླངས་པའི་མོད་ལ་བསྙེན་པར་རྫོགས་པ་དང་། ལྔ་པ་ནི། ཤཱ་རིའི་བུ་ལ་སོགས་པ་རྒྱུད་སྨིན་པའི་གདུལ་བྱ་རྣམས་ལ། སྟོན་པས་དགེ་སློང་ཚུར་ཤོག་ཚངས་པར་མཚུངས་པར་སྤྱོད་ཅིག་ཅེས་གསུངས་པའི་མོད་ལ་སྐྲ་དང་ཁ་སྤུ་བྲི་ཞིང་ལུས་ལ་ཆོས་གོས་དུར་སྨྲིག་གྱོན་པ་སོགས་བསྙེན་པར་རྫོགས་ནས་ལོ་བརྒྱ་ལོན་པའི་སྤྱོད་ལམ་དང་ལྡན་པར་སྣང་ནས་བསྙེན་པར་རྫོགས་པ་དང་། དྲུག་པ་ནི། སྟོན་པས་གང་ཟག་ཐག་རིང་ནས་འོངས་པ་ངལ་བར་དགོངས་ནས། དགེ་འདུན་གྱིས་རབ་ཏུ་དབྱུང་བ་དང་། བསྙེན་པར་རྫོགས་པ་གནང་བ་ལྟར་མདོ་རྩ་བར། དགེ་འདུན་ཐམས་ཅད་འདུས་པ་ན་ཞེས་སོགས་ནས་སྟོན་གྱི་ཚོ་གའོ་ཞེས་པས་དངོས་སུ་བསྟན་པ་སྟེ། མཚམས་ནང་གི་དགེ་འདུན་ཐམས་ཅད་འདུས་པ་ལས་གསོལ་བཞིའི་ཚོགས་པར་མ་རབ་བྱུང་དང་བསྙེན་རྫོགས་གཅིག་ཆར་དུ་ཐོབ་པ་མཁན་སློབ་ལ་མ་ལྟོས་པའི་དོན་དུ་སྣང་ངོ་། །ཁ་ཅིག་འདི་ལ་ལྔ་ཚོགས་དང་བཅུ་ཚོགས་གཉིས་སུ་འབྱེད་པ་ནི་གཞུང་གི་དོན་མ་ཡིན་ནོ། །བདུན་པ་ནི། ཁྱིམ་བདག་ལེགས་སྦྱིན་ལ་སྟོན་པས་གཅིག་ཏུ་དགེ་བ་ནི་གང་། དེ་ལ་མགོ་བ་ནི་གང་ཞེས་དྲིས་པའི་ལན་དུ། ལེགས་སྦྱིན་གྱིས། ཐར་པའོ་དད་པའོ་ཞེས་གསོལ་བ་ལ་དགེས་ཏེ་བསྙེན་པར་རྫོགས་པ་དང་། བརྒྱད་པ་ནི་སྐྱེ་དགུའི་བདག་མོ་འཁོར་དང་བཅས་པ་ལྕི་བའི་ཆོས་བརྒྱད་ཁས་བླངས་པས་བསྙེན་པར་རྫོགས་པ་དང་། དགུ་པ་ནི་བཟང་སྡེའི་ཚོགས་དྲུག་ཅུ་སྐྱབས་འགྲོ་ལན་གསུམ་བཟླས་པས་བསྙེན་པར་རྫོགས་པ་རྣམས་སོ། །འདུལ་བ་ཚིག་ལེ་དང་། མཛོད་རང་འགྲེལ་ལས་གསོལ་བཞིའི་སྔོན་ཆོག་དངོས་སུ་མ་བཤད་པས། སྔོན་ཆོག་བརྒྱད་དང་། ད་ཆོག་གི་ལྔ་ཚོགས་དང་བཅུ་ཚོགས་གཉིས་ཏེ་བཅུར་བཤད་པ་དང་། ལུང་མ་མོ་ལས་ཀྱང་དེ་བཞིན་གསུངས་པའི་རྒྱུ་མཚན། གསོལ་བ་ཞི་ནི་ལུང་གཞིའི་རབ་བྱུང་གི་གཞིར་ཞིབ་པར་བཤད་ཟིན་པ་ལ་དགོངས་ནས། ལུང་མ་མོ་ར་མ་བཤད་པ་ཡིན་ནམ་སྙམ་དུ་ཁོ་བོ་སེམས་སོ་ཞེས་མཁན་ཆེན་ཐམས་ཅད་མཁྱེན་པ་ངག་དབང་ཆོས་གྲགས་ཀྱིས་གསུངས་པ་ནི། ཚིག་ལེ་དང་། མཛོད་རང་འགྲེལ་གཉིས་ལུང་མ་མོའི་དགོངས་འགྲེལ་དུ་བཞེད་པར་སྣང་། དེ་ལྟར་ན་གོང་དུ་སྨོས་པའི་སྔོན་ཆོག་གི་གསོལ་བཞི་ཚོགས་གཉིས་སུ་དབྱེ་བ་པོས་ཚིག་ལེའི་དབུས་དང་མཐའ་འཁོབ་སོགས་དང་། མཛོད་འགྲེལ་གྱི་རྣམ་པ་བཅུས་བསྙེན་པར་རྫོགས་སོ་ཞེས་པ་རྣམས་སྔོན་ཆོག་ཏུ་འབྲུལ་ལམ་སྙམ། ཡང་ཁ་ཅིག་ཆོ་ག་ཡིན་ན་ལུས་ངག་གི་རིག་བྱེད་ཀྱིས་ཁྱབ་པར་བསམ་ནས་སྔོན་ཆོག་གསོལ་བཞི་མཚན་ཉིད་པ་དང་། རང་བྱུང་སོགས་བཏགས་པ་བ་སྐྱེ་གཉིས་སུ་འབྱེད་པའང་བློས་བརྟག་པར་ཟད་དོ། །ཆོ་ག་ཡིན་ན་ཚིག་ཡིན་པས་མ་ཁྱབ་སྟེ། མཆོད་རྟེན་རྣམ་དག་གི་དྲུང་དུ་རྒྱལ་བུ་དོན་གྲུབ་བར་མ་རབ་བྱུང་མཛད་པར་ཆོ་གའི་གཞི་གྲུབ་ཀྱང་ཚིག་མ་ཡིན་པའི་ཕྱིར་རོ། །མདོར་ན་དེ་རྣམས་ལས་ཕྱིན་དང་གསོལ་བཞི་གཉིས་ནི་

ཡུལ་དགེ་འདུན་ལས་རྫོགས་པས་རང་རྒྱུ་ལྡན་ཅིག་བྱེད་རྐྱེན་གཙོ་ཆེ། རང་བྱུང་སོགས་བདུན་པོ་ལྷན་ཅིག་བྱེད་རྐྱེན་གྱི་སྒོ་ནས་མིང་བཏགས་ཀྱང་། རང་གི་རྒྱུ་ཉེར་ལེན་གྱི་རྒྱུ་ཉིད་གཙོ་ཆེ་བས་རང་རྒྱུད་ཀྱི་རྣམ་པར་རིག་བྱེད་མ་ཡིན་པའི་ལུས་ངག་གི་ལས་ལ་འཇོག་གོ། །སྔོན་ཆོག་དེ་རྣམས་དེ་ཙམ་གྱིས་རྫོགས་པའི་རྒྱུ་མཚན་ཡང་དེ་དུས་ཀྱི་གདུལ་བྱ་རྣམས་ལས་དང་ཉོན་མོངས་པ་དང་རྣམ་སྨིན་གྱི་སྒྲིབ་པ་གསུམ་ཤས་ཆུང་ཞིང་། ཤེས་རབ་དང་། རྒྱུད་དང་། དབང་པོ་གསུམ་སྨིན་པ་ཤས་ཆེ་བས་འཁྲིད་ཅིང་སྐྱོང་བ་མི་ལྟོས་པ་དང་། ཕལ་ཆེ་སྲིད་པ་ཐ་མ་པའི་རྟེན་ཅན་ཡིན་པས་བློ་དག་པ་དང་། མཁན་པོ་འང་འཕགས་པ་ཡིན་པས་དེའི་སྤྱོད་ཡུལ་ལོ། །

གཉིས་པ་ད་ཆོག་ནི། ད་ལྟའི་ཆོ་ག་ཀུན་གྱིས་སྒྲུབ་རུང་བ། ཞེས་པ་སྟེ། གསོལ་བཞིའི་སྔོན་ཆོག་གནང་བའི་རྗེས་ཐོག་ཏུ། དེ་དག་ལ་མཁན་སློབ་མེད་པས་ལེགས་པར་མ་སྦྱངས་ཤིང་སྤྱོད་ལམ་ཀྲོད་བག་ཅན་དུ་གྱུར་པས་ཁྱིམ་པ་རྣམས་མ་དད་ཅིང་། མུ་སྟེགས་ཅན་རྣམས་ཀྱིས་འཕྱ་བར་གྱུར་ལ། དགེ་སློང་འགའ་ཞིག་ནད་གཡོག་མེད་པར་ཤི་བར་གྱུར་པའི་སྐབས་དེ་གསོལ་བས། མཁན་པོ་དང་སློབ་དཔོན་དག་གིས་རབ་ཏུ་དབྱུང་བར་བྱ། བསྙེན་པར་རྫོགས་པར་བྱ་བ་གནང་ངོ་། །ཞེས་ད་ལྟར་གྱི་ཆོག་བཅའ་བ་མཛད་པ་ནི། ད་ལྟར་གྱི་གང་ཟག་སྨིན་གསུམ་ཤས་ཆུང་ཞིང་། སྒྲིབ་གསུམ་ཤས་ཆེ་བ་དང་། སྔར་གྱི་ཉེས་དམིགས་དེ་དག་སྤོང་བའི་ཆེད་དུ་སྟེ། དངོས་བསྟན་བསྙེན་རྫོགས་ཡིན་ཀྱང་། ད་ལྟ་སྒྲུབ་རུང་གི་ཆོ་ག་རིགས་བརྒྱད་པོ་ཕྱོགས་གཅིག་ཏུ་བཤད་པའི་ངོས་ནས་དབྱེ་ན་གཉིས་ཏེ། ཕ་ཆོག་དང་། མ་ཆོག་གོ། །དང་པོ་ལ་གཉིས་ཏེ། དུས་ཁྲིམས་བླང་བ་དང་། གཏན་ཁྲིམས་བླང་བའོ། །དང་པོ་ནི། དུས་ཁྲིམས་བསྙེན་གནས་སོགས་ཏེ། དེ་ལ་སྐྱེ་བའི་རྟེན་བྱེ་བྲག་ཏུ་སྨྲ་བས་རིགས་བརྒྱད་ཀ་ཡང་གླིང་གསུམ་གྱི་སྐྱེས་པ་དང་བུད་མེད་མ་གཏོགས་གཞན་ལ་མི་སྐྱེ་བར་འདོད་དེ། མདོ་རྩར། མི་མ་ཡིན་པའི་འགྲོ་བ་པ་དང་། བྱང་གི་སྒྲ་མི་སྙན་པ་ནི་སྡོམ་པའི་ཞིང་ཉིད་མ་ཡིན་ནོ། །ཞེས་དང་། ཟ་མ་དང་མ་ནིང་ལ་ཡང་སྡོམ་པ་སྐྱེ་བའི་ཆོས་ཉིད་མེད་པར་གསུངས་སོ། །མདོ་སྡེ་པས་ནི་བསྙེན་གནས་ཀྱི་སྡོམ་པ་དུད་འགྲོ་སོགས་འགྲོ་བ་གཞན་ལ་ཡང་སྐྱེ་མར་འདོད་དེ། འདུལ་བ་ལུང་ལས། ཀླུ་གཞོན་ནུ་ཙམ་པ་ཞེས་བྱ་བ་ཚེས་བརྒྱད་ལ་བསྙེན་གནས་བསྲུང་བར་གསུངས་པ་དང་། སྐྱེས་རབས་ལས་རི་བོང་གིས་བསྙེན་གནས་བསྲུང་བར་བཤད་པ་རྣམས་ཀྱང་སྒྲ་ཇི་བཞིན་པར་ཁས་ལེན་པའི་ཕྱིར་རོ། །གླིང་བའི་ཡུལ་བྱེ་བྲག་ཏུ་སྨྲ་བས་རིགས་བརྒྱད་ཀ་ཡང་དགེ་སློང་ལས་ལེན་དགོས་པར་འདོད་ཅིང་། མདོ་སྡེ་པས་ནི། བསྙེན་གནས་ཀྱི་སྡོམ་པ་དགེ་བསྙེན་ཡན་ཆད་གང་ཡང་རུང་བ་ལས་བླང་བར་འདོད་དེ། གནས་འཇོག་གི་མདོ་ལས། དགེ་སློང་དམ་བྲམ་ཟེའམ་ཁྱིམ་པའམ་རབ་ཏུ་བྱུང་བ་གང་ཡང་རུང་བ་ཚོགས་ཤེས་པ་ཞིག་གི་མདུན་དུ་འདུག་ལ་ཞེས་པ་དང་།

ལུང་རྣམ་འབྱེད་ལས་ཀྱང་ཁྲིམ་བདག་མགོན་མེད་ཟས་སྦྱིན་གྱིས་སྐྱེ་བོ་མང་པོ་ལ་བསྙེན་གནས་འབོག་པར་གསུངས་པའི་ཕྱིར་རོ་ཞེས་འདོད་དོ། །བླངས་པའི་ཡུན་ཚད་སྐྱེར་བཏང་བྱེ་མདོ་གཉིས་ཀས། མཛོད་ལས། བསྙེན་གནས་གཏོང་བའི་རྒྱུ་མཚན་མོ་འདས་པ་ལ་གསུངས་པ་དང་། ནངས་པར་གཞན་ལས་ནོད་པར་བྱ་ཞེས་པའི་ཐད་ཀྱི་རང་འགྲེལ་ལས། ནངས་པར་ནི་རེ་ཞིག་ཉི་མ་ཤར་བའི་ཚེ་སྟེ། ཉིན་ཞག་གི་སྡོམ་པ་ཡིན་པའི་ཕྱིར། ཞེས་དང་། རྒྱལ་སྲས་མར། ཉི་མ་ཤར་བའི་ཚེ་ཁོ་ནར་སྐྱེའོ། །ཟན་ཟོས་ནས་ནོད་པ་ནི་བསམ་པའི་ཕྱིར་རོ། །ཞེས་འབྱུང་བ་བཞིན་ཟས་མ་ཟོས་པའི་གོང་སྐྱ་རེངས་ཤར་བའི་ཚེ་གཞན་ལས་ནོད་པར་འདོད་པས་ཉིན་ཞག་གི་མཐའ་ཅན་དུ་བཞེད་པ་མཐུན་ཀྱང་དམིགས་བསལ་མདོ་སྡེ་པས་ཚེས་བརྒྱད་སོགས་ལ་རྟག་ཏུ་བསྲུང་བར་ཁས་བླངས་ན། ཕྱིས་བསྲུང་རེས་ཀྱིས་སྐྱ་རེངས་ཤར་ནས་ཡུན་ཙུང་ཟད་སོང་བའམ། ཟས་ཟོས་པའི་རྗེས་སུ་བླངས་ཀྱང་སྐྱེ་བར་བཞེད་དེ། མཛོད་རང་འགྲེལ་ལས། གང་གིས་ཚེས་བརྒྱད་ལ་རྟག་ཏུ་བསྙེན་གནས་ལ་གནས་པར་བྱའོ། །ཞེས་སྔོན་ཡང་དག་པར་བླངས་པ་དེས་ནི་ཟན་ཟོས་ནས་ཀྱང་ནོད་པར་བྱའོ། །གཞན་ལས་ནོད་པར་བྱ་ཡིས་བདག་ཉིད་ལས་ནི་མ་ཡིན་ཏེ། ཞེས་གསུངས་པས་སོ། །ཁ་ཅིག་འདི་ཉིད་བྱེ་སྨྲའི་ལུགས་སུ་བཞག་ནས། མདོ་སྡེ་པས་དེ་ཡང་རྟེན་གྱི་དྲུང་ནས་ལེན་དུ་རུང་བར་བཞེད་དོ་ཞེས་ལུགས་གཉིས་ཀ་ལ་སྐབས་གཅིག་བླང་བ་ཡོད་པར་བཤད་འདུག་ཀྱང་། མཛོད་རྒྱ་འགྲེལ་ལས་འབྱུང་བ་ཐམས་ཅད་བྱེ་སྨྲའི་གྲུབ་མཐའ་ཡིན་པར་མ་ངེས་ཏེ༑ རྒྱ་བ་དངོས་བསྟན་གྱི་འགྲེལ་པ་ཐམས་ཅད་བྱེ་སྨྲའི་ལུགས། ལོ་གྲགས་ཟེར་གསུམ་གྱི་ཚིག་ཅན་ལས་འཕྲོས་པ་དང་། དམིགས་བསལ་འཕྲོས་དོན་གྱི་འགྲེལ་པ་རྣམས་མདོ་སྡེ་པའི་ལུགས་ཡིན་པར་མཁས་པ་རྣམས་ལ་ཡོངས་སུ་གྲགས་པའི་ཕྱིར་རོ། །དེ་ན་ནངས་པར་ནི་རེ་ཞིག་ཅེས་སོགས་འགྲེལ་པ་སྔ་མ་དེ་བྱེ་སྨྲའི་ལུགས་དང་། གང་གིས་ཚེས་བརྒྱད་ལ་ཞེས་སོགས་འགྲེལ་པ་ཕྱི་མ་འཕྲོས་པའམ། དམིགས་བསལ་གྱི་ཚུལ་དུ་བྱུང་བ་དེ་མདོ་སྡེ་པའི་ལུགས་ཡིན་ཞིང་། རབ་དབྱེར། མདོ་སྡེ་པ་ཡི་ལུགས་བཞིན་དུ། །ཇི་ལྟར་འདོད་ཚེ་ལེན་ན་ཡང་། །ཞེས་སོགས་བཀར་ཏེ་གསུངས་པས་ཀྱང་གྲུབ་བོ། །དེ་བཞིན་དུ་མདོ་སྡེ་པས་རྟེན་གྱི་དྲུང་ནས་ལེན་པའང་གོང་གི་ལུང་དེས་ཁེགས་སོ། །ཞར་བྱུང་དོན་ཡོད་ཞགས་པའི་རྟོག་པར་བཤད་པའི་ཐེག་ཆེན་ལུགས་ནི་རྟེན་གྱི་དྲུང་ནས་རང་གིས་ལེན་དུ་རུང་བར་གསུངས་ཤིང་གཞན་ལས་ལེན་པའི་ཕྱག་ལེན་ཡང་སྣང་ལ། ཚོག་ནི་སེམས་བསྐྱེད་དང་ཆ་འདྲ་བ་ཡོད་དོ། །ལེན་པའི་ཚིག་བྱེ་མདོ་མཐུན་པར། མཛོད་ལས། དམའ་བར་འདུག་སྨྲས་བཟླས་པ་ཡིས། །མི་བརྒྱན་ནམ་ནི་ལངས་པར་སྲུ །བསྙེན་གནས་ཡན་ལག་ཚང་བ་ནི། །ནངས་པར་གཞན་ལ་ནོད་པར་བྱ། །ཞེས་གསུངས་པས་ཡུལ་ལས་དམའ་བར་འདུག་སྟེ་འབོག་པ་པོའི་ངག་གི་རྗེས་སུ་ལན་

གསུམ་བརླ་བའོ། །ལེན་པ་པོ་སྟོད་ས་མཐོ་བའམ་མཉམ་པ་དང་མ་གུས་པས་ལེན་ན་མི་སྐྱེ། འབོག་པ་པོའི་ཚིག་དང་མཉམ་པོའམ་སྔར་སྨྲས་པ་ལས་མི་སྐྱེ། མི་བརྒྱན་ཞེས་པ་དེའི་ཉིན་མོ་རྒྱན་གསར་པ་མི་གདག་པའི་དོན་ཏོ། །

གཉིས་པ་གདན་ཁྲིམས་བླང་བ་ནི། གདན་ཁྲིམས་ཞེས་སོགས་ཏེ། དེ་ཡང་ཚིགས་ཀྱིས་བསྡུས་པ་ལས་ཚིགས་སྔ་མ་དང་ཕྱི་མ་གཉིས་སྔ་མ་ལ་གཉིས་ཏེ་དགེ་བསྙེན་དང་དགེ་ཚུལ་ལོ། །དང་པོ་ནི། དགེ་བསྙེན་སོགས་ཏེ། དེ་ལའང་ཡོངས་རྫོགས་དང་ཉི་ཚེ་བ་གཉིས་ཡོད་པ་ལས། སོ་ཐར་རིགས་བརྒྱད་ཀྱི་ཡ་གྱལ་ནི་ཡོངས་རྫོགས་ཁོ་ན་ཡིན་ཞིང་། ལེན་པའི་ཡུལ་སྡོམ་པ་བརྒྱད་པར། སྡོམ་གནས་བླ་མ་མཁས་པ་ལས། ཞེས་དགེ་སློང་ཡོད་ན་རབ་མེད་ན་དགེ་བསྙེན་སྡོམ་པ་ལ་གནས་པས་ཆོག་པར་བཤད་ཀྱང་། ཐམས་ཅད་ཡོད་སྨྲ་བས་དགེ་སློང་དགོས་པར་བཤད་ཅིང་རྟེན་ནི་གོང་དུ་སྨོས་ཟིན་ལ། ལེན་པའི་ཆོག །མདོ་རྩར། སྐྱབས་སུ་འགྲོ་བ་ཁས་བླངས་པའི་ཚིག་རྫོམ་པ་དང་། དགེ་བསྙེན་ཉིད་དུ་ཁས་བླང་བའི་ཚིག་བྱའོ། །དེའི་འོག་ཏུ་བསླབ་པ་བརྗོད་པ་ཁས་བླང་བའི་ཚུལ་གྱིས་བྱའོ། །ཞེས་གསུངས་པ་ལྟར་སྐྱབས་འགྲོ་རྫོམ་བྱེད་དུ་བྱས་ནས། དགེ་བསྙེན་དུ་ཁས་བླང་བ་དང་། བསླབ་པ་བརྗོད་པ་རྣམས་སོ། །དེ་ཉིད་ཁ་སྐོང་བས་ཉི་ཚེ་བ་རྣམས་དང་། ཞར་ལས་བྱུང་བ་ཚངས་སྤྱོད་དང་གོ་མིའང་འགྲུབ་ཅིང་ལག་ཏུ་ལེན་པའི་ཆོག་ཁོ་བོས་ཞིབ་པར་ཡིག་སུ་སྦྱོར་ཟིན་ཏོ། །

གཉིས་པ་དགེ་ཚུལ་དུ་སྒྲུབ་པ་ནི། རབ་བྱུང་ལ་ཞེས་སོགས་ཏེ། ཀརྨ་ཤ་ཏཾ་ལས། སྔོན་དང་དགེ་བསྙེན་བསླབ་པ་དང་། །ཞུ་དང་མཁན་པོ་དང་པོ་དང་། །རབ་བྱུང་དགེ་ཚུལ་གྲིབ་ཚོད་དང་། །བསླབ་པ་བརྗོད་པ་ཐ་མ་ཡིན། །ཞེས་སྡོམ་དུ་གསུངས་པ། སྔོན་དང་ཞེས་པས་གསོལ་བཞིའི་སྔོན་ཆོག་བསྟན། ཁ་ཅིག་གིས་ད་ཆོག་གི་བར་ཆད་དྲི་བ་འབྲུ་སྣོན་རྒྱུར་དྲི་དང་ཞེས་གཞུང་འཆོས་ནི་མཁས་ཁྲེད་འདོན་པ་ཙམ་མོ། །དགེ་བསྙེན་ཞེས་པས་བར་ཆད་དྲི་བ་སྔོན་དུ་སོང་ནས་སྐྱབས་འགྲོ་རྫོམ་བྱེད་དུ་བྱས་ཏེ། དགེ་བསྙེན་དུ་སྒྲུབ་པ་སྟེ་བསླབ་ཚིག་གོང་མ་དང་མ་འབྲེལ་བའི་དགེ་བསྙེན་རང་རྐང་པ་ནི་བཤད་ཟིན་ལ་འདིར་ཚིག་གསུམ་འབྲེལ་པ་ཅན་གྱི་དབང་ལས་སོ། །བསླབ་པ་ཞེས་པས་ནི་དེའི་འོག་ཏུ་དགེ་བསྙེན་གྱི་བསླབ་པ་བརྗོད་པའོ། །ཞུ་དང་ཞེས་པས་བསྒྲུབ་བྱ་དེ་རབ་བྱུང་ཞུ་བའི་དགེ་སློང་ལ་གཏད་ནས་དེས་ཀྱང་དགེ་འདུན་ལ་ཞུ་བའོ། །མཁན་པོ་ཞེས་པ་ནི་མཁན་པོར་གསོལ་བ་གདབ་པའོ། །དང་པོ་ཞེས་པ་ནི་དེའི་འོག་ཏུ་དགེ་སློང་གཞན་ཞིག་གིས་གཙུག་ཕུད་བྲེགས་ཏེ། ཁྲུས་བྱས་མཁན་པོ་འོས་པ་དེས་ཡོ་བྱད་ལྷ་བྱིན་ནས་མཚན་བཏགས་པའོ། །རབ་བྱུང་ཞེས་པ་ནི་

དེའི་འོག་ཏུ་བར་མ་རབ་བྱུང་དུ་སྒྲུབ་པའོ། །དགེ་ཚུལ་ཅེས་པ་ནི་དེའི་འོག་ཏུ་སྐྱབས་འགྲོ་རྫོམ་བྱེད་དུ་བྱས་ཏེ་དགེ་ཚུལ་དུ་སྒྲུབ་པའོ། །གྲིབ་ཚོད་ཅེས་པ་ནི་གྲིབ་ཚོད་གཞན་ཏེ་དུས་བརྗོད་པའོ། །བསླབ་པ་བརྗོད་པ་ནི་བསླབ་གཞི་བཅུ་བརྗོད་པ་སྟེ། མདོར་ན་སྦྱོར་དངོས་རྗེས་གསུམ་གྱིས་བསྡུས་པ་སྟེ་ལག་ཏུ་བླང་བའི་རིམ་པ་བྱུ་སྟོན་རིན་པོ་ཆེའི་ལས་ཆོག་དང་། ཁ་བོས་ཀུང་ཞུང་གསལ་གོ་བདེར་བསྡེབས་པ་མཆན་འགྱུར་མ་ལོགས་སུ་ཡོད་དོ། །འདི་ལ་ཞུ་ཡུལ་དགེ་འདུན་ཏེ་དགེ་སློང་བཞིར་ལོངས་པ་དགོས་ཀྱང་། བླང་བའི་ཡུལ་གང་ཟག་ལས་སྐྱེ་ཞིང་། ངེས་པ་ལྔ་བྲལ་དགེ་སློང་དང་ཆ་འདྲ་བ་དགོས་སོ། །ཚིགས་ཕྱི་མ་དགེ་སློང་དུ་སྒྲུབ་པ་ནི། དཀོན་མཆོག་སྤྲིན་དཔོན་སོགས་ཞེས་ཏེ། མདོན་གྱུར་བཅུ་ཚང་ཞིང་ངེས་པ་ལྔ་དང་བྲལ་བས་སྦྱོར་དངོས་རྗེས་གསུམ་གྱི་ལག་ལེན་རྣམ་པར་དག་པའི་སྒོ་ནས། ཀརྨ་ཤ་ཏཾ་ལས། དང་པོར་བྱ་དང་མཁན་པོ་དང་། །ཆོས་གོས་གཉིས་དང་ལྷུང་བཟེད་གཉིས། །སྒྲོ་བྱ་གསོལ་བ་གསང་སྟོན་དང་། །ཞུ་དང་གསོལ་དང་གསོལ་བ་དང་། །དྲི་དང་ལས་དང་གྲིབ་ཚོད་དང་། །ཉིན་མཚན་དུས་ཚོད་གནས་རྣམས་དང་། །ལྟུང་དང་དགེ་སྦྱོར་མཆོག་འདོད་དང་། །ཚུལ་ཁྲིམས་མཉམ་དང་ཚུལ་འབྲེལ་དང་། །དུལ་དང་དགོས་དང་མ་བརྗོད་དང་། །གུས་པ་དང་ནི་བསྒྲུབ་བྱ་ལ། །མུ་སྟེགས་གནས་པ་སྤྲིན་པ་ཡི། །སྔེ་ཚན་ཡང་དག་བསྡུས་པ་ཡིན། །ཞེས་སྡོམ་དུ་གསུངས་པའི་དང་པོར་བྱ་དང་ཞེས་པ་ནི་བསྒྲུབ་བྱ་དེ་ལོ་ཉི་ཤུ་ལོན། ཆོས་གོས་གསུམ་དང་ལྷུང་བཟེད་ཀྱང་ཚང་། བསྙེན་པར་རྫོགས་པར་འདོད་པ་ན་མཁན་པོར་འོས་པ་དེས། ལས་གསང་གི་སློབ་དཔོན་གཉིས། ལས་གྲལ་དུ་འདུས་པའི་དགེ་སློང་རྣམས་ལ་གསོལ་བཏབ་ནས། དེ་རྣམས་ཀྱིས་ཀྱང་རང་རང་གི་ལྟུང་བ་གཤགས་སྡོམ་བྱིན་རླབས་གང་དགོས་བྱས་ཏེ་འདུས་པའོ། །མཁན་པོ་ཅེས་པ་ནི་མཁན་པོར་གསོལ་བ་གདབ་པའོ། །ཆོས་གོས་དང་པོ་ནི་མཁན་པོས་ཆོས་གོས་གསུམ་བྱིན་གྱིས་བརླབ་ནས་གནང་བའོ། །གཉིས་པ་ནི་ཆོས་གོས་དྲུབ་ཟིན་པ་མེད་ན་རྒྱུ་བྱིན་གྱིས་བརླབ་ནས་གནང་བའོ། །ལྷུང་བཟེད་དང་པོ་ནི་ལྷུང་བཟེད་དགེ་འདུན་ལ་བསྟན་པའོ། །གཉིས་པ་ནི་མཁན་པོས་བྱིན་གྱིས་བརླབས་ནས་གནང་བའོ། །སྒྲོ་བྱ་ཞེས་པ་ནི་ལས་སློབ་ཀྱིས་གསང་སྟོན་པ་གང་ཡིན་དྲིས་ནས་སྦྱོར་གཞུག་པའོ། །གསོལ་བ་ཞེས་པ་ནི་གསང་སྟོན་བསྒོ་བའི་ཕྱིར་གསོལ་བ་འབའ་ཞིག་པའི་ལས་བྱེད་པའོ། །གསང་སྟོན་ཞེས་པ་ནི་གསང་སྟོན་གྱིས་བསྒྲུབ་བྱ་ལ་ཕྱོག་ཏུ་བར་ཆད་དྲི་བའོ། །ཞུ་དང་ཞེས་པ་ནི་གསང་སྟོན་གྱིས་བར་ཆད་ཀྱིས་དག་པར་དགེ་འདུན་ལ་ཞུ་བའོ། །གསོལ་དང་ཞེས་པ་ནི་བསྒྲུབ་བྱས་ལས་སློབ་ཀྱི་རྗེས་བཟློས་བྱས་ཏེ་གསོལ་བ་གདབ་པའོ། །གསོལ་བ་ཞེས་པ་ནི་ལས་སློབ་ཀྱིས་མདོན་དུ་བར་ཆད་དྲི་བའི་ཆེད་དུ་གསོལ་བ་འབའ་ཞིག་པའི་ལས་བྱེད་པའོ། །དྲི་དང་ཞེས་པས་མདོན་དུ་བར་ཆད་དྲི་བའོ། །ལས་དང་ཞེས་པ་

ནི་བསྙེན་རྫོགས་ཀྱི་དངོས་གཞི་གསོལ་བ་དང་བཞིའི་ལས་བྱེད་པའོ། །གྲིབ་ཚོད་ནི་ཐུར་མས་གཞལ་བའོ། །ཉིན་མཚན་ཞེས་པ་ནི་ཆ་ཉི་ཤུ་རྩ་གཉིས་བརྗོད་པའོ། །དུས་ཚོད་ཅེས་པ་དུས་ཚིག་ལྔ་བརྗོད་པའོ། །འདི་དང་མདོ་རྩ་གཉིས་ཕྲ་རིམ་ནས་བརྗོད་པ་ལུང་གཞི་དང་མཐུན་ལ། གཞི་འགྲེལ་མཁན་པོས་ཕྲ་རིམ་ནས་བཅལ་ཏེ་རགས་རིམ་ནས་བརྗོད་པར་གསུངས་པ་གོ་བདེ་བས་ཕྱུག་ལེན་ལ་མཛད་དོ། །གནས་རྣམས་ཞེས་པ་ནས་བསྒྲུབ་བྱ་ཞེས་པའི་བར་གདམ་ངག་བཅུ་གཅིག་བརྗོད་པའོ། །མུ་སྟེགས་གནས་པ་སྦྱིན་ཞེས་པ་ནི་སྦྱོར་ཚིག་གི་སྦྲོས་པ་སྟེ༑ ཤཱཀྱ་དང་མུ་སྟེགས་རལ་པ་ཅན་མ་གཏོགས་པ་སེམས་མགུ་བར་མ་གྱུར་པའི། མུ་སྟེགས་ཅན་ལ་སེམས་མགུ་བ་བརྟགས་པའི་ཆེད་དུ་ཟླ་བ་བཞིར་གནས་པ་སྦྱིན་པའི་གསོལ་གཞིའི་ལས་སོ། །འདི་དག་ནི་ལས་ཚིག་གི་གོ་རིམ་མི་འཁྲུགས་ཤིང་བཟུང་བདེ་བའི་ཕྱིར་སྡོམ་ཚིག་གི་འབྲུ་གཉེར་བ་ཙམ་ཞིག་བྱས་པ་ཡིན་གྱིས་ལག་ལེན་གོང་དུ་སློས་པའི་ལས་ཚིག་ལྟར་དགེ་ཚུལ་བསྙེན་པར་རྫོགས་པ་བསྟན་པའི་རྩ་བར་གྲུབ་ཅིང་། ལུང་རྟོགས་ཆོས་ཀྱི་གཞིའམ་སྟོད་ཡིན་པས་ན། བར་སྐབས་ཤིག་ནས་དར་བའི་ཐག་རྒྱ་མར་གྲགས་པ་དང་། དུས་ཕྱིས་དབང་པོ་ཆེ་འགའ་ཞིག་གིས་ཆོས་ལ་དབང་ཟ་བའི་རྩིང་སྤྱོད་སྣ་ཚོགས་པ་བྱེད་པ་ནི་རྣམ་པར་ཀུན་ཏུ་སྤོང་བར་གཅེས་ཤིང་། མངོན་གྱུར་བཅུ་སོགས་ཀྱི་རྣམ་བཞག་ལས་ཚིག་ཏུ་གསལ་བས་འདིར་མ་སྤྲོས་སོ། །མཁས་པ་ཁ་ཅིག །ཚིག་ལེ་ལས། གལ་ཏེ་བཞི་ནི་ལས་བརྗོད་མཁས། ཞེས་འབྱུང་བ་བཞི་ཚོགས་ཀྱི་བསྙེན་པར་རྫོགས་པའིཤེས་བྱེད་དུ་འདོད་པ་ནི། བཞི་ཀ་ལས་བརྗོད་མཁན་དུ་ཐལ་བའི་སྐྱོན་འབབ་ཅིང་། དགེ་འདུན་བཙུན་པ་རྣམས་གསན་དུ་གསོལ་ཞེས་པའི་གྲངས་སུ་ལས་སློབ་རང་ཉིད་བགྲང་བ་ཅི་ལྟར་འཐད་ལེགས་པར་སོམས་ཤིག །ལུང་དེ་ནི་ལྔ་ཚོགས་ཀྱི་དོན་དུ་སྣང་སྟེ། ལས་བརྗོད་མཁས་ཞེས་པའི་དངོས་བསྟན་གྱི་དགེ་སློང་དང་། མདོ་རྩར། འདུལ་བ་འཛིན་པ་དང་ལྔ་ལ་སོགས་པའི། །ཞེས་པའི་དངོས་བསྟན་གྱི་འདུལ་འཛིན་དོན་གཅིག །གལ་ཏེ་བཞི་ནི་ཞེས་པའི་དངོས་བསྟན་གྱི་དགེ་སློང་དང་། འདུལ་འཛིན་མ་གཏོགས་པའི་དགེ་སློང་གཞན་བཞི་དོན་གཅིག་པའི་ཕྱིར་རོ། །

གཉིས་པ་ཐེག་ཆེན་ལྟར་དུ་བླང་བ་ལ་གཉིས་ཏེ་སྔོན་ཚིག་དང་། ད་ཚིག་གོ། །དང་པོ་ནི། ཐེག༷་ཆེན༷་སོ༷་ཐར༷་སོགས་ཏེ། དཀོན་མཆོག་བརྩེགས་པ་ལས། རྒྱལ་སྲས་བྱམས་པས་མཁན་པོ་མཛད་ནས་ཁྱིམ་བདག་དགུ་སྟོང་དང་། འཇམ་དབྱངས་ཀྱིས་མཁན་པོ་མཛད་ནས་ཁྱིམ་བདག་བདུན་སྟོང་རབ་ཏུ་བྱུང་ཞིང་བསྙེན་པར་རྫོགས་པར་མཛད་ཅེས་གསུངས་པ་དང་། ཙན་དན་སྤོས་ཀྱི་དད་ལྡན་པའི་ཞིང་གི་དགེ་སློང་གི་རྒྱུད་ཀྱི་སྡོམ་པ་ལྟ་བུའོ། །གཉིས་པ་ད་ཚིག་ལ་གཉིས་ཏེ། བཤད་ཚོད་དང་། སྒྲུབ་རྫང་གི་ཚོ་གའོ། །དང་པོ་ནི། ད༷་ཚིག༷་སོགས

ཏེ༑ དབབ་པ་བསྟུ་བར། དེ་དག་ལས་ལ་ལ་ནི་གཞན་དང་རང་ཡང་ལེན་པར་བྱེད་དོ། །དེ་དག་ལས་ལ་ལ་ནི་རང་ཁོ་ནས་ལེན་པར་བྱེད་དེ་དགེ་སློང་གི་སྡོམ་པ་ནི་མ་གཏོགས་སོ། །དེ་ཅིའི་ཕྱིར་ཞེ་ན། འདི་ལྟར་དགེ་སློང་གི་སྡོམ་པ་ནི་ཐམས་ཅད་ཀྱིས་ཡང་དག་པར་བླང་བར་འོས་པ་མ་ཡིན་པའི་ཕྱིར་ཞེས་དགེ་བསྙེན་དང་དགེ་ཚུལ་རང་གིས་ཚུར་ལེན་པའི་ཚིག་ར་བཅས་གསུངས་མོད་ལག་ལེན་ནུབ་ནས་མི་སྣང་ངོ་། །

གཉིས་པ་དེང་སང་སྒྲུབ་རུང་གི་ཚིག་ལ་གཉིས་ཏེ་ཚིག་ཐུན་མོང་བ་ལས་ཐོབ་པ་དང་། ཐུན་མོང་མ་ཡིན་པ་ལས་ཐོབ་པའོ། །དང་པོ་ནི། དེང་སང་སྒྲུབ་རུང་སོགས་ཏེ། རྗེ་བཙུན་ཆེན་པོས་སྡོམ་པ་ཉི་ཤུ་པའི་འགྲེལ་པར། དེ་ལ་སོ་སོར་ཐར་པ་ནི་གཉིས་ཏེ། ཉན་ཐོས་ཀྱི་སོ་སོར་ཐར་པ་དང་། བྱང་སེམས་ཀྱི་སོ་སོར་ཐར་པ་ལས། འདིར་བྱང་ཆུབ་སེམས་དཔའི་སོ་སོར་ཐར་པ་ནི་སྡོམ་པ་ཐོབ་པ་དང་གནས་པ་གཉིས་ཀའི་རྟེན་དུ་རུང་གི་སྤྱི་མ་ནི་ཏེ་ལྟར་མ་ཡིན་པས་རྡོ་རྗེ་རྩེ་མོའི་དགོངས་པ་ནི་བྱང་ཆུབ་སེམས་དཔའི་སོ་སོར་ཐར་པའོ། །ཞེས་གསུངས་པ་ལྟར། རང་ཉིད་ཞི་བདེའི་དོན་དུ་གཉེར་བའི་དམན་སེམས་རྒྱུད་གཅིག་པ་ནི་སྡོམ་པ་གོང་མ་གཉིས་པོ་སྐྱེ་བ་དང་། གནས་པའི་རྟེན་གཉིས་ཀར་མི་རུང་བས་འོན་ཀྱང་འོག་ནས་གནས་གྱུར་གྱི་སྐབས་སུ་བཤད་པའི་ལེན་ཚུལ་དང་པོ་ལྟ་བུ་ནི་མ་གཏོགས་སོ། སོ་ཐར་རིགས་བརྒྱད་པོ་བསམ་པ་ཐེག་ཆེན་སེམས་བསྐྱེད་ཀྱིས་ཟིན་པས་ཚིག་ཉན་ཐོས་ཀྱི་ལུགས་བཞིན་དུ་བླངས་ན་ཀུན་སློང་གི་སྟོབས་ཀྱིས་སྡོམ་པའི་ངོ་བོ་བྱང་སེམས་དང་། ཚིགའི་སྟོབས་ཀྱིས་ལྡོག་པ་སོ་ཐར་རུ་སྐྱེ་བར་བཞེད། ཚིག་ཉན་ཐོས་དང་ཁྱད་མེད་དུ་དགོས་པའི་རྒྱུ་མཚན། ཚིག་སངས་རྒྱས་སྤྱོད་ཡུལ་ཡིན་ཞེས་སངས་རྒྱས་ཀྱིས་གསུངས་པ་ཞིག་དགོས་པ་ལ་ཉན་ཐོས་ཀྱི་གཞུང་ནས་བཤད་པ་ལས་གཞན་པའི་ཚིགའི་ལག་ལེན་མི་སྣང་བའི་ཕྱིར་རོ། །ལུགས་འདི་ལ་སྡོམ་པ་ཤེས་པའི་ངོ་བོར་སྐྱེ་བས། སྡོམ་པ་སླར་བླང་དུ་ཡོད་པ་དང་། སྡོམ་རིས་རྒྱུད་བཀག་མ་བཀག་སོགས་རྩེ་མི་དགོས་པས་གདུལ་བྱ་ཕལ་པ་ལ་ཕན་ཐོགས་ཆེ་བ་སོགས་དགོས་པ་གཞན་དང་བཅས་པའི་ཕྱིར། བདག་ཉིད་ཆེན་པོས། དེས་ན་ད་ལྟའི་ཚིག་ནི། ཞེས་སོགས་བསྔུར་ཚུལ་དང་བཅས་ཏེ་རབ་དབྱེར་གསལ་བར་གསུངས་པ་བརྒྱུད་པ་དང་བཅས་པས་ཕྱག་ལེན་དུ་མཛད་པ་དང་། མཆིམས་ཆེན་པོ་དང་། བུ་སྟོན་གྱི་ལས་ཆོག་ཏུ་སེམས་ཅན་ཐམས་ཅད་ཀྱི་དོན་དུ་སངས་རྒྱས་ཐོབ་འདོད་ཀྱི་བསམ་པ་གསལ་བཏབ་ནས་ལེན་པར་གསུངས་ཤིང་། དེ་དག་དང་མཐུན་པ་ས་བཟང་པཎ་ཆེན་གྱིས་ཀྱང་། དེ་ལྟར་སྦྱོར་བ་དང་དངོས་གཞི་གཉིས་ཀྱིས་ཁྱད་ཀྱི་རྒྱུད་ལ་བསྙེན་པར་རྫོགས་པའི་སྡོམ་པ་ཁྱད་པར་ཅན་སྤྱང་བྱའི་རྒྱུན་སྡོམ་པར་བྱེད་པའི་ཚུལ་ལོན་ལྟ་བུའོ། རྣམ་པར་རིག་བྱེད་མ་ཡིན་པའི་གཟུགས་སམ། སེམས་པ་དགེ་བ་ཁྱད་པར་ཅན་ས་བོན་དང་བཅས་པ་དེ་ཐོབ་ཅེས་སོགས་གསུངས་པའི་

གཟུགས་སམ་ཞེས་པ་འདུལ་བ་རང་རྐང་གི་ལུགས། སེམས་པ་དགེ་བ་སོགས་ཐེག་ཆེན་གྱི་ལུགས་སུ་གསུངས་པ་དང་། རང་ལུགས་ཀྱི་ལས་ཆོག་ཕྱི་མ་འགའ་ཞིག་ལས་ཀྱང་། རྣམ་པར་རིག་བྱེད་མ་ཡིན་པའི་གཟུགས་རྫས་འདུན་ནམ། ཤེས་པས་བསྡུས་པ་དེ་ཐོབ་ཙམ་སོགས་འབྱུང་བས་མཚོན་འདུལ་འཛིན་ཕལ་ཆེ་བ་བཞེད་པས་ལག་ལེན་གྱི་སྙིང་པོར་ཟུངས་ཤིག་ཅེས་པའོ། །

གཉིས་པ་ཆོག་ཐུན་མོང་མ་ཡིན་པ་ལས་ཐོབ་པ་ནི། དོན༷་ཞག༷ས་ལས༷་གསུང༷ས་སོགས་ཏེ། བྱ་རྒྱུད་དོན་ཞགས་ནས་བཤད་པའི་གསོ་སྦྱོང་རང་གིས་བླང་པ་དང་། སེམས་བསྐྱེད་དང་། དབང་བསྐུར་གྱི་སྐབས་འགྲོ་ལས་ཐོབ་པ་རྣམས་ཀྱང་དེ་ཆོག་ཏུ་འདུ་ལ། ཡུལ་དང་རྟེན་ཡང་ཉན་ཐོས་ཀྱི་བར་བཀག་བྱར་མེད་དེ་སེམས་བསྐྱེད་གང་ལ་སྐྱེ་བའི་རྟེན་དེ་ལ་ཐེག་ཆེན་སོ་ཐར་སྐྱེ་བའི་ཕྱིར་རོ། །

གཉིས་པ་མ་ཆོག་ལ། སྤྱིར་བཏང་ཕལ་ཆེར་སྐྱེས་པའི་སྐབས་ལྟར་ལས་འདིར་མ་སྨོས་ལ། མི་འདྲ་བའི་ཁྱད་པར་བསླབ་ཚིགས་ཀྱི་དབང་དུ་བྱས་ན་བཞི་སྟེ། དགེ་བསྙེན། དགེ་ཚུལ། བར་སློབ་མ། དགེ་སློང་མའོ། །དང་པོ་གཉིས་ནི། བུད༷་མེད༷་སོགས་ཏེ། དགེ་བསྙེན་དང་དགེ་ཚུལ་མར་སྒྲུབ་པ་ལ། བསྒྲུབ་བྱ་སོགས་ཀྱི་མིང་བསྒྱུར་བ་དང་། བར་ཆད་དྲི་ཚིག་ལྷག་པོ་ཅུང་ཟད་དང་བཅས་པ་སྟེ། མདོ་རྩར། དགེ་སློང་གི་གནས་སུ་དགེ་སློང་མའོ། །རབ་ཏུ་བྱུང་བ་ཐམས་ཅད་ཀྱིའོ་ཞེས་དང་། དྲི་ཚིག་ལས་བརྒྱར་འབྱུང་བ་བཞིན་ཁོ་བོས་ལས་ཆོག་ཏུ་བརྗོད་ཟིན་ཏོ། །གསུམ་པ་ནི། དེ༷་རྗེས༷་སོགས་ཏེ་བསྒྲུབ་བྱ་དེ་ཁྱིམ་སོ་མ་བཟུང་ན་ལོ་བཅོ་བརྒྱད་དང་། བཟུང་ན་ལོ་བཅུ་ལོན་པ་ན། ཡུལ་དབུས་སུ་དགེ་སློང་མ་བཅུ་གཉིས་ཚོགས་དང་། མཐའ་འཁོབ་ཏུ་དྲུག་ཚོགས་ཀྱིས་གསོལ་བ་དང་གཉིས་ཀྱི་ལས་ཀྱིས་དགེ་སློབ་མའི་སྡོམ་པ་སྦྱིན་ཏེ། མདོ་རྩར་བུད་མེད་ལ་ནི་དགེ་སློབ་མ་ཞེས་བྱ་བའི་ཚིག་གཞན་ཡོད་དོ། །ཞེས་པ་དང་སྦྱིན་པ་ལས་སྐྱོའོ་དགེ་སློང་མའི་དགེ་འདུན་གྱིས་སོ། །ཞེས་གསུངས་སོ། །

བཞི་པ་ནི། སྟར༷་བཞིན༷་སོགས་ཏེ། དེ་ནས་དགེ་སློང་མར་སྒྲུབ་པ་ལ་ཆོག་ཕལ་ཆེར་དགེ་སློང་དང་འདྲ་བ་ལ། བསྒྲུབ་བྱ་སྟར་བཞིན་ཏེ་ཁྱིམ་སོ་བཟུང་བ་དང་མ་བཟུང་བའི་བྱེ་བྲག་གིས་བཅུ་གཉིས་སམ་ཉི་ཤུ་ལོན་པ་མདོར་ན་དགེ་སློབ་མའི་བསླབ་བྱ་ལ་ལོ་གཉིས་སུ་བསླབ་པ་དེ་ལ། མི་འདྲ་བའི་ཁྱད་པར་སྡེ་གཉིས་ཀའི་དགེ་འདུན་དགོས་པས་ཡུལ་དབུས་སུ་དགེ་སློང་བཅུ། དགེ་སློང་མ་བཅུ་གཉིས་ཏེ་ཉི་ཤུ་རྩ་གཉིས། མཐའ་འཁོབ་ཏུ་དགེ་སློང་ལྔ། དགེ་སློང་མ་དྲུག་སྟེ་བཅུ་གཅིག་གི་གཙོ་བོར་མ་ཚོགས་མཁན་མོ་དང་བཅས་པས་རྟགས་ཆོས་གོས་གསུམ་གྱི་སྟེང་རྟུལ་གཟན་དང་ཤིང་ང་དཔུང་ཚད་གཉིས་ཏེ་ལྔ་སྦྱིན། དེ་ནས་སློབ་དཔོན་མ་གཉིས་བསྐོས

ཏེ་དང་པོས་གསང་སྔེ་སྟོན་པའི་འོག་ཏུ་གཉིས་པས་བསྐྱབ་བྱ་ལ་བར་ཆད་དྲིས་ཏེ་གསོལ་བ་བཏབ་ནས་གསོལ་བ་དང་གཉིས་ཀྱི་ལས་ཀྱིས་ཚངས་སྤྱོད་ལ་ཉེར་གནས་ཀྱི་སྡོམ་པ་སྦྱིན་དེ་ནས་སྔར་གྱི་ཕ་ཚོགས་དང་བཅས་པས་བསྙེན་པར་རྫོགས་ཏེ། གདམས་ངག་བརྗོད་པའི་སྐབས་སུ་ཤིང་དྲུང་པ་མི་བརྗོད་པ་དང་། ལྟུང་བར་འགྱུར་བའི་རྗེས་སུ་ལྷོ་བའི་ཆོས་བརྒྱད་བརྗོད་པ་སྟེ། མདོ་རྩར། ཚངས་པ་སྤྱོད་པ་ཉེ་བར་གནས་པའི་སྡོམ་པ་མ་ཐོབ་པར་བསྙེན་པར་རྫོགས་པར་མི་འགྱུར་རོ། །གསང་སྟེ་སྟོན་པའི་འོག་ཏུ་དགེ་འདུན་གྱིས་དེ་སྦྱིན་པར་བྱའོ་ཞེས་གསུངས་སོ། །ལྷོ་བའི་ཆོས་བརྒྱད་ནི། དགེ་སློང་མའི་དགེ་འདུན་ལས་བསྙེན་པར་རྫོགས་པ་དེ་ལ་ཟླ་བ་ཕྱེད་ཕྱེད་ནས་གདམས་ངག་ཞུ[༡]་བ། དགེ་སློང་གི་དགེ་འདུན་ཡོད་པའི་ཕྱོགས་སུ་དབྱར་ཁས[༢]་ལེན་པ། གཉིས་ཀའི་དགེ་འདུན་ལ་དགག[༣]་དབྱེ་བྱེད་པ། ལྷོ་བའི་ཆོས་ལས་འདས་ན་གཉིས[༤]་ཀའི[༥]་དགེ་འདུན་ལ་མགུ་བ་སྤྱོད་པ། དགེ་སློང་ལ་ཚུལ་ཁྲིམས་འཆལ་བ་ལ་སོགས་པའི་སྒོ་ནས་སྐྱུར[༦]་འདེབས་མི་བྱ་བ། ཅོ་འདྲི་བ་ལ་སོགས་པ་མ་གུས་པའི་ལས[༧]་མི་བྱ་བ། དགེ་སློང་གསར་བུ་ལའང་གུས་པས་ཕྱག[༨]་བྱ་བ་རྣམས་སོ། །ཚིག་དེ་ལྟ་བུས་བསྙེན་པར་རྫོགས་པ་ཡིན་མོད་ཀྱང་། ལྟོངས་འདིར་དགེ་འདུན་མའི་སྡེ་མེད་ཕྱིར། ཚིག་ཕྱི་མ་སྐྱབ་པའི་ལག་ལེན་སྟོན་གྱི་འདུལ་འཛིན་ཆེན་པོ་རྣམས་ཀྱི་དུས་ནས་མེད་དེ། རྒྱ་མཚན་ཚངས་སྤྱོད་ཉེར་གནས་མ་ཚོགས་ཀྱིས་སྐྱེར་བ་གཞུང་ལས་གསུངས་ཤིང་། འདི་ལ་དམིགས་བསལ་གྱི་བག་ཡངས་གཞན་མ་གསུངས་པས་སོ། །

གཉིས་པ་ཐོབ་པའི་སྡོམ་པ་དེ་ཇི་ལྟར་སྐྱེ་བའི་ཚུལ་ལ་གཉིས་སྟེ། སྐྱེ་ཚུལ་དངོས་དང་། སྐྱེས་པ་དེའི་ངོ་བོའི་ཁྱབ་འབྲེལ་ལོ། །དང་པོ་ལ་གཉིས་ཏེ་སྡོམ་པ་གཟུགས་ཅན་དུ་འདོད་པའི་སྐྱེ་ཚུལ་དང་། སྡོམ་པ་ཤེས་པར་འདོད་པའི་སྐྱེ་ཚུལ་ལོ། །དང་པོ་ནི། སྐྱེ་ཚུལ་དགེ་སློང་སྡོམ་པ་སོགས་ཏེ། མངོན་གྲུབ་བཅུ་གཞིར་བཞག་པའི་རྒྱུའི་རྐྱེན་རང་རྒྱུད་ཀྱི་འབྱུང་བ་བཞི། བདག་རྐྱེན་གཞན་གྱི་རྣམ་རིག །བྱེད་རྒྱུ། སྡོམ་པ་སྐྱེ་བ་ན་རང་ལས་གཞན་པའི་ཆོས་ཐམས་ཅད་གེགས་མི་བྱེད་པར་གནས་པ་ལ་བྱེད་རྒྱུར་འཇོག །ལྷན་ཅིག་འབྱུང་བའི་རྒྱུ། སྡོམ་པ་དང་མཉམ་དུ་ཚོགས་པ་གཅིག་ཏུ་སྐྱེ་བའི་ཆོས་དད་པ་དང་དགའ་བ་སོགས་ཕན་ཚུན་ཕན་འདོགས་པ་ལ་འཇོག །སྐལ་མཉམ་གྱི་རྒྱུ། དགེ་བསྙེན་དགེ་ཚུལ་གྱི་སྡོམ་པ་འདྲ་བ་སྔ་མས་དགེ་སློང་གི་སྡོམ་པ་འདྲ་བ་ཕྱི་མ་བསྐྱེད་པ་ལ་འཇོག །གསུམ་གྱིས་སྡོམ་པའི་ངོ་བོ། མཛོད་ལས། རྣམ་རིག་མིན་རྣམ་གསུམ་ཞེས་བྱ། །སྡོམ་དང་སྡོམ་པ་མིན་དང་གཞན། །སྡོམ་པ་སོ་སོར་ཐར་ཞེས་བྱ། །ཞེས་རྣམ་པར་རིག་བྱེད་མ་ཡིན་པའི་གཟུགས་དང་། དང་པོའི་རྣམ་རིག་རྣམ་རིག་མིན། །སོ་སོར་ཐར་དང་ཞེས་པས་རྣམ་པར་རིག་བྱེད་ཀྱི་གཟུགས་ཀྱང་གསུངས

པས་དེ་གཉིས་ཀྱིས་བསྡུས་པའི་གཟུགས་རྫས་འདུན་ནམ་སྦྱོང་བ་བདུན་ལྡན་གྱི་ངོ་བོར་སྐྱེ་བར་བྱེ་བྲག་ཏུ་སྨྲ་བས་བཞེད་པ་དེ་ཡང་གང་ཟག་དང་ཐོབ་པའི་རྫས་ཐག་པ་ལྟ་བུས་སྦྲེལ་བའམ། འཆལ་ཚུལ་འབབ་པའི་རྒྱུན་སྡོམ་ཞིང་འགོག་པར་བྱེད་པའི་ཆུ་ལོན་ལྟ་བུར་གསུངས་སོ། །འདིའི་རྣམ་པར་རིག་བྱེད་ཡིན་མིན་གྱི་གཟུགས་གཉིས་གནས་སྐབས་ཀྱིས་འབྱེད་ན། ད་ཆོག་ལ་བརྟེན་ནས་ཐོབ་པའི་སྡོམ་པ་སྐད་ཅིག་མ་དང་པོ་ལ་མཁན་སློབ་ཀྱིས་ཆོག་བརྗོད་པ་ལས་ཇི་སྲིད་འཚོ་བའི་བར་དུ་བསྲུང་བར་ཁས་ལེན་པའི་ངག་གི་རིག་བྱེད་དང་ལུས་ཀྱི་རིག་བྱེད་གཉིས་ཀ་ཡོད་དེ། གོང་གི་དང་པོའི་རྣམ་རིག་སོགས་དང་། དེའི་རང་འགྲེལ་དུ། སྡོམ་པ་ཡང་དག་པར་བླངས་པ་རྣམ་པ་རིག་བྱེད་དང་རིག་བྱེད་མ་ཡིན་པ་དག་ནི་སོ་སོར་ཐར་པ་ཞེས་བྱ་སྟེ་ཞེས་གསུངས་སོ། །སྐད་ཅིག་གཉིས་པ་ཕན་ཆད་ཀྱི་ངོ་བོར་གྱུར་པའི་ངག་གི་རིག་བྱེད་ཡོད་པར་མ་ངེས་ཏེ། སྨྲ་ལ་རྒྱུན་མེད་པའི་ཕྱིར་དང་། ལུས་ཀྱི་རིག་བྱེད་ནི་ཡོད་དེ་དེའི་ངོ་བོར་གྱུར་པའི་སོ་ཐར་གྱི་སྡོམ་པ་སྔ་མ་ལས་ཕྱི་མ་འབྱུང་བའི་རྒྱུན་ཡོད་པའི་ཕྱིར་རོ། །ཡང་སོ་ཐར་གྱི་སྡོམ་པ་ཐོབ་ནས་མ་བཏང་བར་དེ་སྲིད་དུ་རྣམ་པར་རིག་བྱེད་མིན་པའི་གཟུགས་ཀྱི་ངོ་བོར་གྱུར་པའི་སྡོམ་པ་རྒྱུན་ཆགས་སུ་ལྡན་ཏེ། མཛོད་ལས། སོ་སོར་ཐར་གནས་ཇི་སྲིད་དུ། །མ་བཏང་བར་དག་ད་ལྟར་གྱི། །རྣམ་རིག་མིན་ལྡན་སྐད་ཅིག་མ། །དང་པོ་ཕྱིན་ཆད་འདས་པ་དང་། ཞེས་སོགས་གསུངས་སོ། །དེ་ལྟར་ན་མཛོད་འགྲེལ་ལས། ཡང་དག་པར་བླངས་པའི་ཚུལ་ཁྲིམས་ནི་རྣམ་པར་རིག་བྱེད་ལ་རག་ལུས་པའི་ཕྱིར། ལས་ཀྱི་ལམ་གཟུགས་ཅན་བདུན་ནི་གདོན་མི་ཟ་བར་རྣམ་པར་རིག་བྱེད་དང་རྣམ་པ་རིག་བྱེད་མ་ཡིན་པ་རྣམ་པ་གཉིས་ཀ་ཡོད་དོ། །ཞེས་གསུངས་པ་དང་འགལ་ལམ་ཞེ་ན་བླངས་པའི་དུས་དེར་རིག་བྱེད་ཡོད་པར་སྟོན་པ་ཡིན་གྱིས། དེ་ཉིད་ལས་ལམ་གྱི་དངོས་གཞི་སྦྱོང་བདུན་དུ་འཆད་པ་མ་ཡིན་པས་མི་འགལ་ལོ། །དེ་ལ་རྣམ་པར་རིག་བྱེད་ཀྱི་གཟུགས་ཀྱི་ངོ་བོ་ཀུན་སློང་གི་སེམས་གཞན་ལ་རིག་པར་བྱེད་པའི་ལུས་ཀྱི་དབྱིབས་ལ་འདོད་ཅིང་། དེའང་གནས་སྐབས་དེའི་ཚེ་སྤྱི་བོ་ནས་རྐང་མཐིལ་གྱི་བར་དུ་དབྱིབས་ཀྱི་རྡུལ་ཕྲ་རབ་དང་བ་ཞིག་འབྱུང་བའོ། །དེ་བཞིན་དུ་ཀུན་སློང་གི་སེམས་གཞན་ལ་རིག་པར་བྱེད་པའི་ངག་གི་སྒྲ་ལ་འདོད་དེ། མཛོད་ལས། ལུས་རྣམས་རིག་བྱེད་དབྱིབས་སུ་འདོད། ཅེས་དང་། ངག་རྣམས་རིག་བྱེད་ནི་ངག་སྒྲ། ཞེས་གསུངས་སོ། །རྣམ་པར་རིག་བྱེད་མ་ཡིན་པའི་གཟུགས་ནི། མ་ཡེངས་སེམས་བཅས་ཀྱི་གནས་སྐབས་སུ་འབྱུང་བར་མ་ཟད་སེམས་གཞན་དུ་ཡེངས་པ་དང་། སེམས་མེད་པའི་སྙོམས་འཇུག་གཉིས་ཀྱི་གནས་སྐབས་སུ་ཡང་འབྱུང་བ། དགེ་མི་དགེ་གང་རུང་གིས་བསྡུས་ཤིང་རིགས་འདྲའི་རྒྱུན་དང་བཅས་པ། འབྱུང་བ་ཆེན་པོ་བཞི་རྒྱུར་བྱས་པ་ལས་བྱུང་བའི་འབྲས་གཟུགས་ཀྱིས་བསྡུས་པ་སྟེ། མཛོད་ལས། གཡེངས་དང་སེམས་

མེད་པ་ཡི་ཡང་། དགེ་དང་མི་དགེ་རྗེས་འབྲང་གང་། །འབྱུང་བ་ཆེ་རྣམས་རྒྱུར་བྱས་པ། །དེ་ནི་རྣམ་རིག་བྱེད་མིན་བརྗོད། །ཅེས་པ་ལྟར་གྱི་ཁྱད་ཆོས་གསུམ་ལྡན་གྱི་བསྟན་མེད་ཐོགས་མེད་ཀྱི་གཟུགས་སོ། །དེ་ལ་དབྱེ་ན། སྡོམ་པའི་ངོ་བོར་གྱུར་པའི་རིག་བྱེད་མ་ཡིན་པའི་གཟུགས། སྡོམ་མིན་གྱི། བར་མ་སྟེ་གསུམ། དང་པོ་ལའང་སོ་ཐར་གྱིས་བསྡུས་པའི་རིག་བྱེད་མ་ཡིན་པའི་གཟུགས། བསམ་གཏན་གྱིས་བསྡུས་པའི། ཟག་མེད་ཀྱིས་བསྡུས་པའི་སྡེ་གསུམ་མོ། །དེའི་དང་པོ་ནི་འདོད་པའི་སས་བསྡུས། གཉིས་པ་ནི་གཟུགས་ཀྱི་སས་བསྡུས། གསུམ་པ་ནི་ཁམས་གསུམ་གང་རུང་གིས་མ་བསྡུས་པའི་རིག་བྱེད་མ་ཡིན་པའི་གཟུགས་སོ། །

གཉིས་པ་སྡོམ་མིན་ནི། སྡོམ་པའི་འགལ་ཟླར་གྱུར་པའི་མི་དགེ་བ་རིག་བྱེད་ཡིན་མིན་གྱི་གཟུགས་གཉིས་ཀྱིས་བསྡུས་པ། གསུམ་པ་བར་མ་ནི། སྡོམ་དང་སྡོམ་མིན་གང་གིས་ཀྱང་མ་བསྡུས་པ་བར་མ་དགེ་བ་དང་། བར་མ་མི་དགེ་བའི་ངོ་བོར་གྱུར་པའི་རིག་བྱེད་མ་ཡིན་པའི་གཟུགས་ཀྱིས་བསྡུས་པའོ། །ལུང་མ་བསྟན་རིག་བྱེད་མ་ཡིན་པའི་གཟུགས་ཅན་མེད་དེ། མཛོད་ལས། རྣམ་རིག་མིན་ལུང་བསྟན་མིན་མེད། ཅེས་སོ། །དེ་དག་ཀྱང་མཛོད་ལས། རྣམ་རིག་མིན་རྣམས་གསུམ་ཞེས་བྱ། །སྡོམ་དང་སྡོམ་པ་མིན་དང་གཞན། །སྡོམ་པ་སོ་སོར་ཐར་ཞེས་བྱ། དེ་བཞིན་ཟག་མེད་བསམ་གཏན་སྐྱེས། ཞེས་པས་བསྟན་ལ་འདིར་ཡི་གེ་མང་ཡང་མཛོད་རྩ་འགྲེལ་ལྟ་རྟོག་མི་ནུས་པ་རྣམས་ལ་ཕན་པར་བསམ་ནས་ཅུང་ཟད་སྤྲོས་པའོ། །ད་དུང་ཡང་སྒྲུབ་བྱེད་དང་ཁྱད་ཆོས་སྤྱར་བས་ངེས་ཤེས་བསྐྱེད་པར་འདོད་ན་གཞུང་དུ་ལྟོས་ཤིག །

གཉིས་པ་སྡོམ་པ་ཤེས་པར་འདོད་པ་ལྟར་ན་གཉིས་ཏེ། སྤྱི་ཙམ་དུ་བསྟན་པ་དང་། ཐེག་ཆེན་སོ་ཐར་དང་བསྟུན་ཏེ་དབུ་མ་པའི་བཞེད་པ་བྱེ་བྲག་ཏུ་བསྟན་པའོ། །དང་པོ་ནི། ངེས་འབྱུང་སོགས་ཏེ། ངེས་འབྱུང་གི་བསམ་པས་ཉེར་ལེན་གྱི་རྒྱུ་དང་། མངོན་གྱུར་བཅུ་པོས་ལྡན་ཅིག་སྐྱེས་པའིཾ་རྐྱེན་བྱས་ཏེ་སྡོམ་པ་ཤེས་པའི་ངོ་བོར་སྐྱེ་བ་ནི་མདོ་སྡེ་པ་ཡན་ཆད་དེ་གྲུབ་མཐའ་གོང་མའི་ལུགས་ཡིན་ལ། ནང་གསེས་ཀྱི་འདོད་ཚུལ་ཅུང་ཟད་ཐ་དད་པ་ནི། མདོ་སྡེ་པས་ལུས་ངག་མི་དགེ་བ་ལས་སྡོམ་པར་བྱེད་པ་རྒྱུད་ཡོངས་སུ་འགྱུར་བའི་ཁྱད་པར་ལ་འདོད་དེ། མཛོད་འགྲེལ་ལས། ལས་སྔོན་དུ་འགྲོ་བའི་སེམས་ཕྱིར་ཞིང་འབྱུང་བ་གང་ཡིན་པ་དེ་ནི་རྒྱུད་ཡིན་ནོ། །དེ་གཞན་དང་གཞན་དུ་སྐྱེ་བ་ནི་ཡོངས་སུ་འགྱུར་བ་ཡིན་ནོ། །ཞེས་པ་སྟེ་རང་གི་བསླབ་པ་གང་ཡིན་པ་དེ་འཛིན་པ་པོ་ཡིན་སྐམ་དུ་སྐྱེ་བ་ལ་འཛོག །སེམས་ཙམ་པ་ནི། འཆལ་ཚུལ་སྤོང་བའི་སེམས་པ་ཁྱད་པར་ཅན་དང་། དེའི་བག་ཆགས་གཏོང་རྒྱུས་མ་བཅོམ་པ་དང་བཅས་པ་ལ་འདོད། དེའང་སེམས་པ་ཁོ་ན་མ་ཡིན་ཏེ། འགོག་པ་ལ་མཉམ་པར་བཞག་པའི་དགེ་སློང་ལ་སྡོམ་པ་ཡོད་ཀྱང་སེམས་པའི་ངོ་བོར་གྱུར་བའི་སྡོམ་པ་མེད་པའི་ཕྱིར་དང་།

བག་ཆགས་རྐྱང་པ་ལ་མ་ཡིན་ཏེ། གཏོང་རྒྱུ་བྱུང་བའི་གནས་སྐབས་སུ་ཡང་སྡོམ་པའི་བག་ཆགས་ཡོད་པའི་ཕྱིར་རོ། །དེ་ལྟར་ཡང་ལས་གྲུབ་པར། གལ་ཏེ་སེམས་པ་པོ་ན་ལུས་ཀྱི་ལས་སུ་འགྱུར་ན། སེམས་གཡེང་བ་དང་སེམས་མེད་པ་དག་ལ་སེམས་པ་དེ་མེད་ན་སྡོམ་པ་དང་སྡོམ་པ་མ་ཡིན་པ་གཉིས་ཇི་ལྟར་ཡོད་ཅེ་ན། སྡོམ་པའི་ཁྱད་པར་གྱི་བག་ཆགས་མ་བཅོམ་པའི་ཕྱིར་སྡོམ་པ་དང་སྡོམ་པ་མ་ཡིན་པ་གཉིས་ཀ་ཡོད་དེ། ཞེས་གསུངས་སོ། །དབུ་མ་པ་ནི། འཆལ་ཚུལ་སྤོང་བའི་སེམས་པ་མཚུངས་ལྡན་དང་བཅས་པ་ལ་འདོད་དེ། སྤྱོད་འཇུག་ལས། སྤོང་བའི་སེམས་ནི་ཐོབ་པ་ལ། །ཚུལ་ཁྲིམས་ཕ་རོལ་ཕྱིན་པར་བཤད། ཅེས་སྤོང་སེམས་ཐོབ་པ་ལ་འཇོག་སྟེ་གྲུབ་མཐའ་གོང་མ་གོང་མར་བློའི་ཁྱད་ཞུགས་པའི་དབང་གིས་སོ། །

གཉིས་པ་ནི། འདི་ལ་སོ་ཐར་སྡོམ་སོགས་ཏེ། སྐབས་འདིར་བསྟན་ཐེག་ཆེན་སོ་ཐར་གཙོ་བོར་ཡིན་ཞིང་། སྐྱེ་ཚུལ་སོགས་ཀྱང་དབུ་མ་ལྟར་བཞེད་པས་ན། སོར་སྡོམ་རྒྱུད་ལྡན་གང་ཟག་གི་སེམས་བྱུང་སེམས་པ་དེ་གཞན་གནོད་གཞི་བཅས་སྤོང་བའི་སྡོམ་པར་སོང་ན་དེ་དང་མཚུངས་ལྡན་གྱི་སེམས་དང་སེམས་བྱུང་ཐམས་ཅད་སྡོམ་པ་དེར་འགྲོ་བ་ཡིན་ནོ། །འོན་ཀྱང་སོར་སྡོམ་རྒྱུད་ལྡན་གྱི་གང་ཟག་གི་སེམས་སེམས་བྱུང་གང་རུང་ཡིན་ན། སོར་སྡོམ་ཡིན་པས་མ་ཁྱབ་སྟེ། དེའི་རྒྱུད་ཀྱི་ཀུན་གཞིའི་རྣམ་ཤེས་དེ་ལུང་མ་བསྟན་ཡིན་པའི་ཕྱིར་རོ། །དེ་ཉིད་དགེ་མི་དགེ་གང་གི་འང་ཕྱོགས་སུ་མ་ལྷུང་བས་སྡོམ་དང་སྡོམ་མིན་གྱི་ཐ་སྙད་མེད་དེ། རབ་དབྱེར། འགའ་ལས་ཟག་མེད་སེམས་རྒྱུད་ཅེས། །གསུངས་པ་ཀུན་གཞིའི་རྣམ་ཤེས་ཀྱི། །གསལ་ཆ་ཉིད་ལ་དགོངས་པ་སྟེ། །དེ་ནི་མ་བསྒྲིབས་ལུང་མ་བསྟན། །ཡིན་ཕྱིན་དགེ་བའི་ཐ་སྙད་མེད། །ཅེས་གསུངས་པ་འདིའི་གསལ་ཆ་ནི། ཀུན་གཞིའི་སྟེང་ན་ས་བོན་གྱི་ཆ་དང་རྣམ་སྨིན་གྱི་ཆ་དང་། རྣམ་ཤེས་རང་གི་ཆ་དང་གསུམ་ཡོད་པ་ལས་གསུམ་པ་ཉིད་བགར་ཏེ་གསུངས་པ་ཡིན་ནོ། །སྤྱིར་སེམས་པ་མཚུངས་ལྡན་དང་བཅས་པའི་དོན་ནི། ཀུན་ལས་བཏུས་ལས། ཡོན་ཏན་དེ་དང་དེའི་སྐབས་སུ། སེམས་པ་དང་། ཏིང་ངེ་འཛིན་དང་། ཤེས་རབ་སོགས་གཙོ་བོ་གང་ཡིན་པ་དེ། ཡོན་ཏན་དེ་དང་དེར་སོང་བའི་སྟོབས་ཀྱིས་མཚུངས་ལྡན་གཞན་རྣམས་ཀྱང་ཡོན་ཏན་དེ་དང་དེར་སོང་བ་ལ་དགོངས་ནས་འདི་འདྲའི་རིགས་ཅན་མང་དུ་གསུངས་པ་ལས་འདིར་ནི་སེམས་པ་གཙོ་བོ་ཡིན་པས་དེ་དང་མཚུངས་ལྡན་རྣམས་ཀྱང་སྡོམ་པར་སོང་བའི་དོན་ཏོ། །འོན་དགེ་སློང་གཉིད་འཐུག་པོ་ལོག་པའམ། ཞེ་སྡང་དྲག་པོར་སྐྱེས་པའི་སྐབས་དང་། འགོག་པ་ལ་སྙོམས་པར་འཇུག་པའི་ཚེ་སྤོང་སེམས་མངོན་གྱུར་མེད་པས་སྡོམ་པ་མེད་པར་འགྱུར་རོ་ཞེ་ན། བྱེ་བྲག་སྨྲ་བས་འདིའི་སྡོན་འབྱུང་བར་བསམ་ནས་གཟུགས་ཅན་དུ་འདོད་ལ། ཀུན་ལས་བཏུས་ལས་དབང་ལྡན་གྱི་ཚུལ་དུ་ཡོད་པར་འདོད་པ་ཉིད་འདིར་སྒྲུར་ན་རུང་མོད་ཀྱི། སྤྱིར་ནི་ཐོབ་

རྒྱུས་ཐོབ་ཅིང་། གཏོང་རྒྱུས་མ་བཏང་བས་ད་ལྟ་མངོན་གྱུར་དུ་མེད་ཀྱང་ཡོད་ཅེས་པའི་ཐ་སྙད་ཐོབ་སྟེ། དཔེར་ན་དངོས་པོ་འགའ་ཞིག་བསྐྱེད་དུ་བཏང་ཟིན་པས་ད་ལྟ་མེད་ཀྱང་ཡོད་ཅེས་པའི་ཐ་སྙད་ཐོབ་པ་བཞིན་ནོ། །འདི་དག་ནི་འོག་མ་དག་གི་སྐབས་སུ་ཡང་དྲན་པར་བྱའོ་ཞེས་སྤྱི་དོན་ལས་གསུངས་སོ། །དེ་ལྟར་བཤད་པའི་སྐྱེ་ཚུལ་འདི་དག་གིས་གོང་རང་རང་གི་སྐབས་སུ་བཤད་པའི་རྒྱུ་རྐྱེན་དེ་དང་དེས་རང་རང་གི་སྡོམ་པ་བསྐྱེད་པ་བསླབ་ཚིག་སྔ་མ་སྔ་བསྙེན་གནས་དགེ་བསྙེན་སོགས་ལ་རིག་བསྒྲེ་ཤེས་པར་བྱའོ། །

གཉིས་པ་སྡོམ་པ་སྐྱེས་པ་དེའི་ངོ་བོའི་ཁྱབ་འབྲེལ་ནི། སྤྱིར་ནི་གཞན་གནོད་ཅེས་སོགས་ཏེ། གཞན་ལ་གནོད་པ་ནི་ལུས་ངག་གི་མི་དགེ་བ་བདུན་དང་། གཞི་ནི་སྤྱིར་དོན་ལྡོ་ལ་འཇུག་པ་ལས་འདིར་རྒྱུའི་དོན་ཏེ་ཡིད་ཀྱི་མི་དགེ་བ་གསུམ་དང་། བཅས་པ་ནི་ཕན་ཚུན་བསྡུད་པ་སྟེ་མི་དགེ་བ་བཅུ་ཀ་སྤོང་བའི་དོན་ཡིན་ནོ། །དེས་ན་སོ་ཐར་རིགས་བདུན་ཀ་ལ་མི་དགེ་བཅུ་སྤོང་བའི་སྡོམ་པས་ཁྱབ་སྟེ། མདོ་ལས། དགེ་བསྙེན་སྡོན་པ་ལྷ་གཞན་ལ་མི་བརྟེན་པ། ཆོས་དགེ་བ་བཅུ་སྤྱོད་པ་ཞེས་གསུངས་པའི་དགོངས་པ་ཡང་ཡིན་ལ། བརྟག་གཉིས་ལས། དེ་རྗེས་བསླབ་པའི་གནས་བཅུ་སྦྱིན། ཞེས་པའི་དོན་གཏན་ཁྲིམས་བདུན་ཆར་མི་དགེ་བ་བཅུ་སྤོང་དུ་གསུངས་པའི་དགོངས་པའང་དེ་ཉིད་ཡིན་པའི་ཕྱིར་རོ། །འོ་ན་སྔ་གཅིག་སྤྱོད་པ་སོགས་ལ་མ་ཁྱབ་ཅིང་། བསྙེན་པར་རྫོགས་པ་དང་མ་རྫོགས་པའི་སྡོམ་པའི་ཁྱད་པར་སྤོང་བདུན་དང་སྤོང་བཞི་ལ་འཇོག་པ་ཡང་མི་འཐད་པར་འགྱུར་ཏེ། བདུན་ཆར་ཡང་མི་དགེ་བ་བཅུ་སྤོང་དུ་མཚུངས་པའི་ཕྱིར་ཞེ་ན། གཏན་ཁྲིམས་བདུན་གྱི་དགེ་བསྙེན་ནི་ཡོངས་རྫོགས་དགེ་བསྙེན་ལ་འཇོག་པས་སྐྱོན་དང་པོ་མེད་ཅིང་། སྐྱོན་གཉིས་པ་ཡང་མེད་དེ། སྤོང་བདུན་དང་སྤོང་བཞི་ནི་སྤང་བྱ་ རི་ཙམ་སྤོང་བའི་གྲངས་ཀྱིས་འཇོག་པ་མ་ཡིན་གྱི་དང་པོར་ཡང་དག་པར་བླངས་པའི་ཚེ་ལུས་ངག་གི་རང་བཞིན་གྱི་ཁ་ན་མ་ཐོ་བ་བདུན་ཆར་སྤོང་བ་དང་། བཞི་སྤོང་བ་ཡང་དག་པར་བླངས་པའི་སྒོ་ནས་འཇོག་པ་ཡིན་པའི་ཕྱིར་ཏེ། མཛོད་འགྲེལ་ལས། ལུས་དང་ངག་གི་ལས་སྤོང་བར་བྱ་བ་ཐམས་ཅད་སྤོང་བ་ཡང་དག་པར་བླངས་པས་ནི་དགེ་སློང་ཡིན་ནོ། །ཞེས་གསུངས་པས་སོ། །བླངས་པའི་ཚེ་ཡང་བཅས་པའི་ཁ་ན་མ་ཐོ་བའི་སྒོ་ནས་ནི་མི་འཇོག་སྟེ། གཞན་དུ་ན་དགེ་བསྙེན་གྱི་སྡོམ་པ་སྤོང་ལྔ་དང་། བསྙེན་གནས་སྤོང་བརྒྱད་དུ་ཐལ་བའི་ཕྱིར་རོ། །རྒྱུ་མཚན་དེ་དག་གི་ཕྱིར་སྤོང་བདུན་འཁོར་དང་བཅས་པ་དང་། གཞན་གནོད་གཞིར་བཅས་སྤོང་བ་གཉིས་དོན་གཅིག་ཏུ་གྲུབ་བོ། །གོང་གི་གསུམ་པ་སྐྱེས་པའམ་ཐོབ་པ་དེའི་མཚམས་ལ་གཉིས་ཏེ། ཚིག་སྔ་མའི་ཐོབ་མཚམས་དང་། ཕྱི་མའི་ཐོབ་མཚམས་སོ། །དང་པོ་ནི། ཐོབ་མཚམས་སྔ་མ་སོགས་ཏེ། ཚིགས་སྔ་མ་གཉིས་ལ་རྗེས་ཟློས་ལན་གསུམ་བྱས་པའི་ཐ་མར། སྐྱབས་བཟུང་། བདག་བཟུང་།

གཞན་བརྗོད་གསུམ་གྱི། བདག་བརྗོད་རྗོགས་པ་དགེ་བསྙེན་དུའམ། དགེ་ཚུལ་དུ་ཞེས་བརྗོད་པ་འགག་མ་ཐག་ཏུ། དེ་དང་དེའི་སྡོམ་པ་སྐྱེ་བ་དང་།

གཉིས་པ་ནི། ཚིག ̥ཕྱི ̥མའི ̥སོགས་ཏེ། དགེ་སློང་ནི། དགེ་འདུན་གྱིས་གསོལ་བཞིའི་ལས་ཉམས་སུ་མྱོང་བ་ལ་རག་ལས་པས་ན། ལས་བརྗོད་པ་གསུམ་པ་ལ་མཆི་སྟེ་ཡན་ཆད་ངོ་བོ་བརྗོད་པ་སྟེ། སྡོམ་པའི་རྒྱུ་རྐྱེན་ཚང་བས་བསྙེན་པར་རྫོགས་རིགས་པའི་ངོ་བོ་བརྗོད་པའི་ཕྱིར། གསོལ་ན་ཡན་ཆད་བྱ་བ་བརྗོད་པ་སྟེ། བསྙེན་པར་རྫོགས་པའི་བྱ་བ་བརྗོད་པའི་ཕྱིར། དེའི་སྐད་དུ་མན་ཆད་བྱེད་པ་བརྗོད་པ་སྟེ། བྱེད་པ་པོ་དགེ་འདུན་བརྗོད་པའི་ཕྱིར་རོ། །དེས་ན་བྱ་བ་བརྗོད་པ་རྫོགས་མ་ཐག་དེར་སྡོམ་པ་སྐྱེ་བར་བཞེད་པ་ཡིན་ཏེ། བརྗོད་པ་ཐམ་གང་ཡིན་པའི་ཆ་གསུམ་པ་ལ་གྲུབ་པ་ཉིད་དོ། །ཞེས་དང་། དེའི་ཚེ་ལས་བྱེད་པ་པོ་དེ་ཡང་སློབ་དཔོན་དུ་འགྱུར་བ་ཡིན་ཏེ། དོན་གྲུབ་ན་གྱུར་པ་ཉིད་དོ། །ཞེས་དགེ་བསྙེན་སོགས་རང་རང་གི་དོན་གྲུབ་པ་ཉིད་ཀྱིས་སློབ་དཔོན་དུ་འགྱུར་བའི་ཕྱིར་རོ། །ཞར་བྱུང་སྡོམ་རྒྱུན་ངོས་བཟུང་བ་ནི། དེ་ལྟའི་སོགས་ཏེ། བོད་ཡུལ་འདིར་བསྟན་པ་སྔ་དར་གྱི་དུས་སུ་མཁན་ཆེན་བྱང་ཆུབ་སེམས་དཔའ་ཞི་བ་འཚོ་ས་གཞི་ཐམས་ཅད་ཡོད་པར་སྨྲ་བའི་ལུགས་ཀྱི་སོ་ཐར་སྡོམ་རྒྱུན་འདུལ་བའི་བཤད་བཀའ་ལག་ལེན་དང་བཅས་པ་དར་བར་མཛད་པས་སངས་རྒྱས་ཀྱི་བསྟན་པ་རྣམ་པར་དག་པའི་རྩ་བ་ཚུགས་པའི་བཀའ་དྲིན་བསམ་པའི་ར་བ་ལས་འདས་ཤིང་། ཕྱི་དར་གྱི་དུས་སུ་པཎྜིཏ་དྷརྨ་པཱ་ལའི་མཁན་བུ་པཱ་ལ་རྣམ་གསུམ་སོགས་ནས་སྟོད་འདུལ་དུ་གྲགས་པའི་སྡོམ་རྒྱུན་བཤད་བཀའ་བཅས་བྱུང་མོད་དེང་སང་མི་བཞུགས་པར་ངེས། ཡང་སྨད་དར་གྱི་སྡོམ་རྒྱུན་དེ་ཉིད་ཁམས་སུ་འཕོས་པ་ལས་ཀླུ་མེས་ཚུལ་ཁྲིམས་ཤེས་རབ་སོགས་ཀྱིས་དབུས་གཙང་དུ་བླངས་པའི་ཀླུ་མེས་ཉིད་ཀྱི་སྡོམ་རྒྱུན་ལ་འདུལ་འཛིན་མཁས་བཙུན་བསམ་གྱིས་མི་ཁྱབ་པར་བྱོན་པའི་སྡོམ་རྒྱུན་ད་ལྟའང་བཞུགས། ཡང་མ་བྱོན་སངས་རྒྱས་གསུམ་པ་སྡོམ་བརྩོན་སྐྱེ་དགུའི་མགོན་པོ་ཁ་ཆེའི་པཎྜིཏ་ཤཱཀྱ་ཤྲཱི་བྷ་དྲ་ལས་བྱང་རྗེར་རྣམ་གཉིས་འཇམ་དབྱངས་ས་པཎ་རྣམས་བསྙེན་པར་རྫོགས་པའི་སྡོམ་རྒྱུན་ཏེ་རྣམ་པ་གསུམ་ལས་ལུགས་སྲོལ་འདི་ནི་ཕྱི་མ་པཎ་ཆེན་གྱི་བརྒྱུད་པ་འཛིན་པ་པོ་ན་ཡིན་ནོ། །དེའི་ནང་གསེས་བྱང་ཆུབ་དཔལ་གྱི་སྡོམ་རྒྱུན་ཡོད་མེད་མ་ངེས་ཤིང་། འཇམ་དབྱངས་ས་པཎ་གྱི་སྡོམ་རྒྱུན་ནི་ལྷ་ཁང་ཆེན་མོ་སོགས་སུ་ཙི་རིགས་ཡོད་ལ། ཁྱད་པར་གཙང་པ་རྡོ་རྗེ་དཔལ་གྱི་སྡོམ་རྒྱུན་སྙིགས་དུས་ཀྱི་ཐུབ་དབང་གཉིས་པ་ཀུན་མཁྱེན་ཀུན་དགའ་བཟང་པོ་ལ་བབས་ཤིང་། རྗེ་དེ་ཉིད་ཀྱིས་མནལ་ལམ་འོད་གསལ་གྱི་ངང་ནས་རྗེ་ཉིད་ལ་བསླབ་ཚིག་ནོས་ཚད་མ་འོངས་པ་ནའང་རབ་ཏུ་བྱུང་བ་ཐོབ་པའི་མཚན་མ་ཁྱད་པར་ཅན་གཟིགས་པ་ལ་བརྟེན་ནས་དགེ་སློང་ཁྲི་ རྣ་ཅན

ཀྱི་མཁན་པོ་མཛད་པ་དང་། ཤིང་རྟའི་སྲོལ་འབྱེད་གང་ཡིན་པ་དེ་སྡོམ་པ་གསུམ་གྱི་བརྒྱུད་པ་ལ་བཞུགས་དགོས་པ་གཞིར་བཅས་པས་བརྒྱུད་འཛིན་དམ་པ་རྣམས་ཀྱིས་སྡོམ་རྒྱུན་འདི་ཉིད་ཁོ་ན་བཞེས་སྐྱེལ་མཛད་པའི་ཕྲིན་ལས་ཀྱིས་གངས་ཅན་གྱི་ལྗོངས་མ་ལུས་པ་ཁྱབ་པར་གྱུར་ཏོ། །

སྤྱི་དོན་གསུམ་པ་བར་དུ་ཇི་ལྟར་བསྲུང་བའི་ཚུལ་ལ་གསུམ་སྟེ། སྤྱིར་བཏང་གི་བསྲུང་ཚུལ་དངོས་དང་། བསླབ་བྱ་ངོས་བཟུང་བ། ཉེས་དམིགས་དང་ཕན་ཡོན་བསྟན་པའོ། །དང་པོ་ནི། ཐོབ་པ་ཇི་བཞིན་སོགས་ཏེ། དེ་ལར་དང་པོ་སྡོམ་པ་ཐོབ་པ་ཙམ་གྱིས་མི་ཆོག་པར། བར་དུ་མི་ཉམས་པར་བསྲུང་དགོས་ཏེ། བསྲུང་ན་ཕན་ཡོན་དང་། མ་བསྲུངས་ན་ཉེས་དམིགས་ཀྱི་གཞི་ཆེན་པོར་འགྱུར་བའི་ཕྱིར་རོ། །དེ་ཡང་དགེ་སློང་ལ་རབ་ཏུ་གཅེས་པའི་མདོ་ལས། ལ་ལའི་ཚུལ་ཁྲིམས་བདེ་བ་སྟེ། །ལ་ལའི་ཚུལ་ཁྲིམས་སྡུག་བསྔལ་ཡིན། །ཚུལ་ཁྲིམས་ལྡན་པ་བདེ་བ་སྟེ། །ཚུལ་ཁྲིམས་འཆལ་བ་སྡུག་བསྔལ་ཡིན། །ཞེས་གསུངས་པའི་ཕྱིར་བརྩོན་པ་དང་། བག་ཡོད་པ་དང་། དྲན་ཤེས་བཞིན་དང་ལྡན་པས་བསླབ་པའི་མཚམས་ལས་ནམ་ཡང་འདའ་བར་མི་བྱའོ། །

གཉིས་པ་བསླབ་བྱ་ངོས་བཟུང་བ་ལ་གཉིས་ཏེ། སྤྱི་ཙམ་དུ་ཐེག་པས་དབྱེ་བ་དང་། བྱེ་བྲག་ཏུ་རྟེན་གྱིས་དབྱེ་བའོ། །དང་པོ། བསླབ་བྱ་སྤྱི་ཙམ་ཐེག་པས་འབྱེད་ན་ཡང་། ཞེས་པ་ལ་གསུམ་ཏེ་ཐེག་དམན་ལྟར་བཤད་པ་དང་། ཐེག་ཆེན་གྱི་དམིགས་བསལ་དང་། དངོས་སུ་མ་སྨོས་པའི་བསླབ་བྱ་རྟུང་མཐུན་བསྡུས་ཏེ་བསྟན་པའོ། །དེའི་དང་པོ་བྱེ་བྲག་རྟེན་གྱི་སྒོ་ནས་དབྱེ་དགོས་པས། ཞེས་པ་རྟེན་གྱིས་དབྱེ་ན་གཉིས་ཏེ། ཁྱིམ་པའི་ཕྱོགས་ཀྱི་བསླབ་བྱ། རབ་བྱུང་གི་ཕྱོགས་ཀྱི་བསླབ་བྱའོ། །དེའི་དང་པོ་ཁྱིམ་པའི་ཕྱོགས་ལ་བསྙེན་གནས་དགེ་བསྙེན་གཉིས། ཞེས་པ་ལྟར་གཉིས་ཏེ་བསྙེན་གནས་དང་། དགེ་བསྙེན་ནོ། །དང་པོ་ལ་བཞི་སྟེ། དུས་ཁྲིམས་དངོས་དང་། དེ་ཉིད་གཏན་ཁྲིམས་སུ་འགྱུར་བའི་ཚུལ་ལོ། །དང་པོ་ནི། རྩ་བཞི་སྤོང་བ་སོགས་ཏེ། མཛོད་ལས། ཚུལ་ཁྲིམས་ཡན་ལག་བག་ཡོད་པའི། །ཡན་ལག་བརྟུལ་ཞུགས་ཡན་ལག་སྟེ། །བཞི་གཅིག་དེ་བཞིན་གསུམ་རིམ་བཞིན། ཞེས་གསུངས་པ་ལྟར་འོག་དགེ་བསྙེན་གྱི་སྐབས་ནས་འབྱུང་བའི་རྩ་བ་བཞི་སྤོང་བ་ཚུལ་ཁྲིམས་ཀྱི་ཡན་ལག །ཆང་སྤོང་བ་བག་ཡོད་ཀྱི་ཡན་ལག །གྲུག་པ་དང་དྲེགས་པ་སྐྱེ་བའི་རྒྱུ་གར་སོགས་ཕྲེང་སོགས་གཅིག་ཏུ་བགྲངས་པ་དང་། ཁྲི་སྟན་ཆེ་མཐོ་གཉིས་གཅིག་ཏུ་བརྩིས་ཤིང་། དུས་མ་ཡིན་པ་སྟེ་ཕྱི་དྲོའི་ཁ་ཟས་སྤོང་བ་གསུམ་བརྟུལ་ཞུགས་ཀྱི་ཡན་ལག་གོ། །དེ་ལྟར་དངོས་བསྟན་སྤང་བྱ་ཡན་ལག་བརྒྱད་དང་། ཤུགས་བསྟན་བསྡམ་བྱ་ཡན་ལག་མ་ཚང་བའི་ཕྲ་མོའམ་ཡང་བ་བཞི་དང་། མི་དགེ་བ་ཕྱོགས་མཐུན་དྲུག་དང་བཅས་པ་ཉིན་ཞག་གི་མཐའ་རུ་བསྲུང་བ་ལ་དགེ་བའི་ས་བོན་གསོ་ཞིང་། སྡིག་པ་སྦྱོང་བས་ན་གསོ་སྦྱོང་ངམ་

འཕགས་པ་རྣམས་དང་ཉེ་བར་བསྙེན་པས་ན་བསྙེན་གནས་ཞེས་བྱའོ། །

གཉིས་པ་ནི། འདི་དག་ཇི་སྲིད་སོགས་ཏེ། ཡན་ལག་བརྒྱད་པོ་འདི་དག་ཇི་སྲིད་འཚོའི་བར་དུ་བླངས་ན་གདན་ཁྲིམས་སུ་འགྱུར་བ་ལ་གོ་མིའི་དགེ་བསྙེན་ཞེས་འབོད་པ་གནས་བརྟན་པའི་སྡེ་པའི་ལུགས་ཡིན་པར་དབྱིག་གཉེན་གྱིས་གསུངས་ཤིང་། ཐེག་ཆེན་མདོ་སྡེ་དཀོན་མཆོག་བརྩེགས་པ་ལས་ཀྱང་། རྒྱལ་པོའི་བུ་སྙིང་རྗེ་ཆེར་སེམས་ཀྱིས་བསྙེན་གནས་ཡན་ལག་བརྒྱད་པ་ཇི་སྲིད་འཚོའི་བར་དུ་བླངས་བར་གསུངས་སོ། །

གཉིས་པ་དགེ་བསྙེན་གྱི་བསླབ་བྱ་ལ་གསུམ་སྟེ། ཉེ་ཚེ་བ་དང་། ཡོངས་རྫོགས་དང་། དེའི་ཞར་བྱུང་ངོ་། །དང་པོ་ལ་བཞི་སྟེ། སྐྱབས་གསུམ་འཛིན་པ། སྣ་གཅིག་སྤྱོད་པ། སྣ་དགའ་སྤྱོད་པ། ཕལ་ཆེར་སྤྱོད་པའོ། །དང་པོ་ལ་གཉིས་ཏེ། མཚན་གཞི་དང་། བསླབ་བྱ་དངོས་སོ། །དང་པོ་ནི། ཇི་སྲིད་འཚོ་བར་སོགས་ཏེ། སྤྱིར་སྐྱབས་འགྲོ་ཙམ་བྱེད་དུ་མ་བྱུས་པར་སྡོམ་པ་མི་སྐྱེ་བས་སྡོམ་པ་ཐམས་ཅད་ཀྱི་རྒྱུའམ་རྩ་བ་ཡིན་པ་ནི། ཟླ་གྲགས་ཀྱིས། གསུམ་ལ་སྐྱབས་འགྲོའི་དགེ་བསྙེན་ནི། དེའི་སྡོམ་བརྒྱད་རྩ་བ་ཡིན་ཞེས་དང་། མཛོད་ལས། གཞན་ལ་བསྙེན་གནས་ཡོད་མོད་ཀྱི། སྐྱབས་སུ་མ་སོང་བ་ལ་མེད་ཅེས་གསུངས་པ་སོགས་ཀྱིས་གྲུབ་མོད། སྐྱབས་འགྲོ་ཁོ་ན་བླངས་པ་འདི་ལ་ཁ་ཆེ་བྱེ་བྲག་ཏུ་སྨྲ་བ་རྣམས་དགེ་བསྙེན་གྱི་སྡོམ་པ་མ་བླངས་པའི་དགེ་བསྙེན་དུ་མི་འགྱུར་ཏེ། དགེ་སློང་གི་སྡོམ་པ་མ་བླངས་པར་དགེ་སློང་དུ་མི་འགྱུར་བ་བཞིན་ནོ། །ཞེས་ཟེར་བ་ལས། མདོ་སྡེ་པ་རྣམས་ཀྱིས་དེ་གཉིས་མི་མཚུངས་ཏེ། དགེ་བསྙེན་ནི་དགེ་བསྙེན་གྱི་སྡོམ་པ་མེད་ཀྱང་དགེ་བསྙེན་དུ་འགྱུར་ཏེ། སྐྱབས་གསུམ་འཛིན་པའི་དགེ་བསྙེན་ཡིན་ནོ་ཞེས་སྐྱབས་གསུམ་འཛིན་པའི་དགེ་བསྙེན་འདོད་པ་ནི་ཉི་འོག་པ་དང་ཡང་མཐུན་ལ་དེ་ཡང་ཇི་སྲིད་འཚོ་བའི་བར་དུ་དཀོན་མཆོག་གསུམ་ལ་སྐྱབས་སུ་སོང་ནས་དེའི་བསླབ་བྱ་ལ་སློབ་པའོ། །བསླབ་བྱ་དངོས་ལ་གཉིས་ཏེ། སོ་སོའི་བསླབ་བྱ་དང་། ཐུན་མོང་གི་བསླབ་བྱའོ། །དང་པོ་ལ་གཉིས་ཏེ། དགག་པའི་བསླབ་བྱ་དང་། བསྒྲུབ་པའི་བསླབ་བྱའོ། །དང་པོ་ནི། སྐྱབས་གཞན་སོགས་ཏེ། མདོ་མྱང་འདས་ལས། །གང་ཞིག་སངས་རྒྱས་སྐྱབས་འགྲོ་བ། །དེ་ནི་ཡང་དག་དགེ་བསྙེན་ཏེ། །ནམ་དུའང་ལྷ་ནི་གཞན་དག་ལ། །སྐྱབས་སུ་སོང་བ་མ་ཡིན་ནོ། །དམ་པའི་ཆོས་ལ་སྐྱབས་སོང་བས། །འཚེ་ཞིང་གསོད་པའི་སེམས་དང་བྲལ། །དགེ་འདུན་ལ་ཡང་སྐྱབས་སོང་བ། །མུ་སྟེགས་ཅན་དང་འགྲོགས་མི་བྱ། །ཞེས་པ་དང་། སྐྱབས་གསུམ་བདུན་ཅུ་པ་ལས། གང་ཞིག་གསུམ་ལ་སྐྱབས་འགྲོ་བའི། །དགེ་བསྙེན་ཉིད་དུ་དམ་བཅས་པས། །སྐྱབས་ནི་གསུམ་པོ་བསྲུང་བར་བྱ། །མུ་སྟེགས་ཅན་ལ་གུས་པ་ཡིས། །མཆོད་དང་ཕྱག་འཚལ་མི་བྱའོ། །ཞེས་དང་། བརྒྱད་སྟོང་པ་ལས། ལྷ་གཞན་ལ་མེ་ཏོག་དང་བདུག་པ་དང་མར་མེ་སྦྱིན་པར་མི་བྱའོ། །རིམ་གྲོ་མི་བྱའོ་ཞེས་དང་།

མདོ་རྩ་ར། ལྷ་གཞན་ལ་ཕྱག་མི་བྱ། མཆོད་པ་མི་བྱ། བཀུར་སྟི་མི་བྱའོ། །གནས་སུ་ཕྱིན་ལ་མངོན་སུམ་དུ་འགྲེང་སྟེ་གཙུག་ལག་གི་ཚིགས་སུ་བཅད་པ་གདོན་པས་དེ་ལ་ཕན་གདགས་པར་བྱའོ། །ཞེས་བཤད་པ་ལྟར་སངས་རྒྱས་ལ་སྐྱབས་སུ་སོང་བས་ཕྱི་རོལ་པའི་དབང་ཕྱུག་དང་ཚངས་པ་སོགས་དང་། བོད་འདིར་མཐུ་རྩལ་ཆེ་བར་གྲགས་པའི་རྒྱལ་བཙན་སོགས་ལ་སྐྱབས་གནས་སུ་མི་བཟུང་ཞིང་། སྙིང་རྗེའི་བསམ་པས་གཏོར་མ་རེ་ཙམ་སྟེར་བ་མ་གཏོགས་ཕྱག་མཆོད་བཀུར་སྟི་མི་བྱ། དེའི་ལྷ་རྟེན་ཡོད་པའི་སར་ཕྱིན་ན་སེ་གོལ་གྱི་སྒྲ་སྟོན་དུ་བཏང་ནས་ཆོས་ཀྱི་སྦྱིན་པས་ཕན་གདགས་པར་བྱ། སངས་རྒྱས་ཀྱི་སྐུ་གཟུགས་སོགས་བཤིག་པ་དང་འཚོང་བ་ལྟ་ཅི། འགོམ་ཡུག་ཙམ་ཡང་མི་བྱའོ། །ཆོས་ལ་སྐྱབས་སུ་སོང་བས་སེམས་ཅན་ལ་གནོད་འཚེ་སྤོང་། ཐེག་པ་ཆེ་ཆུང་དང་ནང་གསེས་ཀྱི་གྲུབ་མཐའ་ལ་བཟང་ངན་དུ་མི་འཛིན། གླེགས་བམ་བཤིག་པ་ལ་སོགས་པ་ལྟ་ཅི། མ་གུས་པ་ཙམ་ཡང་མི་བྱ། ཆོས་སྨྲ་བ་ལ་སྐུར་འདེབས་དང་ཕྲག་དོག་མི་བྱ། ཉན་བཤད་སྒྲུབ་པ་སོགས་ཀྱི་བར་གཅོད་མི་བྱའོ། །དགེ་འདུན་ལ་སྐྱབས་སུ་སོང་བས་གྲོགས་མུ་སྟེགས་ཅན་དང་། བོད་འདིར་སྐྱེས་པའི་གང་ཟག་དཀོན་མཆོག་དང་ལས་འབྲས་ལ་ཡིད་མི་ཆེས་པའི་ལོག་ལྟ་ཅན་དང་མི་འགྲོགས་ཤིང་བསྟེན་བཀུར་མི་བྱ། ཚུལ་ཁྲིམས་དང་ལྡན་པ་ལྟ་ཅི་སྨོས་ཏེ་རབ་བྱུང་གི་རྟགས་ཙམ་འཛིན་པ་ལའང་བརྙས་པ་དང་། ཁྱད་གསོད་དང་གནོད་པར་འགྱུར་བ་མི་བྱ་བ་རྣམས་སོ། །

གཉིས་པ་བསྒྲུབ་པའི་བསླབ་བྱ་ནི། གཞན་ཡང་སོགས་ཏེ། སངས་རྒྱས་ཀྱི་རྟེན་སྐུ་གཟུགས་དང་། སཙྪ་ཚག་དུམ་ཙམ་དང་། ཐན་བྱིས་པས་རྩེད་མོའི་ཕྱིར་འཛེམ་པ་དང་། རྩིག་རྡོས་ལ་སྐུ་གཟུགས་དང་མཆོད་རྟེན་གྱི་རྣམ་པ་བྱས་པ་ཡན་ཆད་ལ་འང་གུས་པར་བྱ་སྟེ། བཤེས་སྤྲིང་ལས། ཇི་ལྟར་བདེ་གཤེགས་སྐུ་གཟུགས་ཤིང་ལས་ཀྱང་། །བགྱིས་པ་ཅི་འདྲའང་རུང་སྟེ་མཁས་པས་མཆོད། །ཅེས་གསུངས་པ་དང་། དགེ་བའི་རྩ་བ་ཐན་ཁྲི་ལ་ཟས་ཁམ་གཅིག་སྦྱིན་པ་ལྟ་བུའི་ཆེན་འང་སྟོན་པ་སངས་རྒྱས་དང་མི་འབྲལ་བར་གྱུར་ཅིག་སྙམ་དུ་བྱེད་པའོ། །ཆོས་ཀྱི་རྟེན་གླེགས་བམ་དང་གླེགས་བམ་གྱི་ཚལ་བུ་ཡི་གེ་གཉིས་ཡོངས་པ་ཡན་ཆད་ལའང་གུས་པར་བྱ་སྟེ། སྤྱན་འདྲེན་རྒྱུད་གསུམ་པར། བླ་མའི་བླ་མ་བླ་མེད་དཀོན་མཆོག་གསུམ། །ཡི་གེ་གཉིས་འབྲེལ་དཀོན་མཆོག་གསུམ་གྱི་མཚན། ཞེས་སོ། །དེ་བཞིན་དུ་ཆོས་སྨྲ་བ་ལ་གུས་འདུད་དང་བཀུར་སྟི་བྱ་ཞིང་ཉན་བཤད་སྒྲུབ་པ་སོགས་ལ་ཡི་རང་བསྒོམ། རང་གི་ཆོས་ཉན་ཅིང་དོན་ལ་སོ་སོར་རྟོག །གཞན་ལ་སྟོན་ཅིང་དགེ་བ་མྱང་འདས་སུ་བསྔོ། དགེ་འདུན་གྱི་རྟེན་རབ་ཏུ་བྱུང་བ་འཕགས་པ་དང་སོ་སྐྱེ་དགེ་འདུན་དུ་ཡོངས་པའམ། གང་ཟག་ཏུ་གནས་པ་ཐམས་ཅད་ལ་གུས་འདུད་དང་བསྟེན་བཀུར་བྱ། ཐན་ཆོས་གོས་ཀྱི་ཚལ་བུ་ཙམ་དང་། ཚུལ་ཁྲིམས

འཆལ་བའི་དགེ་སློང་ཡན་ཆད་ལ་གུས་པར་བྱ་དགོས་ཏེ། སྟོན་གླང་པོའི་རྒྱལ་པོས། རྗེན་པ་དུར་སྨྲིག་གི་གོས་གྱོན་པ་ལ། ཆོས་གོས་ཆོན་ཆེན་གྱོན་པ་འདི་དག་ནི། །འཁོར་བའི་རྒྱ་མཚོ་ལས་སྒྲོལ་མཛད་པའོ། །ཞེས་གུས་པ་བསྐྱེད་ཅིང་གནོད་པ་སྐྱབས་པ་དང་། སེཀྐེ་ཡི་དམ་བཏན་པའི་སྐྱེས་རབ་སོགས་ནས་ཀྱང་དེ་ལྟར་འབྱུང་བ་དང་། སྟོན་པས། མེ་ཏོག་ཙམ་པ་ཀ་ནི་རྙིངས་གྱུར་ཀྱང་། །མེ་ཏོག་ཕལ་པ་རྣམས་ཀྱིས་དོ་ཟླ་མིན། །ང་ཡི་དགེ་སློང་ཚུལ་ཁྲིམས་འཆལ་གྱུར་ཀྱང་། །མུ་སྟེགས་ཕལ་པ་རྣམས་ཀྱིས་དོ་མ་ཡིན། ཞེས་གསུངས་པས་སོ། །

གཉིས་པ་ཐུན་མོང་གི་བསླབ་བྱ་ལ་གཉིས་ཏེ། མདོར་བསྟུས་པ་དངོས་སུ་བསྟན་པ་དང་། རྒྱས་པ་གཞན་དུ་ཁ་འཕངས་པའོ། །དང་པོ་ནི། ཐུན་མོང་དུ་སོགས་ཏེ། ཇོ་བོ་ཆེན་པོ་རྗེས་བསླབ་བྱ་ལྟར་འདུ་བར་གསུངས་པ་ནི། སྲོག་དང་བྱ་དགའི་ཕྱིར་ཡང་དཀོན་མཆོག་གསུམ་མི་སྤང་བ་དང་། འདོད་དོན་སྒྲུབ་པ་དང་། རྐྱེན་སེལ་བ་ཐམས་ཅད་ལ་དཀོན་མཆོག་མཆོད་ཅིང་གསོལ་བ་གདབ་པ་ལས་ཐབས་གཞན་མི་ཚོལ་བ་དང་། དུས་བཟང་གི་མཆོད་པ་མི་བཅག་པ་དང་། སེམས་ཅན་གཞན་སྐྱབས་འགྲོ་ལ་འགོད་པ་དང་། འགྲོ་བའི་ཚེ་ཕྱོགས་དེའི་སངས་རྒྱས་ལ་ཕྱག་འཚལ་བ་རྣམས་སོ། །

གཉིས་པ་རྒྱས་པ་གཞན་དུ་ཁ་འཕངས་པ་ནི། བཞི་ཚན་གཉིས་སུ་དབྱེ་བའང་གཞན་དུ་ཤེས། ཞེས་པ་སྟེ་བཞི་ཚན་གཉིས་ཀྱི་དང་པོ་ནི། སྐྱེས་བུ་དམ་པ་དགེ་བའི་བཤེས་གཉེན་(༡)ལ་བསྟེན་ཅིང་འགྲོགས་པ་ནི་ཡོན་ཏན་ཐམས་ཅད་ཀྱི་གཞི་ཡིན་ཏེ། སྡུད་པར། སློབ་མ་བཟང་པོ་བླ་མར་གུས་ལྡན་དེ་དག་གིས། །བློ་མ་མཁས་པ་རྣམས་ལ་རྟག་ཏུ་བསྟེན་པར་བྱ། །ཅི་ཕྱིར་ཞེ་ན་མཁས་པའི་ཡོན་ཏན་དེ་ལས་འབྱུང་། །སངས་རྒྱས་ཆོས་རྣམས་དགེ་བའི་བཤེས་ལ་བསྟེན་ཏོ་ཞེས། །ཡོན་ཏན་ཀུན་གྱི་མཆོག་མངའ་རྒྱལ་བ་དེ་སྐད་གསུངས། ཞེས་སོ། །དམ་པའི་ཆོས་ཉན་(༢)པས་ཐོས་པའི་ཤེས་རབ་ཀྱིས་སྤང་གཉེན་བླང་དོར་ལེགས་པར་ཤེས་པར་འགྱུར་ཏེ། སྐྱེས་རབས་ལས། ཐོས་པས་སྡིག་ལས་ལྡོག་པར་བྱེད། །ཐོས་པས་དོན་མེད་སྤོང་བར་བྱེད། །ཐོས་པས་ཆོས་རྣམས་ཤེས་པར་བྱེད། །ཐོས་པས་མྱ་ངན་འདས་པ་ཐོབ། ཅེས་སོ། །ཐོས་པའི་དོན་ཚུལ་བཞིན་དུ་ཡིད་ལ་(༣)བྱེད་པས་བསམ་བྱུང་དང་། འཇིག་རྟེན་པའི་བསྒོམ་བྱུང་གི་ཤེས་རབ་བསྐྱེད་པ་སྟེ། བཤེས་སྤྲིང་དུ། དོན་དམ་གཟིགས་པ་བགྱི་སླད་དངོས་རྣམས་ལ། །ཚུལ་བཞིན་ཡིད་ལ་བྱེད་པ་དེ་གོམས་མཛོད། །ཅེས་སོ། །ཆོས་མྱ་ངན་འདས་པ་དང་རྗེས་སུ་མཐུན་པའི་ཆོས་(༤)སྒྲུབ་པ་ནི་བདེན་བཞི་བསྒོམ་པ་སྟེ། བཤེས་སྤྲིང་ལས། ཐར་པ་བདག་ལ་རག་ལས་འདི་ལ་ནི། །གཞན་གྱིས་གྲོགས་བགྱིས་ཅི་ཡང་མ་མཆིས་ཀྱི། །ཐོས་དང་ཚུལ་ཁྲིམས་བསམ་གཏན་ལྡན་པ་ཡི། །བདེན་པ་རྣམ་པ་བཞི་ལ་འབད་པར་མཛོད། ཅེས་སོ། །

བཞི་ཚན་གཉིས་པ་ནི། དབང་པོ་མི་རྒོད་པར་༼༧༽བྱ་བ་སྟེ། དྲན་ཤེས་བཞིན་གྱིས་དབང་པོའི་སྒོ་བསྡམས་ནས་ལུས་ངག་བྱ་བ་མ་ཡིན་པ་ལས་ལྡོག་ཅིང་དགེ་བ་ལ་སྦྱོར་བ་དང་། སེམས་ཅན་ལ་སྙིང་བརྩེ་བར་༼༨༽བྱ་བ་ནི་བུ་ཚ་ལ་གནོད་པ་བྱས་ན་ཕ་མ་མི་དགའ་བར་འགྱུར་བ་ལྟར་སངས་རྒྱས་བྱང་སེམས་རྣམས་ཀྱིས་བདག་གཞན་མཉམ་པ་དང་བརྗེ་བའི་ཚུལ་གྱིས་སེམས་ཅན་ཐམས་ཅད་བདག་ཏུ་མཛད་པ་ཐེ་ཚོམ་མེད་པའི་ཕྱིར། སེམས་ཅན་ལ་གནོད་པ་བྱས་ན་དེ་རྣམས་ལ་གནོད་པ་བྱས་པར་འགྱུར་ཞིང་། སེམས་ཅན་མགུ་ན་དེ་རྣམས་མཉེས་པའི་ཕྱིར་སེམས་ཅན་ལ་གནོད་འཚེ་སྤང་། སེམས་ཅན་མི་དགེ་བ་བྱེད་པ་མཐོང་ན་དེ་ལས་ལྡོག་ནས་དགེ་བ་ལ་སྦྱར། དགེ་བ་ཆེ་ཆུང་འདམ་ཀ་འདུག་ན་ཆེ་བ་ལ་སྦྱར། ཡི་བཟློག་མ་ནུས་ནའང་ཞེ་སྡང་མི་བསྒོམ་པར་ད་ལྟ་ཕན་གདགས་མ་ནུས་ཀྱི་ད་གདོད་ཕན་འདོགས་པའི་ནུས་པ་བྱུང་བ་དང་འདོགས་སྙམ་དུ་ཡིད་ལ་བྱ་བ་དང་། དུས་དུས་སུ་དཀོན་མཆོག་མཆོད་པ་ལ་བརྩོན་པ་ནི། ཉིན་མཚན་དུས་དྲུག་སོགས་ཅི་ལྟར་ལྕོགས་པར་ཕྱག་འཚལ་བ་དང་། མེ་ཏོག་བདུག་སྤོས་སོགས་ཅི་འབྱོར་བ་དང་། ཐ་ན་ཆུ་ཕྱོར་བ་རེ་དབུལ། དེའང་མ་འབྱོར་ན་ཕྱོགས་བཅུན་བདག་པོས་ཡོངས་སུ་མ་བཟུང་བའི་མཆོད་པ་རྣམས་བློས་བླངས་ནས་དབུལ་བ་དང་། སྡོམ་པ་ཅི་ནུས་སུ་ལེན་པ་ནི། རང་གི་རྒྱུད་ཚོད་དང་སྦྱར་བའི་དགེ་བསྙེན་དགེ་ཚུལ་སོགས་བླངས་ལ་བསྲུངས། དེ་ཙམ་མ་ནུས་ན་ཡང་སྐྱབས་སུ་སོང་བའི་ཕན་ཡོན་དང་། མ་སོང་བའི་ཉེས་དམིགས་རྣམས་དྲན་པའི་སྒོ་ནས་ཉིན་མཚན་དུས་དྲུག་ཏུ་སྐྱབས་འགྲོ་ལ་འབད་པར་བྱ་བ་རྣམས་སོ། །དེ་དག་གིས་སྡོམ་པ་གསུམ་པོ་གང་རུང་ཞིག་ཀྱང་མ་ཐོབ་ན་ཕར་ཞོག །ཐོབ་ན་སྐྱབས་འགྲོ་ཐོབ་པ་གཞིར་བཅས་ཀྱིས་གལ་གནད་ཆེ་བ་ལ་བསམ་ནས་བསླབ་བྱ་རྣམས་ཞིབ་ཏུ་བཤད་པ་ཡིན་ལ་སྐྱབས་སུ་འགྲོ་བའི་ཡུལ་དང་། རྒྱུ་དང་ཕན་ཡོན་གྱི་རྣམ་བཞག་རྣམས་ཁོ་བོས་ཉེ་བར་བསྟན་པའི་ཚིག་རར་སྦྱོར་ཟིན་ཏོ། །གཉིས་པ་སོགས་ནི། སྲོག་གཅོད་སོགས་ཏེ༔ སྣ་གཅིག་སྤྱོད་པ་ནི་སྲོག་གཅོད་ལྟ་བུ་རྩ་བཞི་ལས་གང་རུང་ཞིག་སྤོང་བ། སྣ་འགའ་སྤྱོད་པ་ནི་སྲོག་གཅོད་ཀྱི་སྟེང་དུ་མ་བྱིན་ལེན་སྤོང་བའོ། །ཕལ་ཆེར་སྤྱོད་པས་ནི་རྫུན་དང་གསུམ་སྤོང་བ་སྟེ། གཞན་དང་སྦྱར་བ་སླའོ། །འདི་ལ་ཁ་ཆེ་བྱེ་བྲག་སྨྲ་བ་ནི་སྡོམ་པ་ཐམས་ཅད་ཐོབ་ཀྱང་གང་བསྲུང་བ་དེ་ལྡན། མི་བསྲུང་བའི་ཆ་ནས་འཆལ་བ་ཡིན་ནོ་ཞེས་ཟེར་ཏེ། མཛོད་ལས། དགེ་བསྙེན་ཉིད་དུ་ཁས་བླངས་པས། །སྡོམ་པ་བརྟན་པ་དགེ་སློང་བཞིན། །གལ་ཏེ་ཐམས་ཅད་བསྡམས་ཡིན་ན། །སྣ་གཅིག་སྤྱོད་སོགས་ཇི་ལྟ་བུ། །དེ་བསྲུང་བ་ལ་གསུངས་ཞེས་གྲགས། ཞེས་སོ༔ །འདིའི་གྲགས་ཞེས་པ་མ་རངས་པའི་ཚིག་སྟེ་སློབ་དཔོན་རང་ཉིད་མདོ་སྡེ་པའི་ཕྱོགས་འཛིན་པས་སོ། །དེས་ན་མདོ་སྡེ་པས་རང་གི་ཇི་ཙམ་བསྲུང་ནུས་པ་བླངས་ནས་དེ་མི་ཉམས་པར་བསྲུང་བ་སྣ་གཅིག་སྤྱོད་པ་སོགས་ཡིན་

ཞིང་། ཡོངས་རྫོགས་བླངས་ནས་ཕྱིས་དེ་མ་བསྲུངས་ན་ཚུལ་འཆལ་དུ་འགྱུར་བ་བཞིན་པ་ཉིད་འཐད་དོ། །

གཉིས་པ་ཡོངས་རྫོགས་དགེ་བསྙེན་ནི། རྩ་བ་བཞི་ཞེས་སོགས་ཏེ། སྡོམ་བརྒྱད་ལས། ཇི་སྲིད་འཚོ་བར་གསོད་དང་རྐུ། །ལོག་པར་གཡེམ་དང་རྫུན་དང་ནི། །ཆང་གི་བཏུང་བ་རྣམས་ལས་ལྡོག །ཅེས་གསུངས་པ་ལྟར་རྩ་བཞི་ཆང་དང་ལྔ་སྤོང་པ་སྟེ། མིའམ་མིར་ཆགས་པ་གསོད་པ། ཀརྵ་པ་ཎའི་བཞི་ཆ་ཚང་བའི་དངོས་པོ་རྐུ་བ། གཞན་གྱི་ཆུང་མ་འམ་བདུན་བརྒྱུད་ཚུན་ཆད་ཀྱི་གཉེན་དང་སྡོམ་ལྡན་སོགས་ལ་བསྒྲོད་པ། བསམ་གཏན་དང་སྤྱན་དང་མངོན་ཤེས་སོགས་ཡོད་པ་ལྟར་འཆོས་ནས་སྨྲ་བ། ནས་སོགས་འབྲུ་དང་། མེ་ཏོག་དང་། བུར་སྦྲང་སོགས་ལས་བཅོས་པའི་ཆང་བཏུང་བ་རྣམས་སྤང་བྱ་སྟེ། ཀུན་ཀྱང་། གཞི། བསམ་པ། སྦྱོར་བ། མཐར་ཐུག་པ་བཞིས་ཡན་ལག་ཚང་བ་ནི་དགེ་སློང་གི་སྐབས་ནས་རུང་མཐུན་སྦྱར་རོ། །བསྡམ་བྱ་ཕྲ་མོ་བཞི་སོགས་ནི་ཚངས་སྤྱོད་ལ་ཡང་འཇུག་པས་འོག་ཏུ་བརྗོད་པར་བྱའོ། །སྣ་གཅིག་སྤྱོད་པ་སོགས་སྔ་མ་གསུམ་དང་སྐྱབས་གསུམ་འཛིན་པ་ནི་བསླབ་བྱ་ཉི་ཚེ་བ་ལ་སློབ་པ་ཡིན་པས་སོ་ཐར་རིགས་བདུན་དུ་བགྲང་བྱ་མིན་ནོ་ཞེས་པ་ནི་འཕྲོས་དོན་ནོ། །

གསུམ་པ་ཡོངས་རྫོགས་ཀྱི་ཞར་བྱུང་ནི། ཡོངས་རྫོགས་བསླབ་སྟེང་སོགས་ཏེ། བྱེ་བྲག་ཏུ་སྨྲ་བས་དེ་ལས་གཞན་པའི་དགེ་བསྙེན་མི་འདོད་ལ། །མདོ་སྡེ་པ་དག །རྒྱན་གྱིས་བརྒྱན་པར་བྱས་ཀྱང་ཆོས་སྤྱོད་ཅིང་། །ཞེས་སོགས་ཀྱི་ལུང་ལ་བརྟེན་ནས་མི་ཚངས་པར་སྤྱོད་པ་འཁྲིག་པའི་ཆོས་སྤོང་བའི་ཚངས་སྤྱོད་ཀྱི་དགེ་བསྙེན་ཡང་འདོད་དོ། །འདི་དང་གོང་དུ་སྨོས་པའི་གོ་མི་གཉིས་ཁྱིམ་ཐབས་སྤངས་པས་འཁྲིག་བཅས་ཀྱི་ཁྱིམ་པ་མ་ཡིན་ཞིང་། རྟགས་མ་བླངས་པས་རབ་བྱུང་ཡང་མ་ཡིན་པས་རྟེན་གྱིས་དབྱེ་རུ་མེད་པ་མཁས་པ་རྣམས་བཞེད་དོ། །གཞན་ཡང་མདོ་ལས། དགེ་བསྙེན་སྡོན་པ་གཞན་ལ་མི་བརྟེན་པར་ཆོས་དགེ་བ་བཅུ་སྤྱོད་པ་ཞེས་ཡོངས་རྫོགས་ལ་དགོངས་ཏེ་གསུངས་མོད། ཚངས་སྤྱོད་གོ་མིའི་གཉིས་ལའང་དོན་གྱིས་འཇུག་པ་བསྡམ་བྱ་ཡན་ལག་མ་ཚང་བའི་ཕྲ་མོའམ། ཡང་བ་བཞི། མི་དགེ་བ་ཕྱོགས་མཐུན་དྲུག་དང་བཅས་པ་སྤོང་དགོས་པ་ནི། རྩ་བཞི་ལས་གཞན་སོགས་ཏེ། མི་མ་ཡིན་པ་སྟེ་དུད་འགྲོ་སོགས་གསོད་པ། རིན་ཐང་མ་རྫོགས་པའི་དངོས་པོ་རྐུ་བ། རང་གཞན་གྱི་ཡན་ལག་གི་ཆ་ཤས་སུ་ཁུ་བ་འབྱིན་པ། མི་ཆོས་བླ་མར་མ་གཏོགས་པའི་རྫུན་སྨྲ་བ་སྟེ་བཞི་དང་། ཕྲ་མ་ལ་སོགས་པའི་མི་དགེ་བ་ལྷག་མ་དྲུག་ནི་ཡིད་ཀྱིས་བསྡམས་པར་བྱ་བ་ཡིན་ནོ། །འོ་ན་གོང་དུ་བསླབ་བྱ་ལྔར་བཤད་པ་དང་མི་འགལ་ལམ་ཞེ་ན། ཡན་ལག་ལྔའི་ཚིག་ནི། །གཞུག་པ་རུ་ནི་འདོད་པས་སོ། །ཞེས་གྲངས་ཉུང་བར་བཤད་པས་གཞན་གཞུག་པའི་དགོས་པ་ཡོད་ལ། ལྔ་བསྲུངས་པས་བཅུ་ཤུགས་ཀྱིས་བསྲུངས

པ་ཡིན་ཏེ། སྡོམ་བརྒྱད་དུ། རྫུན་གྱི་ཚིག་ནི་བཟློག་པ་ཡིས། །དེ་ཡི་སྐྱོན་ནི་གཞན་ལས་ཀྱང་། །གང་ཕྱིར་ལུས་ངག་མི་དགེ་ལས། །ལོག་པ་ཡིད་ཀྱི་དགེ་ལས་སོ། །དེ་ཕྱིར་བརྟན་སེམས་གནོད་པའི་སེམས། །ལྟ་ལས་ལོག་རྣམས་གྲུབ་པ་ཡིན། །ཞེས་སོ། །འདི་དག་བུད་མེད་ཀྱི་རྟེན་ལ་ལྡན་ན་དགེ་བསྙེན་མ་དེ་དང་དེ་ཡིན་ལ་བསྙེན་གནས་ལའང་ཐ་སྙད་མ་གྲགས་ཀྱང་དོན་གྱིས་འཇུག་གོ། །ཞར་ལས་འོངས་པ་གཞན་ཡང་། སྤྱག་ས་པ་ཁྲིམ་པས་སོགས་ཏེ། དགེ་བསྙེན་གྱི་སྡོམ་ལྡན་བྱ་བའི་རྒྱུད་སོགས་ལ་ཞུགས་པ་རྣམས་ཀྱིས་ནི་རབ་བྱུང་གི་རྟགས་ཆོས་གོས་ལྷུང་བཟེད་འཆང་བ་དང་། ལས་ཀྱི་ཆོ་ག་རྣམས་མ་གཏོགས་པའི་ལྷག་མ་རྣམས་ཉམས་སུ་བླང་བར་བྱ་སྟེ། དཔུང་བཟང་ལས། རྒྱལ་བ་ངས་གསུངས་སོ་སོ་ཐར་པ་ཡི། །ཚུལ་ཁྲིམས་རྣམས་དག་འདུལ་བ་མ་ལུས་ལས། །སྤྱགས་པ་ཁྲིམ་པས་རྟགས་དང་ཆོ་ག་སྤང་། །ལྷག་མ་རྣམས་ནི་ཉམས་སུ་བླང་བར་བྱ། །ཞེས་གསུངས་པས་སོ། །

གཉིས་པ་རབ་བྱུང་གི་ཕྱོགས་ཀྱི་བསླབ་བྱ་བཤད་པ་ནི། རབ་བྱུང་ཕྱོགས་ལ་སོགས་ཏེ། དབྱེ་ན་གསུམ་མམ་བཞི་ཡོད་པ། དགེ་ཚུལ་གྱི་བསླབ་བྱ། དགེ་སློབ་མའི་བསླབ་བྱ། དགེ་སློང་གི་བསླབ་བྱ། དགེ་སློང་མའི་དམིགས་བསལ་རྣམས་སོ། །དང་པོ་དགེ་ཚུལ་གྱི་བསླབ་བྱ་ལ་གསུམ་སྟེ། བླང་འདས་དངོས། ཕྱོགས་མཐུན་བསྡམ་བྱའི་ཉེས་བྱས། རབ་བྱུང་གི་དུས་སུ་བླངས་པ་ལས་འདས་པའི་ཕྱོགས་མཐུན་ནོ། །དང་པོ་ནི། སྲོག་གཅོད་སོགས་ཏེ། སུམ་བརྒྱ་པ་ལས། གང་ཞིག་སྲོག་གཅོད་གཞན་གྱི་ནོར་འཕྲོག་དང་། །མི་ཚངས་སྤྱོད་རྫུན་བཅོས་པའི་ཆང་ལ་སོགས། །གར་སོགས་ཕྲེང་སོགས་མལ་ཆེན་མཐོ་བ་དང་། །ཕྱི་དྲོའི་ཁ་ཟས་གསེར་དངུལ་ལེན་པ་སྤང་། ཞེས་དངོས་སུ་བཤད་པའི་རགས་སྡོམ་བཅུ་དེ་ལས་ཞིབ་མོར་དབྱེ་ན་སུམ་ཅུ་སོགས་སུ་འགྱུར་བའི་རགས་པ་བཅུ་ནི། མིའམ་མིར་ཆགས་པའི་སྲོག་གཅོད་པ། རིན་ཐང་ཚང་བའི་དངོས་པོ་རྐུ་བ། མི་ཚངས་པར་སྤྱོད་པ། མི་ཆོས་བླ་མའི་རྫུན་སྨྲ་བ། མྱོས་འགྱུར་འཐུང་བ། གོད་བག་གིས་གླུ་གར་རྩེ་ཞིང་རོལ་མོ་འཁྲོལ་བ་སྟེ་གར་སོགས་གསུམ་དང་། འཕྱོར་སྙེག་གིས་རྒྱན་ཕྲེང་འདོགས་པ་ཁ་དོག་འཆང་བ་སྤོས་བྱུག་པ་སྟེ་ཕྲེང་སོགས་གསུམ། རྒྱུ་རིན་ཐང་ཅན་དང་ཁྲུ་གང་ལས་ལྷག་པའི་མལ་ཆེ་མཐོ། ཕྱི་དྲོ་དུས་རུང་གི་ཟས་ལ་སྤྱོད་པ༑ གསེར་དངུལ་ལེན་པ་རྣམས་སྤོང་བའོ། །སྔ་མ་བཞི་ལ་རྩ་བ་ཞེས་བྱ་སྟེ། དགེ་སློང་གི་སྐབས་སུ་འཆད་འགྱུར་ལྟར་གཞི་བསམ་སྦྱོར་བ་མཐར་ཐུག་གི་ཡན་ལག་ཚང་ན་ཕམ་འདྲའི་ཉེས་བྱས་སུ་འགྱུར་ཞིང་། འཆབ་མེད་གསོར་རུང་དང་འཆབ་བཅས་གསོར་མི་རུང་བའང་དགེ་སློང་དང་འདྲ་སྟེ། འོད་ལྡན་ལས། མི་གསོད་ལ་སོགས་བཞི་རྣམས་ཀྱིས། །དགེ་ཚུལ་ལས་ནི་ཉམས་གྱུར་ན། །དགེ་སློང་བཞིན་དུ་དགེ་ཚུལ་ལའང་། །ཕྱི་ནས

སྡོམ་སྐྱེའི་སྐལ་བ་མེད། །ཅེས་སོ། །ཕྱི་མ་དྲུག་པོ་ནི། བཤགས་ལ་ཉེས་བྱས་མཐུན་པ་ཡིན། ཞེས་བཤགས་བྱའི་ཉེས་བྱས་སུ་གསུངས་སོ། །དེ་དག་ལས་ཞིབ་ཏུ་དབྱེ་བའི་ཚུལ་ནི། ཞུམ་པ་བསལ་ཕྱིར་སོགས་ཏེ། བྲིཧྤའི་བུ་བཞིན་བསླབ་གཞི་མང་པོ་ཐོས་པས་ཞུམ་སྟེ། སྡོམ་པ་ལེན་པ་ལས་ལྡོག་པ་བསལ་བའི་ཆེད་དུ་རག་སྡོམ་བཅུར་དྲིལ་ཡང་། དོན་ལ་འཆད་འགྱུར་ལྟར་བླང་འདས་སུམ་ཅུ་སོགས་སུ་འགྱུར་རོ། །དེ་ཡང་། རྩ་གཞི་གསོད་གསུམ་གཞི་མེད་ནས། །སུན་འབྱིན་བར་ལྷ་ཤེས་བཞིན་བཤེས། །འཕྱ་དང་ཟས་ཅུང་ལྷག་མས་སྐུར། །ཉེར་འཇོག་འབྲས་ཆན་འགེབས་དང་ཆང་། །གར་གསུམ་འཕྲེང་གསུམ་མལ་ཆེ་མཐོ། །དུས་མིན་རིན་ཆེན་བར་མ་གསུམ། །དེ་ལྟར་སུམ་ཅུ་རྩ་གསུམ་མོ། །ཞེས་པ་ལྟར་རྩ་བ་བཞི་དང་། སྲོག་གཅོད་ཕམ་འདྲའི་ཆར་གཏོགས་དུད་འགྲོ་གསོད་པ། སྲོག་ཆགས་དང་བཅས་པའི་རྩ་དང་ཆུ་འདེབས་པ། སྲོག་ཆགས་དང་བཅས་པའི་ཆུར་སྤྱོད་པ༔ རྫུན་གྱི་ཆར་གཏོགས་གཞི་མེད་དང་། བག་ཙམ་གྱི་ཕམ་པའི་སྐུར་འདེབས། དགེ་འདུན་དབྱེན། དེ་རྗེས་ཕྱོགས། ཁྱིམ་སུན་འབྱིན་པ། ཤེས་བཞིན་དུ་རྫུན་སྨྲ་བ། བཤེས་ངོར་འཕྱ་བ། ཞལ་ཏ་བར་འཕྱ་བ། ཟས་ཅུང་ཟད་ཀྱི་ཕྱིར་ཆོས་སྟོན་ཞེས་སྐུར་འདེབས། ལྷག་མའི་སྐུར་འདེབས། བསླབ་པ་ལ་ཁྱད་གསོད་ཀྱིས་སྤོང་བ། ལྷག་པོ་ལེན་ཕྱིར་འབྲས་ཆན་འགེབས་པ་སྟེ་བཅུ་གཉིས། མདོར་ན་རྩ་བ་བཞི་ཆར་གཏོགས་དང་བཅས་པ་བཅུ་དགུ། ཆང་། གར་སོགས་གསུམ། ཕྲེང་སོགས་གསུམ། མལ་ཆེ་མཐོ་རྣམས་སོ་སོར་བགྲངས་པ་དང་། ཕྱི་དྲོའི་ཁ་ཟས། གསེར་དངུལ་ལེན་པ་སྟེ་སུམ་ཅུ་དང་། འོག་ནས་འབྱུང་བའི་ཉམས་པ་གསུམ་པོ་བསྣན་པས་སུམ་ཅུ་རྩ་གསུམ་མོ། །ཡང་ན་འབྲས་ཆན་འགེབས་པ་དོར་བའི་བཅུ་བཞིའི་སྟེང་དུ། མ་བྱིན་ལེན་གྱི་ཆར་གཏོགས་ཁང་པ། ཁང་ཆེན། རིན་པོ་ཆེའི་ཁབ་རལ་བྱེད་པ་གསུམ། མི་ཚངས་སྤྱོད་ཀྱི་ཆར་གཏོགས་དགེ་འདུན་གྱིས་སྤོང་བའི་མཚན་མི་མཐུན་པ་དང་ལྷན་ཅིག་ཉལ་བ། རྩ་བ་བཞི་གའི་ཆར་གཏོགས་གསོ་སྦྱོང་། དབྱར་གནས། དགག་དབྱེ་རྣམས་མི་བྱེད་པ་གནས་སློབ་ལ་བརྟེན་ནས་མི་གནས་པ་སྟེ་ཉི་ཤུ་རྩ་གཉིས་སུ་འདོད་པའང་ཡོད་ལ་མདོར་ན་དེ་རྣམས་ཀྱང་བཤགས་བྱའི་ཉེས་བྱས་ཏེ་སྤང་བྱ་ཉིད་དོ། །

གཉིས་པ་ཕྱོགས་མཐུན་བསྡམ་བྱའི་ཉེས་བྱས་ནི། གཉིས་པ་ཆོས་གོས་སོགས་ཏེ། ཉེས་མེད་བཅུ་གསུམ་མམ། བཅུ་དགུ་མ་གཏོགས་པའི་དགེ་སློང་ཕ་མའི་བཅས་པ་རྣམས་སོ། །དེ་ལ་ཉེས་མེད་ངོས་འཛིན་པ་ནི༔ བྱེ་བྲག་བཤད་པ་ལས། འཆང་བ་དང་ནི་འབྲལ་བ་དང་། །དེ་བཞིན་ས་ནི་རྐོ་བ་དང་། །རིན་ཆེན་རེག་དང་མེ་ལ་རེག །སྤྱངས་ནས་ཟ་བར་བྱེད་པ་དང་། །ལྗོན་ཤིང་འཛེགས་དང་ཤིང་གཅོད་དང་། །བྱིན་ལེན་མ་བྱས་ཟ་བ་དང་། རྩ་སྔོན་མི་གཙང་འདོར་བ་དང་། །དེ་བཞིན་གསོག་འཇོག་ཟ་བ་དང་། །ས་བོན་འཇོམས་དང་བསླབ

པའི་གཞི། །བཅུ་པོ་རྣམས་ནི་མ་གཏོགས་པ། །སོ་སོར་ཐར་བར་བསྟན་པ་དག །བླངས་པའི་ཕྱོགས་མཐུན་ཤེས་པར་བྱ། ཞེས་གསུངས་པའི་འཆང་བ་ལྷག་པོ་འཆང་བ་ལ་ཆོས་གོས་ལྷུང་བཟེད་གཉིས་སུ་ཕྱེ་བའི་ཉེས་མེད་བཅུ་གསུམ་གྱི་སྟེང་དུ། བོད་ཀྱི་འདུལ་འཛིན་རྣམས་ཀྱིས་རུང་མཐུན་དུ་སྦྱར་བ། །ཟླ་འཛོག་དགོན་པ་འབྲལ་གསོག་འཛོག །མ་སྨྲས་འདུན་བསྒྱུར་མ་རྫོགས་ཉལ། །ཞེས་པ་ལྟར་འཆང་བའི་ཟླར་བསྔོ་བགོས་རྒྱུ་ཟླ་བར་འཛོག་པ། འབྲལ་བའི་ཟླར་བསྔོ་བ་དགོན་པའི་འབྲལ་སྤང་དང་། གསོག་འཛོག་ཟ་བའི་ཟླར་བསྔོ་བ་གསོག་འཛོག་དང་། ལས་ཀྱི་གནས་ནས་མི་སྨྲ་བར་འགྲོ་བ་དང་། འདུན་པ་ཕྱིར་བསྒྱུར་དང་། བསྙེན་པར་མ་རྫོགས་པ་དང་ནུབ་ལྷག་ཉལ་བ་སྟེ་དྲུག་བསྣན་པས་ཉེས་མེད་བཅུ་དགུར་འདོད་པ་དང་། ཡང་འདུན་པ་ཕྱིར་བསྒྱུར་དོར་བའི་བཅོ་བརྒྱད་དུ་བཞེད་པའང་ཡོད་ཅིང་ཀུན་མཁྱེན་རིན་པོ་ཆེའི་སྤྱི་དོན་དུ་ཡང་དེ་ལྟར་གསུངས་སོ༔ ༔གང་ལྟར་ཡང་ཉེས་མེད་རྣམས་མ་གཏོགས་སྤང་དགོས་པ་དགེ་སློང་དང་འདྲ་ཡང་། སུམ་བརྒྱ་བར། བླངས་པའི་ཕྱོགས་མཐུན་རྣམས་ལས་ཡིད་ཀྱིས་འགྱུར། ཞེས་བཤགས་ཡུལ་ལ་མ་ལྟོས་པར་ཡིད་ཀྱིས་བསྡམས་པས་འདགས་པའི་ཕྱིར་བསྡམ་བྱའི་ཉེས་བྱས་སུ་བརྗོད་དོ། །གཞན་ཡང་རྟགས་ཀྱི་གཞི་ལས་གྱུར་པ་ལ་སོགས་པ་ཕྱོགས་མཐུན་བཅུར་རྒྱ་ཆེར་འགྲེལ་ལས་བཤད་མོད། ཕལ་ཆེར་འདི་དག་ཏུ་འདུས་པས་མ་སྤྲོས་སོ༔ ༔

གསུམ་པ་རབ་བྱུང་གི་དུས་སུ་བླངས་པ་ལས་འདས་པའི་ཕྱོགས་མཐུན་ནི། གསུམ་པ་ཁྲིམ་པའི་སོགས་ཏེ། ཁྲིམ་པའི་རྟགས་སྤོང་བ། རབ་བྱུང་གི་རྟགས་ལེན་པ། མཁན་པོར་གསོལ་བ་བཏབ་པ་རྣམས་ལས་ཉམས་པའི་ཕྱོགས་མཐུན་གྱི་ཉེས་པ་རྣམས་སོ། །དེ་ཡང་རབ་བྱུང་གི་སྡོམ་པས་མ་བསྡམས་པ་བར་མ་རབ་བྱུང་ཙམ་ཞིག་བླངས་པ་ལ་བསྲུང་བྱ་འདི་གསུམ་ལས་མེད་ཀྱང་། སུམ་བརྒྱ་པར་བཤད་པའི་ཕྱོགས་མཐུན་གོང་དུ་སྨོས་ཟིན་རྣམས་ཀྱང་བསྲུང་བ་ནི་དགེ་ཚུལ་ཕ་མའི་བསླབ་བྱ་མཉམ་པའོ། །གང་ལྟར་ཡང་གསུམ་པོ་འདི་ལས་འདའ་བར་འདོད་པ་ཞེ་ཐག་པ་ནས་ཁྲིམ་པའི་རྟགས་ཉིན་གཅིག་ཙམ་བླངས་ཀྱང་རབ་བྱུང་གཏོང་བར་གསུངས་ཏེ། མཛོད་ལས། བར་མཤུགས་བླངས་བྱ་བ་དང་། དོན་ཆེ་རྩ་བ་ཆད་པ་ལས། ཞེས་སོ། །

གཉིས་པ་དགེ་སློབ་མའི་བསླབ་བྱ་ལ་གཉིས་ཏེ། བླང་འདས་དངོས་དང་། ཕྱོགས་མཐུན་བསྡམ་བྱའོ། །དང་པོ་ལ་གཉིས་ཏེ། རྩ་བའི་ཆོས་དྲུག་དང་། རྗེས་མཐུན་གྱི་ཆོས་དྲུག་གོ། །དང་པོ་ནི། དགེ་སློབ་མ་ནི་སོགས་ཏེ། རྒྱ་ཆེར་འགྲེལ་ལས། གཅིག་པུ་ལམ་དུ་འགྲོ་མི་བྱེད། །ཆུ་བོའི་ཕ་རོལ་རྐྱལ་མི་བྱ། །སྐྱེས་པ་ལ་ནི་རེག་མི་བྱ། །སྐྱེས་པ་དང་ནི་འདུག་མི་བྱ། །སྨྱན་དུ་འགྱུར་བར་མི་བྱ་ཞིང་། །མི་ཏོག་ཕྲེང་བརྒྱུད་དུ་འདི་གཉིས་ཟློག་ཏེ་གསུངས། །ཁ་ན་

མ་ཐོ་བཅས་མི་བྱ། །ཞེས་གསུངས་པ་དང་།

གཉིས་པ་རྗེས་མཐུན་གྱི་ཆོས་དྲུག་ནི། གསེར་ལེན་སོགས་ཏེ། དེ་ཉིད་ལས། གསེར་ལ་བཟུང་བར་མི་བྱ་ཞིང་། །འདོམས་ཀྱི་སྤུ་ནི་བྲེག་མི་བྱ། །ས་ནི་རྐོ་བར་མི་བྱ་སྟེ། །རྩ་སྔོན་དག་ནི་བཅད་མི་བྱ། །བྱིན་ལེན་མ་བྱས་བཟའ་མི་བྱ། །གསོག་འཇོག་བྱས་པ་བཟའ་མི་བྱ། །ཞེས་འབྱུང་སྟེ་བླངས་པ་ལས་འདས་པའི་ཉེས་བྱས་སོ༑ །གཉིས་པ་ཕྱོགས་མཐུན་བསྡམ་བྱ་ནི། ཉེས་མེད་སོགས་ཏེ། གོང་དགེ་ཚུལ་གྱི་སྐབས་སུ་བཤད་པའི་ཉེས་མེད་བཅུ་གསུམ་ལས། ཆོས་གོས་དང་ལྷུང་བཟེད་ལྷག་པོ་འཆང་། ཆོས་གོས་དང་འབྲལ་བ་དང་། མེ་ལ་རེག་པ་དང་། སྔངས་ནས་ཟ་བ་དང་། ས་བོན་འཇོམས་པ་དང་། རྩ་སྔོན་ཡོད་པའི་སར་མི་གཙང་བ་འདོར་བ། ལྗོན་ཤིང་ལ་འཛེགས་པ་སྟེ་བདུན་པོ་སྐབས་འདིར་ཉེས་མེད་ཡིན་ཞིང་། དེར་མ་གཏོགས་དགེ་སློང་མའི་བསླབ་གཞི་ལྷག་མ་གཞན་དག་ནི་བླངས་པའི་ཕྱོགས་མཐུན་ཡིན་པས། དེ་དག་ལས་འདས་ན་ཡིད་ཀྱིས་བསྡམ་པར་བྱ་བའོ། །དེ་དག་ཀྱང་། མདོ་རྩར། དགེ་ཚུལ་མ་ཉིད་དང་དགེ་སློང་མ་ཉིད་ཀྱི་བར་སྐབས་སུ་སྤྱོད་པའི་དུས་ནི་ལོ་གཉིས་སོ་ཞེས་གསུངས་པ་ལོ་གཉིས་ཀྱི་བར་དེ་དག་ལ་མ་བསླབ་པར་བསྙེན་པར་རྫོགས་པར་མི་བྱ་ཞེས་པའི་དོན་ཡིན་གྱིས། ལོ་གཉིས་འདས་ནས་བསྙེན་རྫོགས་མ་གྲུབ་ཀྱང་སྲུང་དགོས་ཏེ། རྒྱ་ཆེར་འགྲེལ་ལས། ལོ་གཉིས་ལས་ལྷག་ན་ཡང་བརྟུལ་ཞུགས་དེ་ཉམས་པར་ཡང་མི་འགྱུར་ལ། དེ་ཕྱིན་ཆད་མི་བསྲུང་བར་བྱ་བ་ཡང་མ་ཡིན་ནོ། །ཞེས་འབྱུང་བས་སོ། །

གསུམ་པ་དགེ་སློང་གི་བསླབ་བྱ་ནི། དགེ་སློང་བསླབ་བྱ་བསྲུང་ཚུལ་བསླབ་པ་དངོས། ཞེས་པ་ལྟར་བཤད་ན་གཉིས་ཏེ། བསྲུང་ཚུལ་ཁྱད་པར་བ་དང་། བསླབ་བྱ་དངོས་སོ། །དང་པོ་ལ་གཉིས་ཏེ་གཞན་ལ་ལྟོས་པ་དང་། རང་གི་བསམ་སྦྱོར་གྱི་སྒོ་ནས་བསྲུང་བའི་ཚུལ་ལོ། །དང་པོ་ལའང་གསུམ་སྟེ་གནས་འཆའ་བའི་ཚུལ་དང་། གནས་ལ་བརྟེན་པའི་ཚུལ། གནས་དང་གནས་པའི་མཚན་ཉིད་མདོར་བསྡུས་ཏེ་སྨོས་པའོ། །དང་པོ་ནི། བསྲུང་ཚུལ་བསྙེན་པར་རྫོགས་ཞེས་སོགས་ཏེ། དེ་ལྟར་བསྙེན་པར་རྫོགས་མ་ཐག་པའི་གང་ཟག་དེས་ལོ་བཅུའི་བར་དུ་གནས་ཀྱི་སློབ་དཔོན་ལ་བརྟེན་དགོས་པས་མཁན་པོ་ཡོད་ན་མཁན་པོར་གྱུར་པ་ཉིད་ཀྱིས་གནས་ཀྱི་བླ་མར་ཡང་གྱུར་ཟིན་པས་གནས་འཆའ་བའི་ཆོ་ག་མི་དགོས་པར་བརྟེན་པས་ཆོག་སྟེ། མདོ་རྩར། མཁན་པོ་དེ་ཉིད་གནས་ཉིད་ཡིན་ནོ། །ཞེས་གསུངས་པས་སོ། །མཁན་པོ་མེད་ན་བླ་མར་འོས་པ་སྟེ་བསྙེན་པར་རྫོགས་ནས་ལོ་བཅུ་ལོན་པ་ལྔ་ཕྲུག་ཉེ་ཤུ་རྩ་གཅིག་ལས་གང་རུང་དང་ལྡན་པའི་དགེ་སློང་ཞིག་ལ་གནས་འཆའ་བའི་ཆོ་ག་བྱས་ཏེ། ལྷན་ཅིག་གནས་ནས་ཞག་གཉིས་པའི་སྐྱ་རེངས་ཤར་བའི་ཚེ་དེ་ཉིད་གནས་ཀྱི་སློབ་དཔོན

དུ་འགྱུར་ཞིང་། བླ་མ་གཅིག་གི་འཁོར་དུ་དགེ་སློང་མང་པོ་འཛོག་རུང་མོད། དགེ་ཚུལ་ནི་གཅིག་ལས་བཞག་ཏུ་མི་རུང་ཞིང་དེ་ཡང་ནུབ་གཉིས་ལས་ལྷག་པར་ལྷན་ཅིག་གནས་སུ་མི་རུང་ངོ་། །

གཉིས་པ་གནས་ལ་བསྟེན་པའི་ཚུལ་ནི། བསྟེན་ཚུལ་མ་ཉམས་ཤིང་སོགས་ཏེ། མདོ་རྩ་ར། གནས་པས་གནས་ལ་མ་ཞུས་པར་བྱ་བ་མི་བྱའོ། །བཤང་བ་དང་། གཅི་བ་དང་། སོ་ཤིང་དོར་བ་དང་། ཉེ་འཁོར་དང་བཅས་པའི་གཙུག་ལག་ཁང་དང་མཆོད་རྟེན་ལ་ཕྱག་བྱ་བ་ནི་མ་གཏོགས་སོ། །ཞེས་གནས་པ་སློབ་མ་སྟེ་དགེ་སློང་དང་། ཉེ་གནས་ཏེ་དགེ་ཚུལ་གྱི་བྱ་བ་དམིགས་བསལ་འགའ་ཞིག་མ་གཏོགས་གཞན་བྱ་བ་ཐམས་ཅད་གནས་ལ་ཞུ་དགོས་པ་དང་། ཡང་མདོ་རྩ་ར། དེས་ཀྱང་དེ་ལ་དབྱེ་སྟེ་ཞེས་གནས་བླ་མ་དེས་གནས་པ་དེ་ལ་དགོས་པའི་དོན་དུ་ཆོས་གོས་ལྷུང་བཟེད་ཁ་བསྒྱུར་བ་ལ་སོགས་པའི་བྱ་བ་ཐམས་ཅད་ལེགས་པར་སྟོན་པ་ནི་གནས་ཀྱི་ཚུལ་ཁྲིམས་སོ། །ཁྱད་པར་དུ་གནས་ལ་བསྟེན་པའི་དགོས་པ་བླ་མས་ཀྱང་བླང་དོར་གྱི་གནས་རྣམས་ལེགས་པར་འདོམས་པ་ལྟར། གནས་པས་ཀྱང་གུས་པས་ཉན་པའི་སྒོ་ནས་སྲུང་སྟེ་གནས་དང་བརྟན་མཁས་ཀྱི་ཡོན་ཏན་མཉམ་པར་གྱུར་གྱི་བར་དུ་བསླབ་བོ། །

གསུམ་པ་གནས་དང་གནས་པའི་མཚན་ཉིད་མདོར་བསྟན། སུམ་བརྒྱ་པ་ལས། ཚུལ་ཁྲིམས་ལྡན་ཞིང་འདུལ་བའི་ཆོ་ག་ཤེས། །ནད་པར་སྙིང་བརྩེ་འཁོར་ནི་དག་པ་དང་། །ཆོས་དང་ཟང་ཟིང་ཕན་འདོགས་ཀྱིས་བརྩོན་པ། །དུས་སུ་འདོམས་པ་དེ་དག་བླ་མར་བསྟགས། ཞེས་བཙུན་པ་བརྟན་པའི་ཡོན་ཏན་དང་། མཁས་ཤིང་ཕན་འདོགས་པས་བསྟུས་པ་གནས་ཀྱི་མཚན་ཉིད་དང་། ཡང་། སློབ་དཔོན་ལ་གུས་ཚུལ་ཁྲིམས་ཡང་དག་དང་། །བསམ་གཏན་དང་ནི་འདོན་ལ་རྟག་བརྩོན་དང་། །ཁྲིམས་ཤིང་དུལ་ལ་བཟོད་དང་ལྡན་པ་ནི། །སྡོམ་བརྩོན་གནས་པའི་ཆོས་ལྡན་ཤེས་པར་བྱ། །ཞེས་གནས་པའི་མཚན་ཉིད་དེ་གོ་བར་ཟད་དོ། །ཡང་མདོ་རྩ་ར། རྒན་པ་མེད་ན་གཞོན་པ་ལ་གནས་བཅའ་བར་བྱའོ། །ཞེས་རང་ལས་གཞོན་པ་ལྔ་ཕྲུག་དང་ལྡན་པ་ལ་གནས་བཅའ་ཆོག་པ་དམིགས་བསལ་དུ་གསུངས་པ་དང་། དགེ་སློང་མ་ལ་གནས་བསྙེན་པར་རྫོགས་ནས་ལོ་བཅུ་གཉིས་ལོན་དགོས་པ་དང་། གནས་པས་ཀྱང་ལོ་བཅུ་གཉིས་སུ་བསྟེན་དགོས་པ་ནི་ཁྱད་པར་རོ། །

གཉིས་པ་རང་གི་བསམ་སྦྱོར་གྱི་སྒོ་ནས་སྲུང་བའི་ཚུལ་ལ་གཉིས་ཏེ་བསམ་པ་དང་སྦྱོར་བའོ། །དང་པོ་ནི༏ བླང་དོར༹་ཚུལ་ལ་སོགས་ཏེ། ཉེས་པ་འབྱུང་བའི་རྒྱུའི་གཙོ་བོ་ནི། མི་ཤེས་པ་དང་། མ་གུས་པ་དང་། བག་མེད་པ་དང་། ཉོན་མོངས་པ་མང་བ་རྣམས་ཡིན་པས། དེ་དག་གི་གཉེན་པོར་བླང་དོར་གྱི་ཚུལ་ལ་སྦྱོ་བའི་བརྩོན་འགྲུས་དང་། འཇིག་རྟེན་གྱི་གནས་ལ་གཟབ་པ་ལྟར་ལེན་པའི་བག་ཡོད་དང་། རང་རྒྱུད་ལ་ཉེས་པ

བྱུང་མ་བྱུང་རྟོག་པའི་ཤེས་བཞིན་རྣམས་ལ་རྟག་ཏུ་བསྟེན་དགོས་ཏེ། སྤྱོད་འཇུག་ལས། བསོད་ནམས་བརྩོན་འགྲུས་མེད་མི་འབྱུང་། བརྩོན་གང་དགེ་ལ་སྤྲོ་བའོ། །ཞེས་དང་། བཤེས་སྤྲིང་ལས། བག་ཡོད་བདུད་རྩིའི་གནས་ཏེ་བག་མེད་པ། །འཆི་བའི་གནས་སུ་ཐུབ་པས་བཀའ་སྩལ་ཏོ། །ཞེས་དང་། སྤྱོད་འཇུག་ལས། ཤེས་བཞིན་མེད་པའི་ཆོམ་རྐུན་དག །དྲན་པ་ཉམས་པའི་རྗེས་འབྲངས་ནས། །བསོད་ནམས་དག་ནི་ཉེར་བསགས་ཀྱང་། །རྐུན་པོས་འཕྲོག་བཞིན་ངན་འགྲོར་འགྲོ །ཞེས་དང་། །བསླབ་པ་སྲུང་བར་འདོད་པ་ཡིས། །རབ་ཏུ་བསྒྲིམས་ནས་སེམས་བསྲུང་སྟེ། །སེམས་དེ་བསྲུང་བར་མ་ནུས་ན། །བསླབ་པ་བསྲུང་བ་ཡོངས་མི་ནུས། །ཞེས་སོ༑ ༑

གཉིས་པ་ནི། བླང་དང་དོར་བྱའི་སོགས་ཏེ། བླང་དོར་གནས་རྣམས་ཤེས་པའི་ཆེད་དུ་གནང་བཀག་གི་བསླབ་མཚམས་སྟོན་པ་འདུལ་བའི་སྡེ་སྣོད་ཐོས་བསམ་འཛིན་འཆང་ལེགས་པར་བྱ་དགོས་ཏེ། རིན་ཆེན་ཕྲེང་བ་ལས། དེ་ནས་རབ་ཏུ་བྱུང་བ་ཡིས། །དང་པོར་བསླབ་ལ་རབ་གུས་བྱ། །སོ་སོར་ཐར་པ་འདུལ་བ་དང་། །མང་ཐོས་དོན་གཏན་དབབ་ལ་བསྒྲིམས། ཞེས་སོ། །

གཉིས་པ་བསླབ་བྱ་ངོས་བཟུང་བ་ལ་གཉིས་ཏེ། དགག་པའི་བསླབ་བྱ་དང་། སྒྲུབ་པའི་བསླབ་བྱའོ། །དང་པོ་ལ་གཉིས་ཏེ་སྤྱིར་བཤད་པ་དང་། སྡེ་ལྔ་བྱེ་བྲག་ཏུ་བཤད་པའོ། །དང་པོ་ལ་གཉིས་ཏེ་ལྟུང་བའི་མཚན་ཉིད་དང་། དབྱེ་བའོ། །དང་པོ་ནི། གང་ཞིག་ལུས་དང་སོགས་ཏེ། ལས་གང་ཞིག་ལུས་ངག་གི་སྒོ་ནས་སྤྱད་པ། ཐུབ་པས་རབ་ཏུ་བྱུང་བའི་རྟེན་ལ་བཅས་པ་ལས་འདས་པ་ནི་ལྟུང་བའི་ངོ་བོ་སྟེ། སྤོང་བདུན་གྱི་རང་བཞིན་ཚུལ་ཁྲིམས་དང་འགལ་བའི་ཕྱོགས་ཡིན་པའི་ཕྱིར་རོ། །དེ་ཡང་མཛོད་ལས། འཆལ་བའི་ཚུལ་ཁྲིམས་མི་དགེའི་གཟུགས། རྣམ་པར་རིག་བྱེད་ཡིན་མིན་གྱི་གཟུགས་གཉིས། །དེ་སྤོང་ཚུལ་ཁྲིམས་རྣམ་གཉིས་སོ། །དེ་ཡང་གཟུགས། །སངས་རྒྱས་ཀྱིས་བཀས་བཅད་པ་ཕྱི་དྲོའི་ཟས་སྤོང་བ་སོགས་ཀྱང་གཟུགས་གཉིས་ཀྱིས་བསྡུས་པ་ནི་བཅད་པ་ཡང་། ཞེས་སོ། །འོ་ན་ཡིད་ཀྱི་མི་དགེ་བ་ལ་ལྟུང་བ་མེད་དམ་ཞེ་ན་མེད་དེ། ལྟུང་བའི་ངོ་བོ་གཟུགས་ཅན་ཡིན་པའི་ལུང་དྲངས་ཟིན་ལ། ཡིད་ཀྱི་སྡོམ་པ་ལེགས་པ་སྟེ། །ཞེས་པའི་ཡིད་སྡོམ་ཀྱང་བླང་དོར་མི་བརྗེད་པའི་དྲན་ཤེས་ལ་བཏགས་པ་ཙམ་ཡིན་པས་ཡིད་ལ་སོར་སྡོམ་མཚན་ཉིད་པ་མེད་པ་དང་། སོ་ཐར་སྡོམ་པ་ཡིན་ན་ལུས་ངག་གང་རུང་གི་དགེ་བའི་ལས་ཡིན་དགོས་པ་ནི། འོད་ལྡན་ལས། ལྟུང་བའི་རང་བཞིན་ཅི་ཞེ་ན། །ལུས་དང་ངག་གི་ལས་འདས་པའི་རང་བཞིན་ནོ། །གལ་ཏེ་ཡིད་ཀྱི་ཐལ་བའི་རང་བཞིན་ཡང་ཅིའི་ཕྱིར་ལྟུང་བ་མ་ཡིན་ཞེ་ན། ཡིད་ཀྱི་སྡོམ་པ་ལ་སོ་སོར་ཐར་པའི་སྡོམ་པ་མེད་པའི་ཕྱིར། ཞེས་འབྱུང་ངོ་། །འདི

དག་བྱེ་བྲག་སྨྲ་བའི་བཞེད་པ་ལྟར་བཀོད་པ་ཡིན་གྱི། མདོ་སྡེ་པ་ཡན་ཆད་སྡོམ་པ་སྤོང་སེམས་སུ་བཞེད་པས་ཡིད་སྡོམ་ཀྱང་སྡོམ་པ་མཚན་ཉིད་པར་འཇོག་དགོས་ཤིང་། ལྟུང་བའང་གཟུགས་ཅན་དུ་མ་གསུངས་སོ། །

གཉིས་པ་དབྱེ་བ་ནི། ཕམ་པ་བཞི་དང་སོགས་ཏེ། སྡེ་ཚན་གྱི་སྒོ་ནས་ཕམ་པ། དགེ་འདུན་ལྷག་མ། ལྟུང་བྱེད། སོར་བཤགས་ཉེས་བྱས་དང་ལྔའོ། །དེ་དག་ཐམས་ཅད་ཀྱང་བསྡུ་ན་ལྷག་མ་མེད་པ་དང་། དགེ་འདུན་ལྷག་མ་དང་། གང་ཟག་ལྷག་མའི་ལྟུང་བ་དང་གསུམ་དུ་འདུས་ཏེ། ཕམ་པ་ཕལ་ཆེར་ལྷག་མ་མེད་པའི་ལྟུང་བ་ཡིན་ཅིང་། ལྟུང་བྱེད་སོགས་གསུམ་ནི། གང་ཟག་ལྷག་མའི་ལྟུང་བ་ཡིན་པས་སོ། །དེ་ཡང་ཚིག་ལེར། སྡོམ་པ་ལྷག་མ་མེད་སྤྱོད་དང་། །དགེ་འདུན་ལྷག་མས་དེ་ལྟང་དང་། །དེ་བཞིན་གང་ཟག་ལྷག་མ་ཅན། །ལྟུང་བ་རྣམ་པ་གསུམ་དུ་བསྒྲགས། ཞེས་གསུངས་སོ། །གནས་སྐབས་ཀྱི་སྒོ་ནས་དངོས་གཞིའི་ལྟུང་བ། སྦྱོར་བའི་ལྟུང་བ། སྦྱོར་བའི་སྦྱོར་བའི་ལྟུང་བ་དང་གསུམ་དུ་འགྱུར་བའི་དང་པོ་ནི། སྡེ་ལྔ་པོ་རྣམས་སོ། །

གཉིས་པ་ནི་སྡེ་ལྔའི་གཞི་ལ་ཞུགས་པའི་ལུས་ངག་གི་རིག་བྱེད་དང་། རིག་བྱེད་མ་ཡིན་པ་ལྟ་བུའོ། །འདི་ནི་སྦོམ་པོ་དང་། སྡེ་ལྔའི་ནང་ཚན་དུ་མ་གྱུར་པའི་ཉེས་བྱས་གང་རུང་དུ་ངེས་ཏེ། ཕམ་ལྷག་གི་སྦྱོར་བ་རྣམས་ནི་སྦོམ་པོ་དང་། ལྟུང་བྱེད་སོགས་གསུམ་གྱི་སྦྱོར་བ་ནི། སོ་ཐར་གྱི་མདོའི་སྡོམ་ཚིག་གིས་མ་བསྡུས་པའི་ཉེས་བྱས་ཕྲ་མོ་ཡིན་པས་སོ། །

གསུམ་པ་ནི། སྡེ་ལྔའི་གཞི་ལ་ཞུགས་པའི་ཆེད་དུ་གྲོས་བྱེད་པ་དང་། སྣན་ལས་ལྟང་བ་དང་། གོམ་པ་འདོར་བ་ལ་སོགས་པ་ལྟ་བུ་སྟེ། སྡེ་ལྔའི་ནང་ཚན་དུ་མ་གྱུར་པའི་ཉེས་བྱས་ཕྲ་མོའོ། །གཞན་དོན་དུ་རིན་ཐང་ཚང་བའི་དངོས་པོ་མ་བྱིན་པར་བླངས་པའི་ལྟུང་བ་ལ་སོགས་པ་དངོས་གཞིའི་རྣམ་པའི་སྦོམ་པོ་རྣམས་དང་། ཕམ་ལྷག་གང་རུང་གི་སྦྱོར་བ་མ་ཡིན་པའི་སྦོམ་པོ་རྣམས་ནི་འདིར་མ་འདུས་པར་ཤེས་པར་བྱའོ། །རྒྱ་བར་དངོས་སུ་མ་སྨོས་པ། རྒྱུའི་སྒོ་ནས་མི་ཤེས་པ་དང་། མ་གུས་པ་དང་། བག་མེད་པ། ཉོན་མོངས་པ་མང་བའི་རྒྱུ་ལས་བྱུང་བ་བཞི། ཕྱིར་བཅོས་ཀྱི་སྒོ་ནས་ལྷག་མ་མེད་པ་དང་། ལྷག་མ་དང་བཅས་པ་གཉིས་ཏེ་ཕམ་པ་ཕལ་ཆེར་ཕྱིར་བཅོས་སུ་མེད་པས་ལྷག་མ་མེད་པ་དང་། དགེ་འདུན་ལྷག་མ་སོགས་བཞི་ནི་ཕྱིར་བཅོས་དང་བཅས་པའི་ལྷག་མ་དང་བཅས་པར་བཞག་སྟེ། རྒྱ་ཆེར་འགྲེལ་ལས། འདིར་ཕྱིར་བཅོས་པའི་ལྷག་མ་དང་བཅས་པའི་ཕྱིར་དགེ་འདུན་ལྷག་མའི་ལྟུང་བ་ཡིན་པར་ཤེས་པར་བྱའོ། །ཞེས་དང་། འདིར་ཕྱིར་བཅོས་པའི་ལྷག་མ་མེད་པའི་ཕྱིར་ལྷག་མ་མེད་པ་སྟེ། ཕམ་པར་འགྱུར་བ་དག་ཡིན་པར་ཤེས་པར་བྱའོ། །ཞེས་སོ། །འོན་ཀྱང་ཕམ་པ་འཆབ་མེད་རྣམས་བསླབ་པ་བྱིན་པའི་སྒོ་ནས་སོར་ཆུད་པས་ན་ལྷག་མེད་དུ་མི་བགྲང་ངོ་། །འབྱུང་བའི་སྒོ་ནས

དབྱེ་ན་སྒོ་གསུམ་རེ་རེ་ལས་བྱུང་བ། གཉིས་ལས་བྱུང་བ། གསུམ་ཆར་ལས་བྱུང་བ་དང་གསུམ་སྟེ། དང་པོ་ལུས་རྐྱང་པ་ལས་བྱུང་བ་ནི། ཁྲིམ་གཅིག་ཏུ་བུད་མེད་དང་ལྷན་ཅིག་ཏུ་ཉལ་བ་དང་། བསྙེན་པར་མ་རྫོགས་པ་དང་ནུབ་གཉིས་ལས་ལྷག་པར་མཚམས་ནང་གཅིག་ཏུ་ཉལ་བའི་ལྟུང་བ་ལྟ་བུ་དང་། ངག་རྐྱང་པ་ལས་བྱུང་བ་ནི༑ མ་བསམ་པར་བུད་མེད་དག་ལ་ཚིག་ལྔ་འམ་དྲུག་ལས་ལྷག་པའི་ཆོས་སྟོན་པའི་ལྟུང་བ་ལྟ་བུ། ཡིད་རྐྱང་པ་ལས་བྱུང་བ་ནི་གསོ་སྦྱོང་གི་ཚེ་ལྟུང་བ་ཡོད་བཞིན་དུ་ཅང་མི་སྨྲ་བ་ལྟ་བུ་སྟེ། ཚིག་ལེར། ཁྲིམ་གཅིག་དགེ་སློང་བུད་མེད་དང་། །གལ་ཏེ་མི་ཤེས་ལྷན་ཅིག་ཉལ། །ནུབ་གསུམ་བསྙེན་པར་མ་རྫོགས་དང་། །གནས་གཅིག་འདི་ནི་ལུས་ཀྱིའོ། །བུད་མེད་དག་ལ་རྐང་པ་ནི། །ལྔའམ་དྲུག་གི་ཆོས་སྟོན་ན། །མ་བསམ་པར་ནི་ལྷག་པའི་ཚིག །སྨྲས་པ་ལ་ནི་ངག་གིར་བརྗོད། །གསོ་སྦྱོང་དུས་ཚེ་དྲིས་ན་ཡང་། །སྐྱོན་ཡོད་སྨྲ་བར་མི་བྱེད་པ། །དེ་ལ་ཡིད་ཀྱི་ལྟུང་བ་ནི། །ཉེས་བྱས་ཉིད་དུ་མཁས་པས་རྟོགས། །ཞེས་གསུངས་པའི་ཕྱི་མ་འདི་ལ་ལུང་ལས་ཀྱང་། བཙུན་པ་སེམས་འབའ་ཞིག་ལ་ལྟུང་བར་འགྱུར་བ་མཆིས་སམ། ཡོད་དེ་གསོ་སྦྱོང་མི་བྱེད་ནའོ། །ཞེས་ཡིད་ཀྱི་ལྟུང་བར་གསུངས་པ་ནི་ལུས་ངག་གི་རིག་བྱེད་རགས་པ་མེད་པ་ལ་དགོངས་སོ། །དེ་བཞིན་དུ་དགེ་སློང་མ་བླ་བོའི་ཕམ་པ་འཆབ་པ་ལྟ་བུ་ལའང་འགྲོ་སྟེ་འདི་དག་གི་སྐབས་སུ་བཞིན་བསྒྱུར་བ་དང་། བ་སྤུ་གཡོ་བ་ལ་སོགས་པའི་རིག་བྱེད་ཕྲ་མོ་དང་ལྡན་པས་ངོ་བོ་ལུས་ངག་གང་རུང་གི་ལྟུང་བ་ལས་མ་འདས་སོ། །དེ་ཡང་རྒྱ་ཆེར་འགྲེལ་ལས། ཉེས་བྱས་ཡོངས་སུ་རྫོགས་པ་ཡིན་གྱི། སེམས་ཀྱིས་ནི་མ་ཡིན་ཏེ། ཁ་རྣམ་པར་བསྒྱུར་བ་ལ་སོགས་པའི་རྣམ་པར་རིག་བྱེད་དེ་ལ་ཡོད་པའི་ཕྱིར། ཞེས་སོ། །མདོར་ན་གཉེན་པོ་སྡོམ་པ་གཟུགས་ཅན་ཡིན་པའི་གནད་ཀྱིས་སྤང་བྱ་སྡོམ་པའང་གཟུགས་ཅན་ཡིན་པས་ཁྱབ་པའོ། །སྒོ་གཉིས་ལས་བྱུང་བ་ལ་ལུས་དང་ཡིད་གཉིས་ལས་བྱུང་བ་ནི་བསམ་བཞིན་དུ་སྲོག་གཅོད་པ་དང་། མ་བྱིན་པ་ལེན་པ་ལྟ་བུའོ། །ངག་དང་ཡིད་གཉིས་ལས་བྱུང་བ་ནི་བསམ་བཞིན་དུ་བུད་མེད་ལ་ཚིག་དྲུག་ལས་ལྷག་པར་ཆོས་སྟོན་པ་ལྟ་བུའོ། །སྒོ་གསུམ་ཆར་ལས་བྱུང་བ་ནི་བསམ་བཞིན་དུ་ངག་གི་རིག་བྱེད་དང་བཅས་ཏེ་གཞན་ལ་བརྡེག་པ་ལྟ་བུའོ། །ངོ་བོའི་སྒོ་ནས་དབྱེ་ན་རང་བཞིན་གྱི་ཁ་ན་མ་ཐོ་བ་དང་། བཅས་པའི་ཁ་ན་མ་ཐོ་བ་གཉིས། འདི་གཉིས་ཀྱི་ཁྱད་པར་ནི། ཉོན་མོངས་པའི་སེམས་ཁོ་ནས་ཀུན་ནས་བསླངས་ཤིང་བཅས་པ་དང་ལྡན་མི་ལྡན་ཐམས་ཅད་ལ་སྡིག་པར་འགྱུར་བའི་རིགས་སུ་གནས་པའི་མི་དགེ་བ་གཟུགས་ཅན་དེ་རང་བཞིན་ཁ་ན་མ་ཐོ་བའི་མཚན་ཉིད། མཚན་གཞི་སྲོག་གཅོད་དང་། མ་བྱིན་ལེན་སོགས་ལུས་ངག་གི་མི་འདིར་ལྟུང་བའི་རྣམ་བཞག་གཙོར་བཤད་པ་ཡིན་པས། ལས་འབྲས་སྟོན་པའི་མདོ་སྡེ་དང་མི་འགལ་ལོ། དགེ་བ་རྣམས་སོ། །ཉོན་མོངས་པ་ཅན་དང་། ཉོན་མོངས་པ་ཅན་མ་ཡིན་པའི་སེམས་ཅི་

རིགས་པས་ཀུན་ནས་བསླངས་ཤིང་བཅས་ལྡན་ཁོ་ནའི་རྟེན་ལ་ལྟུང་བར་འགྱུར་བ་དེ་བཅས་པའི་ཁ་ན་མ་ཐོ་བའི་མཚན་ཉིད། མཚན་གཞི་ཆང་འཐུང་བ་དང་། ཕྱི་དྲོའི་ཁ་ཟས་དང་། ས་བོན་འཇོམས་པ། སྐྱེ་བ་གཅོད་པ་ལ་སོགས་པའོ། །དེ་ཡང་སྲོག་གཅོད་སོགས་ནི་ཁྱིམ་པས་སྤྱད་ན་རང་བཞིན་ཁ་ན་མ་ཐོ་བ་ཁོ་ན་དང་། བཅས་ལྡན་གྱིས་སྤྱད་ན་རང་བཞིན་དང་བཅས་པའི་ཁ་ན་མ་ཐོ་བ་གཉིས་ཀ་ཡིན། ཆང་འཐུང་བ་སོགས་ནི་ཁྱིམ་པ་ཕལ་མོ་ཆེས་སྤྱད་པ་ལ་ཁ་ན་མ་ཐོ་བ་མེད་ལ། དགེ་བསྙེན་དང་རབ་བྱུང་ལ་བཅས་རྐྱང་གི་ཁ་ན་མ་ཐོ་བ་ཡིན་ནོ། །དེས་ན་མཛོད་འགྲེལ་ལས། ཇི་ལྟར་སྨྱོས་པར་འགྱུར་བ་བཅས་པའི་ཁ་ན་མ་ཐོ་བ་ཡིན་པར་ཤེས་ཤེ་ན། རང་བཞིན་གྱི་ཁ་ན་མ་ཐོ་བའི་མཚན་ཉིད་མེད་པའི་ཕྱིར། རང་བཞིན་གྱི་ཁ་ན་མ་ཐོ་བ་ནི་སེམས་ཉོན་མོངས་ཅན་ཁོ་ནས་སྤྱོད་པ་ཡིན་ལ། ཆང་ནི་ཇི་སྙེད་སྨྱོས་པར་མི་འགྱུར་བར་གཉེན་པོའི་བློ་ཁོ་ནས་བཏུང་བར་ནུས་སོ། །གང་སྨྱོས་པར་འགྱུར་བར་ཤེས་ནས་འཐུང་བའི་སེམས་དེ་ནི་ཉོན་མོངས་པ་ཅན་ཡིན་ལ། གང་སྨྱོས་པར་མི་འགྱུར་བའི་ཚོད་རིག་ནས་འཐུང་བའི་སེམས་དེ་ནི་ཉོན་མོངས་པ་ཅན་མ་ཡིན་ནོ། །ཞེས་དང་། རབ་དབྱེར། རང་བཞིན་ཁ་ན་མ་ཐོ་བ། །སེམས་ཅན་ཀུན་ལ་སྡིག་པར་འགྱུར། །བཅས་པའི་ཁ་ན་མ་ཐོ་བ། །བཅས་པ་ཕྱིན་ཆད་ལྟུང་བར་འགྱུར། །ཞེས་གསུངས་སོ། །མདོར་ན་ལྟུང་བ་དང་བཅས་པའི་ཁ་ན་མ་ཐོ་བ་དོན་གཅིག་པས་སྲོག་གཅོད་སོགས་ཁྱིམ་པ་ལ་སྡིག་པར་འགྱུར་བ་དེ་བཅས་ལྡན་ལ་སྡིག་པ་དང་ལྟུང་བ་གཉིས་ཀར་འགྱུར་རོ། །ལྟུང་བ་ནི་བསླབ་པ་བཅས་ཕྱིན་ཆད་ནས་འཛོག་པས་ན་དགེ་སློང་ནོར་ཅན་གྱིས་ཤིང་བརྒྱུས་པ་ལྟ་བུ་ལ་སྡིག་པ་ཡོད་ཀྱང་ལྟུང་བ་མེད་པར་གསུངས་སོ། །དེ་ཡང་རབ་དབྱེར། དེས་ན་ཐུབ་པས་ལས་དང་པོས། །ཉེས་པ་བྱས་ཀྱང་ལྟུང་མེད་གསུངས། །ཞེས་སོ། །འོན་ཀྱང་ལྟུང་བ་ལ་མི་དགེ་བ་དང་། ལུང་མ་བསྟན་གཉིས་ཡོད་དེ། མ་བསམ་པར་བསླབ་པ་དང་བཅས་པ་ལས་འདས་པའི་ཁ་ན་མ་ཐོ་བ་རྣམས་ནི་མཐའ་གཅིག་ཏུ་ལུང་མ་བསྟན་དང་། བསམ་བཞིན་དུ་འདས་པ་རྣམས་ནི་མི་དགེ་བ་ཡིན་པར། ཚིག་ལེ་ལས། །མ་བསམ་ཐུབ་པའི་བསླབ་པའམ། །དགེ་འདུན་ནང་ཁྲིམས་དྲལ་གྱུར་ན། །ལུང་མ་བསྟན་པར་གསུངས་པ་སྟེ། །ལྟུང་མེད་དགེ་བ་རྣམས་ཀྱང་མིན། །ཡང་དག་བསམ་ནས་འདས་ན་ནི། །མི་དགེ་བ་ཉིད་ཁོ་ནར་འགྱུར། ཞེས་སོ། །འདིའི་དགེ་བ་རྣམས་ཀྱང་མིན། ཞེས་པ་ནི་དད་པ་ལ་སོགས་པ་དགེ་བའི་སེམས་ཁྱད་པར་ཅན་གྱིས་མཆོད་རྟེན་དང་གཙུག་ལག་ཁང་སོགས་ལ་སྐྱེས་པའི་རྩ་སྔོན་གཅོད་པ་དང་། མཆོད་པའི་ཕྱིར་མེ་ཏོག་འཐོག་པ་སོགས་ལ་ལྟུང་བ་མེད་པའི་དོན་ཏོ། །འོན་གཞན་དོན་དུ་ཉོ་ཚོང་མདོན་ཚན་ཅན་བྱེད་པ་སོགས་ལ་མཚུངས་སོ་ཞེ་ན་མི་མཚུངས་ཏེ། དེ་ནི་རང་དང་ཉེ་བ་སོགས་ཆགས་སེམས་ཀྱིས་ཀུན་ནས་བསླངས་པས་ན་ལྟུང་བ་འབྱུང་སྟེ། རབ་དབྱེར། ཉན་ཐོས་སེམས་ཅན་

དོན་ཡིན་ཡང་། །འདོད་ཆེན་པོ་ལ་ལྟུང་བ་འབྱུང་། །ཞེས་སོ། །དགྲ་བཅོམ་པའི་རྒྱུད་ལ་མི་དགེ་བར་གྱུར་པ་རིག་བྱེད་མ་ཡིན་པའི་གཟུགས་ཅན་གྱི་ལྟུང་མེད་ཀྱང་བཅས་ལྟུང་ཡོད་པ་ནི་ལུང་མ་བསྟན་ཁོ་ན་ཡིན་ཏེ། ལུང་གཏམ་གྱི་གཞི་ལས། དགྲ་བཅོམ་པ་ཉེས་པར་བྱེད་ན་ཐམས་ཅད་ཀྱང་ལུང་མ་བསྟན་གྱི་ཉེས་པར་འགྱུར་ཏེ། ཞེས་གསུངས་སོ། །

གཉིས་པ་སྡེ་ལྔ་བྱེ་བྲག་ཏུ་བཤད་པ་ལ་ལྔའམ་དྲུག་སྟེ། ཕམ་པའི་སྡེ། དགེ་འདུན་ལྷག་མའི་སྡེ་མ་ངེས་པ་གཉིས་དང་བཅས་པ། ཕམ་ལྷག་གཉིས་ཀའི་ཆར་གཏོགས་སྦོམ་པོ། ལྟུང་བྱེད་ཀྱི་སྡེ། སོར་བཤགས་ཀྱི་སྡེ། ཉེས་བྱས་ཀྱི་སྡེ་བཤད་པའོ། །དང་པོ་ལ་གཉིས་ཏེ་མཚན་ཉིད་དང་མིང་དོན་གཞི་མཐུན་པས་མདོར་བསྟན་པ་དང་། ཡན་ལག་རྒྱས་པར་བཤད་པའོ། །དང་པོ་ནི། སྤྱོད་ནས་སྐད་ཅིག་སོགས་ཏེ། བསྙེན་པར་རྫོགས་པའི་རྟེན་ལས་སྐྱེས་པའི་དངོས་གཞིའི་ལྟུང་བ་གང་ཞིག །སྤྱོད་ཟིན་ནས་སྐད་ཅིག་ཙམ་ཡང་བཅབས་པར་གྱུར་ན། སྡོམ་པ་ལྷག་མ་མེད་པར་གཙོད་པས་ན་སྤྱིར་བཏང་དུ་རྩ་བའི་ལྟུང་བར་གྲགས་པའམ། སྐབས་འདིར་སྡོམ་པའི་མི་མཐུན་པའི་ཕྱོགས་ཀྱིས་གཉེན་པོའི་མཐུ་མེད་པར་འཇོམས་པའམ་ཕམ་པར་བྱེད་པས་ན་ཕམ་པ་སྟེ། ཚིག་ལེ་ལས། ཉོན་མོངས་དགྲ་ཕམ་ཁས་བླངས་ནས། །ཉོན་མོངས་དགྲ་ལས་ཕམ་པས་ན། །དེས་ན་ཕས་ཕམ་པ་དང་ནི། །ཚུལ་ཁྲིམས་ཟད་པར་ངེས་པར་བརྗོད། ཅེས་སོ། །དེ་ལ་ནང་གསེས་ཀྱི་དབྱེ་བ་ནི། སོ་ཐར་གྱི་མདོ་ལས། མི་ཚངས་སྤྱོད་དང་རྐུ་བ་དང་། །མི་ལ་བསད་པ་བྱ་བ་དང་། །རྫུན་དུ་སྨྲ་དང་བཅས་པ་ཡི། །ཆོས་བཞི་འདིར་ནི་གསུངས་པ་ཡིན། ཞེས་གསུངས་པ་ལྟར་བཞི་ཡོད་པ་ཀུན་ཀྱང་གཞི། བསམ་པ། སྦྱོར་བ། མཐར་ཐུག་གི་ཡན་ལག་ཚང་བས་ཕམ་པ་དེ་དང་དེར་འགྱུར་བའོ། །

གཉིས་པ་ཡན་ལག་རྒྱས་པར་བཤད་པ་ལ་བཞིའི་དང་པོ་མི་ཚངས་སྤྱོད་ཀྱི་ཕམ་པ་ནི། དང་པོ་ནི་སོགས་ཏེ། འདི་དག་ཐོག་མར་གླེང་གཞི་ཇི་ལྟར་བྱུང་བའི་ཚུལ་རྒྱས་པར་ལུང་དང་གླེང་འབུམ་རྣམས་ལས་རྟོགས་པར་བྱ་དགོས་མོད། མདོར་བསྡུ་ན་ཡུལ་གང་དུ། གང་ཟག་གང་གིས་ཉེས་པ་ཇི་ལྟ་བུ་བྱས་པ་ལ་བརྟེན་ནས་བཅས་པ་སྟེ་གསུམ་གསུམ་གྱིས་བསྟན་ན། དང་པོ་ནི། སགའི་ལྟས། སྟོན་ཀའི་རྒྱ་བཞིན་དྲི་མེད་པར། །སྟོན་པའི་བསྟན་པ་བཅུ་གཉིས་ལོར། །ལྟུང་བ་མེད་པར་ལེགས་གནས་ཏེ། །ཉོན་མོངས་སྤོང་བར་བྱེད་པ་ཡིན། །ཞེས་གསུངས་པ་ལྟར་སྟོན་པ་སངས་རྒྱས་ནས་ལོ་བཅུ་གཉིས་ཀྱི་བར་དུ་བསྟན་པ་དྲི་མ་མེད་པ་གནས་པ་ལ། དེ་ནས་ཡུལ་མཉན་ཡོད་དུ་དགེ་སློང་བཟང་བྱིན་གྱིས་ཉེས་པ་སྔར་གྱི་ཁྱིམ་ཐབ་ལ་མི་ཚངས་སྤྱོད་བྱས་པ་ལ་བརྟེན་ནས། སྟོན་པས་བསླབ་པ་བཅས་པའི་ཕན་ཡོན་བཅུ་གཟིགས་ནས་བཅས་པ་དང་པོར་མཛད། དེའི་རྗེས་སུ་དགེ་སློང་

དགོན་པ་བས་སྤྲ་མོ་ལ་ལོག་པར་སྤྱོད་པ་ལ་བརྟེན་ནས། དུད་འགྲོའི་སྐྱེ་གནས་སུ་གཏོགས་པ་ལ་ཡང་མི་ཚངས་པར་སྤྱོད་པ་བཀག་སྟེ་བཅས་པ་གཉིས་པ་མཛད་དོ། །འདི་ནི་དགག་པའི་རྗེས་སུ་དགག་པ་བཅས་པ་ཡིན་པས་རྗེས་བཅས་ཞེས་བྱའོ། །བསླབ་པ་བཅས་པའི་ཕན་ཡོན་བཅུ་ནི། །དགེ་འདུན་བསྡུ་དང་ལེགས་པར་བསྒྱུ[༡]། །བདེར་གནས[༢]གནོད་མི་འགྱུར་[༣]ཚར་གཅོད[༤]། །ངོ་ཚ་ཤེས་རྣམས་བདེར་གནས[༥]་དང་། །མ་དད་དད[༦]་དང་དད་རྣམས་འཕེལ[༧]། །འདི་ཡི་ཟག[༨]་བསྡམ་ཕྱི་མའི་ཕྱོག[༩]། །བསྟན་པ་ཡུན་རིང་གནས[༡༠]་པའོ། །ཞེས་པའི་དོན་རྣམ་པར་བཤད་པའི་སྒོ་བསྡུ་བ་ལས། དང་པོ་ནི་མདོར་བསྟན་ནོ། །གཉིས་པ་ནི་འདོད་པ་བསོད་ཉམས་ཀྱི་མཐའ་སྤང་བའོ། །གསུམ་པ་ནི་ངལ་ཞིང་དུབ་པའི་མཐའ་སྤང་བའོ། །བཞི་པ་ནི་ཚུལ་འཆལ་རྣམས་ནན་ཏུར་བྱ་བའི་ཕྱིར་རོ། །ལྔ་པ་ནི་ཚུལ་ལྡན་རྣམས་སྡིག་པའི་འགྱོད་པ་མེད་པའི་ཕྱིར་རོ། །དྲུག་པ་ནི་མ་ཞུགས་པ་རྣམས་གཞུག་པའི་ཕྱིར་རོ། །བདུན་པ་ནི་ཞུགས་པ་རྣམས་སྨིན་པའི་ཕྱིར་རོ། །བརྒྱད་པ་ནི་ཀུན་དཀྲིས་རྣམ་པར་གནོན་པ་དང་མཐུན་པའི་ཕྱིར་རོ། །དགུ་པ་ནི་ལེགས་སྨོན་གྱི་ཚངས་སྤྱོད་རྣམས་བསལ་བའི་ཕྱིར་རོ། །བཅུ་པ་ནི་བསྟན་པ་རྒྱུན་མི་འཆད་པར་བྱ་བའི་ཕྱིར་རོ། །ཞེས་བཤད་དོ། །འདི་ལ་གཞུང་འདིའི་དངོས་བསྟན་ལ་ཡོད་པ་ཡན་ལག་ཚང་བ་ལ་ཕམ་པར་འགྱུར་ཚུལ་དང་། རྩ་བའི་ཚིག་གིས་མ་ཟིན་པ་ཡན་ལག་མ་ཚང་བས་ན་སླད་དམ་སྦོམ་པོར་འགྱུར་ཚུལ་གཉིས་ཀྱིས་རྟོག་པར་བྱ་སྟེ། གཞི་ཡི་ཡན་ལག་བསྟེན་བྱ་འཁྲིག་པའི་བདེ་བ་བསྐྱེད་ནུས་པ་མི་མ་ཡིན་པའི་འགྲོ་བ་པ་དང་། མིར་གྱུར་པའི་སྐྱེས་པ་དང་། བུད་མེད་དང་། མ་ནིང་གསོན་པོ་དང་། ལུས་ཕྱེད་དུ་ལོངས་པའི་རོ་ཡན་ཆད་ཀྱི་ཁ་བཤང་ལམ་ཟག་བྱེད་དེ་རྨའི་སྒོ་གསུམ་དང་། སྟེན་བྱེད་རང་གི་ཕོའི་དབང་པོ་ནད་མེད་ཅིང་ལས་སུ་རུང་བའོ། །བསམ་པའི་ཡན་ལག་ནི། ངོ་ཚ་དང་འཛིགས་པ་མེད་ཅིང་རེག་པའི་བདེ་བ་ཉམས་སུ་མྱོང་བར་འདོད་པའི་ཆགས་སེམས་ཀྱིས་སོ། །འདི་ལ་རང་ཉིད་དགེ་སློང་ཡིན་པའི་འདུ་ཤེས་དང་བྲལ་ན། ལྟུང་བ་ཇི་ལྟ་བ་བཞིན་མི་འབྱུང་སྟེ། ལུང་ལས་གལ་ཏེ་དགེ་སློང་གི་དངོས་པོར་ཤེས་ན་ནི་གཞི་ཇི་བཞིན་དུ་ལྟུང་བར་འགྱུར་རོ། །གལ་ཏེ་དགེ་སློང་གི་དངོས་པོར་མི་ཤེས་པ་སྨྱོས་པ་ལ་ནི་ལྟུང་བར་མི་འགྱུར་ཏེ། སེམས་འཁྲུགས་པ་དང་། ཚོར་བས་ཉེན་པ་ཡང་དེ་བཞིན་ནོ། །ཞེས་དང་། མདོ་རྩར། དགེ་སློང་གི་དངོས་པོར་མི་ཤེས་ན་རང་བཞིན་གྱིས་ཉམས་པ་ཡིན་ནོ། །ཞེས་གསུངས་སོ། །སྦྱོར་བའི་ཡན་ལག་ནི་བརྟེན་བྱ་ལ་རྟེན་བྱེད་རྩལ་ཞིང་དྲུད་པའོ། །མཐར་ཐུག་གི་ཡན་ལག་ནི་རྟེན་བྱེད་སོ་དང་། ཁ་ཤུན། ལྤགས་རིམ་སྟེ་ལམ་གསུམ་གྱི་མཚམས་ལས་འདས་པའི་བདེ་བ་ལུས་ཀྱི་ཉམས་སུ་མྱོང་བ་ཡོད་ཀྱིས་བདག་གིར་བྱས་པའོ། །དེ་ལྟར་ཡན་ལག་བཞི་ཚང་བས་ཚངས་སྤྱོད་ལས་རྣམ་པར་ཉམས་པའི་ཕྱིར་ན་མི་ཚངས་སྤྱོད་ཀྱི་ཕམ་པ་ཞེས་བརྗོད་དོ། །

གཉིས་པ་ཡན་ལག་མ་ཚང་བས་ན་སླད་དམ་སྡོམ་པོར་འགྱུར་བ་ནི། བརྟེན་བྱ་རྨའི་སྒོ་གསུམ་སྒྲོག་ཆགས་ཀྱིས་ཟིན་པ་དང་སྐྲངས་པ་སོགས་ཀྱིས་ཉམས་པ་དང་། རྟེན་བྱེད་ལས་སུ་མི་རུང་བ་དང་། སྐྲག་པ་དང་། ངོ་ཚ་བས་ཆགས་སེམས་མེད་པ་ལ་སོགས་པའོ། །གཉིས་པ་མ་བྱིན་ལེན་གྱི་ཕམ་པ་ནི། གཉིས་པ་གཞི་ནི་སོགས་ཏེ། གླིང་གཞི་རྒྱལ་པོའི་ཁབ་ཏུ་དགེ་སློང་ནོར་ཅན་གྱིས་རང་གི་ཁང་པ་བརྩིགས་པའི་ཕྱིར་རྒྱལ་པོའི་ཤིང་ར་ནས་ཤིང་བརྐུས་པ་ལ་བརྟེན་ནས་བཅས་སོ། །དེ་ལ་གཞི་ནི་མི་ཡིས་བདག་ཏུ་བཟུང་བའི་རྫས་རིན་ཐང་ཚང་བ་སྟེ། ཀུ་རི་ཀ་ལྔ་བཅུ་པ་ལས། ཀརྵ་པ་ཎའི་བཞི་ཆ་བརྐུས། །དེ་བརྐུས་ཚུལ་ཁྲིམས་ཞིག་པར་འགྱུར། །ཞེས་ཀརྵ་པ་ཎའི་བཞི་ཆ་རིན་ཐང་གི་ཚད་དུ་གསུངས་པའི་བཞི་ཆ་ནི། མདོ་རྩ་ར། ཀ་ཀ་ནི་བཞི་ལ་མ་ཤ་ཀའོ། ལྔ་ཉིད་ནི་ཀརྵ་པ་ཎའི་བཞི་ཆའི་དཔེ་ཡིན་ནོ། །གང་ན་དེའི་ཚོགས་ཉིད་ཉི་ཤུ་ཡིན་པ་དེ་ལ་རྟེན་ནས་སོ། །བརྐུ་བའི་གནས་དང་། དུས་ཀྱི་རྩི་བ་རྣམ་པར་བཞག་གོ །ཆེ་བ་ཉིད་ཀྱི་རིན་ཐང་གདབ་པ་མི་ནུས་པ་ནི་རབ་ཀྱི་མཐར་ཕྱིན་པ་ཉིད་དོ། །ཞེས་འབྲིང་ཚད་མ་ཤ་ཀ་ལྔ་ལ་གསུངས་སོ། །སྤྱིར་ཀརྵ་པ་ཎ་ཞེས་པ་བོད་སྐད་དུ་ཚོང་རྫས་ཏེ་དངུལ་ལས་བྱས་པ་དེང་སང་གི་བལ་བོད་ཀྱི་ཏཾ་ཀ་ལྟ་བུ་མ་ཡིན་པའི་དོང་རྩེ་ཞིག་ཡིན་པ་ལ་དགོན་མོད་ཀྱི་དབང་གིས་མ་ཤ་ཀ་ཧི་ཙམ་བྱེད་པ་མཐའ་གཅིག་ཏུ་མ་ངེས་པས་རིན་ཐང་ཆུང་ཚད་ནི་ལུང་གཏམ་གྱི་གཞི་ལས། བཙུན་པ་མ་ཤ་ཀ་གསུམ་བརྐུས་ན་ཕམ་པར་འགྱུར་བ་མཆིས་སམ། བཀའ་སྩལ་པ་ཡོད་དེ། ཞེས་མ་ཤ་ཀ་གསུམ་ཀརྵ་པ་ཎའི་བཞི་ཆའི་ཚད་དུ་གསུངས་པ་དང་། འབྲིང་ཚད་ལ་ཆུང་འབྲིང་ཆེ་གསུམ་གྱི་ཆུང་ཚད་ནི། མ་ཤ་ཀ་བཞི་ཀརྵ་པ་ཎའི་བཞི་ཆའི་ཚད་དང་། འབྲིང་གི་འབྲིང་ཚད་མདོ་རྩའི་དངོས་བསྟན་གོང་དུ་སྨོས་པ་ལྟར་དང་། འབྲིང་གི་ཆེ་ཚད་ནི་མ་ཤ་ཀ་བརྒྱད་ཀརྵ་པ་ཎའི་བཞི་ཆའི་ཚད་ཡིན་ལ། ཐོག་མཐའ་གཉིས་པོ་འདི་ནི་རྒྱ་ཆེར་འགྲེལ་ལས། ལ་ལར་ནི་མ་ཤ་ཀ་བཅུ་དྲུག་ཉིད་ལ་ཀརྵ་པ་ཎ་གཅིག་ཡིན་ལ། ལ་ལར་ནི་མ་ཤ་ཀ་སུམ་ཅུ་རྩ་གཉིས་ཉིད་ལ་ཀརྵ་པ་ཎ་གཅིག་ཡིན་པས་ཞེས་གསུངས་པའི་དོན་ཡིན་ནོ། །ཆེ་ཚད་ནི། ལུང་གཏམ་གྱི་གཞི་ལས། མ་ཤ་ཀ་ལྔ་ལས་ལྷག་པར་བརྐུས་ན་ཕམ་པར་མི་འགྱུར་བ་མཆིས་སམ། བཀའ་སྩལ་པ། ཡོད་དེ་གང་ན་མ་ཤ་ཀ་བཞི་བཅུ་ལ་ཀརྵ་པ་ཎ་གཅིག་ཏུ་གྱུར་པ་ནའོ། །ཞེས་མ་ཤ་ཀ་བཅུ་ཀརྵ་པ་ཎའི་བཞི་ཆའི་ཚད་དུ་གསུངས་སོ། །འདི་དག་ཡུལ་དུས་དང་སྦྱར་ནས་རྩི་བ་གཙོ་ཆེ་ཡང་། འདིར་དངོས་བསྟན་ལྟར་འབྲིང་ཚད་ཉིད་རྒྱ་གར་དུ་མགྲོན་བུ་རྒྱུག་ཆེ་བའི་རིན་ཐང་དང་སྦྱར་ན། ཀ་ཀ་ནི་རེ་ལ་མགྲོན་བུ་བཞི་བརྒྱའོ། །དེ་ཡང་རྒྱ་ཆེར་འགྲེལ་ལས། ཀ་ཀ་ནི་བཞི་ལ་ནི་མ་ཤ་ཀ་གཅིག་སྟེ། མགྲོན་བུ་བརྒྱད་ཅུའི་རིན་ཐང་གི་མིང་ཡིན་ནོ། །ཞེས་གསུངས་སོ། །དེས་ན་བོད་འདིར་འབྲུ་མོད་པའི་དུས་སུ་ནས་ཁལ་བཞི་ཙམ་ལ་ཕམ་པ་བྱུང་བའི་རིན་ཐང་ཚང

ཞིང་། དཀོན་པའི་དུས་སུ་ཁལ་གཉིས་ཙམ་དང་། མུ་གེ་ལ་སོགས་པའི་དུས་སུ་ནས་ཁལ་ཕྱེད་ཙམ་ལ་ཡང་ཚང་བར་སྣང་ངོ་། །བསམ་པའི་ཡན་ལག་ནི་རང་ཉིད་འཚོ་བའི་དོན་དུ་ཀྲུ་སེམས་རྒྱུན་མ་ཆད་པའོ། །སྦྱོར་བའི་ཡན་ལག་ནི་རང་གིས་སམ། གཞན་ལ་བཅོལ་བས་ཀྱང་རུང་སྟེ་འཇབ་བུས་བརྐུས་པའོ། །མཐུ་ཡིས་ཕྲོག་པའང་དེ་དང་འདྲ་སྟེ། སུམ་བརྒྱ་པར། མངོན་སུམ་ཕྲོག་པའང་དེ་དང་འདྲ། ཞེས་སོ། །མཐར་ཐུག་གི་ཡན་ལག་ནི་གནས་ནས་སྤྱགས་དགོས་པ་རྣམས་ལ་གནས་ནས་སྤྱགས་ཏེ་ཐོབ་བློ་སྐྱེས་པའོ། །གནས་ནས་སྤྱགས་སུ་མི་རུང་བ་ཁང་ཞིང་ལ་སོགས་པ་འགའ་ཞིག་ལ་ཐོབ་བློ་སྐྱེས་པ་ཙམ་གྱིས་ཕམ་པར་འགྱུར་ཏེ། སུམ་བརྒྱ་པར། དུད་འགྲོར་གྱུར་པ་བཅིངས་ལས་བརྐུ་བ་ན། །འཆིངས་བཀྲོལ་ཙམ་གྱིས་བརྐུས་པར་ཤེས་པར་བྱ། །ཞེས་དང་། མདོ་རྩར། ཤོ་གམ་ནི་ས་ལས་འདས་ནའོ་ཞེས་རྒྱལ་པོའི་ཤོ་གམ་སྟེ་ལམ་ཁྲལ་གཞལ་དགོས་པ་ལས་གཞན་དུ་འཁྱོགས་པ་ལ་རིན་ཐང་ཚང་ན་ཕམ་པར་གསུངས་པས་གྲུབ་བོ། །གྲུ་བཙས་དང་། གནས་གླ་དང་། ལས་བཅོལ་བའི་གླ་སོགས་ལ་འདིས་མཚོན་པས་རང་གཞན་ཀུན་ལ་འབྱུང་བའི་སྐྲོ་མང་བས་གཟབ་འཚལ་ལོ། །དེ་དག་ནི་མ་བྱིན་པར་བླངས་པའི་ཕྱིར་ན་དེའི་ཕམ་པ་ཞེས་སུ་བརྗོད་དོ། །སྤོམ་པོར་འགྱུར་བའི་ཚད་ནི་རིན་ཐང་མ་ཚང་བའི་དངོས་པོ་དང་། གཡོས་སུ་བྱས་པའི་ཁ་ཟས་དང་། དུར་ཁྲོད་ཀྱི་རོའི་རྫས་ལྷ་བུ་དམན་པ་དང་། བདག་པོ་མེད་པའི་གཏེར་ལ་སོགས་པ་རྣམས་སོ། །ཚད་ཀྱི་རྣམ་བཞག་འདི་དགེ་སློང་གི་ཕམ་པ་དང་། དགེ་ཚུལ་གྱི་ཕམ་འདྲ་སོགས་བཅས་ལྡན་གྱི་དབང་དུ་གསུངས་པ་ཡིན་གྱི། མ་བྱིན་ལེན་གྱི་ཉེས་པ་སྤྱི་ཙམ་ལ་རིན་ཐང་གི་ངེས་པ་མེད་དེ། རྗེ་བཙུན་རིན་པོ་ཆེའི་འཁྲུལ་སྤོང་ལས། དེ་ལ་རིན་ཐང་ནི་ནང་མ་གཅིག་འགྲངས་པའི་ཁ་ཟས་བྱ་ན་སྣ་ཚོད་མའམ་སྤགས་མ་ཙུང་ཟད་དང་བཅས་པའི་བར་དུ་གྱུར་པ་ཡན་ཆད་ཀྱི་ལོངས་སྤྱོད་པ་ཞེས་གསུངས་པས་སོ། །སྤོམ་པོ་འགའ་ཞིག་ཕམ་པ་ལས་ཀྱང་རྣམ་སྨིན་ལྕི་བ་ཡོད་དེ་དགེ་འདུན་གྱི་རྫས་གང་ཟག་གིས་སྤྱད་པའི་ལས་ངན་སྤྱོད་ཚུལ་འདུལ་ལུང་གི་གཏམ་རྒྱུད་ལས་ཤེས་སོ། །

གསུམ་པ་སྲོག་གཅོད་ཀྱི་ཕམ་པ་ནི། གསུམ་པ་གཞི་ནི་སོགས་ཏེ། གླིང་གཞི་ཡུལ་སྤོང་བྱེད་དུ་དགེ་སློང་མང་པོས་མི་སྡུག་པའི་ཏིང་ངེ་འཛིན་སྒོམ་པས་ལུས་མི་གཙང་བ་གེང་རུས་སུ་མཐོང་བས་ཡིད་བྱུང་ནས། དགེ་སྦྱོང་སྦྱིད་ལ་ལྷུང་བཟེད་དང་ཆོས་གོས་བྱིན་ནས་གསོད་དུ་བཅུག་པ་ལ་བརྟེན་ནས་བཅས་སོ། །དེ་ལ་གཞིའི་ཡན་ལག་མིའམ་མིར་ཆགས་པ་སྟེ། དབང་པོ་དྲུག་འདུས་ཀྱི་སྐྱེས་པ་བུད་མེད་མ་ནིང་དང་། མངལ་དུ་སྲོག་ཡིད་ལུས་ཀྱི་དབང་པོ་གསུམ་འདུས་པ་མེར་མེར་པོ་ལ་སོགས་པའི་གནས་སྐབས་ཀྱི་ལུས་ཅན་ནོ། །བསམ་པའི་ཡན་ལག་བསད་བྱ་ལ་དེར་འདུ་ཤེས་པས་མ་འཁྲུལ་བ། ཀུན་སློང་ཆེད་དུ་བསམ་སྟེ་གསོད་འདོད་རྒྱུན་མ་

ཆད་པའོ། །སྦྱོར་བའི་ཡན་ལག་རང་ཉིད་ཀྱིས་དུག་དང་མཚོན་སོགས་བརྟམས་པ་ལས་མ་བཟློག་པའམ། གསོད་དུ་བཅུག་པ་སྟེ་གཞན་ལ་བཅོལ་བའོ། །བཤད་པ་ལ་རྗེས་སུ་ཡི་རང་བ་དང་བསྔགས་པ་རྣམས་ཀྱང་ངོ་། །མཐར་ཐུག་གི་ཡན་ལག་རང་ཉིད་ཤིའི་སྔོན་དུ་བཤད་བྱའི་སྲོག་འགག་པའོ། །དེ་དག་ནི་སྲོག་སྟེ་ཆེའི་རྒྱུན་བཅད་པའི་ཕྱིར་ན་དེའི་ཕམ་པ་ཞེས་སུ་བརྗོད་དོ། །ཡན་ལག་མ་ཚང་བས་སྦོམ་པོར་འགྱུར་བ་ནི། དགེ་སློང་རང་གིས་རང་བསད་པ་དང་། མིའི་འགྲོ་བ་པའི་ལག་པ་བཅད་པ་དང་། ཚོང་པ་དང་། ཆོམ་རྐུན་པ་རྒྱལ་པོའི་ཁྲིམས་རང་འབུལ་བ་དང་། ནགས་ལ་མེ་གཏོང་བ་དང་། ལྷ་བསད་པ་དང་། སྤྲུལ་པ་བསད་པ་དང་། མི་ལ་ཐ་ཡོར་དུ་འཁྲུལ་བ་ལྷ་བུ་འདྲ་ཤེས་འཁྲུལ་པ་དང་། འཆི་ངེས་ཀྱི་སྦྱོར་བ་མ་གྲུབ་པ་དང་། རང་ཉིད་ཀྱི་སྔ་རོལ་ལམ་མཉམ་དུ་ཤི་བ་ལ་སོགས་པའོ། །ཀུ་རེ་ལ་སོགས་པས་མཚོན་འཕངས་པས་ཤི་བ་ནི་ཉེས་བྱས་སོ། །

བཞི་པ་མི་ཆོས་བླ་མའི་རྫུན་སྨྲ་བའི་ཕམ་པ་ནི། བཞི་པ་བཞི་ནི་སོགས་ཏེ། གླིང་གཞི་ཡངས་པ་ཅན་དུ་ཉ་པའི་རིགས་ལས་བྱུང་བའི་དགེ་སློང་ལྔ་བརྒྱ་ཕན་ཚུན་མི་ཆོས་བླ་མའི་ཡོན་ཏན་བསྒྲགས་ཏེ། འཚོ་བ་བཙལ་བ་ལ་བརྟེན་ནས་བཅས་སོ། །དེ་ལ་གཞིའི་ཡན་ལག་ནི་སྨྲ།)ཤེས་དོན་གོ་བའི་མི། བསམ་པ་རང་བཞིན་དུ་གནས་པ། མ་ནིང་དང་མཚན་གཉིས་པ་མ་ཡིན་པ་སྟེ་ཐ་སྙད་ལྔ་ལྡན་ནི་སྨྲ་བའི་ཡུལ། སྨྲ་བའི་དངོས་པོ་ནི་རྐོད་འགྲོད་ལ་སོགས་ལྔ་པོ་ནི་མིའི་ཆོས་ཡིན་ལ། དེ་དག་ལས་བླ་མར་གྱུར་པ་སྟེ་སྒྲིབ་པ་ལྔ་སྤངས་པས་ཐོབ་པ་བསམ་གཏན་བཞི། གཟུགས་མེད་བཞི། མངོན་ཤེས་ལྔ་སོགས་ཡོན་ཏན་དང་། རྒྱུན་ཞུགས་སོགས་དགེ་སྦྱོང་གི་འབྲས་བུ་བཞི་ལ་སོགས་པའོ། །བསམ་པའི་ཡན་ལག་འཚོ་བའི་ཡོ་བྱད་སོགས་ལ་ཆགས་ཏེ་གྲགས་འདོད་ཀྱི་བློས་བདེན་པའི་འདུ་ཤེས་བསྒྱུར་ཏེ་སྨྲ་འདོད་རྒྱུན་མ་ཆད་པའོ། །སྦྱོར་བའི་ཡན་ལག་ནི་ངག་ཡིན་པ། དེ་ཡང་རང་གི་ཡིན་པ། བདག་ཉིད་དང་འབྲེལ་བ། མ་ནོར་བ། གསལ་བར་སྨྲ་བ། མངོན་སུམ་དུ་སྨྲ་བ་སྟེ་ཁྱད་ཆོས་དྲུག་ལྡན་གྱི་སྒོ་ནས་མི་ཆོས་བླ་མ་ཐོབ་པར་སྨྲས་པའོ། །མཐར་ཐུག་གི་ཡན་ལག་ཡུལ་ཕ་རོལ་པོ་དེས་ཚིག་ཐོས་ཤིང་དོན་གོ་བའོ། །དེ་དག་ནི་མིའི་ཆོས་ལས་བླ་མར་གྱུར་པའི་རྫུན་སྨྲས་པས་ན་དེའི་ཕམ་པ་ཞེས་སུ་བརྗོད་དོ། །ཡན་ལག་མ་ཚང་བས་སྦོམ་པོ་སོགས་སུ་འགྱུར་བ་ནི། མི་མ་ཡིན་པ་ལ་མིར་འདུ་ཤེས་པའམ་ཡིད་གཉིས་དང་ལྡན་པས་སྨྲས་པ་དང་། གཞན་དག་གིས་བཙུན་པ་གལ་ཏེ་དགྲ་བཅོམ་པ་ཡིན་ན་བདག་གིས་བསོད་སྙོམས་ལོངས་ཤིག་ཅེས་ཟེར་བ་ལ་ཅང་མི་སྨྲ་བས་ལེན་པ་དང་། གཞན་གྱིས་ཁྱེད་ཟག་པ་ཟད་དམ་ཞེས་དྲིས་པ་ལ་ཅང་མི་སྨྲ་བས་དང་དུ་ལེན་པ་རྣམས་སོ། །གཞན་ཡང་རང་ལ་བསམ་ནས་དགེ་སློང་གང་གིས་ལྷ་རྣམས་ཀྱི་སྐད་ཐོས་པ་ཡོད་དོ་ཞེས་བྱ་བ་ལ་སོགས་པ་གཞན་ལ་སྐད་བཏགས་པས་བརྗོད་པའི་སྦོམ་པོ་དང་། དོན་

མཐུན་པ་སྟོན་པས་བརྗོད་པའི་སྡོམ་པོ་དང་། ཟུར་གྱིས་གླེང་བས་བརྗོད་པའི་སྡོམ་པོ་དང་། ཚིག་སྔ་མ་རྗེན་ལ་ཕྱི་མ་ཡང་དག་པས་བརྗོད་པའི་སྡོམ་པོ་དང་། ཅང་མི་སླ་བས་དང་དུ་ལེན་པར་བྱེད་པའི་སྡོམ་པོ་དང་ལྔར་འདོད་ལྟན་དུ་གསུངས་པའི་སྔ་མ་བཞི་ལ་དག་ཚིག་དངོས་སུ་ཡོད་པས་ཕ་རོལ་པོས་ཚིག་དེའི་དོན་གོ་ན་སྡོམ་པོ་དང་། མ་གོ་ན་ཉེས་བྱས་སུ་བཞག་གོ་གསུངས། །

གཉིས་པ་དགེ་འདུན་ལྷག་མའི་སྡེ་བཤད་པ་ལ་གཉིས་ཏེ། མཚན་ཉིད་དང་མིང་དོན་གཞི་མཐུན་པས་མདོར་བསྟན་པ་དང་། ཡན་ལག་རྒྱས་པར་བཤད་པའོ། །དང་པོ་ལ་གཉིས་ཏེ། མཚན་ཉིད་དང་། དབྱེ་བའོ། །དང་པོ་ནི། གང་ཞིག་གསོ་བ་སོགས་ཏེ། ལྟུང་བ་གང་ཞིག་གསོ་བ་སྔེ་ཕྱིར་བཅོས་པ་དགེ་འདུན་ལ་རག་ཅིང་། སྡོམ་པ་རྣམ་དག་གི་ལྷག་མ་ལུས་པས་ན་དེའི་མིང་ཅན། ཕྱིར་བཅོས་བྱས་པས་དག་ཏུ་རུང་བའོ། །འདིར་ཕམ་ལྷག་གི་སྐབས་སུ་ལྷག་མ་མེད་པ་དང་། ལྷག་མ་དང་བཅས་པའི་དོན་སྡོམ་པ་རྣམ་དག་གི་ལྷག་མ་ཡོད་མེད་ལ་ལུང་རིག་གཏེར་མཛོད་ནས་བཤད་པ་ལྟར་ཕྱིས་བློན་ཕལ་ཆེར་གྱིས་བཞེད་པས་དཀྱུས་སུ་བཀོད་མོད། ཕྱིར་བཅོས་སུ་ཡོད་མེད་ཀྱི་དོན་ལ་འཆད་པའང་ཡོད་པ་ཉིད་ལེགས་སྙམ་པས་གོང་དུ་སྔེ་ལྟ་སྤྱིར་བཤད་པའི་འགྲེལ་པར་ཅུང་ཟད་བརྗོད་ཟིན་ལ། འདིར་ཡང་མཁོ་བར་ཕམ་པ་འཆབ་མེད་བསླབ་བྱིན་གྱིས་གསོར་ཡོད་པ་ཡོངས་སུ་གྲགས་པས་སྡོམ་པ་ལྷག་ལུས་པ་སློས་མ་དགོས་ལ། འཆབ་བཅས་ལ་གསོར་མི་རུང་ཞིང་གནས་སྐབས་དང་མཐར་ཐུག་གི་དགོས་པ་དང་བྲལ་བས་སྨད་པ་ཡིན་གྱི་སྡོམ་རོ་ཡོད་པ་ནི། རྒྱ་ཆེར་འགྲེལ་ལས། དགེ་སློང་ཕམ་པར་གྱུར་པ་ལ་ནི་སྡོམ་པ་ཡོད་དུ་ཟིན་ཀྱང་དེ་ལྟར་མོད་ཀྱི་དགོས་པ་མེད་པ་ཉིད་དུ་འགྱུར་ཏེ། ཚངས་པ་མཚུངས་སྤྱོད་པ་རྣམས་དང་ལྷན་ཅིག་ཏུ་གནས་པ་དང་ལོངས་སྤྱོད་པ་གནས་སྐབས་ཀྱི་དགོས་པ། དག་མེད་པའི་ཕྱིར་རོ། །སྡོམ་པ་ཡང་དག་པར་བླངས་པ་ནི་རྣམ་པར་གྲོལ་བའི་ཕྱིར་ཡིན་ན། དེས་རྣམ་པར་མཐར་ཐུག་གི་དགོས་པ། གྲོལ་བ་ཐག་རིང་དུ་སྤངས་པའི་ཕྱིར། དེས་ན་སྡོམ་པ་ནི་མེད་པ་དང་འདྲ་བ་ཡིན་ནོ། །ཞེས་གསུངས་སོ། །དེ་བཞིན་དུ་ཕྱིར་བཅོས་དགེ་འདུན་ལ་རག་ལས་པའི་ལྟུང་བ་ཡིན་ན། དགེ་འདུན་ལྷག་མའི་ལྟུང་བ་ཡིན་པས་ཀྱང་མ་ཁྱབ་སྟེ། ཕམ་པའི་སྡོམ་པོ་ལྔ་ཡང་རྣམས་ཀྱང་དགེ་འདུན་ལས་འཚོས་པར་གསུངས་པས་སོ། །

གཉིས་པ་དབྱེ་བ་ནི། འདོད་པ་ལས་བྱུང་སོགས་ཏེ། སོ་ཐར་གྱི་མདོ་ལས། (༡) བ་འཛིན༢་དང་འཁྲིག༣་ཚིག་བསྙེན་བཀུར༤་སྨྱན༥། །ཁང༦་པ་ཁང༧་ཆེན་དང་ནི་གཞི༨་མེད་དང་། །བག༩་ཙམ་དགེ་འདུན་དབྱེན༡༠་དང་དེ་རྗེས༡༡་ཕྱོགས། །ཁྲིམ་སུན༡༢་འབྱིན་དང་བཀའ༡༣་བློ་མི་བདེ་བའོ། །ཞེས་གསུངས་པ་ལྟར་གྱི་བཅུ་གསུམ་པོ་རིམ་སུ་བསྟན་ནང་སེམས་ཅན་ལ་ཆགས་པ་ལྔ་དང་། ཕྱི་རོལ་ཡོ་བྱད་ལ་ཆགས་པ་གཉིས་ཏེ་

འདོད་པ་ལས་གྱུར་པ་བདུན། གནོད་པ་ལས་གྱུར་པ་གཉིས། བསྒོ་བ་ལས་གྱུར་པ་བཞིའོ། །

གཉིས་པ་ཡན་ལག་རྒྱས་པར་བཤད་པ་ནི། ལམ་གསུམ་མིན་པ་སོགས་ཏེ། དང་པོ་འབྱིན་པའི་ལྷག་མ་ནི། འདི་ནས་བསྙེན་བཀུར་གྱི་བར་བཞིའི་གླེང་གཞི་མཉན་ཡོད་དུ་དགེ་སློང་འཆར་ཀས་བྱ་བ་མ་ཡིན་པ་དེ་རྣམས་རིམ་བཞིན་བྱས་པ་ལ་བརྟེན་ནས་བཅས་སོ། །ལམ་གསུམ་སྐྱེ་ཕམ་པའི་སྐབས་བཤད་པའི་རྨ་སྒོ་གསུམ་མིན་པའི་རང་བཞིན་གྱི་ཡན་ལག་གི་གནས་སུ་དབང་པོ་དྲུད་དེ་དབྱུང་འདོད་དམ་ཆགས་སེམས་ཀྱིས་ཁུ་བ་འབྱིན་པའོ། །གཉིས་པ་འཛིན་པའི་ལྷག་མ་ནི། ཆགས་སེམས་ཀྱིས་ཡུལ་བུད་མེད་ཀྱི་སྤྱི་བོ་ནས་རྐང་མཐིལ་གྱི་བར་ལུས་ཀྱི་ཆ་ཤས་ལ་གོས་སོགས་ཀྱིས་མ་ཆོད་པ་རེག་པའོ། །གོས་སོགས་ཀྱིས་བར་ཆོད་ན་ལྷག་མའི་ཆར་གཏོགས་པའི་སྦོམ་པོར་གསུངས་སོ། །གསུམ་པ་འཁྲིག་ཚིག་ནི། ཆགས་སེམས་ཀྱིས་ཡུལ་བུད་མེད་ལ་འཁྲིག་ཚིག་རྗེན་པ་སྟེ་འཁྲིག་པའི་དངོས་མིང་གིས་སྨྲས་ཤིང་ཡུལ་དེས་གོ་བའོ། །བཞི་པ་བསྙེན་བཀུར་བསྔགས་པ་ནི། ཆགས་སེམས་ཀྱིས་ཡུལ་བུད་མེད་ལ་བདག་ལྟ་བུའི་དགེ་སློང་ལ་འཁྲིག་པས་བསྙེན་བཀུར་ན་བསྙེན་བཀུར་རྣམས་ཀྱི་ནང་ནས་མཆོག་གོ་ཞེས་རང་གིས་སྨྲས་སམ། ཡུལ་གྱིས་སྨྲས་པ་ལ་རང་གི་རྗེས་སུ་ཡི་རང་གི་ཚིག་སྨྲས་པའམ། ཡུལ་གྱིས་སྨྲས་པ་ལ་རང་གིས་བསྐྱར་ནས་བཟླས་པའོ། །རང་ལ་དངོས་སུ་མ་སྨྲར་བ་སྨྲས་པ་ནི་སྦོམ་པོར་གསུངས་སོ། །ལྔ་པ་སྨྱན་གཉེན།ཁ་བྱེད་པ་ནི། མཉན་ཡོད་དུ་དགེ་སློང་འཆར་ཀ་དང་། ཉེར་དགའ་གཉིས། དགའ་བོ་དང་འདུན་པ་གཉིས། ནབ་སོ་དང་། འགྲོ་འགྲོགས་གཉིས་ཏེ་དྲུག་སྡེས་སྨྱན་བྱས་པ་ལ་བརྟེན་ནས་བཅས་ཏེ་རང་དམ་བསྐོས་པ་སྟེ་མངགས་པས་ཕོ་མོ་ཕན་ཚུན་སྤྲད་འདོད་ཀྱིས་ཕྲིན་གསུམ་གྱི་སྒོ་ནས་སྨྱན་བྱས་པའི་དོན་གྲུབ་པ་སྟེ་དབང་པོ་ཕྲད་པའོ། །དྲུག་པ་ཁང་པའི་ལྷག་མ་ནི། འདི་དང་ཁང་ཆེན་གཉིས་དྲུག་སྡེས་བརྩིགས་པ་ལ་བརྟེན་ནས་བཅས་ཏེ། རང་དོན་དུ་སྲོག་ཆགས་མང་ཞིང་རྩོད་པ་ཅན་དང་ཆུ་དང་གཡང་ས་ཁད་ཉེ་བས་མི་རུང་བའི་ས་གཞིར་འབད་པས་བཙལ་བའི་ཡོ་བྱད་ཀྱིས་ཚད་ལས་ལྷག་པའི་ཁང་པ་བརྩིགས་པའོ། །ཚད་ནི་སྤྱོད་ལམ་རྣམ་བཞི་སྟེ་འདུག་འཆག་ཉལ་ལྡང་ཤོང་བ་ནས་བཟུང་སྟེ། ཆུར་མིའི་ཁྲུ་བཅོ་བརྒྱད་དང་། ཞེང་དུ་ཁྲུ་ཕྱེད་དང་བཅུ་གཅིག་ཚུན་ཆད་དོ། །ཐོག་ཕུབ་མ་གྲུབ་པ་ནི་སྦོམ་པོའོ། །བདུན་པ་ཁང་ཆེན་ནི། གཞི་མ་དག་པར་དགེ་འདུན་གྱི་དོན་དུ་བརྩིགས་པ་སྟེ་ངོ་བོ་འདྲ་བ་ལས་ཚད་དམིགས་བསལ་མ་གསུངས་སོ། །དགེ་སློང་གསུམ་གྱི་དོན་དུ་བརྩིགས་པ་དང་། དགེ་འདུན་གྱིས་མ་བསྐོས་པར་བྱེད་པ་དང་། གཞན་གྱིས་བྱས་པའི་འཕྲོ་ཟིན་པར་བྱས་པ་ནི་སྦོམ་པོ་དང་། དགེ་འདུན་ལ་གསོལ་བའི་འོག་ཏུ་ཁང་པའི་སྦྱོར་བ་མ་གྲུབ་ན་ཉེས་བྱས་སོ། །བརྒྱད་པ་གཞི་མེད་ཀྱི་སྐུར་འདེབས་ནི། རྒྱལ་པོའི་ཁབ་ཏུ་དགེ་སློང་མཛའ་བོ་དང་། ས་ལས་སྐྱེས་ཀྱིས

འཕགས་པ་ཀུན་དུ་བོར་ལ་སྐུར་པ་བཏབ་པ་ལ་བརྟེན་ནས་བཅས་ཏེ། དགེ་སློང་གཞན་ལ་མཐོང་ཐོས་དོགས་གསུམ་གྱི་གཞི་མེད་པར་ཕམ་པའི་ཆོས་ཀྱི་སྐུར་པ་བཏབ་ཅིང་ཉན་པ་པོས་དོན་གོ་བའོ། །དགུ་པ་བག་ཙམ་གྱི་སྐུར་འདེབས་ནི། གླེང་གཞི་སྔ་མ་དང་འདྲ་ལ་ཡུལ་དགེ་སློང་ལ་གླེང་བའི་གཞི་བག་ཙམ་ལ་བསྟད་ནས་ཕམ་པའི་སྐུར་པ་འདེབས་པའོ། །བཅུ་པ་དགེ་འདུན་གྱི་དབྱེན་ནི། རྒྱལ་པོའི་ཁབ་ཏུ་ལྷ་སྦྱིན་ལ་བརྟེན་ནས་བཅས་ཏེ༑ བཅས་ལྡན་དགེ་སློང་གིས་མཚམས་ནང་གཅིག་ཏུ་དགེ་འདུན་ཡོངས་པ་ཆོས་མིན་གྱི་ལྟ་བས་ཕན་ཚུན་དབྱེ་བ་ལ་ཞུགས་པ་བཟློག་བྱེད་ལྷས་བཟློག་ཀྱང་མི་གཏོང་བའོ། །བཟློག་བྱེད་ལྟ་ནི། ལྟུང་བ་གླེང་བ་དང་དྲན་པར་བྱས་ལ་རང་དང་མཐུན་པའི་དགེ་སློང་ཆོས་ལྡན་གྱིས་གྲོས་བཏབ་སྟེ་དབྱེན་བྱེད་པ་ལས་བཟློག་པར་བསྒོ་བ་ལ་གཞམས་བསྒོ་ཞེས་བྱ། དེའི་འོག་ཏུ་དགེ་འདུན་གྱིས་གསོལ་བ་དང་། དེའི་འོག་ཏུ་བརྗོད་པ་གསུམ་སྟེ་ལྔའོ། །དེ་ལྟར་རྐྱེན་ལྔའི་སྔ་མ་རྣམས་ཀྱི་གོང་འོག་ཏུ་སྦོམ་པོ་རེ་རེ་དང་། བརྗོད་པ་གསུམ་པའི་གོང་དུ་སྦོམ་པོ་གཅིག་སྟེ་དགུ་དང་བརྗོད་པ་གསུམ་པའི་མཐར་མི་གཏོང་ན་ལྷག་མའོ། །ལྷག་མ་དང་མཚམས་མེད་ཀྱི་ཁྱད་ནི། མཚམས་མེད་དུ་འགྱུར་བ་ལ་དགེ་འདུན་ངེས་པར་བྱེ་བ་ཞིག་དགོས་ཤིང་། ལྷག་མ་ནི་འབྱེད་པ་པོས་མ་གཏང་བས་གྲུབ་བོ༑ །བཅུ་གཅིག་པ་དེ་རྗེས་ཕྱོགས་པ་ནི། ལྷ་སྦྱིན་གྱི་གྲོགས་བྱེད་པའི་དགེ་སློང་གོ་ཀ་ལི་ཀ་ལ་སོགས་པ་བཞི་ལ་བརྟེན་ནས་བཅས་ཏེ། དགེ་འདུན་གྱི་དབྱེན་ལ་ཞུགས་པའི་དགེ་སློང་དེའི་གྲོགས་བྱེད་པ་ལ་ཞུགས་པ་ཟློག་བྱེད་ལྔའི་མཐའ་ལ་མི་གཏོང་བའོ། །བཅུ་གཉིས་པ་ཁྱིམ་སུན་འབྱིན་པ་ནི། མཉན་ཡོད་དུ་ནབ་སོ་དང་འགྲོ་འགྲོགས་དམར་སེར་ཅན་གསུམ་གྱིས་བུད་མེད་དང་ལྷན་ཅིག་ཏུ་རྩེད་འཛོ་དང་། འཕྱུར་གཡེངས་ཏེ་རིག་པ་དང་འོ་སོགས་བྱེད་པ་དང་། སྣོད་གཅིག་ནས་བཟའ་བཏུང་བྱེད་པ་སོགས་བསླབ་འགལ་གྱི་སྤྱོད་པས་ཁྱིམ་པ་རྣམས་ཀྱི་སེམས་སུན་ཕྱུང་ཞིང་མ་དད་པའི་སྐབས་སུ་སྟོན་པས་གནས་ནས་ཕྱུངས་ཤིག་བཀའ་སྩལ་པ། དམར་སེར་ཅན་གྱིས་དེ་ཐོས་ནས་ཉེས་པ་ཕྱིར་བཅོས་གཉིས་པོ་གནས་དབྱུང་བྱས་པས་དེ་གཉིས་ཀྱིས་དགེ་འདུན་ལ་འདི་དག་ནི་འདུན་པས་འགྲོ་བའོ་ཞེས་སོགས་འགྲོ་བ་བཞི་སྐྱོན་ཚིག་གིས་སྐུར་པ་བཏབ་པ་ལ། དགེ་སློང་གཞན་གྱིས་བཟློག་བྱེད་ལྷས་བཟློག་ཀྱང་མ་བཏང་ལ་བརྟེན་ནས་བཅས་པ་སྟེ་ལྷག་མའི་ངོ་བོ་ཡང་དེ་ཉིད་དོ། །བཅུ་གསུམ་པ་བཀའ་བློ་མི་བདེ་བ་ནི། གླེང་གཞི་ཀོཽ་ཤམྦི་ར་དགེ་སློང་འདུན་པས་སྲོག་ཆགས་དང་བཅས་པའི་ཆུ་ལ་ལོངས་སྤྱོད་པ་ན། དགེ་འདུན་གྱིས་ལྟུང་བ་གླེངས་པས་འདུན་པ་ན་རེ། ཁྱེད་ཅག་དགེ་ཡང་རུང་སྡིག་ཀྱང་རུང་། ངས་ཅང་མི་མི་ཟེར་ལ། ང་དགེ་ཡང་རུང་སྡིག་ཀྱང་རུང་། ཁྱེད་ཅག་གིས་ཅང་མ་ཟེར་ཅིག་ཅེས་བཀའ་བློ་མི་བདེ་བའི་གཞི་ལ་ཞུགས་པ་ལ་བཟློག་བྱེད་ལྷས་བཟློག་ཀྱང་མ་བཏང་བ་ལ་བརྟེན་ནས་བཅས་ཏེ་ལྷག་མའི་ངོ་

པོ་ཡང་དེ་ཉིད་ཡིན་ལ་འདི་བཞི་ཀ་བཟློག་བྱེད་ལྟའི་མཐའ་ལ་མི་གཏོང་བས་གྲུབ་པ་དང་། སྔ་ཕྱིར་སྡོམ་པོ་དགུ་བསྐྱེད་ཚུལ་ཡང་འདྲའོ། །བསྒོ་གྲུར་བཅུ་རུ་དབྱེར་ཡོད་འདིར་མི་འཆད་ཅེས་པའི་བསྒོ་གྲུར་བཅུ་ནི། རིང་སྟོན་ཆེན་པོས། ཚིག་ལེའི་ཊཱི་ཀར། དགེ་འདུན་དབྱེན་དང་དེ་རྗེས་ཕྱོགས། །བཀའ་བློ་མི་བདེ་ཁྲིམ་སྣུན་འབྱིན། །སྡིག་ལྟ་མི་གཏོང་བཟློག་ཕམ་དང་། །དཀོན་མཆོག་སྤོང་དང་བདེ་ཞིང་གནས། །གནས་པ་བྱེད་འཇུག་འཐབ་བཀྲོལ་ལོ། །ཞེས་འབྱུང་བའི་དབྱེན་སོགས་བཞི་ནི་བཤད་ཟིན་ལ། སྡིག་ལྟ་མི་གཏོང་བ་ནི་འོག་ལྟུང་བྱེད་ཀྱི་སྐབས་སུ་འབྱུང་ལ། །བཟློག་ཕམ་སོགས་ལྔ་ནི་དགེ་སློང་མའི་བསླབ་བྱའི་སྐབས་སུ་འཆད་པར་འགྱུར་བའི་དོན་ཏོ། །

ཞར་བྱུང་མ་ངེས་པ་གཉིས་བཤད་པ་ནི། དབེན་པ་སྐྱབས་ཡོད་སོགས་ཏེ། དང་པོ་ནི། སྐྱེ་བོ་གཞན་གྱིས་དབེན་པ། རྩིག་པ་སོགས་ཀྱི་སྐྱབས་ཡོད་པ། འདོད་པ་བྱར་རུང་བའི་གནས་སུ་དགེ་སློང་གང་བུད་མེད་དང་ལྷན་ཅིག་འདུག་པ་དང་། དབེན་པ་སྐྱབས་ཡོད་འདོད་པ་བྱར་མི་རུང་བའི་གནས་སུ་བུད་མེད་དང་ལྷན་ཅིག་ཏུ་འདུག་པ་སྟེ། སྔ་མ་ལ་ཕམ་ལྷག་ལྟུང་བྱེད་གསུམ་པོ་གང་བྱུང་གཞན་གྱིས་མ་ངེས་པ་དང་། ཕྱི་མ་ལ་ལྷག་མ་ལྟུང་བྱེད་གཉིས་པོ་གང་བྱུང་མ་ངེས་པའོ། །འདི་དག་སོ་ཐར་གྱི་མདོར། དབེན་པ་སྐྱབས་ཡོད་འདུག་པའོ། །ཞེས་པས་བསྟན་ལ་མདོ་རྩར་ལོགས་སུ་མ་གསུངས་པ་ནི་གསུམ་དང་གཉིས་པོ་གང་རུང་དུ་འདུས་པར་དགོངས་སོ། །

གསུམ་པ་ཕམ་ལྷག་གང་རུང་གི་ཆར་གཏོགས་སྡོམ་པོར་བཤད་པ་ལ་གཉིས་ཏེ་མཚན་ཉིད་དང་མིང་དོན་གཞི་མཐུན་པས་མདོར་བསྟན་པ་དང་། ཡན་ལག་རྒྱས་པར་བཤད་པའོ། །དང་པོ་ནི། གང་ཞིག་ཕམ་ལྷག་སོགས་ཏེ། ལྟུང་བ་གང་ཞིག་ཕམ་པ་དང་ལྷག་མ་གང་རུང་གི་ཆར་གཏོགས་པ་གཙོ་ཆེ་བ་ལྟུང་བྱེད་ཀྱི་སྡོམ་པོའང་ཡོད་པའི་དོན་ཏོ། །སྡེ་ལྔ་རུམ་འདུས་པའི་ལྟུང་བ་ཉེས་བྱས་ལས་ལྗི་བས་ན་སྡོམ་པོ་ཞེས་སུ་གྲགས་པའོ། །མཚན་ཉིད་དེ་ལྡན་གྱི་སྡོམ་པོ་ལ་དབྱེ་ན་གཉིས་ཏེ། ཀུན་སློང་ཉོན་མོངས་པ་ཆེ་འབྲིང་སོགས་ཀྱི་སྒོ་ནས་དང་། སྦྱོར་བ་དང་དངོས་གཞི་སོགས་ཀྱི་སྒོ་ནས་དབྱེ་བའོ། །

གཉིས་པ་ཡན་ལག་རྒྱས་པ་བཤད་པ་ལ་གཉིས་ཏེ་ཀུན་སློང་གིས་ཕྱེ་སྟེ་བཤད་པ་དང་། སྦྱོར་དངོས་སོགས་ཀྱིས་ཕྱེ་སྟེ་བཤད་པའོ། །དང་པོ་ནི། ལྗི་ཡང་སོགས་ཏེ། ཕམ་པའི་སྐབས་དང་འབྲེལ་བ་ལྗི་ཡང་གཉིས། ལྷག་མའི་སྐབས་དང་འབྲེལ་བའི་ལྗི་ཡང་གཉིས་ཏེ་བཞིར་དབྱེ་བ་དང་། དེ་ལས་བརྒྱད་དུ་དབྱེ་ན། ཕམ་པའི་སྐབས་དང་འབྲེལ་བའི་ལྗི་བ། ཤིན་ཏུ་ལྗི་བ། ཡང་བ། ཤིན་ཏུ་ཡང་བ། ལྷག་མའི་སྐབས་དང་འབྲེལ་བའི་ལྗི་

བ༔ ཤིན་ཏུ་ལྕི་བ། ཡང་བ། ཤིན་ཏུ་ཡང་བ་སྟེ། ཚིག་ལེ་ལས། ལྕི་དང་ཤིན་ཏུ་ལྕི་བ་ཉིད། །ཡང་དང་ཤིན་ཏུ་ཡང་བ་སྟེ། །ཕས་ཕམ་པས་ནི་བསླངས་པ་ཡི། །སྡོམ་པོ་རྣམ་པ་བཞི་ཡིན་ནོ། །སྒྲིག་པར་མི་བྱེད་ལྕི་བ་སྟེ། །གཞན་གྱིས་དེ་ལ་འབད་པ་ཡིས། །བཟློག་ཀྱང་མི་ཉན་རབ་ལྕི་ཤེས། །གཞན་ལ་ཁྲེལ་ཡོད་ཡང་བ་སྟེ། །རང་ཉིད་ངོ་ཚས་ཤིན་ཏུ་ཡང་། །བསམ་པའི་དབྱེ་བས་འགྱུར་བ་ཡིན། །དེ་བཞིན་དགེ་འདུན་ལྷག་མ་ཡིས། །ཀུན་སློང་སྡོམ་པོ་རྣམ་པ་བཞི། །ཞེས་ཀུན་སློང་ཉོན་མོངས་པ་ཆེ་ཆུང་གིས་ལྕི་ཡང་དུ་འཇོག་པར་གསུངས་པའི་ལུང་ལ་བརྟེན་ནས་རྟོགས་པར་བྱ་བ་ལས་བཤད་ཀྱིས་མི་ལངས་པས་རྒྱ་བར་ཞིབ་ཏུ་མ་སྤྲོས་སོ། །གཉིས་པ་སྦྱོར་དངོས་སོགས་ཀྱིས་ཕྱེ་བ་ནི། འདུལ་འཛིན་སྔ་མ་རྣམས་ཀྱིས་སྦྱོར་བའི་སྡོམ་པོ་དང་དངོས་གཞིའི་སྡོམ་པོ་གཉིས་སུ་དབྱེ་བ་དང་། སྦྱོར་བའི་སྡོམ་པོ་དང་། སྦྱོར་བའི་རྣམ་པའི་སྡོམ་པོ་དང་། དངོས་གཞིའི་སྡོམ་པོ་སྟེ་གསུམ་དུ་དབྱེ་བ་དང་། སྦྱོར་བ་དང་སྦྱོར་བའི་རྣམ་པའི་སྡོམ་པོ་དང་། དངོས་གཞི་དང་དངོས་གཞིའི་རྣམ་པའི་སྡོམ་པོ་སྟེ་བཞི་རུ་དབྱེ་བ་སོགས་དུ་མ་ཞིག་བྱུང་བ་ལ། ཀུན་མཁྱེན་བླ་མ་བརྒྱུད་པ་དང་བཅས་པས་དགག་སྒྲུབ་མཛད་པ་རྣམས་ནི་ལོགས་སུ་ཤེས་པར་བྱ་ཞིང་། འདིར་རང་བཞེད་སྙིང་པོར་སྦྱོར་བའི་སྡོམ་པོ་དང་། དངོས་གཞིའི་རྣམ་པའི་སྡོམ་པོ་དང་། གནས་སྐབས་གཞན་གྱི་སྡོམ་པོ་སྟེ་གསུམ་དུ་ཕྱེ་བ་ལྟར་བརྗོད་ན། ཕམ་ལྷག་གི་སོགས། ཕམ་ལྷག་གང་རུང་གི་དངོས་གཞི་བསྐྱེད་པར་ངེས་སམ་མ་ངེས་པ་གང་ཡིན་ཀྱང་དེ་དག་གི་སྦྱོར་བ་ཕལ་ཆེར་སྦྱོར་བའི་སྡོམ་པོར་འགྱུར་ཞིང་། ལྟུང་བྱེད་འགའ་ཞིག་གི་སྦྱོར་བ་རྣམས་ཀྱང་དེ་བཞིན་དུ་སྦྱོར་སྡོམ་ཉིད་ཡིན་ནོ༔ །སྦྱོར་ལྟུང་དང་སྡོམ་པོ་གཞི་མཐུན་པས་སྦྱོར་བའི་རྣམ་པའི་སྡོམ་པོ་ལོགས་སུ་མི་བཞེད་དོ། །

གཉིས་པ་ནི། སྦྱོར་བ་མཐར་ཕྱིན་པ་ན་ལྟུང་བྱེད་འགའ་ཞིག་དང་། ཕམ་ལྷག་གང་རུང་གི་དངོས་གཞི་འབྱུང་རྒྱུ་ལ་ཡན་ལག་འགའ་ཞིག་མ་ཚང་བས་དངོས་གཞི་དང་འདྲ་བའི་སྡོམ་པོའམ་དངོས་གཞིའི་རྣམ་པའི་སྡོམ་པོའོ། །གསུམ་པ་ནི། མིའི་ཡན་ལག་གཅོད་པ་དང་། དབྱེན་གྱི་ཕྱིར་དགེ་འདུན་གྱི་དབུས་སུ་ཆོས་མ་ཡིན་པ་ཆོས་སུ་སྨྲ་བ་དང་། ཆོས་ཆོས་མ་ཡིན་པར་སྨྲ་བའོ། །རྫུན་སྨྲ་བ་ལ་སོགས་པ་ནི། སྦྱོར་དངོས་ཀྱི་སྡོམ་པོའི་ཐ་སྙད་གང་ཡང་མེད་པས་གནས་སྐབས་གཞན་གྱི་སྡོམ་པོ་ཞེས་བཤད་དོ། །གོང་སྦྱོར་སྡོམ་སྐབས་ཀྱི་ཕལ་ཆེར་དང་། འགའ་ཞིག་གིས་ཚིག་ཟིན། ཕམ་པའི་སྦྱོར་བ་ལ་ཉེས་བྱས་ཀྱང་ཡོད་པའི་དོན་ཏེ། སྦྱོར་བའི་སྦྱོར་བ་ཉེས་བྱས་སུ་གསུངས་པ་དང་། མིའི་འགྲོ་བ་པ་མི་མ་ཡིན་པ་དང་། དུད་འགྲོའི་རྣམ་པ་བརྟེན་པ་ཞིག་གསོད་ན་དེར་འདུ་ཤེས་པས་ཀྱང་རུང་། གཞན་དུ་འདུ་ཤེས་པས་ཀྱང་རུང་སྟེ། བསད་པའི་དུས་ན་དངོས་གཞི་ལ་ཕམ་པ་ཁོ་ནར་འགྱུར་ལ། སྦྱོར་བ་ལ་མིའི་འགྲོ་བར་གཏོགས་པ་འདུ་ཤེས་ན་སྡོམ་པོ་དང་། མི་མ་ཡིན་པ་དང་དུད་འགྲོའི་འགྲོ་བར་གཏོགས་པ་

འདུ་ཤེས་ན་ཉེས་བྱས་སུ་རྒྱ་ཆེར་འགྲེལ་ལས་གསུངས་པས་སོ། །ཡང་དགེ་སློང་གིས་ལྷ་མིའི་རྣམ་པ་བསྟེན་པ་ལྷ་བུ་མིར་འདུ་ཤེས་ནས་བཤད་ན་སྦྱོར་བ་དང་དངོས་གཞི་གཉིས་ཀ་ལ་སྦོམ་པོའོ། །མི་མ་ཡིན་པར་འདུ་ཤེས་ནས་བཤད་ན་དངོས་གཞི་ལ་སྦོམ་པོ་དང་། སྦྱོར་བ་ལ་ཉེས་བྱས་འབྱུང་བ་སོགས་ཤིབ་ཏུ་བརྩི་ཞིང་། ཕམ་ལྟག་གི་ཆར་གཏོགས་སྦོམ་པོ་རྣམས་ཕམ་ལྟག་ལས་ཡང་བ་བཞིན་དུ་ལྟུང་བྱེད་ཀྱི་ཆར་གཏོགས་སྦོམ་པོ་རྣམས་ཀྱང་ལྟུང་བྱེད་ལས་ཡང་བར་ཤེས་པར་བྱའོ། །འདིར་བཤད་པ་རྣམས་མིང་དུ་ཆགས་པའི་སྦོམ་པོ་ཞེས་པ་སྦོམ་པོ་མཚན་ཉིད་པ་ཡིན་ལ། གཞན་དུ་ན་ལྟུང་བ་སྡེ་ལྔ་ཀ་ལ་སྦོམ་པོའི་མིང་གིས་བཏགས་པ་ཡང་ཡོད་དེ། ལུང་མ་མོ་ལས། ཉེས་པ་སྦོམ་པོའི་ཉེས་པ་སྦོམ་པོ་གང་ཞེ་ན། ཕས་ཕམ་དང་དགེ་འདུན་ལྷག་མའོ། །ཞེས་དང་། ཉེས་པ་སྦོམ་པོ་མེད་པའི་ཉེས་པ་སྦོམ་པོ་གང་ཞེ་ན། ཉེས་པའི་རིགས་ལྷག་མ་གསུམ་སྟེ་ཞེས་ལྟུང་བྱེད་སོར་བཤགས་ཉེས་བྱས་གསུམ་ལ་གསུངས་པས་སོ། །

བཞི་པའམ་སྡེ་ལྔ་ལྟར་ན་གསུམ་པ་ལྟུང་བྱེད་ཀྱི་སྡེ་བཤད་པ་ལ་གཉིས་ཏེ། ལྟུང་བྱེད་ཙམ་གྱི་མཚན་ཉིད་དང་། དབྱེ་བའོ། །དང་པོ་ནི། གང་ཞིག་སྤྱད་ན་ངན་འགྲོར་ལྟུང་བྱེད་པ། ཞེས་པ་སྟེ་གོ་སླའོ། །

གཉིས་པ་ནི། སྤང་ལྟུང་དང་ནི་ལྟུང་བྱེད་འབའ་ཞིག་པ། ཞེས་པ་སྟེ་ལྟུང་བྱེད་ལ་དབྱེ་ན་སྤང་བའི་ལྟུང་བྱེད་དང་། ལྟུང་བྱེད་འབའ་ཞིག་པ་སྟེ་གཉིས་སུ་ཡོད་པའི་དོན་ཏོ། །དེའི་དང་པོ་ལ་གཉིས་ཏེ་མཚན་ཉིད་དང་མིང་དོན་གཞི་མཐུན་པས་མདོར་བསྟན་པ་དང་། ཡན་ལག་རྒྱས་པར་བཤད་པའོ། །དང་པོ་ལ་གཉིས་སྟེ། མཚན་ཉིད་དང་། དབྱེ་བའོ། །དང་པོ་ནི། དངོས་པོ་སྤང་འབྲལ་སོགས་ཏེ། ལྟུང་བ་གང་ཞིག་བྱུང་བའི་དངོས་པོ་དེ་སྤངས་པ་སྟེ་ཞག་གཅིག་གཞན་ལ་འཆོལ་བ་ལ་སོགས་པ་རང་དང་འབྲལ་བ་སྔོན་དུ་འགྲོ་བས་འཆོས་དགོས་ཤིང་། ལྟུང་བ་རང་མིང་གིས་འཆོས་ན་དག་ཏུ་རུང་བའོ། །

གཉིས་པ་དབྱེ་བ་ནི། དབྱེ་ན་གོས་ཀྱི་སྡེ་སོགས་ཏེ། སོ་ཐར་གྱི་མདོ་ལས། འཆང་དང་འབྲལ་བ་འཇོག་པ་དང་། །བཀྲུར་འཇུག་པ་དང་ལེན་པ་དང་། །སློང་དང་སྟོད་གཡོགས་སྨད་གཡོགས་བཅས། །རིན་ཐང་སོ་སོར་བསྐུར་བའོ། །ཞེས་བཅུ་ཚན་དང་པོ་གོས་སོགས་ཀྱི་སྡེ་དང་། སྲིན་བལ་འབའ་ཞིག་ཆ་གཉིས་དང་། །དྲུག་དང་མཐོ་གང་ལམ་དང་ནི། །འཁྲུ་བ་དང་ནི་གསེར་དངུལ་དང་། །མངོན་མཚན་ཅན་དང་ཉོ་ཚོང་ངོ་། །ཞེས་བཅུ་ཚན་གཉིས་པ་སྟན་སོགས་ཀྱི་སྡེ་དང་། ལྷུང་བཟེད་གཉིས་དང་ཐག་གཉིས། །བྱིན་འཕྲོག་སྔོན་ཟླ་ཐ་ཆུང་དང་། །དགོན་པ་བ་དང་རས་ཆེན་དང་། །བསྔོས་པ་དང་ནི་སོག་འཇོག་གོ། །ཞེས་བཅུ་ཚན་གསུམ་པ་ལྷུང་བཟེད་སོགས་ཀྱི་སྡེ་སྟེ་སྤང་ལྟུང་སུམ་ཅུ་ཐམ་པར་གསུངས་སོ། །

གཉིས་པ་ཡན་ལག་རྒྱས་པར་བཤད་པ་ལ་གོས་སོགས་ཀྱི་སྟེ་ནི། རང་དབང་གོས་ལྷག་སོགས་ཏེ། དང་པོ་གོས་ལྷག་པོ་འཆང་བའི་སྤང་ལྟུང་ནི། གླིང་གཞི་མཉན་ཡོད་དུ་དགེ་སློང་མང་པོས་གོས་དུ་མ་བཅང་བ་དང་། ཇོལ་སྒྲུབ་བྱས་པས་བསམ་གཏན་དང་ཀློག་པའི་བར་ཆད་དུ་གྱུར་པ་ལ་བརྟེན་ནས་བཅས་ཏེ། དེ་ལ་ཡང་རང་སྟོབས་ཀྱིས་བསྐྱེད་པ་དང་། ཤན་སྟོབས་ཀྱིས་བསྐྱེད་པ་གཉིས་ལས་དང་པོ་ནི། གཞན་ལས་རྙེད་ཅིང་རང་དབང་བའི་གོས་ལྷག་པོ་འཁོར་གསུམ་ཁེབ་པའམ། ཁ་བསྐང་བའི་རེ་བ་མེད་པའི་ཁྲུ་གང་པ་སོགས་བྱིན་གྱིས་མ་བརླབ་པ་ཞག་བཅུ་བར་མ་ཆད་པར་བཅངས་པས། ཞག་བཅུ་གཅིག་པའི་སྐྱ་རེངས་ཤར་བ་ན་འཆང་བའི་སྤང་ལྟུང་བསྐྱེད་པའོ། །གཉིས་པ་ནི་གོས་གཉིས་སྔ་ཕྱིར་རྙེད་པའི་ཕྱི་མ་བྱིན་གྱིས་བརླབས་ཀྱང་། སྔ་མ་མ་བརླབས་པའི་ཤན་དང་འབྲེལ་བའི་སྤང་ལྟུང་སྟེ། དཔེར་ན། ཚེས་གཅིག་ལ་གོས་གཅིག་རྙེད་པ་བྱིན་གྱིས་མ་བརླབས་པར་བཅངས། ཚེས་གཉིས་ནས་དགུའི་བར་ལ་གོས་གཅིག་རྙེད་པ་བྱིན་གྱིས་བརླབས་ནས་བཅང་བ་ན༑ བྱིན་གྱིས་མ་བརླབས་པ་དེས་ཞག་བཅུ་འདས་ཏེ་བཅུ་གཅིག་པའི་སྐྱ་རེངས་ཤར་བ་ན་སྤང་ལྟུང་བསྐྱེད་པའི་ཤན་གྱིས་བྱིན་གྱིས་བརླབས་པ་དེས་ཀྱང་དེའི་ཚེ་ན་སྤང་ལྟུང་བསྐྱེད་པས་ལྟུང་བ་གཉིས་དུས་གཅིག་ཏུ་སྐྱེ་བ་ཡིན་ནོ། །དེ་ཡང་ཕྱི་མ་རང་གི་ངོས་ནས་ཞག་བཅུ་མ་ཚང་ཡང་སྔ་མའི་ཤན་སྟོབས་ཀྱིས་ཞག་བཅུར་འགྱུར་བར་གསུངས། དེར་མ་ཟད་དུས་མཉམ་དུ་རྙེད་པ་ལ་ཡང་ཤན་བརྟེན་འབྱུང་སྟེ། རྒྱ་ཆེར་འགྲེལ་ལས། གང་གི་ཉིན་གཅིག་ཁོ་ན་དུས་གཅིག་ཏུ་ཆོས་གོས་གཉིས་བདག་གིར་བྱེད་ལ། ཆོས་གོས་གཅིག་ནི་བྱིན་གྱིས་རློབས་པར་བྱེད་ལ། ཅིག་ཤོས་ནི་མི་བྱེད་ན་དེ་ལ་ནི་ཆོས་གོས་དེ་གཉིས་ཀ་ཞག་བཅུ་འདས་ན་སྤང་བ་ཁོ་ནར་འགྱུར་ཏེ། གཉིས་ཀ་ཡང་ཉིན་གཅིག་ཁོ་ནར་བདག་གིར་བྱས་པའི་ཕྱིར་རོ། །ཞེས་འབྱུང་བས་སོ། །རྒྱུ་མཚན་དེ་དག་གི་ཕྱིར་ན་གོས་ལྷག་པོ་ལྟ་ཅི་སྨོས། རྒྱུན་དུ་སྤྱོད་བྱའི་གོས་ཀྱང་རྙེད་ནས་ཞག་བཅུའི་ནང་དུ་འཚོ་བའི་ཡོ་བྱད་བཅུ་གསུམ་རང་མིང་གིས་བྱིན་གྱིས་རློབ་ཅིང་། ཕྱིས་རྙེད་པ་དེ་ཞེ་ཐག་པ་ནས་གཞན་ལ་བསྔོ་བའམ། ལྷག་པའི་ཡོ་བྱད་དུ་བྱིན་གྱིས་བརླབས་པ་སོགས་གོས་ཀྱི་གཞིར་འཆད་པར་འགྱུར་བ་ལྟར་གཅེས་སོ། །འདིར་འཁོར་གསུམ་ཁེབ་པའི་མཐའི་ཚད་ནི་ལྟེ་བའི་དཀྱིལ་འཁོར་དང་། པུས་མོ་གཉིས་ཏེ་གསུམ་པོ་དེའི་ཐད་རྫོགས་པར་ཁེབ་པའི་མཐའི་ཁྲོན་དང་ཚད་མཉམ་པ་ལ་བཞེད་དོ། །གཉིས་པ་འབྲལ་བའི་སྤང་ལྟུང་ནི། གླིང་གཞི་མཉན་ཡོད་དུ་དགེ་སློང་ཞིག་གིས་ཆོས་གོས་རྣམ་གསུམ་ཡོད་བཞིན་དུ་དེ་དང་བྲལ་ནས་རྒྱུང་རིང་པོར་ཕྱིན་པ་ལ་བརྟེན་ནས་བཅས་སོ། །དེ་ཡང་རང་གནས་ཏེ་མཚམས་ཀྱི་ཉེ་འཁོར་དང་བཅས་པའི་ཕྱི་རོལ་དུ་བྱིན་གྱིས་བརླབས་པའི་ཆོས་གོས་རྣམ་གསུམ་གང་རུང་དང་འབྲལ་བ་ཞག་ཕྱི་མའི་སྐྱ་རེངས་འཆར་བར་བྱེད་པའོ། །འཆང

འབྲལ་གྱི་སྤྱང་ལྟུང་གཉིས་གཅིག་ཆར་དུ་བསྐྱེད་པའང་ཡོད་དེ། ཆོས་གཅིག་ལྟ་བུ་ལ་གོས་གཅིག་རྐྱེད་པ་བྱིན་གྱིས་མ་བརླབས་པར་བཞག །ཆོས་བཅུ་ལ་གོས་གཅིག་རྐྱེད་པ་བྱིན་གྱིས་བརླབས་ནས་མཚམས་ཀྱི་ཕྱི་རོལ་དུ་ཆོས་གོས་དེ་མེད་པར་སྐྱ་རེངས་ཤར་བར་བྱེད་ན་རང་དང་ཤན་སྟོབས་ཀྱིས་འཆང་སྤང་གཉིས་དང་། རང་སྟོབས་ཀྱིས་འབྲལ་སྤང་གཅིག་སྟེ་གསུམ་འབྱུང་བས་སོ། །གསུམ་པ་བླ་འཛོག་གི་སྤང་ལྟུང་ནི། མཉན་ཡོད་དུ་དགེ་སློང་མང་པོས་ཆོས་གོས་ཀྱི་རྒྱུར་གྱུར་པའི་གོས་སྔོན་པོ་དང་དམར་པོ་ལ་སོགས་པ་མང་པོ་ཡུན་རིང་དུ་བཅངས་པ་ལ་བརྟེན་ནས་བཅས་ཏེ། ཆོས་གོས་ཀྱི་རྒྱུར་གྱུར་པ་འཁོར་གསུམ་ཁེབ་པ་སོགས་ལས་ཆུང་བ་ཁྲུ་གང་ཡན་ཆད་ཀྱི་ཚད་དུ་ལོངས་པ། ཁ་བསྐང་བ་ལ་རེ་བ་ཡོད་པ་བྱིན་གྱིས་མ་བརླབས་པའམ། བརླབས་ཀྱང་ཤན་དང་རྗེས་སུ་འབྲེལ་པ་བླ་བ་གཅིག་ཏུ་བཅངས་པ་སྟེ་ཞག་པོ་སུམ་ཅུ་སོ་གཅིག་པའི་སྐྱ་རེངས་འཆར་བ་ན་སྤང་ལྟུང་དུ་འགྱུར་བའོ། །འདི་དང་འཆང་སྤང་གཉིས་ཁ་བསྐང་བའི་རེ་བ་ཡོད་མེད་ལ་འཛོག་ཅིང་། འཆང་འབྲལ་འཛོག་གསུམ་གྱི། ལྟུང་བ་འདི་སྲ་བརྒྱང་བཏིང་བའི་གང་ཟག་ལ་མི་འབྱུང་སྟེ། བག་ཡངས་སུ་གནང་བའི་ཕྱིར་རོ། །བཞི་པ་འཁྲུར་འཇུག་པའི་སྤང་ལྟུང་ནི། གླེང་གཞི་མཉན་ཡོད་དུ་འཆར་ཀས་སྤྲིད་མར་འཁྲུར་བཅུག །དེས་ཁྲུ་བ་གོས་པ་མངལ་དུ་བླུགས་པས་སྦྲུམ་པ་ལ་བརྟེན་ནས་བཅས་ཏེ། རང་གི་ཉེ་དུ་མ་ཡིན་པའི་དགེ་སློང་མ་ལ་ཆོས་གོས་གསུམ་དང་གདིང་བ་རྙིང་པ་འཁྲུར་འཇུག་པའམ། འཚེད་དུ་འཇུག་པ་སྟེ་བྱ་བ་ཟིན་པ་ན་སྤང་ལྟུང་དུ་འགྱུར་བའོ། །ལྔ་པ་གོས་ལེན་པའི་སྤང་ལྟུང་ནི། གླེང་གཞི་དགེ་སློང་མ་ཨུཏྤ་ལའི་མདོག་ཅན་ལ་དེད་དཔོན་གྱི་རས་ཡུག་ཞུས་པ་ཉེར་དགས་ནན་གྱིས་བསླངས་པ་ལ་བརྟེན་ནས་བཅས་ཏེ། ཆོས་གོས་རྣམ་གསུམ་ཡོད་བཞིན་དུ། ཉེ་དུ་མིན་པའི་དགེ་སློང་མ་ལས་ཆོས་གོས་སམ། དེའི་རྒྱུར་གྱུར་པའི་གོས་ལེན་པའོ། །དྲུག་པ་སློང་བའི་སྤང་ལྟུང་ནི། གླེང་གཞི་ཉེར་དགས་ཁྱིམ་བདག་ཁ་ཆོས་ཀྱིས་བསླུས་ཏེ་གོས་ནན་གྱིས་བསླངས་པ་ལ་བརྟེན་ནས་བཅས་ཏེ། ཆོས་གོས་རྣམ་གསུམ་ཡོད་བཞིན་དུ་ཁྱིམ་པ་ཉེ་དུ་མ་ཡིན་པ་ལས་འཁོར་གསུམ་ཁེབ་པའི་མཐའི་ཚད་དུ་ལོངས་པའི་གོས་བསླངས་པའོ། །བདུན་པ་སློང་བ་རིགས་པའི་སྤང་ལྟུང་ནི། གླེང་གཞི་ཉེར་དགས་དགེ་སློང་ཆོམ་རྐུན་པས་བཅོམ་པའི་གོས་སློང་བའི་གྲོགས་དན་ལ་ཕྱིན་པས་གོས་མང་དུ་རྙེད་པར་དགེ་སློང་སོ་སོ་ལ་སྟོད་གཡོགས་སྨད་གཡོགས་རེ་ཙམ་བྱིན་ནས་ལྷག་རང་གི་བྱས་པ་ལ་བརྟེན་ནས་བཅས་ཏེ། ཆོས་གོས་གསུམ་མེད་པའི་དགེ་སློང་གིས་ཁྱིམ་པ་ཉེ་དུ་མ་ཡིན་པ་ལས་སྟོད་གཡོགས་སྨད་གཡོགས་ཟུང་གཅིག་ལས་ལྷག་ལེན་པའོ། །བརྒྱད་པ་དཔགས་པ་སློང་བའི་སྤང་ལྟུང་ནི། གླེང་གཞི་ཉེར་དགས་ཁྱིམ་བདག་གིས་སྟེར་བ་བློས་དཔགས་པར་ཤེས་ནས་དེར་ཕྱིན་པས་རས་ཡུག་ཞུལ་བས་འདི་ལས་ཀྱང་བཟང་བ་དགོས་སོ་ཞེས

ཟེར་བ་ལ། ཁྱིམ་བདག་གིས་ཚོང་འདུས་ནས་རས་ཡུག་ཉོས་པའི་རིན་མ་ཁྱེར་བར་བརྩེག་བཙོག་བྱུང་བ་ལ་བརྟེན་ནས་བཅས་ཏེ། ཁྱིམ་པ་ཉེ་དུ་མ་ཡིན་པས་གོས་སྟེར་བའམ་བློས་དཔགས་པ་ལས་ཀྱང་ལྷག་པའི་གོས་རིན་དང་ཚད་སོགས་སྔར་བརྗོད་པས་ནན་གྱིས་བསླངས་པའོ། །དགུ་པ་སོ་སོ་ནས་དཔགས་པ་སློང་བའི་སྤང་ལྟུང་ནི། གླེང་གཞི་ཉེར་དགས་ཁྱིམ་བདག་ཕོ་མོ་སོ་སོ་ནས་ཆོས་གོས་ཀྱི་རྒྱུ་རས་ཡུག་རེ་རེ་སྦྱིན་པ་བློས་དཔགས་པ་ལས་ལྷག་པར་ནན་གྱིས་བསླངས་པ་ལ་བརྟེན་ནས་བཅས་ཏེ། ཕོ་མོ་སོ་སོ་ནས་བློས་དཔགས་ལས་ལྷག་པ་བསླངས་པ་དེ་སྦྱོར་བ་གཅིག་གིས་ཐོབ་ན་ལྟུང་བ་གཅིག་བསྐྱེད་ལ། ཐ་དད་པས་ཐོབ་ན་ལྟུང་བ་གཉིས་སོ༐ ༐བཅུ་པ་བསྐུར་བའི་སྤང་ལྟུང་ནི། གླེང་གཞི་བྲམ་ཟེ་དབྱར་ཚུལ་གྱིས་གོས་ཀྱི་རིན་རིན་པོ་ཆེ་བསྐུར་བ་ཉེར་དགས་ཞལ་ཏ་བ་ལས་ཚུལ་དང་མི་མཐུན་པར་བསླངས་པ་ལ་བརྟེན་ནས་བཅས་ཏེ། སྦྱིན་བདག་གིས་གོས་རིན་མི་རུང་བ་གསེར་དངུལ་ལྟ་བུ་བསྐུར་བ་ལེན་ཏུ་མི་བཏུབ་པས། ཕོ་ཉ་དེས་དགེ་སློང་གི་ཞལ་ཏ་བ་ལ་གཏད་ནས་གོས་བསྒྲུབ་ཏུ་བཅུག་པ། དུས་སུམ་བྱུང་ན་དངོས་སུ་བསྐུལ་བ་གསུམ་བྱ་ཞིང་། མ་བྱུང་ན་ལན་གསུམ་མཐོང་བར་ཅང་མི་སྨྲ་བར་བསྡད་པས་བསླངས་ན་ཉེས་པ་མེད་མོད། དེ་ལས་ལྷག་པར་བྱས་ཏེ་གོས་ཐོབ་ན་སྤང་ལྟུང་དུ་འགྱུར་རོ། །སྟན་སོགས་ཀྱི་སྡེ་ནི། གང་དུ་རིན་ཆེའི་སོགས་ཏེ། དང་པོ་སྲིན་བལ་ལ་གནས་བྱེད་པའི་སྤང་ལྟུང་ནི། གླེང་གཞི་མཉན་ཡོད་དུ་དགེ་སློང་མང་པོས་བྱས་པ་ལ་བརྟེན་ནས་བཅས་ཏེ། སྲིན་བལ་སྲང་བཅུ་ཡན་ཆད་འཁོར་གསུམ་ཁེབ་པའི་མཐའི་ཚད་དུ་ལོངས་པའི་སྟན་ནང་ཚངས་ཅན་རང་དམ་གཞན་ལ་བཅོལ་བས་བྱེད་པའོ། །གཉིས་པ་བལ་ནག་པོ་འབའ་ཞིག་གི་གདན་བྱེད་པའི་སྤང་ལྟུང་ནི། གླེང་གཞི་སྟ་མའི་རྗེས་སུ་བྱུང་བ་སྟེ། ཡུག་གི་བལ་ནག་པོ་འབའ་ཞིག་ལ་བརྣིངས་པ་དང་། ནང་ཚངས་ཅན་གྱི་སྟན་བྱེད་པའོ། །གསུམ་པ་བལ་ནག་པོ་ཆ་གཉིས་ལས་ལྷག་པར་བསྲེས་ནས་གདན་བྱེད་པའི་སྤང་ལྟུང་ནི། གླེང་གཞི་སྟ་མའི་རྗེས་ཐོགས་པ་སྟེ། བལ་ནག་པོ་ཆ་གཉིས། དཀར་པོ་ཆ་གཅིག །ཁེབ་བལ་ཆ་གཅིག་སྟེ་བཞི་བསྲེས་ནས་གདན་བྱེད་པ་ལ་ལྟུང་བ་མེད་ལ། ནག་པོ་ཆ་གཉིས་ལས་ལྷག་པར་བསྲེས་ན་ལྟུང་བའོ། །འདིར་ནག་པོ་རྩོལ་སྒྲུབ་དཀའ་བའི་རྒྱུ་མཚན་གྱིས་བཅས་པ་མཛད་ལ། རྩོལ་སྒྲུབ་མ་དགོས་པར་རྙེད་ན་གདན་གསུམ་ཀ་ལ་ལོངས་སྤྱད་པས་ཆོག་སྟེ། གཞན་ལས་རབ་ཏུ་ཐོབ་པ་ནི། །མི་བདེ་བ་ནི་ལོངས་སུ་སྤྱད། །ཅེས་གསུངས་པས་སོ༐ ༐བཞི་པ་ལོ་དྲུག་གི་ནང་དུ་སྟན་གཉིས་པ་བྱེད་པའི་སྤང་ལྟུང་ནི། གླེང་གཞི་སྔར་བཞིན་ལས་སྟན་རིང་བ་དང་ཐུང་བ་མང་དུ་བྱས་པ་ལ་བརྟེན་ནས་བཅས་ཏེ། སྟན་སྔ་མ་བཟོས་ནས་ལོ་དྲུག་གི་ནང་རོལ་དུ་དགེ་འདུན་ལས་གནང་བ་མ་ཐོབ་པར་སྟན་ནང་ཚངས་ཅན་གསར་པ་བྱེད་པའོ། །ལྔ་པ་གདིང་བ་གསར་པ་ལ་རྙིང་པ་ནས

བདེ་བར་གཤེགས་པའི་མཐོ་གང་མ་བསླན་པའི་སྟུང་ལྟུང་ནི། གླེང་གཞི་དགེ་སློང་མང་པོས་གདིང་བ་རྐྱེང་པ་གཙུག་ལག་ཁང་གི་བླ་གབ་མེད་པར་སྤྲང་ནས་བཞག་པ་རྡུལ་ཞིང་སྦྲིན་བུས་གང་བ་གཟིགས་ནས་བཅས་པ་སྟེ། བདེ་བར་གཤེགས་པའི་མཐོ་ནི་མིའི་ཁྲུ་ཕྱེད་དོ་ཡིན་པར་གསུངས་སོ། །གདིང་བ་རྐྱེང་པ་ཡོད་བཞིན་དུ་མ་བསླན་ན་ལྟུང་བར་འགྱུར་གྱིས། མེད་ནས་མ་བསླན་པ་ནི་ཉེས་པ་མེད་དོ། །དྲུག་པ་ལམ་དུ་བལ་ཐོགས་པའི་སྤང་ལྟུང་ནི། གླེང་གཞི་དྲུག་སྡེས་བལ་གྱི་ཁུར་ཆེན་པོ་ཁུར་ནས་ཡོངས་པའི་ཚེ་སྐྱེ་བོ་འགའ་ཞིག་ནི་སྨྲག །འགའ་ཞིག་ནི་མ་དད་པ་ལ་བརྟེན་ནས་བཅས་ཏེ། བལ་ལ་སོགས་པའི་ཁུར་ཆེན་པོ་ཁྱེར་གྲོགས་ཡོད་བཞིན་དུ་རང་ཉིད་ཀྱིས་ཁུར་ནས་རྒྱང་གྲགས་གཅིག་འདས་པའོ། །རྒྱང་གྲགས་ཕྱེད་དུ་ཁུར་ན་ཉེས་བྱས་ཡིན་ཞིང་། དགེ་ཚུལ་སོགས་ཁྱེར་གྲོགས་མེད་ཚེ་དཔག་ཚད་གསུམ་ཚུན་ཆད་དུ་ཁུར་བར་གནང་ངོ་། །བདུན་པ་བལ་འཁྲུར་འཇུག་པའི་སྤང་ལྟུང་ནི། གླེང་གཞི་དྲུག་སྡེས་དགེ་སློང་མ་རྣམས་ལ་བལ་འཁྲུ་བ་སོགས་བྱེད་དུ་བཅུག་པས་དེ་རྣམས་ཀྱི་ལག་པ་བཙོ་བླག་མཁན་ལྟར་གྱུར་པ་ལ་བརྟེན་ནས་བཅས་ཏེ། འཁྲུ་བ་དང་། རྨེལ་བ་དང་། འཚེད་དུ་འཇུག་པའོ། །བརྒྱད་པ་རིན་པོ་ཆེ་ལ་རེག་པའི་སྤང་ལྟུང་ནི། གླེང་གཞི་དྲུག་སྡེས་བྱས་པ་ལ་བརྟེན་ནས་བཅས་ཏེ༑ གསེར་ལ་སོགས་པའི་རིན་པོ་ཆེ་ལྷག་པའི་ཡོ་བྱད་དུ་བྱིན་གྱིས་བརླབས་པ་སོགས་ཀྱིས་རུང་བ་མ་བྱས་པ་ཆགས་སེམས་ཀྱིས་རེག་པའམ། བསྐོས་པས་རེག་ཏུ་བཅུག་པའོ། །སྤྱིར་འདི་ལ་བུ་རུང་བ་བྱ་ཚུལ་ལ་གསུམ་སྟེ། སྦྱིན་བདག་བདག་པོ་ཉིད་དུ་མོས་སུ་གཞུག་པ་དང་། ཞལ་ཏ་བྱེད་པ་བདག་པོར་ཁས་ལེན་དུ་གཞུག་པ་དང་། བྱིན་གྱིས་བརླབས་པའོ། །དགུ་པ་མངོན་མཚན་ཅན་གྱི་སྤང་ལྟུང་ནི། གླེང་གཞི་སྟེར་དང་འདྲ། ཁྱིམ་པ་ཉེ་དུ་མ་ཡིན་པ་ལ་རང་དོན་དུ་གསེར་ལ་སོགས་པ་ལ་བུན་བསྐྱེད་མངོན་མཚན་ཅན་བཏང་སྟེ་བསྐྱེད་ཐོབ་པའོ། །མངོན་མཚན་ཅན་མ་ཡིན་པ་ལ་ཉེས་པ་མེད་པར་བཤད་དོ། །བཅུ་པ་ཉོ་ཚོང་བྱེད་པའི་སྤང་ལྟུང་ནི། གླེང་གཞི་འདྲ་བ་ལ། རང་དོན་དུ་ཁེ་སྤོགས་འདོད་པས་རིན་པོ་ཆེ་ལས་གཞན་པའི་གོས་དང་འབྲུ་སོགས་ཉོ་ཚོང་བྱེད་པའོ། །དེས་ན་གོས་ལ་སོགས་པ་ཉོ་དགོས་པ་རྣམས་ཁྱིམ་པ་ཉོར་གཞུག་ཅིང་། ཁྱིམ་པ་མེད་ན་གོས་ལ་སོགས་པའི་རིན་རང་གི་བློ་ཚོད་ཀྱིས་རིན་ཐང་གདབ་པ་ཕ་རོལ་པོའི་མདུན་དུ་བཞག་ནས་འདི་ཙམ་གྱིས་ཚོག་གམ་ཞེས་ལན་གསུམ་གྱི་བར་གྱི་ཚིག་བརྗོད་པས་ཉོ་བ་ལ་ཉེས་པ་མེད་པར་བཤད་དོ། །ལྷུང་བཟེད་སོགས་སྡེ་ནི། །ལྷུང་བཟེད་བྱིན་གྱིས་མ་བརླབས་སོགས་ཏེ། དང་པོ་ལྷུང་བཟེད་ལྷག་པོ་འཆང་བའི་སྤང་ལྟུང་ནི། གླེང་གཞི་དྲུག་སྡེས་ལྷུང་བཟེད་མང་པོ་བཅངས་པ་ལ་བརྟེན་ནས་བཅས་ཏེ། ལྷུང་བཟེད་ལྷག་པོ་བྱིན་གྱིས་བརླབས་པ་དང་། གཞན་ལ་བསྔོས་པ་གང་ཡང་མ་བྱས་པར་ཞག་བཅུའི་བར་དུ་བཅངས་ནས་བཅུ་གཅིག་པའི་སྐྱ་རེངས་ཤར་བ་ན་སྤང་ལྟུང་

བསྐྱེད་ཅིང་། ཤན་བརྡེག་ཚུལ་ཡང་གོས་ཀྱི་སྐབས་བཞིན་ནོ། །གཉིས་པ་ལྷུང་བཟེད་ལྷག་པོ་འཚོལ་བའི་སྤང་ལྟུང་ནི། གླེང་གཞི་ཉེར་དགས་སྤོས་འཚོང་གི་ཁྲིའུ་ལ་ལྷུང་བཟེད་བསླངས་པ་སོགས་ཀྱི་རྒྱུ་མཚན་ལ་བརྟེན་ནས་བཅས་ཏེ། སྤྱད་དུ་རུང་བའི་ལྷུང་བཟེད་ཡོད་བཞིན་དུ་འདོད་ཞེན་གྱིས་ཁྲིམ་པ་ཉེ་དུ་མ་ཡིན་པས་ལྷུང་བཟེད་ལྷག་པོ་བསླངས་པའོ། །དེ་ཡང་ལྷུང་བཟེད་ལྷན་པ་བཞི་མན་ཆད་ཡོག་པ་ཡོད་ན་གསར་པ་མི་འཚོལ། ལྔ་ཡོག་ན་འཚོལ་རིགས་པས་བཙལ་བ་ལ་ཉེས་པ་མེད་ཅིང་། ལྷུང་བཟེད་གསར་པ་དགོས་པ་ན་རིན་གྱིས་ཉོས་པ་ལ་ཉེས་པ་མེད་དོ། །གསུམ་པ་འཐག་ཏུ་འཇུག་པའི་སྤང་ལྟུང་ནི། གླེང་གཞི་ཉེར་དགས་འཐག་མཁན་ལ་སྙན་ཚིག་གིས་བསྟོད་ནས་འཐག་ཏུ་བཅུག་ནས་གླ་རྔན་མ་བྱིན་པ་ལ་བརྟེན་ནས་བཅས་ཏེ། ཁྲིམ་པ་ཉེ་དུ་མ་ཡིན་པ་ལ་གླ་རྔན་མེད་པར་ཆོས་གོས་ཀྱི་རྒྱུ་རས་ཡུག་སོགས་འཐག་ཏུ་བཅུག་པའོ། །བཞི་པ་འཐག་པ་བསྐྱེད་པའི་སྤང་ལྟུང་ནི། གླེང་གཞི་ཉེར་དགས་བྱས་པ་ལ་བརྟེན་ནས་བཅས་ཏེ། ཁྲིམ་པ་ཉེ་དུ་མ་ཡིན་པས་རང་ལ་སྙེར་རྒྱུ་བློས་དཔགས་པའི་རས་ཡུག་སོགས་བསྔོས་ཚོད་ལས་ཞེང་ཆེ་བ། དཀྱུས་རིང་བ་གྱིས་ཤིག་ཅེས་འདོད་པས་འཐག་པ་ལ་གླ་རྔན་ཅུང་ཟད་བྱིན་ཏེ་ཐགས་རྒྱ་བསྐྱེད་པའོ། །ལྔ་པ་བྱིན་འཕྲོག་གི་སྤང་ལྟུང་ནི། གླེང་གཞི་དགའ་བོས་དགེ་སློང་ཆོས་ལ་གོས་བྱིན་པ་སླར་ཕྲོགས་པ་ལ་བརྟེན་ནས་བཅས་ཏེ། དགེ་སློང་གཞན་ལ་གོས་བྱིན་པ་སླར་འཕྲོག་པར་བྱེད་པའོ། །གོས་ཀྱིས་མཚོན་ཏེ་འཚོ་བའི་ཡོ་བྱད་གཞན་ལའང་འདྲ་བར་གསུངས་སོ། །དྲུག་པ་བརྟད་པ་ལས་བྱུང་བའི་སྤང་ལྟུང་ནི། གླེང་གཞི་དགེ་སློང་མང་པོས་དབྱར་གྱི་སྙེད་པ་དབྱར་གྱི་ནང་དུ་བགོས་པ་དང་། དགག་དབྱེ་ཐོན་ནས་ཀྱང་མ་བགོས་པ་ལ་བརྟེན་ནས་བཅས་ཏེ། དབྱར་སྙེད་ཅེས་པ་དགག་དབྱེའི་དུས་སུ་སྦྱིན་བདག་འོང་ནས་དགེ་འདུན་ལ་དབྱར་གནས་པའི་ཡོན་འབུལ་བ་དེ་ཡིན་ལ། དེ་ཉིད་སྦྱིན་བདག་གིས་གློ་བུར་གྱི་རྐྱེན་ལྔ་གང་རུང་གི་དབང་གིས་དགག་དབྱེའི་སྔ་རོལ་དུ་བརྟད་པ་རྣམས་ནི་དབྱར་གྱི་མཐའི་ཞག་བཅུའི་ནང་དུ་དགེ་འདུན་སྤྱིས་བདག་གིར་བྱས་པ་ལ་ཉེས་པ་མེད་མོད། དབྱར་གྱི་ནང་ལོགས་ཏེ་དེ་ཚུན་ཆད་དུ་བདག་གིར་བྱེད་པའི་སྤང་ལྟུང་དང་། དེ་ཉིད་དབྱར་ནང་དུ་སོ་སོར་བགོས་པའི་སྤང་ལྟུང་དང་། དགག་དབྱེ་བྱས་པའི་སྟོན་ཟླ་ཐ་ཆུང་ཞེས། ཕྱི་དེ་ཉིན་པར་མ་བགོས་པའི་སྤང་ལྟུང་སྟེ་རིགས་གསུམ་དུ་གསུངས་སོ། །རྐྱེན་ལྔ་ནི། སྦྱིན་བདག་ཤི་བའི་དོན་དུ་དབྱར་སྙེད་ཕུལ་བ་དང་། འཆི་བར་དོགས་པས་ཕུལ་བ་དང་། ནད་པས་ཕུལ་བ་དང་། ནད་པའི་ཕྱིར་ཕུལ་བ་དང་། འགྲོ་བར་ཆས་པས་ཕུལ་བ་རྣམས་སོ། །དེ་དག་ནི་དབྱར་མཐའི་ཞག་བཅུའི་ནང་དུ་བླངས་ལ། མཆོད་གནས་བགོ་སྐལ་ལ་གཏོགས་པ་འཆི་བར་དོགས་པ་སོགས་ལ་སྐལ་བ་བྱིན་ནས་དགེ་འདུན་སྤྱི་ལ་ནི་དགག་དབྱེ་ཐོན་པའི་ཕྱི་དེ་ཉིན་པར་བགོས་སོ། །དབྱར་གྱི་ནང་དུ་ཆོས་སླུ་བ་ལ་ཡོན་

ཕུལ་བ་དང་། དགེ་འདུན་སྤྱི་ལ་ཆོས་སྟོན་གསོལ་བ་ལ་སོགས་པ་རྙེད་པ་གཞན་རྣམས་ནི་འཕྲུལ་འཕྲུལ་དུ་བགོས་པས་ཆོག་གོ། །བདུན་པ་དགོན་པ་བའི་འབྲལ་བའི་སྤང་ལྟུང་ནི། གླེང་གཞི་དྲུག་སྡེས་ཆོས་གོས་གྲོང་དུ་བཞག །རང་དགོན་པར་ཡང་མ་བསྡད། ཆོས་གོས་ཡོད་སར་ཡང་མ་བསྡད་པ་ལ་བརྟེན་ནས་བཅས་ཏེ། དགོན་པར་གནས་པའི་དགེ་སློང་གིས་ཞག་དྲུག་ཚུན་ཆད་དུ། ཆོས་གོས་རྣམ་གསུམ་བྱིན་བརླབས་ཅན་དང་བྲལ་བ་ལ་ཉེས་པ་མེད་མོད། ཞག་བདུན་པའི་སྐྱ་རེངས་ཤར་ན་སྤང་ལྟུང་ངོ་། །བརྒྱད་པ་དབྱར་གྱི་གོས་རས་ཆེན་གྱི་སྤང་ལྟུང་ནི། གླེང་གཞི་མཉན་ཡོད་དུ་དགེ་སློང་རབ་ཏུ་མང་པོ་ལ་བརྟེན་ནས་བཅས་ཏེ། དབྱར་གྱི་གོས་རས་ཆེན་དུས་མ་ཡིན་པར་བཙལ་བ་དང་། དུས་ལས་ལྷག་པར་འཆང་བའོ། །དེ་ཡང་དབྱར་ཁས་ལེན་གྱི་སྔ་རོལ་གྱི་ཟླ་བ་གཅིག་ནས་བཙལ་ཞིང་། དགག་དབྱེ་བྱས་ནས་ཀྱང་ཟླ་བ་ཕྱེད་ལྷར་འཆང་དུ་རུང་ལ༑ དེ་ལས་གཞན་དུ་ཚོལ་སྤྲས་པ་དང་། བཞག་འཕྱིས་པ་ལ་སྤང་ལྟུང་རེ་རེའོ། །དགུ་པ་བསྔོས་བསྒྱུར་གྱི་སྤང་ལྟུང་ནི། གླེང་གཞི་ཉེར་དགས་སྦྱིན་བདག་གིས་དགེ་འདུན་ལ་འབུལ་རྒྱུའི་གོས་རང་ལ་བསྒྱུར་བ་ལ་བརྟེན་ནས་བཅས་ཏེ། གོས་ཀྱིས་མཚོན་པ་ཡོ་བྱད་གཞན་དག་ཀྱང་སྟེ། དགེ་སློང་གཞན་ལ་བསྔོས་པ་ཤེས་བཞིན་དུ་རང་ལ་བསྒྱུར་བའོ། །དགེ་འདུན་སྡེ་གཉིས་ཀྱི་རྙེད་པ་ཕན་ཚུན་བསྒྱུར་བར་བྱེད་ན་ཉེས་བྱས་ཙམ་དང་། དགེ་འདུན་མཐུན་པ་ཉིད་ཀྱིས་དགེ་འདུན་གཞན་ལ་བསྔོས་པའི་རྙེད་པ་དགེ་སློང་གཅིག་གམ་གཉིས་སོགས་ཀྱིས་བདག་གིར་བྱེད་ན་སྤང་ལྟུང་ངོ་། །བཅུ་པ་བསོག་འཇོག་གི་སྤང་ལྟུང་ནི། དགེ་སློང་རབ་ཏུ་མང་པོས་སྨན་བྱིན་གྱིས་བརླབས་ནས་ཡུན་རིང་དུ་བཞག་པ་རུལ་བ་དང་སྨུགས་པ་ལ་བརྟེན་ནས་བཅས་ཏེ། མར་དང་བུ་རམ་དང་སྦྲང་རྩི་ལ་སོགས་པ་ཞག་བདུན་པར་བྱིན་གྱིས་བརླབས་པའི་སྨན་ཞག་བདུན་འདས་ནས་ཟ་བའི་ཕྱིར་བརྒྱད་པའི་སྐྱ་རེངས་ཤར་བ་ན་ཡང་བཅངས་པའོ། །དེས་མཚོན་པར་དུས་རུང་དང་ཐུན་ཚོད་དུ་རུང་བ་རྣམས་ཉིན་ཕྱེད་ཡོལ་བ་སོགས་ཕན་ཆད་དུ་སྤྱད་པའི་ཕྱིར་འཆང་བ་དང་། འཚོ་བཅང་གི་སྨན་རྣམས་ཀྱང་རོ་དང་ཁ་ཅིག་ལྟུང་བ་མེད་པར་གསུངས་མོད་དོན་ལ་ཡོད་དེ། ནུས་པ་འགྱུར་ན་སྤང་ལྟུང་བསྐྱེད་དོ། །གཞན་ཡང་བྱིན་ལེན་མ་བྱས་པའི་ཟས་དང་། རུང་བ་མ་ཡིན་པའི་ཟས་དང་། དེ་དང་འདྲེས་པའི་ཟས་དང་། ཐུན་ཚོད་དང་དུས་རུང་འདྲེས་པའི་ཟས་སོགས་འཆང་བའང་སྤང་ལྟུང་ཡིན་ཞིང་། ཞག་བདུན་པ་ཉིད་ཀྱང་བྱིན་བརླབས་ཀྱི་མཐའ་གོང་དུ་རྐྱེན་གྱིས་ཟ་བར་མི་རུང་བ་ཉིད་དུ་གྱུར་པ་ཉིན་མཚན་འདས་པར་འཆང་ན་སྤང་ལྟུང་ཡིན་ནོ། །ཞག་བདུན་པ་སོགས་ལ་ཐོག་མར་གཞན་གྱི་བྱིན་ལེན་བྱས། དེ་ནས་བྱིན་གྱིས་བརླབས་ཏེ་རང་གིས་རེག་ཅིང་ལོངས་སྤྱད་ཆོག་པར་བཤད་པས་ལག་ཉར་མི་འགྱུར་རོ། །ཞག་བདུན་པའི་སྨན་མར་དང་བུ་རམ་ལྷ་བུ་རིགས་མི་མཐུན་པ་ཕན་ཚུན་ཤན་བཏྲིག་མེད་ཀྱང་།

རིགས་མཐུན་ཤན་བཏྱེག་དཔེར་ན། ཆོས་གཅིག་ལ་བུ་རམ་ཞིག་རྙེད་པ་བྱིན་གྱིས་བརླབས་ནས། ཆོས་གཉིས་ལྔ་བུ་ལ་བུ་རམ་རྙེད་ན་སྔ་མ་དེ་ལོངས་སྤྱད་པར་བྱ་ཞིང་། ཕྱི་མ་ནི་བྱིན་གྱིས་བརླབས་པ་དང་ལོངས་སྤྱད་པར་མི་བྱ་བར་གསུངས་ཤིང་། གལ་ཏེ་ཕྱི་མ་བྱིན་གྱིས་བརླབས་ནས་སྔ་མས་ཞག་བདུན་འདས་ནས་བརྒྱད་པའི་སྐྱ་རེངས་ཤར་བ་ན་སོག་འཇོག་གི་སྤང་ལྟུང་བསྐྱེད་པའི་ཚེ་ཕྱི་མ་བྱིན་གྱིས་བརླབས་པ་དེས་ཞག་དྲུག་སོགས་ལས་མ་ལོན་ཀྱང་ལྟུང་བ་གཅིག་ཤོས་དེའི་ཤན་སྟོབས་ཀྱིས་སྤང་ལྟུང་བསྐྱེད་དོ། །བྱིན་གྱིས་མ་བརླབས་པར་བཞག་ན་ཤན་བཏྱེག་པ་མེད་ལ་སོག་འཇོག་ཏུ་འགྱུར་རོ། །གོས་དང་། ལྟུང་བཟེད་དང་། སྨན་གྱི་ཤན་ཞེས་འདོགས་ཀྱང་དེ་དག་ཤན་གྱི་ལྟུང་བ་འབྱུང་བའི་གཞི་ཙམ་ལས་ངོ་བོ་ཞག་གི་ཤན་དུ་མཁས་པ་རྣམས་བཞེད་དོ། །

གཉིས་པ་ལྟུང་བྱེད་འབའ་ཞིག་པ་བཤད་པ་ལ་གཉིས་ཏེ། མཚན་ཉིད་དང་མིང་དོན་གཞི་མཐུན་པས་མདོར་བསྟན་པ་དང་། ཡན་ལག་རྒྱས་པར་བཤད་པའོ། །དང་པོ་ལ་གཉིས་ཏེ། མཚན་ཉིད་དངོས་དང་། དབྱེ་བའོ། །དང་པོ་ནི། གང་ཞིག་སྣང་འབྲལ་སྟོན་འགྲོ་སོགས་ཏེ། ལྟུང་བ་གང་ཞིག་འཆོས་པ་ན་དངོས་པོ་སྤང་འབྲལ་སྟོན་དུ་འགྲོ་མི་དགོས་པར། ལྟུང་བྱེད་རང་རང་གི་མིང་གིས་བཅོས་པས་དག་ཏུ་རུང་བའོ། །གཉིས་པ་ནི༔ དབྱེ་ན་ཤེས་བཞིན་སོགས་ཏེ། ལྟུང་བྱེད་དེ་ལའང་དབྱེ་ན་ཤེས་བཞིན་གྱི་སྨྲ་སོགས་བཅུ་ཚན་དགུ་སྟེ། ཤེས་བཞིན་གྱི་རྫུན་སོགས། ས་བོན་འཇོམས་པ་སོགས། མ་བསྒོས་པ་སྟོན་པ་སོགས། ཡང་ཡང་ཟ་བ་སོགས། སྲོག་ཆགས་དང་བཅས་པའི་ཆུ་ལ་སྤྱོད་པ་སོགས། ཟན་གཅོད་དུ་འཇུག་པ་སོགས། དུད་འགྲོ་གསོད་པ་སོགས། ཇུན་མ་དང་ལྷན་ཅིག་ཏུ་འགྲོ་བ་སོགས། གྲོང་གཞན་དུ་འགྲོ་བ་སོགས་སོ། །དེ་དག་ཀྱང་། སོ་ཐར་གྱི་མདོར། རྫུན་སྨྱོན་དགེ་སློང་ཕྲ་མ་དང་། །སྐྱོ་སྨོགས་བྱེད་དང་སྟོན་པ་དང་། །འདོན་དང་གནས་ངན་ལེན་དང་ཆོས། །བཤེས་ངོར་བྱེད་དང་ཁྲུད་དུ་གསོད། །ཅེས་དང་། ས་བོན་འཕྱ་བ་བསྒོ་བ་དང་། །ཁྲི་དང་འདིངས་དང་བསྒྲོད་པ་དང་། །ཕྱིས་ནོན་འབྱུང་བ་འདེབས་པ་དང་། །རིམ་པ་གཉིས་སུ་རྩིག་པའོ། །ཞེས་དང་། མ་བསྒོས་ཉི་མ་ནུབ་པ་དང་། །ཟས་དང་ཆོས་གོས་གཉིས་དག་དང་། །དོན་མཐུན་གྲུ་དང་དབེན་པ་གཉིས། །དགེ་སློང་མ་ཡིས་སྦྱོར་བཅུག་པའོ། །ཞེས་དང་། ཡང་ཡང་དང་ནི་འདུག་གནས་གཅིག །བྲེ་དང་བཅའ་དང་སྟོབ་པ་དང་། །འདུས་དང་དུས་མིན་སོག་འཇོག་དང་། །ཁ་ནས་མེད་དང་བསོད་པ་ཉིད། །ཅེས་དང་། སྲོག་ཆགས་དང་བཅས་ཉལ་སར་འདུག །འགྲེང་དང་གཅེར་བུ་དམག་དང་ནི། །ཞག་གཉིས་བཤམ་དགྲུག་འགྲོ་བ་དང་། །བརྡེག་དང་གཟས་དང་གནས་ངན་ལེན། །ཞེས་དང་། བདེ་དང་མེ་དང་འདུན་པ་དང་། །བསྙེན་པར་མ་རྫོགས་ཆོས་དང་སྨྲ། །དགེ་ཚུལ་ཁ་དོག་བསྒྱུར་བ་དང་། །རིན་པོ་ཆེ་དང་ཚ་བའི་དུས། །ཞེས་དང་། དུད་འགྲོ་འགྱོད་པ་སོར་མོ་དང་། །རྒྱུ་དང་ལྷན་ཅིག

དངངས་བྱེད་དང་། །སྲིད་དང་གདེངས་མེད་གཞི་མེད་དང་། །སྐྱེས་པ་མེད་པར་ལམ་འགྲོ་བའོ། །ཞེས་དང་། རྐུ་དང་ཉི་ཤུ་མ་ལོན་དང་། །རྐོ་དང་མགྲོན་དང་བསླབ་པ་དང་། །འཕབ་དང་མི་སྣ་འགྲོ་བ་དང་། །མི་གུས་ཚང་འཕྲུང་དུས་མིན་པའོ། །ཞེས་དང་། ཟས་བཅས་སྐྱ་རེང་དུ་སྟོད་དང་། །ཁབ་རལ་དང་ནི་ཁྲི་རྐང་དང་། །གདལ་དང་འདིང་དང་གཡན་པ་དང་། །རས་ཆེན་བདེ་གཤེགས་ཆོས་གོས་སོ། །ཞེས་སྡོམ་དུ་གསུངས་སོ། །

གཉིས་པ་ཡན་ལག་རྒྱས་བཤད་ལ་བཅུ་ཚན་དང་པོ་ནི། རིགས་བཞི་ལས་གཞན་སོགས་ཏེ། དང་པོ་ཤེས་བཞིན་དུ་རྫུན་སྨྲ་བའི་ལྟུང་བྱེད་ནི། གླེང་གཞི། དགེ་སློང་ཤཱཀྱ་ལག་བརྒྱུད་ཀྱིས་བྲམ་ཟེ་ལས་རྩོད་པ་ཕམ་གྱིས་དོགས་ནས་རྩོད་པའི་དུས་ལས་འདས་ཏེ་ཤེས་བཞིན་དུ་རྫུན་སྨྲས་པ་ལ་བརྟེན་ནས་བཅས་ཏེ། ཕམ་པ་ལྷག་མ་སྦྱོམ་པོ་ཉེས་བྱས་རྣམས་ཀྱི་སྐབས་སུ་བཤད་པའི་རྫུན་རིགས་བཞི་ལས་གཞན་པའི་ཤེས་བཞིན་གྱི་རྫུན་སྨྲ་བའོ། །གཉིས་པ་སྐྱོན་ནས་སྨྲ་བའི་ལྟུང་བྱེད་ནི། གླེང་གཞི་དྲུག་སྡེས་དགེ་སློང་རྣམས་ལ་ཡན་ལག་ཉམས་པ་དང་། རིགས་རུས་སོགས་ཀྱི་སྐྱོན་བརྗོད་པས་དེ་དག་ཡིད་མི་བདེ་བར་གྱུར་པ་ལ་བརྟེན་ནས་བཅས་ཏེ༑ ལྟུང་བའི་ངོ་བོ་ཡང་དེ་ཉིད་དོ། །གསུམ་པ་ཕྲ་མ་བྱེད་པའི་ལྟུང་བྱེད་ནི། གླེང་གཞི་དྲུག་སྡེས་དགེ་སློང་རྣམས་ཀྱི་བར་དུ་ཕྲ་མ་སྣ་ཚོགས་བྱས་པས་བསམ་གཏན་དང་ཀློག་པའི་བར་ཆད་དུ་གྱུར་པ་ལ་བརྟེན་ནས་བཅས་ཏེ་ལྟུང་བའི་ངོ་བོ་ཡང་དེ་ཉིད་དོ། །བཞི་པ་སྐྱོ་སྐྱོགས་བྱེད་པའི་ལྟུང་བྱེད་ནི། གླེང་གཞི་སྟྲ་མའི་རྗེས་སུ་དགེ་སློང་དེ་དག་ཕན་ཚུན་རྩོད་པར་གྱུར་པ་ན་དགེ་འདུན་དུ་ལོངས་པ་གཞན་དག་གིས་ལེགས་པར་ཞི་བར་བྱས་པ་ན། དྲུག་སྡེས་འདི་ནི་ལེགས་པར་མ་བྱས་པའོ་ཞེས་སོགས་ཟེར་བས་སླར་ཡང་རྩོད་པར་གྱུར་པ་ལ་བརྟེན་ནས་བཅས་ཏེ་ངོ་བོ་ཡང་དེ་ཉིད་དོ། །ལྔ་པ་ཆོས་སྟོན་པའི་ལྟུང་བྱེད་ནི། གླེང་གཞི་འཆར་ཀས་བུད་མེད་ལ་ཆོས་སྟོན་པ་ན་ནུ་མ་སོགས་ལ་རེག་པས་གཞན་མ་དད་པ་ལ་བརྟེན་ནས་བཅས་ཏེ། ཁྲིམས་གྲོགས་མེད་པར་ཚིག་དྲུག་ལས་ལྷག་པའི་ཆོས་སྟོན་པའོ། །དྲུག་པ་འདོན་པའི་ལྟུང་བྱེད་ནི། གླེང་གཞི་དྲུག་སྡེས་དགེ་ཚུལ་དང་ལྷན་ཅིག་ཏུ་གཏོད་བག་གི་བསམ་པས་ཙ་ཙོ་ཆེན་པོ་སོགས་སྣ་ཚོགས་པའི་སྐད་གདངས་ཀྱིས་ཆོས་འདོན་པར་བྱེད་པ་ན་གཞན་མ་དད་པ་ལ་བརྟེན་ནས་བཅས་ཏེ་ངོ་བོ་ཡང་དེ་ཉིད་དོ། །བདུན་པ་གནས་ངན་ལེན་བརྗོད་པའི་ལྟུང་བྱེད་ནི། གླེང་གཞི་དྲུག་སྡེས་དགེ་སློང་ཀུན་དྭ་སྒོ་མགུ་སྤྱོད་པ་དག་གི་ལྟུང་བ་བརྗོད་པས་འཕྱ་བ་ལ་བརྟེན་ནས་བཅས་ཏེ། དགེ་སློང་གཞན་ལ་ཕམ་ལྷག་གང་རུང་བྱུང་བ་གླེང་བ་ལམ་བསྙོས་བཞིན་དུ། བསྙེན་པར་མ་རྫོགས་པའི་དྲུང་དུ་དེ་ལྟར་བྱུང་ངོ་ཞེས་སྨྲས་ཤིང་གོ་བར་བྱེད་པའོ། །བརྒྱད་པ་མི་ཆོས་བླ་མ་བདེན་པར་སྨྲ་བའི་ལྟུང་བྱེད་ནི། གླེང་གཞི་ཉ་པའི་རིགས་ལས་བྱུང་བའི་དགེ་སློང་ལྔ་བརྒྱས་དགྲ་བཅོམ་པ་ཐོབ་པའི་ཚེ་མུ

གའི་དུས་ཤིག་ཏུ་ཉ་པའི་དུང་དུ་འབྲས་བུ་ཐོབ་པ་བརྗོད་དེ་འཚོ་བ་བླངས་པ་ལ་བརྟེན་ནས་བཅས་ཏེ། ཡུལ་བསྙེན་པར་མ་རྫོགས་པ་དང་། རྫོགས་ཀྱང་བདེན་པ་མ་མཐོང་བའི་དྲུང་དུ་དགོས་པ་ཁྱད་པར་ཅན་མེད་བཞིན་དུ་རང་གིས་མི་ཆོས་བླ་མའི་ཡོན་ཏན་ཐོབ་པ་ལ་ཐོབ་བོ་ཞེས་བདེན་པར་སྨྲ་བའོ། །དགུ་པ་སྐུར་པ་འདེབས་པའི་ལྟུང་བྱེད་ནི། གླེང་གཞི་འཕགས་པ་གྱད་བུ་ནོར་དགེ་འདུན་གྱི་བྱ་བ་ལ་ལྷག་པར་བརྩོན་པར་གྱུར་པས་ཆོས་གོས་ངན་པར་གྱུར་པ་ན། དགེ་འདུན་གྱིས་རས་ཡུག་བྱིན་པའི་ཚེ། མཛའ་བོ་དང་ས་ལས་སྐྱེས་གཉིས་ཀྱིས་དགེ་འདུན་ལ་འདི་དག་ནི་བཤེས་ངོར་བྱེད་པ་ཡིན་ནོ། །ཞེས་སྐུར་པ་ལ་བརྟེན་ནས་བཅས་ཏེ། རས་ཡུག་གིས་མཚོན་པ་ཡོ་བྱད་ཅུང་ཟད་བྱིན་པ་ལས་སོ། །བཅུ་པ་ཁྱད་དུ་གསོད་པའི་ལྟུང་བྱེད་ནི། གླེང་གཞི་སོ་ཐར་གྱི་མདོ་འདོན་པའི་ཚེ་དྲུག་སྡེས་བསླབ་གཞི་ཕྲ་ཞིང་ཕྲ་བ་འདི་དག་བཏོན་པས་ཅི་ཞིག་བྱ་ཞེས་ཟེར་བ་ལ་བརྟེན་ནས་བཅས་ཏེ་ངོ་བོ་ངག་གི་རིག་བྱེད་དེ་ལྟར་ཉིད་དོ། །

བཅུ་ཚན་གཉིས་པ་ནི། ས་བོན་དང་ནི་སོགས་ཏེ། དང་པོ་ས་བོན་དང་སྐྱེ་བ་འཇིག་པའི་ལྟུང་བྱེད་ནི། གླེང་གཞི་དྲུག་སྡེས་ཤིང་གཅོད་པ་དང་གཅོད་དུ་བཅུག་པ་སོགས་ལ་བརྟེན་ནས་བཅས་ཏེ། དགོས་པ་ཁྱད་པར་ཅན་མེད་བཞིན་དུ་མེ་སོགས་ཀྱིས་རུང་བར་མ་བྱས་པའི་ས་བོན་དང་ལྗང་གུ་འཇོམས་སམ་འཇོམས་སུ་འཇུག་པའོ། །དེས་མཚོན་ནས་ལྗོན་ཤིང་གཅོད་པར་མི་བྱ། ལོ་ཏོག་བརྫ་བ་སོགས་མི་བྱ། ཤིང་འབྲས་མ་སྨིན་པ་དཀྲུག་པར་མི་བྱ་སྟེ་སོ་སོའི་གྲངས་དང་མཉམ་པའི་ལྟུང་བྱེད་བསྐྱེད་དོ། །གཉིས་པ་འཕྱ་བའི་ལྟུང་བྱེད་ནི། གླེང་གཞི་མཛའ་བོ་དང་ས་ལས་སྐྱེས་གཉིས་ཀྱིས་ཉེར་དགའ་དང་གཏམ་བྱེད་པ་ན། འཕགས་པ་གྱད་བུ་ནོར་གནས་མལ་སྐོ་བས་པ་སོགས་དགེ་འདུན་གྱི་བྱ་བ་ཆོས་བཞིན་དུ་བྱེད་པ་ལ་རྒྱུ་མེད་པར་འཕྱས་པ་ལ་བརྟེན་ནས་བཅས་ཏེ། དེ་ལྟ་བུ་ལ་དངོས་སམ་ཟུར་གྱིས་འཕྱ་བའོ། །གསུམ་པ་བསྒོ་བ་རྣ་ལ་གཟོན་པའི་ལྟུང་བྱེད་ནི། གླེང་གཞི་འདུན་པས་བྱས་པ་ལ་བརྟེན་ནས་བཅས་ཏེ། དགེ་འདུན་གྱིས་ཕྱིར་བཅོས་ལ་འགོད་པའི་ཕྱིར་ལྟུང་བ་གླེང་བ་ན་ཁས་མི་ལེན་པར་ལན་གཞན་བརྗོད་པའམ་སྨྲ་བ་སྣ་ཚོགས་ཀྱིས་གཞན་དུ་བསྒྱུར་བའོ། །བཞི་པ་གནས་མལ་ལས་གྱུར་པའི་ལྟུང་བྱེད་ནི། གླེང་གཞི་དགེ་སློང་ཞལ་ཏ་བ་མང་པོས་དགེ་འདུན་གྱིས་ལོངས་སྤྱོད་པའི་ཁྲི་དང་ཁྲི་འུ་དང་། སྟན་དང་སྔས་སོགས་བླ་གབ་མེད་པར་བོར་ནས་ཕྱིན་པས་ཆུད་ཟོས་པ་ལ་བརྟེན་ནས་བཅས་ཏེ་ངོ་བོ་ཡང་དེ་ཉིད་དོ། །ལྔ་པ་གདིང་བ་ལས་གྱུར་པའི་ལྟུང་བྱེད་ནི། གླེང་གཞི་འདྲ་བ་ལ། རྩ་སོགས་བཏིང་བ་མ་བསྡུས་པས་ཕྱོགས་དེ་སྲོག་ཆགས་ཀྱིས་གཞང་བ་ལ་བརྟེན་ནས་བཅས་ཏེ། དགེ་འདུན་གྱི་གཙུག་ལག་ལག་ཁང་རམ། རྗེ་བ་དང་། བྱེ་མའི་གཞི་ཉིད་དུ་གྱུར་པའམ། དེ་ལྟ་བུའི་ཉེས་དམིགས་མེད་ཀྱང་རུང་སྟེ་རྩ་དང་ལོ་མའི་ཚོགས་

བཏིང་བ་མ་བསྟུས་པའོ། །ལྟུང་བྱེད་བཞི་པ་དང་ལྔ་པ་འདི་གཉིས་ལས་བྱེད་པ་པོ་སྟེ་ཞལ་ཏ་བ་ལ་འབྱུང་ངོ་། །དྲུག་པ་སྒྲོད་པའི་ལྟུང་བྱེད་ནི། གླེང་གཞི་འཆར་ཀས་རང་དང་ལྷན་ཅིག་གནས་པའི་དགེ་སློང་གསར་བུ་དགོས་པ་གནོད་པ་དང་འབྲུགས་པ་བཞི་བའི། མེད་པར་གཙུག་ལག་ཁང་གི་ཕྱི་རོལ་ཏུ་བཏོན་པས། མཚན་ཐོག་ཐག་སྡུག་བསྔལ་བར་གྱུར་པ་ལ་བརྟེན་ནས་བཅས་ཏེ་ངོ་བོ་ཡང་དེ་ཉིད་དོ། །བདུན་པ་ཕྱིས་གནོད་བྱེད་པའི་ལྟུང་བྱེད་ནི། གླེང་གཞི་ཉེར་དགས་གྲོགས་དགེ་སློང་གཞན་ལུས་ཀྱིས་རྡེ་ས་ན་བ་དང་འཇིགས་པའི་དབང་དུ་གྱུར་བ་མ་གཏོགས་པ། ཤིང་གནོན་པ་དང་། དེས་མཚོན་པ་ཐོ་འཚམས་པའི་བྱ་བ་མཐའ་དག་གོ །བརྒྱད་པ་རྩ་བ་དབྱུང་བ་ལ་འདུག་པའི་ལྟུང་བྱེད་ནི། གླེང་གཞི་ཉེར་དགས་བསོད་སྙོམས་པ་ཞིག་ལ་གནོད་སེམས་ཀྱིས་བྱས་པ་ལ་བརྟེན་ནས་བཅས་ཏེ། དགེ་སློང་གཞན་ལ་གནོད་པའི་ཕྱིར་དགེ་འདུན་གྱི་ཁང་སྟེང་མལ་ཁྲིའི་རྐང་བས་བུག་པ་བརྟོལ་ཏེ་ལུས་ཀྱི་ལྗིད་ཀྱིས་གནོན་པའོ། །དགུ་པ་སྲོག་ཆགས་དང་བཅས་པ་ལ་སྤྱོད་པའི་ལྟུང་བྱེད་ནི། གླེང་གཞི་འདུན་པས་སྲོག་ཆགས་དང་བཅས་པའི་ཆུ་ལ་ལོ་མ་ལ་སོགས་པ་འདེབས་ཤིང་སྤྱད་པ་ལ་བརྟེན་ནས་བཅས་ཏེ། གཞན་དོན་དུ་སྲོག་ཆགས་དང་བཅས་པའི་ཆུ་དང་རྩྭ་དང་ཤིང་ལ་སོགས་པ་ལ་དེར་ཤེས་བཞིན་དུ་སྤྱོད་པའོ། །བཅུ་པ་རིམ་པ་ལྷག་པར་རྩིག་པའི་ལྟུང་བྱེད་ནི། གླེང་གཞི་དྲུག་སྡེས་ཉི་མ་གཅིག་ལ་གཙུག་ལག་ཁང་ཡོངས་སུ་རྫོགས་པ་ཞིག་བྱས་ནས་དེའི་ནུབ་མོ་ཞིག་པ་ལ་བརྟེན་ནས་བཅས་ཏེ། ཆར་ཆུའི་འཇིགས་རྐྱེན་ཡོད་སར་སྐྱོབས་མ་བྱས་པར་ཉི་མ་གཅིག་ལ་ཕ་གུ་རིམ་པ་གསུམ་ལས་ལྷག་པར་རྩིག་པའི་ལྟུང་བྱེད་དོ། །

བཅུ་ཚན་གསུམ་པ་ནི། མ་བསྒོས་དགེ་སློང་མ་སོགས་ཏེ། དང་པོ་མ་བསྒོས་པར་སྟོན་པའི་ལྟུང་བྱེད་ནི། གླེང་གཞི་དྲུག་སྡེས་ཆོས་སྟོན་པ་ན། དགེ་སློང་མ་དང་ཀུན་ཏུ་རྩེ་བ་དང་ལུས་ལ་རེག་པ་ལ་སོགས་པ་བྱས་པ་ལ་བརྟེན་ནས་བཅས་ཏེ། དགེ་སློང་མའི་སྟོན་པར་དགེ་འདུན་གྱིས་མ་བསྒོས་བཞིན་དུ་ཆོས་སྟོན་པའོ། །གཉིས་པ་ཉི་མ་ནུབ་ནས་སྟོན་པའི་ལྟུང་བྱེད་ནི། དགེ་སློང་དགའ་བྱེད་ཀྱིས་དགེ་སློང་མ་ཨུཏྤ་ལའི་མདོག་འཁོར་བཅས་ལ་ཉི་མ་ནུབ་ཀྱི་བར་དུ་ཆོས་བསྟན་པས་དགེ་སློང་མ་འཁོར་བཅས་མཉན་ཡོད་དུ་ཕྱིན་པ་ན་སྒོ་བཅད་པར་གྱུར་ཏེ། ཕྱི་རོལ་དུ་ཆོམ་རྐུན་གྱིས་གཅེས་པ་ལ་བརྟེན་ནས་བཅས་ཏེ། དགག་དབྱེ་བྱས་པའི་མཚན་མོ་ལྟ་བུ་མཚན་ཐོག་ཐག་ཏུ་ཆོས་སྟོན་པའི་སྐབས་མ་གཏོགས་པར་དགེ་སློང་མ་ལ་ཉི་མ་ནུབ་རྗེས་སུ་ཤེས་བཞིན་དུ་ཆོས་སྟོན་པའོ། །གསུམ་པ་ཟས་ཀྱི་ཕྱིར་སྟོན་ནོ་ཞེས་འཕྱ་བའི་ལྟུང་བྱེད་ནི། གླེང་གཞི་འཕགས་པ་དགའ་བྱེད་དགེ་སློང་མ་ལ་ཆོས་སྟོན་པ་ན་དགེ་སློང་མས་ཟས་ཚུང་ཟད་ཕུལ་བ་ཉེར་དགས་མ་བཟོད་ནས། ཟས་ཚུང་ཟད་ཀྱི་ཆེད་དུ་ཆོས་སྟོན་ཏོ་ཞེས་ཟེར་བ་ལ་བརྟེན་ནས་བཅས་ཏེ། དགེ་སློང་མའི་སྟོན་པར་བསྒོས་པའི་དགེ་སློང་ལ་ཕྲག་དོག

གིས་འཕྲུ་བའོ། །བཞི་པ་དགེ་སློང་མའི་གོས་བྱེད་པའི་ལྟུང་བྱེད་ནི། གླེང་གཞི་འཆར་ཀས་སྦྱིན་མའི་ཆོས་གོས་དྲུབ་པ་དང་ཚེམ་པ་ལ་སོགས་པ་བྱས་པ་བརྟེན་ནས་བཅས་ཏེ། དགེ་སློང་མ་ཉེ་དུ་མ་ཡིན་པའི་གོས་སོ། །ལྔ་པ་གོས་སྦྱིན་པའི་ལྟུང་བྱེད་ནི། གླེང་གཞི་ཚོང་དཔོན་གྱི་རིགས་ལས་རབ་ཏུ་བྱུང་བའི་དགེ་སློང་གིས་རང་གི་ཆུང་མ་རྙིང་པ་ཡིན་པའི་དགེ་སློང་མ་ལ་སྣམ་སྦྱར་བྱིན་པ་ལ་བརྟེན་ནས་བཅས་ཏེ། དགེ་སློང་མ་ཉེ་དུ་མ་ཡིན་པ་ལའོ། །དྲུག་པ་དགེ་སློང་མ་དང་ལྷན་ཅིག་ཏུ་ལམ་དུ་འགྲོ་བའི་ལྟུང་བྱེད་ནི། གླེང་གཞི་དྲུག་སྡེ་དགེ་སློང་མ་བཅུ་གཉིས་སྡེ་དང་ལྷན་ཅིག་ཏུ་ལམ་རིང་པོའི་བར་དུ་འདའ་བར་བྱེད་པ་ལ་བརྟེན་ནས་བཅས་ཏེ། འཇིགས་ཉེན་གྱི་དོགས་པ་མེད་པར་དགེ་སློང་མ་དང་ལྷན་ཅིག་ཏུ་རྒྱང་གྲགས་ལྷག་འདའ་བར་བྱེད་པའོ། །རྒྱང་གྲགས་ཕྱེད་འགྲོ་ན་ཉེས་བྱས་སོ། །བདུན་པ་དགེ་སློང་མ་དང་ལྷན་ཅིག་གྲུར་འཛུག་པའི་ལྟུང་བྱེད་ནི། གླེང་གཞི་འདྲ་ཞིང་ངོ་བོ་ཆུ་བོའི་གཞུང་ལ་རྒྱང་གྲགས་འདའ་བའོ། །ཆུ་བོའི་ཐད་ཀར་ཕ་རོལ་ཏུ་འགྲོ་བ་ལ་ལྟུང་བ་མེད་པར་གསུངས་སོ། །བརྒྱད་པ་དགེ་སློང་མ་དང་ལྷན་ཅིག་དབེན་པ་སྐྱབས་ཡོད་དུ་འདུག་པའི་ལྟུང་བྱེད་ནི། གླེང་གཞི་འཆར་ཀས་སྦྱིན་མ་དང་ལྷན་ཅིག་ཏུ་འདུག་སྟེ། སྔོན་སྤྱོད་པ་རྣམས་དྲན་པར་བྱས་པ་ལ་བརྟེན་ནས་བཅས་ཏེ། ཁྲིམས་གྲོགས་མེད་པར་བར་འདོམ་གང་གིས་ཆོད་པར་ས་ལ་འདུག་པའོ། །དགུ་པ་དབེན་པ་སྐྱབས་ཡོད་དུ་འགྲེང་བའི་ལྟུང་བྱེད་ནི། གླེང་གཞི་དང་ངོ་བོ་འགྲེང་བའི་ཁྱད་མ་གཏོགས་འདྲའོ། །བཅུ་པ་དགེ་སློང་མས་ཟས་སྦྱོར་དུ་འཇུག་པའི་ལྟུང་བྱེད་ནི། གླེང་གཞི་དྲུག་སྡེས་བཅུ་གཉིས་སྡེ་ཁྲིམ་པར་ཟས་སྦྱོར་དུ་བཅུག་པ་ལ་བརྟེན་ནས་བཅས་ཏེ། རང་ཉིད་ལ་ཐོས་སོགས་ཀྱི་ཡོན་ཏན་མེད་བཞིན་དུ་དགེ་སློང་མ་ཉེ་དུ་མ་ཡིན་པས་ཁྱིམ་བདག་གི་ཐུར་དགེ་སློང་གི་ཡོན་ཏན་བསྔགས་ནས་ཟས་སྦྱོར་དུ་བཅུག་སྟེ་ཟོས་པའོ། །

བཅུ་ཚན་བཞི་པ་ནི། ནད༷་ཀྱིས༷་བཏབ༷་དང༷་སོགས་ཏེ། དང་པོ་ཡང་ཡང་ཟ་བའི་ལྟུང་བྱེད་ནི། གླེང་གཞི་སྟོན་པ་འཁོར་བཅས་ཁྱིམ་བདག་དྲག་ཤུལ་ཅན་གྱིས་གདུགས་ཚོད་ལ་སྤྱན་དྲངས་པའི་ཚེ། དྲུག་སྡེས་ཁྱིམ་གཞན་ནས་བསླངས་ཏེ་ལོངས་སྤྱད། སླར་ཡང་དྲག་ཤུལ་ཅན་དུ་སོང་སྟེ་ཟས་ལ་ལོངས་སྤྱད་པ་ལ་བརྟེན་ནས་བཅས་ཏེ། ན་བ་དང་། ལས་བྱས་པ་དང་། ལམ་དུ་འོངས་པ། མུ་གེའི་སྐབས་རྣམས་མ་ཡིན་པར་ཉི་མ་གཅིག་གི་ནང་དུ་ཁྱིམ་པ་ཉེ་དུ་མ་ཡིན་པ་ལས་དུས་རུང་གི་ཁ་ཟས་ཀྱི་བསོད་སྙོམས་གཉིས་གཅིག་ཆར་རམ་སྔ་ཕྱི་རྙེད་ཀྱང་རུང་སྟེ་ཡང་ཡང་ལོངས་སྤྱོད་པའོ། །གཉིས་པ་མུ་སྟེགས་ཅན་གྱི་འདུག་གནས་སུ་ཟ་བའི་ལྟུང་བྱེད་ནི། གླེང་གཞི་དྲུག་སྡེས་བྱས་པ་ལ་བརྟེན་ནས་བཅས་ཏེ། མུ་སྟེགས་པའི་རབ་བྱུང་ཡོད་པའི་ཁྱིམ་དུ་དགེ་སློང་ནད་པ་མ་ཡིན་པས་ཞག་གཅིག་ལས་ལྷག་པར་གནས་ཏེ་ཁ་ཟས་ལ་ལོངས་སྤྱོད་པའོ། །གསུམ་པ་ལྟུང་བཟེད་དོ་གསུམ་

ལས་ལྷག་པར་ལེན་པའི་ལྟུང་བྱེད་ནི། གླེང་གཞི་དྲུག་སྡེས་ཁྱིམ་བདག་གི་བུ་མོ་བག་ལ་རྫོང་རྒྱུའི་འཁྱུར་བ་ནན་གྱིས་བསླངས་པས་འགྲོ་ཐེབས་བཅག་པ་ལ་བརྟེན་ནས་བཅས་ཏེ། ཁྱིམ་པ་ཉེ་དུ་མ་ཡིན་པ་ལ་དུས་གཅིག་ཏུ་ལྟུང་བཟེད་གཉིས་སམ་གསུམ་ཁེངས་པ་ལས་ལྷག་པའི་ཕྱེ་དང་འཁྱུར་བ་བསླངས་ནས་ལོངས་སྤྱོད་པའོ། །བཞི་པ་སྤྱངས་པ་ཟ་བའི་ལྟུང་བྱེད་ནི། གླེང་གཞི་བཅོམ་ལྡན་འདས་ཀྱིས་ཟས་སྤྱངས་པ་ཟ་བ་མི་བྱའོ་ཞེས་གསུངས་ཀྱང་དྲུག་སྡེས་འགལ་བར་བྱེད་པ་ལ་བརྟེན་ནས་བཅས་ཏེ། ན་བ་མ་ཡིན་པས་བཟའ་བཅའ་དུས་སུ་རུང་བ་ལོངས་སྤྱད་ཚར་ནས་མི་ཟ་བའི་བསམ་པས་སྤྱངས་པ་ལྷག་པོར་གྱི་ཆོག་མ་བྱས་པར་སླར་ཡང་ཟ་བའོ། །དུས་རུང་གི་བཟའ་བ་ལྔ་དང་བཅའ་བ་ལྔ་ནི། ཚིག་ལེ་ལས། སྣ་ཚོགས་ཚན་དང་ཟན་དང་ཤ །ཕྱེ་དང་འཁྱུར་བ་བཟའ་བ་སྟེ། །རྩ་བ་སྡོང་པོ་མེ་ཏོག་འབྲས། །ལོ་མ་ཡང་ནི་བཅའ་བ་ལྔ། །ཞེས་སོ། །ཀ་ར་དང་བུ་རམ་ནི་སྦྱིར་བཅའ་བ་ཡིན་ཀྱང་དུས་རུང་གི་མ་ཡིན་ནོ། །ལྔ་པ་སྤྱངས་པ་སྐྱོབ་པའི་ལྟུང་བྱེད་ནི། གླེང་གཞི་རྒན་ཞུགས་ཤིག་གིས་སློབ་དཔོན་ལ་སྙིང་ནད་ཀྱིས་སྤྱངས་ཟིན་བསྐྱབས་པ་ལ་བརྟེན་ནས་བཅས་ཏེ། དགེ་སློང་གཞན་གྱིས་སྤྱངས་པའི་ཟས་ལྷག་པོར་མ་བྱས་པར་དེ་ཉིད་ལ་སྐྱོབས་པའོ། །འདི་གཉིས་ལ་ལྷག་པོར་གྱི་ཆོག་བྱས་ན་ལྟུང་བ་འབྱུང་བ་མ་ཡིན་ནོ། །དྲུག་པ་འདུས་ནས་ཟ་བའི་ལྟུང་བྱེད་ནི། གླེང་གཞི་ལྷ་སྦྱིན་འཁོར་བཅས་ཀྱིས་དགེ་འདུན་འབྱེད་པའི་ཕྱིར་ལྷན་ཅིག་འདུས་ནས་ཁ་ཟས་ལ་ལོངས་སྤྱད་པ་ལ་བརྟེན་ནས་བཅས་ཏེ། མཚམས་ནང་དུ་དགེ་འདུན་སྤྱི་དང་བསམ་པ་མི་མཐུན་པས་ཀུན་ནས་བསླངས་ཏེ་མང་པོ་འདུས་ནས་ཟ་བའོ། །བདུན་པ་དུས་མ་ཡིན་པར་ཟ་བའི་ལྟུང་བྱེད་ནི། གླེང་གཞི་གཞོན་ནུ་བཅུ་བདུན་སྡེས་སྔ་དྲོའི་དུས་སུ་བསོད་སྙོམས་མ་རྙེད། ཕྱི་དྲོ་རྙེད་པ་ལོངས་སྤྱད་པ་ལ་བརྟེན་ནས་བཅས་ཏེ། ན་བ་སོགས་ཀྱི་རྐྱེན་མེད་པར་རང་བཞིན་དུ་གནས་པས་རང་གླིང་གི་ཉི་མ་ཕྱེད་ཡོལ་ནས་སྐྱ་རེངས་མ་ཤར་གྱི་བར་དུ་དུས་རུང་གི་ཟས་ལ་ལོངས་སྤྱོད་པའོ། །བརྒྱད་པ་སོག་འཇོག་བྱས་པ་ཟ་བའི་ལྟུང་བྱེད་ནི། གླེང་གཞི་དགེ་སློང་ནག་པོ་པས་འབྲས་ཆན་མང་དུ་བླངས་པས་སོག་འཇོག་བྱས་པ་ལ་བརྟེན་ནས་བཅས་ཏེ། མུ་གེའི་དུས་མིན་པར་སྨན་རྣམ་པ་བཞི་གང་རུང་བྱིན་རླབས་ཀྱི་མཐའ་མ། ལོངས་སྤྱོད་ཀྱི་མཐའ་ཞིག་པས་སོག་འཇོག་ཏུ་འགྱུར་བ་ཉིད་ཟ་བའོ། །དེ་ལས་འཕྲོས་པ་ལག་ཉ་དང་སོགས་ཀྱི་བསྔུས་པ་མཚམས་བཅོས་ནང་དུ་ཞག་ལོན་སོགས་ཀྱང་ལྟུང་བྱེད་དོ། །དགུ་པ་བྱིན་ལེན་མ་བྱས་པ་ཟ་བའི་ལྟུང་བྱེད་ནི། གླེང་གཞི་དགེ་སློང་ནག་པོ་པས་དུར་ཁྲོད་ཀྱི་ཟས་གོས་རང་དགར་ལོངས་སྤྱད་པ་ལ་བརྟེན་ནས་བཅས་ཏེ། སྨན་བཞི་ནད་སོགས་ཀྱི་རྐྱེན་མེད་པར་བྱིན་ལེན་མ་བྱས་པར་མགུལ་ནས་མིད་པའོ། །བཅུ་པ་ཟས་བསོད་པ་སློང་བའི་ལྟུང་བྱེད་ནི། གླེང་གཞི་སྟོན་པ་འཁོར་བཅས་ཁྱིམ་བདག་གི་གདུགས་ཚོད་གསོལ་ཟིན་པ་

དང་། དྲུག་སྡེས་སླེབ་པ་ལ་ལྷག་མ་བྱིན་པས་མ་མགུ་སྟེ། ཁྱིམ་བདག་གཞན་ལ་ཟས་བཟང་པོ་བསླངས་པ་ལ་བརྟེན་ནས་བཅས་ཏེ། ཁྱིམ་པ་ཉེ་དུ་མ་ཡིན་པ་ལས་ཤོ་དང་། མར་དང་། ཉ་ཤ་དང་། ཤ་སྐམ་སོགས་ཁ་ཟས་བསོད་པ་སློང་བའོ། །གཞན་སློང་དུ་བཅུག་ན་ཉེས་བྱས་སོ། །བཅུ་ཚན་ལྔ་པ་ནི། ཆུ༷་ཚག༷ས་མེད༷་པར༷་སོགས་ཏེ༔ དང་པོ་སྲོག་ཆགས་དང་བཅས་པའི་ཆུ་ལ་ལོངས་སྤྱོད་པའི་ལྟུང་བྱེད་ནི། གླེང་གཞི་འདུན་པ་ལས་ཏེ་སྔར་བཤད་ཟིན་ལ། རང་དོན་དུ་སྲོག་ཆགས་དང་བཅས་པའི་ཆུ་དང་རྩ་ལ་སོགས་པ་ལོངས་སྤྱོད་པ་དང་། སྤྱོད་དུ་འཇུག་པའོ། །སྲོག་ཆགས་ལ་འཚེ་བ་གཞན་ཡང་ངོ་། །གཉིས་པ་ཉལ་པོ་བྱེད་པར་ཤོམ་པའི་ཁྱིམ་ན་འདུག་པའི་ལྟུང་བྱེད་ནི། གླེང་གཞི་ཉེར་དགས་སྤོས་འཚོང་གི་ཁྱེའུ་རང་གི་ཆུང་མ་དང་ཉལ་པོ་བྱེད་པའི་བར་ཆད་བྱས་པ་ལ་བརྟེན་ནས་བཅས་ཏེ། ཁྱིམ་པ་ཕོ་མོ་ཉལ་པོ་བྱེད་པ་ལ་ཕྱོགས་པའི་ནང་ན་འདུག་པའོ། །གསུམ་པ་ཉལ་པོ་བྱེད་པར་ཤོམ་པའི་ཁྱིམ་ན་འགྲེང་བའི་ལྟུང་བྱེད་ནི། གླེང་གཞི་དང་པོ་བོ་གཉིས་ཀར་འགྲེང་བ་དང་འདུག་པའི་ཁྱད་ཙམ་མ་གཏོགས་འདྲའོ། །བཞི་པ་གཅེར་བུ་པ་ལ་ཟས་སྦྱིན་པའི་ལྟུང་བྱེད་ནི། གླེང་གཞི་ཀུན་དགའ་བོས་གཅེར་བུ་མ་རྣན་གཞོན་གཉིས་ཀྱི་རྣན་པ་ལ་འབུར་བ་གཅིག་དང་། གཞོན་པ་ལ་གཉིས་བྱིན་པས་རྣན་མོས་སྐུར་པ་ལ་བརྟེན་ནས་བཅས་ཏེ། ཕྱི་རོལ་པར་གཏོགས་པའི་ཕོ་མོ་གང་ཡང་རུང་བ་ལ་དགོས་པ་མེད་པར་ཟས་སོགས་སྟེར་བའོ། །དམིགས་བསལ་ཉེ་དུ་དང་། རབ་ཏུ་བྱུང་བ་ལ་ལྟོས་པ་དང་། ནད་པ་ནི་མ་གཏོགས་སོ། །ལྔ་པ་དམག་ལ་ལྟ་བའི་ལྟུང་བྱེད་ནི། གླེང་གཞི་རྒྱལ་པོ་གསལ་རྒྱལ་གྱིས་རི་བྲག་པ་ལ་དམག་འདྲེན་པའི་དུས་སུ་དྲུག་སྡེས་དམག་ལ་སླད་པ་ལ་བརྟེན་ནས་བཅས་ཏེ། རྒྱལ་པོ་སོགས་ཀྱིས་བོས་པ་དང་། འཇིགས་པའི་དབང་གིས་མ་ཡིན་པར་དགེ་འདུན་གྱི་མཚམས་ཀྱི་ཉེ་འཁོར་ལས་འདས་ཏེ་དམག་གི་ཚོགས་ལ་བལྟ་བ་དང་། སྟོད་པ་སོགས་སོ། །དྲུག་པ་དམག་གི་ནང་དུ་འདུག་པའི་ལྟུང་བྱེད་ནི། གླེང་གཞི་སྔར་གྱི་འཕྲོ་ལས་ཁྱིམ་བདག་མགོན་མེད་ཟས་སྦྱིན་དམག་ནང་དུ་གནས་པ་ན། དགེ་སློང་དང་འཕྲད་པར་འདོད་ནས་བོས་པས་གཞན་འགྲོར་མ་བཏུབ་པར། དྲུག་སྡེས་ཕྱིན་ནས་དམག་ལ་འཕྲུས་པ་ལ་བརྟེན་ནས་བཅས་ཏེ། དགོས་པ་དེ་དག་མེད་པར་དམག་གི་ནང་ན་ཞག་གཉིས་འདས་པའོ། །བདུན་པ་བཤམས་པ་དཀྲུག་པའི་ལྟུང་བྱེད་ནི། གླེང་གཞི་སྔར་གྱི་འཕྲོ་ལས་དཔུང་གི་ཚོགས་དང་གོ་ཆའི་ཚོགས་རྒྱལ་པོས་བཤམས་པ་ལས་དྲུག་སྡེས་གཞན་དུ་དཀྲུག་པ་ལ་བརྟེན་ནས་བཅས་ཏེ་ངོ་བོ་ཡང་དེ་ཉིད་དོ། །བརྒྱད་པ་བརྡེག་པའི་ལྟུང་བྱེད་ནི། གླེང་གཞི་འཆར་ཀས་གཞོན་ནུ་བཅུ་བདུན་སྡེ། ཕན་ཚུན་གཅིག་ལ་གཅིག་བརྡེག་ཏུ་བཅུག་པ་ལ་བརྟེན་ནས་བཅས་ཏེ། དགེ་སློང་གཞན་ལ་གནོད་པའི་བསམ་པས་ལུས་སམ། ལག་པའམ། དབྱུག་པ་ལ་སོགས་པས་བརྡེག་པའམ། བརྡེག་ཏུ་བཅུག་

པའོ། །དགུ་པ་བརྡེག་པར་བཟས་པའི་ལྟུང་བྱེད་ནི། གླེང་གཞི་འདྲུ་ལ་ངོ་བོ་བརྡེག་པར་བརྩམས་པའོ། །བཅུ་པ་གནས་ངན་ལེན་འཆབ་པའི་ལྟུང་བྱེད་ནི། གླེང་གཞི་ཉེར་དགས་བུ་མོ་ཞིག་ལ་རེག་པ་སྣ་ཚོགས་པ་བྱས་པ། དགེ་སློང་ཆོས་ལ་འཆབ་ཏུ་བཅུག་པ་ལ་བརྟེན་ནས་བཅས་ཏེ། འཐོལ་ཡུལ་ཡོད་བཞིན་དུ། དགེ་སློང་གཞན་གྱི་ཕམ་ལྷག་དགོས་པ་ཁྱད་པར་ཅན་མེད་པར་ཉིན་ཞག་གཅིག་འདས་པར་འཆབ་པའོ། །ལྟུང་བ་གཞན་འཆབ་ན་ནི་ཉེས་བྱས་སོ། །བཅུ་ཚན་དྲུག་པ་ནི། གནོད་པའི་སེམས་ཀྱིས་སོགས་ཏེ། དང་པོ་ཟན་གཅོད་དུ་འཇུག་པའི་ལྟུང་བྱེད་ནི། གླེང་གཞི་ཉེར་དགའི་གནས་ངན་ལེན་བརྗོད་པ་ན། དགེ་སློང་ཆོས་ལ་གནོད་སེམས་ཀྱིས་གདུགས་ཚོད་ཀྱི་དུས་ལ་མ་བབ་བོ་ཞེས་དང་། དུས་ཡོལ་བ་བརྗོད་པའི་སྒོ་ནས་ཟས་བཀག་པ་ལ་བརྟེན་ནས་བཅས་ཏེ། དགེ་སློང་གཞན་ལ་གནོད་པའི་བསམ་པས་དུས་རུང་གི་ཟས་གཅོད་པའོ། །གཉིས་པ་མེ་ལ་རེག་པའི་ལྟུང་བྱེད་ནི། གླེང་གཞི་དྲུག་སྡེས་མེ་ཐོར་དུ་འཕེན་པ་དང་འགལ་མེ་བསྐོར་བ་ལ་བརྟེན་ནས་བཅས་ཏེ། ཆོས་ལྡན་གྱི་བྱ་བའི་ཆེད་དུ་མ་ཡིན་པར་མེ་ལ་རེག་ཅིང་རྒོད་བག་གིས་རྩེ་བ་བྱེད་པ་དང་། བྱེད་དུ་འཇུག་པའོ། །དཀོན་མཆོག་གསུམ་དང་མཁན་སློབ་ཀྱི་བྱ་བ་དང་། རང་གི་ལྟུང་བཟེད་དང་ཆོས་གོས་ཁ་བསྒྱུར་བའི་དུས་དང་། དགེ་སློང་ནད་པའི་དོན་དུ་མེ་ལ་རེག་པ་ལ་ལྟུང་བ་མེད་དོ། །གསུམ་པ་འདུན་པ་ཕྱིར་བསྒྱུར་གྱི་ལྟུང་བྱེད་ནི། གླེང་གཞི་དྲུག་སྡེ་འཁོར་བའི་ཚེ་བཅུ་བདུན་སྡེས་སྡོན་དྲུག་སྡེས་བཀླས་པ་རྣམས་དྲན་ཏེ། ཉེར་དགའ་དགེ་འདུན་གྱི་གནས་ནས་དབྱུང་བའི་ཐབས་བྱས་པས་དགའ་བོས་འདུན་པ་ཕུལ། ཉེར་དགས་དགའ་བོའི་དྲུང་དུ་སོང་སྟེ་སྨྲེ་སྔགས་བརྗོད་པས། དགའ་བོས་དགེ་འདུན་ལ་འདུན་པ་ཕྱིར་བྱིན་ཅིག་ཅེས་ཟེར་བ་ལ་བརྟེན་ནས་བཅས་ཏེ། དགེ་འདུན་ལ་ལས་ལ་མི་མཐུན་པ་མེད་པའི་འདུན་པ་ཕུལ་རྗེས་འགྱོད་པས་འདུན་པ་ཕྱིར་བཟློག་པར་བྱེད་པའོ། །བཞི་པ་མ་རྫོགས་པ་དང་ལྷན་ཅིག་ཉལ་བའི་ལྟུང་བྱེད་ནི། གླེང་གཞི་ཉེར་དགས་རང་གི་དགེ་ཚུལ་དང་ནུབ་གཉིས་ལས་ལྷག་པར་ལྷན་ཅིག་ཏུ་གནས་པ་ལ་བརྟེན་ནས་བཅས་ཏེ། ན་བ་སོགས་ཀྱི་རྐྱེན་མེད་པར་བསྙེན་པར་མ་རྫོགས་པ་དང་མཚམས་ཆུང་གཅིག་གི་ནང་དུ་ནུབ་གཉིས་ལས་ལྷག་པར་ཉལ་བ་སྟེ། ཁྲུ་ཕྱེད་དང་དགུས་བར་དུ་ཆོད་ན་ལྟུང་བ་མེད་པའང་བཤད་དོ། །ལྔ་པ་སྡིག་ལྟ་མི་གཏོང་བའི་ལྟུང་བྱེད་ནི། གླེང་གཞི་དགེ་སློང་འཆི་ལྡས་ཀྱིས་བཅོམ་ལྡན་འདས་ཀྱིས་བར་དུ་གཅོད་པའི་ཆོས་སུ་གསུངས་པ་དག་ལ་ཡིད་མི་ཆེས་པའི་སྡིག་ལྟ་བྱུང་བ་དགེ་འདུན་གྱིས་བཟློག་ཀྱང་མ་བཏང་བ་ལ་བརྟེན་ནས་བཅས་ཏེ། འདི་ལྟར་ཆང་འཐུང་བས་ནི་དགེ་སློང་ལ་ཅང་དུ་མི་འགྱུར་རོ་ཞེས་པ་ལྟ་བུ་ཉེས་མེད་དུ་སྨྲ་བའི་སྡིག་ལྟ་སྐྱེས་པ་བཟློག་བྱེད་ཀྱི་རྐྱེན་ལྟས་བཟློག་ཀྱང་མི་བཏོང་བའོ། །དྲུག་པ་སྤྱངས་པའི་རྗེས་སུ་ཕྱོགས་པའི་ལྟུང་བྱེད་ནི། གླེང་གཞི་སྡུ་མའི

འགྲོ་འཆི་ལྷས་གནས་ནས་ཕྱུང་བའི་ཚེ་ཉེར་དགས་དེ་དང་ལྷན་ཅིག་ཏུ་གནས་ནས་ཕན་ཚུན་མཐུན་པར་བྱས་པ་ལ་བརྟེན་ནས་བཅས་ཏེ། དགེ་འདུན་གྱིས་སྤྱངས་པའི་དགེ་སློང་དང་ལྷན་ཅིག་ཏུ་སྤྱོད་ལམ་མཐུན་པས་མཚན་གཅིག་འདའ་བའོ། །གནས་ནས་ཕྱུང་བ་དེ་ན་བ་དང་། སྡིག་ལྟ་དང་བྲལ་བའི་སླད་དུ་ལྷུང་འབོག་པ་སོགས་ལ་ནི་ལྟུང་བ་མེད་དོ། །བདུན་པ་དགེ་ཚུལ་བསྐྱིལ་བ་བསྟུད་པའི་ལྟུང་བྱེད་ནི། གླེང་གཞི་ཉེར་དགའི་དགེ་ཚུལ་གཉིས་ཀྱིས་འཕྱུར་གཡེང་གི་སྤྱོད་པ་སྣ་ཚོགས་བྱས་པས་གནས་ནས་ཕྱུང་བ་ན། ཉེར་དགས་དེ་དག་དང་ལྷན་ཅིག་ཏུ་གནས་ཏེ་སྤྱོད་ལམ་མཐུན་པར་བྱས་པ་ལ་བརྟེན་ནས་བཅས་ཏེ་ལྟུང་བའི་ངོ་བོ་ཡང་དེ་ཉིད་དོ། །བརྒྱད་པ་ཁ་མ་བསྒྱུར་བ་གྱོན་པའི་ལྟུང་བྱེད་ནི། གླེང་གཞི་དྲུག་སྡེས་གར་མཁན་གྱི་ཆ་ལུགས་སུ་ཞུགས་ནས་སྤྱོད་ལམ་སྣ་ཚོགས་བྱས་པ་ལ་བརྟེན་ནས་བཅས་ཏེ། རུང་བའི་ཚོན་གསུམ་གང་རུང་གིས་ཁ་མ་བསྒྱུར་བའི་གོས་གཞན་གྱི་གཡོགས་མེད་པར་གྱོན་པའོ། །དགུ་པ་རིན་པོ་ཆེ་ལ་རེག་པའི་ལྟུང་བྱེད་ནི། གླེང་གཞི་དྲུག་སྡེས་རོལ་མོའི་ཆ་བྱད་བླངས་ཏེ་བྲོ་བརྡུངས་པ་ལ་བརྟེན་ནས་བཅས་ཏེ། དགོས་པ་ཁྱད་པར་ཅན་མེད་བཞིན་དུ་རང་ཉིད་ཀྱི་མ་ཡིན་པའི་ནོར་བུ་ལ་སོགས་པའི་རིན་པོ་ཆེ་དང་མཚོན་ཆ་དང་རོལ་མོའི་ཆ་བྱད་སོགས་ལ་ཆགས་ཞེན་དང་རྐྱོད་བག་གི་དབང་གིས་རང་དངམ་བསྒྲིམས་པས་རེག་པའོ། །རིན་པོ་ཆེ་མིག་མ་ཕྱུག་པ་དང་། མཚོན་ཆ་དང་རོལ་མོ་ཉམས་པ་ལ་རེག་ན་ཉེས་བྱས་སོ། །དཀོན་མཆོག་མཆོད་པའི་དོན་དུ་རོལ་མོ་ལ་རེག་པ་ལ་ལྟུང་བ་མེད་པར་གསུངས་སོ། །བཅུ་པ་ཁྲུས་བྱེད་པའི་ལྟུང་བྱེད་ནི། གླེང་གཞི་གཟུགས་ཅན་སྙིང་པོས་རང་གི་ཁྲུས་ཀྱི་རྫིང་བུ་ཕུལ་ཏེ། དགེ་སློང་རྣམས་ཁྲུས་བྱེད་པར་ཞུས་པའི་ཚེ་དྲུག་སྡེས་ཡུན་རིང་དུ་ཁྲུས་བྱས་པས་རྒྱལ་པོ་འཁོར་བཅས་ཀྱིས་ཁྲུས་ཀྱི་བར་ཆད་བྱས་པ་ལ་བརྟེན་ནས་བཅས་ཏེ། ཚ་བའི་དུས་ཀྱི་ཟླ་བ་ཕྱེད་གསུམ་མ་གཏོགས་པའི་ཟླ་བ་གཞན་རྣམས་ལ་ཟླ་བ་ཕྱེད་ཕྱེད་ནས་ཁྲུས་བྱེད་པར་གནང་བ་ལས་དེའི་སྔ་རོལ་དུ་ཁྲུས་ཀྱི་ཕྱིར་ཆུར་ཞུགས་པའོ། །ཚ་དུས་ཀྱི་ཟླ་བ་ཕྱེད་གསུམ་ནི། སྟོན་ཟླའི་ཕྱེད་དང་ཆུ་སྟོད་ཀྱི་ཟླ་བ་སྟེ་སོས་ཀའི་ཟླ་བ་ཕྱེད་གཉིས། དེའི་སྟེང་དུ་དབྱར་ཟླ་གྲོ་བཞིན་གྱི་ཟླ་བ་སྟེ་ཕྱེད་གསུམ་ཡིན་པར་མདོ་རྩ་ལས། སོས་ཀ་རྣམས་ཀྱི་ཟླ་བ་ལྷག་མ་ཕྱེད་དང་གཉིས་དང་། དབྱར་རྣམས་ཀྱི་དང་པོ་ལས་སོ་ཞེས་གསུངས་པས་གྲུབ་བོ། །བཅུ་ཚན་བདུན་པ་ནི། གསོད་པའི་སེམས་ཀྱིས་སོགས་ཏེ། དང་པོ་དུད་འགྲོ་གསོད་པའི་ལྟུང་བྱེད་ནི། གླེང་གཞི་འཆར་ཀས་བྱ་རོག་བསད་པ་ལ་བརྟེན་ནས་བཅས་ཏེ། གསོད་སེམས་ཀྱིས་དུད་འགྲོ་ལ་བསྣུན་ཏེ་ཤི་བའོ། །དུད་འགྲོ་ནི་འགྲོ་བ་ཐ་ཆད་ཡིན་པས་དེ་བསད་པ་ལ་ལྟུང་བྱེད་དང་། ལྟ་ནི་སོར་སྡོམ་སྐྱེ་བའི་རྟེན་མ་ཡིན་པས་དེ་བསད་ན་སྦོམ་པོ་དང་། མི་ནི་སོ་ཐར་བསམ་གཏན་ཟག་མེད་ཀྱི་སྡོམ་པ་གསུམ་ཀ་སྐྱེ་བའི་རྟེན་ཡིན་པས་དེ་བསད་ན

ཕམ་པ་འབྱུང་རིགས་པར་འོད་ལྡན་ལས་བཤད་དོ། །གཉིས་པ་འགྱོད་པ་བསྐྱེད་པའི་ལྟུང་བྱེད་ནི། གླེང་གཞི་གཞོན་ནུ་བཅུ་བདུན་སྡེ་དགེ་བའི་ཕྱོགས་ལ་བརྩོན་པའི་ཚེ། འཆར་ཀས་ཕྲག་དོག་གིས་གཞོན་ནུ་དེ་ལྟར་བརྩོན་པས་ཅི་ཞིག་བྱ། མང་དུ་ཐོས་པ་དང་དགྲ་བཅོམ་པ་ནི་ནམ་དུ་ཡང་མི་འགྱུར་རོ་ཞེས་སོགས་ལོ་ཉི་ཤུ་མ་ལོན་པར་བསྙེན་རྫོགས་བྱས་པ་ལ་བརྐམས་ཏེ་སྨད་པ་ལ་བརྟེན་ནས་བཅས་ཏེ། དེ་ལྟར་བསྙེན་པར་མ་རྫོགས་ཞེས་སྨད་པས་འགྱོད་སེམས་བསྐྱེད་པའོ། །གསུམ་པ་ག་ག་ཆིལ་བྱེད་པའི་ལྟུང་བྱེད་ནི། གླེང་གཞི་བཅུ་བདུན་སྡེས་རང་གི་དགེ་བའི་གྲོགས་བྱེད་པའི་དགེ་སློང་མི་སླ་བར་འདུག་པ་གཡའ་སློག་སྟེ་ཐོད་དུ་བཙུག་པས་ཚོའི་དུས་བྱས་པ་ལ་བརྟེན་ནས་བཅས་ཏེ། དགེ་སློང་གཞན་གྱི་མཆན་ཁུང་ལ་སོགས་པ་སྐྱི་གཡའ་བའི་གནས་སུ་ཁུ་ཚུར་རམ་སོར་མོས་ག་ག་ཆིལ་སྟེ་གཡའ་སློག་པའོ། །བཞི་པ་ཆུ་ལ་རྩེ་བའི་ལྟུང་བྱེད་ནི། གླེང་གཞི་བཅུ་བདུན་སྡེས་ཆུའི་ནང་དུ་ཞུགས་ནས་རྩེད་མོ་སྣ་ཚོགས་བྱས་པ་ལ་བརྟེན་ནས་བཅས་ཏེ། ཐོད་བག་གི་བསམ་པས་སོ། །ལྔ་པ་བུད་མེད་དང་ལྷན་ཅིག་ཉལ་བའི་ལྟུང་བྱེད་ནི། གླེང་གཞི་དགྲ་བཅོམ་པ་མ་འགག་པས་བུད་མེད་བདེན་པ་མཐོང་བ་ལ་བཀོད་ཀྱང་། གཞན་མ་དད་པ་ལ་བརྟེན་ནས་བཅས་ཏེ། མཚམས་ནང་གཅིག་ཏུ་བུད་མེད་དང་ལྷན་ཅིག་གཉིད་ལོག་ཅིང་མཚན་མོའི་མཐའི་སྐད་ཅིག་མ་རྫོགས་པའོ། །མཚན་མཐའི་སྐད་ཅིག་མའི་སྔ་རོལ་ལ་ནི་ཉེས་བྱས་སོ། །དྲུག་པ་དངངས་པར་བྱེད་པའི་ལྟུང་བྱེད་ནི། གླེང་གཞི་འཆར་ཀས་མཚན་མོ་ལྭ་བ་ཕྱི་ལོག་ཏུ་གྱོན་མེ་ཁར་བཙུག་སྟེ། བཅུ་བདུན་སྡེ་སྐྲག་པར་བྱས་པ་ལ་བརྟེན་ནས་བཅས་ཏེ། དགེ་སློང་གཞན་ལ་ཐོ་འཚམས་པའི་བསམ་པས་འཇིགས་པ་སྟོན་ནམ་སྟོན་དུ་འཇུག་པའོ། །བདུན་པ་སྦེད་པའི་ལྟུང་བྱེད་ནི། གླེང་གཞི་དྲུག་སྡེས་བཅུ་བདུན་སྡེའི་གོས་སྦེད་པ་སོགས་བྱས་པ་ལ་བརྟེན་ནས་བཅས་ཏེ། དགེ་སློང་གཞན་གྱི་ཆོས་གོས་སོགས་ཡོ་བྱད་སྦེད་དམ་སྦེད་དུ་འཇུག་པའོ། །བརྒྱད་པ་སྦྱིན་པས་ཉེ་བར་འཚེ་བའི་ལྟུང་བྱེད་ནི། གླེང་གཞི་ཉེར་དགས་རང་གི་ཉེ་གནས་ལ་བྱིན་པའི་གོས་སླར་བྱིན་པའི་གདེངས་མེད་བཞིན་དུ་ལོངས་སྤྱད་པ་ལ་བརྟེན་ནས་བཅས་ཏེ། གོས་ཀྱིས་མཆོན་པ་རྫས་གང་ཡང་རུང་བའོ། །འོན་ཀྱང་ཕ་རོལ་པོ་མི་དགའ་བ་མི་སྐྱེ་ན་ལྟུང་བ་མེད་དོ། །དགུ་པ་སྐུར་པ་འདེབས་པའི་ལྟུང་བྱེད་ནི། གླེང་གཞི་མཛའ་བོ་དང་ས་ལས་སྐྱེས་གཉིས་ཀྱིས་འཕགས་པ་གྲུབ་བུ་ནོར་ལ་ལྷག་མས་སྐུར་པ་བཏབ་པ་ལ་བརྟེན་ནས་བཅས་ཏེ། དགེ་སློང་གཞན་ལ་མཐོང་ཐོས་དོགས་གསུམ་གྱི་གཞི་མེད་པར་ལྷག་མས་སྐུར་པའོ། །བཅུ་པ་བུད་མེད་དང་ལྷན་ཅིག་ཏུ་འགྲོ་བའི་ལྟུང་བྱེད་ནི། གླེང་གཞི་ཐ་ག་སྐྱི་ཐེར་བས་རང་གི་ཆུང་མ་བཏང་བས་དེ་ཉིད་དགེ་སློང་ཞིག་དང་འགྲོགས་ནས་མཉན་ཡོད་དུ་ཕྱིན་པ་དང་། ཐ་ག་བས་གྲོགས་སྨྲན་ནས་གཉིས་ཀ་བརྡུང་བ་ལ་བརྟེན་ནས་བཅས་ཏེ། ལམ་སྟོན་པ

སོགས་ཀྱི་དགོས་པ་མེད་པར། ཉེ་དུ་མིན་པའི་བུད་མེད་དང་མཉམ་དུ་འགྲོ་བ་ལ་ཁྲིམས་གྲོགས་མེད་པར་རྒྱང་གྲགས་འདས་པའོ། །བཅུ་ཚན་བརྒྱད་པ་ནི། ཆོམ་རྐུན་དང་འགྲོག་ས་སོགས་ཏེ། དང་པོ་རྐུན་མ་དང་ལྷན་ཅིག་ལམ་དུ་འགྲོ་བའི་ལྟུང་བྱེད་ནི། གླེང་གཞི་དགེ་སློང་འགའ་ཞིག་གིས་ཤོ་གམ་མ་བྱིན་པའི་ཚོང་པ་དང་འགྲོགས་ཏེ་ལམ་གོལ་བར་ཕྱིན་པ་ན། ཤོ་གམ་འདོད་པས་ཚོང་ཏེ་མཉམ་དུ་བཅོམ་པ་ལ་བརྟེན་ནས་བཅས་ཏེ། དགོས་པ་མེད་པར་ཆོམ་རྐུན་པ་དག་གམ་ཤོ་གམ་འབྲལ་བར་བྱེད་པའི་ཚོང་པ་དང་ལྷན་ཅིག་ཏུ་འགྲོ་བས་རྒྱང་གྲགས་འདས་པའོ། །གཉིས་པ་ཉི་ཤུ་མ་ལོན་པར་བསྙེན་པར་རྫོགས་པའི་ལྟུང་བྱེད་ནི། གླེང་གཞི་མོ་གལ་གྱི་བུས་གཞོན་ནུ་བཅུ་བདུན་སྡེ་བསྙེན་པར་རྫོགས་པའི་ཚེ། དེ་དག་ཕོ་རངས་ཀྱི་དུས་སུ་བཀྲེས་པས་སྐྱི་སྡུགས་བཏོན་པ་ལ་བརྟེན་ནས་བཅས་ཏེ། བསྒྲུབ་བྱ་ལོ་ཉི་ཤུ་མ་ལོན་པར་ཤེས་བཞིན་དུ་བསྙེན་པར་རྫོགས་པའི་མཁན་པོ་བྱེད་པའོ། །གསུམ་པ་ས་རྐོ་བའི་ལྟུང་བྱེད་ནི། གླེང་གཞི་དྲུག་སྡེས་དགོས་པ་མེད་པར་ས་རྐོ་ཞིང་ཡུར་བ་དྲངས་པ་ལ་བརྟེན་ནས་བཅས་ཏེ། རྐོ་བའམ་རྐོར་འཇུག་པའོ། །བཞི་པ་མགྲོན་དུ་གཉེར་བ་ལས་རིང་དུ་འདུག་པའི་ལྟུང་བྱེད་ནི། གླེང་གཞི་ཤཱཀྱ་མིང་ཆེན་གྱིས་སྟོན་པ་འཁོར་བཅས་ཟླ་བ་བཞི་མགྲོན་དུ་བོས་པ་ལ། དྲུག་སྡེས་ན་ཟ་བྱས་ཏེ་ཟླ་བ་བཞི་ལས་ལྷག་པར་བསྡད་པ་ལ་བརྟེན་ནས་བཅས་ཏེ། སྦྱིན་བདག་གི་མགྲོན་དུ་གཉེར་བའི་ཚད་ལས་ལྷག་པར་བསྡད་དེ། ཟས་ལ་ལོངས་སྤྱོད་པའོ། །ལྔ་པ་བསླབ་པ་ཉེ་བར་འཇོག་པའི་ལྟུང་བྱེད་ནི། གླེང་གཞི་བསླབ་པའི་གཞི་བཅའ་བ་མཛད་པ་ན་དེ་རེ་མ་འདུས་པ་རྣམས་ལ་སྒྲོགས་པ་ཡིན་པས། ཀུན་དགའ་བོས་ལམ་པ་མངགས་ཏེ་བཅས་པ་སྡུ་མ་དེ་ཉིད་དྲུག་སྡེ་བཅུ་གཉིས་སྡེའི་ནང་དུ་འདུག་པ་ལ་བརྗོད་པས། མི་མཁས་པ་ཁྱོད་ཀྱི་ཚིག་ཙམ་ལ་སློབ་པར་མི་བྱེད་དོ་ཞེས་ཚིག་ངན་སྨྲས་པ་ལ་བརྟེན་ནས་བཅས་ཏེ། དགེ་སློང་གཞན་གྱིས་བསླབ་པ་ལ་བསྐུལ་བ་ན་ཁྱོད་ཀྱིས་མི་ཤེས་ཞེས་བསླབ་པ་ཁྱད་གསོད་ཀྱི་ཚིག་བརྗོད་ཅིང་ཡུལ་གྱིས་གོ་བའོ། །དྲུག་པ་ཉན་རྣ་བྱེད་པའི་ལྟུང་བྱེད་ནི། གླེང་གཞི་བཅུ་བདུན་སྡེ་སྡེ་སྡོད་འཛིན་པར་གྱུར་པའི་སྐབས་ཉེར་དགས་ཕོ་འཚམས་པ་རྣམས་དྲན་ནས་གནས་ནས་དབྱུང་བའི་གྲོས་བྱེད་པ་ཉེར་དགས་ཕག་ཉན་བྱས་པས་ཕན་ཚུན་མི་མཐུན་པར་གྱུར་པ་ལ་བརྟེན་ནས་བཅས་ཏེ་ངོ་བོ་ཡང་དེ་ལྟ་བུའོ། །བདུན་པ་མི་སྨྲ་བ་འགྲོ་བའི་ལྟུང་བྱེད་ནི། གླེང་གཞི་སྔར་གྱི་འཕྲོ་ལས་ཉེར་དགའ་གནས་ནས་ཕྱུང་བ་དགའ་བོས་བཟློག་པར་བརྩམས་པས། གཞོན་ནུ་དག་ན་རེ། གང་ཕྱིར་བཟློག་པ་དེ་གནས་ནས་དབྱུང་བར་བྱའོ་ཟེར་བ་དང་། དགའ་བོ་རང་ཉིད་དབྱུང་གིས་དོགས་ནས་ཅང་མི་སྨྲ་བ་སྟན་ལས་ལངས་ཏེ་སོང་བ་སོགས་ལ་བརྟེན་ནས་བཅས་ཏེ། ལས་གྲལ་དུ་འདུས་ནས་ཕྱིས་ལས་མ་བྱས་གོང་དུ་འདུན་པ་མ་ཕུལ་ཞིང་གྲོགས་དགེ་སློང་ལ་མ་སྨྲས་པ་ཐོས་པའི་ཉེ་

འཁོར་ལས་བཀྲལ་ཏེ་འགྲོ་བའོ། །བརྒྱད་པ་མ་གུས་པའི་ལྟུང་བྱེད་ནི། གླེང་གཞི་དགེ་སློང་རབ་ཏུ་མང་པོས་རྩོད་པ་ཆོས་ཕྱོགས་སུ་ཞི་བར་བྱས་པ། དགེ་སློང་གླང་ཆེན་ཞེས་བྱ་བས་མི་མཐུན་པར་བྱས་པ་ལ་བརྟེན་ནས་བཅས་ཏེ། དགེ་འདུན་གྱིས་བཅས་པའི་ཆོས་ལྡན་གྱི་བྱ་བ་ལ་ཤད་སྦྱང་མེད་པར་མ་གུས་པའི་ཚུལ་གྱིས་འདའ་བར་བྱེད་པའོ། །མཁན་སློབ་སོགས་གང་ཟག་གིས་བསྒོ་བ་ལས་འགལ་བ་ནི་ཉེས་བྱས་སོ། །དགུ་པ་ཆང་བཏུང་བའི་ལྟུང་བྱེད་ནི། གླེང་གཞི་དགེ་སློང་ལེགས་འོང་ལ་ཁྱིམ་བདག་གིས་ཆང་ཕུལ་བ་བཏུང་བས་ས་ལ་འགྲེལ་བ་གཟིགས་ནས་བཅས་ཏེ། འབྲུའི་ཆང་སོགས་མྱོས་པར་འགྱུར་བ་མགུལ་དུ་མིད་པའོ། །འབྲུར་བར་བསྲེལ་བ་དང་། ལུས་ལ་བསྐུད་པ་ནི་ཉེས་བྱས་སོ། །ནད་པས་དེ་ལྟར་བྱས་པ་ཙམ་ལ་ཉེས་པ་མེད་དོ། །བཅུ་པ་དུས་མ་ཡིན་པར་གྲོང་དུ་འཇུག་པའི་ལྟུང་བྱེད་ནི། གླེང་གཞི་འཆར་ཀས་དགྲ་བཅོམ་པ་ཐོབ་པའི་ཚེ་གྲོང་དུ་ཕྱིན་ནས་སྐྱེ་བོ་མང་པོ་བདེན་པ་མཐོང་བ་ལ་བཀོད་པའི་མཐར་ཁྱིམ་བདག་གི་ཆུང་མ་མི་བསྲུན་པ་ཆོམ་རྐུན་པའི་དཔོན་པོ་དང་སྡོང་བ་ཞིག་ལ་འདོད་ལོག་གི་ཉེས་པ་བཤད་པས། དེས་སྦྲན་ནས་ཆོམ་རྐུན་པའི་དཔོན་གྱིས་བཀྲོངས་པ་ལ་བརྟེན་ནས་བཅས་ཏེ། རང་གླིང་གི་ཉི་མ་ཕྱེད་ཡོལ་ནས་གྲོགས་དགེ་སློང་གཞན་ལ་མ་སྨྲས་པ་གྲོང་དུ་སོང་སྟེ་སྐྱ་རེང་འཆར་བར་བྱེད་པའོ། །ཆོམ་རྐུན་སོགས་ཀྱིས་འཇིགས་པའི་སྐབས་དང་རྫུ་འཕྲུལ་ཐོབ་པ་ལ་ནི་ལྟུང་བ་མེད་དོ། །བཅུ་ཚན་དགུ་པ་ནི། སྔ༷་དྲོ༷་ཡིན༷་ཀྱང༷་སོགས་ཏེ། དང་པོ་གྲོང་གཞན་དུ་འགྲོ་བའི་ལྟུང་བྱེད་ནི། གླེང་གཞི་ཉེར་དགའི་ཚིག་གིས་སྟོན་པ་འཁོར་བཅས་ཁྱིམ་བདག་གིས་གདུགས་ཚོད་ལ་སྤྱན་དྲངས་པ་ན༑ ཉེར་དགས་ངམ་འོངས་ཀྱི་བར་དུ་གདུགས་ཚོད་མ་འདྲེན་ཟེར་ནས་གྲོང་གཞན་ནས་གཞན་དུ་སོང་བ་ལ་བརྟེན་ནས་བཅས་ཏེ། སྔ་དྲོ་ཡིན་ཀྱང་ཁྱིམ་གསུམ་འདས་པར་རྒྱུ་བས་སྦྱིན་བདག་གིས་དགེ་འདུན་ལ་གདུགས་ཚོད་སོགས་བསྙེན་བཀུར་སྟོབས་པ་ལ་གནོད་པའོ། །གཉིས་པ་རྒྱལ་པོའི་ཕོ་བྲང་དུ་ནུབ་མོ་འཇུག་པའི་ལྟུང་བྱེད་ནི། གླེང་གཞི་རྒྱལ་པོ་གསལ་རྒྱལ་གྱི་བཙུན་མོ་ལ་ཆོས་སྟོན་པའི་སློབ་དཔོན་དུ་ཤཱ་རིའི་བུ་དང་འཆར་ཀ་གཉིས་གྱུར་པའི་ཚེ་ཤཱ་རིའི་བུ་མཁས་པས་ཕོ་བྲང་དུ་དུས་སུ་འཇུག་ཅིང་། འཆར་ཀ་ཕྱི་དྲོ་ཞུགས་ཏེ་མཚན་མོ་ཆོས་བསྟན་པ་ལ་བརྟེན་ནས་བཅས་ཏེ། ངོ་བོ་ཡང་དེ་ཉིད་ལ་སྐྱ་རེང་ཐ་མ་ཤར་བའི་བར་བསྡད་པའོ། །ཕྱི་དྲོ་སོང་ནས་ནུབ་མོ་དེར་བསྡད་པ་ཡང་ལྟུང་བྱེད་དོ། །རྒྱལ་པོ་དང་བཙུན་མོ་འདུལ་བའི་དུས་ལ་བབས་པ་སོགས་དགོས་པ་ཁྱད་པར་ཅན་ནི་མ་གཏོགས་སོ། །གསུམ་པ་ཁྱད་དུ་གསོད་པའི་ལྟུང་བྱེད་ནི། གླེང་གཞི་སོ་སོར་ཐར་པའི་མདོ་འདོན་པའི་ཚེ་དྲུག་སྡེས་གུས་པས་མི་ཉན་ཅིང་། མདོ་འདིའི་ནང་ན་ལྟུང་བ་ཕྲ་མོ་འདི་འདྲ་ཡོད་པར་ད་གཟོད་ཤེས་སོ་ཞེས་ཟེར་བ་ལ་བརྟེན་ནས་བཅས་ཏེ། མདོ་གདོན་པ་ལན་གཉིས་ཡན་ཐོས་ཟིན་པས་མ་རྨོངས་

ཀུང་ཁྱད་དུ་གསོད་ཀྱི་ཚིག་དེ་ལྟར་སྨྲ་བའོ། །བཞི་པ་ཁབ་རལ་འཚོས་པའི་ལྟུང་བྱེད་ནི། གླེང་གཞི་བ་སོ་མཁན་ལ་དགེ་སློང་རབ་ཏུ་མང་པོས་བ་སོའི་ཁབ་རལ་བྱེད་དུ་བཅུག་ཅིང་བསླངས་པ་ལ་བརྟེན་ནས་བཅས་ཏེ། དཀོན་པའི་རྫས་བ་སོའམ། རུས་པ། རྭ་སོགས་ལ་ཁབ་རལ་བྱེད་པའམ། ཁྱིམ་པ་ཉེ་དུ་མ་ཡིན་པ་ལ་བྱེད་དུ་འཇུག་པའོ། ལྔ་པ་ཁྲི་རྐང་འཚོས་པའི་ལྟུང་བྱེད་ནི། གླེང་གཞི་དྲུག་སྡེས་ཁྲི་རྐང་ཁྲུ་བཅུ་གཉིས་པ་བྱས་པ་ལ་བརྟེན་ནས་བཅས་ཏེ། དགེ་སློང་རང་གི་མལ་ཁྲིའི་རྐང་པ་ཁྲུ་གང་ལས་ལྷག་བྱེད་པའོ། །དྲུག་པ་ཤིང་བལ་གྱིས་གོས་པར་བྱེད་པའི་ལྟུང་བྱེད་ནི། གླེང་གཞི་ཉེར་དགས་མལ་ཁྲི་གཞན་གྱིས་ཕྲོགས་ཀྱིས་དོགས་ནས་ཤིང་བལ་བཏལ་བ་ལ་བརྟེན་ནས་བཅས་ཏེ། དགེ་འདུན་གྱི་ཁྲི་དང་ཁྲིའུ་ལ་ངན་སེམས་ཀྱིས་ཤིང་བལ་བཏལ་ནས་ཉལ་བ་ལ་གོས་པར་བྱེད་པའོ། །བདུན་པ་འདིང་བ་ཚད་ལས་ལྷག་པར་བྱེད་པའི་ལྟུང་བྱེད་ནི། གླེང་གཞི་དགེ་སློང་རབ་ཏུ་མང་པོས་གདིང་བ་ཤིན་ཏུ་ཆེ་བ་བྱས་པ་ལ་བརྟེན་ནས་བཅས་ཏེ། འདིང་བའི་ཚད་སྲིད་དུ་ཁྲུ་གསུམ་དང་ཞེང་དུ་ཁྲུ་དོ་སོར་དྲུག་ཡིན་པ་ལ་དེ་ལས་ལྷག་པར་བྱས་པའོ། །བརྒྱད་པ་གཡན་པ་དགབ་ཚད་ལྷག་བྱེད་པའི་ལྟུང་བྱེད་ནི། གླེང་གཞི་སྔ་མ་དང་འདྲ། འདིའི་ཚད་སྲིད་དུ་ཁྲུ་དྲུག་ཞེང་དུ་ཁྲུ་གསུམ་ཡིན་པ་ལ་དེ་ལས་ལྷག་པར་བྱས་པའོ། །དགུ་པ་དབྱར་གྱི་གོས་རས་ཆེན་ཚད་ལྷག་བྱེད་པའི་ལྟུང་བྱེད་ནི། གླེང་གཞི་སྔ་མ་དང་འདྲ། འདིའི་ཚད་སྲིད་དུ་ཁྲུ་དགུ་ཞེང་དུ་ཁྲུ་གསུམ་དང་སོར་བཅོ་བརྒྱད་ཡིན་པ་ལ་དེ་ལས་ལྷག་པར་བྱེད་པའོ། །བཅུ་པ་བདེ་བར་གཤེགས་པའི་ཆོས་གོས་ཀྱི་ཚད་ལས་གྱུར་པའི་ལྟུང་བྱེད་ནི། གླེང་གཞི་ཉེར་དགས་སྟོན་པའི་ཆོས་གོས་ཀྱི་ཚད་དང་མཉམ་པར་བྱེད་དུ་བཅུག་སྟེ། ཀྱོན་པས་ལུས་ཀྱིས་མ་རྫོགས་པ་ལ་བརྟེན་ནས་བཅས་ཏེ། སྟོན་པའི་སྐུ་ཚད་དང་མི་མཉམ་བཞིན་དུ་སྟོན་པའི་ཆོས་གོས་ཀྱི་ཚད་དམ་དེ་ལས་ལྷག་པར་བྱེད་དམ་བྱེད་དུ་འཇུག་པའོ། །འོན་ཀྱང་གདིང་བ་ཚད་ལྷག་སོགས་བཞི་པོ་འདི་ལ་བྱིན་རླབས་ནི་འཆག་པར་གསུངས་སོ། །

ལྔ་པའམ་སྡེ་ལྔ་ལྟར་ན་བཞི་པ་སོར་བཤགས་ཀྱི་སྡེ་བཤད་པ་ལ་གཉིས་ཏེ། མཚན་ཉིད་དང་མིང་དོན་གཞི་མཐུན་པས་མདོར་བསྟན་པ་དང་། ཡན་ལག་རྒྱས་པར་བཤད་པའོ། །དང་པོ་ལ་གཉིས་ཏེ་མཚན་ཉིད་དངོས་དང་། དབྱེ་བའོ། །དང་པོ་ནི། གང་ཞིག་སྒྲི་སྤྱག་ས་སོགས་ཏེ། ལྟུང་བ་གང་ཞིག་སྒྲི་སྤྱགས་ཀྱི་ཚིག་གིས་མཚམས་ཀྱི་ཕྱི་རོལ་དུ་ལྟུང་བ་རང་མིང་གིས་སོ་སོར་བཤགས་པར་བྱ་བའོ། །

གཉིས་པ་དབྱེ་བ་ནི། རབ་བྱུང་དང་སོགས་ཏེ། དེ་ལྟ་བུའི་སོར་བཤགས་ཀྱི་སྡེ་ལ་དབྱེ་ན་ནི། རབ་བྱུང་གི་གཞི་ལས་གྱུར་པ་གཉིས་དང་། ཁྱིམ་པའི་གཞི་ལས་གྱུར་པ་གཉིས་སྟེ་བཞིའོ། །དེ་དག་ཀྱང་སོ་ཐར་གྱི་མདོར། གྲོང་དང་ཁྱིམ་གཞན་ཉིད་དང་ནི། །བསླབ་པ་རྣམས་དང་དགོན་པ་ནི། །སངས་རྒྱས་ཕན་པར་གསུང

བ་ཡིས། །སོ་སོར་བཤགས་པར་བྱ་བར་གསུངས། །ཞེས་སོ། །

གཉིས་པ་ཡན་ལག་རྒྱས་པར་བཤད་པ་ནི། ཉེ་མིན་དགེ་སློང་མ་ནི་སོགས་ཏེ། དང་པོ་དགེ་སློང་མ་ལས་ཟས་ལེན་པའི་སོར་བཤགས་ནི། གླེང་གཞི་དགེ་སློང་མ་ཨུཏྤ་ལའི་མདོག་ཅན་གྱིས་ཐོག་མར་བསོད་སྙོམས་བསླངས་ནས་དགེ་འདུན་ལ་དབུལ། དེ་ནས་རང་འཚོ་བའི་བསོད་སྙོམས་ཙུང་ཟད་རེ་བྱེད་པ་ཡིན་ལ། ཉིན་གཅིག་རང་འཚོ་བའི་བསོད་སྙོམས་བླངས་ནས་འོངས་པ་དང་། དགེ་སློང་བསོད་སྙོམས་མ་རྙེད་པ་ཞིག་དང་ཕྲད་དེ་དེ་ལ་ཕུལ་ལོ། །དེའི་ནང་པར་རང་འཚོའི་བསོད་སྙོམས་བསླངས་ནས་འོངས་པ་ཉེར་དགས་སློང་བ་ལ་ཕུལ་བས། ཉི་མ་གཉིས་སུ་ཁ་ཟས་ཆད་པ་ལ་བརྟེན་ནས་བཅས་ཏེ། ཉེ་དུ་མིན་པའི་དགེ་སློང་མ་གྲོང་དུ་འདུག་པས་རང་ཉིད་བཟའ་བའི་ཆེད་དུ་ཟས་སྦྱར་བ་བསླངས་ཏེ་ཟོས་པའོ། །གཉིས་པ་གྲལ་རིམ་དུ་མ་ཕེབ་པར་འགྲིམ་དུ་འཇུག་པ་ལ་མ་བཟློག་པའི་སོར་བཤགས་ནི། གླེང་གཞི་དྲུག་སྡེས་གཞོན་ནུ་མ་བཅུ་གཉིས་སྡེ་ལ་བསླབ་པ། སྦྱིན་བདག་ལ་འདི་ནི་འཕགས་པ་དགའ་བོ་སྡེ་སྣོད་གསུམ་ལ་མཁས་པ་རིག་པ་དང་གྲོལ་བའི་སྤོབས་པ་ཅན་ཡིན་པས་ཁ་ཟས་ཕུན་སུམ་ཚོགས་པ་བྱིན་ཅིག་ཅེས་སོགས་ཀྱིས་བསྐུལ་བ། དྲུག་སྡེས་ངོས་མགྲོན་བྱེད་པ་ཚིག་གིས་མ་བཟློག་པ་ཟས་ལ་ལོངས་སྤྱད་པ་ལ་བརྟེན་ནས་བཅས་ཏེ་ངོ་བོ་ཡང་དེ་ལྟ་བུའོ། །གསུམ་པ་བསླབ་པ་དྲལ་ཏེ་ཁྱིམ་དུ་འཇུག་པའི་སོར་བཤགས་ནི། གླེང་གཞི་དམག་དཔོན་སེངྒེ་ཞེས་བྱ་བ་མུ་སྟེགས་ལ་དད་པ་ཞིག་བཅོམ་ལྡན་འདས་ཀྱིས་བདེན་པ་མཐོང་བ་ལ་བཀོད་པས། ལོངས་སྤྱོད་ཐམས་ཅད་དགེ་འདུན་ལ་བཏང་ནས་ཟད་པའི་ཚེ། མུ་སྟེགས་པ་རྣམས་ཁ་ཟེར་བར་གྱུར་པ། དེའི་ཕྱིར་དུ་ཤཱ་རིའི་བུ་དང་མཽ་གལ་གྱི་བུ་མ་གདོགས་གཞན་གྱིས་ཟས་མི་བསླང་བའི་བསླབ་པའི་སྡོམ་པ་བྱིན་པ་ལ། དྲུག་སྡེས་ཡང་ཡང་ཟས་ཟོས་པ་ལ་བརྟེན་ནས་བཅས་ཏེ༑ དགེ་འདུན་གྱིས་གསོལ་བའི་ལས་ཀྱིས་སློང་དུ་མེད་པའི་ཁྱིམ་དག་ལས། བསླབ་པ་དྲལ་ཏེ་ཟས་བླངས་ནས་ལོངས་སྤྱོད་པའོ། །བཞི་པ་ནགས་མ་བརྟགས་པ་ལས་གྱུར་པའི་སོར་བཤགས་ནི། གླེང་གཞི་དགག་དབྱེའི་དུས་སུ་ཤཱཀྱའི་བུ་མོ་དག་ཟས་ཁྱེར་ཏེ་འོངས་པ་ན། དྲུག་སྡེས་བསུ་རུ་ཕྱིན་ནས་ནགས་མ་ཞུགས་པར་ལམ་དུ་བཏུད་པས་ཆོམ་རྐུན་པས་བཅོམ་པ་ལ་བརྟེན་ནས་བཅས་ཏེ། དགེ་འདུན་གྱིས་འཇིགས་སར་ནགས་ཞུགས་པར་བསྒོས་པའི་དགེ་སློང་གིས་ནགས་མ་བརྟགས་པར་ཟས་བསླངས་ཏེ་ལོངས་སྤྱོད་པའོ། །

ལྟུང་བ་འབའ་ཞིག་པ་ལ་དྲུག་ཅུ་རྩ་བཞིའི་རྣམ་བཞག་ལ་བཞི་སྟེ། མཚན་ཉིད་དང་མིང་དོན་གཞི་མཐུན་པས་མདོར་བསྟན་པ་དང་། ཡན་ལག་རྒྱས་པར་བཤད་པའོ། །དང་པོ་ལ་གཉིས་ཏེ་མཚན་ཉིད་དངོས

དང་། དབྱེ་བའོ། །དང་པོ་ནི། གང་ཞིག་ཉེས་པ་ཕྲ་མོ་སོགས་ཏེ། ལྟུང་བ་གང་ཞིག་ལུས་ངག་གི་ཉེས་པ་ཕྲ་མོའི་རང་བཞིན་ཅན། ཉེས་བྱས་རང་རང་གི་མིང་གིས་འཆོས་པས་དག་ཏུ་རུང་བའོ། །

གཉིས་པ་དབྱེ་བ་ནི། དབྱེ་ན་བརྒྱ་རྩ་བཅུ་གཉིས་སོགས་ཏེ། དེ་ལྟ་བུའི་ཉེས་བྱས་ལ་ནང་གསེས་ཀྱི་དབྱེ་བ་བརྒྱ་དང་བཅུ་གཉིས་ཡོད་པ་དེ་ཀུན་ཀྱང་གོས་བགོ་བའི་སྡེ། སྤྱོད་ཡུལ་དུ་འགྲོ་བའི་སྡེ། སྟན་ལ་འདུག་པའི་སྡེ། ཟས་བསླང་བའི་སྡེ། ཟས་ཟ་བའི་སྡེ། ལྷུང་བཟེད་ལ་ལོངས་སྤྱོད་པའི་སྡེ། ཆོས་བཤད་པའི་སྡེ། སྤྲུབ་པའི་ཚུལ་ལས་ཕྱུར་པའི་སྡེ་སྟེ་སྡེ་ཚན་བརྒྱད་དུ་འདུས་སོ། །དེ་ཐམས་ཅད་ཀྱང་སོ་ཐར་གྱི་མདོར་རིམ་བཞིན། ཤམ་ཐབས་ལ་ནི་རྣམ་བདུན་དང་། སྟོད་གཡོགས་ལ་ནི་རྣམ་པ་གསུམ། ཞེས་བདུན་ཚན་གཅིག་དང་། གསུམ་ཚན་གཅིག་གིས་སྡེ་ཚན་དང་པོ་དང་། ཤིན་ཏུ་བསྡམ་ལ་སོགས་པ་ལྔ། །མགོ་གཡོགས་ལ་སོགས་རྣམ་པ་ལྔ། །འཆོང་ལ་སོགས་པ་རྣམ་པ་ལྔ། །ལུས་ལ་སོགས་པ་རྣམ་པ་ལྔ། །ཞེས་ལྔ་ཚན་བཞིས་གཉིས་པ་དང་། འདུག་པ་བྱ་བ་དགུ་དག་དང་། ཞེས་པས་གསུམ་པ་དང་། བྱིན་ལེན་བྱ་བ་བརྒྱད་རྣམས་སོ། །ཞེས་པས་བཞི་པ་དང་། ཟས་ལ་ལེགས་པར་བྱ་བ་དྲུག །ཙུག་ཙུག་ལ་སོགས་རྣམ་པ་ལྔ། །འབྲུ་ནས་ཐ་དད་བྱེད་པ་ལྔ། །ལག་པ་ལྡག་ལ་སོགས་པ་ལྔ། །ཞེས་དྲུག་ཚན་གཅིག་དང་ལྔ་ཚན་གསུམ་གྱིས་ལྔ་པ་དང་། འཕྱ་ལ་སོགས་པ་རྣམ་པ་བཞི། །ལྷུང་བཟེད་ལ་ཡང་རྣམ་པ་བཅུ། ཞེས་བཞི་ཚན་གཅིག་དང་། བཅུ་ཚན་གཅིག་གིས་དྲུག་པ་དང་། འགྲེང་ལ་སོགས་པ་རྣམ་པ་ལྔ། །མགོ་གཡོགས་ལ་སོགས་རྣམ་པ་ལྔ། །དོ་ཀེར་ཅན་ལ་སོགས་པ་ལྔ། །གླང་ཆེན་ལ་སོགས་ཞོན་པ་ལྔ། །ལག་ན་འཁར་བ་ལ་སོགས་དྲུག །ཅེས་ལྔ་ཚན་བཞི་དང་དྲུག་ཚན་གཅིག་གིས་བདུན་པ་དང་། ན་བ་ལ་སོགས་རྣམ་པ་བཞི། ཞེས་བཞི་ཚན་གཅིག་གིས་བརྒྱད་པ་རྣམས་བསྟན་ཏོ། །

གཉིས་པ་ཡན་ལག་རྒྱས་བཤད་ནི། དང་པོ་གོས་བགོ་བའི་སྡེའི་དང་པོ་ཤམ་ཐབས་ཀྱི་བདུན་ནི། དང་པོ་ཤམ་ཐབས་སོགས་ཏེ། འདི་དག་གི་གླེང་གཞི་ནི་དྲུག་སྡེ་ལས་ཕྱུར་པ་ཤས་ཆེ་ཞིང་། ཞིབ་ཏུ་འགོད་པ་ཡི་གེས་འཇིགས་ནས་མ་སྤྲོས་ལ། ཤམ་ཐབས་ཀྱི་ཡ་མཐའ་དང་མ་མཐའ་མཐོ་དམན་དུ་ཕྱུར་བས་ལྷུམ་པོར་མ་བགོས་བ་དང་། མ་མཐའ་ཧ་ཅང་བརྩེངས་པ་སྟེ་བསྟུངས་པས་ཕྱུས་མོ་མ་ཁེབ་པ་དང་། ཧ་ཅང་འཛོལ་ཆེས་པས་ལོང་བུ་ཁེབས་པ་དང་། ཕྱོགས་གཅིག་གླང་པོའི་སྣ་ལྟར་མདུན་དུ་འཕྱང་བ་དང་། སྣ་རགས་ཀྱི་གོང་དུ་ཏ་ལའི་ལོ་མ་ལྟར་ལྟེབ་པ་དང་། སྣ་རགས་བར་ནས་འབྲུའི་ཕུར་མ་ལྟར་ཕྱིར་འབུར་བ་དང་། སྣ་རགས་ཀྱི་གོང་དུ་སྦྲུལ་མགོའི་གདེངས་ཀ་ལྟར་མཐོ་དམན་དུ་འདུག་པ་རྣམས་ཉེས་བྱས་སོ། །བླ་གོས་ཀྱི་གསུམ་ནི། བླ་གོས་སྣམ་སྦྱར་སོགས་ཏེ། བླ་གོས་དང་སྣམ་སྦྱར་ལྷུམ་པོར་མ་བགོས་པ་དང་། ཧ་ཅང་ཐུང་བ་སྟེ་བརྩེངས་པ་དང་། ཆེས

ཆེར་འཇོལ་བ་རྣམས་སོ། །

གཉིས་པ་སྤྱོད་ཡུལ་དུ་འགྲོ་བའི་ལྟུང་ཚན་དང་པོ་ནི། ཁྱིམ་དུ་སོགས་ཏེ། ཁྱིམ་པའི་གནས་སུ་འགྲོ་བའི་ཚེ༑ ལུས་ངག་མཉམ་པར་བཞག་པས་འཇུག་དགོས་ཀྱང་དེ་ལས་ལྡོག་པ་མ་བསྡམས་པས་འཇུག་པ། བླ་གོས་དང་མཐང་གོས་ལུས་ལ་མཉམ་པའམ་ལེགས་པར་མ་བགོས་པས་འགྲོ་བ་དང་། ཙ་ཙོའི་སྒྲ་དང་བཅས་ཏེ་འགྲོ་བ་དང་། དགོས་པ་མེད་པར་མིག་གཡས་གཡོན་དུ་གཡེང་བས་བལྟ་ཞིང་འགྲོ་བ་དང་། མདུན་དུའང་གཉའ་ཤིང་གང་ལས་ལྷག་པར་བལྟ་བས་འགྲོ་བ་རྣམས་སོ། །

ལྟུང་ཚན་གཉིས་པ་ནི། གོས་ཀྱིས་སོགས་ཏེ། གོས་ཀྱིས་མགོ་གཡོགས་ཏེ་འགྲོ་བ། ཤམ་ཐབས་འདོམས་སྣང་བར་བརྫེས་ཏེ་འགྲོ་བ་དང་། བླ་གོས་ཕྲག་པ་གཡས་གཡོན་དུ་གཟར་ཏེ་འགྲོ་བ་དང་། ལག་པ་གཉིས་མདུན་ནས་གཉའ་གོང་དུ་བསྣོལ་ཏེ་འགྲོ་བ་དང་། རྒྱབ་ནས་ལྟག་པར་བསྣོལ་ཏེ་འགྲོ་བ་རྣམས་སོ། །

ལྟུང་ཚན་གསུམ་པ་ནི། མཆོང་ཞིང་སོགས་ཏེ། མཆོང་ཞིང་འགྲོ་བ་དང་། སྤྱིད་པ་བརྐྱང་བསྐུམ་བྱེད་ཅིང་འགྲོ་བ་དང་། ཙོག་པུས་འགྲོ་བ་དང་། རྐང་པའི་རྟིང་པ་བཏེགས་ཏེ་སོར་མོའི་ཐྲང་ས་ལ་བཙུག་སྟེ་འགྲོ་བ་དང་། ལག་པ་གཉིས་རྐེད་པའི་ཕྱོགས་སུ་བརྟེན་ནས་གྲུ་མོ་རྒྱངས་ཏེ་འགྲོ་བ་རྣམས་སོ། །

ལྟུང་ཚན་བཞི་པ་ནི། ལུས་པོ་ཀྱོག་བསྒྱུར་སོགས་ཏེ། ལུས་པོ་ཀྱོག་པའམ་བསྒྱུར་ཞིང་འགྲོ་བ་དང་། ལག་པ་གཡབ་ཅིང་འགྲོ་བ་དང་། མགོ་བོ་བསྒྱུར་ཞིང་འགྲོ་བ་དང་། གཞན་དང་ཕྲག་པ་སྤྲད་ནས་འགྲོ་བ་དང་། དགོས་པ་མེད་པར་ཕན་ཚུན་ལག་སྤྲེལ་གྱིས་འགྲོ་བ་རྣམས་ཏེ་ཉིས་བྱས་སོ། །

གསུམ་པ་སྟན་ལ་འདུག་པའི་དགུ་ཚན་གཅིག་ནི། སྟན་ལ་གཞན་གྱིས་སོགས་ཏེ། ཁྱིམ་གཞན་དུ་སྟན་ལ་ཁྱིམ་བདག་སོགས་གཞན་གྱིས་མ་བསྒོས་པར་འདུག་པ་དང་། དེ་བཞིན་དུ་སྲོག་ཆགས་ཡོད་མེད་མ་བརྟགས་པར་འདུག་པ་དང་། ལུས་ཀྱི་ལྗིད་ཐམས་ཅད་སྟན་ལ་ཕབ་སྟེ་གྱ་ཚོམ་དུ་འདུག་པ་དང་། རྐང་པ་བརྐྱངས་ཏེ་སྟེང་འོག་བསྣོལ་བས་འདུག་པ་དང་། བརླ་སྟེང་དུ་བརླ་བརྩེགས་པས་འདུག་པ་དང་། ལོང་བུའི་སྟེང་དུ་ལོང་བུ་བརྩེགས་པས་འདུག་པ་དང་། རྐང་པ་ཁྲིའི་འོག་ཏུ་བཀུག་སྟེ་འདུག་པ་དང་། བརླ་གཉིས་གཤིབ་སྟེ་བྱིན་པ་གཉིས་ཀྱི་བར་ཤག་ཕན་ཚུན་ཕྲལ་ཏེ་འདུག་པ་དང་། འདོམས་སྣང་བ་མི་སྦེད་པར་འདུག་པ་སྟེ་ཉེས་བྱས་སོ། །

བཞི་པ་ཟས་སློང་བའི་བརྒྱད་ཚན་གཅིག་ནི། ཁ་ཟས་ལྷུང་བཟེད་སོགས་ཏེ། ཁ་ཟས་ལྷུང་བཟེད་ཀྱི་ཁ་ལས་མཐོ་བར་ལེན་པ་དང་། འབྲས་ཆན་དང་ཚོད་མ་མང་ཉུང་མཉམ་པར་ལེན་པ་དང་། བསླབ་པ་རྒྱན་རིམ་

བཞིན་བཞུགས་པའི་གྲལ་རིམ་མཐར་ཆགས་སུ་མི་ལེན་པ་དང་། ལྷུང་བཟེད་ལ་མིག་གིས་མི་བལྟ་བར་གཡེང་བས་ལེན་པ་དང་། ཁ་ཟས་མ་བྱུང་བར་ལྷུང་བཟེད་ཁ་གདངས་པ་སྟེ་བཟེད་སྟུས་པ་དང་། ཚོད་མ་འདོད་ཕྱིར་འབྲས་ཆན་འགེབས་པ་དང་། འབྲས་ཆན་འདོད་པའི་ཕྱིར་ཚོད་མ་འགེབས་པ་དང་། བཟའ་བཅའི་སྟེང་དུ་ལྷུང་བཟེད་སོགས་སྣོད་བཟེད་པ་རྣམས་ཏེ་ཉེས་བྱས་སོ། །

ལྔ་པ་ཟས་ལ་ལོངས་སྤྱོད་པའི་དང་པོ་དྲུག་ཚན་བ་གཅིག་ནི། བཟའ་ཆེ་སོགས་ཏེ། ཟས་ལ་ལོངས་སྤྱོད་པའི་ཆེ་འདུལ་བ་དང་འགལ་བའི་སྤྱོད་པ་མི་ལེགས་པས་བཟའ་བ་དང་། ཁམ་ཆོད་ཧ་ཅང་ཆེས་པ་དང་། ཧ་ཅང་ཆུང་བ་དང་། ཁམ་ཆོད་རན་པ་མ་ཡིན་པ་དང་། ཁའི་སྒོར་ཟས་མ་འོངས་པར་ཁ་གདངས་པས་སྟུས་པ་དང་། ཟ་བཞིན་པ་སྟེ་ཁ་ཁམ་གྱིས་བཀང་ནས་གཏམ་སྨྲ་བའོ། །ལྔ་ཚན་པ་གསུམ་གྱི་དང་པོ་ནི། ཙ་སྒྲ་སོགས་ཏེ། ཟས་ཟ་བའི་ཚེ་མི་ཞིམ་པ་ལ་ཁའི་སྒྲ་ཙུག་ཙུག་བྱེད་པ་དང་། ཞིམ་པ་ལ་ཅག་ཅག་དང་། གྲང་མོ་ལ་ཧུ་ཧུ་དང་། དྲོན་མོ་ལ་ཕུ་ཕུ་བྱེད་པ་དང་། ལྕེ་ཕྱི་རོལ་དུ་ཕྱུངས་ཏེ་ཟ་བ་རྣམས་སོ། །

ལྔ་ཚན་གཉིས་པ་ནི། འབྲས་ཆན་སོགས་ཏེ། སྦྲག་ཆགས་ཡོད་མེད་བརྟག་པའི་ཕྱིར་མ་ཡིན་པར་འབྲས་ཆན་ལ་སོགས་པ་འབྱུ་རེ་རེ་ནས་ཕྱུ་ཞིང་ཟ་བ་དང་། སྨྲིན་བདག་གི་ཟས་ལ་འཕྱ་སྨོད་བྱེད་ཅིང་བཟའ་བ་དང་། མཁུར་བ་ཕན་ཚུན་སྒྱོ་ཞིང་བཟའ་བ་དང་། ཐན་སྒྲ་ཉོག་ཅིང་བཟའ་བ་དང་། ཁམ་འཕྲོ་སོས་བཅད་ཅིང་ཟ་བ་རྣམས་སོ། །

ལྔ་ཚན་གསུམ་པ་ནི། ལག་པར་ཟས་ཆགས་སོགས་ཏེ། ལག་པ་ལ་ཟས་ཆགས་པ་ལྡེས་ལྡག་པ་དང་། ལྷུང་བཟེད་དང་ཕོར་པ་སོགས་ལ་ཟས་ཆགས་པ་ལྡེ་དང་སོར་མོས་འཕྱོག་པ་དང་། ལག་པ་ལ་ཟས་ཆགས་པ་སྤྲུག་པ་དང་། ཟས་དང་བཅས་པའི་ལྷུང་བཟེད་སྐྱོམ་སྐྱོམ་བྱེད་པ་དང་། ཟས་ལ་མཆོད་རྟེན་གྱི་དབྱིབས་འདྲ་བར་བྱས་ནས་གཞོམ་ཞིང་བཟའ་བ་རྣམས་ཏེ་ཉེས་བྱས་སོ། །དྲུག་པ་ལྷུང་བཟེད་ལ་ལོངས་སྤྱོད་པའི་དང་པོ་བཞི་ཚན་གཅིག་ནི། གཞན་གྱི་ལྷུང་བཟེད་སོགས་ཏེ། དགེ་སློང་གཞན་གྱི་ལྷུང་བཟེད་ལ་འཕྱ་བའི་ཕྱིར་བལྟ་བ་དང་། ལག་པ་ཟས་ཀྱིས་སྦག་པས་ཆུ་སྣོད་ལ་རེག་པ་དང་། དགེ་སློང་གཞན་ལ་ཟས་དང་བཅས་པའི་ཆུ་འཐོར་བ་དང་། ཁྱིམ་པ་ལ་མ་དྲིས་པར་ཟས་དང་བཅས་པའི་ཆུ་ཁྱིམ་དུ་འབོ་བ་རྣམས་སོ། །ཕྱི་མ་བཅུ་ཚན་གཅིག་ནི། ཟས་ལྷག་ལྷུང་བཟེད་སོགས་ཏེ། ཟས་ཐོས་པའི་ལྷག་མ་ལྷུང་བཟེད་ཀྱི་ནང་དུ་འདོར་བ་དང་། ལྷུང་བཟེད་འོག་གཞི་མེད་པར་ས་རྗེན་ལ་འཛོག་པ་དང་། དེ་བཞིན་དུ་གཡང་སར་འཛོག་པ་དང་། གད་ཁར་འཛོག་པ་དང་། དཀན་གཟར་པོར་འཛོག་པ་དང་། འགྲེང་སྟེ་ལྷུང་བཟེད་བཀྲུ་བ་དང་། དེ་བཞིན་དུ་གད་ཁར་བཀྲུ་བ་

དང་། གཡང་སར་བགྲུ་བ་དང་། དཀན་གཟར་པོར་འཕྲུ་བ་དང་། འབབ་ཆུ་དྲག་པོའི་རྒྱུན་ལས་ཟློག་སྟེ། ལྕུང་བཟེད་ཀྱིས་ཆུ་འཆུ་བ་རྣམས་ཏེ་ཉེས་བྱས་སོ། །བདུན་པ་ཆོས་སྟོན་པའི་ལྟུ་ཚན་བཞི་དང་དྲུག་ཚན་གཅིག་གི་ལྟུ་ཚན་དང་པོ་ནི། ཆོས༷་འཆད༷་ཆེ༷་ན༷་སོགས་ཏེ། ཆོས་འཆད་པའི་ཚེ་ཉན་པ་པོ་ན་བ་མ་ཡིན་པ་ས་ལ་འདུག་པ་ལ་རང་ཉིད་འགྲེང་སྟེ་འཆད་པ་དང་། དེ་བཞིན་དུ་ནད་པ་མ་ཡིན་པ་ཉལ་བ་ལ་ཆོས་འཆད་པ་དང་། སྟན་མཐོན་པོ་ལ་འདུག་པ་ལ་འཆད་པ་དང་། མདུན་ནས་འགྲོ་བ་ལ་རྒྱབ་ནས་འཆད་པ་དང་། ལམ་གྱི་དབུས་ནས་འགྲོ་བ་ལ་ལམ་གྱི་ཟུར་ནས་འགྲོ་ཞིང་འཆད་པ་རྣམས་སོ། །

ལྟུ་ཚན་གཉིས་པ་ནི། མི༷་ན༷་སོགས་ཏེ། ཉན་པ་པོ་ན་བ་མ་ཡིན་པར་མགོ་རས་ལ་སོགས་པས་དཀྲིས་པ་འམ་གཡོགས་པ་ལ་འཆད་པ་དང་། དེ་བཞིན་དུ་གོས་བརྫེས་པ་ལ་འཆད་པ་དང་། བླ་གོས་ཕྲག་པ་གཉིས་སུ་གཟར་བ་ལ་འཆད་པ་དང་། ལག་པ་གཉིས་གཉའ་གོང་དུ་བསྣོལ་བ་ལ་འཆད་པ་དང་། དེ་བཞིན་དུ་ལྟག་པར་བསྣོལ་བ་ལ་འཆད་པ་རྣམས་སོ། །ལྟུ་ཚན་གསུམ་པ་ནི། དོ༷་ཀར༷་ཅན༷་སོགས་ཏེ། སྤྱི་གཙུག་ཏུ་སྐྲ་བསྡུས་པའི་ཐོར་ཅོག་ཅན་ལ་འཆད་པ་དང་། ཞྭ་གྱོན་པ་ལ་འཆད་པ་དང་། མགོ་ལ་དར་ལ་སོགས་ཅོད་པན་བཏགས་པ་ལ་འཆད་པ་དང་། མགོ་ལ་མེ་ཏོག་གི་ཕྲེང་བ་བཅིངས་པ་ལ་འཆད་པ་དང་། མགོ་ལ་ཐོད་དཀྲིས་པ་ལ་འཆད་པ་རྣམས་སོ། །

ལྟུ་ཚན་བཞི་པ་ནི། གླང༷་པོ༷་ཆེ༷་སོགས་ཏེ། གླང་པོ་ཆེ་ཞོན་པ་ལ་འཆད་པ་དང་། རྟ་ལ་ཞོན་པ་ལ་འཆད་པ་དང་། ཁྲིགས་ཀྱི་སྟེང་ན་འདུག་པ་ལ་འཆད་པ་དང་། ཤིང་རྟའི་སྟེང་ན་འདུག་པ་ལ་འཆད་པ་དང་། མཆིལ་ལྷམ་གྱོན་པ་ལ་འཆད་པ་རྣམས་སོ། །

དྲུག་ཚན་གཅིག་ནི། ལག༷་ན༷་འཁར༷་བ༷་སོགས་ཏེ། ལག་ན་འཁར་བ་ཐོགས་པ་ལ་འཆད་པ་དང་། གདུགས་ཐོགས་པ་ལ་འཆད་པ་དང་། མཚོན་ཆ་ཐོགས་པ་ལ་འཆད་པ་དང་། རལ་གྲི་ཐོགས་པ་ལ་འཆད་པ་དང་། མདའ་གཞུ་ཐོགས་པ་ལ་འཆད་པ་དང་། གོ་ཆ་གྱོན་པའི་མི་ལ་འཆད་པ་རྣམས་ཏེ་ཉེས་བྱས་སོ། །

བརྒྱད་པ་སྤྲུབ་པའི་ཚུལ་ལས་གྱུར་པའི་བཞི་ཚན་གཅིག་ནི། དགེ༷་སློང༷་གང༷་དག༷་སོགས་ཏེ། ན་བ་མ་ཡིན་པས་འགྲེང་སྟེ་བཤང་གཅི་འདོར་བ་དང་། ཐམས་ཅད་ཆུས་གང་སྟེ་གོ་སྐབས་མེད་ན་མ་གཏོགས་པར་མིན་པས་ཆུའི་ནང་དུ་བཤང་གཅི་དང་། འཆིལ་སྣབ་དང་། སྐྱུགས་པ་སོགས་འདོར་བ་དང་། དེ་བཞིན་དུ་གོ་སྐབས་མེད་ན་མ་གཏོགས་པར་རྩྭ་སྔོན་ཡོད་པའི་ཕྱོགས་སུ་བཤང་གཅི་ལ་སོགས་པ་འདོར་བ་དང་། གནོད་པ་བྱུང་ན་མ་གཏོགས་པར་ཤིང་ལ་མི་གང་ལས་ལྷག་པར་འཛེག་པ་རྣམས་ཏེ་ཉེས་བྱས་སོ། །

བཞི་པ་དགེ་སློང་མའི་བསླབ་བྱ་བཤད་པ་ལ་གཉིས་ཏེ། སྡེ་ལྔའི་རྐང་གྲངས་ཀྱིས་མདོར་བསྟན་པ་དང་། སོ་སོའི་ངོ་བོའི་སྒོ་ནས་ཅུང་ཟད་རྒྱས་པར་བཤད་པའོ། །དང་པོ་ནི། དགེ་སློང་མ་ལ་སོགས་ཏེ། བུད་མེད་བསྙེན་པར་རྫོགས་པའི་རྟེན་ལ་བསླབ་པར་བྱ་བའི་ཁྲིམས་སུམ་བརྒྱ་དང་དྲུག་ཅུ་རྩ་བཞིར་གསུངས་ཏེ། ཀརྨ་ཤ་ཏམ་ལས། མཐའ་བརྒྱད་དགེ་འདུན་ལྷག་མ་ཉི་ཤུ་དང་། །སྤང་བའི་ལྟུང་བ་སུམ་ཅུ་རྩ་གསུམ་དང་། །གཞན་ཡང་ལྟུང་བྱེད་བརྒྱ་དང་བརྒྱད་ཅུ་དང་། །སོ་སོར་བཤགས་པར་བྱ་བ་བཅུ་གཅིག་དང་། །ཉེས་པར་བྱས་པ་བརྒྱ་དང་བཅུ་གཉིས་སོ། །ཞེས་པ་ལྟར་ཕམ་པ་བརྒྱད། ལྷག་མ་ཉི་ཤུ། སྤང་ལྟུང་སུམ་ཅུ་རྩ་གསུམ། ལྟུང་བྱེད་འབའ་ཞིག་པ་བརྒྱ་དང་བརྒྱད་ཅུ། སོར་བཤགས་བཅུ་གཅིག །ཉེས་བྱས་བརྒྱ་རྩ་བཅུ་གཉིས་ཡོད་ལ་མཚན་ཉིད་དང་མིང་དོན་ཕའི་སྐབས་དང་འདྲ་བས་བསྐུར་ནས་མ་སྨོས་སོ། །

གཉིས་པ་སོ་སོའི་ངོ་བོའི་སྒོ་ནས་བཤད་པ་ལ་སྡེ་ལྔ་ལས། དང་པོ་ཕམ་པའི་སྡེ་ནི། དགེ་སློང་སྐབས་བཤད་སོགས་ཏེ། འདི་དག་གི་གླེང་གཞི་དགེ་སློང་མ་སྦྲོམ་དགའ་མོ་སོགས་བཅུ་གཉིས་སྡེ་ལས་གྱུར་པ་མང་ལ༑ ངོ་བོ་དགེ་སློང་གི་སྐབས་སུ་བཤད་པའི་ཕམ་པ་བཞིའི་སྟེང་དུ་ཆགས་སེམས་ཀྱིས་སྐྱེས་པའི་ལུས་ཀྱི་གནས་མིག་ནས་པུས་མོ་ཡན་ཆད་ལ་རེག་ཅིང་ནོམ་པའི་ཚོར་བ་ཉམས་སུ་མྱོང་བ་དང་། དེ་བཞིན་དུ་ཆགས་སེམས་ཀྱིས་ལུས་བཀན་པའམ། ཉལ་ནས་སྐྱེས་པ་ཆགས་ལྡན་ལ་རེག་པ་ཙམ་གྱི་ཚོར་བ་ཉམས་སུ་མྱོང་བ་དང་། གྲོགས་དགེ་སློང་མ་གཞན་གྱི་ཕམ་པ་ཉིན་ཞག་གི་བར་དུ་འཆབ་པ་དང་། དགེ་འདུན་གྱིས་གནས་ནས་ཕྱུང་བའི་དགེ་སློང་འགའ་ཞིག་གིས་འགྱོད་པའི་སེམས་སྐྱེས་ནས་བཟོད་པར་གསོལ་བ་ལ། དགེ་སློང་མས་ཕྱིར་བཟློག་པ་ལ་དགེ་སློང་མའི་དགེ་འདུན་གྱིས་གཞམས་བསྒོ་སོགས་ཀྱིས་བཟློག་ཀྱང་མི་བཏང་བའོ། །

གཉིས་པ་ལྷག་མའི་སྡེ་ནི། དགེ་སློང་སྐབས་བཤད་སོགས་ཏེ། གོང་དུ་བཤད་པའི་ལྷག་མ་བཅུ་གསུམ་ལས། སྨྲུན་བྱས་པ་དང་གཞི་མེད་སྐུར་འདེབས་ནས། བཀའ་བློ་མི་བདེའི་བར་ཏེ་ཐུན་མོང་གི་ཕམ་པ་བདུན་གྱི་སྟེང་དུ། ཆགས་སེམས་ཀྱིས་སྐྱེས་པ་ཆགས་པར་གྱུར་པ་ལས་འཁྲིག་པའི་ཆོས་ཀྱི་ཕྱིར་ནོར་ཅི་ཡང་རུང་བ་ལེན་པ་དང་། ལེན་དུ་འཇུག་པ་དང་། མཚན་མོ་ཁྲིམས་གྲོགས་ཀྱི་དགེ་སློང་མ་གཞན་མེད་པར་མཚམས་ལས་འདས་པ་སྐྱེ་ཕྱི་རོལ་དུ་གནས་པ་དང་། དེ་བཞིན་དུ་ཉིན་མོ་ཁྲིམས་གྲོགས་མེད་པར་མཚམས་ལས་འདས་པར་གནས་པ་དང་། ཁྲིམས་གྲོགས་མེད་པར་ལམ་དུ་ཞུགས་པ་དང་། ཁྲིམས་གྲོགས་མེད་པར་ཆུ་བོའི་ཕ་རོལ་དུ་རྐྱལ་བ་དང་། རྒྱལ་པོ་དང་། རང་གི་ཁྲོ་སོགས་ཀྱིས་མ་གནང་བའི་བུད་མེད་རབ་ཏུ་འབྱིན་པ་དང་། རིགས་བརྒྱུད་སོགས་མེད་པའི་མི་ཤི་བའི་ནོར་ལེན་པ་དང་། དགེ་སློང་མའི་དགེ་འདུན་གྱིས་གནས་དབྱུང་གྱུར་པའི་

དགེ་སློང་མ་སླར་བཟློད་པར་གསོལ་དུ་འཇུག་པ་དང་། དཀོན་མཆོག་སྤྱོང་ངོ་ཟེར་བའི་མནའ་འདོར་བ་དང་། བུད་མེད་གཞན་དང་ལྷན་ཅིག་གཞོག་སྟེགས་དང་། འཕྲུར་གཡེང་དང་། རྩབ་རྩུབ་རང་ཉིད་ཀྱིས་བྱས་པ་དང་། དགེ་སློང་མ་གཞན་དག་ཀྱང་བྱེད་དུ་འཇུག་པ་དང་། འཐབ་ཀྲོལ་ཏེ། འཐབ་པ་དང་། རྩོད་པ་དང་། འཚང་འབྲུ་བ་སོགས་བྱེད་པ་རྣམས་རྐྱེན་ལྔས་བཟློག་ཀྱང་མི་གཏོང་བའོ། །

གསུམ་པ་ལྟུང་བྱེད་ལ་གཉིས་ཀྱི་དང་པོ་སྤང་ལྟུང་ནི། སྤ̥ང་ལྟུ̥ང་བཅུ̥་ཚན̥་དང̥་པོ̥་སོགས་ཏེ། སྤང་ལྟུང་བཅུ་ཚན་དང་པོ་དགེ་སློང་དང་འདྲ་བའི་སྟེང་དུ། བཅུ་ཚན་གཉིས་པའི་ཕྱི་མ་གསུམ་དང་། བཅུ་ཚན་གསུམ་པའི་གཉིས་པ་དང་། གསུམ་པ་དང་། བཞི་པ་དང་། ལྔ་པ་དང་། དགུ་པ་དང་། བཅུ་༡༩པ་རྣམས་ཀྱང་མཚུངས་པ་ནི་ཐུན་མོང་གི་སྤང་ལྟུང་དང་། ལྟུང་བཟེད་ལྷག་པོ་ཞག་གཅིག་ལས་འདས་པར་འཆང་༢༠བ་དང་། ཆོས་གོས་བྱིན་གྱིས་བརླབ་ཏུ་རུང་བ་འགྱུར་བའི་ཉི་མ་དེ་ལ་བྱིན་གྱིས་མ་བརླབས་པར་ཞག་ཕྱི་མའི་སྐྱ་རེངས་ཤར་བའམ། བརླབས་ཀྱང་སླར་ཟླ་ཕྱེད་ནས་བྱིན་གྱིས་བརླབས་དགོས་པ་ལས་བརླབ་མ་གྲུབ་པ་བཅས་༢༡དང་། སྲ་བརྒྱང་དུས་མིན་དུ་འབྱིན་པ་༢༢དང་། དུས་སུ་དབྱུང་བ་ལ་མ་རྔོགས་པ་༢༣དེ་འདིར་སྤང་རྒྱུའི་དངོས་པོ་ནི་རང་སྐལ་ལ་ཐོབ་པའི་སྲ་བརྒྱང་གི་རྙེད་པ་དེ་ཡིན་ནམ་སྙམ་གསུངས། དབྱར་ཁང་གི་དགོས་ཆེད་མ་ཡིན་པར་དབྱིག་གམ་གསེར་ལ་སོགས་པའི་རིན་པོ་ཆེ་སློངས་པ་༢༤དང་། གླེགས་བམ་འདྲི་བ་ལ་སོགས་པའི་ཆེད་དུ་རྙེད་པའི་གོས་༢༥དང་། གོས་ཀྱི་རྒྱུར་རྙེད་པ་༢༦དང་། མལ་ཆའི་རྒྱུར་རྙེད་པ་༢༧དང་། དབྱར་ཁང་གི་རྒྱུར་རྙེད་པའི་ཡོ་བྱད་༢༨གང་ཡང་རུང་བ་དག་ཟས་སུ་བསྒྱུར་ཏེ་ཟ་བའི་ཕྱིར་འཇོག་པ་དང་། དགེ་སློང་མ་བཞི་ཡན་ཆད་གྲངས་སུ་བཅད་པ་ལ་བསྔོས་པ་༢༩དང་། དགེ་འདུན་མ་སྤྱི་ལ་བསྔོས་པ་རང་ལ་བསྒྱུར་༣༠བ་དང་། ཆགས་ཡུལ་གྱི་སྐྱེས་བུ་དག་རང་གི་ཚིག་ཉན་དུ་གཞུག་པའི་ཕྱིར། སྤྲོག་མ་སོགས་རྫས་འཇུག་པའི་སྣོད་ཁ་འཆིང་དུ་གཞུག་ཅིང་ཡང་ཡང་འགྲོལ་དུ་འཇུག་པ་སོགས་ཀྱིས་འབྲིད་པ་དང་། གོས་གང་ཞིག་དངོས་པོས་ལྔི་བ་སྲང་བརྒྱ་ལ་སོགས་པ་ཡོད་པ་དང་། རིན་ཐང་གིས་ལྕི་བ་ཀཱརྵ་པ་ཙ་ཉི་ཤུ་ལ་སོགས་པ་རི་བ་བདག་གིར་བྱེད་པ་༣༡དང་། ཀ་ཤི་ཀའི་རས་ཕྲན་དང་། དར་ལ་དང་། དར་གོས་ལ་སོགས་པ་ལྡིད་སྲང་གཉིས་པ་ནས་ལྔ་པའི་བར་བདག་གིར་བྱེད་པ་༣༢རྣམས་དགེ་སློང་མའི་ཐུན་མོང་མ་ཡིན་པའི་སྤང་ལྟུང་ཡིན་ནོ། །

གཉིས་པ་ལྟུང་བྱེད་འབའ་ཞིག་པ་ནི། མ̥་བསྐོས̥་པ̥་སོག̥ས་སོགས་ཏེ། སྔར་གྱི་སྡོམ་ཚིག་གིས་བསྡུས་པའི་མ་བསྐོས་པ་སོགས་བཅུ་ཚན་གཅིག་དང་། ཡང་ཡང་ཟ་བ་དང་། རས་ཆེན་ལས་གྱུར་པ་དང་། སྦྲིད་པ་དང་། ཟས་བསོད་པ་སློང་བ་དང་། དབེན་པ་གཉིས་དང་། ཉི་ཤུ་མ་ལོན་པ་རྫོགས་པར་བྱེད་པ་དང་། ཕྱིར་མ་

བསླངས་པར་སྤྱོད་པའི་ལྟུང་བྱེད་རྣམས་དགེ་སློང་མའི་ཕྱོགས་ལ་མེད་ལ། དེ་དག་མ་གཏོགས་པའི་བདུན་ཅུ་རྩ་གཉིས་པོ་ནི་ཐུན་མོང་གི་ལྟུང་བྱེད་ཡིན་ཞིང་། དེའི་སྟེང་དུ་བསྙེན་པར་རྫོགས་ནས་ལོ་བཅུ་གཉིས་མ་ལོན་པས་གཞན་རབ་ཏུ་འབྱིན་པ་དང་། བསྙེན་པར་རྫོགས་པའི་མཁན་མོ་བྱེད་པ་དང༡། ལོ་བཅུ་གཉིས་ལོན་ཀྱང་དགེ་འདུན་མའི་གནང་བ་མ་ཐོབ་པར་འཁོར་འཛོག་པ་༢སྐྱེ་སྐྱོང་བ་དང་། དེ་བཞིན་དུ་འཁོར་༣མང་པོ་འཛོག་པ་དང་། ཁྱིམ་སོ་བཟུང་བ་ལོ་བཅུ་གཉིས་མ༤ལོན་པ་བསྙེན་པར་རྫོགས་པ་དང་ཁྱིམ་སོ་མ་བཟུང་བ་ལོ་ཉི་ཤུ་མ་༥ལོན་པ་བསྙེན་པར་རྫོགས་པའི་མཁན་མོ་བྱེད་པ་དང་། ཁྱིམ་སོ་བཟུང་བ་དང་། ཁྱིམ་སོ་མ་བཟུང་བའི་རྟེན་གྱི་དབྱེ༦བ་གཉིས༧མཁན་མོ་ཉིད་ཀྱིས་དགེ་སློབ་མའི་སྡོམ་པ་མ་བྱིན་པར་བསྙེན་པར་རྫོགས་པར་བྱེད་པ་ནི་ཚིག་ལས་འདས་པ་གཉིས་དང་། དགེ་སློབ་མའི་སྡོམ་པ་བྱིན་དུ་ཟིན་ཀྱང་དེའི་བསླབ་བྱ་ལ་ལོ་གཉིས་མ་བསླབ་པར་རྫོགས་པར་བྱེད་པ་དང་། བསླབ་ཟིན་ནས་མཁན་མོས་བསྙེན་པར་རྫོགས་པར༨མི་བྱེད་པ་དང་། ཁ་མོ་ལ་གོས་སྦྱིན་པ་སོགས་བསྙེན་བཀུར་བྱེད་ན་བསྙེན་པར་རྫོགས་པར་བྱའོ་ཟེར་བའི་ཆོས༡༠ཚོང་བ་སྟེ་བཅུ་དང་། ཁྱིམ་པ་མོ་རབ་ཏུ་འབྱིན་པ་ལ་འདྲིད༡པས་ཁྱིམ་གྱི་འགྱུར་པ་སྤོང་དུ་བཅུག་ནས་རབ་ཏུ་མི་འབྱིན་པ་དང་། ལོ་གཉིས་སྤྲེལ་མར་གཞན་དང་གཞན་དག་ལ་རབ་བྱུང་འབོག་པས་འཁོར་མང་༢གསོག་པ་དང་། ཁྱིམ་ཐབས་ཀྱིས་མ་གནང་༣ཁ་སྐྱུད་པ་དང་། འབྲུལ་མོ་སྐྱེ་སྨད་འཚོང༡མ་སྐྱུད་པ་དང་། སྨྲུམ་མ༢སྐྱུད་པ་དང་། སྨྱུ་དྲན་གྱིས་གཟིར་མ་༣སྐྱུད་པ་དང་། འཐབ་ཀྲོལ་ཅན་༤སྐྱུད་པ་རྣམས་ལ་སྐྱོན་ཅན་སྐྱུད་པའི་ལྟུང་བྱེད་བཞིར་གྲགས་པ་དང་། མཁན་མོ་རང་ཉིད་ཀྱིས་རབ་ཏུ་ཕྱུང་བ་དང་བསྙེན་པར་རྫོགས་པ་དག་ལ་ཆོས་དང་ཟང་ཟིང་གིས་ཕན་མི་འདོགས༡པ་དང་། དེ་དག་བར་ཆད་དུ་འགྱུར་བ་མཐོང་ན་བར་ཆད་མེད་པའི་གནས་སུ་མི་འདྲེན་༢པ་དང་། དེ་དག་བསླབ་པ་ལ་མི་སློབ་༣པ་དང་། དེ་དག་ན་བར་གྱུར་ན་ནད་གཡོག་མི་༤བྱེད་པ་རྣམས་ལ་ཡལ་བར་འདོར་བའི་ལྟུང་བྱེད་བཞིར་གྲགས་པ་དང་། རང་གི་མོ་དབང་གི་ནང་དུ་རྒྱ་སྐྱེགས་ཀྱི་ཚང་བུའི་འདོད་རྟེན༡འཇུག་པས་ཁྲུ་བ་འབྱིན་པ་དང་། རྒྱ་སྐྱེགས་ཀྱི་ཚང་བུ་འདྲ་བའམ། གཟུགས་བརྙན་མོ་དབང་གི་ནང་དུ་འབྲུ་བ་སྟེ་འདོད་རྟེན་༢ལྟར་བཅོས་པ་དང་། རང་གི་ཐལ་ལྕུག་གིས་བསྣུན་པ་འདོད་རྟེན་༣ལྟར་ལ་གནོད་པའི་ལས་དང་། མོ་དབང་གི་སྤུ་འཐོག་ཅིང་འབྲེག་པའམ་འབྲེག་ཏུ་གཞུག་པ་བརྟེན་བྱ་༤འཆོས་པའི་ལྟུང་བྱེད་ཡིན་ནོ། །དགེ་སློང་མ་གཅིག་པུ་ཁྱིམ་པ་༡དང་ལྷན་ཅིག་ཏུ་དབེན་པ་བླ་གབ་ཡོད་པར་འགྲེང་བ་དང་། གནས་དེ་ལྟ་བུར་དགེ་སློང་༢དང་ལྷན་ཅིག་ཏུ་འགྲེང་བ་དང་། དབེན་པ་བླ་གབ་མེད་པར་༣ཁྱིམ་པའམ་དགེ་སློང་དང་ལྷན་ཅིག་ཏུ་འགྲེང་༤བ་གཉིས་ཏེ་བཞི་དང་། དེ་བཞིན་དུ་ཁྱིམ་པ་༥དང་དགེ་སློང་གི་རྣ་༦བར་

ཕྲིན་སོགས་ཤུབ་ཅིང་སྨྲ་བ་དང་། ཁྲིམ་པ་༧དང་དགེ་སློང་ལས་༤ཤུབ་ཅིང་སྨྲ་བ་ཉན་པ་སྟེ་བཞི་དང་། ཁྲིམ་པ་ལས་རིག་པ་གང་ཡང་རུང་བ་ཡིན་པ་༩དང་། ཁྲིམ་པ་ལས་རིག་པ་དེ་གློག་པ་༡༠དང་། རང་གི་ལུས་ཀྱི་རྨ་བཅིངས་པ་ཆགས་སེམས་དང་བཅས་པའི་སྦྲུ་ཐབས་ཀྱིས་སྐྱེས་པ་༡༡འགྲོལ་དུ་འཇུག་པ་སྟེ་བཅུ་གཅིག་དང་། བུ་དང་བུ་མོ་འཚོ་ཞིང་༡ཛེ་བ་དང་། ཁྲིམ་བདག་ལ་མ་དྲིས་པ་ཁྲིམ་གཞན་དུ་༢མཚན་མོ་ཉལ་བ་དང་། མཚན་མོ་མུན་ཁུང་དུ་སྐྱེས་པ་ཡོད་མེད་མ་བརྟགས་པར་༢ཉལ་བ་དང་། དེ་བཞིན་དུ་དགེ་སློང་མ་གཞན་མེད་པར་གཅིག་པུར་ཉལ་༣༡ཁ་སྟེ་གསུམ་དང་། དགེ་སློང་མ་གཞན་དང་སྟན་གཅིག་ལ་ཤ་མཐའ་རེག་པ་ཉལ་བ་སྟན་གཅིག་༡སྤྱོད་ཅིང་གནས་པ་བཏང་བའི་ལྟུང་བྱེད་དུ་གྲགས་པ་དང་། རང་གི་ལུས་དགེ་སློང་མ་༡དང་། དགེ་སློབ་མ་༢དང་། དགེ་ཚུལ་མ་༣དང་། ཁྲིམ་པ་༦མོ་དང་། མུ་སྟེགས་༥མོ་རྣམས་ལ་འདག་རྫས་ཀྱིས་དྲིལ་ཞིང་ཕྱི་བ་བྱེད་དུ་འཇུག་པ་དང་། དེ་བཞིན་དུ་ཀུས་འཁྲུར་༨འཇུག་པ་དང་། དྲི་ཞིམ་པོ་༧དག་རང་གི་ལུས་ལ་སྐུད་པ་དང་། འབྲུ་མར་གྱི་ཚིག་མ་༢༡སྐུད་པ་སྟེ་བརྒྱད་དང་། བུད་མེད་གཞན་དང་ལག་པ་སྦྲེལ་ཏེ་ཁྲུས་བྱེད་པ་སོགས་ཀུ་༡༡ལ་ལོངས་སྤྱོད་པ་དང་། ཤུ་ཤེལ་༡ཙི་དང་། སོ་མང་༢། སྐྱིག་ཤད་༣གསུམ་སོ་སོར་འམ། གསུམ་ག་བསྡུས་པའི་སྐྲ་ཤད་༦འཆོས་པ་དང་། སྐྲ་བརྟན་འཆང་༥བ་དང་། ཁྲིམ་པའི་རྒྱན་༨༡ཐོགས་པ་སྟེ་དྲུག་དང་། བྲོ་བརྡུང་༡བ་དང་། གླུ་ལེན་༢པ་དང་། པི་ཝཾ་སོགས་རོལ་མོ་༣༡བྱེད་པ་སྟེ་གསུམ་དང་། ལོངས་སྤྱོད་བྱེད་ཅིང་གདུ་༡གས་༢ཐོགས་པ་དང་། དེ་བྱེད་ཅིང་མཆིལ་ལྷམ་གྱོན་པ་དང་། ཁྲི་འུ་ལ་འདུག་༣༡པའི་བསྙེན་བཀུར་ཉམས་སུ་མྱོང་བ་སྟེ་གསུམ་དང་། ཁྲིམ་གཞན་དུ་བདག་པོས་མ་བསྐོས་པར་སྟན་ལ་འདུག་པ་ལ་ཕྱིས་གནོན་དང་། ཁྲིམ་པའི་སྟན་རང་གིས་སྤྱད་པ་མ་སྦྲན་པར་བོར་ཏེ་འགྲོ་བ་ལ་ལོག་ཐབས་བྱེད་པའི་ལྟུང་བྱེད་དུ་གྲགས། རུང་བ་མ་ཡིན་པའི་སྐུད་པ་འཁལ་བ་དང་། དགེ་འདུན་མའི་གོས་བདག་གིར་བྱེད་པ་དང་། འབྲས་ཆན་ལ་སོགས་པའི་ཟས་འཚོད་བ་དང་། ཁྲིམ་དུ་ཆག་ཆག་གདབ་པ་སོགས་འཕྲལ་གྱི་བྱ་བ་རྣམས་བྱེད་པ་དང་། རྗེན་པ་འཚོད་པ་དང་། སྤྲངས་པ་ཟ་བའི་ལྷོ་འདུན་དང་། ནད་མ་མ་ཡིན་པས་སྨོག་སྐྱུ་ཟ་བ་དང་། ཟླ་མཚན་ཡོང་བའི་དུས་མངལ་གྱི་སྨོར་གོས་ངན་པ་འདོགས་པ་ལ་རྨེ་གབ་ཏུ་གྲགས་པ་མི་བརྟེན་པ་དང་། ཁྲུས་སོགས་ཀྱི་ཆོ་ཀུ་གོས་མི་འཆང་བ་དང་། ཆོས་གོས་དང་གདིང་བ་རྙིང་པ་བགྱུ་བཤལ་བ་ལ་འཁྲུར་འཇུག་པ་དང་། རུང་བའི་གོས་ལ་མ་གྲུས་པས་ཁྲིམ་པ་ལ་སྟེར་བ་དང་། དགེ་སློང་དང་སྣམ་སྦྱར་བརྗེ་བ་དང་། དགེ་སློང་མ་གཞན་གྱི་བསྡུགས་པ་བརྗོད་པ་ན་ལུས་ངག་གི་རྣམ་འགྱུར་༡མི་མཐུན་པ་སྟོན་པ་དང་། དེ་བཞིན་དུ་ཁྲིམ་༢དང་གནས་༣དང་། རྙེད་པ་༦དང་། ཆོས་རྣམས་ལ་༥སེར་སྣ་བྱེད་པ་སྟེ་སེར་སྣ་ལྔ་དང་། དགེ་སློང་མ་གཞན་དབྱར་ཁང

༡ནས་སྒྲོད་པ་དང་། ཁྱིམ་གཞན་༢ནས་སྒྲོད་པ་སྟེ་གཉིས་དང་། ལེགས་པར་མཐོང་ཐོས་མེད་པའི་ལྟུང་བྱེད་གླེང་བ་ལ་ཐོ་འཚམས་པ་དང་། གཞན་ཡིད་ཆེས་པའི་མནའ་འདོར་བ་ལ་ལོག་པར་སྟོན་པ་དང་། ཁྲོ་བས་བདག་ཉིད་ལ་གནོད་པར་བྱེད་པ་ལ་རྨ་པར་འགྱུར་བའི་ལྟུང་བྱེད་དུ་གྲགས་པ་རྣམས་དང་། དགེ་འདུན་ལ་བརྙས་ཐབས་༡བྱེད་པ་དང་། བསྐུར་པ་འདེབས་པས་སྤྱོ་བ་༢དང་། དགེ་སློང་ལ་ཆུ་༣འཐོར་བ་སྟེ་གསུམ་དང་། དགེ་སློང་མ་རྣམས་ཀྱི་འབྲུགས་ལོང་ཞི་བར་བྱ་བའི་མཐུ་ཡོད་བཞིན་དུ་ཡལ་བར་འདོར་བ་དང་། གློ་མཐུན་མི་བྱེད་པ་སྟེ་ལས་ལ་འདུན་པ་མ་ཕུལ་བ་དང་། དགེ་སློང་ལས་གདམས་ངག་༡མི་ཉན་པ་དང་། དགེ་སློང་མེད་པར་གསོ་སྦྱོང་བྱེད་པ་དང་། འདི་ལྔ་བའི་ཆོས་དང་འབྲེལ་བ་ཙམ་ཡིན་གསུངས། དགེ་སློང་མེད་པའི་གནས་སུ་དབྱར་ཁས་༢ལེན་པ་དང་གཉིས་ཀའི་དགེ་འདུན་ལ་དགག་༣དབྱེ་མི་བྱེད་པ་སྟེ། ལྔ་ཆོས་ལས་འདས་པ་གསུམ་དང་། དབུལ་པོ་ལ་དགེ་འདུན་གྱི་དོན་དུ་ཟླ་བརྒྱད་ཀྱི་ཐེང་སྦྱོར་དུ་འཇུག་པ་༡དང་། ཟླ་བརྒྱད་དུས་སུ་དབྱུང་༢བའི་ཕྱིར་དང་། ཆོས་ལྡན་གྱི་རྙེད་པ་འགྱེད་༣བགོ་བ་པ་དག་ལ་བག་ཡངས་སུ་བྱ་བའི་ཚོགས་པ་མི་སྦྱིན་པ་སྟེ་གསུམ་དང་། དབྱར་ཁང་གཞན་ལ་མ་བཅོལ་བར་ཡུལ་གཞན་དུ་འགྲོ་བ་དང་། དབྱར་ནང་དུ་ལྗོངས་རྒྱུར་འགྲོ་བ་དང་། དགག་དབྱེ་བྱས་པའི་ཕྱི་ཉིན་ལྗོངས་རྒྱུར་མི་འགྲོ་བ་༢དང་། ཆོམ་རྐུན་སོགས་ཀྱི་དོགས་པ་༣དང་བཅས་པར་ལྗོངས་རྒྱུར་འགྲོ་བ་དང་། བཀག་པའི་ཕྱོགས་གཞན་དུ་འགྲོ་བ་སྟེ་བཞི་དང་། མུ་སྟེགས་ཅན་སོགས་གཞན་གྱི་འདུག་གནས་སུ་སོང་སྟེ་འཐབ་ཀྲོལ་བྱེད་༡པ་དང་། དགེ་སློང་ལ་སོགས་པས་ཚིག་གི་སྐབས་མ་ཕྱེ་བར་འདྲི་བ་༢སྟེ་གཉིས་དང་། དབྱར་ཁང་གི་ཉེ་འཁོར་འདོམ་གང་ལས་ལོགས་ཤིག་ཏུ་ཆབ་ཁྲུང་༡ཡོད་སར་གཅིག་པུར་འགྲོ་བ་དང་། རྩ་སྔོན་པོའི་སྟེང་དུ་བཤང་བ་༢འདོར་བ་དང་། རྩིག་པའི་ཕག་ཏུ་མ་བལྟས་པར་བཤང་བ་༣འདོར་བ་སྟེ་གསུམ་མོ། །དེ་ལྟར་བཤད་པའི་བརྒྱ་རྩ་བརྒྱད་པོ་ཐུན་མོང་མ་ཡིན་པ་སྟེ། དགེ་སློང་མའི་སྒྲོས་ཀྱི་ལྟུང་བྱེད་ཡིན་ནོ། །

བཞི་པ་སོར་བཤགས་ཀྱི་སྡེ་ནི། དགེ་སློང་སྐབས་བཤད་སོགས་ཏེ། གོང་དུ་བཤད་པའི་སོར་བཤགས་གསུམ་པའི་སྟེང་དུ། ནད་མ་མ་ཡིན་པས་ཁྱིམ་པ་ཉེ་དུ་མ་ཡིན་པ་ལས་འོ་མ་༡བསླངས་ཏེ་འཐུང་བ་དང་། དེ་བཞིན་དུ་ཞོ་༢དང་། མར་༣དང་། ཞུན་མར་༤དང་། འབྲུ་མར་༥དང་། སྦྲང་རྩི་༦དང་། བུ་རམ་གྱི་དབུ་བ་༧དང་། ཉ་ཤ་༨དང་། ཤ་༩དང་། ཤ་སྐམ་༡༠རྣམས་བསླངས་ཏེ་ལོངས་སྤྱོད་པ་འདི་བཅུ་དགེ་སློང་མའི་ཐུན་མོང་མ་ཡིན་པའི་སོར་བཤགས་སུ་བཤད་དོ། །ལྔ་པ་ཉེས་བྱས་ཀྱི་སྡེ་ནི། ཉེས་བྱས་རྣམས་ལས་སོགས་ཏེ། གོང་དུ་བཤད་པའི་དགེ་སློང་ཕའི་ཉེས་བྱས་རྣམས་ལས་ཁྱིམ་གཞན་དུ་མ་བསྒོས་པ་སྟན་ལ་འདུག་པ་དང་། རྩ་

སྔོན་པོ་ཡོད་པའི་ཕྱོགས་སུ་བཤད་གཅིག་འདོར་བ་གཉིས་སྐབས་འདིར་ལྟུང་བྱེད་ཡིན་པས་བཤད་ཟིན་ལ། དེ་དག་གི་ཚབ་ཏུ་ཤམ་ཐབས་རྐེད་པ་སྣང་བར་བགོ་བ་དང་། འཁྲིག་པའི་འདོད་ཆགས་མངོན་གྱུར་དང་ལྡན་བཞིན་དུ་ཁྱིམ་གཞན་དུ་འགྲོ་བ་གཉིས་ཐུན་མོང་མ་ཡིན་པའི་ཉེས་བྱས་སུ་བཤད་པ་བསྣན་པས་གྲངས་བརྒྱ་རྩ་བཅུ་གཉིས་སུ་མཐུན་པ་ཡིན་ནོ། །དགེ་སློང་ཕ་མའི་ཉེས་བྱས་ཀྱི་རྐང་གྲངས་དེ་དག་ཀྱང་སྡེ་ལྔའི་ནང་ཚན་དངོས་གཞིའི་དབང་དུ་བྱས་ཀྱིས། དེ་ཁོ་ནར་མ་ངེས་ཏེ་ཕམ་ལྷག་གི་སྦྱོར་བ་ཀུན་དང་། སྦོམ་པོ་ལས་ན་སྣང་པའི་ལྟུང་བ་ཀུན་དང་། སྤང་ལྟུང་གི་སྦྱོར་བ་ནས་ཉེས་བྱས་ཀྱི་སྦྱོར་བའི་བར་ཐམས་ཅད་དགེ་སློང་ཕ་མ་གང་གི་རྟེན་ལ་ཡང་ཉེས་བྱས་ཉིད་དུ་འགྱུར་རོ། །གཞན་ཡང་མ་ལ་ལྟུང་བྱེད་དུ་བཤད་པ་དག་ཀྱང་། ཕ་ལ་ཉེས་བྱས་སུ་འགྲོ་བ་ཡོད་དེ་གོང་གི་རྐང་གྲངས་ངོས་འཛིན་ལ་དཔྱད་པས་ཁྱབ་བོ། །

དེ་དག་གི་མཇུག་བསྡུ་བ་ནི། དགག་པའི་བསླབ་བྱ་སོགས་ཏེ། གོང་དུ་སྨོས་པ་དེ་དག་ནི་དགག་པའི་བསླབ་བྱ་ཞེས་བྱ་བ་སྒོ་གསུམ་ཉེས་སྤྱོད་ལས་ལྡོག་པ་ལ་ཤིན་ཏུ་གཅེས་པ་ཚུལ་ཁྲིམས་ཀྱི་མི་མཐུན་པའི་ཕྱོགས་ཀྱི་ངོས་འཛིན་ཏེ་ལྟུང་བའི་རྐང་གྲངས་རགས་པ་ཙམ་ཡིན་ནོ། །ཞར་བྱུང་ཐུན་མོང་གི་མཐའ་དཔྱོད་མགོ་སྨོས་ནས་སོགས་ཀྱི་སྒྲས་འཆད་འགྱུར་དུ་བཞག་པ་ནི། ཉམས་དང་མ་ཆགས་སོགས་ཏེ། ཕམ་པ་འཆབ་བཅས་ཀྱིས་བསླབ་པ་ལས་ཉམས་པ་དང་། བསྙེན་རྫོགས་བླངས་ཀྱང་ལས་མ་ཆགས་པ་གཉིས་སྡེ་ལྔའི་དངོས་གཞི་ལ་ཞུགས་ཀྱང་སྡེ་ལྔ་གང་ཡང་མིན་པའི་ཉེས་བྱས་ཙམ་ཞིག་བསྐྱེད་ལ། ཕམ་པ་འཆབ་མེད་དགེ་འདུན་གྱི་གསོལ་གཞིའི་ཆོགས་བསླབ་པ་བྱིན་པ་ལ། སྡེ་ལྔའི་དངོས་གཞིའི་ལྟུང་བ་བསྐྱེད་པ་དགེ་སློང་ཕ་མ་རང་བཞིན་དུ་གནས་པ་དང་འདྲའོ། །དེ་ལ་སོགས་པ་ཞིབ་པའི་མཐའ་དཔྱོད་པ་ནི། མདོ་རྩར། ལུང་གཞིའི་ཞུ་བ་སྤྱིར་བསྟན་པ་ནས་བཏུས་པ་བཞི་དང་། རྣམ་འབྱེད་གནད་ལ་འབེབ་པའི་ཞུ་བ་སྤྱིར་བསྟན་པ་ནས་བཏུས་པ་དྲུག་ཅུ་སྟེ་མདོ་ཚན་པ་དྲུག་ཅུ་རྩ་བཞི་འབྱུང་བ་དང་བསྟུན་ཏེ་འཆད་འོས་ཀྱང་འདིར་ཡི་གེས་འཇིགས་པས་གནས་སྐབས་གཞན་དུ་འཆད་པར་སྤྲོ་བའི་དོན་ཏོ། །

གཉིས་པ་ཐེག་ཆེན་གྱི་དམིགས་བསལ་འཆད་པ་ནི། ཐེག་ཆེན་སོ་ཐར་སོགས་ཏེ། བསམ་པ་ཐེག་ཆེན་སེམས་བསྐྱེད་ཀྱིས་ཟིན་པས་བླངས་པའི་སོ་ཐར་གྱི་བསླབ་བྱ་ལའང་གཉིས་ཏེ་ཆོ་ག་ཐུན་མོང་བའི་དབང་དུ་བྱས་ན། སྡིག་ཏོ་མི་དགེ་བའི་ཕྱོགས་རང་བཞིན་གྱི་ཁ་ན་མ་ཐོ་བ་ཕལ་ཆེ་བ་ནི་སྔར་བཤད་པའི་ཉན་ཐོས་ཀྱི་ལུགས་བཞིན་དུ་ཤིན་ཏུ་དམ་པར་བསྲུང་དགོས་ཏེ། བྱང་ཆུབ་སེམས་དཔའི་ཚུལ་ཁྲིམས་ལ་གསུམ་དུ་ཡོད་པའི་ཉེས་སྤྱོད་སྡོམ་པའི་ཚུལ་ཁྲིམས་ཡིན་པའི་ཕྱིར་དང་། རྡོ་རྗེ་ཐེག་པའི་སྐབས་སུའང་སྡོམ་པ་འོག་མ་གཉིས་ཀྱི་

བཅས་པ་ལས་དགོས་པ་མེད་པར་འདའ་བ་རྟ་ལྟུང་དུ་གསུངས་པའི་ཕྱིར་རོ། །གལ་ཏེ་རང་འདོད་ཀྱི་འཕྲི་བ་དང་བྲལ་ཞིང་། སེམས་ཅན་གཞན་གྱི་དོན་དུ་འགྱུར་ངེས་པ་སོགས་དགོས་པ་ཁྱད་པར་ཅན་མཐོང་ན་ལུས་ངག་གི་ལྟུང་བ་འགའ་ཞིག་བྱང་སེམས་ཀྱི་སྐབས་བཞིན་སྤྱད་པའང་གནང་སྟེ། ཐེག་པ་ཆེན་པོའི་དགེ་སློང་གི་དོན་དུ་གཉེར་བྱའི་གཙོ་བོ་གཞན་དོན་ཡིན་པའི་ཕྱིར་དང་། སྤྱོད་འཇུག་ལས། ཐུགས་རྗེ་མངའ་བ་རིང་གཟིགས་པས། །བཀག་པ་རྣམས་ཀྱང་དེ་ལ་གནང་། ཞེས་དང་། སྡོམ་པ་ཉི་ཤུ་པ་ལས། སྙིང་རྗེ་ལྡན་ཞིང་བྱམས་ཕྱིར་དང་། །སེམས་དགེ་བ་ལ་ཉེས་པ་མེད། །ཅེས་གསུངས་པའི་ཕྱིར་རོ། །འོན་ཀྱང་འཕྲལ་གྱི་ཀུན་སྤྱོད་མ་ལེགས་པས་འཇིག་རྟེན་པ་རྣམས་མ་དད་ཅིང་། བསྟན་པ་ལ་སྐྱོད་པའི་རྒྱུར་གྱུར་པའི་ཚེ། ཐེག་པ་ཆེ་ཆུང་གཉིས་ཀ་ལས་སྤང་བྱར་མཐུན་པར་གསུངས་པ་ལུས་ངག་ཡིད་གསུམ་མ་སྡུད་ཅིང་མ་བསྡམས་པས་མིག་གཡེང་བས་བལྟ་བ་དང་། སྒྲ་ཅ་ཅོ་དང་། ས་བརྐོ་བ་དང་། རྩ་གཅོད་པ་སོགས་འབད་པས་སྤངས་ཤིང་། ཡུལ་ལུགས་ཆོས་ལྡན་རྣམས་ཀྱང་རང་ཉིད་ཀྱིས་མཐོང་བའམ། གཙུ་བོར་གནས་པ་དག་ལ་ལེགས་པར་འདྲི་ཞིང་བརྟགས་པའི་སྒོ་ནས་སྤང་བླང་བྱ་དགོས་ཏེ། སྤྱོད་འཇུག་ལས། དོན་མེད་གཡེང་བས་བལྟ་བ་ནི། །ནམ་ཡང་བདག་གིས་མི་བྱ་སྟེ། །ངེས་པར་སེམས་པས་རྟག་ཏུ་ནི། །མིག་ནི་ཐབ་སྟེ་བལྟ་བར་བྱ། །ཞེས་སོགས་དང་། དོན་མེད་ས་བརྐོ་རྩ་གཅོད་དང་། །ས་རིས་འདྲི་སོགས་བྱེད་གྱུར་ན། །བདེ་གཤེགས་བསླབ་པ་དྲན་བྱས་ནས། །སྐྲག་པས་དེ་ཡི་མོད་ལ་དོར། །ཞེས་སོགས་མང་དུ་གསུངས་པ་དང་། འཇིག་རྟེན་མ་དད་གྱུར་པ་ཀུན། །མཐོང་དང་དྲིས་ཏེ་སྤང་བར་བྱ། །ཞེས་སོགས་གསུངས་པའི་ཕྱིར་རོ། །སྐྱེ་བོ་ཆོས་ལ་འཇུག་པའི་རྒྱུར་མཐོང་ན་མི་ཆོས་བླ་མ་བདེན་པར་སྒྲུབ་ལ་སོགས་པ་བཀག་པ་རྣམས་ཀྱང་ཅི་རིགས་པ་སྤྱད་པར་གནང་བས་དུས་སྐབས་དང་རང་གཞན་གྱི་རྒྱུད་ཚོད་ལ་དཔྱད་པ་གནད་དུ་ཆེའོ། །ཐེག་པ་ཆེ་ཆུང་གི་གནང་བཀག་ཐ་དད་པའི་ཚུལ་ཡང་མཚན་གཞི་གཅིག་ལ་དཔེར་མཚོན་ན། ཉན་ཐོས་དགེ་སློང་ལ་གསེར་དངུལ་ལེན་པ་གཞན་དོན་ཡིན་ཡང་འདོད་ཆེན་པོ་སྐྱེ་མདོན་ཚན་ཅན་ཉེ་ཚོང་གི་སྐྱོན་ལྟུང་འབྱུང་ཞིང་། ཐེག་ཆེན་དགེ་སློང་ལ་གཞན་དོན་ཡིན་ན་གསེར་དངུལ་ལེན་པ་ལ་ལྟུང་བ་མེད་པར་གསུངས་ཏེ། བྱང་སའི་ཚུལ་ཁྲིམས་ལེའུ་ལས། གཞན་གྱི་དོན་དུ་འགྱུར་ན་གོས་བརྒྱ་སྟོང་ཉིད་ཀྱང་ཉེ་དུར་མི་འོང་བའི་ཁྲམ་ཟེ་དང་ཁྱིམ་བདག་ལས་བཙལ་བར་བྱའོ། །ཞེས་སོགས་ནས་གཞན་དོན་དུ་མོན་དར་གྱི་གདིང་བ་དང་། མལ་སྟན་བརྒྱ་ཉིད་ཀྱང་བསྟབ་པར་བྱ། གསེར་དངུལ་སྲང་བྱེ་བ་འབུམ་ཕྲག་ལས་ལྷག་པ་ཡང་བདག་གིར་བྱའོ། །ཞེས་འདོད་ཆེན་གྱི་ལྟུང་བ་མེད་པར་གསུངས་པ་དང་། གཞན་དོན་དུ་དེ་དག་མི་ལེན་པ་ཉིད་ལྟུང་བར་གསུངས་ཏེ། སྡོམ་པ་ཉི་ཤུ་པར། གསེར་ལ་སོགས་པ་ལེན་མི་བྱེད། ཅེས་འབྱུང་བ་ལྟ་

བྱའོ། །

གསུམ་པ་དངོས་སུ་མ་སྨོས་པའི་བསླབ་བྱ་ཐམས་ཅད་རུང་མཐུན་བསྡུས་ཏེ་བསྟན་པ་ནི། ཐོག་མ་ཉིད་ནས་སོགས་ཏེ། སྟོན་པས་ཐོག་མ་ཉིད་ནས་དངོས་སུ་གནང་བ་དང་བཀག་པའི་གསལ་ཁ་མེད་པ་རྣམས་གང་ཞིག་བྱར་རུང་བར་གསུངས་པ་དང་ཉེ་བ་དེ་དག་ཐེ་ཚོམ་མེད་པར་བཟུང་ཞིང་སྤྱད་པར་བྱ་སྟེ། དཔེར་ན་དགེ་ཚུལ་ལ་དགག་དབྱེ་དངོས་སུ་གསུངས་པས་གསོ་སྦྱོང་བྱ་དགོས་པར་གྲུབ་པ་བཞིན་ནོ། །གང་སྤྱད་དུ་མི་རུང་བར་གསུངས་པ་དང་ཉེ་བ་ནི་རྣམ་པ་ཀུན་ཏུ་སྤྱད་པར་མི་བྱ་སྟེ། དཔེར་ན་ཁྲིན་བལ་ལ་སྟན་བྱེད་པ་བཀག་པས་དེ་དང་མཉམ་པ་དང་ལྷག་པ་ལ་སྟན་བྱར་མི་རུང་བ་བཞིན་ནོ། །དེ་བཞིན་དུ་རུང་བ་ལས་ཟློག་པ་དག་སྤང་བྱ་དང་། མི་རུང་བ་ལས་ཟློག་པ་དག་བླང་བྱ་རུ་མདོར་བསྡུས་ཏེ་གསུངས་པ་ནི། ལུང་ཕྲན་ཚེགས་ལས། བཅོམ་ལྡན་འདས་ཀྱིས་ཡོངས་སུ་མྱ་ངན་ལས་འདའ་བའི་དུས་དེའི་ཚེ་ཉིད་ན་དགེ་སློང་རྣམས་ལ་བཀའ་སྩལ་པ། ངས་ཁྱེད་ལ་འདུལ་བ་རྒྱ་ཆེར་ནི་བསྟན་ན། མདོར་བསྡུས་ཏེ་མ་ཡིན་ནོ། །འོན་ཀྱང་མདོར་བསྡུས་པ་ཡང་ཉོན་ཅིག །དགེ་སློང་དག་ངས་ཁྱེད་ལ་གང་ཞིག་ཐོག་མ་ཉིད་ནས་གནང་བ་ཡང་མེད། བཀག་པའང་མེད། གལ་ཏེ་རུང་བ་དང་ཉེ་བ་ཡིན་ཞིང་མི་རུང་བ་ཟློག་པར་བྱེད་པ་ཡིན་ན་ནི་རུང་བ་ཡིན་པར་བཟུང་བར་བྱའོ། །གལ་ཏེ་མི་རུང་བ་དང་ཉེ་བ་ཡིན་ཞིང་རུང་བ་ཟློག་པར་བྱེད་པ་ཡིན་ན་མི་རུང་བ་ཡིན་པས་ཀུན་ཏུ་སྤྱད་པར་མི་བྱའོ། །ཞེས་འབྱུང་ངོ་། །གཞན་ཡང་འདུལ་བ་ལ་མི་སྣང་། མདོ་སྡེ་ལ་མི་འཇུག །ཆོས་ཉིད་དང་འགལ་བ་ནི་རྣམ་པ་ཐམས་ཅད་དུ་བླང་བྱར་མིན་པར་ཤེས་དགོས་ཤིང་། དེ་ལས་ཟློག་པ་འདུལ་བ་ལ་སྣང་ཞིང་། མདོ་སྡེ་ལ་འཇུག་པ། ཆོས་ཉིད་དང་མི་འགལ་བའི་མཚན་ཉིད་གསུམ་དང་ལྡན་པ་ནི་བླང་བྱ་ཡིན་པར་གསུངས་སོ། །སྤྱི་དོན་བཞི་པ་ཉེས་དམིགས་དང་ཕན་ཡོན་བསྟན་པ་ལ་གཉིས་ཀྱི་དང་པོ་མ་བསྲུངས་པའི་ཉེས་དམིགས་ནི། བསླབ་པ་ཕྲ་མོ་ཁྱད་བསད་ན་སོགས་ཏེ། ཚུལ་ཁྲིམས་ཀྱི་ཡན་ལག་བསླབ་པའི་གཞི་ཕྲ་མོ་ཙམ་ཡང་ཁྱད་དུ་བསད་དེ་ཉམས་ན་དུད་འགྲོའི་སྐྱེ་གནས་སུ་སྐྱེ་བར་འགྱུར་ཏེ། སྔོན་བཅོམ་ལྡན་འདས་ཝ་ར་ཎ་སི་ན་བཞུགས་པའི་ཚེ་གྲོང་ཁྱེར་རྡོ་འཇོག་ན་གནས་པའི་ཀླུའི་རྒྱལ་པོ་ཨེ་ལའི་འདབ་ཅེས་བྱ་བ་ཞིག་འཁོར་ལོས་སྒྱུར་བའི་རྒྱལ་པོར་སྤྲུལ་ཏེ་ཆོས་ཉན་དུ་འོངས་པ་ན། བཅོམ་ལྡན་འདས་ཀྱིས་བཀའ་སྩལ་པ། སྐྱེས་བུ་བླུན་པོ་ཁྱོད་སྔོན་ཡང་དག་པར་རྫོགས་པའི་སངས་རྒྱས་འོད་སྲུང་གི་བསླབ་པའི་མཚམས་ལས་འདས་པས་ཀླུའི་སྐྱེ་གནས་དམན་པར་སྐྱེས་ན། ད་ངའི་འཁོར་ཡང་བསླུ་བར་འདོད་དམ་ཅི། སླར་ལོག་སྟེ་སྤྲུལ་པ་ཐོང་ལ་རང་གི་ཆ་ལུགས་ཀྱིས་ཤོག་ཅིག་ཅེས་གསུངས་ཤིང་། ཕྱག་ན་རྡོ་རྗེ་ཨེ་ལའི་འདབ་ཀླུ་གཞན་གྱིས་འཚོ་བ་ལས་བསྲུང་བའི་ཕྱིར་མངགས་པ་དང་། ཨེ་

ལའི་འདབ་རང་གི་གཟུགས་མཛུག་མ་རྗེ་འཇོག་ན་འདུག་པ། མགོ་བོ་བདུན་པོ་ཞ་ར་ཊ་སེར་སླེབ་པ། མགོ་བོ་རེ་རེ་ལ་ཡང་ཤིང་ཨེ་ལའི་སྡོང་པོ་རེ་རེ་སྐྱེས་པ་ལ། སྲོག་ཆགས་དུ་མས་གང་བ། ཤིང་དེ་འགྱུལ་བས་སྡུག་བསྔལ་གྱི་ཚོར་བ་དྲག་པོ་མི་བཟད་པ་ཉམས་སུ་མྱོང་བ་དེ་ལྟ་བུ་འཁོར་རྣམས་ཀྱིས་མཐོང་ནས་འཇིགས་ཤིང་སྐྱོ་བ་སྐྱེས་པ་ན། བཅོམ་ལྡན་འདས་ཀྱིས་བཀའ་སྩལ་པ། དགེ་སློང་དག་འདི་ནི་འཁོར་ལོ་བསྒྱུར་བའི་ཆ་ལུགས་ཀྱིས་འོངས་པ་དེ་ཡིན་ཏེ། འདི་ནི་མི་དགེ་བའི་ལས་ཀྱིས་གྲུབ་པའི་ལུས་རང་བཞིན་པ་ཡིན་ནོ། །ཨེ་ལའི་འདབ་ཀྱིས་གསོལ་པ། བཅོམ་ལྡན་འདས་བདག་ལུང་བསྟན་དུ་གསོལ། བཀའ་སྩལ་པ། མི་རྣམས་ཀྱི་ཚེ་ལོ་བརྒྱད་ཁྲི་བར་གྱུར་པ་ན། ཡང་དག་པར་རྫོགས་པའི་སངས་རྒྱས་བྱམས་པ་ཞེས་བྱ་བ་འབྱུང་སྟེ། དེས་ཁྱོད་ལུང་སྟོན་པར་འགྱུར་རོ། །དེ་ནས་ཨེ་ལའི་འདབ་ཀྱིས་ཕྱག་བཙལ་ཏེ་སླར་སོང་ངོ་། །དགེ་སློང་རྣམས་ཀྱིས་དེའི་སྐྱེ་རྒྱུད་ཞུས་པ་ན། སྟོན་སངས་རྒྱས་འོད་སྲུང་གི་བསྟན་པ་ལ་འདི་ཉིད་རབ་ཏུ་བྱུང་བ་སྟེ་སྡོད་འཛིན་པར་གྱུར་པ་ན༑ ཤིང་ཨེ་ལའི་དྲུང་དུ་འཆགས་ས་བཅས་ཏེ་འཆགས་པའི་ཚེ། ཨེ་ལའི་འདབ་མ་ཞིག་དཔྲལ་བར་ཕོག་པས་ཁྲོས་ཏེ་དུམ་བུ་དུམ་བུར་བཅད་ནས་འདི་སྐད་ཅེས། སྲོག་ཀྱང་མེད། འཚོ་བ་ཡང་མེད་པ་འདི་ལ་བཅོམ་ལྡན་འདས་ཀྱིས་ཉེས་པ་ཅི་ཞིག་གཟིགས་ནས་བསླབ་པའི་གཞི་བཅས་ཞེས་སྨྲས་སོ། །དེ་ལྟར་ཁྲོས་ཏེ་བསླབ་པ་དྲལ་བས་ལུས་ཞིག་ནས་ཀླུའི་ནང་དུ་སྐྱེས་ནས་སྡུག་བསྔལ་འདི་ལྟར་མྱོང་བར་གྱུར་ཏོ། །ཞེས་བཀའ་སྩལ་པ་བཞིན་ནོ། །དེ་ནི་དཔེར་མཚོན་པ་སྟེ་ཞིབ་ཏུ་ན། ལྟུང་བ་སྡེ་ལྔའི་འབྲས་བུ་བསྟན་པའི་མདོ་ལས། ཕམ་པས་ཚ་པ༑ ལྷག་མས་དུ་འབོད་ཆེན་པོ། ལྟུང་བ་སྦོམ་པོས་དུ་འབོད། ལྟུང་བྱེད་ཀྱིས་བསྡུས་འཇོམས། སོར་བཤགས་ཀྱིས་ཐིག་ནག །ཉེས་བྱས་ཀྱིས་ཡང་སོས་ཀྱི་སྡུག་བསྔལ་བསྐྱེད་པའི་ཚུལ་རྒྱས་པར་གསུངས་སོ། །

གཉིས་པ་བསྲུངས་བའི་ཕན་ཡོན་ནི། ཚེ་འདིའི་འཇིག་ས་སྐྱོབ་ས་སོགས་ཏེ། གོང་དུ་ཇི་སྐད་བཤད་པ་ལྟར་གྱི་འཇིགས་སྐྱོབས་དང་། ལེགས་སྨོན་ནི་ཁྲིམས་བསྲུངས་པ་ཙམ་གྱིས་འབྲས་བུ་དེ་དང་དེ་འགྲུབ་མོད། ངེས་འབྱུང་གི་བསམ་པས་ཟིན་པའི་ཚུལ་ཁྲིམས་ཀྱིས་ནི་ངེས་པར་ལེགས་པའི་འབྲས་བུ་སྟེ། བྱང་ཆུབ་གསུམ་པོ་གང་དང་གང་ལ་དམིགས་པའམ། འདོད་པ་དེ་དེ་བཞིན་དུ་འགྲུབ་བོ། །དེ་ལ་ལེགས་སྨོན་གྱིས་མངོན་པར་མཐོ་བའི་འབྲས་བུ་ཇི་ལྟར་འབྱུང་ཞེ་ན། ཕམ་པ་བསྲུངས་པས་གཞན་འཕྲུལ་དབང་བྱེད། ལྷག་མ་བསྲུངས་པས་འཕྲུལ་དགའ། སྦོམ་པོ་བསྲུངས་པས་དགའ་ལྡན། ལྟུང་བྱེད་བསྲུངས་པས་འཐབ་བྲལ། སོར་བཤགས་བསྲུངས་པས་སུམ་ཅུ་རྩ་གསུམ། ཉེས་བྱས་བསྲུངས་པས་རྒྱལ་ཆེན་རིས་བཞི་པའི་གནས་སུ་སྐྱེ་བར་མདོ་ལས་གསུངས་ཤིང་། མི་ཡུལ་གྱི་བདེ་བ་ཚེ་རིང་བ་དང་། ནད་མེད་པ་སོགས་ཀྱང་སྲོག་གཅོད་སྤངས་པ་སོགས་ཉི་ཚེ་

བས་འགྲུབ་བོ། །ངེས་ལེགས་ཀྱི་འབྲས་བུ་ཇི་ལྟར་འགྲུབ་པའི་ཚུལ་ནི། གནོང་འགྱོད་མེད་པའི་ཚུལ་ཁྲིམས་རྣམ་པར་དག་པ་ལ་བརྟེན་ནས་དམིགས་པ་ལ་རྩེ་གཅིག་པའི་ཞི་གནས་ཀྱི་ཏིང་ངེ་འཛིན་འགྲུབ་ཅིང་། དེ་ལ་བརྟེན་ནས་ལྷག་མཐོང་རྣམ་པར་མི་རྟོག་པའིཤེས་རབ་ཀྱིས་འཁོར་བའི་རྩ་བ་བདག་ཏུ་འཛིན་པ་བཅད་ནས་ངེས་པར་འབྱུང་བ་ལྷག་མེད་ཀྱི་མྱང་འདས་ཐོབ་པར་འགྱུར་རོ། །དེ་ཡང་ལུང་སྨན་གྱི་གཞི་ལས། དགེ་སློང་དག་ཚུལ་ཁྲིམས་གོམས་པར་བྱས་ན་ཏིང་ངེ་འཛིན་ཡུན་རིང་དུ་གནས་པར་འགྱུར་རོ། །ཏིང་ངེ་འཛིན་གོམ་པར་བྱས་ན། ཤེས་རབ་ཡུན་རིང་དུ་གནས་པར་འགྱུར་རོ། །ཤེས་རབ་གོམ་པར་བྱས་ན་འདོད་ཆགས་དང་ཞེ་སྡང་དང་གཏི་མུག་ལས་སེམས་ཡང་དག་པ་ཁོ་ནར་རྣམ་པར་གྲོལ་བར་འགྱུར་རོ། །ཞེས་དང་། ཀཱ་རི་ཀཱ་ལྔ་བཅུ་པའི་འགྲེལ་པར། དཔེར་ན་ས་གཞི་ལ་ས་བོན་བཏབ་ནས་ས་བོན་ལ་བརྟེན་ནས་མྱུ་གུ། མྱུ་གུ་ལ་བརྟེན་ནས་འདབ་མ༑ འདབ་མ་ལ་བརྟེན་ནས་སྡོང་བུ། སྡོང་བུ་ལ་བརྟེན་ནས་མེ་ཏོག །མེ་ཏོག་ལ་བརྟེན་ནས་འབྲས་བུ་འབྱུང་བ་དེ་བཞིན་དུ། ཚུལ་ཁྲིམས་ས་གཞི་དང་འདྲ་བ་ལ་བརྟེན་ནས་མྱུ་གུ་ལ་སོགས་པ་ལྟ་བུའི་ཏིང་ངེ་འཛིན་གྱི་ཕུང་པོ་འབྱུང་ངོ་། །ཏིང་ངེ་འཛིན་གྱི་ཕུང་པོ་བྱུང་ནས་དེའི་འོག་ཏུ་མེ་ཏོག་ལྟ་བུའིཤེས་རབ་ཀྱི་ཕུང་པོ་འབྱུང་ངོ་། །ཤེས་རབ་ཀྱི་ཕུང་པོ་བྱུང་ནས་དེའི་འོག་ཏུ་རྣམ་པར་གྲོལ་བའི་ཕུང་པོ་དང་། རྣམ་པར་གྲོལ་བའི་ཡེ་ཤེས་མཐོང་བའི་ཕུང་པོ་འབྲས་བུ་ལྟ་བུ་འབྱུང་ངོ་། །དེ་བས་ན་དགེ་བ་ཐམས་ཅད་འབྱུང་བའི་གཞི་ཚུལ་ཁྲིམས་ཡིན་པའི་ཚུལ་ཁྲིམས་བསྲུང་བ་ལ་ནན་ཏན་དུ་བྱའོ། །ཞེས་གསུངས་སོ། །མྱང་འདས་མ་ཐོབ་ཀྱི་བར་གྱི་གནས་སྐབས་རྣམས་སུ་ཡང་། ལྷ་དང་བཅས་པའི་འཇིག་རྟེན་གྱིས་མཆོད་ཅིང་བཀུར་བ་དང་། ཚངས་པར་མཚུངས་པར་སྤྱོད་པ་རྣམས་ཀྱིས་བསྔགས་པ་དང་། ལུས་འོད་དང་གཟི་བརྗིད་ལྡན་པ་དང་། འགྱོད་པ་མེད་པར་འཆི་བའི་དུས་བྱས་ནས་ཀྱང་བདེ་བ་ནས་བདེ་བར་འགྲོ་བ་སོགས་བརྗོད་ཀྱིས་མི་ལང་ངོ་། །

སྤྱི་དོན་གཉིས་པ་སྒྲུབ་པའི་བསླབ་བྱ་འམ་འཇུག་པའི་ཚུལ་ཁྲིམས་བཤད་པ་ལ་གཉིས་ཏེ། སྤྱིའི་འབྲེལ་དགོད་པས་མཚམས་སྦྱར་བ་དང་། གཞི་སོ་སོའི་མཚན་ཉིད་རྒྱས་པར་བཤད་པའོ། །དང་པོ་ནི། རབ་བྱུང་གཞི་ནས་སོགས་ཏེ། ལུང་གཞིའི་བར་སྡོམ་ལས། རབ་བྱུང་གསོ་སྦྱོང་གཞི་དང་ནི། །དགག་དབྱེ་དབྱར་དང་ཀོ་ལྤགས་དང་། །སྨན་དང་གོས་དང་སྲ་རྐྱང་དང་། །ཀོ་ཤམྦི་དང་ལས་ཀྱི་གཞི། །དམར་སེར་ཅན་དང་གང་ཟག་དང་། །སྤོ་དང་གསོ་སྦྱོང་བཞག་པ་དང་། །གནས་མལ་དང་ནི་བརྩོད་པ་དང་། །དགེ་འདུན་དབྱེན་རྣམས་བསྡུས་པ་ཡིན། །ཞེས་འབྱུང་བ་ལྟར་རབ་བྱུང་ནས་དབྱེན་གྱི་བར་ཏེ་གཞི་བཅུ་བདུན་ལུང་གཞི་ནས་གསུངས་པའི་དང་པོ་གོང་དུ་བཤད་ཟིན་ཞེས་པའིཤུགས་ལས་ཕྱི་མ་རྣམས་ཀྱང་མདོ་རྩ་བའི་གོ་རིམ་ལྟར་བློ་ནུས་དང་

སྦྱར་ནས་རིམ་གྱིས་འཆད་པར་འགྱུར་རོ། །ཞེས་མཚམས་སྦྱར་བའི་དོན་ཡིན་ལ།

གཉིས་པ་གཞི་སོ་སོའི་མཚན་ཉིད་རྒྱས་པར་བཤད་པ་ལ་གཉིས་ཏེ་དབྱེ་བ་དང་། རྒྱས་བཤད་དངོས་སོ། །དང་པོ་ནི། སྒྲུབ་པའི་བསྒྲུབ་བྱ་སོགས་ཏེ། གཞུང་འདིའི་ས་བཅད་འདེབས་ཚུལ་གྱི་དབང་དུ་བྱས་ན་གོང་དུ་སྨོས་པའི་གཞི་བཅུ་བདུན་ལས་ཟན་ཏུར་གྱི་གཞི་སོགས་གསུམ་དངོས་དང་། དུས་དང་དུས་མ་ཡིན་པར་བསྡུས་པའི་གཞི་སོགས་གསུམ་འཕྲོས་པའི་ཚུལ་དུ་སྐབས་དོན་གྱི་ས་བཅད་གསུམ་པར་འཆད་པར་འགྱུར་ལ། ས་བཅད་གཉིས་པ་འདིར་འཆད་འོས་སྒྲུབ་པའི་བསྒྲུབ་བྱ་ལ་གསུམ་སྟེ། བསྒྲུབ་པ་ཡོངས་སུ་སྦྱོང་བའི་གཞི། བདེ་བར་གནས་པའི་རྐྱེན་གྱི་གཞི། དགོས་པ་སྒྲུབ་བྱེད་ལས་ཀྱི་གཞིའོ། །དང་པོ་ལ་གསུམ་སྟེ། གསོ་སྦྱོང་གི་གཞི། དབྱར་གནས་ཀྱི་གཞི། དགག་དབྱེའི་གཞིའོ། །གསོ་སྦྱོང་ལ་གཉིས་ཏེ། ཞི་གནས་ཀྱི་གསོ་སྦྱོང་དང་། མཐུན་པའི་གསོ་སྦྱོང་ངོ། །

གཉིས་པ་རྒྱས་བཤད་དངོས་ནི། ཞི་གནས་གསོ་སྦྱོང་སོགས་ཏེ། གཞི་ཚུལ་ཁྲིམས་རྣམ་པར་དག་པ་ལ་བརྟེན་ནས་ནང་རིག་པའི་སྡེ་སྣོད་ལ་ཐོས་བསམ་ཚུལ་བཞིན་དུ་བྱས་ཏེ། དེའི་དོན་འདུ་འཛི་དང་གཡེང་བ་སྤངས་ནས་རྩེ་གཅིག་ཏུ་བསྒོམ་པ་སྟེ། མཛོད་ལས། ཚུལ་གནས་ཐོས་དང་བསམ་ལྡན་པས། །སྒོམ་པ་ལ་ནི་རབ་ཏུ་སྦྱོར། ཞེས་སོ། །དེ་ལ་ཡང་སྦྱོར་བ་སྤྱོད་ཁང་སྟེ་བསམ་གཏན་གྱི་སྤྱིལ་བུ་རྩིག་པ་དང་། ཙ་ཙ་དང་སྐྱེ་བོའི་རྒྱུ་འགྲུལ་སོགས་བསྲུང་བའི་གང་ཟག་འོས་པ་ཞལ་ཏ་བར་བསྐོ་བ་སྔོན་དུ་སོང་ནས་དངོས་གཞི་ལ་ཞི་གནས་དང་། ལྷག་མཐོང་སྒོམ་པ་གཉིས་ཀྱི་དང་པོ་ནི། འདོད་ཆགས་ཤས་ཆེ་བའི་གཉེན་པོར་མི་སྡུག་པ། ཞེ་སྡང་ཤས་ཆེ་བའི་གཉེན་པོར་བྱམས་པ། གཏི་མུག་གི་གཉེན་པོར་རྟེན་འབྲེལ་བཅུ་གཉིས་འབྱུང་ལྡོག །རྣམ་རྟོག་གི་གཉེན་པོར་དབུགས་དབྱུང་རྔུབ་བགྲང་བ། ང་རྒྱལ་གྱི་གཉེན་པོར་ཁམས་ཀྱི་རབ་ཏུ་དབྱེ་བ་བསྒོམས་པས་སྤང་བྱ་དེ་དག་གཞིལ་ཏེ་ཞི་གནས་ཀྱི་ཉམས་སྐྱོན་མེད་སྐྱེས་སུ་སྒྲུབ་པོ། །གཉིས་པ་ལྷག་མཐོང་ནི། ཚོགས་ལམ་དུ་དྲན་པ་ཉེར་བཞག་བཞི། ཡང་དག་པར་སྤོང་བ་བཞི། རྫུ་འཕྲུལ་གྱི་རྐང་པ་བཞི། སྦྱོར་ལམ་དུ་དབང་པོ་ལྔ་དང་སྟོབས་ལྔ། འཕགས་ལམ་དུ་བྱང་ཆུབ་ཡན་ལག་བདུན་དང་། འཕགས་ལམ་ཡན་ལག་བརྒྱད་དེ། སྡེ་ཚན་བདུན་པོ་རེ་རེ་ནས་དམིགས་པ། ངོ་བོ། གྲོགས། སྒོམ་ཚུལ། སྒོམ་པའི་འབྲས་བུ་སྟེ་རྣམ་པ་ལྔ་ལྔའི་སྒོ་ནས་སྒྲོ་འདོགས་ཆོད་པར་བྱས་ཏེ། བགྲོད་བྱའི་ལམ་དེ་དང་དེ་བགྲོད་པའི་ཕྱིར་ལྷག་མཐོང་གི་ཡེ་ཤེས་བསྐྱེད་པ་ནི་མདོ་དང་མངོན་པའི་བསྟན་བཅོས་སོགས་ལས་གསུངས་པ་བཞིན་ཤེས་པར་བྱའོ། །

གཉིས་པ་མཐུན་པའི་གསོ་སྦྱོང་ལ་གཉིས་ཏེ། དུས་ངེས་པ་ཅན་དང་། དུས་མ་ངེས་པའི་གསོ་སྦྱོང་ངོ། །དང

པོ་ལ་གཉིས་ཏེ། མཚན་ཉིད་དང་མིང་དོན་གཞི་མཐུན་པས་མདོར་བསྟན་པ་དང་། ཚིག་གི་རྣམ་བཞག་གིས་རྒྱས་པར་ཕྱེ་བའོ། །དང་པོ་ནི། མཐུན་པའི་གསོ་སྦྱོང་སོགས་ཏེ། བཅུ་བཞི་འམ་བཅོ་ལྔ་པ་གཉིས་ཀྱི་ངོས་ནས་ཟླ་བ་ཕྱེད་ཕྱེད་ཀྱི་དུས་ངེས་པའི་ཕྱིར་ན་དེའི་མིང་ཅན་དང་། སྡིག་པའི་ལྟུང་བ་ཡོངས་སུ་སྦྱོང་བར་བྱེད་པས་ན་སྡིག་པ་དམན་གྱི་གསོ་སྦྱོང་ཞེས་རབ་ཏུ་བསྔགས་པ་ཉིད་དེ། ཚིག་ལེར། གསོ་སྦྱོང་ཟླ་ཕྱེད་རེ་རེ་ཡི། །སྡིག་རྣམས་ཡོངས་སུ་དག་ཕྱིར་རོ། །ཞེས་གསུངས་སོ། །

གཉིས་པ་ལ་གསུམ་སྟེ། གསོ་སྦྱོང་བྱ་བའི་གནས་ལ་བློ་མཐུན་བྱ་བ། གང་གིས་གསོ་སྦྱོང་བྱེད་པའི་ཁྱད་པར་གྱི་ཆོས། ཇི་ལྟར་བྱ་བའི་ཆོ་གའོ། །དང་པོ་ནི། གྲུབ་བམ་སོགས་ཏེ། དགེ་འདུན་གྱི་གསོ་སྦྱོང་བྱ་བའི་གནས་བསྐལ་པ་ཆགས་པའི་དུས་སུ་རང་གི་ངང་གིས་གྲུབ་པ་བྲག་ཕུག་ལྟ་བུའམ། སྤྲུལ་པའི་རྩོལ་བས་བྱས་པའི་གནས་གང་ཡང་རུང་བ་མཐུན་པའི་རྐྱེན་ཚང་ཞིང་ཆོམ་རྐུན་ལ་སོགས་པའི་ཉེར་འཚེ་མེད་པ། ཕྱི་རོལ་ཀུན་ཏུ་ཉེ་འཁོར་འདོམ་གང་དང་ལྡན་པ། ཆུང་ཚད་གདིང་བ་བཞི་བཅུ་ཤོང་བ་ནས་ཆེ་ཚད་དབུས་ནས་གཡས་གཡོན་དུ་དཔག་ཚད་ཕྱེད་དང་གསུམ་གསུམ་ཡོད་པ། འབྲིང་ཚད་རྒྱང་གྲགས་ཚུན་ལ་ཕྱོགས་བཞིའི་མཚམས་སུ་ཕ་བོང་དང་རྡོག་པ་ལ་སོགས་པའི་མཚན་མས་མཚམས་ཀྱི་མཐའ་གསལ་པོར་ཤེས་པ། དེ་ལྟ་བུ་དགེ་འདུན་གྱི་གསོལ་བ་དང་གཉིས་ཀྱི་ལས་ཀྱིས་བློ་མཐུན་པར་བྱས་པ་དེ་ཉིད་དུའོ། །མཚམས་ནང་དེར་དགེ་འདུན་གྱིས་ཆོས་གོས་གསུམ་པོ་དག་དང་མི་འབྲལ་བའི་གནང་བ་བྱས་ན་ཆོས་གོས་དག་དང་འབྲལ་བར་མི་འགྱུར་ཞིང་གནང་བར་དེར་ཡང་བྱ་བར་འོས་ལ། སྤར་མཚམས་ཆེན་པོ་བཅད་ཟིན་ནས་གསོ་སྦྱོང་དུ་མ་ཟད་དགེ་འདུན་གྱི་ལས་བརྒྱ་རྩ་གཅིག་པོ་ལ་སོགས་པ་འདུལ་བ་དང་ལྡན་པའི་ལས་ཐམས་ཅད་ཀྱི་ཆེད་དུ་མཚམས་ཆུང་ངུར་བཅད་ཅིང་། ཆུང་ངུ་དེའི་ནང་དུ་དཀྱིལ་འཁོར་བར་བློ་མཐུན་བྱས་པས་ཚོག་ལ་སྤར་མཚམས་ཆེན་པོ་བཅད་པ་དེ་འགྲོལ་བའི་ཆོ་གས་བག་ཡངས་སུ་མ་བྱས་པར་མཚམས་ཆུང་བཅད་ཅིང་བློ་མཐུན་བྱས་ཀྱང་མི་འཆགས་པར་གསུངས་སོ། །

གཉིས་པ་གང་གིས་བྱེད་པའི་ཁྱད་པར་གྱི་ཆོས་ནི། གྲངས་ཚངས་ཤིང་སོགས་ཏེ། གྲངས། ཁ་སྐོང་། མི་མཐུན་པ་གཉིས་དང་བྲལ་བའི་ཁྱད་ཆོས་གསུམ་རབ་བྱུང་གི་གཞིའི་ཚོགས་པར་བཤད་པ་ལྟ་བུ་དང་ལྡན་པའི་དགེ་སློང་ཕ་མ་སོགས་རབ་བྱུང་སྡེ་ལྔའི་བསླབ་པ་གོང་འཕེལ་དུ་བྱ་བ་དང་། ཉམས་པ་ཕྱིར་བཅོས་པར་བྱ་བའི་ཕྱིར་ཚུལ་དེ་ཉིད་བརྩམ་པར་བྱའོ། །

གསུམ་པ་ཆོ་ག་ལ་གསུམ་སྟེ་སྦྱོར་བ། དངོས་གཞི། རྗེས་སོ། །དང་པོ་ནི། སྦྱོར་བ་སོགས་ཏེ། ལས་ལ་

མ་འདུས་པའི་གོང་དུ་དགེ་འདུན་རྣམས་ཀྱིས། གསོ་སྦྱོང་སྔ་མ་འདས་པའི་མཐའ་ཚུན་ཆད་ཀྱི་རང་རྒྱུད་ཀྱི་ལྟུང་བ་ལ་སོ་སོར་བརྟགས་ཏེ། བཤགས་སྡོམ་བྱིན་གྱིས་བརླབས་པ་གང་ལ་གང་འོས་པས་རང་རྒྱུད་དག་པར་བྱས་ཏེ་འདུ། གལ་ཏེ་ལྟུང་བ་ནང་མཐུན་པས་བཤགས་ཡུལ་མ་རྙེད་ན་གསོལ་བའི་ལས་ཀྱིས་ཐུན་མོང་དུ་བྱིན་གྱིས་བརླབ་པར་བྱ་སྟེ་ལས་ལ་མི་སྒྲིབ་པའི་དགོས་པ་ཡོད་དོ། །གཞན་ཡང་དགེ་འདུན་འདུ་པའི་གནས་སུ་ཕྱག་དར་བྱ༑ སྟན་དང་མཆོད་པ་བཤམ། འདུ་བའི་བརྡ་གཎྜི་དང་། དུང་རྔ་བོ་ཆེ་རྣམས་སྣ་གོན་བྱ།

དེ་ལ་གཎྜིའི་རྒྱུ་ནི། གཎྜིའི་མདོ་ལས། འཁོར་བ་འདོད་པའི་ཤིང་རྣམས་ནི། །རབ་ཏུ་འབད་དེ་བརྟགས་པར་བྱ། །ཙནྡན་བིལ་བ་པ་ལཤ །ཨཤྭཏྠ་དང་ཙནྡན་དམར། །ཀྲྀ་སྟར་ཏ་ལ་ཀེ་ཤུ་ཀ །ཤིང་ཤ་པ་དང་ཏ་མ་ལ། །ཨ་ སྨྲ་སྟར་བུ་སྐྱུ་རུ་ར། །ཏིནྡྷི་པ་ར་ཨཤྭ་ཀ་མ། །འདི་དག་ཐམས་ཅད་མེད་ན་ཡང་། །འོལ་སེ་ལས་ནི་འབད་དེ་བྱ། །ཞེས་ཙནྡན་དཀར་པོ་ནས་འོལ་སེའི་བར་གྱི་ཤིང་རྣམ་པ་བཅུ་དྲུག་པོ་གང་རུང་ལས་བྱས་པ། ཚད་དང་དབྱིབས་ནི། དེ་ཉིད་ལས། ཚད་ནི་མཆུ་རུ་སོར་ཚད་ཀྱི། །བརྒྱད་ཅུ་རྩ་བཞི་ཉིད་བྱ་ཞིང་། །ཞེང་དུ་སོར་དྲུག་བྱ་བ་སྟེ། །དཔངས་སུ་ཡང་ནི་གཉིས་བྱའོ། །སོར་མོའི་ཚིགས་ཀྱི་ཚད་དག་གིས། །ཟུར་བཞི་ཚད་ནི་གཉིས་པ་ཡིན། །ལེགས་མཉམ་ཉིད་དང་ཤིན་ཏུ་གསལ། །རྩེ་གཉིས་སྦྲུལ་པའི་མགོ་བཞིན་ནོ། །དེ་ནས་བརྡུང་བར་བྱེད་པ་ཡང་། །ཤིང་དེ་ཉིད་ལས་བཅད་དེ་བྱ། །སོར་བཅུ་གཉིས་ཀྱི་ཚད་དག་ལ། །ཟླུམ་ཞིང་རྩེ་གཉིས་ནེའུ་ལེའི་མགོ། །ཆང་བཟུང་དག་ཀྱང་དེ་བཞིན་ནོ། །ཞེས་པ་ལྟར་སྲིད་དུ་སོར་བརྒྱད་ཅུ་རྩ་བཞི་དངོས་སུ་གསུངས་ཤིང་། ཤུགས་བསྟན་ཆེ་ཚད་སོར་བརྒྱ་དང་བརྒྱད་པ་དང་། འབྲིང་ཚད་དེ་གཉིས་ཀྱི་བར་མའང་ཡོད་པར་བཞེད། གང་ལྟར་ཡང་ཞེང་དུ་སོར་དྲུག །དཔངས་སུ་སོར་གཉིས། ཟུར་གཉིས་བརྒྱད་གཞོགས་ལ་སོར་གཉིས་དང་ལྡན་པ། རྩེ་མོ་གཉིས་སྦྲུལ་པའི་མགོ་འདྲ་བའོ། །གཏ་གཡོག་ཀྱང་ཤིང་དེ་ཉིད་ལས་བཅད་པ་གཎྜི་ལ་ཐོག་པའི་ཚད་ལ་སོར་བཅུ་གཉིས་ལག་པས་བཟུང་ལ་ཡང་སོར་བཅུ་གཉིས་དང་ལྡན་པ་རྩེ་མོ་གཉིས་ནེའུ་ལེའི་མགོ་འདྲ་བའོ། །གཎྜི་ཆུང་བ་སོར་ཉེར་བཞི་པའོ། །

རབ་གནས་བྱ་བ་ནི། ཤིན་ཏུ་བརྟན་པ་ཆོས་ཀྱི་སྐུ། །སྐྱེ་བ་མ་ཡིན་འཇིགས་བྱེད་མིན། །གདོད་ནས་མ་སྐྱེས་པར་སྐྱེ་བ། །དེ་ལྟར་རབ་ཏུ་གནས་བྱས་ནས། །དེ་ནི་སྤྱན་དབྱེ་གྲུར་པ་ཡིན། ཞེས་པ་ལྟར་གཎྜི་ཡུམ་ཆེན་མོར་མོས་ཏེ་བཀྲ་ཤིས་ཀྱི་ཚིགས་སུ་བཅད་པ་བརྗོད་ཅིང་མེ་ཏོག་འཐོར་བའོ། །དེ་ཉིད་བཞག་པའི་གནས་ནི། གང་ཕྱིར་དེ་བརྡུང་བཞག་དགོས་པས། །འོག་ཏུ་ཡང་ནི་ཁྲི་བྱས་ལ། །གཙུག་ལག་ཁང་གི་སྒོ་སྟེང་ངམ། །ཡང་ན་དབུས་མའི་སྟེང་དུ་བྱ། །ཞེས་པ་ལྟར་གཙུག་ལག་ཁང་གི་སྒོ་ཁང་སྟེང་ངམ། གཙང་ཁང་དབུས་མའི་སྟེང་དུ་ཁྲི་

བྱས་ལ་ན་བཟས་ཀྱང་བརྒྱན་ཏེ་བསྔོ་སྔངས་དང་གཅེས་སྤྲས་སུ་བྱའོ། །

ཇི་ལྟར་བརྡུང་བའི་ཚུལ་ནི། དགེ་སློང་རྣམས་དང་དགེ་ཚུལ་གྱིས། །དུས་རྣམས་ཀུན་ཏུ་བརྡུང་བྱ་སྟེ། །གསོ་སྦྱོང་ལ་ནི་གནས་པའི་ཚེ། །དགེ་བསྙེན་གྱིས་ཀྱང་བརྡུང་བར་བྱ། །ཞེས་པ་ལྟར་དགེ་སློང་དམ་དགེ་ཚུལ། གསོ་སྦྱོང་ལ་གནས་པའི་ཚེ་དགེ་བསྙེན་གྱིས་ཀྱང་རུང་བས། གཎྜི་བརྡུང་བའི་གནས་སུ་སོང་སྟེ། ཐོག་མར་དཀོན་མཆོག་གསུམ་དང་གཎྜི་ལ་ཕྱག་གསུམ་བྱས་ལ། བསམ་གཏན་ལ་མཉམ་པར་བཞག་པ་སོགས་ལ་གནོད་པ་སྤང་བའི་ཕྱིར་དུ་ཤངས་ཙ་སྐེ་ཤད་ལན་གསུམ་བྱ། དགེ་ཚུལ་ཡན་གྱི་རབ་བྱུང་མཐའ་དག་འདུ་བའི་དོན་དུ་ཡིན་ན༑ རྒྱུད་གསུམ་ཏོག་གསུམ་པའི་ཚུལ་དུ་བརྡུང་སྟེ། ཕྱག་འཚལ་ནས་ནི་བརྡུང་བྱ་སྟེ། །ཤངས་ཙ་ལན་གསུམ་བརྗོད་ནས་ནི། །ཆོས་ཀྱི་ཛ་རྣམས་བརྡུང་བར་བྱ། །ཀླུ་བདུན་གྱིས་ནི་བརྒྱན་པ་ལྟར། །བསྒྲེད་པའི་རིམ་གྱིས་བརྡུང་བར་བྱ། །ཞེས་པའི་དོན་སངས་རྒྱས་ཀླུ་དབང་གི་རྒྱལ་པོ་ལ་ཀླུ་བདུན་གྱིས་བརྒྱན་པ་ལྟར་གཅིག་ནས་བཅོ་བརྒྱད་ཀྱི་བར་ཇེ་ཆེ་དང་། བཅུ་དགུ་ནས་སོ་དྲུག་གི་བར་ཇེ་ཆུང་དུ་བརྡུང་བ་ནི་རྒྱུད་གཅིག་ཡིན་ལ། དེ་ལྟ་བུའི་རྒྱུད་གསུམ་བསྡོམས་པས་བརྡེག་ཐེང་བརྒྱ་དང་བརྒྱད་དུ་འགྱུར་ཞིང་མཇུག་ཏུ་ཏོག་སྒྲ་ཆེན་པོ་གསུམ་བྱའོ། །གསོ་སྦྱོང་དང་བསྙེན་རྫོགས་སོགས་ལས་འགའ་ཞིག་གི་དོན་དུ་ནི་རྒྱུད་གཅིག་དང་ཏོག་གསུམ་མོ། །ཡང་ན་རྒྱུད་གསུམ་དང་ཏོག་གཉིས་སོ། །ཤི་བའི་ཕུང་པོ་དབྱུང་བའི་དོན་དུ་ནི་ཏོག་མེད་པའི་བྲི་བོའོ། །ཡང་ན་རྒྱུད་གཅིག་དང་ཏོག་གཅིག་གོ། །སེར་བ་ལ་སོགས་པའི་གནོད་པ་བཟློག་པའི་དོན་དུ་གྲངས་ཇི་ཙམ་གྱིས་ཆོག་པའོ། །དགེ་འདུན་ཟས་ལ་བསྡུ་བའི་དོན་དུ་ནི་དང་པོར་སྔར་བཤད་པའི་གཎྜི་ཆུང་བ་བརྡུང་།

དེ་ནས་མཚམས་བཅད་དེ་རྒྱུད་ཆགས་གསུམ་པ་བྱ་བ་དང་། ལྷུང་བཟེད་སྣ་གོན་བྱ་བ་སོགས་ཀྱི་ལོངས་ཡོད་པར་བྱས་ལ་སླར་གཎྜི་ཆེ་བ་བརྡུང་ངོ་། །འདུས་པ་ཤིན་ཏུ་རྒྱས་ཏེ་གཎྜི་མི་ཚོར་ན་དུང་གཉིས་ཁ་སྦྲད་དེ་འབུད་པ་དང་རྔ་བོ་ཆེ་དག་བརྡུང་བར་བྱའོ་གསུངས། གཎྜིའི་རྒྱུ་ཚད་བརྡུང་ལུགས་ལ་སོགས་པ་བཤད་ཚོད་དང་མཐུན་པར་བྱས་ན་གང་བསམ་པའི་དོན་འགྲུབ་པ་དང་། ཕྱོགས་ཀུན་ཏུ་གྲགས་པས་ཁྱབ་པ་དང་། ཆོས་དང་ཟང་ཟིང་གི་ལོངས་སྤྱོད་འཕེལ་བར་འགྱུར་བ་ལ་སོགས་པའི་ཕན་ཡོན་ཡོད་དེ། མདོ་ལས། རྒྱལ་པོ་གང་ཚེ་ཡུལ་འཁོར་དུ། །གཎྜི་འདི་ནི་གྲགས་གྱུར་པ། །དེར་ནི་དཔལ་དང་གྲགས་པ་དང་། །འདོད་པ་ཇི་བཞིན་ལོངས་སྤྱོད་འགྱུར། །ཕ་རོལ་གྱིས་ནི་འཇིགས་མེད་ཅིང་། །འབྲས་བུ་རྣམས་ནི་ཉམས་མི་འགྱུར། །སངས་རྒྱས་བྱིན་བརླབས་འགྱུར་བ་ཡིས། །དེར་ནི་བདུད་རྣམས་འདུལ་བར་འགྱུར། །དམྱལ་བ་ཡི་དྭགས་ཇི་སྙེད་རྣམས། །འཇིགས་པར་འགྱུར་བ་ཐེ་ཚོམ་མེད། །ཐམས་ཅད་སངས་རྒྱས་རྟག་དད་ཅིང་། །ཐམས་ཅད་ཆོས་ལ་

གཞོལ་བར་འགྱུར། །དེ་ནི་དགེ་འདུན་དུལ་བར་འགྱུར། །མཁས་པ་རྣམས་ཀྱང་འཕེལ་བར་འགྱུར། །འདོད་ཆགས་ཞེ་སྡང་གཏི་མུག་རྣམས། །དེ་ནི་ནུབ་པར་འགྱུར་བ་ཡིན། །ཆོས་ཀྱི་ཇ་ནི་བཏུང་བ་ཡིས། །གང་གི་རྣ་ལམ་གྲགས་གྱུར་ཅིང་། །དུས་བཞི་དག་ཏུ་ཐོས་པ་ཡིས། །དེ་རྣམས་བྱང་ཆུབ་ཐོབ་པར་འགྱུར། །ཞེས་གསུངས་སོ༑ ༑དེ་དག་སྤྱིར་བཏང་གི་རྣམ་བཞག་ཡིན་ལ་སྐབས་འདིར་ལས་ཀྱི་གཞི་རྒྱུད་གཅིག་དང་ཏོག་གསུམ་པ་བཏུང་ནས་དགེ་ཚུལ་སློང་རྣམས་ཚོགས་པ་ལ། ཉིན་རེ་བཞིན་བྱ་བའི་རྒྱུད་ཆགས་གསུམ་པ་དང་། གཏོར་མ་བཏང་བ་དང་། དུས་བཟང་གི་མདོ་གདོན་པ་རྣམས་མེད་མི་རུང་གི་སྦྱོར་བའི་ཆོས་མ་ཡིན་ཀྱང་། འདུས་འཁྲུལ་དུ་མཛད་པ་སྟོན་གྱི་འདུལ་འཛིན་རྣམས་ཀྱི་དུས་ནས་དར་རོ། །

གཉིས་པ་དངོས་གཞི་ལ། དགེ༷་སློང༷་མ༷་དུན་དུ་སོགས་ཏེ། སྐབས་འདིར་དགེ་ཚུལ་གྱི་གསོ་སྦྱོང་མཛད་པ་ནི། མདོ་དང་ཀརྨ་ཤ་ཏཾ་དུ་མ་བཤད་ཀྱང་། སུམ་བརྒྱ་པ་ལས། གལ་ཏེ་དངོས་སུ་གསུངས་པ་མེད་གྱུར་ཀྱང་། །དགག་དབྱེ་གསུངས་ཕྱིར་འདི་ནི་གསོ་སྦྱོང་ཡོད། །ཅེས་འབྱུང་བ་ལྟར་ཏེ། རྒྱུད་ཉེས་བྱས་ཀྱིས་གོས་ན་གོང་སྦྱོར་ཚིག་གི་སྐབས་སུ་དགེ་སློང་ཞིག་གི་དྲུང་དུ་བཤགས་ཏེ་འདུ་ཞིང་སྦྱོར་ཚིག་གཞན་རྣམས་མཉམ་དུ་བྱ། གལ་ཏེ་གོང་དུ་མ་གྲུབ་ན་སྐབས་འདིར་བཤགས་ཤིང་དངོས་གཞི་ནི་དགེ་སློང་གང་རུང་ཞིག་གི་མདུན་དུ་ཕྱགས་ཚིག་ལན་གསུམ་བརྗོད་པའི་དགེ་ཚུལ་གྱི་གསོ་སྦྱོང་གྲུབ་ནས་དེ་དག་ལོགས་སུ་བཀྲོའོ། །དེ་ནས་དགེ་སློང་གི་ལྟུང་བ་ཐུན་མོང་མ་ཡིན་པ་ཕྱིར་བཅོས་དང་། ཐུན་མོང་བ་བྱིན་གྱིས་བརླབས་པ་དག་ཀྱང་གོང་དུ་མ་གྲུབ་ན་འདིར་བྱ་ཞིང་། གནས་ལ་བློ་མཐུན་བྱས་པ་ཞིག་པའམ་གོང་དུ་མ་གྲུབ་ན་འདིར་བྱ། གསོ་སྦྱོང་དངོས་ནི་སོ་སོར་ཐར་པའི་མདོ་གདོན་པའི་སྒོ་ནས་བྱེད་པ་ཡིན་ཏེ། མདོ་རྩར། གསོ་སྦྱོང་བྱའོ། །ཟླ་བ་ཕྱེད་ཕྱེད་ཀྱི་ཚེས་བཅོ་ལྔ་པའོ། །སོ་སོར་ཐར་པའི་མདོ་གདོན་པས་སོ། །ཞེས་སོ། །དེ་ཡང་མདོའི་ཚིག་ཕྱེད་ཀྱང་མ་འཁྲུལ་བ་བློ་ལ་ཐོན་པའི་གནས་བརྟན་གྱིས་མདོའི་ཆེ་བརྗོད་དང་དུས་བརྗོད་པ་སྟོན་དུ་བཏང་སྟེ་འདུན་དག་ལེན་པར་བསྒོ། དེ་མ་ཐག་ཏུ་དགེ་བསྐོས་ཀྱིས་བརྟག་པས་མཚམས་ནང་དུ་དགེ་སློང་ན་བ་སོགས་རྐྱེན་དབང་གིས་འདུ་མ་ནུས་པ་ཡོད་ན་གསོལ་བ་དང་བརྗོད་པའི་ལས་ཀྱིས་འདུན་དག་ལེན་པའི་དགེ་སློང་བསྐོས་ཏེ། དེས་སོ་སོ་ནས་འདུན་པ་དང་ཡོངས་དག་བླངས་ཏེ་དགེ་འདུན་ལ་བརྗོད་པར་བྱའོ། །འདི་དང་དགག་དབྱེ་ལ་འདུན་པ་དང་ལྟུང་བ་ཡོངས་དག་གཉིས་ཀ་དང་། མཚམས་བཅད་པ་མ་གཏོགས་པའི་ལས་གཞན་ཐམས་ཅད་ལ་འདུན་པ་འབུལ་དུ་རུང་ཞིང་། མཚམས་བཅད་པ་ལ་ནི་མ་ཡིན་ཏེ་མཚན་མ་བརྟན་པོ་རྒྱུས་ཡོད་དགོས་པའི་ཕྱིར་རོ་གསུངས། དངོས་གཞི་ཉན་པར་གདམས་པ་དང་གསོལ་བའི་ལས་དང་། ལྟུང་བ་ཡོངས་དག་དྲི་བ་དང་བཅས་

མདོ་གླེང་གཞི་རྫོགས་པར་གདོན་པ་ཙམ་མམ། དེའི་སྟེང་དུ་ཕམ་ལྷག་མ་ངེས་པ་གདོན་པའམ། ལྟུང་བྱེད་མན་རིལ་འདོན་ཏེ་གསུམ་པོ་བློ་ནུས་དང་སྦྱར་ཏེ་གདོན་ཞིང་སྡེ་ཚན་རེ་རེའི་འཇུག་ཏུ་དག་པ་དྲི། ཇི་ཙམ་བཏོན་པའི་ལྷག་མ་སླད་ནས་ཐོས་འགྱུར་རམ་ཐོས་ཟིན་དུ་བསྒྲགས་པའི་ཚུལ་གྱིས་རྫུང་བར་འདོད་དོ། །

གསུམ་པ་རྗེས་ཀྱི་བྱ་བ་ནི། རྗེས་ནི་སོགས་ཏེ། མདོའི་མཇུག་བསྔུད་དང་འབྲེལ་པའི་བསྔོ་བ་བྱ་ཞིང་ཤིས་པར་བརྗོད་པའོ། །ཞར་བྱུང་གྲངས་མ་ཚང་བ་སོགས་ཀྱིས་མ་གྲུབ་ན་ཇི་ལྟར་བྱ་བའི་ཚུལ་ནི། གསོ་སྦྱོང་མ་གྲུབ་སོགས་ཏེ། གལ་ཏེ་དགེ་སློང་ལྔ་ལ་སོགས་པའི་གྲངས་མ་ཚང་ན་གསོ་སྦྱོང་ཡོད་པའི་གནས་གཞན་དུ་ཕྱིན་ནས་བྱེད་པའམ། དེ་ཡང་མ་གྲུབ་ན་དགེ་སློང་ཕན་ཚུན་བརྗོད་རེས་ཀྱིས་བྱིན་གྱིས་བརླབས་པའམ། རང་གཅིག་པུ་ལས་མེད་ན་ལྷ་རྣམས་དགོངས་སུ་གསོལ་ཞེས་སོགས་ཀྱིས་བྱིན་གྱིས་བརླབ་པོ། །དེ་བཞིན་དུ་ཐུབ་པའི་སྟོན་གྱི་གསོ་སྦྱོང་། སྡིག་པ་ཅི་ཡང་མི་བྱ་ཞིང་། །ཞེས་སོགས་ཀྱི་ཚིགས་བཅད་གདོན་པ་ལ་བསྡུས་པའི་གསོ་སྦྱོང་ཞེས་ཟེར་མོད་བཤད་ལུང་ཡོད་མེད་བརྟག་གསུངས་སོ། །དེ་ལྟར་དུས་ངེས་ཅན་ནམ་མཐུན་པའི་གསོ་སྦྱོང་ཀུན་ཟླ་བ་ཕྱེད་ཕྱེད་ཀྱི་ཚེས་བཅོ་ལྔ་ལ་བྱེད་པར་གསུངས་པས་ཀུན་ཀྱང་ཚེས་ཞག་གི་གསོ་སྦྱོང་བཅོ་ལྔ་པ་ཡིན་ལ། ཉིན་ཞག་གི་གསོ་སྦྱོང་བཅུ་བཞི་པ་དྲུག་ཡོད་དེ། ལོ་དྲི་བར། རྒྱལ་དང་དབོ་དང་ས་ག་དང་། །ཆུ་སྟོད་ཁྲུམ་དང་སྨིན་དྲུག་ཅན། །འདི་རྣམས་ཀྱི་ནི་ནག་པོའི་ཕྱོགས། །ཟླ་ཕྱེད་གསོ་སྦྱོང་བཅུ་བཞི་པ། །ཞེས་པ་ལྟར་གྱི་བཅུ་བཞི་པ་ལ་ཞག་མི་ཐུབ་པ་ཞེས་ཀྱང་བྱའོ། །རྒྱུ་མཚན་ནི། ལོ་རེ་ལ་ཟླ་བ་བཅུ་གཉིས་ཡོད་པའི་ཟླ་བ་གཉིས་གཉིས་ནས་ཉིན་ཞག་རེ་ཆད་ཡོང་བ་སྐར་རྩིས་དང་ཕྱོགས་མཐུན་པ་སྟེ། དཔེར་ན། སྨིན་དྲུག་ཟླ་བའི་མར་ངོའི་མཇུག་གི་འཇིག་རྟེན་ཡོངས་གྲགས་ཉི་ཤུ་དགུའི་ཉིན་ཐུར་ཁྲུམ་ཟླའི་གསོ་སྦྱོང་བཅུ་བཞི་པ་སོང་མཚམས་ནས་བགྲངས་པའི་ཉིན་ཞག་ང་དགུ་པའི་སྟེང་ཡིན་ཀྱང་ཚེས་ཞག་དྲུག་ཅུ་པར་སླེབ་པས་དེའི་ཚེ་ཉི་ཤུ་དགུའི་ཐ་སྙད་དོར་ནས། མར་ངོའི་ཚེས་ཞག་བཅོ་ལྔ་པར་བྱས་ཏེ་གསོ་སྦྱོང་བྱས་པ་ནི་ཚེས་ཞག་གི་བཅོ་ལྔ་པ་ཡིན་ཀྱང་། སྨིན་དྲུག་གི་མར་ངོའི་ཚེས་གཅིག་ནས་བགྲངས་པའི་ཉིན་ཞག་བཅུ་བཞི་པ་ལ་འབྱུང་བས་གསོ་སྦྱོང་བཅུ་བཞི་པ་ཞེས་བྱའོ། །དེ་བཞིན་དུ་མར་ངོ་སྟོན་འགྲོ་བྱས་ཏེ་སྨིན་དྲུག་གི་བཅུ་བཞི་པ་སོང་ནས་ཡར་ངོའི་ཟླ་ཕྱེད་དང་། མགོ་ཟླ་རིལ་པོ། རྒྱལ་ཟླའི་མར་ངོའི་ཟླ་ཕྱེད་རྣམས་སྡོམ་པས་ཚེས་ཞག་གི་དབང་དུ་བྱས་པའི་ཟླ་བ་གཉིས་འབྱུང་བའི་མཐའི་ཉིན་ཞག་གི་བཅུ་བཞི་པ་ལ་གསོ་སྦྱོང་བྱས་པ་འགྲེ་བས་ལོ་གཅིག་ལ་གསོ་སྦྱོང་བཅུ་བཞི་པ་དྲུག་ཡོད་དོ། །ཡར་ངོའི་གསོ་སྦྱོང་རྣམས་ནི་ཚེས་ཞག་དང་ཉིན་ཞག་གཉིས་ཀའི་བཅོ་ལྔ་པ་ཡིན་པས་གསོ་སྦྱོང་བཅོ་ལྔ་པ་བཅོ་བརྒྱད་ཡོད་དོ། །ཟླ་ཤོལ་ཡོད་པའི་ཚེ་གང་ལ་ཤོལ་དོན་པའི་ཟླ་བ་དེ་ཞག་གིས

ཐུབ་མི་ཐུབ་གང་ཡིན་ཀྱང་རུང་། ཉིས་བརྩེགས་ཀྱི་ཕྱི་མ་ཉིད་ཐུབ་པར་རྩིས་ཏེ་གསོ་སྦྱོང་བཅོ་ལྔ་པ་བྱ། ཟླ་ཤོལ་གང་ལ་འདོན་པ་ནི་རྒྱལ་པོའི་རྗེས་སུ་འབྲང་བར་གསུངས་ཏེ་རྒྱལ་པོའི་འཁོར་དུ་རྩིས་མཁན་ཡོད་པ་ལ་དགོངས་སོ། །འོན་ཟླ་བ་གཉིས་རེ་ནས་ཞག་མི་ཐུབ་པ་རེ་འབྱུང་ན། དགུན་དང་དཔྱིད་དང་དབྱར་རྣམས་ཀྱི། །ཟླ་བ་ཕྱེད་དང་གཉིས་འདས་ཤིང་། །ཟླ་བ་ཕྱེད་ནི་ལུས་པ་ན། །མཁས་པས་ཞག་མེ་ཐུབ་པར་དོར། །ཞེས་གསུངས་པ་འགལ་ལོ་ཞེ་ན། མི་འགལ་ཏེ། རྒྱལ་ཟླའི་མར་ངོའི་གསོ་སྦྱོང་བཅུ་བཞི་པའི་ཚེ་དགུན་གྱི་ཟླ་བ་ཕྱེད་དང་གཉིས་ཙམ་འདས་པའི་དུས་ཡིན་ཀྱང་། དེའི་སྔོན་དུ་སྨིན་དྲུག་གི་ཡར་ངོའི་ཟླ་བ་ཕྱེད་སོང་བས་ཟླ་བ་གཉིས་འགྲོ་བ་སོགས་རིག་བསྒྲེས་ཏེ་ཤེས་པར་བྱ། མདོར་ན་གསོ་སྦྱོང་བཅུ་བཞི་པ་སྔ་མ་སོང་བ་ནས་བཅུ་བཞི་པ་ཕྱི་མ་བྱ་བའི་ཉིན་དེའི་བར་ལ་ཚེས་ཞག་གི་ཟླ་བ་གཉིས་རེ་ཚང་བར་ཤེས་པར་བྱ་སྟེ། མདོ་རྩ་ར། ཉིན་ཞག་གཅིག་གིས་མི་ཚོག་པར་བྱའོ། དུས་ཚིག་རྣམས་ཀྱི་ཟླ་བ་ཕྱེད་ལུས་པ་ཉིད་ལའོ། །ཞེས་དང་། འགྲེལ་པར། ཉི་མ་གཅིག་ཆད་པ་དེ་ཉིད་ས་སྟོང་དུ་དོར་བར་ཟད་ཀྱིས་ཞེས་པ་ནས། གསོ་སྦྱོང་བཅུ་བཞི་པ་བྱ་བའི་ཉི་མ་དེ་ཉིད་ཚེས་བཅོ་ལྔ་ཡིན་པའི་ཕྱིར་རོ། །ཞེས་དང་། ཚིག་ལེར། ཁ་བ་སོས་ཀ་དབྱར་རྣམས་ཀྱི། །ཟླ་བ་གཉིས་དང་བཞི་ཡི་ནི། །མར་གྱི་ངོ་ལ་བཅུ་བཞི་པའི། །གསོ་སྦྱོང་སྡོམ་བརྩོན་དག་གི་བྱ། །ཞེས་སོ། །

གཉིས་པ་དུས་མ་ངེས་པའི་གསོ་སྦྱོང་ནི། རབ་གནས་དོན་སོག་ས་སོགས་ཏེ། གཙུག་ལག་ཁང་སོགས་རབ་ཏུ་གནས་པའི་དོན་དམ་ཞལ་བསྒོ་བའི་ཕྱིར་བྱ་བ་བཀྲ་ཤིས་པའི་གསོ་སྦྱོང་དང་། རིམས་དང་སེར་བ་སོགས་བཟློག་པའི་ཕྱིར་བྱ་བ་གནོད་པ་བཟློག་པའི་གསོ་སྦྱོང་དང་། དགེ་འདུན་གྱི་དབྱེན་བསྡུམ་པ་སོགས་ཀྱི་ཕྱིར་བྱ་བ་རྩོད་པ་བསྡུམ་པའི་གསོ་སྦྱོང་རྣམས་ལ། སོ་སོའི་མིང་གིས་བསྒྲགས་པ་སྟེ་བཤད་མོད་ཆོ་གའི་ངོ་བོ་མཐུན་ལ་གསོལ་བ་སོགས་ལ་རང་མིང་ནས་བརྗོད་པ་ནི་ཁྱད་པར་དང་། ནམ་དགོས་པའི་དུས་དང་བསྟུན་ནས་བྱ་བ་ལས་ཆོས་གྲངས་གང་ལ་འབྱུང་གི་དུས་ངེས་པར་མེད་པས་ན་དེའི་ཐ་སྙད་འདོགས་སོ། །

གཉིས་པ་དབྱར་གནས་ཀྱི་གཞི་ལ་གཉིས་ཏེ་གླེང་གཞི་དང་འབྲེལ་པའི་མིང་གིས་མདོར་བསྟན་པ་དང་། ཆོ་གའི་རྣམ་བཞག་རྒྱས་པར་བཤད་པའོ། །དང་པོ་ནི། དབྱར་གནས་ཞེས་སྨོས་ཏེ། སྟོན་པ་རྒྱལ་བྱེད་ཀྱི་ཚལ་ན་བཞུགས་པའི་ཚེ་དགེ་སློང་རྣམས་དབྱར་ལྗོངས་རྒྱུ་བ་ལ། ཕྱི་རོལ་པ་དག་གིས་བྱ་ཁྱུག་ཏ་ཡང་དབྱར་ཟླ་བཞི་ཚང་བར་ཚང་དུ་ཞུམ་ཞུམ་པོར་འདུག་པ་ལ་དགེ་སྦྱོང་མགོ་རེག་པ་འདི་དག་ནི་དབྱར་ཡང་ཕྱོགས་སུ་རྒྱུགས་ཏེ་སྲོག་ཆགས་གསོད་པར་བྱེད་དོ། །ཅེས་འཕྱ་བ་ལ་བརྟེན་ནས་སྟོན་པས་དབྱར་གནས་པ་ཁས་བླང་བར་བྱའོ། །ཞེས་ལྗོངས་རྒྱུ་བ་བཀག་པའི་བཅའ་བ་མཛད་པ་ལས་དབྱར་གནས་པ་ཞེས་གྲགས་སོ། །

གཉིས་པ་རྣམ་བཞག་རྒྱས་པར་བཤད་པ་ལ་དྲུག་སྟེ། ནམ་ཁས་ལེན་པའི་དུས། ཡུན་ཚད་འཕྲོས་བཅས། སྔོན་དུ་འགྲོ་བའི་སྦྱོར་བ། དངོས་གཞི་ཁས་བླངས་ནས་བསྲུང་བའི་ཚུལ། ཆོས་ལྡན་གྱི་བྱ་བ་ལ་བྱིན་གྱིས་བརླབ་པ། ཡུན་ཚད་ལ་དམིགས་བསལ་བསྟན་པའོ། །དང་པོ་ནི། །སྔ་ཕྱི་ཆུ་སྟོད་གྲོ་ཞུན་ཟླ་སོགས་ཏེ། དབྱར་སྔ་མ་ནི་འཇིག་རྟེན་ཡོངས་གྲགས་ཀྱི་དབྱར་ཟླ་འབྲིང་པོ་ཆུ་སྟོད་ཟླ་བའི་ཚེས་བཅུ་དྲུག །དེ་ལ་འདུལ་བ་པས་མར་ངོའི་སྔོན་འགྲོའི་དབང་གིས་གྲོ་ཞུན་གྱི་ཚེས་གཅིག་ཏུ་བརྗོད་པ་དེའི་ཉིན་ཁས་ལེན། དབྱར་ཕྱི་མ་ནི་འཇིག་རྟེན་ཡོངས་གྲགས་ཀྱི་དབྱར་ཐ་གྲོ་ཞུན་ཟླ་བའི་ཚེས་བཅུ་དྲུག །འདུལ་བ་པས་ཁྲུམ་ཟླའི་ཚེས་གཅིག་ཏུ་བཞེད་པ་དེའི་ཉིན་ཁས་ལེན་པ་སྟེ། ཚིག་ལེར། གྲོ་ཞུན་ཅན་གྱི་ཚེས་གཅིག་ནས། །སྔ་མའི་དབྱར་དེ་གཙོ་བོ་ཡིན། །དེ་ཉིད་ཁྲུམ་གྱི་ཟླ་བ་ཡི། །ཚེས་གཅིག་ནས་ནི་ཕྱི་མར་གྲགས། །ཞེས་སོ། །

གཉིས་པ་ཡུན་ཚད་འཕྲོས་དང་བཅས་པ་ནི། ཟླ་བ་གསུམ་ཞེས་སོགས་ཏེ། དབྱར་སྔ་མ་ཁས་བླངས་པ་ཡིན་ན་མར་ངོ་དེ་ནས་བཟུང་ཟླ་བ་གསུམ་སྟེ། སྟོན་ཟླ་འབྲིང་པོའི་ཡར་ངོའི་བཅོ་ལྔའི་བར་རོ། །དེ་བཞིན་དུ་དབྱར་ཕྱི་མ་ཁས་བླངས་པ་ཡིན་ན། དེ་ནས་བཟུང་སླིན་དྲུག་ཟླ་བའི་ཡར་ངོའི་བཅོ་ལྔའི་བར་རོ། །འོན་ཀྱང་དབྱར་གནས་པའི་དགོས་པ་སྲོག་ཆགས་ལ་གནོད་པ་སྤང་བའི་ཆེད་ཡིན་པ་དང་། ནམ་ཟླ་ཡང་ཆར་ཆུའི་སྐབ་ཡིན་པས་ན། ཡོངས་གྲགས་ཀྱི་དབྱར་ར་བ་སྟོན་གྱི་ཟླ་བ་ཉིད་དབྱར་འབྲིང་པོར་བྱས་པའི་བཅུ་དྲུག །མར་ངོ་སྔོན་འགྲོ་ལྟར་ན་ཆུ་སྟོད་ཟླ་བའི་ཚེས་གཅིག་ཏུ་བཞེད་པའི་ཉིན་ནས་བཟུང་དབྱར་ཁས་ལེན་པ་ལེགས་ཤིང་། དེ་ཉིད་ཁ་ཆེ་པཎ་ཆེན་གྱི་ཕྱག་ལེན་དང་གྲུབ་མཐའ་གཉིས་ཀ་ཡིན་ནོ་ཞེས་དང་། བསྟན་བཅོས་ལས་བཤད་ཚོད་ལྟར་བྱས་ན་དུས་ཚོད་རིམ་གྱིས་འཕྱུགས་པའི་དབང་གིས་ཆར་ཆུའི་སྐབ་ཡོལ་ནས་དབྱར་གནས་བྱེད་དགོས་པ་དང་། དགག་དབྱེ་དགུན་གྱི་མགོ་སྐབ་ལ་འབྱུང་བ་སོགས་ཀྱི་ཉེས་པ་ཡོད་དོ་ཞེས་དང་། དྲང་སྲོང་ཛ་བོང་སོགས་འཇིག་རྟེན་རྒན་པོའི་དུས་དེ་ལས་སྟོན་པ་འཇིག་རྟེན་དུ་བྱོན་པའི་དུས་སུ་ཉི་མ་ལྡོག་པ་ཟླ་བ་གཅིག་གི་སྔ་བར་སོང་ཡོད་པ་ཡིན་ཏེ། ཛ་བོང་གི་དུས་དེར་སླིན་དྲུག་ཟླ་བ་ལ་ཉིན་མཚན་མཉམ་པར་བཤད་ལ། སྟོན་པ་བྱོན་པའི་དུས་སུ་སྟོན་ཉིན་མཚན་མཉམ་པ་སྨྲ་མ་དེ་ལས་ཟླ་བ་གཅིག་གིས་སྔ་བར་བཤད། དེང་སང་ནི་དེ་ལས་ཀྱང་ཞག་བཅུ་གསུམ་ལྷག་ཙམ་གྱིས་སྔ་བར་སོང་ཡོད་པས་སོ་ཞེས་པའི་སྒྲུབ་བྱེད་དང་བཅས་ཏེ་བུ་སྟོན་རིན་པོ་ཆེ་སོགས་ཀྱིས་གསུངས་པ་དོན་ལ་གནས་སོ། །

གསུམ་པ་སྔོན་དུ་འགྲོ་བའི་སྦྱོར་བ་ནི། མཐུན་པའི་གནས་སུ་སོགས་ཏེ། མཚམས་བཅད་དེ་བློ་མཐུན་བྱས་པ་མ་ཞིག་པའི་གནས་སུ་ཞག་བཅུ་འམ་ཟླ་ཕྱེད་ཀྱི་སྔ་རོལ་ནས་གཙུག་ལག་ཁང་བྱི་དོར་བྱ་ཞིང་། གནས

དང་གནས་མལ་སྣ་གོན་བྱས་ལ་ཚེས་བཅོ་ལྔའི་ཉིན་གསོ་སྦྱོང་གི་མཇུག་ཐོག་ཏུ་གནས་མལ་སྟོབ་པ་དང་ཚུལ་ཤིང་བྲིམ་པའི་དགེ་སློང་ཆོས་བཅུ་ལྡན་གཅིག་གམ་དུ་མ་གསོལ་བའི་ལས་ཀྱིས་བསྐོས། ཁྱད་ཆོས་བཅུ་ནི། འོག་གི་བསྐོ་བའི་ལས་ཐམས་ཅད་ལ་འགྲེ། བསྙེན་རྫོགས་ཀྱི་སྡོམ་པ་རྣམ་དག་དང་ལྡན་པ། མཚན་དང་ལྡ་བ་མཐུན་པ། ཐ་སྙད་གསུམ་དང་ལྡན་པ། ལུས་ཐ་མལ་པར་གནས་པ། བསམ་པ་རང་བཞིན་དུ་གནས་པ། ཆོས་མིན་ཕྱོགས་སུ་མ་སོང་བ། ས་རང་བཞིན་དུ་གནས་པ། །འགྲོ་བ་བཞི་དང་བྲལ་བ། བྱས་པ་དང་མ་བྱས་པ་དྲན་པར་ནུས་པ། གནས་མལ་སྟོབ་པའི་ཆོ་ག་ལ་མཁས་པའོ། །སྟོབ་རྒྱུའི་གནས་ཁང་ནི་དགེ་འདུན་གྱི་རྙེད་པ་སྤྱིར་ཡོད་པ་རྣམས་དང་ཉེ་འཁོར་གྱི་ལྷོན་ཤིང་གི་དྲུང་སོགས་ཡིན་ལ་གནས་མལ་ནི་ཁྲི་དང་། ཁྲིའུ་དང་། མལ་སྟན་སོགས་ཡིན་ནོ། །གང་ལྟར་ཡང་བསྐོས་པའི་དགེ་སློང་དེས་ཚུལ་ཤིང་གྲལ་གཤམ་དུ་ཉེ་བར་བཞག་སྟེ་དབྱར་ནང་གི་ཁྲིམས་བསྒྲགས་པ་སྔོན་དུ་འགྲོ་བས་ཚུལ་ཤིང་བྲིམ་པ་དང་། བླངས་པའི་དགེ་སློང་དགེ་ཚུལ་གྱི་གྲངས་བརྗོད་དེ་གནས་དང་གནས་མལ་སྟོབ་པར་བྱའོ། །བཞི་པ་དངོས་གཞི་ཁས་བླངས་ནས་བསྲུང་བའི་ཚུལ་ནི། ཕྱི་ཉིན་སོགས་ཏེ། མདོ་རྩར། གཡོགས་པར་དགེ་སློང་གི་མདུན་དུའོ། །ཞེས་པ་ལྟར་ཕྱི་ཉིན་སྔ་ཚེས་བཅུ་དྲུག་གི་ཉིན་རང་དབང་བའི་གནས་སྟེང་གཡོགས་དང་བཅས་པར་དགེ་སློང་ཞིག་གི་མདུན་དུ་བརྗོད་པ་ལན་གསུམ་གྱིས་དབྱར་གནས་པར་ཁས་བླངས་ནས་ཁྲིམས་བསྒྲགས་ཀྱི་སྐབས་སུ་ཇི་སྐད་དུ་བཤད་པའི་དང་ཚུགས་ལ་གནས་པའོ། །འོན་ཀྱང་ཕྱིས་ཀྱི་ཕྱུག་ལེན་ལ་གཙུག་ལག་ཁང་དུ་འདུས་ནས་ཕན་ཚུན་བརྗོད་རེས་ཀྱིས་ཁས་ལེན་པར་ཤས་ཆེའོ། །གལ་ཏེ་གནས་ཁང་ལྷག་པར་གྱུར་ན་དགེ་སློང་གཅིག་ལ་ཡང་གནས་ཁང་དུ་མ་སྟོབ་པར་བཤད་པས་དགེ་སློང་དེས་ཀྱང་གནས་ཁང་ལ་ལར་ཀླག་པར་བྱ། ལ་ལར་ལྷུང་བཟེད་དང་ཆོས་གོས་བཞག་པར་བྱ། ལ་ལར་མཚན་མོ་ཉལ་བ་སོགས་ཀྱིས་བསྐྱང་ངོ་། དེ་བཞིན་དུ་དབྱར་གནས་པ་ཤིན་ཏུ་མང་བས་གནས་ཁང་གིས་མི་ལྡང་ན་དགེ་སློང་གཉིས་དང་གསུམ་ལ་སོགས་པ་ལ་ཐུན་མོང་དུ་གནས་ཁང་གཅིག་སྟོབ་པར་བྱ་བ་ཡིན་ཞིང་། དེས་ཀྱང་མ་ལྡང་ན་གནས་ཁང་གིས་གཞི་འདིང་བ་རེའི་ཚད་ཙམ་ཡང་དགེ་སློང་རེ་ལ་སྟོབ་པར་གསུངས་སོ༑ ༑ཁས་བླང་བའི་ཆོ་ག་མ་བྱས་ཀྱང་གནས་འདིར་དབྱར་གནས་པར་བྱའོ་ཞེས་ཡི་དམ་བཅས་ནས་དབྱར་གནས་པ་དང་འབྲེལ་པའི་གནས་ཁང་ལ་སོགས་པ་སྟོབ་པ་དག་ཀྱང་བླངས་ཏེ། མཚམས་ནང་དེར་ཚུལ་བཞིན་དུ་གནས་ན་དབྱར་གནས་པར་འགྲོ་བར་གསུངས་སོ། །འོན་ཀྱང་དགེ་སློང་གི་དགེ་འདུན་མེད་པའི་གནས་སུ་རང་ཉིད་གཅིག་པུས་དབྱར་ཁས་ལེན་པ་བཀག་གོ། །དབྱར་ནང་གི་ཁྲིམས་ལ་བསྐོས་པའི་གང་ཟག་གི་བྱ་བ་ནི༑ ཟླ་བ་ཕྱེད་ཕྱེད་ནས་གནས་མལ་ལ་ལོག་པར་སྤྱོད་མ་སྤྱོད་ལེགས་པར་བརྟགས་ལ། ལོག་པར་སྤྱོད་ན་

གསར་བུ་ཡིན་ན་སློབ་དཔོན་ལ་བརྗོད་དེ་འཕྲོག །རྒན་པ་ཡིན་ན་དགེ་འདུན་ལ་བརྗོད་དེ་འཕྲོག་གོ། །དགེ་འདུན་སྤྱིའི་བྱ་བ་ནི། ཀློག་པ་ཐོས་བསམ་དང་། སྒྲུབ་པ་བསམ་གཏན་ལ་བརྩོན་པར་བྱ་ཞིང་། དོན་མང་བ་དང་བྱ་བ་མང་བ་སྤང་། འཁྲུགས་སློང་གི་རྒྱུ་ལྟུང་བ་གླེང་བ། རྙེད་པ་བགོ་བ། འཐབ་རྩོད་བྱེད་པ་སྤང་བ་དང་། གཙུག་ལག་ཁང་ཐིག་ཚག་སོགས་ཀྱིས་བསྐྱང་། མཚམས་ཀྱི་ཕྱི་རོལ་དུ་ཞག་ཏུ་མི་སྡོད་པ་རྣམས་སོ། །

ལྔ་པ་ཆོས་ལྡན་གྱི་བྱ་བ་ལ་བྱིན་གྱིས་བརླབ་པ་ནི། གང་ཟག་སོགས་ཏེ། གང་ཟག་རང་རང་གི་དགོས་དོན་དུ་ཞུར་པའི་ཆོས་ལྡན་གྱི་བྱ་བ་ལ་དགེ་སློང་གི་མདུན་དུ་ཞག་གཅིག་ནས་བདུན་གྱི་བར་ཇི་ཙམ་དགོས་པ་བྱིན་གྱིས་བརླབས་ནས་འགྲོར་རུང་བ་དང་། དགེ་འདུན་སྤྱིའི་ཆེད་དུ་ཞག་བདུན་གྱིས་མི་འགྲུབ་པའི་ཆོས་ལྡན་གྱི་བྱ་བ་ལ་ཐོག་མར་དགེ་འདུན་ལས་ཞག་བཞི་བཅུའི་གནང་བ་ཐོབ་པར་བྱས་ནས་སྔར་ལྟར་བྱིན་གྱིས་བརླབས་ནས་འགྲོ་བ་གཉིས་ལ་ཚད་ལས་ལྷག་པར་བསྡད་ན་དབྱར་གནས་འཇིག་པར་བཤད་པ་དང་། དབྱར་གནས་འགྲོལ་ཁའི་ཞག་དྲུག་ལ་གནང་བ་བྱར་མི་རུང་བར་གསུངས་པས་དེ་མ་གཏོགས་པ་སྐབས་སུ་འོས་པའི་ཚེ་སྦྱིན་པར་བྱའོ། །

དྲུག་པ་ཡུན་ཚད་ལ་དམིགས་བསལ་བསྟན་པ་ནི། ཡུལ་དུ་འཁྲུག་ས་ལོང་སོགས་ཏེ། ཡུལ་ཁམས་འཁྲུགས་ལོང་བྱུང་བ་ལ་སོགས་པས་དགེ་འདུན་ཐམས་ཅད་གནས་པར་མ་ནུས་ན་ཕན་ཚུན་ཚོགས་ཀྱི་དགག་དབྱེ་བྱས་སྟེ་དབྱར་འགྲོལ་བ་དང་། དགེ་སློང་འཐབ་ཀྲོལ་ཅན་ཞུགས་པའི་དབང་གིས་གསོ་སྦྱོང་གཉིས་སམ་གསུམ་སོང་མཚམས་ནས་དགག་དབྱེ་བྱས་ཏེ་འགྲོལ་བ་དང་། རྐྱེན་དེ་དག་ལྟ་བུས་དབྱར་སྔ་མ་ཁས་ལེན་མི་བྱེད་པ་དང་། ཕྱི་མ་ཡང་ཟླ་བ་གཉིས་ལས་ལྷག་པར་མི་བྱེད་པ་སོགས་བཤད་ཅིང་། གང་ཟག་རེ་རེ་ཙམ་གནས་པར་མ་ནུས་ན་དགེ་འདུན་ལ་ཞུས་ཏེ་དགེ་འདུན་གྱིས་དགག་དབྱེ་བྱེད་པའི་དགེ་སློང་བསྐོས་པ་ལ་དགག་དབྱེ་ཞུས་ཏེ་ཅི་བདེར་འགྲོ་བའང་ཡོད་དོ། །

གསུམ་པ་དགག་དབྱེའི་གཞི་བཤད་པ་ལ་གཉིས་ཏེ། མིང་དོན་དང་འབྲེལ་པའི་དབྱེ་བས་མདོར་བསྟན་པ་དང་། ཆོ་གའི་རྣམ་བཞག་གིས་རྒྱས་པར་བཤད་པའོ། །དང་པོ་ནི། དགག་དབྱེ་དུས་དང་དུས་མིན་གློ་བུར་བ། ཞེས་སྨོས་ཏེ་འདི་ལ་དབྱར་ནང་དུ་ལྟུང་བ་གླེང་བ་བཀག་པ་ལ་འདིར་མཐོང་ཐོས་དོགས་གསུམ་གྱི་སྒོ་ནས་གླེང་བའི་སྐབས་དབྱེ་བ་ལ་ནང་གསེས་སུ་དུས་ཀྱི་དགག་དབྱེ་དང་། དུས་མ་ཡིན་པའི་དགག་དབྱེ་དང་། དགག་དབྱེ་གློ་བུར་བ་སྟེ་གསུམ་དུ་ཡོད་པའི་དོན་ཏོ། །

གཉིས་པ་ཆོ་གའི་རྣམ་བཞག་ལ་གསུམ་སྟེ་སྦྱོར་བ་དང་། དངོས་གཞི་དང་། རྗེས་ཀྱི་བྱ་བའོ། །དང་པོ་

ནི༔ རིང་སྦྱོར་སོགས་ཏེ། རིང་བའི་སྦྱོར་བ་ཞག་ལྔའམ་དྲུག་གི་གོང་ནས་ཁྲིམས་པ་རྣམས་བསོད་ནམས་སྤེལ་བའི་ཕྱིར་ཞག་འདི་ཙམ་ནས་དགེ་འདུན་གྱིས་དགག་དབྱེ་མཛད་པར་འགྱུར་རོ་ཞེས་སྤྱོད་ཡུལ་གྱི་གྲོང་དུ་གོ་བར་བྱ་ཞིང་གྲོང་ཁྱེར་དང་ཚོང་འདུས་སོགས་སུའང་བརྗོད་པར་བྱའོ། །གཞན་ཡང་གཙུག་ལག་ཁང་དང་སེང་གེའི་ཁྲི་བརྒྱན་པར་བྱ་བ་དང་། མཆོད་རྟེན་སོགས་གསོ་བ་དང་། ཁྲིམས་པ་རྣམས་ཀྱང་ཆོས་ཉན་པར་བསྐུལ་ཏེ། སྡེ་སྣོད་འཛིན་པའི་དགེ་སློང་ལ་གསོལ་བ་བཏབ་ནས་བཅུ་བཞིའི་མཚན་ཐོག་ཐག་ཏུ་འཆད་ཉན་བྱ། ཉེ་བའི་སྦྱོར་བ་རྩ་ཟོར་བ་སོགས་སྔ་གོན་བྱས་ཏེ་ཟླ་བ་གསུམ་ཚང་བའི་ཆོས་བཅོ་ལྔའི་ཉིན་ཕན་ཚུན་མཁོན་ཡོད་ན་བཟོད་པར་གསོལ། རྒྱུད་ཆགས་གསུམ་པ་སོགས་ཀྱི་མཐར་ནད་པའི་འདུན་པ་སོགས་བླངས་ནས་འོས་པའི་དགེ་སློང་དགག་དབྱེ་བྱེད་པ་བསྐོས་ལ་གསོལ་བའི་ལས་བྱ་བ་རྣམས་སོ། །

གཉིས་པ་དངོས་གཞི་ནི། དངོས་གཞིར་ཡུལ་རྟེན་གཉིས་སོགས་ཏེ། ཡུལ་བསྐོས་པའི་དགེ་སློང་དང་རྟེན་དགེ་སློང་གསུམ་མན་ཆད་ཀྱིས་རྩ་དཀྲ་ནས་འཛིན་ཏེ་བརྗོད་པ་གསུམ་བྱ་བ་ནི་ལྟུང་བའི་དགག་དབྱེ་ཡིན་ལ༔ སླར་ཡང་བསྐོས་པ་དེས་རང་གི་རྫས་ཁབ་ཡན་ཆད་གཅིག་ཐོག་ཏེ་རྫས་ཀྱི་དགག་དབྱེ་བྱ། དེ་བཞིན་དུ་དགེ་ཚུལ་རྣམས་པོས་ཏེ་དགག་དབྱེ་བྱ་ཞིང་། དགོས་ན་དགེ་སློང་མ་དང་། དགེ་ཚུལ་མའི་དགག་དབྱེ་ཡང་རིམ་བཞིན་བྱའོ། །གཞི་གསུམ་གྱི་ཆོ་གའི་ལག་ལེན་ཞིབ་པར་ཁོ་བོས་ལོགས་སུ་སྦྲིས་ཟིན་པ་ལས་རྟོགས་པར་བྱ་ཞིང་། དེར་དགེ་ཚུལ་ལའང་རྫས་དགག་བྱ་བར་བཤད་པ་ནི་སྔར་གྱི་ལག་ལེན་ལྟར་བཀོད་པ་ཡིན་གྱི་གཙོ་བོ་མ་ཡིན་པས་མི་འཐད་དོ་གསུངས་པའང་ཡོད་པས་མ་བྱས་ཀྱང་རུང་། དེ་བཞིན་དུ་ལྟུང་བའི་དགག་དབྱེ་དང་རྫས་ཀྱི་དགག་དབྱེ་ཞེས་པའི་མིང་འདོགས་སོ་སོར་བྱས་ཏེ་གཉིས་ཀ་དགག་དབྱེའི་དངོས་གཞིར་བཞེད་མོད་ཀྱི༔ དོན་ལ་དངོས་གཞི་ནི་སྔ་མ་ཁོ་ན་དང་ཕྱི་མ་ནི་རྙེད་པའི་སྒོ་དབྱེ་བ་ཞེས་པ་མཇུག་ཆོག་ཏུ་འདུ་བ་ཡིན་ཏེ། རྒྱུ་མཚན་དགག་དབྱེ་བྱས་པའི་དགེ་འདུན་ནི་བསོད་ནམས་ཀྱི་ཞིང་ཆེས་ཁྱད་པར་དུ་འཕགས་པ་ཡིན་པས། དེ་ལ་བྱིན་ན་འབྲས་བུ་ཆེས་མང་པོར་འགྱུར་རོ་ཞེས་བསྟན་པའི་ཕྱིར་སྟོན་པས་རྫས་ཀྱི་དགག་དབྱེ་གནང་བ་ཡིན་ནོ༔ ༔

གསུམ་པ་རྗེས་ཀྱི་བྱ་བ་ནི། གོས་སོགས་དབྱར་རྐྱེད་བགོ་བ་སྐེ་འོག་གོས་ཀྱི་གཞིར་འཆད་པར་འགྱུར་བས་འདིར་མ་སྤྲོས་སོ། །ཞར་ལས་འོངས་པ་ལ་གཉིས་ཏེ་རྐྱེན་དབང་དང་། གང་ཟག་གི་དམིགས་བསལ་ལོ། །དང་པོ་ལ་གཉིས་ཏེ་དུས་མ་ཡིན་པ་དང་། ཚོགས་ཀྱི་དགག་དབྱེའོ། དེ་དག་ཀྱང་རིམ་བཞིན། གལ་ཏེ་རྐྱེན་དབང་གིས་སོགས་ཏེ། གོང་དབྱར་གྱི་སྐབས་སུ་སྨོས་པ་ལྟར་འཐབ་ཀྲོལ་ཅན་ཞུགས་པའི་རྐྱེན་གྱིས་གསོ་སྦྱོང་གཉིས

སམ་གསུམ་སོང་མཚམས་ནས་དགག་དབྱེ་བྱར་རུང་བ་ནི་དུས་མ་ཡིན་པའོ། །དེ་བཞིན་དུ་ཡུལ་དུ་འབྲུགས་ལོང་བྱུང་བའི་རྐྱེན་གྱིས་ཕན་ཚུན་བརྗོད་རེས་ཙམ་གྱིས་བྱ་བ་ནི་ཚོགས་ཀྱི་དགག་དབྱེའམ་གློ་བུར་པའོ། །གང་ཟག་འགའ་ཞིག་འགྲོ་བས་དགེ་འདུན་གྱིས་བསྒོས་པའི་དགེ་སློང་ལ་དགག་དབྱེ་བྱར་རུང་བའང་འདིར་གཏོགས་ལ། དགེ་སློང་བཞི་ལས་མེད་ན་དགག་དབྱེ་བྱེད་པ་བསྒོ་བ་མ་གཏོགས་པ་གཞན་སྔར་བཞིན་བྱ་ཞིང་། དེས་མཚོན་གཉིས་དང་གསུམ་སོགས་ཀྱིས་ནི་བྱིན་གྱིས་བརླབ་བོ། །དེང་སང་ཡར་མར་གྱི་ངོ་གསུམ་གྱི་མཚམས་ནས་དགག་དབྱེ་མཛད་པ་ནི་རྐྱེན་མེད་པའི་གློ་བུར་བར་འགྲོ་བའི་ཉེན་ཆེ་ཞིང་། ཟླ་བ་གསུམ་གནས་པ་ཁས་བླངས་པ་ཡང་རྫུན་དུ་འགྱུར་བ་དང་། ལས་ཆགས་པ་ཡང་དཀའ་སྟེ་དོན་ལ་ཟླ་བ་གསུམ་གནས་འདོད་ཀྱི་ཀུན་སློང་མེད་པའི་ཕྱིར་རོ། །དཔེར་ན་དགེ་ཚུལ་གྱི་སྡོམ་པ་སོགས་ཇི་སྲིད་འཚོའི་བར་དུ་བསྲུང་སེམས་མེད་ན་མི་ཆགས་པ་ཡང་དུས་ངེས་པ་དང་མ་བྲལ་བར་སྡོམ་པ་མི་སྐྱེ་བར་གསུངས་པ་ལྟ་བུའོ། །དེས་ན་འདི་དག་བྱས་བློ་ཙམ་མ་ཡིན་པར་སྟོན་པའི་བཅས་པ་དང་མཐུན་ངེས་པ་ཞིག་བྱུང་ན་བསྟན་པའི་བྱ་བ་དོན་ལྡན་དུ་འགྱུར་བས་དབྱར་གནས་ཀྱང་ཟླ་བ་ཧྲིལ་པོ་གསུམ་བཞུགས་པ་གནད་དུ་ཆེའོ། །སྒྲུབ་པའི་བསླབ་བྱ་གཉིས་པ་བདེ་བར་གནས་པའི་རྐྱེན་གྱི་གཞི་ཞེས་བྱ་བ་འཆད་པ་ལ་གཉིས་ཏེ་མིང་དོན་དང་འབྲེལ་པའི་དབྱེ་བས་མདོར་བསྟན་པ་དང་། སོ་སོའི་རྣམ་བཞག་གིས་རྒྱས་པར་བཤད་པའོ། །དང་པོ་ནི། བདེ་བར་གནས་པ་སོགས་ཏེ། མཐུན་པའི་རྐྱེན་གང་ཞིག་རབ་བྱུང་སྡེ་ལྔ་མཐའ་གཉིས་སྤངས་པའི་བདེ་བ་ལ་གནས་པར་བྱེད་པ་སྟེ། དེ་ལའང་དབྱེ་ན་བཞི་སྟེ། བག་ཡངས་དང་འབྲེལ་པ་སྨྲ་བརྒྱད་ཀྱི་གཞི། གོས་མཐའ་གཉིས་སུམ་ལྡང་བ་གོས་ཀྱི་གཞི། མི་རུང་བ་ཤས་ཆེ་བ་ཀོ་ལྤགས་ཀྱི་གཞི། ཟས་མཐའ་གཉིས་སུམ་ལྡང་བ་སྨན་གྱི་གཞི་རྣམས་སོ། །

གཉིས་པ་སོ་སོའི་རྣམ་བཞག་རྒྱས་པར་བཤད་པ་ལ། དང་པོ་སྨྲ་བརྒྱད་ཀྱི་གཞི་ལ་བདུན་ཏེ། གནས་གང་དུ་འདིང་བ། གང་ཟག་གང་གིས་འདིང་བ། དངོས་པོ་གང་འདིང་བ། ཆོ་ག་གང་གིས་འདིང་བ། བཏིང་བ་དེ་ཇི་ལྟར་སྐྱོང་བའི་ཚུལ། མིང་གི་དོན། དུས་སུ་འབྱིན་པའོ། །དང་པོ་ནི། གང་དུ་སོགས་ཏེ། དབྱར་སྔ་མ་གང་དུ་ཁས་བླངས་པའི་གནས་སུ་འདིང་། གཉིས་པ་ནི། བླངས་ལ་སོགས་ཏེ། དབྱར་སྔ་མ་ཁས་བླངས་ལ་མ་རལ་བའི་དགེ་སློང་གི་དགེ་འདུན་གྱིས་དགག་དབྱེ་འཐོན་ནས་འདིང་བ་ཡིན་གྱི། དབྱར་སྔ་མ་ཁས་མ་བླངས་པ་དང་། བླངས་ཀྱང་རལ་པ་དང་། དབྱར་ཕྱི་མ་ཁས་བླངས་པ་དང་། དབྱར་གནས་གཞན་དུ་བྱས་པ་དང་། ཆད་ལས་སྤྱོད་བཞིན་པ་དང་། སྤོ་བ་སོགས་ས་གཞན་ན་གནས་པ་དག་གིས་མི་འདིང་བར་བཤད་དོ། །

གསུམ་པ་དངོས་པོ་གང་འདིང་བ་ནི། དངོས་པོ་སོགས་ཏེ། དབྱར་གནས་པའི་དགེ་འདུན་གྱི་གོས་ཀྱི་

ཉེད་པ་ལས་བྱུང་བ་སྲ་བརྒྱད་འདིང་བར་འོས་པའི་དགེ་འདུན་སྤྱིར་དབང་བ། ཆོས་གོས་སུམ་ཕྲུག་གཅིག་ཡན་ཆད་རུང་བ་ཚད་ལྡན་སྨིན་དྲུག་ཟླ་བའི་ཆོས་བཅུ་དྲུག་ཚང་ལ་གྲུབ་པར་བྱས་པའོ། །བཞི་པ་ཆོ་ག་གང་གིས་འདིང་བ་ནི། སྦྱོར་དངོས་རྗེས་གསུམ་ཚང་བས་ལེགས་པར་བཏིང་ཞེས་པ་སྟེ། སྦྱོར་བ་མཚམས་ནང་དེ་ན་གནས་པའི་དགེ་འདུན་སྔར་བཤད་པའི་མཚན་ཉིད་དང་ལྡན་པ་དག་གིས་བློ་མཐུན་བྱས་ལ། དགེ་སློང་གཞན་ཞིག་གསོལ་བའི་ལས་ཀྱིས་འདིང་བ་པོར་བསྐོས་ལ་ཆོས་གོས་ཀྱི་རྒྱུ་གཏད། དེས་ཀྱང་ཁ་བསྒྱུར་བ་དང་དྲུབ་པ་སོགས་བྱས་ནས་ཟིན་པ་དང་། སྨིན་ཟླའི་བཅོ་ལྔའི་ཉིན་དགེ་སློང་ཐམས་ཅད་ཀྱི་ཐད་དུ་སོང་ནས་སང་ཚོགས་ཀྱི་དབུས་སུ་སྲ་བརྒྱད་བཏིང་བར་འགྱུར་གྱིས། རང་རང་གི་ཆོས་གོས་ཀྱི་བྱིན་རླབས་དབྱུང་ངོ་ཞེས་གོ་བར་བྱས་ལ༑ དངོས་གཞི་བཅུ་དྲུག་གི་ཉིན་སྲ་བརྒྱད་འདིང་བ་པོས་སྲ་བརྒྱད་དེ་ཉིད་སྤོས་དང་མེ་ཏོག་གིས་མཆོད་ནས་གྲོག་མའི་ནང་དུ་བཅུག་པ་ཕང་པར་ཐོགས་ཏེ་རྒན་རིམ་བཞིན་སྤྱགས་ཚིག་ལན་གསུམ་བརྗོད་པའི་སྒོ་ནས་འདིང་བའོ། །རྗེས་ཀྱི་བྱ་བ་ནི་འདིང་བ་པོས་དགེ་སློང་རེ་རེའི་མདུན་དུ་འདུག་ནས་བཏིང་ངོ་ཞེས་བརྗོད་ཅིང་། གཞན་རྣམས་ཀྱིས་ཀྱང་བཏིང་ངོ། །ལེགས་པར་བཏིང་ངོ། འདི་ལ་རྙེད་པ་དང་། ཕན་ཡོན་གང་ཡིན་པ་བདག་གིའོ། །ཞེས་ལན་བྱའོ། །འདི་ལ་ཆོས་གོས་སུམ་ཕྲུག་དུ་མ་ཡོད་ན་འདིང་བ་པོ་ཡང་དེའི་གྲངས་བཞིན་བསྐོ། གང་ལྟར་ཡང་མ་བཏིང་གོང་དུ་རང་གི་ཆོས་གོས་ཀྱི་བྱིན་རླབས་ཕྱུང་ལ། བཏིང་བའི་སྲ་བརྒྱད་དེ་ལ་རང་རང་གི་ཆོས་གོས་ཡིན་པར་མོས་པ་བྱ་བ་གལ་ཆེ། ལྔ་པ་བཏིང་བ་དེ་ཇི་ལྟར་སྐྱོང་བའི་ཚུལ་ནི། སྐྱོང་ཞེས་པས་བསྟན་ཏེ༑ སྔར་གྱི་འདིང་བ་པོས་དུས་དུས་སུ་སེར་བུའི་དད་བསང་བ་དང་། རྡུལ་སྤྲུག་ཅིང་དྲི་ཞིམ་པོས་བདུག །ཁྱིམ་དུ་བ་ཅན་དང་རྡུལ་ཅན་དུ་མི་བཞག །རང་ཉིད་མཚམས་ཀྱི་ཕྱི་རོལ་དུ་སྐྱ་རེང་འཆར་དུ་མི་གཞུག །སྲ་བརྒྱད་མཚམས་ཀྱི་ཕྱི་རོལ་དུ་མི་ཁྱེར་བ་ལ་བསླབ་པོ། །དྲུག་པ་མིང་དོན་ནི། དྲ་གཏན་སོགས་ཏེ། སྲ་བརྒྱད་དངོས་ནི་ཆོས་གོས་དྲ་ཞིང་དྲུབ་པའི་གཞིའམ་གདན་པ་སྟེ། སྦྱང་ལེབ་ལྟ་བུ་ཡིན་ལ་དེ་འདྲ་བའི་ཕྱིར་བཏགས་པ་བ་ཡིན་ཏེ༑ འདོགས་པའི་རྒྱུ་མཚན་ནི། གཏན་པའི་སྟེང་དུ་ཆོས་གོས་བཏིང་བ་ལྟར་འདིང་བ་པོ་ཐམས་ཅད་བློ་རྩེ་གཅིག་ཏུ་འགྱུར་བ་དང་། གཏན་པའི་སྟེང་དུ་སྣམ་ཕྲན་དང་། གླེགས་བུ་གནས་པ་ལྟར་འདིང་བ་པོ་རྣམས་ཀྱི་བྱིན་རླབས་གནས་པ་དང་། གཏན་པས་ཆོས་གོས་མི་འཁྱུམ་པར་བྱེད་པ་ལྟར་འདིང་བ་པོ་བག་ཡངས་སུ་བྱེད་པས་བློ་མི་འཁྱུམ་པར་བྱེད་པ་དང་། གཏན་པས་ཆོས་གོས་ལ་ཁྲབ་པ་ལྟར་འདིང་བ་པོ་ལ་ཕན་ཡོན་གྱིས་ཁྲབ་པར་བྱེད་པའི་རྒྱུ་མཚན་གྱིས་ཡིན་ནོ། བདུན་པ་འབྱིན་པ་ནི། དབྱུང་ལ་གཉིས་ཏེ་སོགས་ཀྱིས་བསྟན་པ་དེ་ལའང་རང་འཇུག་བྲལ་དང་། བཅོས་མ་གཉིས་སུ་ཡོད་པའི་དང་པོ་ལ། དགེ་འདུན་སྤྱིའི་རང་འཇུག་བྲལ་དང་།

གང་ཟག་གི་རང་འཇུག་བྲལ་གཉིས་ཀྱི་དང་པོ་ནི། སྲ་བརྐྱང་བཏིང་བའི་མཚམས་ལས་འདས་པ་དང་། བྱིན་གྱིས་རློབས་པར་བྱེད་པ་པོ་གཅིག་ཀྱང་མཚམས་ནང་དེར་མེད་པ་དང་། སྲ་བརྐྱང་སྲུང་བ་པོ་མཚམས་ཀྱི་ཕྱི་རོལ་དུ་སྐྱ་རེང་འཆར་བར་གནས་པའོ། །གནས་སྐབས་གསུམ་པོ་དེ་གང་བྱུང་ཀྱང་དེར་གནས་པའི་དགེ་འདུན་མཐའ་དག་གི་སྲ་བརྐྱང་གི་བྱིན་རླབས་རང་བཞིན་གྱིས་འཇིག་གོ། །གཞན་ཡང་སྲ་བརྐྱང་ཚིག་པའི་བརླག་པ་དང་། དེ་ལ་རང་རང་གི་ཆོས་གོས་ཀྱི་འདུ་ཤེས་མ་བཞག་པའང་དེར་གཏོགས་སོ། །

གཉིས་པ་གང་ཟག་རང་རང་གི་རང་འཇུག་བྲལ་ནི། མཚམས་ཀྱི་ཕྱི་རོལ་ཏུ་ཞག་ལོན་པར་གནས་པ་དང་། མཚམས་ནང་ནས་ཕྱིར་འགྲོ་བའི་དུས་སུ་སླར་མཚམས་ནང་དུ་མི་འོང་བའི་སེམས་སྐྱེས་པ་དང་། ཕྱི་རོལ་དུ་སླེབ་ནས་སེམས་དེ་ལྟ་བུ་སྐྱེས་པ་དང་། ཕྱིར་སྲ་བརྐྱང་ལ་མི་བརྟེན་པའི་བསམ་པ་སྐྱེས་པ་རྣམས་ཏེ་དེ་དག་བྱུང་ན་རང་རང་གི་སྲ་བརྐྱང་བྱིན་རླབས་འཇིག་པའོ། །གཉིས་པ་བཅོས་མའམ་དུས་སུ་འབྱིན་པ་ནི། ཚིག་ལེར། སྨིན་དྲུག་ནས་ནི་ཁྲ་ཡི་བར། སྲ་བརྐྱང་འདིང་བར་རྗེས་སུ་གནང་། ཞེས་པ་ལྟར་དབོ་ཟླའི་བཅོ་ལྔ་འབྱིན་པའི་དུས་ཏེ་ཟླ་བ་ལྔ་ནས་ཚོགས་པས་ཆོ་གའི་སྒོ་ནས་དབྱུང་བའོ། །

དེ་དག་ལས་འཕྲོས་པ་ཕན་ཡོན་དང་ཉེས་པའི་ཐོབ་ཚུལ་ནི། བག་ཡངས་དང་འབྲེལ་སོགས་ཏེ། དེ་ལྟར་སྲ་བརྐྱང་བཏིང་ལ་མ་ཞིག་པ་ལ་བག་ཡངས་དང་འབྲེལ་བའི་ཕན་ཡོན་རྣམ་པ་བཅུ་དང་ལྡན་ཏེ། བཅུ་ནི། འཆང་འབྲལ་འཇོག་གསུམ། ཡང་ཡང་ཟ་བ། འདུས་ཤིང་ཟ་བ། མ་སྨྲས་པ་གྲོང་དུ་འགྲོ་བ། གོས་སློང་བའི་ལྟུང་བ་རྣམས་མི་འབྱུང་བ་དང་། རྙེད་པ་ཐུན་མོང་དུ་འགྱུར་བ། བྱིན་གྱིས་མ་བརླབས་པའི་གོས་དུ་མ་འཆང་དུ་རུང་བ། སྣམ་སྦྱར་མེད་པར་ལྡོངས་རྒྱུར་རུང་བ་རྣམས་སོ། །དེ་ལས་རྙེད་པ་ཐུན་མོང་དུ་འགྱུར་བ་ནི། སྲ་བརྐྱང་བཏིང་བའི་བསམ་པས་བཏིང་བའི་གནས་ཀྱི་སྤྱིའི་མཚམས་ཆེན་པོའི་ནང་ན་གནས་པའམ། ཡུལ་ཐ་དད་པ་དུ་མ་ཡོད་ཚེ་ཡུལ་གཞན་དུ་གནས་ཀྱང་སྲ་བརྐྱང་བཏིང་བའི་གནས་དངོས་གཞི་རང་ན་གནས་པའི་དགེ་སློང་གཞན་དག་དང་སྲ་བརྐྱང་གི་རྙེད་པ་ཐུན་མོང་དུ་དབང་ཞིང་དེར་གནས་པར་འགྲོ་བར་བཤད་དེ། སྲ་བརྐྱང་བཏིང་བའི་དགོས་པ་རང་དོན་བདེ་བ་ལ་རེག་པ་དང་། གཞན་དོན་སྦྱིན་པ་པོའི་བསོད་ནམས་འཕེལ་བའི་ཆེད་ཡིན་པའི་ཕྱིར་རོ། །དམིགས་བསལ་གོང་གི་གང་ཟག་ལས་ལྡོག་ཕྱོགས་སུ་གྱུར་པ་དབྱར་སྔ་མ་ཁས་མ་བླངས་པ་སོགས་དགུ་དང་། ཕྱིག་ཏུ་གྱུར་པའི་དགེ་ཚུལ་བཅས་གང་ཟག་བཅུ་པོས་རྙེད་པ་ཙམ་ཐོབ་ཀྱིས་ཕན་ཡོན་མི་ཐོབ་པར་བཤད་དེ། ཚིག་ལེར། འདི་དག་ལ་ནི་ཕན་ཡོན་མེད། །རྙེད་པ་ཁོ་ན་མ་བཀག་གོ། །ཞེས་སོ། །

གཉིས་པ་གོས་ཀྱི་གཞི་ལ་བདུན་ཏེ། གོས་ཀྱི་རྒྱུ་རུང་མི་རུང་བསྟན་པ། རུང་བ་ལས་བཟོ་བའི་ཚུལ།

བཟོས་པ་དང་མ་བཟོས་པ་དང་རྙེད་པ་རྣམས་རིམ་གྱིས་གཙོ་ཆེ་བའི་ཡོ་བྱད་གསུམ་དུ་ཕྱེ་བ། དབྱེ་བ་སོ་སོའི་རྣམ་བཞག །ཕྱིན་རླབས་འཇིག་པའི་རྒྱུ། གོས་རྙེད་སོགས་བགོ་བའི་ཚུལ། མཐའ་གཉིས་སྤང་བར་གདམས་པའོ། །དང་པོ་ནི། རྒྱུ་ཚད་དབྱིབས་ཀྱིས་སོགས་ཏེ། རྒྱུའི་སྒོ་ནས་མི་རུང་བ་ནི། དཔག་བསམ་གྱི་ཤིང་ལས་བྱུང་བ་དང་། བ་ལང་། རྫ་མོ་དང་། ར་དང་། རི་དྭགས་ཀྱི་བལ་ལས་བྱས་པ་དང་། ཨརྐའི་ཤིང་བལ་ལས་བྱས་པ་དང་། སྤྲིན་ལ་དེ་དག་གི་བལ་འདྲེས་པ་རྣམས་སོ། །ཚད་ཀྱིས་མི་རུང་བ་ནི། རང་གི་ཁྲུ་ཚད་ཀྱིས་གཞལ་བ་ལས་ལྷག་པ་དང་མ་ལོངས་པ་ལྟ་བུའོ། །དབྱིབས་ཀྱིས་མི་རུང་བ་ནི། ཁྲིམ་པ་དང་། མུ་སྟེགས་ཅན་གྱི་གོས་ལྟ་བུ་དང་། ཁ་ཚར་དང་ཕྲུན་ཚར་མ་བཅད་པ་སོགས་ཏེ། དེ་དག་སྤྱངས་པའི་ལུག་བལ་ལས་བྱས་པ་དང་། རྩ་ཤ་ན་ལས་བྱས་པ་དང་། ཉི་འོག་པའི་གོས་དང་། རས་གོས་དང་། རྩ་ཟར་མ་ལས་བྱས་པ་དང་། རྩ་གོ་ཏམ་པ་ལས་བྱས་པ་དང་། རྩ་དུ་ཀུ་ལ་ལས་བྱས་པ་རྣམས་རུང་བའི་གོས་བདུན་ཡིན་ལ་དེ་དག་ཀྱང་སྤུ་ཤིན་ཏུ་ཆེ་ན་མི་རུང་བར་གསུངས་སོ། །

གཉིས་པ་རུང་བའི་གོས་ལས་བཟོ་བའི་ཚུལ་ནི། བཀྲུས་ཏེ་ཞེས་སོགས་ཀྱི་དོན། དལ་བུས་ལེགས་པར་བཀྲུས་ཏེ་མི་རུང་བའི་ཚོན་ཆེན་བརྒྱད་སྤངས་པའི་རུང་བའི་ཚོན་གསུམ་གྱིས་ཁ་བསྒྱུར་དགོས་སོ། །དེ་ལ་ཚོན་ཆེན་བརྒྱད་ནི། ཚིག་ལེར། རྒྱ་སྐྱེགས་ལེབ་རྒན་རྩི་དང་བཙོད། །སྔ་ཤིང་རྩི་དང་མཐིང་ཤིང་མཚལ། །སིནྡྷུ་ར་དང་གུར་གུམ་སྟེ། །འདི་དག་ཚོན་ཆེན་བརྒྱད་དུ་འདོད། །ཞེས་སོ། །རུང་ཚོན་གསུམ་ཡང་དེ་ཉིད་ལས། སྔོན་པོ་བཙག་དང་དུར་སྨྲིག་སྟེ། །འདི་དག་རུང་བའི་ཚོན་གསུམ་སྟེ། །ཚོན་གཞན་དག་གིས་ཆོས་གོས་ནི། །ཁ་བསྒྱུར་བྱེད་པ་བཀག་པ་ཡིན། །ཞེས་སོ། །དེ་ལྟར་ཁ་ལེགས་པར་བསྒྱུར་ནས་སྣམ་སྦྱར་ངེས་པར་དྲས་དྲུབ་དགོས་ལ། གཞན་བླ་གོས་དང་མཐང་གོས་དགེ་སློང་མའི་ཤིང་ང་དཔྱང་ཅད་རྫུལ་གཟན་རྣམས་དྲས་ལ་གླེགས་བུ་ལྷན་ཐབས་སུ་བྱས་ཀྱང་རུང་སྟེ། ཚིག་ལེར། སྣམ་སྦྱར་ངེས་པར་དྲས་ཏེ་བཅད། །གཞན་རྣམས་མ་ངེས་གང་གི་ཕྱིར། །འདོད་ཆུང་རང་གི་ཆོས་གོས་ཀྱི། །ལས་ཀྱིས་སྐྱོ་བ་བསྐྱེད་ཕྱིར་རོ། །ཞེས་དང་། མདོ་རྩར། སྣམ་སྦྱར་མ་ཡིན་པ་དག་ལ་དྲས་ཏེ་བྱིན་གྱིས་བརླབ་པའི་ངེས་པ་མེད་དོ། །ཞེས་གསུངས་སོ། །

གསུམ་པ་བཟོས་པ་སོགས་ཀྱི་སྒོ་ནས་ཡོ་བྱད་གསུམ་དུ་ཕྱེ་བ་ནི། འཚོ་དང་སོགས་ཏེ། གོས་སོགས་ཡོ་བྱད་ཐམས་ཅད་ཀྱང་བཟོས་པ་གཙོ་ཆེ་བའི་འཚོ་བའི་ཡོ་བྱད་དང་། མ་བཟོས་པའི་གོས་གཙོ་ཆེ་བ་མཁོ་བའི་ཡོ་བྱད་དང་། རྙེད་པ་གཙོ་ཆེ་བ་ལྷག་པའི་ཡོ་བྱད་དེ་རྣམ་པ་གསུམ་དུ་འགྱུར་རོ་ཞེས་པའི་དོན་ཡིན་ནོ། །བཞི་པ་དབྱེ་བ་སོ་སོའི་རྣམ་བཞག་རྒྱས་པར་བཤད་པ་ལ་དང་པོ་འཚོ་བའི་ཡོ་བྱད་ཀྱི་རྣམ་བཞག་ལ་བཞི་སྟེ། དབྱེ་བ

དང་། ངོ་བོ་དང་། བྱིན་གྱིས་རླབས་པ་དང་། བགོ་བའི་དུས་སོ། །དང་པོ་ནི། ལུས་འཚོའི་ཕྱིར་གནང་སོགས་ཏེ༔ དགེ་སློང་ལ་ལུས་འཚོའི་ཕྱིར་གནང་བ་རུང་བ་ཚད་ལྡན་གྱི་གོས་དེ་ལ་དབྱེ་ན། སྣམ་སྦྱར། བླ་གོས། མཐང་གོས། ཤམ་ཐབས། ཤམ་ཐབས་ཀྱི་གཟན། རྔུལ་གཟན། རྔུལ་གཟན་གྱི་གཟན། གདོང་ཕྱིས། རྣག་གཟན། གཡན་པ་དགབ། སྒྲ་བཟེད། གདིང་བ། དབྱར་གྱི་རས་ཆེན་ཏེ་བཅུ་གསུམ་ཡོད་ལ།

གཉིས་པ་སོ་སོའི་ངོ་བོ་ནི། ངོ་བོ་སྣམ་སྦྱར་སོགས་ཏེ། སྣམ་སྦྱར་ལ་སྣམ་ཕྲན་དང་གླེགས་བུའི་གྲངས་ཀྱིས་དབྱེ་བས་སྣམ་ཕྲན་དགུ་མ་ནས་ཉེར་ལྔའི་བར་ཏེ་ཆུང་དུ་སྒོར་གསུམ། འབྲིང་སྒོར་གསུམ། ཆེ་བ་སྒོར་གསུམ་སྟེ་དགུ་འབྱུང་བའི། དང་པོ་སྣམ་ཕྲན་དགུ་མ་དང་། བཅུ་གཅིག་པ། བཅུ་གསུམ་པ་སྟེ་ཆུང་གསུམ་ལ་གླེགས་བུ་ཕྱེད་དང་གསུམ་པ་བྱ། གཉིས་པ་སྣམ་ཕྲན་བཅོ་ལྔ་པ། བཅུ་བདུན་པ། བཅུ་དགུ་པ་སྟེ་འབྲིང་གསུམ་ལ་གླེགས་བུ་ཕྱེད་དང་བཞི་པ་བྱ། གསུམ་པ་སྣམ་ཕྲན་ཉེར་གཅིག་པ། ཉེར་གསུམ་པ། ཉེར་ལྔ་པ་སྟེ་ཆེ་གསུམ་ལ་གླེགས་བུ་ཕྱེད་དང་ལྔ་པ་བྱའོ། །དེ་དག་ཀྱང་སྣམ་ཕྲན་ཉེར་ལྔ་པ་ལ་དཔེར་མཚོན་ན་དབུས་སུ་སྣམ་ཕྲན་གཅིག་ལ་གླེགས་བུ་ཕྱེད་པ་འོག་ཏུ་འབྱུང་བའི་བཅད་ཁ་ཐུར་དུ་བསྟན། གཡས་སུ་དེའི་འགྲམ་ནས་སྣམ་ཕྲན་བཅུ་གཉིས་འབྱུང་བའི་གླེགས་བུ་ཕྱེད་པ་རྣམས་གོང་འོག་ཏུ་རེས་མོས་ཀྱིས་བསྟན་པའི་ཕྱོགས་སུ་བཅད་ཁ་འགྲོ་བ་ཡང་འདྲ། ཡང་ན་གླེགས་བུའི་འགྲོས་དེ་བཞིན་ལ་བཅད་ཁ་རྣམས་ཐུར་བསྟན་ཁོ་ནར་བྱས་ཀྱང་ཆོག །གང་ལྟར་ཡང་སྣམ་ཕྲན་དང་གླེགས་བུ་ཐམས་ཅད་བྱ་སྒྲོ་ནོན་གྱི་ཚུལ་དུ་སྦྱར་ཞིང་གཡོན་ཕྱོགས་ཀྱི་སྣམ་ཕྲན་བཅུ་གཉིས་ལ་འགྲེའོ། །འདི་ལ་གླེགས་བུ་གསོན་པོ་བརྒྱ་ཐམ་པ་དང་། གླེགས་བུ་ཕྱེད་པ་ཉི་ཤུ་རྩ་ལྔ་འབྱུང་ཞིང་མཐར་ཇི་ལྟར་རིག་པའི་ལུགས་རིས་བསྒོར་བར་བྱ། ཚུལ་འདི་སྣམ་ཕྲན་ཉེར་གསུམ་མ་སོགས་ལའང་འགྲེ་ཞིང་ཆེ་བ་སྒོར་གསུམ་ལ་དཔངས་སུ་རང་གི་ཁྲུ་གསུམ་དང་། སྲིད་དུ་ཁྲུ་ལྔ་བྱའོ། །ཆུང་བ་སྒོར་གསུམ་ལ་དེ་ལས་ཁྲུ་ཕྱེད་ཕྱེད་ཕྲི་ཞིང་། འབྲིང་བ་སྒོར་གསུམ་ལ་དེའི་བར་པར་བྱའོ། །བླ་གོས་ལ་དེ་བཞིན་དུ་སྣམ་ཕྲན་བདུན་དང་གླེགས་བུ་ཕྱེད་གསུམ་པ་བྱ། མཐང་གོས་ལ་སྣམ་ཕྲན་ལྔ་དང་གླེགས་བུ་ཕྱེད་གཉིས་པ་བྱ་ཞིང་འདི་ཐམས་ཅད་ཀྱི་གླེགས་བུ་འཕྱང་བ་ཚལ་བུའི་ཚད་ནི་བྱ་རོག་གི་མགོ་ཞེས་པ་མཛུབ་མོའི་ཚིགས་བར་པའི་སྟེང་དུ་མཐེ་བོང་བཞག་པས་གཞལ་བའམ། ཆུང་ཚད་སོར་གཉིས་སམ་ཕྱེད་དང་གསུམ་ཡང་རུང་ངོ་། །བླ་གོས་ཀྱི་དཔངས་དང་ཞེང་གི་ཚད་ནི་རང་རང་གི་སྣམ་སྦྱར་ཇི་ལྟ་བ་བཞིན་བྱ་ཞིང་། མཐང་གོས་དཔངས་སུ་ཁྲུ་དོ་ཞེང་དུ་ཁྲུ་ལྔ་ཡིན་མོད་གཡས་གཡོན་དུ་ཆག་བསྙུ་རྒྱུ་མེད་པས་རལ་ཁ་དང་དཔུང་ཚད་སྟོན་ཀྱང་རུང་བར་བཤད། དགེ་སློང་མ་ལ་ནི་དེའི་སྟེང་དུ་ཤིང་ང་དང་དཔུང་ཚད་བསྟན་པའི་ཆོས་གོས་རྣམ་པ་ལྔར་བཤད་དོ། །བླ་གོས་ཐ

མ་གླེགས་བུ་སོགས་མེད་པའི་ཐང་ཐང་པོར་བྱ་བར་བཤད་ལུང་མི་སྣང་ངོ་གསུངས། ཉིན་མོ་མཐང་གོས་ཀྱི་ནང་དུ་གྱོན་པར་བྱ་བ་ནི་ཤམ་ཐབས་ཡིན་ལ། ཉེས་བྱས་ཀྱི་གོས་བགོ་བའི་སྟེར། ཤམ་ཐབས་ལ་ནི་རྣམ་བདུན་དང་། ཞེས་པ་ནི་མཐང་གོས་ལ་ཤམ་ཐབས་ཀྱི་མིང་གིས་བཏགས་ནས་དེ་གྱོན་པའི་ཚུལ་བསྟན་པ་ཡིན་ནོ། །མཚན་མོ་རྫུལ་གཟན་གྱི་སྟེང་དུ་གཡོགས་ཏེ་གྱོན་པ་ནི་ཤམ་ཐབས་ཀྱི་གཟན་དང་། དེ་བཞིན་དུ་ཉིན་མོ་ཤ་ལ་གྱོན་པ་རྫུལ་གཟན་དང་། མཚན་མོ་ཤ་ལ་གྱོན་པ་རྫུལ་གཟན་གྱི་གཟན་ཡིན་པར་རོང་སྟོན་ཐམས་ཅད་མཁྱེན་པས་གསུངས་ལ༑ ཤམ་ཐབས་དང་ཤམ་ཐབས་ཀྱི་གཟན་གཉིས་ཉིན་དང་མཚན་མོའི་དབྱེ་བས་ནང་དུ་གྱོན་བྱ་ཁོ་ནར་བཞེད་པའང་ཡོད་དོ། །གང་ལྟར་ཡང་འདི་དག་གི་ཚད་མཐང་གོས་དང་བླ་གོས་དག་དང་འདྲའོ། །གདོང་ཕྱིས་ནི་གདོང་དང་ལག་པའི་དྲི་མ་ཕྱི་བའི་རས་ཏེ་ཁྲུ་གང་གྲུ་བཞི་པའོ། །རྣག་གཟན་ནི་དགེ་སློང་རྣག་ནད་ཅན་ལ་གནང་བ་ཤ་ལ་སྦྱར་ཏེ་གྱོན་བྱ་ཚད་ཇི་ཙམ་གྱིས་ཆོག་པའོ། །གཡན་པ་དགབ་ནི། གཡན་པའི་ནད་ཅན་ལ་གནང་བ་ཤ་ལ་སྦྱར་ཏེ་གྱོན་བྱ་ཚད་སྲིད་དུ་ཁྲུ་དྲུག་དཔངས་སུ་ཁྲུ་གསུམ་མོ། །སྐྲ་བཟེད་ནི། སྐྲ་བྲེག་པའི་ཚེ་སྟོད་དུ་གྱོན་བྱ་སྟེ་ཞེང་དུ་ཁྲུ་ཕྱེད་དང་གཉིས་སྲིད་དུ་ཁྲུ་གསུམ་པའོ། །གཞན་གྱི་གནས་མལ་ཆུད་འཛའི་སྐྱོན་སྤང་བའི་ཕྱིར་གནང་བའི་གོས་གདིང་བ་གླེགས་བུ་ཕྱེད་དང་གཉིས་པ་མཐར་ལྷགས་རིས་བསྐོར་བ། མཐུག་ན་ཚིག་རྐྱང་དང་། སྲབ་ན་ཉིས་རིམ་བྱ་ཞེང་ཞེང་དུ་ཁྲུ་དོ་སོར་དྲུག་དང་། སྲིད་དུ་ཁྲུ་གསུམ་པའོ། །དབྱར་གྱི་རས་ཆེན་ནི༑ ཚ་དུས་ཁྲུས་ཀྱི་ཕྱིར་ཆུར་ཞུགས་པ་ལ་ལུས་སྐྱོབ་ཏུ་གནང་བའི་རས་ཆེན་ཚད་སྲིད་དུ་ཁྲུ་དགུ་ཞེང་དུ་ཁྲུ་གསུམ་དང་སོར་བཅོ་བརྒྱད་པའོ། །འདི་ཉིད་དབྱར་ཆར་ཆུ་སྐྱོབ་པའི་གོས་ཡིན་པར་ཕལ་ཆེར་གྱིས་འདོད་ཀྱང་། ཆར་ཆུའི་སྐབས་ལ་མཆམས་ནང་དུ་གནས་དགོས་པས་ཆུ་གོས་མ་གནང་ལ། ཁྲུས་རས་ཡིན་པར་གླེང་གཞིས་ཤེས་ཤིང་། མདོ་རྩར། སྙིན་མོར་ཁྲུས་མི་བྱའོ་ཞེས་པ་ནས་ཁྲུས་རས་བཅང་བར་བྱའོ། །ཞེས་པའི་བར་དང་། ཚིག་ལེར། ཁྲུས་དོན་ལུས་རབ་སྲ་བའི་ཕྱིར། །དབྱར་གྱི་རས་ཆེན་བཅང་བར་བྱ། །ཞེས་འབྱུང་བས་ཀྱང་གྲུབ་བོ། །མདོར་ན་དེ་དག་ཀྱང་གོང་དུ་བཤད་པའི་ཚད་བཞིན་སྒྲུབ་ལ་རུང་བའི་ཚོན་གྱིས་ཁ་བསྒྱུར་བར་བྱའོ། །

གསུམ་པ་བྱིན་གྱིས་བརླབས་པ་ནི། བྱིན༹་གྱིས་བརླབ༹ས་ཏེ་སོགས། སྣམ་སྦྱར་སོགས་གསུམ་པོ་ངེས་པར་བྱིན་གྱིས་བརླབ་ཏེ་བཅང་། འདིང་བ་མ་གཏོ༹གས་པའི༹་ཡོ་བྱད་གཞན་རྣམས་ལ་བྱིན་རླབས་བཞེད་མི་བཞེད་སྣ་ཚོགས་ཡོད་ཀྱང་བྱིན་རླབས་བྱས་ན་ལེགས་ཤིང་། ཆོས་གོས་གསུམ་པོ་དངོས་སུ་མ་གྲུབ་ན་རེ་ཞིག་རྒྱུ་ལ་བྱིན་རླབས་བྱས་ཀྱང་རུང་སྟེ་འབྲལ་བའི་ཉེས་པ་དེས་ཁེགས་སོ། །སྣམ་སྦྱར་གྱི་རྒྱུ་བྱིན་རླབས་ཀྱི་ཐུགས་ཚིག་ལས་འཚལ་ན་སྣམ་ཕྲན་དགུ་པ་ལ་སོགས་པ་བགྱིས་ཏེ་ཞེས་པ་ནས་དྲུབ་པོ་ཁ་བསྒྱུར་རོ་ཞེས་པའི་བར་ནི་

རྒྱུ་ཡོངས་རྫོགས་ལྷུང་ཚད་ཀྱི་བྱིན་རླབས་ཡིན་ལ། ཡང་ན་འདི་ལ་ལྟུན་ཐབས་སུ་བསླན་ནོ་ཞེས་པ་ནི་ཁྲུ་གང་པ་ནས་བཟུང་རྒྱ་ཕལ་ཆེར་ལྷུང་ཚད་ཀྱི་བྱིན་རླབས་ཡིན་པས་དྲས་དྲུབ་མི་དགོས་པའི་ཤེས་བྱེད་དུ་མ་སེམས་ཤིག །འོན་ཀྱང་ཁྲུ་གང་གྲུ་བཞི་ལས་ཆུང་བ་ལ་བྱིན་རླབས་མི་འཆགས་པ་ནི། ཚིག་ལེར། ཁྲུ་ཡི་ཚད་ལས་ཆུང་བ་ལ། །བྱིན་རླབས་ཡིད་བརྟན་མི་དགོས་སོ། །ཞེས་ལྷག་པའི་ཡོ་བྱད་སྐབས་ཁྲུར་མ་ལོངས་པ་ལ་བྱིན་རླབས་མི་དགོས་པར་གསུངས་པའི་ཤུགས་ལས་ཤེས་སོ། །བཞི་པ་བགོ་བའི་དུས་ནི། སྣམ་སྦྱར་བསོད་སྙོམས་སོགས་ཏེ། དེ་དག་ལས་སྣམ་སྦྱར་ནི། བསོད་སྙོམས་ལ་རྒྱུ་བ་དང་། དཀོན་མཆོག་ལ་ཕྱག་འཚལ་བ་དང་། དགེ་འདུན་ལས་ཆོག་ལ་འདུས་པའི་སྐབས་དང་། ཆོས་འཆད་ཉན་ཉམས་སུ་མྱོང་བའི་ཚེ་མ་གཏོགས་གནས་སྐབས་གཞན་དུ་མི་གྱོན་ནོ། །བླ་གོས་ནི། བཤང་གཅི་འདོར་བ་དང་། ཕྱི་དོར་བྱེད་པ་ན་མི་གྱོན་ཞིང་། དེ་ལས་གཞན་པའི་ཉིན་པ་ཕལ་ཆེར་བགོ་བར་བྱ་ཞིང་། འདི་དང་སྣམ་སྦྱར་ནམ་ཡང་ས་རྗེན་ལ་མི་འཇོག་ཅིང་། དྲས་དྲུབ་བྱེད་པ་ན་ཡང་འོག་ཏུ་གདན་པ་འཇོག་པར་གསུངས་སོ། །མཐང་གོས་བགོ་བའི་དུས་ཀུན་བླ་གོས་དང་མཚུངས་ལ་གཞན་རྣམས་དུས་སྐབས་དཔྱད་དེ་བགོ། ཐམས་ཅད་ཀྱང་རང་གིས་འབྲུ་ཞིང་ཁ་བསྒྱུར་བ་དང་ཆུད་མི་འཛའ་བ་གཅེས་པར་སྐྱོང་ངོ་། །

གཉིས་པ་གོས་མ་བཟློས་པ་གཙོ་ཆེ་བ་མཁོ་བའི་ཡོ་བྱད་ནི། རང་དང་ཚངས་པ་མཚུངས་སྤྱོད་སོགས་ཏེ། རང་ཉིད་དང་ཚངས་པར་མཚུངས་པར་སྤྱོད་པ་གཞན་དག་ལ་དམིགས་ཏེ་འཆང་དུ་རུང་བ་གོས་ཁྲུར་ལོངས་པ་ནས་བཟུང་འཁོར་གསུམ་ཁེབ་པའི་མཐའི་ཚད་ཀྱི་བར་ཁ་དོག་དཀར་པོ་དང་། ཁ་ཚར་དང་ཕུན་ཚར་མ་བཅད་ཀྱང་རུང་སྟེ་རང་གཞན་ཐུན་མོང་བའི་མིང་གིས་མཁོ་བའི་ཡོ་བྱད་དུ་བྱིན་གྱིས་བརླབས་པ་དང་། གཞན་ཡང་ཚད་པ་ལས་སྐྱིབ་པའི་བསིལ་ཡབ་སོགས་དཀྱུས་སུ་བཤད་པའི་ཡོ་བྱད་ཕྲན་ཚེགས་བ་བྱིན་རླབས་མེད་ཀྱང་རུང་སྟེ་མཁོ་བའི་ཡོ་བྱད་ཉིད་དོ། །

གསུམ་པ་སྙིང་པོ་གཙོ་ཆེ་བའི་ལྷག་པའི་ཡོ་བྱད་ནི། གཞན་ལ་ཡིད་གཏད་སོགས་ཏེ། རང་ཉིད་ལ་མེད་དུ་མི་རུང་བ་མ་ཡིན་ཀྱང་དགོས་པའི་དབང་གིས་མཁན་སློབ་སོགས་ཤེས་པ་རང་བཞིན་དུ་གནས་པའི་དགེ་སློང་གཞན་ལ་ཡིད་གཏད་དེ་གཞན་མིང་གིས་བྱིན་གྱིས་བརླབས་ནས་ཞེན་མེད་དུ་འཆང་དུ་རུང་བ། སྣམ་སྦྱར་སོགས་ཆོས་གོས་ལྷག་པོ་དང་། གོས་ཀྱི་རིན་དུ་གྱུར་པའི་རིན་པོ་ཆེ་དང་། རྒྱུ་རས་ཡུག་སོགས་ནི་ལྷག་པའི་ཡོ་བྱད་དོ། །དེས་ན་སྣམ་སྦྱར་སོགས་ལྷག་པོ་ཡོད་ན་གཅིག་འཚོ་བའི་ཡོ་བྱད་དུ་བྱིན་གྱིས་བརླབས་པའི་རྗེས་སུ། གཅིག་ཤོས་ལྷག་པའི་ཡོ་བྱད་དུ་བྱིན་གྱིས་བརླབ་པོ། །ཡིད་གཏད་པ་དེ་དང་དེའི་ཡིན་པར་བསམ་ནས་འཆང

བ་ཡིན་གྱི་རང་གི་ཡིན་པར་མི་བསམ་མོ། །བྱིན་རླབས་ཕྱི་མ་འདི་གཉིས་ལ་རྣམ་པར་བརྟགས་པའི་ཚིག་ཞེས་ཀྱང་བཤད་ལ། ཡོ་བྱད་འདི་གཉིས་གཞན་ལ་སྦྱིན་པར་བསྔོས་པ་དང་། མཁན་པོ་ལྷ་བུ་འདུས་ཚོགས་མང་པོ་བསྐྱང་བས་ནི། ཆོས་གོས་དང་། ལྷུང་བཟེད་དུ་མ་མ་འོངས་པའི་རབ་བྱུང་གི་དོན་དུ་དམིགས་ནས་འཛོག་པ་ལ་བྱིན་རླབས་མི་དགོས་པར་གསུངས་སོ། །ཡོ་བྱད་གསུམ་པོའི་བྱིན་རླབས་འདི་དག་རང་གཅིག་པུས་འགྲུབ་པ་ཡང་བཤད་དོ། །

ལྔ་པ་བྱིན་རླབས་འཇིག་པའི་རྒྱུ་ནི། རྟེན༷་དང༷་དངོས༷་པོ༷་ཉམས༷་སོགས་ཏེ། འཆང་བ་པོའི་རྟེན་བབ་པའམ་ཤི་བས་ཉམས་པ་དང་། ཡོ་བྱད་ཀྱི་དངོས་པོ་ཚིག་པའམ་ཆུས་ཁྱེར་བ་སོགས་ཀྱིས་ཉམས་པ་དང་། གཞན་གྱིས་འཕྲོག་པ་དང་། གཞན་ལ་བྱིན་པ་དང་། སྔགས་ཚིག་གིས་བྱིན་རླབས་ཡོ་བྱད་གཞན་ལ་དབྱུང་བས་འཇིག་པ་རྣམས་ནི་གསུམ་ཀའི་སྤྱིར་བཏང་བ་ཡིན་གྱི། ཡིད་གཏད་ཡུལ་ཤི་བ་ནི་ཕྱི་མའི་འཇིག་རྒྱུ་དམིགས་བསལ་ལོ། །གཞན་ལ་ཡིད་གཏད་ཀྱང་ཡོ་བྱད་ཀྱི་བདག་པོ་རུང་བ་བྱེད་པ་པོ་རང་ཡིན་ཞིང་། རུང་བ་བྱ་བའི་ཡུལ་དེ་མ་ཡིན་པས་རང་གིས་གཞན་ལ་སྦྱིན་པ་སོགས་ཅི་བདེར་བྱས་པས་ཆོག་པར་བཤད་དོ། །

དྲུག་པ་གོས་རྙེད་སོགས་བགོ་བའི་ཚུལ་ནི། གོས༷་རྙེད༷་སོགས་ཏེ། གོས་ཀྱི་རྙེད་པ་བགོ་བ་ལ་ཐོག་མར་སངས་རྒྱས་དང་ཆོས་ལ་སྐལ་བ་ཕྱུལ་ནས་དངོས་པོ་དངོས་སམ་བཙོང་པ་སོགས་ཀྱིས་བསྒྱུར་བ་དགེ་འདུན་གྱི་གསོལ་བ་དང་གཉིས་ཀྱི་ལས་ཀྱིས་བསྐོས་པའི་དགེ་སློང་གིས་ཚ་ག་བཞིན་དུ་སྟེ་དགེ་སློང་ཕོ་ནའི་རྙེད་པ་རྣམས་ནི་མཉམ་པོར་བགོ་བར་བྱ་ཞིང་། ཆོས་མིན་གྱི་ཕྱོགས་སུ་སོང་བ་དང་། མ་སླེབ་པ་དང་། ཤི་བ་དང་། བབ་པ་རྣམས་ལ་མི་སྦྱིན་པར་བཤད་དོ། །དེ་བཞིན་དུ་རབ་བྱུང་སྤྱིའི་གོས་རྙེད་ནི་དགེ་སློང་ཕ་མ་ལ་སྔར་བཞིན་མཉམ་པོ་དང་། དགེ་ཚུལ་ཕ་མ་ལ་སུམ་གཉིས་སྦྱིན་པར་བྱ་ཞིང་། དགེ་ཚུལ་བསྙེན་པར་རྫོགས་པར་འདོད་པ་དང་། དགེ་སློབ་མ་ནི་དགེ་སློང་ཕ་མ་དང་འདྲ་བར་ཐོབ་པ་དང་། ཟས་ཀྱི་རྙེད་པ་ནི་ཐམས་ཅད་མཉམ་པོར་ཐོབ་ལ་ཁྲིམས་འཆལ་གྱིས་ནམ་ཡང་སྤྱད་དུ་མི་རུང་ངོ་། །ཤི་བའི་ཡོ་བྱད་ནི་ཆོས་གོས་གསུམ་ལ་སོགས་པ་ནད་གཡོག་རབ་བྱུང་ཡིན་ན་དེ་ཉིད་ལ་དབང་མོད་ཁྱིམ་པའི་ཕྱོགས་ལ་ནི་མ་ཡིན་ནོ། །གང་ལྟར་ཡང་ལྷག་མ་རྣམས་དགེ་འདུན་གྱིས་ཡོན་བཤད་སྟོན་དུ་འགྲོ་བའི་གསོལ་བའི་ལས་ཀྱིས་མཉམ་པོར་བགོ་བའོ། །

བདུན་པ་མཐའ་གཉིས་སྤོང་བར་གདམས་པ་ནི། སྤྱིར༷་ན༷་སོགས་ཏེ། སྤྱིར་རབ་ཏུ་བྱུང་བ་རྣམས་ཀྱིས་གོས་བཟང་པོ་ཚོགས་ཆེན་པོས་སྒྲུབ་པ་ནི་ཞེན་ཆགས་སྐྱེ་བའི་རྒྱུ་དང་། འཁོར་ལོ་གསུམ་གྱི་གེགས་ཡིན་པས་ན་ལུང་གཞིའི་གདམས་ངག་བརྗོད་པའི་སྐབས་ནས་འབྱུང་བ་ལྟར། གོས་ངན་ངོན་ཕྱུག་དར་ཁྲོད་པ་ལ་བརྟེན་

ནས་མྱང་འདས་ཀྱི་བསམ་པས་ཟིན་པའི་ཚུལ་ཁྲིམས་དག་པ་དང་། ཐོས་བསམ་བསྒོམ་གསུམ་ལ་བརྩོན་པས་རང་གཞན་གྱི་དོན་གཉིས་སྒྲུབ་པར་བྱ་བ་ཡིན་ལ། ཡོན་ཏན་དེ་དག་ལྡན་པས་ཞེན་ཆགས་མི་སྐྱེ་ཞིང་། འབད་རྩོལ་ཆེན་པོས་སྒྲུབ་མི་དགོས་པར་རྙེད་ན་ཀཱ་ཤ་པ་ཊ་འབུམ་གྱི་རིན་ཐང་ཅན་སོགས་བཟང་པོའི་གོས་ཀྱང་ཆོད་ཟིན་པར་ལོངས་སྤྱོད་པས་ཆོག་སྟེ། ལུང་ལས། དགེ་སློང་དག་རབ་ཏུ་བྱུང་བ་ནི་མཐའ་འདི་གཉིས་ལ་རྟེན་པར་མི་བྱ། བསྙེན་པར་མི་བྱ། བསྙེན་བཀུར་མི་བྱ་སྟེ། གཉིས་གང་ཞེ་ན་འདོད་པ་རྣམས་ལ་འདོད་པའི་བསོད་ཉམས་ཀྱི་རྗེས་སུ་བརྩོན་པ། དམན་པ་ངན་པ་ཐ་ཆད་མ་རབ་གང་ཡིན་པ། བདག་ཉིད་དུབ་པ་ལ་རྗེས་སུ་བརྩོན་པ་དང་སྡུག་བསྔལ་བ། འཕགས་པ་མ་ཡིན་པ་གནོད་པ་དང་ལྡན་པ་གང་ཡིན་པའོ། །ཁྱེད་ཀྱིས་མཐའ་འདི་གཉིས་ལ་མི་བརྟེན་པར་དབུ་མའི་ལམ་མིག་འབྱེད་པ། ཡེ་ཤེས་འབྱེད་པ། ཉེ་བར་ཞི་བར་འགྱུར་བ། མངོན་པར་ཤེས་པ་དང་། རྫོགས་པར་བྱང་ཆུབ་པ་དང་། མྱ་ངན་ལས་འདས་པར་འགྱུར་བ་ཡོད་དོ། །ཞེས་ངན་པ་དང་ཆུང་ངུས་ཆོག་མི་ཤེས་པར་བཟང་པོ་མང་པོ་ལ་སྲེད་པས་བཀག་པ་ལས་འདས་ཏེ་བཟང་པོ་ལ་སྤྱོད་པ་འདོད་པ་བསོད་ཉམས་ཀྱི་མཐའ་དང་། རྩོལ་མེད་དུ་རྙེད་ཅིང་གནང་ཡང་བག་འཁུམས་ནས་སྤྱོད་མི་ནུས་པ་ལུས་སེམས་གདུང་བར་བྱེད་པ་ངལ་ཞིང་དུབ་པའི་མཐའ་གཉིས་སྤངས་པའི་དབུ་མ་ལ་བརྟེན་པར་གསུངས་སོ། །འཁྲོས་པའི་དོན་གཞན་ཡང་སངས་རྒྱས། རང་སངས་རྒྱས། དགྲ་བཅོམ་པ་སྟེ་མི་སློབ་པའི་གང་ཟག་གསུམ་གྱིས་ནི་དད་པའི་རྫས་སོགས་གཞན་གྱི་ཡོ་བྱད་རང་དབང་བའི་ཚུལ་གྱིས་སྤྱད་དུ་རུང་ལ། ཕྱིར་མི་འོང་བ་སོགས་སློབ་པའི་གང་ཟག་རྣམས་ཀྱིས་ནི་རང་ལ་ཕྱིན་པ་ཇི་ལྟ་བ་བཞིན་དུ་ལོངས་སྤྱད་དུ་རུང་ངོ་། །སོ་སྐྱེ་ཡིན་ཡང་ཚུལ་ཁྲིམས་རྣམ་པར་དག་ཅིང་ཐོས་བསམ་སྒྲུབ་པ་ལ་བརྩོན་པའི་གང་ཟག་གིས་ནི་སངས་རྒྱས་ཀྱིས་རྗེས་སུ་གནང་བའི་ཚུལ་གྱིས་སྤྱད་པ་ལ་ཉེས་པ་མེད་མོད། ཚུལ་ཁྲིམས་རྣམ་དག་དང་ལྡན་ཡང་ཐོས་བསམ་བསྒོམ་པ་ལ་མི་བརྩོན་ཤིང་། གཞི་གསུམ་ལ་སོགས་པས་བསླབ་པ་གོང་འཕེལ་དུ་སྒྲུབ་མི་ནུས་པའི་ལེ་ལོ་ཅན་ལ་ནི་བུ་ལོན་དུ་འགྱུར་ཏེ། ཚེ་རབས་གཞན་དུ་སྦྱིན་བདག་དེ་ལ་དབྱ་འཇལ་བ་པོའམ། དེའི་བྲན་གཡོག་དང་། ཕྱུགས་ལ་སོགས་པ་སྐྱེ་བར་གསུངས་སོ། །ཚུལ་ཁྲིམས་འཆལ་པའི་གང་ཟག་གིས་ནི་དད་རྫས་ཟས་ཁམ་གཅིག་ཙམ་དང་། བཏུང་བ་རླུབ་གཅིག་ཙམ་དང་། དགེ་འདུན་གྱི་གཙུག་ལག་ཁང་དང་། གནས་མལ་ལ་ལོངས་སྤྱད་ན། ཕྱི་མ་དན་སོང་དུ་སྐྱེས་ནས་ལྕགས་ཀྱི་ཐོ་ལུམ་མེ་འབར་བཞིན་པ་ཟ་བ་དང་། ཁྲོ་ཆུ་ཁོལ་མ་འཐུང་བ་དང་། ལྕགས་བསྲེག་གི་ས་གཞི་ལ་གོམ་པ་འདོར་བ་ལ་སོགས་པའི་སྡུག་བསྔལ་མྱོང་བར་གསུངས་པས་ནམ་དུ་ཡང་བཀག་པ་ཁོན་ཡིན་ཏེ། ཚིག་ལེར། མི་སློབ་པ་ནི་བདག་པོར་སྤྱོད། །སློབ་པ་བྱིན་པ

སྤྱོད་པ་སྟེ། །བསམ་གཏན་གླིག་དང་ལྡན་པ་ནི། །རྗེས་གནང་སྤྱོད་ལ་ཉེས་པ་མེད། །ལྷག་མ་ལེ་ལོས་བཅོམ་པ་ཡི། །བདག་ཉིད་རྣམས་ནི་བུ་ལོན་སྤྱོད། །ཁྲིམས་འཆལ་རྣམས་ལ་ནམ་དུ་ཡང་། །གཙུག་ལག་ཁང་སོགས་ཉེར་སྤྱོད་བཀག །ཅེས་སོ། །རྒྱུ་མཚན་དེ་དག་གི་ཕྱིར་ན་གོས་ལ་ལོངས་སྤྱོད་པ་ན་རང་གི་ལུས་ལ་རྨ་དང་ངོ་ཚ་བའི་འདུ་ཤེས། གོས་ལ་རྨ་དགྲིས་དང་ངོ་ཚ་དགབ་པའི་འདུ་ཤེས་དང་། སངས་རྒྱས་ཀྱི་རྗེས་སུ་སློབ་པ་དང་། དགེ་སློང་གི་དྲན་པ་གསོ་བའི་ཆེད་དུ་བགོ་བར་བྱའོ། །

གསུམ་པ་ཀོ་ལྤགས་ཀྱི་གཞི་ལ་གསུམ་སྟེ། མཐའ་འཁོབ་ཕྱིར་མཆིལ་ལྷམ་གནང་བ། མིག་སོགས་ལ་ཕན་པའི་དོམ་ལྤགས་གནང་བ། མཐའ་འཁོབ་བྱེ་བྲག་པར་ཀོ་ལྤགས་བསྟེན་བྱར་གསུངས་པའོ། །དང་པོ་ནི། མི་རུང་ཤས་ཆེ་སོགས། ཡུལ་དུས་ཕྱིར་མི་རུང་བ་ཤས་ཆེ་བ་ཀོ་ལྤགས་ལས་གྱུར་པའི་མཆིལ་ལྷམ་མཐིལ་ཆིག་རིམ་ཅན་ཡུལ་མཐའ་འཁོབ་ཏུ་གྱོན་པར་གནང་ཡང་། ཁ་དོག་ཁྲ་བོ་དང་། དབྱིབས་ལུག་རུ་ལྟ་བུ་གཉེར་མ་མཐོ་དམན་དུ་བྱས་པ་དང་། རྒྱན་གསེར་དངུལ་གྱིས་སྤྲས་པ་སོགས་དང་། སྒྲ་ཐྲིག་ཐྲིག་དང་། ཁྲིག་ཁྲིག་དང་། ཏུག་ཏུག་ཟེར་བ་སོགས་འཆང་དུ་མི་རུང་ལ། མཁན་སློབ་སོགས་ཡུལ་གཉན་གྱི་དྲུང་དང་། ཟས་བཟའ་བའི་དུས་སོགས་ལ་ལྷམ་གྱོན་པ་བཀག་པ་ཡིན་ནོ། །

གཉིས་པ་ནི། མིག་དང་སོགས་ཏེ། གོ་སླའོ། གསུམ་པ་ནི། མཐའ་འཁོབ་འགའ་ལ་སོགས་ཏེ། ཨ་ཤྨ་པ་རྫོ་འཇོག་རཀྵ་དག་ཏུ་ཀོ་ལྤགས་མི་བཅང་བར་མི་བྱའོ། །ཞེས་ཡུལ་དེ་ལྟ་བུར་ཀོ་ལྤགས་ཀྱི་མལ་སྟན་ཅི་དགར་བསྟེན་པར་གསུངས་པ་ཡང་ལུག་གི་པགས་པ་ལ་སོགས་པ་ཡིན་གྱི། སེང་གེ་དང་། སྟག་སོགས་མཆེ་བ་ཅན་དང་སྡེར་མོ་ཅན་གྱི་པགས་པ་ནི་མ་གནང་ངོ་། །ཡུལ་དབུས་སུ་ཡང་ཁྲིམ་གཞན་དུ་སྟན་གཞན་མེད་ན་ཀོ་ལྤགས་ལ་འདུག་པ་ཙམ་གནང་ལ། ཆུ་ལ་འཕྲུགས་རོམ་ཡོད་པའི་སར་ཞྭ་དང་ལྷམ་སྒྲོ་གུ་ཅན་ཡང་གནང་བས་དུས་སྐབས་རིགས་པས་དཔྱད་དོ། །འདིར་ཡུལ་ཁམས་དབུས་མཐའི་ས་ཚིག་ནི། རྒྱ་གར་རྡོ་རྗེ་གདན་ནས་ཤར་ཕྱོགས་སུ་ལི་ཁ་ར་ཤིང་འཕེལ་དང་། ལྷོར་ཆུ་ཀླུང་འདམ་བུ་ཅན་དང་། ནུབ་ཏུ་བྲམ་ཟེའི་གྲོང་ཀ་བ་དང་ཉེ་བའི་ཀ་བ་གཉིས་དང་། བྱང་དུ་ཨུ་ཤི་རའི་རི་བོ་སྟེ་དེ་རྣམས་ཀྱི་ནང་དུ་ཆུད་པ་ནི་ཡུལ་དབུས་དང་། དེ་དག་ཕན་ཆད་ནི་མཐའ་འཁོབ་ཏུ་འཇོག་གོ། །བཞི་པ་སྨན་གྱི་གཞི་ལ་ལྔ་སྟེ། ངོ་བོ་སྤྱིར་བསྟན་པ། སོ་སོའི་མཚན་ཉིད་བསྟེན་ཚུལ་དང་བཅས་པ། བྱེ་བྲག་དུས་རུང་གི་ཟས་ལ་ལོངས་སྤྱོད་པའི་ཚུལ། དམིགས་བསལ་གྱི་གནང་བ་བསླབ་བྱ་གཞན་དང་བཅས་པ། མཐའ་གཉིས་སྤང་བར་གདམས་པའོ། །དང་པོ་ནི། གང་ཞིག་ཁམ་ཟས་སོགས་ཏེ། དངོས་པོ་གང་ཞིག་ཁམ་ཟས་ལ་བརྟེན་པའི་སེམས་ཅན་རྣམས་ཀྱི་འཚོ་བའི་རྐྱེན་དུ་གྱུར་པ། དྲི་རོ་རེག་བྱའི་སྐྱེ་

མཆེད་གསུམ་ལྡན་དེ་ལ་དབྱེ་ན། དུས་རུང་གི་སྨན། ཐུན་ཚོད་དུ་རུང་བའི་སྨན། ཞག་བདུན་པའི་སྨན། འཚོ་བཅང་གི་སྨན་ཏེ་བཞི་ཡོད་པའི་དོན་ཏོ། །

གཉིས་པ་སོ་སོའི་མཚན་ཉིད་བསྟེན་ཚུལ་དང་བཅས་པ་ལ་དང་པོ་དུས་རུང་གི་སྨན་ནི། རབ་བྱུང་སྡེ་ལྔས་སོགས་ཏེ། བཀྲེས་པའི་ནད་སེལ་བའི་ཆེད་དུ་གཙོ་བོར་གནང་བ་དགེ་སློང་སོགས་རབ་བྱུང་སྡེ་ལྔ་ཀས། དུས་རུང་གླིང་གི་སྐྱ་རེངས་ཤར་བ་ནས་གུང་ཚིག་མ་ཡོལ་བར་སྤྱད་དུ་རུང་ཞིང་། ཉི་མ་ཕྱེད་ཡོལ་ནས་དུས་མིན་གྱི་ཟས་སུ་འགྱུར་བ་དང་། དེ་ཕན་ཆད་དུ་བཟའ་བའི་བསམ་པས་བཅང་ན་སོག་འཇོག་ཏུ་འགྱུར་བའི་བཟའ་བ་དང་བཅའ་བ་ལྔ་ལྔར་གསུངས་པ་དང་དེས་མཚོན་པའི་ཁ་ན་མ་ཐོ་བ་མེད་པའི་ཁ་ཟས་ཐམས་ཅད་དུས་རུང་གི་སྨན་ནོ། །དེ་དག་ཀྱང་ཚིག་ལེར། སྣ་ཚོགས་འབྲས་ཆན་ཟན་དང་ཤ །ཕྱེ་དང་ཁུར་བ་བཟའ་བ་ལྔ། །རྩ་བ་སྡོང་བུ་མེ་ཏོག་འབྲས། །ལོ་མ་ཡང་ནི་བཅའ་བ་ལྔ། །ཞེས་སོ། །འོན་ཀྱང་བུ་རམ་བྱིན་གྱིས་བརླབས་པ་དགེ་བསྙེས་དང་། ལག་གི་བླ་རྣམས་ཀྱིས་དུས་མིན་དུ་བཟར་རུང་བ་དང་། དེས་མཚོན་པ་སྦྲང་རྩི་ཡང་རུང་ལ། ཟན་ཆད་པས་ནི་བཟའ་བ་བཅའ་བ་དག་ཀྱང་དུས་མིན་དུ་སྤྱོད་པར་གནང་ངོ་། །གོང་གི་ཤ་ནི་ཤ་ཡི་ཆེད་དུ་བསད་པ་མཐོང་ཐོས་དོགས་གསུམ་དང་བྲལ་བར་དགོས་པར་གསུངས་སོ། །

གཉིས་པ་ཐུན་ཚོད་དུ་རུང་བའི་སྨན་ནི། གནང་བའི་བཏུང་བ་སོགས་ཏེ། སྐོམ་པའི་ནད་སེལ་བ་ལ་གཙོ་བོར་གནང་བའི་བཏུང་བ་རབ་བྱུང་སྡེ་ལྔས་བྱིན་གྱིས་བརླབས་པའི་མཐའ་ཚུན་ཆད་ལ་སྤྱད་དུ་རུང་བ་ལུང་སྨན་གྱི་གཞི་ལས། རྒུན་ཤིང་འབྲས་དང་ཀུ་ཤུ་གོ་ལ་དང་། །ཨ་ཤྭཏྠ་དང་ཨུ་དུམྦཱ་ར་དང་། །བ་རུ་ཤ་ཀ་དང་ནི་རྒུན་འབྲུ་དང་། །བརྒྱད་པ་འབྲ་གོ་དག་ནི་ཡིན་པར་བཤད། །ཅེས་འབྱུང་བའི་འབྲས་བུ་བརྒྱད་པོ་གང་རུང་ཆུ་ལ་སྦྲངས་པའི་ཁུ་བ་རུང་རྒྱུས་བཏབ་པ། ཚགས་ཀྱིས་བཙགས་པ། ཤིན་ཏུ་སླ་བ་བཞིན་རས་ཀྱི་གཟུགས་བརྙན་སྣང་བའོ། །དེ་དག་ཀྱང་སྔ་དྲོ་བྱིན་གྱིས་བརླབས་པ་ཉིན་མོའི་ཐུན་ཚོད་ཀྱི་མཐའ་ཞེས་པ་རྒྱ་སྐར་འཆར་ལ་ཉེ་བའི་གོང་ཚུན་ཆད་ལ་ཅི་བདེར་སྤྱད་པར་བྱ་ཞིང་། སྲོད་ལ་བྱིན་གྱིས་བརླབས་ན་སྐྱ་རེང་འཆར་ལ་ཉེ་བའི་གོང་ཚུན་ཆད་དུ་སྤྱད་པར་བྱའོ། །ཉིན་མཚན་རང་རང་གི་མཐའ་ལས་འདས་ན་སོག་འཇོག་ཏུ་འགྱུར་བས་འཆང་བ་དང་ལོངས་སྤྱོད་པར་མ་གནང་ངོ་། །དེ་བཞིན་དུ་བཙོས་པའི་ཆུ་ཞེས་པ་རྒྱུན་ཆང་སོགས་ཀྱི་སངས་པོ། །འབྲུའི་ཆུ་ཞེས་པ་ནས་ཆང་གྲོ་ཆང་སོགས་ཀྱི་ཤུལ་ནས་བྱུང་བའི་སངས་པོ། །ཞོ་ཁ་ཆུ་སྟེ་ཞོའི་ཁུ་བ། དར་བའི་དང་མ་སྟེ་ཆུར་ཁུ། རྩབ་མོ་སྟེ་འབྲས་དང་ཁྲེ་སོགས་བཙོས་ནས་ཕབ་མ་བཏབ་པར་མནན་པ་རྣམས་ཀྱང་གོང་གི་མཚན་ཉིད་དང་ལྡན་ན་ཐུན་ཚོད་དུ་རུང་བའི་སྨན་དུ་གཏོགས་ཤིང་། རྒྱ་ཇའི་བཏུང་བ་དངོས་སུ་གསུངས་པ

མེད་ཀྱང་ཇོ་བོ་ཆེན་པོས་ལེགས་པར་བསྟགས་ཤིང་། སྔོན་གྱི་འདུལ་འཛིན་རྣམས་ཀྱིས་རུང་ཆུ་གདབ་པ་སོགས་མཛད་པ་བཞིན་ལག་ལེན་དུ་ཐེབས་ན་སྔོན་པའི་བཅས་པ་དང་མཐུན་པའི་ཕན་ཡོན་ཡོད་དོ། །གཞན་ཡང་སྔར་བཤད་པའི་དོན་ཚང་ན་ནས་ཁུ་དང་། ཤ་ཁུའི་ཐང་སོགས་ནད་པ་ལ་གནང་ངོ་། །

གསུམ་པ་ཞག་བདུན་པའི་སྨན་ནི། ཞུན་མར་སོགས་ཏེ། རླུང་ནད་སེལ་བ་ལ་གཙོ་བོར་གནང་བ་ཞུན་མར་དང་། འབྲུ་མར་དང་། སྦྲང་རྩི་དང་། བུ་རམ་གྱི་དབུ་བ་སྐྱེ་བཞི་དང་། དེ་དག་དང་འདྲ་བ་བུ་རམ་དང་། བུ་རམ་གྱི་ཁ་ཤུན་བསྟུས་པའི་ཕྱེ་མ་སྐྱ་དང་། དེ་ཇོག་པོར་བྱས་པའི་ལི་ཁ་ར་དང་། ཞུན་མར་དང་འདྲ་བ་ཉ་དང་། ཤུ་ཀ །ཞེས་པ་གསོད། ཏྲེད། ཕག་སྐྱེ་ལྤའི་ཞག་བསྐོལ་ཞིང་བཙག་པ་དང་། མར་གསར་དང་། སྦྲང་རྩི་རྣམས་ཞག་བདུན་པའི་མཐའི་བར་དུ་བྱིན་གྱིས་བརླབས་ནས་བརྒྱུད་པའི་སྐྱ་རེང་འཆར་གོང་ཙམ་ཆད་ལ་ཅི་བདེར་བསྟེན་པར་བྱ་བ་ལ་ཞག་བདུན་པའི་སྨན་དུ་གྲགས་སོ། །བཞི་པ་འཚོ་བཅང་གི་སྨན་ནི། རྩ་བ་སོགས་ཏེ། འདུ་བ་རྣམ་བཞི་གང་དང་གང་ལྡན་པ་དེ་དེའི་སྨན་བསྟེན་པར་གནང་བ་རྩ་བའི་སྨན་སོགས་ལྔ་ནི་ཟས་ལ་མ་ཁྲེབ་པའི་སྨན་ཏེ། རྩ་བའི་སྨན་གླ་སྒང་དང་ཡུང་བ་ལྟ་བུ། སྡོང་པོའི་སྨན་ཙནྡན་དང་སླེ་ཏྲེས་ལྟ་བུ། ལོ་མའི་སྨན་ནིམ་པའི་ལོ་མ་ལྟ་བུ། མེ་ཏོག་གི་སྨན་གུར་གུམ་དང་བཤ་ཀའི་མེ་ཏོག་ལྟ་བུ། འབྲས་བུའི་སྨན་ཨ་བར་སྐྱུར་གསུམ་ལྟ་བུ་སྟེ། དེ་དག་ཇི་སྲིད་འཚོའི་མཐའ་བར་བྱིན་གྱིས་བརླབས་ནས་དགོས་དུས་སུ་བསྟེན་པ་ལ་འཚོ་བཅང་གི་སྨན་དུ་བརྗོད་དོ། །སྨན་གཉིས་འདྲེས་པ་དག་ནི་སྔ་མ་སྔ་མ་བཙན་པར་བྱས་ནས་བཟའ་བ་དང་བྱིན་རླབས་གང་འོས་པ་བྱ་སྟེ། དཔེར་ན། དུས་རུང་དང་ཐུན་ཚོད་པ་འདྲེས་ན་དུས་མ་ཡོལ་བར་བཟའ་བར་བྱ་ཡི། ཐུན་ཚོད་དུ་བྱིན་གྱིས་མི་བརླབ། དེ་བཞིན་དུ་ཐུན་ཚོད་དང་ཞག་བདུན་པ་འདྲེས་ན་ཐུན་ཚོད་དུ་བྱིན་གྱིས་བརླབས་ནས་སྤྱད་པར་བྱ་ཞིང་། ཞག་བདུན་པར་བྱིན་གྱིས་མི་བརླབ་པ་སོགས་འགྲེ་ཞིང་། དུས་རུང་ལ་ཕྱི་མ་གསུམ་གང་འདྲེས་ཀྱང་དུས་རུང་ཁོ་ནར་ལོངས་སྤྱོད་པས་ཀུན་ལ་མཚོན་ནོ། །ཐུན་ཚོད་དུ་རུང་བའི་སྨན་སོགས་ཕྱི་མ་གསུམ་གཙོ་ཆེ་ནད་པ་ལ་གནང་བ་ཡིན་ལ། དེ་དག་ཀྱང་རོ་དང་ནུས་པ་དག་འགྱུར་ན་སོག་འཛོག་ཏུ་འགྲོ་བས་སྤྲངས་དགོས་ཤིང་། སྨན་བཞི་ཀ་ལ་བྱིན་ལེན་བྱས་ཤིང་འཆགས་པ་གཙོ་ཆེའོ། །དེ་ལ་བྱིན་ལེན་སྟོབ་པ་པོ་ནི་ཁྲིམ་པ་ནས་བསླབ་བྱིན་དགེ་སློང་མན་ཆད་བསམ་པ་ཐག་པ་ནས་འདྲེན་འདོད་པ། སྟོབ་རྒྱུའི་དངོས་པོ་འདེགས་ནུས་པ་དགོས་ལ། དེ་དག་ལས་བཟློག་པ་དང་། དགེ་སློང་རྣམ་དག་ནང་ཕན་ཚུན་གྱིས་བྱིན་ལེན་མི་འཆགས་ཤིང་ལེན་པ་པོ་བསྙེན་རྫོགས་སམ་དགེ་སློབ་མའི་སྡོམ་ལྡན་དང་བསླབ་བྱིན་དགེ་སློང་། ལུས་ཐ་མལ་པར་གནས་པའོ། །དངོས་པོ་ཆུ་དང་སོ་ཤིང་མ་གཏོགས་པའི་སྨན་རྣམ་བཞི་དངོས་སམ་ཉེ་བའི་སྟ་གོན་དུ

གནས་པ། རང་ངམ་རང་དང་འདྲ་བས་བྱིན་ལེན་བྱས་པ་དང་མ་འབྲེལ་པའོ། །སྟོབ་པ་པོ་མདུན་དྲུང་ཐད་གནས་ཤིང་། མེ་དང་ཆུ་བྱ་ག་དང་བདག་པོ་དང་རགས་པའི་དངོས་པོ་སོར་བཞི་པ་ཡན་ཆད་ཀྱིས་བར་མ་ཆོད་པར་སྟོབ་ཅིང་། ལེན་པ་པོས་ཀྱང་ལག་པ་གཉིས་གན་རྒྱལ་དུ་བཀན་པས་བླང་། དེ་དག་ལས་བཟློག་པ་སྟོབ་པ་པོ་གློ་དང་རྒྱབ་ཕྱོགས་དང་མཐོ་བར་གནས་པ་སོགས་ཀྱིས་མི་འཆགས་སོ། །བྱིན་ལེན་ཉམས་པའི་རྒྱུ་བརྒྱད་གསུངས་པའང་། གཞན་གྱིས་ཕྲོགས་པ་དང་། འཕྲིལ་བ་དང་། དགེ་སློང་རང་བཞིན་དུ་གནས་པ་སོགས་ཀྱིས་རེག་པ་དང་། གཞན་ལ་ཞེ་ཐག་པ་ནས་བསྔོས་པ་དང་། མཚན་གཉིས་ཅིག་ཆར་བྱུང་བ་སོགས་ཀྱིས་དགེ་སློང་མིན་པར་གྱུར་པ་དང་། དངོས་པོ་གཞན་དུ་གྱུར་པ་དང་། དགེ་སློང་ཕམ་ཕན་ཚུན་མཚན་གྱུར་པ་དང་། ལེན་མི་ནུས་པའི་སར་དོར་བ་རྣམས་སོ། །མདོར་ན་དུས་རུང་གི་སྣོན་ལ་བྱིན་ལེན་འཆགས་པ་ཉིད་ཀྱིས་ཆོག་ལ། སྨན་ཕྱི་མ་གསུམ་ལ་དེའི་སྟེང་དུ་བྱིན་རླབས་དགོས་ཤིང་འཆགས་མོད། བྱིན་ལེན་བྱས་པའི་ཟས་ལ་དགེ་སློང་རང་བཞིན་དུ་གནས་པ་མཚན་མཐུན་པས་རེག་ན་བྱིན་ལེན་འཇིག་པ་ལ་ལག་ཉ་ཞེས་གྲགས་པ་དང་། བསོག་འཇོག་དང་མཚམས་ནང་དུ་ཞག་ཏུ་ལོན་པ་དང་། མཚམས་ནང་དུ་རྗེན་པར་བཙོས་པ་དང་། དགེ་སློང་གིས་རྗེན་པར་བཙོས་པ་རྣམས་ལ་བྱིན་རླབས་མི་འཆགས་སོ། །འདིར་རྗེན་པའི་དོན་ནི་ཤ་སྐམ་དང་ནས་སོགས་སྲ་བ་རྣམས་སྲུམ་ཆ་མ་བཏང་བ་དང་། ལོ་མ་དང་ཤ་སྔོན་སོགས་སྐྱི་བ་རྣམས་མདོག་མ་འགྱུར་བ་དང་། འོ་མ་སོགས་ཁུ་བ་རྣམས་ལན་གཉིས་མ་ཁོལ་བ་ལ་བཤད་དོ། །དགེ་འདུན་གྱིས་ཞག་ལོན་སོགས་ཀྱི་ཉེས་པ་དེ་དག་ཁེགས་པའི་ཕྱིར་རུང་ཁང་བཅོས་ནས་བྱིན་གྱིས་བརླབས་པའི་ཚུལ་གསུངས་ཏེ། གཙུག་ལག་ཁང་ཉེ་འཁོར་དང་བཅས་པའི་ནང་དུ་བྱ་བ་ལ་དང་པོ་སོ་ཕག་འགྲེམ་པའི་དགེ་སློང་ལག་གི་བླས་དེའི་འགྲམ་རྗེ་གཏོང་བ་ན་སེམས་བསྐྱེད་ཅིང་ཚིག་ཏུ་བརྗོད་པ་ནི་བརྟེགས་པའི་མཐའ་ལས་བྱུང་བའི་བྱིན་རླབས་དང་། རྩིག་པའི་མགོ་བརྩམས་ནས་མཇུག་མ་ཟིན་པའི་གང་ཡང་རུང་བའི་དུས་སུ་ལག་གི་བླས་སེམས་བསྔུས་ཤིག་པར་བསྒྲུལ་ཏེ་དགེ་འདུན་གྱིས་སེམས་བསྔུས་པའི་མཐའ་ལས་བྱུང་བའི་བྱིན་རླབས་དང་། གྲུབ་ཟིན་ནས་དགེ་འདུན་གྱིས་གསོལ་བ་གཉིས་ཀྱི་ལས་ཀྱི་བྱིན་གྱིས་བརླབས་པ་དང་གསུམ་འདུག་གོ། །གཞན་ཡང་གཙུག་ལག་ཁང་སྟོང་པར་དགེ་སློང་དག་གསར་དུ་ཕྱིན་པའི་ཚེ་ཁྲལ་ལས་བྱུང་བའི་བྱིན་རླབས་བྱ་བ་སྟེ་བཞི་འབྱུང་ལ། གང་ཟག་སོ་སོའི་གཙུག་ལག་ཁང་ཉེ་འཁོར་དང་བཅས་པའི་ནང་དུ་རུང་བའི་ཁང་པ་བྱས་པའམ། མཚམས་ནང་གཅིག་ཏུ་གཙུག་ལག་ཁང་དུ་མའི་རུང་ཁང་གཅིག་བྱས་པ་ལ་ལུང་ལས་བ་ལང་གི་ལྷས་ལྷ་བུའི་རུང་བའི་ཁང་པ་ཞེས་གསུངས་པ་དག་ལ་བྱིན་རླབས་གསུམ་ཀ་འཇུག་ཅིང་། སྔར་ཁྲིམ་པའི་གནས་ཡིན་ཀྱང་དགེ་སློང་ལ་དབང་བར

གྱུར་ན་བྱིན་གྱིས་རླབས་དགོས་མོད། ཁྲིམ་པའི་གནས་དངོས་དང་མཚམས་ཀྱི་ཕྱི་རོལ་ལ་མཚམས་བཅོས་སོགས་ཀྱི་ཉེས་པ་མི་འབྱུང་བས་རུང་ཁང་བྱིན་རླབས་མི་དགོས་སོ། །

གསུམ་པ་བྱེ་བྲག་དུས་རུང་གི་ཟས་ལ་ལོངས་སྤྱོད་པའི་ཚུལ་ནི། དུས་རུང་ཟས་ལ་སོགས་ཏེ། མདོ་རྩར། བདག་ཉིད་ལ་ནད་པའི་འདུ་ཤེས་དང་། ཟས་ལ་སྨན་གྱི་འདུ་ཤེས་ཉེ་བར་བཞག་སྟེ་བཟའ་བར་བྱའོ། །དྲན་པར་ཡང་ངོ་། །ཞེས་པ་དང་། བཤེས་སྤྲིང་ལས། རྒྱགས་ཕྱིར་མ་ལགས་སྙེམས་པའི་ཕྱིར་མ་ལགས། །འཚག་ཕྱིར་མ་ལགས་ལུས་གནས་འབའ་ཞིག་ཕྱིར། །ཞེས་འབྱུང་བའི་དོན་དྲན་པ་སྔོན་དུ་བཏང་སྟེ། དཀོན་མཆོག་གསུམ་རྗེས་སུ་དྲན་པའི་སྒོ་ནས་ཕུད་མཆོད་དང་། འཕྲོག་མའི་ཆངས་བུ་ཚུལ་བཞིན་དུ་བྱ། ཟས་ཀྱི་རྒྱུ་མི་གཙང་བ་ཡིན་པ་དང་། འབྲས་བུ་མི་གཙང་བར་འགྱུར་བ་སོགས་དང་རོ་ལ་ཆགས་པའི་ཉེས་དམིགས་མདོ་ནས་འབྱུང་བ་མཐའ་དག་དྲན་བཞིན་པས་རན་པ་སྙེ་ཚོད་ཟིན་པར་ལོངས་སྤྱོད། རྗེས་སུ་འདག་རྫས་སམ་རུང་བའི་ཆུས་ཁ་དག་པར་བྱས་ལ་ཡོན་སྦྱོང་གི་མདོ་དང་བསྔོ་བ་བྱའོ། །ཞར་བྱུང་དུས་རུང་གི་སྨན་དང་འབྲེལ་བའི་ལྟུང་བཟེད་ནི༑ རྒྱུ་རིན་པོ་ཆེ་དང་ཟངས་སོགས་ལས་བྱས་པ་མ་ཡིན་པ། ལྕགས་སམ་རྫ་སོ་བཏང་བ་གང་རུང་། ཁ་དོག་ནག་པོར་བསྒྱུར་བ། ཆུང་ཚད་ཕུལ་དགུའམ། ཆེ་ཚད་ཡུལ་དབུས་ཀྱི་བྲེ་བོ་ཆེ་གང་ཤོང་བ་ལ་ཁ་ནས་མཐེ་བོང་གི་ལྟོ་གང་སྟོང་པར་འཛོག་ཏུ་རུང་བ་དང་། དེ་དག་གི་བར་པ་འབྲིང་གི་ཚད་དེ་དེ་ལྟ་བུ་བྱིན་གྱིས་བརླབས་ནས་བཅང་ངོ་། །སྨན་གསུམ་དང་འབྲེལ་མ་འབྲེལ་གང་ཡིན་ཀྱང་རུང་སྲོག་ཆགས་ལ་འཚེ་བ་སྤང་བའི་ཕྱིར་ནང་ནུབ་ཏུ་ཉེ་བར་སྤྱད་པའི་ཆུ་ཚགས་ལ། དཔྱངས་ཚགས་དང་། བུམ་ཚག་ལྟེ་འུ་ཅན་དང་། ཆུ་ཚགས་གྲུ་གསུམ་དང་། རིལ་པ་ཞབས་ཚགས་ཅན་དང་། གསལ་ཚགས་ཏེ་རྣམ་པ་ལྔར་བཤད་པ་ལས་དེང་སང་ཡོངས་སུ་གྲགས་པ་འདི་ནི་ཕྱི་མ་གསལ་ཚགས་ཉིད་ཡིན་པར་འདོད་ལ་རས་དཀར་པོ་ཁོ་ན་ལས་ཁ་བསྒྱུར་ན་ཉེས་བྱས་སོ། །དེས་མཚོན་མར་མེ་ལ་ཡང་འོད་ཁང་མིག་བརྒྱ་པ་དགབ་པར་གསུངས་སོ། །དུས་རུང་གི་སྨན་གྱི་དོན་དུ་བསོད་སྙོམས་ལ་རྒྱུ་བ་ན་ཁྲིམ་པ་རྣམས་ལ་གོ་བར་བྱ་བ་དང་། ཁྱི་སོགས་བསྐྲོད་པའི་དོན་དུ་འཁྲོལ་བྱའི་འཁར་གསིལ་ནི། དུམ་བུ་གསུམ་དུ་བྱས་པ་ནི་བསླབ་པ་གསུམ་མཚོན། དེ་བཞིན་དུ་སྦུ་བ་སྟོང་པ་ཡོད་པ་ནི་ཆོས་ཐམས་ཅད་སྟོང་པ་ཉིད། སྟོད་སྨད་གཉིས་ལྕགས་ལས་བྱས་པ་ནི་ཚུལ་ཁྲིམས་དང་ཤེས་རབ་ཀྱི་བསླབ་པས་སྤང་བྱ་རྣམས་ཕར་ལ་འཇོམས་ཤིང་ཚུར་མི་ཚུགས་པ། བར་ཤིང་ལས་བྱས་པ་ནི་ཏིང་ངེ་འཛིན་གྱི་བསླབ་པས་སེམས་ལས་སུ་རུང་ཞིང་མཉེན་པ། ཡར་རྩེ་ལ་བརྒྱད་བཞོགས་བྱས་པ་ནི་འཕགས་ལམ་ཡན་ལག་བརྒྱད། ཨ་ལོང་གཅིག་ནི་ཆོས་ཀྱི་འཁོར་ལོ་གཅིག་བསྐོར་བ། ར་བཞི་ནི་འཕགས་པའི་བདེན་པ་བཞི། ར་གཉིས་ནི་

དོན་དམ་དང་ཀུན་རྫོབ་ཀྱི་བདེན་པ། རྣ་ལ་བཏགས་པའི་ཨ་ལོང་བཅུ་གཉིས་ནི་གསུང་རབ་ཡན་ལག་བཅུ་གཉིས། སྙིང་གི་མཆོད་རྟེན་གཉིས་ནི་ཆོས་སྐུ་དང་གཟུགས་སྐུ། ལྷུགས་ཀྱུ་ནི་འགྲོ་བ་ངན་སོང་ནས་འདོན་པ། མར་རྐྱེའི་རྒྱ་མདུད་ནི་ངན་སོང་གི་སྒོ་འགེགས་པ། ལྷུགས་སྙིང་མའི་རྒྱ་མདུད་ནི་མཐོ་རིས་དང་ཐར་པའི་སྒོ་ཕྱེ་བ༑ འཕྲེང་པས་དཀྲི་བ་ནི་བསླབ་པ་གསུམ་ཟུང་དུ་འབྲེལ་བ། ལྷུགས་འོག་མ་བདུན་བཞོགས་བྱས་པ་ནི་བྱང་ཆུབ་ཀྱི་ཡན་ལག་བདུན་མཚོན་པར་གསུངས་སོ། །མིང་གཞན་གསེག་ཤང་དང་གསིལ་བྱེད་ཅེས་ཀྱང་བྱ་ལ། སྤྱོང་བ་པ་རྣམས་ཟས་སོགས་ལ་བསླུ་བའི་དོན་དུ་ཡང་འདི་ཉིད་འཁྲོལ་བར་གསུངས་སོ། །ལྷུང་བཟེད་ལ་སོགས་པ་འདི་རྣམས་གཙོ་བོར་མཁོ་བའི་ཡོ་བྱད་དུ་གཏོགས་ནའང་སྐབས་དེར་བཤད་བྱ་མང་བས་འདིར་བརྗོད་པ་ལ་མ་འབྲེལ་བའི་སྐྱོན་མི་འབྱུང་ངོ་། །

བཞི་པ་དམིགས་བསལ་གྱི་གནང་བ་བསླབ་བྱ་གཞན་དང་བཅས་པ་ནི། དམིགས་བསལ་སོགས་ཏེ། ལག་ཉ་སོགས་སྤྱིར་བཀག་མོད་དམིགས་བསལ་མུ་གེའི་དུས་དང་། ན་བའི་ཚེ་ཐུར་བསྟན་པའི་མཚན་ཉིད་ཅན་གྱི་ལག་ཉ། མཚམས་བཅོས་ཞག་ལོན། བརྟེན་བཅོས་བསོག་འཛོག་ཡང་ཡང་བཟའ་བ། ས་བོན་དང་སྐྱེ་བ་འཛིག་པ། བྱིན་ལེན་མ་བྱས་པར་བཟའ་བ་རྣམས་དང་། གཞན་ཡང་བརྒྱམས་ལྟར། སྤྱངས་པ་བཟའ་བ་རྣམས་ལ་ལྟུང་བ་མི་འབྱུང་བས་བག་ཡངས་སུ་སྤྱད་པར་གནང་ངོ་། །གཞན་ཡང་ནད་པ་ལ་བཅད་པ་ལས་བྱུང་བའི་ཤ་རྗེན་སོགས་སྦྱིན་དགོས་ན་ཤན་པ་སོགས་ཤ་འཚོང་གི་གནས་ཆེན་པོ་ལྟ་ནས་ཉོ་བའམ་སློང་བར་གསུངས་སོ། །དེ་བཞིན་དུ་ནད་ལ་ཕན་ན་སྒོག་པ་ཟ་བར་གནང་མོད་དད་མ་ཡལ་བར་དུ་དྲི་གཙང་ཁང་དུ་འཇུག་པ་བཀག་སྟེ། སྒོག་སྐྱ་ཟོས་པས་ཞག་བདུན་དང་། ཀུན་དོང་བཙོང་ཟོས་པས་ཞག་གསུམ། ཀེའུ་རི་སྒོག་ཟོས་པས་ཞག་གཅིག་མཚམས་བཅད་པར་གསུངས་སོ། །ཟས་ཟོས་ཚར་བའི་རྗེས་སམ། གནས་སྐབས་གཞན་དུ་མཆིལ་མ་དང་། སྣབས་དང་། ལུད་པ་དང་། ཁ་བཤལ་བའི་ཆུ་སོགས་དགེ་འདུན་གྱི་གཙུག་ལག་ཁང་དང་། གདན་དང་ཁྲིའུ་སོགས་གནས་མལ་ལ་སྐྱུད་པ་དང་འདོར་བ་རྣམ་པ་ཀུན་ཏུ་སྤང་དགོས་ཏེ། ཀ་བ་ལྷ་བུའི་དམྱལ་བ་དང་། རྩིག་པ་ལྷ་བུའི་དམྱལ་བ་དང་། །གྲལ་གདན་ལྷ་བུ་ལ་སོགས་པར་སྐྱེ་བར་གསུངས་སོ། །

ལྔ་པ་མཐའ་གཉིས་སྤང་བར་གདམས་པ་ནི། མདོར་ན་སོགས་ཏེ། ཇི་སྐད་བཤད་པ་དེ་ཐམས་ཅད་ཀྱང་གོས་ཀྱི་གཞིའི་སྐབས་སུ་སོང་བ་ལྟར་མཐའ་གཉིས་སྤྱོང་བར་འདུ་བས་ཁ་ཟས་བསོད་སྙོམས་དང་གདན་གཅིག་ལ་ངེས་པར་བརྟེན་དགོས་ལ། ན་བ་ལ་ཕན་པའི་སྨན་དུས་རུང་སོགས་གང་དང་འབྲེལ་པ་རྣམས་ཀྱང་གཞན་གྱིས་བསྐོལ་ཏེ། ཁུ་བ་བཀུས་ཤིང་བོར་བ་སོགས་ངན་ངོན་གྱིས་འཚོ་ན་ངེས་ཆོག་ཤེས་པར་བྱ་བ་ནི་

འདོད་པའི་མཐའ་སྤང་བ་ཡིན་ལ། གལ་ཏེ་རང་ཉིད་ཆོས་གཉིས་དང་ལྡན་པ་སོགས་སྔར་བཤད་པ་ལྟར་གྱུར་ན། འབྲས་ཆན་དང་སྐྱོ་མ་དང་། ཐུག་པ་དང་། ལྔ་སྟོན་དང་། བརྒྱད་སྟོན་སོགས་ཀྱང་ཚོད་ཟིན་པར་ལེན་ཞིང་སྤྱད་པས་ཆོག་གོ། །དེ་བཞིན་དུ་ན་བའི་གསོས་སྨན་ཀྱང་བཀུས་ཏེ་བོར་བས་མི་འཚོ་བའམ། ཞེན་པ་མི་སྐྱེ་བ་སོགས་ཀྱི་ཡོན་ཏན་ལྡན་ན་ཇ་བ་དང་སྔོང་བུ་སོགས་སྨན་བཟང་པོ་མ་ཉམས་པ་ལ་ཡང་སྤྱད་པས་ཆོག་སྟེ་དུབ་པའི་མཐའ་ཡང་བསལ་བའོ། །

གསུམ་པ་དགོས་པ་འགྲུབ་བྱེད་ལས་ཀྱི་གཞི་འཆད་པ་ལ་གཉིས་ཏེ། མིང་དོན་དང་འབྲེལ་བའི་དབྱེ་བས་མདོར་བསྟན་པ་དང་། རྣམ་བཞག་རྒྱས་པར་བཤད་པའོ། །དང་པོ་ནི། འགྲུབ་བྱེད་སོགས་ཏེ། སྦྱིན་པ་དང་། ཆད་པ་སོགས་ཀྱི་དགོས་པའམ་རང་རང་གི་དོན་དེ་འགྲུབ་པར་བྱེད་པའི་ལས་ཀྱི་གཞི་དེ་ལ་དབྱེ་ན་དགེ་འདུན་གྱི་ལས་དང་། གང་ཟག་གི་ལས་ཞར་བྱུང་དང་བཅས་པ་སྟེ་གཉིས་སུ་ཡོད་པའི་དོན་ནོ། །དེའི་དང་པོ་ལ་ལྔ་སྟེ་ལས་ཆགས་པའི་རྒྱུ་ཚོགས་དང་བསམ་པ། བརྗོད་པ་ལས་ཀྱི་ངོ་བོ། ལས་ཉམས་སུ་མྱོང་བའི་དོན། ལས་ཆགས་པའི་དུས། ལས་ཀྱི་དབྱེ་བསྡུ་བསྟན་པའོ། །དང་པོ་ཚོགས་ལ་གསུམ་སྟེ་བློ་མཐུན་པར་བྱེད་པ་དགེ་འདུན་གྱི་ཁྱད་པར། བརྗོད་པར་བྱེད་པ་ལས་མཁན་གྱི་ཁྱད་པར། གང་ལ་བྱ་བའི་ཡུལ་གྱི་ཁྱད་པར་རོ། །དེའི་དང་པོ་ལ་གྲངས་ཚང་བ་དང་། ཁ་སྐོང་བར་འོས་པ་དང་། མི་མཐུན་པ་མེད་པ་སྟེ་གསུམ་གྱི་དང་པོ་ནི། དགེ་སློང་ཕ་དང་མ་སོགས་ཏེ། དགེ་སློང་ཕ་མ་དགེ་འདུན་ལྷག་མའི་ལྟུང་བ་བྱུང་བ་དེའི་ཆད་ལས་སྤོ་མགུ་སྤྱད་ཚར་བ་སླར་རང་བཞིན་དུ་གནས་པའི་སར་དབྱུང་བའི་ལས་ལ་དགེ་སློང་ཉི་ཤུ་དང་། དེའི་སྟེང་དུ་དགེ་སློང་མ་ཉི་ཤུ་སྟེ་བཞི་བཅུ་ཚང་བ། ཕ་མའི་དབྱེ་བའི་རིམ་གྱིས་ཚོགས་པ། སྐྱེས་པ་བསྙེན་པར་རྫོགས་པ་ལ་ཡུལ་དབུས་སུ་དགེ་སློང་བཅུ་ཚོགས་པ་དང་མཐའ་འཁོབ་ཏུ་ལྔས་ཀྱང་རུང་ལ། བུད་མེད་བསྙེན་པར་རྫོགས་པ་ལ་དབུས་སུ་དགེ་སློང་བཅུ་དང་དགེ་སློང་མ་བཅུ་གཉིས་ཏེ་ཉི་ཤུ་རྩ་གཉིས་ཚང་བ་ལས་མཐའ་འཁོབ་ཏུ་ཕྱེད་དབྲི་བ། དགེ་སློབ་མའི་སྡོམ་པ་སྦྱིན་པ་དང་། སོགས་ཀྱི་སྨྲས་ཚངས་སྤྱོད་ཉེར་གནས་ཀྱི་སྡོམ་པ་སྦྱིན་པ་དང་། འཁོར་དང་འཁོར་མང་འཇོག་པའི་གནང་བ་སྦྱིན་པ་ལ་དགེ་སློང་མའི་ཚོགས་པ་བཅུ་གཉིས་དང་དྲུག་གི་ཁྱད་པར་སྔར་བཞིན་དབུས་མཐས་ཕྱེ་བ། དགེ་སློང་ཕའི་གསོ་སྦྱོང་སོགས་ལས་ལྷག་མ་གཞན་རྣམས་ལ་དགེ་འདུན་དུ་ལོངས་པ། དགེ་སློང་མའི་དགག་དབྱེ་བྱེད་པ་ལ་དགེ་སློང་ལྔ་དགེ་སློང་མ་བཞི་སྟེ་དགུ་ཚང་བ། དགེ་སློང་མའི་མགུ་བ་སྤྱོད་པའི་ལས་ལ་དགེ་སློང་ཕ་མ་བཞི་བཞི་སྟེ་བརྒྱད་དགོས་པ་དེ་དག་ནི་གྲངས་ཚངས་པའོ། །

གཉིས་པ་ཁ་སྐོང་བར་འོས་པ་ནི། མི་འདུག་འགྲེང་དང་སོགས་ཏེ། ས་ལ་མི་འདུག་པར་འགྲེང་བ་དང་།

གང་ལ་བསྒྲུབ་པ་སོགས་ལས་བྱ་བའི་ཡུལ་ཡིན་པ་དང་། འདུན་པ་དང་ཡོངས་དག་ཕུལ་ཟིན་པ་དང་། བསྙེན་པར་མ་རྫོགས་པ་དང་། མཚན་ཉམས་པ་དང་། མཚམས་མེད་བྱས་པ་དང་། སྡིག་པའི་ལྟ་བ་ཅན་ཏེ་མདོ་སྡེ་ཚངས་པའི་དྲ་བ་ནས་གསུངས་པའི་ལྟ་བའི་རྣམ་པ་དྲུག་ཅུ་རྩ་གཉིས་པོ་གང་རུང་ལྡན་པ་དང་། ས་གཞན་ན་གནས་པ་ནི་སྒོ་སྤྱོད་གསུམ། མགུ་སྤྱོད་གསུམ། སྒོ་ལྡན་གསུམ། མགུ་ལྡན་གསུམ། ངོ་བོ་ཉིད་འཆོལ་བ་དང་། བསླབ་བྱིན། སྡིག་པ། ནན་ཏུར། སྨད་པ། གནས་ནས་དབྱུང་བ། བསྒྲད་པ། ཕྱིར་འགྱེད། ཕྱིར་བཅོས་མི་བྱེད་པ་གནས་ནས་དབྱུང་བ། ལྟུང་བ་མ་མཐོང་ངོ་ཟེར་བ། སྡིག་ལྟ་མི་གཏོང་བ། དགེ་སློང་མ་དང་འདྲེ་ཞིང་གནས་པ༑ འཐབ་གྲོལ་བྱེད་པ་ཟློག་ཀྱང་མི་ཉན་པ། རྣམ་པར་གདན་ལ་འབེབ་པའི་རྩོད་པ་ཉེ་བར་ཞི་བའི་ཕྱིར་འཐབ་གྲོལ་གྱི་རྒྱུ་མི་གཏོང་ཞིང་ཉེ་བར་སྒྲུབ་པ་གནས་ནས་ཕྱུང་བ་སྟེ་ཉི་ཤུ་རྩ་ལྔ། འབྲུལ་བཅས་ཏེ་ཕམ་པ་བྱུང་བ། མཚམས་གཞན་ན་གནས་པ་སྟེ་རྫིག་པ་དང་མེ་སོགས་ཀྱིས་བར་ཆོད་པ། དཀོན་མཆོག་གཞན་ཡིན་པ་ནི་སངས་རྒྱས། ཤེས་པ་རང་བཞིན་དུ་མི་གནས་པ། མཚན་མི་མཐུན་པ་སྟེ་བཅུ་གསུམ་པོ་མ་ཡིན་ན་ཁ་སྐོང་བར་འོས་སོ། །འདིར་ཐ་དད་དུ་གནས་པ་དང་བཅུ་བཞི་འབྱུང་མོད་ཆོས་ཕྱོགས་པའི་ལས་བྱས་ཕྱིན་ཐ་དད་པའི་སྐྱོན་ངང་གིས་ཁེགས་པས་ལོགས་སུ་མ་བགྲང་ངོ་། །

གསུམ་པ་མི་མཐུན་པ་མེད་པ་ནི། མཚམས་ནང་སོགས་ཏེ། འདི་ལ་གཉིས་སུ་འགྱུར་བའི་དང་པོ་ནི། མཚམས་ནང་དེ་ན་ཡོད་པའི་འདུ་བར་འོས་པའི་དགེ་སློང་འགའ་ཞིག་མ་འདུས་པ་ནི་མ་འདུས་པའི་མི་མཐུན་པ་ཡིན་ལ། དེ་དང་བྲལ་ནས་འདུ་བར་འོས་པའི་དགེ་སློང་ཐམས་ཅད་ལས་གྲལ་དེར་འདུས་པའོ། །

གཉིས་པ་ནི། ལས་གྲལ་དེར་གནས་པའི་དགེ་སློང་ཆོས་ལྡན་གྱིས་ལས་འདི་བྱར་མི་རུང་ཞེས་འདུས་པ་རྣམས་ཕྱིར་ཕྱོག་པར་བྱེད་པ་ནི་འདུས་པ་ཕྱིར་ཕྱོག་གི་མི་མཐུན་པ་ཡིན་ལ། དེ་དང་བྲལ་ནས་དེར་འཚོགས་ཐམས་ཅད་ཀྱིས་ཀྱང་ཅང་མི་གསུང་བའི་ཚུལ་གྱིས་གནང་བས་ན་མི་མཐུན་པ་མེད་པའོ། །

གཉིས་པ་བརྗོད་པར་བྱེད་པ་ལས་མཁན་གྱི་ཁྱད་པར་ནི། ལས་བྱེད་མཁན་སོགས་ཏེ། སྔར་སྨོས་པ་ལྟར་གྱི་ཁ་སྐོང་གི་ཆོས་དང་ལྡན་ཞིང་ལས་དེ་དང་དེ་བརྗོད་པ་ལ་ཚིག་ཕྱེད་ཀྱང་མ་འཁྲུལ་བར་བློ་ལ་འཐོན་པ། ཚིག་བརྡ་སྦྱོང་པ་མཁས་ཤིང་ལས་བྱེད་པ་ལ་སྦྱོ་བ་དང་ལྡན་པའོ། །

གསུམ་པ་གང་ལ་བྱ་བའི་ཡུལ་གྱི་ཁྱད་པར་ལ་གཉིས་ཏེ། སེམས་ཅན་མ་ཡིན་པ་ལ་བྱ་བ་དང་། སེམས་ཅན་ལ་བྱ་བའོ། །དང་པོ་ནི། མཚམས་ཆེན་སོགས་ཏེ། མཚམས་པོ་ཆེ་བཅད་པ་དང་། མཚམས་བུ་ཆུང་བཅད་ཅིང་དཀྱིལ་འཁོར་པར་བློ་མཐུན་བྱ་བ་དང་། དེ་དག་འགྲོལ་བ་དང་། མཚམས་ནང་དུ་ཆོས་གོས་དང་མི་འབྲལ་

བའི་གནང་བ་སྦྱིན་པ་དང་། གསོ་སྦྱོང་གི་གནས་དང་རུང་ཁང་ལ་བློ་མཐུན་བྱ་བ་དང་། སྲ་བརྐྱང་ལ་བློ་མཐུན་བྱ་བ་དང་། སྲ་བརྐྱང་དབྱུང་བ་དང་། མཚམས་ཐ་དད་པ་ལ་གསོ་སྦྱོང་གཅིག་པའི་གནས་པ་སྦྱིན་པ་སྟེ་བརྒྱད་པོ་བྱ་བའི་ཡུལ་སེམས་ཅན་ལ་མ་ཡིན་ཞིང་གནས་དང་དངོས་པོའི་ཁྱད་དོ། །

གཉིས་པ་སེམས་ཅན་ལ་བྱ་བ་ལ་གཉིས་ཏེ། ཁྱིམ་པའི་རྟེན་ལ་བྱ་བ་དང་། རབ་བྱུང་གི་རྟེན་ལ་བྱ་བའོ། །དང་པོ་ནི། ལྷུང་བཟེད་སྦུབ་སོགས་ཏེ། ལྷུང་བཟེད་ཁ་སྦུབ་པ་དང་། དེ་ཉིད་ཁ་བསྲང་པ་དང་། ཁྱིམ་གྱི་བསླབ་པའི་སྡོམ་པ་སྦྱིན་པ་དང་། དེ་ཉིད་བག་ཡངས་སུ་བྱ་བ་དང་། མུ་སྟེགས་ཅན་ལ་གནས་པ་སྦྱིན་པ་སྟེ་ལྔ་པོ་བྱ་བའི་ཡུལ་ཁྱིམ་པའི་རྟེན་ལའོ། །

གཉིས་པ་རབ་ཏུ་བྱུང་བའི་རྟེན་ལ་བྱ་བ་ལའང་གཉིས་ཏེ། བསྙེན་པར་མ་རྫོགས་པའི་རྟེན་ལ་བྱ་བ་དང་། རྫོགས་པའི་རྟེན་ལ་བྱ་བའོ། །དང་པོ་ནི། དགེ་སློབ་སོགས་ཏེ། དགེ་སློབ་མའི་སྡོམ་པ་སྦྱིན་པ་དང་། ཚངས་སྤྱོད་ལ་ཉེར་གནས་སྦྱིན་པ་དང་། བསྙེན་རྫོགས་སྦྱིན་པ་དང་། དགེ་ཚུལ་བསྒྲིལ་བ་སྟེ་བཞི་པོ་མ་རྫོགས་པའི་རྟེན་ལ་བྱ་བ་ཉིད་དོ། །གཉིས་པ་རྫོགས་པའི་རྟེན་ལ་བྱ་བའང་བཞི་སྟེ། སྦྱིན་པའི་ལས་དང་། བསྒྲོ་བའི་ལས་དང་། ཆད་པས་བཅད་པའི་ལས་དང་། ཆད་པ་དང་རྗེས་སུ་མཐུན་པའི་ལས་སོ། །དང་པོ་ནི། ཁང་པ་སོགས་ཏེ༑ ཁང་པ་དང་ཁང་ཆེན་གྱི་གནང་བ་སྦྱིན་པ་གཉིས་དང་། སྣམ་སྦྱར་དང་མི་འབྲལ་བའི་གནང་བ་དང་། སྟན་གཉིས་པ་བྱེད་པའི་གནང་བ་དང་། གསོ་སྦྱོང་ཐ་དད་ལ་རྟེད་པ་གཅིག་ཏུ་བྱ་བའི་གནང་བ་དང་། སྨྱོས་པའི་གནང་བ་དང་། དབྱར་ལས་ཕྱི་རོལ་དུ་ཞག་བཞི་བཅུ་འགྲོ་བའི་གནང་བ་དང་། ལྷུང་བ་གསལ་པོར་མི་དྲན་ནོ་ཟེར་ལ་དེའི་ངོ་བོ་ཉིད་འཚོལ་བ་སྦྱིན་པ་དང་། ཕམ་པ་བྱུང་བ་ལ་ཆད་པ་ལས་ཀྱི་བསླབ་པ་སྦྱིན་པ་དང་། སྤོ་བ་དང་། གཞི་སྤོ་དང་། ཡང་སྤོ་དང་། མགུ་བ་དང་། གཞི་མགུ་དང་། ཡང་མགུ་སྦྱིན་པ་དང་། དབྱུང་བ་སྦྱིན་པ་དང་། ནན་ཏུར་བྱས་པས་བཟོད་པ་གསོལ་བ་ལ་བཟོད་པ་སྦྱིན་པ་དང་། ནན་ཏུར་བྱས་པ་ལ་མཐུན་པ་སྦྱིན་པ་དང་། དེ་ལ་མཐུན་པའི་གསོ་སྦྱོང་སྦྱིན་པ་དང་། བཀྲ་ཤིས་པའི་གསོ་སྦྱོང་སྦྱིན་པ་དང་། གནོད་པ་བཟློག་པའི་གསོ་སྦྱོང་སྦྱིན་པ། དྲན་པས་འདུལ་བ་སྦྱིན་པ། མ་སྨྱོས་པས་འདུལ་བ་སྦྱིན་པ། ནད་པ་དང་རྒན་པོ་ལ་འཁར་བའི་གནང་བ་སྦྱིན་པ། དྲ་བའི་གནང་བ་སྦྱིན་པ། ཞལ་ཏ་བ་ཆོས་གོས་ངན་པ་ལ་དགེ་འདུན་གྱིས་ཆོས་གོས་ཀྱི་རྒྱུ་སྦྱིན་པ་རྣམས་ནི་སྦྱིན་པའི་ལས་ཏེ་ཉི་ཤུ་རྩ་དྲུག་འབྱུང་བ་འདི་དག་ལ་ཡུལ་དེས་དགེ་འདུན་ལ་གསོལ་བ་ལན་གསུམ་འདེབས་དགོས་ཤིང་། ཡུལ་ཡང་ཚོགས་སུ་མ་ལོངས་པར་དགོས་ཏེ། ཚོགས་ཀྱིས་ཚོགས་ལ་ལས་མི་འཆགས་པར་གསུངས་པས་སོ། །གཉིས་པ་བསྒྲོ་བའི་ལས་ནི། གསང་སྟོན་སོགས་ཏེ། གསང་སྟེ་སྟོན་པར

བསྒོ་བ་དང་། ལྷུང་བཟེད་འབྲེལ་མེད་འབྲིམ་པར་བསྒོ་བ་དང་། གནས་ངན་ལེན་བརྗོད་པར་བསྒོ་བ་དང་། དགེ་སློང་མའི་སྟོན་པ་བསྒོ་བ་དང་། ནགས་ཉུལ་བར་བསྒོ་བ་དང་། སྤོང་བ་པའི་ཞལ་ཏ་བ་བསྒོ་བ་དང་། དགག་དབྱེ་བྱེད་པ་བསྒོ་བ་དང་། སྣ་བརྒྱུང་འདིང་བ་བསྒོ་བ་དང་། སྣ་བརྒྱུང་སྒྲིང་བ་བསྒོ་བ་དང་། གོས་འགྱེད་པ་བསྒོ་བ་དང་། གོས་སྦྱིད་པ་བསྒོ་བ་དང་། སྣོད་སྤྱད་འབྲུབ་པ་བསྒོ་བ་དང་། དབྱར་གྱི་རས་ཆེན་འགྱེད་པ་བསྒོ་བ་དང་། དེ་སྦྱིད་པ་བསྒོ་བ་དང་། གནས་ཁང་ལ་བསྒོ་བ་དང་། ཟས་ལ་བསྒོ་བ་དང་། ཐུག་པ་འབྲིམ་པ་བསྒོ་བ་དང་། བག་ཆོས་འབྲིམ་པར་བསྒོ་བ་དང་། ཤིང་ཐོག་འབྲིམ་པ་བསྒོ་བ་དང་། པར་བུ་འབྲིམ་པ་བསྒོ་བ་དང་། སྨེར་སྤྱད་འབྲིམ་པ་བསྒོ་བ་དང་། དགེ་བསྐོས་ཀྱི་མངག་གཞུག་པ་བསྒོ་བ་དང་། ལྷུང་བ་གླེང་བ་བསྒོ་བ་དང་། ཆུའི་ཞལ་ཏ་བ་བསྒོ་བ་དང་། མཛེས་འཚོས་པ་བསྒོ་བ་དང་། བང་རིམ་གྱི་ཞལ་ཏ་བ་བསྒོ་བ་དང་། གནས་མལ་སྟོབ་པ་བསྒོ་བ་དང་། སྐེའུ་ཆུང་བསྲུང་བ་བསྒོ་བ་དང་། རྩོད་པ་ཞི་བྱེད་ཀྱི་གཟུ་བོར་གནས་པ་བསྒོ་བ་དང་། དེ་ཞི་བ་ལ་གསལ་བ་བསྒོ་བ་དང་། གསལ་བའི་གསལ་བ་བསྒོ་བ་དང་། རྩོད་པ་སྦྱིད་པ་བསྒོ་བ་དང་། དབྱེན་ཕྱོགས་མང་ཚུར་ཤེས་པའི་ཕྱིར་ཚུལ་ཤིང་བྲིམ་པ་བསྒོ་བ་དང་། ལག་གི་གླ་བསྒོ་བ་སྟེ་སོ་བཞི་པོ་དེ་དག་ལ་གང་བསྒོ་བར་བྱ་བའི་ཡུལ་ནི་ཁ་སྐོང་གི་ཆོས་དང་ལྡན་པ། སྤྲོ་བ་དྲིས་ཤིང་སྤྲོ་བ་བྱིན་པ། བསྐོས་པའི་བྱ་བ་ཐམས་ཅད་ལ་འདུན་པས་འགྲོ་བ་ལ་སོགས་པ་འགྲོ་བ་བཞིས་འགྲོ་བ་མ་ཡིན་པ། རྒྱུད་ཚོགས་སུ་མ་ཚང་བ་སྟེ་ཁྱད་ཆོས་བཞི་དང་ལྡན་པ་དགོས་སོ། །ཁྱད་པར་ཚོགས་སུ་ལོངས་པ་ཅིག་ཆར་དུ་བསྒོ་རུང་བ་མ་ཡིན་པས། དབྱར་གྱི་གནས་མལ་སྟོབ་པ་དང་། དགག་དབྱེ་བྱེད་པ་ལ་འདུས་ཚོགས་རྒྱས་པའི་དབང་གིས་གང་ཟག་དྲུག་གམ། དགུ་སོགས་བསྒོ་དགོས་ན་ཆོག་ལན་གཉིས་སམ་གསུམ་སོགས་ངེས་པར་བྱ་དགོས་སོ། །

གསུམ་པ་ཆད་པས་བཅད་པའི་ལས་ནི། བསྡིགས་དང་སོགས་ཏེ། བསྡིགས་པ་དང་། སྨད་པ་དང་། བསྐྲད་པ་དང་། ཕྱིར་འགྱེད་པ་དང་བཞི། གནས་ཕྱུང་བདུན། གསོ་སྦྱོང་བཞག་པ། དགག་དབྱེ་བཞག་པ། གསོལ་བ་ཙམ་ཡང་བཞག་པ་སྟེ་ཆད་པའི་ལས་བཅུ་བཞི་པོ་ནི་གང་ལ་གང་འཇུག་པ་དེ་དང་དེ་བྱ་བའོ། །བཞི་པ་འཆད་པ་དང་རྗེས་སུ་མཐུན་པའི་ལས་ནི། བསྒོ་གྱུར་སོགས་ཏེ། བསྒོ་གྱུར་གྱི་ལྷུང་བ་དབྱེན་སོགས་བཅུ་ལ་བསྒོ་གྱུར་གྱི་ལས་བཅུ་འཇུག་པ་དང་། ཞལ་ཏ་བ་ལ་བཤེས་ངོར་འཕྱ་བ། ཟུར་གྱིས་འཕྱ་བ། བསྒོ་བའི་ཚིག་གིས་གཞན་རྣ་ལ་གཟོན་པ། ཅི་ཡང་མི་སྨྲ་བས་གཞན་རྣ་ལ་གཟོན་པ་བཞི་ལ་ངན་པའི་གྲངས་སུ་གཞུག་པའི་ལས་བཞི་འཇུག་པ་སྡོམ་པས་བཅུ་བཞི་འབྱུང་བ་ནི། ཆད་པ་དང་རྗེས་སུ་མཐུན་པའི་ལས་ཏེ། དེ་ཀུན་ཞེས་སོགས་ནི་བསྙེན་པར་རྫོགས་པའི་རྟེན་ཅན་ལ་བྱ་བ་སྟེ་གཞན་དུ་ན་སྡིག་ལྟ་མི་གཏོང་བའི་དགེ་ཚུལ་བསྙིལ་བ་

ལའང་བསྒོ་གྲུར་འཇུག་པས་བཅུ་གཅིག་ཏུ་འགྱུར་རོ། །དེ་བཞིན་དུ་བསམ་པ་ལའང་འདུ་ཤེས་དང་ཀུན་སློང་གཉིས་ལས། དང་པོ་ནི། བྱེད་པོ་སོགས་ཏེ། ལས་ཆགས་པ་ལ་བྱེད་པ་པོ་དགེ་འདུན་ཐམས་ཅད་ལྟུང་བས་རྣམ་པར་དག་པ་སྟེ་མ་གོས་པ་དགོས་ལ། གལ་ཏེ་ལྷག་མ་མན་ཆད་ཀྱི་ལྟུང་བ་ཅི་རིགས་པས་ཕོག་ཅིང་། རང་གཞན་ཀུན་གྱིས་དེར་འདུ་ཤེས་པ་རྣམས་གསོལ་བའི་ལས་ཀྱིས་བྱིན་གྱིས་བརླབས་པས་ལས་ཆགས་པ་ལ་མི་སྒྲིབས་མོད། ཕམ་པ་ཅན་གྱི་གང་ཟག་ནི་ནམ་ཡང་ལས་གྲལ་དུ་འཇུག་ཏུ་རུང་བ་མ་ཡིན་ནོ། །

གཉིས་པ་ཀུན་སློང་ནི། བསྟན་འགྲོར་སོགས་ཏེ། བསྟན་པ་དང་སེམས་ཅན་ལ་ཕན་པའི་བསམ་པས་ལས་དེ་ཉིད་སྙིང་ཐག་པ་ནས་བྱེད་འདོད་ཡོད་པ། དེ་ཡང་ངེས་འབྱུང་གི་བསམ་པས་ཟིན་ན་ཐར་པའི་རྒྱུར་འགྱུར་བས་དེ་ལྟ་བུའི་ཀུན་སློང་ཁྱད་པར་ཅན་དང་ལྡན་པ་གལ་ཆེ་ཞིང་། མདོར་ན་ཚོགས་དང་བསམ་པ་ཕུན་སུམ་ཚོགས་པ་ནི་ལས་ཆགས་པའི་རྒྱུའོ། །སྤྱིའི་གཉིས་པ་བརྗོད་པ་ལས་ཀྱི་ངོ་བོ་ནི། ལས་གང་ཡིན་པའི་སོགས་ཏེ། གསོལ་བ་འབའ་ཞིག་པ་སོགས་བྱ་རྒྱུའི་ལས་གང་ཡིན་པ་དེ་དང་དེའི་ངོ་བོ་མ་ནོར་བ། གོ་རིམ་མ་འཁྲུལ་བ། ཚིག་ཕྱེད་ཀྱང་མ་འཁྲུལ་བར་བརྗོད་པར་བྱེད་པའི་ངག་གི་རིག་བྱེད་ནི་དགེ་འདུན་གྱི་ལས་དངོས་སོ༔ ༔

གསུམ་པ་ལས་ཉམས་སུ་མྱོང་བའི་ཚད་ནི། དགེ་འདུན་གྱིས་སོགས་ཏེ། བྱེད་པ་པོ་དགེ་འདུན་ཐམས་ཅད་ཀྱིས་ཉན་ཤེས་ཏེ་རྣ་བའི་དབང་པོས་ཐོས་ཤིང་། ཡིད་ཤེས་ཀྱིས་དོན་གོ་བ་ནི་ལས་ཉམས་སུ་མྱོང་བའི་ཚད་ཡིན་ལ། བསྔོ་བའི་ལས་རྣམས་དང་། སྦྱིན་པའི་ལས་ཕལ་ཆེར་ལ་ནི་བྱེད་པ་པོ་མ་ཟད་ཡུལ་སྒྲུབ་བྱ་དེས་ཀྱང་ཐོས་ཤིང་དོན་གོ་བ་དགོས་སོ། །བཞི་པ་ལས་ཆགས་པའི་དུས་ནི། གསོལ་བ་སོགས་ཏེ། གསོལ་བ་འབའ་ཞིག་པ་དང་། གསོལ་བ་དང་གཉིས་ཀྱི་ལས་རྣམས་ནི་ཚར་རེས་ཚོག་ཅིང་། དེ་རྫོགས་མ་ཐག་ཏུ་ལས་ཆགས་པ་ཡིན་ལ། གསོལ་བ་དང་བཞིའི་ལས་རྣམས་ལ་བརྗོད་པ་གསུམ་ཀ་ལན་གསུམ་བརྗོད་དགོས་པ་ལས། ལན་གསུམ་པའི་ངོ་བོ་དང་། བྱ་བ་བརྗོད་པ་རྫོགས་པའི་རྗེས་སུ་ལས་ཆགས་པ་ཡིན་ནོ། །ལྔ་པ་ལས་ཀྱི་དབྱེ་བསྡུ་བསྟན་པ་ལ་གཉིས་ཏེ་སྤྱིར་བསྟན་པ་དང་། སོ་སོར་བཤད་པའོ། །དང་པོ་ནི། དགེ་འདུན་ལས་ལ་སོགས་ཏེ། སྤྱིར་དགེ་འདུན་གྱི་ལས་ལ་བརྒྱ་དང་གཅིག་ཏུ་ཡོད་ཅིང་། དེ་ཐམས་ཅད་ཀྱང་བསྡུ་ན་གསུམ་དུ་འདུས་ཏེ་གསོལ་བ་འབའ་ཞིག་པའི་ལས་ཉེར་བཞི་དང་། གསོལ་བ་དང་གཉིས་ཀྱི་ལས་བཞི་བཅུ་རྩ་བདུན་དང་། གསོལ་བ་དང་བཞིའི་ལས་སུམ་ཅུ་ཐམ་པའོ། །

གཉིས་པ་སོ་སོར་བཤད་པ་ནི། སོ་སོའི་མཚན་ཉིད་ནི་སོགས་ཏེ། གསང་སྟོན་བསྔོ་བ་༡དང་། ནང་དུ

བར་ཆད་འདྲི་བའི་ཕྱིར་༢དང་། སོ་ཐར་གྱི་མདོ་གདོན་པའི་གསོ་སྦྱོང་གི་ཕྱིར་༣དང་། གསོ་སྦྱོང་དེ་ལ་དགེ་འདུན་ཐམས་ཅད་ལྷུང་བ་དང་བཅས་པར་གྱུར་ན་དེ་བྱིན་གྱིས་བརླབ་པའི་ཕྱིར་༤དང་། ཐམས་ཅད་ལྷུང་བ་བྱུང་མ་བྱུང་ཡིད་གཉིས་དང་བཅས་པར་གྱུར་ན་དེའི་ཕྱིར་༥དང་། ལྷུང་བའི་ཕྱིར་རྩོད་པར་གྱུར་ན་དེའི་ཕྱིར་༦དང་། ལྷུང་བ་བྱུང་བ་ངེས་ཀྱང་རྒྱུ་དང་ངོ་བོ་གང་ཡིན་མ་ངེས་པའི་ཕྱིར་༧གསོལ་བའི་ལས་ཀྱིས་བྱིན་གྱིས་བརླབས་པ་སྟེ་ལྔ་དང་། དགག་དབྱེ་ལའང་དེས་རིག་འགྲེ་བ་ལྔ་༡༢དང་། དབྱར་གནས་པར་ཁས་ལེན་པའི་ཕྱིར་༡༣དང་། ཞི་བའི་རྫས་བགོ་བའི་ཕྱིར་རམ། དེའི་ནོར་གང་ཟག་ལ་ཡོད་པ་དེ་བྱིན་གྱིས་བརླབས་པའི་ཕྱིར་༡༤དང་། ཆོས་གོས་སྲ་བརྐྱང་འདིང་བའི་དགེ་སློང་ལ་གཏད་པའི་ཕྱིར་༡༥དང་། དགེ་སློང་ཆོས་གོས་གསུམ་ངན་པ་ལ་དགེ་འདུན་གྱིས་རས་ཡུག་ཆེན་སྦྱིན་པའི་ཕྱིར་གསོལ་བའི་ལས་བྱ་བ་འདི་གཉིས་ཆོས་གོས་སྦྱིན་པའི་ལས་གཅིག་ཏུ་བགྲངས་པ་དང་། དགེ་སློང་དང་དགེ་སློང་མ་སྡིག་ལྟ་ཅན་གྱི་གནས་ངན་ལེན་ཁྲིམ་པ་ལ་བརྗོད་པར་བྱེད་པ་བསྒོ་བའི་ཕྱིར་༡༦དང་། གྲངས་སུ་གཞུག་པ་བཞི་པོ་རེ་རེའི་ཕྱིར་༢༠དང་། དམག་དཔོན་སེང་གེ་ལྟ་བུ་སྦྱིན་བདག་ལོངས་སྤྱོད་འགྲིབ་པའི་ཁྲིམ་དུ་ཟན་མི་བཟའ་བ་ཁྲིམ་གྱི་བསླབ་པའི་སྡོམ་པ་སྦྱིན་པའི་ཕྱིར་༢༡དང་། དེ་ཉིད་ལོངས་སྤྱོད་འཕེལ་བ་ལ་སྡོམ་པ་དེ་གཞིག་པའི་ཕྱིར་༢༢དང་། ལི་ཙ་བི་ཆེན་པོ་ལ་སོགས་པའི་ཁྲིམ་བདག་དགེ་སློང་ལ་ཡང་དག་པ་མ་ཡིན་པས་སྐུར་པ་ལ་ལྷུང་བཟེད་ཁ་སྦུབ་པའི་ཕྱིར་༢༣དང་། དེ་ཉིད་ཀྱིས་བཟོད་པར་གསོལ་བས་ཁ་བསྲང་བའི་ཕྱིར་༢༤གསོལ་བའི་ལས་བྱ་བ་སྟེ་ཉི་ཤུ་རྩ་བཞི་པོ་འདི་དག་གསོལ་བ་འབའ་ཞིག་པ་སྟེ་བརྗོད་པ་མེད་དོ། །གསོ་སྦྱོང་གི་གནས་ལ་བློ་མཐུན་བྱ་བ་དང་། དཀྱིལ་འཁོར་བའི་མཚམས་དང་མཚམས་ཆེན་པོ་དག་བཅད་པར་བྱ་བ་དང་། མཚམས་ཆེན་བཅད་པའི་ནང་དུ་དགེ་སློང་རྣམས་ཆོས་གོས་གསུམ་དང་འབྲལ་བ་མི་འགྱུར་བའི་གནང་བ་སྦྱིན་པ་དང་། དགེ་སློང་རྒྱུས་ཤིང་སེམས་འཁྲུགས་པ་ལ་ལས་ལ་མི་མཐུན་པ་མི་འགྱུར་བའི་གནང་བ་སྦྱིན་པ་དང་། དགག་དབྱེ་བྱེད་པ་བསྒོ་བ་དང་། དབྱར་གནས་ཁས་ལེན་པ་རྣམས་ལ་གནས་མལ་སྟོབ་པ་བསྒོ་བ་དང་། རྡུང་བའི་ཁང་པ་ལ་བློ་མཐུན་བྱ་བ་དང་། སྲ་བརྐྱང་ལ་བློ་མཐུན་བྱ་བ་དང་། སྲ་བརྐྱང་འདིང་བའི་དགེ་སློང་བསྒོ་བ་དང་། སྤོང་བ་པའི་ཞལ་ཏ་བྱེད་པ་བསྒོ་བ་དང་། ལག་གི་གླ་དང་། ལག་དཔོན་བསྒོ་བ་དང་། གནས་ཁང་བསྒོ་བ་ནས་མཛེས་ཆོས་པ་བསྒོ་བའི་བར་སྔར་བཤད་པ་བཅུ་གཉིས་པོ་གྲངས་རེ་རེར་བྱས་པ་དང་། དགེ་འདུན་རྩོད་པ་བྱུང་བ་མངོན་སུམ་གྱིས་འདུལ་བའི་གཟུ་བོ་བསྒོ་བ་དང་། དེས་མ་ཞི་ན་རྩོད་པ་དེ་ཞི་བར་བྱེད་པའི་གང་ཟག་གསལ་བ་བསྒོ་བ་དང་། གསལ་བའི་ཡང་གསལ་བ་བསྒོ་བ་གྲངས་གཅིག་ཏུ་བྱ་བ་དང་། དེས་ཀྱང་མ་ཞི་ན་རྩོད་པ་སྤེད་པའི་གང་ཟག་བསྒོ་བ་དང་། རྩོད་པ་བྱུང་

བའི་ཆེ་ཆོས་ཕྱོགས་མང་བ་ལ་གཞོལ་བའི་ཕྱིར་ཚུལ་ཤིང་འབྲིམ་པ་བསྒོ་བ་དང་། དགེ་སློང་གང་ཁང་པའི་གཞི་ལྟུང་བ་བསྟན་པར་གསོལ་བ་ལ་གཞི་ལྟུང་བ་བསྟན་པ་སྦྱིན་པ་དང་། དགེ་སློང་གང་གཙུག་ལག་ཁང་གི་གཞི་ལྟུང་བ་བསྟན་པར་གསོལ་བ་ལ་གཙུག་ལག་ཁང་གི་གཞི་ལྟུང་བ་བསྟན་པ་སྦྱིན་པ་དང་། དགེ་སློང་ཁྱིམ་སུན་འབྱིན་པ་ལ་དགེ་སློང་གི་ཆོས་མིན་པ་རྣམ་པ་མང་པོས་གླེང་བའི་གང་ཟག་བསྒོ་བ་དང་། རྒན་པོ་དང་ནད་པ་ལ་ཆོས་གོས་སྣམ་སྦྱར་དང་འབྲལ་བར་མི་འགྱུར་བའི་གནང་བ་སྦྱིན་པ་དང་། དགེ་སློང་ལག་གི་གླ་སྐེ་ཁང་པ་སོགས་ཀྱི་ལས་བྱེད་པ་ལ་ལོ་དྲུག་གི་ནང་དུ་སྟན་གཉིས་པ་བྱེད་པའི་གནང་བ་སྦྱིན་པ་དང་། ལྷུང་བཟེད་འབྲེལ་མེད་འབྲིམ་པ་བསྒོ་བ་དང་། མ་དད་པ་གོ་བར་བྱེད་པ་བསྒོ་བ་དང་། དགེ་སློང་མའི་སྟོན་པ་བསྒོ་བ་དང་། སོར་བཤགས་ཀྱི་ཉེས་པ་མི་འབྱུང་བའི་ཕྱིར་ནགས་ཉལ་བ་བསྒོ་བ་དང་། དགེ་སློང་གནས་ནས་ཕྱུང་བ་ལ་དགེ་སློང་མས་ཕྱག་བྱ་བའི་འོས་མ་ཡིན་པའི་བསླབ་པ་སྦྱིན་པ་དང་། དགེ་སློང་མ་འཁོར་སྐྱོང་ནུས་པ་དང་། བསྙེན་པར་རྫོགས་ནས་ལོ་བཅུ་གཉིས་ལོན་པ་ལ་འཁོར་དང་འཁོར་མང་པོ་འཛིན་པའི་གནང་བ་སྦྱིན་པ་གཉིས་གྲངས་རེ་རེར་བྱ་བ་དང་། རྒན་པོ་དང་ནད་པ་ལ་འཁར་བ་དང་དྲ་བའི་གནང་བ་སྦྱིན་པ་གཉིས་གྲངས་རེ་རེར་བྱ་བ་དང་། གཙུག་ལག་ཁང་ཐ་དད་པ་གཉིས་ཀྱི་སྙེད་པ་གཅིག་ཏུ་བྱ་བ་དང་། དགེ་སློང་མའི་སྡོམ་པ་སྦྱིན་པ་དང་། ཚངས་སྤྱོད་ལ་ཉེར་གནས་ཀྱི་སྡོམ་པ་སྦྱིན་པ་དང་། དགེ་སློང་མ་བུ་དང་ལྷན་ཅིག་ཁྱིམ་དུ་ཉལ་བའི་གནང་བ་སྦྱིན་པ་དང་། དགེ་སློང་མ་མུ་གེ་བྱུང་བའི་ཚེ་ཉེ་དུ་རྣམས་དང་ལྷན་ཅིག་གནས་པའི་གནང་བ་སྦྱིན་པ་དང་། དབྱར་ནང་ནས་དགེ་འདུན་སྤྱིའི་དོན་དུ་མཚམས་ཀྱི་ཕྱི་རོལ་དུ་ཞག་བཞི་བཅུ་ཚུན་འགྲོ་བའི་གནང་བ་སྦྱིན་པ་སྟེ་བཞི་བཅུ་ཞེ་བདུན་པོ་གསོལ་བ་སྔོན་དུ་འགྲོ་བའི་བརྗོད་པ་མཇུག་བསྡུད་དང་བཅས་པའི་ལས་ཡིན་ཞིང་དེ་ལ་གསོལ་བ་དང་གཉིས་ཀྱི་ལས་ཞེས་སུ་བརྗོད་དོ། །བསྒྲུབ་བྱ་བསྙེན་པར་རྫོགས་པར་བྱ་བ་དང་། མུ་སྟེགས་ཅན་རབ་ཏུ་འབྱུང་བར་འདོད་པ་ལ་ཟླ་བ་བཞིའི་བར་དུ་མཁན་པོས་སྦྱར་བའི་གོས་ཀྱིས་གནས་པ་སྦྱིན་པ་དང་། དཀྱིལ་འཁོར་པ་དང་མཚམས་ཆེན་པོའི་མཚམས་བཅད་པ་འགྲོལ་བ་དང་། གནས་ནས་ཕྱུང་བ་བཟོད་པའི་ལས་བྱས་པ་ལ་མཐུན་པ་སྦྱིན་པ་དང་། མཐུན་པ་བྱིན་པ་ལ་མཐུན་པའི་གསོ་སྦྱོང་སྦྱིན་པ་དང་། ནན་ཏུར་གྱི་ལས་བདུན་པོ་བསྡིགས། སྨད། བསྐྲད། ཕྱིར་འགྱེད། མ་མཐོང་བ་དང་། ཕྱིར་མི་འཆོས་པ་དང་། སྡིག་ལྟ་མི་གཏོང་བ་རྣམས་གསོལ་བཞིའི་ལས་ཀྱིས་གནས་ནས་དབྱུང་བ་སྟེ་གནས་ཕྱུང་བདུན་གྱི་ལས་ནན་ཏུར་དུ་གཅིག་པས་གྲངས་གཅིག་དང་། གསོ་སྦྱོང་བཞག་པ་དང་དགག་དབྱེ་བཞག་པ་དག་གསོལ་བཞིའི་ལས་ཡིན་ཀྱང་ནན་ཏུར་ལས་ལོགས་སུ་མི་བགྲང་ངོ་། །གནས་ཕྱུང་དེ་དག་བཟོད་པར་བྱ་བ་ལ་གསོལ་བཞིའི་ལས་ཀྱིས་བཟོད་པར་

གསོལ་བ་ནི་སྡོམ་ཚིག་གིས་མ་ཟིན་ཀྱང་གཅིག་ཏུ་བགྲང་བ་དང་། སྤོ་བ་སོགས་དྲུག་དང་། ལྷག་མ་ནས་དབྱུང་བ་དང་། སྲ་བརྐྱང་དབྱུང་བ་སྟེ་བརྒྱད་པོ་སོ་སོར་བགྲང་བ་དང་། དྲན་པས་འདུལ་བར་འོས་པ་ལ་དྲན་པའི་འདུལ་བ་སྦྱིན་པ་དང་། མ་སྨྱོས་པའི་འདུལ་བ་སྦྱིན་པ་འོས་པ་ལ་མ་སྨྱོས་པའི་འདུལ་བ་སྦྱིན་པ་དང་། ལྟུང་བ་གསལ་བར་མི་དྲན་པ་ལ་ངོ་བོ་ཉིད་འཚོལ་དུ་གཞུག་པ་སྦྱིན་པ་དང་། དབྱེན་བྱེད་པ་སོགས་བསྒོ་གསུར་བཅུ་པོ་རེ་རེར་བགྲང་བ་དང་། དགེ་ཚུལ་སྡིག་ལྟ་མི་གཏོང་བ་སྐྱིལ་བ་དང་། ཕམ་པ་འཆབ་མེད་ལ་གསོལ་བཞིའི་བསླབ་པ་སྦྱིན་པ་སྟེ་སུམ་ཅུ་ཐམ་པ་གསོལ་བ་སྔོན་དུ་འགྲོ་བའི་བརྗོད་པ་ལན་གསུམ་མཇུག་བསྡུད་དང་བཅས་པ་ཡིན་ལ་དེའི་ཕྱིར་གསོལ་དང་བཞིའི་ལས་ཞེས་སུ་བརྗོད་དོ། །

སྐྱིའི་གཉིས་པ་གང་ཟག་གི་ལས་ཞར་བྱུང་དང་བཅས་པ་ནི། ཨོག་དང་མདོན་གྱུར་སོགས་ཏེ། གསང་སྟོན་གྱིས་ཨོག་ཏུ་བར་ཆད་དྲི་བ་དང་། སྦྱིན་པའི་ལས་ཀུན་གྱི་ཐོག་མར་དགེ་འདུན་ལ་གསོལ་བ་ལན་གསུམ་འདེབས་པ་རྣམས་དགེ་འདུན་དང་འབྲེལ་བའི་གང་ཟག་གི་ལས་ཡིན་ལ། ཆོས་གོས་དང་། ལྷུང་བཟེད་སོགས་ཡོ་བྱད་རྣམས་བྱིན་རླབས་དང་། སྨན་བྱིན་རླབས་དང་། དགེ་བསྙེན་དང་། བར་མ་རབ་བྱུང་དང་། དགེ་ཚུལ་དུ་སྒྲུབ་པ་དང་། སོགས་ཀྱི་སྒྲུས་བསྔན་པ། ལྟུང་བ་བཤགས་པ་དང་། དབྱར་ཁས་ལེན་པ་དང་། དབྱར་ནང་དུ་མཚམས་ཀྱི་ཕྱི་རོལ་དུ་ཞག་གཅིག་ལ་སོགས་པ་འགྲོ་བ་བྱིན་གྱིས་བརླབས་པ་དང་། འདུན་པ་དང་ཡོངས་དག་ལེན་པར་བསྒོས་པའི་དགེ་སློང་ལ་དེ་དང་དེ་འབུལ་བ་དང་། དགག་དབྱེ་བྱེད་པ་ལ་དད་པ་འབུལ་བ་དང་། དགག་དབྱེ་གོ་བར་བྱ་བ་ལ་སོགས་པ་གང་ཟག་རྐྱང་པའི་ལས་ཡིན་ནོ། །ཞར་ལས་འོངས་པ་མཚམས་ནང་དེར་དགེ་སློང་གཞན་མེད་པའི་ཚེ། ཆོས་གོས་གསར་པ་བྱིན་གྱིས་བརླབས་པ་དང་། རྙིང་པའི་བྱིན་རླབས་དབྱུང་བ་དང་། གསོ་སྦྱོང་དང་། དགག་དབྱེའི་སྔགས་ཚིག་དངོས་ལན་གསུམ་ངག་ཏུ་བརྗོད་པས་འགྲུབ་པ་ཡིན་ལ། ཡིད་ཀྱིས་རྣམ་པར་བརྟགས་པ་སྟེ་བྱིན་གྱིས་བརླབས་པར་བྱའོ་སྙམ་པའི་བསམ་པ་སྔོན་དུ་བཏང་དགོས་པ་ཡིན་ལ། དགོངས་གསོལ་མི་བྱེད་པ་ཡོད་མོད། ལྟ་རྣམས་དགོངས་སུ་གསོལ་ཞེས་བརྗོད་པའང་ཡོད་དོ། །གང་ལྟར་ཡང་ཐབས་ལེགས་ནི་མི་དགོས་སོ། །དེ་བཞིན་དུ་ཆོས་གོས་བརྟག་པ་དང་། མགྲོན་དུ་བོས་པར་ཁས་བླངས་པ་འདི་ཐམས་ཅད་ཡིད་ཀྱིས་རྣམ་པར་བརྟག་པས་ཆོག་པར་ཉིད་དོ། །

སྤྱི་དོན་གསུམ་པ་ཉམས་ན་ཕྱིར་བཅོས་པའི་ཐབས་ལ་གཉིས་ཏེ། དབྱེ་བ་དང་། རྒྱས་བཤད་དོ། །དང་པོ་ནི། གལ་ཏེ་ཉམས་ན་སོགས་ཏེ། འོག་ཏུ་སྡོམ་པ་གོང་མ་གཉིས་ཀྱི་སྐབས་སུ་བཤད་བྱ་ནི་ལྟུང་བ་ཕྱིར་བཅོས་ཁོ་ན་ཡིན་མོད། སྐབས་འདིར་ལུང་གི་གཞི་རྣམས་ཚང་བའི་ཕྱིར་གང་ཟག་བསླབ་པའི་ཆོས་ལས་ཉམས

པ་སོར་ཆུད་པར་བྱེད་པ་ལྟུང་བ་ཕྱིར་བཅོས་དང་། དགེ་འདུན་མཐུན་པའི་ཆོས་ལས་ཉམས་པ་སོར་ཆུད་པར་བྱེད་པ་རྩོད་པ་ཕྱིར་བཅོས་ཏེ་གཉིས་སུ་ཕྱེ་སྟེ་འཆད་པར་བྱའོ། །དེའི་དང་པོ་ལྟུང་བ་ཕྱིར་བཅོས་ལ་གཉིས་ཏེ། ཕྱིར་བཅོས་ཀྱི་གཞི་དངོས་དང་། དེ་ལས་འཕྲོས་པའི་གཞི་གཞན་བཤད་པའོ། །

གཉིས་པ་རྒྱས་བཤད་ནི། དང་པོ་ལྟུང་བ་ཕྱིར་བཅོས་ལ་གཉིས་ཏེ། དགེ་སློང་ཕ་མའི་ཕྱིར་བཅོས་དངོས་དང་། ཞར་བྱུང་བསླབ་ཚིག་སྤྲ་མའི་ཕྱིར་བཅོས་སོ། །དང་པོ་ལ་གསུམ་སྟེ་ནན་ཏུར་གྱི་ཕྱིར་བཅོས་དང་། བཤགས་པས་ཕྱིར་བཅོས་དང་། སྤོ་མགུའི་ཕྱིར་བཅོས་སོ། །དང་པོ་ལ་གསུམ་སྟེ། སྤྱིར་བསྟན་པ། སོ་སོར་བཤད་པ། ནན་ཏུར་བྱས་པ་ལ་བཟོད་པ་བླང་བའོ། །དང་པོ་ལ་དྲུག་སྟེ། གཞི་གང་ལ་བྱ་བ། དགེ་འདུན་གང་གིས་བྱ་བ། དུས་ནམ་གྱི་ཚེ་བྱ་བ། དགོས་པ་གང་གི་ཆེད་དུ་བྱ་བ། ཚིག་ཇི་ལྟ་བུས་བྱ་བ། མུ་བཞི་རྩི་ར་ཡོད་པ་ཁ་འཕངས་པའོ། །དང་པོ་ནི། གང་ལ་བྱ་བ་སོགས་ཏེ། ནན་ཏུར་གྱི་ལས་བྱེད་དགོས་པའི་རྒྱུ་འཐབ་ཀྲོལ་བྱེད་པ་ལ་སོགས་པའི་གཞི་དེ་མ་ཞི་ཞིང་། ཡོངས་སུ་མ་བཏང་བར་དགེ་འདུན་གྱི་མངོན་སུམ་དུ་འདུག་ན་ནན་ཏུར་གྱི་ལས་བྱ་བ་འོས་པས་གླེང་བ་ཡིན་མོད། དེ་ལ་གླེང་བ་མ་བྱུང་ན་དགེ་འདུན་གྱིས་གླེང་བ་པོ་བསྐོ་བར་བྱ་ཞིང་། བསྐོས་པ་དེས་ཡུལ་དེ་འོག་ཏུ་བཞག་སྟེ་ཤུད་པར་གླེང་བའམ། གལ་ཏེ་མངོན་སུམ་དུ་མི་འོང་ན་འཐབ་ཀྲོལ་གྱི་རྒྱུ་བྱས་པ་གྲགས་པ་བརྗོད་པ་སྔོན་དུ་འགྲོ་བས་བསྡིགས་པའི་ནན་ཏུར་གྱི་ལས་བྱ་བ་ཡིན་ནོ། །གཉིས་པ་དགེ་འདུན་གང་གིས་བྱ་བ་ནི། བྱེད་པོ་སོགས་ཏེ། ཚུལ་ཁྲིམས་རྣམ་པར་དག་ལ་ཁ་སྐོང་གི་ཆོས་དང་ལྡན་ཞིང་ཡུལ་དེ་ལ་ཞེ་འཁོན་དང་བཅས་པ་མ་ཡིན་པ། བརྩེ་བ་དང་ལྡན་ཞིང་ཐུགས་དགོངས་རྣམ་པར་དག་པའི་དགེ་འདུན་གྱིས་སོ། །

གསུམ་པ་དུས་ནམ་གྱི་ཚེ་བྱ་བ་ནི། དགེ་འདུན་རྣམ་ས་སོགས་ཏེ། དབྱར་ནང་དུ་ལྟུང་བ་གླེང་བ་བཀག་པ་སློས་མ་དགོས་ལ། གཞན་དགེ་འདུན་རྣམས་བྱེ་བར་འགྱུར་བའི་དགག་བྱ་མེད་པའི་དུས་སུ་བྱ་བའོ། །བཞི་པ་དགོས་པ་གང་གི་ཆེད་དུ་བྱ་བ་ནི། སྤར་བྱས་སོགས་ཏེ། སྤར་བྱས་པའི་བྱ་བ་ངན་པའི་འཕྲོ་གཅོད་པ་དང་། ཕྱིར་འཆོས་སུ་གཞུག་པའི་ཆེད་དུའོ། །ལྔ་པ་ཚིག་ཇི་ལྟ་བུས་བྱ་བ་ནི། གླེང་དྲན་སོགས་ཏེ། ལྟུང་བ་གླེང་བ་དང་། དྲན་དུ་གཞུག་པ་དང་། གཞམ་བསྐོ་མ་བྱས་པ་ལ་ནན་ཏུར་གྱི་ལས་མི་ཆགས་པས། དེ་དག་སྔོན་དུ་སོང་ནས་གསོལ་བ་དང་བཞིའི་ནན་ཏུར་གྱི་ལས་བྱ་ཞིང་། ཡུལ་དེས་དགེ་འདུན་གྱི་མངོན་སུམ་དུ་མ་འོང་ན་ནན་ཏུར་བྱས་པར་གོ་བར་བྱས་པའི་མཛུག་ཏུ་བསྒྲགས་པར་ཡང་བྱའོ། །དྲུག་པ་མུ་བཞི་རྩི་ར་ཡོད་པ་ཁ་འཕངས་པ་ནི༑ ནན་ཏུར་དང་ནི་སོགས་ཏེ། འདིར་ཚུང་ཟད་བཤད་ན་ནན་ཏུར་གྱི་ལས་བྱས་པ་ཡིན་ལ། དམན་པའི་སན

གནས་པ་མ་ཡིན་པའི་སྨྲ་ནི་གསོ་སྦྱོང་བཞག་པ་དང་། དགག་དབྱེ་བཞག་པ་ལྟ་བུའོ། །དམན་པའི་སར་གནས་པ་ཡིན་ལ་ནན་ཏུར་མ་བྱས་པའི་སྨྲ་ནི་སྤོ་བ་སྤྱོད་པ་དང་། མགུ་བ་སྤྱོད་པ་ལྟ་བུའོ། །གཉིས་ཀ་ཡིན་པའི་སྨྲ་ནི། སྡིག་པ་ལ་སོགས་པའི་ནན་ཏུར་བཞི་པོ་གང་རུང་དང་། གནས་དབྱུང་བྱས་པའོ། །གཉིས་ཀ་མ་ཡིན་པའི་སྨྲ་ནི། དགེ་སློང་ས་རང་བཞིན་དུ་གནས་པ་རྣམས་སོ། །

གཉིས་པ་སོ་སོར་བཤད་པ་ལ། ལས་ཀྱི་དབྱེ་བ་བཅུ་ཡོད་པའི་དང་པོ་བསྡིགས་པ་ནན་ཏུར་ནི། འཐབ་ཀྲོལ་སོགས་ཏེ། དགེ་སློང་འཐབ་ཀྲོལ་བྱེད་པ་ལ་བྱ་བ་འདི་ཐོང་ཞིག །མི་གཏོང་ན་གནས་ནས་དབྱུང་བར་བྱའོ། །ཞེས་བསྡིགས་པར་བྱེད་པའི་གསོལ་བཞིའི་ལས་བྱེད་པའོ། །གཉིས་པ་སྨད་པ་ནན་ཏུར་ནི། ལྷག་མ་སོགས་ཏེ། དགེ་འདུན་ལྷག་མའི་ལྟུང་བ་བྱུང་བ་ཕྱིར་མི་འཆོས་པར་ལན་བཞི་ཚུན་ཆད་བཏུད་ནས་བྱེད་པ་ལ་སྨོས་པར་བྱེད་པའི་གསོལ་བཞིའི་ལས་བྱེད་པའོ། །

གསུམ་པ་བསྒྲད་པ་ནན་ཏུར་ནི། ཁྱིམ་སུན་འབྱིན་སོགས་ཏེ། ཁྱིམ་པའི་ནང་དུ་བུད་མེད་དང་ལྷན་ཅིག་རྩེད་འཛོ་འཆར་གཡེང་ལ་སོགས་པ་ཁྱིམ་སུན་འབྱིན་གྱི་སྤྱོད་པ་བྱེད་པ་ལ་གནས་དེ་ནས་སྒྲོད་པའི་གསོལ་བཞིའི་ལས་བྱེད་པའོ། །བཞི་པ་ཕྱིར་འགྱེད་ནན་ཏུར་ནི། ཁྱིམ་པའམ་སོགས་ཏེ། དགེ་སློང་གང་ཁྱིམ་པ་ལ་ཐོ་འཚམས་པ་དང་། དེས་མཆོད་རབ་བྱུང་སྡེ་ལྔ་པོ་གང་རུང་ལ་ཐོ་འཚམས་པས་བཀླས་ཐབས་བྱེད་པ་དེ་ལས་ཕྱིར་ལྡོག་པའི་ཆེད་དུ་ལས་ཀྱི་མཐའ་དེ་མ་གཏོང་གི་བར་དུ་དགེ་འདུན་གྱི་འཛའ་ཞིང་གཙུགས་པ་དང་། དགའ་བའི་དངོས་པོ་ལས་ཕྱིར་འགྱེད་པའི་གསོལ་གཞིའི་ལས་བྱ་བ་སྟེ། དེ་རྣམས་རང་རང་གི་ནན་ཏུར་གྱི་མིང་དུ་གྲགས་པ་དེ་དང་དེའི་མཐའ་ལ་མི་གཏོང་ན་གནས་ནས་དབྱུང་བ་ཉིད་དོ། །ལྔ་པ་གནས་ནས་དབྱུང་བ་ནི། གནས་ཕྱུང་རྒྱུ་བདུན་སོགས་ཏེ། བདུན་པོ་གང་ཞེ་ན། ལྟུང་བ་ཕྱིར་མི་འཆོས་པ་གནས་ནས་དབྱུང་བ། ལྟུང་བ་མ་མཐོང་ངོ་ཞེར་བ་གནས་ནས་དབྱུང་བ། སྡིག་ལྟ་མི་གཏོང་བ་གནས་ནས་དབྱུང་བ། འཐབ་ཀྲོལ་བྱེད་པ་འབད་པས་བཟློག་ཀྱང་མི་གཏོང་བ་གནས་ནས་དབྱུང་བ། རྣམ་པར་གཏན་ལ་འབེབ་པའི་རྩོད་པ་ཉེ་བར་རྩོད་པ་ཞི་བའི་ཐབས་བྱས་ཀྱང་གཏན་མ་ཞི་བ། མ་ཞི་ན་གནས་ནས་དབྱུང་བ། འཐབ་ཀྲོལ་གྱི་རྒྱུ་འཁོན་དུ་འཛིན་པ། མི་གཏོང་ཞིང་ཉེ་བར་སྒྲུབ་པ་གནས་ནས་དབྱུང་བ། དགེ་སློང་མ་རྣམས་དང་འདྲེ་ཞིང་འཕྱར་གཡེང་སོགས་ཀྱིས་གནས་པ་གནས་ནས་དབྱུང་བ་རྣམས་སོ། །གནས་ཕྱུང་རྒྱུ་བདུན་པོ་གང་ལས་གྱུར་ཀྱང་རུང་རེ་ཞིག་གཙུག་ལག་ཁང་ཐ་མ་གཞན་དུ་བཞག་ལ་དགེ་སློང་རང་བཞིན་དུ་གནས་པ་རྣམས་དང་ལྷན་ཅིག་ཏུ་གནས་པ་དང་ལོངས་སྤྱོད་པ་ལ་མི་དབང་ཞིང་། སླར་བཟོད་པར་གསོལ་ན་དང་པོར་བཟོད་པ་སྦྱིན། དེ་ནས་མཐུན་པ་དང་། མཐུན་པའི་

གསོ་སྦྱོང་རིམ་བཞིན་བྱིན་པས་ས་རང་བཞིན་དུ་གནས་པ་ཐོབ་བོ། །གལ་ཏེ་དགེ་སློང་སྡེ་སྣོད་གསུམ་འཛིན་ཞིང་། ཕྱོགས་དང་འཁོར་མང་བ། གྲགས་པ་དང་བསོད་ནམས་ཅན་དག་གནས་དབྱུང་འོས་པར་གྱུར་ཀྱང་མི་བྱ་སྟེ། དགེ་འདུན་བྱེ་བའི་རྒྱུ་དང་སྡོམ་པོར་འགྱུར་བས་སོ། །དེ་སྐད་དུ་ཚིག་ལེར། མདོ་སྡེ་འདུལ་བ་མ་མོ་རྣམས། །མཁས་ཤིང་གྲགས་དང་ལྡན་པ་དང་། །བསོད་ནམས་ཆེན་པོ་ལ་སོགས་པ། །བསྐྲད་ཅིང་བཀར་བ་འོས་པ་མིན། །གང་ཕྱིར་འདི་དག་མུ་སྟེགས་ཀྱི། །རི་དྭགས་སྐྲག་བྱེད་སེང་གེའི་བུ། །འདི་དག་ཁྱིམ་པར་གྱུར་ནའང་། །སྟོན་པའི་བློ་ཡིས་རབ་དང་བསྐྱེད། །འདི་དག་རྣམས་ཀྱིས་གཙུག་ལག་ཁང་། །མཛེས་བྱེད་ཁྱུ་མཆོག་སྒྲ་སྒྲོགས་ཤིང་། །དེ་བས་འདི་དག་སྨད་ན་ནི། །རང་གི་བསྟན་ལ་སྨད་པ་ཡིན། །ཞེས་སོ། །སྤྱར་བཤད་པའི་བསྡིགས་པ་ནན་ཏུར་སོགས་བཞི་པོ་ནི་དགེ་ཚུལ་ཕ་མ་དང་། དགེ་སློབ་མ་ལའང་ཇི་ལྟར་འོས་པར་བྱ་བ་ཡིན་ནོ༔ །དྲུག་པ་གསོ་སྦྱོང་བཞག་པ་དང་། བདུན་པ་དགག་དབྱེ་བཞག་པ་དང་། བརྒྱད་པ་གསོལ་བརྗོད་བཞག་པ་རྣམས་ནི། ལྷུང་བ་གླེང་ཡང་སོགས་ཏེ། དགེ་འདུན་གྱིས་ལྷུང་བ་གླེང་ཡང་སྐབས་མི་འབྱེད་པ་དང་། སྐབས་ཕྱེ་ཡང་མཉན་པར་མི་བྱེད་པའི་གང་ཟག་ལ་གསོ་སྦྱོང་གི་དུས་སུ་གསོ་སྦྱོང་བཞག་པ་དང་། དགག་དབྱེའི་དུས་སུ་དགག་དབྱེ་བཞག་པ་དང་། ལས་གྲལ་ལ་འོང་དུ་མི་གཞུག་པ་གསོལ་བརྗོད་བཞག་པ་རྣམས་ཡིན་ནོ། །དགུ་པ་དགེ་ཚུལ་བསྙིལ་བ་ནི། སྡིག་ལྟ་སོགས་ཏེ། སྡིག་པའི་ལྟ་བ་ཅན་གྱི་དགེ་ཚུལ་ལྡོག་བྱེད་ལྡས་ལྡོག་ཀྱང་མི་གཏོང་བ་གནས་ནས་དབྱུང་བ་ལ་བསྙིལ་ཞེས་བརྗོད་པའོ། །བཅུ་པ་ལྷུང་བཟེད་ཁ་སྦུབ་པ་ནི། ཡང་དག་སོགས་ཏེ། དགེ་འདུན་ལ་ཡང་དག་པ་མ་ཡིན་པའི་སྐུར་པ་འདེབས་པའི་ཁྱིམ་དུ་འགྲོ་བ་དང་སྟན་ལ་འདུག་པ་མི་བྱ་བ་དང་། དེས་བྱིན་པའི་ཟས་མི་བཟའ་བ་དང་། ཁྱིམ་དེར་བསོད་སྙོམས་བསླང་བར་མི་བྱ། ཆོས་བསྟན་པར་མི་བྱ་བ་སྟེ་མདོར་ན་དེར་ལྷུང་བཟེད་ཁ་བཟེད་པར་མི་བྱ་བས་ན་ལྷུང་བཟེད་སྦུབ་པ་ཞེས་བྱ་སྟེ་བསྡིགས་པ་ནས་འདིའི་བར་ནི་ནན་ཏུར་བཅུའོ། །

གསུམ་པ་ནན་ཏུར་བྱས་པ་ལ་བཟོད་པ་བླང་བ་ནི། ནན་ཏུར་སོགས་ཏེ། བསྡིགས་པ་སོགས་ནན་ཏུར་དང་པོ་བཞི་ལ་ཡུལ་དེས་ཞེ་ཐག་པ་ནས་བཟོད་པར་གསོལ་ན། དགེ་འདུན་གྱིས་དང་དུ་བླངས་ཏེ། གསོལ་བཞིའི་ལས་ཀྱིས་བཟོད་པ་སྦྱིན་ནོ། །དེ་བཞིན་དུ་གསོ་དགག་བཞག་པ་དང་། སོགས་ཀྱི་སྒྲས་ལས་བཞག་པ་ལའང་ཡུལ་དེས་གླེང་བའི་སྐབས་ཕྱེས་ན། དགེ་འདུན་དང་ལྷན་ཅིག་གསོ་སྦྱོང་དང་དགག་དབྱེ་བྱས་པས་བཟོད་གསོལ་གྱི་དོན་འགྲུབ་པ་ཡིན་ནོ། །ལྷུང་བཟེད་སྦུབ་པ་ལའང་ཁྱིམ་པས་བཟོད་པར་གསོལ་ན་དགེ་འདུན་གྱིས་ལྷུང་བཟེད་གསོལ་བའི་ལས་ཀྱིས་བསྒྲད་ནས་ཁྱིམ་དེར་འགྲོ་བ་སོགས་རུང་བ་ཉིད་དོ། །གཞན་

ཡང་ཕམ་པ་བྱུང་བ་གཙུག་ལག་ཁང་གཞན་དུའང་མི་བཞག་པར་མཚམས་ཀྱི་ཕྱི་རོལ་དུ་བསྐྲད་པར་བྱ། འཆབ་མེད་སླེང་ནས་བཟོད་པར་གསོལ་ན་དགེ་འདུན་གྱིས་བཟོད་པ་དང་དུ་བླངས་ཤིང༌། གསོལ་བཞིའི་ཆད་ལས་ཀྱི་བསླབ་པ་བྱིན་ལ་དེས་ཀྱང་ཇི་སྲིད་འཚོའི་བར་དུ་དགེ་འདུན་བཀུར་བའི་ལས། སྒོ་མགོའི་སྐབས་སུ་བཤད་པའི་དམན་སྤྱོད་དང་དུ་བླངས་ཤིང༌། དགེ་སློང་རང་བཞིན་དུ་གནས་པ་ལ་ཆད་ལས་བཅད་པ་སོགས་ཁྱད་པར་གྱི་སྤྱོད་པ་སྤངས་ཏེ་ཐོས་བསམ་བསྒོམ་གསུམ་ལ་འབད་པས་དགྲ་བཅོམ་པ་ཐོབ་ན་དགེ་སློང་རང་བཞིན་དུ་གནས་པར་འགྱུར་རོ། །འཆབ་བཅས་དང་འཆབ་མེད་ཡིན་ཡང་དགྲ་བཅོམ་པ་བསད་པ་ལྟ་བུ་མཚམས་མེད་བྱས་པ་དག་ནི་བསླབ་བྱིན་གྱིས་གསོ་རུ་མི་རུང་སྟེ། བསླབ་པ་སྦྱིན་པ་ནི་ཚེ་འདི་ལ་རྣམ་པར་གྲོལ་བ་ཐོབ་པའི་ཆེད་ཡིན་ལ། མཚམས་མེད་བྱས་པ་རྣམ་གྲོལ་གྱི་སྐལ་བས་དབེན་པ་ཡིན་ཏེ། མཛོད་ལས། མཚམས་མེད་སྦྱོར་བ་བྱས་པ་ལ། །འདོད་ཆགས་བྲལ་འབྲས་མི་སྲིད་དོ། །ཞེས་འབྱུང་བས་སོ། །

གཉིས་པ་བཤགས་པས་ཕྱིར་བཅོས་པ་ལ་ལྔ་སྟེ། ཡུལ། གང་ཟག །བསམ་པ། ཆོག །དགོས་པའོ། །དང་པོ་ནི། བསྒོ༷་བསྐུ༷ར་བཅུ༷་ནི་སོགས་ཏེ། བསྒོ་བསྐུར་གྱི་ལྟུང་བ་བཅུ་ནི། མཚམས་ནང་དེ་ན་གནས་པའི་དགེ་འདུན་ཐམས་ཅད་ལ་ཕྱིར་བཅོས་བྱ་ཞིང་བཤགས་པ་དང༌། སོར་བཤགས་རྣམས་ནི་གང་ཟག་ལ་རུང་བས། དགེ་སློང་གཅིག་གམ་གཉིས་སོགས་ལ་ཐོས་པར་བྱ་ཞིང་སྒྲེ་ཤུགས་འདོན་པའི་ཚུལ་གྱིས་བཤགས་པ་དང༌། སྤང་བའི་ལྟུང་བྱེད་རྣམས་ནི་ལྟུང་བ་འབྱུང་བའི་རྒྱུར་གྱུར་པའི་དངོས་པོ་དེ་སྤངས་བའམ། ཐ་ནའང་དེ་དང་ཞག་གཅིག་འབྲལ་བ་སྔོན་དུ་སོང་ནས་ལྟུང་བ་རིས་མཐུན་མེད་པའི་གང་ཟག་གི་མདུན་དུ་བཤགས་པ་དང༌། དེས་མཚོན་པ་ལྟུང་བྱེད་འབའ་ཞིག་པ་ལ་ཞག་གི་སྤང་འབྲལ་སྔོན་དུ་འགྲོ་མི་དགོས་པའི་བཤགས་པ་འབའ་ཞིག་པའོ། །དགེ་འདུན་ལྷག་མ་ལ་གཏོགས་པའི་སྡོམ་པོ་ཕྱི་བ་ལས་སུ་རུང་བའི་ཡན་ལག་གི་རྣམ་པ་ལ་རྩོལ་བ་ལ་སོགས་པ་ནི་མཚམས་ནང་དེའི་དགེ་སློང་ཉུང་མཐའ་ལྔ་ནས་བཟུང་ཇི་སྙེད་ཡོད་པ་ལ་བཤགས། ལྷག་མར་གཏོགས་པའི་སྡོམ་པོ་ཡང་བ་ལས་སུ་མི་རུང་བའི་ཡན་ལག་གི་རྣམ་པ་ཉིད་པ་ལྟ་བུ་ནི་དགེ་སློང་གཅིག་ལ་བཤགས། ཕམ་པར་གཏོགས་པའི་སྡོམ་པོ་ཕྱི་བ་ཡན་ལག་མ་ཚང་བའི་ཟླ་མང་པོ་བཀྲུས་པ་དང༌། རྟེན་བྱ་མཐུ་མེད་པར་ཁྲུ་བ་འབྲིན་པ་ལྟ་བུ་ལ་མཚམས་ནང་གི་དགེ་འདུན་ནམ། གཞན་ནས་ཁ་བསྐང་ཀྱང་རུང་བས་ཉུང་མཐའ་དྲུག་ནས་ཇི་སྙེད་པའི་དགེ་འདུན་ལ་བཤགས། ཕམ་པར་གཏོགས་པའི་སྡོམ་པོ་ཡང་བ་རྩ་དང་ཕྱུབ་མ་བཀྲུས་པ་ལྟ་བུ་ལ་དགེ་སློང་བཞི་ཡན་ཆད་ལ་བཤགས་པས་ལྟུང་བ་ལས་ལྡང་ངོ་། །

གཉིས་པ་གང་ཟག་ནི། ལྟུང༷་བ༷་བྱུང༷་བ༷་ལྟར༷་སོགས་ཏེ། རང་རྒྱུད་ལ་ལྟུང་བ་བྱུང་ཞིང་བྱུང་བ་ལྟར་དྲན

པའི་དགེ་སློང་གིས་བཤགས་པར་བྱ་བ་ཡིན་ནོ། །

གསུམ་པ་བསམ་པ་ནི། སྙིང་ནས་ནི་སོགས་ཏེ། སྙིང་ཐག་པ་ནས་བཤགས་འདོད་ཅིང་། སྔར་བྱས་ལ་འགྱོད་པ་དང་། ཕྱིན་ཆད་མི་བྱེད་པའི་སྡོམ་སེམས་བརྟན་པོ་དང་ལྡན་པ་གཙོ་ཆེའོ། །བཞི་པ་ཚིག་ནི། ཚེ་ག་སོགས་ཏེ། བཤགས་པའི་ཚིག་སྔགས་ཚིག་རྣམས་འགྲེལ་པ་སོགས་གཞན་དུ་ཤེས་པར་བྱ་དགོས་མོད། ཡོང་སྐབས་བྱུང་ན་དགེ་འདུན་དང་གང་ཟག་གི་ལས་མགོ་ཆེ་བ་རྣམས་ཕྱོགས་གཅིག་ཏུ་སྡེབ་པར་སྤྲོའོ། །ལྔ་པ་དགོས་པ་ནི། དགོས་པ་སོགས་ཏེ། དེ་ལྟར་བཤགས་པ་བྱས་པས་ལྡང་བ་དང་། དེའི་རྣམ་སྨིན་དག་པ་དང་ཉེས་པ་མི་འཕེལ་ཞིང་། གཉེན་པོའི་བསམ་པ་གོང་འཕེལ་དུ་འགྱུར་བ་ཡིན་ནོ། །

གསུམ་པ་སྤོ་མགུའི་ཕྱིར་བཅོས་ནི། ལྷག་མ་འཆབ་བཅས་སོགས་ཏེ། དགེ་འདུན་ལྷག་མ་བཅབ་པའི་ཉེས་པ་དང་ལྡན་པའི་གང་ཟག་ལ་བཅབ་ཉེས་འདག་པའི་ཕྱིར་ཞག་གྲངས་ཇི་ཙམ་བཅབ་པ་བཞིན་དགེ་འདུན་གྱི་གཡོག་བྱ་བའི་སྤོ་བ་གསོལ་བཞིའི་ལས་ཀྱིས་སྦྱིན་པར་བྱའོ། །དགེ་འདུན་གྱི་གཡོག་བྱ་བའི་ལས་གང་ཞེ་ན། ནང་པར་སྔ་བར་ལངས་ཏེ་སྒོ་དབྱེ་བ་དང་། མར་མེའི་གོང་བུ་བསལ་བ་དང་། གཙུག་ལག་ཁང་དུ་ཆག་ཆག་གདབ་པ་དང་། ཕྱག་དར་དང་བའི་ལྕི་བ་འཇམ་པོས་བྱུག་པ་དང་། བཤང་གཅིའི་སྐྱབས་སྦྱང་བ་དང་། ས་འཕྱག་པ་དང་། དུས་དང་མཐུན་པའི་ཆུ་བཞག་པ་དང་། ཐའི་ཁ་བསལ་བ་དང་། སྟན་བཤམ་པ་སོགས་མཉེས་པ་ཁོ་ནར་སྒྲུབ་པ་སྟེ། བྱ་བ་འདི་དག་ནན་ཏུར་དང་གནས་ཕྱུང་དག་གིས་ཀྱང་བྱའོ། །སྤོ་བ་དེ་སྤྱོད་པའི་བར་ལ་ལྡང་བ་རིས་མཐུན་གཉིས་པ་ཞུགས་ན་སྔར་ཞག་གྲངས་ཇི་ཙམ་སོང་བ་དེ་མི་བགྲང་བར་སྤོ་བ་བསྐྱར་ཏེ་སྦྱིན་པ་ནི་གཞི་ནས་སྤོ་བ་ཞེས་བྱ་ལ། ཡང་ལྡང་བ་རིས་མཐུན་གསུམ་པ་ཞུགས་ན་སླར་ཡང་སྤོ་བ་སྦྱིན་པ་ནི་ཡང་སྤོ་ཞེས་བྱའོ། །སྤོ་བ་སྤྱོད་རིང་ལ་ལྷག་མ་འཆབ་ཉེས་མ་བྱུང་ན་དེའི་མཐར་ལྷག་མའི་དངོས་གཞི་འདག་པའི་ཕྱིར་གསོལ་གཞིའི་ལས་ཀྱིས་དགེ་སློང་ཕ་ལ་ཞག་དྲུག་དང་། མ་ལ་ཟླ་བ་ཕྱེད་ཀྱི་བར་དུ་དགེ་འདུན་མཉེས་པའི་གཡོག་འབབ་ཞིག་བྱ་བའི་མགུ་བ་སྦྱིན་ནོ། །མགུ་བ་དེ་སྤྱོད་པའི་རིང་ལ་ཡང་ལྡང་བ་རིས་མཐུན་གཉིས་པ་དང་གསུམ་པ་ཞུགས་ན་གཞི་ནས་མགུ་བ་དང་། ཡང་མགུ་སྦྱིན་པ་སྔ་མས་འགྲེའོ། །སྤོ་མགུ་སྤྱོད་པའི་རིང་ལ་ལྡང་བ་གཞན་སྤྱད་པ་དྲན་ན་རང་སྐལ་གྱི་སྤོ་མགུ་ཐ་དད་དུ་སྦྱིན་པར་བཤད་ལ། གལ་ཏེ་ངོ་ཚ་ཆེན་པོ་དང་ལྡན་ཞིང་སྡེ་སྣོད་གསུམ་འཛིན་པ་ཡིན་ན་གང་ཟག་གི་མདུན་དུ་ལྷག་མའང་བཤགས་སུ་རུང་བར་བཞེད་པ་ཡོད་དོ། །ཕྱིར་བཅོས་ལ་གོ་ཤམྦིའི་གཞི་དང་། ནན་ཏུར་ལ་དམར་སེར་ཅན་གྱི་གཞི་ཞེས་གྲགས་ཏེ། གླེང་གཞིའི་ཐོག་མར་གོ་ཤམྦི་དང་། དགེ་སློང་དམར་སེར་ཅན་ལས་བྱུང་བ་ཡིན་པས་སོ། །འདི་གཉིས་སོ་སོར་བཤད་ན་གཞི་བཅོ

བརྒྱད་དུ་འགྱུར་མོད། འདིར་ཕྱིར་བཅོས་ཀྱི་གཞི་ཞེས་པ་གཅིག་ཏུ་བསྡུས་པའོ། །གཞན་ཡང་ཉེས་བྱས་ཀྱི་སྡེ་ཚན་རྣམས་ལས་བཤགས་བྱའི་ཉེས་བྱས་རྣམས་ནི་གང་ཟག་ལ་ལྟུང་བ་རང་མིང་གིས་བཤགས་ཤིང་། བསྡམ་བྱའི་ཉེས་བྱས་རྣམས་ནི་ཡིད་ཀྱིས་སྡོམ་པས་སོར་ཆུད་པར་གསུངས་སོ། །

གཉིས་པ་ཞར་བྱུང་བསླབ་ཚིགས་སྔ་མའི་ཕྱིར་བཅོས་ནི། དགེ་ཚུལ་སོགས་ཏེ། དགེ་ཚུལ་ཕ་མ་ལ་ཕམ་འདྲ་འཆབ་བཅས་བྱུང་ན་གསོར་མི་རུང་ལ། འཆབ་མེད་ལ་དགེ་སློང་བཞིན་དུ་བསླབ་སྦྱིན་སྒྲུབ་པ་འགྲེལ་པ་འོད་ལྡན་ལས་བཤད་ཅིང་། བཤགས་བྱའི་ཉེས་བྱས་ལྷག་འདས་གཞན་རྣམས་ནི་ཚུལ་བཞིན་དུ་དགེ་སློང་གཅིག་ལ་བཤགས། ཉེས་མེད་མ་གཏོགས་པའི་ལྷག་འདས་ཕྱོགས་མཐུན་རྣམས་ཡིད་ཀྱིས་བསྡམ་པས་འདག་པར་བྱ་ཞིང་དགེ་སློབ་མ་ལའང་རིག་འགྲེ། ཡོངས་རྫོགས་དགེ་བསྙེན་ལ་ནི་མི་གསོད་པ་སོགས་རྩ་བ་བཞི་བྱུང་ན་སྡོམ་པ་བསྐྱར་ནས་བླང་། མི་མ་ཡིན་པ་གསོད་པ་སོགས་ཡང་བ་བཞི་དང་། ཆང་བཏུང་བ་རྣམས་སྡོམ་ལྡན་གཅིག་གི་དྲུང་དུ་བཤགས། ཕྲ་མ་སོགས་མི་དགེ་བ་དྲུག་པོ་འགྱོད་པ་དང་སྡོམ་སེམས་ཀྱིས་འཚོས་རུང་བ་བོད་ཀྱི་བླ་མ་རྣམས་གསུངས་སོ། །ཐེག་ཆེན་སོ་ཐར་ལྟར་ན་ཆོ་ག་ཉན་ཐོས་དང་ཐུན་མོང་བ་རྣམས་ལ་ནི་ཉན་ཐོས་ཀྱི་གཞུང་ལས་བཤད་པའི་ཕྱིར་བཅོས་རྣམས་དང་། ཐེག་ཆེན་གྱི་སྡེ་སྣོད་ལས་བཤད་པའི་ཕྱིར་བཅོས་རྣམས་ཀྱང་ཉམས་སུ་བླང་བར་བྱ་ཞིང་། དེ་ལས་གཞན་པའི་ཐེག་ཆེན་སོ་ཐར་རྣམས་ལ་ནི་ཐེག་ཆེན་གྱི་གཞུང་ལས་བཤད་པ་ཁོ་ན་བྱའོ། །

གཉིས་པ་དེ་ལས་འཕྲོས་པའི་གཞི་གཞན་བཤད་པ་ལ་གསུམ་སྟེ། དུས་དང་དུས་མ་ཡིན་པ་བསྡུས་པའི་གཞི། ས་གཞན་ན་སྤྱོད་པའི་གཞི། ཡོངས་སུ་སྤྱོད་པའི་གཞིའོ། །དང་པོ་ལ་སྒྲ་དོན་གོང་དུ་སྨོས་པ་ལྟར་གྱི་སྤྱོ་བ་ཚུལ་བཞིན་དུ་སྤྱད་པས་བཅབ་ཉེས་ལས་ལྡང་བའི་ཚད་དང་། སྤྱོ་བ་སྤྱད་པ་མ་རྫོགས་པས་ལྡང་བའི་དུས་མ་ཡིན་པ་གཉིས་སོ་སོར་དབྱེ་བ་ལ་འཇུག་པས་འཆབ་ཉེས་སུ་འགྱུར་བའི་ཚད་རྟོགས་དགོས་ལ། དེ་ལ་གཞི། བསམ་པ། སྦྱོར་བ། མཐར་ཐུག་པའི་ཡན་ལག་སྟེ་བཞིའི་དང་པོ་ནི། མི་ཤེས་བརྗོད་དང་སོགས་ཏེ། དེ་ཡང་དགེ་འདུན་ལྷག་མ་ངོ་མི་ཤེས་པ་ཉིད་དང་། ངོགས་པ་མཤར་བས་བརྗོད་པ་དང་། ལྟུང་བ་བྱས་སམ་མ་བྱས་དྲན་པར་མི་ནུས་པ་དང་། བསྙེན་པར་མ་རྫོགས་པ་དང་། དགེ་སློང་གནས་ནས་ཕྱུང་བ་རྣམས་ལ་འཆབ་པའི་ཉེས་པ་མི་འབྱུང་ལ། དེ་དག་ལས་ལོག་པའི་ཁྱད་ཆོས་ལྡན་པ་སྟེ་ལྷག་མ་ལ་ལྷག་མར་ཤེས་པ་དང་། བཅབ་པའི་སེམས་སྔོན་དུ་བཏང་བས་མ་བརྗོད་པ་སོགས་ལ་འབྱུང་བ་ཡིན་ནོ། །

གཉིས་པ་བསམ་པའི་ཡན་ལག་ནི། བྱུང་བར་སོགས་ཏེ། ལྷག་མའི་ལྟུང་བ་བྱུང་བ་འབྱུང་བར་འདུ་ཤེས

ཤིང་ཞག་ལོན་པའི་བར་གསེང་སེམས་རྒྱུན་མ་ཆད་ཅིང་འཆབ་ཉེས་ཁྱད་དུ་གསོད་པའོ། །

གསུམ་པ་སྦྱོར་བའི་ཡན་ལག་ནི། དེ་ཡིས་སོགས་ཏེ། གསང་སེམས་དེ་ཡིས་ཀུན་ནས་བསླངས་པ་སྟེ་སྦྱོད་པའི་ལུས་ངག་གི་ལས་སོ། །བཞི་པ་མཐར་ཐུག་གི་ཡན་ལག་ནི། གོ་བར་སོགས་ཏེ། ལྟག་མ་བྱུང་བ་གོ་བར་བྱ་བའི་ཡུལ་དགེ་སློང་ལྟག་མས་མ་གོས་པའི་རྣམ་པར་དག་པ་མཚམས་ནང་དེར་ཡོད་བཞིན་དུ་མ་བརྗོད་པར་སྐྱ་རེངས་ཤར་བའོ། །རིམ་བཞིན་སོགས་ནི་བསྡུས་པའི་དོན་དེ་དག་ཕྱོགས་གཅིག་ཏུ་བྱས་ཏེ་གསལ་བར་བྱེད་པའོ། །དམིགས་བསལ་སྨྲོ་བ་དང་། བསླབ་པ་མ་བཅས་པའི་ལས་དང་པོ་པ་ལ་ཕམ་པ་ལ་སོགས་པའི་ལྟུང་བ་ཀུན་ཀྱང་མི་འབྱུང་བར་གསུངས་པས་བཅབ་ཉེས་ལྟ་ཅི། འོན་ཀྱང་ནན་ཏུར་བཞི་དང་། བསླབ་བྱིན་སོགས་ས་གཞན་ན་གནས་པ་རྣམས་ལའང་ལྟུང་བ་དང་། ལྟུང་བ་བཅབ་པའི་ཉེས་པ་གཉིས་ཀ་འབྱུང་བར་གསུངས་ཤིང་། དགེ་འདུན་ལྟག་མ་ཡིད་གཉིས་ཟ་བཞིན་དུ་གོ་བར་བྱ་བའི་ཡུལ་ལ་འཆབ་པ་ལ་དེ་བཞིན་དུ་ལྟུང་དང་འཆབ་ཉེས་གཉིས་ཀ་འབྱུང་ངོ་། །ལྟག་མ་བཅབ་པའི་ཞག་གྲངས་གསལ་པོར་མི་དྲན་ན་ཚོད་བྱས་པ་ལས་མང་ཚད་སྣར་ཏེ་སྤོ་བ་སྤྱོད་དོ། །གཞི་འདི་ལ་མདོ་རྩར། སྤོ་བ་ལས་ལྷུང་བའི་དུས་དང་དུས་མ་ཡིན་པ་བསྡུས་པའི་གཞི་ཞེས་འབྱུང་བའམ་ལུང་གི་བར་སྡོམ་ལས་གང་ཟག་གི་གཞི་ཞེས་འབྱུང་བ་བཞིན་ཐ་སྙད་དུ་བརྗོད་དོ། །

གཉིས་པ་ས་གཞན་ན་སྤྱོད་པའི་གཞི་ལ་གཉིས་ཏེ། མཚན་ཉིད་དང་འབྲེལ་བའི་དབྱེ་བ་དང་། དེ་ལ་སྤྱོད་པའི་བསླབ་བྱའོ། །དང་པོ་ནི། སྤོ་ལས་སོགས་ཏེ། སྤོ་བའི་ཞག་གྲངས་ཐིམ་ཀྱང་མགུ་བ་མ་ཕོག་པ་ནི་སྤོ་ལས་མགུ་བར་མ་དབྱུང་བས་སྤོ་ལྡན་དང་། དེ་བཞིན་དུ་མགུ་བ་སྤྱོད་པའི་ཞག་གྲངས་ཐིམ་ཀྱང་རང་བཞིན་དུ་གནས་པར་མ་དབྱུང་བ་ནི་མགུ་ལྡན་གྱི་མཚན་ཉིད་ཡིན་ལ། སོགས་ཀྱི་སྒྲས་བསྟན་པའི་སྤོ་སྤྱོད་གསུམ་དང་། མགུ་སྤྱོད་གསུམ་དང་། ལྟུང་བའི་ངོ་བོ་ཉིད་ཚོལ་བ་བྱིན་པ་དང་། བསླབ་བྱིན་དང་། བསྡིགས་པ་སོགས་ནན་ཏུར་བཞི། གནས་ཕྱུང་བདུན་པོ་རྣམས་ཀྱི་མཚན་ཉིད་གོང་དུ་སོང་ཟིན་ལ་ས་གཞན་ན་གནས་པའི་རྣམ་གྲངས་ལ་བཞེད་པ་མི་མཐུན་པ་ཅུང་ཟད་མཐོང་ངོ་། །

གཉིས་པ་དེ་དག་ལ་སྤྱོད་པའི་བསླབ་བྱ་ལ་ས་གཞན་ན་གནས་པ་ཆུང་ངུ་དང་། ཆེན་པོ་གཉིས་སུ་བསྡུས་ནས་དམན་སྤྱོད་དང་དུ་བླང་མི་དགོས་པ་དང་། དགོས་པ་གཉིས་སུ་འཛོག་པ་ཡོད་ནའང་འདིར་དབྱེ་བསལ་མི་མཛད་པའི་ལུགས་ལྟར་ན། སྤྱི་ཡི་བསླབ་བྱ་ནི་སོགས་ཏེ། རང་ལས་བསླབ་པ་གཞོན་པའི་དགེ་སློང་རང་བཞིན་དུ་གནས་པས་ཕྱག་དང་ལྡང་བ་ལ་སོགས་པ་བྱེད་ན་བླང་བར་མི་བྱ་ཞིང་། དགེ་སློང་རང་བཞིན་དུ

གནས་པ་ལ་ལྟུང་བ་གླེང་བ་དང་། སོགས་ཀྱི་སྨྲས་བརྗོད་པ་དང་བཅས་པ་དང་། ཕུར་པ་དང་བཅས་པ་དག་མི་བྱ་ཞིང་། གདམས་ངག་བཞག་པ་དང་། གསོ་སྦྱོང་དང་། དགག་དབྱེ་དང་། གསོལ་བ་དང་བརྗོད་པ་བཞག་པ་མི་བྱ་བ་དང་། ཆད་ལས་ཀྱི་རྒྱུ་བརྗོད་པ་སོགས་ཁྱད་པར་ཅན་གྱི་སྤྱོད་པ་རྣམས་རྣམ་པ་ཀུན་ཏུ་སྤང་ལ། སྤོ་མགྱུའི་སྐབས་སུ་བཤད་པའི་དགེ་འདུན་གྱི་གཡོག་བྱ་བའི་མཉེས་པ་མཐའ་དག་སྒྲུབ་དགོས་སོ། །རང་བཞིན་དུ་གནས་པ་རྣམས་ཀྱིས་ཀྱང་དེ་དག་ལ་མངོན་པར་སྨྲ་བ་དང་། ཕྱག་དང་ལྡང་བ་སོགས་གུས་པའི་ལས་མི་བྱ་ཞིང་། ལྷན་ཅིག་ཏུ་གནས་པ་དང་། གོམ་པ་མཉམ་དུ་འདོར་བ་དང་། གནས་གཅིག་ཏུ་ཉལ་བ་སོགས་སྤྱོད་པ་འདྲེ་བ་སྤང་ངོ་། །འདི་ལ་ལུང་གི་བར་སྡོམ་ལས་སྐྱོ་བའི་གཞི་ཞེས་གསུངས་ཀྱང་། ཆད་ལས་སུ་གཏོགས་པའི་ཀུན་སྤྱོད་བསྟན་པའི་ཕྱིར། མདོ་རྩ་བར། ས་གཞན་ན་སྤྱོད་པའི་གཞི་ཞེས་བཞག་པར་མཛད་དོ། །

གསུམ་པ་ཡོངས་སུ་སྦྱོང་བའི་གཞི་ལ་གསུམ་སྟེ། ཡུལ་གང་ལ་གླེང་བ། དངོས་པོ་གང་གླེང་བ། གླེང་ནས་ཇི་ལྟར་སྒྲུབ་པའོ། །དང་པོ་ནི། གཞན་ཀྱི་ལྟུང་བ་སོགས་ཏེ། དགེ་སློང་གཞན་གྱི་ལྟུང་བ་མཐོང་ཐོས་དོགས་གསུམ་གྱིས་བྱུང་བར་གྲགས་ངེས་པ་རྣམས་གླེང་དུ་རུང་ལ། མཐོང་ཐོས་དོགས་གསུམ་དང་བྲལ་བས་གཞི་མེད་པ་དང་། ལྟུང་བའི་ངོ་བོ་མ་རྟོགས་པ་དང་། ལྟུང་བ་བྱུང་ཀྱང་བྱུང་བར་མ་གྲགས་པ་ནི་གླེང་བར་བྱ་བ་མ་ཡིན་པས་ཡུལ་གྱི་རྒྱུད་ནས་དཔྱད། གླེང་བ་པོ་དང་། བསམ་པ་དང་། དུས་སྐབས་རྣམས་ནན་ཏུར་གྱི་སྐབས་སུ་སོང་བས་འདིར་མ་སྨོས་སོ། །

གཉིས་པ་དངོས་པོ་གང་གླེང་བ་ནི། ལྟུང་བ་བྱུང་དང་སོགས་ཏེ། ཚུལ་ཁྲིམས་ཀྱི་མི་མཐུན་པའི་ཕྱོགས་སུ་གྱུར་པའི་ལྟུང་བ་བྱུང་བ་དང་། སྡིག་པ་ཅན་གྱི་ལྟ་བ་སྐྱེས་པ་དང་། འགྲོ་འཆག་ཉལ་གསུམ་གྱི་སྤྱོད་པ་འདུལ་བ་དང་མི་མཐུན་པ་དང་། ལོག་པའི་འཚོ་བ་ལ་ལོངས་སྤྱོད་པ་རྣམས་ལ་རིམ་བཞིན་ཚུལ་ཁྲིམས་ཉམས་པ་དང་། ལྟ་བ་ཉམས་པ་དང་། ཆོ་ག་ཉམས་པ་དང་། འཚོ་བ་ཉམས་པ་ཞེས་བྱ་སྟེ་གླེང་བྱའི་དངོས་པོའོ། །འོན་ཀྱང་དེ་བཞིའི་ནང་ནས་དང་པོ་སྟེ་ལྟུང་བ་ཉིད་གླེང་བྱའི་གཙོ་བོ་ཡིན་ནོ། །

གསུམ་པ་གླེང་ནས་ཇི་ལྟར་སྒྲུབ་པ་ནི། གླེང་ཚེ་སོགས་ཏེ། ལྟུང་བ་གླེང་བའི་ཚེ་མི་དྲན་ནོ་ཞེས་ཁས་མི་ལེན་ཞིང་ཕྱིར་བཅོས་མི་བྱེད་ན་དྲན་དུ་གཞུག་པ་སྟེ་ལྟུང་བའི་ངོ་བོ་ཉིད་ཚོལ་བ་སྦྱིན་ནོ། །ལྟུང་བ་མ་མཐོང་ངོ་ཟེར་ནས་ཕྱིར་བཅོས་མི་བྱེད་པ་ནི་གནས་དབྱུང་བྱ་སྟེ་སྔར་བཤད་པ་ལྟར་རོ། །ལྟུང་བ་གླེང་བའི་སྐབས་མི་འབྱེད་ན་བརྗོད་བཅས་བྱེད་དགོས་ཏེ། ཚེ་དང་ལྡན་པ་ཁྱོད་ལ་དགེ་འདུན་གྱིས་བརྗོད་པ་དང་བཅས་པ་ཉིད་བྱས་ཀྱིས། དགེ་འདུན་ལ་མ་ཞུས་པར་གཞན་དུ་འགྲོ་བ་མི་བྱའོ། །ཁོ་བོ་ལ་ཚེ་དང་ལྡན་པ་ལ་བརྗོད་པར་བྱ་བ

ཉིད་དུ་ངེས་པ་ནི་ཡོད་དོ་ཞེས་གོ་བར་བྱེད་པའོ། །ད་དུང་ཡང་སྐབས་མ་ཕྱེ་ན་དེ་ལ་དགེ་འདུན་གྱིས་ལུང་འབོག་པ་དང་། གཏམ་འདྲི་བ་སྟང་ངོ་། །དེ་བཞིན་དུ་དགེ་འདུན་གྱིས་གསོལ་བཞིའི་ལས་ཀྱིས་གསོ་སྦྱོང་བཞག་པ་དང་། དགག་དབྱེ་བཞག་པའང་དགོས་ན་བྱའོ། །ལྟུང་བ་གླེང་བའི་སྐབས་ཕྱེད་པར་གྱུར་ཀྱང་མཉན་པར་མི་བྱེད་ན་ཕྱུར་བཅས་ཞེས་པ་ལྟུང་བའི་ཕྱུར་བཀལ་ཞིང་། ཞེས་པ་བཤད་དེ་ལྟུང་བའི་དྲི་མ་དང་བཅས་ནས་བཏང་བར་བྱ་བ་ཉིད་དེ། དཔེར་ན་ཧ་སྨ་ཀོད་ཕུར་པ་དང་བཅས་ཏེ་བཏང་བ་བཞིན་ནོ། །ལྟུང་བ་གླེང་བའི་གནས་མཁན་པོ་དང་། སློབ་དཔོན་དང་། དགེ་འདུན་གྱི་དྲུང་དང་། ཞི་འགྲེས་པའི་གང་ཟག་གི་མདུན་དུ་མི་གླེང་བར། གནས་དབེན་པར་བག་ཕབ་སྟེ་གླེང་བར་བྱའོ། །གཞི་འདི་ལ་ལུང་གི་བར་སྡོམ་ལས་གསོ་སྦྱོང་བཞག་པའི་གཞི་ཞེས་གསུངས་པ་ནི། གསོ་དགག་བཞག་པ་ལས་གྲུབ་པ་ཡིན་མོད། ལྟུང་བ་གླེང་བ་སོགས་ཀྱིས་གཞན་གྱི་རྒྱུད་ཡོངས་སུ་སྦྱོང་བའི་ཕྱིར། མདོ་རྩ་བར། ཡོངས་སུ་སྦྱང་བའི་མིང་གིས་ལེགས་པར་བསྟན་པ་ཡིན་ནོ། །

གཉིས་པ་དགེ་འདུན་མཐུན་པའི་ཆོས་ལས་ཉམས་པ་སོར་ཆུད་པར་བྱེད་པ་རྩོད་པ་ཕྱིར་བཅོས་བཤད་པ་ལ་གཉིས་ཏེ། དབྱེ་བ་དང་། དབྱེ་བའི་ངོ་བོའོ། །དང་པོ་ནི། རྩོད་པ་ཕྱིར་བཅོས་སོགས་ཏེ། དབྱེན་གྱི་གཞི་དང་། རྩོད་པའི་གཞིའོ། །དང་པོ་ལ་གཉིས་ཏེ། ལས་ཀྱི་དབྱེན་དང་། འཁོར་ལོའི་དབྱེན་ནོ། །དང་པོ་ལ་བྱ་བ་གང་གིས་དབྱེན་དུ་འགྱུར་བ་དང་། གྱུར་པ་དེ་ཇི་ལྟར་བསྡུམ་པའི་ཚུལ་གཉིས་ཀྱི་དང་པོ་ནི། མཚམས་ས་ཀྱི་ནང་སོགས་ཏེ། ལས་ཀྱི་མཚམས་ནང་གཅིག་ཏུ་ཆོས་དང་ཆོས་མ་ཡིན་པའི་ཕྱོགས་ཕན་ཚུན་དགེ་འདུན་དུ་ལོངས་པ་དེའི་ཚེ། ཆོས་མ་ཡིན་པ་སྨྲ་བ་དག་གིས་ཆོས་ཕྱོགས་པ་ལས་ཐ་དད་དུ་དབྱེ་བའི་སེམས་ཀྱིས་ལས་ཐ་དད་པར་བྱས་པས། དགེ་འདུན་ཕྱོགས་གཉིས་སུ་བྱེ་སྟེ། བྱེད་པ་པོ་ཆོས་མིན་ཕྱོགས་པ་ལ་དབྱེན་གྱི་ལྟུང་བ་གྲུབ་པ་ཡིན་ནོ། །འོན་ཀྱང་མཚམས་མེད་དུ་འགྱུར་པ་འདུ་ཤེས་ལ་རག་ལས་པས་ན། ཆོས་ཀྱང་ཆོས་ཉིད་དུ་ཤེས་ལ། ཆོས་མ་ཡིན་པ་ཡང་དེར་འདུ་ཤེས་བཞིན་དུ་དགེ་འདུན་འབྱེད་པར་བྱེད་ན་ངེས་པར་མཚམས་མེད་ཀྱི་ལས་སུ་འགྱུར་བར་གསུངས་སོ། །

གཉིས་པ་དབྱེན་དུ་གྱུར་པ་དེ་ཇི་ལྟར་བསྡུམ་པའི་ཚུལ་ནི། བྱེ་འགྱུར་དོགས་པས་སོགས་ཏེ། དགེ་འདུན་བྱེ་བར་འགྱུར་བའི་དོགས་པའམ། དགག་བྱ་ཡོད་པའི་དུས་སུ་ཆོས་མིན་ཕྱོགས་པ་ལ་མི་འདོད་བཞིན་དུ་གླེང་བ་དང་། ཚུར་གླེང་བའི་ལན་བཟློག་པ་གཉིས་ཀ་མི་བྱ་ཞིང་། དེས་མཚོན་པ་མི་མཐུན་པ་གཉིས་གནས་ཁང་གཅིག་ཏུ་བཞག་པ་སོགས་དགེ་འདུན་ཐུགས་མི་མཐུན་པའི་རྒྱུ་ཐམས་ཅད་རྣམ་པ་ཀུན་ཏུ་སྤང་ངོ་། །གལ་ཏེ་ཆོས་ཕྱོགས་པ་ལ་བཟོད་པར་གསོལ་ན་བཟོད་པ་སྦྱིན་ཞིང་། མཐུན་པ་དང་མཐུན་པའི་གསོ་སྦྱོང་ཡང་རིམ་

པ་བཞིན་བྱིན་ཏེ། མཚམས་ནང་གི་དགེ་འདུན་ཐམས་ཅད་ཐུགས་མཐུན་པ་ལ་འབད་པས་སྦྱར་རོ། །

གཉིས་པ་འཁོར་ལོའི་དབྱེན་ནི། ཐར་ལམ་གྱིས་བསྡུས་སོགས་ཏེ། ཐར་པའི་ལམ་གྱིས་བསྡུས་པའི་ཆོས་ལས་ཐ་དད་པའི་དངོས་པོ་གསོལ་བས་དགེ་འདུན་གྱི་དབྱེན་དུ་གྱུར་པ་དང་། དོན་དེས་ཚུལ་ཤིང་བྲིམ་པ་ལས་གྱུར་པ་གཉིས་ཡོད་པ་ནི། སྟོན་བྱུང་བ་དགེ་སློང་ལྷ་སྦྱིན་ལས་ཏེ། དེ་ཉིད་ཀྱིས་སྟོན་པའི་འཁོར་སོ་སྐྱེ་དགེ་འདུན་དུ་ལོངས་པ་ཁ་དྲངས་ནས། འདུལ་བ་དང་མི་མཐུན་པའི་བསླབ་ཁྲིམས་ལྔ་བཅས་ཏེ་སོང་བ་ལ་བརྟེན་ནས་སྟོན་པས་ཆོས་འཁོར་བསྐོར་བའི་རྒྱུན་ཞག་གཅིག་བཅད་པའི་ཕྱིར་འཁོར་ལོའི་དབྱེན་དུ་མཛོད་འགྲེལ་སོགས་ལས་གསུངས་ལ། སྟོན་པ་མྱ་ངན་ལས་འདས་པའི་གནས་སྐབས་གཞན་དུ་ནི་མི་འབྱུང་སྟེ་འགྲན་ཟླ་སྟོན་པ་ཉིད་མེད་པའི་ཕྱིར་རོ། །

གཉིས་པ་རྩོད་པའི་གཞི་ལ་གསུམ་སྟེ། འདི་ངོས་བཟུང་བ་དང་། རྩོད་པ་གང་ལ་ཞི་བྱེད་གང་འཇུག་པ། རྩོད་པ་ཞི་བའི་ཕན་ཡོན་ནོ། །དང་པོ་ནི། འཁྲུགས་ལོང་ངོ་བོ་སོགས་ཏེ། འཁྲུགས་ལོང་དང་རྩོད་པ་མིང་གི་རྣམ་གྲངས་ཡིན་ལ། ངོ་བོ་ནི་ཕན་ཚུན་མི་མཐུན་པ་སྨྲས་པའི་རྗེས་སུ་སེམས་གཞོལ་བ་ལས་བྱུང་བའི་ལུས་ངག་གི་ལས་སོ། །དབྱེ་ན། དངོས་པོའི་དེ་བཞིན་ཉིད་ལ་ལོག་པར་སྨྲ་བ་དང་། གདམས་ངག་གི་ལུང་མི་འཐོབ་པར་བཞག་པ་དང་། གླེང་བར་བྱ་བའི་ལྟུང་བ་དང་བཅས་པ་དང་། ལས་ལ་མཐུན་པ་མི་སྦྱིན་པ་སྟེ་རྒྱུ་བཞི་ལས་གྱུར་པའི་འགྱེད་ཕྱིར་གྱི་རྩོད་པ། མི་གདམས་པའི་ཕྱིར་གྱི་རྩོད་པ། ལྟུང་ཕྱིར་གྱི་རྩོད་པ། བྱ་ཕྱིར་གྱི་རྩོད་པ་དང་བཞི་ལ་འཇུག་པའི་ཞི་བྱེད་ཀྱི་ཆོས་བདུན་ཡོད་དོ། །དེ་དག་ཀྱང་གང་ཞེ་ན། སོ་ཐར་གྱི་མདོར། མངོན་སུམ་དྲན་པ་མ་མྱོས་དང་། །དེ་བཞིན་གང་མང་ངོ་བོ་ཉིད། །རྩྭ་རྣམས་བཀྲམ་པ་ལྟ་བུ་དང་། །ཁས་བླངས་པ་ཡང་བྱ་བའོ། །ཞེས་འབྱུང་བ་ལྟ་བུའོ། །

གཉིས་པ་རྩོད་པ་གང་ལ་ཞི་བྱེད་གང་འཇུག་པ་ལ་གཉིས་ཏེ་མདོར་བསྟན་པ་དང་། སོ་སོར་བཤད་པའོ། །དང་པོ་ནི། དང་པོར་མངོན་སུམ་སོགས་ཏེ། རྩོད་པ་དང་པོ་ལ་མངོན་སུམ་གྱི་འདུལ་བ་འཇུག་ལ། གཉིས་པ་ལ་དེ་དང་། དྲན་པས་འདུལ་བ་དང་། མ་མྱོས་པས་འདུལ་བ་སྟེ་གསུམ་འཇུག་ཅིང་། གསུམ་པ་ལ་ལྟུང་བའི་ངོ་བོ་ཉིད་ཚོལ་དུ་གཞུག་པ་སྦྱིན་པ་དང་། བཤགས་པས་ཕྱིར་བཅོས་རྩྭ་བཀྲམ་པ་ལྟ་བུ་དང་། ལྟུང་བ་ཁས་བླངས་པ་སྟེ་གསུམ་པོ་འཇུག་པ་དང་། བཞི་པ་ལ་མངོན་སུམ་གྱིས་འདུལ་བ་སོགས་བདུན་ཀ་འཇུག་སྟེ། དེ་དག་སོ་སོའི་མཐར་རང་རང་གི་འབྲས་བུ་འབྱིན་པས་ཞི་བར་འགྱུར་བ་ནི། དང་པོ་ལ་དགེ་འདུན་རྣམས་ཆོས་ཕྱོགས་པ་ཉིད་དུ་ཐུགས་མཐུན་པ་དང་། གཉིས་པ་ལ་གདམས་ངག་སྦྱིན་པ་དང་། གསུམ་པ་ལ་ལྟུང་བ་རང་གི་

ངོ་བོ་ཤེས་པ་སོགས་དང༌། བཞི་པ་ལ་མཐུན་པ་སྦྱིན་པ་འབྱུང་བས་སོ། །

གཉིས་པ་སོ་སོར་བཤད་པ་ལ་བཞིའི། དང་པོ་ནི། ཚ̥་ག̥་ནི̥་སོགས་ཏེ། དང་པོ་མངོན་སུམ་གྱིས་འདུལ་བ་ལ། ཆོལ་ཕྱིར་ཆོལ་གྱི་མངོན་སུམ། གཟུ་བོའི་མངོན་སུམ། དགེ་འདུན་གྱི་གཞི་བོའི་མངོན་སུམ། གསལ་བའི་མངོན་སུམ། གསལ་བའི་གསལ་བའི་མངོན་སུམ། གནས་བརྟན་དང་བཅས་པའི་དགེ་འདུན་གྱི་མངོན་སུམ། སོ་སྡོད་འཛིན་པའི་མངོན་སུམ། གནས་བརྟན་མཐུ་ལྡན་གྱི་མངོན་སུམ་སྟེ་བརྒྱད་འབྱུང་བའི་དང་པོ་ནི། ཆོལ་ཕྱིར་ཆོལ་གཉིས་དང་པོ་ཆོས་གཏན་ལ་འབེབ་པ་གང་ལས་བརྩམས་ཏེ་རྩོད་པའི་ཚེ་ཕྱིས་ལུང་རིག་གི་བྱེད་པ་ལ་བརྟེན་ནས་གློ་རྩེ་གཅིག་ཏུ་མཐུན་པ་ལྟ་བུའོ། །གཉིས་པ་ནི། ཆོལ་ཕྱིར་ཆོལ་རང་སྟོབས་ཀྱིས་མ་ཞིན་མཁས་ཤིང་གཟུ་བོར་གནས་པའི་དབང་པོས་ཞི་བར་བྱས་པ་ལྟ་བུའོ། །གསུམ་པ་ནི་དེས་མ་ཞི་ན་རྩོད་པ་དེ་དགེ་འདུན་ལ་ཕུལ་ནས་དེས་ཞི་བར་བྱས་པ་ལྟ་བུའོ། །བཞི་པ་ནི། དེས་ཀྱང་མ་ཞི་ན་དགེ་འདུན་གྱིས་ལུང་རིག་ལ་མཁས་པའི་དགེ་སློང་དགེ་འདུན་དུ་ལོངས་པ་གསོལ་བ་དང་གཉིས་ཀྱི་ལས་ཀྱིས་བསྔོས་པའི་དགེ་འདུན་གྱིས་ཞི་བར་བྱས་པ་ལྟ་བུའོ། །དེ་ཡང་ཚོགས་ཀྱིས་ཚོགས་ལ་ལས་མི་ཆགས་པས་དགེ་འདུན་དུ་ལོངས་པ་ཅིག་ཆར་དུ་མི་བསྔོ་བར། གསུམ་པ་ལ་ལས་གཅིག་དང༌། ལྷག་པ་ལ་ལས་གཅིག་སྟེ་ལས་ལན་གཉིས་སུ་བྱ་བ་ཡིན་ནོ༔ །ལྔ་པ་ནི། དེས་ཀྱང་མ་ཞི་ན་བསྔོས་པའི་དགེ་སློང་གཞི་བོ་དེས་ཀྱང་གསོལ་བ་དང་གཉིས་ཀྱི་ལས་ཀྱིས་ལུང་རིག་ལ་ཆེས་མཁས་པའི་དགེ་སློང་གཞན་བསྔོས་པ་དེས་ཞི་བར་བྱེད་པའོ། །དྲུག་པ་ནི། དེས་མ་ཞི་ན་གནས་བརྟན་དང་བཅས་སོ་སོར་ཐར་པའི་མདོ་གདོན་པར་བཅས་པའི་དགེ་འདུན་ལ་རྩོད་པ་ཕུལ་ཏེ་དེ་དག་གིས་ཞི་བར་བྱེད་པའོ། །བདུན་པ་ནི། དེས་ཀྱང་མ་ཞི་ན་ཀུན་གྱིས་ཚད་མར་འཛིན་པའི་དགེ་སློང་སོ་སྡོད་འཛིན་པ་ལ་རྩོད་པ་ཕུལ་ཏེ་དེས་ཞི་བར་བྱེད་པའོ། །བརྒྱད་པ་ནི། དེས་ཀྱང་མ་ཞི་ན་སུས་ཀྱང་བཀའ་ལས་འདའ་བར་མི་ནུས་པའི་གནས་བརྟན་མཐུ་དང་ལྡན་པ་ལ་རྩོད་པ་ཕུལ་ཏེ་དེས་ཞི་བར་བྱེད་པ་སྟེ། མདོར་ན་རྩོད་པ་དང་པོ་འདི་ཆོས་རྣམ་པར་གཏན་ལ་འབེབ་པའི་རྩོད་པ་ཞེས་ཀྱང་བྱ་སྟེ། དངོས་པོའི་དེ་བཞིན་ཉིད་ལས་བརྩམས་ཏེ་འདི་ནི་ཆོས་དང་འདུལ་བ་ཡིན་ནོ། །འདི་ལས་གཞན་པ་ནི་ཆོས་མ་ཡིན་ཞིང་འདུལ་བ་ཡང་མ་ཡིན་ནོ་ཞེས་མཐའ་སོ་སོར་བཟུང་སྟེ་རྩོད་པ་ཡིན་པས་ན། ཆོལ་དང་ཕྱིར་ཆོལ་དང༌། གཟུ་བོ་དང༌། དགེ་འདུན་སོགས། ཞི་བར་བྱེད་པ་པོ་གོང་མ་གོང་མ་ལ་མཐུ་ཡི་ཁྱད་པར་ཞུགས་པས། འཐད་པའི་ཕྱོགས་ལུང་རིག་གིས་བསྒྲུབས་ཤིང༌། མི་མཐུན་པའི་ཕྱོགས་ལ་གནོད་བྱེད་བཀོད་ཅིང་འབབ་པས་ཞི་བར་འགྱུར་བའོ། །དེས་ཀྱང་མ་ཞི་ན་བཞིར་ལོངས་པས་ཚུལ་ཤིང་བྲིམ་པར་བསྔོས་པའི་དགེ་སློང་གིས་ཆོས་ཀྱི་ཚུལ་ཤིང་ཡ་ཡོ་མེད་པ་སོགས

ཀྱི་ཁྱད་ཆོས་དང་ལྡན་པ་དང་། ཆོས་མིན་ཕྱོགས་པའི་ཚུལ་ཤིང་དེ་ལས་ལྡོག་པ་ཉེ་བར་བཞག་ལ་དགེ་འདུན་མཐའ་དག་བསྡུས་ཏེ་ཕྱོགས་མང་ཉུང་ལེགས་པར་བརྟགས་ཤིང་ཆོས་མིན་ཕྱོགས་པ་མང་ན་མི་འབྲིམ། ཆོས་ཕྱོགས་པ་མང་ན་ལག་པ་གཡས་པས་ཆོས་ཀྱི་ཚུལ་ཤིང་བཟུང་སྟེ་འབྲིམ། ཆོས་མིན་ཕྱོགས་པ་ལ་དེའི་ཚུལ་ཤིང་གོས་ཀྱིས་གཡོགས་ནས་ལག་པ་གཡོན་པས་བཟུང་སྟེ་འབྲིམ། དེ་ལྟར་བྱས་པ་ན་ཆོས་ཀྱི་ཚུལ་ཤིང་ལེན་འདོད་པར་འགྱུར་བས་དེ་བྱིན་ལ་གྲལ་སྤྱོས་པ་སོགས་ཀྱི་སྒོ་ནས་དག་པ་བྱིན་ཏེ། ཆོས་ཕྱོགས་པ་མང་བའི་ཐབས་ལ་ལེགས་པར་གཞོལ་བས་རྩོད་པ་ཆོས་ཀྱི་ཕྱོགས་སུ་ཞི་བར་བྱའོ། །

རྩོད་པ་གཉིས་པ་ཞི་བྱེད་ནི། གཉིས་པ་སོགས་ཏེ། སྔར་གྱི་མངོན་སུམ་གྱི་འདུལ་བའི་སྐབས་སུ། གླེང་ཡུལ་དེ་ལ་ལྟུང་བ་ཡེ་མ་བྱུང་བས་གཞི་མེད་པ་དང་། ལྟུང་བྱེད་ཙམ་བྱུང་བ་ལ་ལྷག་མ་ལ་སོགས་པས་གླེང་བ་དང་། ཕྱིར་བཅོས་བྱས་ཟིན་པ་གསུམ་ལ་སོ་སོ་ནས་བརྩམས་པའི་མ་བྱུང་བའི་ངོས་ནས་དག་པ་སྦྱིན་པའམ། ལྟུང་བ་གླེང་ནས་གསལ་པོར་མི་དྲན་པ་ལ་དྲན་དུ་གཞུག་པའི་འདུལ་བ་སྦྱིན་ནོ། །སྨྱོ་བའི་སྐབས་སུ་བྱ་བ་མ་ཡིན་པ་བྱས་པ་དག་ལ་ལྟུང་བ་གླེང་བར་བྱས་པས། དེས་སྨྱོ་བའི་གནས་སྐབས་ལས་གཞན་དུ་ལྟུང་བ་མ་བྱུང་བར་ཤེས་ན་ཉེས་པ་མེད་པའི་ཚུལ་བཤད་པ་སྨྱོས་པའི་འདུལ་བ་སྦྱིན་ཞིང་། དེ་ཀུན་གྱིས་དགེ་སློང་རང་བཞིན་དུ་གནས་པ་དང་འདྲ་བ་ལྟུང་བས་དག་པར་གོ་ན་རྩོད་པ་ཞིའོ། །མངོན་སུམ་གྱི་འདུལ་བས་ཞི་བྱའི་རྩོད་པ་ནི། ཆོས་གདན་ལ་འབེབ་པའི་རྩོད་པ་དང་། དག་པ་སྦྱིན་པ་གཉིས་ཀྱི་ཞི་བྱའི་རྩོད་པ་ནི་ལྟུང་ཕྱིར་གྱི་རྩོད་པ་ཡིན་པས་ན། ཞི་བྱའི་རྩོད་པ་གཉིས་པ་འདི་ལ་དང་པོ་དང་། གསུམ་པ་དག་འདྲེས་པ་ཆ་གཉིས་སུ་ཡོད་པའི་གོ་བ་གཙོ་ཆེའོ། །

རྩོད་པ་གསུམ་པ་ཞི་བྱེད་ནི། གསུམ་པར་སོགས་ཏེ། ལྟུང་ཕྱིར་གྱི་རྩོད་པ་འདི་ལ་ནང་གསེས་ཀྱི་ཞི་བྱ་གསུམ་སྟེ། གང་ཟག་གཅིག་པུ་དང་འབྲེལ་པ་དང་། གང་ཟག་ཁ་ཡར་དང་འབྲེལ་པ་དང་། དགེ་འདུན་མཐའ་དག་དང་འབྲེལ་པའོ། །དང་པོ་ནི་ལྟུང་བ་གླེང་ཡུལ་དང་། གླེང་བ་པོ་གཉིས་ལས་གཞན་ལ་མ་འགྲོས་ན། ཡུལ་གྱིས་ལྟུང་བ་བྱུང་བར་ཁས་བླངས་པ་ཙམ་གྱིས་རྩོད་པ་རང་བཞིན་འགྱུར་བས། དེའི་རྗེས་ཐོག་ཏུ་ཕྱིར་བཅོས་བྱ་བ་ཡིན་ཞིང་། གཉིས་པ་ནི། གླེང་ཡུལ་དང་། གླེང་བ་པོ་གཉིས་ཙམ་དུ་མ་ཟད་དགེ་འདུན་དུ་གཏོགས་པ་འགའ་ཞིག་ཀྱང་དེའི་རྗེས་སུ་འབྲང་སྟེ། ཉི་ཚེ་བའི་རྩོད་པ་བྱུང་བ་ནི། རྩོད་པ་དང་པོ་ལྟར་གྲོལ་བ་ལ་ཕྱིར་གྲོལ་གྱི་ཆོས་མཐུན་གྱི་ལན་གྱིས་མངོན་སུམ་དུ་ཞི་བར་བྱའོ། །

གསུམ་པ་ནི། ལྟུང་བ་གླེང་བ་ན་དེར་གནས་པའི་དགེ་འདུན་ཐམས་ཅད་ཕྱོགས་གཉིས་སུ་གྱུར་པའི་

རྩོད་པ་བྱུང་བ་ནི། ཕན་ཚུན་ཕྱུག་བྱས་ཏེ་བཟོད་པར་གསོལ་བས་ཐམས་ཅད་མཐུན་པར་རྩོད་པ་ཞིའོ། །འདི་ཉིད་ལ་རྩ་བཀྲམ་པ་ལྟ་བུ་ཞེས་བྱ་སྟེ། རྩ་སྔོན་བཅད་པའི་ཚོགས་རྩེ་སྦྲིད་དེ་བཀྲམ་པའི་དཔེས་བསྟན་པ་ཡིན་ནོ། །བཤགས་ཚུལ་འདིས་ནི་གང་ཟག་དུ་མའི་ལྟུང་བ་དགེ་སློང་གཅིག་གིས་འཆོས་སུ་རུང་ལ། ཡུལ་ཡང་གང་ཟག་སྟེ་གླེང་བ་པོའམ། བཤགས་བྱའི་ལྟུང་བ་རིགས་མཐུན་མ་བྱུང་བའི་དགེ་སློང་གཅིག་གམ་གཉིས་ལའོ། །འོན་ཀྱང་ཚོགས་སུ་བཤགས་དགོས་པ་ཕམ་པའི་ཆར་གཏོགས་ཀྱི་སྡོམ་པོ་དང་། དགེ་འདུན་ལྷག་མ་དང་། དེའི་ཆར་གཏོགས་པའི་སྡོམ་པོ་རྣམས་ནི་མ་གཏོགས་སོ། །སྤྱིར་ན་ལྟུང་བ་གླེང་མཁན་ལུས་ངག་དག་སྟེ་དབང་པོའི་སྒོ་བསྡམས་ཤིང་། སྡེ་སྣོད་ཤེས་ལ་དགེ་འདུན་གྱི་ནང་དུ་ཆོས་དང་འདུལ་བ་ལོག་པར་མི་སྟོན་ཅིང་། ལོག་པ་ཆོས་དང་འདུལ་བ་ཉིད་དུ་མི་སྟོན་པའི་ཁྱད་ཆོས་གསུམ་དང་ལྡན་པ་རྣམ་པ་ཀུན་ཏུ་སྟེའདི་དང་གོང་དུ་སྨོས་པའི་སྐབས་རྣམས་སུའང་གཅེས་པ་ཡིན་ནོ། །རྩོད་པ་བཞི་པའི་ཞི་བྱེད་ནི། བཞི་པར་སོགས་ཏེ། བྱ་ཕྱིར་གྱི་རྩོད་པ་འདི་ལ་ནི། ཞི་བྱེད་ཀྱི་ཆོས་བདུན་ཀ་འཇུག་ཅིང་། དེ་དག་ཚང་བས་ཞི་བྱེད་ཀྱི་དོན་འགྲུབ་པ་ཡིན་ནོ། །

གསུམ་པ་རྩོད་པ་ཞི་བའི་ཕན་ཡོན་ནི། དགོས་པ་སོགས་ཏེ། དེ་ལྟར་རྩོད་པ་ཞི་བྱེད་ཀྱི་ཆོས་རྣམས་སྒྲུབ་པའི་དགོས་པ་དགེ་འདུན་ཐུགས་མཐུན་པས་འཇིག་རྟེན་གྱི་ཁམས་ཐམས་ཅད་དུ་བདེ་སྐྱིད་འབྱུང་ཞིང་། ཐུབ་པའི་བསྟན་པ་དར་རྒྱས་འགྱུར་ཞིང་ཡུན་རིང་དུ་གནས་པ་སྟེ། སོ་ཐར་གྱི་མདོར། དགེ་འདུན་མཐུན་པ་བདེ་བ་སྟེ༑ ༑མཐུན་པ་རྣམས་ཀྱི་དཀའ་ཐུབ་བདེ། །ཞེས་སོགས་གསུངས་སོ། །

བདེ་བར་གནས་པའི་རྐྱེན་གྱི་ཡ་གྱལ་བསྟན་པ་ཡུན་རིང་དུ་གནས་པར་བྱ་བ་གནས་མལ་གྱི་གཞི་ལ་དྲུག་སྟེ། དགེ་འདུན་སྡེའི་གཙུག་ལག་ཁང་བཞེངས་པའི་ཚུལ། དེ་ལ་རི་མོའི་བཀོད་པ། གང་ཟག་གི་ཁང་པའི་ཁྱད་པར། གཙུག་ལག་ཁང་ལ་སྤྱོད་པའི་ལས་ཚན་གྱི་རིམ་པ། བསླབ་ཚིག་གོང་མར་ཕྱུག་བྱ་བའི་ཚུལ། སྟེང་དུ་རྒྱལ་མཚན་འཛུག་པ། ཞར་བྱུང་གནས་མལ་གྱི་དགོས་པ་ཅུང་ཟད་སྨོས་པའོ། །དང་པོ་ནི། གནས་མལ་གཞི་ལ་སོགས་ཏེ། གང་དུ་བྱ་བའི་ཕྱོགས་རྩོད་པ་ཅན་དང་། འཇིགས་པས་ཉམས་ང་བ་དང་། སྲོག་ཆགས་དུ་མ་དང་བཅས་པ་དང་། ཚེར་མ་དང་ངམ་གྲོགས་ཅན་སོགས་མ་ཡིན་པའི་གཞི་དག་པར། དགེ་འདུན་གྱིས་གནང་བའི་སྐབས་ཕྱེད་པའི་གང་ཟག་གིས་གཙུག་ལག་ཁང་བརྩིགས་པར་བྱ་སྟེ། ལུང་ལས། ཚད་དང་ལྡན་པའི་ཁྲུ་ཕྱེད་དང་དོ་ནི་བདེ་བར་གཤེགས་པའི་མཐོ་གང་སྟེ། ནང་རོལ་ནས་དེ་བཅུ་གཉིས་དང་བདུན་གྱི་ཚད་དོ། །ཞེས་གསུངས་པ་མ་མཐའི་ཚད་ཡིན་གྱི། ཆེ་ཚད་དམིགས་བསལ་མ་གསུངས་པས་དེ་ཡན་ཆད་ཧེ་ཙམ་དགོས་པ་བློ་ཡིས་དཔྱད་དུ་རུང་བར་མཁས་པ་དག་གིས་གསུངས་སོ། །དེ་ལ་གཙུག་ལག་ཁང་གི་དབྱིབས་གྲུ་བཞི་པ་བྱ་

ཞིང་། ཆོས་གསུམ་ནས་ཁྲུམས་བཏགས་པ་ཡང་སྦྱོན་བྱ་ཞིང་། མདུན་དྲུང་ཐད་ཀྱི་ཆོས་སུ་སྒོ་ཁང་དང་། ཆོས་གཅིག་གི་དབུས་སུ་སྟོན་པའི་དྲི་གཙང་ཁང་བྱ་ཞིང་། གཞན་ཡང་རུང་ཁང་སྟེ་ཟས་འཚོད་པའི་ཁང་པ་དང་། དགེ་འདུན་རྣམས་དུ་བ་མེད་པའི་མེ་ལ་བསྲོ་ཁང་དང་། ལག་མཛོད་དང་། སྤྱོང་ས་དང་། ཆུ་ཁང་དང་། འཆག་པའི་ཁང་པ་སོགས་ཀྱང་བཤད་ཆོད་ཀྱི་མཚན་ཉིད་དང་ལྡན་པ་བྱ་ཞིང་། གཙུག་ལག་ཁང་གི་དབུས་སུ་ཆོས་འཆད་པ་པོ་བཞུགས་པའི་སེང་གེའི་ཁྲི་གྲུ་བཞི་པ། སྟན་ནང་ཚངས་ཅན་བླ་བྲེ་དང་བཅས་པ་བྱའོ། །

གཉིས་པ་བཞེངས་ནས་རི་མོའི་བཀོད་པ་བྱ་བའི་ཚུལ་ནི། སྒོ་ལ་སོགས་ཏེ། སྒོར་གསང་བ་པའི་བདག་པོ་ལག་ན་རྡོ་རྗེ་རྡོ་རྗེ་དང་བེ་ཅོན་ཐོགས་པ་བྲི་ཞིང་། སྒོ་ཁང་དུ་སྲིད་པའི་འཁོར་ལོ་ཆ་ལྔ་པ་བྲི་སྟེ། སྟེང་གི་ཆ་དུམ་བུ་གཉིས་སུ་བྱས་པའི་གཅིག་ལ་ལྷ་དང་ལྷ་མིན། གཅིག་ལ་མིའི་གནས། འོག་གི་ཆ་དུམ་བུ་གསུམ་དུ་བྱས་པའི་དབུས་སུ་དམྱལ་བ། གཡས་གཡོན་དུ་ཡི་དྭགས་དང་དུད་འགྲོའི་ཚོགས་བྲི། ཐམས་ཅད་ཀྱི་དབུས་སུ་ཉོན་མོངས་པའི་ཀུན་འབྱུང་མཚོན་བྱེད་འདོད་ཆགས་ཕུག་རོན་དང་། ཞེ་སྡང་སྦྲུལ་གྱི་གཟུགས་གཉིས། གཏི་མུག་ཕག་གི་ཁས་བཟུང་བ་སྟེ་ཉོན་མོངས་པ་དང་པོ་གཉིས། གཏི་མུག་ལས་བྱུང་བ་མཚོན་ནོ། །མཐའ་སྐོར་ལ་ལས་ཀྱི་ཀུན་འབྱུང་གི་དབང་གིས་བྱུང་བའི་རྟེན་འབྲེལ་ཡན་ལག་བཅུ་གཉིས་མཚོན་བྱེད་ནི། མ་རིག་པ་རྒན་མོ་ལོང་བ་ལྟ་བུ། འདུ་བྱེད་རྫ་མཁན་ལྟ་བུ། རྣམ་པར་ཤེས་པ་སྤྲེའུ་ལྟ་བུ། མིང་གཟུགས་གང་ཟག་གྲུར་ཞུགས་པ་ལྟ་བུ། སྐྱེ་མཆེད་གྲོང་སྟོང་ལྟ་བུ། རེག་པ་སྐྱེས་པོ་མོ་འོ་བྱེད་པ་ལྟ་བུ། ཚོར་བ་མིག་ལ་མདའ་ཟུག་པ་ལྟ་བུ། སྲིད་པ་ཆང་འཐུང་བ་ལྟ་བུ། ལེན་པ་སྤྲེའུ་ཤིང་ཐོག་ལེན་པ་ལྟ་བུ། སྲིད་པ་བུ་སྒོང་ལ་གབ་པ་ལྟ་བུ། སྐྱེ་བ་བཙའ་བ་ལྟ་བུ༑ ཤི་བ་སྐྱེས་བུ་ཤི་བའི་རོ་ལྟ་བུ་བྲི་ཞིང་། དེ་ཐམས་ཅད་ཀྱང་མི་རྟག་པ་སྲིན་པོའི་གཟུགས་ཀྱི་ཁས་བཟུང་བ་བྲི༑ འགོག་བདེན་མཚོན་བྱེད་ནི། སྟེང་དུ་འཁོར་ལོ་དཀར་པོ་སངས་རྒྱས་ཀྱི་ཕྱག་མཛུབ་ཀྱིས་སྟོན་པ་བྲི་སྟེ། ཁ་དོག་དཀར་བ་ནི་གནོད་པ་དང་རྐྱེན་ཐམས་ཅད་དང་བྲལ་བ་མཚོན་ལ། སངས་རྒྱས་ཀྱིས་སྟོན་པ་ནི་དེ་ཐོབ་པ་སངས་རྒྱས་ལ་རག་ལས་པ་མཚོན་ནོ། །ལམ་བདེན་གྱི་མཚོན་བྱེད་ནི། སྲིད་པའི་འཁོར་ལོའི་སྟེང་དུ་བརྩམས་པར་བྱ་ཞིང་འབྱུང་བར་བྱ། ཞེས་སོགས་ཤློ་ཀ་གཉིས་བྲི་བར་བྱེད་པའོ། །དབུས་ཀྱི་དྲི་གཙང་ཁང་དུ་བསྟན་པའི་གཙོ་བོ་ཐུབ་པའི་དབང་པོ་སློབ་མའི་མཆོག་ཟུང་དང་བཅས་པ་དང་། ཁྱད་པར་བཀའ་གདམས་པའི་ཕྱག་སྲོལ་ལྟར་བྱམས་མགོན་མ་བྱོན་གྱི་བར་དུ་བསྟན་པ་མི་ཉམས་པར་སྐྱོང་བ་ཞལ་གྱིས་བཞེས་པའི་གནས་བརྟན་ཆེན་པོ་བཅུ་དྲུག་བྲི་བའམ་འབུར་སྐྲུ་བཞུགས་ཤིང་། སྒོར་གནོད་སྦྱིན་ལག་ན་མེ་ཏོག་གི་ཕྲེང་བ་ཐོག་པ་བྲི། གཙུག་ལག་ཁང་གི་དངོས་གཞིའི་ཁོ་ར་ཁོར་ཡུག་ཏུ་ཐམས་ཅད་སྒྲོལ་དང་ཟླ་འོད་ལ་སོགས་པ་ཐུབ་པའི་སྔོན་གྱི

སྐྱེས་རབས་རྣམས་བྲི་ཞིང་། སྤྱོད་སར་གནས་བརྟན་གྱི་གྲལ་དག་བྲི་སྟེ། ཚིག་ལེར། ཀུན་ནས་འདུ་བའི་ཁང་པར་ནི། །བརྟུལ་ལྡན་ཏན་ཞིང་ཏན་པ་རྣམས། །ཆོས་དང་མངོན་བརྗོད་འཆད་པ་ནི། །བྲེད་པ་མངོན་པར་གནས་པ་བྲི། །ཞེས་པའི་ཚུལ་ཅན་ནོ། །ལག་མཛོད་ཀྱི་སྒོར་གནོད་སྦྱིན་ལག་ན་མུ་གུ་ཐོགས་པ་བྲི་བར་གསུངས་པ་དང་། ཚིག་ལེར། མཛོད་སྒོར་གནོད་སྦྱིན་ཆེན་པོ་ནི། །ལག་ན་རིན་ཆེན་མུ་གུའི་མིང་། །ཁ་ནས་རིན་ཆེན་མང་སྐྱུག་པ། གསེར་གྱི་བུམ་བཟང་ཐོགས་པའོ། །ཞེས་པ་གཉིས་དོན་གཅིག་གམ་སྙམ་སྟེ་རིན་ཆེན་མུ་གུ་ཞེས་པ་ནེའུ་ལེ་ལ་བཞེད་པའང་ཡོད་པས་སོ། །ཟས་ཀྱི་ཁང་པར་གནོད་སྦྱིན་ལག་ན་བཟའ་བ་དང་བཅས་པ་ཐོགས་པ་དག་དང་། བསྲོ་ཁང་དུ་གནོད་སྦྱིན་མུ་གུ་དང་བུམ་པ་ཐོགས་པ་དང་། མེ་ཁང་དུ་གྲུལ་བུམ་མེ་སྤྱོར་བ་དང་། གྲུལ་བུམ་གྱི་བུ་མོ་ཁྲི་དོར་དང་མེ་སྤྱོར་བ་དང་། སྦྱིན་བདག་མར་མེ་ཐོགས་པ་དང་ལྷའི་ཕོ་ཉ་དག་བྲིའོ། །ཆུའི་ཁང་པར་ཀླུ་ལག་ན་བུམ་པ་ཐོགས་པ་རྒྱན་གྱིས་བརྒྱན་པ་དང་། ཀླུའི་བུ་མོ་ཆུ་འབྲིམ་པ་དང་། ནད་པའི་རྟུང་བའི་ཁང་པར་དེ་བཞིན་གཤེགས་པ་ནད་པའི་རིམ་གྲོ་མཛད་པ་དང་། བཤང་གཅིའི་སྐབས་སུ་དུར་ཁྲོད་དང་ཀེང་རུས་བྲི་ཞིང་། གང་ཟག་གི་གནས་ཁང་དག་ཏུ་འང་ཀེང་རུས་དང་བཅས་པའི་དུར་ཁྲོད་བྲི་བ་ཚིག་ལེར་གསུངས་སོ། །དེ་ལྟ་བུའི་ཁྲམས་དང་ཁང་བཟང་དུ་མེ་དང་དུད་པ་མི་བྱ་ཞིང་། ཉིན་རེ་བཞིན་ཕྱག་དར་བྱེད་པའི་ཁང་སྐྱོང་བསྐོའོ། །

གསུམ་པ་གང་ཟག་གི་ཁང་པའི་ཁྱད་པ་ནི། གང་ཟག་སོ་སོའི་སོགས་ཏེ། མ་ཐ་འདུག་པ་དང་། འཆགས་པ་དང་། ཉལ་བ་དང་། འགྲེང་བ་སྟེ་སྤྱོད་ལམ་བཞི་ཤོང་བ་ནས་བཟུང་། ཡ་ཐ་སྟར་གྱི་ཚད་དེ་དེ་ལས་ཐལ་ན་དགེ་འདུན་ལྷག་མའི་ལྟུང་བས་རེག་པ་ཉིད་དོ། །དེ་དག་ནི་ཁང་པ་ལ་བརྟེན་པའི་དབང་དུ་མཛད་ནས་གསུངས་པ་ཡིན་གྱི། གཞན་དུ་ན་སྟེ་སྦྱང་པའི་ཡོན་ཏན་ལྔ་ལྡན་ལེན་པས་ནི་གདམས་ངག་བརྗོད་པའི་སྐབས་བཞིན་ཤིང་དྲུང་དང་། བས་མཐའ་དང་། དུར་ཁྲོད་ཀྱི་གནས་ལ་བརྟེན་ནས་ཚུལ་ཁྲིམས་དག་ཅིང་། ཐོས་བསམ་སྒོམ་གསུམ་ལ་འབད་པས་རྒྱུད་སྨིན་པར་བྱ། གལ་ཏེ་ཡོན་ཏན་དེ་དག་དང་ལྡན་པའི་སྟེང་དུ་གནས་ལ་ཞེན་པ་མི་སྐྱེ་ཞིང་། དཀའ་ཚེགས་ཀྱིས་མ་སྒྲུབ་པར་རྙེད་ན་ཁང་བཟང་དང་། ཁང་བརྩེགས་ཁང་མིག་ལྔ་བརྒྱ་པ་ཡང་ལོངས་སྤྱོད་དུ་རུང་སྟེ་འདོད་པ་བསོད་ཉམས་དང་། ངལ་ཞིང་དུབ་པའི་མཐའ་གཉིས་ཀ་བསལ་བ་གོས་ཀྱི་གཞིའི་སྐབས་དང་འདྲ་བས་སོ། །

བཞི་པ་གཙུག་ལག་ཁང་ལ་སྤྱོད་པའི་ལས་ཚན་གྱི་རིམ་པ་ནི། ཀུན་དགའ་ར་བར་སོགས་ཏེ། དེར་དགེ་འདུན་དང་ཚུགས་ཏེ་བསྒྲིགས་ལ་སྤྱོད་པའི་ལས་ཚན་ལ་གནས་ཁང་ལ་བསྐོ་བ་ནས་སྐེའུ་ཚུང་བསྲུང་བའི་

བར་གྱི་བཅོ་བརྒྱད་པོ་ཐམས་ཅད་ཀྱང་། དགེ་འདུན་གྱིས་སྡོ་བར་བྱས་ཏེ་གསོལ་བ་གཉིས་ཀྱི་ལས་ཀྱིས་བསྐོས་ལ་བཞག་པའོ། །བཅོ་བརྒྱད་པོ་གང་ཞེ་ན། གནས་ཁང་ལ་བསྐོ་བ་དང་། ཟས་ལ་དང་། ཐུག་པ་འབྲིམ་པ་ལ་དང་། བག་ཆོས་འབྲིམ་པ་ལ་དང་། ཤིང་ཏོག་འབྲིམ་པ་ལ་དང་། པར་བུར་འབྲིམ་པ་ལ་དང་། སྣོད་སྤྱད་འདུབ་པ་ལ་དང་། དབྱར་གྱི་རས་ཆེན་འགྱེད་པ་ལ་བསྐོ་བ་དང་། དེ་སྦྱིད་པ་ལ་བསྐོ་བ་གཉིས་གཅིག་ཏུ་བྱས་པ་དང་། སྲ་བརྒྱུང་འདིང་བ་ལ་བསྐོ་བ་དང་། དེ་སྦྱིད་ལ་བསྐོ་བ་གཉིས་ཀྱང་གཅིག་སྟེ་འདིང་བ་པོ་ཤི་ན་ཕྱི་མ་བསྐོ་བ་ཡིན་པས་སོ། །དེ་བཞིན་དུ་གོས་འགྱེད་པ་དང་སྦྱིད་པ་ལ་བསྐོ་བ་གཅིག་ཏུ་བྱས་པ་དང་། མངག་གཞུག་པ་བསྐོ་བ་དང་། སྟེར་སྤྱད་འབྲིམ་པ་བསྐོ་བ་དང་། ཆུའི་ཞལ་ཏ་པ་ལ་བསྐོ་བ་དང་། མཛེས་ཚོས་པ་ལ་བསྐོ་བ་དང་། དགེ་འདུན་རྣམས་སྤྱོད་ལམ་མི་མཛེས་པ་མཐོང་ན་སེ་གོལ་གྱི་སྒྲ་སྔོན་དུ་བཏང་ནས་མཛེས་པ་ལ་སྦྱོར་བའོ། །བང་རིམ་གྱི་ཞལ་ཏ་བ་ལ་བསྐོ་བ་དང་། དགེ་འདུན་ཟས་ལ་ལོངས་སྤྱོད་པ་ན་མཆོད་རྟེན་གྱི་བང་རིམ་སོགས་ལ་འབབ་པའི་བྱ་དང་བྱི་ཙུ་སོགས་ཀྱིས་འཚེ་བ་བཟློག་པའོ། །གནས་མལ་འབོག་པ་ལ་བསྐོ་བ་དང་། དེའི་ཕྱི་དོར་འབོག་པ་ལ་བསྐོ་བ་དང་། སྣེའུ་ཆུང་བསྲུང་བ་ལ་བསྐོ་བ་རྣམས་སོ། །དགེ་འདུན་ལ་རུང་བའི་ཤ་དང་བཅས་པའི་ཟས་འབྲིམ་པ་མ་དད་པའི་ཁྱིམ་པ་སོགས་འོང་དུ་མི་གཞུག་པའོ། །

ལྔ་པ་བསླབ་ཚིག་གོང་མར་ཕྱག་བྱ་བའི་ཚུལ་ནི། བསླབ་ཚིག་འོག་མ་སོགས་ཏེ། བསླབ་པའི་ཚིག་འོག་མར་གྱུར་པ་དགེ་ཚུལ་གྱིས་གོང་མ་དགེ་སློང་ལ་ཕྱག་བྱ་ཞིང་། དགེ་ཚུལ་མས་དགེ་སློབ་མ་ལ་ཕྱག་བྱ། དེ་གཉིས་ཀས་དགེ་སློང་མ་ལ་ཕྱག་བྱ་བ་དང་། བསླབ་ཚིག་མཉམ་ན་བསླབ་པ་བླངས་པའི་དུས་ཀྱི་རྒན་པ་ལ་ཕྱག་བྱ་སྟེ། ལོ་ཟླ་ཚེས་གྲངས་ཉིན་མཚན་གྱི་ཆ་ཙམ་དུ་མ་ཟད་གྲིབ་ཚོད་ཐུར་མ་སོར་རེ་ཙམ་གྱིས་ཀྱང་ཁྱད་འཛོག་པར་གསུངས་སོ། །བུད་མེད་བསླབ་དུས་རྒན་པར་གྱུར་ཀྱང་། སྐྱེས་པ་བསླབ་ཚིག་ནང་མཐུན་པ་ལ་ཕྱག་བྱ་བར་འོས་ཏེ། དགེ་ཚུལ་མས་དགེ་ཚུལ་ལ་ཕྱག་བྱ་ཞིང་། བུད་མེད་ཀྱི་རྟེན་གསུམ་ཀས་དགེ་སློང་ལ་ཕྱག་བྱ་བ་དང་། སྐྱེས་པའི་རྟེན་གཉིས་ཀྱིས་ཕར་ཕྱག་མི་བྱ་བ་ནི་མཚན་མི་མཐུན་པའི་ཁྱད་པར་རོ། །དམིགས་བསལ་གཞན་ན་གནས་པ་དགེ་སློང་ཡིན་པར་གྱུར་ཀྱང་དགེ་སློང་མ་རང་བཞིན་དུ་གནས་པས་ཕྱག་བྱ་མི་རུང་ལ༑ དགེ་སློང་རང་བཞིན་དུ་གནས་པ་ཡིན་ཀྱང་བློས་ཕབ་སྟེ་ཉལ་བ་དང་། ཏིང་ངེ་འཛིན་ལ་སྙོམས་པར་འཇུག་པ་དང་། བྱ་བས་བྲེལ་བ་དང་། སེམས་གཞན་དུ་གཡེངས་པ་དང་། རྒྱབ་ཀྱིས་ཕྱོགས་པ་དང་། ཁྱིམ་གཞན་སྟེ་ཁྱིམ་པའི་ནང་དུ་གནས་པ་དང་། ཟས་ཀྱི་གྲལ་དུ་འདུག་པ་ལ་དགེ་སློང་མ་སོགས་སུས་ཀྱང་ཕྱག་མི་བྱ་ལ་མཁན་པོ་དང་སློབ་དཔོན་ཚུལ་ཁྲིམས་ཉམས་པར་གྱུར་ཀྱང་སྔར་གྱི་སློབ་མས་ཕྱག་བྱ་ཞིང་། ཐུགས་པ་སྟེ

བཟའ་བཏུང་ལ་སྤྱོད་པའི་སྐབས་སོགས་དང་། གཅེར་བུར་གནས་པ་དང་། དེས་མཚོན་གོས་གཅིག་པ་ལ་ཕྱག་མི་བྱ་ཞིང་། དེ་དག་གིས་ཀྱང་གཞན་ལ་ཕྱག་མི་བྱའོ། །སྤྱིར་འདིར་བསྟན་པའི་ཕྱག་གི་ངོ་བོ་ནི་རྣམ་པ་གཉིས་ཏེ། པུས་མོའི་ལྷ་ང་གཉིས། ལག་མཐིལ་གཉིས། མགོ་བོ་སྟེ་ཡན་ལག་ལྔ་ས་ལ་རེག་པས་འཚལ་བ་དང་། ཡུལ་གྱི་སྲིད་པ་ལ་འཁྲུད་དེ་མགོ་བོས་རྐང་པ་ལ་གཏུགས་པའི་ཕྱག་གང་རུང་ངོ། །

དྲུག་པ་མཆོད་རྟེན་དང་ཀུན་དགའ་ར་བ་ལ་རྒྱལ་མཚན་འཛུག་པ་ནི། མཆོད༷་རྟེ༷ན་དང༷་ནི༷་སོགས་ཏེ། ཕྱག་བྱ་བའི་ཡུལ་མཆོད་རྟེན་ལ་གཙང་ཁང་ཅན་དང་། ཀ་བ་ལྷ་བུ་སྟེ་གཉིས་སུ་གསུངས་པའི་ཕྱི་མ་ལ་དུང་དུ་དང་། སྦུ་མ་དང་གཙུག་ལག་ཁང་གི་སྟེང་རྒྱལ་མཚན་འཛུག་པར་བྱ་སྟེ། སེང་གེའི་རྒྱལ་མཚན་དང་། ཆུ་སྲིན་གྱི་རྒྱལ་མཚན་དང་། ཀླུའི་རྒྱལ་མཚན་དང་། ཁྲུ་མཆོག་གི་རྒྱལ་མཚན་སྟེ་རྣམ་པ་བཞིར་ཡོད་པར་གསུངས་སོ། །ཞར་བྱུང་གནས་མལ་གྱི་དགོས་པ་ཅུང་ཟད་བཤད་པ་ནི། དེ༷་ལྟར༷་སོགས་ཏེ། གོང་དུ་བཤད་པ་དེ་ལྟ་བུའི་གཙུག་ལག་ཁང་དང་ཁང་ཁྲིན་ལ་སོགས་པ་སྟོན་པས་གནང་བའི་ཚད་དང་དབྱིབས་ཇི་ལྟ་བ་བཞིན་བསྐྲུན་ན་ཡོན་གྱི་བདག་པོའི་རྒྱུད་ལ་བསོད་ནམས་རྒྱ་ཆེན་པོ་བསྐྱེད་ཅིང་། དགེ་འདུན་རྣམས་བག་ཕེབ་པར་གནས་པས་བྱ་བ་ཆོས་སྤྱོད་ཀྱི་འཁོར་ལོ་དང་། ཀློག་པ་ཐོས་བསམ་གྱི་འཁོར་ལོ་དང་། སྤོང་བ་བསམ་གཏན་གྱི་འཁོར་ལོ་སྟེ་འཁོར་ལོ་གསུམ་གྱིས་ཐུབ་བསྟན་རིན་པོ་ཆེ་ཡུན་རིང་དུ་གནས་པར་སྐྱོང་བའི་དགོས་པ་ཡོད་དོ་ཞེས་པའི་དོན་ཏེ་ལེའུ་གཉིས་པའི་རྣམ་པར་བཤད་པ་བསྟན་ཟིན་ཏོ། །ལེགས་གསུངས་མ་ལ་ཡ་རི་ནས་བཏུས་པའི། །བསླབ་ཚོགས་གོ་ཏྣིཿཡི་ཕུར་མ་འདི། །ཐར་འདོད་ཡོངས་ཀྱི་སྙིང་གི་གདུང་སེལ་དང་། །ཐུབ་དབང་བསྟེན་པའི་སྤྱོས་ཀྱི་ཁང་བརྩེགས་འགྱུར། །ལེའུའི་མཇུག་བསྡུ་བ་ནི་ཡོངས་རྫོགས་བསྟན་པའི་ཉམས་ལེན་ཞེས་སོགས་ཏེ་གོ་སླའོ། །

སྐབས་ཀྱི་དོན་གཉིས་པ་བྱང་ཆུབ་སེམས་དཔའི་སྡོམ་པའམ། སེམས་བསྐྱེད་གཏན་ལ་འབེབ་པ་ལ་བཞི་སྟེ། ངོ་བོ་ངོས་བཟུང་བ། དང་པོར་བླང་བའི་ཐབས། བར་དུ་སྲུང་བའི་ཐབས། ཉམས་ན་ཕྱིར་བཅོས་པའོ། །དང་པོ་ལ་གསུམ་སྟེ་མཚན་གཞི། མཚན་ཉིད་དབྱེ་བའོ། །དང་པོ་མཚན་གཞི་སྤྱིར་བསྟན་པ་ནི། སེམས་བསྐྱེད༷་ལ༷་ནི༷་སོགས་ཏེ། ནང་གསེས་ཀྱི་དབྱེ་བ་ཀུན་རྫོབ་སེམས་བསྐྱེད་དང་། དོན་དམ་སེམས་བསྐྱེད་གཉིས། སྔ་མ་ལའང་སྨོན་པ་དང་། འཇུག་པའི་སེམས་བསྐྱེད་གཉིས་སུ་ཡོད་པ་ལས། བྱང་ཆུབ་སེམས་དཔའ་སོ་སྐྱེའི་རྒྱུད་ཀྱི་སེམས་བསྐྱེད་མཐའ་དག་དང་། བྱང་སེམས་འཕགས་པའི་རྗེས་ཐོབ་ཀྱི་རྒྱུད་ཀྱི་སེམས་བསྐྱེད་དག །སྨོན་འཇུག་གཉིས་དང་ཀུན་རྫོབ་བྱང་ཆུབ་ཀྱི་སེམས་སུ་གཅིག་པ་སྟེ། གསུམ་ཀའི་གཞི་མཐུན་ནམ། གསུམ་ཀ

ཡིན་པས་ཁྱབ་བོ། དེ་བཞིན་དུ་བྱང་སེམས་འཕགས་པ་མཉམ་བཞག་པའི་རྒྱུད་ཀྱི་སེམས་བསྐྱེད་ནི། སྨོན་འཇུག་གི་སེམས་བསྐྱེད་དང་། དོན་དམ་སེམས་བསྐྱེད་དུ་གཞི་མཐུན་པའམ། གསུམ་ཀ་ཡིན་པས་ཁྱབ་པའོ། །དེས་ན་མཚན་གཞི་སྟོང་ཉིད་སྙིང་རྗེའི་སྙིང་པོ་ཅན་ལ་འཇོག་སྟེ། བདག་ཉིད་ཆེན་པོས་སེམས་བསྐྱེད་ཀྱི་ཆོ་གར། དེའི་མཚན་གཞི་སྟོང་ཉིད་སྙིང་རྗེའི་སྙིང་པོ་ཅན་ནོ། །ཞེས་གསུངས་པ་དང་། བསླབ་བཏུས་སུ། སྟོང་ཉིད་སྙིང་རྗེའི་སྙིང་པོ་ཅན། །བསྐྱེད་པས་བསོད་ནམས་དག་པར་འགྱུར། །ཞེས་དང་། རབ་དབྱེར། དེ་ཉིད་བདེ་གཤེགས་ཁམས་ཀྱི་དྲི་མ་སྦྱོང་བྱེད་ཀྱི་ལམ་དུ་གསུངས་པ་རྣམས་དོན་གཅིག་སྟེ། ཐེག་པ་ཆེན་པོའི་སྐབས་འདིར། གཞི་ལམ་འབྲས་གསུམ། བདེན་པ་གཉིས། ཐབས་ཤེས་གཉིས། སྐུ་གཉིས་པོ་རྣམས་ཟུང་དུ་འཇུག་པ་ཁོ་ན་ཡིན་པའི་གནད་ཀྱིས་སོ། །

གཉིས་པ་མཚན་ཉིད་ལ་དོན་དམ་བྱང་སེམས་ཀྱི་མཚན་ཉིད་འོག་ཏུ་འཆད་པར་འགྱུར་ལ། འདིར་ཀུན་རྫོབ་བྱང་སེམས་ཀྱི་མཚན་ཉིད་ལ་གཉིས་ཏེ། མཚན་ཉིད་དངོས་དང་། མཚན་ཉིད་དེ་ལྡན་གྱི་མིང་གི་རྣམ་གྲངས་སོ། །དེའི་དང་པོ་ལ་གཉིས་ཏེ་སེམས་བསྐྱེད་ཀྱི་མཚན་ཉིད་དང་། དེ་ཉིད་སྡོམ་པར་སོང་བའི་མཚན་ཉིད་དོ༔ ༔དེའི་དང་པོ་ནི། རྫོགས་བྱང་ཆུབ་ཀྱི་སོགས་ཏེ། རྫོགས་པའི་བྱང་ཆུབ་ཀྱི་སྒྲུབ་པ་ཁྱད་པར་བ་གང་ཞིག་རྣམ་པར་མི་རྟོག་པའི་ཡེ་ཤེས་ཀྱིས་མ་བསྡུས་པ་སྟེ། རང་ཉིད་གཅིག་པུ་འཁོར་བའི་སྡུག་བསྔལ་ལས་ཐར་པའམ་ཞི་བའི་བདེ་བ་མྱང་འདས་ཕྱོགས་གཅིག་པ་ཐོབ་པར་འདོད་པའི་བློ་རྒྱུད་རིང་དུ་བསྒྲིངས་ནས། ཐོག་མ་མེད་པ་ནས་མར་གྱུར་པའི་འགྲོ་བ་ཡོངས་ཀྱི་དོན་དུ་མི་གནས་པའི་མྱ་ངན་ལས་འདས་པ་རྫོགས་པའི་སངས་རྒྱས་ཀྱི་གོ་འཕང་ཐོབ་པར་འདོད་པའི་འདུན་པ་མཚུངས་ལྡན་དང་བཅས་པ་དོན་གཉེར་འགྲོ་འདོད་ཀྱི་དཔེས་མཚོན་པ་ནི་སྨོན་པ་སེམས་བསྐྱེད་ཀྱི་མཚན་ཉིད་ཡིན་ལ། དེའི་ཆེད་དུ་ལམ་སྒྲུབ་པར་འདོད་པའི་འདུན་པ་མཚུངས་ལྡན་དང་བཅས་པ་དོན་གཉེར་འགྲོ་བའི་བྱ་བས་དཔེར་མཚོན་པ་ནི། འཇུག་པ་སེམས་བསྐྱེད་ཀྱི་མཚན་ཉིད་ཡིན་ཏེ། སྤྱོད་འཇུག་ལས། བྱང་ཆུབ་སེམས་དེ་མདོར་བསྡུ་ན། །རྣམ་པར་གཉིས་སུ་ཤེས་བྱ་སྟེ། །བྱང་ཆུབ་སྨོན་པའི་སེམས་དང་ནི། བྱང་ཆུབ་འཇུག་པ་ཉིད་ཡིན་ནོ། །འགྲོ་བར་འདོད་དང་འགྲོ་བ་ཡི། །བྱེ་བྲག་ཇི་ལྟར་ཤེས་པ་ལྟར། །དེ་བཞིན་མཁས་པས་འདི་གཉིས་ཀྱི། །བྱེ་བྲག་རིམ་བཞིན་ཤེས་པར་བྱ། །ཞེས་གསུངས་སོ༔ ༔

གཉིས་པ་དེ་ཉིད་སྡོམ་པར་སོང་བའི་མཚན་ཉིད་ནི། མི་མཐུན་ཕྱོགས་སྤོང་སོགས་ཏེ། རྫོགས་པའི་བྱང་ཆུབ་ཀྱི་སྒྲུབ་པ་ཁྱད་པར་བ་དེ་ཡང་། དེ་ཡི་མི་མཐུན་ཕྱོགས་སྤོང་བའི་སེམས་པ་མཚུངས་ལྡན་དང་བཅས

པ་མངོན་གྱུར་བ་དང་། དབང་ལྡན་གང་རུང་དུ་རྒྱུན་ཆགས་པ་སྟེ། བདག་ཉིད་ཆེན་པོས། སྨོན་འཇུག་གི་སེམས་བསྐྱེད་ལ་མི་མཐུན་ཕྱོགས་སྤོང་བའི་སྤོང་སེམས་ཡོད་ན། གཉིས་ཀའང་སྡོམ་པར་འགྱུར་ཏེ། སྡོམ་པའི་མཚན་ཉིད་དང་ལྡན་པའི་ཕྱིར། ཞེས་སོགས་གསུངས་སོ། །འདི་ལ་ཁ་ཅིག་སྨོན་པ་སེམས་བསྐྱེད་ལ་སྡོམ་པ་མེད་དེ། སྤྱོད་འཇུག་ལས། བྱང་ཆུབ་སྨོན་པའི་སེམས་ལ་ནི། །འཁོར་ཚེ་འབྲས་བུ་ཆེ་འབྱུང་ཡང་། །ཇི་ལྟར་འཇུག་པའི་སེམས་བཞིན་དུ། །བསོད་ནམས་རྒྱུན་ཆགས་འབྱུང་བ་མིང་། །ཅེས་པའི་དགོངས་པ་ཡིན་པར་འདོད་ཀྱང་། རྗེ་བཙུན་ས་སྐྱ་པས། སྨོན་འཇུག་གཉིས་ཀ་ལ་སྨོན་པའི་སེམས། སྨོན་པའི་སེམས་བསྐྱེད་པ། སྨོན་པ་མི་ཉམས་པར་བསྲུང་བ་གསུམ་དང་། འཇུག་པའི་སེམས། འཇུག་པའི་སེམས་བསྐྱེད་པ། འཇུག་པ་མི་ཉམས་པར་བསྲུང་བ་གསུམ་དུ་འབྱེད་པའི་དང་པོ་ནི། ཐེག་ཆེན་གྱི་ལམ་དུ་འཇུག་ཁ་མའི་གང་ཟག་གི་རྒྱུད་ཀྱི་སྨོན་འཇུག་གི་སེམས་ཙམ་ལ་བཞེད་པས་དེ་ལ་སྡོམ་པ་མེད་ལ།

གཉིས་པ་ནི། ཚོགས་བླངས་པ་སྟེ་སྡོམ་པ་ཡོད་པ་དང་། གསུམ་པ་ནི། དེ་མན་ཆད་དུ་ཉམས་སུ་ལེན་པ་སྟེ་སྨོན་འཇུག་གི་སྡོམ་པ་མི་ཉམས་པར་བསྲུང་བ་ལ་བཞེད་པས་ན་སྨོན་འཇུག་གི་སེམས་བསྐྱེད་མི་འགལ་ཏེ། སྨོན་འཇུག་གི་སེམས་བསྐྱེད་མཚན་ཉིད་པ་སྐྱེས་ན། སྡོམ་པས་ཟིན་པའི་སེམས་བསྐྱེད་སྐྱེས་པས་ཁྱབ་ཅིང་། དེ་སྐྱེས་པའི་ཚེ་འགྲོ་བའི་བྱ་བས་ཟིན་པའི་སེམས་བསྐྱེད་སྐྱེས་པས་ན་ལམ་དུ་ཞུགས་པ་ཡིན་པའི་ཕྱིར་རོ། །དེས་ན་སྨོན་པ་སེམས་བསྐྱེད་ཐམས་ཅད་ཀྱང་འཇུག་པ་སེམས་བསྐྱེད་ཡིན་ཏེ། ཐེག་ཆེན་ལམ་ཞུགས་ཀྱི་རྒྱུད་ཀྱི་སློབ་པའི་སེམས་བསྐྱེད་ཡིན་པའི་ཕྱིར་དང་། འཇུག་པ་སེམས་བསྐྱེད་ཐམས་ཅད་ཀྱང་སྨོན་པ་སེམས་བསྐྱེད་ཡིན་ཏེ། སེམས་ཅན་གྱི་དོན་དུ་སངས་རྒྱས་ཐོབ་འདོད་ཀྱི་འདུན་པ་མཚུངས་ལྡན་དང་བཅས་པའི་ཕྱིར་རོ། །སྤྱོད་འཇུག་གི་ལུང་དང་ཡང་མི་འགལ་ཏེ། དེ་ནི་སྡོམ་པས་མ་ཟིན་པའི་སྨོན་པ་རྐྱང་པ་ལ་བསོད་ནམས་རྒྱུན་ཆགས་མི་བཞེད་པ་ཡིན་ནོ་གསུངས། རོང་སྟོན་ཆེན་པོས་ནི། ཞི་བ་ལྷ། ཞི་བ་འཚོ། ཀ་མ་ལ་ཤཱི་ལ་སོགས་ཀྱིས་སྨོན་པ་སེམས་བསྐྱེད་ནི། གཞན་དོན་དུ་བྱང་ཆུབ་ཐོབ་འདོད་ཡོད་ན་དེ་ཉིད་གྲུབ་ཟིན་ལ། མེད་ན་ཆོག་བླངས་ཀྱང་མི་སྐྱེ་བར་བཞེད་པར་གསུངས་ཤིང་། སྤྱོད་འཇུག་ལས། སྨོན་པ་སེམས་བསྐྱེད་ལ་བསོད་ནམས་རྒྱུན་ཆགས་མི་འབྱུང་བ་དང་། འཇུག་པ་ནས་བཙམས་ཏེ་བསོད་ནམས་རྒྱུན་ཆགས་འབྱུང་བར་བཤད་པའི་གནད་ཀྱང་འདི་ཉིད་ཡིན་པར་གསུངས་སོ། །སེམས་བསྐྱེད་ཀྱི་མཚན་ཉིད་འདིར་རྫོགས་པའི་བྱང་ཆུབ་ཀྱི་སྒྲུབ་པ་ཁྱད་པར་བ་སྨོས་པའི་དགོས་པ་རྣམ་བཅད་ལ་ཐེག་དམན་གྱི་སྒྲུབ་པ་རྣམས་བཅད་ནས། ཡོངས་གཅོད་ལ་ཐེག་ཆེན་གྱི་སྒྲུབ་པ་རྣམས་བསྟན་པའི་ཆེད་དུའོ། །འོན་ཀྱང་ཐེག་པ་འོག་མ་གཉིས་ཀྱི་སྒྲུབ་པ་ཐམས་ཅད་ཀྱང་རྫོགས་པའི་

བྱང་ཆུབ་ཀྱི་སྒྲུབ་པ་ཙམ་ཡིན་དགོས་ཏེ། མཐར་ཐུག་ཐེག་པ་གཅིག་ཏུ་འདུ་བའི་ལུགས་ལ་ལམ་ཐམས་ཅད་སངས་རྒྱས་ཀྱི་ལམ་དང་། རིགས་ཐམས་ཅད་སངས་རྒྱས་ཀྱི་རིགས་ཡིན་པའི་ཕྱིར་རོ། །དོན་དེ་ཡང་དབུ་མ་ངེས་དོན་རབ་གསལ་ལས། མཐར་ཐུག་ཐེག་པ་གཅིག་ཏུ་འདུ་བའི་ལུགས་ལ་ཐེག་པ་གསུམ་གྱི་སྒྲུབ་པ་ཐམས་ཅད་རྫོགས་པའི་བྱང་ཆུབ་ཀྱི་སྒྲུབ་པ་ཡིན་མོད་ཀྱི། ཐེག་པ་འོག་མ་གཉིས་ཀྱི་སྒྲུབ་པ་ལས་དམིགས་པ་སོགས་གསུམ་གྱི་སྒོ་ནས་ཁྱད་པར་དུ་འཕགས་པ་ནི་ཐེག་ཆེན་གྱི་སྒྲུབ་པ་ཡིན་ལ། ཞེས་གསུངས་སོ། །

གཉིས་པ་མཚན་ཉིད་དེ་ལྡན་གྱི་མིང་གི་རྣམ་གྲངས་ནི། བྱང་སེམས་སོ་སོར་ཐར་པའི་ཞེས་སོགས་ཏེ་གོ་སླའོ། །

གསུམ་པ་དབྱེ་བ་སྤྱིར་བསྟན་པ་ལ་ཚུལ་གཉིས་སུ་ཡོད་པའི་དང་པོ་ཆོས་རྗེ་པའི་སེམས་བསྐྱེད་ཆེན་མོ་ལྟར་ན་ལྔ་སྟེ། ངོ་བོས་དབྱེ་བ། ཡུལ་གྱིས་དབྱེ་བ། སྐྱེ་ཚུལ་གྱིས་དབྱེ་བ། ས་མཚམས་ཀྱིས་དབྱེ་བ། རྟེན་གྱིས་དབྱེ་བའོ། །དང་པོ་ནི། ངོ་བོས་སོགས་ཏེ། རང་གི་ངོ་བོའི་སྒོ་ནས་དབྱེ་ན་སྨོན་པ་དང་འཇུག་པ་གཉིས་ཏེ། སྤྱོད་འཇུག་ལས། བྱང་ཆུབ་སེམས་དེ་མདོར་བསྡུ་ན། །རྣམ་པ་གཉིས་སུ་ཤེས་བྱ་སྟེ། །བྱང་ཆུབ་སྨོན་པའི་སེམས་དང་ནི། །བྱང་ཆུབ་འཇུག་པ་ཉིད་ཡིན་ནོ། །ཞེས་གསུངས་སོ། །

གཉིས་པ་ནི། ཡུལ་གྱིས་སོགས་ཏེ། ཤེས་བྱའི་ཡུལ་གྱིས་དབྱེ་ན་ཀུན་རྫོབ་སེམས་བསྐྱེད་དང་། དོན་དམ་སེམས་བསྐྱེད་གཉིས་ཏེ། མྱང་འདས་ལས། ཀུན་རྫོབ་དོན་དམ་དབྱེ་བ་ཡིས། །བྱང་ཆུབ་སེམས་དེ་རྣམ་པ་གཉིས། །ཞེས་སོ། །

གསུམ་པ་ནི། སྐྱེ་ཚུལ་སོགས་ཏེ། གང་ཟག་གི་རྒྱུད་ལ་སྐྱེ་ཚུལ་གྱིས་དབྱེ་ན་རགས་པ་བརྡ་ལས་བྱུང་བ་དང་། ཕྲ་བ་ཆོས་ཉིད་བསྒོམ་པའི་སྟོབས་ཀྱིས་ཐོབ་པ་གཉིས་ཏེ་ངོ་བོ་སྔ་མ་གཉིས་སོ། །བཞི་པ་ནི། ས་མཚམས་སོགས་ཏེ། ས་མཚམས་ན་འཕོ་བས་དབྱེ་ན་མོས་པས་ཐོབ་པ་དང་། ལྷག་བསམ་དག་པ་དང་། རྣམ་པར་སྨིན་པ། སྒྲིབ་པ་དག་པ་རྣམས་ཏེ་བཞི་པོ་རིམ་པ་བཞིན་དུ་ཚོགས་སྦྱོར་དང་། མ་དག་ས་བདུན་དང་། དག་པའི་ས་གསུམ་དང་། སངས་རྒྱས་ཀྱི་ས་དང་བཞི་ལ་སྦྱར་བ་སྟེ། མདོ་སྡེ་རྒྱན་ལས། སེམས་བསྐྱེད་དེ་ཡང་ས་རྣམས་ལ། །མོས་དང་ལྷག་བསམ་དག་པ་དང་། རྣམ་པར་སྨིན་པ་གཞན་དུ་འདོད། །དེ་བཞིན་སྒྲིབ་པ་སྤངས་པའོ། །ཞེས་སོ། །

ལྔ་པ་ནི། རྟེན་གྱིས་སོགས་ཏེ། སློབ་མི་སློབ་པའི་རྟེན་གྱིས་དབྱེ་ན། ས་ལྟ་བུའི་སེམས་བསྐྱེད། གསེར་ལྟ་བུའི་སེམས་བསྐྱེད། ཟླ་བ་ལྟ་བུའི་སེམས་བསྐྱེད། མེ་ལྟ་བུའི་སེམས་བསྐྱེད། གཏེར་ཆེན་ལྟ་བུའི་སེམས

བསྐྱེད། རིན་པོ་ཆེའི་འབྱུང་གནས་ལྟ་བུའི་སེམས་བསྐྱེད། རྒྱ་མཚོ་ལྟ་བུའི་སེམས་བསྐྱེད། རྡོ་རྗེ་ལྟ་བུའི་སེམས་བསྐྱེད། རི་རབ་ལྟ་བུའི་སེམས་བསྐྱེད། སྨན་ལྟ་བུའི་སེམས་བསྐྱེད། དགེ་བའི་བཤེས་གཉེན་ལྟ་བུའི་སེམས་བསྐྱེད། ཡིད་བཞིན་ནོར་བུ་ལྟ་བུའི་སེམས་བསྐྱེད། ཉི་མ་ལྟ་བུའི་སེམས་བསྐྱེད། གླུ་དབྱངས་ལྟ་བུའི་སེམས་བསྐྱེད། རྒྱལ་པོ་ལྟ་བུའི་སེམས་བསྐྱེད། བང་མཛོད་ལྟ་བུའི་སེམས་བསྐྱེད། ལམ་པོ་ཆེ་ལྟ་བུའི་སེམས་བསྐྱེད། བཞོན་པ་ལྟ་བུའི་སེམས་བསྐྱེད། བཀོད་མའི་ཆུ་ལྟ་བུའི་སེམས་བསྐྱེད། སྒྲ་སྙན་ལྟ་བུའི་སེམས་བསྐྱེད། ཆུ་བོ་ལྟ་བུའི་སེམས་བསྐྱེད། སྤྲིན་ལྟ་བུའི་སེམས་བསྐྱེད་རྣམས་ཏེ། མངོན་རྟོགས་རྒྱན་ལས། དེ་ཡང་ས་གསེར་ཟླ་བ་མེ། །གཏེར་དང་རིན་ཆེན་འབྱུང་གནས་མཚོ། །རྡོ་རྗེ་རི་སྨན་བཤེས་གཉེན་དང་། །ཡིད་བཞིན་ནོར་བུ་ཉི་མ་གླུ། །རྒྱལ་པོ་མཛོད་དང་ལམ་པོ་ཆེ། །བཞོན་པ་བཀོད་མའི་ཆུ་དང་ནི། །སྒྲ་སྙན་ཆུ་བོ་སྤྲིན་རྣམས་ཀྱིས། །རྣམ་པ་ཉི་ཤུ་རྩ་གཉིས་སོ། །ཞེས་དཔེ་ཉི་ཤུ་རྩ་གཉིས་གསུངས་པས་མཚོན་པ། ངོ་བོ་འདུན་པ་དང་། བསམ་པ་དང་། ལྷག་པའི་བསམ་པ་དང་། སྦྱོར་བ་དང་། སྦྱིན་པ་ནས་ཡེ་ཤེས་ཀྱི་བར་ཕར་ཕྱིན་བཅུ་དང་། མངོན་ཤེས་དང་། བསོད་ནམས་དང་། ཡེ་ཤེས་དང་། བྱང་ཕྱོགས་དང་མཐུན་པའི་ཆོས་དང་། སྙིང་རྗེ་དང་། ལྷག་མཐོང་དང་། གཟུངས་སྤོབས་དང་། ཆོས་ཀྱི་དགའ་སྟོན་དང་། བགྲོད་པ་གཅིག་པའི་ལམ་དང་། ཆོས་སྐུ་མཚུངས་པ་དང་ལྡན་པའི་བར་ཏེ། དེ་དག་མཐུན་ཆོས་ཀྱང་རིམ་བཞིན་ཆོས་དཀར་པོ་ཐམས་ཅད་ཀྱི་གཞིའི་དངོས་པོ་བྱེད་པ་དང་། བྱང་ཆུབ་ཀྱི་བར་དུ་མི་འགྱུར་བ་དང་། དགེ་བའི་ཆོས་མཐའ་དག་རྒྱས་པར་འཕེལ་བར་འགྱུར་བ་དང་། ཐམས་ཅད་མཁྱེན་པ་ཉིད་གསུམ་གྱི་སྒྲིབ་པའི་བུད་ཤིང་བསྲེག་པ་དང་། སེམས་ཅན་ཐམས་ཅད་ཚིམ་པར་བྱེད་པ་དང་། ཡོན་ཏན་རིན་པོ་ཆེའི་རྟེན་གྱི་དངོས་པོ་བྱེད་པ་དང་། མི་འདོད་པ་ཐམས་ཅད་ཐོག་ཏུ་བབ་པས་མི་འགྲུགས་པ་དང་། ཡིད་ཆེས་པ་བརྟན་པས་མི་ཕྱེད་པ་དང་། དམིགས་པའི་རྣམ་པར་གཡེང་བས་མི་བསྐྱོད་པ་དང་། ཉོན་མོངས་པ་དང་ཤེས་བྱའི་སྒྲིབ་པའི་ནད་རབ་ཏུ་ཞི་བར་བྱེད་པ་དང་། གནས་སྐབས་དང་མཐར་ཐུག་ཏུ་སེམས་ཅན་གྱི་དོན་མི་གཏོང་བ་དང་། ཇི་ལྟར་སྨོན་པའི་འབྲས་བུ་འགྲུབ་པ་དང་། གདུལ་བྱ་ཡོངས་སུ་སྨིན་པར་བྱེད་པ་དང་། གདུལ་བྱ་འདུན་པར་བྱེད་པ་དང་། མཐུ་ཐོགས་པ་མེད་པར་གཞན་གྱི་དོན་སྒྲུབ་པ་དང་། ཚོགས་མང་པོའི་མཛོད་ལྟ་བུ་དང་། འཕགས་པ་ཐམས་ཅད་གཤེགས་ཤིང་རྗེས་སུ་གཤེགས་པ་དང་། འཁོར་འདས་སུ་མི་ལྟུང་བར་བདེ་བླག་ཏུ་འགྲོ་བ་དང་། ཐོས་པ་དང་མ་ཐོས་པའི་ཆོས་འཛིན་པས་མི་ཟད་པ་དང་། ཐར་པ་འདོད་པའི་གདུལ་བྱ་ལ་སྙན་པ་སྒྲོགས་པ་དང་། གཞན་གྱི་དོན་བྱ་བ་ལ་ཐ་མི་དད་པ་དང་། དགའ་ལྡན་གྱི་གནས་ན་བཞུགས་པ་ལ་སོགས་པ་སྟོན་པ་སྤྲུར་ཞིང་། ས་མཚམས་ས་ལྟ་བུ་སོགས་དང་པོ་གསུམ་རིམ་

བཞིན་ཚོགས་ལམ་ཆུང་ངུ་དང་། འབྲིང་པོ་དང་། ཆེན་པོ་ན་ཡོད། མེ་ལྷ་བུ་སྦྱོར་ལམ་དྲོད་དང་། གཏེར་ལྟ་བུ་ནས་གླུ་དབྱངས་ལྟ་བུའི་བར་ནི་མཐོང་སྒོམ་གྱིས་བསྡུས་པའི་ས་དང་པོ་ནས་བཅུ་པའི་བར་ལ་རིམ་བཞིན་ཡོད། རྒྱལ་པོ་ལྟ་བུ་སོགས་ལྔ་ནི། ས་བརྒྱད་པའི་ཁྱད་པར་གྱི་ལམ་ཐོབ་པ་སོགས་དག་པའི་ས་གསུམ་ཀ་ལ་ཁྱབ་པར་ཡོད། སྤྲ་སྐྱེན་ལྟ་བུ་སོགས་གསུམ་ནི་སངས་རྒྱས་ཀྱི་སའི་སྦྱོར་དངོས་རྗེས་གསུམ་ན་ཡོད། ས་མཚམས་འདི་དག་མ་མཐའི་ཚད་ཡིན་གྱི་ཡ་མཐའ་སངས་རྒྱས་ཀྱི་སའི་བར་དུ་ཡོད་པར་བཤད་དོ། །མདོར་ན་དེ་ཐམས་ཅད་ཀྱང་གོང་དུ་བཤད་པ་ལྟར་དཔེ་དོན་ཆོས་མཐུན་གསུམ་མམ། འཆད་པ་པོ་ཕལ་གྱིས་དཔེ་གྲོགས་ཆོས་གསུམ་ཟེར་བ་ཐད་སོར་ཐད་སོར་སྦྱོར་བའི་ཚུལ་ཤེས་པར་བྱ་སྟེ། གྲོགས་བྱང་ཆུབ་དོན་གཉེར་གྱི་འདུན་པ་དང་མཚུངས་པར་ལྡན་པའི་སེམས་བསྐྱེད་ཆོས་ཅན། དཔེ་ས་ལྟ་བུ་ཡིན་ཏེ། ཆོས་དཀར་པོ་ཐམས་ཅད་བསྐྱེད་པའི་གཞིའི་དངོས་པོ་བྱེད་པས་ཆོས་མཐུན་པའི་ཕྱིར། ཞེས་འོག་མ་རྣམས་ལ་འགྲེའོ། །

དེ་དག་ནི་དབྱེ་བའི་ཚུལ་རྒྱས་པ་ཡིན་ལ། མདོར་བསྡུས་པ་རབ་དབྱེའི་སྤྱི་དོན་ལྟར་ན་གསུམ་སྟེ། ཡང་ན་རྟེན་དང་ངོ་བོ་ཚོགས་འབྱེད། ཅེས་རྟེན་གྱིས་དབྱེ་བ་དང་། ངོ་བོས་དང་། ཚོགས་སོ། །དང་པོ་ནི། ཐེག་ཆེན་སོགས་ཏེ། རྟེན་གྱི་སྒོ་ནས་དབྱེ་ན་སློབ་པ་དང་། མི་སློབ་པའི་རྒྱུད་ཀྱི་སྨོན་པ་གཉིས་ཀྱི་དང་པོ། ཐེག་ཆེན་གྱི་སློབ་ལམ་མཐའ་དག་ནི་སོ་སྐྱེ་དང་། འཕགས་པའི་རྒྱུད་ཀྱིས་བསྡུས་པའི་བྱང་སེམས་ཀྱི་སྨོན་པའམ་སེམས་བསྐྱེད་ཡིན་ལ། གཉིས་པ་ཐེག་ཆེན་མི་སློབ་ལམ་ནི་སངས་རྒྱས་འཕགས་པའི་རྒྱུད་ཀྱི་བྱང་སེམས་ཀྱི་སྨོན་པའི་སེམས་བསྐྱེད་ཡིན་ནོ། །ཕྱི་མ་འདི་དང་སྤྲིབ་པ་སྤངས་པའི་སེམས་བསྐྱེད་གཉིས་དོན་གཅིག་ཅིང་། སངས་རྒྱས་ཀྱི་ས་ལ་ཚོགས་འི་བརྡ་ལས་ཐོབ་པའམ། རྫོལ་བ་དང་བཅས་པའི་སེམས་བསྐྱེད་དམ་སྨོན་པ་མེད་དེ། ཁས་བླངས་པའི་དུས་དང་བསྒྲུང་མཚམས་ལས་འདས་པའི་ཕྱིར་རོ། །དོན་དམ་སེམས་བསྐྱེད་དང་། དམིགས་མེད་ཀྱི་སྙིང་རྗེས་ལྷུན་གྱིས་གྲུབ་པའི་སེམས་བསྐྱེད་ནི་ཡོད་དེ། ཆོས་ཉིད་ཀྱིས་ཐོབ་པ་དང་། ལམ་དུས་སུ་གོམ་པའི་ཐུགས་རྗེ་ཆེན་པོ་སྒྲིབ་པ་དང་བྲལ་བའི་སེམས་བསྐྱེད་ཀྱིས་འགྲོ་བའི་དོན་སྒྲུབ་པའི་ཕྱིར་རོ། །དེ་ཡང་བདག་ཉིད་ཆེན་པོས། བསྒྲུབ་བྱ་ལ་སྒྲུབ་པའི་མིང་གིས་བཏགས་པས་སྒྲིབ་པ་སྤངས་པའི་སེམས་བསྐྱེད་ལ་མ་ཁྱབ་པའི་ཉེས་པ་མེད་པར་གསུངས་པས་ལེགས་པར་གྲུབ་སྟེ། སྒྲུབ་པའི་སྒྲ་སྒྲུབ་པར་བྱེད་པ་དང་། སྒྲུབ་ཟིན་པ་གཉིས་ཀ་ལ་འཇུག་པ་དེས་སེམས་བསྐྱེད་དང་སྨོན་པའི་སྒྲ་ལའང་འགྲེའོ། །

གཉིས་པ་ནི། བྱང་ཆུབ་ཆེ་ལ་སོགས་ཏེ། ངོ་བོའི་སྒོ་ནས་དབྱེ་ན་སྨོན་འཇུག་གཉིས་ཏེ་མཚན་ཉིད་སྔར་བཤད་ཟིན་ཏོ། །གསུམ་པ་ནི། ཕར་ཕྱིན་ལུགས་ཀྱི་སོགས་ཏེ། ཚོགས་ཀྱི་སྒོ་ནས་དབྱེ་བ་ལ་ཕ་རོལ་ཏུ་ཕྱིན་པའི་

ལུགས་ཀྱི་ཆོ་ག་ལས་ཐོབ་པ་དང་། སྔགས་ཀྱི་བརྒྱུད་པ་ལས་འོང་བ་སྟེ་རྣམ་པ་གཉིས། སྔ་མ་ལ་གཉིས་ཏེ་མགོན་པོ་འཇམ་པའི་དབྱངས་ནས་འཕགས་པ་ཀླུ་སྒྲུབ་ལ་བརྒྱུད་པ། སློབ་དཔོན་ཞི་བ་ལྷ་ཡི་ཕྱག་ལེན་གྱི་སྲོལ། ལྗོངས་འདིར་བ་རི་ལོ་ཙྪ་བས་སྤེལ་ཞིང་། རྗེ་བཙུན་ས་སྐྱ་པ་ཡབ་སྲས་ཀྱི་ཕྱག་བཞེས་གཙོ་བོར་སྣང་བ་དབུ་མ་ལུགས་ཀྱི་སེམས་བསྐྱེད་དང་། མགོན་པོ་བྱམས་པའི་ཞབས་ནས་འཕགས་པ་ཐོགས་མེད་ལ་བརྒྱུད་པ་བཙུན་པ་ཟླ་བ་སྟེ་ཙནྡྲ་གོ་མིའི་ཕྱག་བཞེས་ཀྱི་སྲོལ། ལྗོངས་འདིར་མཉམ་མེད་ཨ་ཏི་ཤས་སྤེལ་ཞིང་། དགེ་བའི་བཤེས་གཉེན་བཀའ་གདམས་པ་རྣམས་ཀྱིས་ཕྱག་ལེན་དུ་མཛད་པ་སེམས་ཙམ་པའི་སྲོལ་ཏེ་གཉིས་སུ་ངེས་སོ། །

གཉིས་པ་སྔགས་ཀྱི་བརྒྱུད་པ་ལས་འོང་བ་དབང་གི་སྔོན་འགྲོའི་སེམས་བསྐྱེད་ཀྱི་ཆོ་ག་ནི། འཇིགས་བྲལ་དཔལ་ལྡན་ཆོས་སྐྱོང་བ་བི་རཱུ་པའི་ཞབས་དང་། ཇོ་བོ་ན་རོ་ཏ་པའི་བརྒྱུད་པ་ལས་བྱོན་པ་དཔལ་ལྡན་བརྩེ་བ་ཆེན་པོ་ས་སྐྱ་པར་བཀའ་བབས་པ་བརྒྱུད་པ་དང་ཆོ་ག་སྔར་གྱི་སྲོལ་གཉིས་ལ་མ་ལྟོས་ཀྱང་རྣམ་བཞག་དབུ་མ་ལུགས་དང་ཆ་མཐུན་པའོ། །

སྤྱི་དོན་གཉིས་པ་དངོས་པོ་བླང་བའི་ཐབས་ལ་གསུམ་སྟེ་སྡོམ་པ་བླང་བའི་ཆོ་ག་དང་། བླངས་པ་དེ་ཇི་ལྟར་སྐྱེ་བའི་ཚུལ་དང་། སྐྱེས་པའམ་ཐོབ་པ་དེའི་ས་མཚམས་སོ། །དང་པོ་ལ་གསུམ་སྟེ་གང་གིས་བླང་བ་རྟེན་གྱི་ཁྱད་པར། གང་ལས་ལེན་པ་ཡུལ་གྱི་ཁྱད་པར། ཇི་ལྟར་བླང་བ་ཆོ་གའི་ཁྱད་པར་རྣམས་སོ། །དེའི་དང་པོ་ནི། བླང་བའི་རྟེན་ནི་སོགས་ཏེ། དབུ་མ་པའི་ལུགས་ལ་སྡོམ་པ་བླང་བའི་རྟེན་བརྡ་ཤེས་པ། དོན་གོ་ཞིང་བྱང་ཆུབ་ཏུ་གཉེར་བ་ལེན་འདོད་ཡོད་པའི་འགྲོ་བ་མཐའ་དག་ལ་སྐྱེ་བར་བཞེད་དེ། སྐལ་བཟང་ལས། རྒྱལ་བ་ཕན་བཞེད་གྲོང་དཔོན་གྱུར་པའི་ཚེ། །དེ་བཞིན་གཤེགས་པ་བསོད་ནམས་འོད་དེ་ལ། །ཉིན་གཅིག་སྲོག་གཅོད་སྡོམ་པ་བླངས་ནས་ཀྱང་། །དང་པོ་བྱང་ཆུབ་མཆོག་ཏུ་སེམས་བསྐྱེད་དོ། །ཞེས་དང་། སྡོང་པོ་བཀོད་པ་ལས། འཕགས་པ་འཇམ་དཔལ་གྱིས་གྲོང་ཁྱེར་སྐྱིད་པའི་འབྱུང་གནས་ཀྱི་ཤར་ཕྱོགས་ནགས་ཚལ་ས་ལ་སྣ་ཚོགས་ཀྱི་རྒྱལ་མཚན་ཞེས་བྱ་བར་ཆོས་ཀྱི་དབྱིངས་ཀྱི་ཚུལ་སྣང་བ་ཞེས་བྱ་བའི་ཆོས་ཀྱི་རྣམ་གྲངས་བསྟན་པས་རྒྱ་མཚོའི་ཀླུ་སྟོང་ཕྲག་གསུམ་བླ་ན་མེད་པའི་བྱང་ཆུབ་ཏུ་ངེས་པར་གྱུར་ཏོ་ཞེས་དང་། ནམ་མཁའི་སྙིང་པོའི་མདོ་ལས་བྱང་ཆུབ་སེམས་དཔའ་རྒྱལ་པོ་ལ་འབྱུང་བའི་ལྟུང་བ་ལྔ་དང་། བློན་པོ་ལ་འབྱུང་བ་ལྔ་སོགས་གསུངས་པ་དང་། གཙུག་ན་རིན་ཆེན་གྱིས་ཞུས་པའི་མདོ་ལས། ལྷ་དང་མི་ཡི་སྲོག་ཆགས་ཁྲི་ཉིས་སྟོང་བླ་ན་མེད་པ་ཡང་དག་པར་རྫོགས་པའི་བྱང་ཆུབ་ཏུ་སེམས་བསྐྱེད་ཅེས་གསུངས་པ་དང་། ཀླུའི་རྒྱལ་པོ་རྒྱ་མཚོས་ཞུས་པའི་མདོ་ལས། ཀླུ་ཁྲི་ཉིས་སྟོང་གིས་བྱང་ཆུབ་ཏུ་སེམས་བསྐྱེད་པར་གསུངས་པ་དང་། གཞན་ཡང་ནམ་མཁའ་མཛོད་ཀྱི་མདོ་ལས།

བདུད་སྡིག་ཧོ་ཅན་གྱིས་སེམས་བསྐྱེད་པ་ལ། བཅོམ་ལྡན་འདས་ཀྱིས་བྱང་ཆུབ་ཏུ་ལུང་བསྟན་པ་གསུངས་པ་སོགས་ཏེ་སྐར་དྲངས་པའི་རྒྱལ་བ་ཕན་བཞེད་ཉིན་གཅིག་སྲོག་གཅོད་སྤོང་བ་དེ་སོ་ཐར་རིགས་བདུན་གང་ཡང་མ་ཡིན་ཞིང་། ལྷ་ཀླུ་སོགས་སོ་ཐར་གྱི་སྡོམ་པའི་རྟེན་དུ་མི་རུང་བའི་ཕྱིར་རོ། །མདོར་མ་ཟད་བསྟན་བཅོས་དག་ལས་ཀྱང་གསུངས་ཏེ། འཕགས་པ་ཀླུ་སྒྲུབ་ཀྱིས་རིན་ཆེན་ཕྲེང་བར། སེམས་ཅན་ཐམས་ཅད་བྱང་ཆུབ་ཏུ། །སེམས་བསྐྱེད་བཙུག་ཅིང་བསྟན་བྱས་ན། །རི་དབང་རྒྱལ་པོ་ལྟར་བརྟན་པའི། །བྱང་ཆུབ་སེམས་དང་རྟག་ལྡན་འགྱུར། །ཞེས་དང་། ཞི་བ་ལྷས་བསླབ་བཏུས་སུ། དཔའ་བར་འགྲོ་བའི་མདོ་དྲངས་པ་ལས། གཡོ་སྒྱུའི་སེམས་བསྐྱེད་པ་ཡང་། སངས་རྒྱས་ཀྱི་རྒྱུར་གསུངས་ན་དགེ་བ་སྟ་འགའ་བྱས་ཏེ་སེམས་བསྐྱེད་པ་ལྟ་ཅི་སྨོས་ཞེས་སོགས་རྒྱས་པར་གསུངས་པས་གྲུབ་བོ། །དེ་ལས་གཞན་དུ་ན་སྐྱེ་སེམས་ཙམ་པའི་ལུགས་ལ་སོ་སོར་ཐར་པ་རིགས་བདུན་པ་ཁོ་ནའི་རྟེན་ལ་སྐྱེ་བ་ནི། ཐོགས་མེད་ཞབས་ཀྱི་བྱང་སའི་ཚུལ་ཁྲིམས་ཀྱི་ལེའུར། དེ་ལ་བྱང་ཆུབ་སེམས་དཔའི་སྡོམ་པའི་ཚུལ་ཁྲིམས་ནི་སོ་སོར་ཐར་པའི་སྡོམ་པ་ཡང་དག་པར་བླངས་པའི་རིས་བདུན་པོ་དགེ་སློང་དང་། དགེ་སློང་མ་དང་། དགེ་སློབ་མ་དང་། དགེ་ཚུལ་དང་། དགེ་ཚུལ་མ་དང་། དགེ་བསྙེན་དང་། དགེ་བསྙེན་མའི་ཚུལ་ཁྲིམས་གང་ཡིན་པ་སྟེ། དེ་ཡང་ཁྱིམ་པ་དང་རབ་ཏུ་བྱུང་བའི་ཕྱོགས་ལ་ཅི་རིགས་པར་རིག་པར་བྱའོ། །ཞེས་དང་། ཇོ་བོ་མར་མེ་མཛད་ཀྱིས། །སོ་སོར་ཐར་པ་རིས་བདུན་གྱི། །རྟག་ཏུ་སྡོམ་གཞན་ལྡན་པ་ལ། །བྱང་ཆུབ་སེམས་དཔའི་སྡོམ་པ་ཡི། །སྐལ་བ་ཡོད་ཀྱི་གཞན་དུ་མིན། །ཞེས་གསུངས་པས་སོ། །

གཉིས་པ་གང་ལས་བླང་བའི་ཡུལ་གྱི་ཁྱད་པར་ནི། ལེན་ཡུལ་སོགས་ཏེ། གང་ལས་ལེན་པའི་ཡུལ་དགེ་བའི་བཤེས་གཉེན་གྱི་མཚན་ཉིད་འཕགས་པ་ཀླུ་སྒྲུབ་ཀྱིས། དགེ་བའི་བཤེས་གཉེན་དེ་དག་གི། །མཚན་ཉིད་མདོར་བསྡུས་མཁྱེན་པར་མཛོད། །ཚིག་ཤེས་སྙིང་རྗེ་ཚུལ་ཁྲིམས་ལྡན། །ཉོན་མོངས་སེལ་བའི་ཤེས་རབ་ཅན། །དེ་དག་གིས་ནི་ཁྱོད་བརྟེན་ན། །ཁྱོད་ཀྱིས་མཁྱེན་གྱིས་གུས་པར་མཛོད། །ཅེས་གསུངས་པ་དེ་བསྡུས་ནས། སྤྱོད་འཇུག་ཏུ། རྟག་པར་དགེ་བའི་བཤེས་གཉེན་ནི། །ཐེག་ཆེན་དོན་ལ་མཁས་པ་ནི། །བྱང་ཆུབ་སེམས་དཔའི་བརྟུལ་ཞུགས་མཆོག །སྲོག་གི་ཕྱིར་ཡང་མི་གཏོང་ངོ་། །ཞེས་གསུངས་པ་དང་། ཡང་མདོ་སྡེ་རྒྱན་ལས། བཤེས་གཉེན་དུལ་ཞིང་ཞི་ལ་ཉེར་ཞི་བ། །ཡོན་ཏན་ལྷག་པར་བརྩོན་བཅས་ལུང་གིས་ཕྱུག །དེ་ཉིད་རབ་ཏུ་རྟོགས་པ་སྨྲ་མཁས་ལྡན། །བརྩེ་བའི་བདག་ཉིད་སྐྱོ་བ་སྤངས་ལ་བསྟེན། །ཞེས་གསུངས་པ་ལྟར་རམ། དེ་མ་འབྱོར་ན་སྡོམ་པ་ཉི་ཤུ་པ་ལས། བླ་མ་སྡོམ་ལ་གནས་ཤིང་མཁས། །ནུས་དང་ལྡན་ལས་བླང་བར་བྱ། །ཞེས་གསུངས་པ་ལྟར་གྱི་ཡོན་ཏན་འཛོམས་དགོས་པ་དབུ་སེམས་ཀྱི་ལུགས་སོ་སོར་བཞེད་པ་ཡིན་ལ། སྤྱིར་བཏང་

སྡོམ་པ་དང་ལྡན་ཞིང་ཆོ་ག་བཟ་སྤྱོད་པ་ལ་མཁས་པ། སྙིང་རྗེ་དང་ལྡན་པ་གཙོ་ཆེའོ། །

གསུམ་པ་ཇི་ལྟར་བླང་བ་ཆོ་གའི་ཁྱད་པར་ལ་གསུམ་སྟེ། དབྱེ་བ་དངོས་དང་། མཐའ་དཔྱད་པ་དང་། ལེན་ཡུལ་གྱི་དམིགས་བསལ་ལོ། །ཆོ་ག་ལ། དང་པོ་ལྟར་ན་ཞེས་སོགས་ཀྱི་ཆོ་ག་དང་། གཉིས་པ་ལྟར་ན་སོགས་ཀྱིས་སེམས་ཙམ་ལུགས་ཀྱི་ཆོ་ག་གཉིས་པོ་སྦྱོར་དངོས་རྗེས་གསུམ་གསུམ་གྱིས་སྡོམ་དུ་བྱས་པ་དང་། ཆོ་གའི་གཞུང་སྦྱར་བས་རྫོགས་སླའོ། །སྔ་མ་ནི་འཕགས་པ་ཀླུ་སྒྲུབ་དང་། ཛེ་ཏཱ་རི། སྤྱོད་འཇུག་རྣམས་ཀྱི་དགོངས་པ་བདག་ཉིད་ཆེན་པོའི་སེམས་བསྐྱེད་ཀྱི་ཆོ་གར་བཀོད་པའི་སྟེང་ནས་ལག་ལེན་ཞིབ་ཏུ་བྱ་ཞིང་། ལུགས་ཕྱི་མ་ནི་བྱང་ས་དང་། སྡོམ་པ་ཉི་ཤུ་པ་ནས་འབྱུང་བ་རྗེ་བཙུན་ཆེན་པོས་སྡོམ་པ་ཉི་ཤུ་པའི་འགྲེལ་པར་བཤད་པ་དང་། ལུགས་གཉིས་ཀ་ལ་འཇིག་རྟེན་དབང་ཕྱུག་རྒྱལ་སྲས་ཐོགས་མེད་པའི་ཡིག་ཆ་གསལ་བ་ཡོད་དོ། །

གཉིས་པ་མཐའ་དཔྱད་པ་ནི། འདི་གཉིས་སོགས་ཏེ། ལུགས་འདི་གཉིས་ལ་ཆོ་ག་ཐ་དད་པ་སྟེ་མི་འདྲ་བ་འབྱུང་བའི་རྒྱུ་མཚན་དབུ་མ་པ་ལྟ་བ་མཐོ་ཞིང་། གདུལ་བྱ་སེམས་ཅན་ཐམས་ཅད་ལ་སངས་རྒྱས་ཀྱི་ས་བོན་འཛོག་པའི་དགོངས་པ་ཡངས་པས་ཆོ་ག་ཡང་དེ་དང་མཐུན་པར་ཡངས་ལ། ཅིག་ཤོས་ཏེ་སེམས་ཙམ་པ་ལྟ་བ་ཅུང་ཟད་དམན་པས་ཆོ་ག་ཉན་ཐོས་ཀྱི་ལུགས་དང་སྒོ་བསྟུན་པས་དོག་པ་ཡིན་ནོ། །དེ་ཡང་དབུ་མ་པ་རྣམས་སྡིག་བཤགས་སོགས་ཡན་ལག་ལྷག་མ་རྣམས་མཛད་པ་ནི་ཤན་པ་སོགས་སྡིག་པ་ཅན་ལའང་སྐྱེ་བར་དགོངས་ནས། དེ་དག་གི་རང་བཞིན་གྱི་ཁ་ན་མ་ཐོ་ཚབ་ཆེ་བ་རྣམས་སྦྱངས་ནས་སྡོམ་པ་སྐྱེ་བའི་ཆེད་དུ་ཡིན་ལ། སེམས་ཙམ་པ་རྣམས་ཀྱིས་ནི་ཕྱག་མཆོད་གཉིས་ལས་སྡིག་བཤགས་སོགས་མི་མཛད་པ་ནི་སོ་ཐར་གྱི་སྡོམ་པས་རྒྱུད་དག་པ་ལ་དགོངས་པ་ཡིན་ནོ། །གཞན་ཡང་བར་ཆད་དྲི་བ་ཡོད་མེད་དང་། སྨོན་འཇུག་སྐབས་གཅིག་དང་། སོ་སོར་ལེན་པ་དང་། མཇུག་ཆོག་ལ་དགའ་བ་སྒོམ་པ་དང་། མཁྱེན་པར་གསོལ་བ་དག་ཀྱང་སྤྱོད་པ་ཡངས་དོག་གི་ཁྱད་པར་ལས་བྱུང་བར་ཤེས་པར་བྱའོ། །

གསུམ་པ་ལེན་ཡུལ་གྱི་དམིགས་བསལ་ནི། གལ་ཏེ་སྡོམ་པ་སོགས་ཏེ། གལ་ཏེ་རྐྱེན་དབང་དང་ཡུལ་དུས་ཀྱི་སྐལ་པས་སྡོམ་པ་བླང་བའི་ཡུལ་ལམ། གསོ་བའི་ཡུལ་བླ་མར་འོས་པ་མ་རྙེད་པར་གྱུར་ན་དཀོན་མཆོག་གི་རྟེན་གྱི་སྤྱན་སྔར་རང་གི་བརྗོད་པས་ལེན་དུ་རུང་བ་དབུ་མ་ལུགས་ཡིན་ལ། སེམས་ཙམ་པ་ལྟར་ན། སྲོག་དང་ཚངས་པར་སྤྱོད་པའི་བར་ཆད་དུ་འགྱུར་ན་མ་གཏོགས་མི་རུང་བར་བྱང་ས་ལས་བཤད་དེ། དགེ་བའི་བཤེས་གཉེན་མཚན་ཉིད་དང་ལྡན་པ་རྒྱང་གྲགས་དང་དཔག་ཚད་ཀྱི་བར་སྲོག་དང་ཚངས་སྤྱོད་ལ་མི་གནོད་

ཅམ་དུ་བཅལ་ཀྱང་མ་རྙེད་ན་དཀོན་མཆོག་གི་རྟེན་གྱི་དྲུང་དུ་བདག་ཉིད་ཀྱིས་བླངས་པས་ཀྱང་སྐྱེའོ། །ཞེས་སོ། །

གཉིས་པ་བླངས་པ་དེ་ཇི་ལྟར་སྐྱེ་བའི་ཚུལ་ནི། ངོ་བོ་ཅམ་ཞིག་སོགས་ཏེ། སྨོན་སེམས་དང་འཇུག་སེམས་ཀྱི་ངོ་བོ་ཅམ་ཞིག་ནི་ཆོག་ལ་མ་ལྟོས་པར་སྐྱེ་བར་སྲིད་མོད། སེམས་བསྐྱེད་སྡོམ་པས་ཟིན་པ་ནི། མདོ་སྡེ་རྒྱན་ལས། གྲོགས་སྟོབས་རྒྱུ་སྟོབས་རྩ་བའི་སྟོབས། །ཐོས་སྟོབས་དགེ་བ་གོམས་པ་ལས། །མི་བརྟན་པ་དང་བརྟན་འབྱུང་བ། །གཞན་གྱིས་བསྟན་པའི་སེམས་བསྐྱེད་འདོད། ཅེས་པས་གྲོགས་དགེ་བའི་བཤེས་གཉེན་གྱིས་བཟུང་བ། རྒྱུ་རང་བཞིན་གྱི་གནས་རིགས་སད་པ། དགེ་བའི་རྩ་བ་རྒྱས་པ། ཐེག་པ་ཆེན་པོ་ཐོས་པ༑ དགེ་བར་གོམས་པ་སྟེ་རྒྱུ་ལྔའི་དང་པོ་གྲོགས་ལ་རག་ལས་པས་མི་བརྟན་པའི་སེམས་བསྐྱེད་དང་། ཕྱི་མ་བཞི་པོ་མི་མཐུན་པའི་ཕྱོགས་ཀྱིས་ཉམས་དཀའ་བས་བརྟན་པའི་སེམས་བསྐྱེད་དུ་བཞེད། གཙོ་བོ་ཆོག་ཕུན་སུམ་ཚོགས་པ་གཞན་གྱི་མཐུ་ཡི་རྐྱེན་ཚོགས་པ་ལས་སེམས་བྱུང་འདུན་པ་སྨོན་སེམས་དང་། སེམས་པ་འཇུག་པའི་སེམས་བསྐྱེད་ཀྱི་ངོ་བོར་སྐྱེའོ། །འོན་ཀྱང་ཚོགས་ལམ་ལ་ཞུགས་པ་དང་། སེམས་བསྐྱེད་མཚན་ཉིད་སྐྱེས་འདུས་མཉམ་ལ། སྡོམ་པ་རུ་ཡང་སྐབས་དེ་ནས་འགྱུར་རོ། །དེའི་ཚེ་གཙོ་ཕལ་གྱི་དབང་གིས་སེམས་དཔའ་དེ། སྨོན་འཇུག་མཚན་ཉིད་པར་སོང་བ་དང་མཉམ་དུ་སེམས་སེམས་བྱུང་རིལ་གྱིས་བྱང་སྡོམ་དུ་འགྲོ་བའོ། །སྐབས་འདིར་དཔྱད་པར་བྱ་བ་འཕགས་སེང་གཉིས་ཀྱིས་མངོན་རྟོགས་རྒྱན་འགྲེལ་དུ། སེམས་བསྐྱེད་པ་ཞེས་པའི་སེམས་དེ། རྣམ་ཤེས་ཚོགས་དྲུག་གི་ནང་ཚན་དུ་གྱུར་པའི་དྲུག་པ་ཡིད་ཀྱི་རྣམ་ཤེས་སུ་བཞེད་པས་གཙོ་སེམས་དང་། རྒྱན་རང་དུ་ཡང་དག་རྫོགས་པའི་བྱང་ཆུབ་འདོད། ཅེས་དང་། མདོ་སྡེ་རྒྱན་དུ། དོན་གཉིས་ལྡན་པའི་སེམས་བྱུང་བ། ཞེས་དང་། དེའི་འགྲེལ་པར། ཡོན་ཏན་གཉིས་སམ་གསུམ་ལ་དམིགས་པའི་སེམས་དང་བ་ནི་སེམས་བསྐྱེད་པའོ། །ཞེས་སེམས་བྱུང་དུ་བཞེད་པ་ལས། གཞན་དོན་བྱང་ཆུབ་མཆོག་ཏུ་སེམས་བསྐྱེད་པར་བྱ་རྒྱུའི་སེམས་ནི་སྔར་བཤད་པ་ལྟར་གཙོ་སེམས་ཡིན་མོད། སེམས་དེ་བྱང་ཆུབ་མཆོག་ཏུ་བསྐྱེད་ཅིང་སྨོན་པས་ན་དེའི་གནས་སྐབས་ན་ཡོད་པའི་འདུན་པ་དང་། སེམས་པ་དང་། དད་པ་ལ་སོགས་པ་དགེ་བའི་སེམས་བྱུང་མ་ལུས་པ་སེམས་བསྐྱེད་དུ་འགྲོ་བས་སེམས་སེམས་བྱུང་གཉིས་ཀ་ཡོད་ཅིང་སེམས་བྱུང་གཙོ་ཆེ་བ་ཡིན་ལ། དེས་བསླབ་པ་དང་། སྡོམ་པ་དང་། སྐྱབས་འགྲོ་དང་། སྦྱོར་བ་དང་། སྒྲུབ་པ་ལ་སོགས་པ་ལའང་འགྲེའོ། །

གསུམ་པ་སྐྱེས་པའམ་ཐོབ་པ་དེའི་མཚམས་ནི་ཚོགས་ལམ་ལ་ཞེས་སོགས་ཏེ། ཚོགས་ལམ་ལ་མ་ཞུགས་ཀྱང་སྡོམ་པ་གདགས་སུ་རུང་བ་ཙམ། དངོས་གཞི་བརྗོད་པ་གསུམ་པའི་མཚམས་སུ་སྐྱེ་བ་སྲོལ་གཉིས་ཀ་མཐུན་ནོ། །

སྤྱི་དོན་གསུམ་པ་བར་དུ་བསྲུང་བའི་ཚུལ་ལ་གསུམ་སྟེ་བསྲུང་ཚུལ་སྤྱིར་གདམས་པ་དང་། བསླབ་བྱ་དངོས་དང་། ཉེས་དམིགས་དང་ཕན་ཡོན་བསྟན་པའོ། །དང་པོ་ནི། ཐོབ་པ་མ་ཉམས་སོགས་ཏེ། །

གཉིས་པ་ལ་གཉིས་ཏེ། བསླབ་བྱའི་གནས་མཐའ་དག་སྤྱིར་བསྟན་པ་དང་། རྩ་ལྟུང་སོགས་ཀྱི་རྣམ་བཞག་བྱེ་བྲག་ཏུ་བཤད་པ། སྲུང་བའི་དུས་སྐབས་ལ་དཔྱད་པའོ། །བསླབ་བྱའི་གནས་ལ་གཉིས་ཏེ་སྨོན་འཇུག་ཐུན་མོང་གི་བསླབ་པར་བྱ་བ་དང་སོ་སོའི་བསླབ་པར་བྱ་བའོ། །དེའི་དང་པོ་ལ་གཉིས་ཏེ་སྒྲུབ་པར་བྱ་བའི་ཆོས་གསུམ་དང་། ཤེས་པར་བྱ་བའི་ཆོས་བཞིའོ། །དང་པོ་ནི་བསླབ་བྱ་དངོས་ལ་སོགས་ཀྱིས་མཚམས་སྦྱར་ནས། ཐེག་ཆེན་གྱི་དགེ་བའི་བཤེས་གཉེན་ལ་གུས་པ་དང་། དཀོན་མཆོག་གསུམ་གྱི་གདུང་རྒྱུན་མི་བཅད་པ་དང་། སེམས་ཅན་བློས་མི་འདོར་བ་རྣམས་སྒྲུབ་པའི་ཆོས་གསུམ་མོ། །

གཉིས་པ་ནི། བསམ་པ་ངན་པས་སོགས་ཏེ། ཀུན་ནས་སློང་བྱེད་ཀྱི་བསམ་ངན་གནོད་སེམས་ལ་སོགས་པས་བསྐྱེད་པའི་སྲོག་གཅོད་དང་། རྐུ་འཕྲོག་ལ་སོགས་པ་བྱེད་པ་ནི་རྣམ་པ་ཀུན་ཏུ་ལྟུང་༡བར་འགྱུར་ལ། སེམས་ཅན་མང་པོའི་སྲོག་སྐྱབས་ཕྱིར་མ་རུངས་པ་གཅིག་གསོད་པ་སོགས་ལ་རང་འདོད་ཀྱི་འཕྲི་བ་མེད་ན་ལྟུང་༢བའི་གཟུགས་བརྙན་ཙམ་སྟེ་ངོ་བོ་དགེ་བ་ཡིན་ལ། བསམ་པ་དག་པའི་སྦྱིན་པ་དང་ཚུལ་ཁྲིམས་ལ་སོགས་པ་ནི་ལྟུང་མེད་དེ་དགེ་བ་ཁོ་ན་ཡིན་ནོ། །གལ་ཏེ་ཇོན་པ་ལ་རི་དྭགས་བསྟན་པ་ལྟ་བུ་གཞན་ལ་གནོད་པར་གྱུར་ན། དྲང་པོར་སྨྲས་པ་སོགས་སུ་སྣང་ཡང་དོན་ལ་ལྟུང་བ་༤མེད་པའི་གཟུགས་བརྙན་ཞེས་བྱ་བ་ངོ་བོ་མི་དགེ་བ་ཡིན་ལ་མུ་བཞི་པོའི་རྣམ་བཞག་དེ་དག་ཤེས་པར་བྱ་བའི་ཆོས་སོ། །

གཉིས་པ་སོ་སོའི་བསླབ་བྱ་ལ་གཉིས་ཏེ་རྒྱས་པར་བསླབ་པ་དང་། བསྡུས་ཏེ་བསླབ་པའོ། །རྒྱས་པ་ལ་གཉིས་ཏེ་སྨོན་པའི་བསླབ་བྱ་དང་། འཇུག་པའི་བསླབ་བྱའོ། །དང་པོ་ལ་གཉིས་ཏེ་སྤང་བའི་བསླབ་བྱ་དང་། སྒྲུབ་པའི་བསླབ་བྱའོ། །སྤང་བའི་བསླབ་བྱ་ལ་གསུམ་སྟེ། མི་མཐུན་པའི་ཕྱོགས་གསུམ། ནག་པོའི་ཆོས་བཞི། མི་འཕེལ་བའི་རྒྱུ་དྲུག་སྤང་བའོ། །དེའི་དང་པོ་ནི། སོ་སོའི་བསླབ་བྱ་སོགས་ཏེ། མགོ་དང་རྐང་ལག་གཏོང་བ་ལ་སོགས་པ་སྤྱོད་དཀའ་བས་བློ་གྲོས་ཞུམ་པ་དང་། བསྐལ་པ་གྲངས་མེད་གསུམ་སོགས་སུ་ཚོགས་གཉིས་བསགས་པའི་ཡུན་གྱིས་སྐྱིད་ལུག་པ་དང་། འཁོར་བའི་ཉེས་པས་སྐྲག་ནས་བྱང་ཆུབ་ཀྱི་སེམས་སྤོང་བ་རྣམས་མི་མཐུན་པའི་ཕྱོགས་གསུམ་མོ། །

གཉིས་པ་ནི། བླ་མ་དང་སོགས་ཏེ། རང་གི་བླ་མ་དང་མཆོད་འོས་རྣམས་རྫུན་གྱིས་བསླུ་བ། ཐེག་པ་ཆེན་པོའི་གང་ཟག་ལ་མི་བསྔགས་པ་བརྗོད་པ་སྟེ་སྐུར་པ་འདེབས་པ། སེམས་ཅན་ལ་གཡོ་དང་སྒྱུས་སྤྱོད་པ།

འགྲོད་པའི་གནས་མ་ཡིན་པ་ལ་འགྲོད་པར་བསྐྱེད་པ་རྣམས་ནག་པོའི་ཆོས་བཞིར་གྲགས་པའོ། །གསུམ་པ་ནི། སྡིག་པའི་སོགས་ཏེ། སྡིག་པའི་གྲོགས་པོ་དང་ཆོས་དང་ཡོན་ཏན་གྱི་གེགས་སུ་གྱུར་པ་ཀུན་དང་། བསམ་པ་ཕྲག་དོག །རྒྱུ་འཕོན་དུ་འཛིན་པ། ཉེར་ལེན་ཡིད་གསོད་པ། དམན་པ་ལ་མོས་པ་རྣམས་སེམས་བསྐྱེད་ཉམས་པའམ། མི་འཕེལ་བའི་རྒྱུ་དྲུག་སྟེ་སྤང་བར་བྱ་བའོ། །

གཉིས་པ་བསྒྲུབ་པའི་བསླབ་བྱ་ནི། སངས་རྒྱས་སོགས་ཏེ། གཞན་དོན་དུ་རྫོགས་པའི་སངས་རྒྱས་ཐོབ་པར་བྱ་སྙམ་པ་འབྲས་བུ་ལ་སྨོན་པ། དེའི་ཆེད་དུ་ས་དང་ལམ་ཐམས་ཅད་སྒྲུབ་སྙམ་པ་ཐབས་ལ་སྨོན་པ། སེམས་ཅན་ཀུན་གྱི་རེ་བ་ཡིད་བཞིན་དུ་བསྐང་བར་བྱ་སྙམ་པ་ཕྲིན་ལས་ལ་སྨོན་པ་སྟེ་སྐྱེས་བུ་དམ་པ་རྣམས་ཀྱི་སྨོན་པ་གསུམ་དང་། གཞན་སྟེར་ཀྱི་མི་མཐུན་ཕྱོགས་ཇི་སྙེད་པ་ལས་ཟློག་ཕྱོགས་སུ་གྱུར་པའི་དགེ་བ་ཐམས་ཅད་ལ་བསླབ་པ་སྒྲུབ་པར་བྱ་བའི་ཆོས་སོ། །

གཉིས་པ་འཇུག་པའི་བསླབ་བྱ་ལ་འང་གཉིས་ཏེ་སྤང་བྱ་དང་། སྒྲུབ་བྱའོ། །དང་པོ་ནི། འཇུག་པའི་བསླབ་བྱ་སོགས་ཏེ། སྤྱིར་འཇུག་པ་ནི་གཞན་དོན་གཙོ་བོར་སྒྲུབ་པ་ཡིན་ལ། གཞན་སྨིན་པར་བྱེད་པ་ལ་ཐོག་མར་རང་སྨིན་དགོས་པས་དེའི་གེགས་ཐོས་པ་ལ་མི་མོས་པ་དང་། བསམ་པ་ལ་གཡེལ་བ་དང་། སྒོམ་པ་ལ་ལྷོད་པ་རྣམས་ཏེ་ཤེས་རབ་འཕེལ་བའི་གེགས་གསུམ་མམ་རང་ཉིད་སྨིན་པའི་གེགས་གསུམ་མོ། །སྤྱོད་པ་འཇིག་རྟེན་པ་མ་དད་པར་གྱུར་པ་དང་། སྦྱོར་བའི་ཚེ་ལེ་ལོ་ཆེ་བ་དང་། དངོས་གཞིའི་སྐབས་ཕན་མི་འདོགས་པ་དང་། གལ་ཏེ་འདོགས་ཀྱང་ཆོས་ཀྱིས་ཕན་མི་འདོགས་པ་དང་། རྗེས་ལ་གོལ་བའི་ལམ་དུ་སྦྱོར་བ་རྣམས་གཞན་རྒྱུད་སྨིན་པའི་གེགས་ལྔ་སྟེ་སྤང་བྱའོ། །

གཉིས་པ་སྒྲུབ་པའི་བསླབ་བྱ་ལ་གཉིས་ཏེ་མི་ཉམས་པའི་རྒྱུ་དང་། འཕེལ་བའི་རྒྱུ་ལ་བསླབ་པའོ། །དང་པོ་ལ་གསུམ་སྟེ། ཚེ་འདིར་མི་ཉམས་པའི་རྒྱུ། ཕྱི་མ་ཕན་ཆད་དུ་མི་ཉམས་པའི་རྒྱུ། རྣམ་པ་ཐམས་ཅད་དུ་མི་ཉམས་པའི་རྒྱུའོ། །དེའི་དང་པོ་ནི། བྱང་ཆུབ་སེམས་བསྐྱེད་སོགས་ཏེ། སྨོན་འཇུག་སེམས་བསྐྱེད་བླངས་པའི་ཕན་ཡོན་དང་། སེམས་བསྐྱེད་ལས་ཉམས་པའི་ཉེས་དམིགས་དང་། སྐྱེ་བ་ཐམས་ཅད་དུ་ཡིད་བཞིན་གྱི་ནོར་བུ་ལས་ཀྱང་རྙེད་དཀའ་བ་དྲན་པ་རྣམས་ཚེ་འདི་ལ་མི་ཉམས་པའི་རྒྱུ་ཡིན་ལ། གཉིས་པ་ནི། དུས་གསུམ་དུ་སོགས་ཏེ། དུས་གསུམ་ལ་མ་ལྟོགས་ན་ཉིན་མཚན་གྱི་དུས་དྲུག་ཏུ་སྡིག་པ་བཤགས་པ་ལ་སོགས་པའི་ཡན་ལག་བདུན་པ་བྱ་བ་དང་། སངས་རྒྱས་བྱང་སེམས་རྣམས་ལ་གསོལ་བ་གདབ་པ་དང་། བདུད་ཀྱི་ལས་རྣམས་བརྒྱད་སྟོང་པ་སོགས་མདོ་སྡེ་རྣམས་ལས་ཤེས་པར་བྱས་ནས་སྤང་བར་བྱ་བ་གསུམ་ནི་ཕྱི་མ་ཕན་ཆད་དུ་མི་

ཉམས་པའི་རྒྱུའོ། །གཞན་ཡང་སྲོག་ལ་བབས་ཀྱང་ཤེས་བཞིན་དུ་རྫུན་གྱི་ཚིག་མི་སྨྲ་བ་དང་། བྱང་ཆུབ་སེམས་དཔའ་རྣམས་ལ་སྟོན་པའི་འདུ་ཤེས་བསྐྱེད་པ་དང་། སེམས་ཅན་ཐམས་ཅད་ལ་ལྷག་པའི་བསམ་པ་རྣམ་པར་དག་པས་སྤྱོད་པ་དང་། རང་གི་གདུལ་བྱར་གྱུར་པ་རྣམས་ཐེག་པ་ཆེན་པོ་ལ་སྦྱར་པ་རྣམས་དཀར་པོའི་ཆོས་བཞི་སྟེ་སྟར་གྱི་ནག་པོའི་ཆོས་བཞི་ལས་བཟློག་པ་ཕྱི་མར་མི་ཉམས་པའི་རྒྱུའོ། །

གསུམ་པ་ནི། བྱང་ཆུབ་སེམས་ལ་སོགས་ཏེ། བྱང་ཆུབ་ཀྱི་སེམས་ལ་ལུས་ལོངས་སྤྱོད་དགེ་བ་གཞན་ཐམས་ཅད་ལས་གཅེས་པར་གཟུང་བ་དང་། སེམས་ཅན་ཐམས་ཅད་ལ་གཉེན་ཉེ་བ་དང་བཤེས་ཡིད་དུ་འོང་བ་བས་ཀྱང་གཅེས་པར་བལྟ་བ་དང་། དམ་པའི་ཆོས་ལ་སླན་ནམ་ནོར་བུ་ལས་ཀྱང་གཅེས་པར་འཛིན་པ་དང་། དགེ་བའི་བཤེས་གཉེན་ལ་སླན་པ་མཁས་པའམ་དམིགས་བུའི་འདུ་ཤེས་བསྒོམ་པ་དང་། བླ་ན་མེད་པའི་བྱང་ཆུབ་ལ་བཀྲིས་པས་ཟས་དང་སྐོམ་པས་ཆུ་འདོད་པ་བས་ཆེས་འདོད་པ་རྒྱུན་དུ་དུང་དེ་བ་བྱ་བ་རྣམས་བླ་ན་མེད་པའི་འདུ་ཤེས་སམ་འདུན་པ་ལྔ་པོ་འདི་དག་འདི་ཕྱི་རྣམ་པ་ཀུན་ཏུ་མི་ཉམས་པའི་རྒྱུའོ། །

གཉིས་པ་འཕེལ་བའི་རྒྱུ་བྱང་ཆུབ་སེམས་དཔའི་བསླབ་པའི་གནས་མཐའ་དག་ཚུལ་ཁྲིམས་གསུམ་དུ་འདུས་པས་དེ་བཤད་པ་ལ། བྱང་ཆུབ་སོགས་ཚིག་རྐང་གཉིས་ཀྱིས་མཚམས་སྦྱར་ནས་དང་པོ་ཉེས་སྤྱོད་སྡོམ་པའི་ཚུལ་ཁྲིམས་བཤད་པ་ལ་གསུམ་སྟེ་མཚན་ཉིད་དང་། དབྱེ་བ་དང་། ཉེ་བར་མཁོ་བའི་མཐའ་དཔྱད་དོ། །དང་པོ་ནི། ཉེས་སྤྱོད་སོགས་ཏེ། བྱང་སེམས་ཀྱི་སྔང་བྱ་ཉེས་སྤྱོད་ཆ་ཤས་སུ་གཏོགས་པར་བཅས་རྣམ་པ་ཀུན་ཏུ་སྤོང་བའི་སེམས་པ་རྒྱུན་ཆགས་པའི་མཚན་ཉིད་ཅན་ནོ། །

གཉིས་པ་དབྱེ་བ་ལ་གཉིས་ཏེ་རང་བཞིན་གྱི་ཁ་ན་མ་ཐོ་བ་དང་། བཅས་པའི་ཁ་ན་མ་ཐོ་བ་གཉིས་སོ། །དང་པོ་ནི། སྤྱད་པ་ཙམ་གྱིས་སོགས་ཏེ། གང་ཞིག་སྤྱད་པ་ཙམ་གྱིས་ཁ་ན་མ་ཐོ་བ་སྐྱེ་སྡིག་པར་འགྱུར་བ་སྲོག་གཅོད་མ་བྱིན་ལེན་པ་སོགས་མི་དགེ་བ་བཅུས་བསྡུས་པ། ལུས་ངག་ཡིད་གསུམ་གྱི་སྒོ་ལས་བྱུང་བ་རང་བཞིན་གྱི་སྒོ་ལས་བྱུང་བ་རང་བཞིན་གྱི་སྡིག་པ་མཐའ་དག་དང་། གཉིས་པ་ནི། བཅས་ལ་སོགས་ཏེ། བྱང་ཆུབ་སེམས་དཔའ་བཅས་ལྡན་གྱི་རྟེན་ལ་སྡིག་པར་འགྱུར་བའི་ལྟུང་བ་འོག་ནས་འཆད་པར་འགྱུར་བ་མཐའ་དག་སྤོང་བ་ལ་བསླབ་པོ། །བཅས་རང་གཉིས་པོ་ཡང་ཐེག་པ་ཆེ་ཆུང་གི་དབྱེ་བས་འཇོག་ཚུལ་ཐ་དད་པས་སྐབས་འདིར་བྱང་ཆུབ་སེམས་དཔའི་སྡེ་སྣོད་ལས་འབྱུང་བ་གཙོ་ཆེའོ། །འོན་ཀྱང་དགེ་སློང་སོགས་རབ་བྱུང་གི་རྟེན་ཅན་གྱིས་དགོས་པ་ཁྱད་པར་ཅན་མེད་པར་འོག་མ་སྟེ་ཉན་ཐོས་བསླབ་པ་ཁྱད་དུ་མི་གསོད་པར་གཅེས་སོ། །

གསུམ་པ་མཐའ་དཔྱད་པ་ནི། བཅས་ལ་སོགས་ཏེ། བཅས་རྐྱང་ལ་ངོ་བོའི་ཆ་ནས་སྡིག་པ་མེད་ན་

བསླབ་པ་འཆའ་བ་དོན་མེད་དོ་སྙམ་ན། དོན་ཡོད་དེ། དཔེར་ན་ཞིང་བསྲུང་བར་འདོད་པས་རིབ་མ་བསྲུང་དགོས་པ་ལྟར་ཚུལ་ཁྲིམས་ལ་གུས་པ་དང་སྲུང་བའི་ཐབས་སུ་སྟོན་པ་ཐུགས་རྗེ་ཅན་གྱིས་གསུངས་སོ། །གལ་ཏེ་དེ་ལྟར་མ་ཡིན་པར་བཅས་པ་ལ་ངོ་བོའི་ཆ་ནས་སྡིག་པ་ཡོད་པར་འདོད་ན་དགེ་བ་ལ་ལྟུང་བར་འཛོག་པ་མི་འཐད་པས་ལྟུང་བ་མེད་པའི་གཟུགས་བརྙན་གྱི་རྣམ་བཞག་ཀྱང་མི་འཐད་པར་འགྱུར་བ་དང་། སངས་རྒྱས་རྣམས་ལ་བཅས་པ་མི་འདྲ་བ་ཕན་ཚུན་འགལ་བ་དུ་མ་ཡོད་པས་ཙནྡན་སྤོས་ཀྱི་དང་ལྡན་གྱི་ཞིང་གི་དགེ་སློང་ལྷ་བུ་དང་། གནས་བརྟན་བཅུ་དྲུག་རྒྱ་ནག་ཏུ་བྱོན་པའི་སྐབས་ལྷ་བུའི་དགྲ་བཅོམ་པ་དང་། འཇམ་དབྱངས་དང་། བྱམས་པ་ལ་སོགས་པ་དབུ་སྐྲ་རིང་ཞིང་རྒྱན་དང་བཅས་པའི་བྱང་སེམས་ཕལ་ཆེར་ལྟུང་ལྡན་དུ་འགྱུར་རོ། །གོང་དུ་མུ་བཞི་ལེགས་པར་རྩིས་ཟིན་མོད་སྐབས་འདིར་མགོ་བའི་མཐའ་དཔྱོད་གཞན་ཡང་བརྗོད་པར་བྱ་སྟེ། བྱང་སེམས་ཀྱིས་བསླབ་པ་དུ་མར་དགེ་བའི་ལས་ལམ་ལ་སྤྱད་ཀྱང་སྔར་ཉན་ཐོས་ཀྱི་ས་རུ་སེམས་བསྐྱེད་ན་སྡིག་པ་ཤིན་ཏུ་ལྕི་སྟེ། མདོ་སྡུད་པ་ལས། གལ་ཏེ་བསྐལ་པ་བྱེ་བ་དགེ་བའི་ལས་ལམ་བཅུ། །སྤྱོད་ཀྱང་ཉན་ཐོས་རང་རྒྱལ་བྱང་ཆུབ་ཡིད་བྱེད་ན། །དེ་ནི་ཚུལ་ཁྲིམས་སྐྱོན་བྱུང་ཚུལ་ཁྲིམས་ཉམས་པ་ཡིན། །སེམས་བསྐྱེད་དེ་ནི་ཕམ་པས་ཀྱང་ཤིན་ཏུ་ལྕི། །ཞེས་འབྱུང་ངོ་། །གལ་ཏེ་གང་ཟག་ཉན་ཐོས་པ་ཡིན་ན་སེམས་བསྐྱེད་དེ་ཉིད་ཉན་ཐོས་རང་ལུགས་ཀྱི་དགེ་བ་ཆེན་པོ་ཡིན་ཏེ་ཚོགས་ཆེན་པོས་རང་གི་ཐར་པ་ལ་སྦྱོར་བའི་ཕྱིར་རོ། །ཡང་རྒྱལ་སྲས་ཐབས་མཁས་ཀྱི་ཁྱད་པར་བྱང་ཆུབ་ཀྱི་སེམས་དང་ལྡན་པས་འདོད་ཡོན་ལྔ་ལ་སྤྱོད་ཀྱང་ལྟ་བུར་མི་འཆིང་བར་ལོངས་སྤྱོད་པ་ཐེག་ཆེན་གྱི་དགེ་བ་ཆེན་པོ་ཡིན་ཏེ། དེ་ཉིད་ལས། བྱང་ཆུབ་སེམས་དཔའ་འདོད་པའི་ཡོན་ཏན་ལྔ་སྤྱོད་ཀྱང་། །སངས་རྒྱས་ཆོས་དང་འཕགས་པའི་དགེ་འདུན་སྐྱབས་སོང་སྟེ། །སངས་རྒྱས་སྒྲུབ་བྱ་སྙམ་དུ་ཀུན་མཁྱེན་ཡིད་བྱེད་ན། །མཁས་པ་ཚུལ་ཁྲིམས་ཕ་རོལ་ཕྱིན་གནས་རིག་པར་བྱ། །ཞེས་གསུངས་སོ། །སྤྱོད་པ་པོ་ཐེག་པ་འོག་མ་པ་ཡིན་ན་སྡིག་པར་འགྱུར་ཏེ་ཐབས་མཁས་ཀྱི་ཁྱད་པར་མེད་པས་འཁོར་བར་འཆིང་བའི་ཕྱིར་རོ། །ཡང་གཞན་དོན་ལ་བརྟན་པའི་སེམས་ཀྱིས་ཕམ་པ་བཞི་སྤྱད་པ་རྒྱལ་སྲས་ཀྱི་དགེ་བ་ཡིན་ཏེ། གསང་ཆེན་ཐབས་ལ་མཁས་པའི་མདོ་ལས། རིགས་ཀྱི་བུ་ཡོངས་སུ་བརྟག་པ་བཟང་ནས་གལ་ཏེ་རབ་ཏུ་བྱུང་བའི་བྱང་སེམས་རྩ་བའི་ལྟུང་བ་བཞི་པོ་ཐམས་ཅད་ལས་འདས་པར་གྱུར་ཀྱང་། ཐབས་མཁས་པ་འདིས་སྤྱོད་པར་བྱེད་ན་བྱང་ཆུབ་སེམས་དཔའི་ལྟུང་བར་མི་འགྱུར་བར་ངས་བཤད་དོ། །ཞེས་གསུངས་སོ། །དེ་ཉིད་ཉན་ཐོས་ལ་ཉེས་པར་འགྱུར་ཏེ་ལྟུང་བའི་ཆེ་ཤོས་ཡིན་པས་གཞན་དོན་ལ་སེམས་བརྟན་པ་མ་ཡིན་པའི་ཕྱིར་རོ། །ཡང་འཁོར་བའི་འགྲོ་བ་ལ་སྙིང་རྗེས་རྗེས་སུ་ཆགས་ཤིང་བསམ་བཞིན་དུ་སྐྱེ་བ་ལེན་པ་ནི་རྒྱལ་སྲས་སྤྱིའི་རྣམ་ཐར་

ཡིན་པས་དགེ་བ་སྟེ། ཉེ་བར་འཁོར་གྱིས་ཞུས་པའི་མདོ་ལས། ཉེ་བར་འཁོར་འདི་ལ་ཐེག་པ་ཆེན་པོ་ལ་ཡང་དག་པར་ཞུགས་པའི་བྱང་ཆུབ་སེམས་དཔའ་བསྐལ་པ་ཚད་མེད་གྲངས་མེད་པར་སྲིད་པར་སྐྱེ་བར་ལེན་ཀྱང་། སེམས་ཡོངས་སུ་མི་སྐྱོ་ཞིང་མི་ཞུམ་པར་དེ་ནི་ཐེག་པ་ཆེན་པོ་ལ་ཡང་དག་པར་ཞུགས་པའི་བྱང་ཆུབ་སེམས་དཔའི་ཚུལ་ཁྲིམས་ཡོངས་སུ་དག་པ་ཉིད་ཡིན་ལ། དེ་ནི་ཉན་ཐོས་ཀྱི་ཐེག་པའི་ཚུལ་ཁྲིམས་ཡོངས་སུ་མ་དག་པ་ཉིད་དང་ཤིན་ཏུ་འཆལ་བའི་ཚུལ་ཁྲིམས་ཉིད་ཡིན་ནོ། །ཞེས་གསུངས་སོ། །དེས་ན་ཉན་ཐོས་ཀྱི་རྟེན་ཅན་ལ་ཉེས་པར་འགྱུར་ཏེ་ཐར་པའི་གེགས་སུ་གྱུར་པའི་ཕྱིར་རོ། །

གཉིས་པ་དགེ་བ་ཆོས་བསྡུད་ཀྱི་ཚུལ་ཁྲིམས་ལ་གཉིས་ཏེ། ཕ་རོལ་ཏུ་ཕྱིན་པ་དྲུག་ལ་སློབ་པ་དང་། ཤེས་བྱའི་གནས་མཐའ་དག་ལ་སློབ་པའོ། །དང་པོ་ལ་གཉིས་ཏེ་མདོར་བསྟན་པ་དང་། རྒྱས་པར་བཤད་པའོ། །དེའི་དང་པོ་ལ་བདུན་ཏེ་མཚན་ཉིད། སྒྲ་དོན། དབྱེ་བ། གྲངས་ངེས་ཀྱི་བསྡུ་བ། གོ་རིམ། སྒྲུབ་ཚུལ། ཡོན་ཏན་གྱི་ཁྱད་པར་ཕན་ཡོན་དང་བཅས་པའོ། །དང་པོ་ནི། གཉིས་པ་བྱང་ཆུབ་ཅེས་སོགས་ཏེ། བྱང་སེམས་ཀྱི་སྒྲུབ་པའི་བསླབ་པར་བྱ་བ། ཁྱད་ཆོས་བཞི་ལྡན་ཕ་རོལ་ཕྱིན་དྲུག་གིས་བསྡུས་པ། དགེ་བའི་ཆོས་ཀུན་རང་རྒྱུད་ལ་བསྡུད་པའམ་སྒྲུབ་པའི་སེམས་པ་མཚུངས་ལྡན་དང་བཅས་པའོ། །ཁྱད་ཆོས་བཞི་ནི། རང་རང་གི་མི་མཐུན་ཕྱོགས་སེར་སྣ་ཁྲིམས་འཆལ་སོགས་དང་བྲལ་བ། གྲོགས་འཁོར་གསུམ་མི་རྟོག་པའི་ཤེས་རབ་ཀྱིས་ཟིན་པ། བྱེད་ལས་གཞན་གྱི་འདོད་དོན་རྫོགས་པར་བྱེད་པ། དེ་ལྟར་བྱས་ནས་ཆོས་བསྟན་པས་གདུལ་བྱའི་སྐལ་བ་དང་འཚམས་པར་བྱང་ཆུབ་གསུམ་དུ་སྨིན་པར་བྱེད་པ་སྟེ། མདོ་སྡེ་རྒྱན་ལས། སྦྱིན་པ་མི་མཐུན་ཕྱོགས་ཉམས་དང་། །རྣམ་པར་མི་རྟོག་ཡེ་ཤེས་ལྡན། །འདོད་པ་ཐམས་ཅད་ཡོངས་རྫོགས་བྱེད། །སེམས་ཅན་རྣམ་སྨིན་བྱེད་རྣམ་གསུམ། །ཞེས་པ་ཚུལ་ཁྲིམས་སོགས་ལྔ་ལའང་འགྲེའོ། །

གཉིས་པ་སྒྲ་དོན་ནི། སོ་སྐྱེ་ཉན་རང་སོགས་ཏེ། འཇིག་རྟེན་པ་དང་ཉན་རང་གི་དགེ་བ་ཀུན་ལས་འདས་པའམ་ཕ་རོལ་ཏུ་འགྲོ་བས་ན་ཕ་རོལ་ཏུ་ཕྱིན་པ་ཞེས་བྱའོ། །འོན་ཀྱང་སོ་སྐྱེ་དང་སློབ་ལམ་སྐབས་སྦྱིན་པའི་ཕར་ཕྱིན་སོགས་ཀྱི་ཉམས་ལེན་ལ་ཕར་ཕྱིན་གྱི་མིང་གིས་བཏགས་པ་ཙམ་ཡིན་ཏེ། ཕར་ཕྱིན་མཚན་ཉིད་པ་སངས་རྒྱས་ཀྱི་ས་ཁོ་ན་ལ་ཡོད་པའི་ཕྱིར་རོ། །

གསུམ་པ་དབྱེ་བ་ནི། སྦྱིན་སོགས་སོགས་ཏེ། སྦྱིན་པ་ལ་སོགས་པའི་ཕ་རོལ་ཏུ་ཕྱིན་པ་དྲུག་པོ་ནི། སྦྱིན་པའི་སྦྱིན་པ་སོགས་ཀུན་ལའང་དྲུག་དང་ལྡན་པ་ཡིན་ཏེ། གཞན་ཕ་རོལ་ཏུ་ཕྱིན་པ་དྲུག་ལ་འགོད་པ་སྦྱིན་པ་སོགས་སོ་སོའི་སྦྱིན་པ། དེ་བཞིན་དུ་རང་རང་གི་མི་མཐུན་ཕྱོགས་ཀྱིས་མ་གོས་པར་སྤྱོད་པ་སོ་སོའི་ཚུལ་ཁྲིམས

རང་རང་གི་དཀའ་སྤྱད་བཟོད་པས་སྤྱོད་པ་སོ་སོའི་བཟོད་པ། དགའ་སྤྲོ་དང་བཅས་པས་སྤྱོད་པ་སོ་སོའི་བརྩོན་འགྲུས། དེས་སེམས་ཟིན་ཏེ་གཞན་དུ་མི་གཡེང་བས་སྤྱོད་པ་སོ་སོའི་བསམ་གཏན། འཁོར་གསུམ་མི་རྟོག་པས་སྤྱོད་པ་སོ་སོའི་ཤེས་རབ་སྟེ་སུམ་ཅུ་རྩ་དྲུག་ཏུ་འགྱུར་རོ། །དེ་ལྟར་ཡང་མངོན་རྟོགས་རྒྱན་ལས། དེ་དག་སོ་སོར་སྦྱིན་ལ་སོགས། །རྣམ་པ་དྲུག་ཏུ་བསྡུས་པ་ཡིས། །གོ་ཆའི་སྒྲུབ་པ་གང་ཡིན་དེ། །དྲུག་ཚན་དྲུག་གིས་ཇི་བཞིན་བཤད། །ཅེས་སོ། །

བཞི་པ་གྲངས་ངེས་ཀྱིས་བསྡུ་བ་ནི། རྒྱུ་དང་ངོ་བོ་སོགས་ཏེ། དེ་ལྟར་བྱང་སེམས་ཀྱི་ཆོས་ཕར་ཕྱིན་དྲུག་ཏུ་གྲངས་ངེས་པ་དེ་ཡང་བསླབ་པ་གསུམ་དུ་འདུ་བ་ཡིན་ཏེ། སྦྱིན་པས་ལོངས་སྤྱོད་ལ་ཆགས་པ་དང་བྲལ་བ་དེ་ལས་ཚུལ་ཁྲིམས་ཕུན་སུམ་ཚོགས་པར་འགྱུར་ལ། དེ་ལས་དགེ་སྦྱོར་དུ་བྱེད་པའི་ཆོས་བཞི་དང་ལྡན་པར་འགྱུར་བ་བཟོད་པ་སྟེ། དེ་གསུམ་ནི་རྒྱུ་དང་ངོ་བོ་དང་ཁྱད་པར་གྱི་སྒོ་ནས་ལྷག་པ་ཚུལ་ཁྲིམས་ཀྱི་བསླབ་པར་བསྡུས་སོ། །བསམ་གཏན་ནི་ལྷག་པ་ཏིང་ངེ་འཛིན་གྱི་བསླབ་པ་དང་། ཤེས་རབ་ནི་ལྷག་པ་ཤེས་རབ་ཀྱི་བསླབ་པ་སྟེ་རང་རང་གི་བསླབ་པའི་ཀྲང་དང་། བརྩོན་འགྲུས་ནི་ཀུན་གྱི་གྲོགས་ཏེ་གསུམ་དུ་འདུ་བའི་ཚུལ་ཏེ། མདོ་སྡེ་རྒྱན་ལས། བསླབ་གསུམ་དབང་དུ་མཛད་ནས་ནི། །རྒྱལ་བས་ཕ་རོལ་ཕྱིན་པ་དྲུག །ཡང་དག་བཤད་དེ་དང་པོ་གསུམ། །ཐ་མ་གཉིས་ཀྱི་རྣམ་པ་གཉིས། །གཅིག་ནི་གསུམ་ཆར་ལ་ཡང་གཏོགས། །ཞེས་སོ། །

ལྔ་པ་གོ་རིམ་ནི། སྔ་མ་ལ་བརྟེན་སོགས་ཏེ། སྔ་མ་སྔ་མ་ལ་བརྟེན་ནས་ཕྱི་མ་ཕྱི་མ་སྐྱེ་བའི་ཕྱིར་དང་། སྔ་མ་སྔ་མ་དམན་ཞིང་ཕྱི་མ་ཕྱི་མ་མཆོག་ཏུ་གནས་པའི་ཕྱིར་དང་། སྔ་མ་སྔ་མ་རགས་ཤིང་ཕྱི་མ་ཕྱི་མ་ཕྲ་བའི་ཕྱིར་གོ་རིམ་དེ་ལྟར་དུ་འཇོག་སྟེ། རྒྱན་ལས། སྔ་མ་ལ་བརྟེན་ཕྱི་མ་སྐྱེ། །དམན་དང་མཆོག་ཏུ་གནས་ཕྱིར་དང་། །རགས་པ་དང་ནི་ཕྲ་བའི་ཕྱིར། །དེ་དག་རིམ་པས་བསྟན་པ་ཡིན། །ཞེས་སོ། །

དྲུག་པ་སྒྲུབ་ཚུལ་ནི། ཚེ་འདི་ཡི་ལན་དང་སོགས་ཏེ། ཀུན་སློང་མཐོང་ཆོས་ཚེ་འདི་ཡན་དང་མ་མཐོང་བའི་ཆོས་ཕྱི་མའི་རྣམ་སྨིན་ལ་རེ་བ་མེད་པའི་སྦྱིན་པ། བདེ་འགྲོའི་རྟེན་ལ་སློན་པ་དང་བྲལ་བའི་ཚུལ་ཁྲིམས། འགྲོ་བ་ཀུན་ལ་ཞེ་འགྲས་པ་སྤངས་པའི་བཟོད་པ། དཀར་པོ་དགེ་བའི་ཆོས་ཐམས་ཅད་མྱུར་དུ་སྡུད་པར་བྱེད་པའི་བརྩོན་འགྲུས། བསམ་གཏན་བཞི་དང་གཟུགས་མེད་བཞི་ལས་འདས་པའི་ཏིང་ངེ་འཛིན། ཐབས་སྙིང་རྗེ་ཆེན་པོ་དང་ལྡན་པའི་ཤེས་རབ་རྣམས་བརྟན་པ་སྟེ་བྱང་སེམས་རྣམས་ཀྱིས་བསྒྲུབ་པར་བྱ་སྟེ། རྒྱན་ལས། རེ་བ་མེད་པའི་སྦྱིན་པ་དང་། །ཡང་སྲིད་མི་འདོད་ཚུལ་ཁྲིམས་དང་། །ཐམས་ཅད་ལ་ནི་བཟོད་པ་དང་། །ཡོན་ཏན་ཀུན་སྡུད་བརྩོན་འགྲུས་དང་། །དེ་བཞིན་བསམ་གཏན་གཟུགས་མེད་མིན། །ཤེས་རབ་ཐབས་དང་ལྡན་པ་

ཡིས། །ཕ་རོལ་ཕྱིན་པ་དྲུག་པོ་ལ། །བརྟན་པ་རྣམས་ཀྱིས་ཡང་དག་སྦྱོར། །ཞེས་སོ། །

བདུན་པ་ཡོན་ཏན་གྱི་ཁྱད་པར་ཕན་ཡོན་དང་བཅས་པ་ནི། རྟོག༷ས་པའི༷་བྱང༷་ཆུབ༷་སོགས་ཏེ། འབྲས་བུ་རྫོགས་པའི་བྱང་ཆུབ་ལ་དམིགས་པས་རྒྱ་ཆེ་བ། སོ་སོའི་མི་མཐུན་པའི་ཕྱོགས་དང་བྲལ་བས་ཟང་ཟིང་མེད་པ༑ སེམས་ཅན་ཐམས་ཅད་སྐལ་བ་བཞིན་དུ་བྱང་ཆུབ་གསུམ་ལ་འགོད་པས་དོན་ཆེ་བ། ཐབས་ཁྱད་པར་ཅན་དང་བསྔོ་བས་ཟིན་པས་མི་ཟད་པ་སྟེ། རྒྱན་ལས། རྒྱ་ཆེ་བ་དང་ཟང་ཟིང་མེད། །དོན་ཆེ་བ་དང་མི་ཟད་པ། །སྦྱིན་པ་ལ་སོགས་ཐམས་ཅད་ཀྱིས། །ཡོན་ཏན་གཞིར་ནི་ཤེས་པར་བྱ། །ཞེས་སོ། །ཕན་ཡོན་ནམ་འབྲས་བུ་ལ་གནས་སྐབས་ཀྱི་འབྲས་བུ་དང་། མཐར་ཐུག་གི་འབྲས་བུའོ། །དང་པོ་ནི། རིན་ཆེན་ཕྲེང་བ་ལས། སྦྱིན་པས་ལོངས་སྤྱོད་ཁྲིམས་ཀྱིས་བདེ། །བཟོད་པས་མདངས་ལྡན་བརྩོན་པས་བརྗིད། །བསམ་གཏན་གྱིས་ཞི་བློ་ཡིས་གྲོལ། །ཞེས་པ་ལྟར། ལོངས་སྤྱོད་དང་བདེ་བ་སོགས་གནས་སྐབས་སུ་འབྱུང་བས་སོ། །

གཉིས་པ་ནི། རྒྱན་ལས། སྦྱིན་པ་ཚུལ་ཁྲིམས་བསོད་ནམས་ཀྱི། །ཚོགས་ཡིན་ཤེས་རབ་ཡེ་ཤེས་ཀྱི། །གསུམ་ནི་གཉིས་ཆར་ལ་ཡང་གཏོགས། །ལྔ་ཆར་ཡང་ནི་ཡེ་ཤེས་ཚོགས། །ཞེས་ཕར་ཕྱིན་དྲུག་པོ་ཡང་། ངོ་བོ་བསོད་ནམས་དང་ཡེ་ཤེས་ཀྱི་ཚོགས་གཉིས་ལས་གཞན་མ་ཡིན་པས་ན། མཐར་ཐུག་གི་འབྲས་བུ་ཆོས་སྐུ་དང་གཟུགས་སྐུ་དབྱེར་མེད་པ་ཐོབ་སྟེ། རིན་ཆེན་ཕྲེང་བ་ལས། གཟུགས་ཀྱི་སྐུ་ནི་མདོར་བསྡུ་ན། །བསོད་ནམས་ཚོགས་ལས་འབྱུང་བ་སྟེ། །ཆོས་ཀྱི་སྐུ་དེ་མདོར་བསྡུ་ན། །རྒྱལ་པོ་ཡེ་ཤེས་ཚོགས་ལས་འབྱུང་། ཞེས་སོ། །

སྤྱི་དོན་གཉིས་པ་སོ་སོའི་ངོ་བོ་རྒྱས་པར་བཤད་པ་ནི། སོ༷་སོའི༷་ངོ༷་བོ༷་སོགས་ཏེ། ཕ་རོལ་ཏུ་ཕྱིན་པ་དྲུག་པོ་སོ་སོའི་ངོ་བོ་སེར་སྣ། ཚུལ་འཆལ། ཁོང་ཁྲོ། ལེ་ལོ། རྣམ་གཡེང་། ཤེས་འཆལ་རྣམས་ཏེ་མི་མཐུན་པའི་ཕྱོགས་དང་བྲལ་བ། འཁོར་གསུམ་པོར་རྣམ་པར་མི་རྟོག་པའི་ཤེས་རབ་ཀྱི་གྲོགས་དང་ལྡན་པ། གཞན་གྱི་འདོད་དོན་ཀུན་རྫོགས་པའི་བྱེད་ལས་ཅན། སེམས་ཅན་རྣམས་རང་རང་གི་སྐལ་བ་བཞིན་བྱང་ཆུབ་གསུམ་དུ་རྣམ་པར་སྨིན་ནུས་པ་སྟེ། ཡོན་ཏན་ནམ་ཁྱད་པར་གྱི་ཆོས་བཞི་དང་ལྡན་པའོ། །དེ་ཡང་མདོ་སྡེ་རྒྱན་ལས། སྦྱིན་པ་མི་མཐུན་ཕྱོགས་ཉམས་དང་། །རྣམ་པར་མི་རྟོག་ཡེ་ཤེས་ལྡན། །འདོད་པ་ཐམས་ཅད་ཡོངས་རྫོགས་བྱེད། །སེམས་ཅན་རྣམ་སྨིན་བྱེད་རྣམ་གསུམ། །ཞེས་སོ། །གཞན་ཡང་སེར་སྣ་ཚུལ་འཆལ་སོགས་རང་རང་གི་མི་མཐུན་ཕྱོགས་༡ལ་ཆགས་པ། ཕྱི་བཤོལ་༢ལ་ཆགས་པ། དེ་ཙམ་གྱིས་ཆོག་པར་འཛིན་པ་ལ་ཆགས་པ། ལན་ལ་ཆགས་པ། རྣམ་པར་སྨིན་པ་ལ་ཆགས་པ། མི་མཐུན་པའི་ཕྱོགས་ཀྱི་བག་ཆགས་ལ་ཆགས་པ། གཡེང་བ་ལ་ཆགས་པ་སྟེ་ཆགས་པ་བདུན་སྤོང་བའི་མཚན་ཉིད་ཅན་ནོ། །དེ་ཡང་མདོ་སྡེ་རྒྱན་ལས། བྱང་ཆུབ་སེམས

དཔའི་སྦྱིན་པ་ནི། །མ་ཆགས་མི་ཆགས་ཆགས་པ་མེད། །ཆགས་པ་ཉིད་ཀྱང་མ་ཡིན་ལ། །མ་ཆགས་མི་ཆགས་ཆགས་པ་མེད། །ཅེས་གསུངས་སོ། །ལུང་གོང་འོག་གཉིས་ཀའི་སྦྱིན་པའི་གནས་སུ་ཚུལ་ཁྲིམས་སོགས་གཞུག་པས་བསྒྲེའོ། །དེ་ལ་སྦྱིན་པ་ལ་དབྱེ་ན་མདོ་སྡེ་རྒྱན་ལས། དེ་ཡང་སེར་སྣ་མེད་ལྡན་དང་། །ཆོས་དང་མི་འཇིགས་ཟང་ཟིང་གཏོང་། །སྦྱིན་པ་དེ་འདྲ་ཡོངས་ཤེས་ནས། །མཁས་པས་ཡང་དག་སྒྲུབ་པར་བྱེད། །ཅེས་ཆོས་ཀྱི་སྦྱིན་པ། མི་འཇིགས་པ་སྐྱེ་སྐྱབས་ཀྱི་སྦྱིན་པ། ཟང་ཟིང་གི་སྦྱིན་པ་སྟེ་གསུམ་དུ་ཡོད་ལ། གཞུང་གཞན་དུ་བྱམས་པའི་སྦྱིན་པ་གསུངས་པ་ནི་མི་འཇིགས་པའི་སྦྱིན་པར་བསྡུའོ། །དེ་ལ་གཏོང་ཚུལ་གོམས་པའི་ཚོད་དང་སྦྱར་ན་བྱང་ཆུབ་སེམས་དཔའ་ཁྱིམ་པས་ནི་ཟང་ཟིང་གི་སྦྱིན་པ་གཙོར་བྱ་སྟེ། སྤྱོད་འཇུག་ལས། ཚོད་མ་ལ་སོགས་སྦྱིན་པ་ལའང་། འདྲེན་པས་ཐོག་མར་སྦྱོར་བར་མཛད། །དེ་ལ་གོམས་ནས་ཕྱི་ནས་ནི། །རིམ་གྱིས་རང་གི་ཤ་ཡང་གཏོང་། །གང་ཚེ་རང་གི་ལུས་ལ་ནི། །ཚོད་སོགས་ལྟ་བུའི་བློ་སྐྱེས་པ། །དེ་ཚེ་ཤ་ལ་སོགས་གཏོང་བ། །དེ་ལ་དཀའ་བ་ཅི་ཞིག་ཡོད། །ཅེས་སོ། །དེ་ཡང་ཀུ་རྫི་ལུ་རེ་ཙམ་མམ། ཚོད་ཕོར་རེ་ཙམ་སྟེར་བ་སོགས་ལ་བསླབ་ཅིང་། རིམ་གྱིས་མ་དག་པའི་དངོས་པོ་རྣམས་སྤྱངས་པའི་ཟས། གོས། སྨན། ནོར་སོགས་སྟེར་བ་ལ་བསླབ་ཅིང་ཆོས་དང་མི་འཇིགས་པའི་སྦྱིན་པའང་ཇི་ལྟར་ནུས་པ་གཏོང་ངོ་། །དེ་དག་ཀྱང་ཉེ་བར་འཁོར་གྱིས་ཞུས་པའི་མདོ་ལས། ཤཱ་རིའི་བུ་གཞན་ཡང་བྱང་ཆུབ་སེམས་དཔའ་སེམས་དཔའ་ཆེན་པོ་ཁྱིམ་པ་ཁྱིམ་ན་གནས་པས་ནི་སྦྱིན་པ་གཉིས་ལ་གནས་པར་བྱའོ། །གཉིས་གང་ཞེ་ན། ཆོས་སྦྱིན་པ་དང་། ཟང་ཟིང་སྦྱིན་པ་སྟེ། ཤཱ་རིའི་བུ་བྱང་ཆུབ་སེམས་དཔའ་སེམས་དཔའ་ཆེན་པོ་ཁྱིམ་པ་ཁྱིམ་ལ་གནས་པས་ནི། རྗེས་སུ་ཆགས་པ་མེད་པ་དང་། ཁོང་ཁྲོ་བ་མེད་པས་སྦྱིན་པ་དེ་གཉིས་ལ་གནས་པར་བྱའོ། །ཞེས་གསུངས་སོ། །རྟེན་དང་སྦྱར་བ་རབ་ཏུ་བྱུང་བས་ཟང་ཟིང་གི་སྦྱིན་པ་ལྷུང་བཟེད་ཀྱི་ལྷག་རོལ་ཙམ་མ་གཏོགས་གཞན་སྦྱིན་པར་མ་གསུངས་ཏེ། ནོར་རླབས་པོ་བསགས་ནས་སྦྱིན་པ་ཐོས་བསམ་སྒོམ་པའི་གེགས་ཆེན་པོ་ཡིན་པའི་ཕྱིར་རོ། །འོན་ཀྱང་འབད་མེད་དུ་རྙེད་པའི་ནོར་དང་ཡོ་བྱད་ཡོད་ན་སྦྱིན་པ་མ་བཀག་སྟེ། སྤྱོད་འཇུག་ལས། ཆོས་གོས་གསུམ་མ་གཏོགས་པ་སྦྱིན། ཞེས་གསུངས་པས་སོ། །དེས་ན་རབ་ཏུ་བྱུང་བས་ཆོས་ཀྱི་སྦྱིན་པ་གཙོར་བྱ་ཞིང་། དེའི་རྐྱེན་གླེགས་བམ་སོགས་དང་། མི་འཇིགས་པ་སྦྱིན་པ་ལ་ཅི་ནུས་ཀྱིས་འབད་པར་བྱའོ། །དེ་ཡང་མདོ་དེ་ཉིད་ལས། ཤཱ་རིའི་བུ་བྱང་ཆུབ་སེམས་དཔའ་སེམས་དཔའ་ཆེན་པོ་རབ་ཏུ་བྱུང་བར་གཏོགས་པ་ནི་སྦྱིན་པ་བཞི་ལ་གནས་པར་བྱའོ། །བཞི་གང་ཞེ་ན། འདི་ལྟ་སྟེ། སྨྱུག་གུ་སྦྱིན་པ་དང་། སྣག་ཚ་སྦྱིན་པ་དང་། གླེགས་བམ་སྦྱིན་པ་དང་། ཆོས་སྦྱིན་པ་ལགས་ཏེ། ཤཱ་རིའི་བུ་བྱང་ཆུབ་སེམས་དཔའ་སེམས་དཔའ་ཆེན་པོ་རབ་ཏུ་བྱུང་བར་གཏོགས་པས

ནི༔ སྦྱིན་པ་བཞི་པོ་དེ་དག་ལ་གནས་པར་བྱའོ། །ཞེས་སོ། །རྟེན་གཉིས་པོ་གང་ཡིན་ཡང་རུང་མི་སྐྱེ་བའི་ཆོས་ལ་བཟོད་པ་མ་ཐོབ་ཀྱི་བར་དུ་མགོ་དང་རྐང་ལག་ལ་སོགས་པ་སྟེར་ཡོད་ཀྱང་མི་གཏང་སྟེ། སྤྱོད་འཇུག་ལས། དམ་པའི་ཆོས་ནི་སྤྱོད་པའི་ལུས། །ཕྲན་ཚེགས་ཆེད་དུ་གཏང་མི་བྱ། །དེ་ལྟར་བྱས་ན་སེམས་ཅན་གྱི། །བསམ་པ་མྱུར་དུ་རྫོགས་མི་འགྱུར། །སྙིང་རྗེའི་བསམ་པ་མ་དག་པར། །ལུས་འདི་གཏང་བར་མི་བྱ་སྟེ། །ཅི་ནས་འདི་དང་གཞན་དུ་ཡང་། །དོན་ཆེན་འགྲུབ་པའི་རྒྱུར་གཏང་ངོ་། །ཞེས་སོ། །ས་མཚམས་དང་སྦྱར་བ་མི་སྐྱེ་བའི་ཆོས་ལ་བཟོད་པ་ཐོབ་པས་ནི་རྒྱལ་སྲིད་སྟེར་བ་སོགས་གཏོང་བ་ཆེན་པོ་རྣམས་ལ་བསླབ་དགོས་ཏེ། དེ་དག་གིས་སྦྱིན་པའི་ཕ་རོལ་ཏུ་ཕྱིན་པ་ཡོངས་སུ་རྫོགས་པར་འགྱུར་བའི་ཕྱིར་རོ། །དེ་ཉིད་ལས། ཤཱ་རིའི་བུ་བྱང་ཆུབ་སེམས་དཔའ་སེམས་དཔའ་ཆེན་པོ་མི་སྐྱེ་བའི་ཆོས་ལ་བཟོད་པ་ཐོབ་པས་ནི། གཏོང་བ་གསུམ་ལ་གནས་པར་བྱའོ། །གསུམ་གང་ཞེ་ན། འདི་ལྟ་སྟེ། གཏོང་བ་དང་། གཏོང་བ་ཆེན་པོ་དང་། ཤིན་ཏུ་གཏོང་བ་ལའོ། །དེ་ལ་གཏོང་བ་ནི་རྒྱལ་སྲིད་ཡོངས་སུ་གཏོང་བའོ། །གཏོང་བ་ཆེན་པོ་ནི་ཆུང་མ་དང་། བུ་དང་། བུ་མོ་ཡོངས་སུ་གཏོང་བའོ། །ཤིན་ཏུ་གཏོང་བ་ནི་མགོ་དང་། ལག་པ་དང་། ལྤགས་པ་དང་། རུས་པ་དང་། རྐང་ཡོངས་སུ་གཏོང་བ་སྟེ། ཤཱ་རིའི་བུ་བྱང་ཆུབ་སེམས་དཔའ་སེམས་དཔའ་ཆེན་པོ་མི་སྐྱེ་བའི་ཆོས་ལ་བཟོད་པ་ཐོབ་པས་ནི། ཡོངས་སུ་གཏོང་བ་གསུམ་པོ་དེ་དག་ལ་གནས་པར་བྱའོ། །ཞེས་དང་རྒྱལ་བའི་ཡུམ་ལས་ཀྱང་རྒྱས་པར་གསུངས་སོ། །མདོར་ན་དེ་ལྟ་བུའི་གོམས་ཚོད་དང་། རྟེན་དང་། ས་མཚམས་ཀྱི་རིམ་པས་སློང་བ་པ་མཐོང་ན་ཞུམ་པའི་སེམས་སྤངས་ཏེ་འཛུམ་པའི་བཞིན་ཕྱུང་། དགའ་བའི་གཏམ་གྱིས་མདུན་བསུས་ནས་ཕ་རོལ་པོའི་རེ་བ་རྫོགས་ཤིང་། རང་ཉིད་འགྱོད་པ་མེད་པ་དང་དགའ་བ་བསྐྱེད་ཅིང་བསྔོ་བས་ཟིན་པ་གཏོང་སྟེ། འཕགས་པ་གང་པོས་ཞུས་པ་ལས། འགའ་ཞིག་དྲུང་དུ་འོང་གྱུར་ན། །རྒྱང་ནས་གསོང་པོར་སྨྲ་བར་བྱེད། །ཁྱོད་ནི་དངོས་པོ་ཅི་ཞིག་འདོད། །བདག་གི་ཟད་པ་སྦྱིན་ཞེས་ཟེར། །ཞེས་པ་དང་། དངོས་པོ་འདི་ནི་འདོད་ཟེར་ཞིང་། །བདག་ལ་བྱིན་ཅིག་ཟེར་ན་ཡང་། །བྱང་ཆུབ་སེམས་དཔའ་ཅི་བདོག་པ། །ཐམས་ཅད་དགའ་བས་ཁྱེར་ཞེས་ཟེར། །ག་ལ་ཏེ་སྦྱིན་པ་གཏོང་ནས་ནི། །ཕྱིས་ཀྱང་འགྱོད་པ་མེད་གྱུར་ན། །སངས་རྒྱས་ལ་ནི་དྲན་པའི་ཕྱིར། །སེམས་ནི་རྟག་ཏུ་དགའ་བ་ཐོབ། །སེམས་ཅན་ཀུན་ལ་སྙིལ་ཡོད་པས། །ཐམས་ཅད་ཡོངས་པ་མེད་འགྱུར་ཞིང་། །མ་ལུས་ཐམས་ཅད་ཆེམ་བྱ་ཞེས། །སྦྱིན་པ་གཏོང་ཚེ་བསྔོ་བར་བྱེད། །ཅེས་གསུངས་སོ། །ཚུལ་ཁྲིམས་ནི། སྤྱོད་འཇུག་ལས། སྤོང་བའི་སེམས་ནི་ཐོབ་པ་ལས། །ཚུལ་ཁྲིམས་ཕ་རོལ་ཕྱིན་པར་བཤད། །ཅེས་པ་ལྟར་སྤོང་སེམས་ཐོབ་པས་ཚུལ་ཁྲིམས་གསུམ་སྤྱོད་ན་སྡོམ་པར་འགྱུར་ཏེ། སྐབས་འདིར་བཤད་བྱའི་གཙོ་བོ་ཡིན་པས་བཤད་ཟིན་པ

དང་འཆད་པར་འགྱུར་བ་ཐམས་ཅད་ཀྱིས་ལེགས་པར་རྟོགས་ནུས་སོ། །

བཟོད་པ་ལ་དབྱེ་ན་གསུམ་སྟེ། ཆོས་ཡང་དག་པར་སྡུད་པའི་མདོ་ལས། སྡུག་བསྔལ་དང་དུ་ལེན་པའི་བཟོད་པ་དང་། །ཆོས་ངེས་པར་སེམས་པའི་བཟོད་པ་དང་། །གཞན་གྱིས་གནོད་པར་བྱས་པ་ལ། །ཇི་མི་སྙམ་པའི་བཟོད་པའོ། །ཞེས་གསུངས་པ་ལྟར་གྱི་དང་པོ་ནི། ཆོས་སྒྲུབ་པའི་ཕྱིར་ལུས་ངག་གི་དཀའ་བ་དང་དུ་ལེན་པ་སྟེ། སྔོན་གྱི་སངས་རྒྱས་བྱང་སེམས་རྣམས་ཀྱིས་བྱ་དཀའ་བའི་སྤྱོད་པ་ཇི་ལྟར་སྤྱད་པ་རྣམས་དྲན་པའི་སྒོ་ནས་ཚ་གྲང་བཀྲེས་སྐོམ་ངལ་དུབ། ནད་གདོན་ལ་སོགས་པའི་སྡུག་བསྔལ་མཐའ་དག་ཁྱད་དུ་གསོད་པ་དང་། དེ་བཞིན་དུ་གཞན་དོན་དུ་དམྱལ་བའི་སྡུག་བསྔལ་གྱི་ཁུར་ཁྱེར་བ་ལའང་ཞེན་ཅུ་སྤྲོ་བས་བཟོད་པར་བྱ་བ་སྟེ། བྱང་ཆུབ་སེམས་དཔའ་ལམ་པས་འཇིགས་པ་དང་། འཆི་བ། སྡུག་བསྔལ་བ་གང་གིས་ཀྱང་མི་སྐྱོ་བ་ལམ་དུ་འཁྱེར་བའི་ཚུལ་མདོར་བསྟན་ན། མདོ་ལས། འབྲོག་དགོན་པར་སྡོད་པའི་ཚེ་གཅན་ཟན་ཁྲོ་བོས་ཟ་བའམ། ཆོམ་རྐུན་གྱིས་གནོད་པ་བྱས་པ་ལ། བདག་གི་ལས་ཀྱི་སྒྲིབ་པ་ཐམས་ཅད་འདིས་དག་པར་གྱུར་ཅིག །བདག་འཚང་རྒྱ་བའི་སངས་རྒྱས་ཀྱི་ཞིང་དེར་འདི་ལྟ་བུའི་གནོད་པ་མི་འབྱུང་བར་གྱུར་ཅིག །ཅེས་སངས་རྒྱས་ཀྱི་ཞིང་ཡོངས་སུ་དག་པ་དང་། སེམས་ཅན་ཡོངས་སུ་སྨིན་པ་ལ་བསླབ་བོ། །ཞེས་པ་གནས་སྐབས་གཞན་ལ་འགྲེ་བ་དང་། སྤྱོད་འཇུག་ལས། དེ་བས་གནོད་པ་ཁྱད་བསད་ཅིང་། །སྡུག་བསྔལ་རྣམས་ཀྱིས་མི་ཚུགས་བྱོས། །མཁས་པས་སྡུག་བསྔལ་བྱུང་ཡང་ནི། །སེམས་ཀྱི་རབ་དྭངས་རྙོག་མི་བྱ། །ཞེས་དང་། གཞན་ཡང་སྡུག་བསྔལ་ཡོན་ཏན་ནི། །སྐྱོ་བས་དྲེགས་པ་སེལ་བར་བྱེད། །འཁོར་བ་པ་ལ་སྙིང་རྗེ་སྐྱེ། །སྡིག་ལ་འཛེམ་ཞིང་དགེ་ལ་དགའ། ཞེས་སོགས་རྒྱས་པར་གསུངས་སོ། །

གཉིས་པ་ཆོས་ལ་ངེས་པར་སེམས་པའི་བཟོད་པ་ནི། ངོ་བོ་ལ་འབྲུ་བསྣན་པ་ལྟར་ན། གནས་ལུགས་ཟབ་མོ་སྟོང་པ་ཉིད་ཀྱི་སྒྲ་ཐོས་པའམ། དོན་དཔྱོད་པས་མི་སྐྲག་པ་སྟེ། སྡུད་པ་ལས། གང་ལ་ཤེས་རབ་ཕ་རོལ་ཕྱིན་མཆོག་མི་དམིགས་ཤིང་། །བྱང་ཆུབ་སེམས་དཔའ་མི་དམིགས་བྱང་ཆུབ་སེམས་མི་དམིགས། །དེ་སྐད་ཐོས་ནས་རྨོངས་པ་མེད་ཅིང་མི་སྐྲག་པ། །བྱང་ཆུབ་སེམས་དཔའ་དེ་ནི་བདེ་གཤེགས་ཤེས་རབ་སྤྱོད། །ཅེས་སོ། །བཟོད་ཡུལ་གནོད་བྱེད་ཀྱི་རང་བཞིན་ཤེས་ནས་བསྒོམ་པའི་ཚུལ་ལ་འབྲུ་བསྣན་པ་ལྟར་ན་གཉིས་ཏེ། ཀུན་རྫོབ་དང་། དོན་དམ་པའི་བསྒོམ་ཚུལ་གཉིས་ལས། དང་པོ་ནི། སྤྱིར་འཁོར་བ་མཐའ་དག་སྡུག་བསྔལ་གྱི་རང་བཞིན་ཡིན་པ་དང་། འབྱུང་བ་ཆེན་པོས་ཆུ་མེ་རླུང་ནམ་མཁའ་རྣམས་སྲ་གཤེར་དྲོད་གཡོ་སྟོང་པའི་རང་བཞིན་ཡིན་པ་དང་། སེམས་ཅན་གྱི་རང་བཞིན་མི་བསྲུན་པ་ཡིན་པར་ཤེས་ཤིང་། རང་ལ་གནོད་པ་འབྱུང་བ་རང་གི་ལས་ཀྱིས

བསྐུལ་བ་ཡིན་པ་སོགས་ཀུན་རྫོབ་ཀྱི་ཆོས་དྲན་པར་བྱས་ལ་ཁྲོ་བ་ལས་བཟློག་པའོ། །གཉིས་པ་ནི། གནོད་བྱ། གནོད་བྱེད། གནོད་པའི་ཆོས་གསུམ་པོ་རང་བཞིན་གྱིས་མ་གྲུབ་པར་ཤེས་ནས་ཁྲོ་བ་ལས་བཟློག་པའོ། །ཚུལ་འདི་གཉིས་ཀྱང་སྤྱོད་འཇུག་ལས། སེམས་ཅན་མི་བསྲུན་ནམ་མཁའ་བཞིན། ཞེས་སོགས་དང་། དེ་ལྟར་སྟོང་པའི་དངོས་རྣམས་ལ། ཞེས་སོགས་ཀྱིས་རིམ་བཞིན་གྲུབ་པོ། །

གསུམ་པ་གཞན་གྱིས་གནོད་པར་བྱས་པ་ལ་ཧི་མི་སྙམ་པའི་བཟོད་པ་ནི། གནོད་པར་བྱེད་པའི་དཀའ་མགོན་ལ་རང་གི་སེམས་རྒྱུད་མི་འཁྲུགས་ཤིང་། སླར་གནོད་པའི་ལན་མི་བྱེད་པའི་སྟེང་དུ་ཕན་འདོགས་པ་དང་། ཁྲོ་བའི་རྒྱུ་འཁོན་དུ་འཛིན་པ་སྤྱངས་པ་སོགས་ཐབས་སྣ་ཚོགས་པའི་ཚུལ་གྱིས་བསྒོམ་པ་ཞིབ་ཏུ་གཞུང་དང་མན་ངག་གི་སྟེང་ནས་ཤེས་པར་བྱ་ཞིང་། བསྒོམ་ཡུལ་ཐོག་མ་གཉེན། དེ་ནས་གྲོགས། དེ་ནས་བར་མ། དེ་ནས་དགྲ་ལ་བསྒོམ་པ་དང་། དུས་ཀྱང་ཉི་མ་གཅིག་ལ་སོགས་པ་ནས་བསྲིངས་ཤིང་བསྒོམ་མོ། །བརྩོན་འགྲུས་ལ་དབྱེ་ན། དགོངས་པ་རབ་གསལ་ལས་གསུམ་དུ་གསུངས་ཏེ། བདུད་དང་བདུད་ཀྱི་རིས་ཀྱིས་བཟློ་བར་མི་ནུས་པ་གོ་ཆའི་བརྩོན་འགྲུས་དང་། དགེ་བའི་ཚོགས་འཕྲལ་འཕྲལ་དུ་ལག་ལེན་ལ་ཐེབ་པ་སྦྱོར་བའི་བརྩོན་འགྲུས་དང་། གཞན་གྱི་དོན་ལ་སྦྱོ་བའི་བརྩོན་འགྲུས་སོ། །དེ་དག་ཀྱང་སྤྱོད་ཡུལ་ཡོངས་སུ་དག་པ་དང་། སྒྲུབ་པ་ཕུན་སུམ་ཚོགས་པ་གཉིས་ཀྱི་སྒོ་ནས་བཅུམས་ཏེ། དང་པོ་ནི། འཕྲལ་གྱི་ཀུན་སྤྱོད་ལུང་མ་བསྟན་ཐམས་ཅད་རྟུང་མཐུན་གྱི་ཚིག་གིས་དགེ་བར་སེམས་བསྐྱེད་པ་སངས་རྒྱས་ཕལ་པོ་ཆེའི་སྤྱོད་ཡུལ་ཡོངས་སུ་དག་པའི་མདོ་ལྟར་ཉམས་སུ་བླང་བར་བྱ་སྟེ། སྟོད་པར། འགྲོ་འཆག་ཉལ་དང་འདུག་པ་ཤེས་བཞིན་རབ་ཏུ་ལྡན། །ཞེས་པའི་དོན་ཡང་ཡིན་ནོ། །

གཉིས་པ་སྒྲུབ་པ་ཕུན་སུམ་ཚོགས་པ་ལ། ཉན་ཐོས་པ་རང་དོན་གཙོ་བོ་དང་གཞན་དོན་ཞར་བྱུང་ཡིན་ཀྱང་། བྱང་སེམས་ཀྱི་སྐབས་འདིར་གཞན་དོན་གཙོ་བོ་རང་དོན་ཞར་བྱུང་དུ་སྒྲུབ་སྟེ། དཔེར་ན་ཟང་ཟིང་གི་སྦྱིན་པའི་སྐབས་ལོངས་སྤྱོད་ཆུད་མི་ཟ་བར་བསྲུང་བ་བརྒྱུད་ནས་གཞན་དོན། བྱིན་ནས་ཕན་འདོགས་པ་དངོས་སུ་གཞན་དོན། དེ་ལྟར་གཞན་དོན་གཙོ་བོར་བྱས་པས་ཚེ་འདིར་རང་བདེ་ཞིང་སྙན་པ་དང་། འཁོར་ཕུན་སུམ་ཚོགས་པར་འདུ། སྐྱེ་བ་གཞན་དུ་ལོངས་སྤྱོད་ཆེ་ཞིང་སྦྱིན་པའི་ཕ་རོལ་ཏུ་ཕྱིན་པ་ཡོངས་སུ་རྫོགས་པ་ནི་རང་དོན་ཞར་བྱུང་དུ་འགྲུབ་པའོ། །དེ་བཞིན་དུ་ཆོས་ཀྱི་སྦྱིན་པ་ལ་གཞན་ལ་ཕན་པའི་ཕྱིར་ཆོས་ཉན་པ་བརྒྱུད་ནས་གཞན་དོན། ཤེས་ནས་བཤད་པ་དངོས་སུ་གཞན་དོན། དེ་ལྟར་བཤད་པས་རང་གི་བློ་ལ་བསྐྱེད་ཆེར་ཐོན་ནས་ཚེ་འདིར་མཁས་པར་གྲགས་ཤིང་། ཕྱི་མ་ལ་ཤེས་བྱ་ཐམས་ཅད་ལ་མ་རྨོངས་པའི་ཤེས་རབ་འཐོབ། ཐབས་

མཁས་པས་ཤེས་རབ་ཀྱི་ཕ་རོལ་ཏུ་ཕྱིན་པ་ཡོངས་སུ་རྫོགས་པ་ནི་རང་དོན་ཤུགས་ལས་འགྲུབ་པ་སྟེ། སྤྱོད་འཇུག་ལས། དངོས་སམ་ཡང་ན་བརྒྱུད་ཀྱང་རུང་། །སེམས་ཅན་དོན་ལས་གཞན་མི་སྤྱད། །ཅེས་སོགས་གསུངས་སོ། །བསམ་གཏན་ལ་དབྱེ་ན་དགོངས་པ་ངེས་འགྲེལ་ལས་འབྱུང་བ་ལྟར་གསུམ་སྟེ། ཉོན་མོངས་པ་དང་སྡུག་བསྔལ་བའི་གཉེན་པོར་བདེ་བར་གནས་པའི་བསམ་གཏན་དང་། ཡོན་ཏན་མངོན་པར་སྒྲུབ་པའི་བསམ་གཏན་དང་། སེམས་ཅན་གྱི་དོན་བྱེད་པའི་བསམ་གཏན་ནོ། །དང་པོ་ནི། བསྒོམ་པའི་སྟོབས་ཀྱིས་སྦྱོར་པའི་སྣང་བ་ནུབ་སྟེ། ནང་དུ་བསམ་གཏན་ལས་སྐྱེས་པའི་དགའ་བདེ་ཁྱད་པར་ཅན་ཐོབ་པ་དང་།

གཉིས་པ་ནི། ཕྱིན་དྲུག་སོགས་དགེ་བའི་ཚོགས་སྒྲུབ་དུས་སེམས་རྩེ་གཅིག་པའི་ཆའམ་ཟད་པ་ཟིལ་གནོན་སོགས་དང་། རྣམ་ཐར། གཟུངས་དང་སྤོབས་པ་རྒྱ་མཚོ་ལྟ་བུ་འགྲུབ་པ་དང་།

གསུམ་པ་ནི། སེམས་ཅན་གྱི་དོན་ལ་རྩེ་གཅིག་པའི་སེམས་སམ། བསམ་གཏན་གྱི་དངོས་གཞིའི་སེམས་ལས་རྫུ་འཕྲུལ་འདོད་དགུར་བསྒྱུར་བའི་བཀོད་པས་གདུལ་བྱ་འདུལ་བའོ། །དེ་ལྟར་བུའི་བསམ་གཏན་རྣམ་པ་གསུམ་པོ་གཙོ་བོ་འབྲས་བུའི་ངོས་ནས་བཏགས་པ་ཡིན་མོད། དངོས་གཞིར་སྒྲུབ་པ་ལ་སྤྱོད་འཇུག་ལས། སེམས་ནི་རྣམ་པར་གཡེང་བའི་མི། །ཉོན་མོངས་མཆེ་བའི་ཕྲག་ན་གནས། །ཞེས་གསུངས་པ་ལྟར་ཞིང་ལས་དང་། ཚོང་ལས་སོགས་འདུ་འཛིའི་གཡེང་བ་མཐའ་དག་དང་། དེའི་རྒྱུ་ཕྱི་ཡོ་བྱད་དང་། ནང་སེམས་ཅན་ལ་ཆགས་པ་དང་བཅས་པ་སྤངས་ཏེ། འདུ་འཛིན་དང་ཙ་ཅོ་མེད་པའི་གནས་དབེན་པ་ལ་བརྟེན་དགོས་ཏེ། སྤྱོད་འཇུག་ལས། ནགས་ན་རི་དྭགས་བྱ་རྣམས་དང་། །ཤིང་རྣམས་མི་སྙན་བརྗོད་མི་བྱེད། །འགྲོགས་ན་བདེ་བ་དེ་དག་དང་། །ནམ་ཞིག་ལྷན་ཅིག་གནས་པར་འགྱུར། །ཞེས་སོགས་དང་། དེ་བས་ཤིན་ཏུ་མདངས་དགའ་བའི། །ནགས་ཚལ་ཚོགས་ཆུང་བདེ་སྐྱིད་ཅིང་། །གཡེང་བ་ཐམས་ཅད་ཞི་བྱེད་པར། །བདག་ཉིད་གཅིག་པུ་གནས་པར་བྱ། །ཞེས་སོགས་རྒྱས་པར་གསུངས་སོ། །གནས་དེ་ལྟ་བུར་བསམ་གཏན་གྱི་ཉེར་བསྡོགས་ཡིད་ལ་བྱེད་པ་བདུན་གྱི་རིམ་པ་ལ་བརྟེན་ནས་དངོས་གཞི་བསམ་གཏན་དང་པོ་ནས་སྲིད་རྩེའི་བར་གྱི་འཇུག་ངོགས་གོམས་པར་བྱེད་པའི་ཧྲིང་ངེ་འཛིན་ནི་འཇིག་རྟེན་པ་དང་ཐུན་མོང་བ་ཡིན་ལ། བསམ་གཟུགས་ལས་འདས་པའི་ཞི་ལྷག་བསྐྱེད་པ་ནི་ཉན་ཐོས་དང་ཐུན་མོང་བ་སྟེ། སྔར་ཞི་གནས་ཀྱི་གསོ་སྦྱོང་གི་སྐབས་སུ་ཙུང་ཟད་བཤད་ཟིན་ལ། ཐུན་མོང་མ་ཡིན་པ་ཚངས་པའི་གནས་སམ་ཚད་མེད་པ་བཞི་པོ་བྱམས་པ་དང་སྙིང་རྗེ་གཉིས་སུ་བསྡུས་ནས་ཉམས་སུ་བླང་བར་བྱ་སྟེ། འཕགས་པ་ཆོས་ཡང་དག་པར་སྡུད་པའི་མདོ་ལས། སྤྱན་རས་གཟིགས་དབང་ཕྱུག་གིས་གསོལ་པ། བཅོམ་ལྡན་འདས་བྱང་ཆུབ་སེམས་དཔས་ཆོས་ཤིན་ཏུ་མང་པོ་ལ་བསླབ

པར་མི་བགྱིའོ། །བྱང་ཆུབ་སེམས་དཔས་ཆོས་གཅིག་རབ་ཏུ་རྟོགས་ཤིང་བཟུང་བར་བགྱིས་ན་སངས་རྒྱས་ཀྱི་ཆོས་ཐམས་ཅད་དེའི་ལག་མཐིལ་དུ་མཆིས་པ་ལགས་སོ། །གཅིག་པོ་གང་ཞེ་ན། སྙིང་རྗེ་ཆེན་པོའོ་ཞེས་སོགས་ཀྱིས་སྙིང་རྗེ་ཐེག་ཆེན་གྱི་ཆོས་ཀྱི་རྩ་བར་གསུངས་ཤིང་། དེ་སྐྱེ་བ་བྱམས་པ་ལ་རག་ལས་ཏེ། མདོ་སྡེ་རྒྱན་ལས། སྙིང་རྗེའི་ཆུ་བ་བྱམས་པ་སྟེ། ཞེས་སོགས་གསུངས་སོ། །

དེས་ན་ཐོག་མར་ཡུལ་བདེ་བ་རྒྱུ་དང་བཅས་པ་དང་བྲལ་བའི་སེམས་ཅན་ཐམས་ཅད་སྐྱེ་སླ་བ་མའམ་བུར་འདུ་ཤེས་པའི་ཚུལ་གྱིས་གཅིག་ཆར་དུའམ། ཚེ་འདིའི་མ་ནས་བརྩམས་ཏེ་གཉེན་བཤེས་དགྲ་གདོན་མཁའ་ཁྱབ་རིས་མེད་ཀྱི་བར་རིམ་གྱིས་བདེ་བ་རྒྱུར་བཅས་དང་ཕྲད་འདོད་ཀྱི་བྱམས་པ་བསྒོམ་མོ། །དེ་བཞིན་དུ་ཡུལ་སྡུག་བསྔལ་རྒྱུར་བཅས་ལ་སྤྱོད་པ། རབ་འབར་དགྲ་ཡི་དབང་དུ་སོང་། ཞེས་སོགས་དང་། བགྲེན་ལ་བརྩེ་དང་མ་རུངས་པ་ལ་བརྩེ། ཞེས་སོགས་ཀྱིས་རྣམ་པ་བཅུའམ། དྲུག་ཏུ་འབྱེད་པ་དང་། དེ་བཞིན་གཤེགས་པ་དེ་ནི་དེར་ཞུགས་ནས། ཞེས་སོགས་ཀྱི་དོན་ལྟར་ཉན་རང་མན་ཆད་ཀྱི་འཁོར་འདས་གཉིས་ཀ་སྙིང་རྗེའི་ཡུལ་གཅིག་ཏུ་བསྡུས་པ་ལ། རྒྱུན་སྡུག་བསྔལ་གསུམ་གྱི་མཚན་ཉིད་རིག་པས་བསྐྱེད་པའི་དམིགས་པ་མེད་པའི་སྙིང་རྗེ་ཆེན་པོ་བསྒོམ་མོ། །སྤྱིར་སྙིང་རྗེ་ལ་གང་ཟག་ལ་དམིགས་པའི་སྙིང་རྗེ་དང་། ཆོས་ལ་དམིགས་པའི་སྙིང་རྗེ་དང་། དམིགས་པ་མེད་པའི་སྙིང་རྗེ་ཆེན་པོ་དང་གསུམ་ཡོད་པའི་དང་པོ་ནི་ཕྱི་རོལ་པ་ལའང་ཡོད་ཅིང་། གཉིས་པ་ཉན་རང་ལ་ཡོད་པས་ན་ཐེག་པ་ཆེན་པོ་པས་བསྒོམ་བྱ་ཕྱི་མ་ཉིད་དེ། སྔར་མ་ལྟ་བུའི་སེམས་ཅན་འདི་རྣམས་སྔར་མ་ལྟ་བུའི་རྒྱུ་སྡུག་བསྔལ་རྒྱུར་བཅས་དང་བྲལ་ན་ཅི་མ་རུང་སྙམ་དུ་རྐང་གི་ཁོང་རུས་པའི་གཏིང་ནས་བསྒོམ་པའོ། །དེ་ལྟར་ལེགས་པར་གོམས་ནས་བདག་གཞན་མཉམ་པ་དང་། བརྗེ་བའི་བྱང་ཆུབ་སེམས་གཉིས་མཐར་ཕྱིན་པར་སྒྲུབ་དགོས་ཏེ། སྤྱོད་འཇུག་ལས། བདག་དང་གཞན་དུ་མཉམ་པ་ནི། །དང་པོ་ཉིད་དུ་འབད་དེ་བསྒོམ། །བདེ་དང་སྡུག་བསྔལ་མཉམ་པ་ན། །ཐམས་ཅད་བདག་བཞིན་བསྲུང་བར་བྱ། །ཞེས་འབྱུང་བ་ལྟར་ཐོག་མར་མཉམ་པ་བསྒོམ་པ་ནི། བཤེས་སྤྲིང་ལས། མ་ཡི་གྲངས་ནི་རྒྱ་ཤུག་ཚིག་གུ་ཙམ། །རིལ་བུར་བགྲངས་ཀྱང་ས་ཡིས་ལང་མི་འགྱུར། །ཞེས་སོགས་གསུངས་པ་ལྟར་སེམས་ཅན་ཐམས་ཅད་ཐོག་མ་མེད་པ་ནས་མར་མ་གྱུར་པ་གཅིག་ཀྱང་མེད་པར་ཐག་བཅད་ནས། རང་ལ་བདེ་བ་ཅུང་ཟད་ཅིག་སྐྱེས་པའི་ཚེ། སེམས་ཅན་ཐམས་ཅད་བདེ་བ་དང་བདེ་བའི་རྒྱུ་འདི་ལྟ་བུ་དང་ལྡན་པར་གྱུར་ཅིག་སྙམ་པ་དང་། ཡང་རང་ལ་སྡུག་བསྔལ་ཞིག་སྐྱེས་ན་ཡང་། སེམས་ཅན་ཐམས་ཅད་སྡུག་བསྔལ་དང་སྡུག་བསྔལ་གྱི་རྒྱུ་འདི་ལྟ་བུ་དང་བྲལ་བར་གྱུར་ཅིག་ཅེས་ཞེ་ཐག་པ་ནས་བསྒོམ་མོ། །

དེ་ནས་བདག་གཞན་བརྗེ་བ་བསྒོམ་པ་ནི། སྤྱོད་འཇུག་ལས། བདག་བདེ་གཞན་གྱི་སྡུག་བསྔལ་དག །ཡང་དག་བརྗེ་བ་མ་བྱས་ན། སངས་རྒྱས་ཉིད་དུ་མི་འགྲུབ་ཅིང་། །འཁོར་བ་ན་ཡང་བདེ་བ་མེད། །ཅེས་གསུངས་པ་ལྟར་བདག་གི་བདེ་བ་རྒྱུ་དང་བཅས་པ་སེམས་ཅན་ལ་སྦྱིན་ཞིང་། སེམས་ཅན་གྱི་སྡུག་བསྔལ་རྒྱུ་དང་བཅས་པ་བདག་གིས་བླང་ངོ་། །ཇི་ལྟར་བསྒོམ་པའི་ཚུལ་ཞིབ་པར་སྤྱོད་འཇུག་གི་དགོངས་པ་རྒྱལ་སྲས་ལམ་བཟང་དུ་བཀོད་པ་དང་། ཐེག་པ་ཆེན་པོའི་མན་ངག་མཐའ་དག་ལས་འབྱུང་བ་ལྟར་རམ། མདོར་བསྡུས་པ་ལས། བདག་ལ་དེ་དག་སྡིག་སྨིན་ཅིང་། །བདག་དགེ་མ་ལུས་དེར་སྨིན་ཤོག །ཅེས་པའམ། འགྲོ་བའི་སྡུག་བསྔལ་གང་ཅིའང་རུང་། །དེ་ཀུན་བདག་ལ་སྨིན་གྱུར་ཅིག །བྱང་ཆུབ་སེམས་དཔའི་དགེ་བ་ཡིས། །འགྲོ་བ་བདེ་ལ་འགོད་པར་ཤོག །ཅེས་པའི་དོན་དྲན་ཞིང་ངག་ཏུ་ཡང་བརྗོད་པར་བྱའོ། །དེ་དག་ཀྱང་རང་དོན་བྱས་པའི་ཉེས་པ། གཞན་དོན་བྱས་པའི་ཕན་ཡོན། གཞན་དོན་ལ་འབད་དགོས་པའི་འཐད་པ་རྣམས་སྤྱོད་འཇུག་ལས་རྒྱས་པར་གསུངས་པ་དྲན་པས་མཐར་དབྱུང་ངོ་། །ཤེས་རབ་ལ་དབྱེ་ན་དགོངས་པ་ངེས་འགྲེལ་ལས། ཀུན་རྫོབ་བདེན་པ་ལ་དམིགས་པ་དང་། དོན་དམ་པའི་བདེན་པ་ལ་དམིགས་པ་དང་། སེམས་ཅན་གྱི་དོན་ལ་དམིགས་པ་སྟེ་གསུམ་དུ་གསུངས་པ་ཡང་། ཉམས་ལེན་མདོར་དྲིལ་ན་ཐོག་མར་དབུ་མའི་གཞུང་ལུགས་ཐོས་བསམ་གྱིས་རང་རྒྱུད་སྦྱངས་ནས་བདེན་པ་གཉིས་ཀྱི་རྣམ་དབྱེ་ལེགས་པར་ཤེས་པས་སྟོང་པ་ཉིད་བསྒོམ་པ་ལ་འཇུག་པར་བྱའི་གཞན་དུ་ན་འཕགས་པ་ཀླུ་སྒྲུབ་ཀྱིས། སྟོང་པ་ཉིད་ལ་བལྟ་ཉེས་ན། །ཤེས་རབ་ཆུང་རྣམས་ཕུང་བར་འགྱུར། །ཞེས་སོགས་གསུངས་པས་སོ། །འདིར་ཐོས་པ་རྒྱས་པར་མི་འགྱུབ་པ་རྣམས་ཀྱི་དོན་དུ་བདེན་གཉིས་ཀྱི་དབྱེ་བ་མདོར་བསྡུས་ཏེ་སྨོས་ན་གསུམ་སྟེ། བདེན་པ་གཉིས་ཀྱི་མཚན་ཉིད། མཚོན་བྱའི་རབ་ཏུ་དབྱེ་བ། མཚན་གཞི་ལ་མཚན་ཉིད་ངེས་པར་བསྒྲུབ་པའོ། །དང་པོ་ནི་མ་དཔྱད་པའི་བློ་ངོར་གྲུབ་པ་ཀུན་རྫོབ། རང་གི་བློ་ངོར་གནོད་པ་མེད་པ་བདེན་པ། དཔྱད་པའི་བློ་ངོར་མ་གྲུབ་པ་དོན་དམ་པ། རང་གི་བློ་ངོར་གནོད་པ་མེད་པ་བདེན་པའོ། །

གཉིས་པ་མཚོན་བྱའི་རབ་ཏུ་དབྱེ་བ་ལ་བཞི་སྟེ། དབྱེ་བའི་གཞི། དབྱེ་བའི་དོན། གྲངས་ངེས་པ། སྒྲའི་དོན་ནོ། །དང་པོ་དབྱེ་གཞི་བདེན་གཉིས་ཐུན་མོང་བའི་སྤྱི་མེད་ཀྱང་། གཞན་སེལ་གྱི་ངོར་ཐ་སྙད་དུ་བློ་ཙམ་ཞིག་མི་འགལ་ཏེ། དཔལ་ལྡན་ཟླ་བ་གྲགས་པས། བདེན་པ་གཉིས་སུ་འཛོག་པ་དེ་ནི་འཇིག་རྟེན་པའི་བློ་ལ་ལྟོས་ནས་འཛོག་གོ་ཞེས་གསུངས་པས་སོ། །

གཉིས་པ་དབྱེ་བའི་དོན་ལ་གསུམ་སྟེ། བློ་གང་ལ་ལྟོས་ན་ཀུན་རྫོབ་དང་དོན་དམ་པར་དབྱེ་བ། གང་

ཟག་གང་ལ་ལྟོས་ཏེ་བདེན་པ་གཉིས་སུ་འཇོག་པ། བདེན་པ་གཉིས་པོ་དེ་གཅིག་དང་ཐ་དད་དཔྱད་པའོ། །དང་པོ་ནི། བདེན་གཉིས་ལས། ཇི་ལྟར་སྣང་བ་འདི་ཁོ་ན། ཀུན་རྫོབ་གཞན་ནི་ཅི་ཤེས་ཡིན། ཞེས་གསུངས་པ་ལྟར་སྣང་བ་ཐམས་ཅད་ཀུན་རྫོབ། དེ་ཡང་དག་པར་མ་གྲུབ་པ་དོན་དམ་པའོ། །ཀུན་རྫོབ་ལ་ཡང་དག་དང་ལོག་པའི་ཀུན་རྫོབ་གཉིས་སོ། །དང་པོ་ནི། ལས་མཐུན་པ་ལ་སྣང་བ་ཐ་སྙད་དུ་དོན་བྱེད་ནུས་ཤིང་བརྟགས་ན་མ་གྲུབ་པ་སྟེ་འཁྲུལ་ཤེས་ལ་སྣང་བ་ཐམས་ཅད་དོ། །ལོག་པའི་ཀུན་རྫོབ་ནི་འཁྲུལ་ཤེས་ལ་སྣང་བ་ཐ་སྙད་དུའང་དོན་བྱེད་མི་ནུས་པ་ཟླ་གཉིས་དང་སྐྲ་ཤད་དང་སྒྱུ་མ་ལ་སོགས་པ་མཐའ་དག་གོ། །

གཉིས་པ་ནི། གྲུབ་མཐའ་བཞི་ལ་གང་ཟག་གི་བློ་ལ་ལྟོས་པའི་འཇོག་ཚུལ་ཐ་དད་པ་རེ་ཡོད་མོད། འདིར་གང་ཟག་གང་ལ་ལྟོས་ཀྱང་བླ་སྟེ། སྣང་བའི་ཆ་ཀུན་རྫོབ། སྟོང་པའི་ཆ་དོན་དམ། དབྱེར་མི་ཕྱེད་པའི་ཆ་ཟུང་འཇུག་སྟེ། རིམ་ལྔ་ལས། སྣང་བ་དང་ནི་སྟོང་པ་གཉིས། །སོ་སོའི་ཆར་ནི་ཤེས་གྱུར་ནས། །གང་དུ་ཡང་དག་འདྲེས་འགྱུར་བ། །ཟུང་དུ་འཇུག་པ་དེ་བཤད་དོ། །ཞེས་གསུངས་པས་སོ། །

གསུམ་པ་ནི། བདེན་པ་གཉིས་པོ་འདི་ཟླ་བ་དང་བསིལ་ཟེར་བྱེད་པ་ལྟར་ངོ་བོ་གཅིག་ལ་མིང་གི་རྣམ་གྲངས་ཐ་དད་པ་ཡང་མ་ཡིན། བུམ་པ་དང་སྣམ་བུ་ལྟར་དངོས་པོ་ཐ་དད་པ་ཡང་མ་ཡིན། བྱས་པ་དང་མི་རྟག་པ་ལྟར་ངོ་བོ་གཅིག་ལ་ལྡོག་པ་ཐ་དད་པ་ཡང་མ་ཡིན། དངོས་པོ་དང་དངོས་མེད་ལྟར་གཅིག་པ་བཀག་པ་ཡང་མ་ཡིན་པ། དོན་དམ་པའི་དབང་དུ་བྱས་ན་གཅིག་དང་ཐ་དད་ཀྱི་སྤྲོས་པ་དང་བྲལ་བ་ཁས་བླངས་དགོས་ཏེ། མདོ་དགོངས་པ་ངེས་འགྲེལ་ལས། ཀུན་རྫོབ་ཁམས་དང་དོན་དམ་དེ་བཞིན་ཉིད། །གཅིག་དང་ཐ་དད་བྲལ་བའི་མཚན་ཉིད་དེ། །གཅིག་དང་ཐ་དད་ཉིད་དུ་གང་རྟོགས་པ། །དེ་དག་ཚུལ་མིན་ལྟ་ལ་ཞུགས་པ་ཡིན། །ཞེས་གསུངས་པ་དང་། ཐ་སྙད་ཀྱི་དབང་དུ་བྱས་ན་གཞན་སེལ་གྱི་ངོར་ངོ་བོ་དབྱེར་མེད་ལྡོག་པ་ཐ་དད་ཅེས་བྱ་བའམ། དེ་ཉིད་དང་གཞན་དུ་བརྗོད་དུ་མེད་པ་ཞེས་བྱ་བ་གསུངས་པ་ལྟར་ཁས་བླངས་དགོས་ཏེ། འཇམ་དབྱངས་བླ་མས། མདོ་ལས་གཅིག་དང་ཐ་དད་ལ་སྐྱོན་བརྗོད་པ་ནི་དོན་དམ་གྱི་དབང་དུ་བྱས་པ་ཡིན་པས་དོན་དམ་པར་གཅིག་དང་ཐ་དད་གཉིས་ཀ་ལས་གྲོལ་ལ། ཐ་སྙད་དུ་དངོས་པོ་དང་དངོས་མེད་ལྟར་གཅིག་པ་བཀག་པའི་ཐ་དད་ཡིན་ཞེས་གསུངས་པའི་ཕྱི་མ་འདི་ཐབས་དང་ཐབས་བྱུང་གི་དབང་དུ་བྱས་པ་སྟེ། ཐ་སྙད་མཐོང་བའི་བློས་དངོས་པོར་བཟུང་བ་དེ་ལ་གནས་ལུགས་དཔྱོད་པའི་བློས་དངོས་པོ་མ་རྙེད་པ་ཉིད་ལ་དོན་དམ་དུ་འཇོག་དགོས་པ་ལ་དགོངས་སོ། །

གསུམ་པ་གྲངས་ངེས་པ་ནི། བདེན་པ་གཉིས་ཀྱི་དབྱེ་གཞི་བློའི་དབང་དུ་བྱས་པ་སྟེ། དེ་ཡང་བློ་འཁྲུལ་

མ་འཁྲུལ་གཉིས་དངོས་འགལ་ཡིན་ལ། དེའི་བར་ན་གཉིས་ཀ་ཡིན་པ་སྒྲུབ་ཕྱོགས་དང་། གཉིས་ཀ་མ་ཡིན་པ་དགག་ཕྱོགས་ཀྱི་ཕུང་པོ་གསུམ་པ་མི་སྲིད་པས་གཉིས་སུ་གྲངས་ངེས་པའོ། །བཞི་པ་སྒྲ་དོན་ནི། དང་པོ་ལ་སཾ་བྲྀཏྟི་སཏྱ། ཞེས་པ་ནི་སཾ་བྲྀཏྟི་ཡང་དག་པ་ལ་སྒྲིབ་པའམ་ཀུན་འགེབས་ཞེས་བྱ་བ་ཡིན་ཡང་། དོན་འགྱུར་ཀུན་རྫོབ་ཏུ་བསྒྱུར་བ་དང་། སཏྱ་བདེན་པ་སྟེ་བློ་དེའི་ངོ་ལ་བདེན་པར་སྣང་བའི་དོན་ཏོ། །

གཉིས་པ་ལ། པར་མ་ཨརྠ་ཞེས་པ་མཆོག་གམ་དམ་པ་རྣམས་ཀྱིས་བརྟགས་ན་སྐྱོན་མེད་པའི་དོན་ཡིན་པས་ན་དོན་དམ་པར་བསྒྱུར་བ་དང་། སཏྱ་སྔར་བཞིན་ཏེ་མཚན་ཉིད་དང་སྒྲ་དོན་མཐུན་པའོ། །

གསུམ་པ་མཚན་གཞི་ལ་མཚན་ཉིད་ངེས་པར་བསྒྲུབ་པ་ནི། མཚན་གཞི་བློའི་ཡུལ་དུ་བྱར་རུང་ལ་ཀུན་རྫོབ་ཀྱི་མཚན་ཉིད་མ་དཔྱད་པའི་བློ་ངོར་གྲུབ་པ་ཉིད་རང་རིག་མངོན་སུམ་གྱིས་གྲུབ་ཅིང་། མཚན་གཞི་བློའི་ཡུལ་དུ་བྱར་མི་རུང་བ་ལ་དོན་དམ་གྱི་མཚན་ཉིད་དཔྱད་ན་བློ་ངོར་མ་གྲུབ་པ་ཡང་འགྲུབ་སྟེ། གཞན་སེལ་གྱི་ངོར་བློའི་ཡུལ་དཔྱད་པས་བློའི་ཡུལ་མ་ཡིན་པ་འགྲུབ་ལ། ཡུལ་མ་ཡིན་པ་དཔྱད་པས་ཡུལ་འགྲུབ་སྟེ། དཔེར་ན་ཤེས་བྱ་དཔྱད་པས་ཤེས་བྱ་མ་ཡིན་པ་དང་། ཤེས་བྱ་མ་ཡིན་པ་དཔྱད་པས་ཤེས་བྱ་འགྲུབ་པ་བཞིན་ཏེ། རྣམ་འགྲེལ་ལས། དེས་ན་ཤེས་བྱ་ལ་སོགས་ཚིག །ཐ་སྙད་དུ་ནི་འཇོག་རྣམས་ལ། །རྣམ་པར་དབྱེད་པ་འགའ་ཞིག་ཡོད། །ཅེས་གསུངས་པ་ལྟར་རོ། །དེས་ན་དཔྱད་ན་བློ་ངོར་མ་གྲུབ་པས་དོན་དམ་པ་ཤེས་བྱ་མ་ཡིན་ལ། དེའི་ཕྱིར་བློའི་ཡུལ་ལས་འདས་པས་བློས་རྟོགས་པའི་སྐྱོན་ཐམས་ཅད་ཀྱིས་མི་གནོད་པ་ནི་འཕེན་མེད་ན་མདའ་མི་འཕོག་པ་བཞིན་ཏེ། སློབ་དཔོན་ཀླུ་སྒྲུབ་ཀྱིས། གལ་ཏེ་དངོས་གང་དམ་བཅའ་ཡོད། །དེས་ན་ང་ལ་སྐྱོན་དེ་ཡོད། །ང་ལ་དམ་བཅའ་མེད་པས་ན། །ང་ནི་སྐྱོན་མེད་ཁོ་ན་ཡིན། །ཞེས་གསུངས་པས་སོ། ། སྤྱིར་དབུ་མ་པའི་སློབ་དཔོན་རྣམས་ལ་ཀུན་རྫོབ་ཀྱི་འདོད་ཚུལ་ལྔ་ཙམ་ཡོད་པ་ལས། དཔལ་ལྡན་ཟླ་བའི་ཞབས་དོན་དང་ཤེས་པ་སོགས་ཀྱི་ཐ་སྙད་འཇིག་རྟེན་དང་མཐུན་པར་མཛད་པ་ནི། མདོ་ལས། འཇིག་རྟེན་ང་དང་ལྷན་ཅིག་རྩོད་ཀྱི། །ང་ནི་འཇིག་རྟེན་ལྷན་ཅིག་མི་རྩོད་དེ། ཞེས་སོགས་དང་། མགོན་པོ་ཀླུས། གནས་པའམ་སྐྱེ་འཇིག་ཡོད་མེད་དམ། །མཉམ་པའམ་དམན་དང་ཁྱད་པར་ཅན། །སངས་རྒྱས་འཇིག་རྟེན་བསྙད་དབང་གིས། །གསུང་གི་ཡང་དག་དབང་གི་མིན། །ཞེས་སོགས་གསུངས་པ་ལ་བརྟེན་པ་སྟེ། གདུལ་བྱ་འགའ་ཞིག་ལ་སྣང་བ་འདི་འཇིག་རྟེན་ན་ཇི་ལྟར་གྲགས་པ་ལྟར་ཁས་བླངས་ན་དེ་ཁོ་ན་ཉིད་བདེ་བླག་ཏུ་བསྟན་នུས་ཤིང་གཞན་དུ་ན་སྣང་བ་ཉིད་ལ་ལོག་རྟོགས་སྐྱེས་ནས་དེ་ཁོ་ན་བདེ་བླག་ཏུ་རྟོགས་མི་ནུས་པ་ཡང་ཡོད་པས་དེ་བཀྲི་བའི་ཆེད་དུ་ཡིན་ལ། གསུང་རབ་ཀྱི་བརྗོད་བྱ་བདེན་པ་གཉིས་སུ་ཕྱེ་བའི་ཀུན་རྫོབ་ཀྱི་བདེན་པ་ནི་འཇིག་རྟེན་ཀུན་རྫོབ་ཀྱི་བདེན་པ་ཡིན་གྱི་ཀུན་

རྫོབ་བདེན་པ་ཙམ་ནི་མ་ཡིན་ཏེ། ལོག་པའི་ཀུན་རྫོབ་ནི་ཐ་སྙད་བདེན་པ་ཐབས་སུ་གྱུར་པ་དང་། ཞེས་པའི་ཐབས་སུ་མི་རུང་བས་གསུང་རབ་ཀྱི་བརྗོད་བྱ་མ་ཡིན་པའི་ཕྱིར། དེས་ན་འཇིག་རྟེན་ཀུན་རྫོབ་ཀྱི་བདེན་པ་དང་། དོན་དམ་བདེན་པ་རྟོགས་པའི་དངོས་རྟེན་དུ་གྱུར་པའི་ཐ་སྙད་ཀྱི་བདེན་པ་གཉིས་དོན་གཅིག་སྟེ། ས་བོན་ལས་མྱུ་གུ་སྐྱེ་ཞེས་པ་ལྟ་བུ་འཇིག་རྟེན་ལྷན་སྐྱེས་ཀྱི་བློ་ངོར་སྣང་ཞིང་། སྣང་བ་ལྟར་ཐ་སྙད་བྱེད་པས་འཇིག་རྟེན་ཀུན་རྫོབ་ཀྱི་བདེན་པ་ཡང་ཡིན་ལ། སྐྱེ་ཚུལ་ཉིད་ལ་མཐའ་བཞིར་དཔྱད་པའི་ཚེ་སྐྱེ་བ་ཉིད་ཀྱང་མི་རྙེད་པས་དོན་དམ་མ་རྟོགས་པའི་དངོས་རྟེན་དུ་གྱུར་པའི་ཐ་སྙད་བདེན་པ་ཡང་ཡིན་པའི་ཕྱིར་རོ། །དེས་ན་འཇིག་རྟེན་གྱི་ཐ་སྙད་དེ་དང་། དེ་ཉིད་རིག་པས་བཙལ་བའི་ཚེ་མ་རྙེད་པའི་བར་དུ་དེ་ཉིད་སེམས་སུ་སྒྲུབ་པ་དོན་མེད་དོ། །སྐབས་དུ་དགོངས་ནས་སྣང་བ་སེམས་སུ་སྒྲུབ་པའི་ལུང་རྣམས་དྲང་དོན་དུ་བཞེད་པ་ཡིན་ལ། གཞན་ཀྱི་དོན་སློབ་དཔོན་འདིས་ཕྱིར་ཀུན་རྫོབ་བདེན་པ་ཡང་ལོག་གཉིས་སུ་ཕྱེ་ཡང་། འཇིག་རྟེན་ཀུན་རྫོབ་བདེན་པ་ནི་ཡང་དག་ཀུན་རྫོབ་ཡིན་པས་དེ་དང་། འཇིག་རྟེན་མཐུན་འཇུག་དང་དོན་དམ་རྟོགས་པའི་དངོས་རྟེན་དུ་གྱུར་པའི་ཐ་སྙད་བདེན་པ་གསུམ་ཀ་དོན་གཅིག་ལ་འདུས་པ་ནི། ས་བོན་ལས་མྱུ་གུ་སྐྱེ་བ་ལྟ་བུ་ཡིན་ལ་འཇིག་རྟེན་མཐུན་འཇུག་ཡིན་ན་གཞན་གཉིས་པོ་ཡིན་པས་མ་ཁྱབ་སྟེ། དངོས་པོ་རང་བཞིན་གྱིས་ཡོད་པར་གསུངས་པའི་སྐབས་དེ་འཇིག་རྟེན་མཐུན་འཇུག་ཁོ་ན་ལ་དགོངས་པར་གསུངས་པའི་ཕྱིར་རོ། །

ལུགས་འདི་ལ་ཡུལ་གྱི་སྒོ་ནས་ཀུན་རྫོབ་གཉིས་སུ་ཕྱེ་བའི་ཚེ་ཡུལ་ཅན་ལ་ཡང་ངེས་པར་ཕྱེ་དགོས་ཏེ། འདི་གཉིས་ཀྱི་ཁྱད་པར་འཇིག་རྟེན་ན་བདེན་རྫུན་དུ་གྲགས་པའི་སྒོ་ནས་ཕྱེ་བ་ཡིན་ཞིང་། འཇིག་རྟེན་ན་ཡུལ་བདེན་རྫུན་གྱི་ཁྱད་པར་གྲགས་པ་བཞིན། ཡུལ་ཅན་ལ་ཡང་བདེན་རྫུན་གྱི་ཁྱད་པར་གྲགས་པའི་ཕྱིར་རོ། །དེ་ཡང་ཡུལ་སྐྲ་ཤད་ལོག་པའི་ཀུན་རྫོབ་ཡིན་པ་བཞིན། ཡུལ་ཅན་སྐྲ་ཤད་སྣང་བའི་བློ་དེ་ཡང་ལོག་པའི་ཀུན་རྫོབ་ཡིན་ཞིང་། དམིགས་ཡུལ་གང་ཟག་ཡང་དག་ཀུན་རྫོབ་ཡིན་པས་ཡུལ་ཅན་བདག་འཛིན་ལྷན་སྐྱེས་དེ་ཡང་ཡང་དག་ཀུན་རྫོབ་ཡིན་པ་དང་། དམིགས་ཡུལ་གྲུབ་མཐས་སྒྲོ་བཏགས་པའི་གང་ཟག་ལོག་པའི་ཀུན་རྫོབ་ཡིན་པས་ཡུལ་ཅན་བདག་འཛིན་ཀུན་བཏགས་དེ་ཡང་ལོག་པའི་ཀུན་རྫོབ་ཡིན། ཡིད་དབང་སྐྱོན་ལྡན་གྱི་ལོག་པའི་ཀུན་རྫོབ་ཀྱི་མཚན་གཞིར་ཕྱི་རོལ་པའི་གྲུབ་མཐས་བཏགས་པའི་ཤེས་པ་ཡུལ་བཅས་གསུངས་ཀྱང་། དབུ་མའི་རིག་པས་དགག་བྱ་སེམས་ཙམ་པའི་གཟུང་འཛིན་གཉིས་སྟོང་གི་ཤེས་པ་བདེན་གྲུབ་མན་ཆད་གྲུབ་མཐས་བཏགས་པ་ཐམས་ཅད་ལུགས་འདི་ལ་ལོག་པའི་ཀུན་རྫོབ་ཏུ་ཁས་ལེན་དགོས་པར་སྣང་སྟེ། དེ་དག་ནི་ལྷན་སྐྱེས་ཀྱི་ཆོས་དང་གང་ཟག་མ་ཡིན་གྱི་ཀུན་བཏགས་ཀྱི་ཆོས་དང་གང་ཟག་ཡིན་པའི་ཕྱིར་རོ་ཞེས་ཀུན་མཁྱེན་

རིན་པོ་ཆེས་གསུངས་སོ། །དེ་ལྟར་ཐལ་འགྱུར་བའི་རིགས་པ་ཁྱད་པར་ཅན་གྱིས་ཡུལ་སྟོང་པར་རྟོགས་ན་དོན་གྲུབ་པ་ཡིན་མོད། གདུལ་བྱ་ཕལ་ཆེར་ལ་སྣང་བ་སེམས་སུ་བསྒྲུབ་ན་དེ་ཁོ་ན་ཉིད་རྟོགས་སླ་བ་དང་། ཁྱད་པར་རྣམ་རིག་པའི་བག་ཆགས་ཅན་ནམ། དེའི་གཞུང་ལ་སྦྱངས་པ་ལ་ནི་ཁོ་རང་གི་ལུགས་ཀྱིས་སྣང་བ་སེམས་སུ་འདོད་པ་དེ་དོན་དམ་དུ་འདོད་ཀྱང་། དེ་ཉིད་དོན་དམ་རྟོགས་པའི་རྗེན་དུ་བྱས་ནས་དེ་ཁོ་ན་ཉིད་བསྟན་པར་འང་གསུངས་པས་ན། ཕྱི་རོལ་གྱི་སྣང་བ་སེམས་ཀྱི་རྟོག་པའི་བག་ཆགས་བརྟས་པའི་སྣང་བར་ངོ་སྤྲོད་པར་བྱ་སྟེ༑ འཇམ་དཔལ་རྣམ་པར་རོལ་བའི་མདོ་ལས། ལྷའི་བུ་པདྨ་རྣམ་པར་རོལ་པས་འཇམ་དཔལ་ལ་སྨྲས་པ། འཇམ་དཔལ་ཕྱི་རོལ་གྱི་ཡུལ་འདི་བྱེད་པ་པོས་བྱས་པའམ། ཇི་ལྟར་བལྟ་བར་བྱ། འཇམ་དཔལ་གྱིས་སྨྲས་པ། ལྷའི་བུ་ཕྱི་རོལ་གྱི་ཡུལ་འདི་ཐམས་ཅད་ནི་བྱེད་པ་པོས་བྱས་པ་མ་ཡིན་ཏེ། སེམས་ཀྱི་རྟོག་པའི་བག་ཆགས་བརྟས་པའི་སྣང་བ་ཡིན་ནོ། །བག་ཆགས་ཇི་ལྟར་བརྟས་ཀྱང་རི་དང་རྒྱ་མཚོ་དང་གཟའ་སྐར་ལ་སོགས་པ་སྲ་ཞིང་འཐས་པ་འདི་ལྟར་སྣང་དུ་ག་ལ་རུང་། འཇམ་དཔལ་གྱིས་སྨྲས་པ། རྣམ་པར་རྟོག་པ་བརྟས་པའི་དབང་གིས་དེ་ལྟར་སྣང་དུ་རུང་སྟེ། གྲོང་ཁྱེར་ཕ་ར་ཥ་སེར། བྲམ་ཟེ་མོ་ཞིག་གིས་རང་ལུས་སྟག་ཏུ་བསྒོམ་པས་གྲོང་ཁྱེར་གྱི་མི་ཐམས་ཅད་ཀྱིས་ཀྱང་སྟག་ཏུ་དངོས་སུ་མཐོང་སྟེ། མི་ཐམས་ཅད་བྲོས་ནས་གྲོང་ཁྱེར་སྟོང་པར་གྱུར་ཏོ་ཞེས་སོགས་རྒྱ་ཆེར་གསུངས་པ་དང་། གཞན་ཡང་ཐ་སྙད་དུ་ཕྱི་དོན་ཁས་ལེན་པ་རགས་པ་ཕྱིའི་དབུ་མ་དང་། སྣང་བ་སེམས་ཉིད་སྒྱུ་མ་ཙམ་དུ་ཁས་ལེན་པ་ཕྲ་བ་ནང་གི་དབུ་མ་གཉིས་སུ་འཇོག་པའི་དང་པོ་ནི་རྩོད་པ་དང་གཞུང་ལུགས་འཆད་པའི་སྐབས་སུ་ཁས་ལེན་པ་དང་། གཉིས་པ་ནི་བསྒོམ་པས་ཉམས་སུ་ལེན་པའི་སྐབས་ཡིན་པར་ཇོ་བོ་ཆེན་པོ་རྗེས་གསུངས་ཏེ། །ཇོ་བོ་རྗེ་ཉིད་ཀྱིས་ཀྱང་དབུ་མ་རིན་པོ་ཆེའི་སྒྲོན་མར་སྣང་བ་སེམས་སུ་གསུངས་པས་སོ། །ཡུལ་དོན་དུ་སྣང་བ་ཐམས་ཅད་བདེན་པ་གཉིས་སུ་ཕྱེ་བ་ལྟར། ཡུལ་ཅན་གྱི་ཤེས་པའམ་ཤེས་བྱ་ཤེས་མཁན་གྱི་བློ་དེ་ཡང་བདེན་པ་གཉིས་སུ་གནས་ཏེ་ཀུན་རྫོབ་སྣང་ལ་རང་བཞིན་མེད་པ་སྒྱུ་མ་ལྟ་བུ་དང་། དོན་དམ་པ་ཡོད་མེད་ཅིར་ཡང་མ་གྲུབ་པ་ནམ་མཁའ་ལྟ་བུར་རྟོགས་པའི་བློ་དེ་ཀུན་རྫོབ་ཡིན་ཞིང་། རྟོགས་པའི་བློ་དང་རང་བཞིན་དོན་དམ་པ་སྟེ། སྤྱོད་འཇུག་ལས། དོན་དམ་བློ་ཡི་སྤྱོད་ཡུལ་མིན། །བློ་ནི་ཀུན་རྫོབ་ཡིན་པར་འདོད། །ཅེས་གསུངས་ཏེ། གོང་དུ་བདེན་པ་གཉིས་ཀྱི་དབྱེ་གཞི་བློ་ཙམ་ལ་བཞག་པ་དེ་བློས་གནས་ལུགས་མ་མཐོང་བ་དང་། མཐོང་བའི་སྒོ་ནས་དབྱེ་བ་ཡིན་པས་སོ། །ཀུན་རྫོབ་ཀྱི་རང་བཞིན་ཡོད་མེད་སོགས་ཀྱི་སྤྲོས་པ་ལས་འདས་པ་དོན་དམ་པའི་བདེན་པ་དེ་ཉིད་བསྒྲུབ་བྱའམ། རྟོགས་བྱའམ། དོན་དུ་གཉེར་བྱ་མཐར་ཐུག་པ་ཡིན་ལ། དེ་ཉིད་སྒྲུབ་བྱེད་ཀྱི་དབྱེ་བ་དགག་བྱའི་སྒོ་ནས་མཐའ་བཞིའི་སྤྲོས་པ་འགོག་པའི་

རིག་པ་བཞི། གཏན་ཚིགས་ཀྱི་སྒོ་ནས་གཅིག་དང་དུ་བྲལ་ལ་སོགས་པའི་རིགས་པ་ལྔ། འགྲེལ་ཚུལ་གྱི་སྒོ་ནས་ཐལ་འགྱུར་དང་རང་རྒྱུད་ཀྱི་རིགས་པ་གཉིས། བསྒྲུབ་བྱའི་སྒོ་ནས་ཆོས་ཀྱི་བདག་མེད་དང་། གང་ཟག་གི་བདག་མེད་སྒྲུབ་པའི་རིགས་པ་གཉིས་ཏེ་བཞི་འབྱུང་བ་ལས་ཉེར་མཁོ་མདོར་བསྡུས་ཏེ་བསྟད་ན། དང་པོ་ལ་མཐའ་དང་པོ་འགོག་པའི་རིགས་པ་དང་། མཐའ་ཕྱི་མ་གསུམ་འགོག་པའི་རིགས་པ་སྟེ་གཉིས་ཀྱི་དང་པོ་བདེན་པ་ཡོད་པ་འགོག་པ་ནི། འགོག་བྱེད་ཀྱི་རིགས་པ་གཅིག་དང་དུ་བྲལ་ལ་སོགས་པ་གཞུང་ནས་འབྱུང་བའི་རིགས་པ་ཕལ་ཆེ་བས། འགོག་གཞི་སྤྱིར་ཆོས་ཐམས་ཅད་དང་། བདེན་འཛིན་ཞུགས་པ་གཙོ་ཆེ་བའི་དབང་དུ་བྱས་ན་དངོས་པོ་ཐམས་ཅད་དེ། དགག་བྱ་དེ་དག་གི་སྟེང་དུ་བདེན་པར་གྲུབ་པ། དོན་དམ་པར་གྲུབ་པ། ཡང་དག་པར་གྲུབ་པ། ངོ་བོ་ཉིད་ཀྱིས་གྲུབ་པ། རང་བཞིན་གྱིས་གྲུབ་པ། རང་གི་མཚན་ཉིད་ཀྱིས་གྲུབ་པ། བདེན་པའི་སྐྱེ་བ། བདེན་པའི་དངོས་པོ་ཡོད་པ་ཙམ་ལ་སོགས་པ་སྒྲུབ་པའི་སྒོ་ནས་བཟུང་བའི་ཆོས་ཐམས་ཅད་འགོག །དགོས་པ་གནས་སྐབས་སུ་སྡུག་བསྔལ་སྤོང་བའི་ཆེད་དུ་སྟེ། ཆོས་ཕུང་པོ་ལ་བདེན་པར་འཛིན་པའི་བདེན་འཛིན་ཡོད་ན་དངོས་འབྲས་གང་ཟག་གི་བདག་འཛིན་ངེས་པར་འབྱུང་། དེ་ཉིད་ཡན་ལག་བཅུ་གཉིས་ཀྱི་ཐོག་མའི་མ་རིག་པ་ཡིན་ཞིང་། དེ་ལས་ཡན་ལག་ཕྱི་མ་རྣམས་འབྱུང་བས་སྡུག་བསྔལ་གྱི་རྒྱུའི་གཙོ་བོ་ནི་ཆོས་ལ་བདེན་པར་འཛིན་པའི་བདེན་འཛིན་ཡིན་པས་སོ། །དེ་ཡང་དབུ་མའི་གཞུང་ལས་བཤད་པའི་མཐའ་དང་པོ་འགོག་པའི་རིགས་པ་ལ་བརྟེན་ནས་རྟེན་ཅིང་འབྲེལ་བར་འབྱུང་བ་སྐྱེ་མེད་ཀྱི་དོན་རྟོགས་ན་གང་ཟག་གི་བདག་འཛིན་འགགས་ཤིང་། དེས་ཉོན་མོངས་པ་མི་བསྐྱེད། དེས་ལས་མི་སོགས་པས་འབྲས་བུ་སྡུག་བསྔལ་གྱི་ཕུང་པོ་མཐའ་དག་འགགས་པའོ། །མཐར་ཐུག་གི་དགོས་པ་བྱང་ཆུབ་ཐོབ་པའི་ཆེད་དུ་སྟེ། ཉན་རང་གི་བྱང་ཆུབ་ཐོབ་པ་ལ་རིམ་བཞིན་ཉེར་ལེན་གྱི་ཕུང་པོའི་སྟེང་དུ་བདེན་པ་འགོག་པ་དང་། དེའི་སྟེང་དུ་བཟུང་བ་ཕྱི་དོན་དང་། ཀུན་ནས་ཉོན་མོངས་ཀྱི་ཆོས་སོགས་བདེན་མེད་དུ་རྟོགས་དགོས་པ་བཞིན། ཐེག་ཆེན་གྱི་བྱང་ཆུབ་ཐོབ་པ་ལ་མཐའ་བཞི་ཆར་གྱི་སྤྲོས་པ་བཀག་དགོས་པའོ། །

གཉིས་པ་མཐའ་ཕྱི་མ་གསུམ་འགོག་པ་ལ། མཐའ་གཉིས་པ་བདེན་པར་མེད་པར་འཛིན་པ་འགོག་པ་ནི༑ འགོག་བྱེད་རྩ་ཤེ་ལས། དངོས་པོ་ཡོད་པ་མ་ཡིན་ན། །དངོས་མེད་གང་གི་ཡིན་པར་འགྱུར། །ཡོད་པར་མ་གྲུབ་པས་མེད་པར་འང་མི་འགྲུབ་པར་གསུངས་པ་ལ་སོགས་པ་དང་། མཐའ་གསུམ་པ་བདེན་པར་ཡོད་མེད་གཉིས་ཀར་འཛིན་པ་འགོག་པ་ནི། འགོག་བྱེད་སྔར་བཤད་པའི་རིགས་པ་གཉིས་ཆར་དང་། མཐའ་བཞི་པ་བདེན་པར་ཡོད་མེད་གཉིས་ཀ་མ་ཡིན་པར་འཛིན་པ་འགོག་པ་ནི། ཏིང་འཛིན་རྒྱལ་པོ་ལས། སྟོང་དང་མི་སྟོང

འདི་ཡང་མཐའ་ཡིན་ཏེ། ཞེས་སོགས་གསུངས་པས་མཐའ་གཉིས་སྤྱངས་པའི་དབུས་མ་གྲུབ་པ་དང་། གྲུབ་ན་དེ་ཡང་མཐར་འགྱུར་བའི་རིག་པ་རྣམས་ཀྱིས། འགོག་གཞི་གང་ཡང་རུང་བ་གཅིག་ལ་མཐའ་དང་པོ་བཀག་ཟིན་ནས་ཕྱི་མ་གསུམ་དུ་མངོན་པར་ཞེན་པ་སྲེ། དགག་བྱ་མཐའ་དང་པོ་བཀག་པའི་རྗེས་སུ་དན་རྟོག་གིས་གང་དུ་ཞེན་པའི་ཡུལ་དེ་ཉིད་དེ། དགོས་པ་ཐེག་ཆེན་གྱི་བྱང་ཆུབ་ཐོབ་པ་ལ་མཚན་མེད་ཚང་བར་རྟོགས་དགོས་པ་དང་། ཆོས་ཀྱི་བདག་མེད་གསལ་ལ་རྫོགས་པར་རྟོགས་དགོས་པའི་ཕྱིར་རོ། །གནད་དོན། སོ་སོ་སྐྱེ་བོས་གནས་ལུགས་ལ་དཔྱོད་པའི་ཚེ་ཐོག་མར་གཅིག་དང་དུ་བྲལ་ལ་སོགས་པའི་གཏན་ཚིགས་ཀྱིས་མཐའ་དང་པོ་བདེན་པ་བཀག་པའི་ཚེ། རིག་ཤེས་དེའི་བྱེད་པ་ནི་བདེན་པ་བཀག་དོན་ཡིན་པས་བདེན་མེད་དུ་མངོན་པར་ཞེན་པ་སྐྱོན་མ་ཡིན་མོད། བློ་ཕྱི་མ་ལ་ལྟོས་ན་དེ་ཉིད་སྐྱོན་མ་ཡིན་པས་ཞེན་ཡུལ་བདེན་མེད་ཉིད་ཀྱང་མ་རྟེན་པའི་སློ་ནས་བདེན་མེད་དུ་ཞེན་པ་ཉིད་ཀྱང་བཀག་དགོས་ལ། བློ་དེའི་བྱེད་པ་ནི་བདེན་མེད་དུ་ཞེན་པ་བཀག་དོན་ཡིན་པས་སྐྱོན་མ་ཡིན་པ་ནི་འདྲ་ལ། བློ་གསུམ་པ་ལ་ལྟོས་ན་དེ་ཡང་སྐྱོན་དུ་སོང་བས་བློ་གསུམ་པས་དེར་ཞེན་པ་ཡང་དགག་ཅིང་། དེ་ཡང་བློ་བཞི་པ་ལ་ལྟོས་ན་སྐྱོན་དུ་སོང་བས་བཞི་པས་དེ་ཡང་བཀག་སྟེ་མདོར་ན་མཐའ་བཞི་རིམ་པ་བཞིན་དུ་འགོག་པའོ། །བཞི་པ་ཕན་ཆད་ཀྱི་འཛིན་སྟང་མི་སྲིད་པས་ཐུག་མེད་དུ་འང་མི་འགྱུར་རོ་གསུངས།

གཉིས་པ་གཏན་ཚིགས་ཀྱི་སྒོ་ནས་དཔྱད་པ་ལ་ལྔ་སྟེ། གང་ལ་དཔྱད་པར་བྱ་བའི་དགག་བྱའི་ངོ་བོ་ལ་དཔྱོད་པ་གཅིག་དང་དུ་བྲལ། རྒྱུ་ལ་དཔྱོད་པ་རྡོ་རྗེའི་གཟེགས་མ། འབྲས་བུ་ལ་དཔྱོད་པ་ཡོད་མེད་སྐྱེ་འགོག །གཉིས་ཀ་ལ་དཔྱོད་པ་མུ་བཞི་སྐྱེ་འགོག །ཐམས་ཅད་ལ་དཔྱོད་པ་རྟེན་འབྲེལ་གྱི་རིག་པའོ། །དང་པོ་ནི༑ དགག་བྱ་སྣང་བ་ཙམ་གྱི་སྤྱི་དང་བྱེ་བྲག་ཡུལ་ཡུལ་ཅན་སོ་སོའི་སྟེང་དུ་རིག་པས་དཔྱད་པའི་ཚེ་ཐ་སྙད་པའི་དོན་མངོན་སུམ་གྱིས་གྲུབ་པ་ཉིད། བདེན་པའི་གཅིག་གམ་དུ་མ་ཡིན་སྙམ་ན། སྐྱེས་བུའི་ལུས་ལྟ་བུ་ཡན་ལག་ཅན་ནི་བདེན་པའི་གཅིག་མ་ཡིན་ཏེ། དོན་དམ་པར་ཡན་ལག་དུ་མ་དང་དབྱེར་མེད་ཡིན་པའི་ཕྱིར་ན་དུ་མར་འགྱུར་བའི་ཕྱིར་རོ། །དེ་ལྟར་རགས་པ་ཡན་ལག་ཅན་གཅིག་ཡིན་པར་མ་གྲུབ་པ་ལྟར། དེ་རྫོམ་བྱེད་ཀྱི་རྡུལ་ཕྲན་ཡང་ཕྱོགས་ཀྱི་ཆ་དུ་མ་དང་བཅས་པས་གཅིག་མ་ཡིན་ལ། སེམས་ཀྱི་རྒྱུན་རྫོམ་བྱེད་ཀྱི་ཤེས་པའང་སྐད་ཅིག་སྔ་ཕྱིའི་ཆ་དང་བཅས་པས་གཅིག་ཡིན་པར་མི་འགྲུབ་བོ། །དེ་ལྟར་ཕྱི་ནང་གི་དངོས་པོ་རྣམས་ལ་བདེན་པའི་གཅིག་མེད་པའི་ཕྱིར། བདེན་པའི་དུ་མ་ཡང་མི་འགྲུབ་སྟེ། སོག་བྱེད་མེད་པས་བསགས་པ་ཅི་སྟེ་འགྲུབ། འདི་དག་ཕྱི་རོལ་པས་ཡན་ལག་ཅན་ཡན་ལག་ལ་ཁྱབ་པས་བདེན་པའི་གཅིག་དང་རྟག་པར་འདོད་པ་དང་།

བྱེ་སྨྲས་ཆ་མེད་ཀྱི་རྡུལ་ཕྲན་དང་། ཆ་མེད་ཀྱི་ཤེས་པ་བདེན་པའི་གཅིག་ཏུ་འདོད་པ་དགག་པ་གཙོར་བྱས་ནས་གསུངས་པ་སྟེ། དབུ་མ་རྒྱན་ལས། བདག་དང་གཞན་སྨྲའི་དངོས་འདི་དག །ཡང་དག་ཏུ་ནི་གཅིག་པ་དང་། །དུ་མའི་རང་བཞིན་བྲལ་བའི་ཕྱིར། །རང་བཞིན་མེད་དེ་གཟུགས་བརྙན་བཞིན། ཞེས་དང་། འཕགས་པ་ལྷས། རྣམ་ཤེས་དམ་པའི་དོན་ལྡན་པ། །དེ་ཡང་བརྟན་རྣམས་མི་འདོད་དེ། །གཅིག་དང་དུ་མའི་རང་བཞིན་དང་། །བྲལ་ཕྱིར་ནམ་མཁའི་པདྨོ་བཞིན། །ཞེས་གསུངས་སོ། །

གཉིས་པ་རྒྱུ་ལ་དཔྱོད་པ་རྡོ་རྗེ་གཟེགས་མ་ལ་བཞི་སྟེ། བདག་སྐྱེ་འགོག་པ། གཞན་སྐྱེ་འགོག་པ། གཉིས་ཀ་ལས་སྐྱེ་བར་འགོག་པ། རྒྱུ་མེད་པ་ལས་སྐྱེ་བ་འགོག་པའོ། །དང་པོ་ནི་གྲངས་ཅན་པས་དངོས་པོ་རྣམས་རང་གི་བདག་ཉིད་གྱུར་པ་ལས་སྐྱེ་བར་སྨྲ་མོད། དེ་ལྟར་ན་སྐྱེ་བ་དོན་མེད་པར་འགྱུར་ཏེ་རང་གི་བདག་ཉིད་དུ་ཡོད་པའི་ཕྱིར་དང་། ས་བོན་སྐྱེ་བ་ལས་དེ་ཉིད་དུ་སྐྱེ་བའམ། ས་བོན་ལས་སྐྱེ་བའི་དོན་མི་རུང་བའམ། ས་བོན་གྱི་ཚོས་ལྡུ་མྱུ་གུ་ལ་དམིགས་ཤིང་། མྱུ་གུ་ཚོས་ལྡ་ས་བོན་ལ་དམིགས་པས་རྒྱུ་འབྲས་འཚོལ་བར་འགྱུར་བ་དང་། མྱུ་གུ་དམིགས་པའི་ཚེ་དེ་དང་བདག་ཉིད་གཅིག་པའི་ས་བོན་དམིགས་པར་འགྱུར་བ་དང་། ས་བོན་མི་དམིགས་པའི་ཚེ་མྱུ་གུ་མི་དམིགས་པར་འགྱུར་བ་སོགས་ཀྱི་ཉེས་པ་དང་བཅས་ཤིང་། རྒྱུ་དང་འབྲས་བུ་གཅིག་ཉིད་ན། བསྐྱེད་བྱ་སྐྱེད་བྱེད་གཅིག་ཏུ་འགྱུར། །ཅེས་སོགས་ཀྱི་རིགས་པས་བདག་ལས་སྐྱེ་བ་ཁེགས་སོ། །གཉིས་པ་ནི། ཉན་ཐོས་པ་དག་དངོས་པོ་རྣམས་དོན་དམ་པ་གཟུང་འཛིན་གཉིས་དང་། རྣམ་རིག་པ་དག་གཉིས་མེད་ཀྱི་དངོས་པོ་གཞན་དུ་གྱུར་པའི་རྐྱེན་བཞི་ལས་སྐྱེ་བར་འདོད་པ་དང་། རང་རྒྱུད་པ་ཐ་སྙད་དུ་གཞན་སྐྱེ་བཞེད་མོད། དེ་ལྟར་ན་འབྲས་བུ་མྱུ་གུ་གཞན་དུ་གྱུར་པའི་ས་བོན་ལས་སྐྱེ་བ་ལྟར། གཞན་དུ་མཚུངས་པ་མེ་དང་སོལ་བ་ལས་ཀྱང་སྐྱེ་བར་འགྱུར་བའི་ཕྱིར་དང་། དེ་དག་གཞན་དུ་མཚུངས་ཀྱང་མི་སྐྱེ་བར་རྒྱུར་གྱུར་པ་ས་བོན་ལས་སྐྱེའོ་སྙམ་ན། རྒྱུ་འགགས་པ་ལས་སྐྱེ་ན་རྒྱུ་མེད་དུ་འགྱུར་ལ། མ་འགགས་པ་ལས་སྐྱེ་ན་རྒྱུ་འབྲས་དུས་མཉམ་པར་འགྱུར་བའི་ཕྱིར་དང་། དེ་བཞིན་དུ་རྒྱུ་འབྲས་འཕྲད་ནས་སྐྱེ་ན་སྔར་བཞིན་དུས་མཉམ་པར་འགྱུར་བ་དང་། མ་འཕྲད་ནས་སྐྱེ་ན་འབྲས་བུ་སྐྱེ་བའི་དུས་ན་རྒྱུ་མེད་པས་རྒྱུ་མེད་ལས་སྐྱེ་བར་འགྱུར་བས་གཞན་ལས་སྐྱེ་བར་ཁེགས་སོ། །ཐ་སྙད་དུའམ། མ་དཔྱད་པའི་ངོར་ཡང་གཞན་སྐྱེ་མི་འགྲུབ་སྟེ། འཇིག་རྟེན་གྱིས་རྒྱུ་ལས་འབྲས་བུ་སྐྱེ་བ་ཙམ་ཞིག་མཐོང་གིས་རྒྱུ་འབྲས་རྫས་གཞན་དུ་མ་མཐོང་བ་སྟར་བུའི་ས་བོན་བཏབ་པ་དང་། ཤིང་གི་ས་བོན་བཙུགས་པ་ལ་བརྟེན་ནས་ད་ལྟར་གྱི་འདི་བྱུང་ཞེས་པ་ཙམ་ཞིག་སྨྲ་ཞིང་རྟོག་པར་བྱེད་པའི་ཕྱིར། དེས་ན་ཐ་སྙད་དུ་ཡང་གཞན་སྐྱེ་མི་བཞེད་པ་ཟླ་བའི་རིགས་པ་ཕྲ་ཞིང་ཕྲ་བ་རྟོགས་དཀའ་ཞིང་རྟོགས་ན་དོན་ཆེ་བ་ཞིག་ཏུ

སྣང་ངོ་ཞེས་ཀུན་མཁྱེན་རིན་པོ་ཆེས་གསུངས་སོ། །ས་ལུ་ལྗང་པའི་མདོ་འགྲེལ་ལས། ས་བོན་ཡང་གཞན་ཉིད་ལ་མྱུ་གུ་ཡང་གཞན་ཉིད་དེ་ཞེས་སོགས་དང་། མདོ་དངོས་དང་བསྟན་བཅོས་གཞན་ལས་ཀྱང་དེ་འདྲ་བ་དུ་མ་ཞིག་གསུངས་པ་ནི། གཅིག་མ་ཡིན་པ་ལ་གཞན་ཞེས་བཏགས་པ་ཡིན་གྱི་བདག་གི་ཟླས་དྲངས་པའི་གཞན་ནི་མ་ཡིན་ནོ། །

གསུམ་པ་ནི། གཙོ་བོ་དབང་ཕྱུག་དང་བཅས་པ་སྨྲ་བ་དག་འབྲས་བུའི་དངོས་པོ་རྣམས་གཙོ་བོས་བྱས་པས་རང་ལས་སྐྱེ་ཞིང་། དབང་ཕྱུག་གིས་བྱས་པས་གཞན་ལས་ཀྱང་སྐྱེའོ་ཞེས་སྨྲ་མོད། དེ་ལྟར་ན་སྔར་བཤད་པའི་རིགས་པ་གཉིས་ཆར་གྱིས་གནོད་ཅིང་། གཞན་ཡང་རང་གཞན་གཉིས་ཀས་རེ་རེ་བསྐྱེད་ན་གཉིས་ཀ་ཚོགས་པས་ཀྱང་བསྐྱེད་ནུས་པ་ཞིག་ན། སྔར་གྱི་རིག་པས་རེ་རེ་ལ་བསྐྱེད་པའི་ནུས་པ་ཁེགས་པས་ཚོགས་པས་བསྐྱེད་པ་ཡང་ཁེགས་སོ། །བཞི་པ་ནི་རྒྱང་འཕེན་པ་ཚེ་འདིའི་རིག་པ་དང་། སྲ་མའི་དགེ་སྡིག་སོགས་ལས་བྱུང་བ་མ་ཡིན་ཞེས་མ་མཐོང་བའི་རྒྱུ་མེད་པ་དང་། དཔྱོད་པ་བདག་ཉི་ཤར་ཚུ་བོ་ཐུར་དུ་འབབས་པ་དང་། སོགས་མཐོང་བའི་རྒྱུ་མེད་པར་སྐྱེ་བ་འདོད་མོད། དེ་ལྟར་ན་ཡུལ་དུས་ཀྱི་ཁྱད་པར་ལ་སོགས་པ་གང་ལ་ཡང་ལྟོས་པ་མེད་པར་འགྱུར་བ་དང་། འབྲས་བུ་ལོ་ཏོག་ལ་སོགས་པའི་ཆེད་དུ་རྒྱུ་ཞིང་ལ་སོགས་པ་ལ་འཇུག་པ་དོན་མེད་པར་འགྱུར་བ་དང་། དངོས་པོ་རྣམས་རྒྱུ་མེད་པའི་ཕྱིར་ནམ་མཁའི་མེ་ཏོག་ལྟར་ཤེས་པའི་བཟུང་ཡུལ་དུ་མི་སྣང་བར་འགྱུར་བ་སོགས་ཀྱིས་རྒྱུ་མེད་པར་སྐྱེ་བ་ཁེགས་སོ། །དེ་ལྟར་རྒྱུ་ལ་དཔྱད་པའི་རིག་པ་འདི་ནི་དངོས་པོ་ཀུན་མཐའ་བཞི་གང་རུང་ལས་སྐྱེ་བར་འདོད་པའི་ལོག་ཏོག་གི་བྲག་རི་གཞོམ་པའི་རྡོ་རྗེའི་གཟེགས་མ་སྟེ། སློབ་དཔོན་ཀ་མ་ལ་ཤཱི་ལས། བདག་དང་གཞན་སླས་དངོས་པོ་ཡི། །བྲག་ནི་མ་ལུས་གཞོམ་པའི་ཕྱིར། །བཞི་ཅར་ཕྱིར་ནི་མི་ལྡོག་པའང་། །རྡོ་རྗེ་ཕྲ་མོ་དེ་འདི་ཡིན་ཞེས་གསུངས། ཚུལ་འདི་ཉིད་ཟླ་ཤེར། བདག་ལས་མ་ཡིན་གཞན་ལས་མིན། །གཉིས་ལས་མ་ཡིན་རྒྱུ་མེད་མིན། །དངོས་པོ་གང་དག་གང་ལའང་། །སྐྱེ་བ་ནམ་ཡང་ཡོད་མ་ཡིན། །ཞེས་གསུངས་པའོ། །

གསུམ་པ་འབྲས་བུ་ལ་དཔྱོད་པ་ཡོད་མེད་སྐྱེ་འགོག་ལ། དང་པོ་ཡོད་པ་སྐྱེ་བ་དགག་པ་ནི། གྲངས་ཅན་པ་དག་འབྲས་བུ་རྒྱུའི་བདག་ཉིད་དུ་མི་གསལ་བར་ཡོད་པ་གསལ་བར་སྐྱེ་བར་སྨྲ་མོད། དེ་ལྟར་ན་འབྲས་བུ་ནི་རྒྱུ་དེ་དག་ལ་ལྟ་རུང་གི་དམིགས་པར་འགྱུར་བའི་ཉེས་པ་ཡོད་ཅིང་། བྱེ་སྨྲས་འབྲས་བུ་མ་འོངས་པ་ན་ཡོད་པ་ད་ལྟ་བར་སྐྱེ་བར་སྨྲ་མོད། མ་འོངས་པ་ནི་བདག་ཉིད་ཀྱི་དངོས་པོ་མ་ཐོབ་པ་ཡིན་པས་ཡོད་པར་འགལ་བའི་ཕྱིར་དང་། གཉིས་ཀ་ལ་ཐུན་མོང་དུ་ཡོད་པ་ནི་སྐྱེ་བར་མི་འགྱུར་ཏེ། སྐྱེ་བ་ནི་དངོས་པོ་གྲུབ་པའི་དོན་དུ་ཡིན་ལ་

དངོས་པོ་ཉིད་གྲུབ་ཟིན་པའི་ཕྱིར་རོ། །

གཉིས་པ་མེད་པ་སྐྱེ་བ་དགག་པ་ནི། མདོ་སྡེ་པ་དང་། རྣམ་རིག་པ་དག་འབྲས་བུ་སྔར་མེད་གསར་དུ་སྐྱེ་བར་འདོད་མོད། དངོས་པོ་གང་སྐྱེ་ཡང་ཆོས་གཞན་ལ་སྐྱེ་བའི་བྱ་བ་བརྟེན་པས་ཆོས་གཞན་སྐྱེ་བ་མི་རུང་བས་ན་འབྲས་བུ་དེ་ཉིད་ལ་བརྟེན་དགོས་ལ། འབྲས་བུ་དེ་མེད་ན་བརྟེན་པས་སྐྱེ་བའི་བྱ་བ་མེད་པས་ཇི་ལྟར་སྐྱེ་བར་འགྱུར། དེས་ན་སྐྱེ་བའི་བྱ་བ་དང་། རྟེན་འབྲས་བུའི་དངོས་པོ་ཕན་ཚུན་བརྟེན་པས་མཐར་གང་ཡང་མི་འགྲུབ་པར་འགྱུར་བ་དང་། ཡང་འདི་ནི་འདིའི་རྒྱུ་ཡིན་ནོ། །འདི་ནི་འདིའི་འབྲས་བུ་ཡིན་ནོ་ཞེས་རྒྱུ་འབྲས་ཀྱི་ཐ་སྙད་ཕན་ཚུན་ལྟོས་ནས་འཇོག་པས་ན་འབྲས་བུ་དེ་མེད་ན་གང་གི་རྒྱུར་བརྟགས་ཏེ་རྒྱུའི་རྣམ་འཇོག་གི་རྒྱུ་མེད་པའི་ཕྱིར་དང་། འབྲས་བུའི་ངོ་བོ་སྔར་མེད་པའམ། རྐྱེན་ལ་མེད་ཀྱང་སྐྱེ་ན་ནི། རི་བོང་གི་རྭ་ལ་སོགས་པ་ལས་སྐྱེ་བར་འགྱུར་ཏེ། མེད་པར་ཁྱད་པར་མེད་པར་འགྱུར་བ་སོགས་ཀྱིས་ཁེགས་སོ། །དེ་དག་ཀྱང་རྩ་ཤེར། མེད་དམ་ཡོད་པའི་དོན་ལ་ཡང་། །རྐྱེན་ནི་རུང་བ་མ་ཡིན་ཏེ། ཞེས་སོགས་གསུངས་སོ། །བཞི་པ་རྒྱུ་འབྲས་གཉིས་ཀ་ལ་དཔྱོད་པ་མུ་བཞི་སྐྱེ་འགོག་ནི། སྣང་བ་འདི་དག་རང་བཞིན་གྱིས་མེད་དེ་རྒྱུ་མཚན་རྒྱུ་གཅིག་གིས་འབྲས་བུ་གཅིག་མི་བསྐྱེད་པ་ནི། རྒྱུ་དང་འབྲས་བུ་ནི་རྟུལ་ཕྲན་ལ་སོགས་པ་ཆ་དུ་མ་ཉིད་དུ་མཐོང་བས་གཅིག་ཏུ་མ་གྲུབ་ཅིང་། མིག་ལ་སོགས་པ་ལས་མིག་གི་རྣམ་པར་ཤེས་པ་ལ་སོགས་པ་འབྱུང་བ་ཉིད་དུ་མཐོང་བས་ན་མིག་ལ་སོགས་པའི་རྒྱུན་ཕྱི་མ་མི་འབྱུང་བར་འགྱུར་ན་འབྱུང་བ་ཡང་མཐོང་བའི་ཕྱིར་རོ། །རྒྱུ་གཅིག་གིས་འབྲས་བུ་དུ་མ་བྱེད་པ་ཡང་མ་ཡིན་ཏེ། དབང་ཕྱུག་དང་གཙོ་བོ་ལ་སོགས་པ་རྟག་པ་གཅིག་པུ་རྒྱུ་ཡིན་པ་ནི་སྔར་བཀག་ཟིན། རྒྱུ་གཅིག་ལས་ཀྱང་འབྲས་བུ་དུ་མ་འགྱུར་ན་འབྲས་བུ་ཐ་དད་པའི་ཆོས་རྣམས་རྒྱུ་མེད་པ་ཉིད་དུ་འགྱུར་ཏེ། རྒྱུ་ལ་མི་འདྲ་བའི་ཁྱད་པར་མེད་པའི་ཕྱིར་རོ། །རྒྱུ་དུ་མས་འབྲས་བུ་གཅིག་བསྐྱེད་པ་ཡང་མ་ཡིན་ཏེ། རྒྱུ་མི་འདྲ་བས་འབྲས་བུ་མི་འདྲ་བར་བྱེད་པར་མི་འགྱུར་བ་དེ་ལྟར་ན་ཡང་མི་འདྲ་སྣ་ཚོགས་རྒྱུ་མེད་པར་འགྱུར་བའི་ཕྱིར་རོ༑ །རྒྱུ་དུ་མས་འབྲས་བུ་དུ་མ་བྱེད་པ་ཡང་མ་ཡིན་ཏེ། དེ་ཡང་རྒྱུ་ཐམས་ཅད་ཀྱི་འབྲས་བུ་ཐམས་ཅད་བྱེད་པ་པོ་ལ་འདོད་ན་དེ་ནི་མི་སྲིད་པའི་ཕྱིར་དང་། སྲིད་ཀྱང་དུ་མས་གཅིག་བྱེད་པའི་ནང་དུ་འདུས་པས་བཀག་ཟིན་ལ༑ རྒྱུ་རེ་རེས་འབྲས་བུ་རེ་རེ་བྱེད་པ་འདོད་ན་དེ་ནི་གཅིག་གིས་གཅིག་བྱེད་པ་ཡིན་པས་སྔར་བཀག་ཟིན་ཏེ། མདོར་ན་སྐྱེ་བ་མུ་བཞི་ཁེགས་པས་སྐྱེ་བ་མེད་དེ་ནམ་མཁའ་བཞིན་ནོ། །དེ་དག་ཀྱང་བདེན་གཉིས་ལས། དུ་མས་དངོས་པོ་གཅིག་མི་བྱེད། །དུ་མས་དུ་མ་བྱེད་མ་ཡིན། །གཅིག་གིས་དུ་མའི་དངོས་མི་བྱེད། །གཅིག་གིས་གཅིག་བྱེད་པའང་མིན། །ཞེས་གསུངས་སོ། །ལྔ་པ་ཐམས་ཅད་ལ་དཔྱོད་པ་རྟེན་འབྲེལ་གྱི་གཏན་ཚིགས་ནི།

སྣང་བའི་ཆོས་རྣམས་རྒྱུ་མེད་དུ་འབྱུང་བའམ། རྒྱུ་ངེས་མེད་ལས་འབྱུང་བ་མ་ཡིན་པར། ཆོས་འགའ་ཞིག་ལ་བརྟེན་ནས་འབྱུང་བ་ཡིན་ཏེ། དེ་ལ་ངོ་བོ་ལྟོས་པ་དང་། རྣམ་འཇོག་ལྟོས་པ་གཉིས་ལས་དང་པོ་ནི། ཆོས་འགའ་ཞིག་ལས་འགའ་ཞིག་གི་ངོ་བོ་གྲུབ་པ་མར་མེ་ལ་ལྟོས་ནས་འོད་འབྱུང་བ་ལྟ་བུ་དང་།

གཉིས་པ་ནི། ཆོས་འགའ་ཞིག་ལས་དཔགས་ཏེ་འདི་ནི་འདི་འོ་ཞེས་པའི་ཐ་སྙད་གྲུབ་པ་སྟེ། འདི་ཡོད་ན་འདི་འབྱུང་ཞེས་པ་དཔེར་ན། མ་རིག་པ་ཡོད་ན་འདུ་བྱེད་འབྱུང་། ཞེས་པ་ལ་སོགས་པའོ། །རྒྱུ་འབྲས་ལ་སོགས་པའི་ཐ་སྙད་ཀུང་ཕན་ཚུན་ལྟོས་པ་ཉིད་དེ། འདིའི་འབྲས་བུའོ་ཞེས་རྒྱུ་ལ་ལྟོས་པ་མ་ཡིན་ན་འབྲས་བུའི་འཇོག་བྱེད་མེད་ཅིང་། འདིའི་རྒྱུའོ་ཞེས་འབྲས་བུ་ལ་ལྟོས་པ་མ་ཡིན་ན། རྒྱུའི་འཇོག་བྱེད་མེད་པའི་ཕྱིར་རོ། །ཚུལ་འདི་ཉིད་ཀྱིས་མཚན་ཉིད་དང་མཚོན་བྱ། གདན་ཚིགས་དང་བསྒྲུབ་བྱ། ཤེས་པ་དང་ཤེས་བྱེད། ཡན་ལག་དང་ཡན་ལག་ཅན། དགག་བྱ་དང་བཀག་ཆོས། རིང་པོ་དང་ཐུང་ངུ། སྔ་མ་དང་ཕྱི་མ། ཕ་རོལ་དང་ཚུ་རོལ་ལ་སོགས་པ་ཐམས་ཅད་ཕན་ཚུན་ལྟོས་པར་གྲུབ་བོ། །དེའི་ཕྱིར་སྣང་བའི་ཆོས་འདི་ཉིད་ཀྱི་སྟེང་དུ་ངོ་བོའམ་ཐ་སྙད་ལ་མ་ལྟོས་པའི་ཆོས་ཅུང་ཟད་ཀུང་མེད་པར་གྲུབ་པས་ཆོས་ཅན་སྣང་བ་ལ་རྟེན་འབྲེལ་གྱི་སྒྲུབ་བྱེད་གྲུབ་པའོ། །ངོ་བོ་རྐྱེན་གྱིས་བསྐྱེད་པ་དང་། རྣམ་འཇོག་གཞན་ལ་ལྟོས་པ་དང་། གཞན་དུ་འགྱུར་བའི་ཆོས་གསུམ་སྤྱངས་པའི། མེ་ཡི་ཚ་བ་དང་ཆུའི་གཤེར་བ་ལྟ་བུ་ཆོས་དེ་ལ་ངོ་བོའམ། རང་བཞིན་ནམ། གཤིས་ཀྱིས་གནས་པ་སྙམ་ལས་ལྡོག་པའི་ཆོས་གསུམ་ལྡན་གྱི་རང་བཞིན་ལ་རྟེན་འབྲེལ་བཀག་པས་རྟེན་འབྲེལ་གཉིས་སུ་ངེས་པར་གྲུབ་བོ། །རྟེན་འབྲེལ་གཉིས་པོ་དེ་ཡང་དཔྱད་ན་རང་བཞིན་མེད་པ་ཡིན་ཏེ། རྣམ་འཇོག་ལྟོས་པ་དཔེར་ན། ཐུང་ངུ་ལ་ཐུང་ངུའང་གྲུབ་ན་རིང་པོ་ལ་ལྟོས་མི་དགོས་ཤིང་། མ་གྲུབ་ན་དེ་ལ་ལྟོས་པའི་ལྟོས་ཆོས་རིང་པོ་ཉིད་མི་འགྲུབ་པ་དང་། དེ་བཞིན་དུ་བཟློག་ཏེ་སྦྱར་བས་ཤེས་སོ། །ངོ་བོ་ལྟོས་པ་ངོ་བོ་གྲུབ་པ་ལྟོས་ན་ལྟོས་པ་དོན་མེད་པར་འགྱུར་ལ། མ་གྲུབ་པ་ལྟོས་ན་རི་བོང་གི་རྭ་ལྟར་ལྟོས་པ་པོ་མེད་པས་གང་ཞིག་ལྟོས་པར་འགྱུར། ལྟོས་ཚུལ་དེ་གཉིས་དུས་མཉམ་པ་ལ་ཕན་གདགས་བྱ་འདོགས་བྱེད་མེད་ལ། དུས་མི་མཉམ་པ་ལ་ལྟོས་ས་ཡོད་པའི་ཚེ་ལྟོས་ཆོས་མེད་ཅིང་། ལྟོས་ཆོས་ཡོད་པའི་ཚེ་ལྟོས་ས་མེད་པས་གང་ཞིག་གང་ལ་ལྟོས་པར་འགྱུར། དེས་ན་རྟེན་འབྲེལ་ནི་དཔྱད་ན་རང་བཞིན་མེད་པར་གྲུབ་ཅིང་། རང་བཞིན་མེད་པ་ཉིད་ཀྱིས་སྐྱེ་བ་མེད་པ་ཡིན་ཏེ། ཏིང་འཛིན་རྒྱལ་པོ་ལས། གང་ཞིག་རྐྱེན་ལས་སྐྱེས་པ་དེ་མ་སྐྱེས། །དེ་ལ་སྐྱེ་བའི་རང་བཞིན་ཡོད་མ་ཡིན། །རྐྱེན་ལ་རག་ལས་གང་དེ་སྟོང་པ་ཉིད། །གང་གི་སྟོང་ཉིད་ཤེས་དེ་བག་ཡོད་ཡིན། ཞེས་དང་། རིག་པ་དྲུག་ཅུ་པ་ལས། དེ་དང་དེ་རྟེན་གང་འབྱུང་བ། །རང་གི་ངོ་བོར་དེ་མ་སྐྱེས། །རང་གི་ངོ་བོར་གང་མ་སྐྱེས། །དེ་ལ་སྐྱེས་པས་ཇི་

ལྟར་བྱ། །ཞེས་དང་། རྩ་ཤེར། རྟེན་ཅིང་འབྲེལ་འབྱུང་མ་ཡིན་པའི། །ཆོས་འགའ་ཡོད་པ་མ་ཡིན་པ། །དེ་ཕྱིར་སྟོང་པ་མ་ཡིན་པའི། །ཆོས་འགའ་ཡོད་པ་མ་ཡིན་ནོ། །ཞེས་གསུངས་ཏེ། སྐབས་དོན་སོ་སོའི་ལུང་རྣམས་བྲི་བར་མ་ནུས་སོ། །

གསུམ་པ་འགྲེལ་ཚུལ་གྱི་སྒོ་ནས་ཐལ་རང་གི་རིག་པ་གཉིས་སུ་འགྱུར་བ་ནི། བདག་ལས་མ་ཡིན་ཞེས་སོགས། སྟོང་ཉིད་སྒྲུབ་བྱེད་ཀྱི་རིགས་པ་ཐམས་ཅད་ཐལ་འགྱུར་བས་གཞན་ལ་གྲགས་ཀྱི་རྟགས་སུ་འདོད་ལ། རང་རྒྱུད་པས་རང་རྒྱུད་ཀྱི་གཏན་ཚིགས་སུ་འདོད་པར་སྒོ་ནས་ཕྱེ་བ་ལས། ཐལ་འགྱུར་བ་ཕལ་ཆེར་གྱིས་དེ་ཁོ་ན་ཉིད་གཏན་ལ་འབེབས་པའི་ཚེ་རང་རྒྱུད་ཀྱི་རྟགས་མི་འཐད་པར་ཐལ་བ་ཙམ་འབའ་ཞིག་བྱ་བར་རིགས་ཏེ། དབུ་མ་པ་རང་ཉིད་ལ་ཞེ་འདོད་ཀྱི་ཁས་ལེན་ཅུང་ཟད་ཀྱང་མེད་པའི་ཕྱིར་ཞེས་སོགས་འཐད་པ་དང་བཅས་ཏེ་གསུངས་མོད། དབུ་མ་པ་ལ་ཞེ་འདོད་ཀྱི་དམ་བཅའ་ཅུང་ཟད་ཀྱང་མེད་ན། མཐའ་བཞིའི་སྐྱེ་བ་དགག་པའི་དམ་བཅའ་བཞི་གསུངས་པ་དེ་ཉིད་རང་ཉིད་ཞེ་ནས་མི་འདོད་བཞིན་དུ་དམ་བཅས་པར་འགྱུར་ཞིང་། དེ་ལྟར་ན་མཐའ་བཞིའི་སྐྱེ་བ་ཡོད་པ་ཡང་དམ་བཅར་རིགས་པར་འགྱུར་ཏེ། ཞེ་ནས་མི་འདོད་པར་མཚུངས་པའི་ཕྱིར་རོ༎ ༎དེ་ནས་ཐ་སྙད་ལ་དཔྱོད་པའི་ཚེ་བདེན་གཉིས་ཀྱི་ཡུལ་ལ་དབུ་མའི་ངག་སྦྱར་བ། འདི་ལྟར་དོན་དམ་པར་ཆོས་ཐམས་ཅད་སྤྲོས་པ་དང་བྲལ་ལོ་ཞེས་པ་དང་། ཀུན་རྫོབ་ཏུ་ཆོས་རྣམས་སྒྱུ་མ་ལྟ་བུ་ཡིན་ནོ་ཞེས་པ་ལྟ་བུ་ཐ་སྙད་དུ་དབུ་མའི་ལྟ་བ་དང་། དགག་སྒྲུབ་དང་། དམ་བཅའ་དང་། གཏན་ཚིགས་ཐམས་ཅད་ཁས་ལེན་པར་འཐད་ཅེས་གསུངས་སོ། །བཞི་པ་བསྒྲུབ་བྱའི་སྒོ་ནས་བདག་མེད་གཉིས་ཏེ། སྔར་བཤད་པའི་རིགས་པ་ཐམས་ཅད་ཀྱང་འདི་གཉིས་ཀྱི་ནང་དུ་འདུས་པས་ན། སློབ་དཔོན་ཀླུས། བདག་མེད་རྣམ་པ་གཉིས་མཐོང་ན། །སྲིད་པའི་ས་བོན་ལྡོག་པར་འགྱུར། །ཞེས་དང་། འཇུག་པར། བདག་མེད་གཉིས་སྒྲུབ་པ་གཙོ་བོར་མཛད་པའི་གནད་ཀྱང་འདི་ཉིད་ཡིན་ནོ། །དེས་ན་དེ་གཉིས་ཅུང་ཟད་རྒྱས་པར་བཤད་ན། ཐོག་མར་དགག་བྱའི་བདག་གཉིས་པོ་ངོས་བཟུང་བ་ནི། མདོ་ལས། ཇི་ལྟར་ཡན་ལག་རྣམས་བརྟེན་ནས། །ཀུན་རྫོབ་ཤིང་རྟར་འདོགས་པ་ལྟར། །དེ་བཞིན་ཕུང་པོ་རྣམ་བརྟེན་ནས། །ཀུན་རྫོབ་སེམས་ཅན་ཞེས་བྱའོ། །ཞེས་དང་། རྒྱལ་པོ་ཆེན་པོ། སྐྱེས་བུ་གང་ཟག་འདི་དག་ནི་ཁམས་དྲུག་པ་ཅན་ཞེས་གསུངས་པའི་སེམས་ཅན་དང་། གང་ཟག་དང་། སྐྱེས་བུ་རྣམས་འཇུག་པ་རྩ་འགྲེལ་དུ་བདག་གི་མིང་གི་རྣམ་གྲངས་སུ་བྱས་ནས་ཤིང་རྟའི་ཡན་ལག་ལ་བརྟེན་ནས་ཤིང་ལྟར་འདོགས་པ་ལྟར། ཕུང་པོ་ལ་བརྟེན་ནས་བདག་ཏུ་འདོགས་པ་དང་། ཁམས་དྲུག་ལ་བརྟེན་ནས་བདག་ཏུ་འདོགས་པའང་ཡོད་ལ། གཞན་ཡང་བདག་དང་ཕུང་པོ་གཉིས་ཀྱི་ཟླས་ཕྱེ་བའི་བདག་དེ་གང་ཟག་ལ་འཇོག

པས་ཐ་སྙད་དུ་ཡོད་པ་སྟེ། ཇི་སྲིད་ཕུང་པོར་འཛིན་ཡོད་པ། །དེ་སྲིད་དེ་ལ་ངར་འཛིན་ཡོད། །ཅེས་པ་ལྟར་ཐོག་མ་མེད་པ་ནས་ཕུང་པོ་དམིགས་ཡུལ་དུ་བྱས་པའི་བློ་སྐད་ཅིག་མ་རེ་རེས་གཞི་མེད་ལ་ངའོ་སྙམ་དུ་འཛིན་པ་ལྷན་སྐྱེས་ཀྱི་བློ་སྐད་ཅིག་མ་རེ་རེ་བསྐྱེད་པའི་དམིགས་ཡུལ་དུ་གྱུར་པའི་ཕུང་པོ་ཙམ་དང་། ང་ཙམ་ནི་ཆོས་དང་གང་ཟག་ཡིན་པས་ཐ་སྙད་དུ་ཡོད་དེ། ཉེ་བར་བླང་བྱ་དང་ལེན་པ་པོ་དང་། ཆ་ཤས་དང་ཆ་ཤས་ཅན་དང་། ཡན་ལག་དང་ཡན་ལག་ཅན་ལ་སོགས་པའི་ཐ་སྙད་གསུངས་ཤིང་དེ་དག་ཕན་ཚུན་ལྟོས་ནས་གྲུབ་པར་ཡང་གསུངས་པའི་ཕྱིར་རོ། །དེ་ལྟ་བུའི་ཆོས་དང་གང་ཟག་གཉིས་ཐ་སྙད་དུ་ཡོད་པ་དགག་བྱ་མ་ཡིན་ཏེ། འཇིག་རྟེན་གྲུབ་མཐའ་ལ་མ་ཞུགས་པའམ། ཞུགས་ཀྱང་གྲུབ་མཐས་མ་དཔྱད་པར་རང་དགར་གནས་པའི་ཚེ། འདི་ནི་ལྷ་སྦྱིན་ནོ། །འདི་ནི་མཆོད་སྦྱིན་ནོ་ཞེས་སོགས་ཕུང་པོ་ལ་བརྟེན་ནས་གང་ཟག་ཙམ་དང་འདི་ནི་ཤིང་རྟའོ། །འདི་ནི་བུམ་པའོ་ཞེས་སོགས་ཡན་ལག་དང་ཆ་ཤས་ལ་བརྟེན་ནས་ཆོས་ཙམ་དུ་འཛིན་པ། དེ་ལྟར་ཆོས་དང་གང་ཟག་ཙམ་དུ་འཛིན་པ་དེ་གཉིས་དཔྱད་པ་མེད་པར་བག་ཆགས་ལ་བརྟེན་ནས་བདེན་པར་བཟུང་བའི་ཡུལ་ནི་ལྷན་སྐྱེས་ཀྱི་བདག་གཉིས་ཡིན་ལ། གྲུབ་མཐའ་ལ་ཞུགས་པ་ཆོས་དང་གང་ཟག་དེ་དག་ལ་རིག་པ་ལྟར་སྣང་གི་འཐད་པ་བཙུག་ནས་སྒྲུབ་བྱེད་དང་བཅས་པའི་སྒོ་ནས་བདེན་པར་ཁས་ལེན་པ་ནི་ཀུན་བཏགས་ཀྱི་བདག་གཉིས་ཏེ་སྐབས་འདིའི་དགག་བྱ་ཡིན་པ་ལ་ཁྱད་པར་མེད་དོ། །དགག་བྱའི་བདག་དེ་དག་གིས་སྟོང་པ་ལ་ངོ་བོ་ཉིད་མེད་པའམ། རང་བཞིན་མེད་པ་ཞེས་བྱ་སྟེ། སངས་རྒྱས་བསྐྱངས་ཀྱིས། བདག་མེད་པ་ཞེས་བྱ་བ་ནི་ངོ་བོ་ཉིད་མེད་པའི་དོན་ཏེ། བདག་ཅེས་བྱ་བའི་སྒྲ་ནི་ངོ་བོ་ཉིད་ཀྱི་ཚིག་ཡིན་པའི་ཕྱིར་རོ་ཞེས་དང་བཞི་བརྒྱ་པའི་འགྲེལ་པ་ལས་ཀྱང་དེ་ལྟར་གསུངས་པའི་ཕྱིར་རོ། །འདི་དག་གི་ཚིག་ཟུར་གྱི་བདག་གཉིས་དང་། ཆོས་ཀྱི་སྡོམ་བཞིའི་ནང་གི་ཆོས་ཐམས་ཅད་བདག་མེད་པ་ཞེས་པའི་བདག་དོན་གཅིག་པས་ངོ་བོ་ཉིད་ཀྱིས་མ་གྲུབ་པ་ལ་འཇོག་ཅིང་། བདག་དང་ཕུང་པོ་ཞེས་པའི་ཚིག་ཟུར་གྱི་བདག་གི་ཁྱད་གཞི་གང་ཟག་ཙམ་ལ་འཇོག་གོ། །ཀུན་བཏགས་ཀྱི་བདག་དེ་ཡང་རྟོག་གེ་པ་དག་བདག་ཡོད་ངེས་པའི་སྒྲུབ་བྱེད་ཚད་མ་ཞེས་བྱ་བ་དངོས་པོའི་སྟོབས་ཀྱིས་ཞུགས་པ་ཡང་དག་པའི་དོན་ལ་མི་འབྲུལ་བ་ཞིག་རང་དང་གཞན་གྱི་རྒྱུད་ལ་བསྐྱེད་པས་འདོད་པའི་དོན་གྲུབ་པར་སྨྲ་མོད། ཡང་དག་པའི་ཚད་མ་ཉིད་མ་གྲུབ་པ་དང་། གྲུབ་ཀྱང་རྒྱུད་ལ་བསྐྱེད་པར་མི་ནུས་པ་དང་། ནུས་ཀྱང་འདོད་པའི་དོན་མི་གྲུབ་རྣམས་ཀྱིས་བཀག་པའི་ཚུལ་རྒྱས་པ་གཞན་དུ་ཤེས་ཤིང་། བདག་མེད་ངེས་པའི་རྒྱུ་གནོད་བྱེད་ཀྱི་རིགས་པ་ལ་ཀུན་བཏགས་ཀྱི་བདག་གཙོ་བོར་དགག་པ་དང་། ཀུན་བཏགས་དང་ལྷན་སྐྱེས་སོ་སོར་མ་ཕྱེ་བར་དཔྱད་གཞིའི་ཆོས་ཅན་གྱི་སྟེང་དུ་གཙོ་བོར་དགག་པ་གཉིས་ལས་དང་པོ་ལ། རྣལ་

འགྱུར་པ་ཡང་བློ་ཁྱད་ཀྱིས། གོང་མ་གོང་མ་རྣམས་ཀྱིས་གནོད། །ཅེས་གྲུབ་མཐའ་གོང་མ་གོང་མས་དགག་པ་ནི༑ ཡེ་ཤེས་སྙིང་པོ་ཀུན་ལས་བཏུས་པ་ལས་བཤད་པའི་རིག་པ་ལྟ་བུ་སྟེ། ཕྱི་རོལ་པས་བཏགས་པའི་གང་ཟག་གི་བདག་རྟག་པ་གཅིག་པུ་དང་། ཆོས་ཀྱི་བདག་རྡུལ་ཕྲན་རྟག་པ་སོགས་བྱེ་བྲག་སྨྲ་བའི་རིགས་པས་བཀག །དེས་བཏགས་པའི་ལྷན་མིན་འདུ་བྱེད་དང་། འདུས་མ་བྱས་ཀྱི་གཞི་མདོ་སྡེ་པའི་རིགས་པས་བཀག །དེས་བཏགས་པའི་ཕྱི་རོལ་གྱི་དོན་བདེན་གྲུབ་རྣམ་རིག་པའི་རིགས་པས་བཀག །དེས་བཏགས་པའི་གཉིས་སྟོང་གི་ཤེས་པ་དང་། སྟོང་ཉིད་བདེན་གྲུབ་དབུ་མ་པའི་རིགས་པས་བཀག་གས་སྟེ། མཐའ་བཞིའི་སྤྲོས་བྲལ་ཉིད་སྒྲུབ་བར་མཛད་པའོ། །ཀུན་བཏགས་ཐམས་ཅད་དབུ་མ་ཉིད་ཀྱི་རིག་པས་བཀག་པ་ནི་བྱང་ཆུབ་སེམས་འགྲེལ་ལྟ་བུ་སྟེ་དགག་བྱ་བདེན་དངོས་ཐམས་ཅད་བཞིར་བསྡུས་ནས་བཀག་སྟེ་སྤྲོས་བྲལ་ལ་སྦྱོར་བའོ། །

གཉིས་པ་ནི་རིགས་ཚོགས་ནས་གསུངས་པའི་རིག་པ་རྣམས་ཏེ། དབུ་མ་རྩ་བར། རྒྱུན་དང་འགྲོ་འོང་སོགས་དཔྱད་གཞི་འཇིག་རྟེན་ན་གྲགས་པའི་ཐ་སྙད་ཉི་ཤུ་རྩ་བདུན་དུ་བསྡུས་ནས་དེ་དག་ལ་བདེན་པར་འཛིན་པའི་ཞེན་ཡུལ་འགོག་པ་སྟེ། རྒྱུན་དང་ཕུང་ཁམས་སྐྱེ་མཆེད་སོགས་འགའ་ཞིག་ལ་ཀུན་བཏགས་ཀྱི་བདག་དགག་པ་གཙོ་ཆེ་ཞིང་དེས་ལྷན་སྐྱེས་ཀྱི་ཡུལ་ཡང་ཁེགས་ལ། འགྲོ་འོང་དང་། ལས་དང་། བྱེད་པོ་སོགས་འགའ་ཞིག་ལ་ལྷན་སྐྱེས་ཀྱི་བདག་དགག་པ་གཙོ་ཆེ་ཞིང་། དེས་ཀུན་བཏགས་ཀྱི་བདག་ཀྱང་ཁེགས་པ་ལྟ་བུའོ། །དེ་དག་གི་དོན་མདོར་བསྡུ་ན་ཆོས་ཀྱི་བདག་འགོག་པའི་རིག་པ་ལ། འགྲོ་བ་དང་འོང་བ་ལ་སོགས་པ་བྱ་བ་བྱེད་པའི་ཐ་སྙད་དང་། བློས་དོན་རིག་པ་ལ་སོགས་པ་ཡུལ་ཡུལ་ཅན་གྱི་ཐ་སྙད་དང་། མཚན་གཞི་དང་མཚན་ཉིད་ལ་སོགས་པ་རྟེན་དང་བརྟེན་པའི་ཐ་སྙད་དང་། ཤིང་རྟ་དང་། ཕྲེང་བ་དང་། དམག་ལྟ་བུ་ཡན་ལག་འདུས་པ་ལུས་དང་ཡན་ལག་གི་ཐ་སྙད་དང་། སྔ་ཕྱི་ལ་སོགས་པ་དུས་དང་། ཤར་ལ་སོགས་པ་ཕྱོགས་དང་། ཆེ་ཆུང་། རིང་ཐུང་། ཐན་གཞོན། མཆོག་དམན་ལ་སོགས་པ་ལྟོས་པའི་ཐ་སྙད་དེ། དེ་དག་ཀྱང་དབུ་མའི་རིགས་པས་རང་གི་མཚན་ཉིད་རྣམ་པར་བཏགས་ན་བདག་གམ། ངོ་བོ་ཉིད་དམ། བདེན་པར་མི་རུང་ལ། གཞན་ཡང་སྣང་བའི་ཆོས་རྣམས་ཐན་ཚུན་ཐ་སྙད་ཀྱི་རྒྱུ་མཚན་ཡོད་པར་མཚུངས་པ་དང་། ཡང་དག་པའི་རྒྱུ་མཚན་མེད་པར་མཚུངས་པ་དང་། སྤྱི་ལྡོག་གཅིག་པ་ཡིན་པས་བཀག་པ་རྣམས་ནི་གཞན་དང་ཁྱད་པར་བཏགས་པས་སམ། མགོ་སྙོམས་པའི་སྒོ་ནས་དང་། དེ་བཞིན་དུ་ཐལ་ངག །གལ་ཏེ་ཆོས་རྣམས་རང་བཞིན་འགའ་ཡོད་ན། །རྒྱལ་བ་ཉན་ཐོས་བཅས་པས་དེ་མཁྱེན་འགྱུར། །ཞེས་དང་། གལ་ཏེ་གཟུགས་དངོས་པོ་ཡོད་ཅིང་མེད་པ་མ་ཡིན་ན་ནི་ཐེག་པ་ཆེན་པོ་འདིས་ཀྱང་ལྟ་དང་མི་དང་ལྟ་མ་ཡིན་དང་བཅས་པའི་འཇིག་རྟེན་ཟིལ་གྱིས་མནན་ཅིང་འབྱུང་

བར་མི་འགྱུར་ཏེ་ཞེས་པ་ལྟ་བུའི་ཐལ་སྦྱོར་མདོ་ལས་ཀྱང་གསུངས་པས་བདག་ཁེགས་པ་དང་། སྲིད་པ་རྣམས་ནི་ཡོང་ཡེ་སྟོང་པ་སྟེ། །ཉི་ཚེའི་སྟོང་པ་མུ་སྟེགས་ཅན་རྣམས་ཀྱི། །ཞེས་པའི་ཚུལ་གྱིས་གང་ཞིག་མ་ཁེགས་ན་དབུ་མ་པར་མི་འགྱུར་བའི་དགག་བྱ་ལ་སྒྱི་ལྡོག་ནས་ཁྱབ་བྱེད་དགག་པ་གཅིག་དང་དུ་བྲལ་ལ་སོགས་པའི་གནད་ཚིགས་ཀྱི་སྒོ་ནས་བདག་ཁེགས་པ་སྟེ་ཞིབ་ཏུ་ཡི་གེས་འཇིགས་ནས་མ་སྤྲོས་སོ། །

གཉིས་པ་གང་ཟག་གི་བདག་དགག་པའི་རིགས་པ་ལ། འཇུག་པར། ཕུང་པོ་དང་། དེ་ཉིད་དང་། གཞན་ཉིད་དང་། རྟེན་དང་། བརྟེན་པ་དང་། ལྡན་པ་དང་ལྟའི་སྟེང་དུ་ཕུང་པོ་ཚོགས་ཙམ་དང་། ཕུང་པོའི་བཀོད་པ་དབྱིབས་ཏེ་རྣམ་པ་བདུན་དུ་དཔྱད་ནས་དགག་པར་མཛད་པ་དང་། དེ་ཉིད་ལྔར་བསྡུས་པ་ནི། རྒྱུ་ཤེར། ཤིང་ཉིད་མེ་ནི་མ་ཡིན་ཏེ། །ཞེས་སོགས་རྣམ་པ་ལྔའི་སྒོ་ནས་དཔྱད་ཅིང་དེ་ཉིད་ཆོས་དང་གང་ཟག་ཐམས་ཅད་ལ་སྦྱར་བར་གསུངས་པ་དང་། དེ་ཉིད་བཞིར་བསྡུས་པ་ཡང་། ཕུང་པོ་རེ་རེའི་སྟེང་དུ་ཡང་དེ་ཉིད་དང་། རྟེན་དང་བརྟེན་པ་ལྡན་པ་བཞི་བཞིར་དཔྱད་དེ་དགག་པར་གསུངས་པ་དང་། དེ་ཉིད་གཉིས་སུ་བསྡུས་པ་ཡང་། ཕུང་པོ་རེ་རེའི་སྟེང་དུ་དེ་ཉིད་དང་གཞན་ཉིད་དུ་དཔྱད་པ་གཉིས་སུ་བསྡུས་ནས་དགག་པ་མཛད་དེ་རྒྱ་བའི་ལུང་དང་སྦྱར་ཞིང་རྟོགས་པར་བྱ་སྟེ་ཡོད་པ་སྒྲོ་འདོགས་ཀྱི་མཐའ་དགག་པ་གཙོར་བྱས་ཀྱི་མེད་པ་སྐུར་འདེབས་ཀྱི་མཐའ་དགག་པ་ནི། གོང་དུ་ཙུང་ཟད་བཤད་ཟིན་ལ། དེ་གཉིས་བཀག་པའི་མཐར་སྤྲོས་པའི་མཐའ་ཐམས་ཅད་འགོག་པ་ནི་ལུང་ལས། ཡོད་པ་མིན་པའི་ཟླས་དྲངས་ཏེ། །མེད་པའང་ཡོད་པའི་ཟླས་དྲངས་ཏེ༑ ཞེས་དང་། སློབ་དཔོན་གྱིས། དགག་བྱ་ཅི་ཡང་མེད་པས་ན། །ང་ནི་ཅི་ཡང་མི་འགོག་གོ། །ཞེས་དང་། བདེན་གཉིས་ལས། དགག་བྱ་ཡོད་པ་མ་ཡིན་པས། །ཡང་དག་ཏུ་ནི་བཀག་མེད་གསལ། །ཞེས་དབུ་མའི་གཞུང་ལུགས་རྣམས་ལས་ཡོད་མེད་གང་རུང་གཅིག་དགག་བྱར་བྱེད་པའི་ཚེ་ན། ཅིག་ཤོས་ཀྱང་དགག་བྱར་བྱེད་དགོས་པར་གསུངས་པས་མཐར་ཡོད་མེད་སོགས་གང་དུ་ཡང་བཟུང་དུ་མེད་པ་གྲུབ་བོ། དེ་དག་ནི་རིགས་པའི་རྣམ་གྲངས་ཇི་སྙེད་ཅིག་གསུངས་པ་རྐང་གྲངས་ཙམ་དུ་སྨོས་པ་ཡིན་ལ་རིགས་པའི་གཙོ་བོ་ཆོས་ཀྱི་བདག་འགོག་པ་ལ་གནད་ཚིགས་ཆེན་པོ་ལྔ་གོང་དུ་སྨོས་པ་བཞིན་དང་། དེ་བཞིན་དུ་གང་ཟག་གི་བདག་དགག་པའི་རིགས་པའི་གཙོ་བོ་དང་། དགག་བྱ་འཇིག་ཚོགས་ལ་ལྟ་བའི་ངོ་བོ་ནི། ཕུང་པོ་ལ་བརྟེན་ནས་ངར་འཛིན་པ་ཉིད་ཡིན་ལ། དེར་མ་ཟད་པའི་གཟུགས་ཕུང་སྐམ་པ་ལྟ་བུ་ངས་ཁྱད་པར་དུ་བྱས་ནས་ཕུང་པོར་འཛིན་པ་ཡང་འཇིག་ཚོགས་ལ་ལྟ་བ་ཡིན་པར་གསུངས་སོ། །དེ་ཉིད་ཆོས་ཀྱི་བདག་འཛིན་མ་ཡིན་ནམ་སྙམ་ན། ངས་ཁྱད་པར་དུ་མ་བྱས་པ་སྤྱིར་ཕུང་པོ་ཙམ་དུ་འཛིན་པ་ཆོས་ཀྱི་བདག་འཛིན་དུ་འདོག་པས་ཁྱད་པར་ཤིན་ཏུ་ཆེ་སྟེ། དང་པོར་ང

ཞེས་བདག་ལ་ཞེན་གྱུར་ཅིང་། །བདག་གི་འདི་ཞེས་དངོས་ལ་ཆགས་བསྐྱེད་པ། །ཞེས་པའི་སྐབས་ཀྱི་ཕུང་པོའི་དངོས་པོ་ལ་ཆགས་པའི་བློ་དང་། ཇི་སྲིད་ཕུང་པོར་འཛིན་ཡོད་པ། །ཞེས་པའི་སྐབས་ཀྱི་ཕུང་པོར་འཛིན་པའི་བློའི་ཁྱད་པར་ལྟ་བུའོ། །དེ་ལྟ་བུ་དེ་དགག་པ་ལ་གཉིས་ཏེ། གང་ཟག་རྣམ་པ་བདུན་དུ་གྲུབ་པ་དགག་པ་དང་། བརྗོད་དུ་མེད་པའི་གང་ཟག་དགག་པའོ། །དང་པོ་ལ་དགག་པ་ཚན་ལྔ་སྟེ། གང་ཟག་ཕུང་པོ་ལས་གཞན་དུ་གྲུབ་པ་དགག །ཕུང་པོ་དང་གཅིག་ཏུ་གྲུབ་པ་དགག །རྟེན་དང་བརྟེན་པའི་ཕྱོགས་གཉིས་དགག །ལྡན་པའི་ཕྱོགས་དགག །ཚོགས་པ་དང་དབྱིབས་དགག་པའོ། །དང་པོ་ནི། ཕྱི་རོལ་པ་ཐམས་ཅད་མཐུན་པར་བདག་ཕུང་པོ་ལས་གཞན་དུ་གྲུབ་པ་དང་རྟག་པའི་དངོས་པོར་འདོད་ཅིང་། ནང་གསེས་ཀྱི་འདོད་ཚུལ་ཐ་དད་པ་དང་བཅས་ཏེ་སྣ་མོད། མི་འཐད་པའི་ཚུལ་རྒྱས་པ་གཞན་དུ་ཤེས་ཤིང་། མདོར་བསྟན་ན། བདག་ཕུང་པོ་ལས་གཞན་དུ་མེད་དེ། དེར་སྣང་རུང་མ་དམིགས་པའི་ཕྱིར་དང་། ཕུང་པོ་སོ་སོར་བསལ་ན་བདག་ཀྱང་མི་རྙེད་པར་འགྱུར་བ་སོགས་མཐའ་ཡས་སོ། །

གཉིས་པ་ནི་རང་སྡེ་མང་བཀུར་བ་དག་བདག་ཕུང་པོ་དང་གཅིག་ཏུ་གྲུབ་ཅིང་། ཕུང་པོ་རྫས་སུ་ཡོད་པ་བདག་ལྟའི་དམིགས་པར་འདོད། དེ་ལ་ཡང་ཕུང་པོ་ལྔ་ཆར་བདག་ཏུ་འདོད་པ་དང་། སེམས་འབའ་ཞིག་བདག་ཏུ་འདོད་པའི་ལུགས་གཉིས་འབྱུང་བ་ལ། དགག་པའི་རིགས་པ་བདུན་ཏེ། དང་པོ་ཕུང་པོ་ལྔ་ཆར་བདག་ཏུ་འདོད་པ་མི་འཐད་དེ། ཕུང་པོ་དུ་མ་ཡིན་པས་གང་ཟག་གཅིག་གི་བདག་ཀྱང་དུ་མར་འགྱུར་བ་དང་། གཉིས་པ་སེམས་ཁོ་ན་བདག་ཏུ་འདོད་པའང་མི་འཐད་དེ། མིག་གི་རྣམ་ཤེས་སོགས་སམ། སྐད་ཅིག་སྔ་ཕྱིའི་དབྱེ་བས་དུ་མ་ཡོད་པས་བདག་ཀྱང་དུ་མར་འགྱུར་ལ། དེ་ཡང་འདོད་ན། ལུང་ལས། འཇིག་རྟེན་སྐྱེ་བ་ན་གང་ཟག་ཉག་གཅིག་སྐྱེས་སོ། །ཞེས་པས་ཁེགས་སོ། །

གཉིས་པ་ནི། ཕུང་པོ་རྫས་སུ་འདོད་པས་བདག་ཀྱང་རྫས་སུ་འགྱུར་བར་འདོད་ན། མདོ་ལས། དགེ་སློང་དག་ལྔ་པོ་འདི་དག་ནི་མིང་ཙམ་ཐ་སྙད་ཙམ་བཏགས་པ་ཙམ་སྟེ། གང་འདི་ལྟ་སྟེ། འདས་པའི་དུས་དང་། མ་འོངས་པའི་དུས་དང་། ནམ་མཁའ་དང་། མྱ་ངན་ལས་འདས་པ་དང་། གང་ཟག་གོ། །ཞེས་འབྱུང་བ་དང་འགལ་ལོ། །

གསུམ་པ་ནི། ཕུང་པོ་དམིགས་ཡུལ་དུ་བྱས་པའི་ཤེས་པ་ལྟར་བདག་ཀྱང་རྫས་ཀྱི་ཡུལ་ཅན་ཡིན་པས། འཇིག་ཚོགས་ལ་ལྟ་བ་ཕྱིན་ཅི་ལོག་ཏུ་མི་འགྱུར་ལ། འདོད་ན། དེ་སྤངས་པར་མི་འགྱུར་བའམ། དེ་ལ་དམིགས་པའི་འདུན་པའི་འདོད་ཆགས་སྤངས་པ་ཁོ་ནས་སྤོང་བར་འགྱུར་རོ། །བཞི་པ་ནི། ལྷག་མེད་མྱ་ངན་ལས་འདས

པའི་ཚེ་ཕུང་པོ་རྒྱུན་ཆད་པས། བདག་ཀྱང་ཆད་པར་འགྱུར་ལ། འདོད་ན་ཆད་པའི་མཐར་འཛིན་པས་མཐར་འཛིན་པ་དབུ་མའི་ལྟ་བར་ཐལ་བར་འགྱུར་རོ། །ལྔ་པ་ནི། མྱ་ངན་ལས་འདས་པའི་སྔ་རོལ་དུ་ཕུང་པོ་སྐད་ཅིག་གིས་སྐྱེ་འཇིག་བྱེད་པས། བདག་ཀྱང་སྐད་ཅིག་གིས་སྐྱེ་འཇིག་བྱེད་པར་འགྱུར་ལ། འདོད་ན། ཅི་ལྟར་ངའི་ལུས་འདི་འབྱུང་བར་འགྱུར་རོ་ཞེས་པ་དང་། དེའི་ཚེ་དེའི་དུས་ན་ང་རྒྱལ་པོ་ང་ལས་ནུ་ཞེས་བྱ་བར་གྱུར་ཏོ་ཞེས་སོགས་གསུངས་པར་མི་འགྱུར་ཏེ། དེའི་ཚེ་བདག་ཀྱང་ལུས་ལྟར་ཞིག་པའི་ཕྱིར་རོ། །གཞན་ཡང་ལས་བྱེད་པའི་ཚེ་རྣམ་སྨིན་མྱོང་བ་པོ་མེད་ཅིང་། རྣམ་སྨིན་མྱོང་བའི་ཚེ་ལས་བྱེད་པ་པོ་མེད་པར་འགྱུར་བ་སོགས་སྐྱོན་དུ་མ་དང་བཅས་སོ། །དྲུག་པ་ནི། བདག་ཕུང་གཅིག་ཡིན་ན་འཇིག་རྟེན་གྱི་སྣྲས་ཕུང་པོ་འཛིན་དགོས་པས། ལུང་དུ་མ་བསྟན་པ་བཅུ་བཞི་ལས། འཇིག་རྟེན་མཐའ་དང་ལྡན་པ་དང་། མི་རྟག་པ་དང་། དེ་བཞིན་གཤེགས་པ་གྲོང་ཕན་ཆད་འབྱུང་བར་ཁས་ལེན་དགོས་པར་འགྱུར་བས། དེ་དག་ལ་ལུང་མ་བསྟན་དུ་བཞག་པ་མི་འཐད་པར་འགྱུར་རོ། །འཇིག་རྟེན་གྱི་སྣྲས་ཕུང་པོ་འཛིན་དགོས་པ་ཡང་། ལུང་ལས། འཇིག་བརྟེན་ཕུང་པོར་གང་གྲགས་པ༑ །དེ་ལ་འཇིག་རྟེན་རྣམ་པར་བརྟེན། །ཞེས་པའི་དོན་ཏེ། སློབ་དཔོན་ཟླ་བས། ལུང་མ་བསྟན་དང་པོ་བརྒྱད་ལ་བདག་དང་འཇིག་རྟེན་ཞེས་པའི་ཚིག་གཉིས་ཀ་མི་སློས་པ་འཇིག་རྟེན་ཁོ་ན་སློས་པར་བཞེད་ཅིང་། དེའི་ཚེ་འཇིག་རྟེན་གྱི་སྣྲས་བདག་བསྟན་པར་བཞེད་པ་ནི། ཚིག་གསལ་ལས། འཇིག་རྟེན་ཀུན་རྫོབ་ཅེས་པའི་འཇིག་རྟེན་དེ་གང་ཟག་ལ་འཇུག་པར་གསུངས་པ་དང་དོན་གཅིག་ཏུ་སྣང་ངོ་། །བདུན་པ་ནི། བདག་ཕུང་གཅིག་ཡིན་ན༑ རྣལ་འབྱོར་མངོན་སུམ་གྱིས་བདག་མེད་པར་མཐོང་བའི་ཚེ་ཕུང་པོ་མེད་པར་མཐོང་བར་འགྱུར་ཞིང་། གལ་ཏེ་ལས་དང་འབྲས་བུ་འབྲེལ་བའི་དུས་སུ་བདག་གི་སྣྲ་ཕུང་པོ་ལ་འཇུག་ལ། རྣལ་འབྱོར་པས་བདག་མེད་མཐོང་བའི་ཚེ་གཞན་གྱིས་ཀུན་བརྟགས་པའི་ནང་གི་བྱེད་པའི་སྐྱེས་བུ་ལ་འཇུག་པས་དེ་མེད་པར་མཐོང་བའི་ཕྱིར་སྐྱོན་མེད་དོ་སྙམ་ན། ཆོས་ཐམས་ཅད་བདག་མེད་ཅེས་པའི་ཚེ་ཡང་ཕུང་པོ་བདག་ཏུ་འདོད་དགོས་པར་འགྱུར་བས་མི་འཐད་དོ། །གཞན་ཡང་རྣལ་འབྱོར་པས་བདག་མེད་མཐོང་བའི་ཚེ་གཟུགས་སོགས་ཀྱི་དེ་ཁོ་ན་ཉིད་རྟོགས་པར་མི་འགྱུར་བའི་སྐྱོན་ཡོད་དེ། དེའི་ཚེ་བདག་གི་སྣྲ་གཟུགས་སོགས་ལས་དོན་གཞན་དུ་གྱུར་པའི་གཞན་གྱི་ཀུན་བརྟགས་པའི་བདག་ཁོ་ན་ལ་འཇུག་པའི་ཕྱིར་རོ། །འདོད་ན། དེའི་ཚེ་ཡང་གཟུགས་སོགས་ལ་དམིགས་ནས་ཆགས་སྡང་སྐྱེ་བས་གྲོལ་བ་མི་འཐད་པར་འགྱུར་རོ། །བདག་ཕུང་གཅིག་ཏུ་འདོད་པ་ལུང་གི་དོན་ཡང་མ་ཡིན་ཏེ། ལུང་ལས། ཕུང་པོ་རྣམས་བདག་གོ་ཞེས་གསུངས་པ་ཡན་ལག་ཚོགས་ཙམ་ཤིང་རྟར་འཛོག་པ་ལྟར། །ཕུང་པོ་ཚོགས་ཙམ་བདག་ཏུ་འཛོག་པ་སྟེ། །ཇི་ལྟར་ཡན་ལག་ཚོགས་རྣམས་ལ། །བརྟེན་ནས

ཤིང་རྟར་བརྗོད་པ་ལྟར། །དེ་བཞིན་ཕུང་པོ་རྣམས་བརྟེན་ནས། །ཀུན་རྫོབ་སེམས་ཅན་ཞེས་བྱ་བའོ། །ཞེས་སོ། །དེ་ཡང་ཕུང་པོ་འདུས་པ་ཙམ་བདག་མ་ཡིན་པར་ཕུང་པོ་ལ་བརྟེན་ནས་བཏགས་པའི་དོན་དུ་བཞེད་དོ། །ཁྱད་པར་བདག་ལྟའི་དམིགས་པ་ཕུང་པོ་ཡིན་པ་ཉིད་མི་འཐད་དེ། རྒྱལ་པོ་ཆེན་པོ་སྐྱེས་བུ་གང་ཟག་དེ་དག་ནི་ཁམས་དྲུག་དང་། རེག་པའི་སྐྱེ་མཆེད་དྲུག་དང་། ཡིད་ཉེ་བར་རྒྱུ་བ་བཅོ་བརྒྱད་དོ། །ཞེས་ཆོས་དེ་རྣམས་ཉེ་བར་བཟུང་ནས་བདག་ཏུ་བཏགས་པར་གསུངས་པའི་ཕྱིར་རོ། །རིགས་པས་ཀྱང་གནོད་དེ། ཕུང་པོ་བདག་ལྟའི་དམིགས་པ་ཡིན་པས། ཕུང་པོ་ཇི་སྲིད་དུ་ཡོད་པས་དེ་སྲིད་དུ་ངར་འཛིན་འཇུག་པར་འགྱུར་ལ། འདོད་ན། བདག་མེད་མངོན་སུམ་དུ་མཐོང་བའི་ཚེ་བཏགས་པའི་བདག་སྤྱོང་བ་ཙམ་ལས་ཕུང་པོ་མ་སྤངས་པས་ངར་འཛིན་ལྷན་སྐྱེས་ཀྱི་དམིགས་ཡུལ་སྲུན་ཕྱུང་མི་ནུས་པར་འགྱུར་བའི་སྐྱོན་གནས་སོ། །

གསུམ་པ་རྟེན་དང་བརྟེན་པའི་ཕྱོགས་གཉིས་དགག་པ་ནི་ཕུང་པོ་ལ་བདག་བརྟེན་པའི་ཚུལ་དུ་ཡོད་པ་ཡང་མ་ཡིན། བདག་ལ་ཕུང་པོ་བརྟེན་པའི་ཚུལ་དུ་ཡོད་པ་ཡང་མ་ཡིན་ཏེ། གཞན་ཉིད་དུ་ཡོད་ན་མཁར་གཞོང་ན་ཞོ་ཡོད་ཅེས་པ་ལྟར་རྟེན་དང་བརྟེན་པར་འཐད་ཀྱང་གཞན་ཉིད་བཀག་ཟིན་པའི་ཕྱིར་རོ། །བཞི་པ་ལྡན་པའི་ཕྱོགས་དགག་པ་ནི། བདག་ནི་གཟུགས་སོགས་ཕུང་པོ་དང་ལྡན་པར་ཡང་མི་འདོད་དེ། ལྷ་སྦྱིན་གཟུགས་དང་ལྡན་ཞེས་པ་ལྟ་བུ་ཐ་དད་མ་ཡིན་པའི་ལྡན་པ་དང་། ལྷ་སྦྱིན་པ་ཡང་དང་ལྡན་ཞེས་པ་ལྟ་བུ་ཐ་དད་པའི་ལྡན་པ་གཉིས་ཀ་ཡང་མི་འཐད་པའི་ཕྱིར་ཏེ། དེ་ཉིད་དང་གཞན་ཉིད་བཀག་ཟིན་པའི་ཕྱིར་རོ། །ལྔ་པ་ཚོགས་པའི་དབྱིབས་དགག་པ་ནི། བདག་དང་ཤིང་རྟའི་འཛོག་ཚུལ་མཚུངས་པ་གང་ཞིག །ཤིང་རྟའི་ཚོགས་ཙམ་ཤིང་རྟ་ཡིན་ན་ཡན་ལག་སིལ་བུར་གནས་པ་ལ་ཡང་ཤིང་རྟ་ཡོད་པར་ཐལ་བའི་ཕྱིར་རོ། །གལ་ཏེ་ཚོགས་ཙམ་མ་ཡིན་ཡང་ཡན་ལག་གི་བཀོད་པ་ཁྱད་པར་ཅན་གྱི་དབྱིབས་ཤིང་རྟ་ཡིན་ནོ་ཞེ་ན་དེ་ཡང་མི་འཐད་དེ། ཡན་ལག་ཅན་མེད་པའི་ཡན་ལག་མེད་པའི་ཕྱིར་རོ། །གཞན་ཡང་དབྱིབས་ཤིང་རྟར་འདོད་ན་ཡན་ལག་རེ་རེའི་དབྱིབས་སམ་ཚོགས་པའི་དབྱིབས་ཡིན་གྲངས། །དང་པོ་ལྟར་ན་སྔར་གྱི་དབྱིབས་ཀྱི་ཁྱད་པར་མ་བཏང་བ་ཡིན་ནམ། བཏང་བ་ཡིན། མ་བཏང་བ་ཡིན་ན་ཡན་ལག་བྱ་བ་ལ་ཤིང་རྟ་མེད་པ་ལྟར། ཤིང་རྟ་ཉིད་ཀྱི་དུས་སུའང་ཤིང་རྟ་མེད་པར་འགྱུར་ཏེ། སྔར་གྱི་ཡན་ལག་རེ་རེའི་དབྱིབས་ཀྱི་ཁྱད་པར་མ་བཏང་བའི་ཕྱིར་རོ། །བཏང་བ་ཡིན་ན་དེ་ཡང་མི་འཐད་དེ། ཤིང་རྟ་ཉིད་ཀྱི་དུས་སུ་སྔར་མེད་པའི་དབྱིབས་ཀྱི་ཁྱད་པར་ཡོད་ན་གཟུང་དུ་རིགས་པ་ལས་མ་གཟུང་བའི་ཕྱིར། གལ་ཏེ་ཕྱོགས་གཉིས་པ་ལྟར་ཡན་ལག་ཚོགས་པའི་དབྱིབས་ཤིང་རྟ་ཡིན་ནོ་ཞེ་ན། དེ་ཡང་མི་རིགས་ཏེ། ཚོགས་པ་ནི་ཁྱོད་ཀྱི་རྫས་སུ་མི་འདོད་པས་དེ་ལ་བཏགས་པའི་དབྱིབས་མི་འཐད་པའི་ཕྱིར་ཏེ།

ཁྱོད་བཏགས་པ་ལ་གདགས་གཞི་རྫས་སུ་ཡོད་པར་འདོད་དགོས་པའི་ཕྱིར་རོ། །དེ་ལྟར་ཤིང་རྟ་ལ་དཔྱད་པའི་རིགས་པ་དེ་དག་བདག་དང་ཕུང་པོ་ལ་སྦྱར་བར་བྱ་ཞིང་། ཁྱད་པར་ཕུང་པོའི་དཔེར་བས་བདག་ཡིན་ན་སེམས་བདག་མ་ཡིན་པར་གཟུགས་ཁོ་ན་བདག་ཏུ་འདོད་དགོས་པར་འགྱུར་ཏེ། དཔེར་བས་དེ་གཟུགས་ཁོ་ན་ལ་ཡོད་པའི་ཕྱིར་རོ། །

གཉིས་པ་བརྗོད་དུ་མེད་པའི་བདག་དགག་པ་ནི། གནས་མ་བུའི་སྡེ་པ་རྣམས་ལས་བྱེད་པ་པོ་དང་རྣམ་སྨིན་མྱོང་བའི་རྟེན་ཡིན་པས་བདག་རྫས་སུ་ཡོད་དགོས་ཤིང་ཕུང་པོ་དང་། དེ་ཉིད་དང་། གཞན་ཉིད་དང་། རྟག་པ་དང་། མི་རྟག་པ་གང་དུ་ཡང་བརྗོད་དུ་མེད་པས་བརྗོད་དུ་མེད་པའི་གང་ཟག་ཅེས་བྱ་བ་རྫས་སུ་ཡོད་པར་འདོད་མོད། མི་འཐད་དེ། བདག་རྫས་སུ་ཡོད་ན་ཕུང་པོ་དང་། དེ་ཉིད་དང་། གཞན་ཉིད་དུ་མེད་པ་འགལ་བའི་ཕྱིར་ཏེ། དཔེར་ན་སེམས་རྫས་སུ་ཡོད་པར་འདོད་པས་གཟུགས་ལས་རྫས་གཞན་དང་སེམས་དང་རྫས་གཅིག་ཏུ་འདོད་པ་བཞིན་ནོ། །དེས་ན་ཁྱོད་ཀྱི་འདོད་པ་འདིས་བདག་རྫས་སུ་མ་གྲུབ་པར་བཏགས་ཡོད་དུ་འདོད་པར་རིགས་ཏེ། དེ་ཉིད་དང་། གཞན་ཉིད་དུ་མ་གྲུབ་པས་ཀྱང་བཏགས་ཡོད་དུ་འདོད་པའི་ཕྱིར་རོ། །དེ་ལྟར་རྣམ་པ་བདུན་དང་། བརྗོད་དུ་མེད་པའི་བདག་དགག་པའི་རིག་པ་དེ་དག་གིས་བདག་ཏུ་གདགས་པའི་རྒྱུ་ཕུང་པོ་ཉིད་ཀྱང་རང་བཞིན་མེད་པར་གྲུབ་སྟེ། ཚུལ་དེ་ལྟར་དཔྱད་ན་ནང་ཉེར་ལེན་གྱི་ཕུང་པོ་དང་། ཕྱི་རོལ་བུམ་སྣམ་སོགས་གང་ཡང་མི་རྙེད་པའི་ཕྱིར་རོ། །དེ་ལྟར་བདག་གཉིས་བཀག་པའི་གྲུབ་དོན་ཐ་སྙད་དུ་ཆོས་དང་གང་ཟག་བཏགས་ཡོད་ཙམ་དུ་གྲུབ་སྟེ། འཇིག་རྟེན་གྱི་ཐ་སྙད་དུ་ས་བོན་ལས་མྱུ་གུ་སྐྱེ་བ་བདེན་པའི་དོན་དུ་སྐྱེ་མེད་མཐའ་བཞིར་དཔྱད་པ་ན། མ་རྙེད་པའི་ཚེ་ས་བོན་ལས་མྱུ་གུ་སྐྱེ་བ་དེ་ཡང་མ་དཔྱད་པའི་ངོར་བདེན་པར་སྣང་བ་ཙམ་ཡིན་གྱི་དཔྱད་ན་བདེན་པ་མེད་པའི་ཚོགས་པ་ཡིན་པས། སྒྱུ་མ་ལ་སོགས་པ་བཞིན་དུ་བརྟེན་ནས་བཏགས་པ་ཙམ་དུ་གྲུབ་ཅིང་ཀུན་རྫོབ་ཀྱི་འཇོག་ཚུལ་འདི་ཉིད་ཡོད་པར་སློབ་རྣམས་ཀྱི་ལུགས་ལས་ཁྱད་པར་དུ་འགྱུར་པ་དབུ་མ་པ་རང་ལུགས་ཀྱི་ཀུན་རྫོབ་ཀྱི་བདེན་པ་དང་། དེ་བཞིན་དུ་འཇིག་རྟེན་གྱི་ཐ་སྙད་དུ་དངོས་བདག་གོ་ཞེས་གང་ཟག་བདེན་པའི་ཐ་སྙད་བྱེད་པའི་དོན་ལ་རིགས་པ་རྣམ་པ་བདུན་གྱིས་བཙལ་བའི་ཚེ་མ་རྙེད་པས་ང་དང་། བདག་དང་། སྐྱེས་བུ་སོགས་བརྟེན་ནས་བཏགས་པ་ཙམ་གྱི་ཀུན་རྫོབ་ཏུ་གྲུབ་སྟེ། ཤིང་རྟ་རྣམ་པ་བདུན་གྱིས་བཙལ་ན་མ་རྙེད་ཀྱང་། མ་དཔྱད་པའི་ངོར་རང་གི་ཡན་ལག་ལ་བརྟེན་པའི་ཤིང་རྟ་འདོགས་ཚུལ་དང་བདག་ཕུང་པོ་ལ་བརྟེན་ནས་འདོགས་ཚུལ་གཉིས་མཚུངས་པར་གསུངས་པའི་ཕྱིར་དང་། བདག་བརྟེན་ནས་བཏགས་པ་འདི་ཡང་དབུ་མ་པའི་ལུགས་ཀྱི་ཐུན་མོང་མ་ཡིན་པའི་ཀུན་རྫོབ་ཀྱི་བདེན་པ་ཡིན་པར་

གསུངས་སོ། །དེ་ལྟར་བདག་གཉིས་འགོག་པའི་རིགས་པ་གཉིས་དགག་བྱ་སོ་སོ་ལ་སྦྱར་བ་འདི་ཡང་། རང་གཞན་གྱི་སྡེ་པ་རྣམས་མཐའ་བཞིའི་སྐྱེ་བ་ཆོས་ཀྱི་སྟེང་དུ་འདོད་པ་དང་། རྣམ་པ་ལྔའམ་བདུན་གྱིས་གྲུབ་ཚུལ་གང་ཟག་གི་སྟེང་དུ་འདོད་པ་གཙོ་ཆེ་བས་གསུང་པ་རྣམས་ལས་སོ་སོའི་བཤད་པ་ཙམ་ཡིན་གྱི་གཉིས་ཀས་ཀྱང་གཉིས་ཀ་དགག་ནུས་ཏེ། གང་ཟག་ལ་བདེན་སྐྱེ་འགོག་པ་ན། རྡོ་རྗེ་གཟེགས་མའི་རིགས་པ་སོགས་ཀྱིས་འགོག་དགོས་ཤིང་། བུམ་སྣམ་སོགས་ཀྱི་ཡན་ལག་ལ་བརྟེན་ནས་ཡན་ལག་ཅན་དུ་འཛིན་པ་འགོག་པ་ན་རྣམ་པ་བདུན་གྱིས་བཙལ་བའི་རིགས་པས་དགག་དགོས་པའི་ཕྱིར་དང་། གང་ཟག་གི་བདག་དགག་པའི་རིགས་པ་བུམ་སྣམ་སོགས་དངོས་པོ་ཀུན་ལ་སྦྱར་བའང་གསུངས་པས་སོ། །མདོར་ན་ཆོས་དང་གང་ཟག་ཐ་སྙད་བདེན་པས་བསྡུས་པ་འདི་རྣམས་ལ་ཇི་སྙད་བཤད་པའི་རིགས་པ་གཉིས་ཀྱིས་བཙལ་བ་ན་བདེན་པའི་དངོས་པོ་གང་ཡང་མ་རྙེད་པ་འདི་ནི་ཆོས་ཀྱི་བདག་མེད་རགས་པ་རྟོགས་པ་ཞེས་བྱ་བར་འཛོག་སྟེ། སྤྲོས་པའི་མཐའ་བཞིའི་ནང་གི་ཐོག་མ་བདེན་པ་བཀག་པའི་རིགས་པ་ཡིན་པའི་ཕྱིར་རོ། །དེའི་འོག་ཏུ་བདེན་པ་མེད་པ་དང་། གཉིས་ཀ་དང་། གཉིས་ཀ་མ་ཡིན་པ་སྟེ། སྤྲོས་པའི་མཐའ་ཕྱི་མ་རྣམས་འགོག་པའི་རིག་པས་སྤྲོས་པའི་མཐའ་གང་ཡང་མ་རྙེད་པ་ནི་ཆོས་ཀྱི་བདག་མེད་གསལ་བར་རྟོགས་པའམ། ཚང་བར་རྟོགས་པར་ཞེས་བྱ་བར་འཛོག་སྟེ། མགོན་པོ་བྱམས་པས། བདེན་པ་བཀག་ནས་བཏགས་ཡོད་ཀྱི་དངོས་པོར་མངོན་པར་ཞེན་པ་ལ་ཆགས་པ་ཕྲ་མོར་གསུངས་པས་ཤེས་སོ། །དེས་ན་ཉན་རང་གིས་གང་ཟག་གི་བདག་དང་གང་ཟག་ཏུ་གདགས་པའི་རྒྱུ་ཕུང་པོ་བདེན་མེད་དུ་རྟོགས་ཀྱང་ཆོས་ཀྱི་བདག་མེད་གསལ་ལ་རྫོགས་པར་མ་རྟོགས་པས་བདེན་པ་ཙམ་དུ་ཞེན་པ་དེའི་དགག་བྱར་མི་འགྱུར་ཡང་། བྱང་ཆུབ་སེམས་དཔས་ནི་བློས་འདི་འོ་སྙམ་དུ་ཞེན་པའི་ཡུལ་དུ་སྤྲོས་པ་མ་ལུས་པ་བཀག་པའི་མཉམ་བཞག་གི་ལྟ་བ་དང་། དེས་དྲངས་པའི་རྗེས་ཐོབ་ཀྱི་ཆོས་ཅན་ཇི་སྙེད་པའི་དངོས་པོ་ཐམས་ཅད་བཏགས་ཡོད་དུ་ཤེས་པ་ནི་ཐོས་བསམ་གྱི་སྒྲོ་འདོགས་བཅད་ཡུལ་གཞི་དབུ་མ་བདེན་གཉིས་ཟུང་དུ་འཇུག་པ་ཞེས་བྱ་བ་ཡིན་ལ་བཅད་དོན་སྒོམ་པས་ཉམས་སུ་བླང་བའི་ཚུལ་ནི། དེ་ལྟར་ཐོས་བསམ་གྱིས་རྒྱུད་སྦྱངས་པས། བདེན་པ་གཉིས་ཀྱི་རྣམ་དབྱེ་ལེགས་པར་ཕྱེད་པའི་གང་ཟག་དེས་སོ་སོར་རྟོགས་པའི་ཤེས་རབ་ཀྱིས་དཔྱད་བསྒོམ་སྔོན་དུ་འགྲོ་བས་བསམ་གཏན་གྱི་ཆེར་མ་ཅ་ཅོ་དང་འདུ་འཛི་མཐའ་དག་སྤངས་ཏེ། དམིགས་རྟེན་མི་གཡོ་བ་སོགས་ཀྱི་སྦྱོར་བ་དང་། སེམས་གནས་པའི་ཐབས་དགུའི་སྒོ་ནས་ཞི་གནས་ཀྱི་ཉམས་ལྟ་མཐར་ཕྱིན་པར་བསྒྲུབ་པ་མར་མེའི་རླུང་ཡོལ་ལྟ་བུར་ཚགས་སུ་ཚུད་པ་དང་། དངོས་གཞི་མཉམ་པར་འཇོག་པ་ན། ཇོ་བོས། ཆོས་ཉིད་སྤྲོས་དང་བྲལ་བ་ལ། །ཤེས་པའང་སྤྲོས་དང་བྲལ་བར་བཞག །ཅེས་གསུངས་པ་

ལྟར་རྟོགས་བྱ་ཆོས་ཀྱི་དབྱིངས་དང་། རྟོགས་བྱེད་ཀྱི་ཤེས་པ་རོ་གཅིག་ཏུ་བསྲེས་ཏེ། ཤེས་པ་དང་ཤེས་བྱའམ། བལྟ་བྱ་དང་ལྟ་བྱེད་དམ། བསྒོམ་བྱ་སྒོམ་བྱེད་སོགས་གཉིས་འཛིན་གྱི་སྤྲོས་པས་ནམ་ཡང་མི་ཕྱེད་པའི་སྤྲོས་བྲལ། བདག་མེད་རྟོགས་པའི་ཡེ་ཤེས་རང་བཞིན་གྱིས་འོད་གསལ་བ། སྨྲ་བསམ་བརྗོད་པའི་ཡུལ་ལས་འདས་པ་ནམ་མཁའི་མཚན་ཉིད་ཅན། སྣང་གཉེན་ངོ་བོས་མ་གྲུབ་པས། རྣམ་རྟོག་བསལ་བ་དང་ཡེ་ཤེས་བཞག་རྒྱུ་མེད་པའི་ཚུལ་གྱིས་སྐྱོང་ཞིང་། བྱིང་རྒོད་བྱུང་ན་ཐབས་ཀྱིས་བསལ་བ་དང་། ཐུན་མཚམས་སུ་དམིགས་མེད་ཀྱི་སྙིང་རྗེ་ཆེན་པོ་བསྐྱེད་དེ་རྩེ་གཅིག་ཏུ་སྒྲུབ་པོ། །དེ་དག་ཀྱང་ཞིབ་ཏུ་བདག་ཉིད་ཆེན་པོ་ཀ་མ་ལ་ཤཱི་ལས་བསྒོམ་རིམ་ཐ་མར་རྒྱས་པར་གསུངས་པ་དང་། ཉམས་ལེན་གདམས་པའི་བཀའ་བབས་ཇོ་བོ་རྗེ་ལྷ་གཅིག་གི་བཞེད་པ་ལྟར་ཀུན་མཁྱེན་བླ་མས་སྦྱི་དོན་ཆེན་མོར་བཀོད་པ་ལས་ཤེས་པར་བྱའོ། །སྦྱིན་སོགས་དྲུག་པོ་དེ་དག་ཀུན་ཀྱང་སྦྱོར་བ་བྱང་ཆུབ་མཆོག་ཏུ་སེམས་བསྐྱེད་པ་དང་། དངོས་གཞིར་སྦྱིན་པ་ལ་དཔེར་མཚོན་ན། སྦྱིན་པ་པོ་དང་། ལེན་པ་པོ་དང་། སྦྱིན་པ་ཉིད་དེ་འཁོར་གསུམ་པོ་དེ་དང་དེར་རྣམ་པར་མི་རྟོག་པ་སྟེ། འདུ་ཤེས་སམ་མཚན་འཛིན་དང་བྲལ་བའི་ཤེས་རབ་ཀྱིས་ཟིན་པ་ཚུལ་ཁྲིམས་སོགས་ལའང་བསྒྲུང་བྱ། སྒྲུང་བྱེད། བསྒྲུང་བའི་ཚུལ་ལྟ་བུས་རིགས་བསྒྲེ་བ་དང་། རྗེས་ནི། བསྔོ་བྱ། སྔོ་བྱེད། བསྔོ་ཡུལ་གྱི་དམིགས་པ་དང་བྲལ་བའི་ཡོངས་སུ་བསྔོ་བས་ཟིན་པ་ནི་ཤིན་ཏུ་གཅེས་ཏེ། ཐེག་ཆེན་གྱི་ཁྱད་ཆོས་ཡིན་པར་མ་ཟད། སྦྱིན་སོགས་ལྔ་པོ་ཤེས་རབ་ཟབ་མོས་ཟིན་ན་གདོང་ཕ་རོལ་ཏུ་ཕྱིན་པའི་མིང་ཉིད་ཐོབ་པར་ཡུམ་ལས་གསུངས་པ་དང་། ལྟ་སྤྱོད་ཟུང་དུ་འབྲེལ་པ་ནི་ལམ་དབུ་མ་ཚོགས་གཉིས་ཟུང་དུ་འཇུག་པ་ཞེས་བྱ་བ་ཡིན་ལ། ལམ་དེས་སྒྲུབ་པའི་འབྲས་བུ་དབུ་མ་སྐུ་གཉིས་ཟུང་དུ་འཇུག་པ་ནི་མདོ་སྔགས་གཉིས་ཐོབ་བྱ་དོན་གཅིག་པའི་དབང་གིས་འབྲས་བུའི་སྐབས་ཉིད་དུ་འཆད་པར་འགྱུར་རོ། །

གཉིས་པ་ཤེས་བྱའི་གནས་མཐའ་དག་ལ་སློབ་པ་ནི། གཞན་ཡང་རྒྱལ་བའི་སྲས་ཀྱིས་སོགས་ཏེ། སྤྱོད་འཇུག་ལས། རྒྱལ་བའི་སྲས་ཀྱིས་མི་སློབ་པའི། །དངོས་དེ་གང་ཡང་ཡོད་མ་ཡིན། །དེ་ལྟར་གནས་པའི་མཁས་པ་ལ། །བསོད་ནམས་མི་འགྱུར་གང་ཡང་མེད། །ཅེས་གསུངས་པའི་བསླབ་བྱའི་གནས་གང་ཞེ་ན། མདོ་སྡེ་རྒྱན་ལས། རིག་པའི་གནས་ལྔ་དག་ལ་མཁས་པར་མ་བྱས་ན། །འཕགས་མཆོག་གིས་ཀྱང་ཐམས་ཅད་མཁྱེན་ཉིད་མི་འགྱུར་ཏེ། །གཞན་དག་ཚར་གཅད་རྗེས་སུ་བཟུང་ཕྱིར་དང་། །རང་ཉིད་ཀུན་ཤེས་བྱ་ཕྱིར་དེ་ལ་དེ་བརྩོན་བྱེད། །ཅེས་པ་ལྟར་རིག་པའི་གནས་ལྔ་སྟེ། ལོག་སྨྲ་ཚར་གཅོད་པ་སྒྲ་དང་ཚད་མ། དོན་གཉེར་རྗེས་སུ་འཛིན་པ་བཟོ་དང་གསོ་བ། རང་ཉིད་ཀུན་ཤེས་པར་བྱ་བ་ནང་རིག་པའི་སྡེ་སྣོད་བཅས་ལ་རིག་གནས་ལྔ་

ཡོངས་སུ་གྲགས་པ་དང་དེ་དག་གི་ཆར་གཏོགས་པ། སྐར་རྩིས། སྨན་དཔྱད། སྟེབ་སྦྱོར། མངོན་བརྗོད། བློས་གར་བཅས་ལ་རིག་གནས་ཆུང་བ་ལྔར་བཞག་པ་རྣམས་ལའང་ལེགས་པར་བསླབ་དགོས་ཏེ། འབྲས་དུས་སུ་ཤེས་བྱ་ཇི་སྙེད་པ་མཁྱེན་པའང་སློབ་ལམ་གྱི་གནས་སྐབས་སུ་སྦྱངས་པ་ལས་བྱུང་བ་ཡིན་ཏེ། འཇམ་དབྱངས་བླ་མས། མ་བསླབ་པ་ལས་ཀུན་མཁྱེན་དུ། །འགྲོ་ན་རྒྱུ་འབྲས་ག་ལ་བདེན། །རྒྱུ་འབྲས་བསླུ་བ་མེད་པ་འདི། །ཐམས་ཅད་མཁྱེན་པའི་ཁྱད་ཆོས་ཡིན། །ཞེས་དང་། རྒྱན་གྱི་ལུང་དོན་ཡང་། ཤེས་བྱ་མ་སྦྱངས་ན་དགྲ་བཅོམ་རང་རྒྱལ་སོགས་འཕགས་པ་ཙམ་ལས་མཆོག་ཏུ་གྱུར་པའི་བྱང་ཆུབ་སེམས་དཔའ་རྣམས་ཀྱིས་ཀྱང་ཐམས་ཅད་མཁྱེན་པའི་གནས་བརྙེས་པ་མ་ཡིན་ལ། ཀུན་མཁྱེན་གྱི་རྒྱུ་ཁྱད་པར་བ་དེ་ལ་བྱང་ཆུབ་སེམས་དཔའ་དེ་དག་བརྩོན་པར་བྱེད་དོ་ཞེས་འགྱུར་བ་ཡིན་ནོ། །

གསུམ་པ་སེམས་ཅན་དོན་བྱེད་ཀྱི་ཚུལ་ཁྲིམས་བཤད་པ་ལ་གཉིས་ཏེ། མཚན་ཉིད་དང་དབྱེ་བའོ། །དང་པོ་ནི། གསུམ་པ་སེམས་ཅན་དོན་བྱེད་སོགས་ཏེ། བྱང་སེམས་ཀྱི་བསླབ་བྱ་གང་ཞིག །སེམས་ཅན་གཞན་གྱི་རྒྱུད་ཡོངས་སུ་སྨིན་པར་བྱེད་པའི་ཐབས་ལ་མཁས་པའི་སྤྱོད་པ་ཁྱད་པར་བ། ཕན་པར་ལྷུར་ལེན་པའི་སེམས་པ་མཚུངས་ལྡན་དང་བཅས་པའོ། །

གཉིས་པ་དབྱེ་བ་ནི། དབྱེ་ན་བཞི་སོགས་ཏེ། སྦྱིན་པ། སྙན་པར་སྨྲ་བ། དོན་སྤྱོད་པ། དོན་མཐུན་པའོ། །དེ་དག་ཀྱང་སྔར་བཤད་པ་ལྟར་གྱི་དག་པའི་སྦྱིན་པའི་གཡབ་མོས་ཆོས་ཀྱི་ཆེད་དུ་འཁོར་ལེགས་པར་བསྡུས་པ་ལ༏ སྙན་པར་སྨྲ་བའི་གཏམ་གྱིས་མགུ་བར་བྱས་ཏེ། དལ་འབྱོར་རྙེད་དཀའ་ལ་སོགས་པས་རིམ་གྱིས་བློ་དྲངས་ནས་སྣོད་དང་མཚུངས་པར་ཆོས་བཤད། དེ་ཡང་ལུང་རིགས་དང་མི་འགལ་བ། དྲང་དོན་དང་ངེས་དོན་མ་འཁྲུགས་པ། དགོངས་པ་དང་། ལྡེམ་དགོངས་དག་ཕན་ཚུན་མ་འཆོལ་བ། གང་ཟག་མཆོག་དམན་ལ་ཆོས་ཐ་དད་དུ་གསུངས་པ་རྣམས་མ་འཁྲུགས་པ། ཉན་ཐོས་དང་ཐེག་པ་ཆེན་པོའི་ཆོས་མཐུན་པ་རྣམས་མི་འགལ་བ། མི་མཐུན་པ་རྣམས་མ་འདྲེས་པ། ཕ་རོལ་ཏུ་ཕྱིན་པ་དང་། གསང་སྔགས་ཀྱི་དོན་སྤྱི་དང་སྦྲས་པའི་དོན་གཅིག་དང་ཁྱད་པར་རབ་ཏུ་གསལ་བ་དང་བཅས་ཏེ་བཤད། དེ་ལྟར་བཤད་ཀྱང་ཉམས་སུ་ལེན་པར་མི་སྤྲོ་ན་ཐབས་མཁས་པས་དེ་ལེན་དུ་འཇུག་སྟེ་དཔེར་ན་སེམས་བསྐྱེད་བླངས་ཀྱང་མི་ཐུབ་སྙམ་པའི་གང་ཟག་ལ་ཁྱོད་སྐྲག་མི་དགོས་འཕགས་པ་འཇམ་དཔལ་ལས་བདུད་སྡིག་ཅན་གྱིས་གཡོ་སྒྱུས་བླངས་པ་དང་། ཕྱག་ན་རྡོ་རྗེས་བསྡིགས་ནས་སེམས་བསྐྱེད་པའང་འཚང་རྒྱ་བར་གསུངས་ན། ཁྱོད་མོས་ནས་སེམས་བསྐྱེད་པ་ལྟ་ཅི་སྨོས་ཞེས་ལེན་དུ་འཇུག་པའམ། ད་ལྟ་བླངས་ཀྱང་བརྗེད་དེ་འོང་སྙམ་པ་ལ། བདག་གིས་བརྗེད་ཀྱང་སེམས་བསྐྱེད་ཀྱིས་མི་

གཏོང་སྟེ། སློབ་དཔོན་ཐོགས་མེད་ཀྱིས་སྨོན་པ་བྱང་ཆུབ་ཀྱི་སེམས་དང་མ་བྲལ་ན། སྟེང་དང་འོག་དང་ཐད་ཀ་གང་དུ་སྐྱེས་ཀྱང་བྱང་ཆུབ་ཀྱི་སེམས་མི་བརྗེད་དོ་ཞེས་གསུངས་པ་སོགས་ཀྱིས་སྒྲུབ་བསྒྲིང་བ་དང་། མགོ་དང་རྐང་ལག་གཏོང་བ་སོགས་ཐབས་སྤྱད་དཀའ་བ་དང་། བསྐལ་པ་གྲངས་མེད་གསུམ་ལ་སོགས་པ་ཡུན་རིང་བས་ཐེག་པ་ཆེན་པོའི་ལམ་སྒྲུབ་པ་དཀའོ་སྙམ་པ་ལ། གོང་སྨྲིན་པའི་སྐབས་སུ་བཤད་པ་བཞིན་ཆུ་རྗེ་ཙུ་རེ་ཙམ་མམ། ཚོད་ཕོར་གང་ཙམ་ནས་རིམ་གྱིས་བསླབ་པས་ཆོག་པ་དང་། ཚུལ་ཁྲིམས་ཀྱང་བསྙེན་གནས་ཙམ་མམ། རྩ་བ་བཞི་ཉིན་གཅིག་གམ། ཟླ་བ་འམ། ལོ་ལ་སོགས་པ་རིམ་གྱིས་བསྒྲིངས་ཏེ་བསྲུང་པས་ཆོག་པ་སོགས་སྒྲུབ་སླ་བའི་གདམ་གྱིས་བག་ཕབ་པ་ནི་དོན་སྤྱོད་པ་ཡིན་ལ། གཞན་དག་དགེ་བ་ལ་གཞུག་པའི་ཆེད་དུ། རང་ཉིད་ཀྱང་དེ་ལ་འཇུག་པ་ནི་དོན་མཐུན་པའི་གྲོས་ཆེན་གདབ་པ་སྟེ། དེ་དག་ཀྱང་། སྙིན་པའི་གཡབ་མོས་ལེགས་པོས་ཏེ། །སྟན་པར་སླ་བས་མགུ་བྱས་ཏེ། །དོན་སྤྱོད་པ་ཡིས་བག་ཕབ་ལ། །དོན་མཐུན་གྲོས་ཆེན་གདབ་པར་བྱ། །ཞེས་སོ། །གཞན་ཡང་གདུལ་བྱ་ཆོས་ལ་དད་འདུན་མོས་པའི་རྒྱུར་འགྱུར་བའི་ཀུན་སྤྱོད་གཉའ་ཤིང་གང་ཙམ་ལྟ་ཞིང་འགྲོ་ལ་སེམས་འཁྲུལ་མེད་ཅེས་སོགས་དང་། མིག་ནི་ཕབ་སྟེ་ལྟ་བྱ་ཞིང་། །ཞེས་སོགས་བསྒྲུབ་པའི་བསླབ་བྱ་ཇི་སྙེད་ཅིག་གསུངས་པ་རྣམས་ཀྱང་། ཚུལ་འཆོས་སྤྱངས་པར་ལྷག་པའི་བསམ་པས་སྤྱད་པར་བྱའོ། །ཞར་ལས་འོངས་པ་ལ་གཉིས་ཏེ་བསླབ་པ་རྣམས་མྱུར་དུ་འགྲུབ་པའི་རྒྱུ་དང་། མ་བཤད་པ་གཞན་དུ་ཁ་འཕངས་པའི་ཚུལ་ལོ། །དང་པོ་ནི། བསླབ་པ་ཐམས་ཅད་སོགས་ཏེ། གོང་དུ་བཤད་པའི་དགག་སྒྲུབ་ཀྱི་བསླབ་པ་དེ་ཐམས་ཅད་མྱུར་དུ་འགྲུབ་པའི་རྒྱུ་ནི་སེམས་བསྲུང་བ་ཁོ་ན་ཡིན་ཏེ། སྤྱོད་འཇུག་ལས། བསླབ་པ་བསྲུང་བར་འདོད་པ་ཡིས། །རབ་ཏུ་བསྒྲིམས་ནས་སེམས་བསྲུང་སྟེ། །སེམས་དེ་བསྲུང་བར་མ་བྱས་ན། །བསླབ་པ་བསྲུང་བར་ཡོངས་མི་ནུས། །ཞེས་སོགས་མང་དུ་གསུངས་པས་སེམས་བསྲུང་བ་ལ་འབད་དགོས་ཤིང་། སེམས་བསྲུང་བ་ལ་ཡང་དྲན་ཤེས་བཞིན་གྱིས་བསྐྱང་བ་གལ་ཆེ་སྟེ། སྤྱོད་འཇུག་ལས། སེམས་བསྲུང་འདོད་པ་རྣམས་ལ་ནི། །དྲན་པ་དང་ནི་ཤེས་བཞིན་དག །སྲོག་ལ་བབ་ཀྱང་སྲུངས་ཤིག་ཅེས། །བདག་གིས་དེ་ལྟར་ཐལ་མོ་སྦྱོར། །ཞེས་སོགས་གསུངས་ཤིང་དྲན་ཤེས་བཞིན་གྱི་བསམ་པ་ཤུགས་འབྱུང་དུ་སྐྱེ་བའི་རྒྱུ་ནི། ཕྱིའི་བཤེས་གཉེན་བསླབ་བྱ་འདོམས་པ་ལ་མཁས་པའི་སློབ་དཔོན་དང་། ནང་གི་བཤེས་གཉེན་བླང་དོར་གྱི་གནད་ལ་དཔྱོད་པའི་བློ་གྲོས་ཉིད་ཡིན་པས་དེ་དག་རྒྱུན་དུ་བསྟེན་པར་ཞིན་ཏུ་གཅེས་སོ། །

གཉིས་པ་མ་བཤད་པ་གཞན་དུ་ཁ་འཕངས་པའི་ཚུལ་ནི། རྒྱས་པར་བསླབ་བཏུས་སོགས་ཏེ། གོང་དུ

བསྟན་པ་དེ་དག་ནི་བསླབ་བྱའི་གནས་ཆེ་ལོང་ཙམ་སྟེ། རྒྱས་པར། སློབ་དཔོན་ཞི་བ་ལྷའི་བསླབ་བཏུས་དང་། སྤྱོད་འཇུག་དང་། མགོན་པོ་ཀླུ་སྒྲུབ་ཀྱི་རིན་ཆེན་ཕྲེང་བ་དང་། མདོ་ཀུན་ལས་བཏུས་དང་། འཕགས་པ་ཐོགས་མེད་ཀྱི་བྱང་ཆུབ་སེམས་དཔའི་ས་དང་། སློབ་དཔོན་ཙནྡྲ་གོ་མིའི་སྡོམ་པ་ཉི་ཤུ་པ་ལ་སོགས་པའི་བསྟན་བཅོས་རྣམས་དང་། དེ་དག་ལ་ངེས་ཤེས་བསྐྱེད་པའི་ཕྱིར། དཀོན་མཆོག་སྤྲིན་དང་། ནམ་མཁའི་སྙིང་པོའི་མདོ་དང་། སྡོང་པོ་བཀོད་པ་དང་། བྱང་ཆུབ་སེམས་དཔའི་སྡེ་སྣོད་དང་། འཕགས་པ་སྤྱན་རས་གཟིགས་ཀྱིས་ཞུས་པའི་མདོ་སོགས་སྤྱོད་ཕྱོགས་སྟོན་པའི་ཐེག་པ་ཆེན་པོའི་མདོ་སྡེ་འགའ་ཞིག་དང་། གྲི་ཡ་དཔུང་བཟང་དང་། རྣམ་སྣང་མངོན་བྱང་གི་རྒྱུད་ལས་འབྱུང་བ་བཞིན་བསླབ་པར་བྱའོ། །

གཉིས་པ་བསྡུས་ཏེ་བསླབ་པའི་ཚུལ་ནི། བརྩོན་པ་ཐ་མས་སོགས་ཏེ། གང་ཟག་བརྩོན་འགྲུས་ཐ་མར་གྱུར་པ་དག་གིས་ནི་དེ་ཙམ་གྱི་བསླབ་བྱ་མཐའ་དག་ལ་བསླབ་པ་མི་ལྕོགས་ན། སྨོན་པ་བྱང་ཆུབ་ཀྱི་སེམས་མི་འདོར་བ་གཞིར་བཞག་ནས། ཐེག་པ་ཆེན་པོའི་ལྟ་སྤྱོད་ལ་ལོག་ལྟ་མི་བསྐྱེད་ཅིང་། ནག་པོའི་ཆོས་བཞི་སྤང་བ་ཙམ་ལ་བསླབ་པོ། ཤིན་ཏུ་ཐ་མས་ཀྱང་སྨོན་སེམས་དང་ལྡན་པའི་ཁར། དོན་མེད་ཀྱི་སྡིག་པ་སྤྱངས་ཤིང་། བསོད་ནམས་ཀྱང་ཅི་ནུས་བསགས་པ་རྒྱལ་པོ་ལ་གདམས་པའི་མདོ་དང་། གསང་ཆེན་ཐབས་ལ་མཁས་པའི་མདོ་དང་། ལག་བཟང་གིས་ཞུས་པའི་མདོ་རྣམས་ལས་གསལ་བར་གསུང་ཞིང་། བསླབ་བཏུས་སུ་ཡང་། སྡོམ་པ་བདག་ཉིད་ཀྱི་སྟོབས་དང་སྦྱར་ནས་བླང་བར་བྱ་སྟེ། དེ་ལྟ་བུ་མ་ཡིན་ན་སངས་རྒྱས་བྱང་སེམས་ཐམས་ཅད་དང་བཅས་པའི་འཇིག་རྟེན་བསླུས་པར་འགྱུར་རོ། །ཞེས་དང་། བསླབ་པ་གཅིག་སྒྲུབ་པ་ན་བསླབ་པ་གཞན་བསྲུང་མ་ནུས་ཀྱང་ལྟུང་བར་མི་འགྱུར་ཏེ་ཞེས་རང་སྟོབས་དང་སྦྱར་ཏེ་སྡོམ་པ་བླང་བར་བཤད་པ་དང་། སྤྱོད་འཇུག་གི་ལེན་ཆོག་ལས་ཀྱང་། བྱང་ཆུབ་སེམས་ནི་བསྐྱེད་བགྱི་ཤིང་། །ཞེས་སྨོན་པ་བླངས་ནས། བྱང་ཆུབ་སེམས་དཔའི་བསླབ་པ་ལ། །རིམ་པ་བཞིན་དུ་བསླབ་པར་བགྱི། །ཞེས་འཇུག་པ་ལ་རིམ་གྱིས་སློབ་པར་བཤད་པའི་ལུང་དང་། ལྷ་ཀླུ་བཤན་པ་སོགས་འགྲོ་བ་ཀུན་ལ་སྐྱེ་བར་བཤད་པའི་རིགས་པས་ཀྱང་ལེགས་པར་གྲུབ་བོ།། །།

སྤྱི་དོན་གཉིས་པ་རྩ་ལྟུང་སོགས་ཀྱི་རྣམ་གཞག་བྱེ་བྲག་ཏུ་བཤད་པ་ལ་གཉིས་ཏེ་སྤྱི་དང་། ཡན་ལག་གི་དོན་ནོ། །དང་པོ་ལ་གཉིས་ཏེ་མཚན་ཉིད་དང་། དབྱེ་བའོ། །དང་པོ་ནི། སྡོམ་པའི་ཚུལ་ཁྲིམས་སོགས་ཏེ། ཉེས་སྤྱོད་སྡོམ་པའི་ཚུལ་ཁྲིམས་ཀྱི་བྱེ་བྲག་གང་ཞིག །སྤྱད་ན་དགེ་རྩ་ཆད་པའི་རྩ་ལྟུང་ངམ་ཕམ་འདྲར་འགྱུར་བ་དང་། ལམ་བགྲོད་པ་ལ་འགོར་བའི་ཉེས་བྱས་སུ་འགྱུར་བ་དག་གོ། །

གཉིས་པ་དབྱེ་བ་ནི། རྣམ་གཞག་སོགས་ཏེ། དེ་གཉིས་ཀྱི་རྣམ་པར་བཞག་པ་གཞུང་སོ་སོ་ནས་བཤད་ཚོད་ཀྱི་དབང་གིས་སྒྲོལ་གཉིས་ཀྱི་བཞེད་པ་ཐ་དད་དུ་འཇོག་སྟེ། བསླབ་བཏུས་ནས་བཤད་པ་དབུ་མ་པའི་ལུགས་དང་། བྱང་སའི་དགོངས་པ་སྡོམ་པ་ཉི་ཤུ་པ་ནས་བཤད་པ་སེམས་ཙམ་པའི་ལུགས་སོ། །

གཉིས་པ་ཡན་ལག་གི་དོན་ནི། དང་པོ་དབུ་མ་པའི་ལུགས་བཤད་པ་ལ་གཉིས་ཏེ། རྩ་ལྟུང་བཤད་པ་དང་། ཉེས་བྱས་བཤད་པའོ། །དང་པོ་ལ་གཉིས་ཏེ་མདོར་བསྟན་པ་དང་། བཤད་པ་དངོས་སོ། །དང་པོ་ནི། དང་པོའི་སོགས་ཏེ། དང་པོ་དབུ་མ་པའི་ལུགས་ཀྱི་རྩ་ལྟུང་ལ་དབང་པོའི་བྱེ་བྲག་གིས་བཅུ་བཞིར་དབྱེ་བ་དང་། བཞིའམ་བསྡུས་པ་དང་། གཅིག་ཏུ་འདུས་སོ་ཞེས་པའོ། །

གཉིས་པ་བཤད་པ་དངོས་ལ་དང་པོ་དབང་རྣོན་ལ་བཅུ་བཞིར་དབྱེ་བ་ནི། དཀོན་མཆོག་དཀོར་འཕྲོག་སོགས་ཏེ། སངས་རྒྱས་ཀྱི་སྐུ་གཟུགས་དང་མཆོད་རྟེན་གྱི་རྫས་དང་། གླེགས་བམ་དང་ཆོས་སྨྲ་བའི་ཆ་རྐྱེན་དང་། དགེ་འདུན་གྱི་རྫས་རིན་ཐང་མ་ཚང་ཡང་རུང་། མཐུའམ་འཇབ་བུས་བདག་གིར་བྱེད་པའམ་བྱེད་དུ་འཇུག་པ་དང་། དམ་པའི་ཆོས་ཐེག་པ་ཆེ་ཆུང་གི་སྡེ་སྣོད་གསུམ་དང་བསླབ་པ་གསུམ་གང་རུང་ལ་སྐྱོན་པའི་བཀའ་དང་ཐར་པ་ཐོབ་པའི་ཐབས་མ་ཡིན་ནོ་སྙམ་པས་སྤོང་ངམ་སྤོང་དུ་འཇུག་པ་དང་། དགེ་སློང་སྡེ་བསླབ་པ་བཟུང་ངམ་མ་བཟུང་ཀྱང་རུང་། ཚུལ་ཁྲིམས་དང་ལྡན་ནམ་མི་ལྡན་ཡང་རུང་སྟེ། རབ་བྱུང་གི་རྟགས་ཙམ་འཛིན་པ་ལ། ཞེ་སྡང་བས་དེའི་གོས་དུར་སྨྲིག་འཕྲོག་གམ། བརྡེག་གམ། བཙོན་དུ་འཇུག་གམ། ཁྲིམ་སར་འབེབས་པའམ། གསོད་དུ་འཇུག་པ་དང་། དེ་དག་བྱེད་དུ་འཇུག་པ་དང་། མཚམས་མེད་དེ་ཕ་དང་མ་དང་། དགྲ་བཅོམ་པ་གསོད་པ། དགེ་འདུན་གྱི་དབྱེན་བྱེད་པ། དེ་བཞིན་གཤེགས་པ་ལ་ངན་སེམས་ཀྱི་ཁྲག་འབྱིན་པ་ལྔ་ལས། གང་རུང་བྱེད་པ་དང་། ལས་རྒྱུ་འབྲས་མེད་ཅེས་ལོག་པར་ལྟ་བ་འཛིན་པ་སྟེ། ལྔ་ནི་བྱང་སེམས་རྒྱལ་པོ་ལ་ངེས་པ་ཞེས་བྱ་ལ། དང་པོ་བཞིའི་སྟེང་དུ། གྲོང་དང་ལྗོངས་དང་སོགས་ཁོང་ནས་གྲོང་ཁྱེར་དང་། གྲོང་རྡལ་དང་། ཡུལ་འཁོར་རྣམས་བསྣན་ཅིང་། དེ་དག་གང་རུང་མེའམ། དམག་གིས་འཇོམས་པར་བྱེད་པ་དང་ལྔ་ནི་བློན་པོ་ལ་ངེས་པ་ཞེས་བྱ་ལ། དེ་ལ་གྲོང་ནི་ཁྱིམ་གཅིག་པ་ལ་སོགས་པ་དང་། ལྗོངས་ནི་མི་རིགས་བཞི་ཚང་བ་དང་། གོང་ཁྱེར་ནི་བཟོ་སྣ་བཅོ་བརྒྱད་ཡོད་པའི་གནས་ཏེ། ཚོང་༡པ་ཛ་མཁན་༢ཕྲེང་བརྒྱུད་མཁན༣། །ཚང་༤འཚོང་ཕྱུགས་༥འཚོ་འདྲེག་སྤྱད་༦མཁན། །འབྲུ་མར་༧འཚིར་དང་མགར་༨ཤིང་མཁན༩། །ཕྱུ་༡༠མཁན་ཐ་༡༡ག་ཀོ་ལྷགས་༡༢མཁན། །རྒྱལ་༡༣ཆེན་བཙོ་བླག་༡༤སྒྱིག་མ་༡༥མཁན། །བཤན་༡༦པ་གདོལ་པ་༡༧པ་ཤིང་རྟ་༡༨མཁན། །ཞེས་འབྱུང་ལ། གྲོང་བརྡལ་ནི་ཚོང་པ་མང་པོ་འདུ་བའི་གནས་དང་། ཡུལ་འཁོར་ནི་ཙམ་པ་ཀ

སོགས་རྒྱ་གར་གྱི་ཡུལ་ཆེན་དུ་གྲགས་པ་རྣམས་སོ། །བློ་སྦྱོང་མ་བྱས་པ་སྟེ་ཡུལ་བྱང་སེམས་ཡིན་ཀྱང་། རྟུལ་ཕྲན་དང་རྣམ་རིག་སོགས་ལྟ་བ་འོག་མས་བློ་མ་བསྒྱུར་བའམ། བདག་གཞན་མཉམ་པ་སོགས་ཀྱིས་མ་གོམས་པ་ལ་ཟབ་མོ་སྟོང་པ་ཉིད་བསྟན་པས་སྐྲག་ནས་སྨོན་སེམས་བཏང་ན་གཉིས་ཀ་ལ་ལྟུང་བར་འགྱུར་ཞིང་། ཡུལ་སེམས་བསྐྱེད་བླང་པ་མིན་ཡང་སྟོན་པ་པོ་ལ་ལྟུང་བ་འབྱུང་བ་དང་། ཡུལ་རྫོགས་པའི་བྱང་ཆུབ་ཏུ་ཞུགས་པ་ལ་བསམ་བཞིན་དུ་ཁྱོད་ཀྱིས་རྒྱ་ཕྱིན་དྲུག་ལ་སྤྱོད་པ་དང་འབྲས་བུ་སངས་རྒྱས་ཐོབ་པར་མི་ནུས་པས་ཉན་རང་གི་སར་སེམས་བསྐྱེད་ཅིག་དང་། དེས་ཁྱོད་འཁོར་བ་ལས་ངེས་པར་འབྱུང་བར་འགྱུར་རོ་ཞེས་བསླུལ་བ་དང་། ཡུལ་ཉན་ཐོས་ཀྱི་རིགས་ཅན་ལ་དགོས་པ་ཁྱད་པར་ཅན་མ་མཐོང་བར་ཉན་ཐོས་ཀྱི་ལམ་དང་འབྲས་བུ་ལ་སྨད་དེ་ཐེག་པ་ཆེན་པོ་ལ་སྦྱོར་བ་དང་། སློབ་པ་སྟེ་ཉན་ཐོས་ཀྱི་ཐེག་པས་ཆགས་སོགས་ཉོན་མོངས་པ་སྤོང་མི་ནུས་པར་རང་འཛིན་ཅིང་གཞན་ཡང་འཛིན་དུ་གཞུག་པ་དང་། རྙེད་པ་དང་བཀུར་སྟི་དང་ཚིགས་སུ་བཅད་པའི་རྒྱུས་བྱང་སེམས་གཞན་ལ་སྨོད་ཅིང་། བདག་ཉིད་ལ་བསྟོད་པ་དང་། མ་རྟོགས་བཞིན་དུ་ཆོས་ཟབ་མོ་སྟོང་པ་ཉིད་ལ་བཟོད་པ་ཐོབ་པར་སྨྲ་ཞིང་། རྙེད་བཀུར་གྱི་ཕྱིར་གཞན་ལའང་བསླུག་ཅིང་གོ་བ་དང་། རྒྱལ་རིགས་ལྟ་བུ་དབང་པོ་ཆེ་དང་། དགེ་སྦྱོང་ཕྲ་མས་ཕྱེ་ནས་དགེ་སྦྱོང་ལ་ཆད་པས་གཅོད་དུ་གཞུག་པ་དང་། དེའི་རྐྱེན་གྱིས་དགེ་སྦྱོང་གིས་དཀོན་མཆོག་གི་དཀོར་བརྐུས་ནས་ཕག་སུག་ཏུ་སྟེར་བ་ཕྲ་མ་བྱེད་པ་རང་གིས་ལེན་ནམ། ཕྲ་མ་བྱེད་པ་ལ་སྟེར་ན་དེ་བྱང་སྡོམ་ཅན་ཡིན་ན་གཉིས་ཀ་ལ་ལྟུང་བར་འགྱུར་བ་དང་། དགེ་སྦྱོང་ཆོས་དང་ལྡན་པ་ལ་གནོད་པའི་ངན་ཁྲིམས་བཅས་ཏེ། ཞི་གནས་ལ་སོགས་པའི་རྣལ་འབྱོར་འདོར་དུ་འཇུག་པ་དང་། དགེ་སློང་སྤོང་བ་བསམ་གཏན་པའི་ལོངས་སྤྱོད་ཕྲོགས་ནས་ཀློག་པ་ཁ་ཏོན་པར་སྦྱིན་ནམ་སྦྱིན་དུ་འཇུག་པ་སྟེ། བྱང་སེམས་ལས་དང་པོ་ལ་ངེས་པའི་རྩ་ལྟུང་བརྒྱད་དོ། །འདི་ལ་ལྔ་ཚན་གཉིས་དང་བརྒྱད་ཚན་གཅིག་སྟེ། བཅོ་བརྒྱད་དུ་གསུངས་པ་རྟེན་གྱི་སྒོ་ནས་དབྱེ་བ་སྟེ། མཚམས་མེད་ལྔ་སོ་སོར་དབྱེ་ན་ཉི་ཤུ་རྩ་གཉིས་སུའང་འགྱུར་རོ། །ངོ་བོ་བློན་པོ་ལ་ངེས་པའི་རྩ་ལྟུང་དང་པོ་བཞི། རྒྱལ་པོ་ལ་ངེས་པའི་རྩ་ལྟུང་དང་དོན་གཅིག་པས་ངོ་བོའི་སྒོ་ནས་བཅུ་བཞི་ཡིན་ལ། དེ་དག་ཀྱང་རྒྱལ་བློན་དང་ལས་དང་པོ་པའི་རྟེན་ཙམ་གྱིས་བྱང་སེམས་སོ་སོ་ལ་འབྱུང་བ་ཉེ་བས་འཇིགས་པའམ་བག་ཡོད་པ་བསྐྱེད་པའི་ཕྱིར་དེ་དང་དེའི་ལྟུང་བ་ཞེས་འདོག་མོད། གང་ཟག་གསུམ་པོ་སུས་སྤྱད་ཀྱང་ལྟུང་བར་འགྱུར་ཏེ། བསླབ་བཏུས་ལས། གང་དུ་གང་ལ་མང་དུ་འབྱུང་བ་དེ་དག་ལ་དེ་རང་གི་མིང་ནས་སྨོས་ཏེ་བསྟན་པས་འཇིགས་པ་བསྐྱེད་པའི་ཕྱིར་ཏེ། ཐམས་ཅད་ཀྱིས་ཕན་ཚུན་དུ་ལྟུང་བ་ཐམས་ཅད་སྤང་བར་བྱའོ་ཞེས་གསུངས་པ་དང་། བྱང་སྡོམ་བླང་ཕྱིན་མི་དང་མི་མ་ཡིན་པའི་རྟེན་གང་ལ་ཡང་

ལྟུང་བ་འབྱུང་མོད། བསླབ་བཏུས་སུ། རིགས་ཀྱི་བུའམ་བུ་མོ་ཞེས་འབྱུང་ཉེ་བའི་དབང་དུ་མཛད་ནས་མིའི་རྟེན་ཁོ་ན་སྨོས་པས་ཀྱང་ཤེས་ཤིང་། དེ་ལྟར་མིན་ན་ཐམས་ཅད་ཀྱང་བྱང་སེམས་དབང་རྣོན་གྱི་དབང་དུ་བྱས་པ་དང་འགལ་ལོ། །དེ་ལྟར་རྒྱས་པར་ཕྱེ་བ་འདི་ནི་ནམ་མཁའི་སྙིང་པོའི་མདོ་སྡེའི་དགོངས་པ་བསླབ་བཏུས་སུ་ཚིགས་སུ་བཅད་དེ། དཀོན་མཆོག་གསུམ་གྱི་དཀོར་འཕྲོག་པ། །ཕས་ཕམ་པ་ཡི་ལྟུང་བར་འདོད། །དམ་པའི་ཆོས་ནི་སྤོང་བྱེད་པ། །གཉིས་པར་ཐུབ་པས་གསུངས་པ་ཡིན། །ཚུལ་ཁྲིམས་འཆལ་བའི་དགེ་སློང་ལའང་། །ངུར་སྨིག་འཕྲོག་ཅིང་རྡེག་པ་དང་། །བཙོན་རར་འཇུག་པར་བྱེད་པ་དང་། །རབ་ཏུ་བྱུང་བ་འབེབས་པ་དང་། །མཚམས་མེད་ལྔ་པོ་བྱེད་པ་དང་། །ལོག་པར་ལྟ་བ་འཛིན་པ་དང་། །གྲོང་ལ་སོགས་པ་འཇིག་པ་ཡང་། །རྒྱ་བའི་ལྟུང་བར་རྒྱལ་བས་གསུངས། །བློ་སྦྱངས་མ་བྱས་སེམས་ཅན་ལ། །སྟོང་པ་ཉིད་ནི་སྟོན་པ་དང་། །སངས་རྒྱས་ཉིད་ལ་རབ་ཞུགས་པ། །རྫོགས་པའི་བྱང་ཆུབ་བཟློག་པ་དང་། །སོ་སོར་ཐར་པ་ཡོངས་སྤངས་ཏེ། །ཐེག་པ་ཆེ་ལ་སྦྱོར་བ་དང་། །སློབ་པའི་ཐེག་པས་ཆགས་ལ་སོགས། །སྤོང་བར་འགྱུར་བ་མིན་ཞེས་འཛིན། །ཕ་རོལ་དག་ཀྱང་འཛིན་འཇུག་དང་། །རང་གི་ཡོན་ཏན་བརྗོད་པ་དང་། །རྙེད་པ་དང་ནི་བཀུར་སྟི་དང་། །ཚིགས་བཅད་རྒྱུ་ཡིས་གཞན་སྨོད་དང་། །བདག་གི་ཟབ་མོ་བཟོད་པའོ་ཞེས། །ལོག་པར་ཉིད་ནི་སྨྲ་བ་དང་། །དགེ་སྦྱོང་ཆད་པས་གཅོད་འཇུག་དང་། །དཀོན་མཆོག་གསུམ་གྱི་སྦྱིན་བྱེད་དང་། །སྦྱིན་པ་ལེན་པ་བྱེད་པ་དང་། །ཞི་གནས་འདོར་བར་བྱེད་པ་དང་། །ཡང་དག་འཇོག་པའི་ལོངས་སྤྱོད་རྣམས། །ཁ་ཏོན་བྱེད་ལ་སྦྱིན་པ་རྣམས། །དེ་དག་རྩ་བའི་ལྟུང་བ་སྟེ། །སེམས་ཅན་དམྱལ་བ་ཆེན་པོའི་རྒྱུ། །ཞེས་གསུངས་སོ། །

གཉིས་པ་དབང་པོ་འབྲིང་ལ་བཞི་རུ༵༵་བསྟན་པ་ནི། བཞི་རུ༵༵་སོགས་ཏེ། རང་ཉིད་ཞི་བདེ་དོན་གཉེར་གྱི་བློ་སྐྱེས་ཏེ། སློན་པའི་བྱང་སེམས་ཡལ་བར་འདོར་བ་དང་། སློང་ཡང་ནོར་ལ་ཆགས་པ་དང་སེར་སྣའི་དབང་གིས་སྦྱིན་པར་མི་བྱེད་པ་དང་། རང་ཉིད་ཁྲོས་ཚེ་ཕ་རོལ་པོས་བསྙམས་ཏེ་དགའ་བར་བྱེད་པར་གྱུར་ཀྱང་མི་བཟོད་པས་སླར་ཡང་བརྡེག་ཅིང་འཚོགས་པ་དང་། གང་ཟག་ཆོས་ལྟར་བཅོས་པས་ཡིད་དགའ་བའི་ཉོན་མོངས་པ་ལ། གནས་མཐུན་པས་དམ་ཆོས་འདྲར་སྣང་སྟོན་པ་རྣམས་རྩ་ལྟུང་སྟེ། དེ་དག་བསྡུངས་པས་དོན་འགྲུབ་པ་ཐབས་ལ་མཁས་པའི་མདོའི་དགོངས་པ་བསླབ་བཏུས་སུ། བྱང་ཆུབ་སེམས་ནི་ཡོངས་འདོར་དང་། །ཆགས་དང་སེར་སྣ་མི་བཟད་པས། །སློང་ལ་སྦྱིན་པར་མི་བྱེད་དང་། །བསྙམས་ཏེ་དགའ་བར་བྱེད་པ་ན། །སེམས་ཅན་ལ་ནི་མི་བཟོད་པས། །ཁྲོས་པས་སེམས་ཅན་རྡེག་པ་དང་། །ཉོན་མོངས་པ་དང་གནས་མཐུན་པས། །ཆོས་ལྟར་བཅོས་པ་སྟོན་པའོ། །ཞེས་གསུངས་སོ། །

གསུམ་པ་དབང་རྟུལ་ལ་གཅིག་ཏུ་བསྟུ་བ་ནི། གཅིག་ཏུ་སོགས་ཏེ། སྨོན་པ་བྱང་ཆུབ་ཀྱི་སེམས་མི་འདོར་བ་ཡིན་པར། རྒྱལ་པོ་ལ་གདམས་པའི་མདོ་ལས། རྒྱལ་པོ་ཆེན་པོ་ཁྱོད་ནི་འདི་ལྟར་བྱ་བ་མང་བ་བྱེད་པ་མང་བ་སྟེ། ཐམས་ཅད་ཀྱིས་ཐམས་ཅད་དུ་སྦྱིན་པ་ནས་ཤེས་རབ་ཀྱི་ཕ་རོལ་ཏུ་ཕྱིན་པའི་བར་ལ་བསླབ་པར་མི་ནུས་ཀྱི། དེ་བས་ན་རྒྱལ་པོ་ཆེན་པོ་ཁྱོད་ཡང་དག་པར་རྫོགས་པའི་བྱང་ཆུབ་ལ་འདུན་པ་དང་། དད་པ་དང་། དོན་དུ་གཉེར་བ་དང་། སྨོན་པ་གསུམ་འགྲོ་ཡང་རུང་། འགྲེང་ཡང་རུང་། འདུག་ཀྱང་རུང་། ཉལ་ཡང་རུང་། སད་ཀྱང་རུང་། ཟ་ཡང་རུང་། བཏུང་ཡང་རུང་། རྟག་པར་རྒྱུན་དུ་དྲན་པས་ཡིད་ལ་བཟུང་སྟེ་བསྒོམས་ཤིག །གཞན་གྱི་དགེ་བ་ལ་རྗེས་སུ་ཡི་རང་བར་གྱིས་རྗེས་སུ་ཡི་རང་ནས་ཀྱང་སངས་རྒྱས་དང་བྱང་ཆུབ་སེམས་དཔའ་དང་ཉན་ཐོས་དང་རང་སངས་རྒྱས་ཐམས་ཅད་ལ་ཕུལ་ཅིག །ཕུལ་ནས་སེམས་ཅན་ཐམས་ཅད་དང་ཐུན་མོང་དུ་གྱིས་ཤིག །དེ་ནས་སེམས་ཅན་ཐམས་ཅད་སངས་རྒྱས་ཀྱི་ཆོས་ཡོངས་སུ་རྫོགས་པར་འགྱུར་བར་ཉིན་གཅིག་བཞིན་དུ་བླ་ན་མེད་པའི་བྱང་ཆུབ་ཏུ་བསྔོས་ཤིག རྒྱལ་པོ་ཆེན་པོ་ཁྱོད་དེ་ལྟར་ན་རྒྱལ་སྲིད་ཀྱང་བྱེད་ལ་རྒྱལ་པོའི་བྱ་བ་ཡང་ཉམས་པར་མི་འགྱུར་ལ་བྱང་ཆུབ་ཀྱི་ཚོགས་ཀྱང་ཡོངས་སུ་རྫོགས་པར་འགྱུར་རོ། །ཞེས་གསུངས་སོ། །དེས་ན་སྨོན་པ་བྱང་ཆུབ་ཀྱི་སེམས་སྤོང་བ་གང་ཟག་དབང་པོ་རྣོ་འབྲིང་རྟུལ་གསུམ་ཀའི་རྩ་ལྟུང་ཤིན་ཏུ་ལྕི་བའང་མདོ་སྡུད་པའི་ལུང་གིས་གྲུབ་སྟེ། དེ་ཉིད་ལས། གལ་ཏེ་བསྐལ་པ་བྱེ་བར་དགེ་བའི་ལམ་བཅུ། །སྤྱོད་ཀྱང་རང་རྒྱལ་དགྲ་བཅོམ་ཉིད་དུ་སེམས་བསྐྱེད་ན། །དེ་ནི་ཚུལ་ཁྲིམས་སྐྱོན་བྱུང་ཚུལ་ཁྲིམས་འཆལ་བ་ཡིན། །སེམས་བསྐྱེད་དེ་ནི་ཕམ་པས་ཀྱང་ཤིན་ཏུ་ལྕི། །ཞེས་དང་། ཐབས་ལ་མཁས་པའི་མདོ་སོགས་ལས་ཀྱང་དེ་དང་མཐུན་པར་གསུངས་ཤིང་། སྤྱོད་འཇུག་ལས་ཀྱང་། དེ་ནི་བྱང་ཆུབ་སེམས་དཔའ་ལ། །ལྟུང་བའི་ནང་ནས་ལྕི་བ་སྟེ། །འདི་ལྟར་དེ་ནི་བྱུང་གྱུར་ན། །སེམས་ཅན་ཀུན་གྱི་དོན་ལ་དམན། །ཞེས་སོ། །མདོར་ན་བྱང་སེམས་ལ་གོང་གི་ལྟུང་བ་དེ་དག་གང་བྱུང་ཀྱང་སྡོམ་པ་སླར་བླང་བའི་སྐལ་པ་མེད་ཅིང་། དགེ་བའི་རྩ་བ་ཆད་པས་ན་རྩ་ལྟུང་ཞེས་བརྗོད་དེ། བསླབ་བཏུས་ལས། རང་བཞིན་གྱི་ཁ་ན་མ་ཐོ་བ་ཆེ་བས་ན། གང་གིས་ཡང་དག་པར་བླངས་པ་ན་ཡང་སྐལ་བ་མེད་པ་དང་། དགེ་བའི་རྩ་བ་ཆད་པར་འགྱུར་བ་དེས་སྡོམ་པ་ཅན་ལ་ཆེས་ཤིན་ཏུ་འགྱུར་ཏེ་ཞེས་སོགས་གསུངས་པས་སོ། །

གཉིས་པ་ཡན་ལག་གི་ཉེས་བྱས་བཤད་པ་ལ་གཉིས་ཏེ། བསླབ་བཏུས་ནས་དངོས་སུ་བཤད་པ་དང་། སོགས་ཀྱིས་བསྡུས་པ་གཉིས་ཀྱི་དང་པོ་ནི། ཉེས་བྱས་ནི་སོགས་དང་། དེ་ཉིད་ལས། བྱང་ཆུབ་སེམས་དཔའ་སེམས་ཅན་ཐམས་ཅད་ཀྱི་ད་ལྟ་དང་། མ་འོངས་པའི་སྡུག་བསྔལ་དང་ཡིད་མི་བདེ་བ་ཐམས་ཅད་ཞི་བར་བྱ་བ

དང༌། ཞེས་སོགས་གསུངས་པ་ལྟར་གཞན་གྱི་སྡུག་བསྔལ་དང༌། ཡིད་མི་བདེ་བ་ཞི་བར་ནུས་བཞིན་དུ་ཞི་བར་མི་བྱེད་པ་དང༌། བདེ་བ་དང་ཡིད་བདེ་བ་བསྐྱེད་ནུས་བཞིན་དུ་བསྐྱེད་པར་མི་བྱེད་པ་གཉིས་ནི་དབྱེ་གཞི་ཡིན་ལ༑ དེ་གཉིས་ལ་ལུས་དང་སེམས་ཀྱི་རྟེན་སོ་སོར་དབྱེ་བས་བཞི། དེ་ཉིད་ད་ལྟ་བ་དང་མ་འོངས་པའི་དུས་ཀྱིས་ཕྱེ་བས་བརྒྱད་དུ་འགྱུར་རོ། །དེ་དག་ཀྱང་སོ་སོའི་ཆེད་དུ་སྒོ་གསུམ་མི་བརྩོན་པ་དང༌། སྒོ་གསུམ་གྱིས་ཕན་པའི་རྒྱུ་རྐྱེན་མི་ཚོལ་བ་དང༌། སྒོ་གསུམ་གྱིས་གཉེན་པོ་ལ་མི་འབད་པ་སྟེ། རྫས་སྦྱོར་གྱི་སྒོ་གསུམ་གྱིས་དབྱེ་བས་ཉི་ཤུ་རྩ་བཞིར་འགྱུར་བ་ནི་བདེ་སྡུག་ཡལ་བར་འདོར་བ་ཞེས་སུ་བཤད་ལ། སྡུག་བསྔལ་དང་ཡིད་མི་བདེ་བ་ཆེན་པོའི་གཉེན་པོར་གཏར་བསྲེག་དང་སྨྱུང་གནས་ལྟ་བུ་ཆུང་ངུ་བསྐྱེད་དགོས་ཀྱང་མི་བསྐྱེད་པ་གཞིར་བཞག་ནས། དེ་གཉིས་ལ་འདི་དང་ཕྱི་མའི་སྐྱེ་བས་ཕྱེ་བས་བཞི། དེ་བཞིན་དུ་རང་གཞན་གྱི་རྒྱུད་ཀྱི་དབྱེ་བས་བཞི། ཡིད་བདེ་བ་དང་ཡིད་བདེ་བ་ཆེན་པོའི་ཕྱིར་ཆུང་ངུ་ཉམས་པར་མི་བྱེད་པ་གཞིར་བཞག་ནས། སྔར་ལྟར་སྦྱེ་བ་དང༌། རྒྱུད་ཀྱིས་ཕྱེ་བས་བརྒྱད་དུ་འགྱུར་བའི་བཅུ་དྲུག་པོ་ལ་སྦྱུབ་པ་ཡལ་བར་འདོར་བ་ཞེས་སུ་བཤད་དོ། དེ་ལྟ་བུའི་བཞི་བཅུ་ཐམ་པ་རེ་རེ་ནས་རེ་ཞིག་ཡལ་བར་འདོར་བ་དང༌། གཏན་དུ་ཡལ་བར་འདོར་བ་གཉིས་ཀྱི་དབྱེ་བས་བརྒྱད་ཅུ་ཐམ་པ་འབྱུང་སྟེ་བསླབ་བཏུས་སུ་དངོས་སུ་གསུངས་པ་དེ་ཙམ་མོ། །

གཉིས་པ་ནི། སོགས་ཀྱིས་བསྡུས་པ་སོགས་ཏེ། སོགས་ཁོངས་ནས་ཐེག་ཆེན་གྱི་མདོ་སྡེ་སྣ་ཚོགས་སུ་ཐོར་བུར་བཤད་པའི་ཉེས་པ་སྲིད་དོ་ཅོག་ཀུན་བསྟན་ཏེ། གང་ཞེ་ན། མི་དགེ་བ་བཅུ་དང༌། འཇིག་རྟེན་གྱི་ཆོས་བརྒྱད་དེ་སྙེད་མ་སྙེད། གྲགས་མ་གྲགས། བདེ་སྡུག་བསྟོད་སྨད་རྣམས་ཀྱིས་ཡིད་དགའ་བ་དང་མི་དགའ་བ་བསྐྱེད་པ། ལོག་པའི་རྟོག་པ་བརྒྱད་དེ་ཡུལ་མིའི་རྟོག་པ། ཉེ་དུའི། དགྲའི། གནོད་སེམས་ཀྱི། འཆི་བའི། ཁྲུད་གསོད་ཀྱི་ཁ་ཟས་སོགས་ཀྱི། མི་འཆི་བའི་རྟོག་པ་རྣམས་དང༌། ལོག་འཚོ་ལྔ་སྟེ། ཚུལ་འཆོས་ཁ་བསག །ཐོབ་ཀྱིས་འཇལ། གཞོག་སློང༌། རྙེད་པས་རྙེད་པ་འཚོལ་བ་རྣམས་དང༌། སྤྱོད་ཡུལ་མིན་པ་ལྔ་སྟེ་རྒྱལ་པོའི་ཕོ་བྲང༌། གདོལ་པའི་གནས། བཤན་པའི་གནས། གཟུགས་འཚོང་མའི་གནས། ཆང་འཚོང་གི་གནས་རྣམས་དང༌། དགེ་བ་འཇོད་པའི་རྒྱུ་བཞི་སྟེ། མུ་སྟེགས་ཀྱི་གསང་ཚིག་འཚོལ་བ། ཁྲིམ་ལ་ལྟ་ཞིང་འཁྲིན་པ། བྱང་སེམས་གཞན་ལ་ཕྲག་དོག་པ། མ་ཐོས་པའི་མདོ་སྡེ་མི་ལྟ་བ་རྣམས་དང༌། སྡིག་གྲོགས་དང་འགྲོགས་པ་དང༌། ཉན་རང་གི་ཐེག་པ་ཡིད་ལ་བྱེད་པ་སོགས་བདུད་ལས་རྣམས་དང༌། ལྟ་བ་དང་ཚུལ་ཁྲིམས་སོགས་ལ་མཆོག་ཏུ་འཛིན་པ་དང༌། ཐོས་པ་དང་རྙེད་བཀུར་སོགས་ཀྱིས་ཁེངས་པ་རྣམས་སྤྱང་བར་བྱ་ཞིང༌། གཞན་ཡང་དོན་མེད་པར་རྒྱུག་པ་དང༌། མཆོང་བ་དང༌། རྐང་པ་བརྐྱངས་ཏེ་འདུག་པ། རྩེད་མོ་དང༌། བྲེ་མོའི་གཏམ་དང༌། བཞད་གད་དང༌།

ཀུ་ཅོ་འདོན་པ་དང་། མིག་གཡེངས་ཏེ་འགྲོ་བ་དང་། ས་བརྐོ་བ་དང་། རྩ་གཅོད་པ་དང་། ས་ལ་རི་མོ་འབྲི་བ་དང་། སྐྱེས་པ་མེད་པར་བུད་མེད་ལ་ཆོས་སྟོན་པ་སོགས་ཉན་ཐོས་ཀྱི་འདུལ་བར་བཤད་པ་ལས་དགོས་པ་མེད་པར་འདའ་བ་སོགས་དགག་པའི་ཕྱོགས་མཐའ་དག་དང་། མིག་ཕབ་སྟེ་བལྟ་བ་དང་། གཞན་དག་མཐོང་བ་ན་ལེགས་པར་འོངས་སོ་ཞེས་འཛུམ་གྱིས་བསུ་བ་དང་། གོས་ཚགས་བསྟམས་པ་དང་། ལེགས་པར་བགོ་བ་དང་། ལེགས་པར་བཟའ་བ་དང་། དལ་གྱིས་འགྲོ་བ་དང་། ཆོས་ཉན་པ་དང་འཆད་པའི་ཀུན་སྤྱོད་སོགས་བསྒྲུབ་བྱའི་ཕྱོགས་ལས་ཉམས་པ་རྣམས་ཀྱང་ཉེས་བྱས་ཉིད་དུ་འདུའོ། །

གཉིས་པ་སེམས་ཙམ་པའི་སེམས་བསྐྱེད་ཀྱི་རྩ་ལྟུང་སོགས་ཀྱི་རྣམ་གཞག་ལའང་གཉིས་ཏེ་མདོར་བསྟན་པ་དང་། བཤད་པ་དངོས་སོ། །དང་པོ་ནི། བྱང་སའི་སོགས་ཏེ། འདི་ལའང་སྔར་བཞིན་ངོ་བོ་བྱང་སེམས་ཀྱི་རྩ་ལྟུང་ཡིན་པ་ཉན་ཐོས་ཀྱི་ཕམ་པ་དང་། འཇིག་བྱེད་ཀྱིས་འདྲ་བའི་ཕམ་འདྲ་དང་། ཡན་ལག་གི་ཉེས་བྱས་གཉིས་སུ་ཡོད་པའི་དོན་ཏོ། །

གཉིས་པ་ལ་གཉིས་ཏེ་རང་རང་གི་ཡན་ལག་དང་། ཐུན་མོང་གི་ཡན་ལག་གོ། །དང་པོ་ནི། རྙེད་ དང་ སོགས་ཏེ། རྙེད་པ་དང་བཀུར་སྟི་ལ་ལྷག་པར་ཆགས་པས་ཀུན་ནས་བསླངས་ཏེ། བདག་བསྟོད་ཅིང་རྙེད་བཀུར་ཅན་གཞན་ལ་སྨོད་པ་དང་། ཡུལ་ཆོས་དང་ནོར་གྱིས་བཀྲེན་པས་སྡུག་བསྔལ་ཞིང་མགོན་མེད་པར་གྱུར་པ་ལ། སེར་སྣ་དྲག་པོས་ཆོས་དང་ནོར་མི་སྟེར་བ་དང་། གཞན་གྱིས་བྱ་བ་མི་རིགས་པ་བྱས་པ་བཤགས་ཤིང་ཤད་ཀྱིས་སྦྱངས་ཀྱང་མི་ཉན་པར། སླར་དབྱུག་པ་སོགས་ཀྱིས་བརྡེག་ཅིང་ཁོ་འཚམས་པ་དང་། བྱང་ཆུབ་སེམས་དཔའི་སྡེ་སྣོད་ལ་བཀའ་མ་ཡིན་ཞེས་སྐུར་འདེབས་ཀྱིས་སྤོང་བར་བྱེད་ཅིང་། ཆོས་ལྟར་བཅོས་པ་ལ་མོས་ཤིང་དགའ་བའི་དབང་གིས་ཆོས་མ་ཡིན་པ་ཆོས་སུ་སྟོན་པ་རྣམས་རང་རང་ཡན་ལག་གམ་ལྟུང་བའི་ངོ་བོ་སྟེ་རིམ་བཞིན་ཆགས་པ་དང་། སེར་སྣ་དང་། ཞེ་སྡང་དང་། ལོག་པར་ལྟ་བ་ལས་གྱུར་པ་ཡིན་ལ། མདོ་སྡེ་རྣམས་ན་འཁོར་ནས་བཞུགས་པ་ཐོགས་མེད་ཞབས་ཀྱིས་བྱང་སར་བསྡུས་པ་ཡིན་ཏེ། དེ་ཉིད་ལས། བཅོམ་ལྡན་འདས་ཀྱིས་མདོ་སྡེ་གཞན་དེ་དང་དེ་དག་ཏུ་འཐོར་བུར་གསུངས་པ་དེ་དང་བྱང་ཆུབ་སེམས་དཔའི་སྡེ་སྣོད་ཀྱི་མདོ་འདིར་ཚང་བར་བཤད་དོ། །ཞེས་སོགས་ཀྱི་དོན་སྡོམ་པ་ཉི་ཤུ་པ་ལས། །ཉོན་མོངས་དྲག་ལས་བྱུང་བ་ཡིས། །སྡོམ་པ་ཞིག་པར་གང་གྱུར་པ། །དེ་ཡི་ཉེས་པ་བཞི་པོ་ནི། །ཕམ་པ་འདྲ་བར་དགོངས་པ་ཡིན། །རྙེད་དང་བཀུར་སྟིར་ཆགས་པ་ཡིས། །བདག་བསྟོད་གཞན་ལ་སྨོད་པ་དང་། །སྡུག་བསྔལ་མགོན་མེད་གྱུར་པ་ལ། །སེར་སྣས་ཆོས་ནོར་མི་སྟེར་དང་། །གཞན་གྱིས་བཤགས་ཀྱང་མི་ཉན་པར། །ཁྲོས་པས་གཞན་ལ་འཚོག་པ་དང་། །ཐེག་

པ་ཆེན་པོ་སྤྱོང་བྱེད་ཅིང་། །དམ་ཆོས་འདྲར་སྣང་སྟོན་པའོ། །ཞེས་སོ། །

གཉིས་པ་ཐུན་མོང་གི་ཡན་ལག་ནི། བཞི་ཀཱ་སོགས་ཏེ། དེ་བཞི་ཀ་ལ་གང་ཟག་སྡོམ་པ་དང་ལྡན་ཞིང་། ཤེས་པ་རྣལ་དུ་གནས་པ། ཀུན་དཀྲིས་ཏེ་ཉོན་མོངས་པ་ཆེན་པོས་བསླངས་པ་གསུམ་ཐུན་མོང་གི་ཡན་ལག་ཡིན་པས། དེ་དག་ཚང་ན་ཉན་ཐོས་ཀྱི་ཕམ་པ་དང་འདྲ་བར་སྡོམ་པ་གཏོང་བའི་རྒྱུར་འགྱུར་བ་སྟེ། བྱང་ས་ལས། ཕམ་པའི་གནས་ལྟ་བུ་བཞི་པོ་འདི་དག་ནི་ཀུན་ནས་དཀྲིས་པ་ཆུང་ངུ་དང་འབྲིང་གིས་ནི་ཚུལ་ཁྲིམས་ཀྱི་སྡོམ་པ་ཡང་དག་པར་བླངས་པ་དེ་བྱང་ཆུབ་ཀྱི་སེམས་བཏང་བར་མི་འགྱུར་རོ་ཞེས་སོགས་གསུངས་སོ། །ཀུན་དཀྲིས་ཆེ་འབྲིང་ཆུང་ངུའི་དབྱེ་བ་ནི། རྒྱུན་ཆད་མེད་པར་སྤྱོད་པ་དང་། རྒྱུད་ངོ་ཚ་དང་ཁྲེལ་མེད་པ་དང་། ལས་དེས་རང་གི་སེམས་མགུ་བར་བྱེད་ཅིང་། དེ་ཉིད་ལ་ཡོན་ཏན་དུ་བལྟ་བ་རྣམས་ནི་ཀུན་དཀྲིས་ཆེན་པོ་སྟེ། གང་གི་ཕྱིར་བྱང་ཆུབ་སེམས་དཔས་ཕམ་པའི་གནས་ལྟ་བུའི་ཆོས་བཞི་པོ་རྒྱུན་མ་ཆད་པར་ཀུན་ཏུ་སྤྱོད་པ་དང་། ངོ་ཚ་ཤེས་པ་དང་ཁྲེལ་ཡོད་པ་ཆུང་ངུ་ཡང་མི་བསྐྱེད་པ་དང་། དེས་མགུ་བར་བྱེད་ཅིང་དེ་ལ་དགའ་བར་བྱེད་པ་དང་། དེ་ཉིད་ལ་ཡོན་ཏན་དུ་ལྟ་བར་གྱུར་པ་འདི་ནི་ཀུན་ནས་དཀྲིས་པ་ཆེན་པོ་ཡིན་པར་རིག་པར་བྱའོ་ཞེས་དངོས་སུ་གསུངས་ལ། དེ་ལས་ཉོན་མོངས་པ་སྟེ་རྒྱུན་ཆད་མེད་པར་སྤྱོད་པ་སོགས་ཡན་ལག་གཉིས་ཚང་བ་ཀུན་དཀྲིས་འབྲིང་དང་། གང་རུང་ཅིག་ལྡན་གྱིས་སྤྱོད་པ་ཀུན་དཀྲིས་ཆུང་ངུར་དབྱེ་བའང་ཤུགས་ལས་བསྟན་ཏོ། །གནས་བརྟན་བྱང་བཟང་གིས་སྡོམ་པ་ཉི་ཤུ་པའི་འགྲེལ་པར། གང་གི་ཚེ་སླར་ངོ་ཚ་དང་ཁྲེལ་ཅུང་ཟད་ཙམ་སྐྱེ་བ་དང་། ཕ་རོལ་གྱིས་གསོལ་བ་བཏབ་པས་བཟློག་པ་དེ་ནི་འབྲིང་ལ་གནས་པའོ། །གང་གི་ཚེ་མྱུར་བ་ཉིད་དུ་ངོ་ཚ་བར་བྱེད་ཅིང་རང་ཉིད་ཀྱང་རུང་སྟེ་སྐད་ཅིག་གིས་བཟློག་པ་དེ་ནི་ཆུང་ངུ་ལ་གནས་པར་རིག་པར་བྱའོ་ཞེས་གསུངས་པ་ལྟར་ངོ་ཚ་བ་སྐྱེས་པ་རིང་བ་མྱུར་བས་ཀུན་དཀྲིས་འབྲིང་དང་ཆུང་ངུར་ཕྱེ་བ་དང་། གཞན་ཡང་ཉོན་མོངས་པ་སྐྱེས་པ་དང་། དེ་ཉིད་ལ་གཞོལ་ཞིང་འབབ་པ་དང་། དེ་ཡི་དབང་དུ་གྱུར་ཏམ་བས་པ་གསུམ་གྱིས་ཀུན་དཀྲིས་ཆུང་འབྲིང་ཆེན་པོར་དབྱེ་རུ་ཡོད་པ་ལས་ཕྱི་མ་འདི་ཉིད་གཙོར་བཞེད་དོ། །

གཉིས་པ་ཡན་ལག་གི་ཉེས་བྱས་ལ་གཉིས་ཏེ། དགེ་བ་ཆོས་སྡུད་དང་འགལ་བ་དང་། སེམས་ཅན་དོན་བྱེད་དང་འགལ་བའོ། །དེ་དག་བཤད་པ་ལ། ཉེས་བྱས་བཞི་བཅུ་རྩ་དྲུག་གསུངས་པ་ལས། ཞེས་སྤྱིའི་གྲངས་ཀྱིས་ལམ་ཕྱེས་ནས་སོ་སོར་བཤད་པ་ལ། དགེ་བ་ཆོས་སྡུད་སོགས་ཏེ། དགེ་བའི་ཆོས་ཀུན་སྡུད་བྱེད་ཕྱིན་དྲུག་གི་ཉམས་ལེན་དང་འགལ་བའི་ཉེས་བྱས་སུམ་ཅུ་རྩ་བཞི་གསུངས་པ་ཚིག་ཟིན་ཡང་པའི་ཕྱིར་ས་བཅད་ལོགས་སུ་མ་བྱས་པར་བཤད་པའི་མཇུག་སྟོད་དུ་སྦྱར་ཏེ་བརྗོད་ན། དཀོན་མཆོག་མི་མཆོད་པའམ་མཆོད་ཀྱང་

གསུམ་ལ་དེར་འདུ་ཤེས་པའམ་ཡོན་ཏན་དྲན་པའི་སྒོ་ནས་མི་མཆོད་པ་དང་། འདོད་པ་ཆེ་ཞིང་ཆོག་མི་ཤེས་པའི་སེམས་ཀྱི་རྗེས་སུ་འཇུག་པས་རྙེད་པ་བཀུར་སྟི་དང་དུ་ལེན་པ་དང་། རིགས་དང་ཡོན་ཏན་གྱིས་རྒན་པ་ལ་གུས་པ་མི་བྱེད་པ་དང་། འབེལ་བའི་གཏམ་དྲིས་པ་ལ་ལན་མི་འདེབས་པ་དང་། གཞན་གྱིས་མགྲོན་དུ་བོས་པར་ང་རྒྱལ་ལམ་ཁྲོ་བས་མི་འགྲོ་བ་དང་། གསེར་ལ་སོགས་པའི་ནོར་ཕུལ་བ་ཁྲོ་བ་སོགས་ཀྱིས་མི་ལེན་པ་དང་། ཆོས་འདོད་པ་ལ་ཆོས་མི་སྟོན་པ་སྟེ་སྦྱིན་པ་དང་འགལ་བ་བདུན་ནོ། །གཞན་ཚུལ་ཁྲིམས་འཆལ་བ་རྣམས་མནར་སེམས་དང་། ཁྲེད་གསོད་ཀྱིས་ཡལ་བར་འདོར་བ་དང་། ཕ་རོལ་མ་དད་པ་རྣམས་དད་པར་བྱ་བའམ། དད་པ་རྣམས་ཕྱིར་ཞིང་དད་པར་བྱ་བའི་ཕྱིར་ཉན་ཐོས་ཀྱི་འདུལ་བ་བཞིན་སློབ་པར་མི་བྱེད་པ་དང་། ཉན་ཐོས་ལྟར་སེམས་ཅན་གྱི་དོན་ལ་བྱ་བ་ཆུང་བ་དང་། སྙིང་རྗེ་དང་ལྡན་ཞིང་གཞན་དོན་དུ་འགྱུར་ངེས་པ་ལ་ཐབས་མཁས་པས་ལུས་ངག་གི་ཁ་ན་མ་ཐོ་བ་སྤྱད་པར་གནང་ཡང་མ་སྤྱད་པ་དང་། ལོག་པའི་འཚོ་བ་ལྔ་བདག་གིར་བྱེད་པ་སྟེ་ལྔར་ལེན་པ་དང་། ལུས་ངག་རྣམ་པར་མ་དུལ་བར་རྒོད་ཅིང་རྩེ་བས་བདག་གཞན་གཡེང་བར་བྱེད་པ་དང་། བྱང་ཆུབ་སེམས་དཔའ་སེམས་ཅན་ཐམས་ཅད་གྲོལ་བར་འདོད་པ་དག་ནི་ཉན་ཐོས་ལས་བཙོན་པ་བྱེ་བ་འབུམ་འགྱུར་གྱིས་འཁོར་བ་ན་གནས་བཞིན་དུ་མྱ་ངན་ལས་འདས་པ་ལ་སྨྲོ་བར་བྱ་དགོས་ན། སྲིད་པས་འཁོར་བ་རང་གཅིག་པུ་བགྲོད་སེམས་ཏེ་གནས་པར་སྤྲོ་བ་སྙིང་ཐག་པ་ནས་སྟོན་ཅིང་སྤྱོད་པ་དང་། གཞན་གྱི་ཡིད་དང་འགལ་བ་སྤང་དགོས་པས་ན། རང་ལ་མི་སྙན་པ་དང་གཏམ་ངན་པར་འགྱུར་བ་སོགས་ལ་མི་འཛེམ་པ་དང་། ཉོན་མོངས་པ་ཅན་གཞན་ལ་ཐབས་དྲག་པོས་མ་འོངས་པའི་ཕན་བདེར་འགྱུར་བ་ཤེས་བཞིན་དུ་དེའི་སེམས་བསྲུངས་ཏེ་མི་འཆོས་པ་སྟེ་ཚུལ་ཁྲིམས་དང་འགལ་བ་དགུའོ། །གཤེ་བའི་ལན་དུ་གཤེ་བ་དང་། ཁྲོ་བའི་ལན་དུ་ཁྲོ་བ་དང་། རྡེག་པའི་ལན་དུ་རྡེག་པ་དང་། མཚང་འདྲུ་བའི་ལན་དུ་མཚང་འདྲུ་ཞིང་དགེ་སྦྱོང་གི་ཆོས་བཞི་མི་སྲུབ་པ་དང་། གཞན་དག་ཁྲོས་པ་ན་རང་ཉེས་ཀྱང་རུང་མ་ཉེས་ཀྱང་རུང་ཤད་ཀྱིས་སྦྱང་དགོས་པ་ལ་མི་སྦྱངས་པར་ཡལ་བར་འདོར་བ་དང་། གཞན་ཉེས་པ་བྱུང་བ་བདག་ལ་ཆོས་བཞིན་དུ་བཤགས་ཀྱང་ཁྲོ་བས་མི་ཉན་པ་དང་། གཞན་ལ་ཁྲོ་བའི་སེམས་སྐྱེས་པའི་རྗེས་སུ་འཇུག་པ་སྟེ་སྤང་བའི་འདུན་པ་མི་ཕྱེ་བ་སྟེ་བཟོད་པ་དང་འགལ་བ་བཞིའོ། །རྙེད་བཀུར་འདོད་པའི་ཕྱིར་ཟང་ཟིང་དང་བཅས་པའི་སེམས་ཀྱིས་འཁོར་བསྡུད་པ་དང་། ལེ་ལོ་དང་སོགས་ཀྱིས་སྙོམ་ལས་དང་གཉིད་དང་། ཉལ་བ་དང་གློས་འབེབ་པ་དུས་དང་ཚོད་མེད་པར་བདག་གིར་བྱེད་ཅིང་སེལ་བར་མི་བྱེད་པ་དང་། འདུ་འཛིའི་གཏམ་གྱིས་ཉིན་མཚན་དུས་དྲུག་གི་ཆ་གཅིག་ཡོངས་པར་བྱེད་པ་སྟེ་བརྩོན་འགྲུས་དང་འགལ་བ་གསུམ་མོ། །ཏིང་ངེ་འཛིན་ལ་མཉམ་པར་འཇོག་འདོད་ཀྱང

རང་གིས་མི་ཤེས་པ། མན་ངག་དང་ལྡན་པའི་གང་ཟག་གཞན་ལ་ང་རྒྱལ་སོགས་ཀྱིས་འཆོལ་དུ་མི་འགྲོ་བ་དང་། བསམ་གཏན་གྱི་སྒྲིབ་པ་འདོད་པ་དང་། གནོད་སེམས་དང་། རྒོད་པ་དང་། འགྱོད་པ་དང་། རྨུགས་པ་དང་། གཉིད་དང་། ཐེ་ཚོམ་རྣམས་མི་སྤོང་བ་དང་། རང་ཉིད་བསམ་གཏན་གྱི་ས་ཐོབ་པ་ཞིག་ཡིན་ན་ཏིང་ངེ་འཛིན་དེའི་རོ་མྱོང་བར་བྱེད་ཅིང་ཡོན་ཏན་དུ་བལྟ་བ་སྟེ། བསམ་གཏན་དང་འགལ་བ་གསུམ་མོ། །དགོས་པ་མེད་པར་གཞན་ལ་ཉན་ཐོས་ཀྱི་ཐེག་པ་ཉན་པར་མི་བྱ། བཟུང་བ་དང་བསླབ་པར་མི་བྱའོ་ཞེས་སྨྲ་བས་སྤོང་བ་དང་། ཐེག་ཆེན་གྱི་སྡེ་སྣོད་ཡོད་བཞིན་དུ་དེ་སྤྲངས་ནས་ཉན་ཐོས་ཀྱི་སྡེ་སྣོད་ལ་བརྩོན་པ་དང་། དེ་བཞིན་དུ་ཕྱི་རོལ་པའི་རིག་བྱེད་ཀྱི་བསྟན་བཅོས་ལ་བརྩོན་པ་དང་། དགོས་པའི་དབང་གི་དེ་ལ་མཁས་པར་གྱུར་ཀྱང་དད་པར་མི་བྱ་བ་ཡིན་མོད་ལམ་དུ་བསམ་ནས་དགའ་བ་དང་། ཐེག་ཆེན་གྱི་རྟོགས་པའི་ཁྱད་ཆོས་དེ་བཞིན་ཉིད་དམ། མཐུའི་ཁྱད་ཆོས་སྟོང་གསུམ་ཡུངས་འབྲུར་ཆུད་པ་སོགས་ཟབ་པ་དང་རྒྱ་ཆེ་བ་ལ་རང་མ་མོས་སམ། གཞན་གྱི་ཡོན་ཏན་ལ་སྐུར་པ་འདེབས་པ་དང་། ཁྲོ་བའི་སེམས་ཀྱིས་བདག་ལ་བསྟོད་ཅིང་གཞན་ལ་སྨོད་པ་དང་། ང་རྒྱལ་ལམ། མནར་སེམས་སམ། ཁྲོ་བའི་སེམས་ཀྱིས་ཐོས་པའི་ཕྱིར་མི་འགྲོ་བ་དང་། ཆོས་སྨྲ་བ་ལ་སྨོད་ཅིང་མ་གུས་པས་ཚིག་འབྲུ་ལ་རྟོན་པ་འཆད་པའི་ཚིག་ཟུར་ཆག་པ་དང་། ཚིག་འབྲེལ་པ་དང་། མ་འབྲེལ་བའི་སྐྱོན་ལ་རྟོག་པ་སྟེ། སྔ་མ་བཞིན་ཡུལ་དམན་པ་དང་། དེ་ནས་གསུམ་དམ་པ་དང་འབྲེལ་པ་སྟེ་ཤེས་རབ་དང་འགལ་བ་བརྒྱད་དོ། །དེ་དག་ཀྱང་སྡོམ་པ་ཉི་ཤུ་པ་ལས། དཀོན་མཆོག་གསུམ་ལ་གསུམ་མི་མཆོད། །འདོད་པའི་སེམས་ཀྱི་རྗེས་སུ་འཇུག །རྒན་པ་རྣམས་ལ་གུས་མི་བྱེད། །དྲིས་པ་ལ་ནི་ལན་མི་འདེབས། །མགྲོན་པོས་བདག་གིར་མི་བྱེད་དང་། །གསེར་ལ་སོགས་པ་ལེན་མི་བྱེད། །ཆོས་འདོད་རྣམས་ལ་སྦྱིན་མི་བྱེད། །ཚུལ་ཁྲིམས་འཆལ་པ་ཡལ་བར་འདོར། །ཕ་རོལ་དང་ཕྱིར་སློབ་མི་བྱེད། །སེམས་ཅན་དོན་ལ་བྱ་བ་ཆུང་། །སྙིང་བརྩེར་བཅས་ན་མི་དགེ་མེད། །འཚོ་བ་ལོག་པ་དྭང་དུ་ལེན། །འཕྱར་ནས་རབ་ཏུ་རྒོད་པ་སོགས། །འཁོར་བ་གཅིག་པུས་བགྲོད་པར་སེམས། །གྲགས་པ་མ་ཡིན་མི་སྤོང་བ། །ཉོན་མོངས་བཅས་ཀྱང་འཆོས་མི་བྱེད། །གཤེ་ལ་ལན་དུ་གཤེ་ལ་སོགས། །ཁྲོས་པ་རྣམས་ནི་ཡལ་བར་འདོར། །ཕ་རོལ་ཤད་ཀྱིས་འཆགས་པ་སྤོང་། །ཁྲོས་པའི་སེམས་ཀྱི་རྗེས་སུ་འཇུག །སྙེད་བཀུར་འདོད་ཕྱིར་འཁོར་རྣམས་སྡུད། །ལེ་ལོ་ལ་སོགས་སེལ་མི་བྱེད། །ཆགས་པས་བྱ་མོའི་གཏམ་ལ་བརྟེན། །ཏིང་ངེ་འཛིན་གྱི་དོན་མི་འཚོལ། །བསམ་གཏན་སྒྲིབ་པ་སྤོང་མི་བྱེད། །བསམ་གཏན་རོ་ལ་ཡོན་ཏན་བལྟ། །ཉན་ཐོས་ཐེག་པ་སྤོང་བར་བྱེད། །རང་ཚུལ་ཡོད་བཞིན་དེ་ལ་བརྩོན། །བརྩོན་མིན་ཕྱི་རོལ་བསྟན་བཅོས་བརྩོན། །བརྩོན་པར་བྱས་ཀྱང་དེ་ལ་དགའ། །ཐེག་པ་ཆེན་པོ་སྤོང་བར་བྱེད། །བདག་ལ་བསྟོད་

ཅིང་གཞན་ལ་སྨྲོད། །ཆོས་ཀྱི་དོན་དུ་འགྲོ་མི་བྱེད། །དེ་ལ་སྨོད་ཅིང་ཡི་གེར་རྟོན། ཞེས་སོ། །

གཉིས་པ་སེམས་ཅན་དོན་བྱེད་དང་འགལ་བ་ནི། སེམས་ཅན་དོན་བྱེད་སོགས་ཏེ། དེ་ལའང་བཅུ་གཉིས་ཡོད་པ་བཤད་ཚུལ་སྔར་ལྟར་ཏེ། སྦྱིན་པ་ལ་སོགས་པའི་བསོད་ནམས་ཀྱི་གྲོགས་སམ། དབྱེན་སྡུམ་པ་ལ་སོགས་པའི་གྲོགས་མི་བྱེད་པ་དང་། ནད་པའི་གཡོག་དང་སྨན་དཔྱད་སོགས་སྐྱང་བ་དང་། མནར་སེམས་པས་སྐྱོང་བ་དང་། དེ་བཞིན་དུ་སྡུག་བསྔལ་གཞན་དང་ལྡན་པ་མི་སེལ་བ་དང་། གཞན་བག་མེད་པའི་བྱ་བ་ལ་ཞུགས་པ་མི་འཆོས་པ་རྣམས་ནི་དོན་བྱ་བ་སྤྱི་དང་འབྲེལ་བའི་ཉེས་བྱས་དང་། སྔར་ཕན་འདོགས་པ་དག་ལ་བྱས་པ་མི་གཟོ་བ་དང་། གཞན་ཉེ་དུའམ་ལོངས་སྤྱོད་ལས་ཉམས་པ་དག་གི་མྱ་ངན་མི་བསལ་བ་དང་། ནོར་དང་ཟས་སྐོམ་འདོད་པ་དག་ལ་ཁྲོ་བས་མི་སྦྱིན་པ་དང་། རང་གི་འཁོར་ལ་ཁྲོ་བས་ཆོས་སམ་ཡོ་བྱད་ཅི་རིགས་པས་ཕན་མི་འདོགས་པ་དང་། ཁྲོ་བས་གཞན་གྱི་བློ་དང་མི་བསྟུན་པ་དང་། མནར་སེམས་ཀྱིས་གཞན་ཡོན་ཏན་ཅན་གྱི་བསྔགས་པ་མི་བརྗོད་པ་རྣམས་ནི་དོན་བྱ་བའི་ཁྱད་པར་དང་འབྲེལ་བ་ཕན་མི་འདོགས་པའི་ཉེས་བྱས་དང་། སེམས་ཅན་ལོག་པར་ཞུགས་པ་དགེ་བ་ལ་གཞུག་པའི་ཕྱིར་ཐབས་མཁས་པས་ཚར་མི་གཅོད་པ་དང་། རྫུ་འཕྲུལ་གྱིས་གདུལ་འོས་པ་ཐབས་དེ་ལྟ་བུས་མི་འདུལ་བ་གཉིས་ནི་དོན་བྱ་བའི་ཁྱད་པར་དང་འབྲེལ་བ་ཚར་མི་གཅོད་པའི་ཉེས་བྱས་ཏེ། དེ་དག་ཀྱང་། དགོས་པའི་གྲོགས་སུ་འགྲོ་མི་བྱེད། །ནད་པའི་རིམ་གྲོ་བྱ་བ་སྐྱོང་། །སྡུག་བསྔལ་སེལ་བར་མི་བྱེད་དང་། །བག་མེད་པ་ལ་རིགས་མི་སྟོན། །བྱས་ལ་ལེན་དུ་ཕན་མི་འདོགས། །གཞན་གྱི་མྱ་ངན་སེལ་མི་བྱེད། །ནོར་འདོད་པ་ལ་སྦྱིན་མི་བྱེད། །འཁོར་རྣམས་ཀྱི་ནི་དོན་མི་བྱེད། །གཞན་གྱི་བློ་དང་མཐུན་མི་འཇུག །ཡོན་ཏན་བསྔགས་པ་སྨྲ་མི་བྱེད། །རྐྱེན་དང་འཚམ་པར་ཚར་མི་གཅོད། །རྫུ་འཕྲུལ་བསྡིགས་ལ་སོགས་མི་བྱེད། །ཅེས་སོ། །བཞི་བཅུ་རྩ་དྲུག་པོ་འདི་དག་ལ་བྱང་ས་ལས། ཉོན་མོངས་པ་ཅན་གྱི་ཉེས་པ་དང་། ཉོན་མོངས་པ་ཅན་མ་ཡིན་པའི་ཉེས་པ་དང་། ཉེས་པ་མེད་པ་གསུམ་དུ་ཕྱེ་བ་བཞིན། འདིའི་འགྲེལ་པར་ཡང་། གལ་ཏེ་མ་གུས་པ་དང་སྙོམ་ལས་དང་། །ལེ་ལོས་ཉེས་པ་བྱུང་ན་ནི། །ཉོན་མོངས་པ་ཅན་གྱི་ཉེས་པར་འགྱུར་རོ། །གལ་ཏེ་བརྗེད་པས་ཉེས་པ་བྱུང་ན་ནི་ཉོན་མོངས་པ་ཅན་མ་ཡིན་པའི་ཉེས་པར་འགྱུར་རོ། །སེམས་འཁྲུགས་པ་ལ་ཉེས་པ་མེད་དོ། །ཞེས་གསུངས་ལ་རྣམ་གཞག་རྒྱས་པ་རྗེ་བཙུན་ཆེན་པོས་མཛད་པའི་སྡོམ་པ་ཉི་ཤུ་པའི་འགྲེལ་པ་ལས་ཤེས་པར་བྱའོ། །ཉེས་སྤྱོད་སྡོམ་པ་དང་འགལ་བ་འདིར་མ་བསྟན་པ་ནི། བྱང་ས་ལས། བྱང་ཆུབ་སེམས་དཔའི་སྡོམ་པའི་ཚུལ་ཁྲིམས་ནི་སོ་སོ་ཐར་པའི་སྡོམ་པ་རིགས་བདུན་པོ་གང་ཡིན་པ་སྟེ། ཞེས་ཕལ་ཆེར་ཉན་ཐོས་མཐུན་པར་གསུངས་ཤིང་གཞུང་འདིར་ཡང་ཐེག་ཆེན་སོ

ཐར་སྐབས་དང་། གོང་གི་མུ་བཞི་ལ་སོགས་པའི་རྣམ་གཞག་བསྟན་པ་རྣམས་ཀྱིས་ཤེས་ནུས་སོ། །སྲོལ་གཉིས་ཀྱི་རྩ་ལྟུང་ལ་གྲངས་བཅོ་བརྒྱད་དང་བཞིའི་ཁྱད་པར་བྱུང་བ་ལ། གནས་བརྟན་བྱང་བཟང་ནི། བྱང་སའི་བཞི་པོ་རྩ་ལྟུང་དངོས་ཡིན་ལ། དེ་ལས་གཞན་པ་བཅོ་བརྒྱད་པོ་ནི་སྔར་བསྙེན་པའི་དགེ་རྩ་རྣམ་པར་གཅོད་པ་ལས་སྡོམ་པ་འཇིག་པའི་རྒྱུ་མ་ཡིན་པས་རྩ་ལྟུང་བཏགས་པ་བའོ། །ཞེས་དངོས་བཏགས་ཀྱི་ཁྱད་པར་སྡོམ་པ་ཉི་ཤུ་པའི་འགྲེལ་པ་ལས་བཤད་པ་དང་། སློབ་དཔོན་ཨ་བྷ་ཡ་ནི། སྡེ་སྣོད་ལས་གསུངས་པའི་བཞི་པོ་ཉིད་ཀྱིས་གཞན་འདི་རྣམས་ཡང་དག་པར་བསྡུས་པས་སོ་ཞེས་ཕན་ཚུན་བསྡུ་བར་གསུངས་མོད། རང་ལུགས་ལ་ཐམས་ཅད་ཀྱང་རྩ་ལྟུང་མཚན་ཉིད་པ་ཡིན་ལ། བྱང་སའི་རྩ་ལྟུང་དང་པོ་ནི། བསླབ་བཏུས་ཀྱི་རང་གི་ཡོན་ཏན་བརྗོད་པ་དང་སོགས་དང་དོན་གཅིག །ཕྱི་མ་གསུམ་གྱི་ཐེག་ཆེན་སྤྱོང་བ་མ་གཏོགས་པ་རྣམས་ནི། ཆགས་དང་སེར་སྣ་མི་བཟད་པས། ཞེས་སོགས་དང་མཚུངས་ཤིང་། ཐེག་ཆེན་སྤོང་བ་ནི་རྒྱལ་བློན་གྱི་རྩ་ལྟུང་གཉིས་པ་ཉིད་ཡིན་ནོ༎ ༎

སྤྱི་དོན་གསུམ་པ་ལྟུང་བའི་དུས་སྐབས་ལ་དཔྱད་པ་ནི། དབུ་སེམས་སོགས་ཏེ། གོང་དུ་བཤད་པ་ལྟར་དབུ་སེམས་ཀྱི་གཞུང་རྣམས་སུ་ལྟུང་བ་ཐ་དད་དུ་གསུངས་ཀྱང་། སྤྱོད་པ་ངོ་བོ་མཐུན་པའི་ཕྱིར་མདོར་བསྡུ་ན། མཐོང་བའི་ཆོས་ཚེ་འདིར་སྨིན་པར་འགྱུར་བའི་འབྲས་བུ་ལ་བདེ་བ་དང་། མ་མཐོང་བའི་ཆོས་ཕྱི་མ་ཕན་ཆད་དུ་སྨིན་འགྱུར་ལ་ཕན་པ་ཞེས་བྱ་སྟེ། ཕན་པ་དང་བདེ་བ་གཉིས་ཀའི་རྒྱུར་འགྱུར་བ་ནི་སྤྱད་པར་བྱ་ཞིང་། མི་བདེ་བ་དང་། གནོད་པ་གཉིས་ཀའི་རྒྱུར་འགྱུར་བ་ནི་རྣམ་པ་ཀུན་ཏུ་སྤང་ངོ་། །གལ་ཏེ་རང་དང་གཞན་ལ་ཕན་པ་ཁྱད་པར་ཅན་དུ་འགྱུར་བར་མཐོང་ན། ཚེ་འདིར་མི་བདེ་བར་གྱུར་ཀྱང་སྤྱད་པར་བྱ་སྟེ། ཚད་པའི་ནད་ལ་སྨན་ཁ་བ་བསྟེན་པའམ་རྩ་གཏར་བ་དང་མཚུངས་སོ། །ཚེ་འདིར་བདེ་ཡང་ཕྱི་མ་ལ་མི་ཕན་པའི་རྒྱུར་མཐོང་ན་དེ་ཉིད་སྤྱད་པར་མི་བྱ་སྟེ། ཁ་ཟས་མཆོག་དུག་གིས་སྦགས་པ་ཇི་ལྟ་བ་བཞིན་ནམ། ཚད་པའི་ནད་ལ་གཉིད་དང་ཆང་གཏོང་བ་བཞིན་སྟེ། སྡོམ་པ་ཉི་ཤུ་པ་ལས། གཞན་རྣམས་དང་ནི་བདག་ལའང་རུང་། །སྡུག་བསྔལ་ཡིན་ཡང་གང་ཕན་དང་། །ཕན་དང་བདེ་བ་རྣམས་བྱ་སྟེ། །བདེ་ཡང་མི་ཕན་མི་བྱ་སྟེ། །ཞེས་སོ། །རྒྱུ་མཚན་དེ་དག་གི་ཕྱིར་ན་སྙིང་རྗེ་དང་ལྡན་པ་རྣམས་ཀྱིས་བྱ་བ་དང་བྱ་བ་མ་ཡིན་པའི་ཆ་རྣམས་ལེགས་པར་ཤེས་པར་བྱས་ནས། གོང་དུ་སྨོས་པའི་མུ་བཞིའི་ལྟུང་བ་མེད་པ་དང་། ལྟུང་བའི་གཟུགས་བརྙན་དག་ནི་སྤྱད་པར་བྱ་ལ། ལྟུང་བ་དང་། ལྟུང་བ་མེད་པའི་གཟུགས་བརྙན་གཉིས་ནི་རྣམ་པ་ཀུན་ཏུ་སྤང་བར་བྱའོ། །ཉེས་སྤྱོད་སྡོམ་པ་དང་། དགེ་བ་ཆོས་སྡུད་དང་། སེམས་ཅན་དོན་བྱེད་ཀྱི་ཚུལ་ཁྲིམས་གསུམ་ལས་སྔ་མ་གཉིས་འདོམ་ན། དགེ་བ་ཆོས་

སྡུད་ཀྱི་ཚུལ་ཁྲིམས་གཙོ་བོར་སྤྱད་དོ། །དེ་དང་སེམས་ཅན་དོན་བྱེད་ཀྱི་ཚུལ་ཁྲིམས་འདོམ་ན་ཕྱི་མ་ཉིད་གཙོར་བྱ་སྟེ། དེ་ཡང་གཞན་དག་མཚམས་མེད་ལ་སོགས་པ་ཉེས་པ་ཆེན་པོ་ལ་ཞུགས་པ་མཐོང་ཞིང་། བཟློག་ཐབས་གཞན་མེད་ན་རང་ཉིད་ངན་སོང་དུ་འགྲོ་བའི་སྡུག་བསྔལ་བློས་བོར་ཏེ། གཞན་དེ་སྡིག་པ་ལས་བཟློག་པའི་ཕྱིར་བསད་ན་དགེ་བར་འགྱུར་ཏེ། དེད་དཔོན་སྙིང་རྗེ་ཆེན་པོའི་སྐྱེས་རབས་ལས་འབྱུང་བ་བཞིན་ནོ། །ཐབས་བཙན་པོ་ཡོད་བཞིན་དུ་བསད་ན་ནི་སྡིག་ར་བ་བག་ཡངས་ཀྱི་ཉེས་པར་འགྱུར་བ་མ་བྱིན་པ་ལེན་པ་སོགས་མི་དགེ་བ་གཞན་ལའང་རིགས་བསྒྲེའོ། །

སྤྱི་དོན་གསུམ་པ་ཉམས་པའི་ཉེས་དམིགས་བསྟན་པ་ལ་གཉིས་ཏེ། ལྟུང་བ་སྤྱིའི་ཉེས་དམིགས་དང་། ཁྱད་པར་རྩ་ལྟུང་གི་ཉེས་དམིགས་སོ། །དང་པོ་ནི། ཉམས་ན་སོགས་ཏེ། ཁས་བླངས་པ་ཉམས་པས་སྨད་པའི་གནས་སུ་འགྱུར་ཏེ། སྔོན་པ་སངས་རྒྱས་བསླུས་པས་སངས་རྒྱས་མི་མཉེས་པ་དང་། ཡུལ་སེམས་ཅན་བསླུས་པས་དེ་དག་མི་མགུ། རང་བསླུས་པས་རང་དོན་ཉམས་པ་དང་། གཞན་ཡང་བྱང་སེམས་ཀྱི་མིང་དོན་ཤོར་བས་རྒྱལ་པོ་རྒྱལ་སྲིད་ཤོར་བ་ལྟར་མི་འདོད་པ་ཐམས་ཅད་འདུ་ཞིང་འཆི་ཁར་མྱ་ངན་གྱིས་གདུངས་པར་གསུངས་སོ༎ ༎

གཉིས་པ་ཁྱད་པར་རྩ་ལྟུང་གི་ཉེས་དམིགས་ནི། དགེ་རྩ་སོགས་ཏེ། གོང་དུ་བཤད་པའི་རྩ་ལྟུང་གི་རིགས་གང་བྱུང་ཡང་དགེ་རྩ་གཙོད་ཅིང་དམྱལ་བ་ཆེན་པོར་འགྲོ་བར་འགྱུར་ཏེ། བསླབ་བཏུས་ལས། རྩ་བའི་ལྟུང་བ་དེ་དག་གིས་དགེ་བའི་རྩ་བ་སྔོན་བསྐྱེད་པ་ཐམས་ཅད་ཐལ་བར་རློག་གོ། །ཞེས་དགེ་རྩ་གཙོད་པ་དངོས་སུ་བསྟན་པའི་ཤུགས་ལས་བྱང་སྡོམ་གཏོང་བ་ཡང་རྟོགས་ནུས་ཏེ་སྡོམ་པའང་དགེ་བའི་ངོ་བོ་ཡིན་པས་དང་། བྱང་སར་ཉན་ཐོས་ཀྱི་ཕམ་པ་དང་འདྲ་བར་གསུངས་པས་སོ། །དེ་བཞིན་དུ་བསླབ་བཏུས་སུ་རྩ་ལྟུང་གི་མདུག་སྡུད་དུ། འདི་དག་རྩ་བའི་ལྟུང་བ་སྟེ། །སེམས་ཅན་དམྱལ་བ་ཆེན་པོའི་རྒྱུ། །ཞེས་གསུངས་སོ། །དེས་ན་མི་ཉམས་པའི་ཐབས་ལ་འབད་པར་བྱ་ཞིང་། ཁྱད་པར་ཁས་བླངས་པ་བཞིན་སྒྲུབ་པ་དམ་པའི་བརྟུལ་ཞུགས་ཀྱི་གཙོ་བོ་སྟེ། མགོན་པོ་ཀླུ་སྒྲུབ་ཀྱིས། དམ་པ་མང་པོ་ཁས་འཆེ་མི་བྱེད་ལ། །གལ་ཏེ་དཀའ་བ་ཁས་ནི་བླངས་གྱུར་ན། །རྡོ་ལ་རི་མོ་བྲིས་པ་ཇི་བཞིན་དུ། །ཤི་ཡང་གཞན་དུ་བྱེད་པར་མི་འགྱུར་རོ། །ཞེས་དང་། སེམས་ནི་ཆུ་དང་ས་དང་རྡོ་བ་ལ། །རི་མོ་བྲིས་པ་ཇི་བཞིན་འགགས་མཐྱེན་མཛོད། །དེ་ལས་ཉོན་མོངས་ཅན་ལ་དང་པོ་ཉིད། །མཆོག་སྟེ་ཆོས་འདོད་རྣམས་ལ་ཐ་མ་ལགས། །ཞེས་གསུངས་སོ། །སྤྱི་དོན་བཞི་པ་མ་ཉམས་པའི་ཕན་ཡོན་ནི། མ་ཉམས་སོགས་ཏེ། འཇུག་སེམས་མ་ཉམས་ན་འབྲས་བུའི་རྒྱུ་བསོད་ནམས་ཀྱི་ཤུགས་རྒྱུན་མི་འཆད་པར་འབྱུང་

བ་ཡིན་ཏེ། སྤྱོད་འཇུག་ལས། བྱང་ཆུབ་སྨོན་པའི་སེམས་ལས་ནི། །འཁོར་ཚེ་འབྲས་བུ་ཆེར་འབྱུང་ཡང་། །ཇི་ལྟར་འཇུག་པའི་སེམས་བཞིན་དུ། །བསོད་ནམས་རྒྱུན་ཆགས་འབྱུང་བ་མིན། །གང་ནས་བཟུང་སྟེ་སེམས་ཅན་ཁམས། །མཐའ་ཡས་རབ་ཏུ་བསྒྲལ་བྱའི་ཕྱིར། །མི་ལྡོག་པ་ཡི་སེམས་ཀྱིས་ནི། །སེམས་དེ་ཡང་དག་བླངས་གྱུར་པ། །དེ་ནས་བཟུང་སྟེ་གཉིད་ལོག་གམ། །བག་མེད་གྱུར་ཀྱང་བསོད་ནམས་ཤུགས། །རྒྱུན་མི་ཆད་པར་དུ་མ་ཞིག །ནམ་མཁའ་མཉམ་པར་རབ་ཏུ་འབྱུང་། །ཞེས་དང་། ཕན་པར་བསམ་པ་ཙམ་གྱིས་ཀྱང་། །སངས་རྒྱས་མཆོད་ལས་ཁྱད་འཕགས་ན། །སེམས་ཅན་མ་ལུས་ཐམས་ཅད་ཀྱི། །བདེ་དོན་བརྩོན་པ་སྨོས་ཅི་དགོས། །ཞེས་སོ། །དེ་ལྟར་ན་སྨོན་པ་དང་ཁྱད་ཆེར་ཞུགས་མོད། འཇུག་པ་མི་ཉམས་པ་ཡང་སྨོན་པ་མ་ཉམས་པ་ལ་རག་ལས་ཤིང་། སྨོན་པའི་འབྲས་བུ་སངས་རྒྱས་ཡིན་པར་མ་ཟད། འཁོར་ཚེ་སོགས་ཀྱི་དོན་གནས་སྐབས་སུ་མངོན་མཐོའི་འབྲས་བུ་འབྱིན་པའི་ནུས་པ་མི་ཟད་ཅིང་འཕེལ་བ་ཡིན་ཏེ། དེ་ཉིད་ལས། དགེ་བ་གཞན་ཀུན་ཆུ་ཤིང་བཞིན་དུ་ནི། །འབྲས་བུ་བསྐྱེད་ནས་ཟད་པར་འགྱུར་བ་ཉིད། །བྱང་ཆུབ་སེམས་ཀྱི་ལྗོན་ཤིང་རྟག་པར་ཡང་། །འབྲས་བུ་འབྱིན་པས་མི་ཟད་འཕེལ་བར་འགྱུར། །ཞེས་སོ། །དེས་ན་སྨོན་པ་བྱང་ཆུབ་ཀྱི་སེམས་སྐྱེས་པ་ཙམ་ནས་རྒྱལ་བའི་སྲས་ཞེས་མིང་འཕོ་ཞིང་ཕྱག་བྱ་བའི་གནས་སུ་འགྱུར་ཏེ། དེ་ཉིད་ལས། བྱང་ཆུབ་སེམས་བསྐྱེད་གྱུར་ན་སྐད་ཅིག་གིས། །འཁོར་བའི་བཙོན་རར་བསྡམས་པའི་ཉམས་ཐག་རྣམས། །བདེ་གཤེགས་རྣམས་ཀྱི་སྲས་ཞེས་བརྗོད་བྱ་ཞིང་། །འཇིག་རྟེན་ལྷ་མིར་བཅས་པས་ཕྱག་བྱར་འགྱུར། །ཞེས་སོ། །གལ་ཏེ་ཉེས་པ་འགའ་ཞིག་བྱུང་ཡང་སྨོན་སེམས་མ་བཏང་ན་རིགས་ཀྱི་སྒོ་ནས་ཉན་རང་ཟིལ་གྱིས་གནོན་ཅིང་། བྱང་སེམས་ཀྱི་མིང་ཡང་མི་འདོར་བ་ཡིན་ཏེ། མདོ་ལས། རིགས་ཀྱི་བུ་འདི་ལྟ་སྟེ། དཔེར་ན་རྡོ་རྗེ་རིན་པོ་ཆེ་ནི་ཆག་ཀྱང་གསེར་གྱི་རྒྱན་ཐམས་ཅད་ཟིལ་གྱིས་གནོན་ཅིང་། རྡོ་རྗེ་རིན་པོ་ཆེའི་མིང་ཡང་མི་འདོར་ལ་དབུལ་བ་ཡང་རྣམ་པར་བཟློག་གོ། །དེ་བཞིན་དུ་རྣམ་པ་ཐམས་ཅད་མཁྱེན་པར་སེམས་བསྐྱེད་པའི་རྡོ་རྗེ་རིན་པོ་ཆེ་ནན་ཏན་དང་བྲལ་ཡང་ཉན་ཐོས་དང་རང་སངས་རྒྱས་ཀྱི་ཡོན་ཏན་ཐམས་ཅད་ཟིལ་གྱིས་གནོན་ཅིང་། བྱང་ཆུབ་སེམས་དཔའི་མིང་ཡང་མི་འདོར་ལ། འཁོར་བའི་དབུལ་བ་ཐམས་ཅད་ཀྱང་རྣམ་པར་བཟློག་གོ། །ཞེས་སོ། །དེ་ལྟར་དུ་མ་ཟད་འཇུག་པ་མ་ཉམས་ཤིང་སྤེལ་བས་རིམ་གྱིས་རྒྱལ་བའི་སྲས་ཀྱི་ས་ནས་སར་བགྲོད་དེ་རྫོགས་པའི་སངས་རྒྱས་ཀྱི་གོ་འཕང་ཐོབ་པར་འགྱུར་ལ། བསྒྲོད་ཚུལ་འདི་ར་མ་སྦྱོར་ཤིང་འོག་སྐབས་དོན་བཞི་པར་ཅུང་ཟད་ཞར་བྱུང་དུ་སྤྲོའོ། །སྤྱི་དོན་བཞི་པ་ཉམས་ན་ཕྱིར་བཅོས་པའི་ཚུལ་ལ་གཉིས་ཏེ། དབུ་མ་པའི་ལུགས་ཀྱི་ཕྱིར་བཅོས་དང་། སེམས་ཙམ་པའི་ལུགས་ཀྱི་ཕྱིར་བཅོས་སོ། །དང་པོ་ལ་གཉིས་ཏེ། རྩ་ལྟུང་གི་ཕྱིར་བཅོས་

དང་། ཉེས་བྱས་ཀྱི་ཕྱིར་བཅོས་སོ། །དང་པོ་ནི། དབུ་མ་འི་སོགས་ཏེ། གལ་ཏེ་ལས་དང་པོ་ལ་མི་ཤེས་པ་དང་། བག་མེད་པ་སོགས་ཀྱི་དབང་གིས་རྩ་ལྟུང་བྱུང་ན་བྱང་ཆུབ་སེམས་དཔའ་ནམ་མཁའི་སྙིང་པོ་ལ་གསོལ་བ་བཏབ་པས་དེའི་རྨི་ལམ་དུ་ནམ་མཁའི་སྙིང་པོ་བྱོན་པའི་མདུན་དུ་བཤགས་པར་ནམ་མཁའི་སྙིང་པོའི་མདོ་ཉིད་ལས་གསུངས་ཤིང་བསླབ་བཏུས་སུའང་། རྨི་ལམ་འཕགས་པ་མཁའི་སྙིང་པོའི། མདུན་དུ་འདུག་སྟེ་བཤགས་པར་བྱ། ཞེས་འབྱུང་ལ། དག་པའི་ལྟས་མཐོང་ན་ལྟུང་བ་ལས་ལྡང་བར་འགྱུར་ཏེ། ལག་ཏུ་བླང་བའི་ཚོ་ག་གཞན་དུ་ཤེས་པར་བྱའོ། །གོང་དུ་སྡོམ་པར་སླར་བླང་བ་བཀག་པ་ནི་བསླབ་བཏུས་སུ་བསྐྱར་བར་མ་བཤད་པའི་དགོངས་པ་ཡིན་ལ། མཁས་པ་འགའ་ཞིག་གིས་དེ་ར་ཉེ་བར་འཁོར་གྱིས་ཞུས་པའི་མདོ་ལས། ཉན་ཐོས་ཀྱི་ཉེས་པ་རྣམས་ནི་སླར་བཅོས་སུ་མེད་པར་ཟུང་ཤིག །བྱང་ཆུབ་སེམས་དཔའི་སྡོམ་པ་རྣམས་ནི་སླར་བཅོས་སུ་ཡོད་པར་ཟུང་ཤིག །ཅེས་གསུངས་པ་དྲངས་ནས་ཉན་ཐོས་དང་བྱང་སེམས་ཀྱི་རྩ་ལྟུང་ལ་ཕྱིར་བཅོས་སུ་ཡོད་མེད་ཀྱི་ཁྱད་པར་བཤད་པའི་ཕྱིར་བཅོས་ཀྱི་དོན་བཤགས་པ་དང་སྡོམ་པ་ལེན་པ་གང་རུང་ལ་འབྲུ་བསྣོན་པར་མཛད་མོད། སྡོམ་པ་ཉི་ཤུ་པར་བཤད་པ་དང་ཆོས་མཚུངས་སྦྱར་ན་མ་གཏོགས་བསླབ་བཏུས་ཀྱི་འགྲེལ་པ་རྣམས་སུ་གསལ་ཁ་མ་བྱུང་ངོ་། །

གཉིས་པ་ནི། ལྟུང་བ་སོགས་ཏེ། ཉེས་བྱས་ཀྱི་ལྟུང་བ་གཞན་རྣམས་ནི། སྤྱོད་འཇུག་ལས། ཉིན་དང་མཚན་མོ་ལན་གསུམ་དུ། །ཕུང་པོ་གསུམ་པ་གདོན་བྱ་ཞིང་། །རྒྱལ་དང་བྱང་ཆུབ་སེམས་བརྟེན་པས། །ལྟུང་བའི་ལྷག་མ་དེས་ཞི་བྱ། །ཞེས་གསུངས་པ་ལྟར་ཉིན་མཚན་དུས་དྲུག་ཏུ་ཕུང་པོ་གསུམ་པའི་མདོ་གདོན་པ་དང་། ཉིན་མཚན་གཡེལ་བར་མེད་པ་བྱང་ཆུབ་ཀྱི་སེམས་བརྟན་པོ་སྒོམ་པའི་སྒོ་ནས་བཤགས་པ་དང་། གཞན་ཡང་སྟོབས་བཞིའི་བཤགས་ཚོག་སྤྱི་མཐུན་དང་། དེ་བཞིན་གཤེགས་པའི་ཡི་གེ་བརྒྱ་པ་ཚོག་བཞིན་བཟླས་པས་འདག་པར་གསུངས་སོ། །བཤགས་པའི་དུས་ཀྱང་ཉིན་ཞག་གི་དྲུག་ཆ་མ་ཡོལ་ཚུན་ཆད་ལ་སྟེ། ཉེ་བར་འཁོར་གྱིས་ཞུས་པའི་མདོ་ལས། འདི་ལ་ཐེག་པ་ཆེན་པོ་ལ་ཡང་དག་པར་ཞུགས་པའི་བྱང་ཆུབ་སེམས་དཔའ་ལ་སྔ་དྲོའི་དུས་སུ་ཉེས་པ་བྱུང་བ་ལ་ཉི་མའི་གུང་ལ་ཐམས་ཅད་མཁྱེན་པའི་སེམས་དང་མ་བྲལ་ན། དེའི་ཚུལ་ཁྲིམས་ཀྱི་ཕུང་པོ་ལ་མཐའ་མེད་དོ། །གུང་གི་དུས་སུ་ཉེས་པ་བྱུང་བ་ལ་ཕྱི་མ་བྲེད་ཀྱི་དུས་སུ་ཐམས་ཅད་མཁྱེན་པ་ཉིད་ཀྱི་སེམས་དང་མ་བྲལ་ན། དེའི་ཚུལ་ཁྲིམས་ཀྱི་ཕུང་པོ་ལ་མཐའ་མེད་དོ། །ཕྱི་མ་བྲེད་ཀྱི་དུས་སུ་ཉེས་པ་བྱུང་བ་ལ་ནམ་གུང་ལ་ཐམས་ཅད་མཁྱེན་པ་ཉིད་ཀྱི་སེམས་དང་མ་བྲལ་ན། དེའི་ཚུལ་ཁྲིམས་ཀྱི་ཕུང་པོ་ལ་མཐའ་མེད་དོ། །ནམ་གུང་ལ་ཉེས་པ་བྱུང་བ་ལ་སྔ་དྲོའི་དུས་སུ་ཐམས་ཅད་མཁྱེན་པ་ཉིད་ཀྱི་སེམས་དང་མ་བྲལ་ན་ཐེག་པ

ཆེན་པོ་ལ་ཡང་དག་པར་ཞུགས་པའི་གང་ཟག་དེའི་ཚུལ་ཁྲིམས་ཀྱི་ཕུང་པོ་ཡོངས་སུ་མ་གཏུགས་པ་ཉིད་དུ་རིག་པར་བྱའོ། །ཞེས་འབྱུང་ལ་གོང་གི་སྤྱོད་འཇུག་གི་ལུང་ཡང་མདོ་འདིའི་དོན་དུ་སྣང་ངོ་། །

གཉིས་པ་སེམས་ཙམ་ལུགས་ཀྱི་ཕྱིར་བཅོས་ལ་གསུམ་སྟེ། ཕམ་འདྲའི་ཕྱིར་བཅོས་དང་། ཉེས་བྱས་ཀྱི་ཕྱིར་བཅོས་དང་། རྟེན་མེད་པའི་དམིགས་བསལ་ལོ། །དང་པོ་ནི། སེམས་ཙམ་ལུགས་སོགས་ཏེ། ཀུན་དཀྲིས་དྲག་པོས་ཕམ་འདྲ་བཞི་གང་རུང་སྤྱད་ན་སྡོམ་པ་གཏོང་བས་ཡུལ་སྡོམ་ལྡན་གྱི་གང་ཟག་གམ། མ་འབྱོར་ན་དཀོན་མཆོག་གི་སྤྱན་སྔར་སྡོམ་པ་སླར་བླང་བར་བྱ་ཞིང་། ཟག་པ་སྟེ་ཀུན་དཀྲིས་འབྲིང་གིས་སྤྱད་ན་སྡོམ་ལྡན་གསུམ་གྱི་མདུན་དུ། ལྟུང་བའི་དངོས་པོ་ཕམ་འདྲ་རང་རང་གི་མིང་བརྗོད་པས་བཤགས། ཀུན་དཀྲིས་ཆུང་ངུས་སྤྱད་པ་ནི། ཚུལ་དེ་ལྟ་བུའི་སྡོམ་ལྡན་གཅིག་གི་དྲུང་དུ་བཤགས་ཏེ། སྡོམ་པ་ཉེ་ཤུ་པར། སྡོམ་པ་སླར་ཡང་བླང་བར་བྱ། །ཟག་པ་འབྲིང་ནི་གསུམ་ལ་བཤགས། གཅིག་གི་མདུན་དུ་ཞེས་སོ། །

གཉིས་པ་ནི། ཉེས་བྱས་སོགས་ཏེ། མ་གུས་པ་དང་སྙོམ་ལས་དང་ལེ་ལོས་སྤྱད་པའི་ཉེས་རྣམས་ནི་ཉོན་མོངས་པ་ཅན་ཡིན་པས། སྔ་མ་དང་མཚུངས་པར་སྡོམ་ལྡན་གཅིག་གི་མདུན་དུ་བཤགས། བརྗེད་པས་སྤྱད་པ་རྣམས་ཉོན་མོངས་ཅན་མ་ཡིན་པའམ་མེད་པ་ཡིན་པས་རང་སེམས་དཔང་པོར་བྱས་ནས་བཤགས་པའམ་ཁྲེལ་ཡོད་པའི་ཡིད་ཀྱིས་བསྡམ་པར་བྱ་སྟེ། དེ་ཉིད་ལས། ལྷག་མ་རྣམས། ཉོན་མོངས་མི་མོངས་བདག་སེམས་བཞིན། ཞེས་སོ། །འདིའི་ལྷག་མ་རྣམས། ཞེས་པས་ཕམ་འདྲ་ཆུང་ངུ་དང་། ཉེས་བྱས་ཉོན་མོངས་ཅན་གཉིས་ཀའི་བཤགས་ཡུལ་ཚུལ་ཟིན་པ་ཡིན་པས་འདིར་དྲངས་པ་ཡིན་ལ། ཡུལ་སྡོམ་ལྡན་ཡང་ཉན་ཐོས་ཀྱི་སྡོམ་ལྡན་ནམ། བྱང་སེམས་ཀྱི་སྡོམ་ལྡན་གང་རུང་བརྡ་སྤྲོད་ཅིང་འཛིན་ནུས་པ་ཞིག་གིས་ཆོག་པར་རྗེ་བཙུན་གྱི་སྡོམ་པ་ཉི་ཤུ་པའི་འགྲེལ་པར་གསུངས་ལ། ལྟུང་བའི་དངོས་པོ་བརྗོད་དེ་བཤགས་པའི་ཚིག་ཀྱང་དེ་ཉིད་དུ་གསལ་ལོ། །

གསུམ་པ་ནི། ཕམ་འདྲ་སོགས་ཏེ། གལ་ཏེ་ཕམ་འདྲ་འབྲིང་པོ་མན་ཆད་ལའང་རྟེན་སྡོམ་ལྡན་མ་རྙེད་ན༑ རང་སེམས་དཔང་པོར་བྱས་ནས་བསྡམ་པ་སྔར་བཞིན་གྱིས་རུང་བར་མདོན་པ་གོང་མར་གསུངས་ཏེ། ཇི་སྐད་དུ། གང་གི་མདུན་དུ་བཤགས་པར་བྱ་བའི་དགེ་སློང་ལ་སོགས་པ་མཐུན་པ་སྟེ། དེ་ལྟ་མེད་ན་འང་བྱང་ཆུབ་སེམས་དཔའ་བསམ་པ་ཐག་པ་ནས་ཕྱིས་ཉེས་པ་མི་འབྱུང་བས་སེམས་བསྐྱེད་ཅིང་ཕྱིས་ཀྱང་བསྡམ་པར་བྱའོ། །དེ་ལྟར་བྱས་ན་ཉེས་པ་ཚང་བར་བཤགས་པར་བྱའོ། །ཞེས་འབྱུང་ངོ་། །

སྤྱི་དོན་གཉིས་པ་དོན་དམ་སེམས་བསྐྱེད་བཤད་པ་ལ་དྲུག་སྟེ། མཚན་ཉིད་དང་འཇོག་ཚུལ་དང་། ཚོག་ལས་སྐྱེ་བ་དགག་པ་དང་། བསྒོམ་སྟོབས་ཀྱིས་སྐྱེ་བའི་དུས་དང་། སྐྱེ་བའི་ཚུལ་དང་། དེ་ཉིད་སྡོམ་པར་འགྲོ་

བའི་ཚུལ་ལོ། །དང་པོ་ནི། ཆོས་ཉིད་སོགས་ཏེ། ཆོས་ཉིད་མངོན་སུམ་དུ་རྟོགས་པའི་ཡེ་ཤེས་གང་ཞིག །བྱང་སེམས་འཕགས་པའི་མཉམ་བཞག་གི་ངོ་བོ་རྣམ་པར་མི་རྟོག་པའི་ཡེ་ཤེས། རྫོགས་པའི་སངས་རྒྱས་ཀྱི་མཉམ་རྗེས་རོ་གཅིག་པའི་ཡེ་ཤེས་སོ། །

གཉིས་པ་ལ་གཉིས་ཏེ། ཐུན་མོང་དུ་གྲགས་པའི་འཇོག་ཚུལ་དང་། ཐུན་མོང་མ་ཡིན་པའི་འཇོག་ཚུལ་ལོ༑ །དང་པོ་ནི། ཐུན་མོང་སོགས་ཏེ། ཐེག་ཆེན་ཐུན་མོང་བའི་གཞུང་རྣམས་སུ་གྲགས་པའཱམ་བཤད་པའི་ཚོད་ལྟར་དུ་ནི། དོན་དམ་ཞེས་པ་སྤྲོས་པ་ཐམས་ཅད་དང་བྲལ་བའི་ཆོས་ཀྱི་དབྱིངས་ཡིན་ལ། སེམས་བསྐྱེད་ནི་དེ་ཉིད་མངོན་སུམ་དུ་མཐོང་བའི་ཡེ་ཤེས་ལ་འཇོག་ཅིང་། མདོ་སྡེ་རྒྱན་ལས་ཀྱང་། ཡོངས་འཛིན་དང་། རྗེས་སྒྲུབ་དང་། རྟོགས་པ་སྟེ་དམ་པ་གསུམ་གྱིས་ཟིན་པའི་སེམས་བསྐྱེད་ཅེས་གསུངས།

གཉིས་པ་ཐུན་མོང་མ་ཡིན་པའི་འཇོག་ཚུལ་ནི། འདུས་པའི་སོགས་ཏེ། དཔལ་གསང་བ་འདུས་པའི་རྒྱུད་ལས། དངོས་པོ་ཐམས་ཅད་དང་བྲལ་བ། །ཕུང་པོ་ཁམས་དང་སྐྱེ་མཆེད་དང་། །གཟུང་དང་འཛིན་པ་རྣམ་སྤངས་པ། །ཆོས་བདག་མེད་པར་མཉམ་ཉིད་པས། །རང་སེམས་གདོད་ནས་མ་སྐྱེས་པ། །སྟོང་པ་ཉིད་ཀྱི་རང་བཞིན་ནོ། །ཞེས་གསུངས་པའི་དོན་འཕགས་པ་ཀླུ་སྒྲུབ་ཀྱིས། ཕྱི་རོལ་པས་བརྟགས་པའི་བདག་དང་། ཉན་ཐོས་སྡེ་གཉིས་ཀྱིས་བརྟགས་པའི་ཕུང་ཁམས་སྐྱེ་མཆེད་ཀྱིས་བསྡུས་པའི་བཟུང་བའི་ཡུལ་དང་། རྣམ་རིག་པས་བརྟགས་པའི་ཡུལ་ཅན་འཛིན་པའི་རྟོག་པ་གང་གིས་ཀྱང་མ་བསྒྲིབས་པ་གཟུང་འཛིན་གཉིས་སུ་མེད་པའི་ཡེ་ཤེས་སྤྲོས་བྲལ་རྣམ་པ་ཐམས་ཅད་ཀྱི་མཆོག་དང་ལྡན་པའི་སྟོང་པ་ཉིད་ཀྱི་མཚན་ཉིད་ཅན་དུ་བཤད་དེ། བྱང་ཆུབ་སེམས་འགྲེལ་ལས། སངས་རྒྱས་རྣམས་ཀྱི་བྱང་ཆུབ་སེམས། །བདག་དང་ཕུང་པོ་རྣམ་རིག་གི། །རྟོག་པ་རྣམས་ཀྱིས་མ་བསྒྲིབས་པའི། །རྟག་ཏུ་སྟོང་ཉིད་མཚན་ཉིད་བཞེད། །ཅེས་གསུངས་ཤིང་རྒྱུད་གཞན་ནས་གསུངས་པ་རྣམས་ཀྱང་དོན་གཅིག་ཏུ་འབབ་པ་ཡིན་ནོ། །

གསུམ་པ་ནི། འདི་ཡི་སོགས་ཏེ། འདི་ལྟ་བུའི་དོན་དམ་སེམས་བསྐྱེད་བླང་བའི་ཆོ་ག་མདོ་སྡེ་རྣམས་ལས་མ་གསུངས་ཤིང་། འདི་ནི་ཆོས་ཉིད་སྒོམ་པའི་སྟོབས་ཀྱིས་ཐོབ་པ་ཞེས་བྱ་བ་སྒོམ་བྱུང་གི་ཡེ་ཤེས་ཡིན་ལ། གལ་ཏེ་འབོག་པའི་ཆོ་ག་ལས་སྐྱེ་ན་ཀུན་རྫོབ་བརྡ་ལས་བྱུང་བའི་སེམས་བསྐྱེད་དུ་འགྱུར་ཞིང་། སྤྱང་སྐོང་ཕྲུག་བརྒྱ་པར། དོན་དམ་པའི་བྱང་ཆུབ་ཀྱི་མཆོག་ཏུ་སེམས་བསྐྱེད་པར་བྱའོ། །ཞེས་གསུངས་པ་ཡང་དམ་བཅའི་ཚིག་ཙམ་ཡིན་གྱི། ཆོ་ག་མ་ཡིན་ཏེ། རབ་དབྱེར། དོན་དམ་སེམས་བསྐྱེད་ཅེས་བྱ་བ། །སྒོམ་པའི་སྟོབས་ཀྱིས་སྐྱེ་མོད་ཀྱི། །ཆོ་གའི་སྒོ་ནས་འདི་མི་སྐྱེ། །གལ་ཏེ་ཆོ་གས་སྐྱེ་ན་ནི། །བརྡ་ལས་བྱུང་བའི་སེམས་བསྐྱེད

འགྱུར། །འདི་ནི་ཆོས་ཉིད་དོན་དམ་གྱིས། །ཐོབ་པ་ཞེས་བྱའི་སེམས་བསྐྱེད་ཡིན་ཞེས་དང་། དོན་དམ་སེམས་བསྐྱེད་བྱའོ་ཞེས། །གལ་ཏེ་རྒྱ་ལ་གསུངས་སྲིད་ཀྱང་། །དམ་བཅའ་ཡིན་གྱི་ཆོ་ག་མིན། །ཞེས་སོ། །དེས་ན་རྣམ་སྣང་མཛོད་བྱང་དང་། བྱང་ཆུབ་སེམས་འགྲེལ་སོགས་སྔགས་གཞུང་འགའ་ཞིག་ཏུ་ཆོ་ག་བཤད་པ་རྣམས་ཀྱང་། འབྲས་དུས་ཀྱི་ཡེ་ཤེས་རྣམ་པ་ལམ་བྱེད་དུ་བྱས་ནས་དེའི་རྟེན་འབྲེལ་སྒྲིག་བྱེད་ཙམ་ཡིན་གྱི། ངོ་བོ་སྒོམ་བྱུང་ལ་མ་ལྟོས་པར་ཆོ་ག་རྐྱང་པས་བསྐྱེད་མི་ནུས་པས་མཚན་ཉིད་པ་མ་ཡིན་ཏེ། བྱང་ཆུབ་སེམས་འགྲེལ་ལས། བྱང་ཆུབ་སེམས་དཔའ་གསང་སྔགས་ཀྱི་སྒོར་སྤྱོད་པ་སྤྱོད་པ་རྣམས་ཀྱིས་དེ་ལྟར་ཀུན་རྫོབ་ཀྱི་རྣམ་པས་བྱང་ཆུབ་ཀྱི་སེམས་སྨོན་པའི་རང་བཞིན་ཅན་བསྐྱེད་ནས། དོན་དམ་པའི་བྱང་ཆུབ་ཀྱི་སེམས་བསྒོམ་པའི་སྟོབས་ཀྱིས་བསྐྱེད་པར་བྱ་བ་ཡིན་ཏེ། ཞེས་སོགས་གསུངས་པ་དང་། དེ་བཞིན་དུ་བསམ་མི་ཁྱབ་སོགས་མན་ངག་བརྒྱུད་པའི་ཕྱག་ལེན་བཛྲ་ཐབས་དང་བྱིན་རླབས་བཙན་ཐབས་ཀྱི་ཚུལ་དུ་མ་ཡོད་ཀྱང་། སེམས་བསྐྱེད་ཀྱི་ཐ་སྙད་མཁས་པ་ཆེན་པོ་སུས་ཀྱང་བཏགས་པའམ་ཡོངས་སུ་བསྒྲགས་པར་མེད་དོ། །དོན་དམ་སེམས་བསྐྱེད་མཚན་ཉིད་པ་སྒོམ་སྟོབས་ལས་ངང་གིས་སྐྱེ་བ་ཡང་། ཀ་མ་ལ་ཤཱི་ལས་སྒོམ་རིམ་དུ་མདོའི་ལུང་དྲངས་པར། དོན་དམ་པ་བྱང་ཆུབ་ཀྱི་སེམས་དེ་ནི་འཇིག་རྟེན་ལས་འདས་པ། སྤྲོས་པ་མཐའ་དག་དང་བྲལ་བ། ཤིན་ཏུ་གསལ་བ། དོན་དམ་པའི་སྤྱོད་ཡུལ། དྲི་མ་མེད་པ། མི་གཡོ་བ། རླུང་མེད་པའི་མར་མེའི་རྒྱུན་བཞིན་དུ་མི་གཡོ་བའོ། །དེ་འགྲུབ་པ་ནི་རྟག་ཏུ་གུས་པས་ཞི་གནས་དང་། ལྷག་མཐོང་གི་རྣལ་འབྱོར་གོམ་པ་ལས་འགྱུར་རོ། །ཞེས་འབྱུང་ལ༑ ཟག་མེད་ཀྱི་སྡོམ་པ་དང་། བསམ་གཏན་གྱི་སྡོམ་པ་དང་། སྡོམ་འཇུག་སོགས་སྒོམ་སྟོབས་ཀྱིས་ངང་གིས་སྐྱེ་བས་ཀྱང་མཚོན་ནུས་ཏེ། མཛོད་ལས། བསམ་གཏན་ལས་སྐྱེས་བསམ་གཏན་གྱི། །ས་ཉིད་ཀྱིས་ཐོབ་ཟག་མེད་ཀྱི། །འཕགས་དེས་སོ་སོ་ཐར་ཞེས་པ། །ཞེས་སོ། །བཞི་པ་ནི། ཚོགས་སྦྱོར་སོགས་ཏེ། བདག་རྐྱེན་རྫོགས་པའི་སངས་རྒྱས་མཉེས་པར་བྱས་པ་དང་། རྒྱུ་ཚོགས་གཉིས་རབ་ཏུ་བསགས་པ་ཚོགས་སྦྱོར་གྱི་གནས་སྐབས་བསྐལ་པ་གྲངས་མེད་གཅིག་ཏུ་གོམས་པའི་མཐར། ས་དང་པོར་ཆོས་ཀྱི་བདག་མེད་མངོན་སུམ་རྟོགས་པའི་ཡེ་ཤེས་སྐྱེ་བ་སྟེ། མདོ་སྡེ་རྒྱན་ལས། རྫོགས་པའི་སངས་རྒྱས་རབ་མཉེས་བྱས། །བསོད་ནམས་ཡེ་ཤེས་ཚོགས་རབ་བསགས། །ཆོས་ལ་མི་རྟོག་ཡེ་ཤེས་ནི། །སྐྱེས་ཕྱིར་དེ་ནི་དམ་པར་འདོད། །ཅེས་སོ། །ལྔ་པ་ནི། དོན་དམ་སོགས་ཏེ། ས་མཚམས་དེར་བྱང་སེམས་འཕགས་པའི་མཉམ་བཞག་ཏུ་དོན་དམ་སེམས་བསྐྱེད་རྣམ་པར་མི་རྟོག་པའི་ཡེ་ཤེས་ཀྱིས་བསྡུས་པའི་མཚན་ཉིད་པ་སྐྱེ་བའོ། །དྲུག་པ་ནི། ཡུལ་ངེས་སོགས་ཏེ། སེམས་བྱུང་ཡུལ་ངེས་ལྔ་ལས་ཏིང་འཛིན་དང་། ཤེས་རབ་གཉིས་མཚུངས་ལྡན་དང་བཅས་པ་རྣམས་ཀྱང་དོན་དམ

སེམས་བསྐྱེད་དུ་སོང་བ་ནི་དོན་དམ་གྱི་སྡོམ་པའོ། །འདིའི་སྐབས་འཕྲོས་དོན་གྱི་ཚིགས་བཅད་གཞན་ཡང་སླས་པ་ནི། དམ་པའི་དོན་དུ་སོགས་ཏེ། སྤྱིར་དབུ་སེམས་ལྟ་བ་ཡངས་དོག་གི་དབང་གིས་རྟེན་དང་ཆོ་ག་ཐ་དད་པ་བཞིན་དུ་ལྟུང་བ་དང་། ལྟུང་བ་ལས་ལྡང་བའི་ཚུལ་སོགས་རབ་དབྱེ་འགྲེལ་བྱེད་ཚད་ལྡན་དང་བཅས་པའི་དགོངས་པ་བཞིན་བཤད་པ་ཡིན་ལ། འོན་ཀྱང་གང་ཟག་གིས་ཉམས་སུ་ལེན་པའི་ཚེ་ན། ལུགས་དེ་དང་དེའི་ལྟ་བ་དང་། སྤྱོད་པ་ཁོ་ན་ཟུང་འབྲེལ་དགོས་པ་མ་ཡིན་པར། དབུ་མའི་ལྟ་བ་དང་། སེམས་ཙམ་པའི་སྤྱོད་པ་སྦྲུར་ནས་ཉམས་སུ་ལེན་པ་ཇོ་བོ་རྗེ་སོགས་དམ་པ་མང་པོས་མཛད་པ་ཡིན་ཏེ། བདག་ཉིད་ཆེན་པོས། ཕལ་ཆེར་ལྟ་བ་དབུ་མའི་ཚུལ། །འཕགས་པ་ཀླུ་སྒྲུབ་ལུགས་རྗེས་འབྲང་། །སྤྱོད་པ་སེམས་ཙམ་སླུ་བའི་གཞུང་། །ཐོགས་མེད་བཞེད་པའི་སེམས་བསྐྱེད་མཛད། །ཅེས་ཅུང་ཟད་བསྡིང་ཚིག་ལྟར་གསུངས་ཀྱང་། དོན་ལ་ཉམས་ལེན་གྱི་སྐབས་སུ་དེ་ལྟར་རུང་བར་བཞེད་པའི་དབང་གིས། རྒྱལ་སྲས་ལམ་བཟང་དུ། སྤྱོད་པ་རྒྱ་ཆེན་སྟོན་པ་ཤིན་ཏུ་རྒྱས་པའི་མདོ་སྡེ་སྣ་ཚོགས་ཀྱི་དོན་མདོ་སྡེ་རྒྱན་གྱི་ལམ་རིམ་དང་། ལྟ་བ་ཤེར་ཕྱིན་གྱི་མདོའི་དངོས་བསྟན་དབུ་མའི་ལུགས་གཉིས་མི་འགལ་བར་སྦྲུར་ཞིང་མི་འོས་པ་བསྲེས་པའི་ཐུན་ཚགས་བསྡུས་པ་མ་ཡིན་པར་གང་ཟག་གཅིག་འཚང་རྒྱ་བའི་ལམ་ཡོངས་རྫོགས་སུ་མཛད་དེ། དེ་ཉིད་ལས། སྤྱོད་པ་རྒྱ་ཆེ་ཤིན་ཏུ་རྒྱས་པའི་དོན། །ལྟ་བའི་དེ་ཉིད་ཤེས་རབ་ཕ་རོལ་ཕྱིན། །མི་འགལ་གསལ་བར་སྟོན་པ་ཁོ་བོའི་གཞུང་། །རིགས་པས་བསྒྲུབ་པ་བླ་མའི་གསུང་བཞིན་བཤད། ཅེས་འབྱུང་ལ་གཞུང་འདིའི་བཤད་གཞི་ཡང་དེ་ཉིད་ཡིན་པའི་དོན་ཏོ། །ཚིགས་བཅད་སྔ་མའི་འཕྲོར་འདི་ནི་ལྟ་སྤྱོད་མ་འབྲེལ་ཞིང་། །ཕན་ཚུན་ཐུན་ཚགས་མ་ཡིན་ལ། །ཇི་སྐད་བཤད་བཞིན་ཉམས་ལེན་པ། །རྫོགས་སངས་རྒྱས་ཀྱི་བསྟན་པ་ཡིན། །ཞེས་གསུངས་པ་ནི། རྗེ་ཉིད་ཀྱི་སེམས་བསྐྱེད་ཀྱི་ཆོ་ག་འདི་བརྒྱུད་པ་དང་མཐུན་པར་ཕྱག་ལེན་ཀླུ་སྒྲུབ་དང་བསླབ་སྤྱོད་ཀྱི་དགོངས་པ་ཇི་ལྟ་བ་བཞིན་ལས། གཞུང་གཞན་ནས་ཐུན་ཚགས་བསྡུས་པ་མ་ཡིན་ཞེས་པ་སྔ་ཆོག་ཕན་ཚུན་བསྲེ་མི་རུང་བའི་དམིགས་བསལ་ལོ། །དོན་གྱི་དབང་འདི་ལ་དགོངས་ནས་ཀུན་མཁྱེན་རིན་པོ་ཆེས་དེ་ལྟར་ན་ལུགས་འདི་གཉིས་བླང་བའི་ཡུལ། རྟེན་གྱི་གང་ཟག །ལེན་པའི་ཆོ་ག །བསླབ་བྱ། ཕྱིར་བཅོས་ཀྱི་སྒོ་ནས་སོ་སོར་ཕྱེ་བ་ནི། རྗེ་བཙུན་ས་སྐྱ་པ་ཡབ་སྲས་ཀྱི་སྲོལ་དུ་སྣང་ཞིང་། དེང་སང་ཁོ་བོའི་བླ་མ་རྡོ་རྗེ་འཆང་དང་དབྱེར་མ་མཆིས་པ་ཀུན་དགའ་བཟང་པོ་འབའ་ཞིག་གི་ལུགས་སྲོལ་དུ་སྣང་ངོ་། །ཞེས་དང་། དགེ་ལྡན་པ་རྣམས་ཀྱིས་དབུ་སེམས་ཀྱི་ལུགས་སོ་སོའི་ཐ་སྙད་མི་བྱེད་པར། སྨོན་འཇུག་སྐབས་གཅིག་ཏུ་བླང་བ་དང་། འཇུག་སྡོམ་ཆོག་ས་བླང་བ་ཞེས་ཆོག་རྒྱས་བསྡུས་ཀྱི་ཐ་སྙད་ཙམ་བྱས་ནས་གཉིས་ཀ་དབུ་མ་ལུགས་སྦྲུར་བ་ལ་དགག་པ་མཛད་པ་ཡང་སྔ་མའི་འཕྲོར། དེ་ལ་ལོག་པར་རྟོག

པ་ཁ་ཅིག་ན་རེ། བྱང་ས་ནས་འབྱུང་བའི་སེམས་བསྐྱེད་ཀྱི་ཆོ་ག་ལ་སེམས་ཙམ་ལུགས་དང་། སྤྱོད་འཇུག་ནས་འབྱུང་བའི་སེམས་བསྐྱེད་ཀྱི་ཆོ་ག་ལ་དབུ་མ་ལུགས་ཞེས་སོ་སོར་ཕྱེ་བ་མི་འཐད་དེ། དབུ་སེམས་གཉིས་ཀས་ལུགས་གཉིས་ཀ་ཉམས་སུ་ལེན་དུ་རུང་བའི་ཕྱིར། ཞེས་ཟེར་བ་ནི་སླ་བས་ཡོངས་པར་ཟད་དོ། འོ་ན་ཁྱེད་རང་གི་བླ་མས་ཀླུ་སྒྲུབ་ནས་བརྒྱུད་པའི་ལམ་རིམ་ལ་ཟབ་མོ་ལྟ་བ་དང་། ཐོགས་མེད་ནས་བརྒྱུད་པའི་ལམ་རིམ་ལ་རྒྱ་ཆེན་སྤྱོད་པ་ཞེས་གཉིས་སུ་ཕྱེ་བ་ཡང་མི་འཐད་པར་ཐལ། དེ་གཉིས་ཀས་ཀྱང་གཉིས་ཀ་ཉམས་སུ་ལེན་དུ་རུང་བའི་ཕྱིར། གསུམ་ཅར་ཁས། གཞན་ཡང་བྱམས་མགོན་གྱི་ཡུམ་དོན་འགྲེལ་པ་ལ་སྦས་དོན་མངོན་རྟོགས་ཀྱི་རིམ་པ་གཏན་ལ་འབེབས་པ་དང་། ཀླུ་སྒྲུབ་ཀྱི་ཡུམ་དོན་འགྲེལ་པ་ལ་དངོས་བསྟན་སྟོང་ཉིད་ཀྱི་ལྟ་བ་གཏན་ལ་འབེབས་པ་ཞེས་གཉིས་སུ་དབྱེར་མི་རུང་བར་ཐལ། དེ་གཉིས་ཀས་ཀྱང་མངོན་རྟོགས་ཀྱི་རིམ་པ་དང་སྟོང་ཉིད་ཀྱི་ལྟ་བ་གཉིས་ཀ་ཉམས་སུ་ལེན་དུ་རུང་བའི་ཕྱིར་རོ་ཞེས་སོགས་མཐའ་ཡས་པ་བརྗོད་པར་བྱའོ། །ཞེས་ལན་གྱིས་བཟློག་པར་མི་ནུས་པའི་རིགས་པ་གསུངས་སོ། །དེ་དག་ནི་འཕྲོས་དོན་ཏེ་ལེའུ་གསུམ་པའི་རྣམ་པར་བཤད་པ་བསྟན་ཟིན་ཏོ། །མཐའ་བྲལ་ལྟ་བའི་སྡོང་བུ་མཉེན་ལྕུག་རྩེར། །རྒྱ་ཆེན་སྤྱོད་པའི་འདབ་སྟོང་རབ་བཞད་ཅིང་། །ཕན་བདེའི་སྦྲང་རྩི་འཛེ་བས་ཡོངས་ཁྱབ་པའི། །ཚུལ་མཆོག་རྒྱལ་སྲས་རྒྱ་མཚོས་གཟིགས་འོས་ལགས། །ལེའུའི་མཇུག་བསྡུ་བ་ནི་ཡོངས་རྫོགས་བསྟན་པའི་ཉམས་ལེན་སོགས་ཏེ་གོ་སླའོ། །

སྐབས་ཀྱི་དོན་གསུམ་པ་སྔགས་ཀྱི་སྒོམ་པ་གཏན་ལ་དབབ་པ་ལ་གཉིས་ཏེ། རྟེན་དང་འབྲེལ་བ་སྔགས་བླ་མེད་ལ་འཇུག་ཚུལ་དང་། སྔགས་སྒོམ་དངོས་གཏན་ལ་དབབ་པའོ། །དང་པོ་ལ་གཉིས་ཏེ་སྐལ་དམན་རིམ་གྱིས་འཇུག་པའི་ཚུལ་དང་། སྐལ་ལྡན་ཅིག་ཆར་དུ་འཇུག་པའི་ཚུལ་ལོ། །དང་པོ་ནི། སྔགས་ཀྱི་སྒོམ་པ་སོགས་ཏེ། ནང་གསེས་ཀྱི་དབྱེ་བ་སྤྱོད་པ་རིམ་ཅན་དང་། ལྟ་བ་རིམ་ཅན་གཉིས་སུ་འགྱུར་བའི་དང་པོ་སྤྱོད་པ་ནི་རྟེན་སོ་ཐར་རིས་བདུན་གང་རུང་དུ་ངེས་པས་ན་སྔར་གི་སྐབས་དོན་གོང་མ་གཉིས་སུ་བཤད་པ་རྣམས་ཏེ། ཐོག་མར་འཆི་བ་མི་རྟག་པ་དང་། དལ་འབྱོར་རྙེད་དཀའི་སྒོ་ནས་ཚེ་འདི་ལ་བློ་བཟློག་སྟེ། ཕྱི་མ་ཕན་ཆད་ཀྱི་ཆེད་དུ་གསོ་སྦྱོང་ཡན་ལག་བརྒྱད་པ་ཙམ་ལེན་དུ་གཞུག །དེའི་འོག་ཏུ་འཁོར་བའི་ཉེས་དམིགས་དང་དལ་འབྱོར་རྙེད་དཀའི་སྒོ་ནས་འཁོར་བ་ལས་བློ་བཟློག་སྟེ་ཐར་པའི་ཆེད་དུ་བསླབ་པའི་གནས་བཅུའི་དོན་ཅན་མི་དགེ་བཅུ་སྤོང་གིས་ཁྱབ་པའི་སོ་ཐར་རིས་བདུན་པོ་གང་ལ་སློབ་ནུས་པ་དེ་ལེན་དུ་གཞུག །དེ་ནས་ཐེག་པ་འོག་མའི་བྱང་ཆུབ་ཀྱང་གཞན་དོན་རྒྱ་ཆེ་བའི་གེགས་སུ་མཐོང་ནས་རང་དོན་ལས་བློ་བཟློག་སྟེ་རྫོགས་པའི་བྱང་ཆུབ་ཀྱི་ཆེད་དུ་ཐེག་ཆེན་སེམས་བསྐྱེད་ལེན་པའི་བར་གྱིས་འཇུག་པའོ། །

གཉིས་པ་ནི། དེ་ལྟར་སྤྱོད་པ་ལ་བསླབ་པའི་རྗེས་ཐོགས་སུ། ཐོག་མར་གྲུབ་མཐའ་ལ་མ་ཞུགས་པའི་ལྷན་སྐྱེས་ཀྱི་བདག་གམ། ཞུགས་པའི་བདག་རྟག་པ་གཅིག་པུ་རང་དབང་ཅན་སོགས་སེམས་དང་། ཕྱྭ་དང་དབང་ཕྱུག་སོགས་བྱེད་པ་པོས་བྱས་པའི་སྣང་བ་ལས་བློ་བཟློག་སྟེ་དེ་བཞིན་ཉིད་ལ་རིམ་གྱིས་གཞོལ་བའི་ཆེད་དུ་བྱེ་བྲག་ཏུ་སྨྲ་བ་དང་། མདོ་སྡེ་པའི་གྲུབ་མཐའ་ལ་བསླབ། དེའི་འོག་ཏུ་ཕུང་སོགས་དང་རྡུལ་ཕྲན་དུ་འཛིན་པ་ལས་ཀྱང་བློ་བཟློག་སྟེ། དེ་བཞིན་ཉིད་ལ་འབབ་པའི་ཆེད་དུ་རྣལ་འབྱོར་སྤྱོད་པའི་གཞུང་ལ་བསླབ། དེ་ནས་རྣམ་རིག་ཙམ་དུ་འཛིན་པ་ལས་ཀྱང་བློ་བཟློག་སྟེ། དེ་བཞིན་ཉིད་མངོན་དུ་བྱ་བའི་ཆེད་དུ་གང་དུའང་མི་འཛིན་པའི་མཐའ་བྲལ་དབུ་མ་ཆེན་པོ་ལ་སློབ་པའི་བར་ནི་ཐུན་མོང་གི་ཐེག་པའི་འཇུག་ཚུལ་དང་། དེ་ནས་སྔགས་དང་ཕྱག་རྒྱའི་ཡེ་ཤེས་གོང་མ་གོང་མ་ལ་རིམ་གྱིས་གཞོལ་ཞིང་། གསང་བའི་ཀུན་སྤྱོད་ཐུན་མོང་མ་ཡིན་པ་ལ་དཀྱིལ་འཁོར་དུ་གཞུག་པའི་ཕྱིར། གནས་མ་བུ་ནས་དབུ་སེམས་ཀྱི་བར་གྱི་ལྟ་བའི་འདོད་ཚུལ་དང་སྒོ་བསྟུན་པའི་དམ་ཚིག་པ་མི་འདོད་པ་དང་། དམ་ཡེ་གཉིས་སུ་འདོད་པ་དང་། དམ་ཡེ་བཅིང་བར་འདོད་པ་དང་། དམ་ཡེ་དབྱེར་མེད་དུ་འདོད་པ་དང་། འདོད་ཁམས་ཀྱི་ཆགས་པ་བཞི་ལམ་དུ་བྱ་བ་རྒྱུད་སྡེ་བཞི་ལ་འཇུག་པ་ཡིན་པས་བྱ་སྤྱོད་རྣལ་འབྱོར་གྱི་རྒྱུད་ཀྱི་རྒྱལ་པོ་ཀྱེ་རྡོ་རྗེ་བསྟན་པ་ནི། རྣལ་འབྱོར་གྱི་དབང་ཕྱུག་ཆེན་པོ་བརྒྱད་པ་དང་བཅས་པས་གདུལ་བྱ་དཀྲི་བའི་ཚུལ་ཐུན་མོང་མ་ཡིན་པ་སྟེ། ཀྱེ་རྡོ་རྗེ་ལས། དང་པོར་གསོ་སྦྱོང་སྦྱིན་པར་བྱ། །དེ་ནས་བསླབ་པའི་གནས་བཅུ་ཉིད། །དེ་ལ་བྱེ་བྲག་སྨྲ་བ་བསྟན། །མདོ་སྡེ་པ་ཡང་དེ་བཞིན་ནོ། །དེ་ནས་རྣལ་འབྱོར་སྤྱོད་པ་ཉིད། །དེ་ཡི་རྗེས་སུ་དབུ་མ་བསྟན། །སྔགས་ཀྱི་རིམ་པ་ཀུན་ཤེས་ནས། །དེ་རྗེས་ཀྱེ་ཡི་རྡོ་རྗེ་བསྟན། །ཞེས་གསུངས་སོ། །

གཉིས་པ་སྐལ་ལྡན་ཅིག་ཆར་དུ་འཇུག་པའི་ཚུལ་ནི། སྐལ་ལྡན་སོགས་ཏེ། འདི་ལ་རྟེན་ངེས་པ་མེད་དེ། རྒྱུད་སྡེ་རྣམས་ལས་ལྷ་དང་མི་དང་ལྷ་མ་ཡིན་དང་དྲི་ཟར་བཅས་པའི་འཇིག་རྟེན་ཐམས་ཅད་ཀྱང་རྒྱུད་ཉན་པའི་སྣོད་གསུངས་པ་དང་། ཨུ་རྒྱན་གྱི་གནས་སུ་ཀླུ་རྣམས་ལ་གསང་བ་འདུས་པའི་དཀྱིལ་འཁོར་དུ་དབང་བསྐུར་བས་གྲོལ་བར་གསུངས་པ་དང་། སཾ་བུ་ཊར་ཤེས་རབ་མ་མངོན་དུ་མ་སྐྱེད་ན་གྲོལ་སོང་དག་ལ་ཡང་གོམས་པར་བྱའོ། །ཞེས་གྲོལ་སོང་གི་ཕྱག་རྒྱ་བསྟེན་པར་བཤད་ཅིང་ཕྱག་རྒྱ་དེ་ཡང་དབང་བསྐུར་ཐོབ་ཅིང་དམ་ཚིག་དང་སྡོམ་པར་ལྡན་དགོས་པའི་ཕྱིར་རོ། །ཇི་ལྟར་འཇུག་པའི་ཚུལ་ཡང་སྐལ་དམན་རིམ་འཇུག་སྐབས་བསླབ་པའི་གནས་བཅུའི་རྗེས་སུ་བླ་མ་གོང་མས་དུས་ནམ་སྐྱེ་ངེས་པ་མེད་པའི་སེམས་བསྐྱེད་ཅེས་བསྟན་པར་མཛད་པས་རྒྱས་པར་ན་བརྒྱད་པའི་ཁྱད་པར་གཉིས་ལྡན་གྱི་སེམས་བསྐྱེད་ཀྱི་ནང་གི་རྣལ་འབྱོར་དབང་ཕྱུག་ནས་བརྒྱད་པ་

དེ་ཉིད་དམ། ཚིག་བསྡུས་པ་ལྷོན་ཤིང་ནས་གསུངས་པ་སྟེ། མདོར་ན་ཐེག་ཆེན་ཐུན་མོང་མ་ཡིན་པའི་སྐྱབས་འགྲོ་དང་འབྲེལ་བའི་སྨོན་འཇུག་སེམས་བསྐྱེད་ཐོབ་ནས་དབང་ལ་འཇུག་པ་ཡིན་ནོ། །

གཉིས་པ་སྔགས་སྡོམ་དངོས་གདན་ལ་དབབ་པ་ལ་བཞི་སྟེ་ངོ་བོ་ངོས་བཟུང་བ། དང་པོར་བླང་བའི་ཐབས། བར་དུ་སྲུང་བའི་ཚུལ། ཉམས་ན་ཕྱིར་བཅོས་པའོ། །དང་པོ་ལ་གསུམ་སྟེ། མཚན་གཞི། མཚན་ཉིད། དབྱེ་བའོ། །དང་པོ་ནི། དབང་ལས་སོགས་ཏེ། སྤྱིར་འདི་དག་སྔགས་བླ་མེད་ཉིད་བརྗོད་བྱའི་གཙོ་བོར་བྱས་ནས་བཤད་པ་ཡིན་པས། དབང་བཞིའི་ཚིག་ལས་ཐོབ་པའི་སྔགས་ཀྱི་སྡོམ་པ་གང་ཡིན་པ་སྟེ། དེས་མཚོན་པའི་བྱ་རྒྱུད་སོགས་རང་རང་གི་དབང་གི་དངོས་གཞི་ལས་ཐོབ་པ་གང་དག་གོ །

གཉིས་པ་ལ་གཉིས་ཏེ་མཚན་ཉིད་དངོས་དང་། མཚན་ཉིད་དེ་ལྡན་གྱི་མིང་གི་རྣམ་གྲངས་སོ། །དང་པོ་ནི;། ཡིད྄་ན྄ི་སོགས་ཏེ། ཡིད་མཚན་རྟོག་ལས་སྐྱོབ་པའི་ཐབས་ཁྱད་པར་ཅན་གང་ཞིག །མི་མཐུན་ཕྱོགས་སྤོང་བའི་སེམས་པ་མཚུངས་ལྡན་དང་བཅས་པའོ། །དེས་སངས་རྒྱས་ཀྱི་ས་ལ་མ་ཁྲབ་པར་ཐལ་བའི་སྐྱོན་ཡང་མེད་དེ། སྐྱོབས་པའི་ཐབས་ཞེས་པ་སྐྱོབ་པར་བྱེད་པ་དང་། སྐྱབས་ཟིན་པ་གཉིས་ཀ་ལ་འཇུག་པ་སྔར་སེམས་བསྐྱེད་ཀྱི་སྐབས་སུ་རྗོགས་པའི་བྱང་ཆུབ་ཀྱི་སྒྲུབ་པ་ཁྱད་པར་བ་དེ། བསྒྲུབ་བྱ་དང་སྒྲུབ་བྱེད་གཉིས་ཀ་ལ་འཇུག་པས། སངས་རྒྱས་ཀྱི་ས་ལ་མ་ཁྲབ་པར་ཐལ་བའི་སྐྱོན་མེད་པར་བཤད་པ་དང་མཚུངས་སོ། །འདི་ལ་གང་སྐྱོབ་པ་དང་། གང་ལས་སྐྱོབ་པ་དང་། གང་གིས་སྐྱོབ་པ་དང་གསུམ་ལས་དང་པོ་ནི་སྔགས་ཀྱི་སྐད་དོད་ལ་མནྟྲ་ཞེས་ཡོད་པའི་མན་ནི་མ་ནོ་སྟེ། ཡིད་དང་། ཏྲ་ར་ནི་སྐྱོབ་པ་ལ་འཇུག་པས་དབང་པོ་དང་། ཡུལ་གྱི་རྐྱེན་ལས་བྱུང་བས་ཚོགས་དྲུག་གམ། ཡིད་ཀྱི་རྣམ་ཤེས་ལ་གསུམ་དུ་ཕྱེ་བའི་ཚོགས་བརྒྱད་ལ་ཡིད་ཅེས་པའི་ཐ་སྙད་བྱས་པ་དེ་ཉིད་དོ། །གཉིས་པ་ནི་མཚན་རྟོག་ལས་ཏེ། མཚན་མ་ནི་ཡུལ་གྱི་སྣ་རིས་སོ་སོ་བ་ཡིན་ལ། རྟོག་པ་ནི་དེ་དང་དེར་མངོན་པར་ཞེན་པ་སྟེ་འདི་ལ་ཐ་མལ་གྱི་མཚན་མ་ལ་མངོན་པར་ཞེན་པ་དང་། ལྷའི་མཚན་མ་ལ་མངོན་པར་ཞེན་པ་གཉིས་ཡོད་དོ། །

གསུམ་པ་ནི། ཐབས་ཁྱད་པར་ཅན་གྱིས་ཏེ་ཐེག་པ་དམན་པའི་ཉམས་ལེན་ལ་ལྟོས་ནས་ཐེག་ཆེན་གྱི་ཉམས་ལེན་ཐབས་ཁྱད་པར་ཅན་ཡིན་ལ། དེ་ལ་ལྟོས་ནས་རྡོ་རྗེ་ཐེག་པའི་སྨིན་གྲོལ་གཉིས་ཐབས་ཁྱད་པར་ཅན་ཡིན་པ་སྟེ་དེས་སྐྱོབ་པའོ། །དེ་ལྟར་ཡང་འདུས་པའི་རྒྱུད་ཕྱི་མ་ལས། དབང་པོ་དང་ནི་ཡུལ་རྣམས་ཀྱི། །རྐྱེན་ལས་གང་དང་གང་བྱུང་བ། །ཡིད་དེ་མན་ཞེས་བྱ་བར་བཤད། །ཏྲ་ནི་སྐྱོབ་པར་བྱེད་པའི་དོན། །འཇིག་རྟེན་སྤྱོད་ལས་རྣམ་གྲོལ་བ། །གང་བཤད་དམ་ཚིག་སྡོམ་པ་སྟེ། །རྡོ་རྗེ་ཀུན་གྱི་བསྲུང་བ་ནི། །སྔགས་ཀྱི་སྤྱོད་པ་ཞེས

བཤད་དོ། །ཞེས་སོ། །གཉིས་པ་ནི། དབང་གི་སོགས་ཏེ། དེ་ཉིད་ལ་དབང་གི་དམ་ཚིག་དང་། །རིག་པ་འཛིན་པའི་སྡོམ་པ་དང་། སྔགས་སྡོམ་རྒྱུན་ལྡན་གྱི་གང་ཟག་རྒྱུད་ཀྱི་སྔགས་ལམ་ཞེས་བྱ་བ་རྣམས་མིང་གི་རྣམ་གྲངས་ཏེ་དོན་གཅིག་གོ །

གསུམ་པ་ལ་གཉིས་ཏེ་དབྱེ་བ་དངོས་དང་། དེ་ལས་དངོས་བཏགས་ཕྱེ་བའོ། །དང་པོ་ལ་གཉིས་ཏེ་རྐང་གྲངས་ཀྱིས་མདོར་བསྟན་པ་དང་། སོ་སོའི་ངོ་བོས་ཅུང་ཟད་རྒྱས་པར་བཤད་དོ། །དང་པོ་ནི། དབྱེ་བ་སོགས་ཏེ། སྔགས་སྡོམ་དེའང་དབྱེ་ན་གསུམ་དུ་འགྱུར་ཏེ། བརྗོད་བྱའི་སྒོ་ནས་དང་། རྗོད་བྱེད་ཀྱི་སྒོ་ནས་དང་། ཚོ་གའི་སྒོ་ནས་དང་། །དང་པོ་ལའང་ནང་གསེས་ཀྱི་དབྱེ་བས་རྒྱུ་རྒྱུད་ཀྱི་སྡོམ་པ། ཐབས་རྒྱུད་ཀྱི་སྡོམ་པ་དང་། འབྲས་བུའི་རྒྱུད་ཀྱི་སྡོམ་པ་གསུམ་འབྱུང་ངོ་ཞེས་རྐང་གྲངས་ཀྱིས་བསྟན་པའོ། །

གཉིས་པ་ནི། རིམ་པ་བཞིན་སོགས་ཏེ། རྒྱུའི་དུས་སོ་སོ་སྐྱེ་བོའི་རྒྱུད་ཀྱི་སྣང་བའི་ཆོས་ཇི་སྙེད་པ་རང་སེམས་གསལ་སྟོང་ཟུང་དུ་འཇུག་པ་རང་བཞིན་ལྷན་ཅིག་སྐྱེས་པའི་ངོ་བོར་སྡོམ་སྟེ། ཀྱེ་རྡོ་རྗེ་ལས། ལྷན་ཅིག་སྐྱེས་པ་གང་སྐྱེས་པ། །ལྷན་ཅིག་སྐྱེས་པ་དེ་བརྗོད་བྱ། །རང་བཞིན་ལྷན་ཅིག་སྐྱེས་ཞེས་བརྗོད། །རྣམ་པ་ཐམས་ཅད་སྡོམ་པ་གཅིག །ཅེས་སོ། །སྤྱིར་སྡོམ་པའི་དོན་མང་པོ་གཅིག་ཏུ་སྡོམ་པ་དང་། སྤང་བྱ་སྡོམ་པ་གཉིས་པ་ལ་འཇུག་པ་ལས་འདི་ནི་སྔ་མ་དེ་ཉིད་ཡིན་ཏེ། རྣལ་འབྱོར་མ་ལུས་དབུས་གནས་སུ། །ཞེས་པའི་འགྲེལ་པར་གྲུབ་ཆེན་མཚོ་སྐྱེས་ཀྱིས། ཕྱི་དང་ནང་གི་ཆོས་ཐམས་ཅད་རྣམ་པ་མང་བས་དེའི་ཕྱིར་སྡུད་པར་བྱེད་པས་སྡོམ་པའོ། །ཞེས་གསུངས་པས་སོ། །དེ་ཉིད་ལེགས་པར་རྟོགས་ན་ཕྱི་མཐུགས་ཀྱིས་འགྲུབ་སྟེ་སྣང་བ་སེམས་སུ་རྟོགས་ཙམ་ན་སྤང་བྱ་སྣང་བའི་ཆོས་ལ་བདེན་འཛིན་སྤོང་བའི་སྡོམ་པ་ཞིག་ཀྱང་འབྱུང་སྟེ་ལམ་དང་འབྲས་བུ་ལའང་འགྲེའོ། །

གཉིས་པ་ནི། བླ་མེད་སོགས་ཏེ། སྔགས་བླ་མེད་ཀྱི་ལམ་དུ་ཞུགས་པ་སློབ་པའི་གང་ཟག་གི་རྒྱུད་ཀྱི་སྣང་བའི་ཆོས་ཐམས་ཅད་ཁྱད་པར་ཅན་དབང་བཞི་དང་བསྐྱེད་རྫོགས་ཀྱི་ལམ་གྱི་ངོ་བོར་སྡོམ་སྟེ། རྡོ་རྗེ་གུར་ལས། དེ་ཕྱིར་དཀྱིལ་འཁོར་འཁོར་ལོ་ཞེས། ཐབས་ནི་བདེ་བའི་སྡོམ་པ་སྟེ། ཞེས་སོགས་དང་། རྩ་རྒྱུད་ལས། སྡོམ་པའི་དབྱེ་བའང་བཤད་པར་བྱ་སྟེ། ཞེས་སོགས་ཀྱིས་རིམ་པ་བཞིན་གྲུབ་བོ། །

གསུམ་པ་ནི། སངས་རྒྱས་སོགས་ཏེ། ཕྱར་རྒྱུ་དུས་སུ་སྣང་བ་ཐམས་ཅད་གསལ་སྟོང་ཟུང་འཇུག་གི་ངོ་བོར་རང་བཞིན་གྱིས་སྡོམ་པ་དེ་དབང་དང་ལམ་གྱིས་གློ་བུར་གྱི་དྲི་མ་མ་ལུས་པ་དང་བྲལ་བར་བྱས་པའི་སངས་རྒྱས་མི་སློབ་པའི་རྒྱུད་ཀྱི་རང་སྣང་གི་ཡེ་ཤེས་ཏེ་ཤེས་བྱའི་སྣང་བ་ཉིད་ཀྱང་ཡེ་ཤེས། ཡེ་ཤེས་ཉིད་ཀྱང་སྣང་བ།

དེ་དག་ཀྱང་སྟོང་པ། སྟོང་པ་ཡང་དེ་དག་དང་དབྱེར་མེད་པ་ལ་ཤེས་བྱ་ཐམས་ཅད་ཀྱང་བསམ་གྱིས་མི་ཁྱབ་པའི་གསང་བ་གསུམ་གྱི་ངོ་བོར་འཆར་བའི་སྡོམ་པ་ནི། རྩ་རྒྱུད་ལས། དེ་ནས་ཆོས་ཀུན་སྡོམ་ཅིག་པའི། །རྡོ་རྗེ་སེམས་དཔའ་ཞེས་བྱར་བཤད། ཅེས་དང་། སམྦུ་ཊར། དངོས་དང་དངོས་མེད་ལས་གྲོལ་བ། །རྡོ་རྗེ་སེམས་དཔའ་བདེ་བའི་སྡོམ། ཞེས་སོ། །

གཉིས་པ་དངོས་བཏགས་ཕྱེ་བ་ནི། དེ་ལྟར་སོགས་ཏེ། དེ་ལྟར་རྒྱུ་ཐབས་འབྲས་བུའི་སྡོམ་པ་གསུམ་གྱི་དང་པོ་ནི་སྔགས་སྡོམ་བཏགས་པ་བ་དང་། ཕྱི་མ་གཉིས་ནི། སྡོམ་པ་མཚན་ཉིད་པར་བཞེད་དེ། རྗེ་བཙུན་རྩེ་མོས། དེ་ཁོ་ན་ཉིད་བསྡུས་པ་ཞེས་པའི་མིང་གིས་ཐབས་རྒྱུད་དང་འབྲས་བུའི་རྒྱུད་དངོས་སུ་བསྟན་ནས། རྒྱུ་རྒྱུད་ཤུགས་ལ་ཤེས་པར་གསུངས་པས་གྲུབ་ཅིང་། དེའི་འཐད་པ་རྒྱུ་ལ་གནས་པའི་རང་བཞིན་གྱི་སྡོམ་པ་དེ་སྤྱོད་སེམས་ཀྱིས་མ་ཟིན་པས་བཏགས་པ་བར་འཇོག་ལ། དེ་ཉིད་དབང་གི་སྐབས་སུ་མྱོང་བ་ཁྱད་པར་ཅན་གྱི་ངོ་བོར་སྐྱེ་ལ། དེའི་ཚེ་མི་མཐུན་ཕྱོགས་སྤོང་བའི་སེམས་པ་ཁས་བླངས་མངོན་གྱུར་ཙམ་མ་ཡིན་པར་མྱོང་བ་དང་ངོ་བོ་གཅིག་པའི་སྤྱོད་སེམས་དོན་གྱིས་ཐོབ་པ་ནི་མཚན་ཉིད་པར་འཇོག་ཅིང་། མྱོང་བ་དེ་ཉིད་ལྟ་བ་དང་ལམ་བཞི་བསྒོམ་པ་ལས། ཆུ་ཟླས་ནམ་མཁའི་ཟླ་བ་རྟོགས་པའི་དཔེས་མཚོན་བྱེད་ཀྱི་ཡེ་ཤེས་མཐོང་ལ། དེས་མཚོན་པའི་དོན་གྱི་ཡེ་ཤེས། ས་ཕྱེད་དང་བཅུ་གསུམ་ལ་རྟོགས་པའི་ཁྱད་པར་ཆོས་གཅིག་ནས་བཅོ་ལྔའི་བར་གྱི་ཟླ་བ་འཕེལ་ཚུལ་འཆད་འགྱུར་བཞིན་ལ་བཅུ་གསུམ་པའི་ཕྱེད་ཕྱི་མ་ལ་རྫོགས་པར་མཐོང་བས་ན་མཚན་ཉིད་པར་འཇོག་པའོ། །

གཉིས་པ་རྗོད་བྱེད་ཀྱིས་དབྱེ་བ་ནི། རྗོད་བྱེད་སོགས་ཏེ། སྔགས་སྡོམ་ལ་དབྱེ་ན་བྱ་བའི་རྒྱུད་སོགས་རྒྱུད་སྡེ་བཞི་ཡི་སྡོམ་པ་བཞི་སྟེ། མཚན་གཞི་ནི་རིམ་བཞིན། བལྟས་པའི་བདེ་བ་ལམ་བྱེད་ཀྱིས་དང་། དགོད་པའི་བདེ་བ་ལམ་བྱེད་ཀྱིས་དང་། ལག་བཅངས་ཀྱི་བདེ་བ་ལམ་བྱེད་ཀྱིས་དང་། གཉིས་གཉིས་འཁྱུད་པའི་བདེ་བ་ལམ་བྱེད་ཀྱིས་ཡིད་མཚན་རྟོག་ལས་སྐྱོབ་པའི་ཐབས་ཁྱད་པར་ཅན་གང་ཞིག །མི་མཐུན་ཕྱོགས་སྤོང་བའི་སེམས་པ་མཚུངས་ལྡན་དང་བཅས་པའོ། །གསུམ་པ་ཐོབ་བྱེད་ཆོ་གའི་སྒོ་ནས་དབྱེ་བ་ནི། ཆོ་ག་སོགས་ཏེ། སྔགས་སྡོམ་ལ་དབྱེ་ན་སྔ་གོན་གྱི་གནས་སྐབས་སུ་ཐོབ་པ། འཇུག་པའི་གནས་སྐབས་སུ་ཐོབ་པ། དངོས་གཞིའི་གནས་སྐབས་སུ་ཐོབ་པ་དང་གསུམ་ལས། སྔ་གོན་གྱི་རྒྱུན་བཤགས་ལས་གང་ཐོབ་པ་ནི། སོ་བྱང་གི་སྡོམ་པ་ཡིན་ལ། གནས་གསུམ་བྱིན་རླབས་ནས་སྔགས་སྡོམ་སྐྱེ་བའི་མགོ་བརྩམ་པ་ཡིན་པས་དེའི་སྐབས་སུ་ཐོབ་པ་ནི་རྡོ་རྗེ་གསུམ་གྱི་ས་བོན་ཐེབས་པའི་སྡོམ་པ་ཡིན་ནོ། །འཇུག་པའི་རིགས་ལྔའི་སྡོམ་བཟུང་གི་སྐབས

སུ་ཁས་བླངས་ཀྱི་སྒོ་ནས་ཐོབ་པ་དེའི་སྡོམ་པ་ཡིན་ལ། ཟླ་བ་རྡོ་རྗེའི་སེམས་བསྐྱེད་ལ་སོགས་པ་འཇུག་པ་ཕྱི་ནང་གཉིས་རང་རང་ངོས་སྐལ་གྱི་ཆོག་ལས་གང་ཐོབ་པ་ནི་དེ་དང་དེའི་སྡོམ་པ་ཡིན་ནོ། །དངོས་གཞི་རྡོ་རྗེ་སློབ་མའི་དབང་དང་། སློབ་དཔོན་གྱི་དབང་གིས་བསྡུས་པ་ལ་དབང་བཞིའི་ཆོ་ག་ལས་གང་ཐོབ་པ་ནི་བསྐྱེད་རྫོགས་དེ་དང་དེའི་སྡོམ་པ་སྟེ་རྣལ་འབྱོར་བླ་མེད་ཀྱི་ལུགས་སོ། །དེས་འགྲེ་བ་རྒྱུད་སྡེ་འོག་མ་གསུམ་ལའང་ཁས་བླངས་དང་ཆོ་ག་དང་རང་གི་དངོས་བསྟན་ཙམ་གྱིས་ཐོབ་པའི་སྡོམ་པའོ། །

སྤྱི་དོན་གཉིས་པ་དང་པོར་བླང་བའི་ཐབས་ལ་བདུན་ཏེ། གང་དུ་བསྐུར་བའི་དཀྱིལ་འཁོར། ཇི་ལྟར་བསྐུར་བའི་ཆོག །དབང་བསྐུར་བའི་དགོས་པ། སློབ་དཔོན་གྱི་མཚན་ཉིད་སོགས་ཁ་འཕངས་པའི་ཚུལ་གྱིས་བསྟན་པ། དབང་གི་ངེས་ཚིག །དབང་ཆོག་དེ་ལས་སྔགས་སྡོམ་ཐོབ་པའི་དུས་བསྟན་པ། ཐོབ་པ་དེ་ཇི་ལྟར་སྐྱེ་བའི་ཚུལ་ལོ། །དེའི་དང་པོ་ལ་གཉིས་ཏེ། དཀྱིལ་འཁོར་གྱི་དབྱེ་བ་དང་། དེ་ལས་དེང་སང་གི་སྨིན་བྱེད་དུ་རུང་བ་ངོས་བཟུང་བའོ། །དང་པོ་ལ་ལྔ་སྟེ། ཡེ་ཤེས་ཀྱི་དཀྱིལ་འཁོར། སྤྲུལ་པའི་དཀྱིལ་འཁོར། ཏིང་ངེ་འཛིན་གྱི་དཀྱིལ་འཁོར། རྡུལ་ཚོན་གྱི་དཀྱིལ་འཁོར། རས་བྲིས་ཀྱི་དཀྱིལ་འཁོར། གུང་གི་སྒྲས་བསྡུས་པའི་ལུས་དཀྱིལ་ལོ༑ །དེ་དག་རིམ་བཞིན་བཤད་པ་ལ། གང་དུ་བསྐུར་བའི་སོགས་ཏེ། སྟོན་པ་རྡོ་རྗེ་འཆང་གིས་རྒྱུད་གསུངས་པའི་ཚེས་བཅུ་པའི་འཁོར་རྣམས་ཡེ་ཤེས་ཀྱི་དཀྱིལ་འཁོར་དུ་བཅུག་ཅིང་དབང་བསྐུར་བའི་རྣམ་པར་འཕྲུལ་པ་ངེས་པའི་དོན་དུ་སྟོན་འཁོར་དབྱེར་མེད་པ་ནི་ཡེ་ཤེས་ཀྱི་དཀྱིལ་འཁོར་ཞེས་བརྗོད་དེ། གསང་བ་གྲུབ་པ་ལས། རྒྱུད་འཆད་པ་དེ་ཐུགས་རྡོ་རྗེ། འཆད་པ་པོ་དེ་སྟོད་པའང་དེ་ཞེས་སོ། །གྲུབ་པའི་ས་ལ་གནས་པའི་འཕགས་པའམ། དེ་ལ་ཉེ་བའི་སོ་སྐྱེ་ལས་དག་པ་རྣམས་ཀྱི་བློ་ངོར་སྤྲུལ་པ་མཆོག་གི་སངས་རྒྱས་སམ། བྱང་ཆུབ་སེམས་དཔའ་འམ། ཡེ་ཤེས་ཀྱི་མཁའ་འགྲོ་མས་དཀྱིལ་འཁོར་སྤྲུལ་པ་ནི་སྤྲུལ་པའི་དཀྱིལ་འཁོར་ཏེ། སྤྲུལ་པ་མཆོག་ལས་གྲུབ་པའི་ས་ལ་གནས་པ་རྣམས་ཀྱིས་དབང་བླང་ཞིང་རྒྱུད་ཐོས་པ་ནི། དེ་ཉིད་འདུས་པ་ལས་དཀྱིལ་འཁོར་མཐོང་བ་རྣམས་གྲུབ་པའི་ས་ལ་བཞག་གོ། །ཞེས་གསུངས་པ་སྟེ་སྔ་མ་དང་ཆ་འདྲ་ལ། སོ་སྐྱེ་ལས་དག་པ་རྣམས་ཀྱིས་དབང་བླང་མ་ཐག་གྲུབ་པའི་ས་ཐོབ་པ་ནི། ས་ར་ཧ་པ་དང་རྣལ་འབྱོར་དབང་ཕྱུག་གིས་དབང་ཐོབ་པའི་གཏམ་རྒྱུད་བཞིན་ནོ། །ཏིང་ངེ་འཛིན་ལ་བརྟན་པ་ཐོབ་པའི་འཕགས་པའམ། སོ་སྐྱེའི་རྡོ་རྗེ་སློབ་དཔོན་འགའ་ཞིག་གིས་ལུས་ངག་གི་བྱ་རྩོལ་ཙུང་ཟད་ཀྱང་མེད་པར་ཏིང་ངེ་འཛིན་འབའ་ཞིག་གིས་ས་ཆོག་ནས་མཇུག་ཆོག་གི་བར་ཚང་བའི་རྡུལ་ཚོན་གྱི་དཀྱིལ་འཁོར་རང་ཉིད་ཀྱིས་བལྟ་བ་དང་གཞན་ལ་བསྟན་ནུས་པར་བཞེངས་ཏེ་དབང་བསྐུར་བ་ནི་ཏིང་ངེ་འཛིན་གྱི་དཀྱིལ་འཁོར་ཏེ། དཔའ་བོ་རྡོ་རྗེས་འབྲོག་མི་ལ་དབང

བསྐུར་བའི་ལོ་རྒྱུས་ཇི་ལྟ་བ་བཞིན་ནོ། །འདི་ལ་སློབ་དཔོན་ཨབྷྱ་ཡས་བསམ་གཏན་གྱི་དཀྱིལ་འཁོར་དང་། དེའི་སྒྲུབ་མཆོད་དུ་གསུངས་མོད། བོད་ཁ་ཅིག་མཐུལ་ཆོམ་བུ་ལ་བརྟེན་ནས་གསང་བ་འདུས་པའི་མཆོད་ཆོག་གྱེར་བ་ལ་བསམ་གཏན་གྱི་སྒྲུབ་མཆོད་དུ་མིང་བཏགས་པ་ནི། རྡོ་རྗེ་འཆང་ཡབ་སྲས་དང་། ཀུན་མཁྱེན་ཆེན་པོས་བཀག་ཟིན། སོ་སྐྱེའི་རྡོ་རྗེ་སློབ་དཔོན་ཅི་རིགས་པས་ལུས་ངག་གི་རྩོལ་བ་དང་བཅས་རྒྱུད་ནས་གསུངས་པའི་དབང་གི་མངོན་རྟོགས་མཐའ་དག་ཚང་བས་བསྐུར་བ་ནི་རྫུལ་ཚོན་གྱི་དཀྱིལ་འཁོར་ཏེ། རྒྱུད་ཐམས་ཅད་ཀྱི་དངོས་བསྟན་ཡིན་ཞིང་། སློབ་དཔོན་དྲིལ་བུ་པས། ཐིག་ལ་ཚོན་དགྱེའི་རིམ་པ་བསྟན། ཞེས་སོ། །མངོན་རྟོགས་དེ་རྣམས་ལས་སྒོ་གོན་དང་དངོས་གཞི་གཉིས་ཀྱིས་བསྐུར་བ་ནི། མི་གཡོ་བླ་མེད་རྒྱུད་ལས། ཡང་ན་དཀྱིལ་འཁོར་བྲི་བྱ་བ། །རས་བྲིས་ཚུལ་དུ་བྲི་བར་བྱ། །སྔོན་བཞིན་དཀྱིལ་འཁོར་བྲི་བྱས་ནས། །དབུས་སུ་མི་གཡོ་མཐིང་ནག་བྲི། །ཞི་སྟང་རྡོ་རྗེ་མས་འཁྱུད་པ། །ཤར་དུ་མི་གཡོ་དཀར་པོ་བྲི། །ཞེས་སོགས་གསུངས་པ་དང་། རང་ལུགས་ལ་རས་བྲིས་ལ་མཚན་མ་ཙམ་གྱིས་མི་ཆོག་པར་སྐུ་རིས་པར་བྲི་བར་བཞེད་པ་ཡང་། རྒྱུད་འདི་དང་། ཛ་ཡ་སེ་ནས་མཁའ་འགྲོ་རྒྱ་མཚོའི་དཀྱིལ་ཆོག་ཏུ་གསུངས་པའི་དགོངས་པའོ། །དྲིལ་བུ་པས། རི་མོར་གནས་པའི་ལས་དང་ནི། །ཞེས་དང་། བཅོས་མ་གཉིས་ཀྱི་ཞེས་གསུངས་པའི་ཡ་གྱལ་ཏེ། རས་བྲིས་ཀྱི་དཀྱིལ་འཁོར་ཉིད་དུ་བསྐུར་བའོ། །ཕྱི་དཀྱིལ་དུ་འཇུག་པ་སྔོན་དུ་སོང་བའི་སྐལ་ལྡན་ལ་དགོངས་པ། ནང་ལ་མཆོག་ཏུ་གཞོལ་བའི་ལུས་དཀྱིལ་ཀྱང་ཡོད་དེ། དྲིལ་བུ་པས། འགྲོ་བ་འདི་དག་རང་བཞིན་གྱི། །གྲུབ་པའི་དཀྱིལ་འཁོར་གཉིས་མེད་པའོ། །ཞེས་སོགས་གསུངས་སོ། །ཀླུ་བྱང་གི་དཀྱིལ་ཆོག་ཉི་ཤུ་པར། །དཀྱིལ་འཁོར་བརྒྱད་དུ་གསུངས་པ་དང་། །ཨ་བྷི་དྷ་ནར་དཀྱིལ་འཁོར་དྲུག་ཏུ་གསུངས་པ་རྣམས་ཀྱང་ཕལ་ཆེར་རྫུལ་ཚོན་གྱི་རྒྱུ་དང་། ལྷའི་མཚན་མ་འགོད་ཚུལ་གྱི་སྒོ་ནས་དབྱེ་བ་ཡིན་པས་སྔར་བཤད་པ་དེ་དག་ཏུ་འདུས་སོ། །མདོར་ན་རྒྱུད་སྡེ་རིན་པོ་ཆེ་རྣམས་ནས་དཀྱིལ་འཁོར་དང་བཅས་པའི་དབང་བསྐུར་བའི་ཚུལ་ཁོ་ནར་གསུངས་ཀྱི། དཀྱིལ་འཁོར་མེད་པར་དབང་བསྐུར་བའི་ཚུལ་མ་གསུངས་པ་ལ་དགོངས་ནས། སློབ་དཔོན་དྲིལ་བུ་པས། དབང་བསྐུར་དཀྱིལ་འཁོར་སྔོན་འགྲོ་བར། །རྡོ་རྗེ་འཆང་གིས་གསུངས་པ་སྟེ། །ཞེས་གསུངས་པ་དང་། ཡེ་ཤེས་ཞབས་ལུགས་ཀྱི་འགྲོ་བ་དབང་བསྐུར་གྱི་སྔོན་དུ་མངལ་དུ་དཀྱིལ་འཁོར་བསྐྱེད་དགོས་པས་གྲུབ་ཅིང་། འཕགས་ལུགས་ལའང་ལྷག་མོས་ཀྱི་དཀྱིལ་འཁོར་བསྐྱེད་པ་དང་། དེའི་མཛད་པ་འབྲེལ་ཆགས་སུ་འབྱུང་བ་སྟེ་མ་དང་གནད་གཅིག་པས་སོ། །འདིར་བློ་ངོར་ཐབས་སྣང་བའི་ཁྱད་པར་གྱིས་མཚོན་དགོས་པས་ན་དྲང་དོན་ཀུན་རྫོབ་པའི་དཀྱིལ་འཁོར་གྱི་རྣམ་གཞག་ལས་མ་སློས་ཀྱང་། མཚོན་བྱ་ངེས་དོན་དམ་པའི་དཀྱིལ་འཁོར

ཡང་ཤུགས་ཀྱིས་རྟོགས་པར་བྱ་སྟེ། དེ་ཡང་ཀྱེ་རྡོ་རྗེ་ལས། དཀྱིལ་ནི་སྙིང་པོ་ཞེས་བརྗོད་དེ། །བྱང་ཆུབ་སེམས་ནི་བདེ་ཆེན་པོ། །ལེན་པར་བྱེད་པས་དཀྱིལ་འཁོར་ཉིད། །ཅེས་དཀྱིལ་འཁོར་གྱི་སྒྲ་དོན་སྙིང་པོ་བདེ་བ་ཆེན་པོ་ལེན་ཅིང་འཛིན་པ་ལ་བཤད་ལ། སྙིང་པོ་བདེ་བ་ཆེན་པོ་དེ་ཡང་རྣམ་སྣང་མངོན་བྱང་ལས། དཀྱིལ་འཁོར་འདི་ནི་སངས་རྒྱས་འབྱུང་བ་སྟེ་དཀྱིལ་ནི་སྙིང་པོ་ཞེས་བྱའོ། །འཁོར་ལོ་ནི་རྫོགས་པ་སྟེ་དེའི་གོང་ན་སྙིང་པོར་གྱུར་པ་གཞན་མེད་པས་དཀྱིལ་འཁོར་ཞེས་བྱའོ། །ཞེས་སྙིང་པོ་རྫོགས་པ་ལ་དཀྱིལ་འཁོར་དུ་བཤད་པ་དང་། དུས་འཁོར་ཙ་རྒྱུད་ལས། དཀྱིལ་འཁོར་ཆོས་ཀྱི་དབྱིངས་ཉིད་དོ། །ཞེས་དང་། ངེས་བརྗོད་བླ་མ་ལས་ཀྱང་། ཆོས་ཀྱི་དབྱིངས་ཀྱི་གྲོང་ཁྱེར་མཆོག །ཅེས་ཆོས་དབྱིངས་བདེ་བ་ཆེན་པོའི་ཕོ་བྲང་ལ་དཀྱིལ་འཁོར་དུ་བཤད་དོ། །

གཉིས་པ་དེ་ལས་དེང་སང་གི་སློབ་བྱེད་དུ་སྣང་བ་ངོས་བཟུང་བ་ནི། མ་སློན་སློན་བྱེད་སོགས་ཏེ། རྣལ་འབྱོར་གྱི་དབང་ཕྱུག་བིརྺ་པའི་བཞེད་པས་ལས་དང་པོ་པ་ཕྱར་མ་སློན་པ་སློན་པར་བྱེད་པ་རྒྱུ་དུས་ཀྱི་དབང་ལ་མངོན་པར་རྟོགས་པ་བདུན་ནམ་བརྒྱད་ལྡན་དགོས་པས་རྡུལ་ཚོན་གྱི་དཀྱིལ་འཁོར་ངེས་པར་དགོངས་པར་བཞེད་པ་དེ་ཉིད་གཞིར་བཞག་ནས། རབ་དབྱེར། དེང་སང་གང་ཟག་རབ་འབྲིང་ཀུན། །རྡུལ་ཚོན་གྱི་ནི་དཀྱིལ་འཁོར་དུ། །དབང་བསྐུར་བྱ་བར་གསུངས་མོད་ཀྱི། །གཞན་གྱི་སློབ་བྱེད་རྒྱུད་ལས་བཀག །ཅེས་གསུངས་ཤིང་། ཇོ་བོ་ནཱ་རོ་ཏ་པ་ཡང་འདི་ཉིད་བཞེད་དེ། དབང་མདོར་བསྟན་གྱི་འགྲེལ་པར། དབང་བདུན་པོ་འདི་དག་ནི་རྡུལ་ཚོན་གྱི་དཀྱིལ་འཁོར་རྣམ་པར་སྤྱངས་ནས་གཞན་རས་བྲིས་ལ་སོགས་པར་བསྐུར་བར་བྱ་བ་མ་ཡིན་ནོ། །ཞེས་སོ། །གནས་སྐབས་གཞན་དུ་སྟེ་སྟོར་ཀྱེ་རྡོ་རྗེ་ལྟ་བུ་རྡུལ་ཚོན་དུ་ཐོབ་ཟིན་པ་ལ་དཀྱིལ་འཁོར་གཞན་གྱི་དབང་རས་བྲིས་སུ་བསྐུར་རུང་བར་རྡོ་རྗེ་འཆང་བཞེད་དེ། ཀུན་མཁྱེན་བླ་མས་སྤྱི་དོན་དུ། དེ་ལ་བདག་གི་བླ་མ་ནི་སྔར་རྒྱུད་མ་སློན་པ་གསར་དུ་སློན་པར་བྱེད་པ་ལ་རྡུལ་ཚོན་གྱི་དཀྱིལ་འཁོར་དགོས་ཤིང་། དཀྱིལ་འཁོར་གཅིག་ཏུ་སློབ་བྱེད་ཀྱི་དབང་ཐོབ་ནས་དཀྱིལ་འཁོར་གཞན་དུ་དབང་བསྐུར་བ་ལ་རས་བྲིས་ལ་བརྟེན་ནས་ཀྱང་རུང་བར་བཞེད་དོ། །ཞེས་འབྱུང་བས་སོ། །སྤྱིར་དཀྱིལ་འཁོར་འདི་གཉིས་གང་ཡིན་ཀྱང་བྲི་ཐིག་སོགས་མཚན་ཉིད་ཚང་བ་ཞིག་གནད་དུ་ཆེ་བའི་ཕྱིར། རྗེ་ས་སྐྱ་པ་ཆེན་པོ་ལ་མལ་ལོས། ངའི་ཆོས་འདི་ངེས་པར་འཚང་རྒྱ་བའི་ཆོས་ཡིན་པས། མི་ཉིད་ཀྱིས་རིགས་ཀྱི་དབང་བསྐུར་བྱེད་ཟེར་ནས་ར་ཚང་གཅིག་ཏུ་ཕུབ་གོག་གཅིག་གི་ཁར་ཅམ་པའི་པདྨ་འདབ་བརྒྱད་གཅིག་བྲིས་དེའི་ཁར་བླུ་གུ་ཆང་གིས་བཀང་བའི་རྐྱལ་ལ་བལ་དཀྲིས་ནས་བྱེད་པ་ཡོང་བས་དེ་འདྲ་མ་བྱེད་ཅིག །ཅེས་གདམས་པའི་དོན་ས་ཆེན་སྐུ་རིགས་རྙིང་མ་བ་ཡིན་པས་སམ། དེ་དུས་ཀྱི་སློབ་མ་རྙིང་མའི་རིགས་ཅན་གྱི་ངོར་དེ་འདྲ་མཛད་ཀྱིས་དོགས་པར་མངོན་ཞིང་།

གཡུང་དྲུང་རིས་དང་། ནས་འདྲའི་དཀྱིལ་འཁོར་དུ་དབང་བསྐུར་བྱེད་པ་ཡང་རབ་དབྱེར་བཀག་ཟིན།

གཉིས་པ་ཇི་ལྟར་བསྐུར་བའི་ཆོ་ག་ནི། གསང་བ་སྤྱི་རྒྱུད་ལས། རྣམ་དཔྱད་དང་པོ་ར་ས་གཞི་བཟུང་། །གཉིས་པ་ལ་ནི་སྔ་གོན་བྱ། །ནུབ་གསུམ་པ་ལ་འཇུག་པ་ཡིས། །ཞེས་པ་ནུབ་གསུམ་དུ་གསུངས་ཀྱང་། ཡོན་ཤིང་དུ་སྐལ་དམན་ཐུགས་ལ་འཇུག་པའི་བློ་སྦྱོང་དང་ལྟ་སྦྱོད་རིམ་ཅན་གསུངས་པ་ལས་འོག་མའི་ལམ་རང་རྐང་འཆད་པའི་སྐབས་མིན་པས་སྨོན་འཇུག་གཉིས་ཀྱི་སེམས་བསྐྱེད་ཀྱི་འཕྲོས་མེད་པར་དུས་ངེས་པར་མེད་པའི་སེམས་བསྐྱེད་ནི་སྦྱོད་པ་ཡིན་པས་སྐབས་འདིར་འབྱུང་མོད་ཀྱང་ཁ་ཅིག་དབང་བསྐུར་གྱི་སྔ་གོན་གྱི་དུས་ལས་སེམས་བསྐྱེད་མི་བྱེད་པའི་གང་ཟག་ཀྱང་ཡོད་པས་རེ་ཞིག་བཟུང་བདེ་བའི་ཕྱིར་འོག་ཏུ་བརྗོད་པར་བྱའོ་ཞེས་དབང་གི་སྔོན་འགྲོའི་སེམས་བསྐྱེད་བསྟུས་པ་དེ་ལ་ཁ་འཕངས་པར་མཛད་ཅིང་། ས་བཅད་ཀྱང་དབང་གི་སྔོན་དུ་འགྲོ་བའི་བྱ་བ་དང་། དབང་བསྐུར་བའི་མངོན་རྟོགས་དངོས་ཏེ་གཉིས། དང་པོ་ལ་ཐེག་ཆེན་གྱི་སྐྱབས་འགྲོ་དང་འབྲེལ་བའི་སེམས་བསྐྱེད་དང་། སློབ་མ་རྗེས་བཟུང་སྟེ་གཉིས། གཉིས་པ་ལ་བསྙེན་པ་མན་ཆད་དོན་ཚན་བདུན་དུ་མཛད་པ་ནི་གཞུང་འགྲེལ་གྱི་བགྲི་ཚུལ་ཡིན་ལ། གསུང་ངག་རིན་པོ་ཆེས་བགྲི་ཚུལ་ལ་སྣང་གསུམ་གྱིས་བློ་སྦྱང་ནས་ལུགས་འདིའི་སེམས་བསྐྱེད་རྒྱས་པར་ཐོབ། །དབང་གི་མངོན་རྟོགས་དངོས་ནི། རྗེས་བཟུང་བསྙེན་པས་ཆོ་ག་དང་། །སྔ་གོན་བྲི་རྒྱན་སྒྲུབ་ཅིང་མཆོད། །འཇུག་ཅིང་དབང་བླང་མཇུག་ཆོག་སྟེ། །ཞལ་དང་འདྲ་བའི་སྤྱི་སྡོམ་བརྒྱད། །ཅེས་ཀྱི་རྡོ་རྗེའི་ཞལ་དང་འདྲ་བའི་ཆོ་གའི་གཞི་ཆེན་པོ་བརྒྱད་གསུངས་པ་ནི། སློབ་མ་རྗེས་བཟུང་། བསྙེན་པ། ས་ཆོག །སྔ་གོན། བྲི་ཞིང་རྒྱན་དགྲམ་པ། སྒྲུབ་ཅིང་མཆོད་པ། འཇུག་ཅིང་དབང་བསྐུར་བ། མཇུག་གི་བྱ་བའོ། །དེ་དག་ཀྱང་། བསྐུར་བའི་ཆོ་ག་ནི་ཞེས་མཚམས་སྦྱར་ཏེ། དང་པོ་ནི། རྗེས་བཟུང་སོགས་ཏེ། སམ་ཊ་ལས། སློབ་མས་ཕྱུས་མོའི་ལྷ་ང་ནི། །ས་ལ་དད་པས་བཙུག་ནས་ནི། །ཐལ་མོ་སྦྱར་ནས་བསྟོད་པ་ཡིས། །སྟོན་པ་ལ་ནི་ཞུ་བར་བྱ། །ཞེས་དང་། བཅོམ་ལྡན་ཞབས་པད་སྤྱངས་ནས་ནི། །ཞེས་སོགས་གསོལ་གདབ་ཀྱི་ཚིག་དེས་རྗེས་འཛིན་སྟོན་པ་མངོན་རྟོགས་ལྗོན་ཤིང་ལས་བཤད་ཅིང་། དེ་བཞིན་དུ་སློབ་དཔོན་གྱིས་སློབ་མ་བརྟགས་ཏེ་ཁས་བླངས་པ་ལ་རྗེས་འཛིན་དུ་བཤད་པ་དང་། བར་ཆད་བསྲུང་བའི་ཆོ་ག་ལ་རྗེས་འཛིན་དུ་བཤད་པ་ལས་འདིར་རྗེས་འཛིན་གསུམ་ཀ་ཚང་བར་མཛད་པ་དང་། དཀྱིལ་ཆོག་རྡོར་ཕྲེང་སོགས་ལས་རྗེས་འཛིན་ཙུང་ཟད་ཚུལ་མི་འདྲ་བར་གསུངས་པ་རྣམས་ཀྱང་དོན་དུ་གཅིག །འདིའི་དགོས་པ་ཡང་གུར་ལས། གང་གིས་སློབ་དཔོན་གསོལ་མ་བཏབ། །འདིར་ནི་རིགས་སུ་སྐྱེ་བ་མེད། །ཅེས་གསུངས་པའི་དགག་བྱ་རྣམས་ཁེགས་པ་དང་། སྤྱི་རྒྱུད་ལས། དེ་ལྟར་སློབ་མ་ཡོངས་བཟུང་

ནས། །ལས་ལ་བགེགས་ནི་མེད་པར་འགྱུར། །ཞེས་འབྱུང་བའི་དགོས་པ་སྐབ་པའི་ཆེད་ཡིན་ནོ། །བསྙེན་པ་ནི། བསྙེན༷་པ༷་ལ༷་སོགས་ཏེ། བུམ་པ་ལ་བརྟེན་པ་དང་། མ་བརྟེན་པའི་ཕྱོགས་གཉིས་གསུངས་པ་གང་ཡིན་ཀྱང་། དུས་ཀྱི་བསྙེན་པ། གྲངས་ཀྱི་བསྙེན་པ། མཚན་མའི་བསྙེན་པ་སྟེ་གསུམ་དུ་གསུངས་པའི་རེ་རེ་ལའང་རབ་འབྲིང་ཐ་མ་གསུམ་གྱི་དབྱེ་བས་དགུར་འགྱུར་བའི་དུས་དང་མཚན་བསྙེན་གཉིས་ནི་མན་ངག་བརྒྱུད་པ་ལས་བྱུང་བ་ཡིན་ལ། གྲངས་བསྙེན་ནི་བརྟག་གཉིས་ལས། འཁོར་ལོའི་བདག་པོའི་བཟླས་པ་འབུམ། དཀྱིལ་འཁོར་ཅན་གྱི་དེ་བཞིན་ཁྲི། །ཞེས་བཤད་པ་དེ་རྫོགས་ལྡན་ལ་དགོངས་ལ་རྩོད་དུས་སུ་དེ་ཉིད་བཞིར་འགྱུར་དགོས་པར་གསུངས་ཏེ། སྡོམ་འབྱུང་ལས། རྫོགས་ལྡན་དུས་སུ་བཟླས་བྱ་གཅིག །ཉིས་འགྱུར་སུམ་ལྡན་ལ་བཟླས་བྱ། །སུམ་འགྱུར་གཉིས་ལྡན་ལ་རབ་བརྗོད། །རྩོད་ལྡན་བཟླས་པ་བཞི་འགྱུར་རོ། །ཞེས་གཙོ་བོ་ལ་བཞི་འབུམ། འཁོར་ལ་བཞི་ཁྲིའོ། །རབ་འབྲིང་གི་དབྱེ་བ་ལམ་འབྲས་ཀྱི་དབང་གི་ཆུ་བོ་མ་ནུབ་པ་བསྐུར་བའི་ཡིག་ཆུང་ལས་དུས་བསྙེན་རབ་ལོ་དྲུག །འབྲིང་ཟླ་བ་དྲུག །ཐ་མ་ཞག་བདུན་དུ་ཡང་གསུངས་ལ། གྲངས་བསྙེན་རྩོད་ལྡན་གྱི་དབང་དུ་བྱས་ཏེ་སྟར་སློས་པ་ནི་རབ་ཡིན་ལ། འབྲིང་གཙོ་བོ་ལ་བཞི་ཁྲི། འཁོར་ལ་བཞི་སྟོང་། ཐ་མ་གཙོ་བོ་ལ་བཞི་སྟོང་། འཁོར་ལ་བཞི་བརྒྱའོ། །མཚན་མའི་བསྙེན་པ་རབ་ཡི་དམ་གྱིས་དངོས་སུ་གནང་བ་བྱིན་པ། འབྲིང་རྡོ་རྗེ་དྲིལ་བུ་ནམ་མཁའ་ལ་འཛོག་ནུས་པ། ཐ་མ་རྨི་ལམ་དུ་གནང་བ་བྱིན་པའོ། །དེ་དག་ལས་མཚན་མའི་བསྙེན་པ་གསུམ་དང་། དུས་ཀྱི་བསྙེན་པ་རབ་འབྲིང་གཉིས་དང་། གྲངས་བསྙེན་རབ་རྣམས་ནི་གཞི་བསྙེན་ཡིན་ལ། གཞན་རྣམས་ནི་ཁ་གསོ་ཙམ་ཡིན་པས་གཞི་བསྙེན་གྱི་གོ་མི་ཆོད་དོ། །ཚར་ལུགས་པ་རྣམས་རྒྱུད་དབང་གི་སློབ་འགྲོའི་བསྙེན་པ་ཁ་གསོ་བུམ་པ་ལ་ངེས་པར་བརྟེན་མོད་དགོས་པ་ཧ་ཅང་མི་ཆེ་སྟེ། རྡོ་རྗེ་སློབ་དཔོན་སྔར་བདག་བསྐྱེད་ཀྱི་གཞི་བསྙེན་གྲུབ་པ་ཞིག་གིས་དཀྱིལ་འཁོར་དྲི་བའི་ཐོག་མ་ཞིག་ལ་བུམ་པ་ལའང་གྲངས་བསྙེན་རབ་འགྲོ་བར་བྱས་ནས། ཕྱིས་དཀྱིལ་འཁོར་བྲི་རེས་ཀྱིས་དེ་ཉིད་ཁ་གསོ་ཞིང་། སྔར་བདག་བསྐྱེད་ཀྱི་གཞི་བསྙེན་ལས་མ་བྱས་ན། དེ་ཉིད་ཁ་གསོས་པས་ཆོག་སྟེ། ཨེ་ཝཾ་དུ་ཕྱི་མ་ཉིད་མཛད་པ་དང་། འཛམ་དབྱངས་སངས་རྒྱས་ཕུན་ཚོགས་ཀྱི་གསུང་ངག་འཆད་ཐབས་སུ། བསྙེན་པ་ཁ་གསོ་བདག་བསྐྱེད་ཀྱིས་བྱ་བར་གསུངས་པའི་རྗེས་སུ། འདིའི་སྐབས་ཀྱི་བསྙེན་པ་བུམ་པ་ལ་བརྟེན་པའང་འདུག །ཅེས་ཧ་ཅང་དོ་གལ་ཆེ་བར་མ་མཛད་དོ། །ས་ཚོག་གི་གོང་དུ་བསྙེན་པ་བྱས་པའི་དགོས་པ་ནི། བཟང་པོ་ཡོངས་བཟུང་ལས། བསྙེན་པས་བགེགས་ཀྱི་ཚོགས་བཅོམ་སྟེ། །ཞེས་དང་། རིན་ཆེན་འབར་བ་ལས། ཚོགས་འཕེལ་བགེགས་ཞི་དོན་གྲུབ་པའོ། །ཞེས་སོ། །

གསུམ་པ་ནི། ས་ཡི་ཚོ་ག་ནི་སོགས་ཏེ། ས་བརྟག་པ་དང་། བློས་བཟུང་བ་དང་། ས་བསླང་བ་དང་། སྦྱང་བ་དང་། སྣང་སྐབས་ཀྱི་བགོད་པས་བཟུང་བ་དང་། བསྲུང་བ་སྟེ་དྲུག་པོ་ཕལ་ཆེར་སྤྱི་རྒྱུད་དང་། གུར་སོགས་རྒྱུད་སྡེ་གཞན་ཀུན་ལས་ཀྱང་ཐོར་བུར་བསྟན་ཏོ། །དེ་དག་རིམ་བཞིན་བརྗོད་ན། ས་བརྟག་པའི་ཚོ་ག་ལ་དྲུག་སྟེ། ཕྱོགས་ཀྱི་སྒོ་ནས་བརྟག་པ། ས་བཀོས་པས་བརྟག་པ། ས་མཚན་མས་བརྟག་པ། ས་ཟུག་རྫུ་ཡོད་མེད་ཀྱིས་བརྟག་པ། ཉི་འཁོར་གྱི་འགྱུར་བས་བརྟག་པ། ཁ་དོག་གིས་བརྟག་པའོ། །དང་པོ་ནི། སྤྱི་རྒྱུད་ལས། ཤར་དང་བྱང་དུ་གཞོལ་བ་ཡི། །ས་གཞི་ལས་རྣམས་ཀུན་ལ་ཤིས། །ཞེས་དང་། མཚོ་སྐྱེས་ཀྱིས་དཀྱིལ་ཆོག་ནས་གླེང་བར། ཤར་དང་བྱང་དུ་གཞོལ་ན་རྣལ་འབྱོར་པ་རྣམས་ཀྱི་དངོས་གྲུབ་ཏུ་འགྱུར་རོ། །དབུས་མཐོ་ན་ཕྱག་རྒྱ་ཆེན་པོའི་རིག་འཛིན་གྱི་ས་ཐོབ་པར་འགྱུར་རོ། །བྱང་མཐོ་ན་མཁའ་འགྲོ་མ་རྣམས་ཀྱི་རྗེས་སུ་འབྲང་བར་འགྱུར་རོ། །ཤར་མཐོ་ན་རིགས་བཞི་དང་ལྷ་ལ་སོགས་པར་རྟོག་པ་ཟད་པར་བྱེད་པར་འགྱུར་རོ། །ས་གཞིའི་དབུས་དམའ་ན་སྡུགས་པ་འཇིགས་པ་དང་བཅས་པར་འགྱུར་རོ་ཞེས་དང་། བཟང་པོ་ཡོངས་བཟུང་དང་། རིན་ཆེན་འབར་བ་སྟེ་ཀྱེ་རྡོ་རྗེའི་དཀྱིལ་ཆོག་གཉིས་ཀ་ལས་གསུངས་པ་འོག་མ་རྣམས་ཀྱི་སྐབས་སུའང་ཤེས་པར་བྱའོ། །

གཉིས་པ་ནི་སྤྱི་རྒྱུད་ལས། དང་པོ་ཕུས་ནུབ་ཙམ་བཀོས་ལ། །ས་དེ་ཉིད་ཀྱིས་དགང་བར་བྱ། །གལ་ཏེ་ལྷག་པར་གྱུར་ན་ནི། །དངོས་གྲུབ་དག་ནི་ཡོད་པར་འགྱུར། །དེ་ལས་བཟློག་པར་གྱུར་ན་ནི། །སློབ་པ་པོས་ནི་ལས་མི་བརྩམ། །ཞེས་ཏེ་རྟོགས་སླའོ། །

གསུམ་པ་ནི། ཁྲུ་ཕྱེད་བཀོས་ནས་འཐས་པར་བཅག་སྟེ། ཆུས་བཀང་ནས་གོམ་པ་བརྒྱར་སོང་སྟེ། མྱུར་བར་འོངས་པའི་ཚེ་མ་བྲི་བར་འདུག་ན་བཟང་སྟེ། སྤྱི་རྒྱུད་ལས། ཁྲུ་ཕྱེད་བཀོས་ནས་ཆུ་ཡིས་དགང་། །གོམ་པ་བརྒྱ་རུ་འགྲོ་བར་བྱ། །མྱུར་དུ་འོང་ནས་བལྟ་བྱ་སྟེ། །དེ་བཞིན་འདུག་ན་ལྷག་པར་བསྔགས། ཞེས་སོ། །བཞི་པ་ནི༑ སའི་ཟུག་རྔུ་མེད་པ་ཉིད་བསྔགས་ཤིང་ཟུག་རྔུ་མཐོང་ན་སྤངས་ཏེ། སྤྱི་རྒྱུད་ལས། མཐོ་དམན་ཅན་དང་ཚེར་མ་ཅན། །ཕྱེ་མོ་དུམ་བུ་ཅན་དག་དང་། །གྲོག་མཁར་ཐལ་བ་ཀྲ་སྒོ་ཅན། །གསེག་མ་རྡོལ་དང་རྡོ་དང་སྐྲ། །སྲིན་བུ་གྲོག་སྦུར་ལ་སོགས་མང་། །དེ་ལྟ་བུ་ཡི་ས་གཞི་ནི། །མཁས་པས་ལས་རྣམས་ཀུན་ལ་སྤང་། །ཞེས་དང་། བཟང་པོ་ཡོངས་བཟུང་ལས། རུས་པ་ཐལ་བ་ཟུག་རྔུ་རྡོ། །གཤང་བས་མ་དག་གཞན་དུ་བགྲོད། །ཨུ་དུམ་ཝ་ར་ཙུ་གྲོ་ཨཤྭཏྠ། །པ་ལ་ཤ་དང་བ་ཀུ་ལ་རྫུ་ན། །ལྡན་པས་རུས་སྦལ་རྒྱབ་དང་འདྲ་བ་ཡི། །ས་ནི་དྲུག་པོ་རྣམ་པར་སྤང་བར་བྱ། །ཞེས་པའི་དྲུག་པོ་ནི། ཤིང་དྲུག་པོ་གང་རུང་དང་ལྡན་པའི་རུས་སྦལ་གྱི་རྒྱབ་འདྲ་བ་དྲུག་ལ

བཞེད་པར་སྣང་སྟེ། ཨུ་དུམ་ཝ་ར་ཏ་གྲོ་དང་། །ཨར་ཤུ་ཐ་དང་པ་ལ་ཤ །བ་ཀུ་ལ་དང་ཨརྫུ་ནར། །བཙས་པ་རུས་སྦལ་རྒྱབ་འདྲ་སྦྲང་། །ཞེས་སོ། །ལྔ་པ་ནི་ཉེ་འཁོར་ཆུ་དང་། འབྲས་བུ་ལོ་མར་ལྡན་པའི་ལྗོན་ཤིང་མེད་པ་དང་། ཆུ་བོ་གཡས་བསྐོར་དུ་འབབ་པ་བསྟགས་ཏེ། སྤྱི་རྒྱུད་ལས། དཀྱིལ་འཁོར་ས་ནི་གང་གང་གི །ཉེ་འཁོར་དག་ན་ཆུ་མེད་པ། །དེར་ནི་ཤིས་ཤིང་དངོས་གྲུབ་ཐོབ། །ཆུ་དཀོན་པ་ནི་མཁས་པས་སྨད། །ཁོ་ར་ཁོར་ཡུག་སྣ་ཚོགས་ཤིང་། །མེ་ཏོག་འབྲས་བུ་ལོ་མར་ལྡན། །འོ་མ་ཅན་གྱི་ཤིང་ཡོད་པ། །དཀྱིལ་འཁོར་དག་ལ་རབ་ཏུ་ཤིས། ཞེས་སོ། །དྲུག་པ་ནི། སྤྱི་རྒྱུད་ལས། ཞི་བའི་ལས་ལ་ས་གཞི་ནི། །དཀར་པོ་དག་ལ་བརྟག་པར་བྱ། །རྒྱས་པའི་ཆེད་དུ་དམར་ལ་སེར། །དྲག་ཤུལ་སྤྱོད་ལ་ནག་པོ་ཤིས། །ཞེས་གསུངས་ལ། གཞུང་གཞན་ལས་ནི། ས་དཀར་ཞིང་སྣུམ་པ་ཞེས་པ་ཙམ་ལས་གཞན་གསལ་ཁ་མི་སྣང་ངོ་། །

གཉིས་པ་བློས་ཡོངས་སུ་བཟུང་བ་ནི། སྤྱི་རྒྱུད་ལས། མདོར་ན་ས་གཞི་མཉམ་པ་དང་། །མདོག་སྣུམ་ཤར་དུ་གཞོལ་བར་བཞེད། །ཆུ་མང་ལྡན་པའི་གནས་དང་ནི། །ལྗོན་ཤིང་བཟང་པོས་བརྒྱན་པ་དང་། །བདག་གི་མིག་ཡིད་མགུ་བ་དང་། །འཚེ་མེད་ཟུག་རྔུ་སྤངས་པ་ནི། །དཀྱིལ་འཁོར་གནས་སུ་ཤིས་པ་སྟེ། །མི་ཡིས་དངོས་གྲུབ་ཀུན་ཐོབ་བྱེད། །ཅེས་གསུངས་པ་ལྟར་གྱི་མཚན་ཉིད་དང་ལྡན་པའི་ས་ཕྱོགས་མཐོང་ནས་སའི་ཕྱོགས་འདིར་དཀྱིལ་འཁོར་བཞེངས་པར་བྱའོ་སྙམ་དུ་བློས་ཡོངས་སུ་བཟུང་བའོ། །

གསུམ་པ་ས་བསླང་བ་ལ་གཉིས་ཏེ། སྣང་བ་ལས་བསླང་བ་དང་། མི་སྣང་བ་ལས་བསླང་བའོ། །དང་པོ་ནི་སའི་ཕྱོགས་དེ་རྒྱལ་པོའམ། བློན་པོ་ལ་སོགས་པས་དབང་བྱས་པ་ཡིན་ན་དེ་ལས་ཚིག་གིས་སམ་མ་ཁྲུག་ན་རིན་གྱིས་བསླང་བར་བྱ་སྟེ། སྤྱི་རྒྱུད་ལས། བདེན་པའི་ཚིག་གིས་བསླང་བའམ། །ཡང་ན་རི་བའི་རིན་གྱིས་བསླུ། ཞེས་སོ། །

གཉིས་པ་མི་སྣང་བ་ལས་བསླང་བ་ནི། སམྦུ་ཊར། སའི་ལྷ་མོ་གསེར་གྱི་མདོག་ཅན་བུམ་པ་ལག་ན་ཐོགས་པ་བཀུག་ཅིང་བཙུག་སྟེ་བཅིངས་ནས་དྲི་ཞིམ་པོ་ལ་སོགས་པའི་མཆོད་པ་ལྔ་པོ་རྣམས་ཀྱིས་མཆོད་ཅིང་། ལྷག་པར་ཉེ་བར་གནས་པར་བྱའོ། །ཞེས་དང་། རྩ་རྒྱུད་ལས། གོང་གི་ཨ་སོགས་སྔགས་ཀྱིས་ནི། །དེ་ལ་གཏོར་མ་རྣམ་པར་སྦྱིན། །ཞེས་དང་། མ་མ་རིན་ཆེན་སྣ་ཚོགས་འཛིན། །ཞེས་བསླང་བའི་ཚིགས་བཅད་དང་བཅས་པ་གསུངས་སོ། །བཞི་པ་ས་སྦྱང་བ་ལ་གཉིས་ཏེ། ལས་དང་བྱ་བས་སྐྱོན་སྦྱང་བ་དང་། ཏིང་ངེ་འཛིན་གྱིས་བགེགས་སྦྱང་བའོ། །དང་པོ་ནི། ལྟོ་འཕྱེ་བརྟག་པ་སྔོན་དུ་སོང་ནས་དངོས་གྲུབ་རབ་དང་། འབྲིང་དང་ཐ་མའི་དོན་དུ་སྙིང་ག་དང་། ལྟེ་བ་དང་། པུས་མོ་ནུབ་པའི་ཚད་ཙམ་དུ་བརྐོ་སྟེ། བཟང་པོ་ཡོངས་བཟུང་ལས།

ཕྱུས་མོ་ལྟེ་བ་ཁྲིད་ཙམ་དུ། །དངོས་གྲུབ་རྗེས་མཐུན་བསྐོ་བར་བྱ། །ཞེས་གསུངས་པའི་ཁྲིད་པའི་དོན་དབང་ཆུ་ཆེན་མོར་སྙིང་ག་ལ་མཛད་ཅིང་། དེ་ཡང་སྙིང་གའི་ཐད་ཀྱི་མདུན་ནས་ཐོག་མར་བསྐོ་བར་བཤད་དེ། རིན་ཆེན་འབར་བར། དངོས་གྲུབ་རྗེས་མཐུན་ལྟོ་ནས་བསྐོ་ཞེས་སོ། །དེ་ལྟར་ལེགས་པར་བསྐོས་ནས་རྣུས་པ་སོགས་ཟུག་རྡུ་རྣམས་བསལ། གཏེར་གཞུག་ཅིང་འཐས་པར་བཅགས་ཏེ་སྐེགས་བུ་སོགས་ཇི་ལྟར་དགའ་བར་བྱའོ། །གལ་ཏེ་སའི་སྐྱོན་བསལ་གྱིས་མི་ལང་ན་ སྔགས་ཀྱིས་སྦྱང་བར་གསུར་དང་རིན་ཆེན་འབར་བ་སོགས་ལས་གསུངས་སོ། །

གཉིས་པ་ཏིང་ངེ་འཛིན་གྱིས་བགེགས་སྦྱང་བ་ནི། རྩ་རྒྱུད་ལས། དང་པོར་ལྷ་ཡི་བདག་ཉིད་ཀྱིས། །མཁས་པས་འཛིན་མ་རྣམ་པར་སྦྱང་། ཞེས་དང་། གོང་དུ་གསུངས་པའི་སྔགས་ཉིད་ཀྱིས། །མཁས་པས་འཛིན་མ་རྣམ་པར་སྦྱང་། ཞེས་དང་། སྔགས་རཀྵ་སོགས་གསུངས་པ་བཞིན་ཁྲོ་བོ་བཅུའི་སྲུང་འཁོར་བསྒོམ་པ་སྟེ་དེའི་མངོན་རྟོགས་གུར་ནས་སོ། །ལྔ་པ་སྟང་སྟབས་ཀྱི་བཀོད་པས་བཟུང་བ་ནི། རྩ་བའི་ཁྲང་སྟབས་བརྒྱད་དང་། གོམས་སྟབས་བཞི་དང་། ཚུལ་བཅུ་དྲུག་དང་། པ་དན་གཉིས་དང་། མཆོད་པ་བཅུ་གཉིས་དང་། འདུག་སྟངས་བཅུ་དང་། གར་གྱི་ཉམས་དགུ་དང་། གླུའི་བཀོད་པ་རྣམས་རྒྱས་པར་བྱ་བའམ། མ་གྲུབ་ན་རྩ་བའི་སྟང་སྟབས་བརྒྱད་ཙམ་བྱེད་པ་སྟེ། གུར་ལས། ས་གཞི་ཡོངས་བཟུང་དུས་སུ་ནི། །དམ་ཚིག་འདི་ནི་རབ་བསྒྲུབ་བས། །ཡེ་ཤེས་རྡོ་རྗེ་ཅན་གྱིས་བྱ། །འདི་ནི་དམ་ཚིག་རིམ་པའི་མཆོག །ཅེས་སོ། །དྲུག་པ་སླར་བགེགས་མི་འཇུག་པར་བྱ་བའི་ཕྱིར་ཕུར་བུ་བཅུ་བཏབ་སྟེ་ས་ཕྱོགས་དེར་མདུན་བསྐྱེད་ཀྱི་ཚུལ་དུ་སྔར་བཞིན་སྲུང་འཁོར་བསྒོམ་པ་ནི། རྩ་རྒྱུད་ལས། ཇི་ལྟར་བསམ་གཏན་དེ་བཞིན་འདིར། །བསྲུང་བ་ཇི་ལྟར་གསུངས་པ་ཉིད། །ཞེས་སོ། །དེ་དག་ཀུན་ལ་འཇུག་པ་རྡོ་རྗེ་སློབ་དཔོན་གྱི་ཆས་གོས་ནི། ཁྲུས་དང་གཙང་སྦྲ་དེ་བཞིན་ལུས། །སྣ་ཚོགས་རྒྱན་གྱིས་ཉེ་བར་བརྒྱན། །ཞེས་འབྱུང་ལ་ལག་ཏུ་བླང་བའི་རིམ་པ་ལོགས་སུ་ཞིབ་པར་སྦྱོར་ཟིན་ཏོ། །

གསུམ་པ་སྟ་གོན་ནི། ས་ལྷ་སོགས་ཏེ། དབང་ཆུ་ཆེན་མོར། སྟ་གོན་ཞེས་བྱ་བ་འོག་ཏུ་དགོས་པའི་ཡོ་བྱད་ལ་སོགས་པ་གོང་དུ་འཚོ̊ག་ཆས་བྱེད་པ་ཡིན་པས། ཞེས་གསུངས་པས་དངོས་གཞིའི་སྐབས་སུ་དཀྱིལ་འཁོར་འབྲི་བ་ལ་སོགས་པ་ས་ལ་ལོངས་སྤྱོད་དགོས་པས་དེ་འཚོག་ཆས་བྱེད་པ་སའི་ལྷ་མོ་སྟ་གོན། དངོས་གཞིའི་སྐབས་སུ་སྟན་གསན་ཕབ་པའི་ཡེ་ཤེས་པ་དགོས་པས་དེ་འཚོག་ཆས་བྱེད་པ་ལྷ་ལྷ་གོན། དངོས་གཞིའི་དུས་སུ་ཚུལ་བཞིན་དུ་བསྒྲུབ་པའི་བུམ་པ་དགོས་པས་དེ་འཚོག་ཆས་བྱེད་པ་བུམ་པ་སྟ་གོན། དངོས་གཞིའི་སྐབས་སུ་དཀྱིལ་འཁོར་དུ་འཇུག་ཏུ་རུང་བའི་སློབ་མ་དགོས་པས་དེ་འཚོག་ཆས་བྱེད་པ་སློབ་མ་སྟ་གོན་ནོ། །དང

པོ་གཉིས་ནི་ས་ལ་དབང་བར་བྱེད་པ་དང་། དབང་བའི་ས་ལ་ལོངས་སྤྱོད་པ་ཡིན་པས་དཀྱིལ་ཆོག་ཐམས་ཅད་དུ་གོ་རིམ་དེ་ལྟར་ངེས་ལ། ཇོ་སྐྱི་ལུགས་ལ་བདག་བསྐྱེད་ཀྱི་གོང་དུ་ས་ལྷ་སྟ་གོན་བྱ་བར་བཤད་པ་ཡང་གནང་གཅིག་སྟེ། ལུགས་དེ་ལ་བདག་བསྐྱེད་དཀྱིལ་འཁོར་གྱི་ས་གཞིའི་སྟེང་དུ་བསྒོམས་ཏེ་སྟེང་སྟབས་ཀྱིས་བྱིན་གྱིས་བརླབ་པ་སོགས་གསུངས་པས་སོ། །སྟ་གོན་ཕྱི་མ་གཉིས་གོ་རིམ་སྔ་མ་ལས་ཟློག་པ་ལྟ་བུའང་སྣང་སྟེ། ཀྱི་རྡོར་མཚོ་སྐྱེས་ལུགས་དང་། བདེ་མཆོག་ལཱུ་ནག་ལྟ་བུའོ། །དེ་ལ་ས་ལྷ་སྟ་གོན་ནི་གོང་གི་མི་མངོན་པ་ལས་བཤད་པ་དང་མཐུན་ལ། ལྷ་སྟ་གོན་ནི། སམྦུ་ཊའི་རྒྱུད་ཕྱི་མ་ལས། དཀྱིལ་འཁོར་པ་སྟ་གོན་ལ་གནས་པར་བྱའོ། །དྲི་ལ་སོགས་པས་དཀྱིལ་འཁོར་གྱི་ནང་གི་ལྷ་ཐམས་ཅད་ཀྱི་གནས་སུ་རང་གི་ཧཱུྃ་དང་། དེའི་མཚན་དང་པོར་བཟླས་ནས་མངོན་པར་གཏོར་ཞིང་། དེ་ནས་ཚོགས་ཀྱི་དཀྱིལ་འཁོར་རང་གི་ལྷའི་འཁོར་ལོ་བཏོན་ཏེ་གནས་ཇི་ལྟ་བར་བཞུགས་སུ་གསོལ་ནས། གསུངས་པའི་དགུག་པ་ལ་སོགས་པའི་བྱིན་གྱིས་བརླབ་པ་སྔོན་དུ་བྱ་བ་དང་། རང་གི་སྔགས་དང་། ཕྱག་རྒྱ་དང་ལྡན་ཅིག་ཏུ་ཉེ་བར་བལྟས་ནས་ཞེས་གསུངས་སོ། །ཚོམ་བུའི་དཀྱིལ་འཁོར་ལ་མཆོད་པ་འབུལ་བ་སོགས་ཀྱང་། དེ་ཉིད་ལས། མཆོད་པ་དང་བསྟོད་པ་དང་ཕྱག་འཚལ་ནས་ཉོན་མོངས་པ་ཅན་གྱི་ཡིད་ཉེ་བར་ཞི་བར་བྱ་བའི་ཕྱིར་སྦྱིན་སྲེག་བྱས་ནས་ཕྱོགས་སུ་གཏོར་མ་སྦྱིན་པར་བྱའོ། །ཞེས་སོ༑ ༑བུམ་པ་སྟ་གོན་ནི། ཙ་རྒྱུད་ལས། བུམ་པ་བརྒྱད་ལ་སོགས་པ་ལྡན། །དེ་ཡང་ཡལ་ག་ལ་སོགས་བརྒྱན། །མགྲིན་པ་གོས་ཀྱིས་བཀབ་པ་དང་། རིན་ཆེན་ལྔ་ནི་ཡོངས་སུ་གཞུག །རྣམ་པར་རྒྱལ་བཤར་དུ་སྦྱིན། ཞེས་དང་། སམ་ཊ་ལས། རེ་ཞིག་ཙ་བའི་བུམ་པ་ལ་སོགས་པ་ལྷག་པར་གནས་པར་བྱས་ནས་ཞེས་གསུངས་སོ༑ ༑སློབ་མ་ལྷག་གནས་ཀྱང་། དེ་ཉིད་ལས། སློབ་མ་ལྷག་པར་གནས་པར་བྱའོ། ཧཱུྃ་བཟླས་པའི་ཆུས་དང་པོར་སླིང་ཀར་གཏོར་ནས། དེ་ཉིད་ཀྱིས་རྡོ་རྗེ་དང་བཅས་པའི་ལག་པ་བཞག་པར་བྱ་ཞིང་། སླིང་ཀར་རྡོ་རྗེ་ཙེ་ལྔ་པ་དང་། རྗེ་སྲིད་སྤྱི་བོར་སྣ་ཚོགས་རྡོ་རྗེ་བསམ་པར་བྱའོ། །གསུམ་ལ་སྐྱབས་སུ་འགྲོ་བ་ལ་སོགས་པ་བྱ་སྟེ། ཧཱུྃ་གིས་མངོན་པར་བསྔགས་པའི་སྲད་བུས་དཔུང་པ་བཅིངས་ནས་སོ་ཤིང་ལ་སོགས་པ་དང་དྲི་ལ་སོགས་པ་སྦྱིན་པར་བྱའོ། །དེ་རྣམས་ལ་ཆོས་ཀྱང་བསྟན་ཅིང་ཞེས་སོགས་དང་རྒྱུད་གཞན་ནས་ཀྱང་ཐོར་བུར་གསུངས་ཤིང་ཆོས་བཅུ་བཞིས་བསྡུས་པ་ཤས་ཆེའོ། །ལྷ་པ་བྲི་ཞིང་རྒྱན་དགྲམ་པ་ནི། ཐིག་གིས་སོགས་ཏེ། འབྲི་བ་ལ་ཐིག་གིས་བྲི་བ་དང་། ཚོན་གྱིས་བྲི་བ་གཉིས་ཀྱི་དང་པོ་ནི། ཙ་རྒྱུད་ལས། གསར་པ་ལེགས་པར་བཀལ་བ་དང་། །ཤིན་ཏུ་ཚད་མ་མཛེས་པ་ཡི། །སྲད་བུ་ཤེས་རབ་ཅན་གྱིས་གདབ། ཅེས་དང་། གུར་ལས། དང་པོར་ཆ་དབྱེ་བའི་ཐིག་དང་ནི་སོགས་ཀྱིས་ལས་ཐིག་གདབ་པའི་ཚུལ་དང་། ཡེ་ཐིག་གི་སྔགས་ཀྱང་གསུངས་སོ། །དེ་

ཡང་ལས་ཐིག་གི་ཆ་དབྱེ་བ་དཀྱིལ་འཁོར་གྱི་ཕྱོགས་རེ་ལ་ཆ་ཕྲན་དྲུག་ཅུ་རྩ་བཞི་དང་། དགུ་བཅུ་གོ་དྲུག་པ་སྟེ་ལུགས་གཉིས་འབྱུང་བའི་སྔ་མ་ནི། པཎྜིཏ་ཤྲཱི་ཀྲྀཥྞ་ཀ་རས་གཞུང་མཛད་ཅིང་། ལོ་ཆེན་རིན་ཆེན་བཟང་པོ་བརྒྱུད་པ་དང་བཅས་པའི་སྲོལ། རྗེ་བཙུན་གོང་མ་རྣམས་ཀྱི་ཕྱག་བཞེས་ཀྱང་འདི་ཁོ་ན་ཉིད་དེ། གུང་རུ་ཐམས་ཅད་མཁྱེན་པས། འདི་ནི་ཤྲཱི་ཀྲྀཥྞ་ཀ་རའི་ལུགས། ས་སྐྱ་པ་ལ་ཤིན་ཏུ་གཅེས། ཞེས་གསུངས་ཤིང་འདི་ལ་ནང་གསེས་ཀྱི་རྒྱ་གཞུང་ལུགས་དང་། མན་ངག་ཐིག་དང་ཤིན་ཏུ་མན་ངག་ཐིག་གསུམ་ཡོད་པའི་ལག་ལེན་པཎ་ཆེན་གུང་རུའི་ཡིག་ཆ་ལ་ཁོ་བོས་ཀྱང་གསལ་ཁ་ལེགས་པར་བཏབ་ཡོད་དོ། །ཕྱི་མ་ནི་པཎ་ཆེན་ཨ་བྷ་ཡས་བཀྲལ་བ་ཕྲེང་བ་མཁན་པོ་མཐའ་དག་གི་ཕྱག་བཞེས་གཞན་ལུགས་ལ་གཙོ་བོར་གྲགས་ཤིང་ནང་གསེས་སུ་རྒྱ་གཞུང་ལུགས་དང་། མན་ངག་གི་འདེབས་ཚུལ་འགའ་ཞིག་དང་བཅས་གུང་རུས་བཀྲལ་བ་ལ་བརྟེན་ནས་ཁོ་བོས་ཀྱང་ཡིག་འཇོག་ལེགས་པར་བྱས་ཤིང་ད་དུང་ཡང་བྱེད་པར་འགྱུར་རོ། །

གཉིས་པ་ཚོན་གྱིས་བྲི་བ་ནི། རྩ་རྒྱུད་ལས། རྡུལ་ཚོན་དམ་པའི་ཚོན་དང་ནི། ཞེས་སོགས་དང་། གུར་ལས། རིན་ཆེན་ལྔ་ཡི་ཕྱེ་མ་མཆོག །ཅེས་སོགས་རྡུལ་ཚོན་གྱི་རྒྱུ་དང་། སམ་ཊ་ལས། དང་པོར་སློབ་དཔོན་གྱིས་རྡུལ་ཚོན་བྲི་བར་བྱའོ། །ཕྱིས་ནི་སློབ་མས་དཀྱིལ་འཁོར་གྱི་དབུས་སུ་སྔོན་པོ་དང་ཞེས་བྲི་ཚུལ་གསུངས་སོ། །དེ་ལྟར་བྲིས་པའི་དཀྱིལ་འཁོར་དེ་ཡང་མཚན་མ་དགོད་ཚུལ་གྱི་དབྱེ་བས་བཞིར་འགྱུར་ཏེ། སྐུ་ཕྱག་རྒྱ་ཆེན་པོ་བྲི་བ། གསུང་ཡིག་འབྲུ་བྲི་བ། ཐུགས་ཕྱག་མཚན་བྲི་བ། དེ་ཡང་མ་ནུས་ན་མཚན་མ་བྲི་བ་སྟེ་ཚོན་ཕུང་ལྟ་བུའོ། །དེ་དག་ལས་ཕྱག་མཚན་བྲི་བ་ཉིད་ཆེད་དུ་བསྔགས་ཏེ། སྤྱི་རྒྱུད་ལས། དང་པོ་གཟུགས་སུ་བྲི་བར་བྱ། །གཉིས་པ་ཕྱག་རྒྱ་རབ་ཏུ་གྲགས། །གསུམ་པ་གདན་དང་གནས་དག་ཏུ། །བྲི་བའི་ཚོ་ག་མཁས་པས་པས་གསུངས། །ཡན་ལག་ཉམས་ན་བྱིན་མི་རློབ། །དངོས་མི་འགྲུབ་པར་གསུངས་པས་ན། །དེས་ན་དཀྱིལ་འཁོར་ལྷ་རྣམས་ཀུན། །མཁས་པས་ཕྱག་རྒྱའི་དབྱིབས་སུ་དགོད། ཅེས་དང་། ཁྱད་པར་ཀྱེ་རྡོ་རྗེའི་རྩ་བཤད་རྣམས་ནས་ཕྱག་མཚན་དགོད་པ་ཁོ་ན་གསུངས་ཏེ། རྩ་རྒྱུད་ལས། ཤར་དུ་གྲི་གུག་རྣམ་པར་བྲི་ཞེས་སོགས་སོ། །དེ་ནས་བུམ་པ་འབུལ་བ་དང་བཅས་པའི་རྒྱན་དགྲམ་པ་ནི། རྩ་རྒྱུད་ལས། རྣམ་པར་རྒྱལ་བ་ཤར་དུ་སྦྱིན། ཞེས་པས་བུམ་པ་འབུལ་བ་བསྟན་ལ། ཇི་ལྟར་འབུལ་བའི་ཚུལ་ནི་ནས་གླིང་མར། དེ་ནས་བུམ་པ་ཐོགས་ལ། སྤོས་ཀྱིས་སྣ་དྲངས་ལ། རོལ་མོའི་ཆ་བྱད་སྣ་ཚོགས་པ་ཐོགས་ཏེ། དཀྱིལ་འཁོར་ལ་ལན་གསུམ་བསྐོར་ནས་ཚུལ་བཞིན་དུ་དགོད། ལས་ཐམས་ཅད་པ་བྱང་ཤར་དུ་དགོད། ཅེས་སོ། །རྒྱན་དགྲམ་པ་ནི། སམ་ཊ་ལས། འདོད་ཡོན་ལྔ་ཡིས་གང་བ་དང་། །གླ་བྲེ་བྲིས་པ་ཉེ་བར་འབར། །ཞེས་སོ། །དྲུག་པ་སྒྲུབ་ཅིང་མཆོད་པ་ནི། དཀྱིལ་

འཁོར་སྒྲུབ་པ་ལ་སོགས་ཏེ། །དང་པོ་དཀྱིལ་འཁོར་སྒྲུབ་པ་ལ་གཉིས་ཏེ་བདག་མདུན་ཐ་དད་དུ་སྒྲུབ་པ་དང་། ཐ་མི་དད་དུ་སྒྲུབ་པ་གཉིས་ཀྱི་དང་པོ་ནི། བདེ་མཆོག་ནག་པོ་དཀྱིལ་ཆོག་སོགས་ཕལ་ཆེ་བའི་ལུགས་ཡིན་ལ་ཁྱད་པར་ཀྱེ་རྡོར་འགྲེལ་པ་ལུགས་ཀྱི་དཀྱིལ་ཆོག་གཉིས་ཀྱི་དགོངས་པ་བདག་བསྐྱེད་སྔོན་དུ་བཏང་ནས། མདུན་བསྐྱེད་རྟེན་གཞལ་ཡས་ཁང་བསྐྱེད་ཚར་བ་དང་། བརྟེན་པ་ལྷ་མངལ་འབྱིན་བྱས་ཏེ་ཐུལ་ཆེན་གྱི་མཚན་མ་དང་བསྲེ་བར་མཛད་དོ། །བདག་མདུན་ཐ་མི་དད་དུ་སྒྲུབ་པ་ལ་ཐ་མི་དད་ཆེ་བ་དང་། བར་པ་དང་། ཆུང་བའོ། །དང་པོ་ནི། འདུས་པ་འཕགས་ལུགས་སོགས་དང་ཀྱེ་རྡོར་ནག་པོ་ལུགས་ལྔ་བུའོ། །བར་པ་ནི། སྲུང་འཁོར་ནས་བརྩམས་ཏེ་རིགས་བདག་གི་རྒྱས་འདེབས་བར་བདག་མདུན་ཐ་མི་ཐ་དད་དུ་སྒྲུབ། དེ་ནས་སོ་སོར་ཕྱེས་ཏེ་མཆོད་བསྟོད་བྱ་བ་མཚོ་སྐྱེས་ལུགས་ལྟ་བུའོ། །ཆུང་བ་ནི། ཀྱེ་རྡོར་མན་ངག་ལུགས་དང་གཤེད་དམར་ཆག་ལུགས་ལྟ་བུའོ། །འདི་དག་ལ་སྔོན་དུ་དཀྱིལ་འཁོར་སྒྲུབ་པའི་རྟེན་དངོས་སམ་ཡི་ཤེས་ཕྱག་རྒྱ་འདུ་བྱ་བ་ནི༑ ཙ་རྒྱུད་ལས། དེར་ནི་རིགས་ལྡཱ་ལས་བྱུང་བའི། །རིག་མ་བཟང་པོ་རྣམ་པར་གཞུག །ཅེས་སོ། །དེ་ལ་བརྟེན་ནས་དཀྱིལ་འཁོར་འབྱིན་པའི་ཚུལ་གྱིས་བསྒྲུབ་པ་ཡང་། སམ་ཊ་ལས། བདག་པོའི་རྣལ་འབྱོར་དང་ལྡན་པས་ལེགས་པའི་རྣལ་འབྱོར་གྱི་ལྷ་ཐམས་ཅད་ཀྱི་འཁོར་ལོ་རང་གི་བདག་ཉིད་ཀྱི་ནང་དུ་བསྒོམ་པར་བྱ་ཞིང་དེའི་ང་རྒྱལ་དང་ལྡན་པར་བྱའོ། །ཞེས་དང་། ལྷའི་འཁོར་ལོ་བཏོན་པ་དེ་བཞིན་དུ་ལྷའི་འཁོར་ལོ་དེར་ནང་དུ་བསྒོམ་པར་བྱའོ། །ཞེས་སོ། །མཆོད་པ་ལ་རྒྱུད་དང་དཀྱིལ་ཆོག་རྣམས་ལས་རྣམ་གྲངས་མང་དུ་གསུངས་ཀྱང་བླ་མེད་ཀྱི་སྐབས་འདིར། ཕྱི་དང་། ནང་དང་། གསང་བ་དང་། དེ་ཁོ་ན་ཉིད་ཀྱི་མཆོད་པ་དང་བཞིར་འདུས་ཤིང་། སམ་ཊ་ལས། དྲི་དང་ཕྲེང་སོགས་རིམ་གྲོ་དང་། །འོ་མའི་མཆོད་སོགས་རྒྱས་པ་ཡི། །ཕྱག་རྒྱ་ལྡན་ཅིག་སྒྲུབ་པ་པོས། །གུས་པར་འབད་པས་ཡང་དག་མཆོད། །ཅེས་སོགས་གསུངས་ལ། གསང་བ་དང་ཡིད་བྱུང་གི་མཆོད་པ་སོ་སོར་བཤད་པ་ཤས་ཆེ་ཡང་། ཀྱེ་རྡོར་མན་ལུགས་ལྟ་བུ་སྦྲོས་པ་ཆུང་བ་ལ་དེ་གཉིས་གཅིག་ཏུ་འདུ་བ་དང་། དེ་ཁོ་ན་ཉིད་ཀྱི་མཆོད་པ་དངོས་སུ་བཤད་པའང་ཡོད་ལ། མ་བཤད་པ་རྣམས་ལའང་ཆོག་ཐམས་ཅད་འཁོར་གསུམ་མི་རྟོག་པའི་ངང་ནས་སྒྲུབ་དགོས་པ་ཉིད་ལ་དོན་གྱིས་ཚང་ངོ་། །བདུན་པ་འཇུག་ཅིང་དབང་བླང་བ་ནི། སློབ་དཔོན་འཇུག་ཅིང་སོགས་ཏེ། ཐོག་མར་སློབ་དཔོན་བདག་ཉིད་འཇུག་ཅིང་དབང་བླང་བ་ནི། སམ་ཊ་ལས། སྔགས་ཀྱི་ལམ་ནི་རྗེས་བཙལ་བས། །གང་ཞིག་མཁས་པས་དབང་བསྐུར་བ། །སངས་རྒྱས་ཀུན་གྱི་མངོན་སུམ་དུ། །དཀྱིལ་འཁོར་བདེ་བར་གཤེགས་ནས་སུ། །འཇིག་རྟེན་ཁམས་ནི་མཐའ་ཡས་སུ། །རང་བྱིན་རླབས་པའི་གནས་ཐོབ་ནས། །ཞེས་དང་། དམ་ཚིག་ཉམས་པའི་འཇིགས་པ་ཡི། །བློ་དང་ལྡན་པས་དེ་

བཞིན་བླང་། །ཞེས་པའི་དོན་ཏེ་སྟོན་གྱི་མཁས་པ་ཀུན་གྱི་སྒྲོལ་དུ་སྣང་ངོ་གསུངས། སློབ་མ་འཇུག་ཅིང་དབང་བསྐུར་བ་ལ། རྩ་རྒྱུད་ལས། གོས་ཀྱི་མིག་ནི་བཀབ་ནས་སུ། །དེར་ནི་སློབ་མ་གཞུག་པ་ཉིད། །ཅེས་དང་། སམྦུ་ཊའི་རྒྱུད་ཕྱི་མ་ལས། དངོས་གྲུབ་ཐམས་ཅད་ཀྱི་དོན་དུ་རང་གིས་གསོལ་བ་བཏབ་ནས། དང་པོ་ལ་སོགས་པ་བསྐྱེད་པར་བྱ་སྟེ། ཞེས་སོགས་ཀྱིས་ཕྱི་འཇུག་དང་། ཕྱི་ནས་དཀྱིལ་འཁོར་རབ་ཏུ་བསྟན། །ཞེས་པས་ཕྱིས་ནང་འཇུག་བསྟན་ཅིང་། དཀྱིལ་ཆོག་རྣམས་སུ་སློབ་མའི་བྱེ་བྲག་གིས་རྒྱས་བསྡུས་སྣ་ཚོགས་འབྱུང་མོད་ཆོག་འདི་གཙོ་བོ་རྣམས་མཐུན་པ་ཉིད་དོ། །དངོས་གཞིའི་དབང་གི་ཆོ་ག་ལ། ཡེ་ཤེས་ཐིག་ལེའི་རྒྱུད་ལས། ཆུ་ཡི་དབང་བསྐུར་ཅོད་པན་དག །བྱ་བའི་རྒྱུད་ལ་རབ་ཏུ་གྲགས། །རྡོ་རྗེ་དྲིལ་བུ་དེ་བཞིན་མིང་། །སྤྱོད་པའི་རྒྱུད་ལ་རབ་ཏུ་གནས། །ཕྱིར་མི་ལྡོག་པ་ཡི་ནི་དབང་། །རྣལ་འབྱོར་རྒྱུད་དུ་གསལ་བར་ཕྱེ། །དེ་བཞིན་དྲུག་གི་བྱེ་བྲག་དབང་། །དེ་ནི་སློབ་དཔོན་དབང་ཞེས་བྱ། །རྣལ་འབྱོར་བླ་མ་ཡི་ནི་མཚན། །གསང་བ་ཡི་ནི་དབང་རྒྱལ་བཤད། །ཤེས་རབ་ཡེ་ཤེས་བླ་ན་མེད། །བཞི་པ་དེ་ཡང་དེ་བཞིན་ནོ། །ཞེས་གསུངས་པ་བཞིན་བྱ་བའི་རྒྱུད་ལ་ཆུ་དང་ཅོད་པན་གྱི་དབང་ཙམ་བསྐུར་བ་དང་། སྤྱོད་པའི་རྒྱུད་ལ་དེའི་སྟེང་དུ་རྡོ་རྗེ་དང་། དྲིལ་བུ་དང་། མིང་གི་དབང་རྣམས་བསྐུར་ཞིང་། རྣལ་འབྱོར་གྱི་རྒྱུད་ལ་ཕྱིར་མི་ལྡོག་པ་རྡོ་རྗེ་སློབ་དཔོན་གྱི་དབང་བསྟན་པ་དང་། བླ་མེད་ལ་དེའི་སྟེང་དུ་གསང་བ་དང་། ཤེས་རབ་ཡེ་ཤེས་དང་། དབང་བཞི་པ་སྟེ་གོང་མ་གསུམ་གྱིས་དབང་གི་དངོས་གཞི་རྫོགས་པ་ཡིན་ནོ། །འདིར་བླ་མེད་ལྟར་གྱི་དབྱེ་བསྡུ་ཞིབ་ཏུ་འཆད་ན་གསུམ་སྟེ། དབང་བཅུ་བཞིར་དབྱེ་བ་དང་། དེ་བཅུ་གཅིག་ཏུ་བསྡུ་བ་དང་། དེ་བཞིར་བསྡུ་བའོ། །དང་པོ་ནི། འདུས་པའི་བཤད་རྒྱུད་རྡོ་རྗེ་ཕྲེང་བ་ལས། བུམ་པའི་དབང་ནི་གཙོ་བོ་སྟེ། །གཉིས་པ་གསང་བའི་མིང་ཅན་ནོ། །གསུམ་པ་ཀུན་ནས་སྦྱོར་བ་སྟེ། །བཞི་པ་དོན་ནི་དམ་པའོ། །གཙོ་བོའི་དབྱེ་བ་བཅུ་གཅིག་སྟེ། །བཅུ་གཉིས་པ་ནི་གསང་བའོ། །བཅུ་གསུམ་པ་ནི་ཡང་དག་སྦྱོར། །བཅུ་བཞི་པ་ནི་དོན་དམ་སྟེ། །དབང་བསྐུར་རེ་རེ་ས་རེའོ། །རྣམ་པ་གསུམ་ནི་ཀྲི་ཡི་དབང་། །བཞི་པ་འབྲས་བུར་ཤེས་པར་བྱ། ཞེས་དང་། ཕྱག་ཆེན་ཐིག་ལེ་ལས། དབང་བསྐུར་བ་ཡི་རིམ་པ་ལས། །འབྲས་བུ་ཡི་ནི་གསུམ་དུ་བསྟན། །དང་པོ་སློབ་དཔོན་དབང་དང་གཅིག །གཉིས་པ་གསང་བའི་དབང་ནི་མཆོག །ཤེས་རབ་ཡེ་ཤེས་བར་གསུམ་པ། །དེ་ལྟར་དེ་ནི་བཅུ་བཞི་པའོ། །དབང་རེ་ལ་ནི་ས་རེའོ། །དེ་རྣམས་ས་ཡི་དབང་ཕྱུག་བདག །ཅེས་དང་། སངས་རྒྱས་ཐོད་པའི་རྒྱུད་ལས། །གསང་བ་སྤྱི་ཡི་ལྷ་དང་ནི། །བདུན་དང་བཅུ་བཞིར་བཤད་པ་དང་། །གཉིས་ཀ་བཅུ་བཞིར་འདུས་པ་ཡི། །ཞེས་དང་། རྡོ་རྗེ་དྲིལ་བུ་པས། སློབ་དཔོན་དབང་སོགས་དབྱེ་བ་ཡིས། །དབང་བསྐུར་རྣམ་པ་བཞིར་བཤད་དེ། །ཆུ་ཡི་དབང་སོགས་དབྱེ་བ་ཡིས། །བཞི

པོ་དེ་ཡང་བཅུ་བཞིའོ། །ཞེས་གསུངས་སོ། །དེ་ལྟར་བཅུ་བཞི་འབྱུང་བའི་དོན་འཛིན་ནི། སྡོམ་འབྱུང་ལས། རིགས་ཀྱི་ལྟར་ངེས་མེ་ཏོག་ཕྲེང་། །ཆུ་དང་ཅོད་པན་རྡོ་རྗེ་དང་། །དྲིལ་བུ་དང་ནི་མིང་གི་དབང་། །བདེ་གཤེགས་ལྟ་ཡི་བདག་ཉིད་དབང་། །བརྟུལ་ཞུགས་དང་ནི་ལུང་བསྟན་ཉིད། །རྗེས་གནང་དང་ནི་དབུགས་དབྱུང་དང་། །ཕྱིར་མི་ལྡོག་པ་སློབ་དཔོན་དབང་། །བུམ་པ་ལས་ནི་བྱུང་བའོ། །གཉིས་པ་གསང་བའི་མཆོག་ཡིན་ཏེ། །གསུམ་པ་ཤེས་རབ་ཡེ་ཤེས་ཡིན། །བཞི་པ་དེ་ལྟར་ཡང་དེ་ནི། །ཞེས་གསུངས་ཏེ། མེ་ཏོག་ཕྲེང་བའི་དབང་། ཆུ་དང་། ཅོད་པན་དང་། རྡོ་རྗེ་དང་། དྲིལ་བུ་དང་། མིང་དང་། བརྟུལ་ཞུགས་དང་། རྡོ་རྗེ་སློབ་དཔོན་གྱི་དབང་དང་། མཐའ་རྟེན་རྗེས་གནང་། ལུང་བསྟན་དབུགས་དབྱུང་གསུམ། དེ་རྣམས་བུམ་པའི་དབང་སྟེ་བཅུ་གཅིག་གི་སྟེང་དུ། གསང་བའི་དབང་དང་ཤེས་རབ་ཡེ་ཤེས་དང་། དབང་བཞི་པ་དང་བཅས་པས་བཅུ་བཞིར་འགྱུར་བ་འདི་ལ་དབུགས་དབྱུང་གཟེངས་བསྟོད་གཉིས་གཅིག་ཏུ་བྱས་པའོ། །ཡང་ན་ལུང་བསྟན། དབུགས་དབྱུང་། གཟེངས་བསྟོད་པ་གསུམ་སོ་སོར་དབྱེ་ཞིང་། རྗེས་གནང་སློབ་དཔོན་གྱི་དབང་གི་ཁོངས་སུ་བསྡུས་པས་བཅུ་བཞིར་འགྱུར་བའམ། ཡང་ན་བདེ་མཆོག་ནག་པོ་དཀྱིལ་ཆོག་ལྟར་བརྟུལ་ཞུགས་ལ་ཐུན་མོང་དང་ཐུན་མོང་མ་ཡིན་པ་གཉིས་ཡོད་ན། དེ་གཉིས་རེ་རེར་བགྲངས་ཏེ་སློབ་དཔོན་གྱི་དབང་རྗེས་གནང་དང་བཅས་པ་སྤྱིའི་ཁྱབ་བྱེད་དུ་བཏང་བས་བཅུ་བཞིར་འགྱུར་བ་དང་། ཡང་ན་སློབ་དཔོན་གྱི་དབང་དང་རྗེས་གནང་སོ་སོར་བགྲངས་ཏེ་ལུང་བསྟན་སོགས་གསུམ་པོ་གཅིག་ཏུ་བྱ་བའི་ཚུལ་ཡང་ཡོད་ལ། རྣམ་གཞག་གོང་མ་དེ་ཉིད་སྡོམ་འབྱུང་གི་དགོངས་པ་སྟེ་ལུང་གོང་དུ་དྲངས་ཟིན་ལ། ཕྱི་མ་རྣམས་ནི་གྲུབ་པའི་བླ་མ་བརྒྱུད་པའི་གསུང་གི་རྣམ་གཞག་སྟེ་དཔལ་ལྡན་རྩེ་མོའི་ཞབས་ཀྱིས་དྲིལ་བུའི་དབང་ཆོག་སོགས་སུ་བཀོད་པའི་དོན་ནོ། །འདི་དག་ནི་སྤྱི་ཁྱབ་ཏུ་གསུངས་པའི་རྣམ་གཞག་སྟེ། རྒྱུད་ཀྱི་མངོན་རྟོགས་ཀྱི་སྐབས་སུ་གུར་ལེའུ་བཅོ་ལྔ་པར་ཆུ་ཡི་དབང་ཞེས་དང་པོ་སྟེ་ཞེས་སོགས་ལ་བརྟེན་ནས་རིག་པའི་དབང་ལྔ་རྡོ་རྗེའི་བརྟུལ་ཞུགས་ཏེ་དྲུག །བུམ་གསང་ཤེས་རབ་ཡེ་ཤེས་བཞི་སྟེ་བཅུ། མཐའ་རྟེན་བཞི་སྟེ་བཅུ་བཞི་ལས་དང་པོ་དྲུག་ལ་ཐུན་མོང་གི་དབང་དང་། བུམ་དབང་སོགས་བཞི་ལ་ཐུན་མོང་མ་ཡིན་པའི་དབང་ཞེས་འཇོག་སྟེ་མངོན་རྟོགས་གསལ་བྱེད་དང་བཅས་པ་ལས་ཤེས་སོ། །

གཉིས་པ་དེ་བཅུ་གཅིག་ཏུ་བསྡུ་བ་ལ་གཉིས་འབྱུང་བའི་དང་པོ་རྡོ་རྗེ་གུར་གྱི་དགོངས་པ་ལྟར་ན་བུམ་དབང་ལ་བརྒྱད་དུ་དབྱེ་ཞིང་། དབང་གོང་མ་གསུམ་དང་བཅས་ཏེ་བཅུ་གཅིག་ཏུ་འགྱུར་བ་ནི། དེ་ཉིད་ལས། དང་པོ་ཆུ་ཡི་དབང་བསྐུར་ཡིན། །གཉིས་པ་ཅོད་པན་དབང་ཡིན་ལ། །གསུམ་པ་དར་དཔྱངས་དབང་བསྐུར་

ཡིན། །བཞི་པ་རྡོ་རྗེ་དྲིལ་བུའོ། །ལྔ་པ་རིགས་ཀྱི་བདག་པོ་སྟེ། །མིང་གི་དབང་བསྐུར་དྲུག་པ་ཡིན། །སངས་རྒྱས་བཀའ་བསྒོ་བདུན་པ་སྟེ། །བརྒྱད་པ་བུམ་པའི་དབང་བསྐུར་ཡིན། །དགུ་པ་གསང་བའི་དབང་བསྐུར་ཡིན། །ཤེས་རབ་ཡེ་ཤེས་བཅུ་པ་ཡིན། །དེ་ཉིད་རྡོ་རྗེ་སློབ་དཔོན་དང་། །བརྟུལ་ཞུགས་ཐམས་ཅད་བྱིན་ནས་སུ། །བདག་ཉིད་སྟོན་པས་ལུང་བསྟན་བྱ། །ཚིག་དེ་ལྟར་ཁྱོད་ལ་བཤད། །ཅེས་དང་། ཡེ་ཤེས་ཐིག་ལེ་ལས། ཆུ་དང་དབུ་རྒྱན་རྡོ་རྗེ་དང་། །དྲིལ་བུ་མིང་དང་བརྟུལ་ཞུགས་དང་། །ལུང་བསྟན་པ་དང་སྐྱབས་སྦྱིན་དང་། །སྔགས་དང་ཕྱག་རྒྱ་ཡེ་ཤེས་སོ། །རྣལ་འབྱོར་རྒྱུད་ལ་མོས་པ་ལ། །དབང་བརྒྱད་ཁྱོད་ལ་སྦྱིན་པར་བྱ། །རྣལ་འབྱོར་བླ་མ་ལ་མོས་ལ། །བཅུ་གཅིག་བདག་ཉིད་སྦྱིན་པར་བྱ། །ཞེས་སོ། །གཉིས་པ་དུས་ཀྱི་འཁོར་ལོའི་དགོངས་པ་ལྟར་ན་བུམ་དབང་ལ་བྱིས་པ་འཇུག་པའི་དབང་བདུན་དུ་དབྱེ་ཞིང་གོང་མ་བཞི་སྟེ་བཅུ་གཅིག་ཏུ་འགྱུར་བ་ཡིན་ཏེ། དེ་ཉིད་ལས། ཆུ་དང་ཅོད་པན་དར་དང་ནི། །རྡོ་རྗེ་དྲིལ་བུ་བརྟུལ་ཞུགས་དང་། །མིང་རྒྱལ་དབང་ནི་རྣམ་པ་བདུན། །བྱིས་པ་རྣམས་ནི་བཟུང་ཕྱིར་ཡིན། །གསུམ་པོ་འཇིག་རྟེན་ཀུན་རྫོབ་དང་། །བཞི་པ་དོན་གྱི་དམ་པའོ། །བུམ་པ་གསང་བའི་དབང་དང་ནི། །ཤེས་རབ་ཡེ་ཤེས་ཞེས་བྱ་དང་། །དེ་ནས་ཤེས་རབ་ཆེན་པོ་ཡི། །ཡེ་ཤེས་ཞེས་བྱ་རྫོགས་པ་དག །འགྱུར་དང་མི་འགྱུར་བར་ཆད་ཅན། །བར་ཆད་མེད་པ་དེ་ལས་གཞན། །ཞེས་གསུངས་སོ། །

གསུམ་པ་དེ་བཞི་རུ་བསྡུ་བ་ནི། བརྟག་གཉིས་ལས། སློབ་དཔོན་གསང་བ་ཤེས་རབ་དང་། །བཞི་པ་དེ་ཡང་དེ་བཞིན་ཏེ། །དབང་ནི་བཞི་ཡི་གྲངས་ཀྱིས་ནི། །དགའ་བ་ལ་སོགས་རིམ་ཤེས་བྱ། །ཞེས་དང་། འདུས་པའི་རྒྱུད་ཕྱི་མ་ལས། །དབང་ནི་རྣམ་པ་བཞི་དག་ཏུ། །རྒྱུད་འདི་ལ་ནི་རབ་ཏུ་བསྒྲགས། །བུམ་པའི་དབང་ནི་དང་པོ་སྟེ། །གཉིས་པ་གསང་བ་ཞེས་བྱ་བརྗོད། །ཤེས་རབ་ཡེ་ཤེས་གསུམ་པ་ཡིན། །དེ་ནི་དེ་ལྟར་ཡང་བཞི་པ། །ཞེས་སོ༑ །དབང་བཞི་པོ་དེ་དག་ཀྱང་དགོད་པས་ཆེམ་པ་སོགས་འདོད་སེམས་ཀྱི་ཆགས་པ་བཞི་དག་པའི་རིམ་པས་གསུངས་ཏེ། བརྟག་གཉིས་ལས། དགོད་པ་དག་པ་སློབ་དཔོན་ཉིད། །ལྟ་བ་གསང་བ་དེ་བཞིན་ཏེ། །ལག་བཅངས་ལ་ནི་ཤེས་རབ་ཉིད། །གཉིས་གཉིས་འཁྲུད་པ་དེ་ཡང་ཉིད། །སེམས་ཅན་རྣམས་ཀྱི་དངོས་གྲུབ་ཕྱིར། །དབང་ནི་རྣམ་པ་བཞི་ཞེས་བཤད། །ཅེས་སོ། །མདོར་ན་དབྱེ་བ་ཐམས་ཅད་བུམ་དབང་ལས་འབྱེད་པའི་ཕྱིར་རྣལ་འབྱོར་བླ་མེད་ཀྱི་དབང་ཐམས་ཅད་དབང་བཞི་པོ་འདིར་འདུ་སྟེ། རྒྱུ་མཚན་ཡང་སྦྱང་བྱ་དྲི་མ་བཞི་ཡིན་པ་དང་། བསྒོམ་བྱའི་ལམ་ཡང་བཞིར་ངེས་པ་དང་། ཐོབ་བྱའི་འབྲས་བུ་སྐུ་བཞི་ཡིན་པ་སོགས་ཞིབ་པར་རྣལ་འབྱོར་དབང་ཕྱུག་གི་མན་ངག་ལས་ཤེས་ཤིང་གྲུབ་དབང་ཐམས་ཅད་དགོངས་པའི་གནད་མཐུན་པ་ཡིན་ནོ། །བརྒྱད་པ་དཀྱིལ་འཁོར་གྱི་མཇུག་གི་ཆོ་ག་ནི། མཇུག༌ཆོ༌ག་སོགས་ཏེ། དཀྱིལ་འཁོར་ལ་སླར་ཡང་མཆོད་པ་སོགས་བྱ་

བ་ནི། སམ་ཊ་ལས། མཆོད་པ་དང་བསྟོད་པ་ལ་སོགས་པ་ཅི་འགྲུབ་བྱས་ནས་ཧཱུྃ་ཞེས་བརྗོད་པར་བྱའོ། །ཞེས་དང་། གཤེགས་སུ་གསོལ་བ་སོགས་ཀྱང་དེ་ཉིད་ལས་གསལ་བར་གསུངས་སོ། །

གསུམ་པ་དབང་བསྐུར་བའི་དགོས་པ་ལ་གཉིས་ཏེ། དབང་བསྐུར་བ་ཐོབ་པའི་ཕན་ཡོན་དང་། ཕན་ཡོན་ཅན་གྱི་དབང་དེ་མ་ཐོབ་པའི་ཉེས་དམིགས་སོ། །དང་པོ་ནི། བསྐུར་བའི་དགོས་པ་སོགས་ཏེ། སྒྲོན་གསལ་ལས། དངོས་གྲུབ་ཐམས་ཅད་ནི་དཀྱིལ་འཁོར་དུ་དབང་བསྐུར་བ་ཉིད་ལས་འབྱུང་བར་འགྱུར་རོ། །ཞེས་པའི་དོན་གང་ཟག་དབང་པོ་ཡང་རབ་དབང་རྣོན་དེ་མ་ཐག་གྲོལ་བ་ལ་བཤད་དེ་ཨིནྡྲ་བྷུ་ཏི་བཞིན་ནོ། །དེ་ལ་དགོངས་ནས་རབ་དབྱེར། དེས་ན་གང་ཟག་དབང་པོ་རབ། དབང་བསྐུར་ཉིད་ཀྱིས་གྲོལ་བར་གསུངས། ཞེས་གསུངས་སོ། །གང་ཟག་འབྲིང་རྣམས་ཀྱང་དབང་ལ་རྟག་ཏུ་གོམས་ན་ལམ་གཞན་མ་བསྒོམས་ཀྱང་སྐྱེ་བ་བདུན་ནས་མཆོག་གི་དངོས་གྲུབ་འགྲུབ་པར་གསུངས་ཏེ། གསང་བའི་མཛོད་ལས། དབང་བསྐུར་ཡང་དག་སྦྱིན་ལྡན་ན། །སྐྱེ་ཞིང་སྐྱེ་བར་དབང་བསྐུར་འགྱུར། །དེ་ཡིས་སྐྱེ་བ་བདུན་ན་ནི། །མ་བསྒོམས་པ་ཡང་དངོས་གྲུབ་ཐོབ། །ཅེས་གསུངས་པ་དང་། ཡང་དབང་ཐོབ་ནས་ལམ་ལ་འབད་པ་མ་ནུས་ཀྱང་། རྩ་བའི་ལྟུང་བས་མ་གོས་ན་སྐྱེ་བ་བཅུ་དྲུག་ན་དངོས་གྲུབ་འགྲུབ་པར་གསུངས་ཏེ། དམ་ཚིག་ལྔ་པ་ལས། གལ་ཏེ་ལྟུང་བ་མེད་གྱུར་ན༔ །སྐྱེ་བ་བཅུ་དྲུག་དག་ནས་གྲུབ། །ཅེས་སོ། །དེ་དག་ལས་གཞན་པའི་གང་ཟག་ཐ་མ་དབང་གིས་གྲོལ་བར་མ་ནུས་པ་རྣམས་ལ་གྲོལ་བྱེད་ཀྱི་ལམ་སྟོན་པའི་སྣོད་རུང་དུ་བྱེད་པའི་ཐབས་ཉིད་ཀྱང་དབང་ཡིན་ཏེ། ཕྱག་ཆེན་ཐིག་ལེ་ལས། དང་པོར་ར་ཞིག་སློབ་མ་ལ། །དབང་རྣམས་ལན་གཅིག་བསྐུར་བ་ཡིས། །དེ་ཚེ་གསང་ཆེན་བཤད་པ་ཡི། །ངེས་པར་སྣོད་དུ་གྱུར་པའོ། །ཞེས་སོ། །ལམ་སྟོན་པ་ཙམ་དུ་མ་ཟད་བསྒོམ་པ་ལ་ཡང་དབང་ངེས་པར་སྔོན་དུ་འགྲོ་དགོས་ཏེ་སྨིན་གྲོལ་གཉིས་རྡོ་རྗེ་ཐེག་པའི་ལམ་གྱི་སྙིང་པོ་ཡིན་པས་ཁྲབ་མཉམ་དུ་རྡོ་རྗེ་རྩེ་མོ་ལས། །སྨིན་པ་དང་ནི་གྲོལ་བའི་ལམ། །སངས་རྒྱས་བྱང་ཆུབ་བསྟན་པའི་མཆོག །ཅེས་གསུངས་པ་དང་། གྲོལ་བྱེད་ཀྱི་ལམ་ཡང་དབང་དུས་སུ་ཐོབ་པའི་རྒྱུན་དེ་མི་ཉམས་ཤིང་འཕེལ་བར་བྱེད་པའི་ཐབས་ཡིན་པར་གསུངས་པས་ན་དབང་བསྐུར་བ་རྡོ་རྗེ་ཐེག་པའི་ལམ་གྱི་རྩ་བར་གྲུབ་སྟེ། རབ་དབྱེར། དེ་ཕྱིར་དབང་བསྐུར་ཐོབ་པ་དེ། །བསྲུང་ཞིང་འཕེལ་བར་བྱེད་པ་ལ། །སྒོམ་པ་ཞེས་སུ་བཏགས་པ་ཡིན། ཞེས་དང་། དབང་གིས་གྲོལ་བར་མ་ནུས་པའི། །གང་ཟག་གཞན་ལ་བསྒོམ་དགོས་སོ། །ཞེས་གསུངས་སོ། །གཞན་ཡང་དབང་བསྐུར་བས་ཚེ་རབས་མང་པོའི་སྡིག་པ་འདག་ཅིང་དངོས་གྲུབ་གང་འདོད་པ་འགྲུབ་པར་གསུངས་ཏེ། གསང་བ་འདུས་པ་འབུམ་པ་ལས། བསྐལ་པ་ས་ཡར་བྱས་པ་ཡི། །སྡོན་དུ་ཡོད་པའི་སྡིག་པ་ཀུན། །དེ་ཀུན་འཛད་

པར་འགྱུར་བ་ནི། །དཀྱིལ་འཁོར་འདི་འདྲ་མཐོང་བས་སོ། །ཞེས་དང་། སྡོམ་འབྱུང་ལས། གསང་བ་མཆོག་གི་དཀྱིལ་འཁོར་དུ། །མཆོག་ཏུ་རབ་ཞུགས་མཐོང་བ་ན། །དེ་ཚེ་སྡིག་པ་ཐམས་ཅད་ལས། །རྣམ་གྲོལ་བཟང་པོར་གྱུར་བར་གནས། །ཞེས་དང་། ཧེ་རུ་ཀ་མངོན་འབྱུང་ལས། དཀྱིལ་འཁོར་རྒྱལ་པོ་མཐོང་ནས་ནི། །ཅུང་ཟད་དེ་ནི་མི་འགྲུབ་མེད། །སྡུག་བསྔལ་ཀུན་ལས་རྣམ་པར་གྲོལ། །དངོས་གྲུབ་མྱུར་དུ་ཐོབ་པར་འགྱུར། །ཅེས་དང་། ཕྱག་ཆེན་ཐིག་ལེ་ལས། ཇི་ལྟར་དུག་ལ་རབ་སྔགས་ཀྱིས། །དག་པར་བྱས་ནས་བདུད་རྩིར་འགྱུར། །དེ་བཞིན་སློབ་མ་དབང་སོགས་ཀྱིས། །ལུས་ཀྱི་དྲི་མ་མེད་པར་འགྱུར། །ཞེས་དང་། ཡེ་ཤེས་ཐིག་ལེ་ལས། དབང་བསྐུར་གྱིས་ནི་འཁོར་ལོས་སྒྱུར། །ཐེ་ཚོམ་མེད་པར་བྱེད་པར་འགྱུར། །ཞེས་དང་། སངས་རྒྱས་ཐོད་པ་ལས། ཕྱི་ནང་གསང་བར་བཅས་པ་ཡི། །དབང་བསྐུར་ཙམ་གྱིས་ནམ་མཁའ་ཡི། །དཀྱིལ་ནས་ཇ་ཡི་སྒྲ་གྲག་ཅིང་། །མེ་ཏོག་ཅན་དན་ཆར་འབབ་འགྱུར། །དེ་ནས་རྣལ་འབྱོར་པ་དེ་རྣམས། །ཛ་ཡི་འཁོར་ལོ་ལ་ནི་ཐིམ། །ཞེས་སོགས་རྒྱུད་དང་དཀྱིལ་ཆོག་རྣམས་ཀྱི་སྒོ་བ་བསྐྱེད་པ་དང་དབུགས་དབྱུང་བའི་སྐབས་རྣམས་སུ་མཐའ་ཡས་པ་ཞིག་གསུངས་སོ། །

གཉིས་པ་ཕན་ཡོན་ཅན་གྱི་དབང་དེ་མ་ཐོབ་པའི་ཉེས་དམིགས་ནི། ག་ལ་ཏེ་མ་ཐོབ་སོགས་ཏེ། ཕན་ཡོན་དེ་ལྟར་ལྡན་དུ་ཟིན་ཀྱང་། གལ་ཏེ་དབང་མ་ཐོབ་པའི་གང་ཟག་ནི་རྒྱུད་ཉན་བཤད་སྒོམ་པ་གང་ལའང་མི་དབང་བར་མ་ཟད། སྔགས་ལ་སྤྱོད་ཀྱང་དངོས་གྲུབ་མི་ཐོབ་པའི་ཁར་སླར་སྡུག་བསྔལ་མི་བཟད་པ་བསྐྱེད་དེ། དམ་པ་དང་པོ་ལས། དབང་བསྐུར་མེད་པར་རྒྱུད་འཆད་དང་། །ཟབ་མོའི་དེ་ཉིད་སྒོམ་བྱེད་པ། །དེ་དོན་ལེགས་པར་ཤེས་ན་ཡང་། །དམྱལ་བར་འགྱུར་གྱི་གྲོལ་བ་མིན། །ཞེས་དང་། བཤད་རྒྱུད་རྡོ་རྗེ་ཕྲེང་བ་ལས། ཡང་དག་དབང་བསྐུར་གྱིས་དབེན་ན། །སྒྲུབ་པོས་རྒྱུད་ཀྱི་དོན་ཤེས་ཀྱང་། །སློབ་དཔོན་སློབ་མ་མཚུངས་པར་ནི། །མི་བཟད་དམྱལ་བ་ཆེན་པོར་འགྲོ། །ཞེས་དང་། སངས་རྒྱས་ཐོད་པའི་རྒྱུད་ལས། དཔེར་ན་བྱུ་རུ་མེད་པའི་ཁྱིམ། །ཤི་བ་ཙམ་གྱིས་སྟོང་པ་ཉིད། །དེ་བཞིན་དབང་དང་བྲལ་ན་ནི། །ཡེ་ཤེས་ཀུན་གྱིས་སྟོང་པ་ཉིད། །དཔེར་ན་པི་ཝང་སྦྱོར་ཚོགས་ཀུན། །རྒྱུད་དང་བྲལ་ན་བརྡུང་མི་ནུས། །དེ་བཞིན་དབང་དང་བྲལ་བ་ནི། །སྔགས་དང་བསམ་གཏན་འགྲུབ་མི་འགྱུར། །རྨོངས་པ་གང་གིས་དབང་མེད་པར། །བདག་ནི་དབང་བསྐུར་ཞེས་སྨྲ་བ། །ཇི་སྲིད་སངས་རྒྱས་བཞུགས་ཀྱི་བར། །སློབ་མར་བཅས་ཏེ་དམྱལ་བར་འགྲོ། །ཞེས་དང་། དཀྱིལ་འཁོར་འདི་ནི་མ་མཐོང་བར། །མཁའ་ལ་ཁུ་ཚུར་གྱིས་བརྡེག་དང་། །རྨོངས་པ་ཕུབ་མ་བརྡུང་དང་མཚུངས། །ཞེས་སོགས་རྒྱུད་སྡེ་ཐམས་ཅད་ནས་གསུངས་ཤིང་། ཁྱད་པར་ཕྱག་ཆེན་ཐིག་ལེ་ལས། དབང་མེད་ན་ནི་དངོས་གྲུབ་མེད། །བྱེ་མ

བཅོར་ཡང་མར་མེད་བཞིན། །གང་ཞིག་རྒྱུད་ལུང་དང་རྒྱལ་གྱིས། །དབང་བསྐུར་མེད་པར་འཆད་བྱེད་པ། །སློབ་དཔོན་སློབ་མ་ཤི་མ་ཐག །དངོས་གྲུབ་ཐོབ་ཀྱང་དམྱལ་བར་སྐྱེ། །ཞེས་རྒྱ་ལ་ཐུན་མོང་གི་དངོས་གྲུབ་ཕྲ་མོ་ཙམ་ཐོབ་སྲིད་ཀྱང་ཕྱི་མར་དམྱལ་བར་སྐྱེ་བར་གསུངས་སོ། །གང་དག་དབང་བསྐུར་ཆོས་སྒོ་འབྱེད་བྱེད་ཙམ་དུ་འདོད་པ་ན་རྡོ་རྗེ་རྩེ་མོའི་ལུང་སྔར་དྲངས་པ་དང་། རྒྱལ་ཆེན་ཨིནྡྲ་བྷཱུ་ཏི་སངས་རྒྱས་ཀྱིས་སྤྲུལ་པའི་དཀྱིལ་འཁོར་དུ་དབང་བསྐུར་མ་ཐག །དབང་གི་ཡེ་ཤེས་ལ་ས་བཅུ་གསུམ་པའི་རྟོགས་པ་སྐྱེས་ཏེ་གྲོལ་བས་དབང་བསྐུར་བ་སྔགས་ལམ་གྱི་དངོས་གཞིར་གྲུབ་པས་ཀྱང་ལེགས་པར་ཁེགས་ཤིང་། རབ་དབྱེར། དབང་བསྐུར་ཆོས་སྒོ་ཙམ་མ་ཡིན། །གསང་སྔགས་རྟེན་འབྲེལ་ལམ་བྱེད་པས། །རྟེན་འབྲེལ་བསྒྲིག་པའི་གདམས་ངག་ཡིན། །ཕུང་པོ་ཁམས་དང་སྐྱེ་མཆེད་ལ། །སངས་རྒྱས་ས་བོན་བཏབ་ནས་ནི། །ཚེ་འདིར་སངས་རྒྱས་བྱེད་པ་ཡི༑ །ཐབས་ལ་དབང་བསྐུར་ཞེས་སུ་བཏགས། ཞེས་དང་། དེ་ཕྱིར་ཕ་རོལ་ཕྱིན་པ་ལ། །སེམས་བསྐྱེད་མིན་པའི་ཆོས་གཞན་མེད། །རྡོ་རྗེ་ཐེག་པའི་སྒོར་ཞུགས་ནས། །དབང་བསྐུར་ལས་གཞན་ཆོས་མེད་དོ། །ཞེས་གསུངས་སོ། །དབང་ཆོས་སྒོ་ཙམ་དུ་གོ་བ་དེ་དག་གིས་ཕག་མོའི་བྱིན་རླབས་ཀྱིས་སྨིན་བྱེད་ཀྱི་གོ་བཅད་ནས་ཐབས་ལམ་སྟོན་པ་ནི་གཞུང་འདིར་དགག་བྱའི་གཙོ་བོ་ཡིན་ལ། གཞན་ཡང་རྒྱུད་སྡེ་ནས་མ་གསུངས་པའི་གཏོར་མའི་དབང་དང་ཏིང་ངེ་འཛིན་གྱི་དབང་སོགས་ཀྱང་སྨིན་བྱེད་མཚན་ཉིད་པ་མ་ཡིན་པར་གསུངས་སོ། །འོན་སྨིན་བྱེད་མཚན་ཉིད་པ་གང་ཞེ་ན། རྗེ་ས་སྐྱ་པ་ཆེན་པོའི་དབང་བཞི་ངོ་སྤྲོད་ཀྱི་རང་འགྲེལ་ལས། དབང་དེའང་། བརྡ་ཙམ་མམ། ངོ་སྤྲོད་ཙམ་མམ། བྱིན་རླབས་ཙམ་མ་ཡིན་པར། གྲུབ་པའི་བླ་མ་བརྒྱུད་པའི་བཀའ་མ་ཆད་པ་ལྷད་མ་ཞུགས་པ་ལུས་ངག་ཡིད་གསུམ་ཡེ་ཤེས་སྐུ་བཞིར་བྱིན་གྱིས་རློབ་པའི་རྟེན་འབྲེལ་བསྒྲིག་མཁྱེན་པ་ཞིག་ལས་དཀྱིལ་འཁོར་ཆེན་པོར་དབང་བསྐུར་བ་ཐོབ་དགོས་ཞེས་གསུངས་པ་ལྟ་བུའོ། །བཞི་པ་སློབ་དཔོན་གྱི་མཚན་ཉིད་སོགས་ཁ་འཕངས་པའི་ཚུལ་གྱིས་བསྟན་པ་ནི། སློབ་དཔོན་མཚན་ཉིད་སོགས་ཏེ། འདིར་ཅུང་ཟད་ཅིག་བཤད་ན། རྡོ་རྗེ་གུར་ལས། དལ་ཞིང་ཟབ་མོའི་ཆོས་དང་ལྡན། །རིག་པ་ཐམས་ཅད་མཁས་པར་བཅས། །སྦྱིན་སྲེག་དཀྱིལ་འཁོར་སྔགས་ཤེས་ཤིང་། །རབ་གནས་གཏོར་མའི་ཕ་རོལ་སོན། །དེ་ཉིད་བཅུ་ནི་རྣམ་པར་རིག །ཉན་ཐོས་སྤྱོད་པ་བསྲུང་བ་པོ། །སྔགས་སྤྱོད་རིམ་པར་གྲུབ་པ་དང་། །གཟུགས་ལྡན་མཐོང་ན་དགའ་བ་དང་། །དཀྱིལ་འཁོར་བྲི་ཞིང་བཟླས་པར་ལྡན། །རྩ་བའི་ལྟུང་བ་འཇོམས་པ་པོ། །སྔགས་དང་ལུས་སྦྱོང་སྦྱོར་བ་ཡི། །འཇིག་རྟེན་རྣམས་ནི་བདེ་བར་བྱེད། ཅེས་དང་། བླ་མ་ལྔ་བཅུ་པ་ལས། བརྟན་ཞིང་དུལ་ལ་བློ་གྲོས་ལྡན། །བཟོད་ལྡན་དྲང་ལ་གཡོ་སྒྱུ་མེད། །སྔགས་དང་རྒྱུད་ཀྱི་སྦྱོར་བ་ཤེས། །སྙིང་རྗེར་ལྡན་ཞིང་བསྟན་

བཅོས་མཁས། །དེ་ཉིད་བཅུ་ནི་ཡོངས་སུ་ཤེས། །དཀྱིལ་འཁོར་བྲི་བའི་ལས་ལ་མཁས། །སྔགས་སྤྱོད་པ་ཡི་སྤྱོད་པ་ཤེས། །རབ་ཏུ་དྭངས་ཤིང་དབང་པོ་ཐུལ། །ཞེས་སོགས་རྒྱུད་དང་བསྟན་བཅོས་ནས་སློབ་དཔོན་གྱི་མཚན་ཉིད་གསུངས་ཚད་མདོར་བསྡུ་ན། རྗེ་བཙུན་རིན་པོ་ཆེས། བླ་མ་བརྒྱུད་པ་དང་ལྡན་རྒྱུད་དོན་རིག །དམ་ཚིག་མཆོག་སྲུང་མན་ངག་དུ་མས་བརྒྱན། །སྙིང་རྗེས་རྒྱུད་བརླན་བསྟན་བཅོས་དུ་མ་ཤེས། །ཞེས་གསུངས་པ་ལྟར་དང་། ཕྱི་དང་གསང་བ་དང་། ཉེར་མཁོའི་དེ་ཉིད་བཅུ་རིག་པ་ཞིག་གལ་ཆེ་སྟེ། དེ་ཡང་རབ་གནས་ཀྱི་རྒྱུད་ལས། དཀྱིལ་འཁོར་དང་ནི་ཏིང་འཛིན་མཆོག །ཕྱག་རྒྱ་སྟངས་སྟབས་འདུག་སྟངས་དང་། །བཟླས་བརྗོད་སྦྱིན་སྲེག་གཏོར་མ་དང་། །ལས་ལ་སྦྱར་དང་སླར་བསྡུ་བའོ། །ཞེས་རྒྱུད་སྡེ་འོག་མ་དང་ཐུན་མོང་བ་ཕྱིའི་དེ་ཉིད་བཅུ་དང་། རྡོ་རྗེ་སྙིང་པོ་རྒྱན་གྱི་རྒྱུད་ལས། ཕྱིར་བཟློག་གཉིས་ཀྱི་ཚོགས་དང་། །གསང་དང་ཤེས་རབ་ཡེ་ཤེས་དང་། །ཁ་སྦྱོར་འབྱེད་པའི་ཚོགས་དང་། །གཏོར་མ་རྡོ་རྗེའི་བཟླས་པ་དང་། །དྲག་ཤུལ་སྒྲུབ་པའི་ཚོགས་དང་། །རབ་ཏུ་གནས་དང་དཀྱིལ་འཁོར་སྒྲུབ། །གསང་བའི་དེ་ཉིད་བཅུ་ཡིན་ནོ། །ཞེས་བླ་མེད་ཀྱི་ཁྱད་ཆོས་ནང་ངམ་གསང་བའི་དེ་ཉིད་བཅུ་དང་། ཀུར་ཀྱི་དགོངས་པ་ཊཱིཀྐ་པས། བསྲུང་བ་དབང་བསྐུར་གཏོར་མ་བཟླས་གར་དང་། །ཕྱིར་བཟློག་གཉིས་དང་དཀྱིལ་འཁོར་སྒྲུབ་པ་དང་། །ཕྱག་སྤྱོང་བ་དང་གཤེགས་སུ་གསོལ་བ་སྟེ། །དེ་ཉིད་བཅུ་ཞེས་རྒྱལ་བ་རྣམས་ཀྱིས་གསུངས། །ཞེས་ཀྱེ་རྡོ་རྗེའི་རྣལ་འབྱོར་པ་ལ་དགོངས་པ་དང་། འབུམ་ལྔའི་དགོངས་པ་རིན་ཆེན་འབར་བ་ལས། རྡོ་རྗེ་དྲིལ་བུ་ཡེ་ཤེས་དང་། །ལྷ་དང་དཀྱིལ་འཁོར་སྦྱིན་སྲེག་དང་། །སྔགས་དང་རྣལ་འཆོར་གཏོར་མ་དང་། །དབང་བསྐུར་དེ་ཉིད་བཅུ་རིག་པ། །ཞེས་ཐམས་ཅད་ལ་མཁོ་བའི་དེ་ཉིད་བཅུའོ། །གོང་གི་ཉན་ཐོས་སྤྱོད་པ་བསྲུང་བ་པོའི་དོན་ཡང་རྟེན་རབ་དགེ་སློང་། འབྲིང་དགེ་ཚུལ། ས་ཐོབ་པ་མ་གཏོགས་པའི་དགེ་བསྙེན་ཁྱིམ་པ་ཐ་མར་གསུངས་ཏེ་ལུང་ཚིག་ལེའུ་དང་པོར་དྲངས་ཟིན། རྟེན་རབ་དགེ་སློང་དགོས་པའི་རྒྱུ་མཚན། བསྟན་པའི་རྩ་བ་སོ་སོར་ཐར་པ་ལ་གཅེས་སྤྲས་མཆོག་ཏུ་མཛད་པའི་ཕྱིར། སེམས་འགྲེལ་སྐོར་སོགས་སུ་རྟེན་གཞན་གཉིས་ཀྱི་རྡོ་རྗེ་སློབ་དཔོན་ས་ཕྱོགས་གང་ན་ཡོད་བཞིན་དུ་ཁྱིམ་པའི་རྡོ་རྗེ་འཛིན་པས་དབང་དང་རབ་གནས་སོགས་བྱར་མི་རུང་བ་ནན་གྱིས་གསུངས་པ་དང་། རྡོ་རྗེ་སློབ་དཔོན་ཐོས་པས་ཐན་པར་བྱེད་པ་ལ་ཉན་ཐོས་ཀྱི་སྡེ་སྣོད་རྣམས་ཀྱང་ལེགས་པར་ཤེས་དགོས་ཤིང་། དེ་རྗོགས་པར་ཁྲིམ་པས་ཉན་དུ་མི་རུང་བས་ཀྱང་ལེགས་པར་གྲུབ་བོ། །དེས་ན་སྤྱིར་རབ་བྱུང་གི་རྟེན་དང་ཁྱད་པར་བསྒྲིགས་དང་ཀུན་སྤྱོད་གཙང་མར་བྱེད་པ་ལ་ཉན་ཐོས་ཞེས་སྨོད་པའི་གསང་སྔགས་པ་དག་ནི་བསྟན་པ་ལ་རྒྱབ་ཀྱིས་ཕྱོགས་པའི་བདུད་ནག་པོའོ། །སློབ་མ་ཡང་། བླ་མ་ལྔ་བཅུ་པ་ལས། བློ་ལྡན་བླ་མས་སློབ་མ་ནི། །སྙིང་རྗེ་མེད་ཅིང་ཁྲོ་ལ་གདུག །ཁེངས་

ཤང་ཆགས་ལ་མ་བསྟམས་དང་། །སྦྱོམས་དང་བཅས་པ་མི་བྱའོ། །ཞེས་སྤྱང་བྱའི་མཚན་ཉིད་དང་། རྡོ་རྗེ་རྩེ་མོ་ལས། དཀོན་མཆོག་གསུམ་ལ་དད་དང་ལྡན། །སྡིག་ལ་འཇིགས་ཤིང་ཤིན་ཏུ་བསྟམ། །དད་དང་དྭངས་བ་ཕུན་སུམ་ཚོགས། །དེ་ལ་དམ་ཚིག་སྡོམ་པ་སྦྱིན། །ཞེས་བསྟེན་བྱའི་མཚན་ཉིད་དུ་བཤད་པ་ལས་དུས་དབང་གིས་ཐམས་ཅད་ཚང་བ་མ་རྙེད་ཀྱང་། མཚན་ཉིད་ཅི་རིགས་པ་ཚང་ཞིང་ཁྱད་པར་རྡོ་རྗེ་ཐེག་པའི་སྨྱུར་ལམ་ལ་བརྟེན་ནས་བླ་ན་མེད་པའི་བྱང་ཆུབ་བསྒྲུབ་པ་ལ་ཆེས་རིངས་པས་དམ་ཚིག་དོན་དུ་གཉེར་བ་གཙོ་ཆེ་བས་བསམ་པ་དེ་ལྟ་བུ་ལྡན་ན་ངེས་པར་འཇུག་ཏུ་རུང་སྟེ། སྤྱི་རྒྱུད་ལས། བདེ་གཤེགས་གསང་སྔགས་སྒྲུབ་པ་ལ། །དོན་གཉེར་བརྩོན་པའི་སློབ་མ་ནི། །གཟུགས་ངན་ཡོན་ཏན་མི་ལྡན་ཡང་། །བློ་དང་ལྡན་པས་གཞུགས་པར་བྱ། །ཞེས་དང་། ཀྱེ་རྡོ་རྗེ་ལས། མཚམས་མེད་ལྔ་ནི་བྱེད་པ་དང་། །སྲོག་ཆགས་གསོད་ལ་དགའ་བ་དང་། །གཞན་ཡང་སྐྱེ་བ་དམན་གང་དང་། །སྨོངས་དང་མ་རུངས་ལས་བྱེད་དང་། །གཟུགས་ངན་ཡན་ལག་མ་ཚང་བ། །བསམ་པས་དེ་རྣམས་འགྲུབ་པར་འགྱུར། །ཞེས་སོ། །དོན་དེ་ལ་དགོངས་ནས་རྗེ་བཙུན་རིན་པོ་ཆེས། །བློ་ཆེན་སྤྲངས་པ་ཟབ་མོ་དག་ལ་མོས། །རྡོ་རྗེ་འཆང་ཆེན་སྨུར་དུ་ཐོབ་འདོད་པ། །དེ་ལ་རྡོ་རྗེ་ཐེག་པ་སྦྱིན་པར་བྱ། །ཞེས་གསུངས་སོ། །དེ་ལྟ་བུའི་སློབ་མ་ནང་གཤིན་པ་གཅིག་ནས་ཉི་ཤུ་རྩ་ལྔའི་བར་གྲངས་ཁ་ཡར་བ་ཞིག་དུས་གཅིག་ཏུ་བཟུང་བར་བྱ་ཡི། གྲངས་ལས་ཐལ་བ་དང་ཁ་འཆམ་པ་ནི་མི་བྱ་སྟེ། སྤྱི་རྒྱུད་ལས། མཁས་པས་སློབ་མ་གཅིག་གམ་གསུམ། །ལྔའམ་ཡང་ན་བདུན་དག་གམ། །ཉི་ཤུ་རྩ་ནི་ལྔ་ཡི་བར། །ཟུང་དུ་མ་གྱུར་སློབ་མ་བཟུང་། །ཞེས་གསུངས་པ་འདིས་སྤྱོད་རྒྱུད་ལ་གྲངས་ངེས་མེད་པར་གསུངས་པ་མ་གཏོགས་པའི་རྒྱུད་སྡེ་ཀུན་ལ་འཇུག་པར་རབ་དབྱེ་ལས་བཤད་ཅིང་བླ་མ་གོང་མའི་ཕྱག་སྲོལ་གང་ཡོད་བཞིན་བྱས་པས་རང་ལ་ཉེས་པ་མི་འབྱུང་ངོ་། །གང་གི་ཚེ་བསྐུར་བའི་དུས་ནི། གསང་བ་སྤྱི་རྒྱུད་ལས། སྟོན་ཟླ་འབྲིང་པོའི་ཉ་ནས་ནི། །དཔྱིད་ཟླ་ཐ་ཆུང་ཉ་ཡི་བར། །དཀྱིལ་འཁོར་ཆོག་བཞིན་དུ་བྲི། །ཞེས་པ་ལྟར་གྱི་ཟླ་བ་བདུན་དང་། ཉི་མ་ཟླ་བ་གཟས་ཟིན་དང་། །ཉིན་མཚན་ཆེ་ལྟས་བྱུང་བ་དང་། །ཚེ་འཕྲུལ་གྱི་ནི་ཟླ་བ་ལ། །བསྒྲིམས་ཏེ་དཀྱིལ་འཁོར་བྲི་བར་བྱ། །ཞེས་དང་། ཟླ་བ་སོ་སོའི་ཡར་ངོའི་ཚེས་གྲངས་གཉིས་བཞི་དྲུག་དགུ་བཅུ་གཉིས་ཏེ་ལྔ་པོ་མ་གཏོགས་པའི་ཉི་མ་བཅུ་ནི་མཆོག་ཏུ་བསྟགས་ཤིང་། ཕུར་བུ་དང་ནི་ཟླ་བ་དང་། །པ་སངས་དང་ཉི་མ་བཟང་། །ཞེས་དང་། རྒྱལ་དང་སྐག་དང་ས་ག་དང་། །མི་བཞི་ནག་པ་ཐ་སྐར་དང་། །སྨྲིན་སོགས་གསུམ་དང་དེ་དག་ནི། །དཀྱིལ་འཁོར་ལས་ལ་རབ་ཏུ་བསྟགས། །ཞེས་པ་ལྟར་གྱི་གཟའ་སྐར་སྦྱོར་བྱེད་བཟང་པོ་འཛོམ་པའི་ཡར་གྱི་ངོའམ། དེ་རྣམས་ལྷག་པར་འཛོམ་ན་མར་ངོ་ལ་ཡང་ཉེས་པ་མེད་དེ། མར་གྱི་ངོ་ཡི་དུས་མཚམས་ལའང་། །དཀྱིལ་

འཁོར་འབྲི་བ་ཉེས་པ་མེད། །ཅེས་དང་། རབ་གནས་ཀྱི་རྒྱུད་ལས་ཀྱང་། དབང་བསྐུར་དང་ནི་རབ་གནས་ཉིད། །ཡར་གྱི་ངོ་ལ་བརྟག་པར་བྱ། །གཟའ་དང་སྐར་མ་འཛོམ་གྱུར་ན། །མར་གྱི་ངོ་ལའང་ཉེས་པ་མེད། །ཅེས་འབྱུང་ངོ་། །དེ་དག་མ་བརྟགས་པར་ངན་པ་ལ་ལས་བྱས་པའི་ཉེས་པའང་། སྤྱི་རྒྱུད་ལས། ཆོས་གྲངས་ངན་དང་དུས་མིན་དང་། །གནས་མིན་ཚོག་མི་ལྡན་པར། །མཁས་པས་དཀྱིལ་འཁོར་མི་འབྲིའོ། །བྲིས་ན་དགོས་པ་མེད་པར་འཆི། །དེ་ལྟ་བས་ན་ཡུད་ཙམ་དང་། །ཆོས་གྲངས་རྒྱུ་སྐར་བྱེད་པ་དང་། །རྨི་ལམ་བཟང་པོ་བརྟག་པར་བྱེད། །ཅེས་སོགས་གསུངས་སོ། །གང་དུ་དབང་བསྐུར་བའི་གནས་ལ། སྤྱིའི་མཚན་ཉིད་དབང་མདོར་བསྟན་ལས། གང་ན་ས་ཕྱོགས་ཆོས་ལྡན་ཞིང་། །གང་ཞིག་ཁོ་ནར་སྐྱེ་དགུ་རྣམས། །བདེར་གནས་ས་འཛིན་རྩོད་མེད་པའི། །གནས་དེར་རྣལ་འབྱོར་བརྩམ་པར་བྱ། །ཞེས་གསུངས་པ་ལྟར་ས་ཕྱོགས་ཆོས་ལྡན་གྱི་རྒྱལ་པོས་སྐྱོང་ཞིང་ཕྱི་ནང་གི་ཉེར་འཚེ་མེད་པ་ཞིག་དགོས་ལ། ཁྱད་པར་དཀྱིལ་འཁོར་བཞེངས་པའི་གནས་ནི། བརྟག་གཉིས་ལས། ཚལ་དང་སྐྱེ་བོ་མེད་གནས་དང་། །བྱང་ཆུབ་སེམས་དཔའི་ཁྱིམ་དང་ནི། །དཀྱིལ་འཁོར་ཁང་པའི་གནས་སུ་ཡང་། །དཀྱིལ་འཁོར་དམ་པ་རབ་ཏུ་བཞེངས། །ཞེས་དང་། སྤྱི་རྒྱུད་ལས། མཆོད་རྟེན་ཆེན་པོ་ཉམས་དགའ་དང་། །དབེན་པ་ཡི་ནི་གནས་དག་དང་། །རི་ཡི་རྩེ་མོ་རྒྱ་ཆེན་དང་། །དངོས་གྲུབ་དཀྱིལ་འཁོར་བྲི་བར་བྱ༔ ༔ཞེས་སོགས་ཇི་སྐད་བཤད་པའི་མཚན་ཉིད་དང་ལྡན་ཞིང་རང་ངམ་བླ་མ་གོང་མས་སའི་ཆོ་ག་ཚུལ་བཞིན་དུ་བྱས་ཤིང་། སྐྱོན་དང་མི་ལྡན་པའི་སྐྱེ་བོས་དབེན་པ་ཞིག་ཅིས་ཀྱང་དགོས་སོ། །ལྔ་པ་དབང་གི་ངེས་ཚིག་ནི། དབང་བཞི་རིམ་པར་སོགས་ཏེ། རྩ་རྒྱུད་ལས། གཏོར་དང་བླུག་པ་ཞེས་བྱ་འདིས། །དབང་ཞེས་མངོན་པར་བརྗོད་པར་བྱ། །ཞེས་གསུངས་ཏེ། དབང་གི་སྐད་དོད་ཨ་བྷི་ཥི་ཀ་ཏ་ཞེས་འབྱུང་བ་གཏོར་ཞིང་བླུག་པ་སྟེ་དབང་བཞི་པོ་རིམ་པ་བཞིན་སྤྱི་བོ་དང་། ལྟེ་དང་། དབང་གི་གནས་དང་། རླུང་སེམས་ལ་གཏོར་ཞིང་བླུག་པའི་ངེས་ཚིག་ས་བོན་ལ་ཆུ་ལུད་ཀྱིས་བྲན་པའི་དཔེས་བསྟན་པ་སྟེ་སྐུ་བཞིའི་མྱུ་གུ་བསྐྱེད་པས་ན་དབང་ཞེས་བྱ་ལ། གཞན་ཡང་སྣ་ལྡན་ཏའི་སྒྲས་འཁྲུད་པར་བྱེད་པ་སྟེ། མན་སྙེ་ཚུང་བ་ལས། ལུས་ངག་ཡིད་ལས་བྱུང་བ་ཡི། །དྲི་མ་འདག་ཕྱིར་དབང་དུ་བརྗོད། །ཅེས་དབང་བཞི་བསྐུར་བས་སྒོ་གསུམ་རླུང་སེམས་དང་བཅས་པ་རང་བཞིན་གྱིས་སྐུ་བཞིར་གནས་པ་ལ་གནས་པར་མ་ཤེས་པའི་དྲི་མ་འཁྲུད་པར་བྱེད་པས་ན་དབང་ཞེས་བྱ་བའམ། ཡང་ན་ཨ་བྷི་ཥིཉྩའི་སྒྲས་དབང་བར་བྱས་པ་སྟེ། དབང་བཞི་ཐོབ་པས་ལམ་བཞི་བསྒོམ་པ་ལ་དབང་བར་བྱས་པས་དབང་ཞེས་བྱ་བའམ། ཡང་ན་པྲ་ཐེཀྐའི་སྒྲས་སྐལ་བ་དང་ལྡན་པ་སྟེ་ཚེ་འདི་ཉིད་ལ་དངོས་གྲུབ་ཀྱི་སྐལ་བ་སྟེར་བའི་ཕྱིར་རམ། ཕྱག་རྒྱ་ཆེན་པོ་མཆོག་གི་གོ་འཕང་ལ་འཛོག་པའི་ཕྱིར་དབང་ཞེས་བརྗོད་པ་ནི་སྒྲ་དོན་ནམ་

ངེས་ཚིག་གོ། །སྒྲ་དོན་དེ་ལྡན་གྱི་དབང་དེའང་གནས་སྐབས་ཀྱི་སྒོ་ནས་རགས་པར་ལམ་ལ་སྦྱོར་བར་བྱེད་པ་རྒྱུའི་དབང་དང་། དེ་ཉིད་ཀུན་ནས་གོམས་པར་བྱེད་པ་ལམ་གྱི་དབང་། དེས་འབྲས་བུ་མཐར་དབྱུང་བ་འབྲས་བུའི་དབང་སྟེ་རྣམ་པ་གསུམ་གྱིས་འབྱེད་ཀྱང་གང་ཟག་ལ་ལྟོས་ན་དུ་མར་འགྱུར་གསུངས་སོ། །དྲུག་པ་དབང་ཆོག་དེ་ལས་སྔགས་སྡོམ་ཐོབ་པའི་དུས་བསྟན་པ་ནི། དབང་ཆོག་དེ་ལས་སྔགས་སྡོམ་ཐོབ་པའི་དུས་ཞེས་པས་མཚམས་སྦྱར་ནས་བཤད་པ་དངོས་ལ་གཉིས་ཏེ། ལུགས་གཞན་འགོག་པའི་ཞར་ལས་བཤད་པ་དང་། མདོར་བསྡུ་བ་དབང་གི་དངོས་གཞི་རྡོ་རྗེ་སློབ་དཔོན་གྱི་དབང་དུ་སྒྲུབ་པའི་སྒོ་ནས་བཤད་པའོ། །དང་པོ་ལ་གསུམ་སྟེ། སྡོམ་བཟུང་བརྗོད་པ་ཐ་མ་ལ་ཐོབ་པར་འདོད་པ་འགོག་པའི་ཞར་ལས་རང་ལུགས་ཐོབ་ཚུལ་གཉིས་སུ་འཇོག་པ་དང་། བུམ་དབང་གི་དམ་ཚིག་གསུམ་སྦྱིན་པའི་སྐབས་སུ་ཐོབ་པར་འདོད་པ་འགོག་པའི་ཞར་ལས་དབང་བཞི་རྫོགས་པས་སྡོམ་པ་གསུམ་ལྡན་དུ་སྒྲུབ་པ་དང་། དགག་སྒྲུབ་རྒྱས་པ་བདུད་རྩི་ཉིད་ཀྱི་རྩ་འགྲེལ་ལ་ལྟ་བར་གདམས་པའོ། །དང་པོ་ནི། རིགས་ལྔའི་སོགས་ཏེ། ཁ་ཅིག་རིགས་ལྔའི་སྡོམ་གཟུང་རྗེས་ཟློས་ལན་གསུམ་བྱས་པའི་བརྗོད་པ་ཐ་མའི་རྗེས་སུ་སྐྱེ་བས་སྔ་གོན་དང་འཇུག་པའི་སྐབས་སུ་སྔགས་སྡོམ་རྫོགས་པར་འདོད་ཀྱང་མི་འཐད་དེ། སྤྱིར་སྔགས་སྡོམ་ལ་ཁས་བླངས་ཀྱིས་ཐོབ་པ་དང་། ཆོགས་ཐོབ་པ་གཉིས་ཡོད་པ་ལས་འདི་ནི་ཁས་བླངས་ཀྱི་སྒོ་ནས་ཐོབ་པ་ཙམ་སྟེ། ཆོགས་བསྐྱེད་པའི་སྡོམ་པ་ནི་མ་ཡིན་ནོ། །གལ་ཏེ་ཁས་བླངས་ཀྱིས་ཐོབ་པ་ཙམ་གྱིས་སྔགས་སྡོམ་རྫོགས་པར་འདོད་ན་དངོས་གཞིའི་ཆོ་ག་དོན་མེད་པར་འགྱུར་རོ། །འདོད་མི་ནུས་ཏེ་དབང་གི་དངོས་གཞིའི་ཆོ་ག་ཐམས་ཅད་སྔགས་སྡོམ་རྒྱུད་ལ་བསྐྱེད་པའི་ཐབས་ཁོ་ནར་གསུངས་པས་སོ། །འོན་ཁས་བླངས་ཀྱིས་ཐོབ་ཚུལ་ཇི་ལྟར་སྙམ་ན། ད་གཟོད་དབང་གི་དངོས་གཞི་ལ་བརྟེན་ནས་སྔགས་སྡོམ་མཚན་ཉིད་པ་ཐོབ་པའི་ཚེ་དམ་ཚིག་དང་སྡོམ་པ་འདི་དག་བསྲུང་བར་བྱའོ། །ཞེས་པའི་ཚུལ་གྱིས་ཐོབ་པའོ། །དོན་འདི་ལ་དགོངས་ནས་རྗེ་བཙུན་གྱིས་རྒྱ་སྟོན་སྤྲིང་ཡིག་ཏུ། རིགས་ལྔའི་སྡོམ་བཟུང་ལན་གསུམ་བྱས་པས་རྡོ་རྗེ་ཐེག་པའི་སྔ་གོན་དང་། ཡོལ་བའི་ཕྱི་འཇུག་དང་ནང་འཇུག་གི་གནས་སྐབས་སུ་ཐོབ་པའི་དམ་ཚིག་དང་སྡོམ་པ་རྣམས་སོར་ཆུད་པ་ཡིན་ནོ་ཞེས་གསུངས་སོ། །འདིའི་ཕྱོགས་སྔ་སྨྲ་བ་པོ་བོ་དོང་བ་དང་། ཁྱད་པར་དགེ་ལྡན་པས་རྩལ་ཐོན་དུ་མཛད་པ་ཡིན་ཀྱང་ཕྱིས་སུ་དབང་བཤད་མཛད་པ་པོ་འཕགས་ཆེན་གྱི་སར་བཞུགས་པ་འགའ་ཞིག་གིས་ཙུང་ཟད་བསྒྲིབས་ཏེ་ཚུལ་གཞན་དུ་བཤད་པའང་སྣང་ངོ། །

གཉིས་པ་ནི། ཁ་ཅིག་སོགས་ཏེ། རྗེ་རྡོ་རྗེ་འཆང་ཡབ་སྲས་ཀྱིས་རིགས་ལྔའི་སྡོམ་པ་ཆོགས་ཐོབ་པ་ཙམ་མམ། རྩ་བ་དང་ཡན་ལག་གི་ལྟུང་བ་ཉིཤུ་རྩ་གཉིས་བསྲུང་བ་ལ་དབང་བ་ཙམ་ལ་དགོངས་ཏེ་བུམ་དབང་

གི་སྐབས་སུ་སྔགས་སྡོམ་ཐོབ་པར་བཞེད་པའི་སློབ་ཐུན་མོང་དུ་གསུང་ཚོད་ཙམ་ལ་བརྟེན་ནས་རང་ལུགས་ཀྱི་མཁས་པ་རྗོང་དཀར་པ་ཆེན་པོ་དང་། བདག་ཆེན་བློ་གྲོས་རྒྱལ་མཚན་ལ་སོགས་པ་ཁ་ཅིག་རྡོ་རྗེ་སློབ་དཔོན་གྱི་དབང་དམ་ཚིག་གསུམ་སྦྱིན་པའི་གནས་སྐབས་སུ་སྐུ་གསུང་ཐུགས་ཀྱི་དམ་ཚིག་དང་སྡོམ་པ་མཐའ་དག་ཐོབ་པས་བུམ་དབང་ཉིད་ཀྱིས་སྔགས་སྡོམ་རྫོགས་པ་མཐའ་གཅིག་ཏུ་འདོད་མོད། འཐད་པ་མ་ཡིན་ཏེ། རབ་དབྱེར། ཕྱི་ནང་རྟེན་འབྲེལ་བསྒྲིག་མཁྱེན་ཅིང་། །སྐུ་བཞིའི་ས་བོན་ཐེབ་ནུས་པའི། །བླ་མ་བཙལ་ལ་དབང་བཞི་བླང་། །དེ་ཡིས་སྡོམ་པ་གསུམ་ལྡན་འགྱུར། །ཞེས་རྒྱལ་བ་ཐམས་ཅད་ཀྱི་བགྲོད་པ་གཅིག་པའི་ལམ་བླ་མེད་རྡོ་རྗེ་ཐེག་པའི་དབང་དུ་མཛད་ནས་སྔགས་ཀྱི་སྡོམ་པ་ལ་བསྐྱེད་རྫོགས་ཀྱི་སྡོམ་པ་གཉིས་སུ་ཕྱེ་སྟེ། དེ་ཐོབ་པ་དབང་བཞི་རྫོགས་པ་ལ་ལྟོས་པར་གསུངས་པ་འགོག་པར་འདོད་དམ་གཞན་ཅི་ཞིག་གི་ཕྱིར། གལ་ཏེ་རབ་དབྱེའི་ལུང་རས་ཚོད་དུ་བོར་ནས་དམ་ཚིག་གསུམ་སྦྱིན་པས་བླ་མེད་ཀྱི་སྔགས་སྡོམ་རྫོགས་པར་འདོད་ན་རྣལ་འབྱོར་དང་རྣལ་འབྱོར་ཆེན་པོའི་སྡོམ་པ་ཁྱད་མེད་པར་འགྱུར་ཏེ། རྣལ་འབྱོར་གྱི་རྒྱུད་དུ་དམ་ཚིག་གསུམ་སྦྱིན་པ་རྡོ་རྗེ་སློབ་དཔོན་གྱི་དབང་མཐར་ཐུག་པ་ཡིན་པར་སློས་མ་དགོས་པ་དང་། བླ་མེད་ཀྱི་སྐབས་སུའང་སྔགས་སྡོམ་བསྐྱེད་བྱེད་ཀྱི་ཆོ་ག་དེ་ཙམ་གྱིས་ཆོག་པར་ཁྱེད་འདོད་པ་ལྟར་ན། རབ་དབྱེར་ཡང་། བླ་མ་བཙལ་ལ་བུམ་དབང་བླང་། །དེ་ཡིས་སྡོམ་པ་གསུམ་ལྡན་འགྱུར། །ཞེས་འབྱུང་རིགས་པ་ལ་མ་བྱུང་བ་ཅི་ཞིག །གལ་ཏེ་རྣལ་འབྱོར་གྱི་རྒྱུད་དུ་ལྷ་སྐུ་སྣང་སྟོང་ལ་ཕྱག་རྒྱ་ཆེན་པོ་སྐུའི་དམ་ཚིག་ཏུ་གསུངས་པ་ཙམ་དང་། བླ་མེད་ཀྱི་སྐབས་སུ་ཡབ་ཡུམ་ཕན་ཚུན་རེག་པའི་བདེ་བས་རྒྱུད་གང་བ་ལ་དེ་ལྟར་བཤད་པས་ཁྱད་པར་ཆེའོ་ཞེ་ན། དེ་ལྟར་ན་ངེད་ཀྱི་འདོད་པ་ཤིན་ཏུའང་གྲུབ་སྟེ། ལྟ་དགོད་འཁྱུད་དང་གཉིས་ཀྱིས་གཉིས་སྦྲུད་པས། །འདོད་ཆགས་ཚིམས་པའི་འདོད་ཁམས་སེམས་ཅན་ལ། །དེ་དེའི་བདེ་བ་ཙམ་ཞིག་རྗེས་གནང་བའི། །རྒྱུད་བཞི་གསུངས་པ་ཞེས་པའི་འཁྱུད་པའི་བདེ་བའམ། བཤད་ཚུལ་གཞན་དུ་ལག་བཅངས་ཀྱི་བདེ་བ་ལམ་བྱེད་ཀྱི་གསུངས་པ་ཡོ་གའི་དབང་གི་སྐབས་སུ་དོན་ཐོབ་ཙམ་ལས་མ་བྱུང་ལ། བླ་མེད་ཀྱི་ཕྱག་རྒྱའི་དམ་ཚིག་སྐབས་གོང་དུ་བཤད་པ་ལྟར་གྱི་ལམ་བྱེད་དངོས་སུ་ཡོད་པ་དང་། ཀྱཻ་རྡོར་དབང་བཤད་ཆེན་མོར། ཡོ་ག་དང་ཐུན་མོང་བའི་སངས་རྒྱས་ཀུན་གྱི་སྐུ་གསུང་ཐུགས་ཀྱི་དམ་ཚིག་རྣམ་པ་གསུམ་ཐོབ་ཚུལ་གྱི་སྒོ་ནས་དེ་ལས་ཅུང་ཟད་ཁྱད་པར་འཕགས་པ་དང་། ཞེས་པའི་དོན་ཡང་འདི་ཡིན་ལ། གཉིས་ཀྱིས་གཉིས་སྦྱོར་བའི་བདེ་བ་ལམ་བྱེད་དབང་གསུམ་པ་ལ་ལྟོས་པའི་སྡོམ་པ་སྟེ། སངས་རྒྱས་ཀུན་གྱི་སྡོམ་པ་ནི་ཞེས་སོགས་འོག་ཏུ་འཆད་འགྱུར་གྱི་སྙིང་པོ་ཡིན་པས་སོ། །དཀྲུས་སུ་རབ་དབྱེའི་ལུང་ལས་མ་དྲངས་ཀྱང་། རྗེ་ས་སྐྱ་པའི་གསུང་རབ་དུ་མ་ནས་འབྱུང་བ

ཡིན་ཏེ། དཔལ་བརྟེ་བ་ཆེན་པོའི་དབང་བཞི་ངོ་སྤྲོད་ཀྱི་རང་འགྲེལ་ལས། སོ་སོར་ཐར་པའི་སྡོམ་པ་དགེ་བསྙེན་ནས་དགེ་སློང་གི་བར་ཐོབ་པ། བྱང་ཆུབ་སེམས་དཔའི་སྨོན་འཇུག་གི་སེམས་བསྐྱེད་ཐོབ་པ། གསང་སྔགས་ཀྱི་དབང་བཞིའི་སྡོམ་པ་ཐོབ་པའོ། །ཞེས་དང་། རྗེ་བཙུན་རྩེ་མོའི་སམ་བུ་ཊའི་ཊཱི་ཀ་ལས། བསྐྱེད་རིམ་གྱི་སྡོམ་པ་དང་རྫོགས་རིམ་གྱི་སྡོམ་པའི་ཐ་སྙད་གསལ་བར་གསུངས་པ་དང་། རྗེ་བཙུན་གྲགས་པའི་ཨིནྡྲ་བྷཱུ་ཏིའི་ལམ་སྐོར་ལས། སྦྱངས་པ་ལས་བྱུང་བའི་ཡོན་ཏན་ནི་སྐྱབས་གསུམ་སྔོན་དུ་འགྲོ་བའི་སོ་སོར་ཐར་པའི་སྡོམ་པ་དང་ཡང་ལྡན། སྨོན་འཇུག་སེམས་བསྐྱེད་བྱས་ཏེ་བྱང་ཆུབ་སེམས་དཔའི་བསླབ་པ་དང་ཡང་ལྡན། དབང་བཞི་ཡོངས་སུ་རྫོགས་ཏེ་རྡོ་རྗེ་ཐེག་པའི་སྡོམ་པ་དང་ཡང་ལྡན་ཞེས་དང་། ཊོཾ་བྷི་བའི་ལམ་སྐོར་ལས་ཀྱང་རྒྱས་པར་བཤད་དོ། །གཞན་ཡང་དམ་ཚིག་གསུམ་སྦྱིན་པ་ཁོ་ན་སློབ་དཔོན་གྱི་དབང་གི་དངོས་གཞིར་འདོད་ན་ཡེ་ཤེས་ཞབས་ལུགས་ཀྱི་དཀྱིལ་ཆོག་བཞི་བརྒྱ་ལྔ་བཅུ་པ་སོགས་འགའ་ཞིག་ཏུ་དམ་ཚིག་གསུམ་སྦྱིན་པ་སློབ་མའི་དབང་གི་གནས་སྐབས་སུ་འབྱུང་བས་སྐབས་དེར་སྔགས་སྡོམ་རྫོགས་པར་སླ་བར་ནུས་སམ། འདོད་མི་ནུས་ཏེ་སློབ་དཔོན་གྱི་དབང་ལས་སྔགས་སྡོམ་རྫོགས་པར་རང་ཉིད་ཀྱིས་ཁས་བླངས་པའི་ཕྱིར་རོ། །དེ་མཚུངས་བདག་ཆེན་གྱི་དམ་ཚིག་རྣམ་བཤད་དུ་དབང་གོང་མ་ལ་སྔགས་སྡོམ་གསར་ཐོབ་ཡོད་ན། དབང་བཞི་རྫོགས་པའི་རྗེས་སུ་དབང་དང་རྗེས་གནང་གང་ཐོབ་ལ་སྡོམ་པ་གསར་ཐོབ་རེ་ཡོང་བས་སྔགས་སྡོམ་ཐུག་མེད་དུ་འགྱུར་གསུངས་པ་ནི། རང་ཉིད་ཀྱིས་ལམ་དབང་གི་སྔོན་དུ་རྒྱུ་དབང་འགྲོ་དགོས་པ་དགོངས་བཞིན་དུ་ལམ་དབང་གི་ཡི་གེར། རྡོ་རྗེ་ཐུགས་ཀྱི་དམ་ཚིག་སྦྱིན་པའི་སྐབས་ནས་ཐུགས་རྡོ་རྗེ་ཆོས་སྐུར་བྱིན་གྱིས་རློབས་ཏེ། ཐུགས་ཀྱི་དམ་ཚིག་དང་སྡོམ་པ་ཐོབ་པར་མོས་སུ་བཅུག །ཅེས་སོགས་ལམ་དབང་ལའང་ཐོབ་མཚམས་ཀྱི་བཤད་པ་མཛད་པས་རྗེ་ཉིད་ཀྱང་ཐུག་མེད་ཀྱི་ཕྱོགས་སུ་ཐལ་ལོ། །ལུགས་སྲོལ་དྲི་མ་མེད་པ་འདི་ལ་ཐུག་མེད་ཀྱི་སྐྱོན་གྱིས་མི་སྙེབ་སྟེ། དབང་གོང་མར་བུམ་དབང་གི་གནས་སྐབས་སུ་མ་ཐོབ་པའི་སྡོམ་པའི་རིགས་རྫོགས་རིམ་གྱི་སྡོམ་པ་གསར་དུ་ཐོབ་བྱ་ཡོད་ལ། དབང་བཞི་རྫོགས་པའི་རྗེས་སུ་དམ་ཚིག་དང་སྡོམ་པ་གང་བླངས་ཀྱང་སྔར་ཐོབ་ཟིན་གྱི་སྡོམ་པ་ཡང་ཡར་ལྡན་དུ་བྱེད་པ་ཡིན་པས་གསར་དུ་ཐོབ་བྱ་མེད་དེ་སྔར་དབང་བཞིའི་གནས་སྐབས་སུ་ཐོབ་པ་དེ་དང་། རིགས་གཅིག་པའི་དམ་ཚིག་དང་སྡོམ་པ་ཡིན་པའི་ཕྱིར་རོ། །གཞན་ཡང་ཀྱི་རྡོ་རྗེ་ལས། སངས་རྒྱས་ཀུན་གྱི་སྡོམ་པ་ནི། །ཨེ་ཝཾ་རྣམ་པར་རབ་ཏུ་གནས། །ཨེ་ཝཾ་རྣམ་པ་བདེ་ཆེན་པོ། །དབང་ལས་ཡང་དག་ཤེས་པར་འགྱུར། །ཞེས་རྫོགས་རིམ་གྱི་སྡོམ་པ་གཙོ་ཆེར་དབང་གསུམ་པ་ལས་ཐོབ་པ་ནི་དབང་དུས་སུ་མཚོན་བྱེད་དཔེའི་ཡེ་ཤེས་དངོས་སུ་སྐྱེས་པའི། དོན་གྱི་ཡེ་ཤེས་སྐྱེ་བའི་སྐབས

ཀྱང་སྲིད་པ་དང་། དཔེའི་ཡེ་ཤེས་དང་ཆ་འདྲ་བའམ། སྡོམ་པ་གདགས་རུང་གི་སྐྱེ་ཚུལ་གཞན་ཡང་འོག་ཏུ་འཆད་འགྱུར་གྱིས་རྟོགས་པར་འགྱུར་བ་དང་། དེ་བཞིན་དུ་དབང་བཞི་པོ་རེ་རེ་ལ་འང་མཉམ་བཞག་གི་དམ་ཚིག །རྗེས་སྤྱོད་ཀྱི་དམ་ཚིག །བཟའ་བའི་དམ་ཚིག །བསྲུང་བའི་དམ་ཚིག །མི་འབྲལ་བའི་དམ་ཚིག་ལྔ་ལྔ་སྟེ་ཉི་ཤུ་གསུངས་པ་དང་། མན་ངག་གི་གནད་དྲུག་ཅེས་པ་དབང་བཞི་པོ་རེ་རེ་ལ་འང་རྒྱུ་ལ་གནས་པ། དབང་ལས་ཐོབ་པ། ལམ་ལ་གོམ་པ། ལྟ་བ་ལ་ཉམས་སུ་མྱོང་བ། གྲུབ་མཐའ་ལ་རྟགས་སུ་ཤར་བ། འབྲས་བུ་ལ་དོན་མ་ལུས་པ་མངོན་དུ་གྱུར་པ་སྟེ་དྲུག་དྲུག་ཡོད་པས་ན་དབང་བཞི་རྫོགས་པས་སྔགས་སྡོམ་རྫོགས་པར་དོན་གྱིས་གྲུབ་པ་གསུང་ངག་རིན་པོ་ཆེའི་རྣམ་གཞག་མཐའ་དག་བློས་འདོར་རམ་ཞེས་དྲི་བ་ན། དེ་ལ་གྲོལ་བར། རྣམ་གཞག་དེ་དག་གསུང་ངག་གི་ཁྱད་ཆོས་ཀྱི་ཕྱིར་ངེས་པར་ཁས་ལེན་མོད་དམ་ཚིག་དང་སྡོམ་པ་མི་གཅིག་པས་སྔགས་སྡོམ་རྫོགས་མཚམས་ལ་མི་ཕན་ནོ་ཞེ་ན། དག་ལྡན་ལས། དེ་ལ་དང་པོར་ཐོབ་པ་ལ་དམ་ཚིག །མི་ཉམས་པ་བསྲུང་བ་ལ་སྡོམ་པ་ཞེས་བྱ་བའམ། བཟའ་བ་ལ་དམ་ཚིག །བསྲུང་བ་ལ་སྡོམ་པ་ཞེས་བྱ་བའམ། གཉེན་པོ་བསྟེན་པ་ལ་དམ་ཚིག །སྤང་བྱ་སྤོང་བ་ལ་སྡོམ་པ་ཞེས་བྱ་བའམ། དེ་གཉིས་མིང་གི་རྣམ་གྲངས་སུ་འང་འགྱུར་རོ་ཞེས་གསུངས་པས་ན། སྡོམ་པ་ཞེས་པ་དགག་པའི་ངོས་ནས་བཏགས་པ་སྟེ། གཙོ་བོར་སྤང་བྱ་སྡོམ་པ་དང་། མང་པོ་གཅིག་ཏུ་སྡོམ་པ་ལ་འང་འཇུག་སྟེ། བསྐྱེད་རིམ་གྱི་སྐབས་སུ་མ་དག་པའི་སྣང་བའི་དངོས་པོ་ཐམས་ཅད་ལྷའི་ངོ་བོར་སྡོམ་པ་དང་། རྫོགས་རིམ་གྱི་སྐབས་སུ་བདེ་ཆེན་གྱི་ཡེ་ཤེས་ཀྱི་ངོ་བོར་སྡོམ་པའམ་དེ་དང་དེར་དག་པ་དང་། དམ་ཚིག་ཅེས་པ་སྒྲུབ་པའི་ངོས་ནས་བཏགས་པ་སྟེ་ཚུལ་དེ་ལས་ནམ་ཡང་མི་འདའ་བར་ཉམས་སུ་ལེན་པའི་དོན་དུ་སྟེ། དགག་བྱ་སློབ་དཔོན་སྨད་པ་སྤངས་པ་ན་སྒྲུབ་བྱ་མི་སློད་པ་ཉིད་གྲུབ་པའམ། དགག་བྱ་སྣང་བ་ལ་ཞེན་པ་སྡོམ་པ་ན་སྒྲུབ་བྱ་ལྷ་དང་ཡེ་ཤེས་སུ་ལྟ་བ་གྲུབ་པ་བཞིན་ནོ། །སྐབས་དོན་སྙིང་པོར་དྲིལ་བར་རྣམ་གཞག་དེ་གཉིས་ཀས་སྔགས་སྡོམ་རྫོགས་པ་དབང་བཞི་རྫོགས་པ་ལ་ལྟོས་པར་གྲུབ་སྟེ༔ སྔ་མ་ལྟར་ན་ལུགས་འདིའི་སྔགས་སྡོམ་ཡོངས་སུ་རྫོགས་པ་ལ་དམ་ཚིག་ཉི་ཤུ་རྫོགས་པར་ཐོབ་དགོས་པའི་ཕྱིར་རོ། །གཞན་དུ་ན་དབང་གོང་མ་མ་ཐོབ་པར་རྡོ་རྗེ་འཛིན་པའི་ས་ཐོབ་པ་ཡོད་དགོས་པར་འགྱུར་ཏེ། །སྔགས་སྡོམ་རྫོགས་པར་ཐོབ་ནས་དམ་ཚིག་ཚུལ་བཞིན་དུ་བསྲུང་ན་ལམ་གཞན་མ་བསྒོམ་ཀྱང་། སྐྱེ་བ་བཅུ་དྲུག་ནས་འཚང་རྒྱ་བ་ཚད་ལྡན་གྱི་གཞུང་ནས་གསུངས་པ་དེ་བླ་མ་གོང་མས་ཡང་ཡང་དྲངས་པའི་ཕྱིར་རོ། །ཕྱི་མ་ལྟར་ན་རྒྱུད་གསུམ་གྱིས་ཕྱེ་བའི་རྒྱུ་ལ་གནས་པའི་སྡོམ་པ་དེ་དབང་ལས་ཐོབ་པ། དབང་ལས་ཐོབ་པ་དེ་ལམ་ལས་གོམ་པ་ཞེས་སོགས་བུམ་དབང་ལ་སྦྱར་ན་དབང་གོང་མ་ལ་ཡང་སྦྱར་དགོས་པར་མཚུངས་པའི་ཕྱིར་དང་། བུམ་

དབང་ལ་མི་སྦྱར་ན་བུམ་དབང་གི་སྐབས་སུ་དབང་ལས་ཐོབ་པ་ཞེས་པ་དེ་སྡོམ་པ་ཐོབ་པ་མ་ཡིན་པར་འགྱུར་བའི་ཕྱིར་རོ། །འདོད་ན་བུམ་དབང་གིས་སྔགས་སྡོམ་རྫོགས་པ་འདོད་པ་དང་འགལ་ལོ། །སྐྱོན་འདི་དག་སྤོང་བར་འདོད་ནས་དབང་གོང་མ་གསུམ་རྫོགས་རིམ་གྱི་སྣོད་དུ་རུང་བར་བྱ་བའི་བྱིན་རླབས་ཙམ་ཡིན་གྱིས། ཆོ་ག་མེད་ཅེས་གསུང་ནའང་བྱིན་རླབས་ཡིན་པ་ཉིད་ཀྱིས་ཆོ་ག་མེད་པར་མི་འགྲུབ་སྟེ། བྱིན་རླབས་ཉིད་ལའང་བྱིན་རླབས་ཀྱི་ཆོ་ག་ཡོད་པའི་ཕྱིར་རོ། །དབང་གོང་མ་བྱིན་རླབས་ཙམ་མ་ཡིན་ཏེ། ཞུས་ལན་གསལ་བར། དེ་ཡི་སློ་ནས་དཀྱིལ་འཁོར་ཆེན་པོ་རུ། །ཞུགས་ལ་དབང་བཞི་པོ་རྣམས་རྫོགས་པར་བླང་། །བྱིན་རླབས་ཕྲ་མོ་ཙམ་གྱིས་མ་ཡིན་ཏེ། །སྔགས་ཀྱི་རྩ་བ་དབང་བསྐུར་ཡིན་པས་སོ། །ཞེས་གསུངས་པ་འདི་ལ་བྱིན་རླབས་ཕྲ་མོ་བླང་དགོས་པའི་སྐབ་བྱེད་དུ་བྱིན་རླབས་ཕྲ་མོ་ཙམ་གྱིས་མ་ཡིན་ཏེ་ཞེས་བཀོད་པར་ཐལ་བའི་ཕྱིར་རོ། །དེས་ན་འཇུག་པ་དང་དངོས་གཞིའི་དབང་གི་སྐབས་སུ་དབང་རྫས་དེ་དག་གཏོད་པ་ཙམ་ལ་ཆོ་ག་མེད་ཀྱང་དག་བྱ་དག་བྱེད་ངོ་འཕྲོད་པའི་ཏིང་ངེ་འཛིན་གྱིས་བསྐྱེད་ཚོག་རྣམ་པར་དག་པ་བྱས་ནས་སྦྱོར་དངོས་རྗེས་གསུམ་གྱི་ཆོ་ག་ཚང་བའི་སྐབས་སུ་གཏོད་པ་ལ་ཆོ་ག་ཡོད་པ་བཞིན་དུ། དབང་གོང་མ་རེ་རེ་ལའང་སྦྱོར་བ་མཎྜལ་གསོལ་གདབ། དངོས་གཞི་བླ་མས་བདུད་རྩི་བསྐྱབ་ཅིག་སྦྱིན་པ་སོགས་དང་། རྗེས་དབང་གི་དག་པ་ངོ་སྤྲོད་པ་དང་མཐའ་རྟེན་སྦྱིན་པ་ཡོད་པས་ཆོ་ག་ཡོད་པ་ཉིད་དོ། །གཞན་དུ་ན་སམ་པུ་ཊར། དབང་བཞི་པ་ཚིག་ཙམ་གྱིས་བསྐུར་བའི་སྐབས་སུ་དབང་ཚིག་འདིས་སྦྱིན་པར་བྱ་སྟེ་ཞེས་དང་། གསུང་ངག་གླེགས་བམ་གྱི་དབང་བཞི་ངོ་སྤྲོད་ཀྱི་སྐབས་སུ་དབང་བཞིའི་ཆོ་ག་ཅེས་ཡང་ཡང་གསུངས་པ་རྣམས་ཇི་ལྟར་འཆད། གཞན་ཡང་དབང་གོང་མ་ལ་ཆོ་ག་མེད་ན་སྨིན་བྱེད་མ་ཡིན་པར་འགྱུར་རོ། །དེ་ཡང་འདོད་དོ་ཞེ་ན། དབང་གོང་མ་ལ་ཕྱི་ནང་གི་རྟེན་འབྲེལ་འགྲིག་པར་མི་འགྱུར་ཞིང་སྐུ་ཕྱི་མ་གསུམ་གྱི་ས་བོན་ཐེབ་པར་མི་འགྱུར་རོ། །དེ་ཡང་འདོད་ན་བུམ་དབང་གིས་སྤྲུལ་སྐུའི་ས་བོན་ཀྱང་འདེབས་པར་མི་འགྱུར་བར་མཚུངས་སོ། །གཞན་ཡང་དབང་གོང་མ་གསུམ་སྨིན་བྱེད་མ་ཡིན་ན། རྫོགས་རིམ་གོ་འབྱེད་མ་ཡིན་པ་དང་། རྗེ་བཙུན་རྩེ་མོས། དབང་བཞིས་སྨིན་མཛད་ལམ་བཞིས་གྲོལ་བར་སྟོན། ཞེས་གསུངས་པའང་དོན་ལ་གནས་པའི་ཚིགས་བཅད་མ་ཡིན་པར་འགྱུར་རོ། །སྤྱིར་བུམ་དབང་གིས་སྔགས་སྡོམ་རྫོགས་པ་དང་དབང་གོང་མ་བྱིན་རླབས་དང་འདྲ་བར་སྨྲ་བ་ནི་འཁྲུལ་སྤོང་དུ། དེ་ལ་སྣོད་མ་ཡིན་པ་ནི་མ་སྨིན་པ་དང་། སྨིན་ཀྱང་མ་དད་པ་དང་། དད་ཀྱང་རྩ་བའི་ལྟུང་བ་གཞན་བྱུང་བའོ། །དེ་ལ་དང་པོ་མ་སྨིན་པ་ནི། བུམ་དབང་གི་འཇུག་པ་དང་དབང་མ་རྫོགས་པའོ། །དེ་ཡང་བྱང་ཕྱོགས་ཀྱི་རྒྱུད་འདི་ནང་རྡོ་རྗེ་རྣལ་འབྱོར་མའི་བྱིན་རླབས་ཙམ་ལ་བརྟེན་ཏེ་གསང་བ་སྟོན་པ་དེ་ནི་ནོར་བ་སྟེ། བྱིན་རླབས་འདི་ལ་

དབང་དང་དམ་ཚིག་གང་ཡང་མེད་པའི་ཕྱིར་རོ། །ཡང་རྗེ་བཙུན་མ་འདི་ལས་ཆེས་ལྷག་པའི་སངས་རྒྱས་གཞན་མེད་ཅིང་། འདིའི་བྱིན་རླབས་ཀྱང་ཏིང་ངེ་འཛིན་སྐྱེ་བའི་རྟེན་འབྲེལ་ཡིན་པའི་ཕྱིར་དབང་གོང་མ་བཞིན་དུ་བུམ་པའི་དབང་གི་རྗེས་ལ་བསྐུར་བ་ཡིན་པ་ལས་བུམ་པའི་དབང་མ་ཐོབ་པ་ལ་འདིའི་བྱིན་རླབས་བྱེད་པའང་རྩ་བའི་ལྟུང་བར་འགྱུར་བ་ཡིན་ནོ། །ཞེས་འབྱུང་བ་ལ་བརྟེན་པ་ཡིན་མོད། དེ་ནི་ཞིབ་ཏུ་བརྟགས་ན་རྩ་ལྟུང་བདུན་པ་གང་ལ་བརྟེན་ནས་འབྱུང་བའི་ཡུལ་བཤད་པ་ཡིན་པས་སྤྱགས་སྡོམ་རྫོགས་མཚམས་ལ་ཕན་པ་ཅི་ཡང་མི་སྣང་སྟེ། བུམ་དབང་གི་འཇུག་པ་མ་རྫོགས་པ་ལ་བུམ་དབང་གི་དངོས་གཞི་བསྐུར་བ་དང་། བུམ་དབང་མ་རྫོགས་པ་ལ། གསང་བའི་རྫས་དང་། གསང་བའི་སྤྱོད་པ་དང་། གསང་བའི་ཆོས་སྟོན་པ་རྣམས་རྩ་ལྟུང་དུ་བཞག་ཅིང་། ཕྱི་མའི་དོན་འཛིན་ལ། སྣོད་མ་ཡིན་པའི་དྲུང་དུ་རྡོ་རྗེ་ཐེག་པའི་ཆོས་ཟབ་པ་དང་། རྒྱ་ཆེ་བ་ཀུན་ཏུ་སྟོན་པའོ། །ཞེས་གསུངས་པའི་ཟབ་པ་དང་རྒྱ་ཆེ་བའི་ཆོས་ནི་སྐབས་འདིར་བླ་མེད་ཀྱི་རྒྱུད་དང་མན་ངག་ལ་འཇུག་པས་བུམ་དབང་རྫོགས་པ་ལ་དེ་དག་སྟོན་པ་རྩ་ལྟུང་མི་འབྱུང་བ་ཙམ་དང་། ཕག་མོའི་བྱིན་རླབས་བུམ་དབང་ཐོབ་པ་ལ་བསྐུར་གསུངས་པའང་གསང་སྔགས་ཀྱི་ཉེས་པ་ཁེགས་པ་མཐའི་ཚད་དུ་གསུངས་པར་ཁས་བླང་དགོས་ཀྱི། སྒྲ་ཇི་བཞིན་པ་ངེས་པར་བསྒྲུབ་བྱར་ཁས་བླངས་ན། རབ་དབྱེར། ཕག་མོའི་རྒྱ་གཞུང་རྣམས་ཀྱི་དོན་དྲིལ་ཏེ། རྡོ་རྗེ་ཕག་མོ་ཉིད་ལས་ཀྱང་། དབང་བསྐུར་ཐོབ་ཅིང་དམ་ཚིག་ལྡན། །དེ་ལ་བྱིན་རླབས་བྱ་བར་གསུངས། །ཞེས་དབང་གིས་མ་སྨིན་པ་ལ་བྱིན་རླབས་བྱེད་པ་བཀག་པ་ཇི་ལྟར་འཆད་གཞུང་འདིའི་བརྗོད་བྱ་གཙོ་ཆེ་བ་ཞིག་ཡིན་པ་དང་། དབང་ཡང་བུམ་དབང་ཙམ་མ་ཡིན་པར་རྒྱ་གཞུང་ཉིད་ལས་ཤེས་ཏེ། རྗེ་བཙུན་མ་རིན་ཆེན་རྒྱན་གྱི་སྒྲུབ་ཐབས་ལས། འདི་ལྟར་རྣལ་འབྱོར་པ་དབང་བསྐུར་བ་ཐམས་ཅད་ཡོངས་སུ་རྫོགས་པས་ཞེས་དང་། ཞལ་གཉིས་མ་ཆུང་པ་ལས་ཀྱང་། དབང་བསྐུར་བ་ཡང་དག་པར་ཐོབ་ནས་ཞེས་འབྱུང་བའི་ཡང་དག་པའི་དོན་ཚང་ལ་མ་ནོར་བ་ཞིག་ལ་འཇོག་དགོས་པས་དབང་བཞི་མ་ཚང་ན་ལུགས་འདིའི་ཡང་དག་པའི་འབྲུ་ཇི་ལྟར་བསྟན། བྱིན་རླབས་དང་སྨིན་བྱེད་མི་གཅིག་པ་ཡང་རབ་དབྱེར། རྡོ་རྗེ་ཕག་མོའི་བྱིན་རླབས་ལ༔ །སྡོམ་པ་གསུམ་ལྡན་བྱར་མི་རུང་། །ཕྱི་ནང་རྟེན་འབྲེལ་འགྲིག་མི་འགྱུར། །སྐུ་བཞིའི་ས་བོན་ཐེབ་མི་ནུས། །དེ་ཕྱིར་འདི་ནི་བྱིན་རླབས་ཙམ། །ཡིན་གྱིས་སྨིན་པར་བྱེད་པར་མིན། །ཞེས་སོ། །འདོད་ན་འགྲུལ་སྤྱོང་ཉིད་ལའང་ནང་འགལ་བྱུང་དུ་དོགས་ཏེ། བྱིན་རླབས་འདི་ལ་དབང་དང་དམ་ཚིག་གང་ཡང་མེད་པའི་ཕྱིར་རོ། །ཞེས་དང་། འདིའི་བྱིན་རླབས་ཀྱང་ཏིང་ངེ་འཛིན་སྐྱེ་བའི་རྟེན་འབྲེལ་ཡིན་པའི་ཕྱིར་ཞེས་བྱིན་རླབས་ལ་དབང་མེད་ཅིང་སྨིན་བྱེད་མ་ཡིན་པར་གསུངས་པ་དང་། བུམ་དབང་གི་རྗེས་ལ་བྱིན་རླབས་བསྐུར་བར་གསུངས་པས

དབང་གོང་མས་མ་སྨིན་པར་རྫོགས་རིམ་བསྒོམ་དུ་རུང་བར་ཐལ་ལོ། །དེ་ཡང་འདོད་ན་ཡན་ལག་གི་ལྟུང་བར་སྒྱུར་བ་ངེས་པར་མ་བྱས་པའི་དོན་དབང་གོང་མ་མ་ཐོབ་པ་ལ་གོང་མའི་གསང་བ་སྟོན་པ་ཇི་ལྟར་འཇོག །གཞན་ཡང་བྱིན་རླབས་དང་དབང་གོང་མ་དོན་གཅིག་ན་གསུང་ངག་སྣན་བརྒྱུད་བཞིའི་སྣན་བརྒྱུད་གཉིས་པར་བྱིན་རླབས་ཀྱི་བརྒྱུད་པ་མ་ཉམས་པ་བསྐུར་བའི་ཐོ་ཡིག་ཅེས་འབྱུང་བ་དབང་ལས་ལོགས་སུ་ཅི་སྟེ་བགྲང་། ཐོ་ཡིག་དེར་ཡང་དབང་བཞི་རྫོགས་པ་ལ་བྱིན་རླབས་བསྐུར་བའི་ལུགས་སུ་གསུང་པ་ལ། བདེ་མཆོག་དང་ཀྱེ་རྡོ་རྗེའི་ལུས་དཀྱིལ་གྱི་དབང་བཞི་དབང་མཚན་ཉིད་པ་ཡིན་བཞིན་དུ། ཕྱི་དཀྱིལ་དུ་དབང་བཞི་མ་རྫོགས་པ་ལ་མི་བསྐུར་བའི་དགག་དགོས་ཅི་ཡིན་ལེགས་པར་སེམས་ཤིག །གོང་དུ་གསང་སྔགས་ཀྱི་ཉེས་པ་ཁེགས་པ་མ་མཐའི་ཚད་དུ་བཞག་པ་ཅེས་ཤེས་ཞེ་ན། གསང་སྔགས་འབྱུང་བའི་ས་མཚམས་སྐྱེར་བཏང་དོགས་ཕྱོགས་ལྟར་ན་དབང་ཆུ་ཆེན་མོར། འདི་དག་ནི་མིང་བརྗོད་པ་ཙམ་ཡིན་གྱི། དེ་ཁོ་ན་ཉིད་སྐབས་འདིར་བཤད་པར་མི་བྱ་སྟེ། དབང་བསྐུར་བ་མ་བྱས་པའི་ཕྱིར་རོ། །དེ་སྐད་དུ་ཡང་། དབང་བསྐུར་ནས་ནི་དེ་ཉིད་བསྟན། །གཞན་དུ་ན་ནི་དངོས་གྲུབ་དག །ཤིན་ཏུ་རིང་བར་འགྱུར་རོ་ཞེས། །རྡོ་རྗེ་འཛིན་པ་ཉིད་ཀྱིས་གསུངས། །ཞེས་སྤྱི་རྒྱུད་ལས་བཤད་པས་སློབ་དཔོན་གྱི་དབང་བསྐུར་བའི་རྗེས་ལ་བཤད་པར་བྱའོ། །ཞེས་ལྟ་ངོ་བསྟན་པའི་སྐབས་སུ་རྣམ་དག་བསྟན་མི་རུང་བར་གསུངས་པ་འདིས་འཇོག་དགོས་ལ། ལུགས་འདིའི་ཁྱུག་ལེན་ལའང་དེ་ལས་གཞན་དུ་མི་བསྒོལ་བ་ནི། སློབ་དཔོན་གྱི་དབང་གི་གསོལ་བཏབ་ཀྱི་སྐབས་སུ། འཁོར་ལོ་ལྟ་ཡི་དེ་ཉིད་དང་། །ཞེས་ཡོད་པས་སོ། །དམིགས་བསལ་ཀླུ་བྱང་གི་དཀྱིལ་ཆོག་ཉི་ཤུ་པ་དང་། མཚོ་སྐྱེས་ཀྱི་ནས་གླིང་མ་སོགས་འགའ་ཞིག་ཏུ་ལྟ་ངོ་བསྟན་པའི་རྗེས་སུ་རྣམ་དག་ཀུང་བསྟན་པར་གསུངས་པ་ལ་བུ་སྟོན་སོགས་མཁས་པ་གཞན་གྱིས་སྤྱི་རྒྱུད་དང་འགལ་བ་སྤྱོང་ཚུལ་སྣ་ཚོགས་མཛད་མོད། རང་ལུགས་ལ་སྤྱི་རྒྱུད་ཀྱི་ལུང་གི་དབང་བསྐུར་དེ་དངོས་གཞི་རྡོ་རྗེ་སློབ་དཔོན་གྱི་དབང་ལ་བཞེད་པ་བཞིན། དངོས་གཞི་ལ་རྡོ་རྗེ་སློབ་དཔོན་གྱི་དབང་ངེས་པར་བསྐུར་ན་ཆོག་ཐོར་ཡང་བའི་ཕྱིར་དཀྱིལ་ཆོག་དེ་དག་གི་དངོས་བསྟན་ལྟར་བྱར་རུང་ཞིང་། སྤྱི་རྒྱུད་དང་ཡང་མི་འགལ་ཏེ་ཆོ་གའི་སྐབས་སུ་དེ་ལྟར་རུང་བ་ནི། འདུལ་བའི་ལས་ཆོག་སྤྱིར་བསྙེན་པར་མ་རྫོགས་པ་ལ་བསྒྲག་ཏུ་མི་རུང་ཡང་། བསྙེན་རྫོགས་ཀྱི་ཆོ་གའི་སྐབས་སུ་རུང་བ་བཞིན་ནོ། །ཞེས་དབང་ཆུའི་རྣམ་བཤད་ལས་གསུངས་པ་དང་། སློབ་མ་རྗེས་འཛིན་དབང་གི་སྟ་གོན་ཙམ་ལ་ཡང་མི་གཏོགས་མོད། དེའི་སྐབས་སུ་སློབ་མ་རྣམས་ཀྱིས་སློབ་དཔོན་ལྟར་གསལ་བ་ལ་མཎྜལ་གསོལ་གདབ་དང་། སློབ་མ་རྣམས་སློབ་དཔོན་ཞལ་དུ་ཞུགས། ཐུགས་ཀའི་འོད་ཟེར་གྱིས་བགེགས་སྲུང་བའི་དམིགས་པ་དང་བཅས་རྩ་སྔགས་མཉམ་འདོན་བྱ་བ

སོགས་དང་། དཀྱིལ་ཆོག་གཞན་དག་ཏུ་སློབ་མ་ཀུན་བཟང་ཏུ་བསྐྱེད་པའི་དམིགས་པ་འཕོག་པར་གསུངས་པ་རྣམས་ཀྱིས་འགྲུབ་བོ། །དོན་དེ་ཙམ་ལ་དགོངས་ནས་འཁྲུལ་སྤོང་དུ་ཇི་ལྟར་གསུང་ནའང་གསུང་། རྗེ་བཙུན་དང་ས་པཎ་གཉིས་ལ་འཁྲུལ་པ་གཏན་ནས་མི་མངའ་བ་མཉམ་པོ་ལ། ཕན་ཚུན་འགལ་བ་ཡང་མི་སྲིད་ཅིང་། གྲུབ་མཐའི་གནས་ལུགས་མཐར་ཐུག་གཅིག་ཏུ་གཞོལ་ཞིང་གཅིག་ཏུ་འབབ་དགོས་པ་དང་། རབ་དབྱེ་འཆད་པ་པོ་ཚད་ཐུབ་སུས་ཀྱང་གཞུང་སྒྲ་ཇི་བཞིན་པར་བཤད་པ་ལས་སྒོམ་ཡོར་དུ་བཞག་པའམ། འཁྲུགས་བཤད་བྱས་པ་མེད་པས་འདིར་ཡང་དེ་ལས་གཞན་དུ་མི་སྨྲའོ། །

གསུམ་པ་དགག་སྒྲུབ་རྒྱས་པ་བདུད་རྩིའི་ཉིང་ཁུ་རུ་འགྲེལ་ལ་བལྟ་བར་གདམས་པ་ནི། འདི་ཉིད་སོགས་ཏེ། བུམ་དབང་གིས་སྔགས་སྡོམ་རྫོགས་ཚུལ་འདི་ཉིད་ལུང་དང་རིགས་པས་དགག་པ་དང་། རང་ལུགས་དབང་བཞི་ཐོབ་པས་སྔགས་སྡོམ་རྫོགས་པར་སྒྲུབ་པའི་ཚུལ་རྒྱས་པར་ཀུན་མཁྱེན་ཆོས་ཀྱི་རྗེའི་གསུང་རབ་རྣལ་འབྱོར་ཆེན་པོའི་སྡོམ་པའི་གནད་བྱེ་བྲག་ཏུ་བཤད་པ་ཟབ་དོན་བདུད་རྩིའི་ཉིང་ཁུ་འཆི་བ་མེད་པའི་གོ་འཕང་སྦྱིན་པ་ཞེས་བྱ་བ་དང་། དེའི་འགྲེལ་པ་བདུད་རྩི་སྦྱིལ་བ་ཞེས་བྱ་བ་དག་ལ་བལྟས་པས་སྐལ་བ་ལྡན་པའི་སྙིང་ལ་ཟབ་དོན་རྟོགས་པའི་རི་མོ་འཆར་བར་གདོན་མི་ཟའོ། །གསང་ཆེན་བླ་ན་མེད་པའི་རྒྱུད་ཀྱི་ཡང་སྙིང་། རྡོ་རྗེ་འཆང་ཀུན་དགའ་བཟང་པོའི་གྲུབ་མཐའི་གསང་མཛོད་ཐུན་མོང་མ་ཡིན་པ་འདི་ཉིད་ཀུན་མཁྱེན་བླ་མའི་རིག་པའི་ལྡེ་མིག་གིས་བརྡོལ་ཞིང་། གཞན་དྲིང་མི་འཇོག་པའི་འཆད་ཚུལ་གྱིས་སྡོམ་གསུམ་རབ་དབྱེའི་བསྟན་པ་ཉིན་མོ་ལྟར་གསལ་བར་མཛད་པའི་དུས་ཐོག་དེ་ཙམ་ནས་རྒྱལ་བ་ཨེ་ཝཾ་པའི་བསྟན་འཛིན་ཐམས་ཅད་ཀྱིས་མགྲིན་གཅིག་ཏུ་དབྱངས་སུ་བླངས་པ་ཡིན་ཏེ། གུང་རུ་པཎ་ཆེན་ཤེས་རབ་བཟང་པོས་སྡོམ་གསུམ་གྱི་དོན་མང་ཉུང་གཉིས་མཛད་པའི་སྔ་མ་དེར་ཐུན་མོང་དུ་གསུང་ཚོད་ལྟར་བཀོད་མོད། བསྡུས་པ་དེར་དོན་ལ་ཞུགས་པའི་གྲུབ་མཐའི་གནད་ཁྱད་པར་ཅན་གཟིགས་ཏེ། ཁས་བླངས་ཀྱིས་ཐོབ་ཚུལ་གསུངས་པའི་རྗེས་སུ།

གཉིས་པ་ནི། སྔ་གོན་གྱི་སྐབས་སུ་སློབ་མའི་ལུས་ངག་ཡིད་གསུམ་སྐུ་གསུང་ཐུགས་རྡོ་རྗེ་གསུམ་དུ་བྱིན་གྱིས་བརླབས་ཏེ། དངོས་གཞིའི་དུས་སུ་བདེན་གཉིས་སེམས་བསྐྱེད་པ་དང་། ཡེ་ཤེས་ཕབ་པ་དང་། བུམ་དབང་གིས་ཕུང་ཁམས་སྐྱེ་མཆེད་ལུས་ངག་ཡིད་གསུམ་སྦྱང་བསྒྱུར་བྱིན་གྱིས་བརླབས་པས་བསྐྱེད་རིམ་གྱི་སྡོམ་པ་དང་། དབང་གོང་མ་ལ་བརྟེན་ནས་རྫོགས་རིམ་གྱི་སྡོམ་པ་ཐོབ་པ་ནི་རྗེ་བཙུན་གྱི་དགོངས་པ་བླ་ན་མེད་པའོ། །ཞེས་སོགས་སྒྲུབ་བྱེད་དང་བཅས་ཏེ་གསུངས་སོ། །དེ་བཞིན་དུ་པཎྜི་ཏ་ཆེན་པོ་ཤཱཀྱ་མཆོག་ལྡན་གྱི་ཞལ་

སྔ་ནས་ཀྱང་དགག་སྒྲུབ་གཉིས་ཀྱི་སྒོ་ནས་ཚུལ་འདི་ཉིད་རྒྱས་པར་བཀྲལ་ཞིང་། མཉམ་མེད་བསོད་ནམས་ལྷུན་གྲུབ། བྱ་བཏང་ཀུན་དགའ་མཆོག་ལྡན་རྣམས་ཀྱི་གསུང་ལས་ཀྱང་ཚུལ་འདི་ཉིད་འབྱུང་ལ། ཁྱད་པར་ཐམས་ཅད་མཁྱེན་པ་དཀོན་མཆོག་ལྷུན་གྲུབ་ཀྱི་ཀྱེ་རྡོར་དབང་བཤད་ཆེན་མོ་ལུང་རིག་མན་ངག་གི་གཏེར་མཛོད་དུ། སྡོམ་པའང་བླ་ན་མེད་པ་སྩོལ་ཞེས་པའི་འགྲེལ་པར། དབང་བཞི་འབྲེལ་ཆགས་སུ་བསྐུར་ན་བསྐྱེད་རྫོགས་གཉིས་ཀའམ། བུམ་དབང་རྐྱང་པ་ལྟར་ན་བསྐྱེད་རིམ་གྱི་སྡོམ་པ་ཡང་བདག་ལ་སྩོལ་དུ་གསོལ། ཞེས་པའོ། །ཞེས་སོགས་དངོས་ཤུགས་ཀྱི་སྒོ་ནས་གསལ་བར་གསུངས་ཤིང་། རྗེ་འདིའི་ཞལ་སློབ་ཤར་དྭགས་པོའི་པཎྜི་ཏ་རྗེ་བཙུན་ཕྲིན་ལས་པའམ། འཇིགས་བྲལ་གསུང་རབ་གཏེར་མཛོད་སྨྲས་པའི་སྡེ་ཕྱོགས་ལས་རྣམ་རྒྱལ་ཞེས་བྱ་བས། སྤྱིར་ཕྲིན་ལས་པ་ཞེས་པ་གསུམ་རིམ་བཞིན་བྱུང་བའི་དང་པོ་ནི་རོང་སྟོན་གྱི་རྒྱལ་ཚབ་དྭགས་པོ་བཀྲ་ཤིས་རྣམ་རྒྱལ་གྱི་དཔོན་པོ་རྫོང་དཀར་བའི་སློབ་མ་ཁྱུང་ཆེན་བཅུ་གཉིས་སུ་གྲགས་པའི་ཡ་གྱལ་གཅིག་ཡིན་ལ། གཉིས་པ་ནི་དེའི་དཔོན་པོ་བསྟན་བཅོས་འདིའི་རྩོམ་པ་པོ་ཡིན་ལ། འདི་དག་སྐྱིད་ཚལ་པའི་སློབ་བརྒྱུད་ཡིན་ཀྱང་། ཀརྨའི་སྐར་གྱི་སློབ་དཔོན་དུ་གྱུར་ཕྱིན་ཀརྨ་ཕྲིན་ལས་ཞེས་འདོགས་སྲོལ་བྱུང་བའོ། །དབང་གི་རྣམ་ངེས་ཆེན་མོ་ཞིག་མཛད་པར་ཡང་ཚུལ་འདི་ཉིད་རྒྱས་པར་བཀོད་དོ། །ཡང་རྗེ་ཏ་ར་བ་ལ་སོགས་པ་ཚར་ལུགས་པ་ཕལ་ཆེར་གྱིས་འཇིགས་བྱེད་རྣམ་བཤད་རྡོ་རྗེ་མྱུ་གུ་ངོར་ཆེན་གྱི་གསུང་དངོས་སུ་བཟུང་སྟེ་སྔགས་སྡོམ་ཐོབ་མཚམས་དེ་ནས་ལེན་པར་སྣང་ཡང་། མཁས་པ་དག་རྡོ་རྗེ་མྱུ་གུ་ངོར་ཆེན་གྱི་གསུང་སྒྲོས་ལ་བརྟེན་པ་ཙམ་ཡིན་ཀྱང་། དཔལ་གྱི་རྒྱལ་མཚན་གྱི་རྣམ་བཤད་སོགས་གསུང་སྒྲོས་མ་ཉམས་པར་བྲིས་པ་རྣམས་དང་མི་མཐུན་པ་མང་ཞེས་ཧ་ཅང་ཚད་མར་མ་མཛད་ལ། སྤྱིར་བླ་མ་རེ་རེའི་གསུང་སྒྲོས་ལའང་བཤད་གཞིའི་བསྟན་བཅོས་དང་། གདུལ་བྱའི་དབང་ལས་མི་མཐུན་པ་བག་ཙམ་རེ་ཡོད། ཁྱད་པར་ཤིང་རྟའི་སྲོལ་འབྱེད་ཀྱི་མཁས་པ་ཆེན་པོ་རྣམས་ལ་ནི་སྐུ་ཚེ་སྟོད་སྨད་ལ་གྲུབ་མཐའ་དང་ཕྱག་ལེན་གྱི་བབ་མི་འདྲ་བ་ཆེ་བ་རེ་ངེས་པར་ཡོད་སྟེ། རྒྱུ་མཚན་རང་བཞིན་གྱི་འཆད་ཉན་རྐྱང་མ་ཚུགས་ཀྱི་བར་ལ་སྤྱི་སྐད་དུ་གྲགས་ཆོད་ཙམ་ལས་མི་གསུང་ཞིང་། སྐབས་སུ་བབས་པའི་ཚེ་རང་གི་རྟོགས་པ་དེ་ཉིད་ལུང་རིག་གིས་བསྒྲུབས་ཏེ་གྲུབ་མཐའ་རྒྱལ་ཐོན་དུ་མཛད་པ་དམ་པའི་ལུགས་སྲོལ་དུ་སྣང་ཞིང་བསྟན་བཅོས་ལ་སྔ་ཕྱིའི་ཁྱད་པར་ཅི་ཞུགས་བརྟགས་པས་ཤེས་སོ། །ཡང་གཞན་ལ་མེད་པའི་གཡེར་ཆོས་ཀྱིས་ས་སྐྱ་ཚད་ཀྱི་རྣ་བར་མ་གྲགས་ཞེས་སམ། ས་རྫུས་ཕལ་གྱི་སྤྱོད་ཡུལ་མིན་ནོ་ཞེས་དཔེ་ཚན་རེའི་མཐར་བྲི་བ་ནི་ས་སྐྱ་པའི་གཞུང་ལུགས་ཆེན་པོ་རྣམས་ཀྱི་འཆད་ཚུལ་བླ་ན་མེད་པས་ཐུབ་བསྟན་རིན་པོ་ཆེ་ཕྱོགས་མཐའ་དག་ཏུ་རྒྱས་པར་མཛད་པའི་ཕྲིན་ལས་བློ་ཡུལ་དུ་མ་ཤོང་བའམ། རང་གིས་

གཞུང་ལུགས་མ་ནུས་པའི་མཚང་སྟོན་པར་ཟད་ཅིང་གསུང་སྒྲོས་ཐུན་མོང་བ་འདི་ཙམ་གྱིས་དབུ་འཕོར་ན། ཐུན་མོང་མ་ཡིན་པ་འཛིན་པའི་ཁ་ཡོ། །ཆོས་ཚོགས་བཤད་སྟོན་པས་གཡེང་བའི་ཚེ། ཞེས་སོགས་སམ། ཚོགས་པར་བཤད་པའི་དྲང་དོན་ཟ་ཟེའི་གཏམ། །རྣམ་པར་སྤངས་ཏེ་ཞེས་འདོན་པ་སོགས་ཀྱང་དེ་ཙམ་དུ་ཟད་པས་སོ། །

གསུམ་པ་མདོར་བསྟུ་བ་དབང་གི་དངོས་གཞི་རྡོ་རྗེ་སློབ་དཔོན་གྱི་དབང་དུ་སྒྲུབ་པའི་སྒོ་ནས་བཤད་པ་ལ་གཉིས་ཏེ། སྤྱི་རྒྱུད་ཀྱི་ལུང་དང་སྦྱར་ཏེ་སྤྱིར་བཤད་པ་དང་། གུར་གྱི་ལུང་དང་སྦྱར་ཏེ་བྱེ་བྲག་ཏུ་བཤད་པའོ། །དང་པོ་ནི། མདོར་ན་སོགས་ཏེ། གོང་དུ་བཤད་པ་དེ་ཐམས་ཅད་ཀྱང་མདོར་བསྡུ་ན། སྤྱིར་བཏང་རྒྱུད་སྡེ་བཞི་པོ་རང་རང་གི་དབང་གི་དངོས་གཞི་གང་ཡིན་པ་དེ། རྒྱུད་སྡེ་དེ་དང་དེའི་ལུགས་ཀྱི་རྡོ་རྗེ་སློབ་དཔོན་དུ་སྒྲུབ་པའི་དབང་ཡིན་པ་ནི། གསང་བ་སྤྱི་རྒྱུད་ལས། དབང་བསྐུར་བ་ནི་རྣམ་པ་བཞི། །སློབ་དཔོན་རྣམ་པར་མཁས་པ་ཡིས། །དེ་དག་ཤེས་ནས་ཅི་རིགས་སྦྱད། །སློབ་དཔོན་གོ་འཕང་རབ་བསྒྲུབ་ཕྱིར། །དང་པོ་ཡོངས་སུ་བསྒྲགས་པ་ཡིན། །རིགས་སྔགས་རྣམས་ནི་སྒྲུབ་པའི་ཕྱིར། །གཉིས་པ་ལེགས་པར་བཤད་པ་ཡིན། །བགེགས་རྣམས་འཇོམས་པར་བྱ་བའི་ཕྱིར། །གསུམ་པ་ཡོངས་སུ་བསྒྲགས་པ་ཡིན། །བཞི་པ་འབྱོར་པ་ཐོབ་བྱའི་ཕྱིར། །ཅོ་ག་རྒྱས་པ་དེ་བཤད་དོ། །ཞེས་པའི་ལུང་གིས་གྲུབ་སྟེ་བྱ་རྒྱུད་ལ་ཆུ་ཅོད་པན་གྱི་དབང་། བཟླས་ལུང་། བསྒྲུབ་པ་བསྲུང་གསུམ། བགྲ་ཤེས་རྗེས་བརྒྱད་སྦྱིན་པ། བཞི་ཡོད་པ་ལ་དབང་བཞིའི་ཐ་སྙད་བཏགས་ནས་དང་པོ་ལ་རྡོ་རྗེ་སློབ་དཔོན་གྱི་དབང་དུ་གསུངས་པ་བཞིན། སྤྱོད་རྒྱུད་ལ་དེའི་སྟེང་དུ་རྡོ་རྗེ་དྲིལ་བུ་མིང་དབང་རྣམས་སློབ་དཔོན་གྱི་དབང་དང་། རྣལ་འབྱོར་དང་རྣལ་འབྱོར་ཆེན་པོ་གཉིས་ལ་དེ་ལྟ་ཀ་རྡོ་རྗེ་སློབ་མའི་དབང་དུ་བྱེད་པ་ནི་འདྲ་ལ། རྣལ་འབྱོར་གྱི་རྒྱུད་ལ་དམ་ཚིག་གསུམ་བྱིན་ནས་ཆུ་དབང་རྒྱས་པར་བསྐུར་བ་སློབ་དཔོན་གྱི་དབང་དང་། རྣལ་འབྱོར་ཆེན་པོ་ལ་དེ་དང་དབང་གོང་མ་གསུམ་ནི་སློབ་དཔོན་གྱི་དབང་སྟེ་ཞིབ་པར་འོག་ཏུ་འཆད་དོ། །རྒྱུ་མཚན་དེའི་ཕྱིར་ན་སོ་སོའི་སློབ་དཔོན་གྱི་དབང་གི་སྐབས་སུ་རྒྱུད་སྡེ་བཞི་རང་རང་གི་ངོས་སྐལ་གྱི་དམ་ཚིག་དང་སྡོམ་པ་ཐོབ་བོ། །

གཉིས་པ་གུར་གྱི་ལུང་དང་སྦྱར་ཏེ་བྱེ་བྲག་ཏུ་བཤད་པ་ལ་གཉིས་ཏེ། དངོས་དང་བརྒལ་ལན་གྱི་སྒོ་ནས་བཤད་པའོ། །དང་པོ་ནི། བླ་མེད་སོགས་ཏེ། རྣལ་འབྱོར་བླ་མེད་ཀྱི་སྐབས་སུ་དམ་ཚིག་གསུམ་སྦྱིན་པ་ལ་སློབ་དཔོན་གྱི་དབང་ཞེས་བརྟག་གཉིས་དང་། ཕྱག་ཆེན་ཐིག་ལེ། དྲིལ་བུ་པའི་དབང་ཆོག་རྣམས་ལས་གསུངས་པ་ཡོ་ག་དང་སྒོ་བསྟུན་པ་ཙམ་ཡིན་གྱི་དེ་ཉིད་དུ་བུམ་དབང་དུ་བཞག་སྟེ་དབང་གོང་མ་གསུམ་དང་བཅས་པ་ནི་བླ་མེད་ཀྱི་དབང་གི་དངོས་གཞི་རྡོ་རྗེ་སློབ་དཔོན་གྱི་དབང་དུ་བཞེད་དེ། གུར་ལས། ཆུ་དབང་ནས་བཟུང་མཐའ

རྟེན་རྣམས་དབང་གཅིག་ཏུ་བསྡུ་བའི་བར་དབང་བཅུ་གཅིག་པོ་ལྷན་ཅིག་ཏུ་བསྟན་པའི་སྐབས་སུ། བརྒྱད་པ་བུམ་པའི་དབང་བསྐུར་ཡིན། དགུ་པ་གསང་བའི་དབང་བསྐུར་ཡིན་སོགས་གོང་དུ་དྲངས་པ་ལྟར་རྣལ་འབྱོར་རྒྱུད་དང་ཐ་སྙད་ཐུན་མོང་བའི་རྡོ་རྗེ་སློབ་དཔོན་གྱི་དབང་ལ་བུམ་པའི་དབང་ཞེས་པའི་ཐ་སྙད་མཛད་ནས། དེ་ཡན་ཆད་ཀྱི་དབང་བཞི་ཆར་རྡོ་རྗེ་སློབ་དཔོན་གྱི་དབང་དུ་གསལ་བར་བཞེད་པ་འདི་ལ་དགོངས་ནས་མངོན་རྟོགས་ལྗོན་ཤིང་ལས་དབང་གི་དངོས་གཞི་ལ་ཐུན་མོང་གི་དབང་དང་། ཐུན་མོང་མ་ཡིན་པའི་དབང་གཉིས་སུ་ཕྱེ་ནས་ཕྱི་མ་ལ་བུམ་དབང་སོགས་བཞིར་ཕྱེ་བ་ཡང་། རྡོ་རྗེ་སློབ་མའི་དབང་ཐུན་མོང་དང་། རྡོ་རྗེ་སློབ་དཔོན་གྱི་དབང་ཐུན་མོང་མ་ཡིན་པ་ཞེས་པའི་དོན་དུ་མཛད་པར་ཤེས་པར་བྱའོ། །དོན་འདི་ཉིད་རྡོ་རྗེ་སྙིང་འགྲེལ་ལས་ཀྱང་གསལ་བར་གསུངས་ཏེ། སློབ་དཔོན་གྱི་དབང་ནི་དྲང་བའི་དོན་དུ་ཕུལ་བ་ཡིན་ལ། ངེས་པའི་དོན་དུ་ནི་བཞི་པ་ལ་སོགས་པ་ཡོངས་སུ་རྫོགས་པ་ཁོན་སློབ་དཔོན་གྱི་དབང་ཞེས་བརྗོད་ཀྱི་བུམ་པ་ཙམ་ནི་མ་ཡིན་ནོ། །ཅིའི་ཕྱིར་ཞེ་ན། སློབ་དཔོན་གྱི་ངེས་ཚིག་དང་མི་ལྡན་པའི་ཕྱིར་རོ། །ཞེས་སོ། །

གཉིས་པ་ནི། གོང་མ་སོགས་ཏེ། གལ་ཏེ་དབང་གོང་མ་བྱིན་རླབས་ཙམ་ཡིན་པར་དམ་བཅས་པས་རྡོ་རྗེ་སློབ་དཔོན་གྱི་དབང་གི་དངོས་གཞིར་མི་འདོད་དོ་ཞེ་ན། རྫོགས་པའི་རིམ་པ་རང་བྱིན་རླབས། དཀྱིལ་འཁོར་འཁོར་ལོ། བཞི་པའི་ལམ་གསུམ་དང་། སྐུ་བཞིའི་ཕྱི་མ་གསུམ་ལམ་དང་འབྲས་བུའི་དངོས་གཞི་མིན་པར་འགྱུར་ཏེ། དབང་གོང་མ་གསུམ་དབང་མ་ཡིན་པར་ཐལ་བས། དེ་དག་གི་ཐོབ་དོན་ལམ་གསུམ་བསྒོམ་པ་ལ་དབང་བ་དང་། འབྲས་བུ་གསུམ་གྱི་ས་བོན་འཇོག་པ་རྟོགས་བསྐྱེད་སོ་སོར་སྨྱུར་པའང་དོན་ལ་མི་གནས་པར་འགྱུར་རོ། །དེ་དག་དངོས་གཞིར་འགྲུབ་པ་ནི། ལམ་ལྟར་ན་བསྐྱེད་རིམ་རྐྱང་པས་ཐུན་མོང་གི་དངོས་གྲུབ་ལས་མི་འགྲུབ་ལ། མཆོག་གི་དངོས་གྲུབ་སྒྲུབ་བྱེད་ཀྱི་གཙོ་བོ་རྫོགས་རིམ་ཡིན་ཞིང་དེ་ཡང་བསྐྱེད་རིམ་དང་འབྲེལ་དགོས་པས་དངོས་གཞིར་ཁྱབ་མཉམ་དང་། བསྐྱེད་རིམ་གྱིས་སྤྱང་བྱ་འཁོར་བའི་རྒྱ་བ་ཐ་མལ་རྣམ་རྟོག་སྦྱོང་བ་གནད་དུ་ཆེ་ཡང་། ལྟར་ཞེན་པ་མཐར་ཐུག་གི་གེགས་སུ་ཆེ་བ་དེ་རྫོགས་རིམ་གྱིས་སྦྱོང་བས་དངོས་གཞི་ཡིན་པར་ཁྱབ་མཉམ་སོགས་མཐའ་ཡས། འབྲས་བུ་ལྟར་ན། བརྟག་གཉིས་ལས། རྡོ་རྗེ་སེམས་དཔའ་དང་། སེམས་དཔའ་ཆེན་པོ་དང་། དམ་ཚིག་སེམས་དཔའ་ཆེན་པོ། སྙིང་པོ་ཀྱེ་རྡོ་རྗེ་ཞེས་བྱ་བ་བཞི་གསུངས་པ་སྐུ་བཞི་ལ་མིང་གཞན་གྱིས་ཡོན་ཏན་གྱི་ཁྱད་པར་གཞན་ཤེས་པར་བྱ་བའི་ཕྱིར་བཏགས་པས་འབྲས་བུ་དངོས་ཡིན་པར་ཁྱབ་མཉམ་དུ་གྲུབ་པ་རྒྱུད་ཀྱི་ལུགས་དང་། སྣང་གཞི་ལུས་རྩ་སོགས་ཕྲ་བའི་དཀྱིལ་འཁོར་བཞི་གནས་གྱུར་པའི་སྤྲུལ་པའི་སྐུ་སོགས་འབྲས་བུར་ཁྱབ་མཉམ་མན་ངག་ལུགས་ཏེ་འཆད་འགྱུར་གྱིས་ཤེས་སོ། །ཅི་

ནས་ཀྱང་དབང་གོང་མ་དངོས་གཞི་མ་ཡིན་པར་འདོད་ན། གཞི་ལམ་འབྲས་གསུམ་ཀའི་གནས་སྐབས་སུ་རྟེན་དང་བརྟེན་པ་མི་འབྲལ་ཞིང་འབྲེལ་བའི་ཕྱིར་ལམ་བསྐྱེད་རྫོགས་གཉིས་རྟེན་དང་བརྟེན་པར་གསུངས་པ་གང་གིས་བསྒྲུབ་སྟེ། ལམ་གྱི་ཡ་གྱལ་དབང་ཡང་དབང་མ་ཡིན་པར་ཁྱེད་འདོད་པའི་ཕྱིར་རོ། །མང་དུ་སྨྲས་པས་ཅི་ཞིག་བྱ། རྒྱུད་སྡེ་བཞི་པོ་རང་རང་གི་དབང་གི་དངོས་གཞི་མ་རྫོགས་པར་རྡོ་རྗེ་སློབ་དཔོན་གྱི་དབང་མི་རྫོགས་ཤིང་། དེ་མ་རྫོགས་པར་སྐབས་དེའི་སྡོམ་པ་མི་རྫོགས་པས་བླ་མེད་ཀྱི་སྔགས་སྡོམ་རྫོགས་པ་དབང་བཞི་རྫོགས་པ་ལ་ལྟོས་པར་གྲུབ་སྟེ། ལུས་རྩ་དང་། རྩ་ཡི་གེ་དང་། ཁམས་བདུད་རྩི་དང་། སྙིང་པོ་ཡེ་ཤེས་བཞི་ལ་སྐུ་བཞི་རང་བཞིན་ལྷུན་གྲུབ་ཀྱི་ཚུལ་གྱིས་གནས་པ་ལ་དབང་བཞིའི་ཚོགས་སྐུ་བཞིའི་ས་བོན་ཐེབ་པའི་ཚེ་སྔགས་སྡོམ་རྫོགས་པར་ཐོབ་པའི་ཕྱིར་རོ། །གཞན་དུ་ན་བུམ་དབང་ཙམ་ཐོབ་པའི་གང་ཟག་གིས་རྫོགས་རིམ་རྣམས་བཤད་དུ་མི་རུང་བས་སློབ་དཔོན་དུའང་མི་འགྱུར་ལ། ལྡོན་ཤིང་ལས་རྡོ་རྗེ་སློབ་དཔོན་གྱི་དབང་ཐོབ་པས་མངོན་པར་རྟོགས་པ་བཅུ་གཅིག་པོ་ཐམས་ཅད་ཉམས་སུ་ལེན་དུ་རུང་བར་གསུངས་པ་ཇི་ལྟར་དྲངས་ཏེ། བུམ་དབང་ཙམ་ཐོབ་པས་རྫོགས་རིམ་དང་སྦྱོད་པ་དང་ཉེ་རྒྱུ་རྣམས་ཉམས་སུ་ལེན་དུ་མི་རུང་བའི་ཕྱིར་རོ། །བླ་མ་གོང་མ་དག་བུམ་དབང་གི་སྐབས་སུ་སྔགས་སྡོམ་ཐོབ་པར་གསུངས་པ་ནི། དཔེར་ན་ཁྲིམས་ཉིས་བརྒྱ་ལྔ་བཅུ་རྩ་གསུམ་བསྲུང་བ་ལ་དབང་བའི་སྡོམ་པ་ལ་དགེ་སློང་གི་སྡོམ་པར་འཇོག་པ་ལྟར། རྩ་ལྟུང་བཅུ་བཞི་དང་ཡན་ལག་གི་ལྟུང་བ་བརྒྱད་བསྲུང་བ་ལ་དབང་བའི་སྔགས་སྡོམ་སྐབས་འདིར་རྫོགས་པར་ཐོབ་པ་ལ་དགོངས་པ་ཡིན་ལ། འོན་ཀྱང་ཁྱབ་པ་མེད་མཚམས་ཤེས་དགོས་ཏེ། བིརྺ་པའི་ལུགས་ཀྱི་ཀྱེ་རྡོར་གཉིས་ལྟ་བུ་ལ་ནུབ་གཅིག་ལ་དབང་བཞི་རྫོགས་པར་བསྐུར་ན་མཐའ་རྟེན་བཞི་དབང་བཞི་སོ་སོར་སྦྱར་བ་དང་། ཡེ་ཤེས་ཞབས་ལུགས་སོགས་འགའ་ཞིག་ཏུ་མཐའ་རྟེན་ཐམས་ཅད་དབང་བཞི་པའི་རྗེས་ལ་བྱ་བར་གསུངས་པ་རྣམས་ལ་དགོས་པ་རེ་ཡོད་པ་དང་། ཀྱེ་རྡོར་གསང་ཤེར་གྱི་རྟོགས་བསྐྱེད་སྐབས་དམ་ཚིག་ཤ་ལྔ་བདུད་རྩི་ལྔའི་རིལ་བུ་བསྟེན་པ་ལ་དབང་ཞེས་པ་དང་། དམ་ཚིག་བུད་མེད་ལ་མི་སྨོད་པ་ལ་དབང་ཞེས་བཀར་ཏེ་སྨོས་པ་དག་ཀྱང་བུམ་དབང་གི་སྐབས་དང་། ངོ་བོ་གཅིག་ལ་སྡུད་སྒྲུབ་བམ། བསྲུང་བསྟེན་གྱི་ཁྱད་ཆེ་བ་རེ་ཞུགས་པའི་དམ་ཚིག་ཐོབ་རྒྱུ་ཡོད་པ་དང་། དབང་བཞི་པའི་སྐབས་སུ་དོན་གཞན་ལ་དགོངས་ཏེ་གསུངས་པའི་དམ་ཚིག་བཞི་བསྟེན་བྱར་ཐོབ་པས་རྩ་ལྟུང་གཉིས་པའི་ཕམ་པ་བཞི་སྟར་ལས་ཀྱང་སྡུད་ཤུགས་ཆེ་བར་དོན་གྱིས་འགྲུབ་པ་ལྟ་བུས་སོ། །དེས་ན་དམ་ཚིག་ཉེར་གཉིས་བསྲུང་བ་ལ་དབང་བ་ཙམ་ནི་མ་མཐའི་ས་མཚམས་ཀྱི་དབང་དུ་བྱས་ནས་བུམ་དབང་ལ་བཞག་ལ་བསྲུང་དགོས་པ་ནི་དབང་བཞི་ཆར་ལ་ཁྱད་པར་མེད་དེ། དཔེར་ན་རྩ་བ་བཞི

བསྲུང་བ་ཙམ་དགེ་བསྙེན་ལ་བཞག་ཀྱང་བསྲུང་དགོས་པས་དགེ་སློང་གི་བར་དུ་ཁྲབ་པ་བཞིན་ནོ། །གཞན་ཡང་གསུང་ངག་གི་དབང་གི་རྫོགས་བསྐྱེད་རྒྱས་པའི་སྐབས་དང་། བདེ་མཆོག་གསང་མཐའི་དཀྱིལ་ཆོག་རྣམས་ལས་བུམ་དབང་ཐོབ་པ་ལ་དཔེ་ཞིང་ས་གཤིན་པ་དང་། གསང་དབང་ལ་ས་བོན་བཏབ་པ་དང་། ཤེས་རབ་ཡེ་ཤེས་ལ་མྱུ་གུ་འབྲུངས་པ་དང་། དབང་བཞི་པ་ལ་སྔོན་ཐོག་འབྲུངས་པའི་དཔེ་སྦྱར་བའི་རིགས་པས་བླ་མེད་ཀྱི་སྔགས་སྡོམ་གྱི་གཙོ་བོ་ནི་རྫོགས་རིམ་གྱི་སྡོམ་པ་ཡིན་ལ། དེ་བསྐྱེད་པ་ལ་བུམ་དབང་གི་རྟེན་ཕྱུང་ཁམས་སྐྱེ་མཆེད་ཐམས་ཅད་ལྷར་བསྒྱུར་བ་དགོས་པས་དཔེ་ཞིང་ས་གཤིན་པ་འདྲ། དེ་ནས་བླ་མའི་བྱང་སེམས་སློབ་མའི་མགྲིན་པར་ཡ་ར་ལ་ཕའི་དབྱིབས་ཅན་གྱི་ཡི་གེའི་ནང་གི་བྱང་སེམས་ལ་ཡེ་ཤེས་པའི་ཚུལ་གྱིས་འདྲེས་པས་བྱང་སེམས་འཕེལ་ནས་ལུས་ཐམས་ཅད་ལ་ཁྲབ་པའི་ཚེ། བདེ་བ་སྐྱེས་པ་ནི་དཔེ་ས་བོན་བཏབ་པ་དང་འདྲ། བྱང་སེམས་དེ་ཉིད་དབང་གསུམ་པའི་ཚེ་གཙུག་ཏོར་མཆོག་ནས་རྡོ་རྗེ་ནོར་བུའི་རྩེ་མོའི་བར་ཡས་བབས་ཀྱི་དགའ་བཞི་ཉམས་སུ་མྱོང་བ་ནི་དཔེ་མྱུ་གུ་འབྲུངས་པ་དང་འདྲ། འདི་ལ་ཊཱི་ཀྐཱི་ལུགས་ཀྱི་དབང་ཆུར། དཔེ་ཞིང་ས་སྦྲུངས་པ་ལ་ས་བོན་བཏབ་པ་ལ་རྐྱེན་ཆུ་ལུད་ཀྱིས་རླན་པར་བྱས་པ་དང་འདྲ་ཞེས་གསུངས་པ་ནི་སྔར་གསང་དབང་གི་སྐབས་སུ་ས་བོན་ཐེབས་པ་དེ་འཕེལ་བའི་རྐྱེན་བྱེད་པའི་ཆ་ནས་ཆུ་ལུང་ཀྱི་དཔེར་བརྗོད་པར་སྣང་ཞིང་། སྔ་མ་ནི་ཡེ་ཤེས་ཉམས་སུ་མྱོང་བའི་ཆ་ནས་བརྗོད་པར་སྣང་བས་འགལ་བ་མེད་དོ། །དེ་ཉིད་དབང་བཞི་པའི་ཚེ་ཚིག་གི་སྒོ་ནས་འབྲས་བུ་སངས་རྒྱས་ཀྱི་ཡེ་ཤེས་དང་། གནས་ལུགས་ཀྱི་དོན་ངོ་སྤྲད་པས་སྔར་གྱི་ཡེ་ཤེས་དེའི་ཐོབ་བྱ་མཐར་ཐུག་ངོ་འཕྲོད་པའི་ཆ་ནས་འབྲས་བུ་སྔོན་ཐོག་འབྲུངས་པ་དཔེར་བརྗོད་པ་སྟེ། སམ་བུ་ཊར། དབང་བཞི་པ་བསྐུར་བའི་རྒྱུ་ལ་ཤེས་རབ་ཡེ་ཤེས་ཀྱི་སྐབས་སུ་བྱང་སེམས་རིགས་ཀྱི་བདག་པོའི་ཁར་བཟུང་བ་དགོས་པར་གསུངས་པ་དང་། སློབ་དཔོན་ངག་དབང་གྲགས་པས། དབང་བཞི་རིམ་ཅན་དུ་འབྱུང་བའི་དཔེ་རིས་སུ་ཕྲི་བར་བཤད་པ་དང་ཡང་མཐུན་ནོ། །དེས་ན་དབང་སྔ་མ་སྔ་མ་མ་བསྐུར་བར་ཕྱི་མ་ཕྱི་མ་བསྐུར་དུ་མེད་པར་གྲུབ་ཅིང་། བོད་འདིར་བུམ་དབང་མ་ཐོབ་པ་ལ་མཆོག་དབང་གསུམ་བསྐུར་བའི་སྲོལ་བྱུང་བ་ནི་རྗེ་རྡོ་རྗེ་འཆང་ཡབ་སྲས་དང་། སྟག་ཚང་ལོ་ཙྪ་བས་དགག་པ་རྒྱ་ཆེར་མཛད་ཟིན་ཏོ། །འདིར་དཀྲུས་ཚིག་གིས་ཡེ་མ་ཟིན་པའི་མཐའ་དཔྱོད་དུ་མ་ཞིག་བཀོད་པ་ནི་རང་འདྲའི་གང་ཟག་རྩོལ་བ་ཞན་པ་རྣམས་ལ་ཕན་དུ་རེ་བ་ཁོ་ན་ལས་གཞན་དུ་དགོས་པ་མི་འཚལ་ལོ། །བདུན་པ་ཐོབ་པ་དེ་ཇི་ལྟར་སྐྱེ་བའི་ཚུལ་ལ་གཉིས་ཏེ། སྡོམ་པ་ཁོ་ནའི་སྐྱེ་ཚུལ་དང་། ཡེ་ཤེས་དང་སྡོམ་པ་ངོ་བོ་གཅིག་པའི་སྐྱེ་ཚུལ་ལོ། །དང་པོ་ལ་གསུམ་སྟེ། བསྐྱེད་རིམ་གྱི་སྡོམ་པའི་སྐྱེ་ཚུལ་དང་། རྫོགས་རིམ་གྱི་སྡོམ་པའི་སྐྱེ་ཚུལ་དང་། དེ་གཉིས་ཐུན་མོང་གི་འཇོག་བྱེད་དོ། །དེའི་

དང་པོ་ནི། ཐུམ་དབང་སོགས་ཏེ། ཐུན་མོང་དང་ཐུན་མོང་མ་ཡིན་པའི་ཐུམ་དབང་གི་སྐབས་སུ་གང་ཐོབ་པའི་བསྐྱེད་རིམ་གྱི་སྡོམ་པ་ནི་སྣང་བའི་དངོས་པོ་ལ་ཐ་མལ་རྣམ་རྟོག་སྤོང་བའི་སེམས་བྱུང་སེམས་པ་དང་མཚུངས་ལྡན་དུ་གྱུར་པའི་གཙོ་སེམས་རྣམ་རིག་གི་ངོ་བོར་སྐྱེ་ཞིང་། དེ་ཡང་མི་བསྐྱོད་པ་ཆུ་དབང་གི་སྐབས་སུ་དབུ་རྒྱན་ལ་རིགས་བདག་ཚར་མ་ཐག་སྣང་གཞི་རྣམ་ཤེས་ཀྱི་ཕུང་པོ་ལ་ཐ་མལ་དུ་ཞེན་པ་དང་ཞེ་སྡང་སྤང་སེམས་ཐོབ་པའི་སེམས་པ་དང་མཚུངས་ལྡན་དུ་གྱུར་པའི་གཙོ་སེམས་དེ་སྤྱོང་བྱེད་མེ་ལོང་ལྟ་བུའི་ཡེ་ཤེས་སམ། མི་བསྐྱོད་པའི་ངོ་བོར་དག་པའམ་སྡོམ་པའི་ཚུལ་དུ་སྐྱེ་བ་དེས་རིགས་གཞན་བཞི་ལ་འགྲེ། བརྟུལ་ཞུགས་ཀྱི་དབང་གི་སྐབས་སུ་ཕུང་པོ་ལྔའི་ཆོས་ཉིད་རྣམ་གྲངས་པའམ། ཐ་མལ་དུ་འཛིན་པའི་རྣམ་རྟོག་སྤོང་སེམས་ཐོབ་པ་སྟ་མ་ལྟ་བུ་དེ་རྡོ་རྗེ་འཆང་གི་སྐུ་གསུང་ཐུགས་ཀྱི་བརྟུལ་ཞུགས་ཀྱི་ངོ་བོར་སྡོམ་པའི་ཚུལ་དུ་སྐྱེ་བ་དང་། དམ་ཚིག་གསུམ་སྦྱིན་པའི་སློབ་དཔོན་གྱི་དབང་གི་ཚེ་ལུས་ངག་ཡིད་གསུམ་ཐ་མལ་དུ་འཛིན་པའི་རྣམ་རྟོག་སྤོང་སེམས་ཐོབ་པ་དེ་རྡོ་རྗེ་འཆང་གི་སྐུ་གསུང་ཐུགས་ཀྱི་ངོ་བོར་སྡོམ་པའི་ཚུལ་དུ་སྐྱེ་བའོ། །

གཉིས་པ་ནི། གོང་མ་གསུམ་སོགས་ཏེ། དབང་གོང་མ་གསུམ་གྱི་སྐབས་སུ་ཐོབ་པའི་རྫོགས་རིམ་གྱི་སྡོམ་པའང་སྔ་མ་དེ་བཞིན་དུ་བསྐྱེད་རིམ་ལ་གྱ་ནོམ་ལྟར་ཞེན་གྱི་རྣམ་རྟོག་སྤོང་བའི་སེམས་བྱུང་སེམས་པ་དང་མཚུངས་ལྡན་དུ་གྱུར་པའི་གཙོ་སེམས་རྣམ་རིག་གི་ངོ་བོར་སྐྱེ་སྟེ། དེ་ཡང་གཞིར་གནས་ཀྱི་བྱང་སེམས་ལ་བླ་མ་ཡབ་ཡུམ་སྙོམས་པར་ཞུགས་པའི་བྱང་སེམས་འདྲེས་པ་དང་། དབང་གསུམ་པའི་དངོས་གཞི་ལྷན་སྐྱེས་ཀྱི་སྐབས་དང་། དེ་ཉིད་ལ་སངས་རྒྱས་ཀྱི་སྐུ་དང་ཡེ་ཤེས་དང་། འཁོར་འདས་ཐམས་ཅད་ཚང་བ་ཞེས་ཚིག་གི་བཞི་པས་བརྡ་དོན་འཕྲོད་པའི་ཚེ་རང་རང་གི་ངོ་སྐལ་གྱི་སྤོང་སེམས་ཐོབ་པ་དབང་དེ་དང་དེའི་ཡེ་ཤེས་ཀྱི་ངོ་བོར་སྡོམ་པའི་ཚུལ་དུ་སྐྱེ་བའོ། །

གསུམ་པ་ནི། འདི་ཡི་སོགས་ཏེ། སྔགས་སྡོམ་གྱི་སྐབས་འདིའི་སྤོང་སེམས་ཐོབ་པ་ཞེས་པ་ཉན་ཐོས་ལྟར་མི་མཐུན་པའི་ཕྱོགས་འདི་དག་སྤོང་བར་བྱའོ་སྙམ་དུ་ཁས་བླངས་པའི་སེམས་པ་མངོན་གྱུར་ཙམ་མ་ཡིན་པར། དབང་བཞི་ཐུན་མོང་དུ་ཉམས་མྱོང་ཁྱད་པར་ཅན་སྐྱེས་པའི་དབང་གིས་སྤོང་སེམས་དོན་གྱིས་ཐོབ་པའམ། དབང་གོང་མར་དཔེ་དོན་གྱི་ཡེ་ཤེས་སྐྱེས་པས་རང་ཤུགས་ཀྱིས་ཐོབ་པ་ལྟ་བུ་ལ་འཇོག་དགོས་ཀྱིས། སྔ་མ་དེ་ལྟ་བུ་ནི་རིགས་ལྔའི་སྡོམ་བཟུང་གི་རྗེས་ཟློས་ཀྱི་སྐབས་སུ་ཡོད་པའི་ཕྱིར་དང་། དཔེའི་ཡེ་ཤེས་སྐྱེས་ཏེ་སྡོམ་པ་དང་ཡེ་ཤེས་ངོ་བོ་གཅིག་ཏུ་སོང་བའི་ཚེ་སྤོང་སེམས་དེ་རྣམས་མངོན་གྱུར་དུ་ཡོད་པ་ཡང་མ་ཡིན་པའི་ཕྱིར་རོ། །ཉམས་མྱོང་གི་སྒོ་ནས་དོན་གྱིས་ཐོབ་པ་ཙམ་གང་ཟག་ཕལ་ཆེར་ལ་འབྱུང་མང་ཀྱང་། སློབ་དཔོན་

དང་། སློབ་མ་དང་། ཚོག་རྣམས་ཚད་མའམ་མཚན་ཉིད་དང་ལྡན་པ་གཙོ་ཆེ་སྟེ་སོ་ནམ་དང་སྟོན་ཐོག་གི་འབྲེལ་བཞིན་ནོ། །ཕྱིར་སོ་སྐྱེའི་རྡོ་རྗེ་སློབ་དཔོན་གྱིས་བསྐུར་ཚུལ་གྱི་དབང་དུ་བྱས་ན་ཡེ་ཤེས་དང་ཉམས་མྱོང་གི་འཛོག་ཚུལ་གསུམ་སྟེ། དངོས་ཀྱི་ཕྱག་རྒྱ་ལ་བརྟེན་ནས་དབང་གསུམ་པའི་སྐབས་སུ་དཔེའི་ཡེ་ཤེས་ངོས་ཟིན་པའམ། མ་ཟིན་ན་བཞི་པ་རྟེན་ཅན་ཞེས་པ་བཞི་པའི་སྐབས་སུ་བསྐུར་ནས་བསྐུར་བར་གསུངས་པས་དཔེའི་ཡེ་ཤེས་ཀྱི་སྟེང་དུ་ངོ་སྤྲོད་པ་ནི་རབ་ཏུ་ཐོབ་པ་ཞེས་བྱ་བ་སྟེ། རྒྱུད་ཕལ་ཆེར་བའི་དངོས་བསྟན་ཡིན་ཞིང་། ལྡོན་ཤིང་དུ་ལོག་རྟོག་གསུམ་བཀག་ནས་རང་ལུགས་སྐྱོན་མེད་གསུམ་བཞག་པར་ཤེས་པར་བྱའོ། །ཡེ་ཤེས་ཀྱི་ཕྱག་རྒྱ་བརྗོད་པ་ལ་གཉིས་ཏེ། རྗེ་བཙུན་གྱིས་མཆོག་དབང་གསུམ་གྲོལ་ལམ་ལ་བརྟེན་ནས་བསྐུར་བའི་ཡིག་ཆ་ལས། ཕྱིར་ཡེ་ཤེས་ཀྱི་ཕྱག་རྒྱ་རྒྱུད་པས་ཀྱང་ཁ་ཅིག་ལ་བདེ་སྟོང་གི་ཡེ་ཤེས་སྐྱེ་བར་སྣང་ལ། ཁ་ཅིག་ལ་མི་སྐྱེ་བ་ཡང་ཡོད་ལ་དེ་ལ་དབང་གི་ཚོག་ཙམ་མོ། །ཞེས་གསུངས་པའི་སྟེ་མ་ནི་མཆོན་བྱེད་དཔེའི་ཡེ་ཤེས་སུ་ཁྱད་པར་མེད་ཀྱང་། རྟེན་ཕྱག་རྒྱའི་ངོས་ནས་སྟེ་མ་ལ་ལྟོས་ཏེ་ཅུང་ཟད་མི་གསལ་བ་ནི་འབྲིང་དུ་ཐོབ་པ་ཞེས་བྱའོ། །ཕྱི་མ་སྟེར་བཤད་པ་ལྟར་མཆོན་བྱེད་དཔེའི་ཡེ་ཤེས་མ་སྐྱེས་ཀྱང་ཚོག་མཚན་ཉིད་དང་ལྡན་པས་ཉམས་མྱོང་ཁྱད་པར་ཅན་སྐྱེས་པ་ནི། དབང་གི་ཚོག་ཙམ་ཞེས་པའི་དོན་ཏེ། དབང་ཐ་མ་ཐོབ་པ་ཞེས་བྱའོ། །རབ་འབྲིང་གི་ཐ་སྙད་འདི་དག་གཞུང་བཤད་གཉག་མ་ཉིད་ལས་གསལ་བར་གསུངས་པའོ། །

གཉིས་པ་སྡོམ་པ་དང་ཡེ་ཤེས་ངོ་བོ་གཅིག་པའི་སྐྱེ་ཚུལ་ལ་གཉིས་ཏེ་དངོས་དང་། ཆ་མཐུན་ནོ། །དང་པོ་ནི༑ འབྲས་བུ་སོགས་ཏེ། སྐྱེ་ཚུལ་གོང་དུ་སྨོས་པ་དེ་ཙམ་དུ་མ་ཟད་འབྲས་བུ་སངས་རྒྱས་ཀྱི་ཡེ་ཤེས་ས་བཅུ་གསུམ་པའི་ངོ་བོར་སྐྱེ་བའང་ཡོད་དེ། ཡེ་ཤེས་ཀྱི་དཀྱིལ་འཁོར་དུ་དབང་ཐོབ་པ་རྒྱལ་ཆེན་ཨིནྡྲ་བྷཱུ་ཏི་ས་བཅུའི་དབང་ཕྱུག་བཞིན་ནོ། །སྤྲུལ་པའི་དཀྱིལ་འཁོར་ཉིད་དུ་དབང་ཐོབ་པ་ལ་ངེས་པར་མཐོང་བའི་ལམ། མཚོན་བྱ་དོན་གྱི་ཡེ་ཤེས་སུ་སྐྱེ་བ་རྗེ་བཙུན་རྣལ་འབྱོར་གྱི་དབང་ཕྱུག་བཞིན་ནོ། །སློབ་དཔོན་གྲུབ་པའི་ས་ལ་གནས་པས་བསྐུར་བ་དང་། སློབ་མ་རྒྱུད་དག་པ་ལ་མཚོན་བྱེད་དཔེའི་ཡེ་ཤེས་ཉིད་དུ་སྐྱེ་ཞིང་། དོན་གྱི་ཡེ་ཤེས་སྐྱེ་བའི་སྐབས་ཀྱང་སྲིད་པའོ། །གང་དག་དབང་གོང་མ་ལ་ཚོག་མེད་པར་འདོད་པ་རྣམས་ཀྱིས་དོན་དམ་སེམས་བསྐྱེད་བཞིན་དུ་རྫོགས་རིམ་གྱི་སྡོམ་པ་སྒོམ་པའི་སྟོབས་ཀྱིས་ཐོབ་ཀྱི་དབང་ལས་ནི་མ་ཡིན་ནོ་ཞེས་སྨྲ་བ་ཡང་སྐྱེ་ཚུལ་འདི་རྣམས་ཀྱིས་ལེགས་པར་ཁེགས་སོ། །

གཉིས་པ་ནི། བསོད་ནམས་སོགས་ཏེ། དབང་བཞིའི་ཚོགས་སྐུ་བཞིའི་ས་བོན་བཏབ་པ་དེ་ཉིད་ཚེ་འདིར་བསོད་ནམས་ཀྱི་ཚོགས་བསགས་པ་དང་། ཚེ་སྔ་མའི་ལས་འཕྲོ་སད་པ་དང་། རྩ་ཁམས་བཟང་བའི་སློབ

མ་སྐལ་ལྡན་རྣམས་ལ་དཔེའི་ཡེ་ཤེས་མ་སྐྱེས་ཀྱང་རྗེས་ཀྱི་བློས། རྩ་རྒྱུད་ལས། མུན་པ་ལ་ནི་མར་མེ་ལྟར། །ཞེས་པ་ལྟར་ཡེ་ཤེས་སུ་གསལ་བར་ངོ་ཤེས་པའི་ཡེ་ཤེས་ཉིད་དུ་སྐྱེ་བ་སྟེ། སྐུ་བཞིའི་ས་བོན་ཐེབ་པའང་འདི་ཙམ་ནས་འཇོག་གོ། །རྒྱུད་ཡོངས་སུ་སྨིན་པའི་ཚད་ཀྱང་དེ་ཉིད་དེ། མདོ་སྡེ་རྒྱན་ལས། ཇི་ལྟར་རྨ་དང་ཟས་ལ་དེ་དག་གི །གཟུག་དང་སྤྱོད་དུ་རུང་བ་སྨིན་འདོད་ལྟར། །དེ་བཞིན་རྟེན་འདིར་ཕྱོགས་གཉིས་ཞི་བ་དང་། །ཡོངས་སུ་དབང་བ་ཉིད་དུ་སྨིན་པར་བསྟན། །ཅེས་པར་ཕྱིན་ཐེག་པར་རྟེན་དེ་ཉིད་ལ་སྤང་བྱ་མཐོང་སྤང་སྤང་རུང་དང་། གཉེན་པོ་མཐོང་ལམ་སྐྱེ་རུང་ལ་སྨིན་པར་འཇོག་པ་ལྟར། སྐབས་འདིར་རྟེན་དེ་ཉིད་ལ་སྤང་བྱ་སྒྲིབ་གཉིས་སྤང་རུང་དང་། ཐོབ་བྱ་མཆོག་གི་དངོས་གྲུབ་ཐོབ་རུང་དུ་གྱུར་པ་སྨིན་པའི་ཚད་དུ་འཇོག་པར་བཞེད་དོ། །སྡོམ་པ་དང་ཡེ་ཤེས་ངོ་བོ་གཅིག་པའི་དོན་ཡང་དཔེའི་ཡེ་ཤེས་སྐྱེས་པའི་ཚེ་སྤྱོང་སེམས་མངོན་གྱུར་དུ་མེད་པས་སྡོམ་པ་ཉིད་ཡེ་ཤེས་སུ་འདུ་ཞིང་། ཡེ་ཤེས་ལས་ལོགས་སུ་གྱུར་པའི་སྡོམ་པ་མེད་པས་ན་མཚོན་བྱེད་དཔེའི་ཡེ་ཤེས་སྐྱེས་པ་ནས་བཟུང་སྟེ། ཇི་སྲིད་དོན་གྱི་ཡེ་ཤེས་མ་སྐྱེས་ཀྱི་བར་གྱི་ཡེ་ཤེས་ཐམས་ཅད་སྐྱེ་བའི་སྡོམ་པ་ཞེས་ཀྱང་བྱར་རུང་ངོ་། །དེ་ཉིད་ཀྱི་རིག་པས་ལམ་འདིས་ཐོབ་པའི་མཐོང་ལམ་ནས་བཟུང་སྟེ། རྡོ་རྗེ་འཛིན་པའི་སའི་བར་གྱི་ཡེ་ཤེས་དང་སྡོམ་པ་རོ་གཅིག་པ་ཐམས་ཅད་དོན་གྱི་སྡོམ་པ་དང་། རྡོ་རྗེ་འཛིན་པའི་སར་རང་སྣང་གི་ཡེ་ཤེས་སྐྱེས་པའི་ཚེ་མ་དག་པའི་སྣང་བ་མེད་པར་ཤེས་བྱ་ཐམས་ཅད་གསང་བ་གསུམ་གྱི་ངོ་བོར་འཆར་བ་ཡང་འབྲས་བུའི་སྡོམ་པར་གྲུབ་བོ། །

སྤྱི་དོན་གསུམ་པ་བར་དུ་བསྲུང་བའི་ཚུལ་ལ་བཞི་སྟེ་བསྲུང་ཚུལ་སྤྱིར་གདམས་པ་དང་། བསྲུང་བྱའི་དམ་ཚིག་དངོས་དང་། ཉེས་དམིགས་དང་ཕན་ཡོན་བཤག་པ་དང་། རྒྱུད་སྡེ་འོག་མའི་རྩ་ལྟུང་ལ་ལྟུ་ཡང་འཇོག་ཚུལ་ལོ། །དང་པོ་ནི། ཐོབ་པ་སོགས་ཏེ། དབང་གི་དུས་སུ་ཐོབ་པ་ཇི་ལྟ་བ་བཞིན་གྱི་དམ་ཚིག་རྣམས་ཚུལ་བཞིན་དུ་བསྲུང་ན་དངོས་གྲུབ་དང་། མ་བསྲུང་ན་མནར་མེད་ལ་སོགས་པའི་སྡུག་བསྔལ་བསྐྱེད་པར་འགྱུར་བ་དྲན་པའི་སྒྲོ་ནས་རིགས་དང་། གཟུགས་དང་། ལོངས་སྤྱོད་དང་། ཐོས་པ་ལ་སོགས་པའི་སྙེམས་པ་དང་བཅས་ཏེ༏ ལྟུང་བ་ལ་ཇི་མི་སྙམ་པ་སྟེ་ཁྲེད་དུ་གསོད་པའི་ང་རྒྱལ་ངེས་པར་བཅོམ་སྟེ། སོ་ཐར་གྱི་སྐབས་སུ་སྨོས་པ་ལྟར་བག་ཡོད་པ་དང་། དྲན་པ་དང་། ཤེས་བཞིན་དང་ལྡན་ཞིང་མ་འཁྲུལ་བའི་བློས་མི་ཉམས་པར་བསྲུང་ངོ། །

གཉིས་པ་ལ་བཞི་སྟེ། བྱ་རྒྱུད་ཀྱི་དམ་ཚིག །སྤྱོད་རྒྱུད་ཀྱི་དམ་ཚིག །རྣལ་འབྱོར་རྒྱུད་ཀྱི་དམ་ཚིག །རྣལ་འབྱོར་བླ་ན་མེད་པའི་རྒྱུད་ཀྱི་དམ་ཚིག་གོ། །དང་པོ་ལ་གསུམ་སྟེ། སྤྱིའི་དམ་ཚིག་དང་། དབང་གི་དམ་ཚིག་དང་། དེ་དག་ལས་རྩ་ལྟུང་དུ་འགྱུར་བའི་ཚུལ་ལོ། །དང་པོ་ནི། བྱ་རྒྱུད་སོགས་ཏེ། རང་མིང་གིས་མཚམས

སྦྱར་ནས་བཤད་པ་དགོངས་ནི། གསང་བ་སྤྱི་རྒྱུད་ལས། དམ་ཚིག་འདི་དག་བསྒོ་བར་བྱ། །དེ་རིང་ཕྱིན་ཆད་ཁྱེད་རྣམས་ཀྱིས། །སངས་རྒྱས་ཆོས་དང་དགེ་འདུན་དང་། །བྱང་ཆུབ་སེམས་དཔའ་རྣམས་དང་ནི། །རིག་སྔགས་གསང་སྔགས་ཚོགས་རྣམས་ལ། །དད་པ་རབ་ཏུ་བརྟན་པར་བྱ། །ཞེས་གསུངས་པའི་སྤྱིའི་དམ་ཚིག་གསུམ་གྱི་དང་པོ་ནི། སངས་རྒྱས་དང་། ཆོས་དང་། དགེ་འདུན་ཏེ་ཐེག་པ་ཆེན་པོའི་དཀོན་མཆོག་རྣམ་པ་གསུམ་པོ་དུས་ནམ་ཡང་མི་བཏང་ཞིང་སྐྱབས་འགྲོའི་བསླབ་བྱ་རྣམས་བསྲུང་བའོ། །

གཉིས་པ་ནི། བྱང་ཆུབ་སེམས་དཔའ་རྣམས་ལ་དད་པ་བྱ་བ་དང་། དེའི་སྟེ་སྣོད་དུ་བཤད་པའི་ཚུལ་ཁྲིམས་གསུམ་ལ་སོགས་པའི་བསླབ་བྱ་རྣམས་ཀྱང་གུས་པས་བསྒྲུབ་པའོ། །གསུམ་པ་ནི་རིག་སྔགས་ཏེ་ལྷ་མོ་དང་། གསང་སྔགས་ཏེ་ལྷ་པོ་དང་། དེ་གཉིས་ཀྱིས་བསྡུས་པའི་བྱ་རྒྱུད་ཀྱི་ལྷ་ཚོགས་ལ་བཟང་ངན་དང་མཆོག་དམན་དུ་འཛིན་པ་སྤངས་ཏེ་དད་པ་རབ་ཏུ་བརྟེན་པར་བྱ་བའོ། །འདི་གསུམ་ལ་སྤྱིའི་དམ་ཚིག་ཏུ་འདོག་པའི་རྒྱུ་མཚན་ནི། དབང་ཐོབ་པའི་གང་ཟག་དང་མ་ཐོབ་པའི་གང་ཟག་བྱ་རྒྱུད་ལ་འཇུག་པའི་སྔོན་དུ་ལམ་ཐུན་མོང་བ་ལ་སློང་བ་བྱེད་པས་ཀྱང་འདི་གསུམ་བསྲུང་དགོས་པའི་ཕྱིར་རོ། །

གཉིས་པ་དབང་གི་དམ་ཚིག་ནི། རང་འདོད་སོགས་ཏེ། སྔར་གྱི་འཕྲོར། རྟག་པར་ཕྱག་རྒྱ་ཆེན་པོ་ལ། །ཁྱད་པར་དུ་ནི་མོས་པར་བྱ། །དམ་ཚིག་ཅན་དང་མཛའ་བོ་དང་། །བླ་མ་ལ་ཡང་གུས་པར་བྱ། །ལྷ་རྣམས་ཀུན་ལ་སྡང་མི་བྱ། །དུས་མཚམས་དག་ཏུ་མཆོད་པར་བྱ། །སྟོན་པ་གཞན་གྱི་གཞུང་མི་མཆོད། །རྟག་ཏུ་གློ་བུར་མགྲོན་མཆོད་བྱ། །སྲོག་ཆགས་རྣམས་ལ་བྱམས་པའི་སེམས། །རབ་ཏུ་བརྟན་པ་ཉེ་བར་བཞག །ཐེག་པ་ཆེ་ལ་དགའ་རྣམས་ཀྱིས། །བསོད་ནམས་དག་ལ་ནན་ཏན་བསྐྱེད། །བཟླས་བརྗོད་བྱེད་ལ་འབད་པ་ཡིས། །གསང་སྔགས་སྤྱོད་ལ་བརྩོན་པར་བྱ། །གསང་སྔགས་རྒྱུད་ལས་བསྟན་པ་ཡི། །དམ་ཚིག་རྣམས་ཀྱང་བསྲུང་བར་བྱ། །དམ་ཚིག་མེད་པ་རྣམས་ལ་ནི། །སྔགས་དང་ཕྱག་རྒྱ་མི་སྦྱིན་ནོ། །གསང་སྔགས་རྒྱུད་ལས་ལེགས་གསུངས་ཞིང་། །དེ་ཡང་བདག་གིས་རྟོགས་པར་བྱ། །ཞེས་གསུངས་པའི་དབང་གི་དམ་ཚིག་བཅུ་གསུམ་གྱི་དང་པོ་ནི། དུས་རྟག་པར་ཕྱག་རྒྱ་ཆེན་པོ་སྟེ། རང་གི་འདོད་པའི་ལྷ་ལ་ལྷ་གཞན་ལས་ཁྱད་པར་དུ་གུས་པར་བྱ་ཞིང་། ལྷ་བསྒྲུབས་པས་མ་གྲུབ་ན་དེ་ལ་ཁྲོས་པས་རིགས་སྔགས་བཅིངས་པ་ལ་སོགས་པའི་སྤྱོག་ཆོག་ཀྱང་ལྷ་ལ་མ་གུས་པ་ཡིན་པས་མི་བྱའོ། །

གཉིས་པ་ནི་བྱ་རྒྱུད་ཀྱི་སྒོར་ཞུགས་པའི་གང་ཟག་དམ་ཚིག་ཅན་དང་། གསུམ་པ་ནི་སངས་རྒྱས་ཀྱི་བསྟན་པ་ལ་ཞུགས་ཤིང་། ལས་འབྲས་དང་བྱང་ཆུབ་ཀྱི་སེམས་ལ་ནན་ཏན་གྱིས་སྒྲུབ་པ་ནི་རང་གི་མཛའ་བོ

ཡིན་པ་དང་། བཞི་པ་ནི། རང་ལ་དབང་དང་། རྒྱུད་དང་། ཐུན་མོང་དང་། མཆོག་གི་དངོས་གྲུབ་སྟོན་པ་ནི་བླ་མ་སྟེ། ཡུལ་ཁྱད་པར་ཅན་དེ་གསུམ་ལ་རབ་ཏུ་གུས་པར་བྱ་ཡི། རིགས་དང་། ཚུལ་ཁྲིམས་དང་། ཡོན་ཏན་ལ་སོགས་པའི་སྒོ་ནས་བརྙས་པ་དང་། སྨད་པ་དང་། ལུས་སྲོག་ལ་མཐོ་མཚམས་པའི་བར་གྱིས་གནོད་པར་འགྱུར་བའི་ལས་མི་བྱའོ། །ལྔ་པ་ནི། གནོད་གནས་ལ་སོགས་པ་ཐུན་མོང་གི་དངོས་གྲུབ་སྒྲུབ་པའི་ལྷ་བསྒྲུབས་པས་མ་གྲུབ་ན་ལྷ་ལ་སྨོད་ཅིང་ཁྲོ་བར་མི་བྱའོ། །དྲུག་པ་ནི་ཆོས་བརྒྱད་ལ་སོགས་པའི་དུས་མཚམས་བཟང་པོ་དག་ལ། རང་གི་འདོད་པའི་ལྷ་དང་དཀོན་མཆོག་གསུམ་པོ་ལ་མཆོད་པ་རྒྱ་ཆེན་པོར་བྱའོ། །བདུན་པ་ནི། དབང་ཕྱུག་དང་ཁྱབ་འཇུག་ལ་སོགས་པ་ཕྱི་རོལ་པའི་གཞུང་ནས་འབྱུང་བ་ལྟར་མི་མཆོད་ཅིང་། དེའི་མན་ངག་དང་རྣལ་འབྱོར་ཉམས་སུ་མི་ལེན་ནོ། །བརྒྱད་པ་ནི། དུས་རྟག་ཏུ་གློ་བུར་དུ་འོངས་པའི་མགྲོན་ལ་གནས་མལ་དང་ཁ་ཟས་སོགས་ཀྱིས་མཆོད་པ་ཅི་འགྲུབ་བྱ་སྟེ། དེ་ནི་བསོད་ནམས་ལྷག་པར་ཆེ་བའི་ཕྱིར་རོ། །དགུ་པ་ནི། སྲོག་ཆགས་ཕྲ་མོ་གྲོག་སྦུར་གྱི་བར་རྣམས་ལ་བྱམས་པའི་སེམས་བསྐྱེད་ནས་ཕན་པ་ཁོ་ན་བྱ་ཡིས། གནོད་པའི་ལས་རྣམ་པ་ཐམས་ཅད་དུ་མི་བྱེད་པའི་སྡོམ་སེམས་རབ་ཏུ་བརྟན་པར་བཞག་གོ །བཅུ་པ་ནི། ཐེག་པ་ཆེན་པོ་གསང་སྔགས་ལ་ཞུགས་པའི་གང་ཟག་བྱང་ཆུབ་ཀྱི་སྤྱོད་པ་ལ་དགའ་བ་རྣམས་ཀྱིས་བསོད་ནམས་དག་འཕེལ་བའི་ཕྱིར། བཟླས་བརྗོད་དང་། སྦྱིན་སྲེག་དང་། སྡོམ་པ་བཟུང་བ་སོགས་ལ་ནན་ཏན་བསྐྱེད་དོ། །བཅུ་གཅིག་པ་ནི། བཟླས་བརྗོད་བྱེད་པ་ལ་འབད་པའི་རྣལ་འབྱོར་པས། གསང་སྔགས་བཟླས་པའི་ཀུན་སྤྱོད་ལེགས་གྲུབ་སོགས་ཀྱི་རྒྱུད་ནས་འབྱུང་བ་བཞིན་སྤྱད་དགོས་ཏེ། དེ་ཡང་། བཟླས་པ་ཚིག་ལ་གནས་པས། །གླུ་གར་རྩེད་མོ་མི་བྱ་སྟེ། །མཛེས་པར་བྱ་ཕྱིར་ཕྲེང་བ་དང་། །ཁ་དོག་འཚང་བར་མི་བྱའོ། །འགོང་བ་དང་ནི་འབྱོར་པ་དང་། །རྒྱུད་པ་དང་ནི་ཙབ་ཧྲུལ་དང་། །ལུས་ལས་བྱུང་བའི་གནས་ངན་ལེན། །ཐམས་ཅད་ཡོངས་སུ་སྤང་བར་བྱ། །བདེན་པའི་ཆོས་ལ་གནས་པ་ཡིས། །ལེག་པ་གཏུམ་དང་འགྱུར་དང་རྩུབ། །དབྱེན་གྱི་ཚིག་ཀྱང་སྤངས་པ་དང་། །དོན་མེད་གཏམ་ཡང་མི་བྱའོ། །མུ་སྟེགས་ཅན་དང་གནས་པ་དང་། །རྩོད་པ་དག་ཀྱང་མི་བྱ་ཞིང་། །གདོལ་པ་དང་ནི་རིགས་ངན་དང་། །གསང་སྔགས་བཟླས་པ་སྨྲ་མི་བྱ། །ཟློ་ཅན་བཟླས་བརྗོད་བྱེད་པ་ན། །སྔགས་གཡོག་གཅིག་པུ་མ་གཏོགས་པར། །གཞན་དང་ལྷན་ཅིག་དགོས་མེད་པར། །འགའ་དང་ཡང་ནི་མི་གནས་བྱ། །འབྲུ་མར་དག་གིས་ལུས་མི་བསྐུ། །ཏིལ་ཡང་བཟའ་བར་མི་བྱའོ། །ལ་ཕུག་སྒོག་པ་ཙྭ་དག་དང་། །ཚང་སྐྱུར་རྣམ་པ་ཐ་དད་དང་། །ཙུང་པེང་དང་ནི་སྨན་རིལ་དང་། །དེ་བཞིན་ཤ་བའི་སྨན་མ་དང་། །ཏིལ་གྱི་ཙུང་པེང་ལ་དུ་དག །དངོས་གྲུབ་འདོད་པས་རྣམ་པར་སྤངས། །ཡོག་འདྲེན་དག་གི་ཟས་ཀུན་དང་། །གཏོར་མའི་ཁ་ཟས་ཐམས་ཅད་དང་། །གྲི་

ས་ར་དང་འོ་ཐུག་དག །གསང་སྔགས་བཟླས་པས་རྣམ་པར་སྤང་། །ཤིང་ཏ་ལ་སོགས་བཞོན་པ་དང་། །པད་མ་ལ་སོགས་བརྗི་མི་བྱ། །ཁ་ཟས་ལྷག་མ་བོར་བ་ལ། །རྐང་པས་ཀྱང་ནི་རེག་མི་བྱ། །སྙིག་པའི་ཚིག་ཐམས་ཅད་དག །ལྷམ་དང་གདུགས་དག་འཆང་བ་དང་། །ལུས་ཀྱི་ཆ་བྱད་ཐམས་ཅད་དག །གསང་སྔགས་བཟླས་པས་རྣམ་པར་སྤང་། །རྐང་པས་རྐང་པ་ཉེད་པ་དང་། །ལག་པས་ལག་པ་མཉེ་མི་བྱ། །བཤང་གཅི་དག་ནི་ཆུར་མི་དོར། །དེ་དང་ཉེ་བར་དོར་མི་བྱ། །སྐྱིམ་པ་ཁོ་ནར་མི་བཟའ་སྟེ། །འཕར་བའི་སྣོད་དུ་འང་བཟའ་མི་བྱ། །ལོ་མའི་སྣོད་དུ་བཟའ་མི་བྱ། །མཁས་པས་ཆགས་པའི་ཟས་མི་བཟའ། །ཁྲི་རྣམས་དང་ནི་ཁྲི་འུ་དག་ལ། །སྒྲུབ་པ་བློ་ལྡན་མི་གཙང་བ། །གཞན་དང་ཉལ་བར་མི་བྱ་སྟེ། གན་རྐྱལ་ཁ་སྦུབ་དུ་འང་མིན། །ཡང་དང་ཡང་དུ་མི་བཟའ་སྟེ། །ཁ་ཅང་ཆུང་དང་ཆེར་མི་བཟའ། །མི་བཟའ་བར་ཡང་མི་བྱ་ལ། །གང་དག་དགོས་པའང་མི་བཟའ་འོ། །ངོ་མཚར་རྣམས་ལའང་དགའ་མི་བྱ། །ལྟད་མོ་ཀུན་ལའང་མི་བལྟ་ཞིང་། །བུད་མེད་ཀུན་ལའང་འཛོལ་ཉོག་ལ། །ཞེན་པའི་སེམས་ཀྱིས་ཆགས་མི་བྱ། །སྔགས་ཟློས་ཚིག་ལ་གནས་པས། །ལུས་དང་ངག་དང་ཡིད་ཀྱིས་ཀྱང་། །ཟས་དང་དེ་བཞིན་སྤྱོད་པ་ལ། །མ་བསྒྲུམས་པར་ནི་ཡོངས་མི་བྱ། །སྔགས་བཟློས་ཁྲིམ་པ་མཁས་པ་ཡིས། །ཁ་དོག་བསྒྱུར་བའི་གོས་མི་བགོ། །དེ་བཞིན་རྙིང་དང་དྲི་མ་ཅན། །གོས་གཅིག་པར་ནི་ཡོངས་མི་བྱ། །བདག་ལ་སྨྲད་པར་མི་བྱ་ཞིང་། །རང་ལ་མི་དགར་མི་བྱ་སྟེ། །སྐྱོ་བར་ཡང་ནི་མ་གྱུར་དང་། །ནན་གྱིས་འགོངས་པར་མི་བྱའོ། །བཀའ་ལན་སྨྲུལ་པ་མ་གཏོགས་པ། །བདག་གིས་གསང་སྔགས་བཏང་མི་བྱ། །གཏི་མུག་བློས་ནི་མི་སྨྲད་ཅིང་། །བསྒྲིམས་པ་ལྷོད་པར་མི་བྱའོ། །ཡིད་ནི་གཞན་དུ་མ་གྱུར་དང་། །བསམ་པ་མང་པོ་མ་ཡིན་དང་། །མི་གཙང་ཆགས་པའི་སེམས་མེད་པར། །བཟློས་པ་བོས་ནི་གསང་སྔགས་འདོན། །གདོན་གྱི་ལས་ནི་མི་བྱ་ཞིང་། །བསྲུང་དང་སྲུང་བཟློག་མི་བྱའོ། །རང་གི་སྔགས་སམ་གཞན་གྱིས་ཀྱང་། །བཟློས་པས་དུག་གི་ལས་མི་བྱ། །སྒྲུབ་པ་དགོས་པ་མ་གཏོགས་པར། །གསང་སྔགས་གཞན་དུ་སྤྱད་མི་བྱ། །འགྲན་པ་དང་ནི་བཤད་ཕྱིར་དང་། །བདག་གི་གསང་སྔགས་མི་སྤྲུར་རོ། །བློ་ལྡན་གྱིས་ནི་དུས་གསུམ་བཟླས། །དུས་གསུམ་དུ་ནི་ཁྲུས་བྱས་ཏེ། །ཞེས་གསུངས་པ་རྣམས་ཏེ། འདི་རྣམས་ཚིག་བྱ་བའི་བར་ལ་ཡིན་གྱི་རྣམ་པ་ཐམས་ཅད་དུ་ངེས་པ་མེད་དོ། །བཅུ་གཉིས་པ་ནི། དམ་ཚིག་གསུམ་བཀོད་ལ་སོགས་པ་གསང་སྔགས་སོ་སོའི་རྒྱུད་ནས་བསྟན་པའི་དམ་ཚིག །དམ་པའི་ཆོས་ཀྱང་སྤང་མི་བྱ། །ཞེས་སོགས་རྣམས་ཀྱང་འབད་པས་བསྲུང་བར་བྱའོ། །བཅུ་གསུམ་པ་ནི། དབང་བསྐུར་མ་ཐོབ་པ་དང་། ཐོབ་ཀྱང་ཉམས་པས་དམ་ཚིག་མེད་པ་རྣམས་ལ་སྔགས་དང་ཕྱག་རྒྱ་སྟེ། གསང་སྔགས་ཀྱི་ཚིག་ཞིབ་མོ་དང་། རྒྱུད་དང་མན་ངག་རྣམས་མི་སྟོན་པར་གསང་ཞིང་སྦྲ་བ་རྣམས་དབང་ལས་ཐོབ་པའི་དམ་ཚིག

བཅུ་གསུམ་མོ། །གསུམ་པ་དེ་དག་རྩ་ལྟུང་དུ་འགྱུར་བའི་ཚུལ་ནི། འདི་ཡི་སོགས་ཏེ། དེ་ལྟར་བསྟན་པ་འདི་ཡི་སྒྲུབ་ཕྱོགས་རྣམས་ལས་འདས་ཤིང་དགག་ཕྱོགས་སུ་སྤྱད་པས་རྩ་ལྟུང་དུ་འགྱུར་བར་བཤད་དོ། །

གཉིས་པ་སྦྱོང་རྒྱུད་ཀྱི་དམ་ཚིག་ནི། སྦྱོད་རྒྱུད་སོགས་ཏེ། སྤྱོད་པའི་རྒྱུད་ཀྱི་དམ་ཚིག་རྣམ་སྣང་མངོན་བྱང་ལས། ཐུན་མོང་གི་བསླབ་བྱ་མི་དགེ་བ་བཅུ་སྤོང་བ་དང་། བྱང་ཆུབ་སེམས་དཔའི་སྡོམ་པ་ཡང་དག་པར་འཛིན་པ་རྣམས་སུ་གསུངས་ཏེ། དེ་ཉིད་ལས། གསང་བ་པའི་བདག་པོ་དེ་ལ་བྱང་ཆུབ་སེམས་དཔའ་སྲོག་གཅོད་པ་དང་། ཞེས་པ་ནས་ལོག་པར་བལྟ་བ་ལས་སླར་ལྡོག་པར་བྱའོ་བར་དང་། ཞུབ་ལན་བཅས་ཀྱི་སྒོ་ནས་ཐབས་ཤེས་རབ་དང་ལྡན་པའི་སྤྱོད་པར་གསུངས་པར་གྲུབ་པ་ཡིན་ཞིང་། ཐུན་མོང་མ་ཡིན་པ་དབང་ལས་ཐོབ་པའི་དམ་ཚིག་ནི། དེ་ཉིད་ལས། དེ་ལ་དམ་ཚིག་བསྟན་པར་བྱ། །དེ་རིང་ཕན་ཆད་ཁྱོད་ཀྱིས། །དམ་པའི་ཆོས་དང་བྱང་ཆུབ་སེམས། །སྲོག་གི་ཕྱིར་ཡང་དབྱིན་ཆད། །མངོན་དུ་གཏང་བར་མི་བྱའོ། །ཁྱོད་ཀྱིས་སེར་སྣ་དང་ནི་གང་། །སེམས་ཅན་གནོད་པ་མི་བྱའོ། །དམ་ཚིག་འདི་དག་སངས་རྒྱས་ཀྱིས། །བརྟུལ་ཞུགས་བཟང་པོ་ཁྱོད་ལ་བཤད། །ཅེས་གསུངས་ཏེ། དམ་པའི་ཆོས་དང་། སྨོན་འཇུག་བྱང་ཆུབ་ཀྱི་སེམས་སྲོག་གི་ཕྱིར་ཡང་མི་བཏང་བ་དང་། སེར་སྣ་དང་སེམས་ཅན་ལ་གནོད་པ་མི་བྱ་བ་བཞི་པོ་ཡིན་ལ། དེ་དག་ལས་ལྡོག་པ་རྩ་ལྟུང་ཡིན་པ་ཡང་། དེ་ཉིད་ལས། ལྟུང་བའི་རྩ་བ་བཞི་ནི། སྲོག་གི་ཕྱིར་ཡང་ཡོངས་སུ་ཉམས་པར་མི་བྱའོ། །བཞི་གང་ཞེ་ན། འདི་ལྟ་སྟེ། དམ་པའི་ཆོས་སྤོང་བ་དང་། བྱང་ཆུབ་ཀྱི་སེམས་གཏོང་བ་དང་། སེར་སྣ་བྱེད་པ་དང་། སེམས་ཅན་ལ་གནོད་པ་བྱེད་པའོ། །དེ་ཅིའི་ཕྱིར་ཞེ་ན། འདི་དག་ནི་ཐབས་དང་ཤེས་རབ་དང་མི་ལྡན་ན། རང་བཞིན་གྱི་ཉོན་མོངས་པ་ཅན་ཏེ། སླར་གསོར་མི་རུང་བའོ། །ཞེས་གསུངས་ཤིང་གོང་གི་བྱ་རྒྱུད་ཀྱི་དམ་ཚིག་ལས་རྩ་ལྟུང་དུ་འགྱུར་བ་ཡང་ལུང་འདིས་གྲུབ་པ་སྟེ་དབང་གི་དམ་ཚིག་ཏུ་མཉམ་པའི་ཕྱིར་རོ། །མཁས་པ་ཁ་ཅིག་བྱ་སྤྱོད་གཉིས་ལ་སྨོན་འཇུག་སེམས་བསྐྱེད་ཀྱི་བསླབ་བྱ་ལས་གཞན་པའི་དམ་ཚིག་བསྲུང་བྱ་མེད་པར་འདོད་པ་དང་། ཡང་ཁ་ཅིག་དམ་ཚིག་བསྡུས་པ་ཞེས་རྡོ་རྗེ་རྗེས་མཛད་ཟེར་བ་དེ་ཚད་མར་བཟུང་སྟེ་ཀྱི་ཡའི་རྒྱུད་ཀྱི་རྩ་ལྟུང་སུམ་ཅུ་དང་། སྤྱོད་རྒྱུད་ཀྱི་རྩ་ལྟུང་བཅུ་བཞིར་འདོད་པ་དག་ནི། རྗེ་དོ་རྗེ་འཆང་གིས་བྱ་སྤྱོད་ཀྱི་སྤྱི་རྣམ་གཉིས་དང་། ཀུན་མཁྱེན་ཆེན་པོས་སྡོམ་གསུམ་སྤྱི་དོན་དུ་ལེགས་པར་བཀག་ཟིན།

གསུམ་པ་རྣལ་འབྱོར་གྱི་རྒྱུད་ཀྱི་དམ་ཚིག་ནི། ཡོ་ག་ལ། །ཁས་བླངས་དང་ནི་ཚོགས་ཐོབ་པ་གཉིས་ཞེས་མདོར་སྟོན་ནས་རྒྱས་བཤད་ལ་དང་པོ་ཁས་བླངས་ཀྱི་སྒོ་ནས་ཐོབ་པ་ནི། དང་པོ་སོགས་ཏེ། དཔལ་དེ་ཉིད་འདུས་པའི་བཤད་རྒྱུད་རྡོ་རྗེ་རྩེ་མོ་ལས་སྡོམ་པ་བསྒྲག་བཟུང་གཉིས་སུ་གསུངས་པའི་བསྒྲག་པའི་ཚིག

དོན་ལེགས་པར་རྟོགས་ན་བཟུང་བ་རང་ཤུགས་ཀྱིས་རྟོགས་སླ་བས་དེ་ལྟར་དུ་བཤད་ན། དེ་ཉིད་ལས། རིགས་ལྔ་སོ་སོའི་དམ་ཚིག་བསྲུག་པ། སྤྱིའི་དམ་ཚིག་བསྲུག་པ། དེ་དག་མདོར་བསྡུས་ཏེ་བསྲུག་པའི་ཚུལ་གསུམ་གསུངས་པའི་དང་པོ་ནི། སོ་སོའི་སོགས་ཏེ་བསྲུག་ཚིག །སངས་རྒྱས་ཆོས་དང་དགེ་འདུན་ཏེ། །དཀོན་མཆོག་གསུམ་ལ་སྐྱབས་སུ་སོང་། །འདི་ནི་སངས་རྒྱས་རིགས་ཡིད་འོང་། །སྡོམ་པ་བརྟན་པོར་གྱུར་པའོ། །རྡོ་རྗེ་དྲིལ་བུ་ཕྱག་རྒྱ་ཡང་། །བློ་ཆེན་ཁྱོད་ཀྱིས་བཟུང་བྱ་སྟེ། །བྱང་ཆུབ་སེམས་གང་དེ་རྡོ་རྗེ། །ཤེས་རབ་དྲིལ་བུ་ཞེས་སུ་བཤད། །སློབ་དཔོན་ཁྱོད་ཀྱི་གཟུང་བར་བྱ། །བླ་མ་སངས་རྒྱས་ཀུན་དང་མཉམ། །འདི་ནི་རྡོ་རྗེའི་རིགས་དག་པའི། །སྡོམ་པ་དམ་ཚིག་ཡིན་པར་གསུངས། །རིན་ཆེན་རིགས་མཆོག་ཆེན་པོ་ལ། །ཉིན་དང་མཚན་མོ་ལན་གསུམ་དུ། །ཟང་ཟིང་མི་འཇིགས་ཆོས་དང་བྱམས། །སྦྱིན་པ་རྣམ་བཞི་རྟག་ཏུ་སྦྱིན། །ཕྱི་ནང་གསང་བ་ཐེག་པ་གསུམ། །དམ་ཆོས་ཁྱོད་ཀྱིས་གཟུང་བར་བྱ། །འདི་ནི་པདྨའི་རིགས་དག་པའི། །དམ་ཚིག་སྡོམ་པ་ཡིན་པར་གསུངས། །ལས་ཀྱི་རིགས་མཆོག་ཆེན་པོ་ལ། །སྡོམ་པ་ཐམས་ཅད་ལྡན་པར་ནི། །ཡང་དག་ཉིད་དུ་གཟུང་བར་བགྱི། །མཆོད་པའི་ལས་ཀྱང་ཅི་ནུས་བྱོས། །ཞེས་གསུངས་པ་ལས། སངས་རྒྱས་སམ་དེ་བཞིན་གཤེགས་པའི་རིགས་ཏེ། རྣམ་སྣང་གི་དམ་ཚིག་ནི། བརྡའི་དཀོན་མཆོག་གསུམ་ནི་སྐུ་གསུམ་མམ་བཞིའི་བདག་ཉིད་ཅན་གྱི་སངས་རྒྱས། ལུང་དང་རྟོགས་པས་བསྡུས་པའི་ཆོས། ཕྱིར་མི་ལྡོག་པའི་བྱང་སེམས་ཀྱི་དགེ་འདུན་ནོ། །དོན་གྱི་དཀོན་མཆོག་གསུམ་ནི། རང་གི་སེམས་རང་བཞིན་གྱིས་འོད་གསལ་བ་ནི་སངས་རྒྱས། དེ་རྟོགས་པ་མེད་པའི་ཚུལ་གྱིས་རྟོགས་པ་ནི་ཆོས། དེ་ཉིད་ཉམས་སུ་ལེན་པ་ནི་དགེ་འདུན་ཡིན་ལ། དེ་དག་ལ་སྐྱབས་སུ་སོང་ཞེས་པ་སྟེ༑ རྣམ་སྣང་སངས་རྒྱས་ཀྱི་སྐུའི་ངོ་བོ་ཡིན་ཞིང་། སྐུ་ཡོན་ཏན་གྱི་རྟེན་བྱེད་པ་ལྟར། སྐྱབས་གསུམ་འཛིན་པའི་སྡོམ་པས་ཀྱང་སྡོམ་པ་ཐམས་ཅད་ཀྱི་རྟེན་བྱེད་པ་དང་། རྣམ་སྣང་གིས་སངས་རྒྱས་ཐམས་ཅད་བསྡུས་པ་ལྟར། དཀོན་མཆོག་གསུམ་གྱིས་ལུང་རྟོགས་ཀྱི་ཆོས་ཐམས་ཅད་བསྡུས་པའི་ཕྱིར་རོ། །རྡོ་རྗེའི་རིགས་ཏེ་མི་བསྐྱོད་པའི་དམ་ཚིག་ནི། རྡོ་རྗེ་དང་དྲིལ་བུ་དང་། ཕྱག་རྒྱ་ཆེན་པོ་སྟེ་སྐུ་གསུང་ཐུགས་ཀྱིས་བསྡུས་པ་དང་། དེ་དག་གི་དེ་ཁོ་ན་ཉིད་ཡང་དག་པར་སྟོན་པའི་སློབ་དཔོན་རྣམས་བཟུང་བར་གྱིས་ཞེས་པ་སྟེ། རྡོ་རྗེ་དྲིལ་བུ་ལ་བརྡ་དང་དོན་གཉིས་ལས། བརྡའི་རྡོ་རྗེ་དྲིལ་བུ་མཚན་ཉིད་དང་རབ་གནས་ཅན་བླ་མ་དང་དགེ་འདུན་གྱི་ཕྱག་ཕྱི་སོགས་དགོས་པ་ཁྱད་པར་ཅན་མཐོང་བའི་ཚེའམ། རང་ཉིད་གནས་གཞན་དུ་ན་བ་སོགས་མ་ནུས་པའི་ཚེ་ཞག་བདུན་མ་འདས་ཚུན་ཆད་དུ་འབྲལ་དགོས་བྱུང་ཡང་ལྟུང་བར་མི་འགྱུར་མོད། དགོས་པ་མེད་པར་ཞག་གཅིག་ཀྱང་མ་བྲལ་བར་འཆང་དགོས་པའོ། །དོན་གྱི་རྡོ་རྗེ་དྲིལ་བུ་ནི། བྱང་ཆུབ་སེམས་གང་དེ་རྡོ་རྗེ། །ཤེས

རབ་དྲིལ་བུ་ཞེས་བཤད་དོ། །ཞེས་སེམས་རང་བཞིན་གྱིས་འོད་གསལ་བ་རྡོ་རྗེ། དེ་ཉིད་རྟོགས་བྱེད་ཀྱི་ཤེས་རབ་ཐབས་གཞན་ལ་སྟོན་པའི་ངག་ནི་དྲིལ་བུའོ། །ཕྱག་རྒྱ་ནི་སེམས་མ་རྡོ་རྗེ་མ་ལ་སོགས་པའི་ཕྱག་རྒྱ་འཛིན་པ། སློབ་དཔོན་ནི་རང་ལ་དབང་རྒྱུད། མན་ངག་སྟེར་བའི་བཀའ་དྲིན་ཅིག་ལྡན་ནམ། གཉིས་ལྡན་ནམ། གསུམ་ལྡན་ནོ༑ །དེ་དག་མི་བསྐྱོད་པའི་དམ་ཚིག་ཏུ་འདོག་པའི་རྒྱུ་མཚན་མི་བསྐྱོད་པ་ཐུགས་རྡོ་རྗེ་བྱང་ཆུབ་ཀྱི་སེམས་ཀྱི་ངོ་བོ་ཡིན་པ་ལྟར། དམ་ཚིག་གསུམ་དང་། སློབ་དཔོན་ཡང་བྱང་ཆུབ་ཀྱི་སེམས་ཀྱིས་འཛིན་པའི་ཕྱིར་རོ། །རིན་ཆེན་རིགས་ཏེ་རིན་འབྱུང་གི་དམ་ཚིག་ནི། ཟང་ཟིང་དང་། མི་འཇིགས་པ་དང་། ཆོས་དང་། བྱམས་པའི་སྦྱིན་པ་བཞི་ཉིན་ལན་གསུམ་མཚན་ལན་གསུམ་སྟེ་དུས་དྲུག་ཏུ་གཏོང་བའམ། དངོས་སུ་མི་ནུས་ན་འདུན་པ་དང་མ་བྲལ་བར་བྱ་བ་སྟེ། རིན་འབྱུང་སྦྱིན་པའི་ངོ་བོ་སེར་སྣ་རྣམ་པར་དག་པ་ཡིན་པ་ལྟར། སྦྱིན་པ་ཡང་དབུལ་བ་འདོར་བར་བྱེད་པ་དང་། སེར་སྣའི་གཉེན་པོ་ཡིན་པས་སོ། །པདྨའི་རིགས་ཏེ་འོད་དཔག་མེད་ཀྱི་དམ་ཚིག་ནི། ཀུན་སྙིང་གི་བཞེད་པ་ལྟར་ཕྱི་བྱ་སྤྱོད། གསང་བ་རྣལ་འབྱོར་གྱི་རྒྱུད་དེ་རྒྱུད་སྡེ་ཆེན་པོ་གསུམ་དང་། ཉན་ཐོས། རང་རྒྱལ། བྱང་ཆུབ་སེམས་དཔའི་ཐེག་པ་གསུམ་གྱིས་བསྡུས་པའི་དམ་པའི་ཆོས་མ་ལུས་པ་བཟུང་བར་གྱིས་ཞེས་པ་སྟེ། འོད་དཔག་མེད་ཤེས་རབ་ཀྱི་ངོ་བོ་གསུང་རྣམ་པར་དག་པ་ཡིན་པ་ལྟར། རྒྱུད་སྡེ་གསུམ་དང་ཐེག་པ་གསུམ་གྱི་ཆོས་རྣམས་ཀྱང་ཤེས་རབ་ཀྱིས་འཛིན་ཅིང་གསུང་གིས་སྟོན་པའི་ཕྱིར་རོ། །འདིར་དཀྲུས་ཀྱི་ནང་ཞེས་པའི་ཐ་སྙད་དེ་ནང་ངམ་གསང་བ་ཞེས། དོན་གཅིག་ཏུ་སྦྱད་པ་ཡིན་ནམ་སླར་དཔྱད་པར་བྱའོ། ལས་ཀྱི་རིགས་ཏེ་དོན་ཡོད་གྲུབ་པའི་དམ་ཚིག་ནི། སྡོམ་པ་ཐམས་ཅད་འཛིན་པ། ཁྱད་པར་དུ་མཆོད་པའི་ལས་ལ་བརྩོན་པར་བྱ་བ་ཡིན་ཏེ། དོན་ཡོད་གྲུབ་པ་བརྩོན་འགྲུས་ཀྱི་ངོ་བོ་ཕྲིན་ལས་ཀྱི་རང་བཞིན་ཡིན་པ་ལྟར། དགེ་བ་ལ་སྤྲོ་བའི་བརྩོན་འགྲུས་ཀྱིས་སྡོམ་པ་འཛིན་པ་དང་། སངས་རྒྱས་ལ་མཆོད་པ་བྱེད་པ་གཉིས་ཀ་སངས་རྒྱས་ཀྱི་ཕྲིན་ལས་རྗེས་སུ་སྐྱོང་བ་ཡིན་པའི་ཕྱིར་རོ། །

གཉིས་པ་རིགས་ལྔ་སྤྱིའི་དམ་ཚིག་བསྒྲག་པ་ལ་གཉིས་ཏེ། ཚུལ་ཁྲིམས་གསུམ་སྤྱིར་བཤད་པ་དང་། སོ་སོར་བཤད་པ་གཉིས་ཀྱི་དང་པོ་ནི། རིགས་ལྔ་སྤྱིའི་ཚུལ་ཁྲིམས་གསུམ་པོ་སྤྱིར་བཤད་པ་ནི། ཞེས་མཚམས་སྦྱར་ནས་བཤད་པ་ལ། བསྒྲག་ཚིག །དེ་ལས་གཞན་ཡང་བཅུ་བཞི་ནི། །ཕས་ཕམ་པར་ནི་རབ་ཏུ་བཤད། །སྤང་ཞིང་དོར་བར་མི་བྱ་སྟེ། །རྩ་བའི་ལྟུང་བ་ཞེས་བཤད་དོ། །ཉིན་དང་མཚན་མོ་ལན་གསུམ་དུ། །ཉིན་རེ་བཞིན་ནི་བཟླ་བར་བྱ། །གལ་ཏེ་ཉམས་གྱུར་རྣལ་འབྱོར་པ། །ཁ་ན་མ་ཐོ་སྦོམ་པོར་འགྱུར། །ཞེས་ནམ་མཁའི་སྙིང་པོའི་མདོར་བཤད་པའི་བྱང་ཆུབ་སེམས་དཔའི་རྩ་ལྟུང་ངམ། ཕམ་པ་བཅུ་བཞི་པོ་འདིར་ཡང་སྲུང་

དགོས་པ་སྟོན་པ་སྟེ་ངོས་འཛིན་དབྱེ་བསྡུའི་འཇོག་ཚུལ་བཅས་བྱང་སྡོམ་སྐབས་སུ་སོང་ཟིན།

གཉིས་པ་སོ་སོར་བཤད་པ་ལ་གསུམ་སྟེ། ཉེས་སྤྱོད་སྡོམ་པ་དང་། དགེ་བའི་ཆོས་སྡུད་པ་དང་། སེམས་ཅན་དོན་བྱེད་ཀྱི་ཚུལ་ཁྲིམས་སོ། །དང་པོ་ནི། སོ་སོར་བཤད་པ་ནི་ཞེས་པས་མཚམས་སྦྱར་ཏེ་བཤད་པ་ནི། རྩ་བཞི་སོགས་ཏེ། བསྒྲག་ཚིག །ཁྱོད་ཀྱིས་སྲོག་ཆགས་བསད་མི་བྱ། །མ་བྱིན་པར་ཡང་མི་བླང་ངོ་། །འདོད་ལ་ལོག་པར་མི་སྤྱད་ཅིང་། །བརྫུན་དུ་སྨྲ་བར་མི་བྱའོ། །ཕུང་ཁྲོལ་ཀུན་གྱི་རྩ་བ་ཡི། །ཆང་ནི་རྣམ་པར་སྤང་བར་བྱ། །སེམས་ཅན་དོན་ཕྱིར་མ་གཏོགས་པ། །བྱ་བ་མ་ཡིན་ཐམས་ཅད་སྤང་། །ཞེས་ཏེ་དངོས་བསྟན་རྩ་བཞི་ཆང་དང་ལྔ་སེམས་ཅན་གྱི་དོན་དུ་འགྱུར་ན་མ་གཏོགས་སྤང་དགོས་པ་ནི། སྟ་གོན་དང་འཇུག་པའི་སྐབས་འདིར་ཡོངས་རྫོགས་དགེ་བསྙེན་དང་ནམ་མཉམ་པའི་སོ་ཐར་གྱི་སྡོམ་པ་ཐོབ་ཅིང་། སྔར་སོ་ཐར་རིགས་བདུན་གང་རུང་ཐོབ་ན་དེར་འདུ་ཞིང་ངོ་བོ་བྱང་སེམས་ཀྱི་ཉེས་སྤྱོད་སྡོམ་པའི་ཚུལ་ཁྲིམས་སོ། །

གཉིས་པ་ནི། སྐྱེས་བུ་སོགས་ཏེ། བསྒྲག་ཚིག །དམ་པ་ཉེ་བར་བསྟེན་བྱ་ཞིང་། །རྣལ་འབྱོར་པ་ཀུན་བསྟེན་བཀུར་བྱ། །ལུས་ཀྱི་ལས་ནི་རྣམ་པ་གསུམ་དང་། །ངག་གི་རྣམ་པ་བཞི་དག་དང་། །ཡིད་ཀྱི་རྣམ་པ་གསུམ་དག་ནི། །ཅི་ནུས་པར་ནི་རྗེས་སུ་བསྲུང་། །ཞེས་ཏེ། དགེ་བ་སྤྱོད་པའི་གྲོགས་སྐྱེས་བུ་དམ་པ་དང་། རྣལ་འབྱོར་པ་རྣམས་བསྟེན་པའི་སྒོ་ནས་དགེ་བ་བཅུ་སྤྱོད་པ་སྟེ། བཅུ་པོ་དེར་ཕ་རོལ་ཏུ་ཕྱིན་པ་དྲུག་གི་ཉམས་ལེན་ཐམས་ཅད་འདུས་པས་ན་དགེ་བའི་ཆོས་ཀུན་རང་རྒྱུད་ལ་སྡུད་ཅིང་སྤྱོད་པའི་ཚུལ་ཁྲིམས་སོ། །

གསུམ་པ་ནི། ཐེག་པ་སོགས་ཏེ། བསྒྲག་ཚིག །ཐེག་པ་དམན་ལ་འདོད་མི་བྱ། །སེམས་ཅན་དོན་ལ་རྒྱབ་ཕྱོགས་མིན། །འཁོར་བ་དག་ཀྱང་ཡོངས་མི་སྤང་། །རྟག་ཏུ་མྱ་ངན་འདས་མི་ཆགས། །ཞེས་ཏེ། གཞན་དོན་གྱི་ལྡོག་ཕྱོགས་ཉན་རང་གི་བྱང་ཆུབ་དོན་དུ་གཉེར་བ་དང་། སེམས་ཅན་གྱི་དོན་ལ་གཡེལ་བ་དང་། འཁོར་བ་སྤང་སེམས་དང་། མྱང་འདས་ལ་ཆགས་པའི་སེམས་ཏེ། དེ་བཞི་དང་བྲལ་ཞིང་མི་གནས་པའི་མྱང་འདས་ཀྱི་སེམས་དང་ལྡན་པས་སེམས་ཅན་གྱི་དོན་བྱེད་པ་ནི་དེའི་ཚུལ་ཁྲིམས་སོ། །

གསུམ་པ་དེ་དག་མདོར་བསྡུས་ཏེ་བསྒྲག་པ་ནི། བསྡུས་ཏེ་བསྒྲག་པར་ཞེས་མཚམས་སྦྱར་ཏེ་བཤད་པ་ནི། སྡོམ་པ་སོགས་ཏེ། བསྒྲག་ཚིག །ལྷ་དང་ལྷ་མིན་གསང་བ་པ། །ཁྱོད་ཀྱིས་བརྙས་པར་མི་བྱ་ཞིང་། །ཕྱག་རྒྱ་བཞོན་པ་མཚོན་ཆ་དང་། །མཚན་མ་འགོམ་པར་མི་བྱའོ། །འདི་དག་དམ་ཚིག་ཡིན་པར་བཤད། །ཁྱོད་ཀྱིས་རྟག་ཏུ་བསྲུང་བར་བྱ། །རྗེས་མཐུན་སྡོམ་པ་རྒྱ་ཆེར་ནི། །གསང་བའི་རྒྱུད་ལས་རབ་ཏུ་བཤད། །ཅེས་ཏེ། སྡོམ་པ་གོང་མའི་ནང་དུ་འོག་མ་ཡང་འདུ་བའི་ཕྱིར་གཞན་ལ་གནོད་པ་དང་། གཞན་མ་དད་པར་འགྱུར་བའི་ཀུན

སྤྱོད་དང་། ལྷའི་ཕྱག་རྒྱ་འཁོར་ལོ་རྡོ་རྗེ་ལ་སོགས་པ་དང་། བཞིན་པ་དང་། མཚན་མ་འགོམ་པ་སོགས་བརྙས་ཐབས་ཐམས་ཅད་སྤོང་ཞིང་། གསང་བའི་སྤྱི་རྒྱུད་སོགས་ནས་གསུངས་པའི་བྱ་སྤྱོད་ཀྱི་དམ་ཚིག་རྣམས་ཀྱང་བསྲུང་དགོས་པའི་དོན་ནོ། །དེ་ཉིད་བཟུང་བ་ནི། ཇི་ལྟར་དུས་གསུམ་མགོན་པོ་རྣམས། །ཞེས་སོགས་ཚིགས་བཅད་གཉིས་ཀྱིས་སྤྱིའི་དམ་ཚིག་དང་། སངས་རྒྱས་ཆོས་དང་དགེ་འདུན་ཏེ། །ཞེས་སོགས་ཚིགས་བཅད་ལྔས་སོ་སོའི་དམ་ཚིག་དང་། བྱང་ཆུབ་སེམས་ནི་བླ་མེད་མཆོག །ཅེས་སོགས་ཚིགས་བཅད་གཅིག་གིས་དེ་དག་མདོར་བསྡུས་ཏེ་བཟུང་བ་སྟེ། དེ་ཡང་ཚིག་རྐང་དང་པོ་གཉིས་ཀྱིས་སྤྱིའི་དམ་ཚིག་དང་། ཕྱི་མ་གཉིས་ཀྱིས་སོ་སོའི་དམ་ཚིག་མདོར་བསྡུས་ཏེ་བཟུང་བས་ན་བསྒྲུག་བཟུང་གཉིས་ལ་གོ་རིམ་དང་། དངོས་བསྟན་དང་ཤུགས་བསྟན་གྱི་ཚིག་རིས་ཅུང་ཟད་ཙམ་ལས་དོན་གྱི་ངོ་བོ་ལ་ཁྱད་པར་ཅི་ཞིག་ཡོད།

གཉིས་པ་ཚོགས་ཐོབ་པ་ནི། ཚོ་ག་ས་སོགས་ཏེ། དེ་ཡང་དཔལ་མཆོག་དང་པོ་ནས། །དམ་ཚིག་སྡོམ་པ་གྲུབ་པ་འདི། །ཁྱོད་ཀྱིས་རྟག་ཏུ་བསྲུང་བར་བྱ། །སངས་རྒྱས་ཀུན་གྱིས་མཐུན་པར་གསུངས། །དམ་པ་རྟག་པའི་བཀའ་ཡིན་ནོ། །གང་ཞིག་བསྐྱེད་པ་ཙམ་གྱིས་ནི། །སངས་རྒྱས་ཉིད་དུ་དོགས་མེད་པའི། །བྱང་ཆུབ་སེམས་ནི་བཏང་མི་བྱ། །ཕྱག་ན་རྡོ་རྗེ་གང་ཡིན་པ། །དམ་པའི་ཆོས་ནི་མ་སྤང་ཞིང་། །ནམ་ཡང་དོར་བར་མི་བྱའོ། །མི་ཤེས་པའམ་རྨོངས་པ་ཡིས། །དེ་ལ་སྨོད་པ་མི་བྱའོ། །རང་གི་བདག་ཉིད་ཡོངས་སྤངས་ནས། །དཀའ་ཐུབ་ཀྱིས་ནི་གདུང་མི་བྱ། །ཇི་ལྟར་འདི་བས་བདེ་བར་བཟུང་། །འདི་ནི་མ་བྱོན་རྫོགས་སངས་རྒྱས། །རྡོ་རྗེ་དྲིལ་བུ་ཕྱག་རྒྱ་རྣམས། །ནམ་ཡང་དོར་བར་མི་བྱའོ། །སློབ་དཔོན་སྨད་པར་མི་བྱ་སྟེ། །འདི་ནི་སངས་རྒྱས་ཀུན་དང་མཉམ། །ཞེས་རྩ་བའི་ལྟུང་བ་བཅུར་བསྟན་པ་དེ་དག་རེ་རེ་ཡང་རྟེན་དང་། ཡུལ་དང་། བསམ་པ་དང་། དུས་སྐབས་དང་། ངོ་བོ་ཉིད་ཀྱི་ཡན་ལག་ལྔ་ལྡན་གྱི་སྒོ་ནས་ཤེས་དགོས་པ་ནི་ཡི་གེའི་ལས་སུ་ཆེ་བས་འོག་བླ་མེད་ཀྱི་སྐབས་སུ་འབྱུང་བ་ལས་རིག་པ་ཞིབ་མོས་བསྒྲི་ནུས། འདིར་གཞུང་གི་སྐབས་དུ་ངོ་བོ་ཉིད་ཀྱི་ཡན་ལག་ཙམ་བཤད་ན་ལྟུང་བ་དང་པོ་གཉིས་ནི་བྱང་ཆུབ་སེམས་ནི་བཏང་མི་བྱ་ཞེས་པས་སྟོན་ཏེ། དེ་ཡང་བླ་མེད་ཀྱི་དཀྱིལ་ཆོག་རྣམས་ལས་བྱང་ཆུབ་ཀྱི་སེམས་མི་བཏང་བའི་ཤེས་བྱེད་དུ་གང་ཞིག་ཅེས་སོགས་ཀྱི་ཚིག་རྐང་གཉིས་འདྲེན་པ་ཡོད་མོད་ཀྱང་། གྲུབ་ཆེན་ཀུན་དགའ་སྙིང་པོའི་དཔལ་མཆོག་འགྲེལ་པ་ལས་འབྱུང་བ་ལྟར་བཤད་ན་སྨོན་པ་བྱང་ཆུབ་ཀྱི་སེམས་བཏང་བ་རྩ་ལྟུང་དང་པོ་དང་། འཇུག་པ་བྱང་ཆུབ་སེམས་བསྐྱེད་བཏང་བ་ཞེས་པ་བྱང་ཆུབ་སེམས་དཔའི་སྤྱོད་པ་རླབས་པོ་ཆེ་ལ་འདི་ལྟ་བུས་ཅི་ཞིག་བྱ་ཞེས་འཐེང་སླད་ཀྱིས་སྨོད་པ་རྩ་ལྟུང་གཉིས་པ་དང་། འཇུག་པའི་ཉམས་ལེན་སྤོང་བ་ནི་མ་ཡིན་ཏེ། དེ་ལྟ་ན་ལྟུང་བ་ཐམས་ཅད་གཉིས་པའི་ནང་དུ

འདུས་པར་ཐལ་བའི་ཕྱིར་རོ། །ཕྱག་ན་རྡོ་རྗེ་ཞེས་སོགས་ཏེ་སྙིང་གར་ཟླ་བའི་སྟེང་དུ་རྡོ་རྗེ་རྩེ་ལྔ་པ་བསྒོམས་ནས་ཐམས་ཅད་རྣལ་འབྱོར་དུ་སེམས་བསྐྱེད་པ་དེ་སྤྱངས་པ་རྩ་ལྟུང་གསུམ་པ་དང་། དེའི་ཤེས་བྱེད་དུ་གང་ཞིག་ཅེས་སོགས་ཀྱི་ཚིག་རྐང་གཉིས་གསུངས་སོ། །དམ་པའི་ཞེས་སོགས་ཏེ་ཐེག་པ་གསུམ་གྱིས་བསྡུས་པའི་དམ་པའི་ཆོས་རྣམས་ལ་འདི་དག་ནི་རྒྱལ་བའི་བཀའ་མ་ཡིན། སྟོན་པའི་བསྟན་པ་མ་ཡིན་ཞེས་སོགས་སེམས་ཀྱིས་འཐིང་སྨད་ཀྱིས་སྤྱོང་བ་རྩ་ལྟུང་བཞི་པ་དང་། ནམ་ཡང་ཞེས་སོགས་ཏེ་འདི་དག་བཀའ་མ་ཡིན་ནོ་ཞེས་མི་ཟེར་ཀྱང་འདི་དག་གིས་བདག་ལ་དགོས་པ་མེད་དོ་ཞེས་ངག་གིས་སྤྱོང་བ་དང་། གླེགས་བམ་འཚོང་བ་དང་། གཏིང་པར་འཇུག་པ་སོགས་ལུས་ཀྱི་སྒོ་ནས་འདོར་བ་རྩ་ལྟུང་ལྔ་པ་དང་། མི་ཤེས་ཞེས་སོགས་ཏེ་དང་པོར་ཐོས་བྱུང་གི་ཤེས་རབ་ཀྱིས་མ་བཅལ་བས་མི་ཤེས། བར་དུ་བསམ་བྱུང་གི་ཤེས་རབ་ཀྱིས་མ་དཔྱད་པས་རྨོངས་པའི་དབང་གིས་གྲུབ་མཐའ་བཞི་པོ་རྣམས་ལ་འདི་དག་ནི་དགོས་པ་མེད་དོ་ཞེས་སེམས་ཀྱིས་འཐིང་སྨད་བྱེད་པའི་སྒོ་ནས་སྨོད་པ་རྩ་ལྟུང་དྲུག་པ་སྟེ། དང་པོ་གཉིས་ཞེས་པ་རྩ་ལྟུང་བཞི་པ་དང་ལྔ་པ་གཉིས་ནི་བརྗོད་བྱེད་སྟེ་སྨོད་སྤྱོང་བ་དང་། ཕྱི་མ་ནི་བརྗོད་བྱའི་ཉམས་ལེན་སྤྱོང་བ་ལ་འཇོག་གོ །རང་གི་ཞེས་སོགས་ཏེ་རྣལ་འབྱོར་གྱི་རྒྱུད་ཀྱི་དཀྱིལ་འཁོར་དུ་དབང་བསྐུར་བ་ཐོབ་ཕྱིན་ཆད་ལུས་ངག་ཡིད་གསུམ་བྱེད་ལས་དང་བཅས་པ་ཕྱག་རྒྱ་བཞི་དང་འབྲེལ་བའི་ལྷའི་རྣལ་འབྱོར་བཞིར་བྱིན་གྱིས་བརླབས་པའི་བདག་ཉིད་ཡོངས་སུ་དོར་ནས་དཀའ་ཐུབ་དྲག་པོས་ལུས་དང་སེམས་གདུང་བར་བྱེད་པ་རྩ་ལྟུང་བདུན་པ་སྟེ་འདིའི་ཤེས་བྱེད། འདི་ནི་མ་བྱོན་རྫོགས་སངས་རྒྱས་ཞེས་སོ། །རྡོ་རྗེ་དྲིལ་བུ་ནམ་ཡང་དོར་བར་མི་བྱ་ཞེས་པ་སྟེ། དམ་ཚིག་གི་རྡོ་རྗེ་དྲིལ་བུ་འདི་དག་ནི་མཆོག་གི་དངོས་གྲུབ་སྒྲུབ་པ་ལ་དགོས་པ་མེད་དོ་ཞེས་སེམས་ཀྱིས་འཐིང་སྨད་བྱེད་པའི་སྒོ་ནས་སྤྱོང་བ་རྩ་ལྟུང་བརྒྱད་པ་སྟེ། མི་བསྐྱོད་པའི་དམ་ཚིག་དང་བཟླས་པའི་སྐྱོན་མེད་དེ། དེ་ལ་དགག་དགོས་བརྩེར་ཡོད་པའི་ཕྱིར་རོ། ཤོག་ལྷ་མེད་སྐབས་སུ་འཆད་དོ། །དེ་བཞིན་དུ་ཕྱག་རྒྱ་ནམ་ཡང་དོར་བར་མི་བྱ་ཞེས་པ་སྟེ། ཕྱག་རྒྱ་བཞིའི་ཉམས་ལེན་སྤྱོངས་ནས་ཐ་མལ་པར་གནས་པ། རྩ་ལྟུང་དགུ་པ་དང་། སློབ་དཔོན་ཞེས་སོགས་ཏེ། རྣལ་འབྱོར་རྒྱུད་ཀྱི་དཀྱིལ་འཁོར་དུ་དབང་བསྐུར་བ་དང་། རྒྱུད་བཤད་པ་དང་། དམ་ཚིག་བཤད་པ་དང་། མན་ངག་སྦྱིན་པའི་རྡོ་རྗེ་སློབ་དཔོན་ལ་རིགས་དང་ཚུལ་ཁྲིམས་སོགས་ཀྱི་སྒོ་ནས་སྨད་པ་རྩ་ལྟུང་བཅུ་པ་སྟེ། འདིའི་ཤེས་བྱེད་འདི་ནི་སངས་རྒྱས་ཀུན་དང་མཉམ་ཞེས་གསུངས་སོ། །དེ་རྣམས་ཀྱི་སྟེང་དུ་དཀྱིལ་ཆོག་རྡོ་རྗེ་འབྱུང་བར། དེ་ནས་ཁྱོད་ཀྱིས་གཞན་ཕྱག་རྒྱ་ལ་མི་མཁས་པ་གང་ལ་ཡང་ཕྱག་རྒྱ་ཙམ་སྟོན་པར་མ་བྱེད་ཅིག །དེ་ཅིའི་ཕྱིར་ཞེ་ན། འདི་ལྟར་སེམས་ཅན་རྣམས་ཀྱིས་དཀྱིལ་འཁོར་མ་མཐོང་བར་སེམས་དཔའི་ཕྱག་རྒྱ་བཅིངས་པ་ལ་སྦྱོར་བར་བྱེད་

ཀྱང་དེ་རྣམས་ཀྱིས་དངོས་གྲུབ་ཇི་ལྟ་བ་བཞིན་ཐོབ་པར་འགྱུར་བ་དང་། དེ་ནས་སོམ་ཉི་ཟ་བར་གྱུར་པས་ཡང་བ་མ་སྤྱངས་པ་སྨྲ་བ་ཉིད་དུ་དུས་བྱས་ནས་སེམས་ཅན་དམྱལ་བ་མནར་མེད་པར་ལྟུང་བར་འགྱུར་ལ། རྒྱུ་དེས་ཁྱོད་ཀྱང་ངན་འགྲོ་ལྟུང་བར་འགྱུར་རོ་ཞེས་བརྗོད་པར་བྱའོ། །ཞེས་དབང་གིས་རྒྱུད་མ་སྨིན་པའི་གང་ཟག་ལ་སེམས་མ་རྡོ་རྗེ་མའི་ཕྱག་རྒྱ་བསྟན་པ་ལྟ་བུ་རྣལ་འབྱོར་རྒྱུད་ཀྱི་ཉམས་ལེན་བཤད་པ་རྩ་བའི་ལྟུང་བ་ཉིད་དུ་བཤད་པ་བསྟན་པས་རྩ་ལྟུང་བཅུ་གཅིག་གོ། །འདི་ལ་ཁ་ཅིག །གོང་གི་དེ་ལས་གཞན་ཡང་བཅུ་བཞི་ནི། ཞེས་པ་བླ་མེད་ཀྱི་རྩ་ལྟུང་བཅུ་བཞི་ལ་འབྲུ་བསྟན་ཏེ། ཡོ་གའི་སྐབས་སུའང་བླ་མེད་ཀྱི་རྩ་ལྟུང་བཅུ་བཞི་ཉིད་བསྲུང་བྱ་ཡིན་པ་དང་། དེའི་ཚེ་བཅུ་གསུམ་པ་ཚོགས་རྫས་སྤྱོང་བའི་དོན་ལ། འདིར་དམ་ཚིག་གི་རྡོ་རྗེ་དྲིལ་བུ་སྤྱོང་བ་ཁྱད་པར་དུ་འདོད་ཅིང་། ཀ་མ་རྡེ་ནུའི་སྤྱོད་རྒྱུད་འགྲེལ་པར། རྩ་ལྟུང་བཅུ་བཞིར་བཤད་པས་སྒྲུབ་པར་སྣང་ཡང་། དེ་ཉིད་བླ་མེད་དུ་བཀྲལ་བ་ཡིན་པས་སྐབས་འདིའི་ཤེས་བྱེད་དུ་མ་འབྲེལ་བ་སོགས་སྐྱོན་མང་བ་སྡོམ་གསུམ་སྤྱི་དོན་དུ་སུན་ཕྱུང་ཟིན་ཏོ། །གོང་སོ་ཐར་གྱི་སྐབས་བཞིན་དུ་རྒྱུད་སྡེ་འོག་མ་གསུམ་ལའང་དབང་དང་དམ་ཚིག་གི་ཁྱད་པར་ཙམ་ལས་ལམ་དང་འབྲས་བུའི་རྣམ་གཞག་ཆེར་མ་སྨོས་པའི་རྒྱུ་མཚན་ནི་ལེའུ་དང་པོ་དང་ལྔ་པས་བསྟན་པ་དོན་གྱིས་ཤེས་སོ། །བཞི་པ་རྣལ་འབྱོར་བླ་མེད་རྒྱུད་ཀྱི་དམ་ཚིག་ལ་གཉིས་ཏེ་ཁས་བླངས་ཀྱིས་ཐོབ་པ་དང་། ཚོགས་ཐོབ་པའོ། །དང་པོ་ནི། རྣལ་འབྱོར་བླ་མེད་རྒྱུད་ལ་ཞེས་སྔ་མ་རྣམས་ལྟར་མཚམས་སྦྱར་ཏེ་བཤད་པ་དངོས་ལ་ཁས་བླངས་ཀྱིས་ཐོབ་པ་ཡོ་ག་དང་མཚུངས་པ་གོང་དུ་བསྒྲག་བཟུང་གི་ཚུལ་གཉིས་ཀྱིས་བཤད་ཟིན་པ་ལྟར་ལ། འོན་ཀྱང་རིགས་ལྔ་སོ་སོའི་དམ་ཚིག་གི་སྐབས་རྣམ་སྣང་། མི་བསྐྱོད་པ༔ འོད་དཔག་མེད་གསུམ་ལ་ནང་དང་གསང་བའི་མཚན་གཞི་ཁྱད་པར་བ་རེ་ཡོད་དེ། རྣམ་སྣང་གི་སྐབས་སུ་ནང་གི་དཀོན་མཆོག་གསུམ་ནི། དཀྱིལ་འཁོར་གྱི་གཙོ་བོ་སངས་རྒྱས། དེའི་ཐུགས་རྒྱུད་ཀྱི་སྤྱངས་རྟོགས་ཀྱི་ཡོན་ཏན་རྩ་སྔགས་སྙིང་པོ་ཉེ་སྙིང་གི་རྣམ་པར་ཤར་བ་ནི་ཆོས། འཁོར་གྱི་ལྷ་རྣམས་ནི་དགེ་འདུན་ནོ། །གསང་བའི་དཀོན་མཆོག་གསུམ་ནི་རང་གི་སེམས་རང་བཞིན་གྱིས་སྒྲིབ་པ་ལས་གྲོལ་བ་ནི་སངས་རྒྱས། དེ་རྟོགས་པ་མེད་པའི་ཚུལ་གྱིས་རྟོགས་པ་ནི་ཆོས། དེ་ཉིད་ཉམས་སུ་ལེན་པ་ནི་དགེ་འདུན་ནོ། །མི་བསྐྱོད་པའི་སྐབས་སུ་ནང་གི་རྡོ་རྗེ་དྲིལ་བུ་ནི་ཡབ་ཡུམ་གྱི་རྡོ་རྗེ་དང་པདྨ། གསང་བའི་རྡོ་རྗེ་དྲིལ་བུ་ནི། བྱང་ཆུབ་སེམས་གང་དེ་རྡོ་རྗེ། ཤེས་རབ་དྲིལ་བུ་ཞེས་བཤད་དོ། །ཞེས་པ་ལྟར་སེམས་རང་བཞིན་གྱིས་འོད་གསལ་བ་ནི་རྡོ་རྗེ། དེ་གཞན་ལ་སྟོན་པའི་ངག་ནི་དྲིལ་བུའོ། །ནང་གསང་གཉིས་ཀ་ལ་འཇུག་པ་ལྷ་སྐུ་ཞལ་སྦྱོར་བདེ་བ་ཆེན་པོ་ནི་ཕྱག་རྒྱ། སམ་བུ་ཊ་ལས། སློབ་དཔོན་སེམས་ཀྱི་རྒྱལ་པོའོ། །ཞེས་པ་ལྟར་དམ་ཚིག་གསུམ་གྱི་གནས་ལུགས་རྟོགས་པའི་

ཤེས་རབ་ནི་སློབ་དཔོན་ནོ། །འོད་དཔག་མེད་ཀྱི་སྐབས་སུ་ཕྱི་བྱ་སྤྱོད་ཀྱི་རྒྱུད། ནང་རྣལ་འབྱོར་གྱི་རྒྱུད། གསང་བ་བླ་ན་མེད་པའི་རྒྱུད་དེ་རྒྱུད་སྡེ་བཞིར་འཇོག་དགོས་པའི་སྟེང་དུ་ཐེག་པ་གསུམ་སྟར་བཞིན་ཏེ། འདི་ལ་གྲུབ་ཆེན་ཀུན་དགའ་སྙིང་པོས། ཕྱི་ནང་གསང་བ་ཞེས་གསུངས་པ་ནི། དེའི་ལུགས་ལ་རྒྱུད་སྡེ་གསུམ་སྟེ་རྣལ་འབྱོར་རྒྱུད་ལས་གཞན་པའི་བླ་མེད་མི་བཞེད་པས་ཡོ་གའི་སྐབས་སུ་དེ་ལྟར་འདོན་པ་དང་། རྒྱུད་སྡེ་བཞིར་བཞེད་པའི་སྐབས་སུ་བླ་མེད་ལ། ཕྱི་ནང་གསང་བ་ཞེས་འདོན་དགོས་པ་ཀྱེ་རྡོ་རྗེ་འཆང་གི་གསུང་ཟིན་ཕྲིས་བྱས་པ་འགའ་ཞིག་ལས་འབྱུང་ཞིང་། ནས་གླིང་མ་དང་། བཟང་པོ་ཡོངས་བཟུང་དུའང་ཚིག་རིས་དེ་ལྟར་སྣང་ངོ་། །འོན་ཀྱང་འདོན་པ་ནི་དོན་ཐོབ་དང་བསྟུན་པའི་ཕྱག་ལེན་ཡིན་པས་དེ་ལྟར་བྱ་བ་ལེགས་མོད། བཤད་པའི་སྐབས་སུ་ནི་རྡོ་རྗེ་མཁའ་འགྲོ་དང་། སམ་བུ་ཊ་གཉིས་སུ་ཕྱི་དང་གསང་བ་ཞེས་ཡོད་པ་བཞིན། ལྭ་བ་ལྭ་ཧྲའི་འགྲེལ་པ་དང་། གནད་ཀྱི་གསལ་བྱེད་གཉིས་ཀ་ལས་ཕྱིས་བསྡུས་པ་བྱ་སྤྱོད་དང་། གསང་བས་བསྡུས་པ་རྣལ་འབྱོར་དང་རྣལ་འབྱོར་ཆེན་པོར་ངེས་འཛིན་མཛད་པ་ལྟར་འཆད་དགོས་ཏེ་གཞུང་དོན་འགོང་དུ་མི་བཏུབ་པའི་ཕྱིར་རོ། །

གཉིས་པ་ཚོགས་ཐོབ་པ་ནི། སྔ༷་གོ༷ན་ནས། །བཞི༷་པའི་བར༷་གྱི༷་ཆོ༷་ག༷་ལས་སྐྱེ༷་བར༷། ཞེས་སློབ་མ་སྔ་གོན་གྱི་གནས་གསུམ་བྱིན་རླབས་ནསཚདབང་བཞི་པའི་བར་གྱི་ཆོ་ག་ལས་གང་སྐྱེ་བའི་དམ་ཚིག་དང་སྡོམ་པ་དེ་ལ་ཞེས་མཚམས་སྦྱར་ནས་བཤད་པ་དངོས་ལ་གཉིས་ཏེ། སྔགས་ཆོས་རྣམས་མདོར་བསྡུས་ཏེ་སྨོས་པ་དང་། སྤྱིའི་ཆོས་རྒྱས་པར་བཤད་པའོ། །དང་པོ་ནི། འདུས༷་པ་ར༷་སོགས་ཏེ། དཔལ་གསང་བ་འདུས་པའི་ལེའུ་བཅུ་བདུན་པར། དེ་ནས་ཕྱག་ན་རྡོ་རྗེས་ཁ་ཟས་ཀྱི་དམ་ཚིག་འདི་ཉིད་སྐུ་དང་གསུང་དང་ཐུགས་རྡོ་རྗེ་ལས་བྱུང་ངོ་། །བཅའ་བའམ་བཏུང་བ་གང་ཅུང་ཟད། །བརྟུལ་ཞུགས་ཅན་གྱིས་གང་བཟའ་བ། །བཤང་གཅི་ཤ་ཡི་སྦྱོར་བ་ཡིས། །ཆོ་ག་བཞིན་དུ་ཡོངས་སུ་བརྟག །ཅེས་སོགས་དང་། རྡོ་རྗེ་ཕྲེང་བ་ལས། བདུད་རྩི་ལྔ་ཡི་རྫས་འབྱུང་། །དེ་ཟ་བ་ནི་རྡོ་རྗེ་འཆང་། །གླང་པོ་རྟ་ཁྱི་བ་ལང་མི། །བྱང་ཆུབ་སེམས་དང་བཅས་པའི་ཁྲག །བསྲེས་ནས་དེ་ལ་སྔགས་ཅིག་ཏུ། །བཟའ་བ་བདུད་རྩི་ལྔ་ཞེས་བརྗོད། །ཅེས་རིགས་ཀྱི་དབྱེ་བས་བསྙེན་པའི་དུས་སུ་ཤ་དང་བདུད་རྩི་སོ་སོ་ལ་ལོངས་སྤྱོད་པའི་ཚུལ་དང་། ལེའུ་བཅུ་གཉིས་པར། ཤ་ཆེན་དམ་ཚིག་མཆོག་གིས་ནི། །རྡོ་རྗེ་གསུམ་མཆོག་བསྒྲུབ་པར་བྱ། །བཤང་གཅིའི་དམ་ཚིག་མཆོག་གིས་ནི། །རིག་པ་འཛིན་པའི་གཙོ་བོར་འགྱུར། །གླང་པོའི་ཤ་ཡི་དམ་ཚིག་གིས། །མངོན་ཤེས་ལྔ་དག་ཐོབ་པར་འགྱུར། །ཞེས་སོགས་དངོས་གྲུབ་ཀྱི་དབྱེ་བས་སྒྲུབ་པའི་དུས་སུ་ཤ་སོ་སོར་བསྟེན་པའི་ཚུལ་གསུངས་པ་དང་། ལེའུ་དགུ་པར་དགོངས་ཏེ་གསུངས་པའི་དོན་མདོར་བསྟན་ན། མ་དད་པ་སྨད་པའི་སེམས་ཅན་ནམ། རྡོ་རྗེ་སློབ་དཔོན་ལ་སྨོད་པའི་སྲོག་ཏིང་ངེ་འཛིན་གྱི་སྒོ

ནས་གཅད་པ་དང་། སེར་སྣ་ཅན་གྱི་ནོར་ཧིང་ངེ་འཛིན་གྱིས་བླངས་ནས་འཕགས་པ་མཆོད་པའམ་སེམས་ཅན་ལ་སྦྱིན་པ་དང་། བུད་མེད་འདོད་ཆགས་ཀྱིས་གཟིར་བ་ལ་ལྷ་དང་ལྷ་མོར་བྱས་ལ་བདེ་བ་ཆེན་པོའི་སྙོམས་འཇུག་བྱ་བ་དང་། སེམས་ཅན་སྡིག་པ་ལས་བཟློག་པའི་དོན་དུ་རྫུན་དང་ངག་རྩུབ་སྨྲ་བ་བཞི་སྟེ། རྒྱུད་གཞན་ལས་ཀྱང་། སེམས་ཅན་སྲོག་ཀྱང་གཅད་པར་བྱ། །མ་བྱིན་པ་ཡང་བླང་བར་བྱ། །རྫུན་གྱི་ཚིག་ཀྱང་སྨྲ་བར་བྱ༔ །གཞན་གྱི་བུད་མེད་བསྟེན་པར་བྱ། །ཞེས་འབྱུང་ངོ་། །འགོས་ཀྱི་སྟོང་ཐུན་ཆེན་མོར། འདི་དག་གསང་ཤེར་གྱི་དབང་གི་དམ་ཚིག་ཏུ་བཞག་ནས། དབང་བཞི་པའི་དམ་ཚིག་ཏུ། ལེའུ་བཅུ་བདུན་པར། དེ་ནས་བཅོམ་ལྡན་འདས་དཔལ་ཕྱག་ན་རྡོ་རྗེས་ལུས་ངག་ཡིད་ཀྱི་སྡོམ་པ་འདི་ཉིད་སྐུ་དང་གསུང་དང་ཐུགས་རྡོ་རྗེ་ལས་བྱུང་ངོ༔ །མཆོད་རྟེན་དག་གི་ལས་མི་བྱ། །གླེགས་བམ་བཀླག་པར་མི་བྱ་ཞིང་། །དཀྱིལ་འཁོར་དག་ཀྱང་ཡོངས་མི་བྱ༔ །རྡོ་རྗེ་གསུམ་མཆོག་ཕྱག་མི་བྱ། །ཞེས་གནས་སྐབས་ཐམས་ཅད་དུ་བདེ་བ་ཆེན་པོ་ཟུང་འཇུག་གཉིས་སུ་མེད་པའི་ཡེ་ཤེས་ཀྱི་རང་སྣང་ཙམ་ལ་གནས་ཏེ། མཚན་མའི་སྤྱོད་པ་གཡེང་བའི་རྒྱུ་གང་ལ་ཡང་ཆེད་དུ་མི་གཏད་པའི་དོན་དུ་གསུངས་ཤིང་། ཡེ་ཤེས་གྲུབ་པ་ལས་ཀྱང་། སློབ་དཔོན་མ་མཐོང་སྣང་བ་མཐོང་། །སངས་རྒྱས་མ་མཐོང་སེམས་ཉིད་མཐོང་། །ཞེས་སོ། །འཁོར་ལོ་བདེ་མཆོག་གི་རྒྱུད་དུ་ནི། ཐུན་མོང་དང་ཐུན་མོང་མ་ཡིན་པའི་དམ་ཚིག་གཉིས་གསུངས་པའི་དང་པོ་ནི། ནག་པོ་དཀྱིལ་ཚིག་ཏུ། ཆེ་གེ་དུས་འདི་ནས་བཟུང་སྟེ། །ཧེ་སྲིད་གཉིས་མེད་ལ་གནས་པར། །དེ་ཡི་ཚངས་སྤྱོད་གཉིས་མེད་པ། །ཉི་ཤུ་རྩ་གཉིས་ལེགས་པར་བསྲུང་། །ཞེས་གསུངས་པའི་དོན་བཤད་སྦྱར་དུ། བདག་གིས་སྡོམ་པ་བཟུང་བའི་དུས་འདི་ནས་བཟུང་སྟེ། ཧེ་སྲིད་གཉིས་མེད་སངས་རྒྱས་ཀྱི་གོ་འཕང་མ་ཐོབ་ཀྱི་བར་དུ་ནག་ནོག་གི་དྲི་མ་མེད་པས། ཚངས་སྤྱོད་མཐའ་གཉིས་འགོག་ནུས་པའི་ཀུན་རྫོབ་དང་དོན་དམ་བྱང་ཆུབ་སེམས་གཉིས་ཟུང་དུ་ཆུད་པས་གཉིས་མེད་འཇུག་པའི་བདག་ཉིད་རྩ་བ་བཅུ་བཞི་དང་ཡན་ལག་བརྒྱད་དེ་ཉི་ཤུ་རྩ་གཉིས་ཀྱིས་མ་གོས་པ་ལེགས་པར་བསྲུང་ཞེས་འབྱུང་སྟེ་བླ་མེད་གཞན་དང་ཐུན་མོང་དུ་གྱུར་པས་འོག་ཏུ་འཆད་པར་འགྱུར་རོ། །

གཉིས་པ་ལ་སྤྱི་དང་ཁྱད་པར་གཉིས་ཀྱི་སྤྱིར་བུད་མེད་ལ་མ་གུས་པ་སྤང་བ་ནི། རྩ་རྒྱུད་ལས། ཕྱག་རྒྱ་དང་བྲལ་གསང་སྔགས་ནི། །ལུས་ཅན་རྣམས་ལ་འགྲུབ་མི་འགྱུར། ཞེས་དང་། ཕོ་ཉའི་ལམ་ལ་དགའ་རྣམས་ཀྱི༔ །སྒྲུབ་པ་པོ་ནི་དངོས་གྲུབ་འགྱུར། །ཞེས་དགག་སྒྲུབ་ཀྱི་སྒོ་ནས་དང་། བུད་མེད་ཐམས་ཅད་མཐོང་བ་ན༔ །གཡོན་ནས་ལན་གསུམ་བསྐོར་བྱ་ཞིང་། །སྤྱི་བོས་ཕྱག་ནི་བྱས་ནས་ཀྱང་། །ལན་གསུམ་བར་དུ་གསོལ་བ་གདབ། །ཅེས་སོགས་གུས་པ་ཇི་ལྟར་བྱ་བའི་ཚུལ་རྒྱས་པར་གསུངས་སོ། །

གཉིས་པ་ཁྱད་པར་བ་ནི་ཤེས་རབ་མ་དང་འབྲེལ་པའི་དམ་ཚིག་བརྒྱད་དེ། དེ་ཉིད་ལས། ལྷ་མོ་གཞན་དང་ཀུན་སྦྱོར་བ། །ཞེས་པ་ནི། རང་གིས་མཚན་ཉིད་བརྟགས་ཤིང་རྒྱུད་སྦྱངས་པའི་ཕྱག་རྒྱ་བོར་ནས། དེ་དག་མ་བྱས་པ་བསྟེན་ན་དམ་ཚིག་ཉམས་པ་དང་། འདོད་ལ་ཆགས་པར་གྱུར་འགྲོ་བ། །ཞེས་འདོད་པ་ལ་ཆགས་པས་དེ་ལ་འགྲོ་བ་སྟེ་བསྒྲོད་ན་དམ་ཚིག་ཉམས་པ་དང་། མི་གཡོ་བདག་གཞན་གཉིས་མེད་པ། །ཞེས་ཆོས་ཐམས་ཅད་མཉམ་པ་ཉིད་ལས་མི་གཡོ་བའི་ཕྱིར། བདག་གཞན་གཉིས་མེད་དུ་རྟོགས་པའི་བློ་ནས་བསྟེན་དགོས་པ་དེ་དང་བྲལ་བས་བསྟེན་ན་དམ་ཚིག་ཉམས་པ་དང་། གཉིས་སུ་མེད་དང་ཐོགས་པ་མེད། ཅེས་དོན་དམ་པར་ཐོ་ཉ་ལ་བཟང་ངན་གཉིས་སུ་མེད་པ་དང་། བཟང་ངན་ལ་ཐོགས་པ་མེད་པར་མ་ཤེས་ན་དམ་ཚིག་ཉམས་པ་དང་། དང་པོ་ནི་དངོས་སུ་བླང་དོར་བྱས་པ་ཡིན་ལ། འདི་ནི་བླང་དོར་གྱི་བསམ་པ་ཙམ་ལ་བཞག་པས་ཟློས་སྐྱོན་མེད་དོ། །དམ་ཚིག་སྤྱོད་པ་སྤྱད་པར་བྱ། ཞེས་དོན་གྱི་བཞི་པ་ལྷན་སྐྱེས་བཛྲོད་བྲལ་རྟོགས་པར་བྱ་བའི་བསམ་པས་སྤྱད་པར་བྱ་དགོས་ཀྱི། དེ་དང་བྲལ་བའི་བསམ་པས་བསྟེན་ན་དམ་ཚིག་ཉམས་པ་དང་། བུད་མེད་དབང་ཕྱུག་ཤིན་ཏུ་སྦྱོར། །ཞེས་མ་དང་སྲིང་མོ་ལ་སོགས་པའི་ཡོན་ཏན་དང་ལྡན་པའི་ཕྱག་རྒྱ་བསྟེན་དགོས་ཀྱི། དེ་ལས་བཟློག་ན་དམ་ཚིག་ཉམས་པ་དང་། ཚངས་སྤྱོད་བསམ་གཏན་དེ་བཞིན་གནས། །ཞེས་ཚངས་སྤྱོད་ནི་བྱང་སེམས་ནོར་བུའི་རྩེ་ལས་མི་འཕོ་བ་སྟེ། དེ་ལ་མི་ཚངས་སྤྱོད་མེད་པས་སོ། །བསམ་གཏན་གནས་ནི། དེ་ལ་བསྐྱེད་རིམ་དཔའ་བོ་གཅིག་པས་མི་ཚོག་པས་དཀྱིལ་འཁོར་བསྒོམ་པ་ལ་རྩེ་གཅིག་གནས་དགོས་པ་དང་། ཁྲོ་མེད་རྒྱུན་དུ་ཀུན་ཏུ་སྤྱོད། །ཅེས་གཞན་གྱི་གནོད་པའི་རྒྱུ་རྐྱེན་དང་ཕྲད་ཀྱང་རང་རྒྱུད་ཁྲོ་བ་མེད་པའི་ཀུན་སྤྱོད་ལ་གནས་པ་རྣམས་ཡིན་ཏེ། འདི་བརྒྱད་དམ་ཚིག་ཀུན་སྤྱོད་ཡིན། །ཞེས་སོ། །སྦྱིར་ཆགས་ལམ་བསྟེན་པའི་ཚོད་ཀྱང་། དེ་ཉིད་རིག་ལ་ཉེས་པ་མེད། ཅེས་ཆོས་ཉིད་བདེན་པ་མཐོང་བས་བསྟེན་པ་ལ་གནོད་པའི་དགག་བྱ་མེད་ན་བསྟེན་པར་གསུངས་སོ། །དེ་ཉིད་རིག་པའི་དོན་རྩེ་མོའམ་བཟོད་པ་ཐོབ་པ་ལ་འཇོག་པའང་ཡོད་དོ། །སོགས་ཀྱིས་བསྡུས་པ་གཡོན་པའི་ཀུན་སྤྱོད་ནི། རྩ་རྒྱུད་ལས། འཇིག་རྟེན་ན་རྟག་གཡོན་ནས་སྤྱོད། །རྐང་པ་གཡོན་པ་སྔོན་ལ་དོར། །ལག་པ་གཡོན་པ་སྔོན་དུ་བསྒྱུར། །གཡོན་གྱི་སྤྱོད་པས་རབ་མཆོད་བྱེད། །ལུས་ཀྱི་གཡོན་ནི་རྣམ་པར་འཁྲི། །གཡོན་པ་ཡིས་ནི་ཚིམ་པར་བཟའ། ཞེས་དང་། རྡོ་རྗེ་མཁའ་འགྲོ་སོགས་ལས་རྒྱས་པར་གསུངས་སོ། །རྒྱན་དང་ཁྱད་པར་གྱི་བཟའ་བའི་དམ་ཚིག །ཕྱི་མའི་དུས་དམིགས་བསལ་ཚེས་བཅུའི་མཆོད་པ་དང་། མི་འབྲལ་བའི་དམ་ཚིག་རྣམས་འདི་ཉིད་ཀྱི་རྒྱུད་འགྲེལ་རྣམས་ཀྱིས་རྟོགས་སླ་ཞིང་། ཕལ་ཆེར་ནི་ཐུན་མོང་དུ་གྱུར་པས་རྒྱུད་ཀྱི་མངོན་རྟོགས་སོགས་ཀྱིས་ཀྱང་ཤེས་ནུས་སོ། །དུས་

ཀྱི་འཁོར་ལོའི་རྒྱུད་ནས་བརྟུལ་ཞུགས་ཉི་ཤུ་རྩ་ལྔ་བཤད་དེ། ཇི་སྐད་དུ། འཚེ་དང་མི་བདེན་གཞན་གྱི་བུད་མེད་སྤང་བྱ་གཞན་གྱི་ནོར་དང་ཆང་གི་བཏུང་བ་དེ་བཞིན་ཉིད། །འཁོར་བར་རྡོ་རྗེའི་ཞགས་པ་དག་སྟེ་རང་གི་དགེ་བ་འཇོམས་བྱེད་སྡིག་པ་ལྔ་པོ་འདི་དག་གོ། །གང་ཞིག་གང་གི་དུས་སུ་འབྱུང་བ་ལྔ་དང་མི་ཡི་བླ་མ་དེ་ཡི་མཚན་གྱིས་རབ་སྤྲིན་བྱ། །ལྔ་ཚོགས་གཙོ་བོའི་བཀའ་ནི་སྲིད་པའི་འཇིགས་པ་འཇོམས་པ་དག་སྟེ་ཁྱོད་ཀྱིས་ཀུན་ནི་བསྲུང་བར་བྱ། །ཚེ་ལོ་ཁ་ན་མ་ཐོར་བཅས་པའི་ཟས་དང་ཚིག་ངན་རྫོག་དང་འབྱུང་པོ་ལྷ་མིན་དབང་པོའི་ཆོས། །བ་ལང་བྱིས་པ་བུད་མེད་སྐྱེས་པ་རྣམས་དང་ལྷ་མིའི་བླ་མ་གསོད་པ་ལྔ་ནི་མི་བྱའོ། །གྲོགས་པོ་རྗེ་བོ་རྣམས་དང་ལྷ་དང་མི་ཡི་བླ་མ་དགེ་འདུན་ཡིད་བརྟན་རྣམས་ལ་འཁྲུ་བ་ཡང་། །དབང་པོ་རྣམས་ནི་ཆགས་པ་དག་དང་སྲིད་པའི་བདག་པོ་དག་གི་བརྟུལ་ཞུགས་ཉི་ཤུ་ལྔ། །ཞེས་འབྱུང་བ་ལྔ་ཚན་དང་པོ་སྡིག་པ་ལྔ་སྤོང་བ་ནི་ཀུན་ལ་གྲགས་པའི་བསླབ་པའི་གཞི་ལྔ་སྟེ་ཤེས་པར་ཟད་དོ། །

ལྔ་ཚན་གཉིས་པ་ཉེ་བའི་སྡིག་པ་ལྔ་སྤང་བ་ནི། ཤོ་དང་མིག་མང་སོགས་ཚོ་ལོ་རྩེ་བ་དང་། ཁ་ན་མ་ཐོ་བ་སྤང་ཞེས་པའི་ཤ་སོགས་ཁ་ཟས་མ་དག་པ་དང་། ངག་འཁྱལ་དང་། ཕྱུགས་ཀྱི་མཆོད་སྦྱིན་ལྔ་བུ་འབྱུང་པོའི་ཆོས་དང་། ལྷ་མིན་ཏེ་ཀླ་ཀློའི་ཆོས་ལུགས་རྣམས་མི་བྱ་བའོ། །

ལྔ་ཚན་གསུམ་པ་གསོད་པ་ལྔ་སྤང་བ་ནི། མཐོ་རིས་འདོད་པས་མཆོད་སྦྱིན་གྱི་ཕྱིར་བ་ལང་གསོད་པ་དང་། མ་མོ་མཆོད་པའི་ཕྱིར་བྱིས་པ་གསོད་པ་དང་། མིའི་མཆོད་སྦྱིན་སྐྱེས་པའི་དོན་དུ་སྐྱེས་པ་དང་། བུད་མེད་ཀྱི་དོན་དུ་བུད་མེད་གསོད་པ་དང་། ལྷ་མིའི་བླ་མ་གསོད་པ་ཞེས་རྟེན་གསུམ་བཤིག་པ་སྟེ་དེ་རྣམས་མི་བྱ་བའོ། །འདིའི་དང་པོ་བཞི་གོང་གི་སྲོག་གཅོད་ཀྱི་ཁོངས་སུ་འདུ་མོད། མུ་སྟེགས་ཕལ་ཆེར་སྲོག་གི་མཆོད་སྦྱིན་འདི་དག་དགེ་བར་འདོད་པ་དགག་པའི་ཕྱིར་གསུངས་པའོ། །

ལྔ་ཚན་བཞི་པ་འཁྲུ་བ་ལྔ་སྤང་བ་ནི། གྲོགས་པོ་དང་། རྗེ་བོ་ནི་ཐན་རབ་སོགས་བཀུར་འོས་དང་། ལྷ་མིའི་བླ་མ་ནི་སངས་རྒྱས་དང་། དགེ་སློང་གི་དགེ་འདུན་དང་། ཡིད་བརྟན་ནི་མཁན་སློབ་སོགས་བླ་མ་སྟེ་དེ་རྣམས་ལ་ཁོང་ཁྲོ་དང་འཁང་ར་མི་བྱ་བའོ། །

ལྔ་ཚན་ལྔ་པ་ཆགས་པ་ལྔ་སྤང་བ་ནི། ཡུལ་ལྔ་ལ་དབང་པོ་ལྔ་ཆགས་པ་མི་བྱ་བའོ། །འདི་དག་ལ་སྲིད་པའི་བདག་པོ་རྡོ་རྗེ་སེམས་དཔའི་བརྟུལ་ཞུགས་ཉེར་ལྔ་ཞེས་རྒྱུད་འགྲེལ་ལས་གསུངས་ཤིང་དེ་ལས་སྤང་བྱའི་གཙོ་བོ་སྲིད་པའི་རྩ་བ་ཆགས་པ་ལྔ་ཡིན་པ་བཞིན། སྤོང་བྱེད་བརྟུལ་ཞུགས་ཀྱི་གཙོ་བོ་ཡང་རྫོགས་རིམ་སོར་སྡུད་ཀྱི་རྣལ་འབྱོར་ཡིན་ཏེ། དེ་ཉིད་རྡོ་རྗེ་སེམས་དཔའི་ལམ་དུ་བཤད་པས་སོ། །གསུང་ངག་ལམ་འབྲས་སུ།

དབང་བཞི་པོ་རེ་རེ་ལ་ཡང་མཉམ་གཞག་གི་དམ་ཚིག །རྗེས་སྤྱོད་ཀྱི་དམ་ཚིག །བཟའ་བའི་དམ་ཚིག །བསྲུང་བའི་དམ་ཚིག །མི་འབྲལ་བའི་དམ་ཚིག་ལྔ་ལྔ་སྟེ་ཉི་ཤུ་ར་གསུངས་པ་སོགས་རྒྱུད་དང་མན་ངག་གི་སྒོས་ཆོས་ཐ་དད་པ་མང་ཡང་། དོན་གྱི་ངོ་བོ་སྤང་བྱ་སྤོང་བ་དང་བསྙེན་བྱ་བསྙེན་པ་གཉིས་སུ་འདུ་བར་འཆད་འགྱུར་གྱིས་ལེགས་པར་རྟོགས་ནུས་སོ། །

གཉིས་པ་སྤྱིའི་ཆོས་རྒྱས་པར་བཤད་པ་ལ་གཉིས་ཏེ། སྤང་བྱ་སྤོང་བའི་ཚུལ་རྒྱས་པར་བཤད་པ་དང་། བསྙེན་བྱ་བསྙེན་པའི་ཚུལ་རྒྱས་པར་བཤད་པའོ། །དང་པོ་ལ་གཉིས་ཏེ། བཤད་གཞིའི་གཞུང་དགོད་པ་དང་། བཤད་པ་དངོས་སོ། །དང་པོ་ནི། སྤང་བྱ་སོགས་ཏེ། སྤང་བར་བྱ་བ་རྩ་བའི་ལྟུང་བ་བཅུ་བཞི་དང་། ཡན་ལག་གི་ལྟུང་བ་བརྒྱད་དེ་ཉི་ཤུ་རྩ་གཉིས་པོ་ཐུམ་དབང་གི་དམ་ཚིག་ཏུ་འཛོག་པ་བླ་མེད་ཀྱི་རྒྱུད་དང་བསྟན་བཅོས་ཐམས་ཅད་མཐུན་ནོ། །དེ་དག་གཏན་ལ་འབེབ་པའི་གཞུང་དངོས་བརྒྱད་པ་འདི་པས་འཆད་པ་འདི་དག་ནི་གསང་བ་འདུས་པའི་རྒྱུད་འབུམ་པ་ལས་རྣལ་འབྱོར་དབང་ཕྱུག་གིས་ཕྱུང་ཞིང་མཆོད་བརྗོད་དང་དམ་བཅའ་སོགས་བསྟན་བཅོས་ཀྱི་ལུགས་སུ་མཛད་པར་བཞེད། རྩ་ལྟུང་བཅུ་བཞི་པོ་ནི་ཚིག་ཅུང་ཟད་མི་འདྲ་ཡང་དོན་ཁྱད་པར་མེད་པར་དམ་པ་དང་པོའི་རྒྱུད་དང་། གཤིན་རྗེའི་དགྲ་ནག་གི་རྒྱུད་དང་། རྡོ་རྗེ་གུར་གྱི་རྒྱུད་ཀྱིས་གསལ་བར་བསྟན་ཏོ། །དེ་ལ་ཐོག་མར་རྩ་ལྟུང་གི་གཞུང་ཚིག་ནི། ཀུན་ནས་དང་བས་བླ་མ་ཡི། །ཞབས་ཀྱི་པདྨོ་ལ་བཏུད་ནས། །རྩ་བའི་ལྟུང་བ་བཅུ་བཞི་ནི། །རྒྱུད་ལས་གསུངས་ཕྱིར་བཤད་པར་བྱ། །གང་ཕྱིར་རྡོ་རྗེ་འཛིན་པ་ཡི། །དངོས་གྲུབ་སློབ་དཔོན་རྗེས་འབྲང་གསུངས། །དེ་བས་དེ་ལ་བརྙས་པ་ནི། །རྩ་བའི་ལྟུང་བ་དང་པོར་བཤད། །བདེ་གཤེགས་བཀའ་ལས་འདས་པ་ནི། །ལྟུང་བ་གཉིས་པ་ཡིན་པར་བཤད། །རྡོ་རྗེ་སྤུན་ལ་ཁྲོས་པ་ནི། །ཉེས་པར་བརྗོད་པ་གསུམ་པ་ཡིན། །སེམས་ཅན་རྣམས་ལ་བྱམས་པ་སྤོང་། །བཞི་པ་ཡིན་པར་རྒྱལ་བས་གསུངས། །ཆོས་ཀྱི་རྩ་བ་བྱང་ཆུབ་སེམས། །དེ་སྤོང་པ་ནི་ལྔ་པ་ཡིན། །རང་དམ་གཞན་གྱི་གྲུབ་པའི་མཐའ། །ཆོས་ལ་སྨོད་པ་དྲུག་པ་ཡིན། །ཡོངས་སུ་མ་སྨིན་སེམས་ཅན་ལ། །གསང་བ་སྒྲོགས་པ་བདུན་པ་ཡིན། །ཕུང་པོ་སངས་རྒྱས་ལྔ་བདག་ཉིད། །དེ་ལ་སྨོད་པ་བརྒྱད་པ་ཡིན། །རང་བཞིན་དག་པའི་ཆོས་རྣམས་ལ༑ །སོམ་ཉི་ཟ་བ་དགུ་པ་ཡིན། །གདུག་ལ་རྟག་ཏུ་བྱམས་ལྡན་པར། །བྱེད་པ་དེ་ནི་བཅུ་པར་འདོད། །མིང་སོགས་བྲལ་བའི་ཆོས་རྣམས་ལ། །དེར་རྟོག་པ་ནི་བཅུ་གཅིག་པ། །སེམས་ཅན་དད་དང་ལྡན་པ་ལ། །སེམས་སུན་འབྱིན་པ་བཅུ་གཉིས་པ། །དམ་ཚིག་ཇི་ལྟར་རྙེད་པ་ཡི་ཆོས། །མི་བསྟེན་པ་ནི་བཅུ་གསུམ་པ། །ཤེས་རབ་རང་བཞིན་བུད་མེད་ལ། །སྨོད་པར་བྱེད་པ་བཅུ་བཞི་པ། །སྔགས་པས་འདི་དག་སྤངས་ན་ནི། །དངོས་གྲུབ་མྱུར་དུ

ཐོབ་པར་འགྱུར། །གཞན་དུ་དམ་ཚིག་ལས་ཉམས་ན། །ཉམས་པ་བདུད་ཀྱིས་བཟུང་བར་འགྱུར། །དེ་ནས་སྡུག་བསྔལ་མྱོང་འགྱུར་ཞིང་། །ཐུར་དུ་བལྟས་ཏེ་དམྱལ་བར་འགྲོ། །དེ་བས་ང་རྒྱལ་བཅོམ་ནས་ནི། །བདག་ཉིད་མ་འཁྲུལ་ཤེས་པར་བྱ། །མཉམ་པར་བཞག་པས་བླ་མ་ལ། །ཅི་འབྱོར་པ་ཡིས་མཆོད་བྱས་ནས། །གསུམ་ལ་སྐྱབས་འགྲོ་ནས་བརྩམས་ཏེ། །བྱང་ཆུབ་སེམས་སོགས་སྡོམ་པ་ནི། །གལ་ཏེ་བདག་ལ་ཕན་འདོད་ན། །སྡིགས་པས་འབད་དེ་གཟུང་བར་བྱ། །ཞེས་དང་། ཡན་ལག་དམ་ཚིག་ཅེས་བྱ་བ། །དམ་ཚིག་དང་ནི་མི་ལྡན་པའི། །རིག་མ་བསྟེན་པར་དགའ་བ་དང་། །ཚོགས་ཀྱི་འཁོར་ལོར་རྩོད་པ་དང་། །གསུང་བའི་ཆོས་ནི་སྟོན་པ་དང་། །སེམས་ཅན་དད་དང་ལྡན་པ་ལ། །དམ་ཆོས་གཞན་དུ་སྟོན་པ་དང་། །ཉན་ཐོས་དག་ཏུ་རློམ་བྱེད་པའི། །ནང་དུ་ཞག་བདུན་གནས་པ་དང་། །སྒྲོར་བ་ངེས་པར་མ་བྱས་པར། །སྐལ་མེད་གསང་བ་སྟོན་པ་དང་། །གང་ཞིག་ཕྱག་རྒྱ་མི་མཁས་ལ། །ལུས་ཀྱི་ཕྱག་རྒྱ་སྟོན་པ་དང་། །བསྙེན་སོགས་དག་པར་མ་བྱས་པར། །དཀྱིལ་འཁོར་ལས་ལ་འཇུག་པ་དང་། །སྡོམ་པ་གཉིས་ཀྱི་བཅས་པ་ལ། །དགོས་པ་མེད་པར་འདའ་བ་དང་། །ཁ་ན་མ་ཐོ་བཅས་འགྱུར་ཏེ། །སྡིགས་པ་དེ་ཡི་དམ་ཚིག་ཟད། །ཟད་པས་འགྲུབ་པར་མི་འགྱུར་ཞིང་། །བདུད་དང་སྡུག་བསྔལ་མང་དུ་འཕེལ། །ཉིན་དང་མཚན་མོ་ལན་གསུམ་དུ། །ཉིན་རེ་བཞིན་ནི་བཟླ་བར་བྱ། །ཞེས་པ་སྟེ། འདི་དག་ལ་རྒྱ་ཆེར་འགྲེལ་སོགས་རྒྱུ་གཞུང་དུ་གྲགས་པའི་རྣམ་བཤད་བདུན་ཡོད་པའི་མ་དག་པའི་ཆ་ཐམས་ཅད་རྗེ་བཙུན་རིན་པོ་ཆེས་ལེགས་པར་སུན་ཕྱུང་རྒྱུ་གཞུང་དངོས་མ་ཡིན་པར་ཞལ་གྱིས་བཞེས་ཏེ། རྒྱུད་སྡེའི་དགོངས་པ་གསལ་བར་སྟོན་པའི་འགྲེལ་པ་འཁྲུལ་སྤོང་མཛད་པའོ། །

གཉིས་པ་བཤད་པ་དངོས་ལ་གཉིས་ཏེ། རྩ་བའི་ལྟུང་བ་བཤད་པ་དང་། ཡན་ལག་གི་ལྟུང་བའམ་ཉེས་བྱས་བཤད་པའོ། །དང་པོ་ལ་གཉིས་ཏེ་མིང་དོན་གྱིས་མདོར་བསྟན་པ་དང་། སྤྱི་དང་སོ་སོའི་དོན་གྱིས་རྒྱས་པར་བཤད་པའོ། །དང་པོ་ནི། གང་རུང་སོགས་ཏེ། བཅུ་བཞི་པོ་དག་ལས་གང་ཡང་རུང་བ་གཅིག་སྐྱེད་ན་སྔགས་སྡོམ་རྩ་བ་ནས་ཟད་ཅིང་དངོས་གྲུབ་འགྲུབ་པའི་སྐལ་པ་མེད་པས་ན་རྩ་བའི་ལྟུང་བ་ཞེས་བརྗོད་དེ། དཔེར་ན་ལྗོན་ཤིང་གི་རྩ་བ་རུལ་པ་སོགས་ཀྱིས་ཉམས་ན་སླར་སྐྱེ་བའི་སྐབས་མེད་པ་དང་མཚུངས་སོ། །གཉིས་པ་ལ་སྤྱི་དང་སོ་སོའི་དོན་གཉིས་ཀྱི་དང་པོ་ནི། རེ་རེ་ནས། དྲུག་གིས་རྣམ་པར་འཇོག་བྱེད་ཅེས་མདོར་སྨོས་པ་ལྟར་རྩ་བའི་ལྟུང་བ་བཅུ་བཞི་པོ་རེ་རེ་ནས་དོན་ཚན་དྲུག་གིས་རྣམ་པར་འཇོག་པར་བྱེད་དེ། དྲུག་པོ་གང་ཞེ་ན། ལྟུང་བའི་ངོ་བོ་ཉིད་དང་། ཡན་ལག་དུ་ཞིག་གིས་ལྟུང་བར་འགྱུར་བ་དང་། ལྟུང་བ་འབྱུང་བའི་རྒྱུ་མཚན་དང་། མི་འབྱུང་བར་བྱ་བའི་ཆེད་དུ་བསླབ་པ་དང་། བྱུང་བ་ཕྱིར་བཅོས་པའི་ཐབས་དང་། རྣམ་སྨིན་རྟོག་པར

བྱ་བའི་ཕྱིར་ཆེ་འབྲིང་སོགས་ཀྱི་རྣམ་བཞག་གོ། །དེ་དག་མདོར་བསྡུས་ཏེ་བཤད་པར་འདོད་ནས་རག་ས་པ་ནི་ཞེས་པས་མཚམས་སྦྱར་ཏེ། བཤད་པ་ལ་དང་པོ་ནི། ལྟུང་བའི་སོགས་ཏེ། ལྟུང་བའི་ངོ་བོ་ཉིད་ནི་ལུས་ངག་ཡིད་གསུམ་གས་བསྐྱེད་མོད་ཀྱང་། ཡིད་ཀྱིས་བསྐྱེད་པ་གཙོ་ཆེ་བ་སློབ་དཔོན་སློབ་པ་སོགས་བཅུ་བཞིའོ། །གཉིས་པ་ནི། ཡན་ལག་སོགས་ཏེ། བཅུ་བཞི་པོ་དེ་དག་ཀྱང་ཡན་ལག་ལྔ་ཚང་བ་ལས་ལྟུང་བར་འགྱུར་བས་ན། གང་ལ་ལྟུང་བ་འབྱུང་བ་རྟེན་གྱི་ཡན་ལག་ནི། རྒྱུད་སྔགས་སྡོམ་དང་ལྡན་པ་སྟེ། དབང་བསྐུར་བ་ཡང་དག་པ་ཐོབ་པ་དང་། ཤེས་པ་རང་བཞིན་དུ་གནས་པ་སྨྱེ་སྨྱོ་བ་སོགས་མ་ཡིན་པའོ། །ཡུལ་གྱི་ཡན་ལག་ནི། བླ་མ་དང་རྡོ་རྗེའི་སྤུན་སོགས་ལྟུང་བ་བཅུ་བཞི་པོ་གང་ལ་བརྟེན་ནས་འབྱུང་བའི་ཡུལ་སོ་སོའོ། །ངོ་བོ་ཉིད་ཀྱི་ཡན་ལག་ནི་གཙོ་བོ་ཡིད་ཉིད་ལ། རྟོགས་བྱེད་ལུས་དང་ངག་གང་འཇུག་གིས་གྲོགས་བྱས་པའོ། །རྒྱུའི་ཡན་ལག་ནི། ལྟུང་བ་འབྱུང་བའི་རྒྱུ་བྱ་བ་དང་བྱ་བ་མ་ཡིན་པའི་ཆ་མི་ཤེས་པ་དང་། ཤེས་ཀྱང་དྲན་པ་དང་ཤེས་བཞིན་གྱིས་མ་ཟིན་པས་བག་མེད་པ་དང་། བསྲུང་བར་འདོད་ཀྱང་ཉོན་མོངས་པས་རང་དབང་མེད་པ་ནི་ཉོན་མོངས་མང་བ་དང་། རྒྱུ་དེ་དག་གིས་བསླབ་པའམ་ཡུལ་ལ་མ་གུས་པ་སྟེ། གདན་ལ་དབབ་པའི་གཞི་བསྡུ་བར། དེ་ཡི་རྒྱུ་ཡང་རྣམ་བཞི་སྟེ། །མི་ཤེས་པ་དང་བག་མེད་དང་། །ཉོན་མོངས་མང་དང་མ་གུས་པའོ། །ཞེས་གསུངས་སོ། །དུས་སྐབས་ཀྱི་ཡན་ལག་ནི་བྱ་བ་གང་ཡིན་པ་དེ་ཟིན་པ་དང་། ཡུལ་གྱིས་གོ་བ་དང་སྨུན་པར་གྱུར་པ་ལ་སོགས་པ་སྟེ་རིག་པས་དཔྱད་དོ། །

གསུམ་པ་ནི། ལྟུང་བར་སོགས་ཏེ། དེ་དག་ལྟུང་བར་འགྱུར་བའི་རྒྱུ་མཚན་ནི་དབང་གི་དུས་སུ་དམ་ལ་བཞག་ཅིང་བསྲུང་བར་ཁས་བླངས་པའི་ཕྱིར་རོ། །བཞི་པ་ནི། མི་འབྱུང་སོགས་ཏེ། ལྟུང་བ་དེ་དག་མི་འབྱུང་བའི་ཆེད་དུ་བླ་མ་ལ་ལྷག་པའི་ལྷའི་འདུ་ཤེས་དང་། ཉོན་མོངས་པའི་ནད་གསོ་བའི་སྨན་པར་འདུ་ཤེས་བསྐྱེད་པ་རྩ་ལྟུང་དང་པོའི་དབང་དུ་བྱས་པ་དང་། བདེ་བར་གཤེགས་པའི་བཀའ་ལ་ལམ་པོ་ཆེའི་འདུ་ཤེས་བསྐྱེད་པ་གཉིས་པའི་དབང་དུ་བྱས་པ་དང་། རྡོ་རྗེ་སྤུན་ལ་དག་སྣང་སྦྱང་བ་གསུམ་པའི་དབང་དུ་བྱས་པ་དང་། སོགས་ཀྱིས་བསྡུས་པ་ཕྱི་མ་རྣམས་ལ་རིག་བསྒྲེས་ཏེ་འབད་དོ། །ལྔ་པ་ནི། བྱུང་བ་སོགས་ཏེ། གལ་ཏེ་ལྟུང་བ་བྱུང་ན་ཕྱིར་འཆོས་པའི་ཚུལ་ནི་སོར་བྱང་གཉིས་ཀྱི་ས་བཅད་དང་བསྟུན་ཏེ་འོག་ནས་འཆད་པར་འགྱུར་རོ། །དྲུག་པ་ནི༑ ཆེ་ཆུང་སོགས་ཏེ། གདན་ལ་དབབ་པ་བསྡུ་བར། ལྟུང་བ་རྣམས་ནི་ཆུང་ལ་སོགས། །རྣམ་པ་ལྔས་ནི་རིག་པར་བྱ། །ངོ་བོ་ཉིད་དང་ཉེས་པ་དང་། །བསམ་དང་གཞི་དང་སོགས་པའོ། །ཞེས་གསུངས་པ་ལྟར་ལྟུང་བ་འདི་རྣམས་ཆེ་འབྲིང་ཆུང་གསུམ་དུ་འཇོག་བྱེད་ཡུལ་དང་བསམ་པ་དང་། ངོ་བོ་ཉིད་དང་། ནུས་ཚབ་དང་། ལན་

གྲངས་རྣམ་པ་ལྔ་ཡི་སྒོ་ནས་འཇོག་སྟེ། ལྟུང་བ་ཐམས་ཅད་ལ་ལྔ་ཀ་ཚང་བའི་ངེས་པ་ནི་མེད་དོ། །དེ་ཡང་ཡུལ་གྱི་སྒོ་ནས་བཞག་པ་ལ་ཡུལ་མཆོག་ཡིན་ན་ལྟུང་བ་ཆེན་པོ། དེ་བཞིན་དུ་འབྲིང་ལ་འབྲིང་། ཆུང་ངུ་ལ་ཆུང་ངུ་སྟེ། རྩ་ལྟུང་ལྔ་པ། དགུ་པ། བཅུ་གཅིག་པ། བཅུ་གསུམ་པ་རྣམས་ལ་ནི་ཡུལ་གྱི་སྒོ་ནས་བཞག་ཏུ་མེད་དོ། །བསམ་པའི་སྒོ་ནས་བཞག་པ་ལ་ཉོན་མོངས་པ་མང་བས་བསླང་བ་ལ་ཆེན་པོ། མ་གུས་པ་དང་བག་མེད་པ་ལ་འབྲིང་། རྨོངས་པ་སྟེ་མི་ཤེས་པ་ལ་ཆུང་ངུར་འཇོག །ངོ་བོ་ཉིད་ནི་ལུས་ངག་ཡིད་གསུམ་ཀ་ཚང་ན་ཆེན་པོ། གཉིས་ལྡན་ལ་འབྲིང་། ཚིག་རྐྱང་སྟེ་ཡིད་གཅིག་པུ་ལ་ཆུང་ངུའོ། །ཡང་ཡིད་གཅིག་པུས་རྫོགས་པ་རྣམས་ལའང་ཡིད་ཀྱི་ཆེ་འབྲིང་བཞག་སྟེ། བདུན་པ་དང་བཅུ་གཉིས་པ་ལ་ནི་ཆུང་ངུ་མེད་དོ། །ཉེས་པའི་ནུས་པའི་སྒོ་ནས་འཇོག་པ་ལ། ཕ་རོལ་གྱི་ཡུལ་དེ་ལ་གནོད་ཚབ་ཆེ་ན་ཆེན་པོ། འབྲིང་ན་འབྲིང་། ཆུང་ན་ཆུང་ངུ་སྟེ། དགུ་པ་དང་། བཅུ་གཅིག་པ་ལ་བཞག་ཏུ་མེད་ཅིང་གཞན་འགའ་ཞིག་ལའང་རིགས་པས་དཔྱད་དགོས་པ་ཡོད། ལན་གྲངས་ཀྱི་སྒོ་ནས་བཞག་པ་ལ་ཡང་ནས་ཡང་དུ་བྱས་པ་ལ་ཆེན་པོ། ལན་གཉིས་སམ་གསུམ་སྤྱད་པ་ལ་འབྲིང་། ལན་གཅིག་སྤྱད་པ་ཆུང་ངུའོ། །དེ་དག་ཀུན་ཀྱང་ཞེས་སོགས་ཚིག་རྐང་པ་ཕྱེད་གཉིས་ནི་གཞུང་ཐོར་ཡང་བའི་ཕྱིར་ཆེ་ཆུང་འཇོག་ཚིག་ཕྲོགས་གཅིག་ཏུ་སྡོམས་པ་སྟེ་འདིར་གོང་དུ་བཀྲལ་ཟིན་པ་དེས་ཤེས་སོ། །འདི་དག་ནི་རྣམ་སྨིན་ལ་ལྟོས་ནས་བཞག་པ་ཡིན་གྱི་ལྟུང་བའི་ངོས་ནས་བཞག་པ་མ་ཡིན་ཏེ། ཆུང་ངུ་རྣམས་སྤྱད་ཀྱང་རྩ་བའི་ལྟུང་བ་ཉིད་ཡིན་ནོ། །ཅིའི་ཕྱིར་ཞེ་ན། ལན་གྲངས་སུ་སྤྱད་པས་དཔེར་མཚོན་ན། དང་པོ་སྤྱད་ནས་གཉིས་ཕན་ཆད་ཀྱི་སྐབས་སུ་རྗེན་གྱི་ཡན་ལག་མ་ཚང་སྟེ་རྒྱུད་སྡོམ་པ་དང་བྲལ་ཟིན་པའི་ཕྱིར་རོ། །

གཉིས་པ་སོ་སོའི་དོན་གྱིས་རྒྱས་པར་བཤད་པ་ནི། ཞིབ་པར༹་སོགས་ཏེ། རྩ་བའི་ལྟུང་བ་བཅུ་བཞི་པོ་རེ་རེ་ལའང་སྤྱིའི་དོན་དུ་ཞིག་ཏུ་གནས་པ་དང་། ཡན་ལག་གི་དོན་ཡན་ལག་དུ་ཞིག་གིས་ལྟུང་བ་རྫོགས་པའི་ཚུལ་དང་ཞར་བྱུང་ཉེས་མེད་ཀྱི་གནས་སྐབས་རྣམས་ཞིབ་བར་འབྲུལ་སྤོང་ཉིད་ལས་རྟོགས་པར་བྱ་བ་ཡིན་མོད། གཞུང་འདིར་ནི་བསྡུང་རྒྱུའི་དམ་ཚིག་ངོ་ཤེས་པར་བྱ་བའི་ཆེད་དུ་ལྟུང་བ་སོ་སོའི་ངོ་བོ་ཙམ་བརྗོད་ན། དབང་དང་། རྒྱུད་དང་། མན་ངག་སྟེར་བའི་བཀའ་དྲིན་སུམ་ལྡན་ནམ། དེས་མཚོན་ཏེ་གཉིས་ལྡན་ནམ་གཅིག་ལྡན་ནམ། གང་ལས་དབང་ཐོབ་པ་ནི་ཙུང་ཟད་ཕྱི་བ་སྟེ་དེ་ལྟ་བུ་གང་ཡང་རུང་བའི་རྡོ་རྗེ་སློབ་དཔོན་ལ་རང་ཉིད་ལས་དམན་པར་འཛིན་པའི་སེམས་ཀྱིས་བརྙས་ཤིང་། ཀུན་ནས་མནར་སེམས་ཀྱིས་སྨོད་པ་ནི་རྩ་ལྟུང་དང་པོ་སྟེ། འདི་ལ་སེམས་ཀྱིས་བརྙས་ཟིན་པ་ན་ལྟུང་བར་འགྱུར་གྱི་ལུས་ངག་གི་གྲོགས་ངེས་ཅན་དུ་མི་དགོས་ཏེ་གཞུང་ཚིག་གིས་ཤེས་སོ། །དགོས་པ་ཁྱད་པར་ཅན་མེད་པར་སྡོམ་པ་འོག་མ་སྟེ་སོ་ཐར་གྱི་ཕམ་པ་བཞི་དང་།

བྱང་སེམས་ཀྱི་ཕམ་འདྲ་བཞི་སྤྱད་ན་བདེ་བར་གཤེགས་པའི་བཀའ་ལས་ཁྲུད་གསོད་ཀྱིས་འདས་པའི་རྩ་ལྟུང་གཉིས་པའོ། །སྔགས་ཀྱི་ཐེག་པ་སྤྱི་ལ་ཞུགས་པ་ཐམས་ཅད་ནི་རྡོ་རྗེའི་སྤུན་ཡིན་ལ་དེ་དང་བླ་མ་གཅིག་གིས་བསྐུས་པ་དང་། དཀྱིལ་འཁོར་གཅིག་གིས་བསྐུས་པའི་སྤུན་དུ་གྱུར་པ་རྣམས་ཕྱི་མ་ཕྱི་མ་རིམ་གྱིས་ལྕི་བ་དེ་དག་གང་རུང་ལ་དགྲར་འཛིན་པའི་སེམས་ཀྱིས་ཁྲོ་ཞིང་ལུས་ངག་གིས་རྣམ་པར་འཚེ་བ་ནི་རྩ་ལྟུང་གསུམ་པའོ། །འདིའི་སྐབས་ཁ་ཅིག་རྡོ་རྗེ་སྤུན་གྱི་དོན་བླ་མ་གཅིག་ལས་དཀྱིལ་འཁོར་གཅིག་ཏུ་དབང་ཐོབ་པ་ཞིག་དགོས་པར་སྨྲ་བ་ནི་སྡོམ་གསུམ་ཁ་སྐོང་དུ་ལེགས་པར་བཀག་ཟིན། །སེམས་ཅན་གཅིག་གམ་གཉིས་སམ། མང་པོ་གང་ཡང་རུང་བ་ལ་བདེ་བ་དང་བདེ་བའི་རྒྱུ་འདོད་པ་དང་ལྡན་པ་བྲལ་བར་གྱུར་ཅིག་སྙམ་པའི་སེམས་ཀྱིས་བྱམས་པ་བཏང་བ་ནི་རྩ་ལྟུང་བཞི་པའོ། །སེམས་ཞུམ་པ་སྟེ་བྱང་ཆུབ་ཀྱི་སྤྱོད་པས་སྐྱིད་ལུག་ཅིང་། ཞི་བ་ལ་སྲེད་པའི་དབང་གིས་སྨོན་པ་སེམས་བསྐྱེད་བཏང་བ་ནི་རྩ་ལྟུང་ལྔ་པའོ། །ཐེག་པ་གོང་འོག་གིས་བསྡུས་པ་རང་གཞན་གྱི་གྲུབ་པའི་མཐའ་སྟེ་ཆོས་ལ་ཆོས་མ་ཡིན་ཞེས་སྨོད་པ་ནི་རྩ་ལྟུང་དྲུག་པའོ། །མུ་སྟེགས་ཀྱི་གཞུང་ལ་སྨོད་པ་ནི་བཤགས་བྱ་ཡིན་གྱི་རྩ་ལྟུང་མ་ཡིན་ལ། སྣོད་དང་ཚད་མ་ནི་ཕྱི་ནང་གཉིས་ཀ་ལ་ཡོད་པས་ན་དོན་གང་སྟོན་གྱིས་དཔག་སྟེ་རྩ་ལྟུང་དང་ཉེས་བྱས་སུ་འཇོག་གོ། །གང་ཟག་ལམ་དམན་པ་ལ་ཞེན་ཆེས་པ་དག་དགྲ་བའི་ཕྱིར་ཐེག་དམན་ལ་སྤང་སེམས་མེད་པས་སྨོད་པའམ། བསྟན་བཅོས་དོན་ལོག་པར་མཐོང་ནས་བཟ་སྤྲོད་པའི་ཕྱིར་སྨོད་པ་ནི་ཉེས་པ་མེད་དོ། །དབང་བསྐུར་མ་ཐོབ་པའམ་ཐོབ་ཀྱང་རྩ་ལྟུང་བྱུང་བས་ཉམས་པ་ལ་གསང་བའི་རྫས་ཚུལ་བཞིན་དུ་སྒྲུབ་པའི་བྲིས་སྐུ་དང་། རྒྱུད་ཀྱི་གླེགས་བམ་དང་། རྡོ་རྗེ་དྲིལ་བུ་སོགས་དང་། གསང་བའི་ཀུན་སྤྱོད་ཚོགས་འཁོར་ལ་སོགས་པ་དང་། གསང་བའི་ཆོས་བསྐྱེད་རྫོགས་ཀྱི་མན་ངག་གམ་རྒྱུད་སོགས་སྟོན་པ་ནི་རྩ་ལྟུང་བདུན་པའོ། །སངས་རྒྱས་རིགས་ལྔ། ཡུམ་བཞི་སེམས་དཔའ་སེམས་མའི་རང་བཞིན་གྱི་ཕུང་ཁམས་སྐྱེ་མཆེད་ཚོགས་པའི་རང་གི་ལུས་ལ་ངན་པ་དང་མི་གཙང་བའི་འདུ་ཤེས་ཀྱིས་སྨོད་ཅིང་ལོག་པའི་དཀའ་ཐུབ་ཀྱིས་གཟིར་བའམ། ལྕེབ་པ་སོགས་རྩོམ་པ་ནི་རྩ་ལྟུང་བརྒྱད་པའོ། །ལུས་ལ་ངན་པའི་འདུ་ཤེས་མེད་པར་སྡིག་པ་སྦྱོང་བའི་བསམ་པས་སྨྱུང་གནས་སོགས་བྱེད་པ་ལ་འགལ་བ་མེད་དོ། །དོན་དམ་པར་ཆོས་ཐམས་ཅད་རང་བཞིན་གྱིས་སྟོང་པ་དེ་བཞིན་ཉིད་ཀྱི་དག་པ་དང་། ཀུན་རྫོབ་ཏུ་ཕུང་པོ་ལྔ་རྒྱལ་བ་རིགས་ལྔ་སོགས་ལྷའི་སྐུར་དག་པ་ལྷ་སོ་སོའི་དག་པ་ཡིན་པ་ལ། དེ་ལྟར་དག་གམ་མ་དག་སྙམ་པའི་ཐེ་ཚོམ་ཟ་བའང་རྩ་ལྟུང་དུ་འགྱུར་ན་མ་དག་པ་ཉིད་དུ་འཛིན་པ་ལྟ་ཅི་སྨོས་ཏེ་རྩ་ལྟུང་དགུ་པའོ། །རང་གི་བླ་མ་དང་། བསྟན་པ་དང་། སེམས་ཅན་ལ་འཚེ་བའི་གདུག་པ་ཅན་ལ་བྱམས་ཤིང་། ནུས་པ་ཡོད་བཞིན་དུ་མི་སྒྲོལ་བ་ནི་རྩ་ལྟུང་བཅུ་

པའོ། །འདི་ལ་རྒྱུད་དེའི་ལས་ངན་རྒྱུན་གཅོད་པའི་ཕན་སེམས་ནི་ངེས་པར་དགོས་ཀྱི། གཞན་དུ་ན་རྩ་ལྟུང་བཞི་པ་དང་འགལ་བར་འགྱུར་རོ། །མིང་དང་མཚན་མ་དང་སོགས་ཀྱིས་བསྡུས་པ་དངོས་པོ་དང་། རང་བཞིན་ནམ་ངོ་བོ་ཉིད་དང་། བདག་དང་བྲལ་བའི་ཆོས་རྣམས་ལ། མིང་སོགས་དེ་དག་དང་བྲལ་བར་འཛིན་པས་སྟོང་པར་ཞེན་ཅིང་། རྟེན་ཅིང་འབྲེལ་བར་འབྱུང་བ་ཟབ་མོའི་ཚུལ་ལ་མི་དཔྱོད་པ་ནི་རྩ་ལྟུང་བཅུ་གཅིག་པའོ། །ལས་དང་པོ་པས་ཐོས་བསམ་གྱིས་ཆོལ་བའི་དུས་སུ་ནི་ཉེས་པ་མེད་དོ། །སེམས་ཅན་གང་ཞིག་དཀོན་མཆོག་གསུམ་དང་། སོགས་ཀྱིས་བསྡུས་པ་ཆོས་དང་དགེ་འདུན་གྱི་བྱེ་བྲག་སོ་སོ་ལ་དད་པ་དང་ལྡན་པ་དག །ལུས་ངག་གི་སྦྱོར་བས་སེམས་སུན་འབྱིན་པས་དད་པ་ལོག་འཇུག་ཅིང་སྐྱོ་བར་བྱེད་པ་ནི་རྩ་ལྟུང་བཅུ་གཉིས་པའོ། །ཚོགས་ཀྱི་འཁོར་ལོའི་དུས་སུ་དམ་ཚིག་གི་རྫས་ལ་གཙང་སྦྲེའི་རྟོག་པ་དང་སྡོམ་པ་འོག་མ་ལ་ཞེན་ཆེས་པས་མི་བསྟེན་པ་ནི་རྩ་ལྟུང་བཅུ་གསུམ་པའོ། །ནད་ལ་གནོད་པར་མཐོང་ནས་མི་བསྟེན་པའམ། བསྟན་པ་ལ་གནོད་པའི་དགག་བྱའི་དུས་སུ་ཉེས་པ་མེད་དོ། །ཤེས་རབ་སྟོང་པ་ཉིད་ཀྱི་རང་བཞིན་བུད་མེད་ཀྱི་རྟེན་ཉིད་ལ་རྟེན་གྱི་ངོས་ནས་སྨྲེས་པའི་རྟེན་ལས་བཀར་ཏེ་སྨོད་པ་ནི་རྩ་ལྟུང་བཅུ་བཞི་པའོ། །འདི་རྣམས་ལ་ཆེ་འབྲིང་དུ་བཞག་པ་རྣམ་སྨིན་ལ་ལྟོས་པ་ཡིན་གྱི་ལྟུང་བའི་དངོས་གཞི་རྫོགས་ཕྱིན་ཡིད་ཀྱི་མི་དགེ་བ་ཆེན་པོ་དང་ཤུགས་ཀྱིས་ལྡན་པའི་ཕྱིར། རྩ་བའམ་རང་བཞིན་གྱི་ཉེས་པའི་ཐ་སྙད་གདག་ཏུ་རུང་སྟེ་འབྲུལ་སྤོང་དུ་ཡིད་ཀྱི་མི་དགེ་བ་ཆེན་པོ་དང་ལྡན་པ་ནི་རྩ་བའམ། རང་བཞིན་ཉིད་དུ་བཞག་ལ། ཞེས་གསུངས་སོ། །

གཉིས་པ་ཡན་ལག་གི་ལྟུང་བའམ་ཉེས་བྱས་བཤད་པ་ལ་གཉིས་ཏེ། མིང་དོན་གྱིས་མདོར་བསྟན་པ་དང་། སྤྱི་དང་སོ་སོའི་དོན་གྱིས་ཕྱུང་ཟད་རྒྱས་པར་བཤད་པའོ། །དང་པོ་ནི། སྤྱད་པས་སོགས་ཏེ། ལྟུང་བ་གང་ཞིག་སྤྱད་པ་ཙམ་གྱིས་ཆེ་འདིར་ཐོབ་རྒྱུའི་དངོས་གྲུབ་ཕྱི་མར་འགྱུར་བའམ། ཆེ་སྟོད་ལ་ཐོབ་རྒྱུ་ཆེ་སྨད་པར་ནུར་བའམ་འགྱུར་བར་བྱེད་པ་ལྡོན་ཤིང་གི་ཡལ་ག་བཅད་པ་དང་མཚུངས་པས་ན་ཡན་ལག་གི་ལྟུང་བ་ཞེས་སམ། གོང་གི་རྩ་ལྟུང་ཅི་རིགས་པར་གཏོགས་ཤིང་། ངོ་བོ་ཉིད་ལ་སོགས་པའི་ཡན་ལག་དག་ལས་འགའ་ཞིག་མ་ཚང་བ་སྟེ་སོ་ཐར་དང་འཛོག་ཚུལ་འདྲ་བའི་སྒོ་ནས་སྦོམ་པོ་ཞེས་སུའང་བརྗོད་པའོ། །གཉིས་པ་ལ་གཉིས་ཀྱི་སྤྱིའི་དོན་ནི། རྟེན་ཡུལ་སོགས་ཏེ། ཡན་ལག་གི་ལྟུང་བ་བརྒྱད་པོ་རེ་རེ་ལའང་རྟེན་དང་། ཡུལ་དང་། བསམ་པ་དང་། ངོ་བོ་དང་། དུས་སྐབས་ཏེ་ལྔ་པོ་གོང་གི་རྩ་ལྟུང་གི་རིག་བསྒྲེས་ཏེ་ཞིབ་ཏུ་བརྩི་བར་བྱ་བ་ལས་འདིར་སྤྲོས་ཀྱིས་མི་ལང་བའི་དོན་ནོ། །

གཉིས་པ་སོ་སོའི་དོན་གྱིས་ངོ་བོ་ཉིད་ཀྱི་ཡན་ལག་ཕྱུང་ཟད་རྒྱས་པར་བཤད་པ་ནི། སོ་སོའི་ངོ་བོ་ནི་

སོགས་ཏེ། འདི་ལ་དོན་བརྒྱད་དམ་དགུར་གནས་པའི་དང་པོ་ནི། ཡུལ་དབང་གིས་མ་སྨིན་པའམ། སྨིན་ཀྱང་རྣ་ལྟུང་གིས་ཉམས་པས་དམ་ཚིག་དང་མི་ལྡན་པའི་རིག་མ་བསྟེན་པ་ལ་དགའ་ཞིང་དམ་བཅས་པའོ། །

གཉིས་པ་ནི། ཚོགས་ཀྱི་འཁོར་ལོའི་དུས་སུ་ཁྲོ་བའི་སེམས་མེད་ཀྱང་ཁ་ཤགས་སྣ་ཚོགས་འགྱེད་པའི་སྒོ་ནས་ཕན་ཚུན་རྩོད་པའོ། །

གསུམ་པ་ནི། ཚོགས་འཁོར་གྱི་དུས་མ་ཡིན་པར་སྐབས་གཞན་དུ་དབང་ཐོབ་པའི་གང་ཟག་ལ་དགོས་པ་མེད་པར་མིང་ཙམ་ཤ་དང་ཆང་སོགས་མིང་བ་ལ་དང་མ་ད་ན་སོགས་བརྡའི་སྐད་ཀྱིས་སྟོན་པའོ། །འོན་ཀྱང་དབེན་པར་ལག་ལེན་སློབ་པའི་དུས་སུ་ནི་ཉེས་པ་མེད་དེ། ཚོགས་འཁོར་གྱི་གྲལ་དུ་ནི་མི་སྨྲ་ནའང་ཉེས་པའོ། །བཞི་པ་ནི། ཡུལ་ཕ་རོལ་པོ་གང་ལ་དད་པའི་ལམ་ལས་ལམ་གཞན་གྱིས་དགྲི་བ་སྟོད་དང་རྗེས་སུ་མི་མཐུན་པའི་ཆོས་སྟོན་པའི་རྒྱུས་ཕ་རོལ་པོ་ཡིད་མ་ཆེས་པའོ། །དེས་འདོད་པའི་ཆོས་བདག་གི་སྤྱོད་ཡུལ་དུ་མ་གྱུར་པའམ། ཕ་རོལ་པོ་དད་ཀྱང་རེ་ཞིག་མ་སྨིན་པ་ལ་ནི་ཉེས་པ་མེད་དོ། །ལྔ་པ་ནི་ཧོ་རྗེ་ཐེག་པ་ལ་མི་མོས་པའི་གང་ཟག་ཉན་ཐོས་སམ། དེ་དང་འདྲ་བའི་ནང་དུ་ཞག་བདུན་འདའ་བར་གནས་པའོ། །ན་བ་ལྷ་བུ་ལ་ཉེས་པ་མེད་དོ། །དྲུག་པ་ནི། བུམ་དབང་རྫོགས་པའི་སྦྱོར་བ་ངེས་པར་མ་བྱས་པར་མཆོག་དབང་གསུམ་བསྐུར་བའམ། དབང་བཞི་རྫོགས་པའི་སྦྱོར་བ་མ་ངེས་པར་གྲོལ་ལམ་སྟོན་པའོ། །བུམ་དབང་ཙམ་ཡང་མ་ཐོབ་པ་ལ་གྲོལ་ལམ་སྟོན་པ་ནི་རྩ་ལྟུང་དུ་བཞག་ཟིན་ཏོ། །བདུན་པ་ནི། ཡུལ་དབང་ཐོབ་ཀྱང་ཕྱག་རྒྱའི་དགོས་པའམ། དེ་ཁོ་ན་ཉིད་མི་ཤེས་པའི་དྲུང་དུ་ལྟགས་ཀྱུ་དང་ཞགས་པ་ལ་སོགས་པའི་ཕྱག་རྒྱ་དགོས་མེད་དུ་འཆའ་བའོ། །གཞན་ལ་སློབ་པའི་ཕྱིར་དང་། རང་ཉིད་འཁྲུལ་ན་ཉེས་པ་མེད་དོ། །བརྒྱད་པ་ནི། ལྷའི་བསྙེན་པ་ལས་སུ་རུང་བ་མ་སོང་བར། དཀྱིལ་འཁོར་བྲི་བ་དང་སྒྲུབ་པ་དང་། སོགས་ཀྱིས་བསྡུས་པ་རབ་གནས་དང་། སྦྱིན་སྲེག་ལྷ་བུ་དཀྱིལ་འཁོར་དང་འབྲེལ་པའི་ལས་ལ་འཇུག་པའོ། །འོན་དཀྱིལ་འཁོར་གང་དང་གང་བྲི་སྒྲུབ་བྱེད་པ་དེ་དང་དེའི་བསྙེན་པ་འགྲོ་དགོས་སམ་ཞེ་ན། སྤྱིར་བཏང་དོགས་ཕྱོགས་ལྟར་ན་ངེས་པར་དགོས་ཀྱང་། དམིགས་བསལ་དགག་དགོས་ཁྱད་པར་ཅན་མཐོང་ཆེ་བདེ་ཀྱེ་ལྷ་བུ་བླ་མེད་ཀྱི་དཀྱིལ་འཁོར་ཆེན་པོ་གཅིག་གི་བསྙེན་པ་ལས་རུང་སོང་ན་དཀྱིལ་འཁོར་གཞན་གྱི་བྱ་བ་ལ་འཇུག་ཏུ་རུང་བ་ཙམ་ཡིན་ཏེ། འཇམ་དབྱངས་བླ་མས། མཆོག་སྒྲུབ་ཡེ་ཤེས་ལྷ་རྣམས་ནི། །ཐམས་ཅད་ཐུགས་རྒྱུད་གཅིག་པས་ན། །གཅིག་འགྲུབ་པས་ནི་ཐམས་ཅད་འགྲུབ། །ཅེས་གསུངས་པས་སོ། །དགུ་པ་ནི། ཕྱི་དྲོའི་ཁ་ཟས་དང་། ས་བཅོ་བ་དང་། རྩ་གཅོད་པ་སོགས་སྡོམ་པ་འོག་མའི་བཅས་པ་ལས་དགོས་པ་མེད་པར་འདའ་བའོ། །འདི་ཡི་གསུམ་པ་དང་། བདུན་པ་གཉིས་ངག་དང་ལུས་ཀྱི་

དབྱེ་བ་ཙམ་ལས་ངོ་བོ་གཅིག་ཏུ་འདུ་བས་ན་ཡན་ལག་གི་ལྟུང་བ་བརྒྱད་དོ། །ཀུན་ཀྱང་ཡིད་མི་དགེ་བ་ཕྲ་མོས་བསྐྱེད་པའི་ཕྱིར་བཅས་པའི་ཁ་ན་མ་ཐོ་བ་ཞེས་བརྗོད་རུང་སྟེ། འབྲུལ་སྤོང་དུ་སྔར་གྱི་འཕྲོར། མི་དགེ་བ་ཕྲ་མོ་དང་ལྡན་པ་ནི་ཡན་ལག་གམ། བཅས་པར་འགྱུར་བའི་ཕྱིར་འདི་ནི་བཅས་པའི་ཁ་ན་མ་ཐོ་བའོ། །ཞེས་གསུངས་པས་སོ། །

གསུམ་པ་ཉེས་དམིགས་དང་ཕན་ཡོན་བཤག་པ་ནི། རྩ༷་ལྟུང༷་སྤྱོད༷་པ༷ས་སོགས་ཏེ། རྩ་བའི་ལྟུང་བ་བཅུ་བཞི་པོ་གང་རུང་ཡན་ལག་ཚང་བར་སྤྱད་པས་ཚེ་འདི་ལ་བདུད་བཞིས་ཀུན་ཏུ་འཚེ་བ་དང་ཕྱི་ཡང་གི་དབང་གིས་ཕྱི་མར་མནར་མེད་དམ། དམྱལ་བ་གཞན་གྱི་སྡུག་བསྔལ་རིམ་པར་བསྐྱེད་ཅིང་། ཅི་སྟེ་དེ་དག་ལས་ཐར་བར་གྱུར་ཀྱང་ངན་འགྲོ་གཞན་གྱི་སྡུག་བསྔལ་ཡང་ཡང་མྱོང་བར་འགྱུར་ཏེ། གཞུང་ལས། གཞན་དུ་དམ་ཚིག་ལས་ཉམས་ན། །ཉམས་པ་བདུད་ཀྱིས་བཟུང་བར་འགྱུར། །དེ་ནས་སྡུག་བསྔལ་མྱོང་འགྱུར་ཞིང་། །ཐུར་དུ་བལྟས་ཏེ་དམྱལ་བར་འགྲོ། །ཞེས་དང་གཞུང་གཞན་ནས་རྒྱས་པར་འབྱུང་ངོ་། །དེ་བཞིན་དུ་ཡན་ལག་གི་ལྟུང་བ་སྤྱད་པས་དངོས་གྲུབ་འགོར་ཞིང་། བདུད་ཀྱི་བར་གཅོད་དང་སྡུག་བསྔལ་མང་དུ་འཕེལ་ཏེ། གཞུང་ལས། སྡིགས་པ་དེ་ཡི་དམ་ཚིག་ཟད། །ཟད་པས་འགྲུབ་པར་མི་འགྱུར་ཞིང་། །བདུད་དང་སྡུག་བསྔལ་མང་དུ་འཕེལ། །ཞེས་པ་སྟེ་མ་བསྲུངས་པའི་ཉེས་དམིགས་སོ། །རྩ་བའི་ལྟུང་བས་མ་གོས་ན་ལམ་ལ་ཆེར་མ་འབད་ཀྱང་སྐྱེ་བ་བཅུ་དྲུག་ཚུན་ཆད་ན་མཆོག་གི་དངོས་གྲུབ་འགྲུབ་ཅིང་། གནས་སྐབས་སུ་ཐུན་མོང་གི་དངོས་གྲུབ་གང་འདོད་འབྱུང་བ་དང་། འཚེ་བ་མེད་ཅིང་བསམ་པ་འགྲུབ་པ་རྣམས་ནི་ཕན་ཡོན་ཏེ། དམ་ཚིག་ལྔ་པ་ལས། གལ་ཏེ་ལྟུང་བ་མེད་གྱུར་ན། །སྐྱེ་བ་བཅུ་དྲུག་དག་ན་འགྲུབ། །ཅེས་དང་། སྡོམ་རྒྱུད་ལས། ཚེ་འདིའི་བདེ་བ་མ་ལུས་དང་། །འཇིག་རྟེན་ཕྱི་མའི་བདེ་མཆོག་དང་། །སངས་རྒྱས་ཉིད་ཀྱང་ཐོབ་འགྱུར་ན། །ལྷ་ཡི་བདེ་བ་སྨོས་ཅི་དགོས། །ཞེས་སོགས་རྒྱུད་དང་བསྟན་བཅོས་རྣམས་ནས་མང་དུ་གསུངས་སོ། །བཞི་པ་རྒྱུད་སྡེ་འོག་མའི་རྩ་ལྟུང་ལ་ཕྱི་ཡང་འཇོག་ཚུལ་ནི། རྒྱུད༷་སྡེ༷་འོག༷་མ༷་སོགས་ཏེ། བྱ་སྤྱོད་རྣལ་འབྱོར་གྱི་རྒྱུད་གསུམ་ལ་རྩ་ལྟུང་ཕྱི་ཡང་སོགས་འཇོག་ཚུལ་ཇི་ལྟར་བྱེད་སྙམ་ན། བླ་མེད་ཀྱི་འཇོག་ཚུལ་འདི་དང་། བྱང་སྡོམ་གཉིས་གང་ལ་ཉེ་བའི་ལྟུང་བ་རང་གི་ངོས་ནས་དཔྱད་དེ་ཡུལ་བསམ་པ་སོགས་ཀྱི་སྒོ་ནས་ཕྱི་ཡང་དང་ཉེས་མེད་ཀྱི་རིག་པ་བསྒྲེ་ཞེས་པར་བྱ་བ་ཉིད་དེ། དཔེར་ན། བྱ་རྒྱུད་ཀྱི་དབང་གི་དམ་ཚིག་བཅུ་གསུམ་པ་དང་། ཡོ་གའི་བཅུ་གཅིག་པ་གཉིས་བླ་མེད་ཀྱི་རྩ་ལྟུང་བདུན་པ་དང་དོན་གཅིག་པ་དང་། སྤྱོད་རྒྱུད་ཀྱི་དམ་ཚིག་དང་པོ་གཉིས་བྱང་སེམས་དང་བླ་མེད་གཉིས་ཀའི་རྩ་ལྟུང་ཡིན་པ་ལྟ་བུ་སྟེ་ལྟུང་བ་འབྱུང་བའི་རྟེན་རྒྱུད་སྡེ་གསུམ་རང་རང་གི་དབང་ཐོབ་

པའི་གང་ཟག་གིས་འཁྲིད་པ་ཙམ་ཡིན་པས་སོ། །

གཉིས་པ་བསྙེན་བྱ་བསྙེན་པའི་ཚུལ་རྒྱས་པར་བཤད་པ་ནི། བསྙེན་བྱའི་དམ་ཚིག་སོགས་ཏེ། དེའང་རྒྱུད་མཐའ་དག་ནས་བསྙེན་བྱའི་དམ་ཚིག་དུ་མ་ཞིག་གསུངས་པ་ལས་གཙོ་གང་ཆེ་སྟར་བཤད་ཟིན་མོད། རིགས་བསྡུས་སྤྱི་ཁྱབ་ཏུ་འདུག་པ་རྡོ་རྗེ་གུར་ལས་གསུངས་པ་ལྟར་བཤད་ན། ཇི་སྐད་དུ། ཇི་སྲིད་བྱང་ཆུབ་སྙིང་པོའི་བར། །དཀོན་མཆོག་གསུམ་ནི་སྤང་མི་བྱ། །རྟག་ཏུ་དམ་ཚིག་བསྲུང་བར་བྱ། །རྡོ་རྗེ་དྲིལ་བུ་གཟུང་བར་བྱ། །གཙུག་ཏོར་རྟག་ཏུ་བཅང་བར་བྱ། །རྟག་ཏུ་སྦྱིན་སྲེག་དགང་བར་བྱ། །རྟག་ཏུ་དཀྱིལ་འཁོར་བཞེངས་པར་བྱ། །རྟག་ཏུ་བདེ་གཤེགས་རབ་གནས་བྱ། །འབྱུང་པོ་ཆེ་ལ་གཏོར་མ་སྦྱིན། །ཕྱག་རྒྱ་བཅིངས་པ་རྣམ་སྤང་ཞིང་། །མཚོན་ཆེན་ལས་ནི་མི་བྱ་སྟེ། །རྡོ་རྗེ་གསུམ་མཆོག་ཕྱག་མི་བྱ། །དཀྱིལ་འཁོར་ལ་སོགས་ལུས་ཀྱི་ལས། །ཕྱི་ལམ་དུ་ཡང་མི་བྱའོ། །སློབ་དཔོན་གཞན་ལ་ཕྱག་མི་བྱ། །བླ་མའི་རྐན་རབ་ཕྱག་བགྱིའོ། །རྟག་པར་རྒྱུན་དུ་སྔགས་བཟླས་ཤིང་། །བསམ་གཏན་ཉིད་ཀྱང་རྣམ་པར་སྤྱད། །རྟག་ཏུ་སློབ་མ་བསྡུ་བྱ་ཞིང་། །རྟག་པ་རུ་ནི་བཤད་པར་གྱིས། །རྟག་ཏུ་སེམས་ཅན་བསྲུང་བར་བྱ། །རྟག་ཏུ་སངས་རྒྱས་ཆེར་མཉེས་བྱ། །ཛམྦྷ་ལ་ལ་ཆུ་སྦྱིན་ཞིང་། །ལས་རྣམས་ཐམས་ཅད་ཡང་དག་སྤྱད། །ཁྲོ་མའི་ལས་ལ་མཚོན་ཆེན་ཡང་། །མཁས་པས་ཆོ་ག་བཞིན་དུ་བྱ། །ཞེས་ལས་དང་པོ་པའི་བསྒྲུབ་བྱའི་ཆོས་བཅུ་བདུན་དང་། བརྟན་པ་ཐོབ་པའི་བསླབ་བྱ་རྣམ་པ་ལྔ་འཁྲུགས་ཅན་དུ་གསུངས་པ་ལས། ཇི་སྲིད་སོགས་ཚིག་རྐང་དགུའི་མཐར། རྟག་པར་རྒྱུན་དུ་སོགས་ཚིག་རྐང་བཅུ་སྲེལ་བས་ལས་དང་པོ་པའི་སྒྲུབ་བྱའི་ཆོས་བཅུ་བདུན་འབྱུང་སྟེ། ཇི་སྲིད་བྱང་ཆུབ་མ་ཐོབ་ཀྱི་བར་སྐྱབས་གནས་དཀོན་མཆོག་གསུམ་མི་སྤོང་བ་དང་། ཇི་ལྟར་ཁས་བླངས་པའི་དམ་ཚིག་རྣམས་མི་ཉམས་པར་བསྲུང་བ་དང་། རྡོ་རྗེ་དྲིལ་བུ་མི་འབྲལ་བར་འཆང་བ་འདི་དང་། གོང་གི་དཀོན་མཆོག་གསུམ་ལ་ཕྱི་ནང་གསང་གསུམ་གསུམ་སྐྱོར་ཚུལ་སྡོམ་གཟུང་གི་སྐབས་སུ་བཤད་ཟིན། བདག་ཆེན་བློ་གྲོས་པས་དང་པོ་རྣམ་སྣང་གི་དམ་ཚིག །བར་པ་རིན་འབྱུང་འོད་དཔག་མེད་དོན་གྲུབ་གསུམ་གྱི་དམ་ཚིག །ཕྱི་མ་མི་བསྐྱོད་པའི་དམ་ཚིག་ཏུ་སྦྱར་བ་ནི་མི་འཐད་དེ། མཁས་པ་ཚད་ཐུབ་གཞན་གྱིས་དབྱེ་བསྡུ་དེ་ལྟར་མཛད་པ་མེད་པའི་ཕྱིར་དང་། རྣམ་སྣང་དང་མི་བསྐྱོད་པ་གཉིས་སོ་སོར་སློས་ཤིང་གཞན་གསུམ་གཅིག་ཏུ་བསྡུ་བ་ལ་དགོས་པ་མེད་པའི་ཕྱིར་དང་། ཡོད་དུ་ཆུག་ཀྱང་མི་བསྐྱོད་པའི་དམ་ཚིག་རྡོ་རྗེ་དྲིལ་བུ་ཕྱག་རྒྱ་བླ་མ་རྣམ་པ་འཛིན་པ་ཉིད་ཡིན་པ་ལ་ཕྱི་མ་གཉིས་མ་ཚང་བའི་ཕྱིར་དང་། འདི་ནི་རིགས་ལྔའི་དམ་ཚིག་གི་རྣམ་གཞག་ལ་ཡིན་མོད། འདིར་བསྡུས་པ་ཉེས་པ་མེད་དོ་ཞེ་ན། རིགས་ལྔ་སྤྱིའི་དམ་ཚིག་བསྡུར་མི་བཏུབ་པར་ཐལ་བའི་ཕྱིར་ཉེས་པ་ཁོ་ནའོ། །གཙུག་ཏོར་ནི་ཕྱི་བཅོས་མའི་དབུ་རྒྱན

འཆང་བ། ནང་རིགས་བདག་གི་རྒྱས་འདེབས་པ། གསང་བ་སྤྱི་བོའི་ཧཾ་ཡིག་བསྒོམ་པ། སྒྲིབ་སྲེག་ནི་ཕྱི་མེ་ཐབས་ཀྱི་སྲེག་བླུག །ནང་ཁ་ཟས་ཀྱི་རྣལ་འབྱོར། གསང་བ་བྱང་སེམས་ཀྱི་གཞུ་བཏུལ། དཀྱིལ་འཁོར་ནི་ཕྱི་རྡུལ་ཚོན་ལ་སོགས་པ། ནང་ལུས་དཀྱིལ་ལམ་རྣལ་འབྱོར་ཕོ་མོ་ལྷ་གྲངས་བཞིན་ཚོགས་པ། གུར་ནས་བཤད་པའི་སངས་རྒྱས་ཀྱི་གར་ལྷ་བྱུ། གསང་བ་ཏིང་ངེ་འཛིན་གྱི་དཀྱིལ་འཁོར་གསལ་འདེབས་པ། རབ་གནས་ནི་ཕྱི་སྐུ་གཟུགས་ལ་སོགས་པ་བྱིན་གྱིས་རློབས་པ། ནང་བདག་བསྐྱེད་ཀྱི་དམ་ཡེ་བསྲེ་བ། གསང་བ་བྱང་སེམས་ཡས་ནས་འབེབས་པ། གཏོར་མ་ནི། ཕྱི་ལྷ་དང་འབྱུང་པོ་ལ་འབུལ་བ། ནང་ཁ་ཟས་ཀྱིས་ལྷ་མཉེས་པ། གསང་བ་སྟུགས་དང་ཆོས་ཀྱི་བདེ་བ་ལ་ལོངས་སྤྱོད་པ་སྟེ་དགུས་སུ་ཚིག་ཟིན་ཡང་བའི་ཕྱིར་ཀུན་ཀྱང་སོགས་ནང་གསེས་ཀྱི་དབྱེ་ཆོས་ལྡན་ཚུལ་ཕྱོགས་གཅིག་ཏུ་སྨོས་ཀྱང་། འདིར་བཟུང་བདེ་བའི་ཕྱིར་ཐད་སོར་སྦྱར་ཏེ་སྨོས་པའོ། །དུས་རྟག་པར་རམ་རྒྱུན་དུ་གསང་སྔགས་བཟླ་བ་འདི་ལའང་འགའ་ཞིག་ཏུ་ཕྱི་ནང་གསང་གསུམ་དུ་བཞག་པ་ཡོད་དེ། ཕྱི་ཨོཾ་ལ་སོགས་པ་བཟླ་བ། ནང་ལྟེ་བའི་ཨཾ་དང་སྙིང་གའི་ཧཱུྃ། སྔགས་དང་ཆོས་ཀྱི་རྣམ་པར་གསལ་འདེབས་པ། གསང་བ་ཆོས་ཐམས་ཅད་སྐྱེ་མེད་དུ་བསྒོམ་པའོ། །བསྐྱེད་རིམ་ལ་སོགས་པའི་བསམ་གཏན་བསྒྲུབ་པ་དང་སློབ་མ་བསྟུ་བ་དང་། རྒྱུད་ལ་སོགས་པའི་ཆོས་ཟབ་མོ་བཤད་པ་དང་། སེམས་ཅན་ཐམས་ཅད་བྱམས་པས་བསྐྱང་བ་དང་འདི་གསུམ་ལ་སྦྱིན་པ་རྣམ་བཞི་དོན་གྱིས་ཚང་བ་དང་། སངས་རྒྱས་མཉེས་པའི་མཆོག་མཆོད་པས་ཚོགས་བསགས་པ་དང་། ཛམྦྷ་ལ་ལ་ཆུ་སྦྱིན་པ་དང་། ཞི་བ་སོགས་ལས་ཀྱི་ཚོགས་རབ་འབྱམས་རྣམས་སེམས་ཅན་གྱི་དོན་དུ་ཡང་དག་པར་སྤྱད་པ་དང་། མཆོད་རྟེན་གདབ་པ་འདི་ལ་རྒྱ་གར་ན་ཆུ་བོ་བྲི་བའི་འགྲམ་གྱི་བྱེ་མ་ལ་ལག་བརྡར་གྱིས་མཆོད་རྟེན་དབྱིབས་དོད་བྱེད་པའི་སྲོལ་ཞིག་ཡོད་པ་ལ་བཞེད་ཀྱང་། ངོ་བོ་སཱ་ཙྪ་འདེབས་པ་རྣམས་ཏེ་འདི་དག་ལ་གང་ཟག་སློབ་མའི་རིགས་ཅན་དང་། སློབ་དཔོན་གྱི་རིགས་ཅན་གྱི་བྱ་བ་ཙུང་ཟད་དབྱེ་དགོས་ཏེ། དྲུག་པ། བདུན་པ། བཅུ་གཅིག་པ། བཅུ་གཉིས་པ་རྣམས་ནི་རྡོ་རྗེ་སློབ་དཔོན་གྱི་བྱ་བ་ཁོ་ན་ལ། གཞན་རྣམས་ནི་གཉིས་ཀས་ཉམས་སུ་བླང་བར་བྱ་བ་ཉིད་དོ། །ཕྱག་རྒྱ་བཅིང་བ་རྣམ་སྤྱང་ཞིང་སོགས་ཚིག་རྐང་བདུན་གྱིས་ནི། བསྐྱེད་རྫོགས་ཀྱི་ཏིང་ངེ་འཛིན་བརྟན་ཞིང་དྲོད་ཚུང་འབྲིང་སྦྱོར་ལམ་ལ་ཉེ་བའི་ཚོགས་ལམ་མམ། སྦྱོར་ལམ་ཐོབ་པའི་གང་ཟག་གིས་ཀུན་འདར་གསད་ཏེའམ། མངོན་དུ་སྤྱོད་པའི་དུས་སུ་ནི་ལྕགས་ཀྱུ་ཞགས་པ་ལ་སོགས་པའི་ཕྱག་རྒྱ་འཆིང་བ་སྤྱང་བ་དང་། མཆོད་རྟེན་གདབ་པ་མི་བྱ་བ་དང་། རྡོ་རྗེ་གསུམ་གྱི་གཟུགས་བརྙན་ཏེ་རྟེན་གསུམ་ལ་ཕྱག་མི་བྱ་བ་དག །དཀྱིལ་འཁོར་འདྲི་བ་ལ་སོགས་པའི་ལུས་ཀྱི་ལས་མི་བྱ་བ་དང་། རང་གི་སློབ་དཔོན་མ་ཡིན་པ་གཞན་ལ་ཕྱག་མི་བྱ་ཞིང་། བླ

མའི་རྒྱན་རབ་སྟེ་རྩ་བའི་བླ་མ་བརྒྱུད་པ་དང་བཅས་པ་ལ་ཕྱག་བྱ་བ་རྣམས་བསྟན་ཏོ། །བརྟན་པ་ཆེན་པོ་ཐོབ་ཅིང་དྲོད་ཆེན་པོ་མཐོང་ལམ་སྐྱེས་པའི་གང་ཟག་གིས་ཕྱོགས་ལས་རྣམ་པར་རྒྱལ་བའི་སྤྱོད་པ་སྤྱད་པའི་དུས་སུ་ནི། བླང་བྱ་དང་དོར་བྱ་བཟའ་བྱ་དང་བཟའ་བྱ་མ་ཡིན་པ་གཉིས་སུ་མེད་པར་སྤྱོད་པ། ཇི་སྐད་དུ། དམ་ཚིག་སྡོམ་ལས་རྣམ་པར་གྲོལ། ཞེས་འབྱུང་བའི་བརྟུལ་ཞུགས་ཀུན་ཤུགས་ཀྱིས་བསྟན་པ་ཡིན་ནོ། །

སྤྱི་དོན་བཞི་པ་ཉམས་ན་ཕྱིར་བཅོས་པའི་ཚུལ་ནི། གལ་ཏེ་ཉམས་ན་ཕྱིར་བཅོས་བྱ་བའི་ཚུལ་ཞེས་མཚམས་སྦྱར་ནས་བཤད་པ་དངོས་ལ་གཉིས་ཏེ། རྒྱུད་སྡེ་འོག་མའི་ལྟུང་བ་ཕྱིར་བཅོས་ཚུལ་དང་། བླ་མེད་ཀྱི་ལྟུང་བ་ཕྱིར་བཅོས་ཚུལ་ལོ། །དང་པོ་ནི། བྱ་བའི་རྒྱུད་ལ་སོགས་ཏེ། བྱ་རྒྱུད་ཀྱི་རྣལ་འབྱོར་པ་ལ་དེའི་ལུགས་ཀྱི་རྩ་ལྟུང་བྱུང་ན། ལེགས་གྲུབ་ལས། ཉིན་ཕར་བག་མེད་བྱས་པ་དག །མཚན་མོར་སོ་སོར་བཤགས་པར་བྱ། །ནུབ་མོར་བྱས་པ་ནང་པར་བཤགས། །ལེགས་པར་བརྟགས་ལ་མངོན་དགའ་བྱ། །ཞེས་གསུངས་པའི་དོན་ཉིན་མཚན་གྱི་དུག་ཆ་མ་ཡོལ་ཚུན་ཆད་ལ་ངེས་པར་བཤགས་དགོས་ཏེ། བཤགས་པའི་ཚུལ་ཡང་ཡུལ་སྡོམ་ལྡན་གྱི་མདུན་དུ་ལྟུང་བ་གང་ཡིན་པ་དེ་ཡི་མིང་ནས་སྨོས་ཏེ་སྟོབས་བཞི་ཚང་བའི་སྒོ་ནས་བཤགས་ཤིང་། དེའི་སྟེང་དུ་ཉོན་མོངས་པ་ཆུང་འབྲིང་ཆེ་གསུམ་གྱིས་བསྐྱེད་པའི་དབྱེ་བས་ཉེས་པ་ཆུང་ངུ་ལ། རང་གི་ལྷ་དམ་ཚིག་གསུམ་བཀོད་ལ་སོགས་པ་གང་ཡིན་པ་དེའི་སྙིང་པོ་འབུམ་ཕྲག་གམ། རྡོ་རྗེ་མི་ཕམ་མེ་ལྟར་རབ་ཏུ་མྱོངས་བྱེད་མའི་གཟུངས་སྟོང་ཕྲག་གཅིག་བཟླས་པས་དག་པར་འགྱུར་ཞིང་། ཉེས་པ་འབྲིང་ལ་ཞི་བའི་སྦྱིན་སྲེག་མང་དུ་བྱ་བ་དང་། ཉེས་པ་ཆེན་པོ་ལ་དབང་བསྐུར་བསྐུར་ནས་བླང་བར་གསུངས་ཏེ། སྤྱི་རྒྱུད་ལས། ཇི་སྐད་བཤད་པའི་དམ་ཚིག་རྣམས། །གལ་ཏེ་ཉམས་པར་གང་གྱུར་པ། །དེས་ནི་རང་གི་སྙིང་པོའི་སྔགས། །ཁྲིག་འབུམ་དུ་ནི་བཟླས་བརྗོད་བྱ། །ཡང་ན་མེས་མྱོངས་བྱེད་པའི་གཟུངས། །སྟོང་དུ་བཟླས་བརྗོད་བྱས་ཀྱང་རུང་། །ཡང་ན་ཞི་བའི་སྦྱིན་སྲེག་བྱ། །ཡང་ན་དཀྱིལ་འཁོར་དུ་ཡང་འཇུག །ཅེས་སོ། །སྤྱོད་རྒྱུད་དང་རྣལ་འབྱོར་གྱི་རྒྱུད་གཉིས་ལ་དེའི་རིག་པས་དཔག་པ་ཙམ་ལས་གསལ་བ་ཞིག་མི་འབྱུང་ལ། ཡོ་ག་སྟུར་ལུགས་པ་རྣམས་དབང་བླང་བའི་ཡུལ་མ་རྙེད་ན་བཤགས་སྐྱང་གི་རིགས་ལ་འབད་དེ་དག་པའི་ལྷས་མཐོང་ན་རང་ཉིད་ཀྱིས་དཀྱིལ་འཁོར་བྲིས་ནས་བདག་འཇུག་བྱས་པས་སོར་ཆུད་པར་འདོད་དེ་ཀུན་དགའ་སྙིང་པོའི་དགོངས་པའང་ཡིན་གསུངས་སོ། །

གཉིས་པ་བླ་མེད་ཀྱི་ལྟུང་བ་ཕྱིར་བཅོས་པའི་ཚུལ་ནི། བླ་མེད་ལུགས་ལ་སོགས་ཏེ། བླ་མེད་ཀྱི་རྣལ་འབྱོར་པ་ལ་དེའི་ལུགས་ཀྱི་ལྟུང་བ་བྱུང་བའི་ཕྱིར་བཅོས་ལ་གཉིས་སུ་འགྱུར་བའི་དང་པོ་ཡན་ལག་མ་ཚང་བའི་རྩ་ལྟུང་དང་། དེས་འགྲེ་བ་སྦོམ་པོ་བརྒྱད་ལ་ཡུལ་སྡོམ་ལྡན་གྱི་དྲུང་དུ་སྟོབས་བཞི་ཚང་བས་ལྟུང་བ་རང་མིང་

སྨོས་པའི་སྒོ་ནས་བཤགས་པ་དང་། འཕྲུལ་སྣོད་དུ་ཤེས་ཤིང་སྤྱི་ཁྱབ་ཚོགས་པས་བཤགས་ཚུལ་ཁོ་བོས་ལོགས་སུ་བྲིས་ཟིན། དམ་ཚིག་རྡོ་རྗེའི་བསྒོམ་བཟླས་རྟགས་བྱུང་བྱུང་གི་བར་དུ་འབད་ཅིང་། བརྩོན་འགྲུས་དྲག་པོས་རང་གི་ལྷག་པའི་ལྷའི་བསྐྱེད་རྫོགས་ཐུན་བཞིར་བསྒོམ་པ་དང་། བཞི་འབུམ་ལ་སོགས་པའི་བསྙེན་པ་བསྐྱལ་བ་དང་། དེའི་བཅུ་ཆས་ཞི་བའི་སྦྱིན་སྲེག་བྱ་བ་དང་། ཁྱད་པར་དུ་དམ་ཚིག་དང་ལྡན་པའི་རྣལ་འབྱོར་ཕོ་མོ་མང་དུ་བསགས་ཏེ། ཚོགས་འཁོར་ཚུལ་བཞིན་དུ་བྱ་བ་ནི་ཉམས་ཆགས་བསྐང་བའི་གཙོ་བོ་སྟེ། གཞན་ཡང་ཐུན་མཚམས་རྣམས་སུ་སྒྲིབ་སྦྱོང་གི་རིགས་མདོ་བཀླག་པ་དང་། སཱ་ཙྪོཿགདབ་པ་དང་། བསྐོར་བ་བྱ་བ་སོགས་ལ་འབད་པས་ཀྱང་ལྟུང་བ་ལས་ལྡང་བ་ཡིན་ནོ། །དུས་འཁོར་དུ་ཡན་ལག་ཚང་མ་ཚང་གིས་མ་ཕྱེ་བར་དབང་ཐོབ་མཚམས་ཐ་དད་པ་ལ་ལྟོས་ཏེ། ལྟུང་བ་སྦྱོང་བའི་ཐབས་ཐ་དད་དུ་གསུངས་པ་དང་། གསུང་ངག་རིན་པོ་ཆེར་དབང་བཞིའི་དམ་ཚིག་ཉི་ཤུ་ལ་ལྟོས་ཏེ་མཁའ་འགྲོ་ལྔ་མཉེས་པར་བྱ་བའི་སྒོ་ནས་བསྐང་བར་གསུངས་པ་དང་། སློབ་དཔོན་འཇམ་དཔལ་གྲགས་པས་སྙིང་པོ་རྒྱན་ལས་གསོ་ཐབས་ཉི་ཤུ་རྩ་ལྔར་གསུངས་པའང་ཡོད་དེ་གཞུང་སོ་སོའི་སྟེང་དུ་རྟོགས་པར་བྱ་བ་ལས་འདིར་མ་སྤྲོས་སོ། །བཤགས་པའི་དུས་ཕར་ཕྱིན་ཐེག་པ་ཡན་ཆད་ཐུན་མོང་དུ་སྣང་བའི་སྔར་ཉེ་བར་འཁོར་གྱིས་ཞུས་པའི་མདོ་དྲངས་པ་དང་། བྱ་རྒྱུད་ཀྱི་སྐབས་སུ་བཤད་ཟིན་པས་ན་སྐབས་འདིར་མ་སྤྲོས་ཀྱང་། གཞུང་དུ། ཉིན་དང་མཚན་མོ་ལན་གསུམ་དུ། །ཉིན་རེ་ཞིང་ནི་བཟླ་བར་བྱ། །ཞེས་ཡན་ལག་གི་ལྟུང་བའི་སྐབས་སུ་འབྱུང་ཡང་རྩ་ལྟུང་ལ་ཡང་དེས་ཁྱབ་པས་ན། ཉིན་མཚན་གྱི་དུས་དྲུག་ཏུ་རྩ་བ་དང་ཡན་ལག་གི་གཞུང་འདི་གཉིས་བཟླ་བ་སྟེ་ཁ་ཏོན་དུ་བྱ་ཞིང་བསྒོ་བགྲང་དགོས་པ་དང་། དུས་ཀྱི་དྲུག་ཆ་ལས་ཐལ་དུ་མི་གཞུག་པར་བཤགས་པས་སླེབ་དགོས་པའི་དོན་དུ་ཤེས་པར་བྱའོ། །གལ་ཏེ་ཡན་ལག་ཚང་བས་རྩ་ལྟུང་ཉིད་དུ་གྱུར་ན་བླ་མ་ལས་དབང་བཞི་རྫོགས་པར་བླང་དགོས་ཏེ། དམ་པ་དང་པོ་ལས། རྩ་བའི་ལྟུང་བ་བྱུང་གྱུར་ན༔ །སླར་ཡང་དཀྱིལ་འཁོར་འདི་རུ་ནི། །དག་པའི་རྒྱུ་རུ་འཇུག་པར་བྱ། །སླར་ཡང་གནང་བ་ཐོབ་པ་ན། །ཚོགས་ཀྱི་ནང་དུ་འགྲོ་བ་ན། །རྒན་པའི་མིང་ནི་གཞོན་པ་ཉིད། །ཅེས་དང་། སམ་བུ་ཊ་ལས། དམ་ཚིག་ཉམས་པས་རྣལ་འབྱོར་པ་བག་མེད་པར་སྐྱེ་བར་འགྱུར་ཏེ། ཡང་བྱང་ཆུབ་སེམས་དཔས་དམ་ཚིག་བླང་བར་བྱས་ནས་ཕྱིས་མི་བྱེད་པར་སྡོམ་པ་བཟུང་བར་བྱ་སྟེ། དེའི་ཕྱིར་ཀུན་གྱི་སྡོམ་པ་དང་ལྡན་པས་ཕྱག་རྒྱའི་རྣལ་འབྱོར་དུ་བྱའོ། །ཞེས་དང་། གཞུང་དུ། གསུམ་ལ་སྐྱབས་འགྲོ་ནས་བརྩམས་ཏེ། །བྱང་ཆུབ་སེམས་སོགས་སྡོམ་པ་ནི། །གལ་ཏེ་བདག་ལ་ཕན་འདོད་ན། །སྟུགས་པས་འབད་དེ་བཟུང་བར་བྱ། །ཞེས་སོ། །གལ་ཏེ་སློབ་དཔོན་སྨད་པའི་སྟེང་དུ་བརྡུང་བཅོག་བྱས་པ་ལ་སོགས་པ་རྣམ་པར་སྨིན་པ་མི་བཟད་པས་ལྟུང་བ་ཆེས་ལྕི་བར་གྱུར་ན། དབང་ཡང་

ཡང་བླང་ཞིང་རང་ཉིད་ཀྱིས་ཀྱང་། བདག་འཛུག་ལན་མང་དུ་བསྐྱང་བའི་སྟེང་དུ་སྔར་བཤད་པའི་བཤགས་པའི་རིགས་ལ་འབད་ན་ལྟུང་བ་དང་རྣམ་སྨིན་གཉིས་ཀ་གཅིག་ཆར་དུ་སོར་ཆུད་པར་འགྱུར་བ་ནི་འཕྲུལ་སྒྲོང་སྒྲ་ཇི་བཞིན་པ་ཡིན་ལ། འཕགས་པ་རིན་པོ་ཆེས་ནི་སྔར་བཤད་པའི་ཡོ་ག་བསྒྱུར་ལུགས་པ་ལྟར་དུ་བླ་མ་མ་འབྱོར་ན་བདག་འཛུག་གིས་ལྟང་བར་གསུངས་ཤིང་ཚུལ་དེ་དག་ལ་དཔྱད་པ་ཀུན་མཁྱེན་ཆེན་པོས་སྤྱི་དོན་དུ། ཁོ་བོ་ནི་འདི་ལྟར་སེམས་ཏེ། རྟེན་གྱི་གང་ཟག་དེ་སྔགས་ཀྱི་ཉམས་ལེན་གྱི་ཚུལ་མི་ཤེས་ཤིང་། ཉམས་ལེན་ཅུང་ཟད་ཀྱང་མ་བྱས་ལ་དབང་བསྐུར་གྱི་སྒོ་ནས་སྔགས་སྡོམ་ཐོབ་པ་ཙམ་ཞིག་ཡིན་ན། དེ་ལ་རྩ་ལྟུང་བྱུང་བའི་ཚེ་སྡོམ་པ་སླར་བླང་དགོས་ཏེ་སྔགས་ཀྱི་ཉམས་ལེན་དང་མ་འབྲེལ་ཞིང་སྔགས་སྡོམ་ཐོབ་པ་ཙམ་ཞིག་ཡིན་པའི་ཕྱིར་རོ། །གལ་ཏེ་ཉམས་ལེན་གྱི་ཚུལ་ལེགས་པར་ཤེས་ཤིང་རྒྱུན་དུ་ཉམས་སུ་ལེན་པའི་གང་ཟག་ཡིན་ན། དེ་ལ་ལྟུང་བ་བྱུང་བའི་ཚེ་རང་ཉིད་ཀྱིས་བདག་འཛུག་བླངས་ཀྱང་སོར་ཆུད་པར་འགྱུར་ཏེ། རྩ་བའི་ལྟུང་བས་དམ་ཚིག་ལ་སྐྱོན་བྱུང་བ་ཙམ་ཡིན་གྱི། སྔགས་ཀྱི་ཉམས་ལེན་གྱི་ཚུལ་དང་འབྲེལ་པ་ཡིན་པས་བདག་འཛུག་གིས་ཀྱང་དམ་ཚིག་གི་སྐྱོན་སྦྱོང་ནུས་སམ་སྙམ་དུ་སེམས་སོ། །རྗེ་བཙུན་གྱིས་ནི་སྤྱོད་པ་དོགས་ཕྱོགས་ནས་བཀག་པའམ། ཡང་ན་འདིའི་སྔ་མ་ལྟ་བུ་ལ་དགོངས་པར་མངོན་ནོ། །ཞེས་གསུངས་པ་ཉིད་དོན་ལ་གནས་སོ། །དེ་དག་གིས་ལེའུ་བཞི་པའི་རྣམ་པར་བཤད་པ་བསྟན་ཟིན་ཏོ། །དབང་བཞིའི་རྣམ་གཞག་འཁྲུལ་མེད་དག་པའི་གཞིར། །ཟབ་དོན་ཉམས་ལེན་རྩྭའི་བ་གམ་བརྩེགས། །དམ་ཚིག་ལྕགས་རིས་མཛེས་པ་རྡོ་རྗེའི་གྲོང་། །སྔགས་སྤྱོད་ཚོགས་རྣམས་བདེ་ཆེན་ངལ་གསོའི་གནས། །ལེའུའི་མཇུག་བསྡུ་བ་ནི་ཡོངས་རྫོགས་བསྟན་པའི་ཉམས་ལེན་སོགས་ཏེ་གོ་སླའོ།། །།

རྩ་བའི་ས་བཅད་གསུམ་པའམ་སྐབས་ཀྱི་དོན་བཞི་པ་སྡོམ་པ་གནས་གྱུར་སོགས་འཆད་པ་ལ་གཉིས་ཏེ་དོན་དངོས་དང་། ཞར་བྱུང་ངོ་། དང་པོ་ལ་གཉིས་ཏེ། བསྡུས་དོན་དང་འབྲེལ་པ་མཚམས་སྦྱར་བ་དང་། ཚིག་དོན་ཡན་ལག་རྒྱས་བཤད་དོ། །དང་པོ་ནི། སུམ་ལྡན་སོགས་ཏེ། སྐབས་འདིར་གོང་དུ་ཇི་སྙེད་ཅིག་བཤད་པ་དེ་རྣམས་ལ་ཉེ་བར་མཁོ་བ་གནད་ཀྱི་དོན་རྣམས་ཕྱོགས་གཅིག་ཏུ་འཆད་པ་ལ་བཞི་སྟེ། སྡོམ་གསུམ་རིམ་ཅན་དུ་བླངས་པའི་སུམ་ལྡན་གང་ཟག་གི་རྒྱུད་ལ་སྡོམ་པ་གསུམ་ཇི་ལྟར་གནས་པའམ་ལྡན་པའི་ཚུལ་དང་། གནས་པ་དེ་རྐྱེན་གྱིས་ཇི་ལྟར་གཏོང་བའི་ཚུལ་དང་། མ་གཏོང་བའི་གང་ཟག་གིས་སྡོམ་པ་གསུམ་ནང་འགལ་མེད་དུ་ཇི་ལྟར་ཉམས་སུ་ལེན་པའི་ཚུལ་དང་། དེ་དག་ཀྱང་གནས་གྱུར་སོགས་ཁྱད་ཆོས་དྲུག་ལྡན་གྱིས་སྙིང་པོར་དྲིལ་ཏེ་བསྟན་པའོ། །དེ་དག་རིམ་བཞིན་རིགས་པ་དང་ལུང་ཇི་ལྟར་འོས་པ་སྦྱར་ཏེ་འཆད་པ་ལ་ཞེས་པས་མཚམས

སྤྱིར་ཏེ།

གཉིས་པ་ཡན་ལག་རྒྱས་པར་བཤད་པ་ལ་བཞི་སྟེ། གནས་པའི་ཚུལ། གཏོང་བའི་ཚུལ། སུམ་ལྡན་གང་ཟག་གི་ཉམས་ལེན་དྲིལ་བའི་ཚུལ། གནས་གྱུར་སོགས་ཁྱད་ཆོས་དྲུག་ལྡན་གྱིས་ངེས་ཤེས་བསྐྱེད་པའོ། །དང་པོ་གནས་པའི་ཚུལ་ལ་གཉིས་ཏེ། གཞན་ལུགས་མདོར་བསྟུས་ཏེ་དགག་པ་དང་། རང་ལུགས་ཞིབ་ཏུ་བཞག་པའོ། །དང་པོ་ནི། སྣོད༷་གཙ༷ང་སོགས་ཏེ། མཁས་གྲུབ་དགེ་ལེགས་དཔལ་བཟང་ལ་སོགས་པ་དགེ་ཕྱོགས་པ་རྣམས་སྣོད་གཙང་མ་ཆུ་ནོར་བུ་དང་བཅས་པའི་དཔེས་སྡོམ་པ་གསུམ་རྟེན་དང་བརྟེན་པའི་ཚུལ་དུ་རྫས་གཞན་དུ་གནས་པར་འདོད་པ་དང་། པཎྜི་ཏ་བི་བྷུ་ཏི་ཙནྡྲས་མཛད་ཟེར་བའི་སྡོམ་གསུམ་འོད་ཀྱི་ཕྲེང་བ་ཞེས་བྱ་བ་རྒྱ་གཞུང་དུ་རྫུས་པ་ཞིག་དང་བཅས་འབྲི་གར་གྱི་ཕྱོགས་ཕལ་ཆེར་བས་ཉི་ཟླ་སྐར་གསུམ་གྱི་དཔེས་མཚོན་ཏེ། སྡོམ་པ་གོང་མས་འོག་མ་ཟིལ་གནོན་དུ་འདོད་པ་ཡོད་མོད་ཀྱི་ཕྱོགས་གཉིས་ཀར་དྲི་མ་མེད་པའི་ལུང་དང་ཤེས་བྱེད་ཚད་མས་གནོད་པ་ཡིན་ནོ། །ཇི་ལྟར་ཞེ་ན་གནས་གྱུར་གྱི་ལུང་འོག་ཏུ་དྲངས་འགྱུར་གྱིས་གནོད་པར་མ་ཟད། ཕྱོགས་སྔ་དང་པོས་བྱང་སྡོམ་གྱི་རྟེན་དུ་སོ་ཐར་རིས་བདུན་གང་རུང་ངེས་པར་དགོས་པ་འདོད་པ་དེ་ཉན་ཐོས་ཀྱི་སོ་ཐར་ལ་བྱེད་ན། དེ་ཉིད་བྱང་སྡོམ་སྐྱེ་བ་དང་གནས་པ་གཉིས་ཀའི་རྟེན་དུ་མི་རུང་སྟེ། ཉན་ཐོས་ཀྱི་སོ་ཐར་གཏན་མི་སྐྱེ་བའི་རྟེན་ལ་ཡང་དབུ་མ་ལུགས་ཀྱི་སེམས་བསྐྱེད་སྐྱེ་བ་མདོའི་ལུང་ཁུངས་དང་བཅས་སྔར་བཤད་ཟིན་པ་དང་། ཉན་ཐོས་ཀྱི་སོ་ཐར་ཤི་འཕོས་པའི་ཚེ་གཏོང་ལ་བྱང་སྡོམ་མི་བཏང་བས་ཤི་ཕན་ཆད་བྱང་སྡོམ་རྟེན་མེད་འགྱུར་བས་སོ། །གལ་ཏེ་ཐེག་ཆེན་སོ་ཐར་ལ་བྱེད་ན་རྟེན་དང་བརྟེན་པ་རྫས་གཞན་དུ་འདོད་མི་ནུས་ཏེ། ཐེག་ཆེན་སོ་ཐར་ནི་རྫོགས་པའི་བྱང་ཆུབ་ལ་དམིགས་ཏེ་གཞན་ལ་གནོད་པ་སྤོང་བ་ཡིན་ལ། བྱང་སེམས་ཀྱི་སྡོམ་པ་ནི་རྫོགས་པའི་བྱང་ཆུབ་ལ་དམིགས་ཏེ་ཕན་པ་སྒྲུབ་པ་ཡིན་ཞིང་། གཞན་ལ་ཕན་པ་སྒྲུབ་པ་དང་གནོད་པ་སྤོང་བ་གཉིས་ངོ་བོ་གཅིག་ཏུ་སྐྱེ་བའི་ཕྱིར་རོ། །གཞན་ཡང་ཁྱེད་ལྟར་ན་སྣོད་གཞོང་པ་ལྟ་བུ་དེ་ཆུ་མེད་པའི་ནོར་བུ་དང་། ཆུ་དང་བཅས་པའི་ནོར་བུ་གཉིས་ཀའི་རྟེན་དུ་ཁས་ལེན་དགོས་ལ། དེ་འདོད་ན་སྔགས་སྡོམ་དང་བྱང་སེམས་ཀྱི་སྡོམ་པ་རྣམ་པ་ཀུན་ཏུ་རྟེན་དང་བརྟེན་པར་འདོད་པ་འགལ་ལོ། །གཞན་ཡང་སོ་ཐར་བཞིན་དུ་སྡོམ་པ་གོང་མ་གཉིས་ཀྱང་གླིང་གསུམ་གྱི་སྐྱེས་པ་བུད་མེད་ལས་འགྲོ་བ་གཞན་གྱི་རྟེན་ལ་མི་སྐྱེ་བར་ཐལ་ཞིང་། དགེ་སློང་རྡོ་རྗེ་འཛིན་པས་སེམས་ཅན་གྱི་དོན་དུ་འགྱུར་བར་མཐོང་ནས་དགེ་སློང་གི་བསླབ་པ་ཕུལ་བའི་ཚེ་སྡོམ་པ་གོང་མ་གཉིས་པོ་གཏོང་བར་འགྱུར་ཏེ། སྡོམ་པ་གོང་མ་གཉིས་ཀྱི་རྟེན་གཏོང་བའི་ཕྱིར་རོ། །རྟགས་ཁས། ཁྱབ་པ་ཡོད་དེ། རྟེན་གཞིག་པ་མེད་ན་བརྟེན་པ་གཞིག་པའི་རྒྱུ་མེད་དགོས་པའི་ཕྱིར་རོ། །ཁྱབ་པ་ཁས

བླངས་སོ། །ཡང་བྱང་སེམས་ཀྱི་སྡོམ་པ་དང་གསང་སྔགས་ཀྱི་སྡོམ་པ་རྫས་གཞན་དུ་འདོད་པ་ནི་ཐེག་ཆེན་གྱི་སྡེ་སྣོད་ཀྱི་ཉམས་ལེན་གྱི་གནད་ངོས་མ་ཟིན་པ་ཡིན་ཏེ། སྔགས་སྡོམ་རྒྱུད་ལྡན་གྱི་གང་ཟག་གིས་འཇུག་པ་སེམས་བསྐྱེད་ཀྱི་བསླབ་བྱ་ཚུལ་ཁྲིམས་རྣམ་པ་གསུམ་དུ་མ་འདུས་པའི་ཐེག་ཆེན་གྱི་ཉམས་ལེན་གཞན་ཡོད་ན་ཉམས་ལེན་དེ་དགེ་བའི་ཆོས་མ་ཡིན་པར་ཐལ་བའི་ཕྱིར་རོ། །དེས་ན་ཆུ་གཞོང་དུ་ནོར་བུ་བཞག་པ་ལྟར་སྔགས་སྡོམ་གྱི་ཉམས་ལེན་རང་རྒྱུད་ཀྱི་སྡོམ་པ་གཞན་གཉིས་ལ་ཡང་ཁྱབ་པར་ཟུར་དུ་ཙུང་ཟད་ཙམ་ཡོད་པ་འདོད་པ་དེ་ནི་བསྐྱེད་རྫོགས་བསྒོམ་པའི་དུས་སུ་སྣང་བ་ཐམས་ཅད་ལྷ་དང་བདེ་ཆེན་གྱི་ཡེ་ཤེས་སུ་འཆར་བར་ཁས་ལེན་པའི་འུད་སྒྲོག་སྟེ། དེ་ལྟར་ན་སྔགས་ཀྱི་རྣལ་འབྱོར་པ་ལ་ལས་དང་པོ་པ་གཏན་མི་སྲིད་པར་ཐལ་ལོ། །ཕྱོགས་སྔ་གཉིས་པ་ལ་འདི་སྐད་དུ་འདྲི་སྟེ། འོན་སྡོམ་པ་གོང་མ་ཐོབ་པའི་ཚེ་འོག་མ་མངོན་གྱུར་དུ་མེད་པར་བག་ལ་ཉལ་དུ་འདོད་པ་དེ། གོང་འོག་འཛིན་སྟངས་འགལ་བས་མངོན་གྱུར་དུ་མི་འབྱུང་བ་ཡིན་ནམ། ཚ་རེག་གྲང་རེག་ལྟར་ལྷན་ཅིག་མི་གནས་འགལ་ཡིན་པས་མངོན་གྱུར་དུ་མི་འབྱུང་བ་ཡིན། དང་པོ་ལྟར་ན་འཛིན་སྟངས་འགལ་བ་ནི་ཤིན་ཏུ་མི་འཐད་དེ། བྱང་སེམས་ཀྱི་སྡོམ་པ་ནི་གཞན་ལ་ཕན་པ་སྒྲུབ་པ་ཡིན་ལ། སོ་ཐར་གྱི་སྡོམ་པ་ནི་གཞན་ལ་གནོད་པ་སྤོང་བའི་བསམ་པ་ཅན་ཡིན་པ་གང་ཞིག །གཞན་ལ་ཕན་པ་སྒྲུབ་པ་ལ་གཞན་ལ་གནོད་པ་སྤོང་བར་ཁྱབ་པར་ཁྱེད་རང་གིས་ཁས་བླང་ཞིང་དོན་ལ་འང་གནས་པའི་ཕྱིར་རོ། །གཉིས་པ་ལྟར་ན་གསུམ་ལྡན་གྱི་གང་ཟག་མི་སྲིད་པ་ཐལ་བ་ལས་དེ་ལྟར་དུ་ཡང་མི་འཐད་དེ། ཁྱེད་རང་གིས་དྲངས་པའི་རྒྱུད་རྣམས་ལས་གསུམ་ལྡན་དུ་གསུངས་པའི་ཕྱིར་རོ། །གཞན་ཡང་བྱང་སྡོམ་དང་ལྡན་པ་ལ་སོ་ཐར་གྱི་སྡོམ་པ་མངོན་གྱུར་དུ་མི་འབྱུང་ན་ཉེས་སྤྱོད་སྡོམ་པའི་ཚུལ་ཁྲིམས་ཀྱང་མངོན་གྱུར་དུ་མེད་པར་འདོད་དགོས་ཏེ། ཉེས་སྤྱོད་སྡོམ་པའི་ཚུལ་ཁྲིམས་ནི་འཕགས་པ་ཐོགས་མེད། རྡོ་པོ་མར་མེ་མཛད། བྱང་ཆུབ་བཟང་པོ་རྣམས་ཀྱིས་སོ་ཐར་རིས་བདུན་ལ་བཤད་པའི་ཕྱིར་རོ། །སྔགས་སྡོམ་དང་ལྡན་པའི་གང་ཟག་ལ་བྱང་སེམས་ཀྱི་སྡོམ་པ་སྨོན་འཇུག་གཉིས་པོ་མངོན་གྱུར་དུ་མི་འབྱུང་ན། གང་ཟག་དེས་རྫོགས་པའི་བྱང་ཆུབ་སྒྲུབ་པ་ནི་ཤིན་ཏུ་ངོ་མཚར་ཏེ། བྱང་ཆུབ་སེམས་དཔའི་སྤྱོད་པ་ཚུལ་ཁྲིམས་རྣམ་པ་གསུམ་ལ་མ་བསླབ་པར་བྱང་ཆུབ་ཆེན་པོ་ཐོབ་པར་འདོད་པ་ནི་ཁྱོད་ཁོ་ན་ལས་སངས་རྒྱས་སྲས་དང་བཅས་པས་མ་གསུངས་སོ། །འདོད་པ་འདི་ལྟར་ན་ཐེག་ཆེན་སྤྱིར་བཤད་པ་ཚུལ་ཁྲིམས་གསུམ་གྱིས་སྒྲུབ་པའི་ས་དང་ལམ་གྱི་ཡོན་ཏན་སྐུ་དང་ཞིང་ཁམས་ཀྱི་སྣང་བ་ཐམས་ཅད་ཀྱང་མངོན་གྱུར་དུ་མི་འབྱུང་བས་སངས་རྒྱས་དེ་ལྟ་བུ་ནི་དེ་ལས་ཀྱང་མཚར་རོ། །གཞན་ཡང་རྡོ་རྗེ་མཁའ་འགྲོ་དང་། སམ་བུ་ཊ་དང་། རྡོ་རྗེ་རྩེ་མོ་ལས་ཇི་ལྟར་དུས་གསུམ་མགོན་པོ་རྣམས། །ཞེས་སོགས་སྨོན་པ་སེམས

བསྐྱེད་དང་། འཇུག་པ་སེམས་བསྐྱེད་གཉིས་རིགས་ལྔ་སྤྱིའི་དམ་ཚིག་ཏུ་གསུངས་པས་རྒྱུད་སྡེ་གོང་མ་གཉིས་ཀྱི་རྡོ་རྗེ་སློབ་དཔོན་གྱི་དབང་ཐོབ་པའི་གང་ཟག་ལ་རིགས་ལྔ་སོ་སོའི་དམ་ཚིག་མངོན་གྱུར་ཏུ་ཡོད་ཅིང་སྤྱིའི་དམ་ཚིག་བག་ལ་ཉལ་གྱི་ཚུལ་དུ་ཡོད་པར་ཁས་ལེན་དགོས་པར་འགྱུར་རོ། །གཞན་ཡང་སུམ་ལྡན་དགེ་སློང་གི་རྒྱུད་ཀྱི་ཀུན་གཞི་ལ་གནས་པའི་དགེ་སློང་གི་སྡོམ་པའི་བག་ཆགས་དེ་སོ་ཐར་གྱི་སྡོམ་པ་ཡིན་ནམ་མིན། གལ་ཏེ་ཡིན་ན་དགེ་སློང་དེ་ཤི་འཕོས་པའི་ཚེ་དགེ་སློང་གི་སྡོམ་པའི་བག་ཆགས་གཏོང་བར་ཐལ། དེའི་ཚེ་སོ་ཐར་གཏོང་བའི་ཕྱིར། རྟག་ཁྱབ་ཁས། འདོད་ན་དགེ་སློང་ཤི་འཕོས་པའི་རྗེས་སུ་ཤེས་རྒྱུད་ལ་དགེ་སློང་གི་བག་ཆགས་མེད་པར་འགྱུར་ཞིང་། དེའང་འདོད་ན་ཐོས་བསམ་སྒོམ་པ་སོགས་ལའང་མཚུངས་པས་ན་ཚུལ་ཁྲིམས་ལ་གནས་ནས་ཐོས་བསམ་སྒོམ་གསུམ་བྱེད་པ་ལ་དགོས་པ་མེད་པར་འགྱུར་རོ། །གལ་ཏེ་ཀུན་གཞིའི་སྟེང་གི་སོ་ཐར་གྱི་སྡོམ་པའི་བག་ཆགས་དེ་ཉིད་སོ་ཐར་གྱི་སྡོམ་པ་མ་ཡིན་ན། གང་ཟག་དེའི་རྒྱུད་ལ་སོ་ཐར་གྱི་སྡོམ་པ་གཏན་མེད་པར་འགྱུར་ཏེ་བག་ཆགས་དེ་ལས་གཞན་པའི་སོ་ཐར་གྱི་སྡོམ་པ་མེད་པར་ཁས་བླངས་པའི་ཕྱིར་རོ། །ཉི་ཟླ་སྐར་གསུམ་གྱི་དཔེ་དང་སྦྱར་བ་ཡང་མི་འཐད་དེ་རང་གི་རྟོག་པས་སྦྱར་བ་ཙམ་ཡིན་གྱི་རྒྱུད་དང་བསྟན་བཅོས་རྣམ་དག་གང་ནས་ཀྱང་མ་བཤད་པའི་ཕྱིར་རོ། །འདི་དག་ནི་གནད་དོན་ལ་དཔྱད་པ་ཆེ་ལོང་ཙམ་གཞུང་ཐར་ཆགས་སུ་དགག་པ་ཞིབ་ཏུ་ཀུན་མཁྱེན་ཆེན་པོའི་སྤྱི་དོན་ལས་རྟོགས་པར་བྱ་ཞིང་། གཞན་ཡང་། སྤྱི་དོན་དུ་དུས་མཉམ་རྫས་ཐ་དད་དུ་འདོད་པའི་གཞུང་ལུགས་དང་། གཞན་ལུགས་ལ་རང་ལུགས་སུ་འབྲེལ་ནས་གནས་འགྱུར་རྫས་གཞན་དུ་འདོད་པ་ལ་བཀག་པ་མཛད་པ་རྣམས་ནི་དེང་སང་ཧ་ཅང་མི་མཁོ་བས་འདིར་མ་སྤྲོས་སོ། །མདོར་ན་རྟེན་དང་བརྟེན་པར་འདོད་པ་དང་། ཟིལ་གནོན་དུ་འདོད་པའི་ཕྱོགས་གཉིས་ཀས་ཀྱང་སྡོམ་གསུམ་ངོ་བོ་རྫས་ཐ་དད་དུ་འདོད་པ་དེ་ལྟར་ན། གཙོ་སེམས་གཅིག་གི་འཁོར་དུ་སེམས་བྱུང་སེམས་པ་རིགས་མཐུན་ངོ་བོ་ཐ་དད་པ་གསུམ་ཅིག་ཅར་ཡོད་པར་ཐལ་བའི་ཕྱིར་མི་འཐད་པ་ཁོ་ནའོ། །ཕྱོགས་འདི་གཉིས་ཀས་གནས་འགྱུར་གྱི་དོན་གོ་བཞིན་དུ་སྟང་ཤུགས་ཀྱིས་དགག་སྒྲུབ་བྱས་པའང་སྲིད་མོད། ཕལ་ཆེར་བས་ནི་གནས་འགྱུར་གྱི་དོན་སྡོམ་གསུམ་རིམ་ཅན་དུ་བླངས་པའི་ཚེ་འོག་མའི་བསླབ་བྱ་གོང་མ་གོང་མའི་བསླབ་བྱར་འགྱུར་བའམ། དེར་འདུས་པའི་ལྡོག་ཆ་སུམ་ལྡན་ཏེ། ངོ་བོ་གནས་འགྱུར་ལ་ལྡོག་པ་མ་འདྲེས་པའི་གནད་མ་གོ་བར། འོ་མ་བསྐོལ་བས་ཞོ། ཞོ་བསྲུབ་པས་མར་དུ་གྱུར་པའི་ཚེ་སྔ་མ་གཉིས་མི་གནས་པ་ལྟ་བུ། སོ་ཐར་བྱང་སེམས་སུ་གྱུར། བྱང་སེམས་སྔགས་སྡོམ་དུ་གྱུར་ཏེ་མཐར་སྔགས་ཀྱི་བསླབ་བྱ་འབའ་ཞིག་ལས་མེད་པའི་ཚིག་ལྷན་ཞིག་གོ་སླམ་ནས་དགག་པ་བྱས་པ་ཤས་ཆེ། འོན་ཀྱང་རྗེ་བོ་ཆེན་པོས་གནས་འགྱུར་བཀག་པ་ལྟ་བུ་ཞིག་རྣམ་

ཐར་ཏུ་ཡོད་པ་ནི། དུས་སྐབས་དེར་ལོག་རྟོག་འདི་ལྟ་བུ་ལ་ཁ་འཛིན་བྱས་པའི་སྔགས་པ་སྦྱོར་སྒྲོལ་ལམ་དུ་བྱེད་པ་མང་དག་བྱུང་བས་བསྟན་པ་ལྗེམ་པོར་གྱུར་པ་བསལ་བའི་ཕྱིར་གསུངས་པར་མངོན་གྱི་འོག་ཏུ་འབྱུང་བའི་གནས་གྱུར་གྱི་རྣམ་གཞག་རྒྱུད་སྡེ་དྲི་མ་མེད་པའི་ལུང་དཔེ་དོན་འགྱུར་བས་གྲུབ་པ་ནི་འགོག་པ་མ་ཡིན་ནོ། །ཇི་ལྟར་བཀག་པའི་ཚུལ་ནི་ལམ་སྒྲོན་དུ་ཚངས་སྤྱོད་ཀྱིས་གསང་ཤེར་གྱི་དངོས་དབང་མི་ལེན་པར་གསུངས་པ་དང་། བཀའ་གདམས་ཀྱི་ཡིག་ཆ་གཞན་དང་། དེའི་ལུགས་སུ་བྲིས་མ་མངོན་པའི་འགྲེལ་སྙིང་འགའ་ཞིག་གིས་ཤེས་ལ། འདིས་ཀྱང་ཇོ་བོ་བོད་ལ་བཀའ་དྲིན་ཤིན་ཏུ་ཆེ་བ་ཡིན་ཏེ། སྤྱིར་བསྟན་པ་མར་འགྲིབ་ཀྱི་དུས་སུ་རྒྱུ་ལམ་ཕྱུར་ལ་བདེ་བའམ། མུ་གེ་ལ་སྐད་བཏགས་ནས་སྣུམ་ཕྲུག་ལ་པོར་བཙོང་བྱེད་པ་ལྟར། རྒྱུད་ཀྱི་སྒྲ་ཇི་བཞིན་པ་ལ་བསྐད་བཏགས་ནས་སྡོམ་པ་འོག་མ་ཁྱད་དུ་གསོད་ཅིང་སྡེ་སྣོད་ལ་དགྲར་འཛིན་པ་སྔགས་པའི་གདོལ་པ་རྣམས་ནམ་ལངས་ཀྱི་སྐར་མ་བཞིན་དུ་སོང་ནས། འཕགས་ཡུལ་གྱི་སྡོམ་བརྩོན་ཆེན་པོ་གྲུབ་པའི་ཡོན་ཏན་གྱིས་བརྒྱན་པ་རྣམས་ཀྱི་ཕྱག་བཞེས་བཞིན་ཡེ་ཤེས་ཀྱི་ཕྱག་རྒྱ་ཙམ་ལ་བརྟེན་ནས་སྔགས་ཀྱི་སྡོམ་ལྡན་དུ་སྒྲུབ་པས་རབ་ཏུ་བྱུང་བ་ཐམས་ཅད་ཀྱང་སྡོམ་པ་གསུམ་ལྡན་མ་གི་ཀ་རི་ཀ་ནས་ཡ་གི་གསང་བ་འདུས་པའི་བར་གྱི་སངས་རྒྱས་ཀྱི་བསྟན་པ་གྲུ་བཞིར་ཉམས་སུ་ལེན་པ་ངའི་བླ་མ་རྒྱ་གར་བ་ལས་མ་བྱུང་ཞེས་ཇོ་བོའི་དངོས་སློབ་མཆོག་དག་གིས་ཆེད་དུ་བརྗོད་པའི་དོན་དེང་སང་གི་བར་དུ་ཉིན་མོའི་ལྟད་མོ་ལྟར་གསལ་བ་འདིའོ། །

གཉིས་པ་རང་ལུགས་བཞག་པ་ལ་གསུམ་སྟེ། ཇི་ལྟར་གནས་འགྱུར་བའི་ཚུལ་དངོས་དང་། ལེན་ཚུལ་བདུན་དང་བསྟུན་ཏེ་གནས་གྱུར་ཡོད་མེད་ཀྱི་བས་ངེས་ཤེས་བསྐྱེད་པ་དང་། དེ་ཉིད་གང་ཟག་གཅིག་གི་རྒྱུད་ལ་ཇི་ལྟར་ལྡན་པའི་ཚུལ་ལོ། །དང་པོ་ནི་རང་ལུགས་སོགས་ཏེ། ས་སྐྱ་པ་རང་ལུགས་སུ་འཛོག་རྒྱུ་གང་ཞེ་ན། བླ་མ་རྗེ་བཙུན་ཆེན་པོ་འཁྲུལ་པའི་དྲི་མ་ཟད་པའི་ཐུགས་མངའ་བ་གྲགས་པ་རྒྱལ་མཚན་གྱི་ཞལ་ལྔ་ནས་རང་གི་བསྟན་བཅོས་གཉིས་སུ་གནས་གྱུར་ངོ་བོ་གཅིག་པའི་ཚུལ་དུ་གཏན་ལ་ཕབ་པ་ཡིན་ཏེ། སྡོམ་པ་ཉི་ཤུ་པའི་འགྲེལ་པར། དེ་ལྟར་ན་རྡོ་རྗེ་རྩེ་མོ་ལས། སྡོམ་པ་གསུམ་ལ་གནས་པ་ནི། །དང་པོའི་ཁྲིམས་སུ་བཤད་པ་ཡིན། །ཞེས་གང་ཟག་གཅིག་གི་རྒྱུད་ལ་སོ་སོར་ཐར་པ་དང་། བྱང་ཆུབ་སེམས་དཔའ་དང་། རིག་པ་འཛིན་པའི་སྡོམ་པ་གསུམ་དང་ལྡན་པར་གསུངས་པ་འགལ་ལོ་ཞེ་ན་དེའི་དོན་འདི་ཡིན་ཏེ། སྤྱིར་སོ་སོར་ཐར་པ་ཞེས་བྱ་བའི་རང་གི་ངོ་བོ་ནི་གཞན་ལ་གནོད་པ་གཞི་དང་བཅས་པ་ལས་བཟློག་པ་ཡིན་ལ། དེའི་སྟེང་དུ་ཕན་འདོགས་པ་འདོད་ཅིང་ཞུགས་པ་ནི་བྱང་ཆུབ་སེམས་དཔའི་སྡོམ་པ་ཡིན་ཅིང་། དེའི་སྟེང་དུ་རིག་པ་འཛིན་པ་ནི་རིག་པ་འཛིན་པའི་

སྡོམ་པ་ཡིན་ནོ། །དེ་ལ་སོ་སོར་ཐར་པ་ནི་གཉིས་ཏེ། ཉན་ཐོས་ཀྱི་སོ་སོར་ཐར་པ་དང་། བྱང་སེམས་ཀྱི་སོ་སོར་ཐར་པ་ལས། འདིར་བྱང་ཆུབ་སེམས་དཔའི་སོ་སོར་ཐར་པ་ནི་སྡོམ་པ་ཐོབ་པ་དང་གནས་པ་གཉིས་ཀའི་རྟེན་དུ་རུང་གི་སྔ་མ་ནི་དེ་ལྟར་མ་ཡིན་པས་རྡོ་རྗེ་རྩེ་མོའི་དགོངས་པ་ནི་བྱང་ཆུབ་སེམས་དཔའི་སོ་སོར་ཐར་པའོ། །བྱང་ཆུབ་སེམས་དཔའི་སོ་ཐར་དེ་བླང་བའི་ཆོ་ག་གཞན་ཞིག་ཡོད་དམ་སོ་སོར་ཐར་པའི་སྡོམ་པ་ཉིད་ཡིན་ཞེ་ན། སྔར་སོ་སོར་ཐར་པའི་སྡོམ་པ་ཐོབ་ན་ཕྱིས་བྱང་ཆུབ་སེམས་དཔའི་སྡོམ་པ་ཐོབ་པའི་དུས་སུ་སྔར་གྱི་དེ་བྱང་ཆུབ་སེམས་དཔའི་སྡོམ་པར་གནས་གྱུར་ལ། སྔར་མ་ཐོབ་ན་བྱང་ཆུབ་སེམས་དཔའི་སྐྱོན་པའི་དུས་ཉིད་དུ་བྱང་ཆུབ་སེམས་དཔའི་སོ་སོར་ཐར་པའི་སྡོམ་པ་ཐོབ་པ་ཡིན་ནོ། །རྣམ་པར་སྦྱོར་བས་ཆོག་གོ །ཞེས་དང་། རྩ་ལྟུང་འགྲེལ་སྤྱོད་ལས། འདིར་ཁ་ཅིག་འདི་སྐད་དུ། གསུམ་ལ་སྐྱབས་འགྲོ་ནས་བརྩམས་ཏེ། ཞེས་བྱ་བ་ཐུན་མོང་གི་སྐྱབས་འགྲོ་དང་སོ་སོར་ཐར་པ་ལ་འཆང་ཅེང་། རྡོ་རྗེ་རྩེ་མོ་ལས་ཀྱང་། སོ་སོར་ཐར་དང་བྱང་ཆུབ་སེམས། །རིག་འཛིན་རང་གི་སྡོམ་པའོ། །ཞེས་གསུངས་པ་དེ་གཉིས་ཀའང་སྐྱོན་དང་བཅས་པ་ཡིན་ཏེ། རིག་པ་འཛིན་པ་དང་བྱང་ཆུབ་སེམས་དཔའི་སྡོམ་པ་གཉིས་ནི་ནང་མི་འགལ་མོད། སོ་སོར་ཐར་པ་ནི་བྱང་ཆུབ་སེམས་དཔའི་སྡོམ་པ་ཐོབ་པའི་རྟེན་དུ་མི་རུང་སྟེ། སོ་སོར་ཐར་པ་ནི་གླིང་གསུམ་གྱི་སྐྱེས་པ་དང་བུད་མེད་མིན་པ་གཞན་ལ་མི་སྐྱེ་ལ། བྱང་ཆུབ་སེམས་དཔའི་སྡོམ་པ་ནི་འགྲོ་བ་མཐའ་དག་ལ་སྐྱེ་བར་གསུངས་པའི་ཕྱིར་རོ། །ཡང་གནས་པའི་རྟེན་དུའང་མི་འཐད་དེ། སོ་སོར་ཐར་པ་ནི་ཤི་ནས་གཏོང་ལ། བྱང་ཆུབ་སེམས་དཔའ་ནི་ཇི་སྲིད་སངས་མ་རྒྱས་ཀྱི་བར་དུ་མི་གཏོང་བའི་ཕྱིར་རོ་ཞེ་ན། ཉན་ཐོས་དང་ཐུན་མོང་བའི་སོ་སོར་ཐར་པ་འདི་ནི་ཐོབ་པ་དང་གནས་པའི་རྟེན་དུ་མི་རུང་བ་ཁྱོད་སྨྲ་བ་བཞིན་ཁོ་བོ་ཅག་ཀྱང་སྨྲའོ། །འོན་ཁྱོད་ཀྱི་སོ་སོར་ཐར་པ་སྔོན་དུ་མ་སོང་བའི་སྡོམ་པ་གསུམ་གང་ཡིན་ཞེ་ན། འདིར་སོ་སོར་ཐར་པའི་རང་བཞིན་ནི་གཞན་ལ་གནོད་པ་གཞི་དང་བཅས་པ་ལས་ལོག་པ་ཡིན་ལ། བྱང་ཆུབ་སེམས་དཔའི་སྡོམ་པ་ནི་དེའི་སྟེང་དུ་གཞན་ལ་ཕན་འདོགས་པར་ཞུགས་པ་ཡིན་ཅིང་། རིག་པ་འཛིན་པ་ནི་དེ་དག་ཀྱང་ལྷའི་རྣམ་པའམ། ཡེ་ཤེས་ཀྱིས་བྱིན་གྱིས་བརླབས་ནས་ལོངས་སྤྱོད་པས་ན་འདི་ལ་འགལ་བ་ཡོད་པ་མ་ཡིན་ནོ། །འོན་སྔར་སོ་སོར་ཐར་པའི་སྡོམ་པ་དགེ་སློང་གི་བར་ཐོབ་པ་ཞིག་གིས་ཕྱིས་བྱང་ཆུབ་ཏུ་སེམས་བསྐྱེད་ནས་སླར་ཡང་དབང་ནོས་པར་གྱུར་ན། འདི་ལ་སྡོམ་པ་ཇི་ལྟར་ལྡན་ཞེ་ན། དགེ་སློང་གིས་སེམས་བསྐྱེད་པའི་ཚེ་སོ་སོར་ཐར་པ་ཐམས་ཅད་བྱང་ཆུབ་སེམས་དཔའི་སྡོམ་པར་འགྱུར་ལ། དཀྱིལ་འཁོར་དུ་ཞུགས་པའི་ཚེ་ན་སྡོམ་པ་དེ་ཐམས་ཅད་ཀྱང་རིག་པ་འཛིན་པའི་སྡོམ་པ་ཞེས་བྱ་བ་ཡིན་ནོ། །དེ་སྐད་དུ་རྒྱུད་འབུམ་པའི་ལུང་དེ་ཁོན་ཉིད་ཡེ་ཤེས་གྲུབ་པ་ཞེས་བྱ་བ་ལས་འབྱུང་བ། རྡོ་ཡི་རིགས་ཀྱི་བྱེ་བྲག་གིས། །བཞུས་

པས་ལྷུགས་དང་ཟངས་དངུལ་འགྱུར། །གསེར་འགྱུར་རྩི་ཡི་དངོས་པོ་ཡིས། །ཀུན་ཀྱང་གསེར་དུ་སྒྱུར་བར་བྱེད། །དེ་བཞིན་སེམས་ཀྱི་ཁྱེ་བྲག་གིས། །རིགས་ཅན་གསུམ་གྱི་སྡོམ་པ་ཡང་། །དཀྱིལ་འཁོར་ཆེན་པོ་འདིར་ཞུགས་ན། །རྡོ་རྗེ་འཛིན་པ་ཞེས་བྱའོ། །ཞེས་གསུངས་སོ། །དཔེ་དེའང་རྡོ་ནི་ཕལ་པ་ཡིན་ལ། ལྷུགས་ནི་ཉན་ཐོས་ཀྱི་བསླབ་པར་བྱ་བ། ཟངས་ནི་རང་རྒྱལ་གྱི་བསླབ་པར་བྱ་བ། དངུལ་ནི་བྱང་ཆུབ་སེམས་དཔའི་བསླབ་པར་བྱ་བ་ཡིན་ཞིང་། གསེར་འགྱུར་རྩི་ནི་རྡོ་རྗེ་ཐེག་པའི་བསླབ་པར་བྱ་བ་ཡིན་པར་མཚོན་ནོ། །ཞེས་གསུངས་ཏེ༑ སྡོམ་པ་གསུམ་གནས་འགྱུར་ངོ་བོ་གཅིག་ལ་ལྡོག་པ་ཐ་དད་པའི་ཚུལ་དུ་གཏན་ལ་ཕབ་པར་མཛད་ཅིང་། དེ་བཞིན་དུ་སྔ་འགྱུར་གྱི་རྒྱུད་སྒྱུ་འཕྲུལ་དྲྭ་བ་སོགས་ནས་བསྟན་པའི་རྗེས་སུ་འབྲངས་ཏེ། མཁས་པ་ཆེན་པོ་རོང་ཟོམ་ཆོས་ཀྱི་བཟང་པོ་དང་། ཟུར་ལུགས་ཀྱི་བླ་མ་ཕལ་ཆེ་བ། ཁྱད་པར་རྒྱལ་བ་ཀློང་ཆེན་རབ་འབྱམས་པ་དྲི་མེད་འོད་ཟེར། མངའ་རིས་པཎ་ཆེན་པདྨ་དབང་རྒྱལ། སྨིན་གླིང་པཎ་ཆེན་དྷརྨ་ཤྲཱི་སོགས་གསང་སྔགས་རྙིང་མའི་ཕྱོགས་ཀྱི་མཁས་ཤིང་གྲུབ་བརྙེས་ཚད་ཐུབ་རྣམས་ཀྱིས་ཀྱང་ཚུལ་འདི་ཁོ་ན་ཉིད་དུ་ཞལ་གྱིས་བཞེས་པ་སོ་སོའི་གཞུང་དུ་གསལ་ཞིང་། དགོངས་པ་ཟླ་མེད་པ་འདི་ལྟ་བུ་ནི་རིག་པ་དང་ལུང་གང་གིས་ཀྱང་མ་གྲུབ་པ་འཁྲོན་མའི་བུ་ལྟར་ཁུངས་མེད་པ་མ་ཡིན་ཏེ། དེའི་ཤེས་བྱེད་ཀྱང་རྡོ་ཡི་རིགས་ཀྱི་ཁྱེ་བྲག་བཞུས་པ་ལས་ལྷུགས་དང་། ཟངས། དངུལ་གསུམ་འབྱུང་བ་ལ། གསེར་འགྱུར་གྱི་རྩིས་བསྒྱུར་བས་ན་ལྷུགས་ལ་སོགས་པའི་དངོས་པོ་རྣམས་ཐ་དད་མེད་པར་གསེར་གྱི་དངོས་པོ་ཁོ་ནར་འགྱུར་བ་དང་ཆོས་མཚུངས་པར། སོ་སྐྱེ་ཕལ་པའི་རྒྱུད་ལས་ཉན་ཐོས། རང་རྒྱལ། བྱང་ཆུབ་སེམས་དཔའི་སྤྱང་འདས་རིགས་ཅན་གསུམ་སོ་སོའི་ཐེག་པ་གསུམ་གྱི་བསླབ་པས་རིམ་གྱིས་སྡོམ་པ་རྣམས། རྡོ་རྗེ་ཐེག་པའི་དཀྱིལ་འཁོར་ཆེན་པོར་ཞུགས་པས་ཉན་ཐོས་སོགས་ཀྱི་བསླབ་པ་ཐ་དད་མེད་པར་ཐམས་ཅད་ཀྱང་རྡོ་རྗེ་འཛིན་པར་འགྱུར་རོ་ཞེས་པ་སྟེ། གསང་བ་འདུས་པའི་རྒྱུད་འབུམ་པ་ལས། རྡོ་ཡི་རིགས་ཀྱི་ཁྱེ་བྲག་ཅིག །བཞུ་བས་ལྷུགས་དང་ཟངས་དངུལ་འགྱུར། །ཞེས་སོགས་སྔར་དྲངས་པའི་ལུང་གིས་གྲུབ་པ་དེ་བཞིན་དུ་ལོ་ཆེན་རིན་ཆེན་བཟང་པོའི་རྒྱུད་སྡེ་སྤྱིའི་རྣམ་བཤད་ལས་ཀྱང་། ཚུལ་འདི་ལྟར་དུ་སྡོམ་པ་གནས་འགྱུར་ངོ་བོ་གཅིག་ལ་ལྡོག་པ་ཐ་དད་པ་གཉིས་ཀའི་ཚུལ་དཔེ་དང་བཅས་གསུངས་ཡོད་པའི་ཕྱིར་རོ། །

གཉིས་པ་ལེན་ཚུལ་བདུན་དང་བསྟུན་པའི་གནས་འགྱུར་ཡོད་མེད་རྩི་བའི་ངེས་ཤེས་བསྐྱེད་པ་ལ་མཚམས་སྦྱར་བ་དང་། སྤྱིར་བཤད་པ། སོ་སོར་བཤད་པའོ། །དང་པོ་ནི། སྤྱིར༷་ནི༷་སོགས་ཏེ་གང་དུ་སྨོས་པའི་སྡོམ་པ་དེ་རྣམས་སྤྱིར་ན་སྡོམ་པ་ལེན་པའི་ཚུལ་གྱི་རྣམ་གྲངས་རྣམས་འོག་ཏུ་བཤད་པ་ལྟར་ཞེས་སོ། །

གཉིས་པ་ནི། དེ་ལྟ་བུའི་སྡོམ་པ་ལེན་ཚུལ་འདྲ་མིན་བདུན་ཡོད་པས། ཐོག་མར་སོགས་ཏེ་ཐོག་མར་ཉན་ཐོས་ཀྱི་སོ་ཐར་རིས་བདུན་གང་ཡང་རུང་བའི་སྡོམ་པ་བླང་། དེ་ནས་བྱང་ཆུབ་སེམས་དཔའི་སྡོམ་པ་དབུ་སེམས་ཀྱི་ཆོག་གང་རུང་གི་སྒོ་ནས་བླང་། སླར་ཡང་དེ་ནས་སྔགས་སྡོམ་བླང་བའི་ཚུལ་དང་། ཡང་ན་ཐེག་ཆེན་གྱི་སྡོམ་པ་བླངས་ནས། དེའི་རྗེས་སུ་སྡོམ་པ་གོང་མ་གཉིས་པོ་རང་རང་གི་ཆོག་རིམ་བཞིན་བླང་བའི་ཚུལ་དང་། ཡང་ན་ཉན་ཐོས་རང་རྒྱལ་གྱིས་བསྡུས་པའི་ཐེག་དམན་གྱི་སྡོམ་པ་གང་རུང་དང་ལྡན་པར་བྱས་ནས། སྡོམ་པ་བར་མ་བྱང་སྡོམ་མ་བླངས་པར་སྔགས་ལ་ཞུགས་པའི་ཚུལ་དང་། དེས་མཚོན་པའི་ཐེག་ཆེན་སོ་ཐར་ཙམ་བླངས་ནས། སྡོམ་པ་བར་མ་མི་ལེན་པར་སྔགས་སྡོམ་ལ་འཇུག་པའི་ཚུལ་དང་། ཡང་ན་སྡོམ་པ་འོག་མ་སོ་ཐར་གྱི་སྡོམ་པ་མ་བླངས་པར་བྱང་སྡོམ་བླངས་ཏེ་སྔགས་ལ་འཇུག་པའི་ཚུལ་དང་། ཡང་ན་སྡོམ་པ་འོག་མ་གཉིས་གང་ཡང་མ་བླངས་པར་སྔགས་ལ་འཇུག་པའི་ཚུལ་དང་། ཐོག་མར་སྔགས་ལ་ཞུགས་ཏེ་སྡོམ་པ་བླངས་ནས། དེའི་རྗེས་སུ་སྡོམ་པ་འོག་མ་གཉིས་ལེན་པ་སྟེ་རྣམ་གྲངས་མི་འདྲ་བ་བདུན་དུ་ངེས་པ་ཡིན་ནོ། །

གསུམ་པ་ནི། དང་པོར་སོགས་ཏེ། དེ་དག་གི་ཤེས་བྱེད་ལེན་ཚུལ་དང་པོ་བརྟག་གཉིས་ཀྱི་སྐལ་དམན་རིམ་འཇུག་གི་སྐབས་སུ། དང་པོ་གསོ་སྦྱོང་སྦྱིན་པར་བྱ། །དེ་རྗེས་བསླབ་པའི་གནས་བཅུ་ཉིད། །དེ་ལ་བྱེ་བྲག་སྨྲ་བསྟན། །མདོ་སྡེ་པ་ཡང་དེ་བཞིན་ནོ། །དེ་ལ་རྣལ་འབྱོར་སྤྱོད་པ་བསྟན། །དེ་ཡི་རྗེས་སུ་དབུ་མ་ཉིད། །སྔགས་ཀྱི་རིམ་པ་ཀུན་ཤེས་ནས། །དེ་རྗེས་ཀྱེ་ཡི་རྡོ་རྗེ་བསྟན། །ཞེས་གསུངས་པ་ལྟར་སྐལ་དམན་རིམ་འཇུག་གི་ལམ་གྱི་སྒོ་ནས་བགྲོ་བའི་ཚུལ་ལུང་གིས་གྲུབ་ཅིང་། དེའང་ཐེག་དམན་རང་རྒྱུད་པས་ཐེག་པ་ཆེན་པོའི་ཡོན་ཏན་ཐོས་པས་བློ་ཡོངས་སུ་འགྱུར་ཏེ། བྱང་སྡོམ་བླངས་པའི་ཚེ་རང་ཉིད་ཞི་བདེ་དོན་གཉེར་གྱི་དམན་པའི་སེམས་ཀྱི་ཆ་མཐའ་དག་དོར་ནས་སྤོང་སེམས་ཀྱི་ཆ་དེ་ཉིད་བྱང་སྡོམ་གྱི་ངོ་བོར་གནས་འགྱུར་ལ། སླར་ཡང་ཚེ་གཅིག་ལུས་གཅིག་གིས་ཟུང་འཇུག་རྡོ་རྗེ་འཆང་གི་གོ་འཕང་ཐོབ་པར་བྱེད་པའི་མྱུར་ལམ་འཚོལ་བའི་དད་པ་དང་བརྩོན་འགྲུས་ཅན་གྱི་གང་ཟག་དེས། དཀྱིལ་འཁོར་དུ་ཞུགས་ཏེ་དབང་བསྐུར་ཟབ་མོ་བླངས་པས་སྔགས་སྡོམ་ཐོབ་པ་ན་སྔར་གྱི་སོ་ཐར་གྱི་དགེ་སློང་གི་སྡོམ་པ་དང་། སེམས་བསྐྱེད་ཀྱི་བྱང་ཆུབ་སེམས་དཔའི་སྡོམ་པ་ཀུན་སྔགས་ཀྱི་སྡོམ་པར་གནས་འགྱུར་བ་ཡིན་ཏེ། སྡོམ་པ་འོག་མ་གཉིས་འབྲས་བུ་ལམ་བྱེད་ཀྱི་ཐབས་ཀྱིས་མ་ཟིན་པ་ལས། སྔགས་ཀྱི་སྡོམ་པ་ཐོབ་པའི་ཚེ་ན་འབྲས་བུ་ལམ་བྱེད་ཀྱི་ཐབས་ལ་མཁས་པའི་ཁྱད་པར་གྱིས་ཟིན་པས་སྔགས་སྡོམ་དུ་གནས་འགྱུར་བ་ཡིན་ནོ། །དེའི་ཚེ་ན་ཐ་མལ་སྣང་ཞེན་གྱི་ལོག་པ་བཏང་བར་གྱུར་ཀྱང་སྡོམ་པ་འོག་མ་སོ་བྱང་གཉིས་མི་བཏང་སྟེ། དེ་གཉིས་ཀྱི་ལོག་ཆ་གཞན་གནོད་གཞི་བཅས་སྤོང་བ་དང་། དེའི་

སྙིང་དུ་གཞན་ལ་ཕན་འདོགས་པར་ཞུགས་པ་གཉིས་གོང་འཕེལ་གྱི་ཚུལ་གྱིས། དབང་གི་སྔ་གོན་གྱི་སྐབས་སུ་སྡོམ་བཟུང་གི་རྗེས་ཟློས་ལན་གསུམ་བྱས་པ་ལས་ཐོབ་པའི་རིགས་ལྔ་སྤྱིའི་དམ་ཚིག་ཏུ་འདུས་པའི་ཕྱིར་སྔགས་སྡོམ་གྱི་ངོ་བོར་གནས་འགྱུར་བ་ཡིན་ནོ། །ལེན་ཚུལ་གཉིས་པ་ལྟར་ན་བྱང་སྡོམ་བླངས་པ་གྱུར་ཀྱང་གནས་འགྱུར་རྒྱུ་བར་མེད་དེ། སྔར་གྱི་ཐེག་ཆེན་སོ་ཐར་དེ་ལ་དང་པོ་ཉིད་ནས་དམན་སེམས་ཀྱི་ཆ་མེད་ཅིང་། བྱང་སེམས་སྡོམ་པའི་ངོ་བོ་ཙམ་ཞིག་ཡོད་ཟིན་པའི་ཕྱིར་རོ། །འོན་ཀྱང་ཕྱིས་བྱང་སེམས་སྡོམ་པ་སྐྱེས་པའི་ཚེ་ཡོན་ཏན་གྱི་ཆ་ཤས་བསྣན་པའི་ཚུལ་གྱིས་ངོ་བོ་གཅིག་ཏུ་སྐྱེ་བ་ཡིན་ནོ། །སྔགས་ལ་འཇུག་ཚུལ་གསུམ་པ་དང་། བཞི་པ་དང་། ལྔ་པ་རྣམས་ནི་སྔར་དྲངས་པའི་རྒྱུད་འབུམ་པའི་ལུང་། རིགས་ཅན་གསུམ་གྱི་སྡོམ་པ་ཡང་། །དཀྱིལ་འཁོར་ཆེན་པོ་འདིར་ཞུགས་ན། །རྡོ་རྗེ་འཛིན་པ་ཞེས་བྱའོ། །ཞེས་པས་གྲུབ་ཅིང་། དེ་ཡང་སྔར་བྱང་སེམས་དང་སོ་ཐར་གྱི་སྡོམ་པ་འོག་མ་ཐམས་ཅད་འབྲས་བུ་ལམ་བྱེད་ཀྱི་ཐབས་ཀྱིས་མ་བཟུང་བའི་སྡོམ་པ་ཡིན་པ་ལས། ཕྱིས་དེ་ཀུན་ཀྱང་སྔགས་ཀྱི་སྡོམ་པ་ཐོབ་ཙམ་ནས་འབྲས་བུ་ལམ་བྱེད་ཀྱི་ཐབས་དེས་ཟིན་པའི་སྡོམ་པར་གནས་འགྱུར་རོ། །བྱང་སེམས་ཀྱི་སྡོམ་པ་གནས་འགྱུར་རྒྱུའི་སོར་སྡོམ་ཡིན་ན་ཐེག་དམན་སོར་སྡོམ་ཡིན་པས་ཁྱབ་ཅིང་། དེ་ལ་རྟེན་རིགས་ཅན་གྱི་སྒོ་ནས་དབྱེ་ན་ཉན་ཐོས་སོར་སྡོམ་དང་རང་རྒྱལ་སོར་སྡོམ་གཉིས་ཡོད་ལ། དེའི་ཕྱི་མ་རང་རྒྱལ་གྱི་སྡོམ་པ་ཡིན་ཀྱང་བཤད་ཚུལ་གྱི་དབང་དུ་བྱས་ན་ཉན་ཐོས་ལུགས་ཀྱི་སོར་སྡོམ་ཡིན་པས་ཁྱབ་སྟེ། དེའི་གནད་ཀྱང་ཉན་རང་གཉིས་ཀའི་བསླབ་པ་ཉན་ཐོས་སྡེ་སྣོད་ཀྱི་ཁོངས་སུ་གཏོགས་ཤིང་། རང་རྒྱལ་གྱི་དམིགས་བྱའི་སྡེ་སྣོད་བྱ་བའི་ཐ་སྙད་ལོགས་སུ་མེད་པའི་ཕྱིར་རོ། །ཉན་རང་གང་རུང་གི་བསླབ་པ་དང་ལྡན་པས་དེ་མ་ཐག་ཏུ་སྔགས་སྡོམ་དུ་འཇུག་པ་ནི་མི་འཐད་དེ། ཐེག་དམན་གྱི་རིགས་ལ་བསམ་པ་ཁྱད་པར་ཅན་སྔོན་དུ་མ་སྐྱེས་པར་སྔགས་ལ་ཞུགས་པ་ཡོད་པ་མིན་པར་རྗེ་བཙུན་བསོད་ནམས་རྩེ་མོས་དབང་ཆུ་ཆེན་མོའི་རིམ་འཇུག་སྐབས་སུ་གསུངས་པས་ཤེས་ཏེ། དེའང་འདི་ལྟར། གལ་ཏེ་ཐེག་པ་ཆེན་པོ་ལ་མ་ཞུགས་ཏེ་སོ་སོར་ཐར་པ་ལ་ཞུགས་སོ་ཞེས་སྨྲ་ན། དེ་མ་ཐག་ཏུ་དབང་བསྐུར་བ་ཁས་མི་ལེན་ཏེ། སྙིང་རྗེ་ཆེན་པོ་སྔོན་དུ་འགྲོ་བའི་བྱང་ཆུབ་ཏུ་སེམས་བསྐྱེད་ལ། ཞེས་གསུངས་པའི་ཕྱིར། དེས་ན་བྱང་སེམས་སྡོམ་པ་ཚོགས་བླང་བ་མ་གྲུབ་ཀྱང་སེམས་བསྐྱེད་དང་ཆ་འདྲ་བའི་གཞན་དོན་དུ་བླ་ན་མེད་པའི་བྱང་ཆུབ་ཐོབ་འདོད་ཀྱི་ཀུན་སློང་ཁྱད་པར་དུ་འཕགས་པ་བསྐྱེད་དེ་སྔགས་ལ་འཇུག་དགོས་སོ། །གལ་ཏེ་ཐེག་ཆེན་སོ་ཐར་བླངས་པ་ཞིག་ཡིན་ན་ཀུན་སློང་དེས་སྔགས་ལ་ཞུགས་པའང་ཡོད་མོད། གནས་འགྱུར་ཚུལ་ནི་བྱང་སེམས་སྡོམ་པ་དང་མཚུངས་སོ། །ལེན་ཚུལ་དྲུག་པ་ནི། རྗེ་བཙུན་རྩེ་མོའི་དབང་ཆུར། དང་པོ་ཉིད་ནས་ཕྱག་རྒྱ་ཆེན་པོ་མཆོག་གི་དངོས་གྲུབ་ཐོབ་པའི་

དོན་དུ་དབང་བསྐུར་ཞུའོ་ཞེས་ཟེར་ན། དེ་ལ་དང་པོ་ནས་དབང་བསྐུར་བྱེད་དོ་ཞེས་གསུངས་པས་ཅིག་ཅར་འཇུག་པའི་ཚུལ་ཚིག་གིས་ཟིན་ཅིང་། སྡོམ་པ་གསུམ་ཆར་ཡང་ཆོ་ག་གཅིག་ལས་ཐོབ་པའི་ཕྱིར། ངོ་བོ་ཡང་གཅིག་ཏུ་སྐྱེ་བ་ཁོ་ན་ཡིན་ཞིང་གནས་འགྱུར་བརྗེ་མི་དགོས་སོ། །ཚུལ་འདིའི་རིག་པས་སོ་ཐར་སྔོན་དུ་མ་སོང་བར་སེམས་བསྐྱེད་ཀྱི་ཆོ་གས་སོ་ཐར་དང་བྱང་སྡོམ་གཉིས་ཀ་ཐོབ་པའང་ངོ་བོ་གཅིག་ཏུ་སྐྱེ་བ་དང་། གནས་འགྱུར་བརྗེར་མེད་པར་འགྲེའོ། །ལེན་ཚུལ་བདུན་པ་ནི། རྡོ་རྗེ་རྩེ་མོའི་སྡོམ་པ་བསྒྲགས་བཟུང་གི་ཚིག་གིས་ཞེས་ཏེ། སེམས་ཅན་ཀུན་གྱི་དོན་གྱི་ཕྱིར། །བདག་གི་སྡོམ་པ་མ་ལུས་གཟུང་། །ཞེས་དང་། སྲོག་གཅོད་རྐུ་དང་འཁྲིག་པ་དང་། །རྫུན་དང་ཆང་ནི་རྣམ་སྤང་ཞིང་། །ཁྱིམ་པའི་སྡོམ་ལ་ལེགས་གནས་ནས། །གསང་སྔགས་རྒྱལ་པོ་རབ་ཏུ་བསྒྲུབ། །གལ་ཏེ་དེ་དག་རབ་བྱུང་འགྱུར། །སྡོམ་པ་གསུམ་དང་ཡང་དག་ལྡན། །ཞེས་ཁྱིམ་པས་སྔགས་སྡོམ་ཐོབ་པའི་རྗེས་སུ་སྡོམ་པ་མ་ལུས་པ་བཟུང་བར་ཡོད་པར་གསུངས་པས་སོ། །དེས་ན་སྡོམ་པ་འོག་མ་གཉིས་ཐོབ་པའི་སྔགས་ཀྱི་སྡོམ་པའི་ཚུལ་ཁྲིམས་རྣམ་གསུམ་གྱི་ངོ་བོ་དང་གཅིག་ཏུ་སྐྱེ་བའི་ཕྱིར་གནས་འགྱུར་བརྗེར་མེད་དེ། སྔགས་སྡོམ་ལ་གནས་བཞིན་དུ་སྡོམ་པ་འོག་མ་བླངས་ན་དེའི་ངོ་བོར་སྐྱེ་བ་ལས་མ་འདས་སོ། །དེར་མ་ཟད་བླ་མེད་སྡོམ་ལྡན་གྱིས་སྔར་མ་ཐོབ་པའི་རྒྱུད་སྡེ་འོག་མའི་དཀྱིལ་འཁོར་དུ་འཇུག་པ་དང་། རྗེས་གནང་རིག་གཏད་སོགས་ལའང་ཚུལ་འདིས་དཔགས་ཏེ། དབང་བཞི་རྫོགས་པའི་རྗེས་སུ་དམ་ཚིག་དང་སྡོམ་པ་གང་སྐྱེས་ཀྱང་སྔར་དབང་བཞིའི་སྐབས་སུ་ཐོབ་པ་དེ་དང་དེར་རིགས་གཅིག་པའི་དམ་ཚིག་དང་སྡོམ་པ་ཡིན་པས་ངོ་བོ་གཅིག་ཏུ་སྐྱེ་ལ། དེའང་བསྐྱེད་རིམ་དང་འབྲེལ་བའི་དམ་ཚིག་དང་སྡོམ་པ་རྣམས་ནི་སྔར་བུམ་དབང་གི་སྐབས་སུ་ཐོབ་པ་དེ་དང་རིགས་གཅིག་ལ་རྫོགས་རིམ་དང་འབྲེལ་བའི་དམ་ཚིག་དང་སྡོམ་པ་རྣམས་ནི། དབང་གོང་མའི་སྐབས་སུ་ཐོབ་པ་དེ་དང་རིགས་གཅིག་པས་སོ། །དེ་ནས་སྡོམ་པ་འོག་མའི་ངོ་བོ་སྔར་མ་ཐོབ་པ་གསར་དུ་འཐོབ་བྱ་མེད་ཀྱང་དགོས་པ་ནི། དམ་པ་དང་པོ་ལས། རྟེན་ལ་གསུམ་སྟེ་དགེ་སློང་མཆོག །འབྲིང་ནི་དགེ་ཚུལ་ཡིན་པར་འདོད། །ཁྱིམ་ན་གནས་པ་ཐ་མའོ། །ཞེས་པ་ལྟར་རྟེན་གསུམ་གྱི་ནང་ནས་དགེ་སློང་གི་རྟེན་མཆོག་ཡིན་པ་དང་། སངས་རྒྱས་ཀྱི་བསྟན་པའི་འཇུག་སྒོ་ཡིན་པ་དང་། གདུལ་བྱ་སྣ་ཚོགས་པ་བསྐྱང་བ་དང་རྗེས་སུ་འཛིན་པ་ལ་གཅེས་པའི་ཕྱིར་དེ་དང་དེར་ཞུགས་པ་ཡིན་གྱི། འོག་མ་ལ་ཞེན་ནས་མ་ཡིན་ཏེ། དཔེར་ན་བྱིས་པ་འདྲིད་པའི་ཕྱིར་བྱེ་མའི་ཁང་བུ་ལ་རྩེ་གྲོགས་བྱེད་ཀྱང་ཁང་པ་ཡིན་སྙམ་པའི་ཞེན་པ་མེད་པ་སྟེ། བླ་ཆེན་འཕགས་པ་སོགས་ཀྱི་རྣམ་པར་ཐར་པ་བཞིན་ནོ། །དེས་ན་སོ་ཐར་སོགས་སྡོམ་པ་རང་རྐང་གསུམ་པོ་དང་། སྡོམ་པ་སྔ་མ་ཕྱི་མར་གནས་འགྱུར་བའི་ཚུལ་བཤད་ཟིན་པ་ལྟར་ཡིན་ཀྱང་། སྤྱིར་སོ་

ཐར་ཙམ་ནི་བྱང་སེམས་ཀྱི་སྡོམ་པར་གནས་འགྱུར་བ་མ་ཡིན་ཏེ། བྱང་སྡོམ་རང་ཉིད་ཀྱང་སོ་ཐར་སྡོམ་པའི་བྱེ་བྲག་ཡིན་པའི་ཕྱིར། དེ་བཞིན་དུ་སོ་ཐར་ཙམ་དང་བྱང་སྡོམ་ཙམ་དེ་དག་ཀྱང་སྔགས་ཀྱི་སྡོམ་པར་གནས་འགྱུར་བ་མ་ཡིན་ཏེ། སྔགས་སྡོམ་ཡང་སྡོམ་པ་སྔ་མ་དག་གི་བྱེ་བྲག་ཏུ་གྲུབ་སྟེ། ཁྱབ་བྱ་བྱེ་བྲག་དང་ཁྱབ་བྱེད་སྤྱི་གཉིས་འབྲེལ་དགོས་པ་འདི་རིགས་པར་སྨྲ་བའི་ལུགས་ཡིན་པས་སོ། །

གསུམ་པ་དེ་ཉིད་གང་ཟག་གཅིག་གི་རྒྱུད་ལ་ཇི་ལྟར་ལྡན་པའི་ཚུལ་ནི། དེ་ལྟའི་སོགས་ཏེ། དེ་ལྟར་སྔར་བཤད་པའི་ལེན་ཚུལ་བདུན་པོ་གང་ཡིན་ཀྱང་སྔགས་སྡོམ་རྒྱུད་ལ་ལྡན་པའི་ཚེ་སྡོམ་པ་གསུམ་ཆར་ཡང་ངོ་བོ་གཅིག་དང་ལྡན་པ་ཡིན་ཏེ། སྡོམ་གསུམ་རིམ་བཞིན་དུ་གནས་གྱུར་པ་ཡིན་ནའང་སྔགས་ཀྱི་ངོ་བོར་ཡོད་པའི་ཕྱིར་དང་། འོག་མ་སྔོན་དུ་མ་སོང་བར་སྡོམ་པ་གསུམ་ལ་ཅིག་ཅར་འཇུག་པ་ཡིན་ཀྱང་དབང་གི་ཚོ་ག་གཅིག་པུ་ལས། གཞན་གནོད་གཞི་བཅས་སྤོང་བ་དང་། གཞན་ལ་ཕན་པ་སྒྲུབ་པ་དང་། དེ་ཐམས་ཅད་ཀྱང་འབྲས་བུ་ལམ་བྱེད་ཀྱིས་ཟིན་པའི་སྡོམ་པ་གསུམ་ཅིག་ཅར་དུ་ཐོབ་པའི་ཕྱིར། དེ་དག་ཀྱང་སྔགས་ཀྱི་སྡོམ་པའི་ངོ་བོར་ཡོད་པ་ཡིན་ནོ། །འོན་ཀྱང་སྔགས་ལ་མ་ཞུགས་པའི་སོ་བྱང་རང་རྐང་གཉིས་པོ་སྔགས་སྡོམ་དང་ངོ་བོ་མི་གཅིག་སྟེ། འབྲས་བུ་ལམ་བྱེད་ཀྱིས་ཟིན་པ་དེ་མེད་པས་སོ། །དེ་ལྟར་སོ་ཐར་བྱང་སྡོམ་དང་ངོ་བོ་གཅིག་ཏུ་རུང་བ་ཡང་ཐེག་ཆེན་སོ་ཐར་ཉིད་ཡིན་གྱི། གཅིག་ཤོས་ཉན་ཐོས་སོ་ཐར་ནི་མ་ཡིན་ཏེ། དེ་དང་རྣམ་པ་ཀུན་ཏུ་འགལ་བའི་ཕྱིར་རོ། །དེས་ན་བྱང་སེམས་ཀྱི་སྡོམ་པ་དང་ལྡན་པ་ཡིན་ན་གཉིས་དང་ངེས་པར་ལྡན་པ་དང་། སྔགས་སྡོམ་དང་ལྡན་པ་ཡིན་ན་སྡོམ་པ་གསུམ་ཆར་དང་ལྡན་པས་ཁྱབ་པར་ཤེས་པར་བྱའོ། །འདིར་ཁ་ཅིག་གནས་འགྱུར་ངོ་བོ་གཅིག་པའི་ཚུལ་བཏགས་གྲུབ་པར། སྡོམ་པའི་སྐད་ཅིག་སྔ་ཕྱི་རྫས་གཅིག་པར་མི་འཐད་དེ༑ མདོ་རྒྱུད་བསྟན་བཅོས་ཚད་ལྡན་དང་འགལ་བའི་ཕྱིར། ཞེས་སྨྲ་བ་དང་། ཡང་ཁ་ཅིག་གིས་གནས་འགྱུར་བ་འཐད་དེ། ངོ་བོ་མི་གཅིག་སྟེ་སེམས་ཅན་གྱི་ཤེས་པ་སངས་རྒྱས་ཀྱི་ཡེ་ཤེས་སུ་གནས་འགྱུར་ཀྱང་ངོ་བོ་མི་གཅིག་པ་བཞིན་ནོ། །ཞེས་སོགས་བཤད་པ་པོ་དེ་དག་གིས་དོན་མ་རྟོགས་པར་གཞི་མེད་ཀྱི་དགག་པ་ཙམ་དུ་ཟད་དོ། །ཚུལ་འདི་མདོ་རྒྱུད་མངའ་བདག་བརྩེ་བ་ཆེན་པོ་ཡབ་སྲས་ཞབས་ཀྱིས་བཀྲལ་བའི་ངེས་གསང་བླ་ན་མེད་པའི་དགོངས་པ་དཔྱིས་ཕྱིན་པའི་ལུགས་སྲོལ་རྨད་དུ་བྱུང་བ་སྟེ། རྡོ་རྗེ་རྩེ་མོ་ལས། སྡོམ་པ་གསུམ་ལ་གནས་པ་ནི། །དང་པོའི་ཁྲུས་སུ་བཤད་པ་ཡིན། །ཞེས་དང་། དཔུང་བཟང་གི་རྒྱུད་ལས། རྒྱལ་བ་ངས་གསུངས་སོ་སོར་ཐར་བ་ཡི། །དམ་ཚིག་དང་ནི་སྡོམ་པ་མ་ལུས་པ། །སྔགས་པ་ཁྱིམ་པས་རྟགས་དང་ཆ་ལུགས་སྤོང་། །ལྷག་མ་རྣམས་ནི་ཉམས་སུ་བླང་བར་བྱ། །ཞེས་དང་། སློབ་དཔོན་འཇམ་དཔལ་གྲགས་པས། སྡོམ་

གསུམ་ཚོགས་མི་ལྡན་པར། །སྔགས་ཀྱི་བདག་ཉིད་མི་འགྱུར་ཏེ། །ཞེས་སོགས་གསལ་བར་གསུངས་པ་བཞིན་ནོ། །

གཉིས་པ་གནས་པ་དེ་རྐྱེན་གྱིས་ཇི་ལྟར་གཏོང་བའི་ཚུལ་ལ་གསུམ་སྟེ། གཏོང་བའི་རྒྱུ་ནི་ངོས་བཟུང་བ་དང་། སྡོམ་གསུམ་རིམ་ཅན་དུ་བླངས་པའི་གཏོང་ཚུལ་དང་། དབང་བསྐུར་གྱི་ཚོ་ག་ཁོ་ན་ལས་ཐོབ་པའི་གཏོང་ཚུལ་ལོ། །དང་པོ་ལ་གསུམ་སྟེ། སོ་ཐར་གྱི་གཏོང་བའི་རྒྱུ་ངོས་བཟུང་བ་དང་། བྱང་སེམས་ཀྱི་གཏོང་བའི་རྒྱུ་ངོས་བཟུང་བ་དང་། སྔགས་སྡོམ་གྱི་གཏོང་བའི་རྒྱུ་ངོས་བཟུང་བའོ། །དང་པོ་ནི། གཏོང་བའི་རྒྱུ་ནི་སོགས་ཏེ། སྡོམ་པ་གཏོང་བའི་རྒྱུ་ལ་སོ་ཐར་གྱི་གདན་ཁྲིམས་ནི་མཛོད་ལས། བསླབ་པ་ཕུལ་དང་ཤི་འཕོས་དང་། །མཚན་གཉིས་དག་ནི་བྱུང་བ་དང་། །རྩ་བ་ཆད་དམ་མཚན་འདས་ལས། །སོ་སོར་ཐར་པའི་འདུལ་བ་གཏོང་། །ཞེས་གསུངས་པ་ལྟར་རྒྱུ་རྣམ་པ་ལྔས་གཏོང་སྟེ། མི་བརྡ་འཕྲོད་པའི་དྲུང་དུ་བསླབ་པའི་གཞི་རྣམས་བསམ་པ་ཐག་པས་ཕུལ་ན་དང་། རིས་མཐུན་པའི་རྟེན་བོར་ཏེ་ཤི་འཕོས་ན་དང་། ཕོ་མོའི་མཚན་མ་གཉིས་ཅིག་ཅར་དུ་བྱུང་ནས་རྟེན་ཉམས་པར་གྱུར་ན་དང་། མཚན་ལན་གསུམ་དུ་འགྱུར་ན་དང་། ལོག་ལྟ་སྐྱེས་པས་དགེ་རྩ་ཆད་པ་རྣམས་ནི་སྡེ་པ་སྤྱི་ལ་གྲགས་པའི་གཏོང་ཚུལ་ཡིན་ལ། སྡེ་པ་སོ་སོའི་འདོད་ཚུལ་གཞན་ཡང་སྨྲ་མའི་འཕྲེར། ཁ་ཅིག་ལྟུང་བར་འགྱུར་ལས་སྨྲ། །གཞན་དག་དམ་ཆོས་ནུབ་པ་ལས། །ཁ་ཆེ་རྣམས་ནི་བྱུང་བ་ན། །བུ་ལོན་ནོར་བཞིན་གཉིས་སུ་འདོད། །ཅེས་གསུངས་པ་ལྟར་སྡེ་པ་ཁ་ཅིག་ཕམ་པ་བཞི་ལས་གང་ཡང་རུང་བ་གཅིག་སྤྱད་པས་སྡོམ་པ་གཏོང་བ་དང་། གཞན་དག་དམ་པའི་ཆོས་ནུབ་པར་གྱུར་ན་གཏོང་བ་དང་། ཁ་ཆེ་བྱེ་བྲག་ཏུ་སྨྲ་བ་རྣམས་ནི་གང་ཡང་རུང་བ་རྩ་བའི་ལྟུང་བ་བྱུང་བའི་ཆ་ནས་ཚུལ་འཆལ་དང་། མ་བྱུང་བའི་ཆ་ནས་ཚུལ་ཁྲིམས་དང་ལྡན་པ་ཡིན་པས། དཔེར་ན་མི་འགའ་ཞིག་ལ་ནོར་ཡང་བདོག །བུ་ལོན་ཡང་ཆགས་པ་བཞིན་ནོ། །ཞེས་ཟེར་རོ། །བསྙེན་གནས་ཀྱི་སྡོམ་པ་གཏོང་བའི་རྒྱུ་ནི་བསླབ་པ་ཕུལ་བ་སོགས་དང་། དེ་སྲིད་དུ་འཕངས་པའི་ཕྱིར་མཚན་མོ་འདས་པ་ལས་ཀྱང་གཏོང་ངོ་། །གཞན་ཡང་ལོ་ཉི་ཤུ་མ་ལོན་པ་ལ་ལོན་པར་འདུ་ཤེས་ཏེ་བསྙེན་པར་རྫོགས་ནས་རྗེས་སུ་ལོ་ཉི་ཤུ་མ་ལོན་པར་ཤེས་པ་དང་བསླབ་པ་ཉམས་པར་བྱས་པ་སོགས་ཀྱང་སྡོམ་པ་འཇིག་པའི་རྒྱུ་ཡིན་ནོ། །

གཉིས་པ་ནི། བྱང་སྡོམ་གཏོང་བའི་སོགས་ཏེ། སྨོན་སེམས་གཏོང་བ་དང་། རྩ་བའི་ལྟུང་བ་གང་ཡང་རུང་བ་གཅིག་བྱུང་ནས་ཕྱིར་བཅོས་མ་གྲུབ་པར་ཞག་གི་དྲུག་ཆ་ལས་འདས་ན་རྟེན་དང་གཞི་ཉམས་པར་བྱས་པས་སྡོམ་པ་གཏོང་སྟེ། མདོ་སྡུད་པ་ལས། གལ་ཏེ་བསྐལ་པ་བྱེ་བར་དགེ་བའི་ལས་ལམ་བཅུ། །སྤྱོད་ཀྱང་རང་

རྒྱལ་དགྲ་བཅོམ་ཉིད་དུ་སེམས་བསྐྱེད་ན། །དེ་ནི་ཚུལ་ཁྲིམས་སྐྱོན་བྱུང་ཚུལ་ཁྲིམས་ཉམས་པ་སྟེ། །ཞེས་གསུངས་པ་དང་། ནམ་མཁའི་སྙིང་པོའི་མདོ་ལས། རྩ་བའི་ལྟུང་བ་དེ་དག་གིས་ཐེག་པ་ཆེན་པོ་ལ་ཡང་དག་པར་ཞུགས་པའི་ལས་དང་པོ་པ་འཁྲུལ་པ་རྣམས་དགེ་བའི་རྩ་བ་སྔོན་བསྐྱེད་པ་རྣམས་ཐལ་བར་བརླག་སྟེ་ཕམ་པར་འགྱུར་ཞིང་། ལྷ་དང་མི་དང་ཐེག་པ་ཆེན་པོའི་བདེ་བའི་གནས་ལས་ལྟུང་ནས་ངན་སོང་དུ་འགྲོ་བར་འགྱུར། ཡུན་རིང་པོར་འཁོར་བ་ནས་འཁོར་བར་འགྱུར་ཏེ། དགེ་བའི་བཤེས་གཉེན་དང་བྲལ་བར་འགྱུར་རོ། །ཞེས་གསུངས་ལ། དེའང་རྩ་ལྟུང་དེ་དག་ཐམས་ཅད་སྤོང་བར་ཁས་བླངས་པ་དབང་རྣོན་གྱི་དབང་དུ་བྱས་པ་ཡིན་གྱི། དབང་པོ་བརྟུལ་འབྲིང་གཉིས་ནི་རང་གི་བློ་ཚོད་དང་སྦྱར་ཏེ་ཁས་བླངས་པའི་བསླབ་བྱ་དེ་དག་དང་། སྨོན་སེམས་མ་ཉམས་པར་བསྲུངས་ན། གཞན་ཉམས་པས་བྱང་སེམས་ཀྱི་སྡོམ་པ་གཏོང་བ་མི་འགྱུར་ཏེ། སྤྱོད་འཇུག་ལས། བྱང་ཆུབ་སེམས་ནི་བསྐྱེད་བགྱི་ཞིང་། །ཞེས་སྨོན་པ་བླངས་ནས། བྱང་ཆུབ་སེམས་དཔའི་བསླབ་པ་ལ། །རིམ་པ་བཞིན་དུ་བསླབ་པར་བགྱི། །ཞེས་རིམ་གྱིས་སློབ་པ་ལས། བསླབ་བྱ་ཐམས་ཅད་ད་ལྟ་ཉིད་ནས་སློབ་པར་ཁས་བླངས་པ་མེད་པས་ཉེས་པ་མེད་དོ། །བསླབ་བཏུས་ལས་ཀྱང་། སྡོམ་པ་བདག་ཉིད་ཀྱི་སྟོབས་དང་སྦྱར་ཏེ་བླང་བར་བྱ་བ་སྟེ། ཞེས་གསུངས་པའི་དགོངས་པའང་སྣང་ངོ་། ཡང་སེམས་ཅན་གང་ཞིག་གིས་བདག་སྲུན་པར་བྱས་ནས། ད་ནི་ཁྱོད་ཀྱི་དོན་སྒྲུབ་པ་གཏན་དུ་སྤང་བར་བྱའོ་སྙམ་དུ་བློས་བཏང་བ་དང་། ནག་པོའི་ཆོས་བཞི་སྤྱོད་པ་དང་སྨོན་འཇུག་ཅིག་ཅར་དུ་བཏང་སྟེ། འཕགས་པ་དཀོན་མཆོག་བརྩེགས་པ་ལས། །འོད་སྲུང་བྱང་ཆུབ་སེམས་དཔའ་ཆོས་བཞི་དང་ལྡན་ན་བྱང་ཆུབ་ཀྱི་སེམས་བརྗེད་པར་འགྱུར་ཏེ། ཞེས་སོགས་གསུངས་པས་སོ། །ཡང་ཕམ་འདྲ་བཞི་པོ་ལྟ་བུ་གང་རུང་གཅིག་རྒྱུན་མ་ཆད་པར་སྤྱོད་པ་དང་། དེ་ལ་འཛེམ་པའི་ངོ་ཚ་དང་ཁྲེལ་ཡོད་ཙུང་ཟད་ཙམ་མེད་པ་དེས་མགུ་བ་བྱེད་ཅིང་། དེ་ལ་ཡོན་ཏན་དུ་བལྟ་བའི་ཡན་ལག་བཞི་ཚང་བའི་ཀུན་དཀྲིས་ཆེན་པོ་ནི་སྡོམ་པ་འཛེམས་པའི་རྒྱུར་གསུངས་ཏེ། བྱང་ས་ལས། རྒྱུ་གཉིས་ཁོ་ནས་བྱང་ཆུབ་སེམས་དཔའི་ཚུལ་ཁྲིམས་ཀྱི་སྡོམ་པ་ཡང་དག་པ་བླངས་པ་གཏོང་བར་འགྱུར་ཏེ། བླ་ན་མེད་པ་ཡང་དག་པར་རྫོགས་པའི་བྱང་ཆུབ་ཀྱི་སྨོན་པའི་སེམས་གཏོང་བ་དང་། ཕམ་པ་ལྟ་བུ་ཀུན་ནས་དཀྲིས་པ་ཆེན་པོ་ཀུན་ཏུ་སྤྱོད་པའོ། །ཞེས་གསུངས་སོ། །རྒྱུ་གཉིས་པོའང་ཐུན་ཚོད་ལས་མ་འདས་པར་བཤགས་སྡོམ་ནུས་ན་མི་གཏོང་སྟེ། ཉེ་བར་འཁོར་གྱིས་ཞུས་པ་ལས། ཉེ་བར་འཁོར་འདི་ལ་ཐེག་པ་ཆེན་པོ་ལ་ཞུགས་པའི་བྱང་ཆུབ་སེམས་དཔའ་གལ་ཏེ་སྔ་དྲོའི་དུས་སུ་ལྟུང་བ་བྱུང་ཡང་ཕྱེད་ཀྱི་དུས་སུ་ཐམས་ཅད་མཁྱེན་པའི་སེམས་དང་མི་འབྲལ་བར་གནས་ཏེ། དེ་ལྟར་ན་ཐེག་པ་ཆེན་པོ་ལ་ཞུགས་པའི་ཚུལ་ཁྲིམས་ཀྱི་ཕུང་པོ་མཐའ་མེད་དོ། །གལ་ཏེ་

ཕྱེད་ཀྱི་དུས་སུ་ལྟུང་བ་བྱུང་ཡང་ཕྱི་མ་བྲེད་ཀྱི་དུས་སུ་ཐམས་ཅད་མཁྱེན་པའི་སེམས་དང་མི་འབྲལ་བར་གནས་ཏེ༑ དེ་ལྟར་ན་ཐེག་པ་ཆེན་པོ་ལ་ཡང་དག་པར་ཞུགས་པའི་ཚུལ་ཁྲིམས་ཀྱི་ཕུང་པོ་མཐའ་མེད་དོ། །ཞེས་སོགས་གསུངས་པས་སོ། །ཕམ་འདྲ་བཞིའང་ཡན་ལག་མ་ཚང་བའི་འབྲིང་དང་ཆུང་ངུ་ནི་སྡོམ་པ་གཏོང་བའི་རྒྱུར་མ་གསུངས་སོ། །དེ་དག་ནི་རིམ་བཞིན་ཞི་བ་ལྷའི་བསླབ་བཏུས་དང་། འཕགས་པ་ཐོགས་མེད་ཀྱི་བྱང་སའི་དགོངས་པ་ཡིན་ནོ། །

གསུམ་པ་ནི། སྔགས་ལ་སོགས་སྔགས་སྡོམ་གཏོང་བའི་རྒྱུ་ངོས་གཟུང་བ་ལ། སྔགས་ཀྱི་སྡོམ་པ་ལ་རྒྱུད་སྡེ་བཞི་པོ་རང་རང་གི་རྩ་ལྟུང་སྟར་སློས་པ་རྣམས་སྤྱད་པས་སོ་སོའི་དམ་ཚིག་དང་སྡོམ་པ་ཟད་པར་བྱས་པའི་ཕྱིར་གཏོང་བའི་ཐ་སྙད་རུང་སྟེ། རྩ་ལྟུང་དེ་དང་དེ་སྤྱད་པས་རྒྱུད་སྡོམ་པ་དང་མི་ལྡན་པ་བྱས་པའི་ཕྱིར་རོ། །

གཉིས་པ་སྡོམ་གསུམ་རིམ་ཅན་དུ་བླངས་པའི་གཏོང་ཚུལ་ལ་དགེ་སློང་གི་སྡོམ་པ་བཏང་ནས་གོང་མ་གཉིས་མི་གཏོང་བ་དང་། གོང་མ་གཉིས་བཏང་ནས་དགེ་སློང་གི་སྡོམ་པ་མི་གཏོང་བ་དང་། དགེ་སློང་གི་སྡོམ་པ་དང་སྔགས་སྡོམ་གཉིས་བཏང་ནས་བྱང་སྡོམ་མི་གཏོང་བ་དང་། སྔགས་སྡོམ་བཏང་ནས་འོག་མ་གཉིས་མི་གཏོང་བ་དང་། གསུམ་ཆར་དུས་མཉམ་དུ་གཏོང་བ་དང་རྣམ་པ་ལྔ་ལས། དང་པོ་ནི། སྡོམ་གསུམ་རིམ་གྱིས་སོགས་སྡོམ་གསུམ་རིམ་ཅན་གྱིས་བླངས་པས་དགེ་སློང་གིས་གཞན་དོན་དུ་འགྱུར་བ་སོགས་དགོས་པ་ཁྱད་པར་ཅན་མཐོང་བའི་ཚེ་དགེ་སློང་གི་བསླབ་པ་ཕུལ་བ་དང་། ཤི་འཕོས་པའི་ཚེ་དགེ་སློང་གི་སྡོམ་པ་བཏང་སྟེ། དེའི་གཏོང་རྒྱུ་བྱུང་བའི་ཕྱིར། དེའི་ཚེ་གོང་མ་གཉིས་གཏོང་བ་མིན་ཏེ། གཏོང་རྒྱུ་མ་བྱུང་བའི་ཕྱིར།

གཉིས་པ་ནི། སྨོན་སེམས་སོགས་ཏེ། དེ་ལྟ་བུའི་དགེ་སློང་གིས་སྨོན་སེམས་གཏོང་བའམ། བྱང་སེམས་ཀྱི་སྡོམ་པའི་ཕམ་འདྲ་བཞི་ཀུན་དཀྲིས་ཆེན་པོས་སྤྱད་ཚེ་གོང་མ་གཉིས་བཏང་སྟེ། བྱང་སེམས་ཀྱི་སྡོམ་པའི་གཏོང་རྒྱུ་དངོས་བྱུང་ཞིང་། སྔགས་སྡོམ་གྱི་རྩ་ལྟུང་ལྔ་པ་བྱང་སེམས་སྤོང་བའམ། གཉིས་པ་བདེ་གཤེགས་བཀའ་འདས་དག་བྱུང་བའི་ཕྱིར། དགེ་སློང་གི་སྡོམ་པ་མི་གཏོང་སྟེ། གཏོང་རྒྱུ་མ་བྱུང་བའི་ཕྱིར། །

གསུམ་པ་ནི། དེ་ལྟའི་སོགས་ཏེ། དེ་ལྟ་བུའི་དགེ་སློང་གིས་དགོས་པ་ཁྱད་པར་ཅན་མེད་པར་ཕམ་པ་བཞི་སྤྱད་ན་དགེ་སློང་གི་སྡོམ་པ་དང་། སྔགས་སྡོམ་གཉིས་ཀ་གཏོང་སྟེ། དགེ་སློང་གི་སྡོམ་པའི་ཕམ་པ་དང་། སྔགས་ཀྱི་རྩ་ལྟུང་གཉིས་པ་དག་བྱུང་བའི་ཕྱིར། བྱང་སེམས་ཀྱི་སྡོམ་པ་ནི་མི་གཏོང་སྟེ། རང་གི་ཆོགས་ཐོབ་ཅིང་དེའི་གཏོང་རྒྱུ་མ་བྱུང་བའི་ཕྱིར། བཞི་པ་ནི། སྔགས་ཀྱི་སོགས་ཏེ། དེ་ལྟ་བུའི་དགེ་སློང་གིས་སྔགས་ཀྱི་རྩ་ལྟུང་བདུན་པ་གསང་སྒྲོགས་དང་། བརྒྱད་པ་ཕུང་པོ་ལ་སྨད་པ་ལྟ་བུ་ཐུན་མོང་མ་ཡིན་པ་རྣམས་སྤྱད་པས

སྔགས་སྡོམ་ཉིད་གཏོང་སྟེ། དེའི་ཚེ་སྔགས་ཀྱི་རྩ་ལྟུང་བྱུང་བའི་ཕྱིར། སྡོམ་པ་འོག་མ་གཉིས་མི་གཏོང་སྟེ། དེའི་གཏོང་རྒྱུ་མ་བྱུང་བའི་ཕྱིར་རོ། །ལྔ་པ་ནི། སྨོན༷་སེམ༷ས་སོགས་ཏེ། དེ་ལྟ་བུའི་དགེ་སློང་གིས་སྨོན་སེམས་བཏང་ནས། སོ་ཐར་གྱི་ཕམ་པ་བཞི་སྤྱད་པའི་ཚེ་སུམ་ཆར་གཏོང་སྟེ། རྒྱུ་མཚན་དགེ་སློང་གི་སྡོམ་པའི་ཕམ་པ་བྱུང་བའི་ཕྱིར་དང་། བྱང་སེམས་ཀྱི་སྨོན་སེམས་གཏོང་བའི་ཕྱིར་དང་། སྔགས་ཀྱི་བདེ་གཤེགས་བཀའ་འདས་ཀྱི་རྩ་ལྟུང་གཉིས་པ་བྱུང་བའི་ཕྱིར་རོ། །སྤྱིར་ན་བྱང་སྡོམ་གཏོང་བས་སྔགས་སྡོམ་ཡང་གཏོང་སྟེ། བྱང་སེམས་ཀྱི་གཏོང་བའི་རྒྱུ་ཀུན་དཀྲིས་དྲག་པོས་ཕམ་པར་སྤྱད་པ་དང་། སྨོན་སེམས་གཏོང་བ་གཉིས་སུ་ངེས་པ་ལས། དང་པོ་ནི་བདེ་གཤེགས་བཀའ་འདས་དང་། གཉིས་པ་ནི་རྩ་ལྟུང་ལྔ་པ་ཡིན་པའི་ཕྱིར་དང་། སྔགས་སྡོམ་ཡང་སྔ་མ་བྱང་སྡོམ་གྱི་བྱེ་བྲག་ཡིན་པའི་ཕྱིར་རོ། །དེ་བཞིན་དུ་དགེ་སློང་གི་སྡོམ་པའི་རིས་བདུན་བཏང་ནས་གོང་མ་གཉིས་མི་གཏོང་བ་ནི་ཡོད་པ་ཡིན་གྱི། བདུན་པོ་དེའི་ལྡོག་ཆ་མིན་པའི་སོ་ཐར་ཙམ་གཏོང་ཡང་གོང་མ་གཉིས་མི་གཏོང་བ་ནི་ཡོད་པ་མ་ཡིན་ཏེ། དེ་གཉིས་ཀྱང་སོ་ཐར་གྱི་སྡོམ་པའི་བྱེ་བྲག་ཡིན་པའི་ཕྱིར་རོ། །

གསུམ་པ་དབང་བསྐུར་གྱི་ཆོག་ཁོ་ན་ལས་ཐོབ་པའི་གཏོང་ཚུལ་ནི། དབ༷ང་ཆོ༷ག་སོགས་ཏེ། སྡོམ་པ་འོག་མ་གཉིས་ཡིན་པའི་ཆོག་སྔོན་དུ་མ་སོང་བར་དབང་བསྐུར་གྱི་ཆོག་གཅིག་པུ་ལས་སྡོམ་པ་གསུམ་ཆར་ཐོབ་པ་ལ་ནི། སྔགས་ཀྱི་རྩ་ལྟུང་གང་ཡང་རུང་བ་བྱུང་ཚེ་སྡོམ་པ་གསུམ་ཆར་གཏོང་སྟེ། དེ་ལྟ་བུའི་སྡོམ་པ་གསུམ་གང་ཡང་སྔགས་སྡོམ་གཅིག་པུ་ལ་ལྡོག་པའི་སྒོ་ནས་གསུམ་དུ་ཕྱེ་བ་ཡིན་པ་དང་། ལེན་པའི་ཆོག་ཡང་དབང་བསྐུར་ཁོ་ན་ལས་ཐོབ་དགོས་པ་ཡིན་གྱི། ཆོག་གཞན་ལ་མ་ལྟོས་པའི་ཕྱིར། འོན་ཀྱང་སྨོན་སེམས་མ་བཏང་ན་རྩ་ལྟུང་བྱུང་བས་སྡོམ་པའི་ལྡོག་པ་བཏང་ཡང་ཀུན་རྫོབ་བྱང་ཆུབ་སེམས་ཀྱི་ལྡོག་པ་ནི་མི་གཏོང་བ་ཡོད་དོ། །རིག་པ་འདི་ལ་བརྟེན་ནས་སོ་ཐར་ལེན་པའི་ཆོག་སྔོན་དུ་མ་སོང་བར་སེམས་བསྐྱེད་ཀྱི་ཆོག་ལས་ཐོབ་པའི་སོ་བྱང་གཉིས་ལྡན་ཡང་གཏོང་བའི་ཚུལ་རིགས་འགྲེ་སྟེ། བྱང་སེམས་ཀྱི་སྡོམ་པ་གཏོང་བའི་ཚེ་གཉིས་ལྡན་གཏོང་བ་དང་། བྱང་སེམས་ཀྱི་སྡོམ་པ་ཆོགས་མ་བླངས་པར་སོ་ཐར་རིས་བརྒྱད་པོ་བྱང་ཆུབ་ཀྱི་སེམས་ཀྱིས་ཟིན་པའི་སྒོ་ནས་བླངས་པའི་གཉིས་ལྡན་ཡང་སོ་ཐར་གཏོང་བའི་ཚེ་སྡོམ་པ་གཉིས་ཆར་གཏོང་བར་ཤེས་པར་བྱའོ། །དེའི་ཚེ་ཐེག་ཆེན་སོ་ཐར་དགེ་སློང་གི་སྡོམ་པ་སོགས་ཀྱི་ངོ་བོ་འམ། ལྡོག་པ་ཤི་འཕོས་པའི་ཚེ་གཏོང་སྟེ། ཉན་ཐོས་ལུགས་ཀྱི་ཆོག་ལས་ཐོབ་པའི་གདན་ཁྲིམས་ཡིན་པ་དང་། ལེན་པའི་ཚེ་ཇི་སྲིད་མ་ཤིའི་བར་དུ་བླངས་པ་ཡིན་པའི་ཕྱིར། འོན་ཀྱང་ཀུན་སློང་བྱང་ཆུབ་སེམས་ཀྱི་ལྡོག་པ་དང་། དེའི་ཕན་ཡོན་ཤི་འཕོས་ནས་ཀྱང་རྗེས་སུ་འབྲངས་ཏེ། རྟེན་གྱི་གང་ཟག་ཕན་སེམས་དང་ལྡན་པར་འགྱུར་བ་དང་། སྡོམ་པའི་འབྲས

བྱས་བདེ་འགྲོ་འཐོབ་པར་འགྱུར་བའི་ཕྱིར། དེ་སྐད་དུ་འཇམ་དབྱངས་བླ་མས། ཐེག་ཆེན་སོ་སོར་ཐར་ཡིན་ཡང་། །དགེ་སློང་ལ་སོགས་སྡོམ་པ་ཡི། །ལྷོག་པ་ཤི་བའི་ཆེ་ན་གཏོང་། །བྱང་ཆུབ་སེམས་ཀྱི་ལྡོག་པ་དང་། །དེ་ཡི་འབྲས་བུ་ཤི་ཡང་འབྱུང་། །ཞེས་གསུངས་སོ། །

གསུམ་པ་སྲུམ་ལྡན་གང་ཟག་གིས་སྡོམ་པ་གསུམ་ཉམས་སུ་ལེན་པའི་ཚུལ་ལ་གཉིས་ཏེ། སོ་སོའི་བསླབ་བྱ་ལ་སློབ་ཚུལ་དང་། རེ་རེའང་སྲུམ་ལྡན་དུ་ཉམས་སུ་ལེན་པའི་ཚུལ་ལོ། །དང་པོ་ནི། ཉམས་ལེན་སོགས་ཏེ་སྡོམ་པ་གསུམ་དང་ལྡན་པའི་རྟེན་གྱི་གང་ཟག་གིས་ཉམས་ལེན་གྱི་སྙིང་པོར་དྲིལ་ན། སྲུམ་ལྡན་དགེ་སློང་རྡོ་རྗེ་འཛིན་པས་ཇི་སྲིད་དུ་རིམ་གཉིས་ཏིང་ངེ་འཛིན་མཐར་ཕྱིན་ཏེ། བསླབ་དང་དབང་ལས་རྣམ་པར་གྲོལ། །ཞེས་པ་ལྟ་བུའི་རྟོགས་པ་བརྟན་པར་མ་གྱུར་བར་དེ་སྲིད་དུ་རང་རྒྱུད་ཀྱི་སྡོམ་གསུམ་གྱི་བསླབ་བྱ་སྲུང་བླང་རྣམས་སེམས་ཅན་གྱི་དོན་དུ་འགྱུར་བ་སོགས་དགོས་པ་ཁྱད་པར་ཅན་མེད་པའི་ཚེ་སོ་སོའི་གཞུང་ནས་འབྱུང་བ་བཞིན་གསུམ་ཀ་མི་འགལ་བར་སྲུད་པར་བྱ་དགོས་ཏེ། གསང་བ་འདུས་པའི་བཤད་རྒྱུད་ལས། ཕྱི་རུ་ཉན་ཐོས་སྤྱོད་པ་བསྲུང་། །ནང་དུ་འདུས་པའི་དོན་ལ་དགའ། །ཞེས་དང་། གུར་ལས། ཉན་ཐོས་སྤྱོད་པ་བསྲུང་བ་པོ༔ །ཞེས་སོགས་མང་དུ་གསུངས་པའི་ཕྱིར། འོན་ཀྱང་སྡོམ་གསུམ་གྱི་བསླབ་བྱ་ནང་ཕན་ཚུན་འགལ་ན་གོང་མའི་དབང་དུ་བྱས་ཏེ་བསྲུང་དགོས་ཏེ། རྒྱུ་མཚན་ཡང་དེའི་རྒྱུད་ཀྱི་སྡོམ་པ་འོག་མ་ཐམས་ཅད་གནས་གྱུར་ནས་སྡོམ་པ་གོང་མའི་ངོ་བོར་ཡོད་པའི་ཕྱིར་དང་། དེའི་བསྲུང་བྱའི་གཙོ་བོ་གོང་མ་ཡིན་པའི་ཕྱིར་དང་། ཆོས་ཀྱི་རྒྱལ་པོ་འཕགས་པ་རིན་པོ་ཆེའི་དྲིས་ལན་འགའ་ཞིག་ལས། སྡོམ་པ་གོང་མ་གོང་མའི་དབང་དུ་བྱས་ནས་སྲུང་པར་གསུངས་པས་སོ། །རྟེན་གྱི་གང་ཟག་དེ་ལྟ་བུ་ལ་སེམས་ཅན་གྱི་དོན་དུ་འགྱུར་བ་སོགས་དགོས་པ་ཁྱད་པར་ཅན་གྱི་ཚེ་ལུས་ངག་གི་བཅས་པ་ཐམས་ཅད་ཀྱང་གནང་སྟེ། སྤྱོད་འཇུག་ལས། ཐུགས་རྗེ་མངའ་བ་རིང་གཟིགས་པས། །བཀག་པ་རྣམས་ཀྱང་དེ་ལ་གནང་། །ཞེས་དང་། བཞི་བརྒྱ་པ་ལས། བསམ་པས་བྱང་ཆུབ་སེམས་དཔའ་ལ། །དགེ་བའམ་ཡང་ན་མི་དགེ་བ། །ཐམས་ཅད་དགེ་བ་ཉིད་འགྱུར་ཏེ། །གང་ཕྱིར་སེམས་དེ་གཙོ་བའི་ཕྱིར། །ཞེས་དང་། འཇམ་དབྱངས་བླ་མར་བཀའ་གདམས་དོ་སྣོར་བའི་དྲིས་ལན་ལས། སྡོམ་གསུམ་ལྡན་པའི་གང་ཟག་གིས། །སྲུང་བྱ་ཕན་ཚུན་ནང་འགལ་ཚེ། །དགག་བྱ་དང་ནི་དགོས་པ་གཉིས། །གཙོ་བོ་གང་ཆེའི་དབང་དུ་ཐོང་། །ཞེས་དང་། རབ་དབྱེར། འཇིག་རྟེན་འཇུག་པའི་རྒྱུར་གྱུར་ན། །ཐེག་ཆེན་སོ་སོར་ཐར་ལ་གནང་། །ཞེས་སོགས་གསུངས་པའི་ཕྱིར། འོན་ཀྱང་དང་པོའི་ལས་ཅན་གྱིས་སེམས་ཅན་གྱི་དོན་དུ་འགྱུར་བ་སོགས་དགག་བྱ་དང་དགོས་པ་ཁྱད་པར་ཅན་ཞིག་བརྩིར་མེད་པར་གོང་མའི་ཡན་ལག་འགའ་ཞིག་དང་། འོག་

མའི་རྩ་བ་ལྟ་བུ་འགལ་བའི་ཚེ་འོག་མ་གཙོ་བོར་བྱས་ནས་བསྲུང་དགོས་ཏེ། སྤྱོད་འཇུག་ལས། འདི་ལྟར་སྦྱིན་པའི་དུས་དག་ཏུ། །ཚུལ་ཁྲིམས་བཏང་སྙོམས་བྱ་བར་གསུངས། །ཞེས་དང་། ལྟུང་བ་འཆད་པའི་སྐབས་སུ་ཡང་། སྡོམ་པ་གཉིས་ཀྱི་བཅས་པ་ལས། །དགོས་པ་མེད་པར་འདའ་བ་དང་། ཞེས་དགོས་མེད་དུ་བཅས་པ་ལས་འདས་ན་ཡན་ལག་གི་ལྟུང་བར་གསུངས་པ་དང་། བྱང་ཆུབ་སེམས་དཔའི་ཚུལ་ཁྲིམས་ལ་གསུམ་དུ་ཡོད་པ་ལས་ཉེས་སྤྱོད་སྡོམ་པའི་ཚུལ་ཁྲིམས་ཡིན་པའི་ཕྱིར། འཇམ་དབྱངས་བླ་མས། འདི་ལ་སྡིག་ཏོ་མི་དགེའི་ཕྱོགས། །ཕལ་ཆེར་ཉན་ཐོས་ལུགས་བཞིན་བསྲུང་། །ཞེས་སོགས་གསུངས་པས་སོ། །དེས་ན་སོ་སོའི་རྒྱུད་ཆོད་དགོས་པ་སོགས་དང་བསྟུན་ཏེ་ལག་ཏུ་ལེན་པ་གཅེས་སོ། །

གཉིས་པ་རེ་རེའང་གསུམ་ལྡན་དུ་ཉམས་སུ་ལེན་པའི་ཚུལ་ལ་མཚམས་སྦྱར་བ་དང་། རྒྱས་པར་བཤད་པའོ། །དང་པོ་ནི། སྡོམ་པ་སོགས་ཏེ་སྡོམ་པ་རེ་རེའང་གསུམ་ལྡན་དུ་བསྒྲུབ་པའོ། །

གཉིས་པ་ནི། སོ་ཐར་སོགས་ཏེ་སོ་ཐར་གྱི་ཉམས་ལེན་ནི། དཔེར་ན་རང་རྒྱུད་ལ་ཉོན་མོངས་པ་འདོད་ཆགས་ལྟ་བུ་སྐྱེས་པའི་ཚེ། གཉེན་པོ་མི་སྡུག་པ་བསྒོམ་པ་དང་། རང་ཉིད་རྟེན་དགེ་སློང་ལ་སོགས་པ་ཡིན་པ་རྒྱུ་མཚན་དུ་བྱས་ནས་ངོ་ཚ་ཤེས་པ་དང་ཁྲེལ་ཡོད་པས་སྤོང་བ་སོ་ཐར་སྡོམ་པའི་ཉམས་ལེན། དེའི་སྟེང་དུ་གཞན་གྱི་འདོད་ཆགས་རྒྱུ་འབྲས་དང་བཅས་པ་མ་ལུས་པ་རང་ལ་ལེན་ཅིང་། རང་གི་བདེ་དགེ་སེམས་ཅན་དེ་དག་ལ་ཕར་བཏང་ནས་འགྲོ་ཀུན་འདོད་ཆགས་མེད་པའི་བདེ་བ་དང་ལྡན་པར་བསྒོམ་པ་ནི་བྱང་སྡོམ་གྱི་ཉམས་ལེན། དེའི་རྗེས་སུ་བླ་མ་སྤྱི་བོར་རམ་སྙིང་གར་བསྒོམས་པ་ལ་གུས་འདུད་དྲག་པོས་གསོལ་བ་བཏབ་ནས། རང་སེམས་གསལ་བའི་ཆ་འདོད་ཆགས་ཀྱི་ངོ་བོར་ཤར་བ་བདེ་ཉིད་འོད་དཔག་མེད་དུ་བསྒོམས་ཏེ་སེམས་བདེ་སྟོང་གི་ངང་ལ་མཉམ་པར་བཞག་པ་ནི་སྔགས་སྡོམ་གྱི་ཉམས་ལེན་ནོ། །དེ་བཞིན་དུ་ཞེ་སྡང་སོགས་ཉོན་མོངས་པ་གཞན་རྣམས་ལའང་རུང་མཐུན་སྦྱར་བའི་ཚུལ་རིགས་འགྲེའོ། །དེ་དག་ནི་སོ་ཐར་གསུམ་ལྡན་དུ་ཉམས་སུ་ལེན་པའི་ཚུལ་ཡིན་ལ། བྱང་སྡོམ་གསུམ་ལྡན་དུ་ཉམས་སུ་ལེན་ཚུལ་ནི། དཔེར་ན་གཞན་ལ་སྦྱིན་པ་གཏོང་བའི་ཚེ། ཆང་དང་དུག་དང་མཚོན་ཆ་སོགས་གཞན་ལ་གནོད་པའི་རྒྱུར་འགྱུར་བས་མ་དག་པའི་སྦྱིན་པ་སྤོང་བ་ནི་སོ་ཐར་གྱི་ཉམས་ལེན། སྦྱིན་པས་འཁོར་དུ་བསྡུས་ནས་དེ་དག་ལ་ཆོས་བཤད་དེ་གནས་སྐབས་དང་མཐར་ཐུག་གི་ཕན་བདེ་ལ་འགོད་ཅིང་། དེའི་ཚེའང་འཁོར་གསུམ་མི་དམིགས་པའི་ཤེས་རབ་ཀྱི་རྒྱས་ཟིན་པ་ནི་བྱང་སྡོམ་གྱི་ཉམས་ལེན། ཐམས་ཅད་ཀྱང་ལྷ་དང་ཡེ་ཤེས་ཀྱི་རང་བཞིན་དུ་བལྟས་ཏེ་ལོངས་སྤྱོད་པ་ནི་སྔགས་སྡོམ་གྱི་ཉམས་ལེན་ནོ། །དེ་བཞིན་དུ་ཕ་རོལ་ཏུ་ཕྱིན་པ་དྲུག་ག་ལའང་སྦྱར་ཏེ་ཉམས་སུ་ལེན་པའི་ཚུལ་ནི་བྱང་སྡོམ་

སུམ་ལྡན་དུ་སྒྲུབ་པའི་ཚུལ་དང་། སྔགས་སྡོམ་སུམ་ལྡན་དུ་ཉམས་སུ་ལེན་ཚུལ་ནི། བདེ་ཀྱེ་ལྟ་བུའི་སྒྲུབ་ཐབས་གཅིག་ལའང་སྔོན་འགྲོ་སྐྱབས་སེམས་སྡོམ་བཟུང་སོགས་ཀྱིས་ཡན་ལག་གི་ལྟུང་བ་ལྟ་བུས་སྡོམ་གསུམ་ཉམས་པ་སོར་ཆུད་ཅིང་། དངོས་གཞི་སྣོད་བཅུད་སྦྱང་བསྒྱུར་ལྟ་བུ་རེ་རེ་ལའང་གནོད་པ་སྤོང་བ་དང་། ཕན་པ་སྒྲུབ་པ་གཅིག་ཅར་དུ་འཇུག་པའི་ཕྱིར་སོ་བྱང་གི་ཉམས་ལེན་ཚང་ཞིང་། ངོ་བོ་བདེ་བ་ཆེན་པོའི་ཡེ་ཤེས་ལམ་བྱེད་ཀྱི་སྒྲུབ་ཐབས་ཡིན་པའི་ཕྱིར་སྔགས་སྡོམ་དངོས་ཡིན་པ་དང་། རྗེས་ཀྱི་སྤྱོད་ལམ་དགེ་བའི་རྩ་བ་སངས་རྒྱས་སུ་བསྔོ་བ་དང་། ཆོས་ཐམས་ཅད་རྨི་ལམ་ལྟ་བུའི་ངང་ལ་སྤྱོད་ལམ་གྱི་བྱ་བས་འགྲོ་དོན་སྒྲུབ་པ་སོགས་སྡོམ་གསུམ་མྱུར་དུ་སྨིན་པར་བྱེད་པ་ལའང་སུམ་ལྡན་དུ་ཚང་བའི་ཚུལ་བཀྲར་བཏུབ་པ་དེ་ལྟ་བུ་ནི་སྔགས་ཀྱི་ཐབས་མཁས་ཀྱི་ཁྱད་པར་ཆོས་ཉིད་བསམ་ལས་འདས་པའི་ཡོ་ལངས་ཏེ། དཔེར་ན་རྣལ་འབྱོར་དབང་ཕྱུག་གི་མན་ངག་གསུང་ངག་རིན་པོ་ཆེ་ལས་དབང་བཞིའི་ལམ་རེ་རེའང་བཞི་ལྡན་དུ་ཉམས་སུ་ལེན་པར་གསུངས་ཤིང་། གསང་བ་འདུས་པའི་མན་ངག་འགའ་ཞིག་ལས་ལམ་རིམ་པ་ལྔའི་རིམ་པ་རེ་རེའང་ལྔ་ལྡན་དུ་སྒྲུབ་པའི་ཚུལ་བཤད་པ་དང་། འཁོར་ལོ་བདེ་མཆོག་གསང་མཐའི་མན་ངག་འགའ་ཞིག་ལས། སྒྲུབ་ཐབས་ཀྱི་སྤྱི་སྐུ་གསུམ་ལམ་བྱེད་ཀྱི་ཉམས་ལེན་ལ་སྦྱར་ཞིང་། བྱེ་བྲག་ཏུ་དེ་རེ་རེའང་སྐུ་གསུམ་གྱི་ཉམས་ལེན་སུམ་ལྡན་ཉིད་དུ་གསུངས་པས། སྐབས་འདིར་ཡང་ཉོན་མོངས་པ་རེ་རེ་སྤོང་བ་ལ་སུམ་ལྡན་གྱི་ཉམས་ལེན་སྦྱོར་བ་ཤེས་པར་ནུས་སོ། །དེ་ལྟར་སྔགས་སུམ་ཟད་ཕ་རོལ་ཏུ་ཕྱིན་པའི་གཞུང་ལུགས་ལས་ཀྱང་། གོ་སྒྲུབ་ཉམས་སུ་ལེན་པའི་ཕར་ཕྱིན་རེ་རེའང་ཕར་ཕྱིན་དྲུག་ལྡན་དུ་སྤྱད་པར་གསུངས་པས་ན། གསང་ཆེན་ཟབ་མོའི་གནས་ལུགས་ཐབས་མཁས་ཀྱི་ཁྱད་པར་ལ་མཐའ་འདི་ཙམ་ཞེས་བྱིས་པའི་བློ་དང་རྟོག་གེ་པའི་རིག་པས་ཅི་ལ་དཔོག་སྟེ། དམུས་ལོང་གིས་གླང་པོ་ཆེའི་གཟུགས་ལ་དཔྱོད་པ་བཞིན་ནོ། །བཞི་པ་གནས་འགྱུར་སོགས་ཁྱད་ཆོས་དྲུག་ལྡན་གྱིས་མདོར་བསྟུ་བ་ནི། མདོར་ན་སོགས་སྡོམ་པ་གསུམ་གནས་འགྱུར་བ་དང་ངོ་བོ་གཅིག་པའི་ཚུལ་དེ་དག་མདོར་བསྡུ་ན་ཕན་གནོད་ཀྱི་སེམས་སམ་བློ་གཉིས་ཅིག་ཅར་དུ་འཇུག་པ་མིན་མོད་ཀྱང་། གཞན་གནོད་གཞིར་བཅས་སྤོང་བའི་སེམས་པ་དེ། གཞན་ལ་ཕན་འདོགས་པར་ཞུགས་པའི་སེམས་པའི་ངོ་བོར་གནས་འགྱུར་ཞིང་། དེ་ཉིད་ཀྱང་ལྷའི་རྣམ་པའམ་ཡེ་ཤེས་ཀྱིས་བྱིན་གྱིས་བརླབས་པའི་ཆོས་སྐུ་དང་གཟུགས་སྐུ་ལམ་བྱེད་ཀྱི་ཟིན་པ་གནས་གྱུར་པས་ན། ངོ་བོ་གཅིག་ཡིན་ཏེ་སུམ་ལྡན་རྡོ་རྗེ་འཛིན་པའི་རྒྱུད་ཀྱི་སྔགས་ཀྱི་དམ་ཚིག་མཐའ་དག་ལ་སློབ་པའི་སེམས་པ་དེ་ཀ་གཞན་གནོད་གཞི་བཅས་སྤོང་བའི་སེམས་པ་དང་། གཞན་ལ་ཕན་པ་སྒྲུབ་པའི་སེམས་པའང་ཡིན་པའི་ཕྱིར། དེ་བཞིན་དུ་གཅིག་ཤོས་གཉིས་ཀྱང་ཕན་ཚུན་དུ་གཅིག་ཡིན་པས་དེ་

གསུམ་གྱི་ལྡོག་པ་ལ་གཞི་མཐུན་མི་སྲིད་ཀྱང་ངོ་བོ་ལ་གཞི་མཐུན་སྲིད་པ་ཡིན་པས་ངོ་བོ་གཅིག་ཡིན་ཅིང་། སྡོམ་པ་གསུམ་པོ་དེ་ཡང་གང་ལས་ལེན་པའི་ཡུལ། གང་གིས་ལེན་པའི་བསམ་པ། ཇི་ལྟར་ལེན་པའི་ཆོ་ག །ཇི་སྲིད་དུ་བླངས་པའི་དུས་སྐབས་བཅས་སོ་སོར་ཐ་དད་པའི་ཕྱིར། ངོ་བོ་གནས་གྱུར་ཀྱང་ལྡོག་པ་ལ་གཞི་མཐུན་མི་སྲིད་པས་རང་རང་གི་སྡོག་ཆམ་འདྲེས་པར་ཡོད་དེ། ཐོབ་ལམ་ཉམས་པར་སོ་སོར་གནས་པའི་ཕྱིར། དཔེར་ན་བསམ་པ་སེམས་བསྐྱེད་ཀྱིས་ཟིན་ཅིང་ཆོ་ག་ཉན་ཐོས་ལུགས་ལྟར་བླངས་པའི་ཐེག་ཆེན་སོ་སོར་ཐར་པ་ལ། ཀུན་སློང་བྱང་ཆུབ་སེམས་ཀྱི་ལྡོག་པ་དང་སྡོམ་པའི་ལྡོག་པ་གཉིས་ཡོད་པ་ལས། སྔ་མ་ཚེ་འཕོས་པའི་དུས་སུ་མི་གཏོང་སྟེ། བྱང་སེམས་ཀྱི་གཏོང་རྒྱུ་མ་ཡིན་པའི་ཕྱིར། ཕྱི་མ་སྡོམ་པ་ཁས་བླངས་པའི་དུས་ཀྱི་ལྡོག་ཆ་ནི་ཚེ་འཕོས་པའི་དབང་གིས་གཏོང་སྟེ། དགེ་སློང་གི་སྡོམ་པ་ཇི་སྲིད་འཚོའི་མཐའ་ཅན་གྱི་སྡོམ་པ་ཡིན་པའི་ཕྱིར། དེ་ལྟར་ཡང་འཇམ་དབྱངས་བླ་མས། ཐེག་ཆེན་སོ་སོར་ཐར་ཡིན་ཡང་། །དགེ་སློང་ལ་སོགས་སྡོམ་པ་ཡི། །ལྡོག་པ་ཤི་བའི་ཚེ་ན་གཏོང་། །བྱང་ཆུབ་སེམས་ཀྱི་ལྡོག་པ་དང་། །དེ་ཡི་འབྲས་བུ་ཤི་ཡང་འབྱུང་། །ཞེས་གསུངས་པའི་ཕྱིར་སྡོམ་པ་གསུམ་གྱི་གཉེན་པོའི་རྣམ་པ་སོ་སོ་བ་ལྟར་སྣང་ཡང་སྡོམ་པ་གསུམ་ཀས་རང་རྒྱུད་ཀྱི་མི་དགེ་བ་སྡོམ་པར་གཅིག་སྟེ། འདུལ་བ་ལུང་ལས། ཆོས་གང་ཞིག་དངོས་དང་བརྒྱུད་ནས་ཀུན་ཏུ་འདོད་ཆགས་དང་བྲལ་བའི་རྒྱུར་འགྱུར་གྱི། ཀུན་ཏུ་འདོད་ཆགས་དང་བྲལ་བར་མི་འགྱུར་བ་འདི་ནི་ཆོས་མ་ཡིན། འདུལ་བ་མ་ཡིན། སྟོན་པའི་བསྟན་པ་མ་ཡིན་པར་ཤེས་པར་གྱིས་ཤིག །ཆོས་གང་ཞིག་དངོས་དང་བརྒྱུད་ནས་ཀུན་ཏུ་འདོད་ཆགས་དང་བྲལ་བའི་རྒྱུར་འགྱུར་གྱི། ཀུན་ཏུ་འདོད་ཆགས་པའི་རྒྱུར་མི་འགྱུར་བ་འདི་ནི་ཆོས་ཡིན། འདུལ་བ་ཡིན། སྟོན་པའི་བསྟན་པ་ཡིན་པར་ཤེས་པར་གྱིས་ཤིག །ཅེས་ཞི་སྡང་ལ་སོགས་པའི་བར་དུ་རྒྱས་པར་གསུངས་སོ༔ ༔དེའང་མི་ཚངས་སྤྱོད་ལྟ་བུ་ཉན་ཐོས་པས་སྤྱོད་པའི་ནུས་པ་ཡོད་བཞིན་དུ་མི་སྤྱོད་པ་དང་། སྡོམ་པ་གོང་མ་གཉིས་ཀྱི་ཐབས་ཀྱིས་ཟིན་པས་སྤྱད་པ་གཉིས། དགག་བྱ་ཉོན་མོངས་པ་ཐབས་ཀྱི་བྱེ་བྲག་གིས་སྤོང་བ་དང་། ཉོན་མོངས་པ་དེས་མི་འཆིང་བའི་དགོས་པ་གཉིས་ཀ་གནད་གཅིག་པར་བཅེར་བཏུབ་སྟེ། དེ་གཉིས་ཀས་ཉོན་མོངས་པ་རང་མཚན་པ་སྤོང་བ་དང་། འདོད་པའི་དྲི་མས་མ་གོས་པར་མཚུངས་པའི་ཕྱིར། འོན་ཀྱང་དུས་འཁོར་འགྲེལ་ཆེན་ལས། དེའི་ཕྱིར་ལས་དང་པོ་པས་རྣལ་འབྱོར་པའི་བྱ་བ་མི་བྱའོ། །གྲུབ་པས་ཐམས་ཅད་མཁྱེན་པའི་བྱ་བ་མི་བྱའོ། །ཞེས་གསུངས་ལྟར་གང་ཟག་དང་ས་མཚམས་དག་ཕྱེད་པའི་དབང་གིས་སྡོམ་པ་གསུམ་ནང་མི་འགལ་བར་ཉམས་སུ་ལེན་ཅིང་། ནང་འགལ་ན་དགག་བྱ་དང་དགོས་པ་བཅེ་སྟེ། གང་གི་ལུགས་ལ་འང་ཉེས་པ་བསྐྱེད་པའི་ཆ་ཐམས་ཅད་དགག་བྱ་ཡིན་པས་འགོག་ཅིང་། ཡོན་ཏན་ནམ་དགེ་བའི་ཆ་བསྐྱེད་ན་བསླབ

པའི་དགོས་པ་ཡིན་པས་སྤྱད་པར་བྱ་སྟེ། གནང་བཀག་དང་སྦྱིར་བཏང་དམིགས་བསལ་གྱི་གནད་རྣམས་མ་འདྲེས་པར་ཤེས་པར་བྱས་ནས། རྟེན་གྱི་གང་ཟག་བློ་ན་འཕར་བའི་སྟོབས་ཀྱིས་འོག་མའི་ཡོན་ཏན་རྣམས་ཡང་ལྡན་གྱི་ཚུལ་གྱིས་གོང་མར་འདུས་ཤིང་རྫོགས་པར་བཞེད་པས་ན། སྔགས་ཀྱི་སྡོམ་པ་མ་ཉམས་པར་བསྲུངས་ན་སོ་བྱང་གི་སྡོམ་པའང་ཞར་ལ་བསྲུངས་པ་ཡིན་ནོ། །ཞར་ལ་འོངས་པ་ལ་གསུམ་སྟེ། དེ་ལྟར་ངོ་བོ་གཅིག་ཏུ་ལྡན་པའི་བླ་མེད་ཀྱི་རྒྱུད་ཀྱི་མངོན་པར་རྟོགས་པ་དང་། མངོན་རྟོགས་ཀྱི་གཙོ་བོ་དབང་དང་རིམ་གཉིས་བསྒོམས་པ་ལས་བྱུང་བའི་ཡེ་ཤེས་ཕྱག་རྒྱ་ཆེན་པོའི་རྣམ་གཞག་དང་། དེ་ལྟ་བུའི་ལྡན་ཅིག་སྐྱེས་པའི་སྡོམ་པ་དཔེ་དོན་གྱི་ཡེ་ཤེས་རིམ་གྱིས་སྐྱེས་པས་འཕགས་པའི་ས་ཐོབ་པའི་རྣམ་གཞག་ཅུང་ཟད་བསྟན་པའོ། །དེའི་དང་པོ་ལ་གཉིས་ཏེ། མཚམས་སྦྱར་བ། དོན་དངོས་སོ། །དང་པོ་ནི། དེ་བཞིན་སོགས་ཏེ། དེ་བཞིན་གཤེགས་པ་ཐམས་ཅད་ཀྱི་འདུལ་བ་འདའ་བར་དཀའ་བ་རྡོ་རྗེའི་དམ་ཚིག་སྔགས་ཀྱི་སྡོམ་པ་ནི། སངས་རྒྱས་ཀུན་གྱི་སྡོམ་པ་ངོ་བོ་ཨེ་ཝཾ་གྱི་རྣམ་པ་མི་འགྱུར་བདེ་བ་ཆེན་པོ་ཟུང་འཇུག་གི་ཡེ་ཤེས་རྣམ་ཀུན་མཆོག་དང་ལྡན་པ་ཉིད་ཡིན་ཏེ། ཀྱེ་རྡོ་རྗེའི་རྩ་རྒྱུད་ཕྱི་མའི་གསུམ་པར། སངས་རྒྱས་ཀུན་གྱི་སྡོམ་པ་ནི། །ཨེ་ཝཾ་རྣམ་པ་བདེ་ཆེན་པོ། །དབང་ལས་ཡང་དག་ཤེས་པར་འགྱུར། །ཞེས་དང་། བདེ་མཆོག་སྡོམ་འབྱུང་ལས། །སངས་རྒྱས་ཀུན་གྱི་སྡོམ་པ་ནི། །ཨེ་ཝཾ་ཡི་གེ་ལ་རབ་གནས། །སྐུ་དང་གསུང་དང་ཐུགས་རྣམས་ལས། །རྣམ་ཀུན་མཆོག་གི་སྡོམ་པའོ། །ཞེས་གསུངས་སོ། །དེ་ལྟ་བུའི་སྔགས་སྡོམ་གྱི་ཡན་ལག་ཏུ་བསྟན་པའི་ཉམས་ལེན་ཐམས་ཅད་འདུ་སྟེ། དེའི་རྒྱུ་མཚན་ཡང་གསང་སྔགས་ཀྱི་རྒྱུད་སྡེ་ལས་བླ་ན་མེད་པའི་བྱང་ཆུབ་སྒྲུབ་པ་ལ་གཙོ་བོར་སྔགས་སྡོམ་དགོས་ཀྱང་། དེའི་རྟེན་དུ་འང་བྱང་སེམས་དང་སོ་ཐར་གཉིས་ངེས་པར་དགོས་པས་སྡོམ་པ་གསུམ་ཆར་ཉམས་སུ་ལེན་དགོས་པར་བཞེད་པས་སོ། །འདི་ཇི་ལྟར་ཤེས་ཤེ་ན། དངོས་གཞིའི་སྐབས་སུ་སྔགས་སྡོམ་ལེན་པའི་ཚེ་སྔོན་འགྲོར་སོ་ཐར་དང་བྱང་སེམས་གཉིས་ལེན་པའི་ཚིག་ཡོད་པ་ཡིན་ཏེ། དཀྱིལ་ཆོག་ཕལ་ཆེར་ལས། རང་གི་བསླབ་ལྡན་འཁོར་བཞི་པོ། །ཐེག་ཆེན་བློ་ཅན་རྣམས་ལ་ནི། །དེ་བཞིན་གཤེགས་པས་གསུངས་པ་ཡི། །ཡང་དག་ཚིག་རྗེས་སུ་གནང་། །ཞེས་པའི་ཚིག་ཆང་དང་པོས་སོ་ཐར། གཉིས་པས་བྱང་སེམས། ཕྱི་མ་གཉིས་ཀྱིས་སྔགས་སྡོམ་འབོག་པའི་ཚིག་བསྟན། དེ་བཞིན་དུ་གསོལ་གདབ་ཀྱི་སྐབས་སུ། དམ་ཚིག་དེ་ཉིད་བདག་ལ་སྩོལ། །ཞེས་པས་སྔགས་སྡོམ། བྱང་ཆུབ་སེམས་ཀྱང་བདག་ལ་སྩོལ། །ཞེས་པས་དེའི་རྟེན་དུ་བྱང་སེམས་ཀྱི་སྡོམ་པ། སངས་རྒྱས་ཆོས་དང་དགེ་འདུན་ཏེ། །སྐྱབས་གསུམ་དག་ཀྱང་བདག་ལ་སྩོལ། །ཞེས་པས་དེའི་རྟེན་དུ་སོ་ཐར་གྱི་སྡོམ་པ་སྩོལ་བར་གསོལ་བ་གདབ་ཅིང་། དེའི་གོ་རིམ་བཞིན་དུ་བསྒྲག་པའི་ཚེ། རྡོ་རྗེ་རྩེ་མོར།

རིགས་ལྔ་སོ་སོའི་དམ་ཚིག་གིས་སྔགས་སྡོམ། དེ་ལས་གཞན་ཡང་བཅུ་བཞི་ནི། །ཞེས་སོགས་ཀྱིས་བྱང་སེམས། ཁྱོད་ཀྱིས་སྲོག་ཆགས་བསད་མི་བྱ། །ཞེས་སོགས་ཀྱིས་སོ་ཐར་གྱི་སྡོམ་པ་བསྒྲགས་པར་མཛད་དོ། །གཟུང་བའི་ཚེ་རྟེན་དང་བརྟེན་པ་ཡིན་པས་ཐོག་མར་རྒྱུན་བཤགས་ཀྱིས་སོ་ཐར་དང་བྱང་སེམས་གཟུང་། རིགས་ལྔའི་སྡོམ་བཟུང་གིས་སྲུང་བར་ཁས་བླངས་པ་ཙམ་ཞིག་གིས་བཟུང་ནས། སྡོམ་པ་རང་གི་ངོ་བོ་དངོས་གཞིའི་ཆོ་གས་བསྐྱེད་པར་མཛད་པ་འདི་ནི་དཀྱིལ་འཁོར་གྱི་ཆོ་ག་གཅིག་ཉིད་ལ་སྡོམ་གསུམ་ལེན་པའི་ཚུལ་ཡིན་པ་དང་། དངོས་གཞིའི་སྐབས་སུ་བསྐྱེད་རྫོགས་བསྒོམ་པའི་ཚེ་སྔོན་འགྲོ་རྒྱུན་བཤགས་ཀྱི་སྐབས་སུ་སོ་ཐར་དང་བྱང་སེམས་ཀྱི་ཉམས་ལེན་ཡོད་པ་དང་། སྔགས་སྡོམ་གྱི་རྩ་ལྟུང་སྲུང་བའི་ཚེ་འོག་མ་གཉིས་ཀྱི་རྩ་ལྟུང་ངེས་པར་སྲུང་དགོས་པ་ནི། བདེ་གཤེགས་བཀའ་འདས་ཀྱི་རྩ་ལྟུང་བསྲུང་ཚུལ་ལས་ཤེས་སོ། །དེས་ན་སྡོམ་པ་གསུམ་གྱིས་བསྟན་པའི་ཉམས་ལེན་མ་ལུས་པ་བསྡུས་ཀྱང་གསུམ་པོ་ཕྱོགས་གཅིག་ཏུ་དྲིལ་བའི་རྣམ་གཞག་ནི་སྔགས་ཀྱི་རྒྱུད་སྡེ་མ་ཡིན་པ་གཞན་ལ་མེད་པས། སྐལ་པ་དང་ལྡན་པའི་རིགས་ཅན་གྱིས་ལམ་གྱི་ངོ་བོ་གཞན་དུ་མི་འཚོལ་བར། ཁྱད་ཆོས་དུ་མས་ཁྱད་པར་དུ་འཕགས་པའི་ཟབ་ཆོས་རྡོ་རྗེ་ཐེག་པའི་ངེས་གསང་ལ་རྩེ་གཅིག་ཏུ་མོས་པར་བྱའོ། །དོན་དངོས་ལ་གཉིས་ཏེ། ཐབས་ཤེས་ཀྱི་རྒྱུད་སོ་སོ་ནས་བསྟན་པའི་མངོན་རྟོགས་རྣམས་རྣམ་གྲངས་སུ་སྨོས་པ་དང་། བྱེ་བྲག་ཏུ་ཀྱེ་རྡོ་རྗེའི་རྒྱུད་གསུམ་ནས་བསྟན་པའི་མངོན་རྟོགས་གྲུབ་མཐའི་སྟོང་པོའི་ཚུལ་དུ་སྨོས་པའོ། །དང་པོ་ལ་གཉིས་ཏེ། ཐབས་ཀྱི་རྒྱུད་ནས་བསྟན་པའི་མངོན་རྟོགས་དང་། ཤེས་རབ་ཀྱི་རྒྱུད་ནས་བསྟན་པའི་མངོན་རྟོགས་སོ། །དེའི་དང་པོ་ལ་གསུམ་སྟེ། བཤད་གཞི་གསང་བ་འདུས་པའི་རྒྱུད་ཕྱི་མ་ནས་བསྟན་པ་དང་། དེ་ཉིད་འཕགས་པ་ཡབ་སྲས་སོགས་ཀྱིས་བཀྲལ་བའི་ཚུལ་ཐ་དད་པ་དང་། དེ་དག་འགལ་མེད་དུ་སྒྲུབ་པས་མདོར་བསྡུས་པའོ། །དང་པོ་ནི། མངོན་པ་ར་རྟོག་ས་པ་སོགས་ཏེ། རྒྱུད་དོན་མངོན་པར་རྟོགས་པའི་རིམ་པར་བསྟེབས་ན། གསང་བ་འདུས་པའི་རྒྱུད་ཕྱི་མ་ལས། རྒྱུད་ནི་རྒྱུན་ཆགས་ཞེས་བྱ་སྟེ། །རྒྱུད་དེ་རྣམ་པ་གསུམ་དུ་འགྱུར། །གཞི་དང་དེ་ཡི་རང་བཞིན་དང་། །མི་འཕྲོག་པ་ཡི་རབ་ཕྱེ་བའོ། །རང་བཞིན་རྣམ་པ་རྒྱུ་ཡིན་ཏེ། །གཞི་ནི་ཐབས་ཞེས་བྱ་བར་བརྗོད། །དེ་བཞིན་མི་འཕྲོག་འབྲས་བུ་སྟེ། །གསུམ་གྱིས་རྒྱུད་ཀྱི་དོན་བསྡུས་པའོ། །ཞེས་གསུངས་པ་ལྟར་རྒྱུ་རྒྱུད། ཐབས་རྒྱུད། འབྲས་བུའི་རྒྱུད་གསུམ། ཐབས་རྒྱུད་ལ་སྨིན་བྱེད་དབང་དང་གྲོལ་བྱེད་ལམ་གཉིས། ཕྱི་མ་ལ་མཆོག་གི་དངོས་གྲུབ་སྒྲུབ་པའི་མངོན་པར་རྟོགས་པ་ལྔ། དངོས་གྲུབ་གཉིས་ཀ་སྒྲུབ་པའི་མངོན་པར་རྟོགས་པ་ལྔ། ཐམས་ཅད་ལ་དགོས་པའི་གྲོགས་དམ་ཚིག་དང་སྡོམ་པ་སྟེ་བཅུ་གཅིག་ཏུ་བསྡུ་བར་མཛད་དོ། །

གཉིས་པ་ནི། ཀླུ་སྒྲུབ་སོགས་ཏེ། འཕགས་པ་ཀླུ་སྒྲུབ་ཀྱིས་གསང་བ་འདུས་པའི་རྒྱུད་ཀྱི་ལམ་ཐམས་ཅད་ལ་བསྐྱེད་རིམ་ལུས་དབེན་དང་བཅས་པ་སྔོན་དུ་སོང་བའི་དབང་དུ་བྱས་ཏེ། རྫོགས་རིམ་ངག་དབེན། སེམས་དབེན། སྒྱུ་ལུས། འོད་གསལ། ཟུང་འཇུག་སྟེ་རིམ་པ་ལྔས་བསྡུས་པའམ། བསྐྱེད་པའི་རིམ་པ་ལོགས་སུ་བྱས་ཏེ་རྫོགས་རིམ་ལ་ལྔར་དབྱེ་བས་མངོན་པར་རྟོགས་པ་དྲུག་གིས་བསྡུས་པར་བཞེད་དོ། །སློབ་དཔོན་ཨརྻ་དེ་བའི་སྤྱོད་བསྡུས་སྒྲོན་མེ་ལས། དང་པོར་སངས་རྒྱས་པའི་ཐེག་པ་ལ་བསླབ་པ། དེ་ནས་ཐེག་པ་གསང་པ་དྲན་པ་གཅིག་པའི་རྣལ་འབྱོར་ལ་བསླབ་པ། དེ་ནས་རྟོགས་པའི་རྣལ་འབྱོར་ལ་བསླབ་པ། དེའི་འོག་ཏུ་དབེན་གསུམ་ལ་བསླབ་པ་གསུམ་དང་། དེའི་འོག་ཏུ་བདེན་པ་གཉིས་ལ་བསླབ་པ་གཉིས་དང་། མཐར་ཟུང་འཇུག་ལ་བསླབ་ལ་སྟེ་རིམ་པ་དགུར་བསྡུ་བར་མཛད་པ་ནི། སྡེ་མ་དེ་ལས་གང་ཟག་རིམ་གྱིས་བགྲོ་བའི་ཚུལ་རྒྱས་པར་ཕྱེ་ནས་བསྟན་པ་ཙམ་མ་གཏོགས་དོན་སྡེ་མ་དང་གཅིག་གོ །སློབ་དཔོན་སྐལ་བཟང་རྡོ་རྗེའི་ལམ་རིམ་ལས། མངོན་པར་རྟོགས་པ་ལྔར་བཤད་དེ། རྒྱུད་མ་སྨིན་པ་སྨིན་པར་བྱེད་པ་དབང་། སྨིན་པ་མི་ཉམས་པར་བྱེད་པ་གྲོགས་དམ་ཚིག་དང་སྡོམ་པ། སྤྱི་དང་བྱེ་བྲག་གི་མཚན་ཉིད་ལེགས་པར་ཤེས་པའི་ཐབས་སུ་རྒྱུད་ཉན་པ། བླ་ན་མེད་པའི་བྱང་ཆུབ་མྱུར་དུ་འགྲུབ་པར་བྱེད་པའི་ཐབས་སུ་བསྐྱེད་རྫོགས་གཉིས་ཀྱིས་སེམས་སྦྱོང་བ༔ དེ་ཉིད་མཐར་ཕྱིན་པར་བྱེད་པ་སྤྱོད་པའོ། །དེའི་དང་པོ་དབང་དང་དམ་ཚིག་རྒྱུད་ཉན་པ་གསུམ་ནི་སྔོན་འགྲོ་དང་། བཞི་པ་སེམས་སྦྱོང་བར་བྱེད་པ་ལམ་གྱི་དངོས་གཞི་དང་། ལྔ་པ་ལ་རྒྱུ་ནི་སྤྱོད་པ་དང་། སྤྱོད་པ་དེ་མཐར་ཕྱིན་པ་ནི་འབྲས་བུ་སྟེ་གཉིས་སུ་ཕྱེ་བར་མཛད་ཀྱང་རྒྱུད་གསུམ་དང་མཐུན་པ་ཡིན་ནོ། །དགྲ་ནག་འགྲེལ་པར་དབང་དང་། དམ་ཚིག་དང་། བསྙེན་པ་དང་། སྒྲུབ་པ་དང་། འབྲས་བུ་དང་། ལས་ཚོགས་ཏེ་དྲུག་གིས་མངོན་པར་རྟོགས་པ་བསྡུས་པར་བཞེད་དེ་དོན་སྡེ་མ་ཉིད་དང་མཚུངས་སོ། །སློབ་དཔོན་ལེགས་ལྡན་འབྱེད་ཀྱིས་ལམ་དང་འབྲས་བུ་གཉིས་ཀྱིས་བསྡུས་པར་བཞེད་དེ། ལམ་ལ་སྨིན་གྲོལ་གཉིས། སྨིན་བྱེད་ལ་དབང་བཞི། གྲོལ་བྱེད་ལ་དེ་ཁོ་ན་ཉིད་ཀྱི་ཏིང་ངེ་འཛིན་དང་། གྲོགས་སུ་སྤྱོད་པའོ། །འབྲས་བུ་ལ་གནས་སྐབས་ཀྱི་འབྲས་བུ་དང་མཐར་ཐུག་གི་འབྲས་བུ་གཉིས། དེ་ཁོ་ན་ཉིད་ཀྱི་ཏིང་ངེ་འཛིན་ལ་གཉིས་ཏེ། བསྐྱེད་པའི་རིམ་པ་དང་། རྫོགས་པའི་རིམ་པ་ལྔའོ། །སྤྱོད་པ་ལ་སྤྲོས་བཅས་དང་། སྤྲོས་མེད་དང་། ཤིན་ཏུ་སྤྲོས་མེད་གསུམ་འབྱུང་ངོ་། །

གསུམ་པ་ནི། དེ་ལྟའི་སོགས་ཏེ། དེ་ལྟར་མངོན་པར་རྟོགས་པའི་ཚུལ་མི་འདྲ་བ་མང་དུ་འབྱུང་ཡང་། སྤྱིར་གསང་བ་འདུས་པར་ཆོས་ཀྱི་སྒོ་མོ་བརྒྱད་ཁྲི་བཞི་སྟོང་འདུས་པས་སེམས་ཅན་ཐམས་ཅད་དངོས་ཀྱི་

གདུལ་བྱར་གྱུར་པའི་གང་ཟག་མ་ཡིན་ཡང་དོན་གྱི་ཚིག་གིས་ཟིན་མོད། སྐབས་འདིར་གསང་བ་འདུས་པའི་རྒྱུད་འཆད་པ་དང་། ཉན་པ་དང་། སྒྲུབ་ཏུ་རུང་བའི་གང་ཟག་ནི། རྒྱན་ལས། རྣམ་པ་ཀུན་ཏུ་ཉན་འདོད་པའི། །འཇིག་རྟེན་ངེས་པར་འགྱུར་བ་ཡི། །བློ་ཡི་རྣམ་པ་དཔག་མེད་ལས། །གང་ཟག་རྣམ་པ་ལྔར་འདོད་དོ། །ཨུཏྤལ་དང་པད་དཀར་དང་། པདྨ་ཙནྡན་རིན་པོ་ཆེ། །རང་བཞིན་ཐ་དད་མིང་གིས་ཏེ། ཐམས་ཅད་མཁྱེན་པས་གསུངས་པ་ཡིན། །ཞེས་ཨུཏྤལ་དང་པད་དཀར་ལ་སོགས་པ་ལྔ་བུའི་གང་ཟག་གིས། ཡེ་ཤེས་རྡོ་རྗེ་ཀུན་ལས་བཏུས་པ་ལས། སྐྱེ་བ་ཀུན་རྫོབ་བདེན་པ་ཞེས་བྱ་སྟེ། །འཆི་བ་ཡང་ནི་དོན་དམ་བདེན་པ་ཡིན། །བདེན་གཉིས་འདི་ལ་རྣམ་པར་ངེས་བྱས་ནས། །བཤད་པ་གཉིས་ཀྱིས་དབྱེ་བ་གསུངས་པ་ཡིན། །ཞེས་དང་། འགོས་ལོ་ཙྪ་བ་ཆེན་པོས་སྟོང་ཕྲུན་ལས། སྐྱེ་བ་ཀུན་རྫོབ་བདེན་པ་དང་། །འཆི་བ་དོན་དམ་བདེན་པ་གཉིས། །རིམ་པ་བཞིན་དུ་བསྐྱེད་རིམ་དང་། །རྫོགས་པའི་རིམ་པའི་སྦྱང་གཞི་ཡིན། །ཞེས་གསུངས་པ་ལྟར་སྦྱང་གཞི་རང་བཞིན་གྱི་ཆོས་ཐ་མལ་གྱི་སྣང་བ་དང་། སྤང་བྱ་ཉོན་མོངས་པ་དང་བཅས་པའི་གཟུང་འཛིན་གྱི་རྟོག་པ་དང་། ཉོན་མོངས་པ་ཅན་མ་ཡིན་པའི་མི་ཤེས་པའི་རྟོག་པ་དང་། དགེ་བའི་ཕྱོགས་ཀྱི་རྟོག་པ་གསུམ་གྱི་ས་བོན་དང་བཅས་པ་ནི་རིམ་བཞིན་བསྐྱེད་རིམ་དང་རྫོགས་རིམ་གྱིས་སྦྱོང་ཞིང་སྤོང་བར་བྱེད་པའི་ཆེད་དུ། དམིགས་ཡུལ་བཅོམ་ལྡན་འདས་རིགས་དྲུག་པ་རྡོ་རྗེ་འཆང་ཆེན་པོ་ཡིན་ཏེ། དཔེར་ན་འབྲས་བུ་སྟོན་ཐོག་ལ་དམིགས་ནས་སོ་ནམ་བྱེད་པ་ལྟར། དྲུག་པ་རྡོ་རྗེ་འཆང་ལ་དམིགས་ནས་ལམ་ཉམས་སུ་ལེན་པ་ཡིན་ནོ། །ཉམས་སུ་ལེན་པའི་ཐབས་ནི་ཇི་སྐད་དུ། གང་ཕྱིར་རྡོ་རྗེ་འཆང་ཆེན་གྱིས། །གསུངས་པ་དེ་ནི་གཉིས་སུ་འདོད། །སྨིན་ལམ་དང་ནི་གྲོལ་ལམ་མོ། །ཞེས་པ་ལྟར་རྒྱུད་མ་སྨིན་པ་སྨིན་དུ་རུང་བ་དང་། སྨིན་ཅིང་དངོས་གྲུབ་རྣམ་གསུམ་འགྲུབ་པའི་སྣོད་དུ་རུང་བར་བྱེད་པ་སྨིན་ལམ་དང་། རྒྱུད་རྟོག་པ་གསུམ་ལས་མ་གྲོལ་བར་གྲོལ་བར་བྱེད་པའི་གྲོལ་ལམ་གཉིས་ཏེ། དེ་ལྟར་གཞུང་ནས་ཇི་སྐད་བཤད་པ་བཞིན་ཚང་ལ་མ་ནོར་བར་ཉམས་སུ་བླངས་པས། རྒྱུད་ཕྱི་མ་ལས། མི་སྣང་ལ་སོགས་དངོས་གྲུབ་ནི། །ཐ་མལ་པ་ཞེས་བཤད་པ་ཡིན། །སངས་རྒྱས་ཉིད་སྒྲུབ་སངས་རྒྱས་ཀྱི། །དངོས་གྲུབ་མཆོག་ཅེས་གསུངས་པ་ཡིན། །ཞེས་པ་ལྟར་འབྲས་བུ་རེ་ཞིག་པ་ཐུན་མོང་གི་དངོས་གྲུབ་གྲུབ་པ་ཆེན་པོ་བརྒྱད་དང་། མཐར་ཐུག་པ་མཆོག་གི་དངོས་གྲུབ་རྡོ་རྗེ་འཆང་གི་གོ་འཕང་ཐོབ་པར་འགྱུར་བ་ནི་གསང་བ་འདུས་པའི་རྒྱུད་འདིའི་བརྗོད་བྱ་མདོར་བསྡུས་པ་ཡིན་ནོ། །

གཉིས་པ་ཤེས་རབ་ཀྱི་རྒྱུད་ནས་བསྟན་པ་ལ་གསུམ་སྟེ། འཁོར་ལོ་བདེ་མཆོག་རྩ་བའི་རྒྱུད་ཀྱི་དགོངས་པ་དང་། དེའི་བཤད་རྒྱུད་ཀུན་སྤྱོད་ཀྱི་དགོངས་པ་དང་། དཔལ་དམ་པ་དང་པོའི་རྒྱུད་ཀྱི་དགོངས་པའོ། །དང་

པོ་ནི། འཁོར་ལོ་སོགས་ཏེ། དཔལ་འཁོར་ལོ་བདེ་མཆོག་གི་རྩ་བའི་རྒྱུད་ལ་བརྟེན་ནས་སློབ་དཔོན་ནག་པོ་པའམ། སྤྱོད་པའི་རྡོ་རྗེས། ཧེ་རུ་ཀའི་དཀྱིལ་འཁོར་དུ་མ་སྨིན་པ་སྨིན་པར་བྱེད་པའི་སྨིན་བྱ་དབང་བཞི་བྱིན་པས་སྣོད་དུ་རུང་བར་བྱས་ནས། ཉམས་སུ་བླང་བྱ་བསྐྱེད་པའི་རིམ་པ་དང་། རྫོགས་པའི་རིམ་པ་གཉིས། གྲོགས་དམ་ཚིག་དང་སྡོམ་པ་ལ་བསླབ་སྟེ། འབྲས་བུ་སྐུ་གསུམ་གྱིས་བསྡུས་པར་བཞེད་དོ། །

གཉིས་པ་ནི། བཤད་པའི་རྒྱུད་སོགས་ཏེ། འཁོར་ལོ་བདེ་མཆོག་གི་བཤད་པའི་རྒྱུད་ཀུན་སྤྱོད་ལ་བརྟེན་ནས་གྲུབ་ཆེན་ལཱུ་ཧི་པའི་བཞེད་པས་རྒྱུའི་ཀུན་སྤྱོད་ཉམས་སུ་ལེན་པའི་རྟེན་གྱི་གང་ཟག །ལམ་གྱི་ཀུན་སྤྱོད། འབྲས་བུའི་ཀུན་སྤྱོད་དེ་སྤྱིའི་མངོན་པར་རྟོགས་པ་གསུམ་དང་། རྟེན་གྱི་གང་ཟག་ལའང་གཉིས། ལམ་ལ་འཇུག་པ་དང་། ཞུགས་པའོ། །ལམ་ལ་འཇུག་པ་ལའང་གསུམ་སྟེ། མི་དགེ་བ་འབའ་ཞིག་སྤྱོད་པ་མ་དག་པ་དང་། ཕ་རོལ་ཏུ་ཕྱིན་པས་རྒྱུད་ཅི་རིགས་པར་སྦྱངས་པ་དག་པ་དང་། རེས་སྤྱིག་པ། རེས་དགེ་བ་སྤྱོད་པ་འདྲེས་པ་སྟེ། དེ་སྐད་དུ། དག་དང་མ་དག་འདྲེས་པ་སྟེ། །སྒྲུབ་པ་པོ་ནི་གསུམ་ན་གནས། །ཞེས་གསུངས་སོ། །ལམ་ལ་ཞུགས་པ་ལའང་གསུམ་སྟེ། བསྐྱེད་རིམ་འབའ་ཞིག་ལ་དགའ་བ་མཉེས་པར་བྱེད་པའི་སྒྲུབ་པ་པོ་དང་། རྫོགས་རིམ་འབའ་ཞིག་བསྒོམ་པ་རྣམ་པར་དག་པའི་སྒྲུབ་པ་པོ་དང་། ཟུང་དུ་འཇུག་པ་ལ་དགའ་བ་གསལ་བྱེད་ཡོན་ཏན་ལྡན་པ་ཞེས་བྱ་བ་སྟེ། དེའང་། མཉེས་བྱ་རྣམ་པར་དག་པ་དང་། །གསལ་བྱེད་ཡོན་ཏན་ལྡན་པའི་མི། །ཞེས་སོ། །དེས་ན་རྒྱུའི་ཀུན་སྤྱོད་རྟེན་གྱི་གང་ཟག་ལ་དྲུག་དང་། ལམ་ལ་གཙོ་བོར་ལམ་གྱི་ཀུན་སྤྱོད་དང་། དེ་རྫོགས་པར་བྱེད་པ་ཡན་ལག་གི་ཀུན་སྤྱོད་གཉིས་འབྱུང་ཞིང་། གཙོ་བོར་ལམ་གྱི་ཀུན་སྤྱོད་ལ་སྐུ་གསུམ་ལམ་བྱེད་ཀྱི་མངོན་རྟོགས་གསུམ་སྟེ་རྟེན་དང་བརྟེན་པར་བཅས་པ་བསྐྱེད་པ་ཕྱིའི་ཀུན་སྤྱོད་སྤྲུལ་པའི་སྐུ་ལམ་དུ་བྱེད་པ། ལུས་ལ་ལྷ་རྣམས་རྫོགས་པར་བསྒོམ་པ་ནང་གི་ཀུན་སྤྱོད་ལོངས་སྐུ་ལམ་དུ་བྱེད་པ། རྫོགས་པའི་རིམ་པ་ཉམས་མྱོང་དང་བཅས་པ་ནི་རྫོགས་པའི་ཀུན་སྤྱོད་ཆོས་སྐུ་ལམ་དུ་བྱེད་པའོ། །དེ་རྫོགས་པར་བྱེད་པ་ཡན་ལག་གི་ཀུན་ཏུ་སྤྱོད་པ་ལ། དང་པོ་གཉིས་རྫོགས་པར་བྱེད་པའི་ཡན་ལག་ལ་ལྔ་སྟེ། ཕུང་པོ་ཁམས་དང་སྐྱེ་མཆེད་སྦྲང་བསྒྱུར་དང་། ཚོགས་གཉིས་བསགས་པ་དང་། གོ་ཆ་བཅིང་བ་དང་། ཡི་ཤེས་པ་དགུག་པ་དང་། དབང་བསྐུར་བའོ། །གསུམ་ཀ་རྫོགས་པར་བྱེད་པའི་ཡན་ལག་ལ་ལྔ་སྟེ། སྟགས་མཆོད་དང་། གསང་བའི་མཆོད་པ་དང་། དམ་ཚིག་ཅན་ལ་གཏོར་མ་སྦྱིན་པ་དང་། ཐུན་མོང་གི་བྱ་བ་བྱང་ཆུབ་ཀྱི་ཕྱོགས་ཀྱི་དག་པ་དང་། ཐུན་མཚམས་ཀྱི་བྱ་བ་སྟེ་སྔ་ཕྱི་བསྡོམས་པས་བཅུ། འབྲས་བུའི་ཀུན་སྤྱོད་ལ་ཐུན་མོང་གི་དངོས་གྲུབ་དམན་པ་ཞི་སོགས་དང་། འབྲིང་གྲུབ་པ་ཆེན་པོ་བརྒྱད། མཆོག་གི་དངོས་གྲུབ་མི་གནས་པའི་མྱ་ངན་ལས་འདས་པ་རྡོ་

རྗེ་འཆང་ཆེན་པོ་ཉིད་གྲུབ་པ་ཡིན་པས་གསུམ་སྟེ། དེ་ལྟར་གང་ཟག་དང་ལམ་དང་འབྲས་བུ་ལ་ནང་གསེས་ཀྱི་དབྱེ་བས་ཀུན་སྤྱོད་ཉེར་གཉིས་ཀྱིས་བསྡུས་པའི་ཚུལ་རྒྱུད་གསུམ་དང་མཐུན་ཞིང་། ཡུལ་དང་སྦྱར་བའི་ས་ལམ་བགྲོད་པའི་ཚུལ་ནི་འོག་ནས་ཅུང་ཟད་འཆད་པར་འགྱུར་ལ། དེར་མ་ཟད་བདག་མེད་བསྟོད་འགྲེལ་སོགས་སྟོན་གྱི་མཁས་པ་ཚད་ཐུབ་རྣམས་ཀྱིས་མཛད་པའི་གཞུང་འགྲེལ་གཞན་རྣམས་སུའང་བལྟས་པས་ཤེས་པར་འགྱུར་རོ། །

གསུམ་པ་ནི། དམ་པ་སོགས་ཏེ་དཔལ་དམ་པ་དང་པོའི་རྒྱུད་ནས་བཤད་པའི་དགོངས་པ་མཐར་ཐུག་པ་ནི། ཕྱི་ལྟར་ན་ཕྱི་སྣོད་འཇིག་རྟེན་གྱི་ཁམས་འདི་ཆགས་འཇིག་གནས་གསུམ་གྱི་གནས་ལུགས་དང་མཐུན་པའི་ཚུལ་དང་། ནང་ལྟར་དུ་རྡོ་རྗེ་ལུས་ཀྱི་གནས་ལུགས་རྣམས་གཏན་ལ་དབབ་པའི་སྒོ་ནས་གསུངས་པའི་ཚུལ་དང་། གཞན་དུ་དབང་བསྐུར་བ་སྟོན་དུ་འགྲོ་བའི་སྒོ་ནས་བསྙེན་སྒྲུབ་ཡན་ལག་བཞིའི་ཆིངས་དང་ལྡན་པའི་བསྐྱེད་པའི་རིམ་པས་གཙོ་བོར་འཇིག་རྟེན་པའི་དངོས་གྲུབ་ཐམས་ཅད་སྒྲུབ་པ་དང་། རྣལ་འབྱོར་རྣམ་པ་དྲུག་གི་རྫོགས་རིམ་གྱི་སྒོ་ནས་ལུས་ངག་ཡིད་གསུམ་ཤིན་ཏུ་སྦྱངས་པས་རྡོ་རྗེ་གསུམ་གྱི་ངོ་བོར་འགྲུབ་ཅིང་། མཆོག་ཏུ་མི་འགྱུར་བ་རྣམ་པ་ཀུན་ཏུ་མཆོག་ཏུ་བདེ་བའི་འབྲས་བུ་སངས་རྒྱས་ཀྱི་ས་ལ་སྦྱོར་བར་འགྱུར་རོ་ཞེས་པས་བསྟན། གཞན་ཡང་རྒྱུད་སྡེ་ཆེན་པོ་གཞན་དང་གཞན་ལ་བརྟེན་པའི་ལམ་དང་འབྲས་བུའི་རྣམ་གཞག་ཤིན་ཏུ་ནས་མང་མོད་དེ། རྒྱུད་འདི་དག་ནི་ཀུན་ལ་ཁྱབ་ཆེ་བར་སྣང་ངོ་ཞེས་གསུངས་པའི་ཕྱིར་རོ། །བྱེ་བྲག་ཀྱི་རྡོ་རྗེའི་རྩ་བཤད་ལ་བརྟེན་པའི་མངོན་རྟོགས་ལ་གཉིས་ཏེ། དཔལ་ལྡན་བི་རྺ་པའི་སློབ་མ་ཌོཾ་བྷི་པའི་བཤད་སྲོལ་ལས་བྱུང་བ་འགྲེལ་པ་ལུགས་ཀྱི་མངོན་རྟོགས་དང་། ནག་པོ་པའི་བཤད་སྲོལ་མན་ངག་ལུགས་ཀྱི་མངོན་རྟོགས་སོ། །དང་པོ་ནི། ཁྱད་པ་ར་སོགས་ཏེ་ཐབས་ཤེས་ཀྱི་རྒྱུད་དེ་རྣམས་ལས་ཁྱད་པར་དུ་འཕགས་པ་གཉིས་སུ་མེད་པའི་རྒྱུད་ཀྱི་རྒྱལ་པོ་དཔལ་དགྱེས་པ་རྡོ་རྗེའི་རྒྱུད་ལ་བརྟེན་པའི་བཀའ་སྲོལ་འཕགས་བོད་དུ་དར་རྒྱས་ཆེ་ཞིང་སྲོལ་ཆེན་དུ་མ་ཡོད་པའི་ཚུལ་རྡོ་རྗེ་འཆང་ཀུན་དགའ་བཟང་པོ་ཡབ་སྲས་ཀྱི་གསུང་རབ་རྣམས་ལས་རྟོགས་པར་འགྱུར་ཞིང་། དེ་རྣམས་ལས་ཀྱང་གཙོ་བོ་ཆེས་མཆོག་ཏུ་གྱུར་པ་སློབ་དཔོན་རྣལ་འབྱོར་དབང་ཕྱུག་དཔལ་ལྡན་བི་རྺ་པའི་རྗེས་འབྲངས་ཌོཾ་བྷི་ཧེ་རུ་ཀ་དང་བཅས་པའི་རྗེས་སུ་འབྲང་བ་སློབ་དཔོན་མི་ཐུབ་ཟླ་བའི་གཞུང་འགྲེལ་ཀུ་མུ་ཏི་ལས། རྒྱུ་རྒྱུད། ཐབས་རྒྱུད། འབྲས་རྒྱུད་དེ་རྒྱུད་གསུམ་གྱི་སྒོ་ནས་ཕྱེ་བའི་མངོན་རྟོགས་སུམ་ཅུ་རྩ་བརྒྱད་དུ་བཞེད་དེ། དེའི་དང་པོ་རྟེན་གྱི་གང་ཟག་གི་མཚན་ཉིད་རྒྱུ་དང་། སྤང་བྱ་དང་། རིགས་དང་། རྐྱེན་དང་། དུས་ལ་ལྟོས་པ་སྟེ་གང་ཟག་ལྔ་དང་། དབང་བསྐུར་བའི་སློབ་དཔོན་གྱི་མཚན་ཉིད་དང་། མཚན་

ཉིད་དེ་ལྡན་གྱི་སློབ་དཔོན་གྱི་བྱ་བ་ལ་དཀྱིལ་འཁོར་འཇུག་པ་དང་། དཀྱིལ་འཁོར་བསྟན་པ་དང་། དངོས་གཞིའི་ཚོག་རྣམས་ཏེ་རྒྱུ་རྒྱུད་ཀྱི་མངོན་པར་རྟོགས་པ་དགུ། ཐབས་རྒྱུད་ལ་མཆོག་གི་དངོས་གྲུབ་སྒྲུབ་པ་དང་། དངོས་གྲུབ་མཐའ་དག་སྒྲུབ་པའི་མངོན་རྟོགས་གཉིས་ལས། དང་པོ་ལ་ལྷ་བ་རིམ་པ་ཅན་སྔོན་དུ་འགྲོ་བའི་བསྐྱེད་པའི་རིམ་པ་དང་། རྫོགས་པའི་རིམ་པ། སྤྱོད་པ། ཉེ་རྒྱུ་སྟེ་བཞི་ཡོད་པ་ལས། བསྐྱེད་རིམ་ལ་ཡབ་ཀྱི་སྒྲུབ་ཐབས་བཞི་དང་། ཡུམ་གྱི་སྒྲུབ་ཐབས་གཅིག་གོ །རྫོགས་རིམ་ལ་རྡོ་རྗེའི་ལུས་ཀྱི་གནས་ལུགས་བསྟན་པ་དང་། གཉིས་སུ་མེད་པའི་ཡེ་ཤེས་ཀྱི་ངོ་བོ་བསྟན་པ། ཐབས་ལམ་དངོས་བསྟན་པ། རང་བྱིན་གྱིས་བརླབ་པ་དང་དཀྱིལ་འཁོར་འཁོར་ལོ་གཉིས་བསྟན་པ། ཡེ་ཤེས་ཀྱི་མཚན་ཉིད་ཕན་ཡོན་བཅས་བསྟན་པ་ལྔའོ། །སྤྱོད་པ་ལ་ཀུན་འདར་གྱི་སྤྱོད་པ་དང་། ཀུན་ཏུ་བཟང་པོའི་སྤྱོད་པ་བསྟན་པ་སྟེ་གཉིས་སོ། །

གཉིས་པ་དངོས་གྲུབ་མཐའ་དག་སྒྲུབ་པ་ནི་བཟླས་པ་དང་། སྦྱིན་སྲེག་དང་། གཏོར་མའི་ཚོག །རབ་གནས་ཀྱི་ཚོག །འཁྲུལ་འཁོར། བཅང་བྱ་དམ་རྫས། བསྲུང་བྱའི་དམ་ཚིག་སྟེ་ཐབས་རྒྱུད་ཀྱི་མངོན་པར་རྟོགས་པ་ཉི་ཤུ་རྩ་གཅིག་གོ །དེ་རྣམས་དབྱེ་བའི་གཞི་ནི་སྐུ་གསུམ་ཡེ་ཤེས་ལྔས་བསྡུས་པ་དང་། དེ་ལས་ཕྱེ་བའི་ཁ་སྦྱོར་ཡན་ལག་བདུན་ལྡན་ཏེ་བརྒྱད་ཀྱིས་ནི་མངོན་པར་རྟོགས་པ་སུམ་ཅུ་རྩ་བརྒྱད་ཀྱིས་བསྡུས་པར་བཞེད་དེ། དེ་དག་ཀྱང་རྒྱུད་ན་འཁྲུག་པའི་ཚུལ་དུ་ཡོད་པ་འདིར་བསྡེབས་པ་སྟེ། བཞུགས་ཚུལ་དངོས་རགས་པ་གང་ཟག་བཞུགས་པའི་རིམ་པ་ལྟར་འབྲས་བུ་དང་། ལམ་དང་། གང་ཟག་གི་དབྱེ་བ་རྣམས་བསྟན་ཏོ། །

གཉིས་པ་ནི། དེ་བཞིན་སོགས་ཏེ་རྗེ་བཙུན་བི་རཱུ་པའི་རྗེས་འབྲངས་ཊོ་མྦྷི་པའི་བཤད་སྲོལ་འགྲེལ་པ་ལུགས་སུ་གྲགས་པ་དེ་བཞིན་དུ་སློབ་དཔོན་མཐུ་སྟོབས་ཀྱི་དབང་ཕྱུག་བི་རཱུ་པའི་རྗེས་སུ་འབྲང་བ་སློབ་དཔོན་ཆེན་པོ་ཤར་ཕྱོགས་ནག་པོ་པའི་བཤད་སྲོལ་མན་ངག་ལུགས་སུ་གྲགས་པ་ལའང་རྒྱུད་གསུམ་དུ་ཕྱེ་བའི་མངོན་རྟོགས་ལྔ་བཅུ་རྩ་བདུན་ཡོད་པ་ཡིན་ཏེ། དེའང་རྒྱུ་རྒྱུད་ཀྱི་བསྡུས་པ་ལ་བཞི། ཐབས་རྒྱུད་ཀྱིས་བསྡུས་པ་ལ་སུམ་ཅུ་སོ་དྲུག །འབྲས་བུའི་རྒྱུད་ཀྱིས་བསྡུས་པ་ལ་བཅུ་བདུན་འབྱུང་བ་ནི་རྗེ་བཙུན་རིན་པོ་ཆེས་མཛད་པའི་རིན་ཆེན་ལྗོན་ཤིང་ཉིད་དུ་ཞིབ་རྒྱས་བཞུགས་པས་དེ་ཉིད་ལས་རྟོགས་པར་བྱའོ། །དེ་དག་ཀྱང་མདོར་བསྡུ་བའི་ཚུལ་དུ་བརྗོད་ན། ངོར་ཆེན་དཀོན་མཆོག་ལྷུན་གྲུབ་ཀྱིས་མཛད་པའི་ལྗོན་ཤིང་མཛེས་རྒྱན་ལས། རྒྱུ་རིགས་སྒྲུབ་བྱ་རྐྱེན་ལ་ལྟོས་པ་བཞི། །སྐྱབས་འགྲོ་གསོ་སྦྱོང་གདན་ཁྲིམས་སེམས་བསྐྱེད་བཞི། །ཁྲི་མདོ་རྣལ་འབྱོར་སྤྱོད་དང་དབུ་མ་བཞི། །བྱ་སྤྱོད་རྣལ་འབྱོར་རྒྱུད་དང་བླ་མེད་བཞི། །བཞི་བཞི་བཅུ་དྲུག་རྒྱུ་དང་རིམ་འཇུག་ལས། །དེ་རྗེས་ལྟུགས་ལམ་ཐོག་མར་སྨིན་བྱེད་དབང་། །ལམ་ལ་གཏོགས་པའི་ལྷ་བ་བསྐྱེད་རྫོགས་གཉིས། །སྤྱོད་

དང་ཉེ་རྒྱུ་མཆོག་གི་མངོན་རྟོགས་ལྔ། །བཟླས་དང་གཏོར་མ་སྦྱིན་སྲེག་རབ་གནས་དང་། །ལས་ཚོགས་རབ་འབྱམས་ཞེས་བྱ་ཡན་ལག་ལྔ། །གཉིས་ཀའི་ཐུན་མོང་དམ་ཚིག་སྡོམ་པ་སྟེ། །ཐབས་རྒྱུད་མངོན་པར་རྟོགས་པ་བཅུ་གཅིག་གོ། །གནས་སྐབས་འབྲས་བུ་སློབ་ལམ་ས་བཅུ་གཉིས། །མཐར་ཐུག་གནས་ཡོངས་གྱུར་དང་ཡེ་ཤེས་སྐུ། །མི་གནས་མྱ་ངན་འདས་དང་གཉིས་སུ་མེད། །མཛད་པ་རྒྱུན་མི་འཆད་དང་རྣམ་ལྔའོ། །དེ་ལྟར་མངོན་རྟོགས་བཞི་བཅུ་རྩ་ལྔ་ལས། །གཏན་ཁྲིམས་བདུན་དང་དབང་གི་མངོན་རྟོགས་བདུན། །སོ་སོར་ཕྱེ་བས་ལྔ་བཅུ་བདུན་ཏུ་འགྱུར། །དེ་ཆེ་བཞི་དང་བཅུ་དང་བཞི་དང་བཞི། །དེ་བཞིན་བདུན་དང་ལྔ་དང་ལྔ་དང་གཅིག །བཅུ་གཉིས་ལྔ་སྟེ་ལྔ་བཅུ་རྩ་བདུན་ནི། །བཤད་བྱ་མངོན་པར་རྟོགས་པའི་ལུས་ཡིན་ནོ། །ཞེས་སྤྱིའི་དོན་མཐའ་དག་མདོར་བསྡུས་པའི་ཚུལ་གྱིས་གསུངས་པ་ལྟར་རོ། །

གཉིས་པ་ཕྱག་ཆེན་གྱི་རྣམ་གཞག་ལ་གཉིས་ཏེ། མཚམས་སྦྱོར་བ་དང་། དོན་དངོས་སོ། །དང་པོ་ནི། མངོན་རྟོགས་སོགས་ཏེ་གོང་དུ་བཤད་པའི་མངོན་པར་རྟོགས་པ་དེ་རྣམས་ཀྱི་གཙོ་བོ་དབང་དང་རིམ་གཉིས་བསྒོམས་པ་ལས་བྱུང་བའི་འབྲས་བུ་ཕྱག་རྒྱ་ཆེན་པོའི་རྣམ་པར་གཞག་པའི་རིམ་པ་ཞེས་པས་མཚམས་སྦྱར་ནས། དོན་དངོས་ལ་གཉིས་ཏེ། རྗེ་བཙུན་གྱི་ལུང་གིས་མདོར་སྟོན་པ་དང་། དཔེ་དོན་གྱི་ཡེ་ཤེས་སོ་སོའི་ངོ་བོར་ཟུང་ཟད་རྒྱས་པར་ཕྱེ་བའོ། །དང་པོ་ནི། རྗེ་བཙུན་སོགས་ཏེ་འཕྲུལ་པའི་དྲི་མ་ཟད་པ་རྗེ་བཙུན་གྲགས་པ་རྒྱལ་མཚན་གྱིས། རང་སེམས་ཐབས་རིག་པ་གསལ་ལ་མ་འགག་པ་དང་། གདོད་ནས་སྤྲོས་པ་ཐམས་ཅད་དང་བྲལ་བའི་ངོ་བོ་སྟོང་པ་ཉིད་དེ། དེ་གཉིས་ཟུང་དུ་འཇུག་པ་ནི་རྒྱུའི་རྒྱུད་དོ། །དེའང་གུར་ལས། རིན་ཆེན་སེམས་ལས་ཕྱིར་གྱུར་པའི། །སངས་རྒྱས་མེད་ཅིང་གང་ཟག་མེད། །རྣམ་པར་ཤེས་པའི་གནས་དོན་ནི། །ཕྱི་རོལ་གྱུར་པ་ཙུང་ཟད་མེད། །ཅེས་གསུངས་པས། སྣང་བ་ཐམས་ཅད་རང་གི་སེམས་སུ་སྡོམ་པའི་ཆ་ནས་རྒྱུ་རྒྱུད་ཀྱི་སྡོམ་པར་ཡང་འཇོག་གོ །ཟུང་འཇུག་དེ་ཉིད་དབང་གི་སྐབས་སུ་ཉམས་མྱོང་གི་ངོ་བོར་སྐྱེ་བ་ནི་དཔང་གི་ཡེ་ཤེས་ཡིན་ལ། ལམ་གྱི་ལྟ་བ་ནི་དབང་གི་ཡེ་ཤེས་ལ་ངོ་སྤྲོད་པའི་ལྟ་བ་འཁོར་འདས་དབྱེར་མེད་དང་། ལམ་བཞི་བསྒོམས་པ་ལས་བྱུང་བའི་ལྟ་བ་ངོ་བོ་ཉིད་གསུམ་སོགས་བཞིའོ། །ཉམས་མྱོང་ནི་མཚོན་བྱ་དོན་གྱི་ཡེ་ཤེས་ཉམས་སུ་མྱོང་བ་སྟེ་ས་ཕྱེད་དང་བཅུ་གསུམ་མོ། །འདི་དག་ནི་ཐབས་ཀྱི་རྒྱུད་ཡིན་ནོ། །ཐབས་རྒྱུད་ཀྱི་སྡོམ་པའང་ཡིན་ཏེ། རྩ་རྒྱུད་ཀྱི་ཕྱི་མའི་གསུམ་པར། །སངས་རྒྱས་ཀུན་གྱི་སྡོམ་པ་ནི། །ཨེ་ཝཾ་རྣམ་པར་རབ་ཏུ་གནས། །ཨེ་ཝཾ་རྣམ་པའི་བདེ་ཆེན་པོ། །དབང་ལས་ཡང་དག་ཤེས་པར་འགྱུར། །ཞེས་དང་། རྡོ་རྗེ་གུར་ལས། དེ་ཕྱིར་དཀྱིལ་འཁོར་འཁོར་ལོ་ཞེས། །ཐབས་ནི་བདེ་བའི་སྡོམ་པ་སྟེ། །སངས་རྒྱས་ང་རྒྱལ་རྣལ་འབྱོར་གྱིས། །སངས་

རྒྱས་ཉིད་དུ་ངེས་པར་འགྲུབ། །སྟོན་པ་སུམ་ཅུ་རྩ་གཉིས་མཚན། །གཙོ་བོར་དཔེ་བྱད་བརྒྱད་ཅུར་ལྡན། །ཞེས་སོགས་གསུངས་པས་སོ། །སངས་རྒྱས་ནི་ས་བཅུ་གསུམ་པའི་ཕྱེད་དེ་འབྲས་བུའི་རྒྱུད་དོ། །དེ་ཉིད་ལ་འབྲས་རྒྱུད་ཀྱི་སྡོམ་པའང་འཇོག་པ་ཡིན་ཏེ། ཀྱེ་རྡོར་ལས། དེ་ནས་ཆོས་ཀུན་སྡོམ་གཅིག་པའི། །རྡོ་རྗེ་སེམས་དཔའ་ཞེས་བྱས་བསྟན། །ཅེས་དང་། གཞན་ཡང་། ཀྱེ་རྡོ་རྗེ་མཁའ་འགྲོ་མ་དྲྭ་བའི་སྡོམ་པ། ཞེས་དང་། འཁོར་ལོ་སྡོམ་པ་ཞེས་པ་རྣམས་ཀྱིས་སྟོན་ཏོ། །དེ་ལྟར་རྒྱུད་གསུམ་ངོ་བོ་དབྱེར་མེད་པར་གཅིག་པ་ཡིན་ཏེ། རྒྱུའི་རྒྱུད་ཀྱི་དོན་དམ་པར་ཆོས་ཐམས་ཅད་ཆོས་ཀྱི་དབྱིངས་ཀྱི་ངོ་བོར་རྣམ་པར་དག་པ་དེ་བཞིན་ཉིད་ཀྱི་དག་པ་དང་། ཀུན་རྫོབ་ཏུ་ཕུང་ཁམས་སྐྱེ་མཆེད་ཐམས་ཅད་ལྷའི་ངོ་བོར་རྣམ་པར་དག་པ་དང་། སྣང་བ་ཐམས་ཅད་སེམས་ཡིན་པ་རང་རིག་པའི་དག་པ་ཏེ། དེ་ལྟ་བུའི་དག་པ་གསུམ་པོ་ལ་ལྟ་བ་དང་། བསྐྱེད་རིམ་དང་། རྫོགས་རིམ་ལམ་དུས་ཀྱི་དག་པ་གསུམ་དང་། སྐུ་གསུམ་པོ་འབྲས་དུས་ཀྱི་དག་པ་གསུམ་རང་བཞིན་ལྷུན་གྲུབ་ཀྱི་ཚུལ་གྱིས་ཚང་ལ། དེ་བཞིན་དུ་ལམ་དུས་ཀྱི་དག་པ་གསུམ་ལ་གཞན་གཉིས་དང་། འབྲས་དུས་ཀྱི་དག་པ་གསུམ་ལའང་གཞན་གཉིས་པོ་རང་བཞིན་ལྷུན་གྲུབ་ཀྱི་ཚུལ་གྱིས་ཚང་སྟེ། རྗེ་བཙུན་གྱིས། རང་བཞིན་རྒྱུ་ལ་བསམ་ན་ལྷུན་གྲུབ་སྟེ། །བསམ་ཡས་ཡོན་ཏན་ཚོགས་ནི་གནས་འགྱུར་ཡིན། །དེས་ན་ལྷུན་གྲུབ་གནས་འགྱུར་མི་འགལ་ཏེ། །འདི་ནི་འབྲས་བུ་འཁོར་འདས་དབྱེར་མེད་ཡིན། །ཞེས་དང་། རྟོགས་པའི་ཁྱད་པར་ཟླ་བའི་དཔེ་ཡིས་བསྟན། །ཞེས་གསུངས་ཏེ། དེ་ལྟར་རྒྱུད་གསུམ་དབྱེར་མེད་དུ་བསྒོམས་པའི་དྲི་བྲལ་གྱི་ཆོས་ཀྱི་དབྱིངས་རྟོགས་པའི་ཚུལ་མར་ངོའི་བཅུ་བཞིའི་ཟླ་བ་དཔེར་བྱས་ནས་མོས་སྤྱོད་ཀྱི་སྐབས་སུ་ཆོས་སྐུ་མཐོང་ཚུལ་ནི། སངས་རྒྱས་སྔ་མས་ཆོས་སྐུ་མངོན་དུ་བྱས་པའི་རྒྱུ་མཐུན་གསུང་རབ་ལ་ཐོས་བསམ་བྱས་ནས་རྟོགས་པ་ནམ་མཁའི་ཟླ་བ་བལྟ་འདོད་པ་ལ་ཟླ་བའི་ཁ་དོག་དབྱིངས་སོགས་བཤད་པའི་སྒོ་ནས་སྤྱིའི་ཚུལ་གྱིས་རྟོགས་པ་དང་འདྲ་བར་ཕ་རོལ་ཏུ་ཕྱིན་པའི་མཐོང་ཚུལ་གྱི་དབང་དུ་བྱས་པ་སྟེ། མར་ངོའི་བཅུ་བཞིའི་ཟླ་བ་ནི་སྔར་གྱི་ཚེས་བཅོ་ལྔའི་ཟླ་བ་འགྲིབ་པའི་འཕྲོ་ཡིན་གྱི། ཡར་འཕེལ་བའི་མགོ་མིན་པས་མར་ངོའི་བཅུ་བཞིའི་ཟླ་བའི་དཔེས་མཚོན་ཞིང་། ཆུ་ནང་གི་ཟླ་བའི་གཟུགས་བརྙན་ལ་མིག་གིས་བལྟ་བ་དང་འདྲ་བར། དབང་དང་རིམ་གཉིས་ལས་བྱུང་བའི་ཡེ་ཤེས་དཔེའི་ཚུལ་གྱིས་མངོན་སུམ་དུ་མཐོང་ཞིང་། ཚེས་གཅིག་ནས་བཅོ་ལྔའི་བར་གྱི་ཟླ་བའི་ཆ་ཤས་དངོས་རིམ་གྱིས་རིམ་གྱིས་འཕེལ་བ་ལྟར། འཕགས་པའི་ས་དང་པོ་ནས་བཅུ་གསུམ་པའི་བར་དུ་ཆོས་དབྱིངས་དངོས་ཆ་ཤས་རྗེ་གསལ་རྗེ་གསལ་དུ་མཐོང་བ་ཡར་ངོའི་ཟླ་བའི་དཔེས་མཚོན་ཞིང་། མགོན་པོ་ཀླུ་སྒྲུབ་ཞབས་ཀྱིས་ཀྱང་། ཇི་ལྟར་མར་ངོའི་བཅུ་བཞི་ལ། །ཟླ་བ་ཅུང་ཟད་མཐོང་བ་ལྟར། དེ་བཞིན་ཐེག་མཆོག་མོས་ལ་ཡང་། །སངས་རྒྱས་སྐུ་ནི་ཅུང་

ཞིག་མཐོང་། །ཇི་ལྟར་ཟླ་བ་ཚེས་པ་ལ། །སྐད་ཅིག་སྐད་ཅིག་རྒྱས་པར་མཐོང་། །དེ་བཞིན་ས་ལ་བཞུགས་རྣམས་ཀྱང་། །རིམ་གྱིས་རིམ་གྱིས་འཕེལ་བར་མཐོང་། །ཇི་ལྟ་ཡར་ངོའི་བཅོ་ལྔ་ལ། །ཟླ་བ་རྫོགས་པར་འགྱུར་བ་ལྟར། །དེ་བཞིན་ས་ཡི་མཐར་ཐུག་ནས། །ཆོས་ཀྱི་སྐུ་ཡང་རྫོགས་ཤིང་གསལ། །ཞེས་དེ་དང་མཚུངས་པར་བཤད་ཅིང་། འདི་དག་གི་དོན་ཞིབ་པར་ཀུན་མཁྱེན་བསོད་ནམས་སེང་གེས་མཛད་པའི་བདུད་རྩིའི་ཉིང་ཁུ་རྒྱ་འགྲེལ་དུ་བལྟ་བར་བྱའོ། །

གཉིས་པ་དཔེ་དོན་གྱི་ཡེ་ཤེས་སོ་སོའི་ངོ་བོ་ཅུང་ཟད་རྒྱས་པར་ཕྱེ་བ་ལ་གཉིས། མཚོན་བྱེད་དཔེའི་ཡེ་ཤེས་དང་། མཚོན་བྱ་དོན་གྱི་ཡེ་ཤེས་སོ། །དང་པོ་ལ་གསུམ། མཚན་གཞི་དང་། མཚན་ཉིད། མི་འཐད་པའི་ཕྱོགས་བསྙན་པའོ། །དང་པོ་ནི། དཔེ་དོན་ཡེ་ཤེས་གཉིས་ཀྱི་ངོ་བོ་ཙམ། །སློབ་ན་སོགས་ཏེ། རྣམས་གྲངས་པའི་དོན་དམ་བདེན་པ་མངོན་སུམ་དུ་རྟོགས་པའི་བླ་མེད་ལམ་ཞུགས་སོ་སྐྱེའི་རྒྱུད་ཀྱི་ཡེ་ཤེས་ཐེག་པ་ཡིན་ཏེ། འཕགས་པ་ལྷའི་སྤྱོད་བསྡུས་སུ། བདེན་པ་མཐོང་ཡང་ལས་མཐའ་ལ། །ཆགས་པར་གསུངས་པ་རྫོགས་རིམ་གྱི། །རང་བྱུང་ཡེ་ཤེས་རྟོགས་པ་ནི། །དཔེ་ཡི་ཡེ་ཤེས་ཉིད་ལ་དགོངས། །ཞེས་སོ། མཚོན་བྱེད་དཔེའི་ཡེ་ཤེས། མཚོན་བྱེད་དཔེའི་ཕྱག་ཆེན། མཚོན་བྱེད་དཔེའི་སྔགས་སྡོམ་རྣམས་དོན་གཅིག་མིང་གི་རྣམ་གྲངས་སོ། །

གཉིས་པ་ནི། དབང་དང་སོགས་ཏེ་དབང་དང་རིམ་གཉིས་ལས་བྱུང་བའི་རང་བྱུང་གི་ཡེ་ཤེས་ཉིད་ཡིན་ནོ། །འོ་ན་བློ་རིགས་གང་ཞེ་ན། རང་རིག་ཡེ་ཤེས་སུ་བཞེད་དེ། སོ་སོ་སྐྱེ་བོའི་རྒྱུད་ཀྱི་སྔགས་ཀྱི་ཡེ་ཤེས་ཡིན་པས་སོ། །རང་རིག་ཡེ་ཤེས་ཡིན་ན་རང་རིག་མངོན་སུམ་ཡིན་དགོས་པའི་ཕྱིར་ཏེ། ཚུལ་གསུམ་མཛེས་རྒྱན་ལས། ཕར་ཕྱིན་ལམ་གྱི་སོ་སྐྱེའི་གནས་སྐབས་སུ། རྟོག་མེད་ཡེ་ཤེས་སྐྱེད་མིན་གསང་སྔགས་ཀྱི། །དབང་དང་རིམ་གཉིས་ལས་བྱུང་ཡེ་ཤེས་ཀྱི། །ཆོས་དབྱིངས་དཔེ་ཡི་ཚུལ་གྱིས་དངོས་སུ་རྟོགས། །ཞེས་སོ། །དེས་ན་རང་བྱུང་གི་ཡེ་ཤེས་འདི་ལ་བདེ་ཆེན་གྱི་ཡེ་ཤེས་དང་། བརྗོད་བྲལ་གྱི་ཡེ་ཤེས་སོགས་མཚན་གྱི་རྣམ་གྲངས་མང་སྟེ། ཟབ་དོན་བདུད་རྩིའི་ཉིང་ཁུ་ལས། །སྐལ་ལྡན་གང་གི་རྣལ་འབྱོར་ཆེན་པོ་ནི། །སྔགས་ཀྱི་སྡོམ་པ་དབང་གི་ཡེ་ཤེས་དང་། །ལམ་གྱི་ཉམས་མྱོང་ཕྱག་རྒྱ་ཆེན་པོ་དང་། །རང་བྱུང་བདེ་ཆེན་བརྗོད་བྲལ་ལྷན་ཅིག་སྐྱེས། །རང་ཉིད་མཁའ་མཉམ་རྟོལ་བྲལ་སྟོང་པ་ཉིད། །ཟུང་འཇུག་འགྱུར་མེད་ལྷུན་གྲུབ་མ་བཅོས་པ། །དབྱེར་མེད་ཤེས་ནས་རྩེ་གཅིག་སྒྲུབ་པ་དེ། །གསང་བ་ཆེན་པོའི་རྣལ་འབྱོར་པ་ཞེས་བྱ། །ཞེས་སོ། །འོན་ཀྱང་དབང་དང་རིམ་གཉིས་ལས་སྐྱེས་པའི་ཡེ་ཤེས་ལ་སྔགས་སྡོམ་དུ་འཇོག་པའི་ཚེ་སྔར་གྱི་དེ་དག་མིང་གི་རྣམ་གྲངས་སུ་འཇུག་ཀྱང་། ཡེ་ཤེས་མ་སྐྱེས་པའི་སྔགས་ཀྱི་སྤྱོད་སེམས་ཅམ་ལ་དེ་དག་མི་འཇུག་པས། མཉམ་གཞག་ལའང་ཡེ་ཤེས

མ་སྐྱེས་པའི་སྐབས་དང་རྗེས་སྤྱོད་སྐབས་ཀྱི་སྔགས་སྡོམ་ཕལ་ཆེར་རྫོགས་བཅས་ཡིན་པའི་ཕྱིར། དེས་ན་སྔགས་སྡོམ་ཡིན་ན་དབང་དང་རིམ་གཉིས་ལས་སྐྱེས་པའི་ཡེ་ཤེས་ཡིན་པས་ཁྱབ་མཉམ་ཉིད་དུ་གཟུང་བར་མི་བྱ་སྟེ། སྔ་མའི་འཕྲོར། ཡེ་ཤེས་སྐྱེས་ཚེ་དེ་དག་སྡོམ་པ་ཡི། །མིང་གི་རྣམ་གྲངས་ཡིན་ཀྱང་མ་སྐྱེས་ན། །སྤྱོང་སེམས་ཙམ་ལ་དེ་དག་མི་འཇུག་པས། །ཁྱབ་མཉམ་ཉིད་དུ་འཁྲུལ་བར་མི་བྱའོ། །ཞེས་གསུངས་པའི་ཕྱིར་རོ། །

གསུམ་པ་ནི། ཡུལ་ལ་སོགས་ཏེ་རྣམ་རྟོག་ཕྱི་རོལ་གྱི་ཡུལ་ལ་འཕྲོ་བ་བཀག་པའི་རྟོག་པ་ཁ་ཚོམ་པའི་ངང་ནས་སྟོང་རྐྱང་ཧད་དེ་བ་ཉིད་བསྒོམ་པ་ལ་ཕྱག་རྒྱ་ཆེན་པོ་ཡིན་པར་འདོད་མོད། སྔགས་ཀྱི་ཕྱག་ཆེན་ནི་མིན་ཏེ༑ དེ་དག་དབང་དང་རིམ་གཉིས་ལ་ལྟོས་པའི་ཕྱིར། དེ་སྐད་དུ་འཇམ་དབྱངས་བླ་མས། ཕྱག་རྒྱ་ཆེན་པོ་བསྒོམ་ན་ཡང་། །རྟོག་པ་ཁ་ཚོམ་ཉིད་བསྒོམ་གྱི། །རིམ་གཉིས་ལས་བྱུང་ཡེ་ཤེས་ལ། །ཕྱག་རྒྱ་ཆེན་པོར་མི་ཤེས་སོ༑ །ཞེས་གསུངས་པའི་ཕྱིར། དེ་བཞིན་དུ་སྟོང་རྐྱང་མ་ཡིན་པའི་གསལ་ཆ་ཙུང་ཟད་དང་འབྲེལ་བའི་སྣང་སྟོང་ཟུང་འཇུག་ཕྲ་མོ་ཙམ་རྟོགས་པ་ལ་མཐོང་ལམ་དུ་འདོད་པའང་ཡོད་མོད། དེ་དག་ནི་དབང་གསུམ་པའི་དུས་ཀྱི་ཡེ་ཤེས་སྐད་ཅིག་མ་ལ་མཐོང་ལམ་དུ་མིང་བཏགས་པའི་ཇོ་བོ་ནཱ་རོ་པའི་གསུང་སྒྲོས་ཀྱིས་འཁྲུལ་གཞི་བྱས་པར་སྣང་ཡང་། ནཱ་རོ་པའི་དབང་བསྐུར་དུས་སུ་སྐྱེས་པའི་མཐོང་ལམ་དེ་ནི་ཉི་ཤུ་དགུའི་ཟླ་བ་ལྟར་སྐད་ཅིག་དེ་ཉིད་ལ་འགག་ཅིང་། འཇིག་རྟེན་ཆོས་མཆོག་གི་རྗེས་ཀྱི་མཐོང་ལམ་ནི་ཆོས་གཅིག་གི་ཟླ་བ་ལྟར་འགག་པ་མེད་དེ༑ འཇམ་དབྱངས་བླ་མས། ཇོ་བོ་ནཱ་རོ་ཏ་པ་ནི། །དབང་བསྐུར་དུས་སུ་མཐོང་ལམ་སྐྱེས། །དེ་ནི་སྐད་ཅིག་དེ་ལ་འགག །ཆོས་མཆོག་རྗེས་ཀྱི་མཐོང་ལམ་ནི། །འགག་པ་མེད་ཅེས་གསུངས་པར་གྲགས། །ཞེས་སོ། །

གཉིས་པ་མཚོན་བྱ་དོན་གྱི་ཡེ་ཤེས་ལ་གཉིས། མཚན་གཞི་དང་། མཚན་ཉིད་དོ། །དང་པོ་ནི། ཆོས་ཉིད་སོགས་ཏེ་ཆོས་ཉིད་མངོན་སུམ་དུ་མཐོང་བའི་ཡེ་ཤེས་གང་ཡིན་པ་མཐའ་དག་གོ །མཚོན་བྱ་དོན་གྱི་ཡེ་ཤེས་དང་། །མཚོན་བྱ་དོན་གྱི་ཕྱག་ཆེན་དང་། མཚོན་བྱ་དོན་གྱི་སྔགས་སྡོམ་དང་། ཟླ་མེད་འཕགས་པའི་ཡེ་ཤེས་རྣམས་དོན་གཅིག་མིང་གི་རྣམ་གྲངས་སོ། །གཉིས་པ་ནི། རང་བྱུང་སོགས་ཏེ་རང་བྱུང་གི་ཡེ་ཤེས་གོམས་པ་བརྟན་པར་གྱུར་པ་སྟེ་མཐོང་བའི་ལམ་མོ། །དེའང་རང་བྱུང་གི་དོན་ནི་ལྷུན་གྲུབ་དང་མ་བཅོས་པ་ཡིན་པས། མ་བཅོས་པའི་ཡེ་ཤེས་ལ་རང་བྱུང་གི་ཡེ་ཤེས་ཞེས་བྱ་སྟེ། མ་བཅོས་པ་ཉིད་མངོན་སུམ་དུ་རྟོགས་པའི་ཡེ་ཤེས་ཡིན་པས་སོ། །དེ་ལྟ་བུའི་ཡེ་ཤེས་ཕྱག་རྒྱ་ཆེན་པོའི་རྟོགས་པ་མངོན་དུ་གྱུར་པ་ན་ལམ་བགྲོད་པ་ལ་མཚན་མ་དང་བཅས་པའི་འབད་རྩོལ་ཀུན་ལ་མི་ལྟོས་ཏེ། རྟོགས་པ་དེའི་རྒྱུན་བསྐྱངས་པས་ལམ་རང་གི་ངང་གིས་བགྲོད་པར་འགྱུར་བའི་ཕྱིར་རོ། །དེ་ལྟ་བུའི་ཡེ་ཤེས་དེ་བློ་རིགས་ཀྱི་དབྱེ་བྲག་རྣལ་འབྱོར་གྱི་མངོན་སུམ་ཡིན་ཏེ། ཆོས

ཉིད་མངོན་སུམ་དུ་མཐོང་བའི་བླ་མེད་ཀྱི་ཡེ་ཤེས་ཡིན་པས་སོ། །སངས་རྒྱས་ཀྱི་ས་དང་། སངས་རྒྱས་ཀྱི་ཡེ་ཤེས་དང་། འབྲས་བུའི་རྒྱུད་ཀྱི་སྔགས་སྡོམ་རྣམས་དོན་གཅིག་མིང་གི་རྣམ་གྲངས་སོ། །

གསུམ་པ་འབྲས་བུ་འཕགས་པའི་སའི་རྣམ་གཞག་ལ་གཉིས་ཏེ། མཚམས་སྦྱར་བ་དང་། དོན་དངོས་སོ༔ །དང་པོ་ནི། དེ་ལྟའི་སོགས་ཏེ་བཤད་མ་ཐག་པ་དེ་ལྟ་བུའི་སོ་སོ་སྐྱེ་བོའི་རྟེན་ལ་དབང་དང་། རིམ་གཉིས་བསྒོམས་པས་མཚོན་བྱེད་དཔེའི་ཡེ་ཤེས་སྐྱེ། དེའི་རིམ་པས་མཚོན་བྱེད་དེ་ལ་བརྟེན་ནས་མཚོན་བྱ་དོན་གྱི་ཡེ་ཤེས་སྐྱེས་པ་ན་འཕགས་པའི་ས་ཐོབ་པར་འཇོག་པ་ཡིན་པས་དེའི་རྣམ་གཞག་ནི་ཞེས་པའོ། །དོན་དངོས་ལ་གཉིས་ཏེ། གནས་སྐབས་དང་མཐར་ཐུག་གི་འབྲས་བུ་སྤྱིར་བཤད་པ་དང་། ཕྱི་མ་བྱེ་བྲག་ཏུ་བཤད་པའོ། །སྤྱིར་བཤད་པ་ལ་གཉིས་ཏེ། བགྲོད་བྱ་ས་དང་བགྲོད་བྱེད་ཡུལ་ཆེན་སྦྱར་བ་དང་། བགྲོད་ཚུལ་གྱི་མངོན་རྟོགས་སོ༔ །དང་པོ་ནི། གནས་སྐབས་སོགས་ཏེ་གནས་སྐབས་ཀྱི་འབྲས་བུ་སློབ་ལམ་ས་བཅུ་གཉིས། ཐུན་མོང་བའི་མིང་ས་དང་པོ་རབ་ཏུ་དགའ་བ་སོགས། ཐུན་མོང་མ་ཡིན་པའི་མིང་གནས་སོགས་བཅུ་གཉིས་དང་སྦྱར་ཏེ་བཤད་ན། སམྦུ་ཊའི་བརྟག་པ་ལྔ་པའི་དང་པོ་ལས། གནས་ནི་རབ་ཏུ་དགའ་བའི་ས། །དེ་བཞིན་ཉེ་གནས་དྲི་མ་མེད། །ཞིང་ནི་འོད་བྱེད་ཤེས་པར་བྱ། །ཉེ་བའི་ཞིང་ནི་འོད་འཕྲོ་ཅན། །ཤིན་ཏུ་ཚནྡོ་སྦྱང་དཀའ་བ། །འདུ་བ་མངོན་དུ་སོང་བ་སྟེ། །ཉེ་བའི་འདུ་བ་མི་གཡོ་བ། །དུར་ཁྲོད་ལེགས་པའི་བློ་གྲོས་ཉིད། །ཉེ་བའི་དུར་ཁྲོད་ཆོས་ཀྱི་སྤྲིན། །ཕ་རོལ་ཕྱིན་བཅུའི་ས་རྣམས་ལ། །རྣལ་འབྱོར་མ་ཡི་ཀླ་ཀློའི་སྐད། །སུ་ལ་སོགས་པ་ཅི་གསུངས་པ། །ཕྱི་དང་ནང་དུ་ཡང་དག་བསམ། །ཞེས་གསུངས་པ་ལྟར། ས་དང་པོ་རབ་ཏུ་དགའ་བ་གནས་ཀྱིས། གཉིས་པ་དྲི་མ་མེད་པ་ཉེ་གནས་ཀྱིས། གསུམ་པ་འོད་བྱེད་པ་ཞིང་གིས། བཞི་པ་འོད་འཕྲོ་ཅན་ཉེ་བའི་ཞིང་གིས། ལྔ་པ་སྦྱང་དཀའ་བ་ཚནྡོའི་ས། དྲུག་པ་མངོན་དུ་གྱུར་པ་ཉེ་བའི་ཚནྡོའི་ས། བདུན་པ་རིང་དུ་སོང་བ་འདུ་བའི་ས། བརྒྱད་པ་མི་གཡོ་བ་ཉེ་བའི་འདུ་བའི་ས། དགུ་པ་ལེགས་པའི་བློ་གྲོས་དུར་ཁྲོད་ཀྱིས། བཅུ་པ་ཆོས་ཀྱི་སྤྲིན་ཉེ་བའི་དུར་ཁྲོད་ཀྱིས་ཡིན་ནོ། །འོན་འདིར་ས་བཅུ་གཅིག་པ་དང་བཅུ་གཉིས་པ་མ་བཤད་ཅེ་ན། སློབ་ལམ་ས་བཅུར་གསུངས་པ་ནི་ཕ་རོལ་ཏུ་ཕྱིན་པ་དང་ལུང་སྒོ་བསྟུན་པ་ཡིན་ལ། འདིར་ནི་འདི་རྣམས་ས་ནི་བཅུ་གཉིས་ཏེ༔ ཞེས་གསུངས་པས་བཅུ་གཅིག་པ་དང་། བཅུ་གཉིས་པའང་སློབ་པའི་ས་ཡིན་ནོ། །འོན་དེ་གཉིས་ཀྱི་མིང་གང་ཡིན་ཞེ་ན། ཨ་བྷི་དྷཱ་ན་ལས། འཐུང་གཅོད་དཔེ་མེད་དེ་བཞིན་དུ། །ཉེ་བའི་འཐུང་གཅོད་ཡེ་ཤེས་ཆེ། ཞེས་གསུངས་པས། བཅུ་གཅིག་པ་དཔེ་མེད་པ་འཐུང་གཅོད་ཀྱིས། བཅུ་གཉིས་པ་ཡེ་ཤེས་ཆེན་པོ་ཉེ་བའི་འཐུང་གཅོད་ཀྱི་ས་རྣམས་ཡིན་ནོ། །དེ་ལྟ་བུའི་ས་བཅུ་གཉིས་བགྲོད་བྱེད་ཡུལ་ཆེན་གྱི་གྲངས་ནི། ཀྱཻ་རྡོ་རྗེ་རྩ་བའི་

རྒྱུད་དང་། བཤད་པའི་རྒྱུད་སམྦུ་ཊ་གཉིས་བསྡེབས་པ་ལྟར་ན། གནས་དང་ཉེ་བའི་གནས་ཀྱི་ས་དང་པོ་གཉིས་བགྲོད་བྱེད་ཕྱིའི་ཡུལ་པུལླི་ར་མ་ལ་ཡ་དང་། ནང་གི་ཡུལ་སྤྱི་བོ་ལ་སོགས་པ་ཕྱི་ནང་གི་ཡུལ་ཆེན་བཞི་བཞི་དང་། གསུམ་པ་ཞིང་གི་ས་ནས་བཅུ་པ་ཉེ་བའི་དུར་ཁྲོད་ཀྱི་སའི་བར་ས་བརྒྱད་བགྲོད་བྱེད་ལ་ཡུལ་ཆེན་གཉིས་གཉིས་འགྱུར་ཞིང་། བཅུ་གཅིག་པ་འཐུང་གཅོད་དང་། བཅུ་གཉིས་པ་ཉེ་བའི་འཐུང་གཅོད་གཉིས་ལ་ཕྱི་ནང་གི་ཡུལ་ཆེན་བཞི་བཞི་སྦྱར་བས་ཡུལ་ཆེན་སུམ་ཅུ་རྩ་གཉིས་གསུངས་པ་ཡིན་ཏེ། ཀུན་མཁྱེན་བསོད་ནམས་སེང་གེས། དེ་ཚེ་ཕྱི་ནང་ཡུལ་ཆེན་ནི། །སུམ་ཅུ་རྩ་གཉིས་འདུས་པ་ལས། །གནས་ནས་ཉེ་བའི་འཐུང་གཅོད་བར། །བཅུ་གཉིས་ས་རྣམས་འགྲུབ་པར་གསུངས། །ཞེས་གསུངས་པའི་ཕྱིར། སུམ་ཅུ་རྩ་གཉིས་པོ་དེའི་སྟེང་དུ། ས་བཅུ་གསུམ་པ་བགྲོད་བྱེད་ཀྱི་ཡུལ་ཆེན། སྒྲུབ་པ་པོ་དེ་ཉིད་གང་དུ་འཚང་རྒྱ་བའི་གནས་དེའི་ཕྱོགས་བཞི་དབུས་དང་ལྔ་བསྣན་པས་ཡུལ་ཆེན་སུམ་ཅུ་སོ་བདུན་འགྲུབ་པ་ཡིན་ནོ། །

གཉིས་པ་བགྲོད་ཚུལ་གྱི་མངོན་རྟོགས་ནི། བགྲོད་ཚུལ་སོགས་ཏེ། ས་རྣམས་བགྲོད་ཚུལ་ནི་ཕྱི་རོལ་ན་གནས་ལ་སོགས་པ་བཅུ་གཉིས་ལས་ཕྱེ་བའི་ཡུལ་ཆེན་སུམ་ཅུ་སོ་གཉིས་ཡོད་ལ། དེ་རྣམས་ནི་ངོ་བོ་སངས་རྒྱས་ཡིན་ཡང་། རྣམ་པ་ས་དང་པོ་ཐོབ་པ་ལ་སོགས་པའི་ཚུལ་འཛིན་པའི་དཔའ་བོ་དང་རྣལ་འབྱོར་མ་རྣམས་གནས་པས། དེ་དག་ན་གནས་པའི་མཁའ་འགྲོ་མ་རྣམས་དབང་དུ་འདུས་པ་དང་། ནང་དུའང་དེ་དག་གི་རང་བཞིན་ལུས་རྩ་དང་། རྩ་ཡི་ཡི་གེའི་རྣམ་པར་གནས་པའི་ནང་གི་གནས་སུམ་ཅུ་རྩ་གཉིས་ཀྱི་རླུང་སེམས་དབུ་མར་ཐིམ་པའི་རྟེན་འབྲེལ་གྱིས། བགྲོད་བྱ་བཅུ་གཉིས་ཀྱི་གྲངས་ལྡན་གྱི་ས་ཡི་སྤང་རྟོགས་བསྐྱེད་པ་ཡིན་ཏེ། ཀུན་མཁྱེན་གྱིས། ཕྱི་རོལ་ཡུལ་ཆེན་སུམ་ཅུ་བདུན། །དབང་དུ་འདུས་པས་ལུས་ཀྱི་ནི། །རྩ་ཁམས་སུམ་ཅུ་སོ་བདུན་གྱི། །རླུང་སེམས་དབུ་མར་འདུས་པ་ལས། །ས་རྣམས་འགྲུབ་པའི་རྣམ་དག་ནི། །རྣལ་འབྱོར་ཆེན་པོའི་རྒྱུད་སྡེ་ལས། །གསུངས་པས། ཞེས་སོ། །འདི་ནི་བརྟག་པ་གཉིས་པའི་དགོངས་པ་སམྦུ་ཊས་ཁ་བསྐངས་པའི་ལུགས་ཡིན་ལ། ཡང་རྩ་རྒྱུད་ཀྱི་དགོངས་པ་ཕྱག་ཆེན་ཐིག་ལེས་ཁ་སྐོང་བའང་ཡོད་དེ། དེ་དག་ཀྱང་སྔ་མ་བདག་མེད་བསྟོད་པ་དང་། ཕྱི་མ་བརྟག་གཉིས་འཕགས་མཆན་ལས་གསུངས་པའི་ལུགས་མཁན་ཆེན་ངག་དབང་ཆོས་གྲགས་ཀྱི་སྡོམ་གསུམ་སྤྱི་དོན་ལས་ཀྱང་གསུངས་པ་ལྟར་རིམ་བཞིན་རྟོགས་པར་བྱ་ཞིང་། བདེ་མཆོག་ཉུང་ངུ་སྟེ་རྩ་རྒྱུད་དང་མངོན་བརྗོད་བླ་མ་གཉིས་བསྡེབས་པས་ཀྱང་དེ་བཞིན་དུ་འགྱུར་བའི་ཕྱིར། ཀྱེ་རྡོར་དང་བདེ་མཆོག་གཉིས་ཀ་དགོངས་པ་མཐུན་པ་ཡིན། བརྟག་པ་གཉིས་པ་ལས། རྡོ་རྗེའི་ས་ནི་བཅུ་གསུམ་པ༑ ༑ཞེས་གསུངས་པ་ནི། ཕྱི་རོལ་གྱི་ཡུལ་ཆེན་སྒྲུབ་པ་པོ་གང་དུ་འཚང་རྒྱ་བའི་གནས་ཀྱི་ཕྱོགས་བཞི་དབུས

དང་ལྔའམ། རི་རབ་གླིང་བཞི་དང་བཅས་པ་ལྔའི་མཁའ་འགྲོ་རྣམས་དབང་དུ་འདུས་ཤིང་། སྙིང་དབུས་དབུ་མ་ཉིད་ལ་བརྟེན་པའི་སྦས་པའི་རྒྱ་ལྔ་བདུད་འཁྲུལ་ཆ་དང་བཅས་པ་སྤྱི་གཙུག་དབུ་མར་ཐིམ་པ་ལས་མི་སློབ་ལམ་གྱི་བཅུ་གསུམ་རྡོ་རྗེ་འཛིན་པའི་ས་མངོན་དུ་འགྱུར་པ་ཡིན་ཏེ། འཇམ་དབྱངས་བླ་མས། ས་རྣམས་བགྲོད་པར་བྱ་བ་དང་། ཡུལ་རྣམས་དབང་དུ་བསྡུ་བའི་ཕྱིར། གནས་དང་ཉེ་བའི་གནས་ལ་སོགས། །ཡུལ་ཆེན་སུམ་ཅུ་སོ་བདུན་དུ། །རིག་པ་བརྟུལ་ཞུགས་སྤྱོད་ཕྱིར་རྒྱུ། །ཞེས་དང་། ཀུན་མཁྱེན་གྱིས། ནང་དུ་སྦས་པའི་རྒྱ་ལྔ་དང་། །ཕྱི་རུ་ཡུལ་ཆེན་ལྷག་མ་ལྔ། །འདུས་པས་བཅུ་གསུམ་ས་བསྐྱེད་པར། །རྣལ་འབྱོར་ཆེན་པོའི་རྒྱུད་ལས་གསུངས། །ཞེས་གསུངས་སོ། །སྤྱིར་ན་ཚོགས་སྦྱོར་གཉིས་ཕ་རོལ་ཏུ་ཕྱིན་པའི་ལམ་གྱིས་བགྲོད་ནས། དེ་མ་ཐག་བླ་མེད་ཀྱི་ལམ་དུ་ཞུགས་པ་དང་། བླ་མེད་ཀྱིས་ས་དང་པོ་ཐོབ་པ་དུས་མཉམ་ནས། དེ་ཡན་ཆད་བླ་མེད་ཀྱི་ལམ་གྱིས་བགྲོད་པ་དང་། གང་ཟག་ཁ་ཅིག་ས་དང་པོ་མན་ཆད་ཕར་ཕྱིན་གྱིས་བགྲོད་ནས། ས་གཉིས་པ་ནས་རྡོ་རྗེ་ཐེག་པ་ལ་ཞུགས་ཏེ། དེ་ཡན་ཆད་སྔགས་ཀྱིས་བགྲོད་པ་དང་། ཁ་ཅིག་ས་དྲུག་པ་མན་ཆད་ཕར་ཕྱིན་གྱིས་བགྲོད་ནས། ས་བདུན་པ་ནས་སྔགས་ལ་ཞུགས་ཏེ་དེ་ཡན་ཆད་སྔགས་ཀྱིས་བགྲོད་པ་དང་། ཁ་ཅིག་ས་བཅུ་པ་མན་ཆད་ཕ་རོལ་ཏུ་ཕྱིན་པས་བགྲོད་ནས། ས་བཅུ་གཅིག་པ་ནས་སྔགས་ལ་ཞུགས་ཏེ་གསང་སྔགས་འབད་རྩོལ་ཆུང་དུས་བཅུ་གསུམ་རྡོ་རྗེ་འཛིན་པའི་ས་ཐོབ་པར་འགྱུར་བ་རྣམས་སུ་ཡོད་ལ། ས་བཅུ་གཅིག་པ་ནས་བླ་མེད་ཀྱི་ལམ་ཁོ་ན་ལས། རྒྱུད་སྡེ་འོག་མ་དང་ཕ་རོལ་ཏུ་ཕྱིན་པའི་ལམ་གཞན་གྱིས་བགྲོད་པ་མིན་ཏེ། ས་བཅུ་གཅིག་པ་ཡིན་ན་སྦས་པའི་ས་ཡིན་དགོས་པའི་ཕྱིར། དེའང་དོན་སྦས་ལ་མིང་མ་སྦས་པའི་ས་དང་། མིང་དོན་གཉིས་ཀ་སྦས་པའི་ས་དང་། མིང་སྦས་ལ་དོན་མ་སྦས་པའི་ས་སྟེ་དེ་དག་ཀྱང་ས་བཅུ་གཅིག་པ་དང་། ས་བཅུ་གཉིས་པ་དང་། ས་བཅུ་གསུམ་པ་རྣམས་ལ་རིམ་བཞིན་དུ་འཇུག་སྟེ། སྦས་པའི་ས་གསུམ་ཞེས་བྱ་ཞིང་། སྦས་མ་སྦས་ནི་ཕ་རོལ་ཕྱིན་པ་ལ་གྲགས་མ་གྲགས་ཡིན་ནོ། །དེ་སྐད་དུ་རྣམ་བཤད་གསུང་རབ་དགོངས་གསལ་ལས། ས་ལྷག་མ་གསུམ་ནི། རྡོ་རྗེ་ཐེག་པའི་ལམ་ཁོ་ནས་བགྲོད་པར་བྱ་བ་ཡིན་པ་ལས། ཕ་རོལ་ཏུ་ཕྱིན་པའི་ལམ་གྱིས་བགྲོད་མི་ནུས་སོ། །ཞེས་གསུངས་པའི་ཕྱིར། གཉིས་པ་མཐར་ཐུག་བྱེ་བྲག་ཏུ་བཤད་པ་ལ་གཉིས། འཇོག་བྱེད་དང་། འཇོག་བྱའོ། །དང་པོ་ནི། ཕར༷་ཕྱིན༷་གཞུང༷་སོགས་ཏེ་ཕ་རོལ་ཏུ་ཕྱིན་པའི་གཞུང་ལས་ས་བཅུ་གཅིག་པ་ཀུན་ཏུ་འོད་ཀྱི་ས་དེ་སངས་རྒྱས་སུ་བཤད་ཅིང་། ཕ་རོལ་ཏུ་ཕྱིན་པའི་ལུགས་ཀྱི་ཐོབ་བྱ་མཐར་ཐུག་ཏུ་འདོད་པའི་ཕྱིར་དང་། དེ་ཕ་རོལ་ཏུ་ཕྱིན་པའི་ལུགས་ཀྱི་སངས་རྒྱས་ཀྱི་མཚན་གཞི་དང་། ས་བཅུ་གསུམ་པ་རྡོ་རྗེ་ཐེག་པའི་ལུགས་ཀྱི་སངས་རྒྱས་ཀྱི་མཚན་གཞི་ཡིན་པའི་ཕྱིར། མདོ་སྔགས་གཉིས་སངས་རྒྱས་ཀྱི་མཚན་

གཞི་མི་མཐུན་ཀྱང་། སྤྱངས་རྟོགས་མཐར་ཐུག་བརྙེས་པ་ལ་སངས་རྒྱས་སུ་འཇོག་པའི་ཕྱིར་མཚན་ཉིད་ནི་རྣམ་པ་ཀུན་ཏུ་མཐུན་ཏེ། རྒྱུ་མཚན་ཐེ་བྲག་སླ་བའི་གཞུང་ལུགས་ནས་རྣལ་འབྱོར་བླ་མེད་ཀྱི་བར་དུ་སྐུ་དང་ཡེ་ཤེས་ཀྱི་འབྲས་བུའི་རྣམ་གཞག་བཤད་ཚད་ཐམས་ཅད་གདུལ་བྱ་སོ་སོའི་བློ་དང་འཚམས་པར་ཡོན་ཏན་གྱི་ཕྱོགས་པའི་ཆ་ཐ་དད་པར་སྨོས་པ་ཙམ་ལས་ཐོབ་བྱ་སྤྱངས་རྟོགས་མཐར་ཐུག་བརྙེས་པ་ཞིག་ལ་རྫོགས་པའི་སངས་རྒྱས་སུ་འཇོག་པ་ཐམས་ཅད་འདོད་པ་མཚུངས་ཀྱང་། དེ་དང་དེའི་ལམ་གྱིས་སོ་སོའི་གཞུང་ནས་བཤད་པའི་འབྲས་བུ་ཐོབ་པའི་ངེས་པ་ཅི་ཞིག་ཡོད་དེ་མེད་དོ། །དེ་སྐད་དུ་ཀུན་མཁྱེན་བསོད་ནམས་སེང་གེས། མདོར་ན་ཉན་ཐོས་ཐེག་པ་ནས། །གསང་ཆེན་བླ་ན་མེད་པའི་བར། །འབྲས་བུ་དོན་གཅིག་བཤད་པའི་ཚུལ། །ཐ་དད་སྤྲོ་བ་བསྐྱེད་ཕྱིར་ཡིན། །ཞེས་དང་། གཞུང་དེར་འབྲས་བུ་བཤད་པ་རྣམས། །དེ་ཡི་ལམ་གྱིས་ཐོབ་དགོས་ན། །དངོས་སྨྲའི་གཞུང་ལས་གསུངས་པ་ཡི། །འབྲས་བུའི་ས་མཚམས་གང་དུ་འཇོག །ཅེས་གསུངས་སོ། །

གཉིས་པ་འཇོག་བྱ་ལ་གཉིས་ཏེ། གཞུང་གཞན་དུ་བཤད་ཚོད་རྣམས་ཙུང་ཟད་སྨོས་པ་དང་། ཁྱད་པར་ཀྱི་རྡོ་རྗེའི་རྩ་བཤད་ནས་བསྟན་པ་མངོན་རྟོགས་ལ་ཁ་འཕངས་པའི་ཚུལ་གྱིས་སྨོས་པའོ། །དང་པོ་ལ་བཞི་སྟེ། སྡེ་སྣོད་ལས་གསུངས་ཚུལ། རྒྱུད་སྡེ་ལས་གསུངས་ཚུལ། མདོ་སྔགས་ཐུན་མོང་བའི་མདོ་ལས་གསུངས་ཚུལ། ཁྱད་པར་དུ་རྡོ་རྗེ་ཐེག་པ་ལས་གསུངས་ཚུལ་གཞན་བསྟན་པའོ། །དང་པོ་ནི། ཐེ་སྐལ་སོགས་ཏེ་ཐེ་བྲག་ཏུ་སླ་བས་རྣམ་པར་གྲོལ་བའི་ཆོས་ཀྱི་སྐུ་མྱ་ངན་ལས་འདས་པའི་དབྱིངས་སུ་ཞི་ནས་འཁོར་བ་རྒྱུ་འབྲས་དང་བྲལ་བ་དང་། རྣམ་པར་སྨིན་པའི་གཟུགས་ཀྱི་སྐུ་མཚན་དཔེས་བརྒྱན་ཅིང་། ཡོན་ཏན་དང་ཕྲིན་ལས་ཀྱིས་ཕྱེ་བ་གཉིས་ལས་གཞན་ལོངས་སྤྲུལ་གྱི་དོན་དང་ཐ་སྙད་གཉིས་ཀ་མི་འདོད་དེ། ཀུན་མཁྱེན་གྱིས། ཐེ་སྐལ་རྣམ་གྲོལ་ཆོས་སྐུ་དང་། །གཟུགས་སྐུ་གཉིས་འདོད་ལོངས་སྤྲུལ་གྱི། །དོན་དང་ཐ་སྙད་གཉིས་ཀ་མེད། །ཅེས་སོ། མདོ་སྡེ་པ་དང་། སེམས་ཙམ་པ་དང་། དབུ་མ་པ་གསུམ་ཀ་དང་མཐུན་པར་སྐུ་གསུམ་དང་ཡེ་ཤེས་བཞིར་འདོད་དེ། རྣམ་འགྲེལ་ལས། རྟོག་པའི་དྲྭ་བ་རྣམ་བསལ་ཞིང་། །ཞེས་པས་ངོ་བོ་ཉིད་སྐུ་དང་། ཟབ་ཅིང་ཞེས་པས་ལོངས་སྐུ་དང་། རྒྱ་ཆེའི་སྐུ་མངའ་བ་ཞེས་པས་སྤྲུལ་སྐུ་བསྟན་པའི་ཕྱིར། མདོ་སྡེ་རྒྱན་ལས། སངས་རྒྱས་རྣམས་ཀྱི་སྐུ་དབྱེ་བ། །རང་བཞིན་ལོངས་སྤྱོད་རྫོགས་པ་དང་། །གཞན་ནི་སྤྲུལ་པའི་སྐུ་ཡིན་ཏེ། །དང་པོ་གཉིས་པའི་རྟེན་ཡིན་ནོ། །ཞེས་པས་སྐུ་འོག་མ་གཉིས་ཀྱི་རྟེན་ངོ་བོ་ཉིད་དམ། རང་བཞིན་ནམ། ཆོས་སྐུ་རྣམས་རྣམ་གྲངས་སུ་བྱས་པ་དང་། རང་དོན་ཕུན་སུམ་ཚོགས་པ་ལོངས་སྐུ་དང་། གཞན་དོན་ཕུན་སུམ་ཚོགས་པ་སྤྲུལ་སྐུ་སྟེ་སྐུ་གསུམ་དུ་བཞེད་པ་དང་། སློབ་དཔོན་ཟླ་གྲགས་ཀྱིས་ཀྱང་། ཤེས་བྱའི་བུད་ཤིང་སྐམ་པོ་མ་ལུས་པ། །བསྲེགས་

པས་ཞི་དེ་རྒྱལ་རྣམས་ཆོས་སྐུ་སྟེ། །དེ་ཚེ་སྐྱེ་བ་མེད་ཅིང་འགག་པ་མེད། །སེམས་འགག་པ་དེ་སྐུ་ཡིས་མངོན་སུམ་མཛད། །ཅེས་པས་ཤེས་བྱ་སྐྱེ་བ་དང་འགག་པ་ལ་སོགས་པར་སྣང་བའི་མཚན་རྟོག་གི་བུད་ཤིང་རྣམས་བསྲེགས་པས་མཚན་རྟོག་ཐམས་ཅད་ཞི་ཞིང་། ཤེས་བྱའི་གནས་ལུགས་སྐྱེ་བ་དང་འགག་པ་མེད་པ་མངོན་སུམ་དུ་གྱུར་པའི་ཆོས་ཀྱི་སྐུ་དང་ལོངས་སྤྲུལ་གཉིས་ཀྱང་དེ་ཉིད་ལས། དེ་ཡི་ལོངས་སྤྱོད་རྫོགས་སྐུ་བསོད་ནམས་ཀྱིས། །ཟིན་དང་སྤྲུལ་པ་མཁའ་གཞན་ལས་དེའི་མཐུས། །སྒྲ་གང་ཆོས་ཀྱི་དེ་ཉིད་སྟོན་འབྱུང་བ། །དེ་ལས་འཇིག་རྟེན་གྱིས་ཀྱང་དེ་ཉིད་རིག །ཅེས་པས་ཆོས་ཀྱི་དབྱིངས་དེ་མངོན་སུམ་དུ་མཛད་པ་ལོངས་སྤྱོད་རྫོགས་པའི་སྐུ་བསོད་ནམས་བརྒྱའི་མཚན་ཅན་བྱང་ཆུབ་སེམས་དཔའ་རྣམས་ཀྱིས་ལོངས་སྤྱོད་པའི་གཞིར་གྱུར་པ་དང་། དེའི་བྱིན་གྱིས་བརླབས་ཀྱིས་སྤྲུལ་པ་སྣ་ཚོགས་པ་དག་ལས་ཆོས་ཀྱི་དེ་ཁོ་ན་ཉིད་གསལ་བར་བྱེད་པའི་སྒྲ་གང་ཞིག །སྙིང་རྗེ་ཆེན་པོའི་སྨོན་ལམ་གྱི་དབང་གིས་འབྱུང་བ་ནི་སྤྲུལ་པའི་སྐུ་སྟེ་སྐུ་གསུམ་དུ་བཞེད་དོ། །ཡེ་ཤེས་བཞི་ནི། མདོ་སྡེ་རྒྱན་ལས། མེ་ལོང་ཡེ་ཤེས་མི་གཡོ་སྟེ། །ཡེ་ཤེས་གསུམ་ནི་དེ་ལ་བརྟེན། །མཉམ་པ་ཉིད་དང་སོ་སོར་རྟོག །བྱ་བ་གྲུབ་པ་ཁོ་ནའོ། །ཞེས་ཏེ། མེ་ལོང་ལྟ་བུའི་ཡེ་ཤེས་ནི་མི་གཡོ་ལ༑ ཡེ་ཤེས་གཞན་གསུམ་ནི་དེ་ལ་བརྟེན་པ་དང་གཡོ་བའོ། །དེ་ལ་མེ་ལོང་ལྟ་བུའི་ཡེ་ཤེས་ཀྱི་མཚན་ཉིད་ནི། ལྷོན་ཤིང་མཛེས་རྒྱན་ལས། ཡེ་ཤེས་དག་ལ་ཆོས་ཀུན་གཟུགས་བརྙན་གྱི། །ཚུལ་གྱིས་སྣང་ཕྱིར་མེ་ལོང་ལྟ་བུ་དང་། །ཞེས་པས་ཡེ་ཤེས་གང་ལ་ཟག་པ་མེད་པའི་ཆོས་ཐམས་ཅད་གཟུགས་བརྙན་གྱི་ཚུལ་དུ་སྣང་བའོ། །མཉམ་པ་ཉིད་ནི། རྒྱན་ལས། མི་གནས་ཞི་བར་བཞུགས་པ་ནི། །མཉམ་ཉིད་ཡེ་ཤེས་ཡིན་པར་འདོད། །ཅེས་པས་སྲིད་ཞི་ལ་མི་གནས་པའི་ཞི་བ་མྱང་འདས་ལ་བཞུགས་པའོ། །སོ་སོར་རྟོག་པའི་ཡེ་ཤེས་ནི། །ཤེས་བྱ་ཀུན་ལ་རྟག་མི་ཐོགས། །ཏིང་ངེ་འཛིན་དང་གཟུངས་རྣམས་ཀྱི། །གཏེར་དང་འདྲ་བ་ཁོ་ན་ཡིན། །ཞེས་པས་ཤེས་བྱ་ཐམས་ཅད་མ་འདྲེས་པར་མཁྱེན་ཅིང་། གཟུངས་དང་ཏིང་ངེ་འཛིན་གྱི་འབྱུང་ཁུངས་སུ་གྱུར་པའོ། །བྱ་བ་གྲུབ་པ་ནི། བྱ་བ་གྲུབ་པའི་ཡེ་ཤེས་ནི། །ཁམས་གསུམ་ཀུན་ཏུ་སྣ་ཚོགས་ཤིང་། །དཔག་མེད་བསམ་ཡས་སྤྲུལ་པ་ཡིས། །སེམས་ཅན་དོན་ཀུན་སྒྲུབ་པ་པོ། །ཞེས་པས་འཇིག་རྟེན་གྱི་ཁམས་ཀུན་ཏུ་སྤྲུལ་པ་དཔག་ཏུ་མེད་པས་སེམས་ཅན་གྱི་དོན་མཛད་པའོ། །དེ་ལྟར་ཀུན་མཁྱེན་གྱིས་ཀྱང་། མདོ་སྡེ་ལ་སོགས་གོང་མ་གསུམ། །སྐུ་གསུམ་ཡེ་ཤེས་བཞི་རུ་འདོད། །ཅེས་གསུངས་སོ། །

གཉིས་པ་ནི། བྱ་སྤྱོད་སོགས་ཏེ་བྱ་སྤྱོད་ཀྱི་རྒྱུད་སྡེ་ལས་སྐུ་གསུམ་འདོད་ཚུལ་ངོ་བོ་སྔ་མ་དེ་དང་མཚུངས་པ་ལ། རྣམ་པར་འདོད་ཚུལ་མི་འདྲ་སྟེ། སོ་སོར་ཡོད་པའི་ཕྱིར། ཡོ་ག་སྟེ་རྣལ་འབྱོར་རྒྱུད་དུ་གཟུགས་

སྐུ་ལ་རིགས་ལྔར་འདོད་པའི་ཚེ། ཡེ་ཤེས་ལྔ་འང་བཞེད་དེ། ཡེ་ཤེས་ལྔ་དང་འབྱུང་བ་ལྔ་དག་བྱ་འབྱུང་བ་ལྔ་དང་དག་བྱེད་ཡེ་ཤེས་ལྔར་བཞེད་དེ། དག་བྱ་དག་བྱེད་དུ་སྦྱར་བར་གསུངས་པའི་དབང་གིས་སོ། །རྣལ་འབྱོར་ཆེན་པོ་བླ་ན་མེད་པ་ལ་རྒྱུ་དབང་བཞི་དང་། ལམ་བཞི་སྒོམ་པའི་རྟེན་འབྲེལ་ཉིད་ལས་འབྲས་བུ་སྐུ་བཞིར་འབྱུང་བ་བཞེད་ཅིང་། ལམ་འབྲས་ཀྱི་དགོངས་པ་ནི་སྐུ་ལྔའི་རྣམ་གཞག་མཛད་དོ། །

གསུམ་པ་ནི། འཇམ་དཔལ་ལ་སོགས་ཏེ། འཇམ་དཔལ་རང་གི་ལྟ་བའི་འདོད་པ་མདོར་བསྟན་པའི་མདོ་ལས། སྐུ་གཅིག་ནས་སྐུ་ལྔའི་བར་གསུངས་ཏེ། དང་པོ་ནི། ཡེ་ཤེས་མིག་གཅིག་དྲི་མ་མེད། །ཅེས་གསུངས་པའི་ཕྱིར། གཉིས་པ་ནི། རང་དོན་དོན་དམ་པའི་སྐུ་དང་གཞན་དོན་ཀུན་རྫོབ་པའི་སྐུ་གཉིས་སུ་གསུངས་པའི་ཕྱིར།

གསུམ་པ་ནི། ཆོས་སྐུ་ལོངས་སྐུ་སྤྲུལ་སྐུ་གསུམ་དུ་གསུངས་པའི་ཕྱིར། བཞི་པ་ནི། ངོ་བོ་ཉིད་ལོངས་རྫོགས་བཅས་དང་། །ཞེས་སོགས་གསུངས་པའི་ཕྱིར། ལྔ་པ་ནི། སངས་རྒྱས་སྐུ་ལྔའི་བདག་ཉིད་ཅན། །ཞེས་གསུངས་པའི་ཕྱིར། འོན་ཀྱང་སྐུ་བཞིར་གསུངས་པའི་ལུང་དེའི་ཚིག་གཞན་རྣམས་འདྲ་བ་ལས། བྱམས་པས། སྤྲུལ་པ་ནི། ཞེས་དགར་ཚིག་སྦྱར་བའི་ནུས་པས་སྐུ་གསུམ་དུ་འདོད་པ་དང་། མདོ་འདིར། སྤྲུལ་པ་དང་། ཞེས་འབྱེད་ཚིག་སྦྱར་བའི་ནུས་པས་སྐུ་བཞིར་འདོད་པ་གཉིས་སུ་འབྱུང་བས་ཕར་ཕྱིན་ལུགས་ལ་སྐུ་གསུམ་དུ་བཞེད་པ་ཉིད་འཐད་དེ། རྗེ་མོས། ཕ་རོལ་ཏུ་ཕྱིན་པ་ལས་ནི་སྐུ་གསུམ་དང་ཡེ་ཤེས་བཞི་ལས་མ་བཤད་ལ། ཞེས་གསུངས་པ་དང་མཐུན་པས་གསུང་རབ་སྤྱི་དང་བསྟུན་ན་ལེགས་པ་ཡིན་ནོ། །ཞེས་གསུངས་སོ། །བཞི་པ་ནི༑ བླ་མེད་སྤྱི་ལ་སོགས་ཏེ། ངག་དབང་གྲགས་པའི་གསང་བ་འདུས་པའི་རྗེས་སུ་འབྲངས་ནས། ལོངས་སྤྱོད་རྫོགས་དང་ཁ་སྦྱོར་བདེ་ཆེན་རང་བཞིན་མེད། །སྙིང་རྗེས་ཡོངས་གང་རྒྱུན་མི་འཆད་དང་འགོག་པ་མེད། །ཡན་ལག་བདུན་དང་ལྡན་པའི་སངས་རྒྱས་དེ་ཉིད་ཀྱི། །བདག་འདོད་ཚད་མས་ཡོངས་བགོས་བློ་ཅན་རྣམས་ཀུང་འདོད། །ཅེས་གསུངས་པས་འོག་མིན་གྱི་གནས་སུ་ས་བཅུ་པ་རྣམས་ལ་ཆོས་ཀྱི་ལོངས་སྤྱོད་ཆེན་པོ་མཛད་པ་དང་། མཚན་དཔེས་བརྒྱན་པའི་ཡེ་ཤེས་ཀྱི་བཙུན་མོ་དང་ཞལ་སྦྱོར་དང་། དེ་ལ་བརྟེན་ནས་ཟག་མེད་ཀྱི་བདེ་བས་རྒྱུད་གང་བ་དང་། སྤྲོས་པའི་མཚན་མ་དང་བྲལ་བས་རང་བཞིན་གྱི་ངོ་བོ་ཉིད་མེད་པ་དང་། ཐུགས་རྗེ་ཆེན་པོའི་རོས་ཡོངས་སུ་གང་བས་སེམས་ཅན་གྱི་དོན་རྟག་ཏུ་འབྱུང་བ་དང་། དེའང་འཁོར་བ་མ་སྟོངས་ཀྱི་བར་དུ་རྒྱུན་མི་འཆད་པ་དང་། མི་གནས་པའི་མྱ་ངན་ལས་འདས་པས་འགོག་པ་མེད་པ་ཉིད་དང་ཡན་ལག་བདུན་ལྡན་དུ་བཞེད་དོ། །སློབ་དཔོན་ངག་གི་དབང་ཕྱུག་གྲགས་པའི་རྗེས་སུ་འབྲང་བ་འགའ་ཞིག །དེའང་སྐུ་གསུམ་གྱིས

བསྡུས་པ་སྟེ་རང་བཞིན་མེད་པ་ནི་ཆོས་ཀྱི་སྐུ་དང་། ལོངས་སྤྱོད་པ་དང་། ཁ་སྦྱོར་དང་། བདེ་ཆེན་གསུམ་ནི་ལོངས་སྐུ་དང་། སྙིང་རྗེས་ཡོངས་གང་དང་། རྒྱུན་མི་འཆད་དང་། འགོག་པ་མེད་པ་གསུམ་ནི་སྤྲུལ་སྐུས་བསྡུས་བར་འདོད་དོ། །ཡང་ན་སངས་རྒྱས་ཉིད་ཀྱི་རང་རྒྱུད་དོན་དམ་པའམ་དོན་གྱི་སྐུ་དང་། གདུལ་བྱ་ལ་སྣང་བའི་གཞན་དོན་ཀུན་རྫོབ་ཀྱི་སྐུའམ་བརྡའི་སྐུ་གཉིས་སུ་དབྱེ་བར་མཛད་དོ། །འདི་ནི་རྒྱུད་བླ་མ་དང་ཡང་མཐུན་ཏེ། དེ་ཉིད་ལས། རང་དོན་གཞན་དོན་དོན་དམ་སྐུ་དང་ནི། །དེ་ལ་བརྟེན་པའི་ཀུན་རྫོབ་སྐུ་ཉིད་དེ། །ཞེས་སོ། །སྐུ་གསུམ་པོ་རེ་རེའང་སྐུ་གསུམ་ཡན་ལག་བདུན་བདུན་དང་ལྡན་པ་ཡིན་ཏེ། དེ་ལ་དོན་དམ་གྱི་སྐུ་གསུམ་ཡན་ལག་བདུན་ལྡན་ནི། ཆོས་སྐུ་ནི་སྤྲོས་པ་ཐམས་ཅད་དང་བྲལ་བས་རང་བཞིན་མེད་པའི་ཡན་ལག །ལོངས་སྐུ་ནི་ས་བཅུའི་བྱང་སེམས་ཀྱི་ལོངས་སྤྱོད་ཀྱི་གཞིར་གྱུར་པ་དང་། དམིགས་མེད་སྙིང་རྗེས་ཤེས་རབ་ཁ་སྦྱོར་བ་དང་། ཟག་མེད་ཀྱི་བདེ་བས་རྒྱུད་གང་བ་དང་ཡན་ལག་གསུམ་མོ། །སྤྲུལ་སྐུ་ནི་སྙིང་རྗེས་སེམས་ཅན་གྱི་དོན་འབྱུང་བའི་གཞིར་གྱུར་པ་དང་། མཛད་པ་ཕྲིན་ལས་རྒྱུན་མི་འཆད་པ་དང་། ཐུགས་རྗེ་ལ་སྐྱོ་དུབ་མེད་པས་འགོག་པ་མེད་པ་སྟེ་ཡན་ལག་གསུམ་མོ། །ཡང་བརྡའི་སྐུ་གསུམ་ཡན་ལག་བདུན་ལྡན་གྱི་ཆོས་སྐུ་ནི་བཅོམ་ལྡན་འདས་རྣམ་པར་སྣང་མཛད་ལ་སོགས་པའི་ཐུགས་ཀར་དེ་མཚོན་པར་བྱེད་པའི་རྡོ་རྗེའི་རྣམ་པར་གནས་པ་སྟེ༑ དེ་ཉིད་འདུས་པ་ལས། བཅོམ་ལྡན་སེམས་དཔའ་འདི་ཉིད་ནི། །རྡོ་རྗེའི་ངོ་བོ་ཐུགས་ཀར་གནས། །ཞེས་པ་ལྟར་ཞལ་ཕྱག་གི་རང་བཞིན་མེད་པའི་ཡན་ལག་དང་། ལོངས་སྐུ་ནི་འོག་མིན་དུ་བརྡའི་སྐུས་བྱང་སེམས་རྣམས་ཀྱི་ཆོས་ཀྱི་ལོངས་སྤྱོད་པ་དང་། ཡུམ་དང་ཞལ་སྦྱོར་གྱི་བརྡ་དང་། དེས་མཚོན་པའི་བདེ་བ་ཆེན་པོའི་བརྡ་དང་ཡན་ལག་གསུམ་མོ། །སྤྲུལ་སྐུ་ནི་སྙིང་རྗེ་ཆེན་པོས་སྤྲུལ་པ་མཆོག་འབྲིང་ཐ་མ་སྣ་ཚོགས་པར་སྤྲུལ་ནས་སེམས་ཅན་གྱི་དོན་མཛད་པ་དང་། དེའང་རྒྱུན་མི་འཆད་པ་དང་། གདུལ་བྱ་ལ་བྲི་གང་མེད་པས་འགོག་པ་མེད་པ་སྟེ་ཡན་ལག་གསུམ་མོ། །དེ་ལྟར་ན་ཡན་ལག་བཅུ་བཞི་པོ་དོན་དང་བརྡའི་སྐུ་གཉིས་ཀྱིས་བསྡུས་བར་འདོད་པ་ཡིན་ནོ། །

གཉིས་པ་ཁྱད་པར་ཀྱེ་རྡོ་རྗེའི་རྩ་བཤད་ནས་བསྟན་པ་མངོན་རྟོགས་ལ་ཁ་འཕངས་པའི་ཚུལ་གྱིས་སྨོས་པ་ནི། ཁྱད་པ་ར་སོགས་ཏེ། ཁྱད་པར་དུ་ཀྱེ་རྡོ་རྗེ་རྩ་བ་དང་བཤད་པའི་རྒྱུད་ལ་བསྟན་པའི་སྐུ་བཞིའམ་ སྔར་གསུངས་ཏེ། བརྟག་གཉིས་ལས། རྡོ་རྗེ་སེམས་དཔའ་དང་། སེམས་དཔའ་ཆེན་པོ་དང་། དམ་ཚིག་སེམས་དཔའ་ཆེན་པོ་དང་། སྙིང་པོ་ཀྱེ་རྡོ་རྗེ་ཞེས་བྱ་བ་གསུངས་པས། གོ་རིམ་བཞིན་དུ་སངས་རྒྱས་ཀྱི་རང་བཞིན་སྤྲོས་པ་དང་བྲལ་བའི་ཆོས་ཀྱི་སྐུ་དང་། ཡེ་ཤེས་ཆེན་པོ་ལས་བྱུང་བའི་ཐེག་པ་མཆོག་གི་ཆོས་ཀྱིས་བྱང་ཆུབ

སེམས་དཔའ་རྣམས་ཚིམ་པར་མཛད་པ་ལོངས་སྤྱོད་རྫོགས་པའི་སྐུ་དང་། ལམ་གྱི་དམ་ཚིག་མཐར་སོན་པས་སེམས་ཅན་མཐའ་ཡས་པའི་དོན་ལྷུན་གྱིས་གྲུབ་པ་སྤྲུལ་པའི་སྐུ་དང་། སྐུ་གསུམ་པོ་དབྱེར་མི་ཕྱེད་པ་ངོ་བོ་ཉིད་ཀྱི་སྐུ་སྟེ། ཡོན་ཏན་གྱི་ཁྱད་པར་གཞན་ཤེས་པར་བྱ་བའི་ཕྱིར། མིང་གཞན་གྱིས་བསྟན་པའི་སྐུ་བཞི་དངོས་སུ་བསྟན་ཅིང་། དེའི་སྟེང་དུ་ཤིན་ཏུ་རྣམ་པར་དག་པའི་ངོ་བོ་ཉིད་ཀྱི་སྐུ་བསྣན་པས་སྐུ་ལྔ་དང་། དེ་དག་ཡེ་ཤེས་ལྔས་བསྡུས་པའང་རྡོ་རྗེ་གུར་ལས། སངས་རྒྱས་ཉིད་དེ་ཅི་ལགས། རྣམ་པ་ཐམས་ཅད་མཁྱེན་པའོ། །དེ་ཅི་ལགས། ལུས་ཅན་འདི་ནི་བདེན་པའོ། །དེ་རྒྱུ་ཅིའི་སླད་དུ་ཞེ་ན། རྡོ་རྗེ་འཛིན་པས་བཀའ་སྩལ་པ། འདི་ལྟར་ང་ཉིད་མཚན་བཟང་པོ་སུམ་ཅུ་རྩ་གཉིས་དང་། ང་ཉིད་དཔེ་བྱད་བཟང་པོ་བརྒྱད་ཅུས་བརྒྱན་པའོ། །དེ་ཅིའི་ཕྱིར་ཞེ་ན། མི་འདྲ་བའི་ཕྱིར་བསྒྲུབ་པར་བྱ་བ་ཡིན་ནོ། །ཕྱག་ན་རྡོ་རྗེས་གསོལ་པ། ཅི་བཅོམ་ལྡན་འདས་བེམས་པོ་ལགས་སམ། བཀའ་སྩལ་པ། ང་ཉིད་མེ་ལོང་ལྟ་བུའི་ཡེ་ཤེས་སོ། །དེ་ཅི་ལགས། རྡོ་རྗེ་འཛིན་པས་བཀའ་སྩལ་པ༑ བདེན་པ་མ་ཡིན་པ་དང་། བརྫུན་པ་མ་ཡིན་པ་དང་། རྒྱུ་མ་ཡིན་པ་དང་། སྐྱེ་བ་མ་ཡིན་པ་སྟེ། དེ་ལྟར་ང་ཉིད་མཉམ་པ་ཉིད་ཀྱི་ཡེ་ཤེས་དང་། ང་ཉིད་བྱ་བ་ནན་ཏན་གྱི་ཡེ་ཤེས་དང་། ང་ཉིད་སོ་སོར་རྟོག་པའི་ཡེ་ཤེས་དང་། དེ་ལྟར་ཆོས་ཀྱི་དབྱིངས་ཤིན་ཏུ་རྣམ་པར་དག་པའོ། །ཞེས་གསུངས་པ་ལ་བརྟེན་ནས་ཡེ་ཤེས་ལྔས་སངས་རྒྱས་ཀྱི་ས་ཐམས་ཅད་བསྡུས་པའོ། །དེ་ལྟར་ཡང་སློབ་དཔོན་ཤིང་ལས། ཡེ་ཤེས་ལྔས་སངས་རྒྱས་ཀྱིས་ཐམས་ཅད་བསྡུས་པར་འཆད་དེ། ཡེ་ཤེས་ལྔ་ཡང་སྐུ་བཞིར་འདུ་བས་འདི་ནི་སངས་རྒྱས་ཀྱི་རྣམ་གཞག་ལགས་ཏེ་འཕགས་པ་སངས་རྒྱས་ཀྱི་ས་དང་ཡང་མཐུན་ནོ། །ཞེས་གསུངས་སོ། །སངས་རྒྱས་ཀྱི་ས་ལས་ཀྱང་། སངས་རྒྱས་ཀྱི་ས་ནི་རྣམ་པ་ལྔ་པ་འདིས་ཡང་དག་པར་བསྡུས་པར་རིགས་པར་བྱའོ། །ལྔ་གང་ཞེ་ན། ཆོས་ཀྱི་དབྱིངས་ནི་ཤིན་ཏུ་རྣམ་པར་དག་པ་དང་། མེ་ལོང་ལྟ་བུའི་ཡེ་ཤེས་དང་། མཉམ་པ་ཉིད་ཀྱི་ཡེ་ཤེས་དང་། སོ་སོར་ཀུན་ཏུ་རྟོག་པའི་ཡེ་ཤེས་དང་། བྱ་བ་གྲུབ་པའི་ཡེ་ཤེས་སོ། །ཞེས་གསུངས་སོ། །དེ་ལྟར་སྐུ་དང་ཡེ་ཤེས་ནི་བཤད་གཞིར་གྱུར་པ་ཡིན་ལ། འཆད་བྱེད་ཀྱི་ཡན་ལག་ནི། གནས་ཡོངས་གྱུར་དང་ཡེ་ཤེས་སྐུ། །མི་གནས་མྱ་ངན་འདས་ཉིད་དང་། །གཉིས་སུ་མེད་པ་ཉིད་དང་ནི། །མཛད་པ་རྒྱུན་མི་འཆད་པར་བསྡུས། །ཞེས་པ་ལྟར་འགྲུབ་པའི་ཚུལ་གནས་གྱུར་པ། གྲུབ་པའི་དོན་ཡེ་ཤེས་སྐུ་ཡིན་པ། དེ་ཉིད་ལྡོགས་ས་ལ་ལྡོགས་ནས་མི་གནས་པའི་མྱ་ངན་ལས་འདས་པ། ལྡོགས་ཆོས་རང་གི་ངོ་བོ་གཉིས་སུ་མེད་པ། མཛད་པ་ཕྲིན་ལས་ཀྱི་འཁོར་ལོ་རྒྱུན་མི་འཆད་པ་ལྔས་བསྡུས་པའི་ཚུལ་དང་། སྐུ་དང་ཡན་ལག་བསྒྲེ་བའི་ཚུལ་རྣམས་ནི་རྒྱུད་ཀྱི་མངོན་པར་རྟོགས་པ་རིན་པོ་ཆེའི་ལྗོན་ཤིང་སོགས་སུ་གསལ་བར་བཞུགས་པས་དེར་ལྟོས་ཤིག །མདོར་ན་འཐོབ་བྱ་འབྲས་བུ་དང་། ཐོབ་

བྱེད་ལམ་མཐར་ཐུག་པ་ནི་ངེས་གསང་རྡོ་རྗེ་ཐེག་པའི་ཐབས་ཚུལ་ཁོ་ན་ལས་གཞན་དུ་སུ་ཞིག་གིས་ཚོལ་བར་བྱེད། ཁྲིམས་པའི་མར་མེ་ལ་འོད་ཀྱི་རེ་བ་མེད་པ་བཞིན་ནོ། །འོན་ཀྱང་ཐབས་དེ་རྫོགས་པར་བྱེད་པ་ལ། གསང་བ་འདུས་པ་ལས། ཕྱི་རུ་ཉན་ཐོས་སྤྱོད་པ་སྲུང་། །ནང་དུ་འདུས་པའི་དོན་ལ་དགའ། །ཞེས་གསུངས་པ་ལྟར། སྡོམ་ལྡན་རྡོ་རྗེ་འཛིན་པས་སྤྱོད་པ་ཁ་ན་མ་ཐོ་བ་མེད་ཅིང་སྡོམ་པ་གསུམ་གྱི་ཉམས་ལེན་སོ་སོའི་གཞུང་ནས་འབྱུང་བ་བཞིན་ཐུབ་བསྟན་གྲུ་བཞི་ལམ་ཁྱེར་གྱིས་ཉམས་སུ་ལེན་པར་བྱེད་པའི་སྐལ་བཟང་རྣམས་ནི་རང་བཞིན་གྱི་གྲུབ་པའི་མཐར་རྒྱ་མཚོ་ལྟ་བུའི་ཕ་རོལ་ཏུ་སོན་པ་རྡོ་རྗེ་འཛིན་པའི་གོ་འཕང་ཐོབ་པ་ལ་དཀའ་ཚེགས་ཅིའང་མེད་པར་འགྲུབ་པའི་ཟབ་ཆོས་ངོ་མཚར་རྨད་དུ་བྱུང་བ་དང་ལྡན་པ་ཡིན་ནོ། །དེ་དག་གིས་ལེའུ་ལྔ་པའི་རྣམ་པར་བཤད་པ་བསྟན་ཟིན་ཏོ། །སོ་བྱང་སྔགས་སྡོམ་གནས་འགྱུར་ངོ་བོ་གཅིག །རང་ལྡོག་ཐ་དད་ལུང་རིགས་ཚད་ཐུབ་ཀྱི། །གཟུངས་སྔགས་ཀྱིས་བསྒྲུབས་བདུད་རྩིའི་ཆུ་རྒྱུན་འདི། །ལོག་རྟོག་དྲི་མ་མཐའ་དག་བཀྲུ་ཕྱིར་ལེན། །ལེའུའི་མཇུག་བསྡུ་བ་ནི། ཡོངས་རྫོགས་བསྟན་པའི་ཉམས་ལེན་སོགས་གོ་སློའོ།། །།

སྤྱི་དོན་གསུམ་པ་རྫོགས་པ་མཐར་ཕྱིན་པ་མཇུག་གི་དོན་ལ་གསུམ་སྟེ། གང་བརྩམ་པའི་རྒྱུ། ཇི་ལྟར་རྩོམ་པའི་ཚུལ། དེ་ལྟར་བརྩམས་པའི་དགེ་བ་བསྔོ་བའོ། །དེའི་དང་པོ་ལ་གཉིས་ཏེ། མཁས་པས་མ་བཤད་པའི་སྐྱོན་དང་། བཤད་པའི་ཕན་ཡོན་དང་འབྲེལ་བའོ། །དང་པོ་ནི། མཁས་པའི་སོགས་ཏེ། གངས་ཅན་གྱི་ལྗོངས་འདིར་རྒྱལ་བའི་བསྟན་པ་དྲི་མ་མེད་པ་ལ་མཁས་པའི་བྱ་བ་རྣམ་པ་གསུམ་གྱི་ཕྱག་རྗེས་ལེགས་པར་བཞག་ཅིང་། ཆོས་དང་ཆོས་མ་ཡིན་པ་རྣམ་པར་འབྱེད་པའི་སྐྱེས་བུ་ཉི་མ་ལྟ་བུ་བསྟན་པ་སྔ་དར་གྱི་སྐབས་སུ་མཁན་སློབ་ཆོས་གསུམ་སོགས་ལོ་པཎ་གྲངས་མེད་པ་དང་། བསྟན་པ་ཕྱི་དར་གྱི་སྐབས་སུ་མཉམ་མེད་ཇོ་བོ་རྗེ་དཔལ་ལྡན་ཨ་ཏི་ཤ །ལོ་ཆེན་རིན་ཆེན་བཟང་པོ། རྗེ་བཙུན་ས་སྐྱ་པ་བརྩེ་བ་ཆེན་པོ་ཡབ་སྲས། ཆོས་ཀྱི་རྗེ་འཇམ་དབྱངས་བླ་མ་ས་སྐྱ་པཎྜི་ཏ་ཁུ་དབོན། མཁས་པ་ཆེན་པོ་གཡག་རོང་རྣམ་གཉིས། ཀུན་མཁྱེན་གོ་བོ་རབ་འབྱམས་པ་བསོད་ནམས་སེང་གེ །པཎ་ཆེན་ངག་དབང་ཆོས་གྲགས་སོགས་ཚད་མའི་མཁས་པ་རྣམས་ནི་ཞིང་འདིའི་མཛད་པ་རབ་འབྱམས་རེ་ཞིག་རྫོགས་པའི་ཚུལ་བསྟན་ནས་ཞིང་གཞན་ཏེ། སྟུག་པོ་བཀོད་པ། བདེ་བ་ཅན། མངོན་དགའ་ལ་སོགས་པའི་ཞིང་དག་པའི་གནས་སུ་གཤེགས་ཤིང་བཞུད་པའི་ཚུལ་བསྟན་ཟིན། དེང་གི་དུས་འདིར་རྒྱལ་བསྟན་གསལ་བར་ནུས་པའི་མཁས་པ་འགའ་ཙམ་བཞུགས་པ་རྣམས་ཀྱང་། སངས་རྒྱས་ཀྱིས་སེམས་ཅན་བརྩེ་བས་འདོར་བ་མིན་པ་ཆོས་ཉིད་ཀྱང་སྙིགས་མ་ལྔ་བདོའི་སྤྱོད་པ་ཤུགས་ཆེ་བས་གདུལ་བྱའི་རྒྱུད་མ་རུངས་པར་འགྱུར་བར་བྱིན་རླབས་མི་འཇུག་པའམ། དོན་ལྡན་མི་འགྱུར་བའམ། དུས་ལ་མ་བབས་པ

གང་ཡིན་རུང་ལེགས་བཤད་དེ་དམ་པའི་ཆོས་ཀྱི་འོད་མི་འགྲིབ་པར་རེ་ཞིག་གྱུར་པ་དང་། ཆོས་ཕྱོགས་སུ་བློ་ཕྱོགས་ཤིང་བློ་མིག་གསལ་བའི་ཟླ་བ་ལྟ་བུ་རྣམས་ཀྱང་གཞན་དབང་སྟེ་ཚེ་འདིའི་ཁེ་གྲགས་གདམ་གསུམ་རྟེན་བཀུར་འདུ་འཛིའི་གཟའ་ཡིས་ཟིན་པས་ཕྲིན་ལས་ལེགས་བཤད་ཀྱི་འོད་ཟེར་མི་སྣང་ལ། དེ་བཞིན་དུ་བསྟན་པ་རིན་པོ་ཆེའི་སྐོར་ཞུགས་པའི་དགེ་འདུན་སྐར་མའི་ཕྲེང་བ་ལྟ་བུ་བསམ་གྱིས་མི་ཁྱབ་པ་ཡོད་པ་རྣམས་ཀྱང་ཚོང་དང་སོ་ནམ་སོགས་གསོག་འཛོག་འདུ་འཛིའི་སྤྲིན་གྱིས་བསྒྲིབས་པར་གྱུར་ཅིང་། དེ་ལྟ་བུའི་རྒྱུ་དེས་རྐྱེན་བྱས་ཏེ་ཕན་བདེའི་འབྱུང་གནས་སངས་རྒྱས་བཅོམ་ལྡན་འདས་ཀྱི་བསྟན་པ་འདི་ཉིད་ནི་ནམ་མཁར་ཉི་ཟླ་སྐར་གསུམ་མེད་པའི་མཚན་མོའི་མུན་ནག་ལྟར་འགྱུར་དུ་ཉེ་ཞིང་། དེ་མཐུས་འཇིག་རྟེན་གྱི་ཁམས་ཀྱི་འགྲོ་བ་འདི་དག་ཐམས་ཅད་ཀྱང་ཤེས་རབ་ཀྱི་མིག་དང་བྲལ་བས་ལོང་བ་ལྟ་བུ་ལ། དམིགས་བུ་སྟེ་ཐར་པའི་ས་མཁན་དགེ་བའི་བཤེས་གཉེན་གྱི་ལོང་གཡོག་དང་བྲལ་བ་བཞིན་དུ་ངན་སོང་གསུམ་གྱི་གཡང་སར་གོམ་པ་འཛོག་པར་ཚོམ་པ་དང་། ཟང་ཟིང་ལོངས་སྤྱོད་ཀྱི་འཁོར་པ་ཅུང་ཟད་ལྡན་པའི་སྦྱིན་བདག་རྣམས་ཀྱང་སྡིག་སྣོད་སོགས་དམ་པའི་ཆོས་ཀྱི་གོ་ཚུལ་ཙམ་དང་སྦྱིན་ལེན་ཙམ་ཡང་མི་ཤེས་པའི་བླུན་པོ་ཟོག་བཟོ་ཅན་རྣམས་ཀྱི་རྐང་པ་མཐོན་པོར་འདེགས་པ་སྟེ། ཆེ་བསྟོད་བཀུར་གསུམ་བྱས་པས་དེ་དག་གིས་ཀྱང་རང་ཉིད་གྲོགས་དང་བཅས་པ་འཁོར་བར་གནས་འཁྲུམས་སུ་འགྲོ་བའི་རྒྱུ་ཧཱུྃ་ཕཊ་ཀྱི་ཀུ་སྒྲ་དང་། མནན་གཏད་གཟིར་གསུམ་གྱི་ཐོ་ཅོ་དྲག་པོས་འདྲེ་གདོན་དེད་ཚུལ་གྱིས་རང་གཞན་གཉིས་ཀ་ཕུང་ལ་སྦྱོར་བའི་གནོད་ཚབ་ཆེ་བར་བྱེད་པ་དང་། ལམ་བསླབ་པ་གསུམ་ལ་མ་བསླབ་ཅིང་སྡིག་སྣོད་སོགས་ལ་ཐོས་བསམ་གྱིས་མ་སྦྱངས་པའི་དགེ་སྦྱོང་དུ་ཁས་འཆེ་བས་བྱ་སྤྱོད་ཐམས་ཅད་འདུལ་བ་ལ་མི་སྣང་། མདོ་སྡེ་ལ་མི་འཇུག །ཆོས་ཉིད་དང་འགལ་བཞིན་དུ་ལྟ་བའི་སྟོང་སྐད་མཐོན་པོའི་ཁ་ཙད་སྒྲོགས་ཤིང་། ཤཱཀྱའི་ཐྲས་ཀྱི་བརྟུལ་ཞུགས་ཀྱིས་འཚོ་བ་ཉམས་པ་དང་། ཏིང་ངེ་འཛིན་དང་ཤེས་རབ་ཚུལ་བཞིན་མ་ཡིན་པར་ལོག་པའི་ཕྱོགས་སུ་སྤྱོད་པ་དང་། ཆོས་ཐམས་ཅད་སྤྲོས་པའི་མཐའ་ཐམས་ཅད་དང་བྲལ་ཡང་སྟོང་ཉིད་རྐྱང་པ་ལ་བློ་བཞག་སྟེ་དེའི་རྗེས་སུ་དེད་པ་དང་། བླ་མ་མཚན་ཉིད་དང་ལྡན་པ་ལས་སྨིན་གྲོལ་གྱི་ཆོས་མ་ཐོབ་པ་ལ་གསང་སྔགས་རྡོ་རྗེ་ཐེག་པའི་ལམ་ལ་རང་གར་འཇུག་སྟེ་དབང་དང་ཁྲི་དང་མན་ངག་བཤད་ཡམ་དུ་བྱེད་པ། ཇི་བཞིན་སྒྲ་དང་ཞེས་པ་རྩ་བ་བཞི་སོགས་སོ་བྱང་སྔགས་གསུམ་ནས་གསུངས་པའི་སྡོམ་པ་སོ་སོ་སྐྱེ་བོས་སྲུང་བླང་ནུས་ཚོད་བཞིན་དུ་མི་བསྲུང་པར་དུས་མཚམས་ལ་མ་སླེབ་བཞིན་དུ་བག་མེད་སྤྱོད་པ་དང་། སྒྲ་མིན་པ་སྒྱུར་ནས་སྒྱུར་སྒྲོལ་སོགས་ལ་འཇུག་སྟེ་སྤྱོད་པ་སྣ་ཚོགས་འཆོལ་པོར་བྱེད་པ་དང་། དགོངས་གཞི་མདོན་སྤྱོད་ཀྱི་ལས་སོགས་རང་བཞིན་གྱི་དོན་འགྲུབ་པའི་ནུས་པ་ཐོབ་པའི་རྣལ་

འགྱུར་བ་ལ་གསུངས་པའི་དགོངས་དོན་ཆ་མི་རྟོགས་པར་རྒྱ་རླུང་གི་ནུས་པ་མ་ཐོབ་བཞིན་དུ་འདོད་པ་ལོག་པར་སྨྲ། ཚར་གཅོད་རྗེས་འཛིན་གྱི་ནུས་པ་མ་ཐོབ་པར་རྙེད་པའི་རྗེས་སུ་ཆགས་ཏེ་ཞི་རྒྱས་དབང་དྲག་གི་ལས་ལ་འཇུག་པ་དང་། དེ་བཞིན་དུ་ངེས་དོན་བདེན་པ་རྟོགས་པའི་ཐབས་སུ་གསུངས་པ། དྲང་དོན་བདེན་པའི་དོན་མ་རྟོགས་ཤིང་དྲང་ངེས་ཀྱི་ཤན་མི་ཕྱེད་པར་རང་གཞན་ཕྱོགས་ལྷུང་གི་གྲུབ་མཐའ་ཕྱོགས་འཛིན་གྱི་ཁ་བཤད་སྟོང་པའི་སྒྲ་འབྱིན་པ་སོགས་དེ་ལྟ་བུས། སངས་རྒྱས་ཀྱི་བསྟན་པ་རིན་པོ་ཆེ་སྡོམ་གསུམ་འགལ་མེད་ཉམས་ལེན་གྱི་བསྟན་པ་ཞོ་ཆགས་པ་ལྟར་གནས་སུ་མི་འཇུག་པར་ངན་སྤྱོད་སྣ་ཚོགས་པས་དཀྲུགས་པ་འདི་དག་ལ་བཅོས་སུ་ཅང་ཡོད་དམ་སྙེ་དཀའ་བར་སྣང་བའི་ཕྱིར་རོ། །

གཉིས་པ་ནི། འོན་ཀྱང་སོགས་ཏེ། དེ་ལྟ་བུས་བསྟན་པ་འཚོལ་བར་སྤྱོད་པའི་དུས་མུན་པའི་གླིང་ལྟ་བུ་འདི་བཞིན་ཏེ། འོན་ཀྱང་ཆོས་དང་ཆོས་མ་ཡིན་པ་རྣམ་པར་འབྱེད་ཅིང་། ལུང་དང་རིག་པའི་དབང་ཕྱུག་མཁས་པ་ཇི་སྙེད་ཡོད་པ་ཐམས་ཅད་ཀྱིས་སེམས་ཅན་རྣམས་ལ་ཐུགས་བརྩེ་བ་ཆེན་པོས་རྗེས་སུ་དགོངས་ཏེ་མ་རིག་པའི་གཉིད་ལས་སློང་བའི་ཕྱིར་དུ་ཐམས་ཅད་དཔྱུང་བསྒྲིལ་ཏེ་ཆོས་མ་ཡིན་པ་ཐམས་ཅད་ཚར་གཅད། ཆོས་ཚུལ་བཞིན་དུ་འདོམས་པར་མཛད་ན། དཀར་ཕྱོགས་ལ་མངོན་པར་དགའ་བའི་དཔལ་མགོན་བདུན་ཅུ་རྩ་གཉིས་སོགས་ལྷ་ཀླུ་གཞི་བདག་རྣམས་དང་། བསྟན་པ་སྲུང་ཞིང་སྐྱོང་བར་ཞལ་གྱིས་བཞེས་པའི་དཔལ་མགོན་དམ་ཆིག་ཅན་རྣམས་དགའ་བའི་དབྱུགས་འབྱིན་ཅིང་། བདུད་སྡེ་འཛོམས་པའི་རྫུ་དང་འཕྲུར་བའི་མཐུ་སྟོབས་ནུས་པས་ཡིད་སྨྲུབ་དཔྱུང་དང་བཅས་པ་གཡུལ་ཕམ་ཞིང་མྱུ་ངན་གྱི་ཁང་བུར་འཛུད་པར་འགྱུར་བ་ཆོས་ཉིད་ཡིན་ལྟར། དེའི་དུས་ཐུབ་བསྟན་དྲི་མ་མེད་པ་སྒྲ་རེངས་གསར་པ་སྟེ་དང་པོ་འཆར་ནས་རིམ་བཞིན་ནམ་ལངས་ཉི་མ་ཤར་བ་ལྟ་བུའི་ཐེག་པ་གསུམ་གྱི་བསྟན་པས་འཇིག་རྟེན་གྱི་ཁམས་ཐམས་ཅད་གསལ་བར་འགྱུར་བའང་སྲིད་པ་ནི་ངེས་པ་ཡིན་ནོ། །

གཉིས་པ་ཇི་ལྟར་རྩོམ་པའི་ཚུལ་ལ་གསུམ་སྟེ། བཤད་སྒྲོལ་གང་གི་རྗེས་སུ་འབྲངས་ཏེ་རྩོམ་པ། ནོངས་པའི་ཆ་བཟོད་པར་གསོལ་བ། ལེགས་པའི་ཆ་ནས་གཞན་སྤྲོ་བ་སྐྱེད་པའོ། །དང་པོ་ནི། དེ་ཕྱིར་སོགས་ཏེ། གོང་དུ་སྨོས་མ་ཐག་པའི་དམ་ཆོས་ཚུལ་བཞིན་བཤད་པའི་ཕན་ཡོན་བསྟན་པ་དེའི་ཕྱིར་དུ། དཔལ་ལྡན་ས་སྐྱའི་རྗེ་བཙུན་རིན་པོ་ཆེ་གྲགས་པ་རྒྱལ་མཚན་སྐུ་མཆེད་དང་། ཁྱད་པར་དུ་འཇམ་དབྱངས་བླ་མ་ས་སྐྱ་པཎྜི་ཏ་ཞེས་མཚན་སྙན་གྲགས་པའི་མེ་ཏོག་ཕྱོགས་བཅུ་རབ་འབྱམས་མུ་མཐའ་མེད་པའི་ཁམས་ཐམས་ཅད་དུ་རྣམ་པར་རྒྱས་པ་དེ་ཡིས་མཛད་པའི་བསྟན་བཅོས་བསམ་གྱིས་མི་ཁྱབ་པ་ཞིག་བཞུགས་པ་ལས། ཆོས་དང་ཆོས་མ་

ཡིན་པ་རྣམ་པར་འབྱེད་པའི་བསྟན་བཅོས་སྡོམ་པ་གསུམ་གྱི་རབ་ཏུ་དབྱེ་བ་ཞེས་བྱ་བའི་གཞུང་མཛད་ཅིང་། དེ་ལ་འགྲེལ་བཤད་ཀྱི་སྒྲོལ་ཤིན་ཏུ་མང་ནའང་། གཞུང་དོན་ཕྱིན་ཅི་མ་ལོག་པར་རྣམ་པར་འབྱེད་ཅིང་། བཤད་པ་པོ་རབ་དང་ཕུལ་དུ་བྱུང་བ་མདོ་ཁམས་གོ་བོའི་ཡུལ་དུ་སྐུ་འཁྲུངས་ཤིང་། མདོ་སྔགས་གཞུང་ལུགས་རབ་འབྱམས་སྨྲ་བ་ཀུན་ལས་རྒྱལ་མཚན་གྱི་ཏོག་ལྟར་ཆེས་ཆེར་མངོན་པར་མཐོ་བར་གྱུར་པའི་མཁས་པ་ཆེན་པོ་ཀུན་མཁྱེན་བསོད་ནམས་སེང་གེས་མཛད་པའི་སྡོམ་འགྲེལ་ཆེན་མོ་དང་། སྡོམ་གསུམ་སྤྱི་དོན། རྣལ་འབྱོར་ཆེན་པོའི་སྡོམ་པ་བཤད་པ་བདུད་རྩི་ཉིང་ཁུ་རྩ་འགྲེལ་ལ་སོགས་པ་ལེགས་པར་བཤད་པའི་བསྟན་བཅོས་ཁུངས་ཐུབ་རྣམས་ལ་བརྟེན་ནས་སྡོམ་པ་གསུམ་གྱི་ཉམས་ལེན་གནད་ལ་སྦྱོར་བའི་ཚུལ་དུ་དད་པ་དང་བརྩོན་འགྲུས་ཀྱི་འབད་རྩོལ་དྲག་པོའི་སྒོ་ནས་སྦྱར་བ་སྟེ་བྲིས་པའོ། །

གཉིས་པ་ནི། བདག་བློ་སོགས་ཏེ། དེ་ལྟར་སྡོམ་པ་གསུམ་ཉམས་སུ་ལེན་ཚུལ་གྱི་བསྟན་བཅོས་རྩོམ་པ་པོ་བདག་ནི་བློ་རབ་ཏུ་དམན་ཞིང་། གཞུང་དོན་ལ་སྦྱངས་པའི་མཐུ་ཆུང་བའི་སྟོབས་ཀྱིས་ནོངས་པར་གྱུར་པའི་ཚོགས་གང་ཞིག་མཆིས་པ་དེ་མཁས་པ་ཆེན་པོ་རྣམས་ཀྱི་མདུན་སར་འགྲོད་པས་སྙིང་ནས་མཐོལ་ལོ་བཤགས་སོ། །སྒྲིབ་པ་མི་འབྱུང་བར་མཛད་དུ་གསོལ་ཞེས་པ་བླུན་པོ་རང་སྣང་ཕོ་ཆོད་ཅན་གྱི་སྤྱོད་ཡུལ་མ་ཡིན་ཀྱང་གསུང་རབ་ཆེན་པོའི་དགོངས་འགྲེལ་མཁན་རྣམས་ཀྱི་རྣམ་པར་ཐར་པའོ། །

གསུམ་པ་ནི། ལྷག་བསམ་སོགས་ཏེ། སྡོམ་པ་གསུམ་ཉམས་སུ་ལེན་པའི་བསྟན་བཅོས་འདི་གང་གི་དོན་དང་། དོན་ཅིའི་ཕྱིར་རྩོམ་ཞེ་ན། ལྷག་པའི་བསམ་པ་རྣམ་པར་དག་པའི་ཆ་ཤས་ཡོངས་སུ་རྫོགས་པའི་ཀུན་སློང་ཟླ་བའི་དཀྱིལ་འཁོར་ལྟར་རབ་ཏུ་དཀར་ཞིང་དྭངས་པའི་མ་མའི་སྟེ། ཕྲིན་ལས་བསིལ་ཟེར་འབུམ་དུ་སྒྲོ་བའི་མཐུས་ཡིད་ཅན་ཀུན་གྱིས་མཐོང་ཐོས་དྲན་རེག་ཙམ་གྱིས་སྡུག་བསྔལ་གསུམ་གྱི་ཚ་གདུང་གི་ཉེས་པ་བཅོམ་ནས་ཕན་པ་དང་བདེ་བས་ངལ་འཚོ་བ་མྱང་འདས་ཀྱི་དཔལ་སྟེར་བའི་གཞིའམ་རྒྱ་བ་ལྟ་བུར་གྱུར་ཏོ་ཞེས་སྐལ་བ་བཟང་པོ་དང་ལྡན་པ་རྣམས་སྤྲོ་བ་སྐྱེད་དུ་འཇུག་པའོ། །

གསུམ་པ་བརྩམས་པའི་དགེ་བ་བསྔོ་བ་ལ་གསུམ་སྟེ། མཐར་ཐུག་བྱང་ཆུབ་ཀྱི་དོན་དུ་བསྔོ་བ་དང་། གནས་སྐབས་བསྟན་པ་རྒྱས་པ་སོགས་སྨོན་པ་དང་། སྒྲོལ་འབྱེད་ཤིང་རྟའི་ཕྲིན་ལས་ལས་བརྩམས་པའི་ཤིས་པ་བརྗོད་པའོ། །དང་པོ་ནི། བསོད་ནམས་སོགས་ཏེ། སྡོམ་པ་གསུམ་གྱི་ཉམས་ལེན་མཐའ་དག་མ་ཚང་བ་མེད་པར་གཞུང་དཀྲུགས་གཅིག་ལ་ལུང་དང་། རིགས་པ་དང་། མན་ངག་ཚད་མས་ཡང་ཡང་དཔྱད་དེ་སྦྱར་བ་འདི་ལས་བྱུང་བའི་བསོད་ནམས་དེ་ནི་ཚེ་འདིར་མཁས་གྲགས་སྐད་གསུམ་འདོད་པ་དང་། བསྙེན་བཀུར་སོགས་ཉེ

ཚེའི་བསམ་པ་ནག་ནོག་ཅན་མིན་ཏེ། ལྷག་པའི་བསམ་པ་དག་པ་དུང་ལྟར་དཀར་ཞིང་གཡུར་ལྟར་བསིལ་བ་དེས་འགྲོ་བ་ཀུན་ཉན་ཐོས་དང་། བྱང་སེམས། རྡོ་རྗེ་ཐེག་པའི་འདུལ་བ་གསུམ་གྱི་ཐབས་ལམ་འགལ་མེད་དུ་ཡོངས་སྤྱོད་པ་ལས་བྱུང་བའི་འཐོབ་བྱ་ཆོས་ཀུན་བདེ་བ་ཆེན་པོར་གཅིག་ཏུ་སྡོམ་པའི་འབྲས་བུ་ཕྱག་རྒྱ་ཆེན་པོ་མྱུར་དུ་འགྲུབ་ནས་སེམས་ཅན་གྱི་དོན་བླ་ན་མེད་པ་བྱེད་པའི་ནུས་པ་དང་ལྡན་པར་གྱུར་ཅིག་ཅེས་འཁོར་གསུམ་རྣམ་པར་དག་པས་ཡོངས་སུ་བསྔོ་བའོ། །

གཉིས་པ་ནི། འགྲོ་བའི་སོགས་ཏེ། འགྲོ་བ་ཀུན་གྱི་སྡུག་བསྔལ་ཐམས་ཅད་འཇོམས་པའམ་སེལ་བར་བྱེད་པའི་སྨན་བཟང་པོ་གཅིག་པུར་གྱུར་པ་རྒྱལ་བའི་བསྟན་པ་རིན་པོ་ཆེ་ཡིན་ཞིང་། དེ་ཡུན་རིང་དུ་གནས་ཤིང་མི་ནུབ་པར་བསྟན་པའི་རྒྱལ་མཚན་འཛིན་པ་གཙུག་ལག་ཁང་པ་རྣམས་ཏེ་རིག་དང་གྲོལ་བའི་ཡོན་ཏན་ཕུན་སུམ་ཚོགས་པ་དང་ལྡན་པའི་དགེ་འདུན་གྱི་སྡེ་རྣམས་ཀྱང་གླེག་པ་ཐོས་བསམ་གྱི་འཁོར་ལོས་བསྟན་པ་གསལ་བར་བྱེད། སྒོམ་པ་བསམ་གཏན་གྱི་འཁོར་ལོས་བདེན་དོན་ཁོང་དུ་ཆུད་ནས་སྲིད་པའི་རྒྱུན་གཅོད་པར་བྱེད། བྱ་བ་ལས་སམ་ཆོས་སྤྱོད་ཀྱི་འཁོར་ལོས་རང་གཞན་གྱི་སྒོ་གསུམ་དགེ་ལ་སྦྱོར་བར་བྱེད་པ་སོགས་ཏེ། འཁོར་ལོ་གསུམ་དང་ལྡན་པའི་དགེ་འདུན་གྱི་སྡེས་ཕྱོགས་དུས་གནས་སྐབས་ཡུལ་དུས་ཐམས་ཅད་གང་ཞིང་། རྒྱལ་ཁམས་དེ་རྣམས་སུ་འཁོད་པའི་འགྲོ་བ་རྣམས་ཀྱང་སྡུག་བསྔལ་དང་སྡུག་བསྔལ་གྱི་རྒྱུ་དང་བྲལ་ནས་ལུས་ངག་ཡིད་གསུམ་དགེ་བ་གསུམ་ལ་སྤྱོད་པའི་ཤུགས་ཀྱིས་ཆོས་ཀྱི་བདེ་བས་འཚོ་བ་དང་ལྡན་པར་གྱུར་ཅིག་པ་སྟེ། སྨོན་ལམ་རྣམ་པར་དག་པའི་རྒྱས་བཏབ་པའོ། །

གསུམ་པ་ནི། སྲིད་པ་སོགས་ཏེ། ས་འོག ། ས་སྟེང་། ས་བླ་སྟེ་ས་གསུམ་མམ། སྲིད་པ་གསུམ་གྱི་ཁམས་འདི་ན་འཇམ་དབྱངས་བླ་མ་ཆོས་ཀྱི་རྗེ་ས་སྐྱ་པཎྜི་ཏ་ཞེས་མཚན་གྱི་སྙན་པའི་གྲགས་པ་གསེར་གྱི་འཁོར་ལོས་སྒྱུར་བའི་མོད། ལུང་རིག་ཚད་མས་མ་གྲུབ་པའི་ཆོས་ལོག་བར་སླ་བ་བཀའ་ཕྱག་ལ་སོགས་པའི་སྡེ་དང་། དེའི་སློབ་བརྒྱུད་དཔུང་བཅས་གང་ཡིན་པ་རྣམས་ཀྱི་སྟོབས་དང་ཤུགས་རབ་ཏུ་ཉམས་དམའ་བར་གྱུར་ནས། ཆོས་ཀྱི་རྒྱལ་པོས་ཚད་མས་གྲུབ་པའི་རྒྱལ་བསྟན་དྲི་མ་མེད་པ་གསལ་བར་བྱས་པའི་དགེ་མཚན་གྱིས་ཤིས་པར་གྱུར་པའི་དཔལ་དེ་མི་ཉམས་པར་རབ་ཏུ་རྒྱས་པ་ཡིས་ཕྱོགས་ཀུན་ཏུ་རྣམ་པར་རྒྱལ་བར་གྱུར་ཅིག་པའོ། །དེ་བཞིན་དུ་ཚོགས་གཉིས་བསོད་ནམས་བྱེ་བ་རིང་ནས་བསགས་པའི་གངས་ཀྱི་རི་བོ་ལྟ་བུ་ལ་གནས་བཅས་ཤིང་། ཐུབ་བསྟན་མ་སྨད་པ་སྟེ་ལོག་རྟོག་གིས་མ་བསླད་པ་ལུང་རིག་ཚད་ལྡན་སེང་གེའི་ང་རོ་རབ་ཏུ་སྒྲོགས་པའི་སྒྲ་དབྱངས་ཀྱིས། དགེ་ལྡན་པ་ལ་སོགས་པའི་རི་དྭགས་དམངས་རྣམས་ཚད་མའི་ལུང་རིག་གི་ང་

རོས་བསྡུངས་པར་གྱུར་པའི་སྙན་གྲགས་ཀྱིས། འཛམ་གླིང་ས་ཡི་ལྟེ་བ་འཕགས་ཡུལ་རྡོ་རྗེ་གདན་གྱི་བྱང་ཕྱོགས་བོད་དང་། བོད་ཆེན་པོའི་ལྗོངས་ཐམས་ཅད་དང་། ཤར་ཕྱོགས་རྒྱ་ཡི་ཡུལ་ཐམས་ཅད་འདི་ན་ཀུན་མཁྱེན་གོ་བོ་རབ་འབྱམས་པ་ཞེས་གྲགས་པས། སངས་རྒྱས་ཀྱི་བསྟན་པ་རིན་པོ་ཆེ་གསལ་བར་མཛད་པ་ཉི་མ་ལྟ་བུ་དེས་རྟག་ཏུ་ཤིས་པའི་རྒྱུ་མཛད་པའི་དགེ་མཚན་དེ་མི་ཉམས་ཤིང་འཕར་བར་ཏེ་རྒྱས་པར་གྱུར་ཅིག་པས་ཤིང་རྟ་ཆེན་པོ་རྣམས་ཀྱི་ཕྲིན་ལས་ཀྱི་ཤིས་པར་བརྗོད་པའི་སྨོན་པས་སོ། །རྩོམ་པའི་ཚུལ་ལས་འཕྲོས་པའི་སྦྱར་བྱང་ལ་གསུམ་སྟེ། གང་ཟག་གང་གིས་རྩོམ་པ། དུས་ནམ་གྱི་ཚེ་རྩོམ་པ། གནས་གང་དུ་སྦྱར་བའོ། །དང་པོ་ནི། དེ་ལྟར་སོགས་ནས། རྒྱལ་ཁམས་པ་ངག་དབང་བློ་གྲོས་སྙིང་པོ་གཞན་ཕན་མཐའ་ཡས་པའི་འོད་ཟེར་རམ། ཐ་སྙད་རིག་པའི་བདགས་མིང་དུ་འཇམ་དབྱངས་སྨྲ་བའི་ཉི་མ་ཚངས་སྲས་དགྱེས་པའི་ལང་ཚོ་ཞེས་བོད་པས། ཞེས་པའི་བར་བསྟན།

གཉིས་པ་ནི། ཁམས་གསུམ་ཆོས་ཀྱི་རྒྱལ་པོ་སོགས་ནས་གྲོ་བཞིན་ཟླ་བའི་དཀར་ཕྱོགས་ཀྱི་རྒྱལ་བ་དང་པོའི་ཚེས་ལ་ཞེས་པའི་བར་བསྟན།

གསུམ་པ་ནི། མདོ་སྨད་སའི་སོགས་ནས་བགྱིས་པའོ་ཞེས་པའི་བར་བསྟན་པ་རྣམས་གོ་སླའོ། །དེ་དག་གིས་སྤྱི་དོན་གསུམ་པའི་རྣམ་པར་བཤད་པ་བསྟན་ཟིན་ཏོ། །

རྣམ་མང་འགྲོ་རྣམས་མ་རིག་གཉིད་ཡུར་ཞིང་། །རྣམ་མཁྱེན་བསྟན་པ་ལྡེམ་པོ་མུན་གླིང་དུ། །རྣམ་དག་སྡོམ་གསུམ་ཉི་གཞོན་གསར་པ་འཆར། །རྣམ་མང་འགྲོ་ཁམས་སྣང་བས་གསལ་བར་འགྱུར། །དེ་ལྟར་སྡོམ་པ་གསུམ་གྱི་ཉམས་ལེན་གནད་ལ་འབེབས་པའི་བསྟན་བཅོས་ཀྱི་དོན་མ་ལུས་པ་ཡོངས་སུ་རྫོགས་པར་བཤད་ཟིན་ཏོ།། །།

འདིར་སྨྲས་པ། སྣང་གཞི་རང་བཞིན་དྲི་བཅས་མིག་གི་འབྲས། །ཉོན་མོངས་དུག་ལྔའི་རབ་རིབ་ཀྱིས་བསྒྲིབས་པ། །སྦྱོང་བྱེད་ལུང་རིག་ཐུར་གྱིས་ལེགས་བསྐྲུན་པའི། །སྡོམ་གསུམ་རྣམ་འགྲེལ་གསེར་ཐུར་ངོ་མཚར་རྨད། ༡ །ཇི་ལྟར་ནད་ཀྱིས་གདུངས་ལ་སྨན་གཅེས་བཞིན། །མཁས་རྣམས་ཆོས་ཕུང་བརྒྱད་ཁྲི་བཞི་སྟོང་གི། །ཉིང་ཁུ་སྡོམ་གསུམ་ཉམས་ལེན་གཅེས་གཟུང་ཕྱིར། །གསོ་དང་དཔྱད་པའི་ཚོ་གའི་ཕྲེང་བ་བལྟར། ༢ །ཀུན་ལས་རབ་དྭངས་ཕུལ་བྱུང་བདུད་རྩིའི་རྒྱུན། །འཇམ་དབྱངས་བླ་མའི་མཁྱེན་རབ་ཟབ་མ་བཟང་ལས། །བབས་པ་སྡོམ་གསུམ་རབ་དབྱེ་ཀུན་མཁྱེན་རྗེས། །སྐལ་ལྡན་གདུལ་བྱའི་བློ་མཚོར་ཅིག་ཅར་ཕབ། ༣ །ཚུལ་བཞིན་རྟོགས་ན་ཉམས་ལེན་སྙིང་པོར་བཅས། །ཀུན་ཚང་གྱུར་ཀྱང་ཤེས་བརྩོན་གྱིས་དམན་རྣམས། །གཞལ་

དགའི་ཆུ་གཏེར་རི་བོང་རྒྱལ་བ་ཡིས། །ཚོད་པ་མིན་བཞིན་གཞུང་དོན་རྟོགས་སླའི་ཕྱིར། ༤ །ངག་གི་དབང་
ཕྱུག་རྣམ་དཔྱོད་ཏྲ་བདུན་གྱིས། །ལེགས་པར་དྲངས་པའི་བསྟན་བཅོས་འོད་བརྒྱ་པ། །དོན་ཀུན་གྲུབ་པའི་ཟབ་
དོན་སྣང་བ་ཡིས། །སྐལ་བཟང་བློ་ཡི་པདྨོ་ཅིས་མི་འབྱེད། ༥ །ཀྱེ་མ་དེང་དུས་ལྔ་བདོའི་དགེ་འདུན་རྣམས། །ཐོས་
བསམ་གྱིས་དབེན་འགྱུར་ལྟན་སྐྱེ་བོས་ཀྱང་། །བླུན་པོའི་རྐང་འདེགས་ཕྱིར་ན་ཆོས་མཐུན་པ། །ཉིན་སྐར་ཙམ་
ཕྱིར་འདི་འདྲའི་དགོས་པ་བྲལ། ༦ །འོན་ཀྱང་ཁྱབ་བདག་བླ་མའི་དགོངས་རྫོགས་དང་། །བློ་གསལ་སྐྱེས་བུའི་
ཐུགས་བཞེད་སྐོང་སླད་དུ། །ལྷག་བསམ་ཀུན་སློང་དུང་དང་ཀུནྡ་ལྟར། །རབ་ཏུ་དཀར་བའི་སྒོ་ནས་རྩོལ་འདི་
བརྩམས། ༧ །སྐྱེ་བར་གོམས་པའི་ཤེས་རབ་མཐུ་ཆུང་ཞིང་། །གཞུང་དོན་སྦྱངས་པ་དམན་པའི་ཤུགས་བརྟས་
པས། །ཉེས་པར་གྱུར་གང་བླ་མ་ཡི་དམ་ལྷ། །ཁྱད་པར་ཀུན་མཁྱེན་བླ་མའི་སྤྱན་སྔར་བཤགས། ༨ །སོ་སོར་
ཐར་པ་བྱང་སེམས་གསང་སྔགས་ཀྱི། །སྡོམ་པའི་རྣམ་འགྲེལ་བདུད་རྩིའི་སྒྲོ་དབྱེ་བའི། །དགེ་བ་གང་ཐོབ་རྒྱལ་
བའི་སྲས་རྣམས་ཀྱི། །བཟང་པོ་སྤྱོད་པ་བཞིན་དུ་བསྔོ་བར་བགྱི། ༩ །རྒྱལ་བ་ཀུན་གྱི་ཡབ་ཏུ་གྱུར་ཀྱང་རྒྱལ་
སྲས་ཚུལ་བཟུང་འཇམ་པའི་དབྱངས། །མགོན་པོ་གང་དེའི་མཁྱེན་བརྩེའི་ཡེ་ཤེས་ཕུང་པོ་གཅིག་བསྡུས་འགྲོ་
ཁམས་འདིར། །ངུར་སྨྲིག་གར་གྱི་རྣམ་པར་རོལ་པ་མཁས་དང་གྲུབ་པའི་དབང་པོ་ཞེས། །ཀུན་མཁྱེན་བླ་མ་
རྫོགས་པའི་སངས་རྒྱས་ཞབས་པད་སྲིད་མཐར་བརྟན་གྱུར་ཅིག ༡༠ །ལུང་རིག་མན་ངག་ཚད་མས་བརྒྱན་
པའི་རྣམ་བཤད་ཟླ་བའི་དཀྱིལ་འཁོར་གྱིས། །ཆོས་ཀྱི་སྒྲ་དབྱངས་འོད་སྣང་དཀར་པོས་ཕྱོགས་ཀུན་ཡོངས་སུ་
ཁྱབ་གྱུར་ནས། །འགྲོ་བའི་སྡུག་བསྔལ་ཚ་གདུང་སེལ་ཞིང་ཐུབ་བསྟན་སྤྱི་དང་བྱེ་བྲག་ཏུ། །ཀུན་མཁྱེན་གཉིས་
པའི་རིང་ལུགས་ཀུནྡའི་དགའ་ཚལ་མཆོག་ཏུ་རྒྱས་གྱུར་ཅིག ༡༡ །

ཅེས་སྡོམ་པ་གསུམ་གྱི་ཉམས་ལེན་གནད་ལ་འབེབས་པ་འཇམ་དབྱངས་བླ་མའི་དགོངས་རྒྱན་གྱི་རྣམ་འགྲེལ་སྐལ་བཟང་མིག་འབྱེད་ཀྱི་གསེར་ཐུར་ཞེས་བྱ་བ་འདི་ནི། རྩ་བའི་གཞུང་མཛད་པ་པོ་ངེས་པ་དོན་གྱི་ཐམས་ཅད་མཁྱེན་པ་ཆེན་པོ་མཚན་བརྗོད་པར་དཀའ་ནའང་། དོན་གྱི་སླད་དུ་གོང་དུ་མཚན་སྨོས་མ་ཐག་གང་དེའི་ཞལ་སྔ་ནས་ལེའུ་བཞི་པ་ཡན་ཆད་ལ་རང་འགྲེལ་དཔྱིས་ཕྱིན་པར་མཛད་ཅིང་། དེའི་འཕྲོ་ལུས་པ་ལ་ཞལ་སྐོང་ཞིག་མ་ཡོད་ཐབས་མེད་ཅེས་རྗེ་འདིའི་རིགས་ཀྱི་དཔོན་དུ་གྱུར་ཅིང་ཕྲིན་ལས་སྐྱོང་བ་གཞན་ཕན་ཀུན་དགའ་དང་། ཐུགས་ཀྱི་སྲས་བླ་མ་བསོད་ནམས་རབ་རྒྱས་སོགས་རྗེས་འཛིན་རྣམས་ནས་གསུང་གིས་བསྐུལ་ཞིང་། ལྷག་པར་རྫོང་སར་མདའ་རི་ཆོས་རྗེ་ཀུན་དགའ་འཇམ་དབྱངས་ནས་ཀྱང་གསུང་ནན་གྱིས་བསྐུལ་ཞིང་རྩོམ་གདན་ཁྲི་གཞིའི་རྐྱེན་སྦྱར་བ་དང་། ཁྱད་པར་ཀུན་མཁྱེན་བླ་མ་རིན་པོ་ཆེའི་བཀའ་ཡིས་གནང་བ་ནོས་པ

ལ་བརྟེན་ནས། ཁམས་གསུམ་ཆོས་ཀྱི་རྒྱལ་པོ་ཐར་རྩེ་མཁན་ཆེན་རྡོ་རྗེ་འཆང་ཁུ་དཔོན་རྣམ་པ་གསུམ་དང་། རྩོད་པའི་དུས་ཀྱི་ཐམས་ཅད་མཁྱེན་པ་ཀུན་མཁྱེན་བླ་མ་རིན་པོ་ཆེ་རྫོགས་པའི་སངས་རྒྱས་འཇམ་དབྱངས་མཁྱེན་བརྩེའི་དབང་པོ་ཀུན་དགའ་བསྟན་པའི་རྒྱལ་མཚན་དཔལ་བཟང་པོ་དང་། འཛམ་གླིང་བྱང་ཕྱོགས་ཀྱི་ཐུབ་པའི་རྒྱལ་ཚབ་འཇམ་པའི་དབྱངས་ངག་དབང་ལེགས་གྲུབ་བམ། རྒྱལ་བའི་སྲས་པོ་ངག་དབང་བློ་གྲོས་སྙིང་པོ་གཞན་ཕན་མཐའ་ཡས་པའི་འོད་ཟེར་སྣང་བརྒྱད་བསྟན་པའི་རྒྱལ་མཚན་དཔལ་བཟང་པོ་ལ་སོགས་པ་ཡོངས་འཛིན་དམ་པ་རྣམས་ཀྱི་ཞབས་ཀྱི་རྡུལ་དྲི་མ་མེད་པ་གཙུག་ཏུ་བསྟེན་ཅིང་གསུང་གི་བདུད་རྩི་ལ་ལོངས་སྤྱོད་པའི་བཀའ་འབངས་རྣམས་ཀྱི་ཐ་ཆུང་། ཀུན་མཁྱེན་ཨེ་ཝཾ་པ་ཆེན་པོའི་ལུགས་བཟང་དྲི་མ་མེད་པའི་རྗེས་སུ་ཞུགས་ཤིང་རྗེས་སུ་སློབ་པའི་འདུན་པ་མི་དམན་ཙམ། ཡུལ་གཙང་རོང་ཕྱོགས་ཀྱི་ཀུན་ཏུ་རྒྱུ་ངག་དབང་བསོད་ནམས་རྒྱལ་མཚན་བློ་གྲོས་མི་ཟད་པའི་སྒྲ་དབྱངས་སུ་བོད་པའི་སྡོམ་ལས་དང་ལེ་ལོའི་མཐར་ཐུག་པ་དེས། རྩ་བའི་གཞུང་དོན་ལ་ལེགས་པར་དཔྱད་ཅིང་། རྒྱབ་བརྟེན་ཡིག་ཆའི་སྐོར་ལ་རྟོག་དཔྱོད་ཀྱིས་ཡོན་ཏན་རིན་པོ་ཆེ་དུ་མའི་འབྱུང་གནས་ཤྲཱི་རྫོང་སར་བཀྲ་ཤིས་ལྷ་རྩེའི་ཆོས་གྲྭ་ཆེན་པོར། རྩ་བའི་གཞུང་བསྟན་བཅོས་མཛད་ནས་བགྲང་བྱ་བཅུ་ཕྲག་གཉིས་སྔོན་དུ་འདས་པ་རབ་བྱུང་བཅོ་ལྔ་པའི་ནཱ་ཆོད་ལྡན་ཅེས་ཤིང་མོ་ཕག་གི་ལོ་ནག་པ་ཟླ་བའི་དཀར་ཕྱོགས་ཀྱི་བཟང་པོ་གཉིས་པ་བདུད་རྩི་སྦྱོར་བའི་འཕྲོད་ཆེན་ཉིན་ལེགས་པར་གྲུབ་པར་སྦྱར་བའོ། །འདིས་ཀྱང་བཤད་སྒྲུབ་ཀྱི་བསྟན་པ་དར་ཞིང་སེམས་ཅན་ཐམས་ཅད་ལ་ཕན་པ་དང་བདེ་བའི་རྒྱུ་བླ་ན་མེད་པ་འབྱུང་བར་གྱུར་ཅིག ། །།སརྦ་དཱ་ཀ་ལྱཱ་ཎཾ་བྷ་བནྟུ། །གོང་གི་ཞར་བྱུང་རྒྱུད་ཀྱི་མངོན་རྟོགས་འདི་རྣམས་གཞུང་གི་ས་བཅད་རྣམ་གྲངས་ཙམ་སྟེ། ཞིབ་པ་སྐབས་སུ་བབས་པ་བྱུང་ཚེ་ལོགས་སུ་འབྲི་བར་བྱའོ། །

ཨོཾ་སྭ་སྟི་པྲ་ཛཱ་བྷྱཿ འཇམ་དབྱངས་མགོན་པོའི་ཡེ་ཤེས་གཅིག་བསྡུས་པ། ངག་ལ་དབང་ཐོབ་ཤེས་བྱའི་ཆོས་རྣམས་ཀུན། །ལེགས་པར་བཤད་ལ་མཁས་ཤིང་གྲུབ་བརྙེས་པས། །རྣམ་ཐར་བསམ་གྱིན་དད་པས་ཕྱག་བགྱིའོ། །ཐུབ་པས་ཇི་སྙེད་འགྲོ་བའི་ཁམས་མཐུན་པར། །དེ་སྙེད་ཐེག་པ་སྣ་ཚོགས་གསུངས་པ་ཡི། །བརྗོད་བྱ་བསླང་གསུམ་བསྟན་པའི་ཉམས་ལེན་གཞུང་། །འཇམ་མགོན་མཁྱེན་པའི་དཔྱད་གསུམ་དག་པས་བཀྲལ། །བསྟན་བཅོས་སྡོམ་གསུམ་གཞུང་དང་བསྡུས་པའི་དོན། །ས་བཅད་གཞུང་སྦྲགས་རྣམ་འགྲེལ་དང་བཅས་བཞི། །མི་ཟད་ཆོས་སྦྱིན་སྤར་གྱི་པདྨོའི་ཚལ། །དང་པོ་འཇམ་མགོན་ཐུགས་བསྐྱེད་མཆོ་ལྷེབ་༡༧ལས་སོ། །བར་དུ་ཀུན་གཟིགས་མཊྚ་པཎྜི་ཏ། །འཇམ་དཔལ་དབྱངས་དངོས་མཁྱེན་བརྩེ་ནུས་པའི་གཏེར། །མཁས་གྲུབ་དབང་པོའི་ཐུགས་རྗེའི་འོད་ཟེར་གྱིས། །ངོ་མཚར་སྤར་གྱི་འདབ་མ་རྣམ་པར་༢༥ཕྲེ། །དགེ་བའི་བཤེས་གཉེན་ཕན་བདེ་

དཔལ་བཟང་༢༡པོ། །ས་སྐྱོང་མཛོད་འཛིན་བཀྲ་ཤིས་རྒྱ་མཚོ་༡༠༠དང་། །ཀརྨ་ཆོས་༥༠སྒྲོན་ནེ་ཚན་ཞྭ་ཆེན་༢༣སོགས། །དད་གསུམ་ཐིམ་བུའི་ཆར་གྱིས་སྐྱེད་དུ་བསྲིངས། །ཐ་མ་ས་ཡི་ཚངས་པ་སྐྱེད་ཡུམ་མས། །མ་ལུས་མཐའ་༨༣བསྡུས་པདྨའི་སྙིང་པོ་སྨིན། །བཀའ་བློན་པདྨ་ཆོས་འཕེལ་བཟང་པོ་ཡིས། །བཀྲོ་བཙུགས་གཙང་དག་མཆོད་པའི་ཕྲེང་བར་བལྟར། །འདི་ལྟར་བསྒྲུབས་པའི་དགེ་ཚོགས་ལས། །བསོད་ནམས་ཕུང་པོ་ཚད་མེད་པ༔ །འཇིག་རྟེན་ཁམས་འདིར་མཐོང་དོགས། །མིས་པོས་ཡངས་པར་སྤྲུལ་ལམ་སྙམ། །སྡེ་བཞིའི་ནོར་གྱི་རྩིབས་སྟོང་བཀྲ། །དགེ་བཅུའི་ཁྲིམས་ཀྱི་མུ་ཁྱུད་ཅན། །ལུགས་གཉིས་གསེར་གྱི་འཁོར་ལོ་ཡིས། །གླིང་བཞི་ཀུན་ལ་དབང་སྒྱུར་ཅིག །སྣང་བར་བྱས་སོ་ཟླ་འོད་ཀྱིས། །མུན་པའི་དཔལ་དེ་ཡོངས་འཕྲོགས་ལྟར། །བདག་མེད་རྟོགས་པའི་ཤེས་རབ་ཀྱིས། །བདག་ཏུ་ལྟ་བ་དེ་ཡང་ངོ། །ཁྲིམ་མེད་པའི་ཐུབ་བསྟན་སྤྱི་དང་ཁྱད་པར་དུ། །གངས་ཅན་བསྟན་པའི་སྒྲོན་མེ་རྗེ་བཙུན་ས་སྐྱ་པའི། །ལུང་རྟོགས་བསྟན་དང་བསྟན་འཛིན་སྐྱེས་བུ་ཞབས་བརྟན་ཞིང་། །བཤད་སྒྲུབ་བ་དན་དཀར་པོ་ཕྱོགས་ཀུན་རྒྱལ་བསྒྱུར་ཅིག །

ཅེས་སྡོམ་པ་གསུམ་གྱི་ཉམས་ལེན་གདན་ལ་འབེབས་པའི་རྩ་བའི་གཞུང་དང་། བསྡུས་དོན། ས་གཞུང་སྒྲིགས་མ། རྣམ་འགྲེལ་བཅས་སྤྱི་ཕྱིར་བསྟན་འཛིན་གྱི་སྐྱེས་ཆེན་དམ་པ་གཉིས་དང་། དད་སློབ། དད་སྦྱིན་རྣམས་ནས་སྡེ་དགེ་ལྷུན་གྲུབ་སྟེང་གི་ཆོས་གྲྭར་ཆོས་སྦྱིན་མི་ཟད་པའི་སྤར་དུ་ལྡེབ་གྲངས་ཨཥྚའི་གྲངས་ལྟར་བཞེངས་པའི་སྤར་བྱང་ཞུང་དུ་འདི་འང་དགེ་སྦྱོང་ཕྱ་གིཙྪས་རབ་ཆོས་ན་ཚོད་ལྡན་གྱི་ལོ་རྒྱལ་བ་ལྔ་ལས་བབས་པའི་དུས་ཆེན་ཁྱད་པར་ཅན་གྱི་ཉིན་གང་དྲན་ཐོལ་བྱུང་དུ་སྦྲུར་བ་དགེ་ལེགས་འཕེལ།། །།

མཧཱུཾཀློཾཧྲཱུརཏྣཱབཱལཾཀཱརསྭཏིཀཱནཱམསཾབུདྡྷཤཱསནཱནཱམཤྲཱིདེཝཱིཡཧིསསྦྲརཎིཊཡཱསྟྃ།

༄༅། །ཡོངས་རྫོགས་བསྟན་པའི་ཉམས་ལེན་སྡོམ་པ་གསུམ་གཏན་ལ་འབེབས་པ་འཇམ་དབྱངས་བླ་མའི་དགོངས་རྒྱན་གྱི་འགྲེལ་པ་བཞུགས་སོ། །

ཨ་འཛི་ནོར་བུ་དབང་རྒྱལ།

ཨོཾ་སྭ་སྟི་བི་ཛ་ཡནྟུ། ཛོ་ཛེ་རྩེ་མོ་ལས། ཨོཾ་ནི་ཅི་ཞིག་ཡིན་པར་བཤད། །མཆོག་དང་ནོར་གཏེར་དཔལ་དང་གཡང་། །སྐལ་བཟང་རྣམ་པ་དང་ལྡན་ཞིང་། །དམ་བཅའ་བ་དང་བཀྲ་ཤིས་དོན། །ནོར་བུ་འཛིན་པའི་སྙིང་པོ་ཡིན། །ཞེས་པའི་དོན་ནི། ཡི་གེ་ཨོཾ་ནི་རྒྱུ་མཚན་ཅི་ཞིག་ཡིན་པར་བཤད་ཅེ་ན། ཕྱུལ་དུ་བྱུང་བས་མཆོག་སྟེ་མཆོག་གི་དངོས་གྲུབ་དང་། སའི་གཏེར་ལ་སོགས་པའི་ནོར་གཏེར་དང་། གཉིས་སུ་མེད་པའི་ཡེ་ཤེས་ཀྱི་དཔལ་དང་གཡང་སྟེ་ཕུན་སུམ་ཚོགས་པ་ཐམས་ཅད་ཀྱི་གཞིར་གྱུར་པའི་བསོད་ནམས་དང་། དབང་ཕྱུག་ལ་སོགས་པའི་སྐལ་བ་བཟང་པོའི་རྣམ་པ་དང་ལྡན་ཞིང་། དམ་བཅའ་བའི་དོན་དང་བཀྲ་ཤིས་པར་བྱེད་པའི་དོན་དང་། གདུལ་བྱའི་བསམ་པ་རྫོགས་པར་བྱེད་པའི་ཡིད་བཞིན་གྱི་ནོར་བུ་དང་འདྲ་བར་འཛིན་པའི་སྙིང་པོ་ཡིན་ནོ། །

དེ་ལྟར་དོན་བརྒྱད་ལ་འཇུག་པ་ལས་སྐབས་འདིར་བཀྲ་ཤིས་པའི་དོན་ཡིན་ནོ། །**སྲིད་ལས་ངེས་པར་འབྱུང་བའི་**སྡོམ་འགྲེལ་གཞན་ཕན་ཉི་མའི་སྣང་བ་ལས། ཁམས་གསུམ་ལས་ཡིད་ངེས་པར་ཕྱིར་འབྱུང་བས་ན་ངེས་པར་འབྱུང་བ་ཞེས་གསུངས་སོ། །**ཚུལ་ཁྲིམས་**མཚོ་ཊཱི་ཀ་ཆེན་མོ་ལས། ཁམས་གསུམ་འཁོར་བ་ནས་ངེས་པར་འབྱུང་བ། མྱ་ངན་ལས་འདས་པ་སྟེ། དེ་ཐོབ་པར་བྱེད་པའི་ཚུལ་ཁྲིམས་ཡིན་པའི་ཕྱིར། ཞེས་དང་། འདིའི་བརྗོད་བྱ་ནི་ངེས་པར་འབྱུང་བའི་ཚུལ་ཁྲིམས་བསྟན་པའོ། །ཞེས་སོགས་གསུངས་སོ། །དང་། ཞེས་པའི་སྐབས། སོ་སོར་ཐར་པའི་སྡོམ་པའི་ངོ་བོ་ནི། ངེས་འབྱུང་གི་བསམ་པས་ཀུན་ནས་བསླངས་ཏེ། གཞན་གནོད་གཞི་བཅས་སྤོང་བའི་བསམ་པ་ཡིན་ལ། ངེས་འབྱུང་གི་བསམ་པ་མེད་པའི་དགེ་སློང་སོགས་ཀྱི་སྡོམ་པ་ནི་སོ་ཐར་གྱི་སྡོམ་པར་མི་འགྱུར་ཏེ། ཕྱི་མར་ལྷ་མིའི་གོ་འཕང་ཙམ་དོན་དུ་གཉེར་བའི་སྡོམ་པ་ནི་ལེགས་སྨོན་གྱི་ཚུལ་

ཁྲིམས་དང་། ཚེ་འདིར་རྒྱལ་པོའི་ཆད་པ་སོགས་ཀྱིས་འཇིགས་པ་དང་། ནད་གདོན་སོགས་ཀྱིས་འཇིགས་ནས་བསྲུངས་པའི་སྡོམ་པ་ནི་འཇིགས་སྐྱོབ་ཀྱི་ཚུལ་ཁྲིམས་ཡིན་པའི་ཕྱིར་རོ། །དེས་ན་སོ་ཐར་དུ་འགྱུར་བ་ལ་ངེས་འབྱུང་གི་བསམ་པ་ངེས་པར་དགོས་ཏེ། མདོ་རྩ་ལས། ངེས་པར་འབྱུང་བའི་ཚུལ་ཁྲིམས་ཀྱི་དབང་དུ་བྱས་ཏེ་ཞེས་དང་། སུམ་བརྒྱ་པ་ལས། ངེས་པར་འབྱུང་བའི་ཚུལ་ཁྲིམས་སྡུག་བསྔལ་སྤོང་ཞེས་དང་། མཛོད་འགྲེལ་ལས། ཅི་ཕྱི་རོལ་པ་རྣམས་ལ་ཡང་དག་པར་བླངས་པའི་ཚུལ་ཁྲིམས་མེད་དམ་ཞེ་ན། ཡོད་མོད་ཀྱི་སོ་སོར་ཐར་པའི་སྡོམ་པ་ནི་མ་ཡིན་ནོ། །དེ་ཅིའི་ཕྱིར་ཞེ་ན། དེ་ནི་སྲིད་པ་ལ་བརྟེན་པའི་ཕྱིར། གཏན་དུ་སྡིག་པ་ལས་སོ་སོར་ཐར་བར་བྱེད་པ་མ་ཡིན་ནོ། །ཞེས་གསུངས་སོ། །**དམན་སེམས**་ཏེ་རང་ཉིད་གཅིག་པུ་ཞི་བདེ་དོན་གཉེར་ནི་དམན་སེམས་ཡིན་ནོ། །དེ་**མཆོག་གི་བློར་བསྒྱུར་བ་སེམས་བསྐྱེད་དང་། །ཆོས་ཀུན་ལྷ**་དང་བསྐྱེད་རིམ་གྱི་དུས་སུ་སྣང་བའི་དངོས་པོ་ཐམས་ཅད་ལྷ་དང་། རྫོགས་རིམ་གྱི་དུས་སུ་སྣང་བ་ཐམས་ཅད་སྤྲོས་བྲལ་བདེ་བ་ཆེན་པོར་ཤར་བའི་དོན་ཏོ། །**ཡེ་ཤེས་སུ་སྡོམ**་པ། སྡོམ་པ་སྒོ་གསུམ་ཐ་མལ་དུ་གནས་པའི་གཟུང་འཛིན་མཚན་མའི་རྟོག་པ་བག་ཆགས་དང་བཅས་པ་སྡོམ་བྱེད་ལུས་ལྷ། ངག་སྔགས། སེམས་ཆོས་ཉིད་ཀྱི་རོལ་པ་སོགས་ཐབས་ཤེས་ཐུན་མོང་མ་ཡིན་པ་བདེ་བ་ཆེན་པོའི་ཡེ་ཤེས་ཟབ་མོ་རིམ་ཅན་གྱིས་སྒོ་གསུམ་ཡུལ་སྣང་དང་བཅས་པ་ཐ་མལ་གྱི་ཉེས་སྤྱོད་སྡོམ་ཞིང་ཐམས་ཅད་སྟོང་བཅུད་དག་མཉམ་ཆེན་པོར་བྱང་ཆུབ་པར་བྱེད་པའོ། །ཞེས་སྡོམ་འགྲེལ་ཉི་སྣང་ལས་གསུངས་སོ། །**རིམ་བཞིན་ཕོག་མཛད་དྲིན་ཅན་བླ་མ་རྒྱལ**། །སྡོམ་འགྲེལ་གཞན་ཕན་ཉི་མའི་སྣང་བ་ལས། དེའང་རང་ཉིད་ལས་ཉོན་གྱི་སྒྲིབ་པའི་མུན་པས་ཁེབས་པའི་ཚེ་ན་སངས་རྒྱས་དངོས་ཀྱི་གདུལ་བྱར་མ་ཆུད་པའི་དུས་འདིར་བླ་མ་དམ་པས་བརྩེ་བས་རྗེས་སུ་བཟུང་སྟེ། ཕྱི་སོ་ཐར་ནང་བྱང་སེམས་གསང་བ་རྡོ་རྗེ་ཐེག་པའི་ཆོས་ཀྱི་བགོ་སྐལ་བསྐུལ་ཏེ་སངས་རྒྱས་དངོས་ཀྱི་ཕྲིན་ལས་མཛད་པས་རང་ངོས་ནས་སངས་རྒྱས་ལས་ལྷག་པའི་བཀའ་དྲིན་ཆེས་འཕགས་པ་དང་དོན་ལ་སངས་རྒྱས་ཀྱི་རོལ་པར་ངེས་པའི་ཤེས་པ་བརྟན་པོས་བསྟན་བཅོས་བརྩོམ་པའི་ཐོག་མར་མཆོད་པ་བརྗོད་པའོ། །ཞེས་གསུངས་སོ། །

བསྐལ་མང་འདས་པའི་སྔོན་ནས་བྱང་ཆུབ་ཀྱང་། །སྟོན་པ་འདི་སྔོན་བསྐལ་པ་དཔག་ཏུ་མེད་པའི་གོང་ནས་སངས་རྒྱས་པ་འདི་ཐེག་ཆེན་གྱི་ལུགས་ཡིན་ལ། དེའང་ཐེག་པ་ཆེ་ཆུང་གི་འདོད་ཚུལ་ལ་ཐུན་མོང་གི་རྣམ་གཞག་སྤྱིར་བསྟན་པ་དང་། ཐེག་པ་ཆེ་ཆུང་གི་ཁྱད་པར་སོ་སོར་བཤད་པའོ། །དང་པོ་ནི། གྲངས་མེད་དང་པོ་ལ༔ རྒྱལ་པོ་རྣམ་པར་རྒྱལ་བའི་ཕོ་བྲང་རྣམ་པར་རྒྱལ་བའི་རྒྱལ་མཚན་དུ། སྟོན་པ་འདི་ཉིད་རྒྱལ་པོ་དེའི་སྲས་གཞོན་ནུ་བརྩོན་འགྲུས་སྤྱོད་དུ་གྱུར་པ་ན། དེ་བཞིན་གཤེགས་པ་ཕུང་པོ་ཆེན་པོ་ལ་སོགས་པའི་སངས་རྒྱས་

དང་། ཉན་ཐོས་ཀྱི་ཚོགས་ལ་བསྙེན་བཀུར་ཞིང་སྨོན་ལམ་བཏབ་པ་ནས། འདྲེན་པ་རིན་ཆེན་གཙུག་ཏོར་ཅན་ལ་ཐུག་པའི་བར་སངས་རྒྱས་བདུན་ཁྲི་ལྔ་སྟོང་དུ་བསྙེན་བཀུར་བྱས་ཏེ་ཚོགས་གཉིས་རྒྱ་ཆེན་པོ་བསགས་སོ། །གྲངས་མེད་གཉིས་པ་ལ་རྒྱལ་པོ་མཛེས་པར་སྣང་བའི་ཕོ་བྲང་ཛམྦུའི་གསེར་ཞེས་བྱ་བར། སྟོན་པ་འདི་ཚོང་དཔོན་ཤེས་རབ་བཟང་པོ་ཞེས་བྱ་བར་གྱུར་པའི་ཚེ། དེ་བཞིན་གཤེགས་པ་དཀོན་མཆོག་ཡན་ལག་འཇིག་རྟེན་དུ་བྱོན་པ་ལ་བསྙེན་བཀུར་བྱས་ཏེ་སྨོན་ལམ་བཏབ་པ་ནས། འདྲེན་པ་མར་མེ་མཛད་ལ་ཐུག་པའི་བར་སངས་རྒྱས་བདུན་ཁྲི་དྲུག་སྟོང་ལ་སྙེད་པ་དང་བཀུར་སྟིའི་སྒོ་ནས་ཚོགས་གཉིས་རྒྱ་ཆེན་པོ་བསགས་སོ། །གྲངས་མེད་གསུམ་པ་ལ༑ རྒྱལ་པོ་དགྲ་ཐུབ་ཀྱི་ཕོ་བྲང་གྲོང་ཁྱེར་པདྨོ་ཅན་དུ། སྟོན་པ་འདི་གཞོན་ནུ་ཆོས་ཀྱི་སྤྲིན་དུ་གྱུར་པ་ན། སངས་རྒྱས་མར་མེ་མཛད་ལ་བསྙེན་བཀུར་ཞིང་སྨོན་ལམ་བཏབ་པ་ནས། འདྲེན་པ་རྣམ་པར་གཟིགས་ལ་ཐུག་པའི་བར་སངས་རྒྱས་བདུན་ཁྲི་བདུན་སྟོང་ལ་སྙེད་པ་དང་བཀུར་སྟིའི་སྒོ་ནས་ཚོགས་གཉིས་རྒྱ་ཆེན་པོ་བསགས་ཏེ་སངས་རྒྱས་དབང་པོའི་ཏོག་ཏུ་མངོན་པར་རྫོགས་པ་སངས་རྒྱས་པར་མཛད་དོ། །དེ་ནས་ཚེ་ལོ་སུམ་ཁྲིའི་དུས་སུ། རྒྱལ་པོའི་ཕོ་བྲང་གཉེན་ལྡན་དུ་སངས་རྒྱས་འོད་སྲུང་བྱོན་པའི་ཚེ་སྟོན་པ་འདི་བྲམ་ཟེའི་ཁྱེའུ་བླ་མར་སྤྲུལ་ཏེ་སྙེད་པ་དང་བཀུར་སྟིའི་སྒོ་ནས་ཚོགས་གཉིས་རྒྱ་ཆེན་པོ་བསགས་ཏེ། དེའི་སྐུ་ཚེ་ཕྱི་མ་ལ་དགའ་ལྡན་དུ་དམ་པ་ཏོག་དཀར་དུ་སྐྱེ་བ་བཞེས་ནས། གདུལ་བྱ་རྣམས་ལ་དམ་པའི་ཆོས་ཀྱིས་ཚིམ་པར་མཛད་དེ། མཛོད་ལས། རྣམ་གཟིགས་མར་མེ་རིན་ཆེན་གཙུག །གྲངས་མེད་གསུམ་གྱི་ཐ་མར་བྱུང་། །དང་པོ་ཤཱཀྱ་ཐུབ་པ་ཡིན། །ཞེས་དང་། དེའི་རང་འགྲེལ་ལས། སངས་རྒྱས་རིན་ཆེན་གཙུག་ཏོར་ཅན་གྱི་ཚེ་ནི་བསྐལ་པ་གྲངས་མེད་པ་དང་པོ་རྫོགས་སོ། །བཅོམ་ལྡན་འདས་མར་མེ་མཛད་ཀྱི་ཚེ་ནི་གཉིས་པ་རྫོགས་སོ། །དེ་བཞིན་གཤེགས་པ་རྣམ་པར་གཟིགས་ཀྱི་ཚེ་ནི་གསུམ་པ་རྫོགས་སོ། །ཞེས་གསུངས་པ་ལྟར་རོ། །

གཉིས་པ་ཐེག་པ་ཆེ་ཆུང་གི་ཁྱད་པར་སོ་སོར་བཤད་པ་ལ། ཐེག་དམན་གྱི་ལུགས་དང་ཐེག་ཆེན་གྱི་ལུགས་གཉིས། དང་པོ་ནི། སྔར་གྲངས་མེད་གསུམ་དུ་ཚོགས་བསགས་པ་དེ་དག་ཀྱང་ཚོགས་ལམ་གྱི་གནས་སྐབས་ཁོ་ན་ཡིན་ཞིང་། དམ་པ་ཏོག་དཀར་གྱིས་རྒྱལ་བུ་དོན་གྲུབ་ཏུ་སྐྱེ་བ་བཞེས། རྡོ་རྗེའི་གདན་དུ་སྦྱོར་ལམ་དྲོད་ནས་ཟད་མི་སྐྱེ་ཤེས་པའི་བྱང་ཆུབ་ཀྱི་བར་གདན་ཐོག་གཅིག་ལ་མངོན་དུ་བྱས་ནས་གསར་དུ་སངས་རྒྱས་པར་བཞེད་དེ། །མཛོད་ལས། སྟོན་དང་བསེ་རུ་བྱང་ཆུབ་བར། །བསམ་གཏན་མཐའ་རྟེན་གཅིག་ལ་ཀུན། །དེ་ཡི་སྔོན་དུ་ཐར་ཆ་མཐུན་། །ཞེས་གསུངས་སོ། །རྒྱལ་བུ་དོན་གྲུབ་ཀྱང་བྱང་སེམས་སོ་སྐྱེ་སྲིད་པ་ཐ་མ་པར་འདོད་པ་ཡིན་ཏེ། མཛོད་ལས། འཕགས་པ་མིན་ཡང་ཐ་མ་དང་། །ནད་པ་དང་ནི་ཆོས་སྨྲ་དང་། །སྐྱེ་མཐའི་བྱང་

ཆུབ་སེམས་དཔའ་ལ། །ཡོན་ནི་གཞལ་དུ་མེད་པ་ཡིན། །ཞེས་སོ། །གཉིས་པ་ཐེག་ཆེན་པ་ལྟར་ན། གྲངས་མེད་དང་པོའི་དུས་སུ་བརྩོན་འགྲུས་སྤྱོད་དུ་གྱུར་པའི་ཚེ་ས་དང་པོ་མན་ཆད་མངོན་དུ་བྱས། གྲངས་མེད་གཉིས་པའི་དུས་སུ། ཚོང་དཔོན་ཤེས་རབ་བཟང་པོར་གྱུར་པའི་ཚེ་ས་དག་པ་ས་དྲུག་གི་རྟོགས་པ་མངོན་དུ་བྱས། གསུམ་པའི་དུས་སུ་གཞོན་ནུ་ཆོས་ཀྱི་སྤྲིན་དུ་གྱུར་པའི་ཚེ། དག་པ་ས་གསུམ་གྱི་རྟོགས་པ་མངོན་དུ་བྱས། དེའི་རྗེས་སུ་གཞི་དང་སྙིང་པོ་མེ་ཏོག་གིས་བརྒྱན་པའི་ཞིང་ཁམས་སུ་སངས་རྒྱས་དབང་པོའི་ཏོག་ཏུ་སངས་རྒྱས་པའི་སྐྱེ་བ་སྤྲུལ་སྐུ་ནི་ལྷའི་བུ་དམ་པ་ཏོག་དཀར་ཡིན་ལ། དེ་ཉིད་འཛམ་བུའི་གླིང་འདིར་མཛད་པ་བཅུ་གཉིས་ཀྱི་ཚུལ་སྟོན་པར་བཞེད་དེ། ལང་ཀར་གཤེགས་པར། རིན་ཆེན་སྣ་ཚོགས་མཛེས་པ་ཡི། །འོག་མིན་གནས་མཆོག་ཉམས་དགའ་བར། །ཡང་དག་རྫོགས་སངས་དེར་སངས་རྒྱས། །སྤྲུལ་པ་པོ་གཅིག་འདིར་འཚང་རྒྱ། །ཞེས་དང་། དམ་ཆོས་པདྨ་དཀར་པོ་ལས། བསྐལ་བ་བྱེ་སྟོང་བསམ་གྱིས་མི་ཁྱབ་པར། །དེ་ཡི་ཚད་ནི་ནམ་ཡང་མེད་པ་ན། །བྱང་ཆུབ་མཆོག་རབ་དེ་ནི་ངས་ཐོབ་སྟེ། །ང་ནི་རྟག་ཏུ་ཆོས་ཀྱང་རབ་འཆད་དོ། །ཞེས་དང་། རྒྱུད་བླ་མར། ཐུགས་རྗེ་ཆེན་པོས་འཇིག་རྟེན་མཁྱེན། །འཇིག་རྟེན་ཀུན་ལ་གཟིགས་ནས་ནི། །ཆོས་ཀྱི་སྐུ་ལས་མ་གཡོས་པར། །སྤྲུལ་པའི་རང་བཞིན་སྣ་ཚོགས་ཀྱིས། །སྐྱེ་བར་མངོན་པར་སྐྱེ་བ་དང་། །དགའ་ལྡན་གནས་ནས་འཕོ་བ་དང་། །ཞེས་དང་། རྣམ་བཤད་རིགས་པ་ལས། བྲམ་ཟེའི་ཁྱེའུ་བླ་མ་ནས་གཟུང་སྟེ། ཡོངས་སུ་མྱ་ངན་ལས་འདས་པ་ཆེན་པོའི་བར་དུ། སྤྲུལ་པ་ཙམ་ཞིག་ཡིན་པར་བསྟན་པ་ཡིན་ལ། ཞེས་དང་དེའི་འགྲེལ་པ་ལས། བཅོམ་ལྡན་འདས་འོད་སྲུང་གི་དུས་ན། བྲམ་ཟེའི་ཁྱེའུ་བླ་མ་ཚངས་པར་སྤྱོད་པ་ལ་གནས་པ་ནི་སྤྲུལ་པ་ཡིན་པར་བསྟན་ཏོ། །ཞེས་དང་། ཡབ་སྲས་མཇལ་བའི་མདོར། ཐེ་བ་ཕྲག་བརྒྱར་རྒྱལ་བ་ཉིད། །སངས་རྒྱས་ཉིད་དུ་བསྟན་གྱུར་ཀྱང་། །ད་དུང་དུ་ཡང་འདྲེན་པ་ཁྱོད། །སངས་རྒྱས་མང་པོར་སྟོན་པ་མཛད། །ཅེས་དང་། སློབ་དཔོན་ཆེན་པོ་ངག་གི་དབང་ཕྱུག་གྲགས་པས། གང་གི་དཔལ་ལྡན་སྟུག་པོ་བཀོད་པར་དོན་དམ་ཐུགས་ཆུད་ཅིང་། །དགའ་ལྡན་སྐྱེ་བོའི་དོན་མཛད་ཕྱིར་ནི་དམ་པ་ཏོག་དཀར་གྱུར། །དེ་ནས་འདིར་ནི་འགྲོ་བའི་དོན་དུ་ཤཱཀྱའི་ཏོག་གྱུར་པ། །འཆི་བདག་ལས་རྒྱལ་སྐྱུ་མ་མཐའ་ཡས་སྟོན་དེ་རྒྱལ་གྱུར་ཅིག །ཅེས་གསུངས་སོ། །**སྐྱིགས་མའི་རྣལ་འབྱོར་ཨ་ཙི་ཏས་མཛད་པའི་དེ་ཁོ་ན་ཉིད་གྲུབ་པ་**ལས། སྐྱེ་བ་སྔ་མར་བྱས་པའི་ལས་ཀྱི་རྒྱུ་ཡིས་ནི། །སེམས་དེ་འདི་རུ་སྐྱེ་བ་ཡོངས་སུ་ལེན་ཅིང་འགྲོ། །དེ་ཡི་རྒྱུ་ཡིས་མ་ལུས་འདི་དག་ཐམས་ཅད་ནི། །བག་ཆགས་བཅས་པའི་སེམས་ཀྱིས་ཉེ་བར་བརྟམ་པར་འགྱུར། །ཞེས་སོ། །**འགྲོ་ལ་བརྩེ་བའི་**བདེན་པ་པོའི་ལེའུའི་མདོ་ལས། གཏི་མུག་མུན་པ་མུན་ནག་གིས་རྟག་ཏུ། །སེམས་ནི་སྒྲིབ་པར་གྱུར་པའི་སྐྱེ་དགུ་དང་། །འཁོར་བའི་བཙོན་རར

ཚུད་པ་རྣམས་གཟིགས་ནས། །དྲང་སྲོང་དམ་པ་དེ་ནི་ཐུགས་རྗེ་བསྐྱེད། །ཅེས་གསུངས་པ་དང་། འདོད་པས་ཟིལ་གྱིས་ནོན་པའི་ཡིད་ལྡན་དང་། །སྲིད་པ་ཆེ་ཞིང་རྟག་ཏུ་ཡུལ་བསྒམ་དང་། །སྲིད་པའི་འདོད་ཆགས་རྒྱ་མཚོར་ལྷུང་བ་རྣམས། །ཞེས་སོགས་གསུངས། །གཡར་དམ་གྱིས། །བཅུ་གཉིས་མཛད་པའི་བློས་གར་བསྒྱུར་མཁས་པའི། །བསྐལ་བཟང་རྣམ་འདྲེན་བཞི་པ་ར་གུས་ཕྱག་འཚལ། །རབ་ལྟ་བ་འཇལ་བའི་ཕྱག་ནི། ཀླུ་སྒྲུབ་གྱིས། ཇི་ལྟར་ཆུ་ལ་ཆུ་བཞག་དང་། །ཇི་ལྟར་མར་ལ་མར་བཞག་ལྟར། །རང་གི་རང་རིག་ཡེ་ཤེས་ནི། །ལེགས་མཐོང་གང་ཡིན་འདིར་ཕྱག་ཡིན། །ཡང་སློབ་དཔོན་ཀླུ་སྒྲུབ་ཀྱིས་མཛད་པའི་ཕྱག་རྒྱ་བཞི་གཏན་ལ་འབེབ་པ་ལས། ཀུན་ཏུ་རྟོག་པས་མ་བརྟགས་པ། །རབ་ཏུ་མི་གནས་པ་ཡི་ཡིད། །དྲན་པ་མེད་ཅིང་ཡིད་བྱེད་མེད། །དམིགས་པ་མེད་པས་ཕྱག་འཚལ་འདུད། །ཅེས་སོ། །

སྐུ་འཇམ་མིག་གི་དཔལ་གྱུར་གཞོན་ནུའི་ཚུལ། །གསུང་འཇམ་རྣ་བའི་བདུད་རྩི་ཚངས་པའི་དབྱངས་མདོ་ལས། བདེན་པ་པོའི་ལེའུའི་མདོ་ལས། འདི་ལྟར་སེམས་ཅན་ཀུན་གྱི་ངེས་པའི་ཚིག །མང་པོ་དག་གིས་དུས་གཅིག་ཞུ་ཞུས་ན། །སེམས་ཀྱིས་སྐད་ཅིག་གཅིག་ལ་ཐུགས་ཆུད་ནས། །གསུང་དབྱངས་གཅིག་གིས་སོ་སོར་ལན་ཡང་འདེབས། །ཞེས་དང་། རྒྱུད་བླ་མ་ལས། མདོར་ན་མ་ལུས་འཇིག་རྟེན་ཁམས་སུ་ཡང་། །ལྷ་དང་ས་གནས་བདེ་བའི་རྒྱུ་གང་ཡིན། །དེ་ནི་མ་ལུས་འཇིག་རྟེན་ཁྱབ་སྣང་བ། །དབྱངས་ཉིད་ལ་ནི་རབ་ཏུ་བརྟེན་པར་བརྗོད། །ཅེས་དང་། བསྟོད་པ་བརྒྱ་ལྔ་བཅུ་པ་ལས། རེ་ཞིག་དང་པོ་ཁྱོད་ཀྱི་གསུང་། །ཉན་པ་རྣམས་ཀྱི་ཡིད་འཕྲོག་མཛད། །དེ་ནས་ཡིད་ལ་བསམ་བགྱིས་ན། །འདོད་ཆགས་གཏི་མུག་རྣམས་ཀྱང་སེལ། །ཞེས་སོགས་གསུངས་སོ། །མདོར་བསྡུ་ན། ཚངས་པའི་དབྱངས་ནི། དབྱངས་ཀྱི་ཡན་ལག་ལྔའི་ནང་དུ་འདུས་ལ། ལྔ་པོ་གང་ཞེ་ན་འབྲུག་སྒྲ་ལྟར་སྙིར་བ་དང་། སྙན་ཅིང་འཇེབས་ལ་རྣར་སྙན་པ་དང་། ཡིད་དུ་འོང་ཞིང་དགའ་བར་བྱེད་པ་དང་། རྣམ་པར་གསལ་ཞིང་རྣམ་པར་རིག་པར་བྱེད་པ་དང་། མཉན་པར་འོས་ཤིང་མི་མཐུན་པ་མེད་པ་རྣམས་སོ། །ཚངས་པ་ནི་ལྷ་ཚངས་པའམ། ཡང་ན། མདོ་ལས། བཅོམ་ལྡན་འདས་དེ་ནི་ཚངས་པ་ཞེས་ཀྱང་བྱ། ཞི་བ་དང་བསིལ་བར་གྱུར་པ་ཞེས་ཀྱང་བྱ་ཞེས་དང་། མཛོད་ལས། དེ་ཉིད་ཚངས་ཚུལ་ཚངས་པ་ཡི། །འཁོར་ལོ་ཚངས་པས་བསྐོར་ཕྱིར་རོ། །ཞེས་གསུངས་པར་བཅོམ་ལྡན་འདས་ལ་ཚངས་པ་ཞེས་བྱའོ་ཞེས་ཆོས་བརྒྱད་མཛོད་འགྲེལ་ལས་འབྱུང་ངོ་། །ཐུགས་འཇམ་འདྲེན་པའི་ཡེ་ཤེས་རྡོ་རྗེ་དངོས། །རྒྱལ་བ་ཀུན་གྱི་ཐུགས་ལ་རྟག་བཞུགས་ཤིང་། །གཉིས་སུ་མེད་པའི་ཡེ་ཤེས་གང་ཡིན་པ། །དེ་ནི་འཇམ་དཔལ་ཡེ་ཤེས་སེམས་དཔའ་སྟེ། །བདག་གི་སྙིང་ལ་ཡེ་ཤེས་སྒྲོན་དུ་གསོལ། །ཞེས་པའོ། །ཕྲིན་ལས་རྒྱུན་ཆགས་འཇམ་དཔལ་ཞིང་བཀོད་ཀྱི་མདོ་ལས།

སྔོན་བསྐལ་པ་གྲངས་མེད་པའི་སྔ་རོལ་དུ་འཇིག་རྟེན་གྱི་ཁམས་བཟང་པོ་ཞེས་པར་དེ་བཞིན་གཤེགས་པ་འབྲུག་སྒྲའི་དབྱངས་ཀྱི་རྒྱལ་པོ་ཞེས་པ་བྱོན། དེའི་དྲུང་དུ་རྗེ་བཙུན་འཇམ་དབྱངས་འདི་འཁོར་ལོས་བསྒྱུར་བའི་རྒྱལ་པོ་ནམ་མཁའ་ཞེས་པར་གྱུར་པའི་ཚེ་ཐུགས་བསྐྱེད་དེ། དེའང་། བརྩོན་འགྲུས་དང་སྙིང་སྟོབས་ཆེན་པོའི་སྒོ་ནས། འཁོར་བ་ཐ་མ་མེད་པ་ཡི། །སྔོན་གྱི་ཐ་མ་ཇི་སྲིད་པ། །དེ་སྲིད་སེམས་ཅན་ཕན་དོན་དུ། །སྤྱོད་པ་དག་ཀྱང་སྤྱད་པར་བྱ། །ཞེས་སོགས་སྨོན་ལམ་རླབས་པོ་ཆེ་བཏབ་པ་ལ། བཟང་སྤྱོད་དུ། འཇམ་དཔལ་གྱི་ནི་སྨོན་ལམ་སྤྱོད་པ་བགྱི། །ཞེས་པའང་དེ་ཡིན་ནོ། །རྒྱུ་མཚན་དེའི་ཕྱིར་ན་ཕྲིན་ལས་རྒྱུན་མི་ཆད་པའོ། **།བརྟན་པའི་འཁོར་ལོས་སྐྱོངས།** །ཐེག་པ་ཀུན་གྱི་དགོངས་པ་འགལ་མེད་དུ། །ཐེག་ཆེན་པས་འདོད་ཡོན་སྤོང་མི་དགོས་ཏེ། སློབ་དཔོན་ཆེན་པོ་ཀ་ར་ལི་ཡས་མཛད་པའི་དེ་ཁོ་ན་ཉིད་གྲུབ་པ་ལས། དཔེར་ན་དུག་གི་དེ་ཉིད་ཤེས། །དུག་ཟོས་གྱུར་ཀྱང་མི་གནོད་དོ། །དེ་བཞིན་ཡུལ་གྱི་དེ་ཉིད་ཤེས། །འདོད་པ་སྤྱོད་པས་གནོད་པ་མེད། །ཇི་ལྟར་འདམ་གྱི་པདྨ་ནི། །འདམ་ལ་གནས་ཀྱང་དེས་མ་གོས། །དེ་ཉིད་རིག་པས་རྟག་ཏུ་ནི། །འདོད་པ་རོལ་པས་སྤྱད་པར་བྱ། །ཞེས་སོ། །

གཟིགས་ཀྱང་གནང་བཀག་བསླབ་མཚམས་མ་འདྲེས་པར། །འདོམས་མཁས་སྡོམ་གསུམ་བརྒྱུད་པའི་ཕྲེང་བ་ཡི། །རྣམ་ཐར་བསམ་གྱིན་དད་པའི་ལུས་སྐྱེས་གཡོ། །ཁྱད་པར་ཆོས་དང་ཆོས་མིན་འབྱེད་པའི་སྤྱན། །དཀྱུས་སུ་རིང་བ་འཇམ་དབྱངས་བླ་མའི་ཞབས། །གང་དེའི་བཞེད་གཞུང་གཞན་དྲིང་མི་འཇོག་པར། །སྨྲ་བའི་སེང་གེ་གོ་རམ་ཆེན་པོ་རྒྱལ། །

དམ་བཅའ་བའི་དགོས་པ་ནི། མཆོ་སྣ་བའི་འདུལ་ཊཱི་ཀ་ཆེན་མོ་ལས། སྐྱེས་བུ་དམ་པ་རྣམས་དམ་བཅས་པའི་ཁུར་མི་འདོར་བས་བསྟན་བཅོས་རྩོམ་པ་ལ་ལེ་ལོའི་གོགས་བསལ་ཞིང་། བརྩོན་འགྲུས་ཀྱི་གྲོགས་སུ་འགྱུར་བས་རྩོམ་པ་མཐར་ཕྱིན་པར་འགྱུར་བའོ། །ཞེས་གསུངས་སོ། །ཀླུ་སྒྲུབ་ཀྱིས། དམ་པས་མང་པོ་ཁས་ལེན་མི་བྱེད་ཅིང་། །གལ་ཏེ་དཀའ་ལས་ཁས་ནི་བླངས་གྱུར་པ། །རྡོ་ལ་རི་མོ་བྲིས་པ་ཇི་བཞིན་དུ། །ཤི་ཡང་གཞན་དུ་འགྱུར་བ་མི་སྲིད་དོ། །ཞེས་དང་། བདག་ཉིད་ཆེན་པོས་དམ་བཅའ་བ་དང་བསྐུལ་ཚིག་ནི་ཞེས་སོགས་གསུངས་སོ། །

ཐུབ་བསྟན་ཡོངས་སུ་རྫོགས་པའི་ཉམས་ལེན་གཞུང་། །ཞེས་པའི་སྐབས་སྡོམ་འགྲེལ་གཞན་ཕན་ཉི་མའི་སྣང་བ་ལས། ཡང་དག་པ་རྫོགས་པའི་སངས་རྒྱས་ཀྱིས་གདུལ་བྱ་གང་ལ་གང་འཚམ་པའི་ཆོས་ཀྱི་ཕུང་པོ་བརྒྱད་ཁྲི་བཞི་སྟོང་གིས་མཚོན་པའི་འཁོར་ལོ་བསམ་གྱིས་མི་ཁྱབ་པ་གང་བསྐོར་བ་ཐམས་ཅད་སྡེ་སྣོད་གསུམ་

དང་། རྒྱུད་སྡེ་བཞིའི་ཁོངས་སུ་མ་འདུས་པ་མེད་ཅིང་། དེ་དག་ཀྱང་སྡོམ་པ་གསུམ་དུ་འདུས་ཏེ། ཉན་ཐོས་ཀྱི་འདུལ་བ་དང་ཐུན་མོང་བར་བསྟན་པའི་ཉམས་ལེན་ཐམས་ཅད་སོ་ཐར་དུ་འདུ། ཐེག་ཆེན་ཕ་རོལ་ཏུ་ཕྱིན་པ་དང་ཐུན་མོང་བར་བསྟན་པའི་ཉམས་ལེན་ཐམས་ཅད་བྱང་སྡོམ་དུ་འདུ། རྡོ་རྗེ་ཐེག་པ་ཐུན་མོང་མ་ཡིན་པར་བསྟན་པའི་ཉམས་ལེན་ཐམས་ཅད་རིག་འཛིན་སྔགས་ཀྱི་སྡོམ་པར་ཡོངས་སུ་རྫོགས་ཤིང་དེས་ན་རྒྱལ་བའི་བསྟན་པ་ཀུན་གྱི་ཉམས་ལེན་གྱི་སྙིང་པོ་ནི་སྡོམ་གསུམ་ཡིན་པར་གསུངས་སོ། །སྔགས་ཀྱི་སྐད་དོད་ལ། མནྟྲ་ཞེས་པ་དང་། བོད་སྐད་དུ། ཡིད་སྐྱོབ་སྟེ། དེའང་ཡིད་མཚན་རྟོག་ལས་སྐྱོབ་པའི་ཕྱིར་རོ། །མཚན་རྟོག་ཞེས་པའི་མཚན་མ་ནི། ཡུལ་གྱི་སྣྲ་རིས་སོ་སོ་བ་ཡིན་ལ། རྟོག་པ་ནི་དེ་དང་དེར་མངོན་པར་ཞེན་པ་སྟེ། འདི་ལ་ཐ་མལ་གྱི་མཚན་མ་ལ་མངོན་པར་ཞེན་པ་དང་། ལྷའི་མཚན་མ་ལ་མངོན་པར་ཞེན་པ་གཉིས་ཡོད་དོ། །དེའང་བསྐྱེད་རིམ་ལ་ཐ་མལ་གྱི་རྣམ་རྟོག་ལྷའི་རོལ་པར་སྒོམ། རྫོགས་རིམ་ལ་གྱུ་ནོམ་ལྷར་ཞེན་གྱི་རྣམ་རྟོག་ཡེ་ཤེས་སུ་སྒོམ་དགོས་ཏེ། རྩ་རྒྱུད་བརྟག་པ་གཉིས་པ་ལས། བདག་མེད་{རྫོགས་རིམ}རྣལ་འབྱོར་ལྡན་པའམ། །ཡང་ན་ཧེ་རུ་ཀ་དཔལ་{བསྐྱེད་རིམ}བསྒོམ། །གཞན་པའི་སེམས་ཀྱིས་སྐད་ཅིག་ཀྱང་། །དངོས་གྲུབ་འདོད་པས་མི་གནས་སོ། །ཞེས་སོ། **།སྤྱི་དོན་རགས་པ་མདོར་བསྡུས་ཆུ་གཏེར་ལས། །སྐབས་དོན་ཞིབ་རྒྱས་ཆུ་བོ་གཙྭ་གླིང་ཆེན་ཁ**་ནས་ནི། །དངུལ་གྱི་བྱེ་མ་འདྲེན་ཅིང་འབབ། །སི་ཏཱ་སེང་གེའི་ཁ་ནས་ནི། །རྡོ་རྗེའི་བྱེ་མ་འདྲེན་ཅིང་འབབ། །སིནྡྷུ་གླང་གི་ཁ་ནས་ནི། །གསེར་གྱི་བྱེ་མ་འདྲེན་ཅིང་འབབ། །པཀྵུ་རྟ་ཡི་ཁ་ནས་ནི། །བཻཌཱུརྻ་སྔོན་འདྲེན་ཅིང་འབབ། །ཐམས་ཅད་ཀྱི་ནི་ཁ་ཞེང་ལ། །དཔག་ཚད་རེ་རེ་ཡོད་པར་གསུངས། །ཆུ་བོ་དེ་བཞིས་མ་དྲོས་ལ། །ལན་གྲངས་བདུན་བདུན་གཡས་སྐོར་ནས། །ཕྱོགས་བཞི་དག་ཏུ་འབབ་པར་བྱེད། །དེ་སོགས་མཚན་ཉིད་རྒྱས་པ་ནི། །ཕལ་པོ་ཆེ་ཡི་མདོ་སྡེར་ལྟོས། །ཞེས་གསུངས་སོ། **།བཞི་ཡི་རྒྱན། །སྐལ་བཟང་བློ་ཡིས་ལྷད་མོ་འབེབ་ཀྱིས་ལྟོས།** །དགོས་སོགས་ཆོས་བཞི་ནི་སྡོམ་པ་གསུམ་བརྗོད་བྱ། དེའི་དོན་བསྟན་བཅོས་འདིས་རྟོགས་པ་ནི་དགོས་པ། དེས་མཐར་ཐུག་གི་བྱང་ཆུབ་ཐོབ་པ་ནི་ཉིང་དགོས། དེའང་ཚིག་དོན་སྤྱི་དང་བྱེ་བྲག་སྔ་མ་སྔ་མ་དང་རིམ་གྱི་འབྲེལ་བ་ནི་འབྲེལ་བའོ། །

སྡོམ་གསུམ་རྩ་བར། འགྲོ་སེམས་ཀུན་གཞིའམ་དྲི་བཅས་དེ་བཞིན་ཉིད་ཅེས་པའི་སྐབས་སུ་བཞི་བདེ་གཤེགས་སྙིང་པོ་དེ་སེམས་ཅན་ཐམས་ཅད་ལ་ཡོད་པར་སྒྲུབ་པ་ནི། ཐེག་པ་ཆེན་པོ་རྒྱུད་བླ་མ་ལས། {ཡང་དག་པ་}རྫོགས་{པའི་}སངས་{རྒྱས་ཀྱི་སྐུ་མཐར་ཐུག་པ་ཆོས་ཀྱི་}སྐུ་ནི་འཕྲོ་{ཡོན་ཏན་ནམ་མཁའ་དང་མཉམ་པ་དེ་ལྟ་བུ་སྟོན་ཐ་མལ་པ་འཆིང་བ་ཀུན་ལྡན་དུ་གྱུར་པའི་གང་ཟག་གི་རྒྱུད་དེ་ལས། ཕྱིས་འཕྲོ་བའམ་གསལ་

བའམ། མངོན་དུ་གྱུར་བ་ཡོད་པས་ན། ད་ལྟ་ནས་སེམས་ཅན་གྱི་རྒྱུད་ལ་བདེ་གཤེགས་སྙིང་པོ་ཡོད་ཅེས་བསྒྲུབ་པའོ། །འདིས་ཇི་ལྟར་གྲུབ་པའི་འཐད་པ་ནི། ཡེ་ཤེས་ཆོས་སྐུ་མངོན་དུ་མཛད་པའི་སེམས་ཅན་ཡོད་ན་སེམས་ཅན་ལ་སངས་རྒྱ་རུང་གི་རིགས་ཡོད་པས་ཁྱབ་ཅིང་། རིགས་གཏན་ནས་མེད་པ་ལ་དེ་ལྟར་མི་འཐད་པའི་ཕྱིར་ཏེ། ཆོས་དབྱིངས་བསྟོད་པ་ལས། ཁམས་ཡོད་ན་ནི་ལས་བྱས་པས། །ས་ལེ་སྦྲམ་དག་མཐོང་བར་འགྱུར། །ཁམས་མེད་ན་ནི་ལས་བྱས་ཀྱང་། །ཉོན་མོངས་འབའ་ཞིག་སྐྱེ་བར་ཟད། །ཅེས་སོ། །}ཕྱིར་དང་། །{སེམས་ཅན་ཐམས་ཅད་ཀྱི་ཆོས་ཉིད་}དེ་བཞིན་ཉིད་དབྱེར་མེད་{པ་རོ་གཅིག་པའི་}ཕྱིར་{སངས་རྒྱས་དང་སེམས་ཅན་ཀུང་དོན་དམ་པར་དབྱེ་བ་མེད་དེ་སྲིད་ཞི་མཉམ་པ་ཉིད་དོ་དེའི་ཕྱིར་འཁྲུལ་པ་གློ་བུར་བས་སྤྲུལ་པའི་སེམས་ཅན་ལྟར་སྣང་བ་རྣམས་ཀུང་གནས་ལུགས་དོན་དམ་པའི་ཆོས་ཉིད་ལས་མ་གཡོས་པར་གྲུབ་པས་ན་སངས་རྒྱས་ཀྱི་སྙིང་པོ་ཅན་དུ་ངེས་སོ་ཞེས་སྒྲུབ་པ་ཡིན་ནོ། །དེ་བཞིན་ཉིད་དབྱེར་མེད་པ་ཙམ་གྱིས་རིགས་ཡོད་པར་གྲུབ་ན། ས་རྡོ་སོགས་ལའང་རིགས་ཡོད་པར་ཐལ་ལོ། །སྙམ་ན། འདིར་ལུས་ཅན་ཀུན། །རྟག་ཏུ་བདེ་གཤེགས་སྙིང་པོ་ཅན་ཞེས་གསུངས་ལ། དངོས་པོ་ཀུན། །རྟག་ཏུ་བདེ་གཤེགས་སྙིང་པོ་ཅན། །ཞེས་མ་གསུངས་པའི་ཕྱིར་དང་། རིགས་ཞེས་བྱ་བ་ནི། འཁྲུལ་པའི་སེམས་ཀྱི་དབང་གིས་བྱུང་བའི་སྒྲིབ་གཉིས་མ་ལུས་པ་ཟད་པར་སྤྲངས་ནས། ཤེས་བྱའི་རང་བཞིན་མ་འཁྲུལ་བར་རྟོགས་པའི་བློ་རྒྱས་པའི་སངས་རྒྱས་ཀྱི་སྐྱོན་མེད་པ་ལ་འཛོག་དགོས་ན་དེ་སེམས་མ་ཡིན་པ། ས་རྡོ་སོགས་བེམ་པོ་ལ་ལམ་སྒྲུབ་པ་མེད་པས་ཐ་སྙད་དུ་དེ་བཞིན་ཉིད་དབྱེར་མེད་ནའང་དེ་ལ་རིགས་ཡོད་པར་འཛོག་མི་དགོས་ཏེ་སེམས་ཀྱི་དབང་གིས་མ་ཡིན་པས་རྡོ་སོགས་བེམ་པོ་ལ་ལམ་སྒྲུབ་པ་མེད་པས་ཐ་སྙད་དུ་དེ་བཞིན་ཉིད་དབྱེར་མེད་ནའང་དེ་ལ་རིགས་ཡོད་པར་འཛོག་མི་དགོས་ཏེ། སེམས་ཀྱི་དབང་གིས་ས་རྡོ་སོགས་སྣང་གི་ས་རྡོ་སོགས་ཕྱི་རོལ་གྱི་དབང་གིས་སེམས་བྱུང་ཆུབ་པ་མ་ཡིན་པའི་ཕྱིར་རོ། །} དང་། {སེམས་ཅན་ཐམས་ཅད་ལ་སངས་རྒྱ་རུང་གི་}རིགས་ཡོད་{དེ་དྲི་མ་གློ་བུར་བ་སྤང་རུང་དུ་གྲུབ་ཅིང་ཡོན་ཏན་ཡེ་ལྡན་གྱི་ཆོས་སྐུ་ཀུན་ལ་ཁྱད་མེད་པར་གྲུབ་པས་སོ། །དེ་ལྟ་སངས་རྒྱ་རུང་གི་རིགས་ཡོད་པའི་}ཕྱིར་ན་{ཞེས་སྒྲུབ་བྱེད་གསུམ་གྱིས་}ལུས་ཅན་ཀུན། {གཞི་ལམ་འབྲས་གསུམ་}རྟག་ཏུ་བདེ་གཤེགས་སྙིང་པོ་ཅན་{དུ་ངེས་སོ། །} ཞེས་དང་། ཀྱེ་རྡོ་རྗེ་བརྟག་པ་གཉིས་པ་ལས། སེམས་ཅན་རྣམས་ནི་སངས་རྒྱས་ཉིད། །འོན་ཀྱང་གློ་བུར་དྲི་མས་སྒྲིབ། །དེ་བསལ་ན་ནི་སངས་རྒྱས་འགྱུར། །དེའང་གཞི་དུས་སུ་ཆོས་ཉིད་ཀྱི་རང་བཞིན་མི་མཐོང་བའི་ཚེ་ནའང་ཆོས་ཉིད་དེ་མེད་པ་མ་ཡིན་ཏེ་རང་གི་རང་བཞིན་ལས་གཡོ་བ་ཅུང་ཟད་ཀྱང་མེད་པའི་ཕྱིར་རོ། །འོན་ཀྱང་སེམས་ཀྱི་ཆོས་ཉིད་དེ་ལྟ་བུ་ནི་གློ་བུར་གྱི་དྲི་མའི་སྒྲིབས་སུ་མི་

མདོན་ཡང་། དབུས་ན་བཅུད་དམ་སྙིང་པོའི་ཚུལ་གྱིས་གནས་པ་ལ་རིགས་སམ་བདེ་གཤེགས་སྙིང་པོ་ཞེས་བརྗོད་དེ། །དཔེར་ན་ས་འོག་གི་གཏེར་ལ་སོགས་པའི་དཔེ་དགུས་མཚོན་ནས་ཤེས་པར་བྱ་བར་གསུངས་སོ། །དྲི་མ་བསལ་བ་ལའང་། དྲི་མ་དེ་ལ་ལྟོས་ནས་མ་དག་པ་དང་། ཅུང་ཟད་དག་པ་དང་། ཤིན་ཏུ་རྣམ་དག་གི་གནས་སྐབས་གསུམ་དུ་བཞག་ཀྱང་ཁམས་ཀྱི་ངོ་བོ་ལ་ཁྱད་པར་མེད་དེ། རྒྱུད་བླ་མ་ལས། མ་དག་མ་དག་{དག་མ་དག་ཅི་རིགས་པའི་བྱང་སེམས} དག་པ་དང་། །ཤིན་ཏུ་རྣམ་དག་གོ་རིམ་བཞིན། །སེམས་ཅན་བྱང་ཆུབ་སེམས་དཔའ་དང་། །དེ་བཞིན་གཤེགས་པ་ཞེས་བརྗོད་དོ། །ཞེས་སོ། །ཞེས་དང་། དཔལ་ཕྲེང་གི་དོ་{ཀོ་ས་ལའི་རྒྱལ་པོ་གསལ་རྒྱལ་གྱི་བུ་མོ་བྱང་ཆུབ་སེམས་དཔའ་གྲགས་པའི་བཤེས་གཉེན་གྱི་ཆུང་མ་ལྷ་མོ་དཔལ་ཕྲེང་གི་ཞུས་པའི་མདོ་སྟེ་དཔལ་ཕྲེང་སེང་གེ་སྒྲས་ཞུས་པའི་མདོ་ཞེས་གྲགས་སོ། །}ལས། བདེ་གཤེགས་སྙིང་པོས་འགྲོ་བ་ཡོངས་ལ་ཁྱབ། །སོགས་དང་། རྒྱུད་བླ་མ་ལས། སངས་རྒྱས་ཡེ་ཤེས་སེམས་ཅན་ཚོགས་ཞུགས་ཕྱིར། །རང་བཞིན་དྲི་མེད་དེ་ནི་གཉིས་མེད་དེ། །སངས་རྒྱས་རིགས་ལ་དེ་འབྲས་ཉེར་བཏགས་པས། །འགྲོ་ཀུན་སངས་རྒྱས་སྙིང་པོ་ཅན་དུ་ངེས། །ཞེས་དང་། འདི་ཡི་རང་བཞིན་ཆོས་སྐུ་དང་། །དེ་བཞིན་ཉིད་དང་རིགས་ཀྱང་སྟེ། །ཞེས་དང་། མདོ་མྱང་འདས་ཆེན་པོ་ལས། སེང་གེའི་སྒྲ་སྒྲོགས་པ་ནི་སེམས་ཅན་ཐམས་ཅད་ལ་སངས་རྒྱས་ཀྱི་རང་བཞིན་ཡོད་པ་དང་། དེ་བཞིན་གཤེགས་པ་རྟག་ཏུ་གནས་ཤིང་མི་འགྱུར་མི་འཕོ་བར་ངེས་པར་བཤད་པའོ། །ཞེས་དང་། སྙིང་པོ་རབ་ཏུ་བསྟན་པའི་མདོ་ལས། ཐོག་མ་མེད་པའི་དུས་ཀྱི་དབྱིངས། །ཆོས་རྣམས་ཀུན་གྱི་གནས་ཡིན་ཏེ། །དེ་ཡོད་པས་ན་འགྲོ་བ་ཀུན། །མྱ་ངན་འདས་པ་ཐོབ་པ་ཡིན། །ཞེས་དང་། རྩ་ཤེར་ལས། དེ་བཞིན་གཤེགས་པའི་རང་བཞིན་གང་། །འགྲོ་བ་འདི་ཡི་རང་བཞིན་ཅན། །ཞེས་དང་། ཊཱི་ཀཱ་རྟེ་ཏུ་གས་མཛད་པའི་ལྷན་ཅིག་སྐྱེ་གྲུབ་ཀྱི་ལེའུ་གཉིས་པ་དེ་ཁོ་ན་ཉིད་བསྟན་པ་ལས། གང་ཞིག་སྲིད་གསུམ་འགྱུར་བ་ཡི། །འགྲོ་ཀུན་ལྷན་ཅིག་སྐྱེ་པར་ལྡན། །འགྲོ་བའི་རང་བཞིན་གཞན་མི་སྣང་། །ཐམས་ཅད་དེ་ཉིད་ཀྱིས་ཁྱབ་ཡིན། །ཞེས་དང་། དཔལ་རྡོ་རྗེ་དཀྱིལ་འཁོར་གྱི་རྒྱན་ལས། །དཔེར་ན་མེ་ཏོག་ལ་དྲི་དང་། །དཔེར་ན་ཞོ་ལ་མར་སར་བཞིན། །ཀུན་ཏུ་སེམས་ཅན་ཐམས་ཅད་ལ། །ཕྱག་རྒྱ་ཆེན་པོ་རྟག་ཏུ་གནས། །ཞེས་དང་། ཨོ་རྒྱན་གྱི་རྒྱལ་པོ་ཨིནྡྲ་བྷུ་ཏིས་མཛད་པའི་ཡེ་ཤེས་གྲུབ་པ་ལས། ལུས་ཅན་དག་ནི་ཐམས་ཅད་ལ། །ཡེ་ཤེས་ཆེ་གནས་ཉིད་ཡིན་ནའང་། །མི་ཤེས་རབ་རིབ་ཀྱིས་ཁེབས་པའི། །བྱིས་པ་རྣམས་ཀྱིས་མི་ཤེས་སོ། །ཞེས་དང་། མཚན་བརྗོད་ལས། མ་རིག་སྒོ་ངའི་སྦུབས་གནས་པ། །ཞེས་སོ། །

འགྲོ་བ་ཐམས་ཅད་ཀྱི་རྒྱུད་ལ་གདོད་མ་ནས་ཡོད་པའི་**སེམས་ཉིད་**གཟུང་འཛིན་གྱིས་མ་བསླད་པའི་

གཉིས་སུ་མེད་པའི་ཡེ་ཤེས་གསལ་སྟོང་ཟུང་དུ་འདྲེས་པའི་བདག་ཉིད་ཅན་དེའི་གསལ་བའི་ཆ་ལ་**ཀུན་གཞིའི་**རྣམ་ཤེས་**འམ་**རང་བཞིན་སྟོང་པའི་ཆ་ལ་**དྲི་བཅས་དེ་བཞིན་ཉིད་**གཉིས་ཟུང་དུ་འདྲེས་པ་དེ་ཉིད་རྒྱུན་བསྐྱེད་རྫོགས་ཀྱི། མདོར་ན་བདེ་གཤེགས་སྙིང་པོའི་མཚན་གཞི་ནི། གསལ་སྟོང་ཟུང་འདྲེས་ཞིག་ལ་ངོས་བཟུང་དགོས་ཏེ། གསལ་ཆ་མེད་པའི་སྟོང་ཆ་ཁོ་ན་ལ་འཛིན་ན། འཆིང་གྲོལ་གྱི་རྒྱུར་མི་རུང་བའི་ཕྱིར་ཏེ། འཁོར་བར་འཆིང་ན་ཡང་བདེ་གཤེགས་སྙིང་པོ་དེ་འཆིང་བ་ཡིན་ལ་འཁོར་བ་ལས་གྲོལ་བའི་ཚེ་ཡང་བདེ་གཤེགས་སྙིང་པོ་དེ་སྒྲིབ་པ་ལས་གྲོལ་བ་ཡིན་ནོ། །བདེ་སྙིང་དེ་སྟོང་ཆ་མེད་པའི་གསལ་ཆ་ཁོ་ན་ལ་འཛིན་ན། གསལ་ཆ་ནི་འདུས་བྱས་ཡིན་ན། བདེ་སྙིང་ནི་འདུས་མ་བྱས་ཡིན་པར་མདོ་དང་། གླུ་སྒྲུབ་དང་། སློབ་དཔོན་སེང་གེ་བཟང་པོ་སོགས་ཀྱིས་གསུངས་སོ། །དྲི་བཅས་དེ་བཞིན་ཉིད་ཀྱི་དཔེ། དབུས་མཐའ་ལས། བར་སྣང་དུ་སྤྲིན་འཁྲིགས་པ་དང་། གསེར་གཡའ་ཡིས་གོས་པ་དང་། ཆུ་རྙོལ་གྱིས་སྙོག་པ་སྟེ་དཔེ་གསུམ་གསུངས་སོ། །**ལམ་གྱིས་སྦྱངས་པས་འབྲས་བུ་རྫོགས་པའི་སངས་རྒྱས་ཀྱི་ཡེ་ཤེས་མངོན་དུ་འགྱུར་རུང་བའི་**རིགས་སུ་གནས་པ་དེ་ཉིད་གཞི་ལམ་འབྲས་བུའི་གནས་སྐབས་སུ་དབྱེ་བ་མེད་དོ། །གཞི་ལམ་འབྲས་གསུམ་ལ། སྦྱོང་རྒྱུད་ལ། རྡོ་རྗེ་རྡོ་རྗེ་རྡོ་རྗེ་འཛིན། །ཞེས་གསུངས་པ་ཡིན་ནོ། །**གསུམ་པོ་ལ་རྒྱུན་ཆགས་པའམ་**རྒྱུན་མི་ཆད་པར་ཟངས་ཀྱི་དཔེ་ལྟར་གནས་སྟེ་མདོར་ན། **གཞི་**སོ་སྐྱེའི་གནས་སྐབས་དང་། **འབྲས་བུ་**སངས་རྒྱས་ཀྱི་གནས་སྐབས་སུ་བདེ་གཤེགས་སྙིང་པོ་གསལ་སྟོང་ཟུང་དུ་འདྲེས་པ་དེའི་ངོ་བོ་ལ་འཕོ་འགྱུར་མེད་པས་**དབྱེར་མེད་**ཡིན་ཀྱང་འབྲས་བུ་མངོན་དུ་གྱུར་མ་གྱུར་གྱི་དབྱེ་བས་དྲི་བཅས་དང་དྲི་བྲལ་ཞེས་བློ་བུར་གྱི་དྲི་མ་བྲལ་མ་བྲལ་གྱིས་{གནས་ཚུལ་ལ་ཁྱད་པར་མེད་}སྣང་ཚུལ་ལ་མངོན་དུ་གྱུར་མ་གྱུར་ཡོད་ཀྱང་། གནས་ཚུལ་ལ་སྔ་ཕྱིར་བཟང་ངན་གྱི་ཁྱད་པར་ཏིལ་འབྲུ་ཙམ་ཡང་མེད་དེ། {བདེ་སྙིང་དེ་}འགྱུར་མེད་འདུས་མ་བྱས་ཀྱི་རང་བཞིན་ཡིན་པའི་ཕྱིར། {ཏིང་འཛིན་རྒྱལ་པོ་ལས། དག་པ་དྭངས་པ་འོད་གསལ་བ། །མི་འཁྲུགས་འདུས་མ་བྱས་པ་ཉིད། །བདེ་བར་གཤེགས་པའི་སྙིང་པོ་སྟེ། །ཡེ་ནས་གནས་པའི་ཆོས་ཉིད་དོ། །ཞེས་དང་}རྒྱུད་བླ་མ་ལས། ཇི་ལྟར་སྔར་{སོ་སྐྱེའི་སྐབས་}བཞིན་ཕྱིས་{སངས་རྒྱ་པའི་ཚེ་ནའང་}དེ་བཞིན། །འགྱུར་བ་མེད་པའི་ཆོས་ཉིད་དོ། །ཞེས་དང་། གཏན་དུ་འཇིག་པ་མེད་པ་ཡི། །རང་བཞིན་ཡིན་ཕྱིར་འདུས་མ་བྱས། །ཞེས་དང་། སེམས་ཀྱི་རང་བཞིན་འོད་གསལ་གང་ཡིན་པ། །དེ་ནི་ནམ་མཁའ་བཞིན་དུ་འགྱུར་མེད་དེ། །ཡང་དག་མིན་རྟོག་ལས་བྱུང་འདོད་ཆགས་སོགས། །གློ་བུར་དྲི་མས་{བདེ་སྙིང་}དེ་ཉོན་མོངས་མི་འགྱུར། །ཞེས་དང་། རྣ་ཤེས་ལས། {སེམས་ཀྱི་}རང་བཞིན་དང་ནི་བཅོས་མིན་དག །གཞན་ལ་ལྟོས་པ་མེད་པ་ཡིན། །ཞེས་པ་ལྟར། བདེ་གཤེགས་སྙིང་པོ་ནི་

འདུས་མ་བྱས་འོད་གསལ་བ་ཡིན་ལ། དེའི་རང་བཞིན་ལ་ཉོན་མོངས་པ་སོགས་འཁྲུལ་པས་གོས་པ་མེད་པས་རང་བཞིན་གྱིས་རྣམ་པར་དག་པ་ཡིན་ཏེ། རྣམ་འགྲེལ་ལས། སེམས་ཀྱི་རང་བཞིན་འོད་གསལ་བ། །དྲི་མ་རྣམས་ནི་གློ་བུར་བ། །ཞེས་གསུངས་ཤིང་། མ་འཁྲུལ་བ་གཉིས་ཀྱི་རང་གདངས་ལ་ལྷུན་གྱིས་གྲུབ་པའི་སྟོབས་བཅུ་དང་མི་འཇིགས་པ་བཞི་སོགས་འབྲས་ཆོས་ཀྱི་ཡོན་ཏན་རྣམས་འབྲལ་མེད་དུ་གནས་ཏེ་ཉི་མ་དང་འོད་ཟེར་བཞིན་ནོ། །དེ་ལྟར་ཡང་། རིན་ཆེན་རྒྱ་མཚོའི་རྒྱུད་ལས། ཡེ་ནས་འོད་གསལ་བདེ་གཤེགས་སྙིང་པོ་ནི། །ནོར་བུ་བཞིན་དུ་ཡོན་ཏན་མ་ལུས་རྫོགས། །དྲི་མེད་མཁའ་དང་ཉི་མའི་དཀྱིལ་འཁོར་བཞིན། །སྐུ་དང་ཡེ་ཤེས་ལྷུན་གྱིས་གྲུབ་པ་ཉིད་ཅེས་དང་། རྒྱུད་བླ་མ་ལས། {འཁོར་བའི་ཉེས་པ་ཐམས་ཅད་ནི་ང་དང་ཆོས་ཀྱི་བདག་ཏུ་འཛིན་པའི་འཁྲུལ་པའི་སེམས་ལས་བྱུང་ལ། འཁྲུལ་སེམས་དེའང་སེམས་ཀྱི་གཤིས་འོད་གསལ་ལ་ཡེ་ནས་མ་གོས་ཤིང་མ་འདྲེས་པས་མཁའ་ལ་སྤྲིན་ལྟར་གློ་བུར་བ་ཡིན་པས་སྐྱོན་དེ་དག་ནི་ཁམས་དང་ཐ་དད་པས་}རྣམ་དབྱེར་{མ་འདྲེས་པ་སོ་སོར་འབྱེད་ཅིང་འབྲལ་རུང་བ་དང་}བཅས་པའི་མཚན་ཉིད་ཅན། {ཉོན་མོངས་པའི་དྲི་མ་}གློ་བུར་དག་གིས་ཁམས་{ཀྱི་ངོ་བོ་ལ་}སྟོང་{སྟེ་གློ་བུར་ལ་བགོས་པ་ཡིན་}གྱི {འཁྲུལ་པས་བསླད་པ་ལ་མི་ལྟོས་པར་རང་གི་ངང་གིས་འོད་གསལ་བ་རང་བྱུང་གི་{བདེ་གཤེགས་སྙིང་པོ་}ཡེ་ཤེས་འདུས་མ་བྱས་པ་དང་མཐར་ཐུག་གི་ཡོན་ཏན་རྣམས་}རྣམ་དབྱེར་{སོ་སོར་}མེད་པའི་མཚན་ཉིད་ཅན། {སྟོབས་བཅུ་དང་མི་འཇིགས་པ་བཞི་ལ་སོགས་པ་}བླ་མེད་ཆོས་ཀྱིས་{ཁམས་བདེ་གཤེགས་སྙིང་པོ་དེ་གཞི་དུས་སུ་འང་}སྟོང་མ་ཡིན་{ཏེ་བདེ་གཤེགས་སྙིང་པོ་རང་གི་ངོ་བོ་ལ་འདུ་འབྲལ་མེད་པ་ཡིན་ཏེ། དཔེར་ན་ཉི་མའི་འོད་ཟེར་བཞིན་ནོ། །ཞེས་དང་། མདོ་སྡེ་རྒྱན་ལས། སྔ་མ་ཕྱི་མ་ཁྱད་མེད་ཀྱང་། །དེ་བཞིན་ཉིད་ནི་དག་གྱུར་པ། །}ཞེས་གསུངས་སོ། །དེ་ལྟར་རང་བཞིན་གནས་རིགས་དེ་འདུས་མ་བྱས་པ་ཡོན་ཏན་ཡེ་{གདོད་མ་ནས་}ལྡན་{པ་}ཆོས་སྐུའི་ངོ་བོར་གྲུབ་པའི་ཕྱིར། སངས་རྒྱ་རུང་བའི་སེམས་ཅན་ཐམས་ཅད་ཀྱི་རྒྱུད་ལ་ཡེ་ཤེས་ཆོས་སྐུ་བྲི་གང་དང་བྲལ་བར་བཞུགས་དགོས་ཏེ། ལམ་སྒོམ་ན་སངས་རྒྱ་རུང་བར་དངོས་སྟོབས་ཀྱིས་གྲུབ་ལ་སངས་རྒྱས་དུས་ཀྱི་ཆོས་སྐུ་དེ་འདུས་མ་བྱས་ཡིན་པས་{སངས་རྒྱ་བའི་ཚེ་}གསར་དུ་{ལམ་སྒོམ་པའི་}རྒྱུ་རྐྱེན་གྱིས་{འབྲས་བུ་ཆོས་སྐུའི་ངོ་བོར་གནས་འགྱུར་བ་སོགས་}འདུས་བྱས་པ་མི་སྲིད་པའི་ཕྱིར་ན་{སེམས་ཀྱི་རང་བཞིན་དེ་}ད་ལྟ་ནས་སངས་རྒྱས་ཀྱི་ངོ་བོར་བཞུགས་ཞེས་གྲུབ་བོ། །དེ་ལ་ཁ་ཅིག་ན་རེ། {སེམས་ཉིད་དེ་}ད་ལྟ་ནས་སངས་རྒྱས་པའི་ངོ་བོར་བཞུགས་ན་རྣམ་པ་ཐམས་ཅད་མཁྱེན་པའི་ཡེ་ཤེས་དེས་སེམས་ཅན་དེ་དག་གི་སྒྲིབ་པ་ཅི་ལ་མི་སེལ་སྙམ་པ་དང་། ཡང་ཐེག་པ་ཐུན་མོང་བའི་གོ་ཡུལ་ལ་ཞེན་ནས། སངས་རྒྱས་ནི་འབྲས་བུ་ཡིན་ལ་སེམས་ནི་རྒྱུ་ཡིན་

པས་རྒྱུའི་སྟེང་དུ་འབྲས་བུ་ཡོད་ན་ཟན་ཟ་མི་གཙང་བ་ཟ་བའི་རིགས་པ་སོགས་ཀྱིས་གནོད་དོ་སྙམ་ན། དེ་མ་ཡིན་ཏེ་ཆོས་ཉིད་འོད་གསལ་བའི་ཡེ་ཤེས་ཀུན་ལ་ཁྱད་མེད་པར་ཡོད་ཀྱང་། རང་སེམས་འཁྲུལ་པ་གློ་བུར་བ་འདི་སྐྱེས་པའི་ཚེ་འཁྲུལ་སེམས་ཡུལ་དང་བཅས་པ་འདི་ཙམ་འཁོར་བའི་གདགས་གཞི་ཡིན་ལ། འཁྲུལ་བ་དེས་རང་ལ་ཡོད་པའི་ཆོས་ཉིད་ཇི་ལྟ་བ་བཞིན་དུ་མི་ཤེས་ཏེ། དཔེར་ན་གཉིད་ཀྱི་དུས་སུ་རྨི་ལམ་འབྱུང་བ་བཞིན{གཉིད་ཀྱི་དུས་ན་ཡིད་ཀྱི་ཤེས་པ་གཅིག་པུའི་དབང་གིས་འཁྲུལ་པའི་སྣང་བ་མུ་མེད་པ་བྱུང་བ་ལ། དེ་དུས་ཡུལ་ཡུལ་ཅན་སོ་སོར་འཛིན་ཅིང་དམིགས་ཀྱི། ཡིད་ཤེས་ཀྱི་རང་གི་ཡིན་ལུགས་གཟུང་འཛིན་ཐ་དད་དུ་མ་གྲུབ་པ་ཤེས་མི་ནུས་ལ། མ་ཤེས་ཀྱང་ཡིན་ལུགས་དེ་ལས་གཞན་དུ་འགྱུར་བ་མེད་ཅིང་། ཆོས་ཐམས་ཅད་སྟོང་པ་ཉིད་དུ་གནས་ཀྱང་དེ་ལྟར་ཡིན་པ་ཙམ་གྱིས་ཀུན་གྱིས་རྟོགས་དགོས་པ་མ་ཡིན་པ་བཞིན་ཏེ། གནས་ཚུལ་དང་སྣང་ཚུལ་མི་མཐུན་པའི་འཁྲུལ་པ་སྲིད་པའི་ཕྱིར་རོ། །དེས་ན་ལམ་ཚོགས་གཉིས་ཀྱི་གློ་བུར་གྱི་དྲི་མ་སྦྱངས་ནས་གཞོད་གཉིད་སད་པ་ལྟ་བུའི་འབྲས་བུ་དེ་གསལ་བར་འགྱུར་རོ། །} ནོ། །དེས་ན་སེམས་དང་སྙིང་པོའི་ཡེ་ཤེས་གཉིས་ཆོས་ཅན་དང་ཆོས་ཉིད་ཡིན་ལ། སངས་རྒྱས་དང་སེམས་ཅན་ཀྱང་གནས་ཚུལ་དང་སྣང་ཚུལ་གྱི་དབང་དུ་བྱས་ནས་སྟོན་པའི་ཕྱིར་རྒྱུ་ལ་འབྲས་གནས་ཀྱི་རིགས་པའི་གནོད་པ་སྟོན་པ་ནི་ཕྱོགས་མ་གོ་བར་ཟད་དོ། །

ཁྱོད་ཀྱི་བསམ་ངོར་རྒྱུ་འབྲས་གཉིས་གོ་ས་གཅིག་ན་མི་སྲིད་པས། ས་བོན་མྱུ་གུར་གོ་འཕོ་བ་བཞིན་དུ་ད་ལྟ་སངས་རྒྱས་ཀྱི་ཡོན་ཏན་ཅི་ཡང་མེད་ཀྱང་། ལམ་རྐྱེན་གྱིས་ཟིན་ན་གཞོད་སངས་རྒྱས་སུ་འགྱུར་རུང་ཡིན་པར་འདོད་ན། འོན་ཁྱོད་ཀྱིས་རང་བཞིན་གནས་རིགས་དེ་འདུས་བྱས་ཡིན་པར་འདོད་དམ་འདུས་མ་བྱས་ཡིན་པར་འདོད། དང་པོ་ནི་འདོད་མི་ནུས{རྒྱུད་བླ་མ་ལས། ཇི་ལྟར་སྔར་བཞིན་ཕྱིས་དེ་བཞིན། །འགྱུར་བ་མེད་པའི་རང་བཞིན་ནོ་ཞེས་དང་། སེམས་ཀྱི་རང་བཞིན་འོད་གསལ་གང་ཡིན་པ། །དེ་ནི་ནམ་མཁའ་བཞིན་དུ་འགྱུར་མེད་དེ། །ཞེས་དང་། གཏན་དུ་འཇིག་པ་མེད་པ་ཡི། །རང་བཞིན་ཡིན་ཕྱིར་འདུས་མ་བྱས། །ཞེས་དང་། ཏིང་འཛིན་རྒྱལ་པོ་ལས། དག་པ་དྭངས་པ་འོད་གསལ་བ། །མི་འཁྲུགས་འདུས་མ་བྱས་པ་ཉིད། །བདེ་བར་གཤེགས་པའི་སྙིང་པོ་སྟེ། །ཡེ་ནས་གནས་པའི་ཆོས་ཉིད་དོ་ཞེས་སོགས་གོང་གི་ལུང་རྣམས་དང་འགལ་བའི་ཕྱིར་}ལ། གཉིས་པ་ནི་འགྱུར་བ་མེད་པའི་རང་བཞིན་ལ་གནས་འགྱུར་བ་མི་སྲིད་པའི་ཕྱིར་རོ། །དེས་ན་འདུས་བྱས་ས་བོན་གྱི་ཆ་ནི་ཐ་སྙད་དུ་མྱུ་གུར་གནས་འགྱུར་རུང་གི་ས་བོན་གྱི་སྟེང་གི་བདེན་མེད་ཀྱི་ཆ{འདུས་མ་བྱས་ནི་}ནི་མྱུ་གུར་གནས་འགྱུར་བ་ནམ་ཡང་མི་སྲིད་པའི་ཕྱིར་རོ། །སེམས་ཀྱི་ཆོས་ཉིད་སྙིང་པོའི་ཁམས་དང་། ཆོས

ཅན་གྱི་སེམས་གཉིས་གཅིག་ཐ་དད་གང་དུའང་ཁས་བླངས་མི་དགོས་ཏེ། དགོངས་པ་ངེས་པར་འགྲེལ་པའི་མདོ་ལས། འདུ་བྱེད་ཁམས་དང་དོན་དམ་མཚན་ཉིད་ནི། །གཅིག་དང་ཐ་དད་བྲལ་བའི་མཚན་ཉིད་དེ། །གཅིག་དང་ཐ་དད་དུ་ནི་གང་རྟོགས་པ། །དེ་དག་ཚུལ་མིན་ལམ་ལ་ཞུགས་པ་ཡིན། །ཞེས་སོ། །རང་རིག་ཆོས་སྐུ་ཏེ་ལ་ཀར། །དུས་གསུམ་རྒྱལ་བ་སྲས་དང་བཅས། །འདུ་འབྲལ་མེད་ལ་ངེས་ཤེས་ན། །གཤེགས་བཞུགས་བསྐྱེད་བསྡིམ་སྤྱོལ་བ་ཟད། །ཅེས་མི་ཕམ་པས་གསུངས་སོ། །གནས་ཚུལ་ཆོས་ཉིད་ཀྱི་དོན་ལས་མ་འདས་ཀྱང་། སྣང་ཚུལ་འཁྲུལ་བར་སྲིད་པ་ལ་འགལ་བ་མེད་ལ། གནས་སྣང་མི་མཐུན་པ་ཡོད་པའི་ཕྱིར་འཁྲུལ་པའི་སེམས་ཅན་སྲིད་ཅིང་། དེ་ལམ་ལ་ཞུགས་པས་འཁྲུལ་པ་སྤྱངས་ནས་སངས་རྒྱས་པའང་ཡོད་པར་འགྲུབ་པ་ཡིན་ནོ། །བདེ་གཤེགས་སྙིང་པོ་དེའང་དང་པོ་དྲི་མ་དང་བཅས་པས་མ་དག་པའི་གནས་སྐབས་དང་། ལམ་གྱིས་སྦྱངས་པས་དྲི་མ་རིམ་པ་བཞིན་དུ་དག་པ་ནི་མ་དག་པ་དང་དག་པའི་གནས་སྐབས་དང་། དྲི་མ་ཐམས་ཅད་དང་བྲལ་བ་ཤིན་ཏུ་རྣམ་དག་གི་གནས་སྐབས་ཏེ་རྣམ་པ་གསུམ་ལ་ལྟོས་ནས་གོ་རིམ་ལྟར་གཞི་{སེམས་ཅན་གྱི་དུས་ཀྱི་འོད་གསལ་བའི་ཡེ་ཤེས་རང་ལ་ཡོད་པ་ནི་གཞི་}དང་། {བྱང་ཆུབ་སེམས་པའི་དུས་ཀྱི་ཚོགས་སྦྱོར་མཐོང་སྒོམ་བཞི་ནི་}ལམ་དང་། {དེ་བཞིན་གཤེགས་པའི་དུས་ཀྱི་སྟོབས་སོགས་ཀྱི་ཡོན་ཏན་དེ་མཐར་ཕྱིན་པ་ནི་}འབྲས་བུའི་རིམ་པ་རྣམས་སུ་བཞག་པ་ཡིན་ཏེ། རྒྱུད་བླ་མ་ལས། མ་དག་མ་དག་དག་པ་དང་། །ཤིན་ཏུ་རྣམ་དག་གོ་རིམ་བཞིན། །སེམས་ཅན་བྱང་ཆུབ་སེམས་དཔའ་དང་། །དེ་བཞིན་གཤེགས་པ་ཞེས་བརྗོད་དོ། །ཞེས་སོ། །དེའང་སེམས་ཅན་སོ་སྐྱེའི་དུས་ན་བདེ་བར་གཤེགས་པའི་སྙིང་པོ་དེ། སེམས་ཀྱིས་བསྒྲིབས་ཏེ་དྲི་མ་དང་བཅས་པར་གནས་པ་ནི། {ཇི་སྐད་དུ། ཉོན་མོངས་སྦུབས་ནང་གནས་པ་དེ། །དཔེ་དག་གིས་ནི་ཤེས་པར་བྱ། །ཞེས་དང་། } སྒྱུར་འཕྲུལ་དྲ་བ་ལས། ས་ཡི་དཀྱིལ་ན་ཡོད་པའི་ཆུ། །རྟག་ཏུ་རང་བཞིན་དྲི་མ་མེད། །དེ་བཞིན་སེམས་ཀྱིས་སྒྲིབ་པའི་ཁམས། །འགྲོ་བ་ཀུན་ལ་རང་བཞིན་གནས། །ཞེས་དང་། རྒྱུད་བླ་ལས། ཇི་ལྟར་མི་དབུལ་ཁྱིམ་ནང་ས་འོག་ན། །མི་ཟད་པ་ཡི་གཏེར་ནི་ཡོད་གྱུར་ལ། །མི་དེས་དེ་མ་ཤེས་ཤིང་གཏེར་དེ་ཡང་། །དེ་ལ་ང་འདིར་ཡོད་ཅེས་མི་སྨྲ་ལྟར། །དེ་བཞིན་ཡིད་ཀྱི་ནང་ཆུད་རིན་ཆེན་གཏེར། །དྲི་མེད་བསལ་དང་བཞག་མེད་ཆོས་ཉིད་ཀྱང་། །མ་རྟོགས་པས་ན་དབུལ་བའི་སྡུག་བསྔལ་ཉིད། །རྣམ་པ་ཀུན་ཏུ་སྐྱེ་རྒྱུ་འདིས་མྱོང་ངོ་། །ཞེས་སོ། །དེ་ལྟར་སྦྱང་བྱ{ཁམས་ལ་སྒྲིབ་པའི་}གློ་བུར་གྱི་དྲི་མ{སེམས་སེམས་བྱུང་གི་དྲི་མ་རགས་པ་དང་ཕྲ་བ་དང་ཤིན་ཏུ་ཕྲ་བ་}དེ་སྦྱོང་བྱེད{སྡོམ་པ་གསུམ་གྱི་རིམ་པས་སྦྱོང་བའི་}ལམ་ལ་བརྩོན་པས་ས་དང་ལམ་ཐམས་ཅད་གོང་ནས་གོང་དུ་བགྲོད་ཅིང་། སྤྱན་དང་མངོན་ཤེས་སྟོབས་དང་མི་འཇིགས་པ་ལ་སོགས་པ་རང་ཆས་སུ་ཡོད་པ་རྣམས་འཆར་བ་

ནི༑ དཔེར་ན་ཆུ་དྭངས་པའི་ཆེ་གཟུགས་བརྙན་དང་གིས་འཆར་བ་བཞིན་དང་། མེ་ལོང་དང་། དེའི་གཡའ་{གཞི་}དང་། དེ་{ལམ་}བསལ་བ་དང་། མཐར་གཟུགས་བརྙན་{འབྲས་བུ་}འཛིན་བཟོད་པའི་དག་པར་གྱུར་པ་ལྟ་བུའོ། །བདེ་གཤེགས་སྙིང་པོ་དེ་ཉིད་ཀྱི་བཞུགས་ཚུལ་ཇི་ལྟར་ཞེ་ན། སྡོམ་འགྲེལ་གཞན་ཕན་ཉི་མའི་སྣང་བ་ལས། ངོ་བོ་མ་སྐྱེས་པས་སྟོང་པ་ནམ་ལཁའ་ལྟ་བུ། རང་བཞིན་འགག་པ་མེད་པར་འོད་གསལ་བ། དེའང་བློའི་སྒྲིབས་པ་གང་གིས་ཀྱང་མ་རེག་པས་འདུས་མ་བྱས་པ་སྟེ། གཞི་སྟོང་པ་ཉིད། ལམ་མཚན་མ་མེད་པ། འབྲས་བུ་སྨོན་པ་མེད་པ་སྟེ་རྣམ་པར་ཐར་པའི་སྒོ་གསུམ་གྱིས་ཁྱད་པར་དུ་བྱས་པ་འཁོར་འདས་ཀུན་གྱི་འཁྲོ་གཞི་ནི་རིགས་སམ་ཁམས་བདེ་གཤེགས་སྙིང་པོ་ཡིན་པར་གསུངས་སོ། །དེ་ལྟར་ཟབ་མོ་བདེ་གཤེགས་སྙིང་པོའི་ཚུལ་འདི་བཤད་པ་ཐོས་ནས་མོས་པ་བྱས་པ་ཙམ་ལ་ཡང་ཕན་ཡོན་ཚད་མེད་པར་འབྱུང་སྟེ། རྒྱུད་བླ་མ་ལས། བློ་ལྡན་རྒྱལ་བའི་ཡུལ་{བདེ་གཤེགས་སྙིང་པོ་}འདི་ལ་མོས་ན། །སངས་རྒྱས་ཡོན་ཏན་ཚོགས་ཀྱི་སྣོད་གྱུར་ཏེ། །བསམ་མེད་ཡོན་ཏན་ཚོགས་ལ་མངོན་དགའ་བས། །སེམས་ཅན་ཀུན་གྱི་བསོད་ནམས་ཟིལ་གྱིས་གནོན། །ཞེས་དང་། བདེ་གཤེགས་སྙིང་པོའི་མཚན་ཉིད་ཤེས་ན་ཆོས་འཛིན་པའང་ཡིན་ཏེ། ནམ་མཁའ་མཛོད་ཀྱིས་{.....}ཞུས་པའི་མདོ་ལས། རྒྱལ་བའི་བྱང་ཆུབ་མཚན་ཉིད་གང་བརྟེན་པ། །ཆོས་ཀྱི་མཚན་ཉིད་དེ་ནི་ཡོངས་འཛིན་ཅིང་། །གང་གིས་རྟུལ་{བདེ་གཤེགས་སྙིང་པོ་}མེད་མཐའ་འདི་རབ་ཤེས་པ། །དེ་ནི་སངས་རྒྱས་ཀུན་གྱི་ཆོས་འཛིན་ཡིན། །ཞེས་གསུངས་པ་ལྟར་བདེ་གཤེགས་སྙིང་པོའི་དོན་ཤེས་ཤིང་མོས་པར་བྱས་ན་དོན་ཆེ་ཞིང་ཕན་ཡོན་ཆེན་པོ་དང་ལྡན་ཀྱང་། སྡོན་སྦྱངས་པ་ཆུང་ཞིང་བློ་དམན་པ་དག་མོས་པར་དཀའ་སྟེ། དེ་བཞིན་གཤེགས་པ་འགྲོ་བའི་མདོ་ལས། ང་ཡི་{བདེ་གཤེགས་སྙིང་པོ་}ཡེ་ཤེས་འདི་ལ་ནི། །བྱིས་པའི་བློ་ཅན་ཐེ་ཚོམ་ཟ། །གནས་མི་འགྱུར་ཏེ་ནམ་མཁའ་ལ། ། ཇི་ལྟར་མདའ་འཕངས་ལྟུང་བ་བཞིན། །ཞེས་དང་། ཚངས་པས་བྱིན་གྱིས་ཞུས་པའི་མདོ་ལས། ལེགས་པར་གསུངས་པའི་ཆོས་ནི་སྟོན་པ་ན། །སྡིག་པའི་སྤྱོད་ཡུལ་ཅན་དག་མི་འཐད་འཛིན། །དད་མེད་ཆོས་ལ་སོམ་ཉི་བསྐྱེད་ནས་ནི། །བསྐལ་བ་བྱེ་བ་མང་པོར་སྨྱོན་པར་འགྱུར་ཞེས་སོ། །དེ་ལྟར་གཞི་ལམ་འབྲས་གསུམ་གྱི་རྣམ་གཞག་མདོར་བསྡུ་ན། སྡོམ་གསུམ་ཁ་སྐོང་ལས། རང་བཞིན་འོད་གསལ་ཤེལ་གྱི་ཁམས། །བག་ཆགས་རྫོན་གྱིས་བསྒྱུར་བ་ལས། །གནས་སྐབས་དུ་མར་སྣང་བ་ཡི༑ ༑དབྱིངས་ཉིད་འཁོར་འདས་ཀུན་གྱི་གཞི། །ཐེག་གསུམ་བསླབ་པ་ལུགས་ཟངས་དངུལ། །རིག་འཛིན་རྡོ་ཡི་གསང་ཆེན་གྱི། །གསེར་དུ་བསྒྱུར་བའི་ཉམས་ལེན་ནི། །དྲི་མ་སེལ་བྱེད་ལམ་གྱི་མཆོག　གནས་གྱུར་ནམ་མཁར་ཐལ་འབྲས་ཀྱི། །ཡོན་ཏན་ཟླ་བཤར་བ་ལས། །གདུལ་བྱ་དག་པའི་ཆུ་གཙང་དུ། །གཟུགས་སྐུ་འཆར་

བ་འབྲས་བུའོ། །ཞེས་སོ། །ཕྱོགས་ཚུལ་ཐ་དད་པ་ཉིད་དོ། །

དེ་བཞིན་ཉིད་ནི་བདེ་གཤེགས་སྙིང་པོ་སྟེ་ལམ་གྱིས་མ་སྦྱངས་པའི་གནས་སྐབས་དྲི་བཅས་དེ་བཞིན་ཉིད་དང༌། ལམ་གྱིས་སྦྱངས་ཟིན་པའི་གནས་སྐབས་དྲི་བྲལ་དེ་བཞིན་ཉིད་ཅེས་བྱའོ། །གཞི་ལམ་འབྲས་གསུམ་ནི་གཞི་སོ་སྐྱེའི་གནས་སྐབས་དང་ལམ་ནི་ཚོགས་ལམ་ལ་ཞུགས་ནས་མི་སློབ་ལམ་མན་ཆད་བྱང་སེམས་ཀྱི་གནས་སྐབས་དང་འབྲས་བུ་ནི་སངས་རྒྱས་ཀྱི་གནས་སྐབས་ཡིན་ནོ། །རྒྱལ་བ་ཐབས་མཁས་ལ་ཐུགས་རྗེ་ཆེན་པོ་དང་ལྡན་པ་དེ་ཉིད་ཀྱིས་ཇི་སྙེད་འགྲོ་བའི་ཁམས་དང་བསམ་པའི་རིམ་པ་མི་འདྲ་བ་ཡོད་པ་བཞིན་དུ། །དེ་སྙེད་ཀྱི་ཐེག་པའི་རིམ་པ་སྣ་ཚོགས་གསུངས་པ་ཡིན་ཏེ། མཛོད་ལས། སྤྱོད་པ་རྣམས་ཀྱི་གཉེན་པོ་རུ། །ཆོས་ཀྱི་ཕུང་པོ་མཐུན་པ་གསུངས། །ཀུན་ཀྱང་མཐར་ཆོས་རྣམས་ཀྱི་གནས་ལུགས་སྤྲོས་པའི་མཐའ་ཐམས་ཅད་དང་བྲལ་བའི་དེ་བཞིན་ཉིད་ཚུལ་བཞིན་དུ་རྟོགས་ཅིང་མི་གནས་པའི་མྱ་ངན་ལས་འདས་པ་ཐོབ་པའི་ཐབས་ལ་འབབ་ཅིང་གཞོལ་བ་དེ་ཡང་སྔགས་ཀྱི་ཐེག་པས་དེ་ཁོ་ན་ཉིད་ལ་འབབ། ཕར་ཕྱིན་གྱི་ཐེག་པས་དེ་ཁོ་ན་ཉིད་ལ་གཞོལ་བ་ཡིན་པས་ན། །ཐོག་མ་མེད་པ་ནས་སྲིད་པའི་ལམ་དུ་འཁྱམ་པ་ནི་བརྡ་སྙིང་སྟེ་རྒྱུན་པར་ཡང་ཡང་འཁོར་བ་ལ་འཇུག་པས་ལུས་ངལ་ཞིང་སེམས་དུབ་པ་རྣམས་དབུགས་དབྱུང་བའི་སླད་དུ། །གནས་སྐབས་ཀྱི་འབྲས་བུ་ཉན་རང་གི་མྱང་འདས་ནི་མཐར་ཐུག་འཚང་རྒྱ་བའི་ལམ་གྱི་ངལ་སྐེགས་ཙམ་ཡིན་ཏེ་ཉན་རང་གི་འབྲས་བུ་བྱང་ཆུབ་ནི་རང་དོན་དུ་སྤངས་རྟོགས་ཀྱི་ཡོན་ཏན་མ་རྫོགས་ཤིང་གཞན་དོན་དུ་ཕྲིན་ལས་རྒྱ་ཆེན་པོ་མི་འབྱུང་ཞིང༌། མཐར་འཚང་རྒྱ་བ་ལ་ཡུན་རིང་དུ་བྱེད་པས་བློ་གྲོས་དང་ལྡན་པ་སུ་ཞིག་གིས་ཀྱང་དོན་དུ་གཉེར་བྱ་མ་ཡིན་པ་ཉིད་དེ། ལང་ཀར་གཤེགས་པ་ལས། སྲིད་པའི་ལམ་གྱི་འདུན་པ་རྣམས། །ངལ་གསོའི་དོན་དུ་དེ་ཉིད་མིན། །ཞེས་དང༌། མདོ་སྡེ་རྒྱན་ལས། ཉན་ཐོས་རྣམས་ཀྱི་འགྱུར་བས་ནི། །འཇིག་རྟེན་པ་ཡི་ཟིལ་གྱིས་གནོན། །རང་སངས་རྒྱས་ཀྱི་ས་པ་ཡི། །ཉན་ཐོས་ཀྱི་ཡང་ཟིལ་གྱིས་གནོན། །དེ་ཡིས་བྱང་ཆུབ་སེམས་དཔའ་ཡི། །འགྱུར་བའི་ཆར་ཡང་མི་ཕོད་དོ། །དེ་ཡིས་དེ་བཞིན་གཤེགས་པ་ཡི། །འགྱུར་བའི་ཆར་ཡང་མི་ཕོད་དོ། །ཞེས་སོ། །མདོ་སྡེ་པདྨ་དཀར་པོ་དང་འཕགས་པ་ལང་ཀར་གཤེགས་པ་སོགས་ལས། ཐེག་པ་ལྷབས་པོ་ཆེས་ནི་སྐྲག་འགྱུར་ཞིང༌། །འདི་ན་སེམས་ཅན་དམན་ལ་མོས་རིག་ནས། །ཞེས་པ་ལྟར་རོ། །བཤད་ཀྱི་ཉན་ཐོས་རང་རྒྱལ་སངས་རྒྱས་ཏེ། རིགས་ཅན་གསུམ་ཀ་མཐར་ཐུག་གི་འབྲས་བུ་མྱ་ངན་ལས་འདས་པའི་གོ་འཕང་ལ་མཚམས་སྦྱོར་བ་བྱེད་པ་པོ་ནི་སངས་རྒྱས་ཐམས་ཅད་ཀྱི་བགྲོད་པ་གཅིག་པའི་ལམ། སྔགས་བླ་མེད་རྡོ་རྗེ་ཐེག་པ་ཁོ་ན་ལས་གཞན་རྒྱུད་སྡེ་འོག་མ་གསུམ་དང་ཕར་ཕྱིན་གྱི་ཐེག་པ་དང་ཉན་རང་རྣམས་ཀྱིས་ནི་

མ་ཡིན་ནོ། །ཅི། འོན་སངས་རྒྱས་ཀྱིས་གདུལ་བྱ་རྣམས་ལ་དང་པོ་ནས་གསང་སྔགས་བླ་མེད་མི་བསྟན་པ་ཅི་ཞེ་ན། ཇི་སྐད་དུ། ཇི་ལྟར་བྱིས་པ་གསོ་བ་དང་། །ཡི་གེའི་ཕྱི་མོ་གློག་འཇུག་ལྟར། །དེ་བཞིན་སངས་རྒྱས་གདུལ་བྱ་ལ། །ཇི་ཙམ་བཟོད་པའི་ཆོས་བསྟན་ཏོ། །ཞེས་བྱིས་པ་ལ་རིམ་གྱིས་ཁ་ཟས་བསྐྱེད་དེ་གསོ་བ་དང་། ཡི་གེ་ཀ་ཁ་ནས་རིམ་པར་སློབ་དགོས་པ་ལྟར། །སངས་རྒྱས་ཀྱིས་ཀྱང་གདུལ་བྱ་ཐུན་མོང་བ་རིམ་གྱིས་ཁ་དྲང་བ་མ་གཏོགས། ཐབས་མེད་པ་ལ། ཐེག་པ་གསུམ་དང་། རྒྱུད་སྡེ་བཞི་སོགས་གསུངས་དགོས་པའི་རྒྱུ་མཚན་དེ་ལྟར་ཡིན།

འདིར་རིགས་ཅན་གསུམ་ཀ་མཐར་ཐུག་ཐེག་པ་གཅིག་པའི་རྒྱུ་མཚན་གང་ཞེ་ན། དེ་ལ་རྒྱུའི་ཐེག་པ་གཅིག་ཏུ་སྒྲུབ་པ་དང་། འབྲས་བུའི་ཐེག་པ་གཅིག་ཏུ་སྒྲུབ་པ་སྟེ་གཉིས། དང་པོ་ནི། འགྲོ་བ་འདི་དག་ཆོས་ཅན། རྒྱུའི་ཐེག་པ་གཅིག་ཡིན་ཏེ། སེམས་ཅན་ཐམས་ཅད་སངས་རྒྱས་ཀྱི་རིགས་ཅན་ཡིན་པའི་ཕྱིར། མ་གྲུབ་ན༑ རྒྱུད་བླ་མ་ལས། རྫོགས་སངས་སྐུ་ནི་འཕྲོ་ཕྱིར་དང་། །དེ་བཞིན་ཉིད་དབྱེར་མེད་ཕྱིར་དང་། །རིགས་ཡོད་ཕྱིར་ན་ལུས་ཅན་ཀུན། །རྟག་ཏུ་སངས་རྒྱས་སྙིང་པོ་ཅན། །ཞེས་དང་། བརྟག་པ་གཉིས་པ་ལས། སེམས་ཅན་རྣམས་ནི་སངས་རྒྱས་ཉིད། །འོན་ཀྱང་གློ་བུར་དྲི་མས་སྒྲིབ། །ཅེས་དང་། ཟླ་བ་སྒྲོན་མེས་ཞུས་པའི་མདོ་ལས། བདེ་གཤེགས་སྙིང་པོས་འགྲོ་ཀུན་ཡོངས་ལ་ཁྱབ། །ཅེས་སོ། །

གཉིས་པ་ནི། ཐེག་པ་གསུམ་པོ་ཆོས་ཅན། མཐར་ཐུག་འབྲས་བུའི་ཐེག་པ་གཅིག་ཡིན་ཏེ། ཐེག་པ་གསུམ་ཀའི་མཐར་ཐུག་གི་འབྲས་བུ་སངས་རྒྱས་སུ་གཅིག་པའི་ཕྱིར། མ་གྲུབ་ན། མཚན་བརྗོད་ལས། ཐེག་པ་གསུམ་གྱི་ངེས་འབྱུང་ལ། །ཐེག་པ་གཅིག་གི་འབྲས་བུ་གནས། །ཞེས་སོ། །ཡང་ན་འདིར་མཐར་ཐུག་ཐེག་པ་གཅིག་ཏུ་སྒྲུབ་པ་ལ། ལུང་གིས་སྒྲུབ་པ་དང་། རིགས་པས་སྒྲུབ་པ་སྟེ་གཉིས་ལས། དང་པོ་ནི། སྙིང་རྗེ་པད་དཀར་ལས། དྲང་སྲོང་ཆེན་པོ་ཐེག་པ་གསུམ་བསྟན་པ། །རྣམ་འདྲེན་རྣམས་ཀྱི་ཐབས་ལ་མཁས་པ་སྟེ། །ཐེག་པ་གཅིག་སྟེ་གཉིས་པ་ཡོད་མ་ཡིན། །བཀྲི་བའི་དོན་དུ་ཐེག་པ་གསུམ་བསྟན་ཏོ། །ཞེས་དང་། དཔལ་ཁ་སྦྱོར་ལས། གང་ཕྱིར་ཆོས་ནི་དུ་མས་ནི། །ཆུ་བོའི་རྒྱུན་ནི་རྒྱ་མཚོ་ལྟར། །ཐར་པ་ཉིད་ནི་གཅིག་པུ་ཉིད། །མང་པོ་དམིགས་པར་མི་འགྱུར་རོ། །ཞེས་སོ། །

གཉིས་པ་{རིགས་པས་སྒྲུབ་པ་}ནི། མཐར་ཐུག་ཐེག་པ་གཅིག་ཏུ་སྒྲུབ་སྟེ། མཐར་ཐུག་གི་སྤང་རྟོགས་མ་ཐོབ་པར་མཐར་ཐུག་གི་མྱང་འདས་མི་ཐོབ་པའི་ཕྱིར་ཏེ། རྒྱུད་བླ་མ་ལས། དེས་ན་སངས་རྒྱས་མ་ཐོབ་པར། །མྱ་ངན་འདས་པ་མི་ཐོབ་སྟེ། །ཞེས་སོ། །དེས་ན་གྲུབ་མཐའ་དུ་མ་ཡོད་ཀྱང་གནས་ལུགས་གཅིག་ལས་མེད་པ

དང་། ལམ་དུ་མ་ཡོད་ཀྱང་མཐར་ཐུག་གཅིག་ལས་མེད་པར་གྲུབ་བོ། །{རིགས་པས་སྒྲུབ་ལུགས}ཡང་ན་མཐར་ཐུག་གི་ཐེག་པ་གཅིག་ཏུ་གྲུབ་སྟེ། ཆོས་དབྱིངས་རྟོགས་པ་མཐར་མ་ཐུག་པར། མཐར་ཐུག་གི་མྱང་འདས་མི་ཐོབ་ལ། ཆོས་ཀྱི་དབྱིངས་ལ་རིགས་མི་འདྲ་བའི་དབྱེ་བ་མེད་དེ། ཀླུ་སྒྲུབ་ཀྱིས། ཆོས་ཀྱི་དབྱིངས་ལ་དབྱེར་མེད་ཕྱིར། །གཙོ་བོའི་ཐེག་པ་དབྱེར་མ་མཆིས། །ཞེས་དང་། མངོན་རྟོགས་རྒྱན་ལས། ཆོས་ཀྱི་དབྱིངས་ལ་དབྱེར་མེད་ཕྱིར། །རིགས་ནི་ཐ་དད་རུང་མ་ཡིན། །ཞེས་སོ། །བླ་མེད་ཀྱི་ལམ་དེས་བསྒྲུན་པའམ་བསྐྱེད་པའི་འབྲས་བུ་ནི་ཤེས་རབ་ཆེན་པོས་སྲིད་པའི་སྡུག་བསྔལ་ལས་རྣམ་པར་གྲོལ་བའི་གོ་འཕང་བརྙེས་ན་ཡང་། སྙིང་རྗེ་ཆེན་པོས་ཉན་རང་གི་ཞི་བའི་མཐར་མི་གནས་པ་རྫོགས་པའི་སངས་རྒྱས་ཀྱི་མྱང་འདས་རྣམ་ཀུན་མཆོག་ལྡན་གྱི་སྟོང་པ་དང་མི་འགྱུར་བའི་བདེ་བ་ཆེན་པོ་གཉིས་དབྱེར་མེད་པའི་ཡེ་ཤེས་སྒྱུ་མ་ལྟ་བུའི་ཀློས་གར་ནི། ཀུན་མཁྱེན་དྲུག་པ་རྡོ་རྗེ་འཆང་བ་མཐར་ཐུག་གི་འབྲས་བུ་ཡིན་ལ་གཞན་རྒྱུད་སྡེ་འོག་མ་གསུམ་དང་ཕར་ཕྱིན་དང་ཉན་རང་གི་ལམ་ལ་བརྟེན་ནས་ཐོབ་པ་རྣམས་ནི་མཐར་ཐུག་གི་འབྲས་བུ་མིན་པ་ཁོ་ནའོ། །

གཉིས་པ་སྒོམ་པའི་དོན་ཅན་གྱི་ལམ་རྣམ་པར་བཞག་པ་ལ་ཞིབ་ཏུ་དབྱེ་ན། བཤད་བྱ་ལུས་རྣམ་པར་བཞག་པ་དང་། འཆད་བྱེད་ཡན་ལག་རྒྱས་པར་བཤད་པའོ། །དང་པོ་ནི། ལམ་མཐར་ཐུག་བླ་མེད་དང་འབྲས་བུ་མཐར་ཐུག་རྡོ་རྗེ་འཆང་ཁོ་ན་ཡིན་པའི་རྒྱུ་མཚན་དེས་ན་ལམ་ལ་བགྲོ་ཚུལ་གང་དུ་སློས་པའི་ཐེག་པ་དྲང་དོན་ཐེག་དམན་དང་ངེས་དོན་ཐེག་ཆེན་གྱིས་བསྡུས་པའི་ལམ་གྱི་ཉམས་ལེན་ཐེག་པ་ཆེ་ཆུང་སོ་སོའི་མི་མཐུན་པའི་ཕྱོགས་འཆལ་བ་སྤོང་བ་བས། ཚུལ་ཁྲིམས་ཀྱི་སྡོམ་པ་ཞེས་པའི་དོན་དུ་འགྱུར་བའི་ཕྱིར་ཉན་ཐོས་དང་ཕར་ཕྱིན་དང་སྔགས་ཀྱི་ལམ་ཐམས་ཅད། སྡོམ་པར་བྱ་བ་གསུམ་གྱི་ནང་དུ་དོན་གྱིས་འདུས་པ་ནི་སྐབས་འདིར་བཤད་བྱའི་ལུས་ཉིད་དོ། །སྡོམ་འགྲེལ་གཞན་ཕན་ཉི་མའི་འོད་སྣང་ལས། སྒོ་གསུམ་གྱི་སྤང་བྱའི་ཉོན་མོངས་པ་ཐམས་ཅད་ཀྱི་གཉེན་པོར་བྱེད་ཅིང་། རྒྱུད་སྡོམ་པར་བྱེད་པས་ན་སྡོམ་པ་ཞེས་བྱའོ། །དེ་ལའང་ཕྱི་སོ་ཐར། ནང་བྱང་སེམས། གསང་བ་སྔགས་ཀྱི་སྡོམ་པ་སྟེ་གསུམ་དུ་གསུངས་སོ། །

གཉིས་པ་འཆད་བྱེད་ཡན་ལག་རྒྱས་བཤད་ནི། འདིར་འཆད་བྱེད་ཡན་ལག་གི་དོན་ནི་སྡོམ་པའི་རྣམ་གཞག་གསུམ་དུ་དབྱེ་བ་གཉིས་སུ་འཛོམ་པ་གཅིག་ཏུ་བསྡུ་བའི་ཚུལ་དང་༡)རང་ལུགས་སྟེ་སྐབས་སུ་བབས་པའི་སྡོམ་པར་གསུམ་རྡོ་རྗེ་རྩེ་མོའི་ནང་ལྟར་ངོས་བཟུང་བའི་ཚུལ་དང་༢། སྡོམ་པ་གསུམ་གྱི་མིང་དོན་དང་༣སྡོམ་པར་འཛོག་བྱེད་དང་༤སོ་བྱང་གཉིས་སྔགས་ཀྱི་ནང་དུ་འདུ་བའི་མཐའ་དཔྱོད་དང་༥བཅས་པ་བསྟན་དོན། རྣམ་པ་ལྔའི་སྒོ་ནས་བཤད་བྱའི་ལམ་ཐམས་ཅད་པ་གསུམ་དུ་འདུས་པའི་ཚུལ་ངེས་པར་བྱ་ཞིང་དང་པོ་

དགེ་བསྡུ་ལ་གསུམ་ཡོད་པ་ལས་དང་པོ་**གསུམ་དུ་དབྱེ་བ**་ལའང་བཞི་སྟེ་སྡེ་སྣོད་སྤྱི་ལ་གྲགས་པ། ཉན་ཐོས་ལ་གྲགས་པ་ཐེག་ཆེན་ལ་གྲགས་པ་གསང་སྔགས་ལ་གྲགས་པའི་འཇོག་ཚུལ་ལོ། །དང་པོ་སྡེ་སྣོད་སྤྱི་ལ་གྲགས་པའི་སྡོམ་པ་གསུམ་དུ་དབྱེ་བ་**ནི**། **།མངོན་པ་གོང་མ**་ཀུན་བཏུས་དང་**འོག་མ**་མཛོད་སོགས་མངོན་པའི་སྡེ་སྣོད་ཀུན་**མཐུན་པར**་འདོད་པའི་སས་བསྡུས་པ་**སོ་ཐར**་གྱི་སྡོམ་པ་**དང**། གཟུགས་ཀྱི་སས་བསྡུས་པ་**བསམ་གཏན**་གྱི་སྡོམ་པ་དང་། ཁམས་གསུམ་གང་གིས་ཀྱང་མ་བསྡུས་པ་**ཟག་མེད**་ཀྱི་**སྡོམ་པ་ལ**་སྡོམ་པ་གསུམ་དུ་**འཇོག་སྟེ**། ཉན་ཐོས་རང་རྒྱལ་བླ་མེད་དེ་**བྱང་ཆུབ་གསུམ་པོ་སྒྲུབ**་པའམ་ཐོབ་པར་བྱེད་པ་**ལ**་ཐེག་པ་**རང་རང་གི**། **།སྤང་བྱ**་ཉོན་མོངས་པའི་སྒྲིབ་པ་དང་། ཉོན་སྒྲིབ་དེའི་སྟེང་དུ་ཤེས་སྒྲིབ་ཀྱི་བཟུང་རྟོགས་དང་དེ་གཉིས་ཀྱི་སྟེང་དུ་ཤེས་སྒྲིབ་ཀྱི་འཛིན་རྟོགས་རྣམས་རིམ་བཞིན་གང་ཟག་དང་ཆོས་ཀྱི་ཕྱེད་དང་ཆོས་ཀྱི་བདག་མེད་རྫོགས་པར་རྟོགས་པའི་**ཟག་པ་མེད་པའི་ཤེས་རབ་ཀྱིས་སྤོང་ཞིང**། ཤེས་རབ་གསུམ་པོ་**དེ**་ཉིད་ནི་ཏིང་ངེ་**འཛིན**་རྣམ་པར་དག་པའི་ཞི་གནས་**ལ་བརྟེན**་ཞིང་ཞི་གནས་**དེ་ཡང་ནི**། ལུང་སྨན་གྱི་གཞི་ལས་དགེ་སློང་དག་ཚུལ་ཁྲིམས་གོམས་པར་བྱས་ན་ཏིང་ངེ་འཛིན་ཡུན་རིང་དུ་གནས་པར་འགྱུར་རོ། །ཏིང་ངེ་འཛིན་གོམས་པར་བྱས་ན་ཤེས་རབ་ཡུན་རིང་དུ་གནས་པར་འགྱུར་རོ། །ཤེས་རབ་གོམས་པར་བྱས་ན་འདི་ལྟར་ཏེ་འདོད་ཆགས་དང་ཞེ་སྡང་དང་གཏི་མུག་པས་སེམས་ཡང་དག་པ་ཁོ་ནར་རྣམ་པར་གྲོལ་བར་འགྱུར་རོ། །ཞེས་དང་། ལེགས་པའི་ལམ་བསྟན་པ་ཞེས་སློབ་དཔོན་དཔའ་བོས་མཛད་པ་ལས། མི་ཡི་བདག་པོ་སུམ་ཅུ་རྩ་གསུམ་བདག གལ་ཏེ་འདོད་ན་སྲིད་པ་ཟད་པ་ཉིད། །ཚུལ་ཁྲིམས་རྣམ་དག་དེས་ནི་ཐོབ་འགྱུར་ལ། །སྨོན་ལམ་འགྲུབ་པའི་རྩ་བའང་ཚུལ་ཁྲིམས་ཡིན། །ཞེས་སོ། །**ཚུལ་ཁྲིམས་རྣམ**་པར་དག་པ་**ལ་བརྟེན**་དགོས་པས་ལྷག་པའི་**བསླབ་པ་གསུམ**་ཞེས་གསུངས་པ་**དང་གོང་དུ**་སོ་ཐར་བསམ་གཏན་ཟག་མེད་གསུམ་ཞེས་སྨོས་པ་གཉིས་དོན་**གཅིག**་གོ། །དེའང་སོ་ཐར་དང་ཚུལ་ཁྲིམས་དོན་གཅིག་བསམ་གཏན་དང་ཏིང་ངེ་འཛིན་དོན་གཅིག །ཟག་མེད་དང་ཤེས་རབ་གཉིས་དོན་གཅིག་གོ། །

གཉིས་པ་ཉན་ཐོས་ལ་གྲགས་པའི་སྡོམ་པ་གསུམ་དུ་དབྱེ་བ་ལ་གཉིས་ལས། དང་པོ་ནི། ཉན་ཐོས་ཏེ་ཤྲ་བ་ཀཾ་ཞེས་པའི་སྒྲ་ལས་དྲངས་ན་ཉན་ཐོས་སམ་ཐོས་སྒྲོགས་ལ་འཇུག་སྟེ་སངས་རྒྱས་ལས། བདེན་བཞི་སོགས་ཀྱི་དོན་ཉན་ཅིང་དེ་གཞན་ལ་ཐོས་པའམ་སྒྲོགས་པར་བྱེད་པས་ན་ཉན་ཐོས་ཏེ་མདོ་སྡེ་པདྨ་དཀར་པོ་ལས། མགོན་པོ་བདག་ཅག་དེ་རིང་ཉན་ཐོས་གྱུར། །བྱང་ཆུབ་དམ་པ་ཡང་དག་བསྒྲག་པར་བགྱི། །བྱང་ཆུབ་པ་ཡི་སྒྲ་ཡང་རབ་ཏུ་བརྗོད། །དེ་བས་བདག་ཅག་ཉན་ཐོས་མི་ཟད་འདྲ། །ཞེས་གསུངས་སོ། །ཡང་རིགས་ཅན་གསུམ་

གྱི་ནང་ནས་རང་བཞིན་གྱིས་རྟུལ་བས་སྒྲས་ཐ་མ་ཆོས་ཉན་དགོས་ཏེ་བྱང་སེམས་ཀྱི་སྡེ་སྣོད་ལས་ཉན་ཐོས་རྣམས་ནི་རྣམ་གྲོལ་སྒྲ་ཕྱིར་འགྲོ་ཞེས་སོ། །ཉན་ཐོས་ལ་གྲགས་པ་ནི་དགེ་བསྙེན་དགེ་ཚུལ་དགེ་སློང་སྡེ་བསྡུབ་ཚིག་གསུམ་ལ་སྡོམ་པ་གསུམ་ཞེས་པའི་ཐ་སྙད་འཇོག་པ་དང་།

གཉིས་པ་ནི། སོ་ཐར་མདོར་ལུས་ཀྱི་སྡོམ་པ་ལེགས་པ་སྟེ་ཞེས་སོགས་གསུངས་པ་བཞིན་ལུས་ངག་ཡིད་གསུམ་གྱི་དགེ་བ་ལ་སྡོམ་པར་གསུམ་དུ་འཇོག་མོད། ཐར་བསྡུས་ལས། ལུས་ངག་ཡིད་གསུམ་ཡང་དག་བསྡོམ་བྱ་ལ། །མདོར་བསྡུས་ཚུལ་ཁྲིམས་ཡིན་ཅེས་རྒྱལ་བས་གསུངས་ཞེས་སོ། །ཡིད་ཀྱི་སྡོམ་པ་མཚན་ཉིད་པར་མདོ་སྡེ་པ་ཡན་ཆད་གྲུབ་མཐའ་གོང་མས་བཞེད་ལ་བྱེ་སྨྲས་དྲན་ཤེས་གཉིས་ལ་ཡིད་སྡོམ་བཏགས་པ་བར་འདོད་དོ། །

གསུམ་པ་ཐེག་ཆེན་ལ་གྲགས་པའི་སྡོམ་པ་གསུམ་དུ་དབྱེ་བ་ནི། མདོ་སྡེ་དཀོན་མཆོག་བརྩེགས་པ་གཙོ་བོར་གྱུར་པའི་ཐེག་ཆེན་གྱི་མདོ་སྡེ་རྣམས་ལས། །ཉེས་སྤྱོད་སྡོམ་པ་དང་སོགས་སྒྲས་དགེ་བ་ཆོས་སྡུད་དང་སེམས་ཅན་དོན་བྱེད་ཀྱི་ཚུལ་ཁྲིམས་གསུམ་ལ་སྡོམ་པ་གསུམ་དུ་འཇོག་པ་ཡིན་ནོ། །

བཞི་པ་གསང་སྔགས་ལ་གྲགས་པའི་སྡོམ་པ་གསུམ་དུ་དབྱེ་བ་ལ་བཞི་ཡོད་པ་ལས་དང་པོ་ནི། ཁ་སྦྱོར་ཏེ་སཾ་བུ་ཊའི་རྒྱུད་ཀྱི་སྐབས་ནས་བསྟན་པ་བཞིན་ཕ་རོལ་ཏུ་ཕྱིན་པའི་སེམས་བསྐྱེད་དང་བསྐྱེད་རིམ་དང་རྫོགས་རིམ་གྱི། སྡོམ་པ་གསུམ་ལ་སྡོམ་པ་གསུམ་ཞེས་འཇོག་པ་དང་ལུས་ཀྱི་མི་དགེ་བ་སྤོང་བའི་སྐུའི་དམ་ཚིག་དང་ངག་གི་མི་དགེ་བ་སྤོང་བའི་གསུང་གི་དམ་ཚིག་དང་ཡིད་ཀྱི་མི་དགེ་བ་སྤོང་བའི་ཐུགས་ཀྱི་དམ་ཚིག་ནི༑ སྡོམ་པ་གསུམ་མམ། དམ་ཚིག་གསུམ་ལ་འཇོག་པའང་སློབ་དཔོན་རིན་པོ་ཆེས་མཛད་པའི་སཾ་ཊའི་རྒྱུད་བརྟག་པ་བཅུ་པའི་ཊཱི་ཀར་གནད་ཀྱི་གསལ་བྱེད་དུ་གསལ། འདི་དེ་མ་ཟད་རྗེ་བཙུན་རིན་པོ་ཆེས་དག་ལྡན་ལས། དམ་ཚིག་དང་སྡོམ་པ་གཉིས་རྣམ་གྲངས་ཀྱི་སྒོ་ནས་དབྱེ་བ་ཡིན་གྱི་དོན་གཅིག་ཡིན་ནོ་ཞེས་གསུངས་སོ། །གྲུབ་ཆེན་སླན་པའི་ཞབས་ཀྱིས་ཏེ། རྒྱ་གར་གྲུབ་ཆེན་སློབ་དཔོན་སླན་པའི་ཞབས་ཀྱིས་མཛད་པའི་གསང་འདུས་འཇམ་རྡོར་དཀྱིལ་ཆོག་དངོས་གྲུབ་འབྱུང་བའི་གཏེར་ལས། ལུས་ཀྱི་ལས་བཟང་ངན་ལ་བླང་དོར་མི་བྱེད་པ་ལུས་སྡོམ་དང་དེ་བཞིན་དུ་ངག་དང་ཡིད་ཀྱི་ལས་བཟང་ངན་ལ་བླང་དོར་མི་བྱེད་པ་ངག་སྡོམ་དང་ཡིད་སྡོམ་སྟེ་མདོར་ན་སྒོ་གསུམ་གྱི་ལས་བཟང་པོ་ལ་བླང་བྱ་དང་ངན་པ་ལ་དོར་བྱ་མེད་པར་སྤྱོད་ཅིང་འཇུག་པ་ལ་སྡོམ་པ་གསུམ་དུ་འཇོག་པ་གསུང་པ་ནི་ཏིང་ངེ་འཛིན་ལ་བརྟན་པ་ཐོབ་པ་དང་བརྟན་པ་ཆེར་ཐོབ་པ་གཉིས་ལས་ཕྱི་མ་ཉིད་ལ་དགོངས་པ་ཡིན་ནོ། །གསང་བ་འདུས་པའི་བཤད་རྒྱུད་རྡོ་རྗེ་རྩེ་མོར་སོ་སོར་ཐར་པའི་སྡོམ་པ་དང་བྱང

ཆུབ་སེམས་དཔའི་སྡོམ་པ་དང་། རིག་འཛིན་སྔགས་ཀྱི་སྡོམ་པ་སྟེ་གསུམ་ལ་སྡོམ་པ་གསུམ་དུ་བཞེད་དོ། །

གཉིས་པ་སྡོམ་པ་གཉིས་སུ་འདོག་པ་ལ་གསུམ་ལས་དང་པོ་ནི་སློབ་དཔོན་ཆེན་པོ་སླན་པའི་ཞབས་ཀྱིས་སྟེ། རྒྱ་གར་གྲུབ་ཆེན་སློབ་དཔོན་སླན་པའི་ཞབས་ཀྱིས་མཛད་པའི་གསང་འདུས་འཇམ་རྡོར་དཀྱིལ་ཆོག་དངོས་གྲུབ་འབྱུང་བའི་གཏེར་ལས། མི་བསྐྱོད་པའི་ཆུ་དབང་དང་རིན་འབྱུང་གི་ཅོད་པན་དབང་འོད་དཔག་མེད་ཀྱི་རྡོ་རྗེའི་དབང་དོན་གྲུབ་ཀྱི་དྲིལ་བུའི་དབང་རྣམ་སྣང་གི་མིང་དབང་སྟེ་བུམ་དབང་གི་སྐབས་ནས་འབྱུང་བའི་རིག་པའི་དབང་ལྔ་པོ་མན་ཆད་ལས་ཐོབ་པར་གྱུར་པའི་སློབ་མའི་དབང་ནི་སྤྱོད་རྒྱུད་ཡན་གྱི་རྒྱུད་སྡེ་འོག་མ་གསུམ་གྱི་ཐུན་མོང་པའི་སྡོམ་པ་ཙམ་དང་སློབ་དཔོན་གྱི། །དབང་སྟེ་གསང་དབང་ཤེར་དབང་དབང་བཞི་པ་གསུམ་ལས་ཐོབ་པའི་སྡོམ་པ་ནི་རྒྱུད་སྡེ་འོག་མ་གསུམ་དང་ཐུན་མོང་མིན་པར་བླ་མེད་རང་གི་ཁྱད་ཆོས་ཁོ་ན་ཡིན་པར་བཞེད་དོ། །འཁོར་ལོ་བདེ་མཆོག་གི་རྩ་རྒྱུད་ལེའུ་ལྔ་བཅུ་རྩ་གཅིག་པ་སྡོམ་འབྱུང་གི་རིམ་པ་ཕྱེ་བ་གཉིས་པ་ལས་བསྐྱེད་རིམ་དང་གསུམ་པ་ལས་རྫོགས་རིམ་བསྟན་པ་དང་ནི་གསང་བ་འདུས་པའི་རྒྱུད་ཕྱི་མའི་དྲི་བ་པོ་གཉིས་པར། བསྐྱེད་རྫོགས་གཉིས་པོ་ལ་སྡོམ་པ་གཉིས་ཞེས་པའི་མིང་གིས་བསྟན་ཏེ། རྒྱུད་དེ་ཉིད་ལས། དེ་བཞིན་གཤེགས་པ་སྡོམ་པ་ཇི་ལྟ་བུ། །ཞེས་པའི་ལན་དུ། སངས་རྒྱས་རྣམས་ཀྱིས་མདོར་བསྟན་པ། །རིམ་པ་གཉིས་ལ་ཡང་དག་གནས། །ཞེས་སོ། །

གསུམ་པ་ནི། ཕྱིའི་སྡོམ་པ་དང་ནང་གི་སྡོམ་པ་གཉིས་སུ་དབྱེ་བ་ནི་སུམ་ལྡན་གྱི་གང་ཟག་དེའི་རྒྱུད་ཀྱི་སྡོམ་པ་གསུམ་པོ་རེ་རེ་ལའང་ཕྱི་ནང་གི་སྡོམ་པ་གཉིས་གཉིས་སུ་དབྱེར་ཡོད་པ་གསུངས་ཏེ། དེའང་སོ་ཐར་ལ་དགེ་བསྙེན་གྱི་བསླབ་བྱ་ལྔ། དགེ་ཚུལ་གྱི་རག་སྡོམ་བཅུ་སོགས། དགེ་སློང་གི་ཁྲིམས་ཉིས་བརྒྱ་ལྔ་བཅུ་རྩ་གཉིས་བསྲུང་བ་ནི་ཕྱིའི་སྡོམ་པ་དང་། ཐིག་ལེ་མི་ཉམས་པར་བསྲུང་ཞིང་གནས་པར་བྱེད་པ་ནང་གི་སྡོམ་པའོ། །བྱང་སྡོམ་གྱི་རྩ་ལྟུང་དང་ཉེས་བྱས་རྣམས་བསྲུང་བ་ནི་ཕྱིའི་སྡོམ་པ། སྙིང་རྗེ་ཆེན་པོས་སེམས་ཅན་གྱི་དོན་ལ་འབད་ཅིང་། ཤེས་པ་གསལ་ལ་མ་འགགས་པ་ནང་གི་སྡོམ་པའོ། །སྔགས་ཀྱི་སྡོམ་པའི་རྩ་བ་དང་ཡན་ལག་གི་སྡོམ་པ་རྣམས་བསྲུང་བ་ནི་ཕྱིའི་སྡོམ་པ། ཤེས་པ་གཉུག་མ་བའི་རྟོགས་པའི་ངང་དུ་གནས་པ་ནི་ནང་གི་སྡོམ་པ་ཡིན་པ འང་རྗེ་བཙུན་གོང་མས་གྲགས་པ་རྒྱལ་མཚན་གྱིས་ཊཱིཀྐ་པའི་ལམ་སྐོར་དུ་བཤད་དོ། །

གསུམ་པ་གཅིག་ཏུ་འདུ་བའི་ཚུལ་ཉི་མའི་འོད་ཟེར་གྱིས་འོད་ཟེར་གཞན་རྣམས་ཟིལ་གྱིས་མནན་ཅིང་བར་སྣང་ལ་མུན་པ་མི་གནས་པ་བྱེད་པའི་དཔེས། ཤེར་རབ་ཀྱི་ཕ་རོལ་ཏུ་ཕྱིན་པའི་བསླབ་པར་སྦྱིན་སོགས་ཕར་ཕྱིན་ལྔ་པོའི་བསླབ་པ་ཀུན་ཀྱང་འདུས་ཡོད་བ་ཡང་སྟེང་པར་ཉི་མ་མཁའ་ལ་འགྲོ་བའི་ཟེར་གྱིས་ཟིལ་

གནོན་པའི་མདུན་གྱི་བར་སྣང་ལ་ནི་མུན་པ་མི་གནས་བཞིན་དང་། ཤེར་ཕྱིན་དེ་ལ་སྡོམ་པའི་ཐ་སྙད་མེད་དོ་སྙམ་ན། སྡོམ་པའི་ཐ་སྙད་དང་བཅས་ཏེ་མདོར་སྤྱད་པར་གང་ལ་སྡོམ་དང་སྡོམ་པ་མ་ཡིན་རློམ་སེམས་མེད། །འདི་ནི་ཚུལ་ཁྲིམས་སྡོམ་པར་རྣམ་པར་འདྲེན་པས་གསུངས་ཞེས་གསུངས་སོ། །

གཉིས་པ་རང་ལུགས་ཏེ་སྐབས་སུ་བབ་པའི་སྡོམ་པ་གསུམ་ངོས་འཛིན་པ་ནི། གཞུང་འདིར་བསྟན་སྡོམ་པ་གསུམ་གྱི་རྣམ་གཞག་ནི་རྗེ་མོའི་ལུང་གོང་དུ་སྨོས་པ་བཞིན་སོ་བྱང་སྔགས་གསུམ་གྱིས་རྒྱལ་བའི་བསྟན་པ་སྤྱིའི་ལུགས་ཀྱི་ཉམས་ལེན་མ་ལུས་པ་བསྡུས་ཀྱང་སྡོམ་གསུམ་ཕྱོགས་གཅིག་ཏུ་བསྟན་པ་ནི་སྔགས་ཀྱི་རྒྱུད་སྡེ་མ་ཡིན་པར་གཞན་ལ་མེད་པས་སམ། སྡོམ་གསུམ་འཛོག་དོན་གཙོ་བོར་གསང་ཆེན་གྱི་དགོངས་པ་ཕར་ཕྱིན་སོགས་དང་ཐུན་མོང་མ་ཡིན་པའི་སྐབས་ནས་ཇི་སྐད་བསྟན་པའི་ལམ་གྱི་ཉམས་ལེན་ནི་རྒྱུད་སྡེ་བཞི་པོ་རང་རང་གི་དབང་ཡིན་ལ་དེ་དག་གི་ཡན་ལག་ཏུ། །ཉན་ཐོས་ཀྱི་འདུལ་བའི་གཞུང་དང་བསླབ་བྱའི་ངོ་བོ་ཐུན་མོང་དུ་གྱུར་པའི། བྱང་ཆུབ་སེམས་དཔའི་སོ་ཐར་ནི་སོ་བྱང་སྔགས་གསུམ་གྱི་ཐུན་མོང་བའི་བསྟན་པའི་ཉམས་ལེན་དང་། དེ་བཞིན་དུ་ཕར་ཕྱིན་གྱི་སྡེ་སྣོད་རྣམས་དང་སྔགས་ཀྱི་རྒྱུད་སྡེ་བཞི་ཀའི་ཐུན་མོང་དུ་གྱུར་པའི། བསྟན་པའི་ཉམས་ལེན་ནི་བྱང་ཆུབ་སེམས་དཔའི་སྡོམ་པར་འཇོག་ཅིང་སྡོམ་པ་གསུམ་པོ་དེ་ཡང་གང་ཟག་གཅིག་གི་རྒྱུད་ལ་གསུམ་ཀ་ཡོད་པ་ནི་སྔགས་ཀྱི་སྡོམ་པ་རྒྱུན་ལྡན་ཏེ་རྒྱུན་ཆགས་སུ་ཡོད་པ་ལ་བཞེད་པ་རྒྱུད་ཀྱི་དགོངས་པ་ཐུན་མོང་མ་ཡིན་པ་ཁོ་ན་སྟེ། ཉན་ཐོས་ཀྱི་སྡེ་སྣོད་ལ་དབྱེ་ན་སྤྱོད་པ་བསྟན་པ་རྩ་བའི་ལུང་སོ་སོར་ཐར་པ་དང་བཤད་པའི་ལུང་སྡེ་བཞི་ལྟ་བ་བསྟན་པ་དྲན་པ་ཉེར་བཞག་སོགས་གཞུང་རྣམས་སུ་སྡོམ་པ་གོང་མ་གཉིས་ཀྱི་རྣམ་གཞག་ནི། ཟུར་ཙམ་ཡང་མ་བསྟན་གྱི་ཉན་ཐོས་མ་ཟད་ཕར་ཕྱིན་གྱི་ཐེག་པར་ཏེ་གཞུང་རྣམས་སུ་ཡང་། སྐྱེད་རྫོགས་ཀྱིས་བསྡུས་པའི་སྔགས་ཀྱི་སྡོམ་པའི་རྣམ་གཞག་ཙམ་ཟད་ཀྱང་མེད་པའི་ཕྱིར་རོ། །ཉན་ཐོས་ལ་སྡོམ་པ་གོང་མ་གཉིས་དང་ཕར་ཕྱིན་ལ་སྔགས་སྡོམ་གྱི་རྣམ་གཞག་མེད་པའི་རྒྱུ་མཚན་ནི་བྱེ་མདོ་གཉིས་ཀྱི་གྲུབ་མཐའ་མཛིན་པའི་ཉན་ཐོས་པ་རྣམས་མྱང་འདས་ཏེ་བྱང་ཆུབ་གསུམ་པོ། གང་རུང་ལ་དམིགས་ཏེ་སེམས་བསྐྱེད་ནས་སོ་ཐར་གྱི་ཁྲིམས་ཚུལ་བཞིན་དུ་སྲུང་སྟེ། མི་སྡུག་པ་སོགས་ཞི་གནས་དང་དྲན་པ་ཉེར་བཞག་སོགས་ལྷག་མཐོང་བསྒོམ་པས་བྱང་ཆུབ་དེ་དང་དེ་དག་ཐོབ་པར་འདོད་ཅིང་ལེགས་པའི་ལམ་བསྟན་པ་ཞེས་སློབ་དཔོན་དཔའ་བོས་མཛད་པ་ལས། མི་ཡི་བདག་པོ་སུམ་ཅུ་རྩ་གསུམ་བདག །གལ་ཏེ་འདོད་ན་སྲིད་པ་ཟད་པ་ཉིད། །ཚུལ་ཁྲིམས་རྣམ་དག་དེས་ནི་ཐོབ་འགྱུར་ལ། །སློན་ལམ་འགྲུབ་པའི་རྩ་བའང་ཚུལ་ཁྲིམས་ཡིན། །ཞེས་སོ། །ཕར་ཕྱིན་ཐེག་པ་སྟེ་སྡེ་སྣོད་ལས་ནི་བླ་ན་མེད་པའི་བྱང་ཆུབ་སྒྲུབ་པར་བྱེད་པའི་ལམ་གྱི་ཙོ་བོ་ནི་བྱང་ཆུབ

སེམས་དཔའི་སྡོམ་པ་ཡིན་ཀྱང་བྱང་སྡོམ་དེ་ཉིད་གནས་པའི་གཞིར་རེ་རེ་རྟེན་དུ། ཐེག་ཆེན་བྱང་ཆུབ་སེམས་དཔའི་སོ་ཐར་ཞིག་ཅེས་ཀྱང་དགོས་པ་བཞེད་ལ། གསང་སྔགས་པ་རྣམས་བླ་ན་མེད་པའི་བྱང་ཆུབ་བསྒྲུབ་པ་ལ་གཙོ་བོ་སྔགས་སྡོམ་དགོས་ཀྱང་སྡོམ་པ་འོག་མ་གཉིས་སྔགས་སྡོམ་དེའི་རྟེན་དུ་ངེས་པར་དགོས་པ་བཞེད་མོད་དེ་ལྟར་ནའང་སྡོམ་གསུམ་སོ་སོ་ལེན་པའི་ཆོ་ག་དག་ལས། སོར་སྡོམ་སོགས་གསུམ་པོ་རིམ་གྱིས་ཐོབ་པའི་ཚུལ་དང་རྒྱུད་སྡེ་བཞི་པོ་རང་རང་གི་དབང་གི་ཆོ་ག་ལས། སྡོམ་པ་གསུམ་གཅིག་ཆར་དུ་ཐོབ་པའི་ཚུལ་ཏེ་གང་རུང་ལས་མ་འདས་ཤིང་དེ་ལྟ་ལུགས་གཉིས་ཀྱི་ཕྱི་མ་གཅིག་ཆར་ཐོབ་པ་དེའི། སྐྱབས་འགྲོའི་སྐབས་ལས་རྙེད་ཅིང་ཐོབ་པའི་སོ་ཐར་གྱི་སྡོམ་པ་དེ། རྩ་བཞི་ཆང་ལྔ་སྤྱངས་པའི་ཡོངས་རྫོགས་དགེ་བསྙེན་དང་བསྲུང་བྱ་ན་མཉམ་ཞིང་དེ་ཉིད་ཐེག་པ་ཆེ་ཆུང་གཉིས་གང་ཡིན་ཞེ་ན་ཐེག་ཆེན་གྱི། སོ་ཐར་དུ་གསང་སྔགས་པ་རྣམས་བཞེད་པ་ནི་སྡོམ་པ་བསྲུགས་པར་ཁྱོད་ཀྱིས་སྲོག་ཆགས་གསད་མི་བྱ། །མ་བྱིན་པ་ཡང་བླང་མི་བྱ། །བརྫུན་དང་འདོད་ལོག་སྤྱོད་པ་རྣམས། །དངོས་གྲུབ་འདོད་པའི་བྱ་བ་མིན། །ཆང་ནི་འཐུང་བ་མི་བྱ་ཞིང་། །ཞེས་པ་ཡན་གྱིས་ཡོངས་རྫོགས་དགེ་བསྙེན་གྱི་སྲུང་བྱ་ལྔ་པོ་བསྟན་པ་སོགས་དང་མཐུན་ནོ། །

གསང་སྔགས་ཀྱི་ཆོ་ག་ལས་ཡོངས་རྫོགས་དགེ་བསྙེན་དང་ན་མཉམ་པའི་སོ་ཐར་གྱི་སྡོམ་པ་ཐོབ་མོད་ཀྱི་འོན་ཀྱང་གསང་སྔགས་ཀྱི་སྡོམ་པའི་རྟེན་ལ་སྦྱོར་བཏང་དུ་དགེ་སློང་གི་སྡོམ་ལྡན་མཆོག་ཡིན་ཞིང་། དགེ་ཚུལ་གྱི་སྡོམ་ལྡན་ནི་འབྲིང་ཡིན་ལ་དམིགས་བསལ་རྟེན་ཁྱིམ་པ་ཡིན་ཡང་རབ་དགའ་སོགས་སར་གནས་མ་གཏོགས་པའི། ཁྱིམ་པ་སྟེ་དགེ་བསྙེན་དེ་ཉིད་ཐ་མ་ཡིན་པར་དུས་འཁོར་རྩ་རྒྱུད་ལས། གསུམ་ལས་དགེ་སློང་མཆོག་ཡིན་འབྲིང་། །དགེ་ཚུལ་ཞེས་བྱ་དེ་དག་ལས། ཁྱིམ་ན་གནས་པ་ཐ་མའོ་ཞེས་དང་། རྡོ་རྗེ་སྙིང་འགྲེལ་ལས། ས་ཐོབ་མ་གཏོགས་ཁྱིམ་པ་ནི། །རྒྱལ་པོའི་བླ་མ་མི་བྱའོ། །ཞེས་སོགས། གསུངས་ཤིང་སྔགས་སྡོམ་དུ་མ་ཟད་བྱང་སྡོམ་གྱི། རྟེན་དུའང་དགེ་སློང་སོགས་རབ་ཏུ་བྱུང་བ་རྣམས་མཆོག་ཉིད་ཡིན་པར་མདོ་དང་མདོ་སྡེ་རྒྱན་གཉིས་ལས་བཤད་དོ། །སྤྱིར་ཐར་པ་ཙམ་དང་ཐེག་ཆེན་མདོ་སྔགས་གཉིས་ལ་བརྟེན་ནས་ཐམས་ཅད་མཁྱེན་པའི་གང་སྐབས་སུ་ཡང་རྟེན་རབ་བྱུང་ནི་མཆོག་དང་། དེ་ལས་ཀྱང་དགེ་སློང་མཆོག་ཏུ་གསུངས་པས་ན་རབ་ཏུ་མ་བྱུང་བ་རྣམས་ཀྱིས་དེ་ལ་སྨོན་པར་བྱ་ཞིང་རབ་ཏུ་བྱུང་བ་རྣམས་ཀྱིས་ཀྱང་འདོད་ཆུང་ཆོག་ཤེས་བསྟེན་ནས་བསླབ་པ་ལ་ནན་ཏན་སྙིང་པོར་བྱས་ནས་སློབ་འདོད་སྐྱེད་རིགས་ཏེ། གཞོན་ནུ་མ་བདུན་གྱི་རྟོགས་བརྗོད་ལས། སྐྲ་རྣམས་བྲེགས་པར་གྱུར་ནས་ནི། །ཕྱུགས་དར་ཁྲིད་ཀྱི་གོས་འཆང་ང་། །དགོན་པའི་ཡུལ་དུ་འདོད་པར་ནི། །ནམ་ཞིག་དེ་ལྟར་འགྱུར་ཞེས་གྱུ། །གཉའ་ཞིང་གང་ཙམ་རྣམ་བལྟ་ཞིང་། །ས་ཡི་ལྷུང་བཟེད་ལག

ཐོགས་ནས། །དཔྱས་མེད་ཁྲིམ་ནས་ཁྲིམ་དུ་ནི། །ནམ་ཞིག་སློང་མོར་སྤྱོད་པར་འགྱུར། །ཞེས་སོ། །

གསུམ་པ་སྡོམ་པ་ཞེས་པའི་**མིང་དོན་སྤྱི་**ཁྱབ་ཙམ་དུ་སྡོམ་གསུམ་**རང་རང་གི་ངོས་སྐལ་གྱི**། **སྤང་བྱ་**མི་མཐུན་པའི་ཕྱོགས་**སྤོང་བས་**དེ་དང་དེ་ལ་**སྡོམ་པ་ཞེས་བྱར་རུང་ཞིང་**། སྡོམ་པ་ཡིན་ཚད་ལ་སྲོག་གཅོད་སོགས་**སྤང་བྱ་མཐའ་དག་སྤོང་**དགོས་པའི་སྡོམ་པ་ཡིན་**པས་མ་ཁྱབ་སྟེ**། དཔེར་ན། **སྣ་གཅིག་སྤྱོད་པའི་དགེ་བསྙེན་**ལ་སྡོམ་པ་ཞེས་བགྲང་མོད་ཀྱི་སྤང་བྱ་སྲོག་གཅོད་ལྟ་བུ་གཅིག་ལས་མ་སྤང་བའི་ཕྱིར་དང་**སོགས་ཀྱིས་**བསྟན་པ་ཉི་ཚེ་བའི་དགེ་བསྙེན་གཞན་དག་ལའང་མཚུངས་སོ། །

བཞི་པ་སྡོམ་པ་འཛོག་བྱེད་ལ་སྤང་བྱ་སྤོང་བའི་ལྡོག་པ་ནས་བཞག་པ་དང་། སོ་སོའི་ངོ་བོའི་ལྡོག་པ་ནས་བཞག་པ་སྟེ་གཉིས་ལས། དང་པོ་ནི། སོ་བྱང་སྔགས་གསུམ་གྱི་སྡོམ་པ་ཞེས་**འཇོག་པར་བྱེད་**པའི་རྒྱུ་མཚན་ནི་སྡོམ་པ་སོ་སོའི་**སྤང་བྱ་སྤོང་བའི་ལྡོག་པའི་**ཆ་ནས། སྡོམ་པ་གསུམ་དུ་**འཇོག་**པའི་**ཚེ**འམ་སྐབས་སུ་ནི། སྤྱིར་བཏང་ཙམ་ལ་ངན་སོང་ལས་ཐར་བའི་དོན་དུ་མི་དགེ་བཅུ་སྤོང་གི་ཚུལ་ཁྲིམས་དང་། འཁོར་བ་ལས་ཐར་བའི་དོན་དུ་བཅས་རང་གི་ཁ་ན་མ་ཐོ་བ་ཐམས་ཅད་སྤོང་བའི་ཚུལ་ཁྲིམས་དང་། སྲིད་ཞིའི་རྒྱུད་པ་མཐའ་དག་ལས་ཐར་བའི་དོན་དུ་ཉེས་སྤྱོད་སྡོམ་པའི་ཚུལ་ཁྲིམས་རྣམས་ཡོད་ཀྱང་སྐབས་འདིར་**ལུས་**ཀྱི་ལས་གསུམ་**དང་ངག་**གི་ལས་བཞིའི་**རང་བཞིན་གྱི**། **མི་དགེ་**བ་བདུན་པོ་**གཙོ་བོར་སྡོམ་**པའམ་སྤང་བའི་ལྡོག་པ་ནས་**སོ་ཐར་**གྱི་སྡོམ་པ་བཞག་པ་**དང་**། བརྣབ་སེམས་སོགས་**སེམས་ཀྱི་**ཁ་ན་མ་ཐོ་བ་གསུམ་པོ་**གཙོ་བོར་སྡོམ་**པའམ་སྤང་བའི་ལྡོག་པར། **བྱང་**སེམས་ཀྱི་**སྡོམ་**པར་འཇོག་ཅིང་**ཐབས་མཁས་ཁྱད་**པར་ཅན་གྱི་ལམ་བསྐྱེད་རྫོགས་གཉིས་པོ་ལ་བརྟེན་**ནས**། **རིམ་པ་བཞིན་**དུ། **སྡོམ་པ་འོག་མའི་ཉམས་ལེན་གྱི་ཚེ་ཐ་མལ་དུ་ཞེན་པའི་འཛིན་པ་དང་གོང་མ་སྔགས་ཀྱི་བསྐྱེད་རིམ་སྒོམ་པའི་དུས་སུ་གྱ་ནོམ་ལྷར་ཞེན་པའམ་ཡང་ན་བསྐྱེད་རིམ་ལ་བརྟེན་ནས་ཐ་མལ་སྣང་ཞེན་གྱི་མཚན་རྟོག་སྤང་བ་དང་། རྫོགས་རིམ་ལ་བརྟེན་ནས་གྱ་ནོམ་ལྷར་ཞེན་གྱི་མཚན་རྟོག་སྤོང་བ་སྟེ་དེ་ལྟར་**མཚན་རྟོག་གཉིས་པོ་སྤོང་**བའི་ལྡོག་པ་ན**ས་སྔགས་**ཀྱི་**སྡོམ་པར་འཇོག་**པ་ཡིན་ཏེ། དེ་དག་གི་**ཤེས་བྱེད་**ནི་རིམ་པ་བཞིན་དུ་**སོ་ཐར་མདོར་**སྡིག་པ་ཅི་ཡང་མི་བྱ་ཞིང་ཞེས་**དང་སྤྱོད་འཇུག་**ལས་སེམས་བསྲུང་བརྟུལ་ཞུགས་མ་གཏོགས་པ། །བརྟུལ་ཞུགས་མང་པོས་ཅི་ཞིག་བྱ། །ཞེས་དང་། བསླབ་པ་བསྲུང་བ་འདོད་པ་ཡིས། །རབ་ཏུ་བསྒྲིམས་ཏེ་སེམས་བསྲུང་བྱ། །ཞེས་དང་། **ཁ་སྦྱོར་རྒྱུད་**ཀྱི་སྟེ་སཾ་བུ་ཊ་ལས་ཀུན་ལས་སྣ་ཚོགས་ཕྱག་རྒྱ་སྟེ། །ཀུན་ལས་སྣ་ཚོགས་སྡོམ་པ་ཡིན་ཞེས་གསུངས་པའི་**ལུང་དག་གིས་**ལུས་ངག་གི་མི་དགེ་བ་སྤང་བའི་ཆ་ནས་སོར་སྡོམ་འཇོག་པ་སོགས་**ཚད་མས་**གྲུབ་བོ། །

གཉིས་པ་སོ་སོའི་ངོ་བོའི་སྒོ་ནས་བཞག་པ་ནི། སྡོམ་པ་གསུམ་སོ་སོའི་རང་བཞིན་ནམ་ངོ་བོའི་ལྡོག་པའི་སྒོ་ནས་སོ་བྱང་སྔགས་གསུམ་གྱི་མཚན་ཉིད་བཞག་ན། གཞན་ལ་དངོས་སུ་གནོད་པའི་ལུས་ངག་གི་ཁ་ན་མ་ཐོ་བ་དང་དེའི་གཞིར་གྱུར་པ་སེམས་ཀྱི་ཁ་ན་མ་ཐོ་བ་དང་བཅས་པའི་མི་དགེ་བ་བཅུ་སྤོང་བས་སོ་ཐར་སྡོམ་པའི་ངོ་བོ་དང་། གཞན་གནོད་གཞིར་བཅས་སྤང་པ་དེའི་སྟེང་དུ་གཞན་ལ་བསམ་པས་ཕན་འདོགས་ཁྱད་པར་ཅན་སེམས་བསྐྱེད་པ་དང་སྦྱོར་བ་ཕ་རོལ་ཏུ་ཕྱིན་པ་དྲུག་བསྒྲུབ་པ་ལ་ཞུགས་པའི་ཆ་ནས་བྱང་སྡོམ་དང་། གཞན་གནོད་གཞིར་བཅས་པ་སྤོང་བ་དང་གཞན་ལ་ཕན་འདོགས་ཞུགས་པ་དེ་ཀུན་ལྷ་དང་ཡེ་ཤེས་གང་རུང་གི་རྣམ་རོལ་དུ་འཆར་བའི་ལྷ་དང་རྫོགས་རིམ་གྱི་ཡེ་ཤེས་སུ་གོ་བས་བྱིན་གྱིས་བརླབས་ནས་ལོངས་སྤྱོད་པའི་ཆ་ནས་སྔགས་སྡོམ་དུ་འཇོག་གོ། །དཔལ་སྤྲུལ་རྡོ་རྗེ་འཆང་གི་ཞལ་ནས། ངེས་འབྱུང་སོ་ཐར་ཡིན་ཏེ་གཞན་ཕན་བྱང་སེམས་ཡིན། །དག་སྣང་གསང་སྔགས་ཡིན་ཏེ་གཞན་ལ་གནོད་པ་དང་། །རང་དོན་ཡིད་ལ་བྱེད་དང་མཚན་མའི་རྟོག་པ་སྡོམ། །ཡང་དག་སྡོམ་གསུམ་རྣམ་པར་བཞག་པ་དེ་ལྟར་ཡིན། །ཞེས་དང་། མདོར་ན་སོ་ཐར་གྱི་ངོ་བོ་ངེས་འབྱུང་། བྱང་སྡོམ་གྱི་ངོ་བོ་གཞན་ཕན། སྔགས་སྡོམ་གྱི་ངོ་བོ་དག་སྣང་སྟེ་གནད་འདི་གསུམ་དང་ལྡན་དགོས་སོ་ཞེས་གསུངས་སོ། །སྡོམ་པ་གསུམ་སོ་སོའི་ངོ་བོའི་བཟློག་པའམ་ཆ་ནས་བཞག་པའི་དོན་ནམ་ཚུལ་འདི་རྗེ་བཙུན་གྲགས་པས་རྒྱ་ལྷུང་འགྲེལ་སྤྱོད་དུ། ལེགས་པར་ཏེ་མ་ནོར་བ་གཏན་ལ་ཚུལ་བཞིན་དུ་ཕབ་པ་ཡིན་ཏེ། དེ་ཉིད་ལས། འདིར་སོ་ཐར་པའི་རང་བཞིན་ནི། གཞན་གནོད་གཞི་དང་བཅས་པ་ལས་ལྡོག་པར་བྱེད་པ་ཡིན་ལ། བྱང་ཆུབ་སེམས་ཀྱི་སྡོམ་པ་ནི། དེའི་སྟེང་དུ་གཞན་ལ་ཕན་འདོགས་པར་ཞུགས་པ་ཡིན་ཅིང་། རིག་པ་འཛིན་པ་ནི། དེ་དག་ཀྱང་ལྷའི་རྣམ་པའོ། །ཡེ་ཤེས་ཀྱིས་བྱིན་གྱིས་བརླབས་ནས་ལོངས་སྤྱོད་པས་ན་འདི་ལ་འགལ་བ་ཅི་ཡང་ཡོད་པ་མ་ཡིན་ནོ། །ཞེས་གསུངས་པའང་རང་གཞན་ཐམས་ཅད་ཀྱིས་ཡིད་ཆེས་པའི་གནས་སོ། །

སྡོམ་པ་གསུམ་སོ་སོའི་ངོ་བོའི་ལྡོག་པ་ནས་བཞག་པའི་ཚུལ་གོང་དུ་སྨོས་མ་ཐག་པ། དེའི་ཕྱིར་སྔགས་ཀྱི་སྡོམ་པ་རྒྱུད་ལ་ལྡན་པ་ཡིན་ཕྱིན་ཆད། བྱང་སེམས་ཀྱི་སྡོམ་པ་ཡང་ཡོད་པ་ཡིན་པས་ཁྱབ་ཅིང་བྱང་སྡོམ་དེ་དང་ལྡན་པའི་གང་ཟག་ཡིན་ན། དེ་ལ་འོག་མ་སོར་སྡོམ་ཡང་ཡོད་པ་ཡིན་པས་ཁྱབ་སྟེ་དེའི་རྒྱུ་མཚན་ཀྱང་། འདི་ལྟར་ཁྱབ་བྱ་སྔགས་ཀྱི་སྡོམ་པ་དེ་དང་བྱང་ཆུབ་སེམས་དཔའི་སྡོམ་པ་དེར་ཁྱབ་བྱེད་འོག་མ་སོར་སྡོམ་གྱི་མཚན་ཉིད་ཚང་ཞིང་སྔགས་སྡོམ་ལའང་བྱང་སྡོམ་གྱི་མཚན་ཉིད་ཚང་བའི་ཕྱིར་རོ། །དེའང་སྔགས་སྡོམ་ལ་བྱང་སྡོམ་གྱི་མཚན་ཉིད་ཚང་། བྱང་སྡོམ་ལ་སོར་སྡོམ་གྱི་མཚན་ཉིད་ཚང་བའི་ཕྱིར་ཏེ། ཀུན་མཁྱེན་ཆེན་པོའི་སྡོམ་

གསུམ་ཁ་སྐོང་ལས་སྔགས་སྡོམ་བྱང་སེམས་སྡོམ་པ་ཡི། །བྱེ་བྲག་ཡིན་ཞིང་དེ་ཉིད་ཀྱང་། །གཞན་པ་ཕན་པ་བསྒྲུབ་པ་ལ། །གཞན་ལ་གནོད་པ་སྤོང་བ་ཡིས། །ཁྱབ་ཕྱིར་སོ་སོ་ཐར་པ་ཡི། །དོན་ཚང་ཞེས་གསུངས་པའི་ཕྱིར་རོ༑ ༑སྡོམ་པ་གོང་མ་གཉིས་ལ་སོར་སྡོམ་གྱིས་ཁྱབ་པའི་ཚུལ་**མདོར**་རྟེན་གྱིས་དྲིལ་ན་ཤཱ་པ་ཤིང་གི་བྱེ་བྲག་ཏུ་གྱུབ་པ་ལྟར་**སྔགས**་ཀྱི་**སྡོམ**་པ་ཡང་**བྱང་སྡོམ**་ཀྱི་བྱེ་བྲག་ཏུ། **གྲུབ་ཅིང**་གཞན་ལ་ཕན་པ་སྒྲུབ་པ་དང་**གནོད**་པ་བྱེད་པའི་**སེམས་གཉིས**་པོ་དག་སྣང་མུན་ལྟར་**དུས**་སྤྱི་ལས་ལྡན་**གཅིག་ཏུ**། གང་ཟག་གཅིག་གི་རྒྱུད་ལ་**འཇུག**་པ་**མིན**་པའི་ཕྱིར་སྔགས་སུ་མ་ཟད་**བྱང་སྡོམ**་**ཉིད**་**ལའང་སོ་ཐར**་གྱི་མཚན་ཉིད་ཚང་ངོ་། །**སྡོམ་པ་གོང་མ**་སྔགས་དང་བྱང་སེམས་**གཉིས**་**ལ**་འོག་མ་**སོ་ཐར**་**གྱི**་སྡོམ་པས། **ཁྱབ**་**ཡོད**་**པའི**་**ཚུལ**་**འདི**་ནི་དཔལ་བརྩེ་བ་ཆེན་པོ་ཀུན་དགའ་སྙིང་པོ་**ཡབ་སྲས་ཀྱི**། **དགོངས**་པ་བླ་ན་མེད་**པའི་གཏེར་མཛོད**་དེ་ཉིད་ཀུན་མཁྱེན་**གོ་རམ**་ཆེན་**པོའི་མཁྱེན**་**པའི**་རྣམ་དཔྱོད་ཀྱི་ལྡེའུ་མིག་**གིས་བརྡོལ**་ཞིང་ཁ་འབྱེད་པར་མཛད་དེ། སྡོམ་གསུམ་སྤྱི་དོན་ལས། དེས་ན་སྡོམ་པ་གསུམ་ཀ་ལ་སོར་ཐར་གྱི་སྡོམ་པས་ཁྱབ་པ་འདི་ནི་རྗེ་བཙུན་ས་སྐྱ་པ་ཆེན་པོ་ཡབ་སྲས་ཀྱི་དགོངས་པའོ། །ཞེས་སོ། །

ལྔ་པ་མཐའ་དཔྱད་པའི་སྒོ་ནས་སོ་བྱང་གཉིས་སྔགས་སྡོམ་གྱི་ཡན་ལག་ཏུ་བསྟུ་བ་ནི། **སྔགས་སྡོམ**་**ལའང་འོག་མ**་སོ་བྱང་གཉིས་**སྔོན**་**དུ་འགྲོ**་དགོས་པ་ནི་**སྟ་གོན**་**གྱི**་སྐབས་སུ། ཁྱད་པར་ཅན་གྱི་**དོན་ཞུ**་བ་སྟེ་གསོལ་གདབ་ཀྱི་སྐབས་སུ་དམ་ཚིག་དེ་ཉིད་བདག་ལ་སྩོལ། །ཞེས་པས་སྔགས་སྡོམ་དང་བྱང་ཆུབ་སེམས་ཀྱང་བདག་ལ་སྩོལ་ཞེས་པས་སྔགས་སྡོམ་དེའི་རྟེན་དུ་བྱང་སྡོམ་དང་། སངས་རྒྱས་ཆོས་དང་དགེ་འདུན་དང་། །སྐྱབས་གསུམ་དག་ཀྱང་བདག་ལ་སྩོལ། །ཞེས་པས་བྱང་སྡོམ་དེའི་རྟེན་དུ་སོར་སྡོམ་སྩོལ་པར་གསོལ་བ་གདབ་པའི་ཕྱིར་དང་དེ་བཞིན་དུ་**སྦྱོ་བ་བསྐྱེད**་པ་དཀྱིལ་ཆོག་ཐལ་ཆེར་ལས། རང་གི་བསླབ་ལྡན་འཁོར་བཞི་པོ། །ཐེག་ཆེན་བློ་ཅན་རྣམས་ལ་ནི། །དེ་བཞིན་གཤེགས་པས་གསུངས་པ་ཡི། །ཡང་དག་ཚིག་རྗེས་སུ་གནང་། །ཞེས་འབྱུང་བའི་ཚིག་རྐང་དང་པོས་སོ་ཐར་དང་། གཉིས་པས་བྱང་སེམས་དང་། ཕྱི་མ་གཉིས་ཀྱིས་སྔགས་ཀྱི་སྡོམ་པ་བསྟན་པ་དང་། **དངོས་གཞིའི**་སྐབས་སུ་**སྡོམ་པ་བསྒྲགས**་**པའི**་ཚེ་སངས་རྒྱས་ཆོས་དང་དགེ་འདུན་ཏེ། །ཞེས་སོགས་རིགས་ལྔ་སོ་སོའི་དམ་ཚིག་གིས་སྔགས་སྡོམ་དང་། དེ་ལས་གཞན་ཡང་བཅུ་བཞི་ནི་ཞེས་སོགས་ཀྱིས་བྱང་སྡོམ་དང་། ཁྱོད་ཀྱིས་སྲོག་ཆགས་བསད་མི་བྱ་ཞེས་སོགས་ཀྱིས་སོ་ཐར་གྱི་སྡོམ་པ་དག་བསྟན་པ་ནི་ཚིག་**གིས་དངོས་སུ་ཟིན**་**ཅིང**། སྡོམ་པ་གཟུང་བའི་ཚེ་ཁྱད་པར་དཀོན་མཆོག་གསུམ་ལ་བདག་སྐྱབས་མཆི་ཞེས་སོགས་**རྒྱུན་བཤགས་བྱས**་པས་འོག་མ་སོ་བྱང་**གཉིས**་ལས་བྱང་སེམས་སེམས་སྡོམ་པ་སྔོན་འཇུག་གཉིས

དངོས་སུ་དང་སངས་རྒྱས་ཆོས་དང་ཚོགས་མཆོག་ལ། །བྱང་ཆུབ་བར་དུ་སྐྱབས་སུ་འཆི་ཞེས་པས་དངོས་སུ་སྐྱབས་འགྲོ་བྱས་ཏེ་ཤུགས་ལས་ཡོངས་རྫོགས་དགེ་བསྙེན་དང་ན་མཉམ་པའི་ཐེག་ཆེན་སོ་ཐར་འཛིན་པར་ཤེས་པའམ་རྟོགས་པར་བྱ་ཞིང་། དེ་བཞིན་དུ་བསྐྱེད་རྫོགས་ཉམས་སུ་ལེན་པའི་ཚེ་ཐུན་རེའི་ཐོག་མར་སོ་ཐར་སོགས་སྡོམ་པ་གསུམ་གྱི། ཉེས་པ་གསོ་ཤིང་གོང་ནས་གོང་དུ་སྤེལ་བའི་ཕྱིར། སྐྱབས་འགྲོ་སེམས་བསྐྱེད་རྡོར་སེམས་ཏེ་སྔོན་འགྲོ་གསུམ་དང་སོགས་ཀྱིས་བསྐུས་པ་རྒྱུན་བཤགས་སྡོམ་བཟུང་དུ་བྱེད་པ་ལས་འོག་མ་གཉིས་སྔགས་སྡོམ་གྱི་ཡན་ལག་ཏུ་འཐད་པར་གྲུབ་ཅིང་དེ་ར་མ་ཟད་བདག་ཉིད་ཆེན་པོས། བླ་མ་བཅལ་ལ་དབང་བཞི་བླངས། །དེ་ཡིས་སྡོམ་པ་སུམ་ལྡན་འགྱུར། །ཞེས་སོགས་གསུངས་སོ། །

སྤྱི་དོན་གསུམ་པ་ལམ་གྱི་གནད་སྡོམ་པ་གསུམ་གྱི་ཉམས་ལེན་དུ་བསྡུས་པའི་འབྲེལ་གྱིས་ཁོག་ཕུབ་པ་ནི༑ མདོར་བསྡུ་ན་རྒྱལ་བའི་ལུང་དང་རྟོགས་པའི་བསྟན་པ་རིན་པོ་ཆེའི་ཉམས་ལེན་ཀུན་མ་ལུས་པ་ཧྲིལ་གྱིས་དྲིལ་ན། སྡོམ་པ་གསུམ་གྱི་ནང་དུ་འདུས་ཤིང་སྡོམ་པ་གསུམ་པོ་དེ་ཉིད་ཀྱི། ངོས་འཛིན་སྙིང་པོ་ནི་སྔར་གོང་དུ་སྨོས་ཟིན་པའི། རྒྱུད་རྡོ་རྗེ་རྩེ་མོའི་ལུང་སོ་སོར་ཐར་དང་ཞེས་པའི་དངོས་བསྟན་གྱི་སོ་ཐར་དེ་ཐེག་ཆེན་གྱི་སོ་ཐར་ཁོ་ན་ལ། དགོངས་ཞེས་རྗེ་བཙུན་ཆེན་པོས་སྡོམ་པ་ཉི་ཤུ་པའི་འགྲེལ་པར་རྡོ་རྗེ་རྩེ་མོའི་དགོངས་པ་ནི། བྱང་ཆུབ་སེམས་དཔའི་སོ་སོར་ཐར་པའོ། །ཞེས་གསུངས་ལ། སྡོམ་པ་གསུམ་རབ་ཏུ་དབྱེ་བ་ཡི། དགོངས་པ་ལ་ཐེག་པ་ཆེ་ཆུང་གི་སོ་ཐར་ཏེ་ཆ་གཉིས་ཡོད་པར་ཕྲ་ཞིང་ཞིབ་མོའི་བློ་ཡིས་སོ་སོར་དབྱེའོ། །དེའང་རབ་དབྱེའི་མཚན་དོན་གྱིས་ཐེག་པ་ཆེ་ཆུང་གི་སོ་ཐར་སྤྱི་ཙམ་དང་། དངོས་བསྟན་གཙོ་བོར་གཞན་འདོད་དགག་པའི་སྐབས་སུ་གསུངས་པ། ཉན་ཐོས་རྣམས་ཀྱི་སྐྱབས་འགྲོ་ནས་སོགས་དང་། བྱེ་བྲག་སྨྲ་བའི་བསྙེན་གནས་ཀྱང་། །ཞེས་སོགས་ནི་ཉན་ཐོས་སོ་ཐར་ཁོ་ན་དང་། ཐེག་པ་ཆེན་པོ་ལས་བྱུང་བའི། །སོ་སོར་ཐར་པ་བཤད་ཀྱིས་ཉོན། །ཞེས་སོགས་རང་བཞེད་ཉམས་ལེན་ཞར་བྱུང་དུ་གསུངས་པ་ནི་ཐེག་ཆེན་སོ་ཐར་ཡིན་ལ། ཐུན་མོང་དུ་བསྟན་པའང་ཅི་རིགས་པ་ཡོད་པ་རྣམས་ཤེས་དགོས། ཞེས་མ་གི་དགེ་བསྙེན་གྱི་གཞུང་ནས་ཡ་གི་བླ་མེད་རྡོ་རྗེ་ཐེག་པའི་བར་ཡོངས་སུ་རྫོགས་པའི་བསྟན་པ་རིན་པོ་ཆེའི་ཉམས་ལེན་སོ་ཐར་སོགས་སྡོམ་པ་གསུམ་པོ་རེ་རེ་ལའང་ངོ་བོ་ངོས་གཟུང་བ་དེ་དང་པོ་བླང་བའི་ཐབས་བར་དུ་སྲུང་བའི་ཚུལ་ཉམས་ན་ཕྱིར་བཅོས་པ་སྟེ་བཞི་བཞིས་ཕྲ་ཞིང་ཞིབ་པར་གཏན་ལ་འབེབ་པ་འཇམ་དབྱངས་བླ་མའི་སྡོམ་པ་གསུམ་རབ་ཏུ་དབྱེ་བའི་དགོངས་པ་གསལ་བར་བྱེད་པའི་རྒྱན་ཏེ་སྤྱིར་རྒྱན་ལ་རང་བཞིན་གྱི་རྒྱན་དང་། མཛེས་བྱེད་ཀྱི་རྒྱན་དང་། གསལ་བྱེད་ཀྱི་རྒྱན་ཏེ་གསུམ་ཡོད་པའི་འདི་ཕྱི་མ་ཡིན་ལ། གཞུང་འདི་ལ་ལེའུ་ལྔ་ཡོད་པ་ལས་སྤྱི་དོན་རགས་པའི་ལེའུ་སྟེ

ལེའུའི་སྐད་དོད་ལ་པ་རི་ཚེ་ཏ་ཞེས་བོད་སྐད་དུ་བསྒྱུར་ན། དུམ་བུར་བཅད་པ་ལ་འཇུག་པའི་དང་པོའོ།། །།

རྩ་བའི་ས་བཅད་གཉིས་པ་སྐབས་ཀྱི་དོན་གཏན་ལ་འབེབ་པ་ནི། **སྐབས་དོན་གཏན་ལ་དབབ་པར་ཐ་དད་དང་། །བསྡུས་ཏེ་འཆད་དོ་དང་པོར་རེ་རེ་ནས། །ངོ་བོ་ངོས་བཟུང་དང་པོར་བླང་བའི་ཐབས། །བར་དུ་སྲུང་ཚུལ་ཉམས་པ་ཕྱིར་བཅོས་བཅས། །བཞི་བཞིས་རྟོགས་པར་བྱ་ཞིང་ངོས་འཛིན་ལ། །མཚན་གཞི་མཚན་ཉིད་ནང་གསེས་དབྱེ་བའོ། །ཐོག་མར་སོ་ཐར་སྡོམ་པའི་མཚན་གཞི་ནི།** །མདོ་ལས། འཁོར་བར་ཆགས་པའི་ཡིད་དང་ལྡན་རྣམས་རྟག་ཏུ་འཁོར། །ཞེས་དང་། སྤྱོད་འཇུག་ལས། སྡུག་བསྔལ་མེད་པར་ངེས་འབྱུང་མེད། །ཅེས་པ་ལྟར་སྲིད་པ་མཐའ་དག་སྡུག་བསྔལ་དུ་ཤེས་དགོས་པས། དེས་ན། **མཐོ་དམན་བར་མ་གང་དུ་སྐྱེས་གྱུར་ཏམ། །གང་དུ་གནས་སམ་སུ་དང་འགྲོགས་ཀྱང་རུང་། །ཅི་ལ་ལོངས་སུ་སྤྱོད་པ་ཐམས་ཅད་ཀྱང་། །མེ་ཡི་རང་བཞིན་ཚ་བ་ཡིན་པ་ལྟར། །སྡུག་བསྔལ་གསུམ་གྱི་རྒྱུ་དང་རང་བཞིན་ཅན།** །དེ་ཡང་ཚོམས་ལས། དེ་ལྟར་ཉེས་དམིགས་རྟོགས་གྱུར་ན། །སྲུར་དུ་མྱ་ངན་འདས་པ་འཐོབ། །ཅེས་དང་། ཛོ་བོ་རྗེས། གྲོགས་དག་འཁོར་བའི་འདབ་རྫབ་འདི་ན་སྙིང་མེད་ཐར་པའི་སྐམ་སར་གཤེགས། །ཞེས་དང་། བཞི་བརྒྱ་པར། མཁས་པ་རྣམས་ལ་མཐོ་རིས་ཀྱང་། །དམྱལ་བ་དང་མཚུངས་འཇིགས་སྐྱེད་འགྱུར། །ཞེས་སོ། **།ངན་སྐྱུགས་དག་ལས་སྤྲོས་བཞིན་བདེ་བ་ཡི། །འབྱུང་ཁུངས་མིན་པར་རྟོགས་པའི་སྐྱོ་ཤས་ཀྱིས་**དགེ་མང་ཡོན་དགའི་སྡོམ་འགྲེལ་ལས། འཇིག་སྐྱོབ་དང་ལེགས་སྨོན་ཙམ་མ་ཡིན་པར་མྱང་འདས་གསུམ་གང་རུང་ཐོབ་འདོད་ཀྱི་བསམ་པ་ནི་ངེས་འབྱུང་གི་བསམ་པའོ། །ཞེས་སོ། །

འཁོར་བའི་ཉེས་དམིགས་ནི། དཀའ་བོ་རབ་ཏུ་འབྱུང་བའི་མདོ་ལས། ཁྱིམ་པ་རྣམས་ནི་མེའི་འོབས་ན་གནས་པ་ལྟ་བུའོ། །རབ་བྱུང་རྣམས་ནི་བསིལ་ཁང་ན་གནས་པ་ལྟ་བུའོ། །ཞེས་དང་། སྐྱེས་རབས་ལས། བཙོན་དང་འདྲ་བའི་ཁྱིམ་ལ་ནི། །ནམ་ཡང་བདེ་བར་མ་སེམས་ཤིག ། ཕྱུག་གམ་ཡང་ན་དབུལ་ཡང་རུང་། ཁྱིམ་ན་གནས་པ་ནད་དུ་ཆེ། །ཞེས་དང་། གལ་ཏེ་ཆོས་སྤྱོད་ཁྱིམ་གྱི་སོ་ནམ་འཚོར། ཁྱིམ་ལ་ཕྱོགས་ན་ཆོས་ཀྱང་ག་ལ་འགྲུབ། །ཆོས་ཀྱི་ལས་ནི་རབ་ཏུ་ཞི་བ་ཡིན། ཁྱིམ་གྱི་དོན་ནི་དྲག་ཤུལ་ཅན་གྱིས་འགྲུབ། །དེ་བས་ཆོས་དང་འགལ་བའི་སྐྱོན་ཡོད་ཕྱིར། །བདག་ལ་ཕན་འདོད་སུ་ཞིག་ཁྱིམ་ན་གནས། །ཞེས་དང་། དྲེགས་དང་དང་རྒྱལ་གཏི་མུག་སྨྲུལ་གྱི་ཚང་། །རབ་ཏུ་ཞི་བ་དགའ་དང་བདེ་འཇིག་པ། །སྡུག་བསྔལ་མི་ཟད་མང་པོའི་གནས་གྱུར་ཁྱིམ་{ནི་སྨྲུལ་གྱི་}། ཁུང་དང་འདྲ་བར་{ཉེས་པ་ཐམས་ཅད་བསྐྱེད་པའི་ཚང་ཚིང་ཡིན་པས་}སུ་ཞིག་གནས་པར་བྱེད། །ཅེས་དང་། དྲག་ཤུལ་ཅན་གྱིས་ཞུས་པའི་མདོ་ལས། ཁྱིམ་ཞེས་བྱ་བ་ནི་དགེ་བའི་རྩ་བ

རྣམས་འཇོམས་པར་བྱེད་པ། དགེ་བའི་སྡོང་པོ་སྐྱེལ་བར་བྱེད་པ་སྟེ་དེའི་ཕྱིར་ཁྲིམས་ཞེས་བྱའོ། །ཞེས་དང་། ཆོ་འཕྲུལ་ཆེན་པོ་བསྟན་པའི་མདོ་ལས། འདོད་པ་དག་ནི་རབ་ཏུ་བསྟེན་བྱེད་ཅིང་། །བུ་དང་ཆུང་མ་དག་ལ་སྲེད་བསྐྱེད་ནས། །སྨད་པར་བྱ་བའི་ཁྲིམས་ལ་བརྟེན་པ་དེས། །བླ་མེད་བྱང་ཆུབ་དམ་པ་གཞན་མི་ཐོབ། །གང་དག་ཁྲིམས་ན་གནས་པར་བྱེད་བཞིན་དུ། །བྱང་ཆུབ་དམ་པ་མཆོག་འདི་ཐོབ་པ་ཡི། །སངས་རྒྱས་གང་ཡང་སྔོན་ཆད་མ་བྱུང་སྟེ། །མ་འོངས་པ་ན་མི་འབྱུང་{ད་ལྟ་ཡང་}གནས་པ་མེད། །ཅེས་གསུངས། **།འཁོར་བ་ནི་སློབ་དཔོན་**ཡན་ལག་མེད་པའི་རྡོ་རྗེས་མཛད་པའི་ཐབས་དང་ཤེས་རབ་རྣམ་པར་གཏན་ལ་དབབ་པ་གྲུབ་པའི་ལེའུ་བཞི་པ་དེ་ཁོ་ན་ཉིད་སྒོམ་པའི་རིམ་པ་ཕྱེ་པ་ལས། ཀུན་རྟོག་མུན་པ་སྡུག་བསྔལ་སྟུག་པོས་ཟིལ་གནོན་ཅིང་། །འདོད་ཆགས་ལ་སོགས་བརླག་དཀའི་མནས་གཡོགས་གྱུར་པ། །ཀུན་ཏུ་འཁོར་རླུང་གིས་བསྐྱེད་བློག་ལྟར་གཡོ་བ་ཡི། །སེམས་ནི་འཁོར་བ་ཡིན་པས་རྡོ་རྗེ་ཅན་གྱིས་གསུངས། །ཞེས་འཁོར་བའི་མཚན་ཉིད་དོ། །ཅེས་གསུངས་སོ། **།སྤོང་འདོད་གཅམ་བུ་ནི་བཟླ་རྙིང་སྟེ་གསར་བཅད་ལ་བཙོས་མའི་དོན་ཏོ། །མིན་པའི་བློས། །ཡོངས་སུ་ཞེན་པ་ངེས་འབྱུང་ཚུལ་ཁྲིམས་སོ།** །སྡེ་སྡོམ་འགྲེལ་གཞན་ཕན་ཉི་མའི་སྣང་བ་ལས། ཁམས་གསུམ་ལས་ཡིད་ངེས་པར་ཕྱིར་འབྱུང་བས་ན་ཞེས་གསུངས་སོ། །དེ་ན་འཁོར་བ་མཐའ་དག་ལ་ངེས་པར་འབྱུང་བ་ནི་སོར་སྡོམ་གྱི་མཚན་གཞི་ཡིན་ལ་ངེས་འབྱུང་དེས་ཟིན་པའི་སྒོ་ནས་གཞན་གནོད་གཞིར་བཅས་སྤོང་བ་ནི་སོར་སྡོམ་གྱི་མཚན་ཉིད་ཡིན་ནོ། །ངེས་པར་ཏེ་གདོན་མི་ཟ་བ་འབྱུང་བའམ་ཕྱིན་པའམ་ཐོབ་པ་སྟེ་དེ་ལྟར་**ངེས་པར་འབྱུང་བ་ཞེས་བྱ་བ**་མདོ་ལས། ལུས་ཞིག་ཚོར་བ་བསིལ་བར་འགྱུར། །འདུ་ཤེས་ཟད་ཅིང་འདུ་བྱེད་འགགས། །རྣམ་པར་ཤེས་པ་ནུབ་གྱུར་པ། །དེ་འདྲ་དེ་ནི་སྡུག་བསྔལ་ཐར། །ཞེས་པ་ལྟར། **མྱང་འདས་ཏེ་མཚོ་ཊཱི་ཀ་ཆེན་མོར།** ཁམས་གསུམ་འཁོར་བ་ནས་ངེས་པར་འབྱུང་བ། མྱ་ངན་ལས་འདས་པ་སྟེ་ཞེས་གསུངས་སོ། །

མྱང་འདས་ལ་དབྱེ་ན། ཐེག་པའི་སྒོ་ནས་གསུམ་དང་། རྟེན་ཚུལ་གྱི་སྒོ་ནས་གཉིས་སོ། །དང་པོ་ནི། ཉན་ཐོས་དང་རང་རྒྱལ་དང་བྱང་ཆུབ་སེམས་དཔའི་མྱང་འདས་ཏེ་གསུམ་མོ། །

གཉིས་པ་ནི། ཁམས་གསུམ་གྱི་ཉོན་མོངས་མ་ལུས་པ་སྤངས་ཤིང་དགྲ་བཅོམ་པ་དང་པོ་ཐོབ་པའི་ལུས་རྟེན་དང་བཅས་པ་ནི་ལྷག་བཅས་ཀྱི་མྱང་འདས་དང་། ཁམས་གསུམ་གྱི་ཉོན་མོངས་པ་མ་ལུས་པ་སྤངས་ཤིང་དགྲ་བཅོམ་དང་པོ་ཐོབ་པའི་ལུས་རྟེན་དང་བྲལ་བ་ལྷག་མེད་ཀྱི་མྱང་འདས་སོ། །མྱང་འདས་ཀྱི་མཚན་ཉིད་ནི་སློབ་དཔོན་ཡན་ལག་མེད་པའི་རྡོ་རྗེས་མཛད་པའི་ཐབས་དང་ཤེས་རབ་རྣམ་པར་གཏན་ལ་དབབ་པ་གྲུབ་པའི་ལེའུ་བཞི་པ་དེ་ཁོ་ན་ཉིད་སྒོམ་པའི་རིམ་པ་ཕྱིན་པ་ལས། ལྗོག་པ་ལས་ནི་རྣམ་པ་གྲོལ་ཞིང་འོད་གསལ་བ་

འདོད་ཆགས་ལ་སོགས་དྲི་མའི་སྒྲིབ་གཡོགས་རབ་ཏུ་སྤྱངས། གཟུང་བ་དང་ནི་འཛིན་པ་མེད་ན་དེ་ཉིད་ནི་མྱ་ངན་ལས་འདས་པའི་དོན་དུ་སེམས་ཅན་མཆོག་གིས་གསུངས། ཞེས་དང་། སློབ་དཔོན་པདྨ་བཛྲ་ཡིས་མཛད་པའི་དཔལ་གསང་བ་གྲུབ་པ་ལས། ཞེ་པ་སྡོང་ཞིང་བརྗོད་དུ་མེད། །གཟུང་དང་འཛིན་པ་རྣམ་པར་སྤྱངས། །མཚན་མ་མེད་ཅིང་རྟོལ་བྲལ་བ། །མྱ་ངན་འདས་ཞེས་དེ་ལ་བཤད། །ཅེས་སོ། །བསམ་པ་དེ་ཡིས་མ་བཟུང་རིགས་བརྒྱད་ཀྱི༑ ༑འཇིགས་སྐྱོབ་ལེགས་སྨོན་གྱིས་ཟིན་པའི་སྡོམ་པ་ནི་ཚུལ་ཁྲིམས་ཡིན་ཡང་སོ་སོར་ཐར་པ་མིན། །ལ་ངེས་འབྱུང་བསམ་པས་ཟིན་པའི་སྡོམ་པ་ནི་ཚུལ་ཁྲིམས་ཡིན་ལ་སོ་སོར་ཐར་པའང་ཡིན་ནོ། །དེའང་རང་ཉིད་གཅིག་པུའི་ཆེད་དུ་འཁོར་བ་མཐའ་དག་ལ་ངེས་པར་འབྱུང་སྟེ་ཞི་བདེ་དོན་དུ་གཉེར་ནས་བསླབ་པ་བསྲུང་བ་ནི་ཐེག་དམན་གྱི་སོ་ཐར་དང་། སེམས་ཅན་ཐམས་ཅད་ཀྱི་དོན་དུ་སངས་རྒྱས་ཐོབ་འདོད་ཀྱིས་འཁོར་བ་མཐའ་དག་ལ་ངེས་པར་འབྱུང་སྟེ་བསླབ་པ་བསྲུང་བ་ནི་ཐེག་ཆེན་ནམ་བྱང་སེམས་སོ་ཐར་ཞེས་བྱའོ། །དེ་ཕྱིར་ཕར་བསྟུས་ལས། དེ་བས་ངན་སོང་འཇིགས་དང་རྒྱལ་སྲིད་དང་། །མཐོ་རིས་ཕུན་སུམ་ཚོགས་ལ་སྨོན་བསལ་ཏེ། །ཚུལ་ཁྲིམས་དྲི་མེད་ཡང་དག་བསྲུང་བྱ་ཞིང་། །འཇིག་རྟེན་དོན་ལ་བརྩོན་པས་ཚུལ་ཁྲིམས་བསྟེན། །ཞེས་པ་ལྟར། ངེས་པར་འབྱུང་བས་ཀུན་བསླངས་ཏེ། །གཞན་གནོད་གཞིར་བཅས་སྤོང་བའི་སེམས་བྱུང་གི་སེམས་པ་དང་། སེམས་པ་དེ་དང་མཚུངས་ལྡན་སེམས་ཀྱི་ས་མང་དགུ་དགེ་བའི་ས་མང་བཅུ། རྟོག་དཔྱོད་གཉིས། གཙོ་སེམས་ཏེ་མཚུངས་ལྡན་ཉེར་གཅིག་བཅས་པ་ནི། སོ་ཐར་སྡོམ་པའི་མཚན་ཉིད་མིང་གཞན་ཡང་། །ངེས་འབྱུང་བསམ་པས་ཟིན་པའི་སྡོམ་པ་དང་། །འཇིགས་སྐྱོབ་དང་ལེགས་སྨོན་གཉིས་ཀྱི་ཚུལ་ཁྲིམས་གཉིས་ནི་ཐར་པའི་ལམ་དུ་མི་འགྱུར་ཞིང་སོ་ཐར་ནི་ངེས་འབྱུང་གི་བསམ་པས་ཟིན་པའི་ཕྱིར་ཐར་པའི་ལམ་དུ་འགྱུར་བའི་སྡོམ་པ་དང་། འཇིག་སྐྱོབ་དང་། ལེགས་སྨོན་དང་ངེས་འབྱུང་སྐྱེ་གསུམ་ལས། ངེས་པར་འབྱུང་བའི་ཚུལ་ཁྲིམས་ཞེས་ཀྱང་བྱ། །ཐར་པའི་ལམ་དུ་ཞུགས་པའི་གང་ཟག་གི། །རྒྱུད་ཀྱི་སྡོམ་པ་ཞེས་བྱ་རྣམ་གྲངས་སོ། །དབྱེ་བ་རྟེན་རྫས་ཀུན་སློང་སྒོ་ནས་ཏེ། །རྟེན་གྱིས་ཕྱེ་བ་མཛོད་ལས། སྤང་བྱ་ལྔ་བརྒྱད་བཅུ་དང་ནི། །ཐམས་ཅད་སྤོང་བ་མནོས་པ་ལས། །དགེ་བསྙེན་དང་ནི་བསྙེན་གནས་དང་། །དགེ་ཚུལ་ཆེད་དང་དགེ་སློང་ཉིད། །ཅེས་གསུངས་པ་ལྟར། དགེ་སློང་ཕ་མ་གཉིས། །དེ་བཞིན་དགེ་ཚུལ་གཉིས་དང་དགེ་སློབ་མ། །དགེ་བསྙེན་གཉིས་དང་བསྙེན་གནས་གནས་ལ་གཉིས་སུ་མི་དབྱེ་བ་ཅི་ཞེ་ན། དུས་ཡུན་ཐུང་བ་དང་སེམས་དམན་པ་ལ་དགོངས་ནས་གཅིག་ཏུ་བགྲངས་པ་ཙམ་བཅས་སྡོམ་པས་བརྒྱད་ཡོད་དེ་མཛོད་ལས། སོ་སོར་ཅེས་བྱ་རྣམ་པ་བརྒྱད། །ཅེས་གསུངས་པའི་ཕྱིར་རོ། །བདུན་པོ་ཇི་སྲིད་འཚོ་བའི་མཐའ་ཅན་དང་། །ཕྱི་མ་ཉིན་ཞག་རེ་ཡི་མཐའ་ཅན་ནོ། །རྫས་སམ་སྡོམ་པ་

རང་གི་ངོ་བོས་དབྱེ་ན་དགེ་སློང་ཕ་མ་གཉིས་ཀྱི་སྡོམ་པའི་ངོ་བོ་ལ་དབྱེ་བ་མེད་པས་གཅིག་ཏུ་བགྲང་བ་དང་། །དེ་བཞིན་དུ་དགེ་ཚུལ་ཕ་མ་གཉིས་དང་དགེ་བསྙེན་ཕ་མ་གཉིས་ལའང་འགྲེ་ཞིང་། དེ་ཡང་ཕ་མ་གཉིས་ཀྱི་སྡོམ་པ་དེ་རྫས་སམ་ངོ་བོའི་སྒོ་ནས་གཅིག་ཡིན་པའི་རྒྱུ་མཚན་ནི། དགེ་སློང་ཕ་ཞིག་མར་གནས་འགྱུར་ན་དགེ་སློང་མའི་སྡོམ་པ་དེ་ཉིད་ཡོད་པ་དང་། དགེ་སློང་མ་ཞིག་ཕར་གནས་གྱུར་ན་དགེ་སློང་ཕའི་སྡོམ་པ་དེ་ཉིད་ཡོད་པའི་ཕྱིར་ན་ཕ་མ་གཉིས་ཀྱི་སྡོམ་པ་དེ་རྫས་སམ་ངོ་བོ་ལ་ཁྱད་པར་ཅུང་ཟད་ཀྱང་མེད་དོ། །**དགེ་ཚུལ་**ཏེ་རབ་བྱུང་གི་ཕྱོགས་གཉིས་དང་**དགེ་བསྙེན་བསྙེན་གནས་**ཏེ་ཁྱིམ་པའི་ཕྱོགས་གཉིས་**དག་དང་བཞི་**ཡོད་དེ་མཛོད་ལས། རྫས་སུ་རྣམ་པ་བཞི་ཡིན་ནོ། །ཞེས་འབྱུང་བས་ཕ་མ་གཉིས་རྫས་གཅིག་ཡིན་པའི་རྒྱུ་མཚན་ནི། དེ་ཉིད་ལས། མཚན་ལས་མིང་ནི་འཕོ་བའི་ཕྱིར། །ཐ་དད་དེ་དག་འགལ་བ་མེད། །ཅེས་གསུངས་པ་ལྟར། དགེ་སློང་མཚན་གྱུར་ན་དགེ་སློང་མ་ཞེས་མིང་འཕོ་དགེ་སློང་མ་མཚན་གྱུར་ན་དགེ་སློང་ཞེས་མིང་འཕོ་བས་རྫས་གཅིག་པ་ལྟ་བུའོ། །**ཀུན་སློང་**ནི་ཤེས་བྱ་ཀུན་ཁྱབ་ལས། ཉན་ཐོས་སོ་ཐར་རང་ཞི་དོན་གཉེར་ཅན། །ངེས་འབྱུང་ཀུན་སློང་ཞེས་གསུངས་པ་ལྟར་**རང་ཉིད་ཞི་བདེ་དོན་གཉེར་བློས། །ཚུལ་འདིར་ཞུགས་པ་ཐེག་དམན་སོ་ཐར་དང་།** །མངོན་རྟོགས་རྒྱན་ལས། སེམས་བསྐྱེད་པ་ནི་གཞན་དོན་ཕྱིར། །ཡང་དག་རྫོགས་པའི་བྱང་ཆུབ་འདོད། །ཅེས་གསུངས་པ་ལྟར། **གཞན་ཕྱིར་རྫོགས་པའི་བྱང་ཆུབ་ལ་དམིགས་ཏེ། །ཞུགས་པ་ཐེག་ཆེན་སོ་སོར་ཐར་པར་བཞེད།** །དེ་ཕྱི་པ་ནང་པ་སྐྱབས་འགྲོས་ཕྱེ། །ཐེག་པ་ཆེ་ཆུང་སེམས་བསྐྱེད་ཁྱད། །ཞེས་པ་ལྟར། སེམས་བསྐྱེད་ཀྱིས་དབྱེ་དགོས་ཤིང་། ཤེས་བྱ་ཀུན་ཁྱབ་ལས་ཀྱང་། ཐེག་ཆེན་སོ་ཐར་ཐེག་དམན་ཇི་བཞིན་ལ། །བླང་དུས་གཞན་དོན་བྱང་ཆུབ་ལ་དམིགས་སམ། །སླད་ནས་སེམས་བསྐྱེད་པས་ཀྱང་འགྱུར་བར་གསུངས། །ཞེས་སོ། །

མ་ཐོབ་སྡོམ་པ་ཐོབ་པར་བྱེད་པ་ལ། །ལེན་པའི་ཆོ་ག་སྔ་ཚུལ་ཐོབ་མཚམས་བཅས། །རྒྱ་ཆེར་འགྲེལ་པ་ལས། ད་ལྟར་གྱི་ཆོ་ག་བས་སྔར་བསྟན་པ་དང་མཁན་པོ་དང་སློབ་དཔོན་གྱི་གནང་བ་བས་སྔར་བཤད་པས་ན་དེའི་སྔོན་གྱི་ཆོ་ག་ཅེས་བྱ་སྟེ་ཞེས་གསུངས་པ་ལྟར་རོ། །**སྔོན་ཆོག་**མདོ་ལས། ང་ལ་སློབ་དཔོན་སུ་ཡང་མེད། །ང་དང་འདྲ་བ་ཡོད་མ་ཡིན། །ང་ཉིད་གཅིག་པུ་རྫོགས་སངས་རྒྱས། །སྲིད་འགྱུར་ཟག་པ་ཟད་པར་འགྱུར། །ཞེས་**རང་བྱུང་གིས་ནི་བསྙེན་རྫོགས་དང་།** །རྩ་ཤེར་སངས་རྒྱས་རྣམས་ནི་མ་བྱུང་ཞིང་། །ཉན་ཐོས་རྣམས་ཀྱང་ཟད་པ་ན། །རང་སངས་རྒྱས་ཀྱི་ཡེ་ཤེས་ནི། །སྟོན་པ་མེད་ལ་རབ་ཏུ་སྐྱེ། །ཞེས་དང་། མངོན་རྟོགས་རྒྱན་ལས། རང་བྱུང་བདག་ཉིད་རྟོགས་པའི་ཕྱིར། །ཞེས་པ་**ཡེ་ཤེས་ཁོང་ཆུད་འཕྲིན་གྱིས་རྫོགས་པ་དང་།** །**སྟོན་པ་ཁས་བླངས**ནི་ལུང་ལས། རྒྱལ་བ་བུ་མངས་མཆོད་རྟེན་ནང་བཞུགས་མཐོང་། །ཐུབ་ཞབས་ཕྱག་འཚལ་བཅོམ་ལྡན་བདག

གི་སྟོན། །བདག་ནི་ཁྱོད་ཀྱི་ཉན་ཐོས་ཀྱུར་ཅེས་གསོལ། །འོད་སྲུངས་ཇི་སྐད་སླས་བཞིན་བྱས་ཏེ་འདི་ར། ཁྱོད་སྟོན་ང་ཡིན་ང་ཡི་ཉན་ཐོས་ཁྱོད། །ཅེས་གསུངས་པ་ལྟར་རོ། །

ཚུར་ཤོག་ནི་གསོལ་བཞི་དང་། །སྟོན་ཆོག་གི་གསོལ་བཞི་དང་། ད་ཆོག་གི་གསོལ་བཞི་གཉིས་ལ་ཁྱད་པར་ཅི་ཡོད་ཅེས་ན། ཆོ་གའི་ཁྱད་པར་ལ་བཞི་ལས། དང་པོ་གང་ལས་ནོད་པའི་ཡུལ་གྱི་ཁྱད་པར་ནི། ད་ཆོག་ལ་བཅུ་ཚོགས་དང་ལྔ་ཚོགས་གསུངས་ལ། སྟོན་ཆོག་ལ་མཚམས་ནང་དེར་ཡོད་པའི་དགེ་འདུན་ཐམས་ཅད་འདུ་བ་ལ་འདུན་པ་འབུལ་དགོས་སོ། །གཉིས་པ་གང་གིས་ནོད་པའི་རྟེན་གྱི་ཁྱད་པར་ལའང་བཞི་ལས་ཆ་ལུགས་ཀྱི་ཁྱད་པར་ནི། ད་ཆོག་ལ་སྦྱོར་བའི་དུས་སུ་ཆོས་གོས་གསུམ་མཁན་པོས་བྱིན་གྱིས་བརླབ་ནས་བསྒོན་དགོས། སྟོན་ཆོག་ལ་བསྒྲུབ་བྱ་རང་གིས་སྒྲ་དང་ཁ་སྤུ་བྲེགས་ནས་ཆོས་གོས་གྱོན་ཏེ་རབ་བྱུང་དང་བསྙེན་རྫོགས་ཀྱི་ཆ་ལུགས་འདི་བཞིན་དུ་བྱས་པས་ཆོག་གོ་གུས་འདུད་ཀྱི་ཁྱད་པར་ནི། ད་ཆོག་ལ་ཕྱག་གསུམ་ཚན་བཅུ་གཅིག་{སངས་རྒྱས་༡}དགེ་འདུན་༢མཁན་པོར་གསོལ་༣། །གོས་ཀྱི་༤གཉིས་༥{ཆོས་གོས་བྱིན་གྱིས་རློབ་པའི་ཕྱག་དང་སྣམ་སྦྱར་གྱོན་པའི་ཕྱག་བྱ་བའོ། །}དང་ལྷུང་བཟེད་༦{བྱིན་གྱིས་རློབ་པའི་ཕྱག་}དང་། །གསང་སྟེ་སྟོན་༧དང་{ནང་དུ་འཇུག}འཇུག་ཡོན་༨དང་། {གསོལ་བ་འདེབས་པའི་ཕྱིར་}སངས་རྒྱས་༩དགེ་འདུན་༡༠{ལ་ཕྱག་བྱ་བ་དང་དགེ་འདུན་གྱི་ནང་དུ་བར་ཆད་འདྲི་བའི་ཕྱིར་}ལས་༡༡བྱེད་པའོ། །ཞེས་མཚོ་ཊཱི་ཀ་ཆེན་མོར་སྡོམ་ཚིག་ཏུ་མཛད་}འཚལ་དགོས། སྟོན་ཆོག་ལ་དགེ་འདུན་རྐན་རིམ་{རྐན་ཤོས་བཞི་}ལ་ཡན་ལག་ལྔ་ས་ལ་གཏུགས་པའི་ཕྱག་གསུམ་འཚལ་བས་ཆོག སྤྱོད་ལམ་གྱི་ཁྱད་པར་ནི། ད་ཆོག་ལ། ཙ་གུའི་སྟེང་དུ་རྩ་བཏིང་བ་ལ་ཙོག་པུར་ཡུན་རིང་དུ་འདུག་དགོས། སྟོན་ཆོག་ལ་སྟན་མེད་པར་ཙོག་ཙོག་པོར་འདུག་དགོས་སོ། །གསོལ་འདེབས་ཀྱི་ཁྱད་པར་ནི། ད་ཆོག་ལ་མཁན་པོས་ངོ་ཆེན་མཛད། ལས་སློབ་ཀྱིས་བཟླ་སྦྲད་ནས་གསོལ་བ་ལན་གསུམ་འདེབས། སྟོན་ཆོག་ལ་བསྒྲུབ་བྱ་རང་གིས་གསོལ་བ་ལན་གསུམ་འདེབས་པ་ཡིན་ནོ། །གསུམ་པ་ཇི་ལྟར་ནོད་པའི་ཆོ་གའི་ཁྱད་པར་ནི། །ད་ཆོག་ལ་གསོལ་བཞིའི་སྟོན་དུ་འགལ་རྐྱེན་དང་བྲལ་བ། མཐུན་རྐྱེན་ཚང་བ་སོགས་དགོས་ཚུལ་བརྗོད་དགོས་ལ། སྟོན་ཆོག་ལ་དེ་མི་དགོས་པ་གསོལ་བཞིའི་ལས་བྱེད་ཆོག་གོ། །

བཞི་པ་འབྲས་བུ་སྐྱེ་ཚུལ་གྱི་ཁྱད་པར་ནི། ད་ཆོག་ལ་རབ་བྱུང་དང་བསྙེན་རྫོགས་རིམ་གྱིས་སྒྲུབ། སྟོན་ཆོག་ལ་དེ་གཉིས་ཅིག་ཅར་དུ་སྒྲུབ་པར་བྱེད་པ་ཡིན་ནོ། །དེ་ལྟ་བུའི་སྟོན་ཆོག་དེ་གནང་བའི་རྒྱུ་ནི། གདུལ་བྱ་རྒྱུད་རྣམ་པར་དག་པ་ལ་གནང་བ་ཡིན་གྱི་གདུལ་བྱ་གང་ཡིན་ལ་གནང་བ་མིན་ལ། དེའང་རྒྱུད་དག་པ་ནི་སྨིན་གསུམ་ཤས་ཆེ་ཞིང་སྒྲིབ་གསུམ་ཤས་ཆུང་བའི་གང་ཟག་ཅིག་དགོས་པར་གསུངས་པས། སྨིན་པ་གསུམ་ནི། སྐྱེ་

བ་སྟེ་མ་རྣམས་སུ་ས་དང་ལམ་ལ་ལེགས་པར་སྦྱངས་པ་ནི་རྒྱུད་སྨིན་པའོ། །དེའི་སྟོབས་ཀྱིས་སྐྱེས་ཐོབ་ཀྱི་ཤེས་རབ་ཆེ་བ་ནི་ཤེས་རབ་སྨིན་པའོ། །དེའི་སྟོབས་ཀྱིས་དད་སོགས་ཀྱི་དབང་པོ་རྣོ་བ་ནི་དབང་པོ་སྨིན་པའོ། །སྒྲིབ་པ་གསུམ་ནི། ངན་སོང་བའི་རྒྱུད་ཀྱི་ཕུང་ཁམས་སྐྱེ་མཆེད་ལྟ་བུ་ནི་རྣམ་སྨིན་གྱི་སྒྲིབ་པའོ། །འཚམས་མེད་ལྔ་དང་། ཆོས་སྤང་གི་ལས་དང་། ཕམ་པ་བཞི་ལྟ་བུ་ལས་ཀྱི་སྒྲིབ་པའོ། །ཉོན་མོངས་པ་རྒྱུན་རིང་ཞིང་གཉེན་པོར་གྱུར་པའི་ལམ་སྐྱེ་དཀའ་བ་ལྟ་བུ་ཉོན་མོངས་པའི་སྒྲིབ་པའོ། །དེའང་འཆར་ཀ་དང་དགའ་བོ་སོགས་སྲིད་པ་ཐ་མ་པ་ལའང་ཡོད་པའི་ཆགས་པ་སོགས་རྣོ་བ་ཙམ་ནི་དེ་མ་ཡིན་ནོ། །ཕ་ཁོ་ནའི་རྟེན་ལ་སྡོན་ཚིག་དེ་གནང་བ་ཡིན་གྱི། མ་ལ་གནང་བ་མ་ཡིན་ཏེ། མའི་ཐོག་མ་སྐྱེ་དགུའི་བདག་མོ་ཡིན་པའི་ཕྱིར་རོ། །འོན་དུས་ནམ་གྱི་ཚེ་གནང་བ་ཡིན་སྙམ་ན། སྟོན་པ་སངས་རྒྱས་ནས་རིང་པོ་མ་ལོན་པ་ནས་བཟུང་ལོ་ལྔའམ་དྲུག་ཙུན་ཆད་དུ་གནང་གི་དེ་ཕན་ཆད་དུ་མ་གནང་ངོ་། །འགའ་ཞིག་གིས་སྟོན་པ་སངས་རྒྱས་ནས་ལོ་བཅུ་གཉིས་ཀྱི་བར་དུ་སྡོན་ཚིག་ཁོ་ན་མཛད། ལོ་བཅུ་གསུམ་པ་ལ་ད་ལྟར་གྱི་ཚིག་བཅས་པ་བཞེད་པ་ནི་མི་འཐད་དེ། སྟོན་པ་སངས་རྒྱས་ནས་ལོ་དྲུག་གི་དུས་ཤཱ་རིའི་བུས་མཁན་པོ་མཛད་ནས་འཆར་ཀ་ད་ཚིག་གིས་བསྙེན་པར་རྫོགས་པའི་ཕྱིར། དེ་ཡིན་ཏེ༔ ལོ་དྲུག་གི་དུས་ཡབ་སྲས་འཛལ་བའི་འཕྲིན་པ་འཆར་ཀས་མཛད་ལ་དེའི་དུས་སུ་འཆར་ཀ་བསྙེན་པར་རྫོགས་ཟིན་པར་ལུང་ལས་གསུངས་པའི་ཕྱིར་རོ། །ཞེས་སོགས་ཐུབ་བསྟན་ཆོས་གྲགས་ཀྱི་མདོ་རྩའི་སྤྱི་དོན་ཐུབ་བསྟན་གསེར་གྱི་རྒྱལ་མཚན་མཛེས་པར་བྱེད་པའི་ལེགས་བཤད་ནོར་བུའི་ཕྲེང་བ་ལས་གསུངས་སོ། **།ཁྲིམས་པའི་ལན་ལྡོན་ལྔ་ཚོས་ཚིག་ལེར།** དགེ་སློང་རྣམས་ལས་འདི་བསྙེན་རྫོགས། །དེ་ལས་བླ་ཕྱེད་གདམས་ངག་གསོལ། །དགེ་སློང་བཅས་གནས་དབྱར་གནས་ནས། །ཚོགས་གཉིས་དང་ནི་དགག་དབྱེ་བྱ། །ལྔ་བའི་ཆོས་ལས་འདས་ན་ནི། །ཚོགས་གཉིས་དག་ནི་མགུ་བྱས་ཏེ། །ཚུལ་འཆལ་དགེ་སློང་མིན་པར་ནི། །མི་གླིང་ཙོ་འདྲི་ཉིད་ཀྱང་ངོ་། །བསྙེན་པར་རྫོགས་པར་གསར་བུ་ལའང་། །དགེ་སློང་མ་ཡིས་ཕྱག་བྱས་ཏེ། །ལྔ་བའི་ཆོས་བྱེད་འདི་དག་ནི། །དགེ་སློང་མ་ལ་གསུངས་པ་ཡིན། ཞེས་གསུངས་སོ། **།སྐྱབས་ཁས་བླང་། །གདུལ་བྱ་དག་དང་འཕགས་པའི་སྤྱོད་ཡུལ་ལོ། །ད་ལྟའི་ཚིག་ཀུན་གྱིས་སྒྲུབ་རུང་བ། །དུས་ཁྲིམས་བསྙེན་གནས་བླང་བའི་ཚིག་ལ༔ །བྱེ་བྲག་སྨྲ་བས་གླིང་གསུམ་སྐྱེས་པ་དང་།** །བུད་མེད་དེ་ཚེ་མཐའི་མདོ་ལས། བྱང་ཕྱོགས་གླིང་གི་མི་རྣམས་ནི། །བདག་གི་མེད་ཅིང་ཡོངས་འཛིན་མེད། །དཔག་བསམ་ལས་བྱུང་གོས་སྟེན་པ། །དེ་ནི་སྔོན་གྱི་སྨིན་འབྲས་ཡིན། །དེ་དག་གྲང་དང་ཚ་བ་མེད། །དེ་དག་ལ་ནི་ནད་མེད་ཅིང་། །གཟུགས་དང་ཁ་དོག་ཕུན་སུམ་ཚོགས། །དེ་ནི་སྔོན་བྱིན་འབྲས་བུ་ཡིན། །དེ་དག་ལ་ནི་ཁྲོ་མེད་ཅིང་། །སེར་སྣ་དང་ནི་ཕྲག་དོག་མེད། །ཕན

ཚུན་དཔལ་དུ་བརྩི་བྱེད་པ། །དེ་ནི་སྨོན་བྱིན་འབྲས་བུ་ཡིན། །མི་ཡི་ཚེ་ནི་ལོ་སྟོང་ལ། །ཟད་པ་དག་ཏུ་ བྱས་ནས་ནི༑ །བར་མ་དོར་ནི་འཆི་བ་མེད། །དེ་ནི་སྨོན་བྱིན་འབྲས་བུ་ཡིན། །དཔལ་ནི་རྒྱས་པར་སྤྱད་ནས་ཀྱང་། །མི་ཡི་ལུས་ནི་བོར་ནས་སུ། །ལྷ་ཡི་ཁམས་སུ་སྐྱེ་བ་འགྱུར། །ཞེས་དང་དེ་ལས་གཞན་མ་ནིང་དང་དུད་འགྲོ་སོགས་ལ་ཡན་ལག་བརྒྱད་པའི་སྡོམ་པ་སྐྱེ་བ་བཀག་སྟེ་བཤེས་སྤྲིང་ལས། གསོ་སྦྱོང་འདོད་{གསོ་སྦྱོང་ནི་འདོད་པ་ན་སྤྱོད་པའི་ལྷ་རྣམས་ཀྱི་ལུས་ཐོབ་པའི་རྒྱུ་ཡིན་པའི་ཕྱིར་རོ། །}སྤྱོད་ལྷ་ལུས་ཡིད་འོང་བ། །སྐྱེས་པ་བུད་མེད་དག་ལ་སྩོལ་བར་གྱིས། །ཞེས་དང་། མཛོད་ལས། ཟ་མ་མ་ནིང་སྒྲ་མི་སྙན། །མཚན་གཉིས་མ་གཏོགས་མི་རྣམས་ལ༑ །སྡོམ་དང་ཞེས་སོ། །མདོ་རྩ་བར། མི་མ་ཡིན་པའི་འགྲོ་བ་དང་བྱང་གི་སྒྲ་མི་སྙན་པ་གཉིས་ནི་སྡོམ་པའི་ཞིང་ཉིད་མ་ཡིན་ནོ། །ཞེས་དང་། རབ་དབྱེར། བྱེ་བྲག་སྨྲ་བའི་བསྙེན་གནས་ཀྱང་། །དགེ་སློང་ལས་ལེན་གང་ཟག་ནི། །གླིང་གསུམ་སྐྱེས་པ་བུད་མེད་ལས། །འགྲོ་བ་གཞན་ལ་སྡོམ་པ་བཀག །ཅེས་སོ། །གླིང་བཞི་གླིང་ཕྲན་སོགས་ལྷ་ཀླུ་མི་གསུམ་གྱི་ཡུལ་ན་ཡོད་པའི་དུད་འགྲོ་མཐའ་དག་དང་སོགས་ཀྱིས་བསྡུས་པ་མ་ནིང་རྣམས་ལ་སྐྱེ་བར་མདོ་སྡེ་པས། བཞེད་ཅིང་རབ་དབྱེར་མདོ་སྡེ་པ་རྣམས་དུད་འགྲོ་སོགས། །འགྲོ་བ་གཞན་ལའང་སྐྱེ་བར་འདོད། །བླང་བའི་ཡུལ་ཡང་དགེ་བསྙེན་སོགས། །གང་ཡང་རུང་ལས་བླང་བར་གསུངས། །ཞེས་སོ། །ལེན་པའི་ཡུལ་ཡང་དགེ་སློང་དང་། །དགེ་བསྙེན་ཡན་ལས་ལེན་རུང་རིམ་བཞིན་འདོད། །ཉིན་ཞག་མཐའ་ཅན་བཞེད་པ་མཐུན་ན་ཡང་། །དམིགས་བསལ་མདོ་སྡེ་པས་ཡན་ལག་བརྒྱད་པའི་སྡོམ་པ་དེ་སྐབས་གཅིག་གིས་བླངས་ཚོག་པ་འདོད་ནའང་བླ་བ་རེ་རེ་ཡི། །ཉ་སྟོང་ཚེས་བརྒྱད་དེ་དུས་གསུམ་པོ་དེ་དང་དེར་ཡན་ལག་བརྒྱད་པའི་སྡོམ་པ་གསར་དུ་བླངས་དགོས་ཀྱང་། ཟས་ཟོས་རྗེས་སུ་སྐྱེ་བ་མདོ་པའི་ལུགས། །ཐེག་ཆེན་དབུ་སེམས་གཉིས་ཀྱིས་རྟེན་གྱི་དབྱུང་ནས་རང་ཉིད་ཀྱིས་ལེན་རུང་བར་འདོད་ཀྱང་བྱེ་མདོ་གཉིས་ཀྱིས་ནི་མ་ཡིན་ནོ། །ལེན་པའི་ཚོ་ག་ནི་བྱེ་མདོ་གཉིས་ཀ་མཐུན་པར་མཛོད་ལས། དམའ་བར་འདུག་སྨྲས་བཟླས་པ་ཡིས། །མི་བརྒྱན་ནམ་ནི་ལངས་བར་སྲུ །བསྙེན་གནས་ཡན་ལག་བརྒྱད་པ་ནི། །ནངས་པར་གཞན་ལས་ནོད་པར་བྱ། །གསུངས་པ་ལྟར། ཡུལ་ལས་དམའ་བར་འདུག་སྟེ་དེའི་རྗེས་སུ་ བཟླ་བ་ལན་གསུམ་ཚིགས་འདི་དངོས་གཞིའོ། །

གཏན་ཁྲིམས་ཚིགས་དཔེར་ན་སྔ་དྲོ་དང་ཕྱི་དྲོ་གཉིས་ཀྱི་བར་ལ་གྲུང་ཚིགས་ཟེར་བ་ལྟར། དགེ་བསྙེན་དང་། དགེ་ཚུལ་དང་། དགེ་སློང་གི་སྡོམ་པ་རྣམས་ཀྱི་མཚམས་ལ་ཚིགས་ཞེས་བཏགས་པའོ། །དེ་ཉིད་ཀྱིས་བསྡུས་པ་སྔ་ཕྱི་གཉིས། སྔ་མ་དགེ་བསྙེན་དགེ་བསྙེན་ཞེས་པ་ནི། ལེགས་སྦྱར་གྱི་སྐད་དུ། ཨུ་པ་སི་ཀ་སྟེ། ཨུ་པསྠཱ་ན་བསྙེན༷་བཀུར༷་དང་། ཀ་ར་ཎ་བྱེ༷་ད་པ༷་སྟེ། དཀོན་མཆོག་དང་དགེ་བའི་ཆོས་རྣམས་ལ་བསྙེན་བཀུར

བྱེད་པའི་ཕྱིར་དགེ་བསྙེན་དང་། ཡང་། ཨུ་པ་ཉེ་བ། ཨཱ་པ་ཀ་གནས་པ་སྟེ་མྱ་ངན་ལས་འདས་པ་ལ་ཉེ་བར་གནས་པའི་ཕྱིར་དགེ་བསྙེན་ཞེས་དང་། ཡང་། ཨུ་པ་ནི་བསྙེན་པ་དང་། སི་ཀ་ནི་དགེ་བ་ཡིན་པས་དགེ་བསྙེན་ཞེས་གྲགས་སོ། །

དགེ་ཚུལ་ནི། ཤྲ་མ་ཎ་ལ། ཨ་ར་ག་ཙ་ཏི་ཞེས་སྦྲུས་རྐྱེན་བྱིན་པས། མིག་མཆི་མས་གང་བ་སྟེ། མིག་མཆི་མས་གང་བ་དེས་ཐག་ཉེ་བར་མཐོང་ཡང་ཐག་རིང་པོ་མི་མཐོང་བ་ལྟར། དགེ་ཚུལ་ཡང་རང་གི་བསླབ་པ་སྟོན་པའི་འདུལ་བ་ཉན་དུ་རུང་བས་མཐོང་ཡང་། དགེ་འདུན་དང་འབྲེལ་བའི་ཚོག་རྣམས་ཐོས་སུ་མི་རུང་ཞིང་མི་མཐོང་བས་ན་དགེ་ཚུལ་ཞེས་བྱའོ། །ཡང་འཕྲུལ་སྐད་དུ། ཙེ་ལུ་ཞེས་པ་གཡོག་པོ་སྟེ་བླ་མ་དང་དགེ་འདུན་གྱི་བྱ་བ་ལ་ངལ་ཞིང་དུབ་པ་དང་ལྡན་པས་སོ། །དགེ་སློང་ནི་ལེགས་སྦྱར་གྱི་སྐད་དུ་བྷིཀྵུ་ཞེས་པ་སློང་མོ་པའམ། སྤྲང་པོའི་མིང་སྟེ། དེ་ལས་སྔོན་གྱི་ ལོ་ཙཱ་བ་རྣམས་ཀྱིས་དགེ་ཞེས་བསྣན་ནས་ དགེ་སློང་ཞེས་བསྒྱུར་བའོ། །ཞེས་བུ་སྟོན་གྱིས་གསུངས་སོ། །དགེ་སློང་རབ་ཏུ་གཅེས་པའི་མདོ་ལས་ནི། སྤྲ་འཇུག་རྣམ་པར་ཟད་ཕྱིར་དང་། །དགེ་བ་སློང་དང་ཟས་སློང་དང་། །ཉེ་བར་ཞི་དང་ཆགས་སྤང་དང་། །ལེགས་པར་འཚོ་དང་ལམ་ཞུགས་དང་། །ཡིད་འོང་ཕྱིར་ན་དགེ་སློང་ཡིན། །ཞེས་རྣམ་པར་བརྒྱད་གསུངས་སོ། །ངེས་ཚིག་ནི། དགེ་བ་ཚོལ་ཞིང་། ཆོས་དང་ལྡན་པའི་བསོད་སྙོམས་སློང་བས་ན་དགེ་སློང་ཞེས་ཇི་ན་མི་ཏྲ་སོགས་བཞེད་དོ། **།དང་ནི་དགེ་ཚུལ་ལོ། །དགེ་བསྙེན་ཡོངས་སུ་རྫོགས་དང་ཉེ་ཚེ་བ། །རིགས་བརྒྱད་ཡ་གྱལ་ཡོངས་རྫོགས་ཁོ་ནའོ། །ཇོ་བོ་ཡུ་ཏྲེ་ཤྲིས་མཛད་པའི་སྡོམ་པ་བརྒྱད་པར་ལེན་ཡུལ་དགེ་བསྙེན་གྱིས། །**ཚིག་པར་བཤད་མོད་ཤེས་བྱ་གཟུགས་ཀྱི་གཞི་གཙོ་བོ་སེམས་ཀྱི་གཞི། འཁོར་སེམས་བྱུང་གི་གཞི། ལྡན་མིན་འདུ་བྱེད་ཀྱི་གཞི། འདུས་མ་བྱས་རྟག་པའི་གཞི་སྟེ་ཤེས་བྱ་གཞི་ལྔ་པོ་**ཐམས་ཅད་རྫས་གྲུབ་ཏུ་ཡོད་པར་སྨྲ་བར།** སོ་ཐར་རིགས་བརྒྱད་ཀ་ལེན་ཡུལ་**དགེ་སློང་དགོས་པར་བཞེད་ཅིང་མདོ་རྩ་ལྟར། །སྐྱབས་འགྲོས་རྫོམ་བྱེད་དགེ་བསྙེན་དུ་ཁས་བླངས། །བསླབ་བརྗོད་རྣམས་ཏེ་དེ་ཉིད་ཁ་སྐྱོང་བས། །ཉི་ཚེ་བ་སོགས་འགྲུབ་ཅིང་རབ་བྱུང་ལ།** སྔོ་སྟར་གནས་པའི་ཁྱིམ་ནས་ཁྱིམ་མེད་པར་རབ་ཏུ་བྱུང་བས་ན་དེ་སྐད་ཅེས་བྱའོ། །ཁྲི་དང་ཞེས་པའི་སྐབས་བར་ཅད་ཀྱི་ཆོས་བཞི་དང་མི་ལྡན་པ་དགོས་པས།

བར་ཆད་ཀྱི་ཆོས་བཞི་ནི། སྡོམ་པ་སྐྱེ་བའི་བར་ཆད། སྐྱེ་བ་གནས་པའི་བར་ཆད། བསྟན་པ་མཛེས་པའི་བར་ཆད། ཁྱད་པར་འགྱུར་བའི་བར་ཆད་དང་བཞིའོ། །དང་པོ་ལ། རྟེན་གྱི། ལས་སྒྲིབ་ཀྱི། གནས་སྐབས་ཀྱི་སྒོ་ནས། བསམ་པའི་སྒོ་ནས་མི་སྐྱེ་བ་སྟེ་བཞི་ཡོད། རྟེན་གྱི་སྒོ་ནས་མི་སྐྱེ་བ་ནི། སྤྲུལ་པ་དང་ནི་མ་ནིང་དང་། །ལན་གསུམ་མཚན་འགྱུར་མཚན་དྲུག་དང་། །མཚན་མེད་ཟ་མ་དུད་འགྲོ་དང་། །མི་མིན་སྒྲ་མི་སྙན་དང་བཅུ། །ཞེས་

སོ༔ ༔ལས་སྒྲིབ་ཀྱི་སྒོ་ནས་མི་སྐྱེ་བ་ནི། ཀུ་ཐབས་མུ་སྟེགས་ཅན་ཞུགས་པ། །དགེ་སློང་མ་སྲུན་མཚམས་མེད་བྱས། །འཆབ་བཅས་སྤོན་ནས་རབ་བྱུང་དྲུག །ཞེས་སོ། །གནས་སྐབས་ཀྱི་སྒོ་ནས་མི་སྐྱེ་བ་ནི། སྨོན་པ་ལེན་པའི་ལོ་མ་ལོན། ཁྲིམ་པའི་རྟགས་འཛིན་རབ་བྱུང་གི། །རྟགས་རྣམས་སྤང་ཞིང་རྒྱུ་ལས་ནི། །བཟློག་པའི་ཚད་པ་ཁས་མི་ལེན། །ཞེས་སོ། །བསམ་པའི་སྒོ་ནས་མི་སྐྱེ་བ་ནི། །མུ་སྟེགས་ལྟ་གནས་ལེན་སེམས་ལོག །དུག་གསུམ་དྲག་པོས་གཟིར་བ་དང་། །སྨོན་པ་ཐོབ་དུས་མི་ཤེས་བཞི་ཞེས་གསུངས་སོ། །

གཉིས་པ་སྨོན་པ་གནས་པ་ལ་བར་དུ་གཅོད་པ་ནི། ཕ་མ་རྒྱལ་པོས་མ་གནང་ཞིང་། །གཞན་གྱི་བྲན་དང་བུ་ལོན་ཆགས། །གཞན་གྱིས་བཙོང་དང་གཞན་ནོར་བརྐུས། །རྒྱལ་པོར་གནོད་པའི་ལས་བྱས་སོགས། །ཞེས་སོ༔ ༔

གསུམ་པ་སྨོན་པ་སྐྱེ་ཡང་མི་མཛེས་པས་མཛེས་པ་ལ་བར་དུ་གཅོད་པ་ནི་མདོར་བསྡུ་ན་བརྒྱད་ཡོད་དེ། {སྐྱེས་པ་ཉིད་ནས་སྐྲ་དཀར་བ་དང་། སྐྲ་སྨོ་བ་དང་། སེར་བ་དང་། དམར་བ་དང་། སྐྲ་སྒྲ་སྒྲི་ཅན་དང་}སྐྲ་དང་མགོ་{གླང་པོ་ཆེའི་མགོ་ལྟ་བུ་དང་། རྟའི་མགོ་ལྟ་བུ་དང་། ཁྱིའི་མགོ་ལྟ་བུ་སོགས་དང་། མགོ་སྒྲུང་དང་། མགོ་རིང་དང་། མགོ་མང་བ་དང་། མགོ་འཁོར་འབུད་ཅན་དང་}དང་རྣ་བ་{རྣ་བ་སེར་བ་དང་། དམར་བ་དང་། དཀར་བ་དང་། རྣ་བ་སྒྲུབས་ཅན་དང་། ཁྱིའི་རྣ་བ་ལྟ་བུ་དང་། བོང་བུའི་རྣ་བ་ལྟ་བུ་དང་། རྣ་བ་གདན་ནས་མེད་པ་དང་། རྣ་བ་ཡ་གཅིག་པ་དང་། }དང་། །མིག་{མིག་འཛེར་བ་ཅན་དང་། མིག་ཤུ་བ་ཅན་དང་། མིག་ཟླུམ་པ་དང་། མིག་ཧ་ཅང་ཆེ་བ་དང་། ཧ་ཅང་ཆུང་བ་དང་། } སྣ་{སྣ་ནག་པོ་དང་། སྣ་སྦུགས་གཅིག་པ་དང་། སྣ་རྡུལ་བ་དང་། སྣ་གདན་ནས་མེད་པ་དང་། གླང་ཆེན་གྱི་སྣ་འདྲ་བ་དང་། ཕག་སྣ་འདྲ་བ་དང་། } ཀོས་ཀོས་ཀོ་{ཧ་ཅང་རིང་བ་དང་། ཧ་ཅང་ཐུང་བ་དང་། ཀོས་ཀོ་གདན་ནས་མེད་པ་དང་། གླང་པོ་ཆེའི་ཀོས་ཀོ་འདྲ་བ་དང་། རྟའི་ཀོས་ཀོ་འདྲ་བ་དང་། }ཀོ་སོ་{སོ་ཧ་ཅང་རིང་བ་དང་། སོ་གདན་ནས་མེད་པ་དང་། རྟའི་སོ་འདྲ་བ་དང་། ཕག་གི་སོ་འདྲ་བ་དང་། སོ་བར་མེད་པ་གཅིག་ཏུ་འདུག་པ་དང་། སོ་གདན་ནས་མེད་པ་རྣམས་སོ། །}དང་ནི། །ལུས་གཞན་{ལུས་ཧ་ཅང་སྦོམ་པ་དང་། ཧ་ཅང་ཕྲ་བ་དང་། སྐྱུར་པོ་དང་། སྐྱེད་པོ་དང་། སོར་མོ་དྲུག་པ་དང་། སོར་མོ་རྣམས་འབྱར་བ་དང་། ཤ་ཤིན་ཏུ་སྐེམ་པ་དང་། ཤ་མདོག་སྔོ་སེར་དཀར་དམར་བཞི་དང་། ཀང་པ་གྱེས་པོ། }དག་ལ་སྐྱོན་ཆགས་པ་ཞེས་སོ། །

བཞི་པ་ཁྱད་པར་དུ་འགྱུར་བའི་བར་ཆད་ནི། ལུས་ལ་མཛེ་དང་འབྲས་སོགས་དང་། །ཧ་ཅང་{ལོ་བདུན་ཙ་ལོན་ཞིང་ཧ་ཅང་རྒས་ཆེ་བས་དགེ་བ་ལ་སྦྱོར་མི་བཟོད་པ་ནི་}རྒན་དང་{ལོ་བདུན་མ་ལོན་པས་ཧ་ཅང་གཞོན་

ཆེ་སྟེ་མ་མ་བརྟེན་དགོས་པ་ནི}གཞོན་ཆེས་པས། །དགེ་ལ་སྦྱོར་མི་བཟོད་པའོ། །ཞེས་སོ། །དགེ་བསྙེན་སྡོན་སོང་རྟེན་ཅན་ཉིད། །རྟགས་བརྗེ་བ་དང་མིང་བརྗེ་བ་དང་ཀུན་སློང་བརྗེ་བ་སྟེ་བརྗེ་བ་རྣམ་གསུམ་གྱིསབར་མ་རབ་བྱུང་བསྒྲུབས་ནས་ནི་སྦྱོར་བའི་ཆོག་དང་། །སྐྱབས་འགྲོས་རྗོམ་བྱེད་དགེ་ཚུལ་དུ་ཁས་བླང་། །དུས་གོ་བསླབ་པ་བརྗོད་རྣམས་དངོས་དང་རྗེས། །གྲོགས་དན་པས་ཞུ་ཡུལ་དགེ་འདུན་དུ་ལངས་པ་དགོས་ཀྱང་དགེ་ཚུལ་གྱི་སྡོམ་པ་བླང་བའི་ཡུལ། །གང་ཟག་སྟེ་དགེ་ཚུལ་གྱི་སློབ་དཔོན་དེ་ལས་སྐྱེའོ་ཡུལ་དང་སེམས་ཅན་དུས་དང་ཚེ་ཡན་ལག་སྟེ། ངེས་པ་ལྔ་དང་བྲལ་བ་དགོས་པས་ཡན་ལག་ངེས་པ་དེ་དགེ་ཚུལ་ལ་ཉེས་མེད་བཅུ་གསུམ་སོགས་གནང་བ་ཡོད་པས་དགེ་སློང་དང་ཆ་འདྲ་དགོས་སོ། །དགེ་ཚུལ་གྱི་སྡོམ་པ་ལ་ཡན་ལག་ངེས་པར་ཚང་མི་དགོས་ཏེ། མཛོད་ལས། སྡོམ་པ་སེམས་ཅན་ཐམས་ཅད་ལ། །ཡན་ལག་རྒྱུ་ལ་དབྱེ་བ་ཡོད། །ཅེས་སོ༔ །འོན་ཀྱང་རགས་སྡོམ་བཅུའི་ནང་ན་འདི་སྲུང་འདི་མི་སྲུང་སྙམ་པའི་བསམ་པ་དང་བྲལ་དགོས་སོ། །དགོན་མཆོག་སློབ་དཔོན་སོགས། །མངོན་གྱུར་བཅུ་ཚང་ངེས་པ་ལྔ་དང་བྲལ། །སྦྱོར་དངོས་རྗེས་ཀྱི་ལག་ལེན་རྣམ་དག་པས། །ཀརྨ་ཤ་ཏམ་སྡོམ་གྱི་ཚིགས་བཅད་ལྟར། །འཁོར་རྣམ་པ་བཞི་ལས་དགེ་ཚུལ་བསྙེན་པར་ཏེ་དགེ་བསྙེན་དང་དགེ་ཚུལ་གྱི་སྡོམ་པ་སྔོན་དུ་མ་སོང་བར་དགེ་སློང་སྒྲུབ་ཆོག་གམ་ཞེ་ན། མདོ་རྩ་བ་ལས། ཚིགས་སྔ་མ་མེད་པ་ཉིད་ལ་ནི་ཉེས་བྱས་ཙམ་དུ་ཟད་དོ། །ཞེས་པའི་རྒྱ་ཆེར་འགྲེལ་ལས། གང་ལ་དགེ་བསྙེན་ཉིད་ལ་སོགས་པའི་ཚིག་སྔ་མ་མེད་པར་དེ་ནི་ཚིག་སྔ་མ་མེད་པ་སྟེ། དེ་མེད་པ་དེ་ལ་ནི་དགེ་ཚུལ་ཉིད་ལ་སོགས་པའི་ཚིགས་གཞན་དག་ཁས་ལེན་དུ་བཅུག་ནའང་། ལས་བྱེད་པ་དག་ལ་ཉེས་བྱས་ཙམ་དུ་ཟད་ཀྱི་དེ་ལ་སྡོམ་པ་ནི་སྐྱེའོ། །ཞེས་དང་། ཡང་དེ་ཉིད་ལས། དགེ་བསྙེན་ཉིད་མེད་པར་དགེ་ཚུལ་ཉིད་ཁས་ལེན་པ་དང་། དགེ་ཚུལ་ཉིད་མེད་པར་དགེ་སློང་ཉིད་ཁས་ལེན་དུ་བཅུག་ནའང་ཉེས་བྱས་ཙམ་དུ་འགྱུར་གྱི་སྡོམ་པ་མི་སྐྱེ་བ་ནི་མི་འགྱུར་རོ༔ །ཞེས་དང་། བུ་སྟོན་རིན་པོ་ཆེའི་འདུལ་ཊཱིཀ་ལས། འོན་ཀྱང་ཉེས་པ་མེད་པར་འཇུག་པའི་རྣམ་གཞག་བསྟན་པ་ཡིན་གྱི། མེད་ན་མི་འབྱུང་གི་རྒྱུ་བསྟན་པ་ནི་མ་ཡིན་ནོ། །ཞེས་དང་། །མཚོ་སྣ་ཆེན་པོས་ཊཱི་ཀར། ཚིགས་སྔ་མ་མེད་ཀྱང་རྒྱུ་གཞན་ཚང་ན་ཚིགས་ཕྱི་མའི་སྡོམ་པ་སྐྱེ་སྟེ་ཚིགས་{མདོ་རྩ་ལས་} སྔ་མ་མེད་པ་ལ་ནི་ཉེས་བྱས་ཙམ་དུ་ཟད་དོ། །ཞེས་གསུངས་པའི་ཕྱིར་ཞེས་དང་། འདུལ་ཊཱིཀ་རིན་ཆེན་ཕྲེང་བ་ལས། སྔ་མ་སྔ་མ་མ་བསྙེན་པར་ཕྱི་མ་ཕྱི་མ་མི་བྱ་སྟེ་བསྟན་པ་ལ་རིམ་གྱིས་མ་བསླབས་པའི་ཉེས་པར་འགྱུར་གྱི། སྔ་མ་མེད་པར་ཕྱི་མ་གཏན་ནས་མི་སྐྱེ་བ་ནི་མ་ཡིན་ཏེ། {མདོ་རྩ་ལས}ཚིགས་སྔ་མ་མེད་པ་ནི་ཉེས་བྱས་ཙམ་དུ་ཟད་དོ་ཞེས་གསུངས་པའི་ཕྱིར་ཞེས་དང་། ལུང་རིགས་གཏེར་མཛོད་ལས། དགེ་བསྙེན་དང་དགེ་ཚུལ་སྔོན་དུ་མ་སོང་བར་

དགེ་སློང་གི་སྡོམ་པ་མི་སྐྱེ་བ་མ་ཡིན་གྱི་བྱེད་པ་པོ་མཁན་སློབ་དགེ་འདུན་དང་བཅས་པ་ལ་སྟོན་པའི་བཅས་པ་དང་འགལ་བའི་ཉེས་པ་འབྱུང་། བསྒྲུབ་བྱའི་རྒྱུད་ལ་སྡོམ་པ་སྐྱེ་བར་བཤད་པའི་ཕྱིར་ཏེ། {མདོ་རྩ་ལས་} ཚིགས་སྔ་མ་མེད་པ་ཉིད་ལ་ནི་ཉེས་བྱས་ཙམ་དུ་ཟད་དོ། །ཞེས་གསུངས་པའི་ཕྱིར་ཞེས་དང་། སྟག་ཚང་ལོ་ཙཱ་བའི་འདུལ་ཊཱིཀ་ལས། སྔ་མ་སྔ་མ་མེད་པར་ཕྱི་མ་ཕྱི་མ་ཉེས་མེད་མི་སྐྱེ་སྟེ། བསྟན་པ་ལ་རིམ་གྱིས་སློབ་དུ་གཞུག་པའི་ཕྱིར་དུ་སྔ་མ་བསྙེན་པར་མ་རྫོགས་ཤིང་མ་ཐོབ་པ་ལ་ནི་ཕྱི་མ་སྦྱིན་པར་མི་བྱའོ། །ཞེས་བཅས་པ་མཛད་པའི་ཕྱིར་རོ། །དེས་ན་སྐྱེ་ལ་ཉེས་བྱས་སུ་ཤེས་པར་བྱའོ། །ཞེས་སོགས་གསུངས་པས། རྒྱ་བོད་ཀྱི་མཁས་གྲུབ་ཕལ་ཆེར་བཞེད་པ་མཐུན་པར་འདུག་གོ། །

ལྷ་པའི་འདུལ་ཊཱིཀ་ལས། དགེ་བསྙེན་དགེ་ཚུལ་དགེ་སློང་རྣམས་རིམ་བཞིན་ནོད་པ་སྟེ་ཚིགས་སྔ་མ་སྔོན་དུ་མ་སོང་བར་དགེ་སློང་ལྟ་བུ་བསྒྲུབས་ན་བསྒྲུབ་བྱའི་རྒྱུད་ལ་སྡོམ་པ་སྐྱེ་ཡང་སྡོམ་པ་འབོགས་པ་པོ་ལ་ཉེས་བྱས་འབྱུང་བས་སྐྱེ་ལ་ཉེས་དང་། ཚིགས་གསུམ་རིམ་གྱིས་ནོད་ན་ཉེས་མེད་ཕུན་ཚོགས་ཀྱི་སྡོམ་པ་འབྱུང་བའི་དབང་དུ་བྱས་ནས་གསུངས་པ་ཡིན་ནོ། །ཞེས་སོ། །**རྫོགས་པ་བསྙེན་པ་རྫོགས་ཞེས་པའི་སྒྲ་བཤད་ནི་** སྤྱངས་རྟོགས་མཐར་ཐུག་གི་འདི་མྱང་འདས་ལ་མྱུར་དུ་སྦྱོར་བར་བྱེད་པས་ན་བསྙེན་རྫོགས་ཞེས་བྱ་སྟེ། རྫོགས་པ་ནི་སྤྱངས་རྟོགས་མཐར་ཐུག་པའི་མྱང་འདས་ཡིན་ལ། བསྙེན་པ་ནི་དེ་དག་མྱུར་དུ་སྒྲུབ་པ་ལ་འཇུག་པའི་ཕྱིར་འགྲེལ་པ་དང་རྫོགས་པ་ནི་གནོད་པ་ཐམས་ཅད་དང་བྲལ་བའི་དངོས་པོ་ལ་བྱ་སྟེ་མྱ་ངན་ལས་འདས་པའང་། དེ་ལྟ་བུའི་རང་བཞིན་ནི་བསྙེན་པ་ཞེས་བྱ་བ་**སངས་རྒྱས་ཀྱི། །བསྟན་པའི་རྩ་བ་ལུང་རྟོགས་ཆོས་ཀུན་གྱི། །སྡོང་**ཡིན་ཏེ་ལུང་ལས། སངས་རྒྱས་བསྟན་པ་རིན་ཆེན་སྒྲོན། །འབར་བའི་སྡོང་ནི་དཀའ་ཐུབ་ཅན། །ངུར་སྨིག་འཛིན་པ་ཤཱཀྱའི་སྲས། །དགེ་སློང་རྣམས་ནི་ཡིན་ཕྱིར་རོ། །ཞེས་གསུངས་པའི་ཕྱིར་ན་**རྩེང་སྤྱོད་སྤོང་བར་གཅེས།** །ས་བཅད་ཀྱི་གོ་རིམ་ལྟར་ན་རྩ་བ་རྩུང་ཟད་འཁྲུག་ཡོད་པར་མངོན་པས། དེས་ན་མ་ཚོག་གི། བུད་མེད་དགེ་བསྙེན་དགེ་ཚུལ་མར་སྒྲུབ་པར། །ཞེས་པ་ནས། སྒྲུབ་པའི་ལག་ལེན་སྟོན་གྱི་དུས་ནས་མེད། །ཅེས་པའི་བར་བུད་མེད་ཀྱི་སྡོམ་པ་ལེན་པའི་ཚིག་དེ་འདིར་འཇུད་ན། དེ་ནས། སྐྱེ་ཚུལ་དགེ་སློང་སྡོམ་པ་རྒྱུ་གསུམ་གྱིས་སོགས་དཀྲུས་ལྟར་རོ། །**ཐེག་ཆེན་སོ་ཐར་སྟོན་ཚོག་དགོན་བརྩེགས་**ཀྱི་དྲག་ཤུལ་ཅན་གྱིས་ཞུས་པའི་མདོ་**ལས། །བྱམས་པ་འཇམ་དབྱངས་ལོངས་སྐུའི་ཆ་བྱད་ཀྱིས་སོགས་ཀྱིས་**ཏེ་གཙུག་ན་རིན་ཆེན་གྱིས་ཞུས་པའི་མདོ་ལས། འཇིག་རྟེན་གྱི་ཁམས་འདི་ནས་སྟེང་ཕྱོགས་ཀྱི་ཁམས་སུ་ལྷས་ལྷས་ཞེས་བྱ་བའི་ཞིང་ཁམས་ཡོད་ལ། དེ་ན་ཙན་དན་སྤོས་ཀྱི་དང་ལྡང་ཞེས་བྱ་བའི་རི་ཡོད་དོ་ཞེས་དང་། རབ་དབྱེར། ལྷས་ལྷས་ཞེས་བྱའི་འཇིག

རྟེན་གྱི། །ཙན་དན་སྤོས་ཀྱི་དད་ལྡན་གྱི། །ཞེས་སོ། །འགྲོ་བ་མང་པོ། **།བསྙེན་པར་རྫོགས་པར་མཛད་ཅེས་གསུངས་པ་**སྟེ་བྱམས་པས་མཁན་པོ་མཛད་ནས་ཁྱིམ་བདག་དགུ་སྟོང་དང་འཇམ་དབྱངས་ཀྱིས་མཁན་པོ་མཛད་ནས་ཁྱིམ་བདག་བདུན་སྟོང་བསྙེན་པར་རྫོགས་པ་དང་སོགས་སྦྲུས་རི་བོ་སྤོས་ཀྱི་དད་ལྡན་གྱི་དགེ་སློང་རྣམས་ཀྱང་ཐེག་ཆེན་སོ་ཐར་གྱི་སྡོམ་ཆོག་ཡིན་ནོ། །ཞེས་དང་། འཕགས་པ་འཇམ་དཔལ་གྱིས་བུ་མོ་གསེར་མཆོག་འོད་ལྡན་རབ་བྱུང་བསྒྲུབ་པའི་རབ་བྱུང་གི་ཚུལ་ཁྲིམས་དེ་ཡང་ཐེག་ཆེན་སོ་ཐར་ཡིན་ནོ། །རབ་དབྱེ་ལས། རྒྱལ་སྲས་བྱམས་པ་འཇམས་དབྱངས་སོགས། །བདག་ཉིད་ཆེན་པོ་འགའ་ཞིག་གིས། །མཁན་པོ་མཛད་ནས་འགྲོ་མང་ལ། །བསྙེན་པར་རྫོགས་པར་མཛད་དོ་ཞེས། །ཚིག་འབྲུ་ཙམ་ཞིག་གསུངས་མོད་ཀྱི། །འོན་ཀྱང་དེ་ཡི་ཆོ་ག་ནི། །མདོ་ལས་བཤད་པ་ངས་མ་མཐོང་། །ཞེས་དང་། ཐེག་པ་ཆེན་པོ་ལས་དྲང་པའི། །སོ་སོར་ཐར་པ་བཤད་ཀྱིས་ཉོན། །བྱང་ཆུབ་སེམས་དཔའ་ཉིད་ལ་ཡང་། །སོ་སོར་ཐར་པ་འབོགས་པ་འདི། །ཆོ་ག་འགའ་ཞིག་ཡོད་མོད་ཀྱི། །དེ་ཡི་ཆོ་ག་ཕར་ཆེར་ནུབ། །ཅེས་སོ། །ད་ཆོག་གཏན་ལ་དབབ་པ་བསྟུ་བ་ནས། **།དགེ་བསྙེན་དགེ་ཚུལ་རང་གིས་ལེན་པ་ཡི། །ཆོག་འབྱུང་མོད་དེ་ཡི་ལག་ལེན་ནུབ། །དེང་སང་སྤྲུལ་རྫུང་ཆོག་ཐུན་མོང་དང་། །ཐུན་མོང་མིན་པ་ལས་ཐོབ་རྣམ་པ་གཉིས། །དམན་སེམས་རྒྱུད་གཅིག་སྡོམ་པ་གོང་མ་དག །སྐྱེ་དང་གནས་པའི་རྟེན་དུ་མི་རུང་བས།** །རབ་དབྱེར་དེས་ན་ད་ལྟའི་ཆོ་ག་ནི། །བསམ་པ་སེམས་བསྐྱེད་ཀྱིས་ཟིན་པའི། །ཆོ་ག་ཉན་ཐོས་ལུགས་བཞིན་གྱིས། །སོ་སོར་ཐར་པ་རིགས་བརྒྱད་པོ། །བྱང་སེམས་སོ་སོར་ཐར་པར་འགྱུར། །ཞེས་གསུངས་པ་ལྟར་**བསམ་པ་ཐེག་ཆེན་སེམས་བསྐྱེད་ཀྱིས་ཟིན་**དགོས་ཏེ་རྒྱན་ལས། སྐྱེ་བོ་རྨོངས་པ་རང་གི་བདེ་དོན་བརྩོན། །དེ་མ་ཐོབ་པ་རྟག་ཏུ་སྡུག་བསྔལ་འགྱུར། །བརྟན་པ་རྟག་ཏུ་གཞན་དོན་བརྩོན་པ་ནི༑ ༑གཉིས་ཀའི་དོན་བྱས་མྱ་ངན་འདའ་བར་འགྱུར། །ཞེས་གསུངས་པས། **།ཆོ་ག་ཉན་ཐོས་ལུགས་བཞིན་བླངས་གྱུར་ན། །ཀུན་སློང་ཆོག་སོ་སོའི་སྟོབས་ཀྱིས་ནི། །བྱང་སེམས་སོ་སོ་ཐར་པའི་ངོ་བོར་སྐྱེ། །ལུགས་འདི་དགོས་པ་གཞན་**འདུལ་བ་རང་རྐང་ལ་སྡོམ་པ་གཟུགས་ཅན་དུ་འདོད་པས་སྡོམ་པ་ལན་ཅིག་བླངས་པ་དེ་རྩ་ལྟུང་བྱུང་བས་ཀྱང་མི་གཏོང་བ་ཡོད་ཅིང་གང་གཏོང་ན་དགོས་པ་དྲུག་སྒྲུབ་ནུས་ཀྱི་སྡོམ་པ་གཏོང་གི་སྡོམ་པའི་རྫས་ཚང་བའི་སྡོམ་རེ་ཡོད་པར་འདོད་དེ་དེས་ན་སླར་སྡོམ་པ་ལེན་ན་བསླབ་པ་ཕུལ་ནས་གཟོད་མཁན་སློབ་ལས་ལེན་དགོས་པར་གསུངས་སོ། །དེའི་སྡོམ་རྗེ་རྙིང་པ་དེས་སླར་སྡོམ་པ་རྣམ་དག་བླངས་ཀྱང་སྐྱེ་བའི་གེགས་བྱེད་པས་ཕྱུག་ལེན་གྲུ་དོག་ལ། ཐེག་ཆེན་གྱི་བསམ་པས་ཟིན་པ་ལ་སྡོམ་པ་རྙིང་པས་རྒྱུད་བཀག་མ་བཀག་སོགས་ཀྱི་རྣམ་གཞག་རྩེ་མི་དགོས་པས་གྲུ་ཡངས་ཤིང་གདུལ་བྱ་ལ་ཕན་ཆེ་བ་ནི་ཐེག་པ་ཆེ་ཆུང་གི་ཁྱད་པར

ཡིན་ནོ། །ཐེག་ཆེན་གྱི་ལུགས་ལ་སྡོམ་པ་ཤེས་པ་ཡིན་གྱི་ཉན་ཐོས་ལྟར་སྡོམ་པ་གཟུགས་ཅན་མ་ཡིན་པས་སླར་ཡང་སྡོམ་པ་བླངས་པས་སྐྱེ་བ་ཡིན་ནོ། །ཞེས་པའི་ཁྱད་པར་དང་བཅས་པའི་ཕྱིར། །འཇམ་དབྱངས་བླ་མས་རབ་དབྱེར། དེས་ན་ད་ལྟའི་ཚོ་ག་ནི། །བསམ་པ་སེམས་བསྐྱེད་ཀྱིས་ཟིན་པའི། །ཚོ་ག་ཉན་ཐོས་ལུགས་བཞིན་གྱིས། །ཞེས་གསུངས་སོ་པ་བཞིན་བརྒྱུད་པར་བཅས་རྣམས་དང་། །མཆིམས་དང་བུ་སྟོན་ཆེ་ས་བཟང་མ་ཏི་པཎ་ཆེན་གྱི་འདུལ་བའི་ལས་ཚོག་ལས་ཀྱང་དེ་ལྟར་བཤད་ཅིང་། སྨིན་གླིང་ལོ་ཆེན་སོགས་ཀྱང་དེ་ལྟར་འདོད་པ་སོགས་འདུལ་བ་འཛིན་པ། །ཕལ་ཆེར་བཞེད་ཕྱིར་ལག་ལེན་སྙིང་པོར་ཟུངས། །དོན་ཞགས་ནས་གསུངས་གསོ་སྦྱོང་ཡན་ལག་བརྒྱད། །རང་གིས་ལེན་དང་སེམས་བསྐྱེད་དབང་བསྐུར་གྱི། །སྐྱབས་འགྲོ་སེམས་བསྐྱེད་ལེན་པའི་སྐབས། བྱང་ཆུབ་སྙིང་པོར་མཆིས་ཀྱི་བར་སོགས་དང་། དབང་བསྐུར་གྱི་སྐབས། །དཀོན་མཆོག་གསུམ་ལ་བདག་སྐྱབས་འཆི་སོགས་ཀྱིས་སོར་སྡོམ་ཐོབ་སྟེ། སྐྱབས་སུ་སོང་ན་སྐྱབས་གསུམ་འཛིན་པའི་དགེ་བསྙེན་ཡིན་ལ། དེ་ཡིན་ན་སོ་ཐར་ཡིན་པས་ཁྱབ་པའི་ཕྱིར་རོ། །ལས་ཐོབ་ད་ལྟའི་ཚོགར་འདུ། །བུད་མེད་དགེ་བསྙེན་དགེ་ཚུལ་མར་སྒྲུབ་པར་ཚོག་ཕལ་ཆེར་ཕ་ཚོག་ལྟར་ལ་དམིགས་བསལ། བསྒྲུབ་བྱ་བུད་མེད་དེའི་མིང་བསྒྱུར་དགོས་ཏེ་དགེ་ཚུལ་གྱི་སྐབས་སུ་དགེ་ཚུལ་མ་དང་དགེ་སློང་གི་གནས་སུ་དགེ་སློང་མ་ཞེས་སྒྱུར་ལ་བར་ཆད་དྲི་ཚིག་ལྷག་པོར་བཅས་ཏེ་རྟག་ཏུ་ཟླ་མཚན་ཟག་པ་དང་རྟག་ཏུ་མི་ཟག་པ་དང་མཚན་དྲུག་མ་དང་གླེ་འདམ་པ་སོགས་སོ། །མྱ་ངན་གྱིས་[༡]གཞིར་བློ་འདམ་[༢]པ། དགེ་སློང་[༣]ལྷུན་ཕྱུང་ཁྱིམ་ཐབས་ཀྱིས་མ་[༤]གནང་རྒྱུན་དུ་འཐབ་[༥]དཀྱིལ་ཅན། བྲན་[༦]མོ་རྟག་ཏུ་ཟླ་མཚན་ནི། འཛག་[༧]པ་དང་མི་འཛག་[༨]སྨྲུམ་མ་[༩]དང་། བུད་མེད་འདྲ་བའི་སྐྱེས་པ་[༡༠]འོ། །དེ་རྗེས་ཁྱིམ་སོ་མ་བཟུང་བཅོ་བརྒྱད་དང་། །བཟུང་ན་ལོ་བཅུ་ལོན་པའི་རྟེན་ཅན་དེ། ཁྱིམ་སོ་བཟུང་མ་བཟུང་གིས་སྡོམ་པ་སྐྱེ་མི་སྐྱེ་ནི་འདོད་པ་བརྟེན་པའི་ནུས་པ་ཡོད་མེད་ཀྱིས་ཡིན་ཏེ། འདོད་པ་རྟེན་པའི་ནུས་པ་མེད་ན་སྡོམ་པ་མི་སྐྱེ་བ་ནི། ཟ་མ་དང་མ་ནིང་སོགས་ལ་སྡོམ་པ་མི་སྐྱེ་བས་ཤེས་སོ། །ཡུལ་ཁམས་དབུས་མཐའི་ཁྱད་ཀྱིས་དགེ་སློང་མ། །བཅུ་གཉིས་ཚོགས་སམ་དྲུག་ཚོགས་གང་རུང་གིས། །གསོལ་དང་ལས་གཉིས་དགེ་སློབ་སྡོམ་པ་སྦྱིན་ཏེ་མདོ་རྩ་བར། བུད་མེད་ལ་ནི་དགེ་སློབ་མ་ཞེས་བྱ་བའི་བསླབ་ཚིགས་གཞན་ཡོད་དོ། །སྦྱིན་པ་ལས་སྐྱེའོ། །དགེ་སློང་མའི་དགེ་འདུན་གྱིས་སོ། །ཞེས་གསུངས་སོ། །སྔར་བཞིན་ཁྱིམ་སོ་བཟུང་དང་མ་བཟུང་བའི། །དབྱེ་བས་བཅུ་གཉིས་ཉི་ཤུ་ལོན་པ་ལ། །མ་ཚོགས་མཁན་མོ་བཅས་པས་རྟགས་བྱིན་ཏེ། །དྲི་སོགས་སྟོན་འགྲོས་ཚངས་སྤྱོད་ཉེར་གནས་ཀྱི། །སྡོམ་པ་བྱིན་ལ་དེ་ཡང་མདོ་རྩ་བར། ཚངས་པ་སྤྱོད་པ་ཉེ་བར་གནས་པའི་སྡོམ་པ་མ་ཐོབ་པར་བསྙེན་པར་རྫོགས་པར་མི་འགྱུར་རོ། །གསང་སྟེ་སྟོན་

པའི་འོག་ཏུ་དགེ་འདུན་གྱིས་དེ་སྦྱིན་པར་བྱའོ་ཞེས་གསུངས་སོ། །**དགེ་སློང་ཕ་ཚོགས་དང་། །བཅས་ཏེ་བསྙེན་པར་རྫོགས་པ་ཡིན་མོད་ཀྱང་། །ཡོངས་འདི་ར་མ་ཚོགས་མེད་ཕྱིར་ཚིགས་ཕྱི་མ། །སྒྲུབ་པའི་ལག་ལེན་སྔོན་གྱི་དུས་ནས་མེད། །**

སོ་ཐར་གྱི་སྡོམ་པ་ཇི་ལྟར་**སྐྱེ་ཚུལ**་ནི་དགེ་བ་མྱ་ངན་ལས་འདས་པའི་དོན་ཆོལ་ཞིང་འཚོ་བ་ཆོས་དང་མཐུན་པར་སློང་བས་ན་**དགེ་སློང**་ཞེས་བཏགས་པ་དེའི་**སྡོམ**་པ་ཞེས་པའི་ངེས་ཚིག་ནི། ལེགས་སྦྱར་གྱི་སྐད་དུ་སམྦྷ་ར་སྟེ་འཆལ་བའི་ཚུལ་ཁྲིམས་ཀྱི་རྒྱུན་སྡོམ་ཞིང་འགོག་པར་བྱེད་པའི་ཕྱིར་སྡོམ་པ་ཞེས་བརྗོད་དོ། །ཁྲིཉ་སྒྲིབས་པའི་བྱིངས་ལས་ཨཙསཀྵ་སྔོན་དུ་བཞག་པའོ། །པ་ནི་མངོན་གྱུར་བཅུ་པོ་གཞིར་བཞག་པའི་སྐྱེང་དུ་རྒྱུའི་རྐྱེན་དང་བདག་པོ་སྐྱེ་རྐྱེན་གཉིས་དང་། སྐལ་ལྡན་བྱེད་རྒྱུ་སྟེ་**རྒྱུ་གསུམ་གྱིས**། ཀུན་སློང་གི་སེམས་དེ་གཞན་ལ་རིག་པ་བྱེད་པའི་ལུས་ངག་གི། **རྣམ་པར་རིག་བྱེད་ཡིན**་པ་དང་རྣམ་པ་རིག་བྱེད་ཅེས་པ་ནི་རང་གི་ཀུན་སློང་གི་རྣམ་པ་དེ་གཞན་ལ་རིག་པར་བྱེད་པས་ན་དེ་སྐད་ཅེས་བརྗོད་དེ། ལུང་གཞི་ལས་བསོད་ནམས་ནང་ན་གནས་པ་ཀུན། །ཕྱི་རོལ་དག་ན་ཉེ་བར་གསལ། །སྐད་མདོག་དབང་པོའི་བྱེ་བྲག་གིས། །རྣམ་པར་སྦ་པར་མི་ནུས་སོ། །ཞེས་ལུས་ངག་གི་རྣམ་པ་རིག་བྱེད་གཉིས་ཀ་བསྟན་པ་དང་། མཛོད་ལས། ལུས་རྣམ་རིག་བྱེད་དབྱིབས་སུ་འདོད། །ངག་རྣམ་རིག་བྱེད་ནི་ངག་སྒྲ་ཞེས་སོ། །ཁྱད་ཆོས་བཞི་ལྡན་གྱི་བསྟན་མེད་ཐོགས་མེད་ཀྱི་རྣམ་པར་རིག་བྱེད་**མིན**་པའི་གཟུགས་སོ། །

གཉིས་པ་རྣམ་པ་རིག་བྱེད་མིན་པའི་གཟུགས་ཀྱི་ཁྱད་པར་ཇི་ལྟ་བུ་ཞིག་ཡིན་ཞེ་ན། གཟུགས་ལ་གསུམ་སྟེ་གཟུགས་རགས་པ་མིག་གི་སྤྱོད་ཡུལ་དུ་གྱུར་པ་གཟུགས་ཀྱི་སྐྱེ་མཆེད་ལྟ་བུ་བསྟན་ཡོད་ཐོགས་བཅས་ཀྱི་གཟུགས་དང་། གཟུགས་འབྱིང་པོ་སྒྲ་དྲི་རོ་རེག་དབང་ལྟ་བུ་བསྟན་མེད་ཐོགས་བཅས་ཀྱི་གཟུགས་དང་གཟུགས་ཕྲ་བ་རིག་བྱེད་མིན་པའི་གཟུགས་ལྟ་བུ་བསྟན་མེད་ཐོགས་མེད་ཀྱི་གཟུགས་ཏེ་གསུམ་མོ། །དེ་ལྟ་བུའི་རྣམ་དབྱེ་ཤེས་པ་ལ་ཆོས་མངོན་པའི་སྡེ་སྣོད་ལེགས་པར་ཤེས་དགོས་སོ། །ཞེས་རྒྱལ་དབང་ལྔ་པའི་འདུལ་ཊཱིཀ་ལས་གསུངས་ཀྱིས། །**བསྡུས་པ་གཟུགས་རྫས་བདུན་ནམ་སྣང་བ་བདུན་གྱི་ངོ་བོ་སྟེ། །སྐྱེ་བར་བྱེ་བྲག་སྨྲ་བས་བཞེད**་དེ་བྱེ་སྨྲས་སྡོམ་པ་གཟུགས་ཅན་ཡིན་པར་འདོད་པའི་སྡོམ་ལྡན་གྱི་ལུས་ཀྱི་རྡུལ་ཕྲ་རབ་རྣམས་ཀྱི་བར་ན་ནགས་ལ་མེ་ལྕེ་ཞུགས་པ་ལྟར་སྡོམ་པ་དེ་ཡོད་པར་འདོད་ཅིང་། དེའང་སོར་སྡོམ་ཐོབ་ནས་མ་ཉམས་པར་དེ་སྲིད་དུ་རྣམ་པ་རིག་བྱེད་མིན་པའི་གཟུགས་བསྟན་མེད་ཐོགས་མེད་ཀྱི་ངོ་བོར་གྱུར་པའི་སྡོམ་པ་འདོད་དོ། །དེའང་སྐད་ཅིག་དང་པོར་རང་དང་མཁན་པོ་སོགས་གཞན་གྱི་ལུས་ངག་གི་རྣམ་པ་རིག་བྱེད་དང་། སྐད

ཅིག་གཉིས་པ་ནས་ཇི་སྲིད་སྡོམ་པ་གཏོང་བའི་རྒྱུ་མ་བྱུང་གི་བར་རིག་བྱེད་དེ་གཟུགས་ཅན་དུ་རྒྱུད་ལ་ལྡན་པར་འདོད་ཅིང་བཞེད་པའི་སྡོམ་པ་དེ་ཡང་། གང་ཟག་དང་སྡོམ་པ་གཉིས་མི་འབྲལ་བ་སྦྲེལ་བ་བྱེད་པའི་ཐོབ་པ་ཞེས་སྡོམ་པ་ལས་ཐ་དད་པའི་རྫས་ལྡན་མིན་འདུ་བྱེད་ཀྱི་རང་བཞིན་དེ་ནི་དཔེར་ན་གླང་དང་ཁྱིམ་གཉིས་ཐག་པ་ལྟ་བུ་ཡིས་ཏེ་སྡོམ་གསུམ་འོད་ཕྲེང་ལས། གང་ཟག་གླང་པོ་འདྲ་བ་ལ། །སྡོམ་པ་ཁལ་དང་འདྲ་བ་དེ། །ཐོབ་པའི་ཐག་པས་སྦྲེལ་བར་གནས། །སོ་སོར་ཐར་པའི་གནས་ཚུལ་ཡིན། །ཞེས་གསུངས་པ་ལྟར་སྦྲེལ་བ་དང་མཚུངས་པའམ་འཆལ་བའི་ཚུལ་ཁྲིམས་ཀྱི་ཆུ་ཀླུང་འབབ་པའི་རྒྱུན་དེ་སྡོམ་ཞིང་། འགོག་པའམ་བཟློག་པར་བྱེད་པའི་ཆུ་ལོན་ཏེ་ཆུ་རགས་ལྟ་བུར་གསུངས། །འཁོར་བའི་སྡུག་བསྔལ་རྒྱུ་འབྲས་དང་བཅས་པ་ལས་ཐར་འདོད་ཀྱི་བློ་ངེས་འབྱུང་གི་བསམ་པ་ས་བོན་ལྟ་བུས་ཉེ་བར་ལེན་པའི་རྒྱུ་བྱེད་པ་དང་། སྟོན་པ་སངས་རྒྱས་ཆོས་མཁན་པོ། །སློབ་དཔོན་རྫོགས་འདོད་ཡོ་བྱད་ཚང་། །ཡང་དག་གསོལ་བ་ལས་མངོན་གྱུར། །ཞེས་པའི་མངོན་གྱུར་བཅུ་པོ་ཆུ་ལུད་ལྟ་བུས་ལྷན་ཅིག་བྱེད་པའི་རྐྱེན་བྱས་ཏེ་མྱུ་གུ་ལྟ་བུ་དགེ་སློང་གི་སྡོམ་པ་དེ་ཤེས་པའི་ངོ་བོ་སྟེ་སེམས་སེམས་བྱུང་གི་རྣམ་པར་སྐྱེ་བ་ནི། མདོ་སྡེ་པ་ཡན་ཆད་དབུ་སེམས་དང་བཅས་པའི་གྲུབ་མཐའ་གོང་མའི་ལུགས་ཡིན་ནོ། །གྲུབ་མཐའ་གོང་མ་རྣམས་ཀྱི་ལུགས་འདི་ལ་སོར་སྡོམ་རྒྱུད་ལ་ལྡན་པའི་གང་ཟག་གི་སེམས་བྱུང་སེམས་པ་དེ། གཞན་གནོད་གཞི་བཅས་སྤོང་བའི་སྡོམ་པར་སོང་ན་སེམས་པ་དེ་དང་མཚུངས་ལྡན་གྱི་གཙོ་སེམས་དང་འཁོར་སེམས་བྱུང་ཚོར་བ་འདུ་ཤེས་སོགས་ཀུན་ཀྱང་སྡོམ་པ་དེར་འགྲོ་བ་ཡིན་ནོ། །འོན་ཀྱང་སེམས་པ་དེའི་ཡ་གྲལ་ལམ་མཚུངས་ལྡན་གྱི་སེམས་སེམས་བྱུང་གང་རུང་ཡིན་པ་ཙམ་གྱིས་སོར་སྡོམ་ཡིན་པས་མ་ཁྱབ་སྟེ། གང་ཟག་དེའི་རྒྱུད་ཀྱི་ཀུན་གཞིའི་རྣམ་ཤེས་དེ་ཉོན་མོངས་པ་ཅན་མ་ཡིན་པས་མ་སྒྲིབ་ལ་དགེ་མི་དགེ་གང་གི་ཕྱོགས་སུའང་མ་ལྷུང་བས་ལུང་མ་བསྟན་ཡིན་པའི་ཕྱིར་དེ་ཉིད་ལ་དགེ་བའམ་སྡོམ་པའི་ཐ་སྙད་མེད་པ་རབ་དབྱེར་དེ་ནི་མ་བསྒྲིབས་ལུང་མ་བསྟན། །ཡིན་ཕྱིར་དགེ་བའི་ཐ་སྙད་མེད། །ཅེས་གསུངས་སོ། །

གང་དུ་བཤད་པའི་ཚུལ་འདི་དག་གིས་སྡོམ་པ་གཟུགས་ཅན་དུ་འདོད་པ་གྲུ་མཐའ་འོག་མ་དང་སྡོམ་པ་ཤེས་པར་འདོད་པ་གོང་མ་སྟེ་གྲུབ་མཐའ་རང་རང་གི་སྐབས་ནས་བཤད་པའི་རྒྱུ་རྐྱེན་དེ་དང་དེ་ལས་རང་རང་གི་སྡོམ་པ་བསྐྱེད་པ་འདི་ས་ནི་བསླབ་ཚིགས་སྔ་མར་ཏེ་བསྙེན་གནས་དང་དགེ་བསྙེན་སོགས་ལ་རིག་བསྒྲེ་ཤེས་པར་བྱའོ། །སྤྱིར་བཏང་གི་དབང་དུ་བྱས་པ་ན་གཞན་གནོད་ཞེས་པ་ནི་ལུས་ཀྱི་མི་དགེ་བ་གསུམ་དང་ངག་གི། །མི་དགེ་བ་བཞི་སྟེ་བདུན་ནོ་བདུན་པོ་དེ་ཡི་གཞིའམ་རྒྱུར་གྱུར་པའི། བརྣབ་སེམས་སོགས་ཡིད་ཀྱི་མི་དགེ་བ་གསུམ་དང་བཅས་ཏེ་མི་དགེ་བ་བཅུ་ཀ་སྤོང་བའི་རྒྱུ་མཚན་དེས་ན། སོ་ཐར་རིགས་བདུན་པོ་རེ་རེ་ནས་མི་དགེ་

པ་བཅུ་བཅུ་སྤྱོད་པའི་སྡོམ་པ་ཡིན་པས་ཁྱབ་ཏེ་མདོ་ལས་དགེ་བསྙེན་སྟོན་པ་གཞན་ལ་མི་བརྟེན་པ་ཆོས་དགེ་བ་བཅུ་ལ་སྤྱོད་པ་ཞེས་གསུངས་པའི་ཕྱིར་དང་ཕར་བསྟུས་ལས། མཐོ་རིས་ཐར་པའི་བདེ་ལམ་འགྱུར་བ་སྟེ། །ལས་ལམ་བཅུ་པོ་འདི་ལས་ཉམས་མི་བྱ། །འདི་ལ་གནས་པས་འགྲོ་ལ་ཕན་བསམ་པའི། །བསམ་པའི་ཁྱད་པར་འབྲས་བུ་ཡོད་པར་འགྱུར། །ལུས་ངག་ཡིད་རྣམས་ཡང་དག་བསྡམ་བྱ་ལ། །མདོར་བསྡུས་ཚུལ་ཁྲིམས་ཡིན་ཅེས་རྒྱལ་བས་གསུངས། །ཚུལ་ཁྲིམས་མ་ལུས་འདུ་བའི་གཞི་ཡིན་པས། །དེ་ཕྱིར་འདི་དག་རྣམ་པར་སྦྱོང་བར་གྱིས་ཞེས་སོ། །རྒྱུ་མཚན་དེ་དག་གི་ཕྱིར་ན་ལུས་ངག་གི་སྤོང་བདུན་འཁོར་ཡིད་ཀྱི་གསུམ་དང་བཅས་པ་སྟེ་བཅུ་སྤང་བ་དང་། གཞན་ལ་དངོས་སུ་གནོད་པའི་ལུས་ངག་གི་མི་དགེ་བ་བདུན་དང་དེ་དག་གི་གཞིར་ཡིད་ཀྱི་མི་དགེ་བ་གསུམ་བཅས་བཅུ་སྤོང་བ་གཉིས་དོན་གཅིག་ཏུ་གྲུབ་པོ། །ལྔ་པའི་འདུལ་ཊཱི་ཀ་ལས། ཚིགས་གསུམ་རིམ་གྱིས་ནོས་པའི་དགེ་སློང་གིས་སླར་དགེ་སློང་བསྒྱུར་བས་ལེན་ཚེ་དགེ་བསྙེན་ནས་རིམ་གྱིས་བསྒྲུབས་ན་སྔ་མ་སྔ་མ་ཕྱི་མ་ཕྱི་མའི་གཏོང་བའི་རྒྱུ་ཡིན་པས་སྔར་དགེ་སློང་གི་སྡོམ་པ་གཏོང་ཡང་གསར་དུ་བླངས་པ་དེ་སྐྱེ་ཞིང་། དགེ་སློང་ཕོན་བསྒྱུར་བ་མི་སྐྱེ་སྟེ་སྣོད་ཚུལ་ཁེངས་བཞིན་དུ་གསར་བ་ལྷུགས་མི་ཐུབ་པ་བཞིན་ནོ། །ཞེས་སོ༑ ༑དེ་ཤིན་ཏུ་འཐད་པ་ཡིན་ཏེ། དེ་ཉིད་ཀྱི་རྣམ་བཤད་ལས། བླངས་པ་ལ་སླར་བླང་བ་མེད་པའི་ཕྱིར་རོ། །ཞེས་དང་ལས་བརྒྱའི་ཊཱི་ཀ་ལས་དེའང་ལས་སྔ་མ་བྱས་ཟིན་ཆགས་པའི་སྟེང་དུ་ཕྱི་མ་མི་ཆགས་པ་ཐམས་ཅད་ལ་འདྲ་སྟེ་བཙུན་པ་སྡིགས་པའི་ལས་བགྱིས་པ་ལ་སླར་ཡང་སྡིག་པའི་ལས་བགྱིས་ན་ལས་བགྱིས་པ་ཞེས་བགྱི་འམ། ཨུ་པ་ལི་མ་ཡིན་ནོ། །ཞེས་པ་ནས། དེ་བཞིན་དུ་ལས་ཐམས་ཅད་ཀྱང་འཁོར་ལོའི་རྒྱུད་བཞིན་དུ་བྱའོ། །ཞེས་སོ༑ ༑དེས་ན་སྡོམ་པ་རྙིང་པས་རྒྱུད་བཀག་བཞིན་དེ་དག་གཅིག་ཐོག་ཏུ་གཅིག་བརྩེགས་མི་རུང་བས་སྔ་མ་ཕྱུལ་བ་སོགས་མ་བྱས་ན་ཕྱི་མ་མི་ཆགས་པ་བུ་སྟོན་གྱི་ལས་ཆོག་ལས་བཤད་ཅིང་། སྟག་ཚང་ལོ་ཙཱ་སོགས་མཁས་པ་ཚད་ཐུབ་རྣམས་ཀྱང་དེ་བཞིན་དུ་བཞེད་དོ། །འདུལ་བ་ལུང་ལས། གང་ཟག་གསུམ་ནི་བསྙེན་པར་མ་རྫོགས་པ་ཞེས་བྱ་སྟེ་གསུམ་གང་ཞེ་ན། བདག་གི་མིང་མ་བརྗོད་པ་དང་། མཁན་པོའི་མིང་མ་བརྗོད་པ་དང་། སྡོམ་པ་ཐོབ་པའི་དུས་མི་ཤེས་པའོ་ཞེས་གསུངས་པའི་ཕྱིར། དེས་ན་སྡོམ་པའི་ཐོབ་མཚམས་ངོས་ཟིན་པ་གནད་ཆེ་བས་ཐོབ་མཚམས་སྔ་མ་གཉིས་ལ་བརྗོད་པ་གསུམ། །ཡོད་པའི་བདག་བརྗོད་རྫོགས་པའི་དགེ་བསྙེན་དུའམ། །དགེ་ཚུལ་དུ་ཞེས་བརྗོད་པ་འགག་མ་ཐག །དེ་དེའི་སྡོམ་པ་སྐྱེ་ཞིང་ཚིགས་ཕྱི་མའི། །ལས་བརྗོད་གསུམ་པར་ངོ་བོ་བྱ་བྱེད་ཀྱི། །དབྱེ་བས་བྱ་བ་བརྗོད་པའི་གསོལ་ན་ཞེས། །རྫོགས་པའི་མཚམས་དེར་སྡོམ་པ་སྐྱེ་བར་བཞེད་དེ་མདོ་རྩ་བར། བརྗོད་པ་ཐ་མ་གང་ཡིན་པའི་ཆ་གསུམ་པ་ལ་གྲུབ་པ་ཉིད་དོ་ཞེས་དང་། དེའི་ཚེ་

ལས་སློབ་དེ་ཡང་སློབ་དཔོན་དུ་འགྱུར་བ་ཡིན་ཏེ་སྔ་མ་ལས། དོན་གྲུབ་ན་གྱུར་བ་ཉིད་དོ། །ཞེས་དགེ་བསྙེན་སོགས་རང་རང་གི་དོན་གྲུབ་ན་སློབ་དཔོན་དུ་འགྱུར་རོ། **།དེ་ལྟའི་སོ་ཐར་སྡོམ་པའི་བརྒྱུད་པ་ལ། །སྟོད་སྨད་གསུམ་ལས་ལུགས་འདི་པཎ་ཆེན་བརྒྱུད་**དེ་མང་ཐོས་ཀླུ་སྒྲུབ་མཆོག་གིས་ཀྱིས། སྒྲ་གཅིག་འཛིན་བཟང་སྤྲིན་གྱི་བཅུད། །འཕྲུང་མཁས་ཀླུ་སྒྲུབ་མ་དྲོས་མཚོ། །ཆྭ་ཏའི་ལྗོངས་འདིར་བསྙེན་རྫོགས་ཀྱི། །ཆུ་ཀླུང་མཐའ་དག་འདི་ལས་བབ། །ཞེས་ཀླུ་སྒྲུབ་མ་དྲོས་པའི་མཚོ་ལས་ཆུ་བོ་བཞི་ལྟར་ཕྱོགས་ཐམས་ཅད་ཁྱབ་པར་གསུངས་སོ། །

སྟོད་འདུལ་ནི། ལྷ་བླ་མ་ཡེ་ཤེས་འོད་ཀྱི་དུས། རྒྱ་གར་ཤར་ཕྱོགས་ཀྱི་པཎྜི་ཏ་དྷརྨ་པཱ་ལ་སྤྱན་དྲངས། འདུལ་བའི་བཤད་པ་དང་ལག་ལེན་མཛད་པའི་སློབ་མའི་གཙོ་བོ་སཱ་དྷུ་པཱ་ལ། གུ་ཎ་པཱ་ལ། པྲཛྙཱ་པཱ་ལ་སྟེ་པཱ་ལ་གསུམ་ལ་སོགས་པའི་སློབ་མ་མང་དུ་བྱུང་སྟེ་དེ་རྣམས་ལས་བརྒྱུད་པ་ལ་སྟོད་འདུལ་པར་གྲགས་ཤིང་། མང་ཐོས་ཀླུ་སྒྲུབ་རྒྱ་མཚོས། ཀླུ་སྒྲུབ་ཞལ་གྱི་པདྨོ་ལས་བྱུང་རྒྱ་གར་ཤར་ཕྱོགས་མཁས་པའི་གཙོ། །དྷརྨ་པཱ་ལ་དེ་སློབ་མཁན་བུ་ཚུལ་ཁྲིམས་དྲི་ལྡན་པཱ་ལ་གསུམ། །ཞང་ཞུང་འདུལ་འཛིན་རྒྱལ་བ་ཤེས་རབ་པྲཛྙཱ་པཱ་ལའི་མཁན་བུ་སྟེ། །སྟོད་ལུགས་འདུལ་བ་བརྒྱུད་པ་གཉིས་ལྡན་གཞན་ལས་ལྷག་ཅེས་རང་གིས་བསྟོད། །དེ་ཡང་སྒྲུབ་པ་ཉམས་ལེན་དང་། །བཤད་པའི་རྒྱུད་དང་གཉིས་ཡིན་ཟེར། །ཕྱག་ལེན་བཤད་པ་རང་བཟོ་ཞེས། །གཞན་ལ་བརྙག་དཀའི་ཚིག་མདའ་འཕེན། །ཞེས་གསུངས་སོ། །

སྨད་འདུལ་ནི། ལྷ་བཙད་པོ་ཁྲི་སྲོང་ལྡེའུ་བཙན་གྱིས་ཟ་ཧོར་གྱི་རྒྱལ་རིགས་སུ་འཁྲུངས་པ་མཁན་ཆེན་ཞི་བ་འཚོ་སྤྱན་དྲངས། གཞི་ཐམས་ཅད་ཡོད་པར་སྨྲ་བའི་གནས་བརྟན་བཅུ་གཉིས་དང་བཅས་ཏེ་མེ་མོ་ལུག་གི་ལོ་ལ་སད་{སད་མི་བདུན་ནི། ཐ་ཁྲི་གཟིགས། ཐ་གསལ་སྣང་། ཐ་སང་ཤི་ཏ། པ་གོར་རཻ་འདོད་ཀྱི་བུ་བེ་རོ་ཙ་ན༔ ངན་ལམ་རྒྱལ་བ་མཆོག་དབྱངས། རྨ་ཨ་ཙ་ར་རིན་ཆེན་མཆོག །ལ་གསུམ་རྒྱལ་བའི་བྱང་ཆུབ་སྟེ་བདུན་ནོ༔ །སད་མི་ཞེས་པའི་དོན་ནི། རྒྱལ་པོ་ཁྲི་སྲོང་གིས་མཁན་པོ་ཞི་འཚོ་ལ། ངེད་བོད་ལ་དགེ་སློང་མེད་པས་ངའི་ཞང་བློན་རྣམས་དགེ་སློང་བཏུབ་བམ་ཞུས་པས་ཨེ་བཏུབ་སད་པར་བྱ་གསུངས་ནས་ཐོག་མར་དད་པ་ཆེ་བ་ཐ་ཁྲི་གཟིགས་དགེ་སློང་བྱས་མ་ཐག་ཏུ་མཚན་ཐ་དཔལ་དབྱངས་སུ་བཏགས་པའི་མངོན་པར་ཤེས་པ་དང་ལྡན་པས་བཙད་པོ་དགྱེས་ཏེ། དེའི་ཞབས་སྤྱི་བོར་བླངས་ནས་ཁྱོད་བོད་ཀྱི་རིན་པོ་ཆེ་ཡིན་ནོ་ཞེས་བཀའ་སྩལ་བས་མཚན་ཡང་ཐ་རཏྣ་ཞེས་གྲགས་ཏེ་བོད་ཀྱི་རབ་བྱུང་གི་ཐོག་མ་དེ་ཡིན་ནོ། །ཡང་བཙད་པོ་ན་རེ། སློབ་དཔོན་གྱིས་ངའི་ཞང་བློན་དད་པ་ཅན་དྲུག་རབ་ཏུ་ཕྱུང་ཞིག་ཞུས་པས། སད་ཅིག་གསུངས་ནས་ཐ་གསལ་སྣང་སོགས་ཕྱི་མ་དྲུག་རབ་ཏུ་བྱུང་ངོ་། །}མི་མི་བདུན་རབ་ཏུ་བྱུང་སྟེ་ཀུན་མཁྱེན་ཀླུ་སྒྲུབ་རྒྱ་མཚོས་ཧྥི་ཡིག་འོད་ཁྲེང་ཐིག་པ་

ལས་སྨིན་ཆོས་རྒྱལ་ཁྲི་སྲོང་ལྡེ་བཙན་དེས། །ཐུབ་པའི་བསྟན་ལ་ལྷག་བསམ་བརྟན་པོས་ཞི་འཚོ་རྒྱལ་{ཛི་ན་མི་ཏྲ་}བཞེས་{དྷ་ན་ཤཱི་ལ་}ཚུལ་ཁྲིམས་སྤྱིན། །མཁན་སློབ་ཚོགས་ལས་བོད་ཀྱི་བློ་གསལ་སད་མི་བདུན་ཞེས་བསྙེན་པར་རྫོགས། །གངས་རིའི་ལྗོངས་འདིར་རབ་བྱུང་འདུལ་བའི་བསྟན་པ་རྨ་མེད་དེ་ནས་བྱུང་། །ཞེས་གསུངས་སོ། །དེ་ནས་རྒྱལ་པོ་དར་མས་བསྟན་པ་བསྣུབས་པའི་གཏམས་གསན་པས། ཆུ་བོ་རིའི་སྒོམ་གྲྭ་ནས་{སྟོད་ལུང་པ་}དམར་ཤཱཀྱ་མུ་ནེ་དང་། {བོ་དོང་པ་} གཡོ་དགེ་འབྱུང་དང་། {བཞད་ཀྱི་}གཙང་རབ་གསལ་ཏེ་གསུམ་གྱིས་འདུལ་མདོན་གྱི་དཔེ་ཆ་དྲེའུ་གཅིག་གི་རྒྱབ་ཁལ་དང་བཅས་གསང་ཐབས་ཀྱིས་མངའ་རིས་སུ་བྲོས། དེ་ན་ཡང་བཞུགས་མ་ནུས་པར་བྱང་ལམ་བརྒྱུད་ནས་མདོ་སྨད་རྨ་ལུང་གི་དན་ཏིག་ཤེལ་གྱི་ཡང་དགོན་དུ་བསྒོམ་གྱིན་བཞུགས་སྐབས། {འགྲོ་སྟག་སྣང་ཁྲི་ཞེས་པའི་རྒྱལ་པོའི་བློན་པོ་ཞིག་གིས་ལོ་སུམ་ཅུ་སོ་ལྔ་ལ་སློན་ལམ་རྣམ་པར་དག་པ་བཏབ་པས་མཚམས་སྦྱར་ནས་}བོན་པོའི་བུ་ཤེས་རབ་ཅན་ཞིག་{ཏུ་འཁྲུངས་ནས་}མདོ་སྔགས་ཀྱི་ཆོས་དུ་མ་སྦྱངས་ནས། {དེ་མས་འདི་སྐད་ཅེས་}འཁོར་བའི་སྡུག་བསྔལ་བསམ་ནས་ཐར་བ་ཡི། །བདུད་རྩིས་འགྲོ་བའི་སྡུག་བསྔལ་ཞི་བྱེད་པའི། །བསྟན་པ་ཕྱོགས་བཅུར་རྒྱས་པར་བྱ་བའི་ཕྱིར། །དང་པོ་བདག་གིས་རབ་ཏུ་བྱུང་བར་བྱ། །ཞེས་གསུངས་ནས་{གཙང་རབ་གསལ་}གྱིས་མཁན་པོ་དང་གཡོས་{དགེ་འབྱུང་}ལས་སློབ་མཛད་ནས་རབ་ཏུ་བྱུང་བའི་{དགེ་ཚུལ་གྱི་}མཚན་དགེ་བ་རབ་གསལ་དུ་བཏགས། དེ་ནས་རིང་ཞིག་ལོན་པ་ན་གོང་གི་མཁན་སློབ་གཉིས་དང་། {ཤཱཀྱ་མུ་ནེ་}དམར་གྱིས་གསང་སྟོན་མཛད་ནས་རྒྱའི་ཧྭ་ཤང་ཀེ་དབང་དང་འབག་གིས་ཁ་སྐོང་མཛད་ནས་{མཐའ་འཁོབ་ཡིན་ཕྱིར་དགེ་སློང་ལྔས་}བསྙེན་པར་རྫོགས་ཤིང་ཕྱིས་ཐུགས་རབ་ཤིན་ཏུ་ཆེ་བས་དགོངས་པ་རབ་གསལ་དུ་གྲགས་མཁན་སློབ་དེ་དག་ལས་མདོ་སྨད་དུ་འདུལ་བསྟན་ཅུང་ཟད་ཚུགས་པའི་སྐད་ཆ་དབུས་གཙང་དུ་ཐོས་པ་ན། {དབུས་ནས་}བོད་ཀྱི་རྒྱལ་པོས་{མངའ་བདག་ཀླུ་ལ་ན་བ་ཡབ་སྲས་ཀྱིས། }ཀླུ་མེས་ཚུལ་ཁྲིམས་ཤེས་རབ་སོགས་{འབྲིང་ཡེ་ཤེས་ཡོན་ཏན་པ། རྭ་ཚུལ་ཁྲིམས་བློ་གྲོས། རཀ་ཤི་ཚུལ་ཁྲིམས་འབྱུང་གནས། སུམ་པ་ཡེ་ཤེས་བློ་གྲོས་ཏེ་དབུས་ཀྱི་}མི་ལྔ་མདོ་སྨད་དུ་བརྫངས། དེ་གཙང་གི་བཙད་པོ་རྣམས་ཀྱིས་ཀྱང་གསན་ཏེ། ལོ་སྟོན་རྡོ་རྗེ་དབང་ཕྱུག་སོགས་{ཚང་བཙུན་ཡེ་ཤེས་སེང་གེ་མངའ་རིས་འོད་བརྒྱད་སྤུན་གཉིས། བོ་དོང་པ་ཨུ་པ་དེ་ཀ་སྐྱེ་གཙང་གི་} མི་ལྔ་མདོ་སྨད་དུ་བརྫངས། དམར་གཡོ་གཙང་གསུམ་བགྲེས་པས་མཁན་པོ་མི་འོང་གསུངས་ནས་བླ་ཆེན་དགོངས་པ་རབ་གསལ་གྱིས་མཛད་དེ་དབུས་གཙང་གི་མི་བཅུ་རབ་བྱུང་དང་བསྙེན་རྫོགས་གནང་། འདུལ་བ་བསླབ་ནས་ཡར་ཕེབ་སྟེ་དབུས་གཙང་གི་མི་བཅུ་{དབུས་གཙང་གི་མཁས་པ་མི་བཅུ་ཞེས་གྲགས་སོ། །}བཙད་པོ་རྣམས་ཀྱི་བླ་མཆོད་དུ་གྱུར། དེ་དག་

གི་སྡོམ་རྒྱུན་ཡང་རྒྱ་ཆེར་འཕེལ་བ་ལ་སྣང་འདུལ་ཞེས་གྲགས་སོ། །བར་འདུལ་ལམ་པཎ་ཆེན་བརྒྱུད་པ་ནི། ཁ་ཆེའི་བསོད་སྙོམས་པ་ཆེན་པོ་{མ་བྱོན་སངས་རྒྱས་གསུམ་པ་རབ་གསལ་གྱི་རྣམ་འཕྲུལ་}པཎ་ཆེན་ཤཱཀྱ་ཤྲཱི་ཁྲོ་ཕུ་ལོ་ཙྪ་བ་ཆེན་པོ་བྱམས་པའི་དཔལ་གྱིས་བོད་དུ་སྤྱན་དྲངས། {སློབ་མ་དཔལ་གྱི་མཐའ་ཅན་གསུམ་བྱོན་པ་ནི་}རྒྱ་ཤུལ་ཁྲིག་མ་དགོན་པར་ཉིན་གཅིག་ལ་མི་བཅུ་གཅིག་བསྙེན་པར་རྫོགས་པའི་ནང་ནས་བྱང་{ཁེར་གད་བྱང་ཆུབ་དཔལ་}རྡོར་{གཙང་པ་རྡོ་རྗེ་དཔལ་}གཉིས་མཁན་པོའི་གཙོ་བོར་གྱུར། ཉང་སྟོད་ཞ་ལུ་རྒྱན་གོང་གི་གཙུག་ལག་ཁང་དུ་འཇམ་མགོན་ས་སྐྱ་པཎྜི་ཏས་ཁ་ཆེ་པཎ་ཆེན་བརྒྱུད་པ་{ཁམས་གསུམ་ཆོས་ཀྱི་རྒྱལ་པོ་འཕགས་པ་རིན་པོ་ཆེ་དང་། བླ་མ་དམ་པ་བསོད་ནམས་རྒྱ་མཚན། ཀུན་མཁྱེན་བུ་སྟོན། རྒྱལ་སྲས་ཐོགས་མེད། རྡོ་རྗེ་འཆང་ཀུན་དགའ་བཟང་པོ། གོ་ཤཱཀ་རྣམ་གཉིས་སོགས་ཕྱིས་ཀྱི་མཁས་གྲུབ་ཕལ་ཆེར་པཎ་ཆེན་བརྒྱུད་པ་ལས་སྡོམ་པ་བཞེས་པ་མང་ངོ་། }ཞེས་གྲགས་སོ། །{ཚོགས་ཆེན་སྡེ་བཞི་ནི། བྱང་ཆུབ་དཔལ་གྱིས་ཚོགས་ཆེན་དགེ་འདུན་སྒང་བཙུགས། དེའི་སློབ་མ་དབུ་མཛད་བསོད་ནམས་སྟོབས་ཀྱིས་གཙང་ཆོས་ལུང་ཚོགས་པ་བཙུགས། རྡོ་རྗེ་དཔལ་གྱིས་སྣེ་མོ་ཚལ་གྱི་ཚོགས་པ་བཙུགས། དེའི་སློབ་མ་གཞུ་པ་དཀོན་མཆོག་རྒྱལ་མཚན་གྱིས་བྱེ་རྫིང་ཚོགས་པ་བཙུགས་ཏེ་ཁ་ཆེ་པཎ་ཆེན་གྱི་ཕྲིན་ལས་ཁོ་ནའོ། །}དེའང་དཔལ་མང་དུ་ཐོས་པ་ཀླུ་སྒྲུབ་རྒྱལ་མཚོས། འཛམ་གླིང་ཡོངས་ལ་སྙན་གྲགས་མཁན། ཁ་ཆེའི་མཁན་པོ་ཤཱཀྱ་ཤྲཱི། ཁྲོ་ལོ་དད་པའི་ལྷུགས་ཀྱིས་ཡིས། །བསྟན་འགྲོའི་དཔལ་དུ་སྤྱན་དྲངས་ཚེ། །མཁན་བུའི་གཙུག་རྒྱན་ལྟ་རིགས་དབང་། །ཞི་དུལ་གཙང་མཁས་ས་ལོ་ཙྪ། །བྱང་རྡོར་ལ་སོགས་བསམ་མི་ཁྱབ། ཞེས་གསུངས་སོ། །

ཐོབ་པ་ཇི་བཞིན་བསྲུང་ན་ཕན་ཡོན་རི་ལུང་ལས། ཀཱ་ཤི་ཀའི་ནགས་འཐུག་པོར། གོང་མ་སྲེག་གིས། རི་བོང་དང་། སྤྲེའུ་དང་། གླང་ཆེན་རྣམས་བསླབ་པའི་གཞི་ལྔ་ལ་བཀོད་པས་ཡུལ་འཁོར་རྒྱས་ཤིང་མི་རྣམས་ཀུང་ལྷར་སྐྱེས་པས་ལྷའི་འཁོར་ཡང་རྒྱས་པར་བཤད་པ་ལྟར། རང་ལ་ཕན་ཡོན་འབྱུང་བར་མ་ཟད་ཡུལ་ཕྱོགས་སུ་ཡང་བདེ་སྐྱིད་རྒྱ་ཆེན་པོ་འབྱུང་བ་དང་། སོ་སོར་ཐར་པ་ལས། །བསྐལ་བ་བྱེ་བ་བསམ་ཡས་སུ། །སོ་སོར་ཐར་པ་ཐོས་པ་དང་། །གཟུངས་དང་འཛིན་པ་རྙེད་དཀའ་སྟེ། །སྒྲུབ་པའང་ཤིན་ཏུ་རྙེད་པར་དཀའ། །ཞེས་དང་། ཟླ་བ་སྒྲོན་མེའི་མདོ་ལས། བསྐལ་པ་བྱེ་བ་གང་གཱའི་བྱེ་སྙེད་དུ། །དྭངས་པའི་སེམས་ཀྱིས་ཟས་དང་སྐོམ་དག་དང་། །གདུགས་དང་བ་དན་མར་མེའི་ཕྲེང་བ་ཡིས། །སངས་རྒྱས་བྱེ་བ་ཕྲག་ཁྲིག་རིམ་གྲོ་བྱས། །གང་གི་དམ་ཆོས་རབ་ཏུ་འཇིག་པ་དང་། །བདེ་གཤེགས་བསྟན་པ་འགག་པར་གྱུར་པའི་ཚེ། །ཉིན་མཚན་དུ་ནི་བསླབ་པ་གཅིག་སྤྱོད་པ། །བསོད་ནམས་དེ་ནི་དེ་བས་ཁྱད་པར་འཕགས། །ཞེས་གསུངས་པ་ལྟར་སྟོན་དུས་བསྟན་པ་

དར་བའི་ཚེ་ཚུལ་ཁྲིམས་རྣམ་པར་དག་པ་བསྲུང་བ་ལས་སྙིགས་མའི་དུས་འདིར་ཚུལ་ཁྲིམས་སྣ་གཅིག་སྲུངས་ན་ཕན་ཡོན་ཤིན་ཏུ་ཆེ་སྟེ། {ཞང་སྟོན་རྡོ་རྗེ་འཆང་གིས}དཔེར་ན་སྨུ་གེའི་དུས་ཀྱི་ཟས་བཙོང་ན་རིན་ཆེ་ཞིང་། བྱིན་ན་ངོ་ཆེ་བ་ལྟ་བུའོ། ཁྱད་པར་མདོ་སྡེ་པདྨ་དཀར་པོ་ལས། བཙོན་ལྡན་འདས་ཉིད་ཀྱིས་དང་པོར་ཐུགས་བསྐྱེད་པའི་དུས་སུ། ངའི་བསྟན་པ་ལྔ་བརྒྱ་ཐ་མར་གྱུར་པ་ན་དགེ་སློང་གིས་བུའི་ལག་པ་ནས་ཁྲིད་དེ། ཚང་སྐྱོགས་གང་གི་དོན་དུ། ཚང་ཚོང་གི་ཁྱིམ་ནས་ཚང་ཚོང་གི་ཁྱིམ་དུ་འཁྱམས་པ་དགེ་སློང་ཤིན་ཏེ་མ། དགེ་སྦྱོང་རྫུལ་བ། དགེ་སློང་གི་གཟུགས་བརྙན་དེ་དག་ཀྱང་། སངས་རྒྱས་མོས་པ་ལ་ཐུག་གི་བར་གྱི་སངས་རྒྱས་དེ་དག་གི་བསྟན་པ་ལ་སླིན་ཅིང་གྲོལ་བར་བྱེད་མ་ཐུབ་ན། ངའི་མགོ་ཚལ་བ་སྟོང་དུ་འགས་པར་གྱུར་ཅིག །ངས་སངས་རྒྱས་ཐམས་ཅད་བསླུས་པར་གྱུར་ཅིང་། ངས་མཚམས་མེད་པ་ལྔ་བྱས་པར་གྱུར་ཅིང་ཅེས་གསུངས་པས་སངས་རྒྱས་ཀྱི་ཐུགས་བསྐྱེད་བསམ་གྱིས་མི་ཁྱབ་པའི་སྟོབས་ཀྱིས་ངེས་པར་འགོར་བ་མཐའ་ཅན་དུ་བྱས་ཡོད་དོ༑ ༑ཞེས་{ཞང་སྟོན་རྡོ་རྗེ་འཆང་གིས}གསུངས་སོ། །འཕགས་པ་དཀོན་མཆོག་{དཀོན་བརྩེགས་ཆ་པ་}བརྩེགས་པའི་འོད་སྲུང་གི་ལེའུ་ལས། འོད་སྲུང་འདི་ལྟ་སྟེ་དཔེར་ན་མི་རོ་ལ་གསེར་གྱི་ཕྲེང་བ་བཏགས་པ་ལྟར་ཚུལ་ཁྲིམས་འཆལ་བ་དུར་སྨིག་གྱོན་པ་ཡང་དེ་དང་མཚུངས་སོ། །ཞེས་དང་། དགེ་སློང་རབ་ཏུ་གཅེས་པའི་མདོ་ལས། བསྡོམ་པའི་མི་དེ་མཛེས་པའི་ཟུགས། །འདུལ་བ་ལ་ནི་ཉེ་བར་གནས། །ཞེས་དང་། བཞི་བརྒྱ་པར། ཁྲིམས་ལྡན་ཡུན་རིང་འཚོ་བ་ནི། །དེ་ལས་བསོད་ནམས་ཆེན་པོ་བྱེད། །ཅེས་དང་། ཀླུ་སྒྲུབ་ཀྱིས་ཁྲིམས་ནི་རྒྱུ་དང་མི་རྒྱུའི་ས་བཞིན་དུ། །ཡོན་ཏན་ཀུན་གྱི་གཞི་རྟེན་ལགས་པར་གསུངས། །ཞེས་དང་། ཚུལ་ཁྲིམས་དང་ལྡན་ན་མཐོ་རིས་སུ་འགྲོ་བའི་རྒྱུ་ཡང་ཡིན་ཏེ། བཞི་བརྒྱ་པར། ཚུལ་ཁྲིམས་ཀྱིས་ནི་བདེ་འགྲོ་འགྲོ །ཞེས་དང་། མཛོད་ལས་མཐོ་རིས་དོན་དུ་ཚུལ་ཁྲིམས་དང་། །ཞེས་དང་། ཚུལ་ཁྲིམས་ལ་བརྟེན་ནས་ཏིང་ངེ་འཛིན་དང་ཤེས་རབ་ཀྱི་བསླབ་པ་བསྒོམ་ཏེ་མཐར་འབྲས་བུ་ཐོབ་ཚུལ་ཡང་ལུང་སྣན་གྱི་གཞི་ལས་དགེ་སློང་དག་ཚུལ་ཁྲིམས་གོམས་པར་བྱས་ན་ཏིང་ངེ་འཛིན་ཡུན་རིང་དུ་གནས་པར་འགྱུར་རོ་ཏིང་ངེ་འཛིན་གོམས་པར་བྱས་ན་ཤེས་རབ་ཡུན་རིང་དུ་གནས་པར་འགྱུར་རོ། །ཤེས་རབ་གོམས་པར་བྱས་ན་འདི་ལྟར་ཏེ་འདོད་ཆགས་དང་ཞེ་སྡང་དང་། གཏི་མུག་ལས་སེམས་ཡང་དག་པར་ཁོ་ནར་རྣམ་པར་གྲོལ་བར་འགྱུར་རོ། །ཞེས་དང་། མདོ་མྱ་ངན་ལས་འདས་པ་ཆེན་པོ་ལས། ཚུལ་ཁྲིམས་ནི་སྡིག་པའི་ནད་ཐམས་ཅད་གསོ་བའི་སྨན་གྱི་སྡོང་པོ་ལྟ་བུའོ། །ཞེས་དང་། མདོ་ལས། ཚུལ་ཁྲིམས་ལ་བརྟེན་ཚུལ་ཁྲིམས་ལ་གནས་ན། །རིམ་གྱིས་འཕགས་པའི་བདེན་པ་བཞི་པོ་དག །ཡང་དག་ཇི་ལྟ་བ་བཞིན་རྟོགས་པར་འགྱུར་ཞེས་དང་། ཚུལ་ཁྲིམས་ཕུང་པོར་རང་ཡིད་ཆེས། །མི་དེ་ཉི་མ་

གཅིག་ལ་ཡང་། །བསོད་ནམས་ཕུང་པོ་དཔག་ཏུ་མེད། །གསོག་ཅིང་སངས་རྒྱས་འགྲུབ་པར་འགྱུར། །ཞེས་སོ༔ །སྡོམ་པ་**ལྡན་ཞིང་མ་བསྲུངས་ན་ཉེས་དམིགས་ནི།** འཕགས་པ་དཀོན་མཆོག་བརྩེགས་པའི་འོད་སྲུང་གི་ལེའུ་ལས། འོད་སྲུང་འདི་ལྟར་དཔེར་ན་མི་རོ་ལ་གསེར་གྱི་ཕྲེང་བ་བཏགས་པ་བཞིན། ཚུལ་ཁྲིམས་འཆལ་བ་ངུར་སྨྲིག་གྱོན་པ་ཡང་དེ་དང་མཚུངས་སོ། །ཞེས་དང་། འོད་སྲུང་དཔེར་ན་སྨན་པ་སྨན་སྒྲོ་ཐོགས་པ་དེ། ནད་གཅིག་གིས་བཏབ་ནས་ནད་དེ་གསོ་མི་ནུས་ན་དེའི་སྨན་དེ་ནི་དོན་མེད་པའོ། །འོད་སྲུང་དེ་བཞིན་དུ་མང་དུ་ཐོས་པ་དེས་བདག་ཉོན་མོངས་པའི་ནད་ལས་གསོ་མི་ནུས་ན་དེའི་མང་དུ་ཐོས་པ་དེ་ནི་དོན་མེད་པ་ཡིན་ནོ། །འོད་སྲུང་དཔེར་ན་མི་ཞིག་རྒྱ་མཚོའི་ཆུ་ཆེན་པོས་ཁྱེར་ལ། ཆུས་སྐོམ་བཞིན་དུ་འཆི་བའི་དུས་བྱེད་པ་དེ་བཞིན་དུ། འོད་སྲུང་འདི་ན་དགེ་སློང་ངམ་བྲམ་ཟེ་ཁ་ཅིག་ཆོས་མང་པོ་བསླབས་ཏེ་ཀུན་ཆུབ་པར་བྱས་ཀྱང་། འདོད་ཆགས་ལ་སྲེད་པ་མི་སེལ། ཞེ་སྡང་ལ་སྲེད་པ་མི་སེལ། གཏི་མུག་ལ་སྲེད་པ་མི་སེལ་བ་དེ་དག་ཆོས་ཀྱི་རྒྱ་མཚོས་ཁྱེར་ལ༔ ཉོན་མོངས་པའི་སྐོམ་པས་འཆི་བའི་དུས་བྱེད་པར་འགྱུར་ཏེ་ངན་འགྲོར་འགྲོ་བར་འགྱུར་རོ། །ཞེས་དང་། ལྷ་གྱུར་འཆིང་དང་རྙེད་དང་བཀུར་སྟི་དང་། །གྲགས་པའི་འཆིང་བ་རབ་ཏུ་བྱུང་བ་ཡི། །འཆིང་བ་དམ་ཞེས་འཕགས་པ་རྣམས་ཀྱིས་གསུངས། །དེ་དག་རྟག་ཏུ་རབ་ཏུ་བྱུང་བས་སྤང་། །ཞེས་པ་སོགས། **གཞིར་འགྱུར་བར**་ཡིན་ཏེ། ཚུལ་ཁྲིམས་འཆལ་བ་དེ་ཐར་བ་མི་ཐོབ་པའི་ཚུལ་དཔེར་ན་རྐང་མེད་ལམ་དུ་འགྲོ་བའི་ནུས་པ་བཞིན་ཏེ༔ མདོ་ལས། ཇི་ལྟར་རྐང་མེད་ལམ་འཇུག་ག་ལ་ནུས། །དེ་བཞིན་ཚུལ་ཁྲིམས་མེད་ན་ཐར་མི་འགྱུར། །ཞེས་དང་། ཚུལ་ཁྲིམས་ལས་འདས་ཏེ་མ་སྲུང་ན་ཆོས་མང་དུ་ཐོབ་ཀྱང་མི་ཕན་པར་ངན་འགྲོར་ལྟུང་སྟེ། མདོ་ཏིང་འཛིན་རྒྱལ་པོ་ལས། ཇི་སྙེད་ཆོས་ཀྱི་རྣམ་པ་བྱང་ཆུབ་ཀྱང་། །ཐོས་པས་རྒྱགས་པས་ཚུལ་ཁྲིམས་མི་བསྲུང་ན། །ཚུལ་ཁྲིམས་འཆལ་བ་ངན་འགྲོ་དེར་འགྲོ་སྟེ། །དེ་ལ་ཐོས་པ་མང་པོས་སྐྱོབ་མི་འགྱུར། །ཞེས་གསུངས་པའི་ཕྱིར། གང་ཟག་དེས་སྦྱིན་པ་བཏང་ཡང་མི་ཕན་པ་ངན་འགྲོར་ལྟུང་སྟེ། འཇུག་པ་ལས། སྐྱེ་བོ་ཚུལ་ཁྲིམས་རྐང་པ་ཆག་གྱུར་ན། །སྦྱིན་པས་ལོངས་སྤྱོད་ལྡན་ཡང་ངན་འགྲོར་ལྟུང་། །ཞེས་གསུངས་པའི་ཕྱིར། ཀླུའི་རྒྱལ་པོ་རྒྱ་མཚོས་ཞུས་པའི་མདོ་ལས། དགེ་སློང་ལྟ་བ་མ་ཉམས་པ་ཚུལ་ཁྲིམས་ཉམས་པ་རྣམས་ཀླུའི་འཁོར་དུ་སྐྱེ་བར་འགྱུར་རོ། །ཞེས་དང་། མདོ་དྲན་པ་ཉེར་བཞག་ལས། སྙིགས་དུས་ཀྱི་དགེ་སློང་ཚུལ་ཁྲིམས་ཉམས་པ་རྣམས་བྱེ་མའི་སྒྲོ་བ་ཁ་ཐུར་དུ་བསྟན་པ་ལྟར་ཤི་མ་ཐག་དམྱལ་བར་ལྟུང་ཞེས་**མདོ་ལས་གསུངས་པའི་ཕྱིར**་དང་། དེར་མ་ཟད་དཔལ་སྡོམ་པ་འབྱུང་བའི་རྒྱུད་ལས། ཅི་སྟེ་དངོས་གྲུབ་མཆོག་འདོད་ན། །སྲོག་ནི་ཡོངས་སུ་བཏང་ཡང་བླའི། །འཆི་བའི་དུས་ལ་བབ་ཀྱང་བླའི། །རྟག་ཏུ་དམ་ཚིག་བསྲུང་བར་བྱ། །ཞེས་དང་། དམ་ཚིག་སྡོམ་པ་འདི་

དག་ཀུན། །ཚུལ་བཞིན་བསྲུངས་དང་བསྒྲུབས་པ་ཡིས། །རྒྱལ་བ་ཐམས་ཅད་མཉེས་ནས་ནི། །དངོས་གྲུབ་ཐམས་ཅད་འགྲུབ་པར་འགྱུར། །ཞེས་དང་། དཔལ་ཡེ་ཤེས་གྲུབ་པ་ལས། དམ་ཚིག་ཉམས་པ་སྡུག་བསྔལ་ཏེ། །ལུས་དང་དེ་བཞིན་ཡིད་དང་ནི། །དེ་ཡི་ཡོན་ཏན་ཉམས་འགྱུར་ཞིང་། །མྱུར་བ་ཉིད་དུ་འཆི་བར་འགྱུར། །ཤི་ནས་དམྱལ་བའི་སྡུག་བསྔལ་ནི། །བསྐལ་པ་བྱེ་བ་བརྒྱ་ཕྲག་ཏུ། །མྱོང་ནས་གནས་ལས་འཕོ་འགྱུར་ཡང་། །གདོལ་པའམ་དམན་པའི་རིགས་སུ་སྐྱེ། །ལྐུགས་པའམ་ཡང་ན་འོན་པར་སྐྱེ། །ཞེས་དང་། ཟླ་བ་སྒྲོན་མེའི་མདོ་ལས། ཇི་སྙེད་ཆོས་ཀྱི་རྣམ་པས་བྱང་ཆུབ་ཀྱང་། །ཐོས་པས་རྒྱགས་པས་ཚུལ་ཁྲིམས་མི་བསྲུང་ན། །ཚུལ་ཁྲིམས་འཆལ་བ་ངན་འགྲོ་དེ་འགྲོ་སྟེ། །དེ་ལ་ཐོས་པ་མང་པོས་སྐྱོབ་མི་འགྱུར། །ཞེས་དང་། **བརྩོན་དང་སྐྱེ་ཉེས་པ་མི་**འབྱུང་བའི་ཐབས་ལ་འབད་པའི་**བག་ཡོད་པ།** །རང་རྒྱུད་ལ་ཉེས་པ་བྱུང་མ་བྱུང་བརྟགས་པའི་**ཤེས་བཞིན་ལྡན་པས་**ལྟུང་བ་འབྱུང་བའི་རྒྱུ་ནི་སྡོམ་འབྱུང་ལས། མི་ཤེས་པ་དང་བག་མེད་དང་། །ཉོན་མོངས་མང་དང་མ་གུས་དང་། །བརྗེད་ངེས་དྲན་པ་མི་གསལ་བ། །འདི་དྲུག་དམ་ཚིག་ཉམས་པའི་རྒྱུ། །ཞེས་གསུངས་སོ། །**བསླབ་ལས་འདའ་མི་བྱ་སྟེ་**མདོ་ལས་གང་ཞིག་བསླབ་ལ་མི་གནས་པ། །གཟུགས་བོར་ཁྲིམ་པར་གནས་ན་བཟང་། །བསླབ་ལ་མི་གནས་རྟག་འཛིན་པ། །དཔེར་ན་སྡོང་པོ་བཟང་པོ་ལ། །ཡལ་ག་ཡུན་རིང་འཕེལ་བ་ལྟར། །མི་ཚེ་དྲག་ཙམ་ཡུན་རིང་ན། །ཁ་ན་མ་ཐོ་འཕེལ་འགྱུར་ཞིང་། །འཇིག་རྟེན་པ་ནི་ཐམས་ཅད་ཀྱིས། །སྨད་ཅིང་བསྐུར་བའི་གནས་སུ་འགྱུར། །ཞེས་སོ། །སློབ་དཔོན་སྤྱན་རས་གཟིགས་བརྟུལ་ཞུགས་ཀྱིས། རབ་ཏུ་བྱུང་ཡང་དངོས་པོ་ཀུན་ལས་ངེས་མ་བྱུང་། །སྐྲ་དང་ཁ་སྤུ་བྲེགས་ཀྱང་དགེ་སྦྱོང་ཚུལ་མ་ཞུགས། །ལག་ཏུ་ལྷུང་བཟེད་གདད་ཀྱང་ཡོན་ཏན་སྣོད་མ་གྱུར། །དགེ་སྦྱོང་དེ་ནི་དགེ་སྦྱོང་མ་ཡིན་ཁྱིམ་པའང་མིན། །ཞེས་གསུངས་སོ། །དཔལ་སྤྲུལ་ཛོ་ཛེ་འཆང་གི་ཞལ་ནས། མདོར་ན་དལ་འབྱོར་གྱི་མི་ལུས་ཐོབ་དུས་འདིར། ཚེ་རབས་གཏན་གྱི་ཆོས་ཚུགས་ན་ད་རེས། མ་ཚུགས་ན་ད་རེས། བློ་ལེགས་ན་ད་རེས་ཉེས་ན་ད་རེས། འདུན་མ་གཏན་ལེགས་དང་གཏན་ཉེས་ཀྱི་ས་མཚམས། བསྐལ་པ་བརྒྱ་ལ་དུས་ཚོད་གཅིག་ཤར་བ་ཡིན་ནོ། །ཞེས་གསུངས་སོ། །**བསླབ་བྱ་སྤྱི་ཙམ་ཐེག་པས་འབྱེད་ན་ཡང་།** །བྱེ་བྲག་རྟེན་གྱི་སྒོ་ནས་དབྱེ་དགོས་པས། ཁྱིམ་པའི་ཕྱོགས་ལ་བསྙེན་གནས་དགེ་བསྙེན་གཉིས། །རྩ་བཞི་སྲུང་བ་ཚུལ་ཁྲིམས་དག་པའམ་བརྟན་པར་བྱེད་པའི་ཡན་ལག་དང་། །མྱོས་འགྱུར་སྤོང་བ་བླང་དོར་གྱི་གནས་ལ་བག་ཡོད་གོང་འཕེལ་དུ་བྱེད་པའི་ཡན་ལག་དང་། །མལ་སྟན་ཆེ་མཐོ་སྣེག་འཚོས་ཕྱི་**དྲོའི་ཟས། །སྤོང་རྣམས་བརྟུལ་**མལ་སྟན་ཆེ་མཐོ་སོགས་ཀྱིས་རྒྱགས་{མལ་སྟན་ཆེ་མཐོ་དང་ཕྱི་དྲོའི་ཁ་ཟས་སོགས་བསྟེན་ན་སེམས་རྒྱུད་པ་དྲེགས་པ་སྐྱེས་ནས་ཚུལ་ཁྲིམས་འཆལ་བ་ལ་སྦྱོར་བའི་ཕྱིར་}པ་དང་། དྲེགས

པ་སྐྱེ་བའི་ཁ་ན་མ་ཐོ་བའི་སྤྱོད་པ་བརྟུལ་ཞིང་འཕགས་པ་དགྱེས་པའི་སྤྱོད་ཚུལ་ལ་ཞུགས་པའི་ཕྱིར། **ཞུགས་**
དག་པར་བྱེད་པའི་ཡན་ལག་དྲིལ་བས་བརྒྱད་ཡོད་དེ་མཛོད་ལས། ཚུལ་ཁྲིམས་ཡན་ལག་བག་ཡོད་པའི། །ཡན་
ལག་བརྟུལ་ཞུགས་ཡན་ལག་སྟེ། །བཞི་གཅིག་དེ་བཞིན་གསུམ་རིམ་བཞིན། ཞེས་གསུངས་པ་ལྟར་དེ་དག་
ཕྱོགས་གཅིག་ཏུ་བསྡོམས་པས་རྣམ་གྲངས་བརྒྱད་དོ། **།ཞག་རེ་བསྲུང་བ་གསོ་སྦྱོང་ངམ་བསྙེན་གནས**་ཞེས་བྱ་
སྟེ་ཐམས་ཅད་མཁྱེན་པ་དཀོན་མཆོག་ལྷུན་གྲུབ་ཀྱིས། ཐེག་ཆེན་རིགས་དང་ལྡན་པའི་གང་ཟག་གིས། །དགེ་
བ་གསོ་ཞིང་སྡིག་པ་སྦྱིང་བའི་ཐབས། །བསྙེན་གནས་ཡན་ལག་བརྒྱད་པ་ལེགས་བླངས་ཏེ། །ཚུལ་བཞིན་
བསྲུང་ལ་ཕན་ཡོན་ཆེས་མང་ལྡན། །ཞེས་སོ། **།འདི་དག་ཇི་སྲིད་འཚོ་ཡི་བར་བླངས་ན། །གདན་ཁྲིམས་འགྱུར་**
ལ་གོ་མི་དགེ་བསྙེན་འབོད། །བཅོམ་ལྡན་འདས་ཀྱིས་ཟླ་བ་ཡར་གྱི་ཆོས་བརྒྱད་དང་། །ཆོ་འཕྲུལ་གྱི་ནི་ཟླ་བ་
ལ༔ །བསྙེན་གནས་ཡན་ལག་བརྒྱད་བསྲུང་ན། །དེ་ནི་ང་དང་ང་འདྲར་འགྱུར། །ཞེས་གསུངས་སོ། **།ཐེག་ཆེན་**
མདོ་སྡེ་དཀོན་བརྩེགས་ལས་ཀྱང་གསུངས་ཤིང་དེ་མ་ཟད་ཆོ་འཕྲུལ་ཆེན་པོ་བསྟན་པའི་མདོ་ལས། རབ་བྱུང་
ཡོན་ཏན་དུ་མ་ལྡན་པ་ཞེས། །དེ་བཞིན་གཤེགས་པ་རྣམས་ཀྱིས་གསུངས་འགྱུར་མོད། །དེ་ལྟར་ལགས་ཀྱང་
སྙིང་རྗེར་གྱུར་བས་ན། །འགྲོ་ལ་ཕན་ཕྱིར་བདག་གིས་རྒྱལ་སྲིད་བསྐྱབས། །ཇི་སྲིད་འཚོའི་བར་བདག་ནི་
ཚངས་སྤྱོད་ཅིང་། །གསོ་སྦྱོང་ཡན་ལག་བརྒྱད་པའང་བླང་བར་བགྱི། །ཞེས་གསུངས་སོ། **།ཇི་སྲིད་འཚོ་བར་**
གསུམ་མཛོད་ལས། གང་ཞིག་གསུམ་ལ་སྐྱབས་འགྲོ་དེ། །སངས་རྒྱས་དགེ་འདུན་བྱེད་པའི་ཆོས། །མི་སློབ་པ་
དང་གཉིས་ཀ་དང་། །མྱ་ངན་འདས་**ལ་སྐྱབས**་སུ་འགྲོ་བ་སྟེ་སྤྱིལ་མར་བསྟོད་པ་ལས། གང་ཞིག་ལ་ནི་ཉེས་པ་
ཀུན། །གདན་ནས་ཡོང་ཡེ་མི་མངའ་ཞིང་། །གང་ལ་རྣམ་པ་ཐམས་ཅད་དུ། །ཡོན་ཏན་ཐམས་ཅད་གནས་གྱུར་
པ༔ །གལ་ཏེ་སེམས་ཞིག་ཡོད་ན་ནི། །དེ་ཉིད་ལ་ནི་སྐྱབས་འགྲོ་ཞིང་། །དེ་བསྟོད་དེ་ནི་བཀུར་བ་དང་། །དེ་ཡི་
བསྟན་ལ་གནས་པའི་རིགས། ཞེས་**སྐྱབས་སོང་ནས**། །དཀོན་མཆོག་གི་རྣམ་གཞག་མདོར་བསྡུས་ནི། དེའང་
ཉན་ཐོས་བྱེ་བྲག་སྨྲ་བས། སངས་རྒྱས་ནི། སངས་རྒྱས་ཀྱི་རྒྱུད་ཀྱི་ཟད་མི་སྐྱེ་ཤེས་ཀྱི་ཡེ་ཤེས་འཁོར་དང་བཅས་
པ༔ །ཆོས་ནི་མྱ་ངན་ལས་འདས་པ་སོ་སོར་བརྟག་པས་འགོག་པ། དགེ་འདུན་ནི། སངས་རྒྱས་ལས་གཞན་
པའི་སློབ་པ་དང་མི་སློབ་པའི་རྒྱུད་ཀྱི་ལམ་བདེན་འཁོར་བཅས་ཏེ། དེ་སྐད་དུ་ཡང་མཛོད་ལས། གང་ཞིག་
གསུམ་ལ་སྐྱབས་འགྲོ་སྟེ། །སངས་རྒྱས་དགེ་འདུན་བྱེད་པའི་ཆོས། །མི་སློབ་པ་དང་གཉིས་ཀ་དང་། །མྱ་ངན་
འདས་ལ་སྐྱབས་འགྲོ་སྟེ། །ཞེས་གསུངས་སོ། །མདོ་སྡེ་པས། སངས་རྒྱས་ནི། སངས་རྒྱས་ཀྱི་རྒྱུད་ཀྱི་ཟད་མི་སྐྱེ་
ཤེས་ཀྱི་ཡེ་ཤེས་འཁོར་བཅས་དང་གཟུགས་སྐུ་རྣམ་གཉིས་ཀྱང་སངས་རྒྱས་སུ་འདོད་ལ། ཆོས་ནི་སྔ་མ་དང་

འདྲོ། །

དགེ་འདུན་ནི། སངས་རྒྱས་ལས་གཞན་པའི་སློབ་པ་དང་མི་སློབ་པ་དང་། དེ་དག་གི་རྒྱུད་ལ་ཡོད་པའི་ལམ་བདེན་འཁོར་དང་བཅས་པ་རྣམས་སོ། །སེམས་ཅམ་པས་སྤྲུལ་སྐུ་སོགས་སྐུ་གསུམ་ནི་སངས་རྒྱས། རྟོགས་པའི་ཆོས་འཕགས་ལམ་ཡན་ལག་བརྒྱད་འཁོར་དང་བཅས་པ་དང་དོན་དམ་པའི་ཆོས་གློ་བུར་གྱི་དྲི་{ས་དང་པོ་ནས་བཅུ་པའི་བར་གྱི་རང་རང་གི་ངོ་སྐལ་གྱི་ཤེས་སྒྲིབ་}མ་དང་བྲལ་བའི་ཆོས་ཀྱི་དབྱིངས་ནི་ཆོས། བྱང་སེམས་འཕགས་པ་རྣམས་དང་། ཉན་ཐོས་ཞུགས་གནས་བརྒྱད། རང་སངས་རྒྱས་རྣམས་ནི་དགེ་འདུན་དཀོན་མཆོག་ཡིན་པར་བཞེད་དེ། དབྱིག་གཉེན་གྱིས། དམིགས་མེད་ཆོས་ཀྱི་སྐུ། །ལོངས་སྤྱོད་རྫོགས་པའི་སྐུ། །ཅི་ཡང་སྤྲུལ་པའི་སྐུར། །གུས་པས་ཕྱག་འཚལ་ལོ། །རྣམ་དག་ཆོས་ཀྱི་དབྱིངས། །སྒྲུབ་པའི་འཕགས་ལམ་བརྒྱད། །སྟོན་པའི་གསུང་རབ་ལ། །གུས་པས་ཕྱག་འཚལ་ལོ། །བྱང་ཆུབ་སེམས་རྣམས་དང་། །ཉན་ཐོས་དགྲ་བཅོམ་སོགས། །རང་སངས་རྒྱས་རྣམས་ལ། །གུས་པས་ཕྱག་འཚལ་ལོ། །ཞེས་གསུངས་པའི་ཕྱིར། དབུ་མ་པའི་ལུགས་ལ། སློབ་དཔོན་ཟླ་བ་གྲགས་པས་ནི། སངས་རྒྱས་ནི་སྐུ་གསུམ་དང་། ཆོས་ནི། མྱ་འདས་གསུམ་གྱི་སོ་སོར་བརྟག་འགོག །དགེ་འདུན་ནི་ཟུང་བཞི་ཡ་བརྒྱད་ཀྱི་གང་ཟག་རྣམས་ལ་བཞེད་དོ། །སྐྱབས་གསུམ་བདུན་ཅུ་པ་ལས། །ཐུབ་པ་དག་གི་སྐུ་གསུམ་དང་། །མྱ་ངན་འདས་དང་གང་ཟག་བརྒྱད། །ཅེས་གསུངས་པའི་ཕྱིར་རོ། །

བྱང་སེམས་ནི། སངས་རྒྱས་ཀྱི་ཁོངས་སུ་གཏོགས་ཏེ། དེ་ཉིད་ལས། {ཤ་རིའི་བུའི་ལུང་ལས་}ཤ་རིའི་ལུང་ལས་དགྲ་བཅོམ་གྱིས། །བྱང་ཆུབ་སེམས་དཔར་ཕྱག་བྱས་ཕྱིར། །{བྱང་སེམས་}འདི་དག་དཀོན་མཆོག་གསུམ་{ལས་}གཞན་{དུ་བགྲང་བ་}མེད། །སངས་རྒྱས་ཁོངས་སུ་གཏོགས་པར་འདོད། །ཅེས་གསུངས་པའི་ཕྱིར་རོ། །རྒྱལ་ཚབ་བྱམས་པ་མགོན་པོ་ནི། འདུས་མ་བྱས་སོགས་ཡོན་ཏན་དྲུག་གམ་བརྒྱད་དང་ལྡན་པའི་ཆོས་སྐུ་ནི་སངས་རྒྱས་དཀོན་མཆོག་བཞེད་དེ། རྒྱུད་བླ་མར། {རང་བཞིན་རྣམ་དག་གི་ཆོས་དབྱིངས་}འདུས་མ་བྱས་ཤིང་{གློ་བུར་དྲི་བྲལ་གྱི་ཆོས་དབྱིངས་}ལྷུན་གྱིས་གྲུབ། །{ཆོས་སྐུ་དེ་ནི་སངས་རྒྱས་མ་གཏོགས་}གཞན་གྱི་རྐྱེན་གྱིས་རྟོགས་མིན་ལ་{རང་དོན་གྱི་ཡོན་ཏན་གསུམ}། །མཁྱེན་དང་བརྩེ་དང་ནུས་པ་ལྡན། {གཞན་དོན་གྱི་ཡོན་ཏན་གསུམ་སྟེ་དྲུག་གོ}། དོན་གཉིས་ལྡན་པའི་སངས་རྒྱས་ཉིད། །ཞེས་གསུངས་པའི་ཕྱིར་རོ། །བསམ་དུ་མེད་པ་ལ་སོགས་པ་ཡོན་ཏན་དྲུག་གམ་བརྒྱད་ལྡན་པའི་རྣམ་བྱང་གི་བདེན་པ་{འགོག་ལམ་}གཉིས་ནི་ཆོས་དཀོན་མཆོག་བཞེད་དེ། །དེ་ཉིད་ལས། {རྟོག་གེ་པས་} བསམ་མེད་{ལས་ཉོན་} གཉིས་མེད་{ཕྱིན་ཅི་ལོག་གི་}རྟོག་མེད་པ་{ལམ་བདེན་ལ་གསུམ་}། །{ཉོན་མོངས་པ་}དག་{ཆོས་དབྱིངས་}གསལ་{ཉོན་མོངས་པའི་}

གཉེན་པོའི་ཕྱོགས་ཉིད་ཀྱིས་{འགོག་བདེན་ལ་གསུམ}། །{འགོག་བདེན་}གང་ཞིག་{ལམ་བདེན་}གང་གིས་ཆགས་{པ་དང་}བྲལ་བ{ར་བྱས་པའི}། །བདེན་གཉིས་མཚན་ཉིད་ཅན་དེ་ཆོས། །ཞེས་གསུངས་པའི་ཕྱིར་རོ། །རྗེ་ལྟར་རིག་པ་ལ་སོགས་པ་ཡོན་ཏན་དྲུག་གམ་བརྒྱད་དང་ལྡན་པའི་ཕྱིར་མི་ལྡོག་པའི་བྱང་སེམས་འཕགས་པ་ནི་དགེ་འདུན་དཀོན་མཆོག་ཏུ་བཞེད་དེ། དེ་ཉིད་ལས། ཇི་ལྟ་ཇི་སྙེད་ནང་གི་ནི། །ཡེ་ཤེས་གཟིགས་པ་དག་པའི་ཕྱིར། །བློ་ལྡན་ཕྱིར་མི་ལྡོག་པའི་ཚོགས། །བླ་མེད་ཡོན་ཏན་དང་ལྡན་ཉིད། །ཅེས་གསུངས་པའི་ཕྱིར་རོ། །དེ་དག་རྣམས་ནི་གནས་སྐབས་ཀྱི་སྐྱབས་ཡིན་ལ། མཐར་ཐུག་གི་སྐྱབས་ནི་སངས་རྒྱས་ཉག་གཅིག་ཡིན་ཏེ་དེ་ཉིད་ལས། དམ་པའི་དོན་དུ་འགྲོ་བ་ཡི། །སྐྱབས་ནི་སངས་རྒྱས་ཉག་གཅིག་ཡིན། །ཞེས་གསུངས་པའི་ཕྱིར་རོ། །དེ་ཡི་བསླབ་བྱ་རྒྱལ་སྲས་ཐོགས་མེད་བཟང་པོ་དཔལ་གྱིས། རང་ཡང་འཁོར་བའི་བཙོན་རར་བཅིངས་པ་ཡི། །འཇིག་རྟེན་ལྷ་ཡིས་སུ་ཞིག་སྐྱོབ་པར་ནུས། །ཞེས་གསུངས་པས་**སྐྱབས་གཞན་མི་འཚོལ་**ཞིང་མདོ་མྱང་འདས་ལས། གང་ཞིག་སངས་རྒྱས་སྐྱབས་འགྲོ་བ། །དེ་ནི་ཡང་དག་དགེ་བསྙེན་ཏེ། །ནམ་དུའང་ལྷ་ནི་གཞན་དག་ལ། །སྐྱབས་སུ་སོང་བ་མ་ཡིན་ནོ། །དམ་པའི་ཆོས་ལ་སྐྱབས་སོང་བས། །འཚེ་ཞིང་གསོད་པའི་སེམས་དང་བྲལ། །དགེ་འདུན་ལ་ཡང་སྐྱབས་སོང་ནས། །མུ་སྟེགས་ཅན་དང་འགྲོགས་མི་བྱ། །ཞེས་དང་། བརྒྱད་སྟོང་པ་ལས། ལྷ་གཞན་ལ་མེ་ཏོག་དང་བདུག་པ་དང་མར་མེ་སྦྱིན་པར་མི་བྱའོ། །རིམ་གྲོ་མི་བྱའོ། །ཞེས་དང་། སྐྱབས་གསུམ་བདུན་ཅུ་པ་ལས། གང་ཞིག་གསུམ་ལ་སྐྱབས་འགྲོ་བའི། །དགེ་བསྙེན་ཉིད་དུ་དམ་བཅས་པས། །སྐྱབས་ནི་གསུམ་པོ་བསྲུང་བར་བྱ། །ཞེས་དང་། མདོ་རྒྱ་བར། ལྷ་གཞན་ལ་ཕྱག་མི་བྱ་མཆོད་པ་མི་བྱ། བཀུར་སྟི་མི་བྱའམ། གནས་སུ་ཕྱིན་ལ་མངོན་སུམ་དུ་འགྲོགས་ལ་གཙུག་ལག་གི་ཚིགས་སུ་བཅད་པ་གདོན་པས་དེ་ལ་ཕན་གདགས་པར་བྱའོ་ཞེས་སོ། །**སེམས་ཅན་ལ་འཚེ་བ་སྤོང་**བ་ནི་བྱང་ཆུབ་སེམས་དཔའི་སྡེ་སྣོད་པ་ཚ་རྒྱ་ཀླུང་གི་མདོ་ལས། སེམས་ཅན་རྣམས་ལ་འཚེ་བར་བྱེད་དེ་ངའི་སློབ་མ་ཇི་ལྟར་ཡིན། །དེས་ན་དེ་ལ་གནོད་པ་བྱས་ན་ང་ལ་གནོད་བྱས་འགྱུར། །དེས་ན་སེམས་ཅན་ཕན་པ་བྱས་ན་ང་ལ་མཆོད་པའི་མཆོག །ཅེས་སོ། །**དང་མུ་སྟེགས་ཅན། །གྲོགས་སུ་མི་བསྟེན་**ཏེ་རྒྱལ་སྲས་ཐོགས་མེད་བཟང་པོ་དཔལ་གྱིས། གང་དང་འགྲོགས་ན་དུག་གསུམ་འཕེལ་འགྱུར་ཞིང་། །ཐོས་བསམ་སྒོམ་པའི་བྱ་བ་ཉམས་འགྱུར་ལ། །བྱམས་དང་སྙིང་རྗེ་མེད་པར་བསྒྱུར་བྱེད་པའི། །གྲོགས་ངན་སྤོང་བ་རྒྱལ་སྲས་ལག་ལེན་ཡིན། །ཞེས་དང་། ཚོམས་ལས། སྡིག་ཅན་མི་དང་འགྲོགས་མི་བྱ། །གལ་ཏེ་སྡིག་པ་བྱེད་པ་དག །སྡིག་མི་བྱེད་པས་བསྟེན་ན་ཡང་། །སྡིག་པ་བྱེད་པར་དོགས་སྐྱེ་ཞིང་། །མི་སྙན་པར་ཡང་འཕེལ་བར་འགྱུར། །ཞེས་དང་། བཀའ་གདམས་པ་ཆོས་ཞུ་ལེན་ལས། ཇོ་བོ་དགྲ་ཡི་

ནང་ན་སུ་དང་ལྡན་ལགས། །འབྲོམ་ཕྱུང་རྒྱན་སྡིག་པའི་གྲོགས་པོའོ། །ཞེས་དང་མདོ་ལས། །བྱང་ཆུབ་སེམས་དཔའ་གྲོགས་ངན་པ་ལ་འཇིགས་པ་ལྟར་གླང་པོ་ཆེ་མྱོས་པ་སོགས་ལ་མ་ཡིན་ཏེ། འདིས་ནི་ལུས་ཙམ་འཇིག་པར་བྱེད་ཀྱི་སྔ་མས་ནི་དགེ་བ་དང་སེམས་རྣམ་པར་དག་པ་གཉིས་ཀ་འཇིག་པར་བྱེད་དོ་ཞེས་སོ། །གཞན་ཡང་སྐུ་ཡི་རྟེན། །ཆག་དུམ་ཙམ་མདོ་ལས། སེམས་ཅན་རྣམས་ལ་ཉིན་རེ་བཞིན། །བསྐལ་བ་གང་གའི་བྱེ་མ་སྙེད། །ལྷ་ཡི་ཟས་གོས་བྱིན་པ་བས། །གང་གིས་སངས་རྒྱས་སྐྲ་ཐོས་སམ། །སངས་རྒྱས་སྐུ་གཟུགས་བྲིས་པའམ། །འཇིམ་པ་ལས་བྱས་མཐོང་བ་ཡང་། །དེ་བས་བསོད་ནམས་ཆེས་ལྷག་ན། །སྐུ་མཐོང་ཐལ་མོ་སྦྱར་བའམ། །བསྟོད་པ་ཚིག་གཅིག་ཙམ་བརྗོད་དམ། །མཆོད་པ་བྱེད་པ་ལྟ་ཅི་སྨོས། །ཞེས་སོགས་གསུངས་པ་དང་ཡི་གེ་གཉིས་ལོངས་པ་ཡི་གེའི་ཐོག་ལ་མར་མེ་ཁྱེར་ན་སངས་རྒྱས་ཀྱི་བསྟན་པ་མི་གནས་པའི་རྟགས་ཡིན་ཞེས་ཇོ་བོ་རྗེས་གསུངས་ན་གཞན་ཁུར་བ་ལྟ་ཅི་སྨོས། རྒྱའི་ཁ་ཡིག་དང་། ཏ་དམ་གྱི་ཡི་གེ་སོགས་གསུང་རབ་ཀྱི་དོན་མི་སྟོན་པ་རྣམས་ལ་ཉེས་པ་མེད་དོ། །ཆོས་གོས་དམར་དང་སེར་གྱི་གོས་ཀྱི་རས་མ་ཀུན། །ལྷ་རྣམས་ཀྱིས་བསྟུས་དད་པའི་རྟེན་དུ་ཁྱེར། །ཞེས་སོ། །མདོ་ལས། གང་ཞིག་ཟླ་བ་རེ་རེ་ལ། །མཆོད་སྦྱིན་བརྒྱ་སྟོང་མཉམ་བྱས་པས། །དགེ་འདུན་རྣམས་ལ་དད་བྱས་པ། །དེ་ཡི་བཅུ་དྲུག་ཆར་མི་ཕོད། །ཅེས་གསུངས་པ་ཚལ་བུ་ཙམ་ལའང་གུས་པར་བསྐྱེད། །སོ་སོའི་བསླབ་བྱ་ཡིན་ཞིང་ཐུན་མོང་དུ། །ཤྲོག་དང་རྒྱལ་སྲིད་སོགས་བྱ་དགའི་ཕྱིར་ཡང་དཀོན་མཆོག་གསུམ། །མི་སྤང་འདོད་དོན་སྒྲུབ་དང་རྐྱེན་སེལ་བར། །དཀོན་མཆོག་མཆོད་དང་གསོལ་བ་གདབ་པ་ལས། །ཐབས་གཞན་མི་རྩོམ་སྟེ་མདོ་ལས། འཇིགས་པས་སྐྲག་པའི་མི་རྣམས་ནི། །ཕལ་ཆེར་རི་དང་ནགས་ཚལ་དང་། །ཀུན་དགའ་ར་དང་མཆེད་གནས་ཀྱི། །ལྗོན་ཤིང་ཆེ་ལ་སྐྱབས་འགྲོ་སྟེ། །སྐྱབས་དེ་གཙོ་བོ་མ་ཡིན་ཞིང་། །སྐྱབས་དེ་མཆོག་ཏུ་གྱུར་མ་ཡིན། །སྐྱབས་དེ་ལ་ནི་བརྟེན་ནས་སུ། །སྡུག་བསྔལ་ཀུན་ལས་མི་གྲོལ་གྱི། །གང་ཆེ་གང་ཞིག་སངས་རྒྱས་དང་། །ཆོས་དང་དགེ་འདུན་སྐྱབས་སོང་ན། །སྐྱབས་དེ་གཙོ་བོ་ཡིན་པ་སྟེ། །སྐྱབས་དེ་ལ་ནི་བརྟེན་ནས་ཀྱང་། །སྡུག་བསྔལ་ཀུན་ལས་གྲོལ་བར་འགྱུར། །ཞེས་དང་། ཕལ་པོ་ཆེ་ལས། རྒྱལ་བ་དེ་དག་མཐོང་ཐོས་མཆོད་པ་བྱས་པས་ཀྱང་། །ཚད་མེད་པ་ཡི་བསོད་ནམས་ཕུང་པོ་འཕེལ་བར་འགྱུར། །ཉོན་མོངས་འཁོར་བའི་སྡུག་བསྔལ་ཐམས་ཅད་སྤངས་འགྱུར་ཏེ། །འདུས་བྱས་འདི་ནི་བར་མ་དོར་ཡང་ཟད་མི་འགྱུར། །ཞེས་སོ༔ །དུས་ཀྱི་མཆོད་པ་རྒྱལ་བའི་དུས་ཆེན་བཞི་ལས། ལྷ་བབ་དུས་ཆེན་ཧོར་ཟླ་དགུ་པའི་ཉེར་གཉིས་ལ་བྱེད་པ་དང་། ཆོས་བཅོ་ལྔ་ལ་བྱེད་པ་སྟེ་ལུགས་གཉིས་ཡོད་ཀྱང་། དབྱུག་ཟླའི་བཅོ་ལྔའི་ཉིན་ནི་བཅོམ་ལྡན་འདས་སུམ་ཅུ་རྩ་གསུམ་ནས་འཛམ་བུའི་གླིང་འདིར་ཕེབས་པར་འགྱུར་རོ། །ཞེས་པའི་གཏམ་སྙན་གྱི་དུས་ཆེན་ཆོས་

བཅོ་ལྔ་ཡིན་ལ། ཉེར་གཉིས་ནི་དངོས་སུ་ཕེབས་པའི་དུས་ཆེན་ཡིན་ནོ། །ཞེས་གསུངས་པ་མང་ལ། ཁ་ཆེ་པཎ་ཆེན་ཤཱཀྱ་ཤྲཱིས་དབྱུག་ཟླའི་ཡར་ཚེས་བཅོ་ལྔ་ལ་ལྷ་བབ་ཀྱི་དུས་སྟོན་བྱེད་པར་གསུངས་སོ། །དེས་ན་བཅོ་ལྔ་ལ་དུས་མཆོད་བྱས་ན་གཏམ་སྐན་གྱི་དུས་མཆོད་འགྱུར་ལ། ཉེར་གཉིས་ལ་བྱས་ན་དུས་ཆེན་དངོས་ཀྱི་དུས་མཆོད་དུ་འགྱུར་བས་ཇི་ལྟར་བྱས་ཀྱང་ལེགས་སོ། །ཞེས་མཁན་ཆེན་སངས་རྒྱས་ཕུན་ཚོགས་ཀྱིས་དྲིས་པའི་ལན་དུ། ཀུན་དགའ་ཚུལ་ཁྲིམས་ཀྱིས་གསུངས་པས་མི་བཅག **།སེམས་ཅན་སྐྱབས་འགྲོ་ལ་འགོད་འགྲོ་བའི་ཚེ། །ཕྱོགས་དེའི་རྒྱལ་ལ་ཕྱག་འཚལ་ལྔ་ཡིན་ཞིང་། །བཞི་ཚན་གཉིས་སུའང་དབྱེ་བ་གཞན་དུ་ཤེས།** །དེ་ལྟར་སྐྱབས་སུ་སོང་ནས་སྐྱབས་འགྲོའི་བསླབ་བྱ་རྣམས་ཚུལ་བཞིན་སྲུང་བའི་ཕན་ཡོན་ནི་དྲི་མ་མེད་པའི་མདོ་ལས། སྐྱབས་སུ་སོང་བའི་བསོད་ནམས་གང་། །གལ་ཏེ་དེ་ལ་གཟུགས་མཆིས་ན། །ནམ་མཁའི་ཁམས་ནི་ཀུན་བཀང་སྟེ། །དེ་ནི་དེ་བས་ལྷག་པར་སྣང་ཞེས་དང་། ཕར་ཕྱིན་བསྡུས་པ་ལས། སྐྱབས་སོང་བསོད་ནམས་གཟུགས་མཆིས་ན། །ཁམས་གསུམ་འདི་ཡང་སྣོད་དུ་ཆུང་། །རྒྱ་མཚོ་ཆེན་པོ་ཆུ་ཡི་གཏེར། །ཕུལ་གྱིས་གཞལ་བར་ག་ལ་ནུས། །ཞེས་དང་། ཉི་མའི་སྙིང་པོའི་མདོ་ལས། སངས་རྒྱས་སྐྱབས་སུ་སེམས་ཅན་སུ་འགྲོ་བ། །བདུད་རྣམས་བྱེ་བས་བསད་པར་མི་ནུས་ཏེ། །ཚུལ་ཁྲིམས་ཉམས་ཤིང་བློ་ནི་འཁྲུགས་གྱུར་ཀྱང་། །དེ་ནི་ངེས་པར་སྐྱེ་བའི་ཕ་རོལ་འགྲོ། །ཞེས་དང་། **སྒྲོག་གཅོད་ལྔ་བུ་རྩ་བཞིའི་གཅིག་སྤྱོང་བ། །སྣ་གཅིག་སྤྱོད་དང་གཉིས་སྤྱོང་སྣ་འགའ་སྤྱོད། །གསུམ་སྤྱོང་ཕལ་ཆེར་སྤྱོད་དང་རྩ་བ་བཞི།** །འདིར་འོན་ངག་གི་མི་དགེ་བ་བཞིའི་ནང་ནས་རྫུན་སྤོང་བ་ཡན་ལག་ཏུ་འཛོག །ལྷག་མ་མི་འཛོག་པའི་རྒྱུ་མཚན་ཅི་ཞེ་ན། དེའི་རྒྱུན་མཚན་ཡོད་དེ་བསླབ་པ་ལས་འདས་ཀྱང་མ་འདས་སོ་ཞེས་རྫུན་སྨྲ་བ་སྲུང་པའི་ཆེད་ཡིན་ཏེ་མཛོད་ལས། བསླབ་པ་ཐམས་ཅད་འདས་གྱུར་ན། །བརྫུན་དུ་ཐལ་བ་འགྱུར་བའི་ཕྱིར། །ཞེས་གསུངས་སོ། །ཚང་བཅས་སྤོང་བ་ཡོངས་རྫོགས་དགེ་བསྙེན་ཏེ་ཆང་འཐུང་ན་དྲན་པ་ཉམས་ནས་སེམས་བག་མེད་པར་གྱུར་ཏེ་ཉེས་པ་ལ་སྦྱོར་བར་བྱེད་པའི་ཕྱིར་སྤོང་དགོས་ཏེ་མཛོད་ལས། བཅས་པའི་ཁ་ན་མ་ཐོ་བ། །མྱོས་འགྱུར་ལས་གཞན་བསྲུང་ཕྱིར་རོ། །ཞེས་སོ། །

སྡོམ་གསུམ་དང་སྐྱབས་གསུམ་འཛིན་པ་ནི། །ཉི་ཚེ་བ་སྟེ་རིགས་བདུན་ཤེས་བྱ་ཀུན་ཁྱབ་ལས། མཚན་ཉིད་ལྡན་པར་རིས་བདུན་ཁོ་ནའོ། །ཞེས་པ་ལྟར་བགྲང་བྱ་མིན། །ཡོངས་རྫོགས་བསླབ་སྟེ་ཡོངས་རྫོགས་དགེ་བསྙེན་གྱིས་ལོག་གཡེམ་སྤོང་བ་ཡན་ལག་ཡིན་གྱི་མི་ཚངས་སྤྱོད་གཏན་ནས་སྤོང་བ་མིན་ཏེ་དགེ་བསྙེན་ནི་ཁྱིམ་པ་ཡིན་ན། ཁྱིམ་པས་ལོག་གཡེམ་སྤོང་སླ་བ་དང་། མི་ཚངས་སྤྱོད་སྤོང་དཀའ་ཞིང་། ལོག་གཡེམ་འཇིག་རྟེན་ན་སྨད་པ་ཡིན་ཞིང་། འཕགས་པས་ལོག་གཡེམ་མི་བྱེད་པ་ཡིན་གྱི་ཚངས་སྤྱོད་ལ་གནས་པའི་ངེས་པ་མེད་པའི་

ཕྱིར། མཛོད་ལས། ལོག་གཡེམ་ཤིན་ཏུ་སྨད་ཕྱིར་དང་། །སླ་ཕྱིར་མི་བྱེད་ཐོབ་ཕྱིར་རོ། །ཞེས་སོ། ཁྲིམ་པས་རང་གི་ཆུང་མས་མི་ཆོག་པར་གཞན་གྱི་ཆུང་མ་རྐུ་བ་འདི་ཤིན་ཏུ་ཉེས་དམིགས་ཆེ་སྟེ། བྲམ་ཟེ་དགའ་བ་ཅན་གྱི་མདོ་ལས། གཞན་གྱི་ཆུང་མ་རྒྱན་གྱི་བརྒྱན་པ་དག མེ་ལྕེ་འབར་བ་བཞིན་དུ་ཡོངས་སྤངས་ལ། །རང་གི་ཆུང་མ་རྙེད་པས་ཆོག་པར་གྱིས། །ཞེས་དང་དེའི་སྙིང་འགྲེལ་པའི་ཆོས་སྒྲོང་བ། **།ཚངས་སྤྱོད་དགེ་བསྙེན་འདི་དང་གོ་མི་གཉིས། །རྟེན་གྱི་དབྱེ་རྣམ་མེད་པ་མཁས་རྣམས་བཞེད། །རྩ་བཞི་ལས་གཞན་མི་མིན་གསོད་སོགས་དང་། །མི་དགེ་དྲུག་ལྟག་ཕྱོགས་མཐུན་སྤང་བྱ་དང་། །སྤགས་པ་ཁྲིམ་པས་རྟགས་དང་གཞི་གསུམ་སོགས་ལས་བརྒྱ་རྩ་གཅིག །ཚིག་ཙམ་དང་བཅས་ཀྱང་འགའ་ཞིག་མ་གཏོགས་འདུལ་བའི་བསླབ་བྱ་མ་ལུས་པ། །ཉམས་སུ་ལེན་པ་དཔྱང་པ་བཟང་པོར་བཤད།** །རབ་བྱུང་གི་དོན་ནི་ལེགས་སྦྱར་དུ་པྲ་བཛྱཱ་ཏ་ཞེས་རབ་ཏུ་སྤངས་པའི་དོན་ཡིན། དེའང་ཟག་བཅས་འཁོར་བའི་དངོས་པོ་ཐམས་ཅད་ལས་རྒྱལ་གྱིས་ཕྱོགས་ཤིང་སྤངས་པ་ཡིན་ནོ། **།ཕྱོགས་ལ་གསུམ་ལས་དགེ་ཚུལ་ལ། །སྔོན་འདས་དངོས་དང་བསྡམས་བྱའི་ཉེས་བྱས་དང་། །བར་མ་རབ་བྱུང་དུས་སུ་བླང་བ་ལས། །འདས་པ་ཕྱོགས་མཐུན་རྣམས་ལས་དང་པོ་ནི།** །མཛོད་ལས། ཚུལ་ཁྲིམས་ཡན་ལག་བག་ཡོད་པའི། །ཡན་ལག་བརྟུལ་ཞུགས་ཡན་ལག་སྟེ། །བཞི་གཅིག་དེ་བཞིན་གསུམ་རིམ་བཞིན། །ཞེས་བསྙེན་གནས་ལ་བཤད་པ་དེ་ཉིད་ཁ་སྐོང་སྟེ་དེ་བཞིན་ལྔ་རིམ་བཞིན། །ཞེས་དགེ་ཚུལ་ཕ་མ་ལ་སྦྱར་རོ། **།སྲོག་**[༡]**གཅོད་རྐུ་**[༢]**དང་མི་ཚངས་**[༣]**སྤྱོད་དང་བརྫུན**[༤]**། །ཆང་འཐུང་**[༥](ཐུ་ལ་སྦྱིང་བ་ཞེས་པཀྵི་ཏྣ་པྲ་ཧླཱ་ན་ཞེས་པས་མཛད་པ་ལས། གང་ཞིག་བཏུང་ན་ཚུལ་ཁྲིམས་ཏིང་འཛིན་དང་། །ཤེས་རབ་ལྟ་བ་འཚོ་བ་ཆོག་དང་། །དྲན་པ་ཤེས་བཞིན་དད་པ་བརྩོན་འགྲུས་ཉམས། །དགེ་ཆོས་ཀུ་གཞོན་དེ་ནི་བཏུང་མི་བྱ། །ཞེས་གསུངས་སོ། **།གར་**[༦]**སོགས་ཕྲེང་**[༧]**སོགས་རྒྱལ་**དབང་ལྔ་པའི་འདུལ་ཊཱིཀ་ལས། དེ་ལ་བསྙེན་གནས་ཀྱི་སྐབས་སུ། གར་སོགས་ཕྲེང་སོགས་གཅིག་ཏུ་འདྲེན་པའི་རྒྱུ་མཚན་ཡོད་དེ་བསྙེན་གནས་ནི་ཁྲིམ་པའི་བསླབ་པ་ཡིན་ན་ཁྲིམ་པ་ལ་བསླབ་བྱ་གྲངས་མང་ན་སློབ་མི་ནུས་སྙམ་པའི་ལོག་རྟོག་བཟློག་པའི་ཕྱིར། དགེ་ཚུལ་གྱི་སྐབས་སུ་སོ་སོར་འདྲེན་པའི་རྒྱུ་མཚན་ཡོད་དེ། རབ་ཏུ་བྱུང་བ་ལ་གླུ་གར་ལ་སོགས་པའི་ཕྲུར་གཡེང་ནི་ཚུལ་དང་མི་མཐུན་པ་ཡིན་པས་ངེས་པར་དགག་དགོས་པར་ཤེས་པའི་ཆེད་ཡིན་པའི་ཕྱིར་ཞེས་གསུངས་སོ། **།མལ་ཆེ་མཐོ་**རྒྱལ་དབང་ལྔ་པའི་འདུལ་ཊཱིཀ་ལས་མལ་ཆེ་བ་ནི་གསེར་དངུལ་གྱི་ཁྲི། མཐོ་བ་ནི་ཁྲུ་གང་ལས་ལྷག་པའོ། །ཞེས་གསུངས་སོ། **།ཕྱི་དྲོའི་ཁ་**[༨] **ཟས་རང་དོན་དུ་གསེར་དངུལ་ལ་**རེག་པ་ཙམ་རུང་ཡང་ཆགས་སྲེད་ཀྱིས་གསེར་དངུལ་ལེན་ནས་ཕྱུག་ནོར་དུ་འཆང་བ་དེའང་བསྙེན་གནས་ཀྱི་སྐབས་སུ་གསེར་དངུལ་སྤོང་བ་ཡན་ལག་ཏུ་མི་བཞག དགེ་ཚུལ་ལ་ཡན་ལག་ཏུ་བཞག་པའི་

རྒྱུ་མཚན་ཡོད་དེ་དང་གསེར་དངུལ་ལེན་པ་གསོག་འཇོག་གི་རྒྱ་བ་ཡིན་ལ། ཁྱིམ་པ་ལ་གསོག་འཇོག་ཚུལ་དང་མི་མཐུན་པ་མིན་ཞིང་རབ་ཏུ་བྱུང་བ་ལ་གསོག་འཇོག་ཚུལ་དང་མི་མཐུན་པ་ཡིན་པའི་ཕྱིར་རོ། །སྤོང་བ་ནི་སུམ་བརྒྱ་པར། གང་ཞིག་སྲོག་གཅོད་གཞན་གྱི་ནོར་འཕྲོག་ཅིང་། །མི་ཚངས་སྤྱོད་བརྫུན་བཅས་མའི་ཆང་ལ་སོགས། །གར་སོགས་ཕྲེང་སོགས་མལ་ཆེན་མཐོ་བ་དང་། །ཕྱི་དྲོའི་ཁ་ཟས་གསེར་དངུལ་ལེན་པ་སྤང་། །ཞེས་སོ། །རྒྱ་བ་བཞི་དང་ཕྱི་མ་དྲུག་ཡན་ལག་སྟེ་སྡོམ་འགྲེལ་གཞན་ཕན་ཉི་མའི་སྣང་བ་ལས། ཕྱི་མ་དྲུག་ནི་རྒྱ་བ་བཞི་སྲུང་བའི་ཐབས་སུ་འགྱུར་པས་ན་ཡན་ལག་ཅེས་བྱའོ་ཞེས་སོ། །

གཞི་བསམ་སྦྱོར་བ་མཐར་ཐུག་ཡན་ལག་བཞི། །ཚང་ན་ཕམ་འདྲའི་ཉེས་བྱས་སུ་འགྱུར་ཞིང་། །འཆབ་མེད་གསོང་རུང་འཆབ་བཅས་གསོར་མི་རུང་འོད་ལྡན་དུ་བྱེ་བྲག་བཤད་མཛོད་ཀྱི་ལུགས་དྲངས་པ་ལས། མི་གསོད་ལ་སོགས་བཞི་རྣམས་ཀྱིས། །དགེ་ཚུལ་ལས་ནི་ཉམས་འགྱུར་ན། །དགེ་སློང་བཞིན་དུ་དགེ་ཚུལ་ལའང་། །ཕྱིས་ནས་སྡོམ་སྐྱེའི་སྐལ་བ་མེད། །ཆང་འཐུང་ལ་སོགས་ཕྱི་མ་དྲུག །བཤགས་ལ་ཉེས་བྱས་མཐུན་པ་ཡིན། །ཞེས་སོ། །ཞུམ་པ་བསལ་ཕྱིར་རགས་སྡོམ་བཅུར་དབྱེ་ལ་ཡང་། །སྲོག་གཅོད་ཕམ་འདྲའི་ཆར་གཏོགས་དུད་[༡]འགྲོ་གསོད། །སྲོག་ཆགས་བཅས་[༢]པའི་རྒྱ་དང་ཆུར་འདེབས་པ། །སྲོག་ཆགས་དང་བཅས་ཆུ་ལ་ལོངས་སྤྱོད་པ་སྟེ་འོད་ལྡན་ལས། གང་ཞིག་སྲོག་ཆགས་བཅས་ཆུ་ལ་སོགས་སྤྱོད། །ཡང་ན་ཆུ་ཚན་ལ་སོགས་ལྷུགས་བྱེད་པས། །ལྟར་ཡོད་སྐྱེ་བོ་ཤི་ན་དེ་ལ་ནི། །སྲོག་ཆགས་རེ་རེའི་གྲངས་ཀྱི་ལྟུང་བ་འབྱུང་། ཞེས་སོ། །བརྫུན་གདོགས་གཞི་མེད་[༣]དང་ནི་བག་ཙམ་གྱི་བསྐུར་པ་འདེབས་ཡུལ་ལ་བག་ཙམ་ཡོད་པ་མིན། བསྐུར་བ་འདེབས་གཞོད་བག་ཙམ་ཡོད་པ་ཡིན་ནོ། །ཕམ་པའི་སྐུར་བ་[༤]འདེབས་དང་དགེ་འདུན་[༥]དབྱེན། །དབྱེན་ནི་ཆོས་ཕྱོགས་དང་ཆོས་མིན་ཕྱོགས་གཉིས་ཀ་ལ་བཞི་རེ་སྟེ་བརྒྱད་དང་དབྱེན་བྱེད་པ་པོ་སྟེ་དགུའོ། །དེ་རྗེས་ཕྱོགས་[༦]དང་ཁྱིམ་སུན་འབྱིན་པ་[༧]དང་། །ཤེས་བཞིན་རྫུན་སྨྲ་[༨]རབ་ཏུ་བྱུང་བ་རྣམས་ཀྱི་བརྫུན་སྨྲ་ན་རབ་དུ་བྱུང་བའང་མིན་པར་འགྱུར་ཏེ། ཚོམས་ལས། བརྟུལ་ཞུགས་མེད་ཅིང་བརྫུན་སྨྲ་ན། །མགོ་བོ་བྲེག་ཙམ་དགེ་སྦྱོང་མིན། །སྨོངས་པ་འདོད་ལ་ཞུགས་པ་དག །རིག་པ་དགེ་སྦྱོང་ཡིན་ནམ་ཀྱི་ཞེས་སོ། །འདུལ་བ་ལས། ལུས་ཅན་བརྫུན་དུ་སྨྲ་བ་ཡི། །ཆོས་གཅིག་ཉམས་ནི་ལས་གྱུར་ཏེ། །འཇིག་རྟེན་འདི་དང་ཕ་རོལ་བཤིག །འདི་ལ་སྡིག་པ་མི་བྱེད་མེད། །ཅེས་སོ། །བཤེས་ངོར་འཕྲུ་བ་[༡༠]དང་། །ཆོས་ཁྲིམས་ལྷ་བུ་ཞལ་ཏ་བར་འཕྲུ་[༡༡]ཆོས་སྟོན་སྐུར་འདེབས་[༡༢]དང་། །ལྷག་མའི་སྐུར་འདེབས་[༡༣]བསླབ་པ་ཁྱད་གསོད་ཀྱིས། །སྤོང་དང་[༡༤]ལྷག་པོར་ལེན་ཕྱིར་འབྲས་ཆན་འགེབས་[༡༥]། །མདོར་ན་རྒྱ་བཞི་ཆར་གཏོགས་བཅས་བཅུ་དགུ། །ཆང་དང་སྟེ་མདོ་དྲན་པ་ཉེར་བཞག་ལས། ཆང་ལ་བསྟེན་པའི་མི་

དག་ནི། །ཆོས་རྣམས་ཀུན་གྱི་སྣ་རེ་ཡིན། །ཐར་པའི་ཆོས་ལ་མེ་ལྟ་བུ། །སྲིག་བྱེད་དེ་ནི་ཆང་ཡིན་ནོ། །ཞེས་གསུངས་སོ། །གར་དང་གླུ་དང་རོལ་མོའི་སྒྲ། །རྒྱན་ཕྲེང་རྒྱན་གྱི་མཆོག་ནི་ཚུལ་ཁྲིམས་ཡིན་ཏེ། མདོ་ལས། ཚུལ་ཁྲིམས་ང་ཡི་རྒྱན་ཡིན་ཏེ། །ཚུལ་ཁྲིམས་ང་ཡི་བྱུག་པ་ཡིན། །གསེར་དང་ནོར་བུ་རྣ་ཆ་དག སྤྲོངས་སྐྱིང་ལ་ཅི་ཞིག་བྱ། །ཞེས་དང་། དཔའ་བོས། རྫོགས་པའི་སངས་རྒྱས་ཚུལ་ཁྲིམས་རྒྱན་ལྡན་པ། །སྐྱོན་བྲལ་རྒྱན་དུ་གྱུར་པའི་མཆོག་ཅེས་བྱ། །ཞེས་དང་། ཚུལ་ཁྲིམས་རྒྱན་གྱི་མཆོག་ཡིན་ཏེ། །རྒྱན་འདི་ལ་ནི་སྐྱེར་བ་མེད། །མི་འཇིགས་འཕྲོག་ཏུ་མེད་པའི་རྒྱན། །ཚུལ་ཁྲིམས་འདི་ཡིན་བསྲུང་བར་གྱིས། །ཞེས་དང་། རིན་ཆེན་ཕྲེང་བ་ལས། མཛེས་པའི་རྒྱན་ནི་གང་ཞེ་ན། །ཚུལ་ཁྲིམས་ཕུན་སུམ་ཚོགས་པའོ། །ཞེས་དང་ཁ་དོག་འཆང་དང་རབ་བྱུང་ནི་ཚུལ་ཁྲིམས་ལྡན་ན་ཁ་དོག་ཕུན་སུམ་ཚོགས་པ་འགྱུར་ཏེ་མདོ་ལས། ཚུལ་ཁྲིམས་ལྡན་པའི་དགེ་སློང་འོད་དང་ལྡན། །ཞེས་སོགས་རབ་བྱུང་གི་རྟགས་དང་ཆ་ལུགས་ཙམ་འཛིན་པ་འདྲ་ཡང་། ཚུལ་ཁྲིམས་དང་ལྡན་པའི་དགེ་སློང་དེ་ཚོགས་ཀྱི་དབུས་སུ་མངོན་པར་འཕགས་ཏེ་གཞན་ཐམས་ཅད་ཟིན་གྱིས་གནོན་པར་བྱེད་ཁ་དོག་དང་གཟི་བརྗིད་ཁྱད་པར་དུ་འཕགས་པ་དང་ལྡན་ཏེ། ཕར་བསྟུས་ལས། ཆ་ལུགས་མཐུན་ཡང་ཚུལ་ཁྲིམས་ལྡན་གྱུར་ན། །མི་ཡི་ནང་ན་དེ་ནི་འཕགས་པར་འགྱུར། །ཞེས་དང་། འདུག་པ་ལས། སྟོན་ཀའི་ཟླ་བ་དཀར་བའི་འོད་ཀྱིས་ལྷམ་མེར་གནས་པ་དང་། །ཚུལ་ཁྲིམས་ལྡན་པའི་དཔེ་དོན་སྤྲར་ནས་གསུངས་པ་ལྟར་རོ། །སྤོས་བྱུག་པ་བྱུག་པའི་མཆོག་ཀྱང་ཚུལ་ཁྲིམས་ཡིན་ཏེ། ཕར་ཕྱིན་བསྡུས་པ་ལས། ཁམས་གསུམ་ཀུན་ཏུ་ཡིད་འོང་དྲི་བསུང་སྟེ། །རབ་ཏུ་བྱུང་དང་མི་འགལ་བྱུགས་པ་ཡིན། །ཞེས་དང་། དགེ་སློང་ལ་རབ་ཏུ་གཅེས་པའི་མདོ་ལས། ག་བུར་ལ་སོགས་མ་ཡིན་པའི། །ཚུལ་ཁྲིམས་བྱུགས་པ་མཆོག་གིས་བྱུག ཅེས་དང་། ཆོས་འཆད་པ་སོགས་ཀྱི་སྐབས་མིན་པར་རིང་ཐང་ཅན་དང་ཁྲུ་གང་ལས་ལྷག་པའི་ལྷུང་བ་ནི་རིམ་བཞིན། མལ་སྟན་ཆེ་བ་དང་མཐོ་བ་ཡིན་ནོ་ཕྱི་དྲོ་དུས་རུང་གི། །ཟས་ལ་ལོངས་སྤྱོད་གསེར་དངུལ་ལེན་པ་དང་། །ཉམས་པ་གསུམ་པོ་བསྟན་པས་སུམ་ཅུ་གསུམ། །ཡང་ན་འབྲས་ཆན་འགེབས་དོར་བཅུ་བཞིའི་སྟེང་། །མ་བྱིན་ལེན་གཏོགས་ཁང་པ་ཁང་ཆེན་དང་། །རིན་པོ་ཆེ་ཡི་ཁབ་རལ་བྱེད་པ་གསུམ། །མི་ཚངས་སྤྱོད་གཏོགས་དགེ་འདུན་གྱིས་སྤངས་པའི། །མཚན་དགེ་ཚུལ་མ། དགེ་སློབ་མ། དགེ་སློང་མ་སྟེ་མི་མཐུན་དང་ལྡན་ཅིག་ཉལ་སྤྱོང་བ། །བཞི་ཀར་གཏོགས་པ་གསོ་སྦྱོང་དབྱར་གནས་པ། །དགག་དབྱེ་གནས་འཆའ་བསྟན་པས་ཉེ་ཤུ་གཉིས། །

གཉིས་པ་ཆོས་གོས་ལྷུང་བཟེད་འཆང་འབྲལ་དང་། སཱཪྻ་གཞན་དོན་དུ་རིན་ཆེན་ལ་རེག་མེ་ལ་རེག །སྤྲངས་ནས་ཟ་དང་ལྡོན་ཤིང་ལ་འཛེགས་དང་། །ཤིང་གཅོད་བྱིན་ལེན་མ་བྱས་ཟ་བ་དང་། །རྩ་སྔོན་མི་གཙང

འདོར་དང་གསོག་འཇོག་ཟ། །ས་བོན་འཇོམས་རྣམས་གནང་ཞིང་འཆང་བ་ལ། །གཉིས་སུ་ཕྱེ་བས་ཉེས་མེད་བཅུ་གསུམ་སྟེ། །ཀུན་མཁྱེན་བུ་སྟོན་སོགས་བོད་ཀྱི་འདུལ་འཛིན་རྣམས་ཀྱིས་རང་མཐུན་དུ། །འཆང་བའི་བླར་བསྒྱུ་གོས་རྒྱུ་བླ་བ་ལས་ལྷག་པར་འཇོག །ཚོས་གོས་དང་འབྲལ་བའི་བླར་བསྒྱུ་བ་འཇིགས་པ་དང་བྲལ་ཀྱང་དགོན་པའི་འབྲལ་སྤང་དང་། །གསོག་འཇོག་ཟ་བའི་བླར་བསྒྱུ་བ་འཚོ་བ་ཙམ་གྱི་ཕྱིར་གསོག་འཇོག་དང་། །ལས་ཀྱི་གནས་ནས་མི་སྨྲ་འགྲོ་བ་དང་། །འདུན་པ་ཕྱིར་བསྒྱུར་མ་རྫོགས་ནུབ་ལྷག་ཉལ། །དེ་ལྟར་དྲུག་བསྣན་ཉེས་མེད་བཅུ་དགུ་པོ། །མ་གཏོགས་སྤང་བ་དགེ་སློང་དང་འདྲ་ཡང་སྐྱེ་སྟག་ཚང་ལོ་ཙཱ་བའི་འདུལ་ཊཱི་ཀ་ལས། ཕྱོགས་མཐུན་གྱི་མཚན་གཞི་གང་ཞེ་ན། བཤད་མ་ཐག་པའི་ལྟུང་འདས་དང་། ཉེས་མེད་རྣམས་བོར་བའི་ལྷག་མ་དགེ་སློང་ཕ་མ་ལ་ལྟུང་བར་གསུངས་པ་མཐའ་དག་ཡིན་ནོ། །ཞེས་སོ། །ཡིད་ཀྱིས་བསྡམས་པས་འདག་ཕྱིར་དེ་སྐད་བརྗོད། །གཞན་ཡང་རྟགས་ཀྱི་གཞི་ལས་གྱུར་པ་སོགས། །ཕྱོགས་མཐུན་བཅུ་རྣ་རྒྱ་ཆེར་འགྲེལ་ལས་བཤད། །དེའང་དགེ་ཚུལ་གྱི་ལྟུང་བ་ཐམས་ཅད་ཉེས་བྱས་ཁོ་ནར་འདུ་བས་རྩ་བ་བཞི་ནི་སྡོམ་པ་ཉམས་པའི་རྒྱུ་ཡིན་པས་ཕམ་འདྲའི་ཉེས་བྱས་དང་དེ་ལས་གཞན་པའི་ལྟུང་འདས་རྣམས་ཚུལ་བཞིན་བཤགས་དགོས་པས་བཤགས་བྱའི་ཉེས་བྱས་དང་། དེ་གཉིས་མ་ཡིན་པའི་དགེ་སློང་གི་སྤང་བྱ་རྣམས་ཡིད་ཀྱིས་བསྡོམས་པར་བྱ་དགོས་པ་བསྡོམ་བྱའི་ཉེས་བྱས་ཡིན་ནོ། །

གསུམ་པ་འདི་ལ་དཀོན་མཆོག་གསུམ་ལ་སྐྱབས་སུ་སོང་བའི་བསླབ་བྱ་རྣམས་བསྲུང་དགོས་པ་བཞིར་གཞག་དགོས་ཁྱིམ་པའི་རྟགས་གོས་དཀར་པོ་གཡོགས་མེད་པར་གྱོན་པ་སོགས་སྤོང་བ་དང་ཆོས་གོས་སོགས་རབ་བྱུང་གི། །རྟགས་ལེན་ཁས་བླངས་དག་ལས་ཉམས་པ་དང་བཀའ་རྒྱུད་པ་སོགས་ནི་གོས་སྨྱུ་གུ་ཅན་སོགས་ཁྱིམ་པའི་གོས་གྱོན་ན་ཁྱིམ་པའི་རྟགས་སྤང་བ་ལས་ཉམས་ལ། དེ་ཉམས་ན་རབ་བྱུང་གི་རྟགས་ལེན་པ་ཁས་བླངས་པ་ཉམས་པར་ཁྲབ་པར་འདོད་དོ། །བརྣེས་པའི་སེམས་ཀྱིས་མཁན་པོར་གསོལ་བཏབ་པ་ནི་མདོར་མཁན་པོར་གསོལ་བ་ཁས་བླངས་པ་ན་དེར་གྱུར་ཏོ། །ཞེས་གསུངས་པ་ལྟར་མཁན་པོར་གསོལ་བ་ལན་གསུམ་བཏབ་པའི་མཐར་ཙང་མི་གསུངས་པའི་ཚུལ་གྱིས་མཁན་པོ་ཁས་བླངས་པ་ན་མཁན་པོར་གྱུར་བ་ཡིན་པ་དེ་ལས་ཉམས་པ། །སྤང་དང་སུམ་བརྒྱ་པར་བཤད་ཕྱོགས་མཐུན་རྣམས། །སྲུང་བ་དགེ་ཚུལ་ཕ་མའི་བསླབ་བྱའོ། །

དགེ་སློབ་མ་ནི་དགེ་ཚུལ་བསླབ་གཞིའི་སྟེང་། །གཅིག་པུ་ལམ་འགྲོ་ཆུ་ཡི་ཕ་རོལ་རྒྱལ། །སྐྱེས་པ་ལ་རེག་དེ་དང་ལྷན་ཅིག་འདུག་ཁན་མ་བྱོ་འཆབ་དང་སྨྱན་བྱ་བ། །དེ་རྣམས་སྤངས་བྱ་རྩ་བའི་ཆོས་དྲུག་གོ། །དེའང་དགེ་ཚུལ་མའི་ཕམ་འདྲའི་ཉེས་པ་མ་བྱུང་ན། འདི་ནས་བཤད་པའི་རྩ་བའི་ཆོས་དྲུག་ལྟ་བུ་བྱུང་ཡང་དེ་ལ་

བསླབ་པ་འབྲུགས་པ་ཞེས་སླར་ཡང་སྡོམ་པ་ནོད་དེ་ལོ་གཉིས་ལ་བསླབ་དགོས་ཏེ། དེས་དགེ་སློབ་མ་སྡོམ་པ་གཏོང་བྱེད་མིན་པ་འདུལ་འཛིན་ཆེན་པོ་དག་གིས་བཞེད་དོ། **།གསེར་ལན་གསང་བའི་གནས་ཀྱི་སྤུ་འདྲེག་དང་། །ས་རྐོ་རྩྭ་སྔོན་ལ་སོགས་གཅོད་པ་དང་། །བྱིན་ལེན་མ་བྱས་ཟ་དང་གསོག་འཛོག་ཟ། །སྔར་བྱ་རྗེས་མཐུན་ཆོས་དྲུག་བླང་འདས་དངོས།** །ཉེས་མེད་བདུན་པོ་མ་གཏོགས་གོང་དགེ་ཚུལ་གྱི་སྐབས་ནས་བཤད་པའི་ཉེས་མེད་བཅུ་གསུམ་ལས་ཆོས་གོས་ལྷུང་བཟེད་ལྷག་པོར་འཆང་བ་ཆོས་གོས་དང་བྲལ་བ་དང་། མེ་ལ་རེག་པ་དང་། སྔངས་ནས་ཟ་བ་དང་། ས་བོན་འཇོམས་པ་དང་། རྩ་སྔོན་པོའི་སར་མི་གཙང་བ་འདོར་བ་དང་། ལྗོན་ཤིང་ལ་འཛེགས་པ་སྟེ་བདུན་པོ་སྐབས་འདིར་ཉེས་མེད་ཡིན་ནོ། **།དགེ་སློང་མའི། །བསླབ་བྱ་མཐའ་དག་ཕྱོགས་མཐུན་སྡོམ་བྱ་སྟེ།** **།དེ་ཀུན་ལོ་གཉིས་བར་དུ་སློབ་པར་བཤད།** །དགེ་བསྟན་པ་བླ་མེད་སངས་རྒྱས་རིན་པོ་ཆེ། སྐྱབས་པ་བླ་མེད་དམ་ཆོས་རིན་པོ་ཆེ། བསྙེན་དགེ་ཚུལ་དགེ་སློང་གསུམ་གྱི་སྡོམ་པ་དེ་གང་ཟག་གཅིག་ལ་ལྡན་ཚུལ་ནི། ས་བཟང་མ་ཏི་པཎ་ཆེན་གྱིས། དེ་ལ་སྡོམ་པ་གསུམ་པོ་དེ་དག་ནི་གང་ཟག་གཅིག་གི་རྒྱུད་ལ་ཡོད་པའི་ཚེ་ནའང་ཐ་དད་ཁོ་ནར་ཡོད་དེ་གཞན་དུ་ན་དགེ་སློང་སྡོམ་པ་བཏང་བས་གསུམ་ཆར་གཏོང་བར་འགྱུར་བ་ལས་དགེ་སློང་བཏང་ནས་དགེ་ཚུལ་དང་དེའང་བཏང་ནས་དགེ་བསྙེན་དུ་འགྱུར་བར་གསུངས་པའི་ཕྱིར་རོ། །དེའང་བསྟན་པ་ལ་རིམ་གྱིས་ཞུགས་པའི་དགེ་སློང་གི་རྒྱུད་ལ་དེ་གསུམ་གྱི་རིག་བྱེད་མ་ཡིན་པ་རྣམས་ནི་སོ་སོར་ཡོད་དོ། །དེ་ལྟར་ན་དགེ་བསྙེན་དང་དགེ་ཚུལ་ཡང་ཡིན་པར་འགྱུར་ཞེ་ན། དགེ་སློང་ཞེས་བརྗོད་པ་ནི་ཡོན་ཏན་གཙོ་བོའི་སྒོ་ནས་བརྗོད་པ་ཡིན་ལ། དེས་ན་དགེ་སློང་ཞེས་བརྗོད་ཅིང་། དེར་འཛིན་པའི་བསམ་པས་ཀུན་ནས་སློང་བའི་ཕྱིར་རིག་བྱེད་ནི་དགེ་སློང་གི་ཁོ་ན་མེད་པར་འཆད་དོ། །ཞེས་གསུངས་སོ། །མངོན་པའི་འགྲེལ་པ་མངོན་པའི་རྒྱན་ལས་ཀྱང་། དགེ་བསྙེན་ལ་སོགས་པའི་སྡོམ་པ་དེ་དག་ཐ་དད་པ་ཡིན་གྱི་སྔ་མ་སྔ་མ་གནས་འགྱུར་ནས་ཕྱི་མ་ཕྱི་མའམ་གཅིག་ཏུ་ཡོད་པ་ནི་མ་ཡིན་ཏེ་འོན་དགེ་སློང་དེ་ཉིད་དགེ་ཚུལ་དང་དགེ་བསྙེན་དུའང་འགྱུར་རོ་ཞེ་ན་དེ་ལྟར་མ་ཡིན་ཏེ། དགེ་སློང་ཞེས་བརྗོད་པ་ནི་གཙོ་ཆེ་བའི་ཕྱིར་ཏེ། དཔེར་ན་དགྲ་བཅོམ་པ་དགེ་སློང་ཡིན་ཡང་དགྲ་བཅོམ་པ་ཞེས་བརྗོད་པར་བཞིན་ནོ། །ཞེས་དང་། བུ་སྟོན་རིན་པོ་ཆེའི་འདུལ་བའི་ཊཱི་ཀ་ཆེན་ལས། གང་ཟག་གིས་དགེ་བསྙེན་སོགས་སྡོམ་པ་རིམ་ཅན་དུ་བླངས་པ་ན། རྫས་ཐ་དད་ལྟར་མ་འདྲེས་པར་ཡོད་དེ། དེས་ན་དེ་དག་རྒྱུད་གཅིག་ལ་ལྡན་ཅིག་གནས་པར་ཡིན་གྱིས། སྡོམ་པ་ཕྱི་མ་བླངས་པས་སྔ་མ་གཏོང་བ་མ་ཡིན་ནོ། །དེ་ལྟར་མིན་པ་རྫས་གཅིག་ན་དགེ་སློང་གི་སྡོམ་པ་བཏང་བས་གསུམ་ཆར་གཏོང་བར་ཐལ་ལོ། །ཞེས་དང་། རྒྱལ་དབང་ལྔ་པས། དགེ་བསྙེན་གྱི་སྡོམ་པ་སོགས་རྫས་ཐ་དད་དུ་གནས་པ་ལ་

ཐེག་དམན་བཞེད་པ་མིན་མཐུན་པ་མ་བྱུང་ཞེས་སོ། །

དགེ་སློང་བསླབ་བྱ་སྲུང་ཚུལ་བསླབ་པ་དངོས། །སྲུང་ཚུལ་བསྟེན་པར་རྫོགས་མ་ཐག་པ་དེས། །གནས་ཀྱི་སློབ་དཔོན་མཁན་པོ་དེ་ཉིད་དམ། །མིན་ཀྱང་བསྟེན་པར་རྫོགས་ནས་ལོ་བཅུ་ལོན། །ཞེས་ཏེ་ལུང་བར་སྡོམ་ལས། ལོ་བཅུ་ལོན་དང་འཛིན་དང་མཁས། །རིག་དང་གསལ་དང་འཛིན་འཛུག་དང་། །སློབ་དང་སློབ་འཛུག་རྣམ་པ་གཉིས། །ཕུན་སུམ་ཚོགས་གཉིས་རྣམ་པ་གསུམ། །སློབ་དང་མི་སློབ་བྱུང་ཤེས་དང་། །གནས་འཆའ་འཆར་འཛུག་ལྟུང་ཤེས་ཏེ། །ལྔ་ཡི་རི་ལ་རྒྱུ་བ་ཡི། །སྡེ་ཚན་ཡང་དག་བསྡུས་པ་ཡིན། །ཞེས་གསུངས་པ་ལྟར་ལྔ་ཕྲུག་གང་རུང་ལྡན་ལ་གནས་འཆའ་བའི། །ཚིག་བྱས་ཏེ་བསྟན་ཚུལ་མ་ཉམས་ཤིང་། །གནས་ཀྱི་བླང་དོར་གནས་རྣམས་ལེགས་འདོམས་པ། །གནས་པས་གུས་པས་ཉན་པའི་སློ་ནས་སྲུང་། །གནས་དང་གནས་པའི་མཚན་ཉིད་མདོར་བསྡུས་པར། །ཞི་སུམ་བརྒྱ་པར། ཚུལ་ཁྲིམས་ལྡན་ཞིང་འདུལ་བའི་ཆོ་ག་ཤེས་ཞེས་སོགས་ཀྱི་རང་འགྲེལ་འོད་ལྡན་ལས། ཚུལ་ལྡན་དགོས་ཏེ་ཚུལ་འཆལ་བསྟེན་ན་རོ་ལངས་དང་འགྲོགས་པ་ལྟར་རང་ལ་གནོད། འདུལ་བའི་ཆོ་གས་མཚོན་པའི་བསླབ་བྱ་རྣམས་ལ་མཁས་པ་དགོས་ཏེ་བྱ་བ་དང་བྱ་བ་མ་ཡིན་པ་མི་ཤེས་ན་རྨོངས་པས་ཅི་ཞིག་ལུང་སྟོན། སྙིང་རྗེ་ཆེ་བ་དགོས་ཏེ་དེ་མི་ལྡན་ན་སློབ་མ་ནད་པ་རྣམས་ཀྱི་གཡོག་དང་སྨན་ཚོལ་བ་སོགས་མི་བྱེད་པས་སྙིང་བརྩེ་མེད་པ་སེང་གེ་ལྟར་ཅི་ཕན་བསླབ་བྱ་རྣམས་ཚུལ་བཞིན་དུ་ཉམས་སུ་ལེན་པའི་འཁོར་དག་པ་དགོས་ཏེ་བསླབ་པ་ཁྱད་དུ་གསོད་པའི་འཁོར་མ་དག་པ་དང་ལྷན་ཅིག་གནས་ན་ཙན་དན་གྱི་ཤིང་དུག་སྦྲུལ་གྱིས་དཀྲིས་པ་ལྟར་འཇིགས་པ་མང་དུ་འབྱུང་། ཟང་ཟིང་གིས་བསྡུས་ནས་ཆོས་ཀྱིས་ཚིམ་པར་བྱེད་པའི་སློ་ནས་ཕན་འདོགས་པ་ཞིག་དགོས་ཏེ་དེ་གཉིས་ཀྱིས་ཕན་མི་འདོགས་ན་ཤིང་སྐམ་འབྲས་བུ་མེད་པས་རེ་བ་སྐོང་མི་ནུས་པ་དང་འདྲ། གདམས་ངག་དུས་སུ་སྟོན་པ་དགོས་ཏེ་དུས་སུ་མི་སྟོན་ན་གདམས་ངག་བསྟན་ཀྱང་དོན་དུ་མི་འགྱུར་ཞིང་ཕན་མི་ཐོགས། དེ་ལྟའི་ཡོན་ཏན་ལྡན་པའི་བླ་མ་བསྟེན་ན་མཚོ་ནང་གི་པདྨ་བཞིན་སློབ་མའི་རྒྱུད་ལ་དགེ་ཆོས་འཕེལ་ཞིང་རྒྱས་པར་གསུངས་ཏེ་ཚིག་བསྡུས་ནས་བྲིས་པ་ཡིན་ནོ། །ཞེས་ཐུབ་བསྟན་ཆོས་གྲགས་ཀྱིས་གསུངས་སོ། །

ཤེས་བྱ་ཀུན་ཁྱབ་ཀྱི་རང་འགྲེལ་ཤེས་བྱ་མཐའ་ཡས་པའི་རྒྱ་མཚོ་ལས། བསྟེན་པར་རྫོགས་ནས་ལོ་བཅུ་ལོན་ཅིང་སྐྱོན་མ་བྱུང་བས་ཚུལ་ཁྲིམས་དང་ལྡན་པ་ནི་བརྟན་པའི་ཡན་ལག་སྡེ་སྣོད་འདུལ་བའི་ཆོ་ག་མ་འཁྲུལ་བར་བློ་ནས་ཤེས་པ་མཁས་པའི་ཡན་ལག །སློབ་མ་ནད་པ་ལ་སྙིང་བརྩེ་ཞིང་རང་གི་འཁོར་ཚུལ་ཁྲིམས་དང་ལྡན་པས་དག་པ། ཆོས་དང་ཟང་ཟིང་སྟེ་ཕན་འདོགས་གཉིས་ཀྱིས་ཕན་གདགས་པ་ལ་བརྩོན་

པ༔ བསླབ་བྱ་རྣམས་དུས་དང་དུས་སུ་གདམས་པ་རྣམས་ནི་ཕན་འདོགས་པའི་ཡན་ལག་སྟེ་དེ་ལྟ་བུ་ནི་སོ་སོར་ཐར་པའི་བླ་མར་བསྟགས་སོ། །མཁན་པོ་དང་ཁྲིད་པར་གནས་དང་ཀློག་པའི་སློབ་དཔོན་ལ་རྟག་ཏུ་གུས་པ། ལྟུང་བ་འབྱུང་བའི་རྒྱུ་བཞི་སྤངས་པས་ཚུལ་ཁྲིམས་ཡང་དག་པར་འཛིན་ནུས་པ། སྦྱོང་བ་བསམ་གཏན་དང་ཀློག་པ་ཁ་ཏོན་ནམ་འདོན་པ་ལ་རྟག་ཏུ་བརྩོན་པ། བློ་ཤིན་ཏུ་གྲིམས་ཤིང་རྒྱུད་དང་ཀུན་སྤྱོད་རང་བཞིན་གྱིས་དུལ་བ། སློབ་དཔོན་གྱིས་བསྒོ་བ་དང་གཞན་གྱིས་གནོད་པ་ལ་བཟོད་པ་དང་ལྡན་པ་ནི་སོ་ཐར་གྱི་སྡོམ་པ་ལ་བརྩོན་ནུས་ཤིང་མི་ཉམས་པར་གནས་པའི་ཆོས་དང་ལྡན་པར་ཤེས་པར་བྱའོ། །ཞེས་གསུངས་སོ༔ །མེ་ཏོག་ཕྲེང་རྒྱུད་ལས། ཁྲིམས་ལྡན་ནད་གཡོག་བྱེད་པ་དང་། །ཆོས་དང་ཟང་ཟིང་སེར་སྣ་མེད། །དུས་སུ་འདོམས་པའི་བླ་མ་ནི། །བླ་མའི་ཡོན་ཏན་ཡང་དག་ལྡན། །ཞེས་བླ་མའི་མཚན་ཉིད་དང་། གནས་པའི་ཚུལ་ལྡན་ཤེས་རབ་ཅན་དུལ་ཞིང་བཟོད་དང་ལྡན་པ་དང་། བླ་མ་ལ་ནི་རྟག་ཏུ་གུས། །ཞེས་སློབ་མའི་མཚན་ཉིད་དོ། །

སུམ་བརྒྱ་པ་ལས་ཚུལ་ཁྲིམས་ལྡན་པ་ཞེས་པའི་ཚུལ་ཁྲིམས་ནི། ཤེས་རབ་བྱེད་པར་ཕམ་ལྷག་རྣམས་ཀྱིས་མ་ཉམས་པ་སྟེ། དགེ་སློང་དུ་ཚུད་པ་ལ་བྱའོ། །ཞེས་དང་། འོད་ལྡན་ལས་**ཚུལ་ཁྲིམས་དང་ལྡན**་པ་ཞེས་བྱ་བ་ནི་མི་ཤེས་པའི་ལྟུང་བ་བཞི་པོ་རྣམས་ལས་གང་ཡང་རུང་བ་མ་བྱུང་བའོ། །ཞེས་པའི་ལུང་གཉིས་ལ་བརྟེན་ནས་རབ་ཕམ་ལྷག་གང་རུང་གིས་མ་གོས་པ་དང་། ཐ་ནའང་ཕམ་པས་མ་གོས་པའི་དགེ་སློང་དེ་ཚུལ་ལྡན་དུ་འཛིན་པའི་ལུགས་དང་། རྒྱ་ཆེར་འགྲེལ་ལས། ཚུལ་ཁྲིམས་དང་ལྡན་པ་ཞེས་བྱ་བ་ནི་འཆལ་བའི་ཚུལ་ཁྲིམས་ཀྱི་སྐབས་མེད་པའོ། །ཞེས་འདིའི་ཚུལ་ཁྲིམས་ལ་མི་དགེ་བས་མ་གོས་པ་ཞིག་དགོས་པར་གསུངས་**ཞིང་འདུལ་བའི་ཚིག་ཤེས་ཏེ**་རྒྱལ་པོ་ཨིནྡྲ་བྷུ་ཏིས་མཛད་པའི་དཔལ་ཡེ་ཤེས་གྲུབ་པའི་ལེའུ་བཅུ་གསུམ་པ་སློབ་དཔོན་གྱི་མཚན་ཉིད་བསྟན་པ་ལས། ཇི་ལྟར་དམུས་ལོང་བྱ་བ་ཡིས། །འབྲོག་དགོན་དག་ཏུ་ཞུགས་པ་བཞིན། །སློབ་དཔོན་དམུས་ལོང་གྱུར་པ་དེ། །ཇི་ལྟར་བས་ནི་གྲོལ་བར་བྱེད། །དེ་བས་བླ་མ་བསྟེན་པ་ཡི། །ཡང་དག་དང་ལྡན་སློབ་མ་ཡིས། །ཡོངས་སུ་བརྟག་པར་བྱའོ་ཞེས། །རྒྱལ་བའི་མཆོག་གི་དེ་སྐད་གསུངས་ཞེས་སོ། །**ནད་པར་སྙིང་བརྩེ་འཁོར་ནི་དག་པ་དང་། །ཆོས་དང་ཟང་ཟིང་ཕན་འདོགས་ཀྱིས་བརྩོན་པ། །དུས་སུ་འདོམས་པ་དེ་དག་བླ་མར་བསྟགས**་ནི་དོན་དམ་བསྟེན་པ་ལས། རྩོད་ལྡན་དབང་གིས་བླ་མ་སྐྱོན་དང་ཡོན་ཏན་འདྲེས། །རྣམ་པ་ཀུན་ཏུ་སྐྱོན་དང་བྲལ་བ་ཡོད་མ་ཡིན། །དེ་ཕྱིར་ཡོན་ཏན་ལྷག་པ་ཡང་ནི་ལེགས་དཔྱད་ནས། །བུ་རྣམས་ཀྱིས་ནི་དེ་ལ་བརྟེན་པར་བྱ་བའོ་ཞེས་དང་། ས་པཎ་གྱིས། སངས་རྒྱས་བསྟན་བཞིན་མི་བྱེད་པའི། །སྡོམ་ཡིན་ཀྱང་བཏང་སྙོམས་བཞག །ཅེས་དང་ཆེད་དུ་བརྗོད་པའི་ཚོམས་ལས། དམན་པ་བསྟེན་པས་མི་དགེ་ཉམས་འགྱུར་

ཞིང་། །ཐད་ཀར་བབས་པ་བསྟེན་པས་སོ་ན་གནས། །གཙོ་བོ་བསྟེན་པས་དམ་པ་ཐོབ་པར་འགྱུར། །དེ་ཕྱིར་བདག་པས་གཙོར་གྱུར་བསྟེན་པར་བྱ། །ཞེས་སོ། **།སློབ་དཔོན་ལ་གུས་ཚུལ་ཁྲིམས་ཡང་དག་དང་། །བསམ་གཏན་དང་ནི་འདོན་ལ་རྟག་བརྩོན་དང་། །ཁྲིམས་ཤིང་དུལ་ལ་བཟོད་དང་ལྡན་པ་ནི། །སྡོམ་བརྩོན་གནས་པའི་ཆོས་ལྡན་ཤེས་པར་བྱ། །ཞེས་འདུལ་བ་སུམ་བརྒྱ་པ་ལས་གསུངས་གཞན་ལ་ལྟོས་ཏེ་སྲུང་ཚུལ་ལོ། །**

བསླབ་བྱ་རྣམས་ལ་ཇི་ལྟར་སློབ་པའི་ཚུལ་ཡང་། དང་པོ་ལྟུང་བ་འབྱུང་བའི་རྒྱུ་{མི་ཤེས་པ་དང་། མ་གུས་པ་དང་། བག་མེད་པ་དང་། ཉོན་མོངས་པ་མང་བའོ། །}བཞི་ལས། མི་ཤེས་༡)པའི་གཉེན་པོར་སོ་སོའི་བསླབ་བྱ་རྣམས་མཉན་ནས་སློབ་དགོས་ཏེ། རིན་ཆེན་ཕྲེང་བ་ལས། དེ་ནས་རབ་ཏུ་བྱུང་བ་ཡིས། །དང་པོར་བསླབ་ལ་རབ་གུས་བྱ། །སོ་སོར་ཐར་པ་འདུལ་བཅས་པ། །མང་ཐོས་དོན་གཏན་དབབ་ལ་སྦྲིམས། །ཞེས་དང་། མཛོད་ལས། ཚུལ་གནས་ཐོས་དང་བསམ་ལྡན་པས། །སྒོམ་པ་ལ་ནི་རབ་ཏུ་སྦྱོར་ཞེས་དང་། ལས་མཆོག་ཏུ་ཡང་། ཁྱོད་རབ་ཏུ་བྱུང་ནས་སོས་དལ་དུ་བསྡད་པས་མི་ཡོང་བས་ཐོས་བསམ་སྒོམ་གསུམ་ལ་བརྩོན་ནས་ལུང་སྡེ་སྣོད་གསུམ་ལ་མཁས་པ་དང་། མངོན་རྟོགས་བསླབ་པ་གསུམ་གྱིས་རྒྱུད་ཕྱུག་པར་བྱ་དགོས་ཞེས་པ་ལྟར་ཐོས་པ་ལ་བརྩོན་པར་བྱའོ། །མ་གུས་༢པའི་གཉེན་པོར་སྟོན་པས་ཇི་ལྟར་གསུངས་པའི་བསླབ་པའི་གཞི་རྣམས་ལ་གུས་པས་བསླབ་ནས་དལ་འབྱོར་ཆུད་མ་ཟོས་པར་བྱ་དགོས་ཏེ་ཇི་སྐད་དུ། ཤེས་རབ་མཆོག་གི་བསྟན་པ་ལ། ཁྱོད་ནི་བསྟེན་པར་རྫོགས་པར་གྱུར། །དལ་དང་འབྱོར་པ་རྙེད་དཀའ་བས། །འདི་དག་ཇི་ལྟ་བཞིན་དུ་སྲུངས། །ཞེས་སོ། །བག་མེད་༣པའི་གཉེན་པོར་དྲན་ཤེས་ངོ་ཚ་ཁྲེལ་ཡོད་སོགས་རྟེན་ནས་སྤང་གཉེན་ལ་བླང་དོར་ཕྱིན་ཅི་མ་ལོག་པར་བྱེད་པ་ལ་གཟབ་པ་ལྟར་ལེན་པའི་བག་ཡོད་བསྟེན་དགོས་ཏེ། སོ་སོར་ཐར་པ་ལས། སངས་རྒྱས་རྣམས་ཀྱི་བྱང་ཆུབ་དང་གཞན་ཡང་གང་དག་དེ་ལྟ་བུ་དང་མཐུན་པའི་དགེ་བའི་ཆོས་བྱང་ཆུབ་ཀྱི་ཕྱོགས་རྣམས་ཀྱང་བག་ཡོད་པས་འཐོབ་བོ། །ཞེས་དང་། ཀླུ་སྒྲུབ་ཀྱིས་བག་ཡོད་བདུད་རྩིའི་གནས་ཏེ་བག་མེད་པ། །འཆི་བའི་གནས་སུ་ཐུབ་པས་བཀའ་བསྩལ་ཏོ། །ཞེས་སོ། །ཉོན་མོངས་༤པ་མང་བའི་གཉེན་པོར་རང་རྒྱུད་ལ་ཉོན་མོངས་པས་གང་ཤས་ཆེ་བ་དེའི་གཉེན་པོར་འབད་ཅིང་བརྟེན་ནས་སྤང་དགོས་ཏེ། འདོད་ཆགས་ཤས་ཆེ་ན་མི་སྡུག་པ་སྒོམ་པ་ལྟ་བུའོ། །ཇི་སྐད་དུ། ཉོན་མོངས་བྱུང་དུས་གཉེན་པོས་སློབ་པར་གྱིས་ཞེས་གསུངས་པ་ལྟར་བསླབ་པ་རིན་པོ་ཆེ་ལ་གཅེས་སྤྲས་བྱས་ནས་ནན་ཏན་གྱིས་སློབ་དགོས་ཀྱི། དེ་ལས་བསླབ་ཁྲིམས་ཡལ་བར་དོར་ནས་སྡིག་ལྟུང་ལ་མི་འཛེམ་པར་ནོར་གསོག་སྲུང་སོགས་ལ་སྙིང་པོར་བྱས་ནས་སྐྲ་བྲེགས་ཏེ་གོས་ངུར་སྨིག་གོས་པ་ལ་དོན་མེད་དོ། །ཟླ་བ་སྒྲོན་མེ་ལས། སངས་རྒྱས་བསྟན་པ་འདི་ལ

རབ་བྱུང་ནས། །སྡིག་པའི་ལས་རྣམས་ཤིན་ཏུ་སྤྱོད་པར་བྱེད། །ནོར་དང་འབྲུ་ལ་སྙིང་པོར་འདུ་ཤེས་ཤིང་། །བཞོན་དང་བ་ལང་ཤིང་རྟ་རྣམས་ལ་ཆགས། །གང་ལ་བསླབ་པའི་ནན་ཏན་མེད་པ་རྣམས། །དེ་དག་གིས་ཀྱང་ཅི་ཕྱིར་མགོ་བོ་བྲེགས། །ཞེས་སོ། །དེས་ན་ཇི་ལྟར་བཀའ་བསྩལ་པ་ལྟར་ཇི་མི་སྙམ་དུ་མི་འདོག་པར་བསླབ་པ་སྔ་རེ་ཡན་ཆད་ཅི་ནུས་སུ་བསྲུང་ཐུབ་ན་ཤིན་ཏུ་ངོ་མཚར་ཆེ་སྟེ། བྱང་ཤར་མཚམས་ཀྱི་སངས་རྒྱས་དབང་ཕྱུག་གི་རྒྱལ་པོའི་ཞིང་དུ་བསྐལ་བའི་བར་དུ་ཚུལ་ཁྲིམས་བསྲུང་བ་བས། མི་མཇེད་འཇིག་རྟེན་གྱི་ཁམས་འདིར་ཚུལ་ཁྲིམས་སྔ་རེ་བསྲུངས་པ་ཕན་ཡོན་ཆེ་བར་གསུངས་ཤིང་། །སངས་རྒྱས་ཀྱི་བསྟན་པ་ནུབ་ལ་ཉེ་བའི་སྐབས་འདིར་བསླབ་པ་སྲུང་བ་ནི་དེ་བས་ཀྱང་ཕན་ཡོན་ཆེ་སྟེ། ཟླ་བ་སྒྲོན་མེ་ལས། བསྐལ་བ་བྱེ་བ་གང་གཱའི་བྱེ་སྙེད་དུ། །དང་བའི་སེམས་ཀྱིས་ཟས་དང་སྣོམ་རྣམས་དང་། །གདུགས་དང་བ་དན་མར་མེའི་ཕྲེང་བ་ཡིས། །སངས་རྒྱས་བྱེ་བ་ཕྲག་ཁྲིག་རིམ་གྲོ་བྱས། །གང་གིས་དམ་ཆོས་རབ་ཏུ་འཇིག་པ་དང་། །བདེ་གཤེགས་བསྟན་པ་འགག་པར་འགྱུར་བའི་ཚེ། །ཉིན་མཚན་དུ་ནི་བསླབ་པ་གཅིག་སྤྱོད་པ། །བསོད་ནམས་འདི་ནི་དེ་བས་ཁྱད་པར་འཕགས། །ཞེས་སོ༔ །**བླང་དོར་ཚུལ་ལ་སློ་བའི་བརྩོན་འགྲུས་དང་བསོད་ནམས་བརྩོན་འགྲུས་མེད་མི་འབྱུང་།** །བརྩོན་གང་དགེ་ལ་སྤྲོ་བའོ། །ཞེས་དང་། ཤི་བའི་སྤྲུལ་དང་འཕྲད་གྱུར་ན། །ཁྲ་ཡང་མཁའ་ལྡིང་ལྟ་བུར་སྤྱོད། །གལ་ཏེ་བདག་ཉིད་ཉམས་ཆུང་ན། །ལྟུང་བ་ཆུང་ངུའང་གནོད་པར་བྱེད། །ཞུམ་བཅས་རྩོལ་བ་དོར་བ་ལ། །ཕོངས་ལས་ཐར་བ་ཡོད་དམ་ཅི། །ང་རྒྱལ་རྩོལ་བ་བསྐྱེད་པས་ནི། །ཆེན་པོ་ཡིས་ཀྱང་ཐུབ་པར་དཀའ། །ཞེས་པ་ལྟར་**འཇུག་ལྡོག་གནས་ལ་གཟོབ་པའི་བག་ཡོད་དང་སྟེ་ཀླུ་སྒྲུབ་ཀྱིས།** བག་ཡོད་བདུད་རྩིའི་གནས་ཏེ་བག་མེད་པ། །འཆི་བའི་གནས་སུ་ཐུབ་པས་བཀའ་བསྩལ་ཏོ། །ཞེས་གསུངས་སོ་དེ་འང་ལྟུང་བ་མི་འབྱུང་བའི་ཐབས་ལ་འབད་པ་བག་ཡོད་དོ། །སྤྱོད་འཇུག་ལས། ཡུངས་མར་བཞད་བའི་སྣོད་བསྣུར་ལ། །རལ་གྲི་ཐོགས་པས་དྲུང་བསྡད་དེ། །བོ་ན་གསོད་སྡིག་འཇིགས་པ་ལྟར། །བརྟུལ་ཞུགས་ཅན་གྱིས་དེ་བཞིན་བསྒྲིམ་ཞེས་གསུངས་སོ། །

བག་མེད་པ་ནི། སྙིང་པོ་རྒྱན་ལས། རྟག་ཏུ་བག་མེད་པར་གནས་ན། །ཉེས་པ་ཆུང་ངུ་ཕྲ་མོ་ཡང་། །སྤྲུལ་གྱི་མཆེ་བས་བཏབ་བཞིན་དུ། །ལུས་ངག་སེམས་ནི་ཉམས་པར་བྱེད། །དེ་ཡི་དབང་གིས་སྡུག་བསྔལ་དང་། །འཚོ་བ་དག་ནི་འབྱུང་འགྱུར་ཞིང་། །ལམ་ལས་ཉམས་པ་ཉིད་དུ་འགྱུར། །ཞེས་དང་། གཤིན་རྗེ་གཤེད་ཀྱི་རྒྱུད་ལས། །གལ་ཏེ་བག་མེད་གྱུར་པ་ཡིས། །དམ་ཚིག་དག་ལས་ཉམས་པ་ན། །ཞེས་སོགས་བག་མེད་ནི་ཉེས་ལྟུང་འབྱུང་བའི་སྒོའོ། །ལྟུང་བ་སྟེ་ལྔའི་དགེ་བ་དང་མི་དགེ་བའི་འབྲས་བུ་བསྟན་པའི་མདོ་ལས། དགེ་སློང་དག་བག་ཡོད་པར་གྱིས་ཤིག ། ཅི་ནས་ཀྱང་ཕྱིས་འགྱོད་པར་འགྱུར་བ་དེ་ལྟར་མ་བྱེད་ཅིག་ཅེས་སོ། །**རང་གི་རྒྱུད**

ལ་ཉེས་པ་བྱུང་མ་བྱུང་རྟོག་པའི་ཤེས་བཞིན་དང་ནི། སྤྱོད་འཇུག་ལས། ཤེས་བཞིན་མེད་པའི་སེམས་ལྡན་པའི། །ཐོས་དང་བསམ་དང་སྒོམ་པ་ཡང་། །གློ་རྡོལ་བུམ་པའི་ཆུ་བཞིན་དུ། །དྲན་པ་ལ་ནི་དེ་མི་གནས། །ཐོས་ལྡན་དད་པ་ཅན་དང་ནི། །བརྩོན་པ་ལྷུར་ལེན་དུ་མ་ཡང་། །ཤེས་བཞིན་མེད་པའི་སྐྱོན་ཆགས་པས། །ལྟུང་བའི་རྙོག་དང་བཅས་པར་འགྱུར། །ཤེས་བཞིན་མེད་པའི་ཆོམ་རྐུན་དག །དྲན་པ་ཉམས་པའི་རྗེས་འབྲང་ནས། །བསོད་ནམས་དག་ནི་ཉེར་བསགས་ཀྱང་། །རྐུན་པོས་འཕྲོག་བཞིན་ངན་འགྲོར་འགྲོ་ཞེས་སོ། །**བླང་བྱ་འཇུག་པའི་ཚུལ་ཁྲིམས་དང་དོར་བྱ་ལྡོག་པའི་ཚུལ་ཁྲིམས་དེའི་གནས་ཀུན་ཤེས་པའི་སྐད། །འདུལ་བའི་སྡེ**་འདུལ་བའི་སྒྲ་དོན་ནི། ལུང་གཞི་ལས། དུག་གསུམ་གདུལ་བས་འདུལ་བ་ཞེས་གསུངས་སོ། །ལུང་ལྷ་ཚན་ལས་ནི། ཀུན་ནས་དཀྲིས་པ་དང་རྣམ་སྨིན་གྱི་དྲི་མ་གཉིས་འདུལ་བས་ན་འདུལ་བ་ཞེས་བཤད་དོ། །རིང་སྟོན་ཆེན་པོས་ཚིག་ལེའི་ཊཱི་ཀ་ལས་ནི་རྣམ་སྨིན་འདུལ་ཞིང་མྱང་འདས་སུ་འཁྲིད་པས་ན་འདུལ་བའོ། །ཞེས་གསུངས་པའི་འདུལ་བའི་**སྡེ་སྣོད་ལ་ཐོས་བསམ་བྱེད་དགོས་ཏེ**། རིན་ཆེན་ཕྲེང་བར། དེས་ནས་རབ་ཏུ་བྱུང་བ་ཡིས། །དང་པོ་བསླབ་ལ་རབ་གུས་བྱ། །སོ་སོར་ཐར་པ་འདུལ་བཅས་པ། །མང་ཐོས་དོན་གཏན་དབབ་ལ་སྒྲིམས། །ཞེས་པ་**རྣམས། །རང་གི་བསམ་སྦྱོར་སྒོ་ནས་སྲུང་ཚུལ་ལོ།** །ཞེས་པའི་སྐབས་མ་བསྲུང་ན་ཅི་འགྱུར་ཞེ་ན། དེའང་ཉན་ཐོས་ཀྱི་ལུགས་ལ་རྩ་ལྟུང་སྐོར་གཅིག་བྱུང་ན། རྫ་བེའུ་ཆག་པ་དང་འདྲ་སྟེ་སླར་གསོ་བའི་ཐབས་མེད་པར་གསུངས། བྱང་སྡོམ་ནི་རིན་པོ་ཆེའི་ཉེར་སྤྱད་ཆགས་པ་དང་འདྲ་སྟེ། དཔེར་ན་རིན་པོ་ཆེའི་ཉེར་སྤྱད་ཆགས་ནས་མགར་བ་མཁས་པ་ལ་བརྟེན་ནས་བཅོས་སུ་ཡོད་པ་ལྟར། གཞན་རྐྱེན་དགེ་བའི་བཤེས་ལ་བརྟེན་ནས་གསོ་རུང་བར་གསུངས་སོ། །གསང་སྔགས་ཀྱི་སྡོམ་པ་ནི་རིན་པོ་ཆེའི་ཉེར་སྤྱད་ཞམས་པ་དང་འདྲ་སྟེ། རང་ཉིད་ཀྱིས་ཀྱང་ལྷ་སྔགས་ཏིང་ངེ་འཛིན་ལ་བརྟེན་ནས་བཤགས་པ་བྱས་ཀྱང་ལྷག་མ་མེད་པར་འདག་པར་གསུངས་སོ། །དེའང་འཕྲལ་དང་འཕྲལ་དུ་བཤགས་ན་འདག་སླ་སྟེ། ཡུན་ལོན་ནས་ནི་ཉེས་པ་གོང་ནས་གོང་དུ་འཕེལ་བ་ཡིན་པས་བཤགས་ལྷག་པར་དཀའ་ཞིང་། ལོ་གསུམ་འདས་ཕན་ཆད་བཤགས་པའི་ཡུལ་ལས་འདས་པས་བཤགས་པ་བྱས་ཀྱང་མི་འདག་པར་གསུངས་སོ། །ཇོ་བོ་རྗེའི་ཞལ་ནས། དགེ་བའི་བཤེས་གཉེན་གྱི་མཆོག་མཚང་ལ་རྒོལ་བ་ཡིན། གདམས་ངག་གི་མཆོག་མཚང་ཐོག་ཏུ་འབེབས་པ་ཡིན། གྲོགས་ཀྱི་མཆོག་དྲན་དང་ཤེས་བཞིན། སྐུལ་མའི་མཆོག་དགྲ་བགེགས་དང་ན་ཚ་སྡུག་བསྔལ་ཡིན། ཞེས་གསུངས་པ་ལྟར་གདམས་ངག་མཚང་ཐོག་ཏུ་ཕབ་དགོས་སོ། །

གང་ཞིག་ལུས་དང་ངག་གིས་སྤྱད་པའི་ལས། །བཅས་པ་ལས་འདས་སྤྱོད་བདུན་འགལ་བའི་ཕྱོགས། །ཕམ་

པ་བཞི་དང་ལྷག་མ་བཅུ་གསུམ་དང་། །སྤང་ལྟུང་སུམ་ཅུ་ལྟུང་བྱེད་འབའ་ཞིག་པ། །དགུ་བཅུ་ཐམ་པ་སོ་སོར་བཤགས་པ་བཞི། །ཉེས་བྱས་བརྒྱ་རྩ་བཅུ་གཉིས་དེ་ཀུན་ཀྱང་། །ལྷག་མ་མེད་དང་དགེ་འདུན་ལྷག་མ་དང་། །གང་ཟག་ལྷག་མ་ཞེས་བྱ་གསུམ་དུ་འདུས། །དངོས་གཞིའི་ལྟུང་སོགས་གསུམ་དུ་འཇོག་པའང་ཡོད་ དེ་སྦྱོར་བའི་སྒྲ་དོན་ནི་ལྟུང་བ་རང་རང་གི་དངོས་གཞིར་སྦྱོར་བར་བྱེད་པས་ན་སྦྱོར་བ་ཞེས་བྱའོ། །ལྟུང་བ་རང་རང་གི་སྦྱོར་བ་ལ་སྦྱོར་བར་བྱེད་པས་ན་སྦྱོར་བའི་སྦྱོར་བ་ཞེས་བྱའོ། །འདི་ལ་དབྱེ་ན། སྦྱོར་བའི་སྦྱོར་བ་སེམས་བསྐྱེད་པ་དང་སྦྱོར་བའི་སྦྱོར་བ་ལུས་ངག་ཏུ་གྲུབ་པའོ། །དང་པོ་ནི་ལུས་ངག་མ་གྲུབ་ཀྱང་རྐུ་བར་འདོད་པའི་བསམ་པ་སྐྱེས་པ་ལྟ་བུའོ། །དེ་ལ་ཉེས་པ་ནི་སྡོམ་བྱ་འབྱུང་སྟེ། འོད་ལྡན་ལས་སེམས་བསྐྱེད་པ་ལ་ནི་སྡོམ་བྱའོ། །ཞེས་སོ། །

གཉིས་པ་ནི། དཔེར་ན་དགེ་སློང་གིས་རྐུ་བར་འདོད་པའི་སྟན་ལས་ལྡང་བ་དང་གོམ་པ་འདོར་བ་བྱེད་ཅིང་། བརྐུ་བྱའི་རྫས་ལ་ནོམ་ཉུག་མི་བྱེད་པའི་བར་ཡན་ཆད་དེ་མདོ་རྩ་བར། ནོམ་པའི་སྔ་རོལ་དུ་སྦྱོར་བའི་སྦྱོར་བ་ཉིད་དོ་ཞེས་སོ། །དེ་ལ་ནི་ལྟུང་བ་ཉེས་བྱས་འབྱུང་སྟེ། ལུང་རྣམ་འབྱེད་ལས། དགེ་སློང་གིས་རྐུ་སེམས་སྐྱེས་སྟན་ལས་ལྡང་བར་བྱེད་འགྲོ་བར་བྱེད་ཅིང་ཇི་སྲིད་དུ་ནོམ་པར་མི་བྱེད་ཉུག་པར་མི་བྱེད་པའི་གནས་སྐབས་དེ་སྲིད་དུ་ཉེས་བྱས་སུ་འགྱུར་རོ། །ཞེས་གསུངས་སོ། །དེ་བཞིན་དུ་ལྟུང་བ་གཞན་རྣམས་ཀྱིས་ཀྱང་སྦྱོར་བའི་སྦྱོར་བ་ལུས་ངག་ཏུ་གྲུབ་པ་ལ་ལྟུང་བ་རང་རང་གི་ཆོས་ན་སྨད་པ་བསྐྱེད་དོ། །དེའང་དཔེར་ན། རྒྱ་ཆེར་འགྲེལ་ལས་འདི་སྐད་གསུངས་ཏེ། རྐུ་བ་ལ་མཚོན་ན་སྟན་ལས་ལྡང་བ་ལ་སོགས་པའི་ཚེ་སྦྱོར་བའི་སྦྱོར་བ་ཉེས་བྱས་དང་། རྫས་ལ་རྣམ་པའི་ཚེ་སྦྱོར་བའི་ཉེས་པ་སྦོམ་པོ་དང་། རྫས་སྤར་གྱི་གནས་ནས་གནས་གཞན་དུ་སྤགས་པ་ན་ཕམ་པའོ། །ཞེས་གསུངས་པ་ལྟར་གཞན་ལའང་རིགས་འགྲེའོ། **།ངོ་བོ་རང་བཞིན་བཅས་པའི་སྡིག་པ་གཉིས་**རབ་དབྱེ་ལས། དེས་ན་མདོ་དང་བསྟན་བཅོས་ལས། །རང་བཞིན་ཁ་ན་མ་ཐོ་དང་། །བཅས་པའི་ཁ་ན་མ་ཐོ་བ། །རྣམ་པ་གཉིས་སུ་བསྡུས་ཏེ་གསུངས། །རང་བཞིན་ཁ་ན་མ་ཐོ་བ། །སེམས་ཅན་ཀུན་ལ་སྡིག་པར་འགྱུར། །བཅས་པའི་ཁ་ན་མ་ཐོ་བ། །བཅས་པ་ཕྱིན་ཆད་ལྟུང་བར་འགྱུར། །ཞེས་སོ། །

ཕམ་པ་བཞི་ལས། དང་པོ་ལུས་ཁོ་ནས་དང་། ཐ་མ་ངག་ཁོ་ནས་སྤྱོད་ལ། བར་པ་གཉིས་{རང་གིས་སྤྱོད་ན་}ལུས་ངག་{གཞན་ལ་བསྒོ་ན་}གཉིས་ཀས་སྤྱོད་ཅིང་དེའང་གཙོ་བོ་ལུས་ཀྱིས་སྤྱོད་དོ། **།སྤྱོད་ནས་སྐད་ཅིག་ཙམ་ཡང་བཅབས་གྱུར་ན། །སྡོམ་པ་ལྷག་མ་མེད་པ་གཏོང་བས་ན།** །སྡེ་སྡོམ་འགྲེལ་གཞན་ཕན་ཉི་མའི་སྣང་བ་ལས། བཅས་ལྡན་གྱི་དགེ་སློང་གིས་སྤྱད་ན་སྡོམ་པ་ཕྱི་མ་ཐམས་ཅད་ཀྱི་རྩ་བ་དང་། ཉམས་ན་གཉེན་པོའི་ཕྱོགས་ཐམས་ཅད་ཕམ་པར་བྱེད་པས་ན་དེ་སྐད་ཅེས་བྱའོ་ཞེས་གསུངས་སོ། **།རྩ་བའི་ལྟུང་བའམ་མཱུ་ལ་**

བཏྟིའི་སྒྲ་ལས་དྲངས་ན་རྩ་བའི་ལྟུང་བ་ཞེས། ཤིང་གི་རྩ་བ་ཆད་ནས་ཡན་ལག་རྣམས་དུས་གཅིག་ཏུ་སྐམ་པ་དང་མཚུངས་པའི་ཕྱིར་རོ། །སྡོམ་པའི་མི་མཐུན་པའི། །ཕྱོགས་ཀྱིས་ཏེ་སྲོག་བཅད་པ་སོགས་བཞི་པོའི་གཉེན་པོ་ནི་མི་མཐུན་པའི་ཕྱོགས་སྲོག་གཅོད་པ་སོགས་བཞི་པོའི་ལྡོག་ཕྱོགས་ཀྱི་དགེ་བ་བཞི་པོ་ཡིན་ནོ། །ཕམ་ཕྱིར་ཕམ་པ་སྟེ་ཞང་སྟོན་རྡོ་རྗེ་འཆང་གིས་མི་མཐུན་པའི་ཕྱོགས་ལྟུང་བ་དང་གཉེན་པོ་ཚུལ་ཁྲིམས་གཉིས་ལས། ལྟུང་བས་ཚུལ་ཁྲིམས་ཚུར་ཕམ་པར་བྱས་ཏེ་སྡོམ་པ་གཞི་མེད་རུ་གཏོང་བས་ན་ཕམ་པ་ཞེས་ཟེར་རོ་ཞེས་གསུང་སྟེ། སོ་སྐྱེ་འཁོར་ལོ་བཅུ་པའི་མདོ་ལས། ཚུལ་ཁྲིམས་རྩ་བ་བཞི་ལས་གཅིག་ཙམ་ཉམས་པ་དག་དགེ་འདུན་ནང་དུ་མི་ཚུད་རྒྱ་མཚོའི་རོ་དང་མཚུངས། ཞེས་སོ། །ཀུན་ཀྱང་གཞི་བསམ་སྦྱོར་བ་མཐར་ཐུག་གི། །ཡན་ལག་ཚང་བས་དེར་འགྱུར་བ་དེས་ན་གཞི་བསམ་སྦྱོར་བ་གསུམ་གྱི་ནང་ནས། རེ་རེ་མ་ཚང་ན་སྦོམ་པོ་དང་གཉིས་མ་ཚང་ན་ཉེས་བྱས་ཡིན་པ་པཎ་ཆེན་ངག་དབང་ཆོས་གྲགས་ཀྱིས་གསུངས་སོ། །དང་པོ་ནི། །གཞི་ཡི་ཡན་ལག་འཁྲིག་བདེ་བསྐྱེད་ནུས་པ་སྟེ་འཁྲིག་བདེ་བསྐྱེད་ནུས་པ་ཞེས་པའི་ཚིག་འདིས། རང་དང་གཞན་ནམ་མི་དང་མི་མ་ཡིན་པ་དུད་འགྲོ་སོགས་ཐམས་ཅད་བསྡུས་པ་ཡིན་ནོ། །ལུས་ཕྱེད་ལོངས་པ་ཡན་གྱི་ནི་ལུས་ཕྱེད་མ་ལོངས་པའི་རྨ་སྒོ་གསུམ་དུ་ནི་ཕམ་པར་མི་འགྱུར་ཏེ། མདོ་རྩ་བར། མགོ་བཅད་པའི་ཁར་འཇུག་ན་སྦོམ་པོར་འགྱུར་བར་གསུངས་སོ། །རྨ་སྒོ་གསུམ། །རང་གི་ཕོ་དབང་ནད་མེད་ལས་རུང་བ། །བསམ་པ་ངོ་ཚ་འཛེམ་པ་མེད་པའི་བསམ་པ་འདུ་ཤེས་འཁྲུལ་མ་འཁྲུལ་ལ་ཁྱད་པར་མེད་ཅིང་། རང་ངོས་ནས་དགེ་སློང་ཡིན་སྙམ་པ་ངོ་ཚ་མེད་པ་དང་གཞན་ངོས་ནས་སློབ་དཔོན་དང་གྲོགས་ཚངས་པ་མཚུངས་པར་སྤྱོད་པ་སོགས་ཀྱིས་ཁྲེལ་བའི་ཧ྄ོགས་པའི་འཛ྄ེགས་པ་མ྄ེད་པའོ། །ཆགས་ཏེ་ཀུན་སློང་ནི་གཉིས་ཀྱིས་གཉིས་སྤྲད་པའི་རེག་པའི་བདེ་བ་མྱོང་བར་འདོད་པ་རྒྱུན་མ་ཆད་པ་ཡོད་དགོས་པ་ཚིག་འདིས་བསྟན་པ་ཡིན་ནོ། །སེམས་ཀྱིས། །སྦྱོར་བ་སྐུལ་དྲུད་སྐུལ་དྲུད་ནི་སྐྱུལ་བསྐྱོད་སོགས་བྱེད་པ་ཡིན་པར་ལུང་རིགས་གཏེར་མཛོད་ལས་གསུངས་སོ། །མཐར་ཐུག་སོ་དང་ནི། །ཁ་ཤུན་ལྤགས་རིམ་འདུལ་བ་སུམ་བརྒྱ་པའི་འགྲེལ་པ་སློབ་མ་ལ་ཕན་པ་ཞེས་པ་སློབ་དཔོན་ཆེན་པོ་དུལ་བའི་ལྷས་མཛད་པ་ལས། །ཁ་ཤུན་ནི་བཤང་བའི་སྐྱབས་སོ། །པགས་རིམ་ནི་བུད་མེད་ཀྱི་དབང་པོའི་ལྤགས་རུམ་མོ། །ཞེས་སོ༔ ༔གཞན་རིག་གཏེར་མཛོད་ལས་ཀྱང་། དེ་ལྟར་བཤད་དོ། །ལས་འདས་ནི་སོ་དང་པགས་རིམ་ལས། །ནོར་བུ་འདས་ན་ཕམ་ཕམ་སྟེ། །ཕྱི་རོལ་ཆར་ནི་ཙི་རིགས་པར། །སྦྲོམ་པོའི་དགེ་འདུན་ལྷག་མའོ། །ཞེས་སོ། །བདེ་མྱོང་བ། །ཡིད་ཀྱིས་བདག་གིར་བྱས་པས་ཚངས་སྤྱོད་ལས། །རྣམ་པར་ཉམས་ཕྱིར་མི་ཚངས་སྤྱོད་1)པར་བརྗོད་དེ་དཔལ་དུས་ཀྱི་འཁོར་ལོའི་དབང་གི་རབ་ཏུ་བྱེད་པ་ལས། རྣལ་འབྱོར་རྣམས་ལ་མཆོག་གི་བདེ་བ་བསྐྱེད་

པའི་ས་བོན་ཐིག་ལེ་བཏང་ན་ཐར་བ་བག་ལ་འགྱུར། །དེ་ཕྱིར་འཁོར་བའི་བདེ་བ་སྐད་ཅིག་མ་འདི་བརྟུལ་ཞུགས་ཅན་རྣམས་ཀྱིས་ནི་རྒྱུན་དུ་སྤང་བར་བྱ། །ཞེས་གསུངས་སོ། །ས་གའི་ལྷས་མཆིལ་མ་གཉིས་དང་བཤང་བ་ཡི༑ །ལམ་དུ་ཆགས་ཅན་ཞུགས་ན་ནི། །གསོ་བྱར་མི་རུང་གདུག་པ་ཡི། །ཕས་ཕམ་སྦྲུལ་གྱིས་དགེ་སློང་ཟིན། །ཞེས་སོ༑ ༑

གཉིས་པ་གཞི་ནི་མི་ཡིས་བདག་བཟུང་བ། །ཀཱརྵ་པ་ཎའི་བཞི་ཆ་ལོངས་པའི་དངོས། །བསམ་པ་རང་ཉིད་འཚོ་ཕྱིར་སྦྱོར་བས་བརྐུས་ཏེ་མ་བྱིན་ལེན་པ་ནི་རྐུ་སེམས་ཡན་ལག་ཏུ་དགོས་ཏེ། སུམ་བརྒྱ་པར། རྐུ་བ་ལ་ནི་རྐུ་སེམས་གཙོ་བོ་སྟེ། །དེ་བས་དེ་དང་བྲལ་ན་ཉེས་པ་མེད། །ཡན་ལག་ལྷག་མ་ཉམས་པས་ཆུང་བར་འགྱུར་ཞེས་སོགས་གསུངས་སོ། །མཐར་ཐུག་འཕྲོག་པའང་དེ་དང་འདྲ་སྟེ་སུམ་བརྒྱ་པར་མདོན་སུམ་འཕྲོག་པའང་དེ་དང་འདྲ། ཞེས་དང་། མཛོད་ལས་མ་བྱིན་ལེན་པ་གཞན་གྱི་ནོར། །མཐུ་དང་འཇབ་བུས་བདག་གིར་བྱས། །ཞེས་སོ༑ ༑**མཐར་ཐུག་ཐོབ་བློ་སྐྱེས་པ་མ་བྱིན་པ། །བླངས་ཕྱིར་དེ་ཡི་ཕམ་པ་ཞེས་སུ་བརྗོད**་ཅེས་པ་ནི་གཞན་གྱི་ནོར་བཅོམ་པ་ཕྱིར་མི་སྟེར་བ་དང་རིན་དང་སྐྱིན་པ་སྟེར་དགོས་པ་མི་སྟེར་བ་དང་། གླ་མི་ལ་གླ་མི་སྟེར་བ་དང་གྲུ་གླ་དང་ཟམ་གླ་མི་སྟེར་བ་དང་ཁྲིམས་ལ་གཏུགས་ནས་ཕ་རོལ་ཕམ་པ་སོགས་ལ་རིན་ཐང་ཚང་ན་ཕམ་པའོ། །

གསུམ་པ་གཞི་ནི་མིའམ་མིར་ཆགས་པ་སྟེ་སློབ་དཔོན་དུལ་བའི་ལྷས་མཛད་པའི་འདུལ་བ་སུམ་བརྒྱ་པའི་འགྲེལ་བ་སློབ་ཕན་ལས་མི་སྨོས་པས་ནི་སྐྱེས་པ་དང་བུད་མེད་དང་མ་ནིང་དང་མངལ་དུ་ཆགས་པ་སྐྱེ་མཆེད་དྲུག་རྫོགས་པ་རྣམས་གཟུང་བ་ཡིན་ལ། མིར་ཆགས་པས་ནི་སྐྱེ་མཆེད་དྲུག་མ་རྫོགས་པའི་མེར་མེར་པོ་སོགས་བསྟན་པ་ཡིན་ལ། དེ་ཉིད་ཀྱིས་ཕྱིར་བཅོམ་ལྡན་འདས་ཀྱིས་སོ་སོར་ཐར་པ་ལས་ཡིན་པ་མིར་ཆགས་པ་ཞེས་གསུངས་སོ། །ཞེས་བཤད་དོ། །**བསམ་པ་འདུ་ཤེས་མ་འཁྲུལ་གསོད་འདོད་ཀྱིས**་ཏེ་འདུ་ཤེས་མ་འཁྲུལ་བ་ཡན་ལག་ཉམས་ཏེ་བརྗོད་ལས། སྲོག་གཅོད་པ་ནི་བསམ་བཞིན་དུ། །མ་ནོར་བ་ནི་གཞན་བསད་པའོ། །ཞེས་སོ༑ ༑རྒྱལ་པོ་ཨིནྡྲ་བྷཱུ་ཏིས་མཛད་པའི་དཔལ་ཡེ་ཤེས་གྲུབ་པ་ལས། དེ་བས་དགེ་དང་མི་དགེ་ཀུན། །སེམས་ཉིད་ཀྱིས་ནི་བྱེད་པ་དང་། །སེམས་ཉིད་ཀྱིས་འཇིག་འགྱུར་རོ་ཞེས། །འགྲོ་བའི་བསམ་པ་གསལ་བ་ཡིན། །ཞེས་སོ། **།སྦྱོར་བ་དུག་མཚོན་བརྟམས་ལས**་མཐར་གསོད་སེམས་ལས་**མ་བཟློག**་པ་གསོད་འདོད་ཀྱི་ཀུན་སློང་བཟློག་ན་ནི་བསད་བྱ་དེ་ཤི་ཡང་ཕམ་པ་མི་འགྱུར་སྟེ། ལུང་ལས་དགེ་སློང་གིས་ནད་པ་ལ་ཁྲོད་འཆི་བའི་ཐབས་ཀྱིས་ཤིག་ཅེས་དང་པོ་གྲིས་བཏབ་པ་ན། ནད་པས་དུག་ཟ་བའི་ལྷ་གོན་བྱེད་པ་ན། དགེ་སློང་འགྱོད་ནས་ནད་པས་དུག་ཟ་བ་དེ་བཟློག་པར་བྱས་ཀྱང་མ་བཟློག་པར། ནད་པས་དུག་ཟོས་ཏེ་ཤི་ན་དགེ་སློང་ལ་ཉེས་པ་ཅིར་འགྱུར་ཞེ་ན

ནད་པ་ལ་དགེ་སློང་གིས་གྲོས་སྟུ་མ་དེ་བཏབ་པ་ན་སྡོམ་པོ་འགྱུར་བར་ཟད་བསམ་པའི་ལྟུང་བ་མི་འབྱུང་ངོ་། །ཞེས་སོ།། །

བཀའ་རྒྱུད་པ་ནི། གང་ཟག་ཤི་བ་ལ་དགའ་བའམ། གཞན་གསོད་པར་མོས་པ་ལ་རྗེས་སུ་ཡི་རང་གི་བསྔགས་པ་བརྗོད་པ་ཙམ་གྱིས་ཤི་རྐྱེན་བྱུས་ན་འང་ཕམ་པར་བཞེད་དོ། །གསོད་བཅུག་ཡི་རང་ནི་ཞང་སྟོན་རྡོ་རྗེ་འཆང་གིས་ཞལ་ནས། མི་གསོད་པ་ནི་རྗེས་སུ་ཡི་རང་བྱུས་ན་སྡིག་པ་ཤིན་ཏུ་ཆེ་ཡང་ཕམ་པ་མི་འབྱུང་གསུངས། བསྔགས་པ་ནི་འོད་ལྡན་ལས། གང་གིས་དེ་ཡི་སེམས་ནི་འཆིར་གནས་པ། །དེ་འདྲའི་ཆོས་རྣམས་ནད་པ་ལ་མི་བཤད། །ཅེས་གསུངས་པ་ལྟར་འཆི་བའི་བསྔགས་པ་ཡང་བརྗོད་མི་རུང་ངོ་། །སོགས་ཀྱིས་ཀྱང་། །མཐར་ཐུག་རང་ཤིའི་སྔོན་དུ་སྲོག་འགགས་པར་གསོད་པ་པོ་སྔོན་དུ་ཤི་ན་ཕམ་པ་མི་འབྱུང་སྟེ། མཛོད་ལས། སྟ་དང་མཉམ་དུ་ཤི་བ་ལ། །སྔོན་མེད་ལུས་གཞན་སྐྱེས་ཕྱིར་རོ་ཞེས་སོ། །སྲོག་རྒྱུན་བཅད་ཕྱིར་དེ་ཡི་ཕམ་༢པར་བརྗོད། །བཞི་པར་གཞི་ནི་སྨྲ་ཤེས་དོན་གོའི་མིར། །བསམ་པ་ཡོ་བྱད་ལ་ཆགས་གྲགས་འདོད་ཀྱིས། །འདུ་ཤེས་བསྒྱུར་ནས་བླ་འདོད་རྒྱུན་ཆགས་པ། །སྦྱོར་བ་མཚན་ཉིད་དྲུག་ལྡན་བརྫུན་སྨྲ་བ། །ས་གའི་ལྟས། ལྷ་ཀླུ་གནོད་སྦྱིན་དྲི་ཟ་སོགས། །མཐོང་ངོ་བདག་གིས་གཏམ་ཡང་ཐོས། །དེ་དག་ཀྱང་ནི་བདག་ལ་སྨྲ། །ཞེས་སྨྲ་དགེ་སློང་ཕམ་འགྱུར་རོ། །ལྷ་ཡི་སྐད་རྣམས་བདག་གིས་ཐོས། །དེ་ནི་མཚན་མོ་བདག་དྲུང་འོང་། །དེ་བཞིན་གནོད་སྦྱིན་སོགས་ཀྱང་སྟེ། །རང་བཞིན་གྱིས་ནི་ཕམ་པ་འདོད། །ཞེས་སོ། །བསམ་གཏན་དང་གཟུགས་མེད་པའི་སྙོམས་པར་འཇུག་པ་བརྒྱད། ཚད་མེད་བཞི་ཞུགས་གནས་བརྒྱད་སྤྱན་ལྔ། མངོན་ཤེས་དྲུག་ལ་སོགས་པ་རྣམས་མ་ཐོབ་པ་ཐོབ་བོ། །ཞེས་སྨྲ་བ་སྟེ་ས་གའི་ལྟས། ཁྱད་པར་གྱུར་པའི་རྟོག་པ་རྣམས། །མ་ཐོབ་པར་ནི་ཐོབ་བོ་ཞེས། །མངོན་པའི་ང་རྒྱལ་མི་སྨྲ་ན། །སྡོམ་བརྩོན་མཐའ་ཡི་ལྟུང་བ་ཐོབ། །ཞེས་གསུངས་སོ། །མཐར་ཐུག་ཡུལ་དེས་གོ་ཤིང་གོ་བའོ། །འདོད་ཁམས་པའི་མི་ཡི་ཆོས་ལས་གོང་མའམ་བླ་མར་གྱུར་པའི་བསམ་གཏན་དང་པོ་ནས་སངས་རྒྱས་ཀྱི་བར་གྱི་ཆོས་མ་ཐོབ་པར་ཐོབ་བོ་ཞེས་སྨྲས་པ་ནི་བརྫུན་༩། ཡིན་ཕྱིར་དེ་ཡི་ཕམ་པར་རབ་ཏུ་བསྒྲགས། །

གང་ཞིག་གསོ་བ་དགེ་འདུན་ལ་རག་ཅིང་། །སྡོམ་པའི་ལྷག་ལུས་ཕྱིར་ན་དེ་མིང་ཅན། །ཕྱིར་བཅོས་བྱས་པས་དག་རུང་ལ་དབྱེ་ན། །ཞེས་པ་ནི་ཁུ་བ་འཛིན་པ་འཁྲིག་ཚིག་བསྙེན་བཀུར་བསྟན་ཏེ་ནང་སེམས་ཅན་ལ་ཆགས་པ་ལྔ་དང་ཁང་པ་དང་ཁང་ཆེན་ནི་ཕྱི་ཡོ་བྱད་ལ་ཆགས་པ་གཉིས་ཏེ་དེ་ལྟར་འདོད་པ་ལས་གྱུར་བདུན་པོ་དེ་ལ་དབྱེ་ན་ནང་སེམས་ཅན་ལ་ཆགས་པ་དང་། ཕྱི་ཡོ་བྱད་ལ་ཆགས་པ་སྟེ་གཉིས། དང་པོ་ལའང་རང་

ཆགས་པ་ལ་སྦྱོར་བ་དང་། གཞན་ཆགས་པ་ལ་སྦྱོར་བ་སྟེ་གཉིས་དང་པོ་ལའང་ལུས་ཀྱི་བདེ་བ་ལ་ཆགས་པ་དང་། ངག་གི་བདེ་བ་ལ་ཆགས་པ་སྟེ་གཉིས། དང་པོའི་དབང་དུ་བྱས་ནས་འབྱིན་པ་དང་རེག་པ་གཉིས། གཉིས་པའི་དབང་དུ་བྱས་ནས་འཁྲིག་ཚིག་དང་བསྔེན་བཀུར་གཉིས་པོ་གཞན་ཆགས་པ་ལ་སྦྱོར་བའི་དབང་དུ་བྱས་ནས་སྨྱན་བྱེད་པའོ། །ཕྱི་ཡི་བུད་ལ་ཆགས་པའི་དབང་དུ་བྱས་ཏེ་ཁང་པ་དང་ཁང་ཆེན་ལས་གྱུར་བ་སྟེ་དེ་ལྟར་འདོད་པ་ལས་གྱུར་བ་བདུན་དང་གཞི་མེད་པ་དང་བག་ཙམ་གྱིས་ཕམ་པའི་བཀུར་བ་འདེབས་པ་སྟེ་**གནོད་པ་ལས། །གྱུར་པ་གཉིས་དང་དགེ་འདུན་དབྱེན་དང་དེ་རྗེས་ཕྱོགས།** ཁྲིམ་སུན་འབྱིན་དང་བཀའ་བློ་མི་བདེ་བ་སྐྱེ་**སྒོ་བ་ལས་གྱུར་བཞི། །ལམ་གསུམ་མིན་པ་རང་གཞན་ཡན་ལག་གི། །གནས་སུ་དབྱུང་འདོད་ཁྲུ་བ་འབྱིན་པ་དང་༽**སྐྱེ་ཚིག་ལེར་རྨ་སྒོ་གསུམ་ནི་མ་གཏོགས་པ། །ཞེས་ལུས་རང་བཞིན་ཡན་ལག་གིས། །བསམ་བཞིན་ཁུ་བ་འབྱིན་པ་ནི། །དགེ་འདུན་གྱི་ནི་ལྷག་མས་རེག ཞེས་གསུངས་སོ། །དགེ་སློང་གིས་དགེ་སློང་ལ་ཁུ་བ་ཕྱུང་བ་ནི། དགེ་སློང་སུན་ཕྱུང་བའང་ཡིན་ཏེ། རྒྱ་ཆེར་འགྲེལ་ལས། དགེ་སློང་གིས་དགེ་སློང་ལ་རྩོལ་ཞིང་གཉིས་ཀ་ཉམས་སུ་མྱོང་བར་གྱུར་ན་གཉིས་ཀ་དགེ་སློང་སུན་ཕྱུང་བ་ཡིན་ནོ། །ཞེས་སོ། །དེས་ན་དགེ་སློང་མ་སུན་ཕྱུང་བའི་གང་ཟག་དེ་ཚེ་དེ་ལ་སྡོམ་པ་སྐྱེ་བའི་བར་ཆད་ཅན་དུ་འགྱུར་བ་བཞིན། དགེ་སློང་དེ་ལའང་དེ་ཕྱིན་ཆད་ནས་སྡོམ་པ་མི་སྐྱེ་བར་ཤེས་པར་བྱའོ། །དེའི་ཚེ་དེ་གཉིས་ཀས་དུས་གཅིག་ལ་བདེ་བ་ཉམས་སུ་མྱོང་ན་གཉིས་ཀ་ནའང་ཕྱུང་བ་ཡིན་ཞིང་། སྔར་བདེ་བ་མྱོང་ན་སྔར་མྱོང་བ་དེས་སུན་ཕྱུང་བ་ཡིན་ནོ། །དེའང་སུན་དབྱུང་བྱ་དགེ་སློང་དེས་བདེ་བ་མ་མྱོང་ཡང་། སུན་འབྱིན་པ་པོ་དགེ་སློང་དེས་མྱོང་བ་ཁོ་ནས་སུན་ཕྱུང་བ་ཡིན་པས་ན་ཕན་ཚུལ་གཉིས་ལས་གང་གིས་བདེ་བ་མྱོང་བ་པོ་དེས་སུན་ཕྱུང་བ་ཡིན་པར་ཤེས་པར་བྱའོ། །མདོ་ལས། ཆགས་པ་ཆེན་པོའི་ཞགས་པ་ནི། །བུད་མེད་ཞགས་པ་མི་ཟད་པས། །སངས་རྒྱས་རྣམས་ཀྱིས་འདོད་པ་དང་། །བུད་མེད་བསྟན་པ་ཡོངས་མི་བསྔགས། །ལམ་འདིས་བྱང་ཆུབ་མི་ཐོབ་པས། །བུད་མེད་རྣམས་ལ་མ་བརྟེན་པར། །སྦྲུལ་གདུག་ཤིན་ཏུ་ཁྲོ་བ་ལྟར། །མཁས་པས་དེ་ནི་རྣམ་པར་སྤོང་། །ཞེས་དང་། དྲན་ཉེར་ལས། བུད་མེད་ཕྱུང་བར་བྱེད་པ་སྟེ། །འཇིག་རྟེན་འདི་དང་ཕ་རོལ་ཕུང་། །གལ་ཏེ་བདག་ལ་ཕན་འདོད་ན། །དེ་བས་བུད་མེད་རྣམ་པར་སྤོང་། །ཞེས་སོ། །**ཆགས་པས་བུད་མེད་ལུས་ཀྱི་ཆ་ཤས་འཛིན**༔ཧེ་ས་ག་ལྟས། རྐང་པ་ནས་ནི་སྤྱི་བོའི་བར། །ཆགས་བཅས་བུད་མེད་ཡན་ལག་ལ། །གོས་ཀྱིས་མ་ཆོད་རེག་ན་ལྷུང་། །ཚོད་པ་ལ་རེག་སྦོམ་པོ་ཉིད། །ཞེས་གསུངས་སོ། །**འཁྲིག་ཚིག་རྗེན་པར་སྨྲ་བ་དང་སྐྱེ་**༔ས་གའི་ལྟས། དགེ་སློང་གང་ཞིག་བུད་མེད་ལ། །རྩེ་ཕྱིར་ཡང་ནི་སྨད་ཚིག་སྨྲ། །དགེ་སློང་གཟུགས་བརྙན་ཉིད་ཡིན་ཏེ། །དེ་ཡང་དགེ་འདུན་ལྷག་མ

ཡིན། །ཞེས་སོ། །འཁྲིག་པ་ཡི། །བསྙེན་བཀུར་བསྟུགས༤དང་ནི་ས་གའི་ལུགས། རང་ཉིད་བསྟུགས་པའི་བྱེ་བྲག་དག །འཁྲིག་པ་དོན་གཉེར་བུད་མེད་ཀྱི། །མདུན་དུ་རང་ཉིད་ཀྱིས་བསྟུགས་ན། །ལྷག་མའོ་དགེ་འདུན་གྱིས་ཟད་བྱེད། །ཞེས་སོ། །རང་དམ་ནི་ས་གའི་ལུགས། རང་དམ་གཞན་བྱེད་འཛུག་ཀྱང་རུང་། །བུད་མེད་སྐྱོབ་པ་ཕྲད་ན་ནི། །དགེ་འདུན་ལྷག་མའི་རལ་གྲི་ཡིས། །རང་གི་མགོ་ནི་གཅོད་པར་བྱེད། །ཅེས་གསུངས་སོ། །བསྒོམས་པ་ཡིས། །ཕོ་མོ་སྐྱུན་བྱས་༥དོན་གྲུབ་རང་དོན་དུ། །མི་རུང་ས་གཞིར་ས་གཞི་མི་རུང་བ་དང་། རྫོད་པ་དང་བཅས་པ་དང་། བརྩམ་དུ་མི་རུང་བའོ། །དེ་དག་ཀྱང་གང་ཞེན་སྲོག་ཆགས་ཕྲ་མོས་གང་བ་ནི་གཞི་མི་རུང་བའོ། །གཞན་གྱིས་བདག་གིར་བྱས་པ་ནི་རྫོད་པ་དང་བཅས་པའོ། །རྩིག་པ་དེའི་ཕྱི་རོལ་ཉེ་འཁོར་འདོམ་གང་མེད་པ་ནི་ལེགས་པར་བརྩམ་དུ་མི་རུང་བའོ། །བཅལ་བའི་ཡོ་བྱད་ཀྱིས། །ཚད་ལས་ལྷག་པའི་དེ་འདང་ཁང་པའི་རྨང་གི་ནང་རོལ་ནས་ཆུར་བདེ་བར་གཤེགས་པའི་མཐོ་བཅུ་གཉིས་ཏེ་མི་འབྲིང་པོའི་ཁྲུ་བཅོ་བརྒྱད་ཡིན་ལ་ཞེང་དུ་བདེ་བར་གཤེགས་པའི་མཐོ་མདུན་ཏེ་མི་འབྲིང་པོའི་ཁྲུ་ཕྱེད་བཅུ་གཅིག་ཡོད་དེ་ས་གའི་ལུགས་ཆུར་ནི་བདེ་བར་གཤེགས་པ་ཡི། །མཐོ་ནི་བཅུ་དང་གཉིས་ཡོད་དོ། །ཞེང་དུ་དེ་ཉིད་བདུན་ཡིན་ཏེ། །དེ་དག་དེ་ཡི་ཚད་དུ་གསུངས། །བདེ་བར་གཤེགས་པའི་མཐོ་ཡི་ཚད། །འབྲིང་ཚད་མི་ཡི་ཁྲུ་དག་ནི། །ཕྱེད་དང་གཉིས་ནི་ཡོད་པ་ཡིན། །ཞེས་གསུངས་སོ། །ཁང་པ་བརྩིགས་པ་དང་མདོར་རྩིལ་གྱིས་དྲིལ་ན་ཁང་པའི་ལྷག་མ་ནི་ཡན་ལག་དགུ་ཚང་ན་ལྡང་བའི་དངོས་གཞི་སྐྱེད་དེ། རང་དམ་རང་གིས་བསྒོམས་པས༡། ས་གཞི་དང་ཡོ་བྱད་གཞན་༢ལས་བཅལ་བ་དང་གཞི་མི་རུང་བ་༣དང་། རྫོད་པ་དང་བཅས་པ༤དང་། ལེགས་པར་བརྩམ་དུ་མི་རུང་༥བ་དང་། དགེ་འདུན་ལ་མ་བསྟན་༦པ་དང་། ཚད་ལས་ལྷག་༧པ་དང་མཐར་ཐིན་པ་༨དང་། གང་ཟག་གཅིག་གི་དོན་དུ་བྱས་པ་རྣམས་ཚང་ན་དགེ་འདུན་ལྷག་མར་འགྱུར་གྱི་དེ་ལས་ཡན་ལག་གང་རུང་མ་ཚང་ན་སྦོམ་པོར་འགྱུར་རོ། །དགེ་འདུན་དོན་དུ་ཁང་ཆེན་གྱི་མ་མཐའ་ཆོས་ཅན་གདིང་བ་བཞི་ལྡེབ་བྱས་པ་བཞི་བཅུ་ཤོང་བ་ཞིག་ལ་འཛོག་དགོས་ཏེ། དགེ་སློང་མ་ལྷག་མས་གོས་པ་དེས་སྤྱི་འགྱུ་སྤྱོད་ཟིན་ནས་ས་རང་བཞིན་དུ་གནས་པར་དབྱུང་བ་ལ་དགེ་སློང་ཕ་མ་གཉིས་ཉི་ཤུ་ཉི་ཤུ་འཚོགས་དགོས་པའི་ཕྱིར་རོ། །བརྩིགས་པ་༧དང་། །གཞན་ལ་ཕམ་པའི་གཞི་མེད་སྐུར་འདེབས་༨དང་། །བག་ཙམ་ལ་བསྟན་ཕམ་པའི་སྐུར་༩འདེབས་དང་སྟེ་ས་གའི་ལུགས། གཞི་མེད་པའམ་བག་ཙམ་གྱིས། སྡོམ་བརྩོན་ཉམས་པར་འདོད་ཕྱིར་ནི། །ཕས་ཕམ་པ་ཡིས་སྨད་ན་ནི། །གཉིས་ཀ་དགེ་འདུན་ལྷག་མ་ཤས། །གང་ཞིག་རུང་ཟད་བདེན་པར་སྨྲ། །འདི་ནི་བག་ཙམ་ཡང་དག་བསྒྲགས། །རྒྱུ་མཚན་མེད་པར་གཞི་མེད་ཡིན། །ཞེས་གསུངས་སོ། །ཆོས་མིན་བཅའ་བས་དགེ་འདུན་༡༠འབྱེད་པ་ནི་ས་གའི་ལུགས།

བཞམས་ཏེ་བསྒོ་སོགས་ཆོ་ག་ཡིས། །ལན་གསུམ་བར་དུ་བཟློག་ན་ཡང་། །མི་ཉན་དགེ་འདུན་མཐུན་འབྱེད་ན། །དགེ་འདུན་གྱི་ནི་ལྷག་མ་ཐོབ་ཅེས་དང་། **།དབྱེན་གྱི་རྗེས་སུ་ཕྱོགས་**པ་དང་དབྱེན་བྱེད་པ་ལ་ཕྱོད་གྱི་ལས་དེ་བཟང་ངོ་། །དེ་ལྟར་འོས་སོ། །ཞེས་སོགས་སྨོས་པའོ། །དགེ་འདུན་དབྱེན་དང་དེ་རྗེས་ཕྱོགས་པ་གཉིས་དང་པོ་སོང་མེད་པར་གསུངས་སོ། །ས་ག་ལྟས། གང་ཡང་དེ་རྗེས་འབྲང་བ་ཡི། །དགེ་སློང་སྡིག་ཏོ་ཅན་རྣམས་ཀྱང་། །བཞམས་ཏེ་བསྒོ་སོགས་ཆོག་ཡིས། །སྔར་བཞིན་འདི་དག་ཀུན་ལའང་འགྱུར། །ཞེས་སོ། །༡༡**བསླབ་འགལ་གྱི། །སྤྱོད་པས་ཁྱིམ་པ་སུན་འབྱིན་**པ་སྟེ་ས་གའི་ལྟས། ཁྱིམ་སུན་འབྱིན་པ་ཡིས་ནི་གཞན། །སུན་འབྱིན་པ་ནི་རྣམ་གཉིས་གསུངས། །གཅིག་ནི་འགྲོགས་པས་ཡིན་ཏེ་གཞན། །གཉིས་པ་ཡང་ནི་ལོངས་སྤྱོད་གྱིས། །འགྲོགས་པ་བུད་མེད་ལྷན་ཅིག་ཏུ། །རྩེ་འཛེ་འཆར་གཡེང་ལ་སོགས་ཏེ། །ལོངས་སྤྱོད་མེ་ཏོག་འབྲས་བུ་དང་། །བཟའ་བཏུང་ལ་སོགས་ལྷན་ཅིག་བྱེད། །ཅེས་སོ། **།བསྒྲོད་ཆེ་འགྲོ་བཞིའི་སྐུར་བ་བཏབ་སྟེ་བསྐོན། །ལྟུང་འཚོས་བསྐུལ་ན་བཀའ་**༡༢**བློ་མི་བདེ་**བ་ནི་ས་གའི་ལྟས། བཀའ་བློ་མི་བདེ་བས་ཀྱང་ནི། །དགེ་འདུན་ལྷག་མའི་ལྟུང་བར་བསྟན། །བཀའ་བློ་མི་བདེ་ཕན་རྣམས་ལ། །བརྗོད་རུང་མ་ཡིན་ཚིག་སྨྲས་སོ། །ཞེས་གསུངས་སོ། །འདི་**བཞི་བཟློག་བྱེད་ལྟས་མ་བཏང་ན་གྲུབ། །བསྒོ་གྲུར་བཅུ་རུ་དབྱེར་ཡོད་འདིར་མི་འཆད།** །སྐྱེ་བོ་གཞན་གྱི་རྒྱུ་འགྲུལ་གྱིས་དབེན་པ་ནགས་མུན་རྩིག་རིབ་ཡོལ་བ་སྟེ་**སྐབས་ཡོད་བུད་མེད་ལྷན་ཅིག་ཏུ། །འདུག་ལ་གསུམ་དང་གཉིས་ཀྱིས་མ་ངེས་པའོ།** །དེའང་དབེན་པ་སྐབས་པར་འདོད་པ་བྱར་རུང་བའི་{ཁྲི་དང་ཁྲིའུ་ཆེན་པོ་ལྟ་བུ} གནས་སུ་དགེ་སློང་གང་བུད་མེད་དང་ལྷན་ཅིག་འདུག་པ་ན། ཕམ་ལྷག་ལྟུང་བྱེད་གསུམ་པོ་གང་བྱུང་གཞན་གྱིས་མ་ངེས་པ་དང་། དབེན་པ་སྐབས་ཡོད་འདོད་པ་བྱར་མི་རུང་བའི་གནས་སུ་བུད་མེད་དང་ལྷན་ཅིག་ཏུ་འདུག་པ་ལ། ལྷག་མ་དང་ལྟུང་བྱེད་གཉིས་པོ་གང་བྱུང་མ་ངེས་པའོ། །ཀར་ཊི་ཀ་ལས། དབེན་པ་སྐབས་ཡོད་པ་ན་དགེ་སློང་ཕོ་མོ་ཕུས་མོ་སྦྲད་དེ་ཆོས་སྟོན་པོ་ནི་ཕམ་ལྷག་གང་རུང་དུ་འགྱུར་དུ་ཉེ་ལ། ཕམ་པ་ཡང་མ་ངེས། ལྷག་མ་ཡང་མ་ངེས་པའོ། །དབེན་པ་སྐབས་ཡོད་པ་ན་དགེ་སློང་ཕོ་མོ་ཕན་ཚུན་དུ་བསྟད་དེ་ལྟུང་བྱེད་དང་སོར་བཤགས་དང་ཉེས་བྱས་གསུམ་པོ་གང་རུང་འགྱུར་དུ་ཉེ་ལ། ལྟུང་བྱེད་ཁོ་ན་འགྱུར་བ་ཡང་མ་ངེས། སོར་བཤགས་ཁོ་ན་འགྱུར་བ་ཡང་མ་ངེས། ཉེས་བྱས་ཁོ་ན་འགྱུར་བ་ཡང་མ་ངེས་པའོ། །ཞེས་བཤད་དོ། །

ཕམ་ལྷག་གང་རུང་གི་ཆར་གཏོགས་སྡོམ་པོར་བཤད་པ་ལ་གཉིས་ཏེ་མཚན་ཉིད་དང་མིང་དོན་གཞི་མཐུན་པས་མདོར་བསྟན། ཡན་ལག་རྒྱས་པར་བཤད་པའོ། །དང་པོ་ནི་**གང་ཞིག་ཕམ་ལྷག་ཆར་གཏོགས་གཙོ་ཆེ་བ་གཙོ་ཆེ་**ཞེས་པའི་ཚིག་ལྟུང་བྱེད་ཀྱི་སྡོམ་པོའང་ཡོད་པའི་དོན་ཏོ། **།སྡེ་ལྔར་མ་འདུས་ལྟུང་བ་ཉེས་བྱས**

ལས། །

ལྔ་བས་སྡོམ་པོར་གྲགས་ལ་གཉིས་པ་ཡན་ལག་རྒྱས་པར་བཤད་པ་ལ་གཉིས་ཏེ། ཀུན་སློང་གིས་ཕྱེ་སྟེ་བཤད་པ་དང་། སྦྱོར་དངོས་སོགས་ཀྱིས་ཕྱེ་སྟེ་བཤད་པའོ། །དང་པོ་ནི། **ལྔ་ཡང་ནི། །ཉོན་མོངས་ཆེ་ཆུང་གིས་དབྱེ་བའོ། །**

གཉིས་པ་སྦྱོར་དངོས་སོགས་ཀྱིས་ཕྱེ་སྟེ་དབྱེ་ན། སྦྱོར་བའི་སྡོམ་པོ་དང་། དངོས་གཞི་རྣམ་པའི་སྡོམ་པོ་དང་། གནས་སྐབས་གཞན་གྱི་སྡོམ་པོ་སྟེ་གསུམ་དུ་ཕྱེ་བ་ལྟར་བརྗོད་ན་**ཕམ་ལྷག་གི། །དངོས་གཞི་བསྐྱེད་དམ་མི་བསྐྱེད་གང་ཡིན་ཀྱང་། །སྦྱོར་བ་ཕལ་ཆེར་**ཕལ་ཆེར་ཞེས་སྨོས་པ་ནི། ཕམ་ལྷག་གི་ཆེད་དུ་གྲོས་བྱེད་པ་དང་། སྟན་ལས་ལྡང་བ་དང་། གོམ་པ་འདོར་བ་སོགས་སྦྱོར་བའི་ལྡང་བ་རྣམས་སྦྱོར་བའི་སྡོམ་པོ་མ་ཡིན་ཞིང་། དེ་རྣམས་ནི་སྦྱོར་བའི་ཉེས་བྱས་ཡིན་པར་བསྟན་པའི་ཕྱིར་རོ། །དེའང་སྤྱིར་ཕམ་ལྷག་གི་ན་སྨད་ནི་སྡོམ་པོ་དང་། སྡོམ་པོ་དང་ལྟུང་བྱེད་སོར་བཤགས་གསུམ་གྱི་ན་སྨད་ནི་ཉེས་བྱས་དང་། ཉེས་བྱས་ཀྱི་ན་སྨད་ནི་ཉེས་བྱས་ཕྲ་མོ་ཡིན་ནོ། །**སྦྱོར་བའི་སྡོམ་པོར་འགྱུར། །ལྟུང་བྱེད་**ཀྱི་སྦྱོར་བ་རྣམས་ཀྱང་སྔ་མ་ཕམ་ལྷག་ལ་བཤད་པ་དེ་**བཞིན་**དངོས་གཞི་སྐྱེད་དམ་མི་སྐྱེད་གང་ཡིན་ཀྱང་སྦྱོར་སྡོམ་ཉིད་ཡིན་ནོ། །གཉིས་པ་དངོས་གཞི་རྣམ་པའི་སྡོམ་པོ་ནི**་སྦྱོར་མཐར་ལྟུང་བྱེད་དང་ཕམ་ལྷག་འབྱུང་རྒྱུ་ལ། །ཡན་ལག་མ་ཚང་དངོས་གཞི་དང་འདྲ་བའི། །སྡོམ་པོའམ་དངོས་གཞིའི་རྣམ་པའི་སྡོམ་པོ་དང་ཞེས་སོ། །**

གསུམ་པ་གནས་སྐབས་གཞན་གྱི་སྡོམ་པོ་ནི་མི་ཡི་ཡན་ལག་གཅོད་དང་དབྱེན་ཕྱིར་དགེ་འདུན་གྱི་དབུས་སུ་ཆོས་མ་ཡིན་པ་ཆོས་སུ་དང་ཆོས་ཆོས་མ་ཡིན་པར་སྨྲ་བའི་བརྫུན། **།སྨྲ་སོགས་གནས་སྐབས་གཞན་གྱི་སྡོམ་པོར་བཤད། །**

གང་ཞིག་སྤྱད་ན་ངན་འགྲོར་ལྟུང་བྱེད་པ། །སྤང་ལྟུང་དང་ནི་ལྟུང་བྱེད་གང་ཞིག་བཤགས་པ་འབའ་ཞིག་གིས་འདག་པས་ན་འབའ་ཞིག་པ། **།དངོས་པོ་སྤང་འབྲལ་སྦྱོན་འགྲོས་འཆོས་དགོས་ཤིང་**སྤང་ལྟུང་གི་དོན་ཧྲིལ་གྱིས་དྲིལ་ན་ལྔ་ལས། དང་པོ་ཡུལ་གང་ལ་སྤང་བ་ནི། དགེ་འདུན་ལ་སྤང་དང་། གང་ཟག་ལ་སྤང་བའམ། ལྷུང་བཟེད་ལྷག་པོ་ཚོལ་བ་ནི་དགེ་འདུན་ལ་སྤང་དགོས་ཏེ་མདོ་རྩ་བར། འདི་ནི་དགེ་འདུན་ལ་སྤང་བར་བྱའོ། །ཞེས་གསུངས་སོ། །དེ་ལས་གཞན་པའི་སྤང་དགོས་པ་ཐམས་ཅད་དགེ་སློང་གང་ཟག་ལ་སྤང་སྟེ་མདོར། དགེ་སློང་ལ་སྤང་བར་བྱའོ། །ཞེས་གསུངས་སོ། །འོན་བསྙེན་པར་མ་རྫོགས་པ་ལ་སྤང་ནའང་ཆོག་གམ་ཞེ་ན། མ་ཡིན་ཏེ༑ རྒྱ་ཆེར་འགྲེལ་ལས། འདི་རྣམས་ནི་དགེ་འདུན་ལ་ཡང་མི་སྤང་ལ། བསྙེན་པར་མ་རྫོགས་པ་ལ་ཡང་མི་

སྤྱང་ངོ་། །ཞེས་གསུངས་སོ། །

གཉིས་པ་རྟེན་གང་གིས་སྤྱང་བ་ནི། སྡོམ་པ་གསོ་རུང་ཡན་ཆད་དང་ལྡན་པ་གནས་ནས་མ་ཕྱུང་བ། ཤེས་པ་རང་བཞིན་དུ་གནས་པ་སོགས་དགོས།

གསུམ་པ་དངོས་པོ་གང་སྤྱང་བ་ནི། སྤྱང་ལྟུང་བྱུང་བའི་དངོས་པོ་དེ་ཉིད་དངོས་ཡིན་པ་དཔ་ལྟ་སྤྱང་བར་འོས་པའོ། །

བཞི་པ་གནས་གང་དུ་སྤྱང་བ་ནི། གནས་ཁང་ཐ་དད་དུ་སྤྱང་དགོས་ཏེ་རྣམ་འབྱེད་འགྲེལ་ལས། བྲལ་བར་མ་བྱས་པ་ནི་གནས་གཞན་དུ་ཞག་ལོན་པར་མ་བྱས་པའོ། །ཞེས་སོ། །དེས་ན་ཁང་པ་གཅིག་གི་ནང་ཁང་མིག་ཐ་དད་དུ་ཡོད་པ་སོགས་ལ་སྤྱང་ཀྱང་བྲལ་བའི་ཐ་སྙད་མེད་དོ། །

ལྔ་པ་ཡུན་ཇི་སྲིད་དུ་སྤྱང་བ་ནི། གཏན་དུ་སྤྱང་བ་དང་། རེ་ཞིག་པའི་སྤྱང་བ་སྟེ་གཉིས་ལས། བྱིན་འཕྲོག་དང་ལྷུང་བཟེད་ལྷག་པོ་གཉིས་ནི་གཏན་དུ་སྤྱང་དགོས་པ་མདོ་རྩ་བ་ལས་གསུངས་སོ། །དེ་གཉིས་ལས་གཞན་ནི་རེ་ཞིག་པའི་སྤྱང་བ་སྟེ། ཞག་གཅིག་ལ་བྲལ་བར་བྱེད་དགོས་སོ། །དེའང་རྒྱ་ཆེར་འགྲེལ་པ་ལས། །ཕྱིར་བཅོས་པའི་དོན་དུ་བཞག་པ་ཡིན་གྱི། སྦྱིན་པའི་དོན་དུ་བཞག་པ་ནི་མ་ཡིན་នོ། །ཞེས་གསུངས་སོ། །རང་གི་མིང་གིས་བཅོས་ན་དག་རུང་བར། །དབྱེ་ན་གོས་ཀྱི་སྔེ་སོགས་བཅུ་ཚན་དང་པོ་སྣན་སོགས་ཀྱི་སྔེ་སྣེ་བཅུ་ཚན་གཉིས་པ་དང་། །ལྟུང་བཟེད་སོགས་ཀྱི་སྔེ་ལ་བཅུ་སྣེ་བཅུ་ཚན་གསུམ། །སྣེ་ཞང་སྟོན་རྡོ་རྗེ་འཆང་གི་ཞལ་ནས། ཡོ་བྱད་བྱིན་གྱིས་བརླབས་ན་སྤྱངས་ལྟུང་ཆར་བཞིན་དུ་འབབ་ལ་དཔ་ལྟ་དེ་འདྲ་དཀའ་བས་རང་ཡོད་ཚད་ཐམས་ཅད་བསམ་པ་ཐག་པ་ནས་དཀོན་མཆོག་ལ་ཕུལ་ནས་སློན་ལམ་བཏབ་ན་དེ་གས་ཆོག་པར་གསུངས་སོ། །རང་ཉིད་ལ་དབང་ཞིང་བདག་ཏུ་བཟུང་བའི་གོས་ལྷག་བྱིན་གྱིས་གོས་སྔ་མར་མ་བརླབས་པའམ། གོས་ཕྱི་མ་བྱིན་གྱིས་བརླབས་ཀྱང་གོས་སྔ་མ་བྱིན་གྱིས་མ་བརླབ་པའི་ཤན་འབྱེལ་ཞག་བཅུར་འདས་ན་)པར་འཆང་། །རབ་གནས་ཉེ་འཁོར་བཅས་ལས་བྱིན་བརླབས་པའི། །ཆོས་གོས་དང་བྲལ་ཞག་གཅིག་འལོན་པ་དང་། །འབྲལ་བའི་སྤྱང་བ་འདིའི་དོན་ཏིལ་གྱིས་དྲིལ་ན་གསུམ་ལས། དང་པོ་གང་དང་འབྲལ་བའི་དངོས་པོ་ནི། ཆོས་གོས་གསུམ་ལས་གང་ཡང་རུང་བ་ཡིན་པ་དང་། འཚོ་བའི་ཡོ་བྱད་དུ་བྱིན་གྱིས་བརླབ་པ་དང་ལྡན་པ་སྟེ། མཁོ་བའི་ཡོ་བྱད་དང་ལྷག་པའི་ཡོ་བྱད་དུ་བྱིན་གྱིས་བརླབ་པ་དང་། བྱིན་རླབས་མེད་པའི་ཆོས་གོས་ལ་ནི་འབྲལ་བའི་ཉེས་པ་མི་འབྱུང་ངོ་། །རུང་བ་དང་ཆོས་གོས་རང་རང་གི་ཚད་དང་ལྡན་པའོ། །

གཉིས་པ་གང་གིས་འབྲལ་བའི་རྟེན་ནི་སྲ་བརྒྱུད་དང་མི་ལྡན་པ་དང་། རྣམ་སྨྱུར་གྱི་ཆ་ནས་མི་འབྲལ་

བའི་གནང་བ་མ་ཐོབ་པ་དང་། དགོན་པ་པའི་དགེ་སློང་གིས་འཇིགས་པའི་དབང་གིས་ཆོས་གོས་གཅིག་གྲོང་དུ་བཞག་པ་མ་ཡིན་པའོ། །གསུམ་པ་གང་དུ་འབྲལ་བའི་གནས་ནི་ཆོས་གོས་ཀྱི་གནས་ཉེ་འཁོར་དང་བཅས་པ་ལས་གཞན་ཡིན་པའོ། **།གོས་རྒྱུ་ཕྲུར་ལོངས་**གོས་ཀྱི་རྒྱུ་ཕྲུ་གང་བ་དེ་ཁ་བསྐང་བའི་རེ་བ་མེད་ན་ཞག་བཅུའི་སྤང་ལྟུང་དུ་འགྱུར་ཞིང་། དེ་ལ་ཁ་སྐོང་བའི་རེ་བ་ཡོད་ན་ནི་ཟླ་འཛོག་གི་སྤང་ལྟུང་དུ་འགྱུར་རོ། **།སྔར་རྙེད་བྱིན་གྱིས་མ་བརླབས་པའམ།** །ཕྱིས་རྙེད་བྱིན་གྱིས་**བརླབས་**ཀྱང་སྔ་མ་བྱིན་གྱིས་མ་བརླབས་པའི་**ཤན་དང་རྗེས་འབྲེལ་ཟླ་**[༣]**གཅིག་འཛོག** །མདོ་རྩ་བར། འདི་གསུམ་ནི་སྲ་བརྐྱང་བཏིང་བ་ལ་མི་འབྱུང་ངོ་ཞེས་གསུངས་པས་འཆང་བ་འབྲལ་བ་འཛོག་པ་**དེ་གསུམ་སྲ་བརྐྱང་བཏིང་**བའི་གང་ཟག་ལ་བག་ཡངས་གནང་། **།རང་གི་ཉེ་དུ་མིན་པའི་དགེ་སློང་མར་རོ།** །འོན་ཉེ་དུ་མ་ཡིན་པ་དེ་ལྟུང་བ་དུ་ཙམ་གྱི་བྱེད་པ་པོ་ཡིན་ཞེ་ན། ལུང་ལས་དངོས་སུ་གསུངས་པ་ཉི་ཤུ་ཡོད་དེ་གང་ཞེ་ན། ཕྲུར་འཇུག་པ་དང་ལེན་པ་དང་། །སློང་དང་སྟོད་གཡོགས་སྨད་གཡོགས་བཅས། །རིན་ཐང་སོ་སོ་རྨེལ་འཇུག་དང་། །མངོན་ཚན་ཉོ་ཚོང་ལྟུང་བཟེད་འཚོལ། །ཐ་ག་གཉིས་དང་ཆོས་གོས་གཉིས། །འདུག་གནས་ཟས་དང་བསོད་པ་ཉིད། །གཅེར་བུ་མགྲོན་གཉེར་གྲོང་དང་ནི། ཁྱིམ་གཞན་ཉིད་དང་ཉི་ཤུའོ། །ཞེས་གཟུང་ངོ་། །དེ་རྣམས་ནི་ལུང་ལས་གསུང་པ་ཡིན་ལ། ཡང་བསྟན་བཅོས་ལས་བཤད་པ་ལྟ་ནི། དབེན་པར་འདུག་འགྲེང་གཉིས་ཡུལ་ཉེ་དུ་ཡིན་ན་ལྟུང་བ་མེད་པར་བམ་པོ་ལྔ་བཅུ་པ་ལས་བཤད། ཟས་སྦྱོར་དུ་བཅུག་པའི་ཁྱིམ་ཉེ་དུ་ན་ལྟུང་བ་མེད་པར་བསྡུས་པ་ལས་བཤད། ཡང་ཡང་ཟ་བ་ལ་སྦྱིན་བདག་ཉེ་དུ་ཡིན་ན་ལྟུང་བ་མེད་པར་རྒྱ་ཆེར་འགྲེལ་ལས་བཤད། ལྟུང་བཟེད་དོ་གསུམ་ལས་ལྷག་པར་ལེན་པ་ལ་ཉེ་དུ་ཡིན་ན་ལྟུང་བ་མེད་པར་མེ་ཏོག་ཕྲེང་རྒྱུད་ལས་བཤད་པས་དེས་ན་ལྟུང་བ་ཉི་ཤུ་རྩ་ལྔ་ནི་ཡུལ་ཉེ་དུ་ཡིན་ན་ཁེགས་སོ། **།ཆོས་གོས་གདིང་བ་རྙིང་པ་འཕྲུར་**[༤]འཇུག་པ། །ལྟུང་བ་འདི་བོད་ན་མེད་ཀྱང་བསྲུང་བའི་ཕན་ཡོན་ཐོབ་པར་ཡིན་ནོ། །རང་ལ་ཆོས་གོས་རྣམ་གསུམ་**ཡོད་བཞིན་**ཉེ་དུ་མ་ཡིན་པའི་དགེ་སློང་མ་**དེ་ལས་**ཆོས་གོས་སམ་**གོས་རྒྱུ་ལེན་**པ་[༥]དང་འདི་འང་བོད་ན་མེད་དོ། །རང་ལ་ཆོས་གོས་རྣམ་གསུམ་མེད་བཞིན་དུ་ཉེ་མིན་**ཁྱིམ་པ**ར་འཁོར་གསུམ་ཁེབ་པའི་ཚད་དུ་ལོངས་པའི་**གོས་རྒྱུ་སློང་བ**[༦]དང་། **།ཆོས་གོས་མེད་པས་ཉེ་མིན་ཁྱིམ་**པ་**ལས་**ཏེ་ཁྱིམ་པའི་གོས་སྟོད་གཡོགས་སྨད་གཡོགས་སོགས་ཟུང་གཅིག་**སློང་བར་རིགས་**ཀྱང་སྟོད་གཡོགས་སྨད་གཡོགས་ཟུང་དེ་**ལས་ལྷག་**[༧]**པར་ལེན་**པའོ། **།སློས་མ་**ཐག་པ་བཞིན་ཉེ་མིན་ཁྱིམ་པ་**དེ་**འདྲས་**རང་ལ་གོས་སྟེར་བའམ་**ཡང་ན་སྟེར་བར་བྱའོ་སྙམ་སྟེ་**བློས་དཔག་པར་**ཏེ་སྡོམ་འགྲེལ་གཞན་ཕན་ཉི་མའི་སྣང་བ་ལས། ཉེ་དུ་མིན་པའི་ཁྱིམ་པས་རང་ལ་སྦྱིན་པར་བྱའོ་བསམ་པ་ནི་བློས་སྤྱགས་པའོ་གསུངས་སོ། ཁྱིམ་བདག་གིས་སྟེར་

ཟིན་པའམ་བློས་དཔག་པ་ལས་ལྷག་པའི་རིན་དང་ཚད་སོགས་སྔར་ལྟར་བརྗོད་སློང་བ་དང་། ཁྱིམ་བདག་ཕོ་མོ་སོ་སོས་སྐྱེར་དཔག་པའི། །གོས་སོགས་ལས་ནི་ལྷག་པར་བསླངས་[9]པ་དང་པོ་མོ་གཉིས་ལས་སྦྱོར་བ་གཅིག་གིས་ཐོབ་ན་ལྟུང་བ་གཅིག་བསྐྱེད་ལ་སྦྱོར་བ་ཐ་དད་པས་གོས་ན་ལྟུང་བ་གཉིས་སོ། །སྦྱིན་བདག་གིས་གོས་རིན་རིན་ཆེན་བསྐུར་ལས་བསྐུལ་བ་གསུམ་ལས་ལྷག་པར་བྱས་ཀྱང་སྤང་ལྟུང་དང་། བསྐུལ་བ་གསུམ་ལས་མ་ལྷག་ཀྱང་བསྟོད་པ་གསུམ་ལས་ལྷག་ཚེ་སྤང་[10]བར་འགྱུར་ཏེ་འགྲེལ་ཆུང་ལས། ལན་དྲུག་ལས་ལྷག་པ་དང་དུ་ལེན་ན་སྤང་བའི་ལྟུང་བར་འགྱུར་རོ། །ཞེས་གསུངས་སོ། །དེའང་སྦྱིན་བདག་གིས་གོས་ཀྱི་རིན་དགེ་སློང་གིས་རེག་ཏུ་མི་རུང་བ་གསེར་དངུལ་ལྟ་བུ་བསྐུར་བ་ན་དགེ་སློང་གིས་ལེན་དུ་མི་བཏུབ་པས་ཕོ་ཉ་བ་དེས་དགེ་སློང་གི་ཞལ་ཏ་བ་ལ་གཏད་ནས་གོས་བསླུབ་ཏུ་བཅུག་པ། དུས་སུ་གོས་མ་ཐོབ་ན་དངོས་སུ་ཚིག་གིས་བསྐུལ་བ་གསུམ་བྱ་ཞིང་། དེ་ལྟར་བྱས་ཀྱང་གོས་མ་ཐོབ་ན་ཞལ་ཏ་བས་མཐོང་བའི་ཕྱོགས་སུ་ཅང་མི་སྨྲ་བས་ལན་གསུམ་དུ་བསྟད་ནས་བསྒྲོངས་ན་ཉེས་པ་མེད་མོད་དེ་ལས་ལྷག་པར་བྱས་ཏེ་གོས་ཐོབ་ན་སྤང་ལྟུང་འགྱུར་ངོ་། །གང་དུ་རིན་ཆེའི་སྲང་བཅུ་ཡན་གྱིས་སྲིན་བལ་གྱིས་འཁོར་གསུམ་ཁེབས་པའི་ཚད་ཀྱི་སྟན་བྱེད་པ་དག་ལུག་གི་བལ་ནག་པོ་འབའ་ཞིག་གི་སྟན་བྱེད་པ་དང་། །དཀར་ནག་གཉིས་བསྲེས་ཏེ་སྟན་བྱེད་པ་ལའང་ནག་པོ་ཤས་ཆེ་བ་སྟེ་དེའང་བལ་ནག་པོ་ཆ་གཉིས། དཀར་པོ་ཆ་གཅིག་ཁོབ་བལ་ཆ་གཅིག་སྟེ་བཞིར་བསྲེས་ནས་གདན་བྱེད་པ་ལ་ལྟུང་བ་མེད་ལ། ནག་པོ་ཆ་གཉིས་ལས་ལྷག་པར་བསྲེས་ན་ལྟུང་བའོ། །ཙོ་ལ་སླབ་མ་དགོས་པ་རྙེད་ན་སྟན་གསུམ་ཀ་ལ་ལོངས་སྤྱོད་པས་ཆོག་སྟེ། ཆོག་ལེར། གཞན་ལས་རབ་ཏུ་ཐོབ་ན་ནི། །ཅི་བདེ་བ་ནི་ལོངས་སུ་སྤྱད། །ཅེས་གསུངས་སོ། །རང་ཉིད་དམ། །བསྒོམས་པས་ནང་ཚངས་[11]ཅན་[12]གྱི་སྟན་བྱེད་དང་། །ཞེས་པ་བོད་ན་བལ་ནག་ཡོད་པའི་སྐབས་ཀྱིས་བལ་ནག་གི་ལྟུང་བ་མེད་པར་འདུལ་འཛིན་རྣམས་པས་གསུངས་སོ། །སྙིང་མའི་སྡོམ་གསུམ་རྣམ་ངེས་ཀྱི་འགྲེལ་པ་རྣམས་ལས་ནི། སྲིན་བལ་དང་བལ་ནག་གིས་ནང་ཚང་བྱས་ཏེ་སྟན་བྱེད་པ་ལ་གསུངས་སོ། །སྟན་སྔ་མ་བཟོས་ནས་ལོ་དྲུག་མ་སོང་བར་གང་དགེ་འདུན་ལས་གནང་བ་མ་ཐོབ་པ་སྟན་ནང་ཚངས་[13]ཅན་གསར་བྱེད། །གདིང་བ་གསར་པ་བཟོ་ཚེ་དོར་བྱ་སྟེ་གདིང་བ་རྙིང་པ་ནས། །བདེ་གཤེགས་མཐོ་གང་སྟེ་མིའི་ཁྲུ་ཕྱེད་དོ་ཁོ་ར་ཁོར་ཡུག་ཏུ་ཡོད་པས་མ་གླན་[14]ཡོངས་སྤྱོད་པ་གདིང་བ་རྙིང་པ་ཡོད་བཞིན་དུ་མ་གླན་ན་ལྟུང་བར་འགྱུར་གྱིས་མེད་ནས་མ་གླན་པ་ནི་ཉེས་པ་མེད་དོ། །ཞང་སྟོན་རྡོ་རྗེ་འཆང་གིས་འདི་སྦྱིན་བདག་གི་དད་རྫས་ཆུད་མི་ཟ་བའི་ཆེད་དུ་ཡིན་ནོ་ཞེས་གསུངས་སོ། །བལ་སོགས་ཁྲུར་ཆེན་ཁྲུར་ཆེན་པོ་ནི་མི་ཁྲུར་གཅིག་གི་ཚད་དོ། །མི་གཅིག་གི་ཁྲུར་ནི་སྲང་སྟོང་ཕྲག་གཉིས་ཡོད་པར་རྣམ་འབྱེད་འགྲེལ་པ་

ལས་གསུངས་སོ། །མི་ཁྲུར་གཅིག་དགེ་སློང་གཉིས་ཀྱིས་ཁྲུར་ན་ནི་ཉེས་པ་མེད་དེ། མདོ་རྩ་བར་ཁྲུར་ཕྱེད་ལས་ལྷག་པར་ཁྲུར་བར་མི་བྱའོ་ཞེས་གསུངས་སོ། །འཁྲིར་གྲོགས་བསྙེན་པར་མ་རྫོགས་པར་ཡོད་བཞིན་དུ། །རྒྱང་གྲགས་[༦]འདས་པར་འཁྲིར་ལ་སྤང་ལྟུང་འགྱུར་ཞིང་རྒྱང་གྲགས་ཕྱེད་དུ་ཁྲུར་ན་ཉེས་བྱས་སུ་འགྱུར་རོ། །དགེ་ཚུལ་སོགས། །འཁྲིར་གྲོགས་མེད་ཚེ་དཔག་ཚད་གསུམ་ཚུན་ཆད་ཁྲུར་བར་གནང་། །ཉེ་མིན་དགེ་སློང་མ་ལ་བལ་འཁྲུ་དང་། །སྐྱུད་པ་སོགས་མཁལ་ནས་རྨེལ་བ་དང་ཆོས་བཅོ་བས་འཚེད་འཇུག་ན་སྐྱེ་[༧]ལྟུང་བ་འདི་བོད་ན་མེད་དོ། །གསེར་སོགས་རིན་པོ་ཆེ། །ཉུང་བར་མ་བྱས་ཆགས་པའི་སེམས་ཀྱིས་རེག་པ་སྐྱེ་ཆགས་སེམས་ཀྱིས་ཀུན་ནས་བསླངས་ན་ལུས་དང་འབྲེལ་བའི་དབྱུག་པ་སོགས་ཀྱིས་རེག་ན་ཡང་དངོས་གཞི་བསྐྱེད་དོ། །རིན་པོ་ཆེའི་ཉུང་བ་ལ་གསུམ་སྟེ། སྦྱིན་བདག་བདག་པོ་ཉིད་དུ་མོས་པ་དང་། ཞལ་ཏ་བ་བདག་པོ་ཉིད་དུ་ཁས་ལེན་དུ་གཞུག་པ་དང་སྔགས་ཚིག་གིས་བྱིན་གྱིས་བརླབས་པའོ། །དང་པོ་ནི་ལུང་ལས། སྦྱིན་བདག་དེ་ཉིད་ལ་ཡིད་གཏད་དེ་བཅང་བར་བྱའོ། །ཞེས་དང་། གཉིས་པ་ནི་དགེ་སློང་གིས་ཇི་སྲིད་འཚོ་བའི་བར་དུ་རིན་ཆེན་གང་སྙེད་པ་དེ་ཐམས་ཅད་ཀྱི་བདག་པོ་ཞལ་ཏ་བ་ཁྱོད་ཡིན་པར་མོས་ཤིག་ཅེས་སྨྲས་ཏེ་དེ་ཕྱིན་ཆད་གསེར་དངུལ་གང་སྙེད་ཀྱང་འདིས་ཆོས་གོས་སོགས་ཉུང་བའི་དངོས་པོ་མ་ཉམས་ཀྱི་བར་འདི་བདག་ལ་དམིགས་ཀྱི་གི་ཞལ་ཏ་བྱེད་པ་མི་དེ་ལ་དབང་ངོ་སྐམ་དུ་བསམ་པའོ། །གསུམ་པ་ནི་ཡུལ་དེ་རྣན་ན་ཕྱག་བྱ་གཞོན་ན་ཐུགས་གཏད་པར་ཞུ་བ་ཕུལ་ལ། ཡུལ་རྟེན་གཉིས་ཀ་སྦྱོད་ལམ་འགྲེང་སྟེ་གཉིས་ཀའི་ལག་པ་རིན་པོ་ཆེ་ལ་མ་རེག་པ་མེ་འདི་བའི་ཕྱག་རྒྱས་དགབ་ལ་བཙུན་པ་དགོངས་སུ་གསོལ། བདག་དགེ་སློང་མིང་འདི་ཞེས་བགྱི་བས་དངོས་པོ་ཉུང་བ་མ་ཡིན་པ་འདི་རྙེད་དེ་བདག་དགེ་སློང་མིང་འདི་ཞེས་བགྱི་བའི་དངོས་པོ་ཉུང་བ་མ་ལགས་པ་འདི་བྱིན་གྱིས་བརླབ་བོ། །དངོས་པོ་ཉུང་བ་མ་ལགས་པ་འདིས་དངོས་པོ་ཉུང་བ་བསྒྲུབ་པར་བགྱིའོ། །ཞེས་ལན་གསུམ་བརྗོད། མཇུག་ཏུ་ཐབས་ལེགས་བྱའོ། །རང་གཅིག་པུ་ཡིན་ན་གོང་གི་སྔགས་ཚིག་ལན་གསུམ་བརྗོད་ན་ཆོག་གོ། །ཁྱིམ་པར་བུན་བསྐྱེད་མངོན་མཚན་ཅན་བཏང་དང་[༩]གསེར་དངུལ་ལ་སོགས་པ་ནི་གྲགས་པ་ཅན་ཡིན་པས་ན་མངོན་མཚན་ཅན་ནོ་ཞེས་མཚོ་མཆན་ལས་གསུངས་སོ། །ནས་འབྲས་དར་གོས་སོགས་བུན་བསྐྱེད་བྱས་པ་ལས་ཀྱང་ལྟུང་བ་འདི་འབྱུང་བ་ནི་ལུང་རྣམ་འབྱེད་གཉིས་ཀ་དང་རྣམ་འབྱེད་ཀྱི་འགྲེལ་བ་དང་ཞུ་འགྲེལ་ལས་གསུངས་སོ། །ཁེ་སྤོགས་འདོད་ཕྱིར་འབྲུ་སོགས་ཉོ་ཚོང་[༡༠]བྱེད་དེ་ཞང་སྟོན་དོ་རྗེ་འཆང་གིས་འདིའི་སྐེང་ནས་གདམ་དང་། ཁྱིམ་པ་སྨན་འབྱིན་གྱི་ལྟུང་བ་དང་ལྟུང་བྱེད་ཀྱི་རིགས་དཔག་ཏུ་མེད་པ་དང་། སྐབས་འདིའི་སྤང་ལྟུང་སོགས་འབྱུང་བར་གསུངས་སོ། །མངོན་མཚན་ཅན་གྱི་སྤང་ལྟུང་དང་ཉོ་ཚོང་བྱེད་པའི་སྤང་ལྟུང་གཉིས

བཞགས་པའི་ཚེ་འདི་གཉིས་ཀྱི་ཁེ་བསྐྱེད་རི་ཙམ་ཐོབ་པའི་ཆ་དེ་གཏན་སྤང་བྱེད་དགོས་སོ། |**ལྷུང་བཟེད་བྱིན་གྱིས་མ་བརླབས་ཞག་བཅུ་ལས།** |**འདས་པར་**[༡]**འཆང་**དང་ཡོངས་སྤྱོད་དུ་རུང་བའི་ལྷུང་བཟེད་ཡོད་བཞིན་དུ་འདོད་ཞེན་གྱིས་ཁྲིམ་པ་ཉེ་དུ་མ་ཡིན་པ་ལས་**ལྷུང་བཟེད་ལྷག་**[༢]**པོར་འཚོལ་**ཕྱིར་ཁྲིམ་པ་ཉེ་དུ་མ་ཡིན་པ་ལ་**གླ་རྔན་མེད་པར་རས་སོགས་འཐག་**[༣]**འཇུག་**དང་སྐྱེ་ཁྲིམ་པ་ཉེ་དུ་མ་ཡིན་པས་རང་ལ་སྦྱིར་རྒྱུ་ཡིན་པར་བློས་དཔགས་པའི་རས་ཡུག་སོགས་**བསྔོས་ཚོད་ལས་ལྷག་**པར་ཞིང་ཆེ་བ་དང་དཀྲུས་རིང་བ་གྱིས་ཤིག་ཅེས་ཐག་པ་ལ་སློག་ཏུ་གླ་རྔན་ཅུང་ཟད་བྱིན་ཏེ་**འདོད་པས་ཐག་**[༤]**རྒྱུ་**བདག་པོས་མ་གནང་བཞིན་དུ་**བསྐྱེད།** |**གོས་སོགས་ཡོ་བྱད་བྱིན་ནས་**[༥]**སླར་འཕྲོག་དང་།** |དབྱར་གྱི་རྙེད་པ་དབྱར་རྙེད་ཅེས་པ་ནི་དགག་དབྱེའི་དུས་སུ་སྦྱིན་བདག་འོང་ནས་དགེ་འདུན་ལ་དབྱར་གནས་པའི་ཡོན་དུ་ཕུལ་བ་དེ་ཡིན། དེ་སྦྱིན་བདག་གིས་གློ་བུར་གྱི་རྐྱེན་ལྔ་གང་རུང་གིས་དབང་བའི་གོས་དགག་དབྱེའི་སྔ་རོལ་དུ་གློ་བུར་དུ་ཕུལ་བ་ནི་ཉེས་པ་མེད་ལ་རྐྱེན་ལྔ་ནི་སྦྱིན་བདག་ཤི་བའི་དོན་དུ་ཕུལ་བ་དང་འཆི་བར་དོགས་པས་ཕུལ་བ་དང་། ནད་པས་ཕུལ་བ་དང་། ནད་པའི་ཕྱིར་ཕུལ་བ་དང་། འགྲོ་བར་ཆས་པས་ཕུལ་བ་སྟེ་ལྔའོ། |རྐྱེན་ལྔ་པོ་དེ་མེད་བཞིན་དུ་རྙེད་པ་དེ་དབྱར་གྱི་ནང་དུ་བདག་གིར་བྱེད་པའི་སྤང་ལྟུང་དང་། དེ་ཉིད་དབྱར་ནང་དུ་སོ་སོར་བགོས་པའི་སྤང་ལྟུང་དང་། དབྱར་དགག་དབྱེ་བྱས་པའི་ཕྱི་ཉིན་པར་མ་བགོས་པའི་ལྟུང་བྱེད་དེ་གསུམ་དུ་གསུངས་སོ། |རྐྱེན་ལྔ་པོ་གང་རུང་གི་དབང་གིས་དབྱར་རྙེད་དེ་དབྱར་གྱི་ནང་དུ་དགེ་འདུན་སྤྱི་ཚོམ་དུ་བདག་གིར་བྱེད་པ་གནང་ཡང་སོ་སོར་བགོ་བ་ནི་མ་གནང་སྟེ་མདོ་རྩ་བར་བགོས་ན་ཡང་ངོ་ཞེས་གསུངས་སོ། |**དུས་མིན་བདག་**[༦]**གིར་བྱས།** |**དགོན་པ་གནས་པས་ཆོས་གོས་ཏེ་**སྟོམ་འགྲེལ་ཉི་མའི་སྣང་བ་ལས། དགེ་སློང་དགོན་པ་བས་དགྲ་རྐུན་སོགས་ཀྱི་གནོད་འཚེ་ཡོད་ན་ཆོས་གོས་རྣམ་སྦྱར་གཞན་དུ་བཞག་པར་གསུངས་ཏེ་འཐད་དམ་སྣམ་སྦྱར་འབུམ་རི་བ་སོགས་ཡོད་སྣམ་སྦྲིད་ཅིང་ཆོས་གོས་གཞན་ནི་རྟག་ཏུ་གྱོན་དགོས། གསུམ་ལས་གང་ཡང་རུང་བ་གྲོང་དུ་བཞག་པ་**དང་བྲལ་བས།** |**ཞག་དྲུག་**ཚུན་ཆད་དུ་འོས་པ་མེད་ཅིང་དེ་ལས་ལྷག་པའི་སྐྱ་རེངས་ཤར་**མཚམས་ལས་འདས་**[༧]**པ་དང་།** |རྐྱེན་དབང་གིས་ཞག་དྲུག་ལས་ལྷག་པར་འདས་ཀྱང་ཉེས་པ་མེད་དེ། མདོ་རྩ་བར། བར་ཆད་ཀྱི་དབང་གིས་མ་འོངས་པ་ལ་ཉེས་པ་མེད་དོ། |ཞེས་གསུངས་སོ། |ཚིག་ལེའི་ཊཱི་ཀར། དགོས་པའི་དབང་གིས། དགོན་པ་དང་ཆོས་གོས་བཞག་པའི་ཁྲིམ་ལས་གཞན་ལས་གཞན་དུ་ཞག་དྲུག་འདས་པ་གནས་ཀྱང་ཉེས་པ་མེད་དོ། |ཞེས་གསུངས་སོ། |**རས་ཆེན་དབྱར་ཁས་ལེན་གྱི་དུས་ལས་ཟླ་གཅིག་ལས་ལྷག་ཚོལ་སྟ་ཞིང་།** |དགག་དབྱེ་བྱས་ཟིན་པའི་རྗེས་སུ་འང་**ཟླ་ཕྱེད་འདས་པར་**[༨]**བཅངས་པ་**སྟེ་མདོར་ན་དབྱར་ཁས་ལེན་གྱི་སྔ་རོལ་ཟླ་བ་གཅིག་ནས་བཙལ་རུང་ཞིང་།

དགག་དབྱེའི་རྗེས་སུ་ཟླ་ཕྱེད་ཚུན་ཆད་འཆང་དུ་རུང་བས། དེས་ན་ཟླ་བ་ཕྱེད་སྤར་འཆང་རུང་ངོ་། །དེ་ལས་བཟློག་ན་ཆོལ་སྤྲས་པ་དང་བཞག་འཕྲེས་པའི་སྤྱང་ལྟུང་ཐ་དད་པ་རེ་རེ་འབྱུང་ངོ་། །དགེ་སློང་གཞན་ལ་བསྔོས་པ་ཤེས་བཞིན་པའི་གོས་སོགས་སྨྲས་ཡོ་བྱད་གཞན་དག་ཀྱང་བསྔོས་དེ་རང་ལ་ཁ་བསྒྱུར་ནས་རང་གིས་ཐོབ་པར་བྱེད་པའོ། །བཟའ་བ་ལྔ་དང་བཅའ་བ་ལྔ་ལྟ་བུ་ཉིན་ཕྱེད་ཡོལ་ནས་གསོག་འཇོག་ཏུ་འགྱུར་བ་དང་། རྒྱ་ཧ་སོགས་བཏུང་བའི་རིགས་རྒྱ་སྐར་འཆར་བ་ནས་གསོག་འཇོག་ཏུ་འགྲོ་བ་དང་མཚན་མོའི་བཏུང་བ་ནི་སྐྱ་རེངས་ཤར་བ་ནས་གསོག་འཇོག་ཏུ་འགྲོ་བ་དང་། བུ་རམ་མར་སྦྲང་རྩི་སོགས་བཞག་པའི་སྨན་ནི་བྱིན་བརླབས་བྱས་ནས་བཀྲུད་པའི་སྐྱ་རེངས་ཤར་ན་གསོག་འཇོག་ཏུ་འགྱུར་བ་ལྟ་བུའོ། །

བཀའ་རྒྱུད་པ་སོགས་ནི་འཚོ་བཅང་གི་སྨན་ཡང་ནད་འཚོ་བའི་བར་བཅང་བར་འདོད་པས་ནད་གྲོལ་ནས་ཐུན་ཚོད་གཅིག་འདས་ན་གསོག་འཇོག་ཏུ་འདོད་དེ་དེས་ན་སྨན་བཞི་ཀ་ལ་གསོག་འཇོག་འདོད་དོ། །རང་ལུགས་འཚོ་བཅང་ནི་ཚེ་ཇི་སྲིད་འཚོའི་བར་མིན་པའི་གནད་ཀྱིས་སྨན་གསུམ་ཞེས་སློས་པ་ཡིན་པར་ཤེས་དགོས་སོ། །གསུམ་པ་རང་རང་གི་དུས་ལས་འདས་པའི་གསོག་འཇོག་གོ་འཚོ་བཅང་ནི་སྨན་རྣམས་དུས་ཀྱི་མཐའ་ལས་འདས་པའི་ལྟུང་བ་མེད་ཀྱང་རོ་དང་ནུས་པ་འགྱུར་ན་ནི་གསོག་འཇོག་གི་སྤྱང་ལྟུང་བསྐྱེད་པས་དེ་འཕྲལ་དུ་སྤང་དགོས་སོ། །དེའང་རྣམ་འབྱེད་དང་མདོ་རྩ་བ་ལས། ཞག་བདུན་པའི་སྨན་མ་གཏོགས་དུས་རུང་དང་ཐུན་ཚོད་ལ་གསོག་འཇུག་ཏུ་འགྲོ་བ་དངོས་སུ་མ་གསུངས་ཤིང་བམ་པོ་ལྔ་བཅུ་པ་ལས། སྨན་ཞག་བདུན་པར་བྱིན་གྱིས་བརླབས་པ་ལས་སྨན་གཞན་དུས་རུང་ལས་འཆང་ན་ཉེས་བྱས་སུ་གསུངས་ཡང་། སྐབས་འདིར་སྨན་གསུམ་ཀ་ལ་གསོག་འཇོག་བཤད་པ་ནི་རྒྱ་ཆེར་འགྲེལ་གྱི་དགོངས་པ་ལྟར་རོ། །གསོག་འཇོག་བྱས་པ་དེ་ཟོས་ན་ནི་ལྟུང་བྱེད་འབའ་ཞིག་པའི་ཉེས་པ་འབྱུང་བར་སོ་ཐར་གྱི་མདོ་ལས་གསུང་སྟེ་སྡོམ་ཚིག་ལས། དུས་དང་དུས་མིན་གསོག་འཇོག་དང་། །ཞེས་གསུངས་སོ། །བསྟན་བཅོས་འདིར་ཡང་། མུ་གེའི་དུས་མིན་གསོག་འཇོག་བྱས་པ་ཟ། །ཞེས་གསུངས་སོ། །

ལྟུང་བ་གང་ཞིག་རང་རྒྱུད་ལ་བྱུང་ནས་ཕྱིར་བཅོས་པ་ན་དངོས་པོ་དེ་སྤང་འབྲལ་སྔོན་འགྲོ་མི་དགོས་ཤིང་། །ལྟུང་བྱེད་རང་རང་གི་མིང་གིས་འཚོས་དག་རུང་བར། །དབྱེན་ཤེས་བཞིན་སྨྲ་སོགས་བཅུ་ཚན་དགུ། །ཕམ་པར་འགྱུར་བའི་རྟེན་མི་ཆོས་བླ་མ་དང་། དགེ་འདུན་ལྷག་མའི་རྟེན་གཞི་མེད་བག་ཙམ་དང་། སྤོམ་པོར་འགྱུར་བའི་རྟེན་དགེ་འདུན་གྱི་དབུས་ནས་ཆོས་དང་ཆོས་མ་ཡིན་པའི་དབྱེ་བ་ཤེས་བཞིན་དུ་ཆོས་མ་ཡིན་པ་ཆོས་སུ་དང་ཆོས་ཡང་དག་པ་ནི་ཆོས་མ་ཡིན་ནོ། །ཞེས་སྨྲ་བ་ནི་དགེ་འདུན་ལྷག་མའི་དབྱེན་གྱི་ཆར་གཏོགས་

ཀྱི་ཉེས་པ་སྦོམ་པོའོ། །གཞུང་འདིར། མཚམས་ཀྱི་ནང་གཅིག་ཏུ། །ཕྱུན་ཚོགས་དགེ་འདུན་དུ་ལོངས་དེ་ཡི་ཚེ། །ཆོས་མིན་སྨྲ་བ་དག་གིས་ཆོས་ཕྱོགས་ལས། །དབྱེ་བའི་སེམས་ཀྱིས་ཐ་དད་ལས་བྱས་པས། །དགེ་འདུན་བྱེ་སྟེ་བྱེད་པ་པོ་ལ་གྲུབ། །ཞེས་གསུངས་པའི་དབྱེན་དེ་ཉིད་སྦོམ་པོ་ཡིན་ནོ། །གསོ་སྦྱོང་གི་ཚེ་ཙི་ལ་ཁྱེད་རྣམས་ཡོངས་སུ་དག་གམ་ཞེས་འདྲི་བ་ན་མ་དག་པ་ཤེས་བཞིན་དུ་ཅང་མི་སྨྲ་བར་དྲི་བ་གསུམ་པའི་དུས་ལས་འདས་པར་བྱེད་པ་ནི་ཉེས་བྱས་ཏེ་དེ་ལྟར་རྫུན་**རིགས་བཞི་ལས་གཞན་ཤེས་བཞིན་བརྫུན་སྨྲ**[1]**བ།** །**དགེ་སློང་གཞན་གྱི་རིགས་**དང་རུས་དང་ཡོན་ཏན་སོགས་ཀྱི་**སྐྱོན**[2]**བརྗོད་**པ་སྟེ་སྐྱོན་སྨྲ་བའི་ཚིག་འཇམ་རྩུབ་ཇི་ལྟར་བྱས་ཀྱང་ལྟུང་བྱེད་དུ་འགྱུར་ཏེ། མདོ་རྩ་བར། འཇམ་པོས་བྱས་ཀྱང་རུང་རྩུབ་མོས་བྱས་ཀྱང་རུང་ངོ་ཞེས་དང་། མི་དགའ་བ་ཉིད་དུ་མ་གྱུར་ན་ཡང་ངོ་། །ཞེས་སོ། །དེའང་ཕན་སེམས་མ་ཡིན་པར། དགེ་སློང་གང་ཟག་གི་བར་**ཕྲ་མས**[3]**འབྱེད་**པ་དང་། **གང་ཟག་རྩོད་པ་དགེ་འདུན་གྱིས་ཞུམས་པར་**འཁྲུགས་སློང་ཆེན་པོ་བྱེད་པའི་མིང་ངོ་སླར་ཡང་རྩོད་པ་བསླངས་པའི་མིང་**སྐྱོ་སྐྱོགས་བྱེད་པས**[4]ཏེ་ཡོན་ཏན་རྒྱ་མཚོས་སྡོམ་འགྲེལ་ལས། སྐྱོ་སྐྱོགས་ནི་ཟིན་བཤིག་བྱེད་པའི་མིང་ཡིན་པར་བཤད། **བཤིགས་པར་རྩོམ་པ་དང་**རྒྱ་ཆེར་འགྲེལ་ལས་སྐྱོ་སྐྱོགས་བྱེད་པ་ནི། འཁྲུགས་པ་ལོངས་བྱེད་པ་སྟེ་ཞེས་སོ། །འགྲེལ་ཆུང་ལས། སྐྱོ་སྐྱོགས་བྱེད་པ་ནི། རྩོད་པ་ཞི་བར་མི་རིགས་ཀྱི་དབྱུང་རྩོད་པའི་རིགས་སོ་ཞེས་དང་། ལུང་རྣམ་འབྱེད་ལས། རྩོད་པ་འདི་ནི་ཞི་བར་མ་ཡིན་གྱི་ཡང་ཞི་བར་བྱའོ། །ཞེས་པ་ནི་སྐྱོ་སྐྱོགས་བྱེད་པ་ཡིན་ནོ། །ཞེས་གསུངས་སོ། **ཁྲིམས་གྲོགས་མེད་པར་བུད་མེད་ལ་ཚིག་དྲུག་ལས་ལྷག་པའི་ཆོས**[5]**སྟོན་དང་**སྟེ་ཁྲིམས་གྲོགས་ནི། མི་ལས་འགྲོ་བ་གཞན་དང་ལྐུག་པ་དང་། །གླེན་འོན་ལ་སོགས་དོན་མི་གོ་བ་དང་། །སྨྱོ་དང་མཚན་གཉིས་པ་དང་དམུས་ལོང་རྣམས། །སྐབས་འདིར་ལྟུང་མེད་བྱེད་པའི་ཁྲིམས་གྲོགས་མིན། །ཞེས་མཚོ་ཊཱི་ཀ་ཆེན་མོར་འབྱུང་བས། དེ་ལས་བཟློག་སྟེ། མི་ཡིན་པ་དང་། སྨྲ་ཤེས་པ་དང་། དོན་གོ་བ་དང་། ཤེས་པ་རང་བཞིན་དུ་གནས་པ་དང་། སྐྱེས་པའི་མཚན་ཀྲུང་པ་དང་ལྡན་པ་དང་། ལོང་བ་མ་ཡིན་པ་སྟེ་ཁྱད་ཆོས་དྲུག་ལྡན་ཞིག་དགོས་སོ། །འདུས་བྱས་ཐམས་ཅད་མི་རྟག་པའོ། །ཞེས་པ་ལྟ་བུ་ཚིག[6]མ་**རྫོགས་པ་དང་ལྷན་ཅིག་ཀློད་བག་གི།** །**བསམ་པས་སྣ་ཚོགས་གདངས་ཀྱིས་ཆོས**[7]**འདོན་**པ་འདི་ཆོས་ལྡན་གྱི་བྱ་བའི་ཆེད་དུ་ཡིན་ན་སྐྱོན་མེད་དོ་ཞེས་ཞང་སྟོན་རྡོ་རྗེ་འཆང་གིས་གསུངས་སོ། །**ཕམ་ལྷག་ལྟུང་བ་གླེང་ལ་དགེ**་འདུན་གྱི་གསོལ་གཉིས་ཀྱིས་མ་**བསྐོས་བཞིན།** **མ་རྫོགས་མདུན་དུ་གནས་ངན་ལེན**[8]**བརྗོད་**པ་སྟེ་དགེ་སློང་གཞན་གྱི་ཕམ་ལྷག་གང་རུང་བརྗོད་ན་ལྟུང་བྱེད་འདི་འབྱུང་ལ་སྦོམ་པོ་དང་ལྟུང་བྱེད་དང་སོར་བཤགས་སོགས་ཀྱི་གནས་ངན་ལེན་བརྗོད་ན་ཉེས་བྱས་སོ། །ལྟུང་བ་ཐ་དད་པ་དུ་མ་ཚིག་གཅིག་གིས་བརྗོད་ན་དེ་ལ་ལྟུང་བ

གཅིག་ཏུ་འགྱུར་རམ་ཐ་དད་དུ་འགྱུར་ཞེ་ན། དགེ་སློང་གིས་མི་ལྟ་བཤད་དོ་ཞེས་བརྗོད་པ་ལྟ་བུ་སྨྲ་བ་གཅིག་གིས་ཚིག་གཅིག་ཏུ་སྨྲས་ན་དོན་ཡོད་ཀྱང་དངོས་གཞི་གཅིག་ཏུ་འགྱུར་ཏེ། མདོ་རྩ་བར་དོན་དུ་མ་ལ་ཚིག་ཐ་དད་པ་མེད་དོ། །ཞེས་སོ། །མ་རྫོགས་པ་དང་རྫོགས་ཀྱང་བདེན་པ་མ་མཐོང་བ་ལ་དགོས་པ་མེད་བཞིན་དུ། མི་ཆོས་བླ་མའི་ཡོན་ཏན་བདེན་པར་འཆད། །བྱ་བ་ལྟག་པར་བརྩོན་ལ་དགེ་འདུན་གྱིས། །ཡོ་བྱད་བྱིན་པར་ཏེ་དགེ་འདུན་གྱི་རྫས་གང་ཟག་ལ་བཤེས་ངོར་བྱེད་ནས་བྱིན་ནོ་ཅེས་སྐུར[༩]། །མདོ་འདོན་ཆེན་བསླབ་གཞི་ཕྲ་མོ་དག །བཏོན་པས་ཅི་ཞིག་བྱ་ཞེས་ཁྲིད་དུ[༡༠]གསོད། །ས་བོན་དང་ནི་སྨྱུག་སྔོན་པོ་སྐྱེ་བ་[༡༡]འཇོམས་ཏེ་སྨྲ་བ་གཅིག་གིས་འབྲས་བུ་མང་པོ་ཉམས་པར་བྱེད་ན་སྨྲ་ལྟུང་ནི་གཅིག་ཁོ་ན་བསྐྱེད་ལ། དངོས་གཞི་ནི་འབྲུའི་གྲངས་ཀྱི་ལྟུང་བྱེད་འབྱུང་ངོ་། །ཤིང་སྡོང་ལྟ་བུ་དངོས་པོ་གཅིག་ལ་ལན་གྲངས་དུ་མ་བསྣུན་པའི་གྲངས་དང་མཉམ་པར་འབྱུང་ངོ་། །མི་ཏོག་དང་འབྲུ་སོགས་རྩ་ཐོན་དུ་དབྱུང་ནས་གཞན་དུ་སྤོ་བ་དང་། ཉ་ལྕིབས་ཆུའི་ནང་ནས་བཏོན་པ་ལྟ་བུ་ཡང་། ལྟུང་བའི་དངོས་གཞི་འབྱུང་སྟེ། མདོ་རྩ་བར། བཏོན་ནས་གུད་དུ་བསྐྱེད་པར་བྱ་བ་ཉིད་ཡིན་ཡང་མཐའ་ཉིད་དོ། །ཉ་ལྕིབས་དང་ཀ་ཚང་དག་ཆུ་ནས་བཏོན་པ་ནི་དེ་ཉིད་དོ་ཞེས་གསུངས་སོ། །ཞལ་ཏ་ཆོས་བཞིན་བྱེད་ལ་འཕྱ་དགོས་པའི་རྒྱུ་མཚན་མེད་བཞིན་དུ་འཕྱ་བ་ནི་[༢]ལུང་ལས། གནས་ཁང་ཟས་ལ་བསྒོ་བ་གཉིས། །ཐུག་པ་བག་ཆོས་འགྲིམ་པ་གཉིས། །ཕྲན་ཚེགས་འགྲིམ་པར་བྱེད་པ་དང་། །སྣོད་སྤྱད་འབྱུང་དང་གོས་ཀྱི་གཉིས། །དབྱར་གྱི་རས་ཆེན་སྦྱིན་དང་འབྱེད། །མངགས་གཞུག་པ་དང་མཛེས་ཆོས་ཏེ། །གང་ཟག་བཅུ་དང་གཉིས་པོ་དག སྔོན་པས་ཡང་དག་བཤད་པ་ཡིན། །ཞེས་གསུངས་སོ། །དེ་དང་དེར་མ་བསྐོས་ཀྱང་རུང་སྟེ། མདོ་རྩ་བར། མ་བསྐོས་པ་དག་ཀྱང་ངོ་། །ཞེས་གསུངས་སོ། །བསྒོ་བ་རྣ་གཟོན་ཞེས་པ་ནི་ཚིག་གིས་རྣ་ལ་གཟོན་པ་དང་ཙུང་མི་སྨྲ་བས་རྣ་ལ་གཟོན་པ་སྟེ་གཉིས་སོ། །དགེ་འདུན་གྱིས། ལྟུང་བ་གླེང་ལ་ཁས་མི་ལེན་པར་ཁོ་བོས་ཁྲིད་ཀྱི་ལྟུང་བ་འཆགས་མི་ཁོམ་མོ་ཞེས་པ་ལྟ་བུ་གཞན་དུ་བསྒྱུར། ཁྲི་སོགས་སྒྲས་ཁྲིའུ་དང་སྟན་དང་སྔས་སོགས་གནས་མལ་སྤྱད་ནས་མ་བསྡུས་པར། བླ་གབ་མེད་པར་ཐོར་ནས་ཕྱིན་པ་[༣]དང་། དེ་བཞིན་རྩ་དང་ལོ་མ་སོགས་གདིང་བ་མ་བསྡུས[༤](པ་བླ་གབ་ཡོད་མེད་གང་ཡིན་ཡང་རུང་གཞི་རྗོ་བ་དང་བྱེ་མའི་གཞི་ལྟ་བུ་ལྟ་ནི་མ་བསྡུས་ཀྱང་ཉེས་པ་ཡོད་ལ། དེ་ལས་བཟློག་པའི་ས་འཇམ་ཞིང་གཤེར་བའི་གནས་སྲོག་ཆགས་འཇུག་སླ་བའི་གཞིར་མ་བསྡུས་ན་ལྟུང་བྱེད་དོ། །ལྟུང་བྱེད་བཞི་པ་དང་ལྔ་པ་འདི་གཉིས་ལས་བྱེད་པ་པོ་སྟེ་ཞལ་ཏ་བར་འབྱུང་སྲོག་དང་ཚངས་སྤྱོད་ལ་གནོད་པ་དང་འབྲུགས་པ་སོགས་ཞི་བའི་དགོས་པ་མེད་པར། གཙུག་ལག་ཁང་ནས་དགེ་སློང་སྒྲོད[༥]པ་ནི་དེ་ཕྱི་རོལ་དུ་འཐོན་པ་ན་ལྟུང་བྱེད་དང་དགེ་སློང་ཞེས་པའི་ཚིག

གིས་བསྙེན་པར་མ་རྫོགས་པ་སྐྲོད་པ་ནི་ཉེས་བྱས་ཏེ་མདོ་རྩ་བ་ལས། དགེ་སློབ་མ་དང་དགེ་ཚུལ་དང་དགེ་ཚུལ་མ་རྣམས་ཀྱིས་དགེ་སློང་སོགས་སྐྲོད་ན་ཉེས་བྱས་ཀྱིའོ། །དགེ་ཚུལ་སོགས་དེ་དག་དགེ་སློང་གིས་སྐྲོད་ཀྱང་ངོ་། །ཞེས་གསུངས་སོ། །

སྨར་ཞུགས་དགེ་སློང་དག་ལ་ཕྱིས་གནོན་བྱེད་པ་སོགས་ཀྱིས་ཐོ་འཚམས[7]པ། །**དགེ་འདུན་ཁང་སྟེང་མལ་ཁྲིའི་རྐང་པས་བུག་པ་བརྡོལ་ན**འོ། །རང་དོན་དུ་སྲོག་ཆགས་དང་བཅས་པའི་ཆུ་ལ་ལོངས་སྤྱོད་པ་ནི་འོག་ལྟུང་བྱེད་ཞེ་གཅིག་པ་ཆུ་ཚག་མེད་པར་སྲོག་ཆགས་དང་བཅས་པའི་ཞེས་སོགས་འོག་ནས་འབྱུང་ལ་འདི་ནི་གཞན་དོན་དུ་**སྲོག་ཆགས་དང་བཅས་རྩྭ་ཆུ་འདེབས**[6]**དང་སྤྱོད།** ཆར་ཆུས་**འཇིག་རྐྱེན་ཡོད་སར**་ཉི་མ་གཅིག་ལས་ལྷག་པར་རྩིག་སྟེ་**གཙུག་ལག**[10]**རྩིག་པར་རྩོམ་པ**འོ། །བཅུ་ཚན་གསུམ་པ་ནི། དགེ་སློང་མ་ལ་ཆོས་སྟོན་ནུས་པའི་དགེ་སློང་དེ་དགེ་འདུན་གྱིས་གཉིས་ཀྱི་ལས་ཀྱིས་**མ་བསྔོས་པར་དགེ་སློང་མ**[1]**ལ་ཆོས་སྟོན་དང་ལྟུང་**བ་འདི་བོད་ན་མེད་པར་གསུང་། བསྔོས་པ་ཡིན་ཡང་**དགག་དབྱེའི་སྐབས་མིན་མཚན་མོ་**དགེ་སློང་མ་ལ་**ཆོས་སྟོན**[2]**དང་**འདི་ཡང་མེད། དགེ་སློང་མ་**དེས**་རང་ལ་ཆོས་སྟོན་པའི་དགེ་སློང་ལ་**ཟས་ཕུལ་བར་**དགེ་སློང་གཞན་གྱིས་ཕྲག་དོག་གིས་**ཟས་ཆེད་སྟོན་ཞེས་འཕྱ་བ**་འདི་ཡང་མེད། **ཉེ་མིན་དགེ་སློང་མ་ཡི་གོས་བཙེམས་པ་དང**[5]འདི་ཡང་བོད་ན་མེད། །ཉེ་དུ་མ་ཡིན་པ་**དེ་ལ་གོས**[3]**སྦྱིན**་ཉེ་དུ་ཡིན་ཡང་རུང་དགེ་སློང་མ་དང་**ལྷན་ཅིག་ལམ་དུ**[8]**འགྲོ**་བ་སྟེ་རྒྱང་གྲགས་ཀྱི་ཕྱེད་ནི་ཉེས་བྱས་སོ། །འདི་གཉིས་ཡང་མེད། རྒྱང་གྲགས་རེ་རེས་འདས་པ་ན་ལྟུང་བྱེད་རེ་རེའོ། །**ལྷན་ཅིག་གྲུར་**ཐད་ཀ་མིན་པ་ཆུའི་ཀྱེན་མཐུར་**འཛུག**་དེ་འང་ཆུ་བོའི་གཞུང་ལ་རྒྱང་གྲགས་རེར་ཕྱིན་ན་ལྟུང་བྱེད་དང་། རྒྱང་གྲགས་ཀྱི་ཕྱེད་ལ་ཉེས་བྱས་སོ། །ཆུའི་ཐད་ཀར་འགྲོ་ན་ཉེས་པ་མེད་པར་གསུངས་སོ། །**དབེན་པ་སྐབས**་ནང་མུན་པར་རྩིག་པ་རིབ་མ་ཡོལ་བ་སྟེ་སྐབས་ལྟའོ། །**ཡོད་དུ།** དགེ་སློང་མ་དང་**ལྷན་ཅིག**་གོང་དུ་བཤད་པ་ལྟར་ཆོས་དྲུག་ལྡན་གྱི་**ཁྲིམས་གྲོགས་མེད་པར་འདུག**་པ་[2]དང་ཡང་དབེན་པ་སྐབས་ཡོད་དུ་དགེ་སློང་མ་དང་ལྷན་ཅིག་**འགྲེང་**པ[9]། །འདི་དག་ཀྱང་མེད། རང་ཉིད་ལ་ཐོས་སོགས་ཀྱི་ཡོན་ཏན་མེད་བཞིན་དུ་**དགེ་སློང་མར་མངག་སྟེ**་ཁྲིམ་པ་ལ་ཡོན་ཏན་བསྔགས་ཏུ་བཅུག་ནས་**ཟས་སྦྱོར་དུ་འཇུག**་པ་དེ་ཟོས་ན་ལྟུང་བྱེད་དོ། །འདི་ཡང་བོད་ན་མེད་དོ། །ཞང་སྟོན་རྡོ་རྗེ་འཆང་གི་ཞལ་ནས་དགེ་སློང་མ་ལ་བསྟེན་པའི་རིགས་ཐམས་ཅད་བསྲུངས་པའི་ཕན་ཡོན་ཡོད་པ་མ་གཏོགས་མ་སྲུང་བའི་ཉེས་དམིགས་མི་འབྱུང་ངོ་། །ཞེས་གསུངས་སོ། །**ནད་ཀྱིས་བཏབ་དང་དགེ་འདུན་བྱ་བ་སོགས**་སྲ་བརྒྱང་མ་བཏིང་པ་ལས་དུས་དང་ལམ་དུས་དང་མུ་གེའི་སྐབས་རྣམས་ཀྱི་**དགོས་པ་མེད་བཞིན**་ཁྱིམ་པ་ཉེ་དུ་མ་ཡིན་པ་གཉིས་ལས་དུས་རུང་གི་ཟས་ཀྱི་བསོད་

སྐོམས་གཉིས་ཅིག་ཅར་རམ་སྔ་ཕྱིར་རྙེད་ཀྱང་རུང་སྟེ་ཡང་ཡང་[༡]ཟ་བ་དང་། ཉིན་གཅིག་ལ་ཁྲིམ་པ་གཉིས་ནས་ཁ་ཟས་ཟ་བ་སྟེ། གྲོང་ཚོག་པ་སོགས་ལ་འབྱུང་ཉེ་བ་ཡིན་ནོ། །འོན་ཀྱང་གོས་ཀྱི་རྙེད་པ་ཡོད་ན་དེ་ལ་དམིགས་ནས་འགྲོ་བ་ལ་ལྟུང་བ་མེད་དེ། ཟས་ཇ་མས་མ་ཚོག་ནས་ཟ་བ་མིན་པས་སྦྱིན་བདག་ཇ་མ་མ་དད་པའི་དགག་བྱ་མེད་པའི་ཕྱིར་རོ། །མུ་སྟེགས་ཅན་གྱི་རབ་བྱུང་གནས་པའི་ཁྲིམ་དུ་དགེ་སློང་ནད་པ་མ་ཡིན་པས་ཞག་གཅིག་ལས་ལྷག་པར་གནས་ཏེ་ཁ་ཟས་ཟ་བ་[༢]དང་སྦྱིན་བདག་གིས་བཏབ་ན་ཉེས་པ་མེད། ཉེ་མིན་ཁྲིམ་ལས་ཅི་བདེར་སྟོབ་པ་མིན་པར་ལྟུང་བཟེད་ཆེ་འབྲིང་ཆུང་གསུམ་ལྷག་[༣]ལེན་ལྟུང་བཟེད་ཆུང་ཚད་གསུམ། འབྲིང་ཚད་དོ་ཆེ་ཚད་གང་ལས་ལྷག་པ་སློང་ན་ལྟུང་བྱེད་ཡིན་པར་ཀརྨ་པ་མི་བསྐྱོད་རྡོ་རྗེའི་སོར་མདོའི་འགྲེལ་བ་ལས་གསུངས་སོ། །རྙིང་མའི་སྡོམ་འགྲེལ་ལས་ཀྱང་དེ་བཞིན་འབྱུང་། དུས་རུང་གི་ཟས་བཟའ་བ་ལྔ་དང་བཅའ་བ་ལྔ་ལོངས་སྤྱོད་ཟིན་ནས་མི་ཟ་བའི་བསམ་པས་སྤངས་ཟིན་ལྷག་པོར་མ་བྱས་པ་སླར་[༤]ཟ་བ་ནི། ཚིག་ལེར་སྣ་ཚོགས་འབྲས་ཆན་{ནས་དང་གྲོ་ལ་སོགས་པ་འབྲུ་སྣ་ཚོགས་པའི་ཆན་ཞེས་རོང་སྟོན་གྱིས་གསུངས་སོ། །}ཟན་དང་ཤ །ཕྱེ་དང་ཁུར་བ་བཟའ་བ་ལྔ། །ཞེས་དང་། རྩ་བ་{ལ་ཕུག་ཉུང་མ་གྲོ་མ་སོགས་}སྡོང་པོ་{གཅིག་དང་བུར་ཤིང་སོགས་}མེ་ཏོག་{ཤོ་མོ་དང་པདྨ་ལ་སོགས་པ་}འབྲས། །{རྒྱུན་འབྲུམ་དང་སེ་འབྲུ་ཨ་མྲ་སོགས་ཤིང་ཐོག་གི་རིགས}ལོ་མ་{བེ་ཚེ་ལ་སོགས་པ་}ཡང་ནི་བཅའ་བ་ལྔ། །ཞེས་གསུངས་པ་ལྟར། དེ་བཞིན་སྤངས་ཟིན་གཞན་ལ་ངན་སེམས་ཀྱིས་ལྷག་པོའི་ཚིག་བྱས་སོ་ཞེས་སྐོབས་[༥]པ་དང་། སྤང་ནས་ཟ་བ་དང་གཞན་ལ་སྟོན་པ་འདི་གཉིས་ལྷག་པོར་ཚིག་བྱས་ན་ནི་ལྟུང་བ་འབྱུང་བ་མིན། ལྷག་པོའི་ཚིག་ནི་དགེ་སློང་ཟས་ཟ་བའི་གནས་དེ་ལས་མ་ལངས་པ་ཞིག་ལ་ལྷག་པོར་འདོད་པའི་དགེ་སློང་གིས་འདི་སྐད་ཅེས་ལྷག་པོར་བགྱིས་ཏེ་བདག་ལ་སྩལ་དུ་གསོལ་ཞེས་གསོལ་བ་ན་ལྷག་པོར་བྱེད་པའི་དགེ་སློང་གིས་ཁྱོད་ཀྱིར་ཀྱུར་གྱིས་བཞུགས་ཅིག་ཅེས་སམ་ཡང་ན་ཅི་བདེར་གསོལ་ཅིག་ཞེས་བརྗོད་དགོས་པ་མདོ་རྩར་གསུངས་སོ། །མཚོ་སྣ་པས། འདིར་དོན་གཙོ་བོ་ཡིན་གྱི་ཚིག་ནི་ངེས་པ་མེད་པས། ལྷག་པོར་གྱི་ཚིག་ནི་འདི་གཉིས་སམ་དེ་དང་མཐུན་པ་གཞན་གྱིས་ཀྱང་བྱར་རུང་ངོ་། །ཞེས་གསུངས་སོ། །ལྷག་པོར་གྱི་སྒྲ་དོན་ནི་ཟོས་པའི་ལྷག་མར་བྱས་ཤིང་བོར་བ་སྟེ་རྒྱ་ཆེར་འགྲེལ་ལས་ལྷག་པོར་ཞེས་བྱ་བ་ནི་ལྷག་མར་བྱས་ཤིང་བོར་བ་སྟེ་ཞེས་གསུངས་སོ། །མཚམས་ནང་དུ་དགེ་འདུན་སྡེ་དང་བསམ་པ་མི་མཐུན་སེམས་ཀྱིས་མང་པོ་བཞི་ཡན་ཆད་འདུས་ནས་[༦]ཟ་བ་དང་། །རང་གླིང་ཉིན་ཕྱེད་ཡོལ་ནས་སྐྱ་རེངས་དང་པོ་མ་ཤར་གྱི་བར་ཏེ། རང་གླིང་ཞེས་གསུངས་པའི་དོན་ནི། ཉི་མས་གླིང་བཞི་ལ་སྣང་བའི་བྱ་བ་དུས་གཅིག་ལ་བྱེད་པ་མ་ཡིན་ཏེ་མཛོད་ལས། ནམ་ཕྱེད་ཉི་མ་ནུབ་པ་དང་། །ཉི་མ་ཕྱེད་དང

འཆར་དུས་གཅིག །ཅེས་གསུངས་པ་ལྟར། དཔེར་ན་བྱང་དུ་ནམ་ཕྱེད་ཡིན་དུས་ཤར་དུ་ཉི་མ་ནུབ་པ་དང་། ལྷོར་ཉིན་མ་ཕྱེད་ནུབ་ཏུ་ཉི་མ་འཆར་བ་རྣམས་དུས་གཅིག་གོ། །དེ་བཞིན་དུ། ཤར་དུ་ནམ་ཕྱེད་དང་། ལྷོར་ཉི་མ་ནུབ་པ་དང་། ནུབ་ཏུ་ཉིན་ཕྱེད་དང་། བྱང་དུ་ཉི་མ་ཤར་བ་རྣམས་དུས་གཅིག་གོ། །ཡང་ལྷོར་ནམ་ཕྱེད་ དང་ནུབ་ཏུ་ཉི་མ་ནུབ་པ་དང་། བྱང་དུ་ཉིན་ཕྱེད་དང་། ཤར་དུ་ཉི་མ་ཤར་བ་རྣམས་དུས་གཅིག་གོ། །ཡང་ནུབ་ཏུ་ནམ་ཕྱེད་དང་། བྱང་དུ་ཉི་མ་ནུབ་པ་དང་ཤར་དུ་ཉིན་ཕྱེད་དང་། ལྷོར་ཉི་མ་ཤར་བ་རྣམས་དུས་གཅིག་ཡིན་པའི་ཕྱིར་རོ། །འོན་དགེ་སློང་རྫུ་འཕྲུལ་གྱིས་གླིང་གཞན་དུ་ཕྱིན་ནས་དེར་གནས་ཏེ་ཟས་ཟ་ན་སྐྱེས་པའི་གླིང་གིས་རྣམ་པར་བཞག་དགོས་སམ། གནས་པའི་གླིང་གིས་རྣམ་པར་བཞག་དགོས་ཞེ་ན། རང་ཉིད་གང་དུ་གནས་པའི་གླིང་གི་རྣམ་པར་བཞག་དགོས་ཏེ། ལུང་གཏམ་གྱི་གཞི་ལས། དགེ་སློང་གིས་ཤར་གྱི་ལུས་འཕགས་གླིང་དུ་གནས་ཏེ་ཟས་འཚལ་ན། དེས་དུས་གང་གིས་འཚལ་བར་བགྱི། གླིང་དེ་རྣམས་ཀྱི་དུས་གང་ཡིན་པས་སོ། །ཞེས་གནས་པའི་གླིང་གི་རྣམ་པར་བཞག་པར་གསུངས་དང་། མདོ་རྩ་བའི་རང་འགྲེལ་དང་། རྒྱ་ཆེར་འགྲེལ་པར། འཛམ་བུའི་གླིང་ལ་སོགས་པ་གང་ལ་དགེ་སློང་གནས་པ་དེ་ལ་དགོངས་ནས་གཞུང་འདིར་རང་གི་གླིང་ཞེས་སྨོས་ཏེ་ཞེས་དང་། འོད་ལྡན་ལས། འཛམ་བུའི་གླིང་ལ་སོགས་པ་གནས་གང་ན་འདུག་པ་དེ་ཞེས་བྱའོ། །ཞེས་དང་། འགྲེལ་ཆུང་ལས། བདག་ཉིད་ཤར་དང་ལྷོ་དང་ནུབ་དང་བྱང་གི་གླིང་གང་ན་གནས་པ་ཡུལ་དེའི་ཉི་མ་ཕྱེད་ཕན་ཆད་ཅེས་བཤད་དོ། །དེ་ལྟར་ན་རང་ཉིད་གནས་པའི་གླིང་གིས་རྣམ་པར་བཞག་དགོས་སོ་ཞེས་མཚོ་ནཱ་ཀ་ཆེན་མོར་གསུངས་སོ། །

དུས་མིན་ཁ་ཟས་འདི་ལ་འདུ་ཤེས་གཙོ་ཆེ་བའི་གནད་ཀྱིས་འདུ་ཤེས་མུ་དྲུག་འབྱུང་སྟེ། དུས་མ་ཡིན་པ་ལ་མ་ཡིན་པར་འདུ་ཤེས་པ་[༡]དང་། དེ་ལ་ཡིད་གཉིས་ཟ་བས་ཟོས་པ་དང་། དུས་ཡིན་པ་ལ་མ་ཡིན་པར་འདུ་ཤེས་པ་དང་། དེ་ལ་ཡིད་གཉིས་ཟ་བས་ཟོས་ན་ཉེས་བྱས་ཀྱི་མུ་གཉིས། དུས་ལ་དུས་སུ་འདུ་ཤེས་པ་དང་། དུས་མ་ཡིན་པ་ལ་དུས་སུ་འདུ་ཤེས་པས་ཟོས་ན་ཉེས་མེད་ཀྱི་མུ་གཉིས་ཏེ་དྲུག་གོ། །ན་བ་**སོགས་སྐྱོན་མེད་བཞིན་དུ**། དུས་རུང་གི་ཟས་བཟའ་བ་དང་བཅའ་བ་རྣམས་ཟ་བ་[༢]དང་ཞོ་དང་འོ་མ་ལྟ་བུ་དུས་རུང་གི་བཏུང་བ་འཐུང་ན་ཡང་ལྟུང་བྱེད་སྐྱེད་དེ་ལུང་ཞུ་བ་ལས་ཞོ་ནི་དུས་སུ་རུང་བའོ། །ཞེས་སོ། །དེའང་ཕྱི་དེའི་ཁ་ཟས་ནི་ཟས་ཁམ་རེ་ལ་ལྟུང་བྱེད་རེ་འབྱུང་བས། དེས་ན་ཁམ་ཇི་ཙམ་ཟོས་པའི་གྲངས་ཀྱིས་ལྟུང་བྱེད་སྐྱེས་པ་ཡིན་ནོ། །ནད་པ་སོགས་ཀྱིས་ཟ་ན་ཡང་ནད་པ་ལ་འདི་ལྟར་གནང་བ་ཡིན་སྙམ་དུ་དུས་དྲན་བྱ་དགོས་སོ། །སུམ་བརྒྱ་པར། རང་གླིང་སྐྱ་རེངས་དང་པོ་ནས་བཟུང་ནས། །ཉི་མ་ཕྱེད་བར་འདི་ནི་དུས་ཡིན་ཏེ། །དེ་ཡོལ་གང་ཞིག་དུས་རུང་{གི་

ཟས་}ཟ་བྱེད་པ། །{དགེ་ཚུལ་}ཉེས་བྱས{དང་དགེ་སློང་ལ་ལྟུང་བྱེད་ལྷགས་ཀྱི་གོང་བུའི་ཟས་རྣམས་ཟ། །ཞེས་འདོན་པར་འགྱུར་རོ། །}ལྷགས་ཀྱི་གོང་བུའི་ཟས་རྣམས་ཟ། །ཞེས་སོ། **།ཀླུ་གེའི་དུས་མིན་གསོག་འཇོག་བྱས་པ་ཟ།** །དེ་ལས་འཕྲོས་པ་ལག་ཉ་ལག་ཉ་ཞེས་པ་ནི། དགེ་སློང་གི་ཟས་བྱིན་ལེན་མ་བྱས་པ་ལ། དགེ་སློང་རང་ངམ། དགེ་སློང་གཞན་གྱིས་རེག་ན་ལག་ཉ་ཞེས་པ་འགྱུར་ཏེ། ཀུན་མཁྱེན་མཚོ་སྣའི་མཆན་འགྲེལ་ལས། ལག་ཉ་ནི་བྱིན་ལེན་མ་བྱས་པའི་ཟས་དགེ་སློང་གིས་དགེ་སློང་གི་ཟས་ལ་རེག་པ་སྟེ། ཟས་དེ་དགེ་སློང་གིས་མིད་པར་མི་བྱའོ། །ཞེས་གསུངས་པ་**སོགས་ཀུང་ངོ་**སོགས་སྒྲས་ནི་མཚམས་ཀྱི་ནང་དུ་བཙོས་པ་དང་ནང་དུ་ཞག་ལོན་པ་དང་། བརྟེན་བཙོས་རྣམས་བསྒྱུ་དགོས་ཤིང་བྱིན་ལེན་གྱི་ཆོ་ག་བྱས་ན་ནི་ཟས་དེ་ལ་རེག་ཀྱང་ལག་ཉའི་ཉེས་པ་མི་འབྱུང་སྟེ་ལག་ཉ་བསྲུང་བའི་ཆེད་དུ་བྱིན་ལེན་བྱེད་པ་ཡིན་པའི་ཕྱིར་རོ། །ཞེས་མཚོ་ཊཱི་ཀ་ཆེན་མོར་གསུངས་སོ། །ལག་ཉ་སོགས་འདི་དག་གི་ལྟུང་བ་ནི་ཉེས་བྱས་ཡིན་ནོ། །ཆུ་དང་སོ་ཤིང་མ་གཏོགས་སྨན་**བཞིན་ན་བ་སོགས་ཀྱི་རྐྱེན་མེད་པར། །བྱིན་ལེན་མ་བྱས་པ་ལ་དེར་འདུ་ཤེས་བཞིན་སྤྱོད་པ་**[༩]**དང་། ཉེ་མིན་ཁྱིམ་ལས་ཁ་ཟས་བསོད་པ་འོ་མ་དང་ཞོ་དང་མར་དང་ཉ་ཤ་དང་ཤ་སྐམ་ལ་སོགས་པ་དགའ་བ་སོགས་ཀྱི་སྐྱོན་མེད་བཞིན་དུ་སློང་**[༡༠]**བཟོ་སྟེ་ཟ་**བདེར་བསྟབས་ན་ཉེས་པ་མེད་པའོ། །དཔྱང་ཚག་དང་ཁྲུམ་ཚག་གཅེའུ་ཅན་དང་ཆུ་ཚག་དགུ་གསུམ་པ་དང་། རིལ་བ་ཞབས་ཚག་དང་། བསལ་ཚག་སྟེ་ཆུ་ཚག་རིགས་ལྔ་ལས་གང་རུང་**མེད་པར་རང་དོན་དུ་སྲོག་ཆགས་དང་བཅས་པའི། ཆུ་དང་རྩ་སོགས་ལ་**[༡]**ཡོངས་སྤྱོད་དེ་འཚེ་བ་སྟེ་སྲོག་ཆགས་གཞན་གྱི་སྲོག་ལ་གནོད་པ་བྱས་ན་ནི་ལྟུང་བྱེད་ཡིན་ཏེ། གནོད་པའི་སེམས་ཀྱིས་དུད་འགྲོར་བསྡུན་ཏེ་ཤི། །ཞེས་འོག་ནས་འབྱུང་ལ། འདི་ནི་སྲོག་ལ་མི་གནོད་པ་ཙམ་གྱི་འཚེ་བ་ཡིན་ནོ། །མེ་ཏོག་ཕྲེང་རྒྱུད་ལས། བསླབ་པ་ཐེས་བསྲུང་བཅུ་ལྡན་གྱིས། །ཤིག་རྣམས་དལ་གྱིས་བཟུང་ནས་ནི། །བསྐུས་ནས་རྩིག་པ་ལ་སོགས་པའི། །བུ་ག་ར་སྐྱིང་རྗེ་ཅན་གྱིས་གཞུག །ཅེས་པ་**གཞན་ཡང་ངོ་**། **།ཁྱིམ་པ་ཉལ་པོ་བྱེད་ལ་མངོན་ཕྱོགས་པའི། ཁྱིམ་དུ་འདུག་**[༢]**སྐྱེ་བར་དུ་གཙོད་པ་དང་འཕྲེང་བས་**[༣]**བ་ཏུ་དགཙོད་པ།** གཅེར་བུ་པ་ལ་རང་གི་ཉེ་དུ་ཡིན་པ་དང་རབ་ཏུ་བྱུང་བ་ལ་ལྟོས་པ་དང་ནད་པ་སོགས་ཡིན་ན་དགོས་པ་ཡོད་ལ་དེ་ལྟ་བུའི་**དགོས་མེད་ཟས་སྦྱིན་པ**[༤]**། རྒྱལ་པོས་བོས་པ་སོགས་ཀྱི་སྐྱེ་**སོགས་སྒྲས་བློན་པོ་བོས་པ་དང་། གཅན་གཟན་དང་། ཆོམ་རྐུན་སོགས་ཀྱི་འཇིགས་**པའི་རྐྱེན་མེད་པར།** རང་ཉིད་གང་ན་འདུག་པའི་གནས་དེའི་ཉེ་འཁོར་གྱི་མཐའ་ལས་འདས་ཏེ་**དམག་དཔུང་ལ་བལྟ་བ་སྐྱེ**[༥]**མདོ་རྩ་བའི་རང་འགྲེལ་དང་རྒྱ་ཆེར་འགྲེལ་ལས་ཉེ་འཁོར་གྱི་མཐའ་ལས་མ་འདས་པར་དགེ་སློང་གིས་བཞིན་བསྐྱུར་བ་ཙམ་གྱིས་མཐོང་བ་ལ་ནི་ཉེས་བྱས་སུ་འགྱུར་རོ། །ཞེས་གསུངས་སོ། །ཡང་རྒྱལ་པོ་

དང་རྒྱལ་བུ་དང་བཙུན་མོ་དང་བློན་པོ་སོགས་ཀྱིས་བོས་ཏེ་འདིར་འདུག་ཅིག་ཟེར་བ་སོགས་ཀྱི་རྐྱེན་མེད་པར་དམག་དཔུང་དེ་ཡི་ནང་ན་ཞག་གཉིས་འདུག་རུང་ཡང་ཞག་གསུམ་པའི་སྐྱ་རེངས་ཤར་བར་**འདུག**[༨]ན་མདོ་རྩ་བར་ཞག་གཉིས་ལས་ལྷག་པར་གསུངས་པ་དང་། ལུང་རྣམ་འབྱེད་ལས་ཉིན་མཚན་གཉིས་ཀྱི་མཐའ་ཚུན་ཆད་དུ་གནས་པར་བྱའོ། །ཞེས་གསུངས་པ་ནི་གླེང་གཞིའི་དབང་གིས་མཚོན་པ་ཙམ་སྟེ། ཆོས་ལྡན་གྱི་དགོས་པ་མེད་ན་ཉིན་མཚན་བརྒྱ་འདས་ཀྱང་ཉེས་པ་མེད་ལ་དགོས་པ་ཁྱད་པར་ཅན་མེད་ན་ཞག་གཅིག་གནས་ཀྱང་ལྟུང་བྱེད་དུ་འགྱུར་བ་ཡིན་ནོ། །ཞེས་བླ་མ་རྣམས་གསུངས་སོ་ཞེས་མཚོ་ཊཱི་ཀ་ཆེན་མོར་གསུངས་སོ། །དཔུང་གི་ཚོགས་དང་གོ་མཚོན་ཚོགས་རྒྱལ་པོས་**བཤམ**་པ་ལས་གོ་རིམ་**གཞན་དུ་དགུག**[༧]་པ་དང་། **གནོད་སེམས་ཀྱིས་དགེ་སློང་གཞན་ལ་བརྡེག་པ**[༩]་དང་དགེ་སློང་གིས་དགེ་སློང་གཞན་ལ་ཁྲོ་བའི་སེམས་ཀྱིས་ནས་སྦར་གྱིས་བརྒྱབ་ན་ཕ་རོལ་དེ་ལ་ཕོག་ཚད་ཀྱིས་ལྟུང་བྱེད་དང་མ་ཕོག་པ་རྣམས་ཀྱིས་ཉེས་བྱས་སྐྱེད་པར་འདུལ་བ་ཏ་པའི་ནང་དུ་གསུངས་སོ། །**བརྡེག་པར་གཟས**[༦]གཟས་པའི་སྐད་དོད་ལ། གུ་ར་ཊཾ་ཞེས་ཡོད་པ་བོད་སྐད་དུ་བསྒྱུར་ན་གདེངས་པའམ། ཕྱར་བའམ་གཟས་པ་སྟེ་མཚོན་སོགས་གདེང་བ། དེའང་རྩེད་མོའི་བསམ་པས་རྡོ་རྡེག་ན་ནི་ཀློད་བག་གི་ཉེས་བྱས་སུ་འགྱུར་ལ། གསོད་སེམས་ཀྱིས་བརྡེག་ན་ནི་སྲོག་གཅོད་པའི་ཕམ་པོར་འགྱུར་ཏེ་དེ་ལ་དགོངས་ནས་ལུང་ཞུ་བ་ལས། དགེ་སློང་གིས་དགེ་སློང་ལ་བརྡེག་ཀྱང་ལྟུང་བྱེད་དུ་མི་འགྱུར་བ་མཆིས་སམ། ཡོད་དེ་རྩེད་མོར་བསམ་སྟེ་བརྡེག་པའམ་གསོད་སེམས་ཀྱིས་བརྡེག་ནའོ་ཞེས་གསུངས་སོ། །འདི་ནི་ཀུན་སློང་གཙོ་ཆེ་བ་ཡིན་གྱི་བརྡེག་སྤྱད་ཀྱི་དངོས་པོས་ཆེ་ཆུང་ལ་མི་ལྟོས་ཏེ། མདོ་རྩ་བར་ཐན་ཀང་པའི་མཐེ་བོང་ཙམ་ཡུངས་ཀར་རམ་རྩ་དག་གིས་བརྡེག་ནའོ། །ཞེས་གསུངས་སོ། །དེའང་བརྡེག་པ་དང་གཟས་པའི་སྐབས་རྫས་ཀྱི་གྲངས་དང་མཉམ་པའི་ལྟུང་བྱེད་འབྱུང་སྟེ་མདོ་རྩ་བར། རྫས་རེ་རེའོ། །ཞེས་པ་ལྟར་སོར་མོ་ལྔས་བརྡེག་པ་དང་གཟས་པར་བྱས་ན་ལྟུང་བྱེད་ལྔ་འབྱུང་བ་སོགས་འགྲེའོ། །ཕན་སེམས་ཀྱིས་བརྡེག་པ་དང་གཟས་པ་ནི་ལྟུང་བ་མེད་པར་གསུངས་སོ། །**མཐོལ་ཡུལ་ཡོད་བཞིན་དགེ་སློང་གཞན་རྒྱུད་ཀྱི། །ཕམ་ལྷག་གཉིས་ཀྱི་གནས་ངན་ལེན**་དགོས་པ་ཁྱད་པར་ཅན་མེད་བཞིན་དུ་ཉིན་ཞག་གཅིག་འདས་པར་འཆབ་པ་སྟེ་སྦྱོམ་པོ་དང་སྤང་ལྟུང་མན་གྱི་ཉེས་པ་རྣམས་འཆབ་ན་ནི་ཉེས་བྱས་སོ། །བཅུ་ཚན་དྲུག་པ་ནི་ནང་གི་གཉེན་པོ་ལྟ་བུའི་དགོས་པ་མེད་པར་**འཆབ་པ**། **གནོད་པའི་སེམས་ཀྱིས་དགེ་སློང་གཞན་ཟས**༽གཅོད་པ་ཆོས་གོས་ཁ་བསྒྱུར་བ་དང་ལྟུང་བཟེད་བསྲེག་པ་སོགས་ཆོས་ལྡན་གྱི་བྱ་བའི་ཆེད་མ་ཡིན་པར་**ཀློད་བག་དབང་གིས་མེར་**རང་གིས་**རེག**༽གམ་གཞན་ལ་**རེག་ཏུ་འཇུག་པའོ**། །འོ་ན་མེ་རེག་གི་ལྟུང་བ་འདི་སྐྱེད་པ་ལ་ཀློད་བག་གི་བསམ་པས་རེག་པ་ཡན

ལག་ཏུ་དགོས་སམ། མ་ཡིན་ཏེ་དཀོན་མཆོག་གསུམ་དང་མཁན་སློབ་ཀྱི་བྱ་བ་དང་རང་གི་ཆོས་གོས་དང་ལྷུང་བཟེད་ཁ་བསྒྱུར་བ་དང་། དགེ་སློང་ནད་པའི་དོན་དུ་མེ་ལ་རེག་ན་ལྟུང་བ་མེད་ལ་དེ་ལས་གཞན་པའི་སྐབས་སུ་མེ་ལ་རེག་ན་ལྟུང་བྱེད་འབྱུང་ངོ་། །གང་ཟག་གི་དོན་དུ་ཞེས་པ་འདི་མཚོན་ཙམ་ཡིན་ནམ་ངེས་དོན་ཡིན་ཞེ་ན། འགྲེལ་ཆུང་ལས་དགེ་སློང་གི་དགེ་འདུན་གྱི་ལས་ཅི་བྱེད་ཀྱང་རུང་སྟར་འདུན་པ་ཕུལ་ནས་ཕྱིས་འདུན་པ་མི་འབུལ་ལོ། །ཞེས་སྨྲ་ཞིང་ལྡོག་པར་བྱེད་ན་ལྟུང་བའོ། །ཞེས་དགེ་སློང་གང་ཟག་ནི་གཞན་དོན་ཡིན་པར་བཤད་ཀྱང་། གང་ཟག་དོན་དུ་ལས་བྱ་བ་ནི་ངེས་དོན་དུ་བཟུང་དགོས་ཏེ་བམ་པོ་ལྔ་བཅུ་པར། དགེ་སློང་གི་དོན་གྱི་ཆེད་མ་ཡིན་པའི་ལས་གཞན་ལ་ནི་ཉེས་བྱས་སོ། །ཞེས་པ་འདི་ཉིད་འཐད་པའོ། །ཞེས་མཚོ་ཊཱི་ཀ་ཆེན་མོར་གསུངས་སོ། །དོན་དུ་ཚོགས་པ་སྟེ་དགེ་འདུན་གྱིས་ལས་བྱས་པར། དགེ་འདུན་ལས་ལ་མི་མཐུན་པ་མེད་པའི་འདུན་པ་ཕུལ་ཟིན་ལྡོག་པའི་ཚིག་གིས་[༣]བསྒྱུར་བ། བསྙེན་པར་མ་རྫོགས་པ་དགེ་ཚུལ་སོགས་དང་འཚམས་ཆུང་གཅིག་གི་ནང་དུ་ལྷན་ཅིག་ན་བ་དང་སྒྲིག་དང་ཚངས་སྤྱོད་སོགས་ལ་གནོད་པའི་རྐྱེན་མེད་པར། ཉུབ་གཉིས་ལ་ཉལ་དུ་གནང་ཡང་དེ་ལས་ལྷག་མཚན་མོ་གསུམ་པའི་མཐའི་སྐད་ཅིག་མ་ལ་གཉིས་ཀ་ཉལ་[༤]བ་ལ་ལྟུང་བ་འབྱུང་ཡང་དམིགས་བསལ་ནི་ཁྲུ་ཕྱེད་དགུས། བར་དུ་ཆོད་ན་ལྟུང་བ་མེད་པའང་བཤད་དོ། །ཆང་འཐུང་ལ་སོགས་པ་བཅོམ་ལྡན་འདས་ཀྱིས་བར་དུ་གཅོད་པའི་ཆོས་སུ་གསུངས་པ་དེ་དག་བསྟེན་ཀྱང་བར་དུ་གཅོད་པའི་ཆོས་སུ་གསུངས་པ་དེ་དག་བསྟེན་ཀྱང་བར་དུ་གཅོད་པར་མི་འགྱུར་ཞེས་སོགས་ཉེས་མེད་དུ་སྨྲ་བའི། སྡིག་ལྟ་བཞམས་སྒོ་དང་གསོལ་བཞི་སྟེ་བཟློག་བྱེད་ལྔ་མཐར་[༥]མི་གཏོང་བ། དགེ་འདུན་གྱིས་སྤྱངས་དགེ་སློང་དང་མཉམ་དུ། །སྤྱོད་ལམ་མཐུན་པ་ཉལ་བའི་སྒོ་ནས་མཚན་མོ་མཐའི་སྐད་ཅིག་མ་འདའ་[༦]བ་དང་གནས་ཕྱུང་དེ་ན་བ་དང་སྡིག་པའི་ལྟ་བ་དང་བྲལ་བའི་སྐད་དུ་ནི་ལྟུང་བ་མེད་དོ། །དེ་བཞིན་དགེ་འདུན་གྱིས་བསྐྱིལ་དགེ་ཚུལ་དང་། །ལྷན་ཅིག་ཉལ་སོགས་ཞག་ཏུ་ཡོན་པ་[༧]དང་། །རུང་བའི་མཚོན་གྱིས་སྟེ་རུང་ཚོན་གསུམ་ནི་ཚིག་ལེར། སྔོན་པོ་བཙག་དང་ངུར་སྨྲིག་རྩི། །འདི་དག་རུང་བའི་ཚོན་གསུམ་སྟེ། །ཚོན་གཞན་དག་གིས་ཆོས་གོས་ནི༑ ཁ་བསྒྱུར་བྱེད་པ་བཀག་པ་ཡིན། །ཞེས་གསུངས་པ་ལྟར་རོ། །སྔོན་པོ་ནི་ལུང་རྣམ་འབྱེད་ལས། སྔོན་པོ་ཞེས་བྱ་བ་ནི་རམ་ཉིད་དོ། །ཞེས་དང་། བམ་པོ་ལྔ་བཅུ་པ་དང་བསྡུས་པ་ལས་ཀྱང་སྔོན་པོ་ནི་རམ་ཡིན་པར་བཤད་ལ། འོན་རམ་ཁོན་ངེས་སམ་ཞེན་མ་ཡིན་ཏེ། འོད་ལྡན་ལས། སྔོན་པོ་ཞེས་བྱ་བ་ནི་སྔོན་པོ་ཐམས་ཅད་བཟུང་ངོ་། །ཞེས་གསུངས་པས་དེས་ན་རམ་དང་འདྲ་བའི་ཁ་དོག་སྔོན་པོ་ཐམས་ཅད་བཟུང་ངོ་། །བཙག་ནི་བམ་པོ་ལྔ་བཅུ་པ་ལས་བཙག་ཞེས་བྱ་བ་ནི་བའི་ཁམས་དམར་པོའོ། །ཞེས་སོ། །ངུར་སྨྲིག་ནི་དགེ་སློང་མའི་སོ

ཐར་འགྲེལ་བ་ལས་དུར་སྨྲིག་ཅེས་བྱ་བ་ནི། ལྟར་ཀ་དང་ཤིང་རྩུན་སོགས་ཀྱིས་བཙོམ་པ་སྟེ་ཁ་དོག་ནག་པོ་བག་ཆགས་པའོ། །ཞེས་མདོན་བརྗོད་གསེར་གྱི་ལྡེ་མིག་ལས་སོ། **།མ་བསྒྱུར་དཀར་པོའི་གོས། །ཁྲུར་ལོངས་ཕྱི་གཡོགས་མེད་པ་གྱོན་པ་**འདང་། **།ཆུད་འཛའ་སྤྱངས་སོགས་དགོས་པ་མེད་བཞིན་དུ། །གཞན་དབང་མུ་ཏིག་ལ་སོགས་རིན་པོ་ཆེ། །མཆོན་ཆའི་ཚོགས་དང་རོལ་མོའི་ཆ་བྱད་ལ། །**གྲོད་བག་གྲོད་བག་ཞེས་པ་ནི་བཟ་སྙིང་སྟེ་ཡོན་ཏན་མེད་ཅིང་སེམས་དཔས་མཐོང་བ་ལ་འཇུག་པར་བཤད་དོ་དེའི་**དབང་གིས་རང་ངམ་རང་གིས་**གཞན་ལ་**བསྒོས**[༡]**ཕས་**རིག་ན་སྟེ་གཞུང་འདིའི་རང་འགྲེལ་ལས། སྟོན་ཟླའི་ཕྱེད་དང་། ཆུ་སྟོད་ཟླ་བ་སྟེ་སོས་ཀའི་ཟླ་བ་ཕྱེད་གཉིས། དེའི་སྟེང་དུ་དབྱར་ཟླ་གྲོ་བཞིན་གྱི་ཟླ་བ་སྟེ་ཕྱེད་གསུམ་ཡིན་པར། མདོ་རྩ་ལས་སོས་ཀ་རྣམས་ཀྱི་ཟླ་བ་ལྷག་ན་ཕྱེད་གཉིས་དང་། དབྱར་རྣམས་ཀྱི་དང་པོ་ལས་སོ། །ཞེས་གསུངས་པས་གྲུབ་བོ། །ཞེས་གསུངས་པ་ལྟར་**ཚ་དུས་ཟླ་བ་ཕྱེད་གསུམ་**ནི་ཧོར་ཟླ་ལྔ་པའི་ཚེས་གཅིག་ནས་བདུན་པའི་བཅོ་ལྔའི་ཕྱེད་གསུམ་ཡིན་པར་ཀརྨ་པ་མི་བསྐྱོད་རྡོ་རྗེའི་སོར་མདོའི་འགྲེལ་པར་བཤད་པ་དེ་**མ་གཏོགས་པར། །ཟླ་ཕྱེད་སྟ་རོལ་ཁྲུས་ཕྱིར་ཆུར་ཞུགས་**[༡༠]**པའོ། །**

བཅུ་ཚན་བདུན་པ་ནི་**གསོད་པའི་སེམས་ཀྱིས་དུད་འགྲོར་བསྣུན་**ཏེ་ཤི་བ་སྟེ་སྡོར་བ་གཅིག་ཡིན་ཡང་རྐྱེན་དེས་ཤི་ན་ཧི་སྐྱེད་ཤི་བའི་གྲངས་དེ་སྙེད་ཀྱི་ལྟུང་བྱེད་དོ། །དུད་འགྲོ་ལ་བརྡེག་གཙོག་དང་དུད་འགྲོའི་གཟུགས་བརྙན་འདེག་པ་སོགས་བྱས་ན་ཉེས་བྱས་སོ། **།ཕ་རོལ་བསྙེན་པར་རྫོགས་པའི་ཡོན་ཏན་ལ། །མ་རྫོགས་ཞེས་སྨད་འགྱོད་པ་**[༢]**བསྐྱེད་པ་དང་**སྟེ་མདོ་རྩ་བར། དགེ་སློང་མ་ཡིན་པའི་དོན་གྱིས་འགྱོད་པ་བསྐྱེད་ནའོ། །དགེ་སློང་ལའོ། །བདེ་བ་ལ་མི་རེག་པ་བསྐྱེད་པའི་སེམས་ཀྱིས་སམ་བཞད་གད་ཀྱིས་ཀྱང་ངོ་། །འགྱོད་པ་མ་སྐྱེས་ན་ཡང་ངོ་། །ཞེས་གསུངས་པས་འདི་ཐམས་ཅད་ལ་ལྟུང་བྱེད་འགྱུར་རོ། **།དགེ་སློང་གཞན་གྱི་མཆན་སོགས་གཡའ་རྡེ་གིའི་མིང་ཡིན་ནོ། །སྒྲི་**གཡའ་བ་ནི་ཤ་རྩེད་པའོ། །དེ་འདྲ་**བའི་གནས་སུ། ཁུ་ཚུར་སོར་མོས་ག་ག་ཚིལ་བྱེད་པ་**[༣]**ག་ག་ཚིལ་བྱེད་པའི་ཕྱིར་རེག་བྱ་རེ་རེ་ལ་ལྟུང་བྱེད་རེ་རེ་འགྱུར་རོ། །**གྲོད་བག་དབང་གིས་**ཀུ་ལ་ཙཻ་བ་**[༤]**དང་དགེ་སློང་མའི་རྣམ་འབྱེད་ལས། ཀུ་ལ་གཞན་དཔེར་འཇུག་ན་ལྟ་བྱེད་དོ། །ཞེས་གསུངས་སོ། །གྲོད་བག་མ་ཡིན་པར་ཁྲུས་བྱེད་པ་དང་རྒྱལ་སློབ་པ་སོགས་ལ་ནི་ལྟུང་བ་མེད་དོ། །ཉི་དུ་ཡིན་རུང་མིན་རུང་བུད་**མེད་དང་ལྷན་ཅིག་གཉིད་ལོག་མཚན་མཐའ་འདས་**ནི་མཚན་མཐའི་སྐད་ཅིག་མའོ[༥]། **།དགེ་སློང་དངངས་ཕྱིར་འཇིགས་སྟོན་**[༦]**སྟོན་དུ་འཇུག་**པ་སྟེ་འཁོར་བ་ལས་ཡིད་སྐྱོ་བར་བྱ་བའི་ཆེད་དུ་ནི་ཉེས་པ་མེད་དེ། མདོ་རྩ་བར། སྐྱོ་བར་བྱ་བའི་ཚེ་ཉིད་ནི་མ་གཏོགས་སོ། །དེའི་ཕྱིར་སྐྱོ་བར་བྱ་བའི་ཆེད་ཉིད་དུ་སེམས་ཅན་དམྱལ་བ་དང་།

དུད་འགྲོ་དང་ཡི་དྭགས་ཀྱི་གཏམ་ལ་སོགས་པ་ནི་ལྟུང་བ་མེད་དོ། །ཞེས་གསུངས་སོ། །དགེ་སློང་སོགས་རབ་བྱུང་སྡེ་ལྔ་པོ་དེ་ཡི་ཡོ་བྱད་རང་གིས་སྦྱིན་དམ་གཞན་ལ་སྦྱིན་པར་༧བསྒོ་བ་དང་། **གོས་སོགས་བྱིན་པའི་གདེངས་མེད་ལོངས་སྤྱོད་པའོ།** །འོན་ཀྱང་ཕ་རོལ་པོ་མི་དགའ་བ་མི་སྐྱེ་ན་ལྟུང་བ་མེད་དེ་འཚོ་ཊཱི་ཀ་ཆེན་མོར་ཡིད་བཙུགས་ཁྱད་པར་ཅན་གྱིས་ལོངས་སྤྱོད་ན་ནི་ལྟུང་བ་མེད་ལ་རྒྱུ་སེམས་ཀྱིས་ལོངས་སྤྱོད་ན་ནི་མ་བྱིན་ལེན་གྱི་ཉེས་པ་འགྱུར་རོ་ཞེས་སོ། །མཐོང་ཐོས་དོགས་གསུམ་མེད་པའི་**དགེ་སློང་དག་པར་ལྟག་མའི་སྐུར་འདེབས**༨དང་། ལམ་སྟོན་པ་སོགས་ཀྱི་དགོས་པ་མེད་པར་**ཉེ་མིན་བུད་མེད་དག་དང་མཉམ་འགྲོ་བ།** **ཁྲིམས་གྲོགས**་ནི་གོང་དུ་བརྗོད་པ་བཞིན་མི་ལས་འགྲོ་བ་གཞན་དང་ལྐུག་པ་དང་། །གླེན་འོན་ལ་སོགས་དོན་མི་གོ་བ་དང་། །སྨྱོ་དང་མཚན་གཉིས་པ་དང་མུས་ལོང་རྣམས། །སྐབས་འདིར་ལྟུང་མེད་བྱེད་པའི་ཁྲིམས་གྲོགས་མིན། །ཞེས་མཚོ་ཊཱི་ཀ་ཆེན་མོར་གསུངས་སོ། །དེས་ན་དེ་དག་ལས་བཟློག་སྟེ། མི་ཡིན་པ་དང་། སྨྲ་ཤེས་པ་དང་། དོན་གོ་བ་དང་། ཤེས་པ་རང་བཞིན་དུ་གནས་པ་དང་། སྐྱེས་པའི་མཚན་རྫུང་པ་དང་ལྡན་པ་དང་། ལོང་བ་མ་ཡིན་པ་སྟེ་ཁྱད་ཆོས་དྲུག་ལྡན་ཞིག་དགོས་སོ། །དེ་**མེད་པས་རྒྱང་གྲགས་འདས་པའོ**་དཔེར་ན་ཆོས་གཅིག་ལ་རྒྱང་གྲགས་ཀྱི་ཕྱེད་དུ་འགྲོ་ཞིང་ཆོས་གཉིས་ལ་རྒྱང་གྲགས་ཀྱི་ཕྱེད་དུ་འགྲོ་བ་ལྟ་བུ་ལ་ལྟུང་བྱེད་དུ་མི་འགྱུར་རོ། །དེས་ན་སྦྱོར་བ་གཅིག་གིས་རྒྱང་གྲགས་འདས་པ་ཡན་ལག་ཏུ་དགོས་སོ་རྒྱང་གྲགས་ཀྱི་ཕྱེད་ནི་ཉེས་བྱས་སོ། །བཅུ་ཚན་བརྒྱད་པ་**ཚེམ་ཧག་པ་རྐུན་རྐུན་མ་དང་འགྲོགས་པ་ནི་རྒྱང་གྲགས་འདས་པ**༡)དང་། **ཉི་ཤུ་མ་ལོན་པ་ལ་བསྙེན་རྫོགས**་༢ཕྱོག་པ་དེའང་མངལ་གྱི་ཟླ་བ་དང་བཤོལ་གྱི་ཟླ་བ་བརྩིས་ཀྱང་ཉི་ཤུ་མ་ལོན་པར་འདུ་ཤེས་པའམ་ཐེ་ཚོམ་ཟ་བས། མཐར་ཐུག་བརྗོད་པ་གསུམ་པའི་བྱེད་པ་བརྗོད་པའི་མགོ་བཙམ་པའི་ཚེ་མཁན་པོ་ལ་ལྟུང་བྱེད་དང་སློབ་དཔོན་དང་དགེ་འདུན་གཞན་ཐམས་ཅད་ལ་ཉེས་བྱས་སོ། །

དེའང་ཚིག་ལེར་གང་འདི་ཉི་ཤུ་མ་རྫོགས་པའི་ལོ་ཡིས་དགེ་སློང་བྱས་ན་ནི། ཟླ་གཤོལ་མངལ་གྱི་ཟླ་བ་རྣམས་ཀྱིས་མཁས་པ་ཡིས་ནི་དགང་བར་བྱ། །གལ་ཏེ་དེ་ལྟར་ན་ཡང་འདིས། །ལོ་ནི་ཉི་ཤུ་མ་ཚང་ན། །དགེ་ཚུལ་ཉིད་དུ་གནས་འགྱུར་ཏེ། །བསྙེན་པར་རྫོགས་པར་མི་འགྱུར་རོ། །ཞེས་སོ། །**དགོས་པ་གཙུག་ལག་ཁང**་དང་མཆོད་རྟེན་སོགས་བསོ་བའི་**དོན་མེད་པར་ས་བརྐོ**་བ་དང་**བསྐོར་འཇུག**་༣པ་སྟེ་ས་རྐོ་བའི་ཉེས་བྱས་ཙམ་ནི་ས་ལ་རི་མོ་འབྲི་བ་སོགས་ཀྱིས་ཀྱང་སྐྱེད་ལ། ལྟུང་བྱེད་ནི་ས་སོར་བཞི་མན་ཆད་བརྐོས་ན་དངོས་གཞི་འབྱུང་ངོ་། །དེའང་སད་ཚུར་ལྡོག་པ་ཡན་ལག་ཏུ་མི་དགོས་ཏེ་ལུང་རྣམ་འབྱེད་ལས། ས་ལ་ཕྱུར་པ་བཏབ་པ་ན་ལྟུང་བྱེད་དུ་འགྱུར་རོ། །ཞེས་སོ། །**མགྲོན་དུ་གཉེར་བའི་ཚད་ལས་ནད་པ**་སོགས་མིན་བཞིན་དུ་**ལྷག་པར**་༤**སྟོད་ན**

སྟེ། ཉེ་མིན་ཁྲིམ་པས་མགྲོན་དུ་བོས་པའི་སར་ཁྲིད་འདི་ཙམ་དུ་བཞུགས་པར་གྱིས་ཞེས་དུས་ཚིག་བརྗོད་པ་ལས་ལྷག་པའམ། དུས་ཚིག་ངེས་བཟུང་བྱས་ཏེ་བརྗོད་མེད་ན་ཟླ་བ་བཞི་ལས་ལྷག་པར་འདུག་ནས་ཟོས་ན་ལྟུང་བྱེད་ཞེས་སྡོམ་འགྲེལ་ཉི་མའི་སྣང་བ་ལས་གསུངས་སོ། །གཞན་གྱིས་དགེ་སློང་དེ་ལ་ཁྲིད་འདུལ་པ་ནས་གསུངས་པའི་བསླབ་པ་འདི་དང་འདི་ལྟ་བུ་ལ་སློབ་ཅིག་ཅེས་བསླབ་པ་ལ་བསྐུལ་ཁྲིད་ཉིད་ཀྱིས། །མི་ཤེས་ཞེས་པས་ཁྲིད་༥གསོད་ཀྱི་ཚིག་བརྗོད་པའི་དེ་ཡུལ་དེས་གོ་བ། དགེ་སློང་གྲོས་བྱེད་པ་ལ་ཉན་རྣ་༦བྱེད་པས་གཞན་གྲོས་བྱེད་པའི་གནས་སུ་འགྲོ་དགོས་པ་བྱུང་ཡང་ཧ་ང་བ་དང་སེ་གོལ་དང་ལུད་པའི་སྒྲ་དག་གིས་གོ་བར་བྱས་ཏེ་དེས་རྗེས་སུ་གནས་དེར་འཇུག་པར་བྱའོ། །གལ་ཏེ་ནོར་བ་དང་རྩོད་པ་སོགས་ཞི་བར་འདོད་པས་ཉན་པ་དང་འགྲོ་བ་ན་ཉེས་པ་མེད་པར་གསུངས་སོ། །ལས་བརྒྱ་རྩ་གཅིག་གང་རུང་ལ་འདུས་ནས་དགེ་སློང་དེ་འགྲོ་དགོས་པའི་རྐྱེན་བྱུང་ན་དགེ་འདུན་ལ་འདུན་པ་མ་ཕུལ་ཞིང་། རང་གི་ལྷག་འོག་གང་རུང་ན་ཡོད་པའི་དགེ་སློང་ལ་མ་སྨྲས་པ་དགེ་འདུན་གྱི་ལས་བྱེད་པའི་སྒྲ་ཐོས་པའི་ཉེ་འཁོར་བརྒལ་ཏེ་འགྲོ་བ་དང་། དགེ་འདུན་གྱིས་ཁྲིམས་སུ་བཅས་པའི་ཆོས་ལྡན་བསྒོ་བ་དགེ་འདུན་གྱི་སྒྲིགས་ལམ་ལྟ་བུ་ལ། ཤད་སྒྲུང་ཞེས་པ་ནི་གནད་བཤད་པའོ་ཞེས་སྡོམ་འགྲེལ་ཉི་མའི་སྣང་བ་ལས་གསུངས་སོ། །དེ་མེད་པར་མ་གུས་༧འགལ་བར་བྱེད་པས་དགེ་འདུན་གྱིས་བསྒོས་པའི་གནས་ཁང་ཟས་ལ་བསྒོ་བ་གཉིས་ཞེས་སོགས་གང་ཟག་བཅུ་གཉིས་པོ་དག་གིས་བསྒོ་བ་ལས་འགལ་བར་བྱེད་ན་ཡང་ལྟུང་བྱེད་དོ། །འབྲུ་ཡི་ཆང་སོགས་མྱོས་འགྱུར་༨མེད་པ་དང་སྟེ། མེད་པ་ཞེས་པའི་ཚིག་གིས་ཁ་ནང་དུ་འཆང་བ་ཙམ་བྱས་ཏེ་ཕྱིར་དོར་བ་དང་། ལུས་ལ་བྱུགས་པ་ཙམ་ཉེས་བྱས་སོ། །ནད་པས་དེ་ལྟར་བྱས་པ་ཙམ་ནི་ཉེས་པ་མེད་དོ། །ཆང་འདི་ཐེག་དམན་ལས་བཀག་ཚུལ་ནི་ལུང་རྣམ་འབྱེད་ལས། དགེ་སློང་དག་ང་ལ་སྟོན་པོར་ཞེས་ཟེར་བ་དག་གིས་མྱོས་པར་འགྱུར་བ་ཐ་ན་རྩའི་རྩེ་མོས་ཀྱང་མི་བཏུང་ཞིང་གཞན་ལ་བླུད་པར་མི་བྱའོ། །ཞེས་དང་དགའ་བ་ཅན་གྱིས་ཞུས་པའི་མདོ་ལས། ཆང་འཐུང་བ་ལ་མངོན་པར་དགའ་བའི་མི། །བདག་ལ་ཕན་དང་གཞན་ལ་བདེ་མི་ནུས། །རྨོངས་དང་མདོག་ངན་བྱེད་པ་ཆང་ཡིན་ཏེ། །ཇི་ལྟར་ས་ལའི་དུག་བཞིན་དེ་མི་བཏུང་། །ཞེས་དང་། འཕགས་པ་ཉེར་སྦས་ཀྱིས་ཆང་ནི་མཚམས་མེད་པ་ལྔ་དང་། ལྟུང་བ་རིགས་ལྔ་དང་ཉེས་པ་ཐམས་ཅད་ཀྱི་འབྱུང་གནས་ཡིན་པའི་ཕྱིར་རོ། །ཞེས་སོ། །ཐེག་ཆེན་ལས་བཀག་ཚུལ་ནི། མདོ་དྲན་པ་ཉེར་བཞག་ལས། ཆང་ལ་བརྟེན་པའི་མི་དག་ནི། །ཆོས་རྣམས་ཀུན་གྱི་སྣ་རེ་ཡིན། །ངོ་ཚ་མེད་པར་བྱེད་པའི་མཆོག བློ་ནི་ཤིན་ཏུ་རྨོངས་བྱེད་ཡིན། །འཇིག་རྟེན་གཉིས་ནི་རྣམ་འཇིག་བྱེད། །ཐར་པའི་ཆོས་ལ་མེ་ལྟ་བུར། །སྲིག་བྱེད་ཉིད་ནི་ཆང་ཡིན་ནོ། །ཆང་འཐུང་བ་ལ་རྟག་ཏུ་ནི། །ཉེས་དམིགས་སུམ་ཅུ་རྩ་

གཉིས་ཡོད། །དེ་བས་ཉེས་དམིགས་ཤེས་པ་གང་། །དེ་ཡིས་ཆང་ནི་རྣམ་པར་སྤང་། །ཞེས་དང་། དགེ་སྡིག་རྣམ་པར་འབྱེད་པའི་མདོ་ལས། ཚེ་འདི་ལ་ཆང་འཐུང་ཞིང་མྱོས་པར་ནི་ཟངས་ཞུན་ཁོལ་མའི་ཁུ་བ་འཐུང་བའི་དམྱལ་བར་སྐྱེའོ། །ཞེས་སོ། །དེ་རྨ་ཟད་གཞན་ལ་བྱིན་ན་ཡང་ཉེས་པར་འགྱུར་ཏེ། སེང་གེས་ཞུས་པ་ལས། ཆང་བྱིན་ན་སྐྱེ་བ་ལྔ་བརྒྱར་ལག་བརྡུམ་དུ་སྐྱེའོ་ཞེས་དང་། དྲང་སྲོང་རྒྱས་པས་ཞུས་པའི་མདོ་ལས། ཆང་དང་དུག་དང་མཚོན་ཆ་དང་བསད་ཤ་སྦྱིན་པ་རྣམས་མ་དག་པའི་སྦྱིན་པ་ཡིན་པར་གསུངས་སོ། །**ཕྱི་དྲོའི་དུས་སུ་གྲོགས་དགེ་སློང་གཞན་ལ་མ་སྨྲས་པ།** **གྲོང་དུ**་སྟེ་རྒྱ་ཆེར་འགྲེལ་ལས་ཁང་པ་གཅིག་ཙམ་ཡོད་པའི་གནས་ཀྱང་གྲོང་ཉིད་ཡིན་ནོ་གྲོང་པའི་ཆོས་དང་ལྡན་པར་ལྟག་པར་སྤྱོད་པའི་གནས་དག་ལ་ནི་གྲོང་གི་སྒྲ་འཇུག་པར་འགྱུར་རོ། །ཞེས་གསུངས་སོ། །**སོང་སྟེ**[༡༠]**སྐྱུ་རིངས་འཆར་བྱེད་པའོ།** །

བཅུ་ཚན་དགུ་པ་ནི་**སྤྱ་དྲི་ཡིན་ཀྱང་ཁྱིམ་གསུམ་སོགས**་སོགས་སྨྲས་བཞི་ཡན་ཆོད་བསྙེན་པའམ་**འདས**་པར་ཁྱིམ་རེ་རེ་ལ་ལྟུང་བྱེད་རེ་རེ་འབྱུང་ངོ་། །**རྒྱུ་བས**[༡]དགེ་འདུན་གདུགས་ཚོད་སྤོབས་པ་ལ་གནོད་དེ་འགྲེལ་ཆུང་ལས་ཁྱིམ་གཉིས་མན་ཆད་ནི་ལྟུང་བ[༤]མེད་དོ། །ཞེས་གསུངས་སོ། །**བཙུན་མོར་བཅས་པའི་རྒྱལ་པོའི་ཕོ་བྲང་དུ།** **འགྲོ**[༢]**ཞིང་སྐྱ་རིངས**་གསུམ་ལས་ཐ་མ་ཤར་བར་བསྡད་པ་དང་རྒྱལ་པོ་སོགས་ཀྱིས་བོས་པ་དང་ལུས་སྲོག་སོགས་ལ་བར་ཆད་ཀྱི་དབང་གིས་འདུག་པ་ནི་ལྟུང་བ་མེད་དོ། །རབ་བྱུང་རྣམས་འདོད་པའི་ཡོན་ཏན་གྱིས་བརྒྱན་པའི་རྒྱལ་པོའི་ཕོ་བྲང་དུ་འགྲོ་རིགས་པ་མིན་ཏེ། དེ་དག་ལ་དགའ་ཞིང་ཆགས་པ་སོགས་ཉེས་སྐྱོན་མཐའ་ཡས་པ་བསྐྱེད་པར་གསུངས་ཏེ་སློབ་དཔོན་ཛེ་ཏ་རིས། འདི་ལྟར་ལྷ་ཡུལ་འདོད་པ་རབ་ཏུ་ཡིད་འཕྲོག་བྱེད་པ་དང་འཁོར་ལོ་སྒྱུར་བའི་དཔལ་ཡང་དམ་པས་ཆེར་མའི་དོང་འདྲར་གསུངས་ཞེས་དང་། །རྒྱལ་སྲིད་མི་གཙང་འདམ་རྫབ་ཆེན་པོ་ལ། །རྒྱལ་པོ་བདུད་ཀྱི་གཅེས་མིང་ཆེན་པོ་ཡིན། །ཞེས་དང་། ཨ་ཤྭ་གྷོ་ཥས། རྒྱལ་སྲིད་འབྱོར་པ་དུག་གི་མཚོ་དང་འདྲ། །འཐུང་བ་ཙམ་གྱིས་ཐར་བའི་སྲོག་རྩ་གཅོད། །རྒྱལ་སྲིད་འབྱོར་པ་མེ་ཡི་འོབས་དང་འདྲ། །བཀྲལ་བ་ཙམ་གྱིས་སྡུག་བསྔལ་སྐྱེད་པར་བྱེད་ཅེས་སོ། །**གསོ་སྦྱོང་མདོ་གདོན་ལན་གཉིས་ཡན་ཐོས་པས།** །**མ་རྨོངས་ཀྱང་ནི་ཁྲིད་གསོད་ཚིག་སྨྲ་བ**་སྟེ་རྒྱ་ཆེར་འགྲེལ་ལས་ཡིད་རྨོངས་པས་དེ་སྐད་ཟེར་བ་ལ་ནི་ལྟུང་བ་མེད་དོ་ཞེས་དང་། མཚོ་མཆན་ལས། ཡིད་རྨོངས་པས་ད་གཟོད་ཤེས་སོ་ཞེས་དྲང་པོར་སྨྲན་ལྟུང་བ་མེད་དོ་ཞེས་སོ། །**དཀོན་པའི་རྫས་བ་སོ་དང་རུས་པ་རྭའི་དངོས་པོ་ལས་ཁབ་རལ**[༧]དགེ་སློང་རང་ཉིད་ཀྱིས་**འཆོས་སམ**་གཞན་ལ་**བསྒོ**་སྟེ་བྱེད་དུ་བཅུག་ན་ཡང་ལྟུང་བྱེད་དུ་འགྱུར་ཏེ། ལུང་ཞུ་བ་ལས། དགེ་སློང་གིས་རིན་པོ་ཆེ་ལས་བགྱིས་པའི་ཁབ་རལ་བགྱིད་དུ་བཅུག་ན་ཅི་འགྱུར། ཉེས་བྱས་སོ། །ཞེས་སོ། །མདོ་རྩ་

ལས་བ་སོ་དང་རུས་པ་དང་རྭའི་ཁབ་རལ་བྱེད་དམ་བྱེད་དུ་བཅུག་པ་ལའོ། །ཞེས་སོ། །ལྟུང་བ་འདི་བཤགས་དུས་སུ་ཁབ་རལ་བཅག་ནས་བཤགས་དགོས་པས། བཤགས་ཡུལ་གྱིས་ཀྱང་ཁབ་རལ་བཅག་གམ་ཞེས་དང་པོ་དྲི་དགོས་ལ་དེ་ལྟར་མ་དྲིས་པར་ཉེས་པ་དེ་མཐོལ་དུ་བཅུག་ན། དགེ་སློང་མཐོལ་ཚངས་ཀྱི་དཔང་པོར་བྱེད་པ་དེ་ལ་ཉེས་བྱས་ཀྱི་ལྟུང་བ་འབྱུང་ལ་བཤགས་པ་ཡང་མ་ཡིན་ཏེ། མདོ་རྩ་ར་བཅག་པ་ཉིད་མ་དྲིས་པ་འཆགས་པ་བླང་བར་མི་བྱའོ། །མ་བཅག་ན་མ་བཤགས་པ་ཉིད་དོ། །ཞེས་གསུངས་སོ། ཁྲི་རྐང་ནི་ཁྲིའི་གང་གཞུག་པ་མན་ཆད་ཁྲུ་གང་གི་ཚད་ཡིན་པས་དེས་ན་ཁྲུ་གང་ཚད་ལས་ལྷག་པར་འཚོས་པ་དང་སྟེ་ལྟུང་བ་འདི་བཤགས་པའི་ཚེ་ཁྲུ་གང་ལས་ལྷག་པའི་ཆ་དེ་ཉིད་བཅད་ནས་གཟོད་བཤགས་དགོས་ཤིང་བཤགས་ཡུལ་གྱིས་བཅད་དམ་ཞེས་མ་དྲིས་ན་ཉེས་བྱས་སོ། །དགེ་འདུན་ཁྲི་དང་ཁྲི་འུར་དང་སེམས་ཀྱིས་ཏེ་དགེ་འདུན་ཞེས་པའི་དོན་གང་ཟག་གི་ཁྲི་དང་ཁྲིའུར་དང་སེམས་ཀྱིས་ཤིང་བལ་བརྟལ་ན་ཉེས་བྱས་སོ། །འདི་བཤགས་པའི་ཚེ་ཤིང་བལ་བསྡུས་ཏེ་བཤགས་དགོས་ལ་བཤགས་ཡུལ་གྱིས་ཀྱང་ཤིང་བལ་བསྡུས་སམ་ཞེས་མ་དྲིས་ན་ཉེས་བྱས་འབྱུང་ལ་ལྟུང་བ་ཡང་མ་བཤགས་པ་ཡིན་ནོ། །ཤིང་ལས་བྱུང་བའི་བལ་བརྟལ་བས[༦]གང་ཟག་གི་ཁྲི་དང་ཁྲིའུ་ལ་དང་སེམས་ཀྱིས་ཤིང་བལ་བརྟལ་ན་ཉེས་བྱས་སོ། །ལྟུང་བ་འདི་བཤགས་པའི་ཚེ་ཤིང་བལ་བསྡུས་ཏེ་བཤགས་དགོས་སོ། །དེས་ཉལ་བ་ལ་གོས་པར་བྱེད། གདིང་བ་ཚད་ནི་སྲིད་དུ་ཁྲུ་གསུམ་དང་ཞེང་དུ་ཁྲུ་དོ་དང་སོར་དྲུག་ཡིན་ལ་དེ་ལས་ལྷག་དགེ་སློང་ལུས་པོང་ཤིན་ཏུ་ཐུང་བ་དང་འབྲིང་པོ་དང་རིང་བ་གསུམ་གྱི་གདིང་བའི་ཚད་ནི་མཉམ་སྟེ་རང་གི་ལུས་ཁྲུས་གཞལ་བ་མ་ཡིན་གྱི་རྟུལ་ཁྲུས་གཞལ་དགོས་པའི་ཕྱིར་རོ། །འོག་མ་གཡན་དགབ་དང་རས་ཆེན་གཉིས་ཀྱང་དེ་བཞིན་ནོ། །ཆོས་གོས་གསུམ་ནི་ལུས་ཁྲུས་གཞལ་བས་ལུས་རིང་ཐུང་གི་རྗེས་སུ་འགྲོའོ། །དེ་ལྟར་བྱེད་དུ[༧]བཅུག་པའོ། །གཞན་གྱི་གདན་ལ་གདིང་བ་དན་པས་ཀྱང་འདུག་མི་རུང་སྟེ། སྟོན་སངས་རྒྱས་བཅོམ་ལྡན་འདས་ཡུལ་ཡངས་པ་ཅན་དུ་གཤེགས་པ་ན། མི་རྒྱབ་ནག་པོ་རྫ་རྐྱབ་ལྷ་བུ་ཞིག་གཟིགས་ཏེ། དགེ་སློང་རྣམས་ལ་བཀའ་སྩལ་བ། འདི་ནི་སངས་རྒྱས་འོད་སྲུང་གི་བསྟན་པ་ལ་རབ་ཏུ་བྱུང་བ་ཞིག་ཡིན་དུས། དགེ་འདུན་གྱི་གཙུག་ལག་ཁང་དུ་གདིང་བ་དྲི་མ་ཅན་བཏིང་ནས་བསྡད་པའི་ལས་ཀྱིས། ཚེ་རབས་ལྔ་བརྒྱར་རྒྱབ་གཞུང་ནག་པོ་འདི་ལྟ་བུར་གྱུར་ཏོ་གསུངས་སོ། །དེས་ན་གདིང་བ་གཏན་ནས་མེད་པར་འདུག་པའི་ནུང་བ་ནི་སྨོས་ཅི་དགོས། །དེ་བཞིན་གཡན་དགབ་ཀྱི་ཚད་ནི་སྲིད་དུ་རྟུལ་ཁྲུ་དྲུག་དང་ཞེང་དུ་ཁྲུ་གསུམ་ཡིན་ལ་དེ་ལས་ལྷག་པར་བྱེད་པའོ། །རས་ཆེན་དག་ཀྱང་སྲིད་དུ་རྟུལ་ཁྲུ་དགུ་དང་ཞེང་དུ་ཁྲུ་གསུམ་དང་སོར་བཅོ་བརྒྱད་ཡིན་ལ་དེ་ལས་ལྷག་པའང་ངོ་། །དེ་བཞིན་གཤེགས་པའི་ཆོས་གོས་ཚད་དང་ནི། །ལྷག་པར་

བྱེད་དམ་བྱེད་དུ་བཅུག[༡༠]པའོ་སྟེ་སྟོན་པའི་སྣམ་སྦྱར་དང་བླ་གོས་ཀྱི་ཚད་ནི་སྲིད་དུ་སྟོན་པ་རང་གི་ཁྲུ་ལྔ་ཞེང་དུ་ཁྲུ་གསུམ་ཡིན་ལ། སྟོན་པའི་ཁྲུ་རེ་ལ་མི་འབྲིང་པོའི་ཁྲུ་གསུམ་རེ་ཡོད་པས། སྟོན་པའི་ཆོས་གོས་གཅིག་ལ་མི་འབྲིང་པོའི་ཆོས་གོས་གསུམ་ཡོད་དོ། །

ལྟུང་བ་གང་ཞིག་སློ་སྣུགས་ཚིག་གིས་སོ་སོར་སྨྲ། །བཤགས་པས་དག་ལྟུང་སྡེ་ལ་རབ་བྱུང་དང་། །ཁྲིམ་པའི་གཞི་ལས་བྱུང་བ་གཉིས་ཚན་གཉིས། །ཉེ་མིན་དགེ་སློང་མ་ནི་གྲོང་འདུག་པས་སྟེ་དགེ་སློང་མ་རང་ཉིད་ཀྱིས་བཟའ་བྱའི་ཆེད་དུ་ཟས་སྦྱར་ལས་ཟས་སློང[༡]ཟོས། །དགེ་འདུན་གདུགས་ཚོད་ངོས་མགྲོན་བྱེད་པ་ལས་ཏེ༔ དགེ་སློང་གིས་སྲིང་མོ་ཁྱོད་དགེ་སློང་རྣམས་ཟས་ཟོས་ཟིན་གྱི་བར་དུ་རེ་ཞིག་གི་ཁ་བསྒོ་བར་སྡོད་ཅིག་ཅེས་ཚིག་གྲལ་གོང་མ་ལ་གྲིམ་ཞིག་ཅེས་པ་ལྟ་བུའི་ཞེས་སྡོམ་འགྲེལ་ཉི་སྣང་ལས་གསུངས་སོ། །དེ་ལྟ་བུའི་ཚིག་གིས་མ་བཟློག་བླངས་ཏེ་ཟོས་པ[༢]དང་། །གསོལ་བ་འབའ་ཞིག་པའི་ལས་ཀྱིས་ཡོན་བདག་དེས་ཁྲིམ་དུ་སྤྱན་དྲངས་ཀྱང་རུང་མ་དྲངས་ཀྱང་རུང་དགེ་སློང་རྣམས་མི་འགྲོ་ཞིང་དེའི་ཟས་ནོར་མི་ལེན་པའི་འོག་ཁྲིམས་བཅས་ཏེ་སློང་དུ་མེད་པའི་ཁྲིམ། །བསླབ་པ་དྲལ་ཏེ་ཞུགས་ཤིང་ཟས་སློང[༣]ཟོས་པ་དང་། ཆོམ་རྐུན་སོགས་ཀྱི་འཇིགས་པ་ཡོད་པའི་སར་ནགས་ཞུལ་བར་བྱེད་པ་གསོལ་བ་དང་གཉིས་ཀྱི་ལས་ཀྱིས་བསྒོས་པའི་དགེ་སློང་གིས། ནགས་མ་བརྟགས་པར་ཟས་སློང་ཟོས[༩]པའོ་སོར་བཤགས་བཞི་པོ་འདི་དག་ཀྱང་ཕལ་ཆེ་བོད་ན་མེད་པར་གསུངས་སོ། །

ལྟུང་བ་གང་ཞིག་ལུས་ངག་གི་ཉེས་པ་ཕྲ་མོའི་རང་བཞིན་ཅན། ཉེས་བྱས་རང་རང་མིང་གིས་འཚོས་པས་དག་ལྟུང་བ། །དབྱེ་ན་བརྒྱ་རྩ་བཅུ་གཉིས་དེ་ཀུན་ཀྱང་། །གོས་བགོའི་སྡེ་སོགས་ཏེ། གོས་བགོ་བའི་སྡེ། སྤྱོད་ཡུལ་དུ་འགྲོ་བའི་སྡེ། སྟན་ལ་འདུག་པའི་སྡེ་ཟས་བསླངས་བའི་སྡེ། ཟས་ཟ་བའི་སྡེ། ལྷུང་བཟེད་ལ་ལོངས་སྤྱོད་པའི་སྡེ། ཆོས་བཤད་པའི་སྡེ། སྤྲུབ་པའི་ཚུལ་ལས་བྱུང་བའི་སྡེ་སྟེ་སྡེ་ཚན་བརྒྱད་དུ་འདུས། སྡེ་ཚན་བརྒྱད་ཀྱི་ནང་ནས་དང་པོ་ཤམ་ཐབས་ཀྱི་བདུན་ནི་ཤམ་ཐབས་ཟླུམ་པོར་མ[༡]བསྒོས་དང་ཞེས་སྦྱོར་བསྟན་པས་ཉེས་བྱས་གཅིག་དང་བྱེ་བྲག་དམིགས་བསལ་ནི། འདི་མན་དྲུག་པོ་ལ་གོང་གི་སྤྱིའི་ཉེས་བྱས་ཟླུམ་པོ་མ་བགོས་པ་དེ་དང་། བྱེ་བྲག་རང་རང་གི་ཉེས་བྱས་ཏེ་ཉེས་བྱས་གཉིས་རེ་འབྱུང་ངོ་། །ཤམ་ཐབས་ཕྱི་མ་མཐའ་ཏ་ཅང་རྩེངས་པས་ཕུས་མོ་མ[༢]ཁེབ་དང་། ཏ་ཅང་འཛོལ་ཆེས་པས་ལོང་བུ[༣]ཁེབ་པ་དང་འོན་དེའི་རིང་ཐང་གི་ཚད་ནི་ཙམ་ཞེ་ན་འདུལ་བ་བསྡུས་པ་ལས་ལོང་བུ་ལས་བརྩམས་ནས་སོར་གཞི་བོར་བར་བྱའོ་ཞེས་གསུངས་སོ། །གླང་པོའི་སྣ་ལྟར་མདུན་དུ་ནར་ཏེ་འཕྱང[༩]བ་དང་། །སྐྲ་རགས་གོང་དུ་ཤིང་ཏ་ལའི་ལོ་མ་ལྟར་ལྟེབ[༥]དང་སྐྲེ་རགས

མཐོ་དམན་དུ་བཅིང་བའི་**བར་ནས་**ཞམ་ཐབས་འབྲུའི་ཕུར་མ་ལྟར་**འབུར**[༨]**བ**། **སྣ་རགས་གོང་དུ་**ཞམ་ཐབས་ཀྱི་ཡ་མཐའ་སྦྲུལ་མགོའི་**གདེངས་ཀ**་[༧]**ལྟར་བྱས་**པ་དང་ཉན་ཐོས་ཆ་བའི་སྟེ་པ་བཞི་ལ་ཞམ་ཐབས་གོན་ལུགས་ཅུང་ཟད་ཐ་དད་པ་ཡོད་ཀྱང་ཐམས་ཅད་ཡོད་པར་སྨྲ་བའི་སྡེ་པའི་ལུགས་ལ་ནི། མདུན་ནས་གྲུ་གང་བསྐོལ་ཟུར་གཉིས་ཚོམ་བུ་གཉིས་གཉིས་དང་། རྒྱབ་ཏུ་ཕྱུལ་བར་བཞག་པ་ཡིན། ཞེས་བུ་སྟོན་གྱིས་ལས་བརྒྱ་རྩ་གཅིག་གིས་འགྲེལ་བར་གསུངས་སོ། །གང་ལྟར་ཡང་སྐྱོན་དྲུག་དང་བྲལ་ཞིང་ཡོན་ཏན་བཟླུམ་པོར་བགོ་བ་ལ་བསླབ་པར་བྱའོ། །གོང་སྟོན་རྡོ་རྗེ་འཆང་གི་ཞལ་ནས་སྔ་དྲོ་ཞམ་ཐབས་ལེགས་པར་གྱོན་ན་ཉིན་གང་པོར་སྐད་ཅིག་རེ་རེ་བཞིན་ཕན་ཡོན་བདུན་བདུན་བར་མ་ཆད་པར་ཡོད་ཅིང་། གྲོང་ཆས་གྱོན་ནས་རྫོ་མཛལ་དུ་འགྲོ་བ་ལས་དེའི་བར་དུ་གཟན་ནམ་ལེགས་པར་གྱོན་ནས་བསྡད་ན་དེས་སྟོན་པའི་ཐུགས་ཟིན་པར་འགྱུར་རོ་ཞེས་གསུངས་སོ། །ལྷ་གོས་ཀྱི་གསུམ་ནི་**ལྷ་གོས་སྣམ་སྦྱར་**གཉིས་**ཟླུམ་པོར་མ་བསྒོས་**[༢] ཤིང་འདི་གསུམ་ལ་འང་བཟླུམ་པོ་མ་བགོ་བའི་ཉེས་བྱས་སྐྱི་དང་ཐུང་བ་དང་། འཇོལ་བ་སྐྱེ་བྱེ་བྲག་རང་རང་གི་ཉེས་བྱས་ཏེ་གཉིས་གཉིས་ཡོད་པའང་གོང་མ་བཞིན་ནོ། །**ཏ་ཙང་ཐུབ**[༩]**དང་ཆེས་ཆེར**[༡༠]**འཇོལ་བ་སྤང་ངོ་**། །

གཉིས་པ་སྤྱོད་ཡུལ་དུ་འགྲོ་བའི་སྡེ་ལ་ལྔ་ཚན་བཞི་ཡོད་པ་ལས་ལྔ་ཚན་དང་པོ་ནི་ཤིན་ཏུ་བསྡམ་ལ་སོགས་པ་ལྔ། ཞེས་པ་ལྟར་**ཁྱིམ་དུ་འགྲོ་ཆེ་ལུས་ངག་མ་བསྡམས་**[༡༡]**འཇུག་**ཞེས་སྦྱིར་བསྟན་པ་ལ་ཉེས་བྱས་གཅིག་དང་དེའི་དམིགས་བསལ་རྣམས་རིམ་བཞིན། **ལྷ་གོས་མཐང་གོས་**གཉིས་**མཉམ་**འདི་མན་ལ་གོང་གི་མ་སྡོམ་པར་འཇུག་པའི་ཉེས་བྱས་དེ་དང་རང་རང་གི་ཉེས་བྱས་རེ་སྟེ་ཉེས་བྱས་གཉིས་རེ་མེད་དོ། །**ལེགས་མ་བསྒོས་**[༢]**དང་**། **ཙ་ཙོའི་སྒྲར་**[༣]**བཅས་**དགོས་པ་མེད་པར་མིག་**གཡས་གཡོན་གཡེང་བས་**[༤]**བལྟ་**བ་དང་། **མདུན་དུའང་གཉའ་ཤིང་**དེའང་ལུང་རྣམ་འབྱེད་ཀྱི་འགྲེལ་པ་ལས། གཉའ་ཤིང་གང་ཙམ་དུ་ལྟ་བ་ཞེས་བྱ་བ་ནི་འདོམ་གང་ཙམ་དུ་བལྟ་བའོ། །ཞེས་གསུངས་སོ། །གང་ལས་**ལྟག་བལྟ**[༥]**ཁ**་བ་ལ་སྤྱོད་འཇུག་ལས། དོན་མེད་གཡེང་བས་བལྟ་བ་ནི། །ནམ་ཡང་བདག་གིས་མི་བྱ་སྟེ། །ངེས་པར་སེམས་པས་རྟག་ཏུ་ནི། །མིག་ནི་ཕབ་སྟེ་བལྟ་བར་བྱ། །ལྔ་ཚན་གཉིས་པ་ནི་སྡོམ་ལས་མགོ་གཡོགས་ལ་སོགས་རྣམ་པ་ལྔ་ཞེས་པ་ལྟར་**གོས་ཀྱིས་མགོ་བསྟུམས**[༦]**ཞམ་ཐབས་འདོམས**[༧]**སྣང་བརྗེ**། །ལྷ་གོས་ཕྲག་གཉིས་གཟར་དང་སྐེ་[༨]མདོ་རྩའི་རང་འགྲེལ་བཅོམ་བརླག་མ་ལས་ངོས་གཉིས་ཀར་སོར་བཅུ་གཉིས་ཀྱིས་མི་གཟར་རོ། །ཞེས་གསུངས་པས་སོར་བཅུ་གཉིས་ཀྱི་ཚད་ཡན་ཆད་ཀྱིས་ནི་ཆོས་གོས་གཟར་བའི་ཉེས་པ་བསྐྱེད་དོ། །རྒྱ་ཆེར་འགྲེལ་ལས། དགེ་སློང་དག་ལ་ནི་ཕྲག་པ་གཡོན་པ་ལ་ནི་གཟར་བ་གྲགས་པ་ཉིད་ཡིན་ལ་ཞེས་གསུངས་པ་ལྟར་ཕྲག་གཡོན་ནི་ཉེས་པ་མེད་

དོ༑ ༑ལག་པ་གཉིས་མདུན་ནས་ཡར་བཀུག་སྟེ། **གཉའ་གོང་དུ་བསྒོལ་**བ་ནི་༩མཆོ་མཆན་ལས་ལག་པ་གཡས་པ་མདུན་དུ་བཏང་སྟེ་ཕྲག་པའམ་གཉའ་བའི་ཕྱོགས་སུ་བཞག་ལ་གཡོན་པ་ཡང་དེ་བཞིན་དུ་བྱས་ཏེ་ལག་པ་གཉའ་གོང་དུ་མི་བསྒོལ་ཞེས་གསུངས་སོ། **༑རྒྱབ་ནས་ལྷག་པར་**༡༠**བསྒོལ་**བ་ཡང་མཆོ་མཆན་ལས། ལག་པ་རྐྱང་སྟེ་ལྷག་པར་བསྒོལ་བའམ་དཔུང་མགོར་ལག་པ་གཉིས་ཕན་ཚུན་སྤྲད་ཅིང་བསྒོལ་ནས་དེ་ལྟར་ལག་པ་ལྷག་པར་མི་བསྒོལ་ཞེས་གསུངས་སོ། །

ལྔ་ཚན་གསུམ་པ་ནི་སྡོམ་ལས་མཆོང་ལ་སོགས་པ་རྣམ་པ་ལྔ་ཞེས་པ་ལྟར་**མཆོང་ཞིང་**༡༡**འགྲོ་དང་གོམ་པ་ཆེས་དྲག་པས། ༑སྒྲིད་པ་བརྐྱང་བསྐུམ་བྱེད་ཅིང་**༡༢**འགྲོ་བར་བྱེད། ༑ཙོག་པུས་འགྲོ་དང་**༡༣རྐང་པའི་ཕྱི་རྟིང་བཀུག་སྟེ་སོར་མོས་**བྲང་གིས་འགྲོ་བ་དང་**༡༤། **༑ལག་པ་རྐེད་བརྟེན་གྲུ་མོ་ཀྱུངས་**༡༥**ཏེ་འགྲོ།** །

ལྔ་ཚན་བཞི་པ་ནི་སྡོམ་ལས་ལུས་ལ་སོགས་པ་རྣམ་པ་ལྔ། ༑ཞེས་པ་ལྟར་ལུས་པོ་བསྒྱུར་བའམ་གཙུས་ཏེ་འགྲོ་བའི་**ལུས་པོ་ཀྱོག་བསྒྱུར་**༡༦**ལག་པ་གཡབ་**༡༧**ཅིང་འགྲོ། ༑མགོ་བོ་བསྒྱུར་**༡༨**ཞིང་གཞན་དང་ཕྲག་སྤྱད་**༡༩**ཀྱིས། ༑འགྲོ་དང་**དགེ་སློང་ན་བ་སོགས་ཀྱི་རྐྱེན་མེད་པ་**ཕན་ཚུན་ལག་སྤྲེལ་གྱིས་**༢༠**འགྲོ་བའོ།** །

གསུམ་པ་སྟན་ལ་འདུག་པའི་སྐབས་ལ་དགུ་ཚན་གཅིག་ཡོད་པ་ནི་སྡོམ་ལས། འདུག་པ་བྱ་བ་དགུ་དག་དང་། ༑ཞེས་པ་ལྟར་**སྟན་ལ་གཞན་གྱིས་མ་བསྔོས་པར་**༡**འདུག་**པ་སྟེ་འགྲེལ་ཆུང་ལས་ཁྱིམ་པས་སྤྱན་དྲངས་པ་ལ་རང་གི་ཕྱིར་སྟན་གདིང་བ་ལ། ཁྱིམ་པ་རྒྱུས་མི་ཤེས་པས་བཞུགས་ཤིག་ཅེས་མི་ཟེར་ཡང་རང་དེར་འཁོད་པ་ལ་ནི་ཉེས་པ་མེད་དོ། ༑ཞེས་གསུངས་སོ། **༑དེ་བཞིན་དུ་སྟན་གྱི་འོག་ན་སྲོག་ཆགས་ཡོད་མེད་མ་**༢**བརྟགས་པ་དང་། ལུས་ཀྱི་ལྗིད་ཕབ་སྒྱུ་ཆོམ་**༣**དུ་འདུག་**པ་སྟེ་སྤྱོད་འཇུག་ལས། ཁྲི་ལ་སོགས་པ་བབ་ཅོལ་དུ། ༑སྒྲ་དང་བཅས་པར་མི་དོར་རོ། ༑སྒོ་ཡང་དྲག་ཏུ་མི་དབྱེ་སྟེ། ༑རྟག་ཏུ་གཅོམ་སྐྱུང་དགའ་བར་བྱ། ༑ཞེས་ཐེག་དམན་མ་ཟད་ཐེག་ཆེན་གྱི་སྐབས་ནས་ཀྱང་འདི་དག་ནི་བཀག་པ་ཡིན་ནོ། **༑རྐང་པ་བརྐྱངས་ཏེ་སྟེང་འོག་བསྒོལ་**༤**བ་དང་**ནི་སྤྱོད་འཇུག་ལས། རྐང་པ་བརྐྱང་སྟེ་མི་འདུག་ཅིང་། ༑ལག་པ་མཉམ་པར་མི་གཉེའོ། ༑ཞེས་སོ། **༑བརླ་སྟེང་བརླ**༥**བརྩེགས་**ཏེ་འདུག་པ་དང་དེ་བཞིན་**ལོང་བུའི་སྟེང་དུ་ལོང་བུ**༦**བརྩེགས་པ་དང་**། ༑དགེ་སློང་ཁྲིའི་སྟེང་དུ་འདུག་སྟེ་**རྐང་པ་ཁྲི་ཡི་འོག་ཏུ་བཀུག་**༧**པ་དང་**། **༑རྐང་པ་གཉིས་ཕན་ཚུན་ཕྲལ་**༨**དང་འདོམས་མི་སྲིད**༩**པ་སར་སྣང་བ་བྱས་ཏེ་འདུག་པའོ།** །

བཞི་པ་ཟས་སློང་བའི་བརྒྱད་ཚན་གཅིག་ནི་སྡོམ་ཚིག་ལས། བྱིན་ལེན་བྱ་བ་བརྒྱད་རྣམས་སོ་ཞེས་པ་ལྟར། **ལེགས་པར་ཟས་སློང་བ་**༡**ལ་བསླབ་པར་བྱ་སྟེ། ༑ཁ་ཟས་ལྷུང་བཟེད་ཁ་ལས་**༢**མཐོ་བ་དང་སྟེ་**༡ཁ་ཟས

ནི་ལྷུང་བཟེད་ཀྱི་ཁ་ལས་མཐེ་བོའི་ལྟོ་གང་གིས་མ་གང་ཙམ་ལེན་དགོས་ཏེ། མཐེ་བོའི་ལྟོ་གང་ཞེས་པ་འདི་ལ་ནི༑ ༑གངས་ཅན་ལྗོངས་འདི་འདུལ་འཛིན་ཕལ་ཆེར་རྣམས། །མཐེ་བོའི་ལྟོ་གང་སྲིད་དུ་འཇལ་ཞེས་གྲགས། །དེ་ལྟར་མིན་ཏེ་སྒྲུབ་བྱེད་མེད་ཕྱིར་དང་། །འདུལ་བའི་གཞུང་ལུགས་དྲུག་དང་འགལ་ཕྱིར་རོ། །དེ་ཡང་མཐེ་བོང་གི་ལྟོ་གང་སྲིད་དུ་བརྩི་བ་ནི་འདུལ་བའི་གཞུང་དྲུག་དང་འགལ་ཏེ་གོས་གཞིའི་ཊཱིཀྐ་ལས། མཐེ་བོའི་ལྟོ་གང་ནི་སོར་གཅིག་པའོ་ཞེས་དང་། འགྲེལ་ཆུང་ལས། ཁ་ནས་མཐེ་བོང་གི་ཞེང་ཚད་ཀྱི་སོར་གཅིག་པའོ། །ཞེས་དང་། བམ་པོ་ལྔ་བཅུ་པ་དང་གཞུང་འགྲེལ་ལས། མཐེ་བོའི་ལྟོ་གང་ནི་མཐེ་བོང་གི་ཞེང་ལ་བརྩི་དགོས་སོ། །ཞེས་དང་། གཞི་འགྲེལ་ལས། མཐེ་བོའི་ལྟོ་གང་ནི་མཐེ་བོའི་སོར་གཅིག་པའོ་ཞེས་དང་། རྣམ་འབྱེད་འགྲེལ་ལས། མཐེ་བོའི་ལྟོ་གང་ཞེས་བྱ་བ་ནི་མཐེ་བོའི་སོར་གཅིག་གི་ལྷག་མའོ་ཞེས་གསུངས་སོ། **།འབྲས་ཆན་ཚོད་མ་མང་ཉུང་མཉམ་**[༣]**པར་ལེན་**པ་ནི་རྒྱ་ཆེར་འགྲེལ་པ་ལས་འབྲས་ཆན་ལ་སོགས་པའི་བཟའ་བ་དང་ཤ་སྐམ་ལ་སོགས་པའི་ཚོད་མ་ནི་བཟའ་བ་པས་ཚོད་མ་ཉུང་བར་བླང་བར་བྱའོ། །དགོས་པའི་ཚད་ལས་ལྷག་པའི་ཚོད་མ་ལེན་པ་བཀག་པའོ། །ཡོན་བདག་གིས་ནན་གྱིས་བླུགས་པ་དང་སྙིང་བརྩེ་བས་ལེན་ན་ལྟུང་བ་མེད་དོ་ཞེས་གསུངས་པས་དེས་ན་ཡོན་བདག་གིས་འབྲས་ཆན་དང་ཚོད་མ་གཉིས་མང་ཉུང་བྱས་ཏེ་དྲངས་པའི་ཚེ་རང་གིས་མཉམ་པར་ལེན་ན་ཉེས་བྱས་སོ། **།བསླབ་**རིམ་བཞིན་བཞུགས་པའི་**གྲལ་མཐར་ཆགས་སུ་ནི་མི་ལེན་**[༤]པར་ཐོད་རྒྱལ་དུ་ལེན་པ་དང་བསླབ་པ་རྒན་རིམ་བཞིན་མ་ཡིན་པར་འདུག་པར་གྱུར་ནའང་། གྲལ་ཇི་ལྟ་བ་འདུག་པ་བཞིན་མཐར་ཆགས་སུ་བྲིས་པར་བྱའི་རྒན་པ་འོག་ན་འདུག་པ་ལ་ཐོད་རྒྱལ་དུ་བྲིམ་པར་མི་བྱའོ། **།ལྷུང་བཟེད་མིག་གིས་མི་བལྟ་གཡེང་**[༥]**བས་ལེན་**ཞེས་པ་འདི་ནི་ཡིད་ཀྱིས་ལྟ་བ་ལ་བྱའི་མིག་གིས་ལྟ་བ་ནི་མ་ཡིན་ཏེ་དེ་ནི་མཉའ་ཤིང་གང་ཙམ་དུ་བལྟ་བའི་སྐབས་སུ་བཀག་ཟིན་པའི་ཕྱིར་རོ། །བཟའ་བ་དང་བཅའ་བ་དག་རང་གི་མངོན་སུམ་དུ་དྲང་ཐད་དུ་མ་སླེབ་པར་**ལྷུང་བཟེད་ཁ་གདངས་**[༦]**སྤུས་**དང་ཡང་བསྐུར་ཏེ་ཐོབ་པར་བྱ་བའི་ཕྱིར། **འབྲས་ཆན་དག་སླར་ཡང་ཐོབ་པར་ འདོད་ཕྱིར་འབྲས་ཆན་**སྔར་ཐོབ་པ་དེ་**ཚོད་མས་འགེབ་པ་**དང་། **སླར་ཡང་**བསྐུར་ཏེ་ཚོད་མ་འདོད་པས་སྔར་ལས་**བཟློག་པ་**[༧]དང་། **བཟའ་བཅའི་སྟེང་དུ་**ལྷུང་བཟེད་དང་ཕོར་པ་སོགས་**སྙོད་བཟེད་པ་**[༨]**རྣམས་སོ།** །

ལྔ་པ་ཟས་ཟ་བའི་སྐབས་ལ་དབྱེ་ན་དྲུག་ཚན་གཅིག་དང་ལྔ་ཚན་གསུམ་སྟེ་བཞི་ཡོད་པ་ལས་དང་པོ་ནི་སྡོམ་ལས་ཟས་ལ་ལེགས་པར་བྱ་བ་དྲུག ཅེས་པ་ལྟར་**བཟའ་ཚེ་འདུལ་བ་དང་འགལ་མི་ལེགས་**[༩]ཟ་ཞེས་བྱ་བ་ནི་མདོ་འོག་མ་ལྔའི་ལུས་ལྟ་བུ་ཡིན་ནོ་ཞེས་མཚོ་མཆན་ལས་གསུངས་པ་ལྟར་སྤྱིར་བསྟན་ནས་དམིགས་བསལ་

ནི༔ ཧ་ཙང་ཁམ་ཚོད་ཞེས་པ་༢འདི་མན་ལྔ་པོ་ལའང་སྐྱེ་དང་བྱེ་བྲག་གི་ལྟུང་བ་གཉིས་རེ་ཡོད་པ་ནི་སྔ་མ་ལྟར་རོ༔ །ཁམ་ཚོད་ཆེ་དང་ཆུང་བ་༣དང་། ཁམ་ཚོད་རན་༤མིན་ཁའི་སྒོར་ཟས་མ་སླེབ་པར་ཁ་གདངས་སྤུས་༥ཁ་དང་། ཟ་བཞིན་གཏམ་སྨྲ་བའོ༦། །ལྔ་ཚན་གསུམ་གྱི་དང་པོ་ནི་སྡོམ་ལས་ཙུག་ཙུག་ལ་སོགས་རྣམ་པ་ལྔ། །ཞེས་པ་ལྟར་ཁ་སྒྲ་ཙུག་ཙུག་༡)དང་ལུང་ལས་དྲུག་སྡེ་དག་ཚོད་མ་མངར་བ་ལ་ཚོད་མ་འདི་ཧ་ཙང་སྐྱུར་རོ་ཞེས་པའི་བརྡ་ཙུག་ཙུག་ཟེར་བ་ལས་འདི་གསུངས་སོ། །དེ་ནི་མཚོན་པ་ཙམ་སྟེ་མངར་བ་ལ་སྐྱུར་བར་སྟོན་པའམ་སྐྱུར་བ་ལ་སྐྱུར་བ་ཉིད་དུ་སྟོན་པའམ་རྒོད་བག་གམ་ཤེས་བཞིན་མ་ཡིན་པས་ཙུག་ཙུག་ཟེར་བ་ནི་ཉེས་བྱས་སོ། །ཅག་ཅག་༢ནི་ཚོད་མ་སྐྱུར་བ་ལ་མངར་བར་སྟོན་པའམ་མངར་བ་ལ་མངར་བ་ཉིད་དུ་སྟོན་པའམ་རྒོད་བག་གི་བསམ་པའམ་ཤེས་བཞིན་མ་ཡིན་པས་ཀྱང་ཅག་ཅག་ཟེར་ཞིང་ཟ་བར་མི་བྱའོ། །ཧུ་ཧུ་༣ནི་འབྲས་ཆན་ཚ་བ་ལ་ཧ་ཙང་གྲང་ངོ་ཞེས་ཁ་ལྷངས་ཀྱིས་བསྒྲོ་བ་སྐད་དུ་ཧུ་ཧུ་ཞེས་ཟེར་བ་སོགས་ཚ་བ་ལ་གྲང་བར་སྟོན་པའམ་ཚ་བ་ལ་ཚ་བ་ཉིད་དུ་སྟོན་པའམ་རྒོད་བག་གི་བསམ་པའམ་ཤེས་བཞིན་མ་ཡིན་པས་ཀྱང་ཧུ་ཧུ་ཟེར་ཞིང་ཟ་བར་མི་བྱའོ། །ཕུ་ཕུ་༤ནི་འབྲས་ཆན་གྲང་བ་ལ་ཧ་ཙང་ཚའོ། །ཞེས་ཕུ་ཕུ་ཟེར་བ་སོགས་གྲང་བ་ལ་ཚ་བར་སྟོན་པའམ་གྲང་བ་ལ་གྲང་བ་ཉིད་དུ་སྟོན་པའམ་རྒོད་བག་གི་བསམ་པའམ་ཤེས་བཞིན་མ་ཡིན་པས་ཀྱང་ཕུ་ཕུ་ཟེར་ཞིང་ཟ་ན་ཉེས་བྱས་སོ། །ཟས་ཟ་བའི་ཚེ་ལྕེ་ཕྱིར་ཕྱུང་བ་དང་༥། །

ལྔ་ཚན་གཉིས་པ་ནི་སྡོམ་ལས་འབྲུ་ནས་ཐ་དད་བྱེད་པ་ལྔ། ཞེས་པ་ལྟར་སྲོག་ཆགས་ཡོད་མེད་བརྟགས་པའི་ཕྱིར་མ་ཡིན་པར་འབྲས་ཆན་ལ་སོགས་འབྲུ་རེ་ནས་ཕུ་༡)ཞིང་ཟ་བ་དང་། སྦྱིན་བདག་གི་ཟས་ལ་འཕྱ་༢སློད་ནི་ལུང་དགེ་སློང་མའི་རྣམ་འབྱེད་ལས་ཟས་ལ་བསྟུགས་པ་དང་སྐྱོན་གདགས་པར་མི་བྱའོ། །ཞེས་གསུངས་ལ། འགྲེལ་ཆུང་ལས། ཁ་ཟས་ལ་ལན་ཚྭ་མི་བྲོ་བ་ཙམ་ཡང་མི་བརྗོད་ཅིང་མི་སྨད་ཅེས་གསུངས་སོ། །ཟས་ཁམ་གང་དེ་མཐུར་བ་ཕན་ཚུན་༣སྒྲོ་ཞིང་ཟ་བ་དང་། རྒྱ་ཆེར་འགྲེལ་ལས་མཐུར་བ་གཉིས་དང་གལ་བཞིན་དུ་བཀང་སྟེ་གཡས་གཡོན་སྒྲོ་བར་མི་བྱའོ། །ཞེས་གསུངས་སོ། །རྐན་སྒྲ་ཧོག་༤ཅིང་ཟ་བ་དང་ཁམ་འཁྲོ་སོགས་བཅད་༥ཟ་བའོ། །ལྔ་ཚན་གསུམ་པ་ནི་སྡོམ་ལས། ལག་པ་ལྡག་ལ་སོགས་པ་ལྔ་ཞེས་པ་ལྟར་ལག་པར་ཟས་ཆགས་ལྡག་༡)དང་ལྷུང་བཟེད་སོགས་སྒྲས་ནི་ཕོར་པ་དང་གཞན་ཡང་སྣོད་ཀྱི་རིགས་ལྕེ་ཡིས་ལྡག་༢དང་ལག་པར་ཟས་གོས་སྤྲུག་༣ པ་སྟེ་སྤྱོད་འཇུག་ལས། ལག་པ་ཤས་ཆེར་བསྐྱོད་མིན་ཏེ། །ཅུང་ཟད་བསྐྱོད་ལ་སྒྲ་བསྒྲགས་པ། །སེ་གོལ་ལ་སོགས་བརྡ་བྱ་སྟེ། །གཞན་དུ་མ་བསྒོམ་པར་འགྱུར་རོ་ཞེས་སོ། །ཟས་དང་བཅས་པའི་ལྷུང་བཟེད་སྐྱོམ་༤སྐྱོམ་བྱེད་པ་སྟེ་ལྷུང་བཟེད་ཀྱི་ནང་དུ་ཟས་བླུགས་ཏེ་ལྕི་ཡང་ཅི་ཡང་ལག་སྦྲང་ལ་མི

གདབ་པོ། །ཁ་ཟས་མཆོད་རྟེན་གྱི་དབྱིབས་འདྲ་བར་བཅོས་ཏེ་ཁར་བཟའ༥བའོ། །

དྲུག་པ་ལྷུང་བཟེད་ལ་སྤྱོད་པའི་སྡེ་ལ་བཞི་ཚན་གཅིག་དང་བཅུ་ཚན་གཅིག་སྟེ་སྡེ་ཚན་གཉིས་ལས་དང་པོ་ནི་སྡོམ་ལས། འཕྱ་ལ་སོགས་པ་རྣམ་པ་བཞི་ཞེས་པ་ལྟར། དགེ་སློང་གཞན་གྱི་ལྷུང་བཟེད་འཕྱ་ཕྱིར་བལྟ་༡བ་དང་། ལག་པ་ཟས་ཀྱིས་སྦགས་པས་ཆུ་༢སྣོད་རེག །དགེ་སློང་གཞན་ལ་ཟས་བཅས་ཆུ་འཁོར་༣དང་ནི་སློབ་དཔོན་དུ་ལ་བའི་ལྟས། ཟས་ཀྱིས་འབགས་པའི་ཆུ་ནི་མཚོན་པ་ཙམ་སྟེ་ཟས་ཀྱིས་མ་འབགས་པའི་ཆུས་ཀྱང་དེ་བཞིན་ནོ་ཞེས་གསུངས་སོ། །ཁྱིམ་དུ་ཁྱིམ་གྱི་བདག་པོ་ལ་མ་དྲིས་པར་ཟས་དང་བཅས་པའི་ཆུ་འབོ༤བ་ཁྱིམ་པས་ཡོས་ཤིག་ཟེར་ན་ཉེས་པ་མེད་དོ། །ཕྱི་མ་བཅུ་ཚན་ནི་སྡོམ་ལས་ལྷུང་བཟེད་ལ་ཡང་རྣམ་པ་བཅུ་ཞེས་པ་ལྟར་ཟས་ཟོས་པའི་ལྷག་མ་ལྷུང་བཟེད་ནང་དུ་འདོར་བ༥དང་། །ལྷུང་བཟེད་ས་རྗེན་ལ་༦འཛོག་པ་སྟེ་བྱིན་གྱིས་གཞོལ་བས་འདྲེད་པར་འགྱུར་བའི་གཡང་སར་༧འཛོག་པ་དང་། ངོས་ཆད་པའི་གད་ཁར་༨འཛོག་པ་དང་ནི་མཆོད་རྟེན་གྱི་བང་རིམ་ལྟ་བུའི་དཀའ་གཟར་པོར་འཛོག་༩པ་སྟེ། །རང་ཉིད་འགྲེང་སྟེ་ལྷུང་བཟེད་༡༠བཀྲུ་དང་གད་ཁར་༡༡དང་། གཡང་སར་དཀའ་གཟར་པོ་རུ་ལྷུང་བཟེད་འཁྲུ་༡༢བ་དང་། ཆུ་དྲག་རྒྱུན་ལས་བཟློག་སྟེ་ལྷུང་བཟེད་ཀྱིས་འཆུ་༡༣བའོ། །

ཆོས་འཆད་ཚེ་ན་ཉན་པོ་སྟེ་སྡོམ་འགྲེལ་གཞན་ཕན་ཉི་མའི་སྣང་བ་ལས་དམ་པའི་ཆོས་ཀྱི་དོན་བཤད་ཅིང་སྟོན་པའི་ཚེ་ན་ཉན་པ་པོ་ཡང་ས་པ་དང་། ཞེས་ཆོས་ཉན་པ་པོ་འགྲེང་བ་ལ་བཤད་མཁན་ན་མིན་པར། རང་ཉིད་འགྲེང་སྟེ་འཆད་༡དང་དེ་བཞིན་དུ། ཆོས་ཉན་མཁན་ནད་པ་མ་ཡིན་པར་ཉལ་བ་འཆད་པ་པོ་འདུག་སྟེ་བཤད་པ་དང་༢ཉན་མཁན་མི་ན་བཞིན་དུ་མཐོན་པོའི་སྟན་ལ་འདུག་༣པ་ལ་ཆོས་འཆད་པ་པོ་སྟན་དམའ་བ་ལ་འདུག་སྟེ་བཤད་པ་དང་། སྟན་འདྲིང་པའི་འོག་གཞི་ལ་མཐོ་དམན་མེད་ཀྱང་ཆོས་འཆད་པ་པོ་སྟན་ངན་པ་ལ་འདུག་ཅིང་ཆོས་ཉན་པ་པོ་སྟན་བཟང་པོ་ལ་འདུག་པ་ལ་བཤད་ན་ཡང་ལྟུང་བ་འབྱུང་སྟེ་མདོ་རྩ་བར། ངན་པ་དང་བཟང་པོ་ཡང་དེ་བཞིན་ནོ། །ཞེས་གསུངས་པའི་ཕྱིར་རོ། །ཉན་མཁན་མི་ན་བཞིན་དུ་མདུན་ནས་འགྲོ་ལ་འཆད་པ་པོས་རྒྱབ་༤ནས་འཆད་པ་དང་། ཆོས་ཉན་མཁན་མི་ན་བཞིན་དུ་ལམ་དབུས་ནས་འགྲོ་ལ་འཆད་མཁན་གྱིས་ལམ་གྱི་ཟུར་ནས་༥འཆད་པའོ། །

ལྔ་ཚན་གཉིས་པ་ནི་སྡོམ་ལས་མགོ་གཡོགས་ལ་སོགས་རྣམ་པ་ལྔ་ཞེས་གསུངས་པ་ལྟར་ཆོས་ཉན་པ་པོ་མི་ན་བཞིན་དུ་མགོ་༡དཀྲིས་འབུ་རས་སོགས་ཀྱིས། མི་ན་བཞིན་དུ་བརླ་དང་འདོམ་གྱི་ཕྱོགས་སྣང་བར་བྱུར་བ་དེ་ཙམ་གོས་བརྗེས་པ་༢། མི་ན་བཞིན་དུ་ཕྲག་པ་གཉིས་ཀར་གོས་གཟར་༣གོང་དུ་སློས་པ་ལྟར་ལག་གཉིས

གཉའ་གོང་བསྒོལ་བ། དེ་བཞིན་གྲུ་མོ་བརྒྱངས་ཏེ་ལག་གཉིས་ལྟག་པར་བསྒོལ་ལ་འཆད་པའོ། །

ལྟུང་ཚན་གསུམ་པ་ནི་སྡོམ་ལས་དོ་ཀེར་ཅན་ལ་སོགས་པ་ལྔ། །ཞེསགསུངས་པ་ལྟར་མི་ན་བཞིན་དུ་དོ་ཀེར་ཅན་དང་མི་ན་བཞིན་དུ་ཞྭ་གྱོན་མགོ་བོ་ལ་དར་དང་རིན་པོ་ཆེ་སོགས་ཀྱི་ཅོད་པན་བཏགས་པ་དང་མགོ་བོ་ལ་མེ་ཏོག་ཕྲེང་བ་བཅིངས་པ། མགོ་ལ་ལ་ཐོད་ཀྱིས་བཀྲིས་ལ་ཆོས་འཆད་དང་བཅས་སོ། །

ལྟུང་ཚན་བཞི་པ་ནི་སྡོམ་ལས་གླང་ཆེན་ལ་སོགས་ཞོན་པ་ལྔ། །ཞེས་པ་ལྟར་མི་ན་བཞིན་དུ་གླང་པོ་ཆེ་དང་། རྟ་ལ་ཞོན་དང་མི་ན་བཞིན་དུ་ཁྲིགས་ཀྱི་སྟེང་ན་འདུག་པ་སྟེ་ཁྲིགས་ཞེས་པ་ནི་སློབ་དཔོན་དུལ་བའི་ལྷས་མིས་བཏེག་པའི་ཁྲིགས་ཞེས་གསུངས་སོ། །མི་ན་བཞིན་དུ་ཤིང་རྟ་ལ་འདུག་མི་ན་བཞིན་དུ་མཆིལ་ལྷམ་གྱོན་ལ་འང་ཆོས་བཤད་རུང་བ་མིན། །དྲུག་ཚན་གཅིག་ནི་སྡོམ་ལས་ལག་ན་འཁར་བ་ལ་སོགས་དྲུག ཅེས་གསུངས་པ་ལྟར་མི་ན་ཡང་ལག་ན་འཁར་བ་གདུགས་ཆོས་འཆད་པ་པོ་ལ་གདུགས་ཕུབ་ཚད་དུ་གདུགས་ལག་ཏུ་ཐོགས་པ་ལ་བཤད་དུ་རུང་བར་སེམས་སོ་ཞེས་མཚོ་མཆན་ནོ། །དེ་དང་མཚོན་ཐོགས་དང་ནི་མཚོན་ཆ་ཞེས་པ་ནི་སློབ་དཔོན་དུལ་བའི་ལྷས་ལུང་རྣམ་འབྱེད་ཀྱི་འགྲེལ་པར་མདུང་དང་འཕང་མདུང་སོགས་ཐོགས་པའོ། །ཞེས་གསུངས་སོ། །རལ་གྲི་དང་ནི་མདའ་གཞུ་ཐོགས་པ་དང་། །གོ་ཆ་གྱོན་པའི་མི་ལ་འཆད་པ་སྤང་། །དེའང་སྤྱོད་འཇུག་ལས། མིན་བཞིན་དུ་མགོ་དཀྲིས་དང་། །གདུག་དང་འཁར་བ་མཚོན་ཐོགས་དང་། །མགོ་བོ་གཡོག་པ་དག་ལ་མིན། །ཞེས་སོ། །

བརྒྱད་པ་སྨྲུབ་པའི་ཚུལ་ལས་གྱུར་པའི་བཞི་ཚན་གཅིག་ནི་སྡོམ་ལས་ན་བ་ལ་སོགས་རྣམ་བཞི་ཞེས་པ་ལྟར་དགེ་སློང་གང་དག་ན་བ་མ་ཡིན་པས། འགྲེང་སྟེ་བཤང་གཅི་འདོར་བ་དང་ཕྱོགས་ཐམས་ཅད་ཚུས་གང་སྐྱེ་གོ་སྐབས་ནི་མེད་ན་མ་གཏོགས་ཆུ་ལ་བཤང་གཅི་འདོར་བ་དང་རྒྱ་མཚོ་ལ་གཟིངས་བཅས་ཏེ་འགྲོ་བ་རྣམས་ལ་བཤང་བ་དང་། གཅི་བ་ཆུའི་ནང་དུ་དོར་བ་ནི་ལྟུང་བ་མེད་དོ། །ཞེས་རང་གི་རྣམ་བཤད་བཙོམ་བརྟག་མ་ལས་ཁྲུས་བྱེད་པའི་ལྟུང་བྱེད་ཀྱི་སྐབས་སུ་བཤད་དོ། །གོ་སྐབས་མེད་པའི་ཕྱིར་རོ། །མཆིལ་མ་དང་སྣབས་ལ་སློབ་དཔོན་དུལ་བའི་ལྷས་མ་ཞུ་བ་གྲེན་དུ་བྲུང་བའི་སྐྱུགས་པ་འདོར་སྐྱང་དེ་བཞིན་དུ་ཕྱོགས་ཐམས་ཅད་རྩ་སྔོན་པོས་ཁྱབ་སྐྱེ་གོ་སྐབས་མེད་ན་མ་གཏོགས། སྤྱོད་འཇུག་ལས། སོ་ཤིང་དང་ནི་མཆིལ་མ་དག །དོར་བ་ན་ནི་དགབ་པར་བྱ། །གཅི་ལ་སོགས་པའང་ལོངས་སྤྱོད་པའི། །ཆུ་དང་ཐང་ལ་དོར་བ་སྨད། །ཞེས་འདི་དག་ནི་ཐེག་དམན་མ་ཟད་ཐེག་ཆེན་གྱི་སྐབས་ནས་ཀྱང་བཀག་པ་ཡིན་ནོ། །རྩ་སྔོན་ཡོད་པའི་ཕྱོགས་སུ་བཤང་གཅི་དང་མཆིལ་མ་དང་སྣབས་དང་སྐྱུགས་པ་རྣམས་འདོར་བ་དང་། དགེ་སློང་ལ་སྟག་དང་གླང་པོ་ཆེ་དང་ཁྲི་གོད་

སོགས་ཀྱི་གནོད་པ་བྱུང་ན་མ་གཏོགས་ལྡོག་ཤིང་ལ། །མི་གང་ཙམ་ལས་ལྷག་པར་༤འཛེགས་པར་སྤང་། །

དགེ་སློང་མ་ལ་བསླབ་ཁྲིམས་སུམ་བརྒྱ་དང་། །དྲུག་ཅུ་རྩ་བཞིར་དགེ་སློང་མའི་རྣམ་འབྱེད་ལས་གསུངས་ཏེ་ཀརྨཤ་ཏམ་ལས། མཐའ་བརྒྱད་དགེ་འདུན་ལྷག་མ་ཉི་ཤུ་དང་། །སྤང་བའི་ལྟུང་བ་སུམ་ཅུ་རྩ་གསུམ་དང་། །གཞན་ཡང་ལྟུང་བྱེད་བརྒྱ་དང་བརྒྱད་ཅུ་དང་། །སོ་སོར་བཤགས་པར་བྱ་བ་བཅུ་གཅིག་དང་། །ཉེས་པར་བྱས་པ་བརྒྱ་དང་བཅུ་གཉིས་སོ། །ཞེས་གསུངས་པ་ལྟར་ཕམ་པ་བརྒྱད། །ལྷག་མ་ཉི་ཤུ་སྤང་བ་སུམ་ཅུ་གསུམ། །ལྟུང་བྱེད་བརྒྱ་དང་བརྒྱད་ཅུ་སོར་བཤགས་སྡེ། །བཅུ་གཅིག་ཉེས་བྱས་བརྒྱ་རྩ་བཅུ་གཉིས་སོ། །དེ་འང་ཀརྨཤ་ཏམ་ལས། མཐའ་བརྒྱད་དགེ་འདུན་ལྷག་མ་ཉི་ཤུ་དང་། །སྤང་བའི་ལྟུང་བ་སུམ་ཅུ་རྩ་གསུམ་དང་། །གཞན་ཡང་ལྟུང་བྱེད་བརྒྱ་དང་བརྒྱད་ཅུ་དང་། །སོ་སོར་བཤགས་པར་བྱ་བ་བཅུ་གཅིག་དང་། །ཉེས་པར་བྱས་པ་བརྒྱ་དང་བཅུ་གཉིས་སོ། །ཞེས་གསུངས་སོ། །

དེ་ལྟར་སྡེ་ཚན་ལྔ་ལས་དང་པོ་ཕམ་པའི་སྡེ་ལ་བརྒྱད་ཡོད་པ་ནི་སྔར་དགེ་སློང་ཕའི་རྣམ་འབྱེད་ཀྱི་སྐབས་ཀྱི་ཕམ་པ་བཞི་པོ་ནི་དགེ་སློང་མ་རྣམས་ལའང་ཕམ་པར་འགྱུར་བས་ཐུན་མོང་གི་ཕམ་པ་བཞི་པོ་དེ་ཡི་སྟེང་། །དགེ་སློང་མ་རང་གི་ཐུན་མོང་མ་ཡིན་པའི་ཕམ་པ་ནི་ཆགས་པས་སྐྱེས་པའི་ལུས་ལ་རེག་ཅིང་ནོམ། །དེ་བཞིན་ལུས་བཀན་གྲོགས་ཀྱི་ཕམ་པ་འཆབ། །དགེ་འདུན་གྱིས་དབྱུང་དགེ་སློང་འགྲོད་སྐྱེས་པར། །དགེ་སློང་མས་ནི་ཕྱིར་བཟློག་མི་བཏང་བའོ། །

གཉིས་པ་ལྷག་མའི་སྡེ་ལ་དབྱེ་ན་ཉི་ཤུ་ཡོད་པ་ནི་སྔར་དགེ་སློང་སྐབས་བཤད་ལྷག་མ་བཅུ་གསུམ་ལས། །སྨྱན་བྱས་པ་དང་དེ་ནས་ཁང་པ་ཁང་ཆེན་གཉིས་དོར་སྟེ་གཞི་མེད་སྐུར་འདེབས་ནས་བག་ཙམ་དགེ་འདུན་དབྱེན་དང་དེ་རྗེས་ཕྱོགས་ཁྲིམ་སུན་འབྱིན་དང་། །བཀའ་བློ་མི་བདེའི་བར་ཏེ་དགེ་སློང་ཕའི་སྐབས་ནས་བཤད་པའི་ལྷག་མ་བདུན་གྱི་སྟེང་། དགེ་སློང་མ་རང་གི་ཐུན་མོང་མ་ཡིན་པའི་ལྷག་མ་ནི་འཁྲིག་ཕྱིར་ནོར་དག་ལེན་དང་ལེན་འཇུག་དང་། །མཚན་མོ་ཁྲིམས་གྲོགས་མེད་པར་མཚམས་ལས་འདས། །དེ་བཞིན་ཉིན་འདས་ལམ་ཞུགས་ཆུ་བོ་རྒྱལ། །མ་གནང་བུད་མེད་རབ་ཏུ་འབྱིན་པ་དང་། །བརྒྱུད་མེད་ཤི་བའི་ནོར་ལེན་གནས་དབྱུང་བར། །བཟོད་པར་གསོལ་འཇུག་དཀོན་མཆོག་སྤོང་ཟེར་དང་དེ་ནི་སངས་རྒྱས་སྤང་ངོ་། །ཆོས་སྤང་ངོ་། །དགེ་འདུན་སྤང་ངོ་། །ཤཱཀྱའི་བུ་འདི་དག་ཁོ་ན་མ་ཡིན་གྱི་འདི་དང་མཚུངས་པའི་ཚུལ་ཁྲིམས་ལ་སོགས་པའི་ཡོན་ཏན་ཅན་སེམས་དགེ་བའི་རང་བཞིན་དང་ལྡན་པའི་དགེ་སྦྱོང་གཞན་མུ་སྟེགས་པ་ཡང་ཡོད་ཀྱི་གྲོང་དུ་འགྲོ་བ་ཚངས་པ་མཚུངས་པར་སྤྱོད་པ་ཉིད་སྤྱད་དོ། །ཞེས་བརྗོད་པ་ལྟ་བུ་ལ་དགེ་འདུན་ལྷག་མར་འགྱུར་གྱི་མནའ

འདོར་བ་ནི་མ་ཡིན་ཏེ་དེ་ནི་འོག་ནས་ཡོག་ཐབས་བྱེད་པ་ཞེས་འབྱུང་བ་དེ་ཉིད་ཡིན་པའི་ཕྱིར་རོ། །ཐུད་མེད་དག་དང་གཞོག་སྟེགས་བྱས་བྱེད་འཇུག །འཐབ་ཀྲོལ་བྱེད་རྣམས་བཟློག་ཀྱང་མི་གཏོང་བའོ། །

གསུམ་པ་ལྟུང་བྱེད་ཀྱི་སྡེ་ལ་གཉིས་ལས་དང་པོ་སྤང་ལྟུང་ནི། སྡོམ་ལས། འཆང་བ་འབྲལ་བ་འཇོག་པ་དང་ཞེས་སོགས་སྟར་དགེ་སློང་གི་སྐབས་སུ་བཤད་པའི་སྤང་ལྟུང་བཅུ་ཚན་དང་པོ་དགེ་སློང་ཕ་མ་གཉིས་ལ་ལྟུང་བ་ཐུན་མོང་བ་ཡིན་པས་འདྲ་བའི་འཆང་བ་འབྲལ་བ་འཇོག་པ་དང་། །འབྲུར་འཇུག་པ་དང་ལེན་པ་དང་། །སློང་དང་སྟོད་གཡོགས་སྨད་གཡོགས་བཅས། །རིན་ཐང་སོ་སོར་བསྒྱུར་བའོ། །ཞེས་གོས་སོགས་ཀྱི་སྡེ་དང་དེའི་སྟེང་། བཅུ་ཚན་སྲིན་བལ་འབའ་ཞིག་ཆ་གཉིས་དང་། །དྲུག་དང་མཐོ་གང་ལམ་དང་ནི། །འབྲུ་བ་དང་ནི་གསེར་དངུལ་དང་། །མངོན་ཚན་ཅན་དང་ཉོ་ཚོང་ངོ་། །ཞེས་བཅུ་ཚན་གཉིས་པ་སྣན་སོགས་ཀྱི་སྡེ་དང་གཉིས་པའི་གསེར་དངུལ་ལ་རེག་པ་དང་མངོན་ཚན་ཅན་དང་ཉོ་ཚོང་བྱེད་པ་སྟེ་ཕྱི་མ་གསུམ་དང་ནི། སྤང་ལྟུང་བཅུ་ཚན་གསུམ་པ་ལྟུང་བཟེད་གཉིས་དང་ཐ་ག་གཉིས། །བྱིན་འཕྲོག་སྟོན་ཟླ་ཐ་ཆུང་དང་། །དགོན་པ་པ་དང་རས་ཆེན་དང་། །བསྔོ་པ་དང་ནི་སོག་འཇོག་གོ། །ཞེས་བཅུ་ཚན་གསུམ་པ་ལྟུང་བཟེད་སོགས་ཀྱི་སྡེ་དང་། ལྟུང་བཟེད་གཉིས་དང་ཐ་ག་གཉིས་ཞེས་པ་ལ་སོགས་པའི་དང་། གཉིས་པ་ལྟུང་བཟེད་ལྷག་པོ་ཆོལ་བ་དང་གསུམ་པ་གླ་རྫན་མེད་པར་རས་སོགས་འཐག་འཇུག་དང་བཞི་པ་བསྔོ་ཆོད་ལྷག་འདོད་ལ་ཐག་རྒྱ་བསྐྱེད་པ་དང་། ལྔ་པ་གོས་སོགས་ཡོ་བྱད་བྱིན་ནས་སླར་འཕྲོག་པ་དང་དགུ་པ་གཞན་ལ་བསྔོས་པའི་གོས་སོགས་རང་ལ་བསྒྱུར་བ་སྟེ་བསྔོས་བསྒྱུར་དང་བཅུ་པ་སྨན་གསུམ་དུས་ལས་འདས་པའི་གསོག་འཇོག་རྣམས་ཀྱང་སྤང་ལྟུང་བཅུ་དགུ་པོ་འདི་དག་དགེ་སློང་ཕ་མ་གཉིས་ཀ་ལ་སྤང་ལྟུང་ཡིན་པར་མཚུངས། །དགེ་སློང་མའི་སྤང་ལྟུང་ཐུན་མོང་མ་ཡིན་པ་ནི་དགེ་སློང་གིས་ལྟུང་བཟེད་ཞག་བཅུ་འདས་པར་འཆང་བ་སྤང་ལྟུང་འགྱུར་ཡང་དགེ་སློང་མས་ལྟུང་བཟེད་ལྷག་པོ་ཞེས་པ་འདི་བྱིན་གྱིས་བརླབས་པའི་ལྷག་ཱ་པོ་ཱ་སྟེ་རང་གི་ལྟུང་བཟེད་བྱིན་གྱིས་མ་བརླབས་པ་ལ་གོ་དགོས་སོ། །དེས་དེ་ཞག་གཅིག་འདས་པར་༢༠འཆང་། ཆོས་གོས་ལྔ་པོ་དག་བྱིན་གྱིས་མ་བརླབས་ཞག་གཅིག་འདས་ཤིང་གོས་རྙེད་པའི་ཉིན་དང་པོ་བྱིན་གྱིས་མ་བརླབས་ན་ཞག་གཅིག་གི་ནུབ་མོའི་སྐྱ་རེངས་དང་པོ་ཤར་ན་སྤང་བའི་ལྟུང་བྱེད་དུ་འགྱུར་རོ། །ཟླ་ཕྱེད་ནས་ཀྱང་བརླབ་དགོས་མ་གྲུབ་༢༡)བཅས་ཟླ་བ་ཕྱེད་ཕྱེད་དུ་བྱིན་གྱིས་མ་བརླབས་ན་ཞག་བཅུ་དྲུག་པའི་སྐྱ་རེངས་དང་པོ་ཤར་ན་སྤང་བའི་ལྟུང་བྱེད་དུ་འགྱུར་རོ་ཞེས་མཚོ་མཚན་ལས་གསུངས་སོ། །སྲ་བརྒྱད་དུས་མིན་ཏེ་ཟླ་བ་ལྔ་མ་ཚང་ཡང་འབྱིན་༢༢དང་དབྱར་སྔ་མ་དང་དེ་ཡང་ཟླ་བ་གསུམ་རིལ་པོ་ཁས་བླངས་པ་དག་གིས་ཟླ་བ་དགུ་པའི་ཚེས་བཅོ་ལྔ་ལ་དབྱར་གནས་ཞག་ནས་དེའི་ཕྱི་ཉིན་

ཆོས་བཅུ་དྲུག་ནས་གཉིས་པའི་ཆོས་བཅོ་ལྔའི་བར་ཟླ་བ་ལྔ་ལ་སྦྲ་བརྐྱང་བཏིང་བ་ཡིན་པས་གཉིས་པའི་ཆོས་བཅུ་དྲུག་གི་དུས་སུ་ནི། **དབྱུང་ལམ་**༢༣**ཚོགས་པ་དང་དབྱར་ཁང་གི།** **།དགོས་ཆེད་མིན་པར་དབྱིག་སྟེ་**དབྱིག་ནི་དངུལ་ཡིན་པ་སློབ་དཔོན་དུལ་བའི་ལྷས་ལུང་རྣམ་འབྱེད་ཀྱི་འགྲེལ་པ་ལས་གསུངས་སོ། **།སོགས་སྣྲས་རིན་**པོ་ཆེ་ཐམས་ཅད་བསྡུའོ། **།སློངས་པ་**༢༤**དང་།** **གླེགས་བམ་འདྲི་སོགས་ཆོས་ཀྱི་ཕྱིར་ཉེད་པའི།** **།གོས་**༢༥ **དང་གོས་རྒྱུ་**༢༦**དང་ནི་མལ་ཆའི་རྒྱུ།** **།དབྱར་ཁང་**༢༧**རྒྱུ་རྣམས་ཟས་སུ་བསྒྱུར་ཏེ་འཇོག** **།དགེ་སློང་མ་བཞི་ཡན་ཆད་གྲངས་**༢༨**སུ་བཅད་དང་དགེ་སློང་མའི་དགེ་འདུན་སྤྱི་ལ་བསྔོས་**༣༠**པ་དག** **།རང་ལ་བསྒྱུར་དང་ཆགས་ཡུལ་སྐྱེས་བུ་དག** **།ཉན་ཕྱིར་སྟོད་ཀྱི་ཁ་འཆིང་འགྲོལ་སོགས་ཀྱིས་**༣༡**འབྲིད་པ་དང་།** གོས་གང་ཞིག་**དངོས་**པོས་སྲང་བརྒྱ་ལ་སོགས་པ་ཡོད་པ་**དང་རིན་གྱིས་ལྔ་**བ་ནི་༣༢ཀཱར་ཥ་པ་ཎ་ཉི་ཤུ་ལ་སོགས་པ་རི་བ་དང་ཀ་ཤི་ཀའི་རས་ཕྲན་དང་། དར་ལ་དང་། དུ་ཀུ་ལའི་རས་དང་། དར་ལ་སོགས་**ཡང་**༣༣**བའི་གོས་**འདིར་ཡང་བཞིས་བྱ་བ་ནི་ལྷིད་ཀྱི་ཡང་བ་ལ་བྱ་སྟེ། འདིར་རིན་ཐང་གིས་ཡང་བ་ནི་མ་ཡིན་ཏེ་ཀཱར་ཥ་པ་ཎ་ཉི་ཤུ་མི་རི་བ་ལ་ཉེས་པ་མེད་པའི་ཕྱིར་རོ། །ཞེས་མཚོ་མཆན་ལས་སོ། །དགེ་སློང་མའི་རྣམ་འབྱེད་ལས་ཀཱར་ཥ་པ་ཎ་ཉི་ཤུ་རི་ཞིང་ལྡི་སྲང་ལྔ་པ་མནོ་ཞེས་སོ། །དེས་ན་སྲང་ལྔ་པ་དང་བཞི་པ་དང་གསུམ་པ་དང་གཉིས་པ་དང་སྲང་གང་ངམ་སྲང་གིས་གཞལ་རིན་མེད་པའི་བདག་གིར་བྱེད་ན་སྤང་ལྟུང་ངོ་། **།བརྟེན་རྣམས་དགེ་སློང་མ་ཚོང་ཁོ་ནའི་ཐུན་མོང་མིན་པའི་སྤང་ལྟུང་ངོ་།** །གཉིས་པ་ལྟུང་བྱེད་འབའ་ཞིག་པའི་སྡེ་ནི་སྟར་དགེ་སློང་གི་སྐབས་སུ་བཤད་པའི་**མ་བཀོས་པ་**སྡོམ་ལས་མ་བསྐོས་ཉི་མ་ནུབ་པ་དང་། །ཞེས་པ་ལ་**སོགས་བཅུ་ཚན་གཅིག་དང་ནི་**མ་བསྐོས་ཉི་མ་ནུབ་པ་དང་། །ཟས་དང་ཆོས་གོས་གཉིས་དག་དང་། །དོན་མཐུན་གྲུ་དང་དབེན་པ་གཉིས། །དགེ་སློང་མ་ལ་སྦྱོར་འཇུག་པའོ། །ཞེས་བཅུ་ཚན་གསུམ་པའོ། **།ཡང་ཡང་ཟ་དང་རས་ཆེན་སྒྲོད་པ་དང་**ཞེས་སོགས་ཀྱི་དེ་དག་ངོས་བཟུང་བ་ནི། ནད་ཀྱིས་བཏབ་དང་དགེ་འདུན་བྱ་བ་སོགས། །དགོས་པ་མེད་བཞིན་ཡང་ཡང་ཟ་བ་དང་། །{ཞེས་བཅུ་ཚན་བཞི་པའི་དང་པོའོ། །}༢དེ་བཞིན་གཡན་དགབ་རས་ཆེན་དག་ཀྱང་ངོ་། །{ཞེས་བཅུ་ཚན་དགུ་པའི་དགུ་པའོ། །}༢དགོས་མེད་པར། གཙུག་ལག་ཁང་ནས་དགེ་སློང་སྒྲོད་པ་དང་། །{ཞེས་བཅུ་ཚན་གཉིས་པའི་དྲུག་པའོ། །}༢ཉེ་མིན་ཁྱིམ་ལས་ཁ་ཟས་བསོད་པ་དག ན་སོང་སྐྱོན་མེད་བཞིན་དུ་སློང་བའོ། །{ཞེས་བཅུ་ཚན་བཞི་པའི་བཅུ་པའོ། །}༢ ཁྱིམ་པ་ཉལ་པོ་བྱེད་ལ་མངོན་ཕྱོགས་པའི། ཁྱིམ་དུ་འདུག་དང་འགྲེང་བས་བར་བཅད་པ། །{ཞེས་བཅུ་ཚན་ལྔ་པའི་གཉིས་པ་དང་གསུམ་པའོ། །} ། ཉི་ཤུ་མ་ལོན་པ་ལ་བསྙེན་རྫོགས་ཕོག །{བཅུ་ཚན་བརྒྱད་པའི་གཉིས་པའོ། །} གོས་སོགས་བྱིན་པའི་གདེངས་མེད་ལོངས་སྤྱོད་པའོ། །{ཞེས་བཅུ་ཚན་བདུན་པའི་

བརྒྱད་པའོ། །}ཟས་བསོད་སྙོང་དང་དབེན་གཉིས་ནི་གོང་དུ་མ་བརྗོས་པ་སོགས་བཅུ་ཚན་གཅིག་དང་ནི་ཞེས་པའི་ནང་དུ་འགྲོ་ཚར་བས། འདི་ནི་ཁྲིམ་པ་ཉལ་པོ་བྱེད་པ་ཤོམས་པའི་ཁྲིམ་དུ་འདུག་པ་དང་འགྲེང་བས་བར་དུ་གཅོད་པ་གཉིས་ལ་གོ་དགོས་པ། དེས་ན་གཞུང་གི་ཚིག་ཀྱང་ཟས་བསོད་ཉལ་ཤོམས་གཉིས་དང་མ་ལོན་ཇོགས། །ཞེས་འདོན་དགོས་པར་སེམས་སོ། །མདོ་རྩ་བར། འདུག་པ་དང་འགྲེང་བ་དང་། ཞེས་འབྱུང་ལ་དེའི་འགྲེལ་པ་རྣམས་སུ་ཉལ་པོ་བྱེད་པ་ཤོམ་པའི་ཁྲིམ་ན་འདུག་པ་དང་ཉལ་པོ་བྱེད་པ་ཤོམ་པའི་ཁྲིམ་ན་འགྲེང་བ་དང་ཞེས་འགྲེལ་པ་མཛད་དོ། །གཉིས་མ་ལོན་ཇོགས། ཕྱིར་མ་བསླངས་པར་ནི་གཞན་གྱིས་བྱིན་པའི་གདེངས་མེད་ལོངས་སྤྱོད་པ་སྟེ་ངས་ལོངས་སྤྱོད་དགོས་སོ་ཞེས་ཕྱིར་མ་བསླངས་པའི་ཕྱིར་རོ། །སྤྱོད་པ་སྟེ་ལྟུང་བྱེད་བཅོ་བརྒྱད་པོ་ནི་དགེ་སློང་མ་རྣམས་ལ་མི་འབྱུང་བ་དེ་རྣམས་མ་གཏོགས་པའི་དགེ་སློང་གི་རྣམ་འབྱེད་ནས་བཤད་པའི་ལྟུང་བྱེད་བདུན་ཅུ་རྩ་གཉིས་ནི་དགེ་སློང་ཕ་མ་གཉིས་ཀའི་ལྟུང་བྱེད་ཐུན་མོང་བ་ཡིན་ལ་དེ་ལྟར་བདུན་ཅུ་རྩ་གཉིས་སྟེང་དུ་དགེ་སློང་མ་རང་གི་ཐུན་མོང་མ་ཡིན་པའི་ལྟུང་བྱེད་ནི་རང་ཉིད་བསྙེན་པར་རྫོགས་ནས་བཅུ་གཉིས་ལོ་མ་ལོན་པས་གཞན་བསྙེན་པར་རྫོགས་པ་སྟེ་རང་བསྙེན་པར་རྫོགས་ནས་ལོ་བཅུ་གཉིས་ལོན་པ་ཡིན་ཡང་དགེ་འདུན་མ་ལས་མནང་བ་མ་ཐོབ་པར་འཁོར་གཅིག་གམ་གཉིས་འཛོག་འཁོར་གསུམ་ཡན་མང་པོ་འཛོག་པ་དང་ཁྲིམ་སོ་བཟུང་དང་མ་བཟུང་བྱེ་བྲག་ལས། །བཅུ་གཉིས་ཉི་ཤུ་མ་ལོན་རྫོགས་པར་བྱེད། ཁྲིམ་སོ་མ་བཟུང་བ་ལ་དགེ་སློབ་མའི་སྡོམ་པ་མ་བྱིན་པར་བསྙེན་པར་རྫོགས་པ་དང་། ཁྲིམ་སོ་བཟུང་བ་ལ་དགེ་སློབ་མའི་སྡོམ་པ་མ་བྱིན་པར་བསྙེན་པར་རྫོགས་པ་བྱེད་པ་སྟེ་ཚིགས་ལས་འདས་པ་གཉིས་དང་མ་བསླབ་རྫོགས། །བསླབ་ཟིན་མི་རྫོགས་ཆོས་ཆོང་འདྲིད་པ་དང་། །འཁོར་མང་གསོག་དང་མ་གནང་སྤྱད་པ་དང་། །འཁྲུལ་མོ་སྨྲུམ་མ་སྨྱོ་ངན་གྱིས་གཟིར་དང་། །འཕབ་ཀྲོལ་ཅན་ཏེ་སྐྱོན་ཅན་སྡུད་པ་བཞི། །མི་འདོགས་མི་འདྲེན་མི་སློབ་ནད་པའི་གཡོག །མི་བྱེད་པ་སྟེ་ཡལ་བར་འདོར་བ་བཞི། །འདོད་རྟེན་འདོད་རྟེན་ལྟར་བཅོས་ལྟར་གནོད་དང་། །བརྟེན་པར་བྱ་བ་འཆོས་པའི་ལྟུང་བྱེད་དོ། ཁྲིམ་པ་དང་ནི་དགེ་སློང་ཡུལ་དག་ལ། །བརྟེན་ནས་བླ་གབ་ཡོད་མེད་འགྲེངས་བ་བཞི། །དེ་བཞིན་ཕན་ཚུན་ཤུབ་ཅིང་སྨྲ་བ་བཞི། ཁྲིམ་པ་ལས་ནི་རིག་པ་ལེན་དང་གློག །སྨ་བཅིངས་འགྲོལ་དུ་འཇུག་དང་བུ་འཚོ་དང་། །མཚན་མོ་ཁྲིམ་གཞན་ཉལ་དང་མ་བརྟགས་ཉལ། །གཅིག་ཉལ་སྟན་ཅིག་སྤྱོད་ཅིང་གནས་པ་བཏང་། །རང་ལུས་དགེ་སློང་མ་དང་དགེ་སློབ་མ། །དགེ་ཚུལ་མོ་དང་ཁྲིམ་མོ་མྱུ་སྐེགས་མོར། །བྲིལ་ཕྱིས་བྱེད་འཇུག་ཆུ་ཡིས་འཁྲུ་རུ་འཇུག །བྲི་ཞིམ་འབྱུ་མར་ཚིགས་སྐྱུད་ཆུར་ལོངས་སྤྱོད། །སྤྲ་ཤེལ་རྩི་དང་སོ་མངས་སྐྱིག་ཤད་གསུམ། །སོ་སོའམ་གསུམ་གྱིས་སྐྲ་ཤད་སྐྲ་ཚབ་དང་། ཁྲིམ་པའི་རྒྱན་ཐོགས་སླུ

རོལ་མོ་བྱེད། །གདུགས་ཐོགས་མཆིལ་ལྷམ་གྱོན་དང་ཁྲི་འུར་འདུག །ཕྱིས་གནོད་ལོག་ཐབས་བྱེད་དང་སྐྲུད་པ་མཁལ། །དགེ་འདུན་མའི་གོས་བདག་གིར་བྱེད་པ་དང་། །ཟས་འཚོང་ཁྱིམ་གྱི་བྱ་བ་བརྟེན་པ་འཚོད། །ལྟོ་འདུན་སློག་ཟ་རྨེ་གབ་མི་བརྟེན་དང་། །ཆུ་གོས་མི་འཆར་བགྲུ་མཁན་གོས་འཁྲུར་འཇུག །རྟུང་བའི་གོས་ལ་མ་གུས་སྙེར་དང་བརྗེ། །གཞན་བསྡུགས་ཁྱིམ་གནས་རྙེད་ཆོས་སེར་སྣ་ལྔ། །དབྱར་ཁང་ཁྱིམ་གཞན་ནས་སྐྲོད་པོ་འཚམ་པ། །ལོག་པར་སྟོན་དང་ནི་ཨོ་རྒྱན་ཆེན་པོས། མ་རབས་མནན་ལ་རྟེན་པར་ཟ་བའི་དུས། །འགྲོ་བའི་ལས་ཟད་རྩེ་ཐོག་ཉམས་པ་འབྱུང་། །ཞེས་དང་། རྨི་རི་བསོད་ནམས་ཆོས་གྲུབ་ཀྱི་བདེ་སྨོན་འགྲེལ་པ་ཐར་ལམ་སྣང་བྱེད་ལས། ད་ལྟའི་མི་རྣམས་དོན་ཆུང་ཞིག་ལའང་ཕན་ཚུན་མནའ་མང་པོ་བྱེད་འདུག་པ་ནི་ཐམས་ཅད་ལ་མནའ་མེད་པའི་རྟགས་ཡིན་གྱི། གནའ་གཏམ་ལ་ཆགས་བཞག་ཡོད་ན་མནའ་མང་པོ་སྐྱེལ་ག་ལ་དགོས། མནའ་མང་པོ་ཟོས་པའི་དབང་འབྲས་ཡུལ་དུ་སླེབ་ན་ས་བཅུད་ཟས་བཅུད་ཐམས་ཅད་ཉམས། འབྱུང་བཞིའི་དགྲ་རྒོད། རང་ལ་སླེབ་ནས་མི་རྣམས་ཀྱི་ཁ་རྗེ་དབང་ཐང་ཉམས། ཕལ་ཆེ་བས་ནི་ཨར་མཚར་དུ་མནའ་མང་པོ་སྐྱེལ་ནས་བསོད་ནམས་ཁ་ལ་ཟད་འདུག་གོ། །ཞེས་གསུངས་སོ། །རྣམ་འགྱུར་བརྣས་ཐབས་བྱེད། །སྤྱོ་དང་ཆུ་འཕོར་འབྲུག་ལོང་ཡལ་བར་འདོར། །བློ་མཐུན་མི་བྱེད་གདམས་ངག་སྦྱོང་མི་བྱེད། །དགེ་སློང་མེད་པར་གསོ་སྦྱོང་དབྱར་གནས་བྱེད། །གཉིས་ཀའི་ཚོགས་ལ་དགག་དབྱེ་མི་བྱེད་དང་། །དབུལ་པོ་སྲ་བརྐྱང་སྦྱོར་འཇུག་དབྱུང་འགྱེད་ཕྱིར། །ཚོགས་པར་མི་སྦྱིན་དབྱར་ཁང་ཡལ་བར་འདོར། །ལྡོངས་རྒྱུར་འགྲོ་དང་མི་འགྲོ་དོགས་བཅས་འགྲོ། །བཀག་པའི་ཕྱོགས་འགྲོ་གཞན་གནས་འཐབ་བཀྲོལ་བྱེད། །སྐབས་མ་ཕྱེ་འདྲི་ཕྱི་སར་གཅིག་པུར་འགྲོ། །རྩ་སྟོན་སྙིང་དང་མ་བལྟས་བཤད་གཅི་འདོར། །བརྒྱ་རྩ་བརྒྱད་པོ་སྡོམས་ཀྱི་ལྟུང་བྱེད་དོ། །

དགེ་སློང་སྐབས་བཤད་སོར་བཤགས་གསུམ་པའི་སྐྱེང་སྐྱེ་གསོལ་བའི་ལས་ཀྱིས་སློང་དུ་མེད་པའི་ཁྱིམ། །བསླབ་པ་དྲལ་ཏེ་ཞུགས་ཤིང་ཟས་སློང་ཟོས། །ཞེས་པའོ། །ནད་མ་མིན་བཞིན་འོ་ཞོ་མར་ཞུན་མར། །འབྲུ་མར་སྦྲང་རྩི་བུ་རམ་དབུ་བ་དང་། །ཉ་ཤ་ཤ་དང་ཤ་སྐམ་རྣམས་བསླངས་ཏེ། །སྤྱོད་པ་འདི་བཅུ་ཐུན་མོང་མིན་པར་བཤད། ཉེས་བྱས་རྣམས་ལས་མ་བསྒོམས་སྟན་ལ་འདུག །རྩ་སྟོན་ཡོད་སར་བཤད་གཅི་འདོར་བ་གཉིས། །ལྟུང་བྱེད་སྐབས་སུ་སོང་ཟིན་དེའི་ཚབ་ཏུ། །ཤམ་ཐབས་རྙིད་པ་སྣང་བར་བགོ་བ་དང་། །ཆགས་བཞིན་ཁྱིམ་གཞན་དུ་ནི་འགྲོ་བ་གཉིས། །ཉེས་བྱས་ཉིད་དུ་བཤད་བསྟན་གྲངས་མཐུན་ནོ། །དགག་པའི་བསླབ་བྱ་ཞེས་པ་ཚུལ་ཁྲིམས་ཀྱི། །མི་མཐུན་ཕྱོགས་རྣམས་ངོས་འཛིན་རག་ཙམ་མོ། །ཉམས་དང་མ་ཆགས་སྡེ་ལྔའི་གཞིར་ཞུགས་ཀྱང་། །ཉེས་བྱས་ཙམ་བསྐྱེད་གསོལ་བཞིའི་བསླབ་བྱིན་ལ། །སྡེ་ལྔའི་དངོས་གཞི་བསྐྱེད་པ་དགེ་སློང་

བཞིན། །དེ་སོགས་ཞིབ་པའི་མཐའ་དཔྱོད་གཞན་དུ་འཆད། །

གཉིས་པ་ཐེག་ཆེན་གྱི་དམིགས་བསལ་འཆད་པ་ནི་བསམ་པ་ཐེག་ཆེན་སེམས་བསྐྱེད་ཀྱིས་ཟིན་པའི་ཚོགས་བླངས་པའི་ཐེག་ཆེན་སོ་ཐར་ཏེ་མདོ་སྡེ་རྒྱན་ལས། དམིགས་པ་ཆེ་བ་ཉིད་དང་ནི། །དེ་བཞིན་སྒྲུབ་པ་གཉིས་དག་དང་། །ཡེ་ཤེས་བརྩོན་འགྲུས་རྩོམ་པ་དང་། །ཐབས་ལ་མཁས་པ་ཐུར་པ་དང་། །ཡང་དག་གྲུབ་པ་ཆེན་པོ་དང་། །སངས་རྒྱས་ཕྲིན་ལས་ཆེན་པོ་སྟེ། །ཆེན་པོ་འདི་དག་དང་ལྡན་པས། །ཐེག་པ་ཆེན་པོ་ཁྱད་པར་འཕགས། །ཞེས་གསུངས་པ་ལྟར་ཐེག་པ་ཆུང་ངུ་ལས་ཁྱད་ཆོས་བདུན་གྱི་སྒོ་ནས་ཁྱད་པར་དུ་འཕགས་པའི་ལུགས་ནས་ཇི་སྐད་བཤད་པའི་སྡིག་ཏོ་བཛ་སྙིང་སྟེ་གསར་སྙིང་གཅད་ལྟར་ན་སྡིག་པའོ། །མི་དགེའི་ཕྱོགས་ཕལ་ཆེར་ནི་སྔར་བཤད་ཉན་ཐོས་ལུགས་བཞིན་བསྲུང་དགོས་ཏེ་བྱང་ཆུབ་སེམས་དཔའི་ཚུལ་ཁྲིམས་ལ་གསུམ་དུ་ཡོད་པ་ལས་ཉེས་སྤྱོད་བསྡོམ་པའི་ཚུལ་ཁྲིམས་ཡིན་པའི་ཕྱིར་རོ། །ཡང་རྡོ་རྗེ་ཐེག་པའི་སྐབས་སུ་ཡང་སྡོམ་པ་གཉིས་ཀྱི་བཅས་པ་ལས་དགོས་པ་མེད་པར་འདའ་བ་ནི་རྩ་ལྟུང་དུ་གསུངས་པའི་ཕྱིར་རོ། །གལ་ཏེ་རང་འདོད་ཀྱི་འཁྲི་བ་དང་བྲལ་ཞིང་སེམས་གཞན་དོན་འགྱུར་ངེས་པ་སོགས་དགོས་པ་ཁྱད་པར་ཅན་ཡོད་ན། ལུས་ངག་གི་ལྟུང་བ་འགའ་ཞིག་བྱང་སེམས་སྐབས་གཞིན་སྤྱད་པ་ཡང་གནང་སྟེ་ཐེག་ཆེན་གྱི་དགེ་སློང་གི་དོན་དུ་གཉེར་བྱ་གཞན་དོན་ཡིན་པའི་ཕྱིར་རོ། །དགེ་བ་བཅུའི་ལས་ཀྱི་ལམ་བསྟན་པ་ཞེས་བཙུན་པ་རབ་འབྱོར་དབྱངས་ཀྱིས་མཛད་པ་ལས། གང་བདག་གི་དོན་ལ་ཅུང་ཟད་ཙམ་ཡང་རྗེས་སུ་བལྟ་བ་མེད་པར་བྱེད་པ་གཞན་གྱི་དོན་འབའ་ཞིག་འདོད་ཅིང་ཐམས་ཅད་དུ་སྙིང་རྗེ་ལྡན་པ་དག་གིས་ནི་ཡིད་ཀྱི་ཉེས་པ་སྤྱོད་པ་གསུམ་མ་གཏོགས་པའམ་ལོག་པར་ལྟ་བ་ཉིད་མ་གཏོགས་པ་དག་རྗེས་སུ་གནང་བ་སྣང་སྟེ། དེ་ཡང་བྱང་ཆུབ་སེམས་དཔའི་སྟེ་སྣོད་གཏན་ལ་ཕབ་པའི་གཙུག་ལག་ལ་བལྟའོ། །ཞེས་གསུངས་སོ། །སྤྱོད་འཇུག་ལས། ཐུགས་རྗེ་མངའ་བ་རིང་གཟིགས་པས། །བཀག་པ་རྣམས་ཀྱང་དེ་ལ་གནང་། །ཞེས་དང་། སྡོམ་པ་ཉི་ཤུ་པ་ལས། སྙིང་རྗེ་ལྡན་ཞིང་བྱམས་ཕྱིར་དང་། །སེམས་དགེ་བ་ལ་ཉེས་པ་མེད། །ཅེས་གསུགས་པའི་ཕྱིར་རོ། །འོན་ཀྱང་ལུས་ངག་ཡིད་གསུམ་མ་བསྡོམས་པས་མིག་གཡེང་བས་བལྟ་བ་དང་སྨྲ་ཙ་ཅོ་འདོན་པ་དང་། རྒྱུགས་འཚོང་བྱེད་པ་སོགས་རྩེད་སྣ་ཚོགས་བྱེད་པ་ལྟ་བུ་འཇིག་རྟེན་མ་དད་འགྱུར་པའི་སྤྱོད་པ་ཀུན། །ཐེག་པ་ཆེ་ཆུང་གཉིས་ཀའི་སྤང་བྱ་མཐུན་པར་ནི་སྤྱོད་འཇུག་ལས།

དོན་མེད་གཡེང་བས་ལྟ་བ་ནི། །ནམ་ཡང་བདག་གིས་མི་བྱ་སྟེ། །ངེས་པར་སེམས་པས་རྟག་ཏུ་ནི། །མིག་ནི་ཐབ་སྟེ་བལྟ་བར་བྱ། །ཞེས་དང་། ཁྲི་ལ་སོགས་པ་བབ་ཅོལ་དུ། །སྒྲ་དང་བཅས་པར་མི་དོར་རོ། །སྒོ་ཡང་དྲག

ཏུ་མི་དབྱེ་སྟེ། །ཧྲག་ཏུ་གཙོམ་སྐྱུང་དགའ་བར་བྱ། །ཞེས་དང་། དོན་མེད་ས་རྐོ་རྩ་བཅོད་དང་། །ས་རིས་འབྲི་སོགས་བྱེད་གྱུར་ན། །བདེ་གཤེགས་བསླབ་པ་དྲན་བྱས་ནས། །སྐྲག་པས་དེ་ཡི་མོད་ལ་དོར། །ཞེས་དང་། ཐོས་ལྡན་དད་པ་ཅན་དང་ནི། །བརྩོན་ལྡན་ལྟུར་ལེན་དུ་མ་ཡང་། །ཤེས་བཞིན་མེད་པའི་སྐྱོན་ཆགས་པས། །ལྟུང་བའི་རྙོག་དང་བཅས་པར་འགྱུར། །ཞེས་སོ། །ཡང་ཡུལ་ལུགས་ཆོས་ལྡན་རྣམས་ཀྱང་རང་ཉིད་ཀྱིས་མཐོང་བ་འམ་གཟུ་བོར་གནས་པ་དག་ལ་ལེགས་པར་འདྲི་ཞིང་བརྟགས་ཏེ་སྤང་བར་བྱ་སྟེ་སྤྱོད་འཇུག་ལས། གཞོན་པ་མལ་སྟན་གནས་དག་ཏུ། །བུད་མེད་གཞན་དང་གཅིག་མི་བྱ། །འཇིག་རྟེན་མ་དད་གྱུར་པ་ཀུན། །མཐོང་དང་དྲིས་ཏེ་སྤང་བར་བྱ། །ཞེས་སོ། །སྐྱེ་བོ་ཆོས་ལ་འཇུག་པའི་རྒྱུར་མཐོང་ན། མི་ཆོས་བླ་མའི་ཡོན་ཏན་བདེན་པར་སྨྲ་བ་སོགས་ཐེག་དམན་གྱི་སྐབས་ནས་བཀག་པ་རྣམས་ཀྱང་གནང་བས་དུས་སྐབས་དཔྱད་རང་གཞན་གྱི་རྒྱུད་ཚོད་སོགས་ལ་དཔྱད་པ་གནད་དུ་ཆེའོ། །དཔེར་ན་གཞན་དོན་དུ་འགྱུར་དུ་རེ་ནས་མི་ཆོས་བླ་མའི་རྫུན་སྨྲ་བ་སོགས་ནི་སོ་སྐྱེ་ལ་ལྟུང་བར་འགྱུར་བས་དེས་ན་རང་རྒྱུད་ལ་དཔྱད་དགོས་པར་གསུངས་སོ། །སྟོན་པས་ཐོག་མ་ཉིད་ནས་དངོས་སུ་གནང་དང་བཀག་པའི་གསལ་ཁ་མེད་པར་བྱ་རུང་བར་གསུངས་པ་དང་ཉེ་བ་རྣམས་ནི་བཟུང་ཞིང་སྤྱད་པར་བྱའོ། །མི་རུང་བ་གསུངས་པ་དང་ཉེ་བ་རྣམས་ནི་དུས་དང་རྣམ་པ་ཀུན་ཏུ་མི་སྤྱད་རུང་བ་དང་མི་རུང་བ་དེ་དག་ལས་ཟློག་པ། རིམ་བཞིན་རུང་བ་ལས་བཟློག་པའི་མི་རུང་བ་ནི་སྤང་དང་མི་རུང་བ་ལས་བཟློག་པའི་རུང་བ་ནི་བླང་བྱར་རུ་མདོར་བསྡུས་ཏེ་གསུངས་པ་ནི་ལུང་ཕྲན་ཚེགས་ལས། བཅོམ་ལྡན་འདས་ཀྱིས། ཡོངས་སུ་མྱ་ངན་ལས་འདའ་བའི་དུས་དེའི་ཚེ་དགེ་སློང་རྣམས་ལ་བཀའ་སྩལ་པ། ངས་ཁྲིད་རྣམས་ལ་འདུལ་བ་རྒྱ་ཆེར་ནི་བསྟན་ན། མདོར་བསྡུས་ཏེ་ནི་མ་ཡིན་ནོ། །འོན་ཀྱང་མདོར་བསྡུས་པ་ཡང་ཉོན་ཅིག །དགེ་སློང་དག་ངས་ཁྲིད་ལ་གང་ཞིག་ཐོག་མ་ཉིད་ནས་གནང་བ་ཡང་མེད། བཀག་པ་ཡང་མེད། གལ་ཏེ་རུང་བ་དང་ཉེ་བ་ཡིན་ཞིང་མི་རུང་བ་བཟློག་པར་བྱེད་པ་ཡིན་ན་ནི་རུང་བ་ཡིན་པར་བཟུང་བར་བྱའོ། །གལ་ཏེ་མི་རུང་བ་དང་ཉེ་བ་ཡིན་ཞིང་རུང་བ་བཟློག་པར་བྱེད་པ་ཡིན་ན་མི་རུང་བ་ཡིན་པས་ཀུན་ཏུ་སྤྱོད་པ་མི་བྱའོ། །ཞེས་གསུངས་སོ། །གཞན་ཡང་འདུལ་བར་མི་སྣང་མདོ་སྡེ་ལ་མི་འཇུག །ཆོས་ཉིད་དང་འགལ་བླང་བྱ་མིན་པར་ཤེས། །དེ་ལས་ཟློག་པ་འདུལ་བ་ལ་སྣང་། མདོ་སྡེ་ལ་འཇུག་ཆོས་ཉིད་དང་མི་འགལ་བའི་མཚན་ཉིད་གསུམ་ལྡན་ན། བླང་བྱ་ཡིན་པར་གསུང་ངོ་བསླབ་པ་ཕྲ་མོ་ཁྱད་བསད་དེ་ཉམས་པར་བྱས་ན། དུད་འགྲོའི་སྐྱེ་གནས་སུ་ངེས་པར་སྐྱེ་བར་འགྱུར་ཏེ་དཔེར་ན་ཀླུ་ཨེ་ལའི་འདབ་ཀླུ་བཞིན། ལྟུང་བ་སྡེ་ལྔའི་འབྲས་བུ་བསྟན་པའི་མདོ་ལས་ཕམ་ལྷག་སོགས་ཀྱི་རིམ་པས་ཚ་བ་ནས། ཡང་སོས་བར་གྱི་སྡུག་བསྔལ་བསྐྱེད་པར་གསུངས་ཏེ་ལྟུང་བ་

སྡེ་ལྔའི་འབྲས་བུ་བསྟན་པའི་མདོ་ལས་ཕམ་པས་ཚ་བ། ལྷག་མས་དུ་འབོད་ཆེན་པོ་སྡོམ་པོས་དུ་འབོད་ལྟུང་བྱེད་ཀྱིས་བསྲུས་འཇོམ་སོར་བཤགས་ཀྱིས་ཐིག་ནག་ཉེས་བྱས་ཀྱིས་ཡང་སོས་ཀྱི་སྡུག་བསྔལ་བསྐྱེད་པའི་ཚུལ་རྒྱས་པར་གསུངས་སོ། །

གཉིས་པ་བསྲུངས་པའི་ཕན་ཡོན་ནི་གོང་དུ་ཇི་སྐད་བཤད་པ་ལྟར་གྱི་**ཚེ་འདིའི་འཇིགས་སྐྱོབས་དང་ཕྱི་མའི་ལེགས་སྐྱོན་ནི།** ཁྲིམས་སྲུང་ཙམ་གྱིས་འགྲུབ་མོད་སྐྱེ་མཛོད་ལས། མཐོ་རིས་དོན་དུ་ཚུལ་ཁྲིམས་དང་། །བྲལ་བའི་དོན་དུ་སྒོམ་གཙོའི་ཕྱིར། །ཞེས་མངོན་མཐོའི་བདེ་འབྲས་ཐོབ་པ་ལ་ཚུལ་ཁྲིམས་སྲུང་བ་མཆོག་ཡིན་པར་གསུངས་ཤིང་། དེ་བཞིན་དུ་དབུ་མ་བཞི་བརྒྱ་པ་ལས། ཚུལ་ཁྲིམས་ཀྱིས་ནི་བདེ་འགྲོར་འགྲོ། །ལྟ་བས་གོ་འཕང་མཆོག་ཏུ་འགྲོ། །ཞེས་དང་། དབུ་མ་འཇུག་པ་ལས། མངོན་མཐོའི་རྒྱུ་ནི་ཚུལ་ཁྲིམས་ལས་གཞན་མེད། །ཅེས་གསུངས་པ་ལྟར་རོ། །ལུང་རྣམ་འབྱེད་ལས། ཚུལ་ཁྲིམས་འདི་ལ་ལེགས་སྤྱད་ཅིང་། །ལམ་ལ་ཤིན་ཏུ་སློམ་ན་ནི༑ ༑ཚེ་ཟད་པ་ལ་དགའ་འགྱུར་ཏེ། །དཔེ་རན་ནད་དང་བྲལ་བ་བཞིན། །ཞེས་དང་། མདོ་ལས། ཕམ་པ་བསྲུངས་པས་གཞན་འཕྲུལ་དབང་བྱེད་ཀྱི་སྐྱེ་གནས་དང་། ལྷག་མ་བསྲུང་བས་འཕྲུལ་དགའ་དང་། སྡོམ་པོ་བསྲུང་བས་དགའ་ལྡན་དང་། ལྟུང་བྱེད་བསྲུང་བས་འཐབ་བྲལ་དང་། སོར་བཤགས་བསྲུང་བས་སུམ་ཅུ་རྩ་གསུམ་དང་། ཉེས་བྱས་བསྲུངས་པས་རྒྱལ་ཆེན་རིས་བཞི་པའི་གནས་སུ་སྐྱེ་བར་གསུངས་སོ། །མི་ཡུལ་གྱི་བདེ་བ་ཡང་ཚེ་རིང་བ་དང་ནད་མེད་པ་སོགས་ཀྱང་སྲོག་གཅོད་སྤོང་བ་སོགས་ཉི་ཚེ་བས་འགྲུབ་ཅིང་། གཞན་ཡང་ཕར་བསྡུས་པ་ལས། བརྗོད་དུ་མ་འོས་རིགས་སུ་གྱུར་པ་དང་། །ཕན་ཅིང་དབེན་པ་གང་ཡང་མ་བྱས་ཤིང་། །སྟོན་ཆད་མི་ཤེས་སྐྱེ་བོ་ཐམས་ཅད་ཀྱང་། །ཚུལ་ཁྲིམས་ལྡན་པའི་སྐྱེ་བོ་དེ་ལ་འདུད། །རྐང་པས་བརྒྱ་ཤིས་བྱས་པའི་རྡུལ་སྙེད་ཀྱང་། །སྤྱི་གཙུག་དམ་པས་བླངས་ཤིང་ལྷ་དང་མིས། །ཕྱག་འཚལ་མགོ་གཏུགས་ཐོབ་པ་ཀུན་ཏུ་ཁྱེར། །ཞེས་སོ༑ ༑གཉེན་བཤེས་སོགས་ཀྱི་རིགས་སུ་བརྗོད་དུ་མེད་པ་དང་། ནོར་ཕན་མ་བཏགས་ཤིང་། མི་ཤེས་པ་ཀུན་གྱིས་ཀྱང་དགའ་ཞིང་གུས་པས་འདུད་པ་དང་། རྐང་རྗེས་ཀྱི་རྡུལ་ཙུང་ཟད་རེ་ཐོབ་པ་ཡན་ཆད་ལྷ་རྣམས་ཀྱི་བསྟུས་ཏེ་མཆོད་པའི་རྟེན་དུ་ཁྱེར་བར་གསུངས་སོ། །དེས་ན་**ངེས་འབྱུང་གིས་ཟིན**་པའི་ཚུལ་ཁྲིམས་ཀྱི་སྡོམ་པས་ནི་**ངེས་ལེགས**་ཏེ་བྱང་ཆུབ་གསུམ་པོ་གང་དང་གང་ལ་དམིགས་པ་དེ་ཉིད་ཇི་ལྟར་འདོད་པ་བཞིན་འགྲུབ་བོ༑ ༑

སྤྱི་དོན་གཉིས་པ་བསྒྲུབ་པའི་བསླབ་བྱའམ་འཇུག་པའི་ཚུལ་ཁྲིམས་བཤད་པ་ལ་གཉིས་ཏེ་སྤྱིའི་འབྲེལ་དགོད་པས་མཚམས་སྦྱར་བ་དང་། གཞི་སོ་སོའི་མཚན་ཉིད་རྒྱས་པར་བཤད་པའོ། །དང་པོ་ནི། འདུལ་བ་ལུང

ལས། རབ་བྱུང་༡གསོ་སྦྱོང་༢གཞི་དང་ནི། །དགག་དབྱེ་༣དབྱར་༤དང་ཀོ་ལྤགས་༥དང་། །སྨན་༦དང་གོས་༧དང་སྲ་༨བརྐྱང་དང་། །ཀཽ་ཤཾ་བི་དང་ལས་༩ཀྱི་གཞི། །དམར་༡༠སེར་ཅན་དང་གང་ཟག་༡༡དང་། །སྤོ་༡༢དང་གསོ་༡༣སྦྱོང་བཞག་པ་དང་། །གནས་༡༤མལ་དང་ནི་༡༥རྩོད་པ་དང་། །དགེ་འདུན་དབྱེན་རྣམས་བསྡུས་པ་ཡིན། །ཞེས་པ་ལྟར་**རབ་བྱུང་གཞི་ནས་དབྱེན་གྱི་གཞི་ཡི་བར། །རྣམ་གྲངས་བཅུ་བདུན་ལུང་གཞི་ནས་གསུངས་པའི།** །དང་པོ་རབ་བྱུང་གི་གཞི་གོང་དུ་**བཤད་ཟིན**་ཞེས་པའི་ཤུགས་ལས་ཕྱི་མ་རྣམས་ཀྱང་མདོ་རྩ་བའི་གོ་རིམ་ལྟར་རང་གི་བློ་ནུས་དང་སྦྱར་ནས་འཆད་པར་འགྱུར་རོ། །ཞེས་མཚམས་སྦྱར་བའི་དོན་ཡིན་ལ།

གཉིས་པ་བསླབ་བྱ་རྒྱས་པར་བཤད་པ་ལ་གཉིས་ཏེ་དབྱེ་བ་དང་། རྒྱས་བཤད་དོ། །དང་པོ་ནི་**སློབ་པའི་བསླབ་བྱ་ལ་**དབྱེ་ན་གསུམ་སྟེ། **བསླབ་པ་ཡོངས་སྦྱོང་གི་གཞི་དང་བདེ་བར་གནས་པའི་རྐྱེན་གྱི་གཞི། དགོས་པ་སྒྲུབ་བྱེད་ལས་ཀྱི་གཞི་རྣམས་སོ།** །དང་པོར་བསླབ་པ་ཡོངས་སུ་སྦྱོང་བའི་གཞི་ལའང་དབྱེ་ན་**གསོ་སྦྱོང་**གི་གཞི་དང་**དབྱར་གནས་**ཀྱི་གཞི་དང་**དགག་དབྱེ**འི་གཞི་སྟེ་**གསུམ**་གསེར་མདོག་པཎྜི་ཏས་གཞི་གསུམ་གྱི་ལག་ལེན་འདི་མི་ལ་ཡོད་ན་སྟོན་རྒྱུ་དང་རང་ལ་ཡོད་ན་ངོམ་རྒྱུ་ཡིན། སངས་རྒྱས་ཀྱི་བསྟན་པའི་རྩ་བ་ཡིན་ཞིང་གསོ་སྦྱོང་འདི་འང་མ་ཆགས་པའི་ཁྲུར་ལེན་པ་གལ་ཆེའོ། །ཞེས་གསུངས་སོ། །གསོ་སྦྱོང་གི་གཞི་ལའང་གཉིས་ཏེ་ཞི་གནས་ཀྱི་གསོ་སྦྱོང་དང་མཐུན་པའི་གསོ་སྦྱོང་ངོ། །

གཉིས་པ་རྒྱས་བཤད་དངོས་ནི། **ཞི་གནས་གསོ་སྦྱོང་**ཉམས་སུ་ལེན་པའི་གང་ཟག་ནི་གཞི་**ཚུལ་ཁྲིམས་**རྣམ་པར་དག་པ་ལ་བརྟེན་ནས་ནང་རིག་པའི་སྡེ་སྣོད་ལ་**ཐོས་བསམ་གྱིས།** **རང་རྒྱུད་སྦྱངས་**དགོས་ཏེ་མཛོད་ལས། ཚུལ་གནས་ཐོས་དང་བསམ་ལྡན་པས། །སྒོམ་པ་ལ་ནི་རབ་ཏུ་སྦྱོར། །ཞེས་དང་། ཀླུ་སྒྲུབ་ཀྱིས། ཤེས་རབ་རྒྱས་བྱེད་པ་ནི་ཐོས་པས་ཏེ། །བསམ་པ་དང་གཉིས་སོ་སོ་ཡོད་གྱུར་ན། །དེ་ལས་བསྒོམས་པ་བ་ནི་རབ་ཏུ་འགྱུར། །དེ་ལས་དངོས་གྲུབ་བླ་ན་མེད་པ་ཐོབ། །ཅེས་སོ། །**འདུ་འཛི་**འདུ་འཛི་ནི་སྐྱེ་བོ་མང་པོ་འདུ་ཞིང་ཆགས་སྡང་གི་གཏམ་གྱིས་འཛིང་བས་ན་འདུ་འཛི་ཞེས་བྱའོ། །**གཡེང་སྤངས་ནས།** སྦྱོར་བ་མང་སྤོང་ཁང་སྟེ་བསམ་གཏན་གྱི་ཁང་ཆུང་**བཅུགས་ཤིང་**སྤོང་བ་པའི་གཉིད་དང་བྱིང་རྨུགས་བསྲུང་ཞིང་སྐྱེ་བོས་རྒྱུ་འགྲུལ་དང་ཙ་ཅོ་བསྲུང་བའི་གང་ཟག་**འོས་པ་ཞལ་ཏར་བསྐོ**་བ་སྟོན་དུ་སོང་ནས། དངོས་གཞི་ལ་ཞི་གནས་སྒོམ་པ་དང་ལྷག་མཐོང་སྒོམ་པ་སྟེ་གཉིས་ལས། དང་པོ་ནི་འདོད་ཆགས་ཤས་ཆེ་བའི་གཉེན་པོ་**མི་སྡུག་པ་**སྒོམ་དགོས་ཏེ་མཛོད་ལས། ཀེང་རུས་ཆགས་བཅས་ཐམས་ཅད་ལ། །རུས་པ་རྒྱ་མཚོའི་བར་དུ་ནི། །སྤྲོ་ཞིང་སྡུད་པས་ལས་དང་པོ། །རྐང་རུས་ནས་ནི་ཐོད་ཕྱེད་བར། །བཏང་བས་སྦྱང་བ་བྱས་པར་བཤད། །སྨིན་མའི་བར་དུ་སེམས་འཛིན་པས། །ཡིད་ལ་

བྱེད་པ་རྫོགས་པ་ཡིན། །ཞེས་སོ། །ཡང་ཞེ་སྡང་གི་གཉེན་པོ་**བྱམས་པ་རྟེན་འབྱུང་དབུགས་དབྱུང་རྫུབ་བགྲང་**བ་ནི་མཛོད་ལས། དབྱུང་རྫུབ་དབུགས་འབྱུང་དྲན་པ་ནི། །ཤེས་རབ་ས་ལྔ་སྤྱོད་ཡུལ་རླུང་། །འདོད་རིགས་ཕྱི་པའི་མ་ཡིན་ནོ། །བགྲང་བ་ལ་སོགས་རྣམ་པ་དྲུག །ཞེས་གསུངས་པ་ལྟར་བགྲང་བ་ནི་ལུས་སེམས་རྣལ་དུ་གནས་པར་འདུག་སྟེ་རྫུབ་པ་དང་དབྱུང་བ་ལ་སེམས་གཏད་དེ་གཅིག་ནས་བཅུའི་བར་དུ་ཡིད་ཀྱིས་གྲང་ངོ་། །བཅུ་པོ་དེ་ལས་གྲངས་མང་ན་གཡེང་བ་དང་། ཉུང་ན་བྱིང་བར་འགྱུར་བས་མི་བགྲང་ངོ་། །ཞེས་མཛོད་འགྲེལ་རྣམས་ལས་བཤད་དོ། །ང་རྒྱལ་གྱི་གཉེན་པོ་**ཁམས་ཀྱི་རབ་དབྱེ**་ནི་ཕྱིའི་གཟུགས་སོགས་ཡུལ་དྲུག་དང་ནང་གི་ཁམས་མིག་སོགས་དབང་པོ་དྲུག་དང་། གསང་བའི་ཁམས་མིག་གི་རྣམ་པར་ཤེས་པ་སོགས་དྲུག་སྟེ་བཅོ་བརྒྱད་ལ་དབྱེ་བས་དབྱེ་འབྱེད་བས་དཔྱད་པས་རིལ་པོ་གཅིག་ཏུ་འཛིན་པའི་བློ་བཟློག་པའི་ཕྱིར་རོ། །**བསྒོམ་པས་རིམ་པ་བཞིན་དུ་སྤང་བྱ་དུག་གསུམ་དང་། རྣམ་རྟོག་ང་རྒྱལ་གཞིལ་ཏེ་ཞི་གནས་སྒྲུབ་པའོ།** །

གཉིས་པ་ལྷག་མཐོང་སྒོམ་པ་ཚོགས་ལམ་དུ་དྲན་པ་ཉེར་བཞག་བཞི་ཡང་དག་སྤོང་བ་བཞི་རྫུ་འཕྲུལ་གྱི་རྐང་པ་བཞི། སྦྱོར་ལམ་དུ་དབང་པོ་ལྔ་དང་སྟོབས་ལྔ་འཕགས་ལམ་དུ་བྱང་ཆུབ་ཀྱི་ཡན་ལག་བདུན་དང་འཕགས་ལམ་ཡན་ལག་བརྒྱད་དེ། དེ་ལྟར་ན་**བྱང་ཕྱོགས་སོ་བདུན་སྟེ་ཚན་རེ་རེ་ནས། དམིགས་པ་དང་སོགས**་སྒྲས་ནི་ངོ་བོ་དང་གྲོགས་དང་སྒོམ་ཚུལ་དང་། སྒོམ་པའི་འབྲས་བུ་སྟེ་རྣམ་པ་ལྔ་ལྔས་སྒྲོ་འདོགས་ཆོད་བྱས་ཏེ། **ཚོགས་སྦྱོར་འཕགས་ལམ་བགྲོད་ཕྱིར་ལྷག་མཐོང་བསྐྱེད།** །

གཉིས་པ་མཐུན་པའི་གསོ་སྦྱོང་ལ་གཉིས་ཏེ། དུས་ངེས་པ་ཅན་དང་། དུས་མ་ངེས་པའི་གསོ་སྦྱོང་ངོ་། །དང་པོ་ལ་གཉིས་ཏེ། མཚན་ཉིད་དང་མིང་དོན་གཞི་མཐུན་པའི་སྒོ་ནས་མདོར་ཆོགའི་རྣམ་གཞག་རྒྱས་པར་ཕྱེ་བའོ། །དང་པོ་ནི། **མཐུན་པའི་གསོ་སྦྱོང་བཅུ་བཞིའམ་བཅོ་ལྔ་པ་གཉིས་ཀྱི་ངོས་ནས། ཟླ་བ་ཕྱེད་ཕྱེད་ཀྱི་དུས་ངེས་ཕྱིར་ན་དེའི་མིང་ཅན། །སྡིག་པའི་ལྟུང་བ་ཡོངས་སུ་སྦྱོང་བས་ན། །སྡིག་པ་དམན་གྱི་གསོ་སྦྱོང་ཞེས་རབ་བསྟགས་ཏེ**་ཚིག་ལེར་གསོ་སྦྱོང་ཟླ་ཕྱེད་རེ་རེ་ཡི། །སྡིག་རྣམས་ཡོངས་སུ་དག་ཕྱིར་རོ། །ཞེས་དང་། ལོ་དྲི་བ་ལས། དགེ་བ་མཐའ་དག་ཡང་དག་གསོ་བྱེད་ཅིང་། །སྡིག་པ་མཐའ་དག་ཡང་དག་འདིར་སྦྱོང་བ། །དགེ་གསོ་ཕྱིར་དང་སྡིག་པ་རྣམ་སྦྱོང་ཕྱིར། །དེ་བཞིན་གཤེགས་པས་གསོ་སྦྱོང་ཞེས་གསུངས་སོ། །འདི་ལ་སྡིག་པའི་སྨན་གྱི་ཞེས་གསུངས་ཀྱང་རུང་སྟེ་མདོ་མྱང་འདས་ཆེན་མོ་ལས། ཚུལ་ཁྲིམས་འདི་ནི་སྡིག་པའི་ནད་ཐམས་ཅད་གསོ་བའི་སྨན་གྱི་སྟོང་པོ་ལྟ་བུའོ། །ཞེས་གསུངས་པའི་ཕྱིར་རོ། །

གཉིས་པ་ལ་གསུམ་སྟེ་གསོ་སྦྱོང་བྱ་བའི་གནས་ལ་བློ་མཐུན་བྱ་བ་གསོ་སྦྱོང་བྱེད་པའི་ཁྲིད་ཆོས་ཇི་ལྟར

བྱ་བའི་ཆོ་ག་འོ། །དང་པོ་ནི། གསོ་སྦྱོང་གི་གནས་ནི་བསྐལ་པ་ཆགས་པའི་དུས་ནས་རང་། **གྲུབ་བམ་རྩོལ་བས་བྱས་གནས་མཚམས་བཅད་དེ།** །དེའང་ཕྱི་རོལ་ཀུན་ཏུ་ཉེ་འཁོར་འདོམ་གང་དང་ལྡན་པ་ཆུང་ཚད་གདིང་བ་བཞི་བཅུ་ཤོང་བ་ཆེ་ཚད་དབུས་ནས་ཕྱོགས་ཕྱོགས་སུ་དཔག་ཚད་ཕྱེད་གསུམ་རེ་ཡོད་པ་འཁྱིང་ཚད་རྒྱང་གྲགས་ཀྱི་མཐའ་རྩུབ་ལ་ཕྱོགས་བཞིའི་མཚན་མ་ཕ་ཝ་དང་རྩིགས་པ་དང་། ལྗོན་ཤིང་དང་། རབ་བ་དང་། ལམ་དང་ཁྲོན་པ་ལྟ་བུ་བརྟན་པོ་ཡོད་པའི་གནས་སུ་གསོལ་གཉིས་ཀྱིས་གཅོད་པའོ། །**འདུས་པས**་གསོལ་གཉིས་ཀྱིས་གནས་ལ་**བློ་མཐུན་བྱས་པར**་བྱའོ། །

གཉིས་པ་གང་གིས་བྱེད་པའི་ཁྱད་པར་གྱི་ཆོས་ནི་ཞུང་མཐར་དགེ་སློང་ལྔ་སོགས་ཀྱི་**གྲངས་ཚང་ཤིང་། ཁ་སྐོང**་གི་ཆོས་བཅུ་གསུམ་དང་ལྡན་པ་དེའི་**མི་མཐུན**་པ་གཉིས་**བྲལ་བའི།** **རབ་བྱུང་སྡེ་ལྔའི་བསླབ་པ་གོང་འཕེལ་ཞིང་། །ཉམས་པ་ཕྱིར་བཅོས་བྱ་ཕྱིར་ཚུལ་དེ་བརྩམ།** །གསུམ་པ་ཆོ་ག་ལ་སྦྱོར་དངོས་རྗེས་གསུམ་ལས་དང་པོ། **སྦྱོར་བ**་གསོ་སྦྱོང་སྔ་མ་འདས་པའི་མཐའ་རྩུབ་ཅན་གྱི་**རང་རྒྱུད**་ཀྱི་ལྟུང་བ་ལ་བརྟག་སྟེ་བཤགས་སྡོམ་བྱིན་གྱིས་བརླབས་པ་པོ་གང་འོས་ཀྱིས་**དག་བྱས་གཎྜི་བརྡུང་བ**་སྟེ་སྐབས་འདིར་ལས་ཀྱི་གཎྜི་རྒྱུད་གཅིག་དང་ཏོག་གསུམ་པ་བརྡུང་ནས་དགེ་ཚུལ་སློང་རྣམས་ཚོགས་པ་ལ། དགེ་སློང་གིས་**ཉིན་རེ་བཞིན་གྱི་བྱ་བ་རྒྱུན་ཆགས་གསུམ།** འཕྲོག་མ་ལ་གཏོར་མ་བཏང་དང་**དུས་བཟང་མདོ་གདོན་པ་རྣམས།** **མེད་དུ་མི་རུང་གི་སྦྱོར་བའི་ཆོས་མ་ཡིན་ཀྱང་།** **འདུས་འཕྲུལ་མཛད་པ་སྟོན**་གྱི་འདུལ་འཛིན་རྣམས་ཀྱི་**དུས་ནས་དར་བར**་ཡིན་ནོ། །གཞུང་འདིར་ཕྱིར་བཅོས་སོགས་ཚར་བའི་རྗེས་སུ་གཎྜི་བརྡུང་རྒྱུ་མཛད་ཡོད་པ་ནི་གཞུང་གི་དགོས་པ་དང་སྔར་གྱི་ཕྱག་ལེན་ཡིན་ལ། དེང་སང་ནི་གཎྜིས་ཚོགས་པ་བསྡུས་ནས་ཕྱིར་བཅོས་དང་བྱིན་རླབས་མཛད་པ་ཤས་ཆེ་བ་ཡིན་ནོ། །

གཉིས་པ་དངོས་གཞི་ལ། སྐབས་འདིར་དགེ་ཚུལ་གྱི་གསོ་སྦྱོང་མཛད་པ་ནི་འདུལ་བ་མདོ་རྩ་དང་ཀརྨ་ཤ་ཏམ་སོགས་ལས་མ་བཤད་ཀྱང་། སུམ་བརྒྱ་པར། གལ་ཏེ་དངོས་སུ་གསུངས་པ་མེད་གྱུར་ཀྱང་། །དགག་དབྱེ་གསུངས་ཕྱིར་འདི་ནི་གསོ་སྦྱོང་ཡོད། །ཅེས་འབྱུང་བ་ལྟར་ཏེ། རྒྱུད་ཉེས་བྱས་ཀྱིས་གོས་ན་གོང་སྦྱོར་ཆོག་གི་སྐབས་སུ་དགེ་སློང་ཞིག་གི་དྲུང་དུ་བཤགས། དགེ་འདུན་ནང་དུ་འདུ་ཞིང་སྦྱོར་ཆོག་གཞན་རྣམས་མཉམ་དུ་བྱ། གལ་ཏེ་གོང་དུ་མ་གྲུབ་ན་སྐབས་འདིར་བཤགས་ཤིང་། དེའང་དངོས་གཞི་ནི་**དགེ་སློང་ཞིག་གི་འདུན་དུ་གསོ་སྦྱོང་གི་སྡགས་ལན་གསུམ་བརྗོད་པའི།** **དགེ་ཚུལ་གྱི་གསོ་སྦྱོང་གྲུབ་ནས་ལེགས་སུ་བཀྱེ་བ་སྟེ**་རྒྱུ་མཚན་ནི་ལྟུང་མཐུན་བྱིན་རླབས་ལ་གསོལ་བ་འབའ་ཞིག་པའི་ལས་དང་། གནས་ལ་བློ་མཐུན་ལ་གསོལ་

གཉིས་ཀྱི་ལས་དང་། སོ་ཐར་གྱི་གླེང་གཞིའི་གོང་དུ་གསོལ་བ་འབའ་ཞིག་པའི་ལས་ཏེ། ལས་གསུམ་པོ་ཐོས་སུ་མི་རུང་བའི་ཕྱིར་ཏེ། ཕྱིས་སུ་བསྙེན་པར་རྫོགས་པའི་སྐབས་དགེ་སློང་གི་སྡོམ་པ་ལེན་པ་ལ་རྒྱུ་ཐབས་ཀྱི་བར་ཆད་ལྡན་པའི་ཕྱིར་རོ། །དེ་ནས་དགེ་སློང་གིས་ལྟུང་བ་ཐུན་མོང་མ་ཡིན་པ་ཕྱིར་བཅོས་དང་། ཐུན་མོང་བ་བྱིན་གྱིས་བརླབ་པ་དག་ཀྱང་གོང་དུ་མ་གྲུབ་ན་འདིར་བྱ་ཞིང་། གནས་ལ་བློ་མཐུན་བྱས་པ་ཞིག་པའམ། གོང་དུ་མ་གྲུབ་ན་འདིར་བྱའོ། །གསོ་སྦྱོང་དངོས་ནི་སོ་སོ་ཐར་པའི་མདོ་འདོན་པའི་སྒོ་ནས་བྱེད་པ་ཡིན། མདོ་རྩ་བར། གསོ་སྦྱོང་བྱའོ། །ཟླ་བ་ཕྱེད་ཕྱེད་ཀྱི་ཆོས་བཅོ་ལྔ་ལའོ། །སོ་སོར་ཐར་པའི་མདོ་འདོན་པས་སོ། །ཞེས་གསུངས་པའི་ཕྱིར་རོ། །མདོའི་སངས་རྒྱས་འདུལ་བ་གངས་ཆེན་མཚོ་ཞེས་པ་ནས་ལང་ཚོ་ཡོལ་བ་རྣམས་ཀྱིས་གནས་པ་བདེ་ཞེས་པའི་བར་གྱི་**མདོ་ཡི་ཆེ་བརྗོད་**དང་ཚེ་དང་ལྡན་པ་དག་སོ་ག་རྣམས་ཀྱི་ནས་དྲིས་ནས་ཀྱང་བརྗོད་པར་བྱའོ་ཞེས་པའི་བར་གྱི་**དུས་བརྗོད་**མཚམས་ནང་དུ་དགེ་སློང་ནད་པ་ཡོད་ན་འདུན་པར་བླངས། གསོ་སྦྱོང་གི་**དངོས་གཞི་**ཤཱཀྱ་སེང་གེ་དེ་ལ་ནི་ཞེས་སོགས་ནས་འཇིག་བྲལ་རྣམ་པར་འཁྲུམས་པར་འགྱུར་ཞེས་པའི་བར་གྱིས་**ཉན་པར་གདམས་**པ་དང་དགེ་འདུན་བཙུན་པ་རྣམས་གསན་དུ་གསོལ། དེང་དགེ་འདུན་གྱི་གསོ་སྦྱོང་སོགས་ནས་མདོ་འདོན་པ་འདོན་ནོ་ཞེས་པའི་བར་གྱི་**གསོལ་བའི་ལས།** ཚེ་དང་ལྡན་པ་དག་བདག་ཅག་གསོ་སྦྱོང་བྱ་སྟེ་སོགས་ནས་མ་མཐོལ་མ་བཤགས་ན་ནི་མི་འགྱུར་རོ་ཞེས་པའི་བར་གྱིས་ལྟུང་བ་ཡོངས་དག་དྲི་བ་དང་བཅས་**སོ་སོར་ཐར་པ་གླེང་གཞི་**རྫོགས་པར་གདོན་པའམ་དེའི་སྟེང་དུ་**ཕམ་ལྷག་སོགས།** མདོ་རྩ་དང་། གཞི་གསུམ་གྱི་ཆོ་ག་ཡོན་ཏན་རིན་པོ་ཆེའི་ཐེམ་སྐས་སོགས་ལས་གླེང་ཞིའམ། དེ་དང་ཕམ་པ་བཅས། དེ་དག་དང་ལྷག་མ་བཅས། དེ་དག་དང་མ་ངེས་པ་བཅས། དེ་དག་དང་ལྟུང་བྱེད་མན་རིལ་འདོན་ཏེ་སྤྱི་ཚན་ལྔ་བྱེད་པར་གསུངས་སོ། །**ཇི་ལྟར་ནུས་པ་གདོན་**ཞིང་དེ་ལྟར་འདོན་པའི་ཚེ་སྤྱི་ཚན་རེ་རེའི་མཇུག་ཏུ་ཅི་འདི་ལ་ཁྱེད་རྣམས་ཡོངས་སུ་དག་གམ་ཞེས་ལན་གསུམ་རེ་བརྗོད་པས་**དག་པ་དྲི།** ཇི་ཙམ་བཏོན་པའི་ལྷག་མ་སྙན་ནས་**ཐོས་**པར་འགྱུར་རོ། །**བསྒྲག་ཚུལ་གྱིས་རུང་བའང་འདོད།**

གསུམ་པ་རྗེས་ཀྱི་བྱ་བ་ནི། **རྗེས་ནི་**མདོའི་འཇུག་སྡུད་དང་འབྲེལ་བའི་**བསྔོ་བ་ཤིས་པར་བརྗོད་པའོ།** །དགེ་སློང་ལྔ་སོགས་ཀྱི་གྲངས་མ་ཚང་བས་**གསོ་སྦྱོང་མ་གྲུབ་བྱིན་གྱིས་བརླབ་པའམ་**ཡང་ན་ཇི་ལྟར་བྱ་ཞེ་ན། གསོ་སྦྱོང་བྱེད་པའི་གནས་གཞན་དུ་ཕྱིན་ནའམ་བྱེད་པའམ། དེའང་མ་གྲུབ་ན་དགེ་སློང་ཕན་ཚུན་བརྗོད་རིས་ཀྱིས་བྱིན་གྱིས་བརླབས་དགོས་ཤིང་། རང་གཅིག་པུ་ལས་མེད་ན། ལྷ་རྣམས་དག་ཏུ་གསོལ་ཞེས་སོགས་བརྗོད་དེ་བྱིན་གྱིས་རླབས་དགོས་པས། དང་པོའི་ཕྱགས་ཚིག་ནི། བཙུན་པ་དགོངས་སུ་གསོལ། དེང་དགེ་འདུན་གྱི་

གསོ་སྦྱོང་བཅོ་ལྔ་པའམ་བཅུ་བཞི་པ་ལགས་ལ། བདག་དགེ་སློང་མིང་འདི་ཞེས་བགྱི་བའི་ཡང་གསོ་སྦྱོང་བཅོ་ལྔ་པ་ལགས་ཏེ། བདག་དགེ་སློང་མིང་འདི་ཞེས་བགྱི་བ་བར་ཆད་ཀྱི་ཆོས་རྣམས་ཀྱིས་ཡོངས་སུ་དག་གོ་ཞེས་བདག་མཆི་ན་བདག་ཡོངས་སུ་དག་པར་བཟུང་པས་བཟུང་དུ་གསོལ། བདག་དགེ་སློང་མིང་འདི་ཞེས་བགྱི་བ་ཚུལ་ཁྲིམས་ཀྱི་ཕུང་པོ་ཡོངས་སུ་རྫོགས་པར་བྱ་བའི་ཕྱིར། དེང་གསོ་སྦྱོང་བྱིན་གྱིས་རླབས་ཏེ་གང་གི་ཚེ་དགེ་འདུན་ཚོགས་པ་རྙེད་པ་དེའི་ཚེ་དགེ་འདུན་དང་ལྷན་ཅིག་གསོ་སྦྱོང་རྒྱ་ཆེར་ཉམས་སུ་མྱོང་བར་བྱ་ཞིང་སོ་སོར་ཐར་པའི་མདོ་གདོན་པར་བགྱིའོ། །ཞེས་ལན་གསུམ་བརྗོད། རང་གཅིག་པུ་ཡིན་ན། ལྷ་རྣམས་དགོངས་སུ་གསོལ་སོགས་ནས་ཡོངས་སུ་དག་པར་ལྷ་རྣམས་ཀྱིས་བཟུང་དུ་གསོལ། ཞེས་ཁ་བསྒྱུར་བ་མ་གཏོགས་སྔ་མ་དང་འདྲའོ། །ཡང་ན་ཐུབ་པའི་སྟོན་གྱི་གསོ་སྦྱོང་སྟེག་པ་ཅི་ཡང་མི་བྱ་ཞིང་ཞེས་སོགས་**ཚིགས་བཅད་འདོན་པ་ལ་བསྡུས་པའི་གསོ་སྦྱོང་ཟེར་ཟེར**་ཞེས་པ་ནི་མ་རུང་བའི་ཚིག་སྟེ་བཤད་ཁུངས་ཡོད་མེད་བརྟག་དགོས་པར་གསུངས་སོ། །

གཉིས་པ་དུས་མ་ངེས་པའི་གསོ་སྦྱོང་ནི་གཙུག་ལག་ཁང་སོགས་**རབ་གནས་དོད་**སོགས་**བཀྲ་ཤིས་གསོ་སྦྱོང་**དང་། །རིམས་ནད་འཆེད་པ་དང་སེར་བ་བབ་པ་**སོགས་གནོད་པ་བཟློག་པའི་གསོ་སྦྱོང་**དང་། །དབྱེན་**སོགས་རྩོད་པ་བསྡུམ་པའི་གསོ་སྦྱོང་རྣམས་**སྐེ་དེའང་བཀྲ་ཤིས་པའི་གསོ་སྦྱོང་ལྟ་བུ་དེ་ལའང་དུས་ངེས་ཅན་དང་དུས་མ་ངེས་པར་བྱ་བ་གཉིས་ལས། ད་ལན་འདིར་དུས་མ་ངེས་པར་བྱ་བ་ཡིན། དེ་ལའང་བཀྲ་ཤིས་པའི་གསོ་སྦྱོང་དང་གནོད་པ་བཟློག་པའི་གསོ་སྦྱོང་དང་། རྩོད་པ་བཟློག་པའི་གསོ་སྦྱོང་སྐེ་གསུམ་ལས། ད་ལན་བཀྲ་ཤིས་པའི་གསོ་སྦྱོང་བགྱིས་པ་ལ་སྦྱོར་དངོས་རྗེས་གསུམ་ལས་སོགས་**སོ་སོའི་མིང་གིས་བསྒྲགས་མོད་ཅོ་ག་མཐུན་ནོ**། །ཡང་གསོལ་བ་སོགས་ཀྱི་སྐབས་རང་རང་གི་མིང་གིས་བརྗོད་པ་ནི་ཁྱད་པར་ཏེ། དེང་དགེ་འདུན་གྱི་གསོ་སྦྱོང་བཅོ་ལྔ་པའམ་བཅུ་བཞི་པ་ལགས་ཏེ་ཞེས་པའི་སྐབས་སུ། དེང་དགེ་འདུན་གྱི་བཀྲ་ཤིས་པའི་གསོ་སྦྱོང་ལགས་ཏེ་ཞེས་སོགས་འགྱུར་དུས་བརྗོད་དུས། དཔེར་ན་ཧོར་ཟླ་དྲུག་པའི་ཚེས་བརྒྱད་ལྟ་བུ་ཡིན་ན༑ སོས་ཀ་རྣམས་ཀྱི་ཟླ་བ་དྲུག་པའི་ཞག་ཉི་ཤུ་རྩ་གཉིས་ནི་འདས་སོ། །ཟླ་བ་གཅིག་དང་ཞག་བརྒྱད་ནི་ལུས་སོ་ཞེས་པ་ལྟ་བུ་ཚིག་ཁ་བསྒྱུར་བར་བྱའོ། །དེ་དག་ཀུང་ནམ་དགོས་པའི་དུས་དང་བསྟུན་ནས་བྱ་བ་ལས་ཚེས་གྲངས་གང་ལ་འབྱུང་བའི་**དུས་ངེས་**པ་**མེད་ཕྱིར་**དུས་མ་ངེས་པའི་གསོ་སྦྱོང་ཞེས་པ་**དེ་ཡི་ཐ་སྙད་འདོག**

གཉིས་པ་**དབྱར་གནས་**ཀྱི་གཞི་ལ་གཉིས་ཏེ་གླེང་གཞི་དང་འབྲེལ་བའི་མིང་གིས་མདོར་བསྟན་པ་དང་། ཆོ་གའི་རྣམ་གཞག་རྒྱས་པར་བཤད་པའོ། །དང་ནི། དབྱར་གནས་ཞེས་སྨོས་ཏེ་སྟོན་པ་རྒྱལ་བྱེད་ཚལ་དུ

ཞུགས་པའི་ཚེ་དགེ་སློང་རྣམས་དབྱར་ཕྱོགས་རྒྱུ་བ་ལས། ཕྱི་རོལ་བ་དག་གིས། བྱ་ཁྱུག་ཏ་ཡང་དབྱར་ཟླ་བ་བཞི་ལ་རང་གི་ཚང་དུ་ཞུམ་ཞུམ་མོར་ཀ་ལ་ན། དགེ་སྦྱོང་མགོ་རེག་པ་འདི་དག་ནི་དབྱར་ཡང་ཕྱོགས་སུ་རྒྱུགས་ཏེ་སྲོག་ཆགས་རྣམས་གསོད་པར་བྱེད་དོ། །ཞེས་འཕྱ་བ་ལ་བརྟེན་ནས་སྟོན་པས་དབྱར་གནས་པ་ཁས་བླངས་པར་བྱའོ། །ཞེས་དབྱར་ཕྱོགས་རྒྱུ་བ་བཀག་པའི་བཅའ་བ་མཛད་པ་ལས་དབྱར་གནས་པ་ཞེས་གྲགས་སོ། །

གཉིས་པ་རྣམ་གཞག་རྒྱས་པར་བཤད་པ་ལ་དྲུག་སྟེ། ནམ་ཁས་ལེན་པའི་དུས་དང་། ཡུན་ཚད་འཁྲོས་དོན་བཅས། སྟོན་འགྲོའི་སྦྱོར་བ། དངོས་གཞི་ཁས་བླངས་ནས་བསྲུང་ཚུལ་ཆོས་ལྡན་གྱི་བྱ་བ་ལ་བྱིན་གྱིས་བརླབས་ཚུལ་ཡུན་ཚད་ལ་དམིགས་བསལ་བསྟན་པའོ། །དང་པོ་ནི་དབྱར་གནས་པ་སྔ་ཕྱི་རྒྱ་སྐར་ཉེར་བརྒྱད་ལས་བཅུ་དགུ་པ་ཆུ་སྟོད་དང་ཉེར་གཅིག་པ་གྲོ་ཞུན་ཟླ་བ་གང་རུང་མར་ངོ་དེ་དང་འཇིག་རྟེན་པ་རྣམས་ཡར་ངོ་སྟོན་འགྲོ་བྱས་ནས་མར་ངོ་རྗེས་ལ་བྱེད་པ་ནི། འཕྲལ་ལ་ཕྲུན་ཚོགས་ཅུང་ཟད་སྣང་ཡང་ཕྱིས་རྒྱུད་པའི་ཆོས་ཅན་དུ་འགྱུར་བ་མཚོན་བྱེད་ཡིན་ཏེ། དང་པོ་ལོངས་སྤྱོད་མངའ་ཐང་སོགས་འཕེལ་བ་ལྟར་སྣང་ཡང་ཕྱིས་ཐམས་ཅད་མི་རྟག་པ་དང་སྡུག་བསྔལ་བའི་རང་བཞིན་དུ་འགྱུར་བ་ནི་རྟེན་འབྲེལ་གྱི་ཆོས་ཉིད་ཡིན་པའི་ཕྱིར། རབ་ཏུ་བྱུང་བ་རྣམས་མར་ངོ་སྟོན་འགྲོ་བྱེད་པའི་རྒྱུ་མཚན་ནི་རབ་བྱུང་རྣམས་དཀའ་སྤྱད་ཀྱིས་ལུས་སེམས་སྡུག་བསྔལ་བ་ལྟར་སྣང་ཡང་། ཕྱིས་ལུང་རྟོགས་ཀྱི་ཡོན་ཏན་གོང་ནས་གོང་དུ་འཕེལ་བའི་མཚོན་བྱེད་དང་། ཁྱད་པར་ཆོས་བཅོ་ལྔའི་ཟླ་སྐར་སྨིན་དྲུག་སོགས་གང་ལ་ཉ་བ་དེའི་ཚེ་ཉ་སྐར་གྱི་མིང་ཅན་གྱི་ཟླ་བ་དེ་རྫོགས་ནས་དེའི་སང་ཉིན་ཆོས་བཅུ་དྲུག་ནས་ཟླ་བ་གཞན་ཞིག་གི་མགོ་བཙུགས་དགོས་པ་ཡིན་ནོ། །ནས་བཟུང་སྟེ་ཞེས་པ་ཞེས་ཏེ་དེ་འང་དབྱར་སྔ་མ་ནི་ཧོར་ཟླ་དྲུག་པའམ་འཇིག་རྟེན་ཡོངས་གྲགས་ཀྱི་དབྱར་ཟླ་འབྲིང་པོ་ཆུ་སྟོད་ཟླ་བའི་ཆོས་བཅུ་དྲུག་དེ་ལ་འདུལ་བ་པས་མར་ངོ་སྟོན་འགྲོའི་དབང་གིས་གྲོ་ཞུན་ཟླ་བའི་ཆོས་གཅིག་ཏུ་བརྗོད་པ་དེའི་ཉིན་ཁས་ལེན། དབྱར་ཕྱི་མ་ནི་འཇིག་རྟེན་ཡོངས་གྲགས་ཀྱི་དབྱར་ཐ་མ་གྲོ་ཞུན་ཟླ་བའི་ཆོས་བཅུ་དྲུག་ཏེ་འདུལ་བ་ནས་མར་ངོ་སྟོན་འགྲོ་དབང་གིས་ཁྲུམ་ཟླའི་ཆོས་གཅིག་ཏུ་བཞེད་པ་དེའི་ཉིན་ཁས་ལེན་ཏེ་ཚིག་ལེར། གྲོ་ཞུན་ཅན་གྱི་ཆོས་གཅིག་ནས། །སྔ་མའི་དབྱར་དེ་གཙོ་བོ་ཡིན། །དེ་ཉིད་ཁྲུམ་གྱི་ཟླ་བ་ཡི། །ཆོས་གཅིག་ནས་ནི་ཕྱི་མར་གྲགས། །ཞེས་སོ། །

གཉིས་པ་ཡུན་ཚད་འཁྲོས་དོན་དང་བཅས་པ་ནི་ཟླ་བ་གསུམ་སྟེ་དེ་འང་དབྱར་སྔ་མ་ཁས་བླངས་ན་མར་ངོ་དེ་ནས་བཟུང་སྟོན་ཟླ་འབྲིང་པོའི་ཆོས་བཅོ་ལྔའི་བར་དང་། ཕྱི་མ་ཡིན་ན་དེ་ནས་བཟུང་སྨིན་དྲུག་ཟླ་བའི་ཡར་ངོའི་ཆོས་བཅོ་ལྔའི་བར་རོ། །འོན་ཀྱང་དབྱར་གནས་པའི་དགོས་པ་སྲོག་ཆགས་ལ་གནོད་པ་སྤང་བ་དང་།

ཆར་ཆུའི་སྐད་ཡིན་པས་ན་ཧོར་ཟླ་ལྔ་པའམ་ཉ་སྐར་གྱི་མིང་སྟོན་ཟླ་ཡི། བཅུ་དྲུག་ནས་སྟེ་མར་ངོ་སྟོན་འགྲོ་ལྟར་ཆུ་སྟོད་ཟླ་བའི་ཚེས་གཅིག་ཏུ་བཞེད་པ་ཡིན་དབྱར་ཁས་ལེན་ལེགས་སོ་ཞེས། སྒྲུབ་བྱེད་དང་བཅས་བུ་སྟོན་ཆེ་སོགས་གསུངས་པ་ཤིན་ཏུ་ལེགས་ཤིང་དོན་ལ་གནས་སོ། །གསུམ་པ་སྟོན་འགྲོའི་སྦྱོར་བ་ནི་མཚམས་གཅོད་དེ་བློ་མཐུན་བྱས་པ་མ་ཞིག་པ་དེ་ལྟ་བུ་དེ་མཐུན་པའི་གནས་སུ་བཅོ་ལྔའི་གསོ་སྦྱོང་གི་མཇུག་གཡག་རྫའི་རྒྱུ་མོ་ཏི་བཞིན་ནོ་ཞེས་པའི་ཚེ། གནས་མལ་སྟོབ་པ་དང་ཚུལ་ཤིང་བྲིམ་པའི་དགེ་སློང་ཆོས་བཅུ་ལྡན་གཅིག་གམ་དུ་མ་གསོལ་གཉིས་ཀྱི་ལས་ཀྱིས་བསྔོ། དེ་ལྟར་བསྔོས་པའི་དགེ་སློང་གིས་ཚུལ་ཤིང་གྲལ་གཤམ་དུ་བཞག་སྟེ་དབྱར་ཁྲིམས་བསྒྲགས་པ་སྔོན་དུ་འགྲོ་བས་ཚུལ་ཤིང་གྲིམ་པ་དང་སླར་ཡང་ཚུར་བསྡུས་ཏེ་བླངས་པའི་གྲངས་བརྗོད་གནས་དང་མལ་ཆ་རྣམས་སྟོབ་དགོས་པ་གདོད་གནས་ཁང་སྟོབ་པ་ན་ཆེ་དང་ལྡན་པ་གཙུག་ལག་ཁང་འདི་གོས་ཀྱི་རྙེད་པ་སོགས་ཡོ་བྱད་དང་ལྡན་པ་ལགས་ཀྱི་བཞེས་ཤིག་ཅེས་དང་མལ་ཆ་སྟོབ་པ་ན་གདན་ཆ་འདི་ལ་དབྱར་ཚུལ་དང་མཐུན་པར་ལོངས་སྤྱོད་ཅིག ། ཅེས་བརྗོད་{འདི་ལ་ཆེ་དང་ལྡན་པ་སོགས་བརྗོད་མི་དགོས་སོ། }དོ། །སྦྱོར་བའི་ཆོས་སོ། །བཞི་པ་དངོས་གཞི་ཁས་བླངས་ནས་བསྲུང་བའི་ཚུལ་ནི་ཕྱི་ཉིན་ཏེ་ཚེས་བཅུ་དྲུག་གི་ཉིན་རང་གནས་རང་ཉིད་ལ་དབང་བའི་གནས་བླ་གབ་བཅས་པ་རུ། དགེ་སློང་གཅིག་གི་མདུན་དུ་དབྱར་ཁས་ལེན་པའི་སྟུགས་ཚིག་བརྗོད་པ་གསུམ་གྱིས་ནི། དབྱར་གནས་པར་ཁས་བླངས་ནས་ཁྲིམས་སྒྲགས་ཀྱི་སྐབས་སུ་ཧེ་སྐད་བཤད་པའི་དང་ཚུགས་ལ་ནི་དང་ཚུགས་ཞེས་པ་འདི་བརྡ་རྙིང་ཡིན་པས་དོན་ལ་དབྱར་ཁྲིམས་བསྒྲགས་ཀྱི་སྐབས་སུ་ཧེ་སྐད་བཤད་པའི་སྤང་བླང་ལས་མི་འདའ་བར་དབྱར་གནས་ཀྱི་སྒྲིགས་ཁྲིམས་ལ་གནས་དགོས་ཞེས་པའི་དོན་ཡིན་ནོ། །དེར་གནས་པ་དངོས་གཞིའོ་དེ་ཉིད་ནང་གི་ཕྱག་ལེན་ལ་གཙུག་ལག་ཁང་དུ་འདུས་ནས་དབྱར་བདག་གི་མདུན་དུ་ཁས་ལེན་པའམ། ཡང་ན་དགེ་སློང་རྣམས་ཕན་ཚུན་བརྗོད་རེས་ཀྱིས་ཁས་བླངས་ཀྱང་ཆོག་པ་ཡིན་ནོ། །ལྔ་པ་ཆོས་ལྡན་གྱི་བྱ་བ་ལ་བྱིན་གྱིས་བརླབ་པ་ན་གང་ཟག་རང་རང་གི་ཆོས་ལྡན་གྱི་བྱ་བའི་དོན་དང་དགེ་འདུན་སྤྱིའི་དོན་ཞག་བདུན་གྱིས་མི་འགྲུབ་པའི་ཆེད། བདུན་དང་བཞི་བཅུའི་གནང་བ་འོས་ཚེ་སྦྱིན་དགོས་ཏེ། དེའང་རང་དོན་ཡིན་ཚེ་དགེ་སློང་གི་མདུན་དུ་ཞག་གཅིག་ནས་བདུན་གྱི་བར་ཧེ་ཙམ་དགོས་པ་བྱིན་གྱིས་བརླབ་ནས་འགྲོར་རུང་ཞིང་། དགེ་འདུན་སྤྱིའི་དོན་དུ་འགྲོ་ཚེ་ཐོག་མར་དགེ་འདུན་ལས་ཞག་བཞི་བཅུའི་གནང་བ་ཐོབ་པར་བྱས་ནས་སྔར་ལྟར་བྱིན་གྱིས་བརླབས་ནས་འགྲོ་དགོས་ཤིང་། རང་རང་གི་ཚད་ལས་ལྷག་པར་བསྡད་ན་དབྱར་གནས་འཇིག་པར་བཤད་དོ། །དབྱར་གནས་གྲོལ་ཁའི་ཞག་དྲུག་ལ་གནང་བ་བྱར་མི་རུང་བར་གསུངས་ལ་དེ་མ་གཏོགས་པའི་སྐབས་སུ་གནང་བ་བྱ།

དྲུག་པ་ཡུན་ཚད་ཀྱི་དམིགས་བསལ་བསྟན་པ་ནི་ཡུལ་དུ་འབྲུགས་ལོང་བྱུང་ངམ་འཐབ་ཀྲོལ་ཅན། ཞུགས་པས་དགེ་འདུན་ཐམས་ཅད་གནས་པར་མ་ནུས་ན་ཕུན་ཚོགས་ཀྱི་དགག་དབྱེ་བྱས་ནས་འགྲོལ་བ་དང་། རྐྱེན་དེ་ལྟ་བུས་དབྱར་སྔ་མ་ཁས་མི་ལེན་པ་དང་། ཕྱི་མ་ཡང་ཟླ་བ་གཉིས་ལས་ལྷག་པར་མི་བྱེད་པ་དབྱར་གནས་འགྲོལ་དང་གང་ཟག་རེ་རེ་ཙམ་སྲོག་དང་ཚངས་སྤྱོད་སོགས་ལ་བར་ཆད་ཀྱི་རྐྱེན་དང་ལྡན་ཏེ་གནས་པར་ལ་ནུས་ན་དགེ་འདུན་ལ་ཞུས་ཏེ་དགེ་འདུན་གྱིས་དགག་དབྱེ་བྱེད་པའི་དགེ་སློང་བསྐོས་པར་བྱས་ནས་དེ་ལ་དགག་དབྱེ་ཞུས་ཏེ་འགྲོ་བའང་ཡོད། །

གསུམ་པ་དགག་དབྱེའི་གཞི་བཤད་པ་ལ་གཉིས་ཏེ་མིང་དོན་དང་འབྲེལ་བའི་དབྱེ་བས་མདོར་བསྟན་པ་དང་། ཚོ་གའི་རྣམ་གཞག་རྒྱས་པར་བཤད་པའོ། །དང་པོ་ནི་དགག་དབྱེ་ལ་དབྱེ་ན་དུས་ཀྱི་དགག་དབྱེ་དང་དུས་མིན་པའི་དགག་དབྱེ་དང་དགག་དབྱེ་གློ་བུར་བ་སྟེ་གསུམ་ཡོད་པའི་དོན་ཏོ། །

གཉིས་པ་ཚོ་གའི་རྣམ་གཞག་རྒྱས་པར་བཤད་པ་ལ་གསུམ་སྟེ་སྦྱོར་བ་དང་དངོས་གཞི་དང་རྗེས་སོ། །དང་པོ་ནི་རིང་བའི་སྦྱོར་བ་ནི་ཞག་ལྔའམ་དྲུག་གི་གོང་ནས་ཁྲིམ་པ་རྣམས་བསོད་ནམས་སྤེལ་བའི་ཕྱིར་ཞག་འདི་ཙམ་ནས་དགེ་འདུན་གྱིས་དགག་དབྱེ་མཛད་པར་འགྱུར་རོ་ཞེས་སྤྱོད་ཡུལ་གྲོང་དུ་གོ་བྱ་སོགས་སྒྲས་ནི་གཙུག་ལག་ཁང་དང་སེང་གེའི་ཁྲི་བརྒྱན་པ་དང་མཆོད་རྟེན་ཞལ་གསོ་བ་སོགས་བྱའོ། །ཉེ་བའི་སྦྱོར་བ་ནི་དབྱར་གནས་པ་ཟླ་བ་གསུམ་ཚང་བའི་བཅོ་ལྔའི་ཉིན་ཡར་འཚོགས་འཕྲལ་དུ་ཐམས་ཅད་ཀྱིས་མཉམ་དུ་ཟིང་ཕྱག་བྱས་ཏེ་ཐོག་མར་གཞན་པ་རྣམས་ཀྱིས་འགྲེང་འདུད་ཀྱིས་དབྱར་དགེ་འདུན་གྱི་ནང་དུ་ཚུལ་བཞིན་མ་གྱུར་པས་ཐུགས་དང་འགལ་བ་ཐམས་ཅད་བཟོད་པར་གསོལ་ལོ་ཞེས་ལན་གསུམ་དང་། དེ་རྗེས་རྒན་པ་རྣམས་ཀྱིས་ཀྱང་དེ་ལྟར་བརྗོད་དེ་ཕན་ཚུལ་བཟོད་གསོལ་བྱས་ཏེ་སྐབས་འདིར་ལྟུང་བ་ཕྱིར་བཅོས་དང་བྱིན་རླབས་གཉིས་ཀྱང་མཛད་ལ་དེ་ནས་རྒྱུད་ཚགས་གསུམ་དང་སོགས་སྒྲས་གཏོར་མ་གཏོང་བ་དུས་བཟང་གི་མདོ་འདོན་པ་ཕྱིར་བཅོས་དང་བྱིན་རླབས་བྱེད་དགོས་པ་རྣམས་བསྡུས་སོ། །མཐར་ནད་པའི་འདུན་པ་སོགས་སྒྲས་ནི་དགག་དབྱེའང་ལེན་དགོས་པ་བསྟན་བླངས་འོས་པ་སྟེ་ཆོས་བཅུ་དང་ལྡན་པ་གཅིག་གམ་དུ་མ་གསོལ་གཉིས་ཀྱིས་དགག་དབྱེ་བྱེད་པ་པོར་བསྐོ། དགག་དབྱེ་བྱ་བའི་ཕྱིར་མཁན་པོས་གསོལ་བ་འབའ་ཞིག་པའི་ལས་བྱ།

གཉིས་པ་དངོས་གཞི་ནི་དངོས་གཞིར་ཡུལ་བསྐོས་པའི་དགེ་སློང་དང་རྟེན་དགེ་སློང་གསུམ་མན་ཆད་དེ་ཡུལ་རྟེན་གཉིས། འདུག་སྟེ་དམ་ནས་འཛིན་དགག་དབྱེ་ཐུགས་ཚིག་བརྗོད་པ་གསུམ། བྱ་བ་ལྷུང་བའི་དགག་དབྱེ་སྣར་ཡང་ནི། བསྐོས་པའི་དགེ་སློང་དེས་རང་གི་ཟ་མཁན་ཡན་ཆད་གཅིག་ཐོགས་ཏེ་དགེ་འདུན་ལ་རྫས

ཀྱི་དགག་དབྱེ་དགེ་ཚུལ་དགག་དབྱེ་སོགས་སྨྲས་དགོས་ན་དགེ་སློང་མ་དང་དགེ་ཚུལ་མའི་དགག་དབྱེ་ཡང་རིམ་པ་བཞིན་བྱ་ཞར་ལས་འོངས་པ་ལ་གཉིས་ཏེ་རྐྱེན་དབང་དང་གང་ཟག་གི་དམིགས་བསལ་ལོ། །དང་པོ་ལ་འང་གཉིས་ཏེ་དུས་མ་ཡིན་པ་དང་ཚོགས་ཀྱི་དགག་དབྱེའོ། །དང་པོ་ནི་གལ་ཏེ་གོང་དུ་དབྱར་གྱི་གཞིར་སྨོས་པ་ལྟར་འཐབ་ཀྲོལ་ཅན་ཞུགས་པའི་རྐྱེན་དབང་གིས། གསོ་སྦྱོང་གསུམ་མམ་གཉིས་སོང་མཚམས་སུའང་ཉ་སྟོང་ལ་དུས་མ་ཡིན་པའི་དགག་དབྱེ་བྱ་རུང་འདི་དུས་མ་ཡིན་པར་དགག་དབྱེ་བྱེད་པ་ཙམ་ལས་དགག་དབྱེ་བྱེད་པ་པོ་བསྐོ་བ་དང་། གསོལ་བའི་ལས་བྱ་བ། ཡུལ་རྟེན་གཉིས་འདུག་སྟེ་རྩ་དཀྲ་ནས་བཟུང་ནས་སྟགས་ཚིག་ལན་གསུམ་བརྗོད་པ་སོགས་དུས་ཀྱི་དགག་དབྱེ་འདྲའོ། །

གཉིས་པ་ནི། ཡང་ཡུལ་དུ་འབྲུགས་ལོང་སོགས་བྱུང་བའི་རྐྱེན་གྱིས་གློ་བུར་འགྱེས་དགོས་ཚོགས་ཀྱི་དགག་དབྱེར་བརྗོད་དོ་ཚོགས་ཀྱི་དགག་དབྱེའི་ཚེ་ཕན་ཚུན་དགག་དབྱེའི་སྟགས་ཚིག་བརྗོད་རེས་བྱེད་པ་ཡིན་ལ༑ ཚོགས་ཀྱི་དགག་དབྱེའི་སྟགས་བསྟུས་པ་ནི་ལུང་གཞི་ལས། ཚེ་དང་ལྡན་པ་དག་དེང་དགེ་འདུན་གྱི་དགག་དབྱེ་བཅོ་ལྔ་པ་ཡིན་མོད་ཀྱི། གང་གི་ཚེ་དགེ་འདུན་མཐུན་པ་རྙེད་པ་དེའི་ཚེ་དགག་དབྱེ་བྱའོ། །ཞེས་བརྗོད་ནས་འདོང་བར་བྱའོ། །ཞེས་གསུངས་པ་འདིས་ཀྱང་ཚོག་པར་མཆོ་ཊཱི་ཀ་ཏུ་གསུངས་སོ། །

གཉིས་པ་གང་ཟག་གི་དམིགས་བསལ་ནི་དགེ་སློང་བཞི་ལས་མེད་ན་དགག་དབྱེ་བྱེད་པ་པོར་བསྐོ་བའི་ལས་དགེ་སློང་གསུམ་གྱིས་བྱ་མི་རུང་བའི་ཕྱིར་བསྐོ་བ་མ་གཏོགས་བྱ་སྟེ་གསོལ་བ་འབའ་ཞིག་པའི་ལས་སོགས་གཞན་ཐམས་ཅད་དགེ་འདུན་གྱི་དགག་དབྱེའི་སྐབས་བཞིན་བྱ་རུང་སྟེ། གོང་དུ་གསོལ་བའི་ལས་བྱ་དངོས་གཞི་ཡུལ་རྟེན་གཉིས་འདུག་སྟེ་དཀྲ་བས་འཛིན་བརྗོད་པ་གསུམ། བྱ་བ་ལྷུང་བའི་དགག་དབྱེ་སླར་ཡང་ནི༑ རྫས་ཀྱི་དགག་དབྱེ་དགེ་ཚུལ་དགག་དབྱེ་སོགས་ཞེས་པ་ལྟར་བྱའོ། །དེ་འང་གཅིག་གི་མདུན་དུ་གསུམ་གྱིས་དགག་དབྱེ་བྱ་ཞིང་གཅིག་པོ་དེས་ཀྱང་གསུམ་པོ་གང་རུང་གི་མདུན་དུ་དགག་དབྱེ་བྱ་དགོས་པ་ཡིན་ནོ། །དགེ་སློང་ཕའི་དགག་དབྱེ་བྱེད་པ་ལ་དགེ་སློང་ཕ་ལྔ་ཚང་དགོས་པར་འདུལ་འཛིན་ཕལ་ཆེར་གྱིས་བཞེད། བུ་སྨོན་སོགས་ཁ་ཅིག་དགག་དབྱེ་བྱེད་པ་པོ་བསྐོ་ན་ལྔ་ཚང་དགོས་མི་བསྐོ་ན་བཞིས་ཆོག་པར་གསུངས་ཏེ་རྒྱ་ཆེར་འགྲེལ་པས་བཤད་པ་དང་འདྲའོ། །

བསྒྲུབ་པའི་བསླབ་བྱ་གཉིས་པ་ནི་རབ་བྱུང་སྟེ་ལྔ་པོ་མཐའ་གཉིས་སྤངས་པའི་བདེ་བར་གནས་པར་བྱེད་པ་མཐུན་པའི་རྐྱེན་གྱི་གཞི་ཞེས་པ་འདི་འཆད་པ་ལ་དབྱེ་ན་མིང་དོན་དང་འབྲེལ་བའི་དབྱེ་བས་མདོར་བསྟན་པ་དང་སོ་སོའི་རྣམ་གཞག་གིས་རྒྱས་པར་བཤད་པའོ། །དང་པོ་ནི། དེ་ལ་དབྱེ་ན་བག་ཡངས་དང་

འབྲེལ་པ་**སྲ་བརྐྱང་**གི་གཞི་གོས་མཐའ་གཉིས་སུ་མ་ལྷུང་བ་**གོས་**དང་མི་རུང་བ་ཤེས་ཆེ་བ་**ཀོ་ལྤགས་**གཞི་དང་ཟས་མཐའ་གཉིས་སུ་མ་ལྷུང་བ་**སྣམ་**གྱི་གཞི་རྣམས་སོ། །

གཉིས་པ་སོ་སོའི་རྣམ་གཞག་རྒྱས་པར་བཤད་པ་ལ་དང་པོ་སྲ་བརྐྱང་གི་གཞི་ལའང་བདུན་ཏེ་གནས་གང་དུ་འདིང་བ་དང་། གང་ཟག་གང་གིས་འདིང་བ། དངོས་པོ་གང་གདིང་བ་ཆོ་ག་གང་གིས་གདིང་བ། བཏིང་བ་དེ་ཇི་ལྟར་སྐྱོང་བའི་ཚུལ་མིང་གི་དོན། དུས་སུ་འབྱིན་པའོ། །དང་པོ་ནི། གནས་གང་དུ་དབྱར་གནས་སྔ་མ་ཁས་བླངས་པར་བྱས་པའི་གནས་སུ་འདིངོ་གཉིས་པ་གང་ཟག་གང་གིས་འདིང་བ་ནི་དབྱར་སྔ་མ་ཁས་བླངས་ལ་མ་རལ་བ་ཡི་དགེ་སློང་གི་དགེ་འདུན་དག་གིས། དགག་དབྱེ་འཕྲོན་ནས་དངོས་པོ་དབྱར་གནས་པའི་དགེ་འདུན་ལ་གོས་ཀྱི་རྙེད་པ་ལས་བྱུང་བ་ཡིན་ཞིང་། དེའང་དགེ་འདུན་སྤྱིར་དབང་ཆོས་གོས་སུམ་ཕྲུག་གཅིག་ཡན་བཏིང་ངོ་། །

བཞི་པ་ཆོ་ག་གང་གིས་འདིང་བ་ནི་སྤྱིར་དངོས་རྗེས་གསུམ་ཚང་བས་ལེགས་པར་བཏིང་ཞེས་སྨོས་ཏེ་སྤྱིར་བ་ནི་མཚམས་ནང་དེ་ན་གནས་པའི་དགེ་སློང་ཐམས་ཅད་ཀྱིས་བློ་མཐུན་བྱས་ལ། དགེ་སློང་ཞིག་འདིང་བ་པོར་གསོལ་གཉིས་ཀྱི་ལས་ཀྱིས་བསྔོས་ལ། དེ་ལ་གསོལ་བ་འབའ་ཞིག་པའི་ལས་ཀྱིས་སྲ་བརྐྱང་གི་རྒྱུ་གཏད། དེས་ཀྱང་ཁ་བསྒྱུར་བ་དྲུག་པ་སོགས་གང་དགོས་བྱས་ཟིན་ནས། སྨིན་དྲུག་ཟླ་བའི་ཚེས་བཅོ་ལྔའི་ཉིན་དགེ་སློང་ཐམས་ཅད་ཀྱི་ཐད་དུ་སོང་ནས་སང་ཚོགས་ཀྱི་དབུས་སུ་སྲ་བརྐྱང་བཏིང་བར་འགྱུར་གྱིས། རང་རང་གི་ཆོས་གོས་ཀྱི་བྱིན་རླབས་དབྱུང་ངོ་ཞེས་གོ་བར་བྱས་ལ། དངོས་གཞི་ནི་བཅུ་དྲུག་གི་ཉིན་སྲ་བརྐྱང་གདིང་བར་བསྔོས་པའི་དགེ་སློང་གིས་སྲ་བརྐྱང་དེ་ཉིད་སྤོས་དང་མེ་ཏོག་གིས་མཆོད་ནས་སྒྲོག་མའི་ནང་དུ་བཙུག་ནས་ཕང་པར་ཐོགས་ཏེ་ཏན་རིམ་བཞིན་སྔགས་ཚིག་ལན་གསུམ་བརྗོད་དེ་འདིང་བའོ། །རྗེས་ཀྱི་བྱ་བ་ནི་འདིང་བ་པོས་དགེ་སློང་རེ་རེའི་མདུན་དུ་འདུག་སྟེ་སྲ་བརྐྱང་བཏིང་ངོ་ཞེས་བརྗོད་ཅིང་། དགེ་སློང་གཞན་རེ་རེས་ཀྱང་། ལེགས་པར་བཏིང་ངོ་ཤིན་ཏུ་བཏིང་ངོ་། །འདི་ལ་རྙེད་པ་དང་ཕན་ཡོན་གང་ཡོད་པ་དེ་བདག་གི་ཡང་ཡིན་ནོ། །ཞེས་ལན་བྱའོ། །མདོར་ན། མ་བཏིང་གོང་དུ་རང་གི་ཆོས་གོས་ཀྱི་བྱིན་རླབས་ཕྱུང་ལ། བཏིང་བའི་སྲ་བརྐྱང་དེ་ལ་རང་རང་གི་ཆོས་གོས་ཡིན་པར་མོས་པ་བྱ་བ་གལ་ཆེའོ། །

ལྔ་པ་བཏིང་བ་དེ་ཇི་ལྟར་སྐྱོང་ཚུལ་ནི། སྐྱོང་ཞེས་པས་བསྟན་ཏེ། སྔར་གྱི་འདིང་བ་པོས་དུས་དུས་སུ་སེར་བུའི་རེད་ལ་བསང་བ་དང་། ཉི་མ་ལ་བསང་བ་དང་། རྡུལ་སྤྱུག་ཅིང་དྲི་ཞིམ་པོས་བདུག་ཕྱིམ་དུ་གཙང་དང་རྡུལ་ཅན་དུ་མི་བཞག །རང་ཉིད་མཚམས་ཀྱི་ཕྱི་རོལ་དུ་སྐྱ་རེངས་འཆར་དུ་མི་གཞུག་སྲ་བརྐྱང་མཚམས་ཀྱི་ཕྱི་

རོལ་དུ་མི་ཁྱེར་རོ། །

ཛུག་པ་མིང་དོན་བཤད་པ་ནི། སྲ་བརྒྱང་དངོས་ནི་ཆོས་གོས་དྲ་ཞིང་དྲུབས་པའི་གཏན་པ་སྤང་ལེན་ལྟ་བུ་དེ་དངོས་ཡིན་དྲ་གཏན་དེ་དང་འདྲ་ཕྱིར་སྲ་བརྒྱང་ཞེས་བཏགས་པ་བ། བདུན་པ་འབྱིན་པ་ནི་སྲ་བརྒྱང་དབྱུང་ལ་དབྱེ་ན་རང་འཇུག་བྲལ་དང་། བཅོས་མ་སྟེ་གཉིས་ལས་དབྱུང་བའི་བློ་སྔོན་དུ་མེད་པར་བྱིན་རླབས་རང་ཞིག་ཏུ་སོང་བས་ན་འཇུག་བྲལ་རང་འཇིག་པ་ལ་ཡང་དགེ་འདུན་ཐམས་ཅད་ཀྱི་རང་འཇུག་བྲལ་དང་གང་ཟག་སོ་སོའི་རང་འཇུག་བྲལ་ཏེ་གཉིས་སོ། །དང་པོ་ནི་སྲ་བརྒྱང་མཚམས་ཀྱི་ཕྱི་རོལ་དུ་ཁྱེར་བ་སྲུང་མཁན་མེད་པར་མཚམས་ནང་དུ་སྐྱ་རེངས་ཤར་བ་སྲ་བརྒྱང་མེས་ཚིག་པ་སོགས་ཀྱིས་བརླག་པ་བཏིང་བ་པོ་དགེ་སློང་ཡིན་པར་གྱུར་པ། བཏིང་ནས་ཟླ་བ་ལྔ་ལས་འདས་ཏེ་དུས་ཀྱི་འཕེན་པར་ཟད་པ་སོགས་སོ། །

གཉིས་པ་ནི་མཚམས་ནང་ནས་ཕྱིར་འགྲོ་བའི་སླར་མཚམས་ནང་འདིར་འོང་སྙམ་པའི་སེམས་སྐྱེས་པ་དང་། ཕྱི་རོལ་དུ་སླེབ་ནས་དེ་ལྟར་སྐྱེས་པ་དང་། སྤྱིར་སྲ་བརྒྱང་ལ་མི་བརྟེན་པའི་བསམ་པ་སྐྱེས་པ་དང་། དགེ་སློང་དེ་ཤི་བའམ་བབས་པ་ལྟ་བུ་གྱུར་ན་རང་རང་གི་སྲ་བརྒྱང་དེ་ར༷ང་བཞི༷ན་གྱིས་སྲ་བརྒྱང་གི་འཇུ༷ག་པ་དང་བྲ༷ལ་བར་འགྱུར་རོ། །དབྱུང་བའི་བློས་བཅོས་པས་ན་བཅོས་མ་ཟླ་བ་ལྔ་ནས་དགེ་འདུན་ཐམས་ཅད་ཚོགས་པས་གསོལ་གཞིའི་ཆོ་གའི་སྒོ་ནས་དབྱུང་དགོས་སོ། །ལུང་གཞིར་ཇི་སྲིད་དུ་ཆོས་གོས་གཏན་ལ་བཏིང་བར་གྱི་ཟླ་བ་ལྔར་ནི་ཞེས་དང་། མདོ་རྩ་བར་དེ་ནི་དཔྱིད་ཟླ་ར་བའི་ཉའོ། །ཞེས་དང་། ཚིག་ལེར། སྨིན་དྲུག་ནས་ནི་ཁྲ་ཡི་བར། །སྲ་བརྒྱང་གདིང་བ་རྗེས་སུ་གནང་། །ཞེས་སོ། །བག་ཡངས་དང་འབྲེལ་ཕན་ཡོན་རྣམ་བཅུ་ལྡན་ཏེ་འཆང་བ་འབྲལ་བ་འཇོ་བ། ཡང་ཡང་ཟ་བར། འདུས་ཤིང་ཟ་བ། མ་སྨྲས་པ་གྲོང་དུ་འགྲོ་བ། གོས་སློང་བའི་ལྟུང་བ་རྣམས་མི་འབྱུང་བ་དང་། རྙེད་པ་ཐུན་མོང་དུ་འགྱུར་བ་དང་། བྱིན་གྱིས་མ་བརླབས་པའི་གོས་ཇི་ཙམ་འདོད་པ་དག་འཆང་རུང་བ་དང་། སྣམ་སྦྱར་མེད་པར་ལྷོངས་རྒྱུར་རུང་བ་རྣམས་སོ། །དེའང་སྤྱིར་སྲ་བརྒྱང་བཏིང་བའི་གང་ཟག་ཐམས་ཅད་ལས་ལ་ལ་མཚམས་པོ་ཆེའི་ནང་ན་གནས་པའམ་ལ་ལ་ཡུལ་ཐ་དད་པ་གཞན་དུ་གནས་ཀྱང་རུང་རྙེད་པ་ཐུན་མོང་དུ་དབང་ལ་དམིགས་བསལ་གྱི། །དབྱར་སྔ་མ་ཁས་མ་བླངས་པའམ་ཁས་བླངས་ཀྱང་རལ་པ་དང་དབྱར་ཕྱི་མ་ཁས་བླངས་པ་དང་། དབྱར་གནས་གཞན་རུ་བྱུས་པ་དང་། ཆད་ལས་སྤྱོད་བཞིན་པ་དང་། ས་གཞན་ན་གནས་པ་དང་། ལྟ་བ་མི་མཐུན་པ་དང་མཚན་མི་མཐུན་པ་དང་གང་ཟག་བཅུས་ནི་རྙེད་ཐོབ་ཕན་ཡོན་མིན་ཏེ་ཚིག་ལེར་འདི་དག་རྣམས་ལ་ཕན་ཡོན་མེད། རྙེད་པ་ཁོ་ན་མ་བཀག་གོ་ཞེས་སོ། །

གཉིས་པ་གོས་ཀྱི་གཞི་ལ་བདུན་ཏེ། གོས་ཀྱི་རྒྱུ་རུང་མི་རུང་བརྟག་པ་རུང་བ་ལས་བཟོ་ཚུལ། ཡོ་བྱད

གསུམ་དུ་དབྱེ་བ། དབྱེ་བ་སོ་སོའི་རྣམ་གཞག་བྱིན་རླབས་འཇིག་པའི་རྒྱུ། གོས་རྙེད་སོགས་བགོ་བའི་ཚུལ། མཐའ་གཉིས་སྤང་བར་གདམས་པའོ། །དང་པོ་ནི། རྒྱུའི་སྐྱོན་ནས་མི་རུང་བ་ནི། དཔག་བསམ་གྱི་ཤིང་ལས་བྱུང་བ་དང་བ་ལང་རྡ་མོ་ར་རི་དྭགས་ཀྱི་སྤུ་སོགས་ནི་རྒྱུའི་སྐྱོན་ནས་མི་རུང་བའོ། །ཚོད་ཀྱིས་མི་རུང་བ་ནི་རང་རང་གི་ཚད་ཇི་སྐད་བཤད་པ་ལས་ལྷག་པའམ་མ་ལངས་པ་ལྟ་བུ་ནི་ཚོད་ཀྱིས་མི་རུང་བའོ། །**དབྱིབས་ཀྱིས་མི་རུང་བ**ནི་ཁྲིམ་པ་དང་མུ་སྟེགས་ཅན་གྱི་གོས་ལྟ་བུ་དང་ཁ་ཚར་དང་ཕན་ཚུན་ཚར་མ་བཅད་པ་སྟེ་དེ་དག་ཐམས་ཅད་**སྤངས་པའི། ལུག་བལ་ལས་བྱས་ལ་སོགས**་ཏེ་སོགས་སྒྲས་རྩ་ཤ་ན་ལས་བྱས་པ་དང་། ཉའི་འོག་པའི་གོས་དང་། རས་གོས་དང་། རྩ་ཟར་མ་བྱས་པ་དང་། རྩ་གོ་ཏམ་པ་ལས་བྱས་པ་དང་། རྩ་དུ་ཀཱུ་ལ་ལས་བྱས་པ་སྟེ་**རུང་བ་བདུན**་ནོ། །ཚིག་ལེར། བལ་གོས་ཤ་ན་ཉི་འོག་དང་། །རས་གོས་དང་ནི་ཟར་མ་དང་། །གོ་ཏམ་པ་དང་དུ་ཀཱུ་ལ། །ཆོས་གོས་རྒྱུ་ནི་རྣམ་པ་བདུན། །ཞེ་གསུངས་སོ། །བལ་གོས་སོགས་རུང་བ་བདུན་པོ་ལས་བྱས་པ་མིན་པ་སྤྱི་ཤིན་ཏུ་ཆེ་བ་ནི་ཆོས་གོས་གསུམ་མི་རུང་སྟེ། མདོ་རྩ་བར་སྤྱི་ཅན་ནི་ཆོས་གོས་གསུམ་ཉིད་དུ་བྱིན་གྱིས་བརླབ་པར་མི་བྱའོ་ཞེས་དང་། ཚིག་ལེར། སྤྱི་ཅན་རྣམ་པ་སྤངས་ནས་ནི། །བཏུལ་ཞུགས་ཅན་གྱིས་ནད་ཤུན་བྱ་ཞེས་སོ། །གཉིས་པ་རུང་བའི་གོས་ལས་བཟོ་ཚུལ་ནི་དལ་བུས་ལེགས་པར་**བཀྲུས**་ཏེ་ཚིག་ལེར། རྒྱ་སྐྱེ་ལི་ཁྲིན་རྩི་དང་རྩོད། །སྣ་ཤིང་རྩི་དང་མཐིང་ཤིང་མཚལ། །སིནྡྷུ་ར་དང་གུར་གུམ་སྟེ། །འདི་དག་ཚོན་ཆེན་བརྒྱད་དུ་འདོད། །ཅེས་དང་། སུམ་བརྒྱ་པར། མཚལ་དང་དེ་བཞིན་རྒྱ་སྐྱེགས་བཙོད་རྣམས་དང་། །གུར་གུམ་དང་ནི་མཐིང་ཤིང་ལི་ཁྲི་དང་། །རྨ་ཤིང་ལི་ཁྲིན་རྩི་རྣམས་མི་རུང་སྟེ། །བརྒྱད་པོ་ཚོན་ཆེན་ཡིན་པས་བཀག་ཕྱིར་རོ༑ ༑ཞེས་གསུངས་པ་ལྟར། **ཚོན་ཆེན་བརྒྱད**་ནི་ལྷ་པའི་འདུལ་ཊཱི་ཀ་ལས་བཙོད་ཚོན་ཆེན་ཡིན་ཕྱིར་བཀག་ཀྱང་། །དེང་སང་ཁ་བསྒྱུར་བྱེད་པ་ནི། དཔེར་ན་བལ་ནག་གི་སྤང་བའི་སྐབས་ཡུལ་འགའ་ཞིག་ཏུ་བལ་ནག་པོ་ལས་དཀར་པོ་གོང་ཆེ་ན་དེ་གོ་བཛེ་བར་གསུངས་པ་ལྟར། བོད་ཀྱི་འདུལ་འཛིན་རྣམས་ཀྱིས་རྒྱ་གར་དུ་རམ་རྙེད་པ་སླ་ཡང་བོད་དུ་རྙེད་དཀའ་བ་དང་། རྩོད་འདི་བོད་དུ་བསྒྲུབ་སླ་བའི་དབང་དུ་མཛད་དེ་སྔོན་པོ་དང་བཙོད་གཉིས་གོ་བཛེ་བར་མཛད་པ་ཡིན་ནམ་སྙམ་ཞེས་སོ། །དེ་རྣམས་སྤང་སྟེ་རུང་ཚོན་གྱིས། ཁ་བསྒྱུར་ཏེ་ཚིག་ལེར། སྔོན་པོ་གཙག་དང་དུར་སྨྲིག་སྟེ། །འདི་དག་རུང་བའི་ཚོན་གསུམ་སྟེ། །ཚོན་གཞན་དག་གིས་ཆོས་གོས་ནི། ཁ་བསྒྱུར་བྱེད་པ་བཀག་པ་ཡིན། །ཞེས་དང་། ལུང་རྣམ་འབྱེད་ལས། སྔོན་པོ་ཞེས་བྱ་བ་ནི་རམ་ཉིད་དོ༑ ༑ཞེས་དང་། བམ་པོ་ལྔ་བཅུ་པ་དང་བསྡུས་པ་གཉིས་ལས་ཀྱང་སྔོན་པོ་ནི་རམ་ཡིན་པར་བཤད་དོ། །རམ་དང་ཁ་དོག་འདྲ་བའི་སྔོན་པོ་ཐམས་ཅད་བཟུང་སྟེ་འོད་ལྡན་ལས། སྔོན་པོ་ཞེས་བྱ་ནི་སྔོན་པོ་ཐམས་ཅད་བཟུང་

ངོ་ཡ་ །བཙག་ཅེས་པ་ནི། བམ་པོ་ལྔ་བཅུ་པ་ལས། སའི་ཁམས་དམར་པོའོ་ཞེས་དང་། དུར་སྨྲིག་ནི་དགེ་སློང་མའི་སོ་ཐར་འགྲེལ་པ་ལས་དུར་སྨྲིག་ཅེས་བྱ་བ་ནི། སྐྱུར་ཀ་དང་ཤིང་ཤུན་སོགས་ཀྱིས་བཙོས་པའོ། །ཞེས་དང་། མངོན་བརྗོད་གསེར་གྱི་ལྡེ་མིག་ལས་སྣམ་སྦྱར་རེས་པར་དྲ་ཞིང་དྲུབ། གཞན་བླ་གོས་མཐང་གོས་དགེ་སློང་མའི་ཤིང་ང་དཔུང་ཆད་དཧུལ་གཟན་རྣམས་དྲས་ལ་གླེགས་བུ་ལྷན་ཐབས་རུང་། ལུང་མ་མོ་ལས་སྣམ་སྦྱར་ནི་རེས་པར་དྲས་ཏེ་དྲུབ་པར་བྱའོ། །བླ་གོས་དང་མཐང་གོས་གཉིས་ནི་རེས་པ་མེད་དོ། །ཞེས་གསུངས་ཞིང་། མེ་ཏོག་ཕྲེང་རྒྱུད་ལས། སྣམ་སྦྱར་རེས་པར་དྲས་ཏེ་བཅང་། །གཞན་དག་མ་རེས་གང་གི་ཕྱིར། །འདོད་ཆུང་རང་གི་ཆོས་གོས་ཀྱི། །ལས་ཀྱིས་སྡུག་བསྔལ་འགྱུར་ཕྱིར་རོ། །ཞེས་དང་། མདོ་རྩ་བར་སྣམ་སྦྱར་མ་ཡིན་པ་དག་ལ་དྲས་ཏེ་བྱིན་གྱིས་བརླབ་པའི་རེས་པ་མེད་དོ། །ཞེས་གསུངས་སོ། །

གསུམ་པ་ཡོ་བྱད་གསུམ་དུ་ཕྱེ་བ་ནི། གོས་སོགས་བཟོས་པ་གཙོ་ཆེ་བ་འཚོ་བའི་ཡོ་བྱད་དང་མ་བཟོས་པའི་གོས་གཙོ་ཆེ་བ་མཁོ་བའི་ཡོ་བྱད་དང་རྙེད་པ་གཙོ་ཆེ་བ་ནི་ལྷག་པའི་ཡོ་བྱད་དེ་རྣམ་པ་གསུམ་མོ། །

བཞི་པ་དབྱེ་བ་སོ་སོའི་རྣམ་གཞག་རྒྱས་པར་བཤད་པ་ལ་དང་པོ་འཚོ་བའི་ཡོ་བྱད་ཀྱི་རྣམ་གཞག་ལ་བཞི་སྟེ། དབྱེ་བ་དང་ངོ་བོ་དང་། བྱིན་གྱིས་རླབས་པ་དང་། བགོ་བའི་དུས་སོ། །དང་པོ་ནི་དགེ་སློང་ལ་ལུས་འཚོའི་ཕྱིར་གནང་རུང་བ་ཚད་ལྡན་གོས་དེ་ལ་དབྱེ་ན། སྣམ་སྦྱར་བླ་གོས་མཐང་གོས་ཤམ་ཐབས་དང་། །ཤམ་ཐབས་ཀྱི་གཟན་རྟུལ་གཟན་དེ་ཡི་གཟན། །གདོང་ཕྱིས་རྣག་གཟན་གཡན་པ་དགབ་སྐྲ་བཟེད། །གདིང་བ་དབྱར་གྱི་རས་ཆེན་ཏེ་འཚོ་བའི་ཡོ་བྱད་ལ་དབྱེ་ན་རྣམ་གྲངས་བཅུ་གསུམ་ཡོད་དེ་ས་གའི་ལྷས། ཆོས་གོས་དྲས་པ་གསུམ་དང་ནི། །རྟུལ་གཟན་ཤམ་ཐབས་གཉིས་གཉིས་དང་། །གཡན་པ་དགབ་དང་གདིང་བ་དང་། །རས་ཆེན་དང་ནི་སྐྲ་གཟེད་དང་། །གདོང་དང་ལག་པ་ཕྱི་བ་{ལག་པ་ཕྱི་བ་ནི་རྣག་གཟན་གྱི་མིང་ངོ་། }སྟེ། །འདི་དག་བཅུ་གསུམ་དབྱེ་བར་འདོད། །ཅེས་སོ། །

གཉིས་པ་སོ་སོའི་ངོ་བོ་ནི། །ངོ་བོ་ནི་སྣམ་སྦྱར་ལ་སྣམ་ཕྲན་དང་གླེགས་བུའི་གྲངས་ཀྱི་དབྱེ་བས་སྣམ་ཕྲན་དགུ་མ་ནས། ཉེར་ལྔའི་བར་ཏེ་སྐོར་དགུ་ཡོད་ལ་དེ་དག་ཀྱང་སྣམ་ཕྲན་དགུ་པ་བཅུ་གཅིག་པ་བཅུ་གསུམ་པ་སྟེ་གསུམ་ནི་ཆུང་ཐེར་གསུམ་ཞེས་བྱའོ་སྣམ་ཕྲན་བཅོ་ལྔ་པ་བཅུ་བདུན་པ་བཅུ་དགུ་པ་གསུམ་ལ་ནི་འབྲིང་པོ་སྐོར་གསུམ་ཞེས་བྱའོ་སྣམ་ཕྲན་ཉེར་གཅིག་པ་ཉེར་གསུམ་པ་ཉེར་ལྔ་པ་གསུམ་ལ་ནི་ཆེ་བ་གསུམ་སྟེ་དེ་ལྟར་བསྡུས་པའི་རྒྱས་འབྲིང་བསྡུས་གསུམ་འབྲིང་པོའི་རྒྱས་འབྲིང་བསྡུས་གསུམ་རྒྱས་པའི་རྒྱས་འབྲིང་བསྡུས་གསུམ་སྟེ་དགུ་འབྱུང་ལ་དང་པོ་སྣམ་ཕྲན་དགུ་མ་དང་བཅུ་གཅིག་པ་དང་བཅུ་གསུམ་པ་སྟེ་ཆུང་སྐོར་གསུམ་ལ་

གླིགས་བུ་ཕྱེད་དང་གསུམ་པ་བྱའོ། །གཉིས་པ་སྣམ་ཕྲན་བཅོ་ལྔ་པ་བཅུ་བདུན་པ་བཅུ་དགུ་པ་སྟེ་འབྲིང་སྐོར་གསུམ་ལ་གེགས་བུ་ཕྱེད་དང་བཞི་པ་བྱའོ། །གསུམ་པ་སྣམ་ཕྲན་ཉེར་གཅིག་པ་ཉེར་གསུམ་པ། ཉེར་ལྔ་པ་སྟེ་ཆེས་སྐོར་གསུམ་ལ་གླིགས་བུ་ཕྱེད་དང་ལྔ་པ་བྱ་དགོས་ཏེ་གོ་རིམ་བཞིན་ནོ། །ས་གའི་ལྷས། གླིགས་བུ་ཕྱེད་དང་གསུམ་པ་གསུམ། །གསུམ་ནི་གླིགས་བུ་ཕྱེད་དང་བཞི། །ཐ་མ་གསུམ་གྱི་གླིགས་བུ་ནི། །ཕྱེད་དང་ལྔ་པར་གསུངས་པ་ཡིན། །ཞེས་སོ། །སྣམ་སྦྱར་ཆེ་བ་སྐོར་གསུམ་གྱི་ཚད་ནི་དཔངས་སུ་ལུས་ཁྲུ་གསུམ་པ། ཞིད་དུ་ལུས་ཁྲུ་ལྔ་བྱའོ་སྣམ་སྦྱར་ཆུང་བ་སྐོར་གསུམ་ཁྲུ་ཕྱེད་ཕྱེད། ཕྲི་བས་དཔངས་སུ་ཁྲུ་ཕྱེད་གསུམ་དང་ཞིད་དུ་ཁྲུ་ཕྱེད་ལྔ་བྱ་ཞིང་འབྲིང་པོ་སྐོར་གསུམ་དེ་ཡི་བར་བར་བྱ་སྟེ་ས་གའི་ལྷས། དེ་དག་ཚད་ནི་ངེས་བསྟན་པ། །དང་པོ་ཁྲུ་ནི་ལྔ་དང་གསུམ། །ཐ་མ་ཕྱེད་དང་གསུམ་དང་ལྔ། །དེ་གཉིས་བར་ནི་བྱར་མ་ཡིན། །ཞེས་སོ། ལུང་གཞི་ལས། གླིགས་བུའི་འཕྲོ་ཕྱོགས་ཕྱོགས་སུ་ལྟ་བ་དང་། མཐའ་སྐོར་བ་ནི་བཅོམ་ལྡན་འདས་ཀྱིས་མ་གསུངས་མོད་ཀྱི། དེ་གཉིས་ཀུན་དགའ་བོས་བྱས་པ་ལ་བཅོམ་ལྡན་འདས་ཀྱིས་ལེགས་སོ་ལེགས་སོ་ཞེས་གསུངས་སོ་ཞེས་འབྱུང་ངོ་། །བླ་གོས་ནི་སྣམ་ཕྲན་བདུན་པ་ཡིན་ལ་མཐང་གོས་ནི་སྣམ་ཕྲན་ལྔའོ། །བླ་གོས་ལ་གླིགས་བུ་ཕྱེད་གསུམ་དང་ཐང་གོས་ལ་གླིགས་བུ་ཕྱེད་གཉིས་རིམ་བཞིན་དང་བཅས་སོ། །འོན་ཚལ་བུའི་ཚད་ཇི་ཙམ་ཞེ་ན༑ དེའི་ཆེ་ཚད་ནི་སོར་བཞི་དང་། ཆུང་ཚད་ནི་སོར་ཕྱེད་གསུམ་མམ་སོར་གཉིས་དང་། མཐེབ་གམ་ཀྱོན་གང་བྱས་ཀྱང་ཆོག་ལ། དེའི་བར་ནི་འབྲིང་ཚད་དོ། མདོ་རྩ་བར། དེའི་ཆེ་ཚད་སོར་བཞིའམ་བྱ་རོག་གི་མཐེ་གང་། བླ་གོས་ཀྱི་དཔངས་དང་ཞེང་གི་ཚད་ནི་རང་རང་གི་སྣམ་སྦྱར་ཇི་ལྟ་བ་བཞིན་བྱ་བ་ཡིན་ནོ། །མཐང་གོས་དཔངས་སུ་ཁྲུ་དོ་ཞེང་དུ་ནི། ཁྲུ་ལྔ་ཡིན་མོད་གཡས་གཡོན་དུ་ཆག་བསྐྱུ་རྒྱུ་མེད་ན་རལ་ཁ་དཔྱུང་ཚད་ཀྱི་གོས་བསྣན་ཀྱང་རུང་བར་མདོ་རྩ་བ་སོགས་ལས་བཤད་པས་དེའི་ཚད་ནི་ངེས་བཟུང་མེད་ཀྱང་མཐང་གོས་ཀྱི་ཕྱེད་ལས་ལྷག་པར་མི་རུང་བ་འདྲ་ཞེས་གསུངས་སོ། །ཆོས་གོས་གསུམ་གྱི་ངེས་ཚིག་ནི། སྣམ་ཕྲན་དང་གླིགས་བུ་དུ་མ་མཐུད་ཅིང་སྦྱར་བས་ན་སྣམ་སྦྱར་དང་། བླ་སྟེ་སྟོད་དམ་གོང་དུ་གྱོན་པའི་གོས་ཡིན་པས་ན་བླ་གོས་དང་། མཐང་སྟེ་སྨད་དམ་ནང་དུ་གྱོན་པའི་གོས་ཡིན་པས་ན་མཐང་གོས་ཞེས་བརྗོད་པ་ཡིན་པར་མདོ་སྡེ་དང་རྒྱ་ཆེར་འགྲེལ་སོགས་ལས་གསུངས་སོ། །རྟུལ་ཁྲུ་ལུས་ཁྲུ་ལག་ཁྲུ་གསུམ། ཁྲུ་གསུམ་རྣམ་དབྱེ་ཤེས་པར་བྱ། །རྟུལ་ཁྲུས་གཞལ་བར་བྱ་བ་ནི། །ལང་པའི་ཚད་དང་ཁྲི་རྐང་དང་། །གདིང་བ་གཡན་དགབ་རས་ཆེན་ནོ། །དེ་དག་ལས་ལ་ཆོས་གོས་རྣམས། །ལུས་ཁྲུའམ་ལག་ཁྲུས་གཞལ་བར་བྱ། །ལུས་རིང་ཐ་ཅང་ལག་ཐུང་དང་། །དེ་ལས་ལྡོག་པས་ཆོས་གོས་རྣམས། །རང་གི་ལུས་ཁྲུ་ཁོ་ནས་གཞལ། །ལུས་ཚོད་ལག་ཚད་འཚམ་པ་ཡིས། །ལག་ཁྲུས

ཀྱང་ནི་གཞལ་དུ་རུང་། །ཞེས་གཟུང་ངོ་ཞེས་མཆོ་ཊཱི་ཀ་ཆེན་མོར་གསུངས་སོ། །ཧྲུལ་ཕྲུ་ནི་མཛོད་ལས། སོ་མོ་ཉི་ཤུ་བཞི་ལ་ཕྲུ། །ཞེས་དང་། ལུས་ཕྲུ་ནི། མདོ་རྩ་བར། ཕྲུའི་དོན་ནི་ལུས་ཀྱི་ཚ་མན་ལས་གཉིས་སོ་ཞེས་དང་ལག་ཕྲུ་ལ་རྒྱང་ཕྲུ་དང་། བསམ་སྟེ་ལག་ཕྲུ་གཉིས་ལས་གང་ཡིན་ཞེ་ན་རྒྱ་ཆེར་འགྲེལ་ལས། གྲུ་མོ་ནས་གྲུང་མོའི་རྩེ་མོའི་བར་རོ། །ཞེས་གསུངས་སོ། **།དགེ་སློང་མ་ལ་ཆོས་གོས་གསུམ་གྱི་སྟེང་། ཤིང་དང་དཔྱུང་ཆད་ཧྲུལ་གཟན་བསྟན་པའི་རྣམ་ལྔ་ཡོད།** ཉིན་མོ་མཐང་གོས་ཀྱི་ནང་དུ་གྱོན་པར་བྱ་བ་ནི་**ཤམ་ཐབས་དང་། མཚན་མོ་ཧྲུལ་གཟན་གྱི་སྟེང་དུ་གཡོག་ཏེ་གྱོན་པ་ནི་ཤམ་ཐབས་ཀྱི་གཟན།** །ཉིན་མོ་སྟོད་དུ་བླ་གོས་ཀྱི་འོག་ཤ་ལ་གྱོན་པའི་གོས་ལ་ཧྲུལ་གཟན་ཏེ། **།མཚན་མོ་བླ་གོས་ཀྱི་འོག་སྟོད་དུ་ཤ་ལ་གྱོན་པའི་གོས་ལ་ཧྲུལ་གཟན་དེ་ཡི་གཟན་**ཡིན་པར་རོང་སྟོན་ཐམས་ཅད་མཁྱེན་པས་གསུངས་སོ། །ཚིག་ལེར་ཧྲུལ་གཟན་མཐང་གོས་མེད་པ་ནི། །ཆོས་གོས་ཆེན་པོ་ལོངས་མི་སྤྱོད། །ཅེས་གསུངས་སོ། **།ཤམ་ཐབས་ཤམ་ཐབས་ཀྱི་གཟན་གཉིས་ཉིན་མཚན་དུ།** སོ་སོར་མཐང་གོས་ཀྱི་ནང་དུ་གྱོན་བྱ་ཁོ་ནར་བཞེད་པའང་ཡོད་འདུལ་ཊཱི་ཀ་ཐུབ་བསྟན་གསེར་གྱི་རྒྱལ་མཚན་མཛེས་པར་བྱེད་པའི་ལེགས་བཤད་ནོར་བུའི་ཕྲེང་བ་ལས། ཤམ་ཐབས་ནི་ཉིན་མོ་མཐང་གོས་ཀྱི་འོག་ཏུ་གྱོན་པ་དང་། ཤམ་ཐབས་ཀྱི་གཟན་ནི་མཚན་མོ་མཐང་གོས་ཀྱི་འོག་ཏུ་སྟོད་དུ་གྱོན་པ་དང་ཧྲུལ་གཟན་གྱི་གཟན་ནི་མཚན་མོ་བླ་གོས་ཀྱི་འོག་ཏུ་སྟོད་དུ་གྱོན་རྒྱུ་ཡིན་ལ། དེ་གཉིས་ཀྱི་ཚད་ནི་བླ་གོས་དང་འདྲའོ། །ཞེས་གསུངས་སོ༑ །བླ་གོས་དང་མཐང་གོས་ཀྱི་ཚད་འདི་དག་ཀྱང་ཁྲིམ་པའི་སྟོད་གཡོགས་དང་སྨད་གཡོགས་པ་ཆུང་ཚད་ཀྱི་ཚད་ཡིན་པར་ཐུབ་བསྟན་ཆོས་གྲགས་ཀྱིས་གསུངས་སོ། **།ཚད་ནི་ཆོས་གོས་ཕྱི་མ་གཉིས་དང་མཚུངས་ཧྲུལ་གཟན་དང་ཧྲུལ་གཟན་གྱི་གཟན་གཉིས་ནི་བླ་གོས་དང་འདྲ་ལ་ཤམ་ཐབས་དང་ཤམ་ཐབས་ཀྱི་གཟན་ནི་མཐང་གོས་དང་འདྲའོ། །གདོང་དང་ལག་པའི་དྲི་མ་ཕྱི་བའི་རས་ཕྲུ་གང་ཕྲུ་བཞི་ཡོད་པའོ། །དགེ་སློང་རྨ་ཅན་ཤ་ལ་སྦྱར་ཏེ་རྨ་དགབ་པའི་ཕྱིར་གནང་བ་རྣག་གཟན་ནི་ཚད་ངེས་པར་མ་གསུངས་པས་ཇི་ཙམ་གྱིས་ཆོག་པ་དང་། དེ་བཞིན་དགེ་སློང་གཡན་པའི་ནད་ཅན་ལ་གནང་གོས་ཤ་ལ་སྦྱར་ཏེ་གྱོན་བྱ་དཔངས་སུ་ཕྲུ་གསུམ་དང་ཞེང་དུ་ཧྲུལ་ཕྲུ་དྲུག་པའོ།** །འགའ་ཞིག་གིས་སྔ་མ་རྣག་གཟན་གྱི་ཚད་ཀྱང་འདི་དང་འདྲ་བར་གསུངས་སོ། **།སྒྲ་བྲེག་དུས་སུ་ཆོས་གོས་བསྲུང་བའི་ཕྱིར་བཟེད་སྟོད་དུ་གྱོན་བྱའི་རས་ཞེང་དུ་ཕྲུ་ཕྱེད་གཉིས་སྲིད་དུ་ཕྲུ་གསུམ་པའོ་**ཡང་འདིའི་སྲིད་དུ་ཕྱེད་གསུམ་མོ་ཞེས་འགའ་ཞིག་ཏུ་འབྱུང་ངོ་། །རང་གི་གདན་ལ་གདིང་བ་ཡོད་མི་དགོས**ཀྱང་གཞན་གྱི་གནས་མལ་ཆུད་འཛའི་སྐྱོན་སྐྱང་ཕྱིར།** གནང་བའི་གདིང་བ་གླེགས་བུ་ཕྱེད་གཉིས་པ་རྒྱ་ཆེར་འགྲེལ་ལས། གོང་དུ་སུམ་གཉིས་ལུས་པའི་མཚམས་སུ་ཆོས་གོས་ཀྱི་ཚལ་བུ་གླེགས་བུའི་འཁྲོ་གཅིག་བྱའོ། །ཞེས

དང་། བི་མ་ལས་གདིང་བ་ལ་ཚལ་བུ་མ་བྱས་པ་ནི་གདིང་བར་མི་རུང་ཅེས་དང་། མདོ་རྩ་བར། གླེགས་བུ་གཅིག་པ་བྱིན་གྱིས་བརླབ་པར་མི་བྱའོ། །ཞེས་སོ། །འདིའི་ཚད་ནི་སྲིད་དུ་རྟ་ལ་ཁྲུ་གསུམ་དང་ཞེང་དུ་ཁྲུ་དོ་དང་སོར་དྲུག་གོ། །དེ་འང་མཐར་ཐུག་ན་ཆིག་རྐྱང་དང་སྦྲབ་ན་ཉིས་རིམ་བྱའོ། །ཚ་དུས་ཆར་འཇུག་སྐབས་སྤྲིན་མོ་བསྲུང་ཕྱིར་ཁྲུས་རས་བཅང་དགོས་སོ། །འདི་ཁྲུས་རས་ཡིན་པར་གང་གིས་གྲུབ་ཅེ་ན། ས་ག་ལའི་ཀུན་དགའ་ར་བ་ན་དགེ་སློང་གཅིག་གིས་གཅེར་བུར་ཁྲུས་བྱས་པས་དེའི་ལུས་དགབ་པའི་ཕྱིར་ཁྲུས་རས་གནང་བའི་ཕྱིར་དང་། ཚིག་ལེར། ཁྲུས་དོན་ལུས་རབ་སྦ་བའི་ཕྱིར། །དབྱར་གོས་རས་ཆེན་བཅང་བར་བྱ། །ཞེས་གསུངས་པའི་ཕྱིར་དང་། ཆར་ཆུའི་སྐད་དབྱར་ཟླ་བ་གསུམ་ལ་མཚམས་ན་དབྱར་གནས་དགོས་པས་ཆུ་གོས་མ་གནང་བའི་ཕྱིར་དང་། རས་ཆེན་ནི་དཀར་པོ་ཡིན་ན། རུང་བའི་ཚོན་གྱིས་མ་སྒྱུར་དཀར་པོའི་གོས་ཁྲུར་ལོངས་ཕྱི་གཡོགས་མེད་པར་གྱོན་པའི་ཉེས་པ་འབྱུང་བའི་ཕྱིར་རོ། །མདོ་རྩ་བར་སྐྲིན་མོར་ཁྲུས་མི་བྱའོ། ཁྲུས་རས་བཅང་བར་བྱའོ། །ཞེས་གསུངས་པའི་ཕྱིར་རོ། །ཞུགས་པའི་ཚེ་ལུས་སྐྲིན་མོ་ལས་སྐྱོབ་པའི་གོས་རས་ཆེན་གྱི་ཚད་ནི་སྲིད་དུ་རྟ་ལ་ཁྲུ་དགུ་དང་ཞེང་དུ་རྟ་ལ་ཁྲུ་གསུམ་དང་སོར་བཅོ་བརྒྱད་དེ་དེ་དག་རྣམས། ཚད་བཞིན་སྦྲུབ་པར་བྱའོ། །གསུམ་པ་བྱིན་གྱིས་བརླབས་པ་ནི་ཆོས་གོས་དེ་རྣམས་བྱིན་གྱིས་བརླབས་ཏེ་བཅང་། ཆོས་གོས་གསུམ་པ་དངོས་སུ་མ་གྲུབ་ན་རེ་ཞིག་རྒྱུ་ལ་བྱིན་རླབས་རུང་སྟེ་དེས་ཆོས་གོས་མེད་པའི་ཉེས་དམིགས་ཁེགས་ཤིང་ཡོད་པའི་ཕན་ཡོན་དང་ལྡན་པ་ཡིན་ནོ། །དེ་འང་ཁྲུ་གང་གྲུ་བཞི་ལས་ཆུང་བ་བྱིན་རླབས་མི་འཆགས་པ་ནི་ཚིག་ལེར། ཁྲུ་ཡི་ཚད་ལས་ཆུང་བ་ལ། །བྱིན་རླབས་ཡིད་བརྟན་མི་དགོས་སོ། །ཞེས་གསུངས་ཤིང་། ལྷག་པའི་ཡོ་བྱད་ཀྱི་སྐབས་སུ་ཁྲུར་མ་ལོངས་པ་ལ་བྱིན་རླབས་མི་དགོས་པར་གསུངས་པའི་ཤུགས་ལས་ཀྱང་ཤེས་སོ། །བཞི་པ་བགོ་བའི་དུས་ནི་སྣམ་སྦྱར་བསོད་སྙོམས་རྒྱུ་དང་ཕྱག་འཚལ་དང་། ལས་ཆོག་ལ་འདུས་འཆད་ཉན་ཚེ་མ་གཏོགས། མི་གྱོན་མདོ་རྩ་བར། སྣམ་སྦྱར་གྱོན་པའི་སྐབས་བདུན་གསུངས་ཏེ། བསོད་སྙོམས་ལ་རྒྱུ་བ་དང་། ཆོས་སྟོན་པ་དང་། མཆོད་རྟེན་ལ་ཕྱག་བྱ་བ་དང་། བྱེས་བྱ་བ་དང་། དགེ་འདུན་ཚོགས་པ་དང་། གདམས་ངག་དང་ཆོས་ཉན་པ་ཉམས་སུ་མྱོང་བ་དང་། ལམ་དུ་འགྲོ་བས་ཆོས་གོས་གསུམ་གྱོན་ཏེ་སྤྱོད་ལམ་ཞི་བས་གཙུག་ལག་ཁང་དུ་འཇུག་པར་བྱའོ། །ཞེས་སྣམ་སྦྱར་གྱོན་པའི་དུས་བདུན་ཡོད་པར་གསུངས་སོ། །ཚིག་ལེར། སྣམ་སྦྱར་དགེ་འདུན་འདུ་བ་དང་། །ཟས་དང་མཆོད་རྟེན་ཕྱག་བྱ་དང་། །གྲོང་སོང་འཇུག་ལ་བགོ་བྱ་ཡི། །གཞན་དག་ཏུ་ནི་བཀག་པ་ཡིན། །ཞེས་སོ། །དགེ་སློང་མི་ན་བས་ཆོས་གོས་གསུམ་ཀ་གྱོན་ནས་ཟས་ལ་ལོངས་སྤྱོད་དགོས་ཏེ། ཚིག་ལེར། ཟས་ལ་ནད་པ་མ་གཏོགས་པར། །གོས་གཅིག་པ་ནི་བཀག་པ་ཡིན། །ཞེས་སོ། །བླ་གོས་ཉིད་པ་

ཕལ་ཆེར་བགོ་འདིར་ཕལ་ཆེར་ཞེས་པའི་ཚིག་གིས་བླ་གོས་མི་གྱོན་པའི་དུས་ནི་མདོ་རྩ་བར། གཅི་བ་བྱ་བ་དང་མི་གཙང་བའི་ཕྱི་དོར་བྱ་བ་དག་ཏུ་བླ་གོས་བགོ་བ་བསྟན་པར་མི་བྱའོ། །ཞེས་གསུངས་ཤིང་། དེའི་འགྲེལ་པར། མི་གཙང་བའི་ངོ་བོ་གང་ཡིན་པ་སྟེ། གཙུག་ལག་ཁང་དུ་ཆག་ཆག་གདབ་པ་དང་། ཕྱག་དར་བྱ་བ་དང་། རྐང་པ་བཀྲུ་བ་དང་། ཆབ་ཁང་ཕྱུགས་པ་དང་། བཀྲུ་བཤལ་བྱེད་པ་སོགས། ཞེས་གསུངས་པ་ལྟར་བྱ་བ་དེ་རྣམས་ལ་བླ་གོས་གྱོན་མི་རུང་ཞིང་། དེ་ལས་གཞན་པའི་དུས་ཉིན་མོ་ལ་གྱོན་དགོས་སོ། །ཕལ་ཆེར་ཞེས་པ་ནི། སྒྲ་སྒོ་མཚོན་ཆ་ལས། ཕལ་ཆེར་ཞེས་པ་མ་ཚང་ཚིག །མི་མཐུན་མཐུན་པར་སྟོན་པའང་ཡིན་ཞེས་གསུངས་པ་ལྟར་ཉིན་གྱི་དུས་ཐམས་ཅད་དུ་གྱོན་མི་དགོས་པའི་དོན་ཏོ། །མཐང་གོས་རྟག་ཏུ་བགོ་བྱ་སྟེ་མཐང་གོས་གྱོན་ནས་བྱ་བ་མཐའ་དག་བྱེད་རུང་སྟེ། ཚིག་ལེར། ལྔ་པ་ཤམ་ཐབས་གྱོན་ནས་ནི། །བྱ་བ་མཐའ་དག་བྱེད་པ་རུང་། །ཞེས་གསུངས་སོ། །ཤམ་ཐབས་ཞེས་པ་འདི་མཐང་ཤམ་ཡིན་པར་ཐུབ་བསྟན་ཆོས་གྲགས་ཀྱིས་གསུངས་སོ། །གཞན་རྣམས་དུས་སྐབས་སྤྱད་རྣག་གཟན་དང་གཡན་དགབ་སོགས་དེ་དང་དེའི་དུས་སུ་སྤྱད་དགོས་བཞིན་ནོ། །དེ་ཐམས་ཅད་ཀྱང་རང་གི་འཁྲུ་ཞིང་ཁ་བསྐྱུར་བ་དང་ཆུད་མི་འཛའ་བ་ལེགས་པར་སྐྱོང་། །

གཉིས་པ་གོས་མ་བཟོས་པ་གཙོ་ཆེ་བ་མཁོ་བའི་ཡོ་བྱད་ནི་རང་དང་གྲོགས་ཚངས་པ་མཚུངས་པར་སྤྱོད་ལ་ཐུན་མོང་དུ་དམིགས་ཏེ་འཆང་དུ་རུང་བ་གོས། ཁྲུར་ལོངས་པ་ནས་བཟུང་འཁོར་གསུམ་ཁེབ་པའི་ཚད་ཀྱི་བར་དཀར་པོ་ལ་སོགས་སྨྲས་ཁ་ཚར་དང་ཕུན་ཚར་མ་གཅད་ཀྱང་རུང་སྟེ་རང་གཞན་ཐུན་མོང་བའི་མིང་གིས་མཁོ་བའི་ཡོ་བྱད་དུ་བྱིན་གྱིས་བརླབས་པ་དང་། གཞན་ཡང་ཚད་པ་ལས་སྐྱོབ་པའི་བསིལ་ཡབ་སྦྲང་ཡབ་གཏུར་བུ་ལྷུང་བཟེད་ཆུང་། ཚ་སྟོད་ཟོ་ཕོར་ལྷེ་མིག་གྲི་གུ་དང་། ཁབ་དང་འདྲིག་སྐྱུད་ནལ་ཟེ་ཐལ་ཕྱག་དང་། །ཆུ་སྟོད་གཞོང་པ་སྤྱི་བླུགས་འཕར་གསིལ་དང་། །ཞྭ་དང་སྣ་རགས་ཁྲུ་གང་མ་ལོངས་པའི། །གོས་ཀྱི་ཚལ་བུ་ལ་སོགས་ཕྲན་ཚེགས་པ། །བྱིན་རླབས་མེད་རུང་མཁོ་བའི་ཡོ་བྱད་དོ། །

གསུམ་པ་རྙེད་པ་གཙོ་ཆེ་བའི་ལྷག་པའི་ཡོ་བྱད་ནི་རང་ཉིད་ལ་མེད་དུ་མི་རུང་བ་མ་ཡིན་ཀྱང་དགོས་པའི་དབང་གིས་མཁན་སློབ་སོགས་ཤེས་པ་རང་བཞིན་དུ་གནས་པའི་དགེ་སློང་གཞན་ལ་ཡིད་གཏད་དེ་བཞན་མིང་གིས་ལྷག་པའི་ཡོ་བྱད་དུ་བྱིན་གྱིས་བརླབས་ནས་སུ། །ཞེན་མེད་འཆང་རུང་བ་སྣམ་སྦྱར་སོགས་ཆོས་གོས་ལྷག་པོ་དང་། གོས་ཀྱི་རིན་དུ་གྱུར་པའི་རིན་ཆེན་དང་རྒྱུ་རས་ཡུགས་སོགས་ལྷག་པའི་ཡོ་བྱད་དོ། །

ལྔ་པའི་འདུལ་ཊཱི་ཀ་ལས། ཡོ་བྱད་བཅུ་གསུམ་གྱི་ལྷག་པོ་སོགས་རུང་བ་ནི་མཁན་པོ་སོགས་ལ་ཡིད་གཏད་དེ་བཅང་བ་དང་། མི་རུང་བ་རྣམས་ནི་སྦྱིན་བདག་ལ་ཡིད་གཏད་དེ་བཅངས་དགོས་པར་གསུངས་སོ། །གཞན་

ལ་ཡིད་གཏད་ཀྱང་ཡོ་བྱད་ཀྱི་བདག་པོ་ནི་རུང་བ་བྱེད་པ་པོ་རང་ཉིད་ཡིན་གྱི་རུང་བ་བྱ་བའི་ཡུལ་དེའི་མ་ཡིན་པས་རང་གིས་གཞན་ལ་སྦྱིན་པ་སོགས་ཅི་བདེར་ལོངས་སྤྱོད་པས་ཆོག་སྙེ་མདོ་རྩ་བར། འདི་ལ་རུང་བར་བྱེད་པ་པོ་བདག་པོ་ཉིད་དོ། །

ལྡོ་བ་བྱིན་རླབས་འཇིག་པའི་རྒྱུ་ནི་མཛོད་ལས། བསླབ་པ་ཕུལ་དང་ཤི་འཕོས་དང་། །མཚན་གཉིས་དག་ནི་བྱུང་བ་དང་། །རྩ་བ་ཆད་དང་ཞེས་རྒྱུ་བཞིས་གཏོང་བར་གསུངས་ལ། འདུལ་བ་ལས་མཚན་ལན་གསུམ་དུ་གྱུར་བ་དང་། ལོ་ཉི་ཤུ་མ་ལོན་པས་བསྙེན་པར་རྫོགས་པ་དེ་མ་ལོན་པར་ཤེས་ནའང་གཏོང་བར་གཏེགས་པར་གསུངས་པ་ལྷ་བུ་ནི་རྟེན་ཉམས་པ་དང་ཡོ་བྱད་ཀྱི་དངོས་པོ་དེ་མེས་ཚིག་པ་དང་ཆུས་ཁྱེར་བ་སོགས་ཀྱིས་ཉམས་པ་དང་གཞན་གྱིས་འཕྲོག་གམ་གཞན་ལ་བྱིན་པ་དང་། སྔགས་ཚིག་གིས་བྱིན་རླབས་དབྱུང་བས་བྱིན་རླབས་ཞིག་ཅིང་འཇིག་པ་རྣམས་ནི་འཚོ་མཁོ་ལྷག་པའི་ཡོ་བྱད་གསུམ་ཉིད་སྦྱིར་བཏང་གི་བྱིན་རླབས་འཇིག་པའི་རྒྱུ་ཡིན་ལ་མཁན་སློབ་སོགས་གང་ལ་ཡིད་གཏད་པའི་ཡུལ་དེ་ཉིད། ཤི་བ་ཕྱིར་མའི་ལྷག་པའི་ཡོད་བྱད་ཀྱི་བྱིན་རླབས་འཇིག་རྒྱུ་དམིགས་བསལ་ལོ། །

ཧྲུག་པ་གོས་ཀྱི་རྙེད་པ་སོགས་བགོ་བའི་ཚུལ་ནི་གོས་རྙེད་བགོ་བ་ལ་ཐོག་མར་སངས་རྒྱས་དང་ཆོས་ལ་སྐལ་ཕུལ་ནས། དངོས་པོ་དེ་ཉིད་དངོས་སམ་བཙོགས་པ་སོགས་ཀྱིས་བསྒྱུར་བ་དགེ་འདུན་གྱིས་གསོལ་གཉིས་ཀྱིས་བསྔོས་པའི་དགེ་སློང་གིས་ཆོག་བཞིན་དུ་བགོ་བར་བྱའོ་ཆོག་བཞིན་དེ་ཇི་ལྟར་ཞེ་ན་དགེ་སློང་ཁོ་ནའི་རྙེད་པ། མཉམ་པོར་བགོ་བར་བྱ་ཞིང་ལྷས་བྱིན་གྱི་བརླབ་ཚིག་ལྡོ་ལྷ་བུ་ཆོས་མིན་ཕྱོགས་སུ་སོང་བ་དང་། མ་སླེབ་ཤི་དང་བབ་ལ་མི་སྦྱིན་ནོ། །རབ་བྱུང་སྤྱིར་དབང་གི་གོས་རྙེད་ནི་དགེ་སློང་ཕ་མ་སོགས་སྨྲས་དགེ་སློབ་མ་དང་དགེ་ཚུལ་བསྙེན་པར་རྫོགས་པར་འདོད་པ་རྣམས་ནི་དགེ་སློང་ཕ་མ་དང་འདྲ་བར་ཐོབ་པར་བསྟན་ཏོ། །མཉམ་པོར་ཐོབ་ལ་དགེ་ཚུལ་ཕ་མ་ལ། །སུམ་གཉིས་སྦྱིན་བྱ་ཁྲིམས་འཆལ་བའི་དགེ་ཚུལ་སློང་ལ་རྙེད་པ་སོགས་ཀྱི་སྐལ་བ་ནམ་ཡང་སྦྱིན་འོས་པ་མིན་ཏེ་དཀོན་བརྩེགས་ལས། འཆལ་བའི་ཚུལ་ཁྲིམས་ཅན་དག་གིས། །ཆོས་གོས་རབ་ཏུ་གོན་གྱུར་ཀྱང་། །དད་པས་སྦྱིན་པ་ཆུད་ཟོས་པས། །ཐུ་ལུམ་འབར་བ་མིད་པ་འདྲ། །ཞེས་དང་། ཚིག་ལེར། ཁྲིམས་འཆལ་མས་ནི་ནམ་དུ་ཡང་། །གཙུག་ལག་ཁང་སོགས་ཉེར་སྤྱོད་བཀག །ཅེས་དང་། ལུང་ལས། ལྕགས་གོང་མེ་ལྕེ་འབར་བ་དག །ཟོས་པར་གྱུར་པ་མཆོག་ཡིན་གྱིས། །ཚུལ་འཆལ་ཡང་དག་མི་སྡོམ་པས། །ཡུལ་འཁོར་བསོད་སྙོམས་ཟ་བ་མིན། །ཞེས་དང་། གླེང་གཞིར་ཚུལ་ཁྲིམས་ཉམས་པ་ནི། དགེ་འདུན་གྱི་ཀུན་དགའ་ར་བར་རྐང་པའི་རྗེང་པ་ཙམ་ཡང་ཡོངས་སུ་ལོངས་སྤྱོད་པར་མ་གནང་ངོ་ཞེས་དང་། ཚུལ་ཁྲིམས

ལྡན་པས་ནི་སྦྱིན་བདག་དང་ཇྫས་སོགས་ལ་ལོངས་སྤྱོད་དུ་རུང་སྟེ། ཚིག་ལེར། ཚུལ་ལྡན་ཇི་སྲིད་ལེགས་པར་ནི༑ ༑ཆོས་གོས་ལ་སོགས་ལོངས་སྤྱོད་པ། །དེ་སྲིད་རྒྱུན་མི་འཆད་པ་ནི། །སྦྱིན་བདག་རྣམས་ཀྱི་བསོད་ནམས་འཕེལ། །ཞེས་སོ། །ཤི་བའི་ཡོ་བྱད་ཆོས་གོས་གསུམ་ལ་སོགས། ནད་གཡོག་རབ་བྱུང་ཡིན་ན་དེ་ཉིད་ལ་དབང་མོད་ནད་གཡོགས་ཁྱིམ་པའི་ཕྱོགས་ལ་མིན། ལྷག་མ་ཡོན་གྱི་བདག་པོའི་རྒྱུད་ལ་སྦྱིན་པ་དམ་པ་སེམས་ཀྱི་རྒྱན་དུ་གྱུར་ཅིག་སོགས་དང་། སྦྱིན་པས་འབྱུང་པོ་དབང་དུ་འགྱུར། །སྦྱིན་པས་དགྲ་རྣམས་མེད་པར་འགྱུར། །ཕ་རོལ་གཉེན་ཡང་སྦྱིན་པ་ཉིད། །དེ་ཕྱིར་སྦྱིན་པ་གཙོ་བོར་བརྗོད། །སྦྱིན་པ་འཇིག་རྟེན་རྒྱན་ཡིན་ཏེ། །སྦྱིན་པས་ངན་འགྲོ་ཟློག་པར་བྱེད། །སྦྱིན་པ་མཐོ་རིས་སྐས་ཡིན་ཏེ། །སྦྱིན་པ་ཞི་བྱེད་དགེ་བའོ། །བྱང་ཆུབ་སེམས་དཔའི་ལོངས་སྤྱོད་རྣམས། །མི་ཟད་ནམ་མཁའ་ལྟ་བུ་གང་། །ལོངས་སྤྱོད་དེ་ནི་ཐོབ་བྱའི་ཕྱིར། །སྦྱིན་པ་དེ་ནི་ཡང་དག་སྤེལ། །ཞེས་དང་ཡོན་བཤད་གསོལ་བ་འབབ་ཞིག་པའི་ལས་ཀྱིས་བགོ་དགོས་ཏེ་དགེ་འདུན་བཙུན་པ་རྣམས་གསན་དུ་གསོལ། དེང་དགེ་འདུན་གྱི་ཤི་བའི་ཡོ་བྱད་བགོ་བའི་དུས་ལགས་ཏེ། གལ་ཏེ་དགེ་འདུན་གྱིས་དུས་ལ་བབ་ཅིང་བཟོད་ན་དགེ་འདུན་གྱིས་གནང་བ་མཛོད་ཅིག་དང་། དེང་དགེ་འདུན་གྱིས་ཤི་བའི་ཡོ་བྱད་བགོ་བར་བྱའོ། །འདི་ནི་གསོལ་བའོ། །

དྲུག་པ་མཐའ་གཉིས་སྤོང་བར་གདམས་པ་ནི། རབ་ཏུ་བྱུང་བ་རྣམས་ཀྱིས་གོས་བཟང་པོ་ཚོགས་ཆེན་པོས་སྒྲུབ་པ་ནི་ཞེན་ཆགས་སྐྱེ་བའི་རྒྱུ་དང་། འཁོར་ལོ་གསུམ་གྱི་གེགས་ཡིན་པས། སྤྱིར་བཏང་གི་དབང་དུ་བྱས་ན་ཕྱུག་དར་ཁྲིད་པ་ལ་བརྟེན་ནས་འཇིགས་སྐྱོབ་དང་ལེགས་སྨོན་མ་ཡིན་པ། སྤྱང་འདས་གསུམ་པོ་གང་རུང་གི་སེམས་ཀྱིས་ཟིན་པའི་ཚུལ་ཁྲིམས་དག་པ་དང་། ཐོས་བསམ་སྒོམ་གསུམ་ལ་བརྩོན་པས་རང་གཞན་དོན་གཉིས་སྒྲུབ་ན་ཞེན་ཆགས་མི་སྐྱེ་ཞིང་ཐོས་བསམ་སྒོམ་གསུམ་གྱི་ཡོན་ཏན་དེ་དག་དང་ལྡན་ལ་འབད་རྩོལ་ཆེན་པོས་བསྒྲུབ་མི་དགོས་པར། རྙེད་ན་ཀཱ་ཤི་ཀ་པ་ཊ་གསུམ་གྱི་རིན་ཐང་ཅན་སོགས་བཟང་པོའི་གོས་ཀྱང་། ཆོད་ཟིན་པར་ཡོངས་སུ་སྤྱད་པས་ཆོག་སྟེ་འདོད་པ་བསོད་སྙོམས་ཀྱི་མཐའ་དང་། ངལ་ཞིང་དུབ་པའི་མཐའ་གཉིས་ག་སྤང་པའི་དབུ་མའི་ལམ་ལ་བརྟེན་དགོས་པར་བརྟེན་པར་འདུལ་བ་ལུང་ལས། དགེ་སློང་དག་རབ་ཏུ་བྱུང་བ་ནི་མཐའ་གཉིས་ལ་བརྟེན་པར་མི་བྱའོ། །གཉིས་གང་ཞེ་ན། འདོད་པ་རྣམས་ལ་འདོད་པའི་བསོད་སྙོམས་ཀྱི་རྗེས་སུ་བརྩོན་པ་དང་། དམན་པ་ངན་པ་གང་ཡིན་པ་བདག་ཉིད་དུབ་པ་ལ་རྗེས་སུ་བརྩོན་པ་དང་སྡུག་བསྔལ་བ་འཕགས་པ་མ་ཡིན་པ་ལ་གནོད་པ་དང་ལྡན་པ་གང་ཡིན་པའོ། ཁྱེད་ཀྱིས་མཐའ་འདི་གཉིས་ལ་མི་བརྟེན་པར་དབུ་མའི་ལམ་མིག་འབྱེད་པ་ཡེ་ཤེས་འབྱེད་པ། ཉེ་བར་ཞི་བར་འགྱུར་བ་མྱ་ངན་ལས་འདས་པར་འགྱུར

བ་ཡོད་དོ། །ཞེས་སོགས་གསུངས་སོ། །དེས་ན་ངན་པ་དང་ཆུང་དུས་ཆོག་མི་ཤེས་པར་བཟང་པོ་དང་མང་པོ་ལ་སྲིད་པས་བཀག་པ་ལས་འདས་ཏེ་བཟང་པོ་ལ་སྤྱོད་པ་འདོད་པ་བསོད་ཉམས་ཀྱི་མཐའ་དང་། སྙོལ་མེད་དུ་རྙེད་ཅིང་གནང་ཡང་བག་འཁུམས་ནས་སྤྱོད་མི་ནུས་པ་ལུས་སེམས་གདུང་བར་བྱེད་པ་ངལ་ཞིང་དུབ་པའི་མཐའ་གཉིས་སྤངས་པའི་དབུ་མར་བྱ་དགོས་སོ། །

གསུམ་པ་ཀོ་ལྤགས་ཀྱི་གཞི་ལ་དབྱེ་ན་གསུམ་སྟེ། མཐའ་འཁོབ་སྤྱིར་མཆིལ་ལྷམ་གནང་བ་མིག་སོགས་ལ་ཕན་པའི་དོམ་ལྤགས་གནང་བ། མཐའ་འཁོབ་བྱེ་བྲག་པར་ཀོ་ལྤགས་བསྟེན་བྱར་གསུངས་པའོ། །དང་པོ་ནི་ཡུལ་དུས་སྤྱིར་མི་རུང་བ་ཡིན་པ་ཤས་ཆེ་བ་ཀོ་ལྤགས་ལས་གྱུར་པའི། མཆིལ་ལྷམ་མཐིལ་ཆིག་རིམ་ཅན་མཐའ་འཁོབ་དག་ཏུ་གྱོན་པ་གནང་བ་ཡིན་ཏེ་མདོ་རྩ་བར་མཐའ་འཁོབ་ཏུ་མཆིལ་ལྷམ་དག་བཅང་བར་བྱའོ། །ཞེས་ལ། དམིགས་བསལ་ནི་ཁ་དོག་ཁྲ་བོ་དང་དབྱིབས་ལུག་གི་ར་ལྟ་བུ་གཉེར་མ་མཐོ་དམན་ཅན་དུ་བྱས་པ་དང་གསེར་དངུལ་སོགས་ཀྱི་རྒྱན་དང་སྒྲར་ཁྲིག་ཁྲིག་ཟེར་བ་དང་བཅས་པ་ནི་འཆང་དུ་མི་རུང་བ་དང་། གཙུག་ལག་ཁང་དང་མཁན་སློབ་སོགས་ཡུལ་གཉན་དྲུང་དང་ཟས་བཟའ་བའི་དུས་སོགས་ལ་ལྷམ་གྱོན་པ་བཀག་གོ། །གཉིས་པ་ནི་མིག་དང་རླུང་སོགས་ལ་ཕན་ཕྱིར་དོམ་གྱི་ལྤགས། འདིང་དང་ལྷམ་གྱི་ནང་དུ་གཞུག་པར་གནང་། གསུམ་པ་ནི་མཐའ་འཁོབ་འགའ་ལ་སྐྱེ་ལུང་ལས། ཨ་ཤྨ་པ་རནྟ་དག་ཏུ་ཀོ་ལྤགས་མི་བཅང་བར་མི་བྱའོ་ཞེས་ཡུལ་དེ་ལྟ་བུ་ལ་ཀོ་ལྤགས་བསྟེན་བྱ་རུ། གསུངས་པ་ལུག་ལྤགས་སོགས་ཏེ་སོགས་སྒྲས་ནི་སྤེར་མོ་ཅན་དང་། མཆེ་བ་ཅན་མ་ཡིན་པའི་ལྤགས་པ་ཐམས་ཅད་གནང་བ་བསྟན་ཏོ། །སེང་གེ་དང་། སྟག་སོགས་སྒྲས་སེརྒ་དང་དོམ་དང་དྲེད་དང་སྤྱང་ལྤགས་སོགས་བསྟེན་པ་མ་ཡིན་ནོ། །དེ་དག་གི་ལྤགས་པ་ནི་མ་གནང་ཡུལ་དབུས་སུ་ཡིན་ཡང་ཁྲིམ་བདག་གི་ཁྱིམ་དུ་རུང་བའི་སྟན་གཞན་མེད་ན། ཀོ་ལྤགས་སོགས་ལ་འདུག་པ་ཙམ་གནང་ལ་རྒྱུ་ལ་འཁྲུགས་རོམ་ཡོད་ས་རུ། ཞྭ་དང་ལྷམ་ཡུ་རིང་སྒྲོག་ཅན་གནང་དུས་སྐབས་དཔྱད་པར་བྱ། འདིར་ཡུལ་ཁམས་དབུས་དང་མཐའ་འཁོབ་ཀྱི་ཁྱད་པ་ནི་རྒྱ་གར་རྡོ་རྗེ་གདན་དབུས་སུ་བྱས་པའི་ཤར་ཕྱོགས་སུ་ལི་ཁ་ར་ཤིང་འཕེལ་གྱི་ནགས་ཚང་ཚིང་ཅན་ཚུན་ཆད་ནི་དབུས་དང་དེ་ཕན་ཆད་ནི་མཐའ་འཁོབ་དང་། ལྷོར་རྒྱུ་ཀླུང་འདམ་བུ་ཅན་ཚུན་ཆད་ནི་དབུས་དང་དེ་ཕན་ཆད་ནི་མཐའ་འཁོབ། ནུབ་ཏུ་བྲམ་ཟེའི་གྲོང་ཁྱེར་ཀ་བ་དང་ཉེ་བའི་ཀ་བ་ཞེས་ཡོད་པ་ཚུན་ཆད་དབུས་དང་དེ་ཕན་ཚོད་ནི་མཐའ་འཁོབ། བྱང་དུ་ཨུ་ཤི་རའི་རི་སྟེ་རི་བོ་མུན་པ་ཅན་ཞེས་པ་དེ་ཚུན་ཆད་ནི་དབུས་དང་དེ་ཕན་ཚོད་ནི་མཐའ་འཁོབ་ཡིན་ནོ། །འདུལ་བ་བསྡུས་པ་ལས། ལི་ཁ་ར་ཚང་ཚིང་ཅན་དང་། ཨུ་ཤི་རི་སོགས་མཐའ་འཁོབ་ཏུ་གཏོགས་པར་བཤད་ཀྱང་། སྔ་མ་ལྟར་བཟུང་དགོས་པ་ཐུབ་

བསྟན་ཆོས་གྲགས་ཀྱིས་བཤད་དོ། །ཨུ་ཤི་ར་ཞེས་པ་ནི་རྩ་དྲེས་མ་ཡིན་པར་དགེ་སློང་མའི་སོ་ཐར་འགྲེལ་པ་དང་ཚོམས་ཀྱི་འགྲེལ་པར་གསུངས་སོ། །གོང་གི་དེ་བཞི་དང་རྡོ་རྗེ་གདན་གྱི་བར་ཐག་ན་དཔག་ཚད་དྲུག་ཅུ་ཡོད་པར་ལོ་ཙྪ་བ་མང་པོས་གསུངས་ཀྱང་རང་ལུགས་ལ་དཔག་ཚད་བཅུ་དྲུག་ཡོད་པར་འདོད་དགོས་སོ་ཞེས་གསུངས་སོ། །ཞེས་ཐུབ་བསྟན་ཆོས་གྲགས་ཀྱིས་གསུངས་སོ། །

བཞི་པ་སྨན་གྱི་གཞི་ལ་ལྔ་སྟེ། ངོ་བོ་སྤྱིར་བསྟན་པ་སོ་སོའི་མཚན་ཉིད་བསྟེན་ཚུལ་དང་བཅས་པ། བྱེ་བྲག་གནང་བ་བསླབ་བྱ་གཞན་དང་བཅས་པ། མཐའ་གཉིས་སྤང་བར་གདམས་པའོ། །དང་པོ་ནི། དངོས་པོ་**གང་ཞིག་ཁམ་ཟས་ལ་བརྟེན**་པ་སྟེ་ཆས་གོས་འདི་སེམས་ཅན་རྣམས་ཀྱི་ཆོས་ལྡན་གྱི་ལུས་**འཚོ་བའི་རྒྱུན**་བོ་ནར་ལོངས་སྤྱོད་དེ་བཤེས་སྤྲིང་ལས། རྒྱགས་ཕྱིར་མ་ལགས་སྙེམས་པའི་ཕྱིར་མ་ལགས། །འཚག་ཕྱིར་མ་ལགས་ལུས་གནས་འབའ་ཞིག་ཕྱིར། །ཞེས་དང་། བཞི་བརྒྱ་པར། ལུས་ནི་དགྲ་ལྟར་མཐོང་མོད་ཀྱི། །དེ་ལྟར་ན་ཡང་དེ་བསྲུང་བྱ། །ཞེས་དང་། སུམ་བརྒྱ་པར། ནས་ཆེན་སྐུམ་ཁུར་འབྲས་ཆན་ཉ་དང་ཤ ། འདི་དག་སྲོག་གནས་བྱ་ཕྱིར་བཟའ་བར་བྱ། །ཞེས་དང་། དྲི་རོ་རེག་བྱའི་**སྐྱེ་མཆེད་གསུམ་ལྡན་དུས་རུང་སྨན**་ཐུན་ཚོད་ཀྱི་སྨན་ཞག་བདུན་པའི་སྨན། འཚོ་བཅང་གི་སྨན་**སོགས་བཞི**་ཡོད་དོ། །

གཉིས་པ་སོ་སོའི་མཚན་ཉིད་བསྟེན་ཚུལ་དང་བཅས་པ་ལ་དང་པོ་དུས་རུང་གི་སྨན་ནི་བཀྲེས་པའི་ནད་སེལ་བའི་ཆེད་དུ་གཙོ་བོར་གནང་བ་དགེ་སློང་སོགས་**རབ་བྱུང་སྡེ་**ལྔ་ཀས་དུས་ནི་རང་གླིང་གི་**སྐྱ་རེངས་ཤར་བ་ནས།** **གུང་ཚིག་བར་སྤྱད**་དུ་རུང་བ་ཉི་མ་ཕྱེད་ཡོལ་ནས་དུས་མིན་གྱི་ཟས་སུ་འགྱུར་བ་དང་། དེ་ཕན་ཆད་དུ་བཟའ་བའི་བསམ་པས་བཅང་ན་གསོག་འཇོག་ཏུ་འགྱུར་བའི་**བཟའ་**བ་ལྔ་དང་**བཅའ་**བ་ལྔ་སྟེ་ཚིག་ལེར། སྣ་ཚོགས་འབྲས་ཆན་ཟན་དང་ཤ ། ཕྱེ་དང་ཁུར་བ་བཟའ་བ་ལྔ། །རྩ་བ་སྡོང་པོ་མེ་ཏོག་འབྲས། །ལོ་མ་ཡང་ནི་བཅའ་བ་ལྔ་ཞེས་སོ། །**དུས་རུང་སྨན**་ནོ། །འོན་ཀྱང་**བུ་རམ་བྱིན**་གྱིས་**རླབས**་པ་ནི་**ལམ་ཞུགས**་པའི་གང་ཟག་དང་། **དགེ་བསྙེས**་དང་། **ལག་གི་བླས**་ནི་ལེགས་སྦྱར་གྱི་སྐད་དུ་བཻ་ཧ་ཊ་ཀཿཞེས་འབྱུང་བ་བོད་སྐད་དུ་བསྒྱུར་ན་ལས་བྱེད་པའམ་གླ་མིའམ་གླ་ཟན་ནམ་ཞོ་ཤས་འཚོ་བའམ་ལག་གི་བླ་ཞེས་འགྱུར་རོ། །**དུས་མིན་བཟའ་རུང་ཉིད། །ཟན་ཚད་པས་ནི་བཟའ་བཅའ་དག་ཀྱང་དུས་མིན་དུ་ལོངས་སྤྱོད་དུ་གནང་ངོ།** །

གཉིས་པ་ཐུན་ཚོད་དུ་རུང་བའི་སྨན་ནི་གཉན་པའི་ནད་སེལ་བ་ལ་གཙོ་བོར་**གནང་བའི་བཏུང**་བ་རབ་བྱུང་སྡེ་ལྔ་ཀས་བྱིན་གྱིས་བརླབས་པའི་མཐའ་ཚུན་ཆད་ལ་སྤྱད་དུ་རུང་བ་སྟེ་དེ་ཡང་ལུང་སྨན་གྱི་གཞི་ལས། ཆུ་ཤིང་འབྲས་བུ་ཀོ་ལ་དང་། །ཨ་ཤྭཏྠ་དང་ཨུ་དུམ་ཝ་ར་དང་། །པ་རུ་ཤ་ཀ་དང་ནི་རྒུན་འབྲུམ་དང་། །བརྒྱད

པ་འབྲ་གོར་དག་ནི་ཡིན་པར་བཤད། །ཅེས་འབྱུང་བའི་འབྲས་བུ་བརྒྱད་པོ་གང་རུང་ཆུས་སྦྲངས་པའི་ཁུ་བ་རུང་ཆུས་བཏབ་པ་དང་། ཚགས་ཀྱིས་བཙག་པ་ཤིན་ཏུ་སླ་བ་བཞིན་རས་ཀྱི་གཟུགས་བརྙན་སྣང་། ཉིན་མཚན་སོ་སོའི་ཐུན་ཚོད་མཐའ་ཞེས་པ། སྔ་དྲོ་ཕྱིན་གྱིས་བཏླབས་པ་ནི་ཉིན་མོའི་ཐུན་ཚོད་ཀྱི་མཐའ་རྒྱ་སྐར་འཆར་ཉེ་བ་སྟེ་མདོ་རྩ་བར། ཉི་མ་ནུབ་པའི་མཐའ་{ནུབ་ཕྱོགས་ཀྱི་འོད་དམར་པོ་ནུབ་པའོ། །}ནི་ཉིན་མའི་མཐའ་ཡིན་ནོ༑ ༑ཞེས་དེ་བཞིན་སྐྱ་རེངས་གོང་། གང་གང་ཉིད་དུ་ཕྱིན་བཏླབས་དེ་དེའི་མཐའ། །ཚུན་ལ་ཅི་བདེར་སྤྱོད་བྱ་ཐུན་ཚོད་དུ། །རུང་བའི་སྨན་ཏེ་སྔར་བཤད་དོན་རུང་ཆུས་བཏབ་པ་ཚགས་ཀྱིས་བཙགས་པ། ཤིན་ཏུ་སླ་བ། བཞིན་རས་སྣང་བ། འདམ་བུ་ཉག་མའི་མདོག་ལྟ་བུ་སྟེ་ཁྲུད་ཆོས་ལྟ་དང་ལྡན་པའི་མཚན་ཉིད་ཚང་ན། ནས་ཁུ་ཤ་ཁུའི་ཐང་སོགས་ནད་པར་གནང་། །

གསུམ་པ་ཞག་བདུན་པའི་སྨན་ནི་རླུང་ནད་སེལ་བ་ལ་གཙོ་བོར་གནང་བ་ཞུན་མར་སོགས་སྦྲུས་འབྲུ་མར་དང་། སྦྲང་རྩི་དང་། བུ་རམ་གྱི་དབུ་བ་སྟེ་བཞི་དང་བཞི་པོ་དེ་དང་ཆ་འདྲ་བ་བུ་རམ་ཀ་ར་ཧྲུགས་ལི་ཁ་ར་སོགས་པ་འགའ། ཞག་བདུན་མཐའ་རུ་ཕྱིན་བཏླབས་ཏེ་བརྒྱད་པའི་སྐྱ་རེངས་འཆར་བའི་གོང་ཚུན་ཆད་དུ། ཅི་བདེར་ལོངས་སྤྱོད་དེ་བསྟེན་པ་ཞག་བདུན་པ་ཡི་སྨན་དུ་གྲགས། །

བཞི་པ་འཚོ་བཅང་གི་སྨན་ནི། འདུ་བ་རྣམ་བཞི་གང་དང་གང་ལྡན་པ་དེ་དེའི་སྨན་བསྟེན་པར་གནང་བ་གླ་སྒང་། ཡུང་བ་ཤུ་དག་བོང་དཀར་སོགས་རྩ་བའི་སྨན་དང་། ཙནྡན་སླེ་ཏྲེས་ཤུག་པ། དབྱི་མོང་། སྐྱེར་པ། ཨ་ག་དཀར་ནག་སོགས་སྡོང་པོའི་སྨན་དང་བཤ་ག་ནིམ་པའི་ལོ་མ། ཀོ་ཤ་ཏ་ཀི་བ་ཧོ་ལ་སབ་ཏ་པཏྲའི་འདབ་མ་སོགས་འདབ་མའི་སྨན་དང་བཤ་ག་འི་མེ་ཏོག་ནིམ་པ་དང་། ད་ར་ཉི་དང་། ཀླུ་ཤིང་དང་། པདྨ་དང་། ཨུཏྤལ་དང་། གུར་གུམ་སོགས་མེ་ཏོག་གི་སྨན་དང་། ཨ་རུ་ར་བ་རུ་ར། སྐྱུ་རུ་ར་ན་ལེ་ཤམ་པི་པི་ལིང་། ཐང་ཁྲིམ་དཀར་པོ་སེ་འབྲུ་ཕུ་ཤུ་སོགས་འབྲས་བུའི་སྨན་ཏེ་མདོར་ན་ཟས་ལ་མ་ཁྱབ་པ་ཡི་སྨན། ཇི་སྲིད་འཚོ་བར་སྟེ་ཇི་སྲིད་འཚོ་བ་དོན་ལ་ཁ་ཅིག་གིས་ནད་ཇི་སྲིད་འཚོ་བའི་བར་ཡིན་ཏེ། དེ་མི་ན་བ་ལ་མ་གནང་བའི་ཕྱིར་དང་། ནད་པས་བཅང་མི་རུང་བར་གསུངས་པའི་ཕྱིར་ཏེ། མདོ་རྩ་བར། སོས་པ་ཉིད་ན་དེ་དག་ནད་པའི་ཕྱིར་སློང་ན་སྦྱིན་ནོ། །ཞེས་སོགས་ཀྱིས་བསྟན་ཏོ་ཞེས་ཟེར་རོ། ཁ་ཅིག་གིས་ཚེ་ཇི་སྲིད་འཚོ་བའི་བར་ཡིན་ཏེ། ལུང་ཞུ་བ་དང་ཤེས་རབ་བྱེད་པ་ལས་དེ་ལྟར་བཤད་པའི་ཕྱིར། གྲུབ་སྟེ་ལུང་ཞུ་བ་ལས། ཇི་སྲིད་འཚོ་བའི་བར་དུ་བཅང་བ་ནི་ཇི་སྲིད་འཚོ་བའི་བར་དུ་ཡོངས་སུ་སྤྱད་པར་བྱའོ་ཞེས་དང་འགྲེལ་ཞེས་དང་ཤེས་རབ་བྱེད་པ་ལས། ཚེ་གཅིག་པའོ། །ཞེས་གསུངས་པའི་ཕྱིར་རོ། །ཞེས་འདུལ་འཛིན་འགའ་ཞིག་གིས་འཆད་པ་ལྟར་ཕྱི་མ་འདི་ཉིད་འཐད་པ་ཡིན་ནོ་ཞེས

ཐུབ་བསྟན་ཆོས་གྲགས་ཀྱིས་གསུངས་སོ། །ཧེ་སྲིད་འཚོ་བའི་སྨྲ་དོན་ནི། ནད་ཧེ་སྲིད་འཚོ་བའི་བར་ལ་འཆད་པ་ནི་ནོར་བའོ། །སུམ་བརྒྱ་པ་ལས། ཧེ་སྲིད་མ་ཤི་བའི་བར་བཅང་ལ་ཞེས་གསུངས་སོ། །ཞེས་ཀུན་མཁྱེན་རོང་སྟོན་ཆེན་པོས་ཚིག་ལེའི་ཊཱི་ཀ་ལས་གསུངས་སོ། །**བྱིན་གྱིས་བརླབས་ནས་དགོས་དུས་སུ**་ཅི་དགར་སྤྱོད་ཅིང་**བརྟེན་པ་འཚོ་བཅང་སྨན**་ཏེ་ཐུན་མོང་དང་། ཞག་བདུན་དང་འཚོ་བཅང་སྟེ་སྨན་ཕྱི་མ་གསུམ་པོ་ནི། །གཙོ་ཆེ་གང་ཟག་**ནད་པ་ལ་གནང་བ**་ཡིན་ལ་དེ་དག་ཀྱང་**རིང་དང་ནུས་པ**་དག་**འགྱུར་ན་གསོག་འཇོག་ཏུ་འགྲོ་བས་སྤང་དགོས་ཤིང**། **སྨན་བཞི་ཀར་བྱིན་ལེན་བྱས་ཤིང**་བྱིན་ལེན་བྱེད་པ་དེའང་**འཆགས་པ་གཙོ་ཆེའོ**། །འོན་བྱིན་ལེན་འཆགས་པའི་རྒྱུ་གང་ཡིན་ཞེ་ན། བྱིན་ལེན་སྟོབས་པ་པོ་ནི་ཁྲིམ་པ་ནས་བསླབ་བྱིན་དགེ་སློང་མན་ཆད་གང་རུང་། སྟོབ་རྒྱུའི་དངོས་པོ་དེ་འདེབ་ནུས་པ། སྟོབ་པ་པོ་མདུན་དྲང་ཐད་ན་གནས་པ། མེ་དང་ཆུ་སོགས་རགས་པའི་དངོས་པོ་སོར་བཞི་པ་ཡན་ཆད་ཀྱིས་བར་མ་ཆད་པ་སོགས་དགོས་ཀྱི་དེ་དག་ལས་བཟློག་ན་བྱིན་ལེན་མི་འཆགས་པར་གསུངས་སོ། །མདོར་ན་དུས་རུང་གི་ཟས་ལ་བྱིན་ལེན་འཆགས་པ་ཉིད་ཀྱིས་ཚོག་ལ་སྨན་ཕྱི་མ་གསུམ་ལ་དེའི་སྟེང་དུ་བྱིན་རླབས་དགོས་སོ། །བྱིན་རླབས་དེ་ཡང་། ལག་ཉ་བྱས་པ་དང་། གསོག་འཇོག་བྱས་པ་དང་། མཚམས་ནང་དུ་ཞག་ཏུ་ལོན་པ་དང་རྗེན་པར་བཙོས་པ་རྣམས་བྱིན་རླབས་མི་འཆགས་པས། **དེ་ཕྱིར**་ཞག་ལོན་སོགས་ཀྱི་ཉེས་པ་དེ་ཁེགས་པའི་ཕྱིར། **རུང་ཁང་བཅོས་ནས་སྨན**་དེ་དང་དེ་**བྱིན་གྱིས་རླབས་པར་གསུངས་སོ**། །གསུམ་པ་བྱེ་བྲག་དུས་རུང་གི་ཟས་ལ་ལོངས་སྤྱོད་པའི་ཚུལ་ནི་**དུས་རུང་ཟས་ལ་སྤྱོད་དུས**་བགྲེས་སྐྲོམ་གྱི་ནད་ཀྱིས་གཟིར་བའི་ཕྱིར་**རང་ཉིད་ལ**། **ནད་པའི་འདུ་ཤེས**་དང་བཟའ་བཏུང་གིས་བགྲེས་སྐྲོམ་གྱི་ནད་དེ་སེལ་བའི་ཕྱིར་**ཟས་ལ་སྨན་དུ་བརྟགས**་ཏེ་འདུལ་བ་བསྟུ་བར། ཟས་ལ་རྟག་པར་ནད་ཀྱི་ནི། །གཉེན་པོ་ཉིད་ཀྱི་འདུ་ཤེས་དང་། །ཞེས་གསུངས་སོ། །མདོ་རྩ་བར། བདག་ཉིད་ལ་ནད་པའི་འདུ་ཤེས་དང་། ཟས་ལ་སྨན་གྱི་འདུ་ཤེས་ཉེ་བར་བཞག་སྟེ་བཟའ་བར་བྱའོ། །དྲན་པ་ཡང་ངོ་། །ཞེས་དང་། བཞི་བརྒྱ་པར། ལུས་ནི་དགྲ་ལྟར་མཐོང་མོད་ཀྱི། །དེ་ལྟར་ན་ཡང་དེ་བསྲུང་བྱ། །ཞེས་དང་། སྤྱོད་འཇུག་ལས། འདི་ལ་གླ་རྔན་བྱིན་ནས་ནི། །ལས་གང་ཡིན་པ་བྱེད་དུ་ཆུག །ཅེས་དང་། སུམ་བརྒྱ་པར། ནས་ཆན་སྐུམ་ཁུར་འབྲས་ཆན་ཉ་དང་ཤ །འདི་དག་སྒྲོག་གནས་བྱ་ཕྱིར་བཟའ་བར་བྱ། །ཞེས་དང་བཤེས་སྤྲིང་ལས། རྒྱགས་ཕྱིར་མ་ལགས་སྙེམས་པའི་ཕྱིར་མ་ལགས། །འཚག་ཕྱིར་མ་ལགས་ལུས་གནས་འབའ་ཞིག་ཕྱིར། །ཞེས་སོགས་འབྱུང་བའི་དོན་དྲན་པ་སྔོན་དུ་བཏང་སྟེ་ཟས་ཀྱི་རྒྱུ་མི་གཙང་བ་ཡིན་པ་དང་འབྲས་བུ་མི་གཙང་བར་འགྱུར་བ་སོགས་དང་རོ་ལ་ཆགས་ཞེན་མེད་པར། **རན་པ་ལོངས་སྤྱོད་དགོས**་ཏེ་དེའང་རང་གི་ཁོག་པ་ཆ་བཞི་བགོ་སྟེ། ཆ་གཉིས་ཟས་ཀྱིས་

བཀང་། ཆ་གཅིག་སྐོམ་གྱིས་བཀང་། ཆ་གཅིག་རླུང་{ཇི་སྐད་དུ་འགྲང་ལྟོག་རན་པས་སྐྱུ་ལུས་བདེ། །ལྷ་རྟོགས་ཐེབས་པས་སེམས་ཉིད་བདེ་ཞེས་སོ། །} རྒྱུས་བཞག་པར་{རླུང་ལམ་བཀག་ན་བད་ཀན་འཕེལ་བའི་ཕྱིར་རོ། །} བྱའོ། །དེའི་རྗེས་སུ་འདག་རྫས་སམ་རུང་ཆུས་ཁ་དག་པར་བཀྲུ་དགོས་ཏེ་སུམ་བརྒྱ་པར། འདག་པའི་རྫས་སུ་རུང་བའི་ཆུ་རྣམས་ཀྱིས། །ཟོས་ནས་ཁ་ཡང་ཁ་ཟས་མེད་པར་བྱ། །ཞེས་དང་། མདོ་རྩ་བར་དེ་ཁའི་ཕྱི་རོལ་དུ་ནི་ལྟོ་བའམ་སས་ཀུན་ནས་དྲུད་དེ་ཆུས་བཤལ་ན་འདག་པ་ཡིན་ནོ། །ནང་ནི་ཆུ་མཁུར་བ་དོའམ། གསུམ་གྱིས་བཤལ་ནའོ། །ཞེསདང་། མཚོ་ཊཱི་ཀ་ལས། ཁའི་ནང་ནི་ནངས་པ་དང་། ཉྭ་ཟོས་པའི་རྗེས་སུ་སོ་ཤིང་ཟོས་ལ་ལན་གསུམ་ཆུས་དག་པར་བཀྲུའོ། །ཕྱི་དྲོ་སྐོམ་སྐམ་འཐུང་ན་འང་ཁ་ལན་གསུམ་ཆུས་བཀྲུའོ་ཞེས་གསུངས་སོ། །ཡོན་སྦྱོང་གི་མདོ་དང་བསྔོ་བ་བརྗོད་པར་བྱ། བཞི་པ་དམིགས་བསལ་གྱི་གནང་བ་བསླབ་བྱ་གཞན་དང་བཅས་པ་ནི་ལག་ཉ་སོགས་སྦྱིར་བཀག་མོད་ཀྱི་དམིགས་བསལ་མུ་གེའི་དུས་དང་ན་བའི་ཚེ་སྟེ་ཚིག་ལེར། སྨན་པས་ཉོན་མོངས་བསྒྲིམ་ན་ནི། །ནད་པར་ཉེས་པ་མི་འགྱུར་རོ། །ཞེས་སོ། །ལག་ཉ་མཚམས་ཀྱི་ནང་དུ་བཙོས་པ་མཚམས་ཀྱི་ནང་དུ་ཞག་ལོན་དང་། །རྗེན་བཙོས་གསོག་འཛོག་ཡང་ཡང་བཟའ་བ་དང་། །ས་བོན་དང་སྐྱེ་བ་འཇིག་པ་བྱིན་ལེན་མ་བྱས་པར། བཟའ་བ་རྣམས་དང་གཞན་ཡང་བརྟམས་ལྷང་དང་སྤྱངས་པ་བཟའ་བ་རྣམས་ལ་ལྟུང་བ་མི་འབྱུང་བག་ཡངས་གནང་། དུས་དང་རྣམ་པ་ཀུན་ཏུ་མཆིལ་མ་དང་སྣབས་དང་ལུད་པ་ཁ་བཤལ་བའི་ཁྲུས་ཆུ་ལ་སོགས་པ། གཙུག་ལག་ཁང་སོགས་དང་ཁྲི་དང་ཁྲིའུ་དང་གདན་སོགས་དགེ་འདུན་གནས་མལ་ལ། བསྐྱུད་དང་འདོར་བ་རྣམ་པ་ཀུན་ཏུ་སྤང་དགོས་ཏེ་ཀ་བ་ལྷ་བུའི་དམྱལ་བ་དང་། རྩིག་པ་ལྷ་བུའི་དམྱལ་བ་དང་གྲལ་གདན་ལྷ་བུའི་དམྱལ་བར་སྐྱེ་བར་ལུང་ལས་གསུངས་སོ། །

ལྔ་པ་མཐའ་གཉིས་སྤང་པར་གདམས་པ་ནི་ཇི་སྐད་བཤད་པ་དེ་ཐམས་ཅད་ཀྱང་གོས་ཀྱི་གཞིའི་སྐབས་སུ་སོང་བ་ལྟར་མཐའ་གཉིས་སྤང་བའི་ནང་དུ་འདུས་ཤིང་མདོར་ན་ཁ་ཟས་བསོད་སྙོམས་ལ་ངེས་པར་བརྟེན་དགོས་ཤིང་དེའང་གདན་གཅིག་དང་། ནད་པ་ལ་ཕན་པའི་སྨན་ནི་གཞན་གྱིས་བསྐོལ་ཏེ་ཁུ་བ་བཀྲུས་ཏེ་བོར་སོགས་ངན་ངོན་གྱིས་འཚོ་ན་དེས། ཆོག་ཤེས་པར་བྱ་བ་ནི་འདོད་པའི་མཐའ་སྤང་བ་ཡིན་ཞིང་ཡང་བཀྲུས་ཏེ་བོར་བས་མི་འཚོ་བའམ་ཞེན་པ་མི་སྐྱེ་ཞིང་ཐོས་བསམ་གྱི་བར་ཆད་མི་འགྱུར་ན་སྨན་བཟང་པོ་མ་ཉམས་པ་ལའང་ལོངས་སྤྱད་པས་ཆོག་སྐྱེ་དུབ་པའི་མཐའ་ཡང་གསལ། མདོར་ན་དགེ་སློང་ཚུལ་ཁྲིམས་དང་ལྡན་ཞིང་ཐོས་བསམ་སྒོམ་གསུམ་སོགས་ལ་བརྩོན་པའི་བརྩོན་འགྲུས་དང་ལྡན་པ་དག་གིས་མཐའ་གཉིས་སུ་མ་ལྷུང་བའི་ཟས་ལ་སྤྱད་པར་བྱ་སྟེ། དེའང་ཚོགས་ཆུང་དུས་ཟས་བཟང་པོ་མ་འབྱོར་ན་ཟས་ཀྱི་ནང་ན་བསོད་སྙོམས་ནི

རྙེད་ཀྱང་སླ་བ་སྟེ་དེ་ལ་སོགས་པ་ཟས་ངན་ངོན་ཙམ་གྱིས་ཆོག་པར་གནས་ན་ཆོས་འདུལ་བ་ལ་ལེགས་པར་གནས་པ་སྟེ་དེ་ནི་འདོད་པ་བསོད་སྙོམས་ཀྱི་མཐའ་སྤང་བ་ཡིན་ནོ། །ཚོགས་ཀྱིས་བསྒྲུབ་མི་དགོས་ཤིང་། ཞེན་ཆགས་མི་སྐྱེ་ན་འབྲས་ཆན་དང་ཚོད་མ་སོགས་ཚོད་ཟིན་པར་བྱས་ནས་ལོངས་སྤྱད་པས་ཆོག་སྟེ་དེ་ནི་ངལ་ཞིང་དུབ་པའི་མཐའ་སྤང་བ་ཡིན་ནོ། །གོས་དང་སྨན་དང་གནས་མལ་ཡང་མཐའ་གཉིས་སུ་མ་ལྟུང་བ་བསྟེན་ཚུལ་ཡང་དེས་མཚོན་ནས་ཤེས་པར་བྱའོ། །ཞེས་ཐུབ་བསྟན་ཆོས་གྲགས་ཀྱིས་གསུངས་སོ། །གསུམ་པ་དགོས་པ་འགྲུབ་བྱེད་ལས་ཀྱི་གཞི་འཆད་པ་ལ་གཉིས་ཏེ། མིང་དོན་དང་འབྲེལ་བའི་དབྱེ་བས་མདོར་བསྟན་པ་དང་རྣམ་གཞག་རྒྱས་པར་བཤད་པའོ། །དང་པོ་ནི་སྒྲིན་པ་དང་ཆད་པ་སོགས་ཀྱི་དགོས་པའམ་རང་རང་གི་དོན་དེ་ཉིད། །

འགྲུབ་པར་བྱེད་པ་བྱ་བ་ལས་ཀྱི་གཞི་ལ་དབྱེ་ན་**དགེ་འདུན་གྱི་ལས་དང་། གང་ཟག་གི་ལས་ཞར་བྱུང་**དང་བཅས་པ་དག་གིས་གཉིས་སུ་དབྱེ་བར་བྱའོ། །དེའི་དང་པོ་ལ་ལྔ་སྟེ་ལས་ཆགས་པའི་རྒྱུ་ཚོགས་དང་བསམ་པ༔ བརྗོད་པ་ལས་ཀྱི་ངོ་བོ་ལས་ཉམས་སུ་མྱོང་བའི་དོན། ལས་འཆགས་པའི་དུས། ལས་ཀྱི་དབྱེ་བསྡུ་བསྟན་པའོ། །དང་པོ་ཚོགས་ལའང་གསུམ་སྟེ་བློ་མཐུན་པར་བྱེད་པ་དགེ་འདུན་གྱི་ཁྱད་པར། བརྗོད་པར་བྱེད་པ་ལས་མཁན་གྱི་ཁྱད་པར། གང་ལ་བྱ་ཡུལ་གྱི་ཁྱད་པར་རོ། །དེའི་དང་པོ་ལའང་གྲངས་ཚང་བ་དང་། ཁ་སྐོང་བར་འོས་པ་དང་། མི་མཐུན་པ་མེད་པ་སྟེ་གསུམ་གྱི་དང་པོ་ནི། ཇི་སྐད་དུ། བཞིབཅུ་ཉེར་གཉིས་ཉི་ཤུ་དང་། །བཅུ་གཉིས་བཅུ་གཅིག་བཅུ་དང་དགུ །བརྒྱད་དྲུག་ལྔ་བཞི་དགོས་པ་ཡི། །ལས་ནི་རྣམ་པ་བཅུ་གཅིག་འདོད། །ཅེས་སྡོམ་ཚིག་གིས་བསྡུས་པ་ལྟར་ལས་དང་པོ་ནི་**དགེ་སློང་ཕ་**དང་མ་ལ། **ལྷག་མ**འི་ལྟུང་བ་བྱུང་ནས་དེའི་ཆད་ལས་སྤོ་མགུ་སྤྱོད་ཚར་ནས་སླར་རང་བཞིན་དུ་གནས་པའི་སར་**དབྱུང་**བའི་ལས་ལ་**ཕ་མ་ཉི་ཤུ་**དང་། **བཞི་བཅུ་**ཕ་མའི་དབྱེ་བའི་གོ་**རིམ**་གྱིས་**ཚོགས**་ཏེ་ཕ་དབྱུང་བ་ལ་ཕ་ཉི་ཤུ་དང་མ་དབྱུང་བ་ལ་ཕ་མ་གཉིས་ཉི་ཤུ་ཉི་ཤུ་སྟེ་བཞི་བཅུ་ཚང་དགོས་སོ། །**སྐྱེས་པ་བསྙེན་པར་རྫོགས་པར**། ཡུལ་དབུས་སུ་དགེ་སློང་བཅུ་ཚོགས་དགོས་ཤིང་ཡུལ་**མཐའ་འཁོབ**་ཏུ་དགེ་སློང་ལྔས་ཀྱང་བསྙེན་པར་རྫོགས་པར་རུང་བ་ལ་**བུད་མེད་བསྙེན་པར་རྫོགས**་པ་ལ་ཡུལ་དབུས་སུ་**ཕ་མ་བཅུ་བཅུ་གཉིས**་ཏེ་ཉི་ཤུ་རྩ་གཉིས་ཚང་དགོས་ཤིང་མཐའ་འཁོབ་ཏུ་དེའི། **ཕྱེད་དབྲི་**སྟེ་ཕ་ཚོགས་ལྔ་དང་མ་ཚོགས་དྲུག་སྟེ་ཕ་མ་བཅུ་གཅིག་གིས་བསྙེན་པར་རྫོགས་རུང་ཞིང་**སྔར་**ཇི་ལྟར་བཤད་པ་**བཞིན**་ཡུལ་དབུས་མཐའི་ཁྱད་པར་གྱིས་**དགེ་སློབ**་མའི་སྡོམ་པ་སྦྱིན་པ་དང་**སོགས**་སྨྲས་ཚངས་སྤྱོད་ཉེར་གནས་ཀྱི་སྡོམ་པ་སྦྱིན་པ་དང་། འཁོར་དང་འཁོར་མང་པོ་འཇོག་པའི་གནང་བ་**སྦྱིན**་པར། དགེ་སློང་མ་ཁོ་ནའི་**ཚོགས**་པ་ལ་ཡུལ་དབུས་སུ་**བཅུ་གཉིས**་དང་མཐའ་འཁོབ་ཏུ་**དྲུག་**གི་ཁྱད་པ་ནི་**སྔར་བཞིན**་དབུས་མཐས་ཕྱེ་དགོས་སོ། །འདིར་

བཤད་པའི་གྲངས་ཚན་བཅུ་གཅིག་གི་ནང་དུ་མ་འདུས་པ་དགེ་སློང་**ཕ་ཡི་གསོ་སྦྱོང་ལ་སོགས**་གསོལ་བ་འབའ་ཞིག་པའི་ལས་ལ་ཉི་ཤུ་རྩ་བཞི་དང་གསོལ་གཉིས་ཀྱི་ལས་ལ་བཞི་བཅུ་ཞེ་བདུན་དང་གསོལ་བཞིའི་ལས་ལ་སུམ་ཅུ་ཐམ་པ་**ལས་གཞན་ལ།** **དགེ་འདུན་དུ་ལོངས**་པ་དགེ་སློང་བཞིའི་གྲངས་ངེས་པར་ཚང་དགོས་ཤིང་**དགེ་སློང་མའི་དགག་དབྱེ་ལ།** དགེ་སློང་**ཕ་མ་ལྔ་བཞི**་དགེ་སློང་ལྔ་དང་དགེ་སློང་མ་བཞི་སྟེ་དགུ་ཚང་བ་དགོས་ཤིང་དེའང་དགག་དབྱེ་བྱ་བའི་ཡུལ་དགེ་སློང་བཞི་དང་དགེ་སློང་མ་བཞི་སྟེ་བརྒྱད་དགག་དབྱེ་བྱེད་པ་པོ་དགེ་སློང་ཕ་གཅིག་སྟེ་དགུ་ཚང་དགོས་ཤིང་དགེ་སློང་མ་**དེ་ཡི་མགུ་བ་སྤྱོད**་པའི་ཚད་ལས་དང་པོ་སྦྱིན་པའི་གང་ཟག་གི་གྲངས་ལ། **ཕ་མ་བཞི་བཞི་བརྒྱད**་དགོས་ཏེ། དགེ་སློང་མས་མགུ་བ་སྤྱོད་པའི་ཡུལ་ནི་ཕ་མ་གཉིས་ཀ་དགོས་ཤིང་། དེ་ཡང་རང་རང་གི་མཚམས་ནང་དེ་ན་ཡོད་པའི་ཕ་མ་ཐམས་ཅད་ལ་སྤྱད་དགོས་ཤིང་། རང་རང་གི་མཚམས་ནང་དུ་དགེ་འདུན་མ་ལོང་ན་དགེ་འདུན་དུ་ཚང་བར་བྱས་ཏེ་སྤྱད་དགོས། དགེ་སློང་གིས་ནི་ཡུལ་དགེ་འདུན་པ་ཚོགས་ཁོ་ན་ལས་སྤྱི་མགུ་ནོད་ནས་མཚམས་ནང་དེ་ན་ཡོད་པའི་དགེ་སློང་ཐམས་ཅད་ལ་སྤྱད་དགོས་ཤིང་ཉུང་མཐར་ཡང་དགེ་འདུན་དུ་ལོངས་པར་དགོས་སོ། །དེ་དག་ནི་**གྲངས་ཚང**་བ་ཡིན་ནོ། །དེའང་བཞི་ལས་ཉུང་ན་དགེ་འདུན་དུ་མ་གྱུར་པས་ལས་མི་འཆགས་ཏེ་མདོ་རྩ་བར། དགེ་འདུན་དུ་མ་གྱུར་པ་དག་གིས་ལས་མི་བྱའོ། །ཞེས་གསུངས་སོ། །གོང་དུ་བཤད་པ་དེ་རྣམས་ལས། བཞི་བཅུ་དང་དགུ་དང་བརྒྱད་དང་ལྔ་དང་བཞིའི་གྲངས་ཚང་དགོས་པ་རྣམས་ནི་གྲངས་ངེས་པ་ཅན་ཡིན་པས་དེ་དག་མ་ཚང་ན་ལས་དེ་དང་དེ་མི་འཆགས་ལ། ཉེར་གཉིས་བཅུ་གཉིས། བཅུ་གཅིག བཅུ་དྲུག་གི་གྲངས་ཚང་དགོས་པར་བཤད་པ་རྣམས་ནི་དེ་ལས་ཉུང་ན་ལས་འཆགས་པ་ཡོད་ཀྱང་བྱ་མི་རིགས་ཏེ་བྱེད་པ་པོ་ལ་ཉེས་བྱས་ཀྱི་ལྟུང་བའི་ཕྱིར་རོ། །

གཉིས་པ་ཁ་སྐོང་བར་འོས་པ་ནི་ས་ལ་**མི་འདུག་པར་འགྲེང**་བ་དང་གང་ལ་བསྒྲད་པ་སོགས་ལས་བྱ་བའི་ཡུལ་ཡིན་པ་དང་། **འདུན་དང་ཡོངས་དག་ཕུལ**་བ་ནི་ནད་པ་སོགས་རྐྱེན་དབང་གིས་འདུ་བར་མི་ནུས་ན། དགེ་འདུན་གྱི་ལས་བརྒྱ་རྩ་གཅིག་ལས་མཚམས་བཅད་པ་མ་གཏོགས་གཞན་རྣམས་ལ་འདུན་པ་ཕུལ་དགོས་པས་ཁྱབ། ཡང་དག་ནི་གསོ་སྦྱོང་དང་དགག་དབྱེ་གཉིས་མ་གཏོགས་ལས་གཞན་ལ་ཕུལ་མི་དགོས་སོ། །ཕུལ་བ་མ་ཡིན་པ་དང་བསྙེན་པར་**མ་རྫོགས**་པ་དང་། མ་ནིང་སོགས་**མཚན་ཉམས**་པ་དང་**མཚམས་མེད་བྱས**་དང་ལྟ་ངན་དྲུག་ཅུ་རྩ་གཉིས་གང་རུང་དང་ལྡན་པའི་**སྡིག་ལྟ་ཅན།** **ས་གཞན་ན་གནས**་པ་ཉེར་ལྔ་དང་ཉེས་བྱས་ཡན་ཆད་བྱུང་བས་**འབྲུལ་བཅས**་རྩིག་པ་དང་མེ་ཆུ་སོགས་ཀྱིས་བར་དུ་ཆོད་པའི་**མཚམས་གཞན་གནས།** **དཀོན་མཆོག**་ལས་ཀྱི་གཞིར། རྒྱལ་བ་ནི་མི་མཐུན་པར་བྱེད་པ་ཉིད་མ་ཡིན་ནོ། །ཁ་སྐོང་བར་བྱེད་པ་ཉིད་མ་

ཡིན་ནོ། །དེས་བྱས་པ་ལས་མ་ཡིན་པས་མི་འཆགས་སོ། །ཞེས་གསུངས་སོ། །**གཞན་**སངས་རྒྱས་ཡིན་པ་དང་ཤེས་པ་**རང་བཞིན་མི་གནས་དང་སྐྱེ**ཤེས་པ་རང་བཞིན་དུ་མི་གནས་པ་དེ་ལ་དབྱེ་ན་བརྒྱད་ཡོད་དེ། སྨྲོ་བ་དང་། ཁྲོ་བ་སོགས་ཀྱིས་སེམས་འཁྲུག་པ་དང་། སྡུག་བསྔལ་གྱི་ཚོར་བས་གཟིར་བ། འགྲོ་བ་གཞན་གྱི་རྣམ་པ་བསྟེན་པ་ན་དགེ་སློང་སོགས་ཀྱི་འདུ་ཤེས་མེད་པ་སྟེ་གཙོ་བོ་བཞི་དང་། གཉིད་ལོག་པ་དང་། སྙོམས་པར་ཞུགས་པ་དང་། ར་རོ་བ་དང་། བརྒྱལ་བ་སྟེ་གཙོ་བོ་མ་ཡིན་པ་བཞི་དང་བརྒྱད་དོ། །**མཚན་མི་མཐུན་ཏེ་བཅུ་གསུམ་**འདི་དངོས་བསྟན་བཅུ་གསུམ་དང་། ཡང་རུང་མཐུན་སྨྲ་ར་བ་གཉིས་ནི་ལྐུག་གླེན་སྨྲོ་གསུམ་མ་ཡིན་པའི་ཐ་སྙད་གསུམ་ལྡན་དང་ལུས་ཐ་མལ་དུ་གནས་པ་གཉིས་ཀྱང་དགོས་ལ་དེ་ལྟ་ན་ཁ་སྐོང་གི་ཆོས་བཅོ་ལྔའོ། །དེ་མ་ཡིན་ན༑ **ཁ་སྐོང་འོས་ཤིང་**གཅིག་ཤོས་མ་ཡིན་ནོ། །གསུམ་པ་མི་མཐུན་པ་མེད་པ་ནི་འདི་ལ་གཉིས་སུ་འགྱུར་བའི་དང་པོ་ནི་**མཚམས་ནང་དེར་གནས་པའི།** །**འདུ་འོས་ཀུན་འདུས་**དགོས་ཏེ་མཚམས་ནང་གི་འདུ་བར་འོས་པ་མ་འདུས་ན་མ་འདུས་པའི་མི་མཐུན་པ་ཡིན་ནོ། །

གཉིས་པ་ནི་ལས་གྲལ་དེར་གནས་པའི་དགེ་སློང་གིས་ལས་འདི་བྱ་མི་རུང་ངོ་ཞེས་འདུས་པ་རྣམས་ཀྱིས་**ཕྱིར་བཟློག་**པར་བྱེད་པ་ནི་འདུས་པ་ཕྱིར་ཟློག་གི་མི་མཐུན་པ་ཡིན་ལ་དེ་གཉིས་དང་། **བྲལ་བས་མི་མཐུན་**པ་མེད་པ་ཞིག་དགོས་སོ་གཉིས་པ་བརྗོད་པར་བྱེད་པ་ལས་མཁན་གྱི་ཁྱད་པར་ནི། དགེ་འདུན་གྱི་དབུས་སུ་**ལས་བྱེད་མཁན་**གྱི་གང་ཟག་ནི་སྔར་སྨོས་པ་ལྟར་གྱི། **ཁ་སྐོང་**འོས་པའི་**ཆོས་**བཅུ་གསུམ་དང་ལྡན་ཞིང་ལས་དེ་དང་དེ་**བརྗོད་པའི་ཚེ་ཚིག་ཕྱེད་ཀྱང་**། **མ་འཁྲུལ་**བར་དང་དེ་ཡང་**བློར་ཐོན་**པ་ཆོག་པ་**བརྡ་སྤྲོད་**པ་ལ་**མཁས་ཤིང་**ལས་བྱེད་པ་ལ་**སྤྲོ་**བ་དང་ལྡན་པའོ། །གསུམ་པ་གང་ལ་བྱ་བའི་ཡུལ་གྱི་ཁྱད་པར་ལ་གཉིས་ཏེ་སེམས་ཅན་མ་ཡིན་པ་ལ་བྱ་བ་དང་སེམས་ཅན་ལ་བྱ་བའོ། །དང་པོ་ནི་**མཚམས་ཆེན་པོ་བཅད་སོགས་**ཏེ་སོགས་སྒྲས་མཚམས་བུ་ཆུང་བཅད་ཅིང་དཀྱིལ་འཁོར་སར་བློ་མཐུན་བྱ་བ་དང་། དེ་དག་འགྲོལ་བ་དང་། མཚམས་ནང་དུ་ཆོས་གོས་དང་མི་འབྲལ་བའི་གནང་བ་སྦྱིན་པ་དང་། གསོ་སྦྱོང་གི་གནས་དང་རུང་ཁང་ལ་བློ་མཐུན་བྱ་བ་དང་། སྲ་བརྐྱང་ལ་བློ་མཐུན་བྱ་བ་དང་། སྲ་བརྐྱང་དབྱུང་བ་དང་། མཚམས་ཐ་དད་པ་ལ་གསོ་སྦྱོང་གཅིག་པའི་གནང་བ་སྦྱིན་པ་སྟེ་དེ་ལྟར་**བརྒྱད་པོ་བྱ་བའི་ཡུལ།** **སེམས་ཅན་ལ་མིན་**ཏེ་འཚམས་ཆེ་ཆུང་བཅད་པ་སོགས་**གནས་དང་**མཚམས་ནང་དེར་ཆོས་གོས་དང་མི་འབྲལ་བའི་གནང་བ་སོགས་**དངོས་པོའི་**ཁྱད་དེ་འང་སློབ་དཔོན་ཆེན་པོ་ཐོགས་མེད་ཀྱིས་མཛད་པའི་འདུལ་བ་བསྡུ་བ་ལས། དེ་དག་ཀྱང་གཞི་ལ་བརྟེན་པ་ཡིན་ཏེ། སེམས་ཅན་དུ་བགྲང་བ་དང་སེམས་ཅན་དུ་བགྲང་བ་མ་ཡིན་པའོ། །ཞེས་སེམས་ཅན་ལ་བྱ་བ་དང་སེམས་ཅན་

མ་ཡིན་པ་ལ་བྱ་བ་གཉིས་སུ་ངེས་པར་གསུངས་སོ། །དེའང་མཚམས་ཆེན་བཅད་པ་དང་། མཚམས་ཆུང་བཅད་པ༑ དེ་དག་དགྲོལ་བ་དང་། གསོ་སྦྱོང་གི་གནས་དང་རུང་ཁང་ལ་བློ་མཐུན་བྱ་བ་དང་། མཚམས་ཐ་དད་པ་ལ་གསོ་སྦྱོང་གཅིག་པའི་གནང་བ་སྦྱིན་པ་དེ་ལྔ་ནི་གནས་ཡིན་ལ། མཚམས་ཆེན་པོའི་ནང་དུ་ཆོས་གོས་དང་མི་འབྲལ་བའི་གནང་བ་དང་། སྲ་བརྐྱང་དབྱུང་བ་དང་གསུམ་ནི་དངོས་པོ་ཡིན་ནོ། །

གཉིས་པ་སེམས་ཅན་ལ་བྱ་བ་ལ་གཉིས་ཏེ་ཁྲིམ་པའི་རྟེན་ལ་བྱ་བ་དང་། རབ་བྱུང་གི་རྟེན་ལ་བྱ་བའོ་དང་པོ་ནི་ལྷུང་བཟེད་ཁ་སྦུབ་སོགས་སྨྲས་དེ་ཉིད་ཁ་བསྒྲང་བ་དང་ཁྲིམ་གྱི་བསླབ་པའི་སྡོམ་པ་སྦྱིན་པ་དང་དེ་བག་ཡངས་སུ་བྱ་བ་དང་། མུ་སྟེགས་ཅན་ལ་གནས་པ་སྦྱིན་པ་སྟེ་ལྔ་པོ་བྱ་བའི་ཡུལ་ནི་ཁྲིམ་པའི་རྟེན་ལ་དང་།

གཉིས་པ་རབ་བྱུང་གི་རྟེན་ལ་བྱ་བ་ལའང་གཉིས་ཏེ་བསྙེན་པར་མ་རྫོགས་པའི་རྟེན་ལ་བྱ་བ་དང་། རྫོགས་པའི་རྟེན་ལ་བྱ་བའོ། །དང་པོ་ནི་དགེ་སློབ་མའི་སྡོམ་པ་སྦྱིན་པ་དང་ཚངས་སྤྱོད་ཉེར་གནས་ཀྱི་སྡོམ་པ་སྦྱིན་པ་དང་བསྙེན་རྫོགས་ཀྱི་སྡོམ་པ་སྦྱིན་པ་དང་། དགེ་ཚུལ་བསྒྲིལ་བ་སྟེ་བཞི་པོ་རྣམས་ནི་བསྙེན་པར་མ་རྫོགས་རྟེན་ལ་བྱ་བའོ། །

གཉིས་པ་རྫོགས་པའི་རྟེན་ལ་བྱ་བ་ལའང་བཞི་སྟེ་སྦྱིན་པའི་ལས་བསྐོ་བའི་ལས། ཆད་པས་བཅད་པའི་ལས་ཆད་པ་དང་རྗེས་སུ་མཐུན་པའི་ལས་སོ། །དང་པོ་ནི་ཁང་པ་ཁང་ཆེན་བརྩིགས་པའི་གནང་བ་སོགས། །སྦྱིན་པའི་ལས་ཏེ་ཉི་ཤུ་རྩ་དྲུག་དང་སྟེ་འབྱུང་བ་འདི་དག་ཡུལ་དེས་དགེ་འདུན་ལ་གསོལ་བ་ལན་གསུམ་འདེབས་ནས་གཟོད་སྦྱིན་དགོས་སོ། །

གཉིས་པ་བསྐོ་བའི་ལས་ནི་གསང་སྟོན་བསྐོ་སོགས་བསྐོ་བའི་ལས་སོ་བཞི་འབྱུང་ལ། བསྐོ་བར་བྱ་བའི་ཡུམ་ནི་ཁ་སྐད་གི་ཆོས་དང་ལྡན་པ། སྤྲོ་བ་དྲིས་ཤིང་སྤྲོ་བ་ཕྱིན་པ་བསྐོས་པའི་བྱ་བ་ཐམས་ཅད་ལ་འདུན་པས་འགྲོལ་བ་ལ་སོགས་པ་འགྲོ་བ་བཞིས་འགྲོ་བ་མ་ཡིན་པ་རྒྱུད་ཚོགས་དུ་མ་ཚང་བ་སྟེ་ཁྱད་ཆོས་བཞི་ལྡན་དགོས་ཤིང་ཁྱད་པར་དུ་ཚོགས་སུ་ལོངས་པ་ཅིག་ཆར་དུ་བསྐོ་རུང་བ་མིན་པས་དབྱར་གྱི་གནས་མལ་སྟོབས་པ་དང་དགག་དབྱེ་བྱེད་པ་ལ་འདུས་ཚོགས་སུ་རྒྱས་པའི་དབང་གིས་གསུམ་ཡན་ཆད་བསྐོན་ལས་ཐ་དད་ཀྱིས་བསྐོའོ། །

གསུམ་པ་ཆད་པས་བཅད་པའི་ལས་ནི་བསྡིགས་དང་སྨད་སོགས་ཆད་པའི་ལས་བཅུ་བཞི་ནི་གང་དང་གང་ལ་འཇུག་པ་དེ་དང་དེ་ལ་བྱའོ། །བཞི་པ་ཆད་པ་དང་རྗེས་སུ་མཐུན་པའི་ལས་ནི་དབྱེན་སོགས་བསྒོ་གྲུར་བཅུ་བཞི་ཁར་བསྒོ་གྲུར་གྲངས་སུ་གཞུག་འོས་པ་ཞལ་ཏ་བ་ལ་བཤེས་ངོར་འཕྲུ་བ་ཟུར་གྱིས་འཕྲུ་བ། བསྒོ་བའི་ཚིག་གིས་ནུ་ལ་གཟོན་པ། ཅི་ཡང་མི་སྨྲ་བས་ནུ་ལ་གཟོན་པ་བཞི་སྡོམ་པས་བཅུ་བཞི་འབྱུང་བ་ནི། ཆད་པ་དང་

ནི་རྗེས་སུ་མཐུན་པའི་ལས་ཡིན་ནོ་གོང་དུ་སྨོས་པའི་ཁང་པ་ཁང་ཆེན་ལ་སོགས་པ་དེ་ཀུན་བསླེན་པར་རྫོགས་པའི་རྟེན་ལའོ། །དེ་བཞིན་དུ་བསམ་པ་ལའང་འདུ་ཤེས་དང་ཀུན་སློང་གཉིས་ལས། དང་པོ་ནི་ལས་ཆགས་པ་ལ་བྱེད་པ་པོ་དགེ་འདུན་ཐམས་ཅད་ལྷུང་བ་ཡིས། རྣམ་པར་དག་པ་སྟེ་དེས་མ་གོས་པ་དགོས་ལ་གལ་ཏེ་ལྷག་མ་མན་ཆད་ཀྱི་ལྟུང་བ་ཅི་རིགས་པས་ཡོག་ཅིང་རང་གཞན་ཀུན་གྱིས་དེར་འདུ་ཤེས་པ་རྣམས་ནི་དགེ་འདུན་བཙུན་པ་རྣམས་གསན་དུ་གསོལ་ལོ། །དེང་དགེ་འདུན་གྱི་{འདི་ནི་གསོ་སྦྱོང་ལ་དཔེར་མཛད་པ་ཡིན་གྱི། ཡང་རུང་ཁང་བྱིན་རླབས་སྐབས་དེང་དགེ་འདུན་གྱི་རུང་བའི་ཁང་པར་བགྱིད་པའི་དུས་ལགས་ཏེ། ཞེས་དང་། གསོ་སྦྱོང་མཛད་དེ་ཞེས་པའི་ཚབ་ཏུ། རུང་བའི་ཁང་པ་མཛད་དེ་ཞེས་བསྒྱུར་བ་སོགས་ལས་བརྒྱ་རྩ་གཅིག་ཐམས་ཅད་ལ་རིགས་འགྲེའོ། །}གསོ་སྦྱོང་བཅུ་བཞི་པའམ་བཅོ་ལྔ་པ་ལགས་ལ། བདག་ཅག་དགེ་འདུན་ཐམས་ཅད་ནི་ལྟུང་བ་དང་བཅས་པར་གྱུར་ན་སོགས་ནས། སླར་མཛད་དོ་འདི་ནི་གསོལ་བའོ། །ཞེས་གསོལ་བ་འབའ་ཞིག་པའི་ལས་ཀྱིས་བྱིན་རླབས་པས། ལས་དེ་དང་དེ་འཆགས་པ་ལ་མི་སྒྲིབས་མོད་ཀྱི་ཕམ་པ་ཅན་ནམ་ཡང་ལས་གྲོལ་དུ་འཇུག་རུང་བ་མིན། །

གཉིས་པ་ཀུན་སློང་ནི་བསྟན་འགྲོར་ཕན་པའི་བསམ་པས་ལས་དེ་ཉིད། །སྙིང་ཐག་པ་ནས་བྱེད་འདོད་ཡོད་པ་དང་དེ་ཡང་ངེས་འབྱུང་གི་བསམ་པས་ཟིན་ན་ཐར་པའི་རྒྱུར་འགྱུར་བའི། ཀུན་སློང་ཁྱད་པར་ཅན་དང་ལྡན་པ་ནི་ལས་ཆགས་པའི་རྒྱུའོ། །སྤྱིའི་གཉིས་པ་བརྗོད་པ་ལས་ཀྱི་ངོ་བོ་ནི་གསོལ་བ་འབའ་ཞིག་པ་སོགས་བྱ་རྒྱུའི་ལས་གང་ཡིན་པ་དེ་དང་དེའི་ངོ་བོ་མ་ནོར་ཞིང་། གོ་རིམ་མ་འཁྲུལ་བ་དང་ནི་བརྗོད་བྱེད་ཀྱི་ཚིག་ཕྱེད་མ་འཁྲུལ་བར། བརྗོད་པར་བྱེད་པ་ནི་མཛོད་ལས། ངག་རྣམ་རིག་བྱེད་ནི་ངག་སྒྲ། ཞེས་གསུངས་པ་ལྟར། ངག་གི་རིག་བྱེད་དང་ལྡན་པ་ནི་དགེ་འདུན་གྱི་ལས་དངོས་སོ། །དོན་གོ་བ་ལ་མི་གནོད་ན། གོ་རིམ་ཅུང་ཟད་འཁྲུགས་པ་དང་། ཚིག་གི་ཆ་ཤས་ཅུང་ཟད་ནོར་བ་ཙམ་གྱིས་ལས་མི་འཆགས་པ་མ་ཡིན་ཏེ། ཚིག་དང་དོན་གཉིས་ཀྱི་ནང་ནས་དོན་གཙོ་བོ་ཡིན་པའི་ཕྱིར། མདོ་རྩ་བར་དོན་གྱི་སྐབས་དག་གིས་གོ་རིམ་འཁྲུགས་པས་ནི་མི་འཆགས་པ་མ་ཡིན་ནོ། །དེ་ནི་མི་བྱ་བ་ཉིད་དོ། །ཞེས་གསུངས་པའི་ཕྱིར་རོ། །གསུམ་པ་ལས་ཉམས་སུ་མྱོང་བའི་ཚད་ནི་ལས་བྱེད་པ་པོ་ལས་གྲལ་དུ་ཞུགས་པའི་དགེ་འདུན་ཐམས་ཅད་ཀྱིས་ཀྱང་ཉན་ཤེས་རྣ་བའི་དབང་པོ་རྣམས་ཀྱིས་ཐོས་ཤིང་། ཡིད་ཤེས་ཀྱིས་དོན་གོ་བ་ནི་ལས་ཀྱི་ལས་དོན་ཉམས་སུ་མྱོང་བའི་ཚད་ཡིན་ལ། གསང་སྟོན་བསྒོ་བ་སོགས་བསྒོ་བའི་ལས་སོ་བཞི་པོ་རྣམས་དང་། ཁང་པ་ཁང་ཆེན་བརྩེགས་པའི་གནང་བ་སྦྱིན་པའི་ལས་ཉིཤུ་རྩ་དྲུག་རྣམས་ནི་བྱེད་པ་པོ་མ་ཟད་ཡུལ་བསྒྲུབ་བྱ་དེས་ཀྱང་ཐོས་ཤིང་དོན་གོ་བ་དགོས་སོ། །བཞི་པ་

ལས་འཆགས་པའི་དུས་ནི་གསོལ་བ་འབའ་ཞིག་པ་ཉི་ཤུ་རྩ་བཞི་དང་གསོལ་བ་དང་། གཉིས་ཀྱི་ལས་བཞི་བཅུ་ཞེ་བདུན་པོ་རྣམས་ཚར་རེ་བརྗོད་པས་ཆོག་ཅིང་དེ་རྫོགས་པའི་རྗེས་ལ་ལས་ཆགས་པ་ཡིན་ནོ། །གསོལ་བ་དང་བཞི་ཡི་ལས་སུམ་ཅུ་ཐམ་པ་ལ་བརྗོད་པ་གསུམ་ཀ་ལན་གསུམ་བརྗོད་དགོས་པ་ལས་ལན་གསུམ་པའི་ངོ་བོ་དང་། བྱ་བ་བརྗོད་པ་རྫོགས་པའི་རྗེས་སུ་ལས་དེ་དང་དེ་འཆགས་སོ། །

ལྔ་པ་ལས་ཀྱི་དབྱེ་བསྡུ་བསྟན་པ་ལ་དབྱེ་བ་སྤྱིར་བསྟན་པ་དང་སོ་སོར་བཤད་པའོ། །དང་པོ་ནི་སྤྱིར་དགེ་འདུན་ལས་ལ་བརྒྱ་རྩ་གཅིག་ཡོད་པ་དེ་ཐམས་ཅད་ཀྱང་བསྡུ་ན། གསུམ་གྱི་ནང་དུ་དུ་འདུས་ཤིང་ལུང་གཏམ་གྱི་གཞི་ལས་བཙུན་པ་ལས་དུ་མཆིས། ཉེ་བར་འཁོར་བརྒྱ་རྩ་གཅིག་གོ། །བཙུན་པ་ལས་དུ་དག་གིས་ལས་ཐམས་ཅད་བསྡུས། ཉེར་བ་འཁོར་གསུམ་གྱིས་ཏེ་གསུམ་གང་ཞེ་ན་གསོལ་བའི་ལས་དང་། གསོལ་བ་དང་གཉིས་ཀྱི་ལས་དང་། གསོལ་བ་དང་བཞིའི་ལས་སོ། །བཙུན་པ་ལས་བརྒྱ་རྩ་གཅིག་པོ་གང་ལགས་པ་དེ་དག་ལ་གསོལ་བའི་ལས་ནི་དུ། གསོལ་བ་དང་གཉིས་ཀྱི་ལས་ནི་དུ། གསོལ་བ་དང་བཞིའི་ལས་ནི་དུ་ཞིག་མཆིས། བཀའ་སྩལ་པ། ཉེ་བར་འཁོར་གསོལ་བའི་ལས་ནི་ཉི་ཤུ་རྩ་བཞིའོ། །གསོལ་བ་དང་གཉིས་ཀྱི་ལས་ནི་བཞི་བཅུ་རྩ་བདུན་ནོ། །གསོལ་བ་དང་བཞིའི་ལས་ནི་སུམ་ཅུའོ། །ཞེས་སོ། །སོ་སོའི་མཚན་ཉིད་ནི། གསང་སྟོན་བསྐོ་ནས་ལྟུང་བཟེད་སྤྱབ་སྲང་བར་ཉི་ཤུ་རྩ་བཞི་ནི། གསོལ་བ་འབའ་ཞིག་པ་སྟེ་བརྗོད་པ་མེད། །གསོ་སྦྱོང་གནས་ལ་བློ་མཐུན་བྱ་བ་ནས། །དབྱར་གནས་པ་ལས་དགེ་འདུན་གྱི་དོན་དུ་མཚམས་ཀྱི་ཕྱིར་འགྲོ་བ་ལ་ཞག་བཞི་བཅུའི་བར་ཚུན་ཆད་དུ་འགྲོ་བའི་གནང་བའི་བར་བཞི་བཅུ་ཞེ་བདུན་པོ་གསོལ་བ་སྔོན་དུ་འགྲོ་བའི་བརྗོད་པ་མཇུག་སྡུད་དང་། བཅས་པའི་ལས་ཡིན་ཞིང་དེ་དག་ལ་གསོལ་བ་དང་གཉིས་ཀྱི་ལས་ཞེས་བརྗོད། སྒྲུབ་བྱ་བསྙེན་པར་རྫོགས་པ་ནས་བཟུང་ཕམ་པ་འཆབ་མེད་ལ། གསོལ་བཞིའི་བསླབ་པ་བྱིན་པ་སྟེ་སུམ་ཅུ་ཐམ་པའི་བར་ནི་གསོལ་བ་སྔོན་དུ་འགྲོ་བའི་སྒོ་ནས། བརྗོད་པ་ལན་གསུམ་འཇུག་སྡུད་དང་བཅས་པ་ཡིན་ལ། དེ་ཕྱིར་གསོལ་བ་དང་བཞི་ཡི་ལས་ཞེས་བརྗོད། །

སྤྱིའི་གཉིས་པ་གང་ཟག་གི་ལས་ཞར་བྱུང་དང་བཅས་པ་ནི་གསང་སྟོན་གྱིས་ཕྱོགས་སུ་བར་ཆད་དྲི་བ་དང་ལས་སློབ་ཀྱིས་མངོན་དུ་བར་ཆད་དྲི་བ་དང་། ཁང་པ་ཁང་ཆེན་བརྩིག་པའི་གནང་བ་སྦྱིན་པ་སོགས་སྦྱིན་པའི་ལས་ཉི་ཤུ་རྩ་དྲུག་པོ་ཀུན་གྱི་ཐོག་མར་དགེ་འདུན་ལ། གསོལ་བ་འདེབས་པ་རྣམས་དགེ་འདུན་དང་འབྲེལ་པའི། གང་ཟག་གི་ལས་ཡིན་ཆོས་གོས་ལྟུང་བཟེད་སོགས་སྔགས་འཚོ་དང་མཁོ་བ་ལྷག་པའི་ཡོ་བྱད་རྣམས་བསྟན་པ་ཡིན་ནོ། །ཡོ་བྱད་སྔགས་རྣམས་བྱིན་གྱིས་རླབས་པ་དང་དགེ་བསྙེན་སྒྲུབ་པ་དང་། བར་མ་རབ་བྱུང་

སྒྲུབ་པ་དང་**དགེ་ཚུལ་སྒྲུབ་པ་སོགས་སྨྲས་**ནི། ལྟུང་བ་བཤགས་པ་དང་། དབྱར་ནང་དུ་མཚམས་ཀྱི་ཕྱི་རོལ་ཏུ་ཞག་གཅིག་ལ་སོགས་པ་འགྲོ་བར་བྱིན་གྱིས་བརླབས་པ་དང་། འདུན་པ་དང་ཡང་དག་ལེན་པར་བསྐོས་པའི་དགེ་སློང་དེ་ལ་དེ་དང་འབུལ་བ་དང་། དགག་དབྱེ་བྱེད་པ་ལ་དད་པ་འབུལ་བ་དང་། དགག་དབྱེ་གོ་བར་བྱ་བ་ལགས་སོ། །**གང་ཟག་རྐྱང་པའི་ལས་སོ་**ཞར་ལས་འོངས་པ་ནི་མཚམས་ཀྱི་ནང་དེ་ན་**དགེ་སློང་གཞན། མེད་ཚེ་**བྱིན་གྱིས་བརླབས་པ་བྱའོ་སྙམ་པའི་བློ་སྟོན་དུ་བཏང་སྟེ། **ཆོས་གོས་**གསར་པ་བྱིན་གྱིས་**རླབས་**པ་དང་རྙིང་པའི་བྱིན་རླབས་**དབྱུང་**བ་དང་**གསོ་སྦྱོང་**དང་། **དགག་དབྱེའི་སྔགས་ཚིག་དངོས་ལན་གསུམ་**ངག་ཏུ་**བརྗོད་པས་དོན་འགྲུབ་**པ་ཡིན་ལ་དེའང་དགོངས་གསོལ་མི་བྱེད་པ་ཡོད་མོད། ལྷ་རྣམས་དགོངས་སུ་གསོལ་ཞེས་བརྗོད་པའང་ཡོད་དོ། །**དེ་བཞིན་ཆོས་གོས་**ཀྱི་རྒྱུ་རུང་མིན་སོགས་**བརྟག་**པ་དང་**མགྲོན་པོས་པར་**ཚུད་མི་སླ་བའི་སྒོ་ནས། །**ཁས་བླངས་འདི་**དག་ཐམས་ཅད་**ཀུན་ཡིད་ཀྱིས་རྣམ་པར་བརྟག་**སྟེ་བྱའོ། །

སྤྱི་དོན་གསུམ་པ་ཉམས་ན་ཕྱིར་བཅོས་པའི་ཐབས་ལ་གཉིས་ཏེ་དབྱེ་བ་དང་། རྒྱས་བཤད་དོ། །དང་པོ་ནི༔ **གལ་ཏེ་ཉམས་ན་ཕྱིར་བཅོས་བྱ་བ་ལ།** འོག་ཏུ་སྡོམ་པ་གོང་མ་གཉིས་ཀྱི་སྐབས་སུ་བཤགས་བྱ་ནི་ལྟུང་བ་ཕྱིར་བཅོས་ཁོ་ན་ཡིན་མོད་སྐབས་**འདིར་ནི་ལུང་གི་གཞི་**པར་སྡོམ་ལས། རབ་བྱུང་གསོ་སྦྱོང་གཞི་དང་ནི། །དགག་དབྱེ་དང་ནི་ཀོ་ལྤགས་དང་། །སྨན་དང་གོས་དང་སྲ་བརྐྱང་དང་། །ཀོ་ཤམྦི་དང་ལས་ཀྱི་གཞི། །དམར་སེར་ཅན་དང་གང་ཟག་དང་། །སྤོ་དང་གསོ་སྦྱོང་བཞག་པ་དང་། །གནས་མལ་དང་ནི་རྩོད་པ་དང་། །དགེ་འདུན་དབྱེན་རྣམས་བསྡུས་པ་ཡིན། །ཞེས་གསུངས་པ་ལྟར་གཞི་བཅུ་བདུན་**རྣམས་ཚང་བའི་ཕྱིར།** གང་ཟག་བསླབ་པའི་ཆོས་ལས་ཉམས་པ་སོར་ཆུད་པར་བྱེད་པ་ནི་**ལྟུང་བ་ཕྱིར་བཅོས་**དང་དགེ་འདུན་མཐུན་པའི་ཆོས་ལས་ཉམས་པ་སོར་ཆུད་པར་བྱེད་པ་རྩོད་པ་ཕྱིར་བཅོས་ཏེ་གཉིས་སུ་ཕྱེ་སྟེ་འཆད་པར་བྱའོ། །

གཉིས་པ་རྒྱས་བཤད་ནི་དང་པོ་ལྟུང་བ་ཕྱིར་བཅོས་ལ་གཉིས་ཏེ་དགེ་སློང་ཕ་མའི་ལྟུང་བ་ཕྱིར་བཅོས་ལ་ནན་ཏུར་གྱི་ཕྱིར་བཅོས་དང་བཤགས་པས་ཕྱིར་བཅོས་དང་། སྡོམ་མགུའི་ཕྱིར་བཅོས་ཏེ། **གསུམ་དང་ཞར་བྱུང་གི་འཕྲོས་པ་གཞན་**ཏེ་བསླབ་ཚིག་སྟུ་མའི་ཕྱིར་བཅོས་བཤད་པའོ། །དང་པོ། དགེ་སློང་ཕ་མ་ནན་ཏུར་གྱིས་ཕྱིར་བཅོས་པ་ལའང་གསུམ་སྟེ། སྤྱིར་བསྟན་པ་དང་སོ་སོར་བཤད་པ་དང་། ནན་ཏུར་བྱས་པ་ལ་བཟོད་པ་བླང་བའོ། །དང་པོ་ལ་དྲུག་སྟེ། གཞི་གང་ལ་བྱ་བ། དགེ་འདུན་གང་གིས་བྱ་བ། དུས་ནམ་གྱི་ཚེ་བྱ་བ་དགོས་པ་གང་གི་ཆེད་དུ་བྱ་བ། ཆོ་ག་ཇི་ལྟ་བུས་བྱ་བ་མུ་བཞིར་ཡོད་པ་ཁ་འཕངས་པའོ། །དང་པོ་ནི། ནན་ཏུར་གྱི་ཚད་ལས། **གང་ལ་བྱ་བའི་ཡུལ་ནི་འཐབ་ཀྲོལ་བྱེད་པ་སོགས་སྨྲས།** ལྷག་མ་མི་མཆོས་བཀུད་ནས་བྱེད་པ། ཁྲིམ་

སྔུན་འབྱིན་པ་ཕོ་འཆམ་པ། གནས་སྤྱུང་གི་རྒྱུ་བདུན། ལྟུང་བ་གླེང་བའི་སྐབས་མི་ཕྱེ་བ། ཕྱེ་ཡང་མཉན་པར་མི་བྱེད་པ། སྡིག་ལྟ་མི་གཏོང་བ་ཡང་དག་མིན་པའི་བསྐུར་བ་འདེབས་པ་རྣམས་ཀྱི། གཞི་དེ་མ་ཞི་ཞིང་ད་དུང་ཡང་མ་བཏང་བར་དགེ་འདུན་གྱི་མངོན་སུམ་དུ་འདུག་ན། ནན་ཏུར་གྱི་ལས་བྱ་བ་འོས་པའི་དགེ་སློང་གིས་གླེང་ངམ་དེ་ལ་ལྟུང་བ་གླེང་བ་པོ་གཞན་མ་བྱུང་ན་དགེ་འདུན་གྱིས་ལྟུང་བ་གླེང་བ་པོ་བསྐོ་བ་དང་དེ་ལྟར་བསྐོས་པ་དེས་ཡུལ་དེ་ལ་མངོན་སུམ་དུ་གླེང་བའམ་གལ་ཏེ་མངོན་སུམ་དུ་མ་འོང་ན་འཕབ་ཀྱོལ་གྱི་རྒྱུ་བྱས་པ་དགེ་སློང་ཐམས་ཅད་ལ་གྲགས་པ་བརྗོད་པ་སྔོན་དུ་འགྲོ་བའི་སྒོ་ནས་བསྒྲིགས་པ་ནན་ཏུར་གསོལ་བཞིའི་ལས་ཀྱིས་བྱའོ། །

གཉིས་པ་དགེ་འདུན་གང་གི་བྱ་བ་ནི་ནན་ཏུར་གྱི་ལས། བྱེད་པོ་དགེ་འདུན་ནམ་རང་རྒྱུད་ཀྱི་ཚུལ་ཁྲིམས་བཤགས་སྡོམ་སོགས་གང་འོས་ཀྱིས་རྣམ་པར་དག་ཅིང་། ཁ་སྐོང་གི་ཆོས་ལྡན་ཞིང་ཡུལ་དེ་ལ་ཞེ་འཁོན་དང་བཅས་པ་མ་ཡིན་པ། ཐུགས་བརྩེ་བས་རྗེས་སུ་འཛིན་པ་དང་ལྡན་པའི་ཐུགས་དགོངས་རྣམ་པ་ཚུལ་ཁྲིམས་དག་པ་ཁ་སྐོང་གི་ཆོས་དང་ལྡན་པ་བརྩེ་བས་རྗེས་སུ་འཛིན་པའི་ཐུགས་དགོངས་རྣམ་དག་པ་ནང་ཞེ་འཁོན་མེད་པ་སྟེ་ཁྱད་ཆོས་བཞི་དང་ལྡན་དགོས་པར་གསུངས་སོ། །དག་པའི་དགེ་འདུན་གྱིས་གསུམ་པ་དུས་ནམ་གྱི་ཚེ་བྱ་བ་ནི། བྱར་ནང་དུ་ལྟུང་བ་གླེང་བ་བཀག་པ་སློས་མ་དགོས་ལ་གཞན་དགེ་འདུན་རྣམས། བྱེ་བར་འགྱུར་དགག་བྱ་མེད་པའི་དུས་སུའོ། །བཞི་པ་དགོས་པ་གང་གི་ཆེད་དུ་བྱ་བ་ནི་སྤང་བྱས་པའི་བྱ་བ་ངན་པའི་འཕྲོ་གཅོད་པ་དང་ཕྱིར་འཚོས་སུ་གཞུག་པའི་ཕྱིར་བྱ་བའོ། །

ལྔ་པ་ཆོ་ག་ཇི་ལྟ་བུས་བྱ་བ་ནི་ལྟུང་བ་གླེང་བ་དང་ཡུལ་འདི་ལྟ་བུ་ཞིག་ནས་གང་ཟག་འདི་ལྟ་བུ་ཞིག་དང་ལྡན་ཅིག་ཉེས་པ་འདི་ལྟ་བུ་ཞིག་བྱས་སོ་ཞེས་སོགས་ཀྱིས་དྲན་དུ་གཞུག་པ་དང་བཞམ་བསྒོ་མ་བྱས་པ་ལ་ནན་ཏུར་གྱི་ལས་མི་འཚགས་པས་དེ་དག་སྔོན་སོང་གསོལ་བ་དང་བཞིའི་ལས་ཀྱིས་ནན་ཏུར་གྱི་ལས་བྱའོ་ནན་ཏུར་གྱི་སྒྲ་བཤད་པ་ནི། རྒྱ་ཆེར་འགྲེལ་ལས། ནན་ཏུར་ཞེས་བྱ་བ་ནི་འོག་ཏུ་བཞག་ཅིང་བཤུང་བ་ཉིད་དོ། །ཞེས་གསུངས་པ་ལྟར། ནན་ཏུར་ནི་ཆད་པའི་ལས་ཏེ། ཡོངས་སུ་དག་པའི་ས་ནས་ཉམས་པར་བྱས་ཏེ། ས་འོག་མར་མི་འདོད་བཞིན་དུ་བཞག {རྒྱ་སྐད་ལ་པྲ་ཏི་ཀྲྀཿཞེས་པ་བོད་སྐད་དུ་ནན་ཏུར་ཏེ་སྤྱི་བཙམ། བཀའ་བཀྱོན་ནམ། ཚར་བཅད་པའི་མིང་ངོ་}པའོ། །ཞེས་ཐུབ་བསྟན་ཆོས་གྲགས་ཀྱིས་གསུངས་སོ། །ཡུལ་དེ་དགེ་འདུན་གྱི་མངོན་སུམ་དུ་མ་འོངས་ན། ནན་ཏུར་བྱས་པ་དེ་ལྟུང་བ་གླེང་བའི་ཡུལ་དེས་གོ་བར་བྱ་ཞིང་དེའི་མཇུག་ཏུ་དགེ་འདུན་ཐམས་ཅད་ལ་བསྒྲགས་པ་ཡིས་ཀྱང་སྒྲས་ནི་ནན་ཏུར་བྱའོ་ཞེས་སྔ་མ་ལ་སྐྱེགས་དགོས་པ་གནང་ངོ་། །

དྲུག་པ་མུ་བཞི་རྩེར་ཡོད་པ་ཁ་འཕངས་པ་ནི་ནན་ཏུར་དང་ནི་ས་གཞན་གནས་པ་ལ། །མུ་བཞི་རྩེར་ཡོད་

ཡོད་དེ། དེའང་ནན་ཏུར་གྱི་ལས་བྱས་པ་ཡིན་ལ། དམན་པའི་ས་ན་གནས་པ་མ་ཡིན་པའི་མུ་ནི་གསོ་སྦྱོང་བཞག་པ་དང་དགག་དབྱེ་བཞག་པ་ལྟ་བུའོ། །དམན་པའི་ས་ན་གནས་པ་ཡིན་ལ་ནན་ཏུར་བྱས་པ་མ་ཡིན་པའི་མུ་ནི་སྤོ་བ་སྤྱོད་པ་དང་། འགྱུ་བ་སྤྱོད་པ་ལྟ་བུའོ། །གཉིས་ཀ་མ་ཡིན་པའི་མུ་ནི་དགེ་སློང་རང་བཞིན་དུ་གནས་པ་རྣམས་སོ། །

གཉིས་པ་སོ་སོར་བཤད་པ་ལ་ལས་ཀྱི་དབྱེ་བ་ལ་བཅུ་ཡོད་པའི་དང་པོ་སྡིག་པ་ནན་ཏུར་ནི། དགེ་སློང་འཐབ་ཀྲོལ་བྱེད་ལ་བྱ་བ་འདི་ཐོང་ཞིག་ཅེས་བསྔོ་སྐྱེད་དུ་མི་བཏང་ན། ཁྱོད་གནས་ནས་དབྱུང་བར་བྱའོ་ཞེས་པའི་ཚིག་གིས་བསྡིགས[༡]པར་བྱེད་པའི་གསོལ་བཞིའི་ལས་བྱེད་པ་དང་ནི།

གཉིས་པ་སྨད་པ་ནན་ཏུར་ནི་དགེ་འདུན་ལྷག་མའི་ལྟུང་བ་བྱུང་བ་ཕྱིར་མི་འཆོས་པ་ལན་བཞི་ཚུན་ཆད་བཏུད་ནས་བྱེད་པ་ལ། སྨོད་པར་བྱེད་འདི་གང་ཟག་རང་དབང་ཅན་ཡིན་ཡང་གཉེན་པོ་སྟོབས་ཆུང་བའི་སྒོ་ནས་སྨད་དེ་དེ་ལས་མ་ལོག་པར་གཞན་ལ་གནས་ཚོས་ལ་བསྟོད་ཅིག་ཅེས་གསོལ་བཞིའི་ལས་ཀྱིས་སྨད་པར་བྱེད་པའི་གསོལ་[༢]བཞིའི་ལས་བྱའོ་ལྷག་མའི་ལྟུང་བ་ལན་གསུམ་ཚུན་ཆད་ལ་ནི་འགྱུ་བ་དང་། གཞི་འགྱུ་དང་། ཡང་འགྱུ་གསུམ་གྱིས་རིམ་བཞིན་འཆོས་སུ་རུང་ངོ་། །གསུམ་པ་བསྐྲད་པ་ནན་ཏུར་ནི། ཁྱིམ་པའི་ནང་དུ་བུད་མེད་དང་ལྷན་ཅིག་ཏུ་རྩེ་འཛེ་དང་འཕྱུར་གཡེང་ལ་སོགས་པ་ཁྱིམ་སུན་འབྱིན་པའི་སྤྱོད་པ་བྱེད་པའི་གང་ཟག་དེ་ལ༑ ཁྱིམ་པ་སུན་འབྱིན་བྱས་པའི་ཁྱིམ་པའི་གནས་དེ་ནས་བསྐྲད་[༣]པའི་གསོལ་བཞིའི་ལས་བྱེད་པའོ། །བཞི་པ་ཕྱིར་འགྱེད་ནན་ཏུར་ནི་དགེ་སློང་གང་། ཁྱིམ་པ་རྣམས་ལ་ཐོ་མཚམས་པར་བྱེད་པའམ་རབ་བྱུང་ལྷ་པོ་གང་རུང་ལ༑ ཐོ་འཚམས་པ་སྟེ་བརྙས་ཐབས་བྱེད་པ་དེ་ལ་ཕྱིར་བཟློག་པའི་ཆེད་དུ་ལས་ཀྱི་མཐའ་དེ་མ་གཏོང་གི་བར་དུ་དགེ་འདུན་གྱིས་མཛའ་ཞིང་ཡིད་གཙུགས་པ་དང་། དགའ[༤]བའི་དངོས་པོ་ལས་ཕྱིར་འགྱེད་པའི་གསོལ་བཞིའི་ལས་བྱ་སྟེ་དེ་རྣམས་རང་རང་གི་ནན་ཏུར་གྱི་མིང་དུ་གྲགས་སོ་དེ་ལྟ་བུ་གང་ལ་བྱས་པ་ཡང་། དམར་སེར་ཅན་གྱི་གཞི་ལས། དམར་སེར་ཅན་ལ་བསྡིགས་པ་དང་། །ལེགས་ལྡན་ལ་ནི་སྨད་པ་དང་། །འགྲོ་འགྲོགས་ནག་པོ་བསྐྲད་པ་སྟེ། །ཆུ་སྟོད་ལ་ནི་ཕྱིར་འགྱེད་དང་། །ཞེས་གསུངས་སོ། །ནན་ཏུར་དེ་དང་དེའི་མཐའ་ལ་ཉེས་པ་དེ་མི་གཏོང་ན་གང་ཟག་དེ་ཉིད་གནས་ནས་དབྱུང་བར་བྱའོ། །

ལྔ་པ་གནས་ནས་ཕྱུང་བ་ནི་ལྟུང་བ་ཕྱིར་མི་འཆོས་མས་གནས་ནས་ཕྱུང་བ། ལྟུང་བ་མ་མཐོང་ངོ་ཟེར་བ་གནས་ནས་དབྱུང་བ་སྡིག་ལྟ་མི་གཏོང་བ་གནས་ནས་ཕྱུང་བ། འཐབ་ཀྲོལ་བྱེད་པ་བཟློག་ཀྱང་མི་གཏོང་བ་གནས་ནས་དབྱུང་བ་རྣམ་པ་གདན་ལ་འབེབ་པའི་རྩོད་པ་བཞི་པའི་ཐབས་བྱས་ཀྱང་མ་ཞི་ན་གནས་ནས་དབྱུང

བ༑ འཐབ་ཀྲོལ་གྱི་རྒྱུ་འགོན་དུ་འཛིན་པ་མི་གཏོང་ཞིང་ཉེ་བར་སྒྲུབ་པ་གནས་ནས་དབྱུང་བ། དགེ་སློང་མ་རྣམས་དང་འཕྱུར་གཡེང་སོགས་ཀྱིས་གནས་པ་དབྱུང་བ་སྟེ་དེ་ལྟར་གནས་ཕྱུང་རྒྱུ་མདུན་གང་ལས་གྱུར་ཀྱང་རུང་། རེ་ཞིག་གཙུག་ལག་ཁང་ཐ་མ་ལྷ་བུ་གཞན་དུ་བཞག་ལ་དགེ་སློང་རང་བཞིན་དུ་གནས་པ་རྣམས་དང་ལྷན་ཅིག་ཏུ། གནས་པ་དང་ཆོས་དང་ཟང་ཟིང་གི་དངོས་པོ་ལ་ལོངས་སྤྱོད་དུ་མི་དབང་ཞིང་སླར་བཟོད་པ་གསོལ་ན། དང་པོ་བཟོད་པ་སྦྱིན་པ་དང་དེ་ནས་མཐུན་པར་སྦྱིན་པ་དང་དེ་རྗེས་མཐུན་པའི་གསོ་སྦྱོང་རྣམས། རིམ་བཞིན་སྦྱིན་དགོས་ཏེ། དེའང་གནས་ནས་ཕྱུང་བ་དེས་དགེ་འདུན་ལ་བཟོད་པ་གསོལ་ན། དགེ་འདུན་གྱིས་དེ་ལ་གསོལ་བཞིའི་ལས་ཀྱིས་བཟོད་པ་སྦྱིན། དེ་ནས་མཐུན་པ་སྦྱིན་པ་གསོལ་ནས། ཡང་གསོལ་བཞིའི་ལས་ཀྱིས་མཐུན་པར་སྦྱིན། དེ་ནས་མཐུན་པའི་གསོ་སྦྱོང་སྦྱིན་པར་གསོལ་ནས། དགེ་འདུན་གྱིས་གསོལ་བཞིའི་ལས་ཀྱིས་མཐུན་པའི་གསོ་སྦྱོང་བྱིན་པའི་ཚེ་རིང་གདུང་གནས་པ་ཉིད་ཐོབ་པ་ཡིན་ཏེ། མདོ་རྩ་བར་གསོ་སྦྱོང་མེད་པར་རང་བཞིན་དུ་གནས་པ་ཉིད་མི་འཐོབ་པོ་ཞེས་གསུངས་སོ། །མཐུན་པའི་གསོ་སྦྱོང་བྱིན་ཟིན་པ་དེའི་འོག་ཏུ་རང་བཞིན་དུ་གནས་པའི་དགེ་འདུན་རྣམས་དང་ལྷན་ཅིག་ཏུ་འཚོགས་ནས་མཐུན་པའི་གསོ་སྦྱོང་དངོས་བྱའོ། །དེས་ན་གསོ་སྦྱོང་བཅུ་བཞི་པ་དང་བཅོ་ལྔ་པ་གཉིས་སུ་མ་ཟད་འདིའི་སྐབས་སུ་ནམ་དགོས་དུས་སུ་བྱར་རུང་བ་ཡིན་ནོ་དེ་ལྟར་བྱིན་པས་ས་རང་བཞིན་དུ་གནས་པ་ཐོབ་པོ། །གལ་ཏེ་དགེ་སློང་དེ་སྡེ་སྣོད་གསུམ་འཛིན་ཞིང་ཕྱོགས་དང་འཁོར་མང་བ། སྙན་པའི་གྲགས་པ་དང་ལྡན་ཞིང་བསོད་ནམས་ཅན་གནས་དབྱུང་འོས་པར་གྱུར་ཀྱང་། མི་བྱ་སྟེ་རྒྱུ་མཚན་ནི་དགེ་འདུན་རྣམས་བྱེ་བའི་རྒྱུ་དང་ཉེས་པ་སྤྲོམ་པོར་འགྱུར་ཏེ་ཚིག་ལེར། མདོ་སྡེ་འདུལ་བ་མ་མོ་ལས། །མཁས་ཤིང་གྲགས་དང་ལྡན་པ་དང་། །བསོད་ནམས་ཆེན་པོ་ལ་སོགས་པ། །བསྐྲད་ཅིང་དཀར་བ་འོས་པ་མིན། །གང་ཕྱིར་འདི་དག་མུ་སྟེགས་ཀྱི། །རི་དྭགས་སྐྲག་བྱེད་སེང་གེའི་བུ། །འདི་དག་ཁྲིམ་པར་གྱུར་པ་ཡང་། །སྟོན་པའི་བློ་ཡིད་འདུ་ཤེས་བསྐྱེད། །འདི་དག་རྣམས་ཀྱིས་གཙུག་ལག་ཁང་། །མཛེས་བྱེད་ཁྱུ་མཆོག་སྒྲ་སྒྲོགས་ཤིང་། །དེ་བས་འདི་དག་སྨད་ན་ནི། །རང་གི་བསྟན་པ་སྨད་པ་ཡིན་ཞེས་གསུངས་སོ། །སྤྱིར་བཤད་པའི། བསྡིགས་པ་ནན་ཏུར་སྨད་པ་ནན་ཏུར་བསྐྲད་པ་ནན་ཏུར་ཕྱིར་འབྱེད་ནན་ཏུར་སོགས་བཞི་པོ་དགེ་ཚུལ་ཕ་མ་དང་། དགེ་སློབ་མ་ལའང་ཇི་ལྟར་འོས་པར་བྱ། དྲུག་པ་གསོ་སྦྱོང་བཞག་པ་དང་བདུན་པ་དགག་དབྱེ་བཞག་པ་དང་། བརྒྱད་པ་གསོལ་བརྗོད་བཞག་པ་རྣམས་ནི་དགེ་འདུན་གྱིས་ལྷུང་བ་གླེང་ཡང་སྐབས་མི་འབྱེད་པ་དང་། གླེང་བའི་སྐབས་ཕྱེ་ཡང་མཉན་པར་མི་བྱེད་པའི་གང་ཟག་ལ། གསོ་སྦྱོང་གི་དུས་སུ་གསོ་སྦྱོང་བཞག་པ་དང་དགག་དབྱེའི་དུས་སུ་དགག་དབྱེ་འཛོག་པ་དང་ལས་

གྲལ་ཪལ། འོང་དུ་མི་བཞུག་གསོལ་ཏེ་དགེ་འདུན་གྱི་ལས་ཡིན་ན་གསོལ་བ་ཡོད་པས་ཁྱབ་པའི་ཕྱིར། གསོལ་བ་དེ་བཞག་པས་ནི་དགེ་འདུན་གྱི་ལས་མཐའ་དག་ལ་འོང་དུ་མི་གཞུག་པ་བཀག་པ་ཡིན་ནོ་ཞེས་བརྗོད་ནས་བཞག་པའོ། །

དགུ་པ་དགེ་ཚུལ་བསྐྱིལ་བ་ནི་མདོ་སྡེ་ཚངས་པའི་དྲ་བ་ནས་གསུངས་པའི་སྡིག་པའི་ལྟ་བ་དྲུག་ཅུ་རྩ་གཉིས་ལས་གང་རུང་དང་ལྡན་པ་ཅན་གྱི་དགེ་ཚུལ་ལོག་བྱེད་ལྟས། ལོག་ཀྱང་མི་གཏོང་གནས་ནས་དབྱུང་(༩བ་ལ་བསྐྱིལ་ཞེས་བརྗོད་པ་ཡིན་ནོ། །བཅུ་པ་ལྟུང་བཟེད་ཁ་སྦུབ་པ་ནི་དགེ་འདུན་རྣམས་ལ། ཡང་དག་པ་མིན་པའི་བཀུར་བ་འདེབས་པའི་ཁྲིམ་པའི་ཁྲིམ་དུ་ནི། འགྲོ་ས་དང་སྟན་ལ་འདུག་པ་དང་ཁྲིམ་དེར་ཟས་ལ་ལོངས་སྤྱོད་སོགས་སྒྲས་ཆོས་བསྟན་ཡང་བཀགས་པས་མདོར་ན་དེར་ལྟུང་བཟེད་ཁ་བཟེད་པར་མི་བྱ་བས་ན། ལྟུང་བཟེད་སྦུབ་༡༠པ་ཞེས་བྱ་སྟེ་བསྡིག་པ་ནན་ཏུར་ནས་འདིའི་བར་ནི་ནན་ཏུར་བཅུ་གསུམ་པ་ནན་ཏུར་བྱས་པ་ལས་བཟོད་པ་བླང་བ་ནི་སྡིག་པ་སླད་པ་བསླད་པ་ཕྱིར་འགྱེད་སྟེ་ནན་ཏུར་དང་པོ་བཞི་ལ་ཡུལ་དེས་ཞི་ཐག་པ་ནས་བཟོད་པ་གསོལ་ན། དགེ་འདུན་གྱིས་དང་དུ་བླངས་ཏེ་གསོལ་བཞིའི་ལས་ཀྱིས་བཟོད་པ་སྦྱིན་དགོས་ལ། གསོ་སྦྱོང་བཞག་པ་དང་དགག་དབྱེ་བཞག་པ་དང་སོགས་སྒྲས་གསོལ་བརྗོད་བཞག་པ་ལའང་ཡུལ་དེས་གླེང་བའི་སྐབས་ཕྱེས་ན། དེ་ལ་ཉེས་པ་དགེ་སློང་ནས་ཕྱིར་བཅོས་བྱས་ཟིན་པ་དགེ་འདུན་དང་ལྷན་ཅིག་གསོ་སྦྱོང་དང་དགག་དབྱེ་བྱས་པས་བཟོད་གསོལ་གྱི་དོན་འགྲུབ་པ་ཡིན་ནོ། །ལྟུང་བཟེད་སྦུབ་པ་ལའང་གང་ལ་སྦུབ་པའི་ཁྲིམ་པས་བཟོད་པར་གསོལ་ན་དགེ་འདུན་གྱིས་ལྟུང་བཟེད་གསོལ་བ་འབའ་ཞིག་པའི་ལས་ཀྱིས་ཁ་བསྲང་ནས་ཁྲིམ་དེར་འགྲོ་བ་སོགས་བྱར་རུང་ངོ་། །ཞམ་པ་བྱུང་བ་ནི་གཙུག་ལག་ཁང་དུའང་མི་བཞག་པར་མཚམས་ཀྱི་ཕྱིར་རུ་བསྐྲད་པར་བྱ་སྟེ། ཚིག་ལེར་ཁྲིམས་འཆལ་རྣམས་ནི་ནམ་དུ་ཡང་། །གཙུག་ལག་ཁང་སོགས་ཉེར་སྤྱད་ཞེས་དང་། མདོ་རྩ་བ་ལས། ཚུལ་ཁྲིམས་འཆལ་བ་བསྐྲད་པར་བྱའོ། །ཞེས་དང་། ཞམ་པ་འཆབ་མེད་ཀྱི་མཚན་ཉིད་ནི་ལུང་མ་མོ་ལས་ཞམ་པ་བྱུང་བ་བསླབ་པ་ཕྱིན་པ་གང་ཞེ་ན། གལ་ཏེ་མི་ཚངས་པར་སྤྱོད་ནས་ཐ་ན་སེ་གོལ་གཏོགས་པ་ཙམ་ཡང་འཆབ་པའི་སེམས་མ་སྐྱེས་པ་ཡིན་ཏེ། དེ་ལ་དགེ་སློང་དགའ་བྱེད་དང་འདྲ་བ་བསློབ་པ་བྱིན་ཅིག །ཞམ་པ་བྱུང་བ་བསླབ་པ་བྱིན་པ་པོས་ཀྱང་བསླབ་པ་ལ་བསླབ་པར་བྱའོ་ཞེས་སོ༔ །དེས་སླེང་ཐག་པ་ནས་བཟོད་པར་གསོལ་ན་དགེ་འདུན་གྱིས་བཟོད་པ་དང་དུ་བླངས་རུང་སྟེ། ཞམ་པ་ལ་ངེས་པ་འཆབ་སེམས་ཡན་ལག་ཏུ་དགོས་པའི་ཕྱིར་གྲུབ་སྟེ། ལུང་ལས། གལ་ཏེ་སེམས་ནི་གཅིག་གིས་ཀྱང་། །འཆབ་པ་མེད་པར་འཆགས་བྱེད་ན། །ཐ་མ་བྱུང་བར་གྱུར་ན་ཡང་། །དེ་ནི་ཞམ་པ་མི་འགྱུར་རོ། །ཞེས་

དང་། ལུང་གཞིར། བཅབས་པ་ཆར་པ་བཞིན་དུ་འབབ། །མ་བཅབས་ཆར་བཞིན་དེ་མི་འབབ། །ཅེས་དང་། ཚིག་ལེར། མི་འཆབ་པ་ཡི་སེམས་ཀྱི་ནི། །གལ་ཏེ་བྱུང་ནའང་གཅིག་ལ་བཤགས། །ཆུང་དུ་ལ་ཡང་འཇིགས་པའི་ཕྱིར། །དེ་ལ་ཕས་ཕམ་མི་འབྱུང་ངོ་། །ཞེས་གསུངས་སོ། །དེ་ལ་**གསོལ་བཞིའི**་ལས་ཀྱིས་**ཆད་ལས་ཀྱི་བསླབ**་པ་ལུང་མ་མོ་ལས། ཕམ་པ་བྱུང་བ་བསླབ་པ་བྱིན་པ་གང་ཞེ་ན་གལ་ཏེ་མི་ཚངས་པར་སྤྱོད་པ་བྱས་ནས། ཐ་མ་སེ་གོལ་གཏོགས་པ་ཙམ་ཡང་འཆབ་པའི་སེམས་མི་སྐྱེད་པ་ཡིན་ཏེ། དེ་ལ་གསོལ་བཞིའི་ལས་ཀྱིས་བསླབ་པ་བྱིན་ཅིག ཅེས་གསུངས་སོ། །དེས་ན་དེ་**བྱིན**་ལ་དེས་ཀྱང་ཇི་སྲིད་འཚོའི་བར་དུ་**དགེ་འདུན་བཀུར**་བའི་ལས་ནངས་པར་སྣར་ལངས་སྒོ་དབྱེ་ཕྱང་བུ་བསལ་བ་སོགས། **དམན་སྤྱོད་ལྔ་དང་དུ་བླངས་ཤིང་ཁྱད་པར་ཀྱི༔** **སྤྱོད་པ་ལྔ་སྤང་ངོ**་དེའང་། དམན་པའི་སྤྱོད་པ་ལྔ་ནི། ནངས་པར་ཀྱི་དུས་སུ་གཙུག་ལག་ཁང་གི་སྒོ་འབྱེད་པ་དང་མར་མེའི་ཕྱང་བུ་བསལ་བ་དང་མར་མེ་སྦར་བ་སོགས་བྱ་༡བ། ཆོས་སྟོན་པའི་དུས་སུ་བདུག་སྤོས་དང་དྲིའི་སྤོས་ཕོར་ཉེ་བར་བཞག་པ་སོགས་བྱ་༢བ། གདུག་ཚོད་ལ་འདུ་བའི་དུས་སུ་སྤྱི་བླུགས་བཤམས་པ་དང་གཎྜི་བརྡུང་བ་སོགས་བྱ་བ་༣། དུས་ཐམས་ཅད་དུ་གཙུག་ལག་ཁང་ཐ་མ་ཞིག་ཏུ་གནས་སོགས་བྱ་བ་༤། དགོང་གའི་དུས་སུ་དུས་དང་མཐུན་པའི་ཚུལ་དགེ་སློང་རྣམས་ཀྱི་རྐང་པ་བཀྲུ་བ་སོགས་བྱ་བ་༥རྣམས་སོ། ཁྱད་པར་སྤྱོད་པ་ལྔ་ནི་དགེ་སློང་རང་བཞིན་དུ་གནས་པ་རྣམས་ཀྱིས་ཕྱག་དང་ལྡང་བ་སོགས་བྱེད་པའི་གུས་འདུད་ཀྱི་ལས་བདག་གིར་བྱེད་པ་སྤོང་བ་༦རང་བཞིན་དུ་གནས་པ་རྣམས་དང་འགྲོགས་ནས་མཉམ་པའམ་ལྷག་པའི་བསམ་པ་སྤོང་བ་༧། གཞན་གྱི་མཁན་སློབ་བྱེད་པ་སོགས་དགེ་སྦྱོང་བླ་མའི་གནས་ལྟ་བུ་སྤོང་བ་༨བཞག་ལ་ལྟུང་བ་གླེང་དྲན་བྱེད་པ་སོགས་ཆད་ལས་སུ་གཏོགས་པའི་བྱ་བ་སྤོང་བ་༩། དགེ་སློང་མ་ལ་ཆོས་སྟོན་པ་སོགས་སྟོན་པའི་ཁྱད་པར་དང་ཉེ་བར་སྤོང་བ་རྣམས་ཡིན་ནོ། **།ཐོས་བསམ་སྒོམ་ལ་འབད་པས། དགྲ་བཅོམ་ཐོབ་ན**་བསླབ་བྱིན་ལས་གྲོལ་ནས**་རང་བཞིན་གནས་པར་འགྱུར**་ཏེ་ལུང་ཕྲན་ཚེགས་ལས། གང་གིས་དགྲ་བཅོམ་པ་ཐོབ་པ་དེའི་ཚེ་སྔོན་གྱི་གྲལ་ལ་འདུག་པར་བྱའོ་ཞེས་དེ་ཐོབ་ཚེ་ལྟུང་བ་མཐའ་དག་པས་བསླབ་བྱིན་ཀྱང་རང་གི་བསླབ་གྲལ་ལ་བསྟོད་ཚིག་པར་གསུངས་སོ། **།འཆབ་བཅས་དང་ནི**་ལུང་ལས། དེས་དེ་བྱས་མ་ཐག་ཏུ་དགེ་སློང་དུ་མི་རུང་། དགེ་སྦྱོང་དུ་མི་རུང་ཤཱཀྱའི་སྲས་ཀྱང་མི་རུང་། དགེ་སློང་གི་དངོས་པོ་ལས་ཉམས། དེའི་དགེ་སྦྱོང་གི་ཚུལ་གྱིས་བླང་དུ་མེད་པར་འགྱུར་རོ། །འདི་ལྟར་ཏེ། དཔེར་ན་ཤིང་ཏ་ལའི་མགོ་བོ་གཅད་ན་སྔོན་པོར་འགྱུར་དུ་མི་རུང་ལ། འཕེལ་ཞིང་ཡངས་པ་དང་རྒྱས་པར་འགྱུར་དུ་མི་རུང་བ་བཞིན་ནོ། །ཞེས་དང་། མདོ་ལས། དགེ་སློང་མིན་ལ་དགེ་སློང་དུ། །སྨྲ་བའི་སྲིད་ལྟ་བསལ་བར་གྱིས། །ཤིང་རུལ་དག་ནི་སྤང་བར་གྱིས། །སྙིང་པོ་

མེད་པར་དོར་བར་གྱིས། །ཞེས་དང་། རྒྱ་ཆེར་འགྲེལ་ལས། དགེ་སློང་ཕམ་པ་བྱུང་བ་ལ་ནི་སྡོམ་པ་ཡོད་དུ་ཟིན་ཀྱང་། དེ་ལྟ་མོད་ཀྱི་དགོས་པ་མེད་པ་ཉིད་དུ་འགྱུར་ཏེ། སྡོམ་པ་ཡང་དག་པར་བླངས་པ་ནི་རྣམ་པར་གྲོལ་བ་ཐོབ་པའི་ཆེད་ཡིན་ལ། དེས་རྣམ་པར་གྲོལ་བ། ཐག་རིང་དུ་བྱས་པའི་ཕྱིར། དེས་ལ་དེའི་སྡོམ་པ་ནི་མེད་པ་དང་འདྲའོ། །ཞེས་དང་། མདོ་སྡེ་ལས། ཚུལ་ཁྲིམས་འཆལ་བ་ངན་སོང་ངན་འགྲོ་ལོག་པར་ལྟུང་། །ཞེས་དང་། མདོ་རྩ་བར་ཚུལ་ཁྲིམས་འཆལ་བ་བསྐྲད་པར་བྱའོ། །ཞེས་སོ། **།མཚམས་མེད་བྱས་པ་དག །** བསླབ་བྱིན་གྱིས་ཀྱང་**གསོ་མི་རུང་སྟེ་**བསླབ་པ་བྱིན་པ་ནི་ཚེ་འདི་ལ་རྣམ་པར་གྲོལ་བ་ཐོབ་པའི་ཆེད་ཡིན་ན་དེ་དག་ནི་**རྣམ་གྲོལ་གྱི་སྐལ་བས་དབེན་ནོ། །**

གཉིས་པ་བཤགས་པས་ཕྱིར་བཅོས་པ་ལ་ལྔ་སྟེ། ཡུལ། གང་ཟག །བསམ་པ། ཆོག །དགོས་པའོ། །དང་པོ་ལ་བཤགས་ཡུལ་ནི་དཔེར་ན་ལྟུང་བྱེད་ཀྱི་ནང་ནས་དུད་འགྲོ་གསོད་པའི་ལྟུང་བྱེད་ལྟ་བུ་བཤགས་པའི་ཚེ་རབ་བཤགས་ཡུལ་དེ་ལྟུང་བྱེད་ཀྱི་རིགས་ཀྱིས་མ་གོས་པའམ། སྡེ་ཚན་མཐུན་པས་མ་གོས་པ་རྙེད་ན་མཆོག་ཡིན་ཞིང་། དེ་འདྲ་མ་རྙེད་ན་རང་རང་གིས་བཤགས་བྱའི་དུད་འགྲོ་གསོད་པའི་ལྟུང་བ་ལྟ་བུ་མིང་མཐུན་པས་མ་གོས་པ་དགོས་ཀྱི་དེས་གོས་ན་བཤགས་ཡུལ་དུ་མི་རུང་སྟེ་མདོ་རྩ་བར། སྡེ་ཚན་ལས་སོ། །མེད་ན་ལྟུང་བ་ལས་སོ། །ཞེས་གསུངས་པའི་ཕྱིར་རོ། **།བསྒོ་བསྒྲུར་གྱི་ལྟུང་བ་བཅུ་ནི་མཚམས་ནང་དེར་གནས་པའི། དགེ་འདུན་ཀུན་ལ་ཕྱིར་བཅོས་བྱ་ཞིང་བཤགས། །སོར་བཤགས་རྣམས་ནི་གང་ཟག་ལ་རུང་བས་བཤགས་ཆེ།** དགེ་སློང་གཅིག་གམ་གཉིས་སོགས་ལ་ཐོས་པར་བྱ་ཞིང་སྒྲེ་སྡུགས་འདོན་པའི་ཚུལ་གྱིས་བཤགས་པ་དང་། **སྤང་བའི་ལྟུང་བྱེད་རྣམས་ནི་**ལྟུང་བ་འབྱུང་བའི་རྒྱུར་གྱུར་པའི་**དངོས་པོ་སྤངས་པའི་ཞག་གཅིག་གི་**མཚམས་**ནས།** ལྟུང་བ་རིས་མཐུན་པ་མེད་པའི་**གང་ཟག་ལ་**མདོ་རྩ་བར་སྤང་བ་ལས་ནི་སྤངས་པ་དང་འབྲལ་བ་སྔོན་དུ་བཏང་བ་ལས་སོ། །ཞེས་གསུངས་པས་**བཤགས་**པ་དང་དེས་མཚོན་ནས་ལྟུང་བྱེད་འབའ་ཞིག་པ་ལ་ཞག་གི་སྤང་བྲལ་སྔོན་དུ་འགྲོ་མི་དགོས་པའི་བཤགས་པ་འབའ་ཞིག་པའོ། །དགེ་འདུན་**ལྷག་མ་ལ་གཏོགས་པའི། སྦོམ་པོ་ལྕི་བ་**ལས་སུ་རུང་བའི་ཡན་ལག་གི་རྣམ་པ་ལ་རྩོལ་བ་ལ་སོགས་པ་**རྣམས་**བཤགས་ཡུལ་ཉུང་མཐའ་**དགེ་སློང་ལྔ་ནས་བཟུང་། ཇི་སྙེད་**ཡོད་པ་ལ་**བཤགས་དགོས་**ཤིང་ལྷག་མ་**དེ་ཡི་སྦོམ་པོ་ཡང་**བ་ལས་སུ་མི་རུང་བའི་ཡན་ལག་གི་རྣམ་པ་ཉིད་པ་ལྟ་བུ་**རྣམས་**ནི་དགེ་སློང་**གཅིག་ལ་བཤགས་དགོས་ཤིང་**ཕམ་པར་གཏོགས་པའི་**སྦོམ་པོ་**ལྕི་བ་ཡན་ལག་མ་ཚང་བའི་ཐུས་མང་པོ་བརྐུས་པ་དང་རྟེན་བུ་མཐུ་མེད་པ་ལ་ཁྲུབ་འཁྲིན་པ་ལྟ་བུ་ནི་ཡུལ་དགེ་སློང་ཉུང་མཐར་**དྲུག་ནས་ཇི་སྙེད་**ལ་**བཤགས་**དགོས་ཏེ་འདུལ་ཊཱི་ཀ་ནོར་བུའི་ཕྲེང་བ་ལས།

མཚམས་བཅད་ན་དེར་གཏོགས་ཀྱི་དགེ་སློང་ཐམས་ཅད་དང་། མ་བཅད་ན་དགེ་སློང་དྲུག་ཡན་ཆད་དགོས་པ་གསུངས་སོ། །འདི་ཐམ་པའི་སྦྱོམ་པོ་ལྷི་བ་ཁོ་ནའི་བཤགས་ཡུལ་ཡིན་གྱི་ཐམ་པའི་སྦྱོམ་པོ་ཡང་བ་ནི་མཚམས་བཅད་ཀྱང་དེར་གཏོགས་ཀྱི་དགེ་འདུན་ཐམས་ཅད་འདུ་མི་དགོས་པར་སེམས་སོ། །ཐམ་པ་དེའི་སྦྱོམ་པོ་ཡང་བ་རྩ་དང་ཕུ་མ་བརྐུས་པ་ལྟ་བུ་ནི་ཡུལ་དགེ་སློང་ཉུང་མཐའ་ཡང་། བཞི་སོགས་ལ་བཤགས་དགོས་པ་ཐུབ་བསྟན་ཆོས་གྲགས་ཀྱིས་ཐམ་པའི་ཡན་ལག་གཅིག་མ་ཚང་བ་ལྟ་བུ་ནི་ཐམ་པའི་སྡེར་གཏོགས་ཀྱི་སྦྱོམ་པོ་ལྷི་བ་ཡིན་ལ། ཐམ་པའི་ཡན་ལག་གཉིས་མ་ཚང་བ་ལྟ་བུ་ནི་ཐམ་པའི་སྡེར་གཏོགས་ཀྱི་སྦྱོམ་པོ་ཡང་བ་ཡིན་པར་གསུངས་སོ། །

གཉིས་པ་གང་ཟག་ནི་རང་རྒྱུད་ལ་ལྟུང་བ་བྱུང་ཞིང་བྱུང་བ་ལྟར། དྲན་པའི་དགེ་སློང་གིས་བཤགས་པ་བྱེད་དགོས་སོ་གསུམ་པ་བསམ་པ་ནི་བཤགས་པ་པོས་སྙིང་ཐག་པ་ནས་ནི། བཤགས་འདོད་པས་སྔར་བྱས་ལ་འགྱོད་པ་དྲག་པོ་ཡོད་དགོས་ཏེ། འདུལ་བའི་སྤྱི་དོན་ཐུབ་བསྟན་གསེར་གྱི་རྒྱལ་མཚན་མཛེས་པར་བྱེད་པའི་ལེགས་བཤད་ནོར་བུའི་ཕྲེང་བ་ལས་འགྱོད་པ་དྲག་པོས་སྟོང་པོ་འགྲེལ་བའམ་རྩ་བཀྲུམ་པ་ལྟ་བུ་དང་ངོ་ཚ་སྐྱེས་ན་འདག་གི་ཆད་ལས་ཁོ་ནས་མི་འདག་གོ་ཞེས་གསུངས་སོ། །བཤགས་འོས་དང་ཕྱིན་ཆད་དེ་ལྟར་མི་བྱེད་པའི་སྡོམ་སེམས་བརྟན་པོ་དང་ལྡན་པ་གཙོ་ཆེ་སྟེ་རྒྱ་ཆེར་འགྲེལ་ལས། བཤགས་པར་བྱ་བའི་ལྟུང་བ་ལས་ནི་སྡོམ་པར་བྱ་བ་དེ་དང་བཅས་པའི་བཤགས་པ་བྱས་ན་ལྟུང་བ་ལས་ལྡང་བ་སྟེ། དག་པ་དང་མ་དག་པ་ནི་བསམ་པའི་གཞི་ལས་བྱུང་བ་ཡིན་པས་བསྡོམ་སེམས་མེད་ན་བཤགས་པས་ཅིར་ཡང་མི་འགྱུར་རོ། །འདིར་གཞུང་ནི། ཕྱིན་ཆད་སྡོམ་མམ་སྡོམ་མོ་ཞེས་གསུངས་པ་ཡིན་ནོ། །ཚིག་བརྗོད་པ་ནི་སེམས་བཟློག་པ་སྔོན་དུ་བཏང་བ་ཡིན་གྱི་གཞན་དུ་ན་བརྫུན་སྨྲ་བ་ཁོ་ནར་འགྱུར་རོ། །ཞེས་གསུངས་སོ། །ཐུབ་བསྟན་ཆོས་གྲགས་ཀྱིས། དེ་ཡང་སྡིག་ལྟུང་གང་ཡིན་ཀྱང་། དེ་ཉིད་བཤགས་པས་འདག་པའི་རྒྱུའི་གཙོ་བོ་ནི་འགྱོད་པ་དང་སྡོམ་སེམས་ཡིན་གྱི་དེ་གཉིས་མེད་པའི་ཚིག་ཙམ་གྱིས་བཤགས་པས་སྡིག་ལྟུང་མི་འདག་པར་མ་ཟད་བརྫུན་དུ་སྨྲ་བ་ཆེན་པོ་ཡིན་པར་གསུངས་སོ། །ཞེས་གསུངས་སོ། །

བཞི་པ་ཚིག་ནི་བཤགས་པའི་ཚིག་དང་བཤགས་པའི་སྟུགས་ཚིག་རྣམས་འདུལ་བ་མདོ་རྩ་བའི་འགྲེལ་པ་སོགས་གཞན་དུ་ཤེས་པར་བྱའོ། །

ལྔ་པ་དགོས་པ་ནི་དེ་ལྟར་བཤགས་པ་བྱས་པའི་དགོས་པ་ལྟུང་དང་དེའི་རྣམ་སྨིན་དག་པས་ངན་འགྲོར་མི་སྐྱེ་བ་དང་ཉེས་པ་མི་འཕེལ་བ་དང་། ཉེས་པའི་གཉེན་པོར་གྱུར་པའི་བསླབ་པ་གོང་འཕེལ་འགྱུར་བ་སོགས་

ཀྱི་དགོས་པ་ཡོད་དོ། །དེ་ལྟར་ཡང་བམ་པོ་ལྔ་བཅུ་པ་ལས། འཁྲོད་པ་མེད་པའི་རིམ་གྱིས་མཆོག་ཏུ་དགའ་བ་སྟོན་དུ་འགྲོ་བའི་ཆོས་ཐོབ་པར་འགྱུར་བ་དང་ཞེས་སོགས་ཕན་ཡོན་བཅུ་གསུངས་སོ། །ཕྱིར་བཅོས་ཚུལ་བཞིན་བྱས་པས་ཉེས་པ་འདག་ཚུལ་ལ་བཞེད་པ་མི་འདྲ་བ་མང་སྟེ། ཁ་ཅིག་གིས་དག་པའི་དོན་ལྟ་བུའི་འཕེལ་ཁ་རྒྱུན་ཆད་པ་ཙམ་ཡིན་གྱི་ལྡང་བའི་ངོ་བོ་མི་འདག་སྟེ། བཤགས་པ་བྱས་ཀྱང་ལས་དེའི་རྣམ་པར་སྨིན་པའི་རྒྱུན་འདྲ་བ་ཕྲུག་མ་ལྟ་བུའི་དམྱལ་བར་སྐྱེས་པ་སོགས་རྣམ་སྨིན་འབྱིན་པ་ཡོད་པར་ལུང་གཞི་ལས་གསུངས་པའི་ཕྱིར་དང་བཤགས་པ་བྱས་ཀྱང་དུད་འགྲོར་སྐྱེས་པའི་ཕྱིར་ལུང་ཕྲན་ཚེགས་ཀྱི་བ་ལང་བདག་གི་བྱུང་བ་ལས་བཤད་པའི་ཕྱིར་ཞེས་གསུངས་སོ། །ཡང་ཁ་ཅིག་དག་པའི་དོན་ལྡང་བ་བཤགས་པ་ལས་མ་སྨྲིབ་པའི་ཚ་དེ་དག་པར་འགྱུར་བའི་དོན་ཡིན་གསུངས་པའོ། །

གསུམ་པ་སྤོ་འགྱུའི་ཕྱིར་བཅོས་ནི་དགེ་འདུན་ལྷག་མ་འཆབ་པའི་ཉེས་པ་དང་བཅས་པའི་གང་ཟག་ལ་འཆབ་ཉེས་དེ་འདག་པའི་ཕྱིར་ཇི་ཙམ་འཆབ་པ་དེ་ཡི་ཞག་གྲངས་བཞིན། དགེ་འདུན་གྱི་གཡོག་བྱ་བའི་སྤོ་བ་དགེ་འདུན་གྱི་གྲལ་ནས་དམན་པའི་གནས་སུ་བཀར་ཏེ། རང་བཞིན་དུ་གནས་པ་ལས་གྲལ་མཐའ་དུ་སྤོ་བའི་ཕྱིར་དེ་སྐད་བརྗོད་པ་ཡིན་ནོ། །གསོལ་བ་བཞིའི་ལས་ཀྱིས་སྦྱིན་པ་ལུང་གཞིར་བཅབས་པ་ཆར་བ་བཞིན་དུ་འབབ། །མ་བཅབས་ཆར་བཞིན་དེ་མི་འབབ། །ཅེས་གསུངས་པ་ལྟར། བཅབས་པའི་ཆད་ལས་བྱིན་པས་ཉེས་པ་འཕེལ་བ་རྒྱུན་ཆད་པ་དང་། བཅབ་ཉེས་བཤགས་པའི་རྟེན་དུ་རུང་བ་སོགས་ཀྱི་དགོས་པ་ཡོད་དོ། །དགེ་འདུན་གྱི་གཡོག་བྱ་བ་ལས་དེ་གང་ཞེ་ན། ནངས་པར་སྟ་བར་ལང་ཏེ་སློ་དབྱེ་བ་དང་མར་མེའི་གོང་བུ་བསལ་བ་དང་གཙུག་ལག་ཁང་དུ། ཆག་ཆག་གདབ་པ་དང་ཕྱག་དར་བྱ་བ་དང་བའི་ལྕི་བ་འཇམ་པོས་བྱུག་པ་དང་། བཤང་གཅིའི་སྐྱབས་སྦྱང་བ་སོགས་ཏེ་སོགས་སྒྲས་ས་འཕྱུག་པ་དང་དུས་དང་མཐུན་པའི་ཆུ་བཞག་པ་དང་། ཕྱ་ཁ་བསལ་བ་དང་། སྟན་བཤམ་པ་སོགས་ཀྱིས་མཉེས་པར་སྒྲུབ་པར་བྱ་སྟེ་བྱ་བ་འདི་དག་ནན་ཏུར་བཞི་པོ་དང་གནས་ཕྱུང་བདུན་པོ་དག་གིས་ཀྱང་བྱའོ་སྤོ་བ་སྤྱོད་པ། དེ་ཡི་བར་འཆབ་ཉེས་ཀྱི་ལྡང་བ་རིགས་མཐུན་རིམ་ཞུགས་ན། སྔར་ཞག་གྲངས་ཇི་ཙམ་སོང་བ་དེ་མི་བགྲང་བར་སྤོ་བ་བསྐྱར་ཏེ་སྦྱིན་པ་ནི་གཞི་ནས་སྤོ་ཞེས་བྱ་བ་དང་ཡང་འཆབ་ཉེས་ཀྱི་ལྡང་བ་རིས་མཐུན་གསུམ་པ་ཞུགས་ན་སླར་ཡང་སྤོ་བ་སྦྱིན་པ་ནི་ཡང་སྤོ་ཞེས་བྱའོ། །སྤོ་བ་སྤྱོད་རིང་ལ་འཆབ་ཉེས་མ་བྱུང་ན་སྤོ་བ་དེའི་མཐར་ལྷག་མའི་དངོས་གཞི་འདག་པའི་ཕྱིར་གསོལ་བཞི་ཡིས། དགེ་སློང་ཕ་མའི་དབྱེ་བས་གོ་རིམ་ལྟར་ཞག་དྲུག་དང་ཟླ་བ་ཕྱེད་དུ། དགེ་འདུན་མཉེས་པའི་གཡོག་འབའ་ཞིག་བྱ་བའི་མགུ་བ་དགེ་འདུན་སྤྱིའི་ཞབས་ཏོག་ཚུལ་བཞིན་སྒྲུབ་སྟེ་དམན་པའི་སྤྱོད་པས་ཐུགས་མགུ་བར

བྱེད་པས་ན་དེ་སྐད་བརྗོད་པ་སྟེ་སྦྱིན་ནོ། །མགྱུ་བ་དེ་སྦྱོད་པའི་རིང་ལ་ཡང་ལྟུང་བ་རིས་མཐུན་གཉིས་པ་བྱུང་ན་སྔ་མའི་ཞག་གྲངས་ཇི་ཙམ་སོང་བ་དེ་མི་བགྲང་བ་གཞི་ནས་གསོལ་བཞིའི་ལས་ཀྱིས་མགྱུ་བ་སྦྱིན་དགོས་པ་དང་ཡང་ལྟུང་བ་རིས་མཐུན་གསུམ་པ་ཞུགས་ན། གསོལ་བཞིའི་ལས་ཀྱིས་ཡང་མགྱུ་བ་སྦྱིན་དགོས་པ་སྔ་མས་སྟེ་གཞི་སྤོ་དང་ཡང་སྤོ་དག་གིས་རིགས་འགྲེའོ། །དེའང་ལྷག་མའི་ཆད་ལས་ཀྱི་སྐབས་སུ་ལྟུང་བ་རིགས་མཐུན་གསུམ་མན་ཆད་བྱུང་ན་མགྱུ་བ་དང་། གཞི་མགྱུ་དང་། ཡང་མགྱུ་གསུམ་བྱིན་པས་ཆོག་ལ། ལྷག་ལྟུང་བཞི་ཡན་ཆད་བྱུང་ན་སྐྱད་པ་ནན་ཏུར་བྱའོ། །སྤོ་མགྱུ་སྤྱད་བཞིན་པའི་རིང་ལ་སྔོན་ལྷག་པའི་ལྟུང་གཞན་བྱུང་ཡོད་པ་དྲན་ན་སྤོ་བ་དང་མགྱུ་བ་ཐ་དད་སྦྱིན་དགོས་པར་བཤད་ལ། གལ་ཏེ་གང་ཟག་དེ་ངོ་ཚ་ཆེན་པོ་དང་ལྡན་ཞིང་སྡེ་སྣོད་གསུམ་འཛིན་པའི་ཡོན་ཏན་དང་ལྡན་ན། གང་ཟག་གཅིག་གམ་གཉིས་སམ་གསུམ་གྱི་མདུན་དུ་དགེ་འདུན་ལྷག་མའང་བཤགས་སུ་རུང་བར་བཞེད་དོ། །ཕྱིར་བཅོས་ལ་གཽ་ཤམྦྱིའི་གཞི་དང་ནན་ཏུར་ལ་དམར་སེར་ཅན་གྱི་གཞིར། གྲགས་ཏེ་གླེང་གཞིའི་ཐོག་མར་དགེ་སློང་དམར་སེར་ཅན་དང་གཽ་ཤམྦྱི་ལས་བྱུང་བ་ཡིན་པས་སོ༑ ༑གཞན་ཡང་ཉེས་བྱས་ཀྱི་སྡེ་ཚན་རྣམས་ལས་བཤགས་བྱའི་ཉེས་བྱས་རྣམས་ནི་གང་ཟག་ལ། ལྟུང་བ་རང་མིང་གིས་བཤགས་དགོས་ཤིང་བསྡམ་བྱའི་ཉེས་བྱས་རྣམས་ནི་ཡིད་ཀྱིས་སྡོམ་པས་སོར་ཆུད་པར་གསུངས་སོ། །སྡོམ་བྱའི་ཉེས་བྱས་ནི་འདིར་བསྟན་གྱི་ཉེས་བྱས་བརྒྱ་དང་བཅུ་གཉིས་ཀྱི་ནང་དུ་མ་འདུས་པའི་ཉེས་བྱས་ཏེ། མདོ་རྩ་བ་སོགས་ལས། འགལ་ཚབ་ཅན་དུ་འགྱུར་རོ་ཞེས་དང་། འདས་པ་དང་བཅས་པ་འགྱུར་རོ། །ཞེས་གསུངས་པ་རྣམས་ཡིན་ནོ། །ཞར་བྱུང་བསླབ་ཚིགས་སྔ་མའི་ཕྱི་བཅོས་ནི་དགེ་ཚུལ་ཕ་མའི་ཕམ་འདྲ་འཆབ་བཅས་བྱུང་ན་གསོར་མི་རུང་སྟེ་འོད་ལྡན་ལས། མི་གསོད་ལ་སོགས་བཞི་རྣམས་ཀྱིས། །དགེ་ཚུལ་ལས་ནི་ཉམས་གྱུར་ན༑ ༑དགེ་སློང་བཞིན་དུ་དགེ་ཚུལ་ལའང་། །ཕྱི་ནས་སྡོམ་སྐྱེས་སྐལ་བ་{ལྷག་ཚང་ལོ་ཙཱ་བས་ཚིག་བཞི་འདི་བྱེ་བྲག་བཤད་མཛོད་ཀྱི་ལུང་ཡིན་པར་གསུངས་སོ། །} མེད། །ཞེས་གསུངས་སོ། །ལུང་རིག་གཏེར་མཛོད་ལས། དགེ་ཚུལ་གྱི་སྡོམ་པ་ལན་ཅིག་བླངས་ཀྱང་རྩ་ལྟུང་འཆབ་བཅས་ཀྱི་སྒོ་ནས་ཉམས་པའི་གང་ཟག་ལ་སྡོམ་པ་ཕྱོག་ཀྱང་མི་ཆགས་ཏེ། རྒྱུད་ངོ་ཚ་མེད་པ་དང་ཁྲེལ་མེད་པ་ཤས་ཆེན་པོས་གང་བར་བྱས་པའི་ཕྱིར་ཞེས་གསུངས་སོ། །དགེ་ཚུལ་ཕམ་འདྲ་འཆབ་མེད་བྱུང་བ་ནི་དགེ་སློང་ལ་ཕམ་པ་འཆབ་མེད་བྱུང་ན་ཇི་ལྟར་བྱེད་པའི་ཚུལ་སྟར་སློས་པའི་སྐབས་བཞིན་བསླབ་བྱིན་སྒྲུབ་དགོས་པ་འགྲེལ་པ་འོད་ལྡན་ལས་བཤད་དོ། །དགེ་ཚུལ་སློང་གང་ཡིན་ཀྱང་འཆབ་པ་ནི་རྒྱལ་དབང་ལྔ་པའི་འདུལ་ཊཱི་ཀ་ལས་སྦྱིར་འཆབ་པ་ཞེས་བྱ་བའི་དོན་ནི་གསང་བའམ། སྤྱིད་པ་ཁོ་ན་ལ་བཞེད་པ་མང་ཡང་འདུལ་ཊཱི་ཀ་རྣམས་ཀྱི་དགོངས་དོན་ལ་བརྟགས་ན་ལས་དེ་

སྤྱོད་པའི་རྗེས་སུ་ཅུང་ཟད་ཀྱང་འགྱོད་པ་མ་གྱུར་ཅིང་སྤྲོ་བ་ཉམས་སུ་མྱོང་བས་གཞན་ལ་མཐོལ་བཤགས་ཀྱི་ཆེད་དུ་གླེང་བར་མི་བྱེད་པར་ཉེས་པ་ལ་ཡིད་མི་ཆེས་པ་ཞིག་ཡིན་ནམ་སྙམ་སྟེ། དཔེར་ན་སྒྲོག་གཅོད་ལྷ་བུའི་ཕམ་པས་གོས་པ་མ་སྨྲས་ཀྱང་ཕམ་པ་འཆབ་བཅས་སུ་འགྱུར་བ་མང་ཞིང་རྒྱ་ཆེར་འགྲེལ་པས། ངས་བཤད་པ་ལ་ཡིད་མི་ཆེས་པ་དེ་དག་ནི་འཆབ་པར་སེམས་སོ། །ཡིད་ཆེས་པ་དེ་དག་ནི་འཆབ་པར་མི་སེམས་སོ། །ཞེས་གསུངས་པས་ཀྱང་རྟོགས་པར་ནུས་སོ། །ཞེས་གསུངས་སོ། །བཤགས་བྱའི་ཉེས་བྱས་**བླང་འདས་གཞན་རྣམས་དགེ་སློང་གཅིག་ལ་ཚུལ་བཞིན་དུ་བཤགས། ཉེས་མེད་མ་གཏོགས་བླང་འདས་ཕྱོགས་མཐུན་རྣམས། ཡིད་ཀྱིས་བསྡམ**་པས་འདག་པར་འགྱུར་ཏེ་སུམ་བརྒྱ་པར་བླངས་པའི་ཕྱོགས་མཐུན་རྣམས་ལ་ཡིད་ཀྱིས་འགྱུར། །ཞེས་གསུངས་**ཞིང་དགེ་སློབ་མ་ལའང་འགྲེ་**དགོས་ཏེ། དགེ་སློབ་མའི་ཕམ་འདྲ་འཆབ་བཅས་གསོར་མི་རུང་ཞིང་། འཆབ་མེད་དགེ་སློང་མའི་སྐབས་བཞིན་བསླབ་བྱིན་སྒྲུབ་དགོས་ཤིང་བླངས་འདས་གཞན་རྣམས་དགེ་སློང་མ་གཅིག་ལ་བཤགས། ཉེས་མེད་མ་གཏོགས་བླངས་འདས་ཕྱོགས་མཐུན་རྣམས་ཡིད་ཀྱིས་སྡོམ་ན་དག་གོ། **།ཡོངས་རྫོགས་དགེ་བསྙེན་ལ་ནི་མི་གསོད་སོགས། རྩ་བ་བཞི་བྱུང་ན་སྡོམ་པ་བསྐྱར་ནས་བླང་**དགོས་ཤིང་། **མི་མིན་གསོད་སོགས**་ཡང་བ་བཞི་སྡོམ་ཕྲ་བ་བཞི་དང་**སྨྱོས་འགྱུར་བཏུང་**བའི་ཉེས་པ་**རྣམས།** དགེ་བསྙེན་**སྡོམ་ལྡན་གཅིག་གི་དྲུང་ལ་བཤགས་ཕྲ་མ་སོགས**་སྨྲས་ཚིག་རྩུབ་ངག་འཆལ། བརྣབ་སེམས། གནོད་སེམས། ལོག་ལྟ་སྟེ། མི་དགེ་བ་བཅུ་ལས་ཕྱི་མ་**དྲུག་**པོ། **སྔར་**བྱས་ལ་**འགྱོད་**སེམས་དང་ཕྱིན་ཆད་མི་བྱེད་པའི་**སྡོམ་སེམས་ཀྱིས་འཆོས་རུང་**བ་བོད་ཀྱི་བླ་མ་རྣམས་ཀྱིས་གསུངས་པ་སྟེ་**ཞར་བྱུང་**དུ་བཤད་པའང་ངོ་། །དེའང་ཐེག་ཆེན་སོ་ཐར་ལྟར་ན། ཆོ་ག་ཉན་ཐོས་དང་ཐུན་མོང་བ་རྣམས་ལ་ནི་ཉན་ཐོས་ཀྱི་གཞུང་ནས་བཤད་པའི་ཕྱིར་བཅོས་རྣམས་བྱས་པའི་སྟེང་ཐེག་ཆེན་གྱི་སྡེ་སྣོད་ལས་བཤད་པའི་ཕྱིར་བཅོས་རྣམས་ཀྱང་ཉམས་སུ་བླང་བར་བྱ་ཞིང་། དེ་ལས་གཞན་པའི་ཐེག་ཆེན་སོ་ཐར་རྣམས་ནི་ཐེག་ཆེན་གྱི་གཞུང་ལས་བཤད་པ་ཁོ་ན་ལྟར་བྱའོ། །

གཉིས་པ་དེ་ལས་འཕྲོས་པའི་གཞི་གཞན་བཤད་པ་ལ་གསུམ་སྟེ། དུས་དང་དུས་མ་ཡིན་པ་བསྟུས་པའི་གཞི། ས་གཞན་ན་སྤྱོད་པའི་གཞི་ཡོངས་སུ་སྦྱོང་བའི་གཞིའོ། །དང་པོ་ལ་སྒྲ་དོན་ནི་གོང་དུ་སྨོས་པ་ལྟར་གྱི་སྦྱོ་བ་ཚུལ་བཞིན་དུ་བྱས་པས་འཆབ་ཉེས་ལས་ལྡང་བའི་ཚད་དང་། སྦྱོ་བ་སྤྱོད་པ་མ་རྫོགས་པས་ལྡང་བའི་དུས་མ་ཡིན་པ་གཉིས་དབྱེ་བས་འཆབ་ཉེས་སུ་འགྱུར་བའི་ཚད་རྟོགས་དགོས་ལ་དེ་ལ་གཞི་བསམ་པ་སྦྱོར་བ་མཐར་ཐུག་པའི་ཡན་ལག་སྟེ་བཞི་ཡོད་པའི་དང་པོ་ནི་དགེ་འདུན་ལྷག་མའོ། །

མི་ཤེས་བརྗེད་དང་དྲན་པར་མི་ནུས་དང་། །མ་རྫོགས་གནས་ཕྱུང་རྣམས་ལ་འཆབ་ཉེས་མེད། །དེ་ལས་

ཟློག་པའི་ཁྱད་ཆོས་ལྡན་པ་སྟེ་ལྷག་མ་ལ་ལྷག་མར་ངོ་ཤེས་པ་དང་། འཆབ་སེམས་སྔོན་དུ་བཏང་བའི་སྒོ་ནས་མ་བརྗོད་པ་དང་། ལྟུང་བ་བྱས་སམ་མ་བྱས་དྲན་པར་ནུས་པ་དང་། བསྙེན་རྫོགས་ཀྱི་སྡོམ་པ་དང་ལྡན་པ་ལ་འབྱུང་བའོ། །གཉིས་པ་བསམ་པའི་ཡན་ལག་ནི་ལྷག་མའི་ལྟུང་བ་བྱུང་བ་གནས་ནས་མ་ཕྱུང་བ་རྣམས་ལ་བྱུང་བར་འདུ་ཤེས་ཤིང་ཞག་ལོན་པའི་བར་གསོད་སེམས་རྒྱུན་མི་ཆད་ཅིང་འཆབ་ཉེས་ཁྱད་དུ་གསོད་པའོ། །གསུམ་པ་སྦྱོར་བའི་ཡན་ལག་ནི་གསོད་སེམས་དེ་ཡིས་ཀུན་ནས་བསླངས་པའི་ལུས་ངག་གི་ལས་སོ་བཞི་པ་མཐར་ཐུག་གི་ཡན་ལག་ནི་ལྷག་མ་བྱུང་བ་གོ་བར་བྱ་བའི་ཡུལ་དགེ་སློང་ལྷག་མས་མ་གོས་པའི་རྣམ་པར་དག་པ། མཚམས་ནང་དེར་ཡོད་བཞིན་དུ་དེ་ལ་མ་བརྗོད་པར་སྐྱ་རེངས་ཤར་བ་རྣམས་ཏེ་མདོ་རྩ་བར། ཉིན་མཚན་གྱི་ཐ་མའི་ཆ་མ་ཡིན་པ་ལ་འཆབ་ཉེས་མི་འབྱུང་ངོ་། །ཞེས་དང་། འདུལ་ཊཱི་ཀ་ནོར་བུའི་ཕྲེང་བ་ལས། ཞག་གཅིག་སོང་བའི་མཚན་མོའི་མཐའི་སྐད་ཅིག་མ་ལ་བཅབས་ཉེས་ཀྱི་དངོས་གཞི་རྫོགས་པར་སྐྱེད་པ་ཡིན་ཏེ། ཞེས་གསུངས་སོ། །གོང་དུ་བཤད་པའི་མི་ཤེས་བརྗོད་དང་ཞེས་པ་ནས་སྐྱ་རེངས་ཤར་བ་རྣམས་ཞེས་པའི་བར་ནི་རིམ་བཞིན་གཞིའི་ཡན་ལག་བསམ་པའི་ཡན་ལག་སྦྱོར་བའི་ཡན་ལག་མཐར་ཐུག་གི་ཡན་ལག་སྟེ། ལྷག་མ་འཆབ་ཉེས་འགྱུར་བའི་ཚད་དོ་དམིགས་བསལ་ནི་སྨྱོ་བ་དང་། བསླབ་པ་མ་བཅས་པ་ལ་ཕམ་པ་ལ་སོགས་པའི་ལྟུང་བ་ཀུན་མི་འབྱུང་ན་འཆབ་ཉེས་ལྟ་ཅི། འོན་ཀྱང་སྐད་བསྒྲད་ཕྱིར་ཏེ་ནན་ཏུར་བཞི་དང་བསླབ་བྱིན་དང་སྤོ་སྤྱོད་གསུམ་མགུ་སྤྱོད་གསུམ་གནས་ཕྱུང་བདུན་སོགས་སམ་གཞན་ན། གནས་པ་རྣམས་ལའང་ལྟུང་བ་དང་ལྟུང་བ་འཆབ་པའི་ཉེས་པ་གཉིས་འབྱུང་། དགེ་འདུན་ལྷག་མའི་ལྟུང་བ་བྱུང་ངམ་མ་བྱུང་ཡིད་གཉིས་ཟ་བཞིན་དུ་གོ་བར་བྱ་བའི་ཡུལ་ལ་མ་བརྗོད་ནས་འཆབ་པ་ལའང་དེ་བཞིན་དུ་ལྟུང་དང་འཆབ་ཉེས་གཉིས་ཀ་འབྱུང་བ་ཡིན་ནོ༎ ༎ལྷག་མ་བཅབ་པའི་ཞག་གྲངས་གསལ་པོར་མི་དྲན་ན་ཚོད་བྱས་ལས་མང་ཚད་སྒྲུར་ཏེ་སྤོ་བ་སྤྱོད་དགོས་སོ༎ ༎གཞི་འདི་ལ་མདོ་རྩ་བ་ལས་སྤོ་བ་ལས་ལྡང་བའི་དུས་དང་ལྡང་བའི་དུས་མིན་བསྟུས་པས་ན། སྤོ་བ་ལས་ལྡང་བའི་དུས་དང་དུས་མ་ཡིན་པ་དེ་ཡི་གཞི་ཞེས་བརྗོད་པའམ་ལུང་གི་གཞི་ཞེས་གང་ཟག་གཞི་ཞེས་འབྱུང་བ་བཞིན་ཐ་སྙད་བརྗོད་དོ། །

གཉིས་པ་གཞན་ན་སྤྱོད་པའི་གཞི་ལ་གཉིས་ཏེ་མཚན་ཉིད་དང་འབྲེལ་བའི་དབྱེ་བ་དང་། དེ་ལ་སྤྱོད་པའི་བསླབ་བྱའོ། །དང་པོ་ནི། སྤོ་བའི་ཞག་གྲངས་ཚང་ཡང་སྤོ་བ་དེ་ལས་གསོལ་བཞིས་མགུ་བ་མ་བྱིན་པ་དང་མགུ་བ་སྤྱད་པའི་ཞག་གྲངས་ཚང་ཡང་མགུ་བ་དེ་ལས་གསོལ་བཞིའི་ལས་ཀྱིས་ས་རང་བཞིན་དུ། གནས་པར་མ་དབྱུང་འབྱུང་བའོ། །ཞེས་པའི་ངེས་ཚིག་ནི། དམན་པའི་ས་ནས་རང་བཞིན་དུ་གནས་པའི་སར་དབྱུང་བར

བྱེད་པས་ན་དབྱུང་བ་ཞེས་བྱ་སྟེ་ལུང་མ་མོ་ལས། ཅིའི་ཕྱིར་དབྱུང་བ་ཞེས་བྱ་ཞེ་ན། མི་དགེ་བའི་གནས་ནས་དབྱུང་སྟེ་དགེ་བའི་གནས་སུ་བཞག་པ་སྟེ་དེས་ན་དབྱུང་བའོ་ཞེས་སོ། །སྤོ་ལྡན་མགུ་ལྡན་སོགས་སྒྲས་སྤོ་སྤྱོད་གསུམ། མགུ་སྤྱོད་གསུམ། ལྟུང་བའི་ངོ་བོ་ཉིད་ཆོལ་བ་བྱིན་པ། བསླབ་བྱིན། ནན་ཏུར་བཞི་གནས་བདུན་པོ་རྣམས་ཀྱི་མཚན་ཉིད་གོང་དུ་སྨོས་པས་དེ་ལྟར་ས་གཞན་ན་གནས་པའོ། །

གཉིས་པ་དེ་དག་ལ་སྤྱོད་པའི་བསླབ་བྱ་ལ་ས་གཞན་ན་གནས་པ་ཆུང་ངུ་དང་། ཆེན་པོ་གཉིས་སུ་བསྡུས་ནས་དམན་སྤྱོད་དང་བླང་མི་དགོས་པ་དང་། དགོས་པ་གཉིས་སུ་འཇོག་པ་ཡོད་ནའང་འདིར་དབྱེ་བ་མི་མཛད་པའི་ལུགས་ལྟར་ན་སྤྱི་ཡི་བསླབ་བྱ་ནི། རང་ལས་གཞོན་པའི་དགེ་སློང་ས་རང་བཞིན་དུ་གནས་པའི་ཕྱག་དང་ལྡང་བ་སོགས་བྱེད་ན། དང་དུ་མི་བླང་ཞིང་དགེ་སློང་ས་རང་བཞིན་དུ་གནས་པར། ལྟུང་བ་གླེང་བ་སོགས་སྒྲས་བརྗོད་པ་བཅས་པ་དང་ཕྱུར་བ་དང་བཅས་པ་དག་མི་བྱ་བ་དང་གདམས་ངག་བཞག་པ་སོགས་སྒྲས་གསོ་སྦྱོང་བཞག་པ་དང་། དགག་དབྱེ་བཞག་པ་དང་། གསོལ་བ་དང་བརྗོད་པ་བཞག་པ་མི་བྱ་བ་དང་། ཚད་ལས་རྒྱུ་ནན་ཏུར་བཞི། གནས་ཕྱུང་བདུན། སྒོ་གྲུར་བཅུ་ལ་སོགས་པ་བརྗོད་པ་ལ་སོགས་ཁྱད་པར་གྱི་སྤྱོད་པ་རྣམས་ཀུན་ནས་སྤང་ལ། སྤོ་མགུའི་སྐབས་སུ་ཇི་སྐད་བཤད་པའི་དགེ་འདུན་གྱི་གཡོག་བྱ་བའི་མཉེས་པ་མཐའ་དག་སྒྲུབ་དགོས་སོ། །དགེ་སློང་ས་རང་བཞིན་དུ་གནས་པ་རྣམས་ཀྱིས་ས་གཞན་ན་གནས་པ་དེ་དག་ལ། མངོན་པར་སྨྲ་དང་ཕྱག་བྱ་བ་དང་སོགས་སྒྲས་བསྟན་ལས་ལྡང་བ་ཞྭ་ཕུད་གདན་སྟོབ་སོགས་གུས་པའི་ལས། མི་བྱ་ཞིང་དེ་དག་དང་ལྷན་ཅིག་ཏུ་གནས་པའི་སོགས་སྒྲས་གོམ་པ་མཉམ་དུ་འདོར་བ་དང་། གནས་གཅིག་ཏུ་ཉལ་བ་སོགས་སྤྱོད་པ་འདྲེ་བ་སྤང་ངོ་། །གཞི་འདི་ལ་ལུང་གི་བར་སྡོམ་ལས་སྤོ་བའི་གཞི་ཞེས་གསུངས་ཀྱང་སྤོ་བའི་གཞི་ནི་ས་གཞན་ན་གནས་པའི་བྱེ་བྲག་ཞིག་ཡིན་པས་ཁྱབ་ཆུང་ངོ་། །ཚད་ལས་སུ་གཏོགས་པའི་ཀུན་སྤྱོད་དམན་སྤྱོད་དང་དུ་ལེན་པ་རྣམས་འདིས་བསྟན་པའི་ཕྱིར་འདུལ་བ་མདོ་རྩ་བར། ས་གཞན་ན་གནས་པའི་སྤྱོད་པའི་གཞིར་བཞག་གོ། །

གསུམ་པ་ཡོངས་སུ་སྦྱོང་བའི་གཞི་ལ་གསུམ་སྟེ་ཡུལ་གང་ལ་གླེང་བ་དངོས་པོ་གང་གླེང་བ་གླེང་བས་ཇི་ལྟར་སྒྲུབ་པའོ་དང་པོ་དགེ་སློང་གཞན་གྱི་ལྟུང་བ་དེ་མིའི་མིག་དང་རྣ་བས་མཐོང་ཐོས་དོགས་གསུམ་གྱིས། བྱུང་བར་གྲགས་ངེས་པ་རྣམས་གླེང་དུ་རུང་ལ་དོན་ལ་ལྟུང་བ་བྱུང་ཡང་མཐོང་ཐོས་དོགས་གསུམ་དང་བྲལ་བའི་གཞི་མེད་པ་དང་། ལྟུང་བའི་ངོ་བོ་མ་རྟོགས་པ་ནི་ལྟུང་བ་གླེང་མཁན་གྱིས་སྤྱིར་ལྟུང་བ་ཕོག་ཡོད་པར་ཤེས་ཀྱང་སྡེ་ལྔ་གང་གི་ནང་ནས་ཕོག་ཡོད་པ་མི་ཤེས་པའོ། །ལྟུང་བ་བྱུང་ཀྱང་བྱུང་བར་མ་གྲགས་པ་ནི་མིན་པས་ཡུལ་གྱི

རྒྱུད་ནས་དཔྱད་དགོས་སོ། །གླེང་བ་པོ་དང་། བསམ་པ་དང་། དུས་སྐབས་རྣམས་ནན་ཏུར་གྱི་སྐབས་སུ་བཤད་པ་ལྟར་ཤེས་དགོས་ཏེ། བྱེད་པོ་དགེ་འདུན་ཚུལ་ཁྲིམས་རྣམ་དག་ཅིང་། ཁ་སྐད་ཆོས་ལྡན་འཁོན་བཅས་མ་ཡིན་པ༑ ༑བརྩེ་ལྡན་དགོངས་པ་དག་པས་དགེ་འདུན་རྣམས། །བྱེ་འགྱུར་དགག་བྱ་མེད་པའི་དུས་སུའོ། །ཞེས་གསུངས་པ་ལྟར་རོ། །

གཉིས་པ་དངོས་པོ་གང་གླེང་བ་ནི་ཚུལ་ཁྲིམས་ཀྱི་མི་མཐུན་ཕྱོགས་སུ་གྱུར་པའི་ལྟུང་བ་བྱུང་བ་དང་ལྟ་བའི་མི་མཐུན་ཕྱོགས་སུ་གྱུར་པའི་སྡིག་ལྟ་སྐྱེས་པ་དང་། སྤྱོད་པའི་མི་མཐུན་ཕྱོགས་སུ་གྱུར་པའི་འགྲོ་ལམ་རིང་པོར་འཆག་པ་སྟེ་ཉེ་འཁོར་ཕན་ཚུན་དུ་ཉལ་བ་ནི། ཆོས་གོས་ཀྱིས་ལུས་གཡོགས་ཏེ་སེང་གེ་ཉལ་ཐབས་སུ་གནས་ནས། སྣང་བའི་འདུ་ཤེས་དང་། ལྡང་བའི་འདུ་ཤེས་དང་། མི་རྟག་པའི་འདུ་ཤེས་ཏེ་འདུ་ཤེས་གསུམ་བརྟེན་ནས་སྒོ་གསུམ་མ་འཕྱུར་བ་ཉལ་གཉིད་ལོག་པར་བྱ་སྟེ། སྤྱོད་འཇུག་ལས། མགོན་པོ་མྱ་ངན་འདས་གཟིམས་ལྟར། །འདོད་པའི་ཕྱོགས་སུ་ཉལ་བར་བྱ། །ཤེས་བཞིན་མྱུར་དུ་ལྡང་སེམས་ལ། །ཐོག་མར་ཉིད་དུ་ངེས་པར་སླར། །ཞེས་གསུངས་པ་ལྟར་སྤྱོད་ལམ་གསུམ་གྱི་སྤྱོད་པ་འདུལ་བ་དང་མི་མཐུན་པ་དང་། ལོག་པའི་འཚོ་བ་ལྔ་ལ་སྟེ་ལོག་འཚོ་ལྔ་ནི། ཚུལ་འཆོས། ཁ་བསགས། གཞོགས་སློང་། ཐོབ་ཀྱིས་འཇལ་བ། རྙེད་པས་རྙེད་པ་ཚོལ་བའོ། །དེ་དག་གི་དོན་ནི་ཀླུ་སྒྲུབ་ཀྱིས། ཚུལ་འཆོས་རྙེད་དང་བཀུར་སྟིའི་ཕྱིར། །དབང་པོ་སྡོམ་པར་བྱེད་པ་སྟེ། ཁ་བསགས་རྙེད་དང་བཀུར་སྟིའི་ཕྱིར། །ཚིག་འཇམ་སྨྲ་ར་ནི་སླ་བའོ། །གཞོགས་སློང་དེ་ནི་ཐོབ་བྱའི་ཕྱིར། །གཞན་གྱི་རྫས་ལ་བསྔགས་བྱེད་པའོ། །ཐོབ་ཀྱིས་འཇལ་བ་རྙེད་པའི་ཕྱིར། །མངོན་སུམ་གཞན་ལ་སློང་བྱེད་པའོ། །རྙེད་པས་རྙེད་པ་རྙེད་འདོད་པ། །སྔར་ཐོབ་པ་ལ་བསྔགས་བྱེད་པའོ། །ཞེས་པར་ཡོངས་སྤྱོད་པ་རྣམས་ལ་རིམ་པ་བཞིན་ཚུལ་ཁྲིམས་དང་། ལྟ་ངན་དྲུག་ཅུ་རྩ་གཉིས་ལས་གང་རུང་བྱུང་བ་ལྟ་བ་ཉམས་པ་དང་ཚོག་སྟེ་སྤྱོད་པ་ཉམས་པ་དང་ལོག་འཚོ་ལྔ་གང་རུང་ལ་སྤྱོད་པས་འཚོ་བ་ཉམས་པ་སྟེ། གླེང་བྱའི་དངོས་པོའོ། །འོན་ཀྱང་བཞི་པོ་དེ་དག་ཀུན་ལས་ལྟུང་བ་ཉིད་གླེང་བྱའི་གཙོ་བོ་ཡིན་ནོ། །

གསུམ་པ་གླེང་ནས་ཇི་ལྟར་སྒྲུབ་པ་ནི་ལྟུང་བ་གླེང་བའི་ཚེ་མི་དྲན་ནོ་ཞེས་ཁས་མི་ལེན་ན་དྲན་དུ་གཞུག ལྟུང་བ་མ་མཐོང་ངོ་ཟེར་ནས་ཕྱིར་བཅོས་མི་བྱེད་པ་ནི་གནས་དབྱུང་བྱ། གླེང་བའི་སྐབས་མི་འབྱེད་ན་བཟོད་པ་བཅས་པ་བྱའོ། །ཇི་ལྟར་བྱ་ཞེ་ན། ཚེ་དང་ལྡན་པ་ཁྱོད་ལ་དགེ་འདུན་གྱིས་བཟོད་པ་དང་བཅས་པ་ཉིད་བྱས་ཀྱིས། དགེ་འདུན་ལ་མ་ཞུས་པར་ཁྱོད་གཞན་དུ་འགྲོ་བར་མི་བྱའོ། །ཁོ་བོ་ལ་ཚེ་དང་ལྡན་པ་ཁྱོད་ལ་བཟོད་པར་བྱ་བ་ཉིད་དུ་ངེས་པ་ནི་ཡོད་དོ་ཞེས་གོ་བར་བྱེད་པའོ། །དེས་ཀྱང་མ་ཐུལ་ཞིང་དཀྲུང་ཡང་སྐབས་མ་ཕྱེ་ན་ལྟུང

འཐོག་པ་དང་གཏམ་འདྲེ་སྨྲང་བའི་སྒོ་ནས་གདམས་ངག་བཞག །དེས་ཀྱང་མ་ཐུལ་ཞིང་སྐབས་མི་འབྱེད་ན་དགེ་འདུན་གྱིས་གསོལ་བཞིའི་ལས་ཀྱིས་གསོ་སྦྱོང་བཞག་པ་བྱ་དེས་ཀྱང་སྐབས་མི་འབྱེད་ན་དགག་བཞག་པའི་ནན་ཏུར་དགོས་ན་བྱ་གསོ་དགག་བཞག་པའི་ནན་ཏུར་བྱས་ཀྱང་མ་ཐུལ་ན་གནས་དབྱུང་བྱའོ། །

གསོ་དགག་བཞག་པའི་དོན་ནི། དེ་དང་ལྷན་ཅིག་ཏུ་དགེ་སློང་རྣམས་ཀྱིས་གསོ་དགག་མི་བྱའོ། །ཞེས་པའི་དོན་ཡིན་ལ། དེའང་གསོ་དགག་གི་དུས་མ་ཡིན་པར་དེ་དག་བཞག་པར་མི་བྱ་བར་གསུངས། དེ་ལྟར་གསོ་དགག་བཞག་པ་ན། དེས་ལྟུང་བའི་སྐབས་ཕྱེ་ནས་གསོ་དགག་འཛོག་མཁན་གྱི་དགེ་འདུན་དང་ལྷན་ཅིག་ཏུ་གསོ་དགག་བྱས་ན་གཟོད་པ་གསོལ་ཐུབ་པའམ་ནན་ཏུར་ལས་གྲོལ་བའོ། །ལྟུང་བ་གླེང་བའི་སྐབས་ཕྱེད་པར་གྱུར་ཀྱང་མཉན་པར་མི་བྱེད་ན། དེ་ལ་ཕུར་བཅས་བྱ་དགོས་ལ་ཇི་ལྟར་བྱ་ཞེ་ན་ཕུར་བཅས་ཞེས་པ་ནི་ཚེ་དང་ལྡན་པ་ཁྱོད་གཞི་འདི་ལ་བརྟེན་པའི་ལྟུང་བ་འདི་དང་བཅས་པ་ཡིན་ནོ་ཞེས་བརྗོད་དེ་ལྟུང་བའི་ཁུར་བཀལ་ཞིང་། ཉེས་པ་བཤད་དེ་ལྟུང་བའི་དྲི་མ་དང་བཅས་ཏེ་བཏང་བར་བྱ་བ་ཉིད་དོ། །དཔེར་ན་རྟ་སྨྱུ་གོད་ཕུར་པ་དང་བཅས་ནས་བཏང་བ་ལ་ཕུར་བཅས་ཞེས་གྲགས་པ་དང་འདྲ་བར་དགེ་སློང་དེ་ཡང་ལྟུང་བའི་དྲི་མ་དང་བཅས་པར་གྲགས་སུ་གཞུག་པ་ཡིན་ནོ། །ཞེས་ཐུབ་བསྟན་ཆོས་གྲགས་ཀྱིས་གསུངས་སོ། །ལྟུང་བ་གླེང་བའི་གནས་མཁན་པོ་དང་། དགེ་ཚུལ་གྱི་མཁན་པོ་དང་དགེ་སློང་གི་མཁན་པོ་གཉིས་སོ། །སློབ་དཔོན་ནི་ལས་སློབ་གསང་སྟོན་གློག་པའི་སློབ་དཔོན་གནས་ཀྱི་སློབ་དཔོན་དགེ་ཚུལ་གྱི་སློབ་དཔོན་ཏེ་ལྔ་པོ་དང་དགེ་འདུན་དྲུང་དང་ཞེ་འགྲས་པའི། མདུན་དུ་མི་གླེང་དཔེན་པར་བག་ཕབ་སྟེ། གླེང་ངོ་གཞི་འདི་ལ་ལུང་གི་བར་སྡོམ་ལས་གསོ་སྦྱོང་བཞག་པའི་གཞིར་གསུངས་པ་ནི་གསོ་དགག་བཞག་པ་ལ་དགོངས་པ་ཡིན་མོད། ལྟུང་བ་གླེང་བ་སོགས་ཀྱིས་གཞན་གྱི་རྒྱུད་ཀྱི་ཉེས་ལྟུང་ཡོངས་སུ་སྦྱོང་བའི་ཕྱིར་ན་འདུལ་བ་མདོ་རྩ་བར། ཡོངས་སུ་སྦྱོང་བའི་གཞི་ཡི་མིང་གིས་བསྟན། །

གཉིས་པ་དགེ་འདུན་མཐུན་པའི་ཆོས་ལས་ཉམས་པ་སོར་ཆུད་པར་བྱེད་པ་རྩོད་པ་ཕྱིར་བཅོས་ཀྱི་གཞི་བཤད་པ་ལ་གཉིས་ཏེ། དབྱེ་བ་དང་དབྱེ་བའི་ངོ་བོའོ་དང་པོ་ནི་རྩོད་པ་ཕྱིར་བཅོས་པ་ལ་དབྱེ་ན་དབྱེན་གྱི་གཞི་དང་ནི། རྩོད་པའི་གཞི་སྟེ་གཉིས། དང་པོ་ལའང་གཉིས་ཏེ་ལས་ཀྱི་དབྱེན་དང་འཁོར་ལོའི་དབྱེན་ནོ། །དང་པོ་ལ་བྱ་བ་གང་གིས་དབྱེན་དུ་འགྱུར་བ་དང་། གྱུར་པ་དེ་ཇི་ལྟར་བསྡུམ་པའི་ཚུལ་གཉིས་ཀྱི་དང་པོ་ནི་ལས་ཀྱི་མཚམས་ཀྱི་ནང་གཅིག་ཏུ། ཆོས་དང་ཆོས་མ་ཡིན་པའི་ཕྱོགས་ཕན་ཚུན་གཉིས་ཀ་དགེ་འདུན་དུ་ལོངས་པ་དགོས་ཏེ་མཛོད་ལས། དེ་ནི་བརྒྱད་དག་ཡན་ཆད་ཀྱིས། །ཞེས་གསུངས་པ་ལྟར་དེ་ཡི་ཚེ། ཆོས་མིན་སྨྲ་བ་དག

གིས་ཆོས་ཕྱོགས་པའི་དགེ་འདུན་ལས། དབྱེ་བའི་སེམས་ཀྱིས་ཐ་དད་དུ་གཞི་གསུམ་སོགས་ཀྱི་ལས་བྱས་པས། དགེ་འདུན་རྣམས་ཕྱོགས་གཉིས་སུ་ཕྱེ་སྟེ་བྱེད་པ་པོ་ཆོས་མིན་ཕྱོགས་ཀྱི་དགེ་འདུན་རྣམས་ལ་དབྱེན་གྱི་ལྟུང་བ་གྲུབ་པ་ཡིན་ཏེ། རྒྱ་ཆེར་འགྲེལ་ལས། ཆོས་སྨྲ་བ་དག་གིས་མཚམས་ཀྱི་ནང་དུ་ཆོས་མིན་སྨྲ་བ་དེ་དག་ལས་ཐ་དད་པར་ལས་བྱས་པས་ནི་ལས་དེ་བྱེ་བར་མི་འགྱུར་ཏེ། དེ་དག་གི་ལས་དེ་ཆོས་ལས་རྣམ་པར་མ་གཡོས་པ་ཁོ་ནར་བྱེད་པའི་ཕྱིར། ཞེས་སོགས་གསུངས་སོ། །ལས་དབྱེན་གྱི་ངོ་བོ་ནི་སྤྱོད་པའི་དབྱེན་དུ། གཏོང་ཤིང་ལྟུང་བ་སྦོམ་པོ་བྱེད་པ་ཞིག་ཡིན་པར་གསུངས་སོ། །འདི་དག་ནི་མདོ་རྩ་བར། ཆོས་མ་ཡིན་པ་སྨྲ་བ་དག་གིས་དབྱེ་བའི་སེམས་ཀྱིས་མཚམས་ཀྱི་ནང་དུ་ལས་ཐ་དད་པར་བྱས་ན་དེ་བྱེ་བ་ཡིན་ནོ་ཞེས་གསུངས་ཏེ། ཆོས་མ་ཡིན་པར་སྨྲ་བ་དག་གིས་ཞེས་པས། དབྱེན་བྱེད་པ་པོ་བསྟན་དབྱེ་བའི་སེམས་ཀྱིས་ཞེས་པས་ཀུན་སློང་གི་བསམ་པ་བསྟན་མཚམས་ཀྱི་ནང་དུ་ཞེས་པས་གང་དུ་དབྱེ་བའི་གནས་བསྟན་ལས་ཐ་དད་པར་བྱས་ན་ཞེས་པས་སྦྱོར་བ་བསྟན་དེ་དབྱེ་བ་ཡིན་ནོ། །ཞེས་པས་མཐར་ཐུག་བསྟན་ཏོ། །དེ་ར་མ་ཟད་མཛོད་ལས་ཀྱང་། དེ་དང་དགེ་འདུན་ཡང་དག་ལྡན་ཞེས་གསུངས་སོ། །འོན་ཀྱང་མཚམས་མེད་འགྱུར་བ་འདུ་ཤེས་ལ་རག་ལས་པས་ན། ཆོས་ཀྱང་ཆོས་ཉིད་དུ་འདུ་ཤེས་ལ་ཆོས་མ་ཡིན་པ་ཡང་དེར་འདུ་ཤེས་བཞིན་དུ་དགེ་འདུན་འབྱེད་པར་བྱེད་ན་ངེས་པར་མཚམས་མེད་ཀྱི་ལས་སུ་འགྱུར་ཏེ་མདོ་རྩ་བར། ཆོས་དང་ཆོས་མ་ཡིན་པ་དེ་བཞིན་ཉིད་དུ་ཤེས་ན་མཚམས་མེད་པའོ། །ཞེས་གསུངས་སོ། །རྒྱ་ཆེར་འགྲེལ་ལས་ཆོས་ལ་ཆོས་མིན་དུ་འདུ་ཤེས་ཆོས་མིན་ལ་ཆོས་སུ་འདུ་ཤེས་པ་ལ་བསམ་པས་ལོག་པར་སྨྲ་བ་མེད་པའི་ཕྱིར་མཚམས་མེད་དུ་མི་འགྱུར་རོ་ཞེས་གསུངས་སོ། །

གཉིས་པ་དབྱེན་དུ་གྱུར་པ་དེ་ཇི་ལྟར་བསྡུམ་པའི་ཚུལ་ལ་དང་པོ་རྒྱུ་སྤང་བ་ནི་དགེ་འདུན་རྣམས་བྱེ་བར་འགྱུར་བའི་དོགས་པའམ་དགག་བྱ་ཡོད་ས་ཆོས་མིན་ཕྱོགས་པ་ལ། མི་འདོད་བཞིན་དུ་ལྟུང་བ་ཕར་གླེང་བ་དང་ཚུར་གླེང་བའི་ལན་ཟློག་པ་གཉིས་ཀ་མི་བྱ་ཞིང་། དེས་མཚོན་ཏེ་མི་མཐུན་པ་གཉིས་གནས་ཁང་གཅིག་ཏུ་བཞག་པ་སོགས་དགེ་འདུན་ཐུགས་མི་མཐུན་པའི་རྒྱུ་ཀུན་རྣམ་པ་ཀུན་ཏུ་སྤང་། གལ་ཏེ་ཆོས་མིན་ཕྱོགས་པས་ཆོས་ཕྱོགས་པ་ལ་བཟོད་པ་གསོལ་ན་དགེ་འདུན་གྱིས་དེ་ལ་གསོལ་བཞིའི་ལས་ཀྱིས་བཟོད་པ་སྦྱིན་པ་དང་། དེ་ནས་མཐུན་པ་སྦྱིན་པ་གསོལ་ནས་ཡང་གསོལ་བཞིའི་ལས་ཀྱིས་ས་ལས་རང་བཞིན་དུ་གནས་པའི་དགེ་འདུན་དང་མཐུན་པ་སྦྱིན། དེ་ནས་ཡང་མཐུན་པའི་གསོ་སྦྱོང་སྦྱིན་པར་གསོལ་ནས། དགེ་འདུན་གྱིས་གསོལ་བ་བཞིའི་ལས་ཀྱིས་གསོ་སྦྱོང་གི་དུས་ལ་མ་བབ་ཀྱང་རྩོད་པ་བསྡུམ་པའི་གསོ་སྦྱོང་ངམ། བཀྲ་ཤིས་པའི་གསོ་སྦྱོང་ལྟ་བུ་མཐུན་པའི་གསོ་སྦྱོང་རིམ་པ་བཞིན་བྱིན་སྟེ་དེའང་མཐུན་པའི་གསོ་སྦྱོང་བྱིན་པ་དེའི་འོག་ཏུ་ཕྱོགས

གཉིས་ཀ་ལྡན་ཅིག་ཏུ་ཚོགས་ནས་མཐུན་པའི་གསོ་སྦྱོང་དངོས་བྱའོ། །དེས་ན་གསོ་སྦྱོང་བཅུ་བཞི་པའམ་བཅོ་ལྔ་པ་གཉིས་སུ་མ་ཟད་དགེ་འདུན་བྱེ་བ་བསྟུམ་ཞིང་ཐུགས་རྗེ་གཅིག་ཏུ་མཐུན་པར་སྒྲུབ་པའི་ཕྱིར་བཤད་མ་ཐག་པ་ལྟ་བུའི་མཐུན་པའི་གསོ་སྦྱོང་བྱར་རུང་བ་ཡིན་ནོ། **།དགེ་འདུན་ཐུགས་མཐུན་པ་ལ་འབད་པས་སྒྲུབ་**པའོ། །

གཉིས་པ་འཁོར་ལོའི་དབྱེན་ནི་འདུལ་བ་ལ་སྣང་། མདོ་སྡེ་ལ་འཇུག །མངོན་པ་དང་མི་འགལ་བའི་**ཐར་པའི་ལམ་གྱིས་བསྡུས་པའི་ཆོས་ལས་ཐ་དད་པའི།** འོ་མ་ཤ་དང་ཉ་ཤ་དང་། །གོས་དྲས་དགོན་པ་གནས་པ་སྤོང་ཞེས་པ་ལྟར་ལྷས་བྱིན་གྱི་བསླབ་ཚིག་ལྔ་ལྟ་བུ་**དངོས་པོ་གསོལ་བས་**དགེ་འདུན་གྱི་**དབྱེན་དུ་གྱུར་པ་དང་།** ཐར་པའི་ལམ་ལས་ཐ་དད་པའི་དངོས་པོ་གསོལ་བ་སོགས་ཀྱི་**དོན་དེས་ཚུལ་ཤིང་བྲིམ་**པའི་སྒོ་ནས་འཁོར་སོ་སྐྱིའི་དགེ་འདུན་དུ་ཡོངས་པ་ཁ་དྲངས་ལས་དགེ་འདུན་གྱི་འཁོར་ལོའི་དབྱེན་**དུ་གྱུར་པའང་ཡོད། སྔོན་བྱུང་བ་**དགེ་སློང་**ལྷས་སྦྱིན་**ལ་**ལས་**ཏེ་དེ་འང་ལྷས་བྱིན་གྱིས་རྒྱལ་པོ་མ་སྐྱེས་དགྲ་དད་པར་བྱས་པས། ལྷས་བྱིན་ལ་བསྙེན་བཀུར་མང་དུ་བྱས། ལྷས་བྱིན་འཁོར་ལྔ་བརྒྱ་ཙམ་དང་ལྡན་པར་གྱུར་ཆེ། རང་གི་འཁོར་ཀོ་ཀ་ལི་ཀ་སོགས་ལ་སྨྲས་པ་དགེ་སློང་གོའུ་ཏ་མ་ནི་ཤ་ཟ། འོ་མ་འཐུང་གོས་དྲས་ཤིང་དྲུབ་པ་གྱོན། ལན་ཚྭ་ཟ། དགོན་པ་ན་གནས་པར་བྱེད་ན། འུ་ཅག་གིས་དེ་དག་མི་བྱའོ། །དེ་ཅིའི་ཕྱིར་ཞེ་ན། གཞི་དེ་དག་ལ་བརྟེན་ནས་རིམ་པ་བཞིན། སྲོག་ཆགས་ལ་གནོད་པ་དང་། བེའུ་ལ་གནོད་པ་དང་། དད་པས་བྱིན་པ་ཆུད་གཟོན་པ་དང་། དབང་ཕྱུག་གི་མི་གཙང་ཟོས་པར་གྱུར་པ་དང་། གདུལ་བྱའི་དོན་མི་འགྲུབ་པའི་ཕྱིར་ཞེས་བསླབ་ཚིག་ལྔ་བཅས་ཏེ། ཁྱེད་ཅག་བརྟུལ་ཞུགས་ལྔ་པོ་འདིས་དག་པ་དང་གྲོལ་བ་སོགས་འཛིན་པ་དེ་དག་གིས་དགེ་སློང་གོ་ཏ་མ་ལས་རིང་དུ་བགྱིས་ཤིག་སོ་སོར་གྱིས་ཤིག་ཅེས་སྨྲས་ཏེ་བཅོམ་ལྡན་འདས་ཀྱིས་**ཆོས་འཁོར་བསྐོར་བའི་རྒྱུན། ཞག་གཅིག་བཅད་ཕྱིར་འཁོར་ལོའི་དབྱེན་དུ་གསུངས་**ལ་དེ་འང་དགེ་འདུན་བྱེ་ནས་ཞག་གཅིག་མ་ལོངས་ཙམ་ལས་རིང་དུ་མི་གནས་ཏེ། མཛོད་ལས། སྟོན་དང་ལམ་གཞན་ལ་བཟོད་པ། །བྱེ་བའོ་དེ་ནི་མི་གནས་སོ། །ཞེས་སོ། །དེའང་ཁྱད་གཞི་ཆོས་འཁོར་གྱི་དོན་ནི་ལུང་གི་ཆོས་འཁོར་བདེན་བཞིའི་ཆོས་འཁོར་དང་། རྟོགས་པའི་ཆོས་འཁོར་མཐོང་ལམ་ཁོ་ན་ལ་འཇོག་དགོས་ཏེ། སྟོན་པས་བདེན་བཞི་ལན་གསུམ་བཟླས་པས་ཀུན་ཤེས་ཀོའུ་ཎྜི་ནྱའི་རྒྱུད་ལ་མཐོང་ལམ་སྐྱེས་ཆེ་ལྷ་རྣམས་ཀྱི་ཨ་ལ་ལ་འཛམ་བུའི་གླིང་དུ་ཆོས་ཀྱི་འཁོར་ལོ་བསྐོར་རོ་ཞེས་སོགས་ཀྱི་ཚིག་སྨྲས་པའི་ཕྱིར་དང་། མཛོད་ལས། ཆོས་ཀྱི་འཁོར་ལོ་མཐོང་བའི་ལམ། །མྱུར་བར་འགྲོ་སོགས་རྩིབ་སོགས་ཕྱིར། །ཞེས་གསུངས་པ་ལྟར། མཐོང་ལམ་ལ་ཆོས་འཁོར་ཞེས་བརྗོད་པ་ནི། འཁོར་ལོ་

རིན་པོ་ཆེ་དང་འདྲ་བའི་རྒྱུ་མཚན་གྱིས་ཡིན་ཏེ། འཁོར་ལོ་རིན་པོ་ཆེ་ལ་མཐོ་བར་འཕར་བ་དང་། དམའ་བར་འབབ་པ་སོགས་ཀྱི་ཁྱད་ཆོས་ཡོད་པ་བཞིན་དུ། མཐོང་ལམ་སྐད་ཅིག་བཅོ་ལྔ་ལ་ཡང་ཁམས་གོང་མའི་བདེན་པ་ལ་དམིགས་པས་མཐོ་བར་འཕར་བ་དང་ཁམས་འོག་མའི་བདེན་པ་ལ་དམིགས་པས་དམའ་བར་འབབ་པ་སོགས་ཀྱི་ཆོས་མཚུངས་སྦྱར་དུ་ཡོད་པའོ། །འཁོར་ལོའི་དབྱེན་གྱི་ཉེས་དམིགས་ཀྱང་དབྱེན་མ་འདུམ་གྱི་བར་དུ་སྟོན་པ་གཅིག་གི་ཞིང་ཁམས་ཀྱིས་བསྡུས་པའི་སྟོང་གསུམ་གྱི་སྟོང་ཆེན་པོའི་འཇིག་རྟེན་གྱི་ཁམས་ན་གནས་པའི་གདུལ་བྱ་ཆོས་བྱེད་རྣམས་ཀྱི་རྒྱུད་ལ་མཐོང་ལམ་སོགས་ལམ་ལྟ་གང་ཡང་མི་སྐྱེ་བར་ལུང་གཞི་དང་མཛོད་འགྲེལ་ལས་གསུངས་སོ། །སྟོན་པ་མྱ་ངན་ལས་འདས་པའི་གནས་སྐབས་གཞན་དུ་ནི་མི་འབྱུང་སྟེ་འགྲན་ཟླ་སྟོན་པ་ཉིད་མེད་པས་སོ། །

གཉིས་པ་སྤོང་པའི་གཞི་ལ་གསུམ་སྟེ། ངོ་བོ་ངོས་བཟུང་བ་དང་། སྤོང་པ་གང་ལ་ཞི་བྱེད་གང་འཇུག་པ། སྤོང་པ་ཞི་བའི་ཕན་ཡོན་ནོ། །དང་པོ་ནི་**འཕྲུགས་ལོང་**དང་སྤོང་པ་མིང་གི་རྣམ་གྲངས་ཡིན་ལ་**ངོ་བོ་ནི་ཕན་ཚུན་མི་མཐུན་པ། སློས་པའི་ཚིག་རྗེས་སུ་སེམས་གཞོལ་བ་སྟེ་འདྲེས་པ་ལས་བྱུང་བའི་ལུས་ངག་ལས་སོ། །**དབྱེ་ན་གཟུགས་དང་ཚོར་བ་ལ་སོགས་པ་ཕྱི་ནང་གི་**དངོས་པོའི་དེ་**བཞིན་ཉིད་དམ་གནས་ཚུལ་ནི་མི་རྟག་སྡུག་བསྔལ་སྟོང་བདག་མེད་སོགས་ཡིན་པ་ལ་རྟག་པ་བདེ་བ་སོགས་གཙང་བདེ་བདག་རྟག་གི་རྣམ་པར་འཛིན་ཏེ་**ལོག་པར་སྨྲ་བ་དང་།** ཞི་གནས་ལ་མི་སྡུག་པའི་དབུགས་རྔུབ་ལྷག་མཐོང་ལ་བདེན་བཞི་མི་རྟག་བཅུ་དྲུག་སྒོམ་ལུགས་ཀྱི་**གདམས་ངག་གི་ལུང་མི་འབོག་པ་དང་གླེང་བར་བྱ་བའི།** **ལྟུང་བར་བཅས་དང་ལས་ལ་མཐུན་པ་ཉིད། །མི་སྨྲིན་པ་སྟེ་རྒྱུ་བཞི་ལས་གྱུར་པའི། །**སྤོང་པ་རྣམས་ལ་རིམ་བཞིན་འགྱེད་ཕྱིར་{ཕུང་པོ་ལ་བདག་ཡོད་མེད་ལྟ་བུ་སྤོང་ནས་ཚིག་རྩུབ་འཁོན་འཛིན་དང་བཅས་པ་ནི་འགྱེད་ཕྱིར་གྱི་སྤོང་པའི་མཚན་ཉིད་དོ། །} གྱི་སྤོང་པ། མི་གསུམ་{ལྟུང་བ་གླེང་ནས་བཀའ་བློ་མི་བདེ་བ་ལ་གདམས་ངག་འབོག་པ་སོགས་བཞག་པ་ལ་བརྟེན་ནས་ཚིག་རྩུབ་འཁོན་འཛིན་ནི་མི་གདམས་ཕྱིར་གྱི་སྤོང་པའི་མཚན་ཉིད་དོ། །}པའི་ཕྱིར་གྱི་སྤོང་པ། ལྟུང་ཕྱིར་{ལྟུང་བ་བྱུང་བ་ལ་བརྟེན་ནས་ཚིག་རྩུབ་འཁོན་འཛིན་ནི་ལྟུང་ཕྱིར་གྱི་སྤོང་པའི་མཚན་ཉིད་དོ། །}གྱི་སྤོང་པ། བྱ་ཕྱིར་གྱི་{སྤོང་པ་དེ་གསུམ་གྱི་དབང་གིས་གསོ་སྦྱོང་སོགས་ལས་ལ་མཐུན་པ་མ་བྱིན་པ་ལ་བརྟེན་ནས་ཚིག་རྩུབ་འཁོན་འཛིན་དང་བཅས་པ་ནི་བྱ་ཕྱིར་གྱི་སྤོང་པའི་མཚན་ཉིད་དོ། །} སྤོང་པ་སྟེ་**བཞི་ལ་འཇུག་པའི་ཞི་བྱེད་ཆོས་བདུན་**ཡོད་དེ་སོ་ཐར་གྱི་མདོར་མདོར་༡སུམ་དྲན་པ་༢མ་མྱོས་༣དང་། །དེ་བཞིན་གང་མང་༤ངོ་བོ་ཉིད། །ཙ་རྣམས་༥བགྲམ་པ་ལྟ་བུ་དང་། །ཁས་བླང་བ་ཡང་བྱ་བའོ། །ཞེས་གསུངས་པ་ལྟར་བདུན་ནོ། །

གཉིས་པ་རྩོད་པ་གང་ལ་ཞི་བྱེད་གང་འཇུག་པ་ལ་གཉིས་ཏེ་མདོར་བསྟན་པ་དང་སོ་སོར་བཤད་པའོ། །དང་པོ་ནི་རྩོད་པ་དང་པོར་འགྱེད་ཕྱིར་གྱི་རྩོད་པ་ལ་མངོན་སུམ་དང་གང་མང་གཉིས་འཇུག་ལ་གཉིས་པར་མི་གདམས་ཕྱིར་གྱི་རྩོད་པ་ལ་མངོན་སུམ་གྱི་འདུལ་བ་དེ་དང་ནི། དྲན་པ་འདུལ་བ་དང་མ་སྨྱོས་པས་འདུལ་བ་སྟེ་གསུམ་འཇུག་ཅིང་། གསུམ་པར་ལྟུང་ཕྱིར་གྱི་རྩོད་པ་ལ་ལྟུང་བའི་ངོ་བོ་འཚོལ་ཏུ་གཞུག་པ་དང་སྟེ་ལྟུང་བ་གླེང་བ་ན་ལྟུང་བ་མི་དྲན། དེ་ལ་དྲན་པར་བྱ་ཕྱིར། ས་གཞན་ན་གནས་ཏེ་ལྟུང་བའི་ངོ་བོ་ཚོལ་བ་གསོལ་བཞིའི་ལས་ཀྱིས་བྱིན་པས། དེས་ལྟུང་བ་དྲན་ན་ས་གཞན་ན་གནས་པ་དེ་ལས་གྲོལ་བར་འགྱུར་བས་ན། ལྟུང་བ་དེ་དྲན་པའི་ཕྱིར་བརྩོན་འགྲུས་བརྩམ་པར་བྱེད་པས་སོ། །བཤགས་པས་ཕྱིར་བཅོས་རྩྭ་བཀྲམ་ལྟ་བུ་དང་། ལྟུང་བ་ཁས་བླངས་པ་སྟེ་གསུམ་པོ་འཇུག །བཞི་པར་མངོན་སུམ་གྱིས་འདུལ་བ་སོགས་བདུན་ཀ་འཇུག་སྟེ་དེ་འང་བདུན་པོ་གང་དང་གང་སྦྱར་ན་འཇུག་པའི་དོན་ཡིན་གྱི་མཐའ་གཅིག་ཏུ་བདུན་ཀ་སྦྱར་དགོས་པ་ནི་མ་ཡིན་ནོ། །དེ་དག་སོ་སོའི་མཐར། རང་རང་གི་འབྲས་བུ་འབྱིན་པས་ཞི་བར་འགྱུར་བ་ནི་དང་པོ་ལ་དགེ་འདུན་རྣམས་ཆོས་ཕྱོགས་པ་ཉིད་དུ་ཐུགས་མཐུན་པ་དང་། གཉིས་པ་ལ་གདམས་ངག་སྦྱིན་པ་དང་། གསུམ་པ་ལ་ལྟུང་བ་རང་གི་ངོ་བོ་ཤེས་པ་སོགས་དང་། བཞི་པ་ལ་མཐུན་པ་སྦྱིན་པ་འབྱུང་བས་སོ། །

གཉིས་པ་སོ་སོར་བཤད་པ་ལ་བཞིའི་དང་པོ་ཚིག་ནི། དང་པོ་མངོན་སུམ་གྱིས་འདུལ་བ་སྐྱ་གྲོལ་ཕྱིར་གྲོལ་གྱི་མངོན་སུམ་གཙུ་བོའི་མངོན་སུམ། དགེ་འདུན་གྱི་གཞི་བོའི་མངོན་སུམ་གསལ་བའི་མངོན་སུམ། གནས་བརྟན་དང་བཅས་པའི་དགེ་འདུན་གྱི་མངོན་སུམ། སྡེ་སྣོད་འཛིན་པའི་མངོན་སུམ་གནས་བརྟན་མཐུ་ལྡན་གྱི་མངོན་སུམ་སྟེ་བརྒྱད་འབྱུང་བའི། དང་པོ་ནི་གྲོལ་དང་ཕྱིར་གྲོལ་གཙུ་བོ་དགེ་འདུན་སོགས་རྩོད་པ་ཞི་བར་བྱེད་པ་པོ་བརྒྱད་པོ་རྣམས་གོང་མ་གོང་མར་མཐུ་ཡི་ཁྱད་པར་ཞུགས་པས། འཐད་པའི་ཕྱོགས་ལུང་རིགས་གིས་སྐྱབས་ཤིང་མི་འཐད་པའི་ཕྱོགས་ལ། གནོད་བྱེད་བཀོད་ཅིང་འབབ་པས་ཞི་བར་འགྱུར་བ་ཡིན་ནོ། །དེས་ཀྱང་མ་ཞི་ན་བཞིར་ལོངས་པས་ཚུལ་ཤིང་བྲིམ་པར་བསྒྲགས་པའི་དགེ་སློང་གིས། ཆོས་དང་ཆོས་མིན་ཕྱོགས་སོ་སོའི་ཚུལ་ཤིང་ཆོ་ག་བཞིན་བྲིམ་སྟེ། །ཆོས་ཕྱོགས་མང་བའི་ཐབས་ལ་ལེགས་གཞོལ་བས། །རྩོད་པ་ཆོས་ཀྱི་ཕྱོགས་སུ་ཞི་བར་བྱ། །རྩོད་པ་གཉིས་པ་མི་གདམས་ཕྱིར་གྱི་རྩོད་པ་ཞི་བྱེད་ནི་གཉིས་པ་ཞི་བྱེད་སྔར་གྱི་མངོན་སུམ་གྲོལ་ཕྱིར་གྲོལ་གྱི་མངོན་སུམ་ནས། གནས་བརྟན་མཐུ་ལྡན་གྱི་མངོན་སུམ་བར་བརྒྱད་ཀྱི་སྟེང་། གླེང་ཡུལ་དེ་ལ་ལྟུང་བ་མཐོང་ཐོས་དོགས་གསུམ་གྱི་སྒོ་ནས་བྱུང་བས་གཞི་མེད་པ་དང་ལྟུང་བྱེད་ཙམ་བྱུང་བ་ལ་ལྷག་མ་སོགས་གླེང་བ་ལྟུང་གླེང་ཆེས་པ་དང་ཕྱིར་བཅོས་བྱས་ཟིན་ནས་བརྩམས་པའི། ལྟུང་བ་དེ་དང་དེ་མ་བྱུང་བའི་

ངོས་ནས་དགག་པ་སྦྱིན་པའམ་དྲན་པའི་འདུལ་བ་སྦྱིན། ལྟུང་བ་གླེང་ནས་གསལ་པོར་མི་དྲན་པ་ལ་ལྟུང་བ་བྱུང་མ་བྱུང་དྲན་དུ་བཙུག་ནས་མ་བྱུང་བར་ངེས་ན། དགེ་སློང་འདི་དྲན་ལྡན་ཡིན་ལ། འདིས་ལྟུང་བ་བྱས་པ་མི་དྲན་པས་འདི་ལ་ཉེས་པ་མེད་ཅེས་གསོལ་བཞིའི་ལས་ཀྱིས་དགག་པ་སྦྱིན་པ་ནི་དྲན་པས་འདུལ་བ་སྦྱིན་པ་ཞེས་བྱའོ་ལྟུང་བ་བྱུང་བར་ངེས་ན་ཕྱིར་བཅོས་ཏེ་གདམས་ངག་སྦྱིན་པར་བྱའོ། །སྨྱོ་བའི་སྐབས་སུ་བྱ་བ་མ་ཡིན་པ་བྱས་པ་དག་ལ་ལྟུང་བ་གླེང་བར་བྱས་པས། དེས་སྨྱོ་བའི་གནས་སྐབས་ལས་གཞན་དུ་ལྟུང་བ་མ་བྱུང་བར་ཤེས་ན་སྨྱོ་བའི་ཚེ་ལ་ལྟུང་བ་བྱུང་ཡང་ཉེས་མེད་པའི་ཚུལ་བཤད་ནས་དེ་ལ་མ་སྨྱོས་པའི། འདུལ་བ་སྦྱིན་ཏེ་དགེ་སློང་འདི་མ་སྨྱོས་པའི་ཚེ་ལྟུང་བ་མ་བྱས་པས་འདི་ལ་ཉེས་པ་མེད་ཅེས་གསོལ་བཞིའི་ལས་ཀྱིས་དགག་པ་སྦྱིན་པ་ནི་མ་སྨྱོས་པའི་འདུལ་བ་སྦྱིན་པ་ཞེས་བྱའོ། །དེ་ཀུན་གྱིས་དགེ་སློང་རང་བཞིན་དུ་གནས་པ་དང་འདྲ་བ་ལྟུང་བས་དག་པར་གོ་ན་རྩོད་པ་ཞིའོ། །འདི་ལ་ཞི་བྱ་དང་པོ་འགྱེད་ཕྱིར་གྱི་བརྗོད་པ་དང་གསུམ་པ་ལྟུང་ཕྱིར་གྱི་རྩོད་པ་དག །འདྲེས་པ་ཆ་གཉིས་ཡོད་པའི་གོ་བ་གཙོ་ཆེའོ། །ཞི་བྱའི་རྩོད་པ་གཉིས་པ་མི་གདམས་ཕྱིར་གྱི་རྩོད་པ་འདི་ལ་ཞི་བྱ་དང་པོ་སྟེ་འགྱེད་ཕྱིར་རྩོད་པ་དང་གསུམ་པ་སྟེ་ལྟུང་ཕྱིར་གྱི་རྩོད་པ་དག་འདྲེས་པ་ཆ་གཉིས་ཡོད་པའི་གོ་བ་གཙོ་ཆེ་སྟེ། དང་པོ་དང་གསུམ་པ་འདྲེས་ཡོད་པ་མ་ཤེས་ན་ཞི་བྱེད་གང་འཇུག་མི་ཤེས་པའི་ཕྱིར་རོ། །དེས་ན་ཞི་བྱ་དང་པོ་འགྱེད་ཕྱིར་གྱི་རྩོད་པ་ལ་ཞི་བྱེད་མངོན་སུམ་བརྒྱུད་འཇུག་པ་དང་། ཞི་བྱ་གསུམ་པ་ལྟུང་ཕྱིར་གྱི་རྩོད་པ་ལ་ཞི་བྱེད་དྲན་པས་འདུལ་བ་དང་། མ་སྨྱོས་པའི་འདུལ་བ་སྦྱིན་པ་གཉིས་འཇུག་པ་དང་གཞི་མེད་དང་གླེང་ཆོས་དང་བཅོས་ཟིན་ནས་རྩོམ་པའི་དགག་པ་སྦྱིན་པ་སོགས་གང་དགོས་དཔྱད། རྩོད་པ་གསུམ་པ་ལྟུང་ཕྱིར་ལ་ཞི་བྱ་ནི་གསུམ་པར་ལྟུང་ཕྱིར་གྱི་རྩོད་པ་འདི་ལ་ནང་གསེས་ཀྱི་ཞི་བྱ་གསུམ་སྟེ་གང་ཟག་གཅིག་པུ་དང་འབྲེལ་བ་དང་། གང་ཟག་ཁ་ཡར་དང་འབྲེལ་བ་དང་། དགེ་འདུན་མཐའ་དག་དང་འབྲེལ་བའོ། །དང་པོ་ནི་ལྟུང་བ་གླེང་ཡུལ་དང་། གླེང་བ་པོ་སྟེ་དེ་གཉིས་ལས་གཞན་ལ་མ་འཕྲོས་ན། ཡུལ་གྱིས་ལྟུང་བ་བྱུང་བ་ཁས་བླང་བ་ཙམ་གྱིས་རྩོད་པ་རང་ཞིར་འགྱུར་བས། དེའི་རྗེས་ཐོག་ཏུ་ཕྱི་བཅོས་བྱ་དགོས་པ་ཡིན་ཞིང་གཉིས་པ་ནི་གླེང་ཡུལ་དང་གླེང་བ་པོ་སྟེ་གཉིས་ཙམ་དུ། མ་ཟད་དགེ་འདུན་དུ་གཏོགས་པ་འགའ་ཞིག་ཀྱང་རྗེས་སུ་འབྲང་ན། རྩོད་པ་དང་པོ་ལྟར་ཚོལ་བར་ཕྱིར་ཚོལ་གྱི་ཆོས་མཐུན་གྱི་ལན་གྱིས་མངོན་སུམ་ཞི་བར་བྱའོ་ལྟུང་བ་གླེང་བ་ན་མཚམས་དེར་གནས་པའི་དགེ་འདུན་མཐའ་དག་ཕྱོགས་གཉིས་སུ། གྱུར་པའི་རྩོད་པ་བྱུང་ན་ཕན་ཚུན་ཕྱག་བྱས་ཏེ། བཟོད་པར་གསོལ་བས་ཐམས་ཅད་མཐུན་པས་རྩོད་པ་ཞི། འདི་ལ་རྩ་སྟོན་བཅད་པའི་ཚོགས་རྩེ་སྤྲད་དེ་བཀྲམ་པའི་དཔེས་བསྟན་ནོ། །བཤགས་ཚུལ་འདིས་གང་ཟག་དུ་མའི་ལྟུང་བ་རྣམས་ཏེ་གང་ཟག་དུ་

མའི་ཉེས་བྱས་དང་སོར་བཤགས་སོགས་ལྟུང་བ་རྣམས་ཀྱང་གང་ཟག་གཅིག་ལ་འཕྲིན་བསྐུར་ཏེ་དེས་དེ་དག་བཤགས་ཡུལ་ལ་བརྗོད་པའི་སྒོ་ནས་འཆོས་སུ་རུང་ངོ་གཅིག་གིས་འཆོས་རུང་ལ་བཤགས་ཡུལ་ཡང་ལྟུང་བ་རིགས་མཐུན་མ་བྱུང་བའི་གང་ཟག་གཅིག་གམ་གཉིས་སོགས་སྟེ། འོན་ཀྱང་ཚོགས་སུ་བཤགས་དགོས་པམ་པའི་ཆར་གཏོགས་ཀྱི་སྦོམ་པོ་ལྕི་ཡང་གཉིས་དང་། དགེ་འདུན་ལྷག་མ་དང་། དེའི་ཆར་གཏོགས་པའི་སྦོམ་པོ་ལྕི་བ་རྣམས་ནི་མ་གཏོགས་སོ། །སྤྱིར་ན་ལྟུང་བ་གླེང་མཁན་ལུས་དང་ངག་དབང་པོའི་སྒོ་བསྡམས༡ཤིང་། སྟེ་༢སྙོད་ཤེས་ལ་དགེ་འདུན་གྱི་ཚོགས་སུ་བསམ་བཞིན་དུ། ཆོས་དང་འདུལ་བ་ལོག་པར་མི་སྟོན་ཅིང་། ལོག་པ་ཆོས་དང་འདུལ་བར་མི་སྟོན་༣པའི། ཁྱད་ཆོས་གསུམ་དང་ལྡན་པ་རྣམ་པ་ཀུན་ཏུ་སྟེ་འདི་དང་གོང་དུ་སྨོས་པའི་སྐབས་རྣམས་སུ་དང་གཅེས་པ་ཡིན་ནོ། །རྩོད་པ་བཞི་པའི་ཞི་བྱེད་ནི་བཞི་པར་བྱ་ཕྱིར་གྱི་རྩོད་པ་འདི་ལ་ཞི་བྱེད་ཀྱི་ཆོས་སོ་ཐར་གྱི་མདོར། མངོན་སུམ་དྲན་པ་མ་མྱོས་དང་། །དེ་བཞིན་གང་མང་ངོ་བོ་ཉིད། རྩྭ་རྣམས་བཀྲམ་པ་ལྟར་བ་དང་། །ཁས་བླངས་པ་ཡང་བྱ་བའོ། །ཞེས་པ་ལྟར་བདུན་པོ་ཐམས་ཅད་ཚང་བས་བདུན་པོ་གང་དང་གང་སྦྱར་ན་འཇུག་པ་ལས། ཐམས་ཅད་ཚང་དགོས་པ་ནི་མ་ཡིན་ནོ། །དེ་དག་གི་ཞི་བྱེད་ཀྱི་དོན་འགྲུབ། གསུམ་པ་རྩོད་པ་ཞི་བའི་ཕན་ཡོན་ནི། དེ་ལྟར་རྩོད་པ་ཞི་བྱེད་ཀྱི་ཆོས་རྣམས་སྒྲུབ་པའི་དགོས་པ་དགེ་འདུན་མཐུན་པས་འཛིག་རྟེན་དུ། སོ་སོར་ཐར་པ་ལས། དགེ་འདུན་མཐུན་པ་བདེ་བ་སྟེ་སོགས་བདེ་སྐྱིད་འབྱུང་ཞིང་ལུང་ལས། ཀ་ཤི་ཀའི་ནགས་སུ། གོང་མ་བསྲེགས་གིས་རི་བོང་སྤྲེའུ་གླང་ཆེན་རྣམས་བསླབ་པའི་གཞི་ལྔ་ལ་བཀོད་པས་ཡུལ་འཁོར་རྒྱས་ཤིང་མི་རྣམས་ཀྱང་ལྷར་སྐྱེས་པས། ལྷའི་འཁོར་ཡང་རྒྱས་པར་བཤད་པ་ལྟར་བསྟན་པ་དར་རྒྱས་འགྱུར། །

བཞི་བཅུ་བདུན་འདི་ནས་ཇོགས་ཀྱང་། དབྱེན་གྱི་མཇུག་ཏུ་བཞག་ན་བསྟན་བཅོས་མི་མཛེས་ཤིང་རྟེན་འབྲེལ་གྱི་དབང་གིས་གནས་མལ་གྱི་གཞི་བསྟེན་པ་ཡིན་ཏེ། དེ་ཡང་བདེ་བར་གནས་པ་རྐྱེན་གྱི་ཡ་གྱལ་བསྟན་པ་ཡུན་རིང་དུ་གནས་པར་བྱ་བ་གནས་མལ་གྱི་གཞི་ལ་དྲུག་སྟེ། དགེ་འདུན་སྡེའི་གཙུག་ལག་ཁང་བཞེངས་ཚུལ། དེ་ལ་རི་མོ་བཀོད་ཚུལ། གང་ཟག་གི་ཁང་པའི་ཁྱད་པར། གཙུག་ལག་ཁང་ལ་འཛུགས་པ། ཞར་བྱུང་གནས་མལ་གྱི་དགོས་པ་ཙུང་ཟད་སྨོས་པའོ། །དང་པོ་ནི་གནས་མལ་གཞི་ལ་གང་དུ་བྱ་བའི་ཕྱོགས། རྩོད་པ་ཅན་དང་འཇིགས་པས་ཉམ་ང་བ་དང་སྲོག་ཆགས་མང་པོ་དང་བཅས་པ་དང་། ཚེར་མ་ཅན་སོགས་སྒྲས་ངམ་གྲོག་དང་ རྣལ་ཅན་མིན་པའི་གཞི་དག་པར། དགེ་འདུན་གྱིས་གནང་བ་ཐོབ་པའི་གང་ཟག་གིས་གཙུག་ལག་ཁང་པ་བརྩེགས། ལུང་ལས་ཚད་དང་ལྡན་པའི་ཁྲུ་ཕྱེད་དང་དོ་ནི་བདེ་བར་གཤེགས་པའི་མཐོ་གང་སྟེ། ནང་

རོལ་ནས་དེ་བཅུ་གཉིས་དང་བདུན་གྱི་ཚོད་{སྲིད་དུ་མིའི་ཁྲུ་བཅོ་བརྒྱད། རྒྱར་ཁྲུ་ཕྱེད་བཅུ་གཅིག་ཡོད་དོ། །}ཧོ་ཞེས་གསུངས་པ་མ་མཐའི་ཚད་ཡིན་གྱི། ལུང་ལས་གསུངས་པ་ཉིད་ནི་གང་ཟག་གི་ཁང་པའི་ཚད་ཡིན་གྱི་གཙུག་ལག་ཁང་གི་མ་མཐའི་ཚད་ནི་གདིང་བ་བཞི་བཅུ་ཤོང་དགོས་ཏེ། དགེ་སློང་མ་འགྱུ་ལྡན་པ་རང་བཞིན་དུ་གནས་པར་བྱུང་བ་ལ་དགེ་སློང་ཕ་མ་གཉིས་ཀ་ཉི་ཤུ་ཉི་ཤུ་བཞི་བཅུ་འཚོགས་དགོས་པའི་ཕྱིར་རོ། །ཆེ་ཚད་ནི་དམིགས་བསལ་མ་གསུངས་པས་དེ་ཡན་ཇི་ཙམ་དགོས་པ་བློ་ཡིས་དཔྱད་དུ་རུང་བ་མཁས་པ་དག་གིས་གསུངས་སོ། །དེའང་དགེ་འདུན་གྲངས་མང་ཉུང་དང་། སྦྱིན་བདག་འབྱོར་པ་ཆེ་ཆུང་སོགས་དང་བསྟུན། ཇི་ཙམ་ཆེ་ཡང་མི་འགལ་ཏེ། རྒྱ་གར་ནཱ་ལེནྡྲའི་གཙུག་ལག་ཁང་གི་གྲལ་རེ་རེ་ལ་དགེ་སློང་ལྔ་བརྒྱ་རེ་ཤོང་བར་བཤད་དོ། །དེ་ལ་གཙུག་ལག་ཁང་གི་དབྱིབས་གྲུ་བཞི་པ་བྱ་ཞིང་ངོས་གསུམ་ནས་ཁྱམས་ནི་གཙུག་ཁང་གི་ཕྱི་ནས་ར་བ་གླང་གབ་ཅན་གྱིས་བསྐོར་བ་ཡིན་ནོ། །བཏགས་པ་ཡང་སྒྲོན་བྱ་བ་དང་མདུན་དྲང་ཐད་ཀྱི་ངོས་སུ་སྒོ་ཁང་དང་ཕྱོགས་སུ་སྟོན་པའི་དྲི་གཙང་ཁང་། གཞན་ཡང་རྫུང་ཁང་སྟེ་ཟས་འཚོད་པའི་ཁང་པ་དང་བསྲོ་ཁང་ནི་སྒོ་བཅད་པའི་ཁང་པར་ལུས་མེ་ལ་བསྲོ་ཞིང་། བསྟུའི་བུ་ག་ཐམས་ཅད་སྣུམ་གྱིས་གང་བར་བྱེད་པའི་གནས་ནི་བསྲོ་ཁང་ངམ་བསྲོ་གང་ཞེས་བྱའོ་ཞེས་ཐུབ་བསྟན་ཆོས་གྲགས་ཀྱིས་བཤད་དོ། །མདོ་རྩ་བར། བསྲོ་ཁང་བསྟེན་པར་བྱའོ། །ཞེས་གསུངས་སོ། །ལག་མཛོད་ལ་སོགས་སྨྲས་སྤྱོང་བའི་ཁང་པ་དང་ཆུ་ཁང་དང་། འཆག་པའི་ཁང་པ་དང་པ། །བཤད་ཚོད་ཀྱི་མཚན་ཉིད་བཞིན་དང་གཙུག་ལག་ཁང་གི་དབུས་སུ་ཆོས་སྨྲ་བ་པོ་བཞུགས་པའི་སེང་ཁྲི་གྲུ་བཞི་པ་སྟན་ནང་ཚང་ཅན་བླ་བྲེ་བཅས་པ་བྱའོ། །

གཉིས་པ་བཞེངས་ནས་རི་མོའི་བཀོད་པ་བྱ་བའི་ཚུལ་ནི་གཙུག་ལག་ཁང་གི་སྒོ་ལ་གསང་བ་པ་ཡི་བདག་པོ་དང་སྟེ་ལག་ན་རྡོ་རྗེའམ་ཡང་ན་བེ་ཅོན་ཐོགས་པ་བྲི་དགོས་ཏེ་སྟོན་པས་རྒྱལ་བྱེད་ཚལ་དུ་གནོད་སྦྱིན་གོས་སྔོན་ཅན་གྱི་ཚོགས་བསྒྲུང་མར་བཞག་པས་སོ། །དེའང་ཚིག་ལེར། རྩ་བའི་སྒོ་ནི་དབང་ཕྱུག་ཆེ། །ཀུན་དགའ་བཞིན་གྱི་དཀྱིལ་འཁོར་ཅན། །ལག་ན་བེ་ཅོན་ཐོགས་པ་ཡི། །གནོད་སྦྱིན་རྣམས་ཀྱི་བདག་པོ་བྲི། །ཞེས་གསུངས་ཤིང་། མདོ་རྩ་བ་ལས། སྒོར་གནོད་སྦྱིན་ལག་ན་རྡོ་རྗེ་འཛིན་པ་དག་བྲིའོ། །ཞེས་རྡོ་རྗེ་ཐོགས་པ་བྲི་བར་གསུངས་སོ། །གང་ལྟར་ཡང་བྱང་ཆུབ་སེམས་དཔའ་ཕྱག་ན་རྡོ་རྗེ་བྲི་བ་ནི་ནོར་བའོ། །སྒོ་ཁང་གི་ངོས་སུ་སྲིད་པའི་འཁོར་ལོ་ཆ་ལྔ་པ་བྲི་སྟེ་སྟེང་གི་ཆ་དྲུམ་བུ་གཉིས་སུ་བྱས་པའི་གཅིག་ལ་ལྷ་དང་ལྷ་མ་ཡིན་གཅིག་ལ་མིའི་གནས། འོག་གི་ཆ་དྲུམ་བུ་གསུམ་དུ་བྱས་པའི་དབུས་སུ་དམྱལ་བ་གཡས་དང་གཡོན་དུ་ཡི་དྭགས་དང་དུད་འགྲོའི་ཚོགས་བྲི། དབུས་ཀྱི་དྲི་གཙང་ཁང་དུ་བསྟན་པའི་གཙོ་ཐུབ་པའི་དབང་པོ་དང་དེའི་སློབ་མར་མཆོག་

ཟུང་དང་བཅས། གཙུག་ལག་ཁང་གི་དངོས་གཞིར་སྟོན་པ་ཐུབ་པའི་དབང་པོའི་སྟོན་གྱི་སྐྱེ་རབས་རྣམས། དགོས་ཏེ་ཚིག་ལེར། ཁང་བཟང་དག་གི་ངོས་དག་ཏུ། །ཐུབ་པའི་སྟོན་གྱི་སྐྱེ་རབས་བྲི། །དཔེར་ན་ཐམས་ཅད་སྒྲོལ་དང་ནི། །ཟླ་འོད་བཟོད་པར་སྨྲ་བ་སོགས། །གཙུག་ལག་ཁང་སོགས་འདུལ་བ་ལ། །འཇིག་རྟེན་མངོན་པར་དད་འཕེལ་ཕྱིར། །རི་མོའི་ཚིག་བརྗོད་ལ་འདི། །ཐུགས་རྗེ་ཅན་གྱིས་ལེགས་པར་གནང་། །ཞེས་སོ། །བྲི་བ་ལ་སོགས་ལུང་ལས་འབྱུང་བཞིན་སྒྲུབ། །གསུམ་པ་གང་ཟག་གི་ཁྱད་པར་ཇི་ལྟར་བྱེད་པ་ནི་གང་ཟག་སོ་སོའི་ཁང་པ་ནི་མ་མཐའ་འདུག་པ་དང་འཆགས་པ་དང་ཉལ་བ་དང་། འགྲེང་བ་སྟེ་སྤྱོད་ལམ་བཞི། ཤོང་བའི་ཚད་ནས་བཟུང་ཡ་མཐའ་བདེ་བར་གཤེགས་པའི་མཐོ་བཅུ་གཉིས་དང་བདུན་གྱི་ཚད་དོ་དེ་ལས་ཐལ་ན་དགེ་འདུན་ལྷག་མའི་ལྟུང་བས་རིག་པ་ཉིད་དོ་དེ་དག་ནི་ཁང་པ་མ་བརྟེན་པའི་དབང་དུ་མཛད་ནས་གསུངས་པ་ཡིན་གྱི་གཞན་དུ་ཤིང་དྲུང་བས་མཐའ་དུར་ཁྲོད་ལ་བརྟེན་པ་སྟེ་སྤྱོད་འཇུག་ལས། དུར་ཁྲོད་སོགས་ནས་གཞན་དག་གི། །རུས་གོང་དག་དང་བདག་གི་ལུས། །འཇིག་པའི་ཆོས་ཅན་དག་ཏུ་ནི། །ནམ་ཞིག་མགོ་སྙོམས་བྱེད་པར་འགྱུར། །ཞེ་སོ། །དེ་དག་ལ་བརྟེན་ནས་ཚུལ་ཁྲིམས་ཐོས་བསམ་བསྒོམ་ལ་འབད། །ཡོན་ཏན་དེ་ལྡན་ཞེན་པ་མི་སྐྱེ་ཞིང་། །དཀའ་བས་མ་སྒྲུབ་རྙེད་ན་ཁང་བཟང་དང་། ཁང་བརྩེགས་སྤྱད་རུང་མཐའ་གཉིས་རྣམ་པར་བསལ། །ཀུན་དགའ་ར་བར་དགེ་འདུན་དང་ཚུགས་ལ། །སྤྱོད་པའི་ལས་ཚན་གནས་ཁང་བསྒོ་བ་ནས། །སྙིའུ་ཆུང་བསྲུང་བའི་བར་གྱི་བཅོ་བརྒྱད་པོ། །གསོལ་དང་གཉིས་ཀྱི་ལས་ཀྱིས་བསྔོས་ལ་བཞག བསླབ་ཚིག་འོག་མ་འོག་མས་གོང་མ་དང་། །གོང་མར་ཕྱག་བྱ་མཉམ་ན་བསླབ་དུས་ཀྱིས། །རྒན་ལའོ་བུད་མེད་བསླབ་དུས་རྒན་གྱུར་ཀྱང་། །སྐྱེས་པ་བསླབ་ནང་མཐུན་ལ་ཕྱག་བྱར་འོས། །ས་གཞན་ན་གནས་དགེ་སློང་ཡིན་གྱུར་ཀྱང་། །དགེ་སློང་མས་མིན་རང་བཞིན་གནས་པ་ཡང་། །ཉལ་དང་ཉིང་འཛིན་སྙོམས་འཇུག་བྱ་བས་བྲེལ། །གཡེང་དང་རྒྱབ་ཀྱིས་ཕྱོགས་དང་ཁྲིམ་གཞན་གནས། །ཟས་ཀྱི་གྲལ་དུ་འདུག་ལ་སུས་ཀྱང་མིན། །མཁན་སློབ་ཉམས་ཀྱང་སློབ་མས་ཕྱག་བྱ་ཞིང་། །སྔགས་དང་གཅེས་བུར་ཕྱག་མིན་དེས་ཀྱང་ནི། །མི་བྱ་ངོ་བོ་ཡན་ལག་ལྔས་འཚལ་དང་ཞེས་པ་སྟེ་ཕྱག་འཚལ་བའི་ཚེ་ཐལ་མོ་ཁོང་སྟོང་དུ་པདྨ་ཁ་འབུས་པ་ལྟ་སྦུར་དགོས་ཀྱི་ཐལ་མོ་ནང་ཁོག་སྟོང་མ་ཡིན་པར་ལག་མཐིལ་གཉིས་སྦྱར་ཏེ་ཕྱག་རྒྱ་བཅའ་བའམ། སོར་རྩེ་རྣམས་ཐུག་ཙམ་བྱེད་པ་སོགས་ནི་མི་རུང་སྟེ། ཐར་པ་ཆེན་པོ་ཕྱོགས་སུ་རྒྱས་པའི་མདོ་ལས། པདྨ་ཁ་འབུས་ཕྱེ་འདྲ་བ། །ལག་གཉིས་སྤྱི་བོར་ཐལ་སྦྱར་ཏེ། །ལུས་དཔག་མེད་པའི་སྤྲིན་ཚོགས་བཅས། །ཕྱོགས་བཅུའི་སངས་རྒྱས་ལ་ཕྱག་འཚལ། །ཞེས་དང་། ཡོན་ཏན་མཛོད་ལས་ཀྱང་། བབ་ཅོལ་གོམས་པ་མིན་པའི་ལུས་བཏུད་ནས། །སྙིང་གར་

གྲུབ་བཅས་མངོན་རྟོགས་ངོམས་པ་ལ། །མི་ཏོག་དོགས་པས་རབ་བཟུང་སྙིམ་པའི་སྟོད། །གའུ་ཆུང་གི་བརྟུལ་ཞུགས་འཛིན་པ་ཡིན། །ཞེས་སོ། །ཇི་སྐད་དུ། བསྟན་ལ་དམ་པར་བྱ་བ་ཡི། །དགེ་སློང་ཕྱག་ནི་རྣམ་པ་གཉིས། །གཅིག་ནི་དཀྱིལ་འཁོར་ལྟ་བ་སྟེ། །གཞན་ནི་བྱིན་པ་ནས་འབྱུང་ཡིན། །ཞེས་རོང་སྟོན་ཆེན་པོས་ཚིགས་ལེའི་འགྲེལ་པ་ལས་གསུངས་སོ། **།ཡུལ་གྱི་སྙིང་པོ་ལ་འབྱུང་ཕྱག་གཉིས་སོ། །མཆོད་རྟེན་དང་ནི་ཀུན་དགའ་ར་བ་ལ། །རྒྱལ་མཚན་གཟུག་སྟེ་རྣམ་པ་བཞི་ཡོད་དོ།** །དེ་ལྟར་བདེ་བར་གཤེགས་པའི་སྐུ་གཟུགས་ལུགས་མ་དང་རི་མོ་བྲིས་པ་སོགས་དང་། སྡེ་སྣོད་གསུམ་གྱི་པུ་སྟི་ཀ་སོགས་རིན་ཐང་དང་བྲལ་བའི་ཚོགས་དུ་མས་ཕྱུར་བུར་བཀང་བའི་**ཕྱིར་གཙུག་ལག་ཁང་དང་ཁང་ཐྲན་སོགས། གནང་བ་ཇི་བ་བཞིན་བསྐྲུན་ན་ཡོན་གྱི་བདག་པོར་བསོད་ནམས་བསྐྱེད་ཅིང་དགེ་འདུན་བག་ཐེབ་པས།** འཁོར་ལོ་གསུམ་གྱིས་སྟེ་སྤྱིར་རབ་ཏུ་བྱུང་བའི་ལས་ནི་འཁོར་ལོ་གསུམ་ཡིན་ཞིང་། ཁྱད་པར་དེང་སང་སྙིགས་མ་ལྔ་བདོ་བའི་མུན་གླིང་སྟུག་པོར་གཡོ་བས་མཉམ་མེད་ཤཱཀྱའི་དབང་པོའི་བསྟན་པ་རིན་པོ་ཆེ་ནུབ་པ་ལ་ཐག་མི་རིང་བའི་སྐབས་འདིར་དམ་པའི་ཆོས་ཡུན་རིང་དུ་གནས་པའི་ཕྱིར་འབད་པ་ཆེན་པོས་བཟུང་བ་ནི་གཞར་ཡང་ཕན་ཡོན་ཚོགས་བསམ་གྱིས་མི་ཁྱབ་པར་སྤྱན་རས་གཟིགས་ཀྱི་མདོ་སོགས་ལས་གསུངས་སོ། །བསྟན་པ་ཡུན་རིང་སྐྱོང་བར་བྱའོ། །ཡོངས་རྫོགས་བསྟན་པའི་ཉམས་ལེན་**སྡོམ་པ་གསུམ་གཏན་ལ་དབབ་པ་འཇམ་དབྱངས་བླ་མའི་དགོངས་རྒྱན་ལས་སོ་སོར་ཐར་པའི་སྡོམ་པའི་ལེའུ་སྟེ་གཉིས་པའོ།** ། ། །

{མངོན་པར་རྟོགས་པའི་རྒྱན་ལས། སེམས་བསྐྱེད་པ་ནི་གཞན་དོན་ཕྱིར། །ཡང་དག་རྫོགས་པའི་བྱང་ཆུབ་འདོད། །ཅེས་པ་ལྟར་དོན་གཉིས་སམ་ཟུར་གཉིས་དང་ལྡན་པ་སྟེ། སྙིང་རྗེས་གཞན་དོན་ལ་དམིགས་པ ༡དང་། ཤེས་རབ་ཀྱིས་རྫོགས་བྱང་ལ་དམིགས་པ ༢པའོ། །དེ་ལྟར་དོན་གཉིས་སམ་ཟུར་གཉིས་དང་ལྡན་པའི} སེམས་བསྐྱེད་ཀྱི་མཚན་གཞི་ལ། འཕགས་སེང་གཉིས་ཀྱིས་གཙོ་སེམས་ལ་བཞེད་དེ། ཉེར་སྣང་ལས་སེམས་བསྐྱེད་པ་ཞེས་བྱ་བ་ནི་རྣམ་པ་རིག་པ་སྟེ་རྣམ་པར་ཤེས་པའོ། །རྣམ་པར་ཤེས་པ་གང་ཞེ་ན། ཡིད་ཀྱི་རྣམ་པར་ཤེས་པ་སྟེ་དཀར་པོའི་ཆོས་ཐམས་ཅད་ལ་དེས་དམིགས་པའི་ཕྱིར་རོ་ཞེས་གསུངས་ཤིང་། དོན་གསལ་ལས་ཀྱང་འདོད་{རྒྱན་ལས། ཡང་དག་རྫོགས་པའི་བྱང་ཆུབ་འདོད། །ཅེས་པའི}པ། སེམས་བྱུང་ནི་སེམས་བསྐྱེད་པ་འགལ་ལོ་ཞེས་སོགས་གསུངས་ཤིང་། ཐོགས་མེད་སྐུ་མཆེད་གཉིས་ཀྱིས་སེམས་བྱུང་ལ་བཞེད་དེ། བྱང་ས་ལས། བྱང་ཆུབ་སེམས་དཔའ་རྣམས་ཀྱི་སྨོན་ལམ་གྱི་མཆོག་ནི་སེམས་བསྐྱེད་པའོ་ཞེས་གསུངས་{མདོ་སྡེ་རྒྱན་ལས། བརྟན་པ་རྣམས་ཀྱི་སྨོན་ལམ་ནི། །སེམས་པ་འདུན་དང་བཅས་པའོ། །ཞེས་པའི་བརྟན་པ་ནི་བྱང་ཆུབ

སེམས་དཔའི་མཚན་གྱི་རྣམ་གྲངས་ཡིན་ནོ། །}དབྱིག་གཉེན་གྱིས་མདོ་སྡེ་རྒྱན་གྱི་དོན་གཉིས་ལྡན་པའི་སེམས་བྱུང་བ་ཞེས་པའི་འགྲེལ་པར། ཡོན་ཏན་གཅིག་གམ་གཉིས་ལ་དམིགས་པ་དང་ལྡན་པའི་{སེམས་བྱུང་གི་}སེམས་པ་ནི་སེམས་བསྐྱེད་པའོ་ཞེས་གསུངས་པའི་ཕྱིར་རོ། །སློབ་དཔོན་ཤཱནྟི་པས་སེམས་དང་སེམས་བྱུང་གཉིས་ཀ་ལ་བཞེད་དེ། དག་ལྡན་ལས། སེམས་བསྐྱེད་པ་ཞེས་བྱ་བའི་སེམས་ནི་ཡིད་{གཙོ་སེམས་}དང་འདོད་{སེམས་བྱུང་ནང་གི་འདུན་པ་}པའོ། །ཞེས་གསུངས་པའི་ཕྱིར་རོ། །འགྲེལ་བ་ཐེམ་སྐས་མ་ལས། ཇོ་བསོད་ནམས་སེང་གེ་ཡབ་སྲས་ཀྱིས་ཐོགས་མེད་སྐུ་མཆེད་ཀྱི་བཞེད་པ་ལྟར་སེམས་བྱུང་འདུན་པ་དང་སེམས་པ་ལ་བཞེད་དོ་ཞེས་གསུངས་སོ། །ཀུན་མཁྱེན་རོང་སྟོན་ཆེན་པོས་དེའང་སེམས་བསྐྱེད་པར་བྱ་བས་ན་སེམས་བསྐྱེད་ཅེས། བྱ་བའི་ལས་ལ་བཤད་ན་འཕགས་སེང་གཉིས་ཀྱི་བཞེད་པ་ལྟར་གཙོ་སེམས་ཡིན་ལ། སེམས་བསྐྱེད་པར་བྱེད་པས་ན་སེམས་བསྐྱེད་ཅེས་བྱེད་པ་ལ་བཤད་ན། ཐོགས་མེད་སྐུ་མཆེད་ཀྱི་བཞེད་པ་ལྟར་སེམས་བྱུང་ཡིན་ལ། དེ་ལྟར་ནའང་གཙོ་སེམས་དང་སེམས་བྱུང་གཉིས་ཀ་ལ་སེམས་བསྐྱེད་ཀྱི་སྒྲ་འཇུག་པ་ནི་མི་འགོར་རོ་ཞེས་གསུངས་སོ། །

ཀུན་མཁྱེན་རིན་པོ་ཆེས་སྨྲས་དོན་ལས། གནད་ཀྱི་དོན་ནི་སེམས་པ་དང་འདུན་པ་གཉིས་ལ་གཙོ་བོར་སེམས་བསྐྱེད་ཅེས་འཇོག་དགོས་ཏེ། མངོན་པར་རྟོགས་པའི་རྒྱན་ལས། ཡང་དག་རྫོགས་པའི་བྱང་ཆུབ་འདོད། །ཅེས་པའི་འདོད་པ་ནི་སེམས་བྱུང་ཡིན་པའི་ཕྱིར་རོ་ཞེས་གསུངས་སོ། །འོན་སེམས་བསྐྱེད་ཀྱི་ངོ་བོ་དེ་གཉིས་ཁོ་ནར་ངེས་སམ་ཞེ་ན་མ་ཡིན་ཏེ། སེམས་པ་དང་འདུན་པ་གཉིས་སེམས་བསྐྱེད་ཀྱི་ངོ་བོར་ནམ་སོང་ན་དེ་དང་མཚུངས་པར་ལྡན་པའི་སེམས་དང་སེམས་བྱུང་གཞན་རྣམས་ཀྱང་གཞན་སྟོབས་ཀྱིས་སེམས་བསྐྱེད་ཀྱི་ངོ་བོར་གནས་འགྱུར་བའི་ཕྱིར་རོ། །{སེམས་བསྐྱེད་ཀྱི་}མཚན་ཉིད་ནི། གཞན་དོན་དུ་རྫོགས་པའི་བྱང་ཆུབ་ལ་དམིགས་པའི་འདུན་པ་མཚུངས་ལྡན་དང་བཅས་པའི་གཙོ་བོ་ཡིད་ཀྱི་ཤེས་པ། མཚོན་བྱ་ནི་བསྐྱེད་བྱ་གཙོ་སེམས་དྲུག་པ་ཡིད་ཀྱི་ཤེས་པ་དེ། བསྐྱེད་བྱེད་ནི་སེམས་བྱུང་རྣམས་ལས་གཙོ་བོར་འདུན་པ་དང་སེམས་པ་གཉིས་ཀྱིས། ངོ་བོ་སྨོན་འཇུག་གཉིས་ཀྱི་བདག་ཉིད་དུ་བསྐྱེད་པས་ན་སེམས་བསྐྱེད་ཅེས་བརྗོད་པར་བྱའོ། །{སྤྱིར་སེམས་བསྐྱེད་ཀྱི་རྟེན་གང་ཟག་ནི། འདུ་ཤེས་མེད་པ་མ་གཏོགས་པའི་འདོད་གཟུགས་གཉིས་ཀྱི་ལྷ་སོགས་གང་ཟག་རྣམས་ལ་སྐྱེ༑ དམྱལ་བའི་སེམས་ཅན་ལའང་སྐྱེ་ན་གཞན་རྣམས་སློས་ཅི་དགོས། འདུ་ཤེས་མེད་པ་ལ་སེམས་བསྐྱེད་སྐྱེ་བ་མ་ཡིན་ཏེ། ཡིད་ཀྱི་འདུ་ཤེས་མེད་པའི་ཕྱིར་རོ། །གཟུགས་མེད་ན་ཡང་མི་སྐྱེ་སྟེ་གཟུགས་མེད་པས་གཞན་དོན་བྱེད་པའི་རྟེན་དུ་མི་རུང་བའི་ཕྱིར་དང་། ཕན་ཚུན་ཡུལ་མ་ཡིན་པའི་ཕྱིར་རོ། །དེས་ན་མངོན་པ་ཀུན་བཏུས་

ལས། བྱང་ཆུབ་སེམས་དཔའ་འདོད་གཟུགས་ཀྱི་རྟེན་ཅན་ཁོ་ནར་གསུངས་སོ། }།

མཚན་གཞིའི་དབྱེ་བ་ནི། ངོ་བོའི་སྒོ་ནས་དབྱེ་ན་སྨོན་འཇུག་གཉིས། ཡུལ་གྱི་སྒོ་ནས་དབྱེ་ན་དོན་དམ་སེམས་བསྐྱེད་དང་ཀུན་རྫོབ་སེམས་བསྐྱེད་གཉིས། སྐྱེ་ཚུལ་གྱི་སྒོ་ནས་དབྱེ་ན་རྒྱས་པ་བརྡ་ལས་བྱུང་བའི་སེམས་བསྐྱེད་དང་། ཕྲ་བ་ཆོས་ཉིད་སྒོམ་པའི་སྟོབས་ཀྱིས་སྐྱེ་བའི་སེམས་བསྐྱེད་གཉིས། ས་མཚམས་ཀྱི་སྒོ་ནས་དབྱེ་ན། མོས་པས་སྤྱོད་པའི་སེམས་བསྐྱེད་དང་། ལྷག་བསམ་རྣམ་དག་གི་སེམས་བསྐྱེད་དང་། རྣམ་པར་སྨིན་པའི་སེམས་བསྐྱེད་དང་། སྒྲིབ་པ་སྤངས་པའི་སེམས་བསྐྱེད་དང་བཞི་སྟེ་འདི་དག་གི་མཚན་ཉིད་ནི་སྡོམ་གསུམ་གྱི་རྩ་བར་གསལ་ལོ། །སྨོན་པ་དང་འཇུག་པའི་བདག་ཉིད་ཅན་གྱི་སེམས་བསྐྱེད་ལ་ནི་ནང་གསེས་ཀྱིས་དབྱེ་ན་རྒྱས་པ་བྱང་སེམས་ཀྱི་སྡོམ་པ་ལེན་པའི་ཆོ་ག་སྒྲུབ་དངོས་རྗེས་གསུམ་ཚང་བ་ལ་བརྟེན་ནས་ཐོབ་པའི་ཀུན་རྫོབ་སེམས་བསྐྱེད་དང་ཕྲ་བ་ཆོས་ཐམས་ཅད་ཀྱི་གནས་ལུགས་ཡོད་མེད་སོགས་སྤྲོས་པ་ཐམས་ཅད་དང་བྲལ་བ་མངོན་སུམ་དུ་རྟོགས་{ཆོས་ཉིད་ཀྱི་བདེན་པ་མངོན་སུམ་དུ་མཐོང་བ་}པའི་དོན་དམ་སེམས་བསྐྱེད་དེ་གཉིས་སོ། །

ཀུན་རྫོབ་སེམས་བསྐྱེད་ཀྱི་མཚན་གཞི་ནི། བྱང་ཆུབ་སེམས་དཔའ་སོ་སོ་སྐྱེ་བོའི་རེས་ཚིག་ནི། བློ་བ་སྒྲོན་མའི་མདོ་ལས། སོ་སོ་ཐ་དད་འགྲོ་བའི་ཕྱིར། །སོ་སོའི་སྐྱེ་བོ་ཞེས་བརྗོད་དོ། །ཞེས་སོ། །རྒྱུད་ཀྱི་མཉམ་གཞག་དང་རྗེས་ཐོབ་ཀྱི་སེམས་བསྐྱེད་མཐའ་དག་དང་། །བྱང་ཆུབ་སེམས་དཔའ་འཕགས་པའི་མཉམ་རྗེས་གཉིས་ལས་རྗེས་ཐོབ་རྒྱུད་ཀྱི་སེམས་བསྐྱེད་དེ་དེ་ལྟར་བྱང་སེམས་སོ་སྐྱེའི་མཉམ་རྗེས་གཉིས་ཀྱི་སེམས་བསྐྱེད་དང་། བྱང་སེམས་འཕགས་པའི་རྗེས་ཐོབ་ཀྱི་སེམས་བསྐྱེད་དེ་གཉིས་སོ། །དག་ནི། གཞན་དོན་དུ་རྫོགས་པའི་སངས་རྒྱས་ཐོབ་པར་འདོད་པའི་སྨོན་པ་དང་དེའི་ཆེད་དུ་སྦྱིན་སོགས་ཕར་ཕྱིན་དྲུག་ལ་ཞུགས་པ་འཇུག་པ་དང་ནི་ཀུན་རྫོབ་སེམས་སུ་དེ་གསུམ་ངོ་བོ་གཅིག་སྟེ་དཔེར་ན་བྱང་སེམས་སོ་སྐྱེའི་རྒྱུད་ཀྱི་སེམས་སྐྱེད་གཅིག་ལ་གཞན་དོན་དུ་སངས་རྒྱས་ཐོབ་འདོད་སྨོན་པ་སེམས་བསྐྱེད་ཀྱི་ཆ་དང་འདིའི་ཆེད་དུ་ལམ་བསྒྲུབ་པར་འདོད་པའི་འཇུག་པ་སེམས་བསྐྱེད་ཀྱི་ཆ་དང་རྣམ་པར་མི་རྟོག་པའི་ཡེ་ཤེས་ཀྱི་མ་བསྡུས་པ་ནི་ཀུན་རྫོབ་སེམས་བསྐྱེད་དེ་ལྡོག་པ་ཐ་དད་པ་ཙམ་ལས་ངོ་བོ་གཅིག་པའི་ཕྱིར་རོ། །དོན་དམ་སེམས་བསྐྱེད་ཀྱི་མཚན་གཞི་ནི། བྱང་ཆུབ་སེམས་དཔའ་འཕགས་པ་ས་དང་པོ་ནས་བཅུ་པའི་བར་གྱི་མཉམ་གཞག་རྒྱུད་ཀྱི་སེམས་བསྐྱེད་དང་སངས་རྒྱས་ཀྱི་སེམས་བསྐྱེད་དག་ནི། སྨོན་པ་སེམས་བསྐྱེད་དང་འཇུག་པ་སེམས་བསྐྱེད་དང་ནི་དོན་དམ་སེམས་བསྐྱེད་རྣམས་སུ་དེ་གསུམ་ཀ་གཞི་མཐུན་ནམ་ངོ་བོ་གཅིག་སྟེ་དཔེར་ན་ས་དང་པོའི་མཉམ་གཞག་གི་ངོ་བོར་གྱུར་པའི་

དོན་དམ་སེམས་བསྐྱེད་གཅིག་ལ་གཞན་དོན་དུ་སངས་རྒྱས་ཐོབ་འདོད་ཀྱི་འདུན་པ་མཚུངས་ལྡན་དང་བཅས་པའི་ཆ་དང་། དེའི་ཆེད་དུ་ལམ་བསྒྲུབ་པའི་སེམས་པ་མཚུངས་ལྡན་དང་བཅས་པའི་ཆ་དང་། རྣམ་པར་མི་རྟོག་པའི་ཡེ་ཤེས་ཀྱི་ཆ་སྟེ་ལྡོག་པ་ཐ་དད་པ་ཙམ་ལས་ངོ་བོ་གཅིག་ཡིན་པའི་ཕྱིར་རོ། །

བླ་ན་མེད་པ་ཡང་དག་པར་**རྫོགས**་པའི་**བྱང་ཆུབ**་ཀྱི་འབྲས་བུ་**སྒྲུབ**་པ་ཉན་རང་གི་ལམ་ལས་ཁྱད་པར་དུ་འཕགས་པས་ན་**ཁྱད་པར**་བ། རྣམ་པར་མི་རྟོག་པའི་ཡེ་ཤེས་ཀྱིས་མ་{ཀུན་རྫོབ་སེམས་བསྐྱེད་ཡིན་པའི་ཕྱིར}བསྡུས་པ། **རང་ཉིད**་གཅིག་པུ་ཁམས་གསུམ་འཁོར་བའི་སྡུག་བསྔལ་ལས་**ཞི**་བའི་**བདེ**་བ་ཉན་རང་གི་མྱང་འདས་ཙམ་ཐོབ་པའི་**འདོད**་པའི་བློ་དམན་པ་དེ་**རྒྱང**་རིང་དུ་**བསྲིངས་ནས**། ཐོག་མེད་ནས་ཕ་**མར་གྱུར**་པའི་ལྷ་དང་མི་ལ་སོགས་པའི་**འགྲོ་བའི**་གནས་སྐབས་དང་མཐར་ཐུག་གི་**དོན་དུ**་སྤྱིར་སེམས་བསྐྱེད་ལ་རྫི་བོ་ལྟ་བུའི་སེམས་བསྐྱེད་དང་། གྲུ་པ་ལྟ་བུའི་སེམས་བསྐྱེད་དང་། རྒྱལ་པོ་ལྟ་བུའི་སེམས་བསྐྱེད་དེ་གསུམ་ལས་འདིར་རྒྱལ་པོ་ལྟ་བུའི་སེམས་བསྐྱེད་རང་ཉིད་མི་གནས་པའི་མྱ་ངན་ལས་འདས་པ་**རྫོགས**་པའི་**སངས་རྒྱས**་ཀྱི་གོ་འཕང་**ཐོབ་པར་འདོད**་པའི་འདུན་པ་མཚུངས་ལྡན་དང་བཅས་པ་**དང**་སངས་རྒྱས་ཀྱི་གོ་འཕང་ཐོབ་པ་**དེ་ཡི**་**ཆེད་དུ་ལམ**་སྦྱིན་པ་དང་ཚུལ་ཁྲིམས་སོགས་**སྒྲུབ་པར་འདོད**་པའི་སེམས་བྱུང་གི་**འདུན**་པ་**མཚུངས་ལྡན**་སེམས་ཀྱི་ས་མང་དགུ་དགེ་བའི་ས་མང་བཅུ་རྟོག་དཔྱོད་གཉིས་གཙོ་སེམས་དང་**བཅས**་པ་ནི། **རིམ**་པ་**བཞིན**་དུ་གཞན་དོན་དུ་རྫོགས་པའི་བྱང་ཆུབ་ཐོབ་འདོད་**སྨོན**་པ་སེམས་བསྐྱེད་ཀྱི་མཚན་ཉིད་དང་དེའི་ཆེད་དུ་ལམ་བསྒྲུབ་པར་འདོད་པ་**འཇུག**་པ་**སེམས་བསྐྱེད**་ཀྱི་**མཚན་ཉིད**་དེ་སྔ་མ་ལམ་དུ་ཞུགས་ནས་འགྲོ་འདོད་དང་། ཕྱི་མ་ལམ་དུ་ཞུགས་པའི་དཔེས་བསྟན་ཏེ། སྤྱོད་འཇུག་ལས། འགྲོ་བ་འདོད་དང་འགྲོ་བ་ཡི། །བྱེ་བྲག་ཇི་ལྟར་ཤེས་པ་ལྟར། །དེ་བཞིན་མཁས་པས་འདི་གཉིས་ཀྱི། །བྱེ་བྲག་རིམ་བཞིན་ཤེས་པར་བྱ། །ཞེས་གསུངས་པའི་ཕྱིར་དང་། རྫོགས་པའི་བྱང་ཆུབ་ཀྱི་བསྒྲུབ་པ་ཁྱད་པར་བ་སེམས་བསྐྱེད་དེ་ཡང་**མི་མཐུན་ཕྱོགས**་རང་དོན་ཡིད་བྱེད་ཀྱི་འཁྲི་བ་སོགས་**སྤོང**་བའི་སེམས་བྱུང་གི་**སེམས་པ**་དང་**མཚུངས་ལྡན**་སེམས་ཀྱི་ས་མང་དགུ་དགེ་བའི་ས་མང་བཅུ་རྟོག་དཔྱོད་གཉིས་གཙོ་སེམས་དང་**བཅས**་པ་མངོན་གྱུར་དང་། **དབང་ལྡན**་ཏེ་བག་ཆགས་གང་རུང་གི་སྒོ་ནས་**རྒྱུན་ཆགས**་ཏེ་རྒྱུན་མི་ཆད་པར་གནས་པ་ནི་**བྱང་སྡོམ**་གྱི་**མཚན་ཉིད**་དོ། །མཚན་ཉིད་དེ་ལྡན་གྱི་མིང་གི་རྣམ་གྲངས་ནི་**བྱང་སེམས**་རྣམས་ཀྱི་རྒྱུད་ལ་ལྡན་པའི་**སོ་སོར་ཐར**་པའི་**སྡོམ**་པ་དང་། །ཐེག་པ་ཆེན་པོའི་སྨོན་འཇུག་གི་**སེམས་བསྐྱེད**་དང་ཐེག་ཆེན་སེམས་བསྐྱེད་དེ་ཡི་**སོ་ཐར**་དང་། **ཐེག**་པ་**ཆེན**་པོའི་**ལམ**་སྟེ་བཞི་པོ་དེ་**རྣམས**་ནི་**དོན་གཅིག**་ལ་མིང་གི་**རྣམ་གྲངས**་**སོ**། །སེམས་བསྐྱེད་རང་གི་ངོ་བོའི་སྒོ་ནས་དབྱེ་ན་སྤྱོད་འཇུག་ལས། བྱང

ཆུབ་སེམས་དེ་མདོར་བསྡུ་ན། །རྣམ་པ་གཉིས་སུ་ཤེས་བྱ་སྟེ། །བྱང་ཆུབ་སྨོན་པའི་སེམས་དང་ནི། །བྱང་ཆུབ་འཇུག་པ་ཉིད་ཡིན་ནོ། །ཞེས་གསུངས་པ་ལྟར། **སྨོན**་པ་བྱང་ཆུབ་ཀྱི་སེམས་དང་**འཇུག**་པ་བྱང་ཆུབ་ཀྱི་སེམས་ཏེ་**རྣམ་པ་གཉིས་སོ**། །ཞེས་པའི་སྐབས་སྨོན་འཇུག་གི་དབྱེ་བ་ནི། སློབ་དཔོན་སངས་རྒྱས་ཡེ་ཤེས་ཞབས་ཀྱིས། སོ་སོ་སྐྱེ་བོའི་གནས་སྐབས་ཀྱི་སེམས་བསྐྱེད་ཐམས་ཅད་ནི་སྨོན་པ་ཡིན་ལ། འཕགས་པའི་གནས་སྐབས་ཀྱི་སེམས་བསྐྱེད་ཐམས་ཅད་ནི་འཇུག་པ་ཡིན་པར་གསུངས་སོ། །པཎྜི་ཏ་ཡེ་ཤེས་གྲགས་པས་ནི། ཚོགས་ལམ་ཆེ་འབྲིང་ཆུང་གསུམ་གྱི་གནས་སྐབས་ཀྱི་སེམས་བསྐྱེད་ཐམས་ཅད་ནི་སྨོན་པ་དང་། སྦྱོར་ལམ་ཡན་གྱི་སེམས་བསྐྱེད་ཐམས་ཅད་ནི་འཇུག་པ་ཡིན་པར་གསུངས་སོ། །སློབ་དཔོན་ཆོས་བཤེས་ནི། ཚོ་ག་ལས་མ་ཐོབ་པའི་གནས་སྐབས་ཀྱི་སེམས་བསྐྱེད་ཐམས་ཅད་ནི་སྨོན་པ་ཡིན་ལ། ཚོ་ག་ལས་ཐོབ་ཕྱིན་ཆད་ཀྱི་སེམས་བསྐྱེད་རྣམས་ནི་འཇུག་པའོ་ཞེས་གསུངས་སོ། །ཤེས་བྱ་**ཡུལ་གྱིས**་སྒོ་ནས་དབྱེ་ན་མྱ་ངན་ལས་འདས་པའི་མདོ་ལས། ཀུན་རྫོབ་དོན་དམ་དབྱེ་བ་ཡིས། །བྱང་ཆུབ་སེམས་དེ་རྣམ་པ་གཉིས། །ཞེས་གསུངས་པ་ལྟར་**ཀུན་རྫོབ**་སེམས་བསྐྱེད་དང་**དོན་དམ**་སེམས་བསྐྱེད་དེ་**གཉིས**་སོ། །ཞེས་པའི་སྐབས། སོ་སྐྱེའི་རྒྱུད་{མཉམ་རྗེས་གཉིས་}ལ་ཡོད་པའི་སེམས་བསྐྱེད་ཆོས་ཅན། ཁྱོད་ཀུན་རྫོབ་སེམས་བསྐྱེད་{ཁྱབ་}ཡིན་ཏེ། ཆོས་ཉིད་ཀྱི་བདེན་པ་མ་མཐོང་བའི་ཕྱིར། {ས་དང་པོ་ནས་བཅུ་པའི་བར་གྱི་}འཕགས་པ་རྣམས་ཀྱི་རྒྱུད་ལ་ཡོད་པའི་སེམས་བསྐྱེད་ཆོས་ཅན། ཁྱོད་དོན་དམ་དང་ཀུན་རྫོབ་སེམས་བསྐྱེད་གཉིས་ཀ་ཡིན་ཏེ། མཉམ་གཞག་{བདག་མེད་མངོན་སུམ་དུ་རྟོགས་པའི་ཤེས་རབ་}རྣམས་ནི་དོན་དམ་{མདོ་སྡེ་རྒྱན་ལས། རྫོགས་པའི་སངས་རྒྱས་རབ་མཉེས་བྱས། །བསོད་ནམས་ཡེ་ཤེས་ཚོགས་རབ་བསགས། །ཆོས་ལ་མི་རྟོག་ཡེ་ཤེས་ནི། །སྐྱེས་ཕྱིར་དེ་ནི་དམ་པར་འདོད། །ཅེས་པ་ལྟར་རོ། །}སེམས་བསྐྱེད་དང་། རྗེས་ཐོབ་རྣམས་ནི་ཀུན་རྫོབ་སེམས་བསྐྱེད་ཡིན་པའི་ཕྱིར། གང་ཟག་གི་རྒྱུད་ལ་**སྐྱེ་ཚུལ་གྱི**་སྒོ་ནས་དབྱེ་ན་རགས་པ་ཚོ་ག་སྦྱོར་དངོས་རྗེས་གསུམ་གྱི་**བརྡ་ལས་བྱུང**་བའི་སེམས་བསྐྱེད་དང་། ཕྲ་བ་ཆོས་ཐམས་ཅད་ཀྱི་**ཆོས་ཉིད**་སྐྱེ་འགག་གནས་གསུམ་དང་བྲལ་བའི་སྟོང་པ་ཉིད་**བསྒོམས་པའི་སྟོབས་ཀྱིས་ཐོབ་པ་གཉིས་སོ**། །

མོས་པས་སྤྱོད་པ་སོགས་**ས་མཚམས་ཀྱི**་སྒོ་ནས་དབྱེ་ན་མདོ་སྡེ་རྒྱན་ལས། སེམས་བསྐྱེད་དེ་ཡང་ས་རྣམས་ལ། །མོས་དང་ལྷག་བསམ་དག་པ་དང་། །རྣམ་པར་སྨིན་པ་གཞན་དུ་འདོད། །དེ་བཞིན་སྒྲིབ་པ་སྤོང་བའོ། །ཞེས་གསུངས་པ་ལྟར། སྟོང་པ་ཉིད་ལ་དོན་སྤྱིའི་ཚུལ་དུ་མོས་པས་ན་**མོས་པས་ཐོབ**་པའི་སེམས་བསྐྱེད་དང་། །གཞན་དོན་དུ་བསམ་པ་རྣམ་པར་དག་པས་ན་**ལྷག་བསམ་རྣམ་དག**་གི་སེམས་བསྐྱེད་དང་ཟག་མེད་ཀྱི་

ལམ་བསྒོམས་པའི་འབྲས་བུ་རྣམ་པར་སྨིན་པས་ན་རྣམ་པར་སྨིན་པའི་སེམས་བསྐྱེད་དང་། སྒྲིབ་གཉིས་བག་ཆགས་དང་བཅས་པ་སྤྱང་པས་ན་སྒྲིབ་པ་དག་པའི་སེམས་བསྐྱེད་རྣམས་ཏེ་དེ་རྣམས་རིམ་པ་བཞིན་དུ། མོས་པས་ཐོབ་པའི་སེམས་བསྐྱེད་ཆོས་ཅན་ཚོགས་སྦྱོར་ན་ཡོད་དེ་ཁྱོད་སྟོང་ཉིད་དོན་སྤྱིའི་ཚུལ་དུ་རྟོགས་པ་ལས་ཐོབ་པའི་ཕྱིར། ལྷག་བསམ་རྣམ་དག་གི་སེམས་བསྐྱེད་ཆོས་ཅན་མ་དག་ས་བདུན་ན་ཡོད་དེ། ཁྱོད་གཞན་དོན་བྱེད་པ་ལ་འབད་རྩོལ་མེད་པར་ལྷག་བསམ་རྣམ་པར་དག་པའི་ཕྱིར་རྣམ་པར་སྨིན་པའི་སེམས་བསྐྱེད་ཆོས་ཅན་དག་པ་ས་གསུམ་ན་ཡོད་དེ། ཁྱོད་ཟག་མེད་ཀྱི་ལམ་བསྒོམས་པའི་འབྲས་བུ་ཡིན་པའི་ཕྱིར། སྒྲིབ་པ་སྤྱང་བའི་སེམས་བསྐྱེད་ཆོས་ཅན། སངས་རྒྱས་ཀྱི་ས་ལ་ཡོད་སྟེ་ཁྱོད་སྒྲིབ་གཉིས་བག་ཆགས་དང་བཅས་པ་སྤྱངས་པའི་ངོ་བོ་ཡིན་པའི་ཕྱིར་རོ་ཞེས་དེ་ལྟར་བཞི་ལ་སྦྱར་བའོ། །སློབ་པ་དང་མི་སློབ་པའི་རྟེན་གྱི་གང་ཟག་གི་སྒོ་ནས་དབྱེ་བ་ནི་མངོན་རྟོགས་རྒྱན་ལས། དེ་ཡང་ས་གསེར་ཟླ་བ་མེ། །ཞེས་པ་ནས། རྣམ་པ་ཉི་ཤུ་རྩ་གཉིས་སོ༑ ༑ཞེས་པའི་བར་དཔེ་ཉི་ཤུ་རྩ་གཉིས་གསུངས་པ་ལྟར་ས་ལྟ་བུའི་སེམས་བསྐྱེད་དང་། གསེར་ལྟ་བུའི་སེམས་བསྐྱེད་དང་། ཟླ་བ་ལྟ་བུའི་སེམས་བསྐྱེད་དང་། མེ་ལྟ་བུའི་སེམས་བསྐྱེད་ལ་སོགས་པ་ནས་སྤྲིན་ལྟ་བུའི་སེམས་བསྐྱེད་བར་ཉེར་གཉིས་སོ། །

དཔེར་ཉེར་གཉིས་པོ་དངོས་སུ་བསྟན་པའི་ཤུགས་ལ་གྲོགས་བྱང་ཆུབ་དོན་གཉེར་གྱི་འདུན་པ་དང་མཚུངས་ལྡན་གྱི་སེམས་བསྐྱེད་དང་། སེམས་ཅན་རྣམས་ལ་ཕན་བདེ་བསྒྲུབ་པར་བྱའོ་སྙམ་པའི་བསམ་པ་དང་མཚུངས་ལྡན་གྱི་སེམས་བསྐྱེད་ནས་བཟུང་སྟེ་ཆོས་ཀྱི་སྐུ་བྱ་གྲུབ་ཡེ་ཤེས་དང་མཚུངས་པར་ལྡན་པའི་སེམས་བསྐྱེད་ཀྱི་བར། དཔེ་གྲོགས་རྣམས་སྦྱར་ཞིང་ས་མཚམས་ནི་ཚོགས་ལམ་ཆུང་འབྲིང་ཆེ་གསུམ་ན་རིམ་པ་ལྟར་ས་གསེར་ཟླ་བ་སྟེ་སེམས་བསྐྱེད་དང་པོ་གསུམ་ཡོད་ལ་སྦྱོར་ལམ་ན་མེ་ལྟ་བུའི་སེམས་བསྐྱེད་གཅིག་པུ་ཡོད་དོ་ས་དང་པོས་མཐོང་ལམ་དང་ས་གཉིས་པ་སོགས་སྒོམ་ལམ་ས་དགུ་སྟེ་རབ་དགའ་ནས་ཆོས་ཀྱི་སྤྲིན་གྱི་བར་ས་བཅུ་པོ་ན་གཏེར་ལྟ་བུའི་སེམས་བསྐྱེད་ནས་གླུ་དབྱངས་ལྟ་བུའི་སེམས་བསྐྱེད་པར་བཅུ་པོ་རྣམས་ཡོད་དོ། །ས་བརྒྱད་པ་དགུ་པ་བཅུ་པ་སྟེ་དག་པ་ས་གསུམ་ཀ་ལ་ཁྱབ་པ་ནི་རྒྱལ་པོ་མཛོད་དང་ལམ་པོ་ཆེ་གཞོན་པ་བགོད་མའི་ཆུ་ལྟ་བུ་སྟེ་ལྔ་པོ་རྣམས་ཡོད་ཅིང་། སངས་རྒྱས་ཀྱི་ས་བཅུ་གཅིག་པ་ཀུན་ཏུ་འོད་ལ་ནི་སྒྲ་སྙན་ཆུ་བོ་སྤྲིན་ལྟ་བུ་དང་གསུམ་བཞག་སྟེ་གོང་དུ་བཤད་པའི་སེམས་བསྐྱེད་ཉེར་གཉིས་སོ། །དེ་དག་ཀུན་ཀྱང་། ས་ལྟ་བུ་སོགས་དཔེ་དང་འདུན་པ་སོགས་གྲོགས་དང་ཆོས་དཀར་པོ་ཐམས་ཅད་ཀྱི་གཞི་རྟེན་བྱེད་པ་སོགས་ཆོས་མཐུན་ཏེ་གསུམ་གསུམ་ཐད་སོ་ཐད་སོར་སྦྱོར་ཚུལ་ཤེས་པར་བྱ། ཞེས་པའི་སྐབས་སེམས་བསྐྱེད་ཉེར་གཉིས་པོ་ཐམས་

ཅན་ལ་དཔེ་གྲོགས་ཆོས་གསུམ་སྦྱར་ཚུལ་ངག་དོན་གྱིས་བཤད་ན། གྲོགས་བྱང་ཆུབ་དོན་གཉེར་གྱི་འདུན་པ་དང་མཚུངས་པར་ལྡན་པའི་སེམས་བསྐྱེད་ཆོས་ཅན། དཔེ་ས་ལྟ་བུ་ཡིན་ཏེ། ཆོས་དཀར་པོ་ཐམས་ཅད་ཀྱི་གཞི་རྟེན་བྱེད་པའི་ཕྱིར། གྲོགས་སེམས་ཅན་ལ་ཕན་བདེ་བསྒྲུབ་པར་བྱའོ་སྙམ་པའི་བསམ་པ་བཟང་པོ་དང་མཚུངས་པར་ལྡན་པའི་སེམས་བསྐྱེད་ཆོས་ཅན། དཔེ་གསེར་བཟང་པོ་ལྟ་བུ་ཡིན་ཏེ། བྱང་ཆུབ་ཀྱི་བར་དུ་ཕན་བདེའི་{གདུལ་བྱ་རྣམས་ཕན་བདེ་ལ་སྦྱོར་བར་བྱའོ་སྙམ་པའི་ལྷག་བསམ་དེ་}བསམ་པ་དེ་གཞན་དུ་མི་འགྱུར་བའི་ཕྱིར། གྲོགས་གདུལ་བྱ་རྣམས་བྱང་ཕྱོགས་སོ་བདུན་{མཐར་ཐུག་གི་འབྲས་བུའི་རྒྱུ}ལ་འགོད་པར་བྱའོ་སྙམ་པའི་ལྷག་པའི་བསམ་པ་དང་མཚུངས་པར་ལྡན་པའི་སེམས་བསྐྱེད་དེ་ཆོས་ཅན། དཔེ་ཡར་ངོའི་ཟླ་བ་ཚེས་པ་ལྟ་བུ་ཡིན་ཏེ། ཕྱིན་དཀར་པོའི་ཆོས་ཐམས་ཅད་གོང་{ཚོགས་ལམ་ཆེན་པོ་ནས་བྱང་ཆུབ་ཀྱི་བར་དུ}ནས་གོང་དུ་འཕེལ་བ་ཡིན་པའི་ཕྱིར་{ཡང་ན། སེམས་བསྐྱེད་གསུམ་པོ་འདིའི་འགྲེལ་ལུགས་གཞན་ཡང་། གྲོགས་གཞན་དོན་དུ་བྱང་ཆུབ་དོན་གཉེར་ཆུང་དུ་བསམ་པ་དང་མཚུངས་པར་ལྡན་པའི་སེམས་བསྐྱེད་ཆོས་ཅན། དཔེ་ས་ལྟ་བུ་ཡིན་ཏེ་སོགས་རྟགས་བསལ་དགུས་བཞིན། གྲོགས་གཞན་དོན་དུ་བྱང་ཆུབ་དོན་གཉེར་འབྲིང་བསམ་པ་དང་མཚུངས་པར་ལྡན་པའི་སེམས་བསྐྱེད་ཆོས་ཅན། དཔེ་གསེར་བཟང་པོ་ལྟ་བུ་ཡིན་ཏེ་སོགས་རྟགས་བསལ་དགུས་བཞིན། གྲོགས་གཞན་དོན་དུ་བྱང་ཆུབ་དོན་གཉེར་ཆེན་པོ་ལྷག་པའི་བསམ་པ་དང་མཚུངས་པར་ལྡན་པའི་སེམས་བསྐྱེད་ཆོས་ཅན། དཔེ་ཟླ་བ་ཚེས་པ་ལྟ་བུ་ཡིན་ཏེ་སོགས་རྟགས་བསལ་དགུས་བཞིན་ནོ། །}

གྲོགས་མཁྱེན་གསུམ་གྱི་རྣམ་པ་བརྒྱ་དང་དོན་གསུམ་རྣམས་བསྡུས་ནས་སྒོམ་པའི་སྦྱོར་བ་དང་མཚུངས་པར་ལྡན་པའི་སེམས་བསྐྱེད་ཆོས་ཅན། དཔེ་མེ་ལྟ་བུ་ཡིན་ཏེ། མཁྱེན་གསུམ་རྟོགས་པ་ཡར་ལྡན་དུ་ཐོབ་པ་ལ་གེགས་བྱེད་པའི་སྒྲིབ་གཉིས་ཀྱི་བུད་ཤིང་{ཉན་ཐོས་ཀྱི་གཞི་ཤེས་ལ་སྒྲིབ་བྱེད་ཉོན་སྒྲིབ། རང་རྒྱལ་གྱི་གཞི་ཤེས་ལ་སྒྲིབ་བྱེད་ཤེས་སྒྲིབ་བཟུང་རྟོག བྱང་སེམས་ཀྱི་ལམ་ཤེས་ལ་སྒྲིབ་བྱེད་ཤེས་སྒྲིབ་འཛིན་རྟོགས། སངས་རྒྱས་ཀྱི་རྣམ་པར་སྐྱེ་བ་མེད་པ་ལ་སྒྲིབ་གཉིས་བག་ཆགས་དང་བཅས་པའི་}རྣམས་བསྲེག་པར་བྱེད་པའི་ཕྱིར། གྲོགས་སྦྱིན་པའི་ཕ་རོལ་ཏུ་ཕྱིན་པ་དང་མཚུངས་པར་ལྡན་པའི་སེམས་བསྐྱེད་དེ་ཆོས་ཅན། དཔེ་གཏེར་ལྟ་བུ་ཡིན་ཏེ། ཟང་ཟིང་གི་ལོངས་སྤྱོད་ཀྱིས་སེམས་ཅན་རྣམས་ཚིམ་པར་བྱེད་པའི་ཕྱིར། གྲོགས་ཚུལ་ཁྲིམས་ཀྱི་ཕ་རོལ་ཏུ་ཕྱིན་པ་དང་མཚུངས་པར་ལྡན་པའི་སེམས་བསྐྱེད་དེ་ཆོས་ཅན། དཔེ་རིན་པོ་ཆེའི་འབྱུང་གནས་{རྒྱ་མཚོ་}ལྟ་བུ་ཡིན་ཏེ། བཤེས་སྤྲིང་ལས། ཁྲིམས་ནི་རྒྱུ་{ནང་བཅུད་ཀྱི་སེམས་ཅན་མི་ལ་སོགས་པ་}དང་མི་

རྒྱུའི་{ཕྱི་སྣོད་ཀྱི་འཇིག་རྟེན་ལས་རྩི་ཤིང་ལོ་ཐོག་ཞིང་ཁང་སོགས་}ས་བཞིན་དུ། །ཡོན་ཏན་ཀུན་གྱི་གཞི་རྟེན་ལགས་པར་གསུངས་ཞེས་པ་ལྟར། {ཚུལ་ཁྲིམས་དེ་}གནས་སྐབས་དང་མཐར་ཐུག་གི་ཡོན་ཏན་རྣམས་འབྱུང་བའི་རྟེན་བྱེད་པའི་ཕྱིར། གྲོགས་བཟོད་པ་འི་ཕ་རོལ་དུ་ཕྱིན་པ་དང་མཚུངས་པར་ལྡན་པའི་སེམས་བསྐྱེད་དེ་ཆོས་ཅན། དཔེ་རྒྱ་མཚོ་ཆེན་པོ་ལྟ་བུ་ཡིན་ཏེ། མི་འདོད་པ་{བཟོད་ཡུལ་ཉི་ཤུ་རྩ་བཞི་ནི། །བདག་དང་བདག་གི་བཤེས་རྣམས་ལ། །སྡུག་༡བསྔལ་བརྙས་༢དང་ཚིག་རྩུབ་༣དང་། །མི་སྙན་༤ཞེས་བྱ་མི་འདོད་དེ། །དགྲ་ལ་དེ་ལས་བཟློག་པས་སོ། །བདག་དང་བདག་གི་བཤེས་རྣམས་ལ། །བདེ་༡དང་བསྐུར་༢སྟི་བསྟོད་ས་༣པ་དང་། །སྙན་པ་༤ཞེས་བྱ་འདོད་པ་སྟེ། །དགྲ་ལ་དེ་ལས་བཟློག་པས་སོ། །}ཐོག་ཏུ་བབ་ཀྱང་ཡིད་མི་འཁྲུགས་{རྒྱ་མཚོ་ཆེན་པོའི་ཁ་ནས་འདོམ་བདུན་མན་ཆད་ལ་གཡོ་འགུལ་མེད་པའི་ཕྱིར། }པའི་ཕྱིར། གྲོགས་བརྩོན་འགྲུས་ཀྱི་ཕ་རོལ་ཏུ་ཕྱིན་པ་དང་མཚུངས་པར་ལྡན་པའི་སེམས་བསྐྱེད་ཆོས་ཅན། དཔེ་རྡོ་རྗེ་ཕ་ལམ་ལྟ་བུ་ཡིན་ཏེ། {རྣམ་བྱང་གི་ཕྱོགས་}བྱང་ཆུབ་རྒྱུ་{ཐེག་ཆེན་གྱི་དགེ་རྩ་}འབྲས་{རྣམ་མཁྱེན་}ལ་ཡིད་ཆེས་པའི་དད་པ་{ཀུན་མཁྱེན་རོང་པོས་ལས་འབྲས་ལ་ཡིད་ཆེས་པའི་དད་པ་ལ་བཞེད་}དེ་བདུད་ཀྱིས་མི་{ཐེག་ཆེན་གྱི་དགེ་རྩ་འབའ་ཞིག་སྒྲུབ་པ་ལས་ཐེག་དམན་གྱི་ལམ་སོགས་ལ་}ཕྱེད་པའི་ཕྱིར། གྲོགས་བསམ་གཏན་གྱི་ཕ་རོལ་ཏུ་ཕྱིན་པ་དང་མཚུངས་པར་ལྡན་པའི་སེམས་བསྐྱེད་དེ་ཆོས་ཅན། དཔེ་རི་ལྟ་བུ་ཡིན་ཏེ། མདོ་སྡེ་རྒྱན་ལས། {རྐྱེན་ཆུང་ངུ་}ཕྱི་མ་ལེབ་དང་འདབ་{རྐྱེན་འབྲིང་པོ་}ཆགས་དང་། །རྒྱ་མཚོ་{རྐྱེན་ཆེན་པོ་}དག་གིས་རི་རྒྱལ་བཞིན། {བྱང་ཆུབ་སེམས་དཔའ་}བརྟན་པ་གྲོགས་{རྐྱེན་ཆུང་ངུ་}ངན་{རྐྱེན་འབྲིང་པོ་}སྡུག་བསྔལ་{ཚ་གྲང་བཀྲེས་སྐོམ་སོགས་}དང་། །ཟབ་མོ་{རྐྱེན་ཆེན་པོ་}{སྟོང་ཉིད་}ཐོས་པས་མི་གཡོས་སོ། །ཞེས་གསུངས་པ་ལྟར་{སྤྲོ་སེར་བཟང་ངན་སོགས་}མཚན་མར་དམིགས་པའི་རྣམ་གཡེང་གིས་མི་བསྐྱོད་པའི་ཕྱིར། གྲོགས་ཤེས་རབ་ཀྱི་ཕ་རོལ་ཏུ་ཕྱིན་པ་དང་མཚུངས་པར་ལྡན་པའི་སེམས་བསྐྱེད་ཆོས་ཅན། དཔེ་སྨན་ལྟ་བུ་ཡིན་ཏེ། སྒྲིབ་གཉིས་ཀྱི་ནད་{སྒྲིབ་གཉིས་ནི་སྡུག་བསྔལ་བསྐྱེད་པའི་ཚ་ནས་ནད་དང་འདྲའོ་ཞེས་ཀུན་མཁྱེན་རོང་སྟོན་ཆེན་པོས་གསུངས་སོ། །}ཞི་བར་བྱེད་པའི་ཕྱིར། {གང་ཟག་གི་བདག་མེད་པར་རྟོགས་པའི་ཤེས་རབ་ཀྱིས་ཉོན་སྒྲིབ་ཀྱི་ནད་དང་ཆོས་ཀྱི་བདག་མེད་པར་རྟོགས་པའི་ཤེས་རབ་ཀྱིས་ཤེས་སྒྲིབ་ཀྱི་ནད་ཞི་བར་བྱེད་པའི་ཕྱིར་རོ། །} གྲོགས་ཐབས་{དགེ་བའི་རྩ་བ་རྣམས་རྫོགས་པའི་བྱང་ཆུབ་ཀྱི་རྒྱུར་བསྔུར་བར་བྱེད་པའི་}ཀྱི་ཕ་རོལ་ཏུ་ཕྱིན་པ་དང་མཚུངས་པར་ལྡན་པའི་སེམས་བསྐྱེད་དེ་ཆོས་ཅན། དཔེ་དགེ་བའི་བཤེས་གཉེན་ལྟ་བུ་ཡིན་ཏེ། {དུས་དང་}གནས་སྐབས་ཐམས་ཅད་དུ་སེམས་ཅན་གྱི་དོན་{བསྒྲུབ་པའི་བྱ་བ་}ཡོངས་སུ་མི་གཏོང་བའི་ཕྱིར། གྲོགས་སྨོན་

ལམ{སྐུ་གསུམ་ཐོབ་པར་འདོད་པའི་ཕྱིར་སྨོན་པ་}གྱི་ཕ་རོལ་ཏུ་ཕྱིན་པ་དང་མཚུངས་པར་ལྡན་པའི་སེམས་བསྐྱེད་དེ་ཆོས་ཅན། དཔེ་ཡིད་བཞིན་གྱི་ནོར་བུ་ལྟ་བུ་ཡིན་ཏེ། {ས་བརྒྱད་པ་ཡན་གྱི་བྱང་སེམས་དེས་}ཇི་ལྟར་སྨོན་པའི་འབྲས་བུ་རྣམས་འགྲུབ་པའི་ཕྱིར། གྲོགས་{ཆོས་དང་ཟང་ཟིང་གི་སྦྱིན་པ་གཉིས་ཀྱིས་སེམས་ཅན་རྣམས་ཡོངས་སུ་སྨིན་པ་བྱེད་པར་ནུས་པའི་}སྟོབས་ཀྱི་ཕ་རོལ་ཏུ་ཕྱིན་པ་དང་མཚུངས་པར་ལྡན་པའི་སེམས་བསྐྱེད་དེ་ཆོས་ཅན། དཔེ་ཉི་མ་ལྟ་བུ་ཡིན་ཏེ། བསྔོ་བའི་དངོས་པོ་བཞིའི་སྒོ་ནས་གདུལ་བྱ་རྣམས་རང་རང་གི་སྐལ་བ་དང་མཐུན་པར་ཡོངས་སུ་སྨིན་པར་བྱེད་ནུས་པའི་{སྟོབས་དང་ལྡན་པའི་}ཕྱིར། གྲོགས་ཡེ་ཤེས་ཀྱི་ཕ་རོལ་ཏུ་ཕྱིན་པ་དང་མཚུངས་པར་ལྡན་པའི་སེམས་བསྐྱེད་དེ་ཆོས་ཅན། དཔེ་དྲི་ཟའི་གླུ་དབྱངས་ལྟ་བུ་ཡིན་ཏེ། ཁྱོད་ལས་གདུལ་བྱ་རྣམས་མོས་ཤིང་འདུན་པར་གྱུར་པའི་ཆོས་བསྟན་པ་འབྱུང་བའི་ཕྱིར། གྲོགས་མངོན་ཤེས་དང་མཚུངས་པར་ལྡན་པའི་སེམས་བསྐྱེད་ཆོས་ཅན། དཔེ་རྒྱལ་པོ་ལྟ་བུ་ཡིན་ཏེ། {བྱང་སེམས་ཀྱི་རྒྱུད་ཀྱི་མངོན་ཤེས་དྲུག་ཆོས་ཅན། ཁྱོད་ཀྱིས་གཞན་གྱི་དོན་ཐོགས་པ་མེད་པར་སྒྲུབ་སྟེ། རྫུ་འཕྲུལ་གྱི་མངོན་ཤེས་༡ཀྱིས། གདུལ་བྱ་གང་ན་ཡོད་པའི་ཡུལ་དུ་གཤེགས་ནས། གཞན་སེམས་ཤེས་པའི་མངོན་ཤེས་༢ཀྱིས། གདུལ་བྱ་དེའི་སེམས་འདོད་ཆགས་དང་བཅས་སོགས་ཉོན་མོངས་པ་གང་གི་གཉེན་པོ་བཤད་དགོས་པར་ཤེས་པར་བྱས་ནས། ལྷའི་རྣ་བའི་མངོན་ཤེས་༣ཀྱིས། གདུལ་བྱ་སོ་སོ་དང་མཐུན་པའི་སྐད་ཀྱིས་ཆོས་བསྟན་ནས། སྔོན་གནས་རྗེས་སུ་དྲན་པའི་མངོན་ཤེས་༤ཀྱིས། གདུལ་བྱ་དེ་དག་སྐྱེ་བ་སྔོན་མ་གང་ནས་འོང་བ་ཤེས་པ་{སྐྱེ་བ་སྔ་མར་རྣམ་སྨིན་གྱི་སྒྲིབ་པ་ཇི་ལྟར་ཡོད་ཤེས་དགོས་པའི་ཕྱིར། }དང་། ལྷའི་མིག་གི་མངོན་ཤེས་༥ཀྱིས། གདུལ་བྱ་དེ་དག་ཕྱི་མ་གང་དུ་སྐྱེ་བར་ཤེས་པ་{དེ་དང་དེར་སྐྱེ་བའི་རྒྱུ་ལས་བཟློག་དགོས་པའི་ཕྱིར་}དང་། ཟག་པ་ཟད་ཀྱི་མངོན་ཤེས་༦ཀྱིས། གདུལ་བྱ་རྣམས་ལ་ངེས་པར་འབྱུང་བའི་ལམ་ལེགས་པར་འདོམས་པར་བྱེད་པའི་ཕྱིར་རོ༑ ༑}མངོན་ཤེས་དྲུག་གི་སྒོ་ནས་ཐོགས་པ་མེད་པར་གཞན་གྱི་དོན་སྒྲུབ་པའི་{རྒྱལ་པོ་མཐུ་ཆེ་བས་རང་གཞན་གྱི་དོན་སྒྲུབ་པ་ལ་ཐོགས་པ་མེད་པའི་ཕྱིར་རོ། །}ཕྱིར། གྲོགས་{ཕར་ཕྱིན་དྲུག་གི་}ཚོགས་གཉིས་{མདོ་སྡེ་རྒྱན་ལས། སྦྱིན་པ་ཚུལ་ཁྲིམས་བསོད་ནམས་ཀྱི། །ཚོགས་ཡིན་ཤེས་རབ་ཡེ་ཤེས་ཚོགས། །གསུམ་ནི་གཉིས་ཆར་ལ་ཡང་གཏོགས། །ལྔ་ཆར་ཡང་ནི་ཡེ་ཤེས་ཚོགས། །ཞེས་གསུངས་པ་ལྟར། སྦྱིན་པ་དང་ཚུལ་ཁྲིམས་གཉིས་བསོད་ནམས་ཀྱི་ཚོགས་དང་། ཤེས་རབ་ནི་ཡེ་ཤེས་ཀྱི་ཚོགས་སོ། །བཟོད་པ་བརྩོན་འགྲུས་བསམ་གཏན་གསུམ་ནི་ཚོགས་གཉིས་ཀར་གཏོགས་སོ། །ཡང་ན་སྦྱིན་པ་བསོད་ནམས་ཀྱི་ཚོགས་དང་། ཚུལ་ཁྲིམས་སོགས་ལྷག་མ་ལྔ་ནི་ཡེ་ཤེས་ཀྱི་ཚོགས་སོ། །དེས་ན་ཚོགས་གཉིས་ལ་ཕར་ཕྱིན་དྲུག་ཚང་དགོས་པ་ཡིན་ནོ། །}

དང་མཚུངས་པར་ལྡན་པའི་སེམས་བསྐྱེད་ཆོས་ཅན། དཔེ་ནོར་རྫས་མང་པོ་བཞག་པའི་མཛོད་ལྟ་བུ་ཡིན་ཏེ། བསོད་ནམས་དང་ཡེ་ཤེས་ཀྱི་ཚོགས་མང་པོའི་བང་མཛོད་ཡིན་པའི་ཕྱིར། གྲོགས་བྱང་ཕྱོགས་སོ་བདུན་དང་མཚུངས་པར་ལྡན་པའི་སེམས་བསྐྱེད་ཆོས་ཅན། དཔེ་ལམ་པོ་ཆེ་ལྟ་བུ་ཡིན་ཏེ། དུས་གསུམ་གྱི་རྒྱལ་བ་ཐམས་ཅད་{འདས་པའི་སངས་རྒྱས་རྣམས་}གཤེགས་ཤིང་རྗེས་སུ་{མ་འོངས་པའི་སངས་རྒྱས་རྣམས་}གཤེགས་པའི་ལམ་ཡིན་པའི་ཕྱིར། གྲོགས་སྙིང་རྗེ་ས་{ཤེས་རབ་}ལྷག་མཐོང་གཉིས་དང་མཚུངས་པར་ལྡན་པའི་སེམས་བསྐྱེད་ཆོས་ཅན། དཔེ་བཞོན་པ་བཟང་པོ་ཧྲ་ཅང་ཤེས་ལྟ་བུ་ཡིན་ཏེ། མངོན་རྟོགས་རྒྱན་ལས། {ལྷག་མཐོང་བདག་མེད་རྟོགས་པའི་ཤེས་རབ་}ཤེས་པས་སྲིད་ལ་མི་གནས་ཤིང་། །སྙིང་རྗེས་ཞི་ལ་མི་གནས་པ། །ཞེས་གསུངས་པ་ལྟར། སྲིད་པ་འཁོར་བ་དང་། ཞི་བ་མྱ་ངན་ལས་འདས་པའི་མཐའ་གང་དུ་ཡང་མི་ལྟུང་བར་{ཧྲ་ཅང་ཤེས་ནི་ཉམས་ང་བའི་གཡང་ས་ལ་མི་ལྟུང་བའི་ཕྱིར་རོ། །} རྫོགས་པའི་བྱང་ཆུབ་ཏུ་བདེ་བླག་ཉིད་དུ་འགྲོ་བའི་ཕྱིར། གྲོགས་{གསུང་རབ་ཡན་ལག་བཅུ་གཉིས་པོ་མི་བརྗེད་པའི་}གཟུངས་{རང་གི་བློ་ལ་གཟུང་བའི་དོན་གཞན་ལ་སྟོན་པའི་}སྤོབས་དང་མཚུངས་པར་ལྡན་པའི་སེམས་བསྐྱེད་དེ་ཆོས་ཅན། དཔེ་{གསང་ཕུ་ནེའུ་ཐོག་གི་མཁན་པོ་སེང་གེ་དཔལ་བཟང་གི་བཀོད་མ་ནི་བཟོས་སྒྱུར་བའི་ཆུ་མིག་གོ། །ཞེས་གསུངས་པས། དེས་ན་སྐྱེས་བུའི་རྩོལ་བས་བྱས་པའི་རྫིང་བུ་ལྟ་བུ་ཡིན་ནོ། །} བཀོད་མའི་ཆུ་ལྟ་བུ་ཡིན་ཏེ། {ཉན་རང་གིས་ཐོས་སུ་རུང་བའི་ཐེག་པ་}ཐོས་པ་དང་། {ཉན་རང་གིས་ཐོས་སུ་མི་རུང་བའི་ཐུན་མོང་མ་ཡིན་པའི་ཐེག་པ་}མ་ཐོས་པའི་ཆོས་འཛིན་ཅིང་{གཟུངས་ཐོབ་པའི་ནུས་པ་དང་}མི་ཟད་པའི་ཕྱིར། གྲོགས་ཆོས་ཀྱི་{སྡོམ་བཞི་}དགའ་སྟོན་དང་མཚུངས་པར་ལྡན་པའི་སེམས་བསྐྱེད་ཆོས་ཅན། དཔེ་ཆོས་ཀྱི་སྒྲ་སྙན་པར་སྟོན་པའི་ལྷའི་རྔ་བོ་ཆེ་ལྟ་བུ་ཡིན་ཏེ། ཐར་པ་འདོད་པའི་གདུལ་བྱ་ལ་ཆོས་ཀྱི་སྡོམ་བཞིའི་སྒྲ་སྙན་པར་སྒྲོགས་པའི་ཕྱིར། གྲོགས་{རང་གཞན་གྱི་དོན་ཐ་མི་དད་པའམ་མཉམ་གཞག་ལ་སྲིད་ཞི་མཉམ་ཉིད་དུ་རྟོགས་པ་བཞིན་རྗེས་ཐོབ་ན་ཡང་དེ་ལྟར་རྟོགས་པས་}བགྲོད་པ་གཅིག་པའི་ལམ་དང་མཚུངས་པར་ལྡན་པའི་སེམས་བསྐྱེད་ཆོས་ཅན། དཔེ་{རང་དོན་དང་གཞན་དོན་གཉིས་དང་སྲིད་པ་དང་ཞི་བ་གཉིས་ཆུ་ལ་ཆུ་བཞག་པ་ལྟར་ཐ་དད་མེད་པའི་ཕྱིར་རོ། །}ཆུ་བོའི་རྒྱུན་ལྟ་བུ་ཡིན་ཏེ། ཐབས་ཤེས་གཉིས་ཀྱི་སྒོ་ནས་རང་གཞན་གྱི་དོན་ཐ་མི་དད་པ་{རང་བདེ་བ་འདོད་པ་དང་སྡུག་བསྔལ་མི་འདོད་པ་སོགས། །}བྱེད་པའི་ཕྱིར། གྲོགས་ཆོས་སྐུ་དང་མཚུངས་པར་ལྡན་པའི་སེམས་བསྐྱེད་ཆོས་ཅན། དཔེ་སྤྲིན་ལྟ་བུ་ཡིན་ཏེ། སྤྲུལ་པའི་སྐུ་དགའ་ལྡན་ནས་འཕོ་བ་ལ་སོགས་པ་མཛད་པ་བཅུ་གཉིས་ཀྱི་སྒོ་ནས་གདུལ་བྱའི་ལོ་ཏོག་སྨིན་པར་མཛད་པའི་ཕྱིར། སེམས་བསྐྱེད་ཉེར་གཉིས་པོ་འདི་རྣམས་སྔོན་

འཇུག་གང་ཡིན་ཞེ་ན། ལྕ་དབང་བློས་{མངོན་རྟོགས་རྒྱན་གྱི་འགྲེལ་པར་}བཞེད་པ་ནི། སྨོན་པ་བྱང་ཆུབ་ཀྱི་སེམས་ནི། ས་ལྔ་བུའི་སེམས་བསྐྱེད་ཡིན་ལ། འཇུག་པ་བྱང་ཆུབ་ཀྱི་སེམས་ནི་གསེར་ལྔ་བུའི་སེམས་བསྐྱེད་ནས་སྤྲིན་ལྟ་བུའི་སེམས་བསྐྱེད་བར་ཉེར་གཅིག་པོ་རྣམས་ཡིན་ནོ། ཞེས་གསུངས་སོ། །

ཀུན་མཁྱེན་གོ་རམས་པས། སེམས་བསྐྱེད་ཉེར་གཉིས་པོ་རྣམས་རེ་རེ་ལའང་སྨོན་འཇུག་གཉིས་གཉིས་ཡོད་པར་བཞེད་དེ། སེམས་བསྐྱེད་ཉེར་གཉིས་པོ་ཐམས་ཅད་ཀུན་རྫོབ་དང་དོན་དམ་སེམས་བསྐྱེད་གཉིས་ཀྱི་ནང་དུ་འདུས་ལ། དེ་གཉིས་ལ་སྨོན་འཇུག་གཉིས་གཉིས་གཞི་མཐུན་ཡོད་པར་ཤེར་ཕྱིན་དཀའ་འགྲེལ་{སྨྲས་དོན་ཟབ་མོའི་གཏེར་གྱི་ཁ་འབྱེད་}ལས་གསུངས་པའི་ཕྱིར། སེམས་བསྐྱེད་ཉེར་གཉིས་པོ་དེ་རྣམས་ཀུན་རྫོབ་དང་དོན་དམ་སེམས་བསྐྱེད་གང་ཡིན་ཞེ་ན། ས་ལྟ་བུའི་སེམས་བསྐྱེད་སོགས་དང་པོ་བཞི་ནི་ཀུན་རྫོབ་ཡིན་{པས་ཁྱབ་}ཏེ། {ཆོས་ཉིད་ཀྱི་བདེན་པ་མ་མཐོང་བའི་ཕྱིར་}སོ་སྐྱེའི་རྒྱུད་ལ་ཡོད་པའི་སེམས་བསྐྱེད་ཡིན་པའི་ཕྱིར། གཏེར་ལྟ་བུ་ནས་བཀོད་མའི་ཆུ་ལྟ་བུའི་བར་སེམས་བསྐྱེད་བཅོ་ལྔ་ནི་ཀུན་རྫོབ་དང་དོན་དམ་སེམས་བསྐྱེད་གཉིས་ཀ་ཡིན་ཏེ། ས་དང་པོ་ནས་བཅུ་པའི་བར་གྱི་འཕགས་པའི་རྒྱུད་ལ་ཡོད་པའི་སེམས་བསྐྱེད་ཡིན་པ་གང་ཞིག །མཉམ་གཞག་རྣམས་ནི་དོན་དམ་སེམས་བསྐྱེད་དང་། རྗེས་ཐོབ་རྣམས་ནི་ཀུན་རྫོབ་སེམས་བསྐྱེད་ཡིན་པའི་ཕྱིར། སྒྲ་སྙན་ཆུ་བོ་སྤྲིན་ཏེ་ཐ་མ་གསུམ་ནི། དོན་དམ་སེམས་བསྐྱེད་ཡིན་པས་{ཁྱབ་}ཏེ། སངས་རྒྱས་ཀྱི་ས་ལ་བཞག་པའི་ཕྱིར། འོ་ན་སྨོན་འཇུག་གཉིས་ཀྱི་ས་མཚམས་གང་ནས་འཛོག་ཅེ་ན། ཀུན་མཁྱེན་རོང་སྟོན་ཆེན་པོས། སྨོན་པ་བྱང་ཆུབ་ཀྱི་སེམས་ནི་ཐོག་མར་སངས་རྒྱས་ཐོབ་འདོད་ཁོ་ན་ཡིན་པས། {ཚོགས་ལམ་ཆུང་དུ་ཙམ་ཡང་}ལམ་ལ་མ་ཞུགས་པའི་{བྱང་སྡོམ་མ་བླངས་པའི་}རྒྱུད་ལ་ཡོད་པ་དང་། འཇུག་སེམས་ལས་ཉམས་ན་ཚོགས་ལམ་ལའང་ཡོད་པ་སྲིད་ཅིང་འཇུག་པ་བྱང་ཆུབ་ཀྱི་སེམས་ནི་ཚོགས་ལམ་ཡན་ཆད་ལ་ཡོད་ལ། འོན་ཀྱང་ཚོགས་ལམ་ནས་{ཉམས་སྲིད་པས་}མེད་པར་ཡང་སྲིད་ཅིང་། སྦྱོར་ལམ་ཡན་ཆད་འཇུག་པ་སེམས་བསྐྱེད་ཁོ་ན་ཡོད་དོ། །ཞེས་གསུངས་སོ། །ཀུན་མཁྱེན་རིན་པོ་ཆེས། སྨོན་འཇུག་གཉིས་ཀ་ཡང་ཚོགས་ལམ་ནས་རྒྱུན་མཐའི་བར་ཡོད་པར་བཞེད་དོ། །སྨོན་འཇུག་མཚན་ཉིད་པ་རྒྱུད་ལ་སྐྱེས་པ་དང་། ཚོགས་ལམ་ཆུང་དུ་ཐོབ་པ་དུས་མཉམ་ཡིན་པའི་ཕྱིར་དང་། དེ་གཉིས་སྐྱེས་པའི་གང་ཟག་གི་རྒྱུད་ལ་{སྨོན་འཇུག་}ངོ་བོ་གཅིག་ཏུ་ལྡན་པར་གསུངས་པའི་ཕྱིར་རོ། །

ཀུན་རྫོབ་དང་། དོན་དམ་སེམས་བསྐྱེད་གཉིས་ཀྱི་མཚམས་གང་ནས་འཛོག་ཅེ་ན། ཀུན་རྫོབ་སེམས་བསྐྱེད་ནི་སོ་སྐྱེའི་མཉམ་རྗེས་གཉིས་དང་། འཕགས་པ་ས་དང་པོ་ནས་བཅུ་པའི་བར་གྱི་རྗེས་ཐོབ་ན་ཡོད་ལ།

དོན་དམ་སེམས་བསྐྱེད་ནི་ས་དང་པོ་ནས་བཅུ་པའི་བར་གྱི་འཕགས་པའི་མཉམ་གཞག་ཁོ་ན་དང་། སངས་རྒྱས་ཀྱི་ས་ན་ཡོད། དགོས་ཏེ་དཔེར་ན་གྲོགས་བྱང་ཆུབ་དོན་གཉེར་གྱི་འདུན་པ་དང་མཚུངས་པར་ལྡན་པའི་སེམས་བསྐྱེད་དེ་ཆོས་ཅན། དཔེ་ས་ལྟ་བུ་ཡིན་ཏེ། ཆོས་དཀར་པོ་ཐམས་ཅད་ཀྱི་གཞི་རྟེན་བྱེད་པའི་ཕྱིར། གྲོགས་སེམས་ཅན་ལ་ཕན་བདེ་བསྒྲུབ་པར་བྱའོ་སྙམ་པའི་བསམ་པ་བཟང་པོ་དང་མཚུངས་པར་ལྡན་པའི་སེམས་བསྐྱེད་དེ་ཆོས་ཅན། དཔེ་གསེར་བཟང་པོ་ལྟ་བུ་ཡིན་ཏེ་བྱང་ཆུབ་ཀྱི་བར་དུ་ཕན་བདེའི་བསམ་པ་དེ་གཞན་དུ་མི་འགྱུར་བའི་ཕྱིར། དེས་གཞན་ཉི་ཤུ་པོ་རྣམས་ལའང་རིགས་འགྲེ་ཤེས་པར་བྱའོ། །གོང་དུ་བསྟན་པ་དེ་རྣམས་ནི་དབྱེ་ཚུལ་རྒྱས་པ་ཡིན་ལ་**ཡང་ན་**མདོར་བསྡུས་པ་ནི་**རྟེན་**གྱིས་དབྱེ་བ་**དང་ངོ་བོས་**དབྱེ་བ་དང་**ཚོགས་འབྱེད་**པ་སྟེ་གསུམ་ལས། དང་པོ་རྟེན་གྱི་སྒོ་ནས་དབྱེ་བ་ལའང་སློབ་པ་དང་མི་སློབ་པའི་གང་ཟག་གཉིས་ལས་དང་པོ་ནི༔ **ཐེག་ཆེན་**གྱི་**སློབ་ལམ་**ཚོགས་སྦྱོར་དང་མཐོང་སྒོམ་གྱི་ལམ་**མཐའ་དག་**སྟེ་དེའང་ཚོགས་སྦྱོར་ལ་གནས་པའི་བྱང་སེམས་སོ་སྐྱེའི་རྒྱུད་ཀྱིས་བསྡུས་པའི་བྱང་སེམས་ཀྱི་སྡོམ་པ་དང་། མཐོང་སྒོམ་གྱི་ལམ་ས་དང་པོ་ནས་བཅུ་པའི་བར་ལ་གནས་པའི་བྱང་སེམས་འཕགས་པ་རྣམས་ཀྱི། **རྒྱུད་**ཀྱི་**བསྡུས་**པའི་བྱང་ཆུབ་**སེམས་**པའི་**སྡོམ་**པ་དང་། གཉིས་པ་ཐེག་ཆེན་**མི་སློབ་ལམ་ནི་**ས་བཅུ་གཅིག་པ་ཀུན་ཏུ་འོད་ལ་གནས་པའི་**སངས་རྒྱས་འཕགས་**པའི་**རྒྱུད་**ཀྱི་བྱང་སེམས་ཀྱི་**སྡོམ་པའོ**། །ངོ་བོའི་སྒོ་ནས་དབྱེ་ན་སྨོན་པ་སེམས་བསྐྱེད་ཀྱི་ངོ་བོ་དང་། འཇུག་པ་སེམས་བསྐྱེད་ཀྱི་ངོ་བོ་གཉིས་ལས་སྨོན་པ་སེམས་བསྐྱེད་ཀྱི་ངོ་བོ་ནི་གཞན་དོན་དུ་**བྱང་ཆུབ་**ཆེན་པོའི་གོ་འཕང་**ལ་**དམིགས་ནས་དེ་ཐོབ་འདོད་ཀྱི་**སྨོན་**པ་དང་། འཇུག་པ་སེམས་བསྐྱེད་ཀྱི་ངོ་བོ་ནི་དེ་ཐོབ་པའི་ཆེད་དུ་རྒྱུ་ཕར་ཕྱིན་དྲུག་པོ་**དེ་ལ་འཇུག་**པ་དག་ནི་སྨོན་འཇུག་**སོ་སོའི་སེམས་བསྐྱེད་**ཀྱི་མཚན་ཉིད་དེ། ཞི་བ་ལྷས། བྱང་ཆུབ་སེམས་དེ་མདོར་བསྡུ་ན། །རྣམ་པ་གཉིས་སུ་ཤེས་བྱ་སྟེ། །བྱང་ཆུབ་སྨོན་པའི་སེམས་དང་ནི། །བྱང་ཆུབ་འཇུག་པ་ཉིད་ཡིན་ནོ། །ཞེས་པའི་ཕྱིར་རོ། །ཆོགའི་སྒོ་ནས་དབྱེ་ན་**རྒྱ་ཕར་ཕྱིན་ལུགས་**ཀྱི་**ཆོག་ལས་ཐོབ་**པའི་བྱང་སྡོམ་དང་། འབྲས་བུ་**སྔགས་**ཀྱི་**བརྒྱུད་**པ་**ལས་འོང་**བའི་བྱང་སྡོམ་སྟེ་**རྣམ་**པ་**གཉིས་སོ**། །**སྔ་མ་**རྒྱ་ཕར་ཕྱིན་ཀྱི་ཆོག་ལའང་དབུ་སེམས་**གཉིས་**ཏེ་དབུ་མ་པའི་ལུགས་ནི་སྐྱེ་རྒུ་ཀུན་གྱི་**མགོན་**པོ་ཇོ་བཙུན་**འཇམ་**པའི་**དབྱངས་ནས**། དཔལ་མགོན་འཕགས་པ་ཀླུ་སྒྲུབ་{ནཱ་ག་ནི་ཀླུ་དང་། ཨརྫུ་ན་སྒྲིད་སྒྲུབ་ལ་འཇུག་པ་ལས། སྲིད་མི་མངོན་པར་བྱས་པ་སྟེ་མཚུངས་ཆོས་ལྔའི་སྒོ་ནས་ཀླུ་དང་མཚུངས་ཤིང་། གཉིས་ཀྱི་སྒོ་ནས་རྒྱལ་པོ་སྲིད་སྒྲུབ་དང་མཚུངས་ཞེས་སློབ་དཔོན་ཟླ་བ་གྲགས་པས་འཇུག་འགྲེལ་དུ་གསུངས་སོ། །}ལ་སྟེ་ཀླུ་སྒྲུབ་ཀྱི་ངེས་ཚིག་ནི། ཀུན་མཁྱེན་རོང་སྟོན་ཆེན་པོས་དབུ་མ་རྩ་ཤེར་གྱི་འགྲེལ་པ། ཟབ་མོའི་དེ་ཁོ་ན་ཉིད་སྣང་བ་ལས། རྒྱ་སྐད་དུ་ནཱ

ཀུ་སུ་ལུ་ཞེས་པ་བོད་སྐད་དུ་ཀླུ་དང་སྲིད་སྤྲུལ་གཉིས་ཀ་ལ་འཇུག་པས་ཀླུ་དང་ཚོས་མཚུངས་པའི་ཚུལ་ལ། ཀླུ་ནི་ཁྱད་ཆོས་ལྔ་དང་ལྡན་པ་སྟེ། རྒྱ་མཚོའི་མཐའ་ལ་མི་གནས་པ་དང་། རྒྱ་མཚོའི་དབུས་སུ་སྐྱེ་བ་བསྐྱེས་པ་དང་། རིན་པོ་ཆེའི་བང་མཛོད་ལ་དབང་འབྱོར་བ་དང་། མཐོང་བའི་མེས་ཕ་རོལ་བསྲེག་པ་དང་། གཙུག་གི་ནོར་བུའི་འོད་ཀྱིས་མུན་པ་སེལ་བའོ། །སློབ་དཔོན་འདི་ཡང་། རྟག་ཆད་ཀྱི་མཐའ་གཉིས་ལ་མི་གནས་ཤིང་། ས་རབ་ཏུ་དགའ་བའི་རྒྱ་མཚོར་སྐྱེ་བ་བསྐྱེས་པ་དང་། གསུང་རབ་ཀྱི་མཛོད་ལ་དབང་འབྱོར་བས་གདུལ་བྱ་ལ་དམ་པའི་ཆོས་ཀྱི་རིན་པོ་ཆེ་སྟེར་བ་དང་། བདག་མེད་རྟོགས་པའི་ཡེ་ཤེས་ཀྱི་མེས་གཞན་གྱིས་བརྟགས་པའི་ལྟ་ངན་གྱི་བུད་ཤིང་བསྲེག་པ་དང་། ལྷན་སྐྱེས་ཀྱི་ཡིད་ཀྱི་མུན་པ་སེལ་བའི་ཕྱིར་ཀླུ་ཞེས་བསྟན་ནོ། །སྲིད་སྤྲུལ་གྱི་ཆོས་ནི་གཉིས་ཏེ། སྲིད་སྤྲུལ་གྱི་མདངས་ཕ་རོལ་གྱི་དཔུང་ཚོགས་འཇོམས་པ་དང་། རང་གི་ཕྱོགས་རྒྱལ་སྲིད་ལ་འགོད་པའོ། །སློབ་དཔོན་འདི་ཡང་གཉིས་སུ་མེད་པའི་ཡེ་ཤེས་ལས་བྱུང་བའི་རིགས་ཚོགས་ཀྱི་མདངས་སྲིད་པའི་དགྲ་སྟེ་འཇོམས་པ་དང་། གདུལ་བྱ་རྣམས་ངེས་ལེགས་ཀྱི་རྒྱལ་སྲིད་ལ་འགོད་པའི་ཕྱིར། སྲིད་སྤྲུལ་གྱི་མིང་གི་ཕྱོགས་གཅིག་སྨོས་ནས་ཀླུ་སྒྲུབ་ཅེས་བྱའོ། །ཞེས་གསུངས་སོ། །**བརྒྱུད་པ་རྒྱལ་སྲས་ཆེན་པོ་ཞི་བ་ལྷ་ཡི་ཕྱག་ཕྱོལ།** བོད་གངས་ཅན་གྱི་**ལྗོངས་འདིར་བ་རི་ལོ་ཙྪ་བས་སྤེལ་**ཞིང་འཇམ་མགོན་ས་སྐྱ་པ་ཡབ་སྲས་ལས་བརྒྱུད་པའི་{ ས་སྐྱ་པའི་ཞེས་པའི་སྐབས་ས་སྐྱ་ནི། ཁ་བ་ཅན་གྱི་སའི་དྲུམ་བུ་གསུམ་པའི་བར་པ། རྣ་ལག་གི་སའི་ཀ། གཙང་སྟོད་གྲོམ་པ། ཡུལ་གྱི་དགེ་བ་བརྒྱད་དམ་བཅུ་ཚང་བ། བླ་མ་མཉམ་མེད་པས་རྡོ་རྗེ་རང་བཞིན་རྡོ་རྗེའི་གདན་ལས་བྱུང་གི་འདབ་ཆགས་ས་ཡི་སྙིང་པོ་དཔག་ཚད་བཅུ་ཕྲག་བཅུ་བགྲོད་པ། ཤར་རི་འགྲོ་ལྡན་སྤྱི་གཙུག་ལྟར་མཐོ་ལྷོ་ན་རྟ་མཆོག་རྒྱུག་འདྲའི་ཚུ། །ནུབ་རི་མཚན་མ་རྨ་བྱའི་མདོངས་ལྡན་བྱང་རི་ལྷུན་པོ་འདབ་བཟང་རི། །རི་དྭགས་རྒྱལ་པོ་བཞད་པའི་གདོང་པ་དབུས་ཀྱི་ས་འཛིན་དཔལ་ཀུན་འཛིན། །དེ་ཕྱིར་རྒྱལ་བའི་གདན་ས་མཆོག་འདི་བྱང་ཆུབ་སྙིང་པོ་མ་ལགས་གྲང་། །ཞེས་ཤར་རི་བྲག་ཆུང་གླང་པོའི་གཙུག་ལྟར་མཐོ་བ། ལྷོར་གྲུབ་ཆུ་རྟ་མཆོག་རིན་ཆེན་ལྟར་རྒྱུག་པ། ནུབ་ཆུ་མིག་རྫིང་ཁ་རྨ་བྱའི་མདོངས་དང་ལྡན་པ། བྱང་དཔོན་པོ་རི་མཁའ་ལྡིང་གི་གཤོག་པ་ལྟར་བརྒྱངས་པ། དབུས་ཀྱི་ས་དཀར་ཡོགས་འདི་རི་དྭགས་ཀྱི་རྒྱལ་པོ་སེང་གེ་མངོན་པར་འཕྱིང་བ་དང་འདྲ་བ། ཉི་མ་འཆར་སྔ་ཞིང་ནུབ་བྱུལ་བ། ལྷོ་ཕྱོགས་ཀྱི་རི་རིན་པོ་ཆེའི་ཕུང་པོ་བརྡལ་བ་ལྟ་བུ། རྗོ་མོ་སྟག་འཆེར་གདུགས་ཀྱི་དབྱིབས་སོགས་ལོགས་བཀྲ་ཤིས་རྟགས་བརྒྱད། གནམ་འཁོར་ལོ་རྩིབས་བརྒྱད། ས་པདྨ་འདབ་བརྒྱད། }ཕྱག་**བཞེས་གཙོ་བོར་**མཛད་ལ་གྲུབ་མཐའ་གཞན་རྣམས་ཀྱིས་ཀྱང་ཕྱག་ལེན་མཛད་པར་**སྣང་བ་**ནི་དབུ་མ་པའི་ལུགས་ཀྱི་སེམས་བསྐྱེད་དོ། །

སེམས་ཙམ་པའི་ལུགས་ནི་རྒྱལ་ཚབ་ས་བཅུའི་དབང་ཕྱུག་མགོན་པོ་བྱམས་པའི་ཞབས་ནས་འཕགས་པ་ཐོགས་མེད་ལ། བརྒྱུད་པ་བཙུན་པ་ཟླ་བ་སྟེ་ཙནྡྲ་གོ་མིའི་ཕྱག་བཞེས་ཀྱི་སྲོལ་ནི། བོད་གངས་ཅན་གྱི་ལྗོངས་འདིར་མཉམ་མེད་ཨ་ཏི་ཤ་སྟེ་ཕུལ་དུ་བྱུང་བའམ་དབང་པོ་ཞི་བས་སྤེལ་ཞིང་དགེ་བའི་བཤེས་གཉེན་བཀའ་གདམས་པ་རྣམས་ཀྱིས། ཕྱག་ལེན་གཙོ་བོར་མཛད་པ་ནི་སེམས་ཙམ་པ་ཡི་ལུགས་སྲོལ་གྱི་སེམས་བསྐྱེད་དོ། །ཐོགས་ཀྱི་བརྒྱུད་པ་ལས་འོང་བའི་སེམས་བསྐྱེད་ནི། བདེ་མཆོག་དང་ཀྱེ་རྡོར་དག་ལས་འོང་བའི་དབང་གི་སྔོན་འགྲོའི་སེམས་བསྐྱེད་ཀྱི་ཆོ་ག་ནི། ས་དྲུག་པ་མངོན་དུ་གྱུར་པའི་སྤྱང་རྟོགས་ལ་གནས་པ་འཇིགས་བྲལ་དཔལ་ལྡན་ཆོས་སྐྱོང་སྟེ་རྣལ་འབྱོར་གྱི་དབང་ཕྱུག་བི་རཱུ་པའི་ཞབས་ནས་བརྒྱུད་པ་དང་ནཱ་རོ་ཏ་པའི། བརྒྱུད་པ་དག་ལས་བྱོན་པ་དཔལ་ལྡན་བརྩེ་བ་ཆེན་པོ་ཀུན་དགའ་སྙིང་པོར་བཀའ་བབས་པའི་སེམས་བསྐྱེད་ནི་སྔར་གྱི་དབུ་སེམས་གཉིས་ཀྱི་ཆོ་ག་ལ་མ་ལྟོས་ཀྱང་ཆོ་གའི་རྣམ་གཞག་ཐམས་ཅད་དབུ་མ་པའི་ལུགས་དང་ཆ་མཐུན་པ་ཡིན་ནོ། །

ངོ་བོ་ངོས་བཟུང་ལ། མཚན་གཞི་མཚན་ཉིད་དབྱེ་བ་བཅས་བཤད་ཟིན་ཡང་དབུ་མ་པའི་ལུགས་ལ་བྱང་སེམས་ཀྱི་སྡོམ་པ་བླང་བའི་རྟེན་སྤྱིར་བཏང་ནི་མདོ་ལས། རྒྱལ་དང་རྒྱལ་བའི་ཆོས་ལ་དད་གྱུར་ཅིང་། །བྱང་ཆུབ་བླ་ན་མེད་ལ་དད་གྱུར་ལ། །རྒྱལ་སྲས་རྣམས་ཀྱི་སྤྱོད་ལ་དད་བྱེད་ན། །བློ་དང་ལྡན་པ་རྣམས་ཀྱི་སེམས་སྐྱེའོ། །ཞེས་གསུངས་པ་ལྟར་ནི་ཆོ་ག་སྦྱོར་དངོས་རྗེས་གསུམ་གྱི་བཛྲ་སློབ་དཔོན་གྱིས་ཇི་ལྟར་སྤྲད་པ་བཞིན་ཤེས་ལ་དོན་རྣམས་ཀྱང་གོ་ཞིང་། བླ་ན་མེད་པ་ཡང་དག་པར་རྫོགས་པའི་བྱང་ཆུབ་དོན་དུ་གཉེར་འདོད་ཡོད་པའི་ལྷ་དང་མི་ལ་སོགས་པའི་འགྲོ་བ་མཐའ་དག་ལ། སེམས་བསྐྱེད་ཀྱི་སྡོམ་པ་དངོས་སུ་སྐྱེ་བ་དང་འཇམ་དཔལ་གྱི་མདུན་ནས་བདུད་སྡིག་ཅན་གྱི་སེམས་བསྐྱེད་ལེན་འདོད་ཀྱི་སྡོམ་པ་མེད་ཀྱང་ཕྱག་རྡོར་གྱིས་བསྡིགས་པ་ལ་བརྟེན་ནས། སྡིག་ཅན་གྱིས་མི་འདོད་བཞིན་དུ་གཡོ་རྒྱུའི་སེམས་བསྐྱེད་པས་དངོས་སུ་བྱང་སྡོམ་མཚན་ཉིད་པ་མ་སྐྱེས་ཀྱང་། བརྒྱུད་ནས་སེམས་བསྐྱེད་ཀྱི་སྡོམ་པ་སྐྱེས་པས། གཡོ་སྒྱུའི་སེམས་བསྐྱེད་པ་དེས་མ་འོངས་པ་ན་སངས་རྒྱས་པར་བཅོམ་ལྡན་འདས་ཀྱིས་ལུང་བསྟན་པ་ལྟ་བུ་བརྒྱུད་ནས་སྐྱེ་བ་མདོ་སྡེ་བསྐལ་བཟང་ལས། རྒྱལ་བ་ཕན་བཞེད་གྲོང་དཔོན་གྱུར་པའི་ཚེ། །དེ་བཞིན་གཤེགས་པ་བསོད་ནམས་འོད་དེ་ལ། །ཉིན་གཅིག་སྲོག་གཅོད་སྡོམ་པ་བླངས་ནས་ཀྱང་། །དང་པོར་བྱང་ཆུབ་མཆོག་ཏུ་སེམས་བསྐྱེད་དོ། །ཞེས་དང་། འཕགས་པ་སྡོང་པོ་བཀོད་པ་ལས་འཇམ་དཔལ་གྱིས་གྲོང་ཁྱེར་སྐྱིད་པའི་འབྱུང་གནས་ཀྱི་ཤར་ཕྱོགས་ནགས་ཚལ་པཱ་ལ་སྣ་ཚོགས་ཀྱི་རྒྱལ་མཚན་ཞེས་བྱ་བར། ཆོས་ཀྱི་དབྱིངས་ཀྱི་ཚུལ་སྣང་བ་ཞེས་བྱ་བའི་ཆོས་སྟོན་པ་ན

རྒྱ་མཚོའི་གླུ་སྟོང་ཕྲག་གསུམ་བླ་ན་མེད་པའི་བྱང་ཆུབ་ཏུ་ངེས་པར་འགྱུར་རོ། །ཞེས་དང་**ནམ་མཁའི་སྙིང་པོའི་མདོ**་ལས། །བྱང་ཆུབ་སེམས་དཔའ་དང་རྒྱལ་པོ་ལ་འབྱུང་བའི་ལྟུང་བ་ལྔ་སློབ་དཔོན་ལ་འབྱུང་བའི་ལྟུང་བ་ལྔ་སོགས་གསུངས་པའི་ཕྱིར་དང་། གླུ་རྒྱལ་**གཙུག་ན་རིན་ཆེན**་གྱིས་ཞུས་པའི་མདོ་ལས་ལྷ་དང་མིའི་སྲོག་ཆགས་ཁྲི་ཉིས་སྟོང་བླ་ན་མེད་པའི་བྱང་ཆུབ་ཏུ་སེམས་བསྐྱེད་དོ། །ཞེས་གསུངས་པ་དང་། གླུའི་རྒྱལ་པོ་**རྒྱ་མཚོས་ཞུས**་པའི་མདོ་ལས། གླུ་ཁྲི་ཉིས་སྟོང་གིས་བྱང་ཆུབ་ཏུ་སེམས་བསྐྱེད་པ་གསུངས་ཏེ། འདིར་ལུང་དེ་དག་དྲངས་པའི་དགོས་པ་ནི་རྒྱལ་བ་ཕན་བཞེད་ཀྱིས་ཉིན་གཅིག་སྲོག་གཅོད་ཀྱི་སྡོམ་པ་བླངས་པ་དེ་སོ་ཐར་རིས་བདུན་གང་ཡང་མིན་ཞིང་། ལྷ་གླུ་སོགས་ཀྱང་སོ་ཐར་གྱི་སྡོམ་པའི་རྟེན་དུ་མི་རུང་ཡང་བྱང་སྡོམ་སྐྱེ་བར་གསུངས་པའི་ཕྱིར་དང་། མདོ་ར་མ་ཟད་བསྟན་བཅོས་ལས་ཀྱང་གསུངས་ཏེ་**གླུ་སྒྲུབ**་གྱིས་རིན་ཆེན་ཕྲེང་བར། སེམས་ཅན་ཐམས་ཅད་བྱང་ཆུབ་ཏུ། །སེམས་བསྐྱེད་བཅུག་ཅིང་བརྟན་བྱས་ན། །རི་དབང་རྒྱལ་པོ་ལྟར་བརྟན་པའི། །བྱང་ཆུབ་སེམས་དང་རྟག་ལྡན་འགྱུར། །ཞེས་དང་ཞི་བ་ལྷ་ཡི་བསླབ་བཏུས་སུ། དཔའ་བར་འགྲོ་བའི་མདོ་དྲངས་པ་ལས་གཡོ་སྒྱུའི་སེམས་བསྐྱེད་པ་ཡང་། སངས་རྒྱས་ཀྱི་རྒྱུ་ཡིན་པར་གསུངས་ན། དགེ་བ་སྣ་འགའ་བྱས་ཏེ་སེམས་བསྐྱེད་པ་ལྟ་ཅི་སྨོས་ཞེས་སོགས་**གསུང**་པའི་ལུང་ཚད་མ་དག་**གིས**་འགྲོ་བ་མཐའ་དག་ལ་བྱང་ཆུབ་སེམས་སྡོམ་སྐྱེ་བ་གྲུབ་བོ། །དབུ་མ་པ་དེ་ལས་**གཞན་དུ་སྨྲ**་སེམས་ཙམ་པའི་ལུགས་ལ་ནི་དགེ་བསྙེན་ཕ་མ་སོགས་**སོ་སོར་ཐར་པ་རིགས་བདུན་གྱི**། **སྡོམ་པ་དང་ལྡན་པ་པོ་ནའི་རྟེན་ལ**་བྱང་ཆུབ་སེམས་དཔའི་སྡོམ་པ་**སྐྱེ་བ་ནི**། འཕགས་པ་**ཐོགས་མེད་ཞབས**་ཀྱི་བྱང་སའི་ཚུལ་ཁྲིམས་ཀྱི་ལེའུར་བྱང་སེམས་ཀྱི་སྡོམ་པའི་ཚུལ་ཁྲིམས་ནི་སོར་སྡོམ་ཡང་དག་པར་བླངས་པའི་དགེ་སློང་ཕ་མ་སོགས་རིགས་བདུན་པོ་ལ་ཅི་རིགས་པར་རིག་པ་བྱའོ། །ཞེས་དང་**ཇོ་བོ་མར་མེ་མཛད་ཀྱིས**་བྱང་ཆུབ་ལམ་སྒྲོན་ལས། སོ་སོར་ཐར་པ་རིགས་བདུན་གྱི། །རྟག་ཏུ་སྡོམ་གཞན་ལྡན་པ་ལ། །བྱང་ཆུབ་སེམས་དཔའི་སྡོམ་པ་ཡི། །སྐལ་པ་ཡོད་ཀྱི་གཞན་དུ་མིན། །ཞེས་**གསུངས**་སོ། །

བྱང་སྡོམ་དེ་གང་ལས་**ལེན**་པའི་ཡུལ་དགེ་བའི་བཤེས་གཉེན་གྱི་མཚན་ཉིད་ནི་གླུ་སྒྲུབ་ཀྱི་**རིན་ཆེན**་ཕྲེང་བར་ཚོག་ཤེས་སྙིང་རྗེ་ཚུལ་ཁྲིམས་ན། །ཉོན་མོངས་སེལ་བའི་ཤེས་རབ་ཅན། །ཞེས་དང་། མགོན་པོ་བྱམས་པས་**མདོ་སྡེ་རྒྱན**་ལས། བཤེས་གཉེན་དུལ་ཞིང་ཞི་ལ་ཉེར་ཞི་བ། །ཡོན་ཏན་ལྷག་པར་བརྩོན་བཅས་ལུང་གིས་ཕྱུག །དེ་ཉིད་རབ་ཏུ་རྟོགས་པ་སྨྲ་མཁས་ལྡན། །བརྩེ་བའི་བདག་ཉིད་སྐྱོ་ངལ་སྤང་ལ་བརྟེན། །ཞེས་པ་དག་**ལས**། **བཤད་པའི**་ཕྱིར་དང་སྡོམ་པ་ལེན་ཡུལ་གྱི་**མཚན་ཉིད་རྣམས་ཚང་དགོས**་པ་ནི་རིམ་པ་ལྟར་དབུ་སེམས་ཀྱི་ལུགས་ཀྱི་མཚན་ཉིད་**སོ་སོར་ཡིན་པར་བཞེད**་དོ། །ཡང་ན་ལམ་སྒྲོན་ལས། སྡོམ་པའི་ཆོ་ག་ལ་མཁས་དང་། །བདག

ཉིད་གང་ཞིག་སྡོམ་ལ་གནས། །སྡོམ་པ་འབོགས་གཞོན་སྙིང་རྗེར་ལྡན། །བླ་མ་བཟོད་པར་ཤེས་པར་བྱ། །ཞེས་སོ༑ ༑བྱང་སྡོམ་ལེན་ཡུལ་སྤྱིར་བཏང་བྱང་ཆུབ་སེམས་པའི་སྡོམ་པ་རྣམ་དག་དང་ལྡན་ཞིང་ཆོ་ག་སྦྱོར་དངོས་རྗེས་གསུམ་གྱི་བརྡ་སྤྲོད་པ་ལ་མཁས་པ་དང་། སློབ་མ་དེ་ཉིད་གནས་སྐབས་དང་མཐར་ཐུག་གི་སྡུག་བསྔལ་དང་བྲལ་འདོད་ཀྱི་སྙིང་རྗེ་དང་ལྡན་པ་ཞིག་གཙོ་ཆེའོ། །

ཇི་ལྟར་བླངས་པའི་ཆོག་ལ་དབུ་སེམས་གཉིས་ལས། །དང་པོ་དབུ་མ་པའི་ལུགས་ལྟར་ན་སྦྱོར་དངོས་རྗེས་གསུམ་ལས་སྦྱོར་བ་ནི། སྐུ་གསུང་ཐུགས་ཀྱི་རྟེན་དང་སྤོས་མར་མེ་སོགས་ཀྱི་མཆོད་པ་རྒྱ་ཆེར་བཤམ་ལ་གང་ལས་ལེན་པའི་ཡུལ་ལ་བྱང་ཆུབ་སེམས་དཔའི་སྡོམ་པ་གནང་བར་མཛད་དུ་གསོལ་ཞེས་གསོལ་བ་གདབ་པ་སྔོན་དུ་བཏང་ནས་བཟང་སྤྱོད་དང་སྤྱོད་འཇུག་སོགས་ལས་འབྱུང་བ་ལྟར་ཕྱག་འཚལ་བ་དང་། མཆོད་པ་འབུལ་བ་སོགས་ཡན་ལག་བདུན་པས་བྱང་སྡོམ་ལེན་པ་པོ་རང་གི་རྒྱུད་ཀྱི་ཉེས་པ་སྦྱང་བ་ནི་སྦྱོར་བའི་ཆོས་སོ། །དངོས་གཞི་ནི་རང་གི་ཀུན་སློང་གི་བསམ་པ་དེ་དལ་འབྱོར་རྙེད་དཀའ་འཆི་བ་མི་རྟག་པ། ལས་རྒྱུ་འབྲས་འཁོར་བའི་ཉེས་དམིགས་ཏེ། བློ་ལྡོག་རྣམ་བཞི་སོགས་ཀྱིས་སྦྱང་ཞིང་བྱང་ཆུབ་སྙིང་པོར་མཆིས་ཀྱི་བར་ཞེས་སོགས་ཤོ་ལོ་ཀ་གཅིག་ལན་གསུམ་བརྗོད་པས་བྱང་སྡོམ་གྱི་གཞི་བཟུང་སྟེ་སེམས་བསྐྱེད་ལེན་པའི་དམ་བཅའ་སྤྱོད་འཇུག་ལས་གསུངས་པའི་ཇི་ལྟར་སྔོན་གྱི་བདེ་གཤེགས་ཀྱིས། །ཞེས་སོགས་ཤོ་ལོ་ཀ་གཉིས་སོ། །ཚིག་ཏུ་ལན་གསུམ་བརྗོད་པ་ནི། །སྨོན་པ་སེམས་བསྐྱེད་དང་འཇུག་པ་སེམས་བསྐྱེད་གཉིས་དུས་སྔ་ཕྱི་མེད་པར་སྐབས་གཅིག་ཏུ་ལེན་པ་ནི་དངོས་གཞིའི་ཆོས་ཡིན་ནོ། །

རྗེས་ཀྱི་ཆོས་ནི། རང་དང་གཞན་རྣམས་ལ་རིམ་པ་ལྟར་རང་དགའ་བ་སྒོམ་པ་དང་གཞན་དགའ་བ་བསྒོམ་དུ་གཞུག་པ་ནི་དེང་དུས་བདག་ཆེ་འབྲས་བུ་ཡོད་སོགས་སྤྱོད་འཇུག་ལས་འབྱུང་བ་བཞིན་བྱ་དགོས་ལ། མི་དགེ་བ་བཅུ་སྤང་བ་ཉེས་སྤྱོད་སྡོམ་པའི་ཚུལ་ཁྲིམས་དང་། ཕར་ཕྱིན་དྲུག་སྒྲུབ་པ་དགེ་བ་ཆོས་སྡུད་ཀྱི་ཚུལ་ཁྲིམས་དང་། བསྡུ་བའི་དངོས་པོ་བཞིའི་སྒོ་ནས་སེམས་ཅན་གྱི་དོན་བྱེད་པ་སེམས་ཅན་དོན་བྱེད་ཀྱི་ཚུལ་ཁྲིམས་ཏེ། ཚུལ་ཁྲིམས་རྣམ་པ་གསུམ་གྱིས་བསྡུས་པའི་བྱང་ཆུབ་སེམས་དཔའི་བསླབ་བྱ་རྣམས་བརྗོད་ཅིང་གདང་རག་ཏུ་མཎྜལ་དབུལ་བ་རྣམས་ནི་རྗེས་ཀྱི་ཆོས་སོ། །

གཉིས་པ་སེམས་ཙམ་པའི་ལུགས་ལྟར་ན་སྨོན་པ་སེམས་བསྐྱེད་ཀྱི་སྡོམ་པ་ལེན་པའི་ཆོ་ག་དང་འཇུག་པ་སེམས་བསྐྱེད་ཀྱི་སྡོམ་པ་ལེན་པའི་ཆོ་ག་སྟེ་གཉིས་ལས། དང་པོ་ལའང་སྦྱོར་དངོས་རྗེས་གསུམ་གྱི་དང་པོ་ནི་རྟེན་དཀོན་མཆོག་གསུམ་ལ་སྟོན་པ་ལམ་གྲོགས་ཀྱི་ཚུལ་གྱི་སྐྱབས་སུ་འགྲོ་བ་དང་རབ་ལྟ་བ་འཇལ་བའི་ཕྱག །

འབྲིང་བསྒོམ་པ་གོམས་པའི་ཕྱག །ཐ་མ་མོས་གུས་ཀྱི་ཕྱག་གསུམ་པོ་གང་རུང་གི་སྒོ་ནས་ཕྱག་འཚལ་བ་དང་སྤྱོས་མར་མེ་སོགས་ཀྱི་**མཆོད་**པ་འབུལ་བ་རྣམས་སྦྱོར་བ་དང་།

གཉིས་པ་**དངོས་གཞི**་ནི་རང་གི་སྟོབས་ཐེག་ཆེན་གྱི་རིགས་སད་པ་དང་**གཞན་སྦྱོར་བའི་སྟོབས**་བླ་མ་ལ་སངས་རྒྱས་དང་རང་ལ་རྨི་ལམ་སྒྱུ་མ་དང་། སེམས་ཅན་ལ་ཕ་མའི་འདུ་ཤེས་བསྐྱེད་པ་སྟེ་དེ་**གསུམ་གྱིས**། རང་གི་**བློ་སྦྱང་**ཞིང་**སྨོན་**པ་སེམས་བསྐྱེད་ཀྱི་སྡོམ་པ་**དམ་བཅའ་**བའི་ཚུལ་རང་གི་དགེ་བ་བགྱིས་པ་དང་། བགྱིད་དུ་སྩལ་བ་དང་། གཞན་གྱིས་བགྱིས་པ་ལ་རྗེས་སུ་ཡི་རང་བའི་དགེ་བ་དེས་སྔོན་གྱི་སངས་རྒྱས་དང་བྱང་སེམས་རྣམས་བྱང་ཆུབ་ཏུ་ཐུགས་བསྐྱེད་པ་དེ་བཞིན་དུ་བདག་གིས་ཀྱང་བྱང་ཆུབ་ཏུ་སེམས་བསྐྱེད་པར་བགྱིའོ་ལྟ་བུའི་**ཚུལ་གྱིས་སྨོན་**སེམས་ཀྱི་སྡོམ་པ་**བླང་**ངོ་། །

གསུམ་པ་**རྗེས་ལ**་སྨོན་པ་སེམས་བསྐྱེད་ནི་ཆོས་དཀར་པོ་ཐམས་ཅད་ཀྱི་ས་བོན་ལྟ་བུ་དང་། སྡིག་པ་ཐམས་ཅད་སྲེག་པའི་མེ་ལྟ་བུ་དང་། དགོས་འདོད་ཐམས་ཅད་འབྱུང་བ་ཡིད་བཞིན་གྱི་ནོར་བུ་ལྟ་བུ་ཡིན་ནོ། །ཞེས་སོགས་ཕན་ཡོན་བརྗོད་པའི་སྒོ་ནས་**གཟེངས་བསྟོད་**ཅིང་ནག་པོའི་ཆོས་བཞི་སོགས་སྲུང་བྱའི་**བསླབ་**བྱ་རྣམས་**བརྗོད་**ཅིང་གཏང་རག་ཏུ་མཎྜལ་དབུལ་བ་རྣམས་ནི་རྗེས་ཀྱི་ཆོས་སོ། །

གཉིས་པ་འཇུག་པ་སེམས་བསྐྱེད་ཀྱི་ཆོ་ག་ལ་སྦྱོར་དངོས་རྗེས་གསུམ་ལས། དང་པོ་ནི། སྨོན་པ་སེམས་བསྐྱེད་**དེ་ཡི་**དགག་སྒྲུབ་ཀྱི་**བསླབ་བྱ་སྲུང་**ཚུལ་བཞིན་དུ་**ཞིང་**ནམ་མཁའི་སྙིང་པོའི་མདོ་དང་སྡོང་པོ་བཀོད་པའི་མདོ་དང་སྤྱན་རས་གཟིགས་ཀྱིས་ཞུས་པའི་མདོ་སོགས་**ཐེག་ཆེན་གྱི**། **སྡེ་སྣོད་**རྣམས་**ལ་**ཐོས་བསམ་གྱིས་**སྦྱང་**ཞིང་**འཇུག་**པ་སེམས་བསྐྱེད་ཀྱི་**སྡོམ་**པ་**དོན་**དུ་གཉེར་ན། དོན་དུ་གཉེར་བ་པོ་གང་ཟག་དེས་གང་ལས་ལེན་པའི་ཡུལ་སློབ་དཔོན་དེ་ལ་འཇུག་པ་སེམས་བསྐྱེད་ཀྱི་སྡོམ་པ་གནང་བར་མཛད་དུ་གསོལ་ཞེས་**གསོལ་གདབ**་ནས་སློབ་དཔོན་དེས་ཀྱང་སློབ་མའི་**བསམ་**པ་ཆོས་ལ་མོས་མི་མོས་སོགས་**བརྟགས་ཤིང་**ཆོས་ལ་མོས་ཤིང་སྙིང་ནས་དོན་གཉེར་ཅན་ཞིག་ཡིན་ན་སླར་ཡང་འཇུག་སེམས་ཀྱི་སྡོམ་པ་གནང་བར་མཛད་དུ་**གསོལ**་ཞེས་གསོལ་བ་**གདབ**་པ་དང་། སློབ་དཔོན་གྱིས་སློབ་མ་ལ་ཁྱོད་ཀྱི་བྱང་སྡོམ་ནོད་པ་འདི་གཞན་ལ་འགྲན་པ་མ་ཡིན་ནམ། མི་འདོད་བཞིན་དུ་རང་དབང་མེད་པར་ལེན་དུ་བཅུག་པ་མ་ཡིན་ནམ་ཞེས་སོགས། **བར་ཆད་དྲི་ཞིང་**ཕམ་འདྲ་བཞི་དང་ཉེས་བྱས་ཞེ་དྲུག་གི་**བསླབ་པར**་ཡང་དག་པར་སྲུང་ནུས་སམ་ཞེས་**གོ་བ་བསྐྱེད་**ཅིང་འཇུག་པ་སེམས་བསྐྱེད་ཀྱི་སྡོམ་པ་ལེན་པ་ལ་སྤྲོའམ་ཞེས་**སྤྲོ་བ་དྲི་བ་རྣམས་སྔོན་**དུ་སོང་བ་ནི་སྦྱོར་བ་ཡིན་ལ་གཉིས་པ་**དངོས་གཞི་ལ**། གོང་དུ་སྨོས་པ་ལྟར་རང་སྟོབས་གཞན་སྟོབས་སྦྱོར་བའི་སྟོབས་གསུམ་གྱིས་**བློ་སྦྱང་**བ་དང་སློབ

དཔོན་གྱིས་སློབ་མ་ལ་ཉེས་སྤྱོད་སྡོམ་པའི་ཚུལ་ཁྲིམས་སོགས་གསུམ་པོ་ང་ལས་ནོད་དམ་ཞེས་དྲིས་ལ་སློབ་མ་དེས་ཀྱང་ནོད་ལགས་སོ་ཞེས་བརྗོད་པས་**ཁས་ལེན་**པ་སྟེ་དེ་གཉིས་**སྦྱིལ་བ་རྣམ་པ་གསུམ་མོ།** །

གསུམ་པ་**འཇུག་ཚིག་**ནི་སློབ་དཔོན་གྱིས་དགོངས་གསོལ་སྟོན་དུ་བཏང་ནས། ཕྱོགས་བཅུའི་སངས་རྒྱས་དང་བྱང་སེམས་རྣམས་ལ་སློབ་མ་འདིས་བདག་ལས་བྱང་ཆུབ་སེམས་པའི་སྡོམ་པ་ཡང་དག་པར་བླང་ངོ་ཞེས་**མཁྱེན་པར་**ལན་གསུམ་**གསོལ་ཞིང་**ཕྱོགས་བཅུའི་སངས་རྒྱས་དང་བྱང་སེམས་རྣམས་ཀྱིས་འཇུག་སྡོམ་ལེན་པ་པོ་ལ་བུ་དང་འདྲ་བ་དང་སྤུན་དང་འདྲ་བ་དགོངས་པ་སོགས་ཀྱི་**ཕན་ཡོན་བསྟན་**པ་དང་། ཡང་སློབ་དཔོན་གྱིས་སློབ་མ་ལ་བྱང་ཆུབ་སེམས་དཔའི་སྡོམ་པ་ཡང་དག་པར་བླངས་པ་འདི་ཐེག་ཆེན་ལ་མ་དད་པ་རྣམས་ལ་བསྒྲགས་པར་མི་བྱའོ། །ཞེས་**གསང་བ་གདམས་**པ་དང་། ཕམ་འདྲ་བཞི་དང་ཡན་ལག་གི་ཉེས་པ་ཞེ་དྲུག་རྣམས་བསྟན་ཏེ་**བསླབ་པ་བརྗོད་ཅིང་གཏང་རག་**ཏུ་མཎྜལ་དབུལ་བར་བྱའོ། །

དབུ་མ་དང་སེམས་ཙམ་པའི་ལུགས་**འདི་གཉིས་**བར་ཁྱད་དབྱེ་བ་ཡོད་མེད་དང་། སྨོན་འཇུག་སྐབས་གཅིག་ཏུ་ལེན་ཆོག་པ་དང་མི་ཆོག་པ་སོགས་**ཚིག་ཐ་དད་**པ་སྟེ་མི་འདྲ་བ་**འབྱུང་བའི་རྒྱུ་མཚན་**ཇི་ལྟར་ཞེན་འདི་ལྟར་ཡིན་ཏེ། **དབུ་མ་**པ་ནི་ཆོས་ཐམས་ཅད་ཡོད་མེད་དང་ཡིན་མིན། རྟག་པ་དང་ཆད་པ་སོགས་སྤྲོས་པའི་མཐའ་ཐམས་ཅད་དང་བྲལ་བའི་སྟོང་པ་ཉིད་ཀྱི་**ལྟ་བ་**ཤིན་ཏུ་**མཐོ་ཞིང་**ལྟ་ཡི་སོགས་གདུལ་བྱ་སེམས་ཅན་ཐམས་ཅད་ཀྱི་རྒྱུད་**ལ།** ཡང་དག་པར་རྫོགས་པའི་**སངས་རྒྱས་ཀྱི་རྒྱུ་ས་བོན་འཛོག་པའི་**དགོས་པ་ཡོད་པའི་ཕྱིར་**དགོངས་པ་ཡངས་**ཏེ་དེས་ན་ཚོ་ག་ཡང་བར་ཁྱད་དབྱེ་མི་དགོས་པ་དང་སྨོན་འཇུག་སྐབས་གཅིག་ཏུ་ལེན་ཆོག་པ་སོགས་ཡངས་ལ། དབུ་མ་པའི་**ཅིག་ཤོས་**ཏེ་སེམས་ཙམ་པ་ནི་གཟུང་འཛིན་གཉིས་སྟོང་གི་ཤེས་པ་རང་རིག་རང་གསལ་དེ་བདེན་གྲུབ་ཏུ་ཁས་ལེན་པ་སོགས་**ལྟ་བ་ཅུང་ཟད་དམན་པས་ན།** **ཚོ་ག་**ཡང་བར་ཁྱད་དབྱེ་དགོས་པ་དང་། སྨོན་འཇུག་སོ་སོར་ལེན་དགོས་པ་སོགས་ཕྱག་ལན་རྣམས་**ཉན་ཐོས་ཀྱི་ལུགས་དང་སྒྲོ་བསྟུན་པས་དོགས་**པ་ཡིན་ནོ། །དེ་ཡང་དབུ་མ་པ་སྡིག་བཤགས་སོགས་ཡན་ལག་བདུན་མཛད་པ་ནི་ཤན་པ་སོགས་སྡིག་ཅན་ལའང་སྐྱེ་བར་དགོངས་ཏེ་དེ་དག་གི་རང་བཞིན་གྱི་སྡིག་པ་རྣམས་སྦྱང་ནས་སྡོམ་པ་སྐྱེ་བའི་ཆེད་ཡིན་ལ༑ སེམས་ཙམ་པ་ཕྱག་མཆོད་གཉིས་ལས་སྡིག་བཤགས་སོགས་མི་མཛད་པ་ནི། སོར་སྡོམ་གྱིས་རྒྱུད་དག་པ་ལ་དགོངས་པ་ཡིན་པས་དེ་དག་ཀྱང་སྤྱོད་པ་ཡངས་དོགས་ཀྱི་ཁྱད་པར་ལས་བྱུང་བར་ཡིན་པར་ཤེས་པར་བྱའོ། །

གལ་ཏེ་ཡུལ་དུས་ཀྱི་དབང་གིས་བྱང་སེམས་ཀྱི་**སྡོམ་པ་**ཐོག་མར་གསར་དུ་བླང་བའི་ཡུལ་**དང་པོ་**བླངས་ཀྱང་རྩ་ལྟུང་གི་ཉེས་པས་བྱང་སྡོམ་ཉམས་པ་སླར་**གསོ་བའི་ཡུལ།** རིན་ཆེན་ཕྲེང་བ་དང་། མདོ་སྡེ་རྒྱན་

སོགས་ལས་གསུངས་པའི་མཚན་ཉིད་ཚང་བའི་བླ་མར་འོས་པ་དེ་ལྟ་བུ་ཞིག་མ་རྙེད་པར་གྱུར་ན་སངས་རྒྱས་སོགས་དཀོན་མཆོག་གི་རྟེན་གྱི། སྤྱན་སྔར་བྱང་སྡོམ་ལེན་པ་པོ་རང་གིས་ཆོ་ག་སྔོར་{ཡན་ལག་བདུན་པ་སོགས་}དངོས་{ཇི་ལྟར་སྔོན་གྱི་སོགས་}རྗེས་{དེས་དུས་བདག་ཆེ་སོགས་}གསུམ་ཚང་བའི་སྒོ་ནས་ལེན་རུང་བ་ནི་དབུ་མ་པའི་ལུགས་ཡིན་ལ། སེམས་ཙམ་པའི་ལུགས་ལྟར་ན་རང་ཉིད་ཀྱི་སྲོག་གི་བར་ཆད་དུ་འགྱུར་བ་དང་དགེ་ཚུལ་དགེ་སློང་སོགས་ཀྱི་སྡོམ་པ་དང་ལྡན་པ་ཡིན་ན་ཚངས་པར་སྤྱོད་པ་ཉམས་པའི་བར་ཆད་དུ། འགྱུར་ན་མ་གཏོགས་དཀོན་མཆོག་གི་སྤྱན་སྔར་རང་གིས་ལེན་མི་རུང་བ་འཕགས་པ་ཐོགས་མེད་ཀྱི་བྱང་ཆུབ་སེམས་དཔའི་སར་དགེ་བའི་བཤེས་གཉེན་མཚན་ཉིད་དང་ལྡན་པ་རྒྱང་གྲགས་དང་དཔག་ཚད་ཀྱི་བར་སྲོག་དང་ཚངས་སྤྱོད་ལ་མི་གནོད་ཙམ་དུ་བཙལ་ཀྱང་མ་རྙེད་ན་དཀོན་མཆོག་གི་རྟེན་གྱི་དྲུང་ནས་བདག་ཉིད་ཀྱིས་བླང་ཀྱང་སྐྱེའོ་ཞེས་བཤད་དོ། །སེམས་ཅན་གྱི་དོན་དུ་སངས་རྒྱས་ཀྱི་གོ་འཕང་ཐོབ་འདོད་ཀྱི་སྨོན་སེམས་དང་། དེའི་ཆེད་དུ་སྦྱིན་སོགས་ཕར་ཕྱིན་དྲུག་ལ་སློབ་པ་འཇུག་སེམས་དག་གི་ངོ་བོ་ཙམ་ཞིག་ནི་དབུ་སེམས་ཀྱི་ཆོ་གར་མ་ལྟོས་པར། སྐྱེ་བར་སྲིད་མོད་སྨོན་འཇུག་གི་སེམས་བསྐྱེད་སྡོམ་པས་ཟིན་པ་ཞིག་ནི། གྲོགས་དགེ་བའི་བཤེས་གཉེན་གྱིས་སྨོན་འཇུག་གི་སེམས་བསྐྱེད་ཆོ་གས་འབོག་པའི་སྒོ་ནས་རྗེས་སུ་བཟུང་བ་དང་། སངས་རྒྱས་ཀྱི་རྒྱུ་བདེ་བར་གཤེགས་པའི་སྙིང་པོ་དེ་སེམས་ཅན་ཐམས་ཅད་ཀྱི་རྒྱུད་ལ་རང་བཞིན་གྱིས་གནས་པ་ཡིན་ལ་སངས་རྒྱས་ཀྱི་རིགས་དེ་ཉིད་སད་པའི་རྟགས་ནི་འཇུག་པར། སོ་སོ་སྐྱེ་བོའི་དུས་ནའང་སྟོང་པ་ཉིད་ཐོས་ནས། །ནང་དུ་རབ་ཏུ་དགའ་བ་ཡང་དང་ཡང་དུ་འབྱུང་། །རབ་ཏུ་དགའ་བ་ལས་བྱུང་མཆི་མས་མིག་བརླན་ཞིང་། །ལུས་ཀྱི་བ་སྤུ་ལྡང་བར་འགྱུར་བ་གང་ཡིན་པ། །ཞེས་དང་། མདོ་སྡེ་ས་བཅུ་པ་ལས། དུ་བ་ལས་ནི་མེར་ཤེས་དང་། །ཆུ་སྐྱར་ལས་ནི་ཆུར་ཤེས་བཞིན། །བྱང་ཆུབ་སེམས་དཔའ་བློ་ལྡན་གྱི། །རིགས་ནི་མཚན་མ་དག་ལས་ཤེས། །ཞེས་གསུངས་པ་ལྟར། ཐེག་ཆེན་གྱི་ཆོས་ཐོས་པའི་ཚེ་ལུས་ཀྱི་བ་སྤུ་ལྡང་། མིག་ནས་མཆི་མ་འཁྲུགས་པ་སོགས་ཡིན་ཅིང་ཚེ་འདིར་སྦྱིན་པ་གཏོང་བ་སོགས་དགེ་རྩ་བསགས་ཤིང་རྒྱས་པ་དང་སྟེ། སྡོང་པོ་བཀོད་པ་དང་། ནམ་མཁའི་སྙིང་པོ། དཀོན་མཆོག་སྤྲིན་གྱི་མདོ། རྒྱལ་པོ་ལ་གདམས་པའི་མདོ། གསང་ཆེན་ཐབས་ལ་མཁས་པའི་མདོ། སྤྱན་རས་གཟིགས་ཀྱི་མདོ་སོགས་ཐེག་ཆེན་གྱི་བཀའ་དང་ཀླུ་སྒྲུབ་ཀྱི་རིན་ཆེན་ཕྲེང་བ་དང་མདོ་བཏུས། ཞི་བ་ལྷའི་བསླབ་བཏུས་དང་སྤྱོད་འཇུག །ཐོགས་མེད་ཀྱི་བྱང་ས། སློབ་དཔོན་ཙནྡྲ་གོ་མིའི་སྡོམ་པ་ཉི་ཤུ་པ་སོགས་བསྟན་བཅོས་རྣམས་ཐོས་ཤིང་སྦྱིན་སོགས་ཕར་ཕྱིན་དྲུག་གི་དགེ་བར་ཡང་ནས་ཡང་དུ་གོམས་པ་སྟེ་ཉེ་བར་ལེན་པའི་རྒྱུ་ལྟ་དང་། གཙོ་བོ་ནི་སྦྱོར་དངོས་རྗེས་གསུམ་ལེགས་པར་ཚང་བའི་ཆོ་ག

ཕུན་སུམ་ཚོགས་པ་གཞན་གྱི་མཐུ་ནི་ལྷན་ཅིག་བྱེད་པ་ཡི་རྐྱེན་ཏེ་དེ་ལྟར་རྒྱུ་རྐྱེན་རྣམས་ཚོགས་པ་ལ་བརྟེན་ནས་ནི་སེམས་བྱུང་ཡུལ་དོན་དུ་གཉེར་བའི་འདུན་པ་ནི་སྨོན་པ་སེམས་བསྐྱེད་ཀྱི་ངོ་བོར་སྐྱེ་བ་དང་། །སེམས་བྱུང་ཡུལ་ལ་གཡོ་བར་བྱེད་པའི་སེམས་པ་ནི་འཇུག་པའི་སེམས་བསྐྱེད་ཀྱི་ངོ་བོར་སྐྱེའོ། །འོན་ཀྱང་སེམས་བསྐྱེད་རྒྱུད་ལྡན་གྱི་གང་ཟག་དེ་ཉིད་ཚོགས་ལམ་ཆུང་ངུ་ལ་ཞུགས་པ་དང་སྦྱར་ཐོབ་པའི་སེམས་བསྐྱེད་དེ་སེམས་བསྐྱེད་མཚན་ཉིད་པར་གནས་འགྱུར་ཏེ་རང་རྒྱུད་ལ་སྐྱེས་པ་གཉིས་དུས་མཉམ་པ་ཡིན་ལ་མི་མཐུན་པའི་ཕྱོགས་སྤང་བའི་སྨོན་འཇུག་གི་སྡོམ་པར་ཡང་ཚོགས་ལམ་ཐོབ་པ་དང་། སེམས་བསྐྱེད་མཚན་ཉིད་པ་སྐྱེས་པའི་གནས་སྐབས་དེ་ནས་འགྱུར་བར་ཡིན་ནོ། །སྨོན་འཇུག་གི་སྡོམ་པ་མཚན་ཉིད་པ་སྐྱེས་པ་དེ་ཡི་ཚེ་སེམས་པ་གཙོ་བོ་དང་སེམས་དང་སེམས་བྱུང་གཞན་ཐམས་ཅད་ནི་ཕལ་པར་འགྱུར་བའི་དབང་གིས་སེམས་བྱུང་གི་སེམས་པ་དེ། སྨོན་པ་སེམས་བསྐྱེད་དང་འཇུག་པ་སེམས་བསྐྱེད་མཚན་ཉིད་པར་སོང་ཞིང་སེམས་པ་དེ་དང་མཚུངས་ལྡན་གྱི་གཙོ་སེམས་ཡིད་ཀྱི་ཤེས་པ་དང་སེམས་བྱུང་སེམས་པ་མ་གཏོགས་སེམས་ཀྱི་ས་མང་དགུ་དང་། དགེ་བའི་ས་མང་བཅུ། རྟོག་དཔྱོད་གཉིས་ཏེ་དེ་རྣམས་མ་ལུས་པ། རིལ་གྱིས་བྱང་སྡོམ་དུ་འགྲོ་ཞིང་འོན་ཀྱང་ཚོགས་ལམ་ཆུང་ངུ་ལ། མ་ཞུགས་པར་ཡང་སྨོན་པ་དང་འཇུག་པའི་སྡོམ་པ་མིང་གདགས་སུ་རུང་བ་ཙམ་ཞིག་ནི་ཆོ་གའི་དངོས་གཞི་ཇི་ལྟར་སྔོན་གྱི་བདེ་གཤེགས་སོགས་ཤོ་ལོ་ཀ་གཉིས་བརྗོད་པ་ལན་གསུམ་བྱས་པའི་ཐ་མའི་མཚམས་སུ་སྐྱེ་བ་དབུ་སེམས་གཉིས་ཀ་མཐུན་ནོ། །

བྱང་སྡོམ་ཐོབ་པ་དེ་རྩ་ལྟུང་སོགས་ཀྱིས་མ་ཉམས་པར་ཚུལ་བཞིན་དུ་བསྲུང་དགོས་ཏེ་བསྲུང་ན་ཕན་ཡོན་དང་མ་བསྲུང་ན་ཉེས་དམིགས་ཀྱི་གཞིར་གྱུར་པའི་ཕྱིར་མི་ཉམས་པར་བསྲུང་བ་དེ་ཡི་ཚུལ་ནི། ཟབ་མོ་སྟོང་པ་ཉིད་དང་། རྒྱ་ཆེ་བ་སྦྱིན་པ་ལ་སོགས་པ་ཐེག་པ་ཆེན་པོའི་ཆོས་རྣམས་འཛིན་པའི་དགེ་བའི་བཤེས་གཉེན་མཚན་ཉིད་དང་ལྡན་པ་བརྟེན་ནས་དེ་ཉིད་སྲོག་གི་ཕྱིར་ཡང་མི་བཏང་ཞིང་བླ་མ་དམ་པས་མ་ཟིན་དང་། །བློ་ངན་ཐོས་ཆུང་མན་ངག་མེད། །སྔོན་ལས་ངན་པས་འདས་པ་རྣམས། །དད་བརྩོན་ལྡན་ཡང་བདུད་ཀྱི་ཁྱེར། །དེ་བས་དད་དང་བརྩོན་པ་ཡིས། །སེམས་ལ་བརྟན་པ་མ་ཐོབ་པར། །བླ་མ་དམ་པ་རྟག་ཏུ་བསྟེན། །ཞེས་སོགས་བྱང་ཆུབ་སེམས་པའི་སྡེ་སྣོད་རྣམས་དང་ཐེག་ཆེན་གྱི་བསྟན་བཅོས་ཀླུ་སྒྲུབ་ཀྱི་མདོ་བཏུས་དང་རིན་ཆེན་ཕྲེང་བ་ཞི་བ་ལྷས་སྤྱོད་འཇུག་དང་བསླབ་བཏུས། འཕགས་པ་ཐོགས་མེད་ཀྱི་བྱང་ཆུབ་སེམས་པའི་ས་ཙནྡྲ་གོ་མིའི་སྡོམ་པ་ཉི་ཤུ་པ་སོགས་མ་ལུས་པ་ཀུན། དགེ་བའི་བཤེས་གཉེན་ལས་ཉན་ཅིང་དེའི་དོན་རང་གིས་ཡང་ནས་ཡང་དུ་སེམས་པ་དང་སྒོམ་པའི་བལྟ་བས་དེ་རྣམས་ལ་སྒྲོ་འདོགས་ཆོད་པ་བྱེད་པ་དང་། སྨོན་པ་དང་འཇུག་པའི་

སེམས་བསྐྱེད་འདོར་བའི་རྒྱུ་སྡིག་པའི་གྲོགས་དང་ལྷན་ཅིག་ཏུ་འགྲོགས་པ་དང་། ཐེག་པ་དམན་པ་ལ་མོས་པ་སོགས་ཡིན་པར་ཤེས་པར་བྱས་ཏེ་སྤོང་བ་ལ་བརྩོན་འགྲུས་བསྐྱེད་པ་དང་སྨོན་འཇུག་གི་སེམས་བསྐྱེད་རྣམ་པར་ཉམས་པའི་རྒྱུ་ནི་དེའི་ཕན་ཡོན་དང་ཉམས་པའི་ཉེས་དམིགས་སོགས་དང་རྙེད་པར་དཀའ་བའི་ཚུལ་རྣམས་མི་ཤེས་པ་ཡིན་པར་སོགས་ཤེས་པ་བྱས་ཏེ། སྤོང་བ་ལ་བརྩོན་འགྲུས་བསྐྱེད་པ་དང་། སྨོན་འཇུག་གི་སེམས་བསྐྱེད་འཕེལ་བའི་རྒྱུ་ནི་ཉེས་སྤྱོད་སྡོམ་པ་སོགས་ཚུལ་ཁྲིམས་གསུམ་སྒྲུབ་པའི་ཚུལ་ཤེས་པར་བྱས་ཏེ་བརྩོན་པ་བསྐྱེད་ཅིང་སྒྲུབ་པ་དང་དབུ་སེམས་ཀྱི་རྩ་བ་དང་ཡན་ལག་གི་ལྟུང་བའི་རྣམ་གཞག་ཀུན། མ་འདྲེས་སོ་སོར་ཤེས་པར་བྱས་ཏེ་བསྲུང་བ་ལ་རབ་ཏུ་བརྩོན་པ་བསྐྱེད་ཅིང་སྒྲུབ་པར་བྱའོ། །

བྱང་སེམས་ཀྱི་བསླབ་བྱ་དངོས་ལ་སྨོན་པ་དང་འཇུག་པ་གཉིས་ཐུན་མོང་དུ་ཐེག་པ་ཆེན་པོ་འཛིན་པའི་དགེ་བའི་བཤེས་གཉེན་མཚན་ཉིད་དང་ལྡན་པ་ལ་ཡིད་རབ་ཏུ་གུས་པ་དང་། སངས་རྒྱས་ཆོས་དང་དགེ་འདུན་ཏེ་དཀོན་མཆོག་གསུམ་གྱི་གདུང་རྒྱུན་མི་བཅད་པ་སྟེ་དེ་ཡང་། བྱང་ཆུབ་ཀྱི་སེམས་དང་ལྡན་པར་བྱས་པ་ནི་སངས་རྒྱས་དཀོན་མཆོག་གི་གདུང་རྒྱུན་མི་བཅད་པ་དང་ཐེག་ཆེན་གྱི་ཆོས་འཆད་ཉན་བྱས་པ་ནི་ཆོས་དཀོན་མཆོག་གི་གདུང་རྒྱུན་མི་བཅད་པ་དང་། བྱང་ཆུབ་ཀྱི་སེམས་དང་ལྡན་པའི་གང་ཟག་ནི་དགེ་འདུན་དཀོན་མཆོག་གི་གདུང་རྒྱུན་མི་བཅད་པ་ཡིན་ནོ། །ལྷ་དང་མི་ལ་སོགས་པའི་སེམས་ཅན་མ་ལུས་པ་རྣམས་གནས་སྐབས་མངོན་མཐོ་དང་། མཐར་ཐུག་ངེས་ལེགས་ཀྱི་ཕན་བདེ་ལ་འགོད་པར་འདོད་པའི་སྒོ་ནས་བློས་མི་འདོར་བར་བྱ་བ་རྣམས་སྒྲུབ་པར་བྱ་བའི་ཆོས་གསུམ་མོ། །འདོད་ཆགས་ཞེ་སྡང་སོགས་བསམ་པ་ངན་པས་བསྐྱེད་པའི་སྒོ་ནས་སེམས་ཅན་གཞན་གྱི་སྲོག་གཅོད་པ་དང་། གཞན་གྱི་ནོར་འཇབ་བུས་རྐུ་བ་དང་མཐུས་འཕྲོག་པ་དང་ལོག་པར་གཡེམ་པ་ལ་སོགས་པ་ནི་དུས་དང་རྣམ་པ་ཀུན་ཏུ་ལྟུང་བ་ཁོ་ནར་འགྱུར་རོ། །དེད་དཔོན་སྙིང་རྗེ་ཅན་གྱིས་མི་ནག་མདུང་ཐུང་ཅན་བསད་པ་ལྟ་བུ་སེམས་ཅན་མང་པོའི་སྲོག་སྐྱབ་པའི་ཕྱིར་ན་གང་ཟག་མ་རུང་བ་གཅིག་གསོད་པ་དང་སེར་སྣ་ཅན་གྱི་ནོར་གཞན་ལ་སྦྱིན་པ་གཏོང་བའི་ཕྱིར་མ་བྱིན་པར་ལེན་པ་སོགས། རང་འདོད་ཀྱི་འབྲི་བ་མེད་ན་ལྟར་སྣང་ནི་ལྟུང་བའི་གཟུགས་བརྙན་ཙམ་ལས་དོན་ལ་དགེ་བ་ཡིན་ནོ། །མ་ཆགས་པ་དང་ཞེ་སྡང་མེད་པ་ལ་སོགས་པ་ཀུན་སློང་གི་བསམ་པ་དག་པ་བསྐྱེད་པའི་ཟས་གོས་སོགས་སྦྱིན་པ་དང་བཅས་རང་གི་ཉེས་པས་མ་གོས་པ་ཚུལ་བཞིན་དུ་བསྲུང་བའི་ཚུལ་ཁྲིམས་དང་བཟོད་པ་ལ་སོགས་པ་ནི་དུས་དང་རྣམ་པ་ཀུན་ཏུ། ལྟུང་བ་མེད་པ་སྟེ་དགེ་བ་ཁོ་ན་ཡིན་ནོ། །རྫོན་པ་ལ་རི་དྭགས་བསྟན་པ་ལྟ་བུ་སེམས་ཅན་གཞན་ལ་གནོད་པར་གྱུར་ན། བཛུན་ལ་སྐྲག་ནས་དྲང་པོར་སྨྲས་པ་དང་བསྟན་པ་དང་སེམས་ཅན་ལ་ཕན་

པར་འགྱུར་བ་ཤེས་བཞིན་དུ་སྲོག་མི་བཅོད་པ་སོགས་ནི་ལྟར་སྣང་ལ་ལྟུང་བ་མེད་པ་ཡི། གཟུགས་བརྙན་ཞེས་བྱ་ལ་དོན་དུ་མི་དགེ་བ་ཡིན་ནོ། །དེ་ལྟར་ལྟུང་བ་དང་། ལྟུང་བའི་གཟུགས་བརྙན་དང་། ལྟུང་མེད་དང་། ལྟུང་བ་མེད་པའི་གཟུགས་བརྙན་ཏེ་ཤེས་པར་བྱ་བའི་ཆོས་བཞིའོ། །སྨོན་འཇུག་ཐུན་མོང་བསླབ་བྱ་སོང་ཟིན་ནས། སྨོན་འཇུག་སོ་སོའི་བསླབ་བྱ་ལ་གཉིས་ལས་དང་པོ་སྨོན་པ་སེམས་བསྐྱེད་ཀྱི་བསླབ་བྱ་ལ། མགོ་དང་རྐང་ལག་གཞན་ལ་སྦྱིན་པ་གཏོང་བ་སོགས་ཤིན་ཏུ་སྤྱད་པར་དཀའ་བས། རང་གི་བློ་གྲོས་ཞུམ་པ་མི་མཐུན་པའི་ཕྱོགས་དང་བསྐལ་བ་གྲངས་མེད་པ་གསུམ་དང་བདུན་སོགས་སུ། དམིགས་བཅས་བསོད་ནམས་དང་དམིགས་མེད་ཡེ་ཤེས་ཀྱི་ཚོགས་གཉིས་རྒྱ་མཚོ་ལྟ་བུ་བསགས་པའི་ཡུན་གྱིས་སྐྱིད་ལུགས་པའི་མི་མཐུན་པའི་ཕྱོགས་དང་། ངན་སོང་གསུམ་སོགས་འཁོར་བའི་ཉེས་པས་སྐྲགས་ནས་གཞན་དོན་དུ་འཁོར་བའི་གནས་སུ་སྐྱེ་བ་མི་ལེན་པ་འཁོར་བའི་གནས་སྤོང་བའི་མི་མཐུན་པའི་ཕྱོགས་ཏེ་གསུམ་པོ་དེ་རྣམས། མི་མཐུན་པའི་ཕྱོགས་སོ། །རང་གི་བླ་མ་དང་ཟས་གོས་སོགས་ཀྱིས་མཆོད་པར་འོས་པའི་སྐྱེས་བུ་དམ་པ་རྣམས་རྫུན་གྱིས་བསླུ༡བ་དང་ཟབ་མོ་སྟོང་པ་ཉིད་དང་རྒྱ་ཆེ་བ་སྦྱིན་པ་སོགས་ཐེག་ཆེན་གྱི་ཆོས་ལ་ཚུལ་བཞིན་སློབ་པའི་གང་ཟག་བྱང་ཆུབ་སེམས་དཔའ་རྣམས་ལ། ཐེག་ཆེན་གང་ཟག་ལ། བསྔགས་པ་མ་ཡིན་བརྗོད་དང་ཞེས་པའི་སྐབས། ཐེག་ཆེན་གྱི་རིགས་དང་ལྡན་པ་རྣམས་ལ་ངན་སེམས་ཀྱིས་མི་སྙན་པ་སྨྲ་བ་སོགས་ནི་ཤིན་ཏུ་ཉེས་པ་ཆེ་སྟེ། མདོ་ལས། མཆོད་རྟེན་གང་གཱའི་ཀླུང་གི་བྱེ་མ་སྙེད་བཤིག་པ་ལས། ཐེག་པ་ཆེན་པོ་ལ་མོས་པ་ལ་ཁྲོ་བའི་སེམས་བསྐྱེད་དེ་གཤེ་བ་དང་། མི་སྙན་པ་སྨྲ་ན་སྡིག་པ་ཆེའོ། །ཞེས་སོགས་དང་། ཡང་སེམས་ཅན་ཐམས་ཅད་བསད་དེ་བདོག་པ་ཐམས་ཅད་འཕྲོག་པ་ལས་བྱང་སེམས་ལ་སྨད་ན་ཉེས་པ་ཆེ་བར་གསུངས་སོ། །

སྤྱིར་བོད་གངས་ཅན་འདི་སྤྱན་རས་གཟིགས་ཀྱི་གདུལ་བྱ་ཡིན་ཞིང་ཐེག་ཆེན་ལ་མོས་པ་ཅན་མང་བ་དང་། མ་ཧཱ་འདོན་ཤེས་ཚེ་ཐེག་ཆེན་གྱི་རིགས་ཅན་ཡིན་པ་མདོ་ཟ་མ་ཏོག་ལས་གསུངས་ཤིང་། དེས་ན་ཐམས་ཅད་ལ་དག་སྣང་སྦྱོང་དགོས་ཏེ། སྟོན་པ་ཆེན་ཀུན་དགའ་སྙིང་པོས་བཙུན་ཆུང་མང་པོས་ཆོས་གོས་ཕུད་ནས་ཁ་ཞིག་ཏུ་མདའ་རྩེད་བྱེད་པ་གཟིགས་ཏེ། བཙུན་པ་རྣམས་ཆོས་གོས་བཞེས་དང་དགེ་བསྙེན་ཐན་པོས་ཕྱག་གཅིག་འཚལ་དགོས་གསུངས་པ་ལྟར་རོ། །བསྔགས་པ་མ་ཡིན་པ་སྨྲ་བ་འདེབས་པའི་ཚིག །རབ་ཏུ་ཞི་བ་རྣམ་པར་ངེས་པ་ཆོ་འཕྲུལ་གྱི་མདོ་ལས། འཇམ་དཔལ་བྱང་ཆུབ་སེམས་དཔས་བྱང་ཆུབ་སེམས་དཔའ་ལ་ཁྲོ་ནའམ་བརྙས་པའི་སེམས་བསྐྱེད་ན་དེ་སྙེད་ཀྱི་བསྐལ་པར་བདག་ཉིད་དམྱལ་བར་གནས་པའི་གོ་ཆ་བགོ་བར་བྱའོ། །ཞེས་བརྗོད་པ་དང་༢སེམས་ཅན་རྣམས་ལས་གང་ཡང་རུང་བ་ལ། གུ་གྲུའི་རང་བཞིན་ཅན་གྱི་གཡོ་དང་

བསླུ་བར་བྱེད་པའི་**སྨྲུས་** ༢**སྒྲིད་**པ་དང་ཚུལ་ཁྲིམས་བསྲུང་བ་དང་ཐོས་པར་བྱེད་པ་སོགས་སེམས་**འགྲོད་པའི་གནས་མིན་པར།** སེམས་**འགྲོད་པར་བསྐྱེད་**པ་སྟེ་དེ་**རྣམས་**༤ནི་**ནག་པོའི་ཆོས་བཞིར་**གྲགས་ཏེ་ཁ་བློ་སྒྲིད་གསུམ་སྡིག་པ་ལ་སྦྱོར་བའི་**སྡིག་**པའི་ཚོམས་ལས། མི་ཡིས་འདི་ན་ཉ་རུལ་ལ། །ཀུ་ཤའི་གཙང་བྱེད་བཅིངས་པ་གང་། །ཀུ་ཤ་ཉིད་ཀྱང་རུལ་འགྱུར་ལ། །སྡིག་གྲོགས་བསྟེན་པའང་དེ་བཞིན་ནོ། །**གྲོགས་**པོ་དང་ཚུལ་ཁྲིམས་བསྲུང་བ་དང་ཐོས་པ་སོགས་**ཆོས་དང་**སྲིད་ཞིའི་**ཡོན་ཏན་གྱི།** **གེགས་**སུ་གྱུར་པ་ཀུན་དང་གཞན་གྱི་ཡོན་ཏན་ལ་མི་དགའ་བའི་**ཕྲག་དོག་**སྟེ་སྡུད་པར། མི་ཕྱོག་བྱང་ཆུབ་མཆོག་ལ་རབ་ཏུ་ཞུགས་པ་ཡི། །སེམས་བསྐྱེད་དེ་ནི་བསམ་པ་ཐག་པས་ཡི་རང་ན། །སྟོང་གསུམ་རི་རབ་སྲང་ལ་གཞལ་བས་ཚད་བཟུང་རུང་། །རྗེས་སུ་ཡི་རང་དགེ་བ་དེ་ནི་དེ་ལྟར་མིན་ཞེས་དང་ཁོང་ཁྲོ་བའི་རྒྱུ་གཞན་ལ་**འཁོན་འཛིན་**པ་དང་**བཅས་**པ་ཡང་། སྡུད་པ་ལས། བདག་བསྟོད་གཞན་ལ་སྨོད་པའི་བྱང་ཆུབ་སེམས་དཔའ་དེ། །བདུད་ཀྱིས་ཡོངས་སུ་བསླད་ཅིང་བློ་ཆུང་རིག་པར་བྱ། །ཞེས་དང་། སྡང་ཞིང་བཟོད་དང་བྲལ་ལ་བྱང་ཆུབ་ག་ལ་ཡོད། །དེ་ཚེ་བདུད་རྣམས་ཕྱོགས་དང་བཅས་ཏེ་དགའ་བར་འགྱུར་ཞེས་དང་། འཕགས་པ་དཀོན་མཆོག་བརྩེགས་པ་ལས། ཆོས་བཞི་དང་ལྡན་པར་བྱའོ། །བཞི་གང་ཞེ་ན་གཞན་གྱི་རྙེད་པ་ལ་ཕྲག་དོག་མི་བྱེད་པ་དང་། ཕྲ་མའི་ཚིག་སྨྲ་བ་སྤངས་པ་དང་། སྐྱེ་བོ་མང་པོ་དགེ་བའི་རྩ་བ་ཡོངས་སུ་འཛིན་དུ་འཇུག་པ་དང་། བྱམས་པ་སྒོམ་པའོ། །ཞེས་དང་། **ཉེ་བར་ལེན་**པ་སྟེ་ཉོན་མོངས་པ་ནི་གཞན་གྱི་**ཡིད་**མི་དགའ་བར་བྱས་ཏེ་**གསོད་**པ་དང་**དམན་**པ་ཉན་ཐོས་དང་རང་སངས་རྒྱས་ཀྱི་ལམ་དང་འབྲས་བུ་**ལ་མོས་**པ་སྟེ་དྲུག་པོ་དེ་**རྣམས་**ནི་སྨོན་པ་**སེམས་བསྐྱེད་ཉམས་**པའམ་མི་འཕེལ་བའི་**རྒྱུ་**སྟེ་**སྤང་**བྱའོ། །སེམས་ཅན་ཐམས་ཅད་ཀྱི་དོན་དུ་བླ་ན་མེད་པ་ཡང་དག་པར་རྫོགས་པའི་**སངས་རྒྱས་**ཀྱི་གོ་འཕང་**ཐོབ་པར་བྱ་སྙམ་**པ་ནི་ཐོབ་བྱའི་**འབྲས་བུར་སྨོན་**པ་དང་གཞན་དོན་དུ་སངས་རྒྱས་ཐོབ་པ་བྱ། **དེའི་ཕྱིར་**རབ་ཏུ་དགའ་བ་ནས་ཆོས་ཀྱི་སྤྲིན་གྱི་བར་**ས་**བཅུ་དང་། ཚོགས་ལམ་སྦྱོར་ལམ་མཐོང་ལམ་སྒོམ་ལམ་མི་སློབ་ལམ་སྟེ་**ལམ་**ལྔ་སྟེ་དེ་རྣམས་**སྒྲུབ་**པར་བྱ་**སྙམ་**པ་ནི་འབྲས་བུ་ཐོབ་བྱེད་ཀྱི་**ཐབས་ལ་སྨོན་**པ་དང་ལྔ་མི་སོགས། **སེམས་ཅན་**མ་ལུས་པ་ཀུན་གྱི་རང་རང་གི་བསམ་པའི་**རེ་བ་ཡིད་བཞིན་དུ།** **བསྐང་བར་བྱའོ་སྙམ་**པ་ནི་གཞན་དོན་བྱེད་པའི་**ཕྲིན་ལས་ལ་སྨོན་**པ་སྟེ་དེ་རྣམས་ནི་སྨོན་པ་སེམས་བསྐྱེད་ཀྱི་བསླབ་བྱ་ཚུལ་བཞིན་དུ་བསྲུང་བ་པོ་**སྐྱེས་བུ་དམ་པའི་སྨོན་པ་གསུམ་དང་ནི།** གོང་དུ་སྨོས་མ་ཐག་པའི་བློ་གྲོས་ཞུམ་པ་སོགས་མི་མཐུན་པའི་ཕྱོགས་གསུམ་དང་། བླ་མ་དང་མཆོད་འོས་བརྫུན་གྱིས་བསླུ་བ་སོགས་ནག་པོའི་ཆོས་བཞི་དང་སྡིག་པའི་གྲོགས་དང་འགྲོགས་པ་སོགས་སེམས་བསྐྱེད་ཉམས་པའི་རྒྱུ་དྲུག་སྟེ། **སྔར་གྱི་འགལ་རྐྱེན་**དེ་དག་**རྣམས་ལས་ཟློག་ཕྱོགས་སུ།** **གྱུར་པའི་དགེ་**

བ་མགོ་དང་རྐང་ལག་གཏོང་བ་སོགས་བྱ་དཀའི་ལས་ལ་བློ་མི་ཞུམ་པ་དང་། གྲངས་མེད་གསུམ་སོགས་སུ་ཚོགས་གཉིས་བསགས་པ་སོགས་དུས་ཀྱི་ཡུན་ལ་སྐྱིད་མི་ལུགས་པ་དང་། འཁོར་བ་མི་སྤོང་བ་དང་། འོག་ནས་འབྱུང་བའི་དཀར་པོའི་ཆོས་བཞི་དང་། སྡིག་པའི་གྲོགས་དང་མི་འགྲོགས་པ་སོགས་དེ་དག་རྣམས་ལ་སློབ་པ་ནི་བསླབ་པར་བྱའི་ཆོས་སོ། །

དེ་ལྟར་སྨོན་པའི་བསླབ་བྱ་ལ་སྤང་སྒྲུབ་གཉིས་ཡོད་པ་མ་ཟད་གཉིས་པ་འཇུག་པའི་བསླབ་བྱ་ལ་ཡང་སྤང་བྱའི་བསླབ་བྱ་དང་སྒྲུབ་པའི་བསླབ་བྱ་སྟེ་གཉིས་ལས་སྤང་བྱའི་བསླབ་བྱ་ནི། འཇུག་སེམས་ནི་གཞན་དོན་གཙོ་བོར་སྒྲུབ་པ་ཡིན་ལ། གཞན་སྨིན་པར་བྱེད་པ་ལ། དང་པོ་རང་སྨིན་དགོས་པས། རང་སྨིན་པ་དེའི་གེགས་ཐེག་ཆེན་གྱི་བཀའ་དང་བསྟན་བཅོས་དག་ལ་ཐོས་པར་མི་མོས་པ་དང་ཐོས་པ་བྱས་ཀྱང་དེ་དོན་བསམ་བྱུང་གི་ཤེས་རབ་ཀྱིས་ཡང་ནས་ཡང་དུ་སྒྲོ་འདོགས་བཅད་པར་མི་བྱེད་པ་བསམ་པར་གཡེལ་བ་དང་། ཐོས་བསམ་གྱི་ཤེས་རབ་ཙུང་ཟད་རྒྱུད་ལ་སྐྱེས་ཀྱང་ཡང་ཡང་དུ་གོམས་པར་མི་བྱེད་པ་སྒོམ་པ་ལྷོད་པ་སྟེ་གསུམ་པོ་དེ་རྣམས་ནི་རང་ཉིད་ཀྱི་རྒྱུད་སྨིན་པ་སྟེ་ཤེས་རབ་འཕེལ་བའི་གེགས་སོ། །བྱང་ཆུབ་སེམས་དཔའ་རང་གི་སྤྱོད་པ་མིག་གཡས་གཡོན་དུ་ལྟ་བ་དང་མཆོང་ཞིང་འགྲོ་བ་ཙ་ཙོའི་སྒྲ་བསྒྲགས་སོགས་འཇིག་རྟེན་པ་རྣམས་མ་དད་པར་གྱུར་པ་དང་། གཞན་དོན་བྱེད་པ་ལ་སྦྱོར་བའི་ཚེ་བརྩོན་འགྲུས་མེད་པའི་ལེ་ལོ་ཆེ་བ་དང་གཞན་དོན་བྱེད་པའི་དངོས་གཞིའི་སྐབས། །ཆོས་དང་ཟང་ཟིང་གིས་ཕན་མི་འདོགས་པ་དང་གལ་ཏེ་ཟང་ཟིང་གིས་ཕན་འདོགས་ཀྱང་དམ་པའི་ཆོས་ཀྱིས་ཕན་མི་གདགས་པ་དང་། གཞན་དོན་བྱེད་པའི་རྗེས་ཀྱི་གནས་སྐབས་ལ་ཐེག་ཆེན་ལས་གོལ་བའི་ཐེག་དམན་ཉན་རང་གི་ལམ་དུ་སྦྱོར་བ་སྟེ་ལྔ་པོ་དེ་རྣམས་ནི་སེམས་ཅན། གཞན་གྱི་རྒྱུད་སྨིན་པ་སྟེ་ཤེས་རབ་འཕེལ་བའི་གེགས་ཏེ་སྤང་བར་བྱ་བའི་ཆོས་སོ། །

སྒྲུབ་བྱའི་བསླབ་བྱ་ནི། སྨོན་པ་དང་འཇུག་པའི་བྱང་ཆུབ་སེམས་བསྐྱེད་དེ་ཉིད་རང་རྒྱུད་དུ་བླངས་པའི་ཕན་ཡོན་རིན་ཆེན་ཕྲེང་བར། སྐྱེས་བུ་གང་ཞིག་བྱང་ཆུབ་སེམས། །སྐད་ཅིག་ཙམ་ནི་སྒོམ་བྱེད་ན། །དེ་ཡི་བསོད་ནམས་ཕུང་པོ་ནི། །རྒྱལ་བ་ཡིས་ཀྱང་བགྲང་མི་སྤྱོད། །ཅེས་དང་ནི། སྤྱོད་འཇུག་ལས། དེ་ལྟས་དགེ་བ་ཉམས་ཆུང་ཉིད་ལ་རྟག སྡིག་པ་སྟོབས་ཆེན་ཤིན་ཏུ་མི་བཟད་པ། །དེ་ནི་རྫོགས་པའི་བྱང་ཆུབ་སེམས་མིན་པ། །དགེ་གཞན་གང་གིས་ཟིལ་གྱིས་གནོན་པར་འགྱུར། །བསྐལ་པ་དུ་མར་རབ་དགོངས་མཛད་པ་ཡི། །ཐུབ་དབང་རྣམས་ཀྱིས་འདི་ཉིད་ཕན་པར་གཟིགས། །འདིས་ནི་ཚད་མེད་སྐྱེ་བོའི་ཚོགས་རྣམས་ཀྱི། །བདེ་མཆོག་བདེ་བླག་ཉིད་དུ་ཐོབ་པར་བྱེད། །ཅེས་དང་། དཔས་བྱིན་གྱིས་ཞུས་པར། བྱང་ཆུབ་སེམས་ཀྱི་བསོད་ནམས་གང་། །གལ་ཏེ་དེ་

ལ་གཟུགས་མཆིས་ན། །ནམ་མཁའི་ཁམས་ནི་ཀུན་བཀང་སྟེ། །དེ་བས་ཀྱང་ནི་ལྷག་པར་འགྱུར། །ཞེས་དང་། སེམས་བསྐྱེད་ཉམས་པའི་ཉེས་དམིགས་མདོ་སྡུད་པར། གལ་ཏེ་བསྐལ་པ་བྱེ་བར་དགེ་བའི་ལས་ལམ་བཅུ། །སྤྱོད་ཀྱང་རང་རྒྱལ་དགྲ་བཅོམ་ཉིད་ལ་འདོད་སྐྱེད་ན། །དེ་ནི་ཚུལ་ཁྲིམས་སྐྱོན་བྱུང་ཚུལ་ཁྲིམས་ཉམས་པ་ཡིན། །སེམས་བསྐྱེད་དེ་ནི་ཕམ་པམ་པས་ཀྱང་ཤིན་ཏུ་ལྕི། །ཞེས་སོ། །ཕྱི་མར་དན་སོང་དུ་སྐྱེས་ཏེ་སྡུག་བསྔལ་མྱོང་བའི་ཚུལ་དྲན་པ་དང་། སྐྱེ་བ་ནས་ཚེ་རབས་ཐམས་ཅད་དུ། བྱང་ཆུབ་ཀྱི་སེམས་རིན་པོ་ཆེ་ཡིད་བཞིན་གྱི་ནོར་བུ་ལས་ཀྱང་རྙེད་པར་དཀའ་བའི་ཚུལ་དྲན་པ་སྟེ་གསུམ་པོ་དེ་རྣམས་ནི་ཚེ་འདི་ལ། བྱང་ཆུབ་ཀྱི་སེམས་བསྐྱེད་མི་ཉམས་པ་ཡི་རྒྱུ་ཡིན་ནོ། །ལྟོགས་ན་ཉིན་མཚན་དུས་དྲུག་གམ་མ་ལྟོགས་ན་ཉིན་དུས་གསུམ་དུ། སྡིག་པ་བཤགས་པ་དང་ཕྱག་འཚལ་བ་དང་མཆོད་པ་འབུལ་བ་སོགས་ཡན་ལག་བདུན་པ་བྱ་བ་དང་ཕྱོགས་བཅུ་ན་བཞུགས་པའི་སངས་རྒྱས་དང་ས་བཅུ་ན་གནས་པའི་བྱང་སེམས་རྣམས་ལ་སེམས་བསྐྱེད་ལས་མི་ཉམས་པར་གསོལ་བ་གདབ་པ་དང་། རྒྱན་ལས། སྐྱོན་ནི་བཅུ་ཚན་བཞིར་བཅས་པ། །དྲུག་ཏུ་ངེས་པར་རྟོགས་པར་བྱ། །ཞེས་གསུངས་པ་ལྟར། ཡུམ་གྱི་ཚིག་དོན་ཡུན་རིང་པོར་རྟོགས་དགོས་པས་སེམས་སྐྱོ་ཞིང་ཞུམ་པ་དང་། ཡུམ་དོན་ལ་ངེས་པར་མྱུར་དུ་སྐྱེ་བས་སྤྱོབ་པ་ཧ་ཅང་མྱུར་བ་དང་། ཡུམ་དོན་དོར་ནས་དམན་པའི་སྡེ་སྣོད་ལ་འཇུག་པ་དང་། ཉན་པ་པོ་བྲི་བ་སོགས་ལ་འདུན་པ་ཆེ་ཞིང་། འཆད་པ་པོ་སྐྱོམས་ལས་ཆེ་བ་དང་། ཉན་པ་པོ་ཡུལ་འདིར་ཉན་པར་འདོད་ཅིང་། འཆད་པ་པོ་ཡུལ་གཞན་དུ་འཆད་འདོད་པ་དང་། ཉན་པ་པོ་འདོད་ཆུང་ཆོག་ཤེས་དང་ལྡན་ཞིང་། འཆད་པ་པོ་འདོད་ཆུང་ཆོག་ཤེས་དང་མི་ལྡན་པ་དང་། ཉན་པ་པོ་སྦྱང་བའི་ཡོན་ཏན་བཅུ་གཉིས་དང་ལྡན་ཞིང་འཆད་པ་པོ་དེ་དང་མི་ལྡན་པ་དང་། ཉན་པ་པོ་དགེ་བ་དང་ལྡན་ཞིང་། འཆད་པ་པོ་མི་ལྡན་པ་དང་། ཉན་པ་པོ་གཏོང་བ་ལ་དགའ་ཞིང་། འཆད་པ་པོ་སེར་སྣ་བྱེད་པ་དང་། ཉན་པ་པོ་ཟང་ཟིང་སྦྱིན་འདོད་ཅིང་། འཆད་པ་པོས་ལེན་མི་འདོད་པ་སོགས་བདུད་ཀྱི་ལས་བཞི་བཅུ་ཞེ་དྲུག་པོ་རྣམས་རང་གིས་ཚུལ་བཞིན་དུ་ཤེས་པར་བྱས་ནས་སྤང་བར་བྱ་བ་སྟེ་དེ་གསུམ་ནི་ཕྱི་མ་ཕན་ཆད་དུ་མི་ཉམས་པའི་རྒྱུའོ། །

སྲོག་གི་ཕྱིར་ཡང་རང་གི་བླ་མ་དང་མཆོད་འོས་རྣམས་ལ་ཤེས་བཞིན་དུ་རྫུན་གྱི་ཚིག་མི་སྨྲ་ཞིང་[༡]ཐེག་པ་ཆེན་པོའི་གང་ཟག་བྱང་ཆུབ་སེམས་དཔའ་རྣམས་ལ་སྟོན་པ་དེ་བཞིན་གཤེགས་པའི་འདུ་ཤེས་བསྐྱེད་[༢]པ་དང་། ལྷ་མི་སོགས་སེམས་ཅན་མ་ལུས་པ་ཀུན་ལ་ཕན་པ་དང་བདེ་བ་སྒྲུབ་པར་འདོད་པའི་ལྷག་བསམ་རྣམ་པར་དག་པ་དང་[༣]། བྱང་ཆུབ་སེམས་དཔའ་རང་གི་གདུལ་བྱར་གྱུར་པའི་གང་ཟག་རྣམས་ཟབ་མོ་སྟོང་པ་ཉིད་དང་། རྒྱ་ཆེ་བ་སྦྱིན་པ་གཏོང་བ་སོགས་ཐེག་པ་ཆེན་པོའི་ཆོས་ལ་སྦྱར་[༤]བ་སྟེ་དེ་རྣམས་ནི་ནག་པོའི་ཆོས་བཞིའི་ལྡོག་

ཕྱོགས་**དཀར་པོའི་ཆོས་བཞིའོ**་བཞི་པོ་འདི་འང་**ཕྱི་མར་**བྱང་ཆུབ་ཀྱི་སེམས་**མི་ཉམས་**པའི་**རྒྱུའོ**། །

རིན་ཆེན་**བྱང་ཆུབ་**ཀྱི་**སེམས་ལ་**ཤིན་ཏུ་གཅེས་པར་སྐྱོང་བའི་**ལུས་དང་**ཟས་གོས་སོགས་ལོངས་སྤྱོད་དང་བྱང་ཆུབ་ཀྱི་སེམས་ཀྱིས་རྗེས་མ་ཟིན་པའི་ལུས་ངག་གི་**དགེ་བ་གཞན་ཀུན་ལས་**ལྷག་པའི་**གཅེས་པར་གཟུང་**དགོས་ཏེ། སྤྱོད་འཇུག་ལས། དགེ་བ་གཞན་ཀུན་ཆུ་ཤིང་བཞིན་དུ་ནི། །འབྲས་བུ་སྐྱེས་ནས་ཟད་པར་འགྱུར་བ་ཉིད། །བྱང་ཆུབ་སེམས་ཀྱི་ལྗོན་ཤིང་རྟག་པ་ཡང་། །འབྲས་བུ་འབྱིན་པས་མི་ཟད་འཕེལ་བར་འགྱུར། །ཞེས་དང་། འགྲོ་བའི་དེད་དཔོན་གཅིག་པུ་ཚད་མེད་བློས། །ལེགས་པར་ཡོངས་སུ་བརྟག་ན་རིན་ཆེ་བས། །འགྲོ་བའི་ནད་དང་བྲལ་བར་འདོད་པ་རྣམས། །རིན་ཆེན་བྱང་ཆུབ་སེམས་ལེགས་བརྟན་པར་ཟུངས། །ཞེས་སོ། །ཀླུ་སྒྲུབ་ཀྱིས། སྐྱེས་བུ་གང་ཞིག་སྐད་ཅིག་ཙམ། །བྱང་ཆུབ་སེམས་ནི་སྒོམ་བྱེད་པ། །དེ་ཡི་བསོད་ནམས་ཕུང་པོ་ནི། །རྒྱལ་བ་ཡིས་ཀྱང་བགྲང་མི་ནུས་**ཞིང་**ལྷ་མི་ལ་སོགས་**སེམས་ཅན་**ཐམས་ཅད་ལ། **གཉེན་**ཉེ་འབྲེལ་དང་གྲོགས་དགའ་**བཤེས་ཡིད་**དུ་འོང་བ་རྣམས་ལས་**ཀྱང་**ལྷག་པའི་**གཅེས་པ་**ལྟ་བ་དང་། སྦྱིན་པ་གཏོང་བ་དང་ཚུལ་ཁྲིམས་སྲུང་བ་སོགས་**དམ་པའི་ཆོས་ལ་**དཀར་པོ་ཆིག་ཐུབ་{སྲོག་ཆགས་དེས་པའི་ཤ་}ལྟ་བུ་ནད་ཐམས་ཅད་འཛོམས་པར་བྱེད་པའི་**སྨན་**ནམ་དབང་གི་རྒྱལ་པོ་དགོས་འདོད་ཐམས་ཅད་འབྱུང་བའི་**ནོར་བུ་**དག་**ལས་**ལྷག་པའི། **གཅེས་པར་འཛིན་**པ་མདོ་སྡུད་འདས་ཆེན་པོ་ལས། ཚུལ་ཁྲིམས་ནི་སྡིག་པའི་ནད་ཐམས་ཅད་གསོ་བའི་སྨན་གྱི་སྡོང་པོ་ལྟ་བུ་ཞེས་དང་བླང་དོར་གྱི་གནས་ཕྱིན་ཅི་མ་ལོག་པར་སྟོན་པའི་**དགེ་བའི་བཤེས་གཉེན་ལ།** འཚོ་བྱེད་གཞོན་ནུ་ལྟ་བུའི་**སྨན་**པ་**མཁས་**པའི་འདུ་ཤེས་སྒོམ་པ**འམ་**ཡ་ང་བའི་གཡང་སར་མི་ལྟུང་བའི་**དམིགས་བུ་**སྟེ་ལོང་ཁྲིད་བྱེད་པའི་**འདུ་ཤེས་བསྒོམ་**པ་སྟེ། ཆོས་ལས། མི་ཡིས་རྒྱ་སྦྱོས་པ་ལ་ཤའི། །ལོ་མར་ཕུར་མར་བྱས་པ་གང་། །ལོ་མ་ཉིད་ཀྱང་དྲི་ཞིམ་པ། །དམ་པ་བསྟེན་པའང་དེ་བཞིན་འགྱུར། །ཞེས་སོ། །བླ་ན་མེད་པ་རྫོགས་པའི་**བྱང་ཆུབ་**ཀྱི་འབྲས་བུ་**ལ་ནི་**ཤིན་ཏུ་**བཀྲེས་**པའི་གང་ཟག་གིས་བཟའ་བཅའི་**ཟས་དང་ནི།** **སྐོམ་**པའི་གང་ཟག་གིས་བཏུང་བའི་ཆུ་འདོད་པ་**བཞིན་**དུ་དུས་རྒྱུན་དུ་ཀུན་སློང་དུང་དུང་ངེ་བ་སྟེ་སྤྱོད་འཇུག་ལས། སྡིག་པ་ཤིན་ཏུ་མི་བཟད་བྱས་ན་ཡང་། །དཔའ་ལ་བརྟེན་ནས་འཇིགས་པ་ཆེན་པོ་ལྟར། །གང་ལ་བརྟེན་ནས་ཡུད་ཀྱིས་སྒྲོལ་འགྱུར་བ། །དེ་ལ་བག་ཅན་རྣམས་ཀྱིས་ཅིས་མི་བསྟེན། །དེས་ནི་དུས་མཐའི་མེ་བཞིན་སྡིག་ཆེན་རྣམས། །སྐད་ཅིག་གཅིག་གིས་ངེས་པར་སྲེག་པར་བྱེད། །ཅེས་དང་། ཟླ་བ་སྒྲོན་མར། མཆོད་པ་ཚད་མེད་རྣམ་མང་ཇི་སྙེད་པས། །ཞིང་ནི་བྱེ་བ་ཁྲག་ཁྲིག་གྲངས་སྙེད་ཀྱི། །རྒྱལ་བ་རྣམས་ལ་མཆོད་པ་བྱས་པས་ཀྱང་། །བྱམས་པའི་སེམས་ལ་གྲངས་དང་ཆར་མི་ཕོད། །ཅེས་བྱ་བ་སྟེ་དེ་རྣམས་ནི་**སྟོན་མེད་པའི་འདུ**

ཤེས་སམ་འདུན་པ་ལྟ་སྟེ། ལྟ་བོ་འདི་དག་ནི་ཚེ་འདི་དང་སྐྱེ་བ་ཕྱི་མ་སྟེ་དུས་དང་རྣམ་པ་ཀུན་ཏུ་བྱང་ཆུབ་ཀྱི་སེམས་མི་ཉམས་པའི་རྒྱུ་ཡིན་ནོ། །

རྒྱལ་བའི་སྲས་པོ་བྱང་ཆུབ་སེམས་དཔའ་{སྤྱིར་བྱང་ཆུབ་ལ། ཉན་ཐོས་ཀྱི་བྱང་ཆུབ་དང་། རང་རྒྱལ་གྱི་བྱང་ཆུབ་དང་། བླ་ན་མེད་པའི་བྱང་ཆུབ་སྟེ་གསུམ་ལས། བླ་ན་མེད་པའི་བྱང་ཆུབ་དེ་སྒྲུབ་པ་ལ། དུས་ཀྱི་ཡུན། འགྲོ་མང་གི་མཐའ་བྱ་དཀའི་སྤྱོད་པ་སོགས་སྤྱོད་པ་རླབས་པོ་ཆེ་ལ་སེམས་མི་ཞུམ་པ་དཔའ་བས་ན་བྱང་ཆུབ་སེམས་ཞེས་བྱའོ། །} མ་ལུས་པའི་བསླབ་པའམ་སྒྲུབ་པར་བྱ་བའི་གནས་མཐའ་དག་བསྟན། ཉེས་སྤྱོད་སྡོམ་པའི་ཚུལ་ཁྲིམས། དགེ་བ་ཆོས་སྡུད་ཀྱི་ཚུལ་ཁྲིམས། སེམས་ཅན་དོན་བྱེད་ཀྱི་ཚུལ་ཁྲིམས་ཏེ་ཚུལ་ཁྲིམས་རྣམ་པ་གསུམ་གྱི་ནང་དུ་འདུས་པའི་དང་པོ་ཉེས་སྤྱོད་སྡོམ་པའི་ཚུལ་ཁྲིམས་ཀྱི་མཚན་ཉིད་ནི། བྱང་ཆུབ་སེམས་དཔའ་རྣམས་ཀྱི་སྤང་བྱ་དངོས་སུ་ཉེས་པ་སྤྱོད་པ་ལུས་ངག་གི་མི་དགེ་བ་བདུན་དང་། དེ་དག་གི་ཆ་ཤས་ཡིད་ཀྱི་མི་དགེ་བ་གསུམ་དང་བཅས་པ་སྟེ་མི་དགེ་བ་བཅུ་པོ་རྣམས་དུས་དང་རྣམ་པ་ཀུན་ཏུ། སྤོང་བར་འདོད་པའི་སེམས་བྱུང་གི་སེམས་པ་རྒྱུན་ཆགས་ཏེ་རྒྱུན་མི་ཆད་པའི་མཚན་ཉིད་ཅན་ཡིན་ནོ། །ཉེས་པ་གང་ཞིག་སྒོ་གསུམ་གྱིས་སྤྱད་པ་ཙམ་གྱིས་ཀྱང་ཁ་ན་མ་ཐོ་བ་སྟེ་ཁ་ན་མ་ཐོ་བའི་སྒྲ་དོན་ནི། པད་སླབ་ལའོ་ཞེས་པའི་བྱིངས་ལ། ཨཏ་བྱིན་དགག་ཚིག་ནཉ་སྔོན་དུ་བཞག་ཏ་དང་ཉ་ཕྱིས་པས། ཨ་བ་ད་ཞེས་སླ་མི་རུང་བའམ་ཁ་ནས་མི་ཐོན་པ་ཞེས་འགྱུར་བ་ལ་བརྡ་སྙིང་གིས་ཁ་ན་མ་ཐོ་བ། ཞེས་བརྗོད་པ་ཡིན་སྟེ་སྡིག་པར་འགྱུར་བ་ལུས་ཀྱིས་སེམས་ཅན་གང་ཡང་རུང་བའི་སྲོག་གཅོད་པ་དང་གཞན་གྱིས་བདག་ཏུ་བཟུང་བའི་དངོས་པོ་མ་བྱིན་པར་ལེན་པ་འདོད་པས་ལོག་པར་གཡེམ་པ་སོགས། མི་དགེ་བ་བཅུས་བསྡུས་པ་ལུས་དང་ངག་དང་ཡིད་དེ་སྒོ་གསུམ་ལས་བྱུང་བ་བཅས་ལྟུང་ཡིན་མིན་གྱི་གང་ཟག་ཐམས་ཅད་ལ་ཉེས་པར་འགྱུར་བའི་རང་བཞིན་གྱི་སྡིག་པ་མཐའ་དག་དང་། བྱང་ཆུབ་སེམས་དཔའ་བཅས་ལྡན་རྣམས་ཁོ་ན་ལ་སྡིག་པར་འགྱུར་བ་འོག་ནས་འཆད་པའི་རྩ་བ་དང་ཡན་ལག་གི་ལྟུང་བ་རྣམས་སྤང་བ་ལ་ཚུལ་བཞིན་དུ་བསླབ་དགོས་སོ། །བཅས་པའི་སྡིག་པ་དང་རང་བཞིན་གྱི་སྡིག་པ་གཉིས་པོ་ཡང་། ཐེག་པ་ཆེན་པོ་ཕ་རོལ་ཏུ་ཕྱིན་པ་དང་ཐེག་པ་ཆུང་ངུ་ཉན་ཐོས་དག་གིས་རྣམ་གཞག་འཛོག་ཚུལ་ནི་སྤྱོད་འཇུག་ལས། ཐུགས་རྗེ་མངའ་བ་རིང་གཟིགས་པས། །བཀག་པ་རྣམས་ཀྱང་དེ་ལ་གནང་། །ཞེས་དང་། སྡོམ་པ་ཉི་ཤུ་པར། སྙིང་རྗེ་ལྡན་ཞིང་བྱམས་ཕྱིར་དང་། །སེམས་དགེ་བ་ལ་ཉེས་པ་མེད། །ཅེས་གསུངས་པ་ལྟར། གཞན་དོན་དུ་འགྱུར་ན་གསེར་དངུལ་ལེན་པ་ལྟ་བུ་ཉན་ཐོས་ཀྱི་སྐབས་ནས་བཀག་པ་རྣམས་ཀྱང་ཐེག་པ་ཆེན་པོ་ལ་གནང་བའི་ཕྱིར། མི་འདྲ་བ་སོ་

སོར་ཐ་དད་པ་ཡོད་པས། བྱང་སྡོམ་འཆད་པའི་གནས་སྐབས་འདིར་ཉན་ཐོས་ཀྱི་སྡེ་སྣོད་ལས་བྱང་ཆུབ་སེམས་དཔའི་སྡེ་སྣོད་སྡེ་ཐེག་པ་ཆེན་པོའི་སྡེ་སྣོད་གཙོ་ཆེའོ། །འོན་ཀྱང་དགེ་སློང་ཕ་མ་དང་སོགས་ཀྱི་སྒྲས་དགེ་ཚུལ་ཕ་མ་དང་། དགེ་སློབ་མ་སྡེ་རབ་བྱུང་སྡེ་ལྔ་གང་རུང་གི་རྟེན་ཅན་གྱིས། སངས་རྒྱས་ཀྱི་བསྟན་པ་དང་སེམས་ཅན་རྣམས་ལ་ཕན་པར་འགྱུར་ངེས་པའི་དགོས་པ་ཁྱད་པར་ཅན་མེད་པར་འོག་མ་སྡེ་ཉན་ཐོས་ཀྱི་བསླབ་བྱ་ལྷུང་བ་སྡེ་ལྔ་གང་ལའང་ཁྱད་དུ་མི་བསད་པར་ཚུལ་བཞིན་དུ་སྲུང་བར་གཅེས་སོ། །འབྲི་གུང་དང་བཀའ་བརྒྱུད་པ་འགའ་ཞིག་གིས་ས་བརྐོ་བ་རྩྭ་གཅོད་པ་སོགས། བཅས་ཀྱང་རྣམས་ལ་བཅས་ལྡན་ཡིན་མིན་གྱི་གང་ཟག་སུས་བྱས་ཀྱང་རང་བཞིན་ནམ་ངོ་བོའི་ཆ་ནས་སྡིག་པར་འགྱུར་གྱི་གལ་ཏེ་སྡིག་པ་ཞིག་མེད་ན། བཅོམ་ལྡན་འདས་ཀྱིས་བསླབ་པ་འཆའ་བ་ལ་དོན་ནམ་དགོས་པ་མེད་དོ་སྙམ་ན་བཅོམ་ལྡན་འདས་ཀྱིས་བསླབ་པ་འཆའ་བ་ཆོས་ཅན་དོན་ཡོད་དེ། དཔེར་ན་ཨ་སྨྲ་སོགས་ཀྱི་ཞིང་བསྲུང་བར་འདོད་པའི་གང་ཟག་གིས་ཐོག་མར་སྨྱུག་སོགས་ཀྱི་རིབ་མ་བསྲུང་དགོས་ཀྱི་གལ་ཏེ་རིབ་མ་དེ་མ་བསྲུང་ན་འདྲུལ་བསྐྱོད་ལས། སྨྱུག་ཚལ་བྲིགས་པས་ཨ་སྨྲའི་ཚལ་ཉམས་པ་བཞིན། །ཞེས་གསུངས་པ་ལྟར། རང་བཞིན་གྱི་ཉེས་པ་རྣམས་བསྲུང་བར་འདོད་པས་བཅས་པའི་ཉེས་པ་རྣམས་བསྲུང་དགོས་ཀྱི་གལ་ཏེ་མ་བསྲུང་ན་རང་བཞིན་གྱི་ཉེས་པས་གོས་པར་འགྱུར་བས། དེས་ན། ཚུལ་ཁྲིམས་ཀྱི་བསླབ་པ་ལ་ཡོན་ཏན་དུ་བལྟ་བའི་ཡིད་གུས་པའི་ཐབས་དང་དེ་ཉིད་མི་ཉམས་པར་སྲུང་བའི་ཐབས་སུ་སྟོན་པ་ཐུགས་རྗེ་ཅན་གྱིས་གསུངས་སོ། །གལ་ཏེ་ཚུལ་ཁྲིམས་ལ་གུས་པ་དང་སྲུང་བའི་ཐབས་སུ་བཅས་ཀྱང་རྣམས་སྟོན་པས་གསུངས་པ་དེ་ལྟར་མིན་པ་ཁྱེད་ཀྱི་འདོད་པ་ལྟར་བཅས་ཀྱང་ལ་ངོ་བོའི་ཆ་ནས་སྡིག་པ་ཞིག་ཡོད་ན་རྔོན་པ་ལ་རི་དྭགས་བསྟན་པ་ལྟ་བུ་ལྟུང་བ་མེད་པའི་གཟུགས་བརྙན་གྱི་རྣམ་གཞག་ཡང་ཆོས་ཅན། མི་འཐད་པར་འགྱུར་བར་ཐལ། ཉན་ཐོས་ཀྱི་ལུགས་ལ་བདེན་པ་སླུས་པས། དགེ་བ་ཡིན་ལ། དེ་ཉིད་ཐེག་པ་ཆེན་པོའི་ལུགས་ལ། གཞན་གྱི་སྲོག་ལ་གནོད་པའི་ཕྱིར་སྡིག་པར་འགྱུར་ལ་ཐེག་ཆེན་ལྟར་སྡིག་པ་ཡིན་ན། ཉན་ཐོས་ལའང་སྡིག་པར་འགྱུར་དགོས་ཤིང་། ཉན་ཐོས་ལྟར་དགེ་བ་ཡིན་ན། ཐེག་ཆེན་ལའང་དགེ་བ་འགྱུར་དགོས་ཏེ། དགེ་སྡིག་ངོ་བོའི་ཆ་ནས་ཡོད་པར་འདོད་པའི་ཕྱིར། སངས་རྒྱས་རྣམས་ལ་བཅས་པ་མི་འདྲ་བ་ཕན་ཚུན་འགལ་བ་དུ་མར་ཡོད་པར་འགྱུར་བས། ལྟས་ལྟས་ཞེས་བྱ་བའི་འཇིག་རྟེན་གྱི་ཁམས་ཙན་དན་སྤོས་ཀྱི་དང་ལྡན་ཞིང་གི་དགེ་སློང་རྣམས་གོས་དཀར་པོ་དང་དབུ་སྐྲ་རིང་ཞིང་རྒྱན་ཆ་དང་བཅས་པ་ལྟ་བུ་དང་། གནས་བརྟན་བཅུ་དྲུག་རྒྱ་ནག་ཏུ་བྱོན་སྐབས་རུང་བ་མ་ཡིན་པས་ཁ་བསྒྱུར་བའི་གོས་དང་། ཁྱིམ་པའི་གོས་ཕུ་དུང་ཅན་གྱོན་པ་ལྟ་བུ་དགྲ་བཅོམ་པ་རྣམས་དང་འཇམ་དབྱངས་དང་བྱམས་པ་སོགས་བྱང་སེམས་ཕལ

ཆེར་དབུ་སྒྲ་རིང་ཞིང་རྒྱན་ཆ་དང་བཅས་པའི་ཕྱིར་ལྷུང་ལྡན་དུ་འགྱུར་རོ། །གོང་དུ་སྨོན་འཇུག་ཐུན་མོང་གི་བསླབ་བྱ་བསྟན་པའི་སྐབས་ལྷུང་བ་དང་ལྷུང་བའི་གཟུགས་བརྙན་དང་། ལྷུང་མེད་དང་ལྷུང་མེད་ཀྱི་གཟུགས་བརྙན་ཏེ་མུ་བཞི་ལེགས་པར་ཕྱེས་མོད་བཅས་ཀྱང་ལ་ངོ་བོའི་ཆ་ནས་སྡིག་པ་ཡོད་པར་འདོད་པ་འགོག་པའི་སྐབས་འདིར་ཉེ་བར་མཁོ་བའི་མཐའ་དཔྱོད་གཞན་ཡང་བརྗོད་པར་བྱ་སྟེ། རྒྱལ་སྲས་བྱང་ཆུབ་སེམས་དཔའ་རྣམས་ཀྱིས་དུས་ཡུན་རིང་པོ། བསྐལ་པ་དུ་མར་སྲོག་གཅོད་སྤང་བ་སོགས་དགེ་བའི་ལས་ལམ་ལ་སྤྱད་ཀྱང་དེ་ལྟ་བུའི་བྱང་སེམས་ཀྱིས་སླར་རང་ཉིད་གཅིག་པུ་འཁོར་བའི་སྡུག་བསྔལ་ལས་ཐར་བའི་ཞི་བདེ། ཉན་ཐོས་དང་རང་རྒྱལ་གྱི་ས་རུ་སེམས་བསྐྱེད་པར་བྱས་ན་སྡིག་པ་ལྕི་སྟེ་མདོ་སྡུད་པ་ལས། གལ་ཏེ་བསྐལ་པ་བྱེ་བ་དགེ་བའི་ལས་ལམ་བཅུ། །སྤྱོད་ཀྱང་ཉན་ཐོས་རང་རྒྱལ་བྱང་ཆུབ་ཡིད་བྱེད་ན། །དེ་ནི་ཚུལ་ཁྲིམས་སྐྱོན་བྱུང་ཚུལ་ཁྲིམས་ཉམས་པ་ཡིན། །སེམས་བསྐྱེད་དེ་ནི་ཕས་ཕམ་པས་ཀྱང་ཤིན་ཏུ་ལྕི། །ཞེས་གསུངས་པའི་ཕྱིར་རོ། །གལ་ཏེ་ཉན་ཐོས་ཀྱི་གང་ཟག་ཞིག་ཡིན་ན་དེ་ལྟ་བུའི་སེམས་བསྐྱེད་དེ་ཉིད་ཉན་ཐོས་རང་ལུགས་ཀྱི་དགེ་བ་རྒྱ་ཆེན་པོ་ཡིན་ཏེ་དེས་རང་གི་ཐར་པ་ལ་སྦྱོར་བའི་ཕྱིར་རོ། །གདུལ་བྱ་འདུལ་བའི་ཐབས་མཁས་ཀྱི་ཁྱད་པར་སྨོན་འཇུག་བྱང་ཆུབ་ཀྱི་སེམས་དང་ལྡན་པའི་གང་ཟག་གིས་ས་གཟུགས་ཡིད་དུ་འོང་བ་སོགས་འདོད་པའི་ཡོན་ཏན་ལྔ་ལ་སྒྱུ་མ་ལྟ་བུར་ཤེས་པའི་བློ་ནས་ལོངས་སྤྱོད་པ་ནི་ཐེག་ཆེན་རང་ལུགས་ཀྱི་དགེ་བ་ཡིན་ཏེ་སྡུད་པར་བྱང་ཆུབ་སེམས་དཔའ་འདོད་པའི་ཡོན་ཏན་ལྔ་སྤྱོད་ཀྱང་། །སངས་རྒྱས་ཆོས་དང་འཕགས་པའི་དགེ་འདུན་སྐྱབས་སོང་སྟེ། །སངས་རྒྱས་སྒྲུབ་བྱ་སྙམ་དུ་ཀུན་མཁྱེན་ཡིད་བྱེད་ན། །མཁས་པ་ཚུལ་ཁྲིམས་ཕ་རོལ་ཕྱིན་གནས་རིག་པར་བྱ། །ཞེས་གསུངས་པ་ལ་འདོད་ཡོན་ལྔ་ལ་ལོངས་སྤྱོད་པ་པོ་དེ་ཐེག་པ་འོག་མ་ཉན་ཐོས་ཞིག་ཡིན་ན་དེའི་ལུགས་ཀྱི་སྡིག་པར་འགྱུར་ཏེ་ཐབས་མཁས་ཀྱི་ཁྱད་པར་མེད་པས་འཁོར་བར་འཆིང་བའི་ཕྱིར། ལྷ་མི་སོགས་གཞན་སེམས་ཅན་རྣམས་ཀྱི་གནས་སྐབས་དང་མཐར་ཐུག་གི་དོན་བསྒྲུབ་པ་ལ་བསམ་པ་བརྟན་པའི་སེམས་ཀྱིས་ཕམ་པ་བཞི་ཀ་ཡན་ལག་ཚང་བའི་སྒོ་ནས་སྤྱད་ཀྱང་ལྷུང་བར་མི་འགྱུར་ཏེ་གསང་ཆེན་ཐབས་ལ་མཁས་པའི་མདོ་ལས། གལ་ཏེ་རབ་ཏུ་བྱུང་བའི་བྱང་སེམས་རྩ་བའི་ལྷུང་བ་བཞི་པོ་ཐམས་ཅད་ཀྱིས་གོས་པར་གྱུར་ཀྱང་ཐབས་མཁས་འདིས་སྤྱོད་པ་བྱེད་ན་བྱང་ཆུབ་སེམས་དཔའི་ལྷུང་བར་མི་འགྱུར་བ་ངས་བཤད་དོ། །ཞེས་གསུངས་པ་དང་། འཁོར་བའི་འགྲོ་བ་རྣམས་ལ་སྙིང་རྗེ་ཆེན་པོས་རྗེས་སུ་ཆགས་ཤིང་བསམ་བཞིན་དུ་ཡང་སྲིད་ཕྱི་མ་སྐྱེ་བ་ལེན་པ་ནི། རྒྱལ་བའི་སྲས་བྱང་ཆུབ་སེམས་དཔའ་རྣམས་ཀྱི་དགེ་བ་ཡིན་ཏེ་རྒྱལ་སྲས་སྤྱིའི་རྣམ་ཐར་ཡིན་པའི་ཕྱིར་དཔེར་ན་སྤྱོད་འཇུག་ལས། པདྨའི་མཚོ་རུ་ངང་པ་བཞིན། །མནར་མེད་པར་ཡང་འཇུག་པར་འགྱུར། །ཞེས་

གསུངས་པ་བཞིན་ནོ། །དེ་དག་ཉན་ཐོས་ཀྱི་རྟེན་ཅན་ལ་ཉེས་པར་འགྱུར་ཏེ་ཐར་བའི་གེགས་སུ་གྱུར་པའི་ཕྱིར། །

གཉིས་པ་དགེ་བ་ཆོས་སྡུད་ཀྱི་ཚུལ་ཁྲིམས་ཀྱི་མཚན་ཉིད་ནི་**བྱང་ཆུབ་སེམས་དཔའ་རྣམས་ཀྱིས་བསྒྲུབ**་པར་བྱ་བ་སྟེ་བསླབ་བྱ་ནི། སྦྱིན་པ་སོགས་རང་རང་གི་མི་མཐུན་པའི་ཕྱོགས་སེར་སྣ་དང་ཁྲིམས་འཆལ་སོགས་དང་བྲལ་བ་གྲོགས་འཁོར་གསུམ་མི་དམིགས་པའི་ཤེས་རབ་ཀྱིས་ཟིན་པ་བྱེད་ལས་གཞན་གྱི་འདོད་དོན་རྫོགས་པར་བྱེད་པ་གདུལ་བྱའི་སྐལ་པ་དང་འཚམ་པར་བྱང་ཆུབ་གསུམ་དུ་སྨིན་པར་བྱེད་པ་སྟེ། ཁྱད་ཆོས་བཞི་དང་ལྡན་པའི་སྦྱིན་པ་སོགས་ཕ་རོལ་ཏུ་ཕྱིན་པ་དྲུག་གིས། དད་པ་བརྩོན་འགྲུས་སོགས་བསྡུས་པ་དགེ་བའི་ཆོས་ཀུན་རང་གི་རྒྱུད་ལ་སྡུད་པའམ། སྒྲུབ་པའི་སེམས་བྱུང་གི་སེམས་པ་དང་མཚུངས་ལྡན་གཙོ་སེམས་དང་སེམས་ཀྱི་ས་མང་དགུ །དགེ་བའི་ས་མང་བཅུ་རྟོགས་དཔྱོད་གཉིས་དང་བཅས་པ་རྣམས་སོ། །སོ་སྐྱེ་འཇིག་རྟེན་པའི་དགེ་བ་ཟག་བཅས་དང་ཉན་ཐོས་དགྲ་བཅོམ་པ་དང་རང་སངས་རྒྱས་ཏེ་འཇིག་རྟེན་ལས་འདས་པ་དག་གི་དགེ་བ་ཟག་པ་མེད་པའི་ཕ་རོལ་ཏུ་ཕྱིན་པའི་དོན་ཅན་ནོ། །འོན་ཀྱང་ཚོགས་སྦྱོར་ལ་གནས་པའི་བྱང་སེམས་སོ་སྐྱེ་དང་ས་དང་པོ་ནས་བཅུ་པའི་བར་གྱི་བྱང་སེམས་འཕགས་པ་རྣམས་ཀྱིས་སྦྱིན་པའི་ཕ་རོལ་ཏུ་ཕྱིན་པ་སོགས་ཉམས་སུ་ལེན་པ་ནི། ཕར་ཕྱིན་གྱི་མིང་བཏགས་པ་བ་ཡིན་ལ། ཕར་ཕྱིན་དྲུག་པོ་མཚན་ཉིད་པ་ནི་སངས་རྒྱས་ཀྱི་ས་ཁོན་ལ་སྦྱིན་པ་དང་ཚུལ་ཁྲིམས་སོགས་ཕར་ཕྱིན་དྲུག་པོ་ནི། མངོན་རྟོགས་རྒྱན་གྱི་གོ་སྒྲུབ་ཀྱི་སྐབས་སུ། དེ་དག་སོ་སོར་སྦྱིན་ལ་སོགས། །རྣམ་པ་དྲུག་ཏུ་བསྡུས་པ་ཡི། །གོ་ཆའི་སྒྲུབ་པ་གང་ཡིན་དེ། །དྲུག་ཚན་དྲུག་གིས་ཇི་བཞིན་བཤད། །ཅེས་གསུངས་པ་ལྟར་སྦྱིན་པའི་སྦྱིན་པ་དང་སྦྱིན་པའི་ཚུལ་ཁྲིམས་སོགས་ཕར་ཕྱིན་དྲུག་པོ་ཀུན་ཡང་དྲུག་དྲུག་དང་ལྡན་པས་དྲུག་དྲུག་སུམ་ཅུ་སོ་དྲུག་ཏུ་འགྱུར་རོ། །དེ་ལྟར་ཕར་ཕྱིན་དྲུག་པོ་དེ་དག་ཀྱང་བསླབ་པ་གསུམ་དུ་འདུ་བའི་ཚུལ་ནི། སྦྱིན་པ་ཆོས་ཅན་ཚུལ་ཁྲིམས་ཀྱི་བསླབ་པའི། {བྱང་སྡོམ་སྐབས། }སྦྱིན་པའི་སྦྱིན་སོགས་ཀུན་ལ་དྲུག་དྲུག་ལྡན། ཅེས་དང་། {གནས་འགྱུར་སྐབས་}རེ་རེ་དྲུག་ལྡན་སྤྱད་པར་གསུངས་པས་ན། །ཞེས་པའི་སྐབས་སུ་ཕར་ཕྱིན་རེ་རེ་ལའང་ཕར་ཕྱིན་དྲུག་ལྡན་བསྒྲུབ་པའི་ཚུལ་ནི་སྦྱིན་པ་ལ་མཚོན་ན། རང་སྦྱིན་པ་གསུམ་{ཆོས་དང་ཟང་ཟིང་མི་འཇིགས་པ་}གང་རུང་ལ་གནས་ནས་གཞན་དེ་ལ་འགོད་པ་ནི་སྦྱིན་པའི་སྦྱིན་པ་{མི་ཕམ་དགོངས་རྒྱན་ལས་འོན་བསྔོ་བྱེད་དང་བསྔོ་བྱའི་སྦྱིན་པ་ལ་ཁྱད་པར་ཇི་ལྟར་ཞེ་ན། སྦྱིན་པ་ཙམ་གྱི་ཆ་དང་པོའི་མཚན་གཞི། ཆོས་སྦྱིན་ལྟ་བུ་ནི་གཉིས་པའི་མཚན་གཞི་ཡིན་པར་གསུངས་སོ། །}སྦྱིན་པ་གཏོང་བ་དེ་ཉིད་ཀྱི་ཚེ་སྦྱིན་པའི་མི་མཐུན་པའི་ཕྱོགས་སེར་སྣ་སྤོང་བ་ནི་སྦྱིན་པའི་ཚུལ་ཁྲིམས་{སྤོང་སེམས་ཚུལ་ཁྲིམས་ཡིན་པ་ནི། ཞི་བ་ལྷས། སྤོང་བའི་སེམས་ནི་ཐོབ་པ་ལ། །ཚུལ་

ཁྲིམས་ཕ་རོལ་ཕྱིན་པ་འདོད། །ཅེས་སོ། །} དེ་ཉིད་ཀྱི་ཚེ་སློང་མོ་བ་ལ་སོགས་སྐྱེ་བོ་ཐམས་ཅད་ཀྱིས་མི་སྐྱན་པ་སྨྲ་བ་ལ་བཟོད་པ་ནི་སྦྱིན་པའི་བཟོད་པ། དེ་ཉིད་ཀྱི་ཚེ་སྦྱིན་པ་གཏོང་བ་ལ་སྤྲོ་བ་ནི་སྦྱིན་པའི་བརྩོན་འགྲུས་ཞི་བ་ལྟར། བརྩོན་གང་དགེ་ལ་སྤྲོ་བའོ། །ཞེས་སོ། །དེ་ཉིད་ཀྱི་ཚེ་སྦྱིན་པ་གཏོང་བའི་དགེ་བ་ལ་སེམས་རྩེ་གཅིག་ཏུ་གནས་པ་ནི་སྦྱིན་པའི་བསམ་གཏན། དེ་ཉིད་ཀྱི་ཚེ་སྦྱིན་པ་དེ་འཁོར་གསུམ་མི་དམིགས་པས་ཟིན་པ་ནི་སྦྱིན་པའི་ཤེས་རབ་སྟེ་སྦྱིན་པའི་ཕར་ཕྱིན་དྲུག་གོ། །དེས་གཞན་ལྔ་པོ་ལ་འགྲེའོ། །

འཕགས་པའི་ཉི་ཁྲི་སྣང་ལས། སྦྱིན་པ་ལ་མཚོན་ན། ཆོས་སྦྱིན་ལྟ་བུ་དེ་ཉིད་གཞན་ལ་སྦྱིན་པ་ནི་སྦྱིན་པའི་སྦྱིན་པ། དེ་ཉིད་ཀྱི་ཚེ་ཉན་ཐོས་སོགས་ཀྱི་འབྲས་བུ་ཡིད་ལ་བྱེད་པ་སྤོང་བ་ནི་སྦྱིན་པའི་ཚུལ་ཁྲིམས། དེ་ཉིད་ཀྱི་ཚེ་རྣམ་མཁྱེན་གྱི་ཆོས་རྣམས་འདོད་པ་དང་ཞི་བར་རྟོགས་པ་ནི་སྦྱིན་པའི་བཟོད་པ། དགེ་རྩ་བླ་མེད་དུ་བསྔོ་བ་ནི་སྦྱིན་པའི་བརྩོན་འགྲུས་ནས། དེ་ཉིད་ཀྱི་ཚེ་ཐེག་པ་གཞན་དང་མ་འདྲེས་པའི་སེམས་རྩེ་གཅིག་པ་ནི་སྦྱིན་པའི་བསམ་གཏན། དེ་ཉིད་ཀྱི་ཚེ་སྒྱུ་མའི་འདུ་ཤེས་ལ་ཉེ་བར་གནས་ནས་འཁོར་གསུམ་མི་དམིགས་པ་ནི་སྦྱིན་པའི་ཤེས་རབ་ཡིན་པར་གསུངས་སོ། །འདི་ལ་ཕྱིན་དྲུག་གི་སྦྱིན་པ་དྲུག་སྦྱིན་པ་དང་ཆོས་མཐུན་པས་སྦྱིན་པར་{ཁོ་ནར་}བསྡུ་བའི་ལུགས་{དེ་བཞིན་དུ་ཕྱིན་དྲུག་གི་ཚུལ་ཁྲིམས་དྲུག་ཚུལ་ཁྲིམས་དང་ཆོས་མཐུན་པས་ཚུལ་ཁྲིམས་ཀྱི་ནང་དུ་བསྡུ་བ་སོགས་རིགས་འགྲེ། }དང་། {བསྡུ་བྱེད་}སྦྱིན་པའི་བསྡུ་བྱ་དྲུག་སྦྱིན་པར་ཆོས་མཐུན་པས་སྦྱིན་པའི་ནང་དུ་བསྡུ་{དེ་བཞིན་དུ་ཚུལ་ཁྲིམས་ཀྱིས་བསྡུས་པའི་ཕར་ཕྱིན་དྲུག་ཀ་ཡང་ཚུལ་ཁྲིམས་དང་ཆོས་མཐུན་པས་ཚུལ་ཁྲིམས་ཀྱི་ནང་དུ་བསྡུ་བ་སོགས་འགྲེའོ། །}བའི་ལུགས་གཉིས་ཡོད་པ་ལས། མི་ཕམ་དགོངས་རྒྱན་ལས། ལུགས་{བསྡུ་བྱ་ཕར་ཕྱིན་དྲུག་ཀ་ཡང་བསྡུ་བྱེད། དེའི་ནང་དུ་བསྡུ་བའི་ལུགས་}ཕྱི་མ་འདི་འཐད་དེ། འདིར་བསྡུ་བྱེད་ཀྱི་ཕ་ཕྱིན་དྲུག་པོ་དེ་ཉིད་གོ་སླབ་ཏུ་འཇོག་དགོས་ཤིང་། དེ་རེ་རེ་ལ་ཆ་ཙམ་དུ་ཕྱེ་བའི་ཚེ་སུམ་ཅུ་རྩ་དྲུག་ཏུ་འགྱུར་བ་ནི་སྐབས་དོན་ཞོག་ཆ་ཙམ་ཡིན་པའི་ཕྱིར་རོ། །ཞེས་གསུངས་སོ། །རྒྱུ་ཡིན་ཏེ་སྦྱིན་པས་ལོངས་སྤྱོད་ལ་ཆགས་ཞེན་དང་བྲལ་ན་ཚུལ་ཁྲིམས་ཕུན་སུམ་ཚོགས་པའི་ཕྱིར་དང་ཚུལ་ཁྲིམས་ཆོས་ཅན་ཚུལ་ཁྲིམས་ཀྱི་བསླབ་པའི་ངོ་བོ་ཡིན་ཏེ་དེ་གཉིས་ལ་མཚན་ཉིད་ཐ་དད་མ་དམིགས་པའི་ཕྱིར། བཟོད་པ་ཆོས་ཅན་ཚུལ་ཁྲིམས་ཀྱི་བསླབ་པའི་ཁྱད་པར་གྱི་སྒོ་ནས་འདུ་སྟེ་དགེ་སྦྱོང་གི་ཆོས་བཞི་དང་ལྡན་པ་ནི་ཚུལ་ཁྲིམས་ཀྱི་བསླབ་པའི་ཁྱད་པར་ཏེ་བྱེ་བྲག་ཡིན་པའི་ཕྱིར་རོ། །**དེས་ན་ཕར་ཕྱིན་དང་པོ་གསུམ་ནི་ལྷག་པ་ཚུལ་ཁྲིམས་ཀྱི་བསླབ་པར་བསྡུས་སོ། །**

བསམ་གཏན་གྱི་ཕ་རོལ་ཏུ་ཕྱིན་པ་དང་ཤེས་རབ་ཀྱི་ཕ་རོལ་ཏུ་ཕྱིན་པ་དག་ཆོས་ཅན་རིམ་པ་ལྟར། ལྷག

པ་ཏིང་ངེ་འཛིན་གྱི་བསླབ་པ་དང་། ལྷག་པ་ཤེས་རབ་ཀྱི་བསླབ་པ་སྟེ་གཉིས་སོ། །རང་རང་གི་བསླབ་པའི་རྐང་ཡིན་ཏེ་དེ་དག་མཚན་ཉིད་ཐ་དད་མ་དམིགས་པའི་ཕྱིར། བརྩོན་འགྲུས་ཀྱི་ཕ་རོལ་ཏུ་ཕྱིན་པ་ཆོས་ཅན། བསླབ་པ་གསུམ་པོ་ཀུན་གྱི་གྲོགས་ཡིན་ཏེ་སྤྱོད་འཇུག་ལས། རླུང་མེད་གཡོ་བ་མེད་པ་བཞིན། །བསོད་ནམས་བརྩོན་འགྲུས་མེད་མི་འབྱུང་། །ཞེས་གསུངས་པ་ལྟར། བསླབ་པ་གསུམ་གྱི་དགེ་བའི་བསོད་ནམས་ནི་བརྩོན་འགྲུས་ལ་རག་ལུས་པའི་ཕྱིར། རྒྱུ་མཚན་དེས་ན་ཕར་ཕྱིན་དྲུག་ཀ་ཡང་བསླབ་པ་གསུམ་གྱི་ནང་དུ་འདུ་ཏེ་མདོ་སྡེ་རྒྱན་ལས། བསླབ་གསུམ་དབང་དུ་མཛད་ནས་ནི། །རྒྱལ་བས་ཕ་རོལ་ཕྱིན་པ་དྲུག ཡང་དག་གསུངས་ཏེ་དང་པོ་གསུམ། །ཐ་མ་གཉིས་ཀྱི་རྣམ་པ་གཉིས། །གཅིག་ནི་གསུམ་ཆར་ལའང་གཏོགས་ཞེས་གསུངས་སོ། །ཕར་ཕྱིན་དྲུག་གི་གོ་རིམ་ནི་སྔ་མ་སྔ་མ་ལ་བརྟེན་ནས་ཕྱི་མ་ཕྱི་མ་སྐྱེ་བའི་ཕྱིར་དང་། སྔ་མ་སྔ་མ་དམན་ཞིང་ཕྱི་མ་ཕྱི་མ་མཆོག་ཏུ་གྱུར་བའི་ཕྱིར་དང་སྔ་མ་སྔ་མ་རགས་པ་དང་ཕྱི་མ་ཕྱི་མ་ཕྲ་བའི་ཕྱིར། ཕར་ཕྱིན་དྲུག་གི་གོ་རིམ་འཇོག་སྟེ་མདོ་སྡེ་ལས། སྔ་མ་ལ་བརྟེན་ཕྱི་མ་སྐྱེས། །དམན་དང་མཆོག་ཏུ་གནས་ཕྱིར་དང་། །རགས་པ་དང་ནི་ཕྲ་བའི་ཕྱིར། །དེ་དག་རིམ་པ་བསྟན་པ་ཡིན། །ཞེས་སོ། །ཕར་ཕྱིན་དྲུག་ཇི་ལྟར་སྒྲུབ་ཚུལ་ནི་ཀུན་སློང་གི་བསམ་པ་མཐོང་བའི་ཆོས་ཚེ་འདིའི་ལན་ལ་རེ་བ་མེད་པའི་དང་མ་མཐོང་བའི་ཆོས་སྐྱེ་བ་ཕྱི་མའི་འབྲས་བུ་རྣམ་སྨིན་ལོངས་སྤྱོད་ཆེན་པོ་འགྱུར་བ་དག་ལ། རེ་བ་མེད་པའི་སྒོ་ནས་ནང་གི་དངོས་པོ་ལུ་དང་ལྕང་མ་རང་གི་རྐང་ལག་སོགས་དང་ཕྱིའི་དངོས་པོ་ཟས་གོས་སོགས་ཀྱི་སྦྱིན་པ་གཏོང་བ་དང་གནས་སྐབས་མངོན་པར་མཐོ་བ་བདེ་འགྲོ་ལྷ་མིའི་འབྲས་བུ་ལ་སྨོན་པའི་འཇིགས་སྐྱོབ་ལེགས་སྨོན་གྱི་བསམ་པ་དང་བྲལ་བའི་ངང་ནས་གཞན་དོན་དུ་འཁོར་བའི་སྡུག་བསྔལ་ལས་ཐར་འདོད་ཀྱི་བསམ་པས་ཀུན་ནས་བླངས་པའི་ངེས་འབྱུང་གི་ཚུལ་ཁྲིམས་བསྲུང་བ་དང་། རང་ལ་གནོད་བྱེད་ཀྱི་དགྲ་འདྲེ་སོགས་འགྲོ་བ་མ་ལུས་པ་ཀུན་ལ། ཞེ་འགྲས་ཀྱི་བསམ་པ་དང་པ་སྤངས་པའི་བཟོད་པ་བསྒོམ་པ་དང་ཚུལ་ཁྲིམས་བསྲུང་བ་དང་ཐོས་པ་བྱེད་པ་སོགས་དགེ་བའི་ཆོས་མ་ལུས་པ་མྱུར་དུ་རང་རྒྱུད་ལ་སྤྱད་པར་བྱེད་པའི་བརྩོན་འགྲུས་བརྩམ་པ་དང་བསམ་གཏན་དང་པོ་སོགས་བསམ་གཏན་བཞི་དང་ནམ་མཁའ་མཐའ་ཡས་སོགས་གཟུགས་མེད་པ་བཞི་སྟེ་འཇིག་རྟེན་པའི་བསམ་གཟུགས་ཀྱི་སྙོམ་འཇུག་དག་ལས། འདས་པའི་ཏིང་ངེ་འཛིན་ནམ་བསམ་གཏན་སྒོམ་པ་སྟེ། འཇུག་པ་ལས། སྡུག་བསྔལ་ཅན་རྣམས་ཡོངས་སྐྱོབ་པ། །སྙིང་རྗེ་ཆེན་པོའོ། །ཞེས་གསུངས་པ་ལྟར། སེམས་ཅན་རྣམས་སྡུག་བསྔལ་ལས་སྐྱོབ་པར་འདོད་པའི་ཐབས་སྙིང་རྗེ་ཆེན་པོ་དང་། ལྡན་པའི་ཆོས་ཐམས་ཅད་ཀྱི་གནས་ལུགས་སྟོང་པ་ཉིད་རྟོགས་པའི་ཤེས་རབ་བསྐྱེད་པ་སྟེ་དེ་ལྟར་ཕ་རོལ་ཏུ་ཕྱིན་པ་དྲུག་པོ་རྣམས་ནི་བརྟན་པ་སྟེ་བྱང་ཆུབ་སེམས

དཔའ་རྣམས་ཀྱིས་བསྒྲུབ་པར་བྱ་སྟེ། མདོ་སྡེ་རྒྱན་ལས། རེ་བ་མེད་པའི་སྦྱིན་པ་དང་། །ཡང་སྲིད་མི་འདོད་ཚུལ་ཁྲིམས་དང་། །ཐམས་ཅད་ལ་ནི་བཟོད་པ་དང་། །ཡོན་ཏན་ཀུན་བསྐྱུས་བརྩོན་འགྲུས་དང་། །དེ་བཞིན་བསམ་གཏན་གཟུགས་མེད་མིན། །ཤེས་རབ་ཐབས་དང་ལྡན་པ་ཡིས། །ཕ་རོལ་ཕྱིན་པ་དྲུག་པོ་ལ། །བརྟན་པ་རྣམས་ཀྱིས་ཡང་དག་སྦྱོར། །ཞེས་སོ། །ཕར་ཕྱིན་དྲུག་གི་ཡོན་ཏན་ནི། འབྲས་བུ་བླ་ན་མེད་པ་རྫོགས་པའི་བྱང་ཆུབ་ལ་དམིགས་པས་ན་རྒྱ་ཆེ་བ་དང་ཕར་ཕྱིན་དྲུག་པོས་སོ་སོའི་མི་མཐུན་པའི་ཕྱོགས་སེར་སྣ་དང་ཁྲིམས་འཆལ། ཁོང་ཁྲོ་དང་། ལེ་ལོ། རྣམ་གཡེང་དང་། ཤེས་འཆལ་རྣམས་དང་བྲལ་བས་ན་ཟང་ཟིང་སྟེ་ཉོན་མོངས་པ་མེད་པ་དང་། སེམས་ཅན་རྣམས་རང་རང་གི་སྐལ་བ་ཇི་ལྟར་ཡོད་པ་བཞིན་ཉན་ཐོས་རང་རྒྱལ་བླ་མེད་དེ་བྱང་ཆུབ་གསུམ་པོ་གང་རུང་ལ་འགོད་པས་ན་དོན་ཆེ་བ་དང་། གདུལ་བྱ་རྣམས་འདུལ་བའི་ཐབས་ལ་མཁས་པ་དང་དགེ་རྩ་རྣམས་རྫོགས་བྱང་དུ་བསྔོ་བས་ཟིན་པས་ན་དགེ་བའི་རྩ་བ་མི་ཟད་པ་སྟེ་མདོ་སྡེ་རྒྱན་ལས། རྒྱ་ཆེ་བ་དང་ཟང་ཟིང་མེད། །དོན་ཆེ་བ་དང་མི་ཟད་པ། །ཞེས་གསུངས་སོ། །དེ་དག་རྣམས་ནི་ཕར་ཕྱིན་དྲུག་གི་ཡོན་ཏན་གྱི་ཁྱད་པར་ཡིན་ནོ། །ཕར་ཕྱིན་དྲུག་གི་གནས་སྐབས་དང་མཐར་ཐུག་གི་ཕན་ཡོན་ནི་རིན་ཆེན་ཕྲེང་བར། སྦྱིན་པས་ལོངས་སྤྱོད་ཁྲིམས་ཀྱིས་བདེ། །བཟོད་པས་གཟུགས་མཛེས་བརྩོན་པས་བརྗིད། །བསམ་གཏན་གྱིས་ཞི་བློ་ཡིས་གྲོལ། །ཞེས་གསུངས་པ་ལྟར། །སྦྱིན་པས་ཟས་གོས་སོགས་ལོངས་སྤྱོད་ཆེ་བ་དང་ཚུལ་ཁྲིམས་ཀྱིས་ལྷ་མིའི་བདེ་བ་ཐོབ་པ་དང་བཟོད་པས་གཟུགས་མཛེས་ཤིང་ཡིད་དུ་འོང་བ་དང་། བརྩོན་འགྲུས་ཀྱིས་གཟི་བརྗིད་དང་ལྡན་པ་དང་། བསམ་གཏན་གྱིས་ཞི་གནས་ཐོབ་པ་དང་། ཤེས་རབ་ཀྱིས་འཁོར་བ་ལས་གྲོལ་བ་སོགས། གནས་སྐབས་སུ་འབྱུང་ངོ་། །

སྦྱིན་པ་སོགས་ཕར་ཕྱིན་དྲུག་པོ་ཡང་། སྦྱིན་པ་དང་ཚུལ་ཁྲིམས་གཉིས་ནི་དམིགས་བཅས་བསོད་ནམས་ཀྱི་ཚོགས་དང་ཤེས་རབ་ནི་དམིགས་མེད་ཡེ་ཤེས་ཀྱི་ཚོགས་དང་ལྷག་མ་བཟོད་བརྩོན་བསམ་གཏན་གསུམ་ནི་ཚོགས་གཉིས་ཀར་གཏོགས་པས་དེས་ན་ཚོགས་གཉིས་ལས་ཕྱིན་དྲུག་གི་ངོ་བོ་ནི་གཞན་མིན་པས་དེས་ན། མཐར་ཐུག་གི་འབྲས་བུ་ཡེ་ཤེས་ཀྱི་ཚོགས་ལས་ཆོས་སྐུ་དང་བསོད་ནམས་ཀྱི་ཚོགས་ལས་གཟུགས་སྐུ་སྟེ་ཆོས་གཟུགས་དབྱེར་མེད་ཐོབ་སྟེ་རིན་ཆེན་ཕྲེང་བར་གཟུགས་ཀྱི་སྐུ་ནི་མདོར་བསྡུ་ན། །བསོད་ནམས་ཚོགས་ལས་འབྱུང་བ་ཡིན། །ཆོས་ཀྱི་སྐུ་དེ་མདོར་བསྡུ་ན། །རྒྱལ་པོ་ཡེ་ཤེས་ཚོགས་ལས་འབྱུངས། །ཞེས་གསུངས་སོ། །

ཕར་ཕྱིན་དྲུག་པོ་སོ་སོའི་ངོ་བོ་རྒྱས་པར་བཤད་པ་ནི། སྦྱིན་པ་སོགས་སོ་སོའི་ངོ་བོ་སྟེ་མཚན་ཉིད་ནི་

སེར་སྣ་མེད་པ་དང་ཁྲིམས་འཆལ་མེད་པ་དང་། ཁོང་ཁྲོ་མེད་པ་**སོགས།** ཕྱིན་དྲུག་རང་རང་གི་**མི་མཐུན་**པའི་**ཕྱོགས་**རྣམས་བྲལ་བ་དང་། སྦྱིན་པ་ནི་འཇུག་པར། སྦྱིན་པ་སྦྱིན་བྱ་ལེན་པོ་གཏོང་པོས་སྟོང་། །ཞེས་གསུངས་པ་ལྟར། སྦྱིན་པ་བྱ་བའི་དངོས་པོ་དང་། སྦྱིན་བྱའི་ཡུལ་སློང་མོ་བ་དང་། སྦྱིན་པ་པོ་བྱང་ཆུབ་སེམས་དཔའ་གསུམ་མི་དམིགས་པ་དང་། ཚུལ་ཁྲིམས་ནི། བསྲུང་བྱའི་ཚུལ་ཁྲིམས་དང་བསྲུང་བའི་ཡུལ་དང་བསྲུང་བ་པོ་རང་ཉིད་བཅས་མི་དམིགས་པ་དང་། དེ་བཞིན་དུ་བཟོད་པ་སོགས་གཞན་རྣམས་ཀྱང་ཉམས་སུ་ལེན་པའི་ཚེ་**འཁོར་གསུམ་**གྱི་**རྣམ་**པ་**མི་རྟོག་པའི་ཤེས་རབ་**ཀྱི་**གྲོགས་**དང་**ལྡན་**པ་དང་སེམས་ཅན་**གཞན་གྱི་**གནས་སྐབས་དང་མཐར་ཐུག་གི་**འདོད་**པའི་**དོན་ཀུན།** མ་ལུས་པ་**རྫོགས་པའི་བྱེད་ལས་ཅན་**དང་ལྷ་དང་མི་ལ་སོགས་པའི་**སེམས་ཅན་རྣམས་**ལ་ཕྱིན་དྲུག་ཉམས་སུ་བླང་བའི་དགེ་རྩ་དེ་བསྔོས་པའི་སྟོབས་ཀྱིས། རང་རང་གི་སྐལ་བ་དང་འཚམ་པའི་ཉན་ཐོས་རང་རྒྱལ་བླ་མེད་དེ། **བྱང་ཆུབ་གསུམ་དུ་**ཉོན་མོངས་པ་སྤང་རུང་དང་ཡེ་ཤེས་སྐྱེ་རུང་གི་སྒོ་ནས་**རྣམ་པར་སྨིན་**པར་**བྱེད་ནུས་པའི།** ཡོན་ཏན་ནམ་ཁྱད་ཆོས་**བཞི་**བཞི་ལྡན་པ་ཡིན་ཏེ། མདོ་སྡེ་རྒྱན་ལས། སྦྱིན་པའི་མི་མཐུན་ཕྱོགས་ཉམས་དང་། །རྣམ་པར་མི་རྟོག་ཡེ་ཤེས་ལྡན། །འདོད་པ་ཐམས་ཅད་ཡོངས་རྫོགས་བྱེད། །སེམས་ཅན་རྣམས་སྨིན་བྱེད་རྣམས་གསུམ་{བྱང་ཆུབ}། །ཚུལ་ཁྲིམས་མི་མཐུན་ཕྱོགས་ཉམས་དང་། །རྣམ་པར་མི་རྟོག་ཡེ་ཤེས་ལྡན། །ཞེས་སོགས་ཕར་ཕྱིན་ཕྱི་མ་རྣམས་ལའང་འགྲེའོ། །

གཞན་ཡང་**སེར་སྣ་**དང་**ཚུལ་འཆལ་**དང་ཁོང་ཁྲོ་ལེ་ལོ་**སོགས།** ཕར་ཕྱིན་དྲུག་རང་རང་གི་**མི་མཐུན་**པའི་**ཕྱོགས་**ལ་**ཆགས་**པ་དང་ཕར་ཕྱིན་དྲུག་པོ་འཕྲལ་འཕྲལ་དུ་ཉམས་སུ་མི་ལེན་པ་ལེ་ལོ་བྱེད་པ་ནི་**ཕྱི་བཤོལ་**ལ་ཆགས་པ་དང་ཕར་ཕྱིན་དྲུག་གི་ཉམས་ལེན་ཙུང་ཟད་ཏེ་བྱས་པ་ཙམ་གྱིས་**ཆོག་**པར་**འཛིན་**པ་ལ་ཆགས་པ་**དང་།** ཕྱིན་དྲུག་གི་ཉམས་ལེན་བྱས་ན་ཚེ་འདིར་ཕན་དུ་རེ་བ་**ལན་**ལ་ཆགས་པ་**དང་**ཕྱིན་དྲུག་གི་ཉམས་ལེན་བྱས་ན་སྐྱེ་བ་ཕྱི་མར། བདེ་འབྲས་ཐོབ་པ་ལ་རེ་བ་ནི་**རྣམ་སྨིན་**ལ་ཆགས་པ་དང་། ཕྱིན་དྲུག་གི་མི་མཐུན་པའི་ཕྱོགས་སེར་སྣ་སོགས་སྤང་བར་མི་འདོད་པ་ནི་**བག་ལ་ཉལ་**ཏེ་བག་ཆགས་ལ་ཆགས་པ་**དང་ནི།** ཐེག་པ་དམན་པ་ལ་དགའ་བ་དང་འཁོར་གསུམ་ལ་ཞེན་པ་ནི་**གཡེང་བ་ལ་ཆགས་པ་སྟེ་**དེ་ལྟར་ཆགས་པ་**བདུན་**པོ་རྣམས་**སྤོང་བའི་**མཚན་ཉིད་ཅན་ནོ། །མདོ་སྡེ་རྒྱན་ལས། བྱང་ཆུབ་སེམས་དཔའི་སྦྱིན་པ་ནི། །མ་ཆགས་མི་ཆགས་ཆགས་པ་མེད། །ཆགས་པ་ཉིད་ཀྱང་མ་ཡིན་ལ། །མ་ཆགས་མི་ཆགས་ཆགས་པ་མེད། །ཞེས་གསུངས་ཤིང་། དེ་བཞིན་དུ༏ བྱང་ཆུབ་སེམས་དཔའི་ཚུལ་ཁྲིམས་ནི། །མ་ཆགས་མི་ཆགས་སོགས་གཞན་རྣམས་ལའང་འགྲེའོ། །སྦྱིན་པ་ལ་དབྱེ་ན་གཞན་ལ་ཚིགས་སུ་བཅད་པ་གཅིག་ཡན་ཆད་བཤད་པ་ནི། **ཆོས་**ཀྱི་སྦྱིན་པ་དང་ཚེ་ཐར་བསླུ་བ

སོགས་མི་འཇིགས་པ་སྟེ་སྐྱབས་ཀྱི་སྦྱིན་པ་དང་། གསེར་དངུལ་ཟ་དར་སོགས་གཞན་ལ་གཏོང་བ་ཟང་ཟིང་གི་སྦྱིན་པ་སྟེ་གསུམ་དུ་ཡོད་ལ་དེ་རྣམས། གཏོང་བའི་ཚུལ་གོམས་པའི་ཚོད་དང་སྦྱར་ན་སེར་སྣ་ཅན་གྱི་གང་ཟག་གིས་ཐོག་མར་ལག་གཡས་པ་ནས་གཡོན་པ་ལ་གཏད། གཡོན་པ་ནས་གཡས་པ་ལ་གཏད། དེ་ནས་ཚུ་ཛི་ཁུ་རེ་ཙམ་ཚོད་མ་ཕོར་རེ་ཙམ་སྟེར་བ་སོགས་ལ་བསླབ་ཅིང་རིམ་གྱིས་རང་གི་རྐང་ལག་སོགས་གཏོང་བ་ལ་བསླབ་དགོས་ཏེ། སྤྱོད་འཇུག་ལས། ཚོད་མ་ལ་སོགས་སྦྱིན་པ་ལ། །འདྲེན་པས་ཐོག་མར་སྦྱོར་བ་མཛད། །དེ་ལ་གོམས་ནས་ཕྱི་ནས་ནི། །རིམ་གྱིས་རང་གི་ཤ་ཡང་གཏོང་། །ཞེས་གསུངས་སོ། །རྟེན་དང་སྦྱར་ན། བྱང་ཆུབ་སེམས་དཔའ་རབ་བྱུང་གིས་གཙོ་བོར་ཆོས་ཀྱི་སྦྱིན་པ་དང་། ཟང་ཟིང་གི་སྦྱིན་པ་ཅི་ནུས་དང་། ཁྱིམ་པས་གཙོ་བོར་ཟང་ཟིང་གི་སྦྱིན་པ་བྱ་ཞིང་ཆོས་ཀྱི་སྦྱིན་པ་ཅི་ནུས་བྱེད་པ་དང་ས་མཚམས་ཀྱི་རིམ་པ་དང་སྦྱར་ན་སོ་སྐྱེའི་མགོ་དང་རྐང་ལག་སོགས་མི་སྟེར་བ་ནས་ཟས་གོས་སོགས་སྟེར་བ་ལ་བསླབ་ཅིང་འཕགས་པས་རྒྱལ་སྲིད་སོགས་གཏོང་བ་དང་། བུ་དང་ཆུང་མ་སོགས་གཏོང་བ་ཆེན་པོ་དང་། མགོ་དང་རྐང་ལག་སོགས་ཤིན་ཏུ་གཏོང་བ་ཆེན་པོ་རྣམས་ལ་སློབ་པའི་སྒོ་ནས་སློང་བ་པོའི་རེ་བ་རྣམས་ཡོངས་སུ་རྫོགས་པར་གཏོང་བར་བྱའོ། །ཚུལ་ཁྲིམས་ལ་དབྱེ་ན། ཞི་བ་ལྷས། སྤོང་བའི་སེམས་ནི་ཐོབ་པ་ལས། །ཚུལ་ཁྲིམས་ཕ་རོལ་ཕྱིན་པ་བཤད། །ཅེས་གསུངས་པ་ལྟར། སྤོང་སྙམ་པའི་སེམས་བྱུང་གི་སེམས་པ་རྒྱུད་ལ་ཐོབ་པའི་སྒོ་ནས་ཉེས་སྤྱོད་སྡོམ་པ་སོགས་ཚུལ་ཁྲིམས་གསུམ་པོ་ལ་སྦྱད་ན། བྱང་ཆུབ་སེམས་དཔའི་ཚུལ་ཁྲིམས་ཀྱི་སྡོམ་པར་འགྱུར་ཏེ་སྔར་འཇུག་པའི་བསླབ་བྱའི་སྐབས་སུ་འཕེལ་བའི་རྒྱུ་ལ་ཚུལ་ཁྲིམས་གསུམ་ཡོད་པ་ལས། ཉེས་སྤྱོད་སྡོམ་པའི་ཚུལ་ཁྲིམས་བཤད་ཟིན་པ་དང་དགེ་བ་ཆོས་སྡུད་ཀྱི་ཚུལ་ཁྲིམས་བཤད་བཞིན་པ་དང་སེམས་ཅན་དོན་བྱེད་ཀྱི་ཚུལ་ཁྲིམས་འོག་ནས་འཆད་པར་འགྱུར་བ་རྣམས་ཀྱིས་རྟོགས་པར་ནུས་སོ། །

བཟོད་པ་ལ་དབྱེ་ན་ཆོས་བསྒྲུབ་པའི་ཕྱིར་སྟོན་གྱི་སངས་རྒྱས་བྱང་སེམས་རྣམས་ཀྱིས་བྱ་དཀའི་སྤྱོད་པ་ཇི་ལྟར་སྤྱད་པ་ལྟར་སྒོ་གསུམ་གྱི་དཀའ་བ་དང་དུ་ལེན་པ་དང་། གཞན་དོན་དུ་ཚ་གྲང་གཅོད་དྲལ་སོགས་དམྱལ་བའི་སྡུག་བསྔལ་གྱི་ཁུར་ཁྱེར་བ་ལ་འང་སྤྲོ་བས་བཟོད་པ་དང་ཟབ་མོ་སྤྲོས་པ་ཐམས་ཅད་དང་བྲལ་བའི་གནས་ལུགས་སྟོང་པ་ཉིད་ཀྱི་སྒྲ་ཐོས་པ་དང་དོན་ཚུལ་བཞིན་དུ་དཔྱོད་པ་སོགས་ཀྱིས་མི་སྐྲག་པ་དང་རང་ལ་གཞན་གྱིས་གནོད་པར་བྱེད་པའི་དགྲ་དང་གདོན་སོགས་ལ་བྱང་ཆུབ་སེམས་དཔའ་རང་གི་སེམས་རྒྱུད་ཁོང་ཁྲོས་མི་འཁྲུགས་ཤིང་། དེ་ལ་གནོད་ལན་མི་བྱེད་པའི་སྟེང་དུ་སླར་ཡང་ཆོས་ཀྱིས་ཕན་འདོགས་པ་དང་ཁོང་ཁྲོའི་རྒྱུ། ལོག་ཏུ་འཛིན་པ་སྡུང་བ་དང་ཡིད་མི་བདེ་བ་སྤང་པ་སོགས་ཐབས་སྣ་ཚོགས་པའི་ཚུལ་གྱིས་བསྒོམ་

སྟེ་རྒྱས་པ་ནི་སྤྱོད་འཇུག་གི་བཟོད་པའི་ལེའུ་ལས་ཤེས་པར་བྱའོ། །

བདུད་དང་བདུད་ཀྱི་རིས་ཀྱིས་རྗེ་བར་མི་ནུས་པ་གོ་ཆའི་བརྩོན་འགྲུས་དང་། སྦྱིན་པ་དང་ཚུལ་ཁྲིམས་སོགས་དགེ་བའི་ཚོགས་ལ་འཕྲལ་འཕྲལ་དུ་ལག་ལེན་ཐེབ་པའི་སྦྱོར་བའི་བརྩོན་འགྲུས་དང་། གཞན་སེམས་ཅན་གྱི་གནས་སྐབས་དང་མཐར་ཐུག་གི་དོན་བསྒྲུབ་པ་ལ་སྤྲོ་བའི་བརྩོན་འགྲུས་གསུམ་པོ་དེ་རྣམས་ནི་སངས་རྒྱས་ཕལ་པོ་ཆེའི་སྤྱོད་ཡུལ་ཡོངས་སུ་དག་པའི་མདོ་ལས་འབྱུང་བ་ལྟར། ལུང་མ་བསྟན་གྱི་བྱ་བ་ཐམས་ཅད་དགེ་བ་ལ་བསྒྱུར་བར་བྱ་སྟེ། འཕགས་པ་སྟོད་པར། འགྲོ་འཆག་ཉལ་དང་འདུག་པར་ཤེས་བཞིན་རབ་ཏུ་ལྡན། །ཞེས་གསུངས་སོ། །སྒྲུབ་པ་ཕྱུན་སུམ་ཚོགས་པ་ནི་བྱང་ཆུབ་སེམས་དཔའ་གཞན་དོན་གཙོ་བོར་བྱེད་ཅིང་། རང་དོན་ཞར་བྱུང་དུ་བྱེད་པ་སྟེ། སྤྱོད་འཇུག་ལས། དངོས་སམ་ཡང་ན་བརྒྱུད་ཀྱང་རུང་། །སེམས་ཅན་དོན་ལས་གཞན་མི་སྤྱད། །ཅེས་གསུངས་སོ། །དེ་ལྟར་སྤྱོད་ཡུལ་ཡོངས་སུ་དག་པ་དང་སྒྲུབ་པ་ཕྱུན་སུམ་ཚོགས་པ་གཉིས་ཀྱི་སྒོ་ནས་བརྩོན་འགྲུས་བརྩམ་མོ། །

བསམ་གཏན་ལ་དབྱེ་ན་རྒྱུ་ཉོན་མོངས་པ་དང་། འབྲས་བུ་སྡུག་བསྔལ་དག་སྤོང་བྱེད་ཀྱི་གཉེན་པོར་ཏིང་ངེ་འཛིན་སྒོམ་པའི་སྟོབས་ཀྱིས་ཐོབ་པའི་དགའ་བ་དང་བདེ་བ་ཁྱད་པར་ཅན་ལ་གནས་པའི་བསམ་གཏན་དང་། ཕར་ཕྱིན་དྲུག་བསྒྲུབ་པའི་དུས་སུ་སེམས་རྩེ་གཅིག་ཏུ་གནས་པའི་ཆའམ་ཟད་པ་དང་ཟིལ་གནོན་དང་རྣམ་ཐར་སོགས་འགྲུབ་པའི་ཏིང་ངེ་འཛིན་གྱི་ཡོན་ཏན་མངོན་པར་སྒྲུབ་པའི་བསམ་གཏན་དང་། སེམས་ཅན་རྣམས་ཀྱི་དོན་བྱེད་པའི་གནས་སྐབས་སུ་སེམས་རྩེ་གཅིག་པའི་བསམ་གཏན་ཏེ་རྣམ་པ་གསུམ་པོ་གཙོ་བོར་འབྲས་བུའི་སྒོ་ནས་མིང་བཏགས་པའོ། །ཚོང་སོ་ནམ་དགྲ་འདུལ་གཉེན་སྐྱོང་ལ་སོགས་པ་འདུ་འཛིའི་རྣམ་པར་གཡེང་བ་དེའི་རྒྱུ་ཕྱི་ཡོ་བྱད་དང་ནང་སེམས་ཅན་ལ་ཆགས་པར་བཅས་སྤངས་ནས་སྐྱེ་བོའི་རྒྱུ་འགྲུལ་མེད་པའི་གནས་དབེན་པར་བསྟེན་ཅིང་གནས་ཏེ། བསམ་གཏན་དང་པོ་ནས་སྲིད་རྩེའི་བར་གྱི་ཉེར་བསྡོགས་པ་འོག་མ་ལ་རགས་པ་དང་ངན་པ་ས་གོང་མ་ལ་ཞི་བ་དང་གྱ་ནོམ་པ་ཡིད་ལ་བྱེད་པ་རྣམས་ལ་བརྟེན་ནས་ཁམས་གོང་མ་ལ་བསམ་གཏན་བཞི་དང་གཟུགས་མེད་བཞིའི། འཇུག་ཏོག་སྟེ་དངོས་གཞི་གོམས་པར་བྱེད་པའི་ཏིང་ངེ་འཛིན་ནི་ཕྱི་རོལ་པ་སོགས་འཇིག་རྟེན་པ་རྣམས་དང་ཐུན་མོང་བ་ཡིན་ལ། དེ་ལྟ་བུའི་འཇིག་རྟེན་པ་དང་ཐུན་མོང་དུ་གྱུར་པའི་བསམ་གཏན་བཞི་དང་གཟུགས་མེད་པའི་སྙོམས་འཇུག་བཞི་སྟེ་བརྒྱད་ལས་འདས་པའི་སེམས་བཏང་འགྲོ་བཞག་སྡོད་སོགས་ལ་རང་དབང་ཐོབ་པའི་ཞི་གནས་དང་བདག་མེད་པར་རྟོགས་པའི་ལྷག་མཐོང་རྒྱུད་ལ་བསྐྱེད་པའི་ཏིང་ངེ་འཛིན་ནི། ཉན་ཐོས་དག་དང་ཐུན་མོང་བ་ཡིན་ཏེ་སྔར་ཞི་གནས་ཀྱི་བསྒོ་སྦྱོང་ལ། མི་

སྡུག་བྱམས་པ་རྟེན་འབྱུང་དབུགས་འབྱུང་རྔུབས་ཁམས་ཀྱི་རབ་དབྱེ་རྣམས་སྒོམ་པའི་ཚུལ་དང་ལྷག་མཐོང་ལ་བྱང་ཕྱོགས་སོ་བདུན་རེ་རེ་ནས། དམིགས་པ་སོགས་རྣམ་པ་ལྔ་ལྔས་སྒོམ་པའི་ཚུལ་ཇི་སྐད་བཤད་ཟིན་ལ་བྱང་སེམས་རང་གི་སྒོམ་བྱ་ཐུན་མོང་མིན་པ་བྱམས་པ་སྙིང་རྗེ་དགའ་བ་བཏང་སྙོམས་ཏེ་ཚངས་པའི་གནས་སམ་ཚད་མེད་པ་བཞི་པོ་དེའང་བསྡུ་ན་བདེ་བ་ཐོབ་འདོད་ཀྱི། བྱམས་པ་དང་སྡུག་བསྔལ་བྲལ་འདོད་ཀྱི་སྙིང་རྗེ་གཉིས་པོར་བསྡུས་ཏེ་ཉམས་སུ་བླང་བའོ། །

དེ་ལྟར་བྱམས་སྙིང་རྗེར་བསྡུས་པ་དེ་སྒོམས་པས་ལེགས་པར་གོམས་པར་བྱས་ནས། བྱང་ཆུབ་སེམས་དཔའ་བདག་ལ་བདེ་བ་ཅུང་ཟད་སྐྱེས་ཆེ་སེམས་ཅན་གཞན་ལའང་བདེ་བ་དང་བདེ་བའི་རྒྱུ་འདི་ལྟ་བུ་དང་ལྡན་པར་གྱུར་ཅིག་སྙམ་པ་དང་། རང་ལ་སྡུག་བསྔལ་དང་སྡུག་བསྔལ་གྱི་རྒྱུ་ཅུང་ཟད་སྐྱེས་པ་ན་སེམས་ཅན་ཐམས་ཅད་སྡུག་བསྔལ་དང་སྡུག་བསྔལ་གྱི་རྒྱུ་འདི་ལྟ་བུ་དང་བྲལ་བར་གྱུར་ཅིག་ཅེས་སྒོམ་པ་ནི་བདག་གཞན་མཉམ་པའི་བྱང་ཆུབ་ཀྱི་སེམས་དང་། བདག་གི་བདེ་བ་རྒྱུ་དང་བཅས་པ་སེམས་ཅན་ལ་སྦྱིན་ཞིང་སེམས་ཅན་གྱི་སྡུག་བསྔལ་རྒྱུ་འབྲས་དང་བཅས་པ་རང་གིས་ལེན་པ་ནི་བདག་གཞན་བརྗེ་བའི་བྱང་ཆུབ་ཀྱི་སེམས་གཉིས་ཀྱིས་ཐུན་མོང་མིན་པའི་ཉམས་ལེན་དེ་སྒྲུབ་བོ། །

ཤེས་རབ་ལ་དབྱེ་ན་སྒྲ་དང་བློའི་ཡུལ་གཟུགས་སོ། །ཀུན་རྫོབ་ལ་དམིགས་པའི་ཤེས་རབ་དང་སྒྲ་བློའི་ཡུལ་ལས་འདས་པའི་སྐྱེ་འགག་གནས་གསུམ་དང་བྲལ་བའི་སྟོང་ཉིད་དོན་དམ་བདེན་པ་ལ་དམིགས་པའི་ཤེས་རབ་དང་། ལྷ་མི་སོགས་སེམས་ཅན་གྱི་དོན་ལ་དམིགས་པའི་ཤེས་རབ་སྟེ་དེ་ལྟར། ཤེས་རབ་གསུམ་ཡང་ཐོག་མར་དབུ་མའི་གཞུང་རྩ་འཇུག་བཞི་གསུམ་སོགས་དགེ་བའི་བཤེས་གཉེན་ལས་ཐོས་པར་བྱེད་ཅིང་ཐོབ་པའི་དོན་ཡང་ནས་ཡང་དུ་བསམས་པ་སྟེ་ཐོས་བསམ་གཉིས་ཀྱིས་རང་གི་རྒྱུད་སྦྱངས་ནས། ཆོས་ཅན་ཀུན་རྫོབ་ཀྱི་བདེན་པ་དང་ཆོས་ཉིད་དོན་དམ་པའི་བདེན་པ་སྟེ་བདེན་པ་གཉིས་ཀྱི་རྣམ་དབྱེ་ནི་ཀུན་རྫོབ་ལ། ཡང་དག་པའི་ཀུན་རྫོབ་ཆུས་སྐོམ་པ་སེལ་བའི་ནུས་པ་ཡོད་པ་ལྟ་བུ་འཇིག་རྟེན་མི་བསླུ་བའི་ཆོས་ཐམས་ཅད་དོ། །ལོག་པའི་ཀུན་རྫོབ་ནི། སྨིག་རྒྱུའི་ཆུས་སྐོམ་པ་སེལ་མི་ནུས་པ་ལྟ་བུ་འཇིག་རྟེན་བརྫུན་པ་ཐམས་ཅད་དོ། །དོན་དམ་ལ་རྣམ་གྲངས་པའི་དོན་དམ་ནི། དངོས་པོ་བཀག་པའི་དངོས་མེད་ལྟ་བུ་དང་། རྣམ་གྲངས་མ་ཡིན་པའི་དོན་དམ་ཡོད་མེད་སོགས་སྤྲོས་པ་ཐམས་ཅད་དང་། སྟོང་ཉིད་དེ། དེ་ལྟར་དབྱེ་བ་དང་། མ་དཔྱད་བློ་ངོར་གྲུབ་པ་ཀུན་རྫོབ་བདེན་པ་དང་། དཔྱད་པའི་བློ་ངོར་མ་གྲུབ་པ་དོན་དམ་བདེན་པའི་མཚན་ཉིད་དང་། གཞན་ཡང་གྲངས་ངེས་དང་སྒྲ་དོན་{མངོན་རྟོགས་རྒྱན་གྱི་འགྲེལ་པའི་ཤོག་ལྷེབ་སུམ་ཅུ་སོ་བརྒྱད་པར་བལྟ་བར་བྱའོ། །}

སོགས་ལེགས་པར་ཤེས་པའི་སྒོ་ནས། བདེན་པ་གཉིས་ཀྱི་རྣམ་དབྱེ་ལེགས་ཤེས་པའི་ཞེས་པའི་སྐབས་ཀྱི། བདེན་གཉིས་ཀྱི་རྣམ་དབྱེ་ཙུང་ཟད་བཤད་ན། རྩ་ཤེར་ལས། སངས་རྒྱས་རྣམས་ཀྱིས་ཆོས་བསྟན་པ། །བདེན་པ་གཉིས་ལ་ཡང་དག་བརྟེན། །འཇིག་རྟེན་ཀུན་རྫོབ་བདེན་པ་དང་། །དམ་པའི་དོན་གྱི་བདེན་པའོ། །ཞེས་གསུངས་པ་ལྟར་ཀུན་རྫོབ་ཀྱི་བདེན་པ་དང་། དོན་དམ་པའི་བདེན་པ་སྟེ་གཉིས་སོ། །{བདེན་གཉིས་ལས། ཇི་ལྟར་སྣང་བ་འདི་ཁོ་ན། །ཀུན་རྫོབ་གཞན་ནི་ཅིག་ཤོས་ཡིན། །ཞེས་གསུངས་པ་ལྟར། སྣང་བ་ཐམས་ཅད་ཀུན་རྫོབ་དེ་ཡང་དག་པར་མ་གྲུབ་པ་དོན་དམ་པའོ། །} {བདེན་གཉིས་}དེ་གཉིས་ཀྱི་མཚན་ཉིད་ལ། དཔལ་ལྡན་ཟླ་བའི་བཞེད་པ་ནི། {འཕགས་པ་རྣམས་ཀྱི་མཉམ་གཞག་གི་ཡེ་ཤེས་ཀྱིས་ཆོས་ཐམས་ཅད་སྐྱེ་འགག་གནས་གསུམ་དང་བྲལ་བ་མཐོང་བ་ནི། }མཐོང་བ་ཡང་དག་པའི་འཛིན་སྟངས་ཀྱི་བཟུང་བྱ་དང་། {ས་བཅུ་པ་མན་གྱི་འཕགས་པའི་རྗེས་ཐོབ་དང་སོ་སྐྱེ་རྣམས་ཀྱིས་ཆོས་ཐམས་ཅད་སྐྱེ་འགག་ཅན་དུ་མཐོང་བ་ནི། }མཐོང་བ་རྫུན་པའི་འཛིན་སྟངས་ཀྱི་བཟུང་བྱ་སྟེ་འཇུག་པ་ལས། {གཟུགས་ནས་རྣམ་མཁྱེན་གྱི་བར་གྱི་}དངོས་{པོ་}ཀུན་{འཕགས་པས་}ཡང་དག་རྫུན་པར་{སྐྱེས་པར་}མཐོང་བ་ཡིས། །དངོས་{པོའི་}རྙེད་{ཚུལ་}ངོ་བོ་{བདེན་པ་}གཉིས་ནི་མཐོང་བར་འགྱུར། །ཡང་དག་མཐོང་ཡུལ་གང་དེ་དེ་ཉིད་དེ། །མཐོང་བ་རྫུན་པ་ཀུན་རྫོབ་བདེན་པར་གསུངས་ཞེས་གསུངས་པའི་ཕྱིར་རོ། །ཞི་བ་ལྷའི་བཞེད་པ་ནི་འཇིག་རྟེན་པའི་བློའི་སྤྱོད་ཡུལ་དང་། དེ་ལས་འདས་པའི་དེ་བཞིན་ཉིད་དེ། དེ་སྐད་དུ་ཡང་སྤྱོད་འཇུག་ལས། དོན་དམ་བློ་ཡི་སྤྱོད་ཡུལ་མིན། །{དོན་དམ་པ་དེའང་འཕགས་པའི་བློའི་སྤྱོད་ཡུལ་མིན་པར་འདོད་དགོས་ཏེ། ལྷ་བུས་ཞུས་པའི་མདོ་ལས། དོན་དམ་པ་ནི་ཐམས་ཅད་མཁྱེན་པའི་ཡེ་ཤེས་ཀྱི་ཡུལ་ལས་ཀྱང་འདས་སོ་ཞེས་གསུངས་པའི་ཕྱིར་རོ། །སློབ་དཔོན་ཆེན་པོ་ཡན་ལག་མེད་པའི་རྡོ་རྗེས་མཛད་པའི་ཐབས་དང་ཤེས་རབ་རྣམ་པར་གཏན་ལ་དབབ་པ་གྲུབ་པའི་ལེའུགཉིས་པར། དེ་འདི་ཡིན་ཞེས་རྒྱལ་བས་ཀྱང་། །དེ་ནི་བརྗོད་པར་ནུས་མ་ཡིན། །སོ་སོ་རང་རིག་རང་བཞིན་ཕྱིར། །ངག་གི་ལམ་གྱིས་བཟུང་བྱ་མིན། །ཞེས་དང་། སློབ་དཔོན་པདྨ་བཛྲས་མཛད་པའི་དཔལ་གསང་བ་གྲུབ་པ་ལས། དངོས་དང་དངོས་མེད་ལས་གྲོལ་ཞིང་། །སྤྲོས་པ་མེད་པའི་ངོ་བོ་ཉིད། །སངས་རྒྱས་ཀྱིས་ཀྱང་རྟོགས་མིན་ན། །སྐྱེ་བོ་གཞན་གྱིས་སྨོས་ཅི་དགོས་ཞེས་དང་། སྒོམ་དང་བསྒོམས་པ་བསྒོམ་བྱ་དག དོན་དམ་པ་ན་ཡོད་མ་ཡིན། །དཔེ་ལས་འདས་ཤིང་བརྗོད་དུ་མེད། །སངས་རྒྱས་ཀྱིས་ཀྱང་སྤྱོད་ཡུལ་མིན། །ཞེས་གསུངས་སོ། །འོ་ན་དོན་དམ་བདེན་པ་ཤེས་བྱ་མ་ཡིན་པར་འགྱུར་རོ་ཞེ་ན་མི་འགྱུར་ཏེ། ཇོ་བོ་རྗེས་རྟོགས་མེད་ཚུལ་གྱིས་རྟོགས་པལ༔ །དོན་དམ་རྟོགས་ཞེས་ཐ་སྙད་གདགས། །ཞེས་དང་། ཆོས་ཉིད་སྤྲོས་དང་བྲལ་བ་ལ། །ཤེས་པའང་སྤྲོས

དང་བྲལ་བར་བཞག །ཅེས་པ་ལྟར་རྟོགས་བྱ་དོན་དམ་པ་ཆོས་ཀྱི་དབྱིངས་དང་། རྟོགས་བྱེད་ཀྱི་ཤེས་པ་རོ་གཅིག་ཏུ་འདྲེས་པ་ན་དོན་དམ་རྟོགས་པའི་ཐ་སྙད་མཛད་པ་ཡིན་ནོ། །}བློ་ནི་ཀུན་རྫོབ་ཡིན་པར་བརྗོད་ཅེས་སོ༑ ༑ཆོས་རྗེ་ས་པཎ་གྱི་བཞེད་པ་ནི། མ་དཔྱད་བློ་ངོར་གྲུབ་པ་ཀུན་རྫོབ་བདེན་པའི་མཚན་ཉིད། དཔྱད་པའི་བློ་ངོར་མ་གྲུབ་པ་དོན་དམ་བདེན་པའི་མཚན་ཉིད་དོ། །{འཕགས་པ་ལང་ཀ་གཤེགས་པ་ལས། དམ་པའི་དོན་དུ་ཡོད་མ་ཡིན་ཞེས་སོ། །}ཞེས་གསུངས་ལ། བདེན་གཉིས་ཀྱི་ངེས་ཚིག་ལ། དོན་དམ་བདེན་པའི་ངེས་ཚིག་ནི། {ལེགས་སྦྱར་དུ་པ་ར་མ་ཨརྠ་སཏྱ་ཞེས་ཡོད་པ། པ་ར་མ་ཨརྠ་ཞེས་པ་མཆོག་གམ་དམ་པ་རྣམས་ཀྱིས་བརྟགས་ན་སྐྱོན་མེད་པའི་དོན་ཡིན་པས་ན་དོན་དམ་པར་བསྒྱུར་པ་དང་། སཏྱ་ནི་བདེན་པ་སྟེ་བློ་དེའི་ངོར་བདེན་པར་སྣང་བའི་དོན་ཏོ། །དེས་ན་}དོན་ནམ་དགོས་པ། དམ་པའམ་མཆོག་ཏུ་གྱུར་པས་ན་དོན་དམ་པ་སྟེ་འཇུག་པ་ལས། དེ་ནི་དགོས་པ་མཆོག་ཡིན་པས། །ཞེས་གསུངས་པ་ལྟར་རོ། །དེའང་འཕགས་པ་རྣམས་ཀྱི་མཉམ་གཞག་གི་ཡེ་ཤེས་ལ་ཇི་ལྟར་སྣང་བ་ལྟར་མི་བསླུ་བས་ན་བདེན་པ་སྟེ། མདོ་ལས། བདེན་པ་དམ་པ་ནི་གཅིག་པོ་ན་སྟེ། འདི་ལྟར་མི་བསླུ་བའི་ཆོས་ཅན་མྱ་ངན་ལས་འདས་པ་སྟེ་ཞེས་དང་། འཇུག་པ་རང་འགྲེལ་ལས། མི་བསླུ་བ་ཉིད་ཀྱིས་ན། དོན་དམ་པ་ཡིན་ལ་ཞེས་གསུངས་པ་ལྟར་རོ། །ཀུན་རྫོབ་བདེན་པའི་ངེས་ཚིག་ནི། {ལེགས་སྦྱར་དུ་སཾ་བྲྀཏྟི་སཏྱ་ཞེས་ཡོད་པའི་སཾ་བྲྀཏྟི་ཡང་དག་པ་ལ་སྒྲིབ་པའམ། ཀུན་འགེབས་ཞེས་བྱ་བ་ཡིན་ཡང་དོན་འགྱུར་དུ་ཀུན་རྫོབ་ཏུ་བསྒྱུར་དང་། ས་ཏྱ་བདེན་པ་སྟེ་བློ་དེའི་ངོར་བདེན་པར་སྣང་བའི་དོན་ཏོ། །}ཀུནྲ་ནི་ཤེས་བྱ། རྫོབྲ་ནི་སྒྲིབ་པ་སྟེ། ཤེས་བྱའི་གནས་ལུགས་སྒྲིབ་པའམ་འགེབས་པས་ན་ཀུན་རྫོབ་ཅེས་བྱ་སྟེ་འཇུག་པ་ལས། གཏི་མུག་{མ་རིག་པས་ཆོས་རྣམས་ཀྱི། }རང་བཞིན་སྒྲིབ་ཕྱིར་ཀུན་རྫོབ་སྟེ། །ཞེས་དང་། བདེན་གཉིས་ལས། {སྒྲིབ་བྱེད་མ་རིག་པ་}གང་ཞིག་གིས་ནི་{སྒྲིབ་བྱ་གཟུགས་ནས་རྣམ་མཁྱེན་གྱི་ཆོས་}གང་ཞིག་ལ། །ཡང་དག་སྒྲིབ་བྱེད་ཀུན་རྫོབ་སྟེ། །ཞེས་གསུངས་པ་ལྟར་རོ། །དེའང་སོ་སྐྱེ་རྣམས་ཀྱི་བློ་ལ་ཇི་ལྟར་སྣང་བ་ལྟར་མི་བསླུ་བས་ན་བདེན་པ་ཞེས་བྱ་སྟེ་{ལང་ཀར་གཤེགས་པ་ལས། ཀུན་རྫོབ་ཏུ་ནི་ཐམས་ཅད་ཡོད་ཅེས་གསུངས་པའི་ཕྱིར་རོ། །}བདེན་གཉིས་ལས། ཇི་ལྟར་སྣང་བ་དེ་ཉིད་བདེན། །ཞེས་གསུངས་པ་ལྟར་རོ། །དེ་གཉིས་ཀྱི་དབྱེ་བ་ལ། དོན་དམ་བདེན་པ་ནི་ནམ་མཁའ་ལྟར་ཀུན་ཏུ་རོ་གཅིག་པའི་རང་བཞིན་ཡིན་པས་རང་གི་ངོ་བོའི་སྒོ་ནས་དབྱེ་བ་མི་འཐད་ཀྱང་། སྟོང་གཞི་ཆོས་ཅན་གྱི་སྒོ་ནས་ནང་སྟོང་པ་ཉིད་སོགས་བཅུ་དྲུག་ཕྱེ་བ་དང་། དེ་དག་ཀྱང་བཞིར་བསྡུས་ཏེ། འཇུག་པ་ལས། སྟོང་པ་ཉིད། །བཅུ་དྲུག་བཤད་ནས་མདོར་བསྡུས་ཏེ། །སླར་ཡང་{དངོས་པོ་དང་། དངོས་མེད་དང་། རང་བཞིན་དང་། གཞན་གྱི་དངོས་པོའི་སྟོང་པ་ཉིད་དེ་}བཞི་བཤད།

ཅེས་གསུངས་པ་ལྟར་རོ། །ཡང་ན། རྣམ་གྲངས་པའི་དོན་དམ་བདེན་པ་དང་། རྣམ་གྲངས་མ་ཡིན་པའི་དོན་
{མཚན་ཉིད་པ་}དམ་བདེན་པ་སྟེ་གཉིས་ལས། དང་པོ་ནི་སྤྲོས་པའི་མཐའ་ཕྱོགས་རེ་དང་བྲལ་བའོ། །{དཔེར་
ན༑ དངོས་པོ་བཀག་པའི་དངོས་མེད་ཙམ་རྟོགས་པ་ལྟ་བུའོ། །}གཉིས་པ་ནི། སྤྲོས་པའི་མཐའ་ཐམས་ཅད་དང་
བྲལ་བའོ། །{བཞི་བརྒྱ་པར། ཡོད་མིན་མེད་མིན་ཡོད་མེད་མིན། །གཉིས་ཀའི་བདག་ཉིད་མིན་པ་མིན།
།མཐའ་བཞི་ལས་གྲོལ་དབུ་མ་པ། །ཞེས་གསུངས་པ་ལྟར་རོ། །}ཀུན་རྫོབ་བདེན་པའི་དབྱེ་བ་ལ་ཡང་དག་པའི་
ཀུན་རྫོབ་བདེན་པ་དང་། ལོག་པའི་ཀུན་རྫོབ་བདེན་པ་སྟེ་གཉིས་ལས། དང་པོ་ནི། སྣང་བ་ལྟར་དོན་བྱེད་ནུས་
པའི་རྫས་ཏེ་དཔེར་ན་ཆུ་ལྟ་བུའོ། །གཉིས་པ་ནི། སྣང་བ་ལྟར་དོན་བྱེད་མི་ནུས་པ་སྟེ་དཔེར་ན་ཆུ་ཟླ་ལྟ་བུའོ། །དེའང་
དབུ་མ་བདེན་གཉིས་ལས། {དཔེར་ན་ནམ་མཁའི་ཟླ་བ་དང་ཆུ་ཟླ་གཉིས་}སྣང་དུ་འདྲ་ཡང་དོན་བྱེད་དག
{ནམ་མཁའི་ཟླ་བས་}ནུས་པའི་ཕྱིར་དང་{ཆུ་ནང་གི་ཟླ་བས་}མི་ནུས་ཕྱིར། །{ནམ་མཁའི་ཟླ་བ་ནི་}ཡང་དག་
{ཀུན་རྫོབ་དང་ཆུ་ཟླ་ནི་}ཡང་དག་མ་ཡིན་པའི། །ཀུན་རྫོབ་{སྟེ་}རྣམ་གཉིས་དབྱེ་བྱེད་དོ། །ཞེས་གསུངས་པ་
ལྟར་རོ། །ལོག་པའི་ཀུན་རྫོབ་ལའང་དབྱེ་ན། {དཔེར་ན་སྨིག་རྒྱུ་ལ་ཆུར་བརྟགས་པ་ལྟ་བུ་}སྣང་ལོག་དང་།
{གཙོ་བོ་དང་བདག་སོགས་ཕྱི་རོལ་པའི་འདོད་པ་ལྟ་བུ་}ལྟ་ལོག་སྟེ་གཉིས་སོ། །བདེན་པ་གཉིས་ཀྱི་མཚན་
ཉིད་གཞན་ཡང་། བློ་གྲོས་མི་ཟད་པ་བསྟན་པའི་མདོ་ལས། ཀུན་རྫོབ་ཀྱི་བདེན་པ་གང་ཞེ་ན། རི་ཙམ་དུ་
འཇིག་རྟེན་གྱི་ཐ་སྙད་དུ་ཡི་གེ་དང་སྒྲ་དང་བརྡས་བསྟན་པའོ། །དོན་དམ་པའི་བདེན་པ་གང་ཞེ་ན། གང་ལ་
སེམས་ཀྱི་སྤྱོད་པ་ཡང་མེད་ན་བཟླ་དང་ཡི་གེ་རྣམས་ལྟ་ཅི་སྨོས་པའོ། །ཞེས་དང་། འཕགས་པ་ལང་ཀར་
གཤེགས་པ་ལས། ཀུན་རྫོབ་དང་ནི་དོན་དམ་སྟེ། །ཀུན་རྫོབ་རྟོག་པས་བཏགས་པ་ཡིན། །དེ་ཟད་{རྟོག་པས
བཏགས་པ་}འཕགས་པའི་སྤྱོད་ཡུལ་{དོན་དམ་}ལོ། །ཞེས་སོ། །ངོ་བོ་རྗེས་ཆོས་ཉིད་སྤྲོས་དང་བྲལ་བ་ལ། །ཤེས་
པའང་སྤྲོས་དང་བྲལ་བར་བཞག །ཅེས་གསུངས་པ་ལྟར་ཤེས་པ་ཡུལ་ཅན་དང་ཤེས་བྱ་ཡུལ་ལམ། ལྟ་བྱ་ལྟ་
བྱེད་དམ་སྒོམ་བྱ་སྒོམ་བྱེད་ལ་སོགས་པའི་གཉིས་འཛིན་གྱི་སྤྲོས་པས་ནམ་ཡང་མི་ཕྱེད་པའི་སྟེ། །ཤེས་དང་ཤེས
བྱའི་སྤྲོས་པས་མི་ཕྱེད་དེ་ཞེས་སོགས་ཀྱི་སྐབས་སུ། མདོ་གདམས་ངག་འབོག་པའི་རྒྱལ་པོ་ལས། བསམ་དུ་
མེད་པའི་ཆོས་ཉིད་ལ། །བསམ་དུ་མེད་པའི་བློ་བཞག་ན། །ཕྱོགས་རིས་མེད་པའི་ཉམས་མྱོང་སྐྱེ། །ཞེས་དང་།
ཏོག་རྩེ་པས། སེམས་ཀྱིས་བསྒོམ་པ་སྒོམ་མ་ཡིན། །མི་སྒོམ་པའང་སྒོམ་པ་མིན། །སྒོམ་དང་མི་སྒོམ་ལས
འདས་པ། །ཡིད་ལ་མེད་དོ་ཕྱག་རྒྱ་ཆེ། །ཞེས་དང་། འཕགས་པ་ཀླུ་སྒྲུབ་ཀྱིས་དབུ་མ་སྐྱེ་མེད་རིན་པོ་ཆེའི་
མཛོད་ལས། གར་ཡང་མ་རྟོག་ཅིར་ཡང་མ་འཛིན་ཅིག །བཅས་བཅོས་མ་བྱེད་རང་བཞིན་ལྷུག་པར་ཞོག །མ་

བཅོས་པ་དེ་སྐྱེ་མེད་རིན་ཆེན་མཛོད། །དུས་གསུམ་རྒྱལ་བ་ཀུན་གྱི་གཤེགས་ཤུལ་ལགས། །{དོན་དམ་པའི་བདེན་པ་ནི་བསམ་བློའི་སྤྱོད་ཡུལ་ལས་འདས་པ་ཞེས་པའང་ཚུལ་འདི་ལྟ་བུ་ལ་ཟེར་གྱི། དོན་དམ་བདེན་པ་དེ་འཕགས་པའི་བློས་མི་མཐུན་པའི་དོན་མིན་ནོ། །}ཞེས་དང་། ཧེ་རུ་ཀ་གསྒྲོ་ལས། བསམ་དུ་མེད་དེ་སེམས་ཉིད་ནམ་མཁའ་ཆེ། །སེམས་ཉིད་ནམ་མཁའ་བསམ་པ་ཀུན་དང་བྲལ། །བསམ་དུ་མེད་པའི་སེམས་ཉིད་ནམ་མཁའ་ནི། །ནམ་མཁར་མི་དམིགས་པ་ཡང་དམིགས་སུ་མེད། །ཅེས་དང་། ཇོ་བོ་རྗེས། ཆོས་{དོན་དམ་བདེན་པ་}ཉིད་སྤྲོས་དང་བྲལ་བ་ལ། །ཤེས་པའང་སྤྲོས་དང་བྲལ་བར་བཞག །ཅེས་སོ། །མཐའ་བཞི་དང་བྲལ་བ་སྟེ། བདེན་པར་རྟག་མཐའ་དང་བྲལ་བ། ཐ་སྙད་ཙམ་དུ་མེད་པའི་ཆད་མཐའ་དང་བྲལ་བ། བདེན་པར་གྲུབ་པ་དང་ཐ་སྙད་དུ་མེད་པ་གཉིས་ཀར་ཡོད་པའི་ཡོད་མཐའ་དང་བྲལ་བ། བདེན་པར་མེད་པ་དང་ཐ་སྙད་དུ་ཡོད་པ་གཉིས་ཀར་མེད་པའི་མེད་མཐའ་དང་བྲལ་བ་སྟེ་བཞིའོ། །

སྤྲོས་པའི་མཐའ་བརྒྱད་ནི། སྐྱེ་འགག་གཉིས། རྟག་ཆད་གཉིས། འགྲོ་འོང་གཉིས། གཅིག་ཐ་དད་གཉིས་ཏེ་བརྒྱད་དོ། །སློབ་དཔོན་ཆེན་པོ་ཡན་ལག་མེད་པའི་རྡོ་རྗེས་མཛད་པའི་ཐབས་དང་ཤེས་རབ་རྣམ་པར་གདན་ལ་དབབ་པ་གྲུབ་པའི་ལེའུ་བཞི་པ་དེ་ཁོ་ན་ཉིད་སྒོམ་པའི་རིམ་པར་ཕྱེ་བ་ལས། གོང་ན་སྒོམ་པ་པོ་མེད་ཅིང་། །རྣམ་པར་བསྒོམས་པ་ཅི་ཡང་མེད། །བསྒོམ་བྱ་ཉིད་ཀྱང་ཡོད་མིན་པ། །དེ་ནི་སྟོང་ཉིད་བསྒོམ་པར་བཤད། །ཅེས་དང་། འཕགས་པ་སངས་རྒྱས་ཐམས་ཅད་ཀྱི་ཡུལ་ལ་འཇུག་པ་ཡེ་ཤེས་སྣང་བ་རྒྱན་གྱི་མདོ་ལས། ཡིད་ལ་མི་བྱེད་པའི་ཆོས་རྣམས་ནི་དགེ་བའོ། །ཡིད་ལ་བྱེད་པའི་ཆོས་རྣམས་ནི་མི་དགེ་བའོ། །ཞེས་དང་། རྣམ་པར་མི་རྟོག་པ་ལ་འཇུག་པའི་གཟུངས་ལས། བྱང་ཆུབ་སེམས་དཔའ་སེམས་དཔའ་ཆེན་པོ་རྣམ་པར་རྟོག་པ་ཐབས་ཀྱི་མཚན་མ་ནི་སྣང་བ་རྟོག་པ་སྟེ། ཡིད་ལ་མི་བྱེད་པས་ཡོངས་སུ་སྤོང་བའོ། །ཞེས་དང་། གཤིན་རྗེ་གཤེད་དམར་པོའི་རྒྱུད་ལས། བསམ་བྱ་མེད་ཅིང་བསམ་བྱེད་གང་། །དེ་ཡང་གང་དུ་ཡོད་མ་ཡིན། །དེ་འདིར་བསམ་མི་ཁྱབ་པར་བརྗོད། །སྲིད་པའི་ཤིང་གི་སྔ་རི་སྟེ། །ཞེས་དང་། ཡང་དེ་ཉིད་ལས། འདི་ལ་བསལ་བྱ་ཅི་ཡང་མེད། །གཞག་པར་བྱ་བ་ཅུང་ཟད་མེད། །ཡང་དག་ཉིད་ལ་ཡང་དག་ལྟ། །ཡང་དག་མཐོང་ན་རྣམ་པར་གྲོལ། །ཞེས་སོ། །ཤེས་དང་ཤེས་བྱ་རོ་གཅིག་ཏུ་བསྲེས་ནས་**བདག་མེད**་རྟོགས་པའི་ཡེ་ཤེས་རང་བཞིན་གྱིས་**འོད་གསལ་བ་ནམ་མཁའི་མཚན་ཉིད་ཅན**་ཡིན་ཏེ་སྟེད་པར། ནམ་མཁའ་མཐོང་ཞེས་སེམས་ཅན་ཚིག་ཏུ་རབ་བརྗོད་པ། །ནམ་མཁའ་ཇི་ལྟར་མཐོང་ཞེས་དོན་འདི་བརྟག་པར་གྱིས། །དེ་ལྟར་ཆོས་མཐོང་བ་ཡང་དེ་བཞིན་གཤེགས་པས་བསྟན། །མཐོང་བ་དཔེ་གཞན་གྱིས་ནི་སྟད་པ་ནུས་མ་ཡིན། །ཞེས་གསུངས་སོ། །ཤེར

ཕྱིན་དང་རྒྱུད་བླ་མ་གཉིས་ཀར་མཐུན་པར། འདི་ལ་བསལ་བྱ་ཅི་ཡང་མེད། །གཞག་པ་བྱ་བའང་ཅུང་ཟད་མེད། །ཅེས་གསུངས་པ་ལྟར་རྣམ་རྟོག་གི་སྒྲིབ་**བསལ**་བ་དང་ཡོན་ཏན་ཡེ་ཤེས་**བཞག་རྒྱུ་མེད་པར་བསྒོམས**་པས་རྒྱུན་**སྐྱོངས་ཤིང**་ཡེ་ཤེས་ཕྱག་རྒྱའི་ཏིང་ངེ་འཛིན་གྱི་མདོ་ལས། སྟོང་ཉིད་མ་སྐྱེས་སུས་ཀྱང་བྱས་མ་ཡིན། །མ་མཐོང་འོང་བ་མ་ཡིན་འགྲོ་མིན་ན། །དམིགས་ནས་བདག་ཅག་སྟོང་ཉིད་ལེགས་བསླབས་ཞེས། །འཇོར་བ་དེ་དག་ཆོས་ཀྱི་རྐྱེན་པོ་ཡིན། །ཞེས་དང་། ཏིང་འཛིན་རྒྱལ་པོ་ལས། ཡོད་དང་མེད་ཅེས་བྱ་བ་གཉིས་ཀ་མཐའ། །གཙང་དང་མི་གཙང་འདི་ཡང་མཐའ་ཡིན་ཏེ། །དེ་ཕྱིར་གཉིས་ཀའི་མཐའ་ནི་རབ་སྤྲངས་ནས། །མཁས་པས་དབུས་ན་གནས་པ་ཡོང་མི་བྱེད་ཅེས་སོ། །**ཐུན་གྱི་རྗེས་སུ།** ཡུལ་སེམས་ཅན་སྒོམ་པ་པོ་བྱང་སེམས་སྒོམ་སྙིང་རྗེ་སྟེ་འཁོར་གསུམ་**དམིགས་པ་མེད་པའི་སྙིང་རྗེ**་ཆེན་པོ་**བསྐྱེད**་དེ་རྩེ་གཅིག་ཏུ་**སྒྲུབ**་པོ་དེ་དག་ཞིབ་ཏུ་ཤེས་པར་འདོད་ན་ཀ་མ་ལ་ཤཱི་ལའི་སྒོམ་རིམ་ཐ་མ་དང་། ཀུན་མཁྱེན་བླ་མའི་དབུ་མའི་སྤྱི་དོན་ཆེན་མོར་བཀོད་པ་དག་ལས་ཤེས་པར་བྱའོ། །དེ་ལྟར་ཕར་ཕྱིན་**དྲུག**་པོ་དེ་དག་**ཀུན་ཀྱང**་ཉམས་སུ་ལེན་པའི་ཚེ་**སྦྱོར**་བ་བྱང་ཆུབ་མཆོག་ཏུ་**སེམས་བསྐྱེད**་པ་དང་། **དངོས་གཞིར**་སྦྱིན་པ་ལ་མཚོན་ན། སྦྱིན་པ་པོ་དང་ལེན་པ་པོ་དང་། སྦྱིན་བྱའི་དངོས་པོ་སྟེ་**འཁོར་གསུམ་མི་རྟོག**་པའི་**ཤེས་རབ**་ཀྱིས་ཟིན་པ་བཞིན་ཕར་ཕྱིན་གཞན་ལྔ་ལའང་འབྲེལ་བ་དང་། **རྗེས**་ནི་བསྔོ་བྱ་བསྔོ་བྱེད་བསྔོ་ཡུལ་གྱི་དམིགས་པ་དང་བྲལ་བའི་**ཡོངས་སུ་བསྔོ་བས་ཟིན་པར**་ཤིན་ཏུ་**གཅེས།** བྱང་སེམས་ཀྱི་བསླབ་བྱ་**གཞན་ཡང**་རྒྱལ་བའི་གདུང་འཛིན་པ་དང་། དམ་པའི་ཆོས་ཀྱི་མཛོད་ལ་དབང་བ་དང་། གདུལ་བྱའི་ལྷག་མ་སྐྱོང་བ་དང་། བསམ་མི་ཁྱབ་པའི་ཡེ་ཤེས་ཀྱི་རྒྱལ་ཐབས་ལ་དབང་བསྒྱུར་དུ་རུང་བས་འཁོར་ལོས་བསྒྱུར་བའི་སྲས་མཚན་ལྡན་ལྟ་བུ་ཡིན་པས་ན་**རྒྱལ**་བ་དེ་བཞིན་གཤེགས་པའི་**སྲས**་བྱང་ཆུབ་སེམས་དཔའ་རྣམས་**ཀྱིས་མི**་བསླབ་པའི། ཤེས་བྱའི་**དངོས**་པོ་དེ་**ནི་གང་ཡང་ཡོད**་པར་**མིན**་ཏེ་སྤྱོད་འཇུག་ལས། རྒྱལ་བའི་སྲས་ཀྱིས་མི་བསླབ་པའི། །དངོས་དེ་གང་ཡང་ཡོད་མ་ཡིན། །དེ་ལྟར་གནས་པའི་མཁས་པ་ལ༑ ༑བསོད་ནམས་མི་འགྱུར་གང་ཡང་མེད། །ཅེས་**གསུངས་པས།** **སྒྲ**་ཚད་ལ་**སོགས**་རིག་པའི་**གནས**་ཀུན་**བསླབ།** །གསུམ་པ་བྱང་ཆུབ་སེམས་པའི་བསླབ་བྱ་**སེམས་ཅན**་**དོན**་**བྱེད**་ཀྱི་**ཚུལ**་ཁྲིམས་ཀྱི་མཚན་ཉིད་ནི། སེམས་ཅན་**གཞན**་གྱི་**རྒྱུད**་སྦྱང་བྱ་སྦྱང་རུང་དང་གཉེན་པོ་ཡེ་ཤེས་སྐྱེ་རུང་གི་སྒོ་ནས་**སྨིན**་པར་**བྱེད**་པའི་**ཐབས**་ལ་**མཁས**་པའི་སྤྱོད་པ་ཁྱད་པར་བ། གནས་སྐབས་དང་མཐར་ཐུག་གི་**ཕན**་པར་**ལྷུར**་**ལེན**་པའི་སེམས་བྱུང་གི་**སེམས**་པ་དང་སེམས་པ་དེ་དང་**མཚུངས**་**ལྡན**་སེམས་ཀྱི་ས་མང་དགུ། དགེ་བའི་ས་མང་བཅུ། རྟོག་དཔྱོད་གཉིས། གཙོ་སྟེ་ཉི་ཤུ་རྩ་གཉིས་དང་**བཅས**་པའོ། །སེམས་ཅན་དོན་བྱེད་ཀྱི་ཚུལ་ཁྲིམས་དེ་ལ་**དབྱེ**་**ན**་**སྦྱིན**་པ

གཏོང་བ། སྙན་པ་སྨྲ་བ། དོན་སྤྱོད་པ། དོན་མཐུན་པ་དང་བཞི་སྟེ་དེ་དག་ལས་དང་པོ་ནི་ཤ་དང་ཆང་དང་དུག་སོགས་མ་དག་པའི་དངོས་པོ་དང་བྲལ་བའི་ཟས་གོས་སྨན་སོགས་དག་པའི་སྦྱིན་པ་ཡི། གཡབ་མོས་འཁོར་ལེགས་པར་བསྡུས་ལ་གཉིས་པ་ནི་འཁོར་དུ་བསྡུས་པའི་གདུལ་བྱ་དེ་དག་ལ་གཏམ་སྙན་པར་སྨྲ་བའི་སྒོ་ནས་མགུ་བར་བྱས་ཏེ། དལ་འབྱོར་རྙེད་དཀའ་འཆི་བ་མི་རྟག་པ་ལས་རྒྱུ་འབྲས་འཁོར་བའི་ཉེས་དམིགས་ཏེ་བློ་ལྡོག་རྣམ་བཞི་བསྟན་པས་རིམ་གྱིས་བློ་སྣ་ཆོས་ལ་དྲངས་ནས་ཉན་ཐོས་ཀྱི་རིགས་ཅན་འགའ་ཞིག་ལ། བཅས་རང་གི་ཉེས་པ་དང་གང་ཟག་གི་བདག་མེད་པ་ཙམ་སྤང་བའི་ཚུལ་དང་། ཐེག་ཆེན་གྱི་རིགས་ཅན་གྱི་གང་ཟག་ལ། སེམས་བསྐྱེད་པ་དང་། ཕྱིན་དྲུག་ཉམས་སུ་ལེན་པའི་ཚུལ་དང་། ཆོས་དང་གང་ཟག་གི་བདག་མེད་པའི་སྟོང་པ་ཉིད་བསྟན་པ་སོགས་རང་རང་གི་སྤྱོད་དང་འཚམས་པར་ཆོས་བཤད་ཅིང་། དེ་ལྟར་བཤད་ཀྱང་ཉམས་སུ་ལེན་པ་ལ་མི་སློབ་ན། ཐབས་ལ་མཁས་པས་དཔེར་ན་མགོ་དང་རྐང་ལག་སོགས་གཏོང་དཀའ་བ་ཡིན་ནོ། །སྐམ་པའི་གང་ཟག་ལ་ཐོག་མར་ཕྱེ་ཕོར་གང་ཙམ་གཏོང་བ་ནས་རིམ་གྱིས་བསླབ་པས་ཆོག་པ་དང་། ཚུལ་ཁྲིམས་བསྲུང་མི་ནུས་པའི་གང་ཟག་ལ་རྩ་བ་བཞི་ཉིན་གཅིག་གམ་ཟླ་བ་གཅིག་སོགས་ལ་བསྲུང་བས་ཆོག་པའི་བསླབ་སླ་བའི་གཏམ་གྱིས་བག་ཕབ་པ་ནི་དོན་སྤྱོད་པ་ཡིན་ལ། བཞི་པ་ནི་སེམས་ཅན་གཞན་དག་དམ་པའི་ཆོས་དགེ་བ་ལ་གཞུག་པའི་ཆེད་དུ་བྱང་ཆུབ་སེམས་དཔའ་རང་ཉིད་ཀྱང་། དགེ་བ་དེ་ལ་འཇུག་པའི་སྒོ་ནས་དོན་མཐུན་པའི་གྲོས་ཆེན་གདབ་པར་བྱའོ། །

བྱང་སེམས་ཀྱི་བསླབ་བྱ། རིན་ཆེན་ཕྲེང་བར། སྦྱིན་པའི་གཡབ་མོས་ལེགས་བསྡུས་ཏེ། །སྙན་པ་སྨྲ་བས་མགུ་བྱས་ལ། །དོན་སྤྱོད་པ་ཡིས་བག་ཕབ་ནས། །དོན་མཐུན་གྲོས་ཆེན་གདབ་པར་བྱ། །ཞེས་སོ། །གཞན་ཡང་གདུལ་བྱ་རྣམས་ཆོས་ལ་དང་འདོད་ཡིད་ཆེས་ཀྱི་དད་པ་དང་དོན་གཉེར་གྱི་འདུན་པ་དང་ཡོན་ཏན་ཅན་ལ་མོས་པའི་རྒྱུར་འགྱུར་བའི་ཀུན་སྤྱོད་ཞི་བ་ལྟས། མིག་ནི་ཕབ་སྟེ་ལྟ་བར་བྱ། །ཞེས་གསུངས་པ་ལྟར། མིག་གིས་གཉའ་ཤིང་གང་ཙམ་དུ་ལྟ་ཞིང་། འགྲོ་བ་སོགས་སྒྲུབ་པའི་བསླབ་བྱ་ཇི་སྙེད་གཅིག་ཡོད་པ་རྣམས་ཀྱང་ཚུལ་འཆོས་སྤངས་པར་ལྷག་བསམ་རྣམ་དག་གི་སྒོ་ནས་སྤྱད་པར་བྱའོ། །གོང་དུ་བཤད་པའི་དགག་སྒྲུབ་ཀྱི་བསླབ་པ་དེ་ཐམས་ཅད་རིང་པོར་མི་ཐོགས་པ་མྱུར་དུ་འགྲུབ་པའི་རྒྱུ། སྤྱོད་འཇུག་ལས། བསླབ་པ་བསྲུང་བ་འདོད་པ་ཡིས། །རབ་ཏུ་སྒྲིམས་ནས་སེམས་བསྲུང་སྟེ། །སེམས་དེ་བསྲུང་བ་མ་བྱས་ན། །བསླབ་པ་བསྲུང་བ་ཡོངས་མི་ནུས། །ཞེས་གསུངས་པས་རང་རང་གི་སེམས་མི་དགེ་བ་ལས་བསྲུང་བ་ལ་འབད་དགོས་ཅིང་མདོ་དྲན་པ་ཉེར་བཞག་ལས། སེམས་ནི་དགྲ་དང་དགྲ་ཆེན་ཏེ། །སེམས་ལས་གཞན་པའི་དགྲ་བོ་མེད། །རྩུབ་ཤིང་རང་གིས་རང་སྲེག་ལྟར། །སེམས

ནི་རང་གི་སེམས་ཀྱིས་སྲེག །ཞེས་དང་། དཀོན་མཆོག་སྤྲིན་ལས། རིགས་ཀྱི་བུ་ཆོས་ཐམས་ཅད་ནི་སེམས་སྔོན་དུ་འགྲོ་བ་ཙམ་སྟེ་སེམས་ཉིད་དབང་དུ་གྱུར་ན་ཆོས་ཐམས་ཅད་དབང་དུ་འགྱུར་རོ། །ཞེས་སོ། །རང་སེམས་དེ་སྲུང་བར་བྱེད་པ་ལ། བླང་དོར་གྱི་གནས་མི་བརྗེད་པའི་དྲན་པ་དང་སྒོ་གསུམ་ལ་ཡང་ཡང་དུ་བརྟག་པའི་ཤེས་བཞིན་གྱིས་བསྐྱང་པ་གལ་ཆེ་སྟེ། ཞི་བ་ལྷས། སེམས་བསྲུང་འདོད་པ་རྣམས་ལ་ནི། །དྲན་པ་དང་ནི་ཤེས་བཞིན་དག ཐམས་ཅད་འབད་པས་སྲུངས་ཤིག་ཅེས། །བདག་ནི་དེ་ལྟར་ཐལ་མོ་སྦྱོར། །ཞེས་གསུངས་པའི་ཕྱིར་རོ། །དྲན་པ་དང་ཤེས་བཞིན་དེ་ཡི་རྒྱུ། ཕྱིའི་བཤེས་གཉེན་སྤང་བླང་གི་བསླབ་བྱ་ཚུལ་བཞིན་དུ་འདོམས་པའི་གནད་ལ་མཁས་པའི་སློབ་དཔོན་དང་ནང་གི་བཤེས་གཉེན་བླང་དོར་གྱི་གནས་ཤེས་པའི་ཤེས་རབ་ཡིན་པས་དེ་དག་དུས་རྒྱུན་དུ་བསྟེན་པ་གཅེས་སོ། །གོང་དུ་བསྟན་པའི་སྨོན་འཇུག་གི་བསླབ་བྱ་དེ་རྣམས་ནི་ཆེ་ལོང་ཙམ་ཡིན་གྱི། རྒྱས་པར་རྒྱལ་སྲས་ཞི་བ་ལྷས་མཛད་པའི་བསླབ་བཏུས་དང་སྤྱོད་འཇུག་དག་དང་དཔལ་མགོན་ཀླུ་སྒྲུབ་ཀྱིས་མཛད་པའི་རིན་ཆེན་ཕྲེང་བ་དང་། མདོ་ཀུན་ལས་བཏུས་པ་དག་དང་འཕགས་པ་ཐོགས་མེད་ཀྱིས་མཛད་པའི་བྱང་ཆུབ་སེམས་དཔའི་ས་དང་སློབ་དཔོན་ཙནྡྲ་གོ་མིས་མཛད་པའི་སེམས་ཙམ་པའི་བསླབ་བྱ་བསྟན་པ་སྡོམ་པ་ཉི་ཤུ་པ་དང་འཇམ་དབྱངས་གྲགས་མཛད་པའི་ཐབ་པ་དགོངས་གསལ་སོགས་བསྟན་བཅོས་དང་། གཞན་ཡང་དཀོན་མཆོག་སྤྲིན་དང་། ནམ་མཁའི་སྙིང་པོའི་མདོ། སྡོང་པོ་བཀོད་པའི་མདོ། བྱང་ཆུབ་སེམས་དཔའི་སྡེ་སྣོད་སྤྲིན་རས་གཟིགས་ཀྱིས་ཞུས་པའི་མདོ། བུ་མོ་རིན་ཆེན་གྱིས་ཞུས་པའི་མདོ་སོགས་སྤྱོད་ཕྱོགས་བསྟན་པའི་ཐེག་ཆེན་གྱི་མདོ་སྡེ་འགའ་དང་བྱ་རྒྱུད་དཔུང་པ་བཟང་པོ་དང་། སྤྱོད་རྒྱུད་རྣམ་སྣང་མངོན་བྱང་གི་རྒྱུད་དག་ལས་ཇི་ལྟར་འབྱུང་བ་བཞིན་བསླབ་པར་བྱའོ། །

གང་ཟག་བརྩོན་པ་སྟེ་བརྩོན་འགྲུས་ཐ་མས་གོང་དུ་བཤད་པ་དེ་ཙམ་གྱི་བསླབ་བྱ་མཐའ་དག་ལ་སློབ་པ་བྱེད་པ་མི་ལྡོགས་ན། སྨོན་པ་བྱང་ཆུབ་ཀྱི་སེམས་མི་འདོར་བ་གཞིར་བཞག་ནས་ཐེག་ཆེན་གྱི་ཟབ་པ་དང་རྒྱ་ཆེ་བའི་ཆོས་ལ་ལོག་ལྟ་མི་བསྐྱེད་ཅིང་། དཔལ་སྤྲུལ་རིན་པོ་ཆེས། མཆོད་འོས་བསླུ་དང་འགྲོད་མེད་འགྲོད་པ་སྤྱོད། །དམ་པར་བཀུར་འདེབས་འགྲོ་ལ་གཡོ་རྒྱུས་སྤྱོད། །ཅེས་གསུངས་པ་ལྟར། ནག་པོའི་ཆོས་བཞི་སྤོང་བ་ཙམ་ལ་བསླབ་པར་བྱའོ། །ཤིན་ཏུ་ཐ་མས་སྨོན་སེམས་ལྡན་པའི་ཁར། དགོས་པའི་དོན་མེད་པར་སྲོག་གཅོད་སོགས་སྡིག་པ་སྤངས་ཤིང་སྦྱིན་པ་དང་ཚུལ་ཁྲིམས་ལ་སོགས་པའི་བསོད་ནམས་དགེ་བ་དག་ཀྱང་། ཅི་ནུས་སུ་བསགས་པ་སྟེ་དེ་ཙམ་གྱིས་བསླབ་བྱ་མི་ཉམས་པ་བསྲུང་བ་ཡིན་པ་རྒྱལ་པོ་གསལ་རྒྱལ་ལ་གདམས་པའི་མདོར་དང་། གསང་ཆེན་ཐབས་ལ་མཁས་པའི་མདོ་དང་བྱང་ཆུབ་སེམས་དཔའ་ལག་བཟང་གིས་ཞུས་མདོ་

རྣམས་ལས། གསལ་བར་གསུངས་ཤིང་ཞི་བ་ལྷས་བསླབ་བཏུས་སུ་ཡང་སྡོམ་པ་ནི་བདག་ཉིད་ཀྱི་སྟོབས་དང་སྦྱར་ནས་བླང་བར་བྱ་སྟེ། དེ་ལྟར་མ་ཡིན་ན། སངས་རྒྱས་བྱང་སེམས་ཐམས་ཅད་དང་བཅས་པའི་འཇིག་རྟེན་བསླུ་བར་འགྱུར་རོ། །ཞེས་དང་། བསླབ་པ་གཅིག་སླུབ་པ་ན། བསླབ་པ་གཞན་སྲུང་མ་ནུས་ཀྱང་ལྟུང་བ་མི་འགྱུར་ཏེ་ཞེས་སོ། །རང་སྟོབས་དང་། སྦྱར་ཏེ་སྡོམ་པ་བླང་བ་བཤད་ཅིང་སྤྱོད་འཇུག་གི་སྡོམ་པ་ལེན་ཚིག་ལས་ཀྱང་བྱང་ཆུབ་སེམས་དཔའི་བསླབ་པ་ལ། །རིམ་པ་བཞིན་དུ་བསླབ་པར་བགྱི། །ཞེས་པས་རིམ་གྱིས་བསླབ་ཚོག་པར་གསུངས་པ་དང་། ལྷ་བླ་ཤན་པ་སོགས་འགྲོ་བ་ཀུན་ལ་དབུ་མ་ལུགས་ཀྱི་སེམས་བསྐྱེད་ཀྱི་སྡོམ་པ་སྐྱེ་བར་བཤད་པའི་རིགས་པས་ཀྱང་སྨོན་སེམས་ལྡན་པའི་ཁར་སྡིག་པ་སྤྱངས། བསོད་ནམས་བསགས་པ་ཙམ་གྱིས་བྱང་སེམས་ཀྱི་བསླབ་བྱ་ལས་མི་ཉམས་པ་ལེགས་པ་གྲུབ་བོ། །

ཉེས་སྤྱོད་སྡོམ་པའི་ཚུལ་ཁྲིམས་བྱེ་བྲག་ལ་དབྱེ་ན་སྤྱད་ན་དགེ་བའི་རྩ་བ་ཆད་པའི་རྩ་ལྟུང་ངམ་ཕམ་འདྲ་དང་། ལམ་བགྲོད་པ་ལ་ཡུན་རིང་དུ་འགོར་བར་བྱེད་པའི་ཉེས་བྱས་སུ་འགྱུར་བ་དག་གོ་དེ་ལྟར་རྩ་ལྟུང་དང་ཉེས་བྱས་ཀྱི་རྣམ་གཞག་བསླབ་བཏུས་ལས་བཤད་པའི་དབུ་མ་པའི་ལུགས་དང་། བྱང་སའི་དགོངས་པ་སྡོམ་པ་ཉི་ཤུ་པ་ནས་བཤད་པའི་སེམས་ཙམ་པའི་ལུགས་ཏེ་དེ་ལྟར་གཞུང་སོ་སོ་ནས་བཤད་པའི་དབང་གིས་སྲོལ་གཉིས་ཀྱི་བཞེད་པ་མི་འདྲ་བ་ཐ་དད་དུ་ཡོད་པ་ལས། དང་པོ་དབུ་མ་པའི་རྩ་ལྟུང་ལ་དབང་པོ་རབ་འབྲིང་ཐ་མའི་བྱེ་བྲག་གིས། དབང་པོ་རབ་ལ་རྩ་ལྟུང་བཅུ་བཞིར་དབྱེ་བ་དང་འབྲིང་ལ་བཞི་རུ་བསྟན་པ་དང་ཐ་མ་ལ་གཅིག་ཏུ་འདུས་སོ་ཞེས་པའོ། །དང་པོ་དབང་རྣོན་ལ་བཅུ་བཞིར་དབྱེ་བ་ནི་དཀོན་མཆོག་གསུམ་གྱི་དཀོར་སངས་རྒྱས་ཀྱི་དཀོར་ནི། སངས་རྒྱས་ཀྱི་སྐུ་གཟུགས་དང་མཆོད་རྟེན་གྱི་ཆ་རྐྱེན་དང་། ཆོས་ཀྱི་དཀོར་ནི། གླེགས་བམ་དང་ཆོས་སྨྲ་བའི་རྫས་དང་། དགེ་འདུན་གྱི་དཀོར་ནི། དགེ་འདུན་གྱི་ཡོ་བྱད་རྣམས་རིན་ཐང་མ་ཚང་ཡང་རུང་མཐུའམ། འཇབ་བུས་བདག་གིར་བྱེད་དམ་བྱེད་དུ་འཇུག་པ་ནི་འཕྲོག་༡པ་དང་། རྗོད་བྱེད་སྡེ་སྣོད་གསུམ་དང་། བརྗོད་བྱ་བསླབ་པ་གསུམ་ལ་སྟོན་པའི་བཀའ་མ་ཡིན། ཐར་བའི་ལམ་མ་ཡིན་ཞེས་དམ་པའི་ཆོས་སྤོང་བ་༢དང་། ཚུལ་ཁྲིམས་དང་ལྡན་ནམ་མི་ལྡན་ཀྱང་རུང་རབ་བྱུང་གི་རྟགས་ཙམ་འཛིན་པའི་དགེ་སློང་ལ་ཞེ་སྡང་གི་དབང་གིས་དུར་སྨྱིག་འཕྲོག་པ་དང་བརྡེག་པ་སོགས་ཆད་པས་གཅོད་ཅིང་ཁྲིམ་པར་༣འབེབ་པར་བྱེད་པ་དང་། ཕ་དང་། མ་དང་། དགྲ་བཅོམ་པ་བསད་པ་དང་དགེ་འདུན་གྱི་དབྱེན་བྱེད་པ་དང་། དེ་བཞིན་གཤེགས་པའི་སྐུ་ལ་ངན་སེམས་ཀྱི་ཁྲག་འབྱིན་པ་སྟེ། མཚམས་མེད་པ་ལྔ་ལས་གང་རུང་བྱེད་པ་དང་༤དཀོན་མཆོག་དང་ལས་འབྲས་ལ་ཡིད་མི་ཆེས་པའི་ལོག་པར་ལྟ་བ་འཛིན་པ་སྟེ་ལྔ་པོ་ནི་བྱང་ཆུབ་སེམས

དཔའ་**རྒྱལ་**པོ་ལ་འབྱུང་**ངེས་**པའི་ལྷུང་བ་ཞེས་བྱ་ལ་ལྷ་པོ་**དེ་**ཡི་དཀོན་མཆོག་དཀོར་འཕྲོག་དམ་ཆོས་སྤང་བ་དགེ་སློང་ཆད་པ་གཅོད་ཅིང་ཁྲིམ་པར་འབེབ་པ། འཚམས་མེད་བྱེད་པ་སྟེ་**དང་པོ་བཞིའི་**སྟེང་དུ། ཁྲིམ་གཅིག་དང་གཉིས་སོགས་ཡོད་པ་ནི་**གྲོང་**དང་རྒྱལ་རིགས་སོགས་རིགས་བཞི་ཀ་ཚང་བ་ནི་**ལྗོངས་**དང་**ཡུལ་**སོགས་**ཀྱིས་**བསྡུས་པ། བཟོ་སྣ་བཅོ་བརྒྱད་ཡོད་པའི་གནས་ནི་གྲོང་ཁྱེར་དང་། ཚོང་འདུས་པ་མང་པོ་འདུ་བའི་གནས་ནི་གྲོང་བརྡལ་དང་། ཙམ་པ་ཀ་སོགས་རྒྱ་གར་གྱི་ཡུལ་ཆེན་རྣམས་ནི་ཡུལ་འཁོར་ཏེ། སྡོམ་འགྲེལ་ཉི་མའི་སྣང་བ་ལས། མི་རིགས་བཞི་ཡོད་པ་གྲོང་དང་། བཟོ་རིགས་བཅོ་བརྒྱད་ཡོད་པ་གྲོང་ཁྱེར། གྲོང་ཁྱེར་དུ་མ་ཡོད་པ་གྲོང་བརྡལ། གྲོང་བརྡལ་དུ་མ་ཡོད་པ་ཡུལ་ལྗོངས། ཡུལ་ལྗོངས་དུ་མ་ཡོད་པ་ཡུལ་འཁོར་ཡིན་པར་གསུངས་སོ༔ །དེ་དག་གང་རུང་མིའམ་དམག་སོགས་ཀྱིས་**འཇོམས་**པར་བྱེད་པ་**རྣམས་གཅིག་**ཏུ་**བགྲང་བའི།** **ལྔ་**ནི་བྱང་ཆུབ་སེམས་དཔའ་**བློན་པོར་ངེས་པའི་རྩ་ལྟུང་ངོ་།** །ཕྱི་རོལ་རྟོལ་ཕྲན་ཆ་མེད་དང་ནང་ཤེས་པ་སྐད་ཅིག་ཆ་མེད་ཡོད་པར་འཛིན་པའི་བྱེ་མདོ་གཉིས་ཀྱི་ལྟ་བ་དང་། སེམས་ཙམ་བདེན་གྲུབ་ཡོད་པར་འཛིན་པའི་སེམས་ཙམ་པའི་ལྟ་བ་འོག་མ་རྣམས་ཀྱིས་རིམ་པ་བཞིན་དུ་**བློ་སྦྱང་**བར་**མ་བྱས་**པའི་གང་ཟག་ཐེག་དམན་གྱི་རིགས་ཅན་ལ་ཐེག་ཆེན་པ་ནས་སྦྱོར་པ་དང་བྲལ་བའི་ཟབ་མོ་**སྟོང་**པ་**ཉིད་**ལ་**སྟོན་**པ་[༡]དང་། ཡུལ་བླ་ན་མེད་པ་**རྫོགས་པའི་བྱང་ཆུབ་**སྟེ་ཐེག་པ་ཆེན་པོ་ལ་**ཞུགས་**པ་ལ་ཁྱོད་ཀྱིས་ཕྱིན་དྲུག་ལ་སྤྱོད་པ་དང་འབྲས་བུ་སངས་རྒྱས་ཐོབ་པ་མི་ནུས་པས་ཉན་རང་གི་སར་སེམས་བསྐྱེད་ཅིག་དང་འཁོར་བ་ལས་ཐར་བར་འགྱུར་རོ། །ཞེས་ཐེག་ཆེན་ལས་**ཟློག་**པར་བྱེད་པ་དང་[༢]། ཡུལ་**ཉན་ཐོས་**ཀྱི་**རིགས་ཅན་**དག་ཐེག་པ་ཆེན་པོ་ལ་ཞུགས་པ་སོགས་ཀྱི་དགོས་པ་ཁྱད་པར་ཅན་མེད་པར་ཉན་ཐོས་ཀྱི་ལམ་དང་འབྲས་བུ་**སྨད་དེ་ཐེག་**པ་**ཆེན་**པོ་ལ་**སྦྱོར་**བའོ། །**སློབ་པའི་**ཉན་ཐོས་ཀྱི་ཐེག་པས་ནི་འདོད་**ཆགས་**དང་ཞེ་སྡང་ལ་**སོགས་**ཉོན་མོངས་པ་**མི་སྤོང་**བས་བྱང་ཆུབ་སེམས་དཔའ་རང་གིས་**འཛིན་**ཅིང་གང་ཟག་གཞན་ལ་**འཛིན་**དུ་**གཞུག་**པ་དང་ཟས་གོས་སོགས་ཀྱིས་སྙེད་པ་དང་ཞུ་ཕུད་གདན་སྟོབས་ཀྱི་བཀུར་སྟི་དང་**སོགས་ཀྱིས་**བསྟོད་པ་རྣམས་ཀྱི་**རྒྱུས།** བདག་ཉིད་ལ་**བསྟོད་**ཅིང་བྱང་སེམས་**གཞན་**ནི་[༣](འཕགས་པ་སྨད་པར་རབ་ཏུ་དབེན་པའི་གྲོང་དང་གྲོང་ཁྱེར་རི་སུལ་དང་། །དགོན་པ་དགོན་པའི་ནགས་ཁྲོད་རབ་ཏུ་བསྟེན་བྱེད་ཅིང་། །བདག་བསྟོད་གཞན་ལ་སྨོད་པའི་བྱང་ཆུབ་སེམས་དཔའ་ནི། །བདུད་ཀྱིས་ཡོངས་སུ་བསླང་ཞིང་བློ་ཆུང་རིག་པར་བྱ། །ཞེས་སོ། །དཀོན་བརྩེགས་ལས། བདག་གི་སྐྱོན་རྣམས་འཆབ་བྱེད་ཅིང་། །གཞན་གྱི་ཉེས་པ་རྟོག་པར་བྱེད། །འདི་གཉིས་དུག་གི་མེ་དང་འདྲ། །མཁས་པ་རྣམས་ཀྱིས་རྨ་འདི་སྤོངས། །ཞེས་དང་། ཆོས་ལས། བདག་ལས་གཞན་པའི་སྐྱོན་དག་ནི། །ཕུབ་མ་གཏོར་བ་ཇི་བཞིན་

ཏུ། །གཞན་གྱི་སྐྱོན་མཐོང་སླ་བ་སྟེ། །རང་གི་སྐྱོན་ནི་མཐོང་བར་དཀའ། །གཞན་གྱི་སྐྱོན་ལ་མི་བརྟག་ཅིང་། །གཞན་གྱིས་བྱས་དང་མ་བྱས་མིན། །བདག་ཉིད་ཀྱིས་ནི་རིགས་པ་དང་། །མི་རིགས་པ་ལ་བརྟག་པར་གྱིས། །ཞེས་སོ་གསུངས་པ་གཞན་ལ་སྨོད་པ་དང་ཟབ་མོ་སྟོང་པ་ཉིད་མ་རྟོགས་བཞིན་དུ་ཡང་ཆོས་ཟབ་མོ་སྟོང་པ་ཉིད་ལ་བཟོད་པ་ཐོབ་པར་ཀློམ[༨]ཅིང་རྙེད་བཀུར་སོགས་ཐོབ་པའི་ཕྱིར་དུ་དེ་ལྟར་སྟོང་པ་ཉིད་ལ་བཟོད་པ་གཞན་ལ་བསྒྲགས་ཅིང་གོ་བ་བྱེད་པ་དང་། རྒྱལ་པོ་དང་དགེ་སློང་གཉིས་ཀྱི་བར་དུ་ཕྲ་མ་བྱས་ན། དགེ་སློང་ལ་རྒྱལ་པོས་ཆད་པས་གཅོད་དུ་གཞུག་པ་དང་། ཆད་པས་གཅོད་དུ་གཞུག་པ་དེས་རྐྱེན་བྱས་ནས་དགེ་སློང་དེ་ཡིས་སངས་རྒྱས་སོགས་དཀོན་མཆོག་གི་དཀོར་བསྐུས་ནས་ལྐོག་ཏུ་གསུག་སྟེར་པ་དེ་ཕྲ་མ་བྱེད་པ་པོ་རང་གིས་ལེན་པ་དང་། དབང་པོ་ཆེ་སྟེ་རྒྱལ་པོར་སྟེར་ན་ཕྲ་མ་བྱེད་པ་པོ་དང་དཀོན་མཆོག་གི་དཀོར་འཕྲོག་པའི་དགེ་སློང་གཉིས་ཀར་བྱང་སེམས་ཀྱི་{རྒྱལ་པོ་བྱང་སེམས་ཀྱི་སྡོམ་ལྡན་ཡིན་ན་གསུམ་ཀའང་}སྡོམ་ལྡན་ཡིན་ན་ལྟུང་བར[༧]འགྱུར་རོ། །སྒྲུབ་པ་ཉམས་སུ་ལེན་པའི་དགེ་སློང་ཆོས་དང་ལྡན་པ་ལ་དེའི་ཉམས་ལེན་ལ་གནོད་པའི་ངན་ཁྲིམས་བཅས་ཏེ། ཞི་གནས་དང་ལྷག་མཐོང་ལ་སོགས་པའི་རྣལ་འབྱོར་འདོར་དུ་འཇུག་ཅིང་། དགེ་སློང་སྤོང་བ་བསམ་གཏན་པ་ཡི་ལོངས་སྤྱོད་ཟས་གོས་ལ་སོགས་པ་རྣམས། ཕྲོག་ནས་ཀློག་པ་ཐོས་བསམ་པར་རང་གིས་སྦྱིན་པ་དང་གང་ཟག་གཞན་ལ་སྦྱིན་དུ་འཇུག་པ་སྟེ་དེ་རྣམས་ནི། དང་པོའི་ལས་པར་ཏེ་ལས་དང་པོ་པ་ལ་ངེས་པའི་རྩ་ལྟུང་བརྒྱད་ཡིན་ནོ། །

གང་ཟག་དབང་པོ་རབ་ཀྱི་དབང་དུ་བྱས་པའི་རྩ་ལྟུང་འདི་ལ་རྒྱལ་པོ་ལ་ངེས་པའི་རྩ་ལྟུང་ལྔ་དང་བློན་པོ་ལ་ངེས་པའི་རྩ་ལྟུང་ལྔ་སྟེ་ལྔ་ཚན་གཉིས་དང་ལས་དང་པོ་པ་ལ་ངེས་པའི་རྩ་ལྟུང་བརྒྱད་ཚན་གཅིག་སྟེ་རྣམ་གྲངས་བཅོ་བརྒྱད་གསུངས་པ་རྟེན་གྱི་སྒོ་ནས་ཏེ། འཚམས་མེད་ལྔ་སོ་སོར་དབྱེ་ན་གྲངས་ཉི་ཤུ་རྩ་གཉིས་སུ་འང་འགྱུར། རྟེན་གྱི་སྒོ་ནས་བཅོ་བརྒྱད་དུ་གསུངས་པ་དེ་རྣམས་ངོ་བོའི་སྒོ་ནས་བསྡུ་ན་བློན་པོ་ལ་ངེས་པའི་རྩ་ལྟུང་དང་པོ་དཀོན་མཆོག་དཀོར་འཕྲོག་དམ་ཆོས་སྤོང་བ། དགེ་སློང་ཆད་པས་བཅད་པ་འཚམས་མེད་པར་བྱེད་པ་སྟེ་བཞི་ནི་བྱང་སེམས་རྒྱལ་པོར་ངེས་པའི་རྩ་བའི་ལྟུང་བ་བཞི་དང་དོན་གཅིག་པའི་རྒྱུ་མཚན་ཡིན་པ་དེའི་ཕྱིར་ལྟུང་བའི་ངོ་བོའམ་རྫས་སུ་ནི་རྣམ་གྲངས་བཅུ་བཞིའོ་རྩ་ལྟུང་དེ་དག་ཀྱང་། རྒྱལ་པོ་དང་བློན་པོ་དང་སོགས་ཀྱིས་བསྟན་པ་ལས་དང་པོ་པ་སྟེ། དེ་ལྟར་རྒྱལ་པོ་དང་བློན་པོ་དང་། ལས་དང་པོ་པ་སྟེ་གསུམ་གྱི་རྟེན་ཅན་གྱི་བྱང་སེམས་སོ་སོ་ལ་དེ་དང་དེ། འབྱུང་བ་ཉེ་བས་ཉེས་པ་དེ་མི་འབྱུང་བའི་ཆེད་དུ་བག་ཡོད་པ་སྐྱེད་པའི་ཕྱིར་རྒྱལ་པོ་ལ་སོགས་རྟེན་གྱི་གང་ཟག་དེ་དང་དེའི་ལྟུང་བ་རུ་འཇོག་པ་ཡིན་མོད་རྒྱལ་བློན་དང་ལས་དང་པོ་པ

སྟེ་གང་ཟག་གསུམ་པོ་སུས་རྩ་ལྟུང་བཅོ་བརྒྱད་པོ་དེ་རྣམས་ལས་གང་རུང་ཞིག་སྤྱད་ཀྱང་། རྩ་བའི་ལྟུང་བར་འགྱུར་ཏེ་དཔེར་ན་བྱང་སེམས་ལས་དང་པོ་པས་དཀོན་མཆོག་གསུམ་གྱི་དཀོར་འཕྲོག་པ་སོགས་རྒྱལ་བློན་ལ་ཉེ་བའི་ཉེས་པ་རྣམས་སྤྱད་པས་ཀྱང་རྩ་ལྟུང་ཡིན་པའི་ཕྱིར་རོ། །དེ་ལྟར་རྩ་ལྟུང་བཅུ་བཞིར་དབྱེ་བ་འདི་ནི་འཕགས་པ་ནམ་མཁའི་སྙིང་པོ་ཡི། མདོ་སྡེའི་དགོངས་པའོ་དབང་འབྲིང་ལ་རྩ་ལྟུང་བཞི་རུ་བསྟན་པ་ནི། རང་ཉིད་ཞི་བདེ་དོན་གཉེར་གྱི་བློ་རྒྱུད་ལ་སྐྱེས་ནས་སེམས་ཅན་ཐམས་ཅད་སངས་རྒྱས་ཀྱི་གོ་འཕང་ཐོབ་འདོད་ཀྱི་སྨོན་པའི་བྱང་ཆུབ་ཀྱི་སེམས་སྤངས་ཏེ་ཡལ་བར་འདོར་བ་དང་སྟེ། སྤྱོད་འཇུག་ལས། སེམས་ཅན་གཅིག་གི་བདེ་བ་ཡང་། །བཤིག་ན་བདག་ཉིད་ཉམས་འགྱུར་ན། །ནམ་མཁའ་མ་ལུས་མཐའ་ཀླས་པའི། །ལུས་ཅན་བདེ་བཤིག་སྨོས་ཅི་དགོས། །ཞེས་དང་། སློང་མོ་པས་སློང་ཡང་ཟས་ནོར་སོགས་ལ་ཆགས་པ་དང་སེར་སྣའི་དབང་གིས་ཕྱི་ནང་གི་དངོས་པོ་རྣམས་གཞན་ལ་སྦྱིན་པར་མི་བྱེད་པ་དང་༢། བྱང་སེམས་རང་ཉིད་ཁོང་ཁྲོས་པའི་ཚེ་ཕ་རོལ་པོས་རབ་ཏུ་བསྒྲིམས་ཏེ་དགའ་བར་བྱེད་པར་གྱུར་ཀྱང་། བྱང་སེམས་རང་མི་བཟོད་པས་ནི་སླར་ཡང་ཕ་རོལ་པོ་དེ་ལ་དབང་ཕྱུག་པ་སོགས་ཀྱིས་བརྡེག་པ་དང་སྟེ༣། ལེགས་བཤད་རིན་པོ་ཆེའི་གཏེར་ལས། དམ་པ་ཁྲོས་ཀྱང་བཏུད་ན་ཞི། །དམན་རྣམས་བཏུད་ན་ལྷག་པར་རེངས། །གསེར་དངུལ་སྲ་ཡང་བཞུ་ནུས་ཀྱི། །ཁྱི་ལུད་བཞུ་ན་དྲི་ངན་འབྱུང་། །ཞེས་སོ། །གང་ཟག་འགའ་ཞིག་ཆོས་ཡང་དག་པ་མ་ཡིན་པ་ལ་ཆོས་ཡིན་པ་ལྟར་བཅོས་པས་སེམས་དགའ་བར་འགྱུར་བའི་ཉོན་མོངས་པ་སྟེ་གང་ཟག་དམན་པར། དམན་པ་རང་གི་བློ་ཡིས་གནས་དང་མཐུན་པ་བྱང་སེམས་རང་གིས་ཀྱང་དེ་ལ་དམ་པའི་ཆོས་མ་ཡིན་ཀྱང་ཆོས་འདྲ་བར་སྣང་བ་སྟོན་པ་༤སྟེ། དེ་ལྟར་རྩ་ལྟུང་བཅུ་བཞི་པོ་རྣམས་ནི་གསང་ཆེན་ཐབས་ལ་མཁས་པའི་མདོ་སྡེའི་དགོངས་པའོ། །དབང་རྟུལ་ལ་རྩ་ལྟུང་གཅིག་ཏུ་བསྟུ་བ་ནི་སྨོན་པ་བྱང་ཆུབ་ཀྱི་སེམས་ཡལ་བར་མི་འདོར་བ་ཡིན་ཏེ་དེ་ཡང་རྒྱལ་པོར་གསལ་རྒྱལ་གདམས་པའི་མདོ་ལས་རྒྱལ་པོ་ཆེན་པོ་ཁྱོད་ནི་དོན་མང་བ་བྱ་བ་མང་བ་ཡིན་པས་ཐམས་ཅད་ཀྱིས་ཐམས་ཅད་དུ་སྦྱིན་པ་ནས་ཤེས་རབ་ཀྱི་བར་ལ་བསླབ་པར་མི་ནུས་ཀྱི། དེ་བས་ན་ཁྱོད་ཀྱིས་རྫོགས་པའི་བྱང་ཆུབ་ལ་འདུན་པ་དང་། ཞེས་པ་ནས་རྒྱལ་པོ་ཆེན་པོ་ཁྱོད་དེ་ལྟར་ན་རྒྱལ་སྲིད་ཀྱང་བྱེད་ལ། རྒྱལ་པོའི་བྱ་བ་ཡང་ཉམས་པ་མི་འགྱུར་བཞིན་དུ་བྱང་ཆུབ་ཀྱི་ཕྱོགས་ཀྱང་ཡོངས་སུ་རྫོགས་པར་འགྱུར་རོ་གསུངས་སོ། །སྨོན་པ་བྱང་ཆུབ་ཀྱི་སེམས་སྤོང་བའི་གང་ཟག་དབང་པོ་རྣོ་འབྲིང་རྟུལ་པོ་གསུམ་ཀ་ཡི། རྩ་བའི་ལྟུང་བ་ལྔ་བ་ཡིན་པའང་ཤེས་རབ་ཀྱི་ཕ་རོལ་ཏུ་ཕྱིན་པ་ཡོན་ཏན་རིན་པོ་ཆེ་སྡུད་པའི་ལུང་གིས་གྲུབ་སྟེ་དེ་ཉིད་ལས། གལ་ཏེ་བསྐལ་བ་བྱེ་བར་དགེ་བའི་ལས་ལམ་བཅུ། །སྤྱོད་ཀྱང་ཉན་ཐོས་རང་རྒྱལ་ཉིད་དུ་སེམས་བསྐྱེད་ན། །དེ་ནི་ཚུལ་

ཁྲིམས་སྐྱོན་བྱུང་ཚུལ་ཁྲིམས་འཆལ་བ་ཡིན། །སེམས་བསྐྱེད་དེ་ནི་ཕས་ཕམ་བས་ཀྱང་ཤིན་ཏུ་ལྕི། །ཞེས་དང་། སྤྱོད་འཇུག་ལས། དེ་ནི་{སྨོན་སེམས་སྤྱང་བ} བྱང་ཆུབ་སེམས་དཔའ་ལ། །ལྟུང་བའི་ནང་ནས་ལྕི་བ་སྟེ། །ཞེས་གསུངས་པའི་ཕྱིར་རོ། །བྱང་སེམས་ལ་གང་གི་རྩ་ལྟུང་དེ་དག་གང་བྱུང་ཡང་བྱང་སྡོམ་སླར་བླང་བའི་སྐལ་བ་མེད་ཅིང་དད་པ་ལ་སོགས་པའི་དགེ་རྩ་ཆད་པས་ན། རྩ་བའི་ལྟུང་བ་ཞེས་བརྗོད་དོ། །

གཉིས་པ་ཡན་ལག་གི་ཉེས་བྱས་བརྒྱད་ཅུ་བཤད་པ་ནི། སེམས་ཅན་གཞན་གྱི་ལུས་ཚ་གྲང་བཀྲེས་སྐོམ་སོགས་ཀྱིས་སྡུག་བསྔལ་བ་དང་མི་ཤི་བ་དང་ནོར་ཟད་པ་སོགས་ཀྱིས་ཡིད་མི་བདེ་བ་གཉིས་པོ་དག་བྱང་ཆུབ་སེམས་དཔའ་རང་གིས་ཞི་བར་ནུས་བཞིན་དུ་སྡུག་བསྔལ་དེ་དག་ཞི་བར་མི་བྱེད་པ་དང་། སེམས་ཅན་གཞན་རྣམས་ཀྱི་ལུས་ཟས་གོས་སོགས་ཀྱིས་བདེ་བ་དང་ཡིད་ཡོངས་སྤྱོད་འཕེལ་བ་དང་བསྟོད་བཀུར་བསྟགས་པ་སོགས་ཀྱིས་བདེ་བ་དག་བསྐྱེད་པར་ནུས་བཞིན་དུ་མི་བསྐྱེད་པ་སྟེ་དེ་ལྟར་སྡུག་བསྔལ་ཞི་བར་མི་བྱེད་པ་དང་། བདེ་བ་བསྐྱེད་པར་མི་བྱེད་པ་དེ་གཉིས་ལ་དབྱེ་ན་ལུས་ཀྱི་རྟེན་ལ་སྡུག་བསྔལ་ཞི་བར་མི་བྱེད་པ་དང་། བདེ་བར་བསྐྱེད་པ་མི་བྱེད་པ་གཉིས་དང་སེམས་ཀྱི་རྟེན་ལ་ཡིད་མི་བདེ་བ་ཞི་བར་མི་བྱེད་པ་དང་། བདེ་བ་བསྐྱེད་པར་མི་བྱེད་པ་གཉིས་ཀྱི་དབྱེ་བས་བཞི་བཞི་པོ་དེ་ཉིད་དུ་ལྟར་ཞི་བ་དང་བསྐྱེད་པ་མི་བྱེད་བ་དང་བཞི་པོ་དེ་ཉིད་མ་འོངས་པ་ན་སེམས་ཅན་གཞན་གྱི་རྒྱུད་ལ་སྡུག་བསྔལ་དང་ཡིད་མི་བདེ་བ་འབྱུང་བ་འགྱུར་བ་དག་ཞི་བར་མི་བྱེད་པ་དང་། ལུས་བདེ་དང་ཡིད་བདེ་དག་འབྱུང་བའི་ཐབས་ཡོད་བཞིན་བསྐྱེད་པར་མི་བྱེད་པས། ཕྱི་བས་རྣམ་གྲངས་བརྒྱད་དུ་འགྱུར་རོ་བརྒྱད་པོ་དེ་རྣམས་སོ་སོའི་ཆེད་དུ། བྱང་ཆུབ་སེམས་དཔའ་རང་གི་སྒོ་གསུམ་གྱིས་སེམས་ཅན་གྱི་ལུས་དང་སེམས་ཀྱི་སྡུག་བསྔལ་ཞི་བ་དང་། བདེ་བ་བསྐྱེད་པའི་ཐབས་ལ་མི་བརྩོན་པ་བརྒྱད་དང་སྒོ་གསུམ་གྱིས་སེམས་ཅན་གྱི་སྡུག་བསྔལ་ཞི་བ་དང་བདེ་བ་བསྐྱེད་པ་ལ་ཕན་པའི་རྒྱུ་རྐྱེན་མི་འཚོལ་བ་བརྒྱད་དང་། བྱང་སེམས་རང་གི་སྒོ་གསུམ་གྱིས་སེམས་ཅན་གྱི་ལུས་དང་སེམས་ཀྱི་སྡུག་བསྔལ་ཞི་བ་དང་བདེ་བ་བསྐྱེད་པའི་གཉེན་པོར་མི་འབད་པ་བརྒྱད་སྟེ་དེ་ལྟར་བརྩོན་པའི་བྱ་བ་དང་། ཕན་པའི་བྱ་བ་དང་གཉེན་པོའི་བྱ་བ་རྣམས་རྗེས་སུ་སྒྲུབ་པ་ཉིད་ཀྱི། སྒོ་གསུམ་གྱིས་དབྱེ་བས་ཉི་ཤུ་རྩ་བཞིར་འགྱུར་བ་ནི། བདེ་བ་མི་བསྐྱེད་པ་དང་སྡུག་བསྔལ་ཞི་བར་མི་བྱེད་པའི་སྒོ་ནས་སེམས་ཅན་རྣམས་ཡལ་བར་འདོར་བ་ཞེས་སུ་རྒྱལ་སྲས་ཞི་བ་ལྷས་བསླབ་བཏུས་ལས་བཤད་ལ། རླུང་མཁྲིས་བད་ཀན་སོགས་ཀྱི་ནད་ཀྱིས་ཐེབས་པ་ལྟ་བུས་ལུས་ལ་སྡུག་བསྔལ་ཆེན་པོ་དང་ནི་སྨྱོ་བ་ལྟ་བུས་ཡིད་མི་བདེ་ཆེན་པོའི་གཉེན་པོ་གཏར་སྲེག་སོགས་སྡུག་བསྔལ་ཆུང་ངུ་བ་ཕན་པའི་ཐབས་བསྐྱེད་དགོས་ཀྱང་མི་བསྐྱེད་པ་སྟེ་དེ་ལྟར་ལུས་ཀྱི་སྡུག་བསྔལ་ཆེན་པོའི་

གཉེན་པོ་སྡུག་བསྔལ་ཆུང་ངུ་མི་སྐྱེད་པ་དང་། ཡིད་མི་བདེ་བ་ཆེན་པོའི་གཉེན་པོ་སྡུག་བསྔལ་ཆུང་ངུ་མི་སྐྱེད་པ་གཉིས་ལ། ད་ལྟའི་ཚེ་འདིའི་གཉིས་དང་ལུས་རྟེན་ཕྱི་མའི་སྐྱེ་བས་ཕྱེ་བས་གཉིས་ཏེ་བཞི། ཚེ་འདི་དང་ཕྱི་མའི་དགེ་བས་བཞི་ཡིན་པ་དེ་བཞིན་དུ་བྱང་ཆུབ་སེམས་དཔའ་རང་ལ་བཞི་དང་སེམས་ཅན་གཞན་གྱི་རྒྱུད་ལ་བཞི་ཡོད་པ་ཉིད་ཀྱི་དགེ་བས་བརྒྱད་དུ་འགྱུར་བ་དང་། འགལ་རྐྱེན་ནད་སོགས་དང་བྲལ་ཞིང་མཐུན་རྐྱེན་ཟས་གོས་སོགས་ཚང་བའི་སྒོ་ནས་ལུས་ལ་བདེ་བ་ཆེན་པོ་འབྱུང་བའི་ཕྱིར་དང་ནི་འགལ་རྐྱེན་སེམས་སྐྱོ་བ་དང་བྲལ་ཞིང་མཐུན་རྐྱེན་ཟས་ནོར་ཕུན་སུམ་ཚོགས་ཤིང་གཉེན་བཤེས་ཡིད་འོང་དང་འཕྲད་པ་སོགས་ཀྱི་སྒོ་ནས་ཡིད་ལ་བདེ་བ་ཆེན་པོ་འབྱུང་བའི་ཕྱིར་དུ། སྒོ་གསུམ་སོས་དལ་དུ་གནས་པ་ལྟ་བུའི་བདེ་བ་དང་ཡིད་བདེ་ཆུང་ངུ་དག་ཉམས་པར་མི་བྱེད་པ་འདི་གཉིས་ཀྱང་། སྔར་སྡུག་བསྔལ་དང་ཡིད་མི་བདེ་བ་ཆེན་པོའི་གཉེན་པོ་སྡུག་བསྔལ་ཆུང་ངུ་དང་ཡིད་མི་བདེ་བ་ཆུང་ངུ་བསྐྱེད་པ་མི་བྱེད་པ་ལ་ཚེ་འདི་དང་ཕྱི་མར་གཉིས་གཉིས་ཏེ་བཞི་དང་རང་དང་གཞན་ལ་གཉིས་གཉིས་ཏེ་བརྒྱད་དུ་འགྱུར་བ་ལྟར་ཕྱེ་བས་བརྒྱད་དེ་རྣམས་བསྡོམས་པས་བཅུ་དྲུག་པོ་དེ་དག་ལ༑ སྐྱབ་པ་ཡལ་བར་འདོར་བ་ཞེས་སུ་བསླབ་བཏུས་ལས་བཤད་དོ། །དེ་ལྟ་བུའི་བདེ་སྡུག་ཡལ་བར་འདོར་བ་ཉེར་བཞི་དང་སྐྱབ་པ་ཡལ་བར་འདོར་བ་བཅུ་དྲུག་སྟེ་དེ་རྣམས་བསྡོམས་པས་གྲངས་བཞི་བཅུ་ཐམ་པ་རེ་རེ་ནས། གནས་སྐབས་རེ་ཞིག་བྱ་བ་དེ་དང་དེ་མི་བྱེད་པ་ཡལ་བར་འདོར་བ་བཞི་བཅུ་དང་དུས་གཏན་དུ་ནི་མི་བྱེད་པ་བཞི་བཅུ་པོ་དེ་དག་ཡལ་བར་འདོར་བའི་སྒོ་ནས་དབྱེ་བས་རྣམ་གྲངས་བརྒྱད་ཅུ་ཐམ་པ་འབྱུང་ངོ་། །རྒྱལ་སྲས་ཞི་བ་ལྷའི་བསླབ་པ་ཀུན་ལས་བཏུས་པར་དངོས་སུ་ཉེས་བྱས་བརྒྱད་ཅུ་པོ་དེ་ཙམ་དང་། བསླབ་བཏུས་སོགས་ཀྱིས་བསྟན་པ་ཐེག་ཆེན་གྱི་མདོ་སྡེ་ནམ་མཁའི་སྙིང་པོའི་མདོ་དང་རྒྱལ་པོ་ལ་གདམས་པའི་མདོ་གསང་ཆེན་ཐབས་ལ་མཁས་པའི་མདོ། སྡོང་པོ་བཀོད་པའི་མདོ། དཀོན་མཆོག་སྤྲིན་གྱི་མདོ་ལ་སོགས་པ་སྣ་ཚོགས་པ་ནས། ཐོར་བུར་བཤད་པའི་མི་དགེ་བ་བཅུ། འཇིག་རྟེན་ཆོས་བརྒྱད། ལོག་འཚོ་ལྔ་ལ་སོགས་པ་ཉེས་པ་སྲིད་དོ་ཅོག་སྤང་བྱར་ཀུན་ནོ། །བྱང་སེམས་རང་དང་སེམས་ཅན་གཞན་ལ་ཕན་པའི་དོན་མེད་བཞིན་དུ་བང་བསྐྱེད་དེ་རྒྱུག་པ་དང་དེ་བཞིན་དུ་འཆོང་བ་དང་རྐང་པ་བརྐྱངས་ཏེ་འདུག་པ་དང་རྩེད་མོ་རྩེ་བ་དང་བཞད་གད་བྱེད་པ་དང་ས་སྙོ་རྩ་གཅོད་སོགས། དགག་པའི་ཕྱོགས་སྐྱེད་ན་ཉེས་བྱས་དང་སྤྱོད་འཇུག་ལས་མིག་ནི་ཕབ་སྟེ་ལྟ་བར་བྱ་ཞེས་གསུངས་པ་ལྟར་མིག་སྣ་རྩེ་ར་ཕབ་སྟེ་གཉའ་ཤིང་གང་ཙམ་དུ་བལྟ་བ་འགའ་ཞིག་མིག་ལམ་དུ་མཐོང་ན་ཡང་ལེགས་པར་འོང་ངམ་ཞེས་བརྗོད་པ་དང་དལ་གྱིས་འགྲོ་བ་དང་ཆོས་ཉན་པ་དང་འཆད་པའི་ཀུན་སྤྱོད་{མགོ་བོ་གཡོགས་པ་དག་ལ་མིན་ཞེས་སོགས་}སོགས་སྤྱོད་འཇུག་ནས་བཞིན་གྱི་ལེའུར་ཇི་ལྟར་འབྱུང་བ

ལྟར། བསླབ་བྱའི་ཕྱོགས་ལས་ཉམས་པ་རྣམས་ཀྱང་ཉེས་བྱས་ཉིད་དུ་འདུའོ། །

གཉིས་པ་སེམས་ཙམ་པའི་ལུགས་ཀྱི་རྩ་ལྟུང་དང་ཡན་ལག་གི་ཉེས་བྱས་བཤད་པ་ནི། འཕགས་པ་ཐོགས་མེད་ཀྱི་སའི་དངོས་གཞིའི་ནང་ཚན་བྱང་ཆུབ་སེམས་དཔའི་སའི་དགོངས་པ་ལྟར། སློབ་དཔོན་ཙནྡྲ་གོ་མིས་མཛད་པའི་སེམས་ཙམ་པའི་ལུགས་ཀྱི་བྱང་སྡོམ་ལེན་ཚུལ་དང་། དེའི་བསླབ་བྱ་སྲུང་ཚུལ་སོགས་སྟོན་པའི་བསྟན་བཅོས་སྡོམ་པ་ཉི་ཤུ་པར་བཤད་པའི་བྱང་ཆུབ་སེམས་དཔའི་རྩ་ལྟུང་འདི། ཉན་ཐོས་ཀྱི་ཕམ་པ་དང་། འཇིག་བྱེད་འདྲ་བས་ན་ཕམ་འདྲ་བཞི་དང་ཡན་ལག་གི་ཉེས་བྱས་ཞེ་དྲུག་གཉིས་{ཆོས་དང་ནོར་གྱིས་དབུལ་ཞིང་། }ལས་དང་པོ་ཕམ་འདྲ་བཞི་ནི་ཟས་གོས་སོགས་ཀྱི། རྙེད་པ་དང་ཞ་ཤུད་གདན་བཏིང་སོགས་བཀུར་སྟི་ར་ཞེན་ཅིང་ཆགས་པས་ཀུན་ནས་བསླངས་ཏེ། བདག་གི་ཡོན་ཏན་ནས་བཟུང་སྟེ་བསྟོད་པ་དང་ཕ་རོལ་པོ་གང་ཟག་གཞན་ལ་སྨྱོན་ནས་བཟུང་སྟེ་སྨོད་པ་༡)དང་། ཆོས་དང་ནོར་གྱིས་དབུལ་ཞིང་བཀྲེན་པས་སྡུག་བསྔལ་ཞིང་མགོན་མེད་པར་གྱུར་པའི་གང་ཟག་ལ། སེར་སྣ་དྲག་པོས་ཀུན་ནས་བསླངས་ཏེ་ཆོས་དང་ནོར་མི་སྟེར་བ་དང་༢། འོག་ཉེས་བྱས་ཞེ་དྲུག་གི་ནང་དུའང་། ཆོས་མི་སྟེར་དང་ཞེས་ཆོས་མི་སྟེར་བ་ཉེས་བྱས་ཀྱི་གྲངས་སུ་ཡོད་པ་དེ་དང་འདིའི་ཁྱད་པར་ནི། སེར་སྣའི་ཀུན་སློང་ཡོད་མེད་ཀྱིས་ཡིན་པར་གསུངས་སོ། །ཕ་རོལ་པོ་གང་ཟག་གཞན་གྱིས་རང་ལ་ཉེས་པ་བྱས་པ་དེ་བཤགས་ཤིང་ཉེས་པ་མེད་པའི་ཚུལ་སྨྲས་པའི་སྒོ་ནས་ཤད་སྦྱངས་བྱས་ཀྱང་མི་ཉན་པར་སྨྲ་ཡང་དེ་ལ། དབྱུག་པ་དང་ཁུ་ཚུར་སོགས་ཀྱིས་བརྡེག་ཅིང་དེ་ལ་ལུས་ངག་གི་ཐོ་འཚམས་པ་དང་༣། བྱང་ཆུབ་སེམས་དཔའི་སྡེ་སྣོད་དེ་ཐེག་ཆེན་གྱི་ཆོས་ལ་བཀའ་མ་ཡིན་ཞེས་སོགས་སྐུར་འདེབས་ཀྱིས་སྤོང་བར་བྱེད་ཅིང་། ཆོས་ལྟར་བཅོས་པ་ཆོས་རྣམ་དག་མ་ཡིན་པ་ལ་ཆོས་ཡང་དག་པ་ལྟར་བཅོས་པར་མོས་ཤིང་དགའ་བའི་དབང་གིས་ཆོས་རྣམ་དག་མ་ཡིན་པ་ལ་ཆོས་ཡིན་ནོ་ཞེས་སྟོན་པ་༤རྣམས་ཡིན་ནོ། །ཕམ་འདྲ་བཞི་པོ་རང་རང་གི་ཡན་ལག་གམ་ལྟུང་བའི་ངོ་བོ་ནི་གོ་རིམ་བཞིན་དུ། ཆགས་པ་༡)སེར་སྣ་༢ཞེ་སྡང་༣ལྟ་ལོག་༤དག་ཡིན་སྟེ། དེ་དང་དེ་ལས་ཕམ་འདྲ་བཞི་པོ་འབྱུང་བའི་ཕྱིར་རོ། །བདག་བསྟོད་གཞན་ལ་སྨོད་པ་སོགས་ཕམ་འདྲ་བཞི་ཀར་བྱང་སྡོམ་རྣམ་དག་དང་ལྡན་༡)པ་དང་སྨྲོ་བ་དང་འགྱོད་པ་སོགས་མ་ཡིན་པ་ཤེས་པ་རྣལ་༢དུ་གནས་པ་དང་། ཀུན་དཀྲིས་ཏེ་ཉོན་མོངས་པ་ཆེན་༣པོས་ཀུན་ནས་བསླངས་བ་སྟེ་གསུམ་ནི་ཕམ་འདྲ་བཞི་པོ་ཐུན་མོང་གི་ཡན་ལག་ཡིན་པས་གསུམ་པོ་དེ་ཚང་ན་ཉན་ཐོས་ཀྱི་ཕམ་པ་དང་འདྲ་བར་བྱང་ཆུབ་སེམས་དཔའི་སྡོམ་པ་རྩ་བ་ནས་སྟོང་པའི་རྒྱུར་འགྱུར་རོ། །ཀུན་དཀྲིས་ཆེ་འབྲིང་ཆུང་གསུམ་གྱི་དབྱེ་བ་ནི་དུས་རྒྱུན་ཆད་མེད་པར་ཉེས་པ་ལ་སྤྱོད་པ་༡)དང་རང་ངོས་ནས་ངོ་ཚ་མེད་པ་དང་། གཞན་ངོས་ནས་ཁྲེལ་མེད་པ་༢དང་

བདག་བསྟོད་གཞན་ལ་སྨད་པ་ལ་སོགས་པའི་ལས་དེས་རང་གི་སེམས་མགུ་བར་བྱེད་ཅིང་། བདག་བསྟོད་གཞན་སྨོད་སོགས་ལ་ཡོན་ཏན་༣ དུ་བལྟ་བ་རྣམས་ནི་ཀུན་དཀྲིས་ཆེན་པོའོ། །རྒྱུན་ཆད་མེད་པར་སྤྱོད་པ་དང་། ངོ་ཚ་ཁྲེལ་མེད་པ་དང་། ལས་དེས་མགུ་ཞིང་ཡོན་ཏན་དུ་བལྟ་བ་སྟེ་གསུམ་པོ་དེ་ལས་རྒྱུན་ཆད་མེད་པར་སྤྱོད་པ་དང་ངོ་ཚ་ཁྲེལ་མེད་ལྟ་བུའི་ཉོན་མོངས་པ་གཉིས་སམ་རྒྱུན་ཆད་མེད་པར་སྤྱོད་པ་ལྟ་བུ་ཅིག་ལྡན་གྱིས། རིམ་པ་ལྟར་ཀུན་དཀྲིས་འབྲིང་པོ་དང་ཆུང་ངུར་དབྱེ་བ་དང་ཡང་ན། གནས་རྙེན་བྱང་བཟང་གིས་མཛད་པའི་སྡོམ་པ་ཉི་ཤུ་པའི་འགྲེལ་པར་གང་གི་ཚེ་སླར་ངོ་ཚ་དང་ཁྲེལ་ཙུང་ཟད་སྐྱེ་བ་དང་། གཞན་གྱིས་གསོལ་བ་བཏབ་པས་བཟློག་པ་དེ་འབྲིང་ལ་གནས་པའོ། །གང་གི་ཚེ་མྱུར་བ་ཉིད་དུ་ངོ་ཚ་བྱེད་ཅིང་རང་ཉིད་ཀྱིས་སྐད་ཅིག་གིས་བཟློག་པ་དེ་ནི་ཆུང་ངུ་ལ་གནས་པ་རིག་པར་བྱའོ་ཞེས་གསུངས་པ་ལྟར་ངོ་ཚ་བ་སྐྱེས་པ་རིང་བ་དང་མྱུར་བ་ཉིད་ཀྱི་སྒོ་ནས་ཕྱེ་བས་རིམ་པ་ལྟར་ཀུན་དཀྲིས་འབྲིང་དང་ཆུང་ངུར་རྣམ་པར་བཞག་པ་དང་། ཡང་ལུགས་སྔ་མ་གཉིས་པོ་དག་ལས་གཞན་ཡང་རྗེ་བཙུན་གྲགས་པ་རྒྱལ་མཚན་ནི་མཛད་དེ་ཉོན་མོངས་པ་རྒྱུད་ལ་སྐྱེས་པ་ཙམ་དང་ཉོན་མོངས་པ་དེ་ཉིད་ལ་བློ་ཁ་གཞོལ་ཞིང་འབབ་སྟེ་ཕྱོགས་པ་དང་། ཉོན་མོངས་པ་དེ་ཡི་དབང་དུ་གྱུར་ཏམ་བབ་པ་སྟེ་དེ་ལྟར་ཉོན་མོངས་པ་སྐྱེས་པ་དང་དེ་ལ་འབབ་པ་དང་། དེ་ཡི་དབང་དུ་གྱུར་པ་སྟེ་གསུམ་པོ་ཡིས། རིམ་པ་ལྟར་ཀུན་དཀྲིས་ཆུང་ངུ་དང་འབྲིང་པོ་དང་ཆེན་པོར་དབྱེ་བར་ཡོད་དེ་རྗེ་བཙུན་རིན་པོ་ཆེ་གྲགས་པ་རྒྱལ་མཚན་གྱི་སྡོམ་པ་ཉི་ཤུ་པའི་འགྲེལ་པར་སྐྱེས་པ་དང་། འབབ་པ་དང་། བབ་པའོ། །དེ་ལ་སྐྱེས་པ་ནི་འདོད་ཆགས་སོགས་འབྱུང་བ་སྟེ་ཆུང་ངུའོ། །འབབ་པ་ནི་ཉོན་མོངས་པ་དེའི་རྗེས་སུ་སེམས་ཤིང་གཞོལ་བ་སྟེ་འབྲིང་པོའོ། །བབ་པ་ནི་ཉོན་མོངས་པ་དེའི་དབང་དུ་གྱུར་ནས་སྤྱོད་པ་སྟེ་ཆེན་པོའོ་ཞེས་གསུངས་སོ། །དེས་ན་རང་ལུགས་ལ་ཕྱི་མ་འདི་ཉིད་གཙོ་ཆེའོ། །

གཉིས་པ་ཡན་ལག་གི་ཉེས་བྱས་ལ་རྣམ་གྲངས་བཞི་བཅུ་རྩ་དྲུག་བྱང་སེམས་པའི་དགོངས་པ་ལྟར་སྡོམ་པ་ཉི་ཤུ་པའི་ནང་དུ་གསུངས་པ་ལས་དེ་ལ་ཚུལ་ཁྲིམས་གསུམ་གྱི་ནང་ནས། དགེ་བ་ཆོས་སྡུད་ཀྱི་ཚུལ་ཁྲིམས་སྦྱིན་པ་སོགས་ཕར་ཕྱིན་དྲུག་གི་ཉམས་ལེན་དང་འགལ་བའི་ཉེས་བྱས་སུམ་ཅུ་རྩ་བཞི་ཡོད་པ་རྣམས་རིམ་བཞིན་བཤད་པ་ནི། སངས་རྒྱས་ལ་སོགས་པའི་དཀོན་མཆོག་གསུམ་ལ་སྒོས་མར་མེ་ཞལ་ཟས་སོགས་ཀྱིས་མི་༡)མཆོད་པའམ་མཆོད་ཀྱང་ཡོན་ཏན་དྲན་པའི་སྒོ་ནས་མི་མཆོད་པ་དང་འདོད་པ་ཆེ་ཞིང་ཆོག་མི་ཤེས་པའི་སེམས་ཀྱི་རྗེས་སུ་འཇུག་༢པས་རྙེད་བཀུར་དང་དུ་ལེན་པ་དང་། རིགས་མཐོ་བ་དང་ཡོན་ཏན་ཆེ་བས་རྒན་པར་གདན་བཏིང་པ་དང་། ཕྱག་འཚལ་བ་སོགས་མི་བྱེད་ཅིང་། ང་རྒྱལ་དང་ཁོང་ཁྲོ་སོགས་ཀྱིས་མི་༣གུས་པ་མི་བྱ་

སྟེ། ཟླ་རྒྱས་བཞིན་འཛུམ་དུལ་བ་དང་། །རྒན་རབས་དང་ནི་གསར་བུ་ལ། །རྟག་ཏུ་གསོང་པོར་སྨྲ་བ་དང་། །དེས་ཤིང་ང་རྒྱལ་མེད་པར་བྱ། །ཞེས་དང་། ལུགས་ཀྱི་བསྟན་བཅོས་འཇིག་རྟེན་དམ་པའི་རྒྱན་ལས། བཀུར་བ་འོས་པ་ལེགས་བཀུར་ཞིང་། །མགོན་མེད་པ་ལ་ལྷག་པར་བྱམས། །བྱས་ལ་དྲིན་ལས་མི་བརྗེད་པ། །དམ་པ་རྣམས་ཀྱི་མཛད་སྤྱོད་ཡིན། །ཞེས་སོ། །ཆོས་འཇིག་རྟེན་གྱི་འབེལ་གཏམ་དྲིས་པར་ལན་མི་འདེབས[༤]པ་དང་། གང་ཟག་གཞན་གྱིས་མགྲོན་དུ་བོས་པ་ན་ཁོང་ཁྲོ་དང་ང་རྒྱལ་གྱི་དབང་གིས་མི་འགྲོ[༥]བ་དང་། གསེར་དངུལ་གྱི་དངོས་པོ་དང་། ཟས་གོས་ལ་སོགས་པ་གཞན་གྱིས་ཕུལ་ན་ཁྲོས་ནས་ནོར་དེ་དག་མི་ལེན[༦]པ་དང་། ཆོས་འདོད་པའི་གང་ཟག་རྣམས་ལ་ཟབ་པ་དང་རྒྱ་ཆེ་བའི་ཐེག་ཆེན་གྱི་ཆོས་ཁོང་ཁྲོ་དང་ཕྲག་དོག་སོགས་ཀྱིས་མི་སྟེར[༧]བ་རྣམས་ནི་སྦྱིན་པའི་ཕ་རོལ་ཏུ་ཕྱིན་པ་དང་འགལ་བའི་ཉེས་པ་བདུན་ཡིན་ནོ་གང་ཟག་ཕན་ཚུན། ཁྲིམས་འཆལ་བ་རྣམས་ཁྲུད་གསོད་ཀྱིས་ཡལ་[༨]བར་འདོར་བ་དང་། བྱང་སེམས་རང་ཉིད་ལ་མ་དད་པའི་སེམས་ཅན་རྣམས་དད་པར་བྱ་བའི་ཕྱིར་དང་། རང་ཉིད་ལ་དད་པ་རྣམས་སླར་ཡང་དད་པ་ཆེར་བསྐྱེད་པའི་ཕྱིར་ཏེ། དེ་ལྟར་དད་ཕྱིར་རང་ཉིད་འདུལ་བ་ལས་བྱུང་བའི་ཀུན་སྤྱོད་བཞིན་དུ་སློབ[༩]པར་མི་བྱེད་པ་དང་། ལྷ་མི་སོགས་སེམས་ཅན་རྣམས་ཀྱི་གནས་སྐབས་དང་མཐར་ཐུག་གི་དོན་ལ་བྱ་བ་ཆུང་བ[༡༠]ཉན་ཐོས་ལྟར་གནས་པ་དང་། སྡོམ་པ་ཉི་ཤུ་པར། སྙིང་བརྩེར་བཅས་ན་མི་དགེ་མེད། །ཅེས་གསུངས་པ་ལྟར་ཕ་རོལ་པོ་ལ་སྙིང་བརྩེ་བར་དང་བཅས་ཤིང་སེམས་ཅན་གྱི་དོན་དུ་འགྱུར་ངེས་པ་ལ་སྤྱོད་འཇུག་ལས། ཐུགས་རྗེ་མངའ་བ་རིང་གཟིགས་པས། །བཀག་པ་རྣམས་ཀྱང་དེ་ལ་གནང་། །ཞེས་གསུངས་པ་ལྟར་ལུས་ངག་ཁོ་ནའི་མི་དགེ་བ་བསྐྱེད་པར་གནང་ཡང་མ་སྤྱད[༡༡]པ་དང་། ངོ་བསྟོད་བྱས་ནས་ཟས་གོས་སོགས་ལ་རེ་བ་ནི་ཁ་གསགས་སྟེར་བྱེད་པ་དེས་ཕན་ཐོགས་ཆེན་པོ་བྱུང་ཚུལ་སོགས་བཤད་ནས་ཟས་གོས་སོགས་ལ་རེ་བ་ནི་གཞོགས་སློང་། འོས་བབ་ཡོད་ཚུལ་སོགས་བཤད་ནས་ཟས་གོས་ལ་རེ་བ་ནི་ཐོབ་ཀྱིས་འཇལ། ཕར་བྱིན་པའི་ལན་ལ་རེ་བར་བྱེད་པ་ནི་རྙེད་པས་རྙེད་པ་ཚོལ་བ་སྟེ་དེ་ལྟར་ལོག་པའི་འཚོ་བ་ལྔ་པོ་བདག་གིར་བྱེད་པ་དང་[༡༢]བྱང་སེམས་རང་ཉིད་སྤྱོད་པ་མ་དུལ་བའི་རྣམ་པ་རྒྱག་དགོད་ཅིང་ལུས་རྩེ[༡༣]བས་གཡེངས་བར་བྱེད་པ་དང་། བྱང་སེམས་རྣམས་གཞན་དོན་དུ་ཉན་ཐོས་ལས་བརྩོན་པ་འབུམ་འགྱུར་གྱིས་འཁོར་བར་གནས་བཞིན་དུ་མྱ་ངན་ལས་འདས་པ་ལ་སྨྲོ་བར་བྱེད་དགོས་ཀྱང་འཁོར་བ་ལ་སྲིད་པ་སྟེ་ཆགས་པས་འཁོར་བ་ལས་རང་ཉིད་གཅིག་པུ་བསྒྲོད་སེམས[༡༤]ཏེ་གནས་པ་ལ་སྙིང་ཐག་པ་ནས་སྨྲོ་བ་དང་། བྱང་ཆུབ་སེམས་དཔའ་ནི་གཞན་གྱི་ཡིད་མ་དད་པ་བསྲུང་དགོས་པས་ན་མི་སྙན་པ་ལ་སོགས་པའི་གྲགས[༡༥]པ་ངན་པ་མི་འཛེམས་པ་དང་འདོད་ཆགས

སོགས་ཉོན་**མོངས་**ཅན་)༦རྣམས་ཐབས་སྣ་ཚོགས་ཀྱིས་འཚོས་པར་ནུས་ཀྱང་**མི་འཚོས**་པ་སྟེ། **དེ་རྣམས་ཚུལ་ཁྲིམས**་ཀྱི་ཕ་རོལ་ཏུ་ཕྱིན་པ་**དང་འགལ**་བའི་**ཉེས་བྱས་དགུ**འོ། །ཚིག་ངན་པས་རང་ལ། **གཤེ**་བ་ལ་ལན་མི་གཤེ་བ་དང་**སོགས**་ཀྱིས་བསྡུས་པ་ཁྲོ་བ་ལ་ལན་མི་ཁྲོ་བ་དང་རྡེག་པའི་ལན་དུ་མི་རྡེག་པ་དང་། མཚང་འབྲུ་བའི་ལན་དུ་སླར་མཚང་མི་འབྲུ་བ་སྟེ་**དགེ་སྦྱོང་གི་ཆོས་བཞི་མི་སྲུབ**)༧པ་དང་ཕ་རོལ་པོ་གཞན་དག་རང་ལ་**ཁྲོས**་པའི་གནས་སྐབས་ན་རང་ལ་ཉེས་པ་ཡོད་ཀྱང་རུང་མེད་ཀྱང་རུང་། ཤད་ཀྱིས་སྦྱངས་དགོས་པ་ལས་མི་སྦྱང་བར་**ཡལ་བར**)༨**འདོར**་བ་དང་གཞན་ཉེས་པ་བྱུང་བ་དག་བྱང་སེམས་རང་ལ་**ཆོས་བཞིན་**དུ་**བཤགས་པར**)༩བྱེད་པའི་ཚེ་ཁྲོ་བ་སོགས་ཀྱིས་**མི་ཉན**་པ་དང་གཞན་ལ་བྱང་སེམས་རང་ཉིད་ཁྲོ་བའི་སེམས་དེ་**ཡི་རྗེས**་སུ་ལུས་ངག་**འཇུག**་པ་དེ་**རྣམས་**༡༠**བཟོད**་པའི་ཕ་རོལ་ཏུ་ཕྱིན་པ་**དང་འགལ**་བའི་ཉེས་བ་བཞིའོ། །

རང་ལ་ཟས་གོས་སོགས་ཀྱི་**བསྙེན་**{**བཀུར་**}པ་དང་ཞྭ་ཕྱུད་པ་སོགས་ཀྱི་**བཀུར་སྟི་འདོད་ཕྱིར་**ཉོན་མོངས་པ་དང་བཅས་པའི་སེམས་ཀྱིས་**འཁོར་**མང་པོ་**སྡུད་**༡༡པ་དང་ཚོང་དང་སོ་ནམ་དཔྲ་འདུལ་གཉེན་སྒྲིང་སོགས་བྱ་བ་ངན་ཞེན་གྱི་**ལེ་ལོ་**དང་སྒོ་གསུམ་སོས་དལ་དུ་འདུག་པའི་སྙོམ་ལས་ཀྱི་ལེ་ལོ་ལ་**སོགས**་པ། |**མི་སེལ་བར**་༡༢སྙེ་བོ་མང་པོ་དང་ལྷན་ཅིག་ཏུ་**འདུ**་ཞིང་ཕན་ཚུན་ཆགས་སྡང་གི་གཏམ་སྣ་ཚོགས་པས་**འཛེ་བའི་གཏམ་གྱིས**་ཉིན་མཚན་དུས་**དྲུག**་ཏུ་བགོས་པའི་**ཆ**་གཅིག་ལོངས་པ་ཞིག་**ཡོལ**་༡༣བར་བྱེད་པ་སྟེ། **བརྩོན་འགྲུས་དང་འགལ**་བའི་ཉེས་བྱས་**གསུམ་ཡིན་**ནོ། །སེམས་ཕྱི་རོལ་ཏུ་མི་གཡེངས་པ་རྩེ་གཅིག་ཏུ་གནས་པའི་**ཏིང་ངེ་འཛིན**་ལ་མཉམ་པར་བཞག་འདོད་ཀྱང་རང་གིས་ནི་མི་ཤེས། མན་ངག་དང་ལྡན་པའི་གང་ཟག་གཞན་ལ་ང་རྒྱལ་གྱི་དབང་གིས་མི་འདྲི་ཞིང་**མི་འཚོལ**)༡༤བ་དང་། གཉིད་རྨུགས་གཉིས་དགོད་འགྱོད་གཉིས། འདོད་པའི་འདོད་ཆགས་གནོད་སེམས། ཐེ་ཚོམ་སྟེ་**བསམ་གཏན**་ནམ་སྙོམ་འཇུག་གི་**སྒྲིབ**་པ་ལྔ་**མི་སྤོང**་བ་དང་༡༥། རང་བསམ་གཏན་གྱི་སེམས་ཐོབ་པ་ཞིག་ཡིན་ན་དེའི་**ཏིང་འཛིན**་དེའི་རོ་མྱོང་བ་**ལ་ཡོན་ཏན**་དུ་བལྟ་བ་སྟེ་དེ་**རྣམས་**༡༦ནི། **བསམ་གཏན**་དང་འགལ་བའི་ཉེས་བྱས་**གསུམ་མོ**། །གང་ཟག་གཞན་ཐེག་ཆེན་ལ་གཞུག་པའི་དགོས་པ་སོགས། དགོས་པ་ཁྱད་པར་ཅན་མེད་བཞིན་དུ་**ཉན་ཐོས་ཀྱི**། ཐེག་པ་ཉན་པ་དང་བཟུང་བ་བསླབ་པ་མི་བྱའོ་ཞེས་སྨྲ་བས་**སྤོང**་བ་དང་༡༧ཟབ་པ་དང་རྒྱ་ཆེ་བ་བསྟན་པའི་**ཐེག་ཆེན**་གྱི་**སྡེ་སྣོད**་ཀྱང་ཉན་པ་དང་བཟུང་བ་ལ་སོགས་པ་མི་བྱེད་པས། **སྤངས་ནས**་ཐེག་དམན་**ཉན་ཐོས་སྡེ་སྣོད**་ལ་)༡༨ཐོས་བསམ་གྱིས་**བརྩོན**་པ་དང་། དེ་**བཞིན་**དུ་ཕྱི་རོལ་པའི་རིག་བྱེད་ཀྱི་**བསྟན་བཅོས**་ཐོས་བསམ་གྱིས་**བརྩོན**་པ་དང་༡༩། དགོས་པའི་དབང་གིས་ཕྱི་རོལ་པའི་བསྟན་བཅོས་དེ་ལ་མཁས་པར་བྱས་ཀྱང་ཉེས་པ་མེད་མོད་བསྟན་བཅོས་དེ་ལ་ལམ་དུ་བསམ་ནས

དགའ་༣༠བར་བྱེད་པ་དང་ཐེག་པ་ཆེན་པོའི་རྟོགས་པའི་ཁྱད་ཆོས་ཆོས་ཉིད་དེ་བཞིན་ཉིད་རྟོགས་པ་དང་མཐུན་པའི་ཁྱད་ཆོས་སྟོང་གསུམ་ཡུངས་འབྲུ་སྟེད་པ་སོགས་ཟབ་པ་དང་རྒྱ་ཆེ་བ་ལ༢༡)། མི་མོས་པ་དང་ཁོང་ཁྲོ་བའི་སེམས་ཀྱིས་བདག་ལ་བསྟོད་ཅིང་ཡོན་ཏན་ཅན་སོགས་གང་ཟག་གཞན་ལ་སྨོད་པ་དང་༣༢གོང་དུ་དབུ་མའི་རྩ་ལྟུང་གི་སྐབས་སུ། རྙེད་བཀུར་སོགས་ཀྱི་རྒྱུས། བདག་བསྟོད་གཞན་སྨོད་ཞེས་དང་། སེམས་ཙམ་པའི་ལུགས་ཀྱི་རྩ་ལྟུང་གི་སྐབས་སུ། རྙེད་དང་བཀུར་སྟིར་ཆགས་པས་ཀུན་སློང་སྟེ། །བདག་བསྟོད་གང་ཟག་གཞན་ལ་སྨོད་པ་དང་། །ཞེས་པ་གཉིས་རྩ་ལྟུང་འགྱུར་ལ་འདི་ཉེས་བྱས་སུ་འགྱུར་བའི་རྒྱུ་མཚན་ཅི་ཞེ་ན། སྔ་མ་གཉིས་རྙེད་བཀུར་ལ་ཆགས་པ་ཡན་ལག་དགོས་ཤིང་། འདི་རྙེད་བཀུར་ལ་ཆགས་པའི་ཀུན་སློང་མེད་པས་ཉེས་བྱས་སོ། །ང་རྒྱལ་དང་ཁོང་ཁྲོ་སོགས་ཀྱི་དབང་གིས་ཆོས་འཆད་པ་པོ་གཞན་གྱི་དྲུང་དུ་ཐོས་པའི་ཕྱིར་མི་འགྲོ་༣༣བ་སྟེ། ལེགས་བཤད་རིན་པོ་ཆེའི་གཏེར་ལས། ལེགས་བཤད་བྱིས་པ་དག་ལས་ཀྱང་། །མཁས་པ་རྣམས་ནི་ཡོངས་སུ་ལེན། །དྲི་ཞིམ་བྱུང་ན་རི་དྭགས་ཀྱི། །ལྟེ་བ་ལས་ཀྱང་གླ་རྩི་ལེན། །ཞེས་དང་། གང་ཞིག་མཁས་པ་ཡོད་བཞིན་དུ། །དེ་ལ་ཡོན་ཏན་མི་སློབ་ན། །མི་དེ་གདོན་གྱིས་བཏབ་པའམ། །ཡང་ན་ལས་ཀྱི་མནར་བ་ཡིན། །ཞེས་དང་། བླུན་པོ་རྣམས་ཀྱིས་མཁས་པ་ཡང་། །མཆོད་པར་འགྱུར་བའི་ངེས་པ་མེད། །ཉི་མ་ཤིན་ཏུ་འོད་གསལ་ཡང་། །འབྱུང་པོའི་གདོན་རྣམས་མི་འབྲོས་སམ། །ཞེས་དང་། བླུན་པོའི་དྲུང་དུ་མཁས་པ་བས། །སྦྲེའུ་འཛིན་པ་ཁྱད་པར་འཕགས། །སྦྲུལ་འཛིན་ཟས་དང་ནོར་གྱིས་མཆོད། །མཁས་པ་ལག་པ་སྟོང་པར་འགྲོ། །ཞེས་དང་། དེའུ་དམར་དགེ་བཤེས་ཀྱིས། ཡོན་ཏན་སྣ་རེ་གར་ཡང་ཡོད། །དམན་ཁྲིད་ཡན་ནས་བསླབ་ལ་སྦྱོར། །ཆུ་ཐིགས་བཞིན་དུ་མ་བསགས་ན། །ཡོན་ཏན་རྒྱ་མཚོ་འདྲ་བ་དཀའ། །ཐམས་ཅད་ཤེས་པའི་སློབ་དཔོན་དཀོན། །ཕྲོགས་ནས་བསགས་ན་སྤྲང་པོའང་བཀྲུགས། །མཁས་པ་རང་གིས་བྱེད་པས་ཆོག །མཐོ་དམན་ཐམས་ཅད་བསྟེན་པས་ལེགས། །ཞེས་སོ། །ཆོས་སྨྲ་བ་པོར་སྨོད་ཅིང་ཆོས་སྨྲ་བ་པོ་དེས་ཚིག་གི་འབྲུ་ཙམ་ལ་རྟོན་པ་ནི་ཚིག་ཟུར་ཆག་པ་དང་། ཚིག་མ་འབྲེལ་ལོ་ཞེས་སོགས་སྨྲ་བ་ཡིས། དེ་ལ་མ་གུས་༣༩པ་བྱེད་པ་སྟེ་དེ་རྣམས་ནི་ཤེས་རབ་དང་འགལ་བའི་ཉེས་པ་བརྒྱད་དོ། །བསྡུ་བའི་དངོས་གཞིའི་སྒོ་ནས་སེམས་ཅན་གྱི་གནས་སྐབས་དང་མཐར་ཐུག་གི་དོན་བྱེད་པ་དང་འགལ་བའི་ཉེས་བྱས་བཅུ་གཉིས་ནི། གཞན་སྒྲིན་པ་ཚུལ་ཁྲིམས་སོགས་ཉམས་སུ་ལེན་པའི་བསོད་ནམས་ཀྱི་གྲོགས་མི་བྱེད་པ་དང་ནི་དབྱེན་སྨུམ་པ་ལ་སོགས་པ། དགོས་པའི་གྲོགས་༡)ནུས་བཞིན་དུ་མི་བྱེད་པ་དང་ནད་གཡོགས་དང་སྨན་དཔྱད་སོགས་མི་བྱེད་པའི་སྒོ་ནས་ནད་པ་སྟོང་༢པ་དང་། དེ་བཞིན་དུ་ཕ་རོལ་པོའི་སྡུག་བསྔལ་མི་སེལ་༣དང་གང་ཟག་གཞན་བག་མེད་པའི་བྱ

བ་ལ་**ཞུགས**་པ་དག་བག་ཡོད་པར་**མི་འཚོས**༤པ་དང་། སྟ་གཞན་གྱིས་རང་ལ་ཕན་པར་**བྱས་**པའི་**དྲིན་མི**༥**གཟོ**་དྲིན་ལས་མི་ཤེས་པའི་མི་དེ་ནི་ཁྱི་ལས་ཀྱང་ཐུ་བ་ཡིན་ཏེ། ཁྱི་ལའང་ཟན་སྦྱིན་ན་ནམ་ཡང་མི་བརྗེད་དེ་འདུལ་བ་ལས། མི་རྣམས་གང་ཟག་བྱ་བ་མི་ཤེས་པ། །དེ་དག་ཁྱི་བས་ཤིན་ཏུ་ངན་པར་བརྩི། ཁྱི་ཡང་མི་ལ་བྱས་པ་ཤེས་སྣང་ན། །སྤྲུལ་འདྲའི་མི་དག་དུག་གི་གཏོང་བར་བྱེད། །ཅེས་སོ། །ལུགས་ཀྱི་བསྟན་བཅོས་འཇིག་རྟེན་དམ་པའི་རྒྱན་ལས། བཀུར་བར་འོས་པ་ལེགས་བཀུར་ཞིང་། །མགོན་མེད་པ་ལ་ལྷག་པར་བྱམས། །བྱས་ལ་དྲིན་ལན་མི་བརྗེད་པ། །དམ་པ་རྣམས་ཀྱི་མཛད་སྤྱོད་ཡིན། །ཞེས་དང་། །ལེགས་བཤད་རིན་པོ་ཆེའི་གཏེར་ལས། བྱིན་ནས་སླར་ལ་མི་ལེན་པ། །དམན་པའི་བརྣས་པ་དང་དུ་ལེན། །ཕན་པ་ཆུང་ངུའང་མི་བརྗེད་པ། །བདག་ཉིད་ཆེན་པོའི་ཆེ་རྟགས་ཡིན། །ཞེས་དང་། བདག་ཉིད་ཆེ་ལ་ཕན་བཏགས་ན། །ཅུང་ཟད་ཙམ་ཡང་འབྲས་བུ་འབྱིན། །སྐྱུ་རུ་ར་གཅིག་བྱིན་པ་ལ། །ཆོས་རྒྱལ་བུ་དང་སློམས་ལ་ལྟོས། །ཞེས་སོ། །**གཞན་གྱི་སྨྲ་ངན་མི་ཤེ་བ**་དང་ལོངས་སྤྱོད་ཉམས་པ་**དག་མི་བསལ་བ**༦དང་ནོར་ཟས་འདོད་པའི་གང་ཟག་རྣམས་**ལ་ནོར་མི་སྦྱིན**༧པ་དང་། བྱང་ཆུབ་སེམས་དཔའ་རང་གི་**འཁོར་རྣམས་ལ**་ཁྲོ་བས་ཆོས་དང་ཡོ་བྱད་སོགས་ཀྱི་**ཕན་མི་འདོགས**༨**ཤིང་**ཁྲོ་བའི་དབང་གིས་ཕ་རོལ་པོ་གཞན་གྱི་**བློ་མི་བསྟུན**༩པ་དང་། བྱང་སེམས་ནོར་བུའི་ཕྲེང་བ་ལས་གཞན་གྱི་ཡོན་ཏན་བསྔགས་པར་བྱ། །ཞེས་གསུངས་པ་ལྟར་གཞན་གྱི་ཡོན་ཏན་བསྔགས་དགོས་ཀྱང་གང་ཟག་**ཡོན་ཏན་ཅན**་གཞན་**ལ**་ཕྲག་དོག་སོགས་ཀྱི་དབང་གིས་**བསྔགས་པ་མི་བརྗོད་པ་དང་**༡༠། སེམས་ཅན་གཞན་སྲོག་གཅོད་པ་སོགས་**ལོག་པ**འི་ལས་ལ་**ཞུགས**་པ་དག་ཉེས་སྤྱོད་དེ་ལས་བཟློག་སྟེ་དགེ་བ་ལ་གཞུག་པའི་ཕྱིར་དུ། ཐབས་མཁས་པས་**ཚར་མི་གཅོད་པ**༡༡དང་བྱང་ཆུབ་རང་གི་**རྫུ་འཕྲུལ་གྱིས**། གདུལ་བྱ་**གདུལ་འོས་རྣམས་མི་འདུལ**༡༢བ་སྟེ་དེ་ལྟར་དགེ་བ་ཆོས་སྡུད་དང་འགལ་བའི་ཉེས་བྱས་སོ་བཞི་དང་། སེམས་ཅན་དོན་བྱེད་དང་འགལ་བའི་ཉེས་བྱས་བཅུ་གཉིས་ཏེ། དེ་དག་བསྡོམས་པས། ཉེས་བྱས་བཞི་བཅུ་ཞེ་དྲུག་པོ་འདི་དག་ནི་**ཀྱང་གྲངས་ཙམ**་ཡིན་ལ། ཉེས་བྱས་ཞེ་དྲུག་པོ་འདི་དག་རྣམས་རེ་རེ་ལ། བྱང་ས་ལས། ཉོན་མོངས་པ་ཅན་གྱི་ཉེས་པ་དང་། ཉོན་མོངས་པ་ཅན་མ་ཡིན་པའི་ཉེས་པ་དང་། ཉེས་པ་གཏན་ནས་མེད་པ་སྟེ་གསུམ་གསུམ་དུ་དབྱེ་བ་མཛད་པ་ལས། དང་པོ་ནི་བསླབ་པ་ལ་**མ་གུས**་པ་དང་**སློམ་ལས**་ཏེ་ལེ་ལོ་ཉིད་**ཀྱིས་སྤྱད**་པའི་ཉེས་པ་རྣམས་ནི་**ཉོན་མོངས་པ་ཅན**་གྱི་ཉེས་པ་ཡིན་པ་དང་། དྲན་པས་མ་ཟིན་པས་**བརྗེད་པས་སྤྱད**་པ་དང་། མི་ཤེས་པ་**སོགས**་ཀྱིས་སྤྱད་པའི་ཉེས་པ་ནི་**ཉོན་མོངས་པ་ཅན་མིན**་པའི་ཉེས་པ་དང་། སྨྱོ་བ་སོགས་ཀྱིས་**སེམས་འཁྲུགས**་པའི་དབང་གིས་སྤྱད་པ་དང་**དགེ་འདུན**་གྱི་ཁྲིམས་**བསྲུངས**་པའི་གནས་སྐབས་སུ། དཔེར་ན་

དགེ་འདུན་གྱི་ཁྲིམས་བསྲུང་དགོས་པའི་དབང་གིས་དཀོན་མཆོག་གསུམ་ལ་མཆོད་པའི་ལས་མ་གྲུབ་པ་ལྟ་བུ་ལ་ནི་ཉེས་པ་མེད་དོ་དེ་ལྟར་ཉེས་བྱས་རེ་རེ་ལའང་གསུམ་གསུམ་དུ་ཕྱེ་བའི་རྣམ་གཞག་ཞིབ་པར་རྗེ་བཙུན་ཆེན་པོའི་སྡོམ་པ་ཉི་ཤུ་པའི་འགྲེལ་པར་བལྟས་པས་ཤེས་པ་ཡིན་ནོ། །ཉེས་སྤྱོད་སྡོམ་པའི་ཚུལ་ཁྲིམས་འདིར་མ་བསྟན་པ་ནི། བྱང་ས་ལས། བྱང་ཆུབ་སེམས་པའི་སྡོམ་པའི་ཚུལ་ཁྲིམས་ནི་སོ་སོར་ཐར་པའི་སྡོམ་པ་རིགས་བདུན་པོ་གང་རུང་ཡིན་པ་སྟེ། ཞེས་ཐལ་ཆེན་ཉན་ཐོས་དང་མཐུན་པར་གསུངས་ཤིང་། གཞུང་འདིར་ཡང་ཐེག་ཆེན་སོ་ཐར་གྱི་སྐབས་དང་། གོང་དུ་བཤད་པའི་ལྟུང་བ་དང་ལྟུང་བ་མེད་པའི་གཟུགས་བརྙན་སོགས་མུ་བཞི་བསྟན་པའི་རྣམ་གཞག་སོགས་ཀྱིས་ཤེས་ནུས་པས་སོ། །

གོང་དུ་ཇི་སྐད་བཤད་པ་ལྟར་དབུ་མ་དང་སེམས་ཙམ་གཉིས་ཀྱི་རྩ་བ་དང་ཡན་ལག་གི་ལྟུང་བའི་རྣམ་གཞག་ཐ་དད་དུ་སོ་སོ་གསུངས་ཀྱང་། མི་མཐུན་པའི་ཕྱོགས་སྤང་བྱ་དང་གཉེན་པོའི་ཕྱོགས་བླང་བྱ་སྟེ་སྤང་བླང་གི་སྤྱོད་པའི་ངོ་བོ་མཐུན་པའི་ཕྱིར་མདོར་བསྡུ་ན། མཐོང་བའི་ཆོས་ཚེ་འདིར་སྨིན་པར་འགྱུར་བའི་འབྲས་བུ་ལ་བདེ་བ་དང་། མ་མཐོང་བའི་ཆོས་སྐྱེ་བ་ཕྱི་མ་ཕན་ཆད་ལ་སྨིན་པར་འགྱུར་པ་ནི་ཕན་པ་སྟེ། དེ་ལྟར་ཕན་པ་དང་བདེ་བ་གཉིས་ཀའི་རྒྱུར་འགྱུར་བ་ནི་སྒྲུད་པར་བྱ་ཞིང་མཐོང་ཆོས་ཚེ་འདིར་སྨིན་པའི་མི་བདེ་བ་དང་། མི་མཐོང་བ་ཕྱི་མ་སྨིན་འགྱུར་གྱི་གནོད་པ་གཉིས་ཀའི་རྒྱུ་ནི་དུས་དང་རྣམ་པར་ཀུན་ཏུ་སྤང་ངོ་། །གལ་ཏེ་བྱང་ཆུབ་རང་དང་གཞན་སེམས་ཅན་རྣམས་སྐྱེ་བ་ཕྱི་མ་ལ་ཕན་པ་ཁྱད་པར་ཅན་དུ་འགྱུར་བར་མཐོང་ན། །ཚེ་འདིར་རང་ཉིད་མི་བདེ་བར་གྱུར་ཀྱང་བྱ་བ་དེ་ཉིད་སྒྲུད་པར་བྱ་སྟེ། །དཔེར་ན་ཚད་པའི་ནད་ཀྱིས་ཐེབ་པ་ལ་རོ་ཤིན་ཏུ་ཁ་བའི་སྨན་བསྟེན་པའམ་གཏར་སྲེགས་བྱེད་དགོས་པ་དང་མཚུངས་སོ། །ཚེ་འདིར་རང་ཉིད་བདེ་ཡང་ཕྱི་མར་རང་གཞན་ཐམས་ཅད་ལ་མི་ཕན་པའི་རྒྱུ་ཡིན་ན་བྱ་བ་དེ་དང་དེ་མི་སྒྲུད་དེ་དཔེར་ན་རོ་བརྒྱ་དང་ལྡན་པའི་ཟས་ཀྱི་མཆོག་ལ་དུག་གིས་སྦགས་པ་དེ་ཟོས་པ་ཇི་ལྟ་བ་བཞིན་ནད་ཚད་པའི་ནད་ལ་གཉིད་དང་ཆང་བཏུང་བ་བཞིན་ནོ། །དེ་ཡང་སྡོམ་པ་ཉི་ཤུ་པར། གཞན་རྣམས་དང་ནི་བདག་ལའང་རུང་། །སྡུག་བསྔལ་ཡིན་ཡང་གང་ཕན་དང་། །ཕན་དང་བདེ་བ་རྣམས་བྱ་སྟེ། །བདེ་ཡང་མི་ཕན་མི་བྱ་སྟེ། །ཞེས་གསུངས་སོ། །རྒྱུ་མཚན་དེ་དག་གི་ཕྱིར་ན་གཞན་སྡུག་བསྔལ་ལས་འདོན་པར་འདོད་པའི་སྙིང་རྗེ་དང་ལྡན་པ་རྣམས་ཀྱིས་བྱ་བ་དང་། བྱ་བ་མིན་པ་ཆོས་མ་ཡིན་པའི་ཆ་རྣམས་མ་ནོར་བ་ལེགས་པར་ཤེས་པར་བྱས་ནས། གོང་དུ་སྨོས་པའི་སློན་འཇུག་ཐུན་མོང་གི་བསླབ་བྱ་བཤད་པའི་སྐབས། བསམ་པ་ངན་པས་བསྐྱེད་པའི་སྲོག་གཅོད་དང་། །ཞེས་པ་ནས། གཟུགས་བརྙན་ཞེས་བྱ་ཤེས་པར་བྱ་བའི་ཆོས། །ཞེས་པའི་བར་གྱིས་བསྟན་{ཞོག་སྟེབ་ལྔ་བཅུ་ང་གཉིས་པའི་

ཉིན་ན་ཡོད་དོ། །}པའི་མུ་བཞིའི་བསམ་པ་དག་པས་སྦྱིན་པ་གཏོང་བ་སོགས་ལྟུང་བ་མེད་པ་དང་། མང་པོའི་སྲོག་སྐྱབ་པའི་ཕྱིར་དུ་གང་ཟག་མ་རུང་བ་གཅིག་བསད་པ་ལྟ་བུ་ལྟུང་བའི་གཟུགས་བརྙན་དག་ནི་རྣམ་པ་ཀུན་ཏུ་སྤྱད་པར་བྱ་ལ་བསམ་པ་ངན་པས་ཀུན་ནས་བསླང་སྟེ་སྲོག་གཅོད་པ་སོགས་ལྟུང་བ་འབྱུང་བ་དང་ནི་རྔོན་པ་ལ་རི་དྭགས་བསྟན་པ་ལྟ་བུ་ལྟུང་བ་མེད་པ་ཡི། གཟུགས་བརྙན་དོན་ལ་ལྟུང་བ་འབྱུང་བའི་ཕྱིར་གཉིས་པོ་དག་ནི་རྣམ་པ་ཀུན་ཏུ་སྤང་བར་བྱའོ། །ཞེས་སྤྱོད་སྡོམ་པའི་ཚུལ་ཁྲིམས་སོགས་ཚུལ་ཁྲིམས་གསུམ་ལས་སྔ་མ་ཉེས་སྤྱོད་སྡོམ་པ་དང་དགེ་བ་ཆོས་བསྡུད་ཀྱི་ཚུལ་ཁྲིམས་གཉིས་ལྡན་ཅིག་ཏུ་འདོམ་ན། དགེ་བ་ཆོས་བསྡུད་ཀྱི་ཚུལ་ཁྲིམས་ཉིད་གཙོ་བོར་སྤྱད་དོ་དགེ་བ་ཆོས་བསྡུད་ཀྱི་ཚུལ་ཁྲིམས་དེ་དང་ནི། སེམས་ཅན་དོན་བྱེད་ཀྱི་ཚུལ་ཁྲིམས་གཉིས་ལྡན་ཅིག་ཏུ་སྤྱུངས་ན་ཕྱི་མ་སེམས་ཅན་གྱི་དོན་བྱེད་ཀྱི་ཚུལ་ཁྲིམས་ཉིད། གཙོ་བོར་བྱའོ་སེམས་ཅན་གཞན་དག་འཚམས་མེད་པ་དང་ཉེ་བའི་འཚམས་མེད་ལ་སོགས་པ་སྡིག་པ་ཆེན་པོ་ལ་ཞུགས་པ་མཐོང་ན་གང་ཟག་དེ་བསད་པ་བྱ་བར་མ་གཏོགས་ཞེས་སྤྱོད་དེ་ལས། བཟློག་པའི་ཐབས་གཞན་མེད་ན་བྱང་སེམས་རང་ཉིད་དམྱལ་བ་ལ་སོགས་པའི་ངན་སོང་དུ་འགྲོ་བའི་སྡུག་བསྔལ་བློས་བོར་ཏེ། གང་ཟག་གཞན་འཚམས་མེད་བྱེད་པ་དེ་བསད་པ་ནི་དགེ་བར་འགྱུར་ཏེ་དཔེར་ན་དེད་དཔོན་སྙིང་རྗེ་ཆེན་པོས་མི་ནག་མདུང་ཐུང་ཅན་བསད་པ་ན་བསྐལ་བ་མང་པོའི་ཚོགས་འདུམ་པར་གྱུར་པའི་སྐྱེས་རབས་བཞིན་ནོ། །གང་ཟག་དེ་འཚམས་མེད་སོགས་ཀྱི་ཉེས་པ་དེ་ལས་བཟློག་པའི་ཐབས་གཞན་ཡོད་བཞིན་དུ་གང་ཟག་དེ་བསད་ན་ནི་སྤྱོར་བ་བག་ཡངས་ཀྱི། ཉེས་པར་འགྱུར་བ་ཡིན་ལ་དེ་བཞིན་དུ་མི་སེར་སྣ་ཅན་གྱི་ནོར་མ་བྱིན་པར་བླངས་ཏེ་ཚོགས་བསོག་གི་རྒྱུར་སྦྱིན་པ་བྱས་པ་སོགས་མི་དགེ་བ་གཞན་ཡའང་རིགས་བསྒྲེའོ། །བྱང་ཆུབ་སེམས་དཔའི་བསླབ་བྱ་མི་ཉམས་པར་བསྲུང་བ་ཁས་བླངས་པ་ལས་ཉམས་ན་སྨད་པའི་གནས་སུ་འགྱུར་ཏེ། དཔང་པོར{ཕྱོགས་བཅུ་ན་བཞུགས་པའི་སངས་རྒྱས་སོགས་དགོངས་གསོལ་བྱས་ཏེ་}བཞུགས་པའི་སྟོན་པ་སངས་རྒྱས་བསླུས་པས་ཐུགས་མི་དགྱེས་པ་དང་མགྲོན་དུ་གཉེར་བའི་སེམས་ཅན་བསླུས་པས་དེ་དག་མི་མགུ་བ་དང་བྱང་སེམས་རང་ཉིད་བསླུ་བས་རང་དོན་ཉམས་པ་དང་། གཞན་ཡང་བྱང་སེམས་ཀྱི་མིང་དོན་ཤོར་བས་དཔེར་ན་རྒྱལ་པོའི་རྒྱལ་སྲིད་ཤོར་བ་ན་སྔར་རང་ལ་འཁོན་ཡོད་པ་གང་ཟག་རྣམས་ཀྱིས་གནོད་འཚེ་སྣ་ཚོགས་བྱེད་པས་མི་འདོད་པ་འབྱུང་བ་ལྟར་བྱང་སེམས་རང་ལའང་བདུད་ཀྱིས་འཚེ་བ་སོགས་མི་འདོད་པ་ཀུན་འདུ་ཞིང་འཆི་ཁ་མྱ་ངན་གྱིས་གདུང་བ་སོགས་འགྱུར་རོ། །

གོང་དུ་བཤད་པའི་དབུ་སེམས་ཀྱི་རྩ་ལྟུང་རྣམས་ལས་གང་རུང་ཞིག་བྱུང་ན་དད་པ་སོགས་དགེ་རྩ་

ཐམས་ཅད་གཅོད་ཅིང་མཐར་མེད་པ་ལ་སོགས་པའི་དམྱལ་བ་ཆེན་པོར་འགྲོ་ཞིང་དེར་སྐྱེས་ནས་ཚ་གྲང་དང་བཅད་བྲལ་ལ་སོགས་པའི་སྡུག་བསྔལ་དཔག་ཏུ་མེད་པ་ཉམས་སུ་མྱོང་བར་འགྱུར་རོ། །བྱང་ཆུབ་སེམས་དཔའི་བསླབ་བྱ་བསྲུང་བར་ཁས་བླངས་པ་ལས་མ་ཉམས་ན་སྤྱོད་འཇུག་ལས། སེམས་དེ་ཡང་དག་བླང་གྱུར་ན༔ །དེ་ནས་བཟུང་སྟེ་གཉིད་ལོག་གམ། །བག་མེད་གྱུར་ཀྱང་བསོད་ནམས་ཤུགས། །རྒྱུན་མི་འཆད་པ་དུ་མ་ཞིག །ནམ་མཁའ་མཉམ་པ་རབ་ཏུ་འབྱུང་། །ཞེས་གསུངས་པ་དང་། རིན་ཆེན་ཕྲེང་བར། སྐྱེས་བུ་གང་ཞིག་བྱང་ཆུབ་སེམས། །སྐད་ཅིག་ཙམ་ནི་སྒོམ་བྱེད་ན། །དེ་ཡིས་བསོད་ནམས་ཕུང་པོ་འདི། །རྒྱལ་བ་རྣམས་ཀྱིས་བགྲང་མི་ནུས། །དཔལ་བྱིན་གྱིས་ཞུས་པ་ལས། བྱང་ཆུབ་སེམས་ཀྱི་བསོད་ནམས་གང་། །གལ་ཏེ་དེ་ལ་གཟུགས་མཆིས་ན། །ནམ་མཁའི་ཁམས་ནི་ཀུན་བཀང་སྟེ། །དེ་བས་ཀྱང་ནི་ལྷག་པར་འགྱུར། །ཞེས་དང་། མདོ་སྡེ་རྒྱན་ལས། བློ་ལྡན་སེམས་མཆོག་བསྐྱེད་མ་ཐག་ཏུ་ཡང་། །མཐའ་ཡས་ཉེས་པ་བྱེད་ལས་སེམས་རབ་བསྡམས། །ཞེས་སོགས་བསོད་ནམས་རྒྱུན་ཆགས་ཏེ་རྒྱུན་མི་ཆད་པ་འབྱུང་བ་འགྱུར་བ་དང་སྟེ། སྤྱོད་འཇུག་ལས། བྱང་ཆུབ་སེམས་བསྐྱེད་གྱུར་ན་སྐད་ཅིག་གིས། །འཁོར་བའི་བཙོན་རར་བསྡམས་པའི་ཉམ་ཐག་རྣམས། །བདེ་གཤེགས་རྣམས་ཀྱི་སྲས་ཞེས་བརྗོད་བྱ་ཞིང་། །འཇིག་རྟེན་ལྷ་མི་བཅས་པས་ཕྱག་བྱར་འགྱུར། །ཞེས་གསུངས་པ་ལྟར། རྒྱལ་བ་རྫོགས་པའི་སངས་རྒྱས་རྣམས་ཀྱི་གདུང་འཚོབ་པའི་སྲས་སུ་འགྱུར་ཞིང་བླ་ན་མེད་པའི་བྱང་ཆུབ་ཀྱང་ཀུན་རྫོབ་སེམས་བསྐྱེད་ལ་བརྟེན་ནས་དོན་དམ་སེམས་བསྐྱེད་ས་དང་པོ་ནས་བཅུ་པའི་བར་སྐྱེ་ཞིང་ས་དེ་དང་དེ་བགྲོད་ནས་རིམ་གྱིས་ཐོབ་པར་འགྱུར་རོ། །བྱང་ཆུབ་རིམ་གྱིས་ཐོབ་ཚུལ། བྱང་སེམས་དབང་རྣོན་གྱིས་ཚོགས་སྦྱོར་གཉིས་ལ་གྲངས་མེད་གཅིག །མ་དག་ས་བདུན་ལ་གྲངས་མེད་གཅིག །དག་པ་ས་གསུམ་ལ་གྲངས་མེད་གཅིག་སྟེ། མཐོང་ལམ་ཀུན་ཆད་དང་། མ་དག་ས་བདུན་དང་། དག་པ་ས་གསུམ་རྣམས་གྲངས་མེད་རེ་རེས་རྫོགས་པར་མཛད་པ་དང་། བྱང་སེམས་དབང་འབྲིང་གིས་ཚོགས་ལམ་དུ་གཉིས། སྦྱོར་ལམ་དུ་གཉིས། མཐོང་ལམ་དུ་གཅིག །སྒོམ་ལམ་དུ་གཉིས་ཏེ་གྲངས་མེད་བདུན་དང་། དབང་རྟུལ་གྱིས། ཚོགས་སྦྱོར་དུ་གསུམ། ས་བཅུ་པོ་རེ་རེ་ལའང་གྲངས་མེད་གསུམ་གསུམ་སྟེ་གྲངས་མེད་སུམ་ཅུ་རྩ་གསུམ་ལ་སོགས་པས་ལམ་ལྔ་ས་བཅུའི་སྤང་རྟོགས་མ་ལུས་པ་མངོན་དུ་བྱས་ཏེ། མཐའ་ཐུག་གི་འབྲས་བུ་ཤེས་རབ་ཆེན་པོས་འཁོར་བ་དང་། སྙིང་རྗེ་ཆེན་པོས་མྱང་འདས་ཀྱི་མཐའ་ལ་མི་གནས་པའི་སངས་རྒྱས་ཀྱི་སའི་ཡོན་ཏན་མཐའ་དག་རྫོགས་པར་བྱས་ཏེ། ནམ་མཁའ་མ་ཞིག་འཁོར་བ་མ་སྟོང་གི་བར་སེམས་ཅན་གྱི་ཁམས་ལ་ལམ་སྟོན་པའི་ཕྲིན་ལས་རྒྱུན་མི་འཆད་པར་འགྱུར་རོ། །ཞེས་སྒོམ་འགྲེལ་ཉི་མའི་སྣང་བ་ལས་གསུངས་སོ། །

ངོ་བོ་ངེས་བཟུང་དང་པོ་བླངས་པའི་ཐབས་བར་དུ་སྲུང་བའི་ཚུལ་གསུམ་པོ་བཤད་ཟིན་ནས་སྤྱི་དོན་བཞི་པ་གལ་ཏེ་མི་ཤེས་པ་དང་མ་གུས་པ་ལ་སོགས་པའི་དབང་གིས་བྱང་སྡོམ་ཉམས་ན་ཕྱིར་བཅོས་པའི་ཚུལ་ལ་དབུ་མ་དང་སེམས་ཙམ་གཉིས་ལས་དང་པོ། དབུ་མ་པའི་ལུགས་ལ་རྩ་ལྟུང་ཕྱིར་བཅོས་དང་། ཉེས་བྱས་ཕྱིར་བཅོས་ཏེ་གཉིས་ལས་དང་པོ་རྩ་བའི་ལྟུང་བ་བཅུ་བཞི་ལས་གང་རུང་ཞིག་བྱུང་གྱུར་ན། ཕྱིར་བཅོས་པའི་ཐབས་ནི་{སྤྱོད་འཇུག་ལས། རྨི་ལམ་འཕགས་པ་ནམ་སྙིང་གི། མདུན་དུ་འདུག་སྟེ་བཤགས་པར་བྱ། །ཞེས་སོ། །}ཉལ་བའི་གནས་སྐབས་སུ་བྱང་ཆུབ་སེམས་དཔའ་ནམ་མཁའི་སྙིང་པོ་ལ་ལྟུང་བ་འདག་པའི་གསོལ་བ་བཏབ་སྟེ་དེའི་རྨི་ལམ་དུ་ནི་འཕགས་པ་ནམ་མཁའི་སྙིང་པོ་དགེ་སློང་ནས་བུད་མེད་ཀྱི་གཟུགས་ཀྱི་བར་གང་རུང་གིས་བྱོན་པ་རྨིས་ན་དེ་ཡི། མདུན་དུ་རང་ལ་བྱུང་བའི་ལྟུང་བ་དེ་བཤགས་དགོས་ཏེ་སྡོམ་པ་ཉི་ཤུ་པར་རྨི་ལམ་འཕགས་པ་ནམ་མཁའི་སྙིང་པོའི་མདུན་དུ་འདུག་སྟེ་བཤགས་པར་བྱ། ཞེས་པ་ལྟར་བཤགས་པས་གོས་དཀར་པོ་གྱོན་པ་དང་ཁྲུས་བྱ་བ་དང་། སྣོད་འོ་མས་གང་བ་སོགས་དག་པའི་ལྟས་མཐོང་ན། རྩ་བའི་ལྟུང་བ་དེ་ལས་ལྡང་བར་འགྱུར་ཞིང་འདིའི་ལག་ཏུ་བླང་བའི་ཚིག་ནམ་མཁའི་སྙིང་པོའི་མདོ་དང་བསླབ་བཏུས་སོགས་གཞན་དུ་ཤེས་པར་བྱའོ། །

གཉིས་པ་ཉེས་བྱས་ཀྱི་ལྟུང་བ་ཕྱིར་བཅོས་ཚུལ་ནི་རྩ་བའི་ལྟུང་བ་ལས་གཞན་ཉེས་བྱས་ཀྱི་ལྟུང་བ་རྣམས་ཉིན་ལན་གསུམ་མཚན་ལན་གསུམ་སྟེ་དུས་དྲུག་ཏུ། སྡིག་པ་བཤགས་པའི་ཕུང་པོ་བསྔོ་བའི་ཕུང་པོ་རྗེས་སུ་ཡི་རང་བའི་ཕུང་པོ་སྟེ་ཕུང་པོ་གསུམ་པའི་མདོ་གདོན་པ་དང་སྨོན་པ་དང་འཇུག་པའི་བདག་ཉིད་ཅན་ཀྱི་བྱང་ཆུབ་སེམས། མི་གཡོ་བ་རང་རྒྱུད་ལ་བརྟན་པའི་སྒོ་ནས་བཤགས་པ་ཉིན་དང་མཚན་མོ་ལན་གསུམ་དུ། །ཕུང་པོ་གསུམ་པ་གདོན་བྱ་ཞིང་། །རྒྱལ་དང་བྱང་ཆུབ་སེམས་བརྟན་ནས། །ལྟུང་བའི་ལྷག་མ་དེས་ཞི་བྱ། །ཞེས་གསུངས་སོ། །སྤྱོད་འཇུག་ལས་དང་གཞན་ཡང་སྟོབས་བཞིའི་སྒོ་ནས་བཤགས་ཚིག་གིས་བཤགས་པ་དང་། བསླབ་བཏུས་ལས་གསུངས་པའི་དེ་བཞིན་གཤེགས་པའི་ཡིག་བརྒྱ་བཟླས་པས་ལྟུང་བ་འདག་པར་བསླབ་བཏུས་སོགས་ལས་གསུངས་སོ། །བྱམས་པ་སེང་གེ་སྒྲའི་མདོ་ལས། མི་ཤེས་པས་ནི་གང་བྱས་པའི། །སྡིག་པའི་ལས་ནི་བཤགས་པར་གྱིས། །མཁས་པས་ཉེས་པ་བཤགས་ན་ནི། །ལས་དང་ལྷན་ཅིག་མི་གནས་སོ། །ཞེས་དང་། གསེར་འོད་དམ་པ་ལས། གང་གིས་བསྐལ་པ་སྟོང་རྣམས་སུ། །སྡིག་པ་ཤིན་ཏུ་མི་བཟད་བགྱིས། །ལན་ཅིག་རབ་ཏུ་བཤགས་པ་ཡིས། །དེ་དག་ཐམས་ཅད་བྱང་བར་འགྱུར། །ཞེས་དང་། ལུང་རྣམ་འབྱེད་ལས། གང་གིས་སྡིག་པའི་ལས་བྱས་པ། །དགེ་བ་ཡིས་ནི་འགོག་བྱེད་དེ། །ཉི་ཟླ་ཕྲིན་ལས་བྱུང་བ་བཞིན། །འཇིག་རྟེན་

འདི་ར་ནི་དེ་སྐད་འགྱུར། །ཞེས་སོ། །

གཉིས་པ་སེམས་ཙམ་པའི་ལུགས་ལ་ཕམ་འདྲ་ཕྱི་བཅོས་དང་། ཉེས་བྱས་ཕྱིར་བཅོས་དང་། རྟེན་གྱི་དམིགས་བསལ་ཏེ་གསུམ་ལས་དང་པོ་ནི། གོང་དུ་བཤད་པའི་ཀུན་དཀྲིས་ཏེ་ཉོན་མོངས་པ་དྲག་པོ་ཡི་ཀུན་ནས་བསླངས་པས། རྙེད་བཀུར་ལ་ཆགས་ཏེ་བདག་བསྟོད་གཞན་ལ་སྨོད་པ་ལ་སོགས་པའི་ཕམ་འདྲ་བཞི་པོ་ལས་གང་རུང་ཞིག་སྤྱད་དེ་རང་གི་སྡོམ་པ་བཏང་ན་ཡུལ་དགེ་སློང་ངམ་བྱང་སེམས་སྡོམ་ལྡན་ནམ། མ་འབྱོར་ན། དཀོན་མཆོག་གི་སྤྱན་སྔར་བྱང་སེམས་ཀྱི་སྡོམ་པ་སླར་ཡང་བསྐྱར་ནས་བླང་བར་བྱ་ཞིང་། ཟག་པ་སྟེ་ཉོན་མོངས་པ་འབྲིང་གིས་ཕམ་འདྲ་བཞི་ལས་གང་རུང་སྤྱད་པ་ནི་ཉན་ཐོས་སམ་བྱང་སེམས་ཀྱི་སྡོམ་པ་དང་ལྡན་པའི་གང་ཟག་གསུམ་གྱི་མདུན་དུ། ལྟུང་བའི་དངོས་པོ་རྙེད་བཀུར་ལ་ཆགས་ནས་བདག་བསྟོད་གཞན་སྨོད་ལྟ་བུའི་ལྟུང་བའི་མིང་བརྗོད་པའི་སྒོ་ནས་བཤགས་ཤིང་ཀུན་དཀྲིས་ཆུང་ངུས་ཕམ་འདྲ་བཞི་ལས་གང་རུང་སྤྱད་པ་ནི༑ བཤད་མ་ཐག་པའི་ལྟུང་བ་རང་རང་གི་མིང་བརྗོད་པའི་ཚུལ་དེ་ལྟ་བུས་ཉན་ཐོས་སམ་བྱང་སེམས་ཀྱི་སྡོམ་པ་དང་ལྡན་པའི་གང་ཟག་གཅིག་གི་དྲུང་དུ་བཤགས་དགོས་སོ། །རྩ་ལྟུང་གི་བཤགས་ཚུལ་དེ་རྣམས་ལ། སྡོམ་པ་ཉི་ཤུ་པར། སླར་ཡང་བསྐྱར། ཟག་པ་འབྲིང་ནི་གསུམ་ལ་བཤགས། །གཅིག་གི་མདུན་དུ་ཞེས་གསུངས་སོ། །གཉིས་པ་ཉེས་བྱས་ཕྱིར་བཅོས་ནི་མ་གུས་པ་དང་སྙོམ་ལས་སོགས་ཀྱིས་སྤྱད་པའི་ཉེས་བྱས་ཉོན་མོངས་ཅན་རྣམས་ནི་སྔ་མ་ཀུན་དཀྲིས་ཆུང་ངུས་སྤྱད་པའི་རྩ་ལྟུང་བཤགས་ཚུལ་དེ་དང་མཚུངས་པ་སྡོམ་ལྡན་གཅིག་གི་མདུན་དུ་ལྟུང་བ་རང་གི་མིང་གིས་བཤགས་དགོས་ལ། བརྗེད་པས་སྤྱད་པའི་ཉེས་བྱས་སོགས། ཉོན་མོངས་པ་མེད་པ་རྣམས་ནི་རང་སེམས་དཔང་པོར་བྱས་ནས་ད་ཕྱིན་ཆད་ཉེས་པ་དེ་མི་བྱེད་སྙམ་པས་བཤགས་པའམ། གང་ཟག་གཞན་ལ་ལྟོས་ནས། ཉེས་པ་ལ་འཛེམ་པའི་ཁྲེལ་ཡོད་ཀྱི་ཡིད་ཀྱིས་བསྡོམ་པར་བྱ་སྟེ། སྡོམ་པ་ཉི་ཤུ་པར་ལྷག་མ་རྣམས། །ཉོན་མོངས་མི་མང་བདག་སེམས་བཞིན་ཞེས་གསུངས་པའི་ཕྱིར་རོ། །

གསུམ་པ་རྟེན་གྱི་དམིགས་བསལ་ནི་ཕམ་འདྲ་འབྲིང་པོ་མན་ཆད་ནས་ཉོན་མོངས་མེད་པའི་ཉེས་བྱས་ཀྱི་བར་རྣམས་ལའང་བཤགས་པའི་རྟེན་ཉན་ཐོས་སམ་བྱང་ཆུབ་སེམས་དཔའི་སྡོམ་པ་དང་ལྡན་པའི་གང་ཟག་ཞིག་མེད་ན། རང་སེམས་དཔང་པོར་བྱས་ནས་ད་ཕྱིན་ཆད་ཉེས་པ་དེ་མི་བྱེད་སྙམ་ནས་བསྡམ་པས་ཉེས་པ་དེ་དག་རུང་བར་འཕགས་པ་ཐོགས་མེད་ཀྱིས་མཛད་པའི་མངོན་པ་གོང་མར་གསུངས་སོ། །ཇི་ལྟར་གསུངས་ན། དེའང་གང་གི་མདུན་དུ་བཤགས་པར་བྱ་བའི་དགེ་སློང་ལ་སོགས་པ་སྟེ། དེ་ལྟ་བུ་མེད་ནའང་བྱང་ཆུབ་སེམས་དཔའ་བསམ་པ་ཐག་པ་ནས་ཕྱིས་ཉེས་པ་མི་འབྱུང་བ་སེམས་བསྐྱེད་ཅིང་། ཕྱིས་ཀྱང་སྡོམ་པར་བྱའོ། །དེ་ལྟར

བྱས་ན་ཉེས་པ་ཚང་བར་བཤགས་པར་བྱའོ། །ཞེས་གསུངས་སོ། །

ཆོས་ཐམས་ཅད་ཀྱི་ཆོས་ཉིད་ཡོད་མེད་དང་ཡིན་མིན་སོགས་སྤྲོས་པ་དང་བྲལ་བའི་དབྱིངས་དཔེར་ན་མདུན་ན་ཡོད་པའི་བུམ་པ་མིག་གིས་མངོན་སུམ་དུ་མཐོང་བ་བཞིན་ལྐོག་གྱུར་མ་ཡིན་པ་མངོན་སུམ་དུ་རྟོགས་པའི་རྣམ་པར་མི་རྟོག་པའི་ཡེ་ཤེས་གང་ཞིག་ས་དང་པོ་ནས་བཅུ་པའི་བར་གྱི་བྱང་སེམས་འཕགས་པ་རྣམས་ཀྱི་མཉམ་གཞག་གི་ངོ་བོ་རྣམ་པར་མི་རྟོག་པའི་ཡེ་ཤེས་དེ་དོན་དམ་སེམས་བསྐྱེད་ཀྱི་མཚན་ཉིད་ཡིན་ཞིང་། དེ་རྫོགས་པའི་སངས་རྒྱས་ཀྱི། མཉམ་གཞག་དང་རྗེས་ཐོབ་གཉིས་དབྱེ་བ་མེད་པ་རོ་གཅིག་པའི་ཡེ་ཤེས་དེ་རྣམས་ནི་དོན་དམ་སེམས་བསྐྱེད་ཀྱི། མཚན་ཉིད་ཡིན་ཏེ་རྒྱུ་ཕ་རོལ་ཏུ་ཕྱིན་པ་དང་འབྲས་བུ་སྔགས་ཏེ་ཐེག་ཆེན་ཐུན་མོང་པའི་གཞུང་རྣམས་སུ་གྲགས་པའམ་བཤད་ཚོད་ལྟར་དུ་ན། དོན་དམ་པ་ཞེས་པ་ནི་ཉོན་ཤེས་ཀྱི་སྒྲིབ་པ་ཐམས་ཅད་དང་བྲལ་བའི་རང་བཞིན་རྣམ་དག་དང་གློ་བུར་དྲི་བྲལ་གྱི་ཆོས་ཀྱི་དབྱིངས་ལ་འཇོག་པ་ཡིན་ཅིང་། དོན་དམ་སེམས་བསྐྱེད་ཞེས་བྱ་བ་དག་པ་གཉིས་ལྡན་གྱི་ཆོས་དབྱིངས་དེ་ཉིད་མངོན་སུམ་དུ་མཐོང་བའི། ས་དང་པོ་ནས་རྫོགས་པའི་སངས་རྒྱས་ཀྱི་བར་གྱི་འཕགས་པའི་ཡེ་ཤེས་ལ་འཇོག་ཅིང་མདོ་སྡེ་རྒྱན་ལས་ཀྱང་དོན་དམ་སེམས་བསྐྱེད་ནི་རྫོགས་པའི་སངས་རྒྱས་རབ་མཉེས་བྱས། །བསོད་ནམས་ཡེ་ཤེས་ཚོགས་རབ་བསགས། །ཆོས་ལ་མི་རྟོག་ཡེ་ཤེས་ནི། །སྐྱེས་ཕྱིར་དེ་ནི་དམ་པར་འདོད། །ཅེས་གསུངས་པ་ལྟར་ཡོངས་འཛིན་དམ་པ་རྫོགས་པའི་སངས་རྒྱས་རབ་ཏུ་མཉེས་པར་བྱས་པ་དང་། རྗེས་སྒྲུབ་དམ་པ་ཚོགས་གཉིས་བསགས་པ་དང་། རྟོགས་པ་དམ་པ་རྣམ་པ་མི་རྟོག་པའི་ཡེ་ཤེས་ཏེ། དམ་པ་གསུམ་གྱིས་ཟིན་པའི་སེམས་བསྐྱེད་ཡིན་པར་གསུངས་སོ། །

དཔལ་གསང་བ་འདུས་པའི་རྒྱུད་ལས་གསུངས་པའི་དོན་དཔལ་མགོན་འཕགས་པ་ཀླུ་སྒྲུབ་ཀྱིས། ཕྱི་རོལ་མུ་སྟེགས་བྱེད་སོགས་བཏགས་པའི་བདག་དང་རང་སྡེ་ཉན་ཐོས་བྱེ་མདོ་གཉིས་ཀྱིས་བཏགས་པའི་ཕུང་པོ་ལྔ་དང་སོགས་ཀྱིས་བསྟན་པ་ཁམས་དང་སྐྱེ་མཆེད་རྣམས་ཀྱིས་བསྡུས་པའི་ཕྱི་རོལ་གྱི་བཟུང་བའི་ཡུལ་དང་། རྣམ་རིག་སྟེ་སེམས་ཙམ་པས་བཏགས་པའི་ཡུལ་ཅན་འཛིན་པའི་རྣམ་པར་རྟོག་པ་གང་གིས་ཀྱང་མ་སྒྲིབ་པའི། གཟུང་འཛིན་གཉིས་སུ་མེད་པའི་ཡེ་ཤེས་ཡོད་མེད་ལ་སོགས་པའི་སྤྲོས་པ་དང་བྲལ་བ་ནི་སྟོང་པ་ཉིད་ཀྱི་མཚན་ཉིད་ཅན་དུ་བཤད་དེ་སེམས་འགྲེལ་ལས། སངས་རྒྱས་རྣམས་ཀྱི་བྱང་ཆུབ་སེམས། །བདག་དང་ཕུང་སོགས་རྣམ་རིག་གི ། རྟོག་པ་རྣམས་ཀྱིས་མ་སྒྲིབ་པའི། །རྟག་ཏུ་སྟོང་ཉིད་མཚན་ཉིད་ཅན། །ཞེས་གསུངས་སོ། །དོན་དམ་སེམས་བསྐྱེད་འདི་ཡི་བསྐྱེད་ཆོག་སྟེ་རང་རྒྱུད་ལ་ལེན་པའི་ཆོ་ག་མདོ་ལས་མ་གསུངས་ཤིང་། དེས་ན་རྣམ་

སྣང་མངོན་བྱང་སེམས་འགྲེལ་སོགས་སྔགས་ཀྱི་གཞུང་འགའ་ཞིག་ལས་དོན་དམ་སེམས་བསྐྱེད་ཀྱི་ཆོ་ག་བཤད་པ་རྣམས་ཀྱང་། དོན་དམ་སེམས་བསྐྱེད་དེ་ཆོས་ཉིད་བསྒོམས་པའི་སྟོབས་ཀྱིས་ཐོབ་པ་མ་གཏོགས། ཆོ་ག་ཆུང་བས་མི་སྐྱེས་བས། དེས་ན་ཆོ་ག་གསུངས་པ་ནི་ཆོ་ག་མཚན་ཉིད་པ་མ་ཡིན་ཞིང་། དེ་བཞིན་དུ་བསམ་མི་ཁྱབ་སོགས་མན་ངག་གི་བརྒྱུད་པའི་ཕྱག་ལེན་བརྡ་ཐབས་དང་བྱིན་རླབས་བྱ་བའི་ཚུལ་ཡོད་ཀྱང་། དེ་ལ་དོན་དམ་སེམས་བསྐྱེད་ཀྱི་ཆོ་གའི་ཐ་སྙད་མཁས་པ་ཆེན་པོ་སུས་ཀྱང་བསྒྲགས་པ་སྟེ་མིང་བཏགས་པར་མེད་དོ། །ཚོགས་ལམ་དང་སྦྱོར་ལམ་སྟེ་སོ་སྐྱེའི་ལམ་གྱི་གནས་སྐབས་སུ་བསྐལ་པ་གྲངས་མེད་པ་གཅིག་ཏུ་ཚོགས་གཉིས་གོམས་པར་བྱས་པའི་མཐར། ས་དང་པོར་ཆོས་ཀྱི་བདག་མེད་པ་མངོན་སུམ་དུ་རྟོགས་པའི་དོན་དམ་སེམས་བསྐྱེད་གཟུང་འཛིན་གྱི་རྣམ་པར་མི་རྟོག་པའི། ཡེ་ཤེས་ཀྱིས་བསྡུས་པ་མཚན་ཉིད་པ་སྐྱེ་བ་ཡིན་ལ། འདུན་པ། ཤེས་རབ། དྲན་པ་སོགས་པ། ཏིང་ངེ་འཛིན་ཏེ་སེམས་བྱུང་ཡུལ་ངེས་ལྔ་ལས་ཏིང་ངེ་འཛིན་དང་ཤེས་རབ་དག་དང་། མཚུངས་པར་ལྡན་པའི་ཚོར་བ། སེམས་པ་འདུན་ཤེས་འདུན་པ་རེག་པ། དྲན་པ། ཡིད་ལ་བྱེད་པ་སོགས་པ་སྟེ། སེམས་ཀྱི་ས་མང་བརྒྱད་དང་། དགེ་བའི་ས་མང་བཅུ། གཙོ་སེམས་དང་བཅས་པ་དེ་རྣམས་ཀྱང་དོན་དམ་སེམས་བསྐྱེད་དེར་སོང་བ་ནི་དོན་དམ་སེམས་བསྐྱེད་ཀྱི་སྡོམ་པའོ། །

སྐྱེ་འགག་གནས་གསུམ་བྲལ་བའི་དམ་པའི་དོན་དུ་སྟེ་དོན་དམ་པར་ཆོས་ཐམས་ཅད་ངོ་བོ་ཉིད་མེད་པའི་སྟོང་པ་ཉིད་ལ་གཞོལ་བ་དང་མ་བརྟག་པའི་ཐ་སྙད། ཀུན་རྫོབ་ཙམ་དུ་བསམ་པ་བྱང་ཆུབ་མཆོག་ཏུ་སེམས་བསྐྱེད། སྦྱོར་བ་སྦྱིན་སོགས་ཕར་ཕྱིན་དྲུག་སྒྲུབ་ཅིང་ཉམས་སུ་ལེན་པ་སོགས་རྒྱ་ཆེན་པོར་བྱེད་པ་ནི་འབུམ་སོགས་ཤེར་ཕྱོགས་དང་། སྡོང་པོ་བཀོད་པ་སོགས་ཐེག་ཆེན་གྱི་མདོ་སྡེ་སྣ་ཚོགས་པའི་དོན། རིམ་པ་ལྟར་ལྟ་བ་ཀླུ་སྒྲུབ་ཀྱི་དབུ་མའི་རིགས་ཚོགས་རྣམས་ལས་གསུངས་པ་དང་སྤྱོད་པ་བྱམས་པས་མདོ་སྡེ་རྒྱན་ལས་གསུངས་པ་གཉིས་སྦྱར་ཡང་མི་འགལ་ཞིང་མི་འོས་པའི་ཐུན་ཚག་བསྡུས་པ་ཡང་མིན་པའི། ཉམས་སུ་ལེན་པའི་ཚུལ་དེ་རྒྱལ་བའི་སྲས་བྱང་ཆུབ་སེམས་དཔའ་རྣམས་ཀྱི་ལམ་བཟང་པོ་སྨད་དུ་བྱུང་བ་ཡིན། ཐུབ་པ་དགོངས་གསལ་ནས། སྤྱོད་པ་རྒྱ་ཆེ་ཤིན་ཏུ་རྒྱས་པའི་དོན། །ལྟ་བ་དེ་ཉིད་ཤེས་རབ་ཕ་རོལ་ཕྱིན། །མི་འགལ་གསལ་བར་སྟོན་པ་བོ་བོའི་གཞུང་། །རིགས་པས་བསྒྲུབ་པ་བླ་མའི་གསུངས་བཞིན་བཤད། །ཅེས་གསུངས་སོ། །ཞེས་ཡོངས་རྫོགས་བསྟན་པའི་ཉམས་ལེན་སྡོམ་པ་གསུམ་གཏན་ལ་དབབ་པ་འཇམ་དབྱངས་བླ་མའི་དགོངས་རྒྱན་ལས་བྱང་ཆུབ་སེམས་དཔའི་སྡོམ་པའི་ལེའུ་སྟེ་གསུམ་པའོ།། །།

དེའང་མདོ་སྡེ་རྒྱན་ལས། དམིགས་པ་ཆེ་བ་ཉིད་དང་ནི། །དེ་བཞིན་སྒྲུབ་པ་གཉིས་དག་དང་། །ཡེ་ཤེས་

བརྩོན་འགྲུས་རྩོམ་པ་དང་། །ཐབས་ལ་མཁས་པར་གྱུར་བ་དང་། །ཡང་དག་གྲུབ་པ་ཆེན་པོ་དང་། །སངས་རྒྱས་ཕྲིན་ལས་ཆེན་པོ་སྟེ། །ཆེན་པོ་འདི་དག་དང་ལྡན་པས། །ཐེག་པ་ཆེན་པོ་ཁྱད་པར་འཕགས། །ཞེས་གསུངས་པ་ལྟར་ཐེག་པ་ཆུང་ངུ་ལས་ཁྱད་ཆོས་བདུན་གྱིས་སྒོ་ནས་ཁྱད་པར་དུ་འཕགས་པའི་ཐེག་པ་ཆེན་པོ་ཡིན། དེ་ལའང་རྒྱུ་ཕ་རོལ་དུ་ཕྱིན་པའི་ཐེག་པ་དང་། འབྲས་བུ་སྔགས་ཀྱི་ཐེག་པ་གཉིས་ལས། དེ་ལྟར་ཕར་ཕྱིན་ཐེག་པ་ལས་ཁྱད་ཆོས་བཞིའི་སྒོ་ནས་ཁྱད་པར་དུ་འཕགས་པ་ནི་འབྲས་བུ་སྔགས་ཀྱི་ཐེག་པ་ཡིན་ཏེ། ཚུལ་གསུམ་སྒྲོན་མེ་ལས། དོན་གཅིག་ན་ཡང་མ་རྨོངས་དང་། །ཐབས་མང་དཀའ་བ་མེད་པ་དང་། །དབང་པོ་རྣོན་པོའི་དབང་བྱས་པས། །སྔགས་ཀྱི་ཐེག་པ་ཁྱད་པར་འཕགས། །ཞེས་པ་ལྟར། རིག་པ་འཛིན་པ་**སྔགས་ཀྱི་སྒོམ་པར་སྐལ་དམན་རིམ་གྱིས་འཇུག་པའི་ཚུལ་**དང་སྐལ་ལྡན་ཅིག་ཆར་དུ་འཇུག་པའི་ཚུལ་ཏེ་གཉིས་ལས། དང་པོ་ནི་གང་ཟག་**སྐལ་པ་དམན་པ་རིམ་པ་**བཞིན་དུ་**འཇུག་པའི་ཚུལ་**ལས་ཐོག་མར། **སྤྱོད་པ་**རིམ་ཅན་ནི་**སྔར་**སྐབས་དོན་གོང་མ་སོ་ཐར་དང་བྱང་སེམས་གཉིས་ཀྱི་གནས་སྐབས་སུ་**བཤད་པ་རྣམས་ཏེ་**ཇི་ལྟར་བཤད་ཅེ་ན་སོ་ཐར་གྱི་མ་མཐའ་**གསོ་སྦྱོང་**ཡན་ལག་བརྒྱད་ཅམ་ལ། **བསླབ་**ཅིང་ཉམས་སུ་ལེན་པ་**ནས་བརྩམས་**ཏེ་མི་དགེ་བ་བཅུ་སྤོང་གིས་ཁྱབ་པའི་སོ་ཐར་རིགས་བདུན་གང་རུང་ལ་ཞུགས་ཏེ། དེ་ནས་ཐེག་ཆེན་**སེམས་བསྐྱེད་**དམ་བྱང་ཆུབ་སེམས་དཔའི་སྡོམ་པ་ཉམས་སུ་ལེན་པའི་**བར་གྱིས་སོ།** །

དེ་ལྟར་སྤྱོད་པ་རིམ་ཅན་ལ་བསླབ་ནས་**ལྟ་བ་རིམ་ཅན་**ནི་ཐོག་མར་**བྱེ་**བྲག་སྨྲ་བས་ཤེས་བྱ་གཞི་ལྔ་རྫས་སུ་གྲུབ་པར་འདོད་པའི་གཞུང་ལ་བསླབ་པ་དང་། དེ་ནས་**མདོ་**སྡེ་པས་འདུས་མ་བྱས་དང་། ལྡན་མིན་འདུ་བྱེད་མ་གཏོགས་གཞན་གསུམ་རྫས་སུ་གྲུབ་པར་འདོད་པའི་གཞུང་ལ་བསླབ་པ་དང་། དེའི་འོག་ཏུ**རྣལ་འབྱོར་སྤྱོད་**པ་སྟེ་སེམས་ཙམ་པས་ཕྱི་རོལ་རྟུལ་ཕྲན་ཆ་མེད་ཙམ་ཡང་ཁས་མི་ལེན་ཅིང་ནང་ཤེས་པ་སྐད་ཅིག་ཆ་མེད་ཙམ་བདེན་གྲུབ་འདོད་པའི་གཞུང་ལ་བསླབ་ལ་དེའི་རྗེས་སུ། **དབུ་མ་**པས་ཡོད་མེད་སོགས་སྤྲོས་པའི་མཐའ་ཐམས་ཅད་དང་བྲལ་བའི་སྟོང་པ་ཉིད་སྟོན་པའི་གཞུང་ལ་བསླབ་པ་**རྣམས་ཏེ་**དེ་དག་ནི་རྒྱུ་ཕར་ཕྱིན་དང་འབྲས་བུ་སྔགས་གཉིས་ཀའི་**ཐུན་མོང་**གི་ཐེག་པའི་ལྟ་བ་རིམ་ཅན་ལ་བསླབ་ཚུལ་**དང་།** མདོ་སྔགས་གཉིས་ཐུན་མོང་མ་ཡིན་པའི་ལྟ་བ་རིམ་ཅན་ལ་བསླབ་ཚུལ་ནི་ལྟ་བའི་བདེ་བ་ལམ་དུ་བྱེད་པ་**བྱ་རྒྱུད་**རང་རྐང་ལ་དབྱེངས་ནས་ཡེ་ཤེས་པ་སྤྱན་དྲངས་ཏེ། དེ་ལ་མཆོད་བསྟོད་སོགས་བྱས་ཏེ་དངོས་གྲུབ་ལེན་པ་མ་གཏོགས། རང་དམ་ཚིག་པར་མི་འདོད་པ་ལ་བསླབ་པ་དང་། དགོད་པའི་བདེ་བ་ལམ་དུ་བྱེད་པ་**སྤྱོད་**རྒྱུད་རང་རྐང་གི་ལུགས་ལ་རང་དམ་ཚིག་པར་བསྐྱེད་ཅིང་དབྱེངས་ནས་ཡེ་ཤེས་པ་མདུན་མཁའ་ལ་སྤྱན་དྲངས་ནས་དངོས་གྲུབ་ལེན་པ་འདོད་

པ་ལ་བསླབ་པ་དང་། ལག་བཅང་གི་བདེ་བ་ལམ་དུ་བྱེད་པ་རྣལ་འབྱོར་རྒྱུད་ཀྱི་ལུགས་ལ་དམ་ཚིག་པ་བསྐྱེད་ཅིང་དབྱིངས་ནས་ཡེ་ཤེས་པ་སྤྱན་དྲངས་ཏེ་སྔགས་དང་ཕྱག་རྒྱས་དམ་ཡེ་བཅིང་ནས་དངོས་གྲུབ་ལེན་པ་འདོད་པར་བསླབ་པ་སྟེ། དེ་ལྟ་བུ་སྤྱོད་རྣལ་འབྱོར་རྒྱུད་རྣམས་ཀྱི་རིམ་པ་ཀུན། ཤེས་ནས་འཁྱུད་པའི་བདེ་བ་ལམ་དུ་བྱེད་པའི་རྣལ་འབྱོར་ཆེན་པོའི་ལུགས་ལ་རང་དམ་ཚིག་པ་བསྐྱེད་ཅིང་། དབྱིངས་ནས་ཡེ་ཤེས་སྤྱན་དྲངས་ཏེ། དམ་ཡེ་དབྱེར་མེད་དུ་བསྲེས་ཏེ་དངོས་གྲུབ་ལེན་པ་ཉིད་ལ་འཇུག་པའི་སྐལ་དམན་རིམ་འཇུག་སྟེ་རྟག་གཉིས་ལས། དང་པོ་གསོ་སྦྱོང་སྦྱིན་པ་བྱ། །ཞེས་པ་ནས་དེ་རྗེས་ཀྱི་ཡི་ཧྲོ་རྗེ་བསྟན་ཞེས་གསུངས་སོ། །གཉིས་པ་ནི། སྤྱོད་པ་དང་ལྟ་བ་རིམ་ཅན་ལ་མི་ལྟོས་པར་ཐོག་མ་ནས་སྔགས་ཉམས་སུ་ལེན་པའི་གང་ཟག་སྐལ་བ་དང་ལྡན་པ་སོ་བྱང་སྔགས་གསུམ་ལ་སྔ་ཕྱི་མེད་པ་དུས་ཅིག་ཆར་ཉིད་དུ་ཉམས་སུ་ལེན་ཅིང་འཇུག་པ་ལ། ཐེག་ཆེན་ཐུན་མོང་བ་ནི་ཕར་ཕྱིན་ཡིན་ལ་ཐེག་ཆེན་ཐུན་མོང་མིན་པ་སྔགས་ཀྱི་སྡོམ་པ་དེའི་སྐབས་འགྲོ་དང་རྗེས་སུ་འབྲེལ་བའི་སྨོན་པ་འཇུག་པའི་སེམས་བསྐྱེད་ཐོབ་ནས་དབང་བཞི་ཉམས་སུ་ལེན་པ་ལ་ལ་འཇུག་གོ། །

བུམ་དབང་ལ་སོགས་པའི་དབང་བཞིའི་ཆོ་ག་ལ་བརྟེན་ནས་ཐོབ་པའི་སྔགས་ཀྱི་སྡོམ་པ་སྟེ་བུམ་དབང་ལས་བསྐྱེད་རིམ་གྱི་སྡོམ་པ་དང་དབང་གོང་མ་གསུམ་ལས་རྫོགས་རིམ་གྱི་སྡོམ་པ་ཐོབ་པ་གང་ཡིན་པ་ནི་བླ་མེད་ལུགས་ཀྱི་སྔགས་སྡོམ་གྱི་མཚན་གཞིའོ། །དེའི་མཚོན་ན་བྱ་རྒྱུད་ལ་རང་གི་དབང་གི་དངོས་གཞི་ཆུ་དང་ཅོད་པཎ་གཉིས་ལས་ཐོབ་པའི་སྔགས་ཀྱི་སྡོམ་པའོ། །

སྤྱོད་རྒྱུད་ལ་རང་གི་དབང་གི་དངོས་གཞི་ཆུ་ཅོད་པཎ་རྡོར་དྲིལ་མིང་དབང་སྟེ་རིག་པའི་དབང་ལྔ་ལས་ཐོབ་པའི་སྔགས་ཀྱི་སྡོམ་པའོ། །རྣལ་འབྱོར་རྒྱུད་ལ་རང་གི་དབང་གི་དངོས་གཞི་རིག་པའི་དབང་ལྔ་དང་དེའི་སྟེང་དུ་རྡོ་རྗེ་སློབ་དཔོན་གྱི་དབང་དང་བཅས་པ་ལས་ཐོབ་པའི་སྔགས་ཀྱི་སྡོམ་པའོ། །གང་སྐྱོབ་ན་ཡིད་ནི་གང་ལས་སྐྱོབ་ན་བསྐྱེད་རིམ་གྱི་དུས་སུ་ཐ་མལ་པའི་མཚན་རྟོག་དང་རྫོགས་རིམ་གྱི་དུས་སུ་གྱུ་ནོམ་ལྟར་ཞེན་གྱི་མཚན་རྟོག་ལས་གང་གིས་སྐྱོབ་ན་ཐབས་ཁྱད་པ་ཅན་བསྐྱེད་རྫོགས་ཀྱི་སྡོམ་པ་གང་ཞིག་མི་མཐུན་པའི་ཕྱོགས་མཚན་རྟོག་དེ་དག་སྐྱོང་པའི་སེམས་བྱུང་གི་སེམས་པ་དེ་དང་མཚུངས་ལྡན་སེམས་པ་མ་གཏོགས་ཚོར་བ་སོགས་སེམས་ཀྱི་ས་མང་དགུ །དད་སོགས་དགེ་བའི་ས་མང་བཅུ། ཡིད་ཤེས་དང་བཅས་པ་ནི་སྔགས་ཀྱི་སྡོམ་པའི་མཚན་ཉིད་དོ། །མཚན་ཉིད་དེ་ལྡན་གྱི་མིང་གི་རྣམ་གྲངས་ལ་དབང་བཞི་པོ་དག་ལས་ཐོབ་པའི་དམ་ཚིག་ཡིན་པས་ན་དབང་གི་དམ་ཚིག་དང་། རིག་སྔགས་སོགས་ཉམས་སུ་བླངས་པའི་སྡོམ་པ་ཡིན་པས་ན་རིག་འཛིན་སྡོམ་པ་དང་སྔགས་ཀྱི་སྡོམ་པའི་ཉམས་ལེན་རྒྱུན་ལྡན་གྱི། གང་ཟག་གི་རྒྱུད་ཀྱི་སྔགས་ལམ་སྟེ་གསུམ་པོ

དེ་རྣམས་དོན་གཅིག་ལ་མིང་གི་རྣམ་གྲངས་སོ། །སྔགས་ཀྱི་སྡོམ་པའི་ནང་གསེས་ཀྱི་དབྱེ་བ་ནི་བརྗོད་བྱ་དོན་གྱི་སྒོ་ནས་དང་རྗོད་བྱེད་ཚིག་གི་སྒོ་ནས་དང་ལེན་པའི་ཆོག་གི་སྒོ་ནས་སོ། །

དང་པོ་བརྗོད་བྱའི་སྒོ་ནས་དབྱེ་ན། འང་རྒྱུ་དང་ཐབས་རྒྱུད་ཀྱི་སྡོམ་པ་དང་འབྲས་བུ་ཡི། རྒྱུད་ཀྱི་སྡོམ་པ་སྟེ་གསུམ་འབྱུང་ལ་གསུམ་པོ་དེ་དག་རིམ་པ་བཞིན་དུ་བཤད་པ་ལས་དང་པོ་རྒྱུ་རྒྱུད་ཀྱི་སྡོམ་པ་ནི། རྒྱུ་དུས་སོ་སོར་སྐྱེ་བོའི་རྒྱུད་ཀྱི་མ་དག་པའི་སྣང་བ་ཕྱི་སྣོད་ཀྱི་འཇིག་རྟེན་དང་ནང་བཅུད་ཀྱི་སེམས་ཅན་ལ་སོགས་པ་ཇི་སྙེད་ཡོད་པ་དེ་རྣམས་སེམས་ཀྱི་ཆོ་འཕྲུལ་ལས་མ་འདས་ཏེ། མདོ་ལས། ཕྱི་རོལ་སྣང་བ་ཡོངས་མེད་དེ། །སེམས་ནི་སྣ་ཚོགས་རྣམས་སུ་སྣང་། །ཞེས་དང་། འགྲོ་བ་རྣམ་འབྱེད་ཀྱི་མདོ་ལས། ལྷུགས་ཀྱི་ས་གཞི་འབར་ཞིང་ཚ། །འབར་བའི་མེ་ལྕེས་ཀུན་ནས་ཁྱབ། །ལྕགས་ཀྱི་སོག་ལེ་རྣོན་པོ་ཡིས། །ལུས་གཅིག་ཆ་ཤས་བརྒྱར་བཤགས་པ། །ལུས་ངག་ཡིད་ཀྱི་སྡིག་པ་ཅན། །ཐམས་ཅད་སེམས་ལས་བྱུང་བ་ཡིན། །ཞེས་དང་། ས་བཅུ་པའི་མདོར། ཀྱེ་རྒྱལ་བའི་སྲས་དག་ཁམས་གསུམ་པོ་འདི་དག་ནི་སེམས་ཙམ་མོ་ཞེས་སོ། །ཞེས་གསུངས་པ་ལྟར་གཉིས་སུ་མེད་པའི་ཡེ་ཤེས་གསལ་ཆ་ཀུན་གཞི་དང་སྟོང་ཆ་དྲི་བཅས་དེ་བཞིན་ཉིད་གཉིས་དབྱེར་མེད་པ་ཟུང་དུ་འཇུག་པའི་ངོ་བོར་སྡོམ་པ་སྟེ། སྤྱིར་སྡོམ་པའི་དོན་སྡུང་བྱ་སྡུངས་པའི་སྡོམ་པ་དང་། མང་པོ་ཕྱོགས་གཅིག་ཏུ་སྡོམ་པ་སྟེ་གཉིས་སུ་འཇུག་པ་ལས་འདི་ཕྱི་མ་ཡིན་ནོ། །

གཉིས་པ་ཐབས་རྒྱུད་ནི་སྔགས་སམ་རང་བཞིན་ལ་གདོད་མ་ནས་གནས་ཤིང་། གཟུགས་ནས་རྣམ་མཁྱེན་གྱི་ཆོས་བླ་མེད་བསྐྱེད་རྫོགས་ཀྱི་ལམ་དུ་ཞུགས་ཤིང་ཚུལ་བཞིན་དུ་སློབ་སྟེ་ཉམས་སུ་ལེན་པའི་གང་ཟག་གི་སྣང་བའི་ཆོས་ཐམས་ཅད་ཐབས་ཁྱད་པར་ཅན་བུམ་དབང་ལས་ཐོབ་པའི་བསྐྱེད་རིམ་གྱི་ལམ་དང་དབང་གོང་མ་གསུམ་ལས་ཐོབ་པའི་རྫོགས་རིམ་གྱི་ལམ་གྱི་ངོ་བོར་རམ་རང་བཞིན་དུ་སྡོམ་པའོ། །གོང་དུ་བཤད་པའི་རྒྱུ་དུས་ཀྱི་སྣང་བ་ཐམས་ཅད་གསལ་སྟོང་ཟུང་འཇུག་གི་ངོ་བོར་སྡོམ་པ་དེ་བསྐྱེད་རྫོགས་ཀྱི་ལམ་གྱིས་གློ་བུར་གྱི་དྲི་མ་མ་ལུས་པ་དང་བྲལ་བར་བྱས་པའི་སངས་རྒྱས་རྡོ་རྗེ་འཆང་མི་སློབ་པའི་རྒྱུད་ཀྱི་རྣམ་པར་མི་རྟོག་པའི་ཡེ་ཤེས་ལ་ཡེ་ཤེས་རང་ཉིད་སྣང་བས་ན་རང་སྣང་ཡེ་ཤེས་ལ། ཤེས་བྱའི་ཆོས་ཀུན་ཀྱང་སོ་སྐྱེ་ནས་ཉན་རང་དང་བྱང་སེམས་འཕགས་པའི་བར་གྱི་བློས་བསམ་གྱིས་མི་ཁྱབ་པའི། སྐུ་གསུང་ཐུགས་ཏེ་གསང་བ་གསུམ་གྱི་ངོ་བོར་རམ་རང་བཞིན་དུ་འཆར་བའི་སྡོམ་པའོ། །ཆོས་ཐམས་ཅད་སྣང་གྲགས་རྟོག་གསུམ་དུ་འདུས་ཤིང་དེ་ཡང་སངས་རྒྱས་རང་གི་གསང་བ་གསུམ་གྱི་ངོ་བོར་འཆར་བའི་ཕྱིར་རོ། །གོང་དུ་ཇི་སྐད་བཤད་པའི་དེ་ལྟར་རྒྱུ་དང་ཐབས་དང་འབྲས་བུའི་སྡོམ་པ་གསུམ་གྱི་དང་པོ་རྒྱུ་རྒྱུད་ཀྱི་སྡོམ་པ་ནི་སྔགས་སྡོམ་བཏགས་པ་བ་

དང་ཕྱི་མ་ཐབས་དང་འབྲས་བུའི་རྒྱུད་ཀྱི་སྡོམ་པ་གཉིས་ནི་སྔགས་ཀྱི་སྡོམ་པ་མཚན་ཉིད་པ་རྣ་བཞིད་དེ་དེའི་རྒྱུ་མཚན་ཡང་འདི་ལྟར། རྒྱུ་སོ་སྐྱེའི་གནས་སྐབས་ལ་གནས་པའི་སེམས་ཉིད་གཉིས་སུ་མེད་པའི་ཡེ་ཤེས་གསལ་སྟོང་ཟུང་དུ་འཇུག་པའི་རང་བཞིན་རྒྱུ་རྒྱུད་ཀྱི་སྡོམ་པ་དེ། སྦྱོང་སེམས་ཀྱིས་མ་ཟིན་པས་བཏགས་པ་བར་འཇོག་ལ་དེ་ཉིད་བུམ་དབང་སོགས། དབང་གི་གནས་སྐབས་རྣམས་སུ་སོ་སོའི་དོན་ཉམས་སུ་མྱོང་བའི་ངོ་བོར་སྐྱེ་ཞིང་ཐོབ་པ་ནི་སྔགས་སྡོམ་མཚན་ཉིད་པར་འཇོག་གོ། །ཉམས་སུ་མྱོང་བ་དེ་ཉིད་བུམ་དབང་གི་ལྟ་བ་དང་ངོ་བོ་ཉིད་གསུམ། གསང་དབང་གི་ལྟ་བ་རང་བྱུང་རྣམ་བཞི་ཤེར་དབང་གི་ལྟ་བ་ཡས་བབ་ཀྱི་དགའ་བ་བཞི། དབང་བཞི་པའི་ལྟ་བ་ཆོས་ཐམས་ཅད་ཤིན་ཏུ་རྣམ་པར་དག་པའི་དེ་ཁོ་ན་ཉིད་དེ། ལྟ་བ་བཞི་དང་ནི་བུམ་དབང་གི་ལམ་བསྐྱེད་པའི་རིམ་པ། གསང་དབང་གི་ལམ་རང་བྱིན་རླབས། ཤེར་དབང་གི་ལམ་དཀྱིལ་འཁོར་འཁོར་ལོ་དབང་བཞི་པའི་ལམ་རྡོ་རྗེའི་ཐ་རླབས་ཏེ་ལམ་བཞི་བསྒོམ་པ་ལ་བརྟེན་ནས། ཆུ་ནང་གི་ཟླ་བས་ནམ་མཁའི་ཟླ་བ་རྟོགས་པའི་དཔེ་ཡིས་མཚོན་བྱེད་དཔེའི་ཡེ་ཤེས་མཐོང་ལ་དེས་མཚོན་ནས་མཚོན་བྱ་དོན་གྱི་ཡེ་ཤེས་མཐོང་བས་ན། མཚན་ཉིད་པར་འཇོག་གོ། །གཉིས་པ་རྗོད་བྱེད་ཀྱི་སྒོ་ནས་དབྱེ་བ་ནི། བྱ་རྒྱུད་སོགས་རྒྱུད་སྡེ་བཞི་ཡི་སྡོམ་པ་བཞི་སྟེ། དེ་རྣམས་གང་ཞེ་ན་རིམ་བཞིན་བལྟ་བའི་བདེ་བ་ལམ་བྱེད་ཀྱིས་མཚན་རྟོག་ལས་སྐྱོབ་པ་དང་དེ་བཞིན་དུ་དགོད་པའི་དང་ལག་བཅངས་ཀྱི་དང་གཉིས་གཉིས་འཁྱུད་པའི་བདེ་བ་ལམ་བྱེད་ཀྱིས། ཡུལ་སྤྱུ་རིས་སོ་སོའི་མཚན་མ་དང་ཡུལ་ཅན་དེ་དང་དེར་ཞེན་པའི་རྟོག་པ་སྟེ་མཚན་འཛིན་ལས་སྐྱོབ་པའི་ཐབས་ཁྱད་པར་ཅན་མི་མཐུན་པའི་ཕྱོགས་སྤོང་བའི་སེམས་པ་མཚུངས་པ་སེམས་ཀྱི་ས་མང་དགུ། དགེ་བའི་ས་མང་བཅུ་གཙོ་སེམས་དང་མཚུངས་ལྡན་དང་བཅས་པའོ། །

གསུམ་པ་ཚིག་གི་སྒོ་ནས་དབྱེ་བ་ནི་སྔ་གོན་གྱི་གནས་སྐབས་སུ་གུར་ལས་གསུངས་པའི་དཀོན་མཆོག་གསུམ་ལ་བདག་སྐྱབས་མཆི། ཞེས་སོགས་རྒྱུན་བཤགས་ལ་བརྟེན་ནས་ཐོབ་པ་ནི་ཐེག་ཆེན་སོ་སོར་ཐར་པ་དང་སྨོན་འཇུག་གི་བདག་ཉིད་ཅན་གྱི་བྱང་ཆུབ་སེམས་དཔའི་སྡོམ་པའོ་སྟེ་གཉིས་པོ་དཔྲལ་མགྲིན་སྙིང་ག་སྟེ་གནས་གསུམ་ལ་ཨོཾ་ཨཱཿཧཱུྃ་གིས་ཡས་མས་སུ་བྱིན་གྱིས་རླབས་པའི་དུས་སུ། སྔགས་སྡོམ་སྐྱེ་བའི་མགོ་བཙམ་པ་ཡིན་པས་དེ་སྐབས་སུ་ཐོབ་པ་ནི་སྐུ་གསུང་ཐུགས་ཏེ་རྡོ་རྗེ་གསུམ་གྱི་ས་བོན་ཐེབ་པའི་སྡོམ་པ་ཡིན་ནོ་སཾ་བུ་ཊ་ལས་གསུངས་པའི་སྲས་བཅས་སངས་རྒྱས་ཐམས་ཅད་དང་། ཞེས་སོགས་རིགས་ལྔའི་སྡོམ་གཟུང་གི་སྐབས་སུ་དམ་ཚིག་དང་སྡོམ་པ་སྲུང་བར་བྱའོ་ཞེས་ཁས་བླངས་ཀྱིས་སྒོ་ནས་ཐོབ་པའི་སྡོམ་པ་ཡིན་ལ་རང་གི་སྙིང་གར་ཟླ་བའི་དཀྱིལ་འཁོར་དང་དེའི་སྟེང་དུ་རྡོ་རྗེ་དཀར་པོ་རྩེ་ལྔ་པ་གསལ་བཏབ་པ་ནི། རིམ་པ་ལྟར་ཀུན་

རྫོབ་དང་དོན་དམ་པའི་སེམས་བསྐྱེད་ཡིན་ལ་ཕན་ཡོན་གྱི་སྒོ་ནས་ཡིན་ཏེ། གསང་བར་གདམས་པ། ཕན་ཡོན་གྱི་སྒོ་ནས་དམ་ལ་བཞག་པ། ཉེས་དམིགས་ཀྱི་སྒོ་ནས་དམ་ལ་བཞག་པ་ལ་སོགས་པ་སྟེ་དེ་ལྟར་གདམས་པའི་མཇུག་ཧཱུྃ་ཛ་ཧཱུྃ་ཞེས་པས་དཀྱིལ་འཁོར་གྱི་ཕྱོགས་སུ་མགོ་བོ་དུད་ཙམ་བྱས་པ་ཡན་ཆད་འཇུག་པ་ཕྱི་དང་ཕན་ཡོན་གྱི་སྒོ་ནས་དམ་ལ་བཞག་པ་མན་ཆད་ནས་རྡོ་རྗེ་སློབ་མའི་དབང་གི་བར་ནང་གི་འཇུག་པ་སྟེ། དེ་དག་གི་གནས་སྐབས་སུ་ཐོབ་པའི་སྡོམ་པ་དང་དངོས་གཞི་སློབ་མའི་དབང་དང་རྡོ་རྗེ་སློབ་དཔོན་གྱི་དབང་གིས། བསྡུས་པའི་བུམ་དབང་སོགས་དབང་བཞིའི་ཚིག་ལ་བརྟེན་ནས་ཐོབ་པའི་བསྐྱེད་རྫོགས་ཀྱི་སྡོམ་པ་དེ་དག་རྣམས་ནི་རྣལ་འབྱོར་བླ་མེད་ལུགས་སོ། །དེའི་རིགས་འགྲེ་སྟེ་རྒྱུད་སྡེ་འོག་མ་བྱ་སྤྱོད་རྣལ་འབྱོར་རྒྱུད་གསུམ་ལའང་། དཀོན་མཆོག་གསུམ་ལ་བདག་སྐྱབས་མཆི། །ཞེས་དང་། སྲས་བཅས་སངས་རྒྱས་སོགས་སྡོམ་བཟུང་གང་ཡིན་གྱི་སྐབས་སུ། ཁས་བླངས་ཀྱིས་སྒོ་ནས་ཐོབ་པ་དང་རང་རང་གི་ཆོ་གའི་དངོས་བསྟན་བྱ་རྒྱུད་ལ་ཆུ་ཅོད་པན་གཉིས། སྤྱོད་རྒྱུད་ལ་དེའི་སྟེང་རྡོར་དྲིལ་མིང་དབང་སྟེ་ལྔ། རྣལ་འབྱོར་རྒྱུད་ལ་ལྔ་པོ་དེའི་སྟེང་དུ་རྡོ་རྗེ་སློབ་དཔོན་གྱི་དབང་བསྟན་པས་དྲུག་སྟེ། དེ་ཙམ་གྱིས་ཐོབ་པའི་སྡོམ་པ་རྣམས་སོ། །

གནས་སྐབས་གང་དུ་དབང་བསྐུལ་བའི་དཀྱིལ་འཁོར་ལ་ཡེ་ཤེས་ཀྱི་དཀྱིལ་འཁོར་དང་སྤྲུལ་པའི་དང་ཏིང་ངེ་འཛིན་གྱི་དང་རྡུལ་ཚོན་གྱི་དང་རས་བྲིས་ཀྱི་དཀྱིལ་འཁོར་ཏེ་རྣམ་པ་ལྔ་ལས་དང་པོ་ཡེ་ཤེས་ཀྱི་དཀྱིལ་འཁོར་ནི། སྟོན་པ་རྫོགས་པའི་སངས་རྒྱས་རྡོ་རྗེ་འཆང་གིས་རྒྱུད་གསུངས་པའི་ཚེའམ་གནས་སྐབས་སུ་ས་བཅུ་པ་ལ་གནས་པའི་འཁོར་བྱང་སེམས་རྣམས་ཡེ་ཤེས་ཀྱི་དཀྱིལ་འཁོར་ལ་གཞུག་ཅིང་དབང་བསྐུར་བ་མཛད་པའི་རྣམ་པར་འཕྲུལ་པ་ནི་ངེས་པའི་དོན་དུ། སྟོན་པ་སངས་རྒྱས་དང་འཁོར་བྱང་ཆུབ་སེམས་དཔའ་རྣམས་དབྱེ་བར་མེད་དེ་གསང་བ་གྲུབ་པ་ལས་རྒྱུད་འཆད་པ་དེ་ཐུགས་རྡོ་རྗེ། །འཆད་པ་པོ་དེ་སྟོན་པའོ། །དེ་ཞེས་སམ་དེ་རྣམས་ལ་ཡེ་ཤེས་ཀྱི་དཀྱིལ་འཁོར་ཞེས་བརྗོད་པ་ཡིན་ནོ། །

གཉིས་པ་སྤྲུལ་པའི་དཀྱིལ་འཁོར་ནི། ས་དང་པོ་གནས་ནས་ས་བཅུ་གཉིས་པ་ཉེ་བའི་འཐུང་གཅོད་བར་གནས་པའི་འཕགས་པ་བྱང་ཆུབ་སེམས་དཔའ་རྣམས་དང་སར་གནས་འཕགས་པ་མ་ཟད་ས་ཐོབ་པ་ལ་ཉེ་བའི་སོ་སོར་སྐྱེ་བོ་ཡང་། ལས་དག་པའི་བློ་ངོར་རྫོགས་པའི་སངས་རྒྱས་ཐུབ་པའི་དབང་པོ་ལྟ་བུས་གསང་བ་འདུས་པའི་དཀྱིལ་འཁོར་སྤྲུལ་པ་དང་བྱང་སེམས་ཕྱག་ན་རྡོ་རྗེ་ལྟ་བུས་འཁོར་ལོ་བདེ་མཆོག་གི་དཀྱིལ་འཁོར་སྤྲུལ་པ་སོགས་སམ། བདག་མེད་མ་ལྟ་བུ་ཡེ་ཤེས་ཀྱི་མཁའ་འགྲོ་མས་ཀྱི་རྡོ་རྗེའི་དཀྱིལ་འཁོར་སྤྲུལ་པ་སོགས་དེ་དང་དེའི་དཀྱིལ་འཁོར་ནི་སྤྲུལ་པའི་དཀྱིལ་འཁོར་ཞེས་བྱ་སྟེ། རིམ་པ་ལྟར་རྒྱལ་པོ་ཨིནྡྲ་བྷཱུ་ཏི་དང་གྲུབ་ཆེན་

ས་ར་ཧ་པ་དང་སོགས་ཀྱིས་བསྟུས་པ་རྣལ་འབྱོར་དབང་ཕྱུག་སྟེ་དེ་དག་གི་དབང་ཐོབ་པའི་གདམས་རྒྱུད་བཞིན་ནོ།། །།

གསུམ་པ་ཏིང་ངེ་འཛིན་གྱི་དཀྱིལ་འཁོར་ནི་ཏིང་འཛིན་ལ་བརྟན་པ་ཆེར་ཐོབ་པ་གྲུབ་པའི་ས་ལ་གནས་པའི་འཕགས་པ་རྣམས་དང་སོ་སྐྱེ་ཡི་རྡོ་རྗེ་སློབ་དཔོན་འགའ་ཞིག་གིས། ལུས་ཀྱིས་དཀྱིལ་འཁོར་བྲི་སྒྲུབ་དང་ངག་བཟླས་བརྗོད་སོགས་ཀྱི་རྩོལ་བ་ཅུང་ཟད་ཀྱང་མེད་པར་བསམ་གཏན་ཏེ་ཏིང་ངེ་འཛིན་འབའ་ཞིག་གིས་སྔ་ཆོག་ནས་མཇུག་ཆོག་གི་བར་ཚང་བའི། །རྟུལ་ཞུགས་དཀྱིལ་འཁོར་རང་ཉིད་ཀྱིས་བལྟ་བ་དང་སློབ་མ་གཞན་ལ་བསྟན་ནུས་པར་བཞེངས་ཏེ་དབང་བསྐུར་བ་ནི་ཏིང་ངེ་འཛིན་གྱི་དཀྱིལ་འཁོར་ཞེས་བརྗོད་པ་ཡིན་ཏེ། དཔེར་ན་སློབ་དཔོན་དཔའ་བོ་རྡོ་རྗེས་འབྲོག་མི་ལོ་ཙྰ་བ་ལ་དབང་བསྐུར་བའི་ལོ་རྒྱུས་ཇི་ལྟ་བ་བཞིན་ནོ། །

བཞི་པ་རྟུལ་ཞུགས་ཀྱི་དཀྱིལ་འཁོར་ནི་སོ་སོར་སྐྱེ་བོའི་རྡོ་རྗེ་སློབ་དཔོན་ཏིང་ངེ་འཛིན་ལ་བརྟན་པ་ཅུང་ཟད་ཐོབ་པའམ་མ་ཐོབ་པ་ཅི་རིགས་པས། ལུས་ངག་གི་རྩོལ་བ་དང་བཅས་ཏེ། རྒྱུད་ནས་གསུངས་པའི་དབང་གི་མངོན་རྟོགས་གི་རྗེས་བཟུང་༡{ནི་སློབ་མ་རྗེས་སུ་བཟུང་བ་དང་}བསྙེན་༢པ་{ནི་དུས་གྲངས་མཚན་མ་རྣམས་སོ། །}ས་ཆོག་༣{ས་བརྟག་པ་དང་སློང་བ་སོགས་}དང་། །སྒོ་གོན་༤བྲི་{བ་ནི་ཐིག་དང་ཚོན་གྱིས་}རྒྱན་༥{ནི་སྦྱི་མཆོད་དང་དགོས་མཆོད་སོགས་དང་}སྦྱིན་ཅིང་༦མཆོད། །འཇུག་ཅིང་དབང་༧བླངས་མཇུག་༨ཆོག་སྟེ།། {ཀྱེ་རྡོ་རྗེའི་}ཞལ་དང་འདྲ་བའི་སྡོམ་པ་བརྒྱད། །ཞེས་གསུངས་པ་ལྟར་བརྒྱད་པོ་ཀུན། ཚང་བས་དབང་བསྐུར་བ་ནི་རྟུལ་ཞུགས་ཀྱི་དཀྱིལ་འཁོར་ཞེས་བྱ་སྟེ་རྒྱུད་ཐམས་ཅད་ཀྱི་དངོས་བསྟན་ཡིན་པའི་ཕྱིར་རོ། །

ལྔ་པ་རས་བྲིས་ཀྱི་དཀྱིལ་འཁོར་ནི་གོང་དུ་སྨོས་མ་ཐག་པའི་མངོན་རྟོགས་བརྒྱད་པོ་དེ་རྣམས་ལས། སྒོ་གོན་དང་དངོས་གཞི་གཉིས་ཀྱིས་དབང་བསྐུར་བ་ནི། མི་གཡོ་བླ་མེད་རྒྱུད་ལས། ཡང་ན་དཀྱིལ་འཁོར་བྲི་བྱ་བ།། །རས་བྲིས་ཚུལ་དུ་བྲི་བར་བྱ། །ཞེས་པས་རས་བྲིས་ཀྱི་དཀྱིལ་འཁོར་དུ་དབང་བསྐུར་བར་གསུངས་པ་དང་དེ་བཞིན་དུ་རྡོ་རྗེ་དྲིལ་བུ་པས་བཅོས་མ་གཉིས་ཀྱི་ཞེས་གསུངས་པའི་གཅིག་རས་བྲིས་ལ་དགོངས་ཏེ་གསུངས་པ་བཞིན་རས་བྲིས་ཀྱི་དཀྱིལ་འཁོར་ཉིད་དུ་དབང་བསྐུར་བའོ། །

རྟུལ་ཞུགས་རས་བྲིས་གང་རུང་གི་སྒོ་ནས་ཕྱིའི་{འདི་རྒྱུ་དབང་ཡིན་ལ་དེའང་ལས་དང་པོ་པས་གསང་སྔགས་ཀྱི་དབང་བསྐུར་དང་པོ་ཐོབ་པ་དེ་ཉིད་རྒྱུ་དབང་ཞེས་བྱའོ། །} དཀྱིལ་འཁོར་དུ་དབང་བསྐུར་བའི་འཇུག་པ་སྔོན་དུ་སོང་བའི་གང་ཟག་སྐལ་བ་དང་ལྡན་པ་རྣམས་ལ། ནང་དབང་བསྐུར་མཁན་གྱི་སྟོན་མའི་ལུས་ལ་དཀྱིལ་འཁོར་བསྐྱེད་ནས་དེ་ལ་འཇུག་ཅིང་གསོལ་བ་འདི་ལམ་དབང་ཡིན་པའི་སྟོན་མའི་ལུས་ཀྱི་དཀྱིལ

འཁོར་དུ་དབང་བའི་ལུགས་**ཀྱང་སྟེ**་ཀྱང་སྨྲས་ནི་གོང་དུ་བཤད་པའི་དཀྱིལ་འཁོར་ལྔ་ཡོད་པ་མ་ཟད་སློབ་མ་སྐལ་ལྡན་ལ། སློབ་དཔོན་གྱི་ལུས་དཀྱིལ་**ཀྱང་ཡོད་དོ་སྟེ**་ཡོད་པའི་དོན་ཏོ། །ལས་དང་པོ་པའི་གང་ཟག་སྟུགས་ཀྱིས་**རྒྱུད་མ་སྨིན**་པ་གསར་དུ་**སྨིན**་པར་**བྱེད**་པའི་**རྒྱུ**་འདི་ལམ་དབང་རྒྱུ་དབང་གཉིས་ཀྱི་བླུས་ཕྱེ་བའི་ཕྱི་མ་དེ་**ཡི་དབང་ལ་ནི**། སློབ་མ་རྗེས་བཟུང་དང་བསྙེན་པ་སོགས་ཀྱི་རྡོ་རྗེའི་ཞལ་དང་འདྲ་བའི་མངོན་རྟོགས་བརྒྱད་ཚང་དགོས་པས། **རྡུལ་ཚོན**་གྱི་དཀྱིལ་འཁོར་**ངེས་པར་དགོས**་ཏེ་རབ་དབྱེར། དེང་སང་གང་ཟག་རབ་འབྲིང་ཀུན། །རྡུལ་ཚོན་གྱི་ནི་དཀྱིལ་འཁོར་དུ། །དབང་བསྐུར་བྱ་བ་གསུངས་མོད་ཀྱི། །གཞན་{རས་བྲིས་སོགས་}གྱི་སྨིན་བྱེད་རྒྱུད་ལས་བཀག ། ཞེས་གསུངས་**ཤིང་**རྒྱུ་དབང་ལས་**སྐབས་གཞན་དུ་སྟེ**་ལམ་དབང་ལ་རྡུལ་ཚོན་གྱི་དཀྱིལ་འཁོར་ལས་གཞན་པའི། **རས་བྲིས་ཀྱིས**་ཀྱང་དབང་བསྐུར་དུ་**རུང**་བ་ནི་རྡོ་རྗེ་འཆང་ཀུན་དགའ་བཟང་པོས་བཞེད་དོ། །

གང་གིས་**བསྐུར་བའི་ཆོག་ལ་ནི**། ཀྱེ་རྡོ་རྗེའི་ཞལ་དང་འདྲ་བའི་མངོན་རྟོགས་བརྒྱད་ལས་དང་པོ་སློབ་མ༔ **རྗེས་སུ་བཟུང**་བའི་མངོན་རྟོགས་ནི་རྒྱུད་**སཾ་བུ་ཊ་ར་བཤད**་དེ། སློབ་མས་ཕུས་མོའི་ལྷ་ང་ནི། །ས་ལ་དང་པས་བཙུགས་ནས་ནི། །ཐལ་མོ་སྦྱར་ནས་བསྟོད་པ་ཡིས། །སྟོན་པ་ལ་ནི་ཞུ་བ་བྱ། །ཞེས་གསུངས་པའི་གསོལ་གདབ་ཀྱི་ཚིག་དེས་སློབ་མ་རྗེས་བཟུང་བསྟན་པར་མངོན་རྟོགས་ལྡོན་ཤིང་ལས་གསུངས་སོ། །

མངོན་རྟོགས་གཉིས་པ་ནི་རྡོ་རྗེ་སློབ་དཔོན་དེ་གཞན་ལ་དབང་མ་བསྐུར་བའི་གོང་དུ་སྟུགས་གཞི་བསྙེན་གྲུབ་པ་ཞིག་དགོས་པས་**བསྙེན**་པ་འདུག་པའི་རྣམ་བཞག་ལ། **ཐུམ་པར་བརྟེན**་པའི་ལུགས་ཀྱི་བསྙེན་པ་**དང་**ཐུམ་པ་ལ་**མ་བརྟེན**་པའི་ལུགས་ཀྱི་བསྙེན་པ་**གང་ཡིན་ཀྱང**། **དུས**་ཀྱི་བསྙེན་པ་དང་**གྲངས**་ཀྱི་བསྙེན་པ་དང་**མཚན་མ**འི་བསྙེན་པ་སྟེ་གསུམ་དུ་གསུངས་པའི་རེ་རེའང་**རབ**་དང་**འབྲིང**་དང་**ཐ་མ་ཡི**། **དབྱེ་བས་དགུར་འགྱུར**་བའི་དུས་དང་གྲངས་བསྙེན་གཉིས་ནི་བླ་མའི་མན་ངག་ལས་འབྱུང་བ་ཡིན་ལ་**གྲངས་བསྙེན**་ནི་**བརྟག་གཉིས**་ལས། དཀྱིལ་འཁོར་བདག་པོའི་བཟླས་པ་འབུམ། །དཀྱིལ་འཁོར་ཅན་གྱི་དེ་བཞིན་ཁྲི། །ཞེས་པ་ནི་རྫོགས་ལྡན་ལ་དགོངས་ཤིང་། རྩོད་དུས་སུ་དེ་ཉིད་བཞི་འགྱུར་དུ་དགོས་ཏེ་གཙོ་བོ་ལ་བཞི་འབུམ་དང་། འཁོར་ལ་བཞི་ཁྲི་དང་། བདེ་མཆོག་**སྡོམ་འབྱུང་དུ**་རྫོགས་ལྡན་དུས་སུ་བཟླ་བྱ་གཅིག་{གཙོ་བོ་ལ་འབུམ་ཕྲག་གཅིག་འཁོར་ལ་ཁྲི་}། ཉིས་འགྱུར་གསུམ་ལྡན་ལ་བཟླ་བྱ། །སུམ་འགྱུར་གཉིས་ལྡན་ལ་རབ་བརྗོད། །རྩོད་དུས་བཟླས་པ་བཞི་འགྱུར་རོ། །ཞེས་རྩོད་དུས་སུ་གཙོ་བོ་ལ་བཞི་འབུམ་དང་། །འཁོར་ལ་བཞི་ཁྲི་ཡིན་པར་**གསལ**་བར་གསུངས་སོ། །

མངོན་རྟོགས་གསུམ་པ་ས་ཡི་ཚིག་ནི། ཕྱོགས་ཀྱི་སྒོ་ནས་བརྟགས་པ་དང་། བཀོས་པའི་སྒོ་ནས་དང་མཚན་མའི་སྒོ་ནས་དང་། ཟུག་རྡུ་ཡོད་མེད་ཀྱི་སྒོ་ནས་དང་། ཉེ་འཁོར་གྱི་འགྱུར་བའི་སྒོ་ནས་དང་ཁ་དོག་གི་སྒོ་ནས་བརྟགས་པ་སྟེ་དྲུག་གིས་བཟང་ངན་ཞིབ་པར་བརྟགས་ནས་བློས་མཚན་ཉིད་དང་ལྡན་པའི་ས་ཕྱོགས་དེར་དཀྱིལ་འཁོར་བཞེངས་པར་བྱའོ་སྙམ་པའི་བློས་བཟུང་ཞིང་བདག་པོ་སྣང་བ་རྒྱལ་པོ་དང་མི་སྣང་བ་སའི་ལྷ་མོ་ལས་རིམ་པ་ལྟར་དང་པོ་ལ་ཚིགས་སམ་མ་ཁྱུག་ན་རིན་གྱིས་སློང་བ་དང་ཕྱི་མ་ལ་མ་མ་རིན་ཆེན་སྣ་ཚོགས་འཛིན། །ཞེས་སོགས་ཚིགས་བཅས་པས་བསླངས་ཏེ། ལྷོ་འཕྱེ་བརྟག་པ་སྔོན་དུ་སོང་ནས་དངོས་གྲུབ་རབ་འབྲིང་ཐ་མའི་དོན་དུ་སྙིང་ག་ལྟེ་བ་པུས་མོ་ནུབ་པའི་ཚད་ཙམ་དུ་བསྐོས་པ་སོགས་ཀྱི་ལས་དང་བྱ་བས། སྦྱོན་སྦྱངས་པ་དང་ཁྲོ་བོ་བཅུའི་སྲུང་འཁོར་བསྒོམ་པའི་ཏིང་ངེ་འཛིན་གྱིས་བགེགས་སྦྱངས་ཤིང་རྩ་བའི་རྐང་སྟབས་བརྒྱད་ཀྱིས་ས་གཞི་བཟུང་ཞིང་སླར་བགེགས་མི་འཇུག་པའི་ཕྱིར་ས་ཕྱོགས་དེར་ཕུར་བུ་བཏབ་སྟེ། དེར་མདུན་བསྐྱེད་ཀྱི་ཚུལ་དུ་སྲུང་འཁོར་བསྒོམ་པའི་བསྲུང་བའི་ཚིག་བཅས། དྲུག་པོ་དེ་རྣམས་ཕལ་ཆེར་སྲུང་བ། སྤྱི་རྒྱུད་དང་རྡོ་རྗེ་གུར་སོགས་རྒྱུད་སྡེ་གཞན་ཀུན་ལས་ཐོར་བུར་བསྟན་ཏོ། །དེ་དག་ཕྱོགས་གཅིག་ཏུ་སྡེབ་ནས་ལག་ཏུ་ལེན་པའི་རིམ་པ་ནི་བདུད་དཔུང་ཚར་གཅོད་སོགས་སུ་གསལ་ལོ། །མངོན་རྟོགས་བཞི་པ་ས་ལྷ་སྟ་གོན་ནི། དཀྱིལ་འཁོར་བྲི་བ་སོགས་ས་ལ་ལོངས་སྤྱོད་དགོས་པའི་ཕྱིར། སའི་ལྷ་མོ་སྟ་གོན་བྱེད་པ་དང་དངོས་གཞིའི་དུས་སུ་མདུན་བསྐྱེད་ལ་བསྟིམ་རྒྱུ་ལྷའི་སྟ་གོན་དང་ཚུལ་བཞིན་སྒྲུབ་པའི་བུམ་པ་དགོས་པས་བུམ་པ་སྟ་གོན་དང་། དངོས་གཞིའི་སྐབས་སུ་དཀྱིལ་འཁོར་དུ་གཞུག་ཏུ་རུང་བའི་སློབ་མ་དགོས་པས་སློབ་མ་ཏེ་དེ་རྣམས། ལྷག་གནས་ཏེ་སྟ་གོན་བྱ་བ་ཁ་སྦྱོར་རྒྱུད་དང་རྩ་རྒྱུད་བརྟག་གཉིས་སོགས་ནས་གསུངས་སོ། །མངོན་རྟོགས་ལྔ་པ་བྲི་ཞིང་རྒྱན་འགྲམ་པ་ནི། རྩ་རྒྱུད་ལས་སྲད་བུ་ཤེས་རབ་ཅན་གྱིས་གདབ། །ཅེས་གསུངས་པ་ལྟར། ཐིག་གིས་བྲི་བར་དཀྱིལ་འཁོར་གྱི་དབུས་ནས་གཡས་གཡོན་ལ་ཚ་ཕྲན་སོ་གཉིས་རེ་ཡོད་པས། ཤར་ནུབ་ལྷ་བུའི་ཕྱོགས་བསྡོམ་ན་དཀྱིལ་འཁོར་གཅིག་ལ་ཚ་ཕྲན་དྲུག་ཅུ་རེ་བཞི་ཡོད་པའི་ལུགས་དང་། དེ་བཞིན་དུ་དཀྱིལ་འཁོར་གཅིག་ལ་ཚ་ཕྲན་དགུ་བཅུ་གོ་དྲུག་པ་སྟེ་ལུགས་གཉིས་འབྱུང་བའི་སྔ་མ་ཚ་ཕྲན་རེ་བཞི་པ་ནི། པཎ་ཆེན་ཤྲདྡྷཱ་ཀ་ར་ཝརྨས་གཞུང་མཛད་ཅིང་ལོ་ཆེན་རིན་ཆེན་བཟང་པོ་བརྒྱུད་པ་དང་བཅས་པའི་ལུགས་སྲོལ། ས་སྐྱའི་རྗེ་བཙུན་གོང་མའི་ཕྱག་བཞེས་ཀྱང་འདི་ཁོ་ན་ཉིད་དེ་པཎ་ཆེན་གྱང་རུས། འདི་ནི་ཤྲདྡྷཱ་ཀ་རའི་ལུགས། །ས་སྐྱ་པ་ལ་ཤིན་ཏུ་གཅེས་ཞེས་གསུངས་ཤིང་། འདི་ལ་དབྱེ་ན་རྒྱ་གཞུང་ལུགས་དང་། མན་ངག་ཐིག་དང་ཤིན་ཏུ་མན་ངག་ཐིག་སྟེ་གསུམ་ཡོད་དོ། །ཕྱི་མ་ཚ་ཕྲན་གོ་དྲུག་པ་ནི་ཨ་བྷ་ཡ་ཀ་ར་གུཔྟས་བཀྲལ་བ་སྟེ་ཁྲིང་བ་མཁན་པོ་

མཐའ་དག་གི་ཕྱག་བཞེད་ས་སྐྱ་བ་ལས་གཞན་པའི་ལུགས་ལ་གཙོ་བོར་གྲགས་ཤིང་འདི་ལ་དབྱེ་ན་རྒྱ་གཞུང་ལུགས་དང་། མན་ངག་གི་འདོད་ཚུལ་འགའ་ཞིག་ཡོད་དོ། །དེ་ལྟར་ལུགས་གཉིས་ཀ་ཡང་པཎ་ཆེན་གྲུང་རྣའི་ཡིག་ཆ་ཐིག་ཡིག་རྒྱ་མཚོ་སོགས་ན་གསལ་ལོ། །ཚོན་གྱིས་བྲི་བར་དང་པོ་སློབ་དཔོན་གྱིས་དབང་ལྡན་གྱི་རྩིག་པ་བྲི་ཞིང་། ཕྱིས་སློབ་མ་དང་བཅས་པས་དཀྱིལ་འཁོར་གྱི་དབུས་ནས་རིམ་བཞིན་དུ་བྲིས་པའི་དཀྱིལ་འཁོར་ལ་ལྷ་སོ་སོའི་མཚན་མ་དགོད་ཚུལ་གྱི་སྒོ་ནས། དབྱེ་བས་རྣམ་གྲངས་བཞིར་འགྱུར་ཏེ་དེ་ཡང་རང་རང་གི་ལྷ་གནས་སུ་དཀྱིལ་འཁོར་གང་ཡིན་གྱི་སྐུ་གཟུགས་བྲི་བ་དང་ཡང་ན་དེ་དག་གི་ཕྱག་མཚན་བྲི་བ་དང་། ཡང་ན་ལྷ་སོ་སོའི་ས་བོན་ཡིག་འབྲུ་བྲི་བ་དང་། དེ་རྣམས་མི་ནུས་ན་སྐུ་མདོག་དང་མཐུན་པའི་ཚོན་ཕུང་དགོད་པ་སྟེ་བཞིའོ། །དེ་ནས་སློབ་དཔོན་གྱིས་རྣམ་རྒྱལ་དང་སློབ་མས་ལས་བུམ་ཐོགས་ཏེ་སྤོས་ཀྱིས་སྣ་དྲངས་ལ་རོལ་མོའི་ཆ་བྱད་རྣམས་དང་བཅས་ཏེ་དཀྱིལ་འཁོར་ལ་བསྐོར་བ་ལན་གསུམ་བྱས་ནས་རྣམ་རྒྱལ་དང་ལས་ཀྱི་བུམ་པ་དག་རིམ་པ་ལྟར་ཤར་དང་བྱང་ཤར་ལ་དབུལ་བ་དང་། བཅས་པའི་གདུགས་རྒྱལ་མཚན་བ་དན་སོགས་ཀྱི་རྒྱན་རྣམས་དགྲམ་མོ། །

མངོན་རྟོགས་དྲུག་པ་ནི་བྲི་ཞིང་རྒྱན་དགྲམ་ཟིན་པའི་དཀྱིལ་འཁོར་དེ་ཉིད་ཚུལ་བཞིན་དུ་སྒྲུབ་པ་ལ། བདག་བསྐྱེད་དང་མདུན་བསྐྱེད་དག་སོ་སོ་ཐ་དད་པ་བསྒྲུབ་པ་ནི་བདེ་མཆོག་ནག་པོའི་དཀྱིལ་ཆོག་སོགས་ཕལ་ཆེ་བའི་ལུགས་དང་བདག་མདུན་གཉིས་ཐ་མི་དད་པ་དབྱེར་མེད་དུ་བསྒྲུབ་པ་ནི་གསང་འདུས་འཕགས་ལུགས་དང་ཀྱེ་རྡོར་ནག་པོ་ལུགས་སོགས་ཏེ་དེ་ལྟར་གཉིས་སོ། །མཆོད་པ་ལ་རྒྱུད་དང་དཀྱིལ་ཆོག་རྣམས་ལས་དབྱེ་བ་མང་ཡང་རྣལ་འབྱོར་བླ་མེད་ཀྱི་སྐབས་འདིར། ཀྱེ་རྡོར་ལ་མཚོན་ན་མཆོད་ཡོན་སོགས་ཕྱིའི་མཆོད་པ་དང་ཐོད་པ་ལས་བདུད་རྩི་བླངས་ཏེ་རྩ་བའི་བླ་མ་ནས་རིམ་བཞིན་བླ་མ་བརྒྱུད་པ་དང་། ཡི་དམ་ཆོས་སྐྱོང་སོགས་ལ་དབུལ་བ་ནི་ནང་གི་མཆོད་པ་དང་། དཀར་མོ་རི་དྭགས་སོགས་གསང་བའི་མཆོད་པ་དང་དེ་རྣམས་འཁོར་གསུམ་མི་དམིགས་པས་ཟིན་པ་དེ་ཁོ་ན་ཉིད་ཀྱི་མཆོད་པ་སྟེ་ཡོངས་གྲགས་བཞིར། འདུས་སོ། །

མངོན་རྟོགས་བདུན་པ་ཐོག་མར་སློབ་དཔོན་རང་ཉིད་དཀྱིལ་འཁོར་དུ་འཇུག་ཅིང་བུམ་དབང་སོགས་དབང་བཞི་པོ་བླང་བ་ནི་བཤད་རྒྱུད། སཾ་བུ་ཊ་ར་བཤད་ཅིང་སྔོན་གྱི་མཁས་པ་ཀུན་གྱི་ལུགས་སྲོལ་དུ་སྣང་། སློབ་དཔོན་རང་ཉིད་ཀྱིས་བདག་འཇུག་བླངས་ཟིན་ནས་དེའི་རྗེས་སུ། སློབ་མ་དཀྱིལ་འཁོར་དུ་གཞུག་པར་བྱ། སྡེ་ཙ་རྒྱུད་ལས་གོས་ཀྱིས་མིག་ནི་བཀབ་ནས་སུ། །དེར་ནི་སློབ་མ་གཞུག་པ་བྱ། །ཞེས་གསུངས་པའི་ཕྱིར་རོ། །དཀྱིལ་ཆོག་རྣམས་སུ་སྤྲོས་པ་ཆེ་ཆུང་ལ་དགའ་བའི་བྱེ་བྲག་གི་དབང་གིས། ཆོ་ག་རྒྱས་པ་དང་བསྡུས་པ་སྣ་ཚོགས་པ

འབྱུང་མོད་ཀྱི་ཆོ་གའི་གཙོ་བོ་སྦྱོར་དངོས་རྗེས་གསུམ་གྱི་རྣམ་གཞག་རྣམས་མཐུན་ནོ། །དངོས་གཞིའི་དབང་གི་ཚིག་ལ་ནི་རྒྱུད་ཡེ་ཤེས་ཐིག་ལེའི་ལུང་ལས། ཆུ་ཡི་དབང་བསྐུར་ཅོད་པན་དག །བུམ་པའི་རྒྱུད་ལ་རབ་ཏུ་གྲགས། །རྡོ་རྗེ་དྲིལ་བུ་དེ་བཞིན་མིང་། །སྤྱོད་པའི་རྒྱུད་ལ་རབ་ཏུ་གནས། །ཕྱིར་མི་ལྡོག་པ་ཡི་ནི་དབང་། །རྣལ་འབྱོར་རྒྱུད་དུ་གསལ་བར་བྱེ། །དེ་བཞིན་དྲུག་གི་བྱེ་བྲག་དབང་། །དེ་ནི་སློབ་དཔོན་དབང་ཞེས་བྱ། །རྣལ་འབྱོར་བླ་མ་ཡི་ནི་མཚན། །གསང་བ་ཡི་ནི་དབང་རྒྱལ་བཤད། །ཤེས་རབ་ཡེ་ཤེས་བླ་ན་མེད། །བཞི་པ་དེ་ཡང་དེ་བཞིན་ནོ། །ཞེས་གསུངས་པ་བཞིན་དུ། བྱ་བའི་རྒྱུད་ཀྱི་དབང་གི་དངོས་གཞི་ལ་ཆུའི་དབང་དང་ཅོད་པན་གྱི་དབང་སྟེ་གཉིས་ཀྱིས་དབང་གི་དངོས་གཞི་རྫོགས་སོ། །

སྤྱོད་པའི་རྒྱུད་ཀྱི་དབང་གི་དངོས་གཞི་ནི་བླ་མ་དེ་གཉིས་ཀྱི་སྟེང་དུ་རྡོ་རྗེའི་དབང་དང་དྲིལ་བུའི་དབང་དང་། མིང་གི་དབང་བསྐུར་བ་དང་བཅས་ཏེ་ཐུན་མོང་རིག་པའི་དབང་ལྔས་དབང་གི་དངོས་གཞི་རྫོགས་སོ། །རྣལ་འབྱོར་རྒྱུད་ཀྱི་དབང་གི་དངོས་གཞི་ལ་ནི། རིག་པའི་དབང་ལྔ་པོ་དེའི་སྟེང་དུ་ཕྱིར་མི་ལྡོག་པའི་རྡོ་རྗེ་སློབ་དཔོན་གྱི་དབང་བསྟན་པས་དྲུག་པོ་དེས་དབང་གི་དངོས་གཞི་རྫོགས་སོ། །བླ་མེད་ཀྱི་དབང་གི་དངོས་གཞི་ལ། དྲུག་པོ་དེ་རྣམས་ཀྱི་སྟེང་དུ་དབང་གོང་མ་གསང་དབང་དང་ཤེར་དབང་དང་དབང་བཞི་པ་གསུམ་གྱིས་དབང་གི་དངོས་གཞི་རྫོགས་པ་ཡིན་ནོ། །རྣལ་འབྱོར་བླ་མེད་ཀྱི་ལུགས་འདི་ལ་དབང་བཅུ་བཞིར་དབྱེ་བ་དང་བཅུ་བཞི་པོ་དེ་ཡང་བཅུ་གཅིག་ཏུ། བསྡུ་བ་དང་བཅུ་གཅིག་པོ་དེ་ཡང་རྣམ་པ་བཞིར་འདུས་སོ། །དང་པོ་བཅུ་བཞིར་དབྱེ་བའི་ལུགས་ནི་གསང་བ་འདུས་པའི་བཤད་རྒྱུད་རྡོ་རྗེ་ཕྲེང་བ་ལས། བུམ་པའི་དབང་ནི་གཙོ་བོ་སྟེ། །གཉིས་པ་གསང་བའི་མིང་ཅན་ནོ། །གསུམ་པ་ཀུན་ནས་སྦྱོར་བ་སྟེ། །བཞི་པ་དོན་ནི་དམ་པའོ། །གཙོ་བོའི་དབྱེ་བ་བཅུ་གཅིག་{མེ་ཏོག་ཕྲེང་བ་སོགས་འོག་ནས་བཤད་པའི་}སྟེ། །བཅུ་གཉིས་པ་ནི་གསང་བའོ། །བཅུ་གསུམ་པ་ནི་ཡང་དག་སྦྱོར། །བཅུ་བཞི་པ་ནི་དོན་དམ་སྟེ། །ཞེས་གསུངས་པ་དང་། ཀྱེ་རྡོར་ཕྱི་མའི་རྒྱུད། ཕྱག་ཆེན་འདི་ཀྱེ་རྡོར་ཕྱི་མའི་རྒྱུད་ཡིན་པར་ཚར་ཆེན་གྱི་ཉི་ཟེར་ལས་གསུངས་སོ། །ཐིག་ལེ་ལས་དེ་ལྟར་དེ་ནི་བཅུ་བཞིའོ་ཞེས་དང་སངས་རྒྱས་ཐོད་པ་ནི། མ་རྒྱུད་སྒོ་དྲུག་ནང་ཚན་ཧེ་རུ་ཀའི་རྒྱུད་ཡིན་ལ། བདེ་ཀྱེ་གསང་གསུམ་གང་ལའང་མི་གཏོགས་པའི་རྒྱུད་རང་རྐང་ཚུགས་པ་ཞིག་ཡོད་དེ། འདིའི་དཀྱིལ་འཁོར་གྱི་གཙོ་བོ་ཞལ་གཅིག་ཕྱག་བཞི་འཁོར་དང་བཅས་པའོ། །མ་རྒྱུད་སྒོ་དྲུག་ནི་ཧེ་རུ་ཀའི་རིགས་ཀྱི་རྒྱུད་རྣམས་སྣང་གི་རིགས་ཀྱི་རྒྱུད། རིན་འབྱུང་གི་རིགས་ཀྱི་རྒྱུད། འོད་དཔག་མེད་པའི་རིགས་ཀྱི་རྒྱུད། དོན་གྲུབ་ཀྱི་རིགས་ཀྱི་རྒྱུད། རྡོ་རྗེ་སེམས་དཔའི་རིགས་ཀྱི་རྒྱུད་དེ་དྲུག་སྟེ་སངས་རྒྱས་ཐོད་པའི་རྒྱུད་ལས་གཉིས་ཀར་བཅུ་བཞིར་འདུས་པ་ཡི། །ཞེས་དང་།

སློབ་དཔོན་ཆེན་པོ་རྡོ་རྗེ་དྲིལ་བུ་པའི་གཞུང་ལས་དབང་བསྐུར་རྣམ་པ་བཞི་བཤད་དེ། །ཆུ་ཡི་དབང་སོགས་དབྱེ་བ་ཡིས། །བཞི་པོ་དེ་ཡང་བཅུ་བཞིའོ། །ཞེས་**འབྱུང་ཞིང་**བཅུ་བཞི་པོ་དེ་དག་གི་**ངོས་འཛིན་ནི།** བཅོམ་ལྡན་བདག་ལ་སྐུལ་ལགས་ཀྱི། །སོགས་ཀྱིས་མེ་ཏོག་ཕུལ་བ་དེ་ཉིད་སློབ་དཔོན་གྱིས། སྔགས་ཀྱི་ཕྲེང་བར་བྱིན་བརླབས་ཏེ་སླར་བདག་གི་སྤྱི་བོར་བཞག་ནས། བཅོམ་ལྡན་འདི་ལ་སྐུལ་ལགས་ཀྱི། །ཞེས་སོགས་ཀྱིས་**མེ་ཏོག་**༡**ཕྲེང་བའི་དབང་དང་།** རིག་པའི་དབང་ལྔའི་དང་པོ་མི་བསྐྱོད་པའི་**ཆུ་དབང་**༢དང་རིན་འབྱུང་གི་ཅོད་པན་༣གྱི་དབང་དང་། འོད་དཔག་མེད་ཀྱི་**རྡོ་རྗེའི་**༤དབང་དང་དོན་གྲུབ་ཀྱི་**དྲིལ་**༥**བུའི་**དབང་དང་རྣམ་སྣང་གི་**མིང་གི་**དབང་སྟེ་རིག་པའི་དབང་ལྔ་༦དང་རྗེ་ལ་རྡོར་སེམས་དང་བདེ་མཆོག་ལ་མི་སྐྱོད་པ་བསྐྱེད་པ་ལྟ་བུ་**བརྟུལ་ཞུགས་**༧ཀྱི་དབང་དང་། རྡོ་རྗེ་གསོར་ཏེ། འདི་དེ་སངས་རྒྱས་ཐམས་ཅད་དེ། །ཞེས་སོགས་ཀྱིས་ཐུགས་རྡོ་རྗེ་སློབ་དཔོན་དང་དྲིལ་བུ་དཀྲོལ་ཏེ། འདི་ནི་རྣལ་འབྱོར་མ་ཀུན་གྱི། །ཞེས་སོགས་ཀྱིས་གསུངས་རྡོ་རྗེ་སློབ་དཔོན་དང་། དེ་ནས་རང་ཉིད་རྡོ་རྗེ་སེམས་དཔའ་སོགས་ཀྱིས་སྐུ་རྡོ་རྗེ་སློབ་དཔོན་ཏེ། སྐུ་གསུང་ཐུགས་ཀྱི་**རྡོ་རྗེ་སློབ་**༑**དཔོན་གྱི་དབང་དང་**དེང་ནས་བརྩམས་ཏེ་རྫོགས་སངས་རྒྱས། །ཞེས་སོགས་ཀྱིས་**རྗེས་གནང་**དང་། བླ་མ་ཤཱཀྱ་ཐུབ་པའི་རྣམ་པར་འཕོས་ནས་ཆོས་གོས་ཀྱི་གྲྭ་རི་དྭགས་ཀྱི་རྣ་བ་ལྟ་བུ་བྱས་ཏེ་རང་གི་གསང་མཚན་ནས་ལུང་བསྟན་པའི་ལུང་བསྟན་དང་། །ཁམས་གསུམ་གྱི་ནི་རྒྱལ་སྲིད་ཆེ་ཞེས་སོགས་ཀྱིས་དབུགས་དབྱུང་བ་སྟེ་**མཐའ་**(༨་༡༠་༡༡)**རྟེན་གསུམ་**དང་བཅས་པ། **དེ་རྣམས་**ནི་**བུམ་པའི་དབང་**གི་དབྱེ་བ་ཡིན་**སྟེ་**དེ་ལྟར་བཅུ་**གཅིག་**པོ་དེ་དག་གི་**སྟེང་**དུ། **གསང་**བའི་དབང་**དང་ཤེས་རབ་**ཡེ་ཤེས་ཀྱི་དབང་དང་དབང་**བཞི་**པ་དང་བཅས་**པས་བཅུ་བཞིར་འགྱུར་**བའི་ལུགས་འདི་ལ། །ཁམས་གསུམ་གྱི་ནི་རྒྱལ་སྲིད་ཆེ་ཞེས་སོགས་ཀྱིས་**དབུགས་དབྱུང་**དང་མཆོག་ཏུ་གསང་བའི་དཀྱིལ་འཁོར་སོགས་**གཟེངས་བསྟོད་**གཉིས་**གཅིག་ཏུ་བྱས་པའོ།** །དེ་གཉིས་གཅིག་ཏུ་བྱས་པའི་རྒྱུ་མཚན་ཡང་དབུགས་དབྱུང་བས་དགའ་བར་བྱས་པ་ནི་གཟེངས་བསྟོད་པའང་ཡིན་པའི་ཕྱིར་རོ། །ཡང་ན་གསང་མཚན་ནས་**ལུང་བསྟན་**པ་དང་དགའ་བས་**དབུགས་དབྱུང་**བ་དང་སྤྲོ་བ་བསྐྱེད་པས་**གཟེངས་བསྟོད་**པ་སྟེ་**གསུམ་**པོ་འདི་ནི་ཁྲིད་ལ་ངེས་ལུང་བསྟན། །ཞེས་སོགས་ཀྱི་ལུང་བསྟན་དང་། སྔགས་དང་རྒྱུ་རྣམས་འཛིན་གྱུར་པར། །སངས་རྒྱས་བྱང་ཆུབ་སེམས་དཔའ་དང་། །ལྷ་རྣམས་ཀུན་གྱིས་མཐུན་པར་གསུངས། །ཞེས་སོགས་ནས། གྲོང་ཁྱེར་མཆོག་ཏུ་ཞུགས་པ་ཡིན། །ཞེས་པའི་བར་གྱིས་དབུགས་དབྱུང་བ་དང་། མཆོག་ཏུ་གསང་བའི་དཀྱིལ་འཁོར་འདིར། །བཙུད་པ་དང་ནི་མཐོང་བ་ཡིས། །ཞེས་སོགས་ནས། སྲིད་པའི་ངན་འགྲོ་རྣམས་ལས་བཏོན་ཞེས་པའི་བར་གྱི་གཟེངས་བསྟོད་པ་སྟེ་དེ་དག་**སོ་སོར་**ཐ་དད་པ་**དབྱེ་ཞིང་**དེ་

ལྟར་ན་བཅོ་ལྔར་འགྱུར་ཡང་མཆོད་པ་སོགས་ཀྱི་རྗེས་གནང་དེ་རྡོ་རྗེ་སློབ་དཔོན་གྱི་དབང་གི ཁོངས་སུ་བསྡུས་ནས་དེ་གཉིས་གཅིག་ཏུ་བགྲང་བས་བཅུ་བཞིར་འགྱུར་བའམ་ཡང་བདེ་མཆོག་ལོ་ནག་གི་དཀྱིལ་ཆོག་ལྟར་བརྟུལ་ཞུགས་ཀྱི་དབང་ལ། རང་མི་སྐྱོད་པར་བསྐྱེད་པ་ཐུན་མོང་གི་བརྟུལ་ཞུགས་དང་རང་བདེ་མཆོག་བསྐྱེད་པ་ཐུན་མོང་མིན་པའི་བརྟུལ་ཞུགས་ཏེ་གཉིས་ཡོད་ན། བརྟུལ་ཞུགས་ཀྱི་དབང་དེ་གཉིས་སོ་སོར་བགྲང་སྟེ་རྡོ་རྗེ་སློབ་དཔོན་གྱི་དབང་དང་མཆོད་པ་སོགས་ཀྱི་རྗེས་གནང་དང་བཅས་པ་དེ་དག་ཡོགས་སུ་མི་བགྲང་བ་དབང་མ་བཞི་པོ་སྐྱི་ཡི། ཁྱབ་བྱེད་དུ་བཏང་བས་རྣམ་གྲངས་བཅུ་བཞི་ཉིད་དུ་འགྱུར་བ་དང་ཡང་ན་སློབ་དཔོན་གྱི་དབང་དང་རྗེས་གནང་། དེ་གཉིས་སོ་སོར་བགྲང་སྟེ་ལུང་བསྟན་དང་སོགས་ཀྱིས་བསྡུས་པ་དབུགས་དབྱུངས་གཟེངས་བསྟོད་དེ། གསུམ་པོ་ཐ་དད་མི་བགྲང་བ་གཅིག་ཏུ་བྱ་བས་ན་བཅུ་བཞིར་འགྱུར་བའི་ཚུལ་ཡང་ཡོད་ལ། དབུགས་དབྱུང་དང་གཟེངས་བསྟོད་གཉིས་གཅིག་ཏུ་བྱས་ཏེ་བགྲང་བའི་རྣམ་བཞག །གོང་མ་སྟེ་ལུགས་དང་པོ་དེ་ཉིད་བདེ་མཆོག་སྡོམ་འབྱུང་ནས་བཤད་པ་ཡིན་ལ་གཞན་ཏེ་བཅུ་བཞི་བགྲང་བའི་ལུགས་ཕྱི་མ་གསུམ་པོ་རྣམས་ནི། སློབ་དཔོན་དྲིལ་བུ་པ་སོགས་གྲུབ་པ་བརྙེས་པའི་བླ་མ་བརྒྱུད་པའི་གསུང་གི་རྣམ་བཞག་གོ། །དབང་བཅུ་བཞིར་དབྱེ་བའི་ལུགས་བཤད་ཟིན་ནས་གཉིས་པ་བཅུ་བཞི་པོ་དེ་རྣམས། བཅུ་གཅིག་ཏུ་བསྡུ་བ་ལ་གྱུར་དང་དུས་འཁོར་གྱི་ལུགས་གཉིས་ལས་དང་པོ་ནི་ཀྱེ་རྡོ་རྗེའི་བཤད་རྒྱུད་ཐུན་མོང་མ་ཡིན་པ་རྣལ་འབྱོར་མ་རྡོ་རྗེ་གུར་གྱི་དགོངས་པ་ལྟར་ན། བུམ་དབང་ལ་བརྒྱད་དུ་དབྱེ་སྟེ་དེ་ཉིད་ལས། དང་པོ་ཆུ་ཡི་དབང་བསྐུར་ཡིན། །གཉིས་པ་ཅོད་པན་དབང་ཡིན་ལ། །གསུམ་པ་དར་དཔྱང་དབང་བསྐུར་ཡིན། །བཞི་པ་རྡོ་རྗེ་དྲིལ་བུའོ། །ལྔ་པ་རིགས་ཀྱི་བདག་པོ་སྟེ། །མིང་གི་དབང་བསྐུར་དྲུག་པ་ཡིན། །སངས་རྒྱས་བཀའ་བསྒོ་བདུན་པ་སྟེ། །བརྒྱད་པ་བུམ་པའི་དབང་བསྐུར་ཡིན། །ཞེས་གསུངས་པའི་ཕྱིར་རོ། །དེ་ལྟར་བརྒྱད་པོ་དེའི་སྟེང་དུ་དབང་གོང་མ་གསང་ཤེར་བཞི་པ་སྟེ་གསུམ་དང་བཅས་པས་བཅུ་གཅིག་ཏུ་འགྱུར་བ་དང་། གཉིས་པ་ནི་དཔལ་དུས་ཀྱི་འཁོར་ལོའི་དགོངས་པ་ལྟར་ན་བུམ་དབང་ལ་བྱིས་པ་སྟེ་སོ་སྐྱེ་རྣམས་འཇུག་པའམ་རྗེས་སུ་བཟུང་བའི་དབང་། བདུན་དུ་དབྱེ་སྟེ་དེ་ཉིད་ལས་ཆུ་དང་ཅོད་པན་དར་དང་ནི། །རྡོ་རྗེ་དྲིལ་བུ་བརྟུལ་ཞུགས་དང་། །མིང་རྒྱལ་དབང་ནི་རྣམ་པ་བདུན། །བྱིས་པ་རྣམས་ནི་བཟུང་ཕྱིར་ཡིན། །ཞེས་གསུངས་པའི་ཕྱིར་དང་བདུན་པོ་དེའི་སྟེང་དུ་བུ་དབང་གསང་དབང་ཤེར་དབང་བཞི་པ་བཅས་དབང་གོང་མ་བཞི་སྟེ་རྣམ་གྲངས་བཅུ་གཅིག་གོ། །

གསུམ་པ་དབང་བཅུ་གཅིག་པོ་དེ་རྣམས་བཞི་རུ་བསྡུ་བ་ནི་ཙ་རྒྱུད་བརྟག་པ་གཉིས་པ་ལས། སློབ་

དཔོན་གསང་བ་ཤེས་རབ་དང་། །བཞི་པ་དེ་ཡང་དེ་བཞིན་ཏེ། །དབང་ནི་བཞི་ཡི་གྲངས་ཀྱིས་ནི། །དགོད་པ་ལ་སོགས་རིམ་ཤེས་བྱ། །ཞེས་དང་། ལ་སོགས་པའི་སྒྲས་དཔལ་གསང་བ་འདུས་པའི་རྒྱུད་ཕྱི་མ་ནས། བུམ་པའི་དབང་ནི་དང་པོ་སྟེ། །གཉིས་པ་གསང་བ་ཞེས་བྱ་བརྗོད། །ཤེས་རབ་ཡེ་ཤེས་གསུམ་པ་ཡིན། །དེ་ནི་དེ་ལྟར་ཡང་བཞི་པ། །ཞེས་སོ། །དེ་ལྟར་དབང་བཞི་པོ་དེ་དག་ཀྱང་། འདོད་ཁམས་ཀྱི་སེམས་ཅན་རྣམས་ལ། དགོད་པས་ཚིམ་པའི་ཆགས་པ་དང་ལྟ་བས་ཚིམ་པའི་ཆགས་པ་སོགས་ཆགས་པ་བཞིའི་དྲི་མ་རྣམས་དག་པའི་རིམ་པས་གསུངས་ཏེ་བརྟག་གཉིས་ལས། དགོད་པ་དག་པ་སློབ་དཔོན་{བུམ་དབང་}ཉིད། །ལྟ་བ་གསང་བ་དེ་བཞིན་ཏེ། །ལག་བཅངས་ལ་ནི་ཤེས་རབ་ཉིད། །གཉིས་གཉིས་འཁྱུད་པ་དེ་ཡང་{དབང་བཞི་པ་}ཉིད་ཅེས་སོ། །གོང་དུ་ཇི་སྐད་སྨོས་པ་དེ་རྣམས་མདོར་བསྡུ་ན་དབང་བཅུ་བཞི་དང་བཅུ་གཅིག་གི་དབྱེ་བ་ཐམས་ཅད་བུམ་དབང་ལས་ཐ་དད་དུ། འབྱེད་པའི་ཕྱིར་རྣལ་འབྱོར་བླ་མེད་ཀྱི་ལུགས་ལ་དབང་ཐམས་ཅད་བཞི་རུ་འདུ་སྟེ་དེའི་རྒྱུ་མཚན་ཡང་། སྦྱང་བྱ་ལུས་ཀྱི་དྲི་མ་དང་ངག་གི་དང་། ཡིད་ཀྱི་དང་། ལུས་ངག་ཡིད་གསུམ་ཆར་གྱི་དྲི་མ་སྟེ་བཞི་ཡིན་པ་དང་བསྒོམ་པར་བྱ་བའི་ལམ་ལ་ཡང་བསྐྱེད་རིམ་དང་རང་བྱིན་རླབས་{གསང་དབང་དང་}དང་། དཀྱིལ་འཁོར་འཁོར་ལོ་{ཤེར་དབང་}དང་། རྡོ་རྗེའི་ཐ་རླབས་{དབང་བཞི་པ་}ཏེ། བཞིར་ངེས་པ་དང་ཐོབ་བྱའི་འབྲས་བུའང་ཆོས་ལོངས་སྤྲུལ་གསུམ་དང་ངོ་བོ་ཉིད་སྐུ་བཅས་སྐུ་བཞི་ཡིན་པ་སོགས། དེ་དག་རྣམ་གཞག་ཞིབ་པར་རྣལ་འབྱོར་དབང་ཕྱུག་བི་རཱུ་པའི་མན་ངག་ལས། ཤེས་པར་ནུས་ཤིང་རྒྱ་བོད་ཀྱི་གྲུབ་དབང་ཐམས་ཅད་དགོངས་པའི་གནད་མཐུན་པ་ཡིན་ནོ། །མངོན་རྟོགས་བརྒྱད་པ་ནི་དཀྱིལ་འཁོར་གྱི་འཇུག་ཆོག་སྟེ་རྗེས་ཀྱི་ཆོ་ག་ནི་དཀྱིལ་འཁོར་གྱི་གཙོ་འཁོར་གྱི་ལྷ་རྣམས་ལ་མཆོད་པ་དང་བསྟོད་པ་སོགས་བྱས་ནས་གཤེགས་སུ་གསོལ་བ་དང་ལ་སོགས་ཀྱི་གནས་གསུམ་བསྲུང་བ་དང་བཀྲ་ཤིས་བརྗོད་པ་རྣམས་སོ། །སྔགས་ཀྱི་དབང་བསྐུར་བའི་དགོས་པ་ནི་གང་ཟག་དབང་པོ་རབ་ཡིན་ན། དབང་བསྐུར་ཞུས་པའི་རྗེས་ཐོག་དེ་མ་ཐག་ཏུ་སྒྲིབ་གཉིས་ལས་གྲོལ་བ་སྟེ་འབྲས་བུ་མཐར་ཐུག་མཆོག་གི་དངོས་གྲུབ་ཐོབ་པར་བཤད་དེ། དཔེར་ན་ཨོ་རྒྱན་གྱི་རྒྱལ་པོ་ཨིནྡྲ་བྷུ་ཏི་བཞིན་ནོ་དེ་སྐད་དུ་ཡང་རབ་དབྱེར། དེས་ན་གང་ཟག་དབང་པོ་རབ། །དབང་བསྐུར་ཉིད་ཀྱིས་གྲོལ་བ་གསུངས། །ཞེས་སོ། །གང་ཟག་དབང་པོ་འབྲིང་རྣམས་བུམ་དབང་སོགས་དབང་བཞི་ལ་རྟག་ཏུ་གོམས་པར་བྱས་ཏེ་ཉམས་སུ་བླངས་ན་སྨིན་སོགས་ལམ་གཞན་སྒོམ་ཀྱང་སྐྱེ་བ་བདུན་ནས་མཆོག་གི་དངོས་གྲུབ་ཐོབ་པར་གསུངས་ཏེ། གསང་བའི་མཛོད་ལས། དེ་ཡིས་སྐྱེ་བ་བདུན་ན་ནི། །མ་སྒོམ་པ་ཡང་དངོས་གྲུབ་ཐོབ། །ཅེས་གསུངས་པ་དང་། དབང་ཐོབ་ནས་བསྐྱེད་རྫོགས་ཀྱི་ལམ་ལ་འབད་པར་མ་ནུས་ཀྱང་རྒྱ་ལྟུང་གིས་མ་གོས་ན་སྐྱེ་

པ་བཅུ་དྲུག་ན་མཆོག་གི་དངོས་གྲུབ་འགྲུབ་པར་གསུངས་ཏེ། དམ་ཚིག་ལྔ་པར། གལ་ཏེ་ལྟུང་བ་མེད་གྱུར་ན། །སྐྱེ་བ་བཅུ་དྲུག་དག་ནས་འགྲུབ། །ཅེས་སོ། །གང་ཟག་དབང་པོ་ཐ་མ་དབང་གིས་གྲོལ་བ་མ་ནུས་པ་རྣམས་ལ་གྲོལ་བྱེད་ཀྱི་ལམ་བསྟན་པ་དང་དེ་ཙམ་དུ་མ་ཟད་ལམ་བསྒོམ་པའི་ཡང་། སྣོད་རུང་དུ་བྱེད་པའི་ཐབས་ཉིད་ཀྱང་དབང་ཡིན་ཏེ་ཕྱག་ཆེན་ཐིག་ལེར་དང་པོ་རེ་ཞིག་སློབ་མ་ལ། །དབང་བསྐུར་ལན་ཅིག་བསྐུར་བ་ཡིས། །དེ་ཚེ་གསང་ཆེན་བཤད་པ་ཡི། །ངེས་པར་སྣོད་དུ་གྱུར་བའོ། །ཞེས་སོ། །དབང་བསྐུར་བས་ནི་རྡོ་རྗེ་ཐེག་པའི་ལམ་གྱི་རྩ་བར་གྱུར་ཏེ་བསྐྱེད་རྫོགས་ཀྱི་ལམ་ཡང་དབང་དུས་སུ་ཐོབ་པའི་རྒྱུན་དེ་མི་ཉམས་ཤིང་སྒོམ་པར་བྱེད་པ་ཡིན་པའི་ཕྱིར་རོ། །གཞན་ཡང་གང་དུ་དབང་བསྐུར་བའི་དཀྱིལ་འཁོར་དེ་ཉིད་མིག་གིས་མཐོང་བ་ཙམ་གྱིས་ཚེ་རབས་མང་པོའི་སྡིག་པ་ཀུན་དག་ཅིང་བྱང་བ་གསུངས་ཏེ་དཔལ་གསང་བ་འདུས་པའི་རྒྱུད་ཆེན་འབུམ་པ་ལས། བསྐལ་པ་བ་སྲ་ཡ་བྱས་པ་ཡི། །སྔོན་དུ་ཡོད་པའི་སྡིག་པ་ཀུན། །དེ་ཀུན་འཛད་པ་འགྱུར་བ་ནི། །དཀྱིལ་འཁོར་འདི་འདྲ་མཐོང་བས་སོ། །ཞེས་དང་། མཆོག་དང་ཐུན་མོང་གི་དངོས་གྲུབ་གང་འདོད་པ་རྣམས་འབྱུང་བ་ཡིན་ཏེ་བདེ་མཆོག་བཤད་རྒྱུད་ཧེ་རུ་ཀ་མངོན་འབྱུང་ལས། དཀྱིལ་འཁོར་རྒྱལ་པོ་མཐོང་ནས་ནི། །ཕུང་ཟད་དེ་ནི་མི་འགྲུབ་མེད། །སྡིག་བསྡུལ་ཀུན་ལས་རྣམ་པར་གྲོལ། །དངོས་གྲུབ་མྱུར་དུ་ཐོབ་པར་འགྱུར། །ཞེས་སོ། །གོང་དུ་བཤད་པ་དེ་རྣམས་ནི་དབང་ཐོབ་པའི་ཕན་ཡོན་ཡིན་ནོ། །གལ་ཏེ་ཕན་ཡོན་དེ་དག་དང་ལྡན་པའི་དབང་དེ་མ་ཐོབ་པའི་གང་ཟག་ནི་རྩ་བཤད་ཀྱི་རྒྱུད་དང་བླ་མ་བརྒྱུད་པའི་མན་ངག་དག །རང་གིས་ཉན་པ་དང་། གང་ཟག་གཞན་ལ་བཤད་པ་དང་དེ་དག་གི་དོན་ཚུལ་བཞིན་ཡིད་ལ་བྱེད་དེ་སྒོམ་པར་མི་དབང་ཞིང་མི་དབང་བཞིན་དུ་སྔགས་ལ་རང་དགར་སྤྱོད་ན། །ལས་བཞི་སོགས་ཐུན་མོང་གི་དངོས་གྲུབ་ཕྲ་མོ་ཙམ་ཐོབ་སྲིད་ཀྱང་ཕྱི་མར་དམྱལ་བར་སྐྱེ་བར་གསུངས་ཏེ། ཕྱག་ཆེན་ཐིག་ལེ་ལས། དབང་མེད་ན་ནི་དངོས་གྲུབ་མེད། །བྱེ་མ་བཙིར་ཡང་མར་མེད་བཞིན། །གང་ཞིག་རྒྱུད་ལུང་ང་རྒྱལ་གྱིས། །དབང་བསྐུར་མེད་པར་འཆད་བྱེད་ན། །སློབ་དཔོན་སློབ་མ་ཕྱི་མ་ཐག །དངོས་གྲུབ་ཐོབ་ཀྱང་དམྱལ་བར་སྐྱེ། །ཞེས་སོ། །རྡོ་རྗེ་སློབ་དཔོན་གྱི་མཚན་ཉིད་རྡོ་རྗེ་གུར་ལས། དེ་ཉིད་བཅུ་ནི་རྣམ་པ་རིག །ཉན་ཐོས་སྤྱོད་པ་བསྲུང་བ་པོ། །ཞེས་སོགས་དང་། བླ་མ་ལྔ་བཅུ་པ་ལས། བརྟན་ཞིང་དུལ་ལ་བློ་གྲོས་ལྡན། །བཟོད་ལྡན་དྲང་ལ་གཡོ་སྒྱུ་མེད། །ཞེས་སོགས་རྒྱུད་དང་བསྟན་བཅོས་དག་ལས་གསུངས་ཚད་རྣམས་མདོར་བསྡུ་ན། རྗེ་བཙུན་རིན་པོ་ཆེས་བླ་མ་རྡོ་རྗེ་འཆང་ནས་བཟུང་བརྒྱུད་པའི་རིམ་པ་བར་མ་ཆད་པའི་བརྒྱུད་པ་དང་ལྡན་ཞིང་ཀྱེ་རྡོར་སོགས་ཀྱི་རྩ་བཤད་སོ་སོའི་རྒྱུད་ཀྱི་བརྗོད་བྱའི་དོན་ཤེས་ཤིང་རིག་པ་དང་སྔགས་ཀྱི་དམ་ཚིག་དང་སྡོམ་པ་མཆོག་ཏུ་སྐྱེ་རབ་ཏུ་སྲུང་བ་དང་སྨས་པའི་དོན་གསལ་བར

བྱེད་པའི་མན་ངག་དུ་མས་བརྒྱན་པ་དང་། ཟང་ཟིང་ལ་མི་ལྟ་ཞིང་གདུལ་བྱ་རྣམས་སྡུག་བསྔལ་ལས་སྒྲོལ་འདོད་ཀྱི་སྙིང་རྗེས་རྒྱུད་བརླན་ཅིང་རྒྱུད་ཀྱི་དགོངས་འགྲེལ་གྱི་**བསྟན་བཅོས་དུ་མ་ཤེས་**ཤིང་རྟོགས་པ་ཞིག་དགོས་སོ། །ཞེས་གསུངས་པ་ལྟར་དང་། རབ་གནས་ཀྱི་རྒྱུད་ལས་དཀྱིལ་འཁོར་དང་། ཏིང་ངེ་འཛིན་དང་ཕྱག་རྒྱ་སོགས་ཕྱིའི་དེ་ཁོ་ན་ཉིད་བཅུ་དང་རྡོ་རྗེ་སྙིང་པོ་རྒྱན་གྱི་རྒྱུད་ལས་གཏོར་མ་དང་། རྡོ་རྗེའི་བཟླས་པ་དང་། རབ་གནས་སོགས་གསང་བའི་དེ་ཁོ་ན་ཉིད་བཅུ་དང་། འབུམ་ལྔའི་དགོངས་པ་རིན་ཆེན་འབར་བ་ལས་སྔགས་དང་རྡུལ་ཚོན་དང་། གཏོར་མ་སོགས་ཉེར་མཁོ་ཡི། དེ་ཁོ་ན་ཉིད་བཅུ་རིག་པ་ཞིག་གལ་ཆེ་ཞིང་རྡོ་རྗེ་སློབ་དཔོན་གྱི་ལུས་རྟེན་དེ་ཡང་བསྟན་པའི་རྩ་བ་སོ་ཐར་ལ་གཅེས་སྤྲས་རབ་ཏུ་མཛད་པས་ན་**དགེ་སློང་**གི་སྡོམ་པ་ལ་གནས་པའི་རྡོ་རྗེ་སློབ་དཔོན་ནི་**མཆོག་**ཡིན་ལ། **དགེ་ཚུལ་**གྱི་སྡོམ་པ་ལ་གནས་པའི་རྡོ་རྗེ་སློབ་དཔོན་ནི་**འབྲིང་ཡིན་**ཞིང་གནས་དང་ཉེ་བའི་གནས་ལ་སོགས་པའི་**སར་གནས་**ཀྱི་འཕགས་པ་ཡིན་ན་**མ་གཏོགས་པའི།** དགེ་བསྙེན་གྱི་སྡོམ་པ་ལ་གནས་པའི་རྡོ་རྗེ་སློབ་དཔོན་**ཁྱིམ་པ་**ནི་**ཐ་མར་**ཡིན་པར་དུས་འཁོར་རྩ་བརྒྱུད་ལས། གསུམ་ལས་དགེ་སློང་མཆོག་ཡིན་ལ། །དགེ་ཚུལ་ཞེས་བྱ་དེ་དག་ལས། ཁྱིམ་ལ་གནས་པ་ཐ་མའོ། །ཞེས་དང་། རྒྱན་ལས། རབ་ཏུ་བྱུང་བའི་ཕྱོགས་དག་ནི། །ཡོན་ཏན་ཚད་མེད་རྣམས་དང་ལྡན། །དེས་ན་སྡོམ་བརྩོན་ཁྱིམ་པ་ཡི༑ ༑བྱང་ཆུབ་སེམས་ལས་ཁྱད་པར་འཕགས། །ཞེས་**གསུངས་སོ།** །དབང་བསྐུར་ཞུ་བའི་**སློབ་མ་**ཡང་རྡོ་རྗེ་རྩེ་མོ་ལས། དཀོན་མཆོག་གསུམ་ལ་དད་དང་ལྡན། །སྡིག་ལ་འཇིགས་ཤིང་ཤིན་ཏུ་སྡོམ། །དད་དང་དང་བ་ཕུན་སུམ་ཚོགས། །དེ་ལ་དམ་ཚིག་སྡོམ་པ་སྦྱིན། །ཞེས་པ་བསྟེན་བྱའི་མཚན་ཉིད་གསུངས་པ་དང་། བླ་མ་ལྔ་བཅུ་པ་ལས། བློ་ལྡན་བླ་མས་སློབ་མ་ནི། །སྙིང་རྗེ་མེད་ཅིང་ཁྲོ་ལ་གདུག།ཁེངས་ཤིང་ཆགས་ལ་མ་བསྡམས་དང་། །སྤྱོམ་དང་བཅས་པ་མི་བྱའོ། །ཞེས་སྤང་བྱའི་མཚན་ཉིད་གསུངས་པ་སྟེ། **མཚན་ཉིད་**ཐམས་ཅད་དུས་དབང་གིས་ཚང་བ་དཀའ་ཡང་ཅི་**རིགས་པ་ཚང་**བ་ཞིག་དགོས་ལ་ཁྱད་པར་དུ། **བླ་ན་མེད་**པའི་**བྱང་ཆུབ་བསྒྲུབ་**པ་ལ་རྡོ་རྗེ་ཐེག་པའི་ཉེ་ལམ་འདི་ཉིད་**ཆེས་རིངས་**པ་སྙེ་མྱུར་བར་ཤེས་ནས། སྔགས་ཀྱི་**དམ་ཚིག་**དང་སྡོམ་པ་**དོན་དུ་གཉེར་**བའི་མཚན་ཉིད་རྣམས་གཙོ་ཆེ་ཞིང་དེ་ལྟའི་སློབ་མ་གཅིག་ནས་ཉེ་ལྔའི་བར་གྲངས་ཁ་ཡར་བ་ཞིག་བཟུང་བར་བྱའི་གྲངས་ལས་ཐལ་བ་དང་ཟུང་དུ་གྱུར་བ་ནི་མི་བྱའོ། །གོང་གི་ཚེ་དབང་**བསྐུར་བའི་དུས་**ནི་རྩིས་མགོ་བརྒྱ་པའི་ནང་དུ་གསུངས་པ་ལྟར་གཟའ་སྐར་དུས་ཚེས་སོགས་བཟང་པོ་ལ་བྱའི་དེ་དག་མ་བརྟག་པར་ངན་པ་ལ་བྱས་པའི་ཉེས་པ་གསང་བ་སྤྱི་རྒྱུད་ལས་ཤེས་སོ། །

མི་ཕམ་ནག་རྩིས་སྟོན་འགྲོ་ལས། དང་པོ་གནས་ལུགས་སྟོང་པ་ཉིད། །ཆོས་རྣམས་ཀུན་གྱི་རང་བཞིན་

སྟེ༔ །སྤྲོས་པའི་དྲ་བ་རྣམ་སྤང་པ། །དེ་ལྟར་རྟོགས་ན་རྩིས་ལས་འདས། །ཞེས་དང་། ཆོས་ཀུན་རང་བཞིན་སྟོང་ན་ཡང་། །མཚན་མའི་བློ་ཅན་འགྲོ་བ་ལ། །ཚད་མར་གྱུར་བ་ཀུན་རྫོབ་རྩིས། །རྟེན་འབྱུང་བསླུ་མེད་ཚུལ་གསལ་བ། །ཀུན་ཀྱང་རྩིས་ཀྱི་ལམ་ལ་ཐུག །ཞེས་སོ། །གང་དུ་དབང་བསྐུར་བའི་གནས་ནི་ས་ཕྱོགས་ཆོས་ལྡན་གྱི་རྒྱལ་པོས་སྐྱོང་ཞིང་ཕྱི་ནང་གི་ཉེར་འཚེ་མེད་པ་ཞིག་ལ་རང་དམ་བླ་མ་གོང་མས། ས་ཆོག་ཚུལ་བཞིན་དུ་བྱས་པ་ཞིག་དགོས་སོ། །དེ་ལྟར་སློབ་དཔོན་སློབ་མ་དུས་དང་གནས་རྣམས་རྒྱུད་ནས་ཇི་ལྟར་གསུངས་བཞིན་ཞིབ་ཏུ་བརྟག་དགོས་སོ། །དབང་གི་སྐད་དོད་དུ་ཨ་བྷི་ཥི་ཀ་ཏ་ཞེས་པ་གཏོར་ཞིང་བླུགས་པ་ལ་འཇུག་པས་དེའང་བུམ་དབང་སོགས་དབང་བཞི་པོ་རིམ་པར་བཞིན་དུ་བུམ་པའི་དབང་སྤྱི་བོ་ལ་གཏོར་ཞིང་བླུགས་པ་དང་གསང་དབང་ལྕེ་ལ་དང་ནི། ཤེར་དབང་དབང་གི་གནས་ཏེ་གསང་གནས་ལ་དང་དབང་བཞི་པ་སྤྱི་བོ་ལ་སོགས་པའི་རྩ་རྣམས་ཀྱི་ནང་གི་རླུང་སེམས་ལ་གཏོར་ཞིང་། བླུགས་པའི་ངེས་ཚིག་དཔེར་ན་རྒྱུ་ས་བོན་ལ་རྐྱེན་ཆུ་ལུད་ཀྱིས། བྲན་པ་ན་འབྲས་བུ་མྱུ་གུ་བསྐྱེད་པའི་དཔེས་བསྟན་པ་སྟེ་རྒྱུ་སྤྱི་བོ་སོགས་གནས་བཞི་པོ་རྣམས་ལ་རྐྱེན་དབང་བཞི་པོ་གཏོར་ཞིང་བླུགས་པས་འབྲས་བུ་སྤྲུལ་སྐུ་སོགས་སྐུ་བཞིའི་མྱུ་གུ་བསྐྱེད་དོ། །དེའང་བུམ་དབང་སྤྱི་བོར་བསྐུར་བས་སྤྲུལ་སྐུའི་མྱུ་གུ་བསྐྱེད་ལ། གསང་དབང་{ཐིག་ལེ་}ལྕེ་ཐོག་ཏུ་བསྐུར་བས་ལོངས་སྐུའི་མྱུ་གུ་བསྐྱེད་ཅིང་། ཤེར་དབང་གསང་གནས་སུ་བསྐུར་བས་ཆོས་སྐུའི་མྱུ་གུ་བསྐྱེད་ལ། བཞི་པ་རླུང་སེམས་ལ་བསྐུར་བས་ངོ་བོ་ཉིད་སྐུའི་མྱུ་གུ་བསྐྱེད་པ་ཡིན་ནོ། །སྒྱུ་མ་ལས། གཞན་ཡང་སྣ་ལྡན་དྲིའི་སྒྲ་འཕྲུད་པ་ལ་འཇུག་པས་དེའང་དབང་བཞི་བསྐུར་བས་ལུས་ངག་ཡིད་གསུམ་རླུང་སེམས་དང་བཞི་པོ་ལ་རིམ་བཞིན་སྤྲུལ་སྐུ་སོགས་སྐུ་བཞིར་རང་ཆས་སུ་ཡོད་པ་ལ་ཡོད་པར་མི་ཤེས་པའི་དྲི་མ་བཞི་པོ་འཕྲུད་པར་བྱེད་པས་དབང་ཞེས་བྱ་བ་དང་ཡང་ན་ཨ་བྷི་ཥིཉྩའི་སྒྲ་དབང་བར་བྱེད་པ་ལ་འཇུག་པས་བུམ་དབང་སོགས་དབང་བཞི་པོ་ཐོབ་པས་བསྐྱེད་པའི་དང་། ཙནྡྲ་ལི་དང་། ཕོ་ཉ་དང་། རྡོ་རྗེ་ཐ་ཊླབས་ཏེ་ལམ་བཞི་པོ་ཉམས་སུ་ལེན་ཅིང་བསྒོམས་པ་ལ་དབང་བར་བྱེད་པས་ན་དབང་ཞེས་བྱ་བ་དང་། ཡང་ན་པྲ་ཕེ་ཀཱའི་སྒྲ་སྐལ་པ་དང་ལྡན་པ་ལ་འཇུག་པས་དེའང་དབང་བཞི་ཐོབ་པས་ཚེ་འདི་ཉིད་ཀྱི་སྟེང་ནས་མཆོག་གི་དངོས་གྲུབ་ཀྱི་སྐལ་པ་སྟེར་བའི་ཕྱིར་རམ་ཕྱག་རྒྱ་ཆེན་པོ་མཆོག་གི་གོ་འཕང་ལ། འཇོག་པའི་ཕྱིར་དབང་ཞེས་བརྗོད་པ་བཞི་པོ་དེ་རྣམས་ནི་སྒྲ་དོན་ནམ་ངེས་ཚིག་ཡིན་ནོ༔ །སྒྲ་དོན་དེ་དག་དང་ལྡན་པའི་དབང་དེའང་གནས་སྐབས་ཀྱི་སྒོ་ནས་རགས་པ་ཙམ་དབྱེ་ན་མ་སྨིན་པ་སྨིན་པར་བྱེད་པ་རྒྱུའི་དབང་དང་། རྒྱུའི་དབང་དེ་ཉིད་ཡང་ནས་ཡང་དུ་{ཐུགས་དམ་གྱི་སྐབས་སུ་དབང་བཞི་བླངས་པས་}གོམས་པར་བྱེད་པ་ལམ་གྱི་དབང་དང་ལམ་དེས་བསྐྱེད་པའི་འབྲས་བུ་ཐོབ་པ་ནི་འབྲས་བུའི་དབང་སྟེ་

རྣམ་པ་གསུམ་གྱིས། ཐ་དད་དུ་འབྱེད་ཀྱང་གང་ཟག་དབང་པོ་རབ་འབྲིང་ཐ་མ་ལ་ལྟོས་པའི་བྱེ་བྲག་གིས་རྣམ་གྲངས་དུ་མར་འགྱུར་ཏེ་དེའང་དབང་པོ་རབ་ཨིནྡྲ་བྷཱུ་ཏི་ལྟ་བུ་ནི་ཐོག་མ་ནས་འབྲས་དབང་དུ་འགྱུར་བ་དང་། དབང་པོ་འབྲིང་ས་ར་ཧ་དང་རྣལ་འབྱོར་དབང་ཕྱུག་ལྟ་བུ་ནི་དང་པོ་ནས་ལམ་དབང་དུ་འགྱུར་བ་དང་། དབང་པོ་ཐ་མ་རྣམས་ནི་རྒྱུ་ལམ་འབྲས་གསུམ་གྱི་དབང་རྣམས་རིམ་པ་བཞིན་དུ་འགྱུར་བའི་ཕྱིར་རོ། །གོང་དུ་ཀྱེ་རྡོ་རྗེའི་ཞལ་དང་འདྲ་བའི་མངོན་རྟོགས་བརྒྱད་གསུང་པའི། དབང་ཆོག་དེ་ལ་བརྟེན་ནས་བསྐྱེད་རྫོགས་ཀྱི་སྔགས་སྡོམ་དེ་ཉིད་སློབ་མའི་རྒྱུད་ལ་ཐོབ་པའི་དུས། མཚམས་ནི་བོ་དོང་པ་དང་དགེ་ལུགས་པ་སོགས་ཁ་ཅིག་རིགས་ལྔའི་སྡོམ་བཟུང་སྲས་བཅས་སངས་རྒྱས་རྗེས་ཟློས་ལན་གསུམ་བྱས་པའི་བརྗོད་པ་ཐ་མའི་རྗེས་སུ་སྔགས་སྡོམ་ཡོངས་སུ་རྫོགས་པར་སྐྱེ་བར་འདོད་ཀྱང་མི་འཐད་དེ་ཕྱིར་སྔགས་སྡོམ་ལ་ཁས་བླངས་ཀྱི་སྒོ་ནས་ཐོབ་པ་དང་ཆོ་གའི་སྒོ་ནས་ཐོབ་པ་སྟེ་གཉིས་ཡོད་པ་ལས་རིགས་ལྔའི་སྡོམ་གཟུང་བརྗོད་པ་ཐ་མའི་རྗེས་སུ་ཐོབ་པ་འདི་ནི་ཁས་བླངས་ཀྱི་སྒོ་ནས་སྔགས་ཀྱི་སྡོམ་པ་ཐོབ་པ་ཙམ་ཡིན་སྟེ་བུམ་དབང་དངོས་གཞིའི་ཆོགས་བསྐྱེད་པའི་བསྐྱེད་རྫོགས་ཀྱི་{སྔགས་སྡོམ་ནི་བསྐྱེད་རྫོགས་གཉིས་ཀྱི་ནང་དུ་འདུས་པའི་ཕྱིར་}སྡོམ་པ་ནི་མིན་ནོ༑ ༑གལ་ཏེ་རིགས་ལྔའི་སྡོམ་གཟུང་ཁས་བླངས་ཀྱི་སྒོ་ནས་ཐོབ་པ་ཙམ་གྱིས་སྔགས་སྡོམ་རྫོགས་པར་ཐོབ་པ་འདོད་ན་དཀྱིལ་འཁོར་དུ་འཇུག་པ་ཕྱི་ནང་དང་དབང་བཞི་བཅས་དངོས་གཞིའི་ཆོ་ག་རྣམས་དོན་མེད་པར་འགྱུར་རོ། །འདོད་མི་ནུས་ཏེ་དབང་གི་དངོས་གཞིའི་ཆོ་ག་རྣམས་སྔགས་སྡོམ་རྒྱུད་ལ་སྐྱེ་བའི་ཐབས་ཁོ་ན་ཡིན་པའི་ཕྱིར་རོ། །རང་ལུགས་ཀྱི་མཁས་པ་རྗོང་དཀར་བ་དང་། བདག་ཆེན་བློ་གྲོས་རྒྱལ་མཚན་ལ་སོགས་པ་ཁ་ཅིག་རྡོ་རྗེ་སློབ་དཔོན་གྱི་དབང་སྐུ་གསུང་ཐུགས་ཀྱི་དམ་ཚིག་གསུམ་སྦྱིན་པའི་གནས་སྐབས་སུ། སྐུ་གསུང་ཐུགས་ཀྱི་དམ་ཚིག་དང་སྡོམ་པ་མ་ལུས་པ་ཐོབ་པ་ཡིན་པས་ཀྱེ་རྡོར་ལྟར་ན། མི་ལྡོག་འཁོར་ལོའི་དབང་བསྐུར་བ༑ ༑ཞེས་སོགས་ནས། དེ་ལྟར་ན་སྐྱེད་པ་རྡུལ་ཚོན་ནམ་རས་ཀྱི་དཀྱིལ་འཁོར་དུ་བུམ་པའི་དབང་ཐོབ། གཙོ་བོར་ལུས་ཀྱི་དྲི་མ་དག་དམ་ཚིག་རྩ་བ་དང་ཡན་ལག་གི་དམ་ཚིག་ཉི་ཤུ་རྩ་གཉིས་བསྲུང་བར་དབང་བར་བྱས། བཛྲ་ལྔ་བསྡུས་རྩེ་མོས་མནན་པ། ལམ་བསྐྱེད་པའི་རིམ་པ་བསྒོམ་པ་ལ་དབང་། འབྲས་བུ་སྤྲུལ་པའི་སྐུའི་ས་བོན་རྒྱུད་ལ་བཞག་པ་ཡིན་ནོ། །ཞེས་པའི་བར་གྱི་མེ་ཏོག་ཕྲེང་བ་ནས་མཐའ་རྟེན་གསུམ་གྱི་བར་གྱི་བུམ་དབང་ཉིད་ཀྱིས་སྔགས་སྡོམ་ཡོངས་སུ་རྫོགས་པར་འདོད་དོ། །དེ་ཡང་མི་འཐད་དེ་སྡོམ་གསུམ་རབ་དབྱེར་སློབ་མའི་རྒྱུད་ལ་སྐུ་བཞིའི་ས་བོན་ཐེབས་པར་ནུས་པའི་བླ་མ་ཚད་ལྡན་ཞིག་ཐོག་མར་བཙལ་ལ་དེ་ལས་བུམ་དབང་སོགས་དབང་བཞི་རྫོགས་པ་བླངས་པ། །དེ་ཡིས་སོ་བྱང་སྔགས་ཏེ་སྡོམ་པ་གསུམ་དང་ལྡན་པར་འགྱུར

རོ་ཞེས། དབང་བཞི་བླངས་ན་སྔགས་སྡོམ་ཡོངས་སུ་རྫོགས་པའི་ཚུལ་འདི། རྒྱལ་བ་ཀུན་གྱི་མཐར་ཐུག་གི་མྱ་ངན་ལས་འདས་པ་ལ་མཚམས་སྦྱོར་བར་བྱེད་པའི་བགྲོད་པ་ཅིག་པའི་ལམ་བླ་མེད་རྡོ་རྗེ་ཐེག་པ་ཉིད་ཀྱི། དབང་དུ་མཛད་ནས་སྔགས་སྡོམ་ལ་བསྐྱེད་རྫོགས་གཉིས་སུ་ཕྱེ་སྟེ་དེ་ཐོབ་པ་ནི་དབང་བཞི་ཡོངས་སུ་རྫོགས་པ་ལ་ལྟོས་དགོས་པར་གསུངས་པ་འགོག་གམ་ཅི་སྟེ་འགོག་རིགས་པ་མིན་ནོ། །གལ་ཏེ་རབ་དབྱེར་དེ་ལྟར་གསུངས་ཀྱང་གོང་དུ་སྨོས་པ་ལྟར། སྐུ་གསུང་ཐུགས་ཀྱི་དམ་ཚིག་གསུམ་སྦྱིན་པ་ཁོ་ནས་བླ་མེད་ཀྱི་སྔགས་སྡོམ་ཡོངས་སུ་རྫོགས་པར་ཐོབ་པར་འདོད་ན་དེ་ཆོས་ཅན་རྣལ་འབྱོར་རྒྱུད་ཀྱི་སྡོམ་པ་དང་ནི། རྣལ་འབྱོར་ཆེན་པོའི་སྡོམ་པ་དག་ལ་ཁྱད་པར་ཅུང་ཟད་ཙམ་ཡང་མེད་པར་འགྱུར་ཏེ་རྣལ་འབྱོར་རྒྱུད་ལ་སྐུ་གསུང་ཐུགས་ཀྱི་དམ་ཚིག་གསུམ་སྦྱིན་པའི་རྡོ་རྗེ་སློབ་དཔོན་གྱི་དབང་དེ་དབང་གི་དངོས་གཞི་ཡིན་པ་གང་ཞིག བླ་མེད་ཀྱི་སྐབས་སུའང་སྔགས་སྡོམ་བསྐྱེད་བྱེད་ཀྱི་ཆོ་ག་དེ་ཙམ་གྱིས་ཆོག་པ་ཁྱོད་ཀྱིས་འདོད་པའི་ཕྱིར། རྟགས་ཁས། དེ་ལྟར་ན་རབ་དབྱེར་བླ་མ་བཅུལ་ལ་བུམ་དབང་བླངས། །དེ་ཡི་སྡོམ་པ་སུམ་ལྡན་འགྱུར། །ཞེས་འབྱུང་རིགས་ལ་དེ་ལྟར་མ་བྱུང་བའི་ཕྱིར་རོ། །གཞན་ཡང་དམ་ཚིག་གསུམ་སྦྱིན་པ་ཁོ་ན་སློབ་དཔོན་གྱི་དབང་གི་དངོས་གཞིར་འདོད་ན་སློབ་དཔོན་ཆེན་པོ་སངས་རྒྱས་ཡེ་ཤེས་ཞབས་ལུགས་ཀྱི་དཀྱིལ་ཆོག་བཞི་བརྒྱ་ལྔ་བཅུ་པ་ལ་སོགས་པ་འགའ་ཞིག་ཏུ་སྐུ་གསུང་ཐུགས་ཀྱི་དམ་ཚིག་གསུམ་པོ་ནི་སློབ་མའི་དབང་གི་སྐབས་སུ། འབྱུང་བས་དུས་སྐབས་དེར་སྔགས་སྡོམ་རྫོགས་པར་སྒྲུབ་ནུས་སམ། འདོད་མི་ནུས་ཏེ་སློབ་མའི་དབང་ཟིན་ནས་སློབ་དཔོན་གྱི་དབང་ལས་སྔགས་སྡོམ་རྫོགས་པར་རང་ཉིད་ཀྱིས་ཀྱང་ཁས་བླངས་པའི་ཕྱིར་རོ། །གཞན་ཡང་རྫོགས་པའི་སངས་རྒྱས་མ་ལུས་པ་ཀུན་གྱི་སྡོམ་པ་ཨེ་ཝཾ་སྟེ་ཐབས་ཤེས། ཀྱི། རྣམ་པ་དགའ་བཞི་ཡི་བདེ་བ་ཆེན་པོ་རྫོགས་རིམ་གྱི་སྡོམ་པ་དེ་ཉིད་གཙོ་ཆེར་གསུམ་པ་ཡི། དབང་ཤེས་རབ་ཡེ་ཤེས་ལས་ཐོབ་པ་ཀྱེ་རྡོར་རྩ་རྒྱུད་བརྟག་པ་གཉིས་པ་ནས་བསྟན་པའི་ཕྱིར། སངས་རྒྱས་ཀུན་གྱི་སྡོམ་པ་ནི། །ཨེ་ཝཾ་རྣམ་པ་རབ་ཏུ་གནས། །ཨེ་ཝཾ་རྣམ་པ་བདེ་ཆེན་པོ། །དབང་ལས་ཡང་དག་ཤེས་བར་འགྱུར། །ཞེས་དང་། དེ་བཞིན་དུ་བུམ་དབང་སོགས་དབང་བཞི་པོ་རེ་རེ་ལ་འང་མཉམ་གཞག་གི་དམ་ཚིག་རྗེས་སྤྱོད་ཀྱི་དམ་ཚིག་བཟའ་བའི་དམ་ཚིག་བསྲུང་བའི་དམ་ཚིག་མི་འབྲལ་བའི་དམ་ཚིག་སྟེ། དམ་ཚིག་ལྔ་ལྔ་ཡོད་པས་ལྔ་བཞི་ཉི་ཤུ་གསུངས་པ་དང་། རྒྱུ་ལ་གནས་པ། དབང་ལས་ཐོབ་པ་ལམ་ལ་གོམས་པ། ལྟ་བ་ལ་ཉམས་སུ་མྱོང་བ། གྲུབ་མཐའ་ལ་རྟགས་སུ་ཤར་བ། འབྲས་བུ་ལ་དོན་མ་ལུས་པ་མངོན་དུ་གྱུར་བ་སྟེ། མན་ངག་གི་གནད་དྲུག་དབང་བཞི་པོ་རེ་རེ་ལའང་དྲུག་དྲུག་ཏུ་ཡོད་པར་གསུངས་པ་སོགས་དབང་བཞི་རྫོགས་པས་སྔགས་སྡོམ་རྫོགས་པ་དོན་གྱིས་གྲུབ་པ་གསུང་ངག་རེ་རེའི་རྣམ་

གཞག་དེ་མཐའ་དག་ཁྱོད་ཀྱི་བློས་འདོར་རམ་སྙེ་འདོར་མི་རིགས་སོ་བུམ་དབང་གིས་སྡིགས་སྡོམ་རྫོགས་ཚུལ། འདི་ཉིད་ངེས་པ་དོན་གྱི་རྒྱུད་སྡེའི་ལུང་དང་དངོས་པོ་སྟོབས་ཞུགས་ཀྱི་རིགས་པས་དགག་པའི་ཚུལ་དང་། རྡོ་རྗེ་འཆང་ཀུན་དགའ་བཟང་པོའི་གྲུབ་མཐའི་གནད་གསང་ཐུན་མོང་མ་ཡིན་པའི་རང་ལུགས་དབང་བཞི་རྫོགས་པས་སྡིགས་སྡོམ་རྫོགས་པར་སྒྲུབ་པའི་ཚུལ་རྒྱས་པ་ནི་ཀུན་མཁྱེན་ཆོས་ཀྱི་རྗེ་གོ་བོ་རབ་འབྱམས་པའི། གསུང་རབ་བླ་མེད་ཀྱི་སྡོམ་པའི་གནད་བྱེ་བྲག་ཏུ་བཤད་པ་ཟབ་དོན་བདུད་རྩི་ཉིང་ཁུ་རྩ་བ་འཆི་བ་མེད་པའི་གོ་འཕང་སྦྱིན་པ་ཞེས་བྱ་བ་དང་དེའི་འགྲེལ་པ་བདུད་རྩི་སྤེལ་བ་ཞེས་བྱའི་བསྟན་བཅོས་ཆེན་པོ་དག་ལ། བལྟས་པས་གང་ཟག་སྐལ་བ་དང་ལྡན་པའི་སྙིང་ལ་ཟབ་པའི་དོན་ཚུལ་བཞིན་དུ་རྟོགས་པའི་རི་མོ་འཆར་བ་གདོན་མི་ཟའོ། །དེ་བཞིན་དུ་ཨེ་ཝཾ་པའི་བསྟན་འཛིན་པཎ་ཆེན་གུང་རུ་དང་། ཤཱཀྱ་མཆོག་ལྡན། བསོད་ནམས་ལྷུན་གྲུབ། དཀོན་མཆོག་ལྷུན་གྲུབ་སོགས་ཀྱང་ཚུལ་འདི་ཁོ་ན་ལྟར་བཞེད་དོ། །

གོང་དུ་རིགས་ལྡའི་སྡོམ་གཟུང་བརྗོད་པ་ཐ་མའི་རྗེས་སུ་དང་བུམ་དབང་གི་དམ་ཚིག་སྦྱིན་པའི་སྐབས་སུ་སྡིགས་སྡོམ་རྫོགས་པར་འདོད་པ་དེ་དག་བཀག་ནས། རང་ལུགས་ལ་དབང་བཞི་ཐོབ་པས་སྡིགས་སྡོམ་རྫོགས་པར་ཤུགས་ལ་བསྟན་པ་དེ་དག་ཐམས་ཅད། མདོར་བསྡུ་ན་བྱ་རྒྱུད་སོགས་རྒྱུད་སྡེ་བཞི་པོ་རང་རང་གི་དབང་གི་དངོས་གཞི་བྱ་རྒྱུད་ལ་ཆུ་ཅོད་པན་དང་རྡོ་རྗེ་སློབ་དཔོན་དུ་སྒྲུབ་པའི་དབང་ཡིན་ལ། སྤྱོད་རྒྱུད་ལ་དེའི་སྟེང་དུ་རྡོ་རྗེ་དྲིལ་བུ་མིང་དབང་རྣམས་རྡོ་རྗེ་སློབ་དཔོན་གྱི་དབང་དང་། རྣལ་འབྱོར་རྒྱུད་ལ་དེ་ལྟ་ཀ་སློབ་མའི་དབང་དུ་བྱས་ནས། དེ་དག་གི་སྟེང་དུ་སྐུ་གསུང་ཐུགས་ཀྱི་དམ་ཚིག་གསུམ་སྦྱིན་པ་སློབ་དཔོན་གྱི་དབང་དང་། བླ་མེད་ལ་དེ་དག་གི་སྟེང་དུ་གསང་དབང་སོགས་དབང་གོང་མ་གསུམ་དང་བཅས་པ་རྡོ་རྗེ་སློབ་དཔོན་དུ། སྒྲུབ་པའི་དབང་ཡིན་པ་ནི་བྱ་རྒྱུད་གསང་བ་སྤྱི་རྒྱུད་ཀྱི་ལུང་གིས་གྲུབ་པོ་རྒྱུ་མཚན་དེའི་ཕྱིར་ན་བྱ་རྒྱུད་སོགས་སོ་སོའི་རྡོ་རྗེ་སློབ་དཔོན་གྱི་དབང་བྱ་རྒྱུད་ལ་ཆུ་ཅོད་པན་དང་སྤྱོད་རྒྱུད་ལ་དེའི་སྟེང་དུ་རྡོར་དྲིལ་མིང་དབང་རྣམས་ཡིན་པ་སོགས་དེ་དག་གི་སྐབས་སུ་རྒྱུད་སྡེ་བཞི་པོ་རང་རང་གི་ངོས་སྐལ་གྱི་དམ་ཚིག་དང་སྡོམ་པ་མ་ལུས་པ་ཐོབ་པོ། །

རྣལ་འབྱོར་བླ་མེད་ཀྱི་སྐབས་སུ་སྐུ་གསུང་ཐུགས་ཀྱི་དམ་ཚིག་གསུམ་སྦྱིན་པར། རྡོ་རྗེ་སློབ་དཔོན་གྱི་དབང་ཡིན་ཞེས་བརྟག་གཉིས་དང་ཕྱག་ཆེན་ཐིག་ལེ་དྲིལ་བུ་པའི་དབང་ཆོག་རྣམས་ལས་གསུངས་པ་ནི་ཡོ་ག་སྟེ་རྣལ་འབྱོར་རྒྱུད་དང་། སློ་བསྟུན་ཙམ་ཡིན་གྱི་སྐུ་གསུང་ཐུགས་ཀྱི་དམ་ཚིག་གསུམ་སྦྱིན་པ་དེ་ཉིད་བུམ་པའི་དབང་དུ། བཞག་སྟེ་བུམ་དབང་དེའི་སྟེང་དུ་གསང་དབང་ཤེར་དབང་དབང་བཞི་པ་སྟེ་དབང་གོང་མ་གསུམ་

དང་བཅས་པ་ནི། བླ་མེད་ཀྱི་དབང་གི་དངོས་གཞི་རྡོ་རྗེ་སློབ་དཔོན་དུ་བསྒྲུབ་པའི་དབང་ཉིད་དུ་རྡོ་རྗེ་གུར་ལས་བཤད་དོ། །

གལ་ཏེ་གསང་དབང་སོགས་དབང་གོང་མ་གསུམ་པོ་བྱིན་རླབས་ཙམ་ཡིན་གྱི་རྡོ་རྗེ་སློབ་དཔོན་དུ་སྒྲུབ་པའི་དབང་གི་དངོས་གཞི་མི་འདོད་དོ་ཞེ་ན། འོ་ན་ཤེས་བྱ་ཆོས་ཅན་རྫོགས་རིམ་གསང་དབང་གི་ལམ་ཙནྜ་ལི་དང་། ཤེར་དབང་གི་ལམ་ཕོ་ཉ་དང་བཞི་པའི་ལམ་རྡོ་རྗེ་ཐ་རླབས་ཏེ་གསུམ་དང་ནི་སྐུ་བཞིའི་ཕྱི་མ་ལོངས་སྐུ་ཆོས་སྐུ་ངོ་བོ་ཉིད་སྐུ་སྟེ་གསུམ་པོ་རྣམས་རིམ་པ་ལྟར། །ལམ་གྱི་དངོས་གཞི་དང་འབྲས་བུའི་དངོས་གཞི་མིན་པར་འགྱུར་བར་ཐལ། དབང་གོང་མ་གསུམ་དབང་གི་དངོས་གཞི་མ་ཡིན་པར་ཁྱོད་ཀྱིས་འདོད་པའི་ཕྱིར། རྟགས་ཁས། ཅེས་ཀྱང་གསང་དབང་སོགས་དབང་གོང་མ་གསུམ་པོ་སྔགས་སྡོམ་གསར་དུ་ཐོབ་བྱེད་ཀྱི་དབང་གི་དངོས་གཞི་མ་ཡིན་པར་ཁྱོད་ཀྱིས་འདོད་ན་བསྐྱེད་རིམ་གྱི་ཏིང་ངེ་འཛིན་དང་རྫོགས་རིམ་གྱི་ཏིང་ངེ་འཛིན་ཏེ་ལམ་རྣམ་པ་གཉིས་ལས་སྔ་མ་བསྐྱེད་རིམ་ནི་རྟེན་དང་ཕྱི་མ་རྫོགས་རིམ་ནི་བརྟེན་པར་ཡིན་པར་རྒྱུད་དང་བསྟན་བཅོས་དག་ལས་གསུངས་པ་ཉིད་རྒྱུ་མཚན་གང་གིས་སྒྲུབ་སྟེ་ལམ་གྱི་གཙོ་བོ་རྫོགས་རིམ་སྒོམ་པ་ལ་དབང་བའི་ཐབས། གསང་དབང་སོགས་དབང་གོང་མ་གསུམ་དབང་གི་དངོས་གཞི་མ་ཡིན་པར་ཁྱོད་ཀྱིས་འདོད་པའི་ཕྱིར། །

མི་བསྐྱོད་པའི་ཆུ་དང་རིན་འབྱུང་གི་ཅོད་པན་སོགས་བུམ་དབང་གི་སྐབས་སུ་གང་དང་གང་ཐོབ་པའི་བསྐྱེད་རིམ་གྱི་སྡོམ་པ་ནི། གཟུགས་སོགས་ཕྱི་ནང་གི་དངོས་པོ་རྣམས་ལ། ཐ་མལ་དུ་འཛིན་པའི་རྣམ་རྟོག་དེ་ཉིད་སྤོང་བའི་སེམས་བྱུང་གི་སེམས་པ་དང་། སེམས་པ་དེ་དང་། མཚུངས་ལྡན་དུ་གྱུར་པའི་གཙོ་སེམས་རྣམ་རིག་གི་སྟེ་གཙོ་སེམས་ཀྱི་མིང་ལ་རྣམ་རིག་ཟེར་རིགས་ཀྱི། ངོ་བོར་སྐྱེ་ཞིང་དེའང་མི་བསྐྱོད་པ་ལ་མཚོན་ན་ཆུ་དབང་གི་སྐབས་སུ་རང་ཉིད་མི་བསྐྱོད་པ་ཀྱི་རྡོ་རྗེར་བསྐྱེད་པ་ལ་ཆུའི་དབང་བསྐུར་ཏེ། ཡར་ལུད་པ་ལས་མི་བསྐྱོད་པས་དབུར་བརྒྱན་མ་ཐག་ཏུ་སྣང་གཞི་རྣམ་ཤེས་ཀྱི་ཕུང་པོ་ལ་ཐ་མལ་དུ་འཛིན་པའི་རྣམ་རྟོག་དང་ཞེ་སྡང་དག་སྤང་བའི་སེམས་པ་དང་། དེ་དང་མཚུངས་ལྡན་དུ་གྱུར་བའི་གཙོ་སེམས་རྣམ་རིག་དེ་དག །སྤོང་བྱེད་མེ་ལོང་ལྟ་བུའི་ཡེ་ཤེས་སམ། མི་བསྐྱོད་པའི་ངོ་བོར་དག་པའམ་སྡོམ་པའི་ཚུལ་དུ་སྐྱེའོ། །དེས་རིན་འབྱུང་ནས་དམ་ཚིག་གསུམ་སྦྱིན་པའི་རྡོ་རྗེ་སློབ་དཔོན་གྱི་དབང་གི་བར་གཞན་རྣམས་ལའང་འགྲེའོ། །དབང་གོང་མ་གསང་དབང་སོགས་གསུམ་གྱི་སྐབས་སུ། ཐོབ་པའི་རྫོགས་རིམ་གྱི་སྡོམ་པ་དེའང་བསྐྱེད་རིམ་གྱི་སྡོམ་པ་ལ་སྦྱི་ཚུལ་བཤད་མ་ཐག་པ་དེ་བཞིན་དུ། སྐྱེད་རིམ་ལ་གཟུགས་ལྟར་ཞེན་གྱི་རྟོག་པ་སྤོང་སེམས་ཀྱི། སེམས་བྱུང་གི་

སེམས་པ་དང༌། སེམས་པ་དེ་དང་མཚུངས་ལྡན་དུ་གྱུར་པའི་གཙོ་སེམས་དང་བཅས་པའི་ངོ་བོར་སྐྱེའོ། །དེ་ཡང་གསང་དབང་ལ་མཚོན་ན། བླ་མ་ཡབ་ཡུམ་སྙོམས་པར་ཞུགས་པའི་ཐིག་ལེ་ལྕེ་ཐོག་ཏུ་བཞག་ནས་མྱོང་བས་ཐིག་ལེ་དེ་ཉིད་མགྲིན་པ་ནས་འཕེལ་ཏེ་ལུས་ཐམས་ཅད་གང་བས་གསལ་སྟོང་གི་ཏིང་ངེ་འཛིན་ནི་སྐྱེས་མ་ཐག་གྱི་ཉམས་ལྟར་ཞེན་གྱི་རྟོག་པ་སྣང་བའི་སེམས་པ་དང༌། སེམས་པ་དེ་དང་མཚུངས་ལྡན་དུ་གྱུར་པའི་གཙོ་སེམས་དེ་གསང་དབང་གི་སྒོམ་པའི་ཚུལ་དུ་སྐྱེའོ། །ཡང་ཤེར་དབང་ལ་མཚོན་ན། བསྐྱེད་རྫོགས་ཀྱི་སྒོམ་པའི་སྐབས་འདི་ཡི་མི་མཐུན་པའི་ཕྱོགས་ཐ་མལ་དུ་འཛིན་པ་དང་གྱི་ཉམས་ལྟར་ཞེན་གྱི་རྟོག་པ་དག་སྤོང་བའི་སེམས་ཐོབ་པ་ནི་ཉན་ཐོས་ལྟར། མི་མཐུན་པའི་ཕྱོགས་འདི་དག་སྤོང་བར་བྱའོ་སྙམ་དུ་ཁས་བླང་བའི་སེམས་པ་མངོན་གྱུར་དུ་ཡོད་པ་ཙམ། མིན་པར་དབང་བཞི་སོ་སོའི་དོན་རྟོགས་པའི་ཉམས་མྱོང་ཁྱད་པར་ཅན་རྒྱུད་ལ་སྐྱེས་པའི་དབང་གིས། དབང་བཞི་པོ་རང་རང་གི་མི་མཐུན་པའི་ཕྱོགས་སྤང་བའི་བློ་དོན་གྱིས་ཐོབ་པ་ཙམ་གང་ཟག་བླ་མས་དབང་བཞི་སོ་སོར་ངོ་སྤྲོད་པའི་དབང་དོན་རྫོགས་པ་ཕལ་ཆེ་ལ་འབྱུང་ངོ༌། དེའང་བུམ་དབང་ལས་མི་བསྐྱོད་པ་ལ་མཚོན་ན། རྣམ་པར་ཤེས་པའི་ཕུང་པོ་མི་བསྐྱོད་པའི་ངོ་བོ་ཡིན་པ་ལ་ཡིན་པར་རྟོགས་པའི་ཉམས་མྱོང་ཁྱད་པར་ཅན་རྒྱུད་ལ་སྐྱེས་པའི་ཚེ་རྣམ་ཤེས་ཀྱི་ཕུང་པོ་ལ་ཐ་མལ་དུ་འཛིན་པའི་རྣམ་རྟོག་སྤང་བར་བྱའོ་སྙམ་པའི་བློ་རྒྱུད་ལ་མ་སྐྱེས་ཀྱང་དོན་གྱིས་ཐོབ་པོ་དེས་རིན་འབྱུང་ནས་དབང་བཞི་པའི་བར་ལ་རིགས་འགྲེ་ཤེས་པར་བྱའོ། །དེ་ལྟར་མོད་ཀྱི་འོན་ཀྱང་དཔོན་སློབ་དང་སློབ་མ་དང་ཆོ་ག་རྣམས་ཚད་ལྡན་ཏེ་མཚན་ཉིད་དང་ལྡན་པ་གཙོ་ཆེ་སྟེ་དཔེར་ན་སོ་ནམ་ལེགས་པའི་སྟོན་ཐོག་བཞིན་ནོ། །སྐྱེས་ཚུལ་གོང་དུ་ཇི་སྐད་སྨོས་པ་དེ་ཙམ་དུ་མ་ཟད་མཐར་ཐུག་གི་འབྲས་བུ་ཡང་དག་པར་རྫོགས་པའི་སངས་རྒྱས་ཀྱི་རྣམ་པ་མི་རྟོག་པའི་ཡེ་ཤེས་ས་བཅུ་གསུམ་པའི་ངོ་བོ་སུ། སྐྱེ་བའང་ཡོད་དེ་གང་ཞེ་ན་སངས་རྒྱས་ཀྱིས་གསང་བ་འདུས་པའི་ཡེ་ཤེས་ཀྱི་དཀྱིལ་འཁོར་དུ་དབང་བསྐུར་ཐོབ་པའི་རྒྱལ་པོ་ཨིནྡྲ་བྷཱུ་ཏི་ཇི་ལྟ་བ་བཞིན་ནོ། །སངས་རྒྱས་བྱང་སེམས་སམ་ཡེ་ཤེས་ཀྱི་མཁའ་འགྲོ་མས། སྤྲུལ་པའི་དཀྱིལ་འཁོར་ཉིད་དུ་བཙུག་སྟེ་དབང་བསྐུར་ཐོབ་པའི་གང་ཟག་སྐལ་ལྡན་རྣམས་ལ་ངེས་པར་ཆོས་ཐམས་ཅད་ཀྱི་ཆོས་ཉིད་མངོན་སུམ་དུ་རྟོགས་པའི་མཐོང་བའི་ལམ་མཚོན་བྱ་དོན་གྱི་ཡེ་ཤེས་སུ། སྐྱེ་བའང་ཡོད་དེ་བདག་མེད་མས་བདག་མེད་ལྷ་མོ་བཅོ་ལྔའི་དཀྱིལ་འཁོར་སྤྲུལ་ཏེ་དབང་བསྐུར་ཐོབ་པའི་རྗེ་བཙུན་རྣལ་འབྱོར་དབང་ཕྱུག་བི་རཱུ་པ་ལྟར་བཞིན་ནོ། །རྡོ་རྗེ་སློབ་དཔོན་གྲུབ་པའི་ས་ལ་གནས་པས་དབང་བསྐུར་བ་དང་སློབ་མ་ཡང་རྒྱུད་ལས་ཉོན་གྱིས་དག་པ་ལ། རྡུལ་ཚོན་ནམ་རས་བྲིས་གང་རུང་གི་དཀྱིལ་འཁོར་དུ་དབང་བསྐུར་བས་རྣམ་གྲངས་པའི་དོན་དམ་བདེན་པ་མངོན་སུམ་དུ་རྟོགས་པའི་ཚོགས་སྦྱོར་གྱི་ལམ།

མཚོན་བྱེད་དཔེ་ཡི་ཡེ་ཤེས་ཉིད་དུ་སྐྱེ་ཞིང་ཡང་གང་ཟག་སྐལ་ལྡན་འགའ་ཞིག་ལ་གྲུབ་པའི་ས་ལ་གནས་པའི་རྡོ་རྗེ་སློབ་དཔོན་གྱིས་དབང་བསྐུར་བས་མཚོན་བྱེད་དཔེའི་ཡེ་ཤེས་སྐྱེ་བ་མ་ཟད། མཚོན་བྱ་དོན་གྱི་ཡེ་ཤེས་ཀྱི་ངོ་བོ་རུ་སྐྱེ་བའི་སྐབས་ཀྱང་སྲིད་པ་ཡིན་ནོ། །དབང་བཞིའི་ཆོ་ག་ལ་བརྟེན་ནས་བསྐྱེད་རྫོགས་ཀྱི་སྒོམ་པ་ཐོབ་པའི་གང་ཟག་དེ་ཉིད་ད་ལྟའི་ཚེ་འདི་ལ་སྦྱིན་པ་གཏོང་བ་དང་ཚུལ་ཁྲིམས་བསྲུང་བ་སོགས། བསོད་ནམས་ཀྱི་ཚོགས་བསགས་པ་དང་ཚེ་སྔ་མའི་ལས་འཕྲོ་སད་པ་དང་། སྤྱི་བོ་སོགས་ལུས་ཀྱི་རྩ་དང་རྩ་དེ་རྣམས་ཀྱི་ནང་གི་ཁམས་དཀར་དམར་བཟང་བའི་སྐལ་ལྡན་གྱི་སློབ་མར་རྡོ་རྗེ་སློབ་དཔོན་གྱིས་དབང་བསྐུར་བའི་དུས་སུ་མཚོན་བྱེད་དཔེའི་ཡེ་ཤེས་མ་སྐྱེས་ཀྱང་དེའི་རྗེས་སུ་རང་གི་ལམ་དུས་ལྟ་བུའི་སྐབས་སུ་དབང་བཞི་ལེན་པའི་དུས་ཀྱི་ཀློས། བརྟག་གཉིས་ལས། མུན་པ་ལ་ནི་མར་མེ་བཞིན། །ཞེས་གསུངས་པ་ལྟར། མཚོན་བྱེད་དཔེའི་ཡེ་ཤེས་གསལ་བར་ངོ་ཤེས་པའི་ཡེ་ཤེས་ཉིད་གསར་དུ་སྐྱེའོ། །སྤྲུལ་སྐུ་ལོངས་སྐུ་ཆོས་སྐུ་ངོ་བོ་ཉིད་སྐུ་སྟེ། སྐུ་བཞིའི་མྱུ་གུ་བསྐྱེད་པའི་ས་བོན་ཐེབ་པའམ་དུས་མཚམས་སུ་མཚོན་བྱེད་དཔེའི་རྒྱུད་ལ་ནམ་སྐྱེས་པའི་གནས་སྐབས་འདི་ནས་འཛོག་དགོས་པ་ཡིན་ནོ། །བུམ་དབང་སོགས་དབང་གི་དུས་སུ། །

ཐོབ་པའི་དམ་ཚིག་དང་སྡོམ་པ་རྣམས་ཇི་ལྟ་བ་བཞིན་མི་ཉམས་པར་བསྲུངས་ན་མཆོག་ཐུན་མོང་གི་དངོས་གྲུབ་འགྲུབ་པ་དང་། ཡོན་ཏན་མཛོད་ལས། སྔགས་ལ་ཞུགས་པའི་སྐྱེས་བུ་ངན་སོང་དང་། །སངས་རྒྱས་གཉིས་ལས་འགྲོ་ས་གསུམ་པ་མེད། །ཅེས་དང་། དམ་ཚིག་དང་སྡོམ་པ་དག་ཚུལ་བཞིན་དུ་མ་བསྲུངས་ན་དམྱལ་བ་མནར་མེད་དང་རབ་ཚ་ལ་སོགས་པར་སྐྱེ་འགྱུར་བར། བཤེས་སྤྲིང་ལས། དམྱལ་བ་བྲིས་པ་མཐོང་དང་ཐོས་པ་དང་། །དྲན་དང་བཀླགས་དང་གཟུགས་སུ་བགྱིས་པས་ཀྱང་། །འཇིགས་པ་བསྐྱེད་པར་བགྱིད་ན་མི་བཟད་པའི། །རྣམ་སྨིན་ཉམས་སུ་མྱོང་བ་སྨོས་ཅི་དགོས། །ཞེས་དང་། དྲན་པས་རིགས་མཐོ་བ་དང་གཟུགས་མཛེས་པ་ལོངས་སྤྱོད་ཆེ་བ་ཐོས་པ་མང་བ་སོགས་ཡིན་སྙམ་པའི་སྙེམས་པ་སྐྱེ་དྲེགས་པ་བཅས་རྩ་བ་དང་ཡན་ལག་གི་ལྟུང་བ་ལ། ཇི་མི་སྙམ་པ་སྐྱེ་ཁྱད་དུ་བསད་པའི་ང་རྒྱལ་ངེས་པར་བཅོམ་སྟེ། མདོ་ཏིང་འཛིན་རྒྱལ་པོ་ལས། རྟུལ་བར་གྱུར་པའི་ལུས་འདི་དང་། །སྲོག་ཀྱང་གསོ་བ་དབང་མེད་ཅིང་། །རྨི་ལམ་སྒྱུ་མ་འདྲ་བ་ལ༑ །བྱིས་པ་འདི་དག་ཆགས་པས་ན། །ཞེས་དང་། མི་རྟག་པ་ཉིད་ཀྱི་མདོ་ལས། ནད་མེད་མི་རྟག་ལང་ཚོ་རྟག་མ་ཡིན། །འབྱོར་པ་མི་རྟག་སྲོག་ནི་རྟག་མ་ཡིན། །སྐྱེ་བོ་མི་རྟག་ཉིད་ཀྱིས་ཉེན་གྱུར་ན། །འདོད་པའི་ཡོན་ཏན་ཇི་ལྟར་དགའ་བ་སྐྱེ། །ཞེས་སོ། །བཤེས་སྤྲིང་ལས། བག་ཡོད་བདུད་རྩིའི་གནས་ཏེ་བག་མེད་པ། །འཆི་བའི་གནས་སུ་ཐུབ་པས་བཀའ་བསྩལ་ཏོ། །ཞེས་གསུངས་པས། འཇུག་ལྡོག་གི་གནས་ལ་གཟོབ་པ་ལྷུར་ལེན་པའི

བག་ཡོད་དང་བླང་དོར་གནས་རྣམས་མི་བརྗེད་པའི་དྲན་པ་དང་རང་གི་སྒོ་གསུམ་ལ་ཡང་ཡང་དུ་རྟོག་པའི་ཤེས་བཞིན་ཏེ་དེ་དག་མ་འཕྲུལ་བའི་བློ་ཡིས་མི་ཉམས་པར་བསྲུང་ངོ་། །སྤྱིར་ལྟུང་བ་འབྱུང་བའི་རྒྱུ་ནི་སྡོམ་འབྱུང་ལས། མི་ཤེས་པ་དང་བག་མེད་དང་། །ཉོན་མོངས་མང་དང་མ་གུས་དང་། །བརྗེད་པས་དྲན་པ་མི་གསལ་བ། །འདི་དྲུག་དམ་ཚིག་ཉམས་པའི་རྒྱུ། །ཞེས་གསུངས་པ་ལྟར་རྒྱུ་སྤང་བ་ལ་བརྩོན་ན་འབྲས་བུ་ཤུགས་ཀྱིས་ཁེབ་པ་ཡིན་ནོ། །རྒྱུད་སྡེ་བཞི་ལས་བྱ་རྒྱུད་ཀྱི་དམ་ཚིག་ནི་བྱ་བའི་རྒྱུད་གསང་བ་སྤྱི་རྒྱུད་ལས་དེ་རིང་ཕྱིན་ཆད་ཁྱེད་རྣམས་ཀྱིས། །སངས་རྒྱས་ཆོས་དང་དགེ་འདུན་དང་། །བྱང་ཆུབ་སེམས་དཔའ་རྣམས་དང་ནི། །རིགས་སྔགས་གསང་སྔགས་ཚོགས་རྣམས་ལ། །དད་པ་རབ་ཏུ་བརྟན་པར་བྱ། །ཞེས་གསུངས་པ་ལྟར། ཐེག་པ་ཆེན་པོའི་སངས་རྒྱས་ཆོས་དང་དགེ་འདུན་ཏེ་དཀོན་མཆོག་རྣམ་པ་གསུམ་པོ་སྟོན་པ་ལམ་གྲོགས་ཀྱི་ཚུལ་གྱིས་སྐྱབས་སུ་འགྲོ་བའི་སྒོ་ནས། དུས་ནམ་དུ་ཡང་བློས་མི་བཏང་[1]ཞིང་སྐྱབས་འགྲོའི་བསླབ་བྱ་ལ་སོ་སོའི་བསླབ་བྱ་དང་ཐུན་མོང་གི་བསླབ་བྱ་གཉིས། དང་པོ་ལ། དགག་པའི་བསླབ་བྱ་དང་སྒྲུབ་པའི་བསླབ་བྱ་གཉིས།

གཉིས་པ་ལ་མདོར་བསྡུས་པ་དངོས་སུ་བསྟན་པ་དང་། རྒྱས་པ་གཞན་དུ་ཁ་འཕང་བ་སྟེ་གཉིས་སོ། །དེ་རྣམས་གོང་སོར་སྡོམ་གྱི་སྐབས་སུ་ཇི་སྐད་བཤད་པ་བཞིན་ཤེས་པར་བྱས་ནས་མི་ཉམས་པར་བསླབ་ཅིང་བསྲུང་བར་བྱའོ། །རྒྱལ་བའི་སྲས་བྱང་ཆུབ་སེམས་དཔའ་རྣམས་ལ་དད་པ་བྱ་བ་དང་བྱང་སེམས་དེ་ཡི་སྡེ་སྣོད་དཀོན་མཆོག་སྤྲིན་དང་ནམ་མཁའི་སྙིང་པོའི་མདོ་དང་། སྡོང་པོ་བཀོད་པའི་མདོ་དང་། སྤྱན་རས་གཟིགས་ཀྱིས་ཞུས་པའི་མདོ་ལ་སོགས་པ་ཉིད་དུ། ཇི་སྐད་བཤད་པའི་བསླབ་བྱ་ཉེས་སྤྱོད་སྡོམ་པ་སོགས་ཚུལ་ཁྲིམས་གསུམ་པོ་རྣམས་ཀུན་གུས་པས་སྒྲུབ[2]པ་དང་། རིགས་སྔགས་སྟེ་མོ་ལྷ་རྣམས་གསང་སྔགས་ཏེ་ཕོ་ལྷ་རྣམས་དེ་གཉིས་ཀྱིས་སློབ་དཔོན་ཀླུ་ཝཱི་ནས། ལྷ་ཕོ་ནི་གསང་སྔགས་དང་ལྷ་མོ་ནི་རིགས་སྔགས་དང་སྔགས་གཅིག་ལ་ལྷ་ཕོ་མོ་གཉིས་ཀའི་སྔགས་སུ་འགྱུར་བ་ནི་གཟུངས་སྔགས་ཡིན་པར་གསུངས་སོ། །

བསྡུས་པའི་བྱ་རྒྱུད་ཀྱི་ལྷ་ཚོགས་རྣམས་ལ། བཟང་ངན་དང་མཆོག་དམན་དུ་འཛིན་པ་སྤང་[3]སྟེ་དད་པ་རབ་ཏུ་བརྟན་པར་བྱའོ། །གསུམ་པོ་འདི་རྣམས་ནི་བྱ་རྒྱུད་ཀྱི་དབང་ཐོབ་པ་དང་མ་ཐོབ་པའི་གང་ཟག་བྱང་སྡོམ་རྒྱུད་ལ་ལྡན་པ་རྣམས་ཀྱིས་ཀྱང་བསྲུང་དགོས་པའི་ཕྱིར་ན་ཐུན་མོང་ངམ། སྤྱི་ཡི་དམ་ཚིག་ཏུ་འཇོག་གོ། །བྱ་རྒྱུད་ཀྱི་སྔགས་སྡོམ་རྒྱུད་ལ་ལྡན་པའི་གང་ཟག་རང་ཉིད་གང་ལ་འདོད་ཅིང་མོས་པའི་ལྷ་ལ་ལྷ་གཞན་ལས་ལྷག་པར་གུས[4]པར་བྱ་ཞིང་། ལྷ་དེ་ཉིད་སྒྲུབ་པས་མ་གྲུབ་ན་ལྷ་དེ་ལ་ཁྲོ་བས་ཀུན་ནས་སླངས་ཏེ་སྔགས་ཀྱིས་བཅིངས་བ་སོགས་སྡིག་ཚིག་ཀྱང་ལྷ་ལ་མ་གུས་པ་ཡིན་པས་མི་བྱའོ། །བྱ་རྒྱུད་ཀྱི་སྒོར་ཞུགས་ཤིང་དབང་

བསྐུར་ཞུས་ཏེ་དེའི་སྔགས་སྡོམ་ལས་མ་ཉམས་པའི་གང་ཟག་**དམ་ཚིག་ཅན**[༢]ལ་གུས་པར་བྱའི་བརྙས་པ་དང་སྨོད་པ་སོགས་ལས་འགྱུར་བའི་ལས་མི་བྱ་བ་**དང་ནི**། སངས་རྒྱས་ཀྱི་**བསྟན**་པ་སྤྱི་ལ་**ཞུགས་ཤིང**་ལས་རྒྱུ་འབྲས་དང་བྱང་ཆུབ་ཀྱི་སེམས་རིན་པོ་ཆེ་ལ་ནན་ཏན་གྱིས་**སློབ་པའི**་གང་ཟག་ནི་རང་གི་**མཛའ་བོ**་ཡིན་པ་དེ་ཉིད་ལ་གུས་པ་བྱ་ཡི་བརྙས་པ་སོགས་མི་བྱ་བ་དང་[༣]། རང་ལ་**དབང**་བསྐུར་བ་དང་**རྒྱུད**་བཤད་པ་དང་མཆོག་ཐུན་མོང་གི་དངོས་གྲུབ་མྱུར་དུ་འགྲུབ་པའི་**མན་ངག་སྟེར་བའི**་བཀའ་དྲིན་{དབང་རྒྱུད་མན་ངག་གསུམ་ཀ་ཐོབ་ན་བཀའ་དྲིན་གསུམ་ལྡན་དང་། གང་རུང་གཉིས་ཐོབ་ན་གཉིས་ལྡན་དང་། གང་རུང་གཅིག་ཐོབ་ན་བཀའ་དྲིན་གཅིག་ལྡན་ཡིན་ནོ། །}གསུམ་ལྡན་ནམ་གཉིས་ལྡན་གཅིག་ལྡན་གང་རུང་གི་**བླ་མ་ལ**[༩]། **རབ་ཏུ་གུས་པར་བྱ་ཡི**་རིགས་དང་ཚུལ་ཁྲིམས་དང་ཡོན་ཏན་སོགས་ཀྱི་སྒོ་ནས་ལུས་ཀྱིས་**བརྙས**་པ་དང་། ངག་གིས་**སྨད**་པ་དང་བླ་མའི་ལུས་སྲོག་ལ་**མཐོར་ཚམས**་པའི་**གནོད་པར་འགྱུར**་བའི་ལས་རྣམས་**མི་བྱའོ**། །

ལ་བརྙས་པ་དང་སྨོད་པ་སོགས་ཀྱིས་བླ་མའི་དྲིན་ལན་མི་སེམས་པའི་གང་ཟག་ལ་ནི་ལྷ་དང་སྲུང་མའང་བདུད་དུ་འགྱུར་བ་ཡིན་ཏེ། ཨོ་རྒྱན་ཆེན་པོས། ཕ་མ་བླ་མའི་དྲིན་ལ་མི་བརྩི་དུས། །ལྷ་དང་སྲུང་མ་བདུད་དུ་བབ་པ་འབྱུང་། །ཞེས་སོ། །**གནོད་གནས**་ཏེ་འཛམ་**བྷ་ལ་སོགས**་ཐུན་མོང་གི་དངོས་གྲུབ་**སྒྲུབ་པའི་ལྷ་རྣམས**། **མ་གྲུབ**་ན་ལྷ་དེ་ལ་ཞེ་**སྡང**[༥]ཁ་དང་ཁོང་ཁྲོ་བ་མི་བྱའོ། །[༦]སྟོང་**ཚེས་བརྒྱད**་དང་སྟོན་པའི་**དུས་ཆེན་རྣམ་བཞི་ལ་སོགས**་པའི་**དུས་མཚམས་བཟང་པོ་རྣམས་ལ**། **རང་གི་འདོད**་པའི་**ལྷ་ཡི་དམ**་པའི་**དབྱངས**་ལྷ་བུ་དང་སངས་རྒྱས་སོགས་**དཀོན་མཆོག་གསུམ**་པོ་དེ་རྣམས་ལ་སྤོས་མར་མེ་སོགས་ཀྱི[༨]**མཆོད**་པ་རྒྱ་ཆེན་པོ་བྱའོ། །ལྷ་**དབང་ཕྱུག**་ཆེན་པོ་དང་**ཁྱབ་འཇུག**་དང་ཚངས་པ་**ལ་སོགས**་པ་འཇིག་རྟེན་པའི་ལྷ་རྣམས་ལ་**ཕྱི་རོལ་པའི**། རིག་བྱེད་ཀྱི་**གཞུང་ལྟར**་ཕྱུག་བསད་ནས་ཤ་ཁྲག་སོགས་ཀྱིས་མི[༧]**མཆོད**་དེ་ཁྱད་པར་དུ་འཕགས་པའི་བསྟོད་པ་ལས། ལྷ་རྟེན་དང་ནི་མཆོད་སྦྱིན་ལ། །སེམས་ཅན་གསོད་པར་བྱེད་པ་གང་། །འཇིག་རྟེན་པ་ནི་ཆོས་སུ་འཚལ། ཁྱོད་ཀྱི་བསྟན་ལ་དེ་དག་སྨད། །གང་ཞིག་སྲོག་ཆགས་ལ་རྟག་གནོད། །དེ་ལ་ཆོས་ཉིད་ག་ལ་ཡོད། །གཙོ་བོ་ཁྱོད་ཀྱིས་རང་ཉིད་ཀྱི། །སྲོག་གིས་སེམས་ཅན་ལེགས་པར་སྲུང་། །ཞེས་དང་། མཆོད་སྦྱིན་ལ་ནི་ཕྱུགས་འགུམས་པར། །དྲང་སྲོང་རྣམས་ནི་སྨྲ་ཞེས་གྲགས། །སྡིག་མེད་ཁྱོད་ཀྱིས་གྲོག་མ་ལའང་། །གནོད་པ་བགྱིད་པར་རྗེས་མ་གནང་། །གཞན་དག་རང་དོན་མཆོད་སྦྱིན་ལ། །གཞན་གྱི་སྲོག་གི་སྦྱིན་སྲེག་བྱེད། །གཞན་གྱི་དོན་དུ་ཁྱེད་གཅིག་པུ། །རང་གི་ལུས་ཀྱི་སྦྱིན་སྲེག་བྱེད། །ཅེས་སོ། །ཕྱི་རོལ་པ་དེའི་མན་ངག་དང་**རྣལ་འབྱོར་ཉམས་སུ་མི་ལེན**་ནམ་དུས་རྟག་ཏུ། **གློ་བུར་དུ**་འོངས་པའི་**མགྲོན**་ཐག་རིང་གི་ཨ་ཙ་ལ་ཁ་

ཟས་དང་ནི། གནས་ཁང་དང་མལ་སྟན་མེ་ཤིང་སོགས་ཀྱིས་མཆོད་པ་‹ཅི་འགྲུབ་བྱ་སྟེ་དེ་དག་ལ་བྱིན་པས་བསོད་ནམས་ལྷག་པར་ཆེ་བ་ནི། ཛོ་བོ་རྗེའི་ཞལ་ནས་སྟོང་ཉིད་སྙིང་རྗེ་སྙིང་པོ་ཅན་སྒོམ་པ་དང་ཆོས་མཚུངས་པ་གསུངས་སོ། །གྲོག་སྦུར་སོགས་སྲོག་ཆགས་ཕྲ་མོ་རྣམས་ལ་བདེ་བ་ཐོབ་འདོད་ཀྱི་བྱམས་(པའི་སེམས། མི་གཡོ་བ་བརྟན་པར་བཞག་ཅིང་དེ་དག་ལ་ཕན་པ་ཁོ་ན་ལས་གནོད་པའི་ལས་རྣམ་པ་ཀུན་ཏུ་མི་བྱ། ཟླ་བ་སྒྲོན་མར། མཆོད་པ་ཚད་མེད་རྣམ་མང་ཇི་སྙེད་པས། །ཞིང་ནི་བྱེ་བ་ཁྲག་ཁྲིག་གྲངས་སྙེད་ཀྱི། །རྒྱལ་བ་རྣམས་ལ་མཆོད་པ་བྱས་པས་ཀྱང་། །བྱམས་པའི་སེམས་ལ་གྲངས་དང་ཆར་མི་ཕོད། །ཅེས་དང་། ཐེག་པ་ཆེན་པོ་རྒྱུ་ཕར་ཕྱིན་དང་འབྲས་བུ་སྔགས་ལ་དགའ་བའི་གང་ཟག་རྣམས་ཀྱིས་བསོད་ནམས་དགེ་བའི་ཚོགས་དག གོང་ནས་གོང་དུ་འཕེལ་བའི་ཕྱིར་དུ་བྱ་རྒྱུད་སོགས་ཀྱི་སྔགས་བཟླས་བརྗོད་དང་ལས་བཞིའི་སྦྱིན་སྲེག་གིས་བསོད་ནམས་འཕེལ་བ་ཡང་། ཁ་སྦྱོར་ལས། སྦྱིན་སྲེག་གིས་ནི་ལྷ་རྣམས་ཚིམ། །ཚིམ་པར་གྱུར་ནས་དངོས་གྲུབ་སྩོལ། །ཞེས་དང་། གྲུབ་ཆེན་ནག་པོ་པས། སྡིག་པ་འཇིག་ཕྱིར་ཞི་བ་སྟེ། །བསོད་ནམས་ཡོངས་སུ་སྤེལ་རྒྱས་ཡིན། །ཆགས་པ་སྒོམ་པའི་དབང་འགྱུར་ཏེ། །རྟོག་པ་གསད་ཕྱིར་མངོན་སྤྱོད་དོ། །ཞེས་སོ། །སྦྱིན་སྲེག་དང་སྤོས་མར་མེ་སོགས་ཀྱི་མཆོད་པ་དང་། བྱ་རྒྱུད་ལས་གཞན་པའི་{བྱ་རྒྱུད་ཀྱི་སྡོམ་པ་ནི་དངོས་བསྟན་ཡིན་ཕྱིར་གཟུང་དགོས་པ་སློས་མ་དགོས་པའི་ཕྱིར། }སྔགས་སྡོམ་དང་སོ་བྱང་གི་སྡོམ་པ་རྣམས་རང་རང་གི་ཆོག་གསར་དུ་བླངས་ནས་བཟུང་བ་དང་མདོ་བཀླག་པ་དང་སཙྪ་གདབ་པ་སོགས་ལ་ནན་ཏན་))°བསྐྱེད་དགོས་སོ་མི་འཁྲུགས་པའི་སྔགས་སོགས་བྱ་རྒྱུད་ཀྱི་བཟླས་བརྗོད་བྱེད་པ་ལ་འབད་ཅིང་བརྩོན་པའི་རྣལ་འབྱོར་པས་སྔགས་བཟླས་པ་དེའི་ཚེ་ལུས་ངག་གི་ཀུན་སྤྱོད་ནི། ལེགས་གྲུབ་དང་དཔུང་བཟང་དང་། བསམ་གཏན་ཕྱི་མ་དང་། གསང་བ་སྤྱི་རྒྱུད་སོགས་ཀྱི་རྒྱུད་ནས་ཇི་ལྟར་འབྱུང་བ་བཞིན་དུ་སྤྱད་))དགོས་ཏེ་དེ་ཡང་ལེགས་གྲུབ་ལས། བཟླས་པ་ཚོག་ལ་གནས་པས། །གླུ་གར་རྩེ་མོ་མི་བྱ་སྟེ། །མཛེས་པར་བྱ་ཕྱིར་ཕྲེང་བ་དང་། །ཁ་དོག་འཆང་བ་མི་བྱའོ། །ཞེས་སོགས་ལུས་ཀྱི་ཀུན་སྤྱོད་དང་། བདེན་པའི་ཚོས་ལ་གནས་པ་ཡིས། །ཡོག་པ་གཏམ་དང་འགྱུར་དང་རྩུབ། །དབྱེན་གྱི་ཚིག་ཀྱང་སྤང་བ་དང་། །དོན་མེད་གཏམ་ཡང་མི་བྱའོ། །ཞེས་སོགས་ངག་གི་ཀུན་སྤྱོད་དང་། ཡིད་ནི་གཞན་དུ་མ་གྱུར་དང་། །བསམ་པ་མང་པོ་མ་ཡིན་དང་། །མི་གཙང་ཆགས་པའི་སེམས་མེད་པར། །བཟློས་པ་པོས་ནི་གསང་སྔགས་འདོན། །ཞེས་སོགས་ཡིད་ཀྱི་ཀུན་སྤྱོད་དང་། གཞན་ཡང་ལ་ཕྱུག་རྐྱག་ཅིང་ཆང་དང་ཚ་སོགས་ལ་ལོངས་མི་སྤྱོད་པ་རྣམས་སོ། །ཐུབ་པ་བྱམས་པ་སྤྱན་རས་གཟིགས་ཏེ་དམ་ཚིག་གསུམ་བཀོད་པའི་རྒྱུད་དང་དོན་ཡོད་ཞགས་པའི་རྟོགས་པ་ལ་སོགས་པ་གསང་སྔགས་སོ་སོ་ཡི། རྒྱུད་ནས་ཇི་སྐད་བསྟན་པའི་དམ་པའི

ཆོས་ཀྱང་སྤྱང་མི་བྱ། །ཞེས་སོགས་དམ་ཚིག་དང་སྡོམ་པ་རྣམས་ཀྱང་འབད་པས་སྲུང་༽ ༢བར་བྱའོ། །བྱ་རྒྱུད་ཀྱི་དབང་བསྐུར་མ་ཐོབ་པ་དང་ཐོབ་ཀྱང་རྩ་ལྟུང་གིས་ཉམས་པ་དམ་ཚིག་དང་མི་ལྡན་པ་རྣམས་ལ། གསང་སྔགས་ཀྱི་ཆོ་གའི་ཕྱག་ལེན་དང་དམ་ཚིག་གི་ཕྱག་རྒྱ་དང་གཞན་ཡང་རྒྱུད་དང་མན་ངག་རྣམས་མི་སྦྱིན་པ་གསང་ཞིང་སྦ་བ་༽ ༣སྟེ་གོང་དུ་བཤད་པའི་རང་འདོད་ལྷ་ལ་ལྷག་པར་གུས་བྱ་ཞིང་། །ཞེས་པ་ནས་དམ་ཚིག་དང་མི་ལྡན་པ་ལ་སྔགས་དང་ཕྱག་རྒྱ་མི་སྦྱིན་པའི་བར་དེ་རྣམས་ནི་བྱ་རྒྱུད་ཀྱི་དབང་གི་དངོས་གཞི་ཆུ་ཅོད་པན་ལས་ཐོབ་པའི་དམ་ཚིག་བཅུ་གསུམ་མོ། །

དེ་ལྟར་བཤད་པའི་དམ་ཚིག་བཅུ་གསུམ་པོ་འདི་ཡི་སྒྲུབ་ཕྱོགས་བཅུ་གསུམ་པོ་གང་རུང་ལས་འདས་ཏེ་དགག་ཕྱོགས་སུ་གྱུར་པ་བཅུ་གསུམ་པོ་གང་རུང་ཞིག །སྤྱང་བས་དེ་དང་དེའི་རྩ་ལྟུང་ཉིད་དུ་འགྱུར་བར་རྣམ་སྣང་མངོན་བྱང་ལས་བཤད་དེ། དེ་ཡང་དཔེར་ན། སྒྲུབ་ཕྱོགས་རང་འདོད་ལྷ་ལ་ལྷག་པར་གུས་པར་བྱ་བ་ལས་འདས་ཏེ། དགག་ཕྱོགས་མ་གུས་པའི་དབང་གིས་སྔགས་ཀྱིས་བཅིང་བ་སོགས་བྱས་པས་རྩ་ལྟུང་དུ་འགྱུར་བ་སྟེ༑ དེས་གཞན་བཅུ་གསུམ་པོ་ལའང་འགྲེའོ། །སྤྱོད་པའི་རྒྱུད་ཀྱི་དམ་ཚིག་རྣམས་རྣམ་སྣང་མངོན་བྱང་གི་རྒྱུད་ལས། མདོ་སྔགས་ཐུན་མོང་གི་བསླབ་བྱ་སྲོག་གཅོད་པ་སོགས་མི་དགེ་བ་བཅུ་སྤོང་ཞིང་། རྒྱལ་སྲས་བྱང་ཆུབ་སེམས་དཔའི་སྨོན་འཇུག་གི་སྡོམ་པ་ཡང་དག་པར་འཛིན་པ་རྣམས། ཡིན་ཏེ། མངོན་བྱང་ལས། གསང་བ་པའི་བདག་པོ། དེ་ལ་བྱང་ཆུབ་སེམས་དཔའ་སྲོག་གཅོད་པ་དང་། ཞེས་པ་ནས་ལོག་པར་ལྟ་བ་ལས་སླར་ལྡོག་པར་བྱའོ་ཞེས་པའི་བར་དང་། ཞབ་ལན་དང་བཅས་པའི་སྒོ་ནས་ཐབས་ཤེས་རབ་དང་ལྡན་པའི་སྤྱོད་པ་གསུངས་པས་གྲུབ་པར་ཡིན་ཞིང་ཐུན་མོང་མིན་པ་སྔགས་ཀྱི་དབང་ལས་ཐོབ་པའི་དམ་ཚིག་ནི། ཐེག་པ་ཆེ་ཆུང་གི་དམ་པའི་ཆོས་༽ སྲོག་གི་ཕྱིར་ཡང་མི་བཏང་བ་ཉིད་དང་གཞན་དོན་དུ་སངས་རྒྱས་ཐོབ་འདོད་ནི་བདུན་པའམ་སྨོན་པ་བྱང་ཆུབ་ཀྱི་སེམས་དང་། དེ་ཐོབ་པའི་ཆེད་དུ་སྦྱིན་སོགས་ཕར་ཕྱིན་དྲུག་ལ་འཇུག་པ་ནི་འཇུག་པ་བྱང་ཆུབ་ཀྱི་སེམས་ ༢ཏེ་སྨོན་འཇུག་དེ་དག་སྲོག་གི་ཕྱིར་ཡང་མི་བཏང་བ་ཉིད་དང་ཟས་དང་གོས་སོགས་སྦྱིན་པ་ལ་སེར་སྣ་མི་བྱ་བ་ཉིད་དང་༣། མི་དང་དུད་འགྲོ་སོགས་སེམས་ཅན་གང་ལ་ཡང་གནོད་པ་མི་བྱ་བ་སྟེ་བཞི་པོ་ཡིན་ལ་གཞི་པོ་དེ་དག་ལས། ལྡོག་པ་ནི་རྩ་བའི་ལྟུང་བ་ཡིན་པ་ཡང་མངོན་བྱང་དེ་ཉིད་ལས་ལྟུང་བའི་རྩ་བ་བཞི་ནི་སྲོག་གི་ཕྱིར་ཡང་ཡོངས་སུ་ཉམས་པར་མི་བྱའོ། །བཞི་གང་ཞེ་ན། འདི་ལྟ་སྟེ་དམ་པའི་ཆོས་སྤོང་བ་དང་། བྱང་ཆུབ་ཀྱི་སེམས་སྤོང་བ་དང་། སེར་སྣ་བྱེད་པ་དང་། སེམས་ཅན་ལ་གནོད་པར་བྱེད་པའོ། །དེ་ཅིའི་ཕྱིར་ཞེ་ན། འདི་དག་ནི་ཐབས་ཤེས་རབ་དང་མི་ལྡན་ན་རང་བཞིན་གྱི་ཉོན་མོངས་པ་ཅན་སྟེ། སླར་གསོ་མི་རུང་བའོ་ཞེས་

གསུངས་པའི་ཕྱིར་རོ། །ཡོ་ག་སྟེ་རྣལ་འབྱོར་རྒྱུད་ལ། །ཁས་བླངས་ཀྱི་སྒོ་ནས་ཐོབ་པའི་དམ་ཚིག་གི་དང་ནི་ཆོ་གའི་སྒོ་ནས་ཐོབ་པའི་དམ་ཚིག་སྟེ་གཉིས་ལས། དང་པོ་ཁས་བླངས་ཀྱི་སྒོ་ནས་ཐོབ་པའི་དམ་ཚིག་ནི་དཔལ་དེ་ཉིད་འདུས་པའི་བཤད་རྒྱུད་རྡོ་རྗེ་རྩེ་མོ་ནས་སྡོམ་པ་བསྒྲགས་པ་དང་། བཟུང་བ་གཉིས་སུ་གསུང་པའི་བསྒྲགས་པའི་ཚིག་དོན་ལེགས་པར་རྟོགས་ན་བཟུང་བའི་ཚིག་དོན་རང་ཤུགས་ཀྱིས་རྟོགས་སླ་བས་བསྒྲགས་ཚིག་ལྟར་བཤད་ན། དེ་ཉིད་ལས། རྣམ་སྣང་སོགས་རིགས་ལྔ་སོ་སོའི་དམ་ཚིག་བསྒྲགས་པ་དང་ནི་རིགས་ལྔ་སྤྱིའི་དམ་ཚིག་བསྒྲགས་པ་དང་ནི་སྤྱི་དང་སོ་སོ། དེ་དག་མདོར་བསྡུས་ནས་བསྒྲགས་པའི་ཚུལ་ཏེ་གསུམ་གསུངས་པ་ལས་དང་པོ་རིགས་ལྔ་སོ་སོའི་དམ་ཚིག་བསྒྲགས་པ་ནི་དེ་བཞིན་གཤེགས་པའི་རིགས་ཏེ་རྣམ་སྣང་གི་དམ་ཚིག་ལ། བླ་ན་མེད་པ་ཐེག་པ་ཆེན་པོའི་བརྗོད་དཀོན་མཆོག་གསུམ་ནི་སྐུ་གསུམ་མམ་བཞིའི་བདག་ཉིད་ཅན་གྱི་སངས་རྒྱས་ལུང་རྟོགས་ཀྱིས་བསྡུས་པའི་ཆོས། ཕྱིར་མི་ལྡོག་པའི་བྱང་སེམས་དགེ་འདུན་ནོ། །དོན་གྱི་དཀོན་མཆོག་གསུམ་ནི་རང་གི་སེམས་རང་བཞིན་གྱིས་འོད་གསལ་བ་ནི་སངས་རྒྱས། དེ་རྟོགས་པ་མེད་པའི་ཚུལ་གྱིས་རྟོགས་པ་ནི་ཆོས། དེ་ཉིད་ཉམས་སུ་ལེན་པ་ནི་དགེ་འདུན་ཏེ། དེ་ལྟར་བརྗོད་དང་དོན་གྱི་དཀོན་མཆོག་རིན་པོ་ཆེ་རྣམ་པ་གསུམ་ལ་སྟོན་པ་ལམ་གྲོགས་ཀྱི་ཚུལ་དུ་སྐྱབས་སུ་བཟུང་བ་དང་རྡོ་རྗེའི་རིགས་མཆོག་སྟེ་མི་བསྐྱོད་པའི་དམ་ཚིག་ལ། བརྗོད་རྡོ་རྗེ་དང་དྲིལ་བུ་ནི། མཚན་ཉིད་ཚང་ཞིང་རབ་གནས་ཚུལ་བཞིན་བྱས་པ་དེ། བླ་མ་དང་དགེ་འདུན་གྱི་དོན་དང་། རང་ཉིད་གནས་གཞན་དུ་ན་བའི་ཚེ་རྣམས་སུ་ཞག་བདུན་ཙུན་འབྲལ་དགོས་བྱུང་ཡང་ལྡུང་བ་མི་འགྱུར་མོད། དེ་ལྟ་བུའི་རྐྱེན་དང་དགོས་པ་མེད་པར་ཞག་གཅིག་ཀྱང་མི་འབྲལ་བ་འཆང་དགོས་པ་དང་། དོན་གྱི་རྡོ་རྗེ་དྲིལ་བུ་ནི། རྡོ་རྗེ་རྩེ་མོ་ལས། བྱང་ཆུབ་སེམས་གང་དེའི་རྡོ་རྗེ། །ཤེས་རབ་དྲིལ་བུ་ཞེས་བཤད་དོ། །ཞེས་གསུངས་པ་ལྟར། སེམས་རང་བཞིན་གྱིས་འོད་གསལ་བ་ནི་རྡོ་རྗེ་སེམས་དེ་ཉིད་རྟོགས་བྱེད་ཀྱི་ཤེས་རབ་བམ་གཞན་ལ་བསྟན་པའི་ངག་ནི་དྲིལ་བུ་སྟེ། དེ་ལྟར་བརྗོད་དང་དོན་གྱི་རྡོ་རྗེ་དང་དྲིལ་བུ་འཆང་བ་དང་རྡོ་རྗེ་འཛིན་མའི་ཕྱག་རྒྱ་སོགས་ཕྱག་རྒྱ་ཆེན་པོ་འཛིན་པ་སྟེ། དེ་ལྟར་སྐུ་ཕྱག་རྒྱ་གསུང་དྲིལ་བུ་ཐུགས་རྡོ་རྗེ་སྟེ་སྐུ་གསུང་ཐུགས་ཀྱིས་བསྡུས་པ་དང་དབང་རྒྱུད་མན་ངག་སྟེར་བའི་བཀའ་དྲིན་སུམ་ལྡན་ནམ་གཉིས་ལྡན་ནམ་ཅིག་ལྡན་གྱི་སློབ་དཔོན་དང་བཅས་པ་རྣམས་བཟུང་བ་ཡིན་ནོ་རིན་ཆེན་རིགས་ཏེ་རིན་འབྱུང་གི་དམ་ཚིག་ལ་ནི། ཟས་གོས་སོགས་ཟང་ཟིང་གི་སྦྱིན་པ་དང་ཚེ་ཐར་བསླུ་བ་སོགས་གཞན་གྱི་འཇིགས་པ་ལས་ཐར་བར་བྱེད་པ་མི་འཇིགས་པའི་སྦྱིན་པ་དང་། དཔེ་མཁྱུད་མེད་པར་གཞན་ལ་ཆོས་བཤད་པ་ཆོས་ཀྱི་སྦྱིན་པ་དང་གཞན་བདེ་བ་ལ་འགོད་པ་བྱམས་པའི་སྦྱིན་པའམ་སྡོམ་འགྲེལ་ཉི་སྣང་ལས་སེམས་ཅན་

རྣམས་བླ་ན་མེད་པའི་བདེ་བ་ཐོབ་ཀྱི་བསམ་པ་ནི་བྱམས་པའི་སྦྱིན་པ་ཡིན་པར་བཤད་དོ། །བྱམས་པའི་སྦྱིན་པ་སྟེ། སྦྱིན་པ་རྣམ་པ་བཞི་པོ་ཉིན་ལན་གསུམ་མཚན་ལན་གསུམ་སྟེ་དུས་དྲུག་ཏུ་དངོས་སུ་གཏོང་བ་དང་ནི། དངོས་སུ་གཏོང་མི་ནུས་ན་ཟང་ཟིང་སོགས་སྦྱིན་པ་རྣམ་བཞི་དུས་དྲུག་ཏུ་གཞན་ལ་སྦྱིན་སྙམ་པའི་འདུན་པས་བཏང་ངོ་བསྔོའི་རིགས་དག་པར་ཏེ་འོད་དཔག་མེད་པའི་དམ་ཚིག་ལ་ཕྱི་ནང་སྤྱོད་གཉིས་དང་གསང་བ་ཡོ་གའི་རྒྱུ་དེ་རྒྱུད་སྡེ་གསུམ་དང་ཉན་རང་བྱང་སེམས་ཏེ་ཐེག་པ་གསུམ་གྱིས། བསྡུས་པའི་དམ་པའི་ཆོས་མ་ལུས་པ་འཛིན་པའོ། །ལས་ཀྱི་རིགས་ཆེན་པོར་ཏེ་དོན་ཡོད་གྲུབ་པའི་དམ་ཚིག་ནི། སོ་བྱང་སྔགས་གསུམ་སྡོམ་པ་ཐམས་ཅད་འཛིན་པ་དང་སྔགས་འགྲུབ་པའི་རྩ་བའང་ཚུལ་ཁྲིམས་རྣམ་པར་དག་པའི་སྡོམ་པ་ལ་རག་ལས་ཏེ། དཔུང་བཟང་ལས། སྔགས་ཀྱི་རྩ་བ་དང་པོ་ཚུལ་ཁྲིམས་ཏེ། །དེ་ནས་བརྩོན་འགྲུས་དང་ནི་བཟོད་པ་དང་། །རྒྱལ་བ་ལ་ནི་དད་དང་བྱང་ཆུབ་སེམས། །གསང་སྔགས་དང་ནི་ལེ་ལོ་མེད་པའོ། །ཇི་ལྟར་མི་དབང་རིན་ཆེན་བདུན་ལྡན་པས། །སྐྱོ་བ་མེད་པར་སྐྱེ་དགུ་འདུལ་བར་བྱེད། །དེ་བཞིན་སྔགས་པ་ཡན་ལག་འདི་བདུན་དང་། །ལྡན་པར་གྱུར་ན་སྡིག་པ་འདུལ་བར་བྱེད། །ཅེས་སོ། །ཁྱད་པར་དུ་སྤོས་དང་མར་མེ་ཞལ་ཟས་སོགས་ཀྱི་མཆོད་པ་ལ་བརྩོན་ཅིང་འབད་པར་བྱེད་པ་རྣམས་སོ་རིགས་ལྔ་སོ་སོའི་དམ་ཚིག་བཤད་ཟིན་ནས་གཉིས་པ་ནི་རྣམ་སྣང་སོགས་རིགས་ལྔ་སྤྱིའི་དམ་ཚིག་བསྒྲགས་པ་ལ་ཚུལ་ཁྲིམས་གསུམ་པོ་སྤྱིར་བཤད་པ་དང་། སོ་སོ་བཤད་པ་སྟེ་གཉིས་ལས། དང་པོ་ནི། མི་དགེ་བཅུ་སྤོང་བ་ནི་ཉེས་སྤྱོད་སྡོམ་པའི་ཚུལ་ཁྲིམས། སྦྱིན་པ་སོགས་ཕར་ཕྱིན་དྲུག་ལ་བསླབ་པ་ནི་དགེ་བ་ཆོས་སྡུད་ཀྱི་ཚུལ་ཁྲིམས། བསྡུ་བའི་དངོས་པོ་བཞིའི་སྒོ་ནས་སེམས་ཅན་གྱི་དོན་བྱེད་པ་ནི་སེམས་ཅན་དོན་བྱེད་ཀྱི་ཚུལ་ཁྲིམས་ཏེ་དེ་ལྟར། ཚུལ་ཁྲིམས་གསུམ་པོ་སྤྱི་རུ་བཤད་པ་ནི། འཕགས་པ་ནམ་མཁའི་སྙིང་པོས་ཞུས་པའི་མདོར་བཤད་པའི་བྱང་ཆུབ་སེམས་དཔའ་ཡི། དཀོན་མཆོག་དཀོར་འཕྲོག་པ་སོགས་རྩ་ལྟུང་ངམ་ཕམ་པ་བཅུ་བཞི་པོ་འདི་ར་ཡང་བསྲུང་དགོས་ཤིང་བཅུ་བཞི་པོ་འདི་རྣམས་ཀྱི་དབྱེ་བ་དང་ངོས་འཛིན་ནི་གོང་དུ་བྱང་སྡོམ་གྱི་སྐབས་སུ་སོང་ཟིན་པའི་ཚུལ་ཁྲིམས་གསུམ་པོ་སོ་སོར་བཤད་པ་ནི། རྡོ་རྗེ་རྩེ་མོའི་སྡོམ་པ་བསྒྲགས་ཚིག་ལས། ཁྱོད་ཀྱི་སྲོག་ཆགས་བསད་མི་བྱ། །མ་བྱིན་པ་ཡང་མི་བླང་ངོ་། །འདོད་ལ་ལོག་པ་མི་སྤྱད་ཅིང་། །རྫུན་དུ་སྨྲ་བ་མི་བྱའོ། །ཞེས་གསུངས་པ་ལྟར། སྲོག་གཅོད་པ་སྤོང་བ་སོགས། རྩ་བ་བཞི་དང་། དེ་ཉིད་ལས། ཕུང་ཁྲོལ་ཀུན་གྱི་རྩ་བ་ཡི། །ཆང་ནི་རྣམ་པར་སྤང་བར་བྱ། །ཞེས་གསུངས་པ་ལྟར་སྨྱོས་པར་འགྱུར་བའི་ཆང་སྤང་བ་དང་བཅས་པ་རྣམས་སེམས་ཅན་གཞན་གྱི་དོན་དུ། འགྱུར་ན་མ་གཏོགས་སྤོང་བར་བྱེད་དགོས་པ་ནི་ཉེས་སྤྱོད་སྡོམ་པའི་ཚུལ་ཁྲིམས་ཡིན་ཏེ་རྡོ་རྗེ་རྩེ་མོ་ལས། སེམས་ཅན་དོན་ཕྱིར་མ་

གཏོགས་པ། །བྱ་བ་མ་ཡིན་ཐམས་ཅད་སྤང་། །ཞེས་གསུངས་སོ། །ཚུལ་ཁྲིམས་བསྲུང་བ་དང་ཐོས་པར་བྱེད་པ་སོགས་དགེ་བ་སྤྱོད་པའི་ཆོས་གྲོགས་སྐྱེས་བུ་སྟེ་ཆོམ་ལས། མི་ཡིས་རྒྱ་སྤོས་པ་ལ་ཤའི། །ལོང་མ་ཕུར་མ་བྱས་པ་གང་། །ལོ་མ་ཉིད་ཀྱང་དྲི་ཞིམ་པ། །དམ་པ་བསྟེན་པའང་དེ་བཞིན་ནོ། །དམ་པ་དང་ནི་བསྐྱེད་རྫོགས་ཀྱི་དོན་ཉམས་སུ་ལེན་པའི་རྣལ་འབྱོར་པར། བསྟེན་པའི་སྒོ་ནས་སྲོག་གཅོད་སྤང་བ་སོགས་དགེ་བ་བཅུ་སྤྱོད་པ་སྟེ་བཅུ་པོ་དེའི་ནང་དུ་སྦྱིན་སོགས་ཕ་རོལ་ཏུ་ཕྱིན་པའི་ཉམས་ལེན་ཐམས་ཅད་འདུས་པས་ན་དགེ་བའི་ཆོས་ཀུན་རང་རྒྱུད་ལ་སྡུད་ཅིང་སྤྱོད་པའི་ཚུལ་ཁྲིམས་ཡིན་ནོ། །ཡང་རྡོ་རྗེ་རྩེ་མོའི་བསྒྲགས་ཚིག་ལས། ཐེག་པ་དམན་ལ་འདོད་མི་བྱ། །སེམས་ཅན་དོན་ལ་རྒྱབ་ཕྱོགས་མིན། །འཁོར་བ་དག་ཀྱང་ཡོངས་མི་སྤང་། །རྟག་ཏུ་མྱ་ངན་འདས་མི་ཆགས། །ཞེས་གསུངས་པ་ལྟར། ཐེག་པ་དམན་པ་ཉན་རང་གི་བྱང་ཆུབ་ལ་འདོད་པ་མི་བྱ་བ་དང་སོགས་ཀྱིས་བསྡུས་པའི་སེམས་ཅན་གྱི་དོན་མི་གཡེལ་བ་དང་། གཞན་དོན་བྱེད་དགོས་པའི་ཕྱིར་འཁོར་བ་མི་སྤང་བ་དང་། མྱ་ངན་ལས་འདས་པ་ལ་མི་ཆགས་པ་སྟེ་སྒྲུབ་ཕྱོགས་བཞི་པོ་རྣམས་ལས་ཉན་རང་གི་བྱང་ཆུབ་དོན་དུ་གཉེར་བ་སོགས། ལྡོག་ཕྱོགས་བཞི་པོ་དང་བྲལ་བའི་སྒོ་ནས་སེམས་ཅན་གྱི་དོན་བྱེད་དགོས་པ་ནི་སེམས་ཅན་དོན་བྱེད་ཀྱི་ཚུལ་ཁྲིམས་ཉིད་དོ། །

རིགས་ལྔའི་དམ་ཚིག་སྤྱི་དང་སོ་སོ་དེ་དག་མདོར་བསྡུས་ཏེ་བསྒྲགས་པར་སྡོམ་པ་གོང་མ་རྣལ་འབྱོར་རྒྱུད་ཀྱི་སྡོམ་པ་ནི། འོག་མ་སོ་བྱང་གཉིས་དང་བྱ་སྤྱོད་གཉིས་ཀྱི་སྡོམ་པ་རྣམས་འདུ་བའི་ཕྱིར་སེམས་ཅན་གཞན་ལ་ལུས་ངག་གི་གནོད་པ་སྤོང་བ་དང་། གཞན་དག་མ་དད་པར་འགྱུར་བའི་སྤྱོད་པ་མིག་གིས་གཡས་གཡོན་དུ་ལྟ་བ་ཅ་ཅོའི་སྒྲ་བསྒྲགས་པ་རྒྱུག་མཆོང་སོགས་སྤོང་བ་དང་། འཁོར་ལོ་དང་རྡོ་རྗེ་སོགས་ལྷའི་ཕྱག་མཚན་ནམ་ཕྱག་རྒྱ་རྣམས་འགོམ་པ་སོགས་ཀྱིས་བརྙས་ཐབས་སྤང་བ་དང་། ཆོན་ཕུང་སོགས་ལྷའི་མཚན་མ་འགོམ་པ་དང་སྨོད་པ་སོགས་ཀྱི་བརྙས་ཐབས་ཀུན་སྤོང་ཞིང་། གསང་བ་སྤྱི་རྒྱུད་སོགས་ནས་གསུངས་པའི་བྱ་རྒྱུད་ཀྱི་དམ་ཚིག་བཅུ་གསུམ་དང་རྣམ་སྣང་མངོན་བྱང་ལས་གསུངས་པའི་སྤྱོད་རྒྱུད་ཀྱི་དམ་ཚིག་བཞི་པོ་རྣམས་ཀྱང་རྣལ་འབྱོར་རྒྱུད་ཀྱི་སྡོམ་པ་རྒྱུད་ལྡན་གྱི་གང་ཟག་གིས་སྲུང་དགོས་པ་བསྟན་ཏེ་རིགས་ལྔའི་དམ་ཚིག་དེ་ཉིད་བཟུང་བར་ནི་ཇི་ལྟར་དུས་གསུམ་མགོན་པོ་རྣམས་ཞེས་སོགས་ཤྭ་ལོ་ཀ་གཉིས་ཀྱིས་རིགས་ལྔ་སྤྱིའི་དམ་ཚིག་དང་། སངས་རྒྱས་ཆོས་དང་དགེ་འདུན་ཏེ་ཞེས་སོགས་ཤྭ་ལོ་ཀ་ལྔས་སོ་སོའི་དམ་ཚིག་དང་། བྱང་ཆུབ་སེམས་ནི་བླ་མེད་མཆོག ཅེས་སོགས་ཤྭ་ལོ་ཀ་གཅིག་གིས་སྤྱི་དང་སོ་སོ་དེ་དག་མདོར་བསྡུས་ཏེ་བཟུང་བས་ན་བཟུང་བའི་གོ་རིམ་དེ་ལྟར་ཡིན་ལ། བསྒྲགས་པའི་གནས་སྐབས་སུ་གོང་དུ་སྨོས་པ་ལྟར་དང་པོ་སོ་སོ། དེ་

ནས་སྐྱོ། དེ་ནས་མདོར་བསྡུས་ཏེ་བསྒྲགས་པའི་ཕྱིར། བསྒྲགས་བཟུང་དེ་གཉིས་གོ་རིམ་ཟུང་ཟད་མི་འདྲ་བ་
དང་བསྒྲགས་བཟུང་གཉིས་ལ་རིགས་ལྔའི་དམ་ཚིག་དེ་རྣམས་དངོས་སུ་བསྟན་པ་དང་ཤུགས་ཀྱིས་བསྟན་པའི་
ཚིག་རིས་ཟུང་ཟད་མི་འདྲ་བ་ཙམ་ལས་བསྒྲགས་བཟུང་དེ་གཉིས་དོན་གྱི་ངོ་བོར་ཁྱད་པར་ཅི་ཞིག་ཡོད་དེ་མེད་
དོ༑ ༑དེ་ལྟར་ཁས་བླངས་ཀྱིས་ཐོབ་པའི་དམ་ཚིག་སོང་ནས་གཉིས་པ། ཆོ་གའི་སྒོ་ནས་ཐོབ་པའི་དམ་ཚིག་ནི་
རྣལ་འབྱོར་གྱི་རྒྱུད་དཔལ་མཆོག་དང་པོ་ནས་བྱང་ཆུབ་སེམས་ནི་བཏང་མི་བྱ། །ཞེས་སོགས་གསུངས་པས་
སྨོན་པ་བྱང་ཆུབ་ཀྱི་མི་བཏང་བ་དང་། འཇུག་པ་བྱང་ཆུབ་ཀྱི་སེམས་མི་བཏང་བ་དང་། བདེན་གཉིས་བྱང་ཆུབ་
ཀྱི་སེམས་མི་བཏང་བ་སོགས། **རྩ་ལྟུང་བཅུར་བསྟན་**[༡]པ་དེ་རྣམས་ནི་རིམ་པ་ལྟར་འདི་ལྟར་**སྨོན་**པ་བྱང་ཆུབ་
ཀྱི་སེམས་བསྐྱེད་པ་བཏང་བ་དང་། ཚོམས་ལས། མི་ཡིས་རྒྱ་སྦྱོས་ས་**འཇུག**[༢]པ་བྱང་ཆུབ་ཀྱི་**སེམས་བསྐྱེད་**པ་
བཏང་བ་དང་། སྙིང་གར་ཟླ་བའི་དཀྱིལ་འཁོར་དང་། དེའི་སྟེང་དུ་རྡོ་རྗེ་རྩེ་ལྔ་པའི་རྣམ་པ་སྒོམ་པ་ནི་གོ་རིམ་
ཀུན་རྫོབ་བདེན་པའི་སེམས་བསྐྱེད་དང་། དོན་དམ་བདེན་པའི་སེམས་བསྐྱེད་དེ་**བདེན་པ་གཉིས་ཀྱི་སེམས་**
[༣]བསྐྱེད་བཏང་བ་དང་། **དམ་པའི་ཆོས་རྣམས་ལ་**འདི་དག་ནི་རྒྱལ་བའི་བཀའ་མ་ཡིན་སྟོན་པའི་བསྟན་པ་མ་
ཡིན་ཞེས་སེམས་ཀྱིས་**འཐིང་སྣང་**[༤]དེ་སྨོད་པར་བྱེད་པ་ཉིད་**ཀྱིས་སྤོང་**བ་དང་ཐེག་གསུམ་གྱིས་བསྡུས་པའི་
ཆོས་དེ་རྣམས་བཀའ་མ་ཡིན་ཞེས་སོགས་མི་ཟེར་ཡང་། འདི་དག་གིས་བདག་ལ་དགོས་པ་མེད་དོ་ཞེས་ངག་
ཙམ་གྱིས། སྤོང་ཞིང་[༥]སྡེ་སྣོད་གསུམ་གྱི་**གླེགས་བམ་**གཞན་ལ་**འཚོང་**བ་དང་གདན་དུ་གཏིང་བ་**སོགས་**ལུས་
ཀྱི་སྒོ་ནས་**འདོར་**བ་དང་ཐོས་བསམ་གྱི་ཤེས་རབ་ཀྱིས་མ་དཔྱད་པས་**རྨོངས་པའི་དབང་གིས་**གྲུབ་མཐའ་
བཞིའི་**ཆོས་རྣམས་ལ་**[༦]འདི་དག་ནི་དགོས་པ་མེད་དོ་ཞེས་**སྨོད་པ་སྟེ།** དེ་ལྟར་ཆོས་ལ་བརྟེན་པའི་རྩ་ལྟུང་
གསུམ་ལས་དམ་ཆོས་འཐིང་སྣང་གིས་སྤོང་བ་དང་། དམ་ཆོས་ངག་ཙམ་གྱིས་སྤོང་ཞིང་གླེགས་བམ་འཚོང་བ་
སོགས་ཀྱིས་འདོར་བ་སྟེ། **དང་པོ་གཉིས་ནི་རྗོད་བྱེད་ཀྱི་སྡེ་སྣོད་**སྤང་བ་དང་། **ཕྱི་མ་རྨོངས་པའི་དབང་གིས་**
ཆོས་ལ་སྨོད་པ་ནི་**བརྗོད་བྱའི་ཉམས་ལེན་སྤོང་བར་**ཡིན་པར་**འཇོག་**གོ་རྣལ་འབྱོར་རྒྱུད་ཀྱི་དཀྱིལ་འཁོར་དུ་
དབང་བསྐུར་བ་ཐོབ་ཕྱིན་ཆད་གང་ཟག་དེའི་**ལུས་**དང་ངག་དང་**ཡིད་**དེ་སྒོ་**གསུམ་**པོ་དེ་གསུམ་གྱི་**བྱེད་ལས་**
དང་**བཅས།** ས་བཞི་པོ་ལ་གོ་རིམ་ལྟར་ལུས་ནི། སྐུ་ཕྱག་རྒྱ་ཆེན་པོ་རང་ཉིད་ཡི་དམ་གྱི་ལྟར་གསལ་བ་དང་།
ངག་ནི་གསུང་ཆོས་ཀྱི་ཕྱག་རྒྱ་ཐུགས་ཀའི་ས་བོན་མཐར་སྔགས་ཕྲེང་བཀོད་པ་དང་། སེམས་ནི། ཐུགས་དམ་
ཚིག་གི་ཕྱག་རྒྱ་ཐུགས་ཀར་ཟླ་བའི་སྟེང་དུ་ས་བོན་སྒོམ་པ་དང་། བྱེད་ལས་ནི་ཕྲིན་ལས་ཀྱི་ཕྱག་རྒྱ་སྔགས་ཕྲེང་
ས་བོན་དང་བཅས་པ་ལས་འོད་ཟེར་སྤྲོ་བསྡུའི་སྒོ་ནས་སེམས་ཅན་གྱི་དོན་བྱེད་པ་སྟེ། **ཕྱག་རྒྱ་བཞི་**པོ་དང་

འབྲེལ་བ་སྟེ་དེ་ལྟར་ལྷ་ཡི་རྣལ་འབྱོར་གྱི་ཉམས་ལེན་བཞིན། བྱིན་གྱིས་བརླབས་པའི་བདག་ཉིད་དམ་རང་བཞིན་ཡོངས་སུ་རྫོགས་ནས༧) ཟས་བཅུད་པ་སོགས་དཀའ་ཐུབ་དྲག་པོས་ལུས་དང་སེམས་གདུང་བར་བྱེད་པ་དང་། མི་འབྲལ་བའི་དམ་ཚིག་གི་རྡོ་རྗེ་དང་དྲིལ་བུ་འདི་དག་ནི་མཆོག་གི་དངོས་གྲུབ་ཐོབ་པ་ལ་དགོས་པ་མེད་དོ་ཞེས་སྤྱོང་བ་དང་ར། སྐུ་ཕྱག་རྒྱ་ཆེན་པོ་དང་གསུང་ཆོས་ཀྱི་ཕྱག་རྒྱ་སོགས་ཕྱག་རྒྱ་བཞི་པོའི་ཉམས་ལེན་སྤྱོང་(༨ནས་རང་ཉིད་ཐམལ་དུ་གནས་པ་དང་། རྣལ་འབྱོར་རྒྱུད་ཀྱི་དབང་བསྐུར་བ་དང་། རྒྱུད་བཤད་པ་དང་། མན་ངག་སྦྱིན་པའི་རྡོ་རྗེ་སློབ་དཔོན་ལ་རིགས་དང་ཚུལ་ཁྲིམས་དང་ཐོས་པ་སོགས་ཀྱི་སྒོ་ནས་སྨད་པ་༧)༠སྟེ་གོང་དུ་བཤད་པའི་སྨོན་པ་བྱང་ཆུབ་ཀྱི་སེམས་བཏང་བ་ནས་རྡོ་རྗེ་སློབ་དཔོན་ལ་སྨད་པའི་བར་རྩ་ལྟུང་བཅུ་པོ་དེ་རྣམས་ཀྱི་སྟེང་དུ་རྣལ་འབྱོར་རྒྱུད་ཀྱི་དཀྱིལ་ཆོག་རྡོ་རྗེ་འབྱུང་བར་དབང་གིས་རྒྱུད་མ་སྨིན་པའི་གང་ཟག་ལ་རྣལ་འབྱོར་རྒྱུད་ཀྱི་གླེགས་བམ་བྲིས་སྐུ་བརྟན་པ་སོགས་གསང་བ་སྒྲོག་པ་ནི། རྩ་ལྟུང་ཉིད་དུ་བཤད་པ་དེ་ཉིད་བསྟན་པས་རྩ་ལྟུང་བཅུ་གཅིག་ཏུ་འདོག་གོ། །

རྣལ་འབྱོར་བླ་མེད་རྒྱུད་ཀྱི་དམ་ཚིག་ལ་ཁས་བླངས་ཀྱིས་ཐོབ་པ་དང་ཆོ་གས་ཐོབ་པ་གཉིས་ལས་དང་པོ་ལ་ཁས་བླངས་ཀྱིས། ཐོབ་པའི་དམ་ཚིག་ནི་ཡོ་ག་སྟེ་རྣལ་འབྱོར་རྒྱུད་དང་མཚུངས་ཏེ་དེ་འང་གོང་དུ་རིགས་ལྔ་སོ་སོའི་དམ་ཚིག་དང་། སྤྱིའི་དམ་ཚིག་དང་། སྤྱི་དང་སོ་སོ་དེ་དག་མདོར་བསྡུས་ཏེ་བསྒྲགས་པའི་ཚུལ་ཏེ་རྣམ་པ་གསུམ་གསུངས་པ་རྣམས་དང་བཟུང་ཚིག་གིས་བསྟན་པའི་རིགས་ལྔའི་དམ་ཚིག་རྣམས་གོ་རིམ་དང་དངོས་ཤུགས་ཀྱི་ཚིག་རིས་ཙམ་ལས་དོན་གྱི་ངོ་བོ་ལ་ཁྱད་པར་མེད་པར་བཤད་ཟིན་པ་ལྟར་ཡིན་ལ། འོན་ཀྱང་རིགས་ལྔ་སོ་སོའི་དམ་ཚིག་གི་སྐབས་སུ་རྣམ་སྣང་དང་མི་བསྐྱོད་པ་དང་། འོད་དཔག་མེད་རྣམས་ལ་ནང་དང་གསང་བའི་མཚན་གཞིའི་ཁྱད་པར་རེ་ཡོད་དེ། དེ་འང་རྣམ་སྣང་གི་སྐབས་སུ་ནང་གི་དཀོན་མཆོག་གསུམ་ནི། དཀྱིལ་འཁོར་གྱི་གཙོ་བོ་ནི་སངས་རྒྱས། དེའི་ཐུགས་རྒྱུད་ལ་རྩ་སྔགས་སྙིང་པོ་ཉེར་སྙིང་གི་རྣམ་པར་ཤར་བ་ནི་ཆོས། འཁོར་གྱི་ལྷ་རྣམས་ནི་དགེ་འདུན། གསང་བའི་དཀོན་མཆོག་གསུམ་ནི། གོང་དུ་བཤད་པའི་དོན་གྱི་དཀོན་མཆོག་གསུམ་དང་། ཕྱིའི་དཀོན་མཆོག་གསུམ་ནི་གོང་དུ་བསྟན་པའི་དཀོན་མཆོག་གསུམ་དང་ཁྱད་པར་མེད་དོ། །མི་བསྐྱོད་པའི་སྐབས་སུ་ནང་གི་རྡོ་རྗེ་ནི་ཡབ་ཀྱི་རྡོ་རྗེ་དང་། དྲིལ་བུ་ནི་ཡུམ་གྱི་པདྨོའོ། །གསང་བའི་རྡོར་དྲིལ་ནི་གོང་རྒྱུ་བསྟན་པའི་དོན་གྱི་རྡོར་དྲིལ་དང་། ཕྱིའི་རྡོར་དྲིལ་ནི་བརྫའི་རྡོར་དྲིལ་དང་ཁྱད་པར་མེད་དོ། །འོད་དཔག་མེད་ཀྱི་སྐབས་སུ། ཕྱི་བྱ་སྤྱོད་དང་། ནང་རྣལ་འབྱོར་གྱི་རྒྱུད། གསང་བ་བླ་མེད་ཀྱི་རྒྱུད་དེ་རྒྱུད་སྡེ་བཞིར་འཛིན་དགོས་པའི་སྟེང་དུ་ཐེག་པ་གསུམ་ནི་གོང་དུ་བསྟན་པ་བཞིན་ནོ། །

གཉིས་པ་ཆོ་གའི་སྒོ་ནས་ཐོབ་པ་ནི་སྔ་གོན་གྱི་གནས་སྐབས་སུ་གནས་གསུམ་འབྲུ་གསུམ་གྱིས་ཡས་མས་སུ་བྱིན་གྱིས་རླབས་པའི་དུས་སུ་ཐོབ་པའི་དམ་ཚིག་ནས། དབང་བཞི་པའི་གནས་སྐབས་ཀྱི་བར་གྱི་དམ་ཚིག་དང་སྡོམ་པ་རྣམས་ནི་ཚིག་ལས་སྐྱེས་པར་འགྱུར་རོ་ཞེས་མཚམས་སྦྱར་ནས། བཤད་པ་དངོས་ལ་དཔལ་གསང་བ་འདུས་པའི་རྩ་རྒྱུད་ལེའུ་བཅུ་བདུན་པར་བཟའ་བའམ་བཏུང་བ་ལྟ་ཞེས་སོགས་དང་དེ་ཉིད་ཀྱི་བཤད་རྒྱུད་རྡོ་རྗེ་ཕྲེང་བར། གླང་པོ་རྟ་ཁྱི་བ་ལང་མི། །ཞེས་སོགས་གསུངས་པ་ལྟར། མི་བསྐྱོད་པ་སོགས་རིགས་ལྔའི་དམ་ཚིག་ལ་གླང་པོ་དང་རྟ་ལ་སོགས་ཤ་ལྔ་པོ་སོ་སོར་བསྟེན་པའི་ཚུལ་གསུངས་པ་ནི། དོན་གྲུབ་ཀྱི་དམ་ཚིག་ལ་གླང་པོ་ཆེའི་ཤ་བརྟེན་པ་དང་། རིན་འབྱུང་ལ་ཁྱིའི་ཤ་དང་། རྣམ་སྣང་ལ་བ་ལང་གི་ཤ་དང་མི་བསྐྱོད་པ་ལ་མིའི་ཤ་ལོངས་སྤྱོད་དགོས་པ་དང་ནི་གསང་བ་འདུས་པའི་ལེའུ་དགུ་པ་ལས་སྦྲ་ཧི་བཞིན་མ་ཡིན་པ་དགོངས་ཏེ་གསུངས་པ་ཡི། དམ་ཚིག་གི་དོན་མདོར་བསྡུ་ན་རྡོ་རྗེ་ཐེག་པ་དང་སློབ་དཔོན་ལ་མ་དད་པའི་སེམས་ཅན་གྱི་སྲོག་ཏིང་ངེ་འཛིན་གྱིས་གཅོད་པ་དང་། སེར་སྣ་ཅན་གྱི་ནོར་ཏིང་ངེ་འཛིན་གྱིས་བླངས་ཏེ་ཡར་མཆོད་མར་སྦྱིན་བྱེད་པ་དང་། བུད་མེད་འདོད་ཆགས་ཀྱིས་གཟིར་བ་ལ་ལྷ་དང་ལྷ་མོར་བྱིན་གྱིས་བརླབས་ཏེ་འཁྲིག་པ་དང་། སེམས་ཅན་གྱི་སྡིག་པའི་ལས་བཟློག་པའི་དོན་དུ་རྫུན་དང་། ཚིག་རྩུབ་སྨྲ་བ་སྟེ་བཞི་བཤད་དོ་དཔལ་འཁོར་ལོ་བདེ་མཆོག་གི་རྒྱུད་དུ་ནི། རྩ་ལྟུང་བཅུ་བཞི་དང་ཡན་ལག་གི་ཉེས་པ་བརྒྱད་དེ་འོག་ནས་འབྱུང་བའི་ཚངས་སྤྱོད་ཉེར་གཉིས་ཀྱིས་མ་གོས་པར་བསྲུང་དགོས་པར་ནག་པོའི་དཀྱིལ་ཆོག་ཏུ། དེ་ཡི་ཚངས་སྤྱོད་གཉིས་མེད་པ། །ཉི་ཤུ་རྩ་གཉིས་ལེགས་པར་བསྲུང་ཞེས་དང་ཁྱད་པར་ཤེས་རབ་མར་བརྟེན་པའི། དམ་ཚིག་ནི་བདེ་མཆོག་གི་རྩ་རྒྱུད་ལེའུ་ལྔ་བཅུ་རྩ་གཅིག་པར་ལྷ་མོ་གཞན་དང་ཀུན་སྤྱོར་བ་ཞེས་སོགས་ཀྱི་དོན། མཚན་ལྡན་གྱི་ཕྱག་རྒྱ་བོར་ནས་བུད་མེད་གཞན་བསྟེན་པ་དང་། འདོད་པ་ལ་ཆགས་པས་ཀུན་ནས་བླངས་ཏེ་བསྒྲོད་པ་དང་། ཆོས་ཐམས་ཅད་སྟོང་ཉིད་རྟོགས་པའི་སྒོ་ནས་ཕྱག་རྒྱ་མ་བསྟེན་པ་དང་། ཕྱག་རྒྱ་ལ་བཟང་ངན་གཉིས་སུ་མེད་པར་མ་ཤེས་པ་དང་། ལྷན་སྐྱེས་ཀྱི་བརྗོད་བྲལ་རྟོགས་པའི་བསམ་པས་མ་བསྟེན་པ་དང་། ངོ་ཚ་ཁྲེལ་ཡོད་དང་མི་ལྡན་པའི་ཕྱག་རྒྱ་མ་བསྟེན་པ་དང་། ཐིག་ལེ་ནོར་བུའི་རྩེ་ལས་འདས་པར་བྱེད་པ་དང་། བུད་མེད་ཀྱི་དོན་དུ་ཁོང་ཁྲོ་བ་སྐྱེ་དེ་རྣམས་སྤངས་པའི་དམ་ཚིག་བརྒྱད་དང་འགྲོ་བའི་ཚེ་རྐང་པ་གཡོན་སྔོན་དུ་སྤྲོར་བ་དང་། བྱ་བའི་ཚེ་ལག་པ་གཡོན་དུ་བསྐྱེད་པ་དང་། ཟས་གཡོན་པས་ཟ་བ་སོགས་འབྱུང་ཞིང་དཔལ་དུས་ཀྱི་འཁོར་ལོའི་རྒྱུད་ནས། བརྟུལ་ཞུགས་ཉེར་ལྔ་བཤད་དེ་དེའང་། རྩ་བཞི་ཆང་ལྔ་སྤང་བ་ནི། སྡིག་པ་ལྔ་སྤང་བའོ། །ཤོ་དང་མིག་མང་རྩེ་བ་དང་། ཤ་སོགས་ཁ་ཟས་མ་དག་པར་བཟའ་བ་དང་། ངག་འཆལ་དང་ཕྱུགས་ཀྱི་མཆོད་སྦྱིན

བྱེད་པ་དང་། ཀླུ་ཀློའི་ཆོས་ལུགས་ཏེ་དེ་རྣམས་མི་བྱ་བ་སྤྱངས་བ་ནི་ཉེ་བའི་སྡིག་པ་ལྔ་སྤྱངས་བའོ། །བ་ལང་བསད་པ་དང་། བྱིས་པ་བསད་པ་དང་། བུད་མེད་བསད་པ་དང་། སྐྱེས་པ་བསད་པ་དང་། རྟེན་གསུམ་བཤིག་པ་སྟེ་དེ་རྣམས་མི་བྱ་བ་སྤྱངས་པ་ནི་བསད་པ་ལྔ་སྤྱང་བའོ། །གྲོགས་པོ་དང་རྗེ་བོ་དང་། སངས་རྒྱས་དང་། དགེ་འདུན་དང་། བླ་མ་སྟེ་དེ་རྣམས་ལ་ཁོང་ཁྲོ་མི་བྱ་བ་སྤྱང་བ་ནི་འཁྲུ་བ་ལྔ་སྤྱང་བའོ། །གཟུགས་སྒྲ་སོགས་ཡུལ་ལྔ་ལ་མིག་སོགས་དབང་པོ་ལྔ་ཆགས་པར་མི་བྱ་བ་སྤྱང་བ་ནི་ཆགས་པ་ལྔ་སྤྱང་བ་སྟེ་ལྔ་ལྔ་ཉི་ཤུ་རྩ་ལྔ་པོ་རྣམས་ནི་དཔལ་དུས་ཀྱི་འཁོར་ལས། མཁའ་འགྲོ་མ་བསྒྲོད་པ་རྣམས་ཀྱི་བརྟུལ་ཞུགས་སྤྱིན་བྱ་དེ་དག་ནི། །འཆི་དང་མི་བདེན་གཞན་གྱི་བུད་མེད་སྤང་བྱ་གཞན་གྱི་ནོར་དང་ཆང་གི་བཏུང་བ་དེ་བཞིན་ཉིད། །འཁོར་བར་རྡོ་རྗེའི་ཞགས་པ་དག་སྟེ་རང་གི་དགེ་བ་འཇོམས་བྱེད་སྡིག་པ་ལྔ་པོ་འདི་རྣམས་སོ། །ཆོ་ལོ་ཁ་ན་མ་ཐོ་བཅས་པའི་ཟས་དང་ཚིག་ངན་ཟློག་དང་འབྱུང་པོ་ལྷ་མིན་དབང་པོའི་ཆོས། །བ་ལང་བྱིས་པ་བུད་མེད་སྐྱེས་པ་རྣམས་དང་ལྷ་མིའི་བླ་མ་གསོད་དང་ལྔ་ནི་མི་བྱའོ། །གྲོགས་པོ་རྗེ་བོ་རྣམས་དང་ལྷ་དང་མི་ཡི་བླ་མ་དགེ་འདུན་ཡིད་བརྟན་རྣམས་ལ་འཁྲུ་བ་ཡང་། །དབང་པོ་རྣམས་ནི་ཀུན་ནས་ཆགས་པ་དག་སྟེ་དེ་ལྟར་སྲིད་པའི་བདག་པོའི་བརྟུལ་ཞུགས་ཉི་ཤུ་ལྔ་ཞེས་པ་རྣམས་**དང་ལམ་འབྲས་སུ།** ཐུམ་དབང་སོགས་**དབང་བཞིའི་དམ་ཚིག་**ལ་**ཉི་ཤུ་གསུངས**པ་དེའང་བུམ་དབང་ལ་མཉམ་གཞག་གི་དམ་ཚིག་དང་། རྗེས་སྤྱོད་ཀྱི་དང་། བཟའ་བའི་དང་། སྲུང་བའི་དང་། མི་འབྲལ་བའི་དམ་ཚིག་གི་སྟེ་ལྔ་དང་། དེ་བཞིན་གསང་ཤེར་གཞི་པ་རྣམས་ལའང་ལྔ་ལྔ་ཡོད་པས་ལྔ་བཞི་ཉི་ཤུ་ལ་**སོགས**པ་གསང་འདུས་བདེ་མཆོག་དུས་འཁོར་སོགས་**རྒྱུད**་དང་གསུང་ངག་རིན་པོ་ཆེ་ལམ་འབྲས་སོགས་**མན་ངག་གི་སློས་ཀྱི་ཆོས**་ཐ་དད་པ་**མང་ཡང**། དོན་གྱི་ངོ་བོ་ནི་འོག་ནས་འཆད་འགྱུར་གྱི་རྩ་ལྟུང་བཅུ་བཞི་དང་ཡན་ལག་གི་ཉེས་པ་བརྒྱད་དེ། **སྤང་བྱ་རྣམས་སྤོང**་བ་དང་ལས་དང་པོ་པས་བསྒྲུབ་པར་བྱ་བའི་ཆོས་བཅུ་བདུན་དང་བརྟན་པ་ཐོབ་པས་བསྒྲུབ་པར་བྱ་བའི་ཆོས་དྲུག་སྟེ་**བསྟེན་བྱ**་རྣམས་**བསྟེན་པར**་གཉིས་ཀྱི་ནང་དུ་འདུའོ། །མི་མཐུན་པའི་ཕྱོགས་སློབ་དཔོན་སྨད་པ་སོགས་**སྤང་བྱ་རྩ་བའི་ལྟུང་བ་བཅུ་བཞི**་དང་། དམ་ཚིག་དང་མི་ལྡན་པའི་རིག་མ་བསྟེན་པར་དགའ་བ་སོགས་**ཡན་ལག**་གི་ལྟུང་བ་**བརྒྱད**་དེ་རྣམ་གྲངས་**ཉི་ཤུ་རྩ་གཉིས**་པོ་རྣམས་ནི་དབང་བཞི་ལས། **བུམ་དབང་གི་དམ་ཚིག**་ཏུ་འཇོག་པ་ནི་བདེ་ཀྱེ་གསང་གསུམ་སོགས་**བླ་མེད**་ཀྱི་**རྒྱུད**་དང་དེ་རྣམས་ཀྱི་དགོངས་འགྲེལ་གྱི་བསྟན་བཅོས་**ཐམས་ཅད་མཐུན**་ནོ། །

རྩ་ལྟུང་དང་ཡན་ལག་གི་ལྟུང་བ་དེ་རྣམས་གཏན་ལ་འབེབ་པའི་**གཞུང་དངོས**་དཔལ་གསང་བ་**འདུས་པའི་རྒྱུད་ཆེན་འབུམ་པ**་ཡེ་ཤེས་གྲུབ་པ་**ལས**། བིཀྐ་པས་ཟུང་དུ་ཕྱུང་སྟེ་མཆོད་བརྗོད་དང་དམ་བཅའ་སོགས

བསྟན་བཅོས་ཀྱི་ལུགས་སུ་མཛད་པར་བཞེད་ཅིང་དེ་ར་མ་ཟད་རྩ་ལྟུང་དང་ཡན་ལག་གི་ཉེས་པ་རྣམས་ནི་ཚིག་རིས་མི་འདྲ་བ་ཙམ་ལས་དོན་ལ་ཁྱད་པར་མེད་པར་དམ་པ་དང་པོ་སྟེ་དུས་ཀྱི་འཁོར་ལོའི་རྒྱུད་དང་། དམ་པ་དང་པོ་སྟེ་དུས་ཀྱི་འཁོར་ལོ་ལས་རྩ་ལྟུང་བཅུ་བཞི་ཇི་ལྟར་བསྟེན་ཞེ་ན། དཔལ་དུས་ཀྱི་འཁོར་ལོའི་རྒྱུད་ལས། དཔལ་ལྡན་བླ་མའི་ཐུགས་དཀྲུགས་པ་ལས་བུ་རྣམས་རྩ་བའི་ལྟུང་བ་རི་བོང་འཛིན་པར་༡འགྱུར། །དེ་ཡི་བཀའ་ལ་འགོངས་པས་གཞན་དུ་འགྱུར་༢ཧེ་ངེས་པར་དེ་བཞིན་སྤུན་ལ་ཁྲོས་པས་༣གསུམ་པའོ། །བྱམས་པ་བཏང་བས་བཞི་པར་༤འགྱུར་ཏེ་བྱང་ཆུབ་སེམས་ནི་རབ་ཏུ་ཉམས་པ་ལས་ཀྱང་མདའ་༥ཟུ་འགྱུར། །དྲུག་པ་༦གྲུབ་པའི་མཐའ་ལ་སློད་པ་རི་བོ་༧དག་ཀྱང་མ་སླིན་མི་ལ་གསང་བ་བྱིན་ལས་སོ། །ཕུང་པོ་ཉོན་མོངས་པ་ལས་གླུ་རུ་༨འགྱུར་ཏེ་སླར་ཡང་དགུ་༩པ་དག་པའི་ཆོས་ལ་མ་དད་གང་། །སྨྲ་ཡི་བྱམས་པ་དང་ནི་མིང་སོགས་བྲལ་ན་བདེ་བ་སྟེར་ལ་རྟོག་པ་༡༠ཕྱོགས་དང་དྲག་པོའོ༡༡། །དག་པའི་སེམས་ཅན་དག་ལ་སྐྱོན་བརྗོད་པ་ལས་ཉི་མ་༡༢དམ་ཚིག་གཏོང་བ་ལས་ཀྱང་གཞན༡༣། །བུད་མེད་ཐམས་ཅད་ལ་སློད་ངེས་པར་མ་ནུར་༡༤འགྱུར་ཏེ་རྡོ་རྗེ་ཐེག་པ་རྣམས་ལའོ། །ཞེས་སོ། །**གཤིན་རྗེའི་དགྲ་ནག་གི་རྒྱུད་དང་མཁའ་འགྲོ་མ་རྡོ་རྗེ་གུར་གྱི་རྒྱུད་རྣམས་ལས་གསལ་བར་བསྟན**་ཏོ་རྩ་ལྟུང་བཅུ་བཞི་པོ་དེ་རྣམས་ལས། **གང་རུང་གཅིག**་རྟེན་གྱི་ཡན་ལག་དང་། ཡུལ་གྱི་དང་། ངོ་བོའི་དང་། རྒྱུའི་དང་། དུས་སྐབས་ཀྱི་ཡན་ལག་སྟེ་ཡན་ལག་ལྔ་ཚང་བའི་སྒོ་ནས་སྤྱད་ན་བླ་མེད་ཀྱི་**སྔགས་སྡོམ**་ནི་རྩ་ལྟུང་གི་གཞུང་ལས། སྔགས་པ་དེ་ཡི་དམ་ཚིག་ཟད། །ཟད་པས་འགྲུབ་པར་མི་འགྱུར་ཞིང་། །ཞེས་གསུངས་པ་ལྟར་**རྩ་བ་ནས། ཟད་ཅིང་**མཆོག་དང་ཐུན་མོང་གི་**དངོས་གྲུབ**་ཚེ་འདིར་འགྲུབ་པའི་**སྐལ་བ་མེད་པས་ན། རྩ་བའི་ལྟུང་བ་ཞེས་བརྗོད**་དེ་དཔེར་ན་**ལྗོན་ཤིང་གི**། །རྩ་བ་དེ་རུལ་བ་སོགས་ཀྱིས**ཉམས་ན**་སླར་སྐྱེ་བའི་སྐབས་མེད་པ་**དང་མཚུངས་སོ**་རྩ་ལྟུང་བཅུ་བཞི་པོ་**རེ་རེ་ནས**། ལྟུང་བའི་ངོ་བོ་དང་ཡན་ལག་དུ་ཞིག་གིས་ལྟུང་བར་འགྱུར་བ་དང་། ལྟུང་བ་འགྱུར་བའི་རྒྱུ་མཚན་དང་། མི་འབྱུང་བ་བྱ་བའི་ཆེད་དུ་བསླབ་པ་དང་། བྱུང་བ་ཕྱིར་བཅོས་པའི་ཐབས་དང་། རྣམ་སྨིན་རྟོགས་པར་བྱ་བའི་ཆེད་དུ་ཆེ་འབྲིང་ཆུང་གསུམ་གྱི་རྣམ་གཞག་སྟེ། **དོན་ཚན་དྲུག་གིས་རྣམ་པར་འཇོག**་པར་བྱེད་དོ་དོན་ཚན་དྲུག་པོ་དེ་དག་ཀྱང་ཕྲ་ཞིང་ཞིབ་པའི་ཚུལ་དུ་མ་ཡིན་པ་**རགས་པ**་ཙམ་ཞིག་བཤད་པ་**ནི**། དྲུག་གི་དང་པོ་**ལྟུང་བའི་ངོ་བོ**་ཉིད་ནི་**ལུས་དང་ངག་དང་ཡིད**་དེ་**སྒོ་གསུམ་ཀས**། **བསྐྱེད**་མོད་ཀྱི་འོན་ཀྱང་**སྒོ་གསུམ**་ལས་**ཡིད་གཙོ**་བོ་ནི་**སློབ་དཔོན་སྨོད**་པ་དང་བདེ་གཤེགས་བཀའ་ལས་འདས་པ་དང་། **རྡོ་རྗེ**་སྤུན་ལ་ཁྲོས་པ་**སོགས**་བཅུ་བཞི་པོ་རྣམས་**སོ**། །

གཉིས་པ་ཡན་ལག་དུ་ཞིག་གིས་ལྟུང་བ་འགྱུར་བ་ནི་རྩ་ལྟུང་བཅུ་བཞི་པོ། དེ་དག་ཀྱང་རྟེན་གྱི་ཡན་

ལག་སོགས་གོང་དུ་བཤད་པའི། ཡན་ལག་ལྔ་ཚང་བ་ལས་རྩ་བའི་ལྟུང་བ་འགྱུར་བས་ན་གང་ལ་ལྟུང་བ་འབྱུང་བའི་རྟེན་གྱི་ཡན་ལག་ནི་བླ་མེད་ཀྱི་དབང་བསྐུར་ཡང་དག་པར་ཐོབ་ནས་རྩ་ལྟུང་གིས་མ་གོས་པར་སྔགས་སྡོམ་རྒྱུད་ལ་ལྡན་པ་དང་སྨྲ་བ་སོགས་མ་ཡིན་པ་ཤེས་པ་རང་བཞིན་དུ་གནས་པ་ཞིག་དགོས་སོ། །ཡུལ་ནི་དབང་རྒྱུད་མན་ངག་སྟེར་བའི་བླ་མ་དང་སྔགས་ཀྱི་ཐེག་པ་སྤྱི་ལ་ཞུགས་པའི་རྡོ་རྗེའི་སྤུན་སོགས་རྩ་བའི་ལྟུང་བ་བཅུ་བཞི་པོ་རྣམས་གང་ལ་བརྟེན་ནས་འབྱུང་བའི་ཡུལ་རྣམས་སོ། །ངོ་བོ་ཉིད་ཀྱི་ཡན་ལག་ནི་གཙོ་བོ་ཡིད་ཉིད་ཡིན་ལ༑ ལྟུང་བ་ཡོངས་སུ་རྫོགས་ཏེ་མཐར་ཕྱིན་པར་བྱེད་པ་ནི་ལུས་དང་ངག་དག་ལྟུང་བ་དེ་རྣམས་ལ་གང་འཇུག་གིས་གྲོགས་བྱས་པའོ། །ལྟུང་བ་དེ་རྣམས་འབྱུང་བའི་རྒྱུའི་ཡན་ལག་ནི་བྱ་བ་དང་བྱ་བ་མ་ཡིན་པ་མི་ཤེས་པ་དང་། ཤེས་ཀྱང་དྲན་ཤེས་དང་མི་ལྡན་པས་བག་མེད་པ་དང་། དྲན་ཤེས་དང་ལྡན་ཏེ་བསྲུང་བར་འདོད་ཀྱང་། འདོད་ཆགས་དང་། ཞེ་སྡང་སོགས་ཀྱིས་དབང་མེད་དུ་གྱུར་ནས། ཉོན་མོངས་པ་མང་བ་དང་རྒྱུ་གསུམ་པོ་དེ་དག་གིས་བསླབ་པར་བྱ་བའི་དམ་ཚིག་ནི་སློབ་དཔོན་ལ་མི་སྨོད་པ་དང་། བདེ་གཤེགས་བཀའ་ལས་མི་འདའ་བ་སོགས་ཡིན་ལ་བསླབ་བྱ་དེ་རྣམས་ལ་མ་གུས་པ་རྣམས་ཏེ། འཕགས་པ་ཐོགས་མེད་ཀྱི་གདན་ལ་དབབ་པ་བསྡུ་བར། དེ་ཡི་རྒྱུ་ཡང་རྣམ་བཞི་སྟེ། མི་ཤེས་པ་དང་བག་མེད་དང་། །ཉོན་མོངས་མང་དང་མ་གུས་པའོ། །ཞེས་གསུངས་སོ། །དུས་སྐབས་ཀྱི་ཡན་ལག་ནི་སློབ་དཔོན་སྨད་པ་དང་བདེ་གཤེགས་བཀའ་ལས་འདས་པ་སོགས་བྱ་བ་དེ་དང་དེ་བྱས་ཟིན་པ་ཞིག་དགོས་པ་དང་། བླ་མ་དང་རྡོ་རྗེའི་སྤུན་སོགས་ཡུལ་གྱིས་ཚིག་གི་དོན་གོ་བ་དང་ཐུགས་སུན་པར་གྱུར་པ་སོགས་རིགས་པས་དཔྱད་དགོས་ཏེ། དེའང་དཔེར་ན་རྩ་ལྟུང་དགུ་པ་རང་བཞིན་དག་པའི་ཆོས་རྣམས་ལ། །སོམ་ཉི་ཟ་བ་ནི་དོན་གོ་བ་དང་ཐུགས་སུན་པ་སོགས་མེད་ཀྱང་སོམ་ཉི་སྐྱེས་ཟིན་པ་དང་ཡུལ་གྱི་ཡན་ལག་རྫོགས་པ་ཡིན་ནོ། །དེས་དོན་གོ་བ་དང་ཐུགས་སུན་པར་འགྱུར་བ་མེད་པའི་རྩ་ལྟུང་གཞན་རྣམས་ལའང་རིགས་འགྲེའོ། །

གསུམ་པ་ནི་བཅུ་བཞི་པོ་དེ་དག་ལྟུང་བར་འགྱུར་བའི་རྒྱུ་མཚན་ནི་བླ་མས་དབང་གི་དུས་སུ་རྡོ་རྗེ་གུར་ལས་གསུངས་པའི་སློབ་དཔོན་སྨད་པར་མི་བྱ་ཞིང་། །བདེ་གཤེགས་བཀའ་ལས་འདའ་མི་བྱ། །སྤུན་ལ་སྨད་པ་ཉིད་མི་བྱ། །སེམས་ཅན་རྣམས་ལ་གདུག་བྱམས་དང་། །བྱང་ཆུབ་སེམས་ནི་སྤང་མི་བྱ། །བདག་གཞན་ཆོས་ལ་སྨད་མི་བྱ། །སྐལ་མེད་དེ་ཉིད་གཏམ་མི་བྱ། །བདག་གི་ལུས་ལ་ངེས་མི་སྨད། །ཆོས་ལ་ཡིད་གཉིས་སྤང་བྱ་ཞིང་། །གདུག་ལ་བྱམས་པ་ཉིད་མི་བྱ། །ཞེས་སོགས་ཀྱིས་དམ་ལ་བཞག་ཅིང་རང་གིས་ཀྱང་ཚུལ་བཞིན་དུ་སྲུང་བར་ཁས་བླངས་པའི་ཕྱིར་རོ། །བཞི་པ་ནི་རྡོ་རྗེ་སློབ་དཔོན་སྨོད་པ་སོགས་ལྟུང་བ་བཅུ་བཞི་པོ་དེ་རྣམས

རང་རྒྱུད་ལ་**མི་འབྱུང་**བའི་**ཆེད་དུ་**དབང་རྒྱུད་མན་ངག་སྟེར་བའི་**བླ་མ་**ལ་ཀྱེ་རྡོར་ལྟ་བུ་ལྷག་པའི་**ལྷ་**ཡིན་སྙམ་པའི་འདུ་ཤེས་**དང་ནི**། འདོད་ཆགས་དང་ཞེ་སྡང་སོགས་ཉོན་མོངས་པའི་ནད་གསོ་བ་ལ་འཚོ་བྱེད་གཞོན་ནུ་ལྟ་བུ། **སྨན་པར་**མཁས་པའི་**འདུ་ཤེས་**བསྐྱེད་པ་རྩ་ལྟུང་དང་པོའི་དབང་དུ་བྱས་པ་དང་། བདེ་བར་གཤེགས་པ་རྫོགས་པའི་སངས་རྒྱས་ཀྱི་**བཀའ་ལ་**དུས་གསུམ་གྱི་རྒྱལ་བ་ཐམས་ཅད་གཤེགས་པའི་**ལམ་པོ་ཆེའི་**འདུ་ཤེས་བསྐྱེད་པ་རྩ་ལྟུང་གཉིས་པའི་དབང་དུ་བྱས་པ་དང་། སྔགས་ཀྱི་ཐེག་པ་ལ་ཞུགས་པའི་རྡོ་རྗེའི་**སྤུན་ལ་**དོན་དམ་པར་སངས་རྒྱས་དང་དབྱེར་མེད་ཅིང་ཀུན་རྫོབ་ཏུ་ཕུང་པོ་ལྔ་རྒྱལ་བ་རིགས་ལྔ་སོགས་ལྷ་སྐུའི་རང་བཞིན་ཡིན་ནམ་སྙམ་པའི་**དག་སྣང་སྦྱང་**བ་རྩ་ལྟུང་གསུམ་པའི་དབང་དུ་བྱས་པ་དང་། སྤྱོད་འཇུག་ལས། སེམས་ཅན་ངོ་བོ་མཐོང་བ་འདི་དག་ཉིད། །མགོན་དེའི་བདག་ཉིད་ཅི་ཕྱིར་གུས་མི་བྱེད། །ཅེས་གསུངས་པ་ལྟར། བྱམས་པས་ལྷ་དང་མི་ལ་སོགས་པའི་འགྲོ་བ་འདི་རྣམས་མགོན་པོ་སངས་རྒྱས་ཀྱི་བདག་ཉིད་ཡིན་ནོ་སྙམ་པའི་འདུ་ཤེས་སྐྱེད་པ་རྩ་ལྟུང་བཞི་པའི་དབང་དུ་བྱས་པ་**སོགས་**ཕྱི་མ་གཞན་བཅུ་པོ་རྣམས་**ལའང་**འགྲེ་སྟེ། མི་འབྱུང་བའི་ཐབས་ལ་**འབད་**དོ། །གལ་ཏེ་མི་ཤེས་པ་དང་མ་གུས་པ་སོགས་ཀྱིས་རྩ་ལྟུང་བཅུ་བཞི་པོ་གང་རུང་ཞིག་**བྱུང་བ་**དེ་ཉིད་**ཕྱིར་འཆོས་**པའི་ཚུལ་སོ་བྱང་གཉིས་ཀྱི་ས་བཅད་དང་མཐུན་པར་འོག་རྩ་བའི་ས་བཅད་བཞི་པ་**ནས་འཆད་**པར་**འགྱུར་**ཞིང་། །

དྲུག་པ་ནི་རྩ་ལྟུང་བཅུ་བཞི་པོ་འདི་རྣམས་**ཆེ་འབྲིང་ཆུང་**གསུམ་སོ་སོར་**འཇོག་བྱེད་**ནི་**ཡུལ་**དང་གཅིག་**བསམ་པ་**དང་གཉིས་**ངོ་བོ་ཉིད་**དང་གསུམ། **ནུས་ཚབ་**དང་བཞི་**ལན་གྲངས་**ཏེ་**རྣམ་པ་ལྔ་ཡི་སྒོ་**ནས་**འཇོག་**དགོས་ཏེ། དེའང་**ཡུལ་**གྱི་**སྒོ་**ནས་བཞག་པ་ལ་རྩ་ལྟུང་དང་པོའི་དབང་དུ་བྱས་ནས་རྡོ་རྗེ་སློབ་དཔོན་ལྟ་བུ་ཡུལ་དེ་ཡོན་ཏན་ཆེ་ཞིང་**མཆོག་**ཡིན་ན་དེ་ལ་སྨོད་པ་སོགས་བྱས་ནས་རྩ་ལྟུང་ཡང་ཆེན་པོ་དང་། དེ་བཞིན་དུ་སློབ་དཔོན་དེ་ཡོན་ཏན་**འབྲིང་**ཡིན་ན་རྩ་ལྟུང་ཡང་འབྲིང་པོ་དང་སློབ་དཔོན་དེ་ཉིད་ཡོད་ཏན་**དམན་**པ་ཞིག་ཡིན་ན་རྩ་ལྟུང་ཡང་ཆུང་ངུ་སྟེ། དེས་རྩ་ལྟུང་ལྔ་པ་དང་དགུ་པ་དང་བཅུ་གཅིག་པ་དང་། བཅུ་གསུམ་པ་རྣམས་ནི་ཡུལ་གྱི་སྒོ་ནས་བཞག་ཏུ་མེད་ལ། དེ་རྣམས་མ་གཏོགས་གཞན་ལ་རིགས་འགྲེ་དགོས་པ་**དང་བསམ་**པའི་སྒོ་ནས་བཞག་པ་**ལ**། འདོད་ཆགས་དང་ཞེ་སྡང་སོགས་**ཉོན་མོངས**་པ་**མང་**པས་ཀུན་ནས་སློང་བ་ལ་རྩ་ལྟུང་ཆེན་པོ་དང་བསླབ་པ་ལ་**མ་གུས**་པ་དང་དྲན་ཤེས་ཀྱིས་མ་ཟིན་པ་**བག་མེད**་པས་བསྐྱེད་པ་ལ་རྩ་ལྟུང་འབྲིང་དང་**རྨོངས**་པ་སྟེ་མི་ཤེས་པས་བྱས་པ་ལ་རྩ་ལྟུང་ཆུང་ངུར་འཇོག་གོ། །**ངོ་བོ་ཉིད**་ཀྱི་སྒོ་ནས་བཞག་པ་ནི་**ལུས་ངག་ཡིད་གསུམ**་ཀ་**ཚང་**བ་**ན**་རྩ་ལྟུང་ཆེན་པོ་དང་། གཙོ་བོ་ཡིད་ལ་ལུས་ངག་གཉིས་གང་རུང་གིས་གྲོགས་བྱས་པའི་**གཉིས་**དང་

ལྡན་པ་ལ་རྒྱ་ལྟུང་འབྲིང་དང་ཚིག་རྐྱང་སྟེ་ཡིད་ཁོ་ནས་བསྐྱེད་པ་ལ་རྒྱ་ལྟུང་ཆུང་ངུའོ་ཞེས་པའི་ནུས་པ་ཚབ་ཆེ་ཆུང་གི་སྒོ་ནས་འཇོག་པ་ལ། ཕ་རོལ་གྱི་ཡུལ་རྡོ་རྗེ་སློབ་དཔོན་སོགས་ལ་གནོད་ཚབ་ཆེ་ན་རྒྱ་ལྟུང་ཆེན་པོ་དང་འབྲིང་ལ་རྒྱ་ལྟུང་འབྲིང་དང་གནོད་ཚབ་ཆུང་ན་རྒྱ་ལྟུང་ཡང་ཆུང་དུ་འགྱུར་ངོ་། །ནུས་ཚབ་ཆེ་ཆུང་འདི་རྒྱ་ལྟུང་དགུ་པ་དང་བཅུ་གཅིག་པ་སོགས་ལ་བཞག་ཏུ་མེད་དོ། །ལན་གྲངས་ཀྱི་སྒོ་ནས་བཞག་པ་ལ་རྒྱ་ལྟུང་བཅུ་བཞི་པོ་གང་རུང་ཞིག་བཞི་ཡན་ཆད་ཡང་ཡང་བྱས་པ་ནི་རྒྱ་ལྟུང་ཆེན་པོ་དང་ལན་གཉིས་སམ་གསུམ་སྤྱད་པ་ནི་རྒྱ་ལྟུང་འབྲིང་དང་། ལན་གཅིག་སྤྱད་པ་ནི་རྒྱ་ཆུང་ངུའོ། །ཆེ་འབྲིང་ཆུང་ངུ་དེ་དག་ཀུན་ཀྱང་རིམ་པ་བཞིན་དུ། འབྲས་བུ་རྣམ་སྨིན་ལ་ལྟོས་ནས་རྒྱ་ལྟུང་ཆེན་པོ་དང་འབྲིང་དང་ཆུང་ངུར་འཇོག་པ་ཡིན་གྱི་ལྟུང་བའི་ངོས་ནས་ཆེ་འབྲིང་ཆུང་གསུམ་གྱི་རྣམ་གཞག་ཡོད་པ་མ་ཡིན་ཏེ། ཆུང་ངུ་རྣམས་སྤྱད་ཀྱང་རྒྱ་བའི་ལྟུང་བ་ཡིན་པའི་ཕྱིར་རོ། །རྒྱ་ལྟུང་བཅུ་བཞི་པོ་རྣམས་ཀྱི་རྣམ་གཞག་རྒྱས་ཤིང་ཞིབ་པར་རྗེ་བཙུན་རིན་པོ་ཆེས་མཛད་པའི་རྒྱ་ལྟུང་འཁྲུལ་སྤོང་ཉིད་ལས་རྟོགས་པར་བྱ་དགོས་པ་ཡིན་མོད། འོན་ཀྱང་སྔགས་སྡོམ་འཆད་པའི་སྐབས་འདིར་ནི་བསྲུང་བྱའི་དམ་ཚིག་ངོ་ཤེས་པར་བྱ་བའི་ཆེད་དུ་རྒྱ་ལྟུང་བཅུ་བཞི་པོ་སོ་སོའི་ངོ་བོ་ཙམ་ཞིག་བརྗོད་ན། སྔ་འགྱུར་བདེ་འདུས་ཞི་རྒྱུད་ལས། རྒྱུད་དཀྱིལ་དབང་བསྐུར་དེ་ཉིད་བསྟན། །ཅེས་གསུངས་པ་ལྟར། འབྲས་བུ་རྡོ་རྗེ་ཐེག་པའི་དབང་བསྐུར་བ་དང་གསང་སྔགས་ཀྱི་རྒྱུད་བཤད་པ་དང་མན་ངག་སྟེར་བའི་བཀའ་དྲིན་གསུམ་ལྡན་ནམ། དེས་མཚོན་ནས་དབང་བསྐུར་བ་དང་། རྒྱུད་བཤད་པ་ལྟ་བུ་བཀའ་དྲིན་གཉིས་ལྡན་ནམ། དབང་བསྐུར་ཐོབ་པ་ལྟ་བུ་བཀའ་དྲིན་གཅིག་ལྡན་ཏེ་ཡུལ་སྔ་མ་གང་ལས་བུམ་དབང་སོགས་དབང་ཐོབ་པ་ནི་རྒྱུད་བཤད་པ་དང་མན་ངག་སྦྱིན་པའི་སྔ་མ་གཉིས་ལས་ཉེས་པ་ཅུང་ཟད་ལྕི་ལ། དེ་ལྟ་བུ་གང་ཡང་རུང་བའི་རྡོ་རྗེ་སློབ་དཔོན་ལ། རང་ལས་དམན་པར་འཛིན་པའི་སེམས་ཀྱིས་བརྙས་ཤིང་ཀུན་ནས་མནར་སེམས་ཏེ་གནོད་པའི་སེམས་ཀྱིས་སྨོད་པ)་ནི་རྒྱ་ལྟུང་དང་པོའོ། །

བསྟན་པ་དང་སེམས་ཅན་ལ་ཕན་པར་འགྱུར་བ་སོགས་ཀྱི། དགོས་པ་ཁྱད་པར་ཅན་མེད་པ་འོག་མ་སོ་སོར་ཐར་བའི་མི་ཚངས་པ་སྤྱོད་པ་སོགས་ཕམ་པ་བཞི་དང་། སེམས་ཙམ་པའི་ལུགས་ཀྱི་བྱང་སེམས་སྡོམ་པའི་རྙེད་བཀུར་ལ་ཆགས་པས་ཀུན་ནས་བླངས་ཏེ་བདག་བསྟོད་གཞན་ལ་སྨོད་པ་སོགས་ཕམ་འདྲ་བཞི་སྤྱད་པས་བདེ་བར་གཤེགས་པ་སངས་རྒྱས་ཀྱི་བཀའ་ལས་ཁྱད་གསད་ཀྱིས་འདས་པའི་རྒྱ་ལྟུང་གཉིས་པའོ། །{དགེ་ལུགས་པ་ནི། སོ་ཐར་གྱི་བཅས་པ་ཕྲ་མོ་རེ་ཡན་ཆད་ལ་སངས་རྒྱས་ཀྱིས་བཅས་པ་ཁྱད་དུ་གསོད་འདོད་ཀྱི་བསམ་པས་ཞུགས་ན་བདེ་གཤེགས་བཀའ་འདས་ཀྱི་ལྟུང་བ་ཡིན་པར་འདོད་དོ། །} བྱ་སྤྱོད་རྣལ་འབྱོར་གྱི་

རྒྱུད་དང་རྣལ་འབྱོར་བླ་མེད་དེ་རྒྱུད་སྡེ་བཞི་པོ་གང་རུང་གིས་དབང་བསྐུར་ཐོབ་ཅིང་དེ་དང་དེའི་ཉམས་ལེན་བྱེད་པ་སྔགས་ཀྱི་ཐེག་པ་སྤྱིར་ཞུགས་པ་ཐམས་ཅད་ནི་རང་ལུགས་ལ་རྡོ་རྗེའི་སྤུན་ཡིན་པར་བཞེད་ཅིང་། སློབ་དཔོན་སངས་རྒྱས་ཡེ་ཤེས་ཞབས་ཀྱིས་བསྟན་པ་རྡོ་རྗེའི་ཐེག་པ་ལ། །ཞུགས་པ་ཐམས་ཅད་སྤུན་དུ་བརྗོད། །ཀུན་ཀྱང་ཡེ་ཤེས་ལྡན་པས་ན། །རྡོ་རྗེ་སེམས་དཔའི་རྡོ་རྗེའི་སྤུན། །དཀྱིལ་འཁོར་སློབ་དཔོན་རིག་མ་གཅིག །དབང་བཞི་དག་གི་བྱེ་བྲག་གིས། །ཉེ་དང་ཁྱད་པར་བྱེ་བྲག་གོ། །ཞེས་གསུངས་པ་ལྟར། བླ་མ་གཅིག་གིས་བསྐུས་པ་དང་དཀྱིལ་འཁོར་གཅིག་གིས་བསྐུས་པའི་སྤུན་དུ་གྱུར་པ་རྣམས་སྔ་མ་སྔ་མ་ལས་ཕྱི་མ་ཕྱི་མ་དག་རིམ་གྱིས་ཉེས་པ་ལྕི་བར་འདོད་དེ། རང་ལུགས་ལ་རྒྱུ་སྡེ་བཞི་པོ་གང་རུང་གི་དབང་བསྐུར་ཐོབ་ཅིང་དེ་དང་དེའི་ཉམས་ལེན་ལ་བརྩོན་པའི་གང་ཟག་ཐམས་ཅད་རྡོ་རྗེའི་སྤུན་དུ་འདོད་ཅིང་། བཀའ་བརྒྱུད་པ་ནི། {སྡོམ་འགྲེལ་གཞན་ཕན་ཉི་མའི་སྣང་བ་ལས། }སྤྱིའི་མཆེད་སེམས་ཅན་ཐམས་ཅད། རིང་བའི་མཆེད་བསྟན་པ་ལ་ཞུགས་སོ་ཅོག ཉེ་བའི་མཆེད་སྔགས་ཀྱི་ཐེག་པ་ལ་ཞུགས་པ་ཐམས་ཅད། ཤིན་ཏུ་ཉེ་{འདི་ལ་ནང་འདྲེས་པའི་སྤུན་ཞེས་ཀྱང་གྲགས་}བའི་མཆེད་བླ་མ་གཅིག་གིས་བསྐུས་པ་ཕ་གཅིག་གི་སྤུན་ལྟ་བུ། དཀྱིལ་འཁོར་གཅིག་གིས་བསྐུས་པ་མ་གཅིག་པའི་སྤུན་ལྟ་བུ། ཁྱད་པར་བླ་མ་གཅིག་གིས་དཀྱིལ་འཁོར་གཅིག་ཏུ་དབང་བཞི་དུས་གཅིག་ཏུ་བསྐུར་བ་ནི་སྙིང་ཁྲག་འདྲེས་པའམ་རྡོ་རྗེའི་སྤུན་ཡིན་པར་འདོད་ཅིང་། དེ་དག་སྔ་མ་སྔ་མ་ལས་ཕྱི་མ་ཕྱི་མ་ཉེ་ཞིང་ཆེས་ལྕི་བས། སྤུན་དེ་དག་ལ་ཡིད་ཀྱིས་ཁྲོས་ཤིང་འཁོན་དུ་འཛིན་པ་དང་། ངག་གིས་སྐྱོན་བརྗོད་ཅིང་སྨོད་པ་དང་། ལུས་ཀྱིས་བརྡེག་པ་སོགས་ཀྱི་སྒོ་ནས་དེའི་སེམས་སུན་ཕྱུང་ན་རྩ་ལྟུང་གསུམ་པ་སྟེ། དེའང་ནང་འདྲེས་པའི་རྡོ་རྗེའི་སྤུན་ཡིན་ན་རྡོ་རྗེའི་ནང་དམེ་ཞེས་ཤིན་ཏུ་སྤྱོང་དཀའ་བའི་རིགས་ཡིན་ནོ། །གལ་ཏེ་རྡོ་རྗེ་སྤུན་ལ་ཕན་སེམས་ཀྱིས་ཁྲོས་པ་ལྟ་བུ་ནི་ལྟུང་བའི་གཟུགས་བརྙན་ཏེ་དོན་ལ་ལྟུང་བ་མེད་པ་ཉིད་ཡིན་པར་ཤེས་པར་བྱའོ། །ཞེས་གསུངས་སོ། །དགྲར་འཛིན་སེམས་ཀྱིས་ཁོང་ཁྲོ་ཞིང་ལུས་ངག་གིས་རྣམ་པར་འཚེ་༣བ་ནི་རྩ་ལྟུང་གསུམ་པའོ། །རིགས་དྲུག་གིས་བསྡུས་པའི་སེམས་ཅན་རྣམས་ལས་གང་ཡང་རུང་བ་ལ་འབྲས་བུ་བདེ་བ་དང་བདེ་བ་དེའི་རྒྱུ་དགེ་བ་ལྡན་འདོད་དང་། །བྲལ་བའི་སེམས་ཀྱིས་བྱམས་པ་བསྒོམ་པའི་ཕན་ཡོན་ཡང་། ཏིང་ངེ་འཛིན་གྱི་རྒྱལ་པོ་ལས། བྱེ་བ་ཕྲག་ཁྲིག་གཏམ་པའི་ཞིང་དག་ན། །མཆོད་པ་རྣམ་མང་དཔག་མེད་ཅི་ཡོད་པས། །སྐྱེས་མཆོག་རྣམས་ལ་ཉིན་རེར་རྟག་མཆོད་པས། །བྱིས་པའི་སེམས་ལ་གྲངས་དང་ཆར་མི་ཕོད། །ཅེས་སོ། །བྱམས་པའི་སེམས་བཏང་བ་ནི་རྩ་ལྟུང་བཞི་པ་༤དང་། སེམས་ཞུམ་སྟེ་རྒྱལ་བའི་སྲས་བྱང་ཆུབ་སེམས་དཔའ་རྣམས་ཀྱི་སྤྱོད་པ་ཕྱིན་དྲུག་ལ་དུས་ཡུན་རིང་མོ་བསྐལ་པ་གྲངས་མེད་གསུམ་སོགས་ལ་བསླབ་པ་དང་།

བྱ་དཀའ་བ་དབུ་དང་ཡན་ལག་སྦྱིན་པ་གཏོང་བ་སོགས་མི་ནུས་སོ་སྙམ་ནས་སྒྱིད་ལུག་ཅིང་། རང་ཉིད་གཅིག་པུ་ཁམས་གསུམ་འཁོར་བའི་སྡུག་བསྔལ་དང་བྲལ་བའི་ཉན་རང་གི་ཞི་བར་སྲེད་པའི་དབང་གིས་སྨོན་པ་སེམས་བསྐྱེད་བཏང་བ༥་ནི་རྩ་ལྟུང་ལྔ་པ་དང་། །ཐེག་པ་གོང་མ་སྔགས་དང་ཕར་ཕྱིན་དང་ཐེག་པ་འོག་མ་ཉན་རང་གི་ལམ་གྱིས་བསྡུས་པ་རང་ལུགས་ས་སྐྱ་པ་དང་གཞན་བཀའ་རྙིང་དགེ་སོགས་ཀྱི། གྲུབ་པའི་མཐའ་སྟེ་ཆོས་ལ་ཆོས་ཡང་དག་མ་ཡིན་ཞེས་སྨོད་པ༦་རྩ་ལྟུང་དྲུག་པ་དང་། སྡོམ་འགྲེལ་ཉི་སྣང་ལས། ཐེག་ཆེན་ལ་གཞུག་པ་དང་། ལྷ་རྡན་སྲུན་ཕྱུང་བ་དང་། དེ་དག་འདུལ་བའི་དགོས་པའམ་བསམ་པ་ཁྱད་པར་ཅན་མེད་བཞིན་དུ་རང་སྡེའི་གྲུབ་མཐའ་ཉན་རང་གི་ཐེག་པ་དང་། ཐེག་ཆེན་རྒྱུ་འབྲས་དང་། གཞན་སྡེ་མུ་སྟེགས་པའི་གྲུབ་མཐའ་ལའང་ཕྲག་དོག་ཞེ་སྡང་གི་བསམ་པས་སྨད་པ་རྩ་ལྟུང་དྲུག་པར་གསུངས་སོ། །རྣམ་སྣང་མངོན་བྱང་ལས། རྣམ་པར་སྣང་མཛད་རིང་བའི་རྒྱུ། །མུ་སྟེགས་ཅན་ལ་སྨད་མི་བྱ། །ཅེས་སོ། །དེ་ལྟར་མིན་ན་ཉེས་པ་མི་འགྱུར་ཏེ། དབུ་མ་ལ་འཇུག་པ་ལས། བསྟན་བཅོས་ལས་དཔྱད་རྩོད་ལ་ཆགས་པའི་ཕྱིར། །མ་མཛད་རྣམ་གྲོལ་ཕྱིར་ནི་དེ་ཉིད་བསྟན། །གལ་ཏེ་དེ་ཉིད་རྣམ་པར་བཤད་པ་ན། །གཞན་གཞུང་འཇིག་པར་འགྱུར་ན་ཉེས་པ་མེད། །ཞེས་སོ། །སྔགས་ཀྱི་དབང་བསྐུར་གཏན་ནས་མ་ཐོབ་པའམ་དང་པོ་ཐོབ་ཀྱང་ཕྱིས་རྩ་ལྟུང་བས་ཉམས་ཟིན་པའི་གང་ཟག་རྣམས་ལ། གསང་བའི་རྫས་ཚུལ་བཞིན་བསྒྲུབ་པའི་བྲིས་སྐུ་དང་རྒྱུད་ཀྱི་གླེགས་བམ། རྡོ་རྗེ་དྲིལ་བུ་སོགས་དང་གསང་བའི་ཀུན་སྤྱོད་ཚོགས་ཀྱི་འཁོར་ལོ་བསྐོར་བ་སོགས་དང་གསང་བའི་ཆོས་བསྐྱེད་རྫོགས་བསྒོམ་ཚུལ་གྱི་མན་ངག་སྟོན་པ་སོགས་སྟོན་པ་ནི་རྩ་ལྟུང་བདུན་པ་དང་༧། སྡོམ་འགྲེལ་ཉི་སྣང་ལས། སྣོད་ཀྱིས་མ་སྨིན་པ་ལོག་སྲེད་ཅན་དང་། ཚིག་མ་བྱུས་པས་མ་སྨིན་པ་བུམ་དབང་མ་ཐོབ་པ་དང་། ཚིག་མ་རྫོགས་པས་མ་སྨིན་པ་མཆོག་དབང་གོང་མ་གསུམ་མ་ཐོབ་པ་དང་། ཉམས་པས་མ་སྨིན་པ་རྩ་ལྟུང་བྱུང་ནས་ཕྱིར་མི་འཆོས་པ་དང་། དབང་སོ་སོས་མ་སྨིན་པ་ཉན་རང་སོགས་ཟབ་མོའི་དོན་ལ་སྐྲག་པ་རྣམས་སོ། །ཞེས་སོ། །མི་བསྐྱོད་པ་སོགས་སངས་རྒྱས་རིགས་ལྔ་དང་ཡུམ་བཞི་སེམས་དཔའ་བརྒྱད་ལ་སོགས་པའི་ཡིན་ཏེ། རྡོ་རྗེ་ཕྲེང་བ་ཡན་ལག་ནི། །རྫོགས་པའི་སངས་རྒྱས་ལྔ་རུ་གྲགས། །ཅེས་སོ། །རང་བཞིན་གྱི་གཟུགས་སོགས་ཕུང་པོ་དང་མིག་སོགས་ཁམས་རྣམས་ཚོགས་པའི་རང་གི་ལུས་ལ། སྐྱོན་དང་ལྡན་པའི་རྡན་པ་དང་མཆིལ་སྣབ་བཤང་གཅི་སོགས་དང་ལྡན་པའི་མི་གཙང་བར་འདུ་ཤེས་པ་ཉིད་ཀྱིས་སྨོད་ཅིང་། མི་ལྷ་བསྙེན་པ་ལྷ་བུ་ལོག་པའི་དཀའ་ཐུབ་ཀྱིས་གཟིར་ཏེ་རང་ཉིད་སྡུག་བསྔལ་བར་བྱེད་པ་དང་། ཡང་བའི་གཡང་སར་ལྕེབ་པ་སོགས་རྩོམ་པ་ནི་རྩ་ལྟུང་བརྒྱད་པའོ། །སློབ་དཔོན་ཆེན་པོ་ཀ་ར་ལི་པས་མཛད་པ་དེ་ཁོ་ན་ཉིད་གྲུབ་པ་ལས། དེ་ཕྱིར

དངོས་གྲུབ་མཆོག་གཉེར་ན། །དཀའ་ཐུབ་བརྟུལ་ཞུགས་སྤྱད་མི་བྱ། །ཇི་ལྟར་བདེ་བ་དེ་བཞིན་མནོས། །བདེ་བ་སྤྱངས་ན་དངོས་གྲུབ་མེད། །ཅེས་སོ། །གནས་ལུགས་དོན་དམ་པར་ཆོས་ཐམས་ཅད་རང་བཞིན་གྱིས་སྟོང་པ་དེ་བཞིན་ཉིད་ཀྱི་དག་པ་དང་། མ་བརྟག་མ་དཔྱད་པའི་ཀུན་རྫོབ་ཏུ་ཕུང་པོ་རིགས་ལྔ་སོགས་ལྷ་སྐུ་སོ་སོའི་དག་པ་ཡིན་པ་ལ། དེ་ལྟར་དག་གམ་མ་དག་སྙམ་པའི་ཐེ་ཚོམ་ཟ་བའང་རྩ་ལྟུང་དུ་འགྱུར་ན་དངོས་སུ་མ་དག་པ་ཉིད་འཛིན་པ་ནི་ལྟ་ཅི་སྨོས་ཏེ་རྩ་ལྟུང་དགུ་༩པའོ། །རང་གི་བླ་མ་དང་ལུང་རྟོགས་ཀྱི་བསྟན་པ་རིན་པོ་ཆེ་དང་སེམས་ཅན་རྣམས་ལ་འཚེ་བར་བྱེད་པའི། གང་ཟག་གདུག་པ་ཅན་རྣམས་ལ་བྱམས་ཤིང་བསྒྲལ་བའི་ནུས་པ་ཡོད་བཞིན་དུ་མི་སྒྲོལ་བ་༡༠ནི་རྩ་ལྟུང་བཅུ་པའོ། །

དེའང་གང་ཟག་དེའི་ལས་ངན་རྒྱུན་གཅོད་པའི་ཕན་སེམས་ནི་ངེས་པར་ཡོད་དགོས་ལ། གཞན་དུ་རྩ་ལྟུང་བཞི་པ་བྱམས་པའི་སེམས་བཏང་བའི་ཉེས་པ་འབྱུང་བའི་ཕྱིར་རོ། །གདུག་པ་ཅན་ནི་ཞིང་བཅུ་ཚང་བ་སྟེ། {ཞིང་བཅུ་ནི་}ཇི་སྐད་དུ། དཀོན་མཆོག་༡སློབ་དཔོན་༢སྐུ་དགྲ་གཉིས། །དམ་ཉམས་༣ལོག་༤དང་འདུ་བ་༥དང་། །འདུ་བར་འོངས་༦དང་ཡོངས་ལ་༧འཚེ། །དམ་དགྲ་༨ངན་པའི་ངང་ཚུལ་༩ཅན། །ངན་སོང་༡༠གསུམ་དང་བཅུ་པོ་ནི། །རྣལ་འབྱོར་ཀུན་གྱིས་དང་དུ་བླངས། །ཞེས་སྔགས་སྔ་འགྱུར་གྱི་གཞུང་དུ་གསུངས་པ་བཞིན། སྤྱིར་སངས་རྒྱས་ཀྱི་བསྟན་པ་རིན་པོ་ཆེ་ལ་གནོད་ཅིང་འཚེ་བར་བྱེད་པའི་དཀོན་མཆོག་གསུམ་གྱི་སྐུ་དགྲ་དང་། ཁྱད་པར་བླ་མའི་སྐུ་ལ་བསྡོ་བའི་དགྲ་བོ་དང་། {སྔགས་ཀྱི་}དམ་ཚིག་ཉམས་ནས་གསོ་བར་མི་བྱེད་པ་དང་། སྔགས་ཀྱི་ཐེག་པ་ལ་ཞུགས་སྟེ་ཕྱིར་ལོག་ནས་སྨོད་པ་དང་། བླ་མ་དང་མཆེད་ལ་ཞེ་སྡང་བས་འཁྲུ་བ་དང་། སྔགས་སྤྱོད་ལ་འདུ་བ་མི་དབང་བཞིན་དུ་རྐུ་ཐབས་ཀྱིས་འདུས་པའི་ནང་དུ་འོངས་པ་དང་། སེམས་ཅན་ཡོངས་ལ་གནོད་པའི་ལས་བྱེད་པ་དང་། དམ་ཚིག་དང་ལྡན་པའི་དགྲར་གྱུར་པ་དང་། མི་དགེ་བའི་ལས་འབའ་ཞིག་ལ་འཇུག་པའི་སྤྱོད་པ་ངན་པའི་ངང་ཚུལ་ཅན་ཏེ་སྡུག་བསྔལ་གྱི་རྒྱུ་ལ་སྤྱོད་པ་དགུ། །སྡུག་བསྔལ་དངོས་ལ་སྤྱོད་པ་ངན་སོང་གསུམ་པོ་གཅིག་ཏུ་བསྡོམས་པས་བཅུ་སྟེ་དེ་ལྟར་བསྒྲལ་བའི་ཞིང་བཅུ་དང་ལྡན་པ་དེ་རྣམས། རིམ་གཉིས་ཀྱི་{རྟོགས་པ་བརྟན་ཅིང་ལྷ་བའི་}གདེང་དང་ལྡན་པའི་རྣལ་འབྱོར་པས་{འཇམ་དཔལ་ཁྲོ་ཆེན་གྱི་བསྟོད་པར། སྙིང་རྗེས་དགྲ་བགེགས་མྱུར་དུ་སྒྲོལ། །ཅེས་པ་ལྟར་སྙིང་རྗེ་ཆེན་པོའི་ངང་ནས་}བསྟན་པ་དང་སེམས་ཅན་གྱི་དོན་ཁོ་ན་སྙིང་དབུས་སུ་གནས་པས་མངོན་སྤྱོད་ཀྱི་ལས་ཀྱིས་ཚར་བཅད་ན། བསྟན་འགྲོའི་དཔལ་ཡོན་དུ་འགྱུར་བ་དང་། བསྒྲལ་བྱ་དེའི་གནས་སྐབས་ལས་ངན་གྱི་རྒྱུན་ཆད་{ཚར་ཆེན་རྡོ་རྗེ་འཆང་གིས། སྒྲོལ་བྱེད་ནུས་པ་ཅན་ལམ་མཆོག་སྟོན་ནུས་པ་ཞེས་གསུངས་སོ། །} མཐར་ཐུག་གསང་སྔགས་ཀྱི་ཐབས་ཟབ་

མོས་རིག་འཛིན་གྱི་ས་ལ་དབུགས་དབྱུང་། {རྣ་ཆེན་པོ་ཙྪ་བས། དམ་ཉམས་བསྒྲལ་བ་སྔགས་ཀྱི་དམ་ཚིག་ཡིན། །བུད་མེད་བསྙེན་པ་གསང་སྤྱོད་ཕྱག་རྒྱ་ཡིན། །ཤ་ཆང་བསྟེན་པ་ཚོགས་ཀྱི་འཁོར་ལོ་ཡིན། །དམ་ཉམས་ལོག་ལྟ་ཅན་གྱི་བདུད་རིགས་ཁྲོད། །ཆག་བདུན་ཐོ་རངས་མཚམས་ནས་གཤེགས་སུ་གསོལ། །ཞེས་གསུངས་པ་ལྟར་དམ་ཉམས་བསྒྲལ་བ་སྔགས་ཀྱི་དམ་ཚིགས་ཡིན་པས་}རྣལ་འབྱོར་པ་རང་ཉིད་ཀྱང་ཚོགས་རྫོགས་པ་སོགས་འགྱུར་གྱི། རང་དོན་ནམ་གཞན་དོན་ཉི་ཚེ་འགྲུབ་ཏུ་རེ་ནས་ཆགས་སྡང་གི་ཀུན་སློང་དྲག་པོས་ཟན་གོང་གྲིས་གཏུབས་པ་སོགས་ནི་གསང་སྔགས་ལོགས་པར་བསྒྲུབས་པ་ཡིན་པར་སྡོམ་འགྲེལ་ཉི་སྣང་ལས་གསུངས་པ་ཡིན་ནོ། །ཀ་བ་དང་བུམ་པ་སོགས་**མིང་དང་སྒོ་**སེར་བཟང་ངན་བདེ་སྡུག་ལྟ་བུའི་**མཚན་མ་སོགས་**ཀྱིས་བསྟུས་པ་དངོས་པོ་དང་རང་བཞིན་དང་བདག་མེད་པ་སྟེ། དེ་རྣམས་དང་བྲལ་བའི་ཕྱི་ནང་གི་**ཆོས་རྣམས་ལ།** མིང་སོགས་**དེ་**དག་དང་བྲལ་བར་**འཛིན་**པས་སྟོང་ཉིད་ཕིན་ལ་ཞེན་ཏེ། རྒྱུ་དང་རྐྱེན་ལ་བརྟེན་ནས་བྱུང་བའི་**རྟེན་**ཅིང་**འབྲེལ་**བ་འབྱུང་བའི་ཆོས་མིང་དང་མཚན་མ་སོགས་མ་དཔྱད་པའི་ངོར་སྣང་ཡང་དཔྱད་ན་ངོ་བོ་མ་གྲུབ་པས་ཆོས་རྣམས་ཀྱི་རང་བཞིན་ནི་སྣང་སྟོང་ཟུང་འཇུག་དཔེར་ན་མེ་ལོང་གི་གཟུགས་བརྙན་ལྟ་བུ་**ཟབ་མོར་**ཡིན་པའི་ཚུལ་**མི་དཔྱོད་**པ་༡༡ནི་རྩ་ལྟུང་བཅུ་གཅིག་པའོ། །

འཕགས་པ་སྡུད་པ་ལས། ཕུང་འདི་སྟོང་ཞེས་རྟོགས་ནའང་བྱང་ཆུབ་སེམས་དཔའ་ནི། །མཚན་མ་ལ་སྤྱོད་སྐྱེ་མེད་གནས་ལ་དད་མ་ཡིན་ཞེས་དང་། ཏིང་འཛིན་རྒྱལ་པོ་ལས། ཡོད་དང་མེད་ཅེས་བྱ་བ་གཉིས་ཀ་མཐའ། །གཙང་དང་མི་གཙང་འདི་ཡང་མཐའ་ཡིན་ཏེ། །དེ་ཕྱིར་གཉིས་ཀའི་མཐའ་ནི་རབ་སྤངས་ནས། །མཁས་པས་དབུས་ནའང་གནས་པ་ཡོང་མི་བྱེད། །ཅེས་དང་། སོར་ཕྲེང་ཅན་ལ་ཕན་པའི་མདོ་ལས། ཀྱི་མ་འཇིག་རྟེན་ན་དམ་པའི་ཆོས་འཇིག་པའི་སྐྱེས་བུ་གཉིས་ཡོད་དེ། གང་ཤིན་ཏུ་སྟོང་པ་ཉིད་དུ་ལྟ་བ་དང་། གང་འཇིག་རྟེན་ན་བདག་ཏུ་སྨྲ་བ་འདི་གཉིས་ནི་དམ་པའི་ཆོས་འཇིག་པ་དང་། དམ་པའི་ཆོས་ཁས་འབུབས་པའོ། །ཞེས་དང་། གཞུར་ལས། ཆོས་ཉིད་ཚད་ནི་བཟུང་མི་བྱ་ཞེས་སོ། །**སེམས་ཅན་**གང་ཞིག་སྐུ་གསུམ་གྱི་བདག་ཉིད་སངས་རྒྱས་དང་། འགོག་པ་དང་ལམ་གྱིས་བསྡུས་པའི་ཆོས་དང་ཕྱིར་མི་ལྡོག་པའི་བྱང་སེམས་ཏེ་**དཀོན་མཆོག་རིན་པོ་ཆེ་གསུམ་དང་སོགས་**ཀྱིས་བསྡུས་པ་སངས་རྒྱས་ཀྱི་སྐུ་གཟུགས། ཆོས་གླེགས་བམ། དགེ་འདུན་སོ་སྐྱེས་བསྟན་པ་རིན་པོ་ཆེའི་སྒྲོར་ཞུགས་སོ་ཅོག་སྟེ་སྔ་མ་དང་རྗེས་སུ་མཐུན་པའི་དཀོན་མཆོག་གསུམ་སྟེ་དེ་རྣམས་ལ་དད་པ་དང་ལྡན་པ་དག་ལ་ལུས་ངག་གི་སྒྲོར་བས་**སེམས་སུན་འབྱིན་**པས་དད་པ་ལོག་ཏུ་**འཇུག་**ཅིང་སྐྱོ་བར་བྱེད་པ་༡༢ནི་རྩ་ལྟུང་བཅུ་གཅིག་པའོ། །**ཚོགས་ཀྱི་**འཁོར་ལོའི་དུས་སུ་**དམ་རྫས་**ཤ་ཆང་སོགས་འགའ་ཞིག་**གཙང་**བའི་

རྟོག་པ་དང་འགའ་ཞིག་མི་གཙང་བ་སླེའི་རྟོག་པ་དང་། སྡོམ་པ་འོག་མ་སོ་བྱང་གི་སྡོམ་པར་ཞེན་ཆེས་པས་དུས་ཕྱི་དྲོའི་ཁ་ཟས་དང་། ཤ་ཆང་སོགས་མི་བསྟེན་པ་ནི་རྩ་བའི་ལྟུང་བ་བཅུ་གསུམ་པའོ། །

དེའང་ནད་ལ་གནོད་པ་མཐོང་ན་མ་བསྟེན་ནའང་ཉེས་པ་མེད་དོ། །ཤེས་རབ་སྟོང་པ་ཉིད་ཀྱི་རང་བཞིན་བུད་མེད་ཀྱི་རྟེན་ཉིད་ལ། སྐྱེས་པའི་རྟེན་ལས་ཟུར་དུ་བཀར་ཏེ་རྟེན་དམན་པ་སྐྱོན་དང་བཅས་པ་ཡིན་ནོ། །ཞེས་སོགས་ཀྱིས་སྨོད་པ༡༤ནི་རྩ་ལྟུང་བཅུ་བཞི་པའོ། །རྩ་ལྟུང་འདི་རྣམས་ནི་སྒོ་གསུམ་ལས། ཡིད་ཀྱི་མི་དགེ་བ་ཆེན་པོ་དང་ལྡན་པའི་ཕྱིར། རྩ་བའི་ལྟུང་བའམ་མཱུ་ལ་པ་ཏའི་སྒྲ་ལས་དྲངས་ན་རྩ་བའི་ལྟུང་བ་ཞེས་སྲུང་ན་ཁེ་ཆེ་ལ་མ་སྲུང་ན་ཉེས་ཆེ་བས་ན་དེ་སྐད་ཅེས་བརྗོད་དོ། །རང་བཞིན་གྱི་ཉེས་པའི་ཐ་སྙད་གདགས་སུ་རུང་ཏེ་འཁྲུལ་སྤོང་ལས་ཡིད་ཀྱི་མི་དགེ་བ་ཆེན་པོ་དང་ལྡན་པ་ནི་རྩ་ལྟུང་དམ་རང་བཞིན་གྱི་ཉེས་པ་ཞེས་གསུངས་པའི་ཕྱིར་རོ༑ ༑ཡན་ལག་གི་ཉེས་པ་བརྒྱད་པོ་འདི་རྣམས་ལས་གང་རུང་ཞིག་སྤྱད་པ་ཙམ་གྱིས་ཏེ་སྤྱོད་འཇུག་ལས། ས་ཐོབ་པ་ལ་ཡུན་རིང་ཐོགས། །ཞེས་གསུངས་པ་དང་། ཏེ་ལོ་པས། ཏིལ་བརྐུས་པའི་གཏམ་རྒྱུད་བཞིན་ཚེ་འདིར་ཐོབ་རྒྱུའི་མཆོག་གི་དངོས་གྲུབ་ཚེ་ཕྱི་མར་འགྱུར་བའི་ཚེ་སྟོད་ལ་ཐོབ་རྒྱུ་ཚེ་སྨད་ལ་འགྱུར་བར་བྱེད་པ་དཔེར་ན་ལྗོན་ཤིང་གི་ཡལ་ག་བཅད་པ་དང་ཚུལ་མཚུངས་པས་ན། དཔེར་ན་ཤིང་གི་ཡལ་ག་རགས་པ་ཆག་ན་སྡོང་པོ་ལ་སྐྱོན་འབྱུང་བ་བཞིན་ནོ་ཡན་ལག་གི་ལྟུང་བ་ཞེས་སམ་གོང་དུ་བསྟན་པའི་རྩ་ལྟུང་བཅུ་བཞི་པོ་ཅི་རིགས་པར་གཏོགས་ཤིང་རྟེན་གྱི་ཡན་ལག་སོགས་ཡན་ལག་ལྔ་པོ་དག་ལས་འགའ་ཞིག མཚང་བསྙེ་སོ་ཐར་དང་འཇོག་ཚུལ་འདྲ་བའི་སྒོ་ནས་སྦོམ་པོ་ཞེས་སུའང་བརྗོད་པ་ཡིན་ནོ། །

ཡན་ལག་གི་ཉེས་པ་བརྒྱད་པོ་རེ་རེ་ལའང་སྔགས་སྡོམ་རྒྱུད་ལ་ལྡན་ཞིང་ཤེས་པ་རང་བཞིན་དུ་གནས་པ་ནི། རྟེན་གྱི་ཡན་ལག་དང་དམ་ཚིག་དང་མི་ལྡན་པའི་བུད་མེད་སོགས་གང་ལ་བརྟེན་ནས་ལྟུང་བ་འབྱུང་བ་ནི་ཡུལ་གྱི་ཡན་ལག་དང་མི་ཤེས་པ་དང་མ་གུས་པ་སོགས་ལྟུང་བ་འབྱུང་བའི་རྒྱུ་ནི་བསམ་པའི་ཡན་ལག་དང་གཙོ་བོ་ཡིད་ཉིད་ལུས་ངག་གང་རུང་གིས་གྲོགས་བྱེད་པ་ནི་ངོ་བོ་ཉིད་ཀྱི་ཡན་ལག་དང་། དམ་ཚིག་དང་མི་ལྡན་པའི་རིགས་མ་བསྟེན་པ་སོགས་ལྟུང་བ་འབྱུང་བའི་བྱ་བ་གང་ཡིན་པ་དེ་ཟིན་པ་ནི་དུས་སྐབས་ཀྱི་ཡན་ལག་སྟེ་ལྔ་པོ་རྣམས་གོང་རྩ་ལྟུང་གི་སྐབས་སུ་བཤད་པ་ལྟར། ཞིབ་ཏུ་ཤེས་པར་བྱའོ་འདིར་བསྲུང་བྱའི་དམ་ཚིག་ཡན་ལག་གི་ཉེས་པ་བརྒྱད་པོ་དེ་ངོ་ཤེས་པར་བྱ་བའི་ཆེད་དུ་སོ་སོའི་ངོ་བོ་ཅུང་ཟད་རྒྱས་པར་བཤད་པ་ནི། དབང་བསྐུར་གྱིས་གཏན་ནས་མ་སྨིན་པའི་བུད་མེད་དམ་དང་པོ་སྨིན་ཀྱང་ཕྱིས་རྩ་ལྟུང་གིས་སྔགས་སྡོམ་ཉམས་པས་དམ་ཚིག་དང་མི་ལྡན་པའི་རིག་མ་སྟེ་ལས་ཀྱི་ཕྱག་རྒྱ་བསྟེན་པར་ཡིད་དགའ་ཞིང་བསྟེན་པར་བྱའོ་སྙམ་ནས

དམ་བཅས་པ་[༡]ནི་ཡན་ལག་གི་ལྟུང་བ་དང་པོའོ། །

ཚོགས་ཀྱི་འཁོར་ལོ་བསྐོར་བའི་དུས་སུ་ཀུན་སློང་ཁོང་ཁྲོ་བའི་སེམས་མེད་ཀྱང་། །ངག་གིས་ཁ་ཤགས་རྣམ་པ་སྣ་ཚོགས་འབྱེད་པའི་སྒོ་ནས་ཕན་ཚུན་རྩོད་པར་བྱེད་པ་ནི་ཡན་ལག་གི་ཉེས་པ་གཉིས་པ་དང་། ཚོགས་འཁོར་བསྐོར་བའི་དུས་མ་ཡིན་པའི་དུས་སྐབས་གཞན་དུ་དབང་མ་ཐོབ་པ་ལ་སློས་མ་དགོས་ཤིང་དབང་ཐོབ་པའི་གང་ཟག་ལའང་ལག་ལེན་བསླབ་པའི། དགོས་པ་མེད་པར་ཤ་ལ་བ་ལ་དང་ཆང་ལ་མ་དྷ་ན་སོགས་བརྡ་སྐད་ཀྱིས་སྟོན་པ་[༣]ནི་ཡན་ལག་གི་ཉེས་པ་གསུམ་པ་དང་། ཕ་རོལ་པོ་གང་ཞིག་སྔགས་ཀྱི་ཉམས་ལེན་བསྐྱེད་རྫོགས་ཀྱི་ལམ་ལྟ་བུ། གང་ལ་དད་ཅིང་མོས་པའི་བསྐྱེད་རྫོགས་ཀྱི་ལམ་དེ་ལས་ཕར་ཕྱིན་གྱི་ཉམས་ལེན་མོ་སྦྱིན་སོགས་ཕྱིན་དྲུག་གི་ལམ་གཞན་གྱིས་དཀྲི་ཞིང་དྲངས་བ་ནི་སྔགས་ཉམས་ལེན་བྱེད་པའི་སྣོད་དུ་གྱུར་པའི་གང་ཟག་དེ་ལ་སྔགས་ཀྱི་ཉམས་ལེན་དེ་དང་རྗེས་སུ་མི་མཐུན་པ་སྦྱིན་སོགས་ཕར་ཕྱིན་གྱི་ཆོས་སྟོན་[༤]པས་ཡིད་མ་ཆེས་པ་ནི་ཡན་ལག་གི་ཉེས་པ་བཞི་པའོ། །

གསང་སྔགས་རྡོ་རྗེ་ཐེག་པར་མི་དགའ་ཞིང་མི་མོས་པའི་གང་ཟག་ཉན་ཐོས་རང་རྐྱང་པ་རྣམས་ཀྱི་ནང་དུ་ཞག་བདུན་དུ་འདུག་རུང་ཡང་བདུན་ལས་འདས་པར་གནས་སམ། གསང་སྔགས་ལ་མི་མོས་པའི་ཉན་ཐོས་དེ་དང་འདྲ་བའི་གང་ཟག་གི་ནང་དུ་ཞག་བདུན་ལས་འདའ་བར་གནས་པ་ནི་ཡན་ལག་གི་ལྟུང་བ་ལྔ་པའོ། །

འོན་ཀྱང་ནད་པ་ལྟ་བུ་ནི་ཞག་བདུན་ལས་འདས་ཀྱང་ཉེས་པ་མེད་དོ། །བཅོམ་ལྡན་འདི་ལ་རྩལ་ལགས་ཀྱི། །ཞེས་སོགས་མི་རྟོག་གི་ཕྲེང་བ་སྦྱིན་པ་ནས་རྡོ་རྗེ་འདི་ནི་ཆོས་ཀྱི་སོགས་ཐུགས་ཀྱི་དབང་དང་། དྲིལ་བུ་འདི་ནི་ཆོས་ཀྱི་དབྱིངས་སོགས་གསུང་གི་དབང་དང་། རང་ཉིད་རྡོ་རྗེ་སེམས་དཔའ་བསྐྱེད་པ་སྐུའི་དབང་སྟེ་དམ་ཚིག་གསུམ་སྦྱིན་པའི་བར་བུམ་དབང་རྫོགས་པའི་སྦྱོར་བ་ངེས་པར་སྟོན་དུ་མ་སོང་བ་དང་ནི་བུམ་དབང་སོགས་དབང་བཞི་རྫོགས་པའི་སྦྱོར་བ་ངེས་པར་སྟོན་དུ། མ་སོང་བ་ལ་གོ་རིམ་ལྟར་གསང་ཤེར་བཞི་པ་སྟེ་མཆོག་དབང་གསུམ་བསྐུར་བ་དང་གྲོལ་[༥]ལམ་བསྐྱེད་རྫོགས་ཀྱི་རིམ་པ་སྟོན་པ་དག་ནི་ཡན་ལག་གི་ལྟུང་བ་དྲུག་པའོ་བུམ་དབང་ཙམ་ཡང་མ་ཐོབ་པའི་གང་ཟག་ལ་བསྐྱེད་རྫོགས་ཀྱི་ལམ་སྟོན་ན་རྩ་ལྟུང་དུ་འགྱུར་རོ། །དབང་ཐོབ་པའི་གང་ཟག་ཡིན་ཀྱང་ཕྱག་རྒྱ་འཆའ་བའི་དགོས་པ་དང་ནི་ཕྱག་རྒྱའི་དོན་དམ་པ་སྟོང་ཉིད་དེ་བཞིན་ཉིད། མི་ཤེས་པའི་དྲུང་དུ་ལྕགས་ཀྱུ་དང་ཞགས་པ་སོགས་ཀྱི་ཕྱག་རྒྱ་བསླབ་པའི་དགོས་པ་མེད་བཞིན་དུ་འཆའ་[༧]བ་ནི་ཡན་ལག་གི་ཉེས་པ་བདུན་པའོ། །རང་ཉིད་སྨྱོ་བ་སོགས་ཀྱིས་སེམས་འཁྲུལ་ན་ཉེས་པ་མེད་དོ། །

ཀྱེ་རྡོར་ལྷ་ཡི་**བསྙེན**་པ་གཙོ་བོ་ལ་བཞི་འབུམ་འཁོར་ལ་བཞི་ཁྲི་བཟླས་པ་ལྟ་བུ་**ལས་སུ་རུང**་བ་ཞིག་སྔོན་དུ་**མ་སོང་བ**། ཀྱེ་རྡོར་གྱི་**དཀྱིལ་འཁོར**་ཐིག་དང་ཚོན་གྱིས་**བྲི**་བ་དང་བདག་བསྐྱེད་དང་མདུན་བསྐྱེད་ཀྱི་**སྒྲུབ**་དང་རབ་གནས་**སོགས་ལ་འཇུག**་༨པ་ནི་ཡན་ལག་གི་ཉེས་པ་བརྒྱད་པ་དང་། འོན་དཀྱིལ་འཁོར་གང་དང་གང་བྲི་སྒྲུབ་བྱེད་པ་དེ་དང་དེའི་ལྷའི་བསྙེན་པ་སྔོན་དུ་འགྲོ་དགོས་སམ་ཞེ་ན་སྤྱིར་བཏང་དགོས་ཕྱོགས་ལྟར་ན་ངེས་པར་དགོས་ཀྱང་། དམིགས་གསལ་དགག་དགོས་ཁྱད་པར་ཅན་མཐོང་བའི་ཚེ་ཀྱེ་རྡོར་ལྟ་བུ་ལྷའི་བསྙེན་པ་ལས་རུང་ཞིག་སྔོན་དུ་སོང་ན་བདེ་མཆོག་སོགས་དཀྱིལ་འཁོར་གཞན་བྲི་སྒྲུབ་སོགས་ཀྱི་བྱ་བ་ལ་འཇུག་ཏུ་རུང་སྟེ། འཇམ་དབྱངས་བླ་མས། མཆོག་སྒྲུབ་ཡེ་ཤེས་ལྷ་རྣམས་ནི། །ཐམས་ཅད་ཐུགས་རྒྱུད་གཅིག་པས་ན། །གཅིག་འགྲུབ་པས་ནི་ཐམས་ཅད་འགྲུབ། །ཞེས་གསུངས་པའི་ཕྱིར་རོ། །རང་གླིང་ཉི་མ་ཡོལ་ནས་མཚན་མཐའི་སྐད་ཅིག་མ་མ་ཤར་གྱི་བར། **ཕྱི་དྲོའི་ཁ་ཟས**་བཟའ་བ་དང་འཐས་ཤིང་མ་ཉམས་པའི་**ས་བརྐོ**་བ་དང་**རྩྭ**་སྔོན་པོའི་རྒྱུན་སེན་མོ་སོགས་ཀྱིས་**གཅོད**་པ་**སོགས**། སྡོམ་པ་**འོག་མ**་སོ་བྱང་གཉིས་ཀའི་**བཅས**་པའི་ལྟུང་བ་**ལས་དགོས**་པ་**མེད**་པར་**འདའ་བ**༩་ནི་ཡན་ལག་གི་ལྟུང་བ་དགུ་པའོ། །

ཚུལ་ཁྲིམས་ཉམས་ན་སྔགས་མི་འགྲུབ་པ་ནི་འཇམ་དཔལ་རྩ་རྒྱུད་ལས། ཚུལ་ཁྲིམས་འཆལ་ལ་ཐུབ་དབང་གིས། །སྔགས་འགྲུབ་པ་ནི་མ་གསུངས་ཏེ། །མྱ་ངན་འདས་གྲོང་འགྲོ་བ་ཡི། །ཡུལ་དང་ཕྱོགས་ཀྱང་མ་ཡིན་ནོ། །བྱིས་པ་ངན་པ་འདི་ལ་ནི། །སྔགས་འགྲུབ་པ་ནི་ག་ལ་ཡོད། །སྐྱེ་བོ་ཚུལ་ཁྲིམས་འཆལ་འདི་ལ། །དེ་ལ་བདེ་འགྲོ་ག་ལ་ཡོད། །མཐོ་རིས་དུ་ཡང་མི་འགྱུར་ཞིང་། །བདེ་བ་མཆོག་ཏུའང་མ་འགྱུར་ན། །རྒྱལ་བས་གསུངས་པའི་སྔགས་རྣམས་ནི། །འགྲུབ་པར་འགྱུར་བ་སྨོས་ཅི་དགོས། །ཞེས་སོ། །ཡན་ལག་གི་ལྟུང་བ་**འདི་ཡི་གསུམ་པ**་དབང་ཐོབ་པའི་གང་ཟག་ཡིན་ཀྱང་དེ་ལ་དགོས་པ་མེད་པར་ཤ་ལ་བ་ལ་སོགས་ལག་གམ་བཅས་པ་འགྱུར་བའི་ཕྱིར་འདི་ནི་བཅས་པའི་ཁ་ན་མ་ཐོ་བའོ། །ཞེས་གསུངས་པས་སོ། །སློབ་དཔོན་སློད་པ་སོགས། **རྩ་ལྟུང**་བཅུ་བཞི་པོ་ལས་གང་རུང་ཞིག་ཡན་ལག་ལྔ་ཚང་བའི་སྒོ་ནས་**སྤྱད་པས**་ཚེ་འདི་ལ་ལྷའི་བུའི་བདུད་དང་ཉོན་མོངས་པའི་བདུད་དང་། འཆི་བདག་གི་བདུད་དང་། ཕུང་པོའི་བདུད་དེ་**བདུད་བཞིས**་རྣམ་པ་ཀུན་ཏུ་རྩ་ལྟུང་ཅན་གྱི་གང་ཟག་དེ་ལ་**འཚེ་བ་དང་**། སྐྱེ་བ་ཕྱི་མ་ཡང་རྩ་ལྟུང་དེ། ཡུལ་མཆོག་འབྲིང་སོགས་ཀྱི་བྱེ་བྲག་གིས། **ལྕི**་བ་དང་ཡང་བའི་**དབང་གིས**་སྔ་མ་ལྕི་བས་**མནར་མེད**་དང་ཕྱིར་མ་ཡང་བས་ཚ་དམྱལ་བདུན་དང་གྲངས་དམྱལ་བརྒྱད། ཉི་ཚེ་ཉེར་འཁོར་ཏེ། **དམྱལ་བ་གཞན་གྱི**། ཚ་གྲང་སོགས་ཀྱི་**སྡུག་བསྔལ**་རྣམས་**རིམ**་པ་བཞིན་དུ་**བསྐྱེད**་ཅིང་ཅི་**སྟེ**་དམྱལ་བ་དེ་རྣམས་ལས་**ཐར་བར་གྱུར་ཀྱང**། ཡི་དྭགས་སོགས་**ངན**་སོང་གི་**འགྲོ**་བ

གཞན་གྱི་སྡུག་བསྔལ་བཀྲེས་སྐོམ་དང་བཀོལ་སྤྱོད་སོགས་ཡང་ཡང་དུ་མྱོང་བར་འགྱུར་ཏེ་རྩ་ལྟུང་གི་གཞུང་ལས། གཞན་དུ་དམ་ཚིག་ལས་ཉམས་ན། །ཉམས་པ་བདུད་ཀྱིས་གཟུང་བར་འགྱུར། །དེ་ནས་སྡུག་བསྔལ་མྱོང་འགྱུར་ཞིང་། །ཐུར་དུ་བལྟས་ཏེ་དམྱལ་བར་འགྲོ། །ཞེས་གསུངས་པས་སོ། །དེ་བཞིན་དུ་ཡན་ལག་གི་ལྟུང་བ་བརྒྱད་པོ་གང་རུང་ཞིག་སྤྱད་པ་ཡིས། མཆོག་གི་དངོས་གྲུབ་ཐོབ་པ་ལ་ཡུན་རིང་དུ་འགོར་ཞིང་བདུད་བཞིས་བར་ཆད་དང་སྡུག་བསྔལ་མང་དུ་འཕེལ་ཏེ་རྩ་ལྟུང་གི་གཞུང་ལས། སྡོམས་པ་དེ་ཡི་དམ་ཚིག་ཟད། །ཟད་པས་འགྲུབ་པར་མི་འགྱུར་ཞིང་། །བདུད་དང་སྡུག་བསྔལ་མང་དུ་འཕེལ། །ཞེས་གསུངས་པས་སོ། །རྩ་ལྟུང་བཅུ་བཞི་པོ་རྣམས་ཀྱིས་མ་གོས་ན་བསྐྱེད་རྫོགས་ཀྱི་ལམ་ལ་ཆེར་མ་འབད་ཀྱང་དམ་ཚིག་ལྡ་པ་ལས། གལ་ཏེ་ལྟུང་བ་མེད་གྱུར་ན། །སྐྱེ་བ་བཅུ་དྲུག་དག་ན་འགྲུབ། །ཅེས་གསུངས་པ་ལྟར་ད་ལྟའི་སྐྱེ་བ་ནས་བཟུང་སྟེ། སྐྱེ་བ་བཅུ་དྲུག་ཚུན་ཆད་ལ་ཕྱག་རྒྱ་ཆེན་པོ་མཆོག་གི་དངོས་གྲུབ་ཆོས་སྐུ་རྡོ་རྗེ་འཆང་འགྲུབ་ཅིང་། མཆོག་གི་དངོས་གྲུབ་མ་ཐོབ་གྱི་བར་གྱི་གནས་སྐབས་རྣམས་སུ་ཐུན་མོང་གི་དངོས་གྲུབ་འབྲིང་རལ་གྲི་མིག་སྨན་སོགས་གྲུབ་པ་ཆེན་པོ་བརྒྱད་དང་། ཐ་མ་ཞི་རྒྱས་དབང་དྲག་སོགས་གང་འདོད་པ་འབྱུང་བ་དང་བདུད་བཞིས་འཚེ་བ་མེད་པར་སོགས་ནི་ཕན་ཡོན་ཏེ། སྡོམ་རྒྱུད་ལས། ཚེ་འདི་འི་བདེ་བ་མ་ལུས་དང་། །འཇིག་རྟེན་ཕྱི་མའི་བདེ་མཆོག་དང་། །སངས་རྒྱས་ཉིད་ཀྱང་ཐོབ་འགྱུར་ན། །ལྷ་ཡི་བདེ་བ་སྨོས་ཅི་དགོས། །ཞེས་གསུངས་པས་སོ། །

རྒྱུད་སྡེ་འོག་མ་བྱ་རྒྱུད་རྣལ་འབྱོར་རྒྱུད་གསུམ་ལ་རྩ་ལྟུང་ལྷི་ཡང་གི་འཇོག་ཚུལ་ཇི་ལྟར་བྱེད་སྙམ་ན། རྒྱུད་སྡེ་འོག་མ་གསུམ་གྱི་རྩ་ལྟུང་རྣམས་ལས་གང་རུང་ཞིག་བླ་མེད་ཀྱི་རྩ་ལྟུང་བཅུ་བཞི་གང་རུང་ཞིག་དང་ཆ་འདྲ་སྟེ་ཉེ་བར་གྱུར་ན་བླ་མེད་ཀྱི་རྩ་ལྟུང་ལ་ཡུལ་བསམ་ངོ་བོ་ནུས་ཚབ་ལན་གྲངས་ཏེ་ལྟའི་སྒོ་ནས་ལྷི་ཡང་འཇོག་ཚུལ་འདི་དང་། རིགས་པ་བསྒྲེ་ཤེས་པར་བྱ་དགོས་ཏེ། དཔེར་ན། བྱ་རྒྱུད་ཀྱི་དབང་གི་རྩ་ལྟུང་བཅུ་གསུམ་པ་དབང་མ་ཐོབ་པ་དང་། ཐོབ་ཀྱང་ཉམས་པའི་གང་ཟག་ལ་རྒྱུད་དང་མན་ངག་སྨྲིན་པའི་གསང་སྒྲོགས་ཀྱི་ཉེས་པ་དང་། རྣལ་འབྱོར་རྒྱུད་ཀྱི་རྩ་ལྟུང་བཅུ་གཅིག་པ་དབང་གིས་རྒྱུད་མ་སྨིན་པའི་གང་ཟག་ལ་རྡོ་རྗེ་འཛིན་མའི་ཕྱག་རྒྱ་བསྟན་པ་གསང་སྒྲོགས་ཀྱི་ཉེས་པ་ལྟ་བུ་གཉིས་ལ་བླ་མེད་ཀྱི་རྩ་ལྟུང་བདུན་པ་ཡོངས་སུ་མ་སྨིན་པའི་སེམས་ཅན་ལ་གསང་བ་སྒྲོགས་པ་ལ་ཡུལ་བསམ་སོགས་ཀྱི་སྒོ་ནས་ལྷི་ཡང་འཇོག་ཚུལ་དང་དོན་གཅིག་པ་བཞིན་នོ། །དེ་བཞིན་དུ་རྒྱུད་སྡེ་འོག་མ་གསུམ་གྱི་རྩ་ལྟུང་རྣམ་ལས་གང་རུང་ཞིག །བྱང་སྡོམ་གྱི་རྩ་ལྟུང་རྣམས་གང་རུང་དང་ཆ་འདྲ་སྟེ་ཉེ་བའི་ལྟུང་བ་བྱུང་ན་བྱང་སྡོམ་གྱི་རྩ་ལྟུང་ལ་ཀུན་དཀྲིས་ཆེ་འབྲིང་ཆུང་གསུམ་གྱི་སྒོ་ནས་ལྷི་ཡང་འཇོག་པའི་ཚུལ་ལྟར་རིགས་པ་བསྒྲེ་ཤེས་པར་བྱ་དགོས་ཏེ་དཔེར་ན་སྤྱོད་རྒྱུད་ཀྱི་རྩ་

ལྟུང་སྤྱོན་པ་དང་འཇུག་པའི་བྱང་སེམས་གཏོང་བ་གཉིས་ལ། བྱང་སྡོམ་གྱི་བྱང་ཆུབ་ཀྱི་སེམས་གཏོང་བའི་རྩ་ལྟུང་ལ་ཀུན་དཀྲིས་ཆེ་འབྲིང་ཆུང་གསུམ་གྱི་སྒོ་ནས་ལྕི་ཡང་འཇོག་པའི་ཚུལ་དེས་རིག་འགྲེའོ། །

རྒྱུད་སྡེ་རྣམས་ལས་**བསྟེན་པར་བྱ་བའི་དམ་ཚིག་**དུ་མ་གསུངས་ཀྱང་གཙོ་བོ་གསང་འདུས་བདེ་མཆོག་དུས་འཁོར་སོགས་ལས་གསུངས་པ་རྣམས་སྤྱིར་བཤད་ཟིན་ལ་འདིར་**རགས་བསྡུས་**ཙམ་ཞིག་མཁའ་འགྲོ་མ་རྡོ་རྗེ་གུར་ལས་གསུངས་པ་ལྟར་བཤད་ན། **དང་པོའི་ལས་**པ་སྐྱེ་ལས་དང་པོ་པའི་**སྒྲུབ་**པར་བྱ་བའི་**ཆོས་**དཀོན་མཆོག་གསུམ་མི་སྤོང་བ་སོགས་འོག་ནས་འབྱུང་བ་**བཅུ་བདུན་**དང་། བསྐྱེད་རྫོགས་ཏིང་ངེ་འཛིན་ལ་**བརྟན་པ་**ཆེར་**ཐོབ་པའི་བསླབ་བྱ་**ལྕགས་ཀྱུ་ཞགས་པ་སོགས་ཕྱག་རྒྱ་འཆིང་བ་སྤོང་བ་སོགས་འོག་ནས་འབྱུང་བའི་**རྣམ་**པ་དྲུག་སྟེ་གཉིས་ལས་དང་པོ་ལ་བཅུ་བདུན་ཡོད་པ་རྣམས་རིམ་བཞིན་འཆད་པ་ནི་ཇི་སྲིད་བླ་མེད་རྫོགས་པའི་**བྱང་ཆུབ་**མ་**ཐོབ་**ཀྱི་**བར་**དུ་**སྐྱབས་**གནས་དཀོན་མཆོག་**གསུམ་མི་སྤོང་ཞིང་**། སློབ་དཔོན་གྱིས་དབང་བསྐུར་བའི་དུས་ཇི་ལྟར་**ཁས་བླངས་**པའི་**དམ་ཚིག་**དང་སྡོམ་པ་རྣམས་**མི་ཉམས་**པ་དུས་**རྟག་ཏུ་**ཚུལ་བཞིན་དུ་སྲུང་ཞིང་**བསྐྱང་**བ་དང་། **རྡོ་རྗེ་དྲིལ་བུ་**མི་འབྲལ་བ་**རྟག་ཏུ་**འཆང་བ་**དང་ནི་**རྡོར་དྲིལ་འདི་དང་གོང་གི་དཀོན་མཆོག་གསུམ་ལ་ཕྱི་ནང་གསང་གསུམ་འཇོག་ཚུལ་གོང་ཡོ་ག་དང་བླ་མེད་ཀྱི་རིགས་ལྔའི་སྡོམ་བཟུང་གི་སྐབས་སུ་བཤད་པ་ལྟར་རོ། །**གཙུག་ཏོར་བཅང་**བ་ནི་ཕྱི་བཅོས་མའི་ནང་རིགས་བདག་གི་རྒྱས་འདེབས་གསང་བ་སྤྱི་བོར་ཧཾ་ཡིག་བསྒོམ་པ་དང་། **སྦྱིན་སྲེག་**སྟེ་སྤྱིར་སྦྱིན་སྲེག་གི་ངེས་ཚིག་ནི། ཧོམ་ཞེས་པའི་སྒྲ་ལས་དྲངས་ན་ཡི་གེ་ཕྱིས་བསྣན་གྱི་དབང་གིས། ཧོ་ནི་ཧོ་ཏྲ་ཞེས་བསྲེག་བྱ་དང་། མ་ཡིག་ནར་བསྒྱུར་བས་དྷ་ན་སྦྱིན་པ་སྟེ་བསྲེག་བྱའི་རྫས་རྣམས་མེ་ལྷའི་ཞལ་དུ་སྦྱིན་པས་ན་དེ་སྐད་ཅེས་མངོན་པར་བརྗོད་པའི་ཚུལ་དཔལ་ཁ་སྦྱོར་ལས། མེ་ནི་ལྷ་ཡི་ཞལ་དུ་གསུངས། །སྦྱིན་བསྲེག་དེ་ཉིད་རྣམ་པར་གནས། ཞེས་སོ། །སྦྱིན་སྲེག་དེའང་ལས་བཞིར་གྲངས་ངེས་ཏེ། ཡེ་ཤེས་ཐིག་ལེ་ལས། སྦྱིན་བསྲེག་སྡིག་པ་འཇིག་བྱེད་པ། །ཞི་བ་དང་ནི་རྒྱས་པ་དང་། །དེ་བཞིན་དབང་དང་མངོན་སྤྱོད་དོ་ཞེས་སོ། །དེ་དག་གི་དབྱེ་བསྡུ་ཡང་། ངོར་ཆེན་རྡོ་རྗེ་འཆང་གིས་མཛད་པའི་དཔལ་སམྦུ་ཊའི་སྦྱིན་སྲེག་གི་ཚོ་ག་ཕྲིན་ལས་སྙེ་མ་ལས་ཇི་སྐད་གསུངས་པའི་ལས་ཐམས་ཅད་པའི་སྦྱིན་བསྲེག་དང་། དུས་ཀྱི་འཁོར་ལོ་ལས་གསུངས་པའི་ལས་ཆེན་བཅུ་གཉིས་ཀྱི་སྦྱིན་སྲེག་སོགས་ཚོ་གའི་བྱེ་བྲག་མཐའ་ཡས་པ་དང་། རྣལ་འབྱོར་བླ་མེད་ཁོ་ནའི་ཁྱད་ཆོས། གཏུམ་མོའི་མེ་འབར་བ་དང་བཅས་པའི་ལུས་ཀྱི་ཁ་ཐབ་ཁྲུང་དུ་ལག་གཉིས་ཀྱི་དཀར་གཟར་བླུགས་གཟར་དག་གིས། བཟའ་བཏུང་བདུད་རྩིའི་བསྲེག་རྫས་བླུགས་པར་བྱེད་པའི་ནང་གི་སྦྱིན་སྲེག་དང་། དེ་བཞིན་དུ་རང་ལུས་ཐབས་ལྡན་ལ་བརྟེན་ནས་བདག་བྱིན་གྱིས

བསྣབས་པའི་སྦྱིན་སྲེག་དང་། ཕྲག་རྒྱའི་རྣལ་འབྱོར་ལ་བརྟེན་པའི་བདེ་བ་ཆེན་པོའི་སྦྱིན་སྲེག་སྟེ་ནང་གི་སྦྱིན་སྲེག་གི་ཚུལ་གསུམ་དང་། རྣམ་པར་མི་རྟོག་པའི་ཡེ་ཤེས་ཀྱི་མེ་འབར་བ་དང་བཅས་པའི་ཆོས་ཀྱི་དབྱིངས་ཀྱི་ཐབ་ཁུང་དུ། ཞི་གནས་དང་ལྷག་མཐོང་གི་དགང་གཟར་བླུགས་གཟར་དག་གིས། ཁམས་གསུམ་པའི་སེམས་སེམས་བྱུང་གི་རྟོག་པ་མ་ལུས་པའི་བསྲེག་བླུག་བསྲེག་པ་བླ་ན་མེད་པའི་སྦྱིན་སྲེག་དང་། དབྱེ་ཚུལ་གཞན་ནི། དང་པོ་ནང་དང་། བར་བ་གཉིས་གསང་བ་དང་། ཕྱི་མ་དེ་ཁོ་ན་ཉིད་ཀྱི་སྦྱིན་སྲེག་ཏུ་རྣམ་པར་བཞག་པའང་གསུངས་སོ། །

བཀའ་བརྒྱུད་པ་སོགས་ནི། ཉེས་ལྟུང་སྦྱོང་བར་བྱེད་པའི་སྦྱིན་སྲེག་ནི། སྦྱིན་སྲེག་རྣམས་ཀྱི་ནང་ནས། རྡོ་རྗེ་མཁའ་འགྲོའི་སྦྱིན་མཆོག་ཡིན་པར་བཞེད་དོ། །བླུག་པ་ནི་ཕྱི་མེ་ཐབ་ཀྱི་སྦྱིན་སྲེག་ནང་ཁ་ཟས་ཀྱི་རྣལ་འབྱོར། གསང་བ་བྱང་སེམས་ཀྱི་ཞུ་བ་འབར་འཛག་བརྟུལ་བ་རྣམས་ཡིན་ཅིང་དཀྱིལ་འཁོར་བཞེངས་པ་ནི་ཕྱི་རྡུལ་ཚོན་དང་རས་བྲིས། ནང་ལུས་དཀྱིལ་སྒོམ་པ། གསང་བ་ཏིང་ངེ་འཛིན་གྱི་དཀྱིལ་འཁོར་རྣམས་དང་། རབ་གནས་ནི་ཕྱི་སྐུ་གཟུགས་ལ་བྱིན་གྱིས་བརླབས་པ་ནང་བདག་བསྐྱེད་ཀྱི་དམ་ཡེ་བསྲེ་བ་གསང་བ་བྱང་སེམས་ཡས་ནས་མར་འབེབས་པའི་རབ་གནས་རྣམས་ཡིན་ནོ་འབྱུང་པོའི་གཏོར་མ་འབུལ་བ་ནི་ཕྱི་ལྷ་དང་འབྱུང་པོ་ལ་འབུལ་བ་དང་ནང་ཁ་ཟས་ཀྱིས་ལྷ་མཉེས་པར་བྱེད་པ་དང་། གསང་བ་སྔགས་བཟླས་པ་དང་། ཏིང་ངེ་འཛིན་བསྒོམ་པའི་བདེ་བ་ལ་ལོངས་སྤྱོད་པ་སྟེ། དེ་ལྟར་དཀོན་མཆོག་གསུམ་མི་སྤོང་བ་དང་རྟོར་དྲིལ་འཆང་བ་ནས་འབྱུང་པོ་ལ་གཏོར་མ་འབུལ་བའི་བར་ལས་ཁས་བླངས་ཀྱི་དམ་ཚིག་སྲུང་བ་མ་གཏོགས་གཞན་ཀུན་ཀྱང་ཕྱི་དང་ནང་དང་གསང་བ་སྟེ་གསུམ་གསུམ་དང་ལྡན་ནོ། །རྒྱུན་དུ་སྟེ་དུས་རྟག་པར་ཏུ་སྔགས་སྙིང་པོ་ཉེ་སྙིང་སྟེ་གསང་སྔགས་བཟླས་པ་དང་རྟེན་དང་བརྟེན་པ་བསྒོམ་པའི་བསྐྱེད་རིམ་དང་རྫོགས་རིམ་གྱི་བསམ་གཏན་སྒྲུབ་པ་དང་མཚན་ཉིད་དང་ལྡན་པའི་སློབ་མ་བསྡུ་ཞིང་དེ་ལ་རྒྱུད་སོགས་ཀྱིས་མན་ངག་གི་ཆོས་ཟབ་མོ་བཤད་པ་དང་ལྷ་དང་མི་སོགས་ཀྱི་སེམས་ཅན་ཐམས་ཅད་བདེ་བ་དང་བདེ་བའི་རྒྱུ་དང་ལྡན་པར་གྱུར་ཅིག་སྙམ་པའི་བྱམས་པས་བསྐྱང་བ་སྟེ་དེ་ལྟར་སློབ་མ་བསྡུ་བ་ཆོས་བཤད་པ་བྱམས་པ་བསྐྱང་བ་འདི་གསུམ་ལ་རིམ་པ་ལྟར་དང་པོ་ནི་ཟང་ཟིང་གི་སྦྱིན་པ་དང་བར་བ་ནི་ཆོས་ཀྱི་སྦྱིན་པ་དང་། ཐ་མ་ནི་མི་འཇིགས་པ་དང་བྱམས་པའི་སྦྱིན་པ་ཡིན་པའི་ཕྱིར། སྦྱིན་པ་རྣམ་པ་བཞི་ཚང་བ་ཡིན་ཞེས་གྲུར་གྱི་འགྲེལ་པ་ལས་གསུངས་ངམ་སྙམ་མོ་སངས་རྒྱས་བཅོམ་ལྡན་འདས་རྣམས་ལ། སྤྲོས་མར་མེ་ཞལ་ཟས་སོགས་ཀྱི་མཆོད་པས་ཚོགས་བསགས་པ་དང་འཕགས་པ་ཛམྦྷ་ལ་ནག་པོ་ལ་ཆུ་སྦྱིན་པར་བྱ་ཞིང་། ཞི་བ་དང་རྒྱས་པ་སོགས་རབ་འབྱམས་ཀྱི་ལས་རྣམས་སེམས་ཅན་

གྱི་དོན་དུ་ཡང་དག་པར་སྤྱད་པ་བྱ་བ་དང་། མཆོད་རྟེན་གདབ་པ་ནི་རྒྱ་གར་དུ་ཆུ་བོ་བྲི་བའི་བྱེ་མ་རློན་པ་ལ་མཆོད་རྟེན་གྱི་དབྱིབས་བྱེད་པ་ལ་བཞེད་པ་ཡིན་ཀྱང་། བོད་འདིར་སཙྪ་འདེབས་པ་ཡིན་ནོ། །དེ་ལྟར་དཀོན་མཆོག་གསུམ་མི་སྤོང་བ་ནས་མཆོད་རྟེན་གདབ་པའི་བར་རྣམས་ཏེ་འདི་དག་ལ་གང་ཟག་སློབ་མའི་རིགས་ཅན་གྱི་བྱ་བ་དང་། སློབ་དཔོན་གྱི་རིགས་ཅན་གྱི་བྱ་བ་དག་ཅུང་ཟད་རྣམ་པར་དབྱེ་དགོས་ཏེ། དེའང་སློབ་དཔོན་གྱིས་བཅུ་བདུན་པོ་ཐམས་ཅད་ཉམས་སུ་ལེན་དགོས་ཤིང་། སློབ་མས་ནི་དཀྱིལ་འཁོར་བཞེངས་པ་རབ་གནས་བྱེད་པ་སློབ་མ་བསྡུ་བ་ཆོས་བཤད་པ་སྟེ་བཞི་པོ་མ་གཏོགས་གཞན་བཅུ་གསུམ་པོ་ཉམས་སུ་ལེན་དགོས་སོ། །

བསྐྱེད་རྫོགས་ཀྱི་ཏིང་ངེ་འཛིན་མི་གཡོ་བ་བརྟན་པ་དང་སྦྱོར་ལམ་ལ་ཉེ་བའི་ཚོགས་ལམ་པའི་གང་ཟག་ནི་དྲོད་ཆུང་དུ་ཐོབ་པ་དང་། སྦྱོར་ལམ་ཐོབ་ཟིན་པའི་གང་ཟག་ནི་དྲོད་འབྲིང་པོ་ཐོབ་པ་སྟེ་དེ་ལྟར་དྲོད་ཆུང་འབྲིང་ཐོབ་པའི་གང་ཟག་གིས་ཀུན་འདར་གསང་སྤྱོད་དང་ཀུན་འདར་མངོན་དུ་སྤྱོད་པའི་དུས་སུ་ནི། ལྕགས་ཀྱུ་ཞགས་པ་ལྕགས་སྒྲོགས་ལ་སོགས་པའི་ཕྱག་རྒྱ་རྣམས་འཆིང་བ་སྤང་ཞིང་། མཆོད་རྟེན་རི་སཙྪ་གདབ་པའི་ལས་ནི་མི་བྱ་ལ། རྡོ་རྗེ་གསུམ་གྱི་གཟུགས་བརྙན་ཏེ་སྐུ་རྡོ་རྗེའི་གཟུགས་བརྙན་ནི་སྐུའི་རྟེན་སྐུ་གཟུགས་དང་གསུང་རྡོ་རྗེའི་གཟུགས་བརྙན་ནི་གསུང་གི་རྟེན་གླེགས་བམ་དང་། ཐུགས་རྡོ་རྗེའི་གཟུགས་བརྙན་ནི་ཐུགས་ཀྱི་རྟེན་མཆོད་རྟེན་ཏེ་རྟེན་གསུམ་ལ་ཕྱག་བྱ་བ་སྤང་བ་དང་། རས་བྲིས་དང་རྡུལ་ཚོན་སོགས་ཀྱི་དཀྱིལ་འཁོར་ཐིག་དང་ཚོན་གྱིས་འབྲི་ཞིང་རྒྱན་བཀྲམ་པ་དང་སྒྲུབ་ཅིང་མཆོད་པ་སོགས་སློབ་དཔོན་ཨཱིནྡྲ་བྷཱུ་ཏིས་མཛད་པའི་དཔལ་ཡེ་ཤེས་གྲུབ་པའི་ལེའུ་བཅུ་དྲུག་པ་ལས། རྡོ་རྗེའི་ཐིག་ནི་གདབ་པ་དང་། །མཚོན་རྩི་དག་ཀྱང་དགྱེ་བ་ནི། །སྔགས་ཀྱི་སེམས་དཔས་མི་བྱ་སྟེ། །བྱས་ན་བྱང་ཆུབ་རྙེད་དཀའོ་ཞེས་དང་། ཟབ་གསང་ཐིག་ལེ་ནོར་བུའི་རྒྱུད་ལས། ཡན་ལག་ཀུན་བསྒོམ་ལས་འདས་ཤིང་། །རྟོག་དང་བརྟག་བྱ་རྣམ་པར་སྤངས། །གུག་སྐྱེད་ཐིག་ལེ་ཡང་དག་འདས། །འདི་ནི་དཀྱིལ་འཁོར་དམ་པ་ཡིན་ཞེས་དང་། དཔལ་གཉིས་མེད་རྒྱུད་རྒྱལ་ལས། སངས་རྒྱས་ཀུན་གྱི་དཀྱིལ་འཁོར་ནི། །དེ་ཉིད་གསང་བའི་དཀྱིལ་འཁོར་ཡིན། །ལུས་ཀྱི་ལས་མི་སྤྱད་པ་དང་བརྟན་པ་ཐོབ་པའི་གང་ཟག །རང་གི་དབང་རྒྱུད་མན་ངག་སྦྱིན་པའི་སློབ་དཔོན་མིན་པའི་གང་ཟག་གཞན་ལ་ཕྱག་མི་བྱ་སློབ་དཔོན་ཡན་ལག་མེད་པའི་རྡོ་རྗེས་མཛད་པའི་ཐབས་དང་ཤེས་རབ་རྡོ་རྗེར་གཏན་ལ་དབབ་པ་གྲུབ་པའི་ལེའུ་ལྔ་པ་དེ་ཁོ་ན་ཉིད་སྤྱོད་པའི་རིམ་པར་ཕྱེ་བ་ལས། ཡེ་ཤེས་མཐའ་ཡས་སྐྱེད་པ་ཡི། །དེ་བཞིན་གཤེགས་པའང་ཕྱག་མིན་ན། །རྟག་ཏུ་བསྒོམས་ལ་འགྲུབ་པ་ཡི། །ལུགས་མ་ལ་སོགས་སྨོས་ཅི་དགོས་ཞེས་སོ། །སློབ་དཔོན་

པདྨ་བཛྲ་གྱིས་མཛད་པའི་དཔལ་གསང་བ་གྲུབ་པ་ལས། ཐེག་པ་གསུམ་ལ་ཞུགས་རྣམས་ལ། །ཕྱག་ལ་སོགས་པ་མི་བྱའོ། །སངས་རྒྱས་དམ་པར་མི་འཛིན་ན། །རྣལ་འབྱོར་པ་གཞན་སྨོས་ཅི་དགོས། །ཞེས་གསུངས་སོ། །རང་གི་རྩ་བའི་བླ་མ་སྟེ་སློབ་དཔོན་ནས་བཟུང་རྡོ་རྗེ་འཆང་གི་བར་བརྒྱུད་པར་བཅས་པ་རྣམས་ལ་ཕྱག་བྱའོ་དེའང་འཚང་རྒྱ་བ་ལ་ལྷན་ཅིག་སྐྱེས་པའི་ཡེ་ཤེས་རྟོགས་དགོས་ཤིང་། དེ་རྟོགས་པ་ནི་བླ་མ་ལ་རག་ལས་ཏེ། རྩ་རྒྱུད་ལས། གཞན་གྱིས་བརྗོད་མིན་ལྷན་ཅིག་སྐྱེས། །གང་དུ་ཡང་ནི་མི་རྙེད་དེ། །བླ་མའི་དུས་ཐབས་བསྟེན་པ་དང་། །བདག་གི་བསོད་ནམས་ལས་ཤེས་བྱ། །ཞེས་དང་། ས་སྐྱ་པཎྜི་ཏས། བླ་མ་སངས་རྒྱས་ཉིད་ཡིན་ཞེས། །བྱ་བ་དབང་བསྐུར་ཐོབ་ནས་ཡིན། །ཞེས་དང་། གསང་སྔགས་པ་ཡི་བླ་མ་མཆོག དཀོན་མཆོག་གསུམ་དང་དབྱེར་མེད་ཡིན། །ཞེས་དང་། བསྐྱེད་རྫོགས་ཀྱི་ཏིང་འཛིན་ལ་བརྟན་པ་ཆེར་ཐོབ་པ་སྟེ་དྲོད་ཆེན་པོ་མཐོང་ལམ་སྐྱེས་པའི་གང་ཟག་གིས་ཕྱོགས་ལས་རྣམ་པར་རྒྱལ་བའི་སྤྱོད་པ་སྤྱོད་པའི་དུས་སུ་ནི་བླང་བྱ་དགེ་བ་དང་དོར་བྱ་མི་དགེ་བ་དག་ལ་བཟང་ངན་གཉིས་སུ་མེད་པར་སྤྱོད་པ་དང་། བཟའ་བྱ་ག་ར་དང་སྤྲུམ་ཁུར་ལྷ་བུ་དང་བཟའ་བྱ་མིན་པ་མི་ཏྲ་ཁྲི་གསུམ་སོགས་ཀྱི་ཤ་དང་གཤང་གཅི་ལྷ་བུ་སྟེ་དེ་རྣམས་ལ་བཟང་ངན་གཉིས་སུ་མེད་པར་སྤྱོད་དགོས་པའོ། །བཤད་མ་ཐག་པ་འདིས་ནི། དམ་ཚིག་དང་། སྡོམ་པ་ལས་རྣམ་པར་གྲོལ་བའི་གང་ཟག་གི་བརྟུལ་ཞུགས་དག་ཀྱང་ཤུགས་ཀྱིས་བསྟན་པ་ཤེས་པར་བྱ་དགོས་སོ། །

སྔགས་སྡོམ་རྒྱུད་ལྡན་གྱི་གང་ཟག་གིས་དམ་ཚིག་དང་སྡོམ་པ་རྣམས་མི་ཉམས་པར་བསྲུང་དགོས་ཤིང་གལ་ཏེ་མི་ཤེས་པ་དང་མ་གུས་པ་སོགས་ཀྱི་དབང་གིས་རྩ་ལྟུང་བྱུང་སྟེ་སྔགས་སྡོམ་ལས་ཉམས་ན་ཉེས་པ་དགང་དང་གང་བྱུང་བ་དེ་ཉིད་ཕྱིར་བཅོས་བྱ་བའི་ཚུལ་ནི། བྱ་བའི་རྒྱུད་ཀྱི་སྔགས་སྡོམ་ཐོབ་པའི་གང་ཟག་ལ་དེའི་ལུགས་ཀྱི་རྩ་ལྟུང་བཅུ་གསུམ་ལས་གང་རུང་ཞིག་བྱུང་ན་བྱ་རྒྱུད་ཀྱི་རྒྱུད་ཆེན་བཞིའི་ནང་ཚན་ལེགས་པར་གྲུབ་པ་ནས། ཉིན་པར་བག་མེད་གྱུར་པ་དག །མཚན་མོར་སོ་སོར་བཤགས་པར་བྱ། །ནུབ་མོར་བྱས་པ་ནངས་པར་བཤགས། །ཞེས་པའི་དོན། ཉིན་པར་སྣ་གསུམ་བག་མེད་པར་གྱུར་ནས་རྩ་ལྟུང་བྱུང་བ་དེ་ཉིད་མཚན་མོ་ཚུན་ཆད་ལ་ངེས་པར་བཤགས་དགོས་ཤིང་། དེ་བཞིན་དུ་མཚན་མོ་བག་མེད་པར་གྱུར་ནས་རྩ་ལྟུང་བྱུང་བ་གང་ཡིན་པ་དེ་ཉིད་ཉིན་མོ་ཚུན་ཆད་ལ་ངེས་པར་བཤགས་དགོས། ཞེས་གསུངས་པའི་དགོངས་པ་ནི་འདི་ལྟར་ཤེས་དགོས་ཏེ། ཉིན་དང་མཚན་གྱི་དྲུག་ཆ་མ་ཡོལ་ཚུན་ལ་བཤགས་དགོས་ཞེས་པའི་དོན་སྟེ། དཔེར་ན་ཉིན་མོ་ལ་ཆ་གསུམ་ཕྱེ་དགོས་པའི་ཉིན་མོའི་ཆ་དང་པོ་ལ་རྩ་ལྟུང་བྱུང་ན་ཆ་གཉིས་པའི་མགོ་མ་ཚུགས་གོང་ཚུན་ཆད་ལ་བཤགས་དགོས་པ་བཞིན་ནོ། །ཇི་ལྟར་བཤགས་པའི་ཚུལ་ཡང་བཤགས་ཡུལ་དེ་བྱ་རྒྱུད་ཀྱི་སྡོམ་པ་མ་ཉམས

པར་རྒྱུན་ལྡན་གྱི་གང་ཟག་ཞིག་གི་མདུན་དུ་རྩ་བའི་ལྟུང་བ་གང་དང་གང་ཡོག་པ་དེ་དང་དེ་ཡི། མིང་ནས་སྨོས་ཏེ་རྟེན་གྱི་སྟོབས་དང་། སུན་འབྱིན་པའི་སྟོབས་དང་། གཉེན་པོ་ཀུན་ཏུ་སྤྱོད་པའི་སྟོབས་དང་། སོར་ཆུད་པའི་སྟོབས་ཏེ་སྟོབས་བཞི་ཚང་བའི་སྒོ་ནས་བཤགས་དགོས་ཤིང་། དེ་ལྟར་སྡོམ་ལྡན་གྱི་དྲུང་དུ་ལྟུང་བ་རང་མིང་གིས་སྨོས་ཏེ་སྟོབས་བཞི་ཚང་བའི་སྒོ་ནས་བཤགས་དགོས་པ་དེའི་སྟེང་དུ་ཉོན་མོངས་པ་ཆུང་ངུ་དང་འབྲིང་དང་ཆེན་པོ་སྟེ་གསུམ་གྱིས། བསྐྱེད་པའི་དབྱེ་བས་རྩ་ལྟུང་ལའང་ཆུང་འབྲིང་ཆེ་གསུམ་ཡོད་པ་ལས་ཉེས་པ་ཆུང་ངུ་ལ། བྱ་རྒྱུད་ཀྱི་རྣལ་འབྱོར་པ་རང་གི་ལྷ་དམ་ཚིག་གསུམ་བཀོད་སོགས་གང་ཡིན་པ་དེ་ཡི་སྙིང་པོ་འབུམ་ཕྲག་གམ་ཡང་ན་རྡོ་རྗེ་མི་ཕམ། མེ་ལྟར་རབ་ཏུ་རྨོངས་བྱེད་མའི་གཟུངས་ནི་སྟོང་ཕྲག་གཅིག་བཟླས་པས་རྩ་ལྟུང་ཆུང་ངུ་དེ་དང་དེ་དག་པར་འགྱུར་ཞིང་རྩ་ལྟུང་འབྲིང་ལ་བྱ་རྒྱུད་ཀྱི་ལྷ་གང་རུང་གི་ཞི་བ་ཡི། སྲེག་བླུགས་གྲངས་མང་བྱས་པས་རྩ་ལྟུང་འབྲིང་པོ་དེ་དང་དེ་དག་པར་འགྱུར་ལ། རྩ་ལྟུང་གི་ཉེས་པ་ཆེན་པོ་ལ། བྱ་རྒྱུད་ཀྱི་དབང་བསྐུར་ཡང་ཡང་བསྐུར་ནས་བླངས་པས་རྩ་ལྟུང་ཆེན་པོ་དེ་དང་དེ་དག་པར་གསང་བ་སྤྱི་རྒྱུད་ལས། ཇི་སྐད་བཤད་པའི་དམ་ཚིག་རྣམས། །གལ་ཏེ་ཉམས་པ་གང་གྱུར་པ། །དེས་ནི་རང་གི་སྙིང་པོའི་སྔགས། །ཚིག་འབུམ་དུ་ནི་བཟླས་བརྗོད་བྱ། །ཡང་ན་མེས་རྨོངས་བྱེད་པའི་གཟུངས། །སྟོང་དུ་བཟླས་བརྗོད་བྱས་ཀྱང་རུང་། །ཡང་ན་ཞི་བའི་སྦྱིན་སྲེག་བྱ། །ཡང་ན་དཀྱིལ་འཁོར་དུ་ཡང་འཇུག་ཅེས་གསུངས་སོ། །སྤྱོད་རྒྱུད་ཀྱི་རྩ་ལྟུང་ཆུང་འབྲིང་ཆེ་གསུམ་དང་། རྣལ་འབྱོར་རྒྱུད་ཀྱི་རྩ་ལྟུང་ཆུང་འབྲིང་ཆེ་གསུམ་སྟེ་རྩ་ལྟུང་དེ་རྣམས་ལས་གང་རུང་ཞིག་བྱུང་བ་ལ་བཤགས་ཚུལ་ཇི་ལྟར་ཞེ་ན་གོང་དུ་བསྟན་པའི་བྱ་རྒྱུད་དེ་ཡི་བཤགས་ཚུལ། རྩ་ལྟུང་བྱུང་བ་དེ་དྲུག་ཆ་མ་ཡོལ་ཚུན་ལ་སྡོམ་ལྡན་གྱི་དྲུང་དུ་ལྟུང་བ་རང་མིང་གིས་སྨོས་ཏེ་སྟོབས་བཞི་ཚང་བས་བཤགས་པ་དེའི་སྟེང་དུ། རྩ་ལྟུང་ཆུང་ངུ་ལ་རང་གི་ལྷའི་སྙིང་པོ་འབུམ་ཕྲག་གམ། མེ་ལྟར་རྨོངས་བྱེད་མའི་གཟུངས་ཀྱི་སྟོང་ཕྲག་གཅིག་བཟླས་པས་དག་པ་དང་། རྩ་ལྟུང་འབྲིང་ལ་སྡོམ་ལྡན་གྱི་དྲུང་དུ་སྟོབས་བཞི་ཚང་བས་བཤགས་པ་དེའི་སྟེང་དུ། ཞི་བའི་སྲེག་བླུགས་བྱས་པས་དག་པ་དང་། རྩ་ལྟུང་ཆེན་པོ་ལ་སྡོམ་ལྡན་གྱི་དྲུང་དུ་སྟོབས་བཞི་ཚང་བས་བཤགས་པ་དེའི་སྟེང་དུ་དབང་བསྐུར་བསྐུར་ནས་བླངས་པས་དག་པར་འགྱུར་བའི་རིགས་པས་སྤྱོད་རྒྱུད་དང་རྣལ་འབྱོར་རྒྱུད་ཀྱི་རྩ་ལྟུང་ཆུང་འབྲིང་ཆེ་གསུམ་བྱུང་བ་ལའང་རྗེས་སུ་དཔག་དགོས་ཏེ་སྤྱོད་རྒྱུད་དང་རྣལ་འབྱོར་རྒྱུད་དང་དེ་དག་གི་བསྟན་བཅོས་རྣམས་ལས་ལྟུང་བ་བཤགས་ཚུལ་གསལ་ཁ་མི་འབྱུང་བའི་ཕྱིར་རོ། །བླ་མེད་ཀྱི་རྣལ་འབྱོར་པ་ལ་དེའི་ལུགས་ཀྱི་ལྟུང་བ་བྱུང་བ་ཕྱིར་བཅོས་ཚུལ་ལ་ཡན་ལག་གི་ལྟུང་བ་ཕྱིར་བཅོས་ཚུལ་དང་རྩ་ལྟུང་ཕྱིར་བཅོས་ཚུལ་ཏེ་གཉིས་ལས་དང་པོ་ཡན་ལག་མ་ཚང་བའི། ལྟུང་བ་དམ་ཚིག་དང་མི་ལྡན

པའི་རིགས་མ་བསྙེན་པ་སོགས་བརྒྱད་ལས་གང་རུང་ཞིག་བྱུང་ན་གང་ལ་བཤགས་པའི་ཡུལ་ནི་སྡོམ་ལྡན་དྲུང་དུ་ཇི་ལྟར་བཤགས་པའི་ཚུལ་རྟེན་གྱི་སྟོབས་སོགས་སྟོབས་བཞི་ཚང་བ་ཡི་སྒོ་ནས། ཡན་ལག་གི་ལྟུང་བ་གང་བྱུང་བ་དེ་རང་གི་མིང་སྨོས་པས་བཤགས་པ་སྟེ་ཆོས་བཞི་བསྟན་པའི་མདོ་ལས། བྱམས་པ་བྱང་ཆུབ་སེམས་དཔའ་ཆོས་བཞི་དང་ལྡན་ན་སྡིག་པ་བྱས་ཤིང་བསགས་པ་ཟིལ་གྱིས་གནོན་པར་འགྱུར་རོ། །

བཞི་གང་ཞེ་ན། རྣམ་པར་སུན་འབྱིན་པའི་སྟོབས་དང་། གཉེན་པོ་ཀུན་ཏུ་སྤྱོད་པའི་སྟོབས་དང་། སོར་ཆུད་པའི་སྟོབས་དང་། རྟེན་གྱི་སྟོབས་སོ། །དེ་ལ་དང་པོ་ནི། མི་དགེ་བའི་ལས་བྱས་ན་དེ་ལ་འགྱོད་པ་མང་བ་ཡིན་ནོ། །གཉིས་པ་ནི། མི་དགེ་བའི་ལས་བྱས་ཀྱང་དགེ་བའི་ལས་ལ་ཤིན་ཏུ་བརྩོན་པ་ཡིན་ནོ། །གསུམ་པ་ནི། སྡོམ་པ་ཡང་དག་པར་བླངས་ནས་སྡིག་པ་མི་བྱེད་པའི་སྡོམ་པ་ཐོབ་པའོ། །བཞི་པ་ནི། སངས་རྒྱས་དང་ཆོས་དང་དགེ་འདུན་ལ་སྐྱབས་སུ་འགྲོ་བ་དང་བྱང་ཆུབ་ཀྱི་སེམས་མི་གཏོང་བ་སྟེ་ཞེས་དང་། དམ་ཚིག་རྡོ་རྗེའི་བསྒོམ་བཟླས་ཉེས་པ་དག་པའི་རྟགས་མ་བྱུང་གི་བར་དུ་འབད་ཅིང་བླ་མེད་ཀྱི་རྣལ་འབྱོར་པ་རང་གི་ལྷག་པའི་ལྷ་ཀྱེ་རྡོར་ལྟ་བུའི། བསྐྱེད་རྫོགས་ཀྱི་ཉམས་ལེན་ཐུན་བཞིར་བསྒོམ་པ་དང་སྟེ་རྡོ་རྗེ་གུར་ལས། སངས་རྒྱས་ང་རྒྱལ་རྣལ་འབྱོར་གྱིས། །སངས་རྒྱས་ཉིད་དུ་ངེས་པར་འགྲུབ། །སྟོན་པ་སུམ་ཅུ་རྩ་གཉིས་མཚན། །གཙོ་བོ་དཔེ་བྱད་བརྒྱད་ཅུར་ལྡན། །ཞེས་དང་། ང་ཡི་སྐུ་ནི་སྒོམ་བྱེད་པ། །གལ་ཏེ་སྒྱུ་མའི་ཚུལ་གྱིས་སམ། །གལ་ཏེ་རྨི་ལམ་འདྲ་བར་ལྟ། །ཤིན་ཏུ་སྒོམ་པའི་རིམ་པ་ཡིས། །མངོན་སུམ་དུ་ནི་མཐོང་བར་འགྱུར། །ཞེས་པ་ལྟར་དེའི་བསྙེན་པ་བཞི་འབུམ་སོགས་བསྐྱལ་བ་དང་། བསྙེན་པ་དེའི་བཅུ་ཆའི་ཞི་བའི་སྦྱིན་སྲེག་བྱ་ཞིང་བཤགས་པའི་རིགས་པ་དེ་རྣམས་ལས་ཀྱང་ཁྱད་པར་དུ། དམ་ཚིག་དང་ལྡན་པའི་རྣལ་འབྱོར་ཕོ་མོ་གྲངས་མང་དུ་བསོགས་ཏེ། ཚོགས་ཀྱི་འཁོར་ལོའི་སྐབས་སུ་ཚོགས་རྫས་ལ་བསད་ཤ་མ་ཡིན་པའི་རྣམ་གསུམ་དག་པའི་ཤ་བཞག་པ་དང་། ཆང་སྲིན་ལག་གིས་ལྕེ་ཐོག་ཏུ་བཞག་པ་ཙམ་ལས་ཁོང་དུ་མི་བཏུང་བ་སོགས་ཚུལ་བཞིན་དུ་བྱ་བ་ནི་དམ་ཚིག་ཉམས་ཆགས་བསྐང་བའི་གཙོ་བོ་ཡིན་ནོ་བཤགས་པའི་ཚུལ། གཞན་ཡང་ཐུན་མཚམས་རྣམས་སུ་སྒྲིབ་སྦྱོང་གི་རིགས་མདོ་བཀླག་པ་དང་། མཎྜལ་འབུལ་བ་དང་སཙྪ་གདབ་པ་དང་། མཆོད་རྟེན་བསྐོར་བ་སོགས་ལ་བརྩོན་འགྲུས་དྲག་པོས་འབད་པས་ཡན་ལག་གི་ཉེས་པ་དེ་རྣམས་ལས་ལྡང་ཞིང་དག་པར་འགྱུར་རོ། །རྟེན་དང་ཡུལ་དང་བསམ་པ་དང་། ངོ་བོ་དང་དུས་སྐབས་ཏེ། ཡན་ལག་ལྔ་པོ་ཚང་བའི་སྒོ་ནས་རྡོ་རྗེ་སློབ་དཔོན་སྨོད་པ་དང་བདེ་གཤེགས་བཀའ་ལས་འདས་པ་སོགས་རྩ་ལྟུང་དུ་གྱུར་པ་བཅུ་བཞི་པོ་རྣམས་ལས་གང་རུང་ཞིག་བྱུང་ན། རྒྱུད་དང་བསྟན་བཅོས་རྣམས་ལས་གསུངས་པའི་མཚན་ཉིད་དག་ཚང་བའི་བླ་མ་ལས་ནི་ཐུམ་དབང་སོགས

དབང་བཞི་རྫོགས་པར་བླང་བས་རྩ་ལྟུང་དེ་དང་དེ་དག་པར་འགྱུར་ཞིང་། གལ་ཏེ་རྡོ་རྗེ་སློབ་དཔོན་ལ་སྨོད་པའི་སྟེང་དུ་བརྡེག་འཚོག་བྱས་པ་ལྟ་བུ་དང་། ཡང་ན་བདེ་གཤེགས་བཀའ་འདས་ལས། མ་བྱིན་པ་བླངས་པའི་ཕམ་པ་དེའི་སྟེང་དུ། སྲོག་གཅོད་པ་ལྟ་བུ་སྐྱེ་བ་ཕྱིར་མར་རྣམ་སྨིན་གྱི་འབྲས་བུ་མི་བཟད་པ་བསྐྱེད་པས་ཉེས་པ་ཤིན་ཏུ་ལྕི་ན། བླ་མའི་མདུན་ནས་དབང་བསྐུར་ཞུ་བ་དང་རྣལ་འབྱོར་པ་རང་གིས་བདག་འཇུག་ལན་གཅིག་ཙམ་མ་ཡིན་པར་ལན་མང་ཡང་ནས་ཡང་དུ་གྲངས་མང་བསྐུར་བའི་སྟེང་དུ། སྔར་བཤད་པའི་སྡོམ་ལྡན་གྱི་དྲུང་དུ་སྟོབས་བཞི་ཚང་བས་བཤགས་པ་དང་། དམ་ཚིག་རྡོ་རྗེའི་བསྒོམ་བཟླས་དང་། རང་གི་ལྷག་པའི་ལྷས་བསྐྱེད་རྫོགས་ཐུན་བཞིར་བསྒོམ་པ་དང་། བསྙེན་པ་བསྐྱལ་བ་དང་། ཞི་བའི་སྦྱིན་སྲེག་བྱ་བ་དང་། ཚོགས་འཁོར་སོགས་བཤགས་པའི་རིགས་རྣམས་ལ་བརྩོན་འགྲུས་ཆེན་པོས་རབ་ཏུ་འབད་ན། རྩ་བའི་ལྟུང་བ་དང་འབྲས་བུ་ཕྱི་མར་ངན་སོང་གི་སྡུག་བསྔལ་མྱོང་བའི་རྣམ་སྨིན་དག་སྔ་ཕྱི་མེད་པར་དུས་གཅིག་ཆར་སོར་ཆུད་དེ་དག་པར་འགྱུར་ཏེ་བྱམས་པ་སེང་གེའི་སྒྲ་ཆེན་པོ་ལས། མི་ཤེས་པས་ནི་གང་བྱས་པའི། །སྡིག་པའི་ལས་ནི་བཤགས་པར་གྱིས། །མཁས་པས་ཉེས་པ་བཤགས་ན་ནི། །ལས་དང་ལྷན་ཅིག་མི་གནས་སོ། །ཞེས་དང་། གསེར་འོད་དམ་པ་ལས། གང་གིས་བསྐལ་པ་སྟོང་རྣམས་སུ། །སྡིག་པ་ཤིན་ཏུ་མི་བཟད་བགྱིས། །ལན་གཅིག་རབ་ཏུ་བཤགས་པ་ཡིས། །དེ་དག་ཐམས་ཅད་བྱང་བར་འགྱུར། །ཞེས་དང་། ལུང་རྣམ་འབྱེད་ལས། གང་གིས་སྡིག་པའི་ལས་བྱས་པ། །དགེ་བ་ཡིས་ནི་འགོག་བྱེད་དེ། །ཉི་ཟླ་སྤྲིན་ལས་བྱུང་བ་བཞིན། །འཇིག་རྟེན་འདིར་ནི་དེ་སྣང་འགྱུར། །ཞེས་དང་། ལས་རྣམ་འབྱེད་ལས། ཤིན་ཏུ་མི་བཟད་ལས་རྣམས་བྱས་པ་ནི། །བདག་ལ་རྣམ་པར་སྨོད་པས་བསྲབས་པར་འགྱུར། །རབ་ཏུ་བཤགས་དང་སྡོམ་པར་བྱེད་པས་ཀྱང་། །དེ་དག་ཤིན་ཏུ་རྩད་ནས་བཏོན་པ་བཞིན། །ཞེས་གསུངས། །ཞེས་ཡོངས་རྫོགས་བསྟན་པའི་ཉམས་ལེན་སྡོམ་པ་གསུམ་གདན་ལ་དབབ་པ་འཇམ་དབྱངས་བླ་མའི་དགོངས་རྒྱན་ལས་རིག་པ་འཛིན་པའི་སྡོམ་པའི་ལེའུ་སྟེ་བཞི་པའོ།། ||

དང་པོ་སྡོམ་གསུམ་རིམ་ཅན་དུ་བླངས་པའི་སུམ་ལྡན་གང་ཟག་གི་རྒྱུད་ལ་སོ་ཐར་སོགས་སྡོམ་པ་གསུམ། བར་དུ་ཇི་ལྟར་གནས་སམ་ལྡན་པའི་ཚུལ་དང་མཐར་གནས་པ་དེ་རྐྱེན་གྱིས་ཇི་ལྟར་གཏོང་བའི་ཚུལ་དང་། མ་གཏོང་བའི་གང་ཟག་གིས་སྡོམ་པ་གསུམ་ནང་ཕན་ཚུན་འགལ་མེད་དུ་ཇི་ལྟར་ཉམས་སུ་ལེན་པའི་ཚུལ་དང་དེ་དག་ཀྱང་གནས་འགྱུར་སོགས་འོག་ནས་འབྱུང་བའི་ཁྱད་ཆོས་དྲུག་ལྡན་གྱིས་སྙིང་པོར་དྲིལ་བ་དེ་བསྟན་པ་ལ། མཁས་གྲུབ་རིན་པོ་ཆེ་སོགས་དགེ་ཕྱོགས་པ་རྣམས་སྣོད་གཙང་མ་ཆུ་དང་ནོར་བུར་བཅས་ཏེ་རྫས་ཐ་དད་ཅིང་རྟེན་བརྟེན་པར་འགྱུར་བའི་དཔེ་དེས། དོན་སྡོམ་པ་གསུམ་རྟེན་དང་བརྟེན་པའི་ཚུལ་རྫས་སོ

སོར་གནས་པར་བཞེད་པ་དང་། ཐུབ་བསྟན་ཁྱི་དོར་ལས། དཔེར་ན་སྣོད་དྭངས་ཤིང་དྲི་མ་མེད་པར་ཆུ་ཤིན་ཏུ་དྭངས་པའི་ནང་དུ་རིན་ཆེན་མར་གད་སོགས་བཙུག་ན། དེ་སྲིད་དུ་ཆུའི་མདོག་ཀྱང་རིན་པོ་ཆེའི་ཁ་དོག་གི་ཡན་ལག་ཏུ་འགྱུར་མོད་ཀྱི་ཆུ་དང་རིན་ཆེན་དེ་དག་ཕན་ཚུན་གཅིག་བཀག་ཀྱང་ཅིག་ཤོས་མི་ཁེགས་པ་བཞིན་ནོ། །ཞེས་གསུངས་སོ། །འབྲི་ཀར་སོགས་ཀྱི་ཕྱོགས་ཕལ་ཆེར་ཉི་ཟླ་སྐར་གསུམ་དཔེས་མཚོན་ཏེ་སྡོམ་པ་གོང་མ་གོང་མ་ཡིས། འོག་མ་འོག་མ་ཟིལ་གྱིས་ནོན་པར་འདོད་པ་ཡོད་མོད་ཀྱི་གོང་དུ་བཤད་པའི་རྟེན་བརྟེན་པ་དང་ཟིལ་གནོན་འདོད་པའི་ཕྱོགས་གཉིས་པོ་དག་ཀྱང་སྡོམ་གསུམ་འོད་ཕྲེང་ལས། དང་པོ་དེ་ནི་ཀུན་གཞི་ལས། །བག་ལ་ཉལ་བའི་ཚུལ་དུ་གནས། །རིག་འཛིན་སྡོམ་པ་ཐོབ་པ་ནས། །འོག་མ་གཉིས་ཀ་བག་ལ་ཉལ། །དཔེར་ན་མཁའ་ལ་སྐར་མ་ཤར། །ཉུང་ཟད་སྣང་བ་བྱུས་འགྱུར་མོད། །ཟླ་བའི་དཀྱིལ་འཁོར་ཤར་བའི་ཚེ། །སྐར་མ་འོད་ཉམས་འཛིག་རྟེན་སྣང་། །ཧ་བདུན་ཚ་ཟེར་བྱུང་བ་ན། །ཟླ་བའི་འོད་ཉམས་འཛིག་རྟེན་གསལ། །ཞེས་སོ། །དྲི་མ་མེད་པའི་ལུང་འོག་ནས་དྲང་འགྱུར་གྱིས་གནོད་པ་དང་དེ་ར་མ་ཟད་ཤེས་བྱེད་ཚད་མས་འདི་ལྟར་ཕྱོགས་སྔ་དང་པོ་ལ། སོ་ཐར་བཞིན་དུ་སྡོམ་པ་གོང་མ་གཉིས་ཀྱང་གླིང་གསུམ་གྱི་སྐྱེས་པ་བུད་མེད་ལས་འགྲོ་བ་གཞན་ལ་མི་སྐྱེ་བ་ཐལ་བ་སོགས་དང་ཕྱོགས་སྔ་གཉིས་པ་ཡང་། བྱང་སྡོམ་དང་ལྡན་པ་ལ་སོ་ཐར་གྱི་སྡོམ་པ་མངོན་གྱུར་དུ་མི་འབྱུང་ན་ཉེས་སྤྱོད་སྤོང་བའི་ཚུལ་ཁྲིམས་ཀྱང་མངོན་གྱུར་དུ་མེད་པར་ཐལ་བ་སོགས་དང་དཔེ་དོན་ཡང་མི་མཚུངས་ཏེ། ཉི་མ་འཆར་བ་ན་སྔོན་དུ་ཟླ་བ་འཆར་ག་ལ་དགོས། སྔགས་སྡོམ་ཐོབ་པ་ལ་དེའི་སྔོན་དུ་ངེས་པར་བྱང་སེམས་ཀྱི་སྡོམ་པ་ཐོབ་དགོས་ཤིང་གནོད་པ་ཡིན་ནོ། །

ས་སྐྱ་པ་རང་ལུགས་སུ་འཛིན་རྒྱུ་ནི་བླ་མ་རྗེ་བཙུན་ཆེན་པོ་འཁྲུལ་པའི་དྲི་མ་ཟད་པའི་ཐུགས་མངའ་བ་གྲགས་པ་རྒྱལ་མཚན་གྱི་ཞལ་སྔ་ནས། རང་གི་བསྟན་བཅོས་སྡོམ་པ་ཉི་ཤུ་པའི་འགྲེལ་བ་དང་རྩ་ལྟུང་འཁྲུལ་སྤོང་སྟེ་གཉིས་སུ་སྡོམ་པ་གསུམ་པོ་འོག་མ་གོང་མ་ལ་གནས་གྱུར་པ་གསུམ་པོ་དག ། ངོ་བོ་གཅིག་ལ་ལྡོག་པ་ཐ་དད་པ་སྡོམ་གསུམ་སྙིང་པོ་བསྡུས་པ་ལས། སྡོམ་གསུམ་ངོ་བོ་གནས་འགྱུར་ཏེ། །རང་རང་ལྡོག་ཆ་མ་འདྲེས་པ། །དུས་སྐབས་གང་གཙོར་སྤྱོད་པ་ནི། །གསར་རྙིང་མཁས་གྲུབ་མང་པོ་ཡི། །ཐུགས་ཀྱི་བཞེད་དོན་གཅིག་པུ་ཉིད། །ཅེས་པའི་ཚུལ་དུ་གཏན་ལ་ཕབ་པར་མཛད་ཅིང་། དགེ་སློང་རྡོ་རྗེ་འཛིན་པའི་རྒྱུད་ཀྱི་སྡོམ་པ་གསུམ་ངོ་བོ་གཅིག་པ་ལ་བཞེད་དེ། དེའི་ཚེ་དགེ་སློང་རྡོ་རྗེ་འཛིན་པའི་རྒྱུད་ཀྱི་སྔགས་སྡོམ་དེ་གཞན་གནོད་གཞི་བཅས་སྤོང་བའི་ཆ་ནས་སོར་སྡོམ་དང་། གཞན་ལ་ཕན་པ་སྒྲུབ་པའི་ཆ་ནས་བྱང་སྡོམ་དང་། ཐབས་ཁྱད་པར་ཅན་གྱིས་ཟིན་པའི་ཆ་ནས་སྔགས་སྡོམ་འཛོག་པ་ཡིན་པས། ངོ་བོ་སྔགས་སྡོམ་གཅིག་པོ་དེ་སྡོམ་པ་གསུམ་ཀར་བཞག

ཆོག་པ་ཡིན་ལ། ལྡོག་པ་ནི་ཐ་དད་ཡིན་ཏེ། གཞན་གནོད་གཞི་བཅས་སྤོང་བའི་ལྡོག་པ་གཅིག །གཞན་ལ་ཕན་སེམས་ཀྱི་ལྡོག་པ་གཅིག །ཐབས་ཁྱད་པར་ཅན་གྱིས་ཟིན་པའི་ལྡོག་པ་གཅིག་སྟེ་ལྡོག་པ་ཐ་དད་པ་གསུམ་ཡིན་པས་སོ། །དེ་ལྟ་བུའི་དགེ་སློང་ཞི་འཚོས་པའི་ཚེ་དེའི་རྒྱུད་ཀྱི་སོར་སྡོམ་ཁས་བླང་བའི་དུས་ཀྱི་ལྡོག་པ་དེ་གཏོང་བ་ཡིན་གྱི་སྡོམ་པའི་ངོ་བོ་གཏོང་བ་མ་ཡིན་ཏེ། དེའི་རྒྱུད་ཀྱི་སོར་སྡོམ་དེ་སྔགས་སྡོམ་དུ་གནས་འགྱུར་ཟིན་པས་སྔགས་སྡོམ་དངོས་ཡིན་ལ། སྔགས་སྡོམ་ནི་ཤི་བ་ཙམ་གྱིས་གཏོང་བའི་བཤད་པ་མེད་པའི་ཕྱིར་དང་། ཤི་བ་སྔགས་སྡོམ་གྱི་གཏོང་རྒྱུ་མ་ཡིན་པའི་ཕྱིར་དང་། སོ་ཐར་སྔགས་སྡོམ་དུ་སོང་བ་ཤི་བས་གཏོང་ན། ལྕགས་གསེར་དུ་སོང་ཟིན་པ་དེ་སླར་རྐྱེན་དབང་གིས་ལྕགས་སུ་ལོག་སྲིད་པའི་སྐྱོན་གནས་པའི་ཕྱིར་རོ། །དེ་བཞིན་དུ་སྒྱུ་འགྱུར་གྱི་རྒྱུད་སྒྱུ་འཕྲུལ་དྲ་བ་སོགས་ནས་བསྟན་པའི་རྗེས་སུ་འབྲང་སྟེ་རོང་ཟོམ་ཆོས་ཀྱི་བཟང་པོ་དང་ཟུར་པའི་བླ་མ་ཐལ་ཆེ་བ་རྒྱལ་བ་ཀློང་ཆེན་རབ་འབྱམས་པ་མངའ་རིས་པཎ་ཆེན་སྨིན་གླིང་ལོ་ཆེན་སོགས། གསང་སྔགས་སྙིང་མའི་ཕྱོགས་ཀྱི་མཁས་ཤིང་གྲུབ་བརྙེས་ཚད་ཐུབ་རྣམས་ཀྱིས་ཀྱང་ཚུལ་འདི་ཉིད་ཁོ་ནར་བཞེད་པ་སོ་སོའི་གཞུང་ལས་གསལ་ཞིང་། སྡོམ་འགྲེལ་གཞན་ཕན་ཉི་མའི་སྣང་བ་ལས། དེ་ཡང་ཉན་ཐོས་ལྟར་དམན་སེམས་ཀྱིས་བླངས་པའི་སོ་ཐར་རིས་བདུན་པོ་གཞན་གནོད་གཞི་དང་བཅས་པ་སྤངས་པའི་ལྡོག་ཆ་དེ། དུས་དེར་རམ། ཕྱིས་ཐེག་ཆེན་བྱང་ཆུབ་སེམས་བསྐྱེད་ཀྱིས་ཟིན་ན། དམན་སེམས་རང་གི་ངོ་བོ་གཞན་གནོད་སྤངས་པའི་ལྡོག་ཆ་དེ་གཞན་ཕན་སྒྲུབ་པ་བྱང་ཆུབ་སེམས་དཔའི་སོ་སོར་ཐར་པའི་སྡོམ་པར་གནས་འགྱུར་ཏེ། དེ་གཉིས་ཀས་སྔགས་ཀྱི་སྡོམ་པ་ཐོབ་པ་ན་མཉམ་པ་ཆེན་པོའི་ཐབས་ཀྱིས་མ་ཟིན་པའི་ཐ་མལ་སྣང་ཞེན་གྱི་ལྡོག་ཆ་རེ་ཡོད་པ་དེ་བཏང་ནས་སྔགས་ཀྱི་སྡོམ་པར་གནས་འགྱུར་བ་སྟེ། སོ་ཐར་སྔགས་ཀྱི་{མི་དགེ་བཅུ་སྤོང་བ་}ཞེས་སྤྱོད་སྡོམ་པའི་ཚུལ་ཁྲིམས་དང་། བྱང་སྡོམ་རྣམ་སྣང་གི་{ཐེག་ཆེན་གྱི་དཀོན་མཆོག་གསུམ་སྐྱབས་སུ་བཟུང་བ་དང་ཚུལ་ཁྲིམས་གསུམ་དང་བྱང་ཆུབ་ཀྱི་སེམས་བསྐྱེད་པ་}དམ་ཚིག་ཏུ་འགྱུར་བ་ཡིན་ནོ། །དོན་དུ་སོ་བྱང་སྔགས་གསུམ་གྱི་སྤོང་སེམས་གསུམ་པོ་དེ་སྔ་མ་སྔ་མ་རྣམས་ཕྱི་མ་ཕྱི་མའི་སྡོམ་པའི་ངོ་བོར་གནས་འགྱུར་བ་ཡིན་ནོ། །

དེ་ལྟར་སྡོམ་པ་གསུམ་ངོ་བོ་གནས་འགྱུར་བ་ཡིན་ཞིང་འོན་ཀྱང་སྡོམ་པ་གསུམ་པོ་དེ་དག་གང་ལས་བླངས་པའི་ཡུལ། གང་གིས་ལེན་པའི་བསམ་པ། ཇི་ལྟ་ལེན་པའི་ཆོ་ག་ཡང་ཐ་དད་པ་ཡིན་ཞིང་། ཇི་སྲིད་བླངས་པའི་དུས་ཀྱང་སོ་སོར་ངེས་པའི་ཕྱིར། ངོ་བོ་གནས་འགྱུར་ཡང་ལྡོག་ཆ་ལ་གཞི་མཐུན་མི་སྲིད་པས་རང་རང་གི་ལྡོག་ཆ་མ་འདྲེས་པར་ཡོད་དེ། ཐོབ་ལ་མ་ཉམས་པར་སོ་སོར་གནས་པའི་ཕྱིར་རོ། །{འདིས་གནད་

ཀྱིས་སུམ་ལྡན་གྱི་དགེ་སློང་ཞིག་སོ་ཐར་སྡོམ་པ་ཤི་བའི་ཚེ་ན་གཏོང་ཡང་། གོང་མ་གཉིས་ཀྱི་ལྡོག་པ་དང་། དེའི་འབྲས་བུ་ཤི་ན་ཡང་མི་གཏོང་བར་འགྱུར་ངོ་། །} སྡོམ་པ་གསུམ་པོ་དེ་བསྲུང་བའི་སྐབས་སུ་ཚུལ་ཇི་ལྟར་བསྲུང་ཞེ་ན། སྤྱོད་པ་དུས་ཚོད་དང་བསྟུན་པའི་ཚུལ་གྱིས་གང་དང་གང་གཙོ་ཆེ་བར་བརྟག་སྟེ་སྤྱོད་པར་བྱ་སྟེ། དཔེར་ན༑ སྡིག་ཏོ་མི་དགེ་བའི་ཕྱོགས་རང་བཞིན་གྱི་ཁ་ན་མ་ཐོ་བ་ཐམས་ཅད་དང་། ཚོགས་པའི་གསེབ་ལྷ་བུར་རྟོགས་གོམས་ཀྱི་གདང་དང་ལྡན་རུང་ཕྱི་ཚུལ་གཙོ་འཁོར་ཉན་ཐོས་དང་བྱང་སེམས་བཞིན་དུ་གཙང་ཞིང་བཙུན་པར་བསྲུང་དགོས་ཀྱི། དེ་ལྟར་མིན་ན་ལས་འབྲས་ལ་བརྩི་མེད་ཀྱིས་གཞན་མ་དད་པ་སོགས་འབྲེལ་ཚད་ལོག་ལམ་ལ་སྦྱོར་བ་དང་། བསྟན་འཛིན་དུ་བསྙོམས་ནས་རྒྱལ་བའི་བསྟན་པ་རྨ་འབྱིན་པའི་ཕྱིར་རོ། །

ཡང་རང་འདོད་ཀྱི་འབྲི་བས་གཏན་ནས་མ་གོས་པ་ཡིན་ན། ལུས་ངག་གི་སྤང་བ་བདུན་པོའི་བཅས་པ་རྣམས་ཐེག་ཆེན་ལ་གཞན་དོན་ཁྱད་པར་ཅན་གྱི་ཕྱིར་དུ་གནང་བ་ཡིན་ནོ། །{ཐུགས་རྗེ་མངའ་བས་རིང་གཟིགས་ནས། །བཀག་པ་རྣམས་ཀྱང་དེ་ལ་གནང་། །ཞེས་སོ། །}གསང་སྔགས་ཀྱི་ལམ་ནས་བསྐྱེད་རྫོགས་ཀྱི་དྲོད་རྟགས་ཐོབ་པ་ན། ཀུན་འདར་རམ་ཨ་བ་དྷཱུ་ཏིའི་སྤྱོད་པ་གསང་སྤྱོད། རིག་པ་བརྟུལ་ཞུགས། ཀུན་བཟང་ངམ་ཕྱོགས་ལས་རྣམ་རྒྱལ་སོགས་བོགས་འབྱིན་སྤྱོད་པའི་ཡན་ལག་ཐུན་མོང་མ་ཡིན་པ་རྣམས་རྣལ་འབྱོར་པ་རང་ཉིད་རིམ་གཉིས་ལ་རྟོགས་གོམས་ཀྱི་གདེང་ཐོབ་པའི་རིམ་པ་དང་བསྟུན་པར་མ་འདྲེས་པར་བྱའོ། །ཞེས་གསུངས་སོ། །དགོངས་པ་རྨ་མེད་པ་འདི་ལྟ་བུ་ནི་འཕྲོན་མའི་བུ་བཞིན་ཁུངས་མེད་པར་མ་ཡིན་ཏེ་དེའི་ཤེས་བྱེད་ཀུང་རྡོ་ཡི་རིགས་ཀྱི་བྱེ་བྲག་འགའ་ཞིག་བཤུས་པ་ལས། ལྕགས་དང་ཟངས་དང་དངུལ་ཏེ་གསུམ་འབྱུང་བ་ལ་གསེར་འགྱུར་གྱི་རྩིས། བསྒྱུར་བ་ན་ལྕགས་སོགས་གསུམ་པོ་ཐ་དད་མེད་པར་གསེར་གྱི་དངོས་པོར་འགྱུར་བ་ནི་མདོ་ལས། རིགས་ཀྱི་བུ་འདི་ལྟར་སྟེ་དཔེར་ན་དངུལ་ཆུའི་རིགས་གསེར་དུ་སྣང་བ་ཞེས་བྱ་བ་ཡོད་དེ། དེ་སྲང་གཅིག་གིས་ལྕགས་སྲང་སྟོང་གསེར་དུ་བསྒྱུར་རོ། །དངུལ་ཆུ་སྲང་གཅིག་པོ་དེ་ནི་ལྕགས་སྲང་སྟོང་པོ་དེས་ཟད་པར་བྱའམ། ལྕགས་སུ་བསྒྱུར་བར་མི་ནུས་སོ། །ཞེས་གསུངས་པ་དང་ཚོས་མཚུངས་པར། སོ་སྐྱེ་ཐལ་བའི་རྒྱུད་ལ་ཡོད་པའི་ལས་ཉན་ཐོས་རང་རྒྱལ་བྱང་ཆུབ་སེམས་དཔའ་སྟེ་མྱང་འདས་རིགས་ཅན་གསུམ་པོ་ལ་ལམ་ཡང་ཉན་ཐོས་རང་རྒྱལ་བྱང་སེམས་ཀྱི། ཐེག་པ་གསུམ་སོ་སོའི་བསླབ་པས་བསྡུས་པའི་ཉན་རང་གི་སོར་ཐར་རིགས་བདུན་དང་བྱང་སེམས་ཀྱི་སྨོན་འཇུག་གི་སྡོམ་པ་རྣམས་གསང་སྔགས་རྣམས་ཐེག་པའི་དཀྱིལ་འཁོར་ཆེན་པོར། ཞུགས་ནས་དབང་བསྐུར་བླངས་པས་ཉན་རང་བྱང་སེམས་ཀྱི་བསླབ་པས་བསྡུས་པའི་སོ་སོའི་སྡོམ་པ་རྣམས་ཐ་དད་མེད་པར་ཐམས་ཅད་ཀུང་རྡོ་རྗེ་འཛིན་པ་སྔགས་ཀྱི་སྡོམ་པར་འགྱུར་རོ་ཞེས། གསང་བ་འདུས

པའི་རྒྱུད་ཆེན་འབུམ་ལས། རྡོ་ཡི་རིགས་ཀྱི་བྱེ་བྲག་གཅིག །བཞུས་པས་ལྕགས་དང་ཟངས་དངུལ་འགྱུར། །གསེར་འགྱུར་རྩི་ཡི་རྡོ་བོ་ཡིས། །ཀུན་ཀྱང་གསེར་དུ་བསྒྱུར་བར་བྱེད། །དེ་བཞིན་སེམས་ཀྱི་བྱེ་བྲག་གིས། །རིགས་ཅན་གསུམ་གྱི་སྡོམ་པ་ཡང་། །དཀྱིལ་འཁོར་ཆེན་པོ་འདིར་ཞུགས་ན། །རྡོ་རྗེ་འཛིན་པ་ཞེས་བྱའོ། །ཞེས་གསུངས་པའི་ལུང་གིས་གྲུབ་ཅིང་གཞན་ཡང་ཚུལ་དེ་དང་མཐུན་པར་ལོ་ཆེན་རིན་ཆེན་བཟང་པོའི་རྒྱུད་སྡེ་སྤྱི་རྣམ་ལས་ཀྱང་བཤད་དོ། །

སྤྱིར་ན་གོང་དུ་སྡོམ་པ་གསུམ་སོ་སོ་ནས་སློས་པའི་སོ་བྱང་སྔགས་གསུམ་གྱི་སྡོམ་པ་ལ་ལེན་པའི་ཚུལ་འོག་ནས་འཆད་པར་འགྱུར་བའི་རྣམ་གྲངས་བདུན་པོ་རྣམས་སུ་ཡོད་པ་ལས། ཐོག་མ་སྐྱེ་ལེན་ཚུལ་དང་པོར་ཐེག་དམན་ཉན་ཐོས་ཀྱི་སོ་ཐར་རིགས་བདུན་གང་རུང་གི་སྡོམ་པ་བླང་ལ་དེའི་རྗེས། དེ་ནས་བྱང་ཆུབ་སེམས་དཔའི་སྡོམ་པ་དབུ་སེམས་ཀྱི་ཆོ་ག་གང་རུང་གི་སྒོ་ནས་བླངས་ལ་སླར་ཡང་རིག་པ་འཛིན་པ་སྔགས་ཀྱི་སྡོམ་པ་བླང་བའི་ཚུལ་དང་། ཡང་ན་སྐྱེ་ལེན་ཚུལ་གཞན་གཉིས་པ་ནི་ཀུན་སློང་སེམས་བསྐྱེད་ཀྱིས་ཟིན་པའི་ཐེག་ཆེན་གྱི་སོ་ཐར་རིགས་བདུན་གང་རུང་ཉན་ཐོས་ཀྱི་ཆོ་གས་བླངས་ལ་དེའི་རྗེས་སུ། སྡོམ་པ་གོང་མ་བྱང་སྡོམ་དང་སྔགས་སྡོམ་གཉིས་པོ་རང་རང་གི་ཆོ་གས་རིམ་པ་བཞིན་དུ་བླང་བའི་ཚུལ་དང་། ལེན་ཚུལ་སྔ་མ་གཉིས་ལས་ཡང་ན་སྐྱེ་ལེན་ཚུལ་གསུམ་པ་ནི་ཉན་ཐོས་དང་རང་རྒྱལ་གྱི་བསླབ་པ་དག་གིས་བསྡུས་པའི། ཐེག་དམན་གྱི་སྡོམ་པ་ཉན་རང་གང་རུང་གི་སོ་ཐར་དང་ལྡན་པ་བྱས་ནས་སྡོམ་པ་བར་མ་བྱང་སྡོམ་མ་བླང་བར་སྔགས་ཀྱི་སྡོམ་པ་ལ་ཞུགས་པའི་ཚུལ་དང་ལེན་ཚུལ་གསུམ་པ་དེས་མཚོན་པའི། ལེན་ཚུལ་བཞི་པ་ནི་ཐེག་དམན་ཉན་ཐོས་ཀྱི་སོར་སྡོམ་བླང་ནས་སྔགས་ལ་འཇུག་པ་མ་ཟད་ཐེག་ཆེན་སོ་ཐར་ཙམ་བླང་བའི་རྗེས་དེ་ནས་བྱང་སྡོམ་མི་ལེན་པ་སྔགས་སྡོམ་ལ་འཇུག་པའང་ཡོད་པའི་ཚུལ་དང་ལེན་ཚུལ་དེ་ལས། ཡང་ན་སྐྱེ་ལེན་ཚུལ་ལྔ་པ་ནི་སོར་སྡོམ་མ་བླང་བར་སྨོན་འཇུག་གིས་བསྡུས་པའི་བྱང་སྡོམ་ཙམ་འཛིན་པ་བྱས་ནས་སྔགས་ལ་འཇུག་པའི་ཚུལ་དང་། ལེན་ཚུལ་དྲུག་པ་ནི། འོག་མ་སོ་བྱང་གཉིས་གང་ཡང་མ་བླང་པ་དང་པོ་ནས་སྔགས་ལ་ཞུགས་པའི་ཚུལ་དང་། ལེན་ཚུལ་བདུན་པ་ནི་ཐོག་མ་ཉིད་ནས་རྡོ་རྗེ་འཛིན་པ་སྔགས་ཀྱི་སྡོམ་པ་བླངས་ནས་སྔགས་སྡོམ་བླང་པ་དེའི་རྗེས་སུ། སྡོམ་པ་འོག་མ་སོ་བྱང་གཉིས་ལེན་པའི་ཚུལ་རྣམ་གྲངས་མི་འདྲ་བ་ཐ་དད་པ་སྐྱེ་བདུན་དུ་ངེས་པ་ལས་ལེན་ཚུལ་དང་པོའི་ཤེས་བྱེད་ནི་རྩ་བའི་རྒྱུད་བརྟག་པ་གཉིས་པའི་གང་ཟག་སྐལ་དམན་ཞིག་ཡིན་ན་དེ་ལ་སྦྱོང་པ་དང་ལྟ་བ་རྣམས་རིམ་གྱིས་བསྟན་ནས་འཇུག་པའི་ཚུལ་དག་གི་སྐབས་སུ། དང་པོ་གསོ་སྦྱོང་{བསྙེན་གནས་ཡན་ལག་བརྒྱད་}སྦྱིན་པར་བྱ། །དེ་རྗེས་བསླབ་པའི་གནས་བཅུ་{མི་དགེ་བཅུ་སྤོང་}ཉིད། །ཅེས་པས་སྦྱོང་པ

རིམ་ཅན་སོར་སྡོམ་ལེན་པའི་ཚུལ་དང་། དེ་ལ་བྱེ་བྲག་སྨྲ་བ་{ཉན་ཐོས་ཀྱི་སོ་ཐར་}བསྟན། །མདོ་སྡེ་པ་{ཉན་ཐོས་ཀྱི་སོ་ཐར་}ཡང་དེ་བཞིན་ནོ། །དེ་ལ་རྣལ་འབྱོར་སྤྱོད་པ་{བྱང་སྡོམ་}བསྟན། །{བྱང་སྡོམ་}དེ་ཡི་རྗེས་སུ་དབུ་མ་ཉིད། །སྔགས་ཀྱི་རིམ་པ་ཀུན་ཤེས་ནས། །དེ་རྗེས་ཀྱི་ཡི་རྡོ་རྗེ་བསྟན། །ཞེས་པའི་**ལུང་གིས་གྲུབ་ཅིང་ཐེག་པ་དམན་**པའི་གང་ཟག་**རང་རྒྱུད་པ་དེས།** **ཐེག་པ་ཆེན་**པོ་ཕ་རོལ་ཏུ་ཕྱིན་པའི་ལམ་དང་འབྲས་བུའི་**ཡོན་ཏན་**རྣམས་**ཐོས་པས་**དམན་པའི་སེམས་དེ་རྒྱལ་སྲས་མཆོག་གི་**བློ་**ར་ཡོངས་སུ་**འགྱུར་ཏེ།** དབུ་སེམས་ཀྱི་ལུགས་གང་རུང་གི་ཆོ་གས་**བྱང་**ཆུབ་སེམས་དཔའི་**སྡོམ་**པ་**བླངས་**པའི་**ཚེ་**རང་ཉིད་ཞི་བདེ་དོན་གཉེར་གྱི་**དམན་**པའི་**སེམས་**ཀྱི་ཆ་མཐའ་དག་**དོར་ནས།** མི་དགེ་བ་བཅུ་**སྤོང་**བའི་**སེམས་**ཀྱི་ཆ་དེ་ཉིད་བྱང་སེམས་ཀྱི་**སྡོམ་**པའི་**ངོ་བོར་**གནས་**འགྱུར་**ལ། **སླར་ཡང་**ཚེ་གཅིག་ལུས་གཅིག་གིས་དུག་པ་རྡོ་རྗེ་འཆང་གི་གོ་འཕང་ཐོབ་པར་བྱེད་པའི་**མྱུར་ལམ་**གསང་ཆེན་རྡོ་རྗེ་ཐེག་པ་**འཚོལ་བའི་**དང་འདོད་ཡིད་ཆེས་ཀྱི་དད་པ་དང་སྤྲོ་བའི་རང་བཞིན། ཆོས་བཅུ་པའི་མདོ་ལས། དད་པ་མེད་པའི་མི་རྣམས་ལ། །དཀར་པོའི་ཆོས་རྣམས་མི་སྐྱེ་སྟེ། །ས་བོན་མེ་ཡིས་ཚིག་པ་ལ། །མྱུ་གུ་སྔོན་མོ་ཇི་བཞིན་ནོ་ཞེས་དང་། བསླབ་བཏུས་ལས། སྡུག་བསྔལ་མཐར་འབྱིན་འདོད་པ་དང་། །བདེ་བའི་མཐར་ཡང་འགྲོར་འདོད་པས། །དད་པའི་རྩ་བ་བརྟན་བྱ་སྟེ། །བྱང་ཆུབ་ལ་ནི་བློ་བརྟན་བྱ། །ཞེས་སོ། །**བརྩོན་འགྲུས་ཅན་གྱི་**གང་ཟག་**དེས།** སྔགས་ཀྱི་དཀྱིལ་འཁོར་དུ་ཞུགས་ཏེ་**དབང་བསྐུར་**ཟབ་མོ་**བླངས་པས་**སོ་བྱང་གཉིས་སྔགས་ཀྱི་སྡོམ་པར་གནས་འགྱུར་ཏེ། དེའང་འོག་མ་གཉིས་རང་རྐྱང་གི་ཚེ་ཐབས་མཁས་ཀྱིས་མ་ཟིན་པ་ལས་སྔགས་སྡོམ་ཐོབ་ཚེ་འབྲས་བུ་སྐུ་བཞི་ལམ་བྱེད་ཀྱི་**ཐབས་**ལ་**མཁས་**པའི་**ཁྱད་པར་གྱིས་**ཟིན་པས་སྔགས་སྡོམ་དུ་གནས་འགྱུར་ལ་དེའི་ཚེ་སྒྲོན་བཅུད་ཀྱིས་བསྡུས་པའི། **ཐ་མལ་དུ་སྣང་**ཞིང་**ཞེན་**པའི་**ལྡོག་**པའམ་ཆ་དེ་བཏང་བར་གྱུར་ཀྱང་། **འོག་མ་**སོ་བྱང་གཉིས་**པོའི་**ངོ་བོ་མི་གཏོང་སྟེ་རྒྱུ་མཚན་དེ་གཉིས་ཀྱི་**ལྡོག་**ཆ་སྟེ་ངོ་བོ་གཞན་གནོད་གཞི་བཅས་སྤོང་བ་དང་གཞན་ལ་ཕན་འདོགས་ཞུགས་པ་**གཉིས་**པོ་དག་གོང་**འཕེལ་གྱི།** **ཚུལ་གྱིས་**སྔ་གོན་གྱི་སྐབས་སུ་སྡོམ་བཟུང་རྗེས་བློས་ལན་གསུམ་བྱས་པ་ལས་ཐོབ་པའི་མི་སྐྱོད་པ་སོགས་**རིགས་ལྔ་སྤྱི་**ཡི་**དམ་ཚིག་**ཏུ། འོག་མ་གཉིས་ཀྱི་ཉམས་ལེན་གྱི་ཆ་དག་**འདུས་**པའམ་ཚང་བའི་ཕྱིར་ཡིད་མཚན་རྟོག་ལས་སྐྱོབ་པའི་**སྔགས་**ཀྱི་**སྡོམ་**པའི་**ངོ་བོར་གནས་འགྱུར་རོ།** །

ལེན་ཚུལ་**གཉིས་**པ་**ལྟར་**ན་ཐེག་ཆེན་སོ་ཐར་རྒྱུད་ལ་ལྡན་པའི་གང་ཟག་དེས་**བྱང་**ཆུབ་སེམས་དཔའི་**སྡོམ་**པ་ཕར་ཕྱིན་རང་གི་ཆོ་གས་**བླངས་**པ་**གྱུར་ཀྱང་།** ཐེག་ཆེན་སོར་སྡོམ་དེ་བྱང་སྡོམ་དུ་**གནས་གྱུར་**པ་སྐྱེ་བར་**མེད་**དེ་སྔར་བླངས་པའི་**ཐེག་ཆེན་སོ་ཐར་**དེ་ཉིད་ལ། **དང་པོའམ་**ཐོག་མ་**ཉིད་ནས་**རང་དོན་ཡིད་བྱེད་ཀྱི་**དམན་**

པའི་སེམས་ཀྱི་ཆ་མེད་པའི་ཕྱིར་དང་། བྱང་སེམས་སྡོམ་པའི་ངོ་བོ་གཞན་དོན་སངས་རྒྱས་ཐོབ་འདོད་ཀྱི་ཀུན་སློང་ཁྱད་པར་བ་ཙམ་ཞིག་ཡོད་ཟེར་བའི་ཕྱིར་རོ། །འོན་ཀྱང་སྔ་དེ་ལྟར་ཡིན་ཡང་བྱང་སེམས་ཀྱི་སྡོམ་པ་དེ་གང་ཟག་དེའི་རྒྱུད་ལ་སྐྱེས་པའི་ཚེ་སྔར་ཐོབ་པའི་སོ་སྡོམ་གྱི་གཞན་གནོད་གཞི་བཅས་སྤངས་པའི་ཡོན་ཏན་གྱི་ཆ་ཤས། བྱང་སྡོམ་ལ་བསྟན་པའི་ཚུལ་གྱིས་ཐེག་ཆེན་སོར་སྡོམ་དང་བྱང་སེམས་ཀྱི་སྡོམ་པ་གཉིས་དབྱེ་བར་མེད་པ་ངོ་བོ་གཅིག་ཏུ་སྐྱེའོ། །སྔགས་ཀྱི་སྡོམ་པ་ལ་འཇུག་པའི་ཚུལ་གསུམ་པ་ཐེག་དམན་སོ་ཐར་བླངས་ནས་སྔགས་ལ་འཇུག་པ་དང་བཞི་པ་ཐེག་ཆེན་སོ་ཐར་བླངས་ནས་སྔགས་ལ་འཇུག་པ་དང་ལྔ་པ་བྱང་སྡོམ་བླངས་ནས་སྔགས་ལ་འཇུག་པ་རྣམས་ནི་སྔར་གོང་དུ་དྲངས་ཟིན་པའི། གསང་བ་འདུས་པའི་རྒྱུད་ཆེན་འབུམ་པ་ལས། རིགས་ཅན་གསུམ་{ཉན་རང་བྱང་སེམས་}གྱི་སྡོམ་པ་ཡང་། །དཀྱིལ་འཁོར་ཆེན་པོ་འདིར་ཞུགས་ན། །རྡོ་རྗེ་འཛིན་པ་ཞེས་བྱའོ། །ཞེས་གསུངས་པའི་ལུང་གིས་གྲུབ་ཅིང་འོག་མ་སོ་ཐར་དང་བྱང་སེམས་སྟེ། འབྲས་བུ་སྐུ་དང་ཡེ་ཤེས་ལམ་དུ་བྱེད་པའི་ཐབས་བསྐྱེད་རྫོགས་གཉིས་ཀྱིས་མ་བཟུང་བའི་སྡོམ་པ་ཡིན་པ་ལས། ཕྱིས་སྔགས་ལ་ཞུགས་པའི་གནས་སྐབས་སུ་སོ་བྱང་གི་སྡོམ་པ་མ་ལུས་པ་ཀུན་ཀྱང་སྔགས་ཀྱི་སྡོམ་པ་དང་པོ་ཐོབ་པ་ཙམ་ནས། འབྲས་བུ་ལམ་བྱེད་ཀྱི་ཐབས་དེས་ཟིན་པའི་སྔགས་ཀྱི་སྡོམ་པར་གནས་འགྱུར་རོ། །རྒྱུད་རྡོ་རྗེ་རྩེ་མོ་ལས། སྲིན་པ་དང་ནི་གྲོལ་བའི་ལམ། །སངས་རྒྱས་བྱང་ཆུབ་བསྟན་པའི་མཆོག ཅེས་སོ། །སྔགས་ཀྱི་སྡོམ་པ་ལ་གནས་འགྱུར་རྒྱུའི་ཐེག་དམན་སོར་སྡོམ་དེ་ལ་ཉན་ཐོས་སོར་སྡོམ་དང་རང་རྒྱལ་སོར་སྡོམ་སྟེ་གཉིས་ཡོད་པ་ལས་ཕྱི་མ་རང་རྒྱལ་གྱི། སོ་སོར་ཐར་པའི་སྡོམ་པ་ཡིན་ཀྱང་ཉན་ཐོས་ལུགས་ཀྱི་སོར་སྡོམ་ཡིན་པས་ཁྱབ་སྟེ། རྒྱུ་མཚན་རང་རྒྱལ་གྱིས་དམིགས་བྱའི་སྡེ་སྣོད་ཉན་ཐོས་ལས་ལོགས་སུ་མེད་པའི་ཕྱིར་རོ། །

ཉན་རང་གང་རུང་གི་སྡོམ་ལྡན་དེ་སྔགས་ལ་འཇུག་པ་མི་རིགས་ཏེ། ཐེག་པ་དམན་པའི་རིགས་ལ་གཞན་དོན་བྱང་ཆུབ་སྒྲུབ་འདོད་ཀྱི་བསམ་པ་ཁྱད་པར་ཅན་ཞིག །སྔོན་དུ་མ་སྐྱེས་པར་སྔགས་ཀྱི་དཀྱིལ་འཁོར་དུ་ཞུགས་པ་ཡོད་པ་མིན་པར། རྗེ་བཙུན་བསོད་ནམས་རྩེ་མོའི་དབང་ཆུ་ཆེན་མོའི་སྐལ་དམན་རིམ་འཇུག་གི་སྐབས་སུ་གསུངས་པ་ཉིད་ཀྱིས་ཤེས་ཏེ། དེའང་འདི་ལྟར། ཐེག་ཆེན་ལ་མ་ཞུགས་པར་སོ་ཐར་ལ་ཞུགས་སོ་ཞེས་སྨྲ་ན་དེ་མ་ཐག་ཏུ་དབང་བསྐུར་བ་{སློབ་དཔོན་གྱིས་དབང་བསྐུར་བར་བྱའོ་ཞེས། }ཁས་མི་ལེན་ཏེ། སྙིང་རྗེ་སྔོན་དུ་འགྲོ་བའི་བྱང་ཆུབ་ཏུ་སེམས་བསྐྱེད་ལ་ཞེས་གསུངས་པ། དེས་ན་བྱང་སེམས་སྡོམ་པ་དབུ་སེམས་ཀྱི་ཚོག་ཡིས་སྔགས་ལ་འཇུག་པ་དེའི་སྐབས་སུ། བླངས་པར་མེད་ཀྱང་སྨོན་འཇུག་སེམས་བསྐྱེད་ཀྱི་སྡོམ་པ་དང་ཆ་འདྲ་བའི། གཞན་དོན་དུ་བླ་ན་མེད་པའི་བྱང་ཆུབ་ཐོབ་འདོད་ཀྱི། ཀུན་སློང་ཁྱད་པར་དུ་འཕགས་པ་ཞིག

བསྐྱེད་དེ་གཞན་སྔགས་ཀྱི་སྡོམ་པ་ལ་འཇུག་དགོས་སོ། །ཡང་ཐེག་པ་ཆེན་པོའི་སོ་ཐར་བླངས་ནས་གང་ཟག་དེ་ཀུན་སློང་ཁྱད་པར་ཅན་དེས། །སྔགས་ཀྱི་སྡོམ་པ་ལ་ཞུགས་པའི་ཚུལ་ཞིག་ཀྱང་ཡོད་མེད་གནས་ཇི་ལྟར་འགྱུར་ཞེ་ན་བྱང་ཆུབ་སེམས་པའི་སྡོམ་པ་སྔགས་ལ་གནས་འགྱུར་ཚུལ་གོང་དུ་སྨོས་ཟིན་པ་དང་མཚུངས་སོ། །

ལེན་ཚུལ་དྲུག་པ་ནི་ རྗེ་བཙུན་རྩེ་མོའི་དབང་ཆུའི་ནང་དུ། འགའ་ཞིག་གིས་སྡོམ་པ་འོག་མ་གཉིས་མི་ལེན་པ་དང་པོ་ནས་སྔགས་ཀྱི་དབང་བསྐུར་ཞུའོ་ཞེས་ཟེར་ན་གང་ཟག་དེ་ལ་དང་པོ་ནས་དབང་བསྐུར་བྱེད་དོ་ཞེས་སྐལ་ལྡན་གཅིག་ཅར་འཇུག་པ་ཡི་ཚུལ། ཚིག་གིས་དངོས་སུ་ཟིན་ཅིང་སོ་བྱང་སྔགས་ཏེ་སྡོམ་པ་གསུམ་ཀ་ཡང་། དབང་གི་ཆོ་ག་གཅིག་པུ་ལས་ཐོབ་པའི་ཕྱིར་སྡོམ་པ་གསུམ་ཀའི་ངོ་བོ་ཡང་། ཐ་དད་མེད་པར་གཅིག་ཏུ་སྐྱེ་ཞིང་འོག་མ་གོང་མ་ལ་གནས་འགྱུར་བ་ཡང་བརྩི་མི་དགོས་སོ། །དབང་གི་ཆོ་ག་གཅིག་ལས་ཐོབ་པའི་སྡོམ་གསུམ་ངོ་བོ་གཅིག་ཏུ་སྐྱེ་བ་དང་གནས་འགྱུར་བརྩི་རྒྱུ་མེད་པའི་ཚུལ་འདིའི་རིགས་པས་ཐེག་དམན་སོ་ཐར་སྔོན་དུ་མ་སོང་བའི། སེམས་བསྐྱེད་ཀྱི་ཆོ་ག་གཅིག་པུ་ཡིས་བསྐྱེད་པའི་སོ་ཐར་དང་བྱང་སྡོམ་གཉིས་ཀ་ཐོབ་པ་ལའང་ངོ་བོ་གཅིག་ཏུ་སྐྱེ་བ་དང་གནས་འགྱུར་བརྩི་རྒྱུ་མེད་པ་འགྲེའོ། །སྡོམ་པ་ལེན་ཚུལ་བདུན་པ་རྣལ་འབྱོར་རྒྱུད་ཀྱི་བཤད་རྒྱུད་རྡོ་རྗེ་རྩེ་མོ་ཡི། སྡོམ་པ་བསྒྲག་པའི་ཚིག་གསང་སྔགས་རྒྱལ་པོ་རབ་ཏུ་སྒྲུབ། །གལ་ཏེ་དེ་དག་རབ་བྱུང་གྱུར། །སྡོམ་པ་གསུམ་དང་ཡང་དག་ལྡན། །ཞེས་དང་། སྡོམ་པ་བཟུང་བའི་ཚིགས་སེམས་ཅན་ཀུན་གྱི་དོན་གྱི་ཕྱིར། །བདག་གི་སྡོམ་པ་མ་ལུས་བཟུང་། །ཞེས་སྔགས་སྡོམ་ཐོབ་པའི་རྗེས་སུ་སྡོམ་པ་འོག་མ་གཉིས་བླངས་བར་ཡོད་པར་གསུངས་པའི་ཚིག་འགྲོས་ཀྱིས་ཤེས་ནུས་པ་དེས་ན་འོག་མ་སོ་བྱང་གཉིས་ཐོབ་པའི་ཚེ་སྔར་ཐོབ་པའི། སྔགས་ཀྱི་སྡོམ་པའི་རིགས་ལྔ་སྤྱིའི་དམ་ཚིག་ཉེས་སྤྱོད་སྡོམ་པ་སོགས་ཚུལ་ཁྲིམས་རྣམ་པ་གསུམ་གྱི། ངོ་བོ་དང་སོ་བྱང་གཉིས་གཅིག་ཏུ་སྐྱེ་བའི་ཕྱིར་འོག་མ་གོང་མར་གནས་གྱུར་པ། བརྩི་རུ་མེད་ཅིང་དེར་མ་ཟད་སྔགས་བླ་མེད་ཀྱི་སྡོམ་ལྡན་གྱིས། སྔར་མ་ཐོབ་པའི་རྒྱུད་སྡེ་འོག་མ་བྱ་སྤྱོད་རྣལ་འབྱོར་རྒྱུད་གསུམ་པོར་འཇུག་པ་དང་རྗེས་གནང་རིགས་གཏད་སོགས་ལའང་འོག་མ་གཉིས་གོང་མ་སྔགས་ཀྱི་སྡོམ་པའི་ངོ་བོ་གཅིག་ཏུ་སྐྱེ་བ་དང་། གནས་འགྱུར་རྩི་ར་མེད་པའི་ཚུལ་འདིས་དཔག་དགོས་སོ། །རྒྱུ་མཚན་དེས་ན་སྡོམ་པ་འོག་མ་སོ་བྱང་གཉིས་པོའི་ངོ་བོ་སྔར་མ་ཐོབ་པའི་གང་ཟག་གིས་ཕྱིས་སུ་འོག་མ་ལ་འཇུག་པའི་དུས་སུ། གསར་དུ་ཐོབ་བྱ་མེད་ཀྱང་འོག་མ་གཉིས་རྗེས་ནས་ལེན་དགོས་པའི་རྒྱུ་མཚན། དམ་པ་དང་པོར། {དུས་འཁོར་རྩ་རྒྱུད་} རྟེན་ལ་གསུམ་སྟེ་དགེ་སློང་མཆོག །འབྲིང་ནི་དགེ་ཚུལ་ཡིན་པར་འདོད། ཁྱིམ་ན་གནས་པ་ཐ་མའོ། །ཞེས་པ་ལྟར་དགེ་སློང་ནི་རྟེན་གྱི་མཆོག་ཡིན་པ་དང་སངས་རྒྱས་ཀྱི། བསྟན་པའི་འཇུག་སྒོ་ཡིན་པ་དང་

རབ་བྱུང་དང་ཁྱིམ་པའི་གདུལ་བྱ་སྣ་ཚོགས་པ་དག །ཆོས་ཀྱིས་ཕན་འདོགས་པའི་སྒོ་ནས་བསྐྱང་བ་དང་བྱ་བ་དང་བྱ་བ་མ་ཡིན་པ་བསྟན་པའི་སྒོ་ནས་རྗེས་སུ་འཛིན་པ་ལ་ཤིན་ཏུ་གཅེས་པའི་ཕྱིར་དཔེར་མཚོན་ན། བྱིས་པ་ཆུང་ངུ་དག་འདྲིད་ཅིང་བསླུ་བའི་ཕྱིར་བྱེ་མའི་ཁང་བུ་བཅའ་བ་ལ། མི་ཆེ་བ་གཞན་དག་གིས་རྩེ་གྲོགས་བྱེད་ཀྱང་ཁང་པའི་དོན་བྱེད་ནུས་པ་ཡིན་སྙམ་པའི་ཞེན་པ་མེད་པ་སྟེ། བླ་ཆེན་ཆོས་ཀྱི་རྒྱལ་པོ་འཕགས་པ་རིན་པོ་ཆེ་སོགས་ཀྱི་རྣམ་ཐར་བཞིན་འཁོར་ལོངས་སྤྱོད་སོགས་སྲིད་པའི་ཕུན་ཚོགས་ལ་མངའ་དབང་བསྒྱུར་བའི་ཚུལ་བསྟན་པ་རྣམས་གདུལ་བྱ་རྗེས་སུ་འཛིན་པའི་ཆེད་ཙམ་མ་གཏོགས་ཞེན་པ་མེད་པ། གསོལ་གཟིམ་མཆོད་གསུམ། འཇའ་ཡིག་མཛོད་གསུམ། ཐབས་འདྲེན་གདན་གསུམ། ཧ་སྒྲུ་གཉིས། མཛོ་ཁྲི་སྐྱེ་ལས་ཚན་བཅུ་གསུམ་གྱི་བཀོད་པ་གནང་ངོ་། །རྒྱུ་མཚན་དེས་ན་སོ་ཐར་སོགས་སྡོམ་པ་རང་རྐང་གསུམ་པོ་དག་རང་རང་གི་ལེའུའི་སྐབས་ནས་བསྟན་ཟིན་པ་དང་། སྡོམ་པ་སྔ་མ་སོ་ཐར་དང་བྱང་སེམས་དག་ཕྱི་མ་བྱང་སེམས་དང་སྔགས་ཀྱི་སྡོམ་པར་གནས་གྱུར་པའི་ཚུལ་བཤད་ཟིན་མ་ཐག་པ་ལྟར། ཡིན་ཀྱང་སྤྱིར་ཕར་ཕྱིན་རང་གི་བྱང་ཆུབ་སྙིང་པོ་མཆིས་ཀྱི་བར་སོགས་སྐྱབས་འགྲོའི་སྐབས་ནས་སྐྱེད་པའི་སོ་ཐར་ཙམ་ནི་བྱང་ཆུབ་སེམས་དཔའི་སྡོམ་པ་ཉིད་དུ། གནས་འགྱུར་བ་མིན་ཏེ་རྒྱུ་མཚན་འདི་ལྟར་བྱང་སྡོམ་རང་ཉིད་ཀྱང་། སྤྱི་སོ་ཐར་སྡོམ་པའི་བྱེ་བྲག་ཡིན་པ་གྲུབ་པའི་ཕྱིར་རོ། །

སྔ་མ་དེ་བཞིན་དུ་སྔགས་ཚིག་གི་རྒྱུན་བཤགས་ལས་ཐོབ་པའི་སོ་ཐར་དང་བྱང་སེམས་ཀྱི་སྡོམ་པ་དེ་ཡང་སྔ་གོན་གྱི་རྒྱུན་བཤགས་ལས་ཐོབ་པའི་ཕྱིར་དངོས་གཞིའི་རྒྱུན་བཤགས་ཀྱི་ཚེ་ཐོབ་ཟིན་པ་ཡིན་ནོ། །དེ་དག་ཙམ་ཡང་གསང་སྔགས་ཀྱི་སྡོམ་པ་རུ། གནས་འགྱུར་བ་མིན་ཏེ་སྔགས་སྡོམ་ཡང་སྔ་མ་སོ་བྱང་གཉིས་པོ་དེ་དག་གི་བྱེ་བྲག་ཏུ། གྲུབ་སྟེ་ཁྱབ་བྱ་གོང་མ་གོང་མ་བྱེ་བྲག་དང་ཁྱབ་བྱེད་འོག་མ་འོག་མ་སྤྱི་གཉིས་ཕན་ཚུན་དག་འབྲེལ་དགོས་པ་འདི་ཚད་མ་སྨྲ་བའི་ལུགས་ཡིན་པས་སོ། །གོང་དུ་ཇི་སྐད་བཤད་པ་དེ་ལྟ་བུའི་སྡོམ་པ་ལེན་ཚུལ་རྣམ་གྲངས་མི་འདྲ་བ་བདུན་པོ་གང་གིས་བླངས་པ་ཡིན་ཀྱང་། ཁྱད་པར་མེད་པ་སྔགས་ཀྱི་སྡོམ་པ་རང་རྒྱུད་ལ་ལྡན་པ་མ་གནས་པའི་ཚེ་ན་སོ་བྱང་སྔགས་གསུམ་ཆར་ཡང་། དབྱེ་བ་མེད་པ་ངོ་བོ་གཅིག་དང་ལྡན་པ་ཡིན་ཏེ་སོ་ཐར་སོགས་སྡོམ་པ་གསུམ་པོ་རང་རང་གི་ཆོ་གས་རིམ་པ་བཞིན་དུ་བླངས་ནས། འོག་མ་འོག་མ་དག་གོང་མ་གོང་མར་གནས་གྱུར་པས་ཐམས་ཅད་ཀྱང་སྔགས་ཀྱི་སྡོམ་པའི་ངོ་བོར་ཡོད་པའི་ཕྱིར་དང་། སྡོམ་པ་འོག་མ་གཉིས་སྔོན་དུ་མ་སོང་བ་སྔགས་ཀྱི་ཆོ་ག་ལ་བརྟེན་ནས་སྡོམ་པ་གསུམ་ལ། ཅིག་ཆར་འཇུག་པ་ཡིན་ཀྱང་སྔགས་ཀྱི་དབང་བསྐུར་ཟབ་མོའི་ཆོ་ག་གཅིག་པུ་ལས། སོ་བྱང་སྔགས་གསུམ་པོ་འབྲས་བུ་སྐུ་དང་ཡེ་ཤེས

ལམ་དུ་བྱེད་པ་ཉིད་ཀྱིས་ཟིན་པའི་སྡོམ་པ་གསུམ་པོ་གཅིག་ཆར་དུ། ཐོབ་པ་ཡིན་པའི་ཕྱིར་རོ། འོན་ཀྱང་སྔགས་ཀྱི་དཀྱིལ་འཁོར་ལ་མ་ཞུགས་པའི། སོ་ཐར་དང་བྱང་སེམས་རང་རྐང་གཉིས་པོ་ནི་ཐབས་མཁས་ཀྱིས་ཟིན་པའི་སྔགས་སྡོམ་དང་ངོ་བོ་མི་གཅིག་སྟེ། དེའི་རྒྱུ་མཚན་འབྲས་བུ་ལམ་བྱེད་ཀྱིས་ཟིན་པ་དེ་མེད་པས་སོ་དེ་བཞིན་དུ་སོ་ཐར་བྱང་སྡོམ་དང་། ངོ་བོ་གཅིག་ཏུ་རུང་བ་ཡང་ཀུན་སློང་སེམས་བསྐྱེད་ཀྱིས་ཟིན་པའི་ཐེག་ཆེན་སོ་ཐར་ཉིད་ཡིན་གྱི། ཐེག་ཆེན་སོ་ཐར་ལས་ཅིག་ཤོས་ཐེག་དམན་ཉན་ཐོས་ཀྱི་སོ་ཐར་དང་ནི་བྱང་སྡོམ་དེ་ངོ་བོ་གཅིག་པ་མིན་ཏེ་ཐེག་དམན་སོ་ཐར་དང་། བྱང་སྡོམ་གཉིས་རང་དོན་དང་གཞན་དོན་བྱེད་པའི་ཀུན་སློང་གི་འཛིན་སྟངས་དག་རྣམ་པ་ཀུན་ཏུ་འགལ་བའི་ཕྱིར་རོ། །རིམ་སམ་ཅིག་ཆར་གང་གིས་བླངས་ཀྱང་སྡོམ་པ་གོང་མ་གཉིས་རྒྱུད་ལ་ལྡན་པའི་ཚེ་ངོ་བོ་གཅིག་ཡིན་པའི་རྒྱུ་མཚན་དེས་ན་བྱང་སེམས་ཀྱི་སྡོམ་པ་དང་ལྡན་པ་ཡིན་ན་ངེས་པར་སོ་བྱང་གཉིས་ཀ་དང་ལྡན་པ་དང་། གསང་སྔགས་ཀྱི་སྡོམ་པ་དང་ལྡན་པ་ཡིན་ན་སོ་བྱང་སྔགས་ཏེ་གསུམ་ལྡན་གྱི་གང་ཟག་ཡིན་པས་ཁྱབ་པའི་ཚུལ་འདི། མདོ་དང་རྒྱུད་སྡེ་མ་ལུས་པའི་མངའ་བདག་དཔལ་བརྩེ་བ་ཆེན་པོ་ཡབ་སྲས་ཞབས་ཀྱི་ལུགས་སྲོལ་རྨད་དུ་བྱུང་བའོ། །སྡོམ་པ་གཏོང་བའི་རྒྱུ་ནི་སོ་སོར་ཐར་པ་གཏན་ཁྲིམས་བདུན་པོ་ལ། དགེ་སློང་ལ་སོགས་པའི་བསླབ་པའི་གཞི་རྣམས་ཁ་ཆིག་ཙམ་མ་ཡིན་པ་སྙིང་ཐག་པ་ནས་བརྡ་འཕྲོད་པའི་རྟེན་ཕོ་མོ་གང་རུང་གི་དྲུང་དུ་ཕུལ་བ་དང་སྲོག་གི་དབང་པོ་འགག་ནས་སྡོམ་པ་བླངས་པའི་ལུས་རྟེན་བོར་ཏེ་ཤི་འཕོས་པ་དང་ཕོ་མོའི་མཚན་གཉིས་ཅིག་ཆར་དུ་བྱུང་བ་དང་། སྐྱེས་པ་དང་བུད་མེད་ཀྱི་མཚན་ལན་གསུམ་གྱི་བར་དུ་འགྱུར་བ་དང་ལས་འབྲས་དང་དཀོན་མཆོག་ལ་མེད་པར་ལྟ་བའི་ལོག་ལྟ་སྐྱེས་པས་དགེ་རྩ་གཅོད་པ་སྟེ་རྒྱུ་ལྔ་པོ་རྣམས་ནི་བྱེ་བྲག་སྨྲ་བ་སོགས་སྡེ་པ་རྣམས་ལ། སྤྱིར་གྲགས་པའི་གཏོང་ཚུལ་ཡིན་ཏེ་མཛོད་ལས། བསླབ་པ་ཕུལ་དང་ཤི་འཕོས་དང་། །མཚན་གཉིས་དག་ནི་བྱུང་བ་ལས། །རྩ་བ་ཆད་དང་མཚན་འདས་དང་། །སོ་སོར་ཐར་པའི་འདུལ་བ་གཏོང་། །ཞེས་སོ། །ཡང་སྡེ་པ་སོ་སོའི་འདོད་ཚུལ་སྨོས་མ་ཐག་པའི་ལྔ་པོ་ལས་གཞན་ཡང་མདོ་སྡེ་པ་དང་ཉི་འོག་བྱེ་བྲག་སྨྲ་བ་རྣམས་ནི་རྒྱུ་ལྔ་པོ་དེའི་སྟེང་དུ་ཕམ་པ་བཞི་ལས་གང་རུང་ཞིག་བྱུང་ན་གཏོང་བར་འདོད་ལ། གོས་དམར་བའི་སྡེ་པ་ནི་གཏོང་བའི་རྒྱུ་ལྔ་པོ་དེའི་སྟེང་དུ་དམ་པའི་ཆོས་ནུབ་པར་གྱུར་བས་གཏོང་བའི་ཚུལ་ཡང་ཡོད་དེ་མཛོད་ལས། ཁ་ཅིག་ལྟུང་བར་གྱུར་ལས་སྨྲ། །གཞན་དག་དམ་ཆོས་ནུབ་པ་ལས། །ཞེས་སོ། །ཐོགས་མེད་སྐུ་མཆེད་ནི་ལུང་གི་ཆོས་ནུབ་པ་དེས་སྡོམ་པ་སྔར་ཡོད་མི་གཏོང་སྟེ། ལུང་གི་དམ་ཆོས་མེད་ཀྱང་རྟོགས་པའི་དམ་ཆོས་མ་ནུབ་པའི་ཕྱིར། འོན་ཀྱང་དེའི་ཚེ་སྡོམ་པ་སྔར་མེད་གསར་དུ་མི་སྐྱེ་སྟེ། སྡོམ་པ་འབོགས་པའི་ཆོ་གའི་རྣམ་གཞག་མེད་པའི་ཕྱིར་ཞེས་གསུངས་སོ། །

དུས་ཁྲིམས་བསྙེན་གནས་ཀྱི་སྡོམ་པ་གཏོང་བའི་རྒྱུ་ནི་བསླབ་པ་ཕུལ་བ་སོགས་སྔར་སྨོས་པ་རྣམས་དང་། དེའི་སྟེང་དུ་མཚན་མོ་འདས་པ་ལས་ཀྱང་གཏོང་སྟེ་སྡོམ་པ་དེ་ཉིན་ཞག་གི་མཐའ་ཅན་ཡིན་པའི་ཕྱིར། མཛོད་ལས། རྩ་བ་ཆད་དང་མཚན་འདས་དང་། །ཞེས་དང་། སོར་སྡོམ་གཏོང་བའི་རྒྱུ་གཞན་ཡང་ལོ་ཉི་ཤུ་མ་ལོན་པ་ཞིག་ལོན་པར་འདུ་ཤེས་ཏེ་བསྙེན་པར་རྫོགས་ནས་རྗེས་སུ་ཉི་ཤུ་མ་ལོན་པར་འདུ་ཤེས་པ་དང་བསླབ་པ་ཉམས་པ་བྱས་པ་སོགས་ཀྱང་སོར་སྡོམ། འཇིག་པའི་རྒྱུ་ཡིན་ནོ་བྱང་སེམས་ཀྱི་སྡོམ་པ་གཏོང་བའི་རྒྱུ་ནི། མདོ་སྡུད་པ་ལས། གལ་ཏེ་བསྐལ་བ་བྱེ་བར་དགེ་བའི་ལས་ལམ་བཅུ། །སྤྱོད་ཀྱང་རང་རྒྱལ་དགྲ་བཅོམ་ཉིད་དུ་སེམས་སྐྱེད་ན། །དེ་ནི་ཚུལ་ཁྲིམས་སྐྱོན་བྱུང་ཚུལ་ཁྲིམས་ཉམས་པ་སྟེ། །ཞེས་གསུངས་པས་སྨོན་སེམས་གཏོང་བ་དང་ནམ་སྙིང་མདོར་རྩ་བའི་ལྟུང་བས་དགེ་བའི་རྩ་བ་སྔར་བསྐྱེད་པ་རྣམས་ཐལ་བར་བརླག་སྟེ་ཕམ་པར་འགྱུར་ཞེས་གསུངས་པས་རྩ་བའི་ལྟུང་བ་བཅུ་བཞི་པོ་གང་རུང་གཅིག་བྱུང་བ་སྟེ། དེ་ཉིད་ཕྱིར་བཅོས་མ་གྲུབ་པར་ཉིན་ཞག་གཅིག་གི་ཉིན་ཆ་གསུམ་མཚན་ཆ་གསུམ་དུ་ཕྱེ་བའི་དྲུག་ཆ་གཅིག་ལས། འདས་པས་བྱང་ཆུབ་ཀྱི་སེམས་སྐྱེ་བའི་རྟེན་ནམ་གཞི་ནས་གང་ཟག་དེ་ལ་བྱང་ཆུབ་ཀྱི་སེམས་དང་བྲལ་བས་ཉམས་ཤིང་སྡོམ་པ་གཏོང་བ་ནི་དབུ་མ་པའི་ལུགས་དང་། སེམས་ཅན་གང་ཞིག་གིས་རང་སྲུན་པར་བྱས་ན་ད་ནི་སེམས་ཅན་དེའི་དོན་སྒྲུབ་པར་གཏན་དུ་སྤང་བར་བྱའོ་སྙམ་ནས་བློས་བཏང་བ་དང་མཆོད་འོས་བསྒྲུབ་སོགས་ནག་པོའི་ཆོས་བཞི་ལས་གང་རུང་སྤྱད་པས། སྨོན་འཇུག་གི་སྡོམ་པ་གཉིས་ཅིག་ཆར་དུ་གཏོང་སྟེ་དཀོན་བརྩེགས་ལས། འོད་སྲུང་བྱང་ཆུབ་སེམས་དཔའ་ཆོས་བཞི་དང་ལྡན་ན་བྱང་ཆུབ་ཀྱི་སེམས་བརྗེད་པར་འགྱུར་ཏེ། ཞེས་སོགས་གསུངས་པའི་དགོངས་པ་ཡིན་ཞིང་ཡང་སྙིང་བཀུར་ལ་ཆགས་ཏེ་བདག་བསྟོད་གཞན་སྨོད་སོགས་ཕམ་འདྲ་བཞི་པོ་གང་རུང་རེ་དུས་རྒྱུན་[1]དུ་སྟེ་རྟག་པར་སྤྱོད་ཅིང་ཉེས་སྤྱོད་ལ་འཛེམ་པའི་རང་ངོས་ནས་ངོ་ཚ་དང་མཁན་སློབ་སོགས་གཞན་ངོས་ནས་ཁྲེལ་[2]མེད་པ་དང་། ཕམ་འདྲ་སྤྱད་པ་དེས་ཡིད་མགུ་[3]བར་བྱེད་པ་དང་ཕམ་འདྲའི་ཉེས་པ་ལ་འཇུག་པའི་བྱ་བ་དེ་ལ་མཆོག་ཏུ་འཛིན་པའི་སྒོ་ནས་ཡོན་ཏན་[4]དུ་བལྟ་བ་སྟེ། དེ་ལྟ་བུའི་ཡན་ལག་བཞི་པོ་རྣམས་ཚང་ན་ཀུན་དཀྲིས་ཆེན་པོ་ཞེས་བྱ་སྟེ། དེ་ཉིད་བྱང་ཆུབ་སེམས་དཔའི་སྡོམ་པ་འཇོམས་པའི་རྒྱུར་བྱང་ས་ལས། རྒྱུ་དེ་གཉིས་ཁོ་ནས་བྱང་སྡོམ་གཏོང་བར་འགྱུར་ཏེ། གཉིས་པོ་གང་ཞེ་ན། སྨོན་སེམས་གཏོང་བ་དང་། ཕམ་པའི་ཀུན་དཀྲིས་ཆེན་པོ་ཀུན་ཏུ་སྤྱོད་པའོ། །ཞེས་གསུངས་སོ་ཕམ་འདྲ་བཞི་པོ་ཡང་ཡན་ལག་དག་ལས་གཅིག་གམ་གཉིས་མ་ཚང་ན་འབྲིང་དང་གསུམ་མ་ཚང་ན་ཆུང་ངུ་སྟེ་གཉིས་པོ་ནི་སྡོམ་པ་གཏོང་བའི་རྒྱུ་མིན་པར་བྱང་ས་ལས་གསུངས་སོ། །གོང་དུ་སྨོས་པ་དེ་དག་རིམ་པ་བཞིན་དུ། སྨོན་སེམས་གཏོང་དང

རྩ་ལྟུང་བྱུང་བ་སྟེ། །ཞེས་སོགས་ཚིག་རྐང་གསུམ་གྱིས་ནི་རྒྱལ་སྲས་ཞི་བ་ལྷའི་བསླབ་བཏུས་ཀྱི་དགོངས་པ་དང་། ཕམ་འདྲ་བཞི། རྒྱུན་དུ་སྤྱོད་ཅིང་ངོ་ཚ་ཁྲེལ་མེད་དང་། །ཞེས་སོགས་ཚིག་རྐང་ཕྱེད་དྲུག་ནི་འཕགས་པ་ཐོགས་མེད་ཀྱི་བྱང་སའི་དགོངས་པའོ། །

སྔགས་ཀྱི་སྡོམ་པ་ལ་བྱ་སྤྱོད་རྣལ་འབྱོར་བླ་མེད་དེ། རྒྱུད་སྡེ་བཞི་པོ་རང་རང་གི། །རྩ་ལྟུང་སྤར་སློས་ཟིན་པའི་བྱ་རྒྱུད་ཀྱི་བཅུ་གསུམ། སྤྱོད་རྒྱུད་ཀྱི་བཞི་རྣལ་འབྱོར་རྒྱུད་ཀྱི་བཅུ་གཅིག་བླ་མེད་ཀྱི་བཅུ་གཅིག་གང་རུང་རེ་སྤྱད་པས་རྒྱུད་སྡེ་བཞི་པོ་སོ་སོའི་སྐབས་ཀྱི་དང་པོ་ཁས་བླངས་པའི་དམ་ཚིག་དང་། ཕྱིས་སུ་མི་ཉམས་པར་སྲུང་བའི་སྡོམ་པ་དག་ཟད་པར་བྱས་པའི་ཕྱིར་དེའང་དེའི་སྡོམ་པ་གཏོང་བའི་ཐ་སྙད་གདགས་སུ་རུང་སྟེ་རྒྱུད་སྡོམ་པ་དང་མི་ལྡན་པར་བྱས་པའི་ཕྱིར་རོ། །སོ་ཐར་ལ་སོགས་པའི་སྡོམ་པ་གསུམ་པོ་རང་རང་གི་ཚོག་ལ་བརྟེན་ནས་རིམ་ཅན་གྱིས་རང་གི་རྒྱུད་ལ་བླངས་པའི་གཏོང་ཚུལ་ལ་ལྔ་ལས་དང་པོ། དགེ་སློང་གི་སྡོམ་པ་གཏོང་ནས་གོང་མ་གཏོང་བ་ནི་གསུམ་ལྡན་རྡོ་རྗེ་འཛིན་པའི་དགེ་སློང་གིས། སེམས་ཅན་གཞན་མང་པོའི་དོན་དུ་འགྱུར་བ་དང་འགྱུར་བ་རིག་པ་དང་འགྱུར་བ་ངེས་པ་སོགས་དགེ་བ་འགྲུབ་པའི་དགོས་པ་ཁྱད་པར་ཅན། མཐོང་བས་མི་བཟ་འཕྲད་པའི་དྲུང་དུ་བསླབ་པའི་གཞི་སྙིང་ཐག་པ་ནས་ཕུལ་བ་དང་ཇི་སྲིད་ཁས་བླངས་པའི་སྲུང་མཚམས་ལས་འདས་ཤིང་སྡོམ་པ་བླངས་པའི་རྟེན་པོར་ཏེ་ཤི་འཕོས་པའི་ཚེ། དགེ་སློང་སྡོམ་པ་གཏོང་བའི་རྒྱུ་གཉིས་པོ་གང་རུང་བྱུང་བའི་ཕྱིར་གཏོང་མོད་དེའི་ཚེ་སྡོམ་པ་གོང་མ་བྱང་སྡོམ་དང་སྔགས་སྡོམ་གཉིས། གཏོང་བ་མིན་ཏེ་གཏོང་བའི་རྒྱུ་མ་བྱུང་བའི་ཕྱིར་རོ། །གཉིས་པ་གོང་མ་གཉིས་བཏང་ནས་དགེ་སློང་གི་སྡོམ་པ་མི་གཏོང་བ་ནི་སྡོམ་གསུམ་རིམ་ཅན་དུ་བླངས་པའི་གསུམ་ལྡན་གྱི་དགེ་སློང་གིས་གཞན་དོན་སངས་རྒྱས་ཐོབ་འདོད་ཀྱི་སྨོན་སེམས་བཏང་བ་དང་ཕམ་འདྲ་བཞི་ལས་གང་རུང་ཞིག་ལ་ཡན་ལག་བཞི་ཚང་བའི་ཀུན་དཀྲིས་ཆེན་པོས་སྤྱད་པའི་ཚེ་གོང་མ་སྔགས་དང་བྱང་སེམས་གཉིས། གཏོང་སྟེ་བྱང་སེམས་ཀྱི་སྡོམ་པའི་གཏོང་རྒྱུ་དངོས་སྨོན་སེམས་གཏོང་བའམ་ཕམ་འདྲ་བཞི་ལས་གང་རུང་ཞིག་བྱུང་ཞིང་། སྔགས་ཀྱི་སྡོམ་པའི་རྩ་ལྟུང་ཆོས་ཀྱི་རྩ་བ་བྱང་ཆུབ་སེམས། །དེ་སྤོང་བ་ནི་ལྔ་པ་ཡིན། །ཞེས་གསུངས་པའི་རྩ་བའི་ལྟུང་བ་ལྔ་པའམ་གཉིས་པ་བདེ་གཤེགས་བཀའ་ལས་འདས་པ་སངས་རྒྱས་ཀྱིས་ཕམ་འདྲ་བཞི་བཀག་པའི་ཕྱིར་དེ་དག་བྱུང་བའི་ཕྱིར་རོ་དེའི་ཚེ་དགེ་སློང་གི་སྡོམ་པ་ནི་གཏོང་བའི་རྒྱུ་མ་བྱུང་བའི་ཕྱིར། གཏོང་བ་མིན་ཞིང་གཏོང་ཚུལ་གསུམ་པ་ནི་སྡོམ་གསུམ་རིམ་ཅན་དུ་བླངས་པ་དེ་ལྟ་བུའི་དགེ་སློང་གིས། གཞན་དོན་འགྱུར་བ་སོགས་དགོས་པ་ཁྱད་པར་ཅན་མེད་པར་མི་ཚངས་པ་སྤྱོད་པ་སོགས་ཕམ་པ་བཞི་པོ་ལས་གང་རུང་ཞིག་འཆབ་སེམས་དང་བཅས་ཏེ། སྤྱད་

པས་དགེ་སློང་གི་སྡོམ་པ་དང་སྔགས་ཀྱི་སྡོམ་པ་གཉིས་ཀ་གཏོང་སྟེ་དགེ་སློང་གི་སྡོམ་པ་གཏོང་བྱེད་ཕམ་པ་དང་སྔགས་ཀྱི་སྡོམ་པ་གཏོང་བྱེད་རྩ་ལྟུང་གཉིས་པ་བདེ་གཤེགས་བཀའ་འདས་དག བྱུང་ཟིན་པའི་ཕྱིར་ན་{ཏོ། །}བྱང་སྡོམ་ནི་རང་གི་ཚོ་གས་ཐོབ་ཅིང་དེའི་གཏོང་བའི་རྒྱུ་{དབུ་མ་ལུགས་ལ། སྨོན་སེམས་གཏོང་བ་དང་། རྩ་ལྟུང་བཅུ་བཞི་ལས་གང་རུང་ཞིག་བྱུང་བས་གཏོང་ཞིང་། དཀོན་བརྩེགས་ཀྱི་དགོངས་པ་ནི། སེམས་ཅན་བློས་བཏང་བ་དང་། ནག་པོའི་ཆོས་བཞི་ལས་གང་རུང་ཞིག་སྤྱད་པས་གཏོང་ངོ་། །སེམས་ཙམ་པའི་ལུགས་ལ། སྨོན་སེམས་བཏང་བ་དང་། ཀུན་དཀྲིས་དྲག་པོའི་སྒོ་ནས་ཕམ་འདྲ་བཞི་གང་རུང་སྤྱད་པས་བྱང་སྡོམ་གཏོང་བར་འདོད་དོ། །}མ་བྱུང་བའི་ཕྱིར་གཏོང་བའི་ཁོངས་སུ་མ་གཏོགས་སོ། །གཏོང་ཚུལ་བཞི་པ་ནི་རིམ་ཅན་ཐོབ་པའི་དགེ་སློང་གིས་སྔགས་ཀྱི་རྩ་ལྟུང་ཡོངས་སུ་མ་སྨིན་སེམས་ཅན་ལ། །གསང་བ་སྒྲོགས་པ་བདུན་པ་ཡིན། །ཞེས་པས་རྩ་ལྟུང་བདུན་པ་གསང་སྒྲོགས་དང་། བརྒྱད་པ་དང་། དགུ་པ་ལ་སོགས་པ། གསང་སྔགས་རང་གི་ཐུན་མོང་མིན་པའི་ལྟུང་བ་རྣམས་ཡན་ལག་ཚང་བའི་སྒོ་ནས་སྤྱད་པས་སྔགས་ཀྱི་སྡོམ་པ་ཉིད་རྩ་ལྟུང་བྱུང་བའི་ཕྱིར་ན༑ གཏོང་མོད་སྡོམ་པ་འོག་མ་སོ་བྱང་གཉིས་ནི་གཏོང་བ་མིན་ཏེ་རང་རང་གི་གཏོང་བའི་རྒྱུ་མ་བྱུང་བའི་ཕྱིར་རོ༑ ༑

གཏོང་ཚུལ་ལྔ་པ་ནི་གཞན་དོན་སངས་རྒྱས་ཐོབ་འདོད་ཀྱི། སྨོན་སེམས་བཏང་ནས་སོ་ཐར་གྱི་སྐབས་སུ་བཤད་པའི་ཕམ་པ་བཞི་ལས་གང་རུང་ཞིག་སྤྱད་པས་སྡོམ་པ་གསུམ་ཆར་གཏོང་སྟེ་བྱང་སྡོམ་གཏོང་བའི་རྒྱུ་སྨོན་སེམས་བཏང་བའི་ཕྱིར་དང་། སོར་སྡོམ་གཏོང་བའི་རྒྱུ་ཕམ་པ་བྱུང་བའི་ཕྱིར་དང་། སྔགས་སྡོམ་གཏོང་བའི་རྒྱུ། རྩ་ལྟུང་ལྔ་པ་དང་གཉིས་པ་དག་བྱུང་བའི་ཕྱིར་ཏེ་དེའི་རྒྱུ་མཚན་སོང་ངོ་། །བྱེ་བྲག་གི་གཏོང་ཚུལ་ལྔ་སློས་ཟིན་ནས་སྤྱིར་བཏང་གི་དབང་དུ་བྱས་ན་འོག་མ་བྱང་སེམས་ཀྱི་སྡོམ་པ་གཏང་བས་གོང་མ་སྔགས་ཀྱི་སྡོམ་པ་ཡང་། གཏོང་སྟེ་བྱང་སྡོམ་གཏོང་བའི་རྒྱུ་ཕམ་འདྲ་བཞི་གང་རུང་སྤྱོད་པ་དང་སྨོན་སེམས་གཏོང་བ་གཉིས་པོ་རིམ་བཞིན་སྔགས་ཀྱི་རྩ་ལྟུང་གཉིས་པ་དང་། ལྔ་པ་དག་ཡིན་པའི་ཕྱིར་དང་། སྔགས་སྡོམ་ཡང་སྔ་མ་བྱང་སེམས་སྡོམ་པའི་བྱེ་བྲག་ཡིན་པའི་ཕྱིར་སྤྱི་གཏོང་ན་བྱེ་བྲག་གཏོང་བས་ཁྱབ་སྟེ། དཔེར་ན། སྤྱི་ཤིང་མེད་ན་བྱེ་བྲག་ཤུག་པ་མེད་པས་ཁྱབ་པ་བཞིན་ནོ། །དེ་བཞིན་དུ་སོ་ཐར་རིགས་བདུན་ཉན་ཐོས་རང་གི་ཚོ་ག་ལ་བརྟེན་ནས་ཐོབ་པའི་ལྡོག་ཆ་བཏང་ནས་གོང་མ་གཉིས་མི་གཏོང་བ་ཡང་ཡོད་པ་ཡིན་གྱི་སོ་ཐར་རིགས་བདུན་ཉན་ཐོས་རང་གི་ཚོ་གའི་ལྡོག་ཆ་ལས་ཐོབ་པ་མིན་པའི་སྔགས་སྡོམ་དང་བྱང་སྡོམ་གཉིས་ཀྱི་སྔོན་འགྲོའི་སྐབས་ནས་ཐོབ་པའི་སོ་ཐར་ཙམ། བཏང་བས་གོང་མ་སྔགས་དང་བྱང་སེམས་གཏོང་སྟེ་སྡོམ་པ་གོང་མ་དེ་གཉིས་ཀྱང་། སྤྱི་

གོང་མ་གཉིས་ཀྱི་ཆོ་ག་ལས་ཐོབ་པའི་སོ་ཐར་ཙམ་གྱི་སྡོམ་པའི་བྱེ་བྲག་ཡིན་པའི་ཕྱིར་རོ། །

སྡོམ་པ་འོག་མ་གཉིས་ལེན་པའི་ཆོ་ག་སྔོན་དུ་མ་སོང་བར་སྔགས་ཀྱི་དབང་ཆོག་གཅིག་པུ་བོ་ན་ལས་སྡོམ་པ་གསུམ་ཅིག་ཅར་དུ་ཐོབ་པ་ལ་ནི། སྔགས་ཀྱི་རྩ་ལྟུང་བཅུ་བཞི་ལས་གང་རུང་ཞིག་བྱུང་ཚེ་སྡོམ་པ་གསུམ་ཆར་གཏོང་སྟེ་ལྡོག་པའི་སྒོ་ནས་གསུམ་དུ་ཕྱེ་བ་ཙམ་ལས་ངོ་བོ་གཅིག་ཡིན་པའི་ཕྱིར་དང་། ལེན་བྱེད་ཀྱི་ཆོ་ག་ཡང་འོག་མ་གཉིས་ལ་མ་ལྟོས་པར་སྔགས་ཀྱི་ཆོ་ག་གཅིག་པུ་ལས་ཐོབ་པའི་ཕྱིར་རོ། །འོན་ཀྱང་སྔགས་ཀྱི་རྩ་ལྟུང་བྱུང་བ་དེའི་ཚེ་སྔོན་པ་བྱང་ཆུབ་ཀྱི་སེམས་མ་བཏང་ན་དབང་ཆོག་ལས་ཐོབ་པའི་བྱང་སེམས་སྡོམ་པ་ཡི། ལྡོག་པའི་ཆ་ཙམ་དེ་གཏོང་སྟེ་དེ་ཡང་བྱང་ཆུབ་སེམས་ཀྱི་ལྡོག་པའི་ཆ་ནི། མི་བཏང་བ་ཡང་ཡོད་དོ། །སོར་སྡོམ་ལེན་པའི་ཆོ་ག་སྔོན་དུ་མ་སོང་བ་སེམས་བསྐྱེད་ཀྱི་ཆོ་ག་དབུ་སེམས་ཀྱི་ལུགས་གཉིས་པོ་གང་རུང་ལ་བརྟེན་ནས། སོ་བྱང་གཉིས་ལྡན་ཐོབ་ལའང་རིག་པའི་ཚུལ་སྔ་མ་བཞིན་དུ་འགྲེ་དེ། དེ་ཡང་བྱང་སྡོམ་གཏོང་བའི་རྒྱུ་བྱུང་བའི་ཚེ་སོ་བྱང་གཉིས་ཆར་གཏོང་སྟེ། སོ་བྱང་གཉིས་ལྡོག་པའི་སྒོ་ནས་ཕྱེ་བ་ཙམ་ལས་ངོ་བོ་གཅིག་ཡིན་པའི་ཕྱིར་དང་། ཉན་ཐོས་རང་གི་ཆོ་ག་ལ་མ་ལྟོས་པར་སེམས་བསྐྱེད་རང་གི་ཆོ་ག་གཅིག་པུ་ལས་ཐོབ་པའི་ཕྱིར་རོ། །ཀུན་སློང་སེམས་བསྐྱེད་ཀྱིས་ཟིན་པའི་སྒོ་ནས་བླངས་པའི་ཐེག་ཆེན་སོ་ཐར་དགེ་སློང་དང་དགེ་ཚུལ་གྱི་སྡོམ་པ་སོགས་ཀྱི། ལྡོག་པའམ་ངོ་བོ་ཉན་ཐོས་ཀྱི་ཆོ་ག་ལས་ཐོབ་པའི་གདན་ཁྲིམས་ཡིན་པའི་ཕྱིར་དང་རབ་དབྱེར། ཐེག་ཆེན་སོ་སོར་ཐར་མིན་ཡང་། །དགེ་སློང་ལ་སོགས་སྡོམ་པ་ཡི། །ལྡོག་པ་ཤི་བའི་ཚེ་ན་གཏོང་། །ཞེས་གསུངས་པས་ཤི་འཕོས་པ་དང་བསླབ་པ་ཕུལ་བ་སོགས་ཀྱིས་བཏང་ཡང་འོན་ཀྱང་ཀུན་སློང་བྱང་ཆུབ་སེམས་ཀྱི་ལྡོག་པ་དང་། སྡོམ་པ་སྲུང་བའི་ཕན་ཡོན་ནི་གྲོག་གི་དབང་པོ་འགགས་ཏེ་ཤི་འཕོས་ནས་ཀྱང་གང་ཟག་རྗེས་སུ་འབྲང་སྟེ་འཛམ་དབྱངས་བླ་མས། བྱང་ཆུབ་སེམས་ཀྱི་ལྡོག་པ་དང་། །དེ་ཡི་འབྲས་བུ་ཤི་ཡང་འབྱུང་། །ཞེས་གསུངས་པའི་ཕྱིར་རོ། །སྡོམ་པ་གསུམ་ལྡན་གྱི་གང་ཟག་གིས་སྡོམ་པ་གསུམ་གྱི་ཉམས་ལེན་སྙིང་པོར་དྲིལ་བར་གསུམ་ལྡན་དགེ་སློང་རྡོར་འཛིན་གྱིས། དུས་ཇི་སྲིད་དུ་བསྐྱེད་རྫོགས་རིམ་གཉིས་ཀྱི་ཏིང་ངེ་འཛིན་ལ་བརྟན་པ་ཐོབ་ནས་མཐར་ཕྱིན་ཏེ། བསླབ་པའི་སྲུང་མཚམས་དང་དབང་ལེན་པའི་ཆོ་གའི་འབད་རྩོལ་ལ་མི་ལྟོས་པས་དབང་ལས་གྲོལ་བའི་རིམ་གཉིས་ཀྱི་རྟོགས་པ་ནི། དྲོད་ཆུང་འབྲིང་ཆེན་པོའི་ཏིང་ངེ་འཛིན་ལ་བརྟན་པར་མ་གྱུར་གྱི་བར་དེ་སྲིད་དུ་ལས་དང་པོ་པའི་གང་ཟག་གི་རྒྱུད་ཀྱི་སོ་ཐར་སོགས་སྡོམ་གསུམ་གྱི་བསླབ་བྱ་རྣམས་དགོས་པ་ཁྱད་པར་ཅན་མེད་པའི་ཚེ། སྤང་བླང་སོ་སོའི་གཞུང་ནས་འབྱུང་བ་མཉམ་པ་རྣམས་སྡོམ་པ་གསུམ་ཀ་དང་མི་འགལ་བར། སྲུང་པར་བྱ་དགོས་ཏེ་གསང་བ་འདུས་པའི་བཤད་རྒྱུད་ལས། ཕྱི་རུ་ཉན་ཐོས

སྤྱོད་པ་བསྲུང་། །ནང་དུ་འདུས་པའི་དོན་ལ་དགའ། །ཞེས་དང་། གུར་ལས། ཉན་ཐོས་སྤྱོད་པ་བསྲུང་བ་པོ། །ཞེས་སོགས་མང་དུ་གསུངས་པའི་ཕྱིར་རོ། །འོན་ཀྱང་སྡོམ་པ་གསུམ་གྱི་བསླབ་བྱ་ནང་ཕན་ཚུལ་འགལ་ན་གོང་མ་གོང་མ་ཡི། བསླབ་བྱའི་དབང་དུ་བྱས་ཏེ་བསྲུང་དགོས་ཏེ་དེའི་རྒྱུ་མཚན་ཡང་། སྡོམ་པ་ཉི་ཤུ་པར། སྙིང་རྗེ་ལྡན་ཞིང་བྱམས་ཕྱིར་དང་། །སེམས་དགེ་བ་ལ་ཉེས་པ་མེད། །ཅེས་དགོས་པ་ཁྱད་པར་ཅན་ཡོད་པའི་ཚེ་ལུས་ངག་གི་བཅས་པ་རྣམས་གནང་བའི་ཚུལ་གསུངས་པ་དང་། སྡོམ་པ་འོག་མ་དག་གནས་གྱུར་ནས་སྡོམ་པ་གོང་མའི་ངོ་བོར་ཡོད་པའི་ཕྱིར་རོ། །འོན་ཀྱང་དང་པོའི་ལས་པ་སྐྱེ་ལས་དང་པོ་པས་དགག་བྱ་སྡོམ་པ་འོག་མའི་སྐབས་ཀྱི་ཉེས་པ་ཆེ་བ་ཞིག་དང་། དགོས་པ་གཞན་དོན་འགྱུར་བ་སོགས་རང་རྒྱུད་ལ་དགེ་བ་རྒྱ་ཆེན་ཞིག་འགྲུབ་པའི་ཐབས་ཁྱད་པར་ཅན་ཞིག་རྩིར་མེད་པ་དགོས་པ་ཆུང་ན་དང་། གོང་མའི་ཡན་ལག་གི་ལྟུང་བ་འགའ་ཞིག་དང་འོག་མའི་རྩ་ལྟུང་ལྟ་བུ་ནང་འགལ་བྱུང་བའི་ཚེ། སྡོམ་པ་འོག་མ་གཙོ་བོར་བྱ་དགོས་ཏེ། དེ་སྐད་དུ་ཡང་འཇམ་དབྱངས་བླ་མས། བཀའ་གདམས་དོར་གོར་བའི་དྲིས་ལན་དུ། དགག་བྱ་དང་ནི་དགོས་པ་གཉིས། །གཙོ་བོ་གང་ཆེས་དབང་དུ་ཐོང་། །ཞེས་དང་། སྤྱོད་འཇུག་ལས། འདི་ལྟར་སྦྱིན་པའི་དུས་དག་ཏུ། །ཚུལ་ཁྲིམས་གཏང་སྙོམས་བཞག་པར་གསུངས། །འདིར་སྦྱིན་པའི་དུས་སུ་ཚུལ་ཁྲིམས་གཏང་སྙོམས་སུ་བཞག་ཆོག་པའང་གཏན་པ་མེད་པའི་མཆོད་སྦྱིན་ལྟ་བུ་སྦྱིན་པ་རྒྱ་ཆེན་གྱི་དུས་སུ་ཡིན་ཞིང་། དེའང་སྒོ་གཏན་མེད་པའི་ཁང་པར་གནས་པའི་ལོངས་སྤྱོད་རྣམས་སློང་མོ་བས་ཇི་ལྟར་འདོད་པ་བཞིན་དུ་ལོངས་སྤྱོད་ཆོག་པ་ལྟར་སྦྱིན་པ་པོའི་ལོངས་སྤྱོད་རྣམས་སློང་མོ་བ་དག་གིས་རང་རང་གི་ཇི་ལྟར་འདོད་པ་ལྟར་ལོངས་སྤྱོད་ཆོག་པ་ནི་གཏན་པ་མེད་པའི་མཆོད་སྦྱིན་ཞེས་བྱའོ། །ཞེས་སོགས་གསུངས་སོ། །རྒྱུ་མཚན་དེས་ན་སོ་སོ་སྐྱེ་བོའི་རང་གི་རྒྱུད་ཚོད་དང་དགོས་པ་སོགས་ལ་བློ་བསྟུན་པར་བྱས་ནས་སྡོམ་པ་གསུམ་ཉམས་སུ་ལེན་པ་གཅེས་སོ། །

སོ་ཐར་ལ་སོགས་པ་སྡོམ་པ་གསུམ་པོ་རེ་རེ་ལའང་སུམ་ལྡན་དུ་སྒྲུབ་པའི་ཚུལ་རྣམས་ལས་ཐོག་མར། སོ་སོར་ཐར་པའི་ཉམས་ལེན་ལ་གསུམ་ལྡན་དུ་བསྒྲུབ་ཚུལ་ནི་དཔེར་ན་སྡོམ་པ་གསུམ་ལྡན་གྱི་གང་ཟག་རང་གི་རྒྱུད་ལ། ཉོན་མོངས་པ་འདོད་ཆགས་ལྟ་བུ་ཞིག་སྐྱེས་པའི་ཚེ་དེའི་གཉེན་པོ་ཀེང་རུས་ཡིད་ལ་བྱེད་པ་སོགས་མི་སྡུག་པ། བསྒོམ་པ་དང་རང་ཉིད་དགེ་སློང་ལ་སོགས་པའི་རྟེན་གྱི་གང་ཟག་ཡིན་པ་ལ་བསམ་ནས་ངོ་ཚ་ཤེས་པ་དང་ཁྲེལ་ཡོད་པས། ཆགས་པ་སྤོང་བ་སོ་ཐར་སྡོམ་པའི་ཉམས་ལེན་དང་དེའི་སྟེང་དུ། སེམས་ཅན་གཞན་གྱི་འདོད་ཆགས་སྐྱེས་པ་རྒྱུ་འབྲས་བུ་རྣམ་སྨིན་ཡིད་དུ་མི་འོང་བ་སྡུག་བསྔལ་དང་བཅས་པ་མ་ལུས་པ། གང་ཟག་རང་གི་རྒྱུད་ལ་ཚུར་ལེན་ཅིང་རང་གི་འདོད་ཆགས་སྤོང་བའི་དབང་གི་འབྲས་བུ་བདེ་བ་དང་། ཆགས་པ་སྤོང་

བའི་རྒྱུ་དགེ་བ་རྣམས་སེམས་ཅན་གཞན་ལ་ཕར་གཏོང་བར་བྱས་ནས། ལྷ་དང་མི་ལ་སོགས་པའི་འགྲོ་བ་ཀུན་ལ་རྒྱུ་འདོད་ཆགས་མེད་པའི་འབྲས་བུ་བདེ་བ་དང་། ལྡན་པར་ཞིག་བསྒོམ་པ་ནི་བྱང་སྡོམ་གྱི་ཉམས་ལེན་དང་དེའི་རྗེས་སུ། རང་གི་རྩ་བའི་བླ་མ་ཉིད་མོ་སྤྱི་བོའམ་མཚན་མོར་སྙིང་གར་བསྒོམ་པ་ལ། གུས་འདུད་དྲག་པོས་འདོད་ཆགས་མེད་པར་བྱིན་གྱིས་བརླབ་ཏུ་གསོལ་ཞེས་གསོལ་བ་རྩེ་གཅིག་ཏུ་བཏབ་ནས་གསོལ་བ་འདེབས་པ་པོ་རང་གི་སེམས་ལ་གསལ་སྟོང་གཉིས་ལས་གསལ་བའི་ཆ་རགས་པ། ཆགས་པའི་ངོ་བོར་ཤར་བ་གང་ཡིན་པ་དེ་ཉིད་རིགས་ལྔ་ལས་འོད་དཔག་མེད་པའི་རྣམ་པར་བསྒོམ་སྟེ་སེམས་ཀྱི་གསལ་ཆ་ཆགས་པར་ཤར་བ་བདེ་བ་དང་། དེའི་ངོ་བོ་དབྱིབས་ཁ་དོག་གང་དུ་ཡང་མ་གྲུབ་པའི་སྐྱེ་འགགས་གནས་གསུམ་དང་བྲལ་བའི་སྟོང་པ་དབྱེར་མི་ཕྱེད་པའི་ཟུང་འཇུག་གི་ངང་ལ་རྩེ་གཅིག་ཏུ་མཉམ་པར་བཞག་པ་ནི་སྔགས་སྡོམ་གྱི་ཉམས་ལེན་ནོ། །དེ་བཞིན་དུ་ཞེ་སྡང་དང་གཏི་མུག་ལ་སོགས་པའི་ཉོན་མོངས་པ་གཞན་རྣམས་སྐྱེས་པ་ལ་ཡང་། འདོད་ཆགས་སྐྱེས་པའི་ཚེ་དེའི་གཉེན་པོ་ལ་གསུམ་ལྡན་དུ་ཉམས་སུ་ལེན་ཚུལ་བཤད་མ་ཐག་པ་དེའི་རུང་མཐུན་སྦྱར་བའི་ཚུལ་རིག་འགྲེ་སྟེ། ཞེ་སྡང་སྐྱེས་ཚེ་གཉེན་པོ་བྱམས་པ་ཉིད། །བསྒོམ་ན་རྟེན་གྱི་ངོ་ཚ་ཁྲེལ་ཡོད་པས། །སྤྱང་བ་སོ་ཐར་སྡོམ་པ་དེའི་སྙིང་དུ། །གཞན་གྱི་ཞེ་སྡང་རྒྱུ་འབྲས་མ་ལུས་པ། །ཞེས་སོགས་ཚིག་བསྒྱུར་ཏེ་འདོན་པས་སོ་བྱང་སྔགས་ཀྱི་སྡོམ་པའི་ཉམས་ལེན་དང་བཅས་སྟེ། དེ་ལྟར་སོ་ཐར་གྱི་སོ་ཐར་དང་། སོ་ཐར་གྱི་བྱང་སེམས་དང་སོ་ཐར་གྱི་སྔགས་ཏེ། སོ་སོར་ཐར་ལ་སྡོམ་པ་གསུམ་ཚར་དང་ལྡན་པའི་ཉམས་སུ་ལེན་ཚུལ་ལོ། །གཉིས་པ་བྱང་ཆུབ་སེམས་དཔའི་སྡོམ་པ་སུམ་ལྡན་དུ་ཉམས་སུ་ལེན་པའི་ཚུལ་ནི་དཔེར་ན་སློང་མོ་བ་དག་ལ་གོས་སོགས་ཟང་ཟིང་གི་སྦྱིན་པ་གཏོང་བའི་ཚེ། བག་མེད་པར་འགྱུར་བའི་ཆང་དང་ཕུང་བར་བྱེད་པའི་དུག་དང་གནོད་པར་བྱེད་པའི་མཚོན་ཆ་དང་བསད་ཤ་སོགས་གཞན་ལ་འདི་དང་ཕྱི་མར་གནོད་པའི་རྒྱུར་འགྱུར་བའི་མ་དག་པའི་སྦྱིན་པ་རྣམས་སྤོང་བ་ནི་སོ་སོར་ཐར་པའི་ཉམས་ལེན་དང་། ཟང་ཟིང་གི་དངོས་པོ་སྦྱིན་པའི་སྒོ་ནས་འཁོར་དུ་མ་འདུས་པ་རྣམས་རང་གི་འཁོར་དུ་བསྡུས་ནས་སེམས་ཅན་དེ་དག་ལ་ཟབ་པ་དང་རྒྱ་ཆེ་བའི་ཐེག་པ་ཆེན་པོའི་ཆོས་བཤད་དེ་གནས་སྐབས་ཕན་པ་དང་མཐར་ཐུག་བདེ་བ་ལ། འགོད་ཅིང་དེའི་ཚེ་འཁོར་གསུམ་མི་དམིགས་པའི་ཤེས་རབ་ཀྱིས་རྒྱས་ཟིན་པ་ནི་བྱང་སེམས་སྡོམ་པའི་ཉམས་ལེན་དང་། དེ་སྐབས་ཀྱི་སྣང་བའི་ཆོས་ཀུན་ཀྱང་བསྐྱེད་རིམ་གྱི་དུས་སུ་ཕྱི་སྣོད་ཀྱི་འཇིག་རྟེན་དང་ནང་བཅུད་ཀྱི་སེམས་ཅན་ལ་ཐ་མལ་དུ་ཞེན་པའི་རྣམ་རྟོག་སྤྱངས་ནས། ཕྱི་སྣོད་ལ་གཞལ་ཡས་ཁང་དང་ནང་བཅུད་ལ་ལྷ་དང་རྫོགས་རིམ་གྱི་དུས་སུ་གྲུ་ནོམ་ལྟར་ཞེན་གྱི་རྟོག་པ་ཡང་སྤྱངས་ནས་མི་འགྱུར་བ་རྣམ་ཀུན་མཆོག་དང་ལྡན་པའི་ཡེ་ཤེས་འབའ་ཞིག་གི་

རང་བཞིན་དུ། བལྟ་བར་བྱས་ཏེ་ལོངས་སྤྱོད་པ་ནི་སྔགས་ཀྱི་སྡོམ་པའི་ཉམས་ལེན་ཏེ་དེ་བཞིན་དུ་ཚུལ་ཁྲིམས་ལ་སོགས་པ་ཕར་ཕྱིན་དྲུག་ཀ་ལ་ཡང་རིགས་འགྲེ་སྦྱར་བ་བྱས་ནས་ཉམས་སུ་ལེན་པ་ནི་བྱང་ཆུབ་སེམས་དཔའི་སྡོམ་པ་ལ་གསུམ་ལྡན་དུ་སྒྲུབ་ཚུལ་ལོ། །

གསུམ་པ་སྔགས་ཀྱི་སྡོམ་པ་ལ་གསུམ་ལྡན་དུ་ཉམས་སུ་ལེན་པའི་ཚུལ་ནི་དཔེར་ན་བདེ་ཀྱི་གསང་གསུམ་ལྷ་བུའི་སྒྲུབ་ཐབས་གཅིག་ལ་ཡང་། སྔོན་འགྲོ་སྐྱབས་སེམས་ཡིག་བརྒྱ་སོགས་ཀྱིས་ཡན་ལག་གི་ཉེས་པས་སྡོམ་པ་གསུམ་ཉམས་པ་སོར་ཆུད་ཅིང་དངོས་གཞི་ལ། ཕྱི་སྣོད་ཀྱི་འཇིག་རྟེན་དང་ནང་བཅུད་ཀྱི་སེམས་ཅན་གྱི་མ་དག་པའི་སྐྱོན་སྣང་ཞིང་དག་པ་གཞལ་ཡས་ཁང་དང་ལྷའི་ངོ་བོར་བསྒྱུར་བ་དག་ལའང་སྣོད་བཅུད་ལ་མ་དག་པར་འཛིན་པའི་རྣམ་རྟོག་གི་གཉེན་པ་སྤང་བ་དང་དག་པ་ལྷ་དང་གཞལ་ཡས་ཁང་གི་ངོ་བོར་བྱིན་གྱིས་བརླབ་པའི་ཆ་ནས་ཕན་པ་སྒྲུབ་པ་དག །དུས་གཅིག་ཆར་དུ་འཇུག་པའི་ཕྱིར་སོ་ཐར་དང་བྱང་སེམས་གཉིས་ཀའི་ཉམས་ལེན་ཡང་ཚང་ཞིང་། ཚོ་གའི་དངོས་གཞིའི་ངོ་བོ་དེ་དབང་གོང་མ་གསུམ་ལས་གཙོ་བོར་དབང་གསུམ་པའི་བདེ་བ་ཆེན་པོའི་ཡེ་ཤེས་ལམ་བྱེད་ཀྱི་སྒྲུབ་ཐབས་ཡིན་པའི་ཕྱིར་ན་སྔགས་སྡོམ་དངོས་ཡིན་པ་དང་། ཐུན་ལས་ལྡང་བའི་རྗེས་ཀྱི་སྤྱོད་ལམ་དགེ་བའི་རྩ་བ་སངས་རྒྱས་སུ་བསྔོ་བ་སོགས་ཀྱིས་འགྲོ་བ་རྣམས་མངོན་མཐོ་དང་ངེས་ལེགས་ཀྱི་དོན་སྒྲུབ་ལའང་མི་མཐུན་པའི་ཕྱོགས་སྤང་བའི་ཆ་ནས་སོ་ཐར་དང་། གཞན་ལ་ཕན་པ་སྒྲུབ་པའི་ཆ་ནས་བྱང་སྡོམ་དང་། དེ་ཀུན་ལྷ་དང་ཡེ་ཤེས་ཀྱི་རྣལ་རོལ་དུ་བྱིན་གྱིས་བརླབས་པའི་ཆ་ནས་སྔགས་སྡོམ་སྟེ་སྡོམ་པ་གསུམ་ལྡན་དུ་ཚང་བའི་ཚུལ་རྒྱ་བ་དེ་ལྟ་བུ་ནི་སྔགས་ཀྱི་སྡོམ་པའི་ཐབས་མཁས་ཀྱི་ཁྱད་པར་རྟེན་འབྲེལ་གྱི། ཆོས་ཉིད་སོ་སྐྱེ་ཉན་རང་སོགས་ཀྱི་བསམ་པའི་བློ་ལས་འདས་པའི་ཡོ་ལང་ངམ་ཆོ་འཕྲུལ་སྟེ། དཔེར་ན་རྣལ་འབྱོར་དབང་ཕྱུག་གི་མན་ངག་གསུང་ངག་རིན་པོ་ཆེ་ལམ་འབྲས་ལས་བུམ་དབང་སོགས་དབང་བཞིའི་བསྐྱེད་པའི་རིམ་པ་དང་། ལམ་ཙཎྜ་ལི་དང་། ལམ་ཡོ་ཥ་དང་། ལམ་རྡོ་རྗེའི་རྦ་རླབས་ཏེ་བཞི་པོ་ལམ་རེ་རེའང་བསྐྱེད་རིམ་གྱི་བསྐྱེད་རིམ་དང་། བསྐྱེད་རིམ་གྱི་ཙཎྜ་ལི་དང་། བསྐྱེད་རིམ་གྱི་ཡོ་ཥ་དང་། བསྐྱེད་རིམ་གྱི་རྡོ་རྗེའི་རྦ་རླབས་དང་། དེ་བཞིན་དུ་ཙཎྜ་ལིའི་བསྐྱེད་རིམ་དང་། ཙཎྜ་ལིའི་ཙཎྜ་ལི་དང་། ཙཎྜ་ལིའི་ཡོ་ཥ་དང་། ཙཎྜ་ལིའི་རྡོ་རྗེའི་རྦ་རླབས། ཡང་ཡོ་ཥའི་བསྐྱེད་རིམ་དང་། ཡོ་ཥའི་ཙཎྜ་ལི་སོགས་བཞི་བཞི་དང་ལྡན་པ་ཉིད་དུ། ཉམས་སུ་ལེན་པའི་ཚུལ་གསལ་བར་གསུངས་ཤིང་དཔལ་གསང་བ་འདུས་པའི་མན་ངག་འགའ་ཞིག་ལས། སེམས་དབེན་ངག་དབེན་སྒྱུ་ལུས་འོད་གསལ་ཟུང་འཇུག་སྟེ་རིམ་པ་ལྔ་ཡི། རིམ་པ་རེ་རེའང་སེམས་དབེན་གྱི་སེམས་དབེན་དང་། སེམས་དབེན་གྱི་ངག་དབེན་སེམས་དབེན་གྱི་སྒྱུ་ལུས། སེམས་དབེན་གྱི་འོད་

གསལ། སེམས་དབེན་གྱི་ཟུང་འཇུག་དང་། དེ་བཞིན་དུ་ངག་དབེན་གྱི་སེམས་དབེན་སོགས་ལྔ་ལྔ་དང་**ལྡན**་པ་**སྒྲུབ**་པའི་ཚུལ་བཤད་པ་དང་། འཁོར་ལོ་བདེ་མཆོག་**གསང་མཐའི**་མན་ངག་འགའ་ཞིག་ལས་**སྒྲུབ་ཐབས**་ཀྱི་སྐྱེ་ཕྱི་རྟེན་དང་བརྟེན་པ་བཅས་པ་བསྐྱེད་པ་སྤྲུལ་སྐུ་ལམ་དུ་བྱེད་པ་དང་། ནང་ལུས་ལ་རྟེན་དང་བརྟེན་པ་བཅས་པ་བསྐྱེད་པ་ལོངས་སྐུ་ལམ་དུ་བྱེད་པ་དང་། རྫོགས་རིམ་གྱི་ཉམས་ལེན་ཆོས་སྐུ་ལམ་དུ་བྱེད་པ་སྟེ་**སྐུ་གསུམ་ལམ་བྱེད**་ཀྱི་ཉམས་ལེན་ལ་སྦྱར་ཞིང་། བྱེ་བྲག་ཏུ་སྐུ་གསུམ་པོ་དེ་**རེ་རེའང**་སྤྲུལ་སྐུའི་སྤྲུལ་སྐུ་དང་། སྤྲུལ་སྐུའི་ལོངས་སྐུ་དང་། སྤྲུལ་སྐུའི་ཆོས་སྐུ་དང་། དེ་བཞིན་དུ་ལོངས་སྐུའི་སྤྲུལ་སྐུ་སོགས་**གསུམ**་གསུམ་དང་**ལྡན་པ་ཉིད་དུ་གསུངས་པས**་ཆོས་ཉིད་བསམ་གྱིས་འདས་པའི་ཚོ་འཕྲུལ་ཡིན་པར་**ཤེས**་ནུས་སོ། །དེ་ལྟར་གོང་དུ་སྨོས་པའི་**སྔགས་སུ**་ཐབས་མཁས་ཀྱི་ཁྱད་པར་གྱི་ཆོས་ཉིད་བསམ་ལས་འདས་པའི་ཚུལ་མང་པོ་ཞིག་གསུངས་པ་འབའ་ཞིག་ཏུ་**མ་ཟད་རྒྱ་ཕ་རོལ་ཏུ་ཕྱིན**་པའི་**གཞུང**་མངོན་པར་རྟོགས་པའི་རྒྱན་**ལས**། སྒྲུབ་པ་ལ་གོ་སྒྲུབ་འཇུག་སྒྲུབ་ཚོགས་སྒྲུབ་ངེས་འབྱུང་གི་སྒྲུབ་པ་སྟེ་བཞི་གསུངས་པ་ལས། གོ་སྒྲུབ་ཉམས་སུ་ལེན་པའི་ཚུལ། དེ་ཉིད་ལས། དེ་དག་སོ་སོ་སྦྱིན་ལ་སོགས། །རྣམ་པ་དྲུག་ཏུ་བསྡུས་པ་ཡིན། །གོ་ཆའི་སྒྲུབ་པ་གང་ཡིན་པ༐ །དྲུག་ཚན་དྲུག་གིས་ཇི་བཞིན་བཤད། །ཅེས་པ་ལྟར། ཕར་ཕྱིན་**རེ་རེའང་དྲུག**་དྲུག་དང་**ལྡན**་པ་**སྒྲུབ་པར**་ཏེ་སྒྲུབ་པའི་ཚུལ་**གསུངས་པས་ན**། ཕར་ཕྱིན་རེ་རེ་ལའང་ཕར་ཕྱིན་དྲུག་ལྡན་སྒྲུབ་པའི་ཚུལ་ནི་སྦྱིན་པ་ལ་མཚོན་ན༐ རང་སྦྱིན་པ་{ཆོས་དང་ཟང་ཟིང་མི་འཇིགས་པ་}གསུམ་གང་རུང་ལ་གནས་ནས་གཞན་དེ་ལ་འགོད་པ་ནི་སྦྱིན་པའི་སྦྱིན་པ་{མི་ཕམ་དགོངས་རྒྱན་ལས་འོ་ན་བསྔོ་བྱེད་དང་བསྔོ་བྱའི་སྦྱིན་པ་ལ་ཁྱད་པར་ཇི་ལྟར་ཞེ་ན། སྦྱིན་པ་ཙམ་གྱི་ཆ་དང་པོའི་མཚན་གཞི། ཆོས་སྦྱིན་ལྟ་བུ་ནི་གཉིས་པའི་མཚན་གཞི་ཡིན་པར་གསུངས་སོ། །} སྦྱིན་པ་གཏོང་བ་དེ་ཉིད་ཀྱི་ཚེ་སྦྱིན་པའི་མི་མཐུན་པའི་ཕྱོགས་སེར་སྣ་སྤོང་བ་ནི་སྦྱིན་པའི་ཚུལ་ཁྲིམས་{སྤོང་སེམས་ཚུལ་ཁྲིམས་ཡིན་པ་ནི། ཞི་བ་ལྷས། སྤོང་བའི་སེམས་ནི་ཐོབ་པ་ལ། །ཚུལ་ཁྲིམས་ཕ་རོལ་ཕྱིན་པ་འདོད། །ཅེས་སོ།།} །།

དེ་ཉིད་ཀྱི་ཚེ་སློང་མོ་བ་སོགས་{སྐྱེ་བོ་ཐམས་ཅད་}ཀྱིས་མི་སྙན་པ་སྨྲ་བ་ལ་བཟོད་པ་ནི་སྦྱིན་པའི་བཟོད་པ། དེ་ཉིད་ཀྱི་ཚེ་སྦྱིན་པ་གཏོང་བ་ལ་སྤྲོ་བ་ནི་སྦྱིན་པའི་བརྩོན་འགྲུས་{ཞི་བ་ལྷས། བརྩོན་གང་དགེ་ལ་སྤྲོ་བའོ། །ཞེས་སོ། །} དེ་ཉིད་ཀྱི་ཚེ་སྦྱིན་པ་གཏོང་བའི་དགེ་བ་ལ་སེམས་རྩེ་གཅིག་ཏུ་གནས་པ་ནི་སྦྱིན་པའི་བསམ་གཏན། དེ་ཉིད་ཀྱི་ཚེ་སྦྱིན་པ་དེ་འཁོར་གསུམ་མི་དམིགས་པས་ཟིན་པ་ནི་སྦྱིན་པའི་ཤེས་རབ་སྟེ་སྦྱིན་པའི་ཕར་ཕྱིན་དྲུག་གོ། །དེས་གཞན་ལྔ་པོ་ལ་འགྲེའོ། །འཕགས་པའི་ཉིན་སྣང་ལས། སྦྱིན་པ་ལ་མཚོན་ན།

ཆོས་སྦྱིན་ལྟ་བུ་དེ་ཉིད་གཞན་ལ་སྦྱིན་པ་ནི་སྦྱིན་པའི་སྦྱིན་པ། དེ་ཉིད་ཀྱི་ཚེ་ཉན་ཐོས་སོགས་ཀྱི་འབྲས་བུ་ཡིད་ལ་བྱེད་པ་སྤོང་བ་ནི་སྦྱིན་པའི་ཚུལ་ཁྲིམས། དེ་ཉིད་ཀྱི་ཚེ་རྣམ་མཁྱེན་གྱི་ཆོས་རྣམས་འདོད་པ་དང་ཉེ་བར་རྟོགས་པ་ནི་སྦྱིན་པའི་བཟོད་པ། དགེ་རྩ་བླ་མེད་དུ་བསྔོ་བ་ནི་སྦྱིན་པའི་བརྩོན་འགྲུས་ནས། དེ་ཉིད་ཀྱི་ཚེ་ཐེག་པ་གཞན་དང་མ་འདྲེས་པའི་སེམས་རྩེ་གཅིག་པ་ནི་སྦྱིན་པའི་བསམ་གཏན། དེ་ཉིད་ཀྱི་ཚེ་སྒྱུ་མའི་འདུ་ཤེས་ལ་ཉེ་བར་གནས་ནས་འཁོར་གསུམ་མི་དམིགས་པ་ནི་སྦྱིན་པའི་ཤེས་རབ་ཡིན་པར་གསུངས་སོ། །འདི་ལ་ཕྱིན་དྲུག་གི་སྦྱིན་པ་དྲུག་སྦྱིན་པ་དང་ཆོས་མཐུན་པས་སྦྱིན་པར་{ཁོ་ནར་}བསྡུའི་ལུགས་དང་། {དེ་བཞིན་དུ་ཕྱིན་དྲུག་གི་ཚུལ་ཁྲིམས་དྲུག་ཚུལ་ཁྲིམས་དང་ཆོས་མཐུན་པས་ཚུལ་ཁྲིམས་ཀྱི་ནང་དུ་བསྡུ་བ་སོགས་རིགས་འགྲེ། } བསྡུ་བྱེད་སྦྱིན་པའི་བསྡུ་བྱ་དྲུག་སྦྱིན་པར་ཆོས་མཐུན་པས་སྦྱིན་པའི་ནང་དུ་བསྡུ་བའི་ལུགས་གཉིས་ཡོད་པ་ལས། མི་ཕམ་དགོངས་རྒྱན་ལས། ལུགས་{བསྡུ་བྱ་ཕར་ཕྱིན་དྲུག་ཀ་ཡང་བསྡུ་བྱེད། དེའི་ནང་དུ་བསྡུ་བའི་ལུགས་}ཕྱི་མ་འདི་འཐད་དེ། འདིར་བསྡུད་བྱེད་ཀྱི་ཕ་ཕྱིན་དྲུག་པོ་དེ་ཉིད་གོ་སླབ་ཏུ་འཇོག་དགོས་ཤིང་། དེ་རེ་རེ་ལ་ཆ་ཙམ་དུ་ཕྱེ་བའི་ཚེ་སུམ་ཅུ་རྩ་དྲུག་ཏུ་འགྱུར་བ་ནི་སྐབས་དོན་ལྷོག་ཆ་ཙམ་ཡིན་པའི་ཕྱིར་རོ། །ཞེས་གསུངས་སོ། །སོ་སྐྱེ་སོགས་ཀྱིས་བལྟ་བ་དཀའ་བ་དང་རྟོགས་པ་དཀའ་བ་དང་། ཁོང་དུ་ཆུད་པ་དཀའ་བས་ན། **གསང་ཆེན་ཐབ་མོའི་གནས་ལུགས**ཐབས་མཁས་ཀྱི་ཁྱད་པར་བསམ་གྱིས་མི་ཁྱབ་པ་ལ་མཐའ་**འདི་ཙམ་མོ་ཞེས།** བྱིས་པ་ལ་སྦྱོར་གསུམ་ལས་འདིར་མཁས་བླུན་ལ་ལྟོས་པའི་བྱིས་པ་དང་། སྐྱེ་འཕགས་ལ་ལྟོས་པའི་བྱིས་པ་དག་གི་**བློ་**དང་ཐ་སྙད་ཀྱི་གནས་ཚུལ་ལ་རྟོག་དཔྱོད་འབའ་ཞིག་གིས་ཚོལ་བའི་**རྟོག་གེ་**པའི་རིགས་པ**ས་ཅི་སྟེ་**རྗེས་སུ་དཔོག་པར་ནུས་ཏེ་དཔེར་ན་དམུས་ལོང་གིས་གླང་པོ་ཆེའི་གཟུགས་དཔྱོད་པ་བཞིན་ནོ། །སྡོམ་པ་གསུམ་པོ་དག་གནས་འགྱུར་བ་དང་། ངོ་བོ་གཅིག་པའི་ཚུལ་དེ་དག །**མདོར་བསྡུ་ན་གཞན་ལ་ཕན་པ་དང་གནོད་པའི་སེམས**སམ་**བློ་གཉིས་**སྔ་ཕྱི་མེད་པ་**དུས་གཅིག་ཆར་དུ།** གང་ཟག་གཅིག་གི་རྒྱུད་ལ་**འཇུག་པ་མིན་**པས་**གཞན་**ལ་དངོས་སུ་**གནོད་**པའི་ལུས་ངག་གི་མི་དགེ་བ་བདུན་དང་དེའི་**གཞི**འམ་**རྒྱུར་གྱུར**་པའི་ཡིད་ཀྱི་མི་དགེ་བ་གསུམ་དང་**བཅས**་ཏེ་མི་དགེ་བ་བཅུ་**སྤོང་**བའི་**སེམས**་བྱུང་གི་སེམས་པ་སོ་སོར་ཐར་པའི་སྡོམ་པ་**དེ་ཉིད**། གཞན་ལ་འཕྲལ་ཡུན་གྱི་**ཕན་འདོགས་ཞུགས**་པའི་སེམས་པ་བྱང་ཆུབ་སེམས་དཔའི་སྡོམ་པའི་ངོ་**བོར་གནས་གྱུར**་ཞིང་བྱང་སྡོམ་གྱི་ངོ་བོར་གྱུར་བའི་སེམས་བྱུང་གི་སེམས་པ་**དེ་ཉིད་ཀྱང**། བསྐྱེད་རིམ་གྱི་ཚེ་ལྷའི་རྣམ་པ་དང་རྫོགས་རིམ་གྱི་ཚེ་**ཡེ་ཤེས**་ཀྱིས་བྱིན་གྱིས་བརླབས་པའི་རྫོགས་རིམ་**ཆོས་སྐུ**་ལམ་བྱེད་དང་བསྐྱེད་རིམ་**གཟུགས་སྐུ**་ལམ་བྱེད་ཀྱིས། **ཟིན**་པའི་སྔགས་ཀྱི་སྡོམ་པའི་ངོ་**བོར་གནས་གྱུར་བས་ན**་སྡོམ་པ་གསུམ་ཀ་ངོ་བོ

གཅིག་ཡིན་ཏེ་སྔགས་ཀྱི་དམ་ཚིག་མཐའ་དག་སྲུང་བ་དང་། གཞན་ལ་ཕན་པ་སྒྲུབ་པ། གཞན་གནོད་གཞི་བཅས་སྤོང་བའི་ངོ་བོ་ཡིན་པའི་ཕྱིར་རོ། །

སོ་ཐར་སོགས་སྡོམ་པ་གསུམ་པོ་དེ་གང་ལས་ལེན་པའི་ཡུལ་སོ་ཐར་རིགས་བརྒྱད་ལ་བྱེ་སྨྲས་ཐམས་ཅད་དགེ་སློང་ཁོ་ན་དང་། མདོ་སྡེ་པས་ཁྱིམ་པའི་སྡོམ་པ་དགེ་བསྙེན་ཡན་གང་རུང་ལས་དང་། རབ་བྱུང་གི་སྡོམ་པ་དགེ་སློང་ལས་ལེན་པ་བཞེད་པ་དང་། བྱང་སྡོམ་ལ་སེམས་ཙམ་པས་དགེ་བའི་བཤེས་གཉེན་ལ་རྙེད་ན་ཐོག་མ་ནས། རྟེན་གྱི་དྲུང་ནས་ལེན་པ་དང་། དབུ་མ་པས་ཐོག་མ་ཡང་དགེ་བའི་བཤེས་གཉེན་དང་རྟེན་གྱི་དྲུང་གང་རུང་ནས་ལེན་ཆོག་པར་བཞེད་པ་དང་། སྔགས་སྡོམ་ལ་སྔགས་སྡོམ་རྒྱུད་ལྡན་གྱི་དགེ་སློང་མཆོག་དགེ་ཚུལ་འབྲིང་ས་ཐོབ་མ་གཏོགས་པ་ཁྱིམ་པའི་རྟེན་ནི་ཐ་མ་ཡིན་པར་བཞེད་པ་དང་། གང་གིས་ལེན་པའི་བསམ་པ་སོར་སྡོམ་རང་ཉིད་ཞི་བདེ་དོན་གཉེར་གྱི་བློ་དང་སྡོམ་པ་གོང་མ་གཉིས་གཞན་དོན་དོན་གཉེར་གྱི་བློས་ལེན་པ་དང་། ཇི་ལྟར་ལེན་པའི་ཆོག་སོར་སྡོམ་ཉན་ཐོས་ཀྱི་སྡེ་སྣོད་ལས་བསྟན་པ་དང་། བྱང་སྡོམ་ཕར་ཕྱིན་གྱི་སྡེ་སྣོད་ལས་བཤད་པ་དང་། སྔགས་སྡོམ་རྒྱུད་སྡེ་བཞི་པོ་ལས་གསུངས་པ་རྣམས་དང་། ཇི་སྲིད་ལེན་པའི་དུས་སྐབས་སོ་ཐར་དུས་ཁྲིམས་ནི་ཉིན་ཞག་དང་། གཏན་ཁྲིམས་ནི་ཇི་སྲིད་འཚོ་བའི་བར་དང་སྡོམ་པ་གོང་མ་གཉིས་བྱང་ཆུབ་སྙིང་པོའི་བར་དུ་ལེན་པ་དང་བཅས་ཏེ་དེ་དག་སོ་སོ་ཐ་དད་ཕྱིར་ན་ངོ་བོ་གནས་གྱུར་ཀྱང་སྡོམ་པ་གསུམ་པོ་རང་རང་གི་ལྡོག་པའི་ཆ་ནི་མ་འདྲེས་པ་ཡོད་དོ། །དགག་བྱ་འདོད་ཆགས་དང་ཞེ་སྡང་ལ་སོགས་པའི་ཉོན་མོངས་པ་རྣམས་འགོག་བྱེད་ཀྱི་གཉེན་པོ་ལ་ཉན་ཐོས་པས་ཉོན་མོངས་པ་རང་གི་རྒྱུད་ལ་གཏན་དུ་མི་འཇུག་པའི་ཐབས་ཀེང་རུས་སོགས་མི་སྡུག་པ་སྒོམ་པ་དང་། ཕར་ཕྱིན་པས་ཉོན་མོངས་པས་སྐྱེས་ཀྱང་བདག་གཞན་བརྗེ་བ་སོགས་སྒོམ་པའི་ཐབས་ཀྱིས་སྤྱངས་པ་དང་། གསང་སྔགས་པས་ཉོན་མོངས་པ་རང་རྒྱུད་ལ་སྐྱེས་པའི་ཚེ་དཔེར་ན། འདོད་ཆགས་ཀྱི་རྣམ་པར་ཤར་བ་ལ་འོད་དཔག་མེད་ཀྱི་རྣམ་པར་སྒོམ་པ་སོགས་ཐབས་ཀྱི་བྱེ་བྲག་གིས། ཉོན་མོངས་པ་རང་མཚན་པ་སྤོང་བ་དང་ཉོན་མོངས་པ་དེས་འཁོར་བར་མི་འཆིང་བའི་དགོས་པ་གཉིས་པོའི་གནད་གཅིག་པ་ཡིན་པར། དེ་གཉིས་ཀས་ཉོན་མོངས་པ་སྤང་བ་དང་། འདོད་ཡོན་གྱི་དྲི་མས་མི་གོས་པར་མཚུངས་པའི་ཕྱིར། བརྒྱ་རུ་བཅུ་བ་ཅིང་འོན་ཀྱང་གང་ཟག་ལ་ལས་དང་པོ་དང་། རྣལ་འབྱོར་པ་དང་། གྲུབ་པ་བ་དང་། ཐམས་ཅད་མཁྱེན་པ་རྣམས་དང་ས་མཚམས་ལ་སྦྱོར་ལམ་ཐོབ་པ་ལ་ཉེ་བའི་ཚོགས་ལམ་ལ་གནས་པ་དྲོད་ཆུང་དུ་དང་སྦྱོར་ལམ་ལ་གནས་པ་དྲོད་འབྲིང་དང་། མཐོང་སྒོམ་མི་སློབ་ལམ་ལ་གནས་པའི་དྲོད་ཆེན་པོ་སྟེ་དེ་དག་གིས་རང་རང་གི་སྤྱོད་པ་མ་འདྲེས་པ་སོ་སོར། ཕྱེད་པའི་དབང་གིས་སྡོམ་པ་གསུམ་

པོ་ཉམས་ལེན་མི་འགལ་བར་བྱེད་ཅིང་འགལ་ན་དགག་བྱ་དང་དགོས་པ་དག་རྩིས་ཏེ་བསླབ་པར་བྱའོ། །འོག་མ་སོ་བྱང་གཉིས་ཀྱི་སྡོམ་པ་ཡི། ཡོན་ཏན་ཕན་འདོགས་ཞུགས་པ་དག་གོང་ནས་གོང་དུ་གཞན་གནོད་གཞིར་བཅས་སྤོང་བ་དང་གཞན་ལ་ཡར་ལྡན་གྱི་ཚུལ་གྱིས་གོང་མ་སྔགས་ཀྱི་སྡོམ་པར་འདུས་ཤིང་རྫོགས་པར་བཞེད་པས་ན་གོང་མ་སྔགས་སྡོམ་བསྲུངས་ན༏ འོག་མ་སོ་བྱང་གཉིས་ཀྱང་ཞར་ལ་བསྲུང་པ་གྲུབ་པ་ཡིན་ནོ། །

ཞར་བྱུང་མངོན་རྟོགས་ཀྱི་རིམ་པ་དང་ཡེ་ཤེས་ཕྱག་རྒྱ་ཆེན་པོའི་རྣམ་གཞག་དང་ས་ལམ་བགྲོད་པའི་ཚུལ་ཙུང་ཟད་བཤད་པ་སྐྱེ་གསུམ་ལས། དང་པོ་ནི་ཇོ་བོ་རྗེས་ཉན་ཐོས་ཀྱི་འདུལ་བ་དང་། བྱང་སེམས་ཀྱི་འདུལ་བ་དང་། དེ་བཞིན་གཤེགས་པའི་འདུལ་བ་སྐྱེ་གསུམ་གསུངས་པ་ལས་འདིར་དེ་བཞིན་གཤེགས་པའི་འདུལ་བ་སྐྱེ་སྔགས་ཀྱི་སྡོམ་པའི་དམ་ཚིག་ལས་འདས་ན་དམྱལ་བར་ལྟུང་བའི་རྒྱུར་འགྱུར་བའི་ཕྱིར་ན་ཤིན་ཏུ་འདའ་བར་དཀའ་བའི། རྡོ་རྗེའི་དམ་ཚིག་རིག་པ་འཛིན་པའི་སྡོམ་པ་ནི་ཀྱེ་རྡོར་རྩ་རྒྱུད་ལས། སངས་རྒྱས་ཀུན་གྱི་སྡོམ་པ་ནི། །ཨེ་ཝཾ་རྣམ་པ་བདེ་ཆེན་པོ། །དབང་{གསུམ་པ་}ལས་ཡང་དག་ཤེས་པར་འགྱུར། །ཞེས་གསུངས་པ་ལྟར་ཡང་དག་པ་རྫོགས་པའི་སངས་རྒྱས་མ་ལུས་པ་ཀུན་གྱི་ཡེ་ཤེས་ཀྱི་རང་བཞིན་ལ་གསང་བ་བསམ་གྱིས་མི་ཁྱབ་པའི་ངོ་བོར་མི་སྡོམ་པ་ནི། ཨེ་ཤེས་རབ་སྐྱེ་སྟོང་པ་དང་ཝཾ་ཐབས་སྐྱེ་གསལ་བའི་ཆ་དེ་དག་དབྱེར་མི་ཕྱེད་པ་ཟུང་གི་རྣམ་པ་དེ་ཉིད་གཞན་དུ་མི་འགྱུར་བ་དབང་གསུམ་པ་ཤེར་དབང་གི་བདེ་བ་ཆེན་པོ་གཉིས་སུ་མེད་པའི་ཡེ་ཤེས་དུས་དང་། རྣམ་པ་ཀུན་ཏུ་མཆོག་གི་ངོ་བོ་དང་ལྡན་པ་དེ་ལྟ་བུའི་སྔགས་སྡོམ་གྱི་ཡན་ལག་ཏུ། མ་གི་དགེ་བསྙེན་ནས་ཡ་གི་བླ་མེད་རྡོ་རྗེའི་ཐེག་པའི་བར་གྱི་བསྟན་པའི་ཉམས་ལེན་མཐའ་དག་སྐྱེ་ཡོངས་སུ་རྫོགས་པ་འདུ་སྐྱེ་དེའི་རྒྱུ་མཚན་ཀྱང་བླ་ན་མེད་པའི་བྱང་ཆུབ་སྒྲུབ་པ་ལ་གཙོ་བོ་སྔགས་སྡོམ་དགོས་ཀྱང་། སྔགས་སྡོམ་པའི་རྟེན་དུ་སྡོམ་པ་འོག་མ་གཉིས་ངེས་པར་དགོས་པས་སྡོམ་པ་གསུམ་ཆར་ཉམས་སུ་ལེན་པར་བཞེད་པས་སོ། །སྡོམ་པ་སོ་སོར་བསྟན་པའི་ཉམས་ལེན་མ་ལུས་པ་བསྡུས་མོད་ཀྱི། ལྷའི་བུས་ཞུས་པའི་མདོ་ལས། ཆོས་ཀྱི་ཕུང་པོ་བརྒྱད་ཁྲི་དང་། །བཞི་སྟོང་དག་གི་གྲངས་སྙེད་ཀྱང་། །ཀུན་གྱི་གཞི་དང་ཕ་མ་ནི། །ཡི་གེ་གཉིས་སུ་དེ་རབ་བསྟན། །ཡི་གེ་ཨེ་ནི་མར་གྱུར་ལ། །ཝཾ་ནི་ཕ་ཞེས་བྱ་བར་གྲགས། །ཐིག་ལེ་དེ་གཉིས་སྦྱོར་བ་སྟེ། །སྦྱོར་དང་ཤིན་ཏུ་སྨད་བྱུང་བའོ། །ཞེས་སོ། །འོན་ཀྱང་གསུམ་པོ་ཕྱོགས་གཅིག་ཏུ་བཞག་པ་ནི་སྔགས་ཀྱི་སྡོམ་པའི་རྒྱུད་སྡེ་མ་ཡིན་པ་གཞན་ཉན་ཐོས་དང་། ཕར་ཕྱིན་གྱི་གཞུང་ལ་མེད་པས་སྐལ་ལྡན་གྱི་གང་ཟག་གིས། ལམ་གྱི་ངོ་བོ་གསང་སྔགས་ལས་གཞན་དུ་མི་འཚོལ་བ་ཁྱད་ཆོས་བཞིས་ཁྱད་པར་དུ་འཕགས་པའི་ཟབ་ཆོས་རྡོ་རྗེ་ཐེག་པའི། {སྐལ་དམན་ལ་ངེས་པར་གསང་དགོས་པའི་ཕྱིར་}ངེས་གསང་ལ་རྩེ་

གཅིག་ཏུ་མོས་པར་བྱའོ། །བརྗོད་བྱེད་བླ་མེད་རྒྱུད་ཀྱི་བརྗོད་བྱའི་དོན་མངོན་པར་རྟོགས་པའི་རིམ་པ་རྣམས་བསྡོམ་པ་ནི་ཐབས་ཀྱི་རྒྱུད་དཔལ་གསང་བ་འདུས་པའི་རྒྱུད་ཕྱི་མར། རྒྱུད་དེ་རྣམ་པ་གསུམ་དུ་འགྱུར། །ཞེས་སོགས་གསུངས་པས་ན་གཞི་དུས་སེམས་ཅན་གྱི་གནས་སྐབས་ནི་གཉུག་མ་ལྷན་ཅིག་སྐྱེས་པའི་ཡེ་ཤེས་སེམས་ཉིད་གསལ་སྟོང་ཟུང་འཇུག་གི་རང་བཞིན་ཅན། རྒྱུ་རྒྱུད་གྲོལ་བྱེད་ལམ་གྱི་རང་བཞིན་ཅན་ཐབས་རྒྱུད་ཀྱི་མངོན་པར་རྟོགས་པ་དང་། གནས་སྐབས་ཞི་རྒྱས་སོགས་ཐུན་མོང་གི་དངོས་གྲུབ་དང་མཐར་ཐུག་ཁྱབ་བདག་དྲུག་པ་རྡོ་རྗེ་འཆང་གི་ངོ་བོ་འབྲས་བུའི་རྒྱུད་ཀྱི་མངོན་པར་རྟོགས་པ་སྤྱི་མངོན་རྟོགས་གསུམ་དུ་བསྡུས་ནས་བསྟན་ཅིང་འཕགས་པ་ཀླུ་སྒྲུབ་ཞབས་ཀྱིས་གསང་བ་འདུས་པ་ནས་གསུངས་པའི་ལམ་ཐམས་ཅད། བསྐྱེད་རྫོགས་གཉིས་ཀྱི་ནང་དུ་བསྡུས་ནས་བསྟན་པར་མཛད་པ་ལས་དང་པོ་གསང་བ་འདུས་པའི་དཀྱིལ་འཁོར་རྟེན་དང་བརྟེན་པ་བཅས་པ་སྒོམ་པ་བསྐྱེད་པའི་རིམ་པའོ། །རྫོགས་རིམ་གྱི་དུས་སུ་རླུང་སེམས་དབུ་མར་ཐིམ་པའི་བདེ་བ་དེ། དམ་པ་རིགས་བརྒྱ་དང་། དེ་ཉིད་རིགས་ལྔ་དང་། གསང་བ་རིགས་གསུམ། གསང་ཆེན་རིགས་གཅིག་གི་{གསང་བ་འདུས་པའི་དཀྱིལ་འཁོར་གྱི་ལྷ་ཚོགས་ཀྱི་དབྱེ་བསྡུ་ཡིན་ནོ། །} ལྷ་སྐུ་ཞལ་ཕྱག་གི་རྣམ་པར་ཅན་དུ་ཤར་བ་སྒོམ་པར་བྱེད་པ་ནི་ལུས་ཐ་མལ་གྱི་སྣང་ཞེན་ལས་དབེན་པས་ན་ལུས་དབེན་ཏེ་དེ་ལྟར་བསྐྱེད་རིམ་ལུས་དབེན་དང་བཅས་པ་སྔོན་དུ་སོང་བའི་དབང་དུ་བྱས་ཏེ་རྫོགས་རིམ་ལ་རླུང་འབྱུང་འཇུག་གནས་གསུམ་པོ་ཨོཾ་སྐུ་རྡོ་རྗེ། ཨཱཿགསུང་རྡོ་རྗེ། ཧཱུྃ་ཐུགས་རྡོ་རྗེ་སྟེ་རྡོ་རྗེ་གསུམ་གྱི་རང་གདངས་སུ་མོས་པས་གནས་པ་རྒྱུན་བསྲིངས་ཤིང་། བུམ་པ་ཅན་སྒོམ་པ། ངག་དབེན་དང་སྙིང་ཁར་ཡི་གེའམ་ས་བོན་ཕྱག་མཚན་ཕྲ་མོ་ལ་སེམས་རྩེ་གཅིག་ཏུ་འཛིན་པ་སེམས་དབེན་དང་སྣོད་བཅུད་ཀྱི་སྣང་བ་ཐམས་ཅད་སྒྱུ་མ་ལྟ་བུའི་ལྷ་དང་གཞལ་ཡས་ཁང་དུ་གསལ་འདེབས་པ་སྒྱུ་ལུས་དང་ལྷ་སྐུ་དང་གཞལ་ཡས་ཁང་དེ་དག་རིམ་གྱིས་སོང་བར་བྱེད་པའི་ཡེ་ཤེས་འོད་གསལ་དང་། དེ་ལས་སླར་ཡང་སྣང་སྟོང་གཉིས་སུ་མེད་པའི་ལྷ་སྐུར་བཞེངས་པ་ནི་ཟུང་འཇུག་སྟེ་རིམ་པ་ལྔ་ཡིས་མངོན་པར་རྟོགས་པ་ཐམས་ཅད་བསྡུས་པའམ། ཡང་ན་བསྐྱེད་རིམ་ལུས་དབེན་དང་བཅས་པ་རིག་ལྔ་ལས་ལོགས་སུ་བྱས་ཏེ་བགྲང་ན་རྫོགས་རིམ་ལ། ངག་དབེན་སེམས་དབེན་སྒྱུ་ལུས་འོད་གསལ་ཟུང་འཇུག་སྟེ་རིམ་པ་ལྔར་དབྱེ་ནས་བསྐྱེད་རིམ་ལུས་དབེན་དང་བཅས་པ་བསྟན་ཏེ་མངོན་རྟོགས་དྲུག་གིས་ལམ་ཐམས་ཅད་བསྡུས་པར་བཞེད་དོ། །རྗེ་བཙུན་ཨཱརྱ་དེ་བས་མཛད་པའི་གསང་འདུས་འགྲེལ་པ་སྤྱོད་བསྡུས་སྒྲོན་མེར་དང་པོར་ཉན་རང་བྱང་སེམས་ཏེ་སངས་རྒྱས་པའི་ཐེག་པ་བྱམས་སྙིང་རྗེ་བྱང་ཆུབ་ཀྱི་སེམས་ལ་བསླབ་པ་དང་། དེ་ནས། ཐེག་པ་གསར་པ་ནི་གསང་སྔགས་རྡོ་རྗེ་ཐེག་པ་ཡིན་ལ་དེ་ཉིད་ལ་བསྐྱེད་རྫོགས

གཉིས་ལས། བསྐྱེད་རིམ་རགས་པ་ལྷ་སྐུ་ཞལ་ཕྱག་གི་རྣམ་པ་ལ་སེམས་རྩེ་གཅིག་ཏུ་གནས་པ་ནི་དྲན་པ་གཅིག་པའི་རྣལ་འབྱོར་ལ་བསླབ་པ་དང་། དེ་ནས་བསྐྱེད་རིམ་ཕྲ་བ་ཐིག་ལེ་ཡུང་འབྲུ་ཙམ་གྱི་ནང་དུ་གསང་བ་འདུས་པའི་རྟེན་དང་བརྟེན་པ་བཅས་པའི་དཀྱིལ་འཁོར་ཐམས་ཅད་ཡོངས་སུ་རྫོགས་པ་སྒོམ་པ་ནི་རྟོགས་པའི་རྣལ་འབྱོར་ལ་བསླབ་པ་དང་། གོང་དུ་བཤད་པ་ལྟར་ལུས་དབེན་སེམས་དབེན་ངག་དབེན་ཏེ་དབེན་གསུམ་ལ་བསླབ་པ་གསུམ་དང་དེའི་འོག་ཏུ་སྒྱུ་ལུས་ཀུན་རྫོབ་ཀྱི་བདེན་པ་དང་། འོད་གསལ་དོན་དམ་པའི་བདེན་པ་སྟེ་བདེན་པ་གཉིས་ལ་བསླབ་པ་གཉིས་དང་། མཐར་ཐུག་བདེན་པ་གཉིས་ཟུང་དུ་འཇུག་པ་ལ་བསླབ་པ་སྟེ་དེ་དག་རྣམས་རིམ་པ་བཞིན་དུ། བསླབ་པས་རིམ་པ་དགུར་བསྡུས་པར་མཛད་པ་ནི་སྔ་མ་ཀླུ་སྒྲུབ་ཀྱིས་རིམ་པ་ལྔར་བསྡུས་པ་དེ་དང་འདི་ར་གང་ཟག་རིམ་གྱིས་བགྲོ་བའི་ཚུལ་རྒྱས་པར་དགུར་ཕྱེ་སྟེ་བསྟན་པ་ཙམ་མ་གཏོགས་དོན་གཅིག་གོ། །སློབ་དཔོན་སྐལ་བཟང་རྡོ་རྗེའི་གསང་བ་འདུས་པའི་ལམ་གྱི་རིམ་པ་ལས། མངོན་པར་རྟོགས་པ་ལྔར་བཤད་དེ་རྒྱུད་མ་སྨིན་པ་སྨིན་པར་བྱེད་པ་དབང་གི་མངོན་རྟོགས་དང་། སྨིན་ཟིན་པའི་གང་ཟག་སྡོམ་པ་ལས་མི་ཉམས་པར་བྱེད་པའི་གྲོགས་རྩ་བ་དང་ཡན་ལག་གི་དམ་ཚིག་སོགས་ལ་བསླབ་པ་དམ་ཚིག་གི་མངོན་རྟོགས་དང་། སྤྱི་དང་བྱེ་བྲག་གི་མཚན་ཉིད་མ་ནོར་བ་ལེགས་པར་ཤེས་པའམ་རྟོགས་པའི་ཐབས་སུ་གསང་བ་འདུས་པ་ལ་སོགས་པའི་རྒྱུད་ཉན་པའི་མངོན་རྟོགས་དང་བླ་ན་མེད་པའི། བྱང་ཆུབ་མྱུར་དུ་འགྲུབ་པའི་ཐབས་སུ་བསྐྱེད་རྫོགས་གཉིས་ཀྱིས་སེམས་ཀྱི་དྲི་མ་སྦྱོང་བའི་མངོན་རྟོགས་དང་། བསྐྱེད་རྫོགས་གཉིས་པོ་དེ་ཉིད་མཐའ་རུ་ཕྱིན་པར་བྱེད་པ་ནི་བརྟུལ་ཞུགས་ཀྱི་སྤྱོད་པའི་མངོན་རྟོགས་ཏེ་མངོན་རྟོགས་ལྔའོ། །

ལྔ་པོ་དེ་ཡི་དང་པོ་དབང་དམ་ཚིག་རྒྱུད་ཉན་པ་སྟེ་གསུམ་ནི་སྔོན་འགྲོ་དང་། བཞི་པ་སེམས་སྦྱོང་བར་བྱེད་པའི་མངོན་རྟོགས་ནི་ལམ་གྱི་དངོས་གཞི་དང་ལྔ་པ་སྤྱོད་པ་ལ། དབྱེ་ན། མཐར་མ་ཕྱིན་པའི་སྤྱོད་པ་དང་། མཐར་ཕྱིན་པའི་སྤྱོད་པའོ། །དང་པོ་སྤྱོད་པ་མཐར་མ་ཕྱིན་པ་ཡིན་ན། རྒྱུ་ནི་སྤྱོད་པ་དང་སྤྱོད་པ་དེ་ཉིད་མཐར་ཕྱིན་པ་ནི་འབྲས་བུའི་སྤྱོད་པ་སྟེ། གཉིས་སུ་ཕྱེ་བར་མཛད་པ་ནི་གསང་བ་འདུས་པའི་རྒྱུད་ཕྱི་མ་ནས་གསུངས་པའི་རྒྱུ་རྒྱུད་ཐབས་རྒྱུད་འབྲས་རྒྱུད་དེ་རྒྱུད་གསུམ་གྱི་མངོན་རྟོགས་དང་མཐུན་པར་ཡིན་ནོ། །དམར་ནག་འཇིགས་གསུམ་ལས་གཤིན་རྗེ་དགྲ་ནག་གི་འགྲེལ་པར་མ་སྨིན་པ་སྨིན་པར་བྱེད་པའི་དབང་གི་མངོན་རྟོགས་དང་སྨིན་པ་མི་ཉམས་པར་བྱེད་པའི་ཐབས་དམ་ཚིག་གི་མངོན་རྟོགས་དང་། དཀྱིལ་འཁོར་བཞེངས་པ་སོགས་རྡོ་རྗེ་སློབ་དཔོན་གྱི་ལས་ལ་འཇུག་ཏུ་རུང་བའི་ཐབས་དུས་དང་གྲངས་དང་མཚན་མའི་བསྙེན་པའི་མངོན་

རྟོགས་དང་། བསྐྱེད་རྫོགས་ཀྱི་ལམ་ལ་ཚུལ་བཞིན་དུ་འཇུག་པ་སྒྲུབ་པའི་མངོན་རྟོགས་དང་། མཆོག་དང་ཐུན་མོང་གི་དངོས་གྲུབ་འབྲས་བུའི་མངོན་རྟོགས་དང་ཞི་རྒྱས་དབང་དྲག་སོགས་ལས་ཚོགས་ཀྱི་མངོན་རྟོགས་དང་དྲུག་གིས་ནི། མངོན་པར་རྟོགས་པ་མཐའ་དག་བསྡུས་པར་བཞེད་དེ་ལུགས་འདི་ནི་སྔ་མ་སློབ་དཔོན་སྐལ་བཟང་རྡོ་རྗེས་མངོན་རྟོགས་ལྔའི་ནང་དུ་བསྡུས་ཏེ་བཤད་པ་ཉིད་དང་མཚུངས་སོ། །

ཀླུ་སྒྲུབ་ཀྱི་དངོས་སློབ་སློབ་དཔོན་ལེགས་ལྡན་འབྱེད་ཀྱིས་མངོན་རྟོགས་ཐམས་ཅད་ལམ་དང་འབྲས་བུ་གཉིས་པོ་ཡིས། བསྡུས་པར་བཞེད་དེ་དེ་ལྟར་ལམ་དང་འབྲས་བུ་གཉིས་ལས་དང་པོ་ལམ་གྱི་མངོན་རྟོགས་ལ་དབྱེ་ན་མ་སྨིན་པ་སྨིན་པར་བྱེད་པའི་དབང་དང་། སྒྲིབ་པ་ལས་མ་གྲོལ་བ་གྲོལ་བར་བྱེད་པའི་ལམ་སྟེ་གཉིས། དང་པོ་སྨིན་བྱེད་ལའང་དབྱེ་ན་བུམ་དབང་གསང་དབང་། ཤེར་དབང་དབང་བཞི་པ་སྟེ་དབང་བཞི་དང་གྲོལ་བྱེད་ཚིག་ཕྲད་ཕྱི་མ་ནི་སྤང་བྱ་ཉོན་མོངས་པའི་རྣམ་རྟོག་བསྐྱེད་རིམ་གྱིས་དང་། ཉོན་མོངས་པ་ཅན་མ་ཡིན་པའི་རྣམ་རྟོག་དང་། དགེ་བའི་ཕྱོགས་ཀྱི་རྣམ་རྟོག་རྫོགས་རིམ་གྱིས་དེ་ཁོ་ནའི་ངང་ལ་སེམས་རྩེ་གཅིག་ཏུ་གནས་པའི་ཏིང་ངེ་འཛིན་དང་བསྐྱེད་རྫོགས་ཀྱི་ཏིང་ངེ་འཛིན་དེ་ཉིད་མཐར་ཕྱིན་པར་བྱེད་པའི་གྲོགས་སུ་བརྟུལ་ཞུགས་ཀྱི་སྤྱོད་པའོ། །འབྲས་བུའི་ཡི་མངོན་རྟོགས་ལ་དབྱེ་ན་གནས་སྐབས་ཐུན་མོང་གི་འབྲས་བུ་དང་ནི་མཐར་ཐུག་པ་མཆོག་གི་འབྲས་བུ་སྟེ་གཉིས་པོ་སློས་མ་ཐག་པའི་གྲོལ་བྱེད་དེ་ཁོ་ན་ཉིད་ཀྱི། ཏིང་ངེ་འཛིན་ལ་དབྱེ་ན་གཉིས་ཏེ་བསྐྱེད་རིམ་གྱི་ཏིང་ངེ་འཛིན་དང་། རྫོགས་རིམ་གྱི་ཏིང་ངེ་འཛིན་ནོ། །དེ་ལས་རྫོགས་རིམ་གྱི་ཏིང་ངེ་འཛིན་ལ་དབྱེ་ན་ངག་དབེན་སེམས་དབེན་{ལུས་དབེན་ནི་བསྐྱེད་རིམ་ཡིན་པས། བསྐྱེད་རིམ་དང་ཞེས་པའི་ནང་དུ་འདུས་སོ། །}སྒྱུ་ལུས་འོད་གསལ་ཟུང་འཇུག་སྟེ། རིམ་པ་ལྔའོ། །སློས་མ་ཐག་པའི་གྲོགས་སྤྱོད་པ་ལ་དབྱེ་ན་དྲོད་ཆུང་དུའི་ཡེ་ཤེས་སྦྱོར་ལམ་ལ་ཉེ་བའི་ཚོགས་ལམ་སྐྱེས་པའི་ཚེ་ཀུན་འདར་གསང་སྤྱོད་ནི་སྤྲོས་བཅས་ཀྱི་སྤྱོད་པ་དང་། {སྦྱོར་ལམ་གྱི་ཡེ་ཤེས་ཐོབ་པ་}དྲོད་འབྲིང་གི་ཡེ་ཤེས་སྐྱེས་པའི་ཚེ་ཀུན་འདར་མངོན་སྤྱོད་ནི་སྤྲོས་མེད་ཀྱི་སྤྱོད་པ་དང་། {མཐོང་སྒོམ་མི་སློབ་ལམ་གྱི་ཡེ་ཤེས་ཐོབ་པ་} དྲོད་ཆེན་པོའི་ཡེ་ཤེས་སྐྱེས་པའི་ཚེ་ཀུན་ཏུ་བཟང་པོའི་སྤྱོད་པའམ། ཕྱོགས་ལས་རྣམ་རྒྱལ་གྱི་སྤྱོད་པ་ནི་ཤིན་ཏུ་སྤྲོས་མེད་ཀྱི་སྤྱོད་པ་དང་གསུམ་མོ། །དེ་ལྟར་སྨིན་བྱེད་ལ་དབང་བཞི་དང་། འབྲས་བུ་ལ་གནས་སྐབས་དང་མཐར་ཐུག་གཉིས། གྲོལ་བྱེད་ཀྱི་ཏིང་ངེ་འཛིན་ལ་བསྐྱེད་རིམ་གཅིག་པུ་དང་། རྫོགས་རིམ་ལ་ངག་དབེན་སོགས་ལྔ་དང་། སྤྱོད་པ་ལ་སྤྲོས་བཅས་སོགས་གསུམ་སྟེ། དེ་དག་བསྡོམས་པས་{ལེགས་ལྡན་འབྱེད་ཀྱི་ལུགས་}མངོན་རྟོགས་བཅོ་ལྔ་འབྱུང་ངོ་། །གོང་དུ་བཤད་པ་དེ་ལྟ་བུའི་མངོན་པར་རྟོགས་པའི་ཚུལ་ལ་གསང་བ་འདུས་པའི་རྒྱུད་ཕྱི་མ་ཀླུ་སྒྲུབ

ཀྱི་ལམ་རིམ་ལྔ། ཨཱརྱ་དེ་བའི་སྤྱོད་བསྡུས་སྒྲོན་མེ། སྐལ་བཟང་རྡོ་རྗེའི་ལམ་རིམ། དཀྲ་ནག་འགྲེལ་པ་ལེགས་ལྡན་འབྱེད་ཀྱི་ལུགས་ཏེ་མི་འདྲ་བ་མང་དུ་འབྱུང་ཡང་། སྐབས་འདིར་གསང་བ་འདུས་པའི་**རྒྱུད་འདི**་གཞན་ལ་འཆད་པ་དང་རང་གིས་**ཉན**་པ་དང་བརྗོད་བྱའི་དོན་ཚུལ་བཞིན་དུ་**སྒྲུབ**་ཏུ་**རུང**་བའི་རྟེན་ནི། ཡེ་ཤེས་སྣང་བ་རྒྱན་གྱི་རྒྱུད་ལས། ཨུཏྤལ་ལ་དང་པད་དཀར་དང་། །པདྨ་ཙནྡན་རིན་ཆེན་ཞེས་འབྱུང་བས། ཨུཏྤལ་ལ་དང་པདྨ་དཀར་པོ་ལ་སོགས་པ་ལྟ་བུའི་**གང་ཟག་གིས**་སྒྲུབ་གཞི་ཡིན་ཏེ། འགོས་ལོའི་སྟོང་ཐུན་ལས། སྐྱེ་བ་ཀུན་རྫོབ་བདེན་པ་དང་། །འཆི་བ་དོན་དམ་བདེན་པ་གཉིས། །རིམ་པ་བཞིན་དུ་བསྐྱེད་རིམ་དང་། །རྫོགས་པའི་རིམ་པའི་སྒྲུབ་གཞི་ཡིན། །ཞེས་གསུངས་པ་ལྟར་**སྒྲུབ་གཞི**་སྐྱེ་བ་ཀུན་རྫོབ་བདེན་པ་དང་འཆི་བ་དོན་དམ་བདེན་པའི་**རང་བཞིན**་གྱི་ཆོས་ཀུན་རྫོབ་ལྷ་སྐུ་སོ་སོའི་དག་པ{ཕུང་པོ་ལྔ་རྒྱལ་བ་རིགས་ལྔ་བསྒོམ་པ་སོགས་བསྐྱེད་རིམ། } དོན་དམ་དེ་བཞིན་ཉིད་ཀྱི་དག་པ་{ལྷ་སྐུ་གསལ་བ་ཙམ་ཡང་དོན་དམ་གྱི་ངོར་མ་གྲུབ་པའི་ལྟ་བ}ལ། དེ་ལྟར་ཡིན་པ་མི་ཤེས་པ་**ཐམལ་པ་སྣང་བ**་དང་། **སྤང་བྱ**་མཐའ་དག་བསྡུ་ན་{སོ་སྐྱེ་ནས་ཕྱིར་མི་འོང་གི་བར་ལ་ཡོད་པའི་}ཉོན་མོངས་པ་དང་བཅས་པའི་གཟུང་འཛིན་གྱི་རྟོག་པ་དང་ཉོན་མོངས་པ་ཅན་{དགྲ་བཅོམ་དང་རང་རྒྱལ་ལ་ཡོད་པའི་མི་ཤེས་པའི་རྒྱུ་བཞི་}མ་ཡིན་པ་མི་ཤེས་པའི་རྟོགས་པ་དང་། དགེ་བའི་ཕྱོགས་ཀྱི་{གྲུ་ནོམ་ལྟར་ཞེན་དང་སྦྱིན་པ་གཏོང་བ་ཚུལ་ཁྲིམས་བསྲུང་བ་སོགས་}རྟོགས་པ་སྟེ་**རྟོག་པ་གསུམ་གྱི་ས་བོན**་བག་ཆགས་དང་**བཅས**་པ་སྟེ་ཚིག་ཟུང་གཉིས་ཀྱི་སྔ་མ་ནི་སྐྱེ་བ་ཀུན་རྫོབ་ཀྱི་བདེན་པ་བསྐྱེད་རིམ་དང་། འཆི་བ་དོན་དམ་བདེན་པ་རྫོགས་རིམ་གྱིས་**སྦྱོང**་བར་བྱེད་པ་དང་ཚིག་ཟུང་ཕྱི་མ་ནི་སྤང་བྱ་ཉོན་མོངས་པའི་རྣམ་རྟོག་བསྐྱེད་རིམ་གྱིས་དང་། ཉོན་མོངས་པ་ཅན་མ་ཡིན་པའི་རྣམ་རྟོག་དང་། དགེ་བའི་ཕྱོགས་ཀྱི་རྣམ་རྟོག་རྫོགས་རིམ་གྱིས་**སྦྱོང**་བར་བྱེད་པའི་**ཕྱིར**་གང་ལ་**དམིགས**་པའི་**ཡུལ**་ནི་བཅོམ་ལྡན་འདས་ཁྱབ་བདག་**རིགས་དྲུག**་པ་རྡོ་རྗེ་འཆང་ཆེན་པོར། **དམིགས**་པ་ཡིན་ཏེ་དཔེར་ན་འབྲས་བུ་སྔོན་ཐོག་ལ་དམིགས་ནས་སོ་ནམ་བྱེད་པ་ལྟར་དྲུག་པ་རྡོ་རྗེ་འཆང་ལ་དམིགས་ནས་རྒྱུད་མ་**སྨིན**་པ་སྨིན་པར་བྱེད་པའི་སྨིན་ལམ་དང་། རྒྱུད་རྟོག་པ་གསུམ་ལས་མ་གྲོལ་བ་གྲོལ་བར་བྱེད་པའི་རྟོག་པ་གསུམ་ནི། ཉོན་མོངས་པ་ཅན་གྱི་གཟུང་འཛིན་གྱི་རྟོག་པ་ཉོན་མོངས་པ་ཅན་མ་ཡིན་པའི་རྟོག་པ། དགེ་བའི་ཕྱོགས་ཀྱི་རྟོག་པའོ། །**གྲོལ་ལམ་གཉིས**་ཚང་ལ་མ་ནོར་བ་**ཉམས་སུ་བླངས་པས**། **འབྲས་བུ**་རེ་ཞིག་པ་གྲུབ་པ་ཡེ་ཤེས་བརྒྱད་དང་མཐར་ཐུག་པ་མཆོག་གི་དངོས་གྲུབ་རྡོ་རྗེ་འཆང་གི་གོ་འཕང་**ཐོབ**་པར་འགྱུར་བ་ནི་གསང་བ་འདུས་པའི་**རྒྱུད་འདིའི་བརྗོད་བྱ་མདོར་བསྡུས་པའོ**། །

མ་རྒྱུད་དམ་ཤེས་རབ་ཀྱི་རྒྱུད་ལས་བསྟན་པའི་མངོན་རྟོགས་ལ་དབྱེ་ན། འཁོར་ལོ་བདེ་མཆོག་རྩ་རྒྱུད་ཀྱི་དགོངས་པ་དང༌། དེའི་བཤད་རྒྱུད་ཀུན་སྤྱོད་ཀྱི་དགོངས་པ་དང༌། དུས་འཁོར་རྒྱུད་ཀྱི་དགོངས་པ་སྟེ་གསུམ་མོ༔ །དང་པོ། དཔལ་**འཁོར་ལོ་བདེ་མཆོག་རྩ་རྒྱུད་**འབུམ་པ་ལེའུ་ལྔ་བཅུ་རྩ་གཅིག་པ་**ལ་བརྟེན་ནས།** སློབ་དཔོན་ཆེན་པོ་**སྤྱོད་པའི་རྡོ་རྗེ་**འམ་ནག་པོ་པས་འཁོར་ལོ་བདེ་མཆོག་ལྷ་དྲུག་ཅུ་རྩ་གཉིས་ཀྱི་དཀྱིལ་འཁོར་དུ་མ་སྨིན་པ་སྨིན་པར་བྱེད་པའི་གང་ཟག་སྐལ་ལྡན་ལ་**སྨིན་བྱེད་**བུམ་དབང་སོགས་དབང་བཞི{བྱིན་པས་དངོས་གྲུབ་རྣམ་གསུམ་འགྲུབ་པའི་སྣོད་དུ་རུང་བ་བྱས་པ་}ཐུན་མོང་གི་དངོས་གྲུབ་དམན་པ་ཞི་རྒྱས་སོགས་བཞི། འཕྲིན་གྲུབ་པ་ཆེན་པོ་བརྒྱད། མཆོག་གི་དངོས་གྲུབ་རྡོ་རྗེ་འཆང་ཉིད་འགྲུབ་པ་དང༌། སྨིན་ཟིན་པའི་གང་ཟག་གིས་**ཉམས་སུ་བླང་བྱ་**བསྐྱེད་པའི་རིམ་པ་དང་རྫོགས་པའི་**རིམ་པ་གཉིས་**དང་དེ་དག་མི་ཉམས་པ་བྱེད་པའི་**གྲོགས་དམ་ཚིག་**དང་སྡོམ་པ་ལ་བསླབ་སྟེ། **འབྲས་བུ་**ཆོས་ལོངས་སྤྲུལ་པ་སྟེ་**སྐུ་གསུམ་གྱིས་བསྡུས་**པའོ། །དེ་ལྟར་སྨོས་མ་ཐག་པའི་དབང་བཞི། རིམ་གཉིས། དམ་ཚིག སྐུ་གསུམ་སྟེ་མངོན་པར་རྟོགས་པ་བཅུ་གསུངས་སོ། །

གཉིས་པ་ནི། འཁོར་ལོ་བདེ་མཆོག་གི་**བཤད་པའི་རྒྱུད།** ཧེ་རུ་ཀ་མངོན་འབྱུང༌། རྡོ་རྗེ་མཁའ་འགྲོ་རྣལ་འབྱོར་མ་ཀུན་ཏུ་སྤྱོད་པ། སཾ་བུ་ཊ། ཨ་བྷི་དྷ་ན་སྟེ་ལྔ་ལས་གསུམ་པ་རྣལ་འབྱོར་མ། **ཀུན་ཏུ་སྤྱོད་**པའི་བཤད་རྒྱུད་**ལ་བརྟེན་**ནས་གྲུབ་པའི་དབང་ཕྱུག་**ཆེན་**པོ་སློབ་དཔོན་ལཱུ་ཧི་པས། རྒྱུའི་ཀུན་སྤྱོད་ཉམས་སུ་ལེན་པར་བྱེད་པའི་རྟེན་གྱི་**གང་ཟག་**གི་ཀུན་སྤྱོད་དང་**ལམ་**གྱི་ཀུན་སྤྱོད་དང་**འབྲས་བུའི་ཀུན་སྤྱོད་དེ།** **སྤྱི་**ཡི་མངོན་རྟོགས་རྒྱུ་དང་ལམ་དང་འབྲས་བུ་སྟེ་**གསུམ་གྱིས་**བསྡུས་པར་བཞེད་པ་ལས་དང་པོ་རྒྱུའི་ཀུན་སྤྱོད་ཉམས་སུ་ལེན་པའི་**གང་ཟག་**གི་ཀུན་སྤྱོད་**ལ་**གཉིས་ཏེ་ལམ་ལ་འཇུག་པ་དང་བཞུགས་པའོ། ། དང་པོ་ནི། མི་དགེ་བ་འབའ་ཞིག་སྤྱོད་པ་མ་དག་པའི་གང་ཟག་དང༌། སྦྱིན་སོགས་ཕ་རོལ་ཏུ་ཕྱིན་པས་རྒྱུད་ཅི་རིགས་པ་སྦྱང་བ་དག་པའི་གང་ཟག་དང༌། རེས་སྡིག་པ་རེས་དགེ་བ་སྤྱོད་པ་འདྲེས་པའི་གང་ཟག་སྟེ་ལམ་ལ་འཇུག་པ་ལ་གསུམ་དང༌།

གཉིས་པ་ནི། བསྐྱེད་རིམ་འབའ་ཞིག་ལ་དགའ་བ་ནི་དཀྱིལ་འཁོར་གྱི་ལྷ་ཚོགས་མཉེས་པར་བྱེད་པའི་སྒྲུབ་པ་པོ་དང༌། རྫོགས་རིམ་འབའ་ཞིག་སྒོམ་པ་ནི་རྣམ་པར་དག་པའི་སྒྲུབ་པ་པོ་དང༌། བསྐྱེད་རྫོགས་གཉིས་ཟུང་དུ་འཇུག་པ་ལ་དགའ་བ་ནི་གསལ་བྱེད་ཡོན་ཏན་དང་ལྡན་པའི་སྒྲུབ་པ་པོ་སྟེ་ལམ་ལ་ཞུགས་པ་ལའང་གསུམ་སྟེ། དེས་ན་རྒྱུའི་ཀུན་སྤྱོད་ཉམས་སུ་ལེན་པའི་རྟེན་གྱི་གང་ཟག་ལ་**དྲུག་**དང་གཉིས་པ་**ལམ་**གྱི་ཀུན་སྤྱོད་**ལའང་གཙོ་བོ་**ལམ་གྱི་ཀུན་སྤྱོད་དང་དེ་ཉིད་མཐར་ཕྱིན་པར་བྱེད་པ་**ཡན་ལག་གི་ཀུན་སྤྱོད་**དེ་**གཉིས་སུ་འབྱུང་ཞིང་གཙོ་བོར་**ལམ་གྱི་ཀུན་སྤྱོད་ལ་རྟེན་དང་བརྟེན་པ་བཅས་པ་བསྐྱེད་པ་སྤྲུལ་སྐུ་ལམ་དུ་བྱེད་པ་དང༌། ལུས་ལ

ལུས་དཀྱིལ་གྱི་ལྷ་རྣམས་རྫོགས་པར་སྒོམ་པ་ལོངས་སྐུ་ལམ་དུ་བྱེད་པ་དང་། རྫོགས་རིམ་ཉམས་མྱོང་དང་བཅས་པ་ཆོས་སྐུ་ལམ་དུ་བྱེད་པ་སྟེ་སྐུ་གསུམ་པོ་ལམ་དུ་བྱེད་པའི་མངོན་རྟོགས་གསུམ་དང་དེ་དག་མཐར་ཕྱིན་པར་བྱེད་པའི་ཡན་ལག་གི་ཀུན་སྤྱོད་ལ། དང་པོ་སྤྲུལ་སྐུ་ལམ་དུ་བྱེད་པ་དང་ལོངས་སྐུ་ལམ་དུ་བྱེད་པ་སྟེ་གཉིས་ཀྱིས་ཀུན་སྤྱོད་དག་མཐར་ཕྱིན་ཅིང་། རྫོགས་པར་བྱེད་པའི་ཡན་ལག་ལ་དབྱེ་ན་ལྔ། ཕུང་ཁམས་སྐྱེ་མཆེད་{འོད་ཟེར་སྤྲོ་བསྡུ་སོགས་ཀྱིས་རང་གཞན་གྱི་སྡིག་སྒྲིབ་}སྦྱོང་སྦྱུར་{གཟུགས་ཀྱི་ཕུང་པོ་རྣམ་པར་སྣང་མཛད་ལ་སོགས་པ་དག་པ་ལྷའི་ངོ་བོར་}དང་༡)། ཚོགས་༢གཉིས་བསགས་པ་དང་། གོ་ཆ་༣{སུམྦྷ་ནི་སོགས་ཀྱིས་ཕྱོགས་མཚམས་རྣམས་དང་སྒོ་མཚམས་མ་བརྒྱད་དང་། སྟེང་འོག་གཉིས་ཁཊྭ་རོ་ཧས་སྲུང་བ། }གཅིང་བ་དང་། ཡེ་ཤེས་༤པ་དགུག་པ་དང་། {ཇི་ལྟར་བལྟམས་པ་སོགས་} དབང་༥(བསྐུར་བའོ། །སྤྲུལ་སྐུ་ལམ་དུ་བྱེད་པ་དང་། ལོངས་སྐུ་ལམ་དུ་བྱེད་པ་དང་། ཆོས་སྐུ་ལམ་དུ་བྱེད་པ་སྟེ་སྐུ་གསུམ་ཀ་རྫོགས་བྱེད་ཀྱི་ཡན་ལག་ལྔ་ལའང་སྟེ་ཐུགས་༡)མཆོད་{གཙོ་བོ་ཡབ་ཡུམ་ནས་སྒོ་མཚམས་མ་བརྒྱད་ཀྱི་བར་ལྷ་སོ་སོའི་ཐུགས་རྣམས་འདོན་པའོ། །}གསང་༢བའི་མཆོད་པ་{རིགས་མ་བཅུ་དྲུག་གི་མཆོད་པ་}དམ་ཚིག་ཅན་༣ལ་གཏོར་མ་{དུར་ཁྲོད་བདག་པོ་སོགས་ཆོས་སྐྱོང་རྣམས་ལ་སྦྱིན་པ་} ཐུན་མོང་གི་བྱ་༤བ་བྱང་ཆུབ་ཕྱོགས་ཀྱི་དག་པ། {ལུས་རྗེས་སུ་དྲན་པ་ (ལུས་དྲན་པ་ཉེར་བཞག་) ནི་མཁའ་འགྲོ་མའོ། །ཚོར་བ་རྗེས་སུ་དྲན་པ་ནི་ (ཚོར་བ་རྗེས་སུ་དྲན་པ་) ལ་མོ་ཞེས་སོགས་དྲན་པ་ཉེར་བཞག་བཞི་མཁའ་འགྲོ་མ་བཞིའི་དག་པ་དྲན་པ་ནས། མི་དགེ་བའི་ཆོས་སྐྱེས་པ་རྣམས་ཡང་དག་པ་སྤང་བ་ནི་གཤིན་རྗེ་མོ་ཉ་མའོ། །མི་དགེ་བའི་ཆོས་མ་སྐྱེས་པ་རྣམས་མི་བསྐྱེད་པ་ནི་གཤིན་རྗེ་འཇོམས་མའོ། །ཞེས་བྱང་ཕྱོགས་སོ་བདུན་ལ་ལྷ་སོ་སོ་སྦྱར་བའི་དག་པ་དྲན་པ་འདོན་པའོ། །}འདི་རྒྱ་བ་༡༩ནང་ཡོད། ཐུན་༥(མཚམས་ཀྱི་བྱ་བ་སྟེ་སྔ་ཕྱི་སྡོམ་པས་བཅུའོ། །

གསུམ་པ་འབྲས་བུའི་ཀུན་སྤྱོད་ལ་དམན་པ་ཞི་རྒྱས་སོགས་བཞི་དང་འབྲིང་གྲུབ་པ་ཆེན་པོ་བརྒྱད་དང་མཁའ་སྤྱོད་དེ་ཐུན་མོང་གི་དངོས་གྲུབ་གཉིས་དང་རབ་སྐུ་གསུམ་གྱི་རང་བཞིན་རྡོ་རྗེ་འཆང་གི་གོ་འཕང་ཐོབ་པ་མཆོག་གི་དངོས་གྲུབ་སྟེ་གསུམ་མོ། །དེ་ལྟར་གང་ཟག་ལ་དྲུག་ལམ་ལ་བཅུ་གསུམ་འབྲས་བུ་ལ་གསུམ་དུ་དབྱེ་བའི་བྱེ་བྲག་གིས་ཀུན་སྤྱོད་ཉེར་གཉིས་ཀྱིས་མངོན་རྟོགས་མཐའ་དག་བསྡུས་པའི་ཚུལ་འདི་གང་ཟག་གི་ཀུན་སྤྱོད་རྒྱུ་རྒྱུད་དང་། ལམ་གྱི་ཀུན་སྤྱོད་ཐབས་རྒྱུད་དང་། འབྲས་བུའི་ཀུན་སྤྱོད་འབྲས་རྒྱུད་དེ་རྒྱུད་གསུམ་དང་མཐུན་ཞིང་བསྒྲོད་བྱེད་ཕུལླི་ར་མ་ལ་སོགས་པའི་ཡུལ་དང་སྦྱར་བའི་བསྒྲོད་བྱ་{སྔགས་ཀྱི་}གནས་{ཕར་ཕྱིན་ལུགས་ཀྱི་ས་དང་པོ་རབ་ཏུ་དགའ་བ་}དང་། {སྔགས་ཀྱི་}ཉེ་བའི་གནས་{ས་གཉིས་པ་དྲི་མ་མེད་པ་}{ཕར་

ཕྱིན་ལུགས་ལྟར་ན་ས་གསུམ་པ་འོད་བྱེད་པ་}ཞིང་དང་། ཉེ་བའི་ཞིང་{ས་ལྔ་པ་འོད་འཕྲོ་བ་}ལ་སོགས་པའི་ས་རྣམས་ཇི་ལྟར་བགྲོད་པའི་ཚུལ་ནི། **ཐོག་ནས་ཅུང་ཟད་འཆད་པར་འགྱུར**་ལ་དེ་ར་མ་ཟད་བདག་མེད་བསྟོད་འགྲེལ་སོགས་སྟོན་གྱི་མཁས་པ་ཚད་ཐུབ་རྣམས་ཀྱིས་མཛད་པའི་གཞུང་འགྲེལ་**གཞན་དུའང་ལྟོས**་དང་རྟོགས་པར་འགྱུར་རོ། །

གསུམ་པ་ནི་དཔལ་**དམ་པ་དང་པོ**་དུས་ཀྱི་འཁོར་ལོའི་**རྒྱུད་ཀྱི་དགོངས་པ**་མཐར་ཐུག་པ་**ནི**། ཕྱི་ནང་གཞན་གསུམ་ལས་**ཕྱི་ལྟར**་ན་འོག་གཞི་རླུང་གི་དཀྱིལ་འཁོར་དང་མེའི་དཀྱིལ་འཁོར་དང་ཆུའི་དཀྱིལ་འཁོར་ལ་སོགས་པ་ནས་རིམ་པ་བཞིན་ཕྱི་སྣོད་ཀྱི་**འཇིག་རྟེན**་གྱི་**ཁམས**་འདི་དང་པོ་ཆགས་པ་དང་བར་དུ་གནས་པ་དང་མཐར་འཇིག་པ་སྟེ་ཆགས་གནས་འཇིག་གསུམ་གྱི་གནས་ལུགས་དང་མཐུན་པའི་ཚུལ་གཏན་ལ་དབབ་པ་**དང་གཉིས་པ་ནང་ལྟར་དུ་ནི**། **རྡོ་རྗེ་ལུས་ཀྱི་གནས་ལུགས**་རྒྱལ་ཚིག་རིའི་རྒྱལ་པོ་རི་རབ་སོགས་ནང་གི་ལུས་ལ་ཕྱི་སྣོད་ཀྱི་ཁམས་ཚང་བའི་ཚུལ་**གཏན**་ལ་དབབ་པའི་སྒོ་**ནས**་གསུངས་པའི་ཚུལ་དང་། གསུམ་པ་ནི་ཕྱི་ནང་གཉིས་ལས་**གཞན་དུ**་ནི་དབང་བསྐུར་བ་སྔོན་དུ་འགྲོ་བའི་སྒོ་ནས་{རང་དམ་ཚིག་པར་བསྐྱེད་པ་}སྒྲུབ་པ་དང་། {དེ་ལ་རིགས་བདག་གིས་རྒྱས་འདེབ་པ་}སྒྲུབ་ཆེན་དང་། {དབྱིངས་ནས་ཡེ་ཤེས་པ་མདུན་གྱི་ནམ་མཁར་སྤྱན་དྲངས་པ་}བསྙེན་པ། {དེ་ཉིད་རང་ལ་བསྟིམ་སྟེ་དམ་ཡེ་དབྱེར་མེད་དུ་བསྲེ་བ་}ཉེ་བའི་བསྙེན་པ་སྟེ་**བསྙེན་སྒྲུབ་ཡན་ལག་བཞིའི**་ཆིངས་དང་**ལྡན་པའི**་སྒོ་ནས། **བསྐྱེད་པའི་རིམ་པ**་བསྒོམས་པས་ནི་**གཙོ་བོར་འཇིག་རྟེན**་པའི་དངོས་གྲུབ་ཞི་རྒྱས་སོགས་བཞི་དང་གྲུབ་པ་ཆེན་པོ་བརྒྱད་སོགས་འགྲུབ་པ་**དང**། དུས་འཁོར་རྩ་རྒྱུད་ལས། སོ་སོར་སྡུད་དང་བསམ་གཏན་དང་། །དེ་བཞིན་སྲོག་རྩོལ་འཛིན་པ་དང་། །རྗེས་སུ་དྲན་དང་ཏིང་འཛིན་ནི། །སྦྱོར་བ་ཡན་ལག་དྲུག་ཏུ་འདོད། །ཅེས་གསུངས་པ་ལྟར། དང་པོ་ནི། ཉིན་མོའི་རྣལ་འབྱོར་ནམ་མཁའ་དང་། མཚན་མོའི་རྣལ་འབྱོར་མུན་ཁང་ལ་བརྟེན་ནས། དབང་པོ་ལྔ་ཡུལ་ལ་མི་གཡེང་བ་སྒོམ་པ་ནི་སོར་བསྡུད།

གཉིས་པ་ནི། སོར་བསྡུད་སྒོམ་པ་དེ་ལས་རྟགས་བཅུ་པའི་སྟོང་གཟུགས་མངོན་དུ་གྱུར་ནས་ལུས་སེམས་གཉིས་སུ་མེད་པའི་མཉམ་གཞག་སྐྱེས་པ་བསམ་གཏན། གསུམ་པ་ནི། གཡས་གཡོན་དང་སྟེང་འོག་གི་རླུང་རྣམས་དབུ་མར་གཅིག་ཏུ་འདྲེས་ཏེ་འདུག་པར་བྱེད་པ་ནི་སྲོག་རྩོལ། བཞི་པ་ནི། འཁོར་ལོ་བཞིའི་རླུང་ལས་སུ་རུང་ནས་གཟུང་འཛིན་དབུ་མར་ཐིམ་པ་ནི་འཛིན་པ། ལྔ་པ་ནི། ལས་དང་ཡེ་ཤེས་ཀྱི་ཕྱག་རྒྱ་གང་རུང་ལ་བརྟེན་ནས་བདེ་སྟོང་ཞི་ལྷག་གི་ཡེ་ཤེས་སྐྱེས་པ་ནི་རྗེས་དྲན། དྲུག་པ་ནི། མི་འགྱུར་བའི་བདེ་བ་ཆེན་པོའི་ཡེ་ཤེས་མངོན་དུ་བྱས་པ་ནི་ཏིང་འཛིན་ཏེ་སྦྱོར་བྱེད་**རྣལ་འབྱོར་རྣམ་པ་དྲུག་གི**་སྒོ་ནས་**རྫོགས་རིམ**་གྱི་ཏིང་ངེ་

འཛིན་གྱིས། སྦྱང་བྱ་ལུས་ངག་ཡིད་ཀྱི་སྒོ་གསུམ་ཤིན་ཏུ་སྦྱངས་པས་སྐུ་གསུང་ཐུགས་ཏེ་རྡོ་རྗེ་གསུམ་གྱི་ངོ་བོར་འགྲུབ་ཏེ། དེ་ཡང་། སོར་བསྡུད་དང་བསམ་གཏན་གཉིས་ཀྱིས་ལུས་དང་རྩ་ཤིན་ཏུ་སྦྱང་ནས་སྐུ་རྡོ་རྗེ་སྤྲུལ་པའི་སྐུ་འགྲུབ། སྲོག་རྩོལ་དང་འཛིན་པ་གཉིས་ཀྱིས་ངག་དང་རླུང་སྦྱང་ནས་གསུང་རྡོ་རྗེ་ལོངས་སྤྱོད་རྫོགས་པའི་སྐུ་འགྲུབ། རྗེས་དྲན་དང་ཏིང་འཛིན་གཉིས་ཀྱིས་ཡིད་དང་ཐིག་ལེ་སྦྱང་ནས་ཐུགས་རྡོ་རྗེ་ཆོས་ཀྱི་སྐུ་འགྲུབ་ཅིང་། རྟག་ཏུ་མི་འགྱུར་བ་རྣམས་ཀུན་མཆོག་ཏུ་བདེ་བའི་འབྲས་བུ་ཁྱབ་བདག་དྲུག་པ་རྡོ་རྗེ་འཆང་གི་ས་ལ་སྤྱོར་བར་འགྱུར་རོ། །གཞན་ཡང་རྒྱུད་སྡེ་ཆེན་པོ་རྡོ་རྗེ་གདན་བཞི་དང་མ་ཧཱ་མ་ཡ་སོགས་གཞན་དང་གཞན་ལ་བརྟེན་པ་ཡི། ལམ་དང་འབྲས་བུའི་རྣམ་གཞག་ཤིན་ཏུ་མང་པོ་ཡོད་མོད་ཀྱི་གོང་དུ་སྨོས་པའི་ཐབས་རྒྱུད་གསང་བ་འདུས་པའི་རྒྱུད་ཕྱི་མ་ལ་སོགས་པ་དང་། ཤེས་རབ་ཀྱི་རྒྱུད་འཁོར་ལོ་བདེ་མཆོག་རྩ་བཤད་ཀྱི་རྒྱུད་གཉིས་དང་། དུས་འཁོར་ཏེ་རྒྱུད་འདི་དག་ནི་གྲུབ་མཐའ་ཀུན་ལ་ཁྱབ་ཆེ་བར་སྣང་ངོ་། །

ཐབས་ཤེས་ཀྱི་རྒྱུ་དེ་དག་ལས་ཁྱད་པར་དུ་འཕགས་པ་ལ་གཉིས་སུ་མེད་པའི་རྒྱུད་ཀྱི་རྒྱལ་པོ་དཔལ་དགྱེས་པ་རྡོ་རྗེ་ལ་བརྟེན་པའི། བཀའ་སྲོལ་འཕགས་བོད་དུ་དར་རྒྱས་ཆེ་ཞིང་། སྲོལ་ཆེན་དུ་མ་ཡོད་ཀྱང་གཙོ་བོར་ཆེས་མཆོག་ཏུ་གྱུར་པ་ནི། དཔལ་ལྡན་བི་རཱུ་པ་དང་ཌོཾ་བྷི་ཧེ་རུ་ཀར་བཅས་པའི་རྗེས་སུ་འབྲང་བ། སློབ་དཔོན་དེ་གཉིས་ཀྱི་དངོས་སློབ་མི་ཐུབ་གཞན་གྱི་རྩོད་པས་ཐུབ་དཀའ་བས་ན་ཟླ་བའི་གཞུང་འགྲེལ་པ་ཀུ་སུ་ཏི་ལས་རྒྱུ་རྒྱུད་ཐབས་རྒྱུད་འབྲས་རྒྱུད་དེ་རྒྱུད་གསུམ་གྱི་སྒོ་ནས། ཕྱི་བའི་མངོན་པར་རྟོགས་པ་སུམ་ཅུ་རྩ་བརྒྱད་དུ་བཞེད་དེ། དེའི་དང་པོ་རྒྱུ་རྒྱུད་ལ་རྟེན་གྱི་གང་ཟག་གི་མཚན་ཉིད་རྒྱུ་ལ་ལྟོས་པ་དང་འདོད་ཆགས་དང་ཞེ་སྡང་ལ་སོགས་པ་སྦྱང་བྱ་ལ་ལྟོས་པ་དང་། སྲིན་ལག་གི་རྩ་བར་དཔེར་ན་པདྨའི་རི་མོ་ཡོད་ན་པདྨའི་རིགས་འགྲུབ་པ་སོགས་འགྲེའོ། །པདྨ་དང་རལ་གྲི་སོགས་ཡོད་པ་རིགས་ལ་ལྟོས་པ་དང་མཚམས་མེད་ཀྱི་ལས་བྱས་པ་སོགས་རྐྱེན་ལ་ལྟོས་པ་དང་རྫོགས་ལྡན་དུས་ལ། ལྟོས་པའི་རྟེན་གྱི་གང་ཟག་སྐེ་ལྔ་དང་དཀྱིལ་འཁོར་དུ་དབང་བསྐུར་བའི། རྡོ་རྗེ་སློབ་དཔོན་གྱི་རྒྱུད་དང་བསྟན་བཅོས་ནས་བཤད་པ་རྣམས་མདོ་ཧྲིལ་གྱིས་དྲིལ་བ་བླ་མའི་བརྒྱུད་པར་དང་ལྡན། རྒྱུན་དོན་རིག་རྒྱུད་འགྲེལ་གྱི་བསྟན་བཅོས་དུ་མ་ཤེས་སྙིང་རྗེ་ལྡན། མན་ངག་དུ་མས་བརྒྱན། དམ་ཚིག་གི་མཆོག་ཏུ་སྲུང་བ་སྡེ་དྲུག་གི་ནང་དུ་འདུས་པར་རྗེ་བཙུན་རིན་པོ་ཆེས་གསུངས་སོ། །མཚན་ཉིད་དང་མཚན་ཉིད་དེ་དང་ལྡན་པའི་སློབ་དཔོན་དེ་ཡི་བྱ་བ་ལ། དབྱེ་ན་རང་ཉིད་དཀྱིལ་འཁོར་དུ་འཇུག་པ་དང་སློབ་མ་གཞན་ལ་རྟེན་དང་བརྟེན་པ་བཅས་པའི་དཀྱིལ་འཁོར་ཇི་ལྟ་བ་བཞིན་དུ་བསྟན་པ་དང་སློབ་མའི་མིག་རས་བསལ་ནས་དཀྱིལ་འཁོར་གྱི་ཤར་སྒོ་རུ་འཁོད་དུ་བཅུག་སྟེ། དཀྱིལ་འཁོར་བཟང་པོ་འདི་ལ་ལྟོས། །ཞེས་

པ་ལྷ་བུའི་སྒོ་ནས་བསྟན་པའོ། །བུམ་དབང་ལ་སོགས་པ་དབང་གི་**དངོས་གཞི་ཡི།** **ཆོག་རྣམས་**ཏེ་དེ་ལྟར་གང་ཟག་ལ་ལྟ་དང་སློབ་དཔོན་གྱི་མཚན་ཉིད་**རྒྱུ་རྒྱུད་**ཀྱི་**མངོན་**པར་**རྟོགས་**པ་**དགུའོ།** །གཉིས་པ་ཐབས་རྒྱུད་ལ་**མཆོག་**གི་དངོས་གྲུབ་མི་གནས་པའི་མྱ་ངན་ལས་འདས་པ་ཆོས་སྐུ་རྡོ་རྗེ་འཆང་ཁོ་ན་**སྒྲུབ་**པའི་མངོན་རྟོགས་དང་མཆོག་དང་ཐུན་མོང་གི་**དངོས་གྲུབ་**མ་ལུས་པ་**མཐའ་དག་ནི།** **སྒྲུབ་པའི་མངོན་རྟོགས་**ཏེ་**གཉིས་ལས་དང་**པོ་མཆོག་ཁོ་ན་སྒྲུབ་པའི་མངོན་རྟོགས་ལ། བརྟག་གཉིས་ལས། དེ་ལ་བྱེ་བྲག་སྒྲུབ་བསྟན། །མདོ་སྡེ་པ་ཡང་དེ་བཞིན་ནོ། །དེ་ལ་རྣལ་འབྱོར་སྤྱོད་པ་{སེམས་ཙམ་པའི་ལྟ་བ་}སྟེ། །དེ་ཡི་རྗེས་སུ་དབུ་མ་བསྟན། །སྔགས་ཀྱི་རིམ་པ་{རྒྱུད་སྡེ་འོག་མ་གསུམ་གྱི་ལྟ་བ་}ཀུན་ཤེས་ནས། །དེ་རྗེས་ཀྱེ་ཡི་རྡོ་རྗེ་བསྟན། །ཞེས་གསུངས་པའི་ཕྱིར། བྱེ་བྲག་སྨྲ་བ་ལ་སོགས་པ་གོང་དུ་སྨོས་མ་ཐག་པའི་ལྟ་བ་རྣམས་རིམ་པ་བཞིན་དུ་སྒོམ་པ་སྔོན་དུ་འགྲོ་བའི་**བསྐྱེད་**པའི་རིམ་པ་དང་**རྫོགས་**པའི་རིམ་པ་དང་བརྟུལ་ཞུགས་ཀྱི་**སྤྱོད་**པ་**དང་**ས་བཅུ་གསུམ་པ་ལ་དངོས་སུ་སྦྱོར་བར་བྱེད་པའི་མཚན་ལྡན་གྱི་རིག་མ་བསྟན་པ་ནི་**ཉི་ཤུ་རྩ་བཞི་**ཡོད་པ་ལས་དང་པོ། **བསྐྱེད་རིམ་**ལ་ཀྱེ་རྡོར་ཞལ་བརྒྱད་ཕྱག་བཅུ་དྲུག་པའི་སྒྲུབ་ཐབས་དང་། ཞལ་དྲུག་ཕྱག་བཅུ་གཉིས་པའི་སྒྲུབ་ཐབས་དང་། ཞལ་བཞི་ཕྱག་བརྒྱད་པའི་སྒྲུབ་ཐབས་དང་། ཞལ་གསུམ་ཕྱག་དྲུག་པའི་སྒྲུབ་ཐབས་ཏེ་བཞིའམ། ཡང་ན། སྐུའི་ཧེ་རུ་ཀའི་སྒྲུབ་ཐབས་དང་། གསུང་གི་ཧེ་རུ་ཀའི་སྒྲུབ་ཐབས་དང་། ཐུགས་ཀྱི་ཧེ་རུ་ཀའི་སྒྲུབ་ཐབས་དང་། སྙིང་པོ་ཀྱེ་རྡོ་རྗེའི་སྒྲུབ་ཐབས་ཏེ་**ཡབ་ཀྱི་**སྒྲུབ་ཐབས་**བཞི་དང་**ཡབ་ཀྱི་བཞི་ནི། སྐུ་རྡོ་རྗེ་ཞལ་གཅིག་ཕྱག་གཉིས་པའི་སྒྲུབ་ཐབས་དང་། གསུང་རྡོ་རྗེ་ཞལ་གཅིག་ཕྱག་བཞི་པའི་སྒྲུབ་ཐབས་དང་། ཐུགས་རྡོ་རྗེ་ཞལ་གསུམ་ཕྱག་དྲུག་པའི་སྒྲུབ་ཐབས་དང་། སྙིང་པོ་ཀྱེ་རྡོ་རྗེ་ཞལ་བརྒྱད་པའི་ཕྱག་བཅུ་དྲུག་པའི་སྒྲུབ་ཐབས་སྟེ། འདི་དག་གི་རྣམ་གཞག་རྩ་རྒྱུད་བརྟག་གཉིས་ཀྱི་རྟག་པ་དང་པོའི་གསུམ་པ་{བརྟག་པ་དང་པོ་ལ་ལེའུ་བཅུ་གཅིག་བརྟག་པ་གཉིས་པ་ལ་ལེའུ་བཅུ་གཉིས་ཏེ་ཁྱོན་སྡོམ་ལེའུ་ཉེར་གསུམ་དང་། ཤོ་ལོ་ཀ་བདུན་བརྒྱ་དང་ལྔ་བཅུ་ཐམ་པ་ཡོད་པ་ཡིན་ནོ། །} ལྷའི་ལེའུ་ལས་འབྱུང་བས་འདི་བཞིན་ངོས་འཛིན་དགོས་སོ། །**ཡུམ་གྱི་**སྒྲུབ་ཐབས་**གཅིག་ནི་**བདག་མེད་ལྷ་མོ་བཅོ་ལྔའི་སྒྲུབ་ཐབས་ཏེ་ལྔའོ། །

གཉིས་པ་**རྫོགས་རིམ་**ལ་དབྱེ་ན་ནང་རྡོ་རྗེའི་**ལུས་ཀྱི་གནས་**༡**ལུགས་**ལུས་དཀྱིལ་གྱི་ལྷ་རྟེན་དང་བརྟེན་པ་བཅས་པའི་དཀྱིལ་འཁོར་ཚུལ་བཞིན་དུ་བསྟན་པའི་མངོན་རྟོགས་དང་། **སྣང་སྟོང་གཉིས་སུ་མེད་**པའི་གཏུམ་མོ་ལྷན་ཅིག་སྐྱེས་པའི་**ཡེ་**༢**ཤེས་**ཀྱི་ངོ་བོ་བསྟན་པའི་མངོན་རྟོགས་དང་**ཐབས་ཀྱི་ལམ་**༣**དངོས་སུ་**བསྟེན་པའི་མངོན་རྟོགས་དང་། **རང་བྱིན་རླབས་**༤གསང་བའི་དབང་**དང་དཀྱིལ་འཁོར་**༤**འཁོར་ལོ་ཤེར་**

དབང་གཉིས་བསྟན་པའི་མངོན་རྟོགས་དང་། གཟུང་བ་དང་འཛིན་པ་ལ་སོགས་པའི་མཚན་མ་གང་ཡང་མི་འཛིན་པའི་ཡེ་ཤེས་ཀྱི་མཚན་༥ཉིད་དེ་ཡི་ཕན་ཡོན་དང་བཅས་པ་བསྟན་པའི་མངོན་རྟོགས་ཏེ་ལྔའོ། །

གསུམ་པ་སྤྱོད་པ་ལ་ཀུན་འདར་{སྦྱོར་ལམ་ལ་ཉེ་བའི་ཚོགས་ལམ་ལ་གནས་པའི་གང་ཟག་དྲོད་ཆུང་དུ་ཐོབ་པའི་}གསང་སྤྱོད་དང་མངོན་སྤྱོད་བསྟན་པའི་{སྦྱོར་ལམ་ལ་གནས་པའི་གང་ཟག་དྲོད་འབྲིང་ཐོབ་པ་}མངོན་རྟོགས་དང་ནི་ཀུན་ཏུ་བཟང་པོའམ་{ལམ་ལྟར་ན་མཐོང་ལམ་ཐོབ་པ་ནས་བཟུང་སྟེ། ཕར་ཕྱིན་ལྟར་ན་ས་དང་པོ་རབ་ཏུ་དགའ་བ་ཐོབ་པ་ནས་བཟུང་། སྔགས་ལྟར་ན་གནས་ཐོབ་པ་ནས་བཟུང་། }ཕྱོགས་ལས་རྣམ་རྒྱལ་གྱི་སྤྱོད་པ་བསྟན་པའི་མངོན་རྟོགས་ཏེ་སྤྱོད་པ་ལ་གཉིས་འབྱུང་ངོ་། །

གཉིས་པར་མཆོག་ཐུན་གྱི་དངོས་གྲུབ་མཐའ་དག་སྒྲུབ་པའི་མངོན་རྟོགས་ལ་དབྱེ་ན། གཙོ་འཁོར་གྱི་སྔགས་བཟླས་༡)པའི་མངོན་རྟོགས་དང་ཞི་རྒྱས་ལ་སོགས་པའི་སྦྱིན་སྲེག་༢གི་མངོན་རྟོགས་དང་། ཡི་དམ་དང་ཆོས་སྐྱོང་སོགས་ལ་གཏོར་མ་འབུལ་བའི་ཚོ་ག་གཏོར་༣མའི་མངོན་རྟོགས་དང་། སྐུ་གསུང་ཐུགས་རྟེན་ལ་རབ་གནས་བྱེད་པའི་ཚོ་ག་ནི་རབ་གནས་ཀྱི་མངོན་རྟོགས་དང་རྩ་རླུང་ཚུལ་བཞིན་དུ་འཕྲུལ་འཁོར་གྱི་མངོན་རྟོགས་དང་ཤ་ལྔ་བདུད་རྩི་ལྔའི་དམ་ཚིག་ནི། དམ་ཚིག་གི་རྫས་འདི་རབ་ཏུ་བྱུང་ན་ཉིན་ལན་གསུམ་མཚན་ལན་གསུམ་དུ་བརྟེན་དགོས་པར་གསུངས་པ་འཆང་བྱའི་༨མངོན་རྟོགས་དང་། རྩ་ལྟུང་བཅུ་བཞི་ཡན་ལག་གི་ཉེས་པ་བརྒྱད་དེ་སྲུང་བྱའི་དམ་ཚིག་ཉི་ཤུ་རྩ་གཉིས་ནི་དམ་༧ཚིག་གི་མངོན་རྟོགས་སྟེ། དེ་ལྟར་དངོས་གྲུབ་མཐའ་དག་སྒྲུབ་པའི་མངོན་རྟོགས་བདུན་དང་། གོང་དུ་སྨོས་མ་ཐག་པའི་མཆོག་སྒྲུབ་པའི་མངོན་རྟོགས་{ལྟ་བ༡)། བསྐྱེད་རིམ་ལ་ལྔ། རྫོགས་རིམ་ལ་ལྔ། ཉེ་རྒྱུ༡)། སྤྱོད་པ་ལ་གཉིས་ཏེ་}བཅུ་བཞི་རྣམས་བསྡོམ་པས། **ཐབས་རྒྱུད་ཀྱི་མངོན་པར་རྟོགས་པ་ཉི་ཤུ་རྩ་གཅིག་གོ།** །ཁ་སྦྱོར་ཡན་ལག་བདུན་གྱི་དབྱེ་གཞི་ནི་ཆོས་ལོངས་སྤྲུལ་པ་སྟེ་སྐུ་གསུམ་དང་མེ་ལོང་ལྟ་བུའི་ཡེ་ཤེས། མཉམ་ཉིད་ཡེ་ཤེས། སོར་རྟོག་ཡེ་ཤེས། བྱ་གྲུབ་ཡེ་ཤེས། ཆོས་དབྱིངས་ཡེ་ཤེས་ཏེ་ཡེ་ཤེས་ལྔས་བསྡུས་པ་འབྲས་བུའི་མངོན་རྟོགས་གཅིག་དང་། དབྱེ་གཞི་སྐུ་དང་ཡེ་ཤེས་དེ་ལས་ཕྱེ་བའི་ཁ་སྦྱོར་ཡན་ལག་བདུན་ཏེ་འབྲས་བུའི་མངོན་རྟོགས་བརྒྱད་དོ། །

དེ་ལྟར་རྒྱུ་རྒྱུད་ཀྱི་མངོན་རྟོགས་དགུ་ཐབས་རྒྱུད་ཀྱི་མངོན་རྟོགས་ཉེར་གཅིག །འབྲས་བུའི་རྒྱུད་ཀྱི་མངོན་རྟོགས་བརྒྱད་དེ་དེ་རྣམས་བསྡོམས་པས་མངོན་པར་རྟོགས་པ་སུམ་ཅུ་རྩ་བརྒྱད་ཀྱིས་བསྡུས་པར་བཞེད་དོ། །མངོན་རྟོགས་དེ་དག་ཀྱང་དཔལ་ཀྱི་རྡོ་རྗེའི་རྒྱུད་ན་གོང་འོག་ཕན་ཚུན་འཕྲུགས་པ་ཉིད་ཀྱི་ཚུལ་ཅན་ཏེ། ཡོད་པ་རྣམས་གནས་འགྱུར་འཆད་པའི་སྐབས་འདིར་{ཀུ་མུ་ཏིའི་ནང་བཞིན་}གོ་རིམ་བསྒྲིགས་ནས་འཆད་པ་

ཡིན་ནོ། །དཔལ་ཀྱེ་རྡོ་རྗེའི་རྒྱུད་ན་རགས་པ་ཙམ་གྱི་དབང་དུ་མཛད་ནས་རྟེན་གྱི་གང་ཟག་ལམ་ལ་གཞུག་པའི་རིམ་པ་ལྟར། ཚོང་པ་ཚོང་གི་ཁེ་ཐོབ་ནས་ཚོང་ལ་འཇུག་པ་ལྟར་དང་པོ་འབྲས་བུའི་རྒྱུད་བསྟན་པ་དང་འབྲས་བུ་ཐོབ་པ་ལམ་ལ་རགས་ལས་པས་དེའི་འོག་ཏུ་ལམ་མམ་ཐབས་རྒྱུད་བསྟན་པ་དང་ལམ་ཚུལ་བཞིན་དུ་སྒྲུབ་པ་པོ་རྟེན་གང་ཟག་ཡིན་པས་དེའི་འོག་ཏུ་གང་ཟག་གམ་རྒྱུ་རྒྱུད་དེ་དེ་ལྟར་འབྲས་བུ་ལམ་དང་གང་ཟག་གི་དབྱེ་བ་རྣམས་བསྟན་ཟིན་ཏོ། །སློབ་དཔོན་མི་ཐུབ་ཟླ་བའི་གཞུང་འགྲེལ་ཀུ་མུ་དི་ལས་གསུངས་པ་ལ་ཀྱེ་རྡོར་འགྲེལ་པ་ལུགས་སུ་གྲགས་པ་དེ་བཞིན་དུ་མཐུ་སྟོབས་ཀྱི་དབང་ཕྱུག་དཔལ་ལྡན་བིརྺའི་རྗེས་སུ་འབྲང་བ་སློབ་དཔོན་ཆེན་པོ་ཤར་ཕྱོགས་ནག་པོ་པའི། བཤད་སྲོལ་ལ་ཀྱེ་རྡོར་མན་ངག་ལུགས་སུ་གྲགས་པ་ལའང་རྒྱུ་རྒྱུད་ཐབས་རྒྱུད་འབྲས་རྒྱུད་དེ་རྒྱུད་གསུམ་ལས། ཕྱི་བའི་མངོན་པར་རྟོགས་པ་ལ་ལྷ་བཅུ་ཆ་བདུན་ཡོད་པ་ཡིན་ཏེ། ལྷ་བཅུ་ཆ་བདུན་པ་དེ་དག་གང་ཞེ་ན། འདི་ལྟར་རྒྱུ་རྒྱུད་ཀྱིས་བསྡུས་པ་ལ་བཞི་དང་ཐབས་རྒྱུད་ཀྱིས་བསྡུས་པ་ལ་སུམ་ཅུ་སོ་དྲུག་དང་། འབྲས་བུའི་རྒྱུད་ཀྱིས་བསྡུས་པ་ལ་བཅུ་བདུན་འབྱུང་བ་ནི། རྗེ་བཙུན་རིན་པོ་ཆེས་མཛད་པའི་ཀྱེ་རྡོ་རྗེའི་རྒྱུད་གསུམ་གྱི་མངོན་རྟོགས་རྣམས་བསྟན་པའི་གཞུང་འགྲེལ་རིན་ཆེན་ལྗོན་ཤིང་ཉིད་དུ་ཞི་རྒྱས་ཀྱི་ཚུལ་དུ་བཞུགས་པ་ན་དེ་ཉིད་ལས་རྟོགས་པར་བྱའོ། །

གཉིས་པ་ཡེ་ཤེས་ཕྱག་རྒྱ་ཆེན་པོའི་རྣམ་གཞག་ཅུང་ཟད་བཤད་པ་ནི་གོང་དུ་ཐབས་ཤེས་རབ་གཉིས་མེད་ཀྱི་རྒྱུད་དེ་མངོན་པར་རྟོགས་པ་དེ་རྣམས་ཀྱི་གཙོ་བོ་བུམ་དབང་ལ་སོགས་པའི་དབང་དང་བསྐྱེད་རྫོགས་ཀྱི་རིམ་གཉིས་ཚུལ་བཞིན་དུ་བསྒོམས་པ་ལས། བྱུང་བའི་འབྲས་བུ་ཡེ་ཤེས་ཕྱག་རྒྱ་ཆེན་པོའི་རྣམ་པར་བཞག་པའི་རིམ་པ་ནི་རྗེ་བཙུན་རིན་པོ་ཆེ་གྲགས་པར་རྒྱལ་མཚན་གྱིས། རང་གི་སེམས་ཐབས་རིག་པ་གསལ་ལ་ལམ་འགགས་པ་དང་གདོད་ནས་ཡོད་མེད་ལ་སོགས་པའི་སྤྲོས་པ་ཐམས་ཅད་དང་བྲལ་བའི་ངོ་བོ་སྟོང་པ་སྟེ་གསལ་སྟོང་ཟུང་དུ་འཇུག་པའི་རང་བཞིན་ནི་རྒྱུ་རྒྱུད་དང་། གསལ་སྟོང་གཉིས་ཟུང་དུ་འཇུག་པ་དེ་ཉིད་དབང་གི་སྐབས་སུ་ཐོས་བསམ་གྱི་གོ་ཡུལ་ཙམ་མ་ཡིན་པ་ཉམས་མྱོང་གི་ངོ་བོར་སྐྱེ་བ་ནི་དབང་གི་ཡེ་ཤེས་ཡིན་ལ་ལམ་གྱི་ལྟ་བ་ནི་ལམ་བསྐྱེད་པའི་རིམ་པ་དང་{བུམ་དབང་ཐོབ་ནས་ལམ་བསྐྱེད་པའི་རིམ་པ་སྒོམ་པ་ལ་དབང་}། ལམ་ཙནྡ་ལི{གསང་དབང་ཐོབ་པས་ལམ་ཙཎྜ་ལི་སྒོམ་པ་ལ་དབང་}། {དེ་བཞིན་དུ་ཤེར་དབང་ཐོབ་པས་}ཕོ་ཉའི་ལམ། {དབང་བཞི་པ་ཐོབ་པས་}ལམ་རྡོ་རྗེའི་ཐ་རླབས་ཏེ་ལམ་བཞི་སྒོམ་པ་ལས་བྱུང་བའི་ལྟ་བ་ནི། གོ་རིམ་བཞིན་དུ། ངོ་བོ་ཉིད་གསུམ་{སྣང་ཕྱོགས་ཀྱི་ངོ་བོ་ཉིད། སྟོང་ཕྱོགས་ཀྱི་ངོ་བོ་ཉིད། ཟུང་འཇུག་གི་ངོ་བོ་ཉིད་དོ། །འདི་རྣམས་རིམ་པས་ཇེ་བཟང་ཡིན་ཏེ། དང་པོ་ལ་གྲུ་ནོམ་ལྟར་ཞེན་གྱི་རྟོགས་པ་ཡོད་པའི་ཕྱིར་དང

གཉིས་པ་ལ་གསལ་ཆ་མེད་པའི་ཕྱིར།} རང་བྱུང་རྣམ་བཞི་{ཉོན་མོངས་པ་རང་བྱུང་། རྣམ་རྟོག་རང་བྱུང་། སྤྲུལ་ཞི་རང་བྱུང་། གསལ་ཞིང་ཡང་ལ་མི་རྟོགས་པའི་རང་བྱུང་ངོ་། འདི་རྣམས་ཀྱང་དང་པོ་གསུམ་སྐྱོན་ཅན་དང་ཐ་མ་སྐྱོན་མེད་ཡིན་ནོ། །} མས་བརྟེན་གྱི་དཀའ་བ་བཞི། ཡས་བབ་ཀྱི་དཀའ་བ་བཞི་སྟེ་དེ་དག་རྣམས་**དང་། ཉམས་མྱོང་**ནི་མཚོན་བྱེད་དང་མཚོན་བྱ་གཉིས་ལས། མཚོན་བྱ་དོན་གྱི་ཡེ་ཤེས་ཉམས་སུ་མྱོང་བ་སྟེ། ས་དང་པོ་གནས་ནས་ས་བཅུ་གཉིས་པ་ཉེ་བའི་འཕྲུང་གཅོད་བར་ས་བཅུ་གཉིས་དང་། དེའི་སྟེང་དུ་ས་བཅུ་གསུམ་པའི་སྤང་རྟོགས་མཐའ་དག་ཡོངས་སུ་རྫོགས་པའི་འབྲས་བུ་དེ་ཐོབ་པའི་ཆེད་དུ་ས་བཅུ་གསུམ་པའི་ཕྱེད་ཀྱི་ལམ་ལ་ཞུགས་པ་དང་བཅས་པའི་སློབ་ལམ་རྣམས་ཀྱི་ཡེ་ཤེས་སོ། །དེ་ལྟར་དབང་གི་ཡེ་ཤེས་དང་། ལམ་གྱི་ལྟ་བ་དང་། ཉམས་མྱོང་སྟེ་གསུམ་པོ་འདི་དག་ནི་ཐབས་ཀྱི་རྒྱུད་ཡིན་ནོ། །**སངས་རྒྱས་**ཀྱི་སནི་མི་སློབ་པ་ས་བཅུ་གསུམ་གྱི་{ས་བཅུ་གསུམ་པའི་ཕྱེད་མན་ནི་ཞུགས་པ་སློབ་ལམ་ཡིན་ཕྱིར་འདི་ནི་བཅུ་གསུམ་པའི་ཕྱེད་ཡན་འབྲས་གནས་ལ་གོ་དགོས་སོ། །}ཕྱེད་འབྲས་བུའི་རྒྱུད་ཡིན་ནོ། །དེ་ལྟར་རྒྱུ་རྒྱུད་ཐབས་རྒྱུད་འབྲས་རྒྱུད་དང་གསུམ་པོ་ངོ་བོ་ནི་དབྱེར་མེད་པ་**གཅིག**་པ་ཡིན་པར་དེ་ཉིད། **རྟོགས་པའི་ཁྱད་པར་**ཚུ་ནང་གི་ཟླ་བའི་གཟུགས་བརྙན་དང་། ནམ་མཁའི་ཟླ་བ་ལ་ཆོས་བཅོ་ལྔའི་འགྲིབ་འཕྲོ་ཉི་ཤུ་དགུའི་ཟླ་བ་དང་། ཆོས་གཅིག་ནས་བཅོ་ལྔའི་བར་གྱི་ཟླ་བའི་ཆ་ཤས་རིམ་གྱིས་འཕེལ་བ་མཐོང་བའི་**ཟླ་བའི་དཔེ་ཡིས་**གོ་རིམ་བཞིན་དུ་མཚོན་བྱེད་དཔེའི་ཡེ་ཤེས་དང་། མོས་སྤྱོད་ཀྱི་ས་དང་། ས་དང་པོ་ནས་བཅུ་གསུམ་པའི་བར་གྱི་མཚོན་བྱ་དོན་གྱི་ཡེ་ཤེས་རྣམས་ཀྱིས་ཆོས་དབྱིངས་མཐོང་ཚུལ་**བསྟན**་པ་ཡིན་ནོ། །**ཞེས་**རྗེ་བཙུན་གྱིས་**གསུངས**་ཏེ་དེ་ཡང་འདི་ལྟར་རྒྱུ་རྒྱུད་ཐབས་རྒྱུད་འབྲས་རྒྱུད་དེ་**རྒྱུད་གསུམ**་གྱི་ངོ་བོ་དབྱེ་བར་མེད་པ་གཅིག་ཏུ་**སྨོས**་པའི། སྒྲིབ་གཉིས་ཀྱི་དྲི་མ་མཐའ་དག་དང་**བྲལ**་བའི་**ཆོས་དབྱིངས**་སམ་ཆོས་ཀྱི་སྐུ་ཇི་ལྟར་**རྟོགས**་པའི་**ཚད**་དམ་རྟོགས་པའི་ཁྱད་པར་ལ། གློ་བུར་དྲི་བྲལ་གྱི་ཆོས་དབྱིངས་དེ་ལ་མོ་ས་པས་སྤྱོད་་པ་ཙམ་ལས་མངོན་སུམ་དུ་མ་རྟོགས་པའི་ཕྱིར་རོ་**མོས་སྤྱོད**་ཀྱི་ས་སྟེ་ཚོགས་སྦྱོར་གཉིས་དང་། འཕགས་པའི་ས་དང་པོ་ནས་བཅུ་གསུམ་བར་གྱི་དབྱེ་བས་གོ་རིམ་ལྟར་མར་ངོ་ཉི་ཤུ་དགུའི་འགྲིབ་འཕྲོ་ཡི་ཟླ་བའི་དཔེས་བསྟན་པ་དང་། ཡར་ངོར་ཆོས་གཅིག་ནས་བཅོ་ལྔའི་བར་གྱི་ཆ་ཤས་རིམ་གྱིས་འཕེལ་བའི་ཟླ་བའི་དཔེས་མཚོན་ཏེ། དེ་ཡང་མོས་སྤྱོད་ཀྱི་གནས་སྐབས་སུ་ཆོས་སྐུ་མཐོང་ཚུལ་ནི་དཔེར་ན་ནམ་མཁའི་ཟླ་བ་ལ་བལྟ་འདོད་པ་ན་གཞན་གྱིས་ཟླ་བའི་ཁ་དོག་དང་དབྱིབས་སོགས་བཤད་པའི་སྒོ་ནས་མཐོང་བ་དང་ཆ་འདྲ་བ། སངས་རྒྱས་ཀྱིས་ཆོས་སྐུ་མངོན་དུ་བྱས་པའི་རྒྱུ་མཐུན་གསུང་རབ་དམ་པའི་ཆོས་ལ་ཐོས་བསམ་བྱས་ནས་དོན་སྤྱིའི་ཚུལ་ལམ་ཐོས་བསམ་གྱི་གོ་ཡུལ་ཙམ་གྱིས་རྟོགས་པ་ནི་ཕར་ཕྱིན་

ལུགས་ཀྱི་མོས་སྤྱོད་ཀྱིས་མཐོང་ཚུལ་དང་། དེ་ལས་ཁྱད་པར་དུ་འཕགས་པ་ཉི་ཤུ་དགུའི་ཟླ་བ་ལ་མིག་གིས་ལྟས་པ་ལྟ་བུ་སྔགས་ཀྱི་ལུགས་ཀྱི་མོས་སྤྱོད་ཀྱིས་མཐོང་ཚུལ་དང་། ཆུ་ནང་གི་ཟླ་བའི་གཟུགས་བརྙན་ལ་མིག་གིས་བལྟ་བ་དང་འདྲ་བ་དབང་དང་རིམ་གཉིས་བསྒོམས་པ་ལས་བྱུང་བའི་མཚོན་བྱེད་དཔེའི་ཡེ་ཤེས་ཀྱིས་མཐོང་ཚུལ་དང་ཚེས་གཅིག་ནས་བཅོ་ལྔའི་བར་ཟླ་བའི་ཆ་ཤས་རིམ་གྱིས་འཕེལ་བ་ལྟར། ས་དང་པོ་གནས་ནས་བཅུ་གསུམ་པའི་བར་གློ་བུར་དྲི་བྲལ་གྱི་ཆོས་དབྱིངས་ཀྱི་ཆ་ཤས་ཇེ་གསལ་ཇེ་གསལ་དུ་མཐོང་བའི་ཚུལ་རྣམས་{འདི་ཕར་ཕྱིན་གྱི་མོས་སྤྱོད་ཀྱིས་མཐོང་ཚུལ་ལས་བཟང་ཞིང་སྔགས་ཀྱི་མོས་སྤྱོད་ཀྱིས་མཐོང་ཚུལ་ལས་དམན་ནོ། །}ཞིང་འཕགས་པ་ཀླུ་སྒྲུབ་ཞབས་ཀྱིས་ཀྱང་ཇི་ལྟར་མར་ངོའི་བཅུ་བཞི་{ཉེར་དགུ་}ལ། །ཟླ་བ་ཅུང་ཟད་མཐོང་བ་ལྟར། །དེ་བཞིན་ཐེག་མཆོག་མོས་ལ་ཡང་། །སངས་རྒྱས་སྐུ་ནི་ཅུང་ཞིག་མཐོང་། །ཇི་ལྟར་ཟླ་བ་ཚེས་པ་ལ། །སྐད་ཅིག་སྐད་ཅིག་རྒྱས་པར་མཐོང་། །དེ་བཞིན་ས་ལ་ཞུགས་རྣམས་ཀྱང་། །རིམ་གྱིས་རིམ་གྱིས་འཕེལ་བར་མཐོང་། །ཇི་ལྟར་ཡར་ངོའི་བཅོ་ལྔ་ལ། །ཟླ་བ་རྫོགས་པར་འགྱུར་བ་ལྟར། །དེ་བཞིན་ས་ཡི་མཐར་ཐུག་ནས། །ཆོས་ཀྱི་སྐུ་ནི་རྫོགས་ཤིང་གསལ། །ཞེས་དེ་དང་མཚུངས་པར་བཤད་ཅིང་འདི་དག་གི་དོན་ཞིབ་པར་ཀུན་མཁྱེན་བླ་མ་རིན་པོ་ཆེས་མཛད་པའི་རྣལ་འབྱོར་བླ་མེད་ཀྱི་སྡོམ་པ་བྱེ་བྲག་ཏུ་བཤད་པའི་བསྟན་བཅོས་བདུད་རྩིའི་ཉིང་ཁུ་འཆི་བ་མེད་པའི་གོ་འཕང་སྦྱིན་པ་ཞེས་རྩ་བ་དང་འགྲེལ་པ་བདུད་རྩི་ཁྱིལ་བ་དག་ལ་ལྟོས་དང་ཤེས་པར་འགྱུར་རོ། །མཚོན་བྱེད་ཆུ་ནང་གི་ཟླ་བ་ལ་ལྟས་པ་ལྟ་བུ་དཔེའི་ཡེ་ཤེས་དང་། མཚོན་བྱ་ཚེས་གཅིག་ནས་བཅོ་ལྔའི་བར་གྱི་ཟླ་བ་ལ་བལྟས་པ་ལྟ་བུ་དོན་གྱི་ཡེ་ཤེས་གཉིས་ཀྱི་ངོ་བོ་ཙམ་ཞིག་སྨོས་ན་དང་པོ་མཚོན་བྱེད་དཔེའི་ཡེ་ཤེས་ཀྱི་མཚན་གཞི་ནི་སྤྱིར་དོན་དམ་བདེན་པ་ལ་མཚན་ཉིད་པ་དང་རྣམ་གྲངས་པ་གཉིས་ལས་རྣམ་གྲངས་པ་ཡི་དོན་དམ་བདེན་པ་དེ་མཚོན་བྱེད་དཔེའི་ཡེ་ཤེས་ཀྱིས་རྟོགས་སོ། །ཇི་ལྟར་རྟོགས་ན་ཆུ་ནང་གི་ཟླ་བ་ལ་མིག་གིས་བལྟས་པ་བཞིན་དུ། ཕར་ཕྱིན་ལྟ་བུའི་རྗེས་དཔག་མིན་པ་མངོན་སུམ་དུ་རྟོགས་པ་ཡིན་ནོ་དེ་ལྟར་རྟོགས་པ་པོ་སྔགས་བླ་མེད་ཀྱི་དབང་དང་རིམ་གཉིས་སྒོམ་པའི་ལམ་ཞུགས་ཀྱི་གང་ཟག །སོ་སོའི་སྐྱེ་བོའི་རྒྱུད་ཀྱི་{གཉུག་མ་ལྷན་ཅིག་སྐྱེས་པའི་ཡེ་ཤེས་ཀྱང་ཟེར། }མཚོན་བྱེད་དཔེའི་ཡེ་ཤེས་ཀྱིས་རྟོགས་སོ་དེ་ལྟར་རྟོགས་བྱེད་མཚོན་བྱེད་དཔེའི་ཡེ་ཤེས་ཀྱི་ཐེག་པ་གང་ཡིན་པ་དེའི་མིང་གི་རྣམ་གྲངས་ལ། མཚོན་བྱ་དོན་གྱི་ཡེ་ཤེས་དེ་མཚོན་པར་བྱེད་པས་ན། མཚོན་བྱེད་དཔེ་ཡི་ཡེ་ཤེས་དང་དབང་དང་རིམ་གཉིས་བསྒོམས་པ་ལས་བྱུང་བའི་ཡེ་ཤེས་ཡིན་པས་ན་མཚོན་བྱེད་དཔེའི་ཕྱག་ཆེན་དང་། སྣང་བའི་ཆོས་མང་པོ་སྣ་ཚོགས་པ་རྣམས་སེམས་གསལ་སྟོང་ཟུང་འཇུག་གི་ངོ་བོར་གཅིག་ཏུ་སྡོམ་པའི་ཡེ་ཤེས་ཡིན་པས་ན་མཚོན་བྱེད། དཔེ་ཡི་སྔགས

སྡོམ་ཞེས་བྱ་བ་རྣམས་བརྗོད་བྱའི་དོན་དུ་གཅིག་ཀྱང་བརྗོད་བྱེད་ཀྱི་མིང་གི་རྣམ་གྲངས་ཙམ་མོ། །མཚོན་བྱེད་དཔེའི་ཡེ་ཤེས་ཀྱི་མཚན་ཉིད་ནི་བུམ་དབང་། གསང་དབང་། ཤེར་དབང་། བཞི་པ་སྟེ་དབང་བཞི་དང་བསྐྱེད་རྫོགས་ཀྱི་རིམ་པ་གཉིས་ཚུལ་བཞིན་དུ་བསྒོམས་པ་ལས་བྱུང་བའི་ལྷུན་གྱིས་གྲུབ་ཅིང་མ་བཅོས་པའི་ཕྱིར་རང་བྱུང་གི་ཡེ་ཤེས་ཉིད་ཡིན་ཏེ་འཇམ་དབྱངས་བླ་མས། ངེད་ཀྱི་ཕྱག་རྒྱ་ཆེན་པོ་ནི། །ཞེས་སོགས་གསུངས་པའི་ཕྱིར། འོ་ན་{མཚོན་བྱེད་དཔེའི་ཡེ་ཤེས་རང་གིས་རང་རིག་པའི་ཕྱིར་}རང་རིག་མངོན་སུམ་དང་། {ཆོས་ཉིད་ཀྱི་བདེན་པ་མངོན་སུམ་དུ་མཐོང་བ་ནི་}རྣལ་འབྱོར་མངོན་སུམ་གང་ཡིན་ཞེ་ན་མཚོན་བྱེད་དཔེའི་ཡེ་ཤེས་འདི་རང་རིག་མངོན་སུམ་ཡིན་པར། རྗེ་བཙུན་རིན་པོ་ཆེ་སོགས་རང་ལུགས་ཀྱི་མཁས་པ་རྣམས་བཞེད་དེ་དེའི་རྒྱུ་མཚན་ནི་རྣལ་འབྱོར་མངོམ་སུམ་ནི་འཕགས་པ་མ་གཏོགས་སོ་སྐྱེའི་རྒྱུད་ལ་མེད་དེ། མཛོད་ལས། ལམ་མ་ཐོབ་པ་སོ་སོ་ཡི། །སྐྱེ་བོར་འདོད་དོ། །ཞེས་གསུངས་སོ། །སོ་སྐྱེའི་རྒྱུད་ཀྱི་ནུགས་ཀྱི་ཡེ་ཤེས་ཡིན་པས་སོ། །རང་བྱུང་གི་ཡེ་ཤེས་དེའི་མིང་གི་རྣམ་གྲངས་ལ་བདེ་ཆེན་གྱི་ཡེ་ཤེས་དང་བརྗོད་བྲལ་གྱི་ཡེ་ཤེས་དང་ལྷན་ཅིག་སྐྱེས་པའི་ཡེ་ཤེས་སོགས། མཚན་གྱི་རྣམ་གྲངས་མང་སྟེ་ཀུན་མཁྱེན་ཆེན་པོས་ཟབ་དོན་བདུད་རྩིའི་ཉིང་ཁུ་ལས། {ལུས་གཞན་དུ་བསྟན་པ་ལས་རང་གི་ངང་གིས་བྱུང་བས་ན་}རང་བྱུང་༡{བདེ་བ་ཆེན་པོའི་ངོ་བོ་སྐྱེས་པས་ན་}བདེ་ཆེན་༢{ཚིག་གིས་བརྗོད་མི་ཤེས་པས་ན་}བརྗོད་བྲལ་༣ལྷན་ཅིག་སྐྱེས༤། །{ཐོག་མ་མེད་པ་ནས་དབྱེར་མེད་དུ་ཡོད་པས་ན་}གཞན་གྱིས་རྟོགས་པ་མ་ཡིན་པ་སོ་སོ་རང་གིས་རིག་པས་ན་རང་༥རིག་{མཐའ་དབུས་མེད་པས་ན་}མཁའ་༦མཉམ་རྟུལ་༧བྲལ་{གློ་བུར་གྱི་རྣམ་རྟོག་གི་དྲི་མ་དང་བྲལ་བས་ན་}མཐའ་བཞིའི་སྤྲོས་པས་སྟོང་པས་ན་སྟོང་པ་༨ཉིད། །ཟུང་འཇུག་༩{ཐབས་ཤེས་དབྱེར་མེད་པས་ན་}གཞན་དུ་མི་འགྱུར་བས་ན་འགྱུར་༡༠མེད་ལྷུན་གྲུབ་༡༡{རང་བཞིན་རྒྱུའི་དུས་ནས་ཡོད་པས་ན་}རྐྱེན་གྱིས་གསར་དུ་མ་བསྐྱེད་པས་ན་མ་བཅོས་པ༡༢། །ཞེས་སོ། །མིང་གི་རྣམ་གྲངས་དེ་ཚོ་ཡང་དབང་དང་རིམ་གཉིས་ལས་སྐྱེས་པའི་ཡེ་ཤེས་དེ་ལ་སྔགས་སྡོམ་དུ་འཛོག་པའི་ཚེ་{མིང་གི་རྣམ་གྲངས་དེ་དག་}འཇུག་ཀྱང་མཚོན་བྱེད་ཡེ་ཤེས་དེ་མ་སྐྱེས་པའི་སྔགས་སྡོམ་གྱིས་རང་གི་མི་མཐུན་པའི་ཕྱོགས། སྤོང་པའི་སེམས་བྱུང་གི་སེམས་པ་ཙམ་ལ་ནི་མིང་གི་རྣམ་གྲངས་དེ་དག་མི་འཇུག་པས། སྤོང་སེམས་ཙམ་གྱི་སྔགས་སྡོམ་དང་དབང་དང་རིམ་གཉིས་ལས་སྐྱེས་པའི་མཚོན་བྱེད་དཔེའི་ཡེ་ཤེས་དག་ཁྱབ་མཉམ་དུ་མི་བཟུང་སྟེ། ཀུན་མཁྱེན་ཆེན་པོས། ཡེ་ཤེས་སྐྱེས་ཚེ་དེ་དག་སྒོམ་པ་ཡི། །མིང་གི་རྣམ་གྲངས་ཡིན་ཀྱང་མ་སྐྱེས་ན། །སྤོང་སེམས་ཙམ་ལ་དེ་དག་{མིང་གི་རྣམ་གྲངས་}མི་འཇུག་པས། ཁྱབ་མཉམ་ཉིད་དུ་འབྲེལ་པ་མི་བྱའོ། །ཞེས་གསུངས་པའི་ཕྱིར་རོ། །དེས་ན། སྔགས་སྡོམ་ཡིན་ན་ཡེ་ཤེས་ཡིན་པས་མ་

ཁྱབ་ལ། ཡེ་ཤེས་ཡིན་ན་སྔགས་སྡོམ་ཡིན་པས་ཁྱབ་བོ། །གཞན་གྱི་ཕྱག་ཆེན་མི་འཐད་པ་བསྟན་པ་ནི་ཕྱག་ཆེན་སྒོམ་པ་པོའི་གང་ཟག་རང་གི་རྣམ་རྟོག་གཟུགས་སྒྲ་ལ་སོགས་པའི་ཕྱི་རོལ་གྱི་ཡུལ་གྱི་སྟེང་ལ་འགྲོ་བ་བཀག་པའི་རྟོག་པ་ཁ་བཀག་སྟེ་ཁ་འཐོམ་པའི་མི་ཚོམ་པའི་ངང་ནས། སྟོང་གསལ་ཆ་གཏན་ནས་མེད་པའི་རྐྱང་ཧད་དེ་བ་སྒོམ་པ་ལ་ཕྱག་རྒྱ་ཆེན་པོ་ཡིན་པར་འདོད་མོད་སྔགས་ཀྱི་ཕྱག་རྒྱ་ཆེན་པོ་ནི་མིན་ཏེ། རྒྱུ་མཚན་དབང་དང་རིམ་གཉིས་སྒོམ་པ་ལ་མ་ལྟོས་པའི་ཕྱིར། དེ་སྐད་དུ་ཡང་འཇམ་དབྱངས་བླ་མས་ཕྱག་རྒྱ་ཆེན་པོ་{བཀའ་རྒྱུད་སོགས་ཀྱིས}སྒོམ་ན་ཡང་། །རྟོག་པ་ཁ་ཚོམ་ཉིད་ཡིན་གྱི། །རིམ་གཉིས་ལས་བྱུང་ཡེ་ཤེས་ལ། །ཕྱག་རྒྱ་ཆེན་པོ་མི་ཤེས་སོ། །ཞེས་གསུངས་པའི་ཕྱིར། སྟོང་རྐྱང་ཧད་དེ་བ་དེ་ཉིད་སྔགས་ཀྱི་ཕྱག་ཆེན་མིན་པ་དེ་བཞིན་དུ་སྟོང་རྐྱང་མ་ཡིན་པའི་གསལ་ཆ་ཙུང་ཟད་དང་འབྲེལ་བའི་སྣ་སྟོང་ཟུང་འཇུག་ཕྲ་མོ་ཙམ་ཞིག་{སྔགས་ཀྱི་ཚོགས་སྦྱོར}མོས་སྤྱོད་ཀྱི་གནས་སྐབས་སུ་རྟོགས་པ་ལ་ཆོས་ཉིད་མངོན་སུམ་དུ་མཐོང་བའི་མཐོང་ལམ་དུ་འདོད་པའང་ཡོད་མོད་ཀྱི་དེའི་དབང་གསུམ་པ་ཤེར་དབང་གི་དུས་ཀྱི། བདེ་སྟོང་གི་ཡེ་ཤེས་སྐད་ཅིག་མ་ཙམ་ཞིག་སྐྱེས་པ་ལ་མཐོང་ལམ་དུ་མིང་བཏགས་པ་ནི་སྟོན་ཏེ་ལོ་པས་ནཱ་རོ་པར་འཁོར་ལོ་བདེ་མཆོག་གི་དཀྱིལ་འཁོར་དུ་བཅུག་སྟེ་དབང་བསྐུར་བའི་དུས་སུ་སྔར་མ་མཐོང་བའི་བདེ་སྟོང་གི་ཡེ་ཤེས་ཕྲ་མོ་ཙམ་ཞིག་མཐོང་བ་ལ་སྔར་མ་མཐོང་བ་མཐོང་ཞེས་པ་ཇོ་བོ་ནཱ་རོ་ཏ་པའི་གསུང་སྒྲོས་ཀྱིས་འཁྲུལ་གཞི་བྱས་པར་སྣང་ཡང་། ནཱ་རོ་ཏ་པ་ལ་དབང་གི་དུས་སུ་སྐྱེས་པའི་ཡེ་ཤེས་དེ་ནི་ཉི་ཤུ་དགུའི་ཟླ་བ་ལྟར་སྐད་ཅིག་དེ་ཉིད་ལ་འགགས་ཅིང་། ཆོས་མཆོག་རྗེས་ཀྱི་མཐོང་ལམ་ནི་{མཛོད་ལྟར་ན་ཆོས་མཆོག་གི་ཡེ་ཤེས་སྐད་ཅིག་མ་དེ་ཉིད་འགགས་མ་ཐག་ཏུ་མཐོང་ལམ་སྐྱེ་བའི་ཕྱིར་རོ}ཚེས་གཅིག་གི་ཟླ་བ་ལྟར་འགགས་པ་མེད་དེ། རབ་དབྱེར། ཇོ་བོ་ནཱ་རོ་ཏ་པ་ནི། །དབང་བསྐུར་དུས་སུ་མཐོང་ལམ་སྐྱེས། །དེ་ནི་སྐད་ཅིག་དེ་ལ་འགགས། །ཆོས་མཆོག་རྗེས་ཀྱི་མཐོང་ལམ་ནི། །འགག་པ་མེད་ཅེས་{མར་པའི་རྗེས་འབྲང་རྟོག་ཆོས་སྐུ་རྡོ་རྗེ་སོགས་ཀྱིས}གསུངས་པ་གྲགས། །ཅེས་སོ། །མཚོན་བྱ་དོན་གྱི་ཡེ་ཤེས་ཀྱི་མཚན་གཞི་ནི། ཡོད་མེད་ལ་སོགས་པ་སྤྲོས་པ་ཐམས་ཅད་དང་བྲལ་བའི་ཆོས་ཉིད་དོན་དམ་བདེན་པ་མཚན་ཉིད་པ་དེ། ཡར་ངོའི་ཟླ་བ་ལ་མིག་གིས་བལྟས་པ་བཞིན་དུ། མཚོན་བྱ་དོན་གྱི་ཡེ་ཤེས་ཀྱིས་མངོན་སུམ་དུ་མཐོང་བའི་སྔགས་བླ་མེད་ཀྱི་ལམ་དུ་ཞུགས་པའི་འཕགས་པའི་རྒྱུད་ཀྱི་ཡེ་ཤེས་གང་ཡིན་པ་མཐའ་དག་གོ། །དེའི་མིང་གི་རྣམ་གྲངས་ལ་མཚོན་བྱེད་དཔེའི་ཡེ་ཤེས་དེས་མཚོན་བྱ་ཡིན་པས་ན། མཚོན་པར་བྱ་བ་དོན་གྱི་ཡེ་ཤེས་དང་། དབང་དང་རིམ་གཉིས་ལས་བྱུང་བའི་ཡེ་ཤེས་ཡིན་པས་ན་མཚོན་པར་བྱ་བ་དོན་གྱི་ཕྱག་ཆེན་དང་སྣང་བའི་ཆོས་རྣམས་དོན་གྱི་ངོ་བོར་སྡོམ་པས་ན་མཚོན་པར་བྱ་བ་དོན་གྱི་སྔགས་སྡོམ་དང་།

སྔགས་**བླ་མེད་**ཀྱི་ལམ་ལ་བརྟེན་ཏེ་ས་དང་པོ་གནས་ནས་བཅུ་གསུམ་པའི་བར་གྱི་**འཕགས་པའི་ཡེ་ཤེས་**ཞེས་ཀྱང་བྱའོ། །

དེ་རྣམས་ནི་བརྗོད་བྱའི་**དོན་གཅིག་**པ་ཡིན་ཀྱང་། བརྗོད་བྱེད་ཀྱི་མིང་གི་རྣམ་གྲངས་ནི་ཐ་དད་པ་ཡིན་ནོ། །མཚོན་བྱ་དོན་གྱི་ཡེ་ཤེས་ཀྱི་མཚན་ཉིད་ནི་འཕགས་པ་ཀླུ་སྒྲུབ་ཀྱི་དབུ་མ་རྩ་ཤེར་ལས། རང་བཞིན་དག་ནི་བཅོས་མིན་དང་། །གཞན་ལ་ལྟོས་པ་ཡོད་མ་ཡིན། །ཞེས་གསུངས་པ་ལྟར། ཆོས་རྣམས་ཀྱི་རང་བཞིན་གྱི་གནས་ཚུལ་རྒྱུ་རྐྱེན་གྱིས་མ་བཅོས་པ་དང་། ངོ་བོ་ལྷུན་གྱིས་གྲུབ་པའི་**རང་བྱུང་གི་ཡེ་ཤེས་གོམས་**ཤིང་བརྟན་པར་གྱུར་པ་ནི་**མཐོང་བའི་ལམ་**མོ། །དེ་ལྟ་བུའི་ཡེ་ཤེས་ཕྱག་རྒྱ་ཆེན་པོའི་རྟོགས་པ་མངོན་དུ་གྱུར་པ་ན་ལམ་བགྲོད་པ་ལ། **མཚན་མར་འཛིན་པའི་འདུ་ཤེས་དང་བཅས་པའི་འབད་རྩོལ་**ཀུན་ལ་མི་ལྟོས་ཏེ་དེའི་རྒྱུ་མཚན་རྟོགས་པ་དེའི་རྒྱུན་སྐྱོང་ན་ལམ་རང་གི་ངང་གིས་འགྲོད་པར་འགྱུར་བའི་ཕྱིར་རོ། །འོ་ན་མཚོན་བྱ་དོན་གྱི་ཡེ་ཤེས་དེ་བློ་རིགས་གང་ཡིན་ཞེ་ན་སྤྱིར་**བློ་རིགས་**ལ་མངོན་སུམ་དང་རྗེས་དཔག་སྟེ་གཉིས་ལས། མངོན་སུམ་ལ་དབང་པོའི་མངོན་སུམ། ཡིད་ཀྱི་མངོན་སུམ། རང་རིག་མངོན་སུམ། རྣལ་འབྱོར་མངོན་སུམ་སྟེ་བྱེ་བྲག་བཞི་ཡོད་པ་ལས་འདི་ནི་ཆོས་ཉིད་མངོན་སུམ་དུ་མཐོང་བའི་བླ་མེད་ཀྱི་ཡེ་ཤེས་ཡིན་པས་**རྣལ་འབྱོར་མངོན་སུམ་མོ**། །མཚོན་པར་བྱ་བ་དོན་གྱི་རང་བྱུང་གི་ཡེ་ཤེས་དེའི་མིང་གི་རྣམ་གྲངས་ལ་**སངས་རྒྱས་**ཀྱི་**ས**འི་ཡེ་ཤེས་དང་**སངས་རྒྱས་**དེ་**ཡི་ཡེ་ཤེས་**དང་། རྒྱུད་གསུམ་ལས་**འབྲས་བུའི་རྒྱུད་**ཀྱི་**སྔགས་སྡོམ་རྣམས་དོན་གཅིག་**ལ་མིང་གི་རྣམ་གྲངས་སོ། །གོང་དུ་བཤད་མ་ཐག་པ་དེ་ལྟ་བུའི་སོ་སོ་སྐྱེ་བོའི་རྟེན་ལ་དབང་དང་རིམ་གཉིས་བསྒོམས་པས་མཚོན་བྱེད་དཔེའི་ཡེ་ཤེས་སྐྱེ་ལ་མཚོན་བྱེད་དཔེའི་ཡེ་ཤེས་དེ་གོམས་པ་ལ་བརྟེན་ནས་འཕགས་པའི་རྟེན་ལ་མཚོན་བྱ་**དོན་གྱི་ཡེ་ཤེས་རིམ་**པ་བཞིན་དུ་**སྐྱེས་པས་**ན་ས་དང་པོ་གནས་ནས་བཅུ་གསུམ་པར་གྱི་**འཕགས་པའི་**ས་**ཐོབ་**པར་ཡིན་ལ་འཕགས་པའི་ས་**དེ་ཡི་རྣམ་གཞག་**ཙུང་ཟད་བཤད་པ་ནི། ཞེས་མཚམས་སྦྱར་ནས། འབྲས་བུ་འཕགས་པའི་ས་ལ་གནས་སྐབས་དང་མཐར་ཐུག་གཉིས་ལས། **གནས་སྐབས་**ཀྱི་**འབྲས་བུ་**ནི་མཐར་ཐུག་གི་འབྲས་བུ་ཐོབ་པའི་ཆེད་དུ་ཞུགས་པའི་**སློབ་ལམ་ས་བཅུ་གཉིས་**ལ་སྔགས་ཕར་ཕྱིན་ཐུན་མོང་གི་མིང་ལ་ས་དང་པོ་རབ་ཏུ་དགའ་བ་དང་གཉིས་པ་དྲི་མ་མེད་པ་ལ་སོགས་པ་ཐུན་མོང་མ་ཡིན་པ་སྔགས་ཀྱི་མིང་ལ། **གནས་**དང་ཉེ་བའི་གནས་ལ་**སོགས་**པ་**བཅུ་གཉིས་**དང་ཕན་ཚུན་**སྦྱར་**ཏེ་བཤད་ན་སཾ་བུ་ཊའི་བརྟག་པ་ལྔ་པའི་དང་པོ་ལས། གནས་ནི་རབ་ཏུ་དགའ༡བའི་ས། །དེ་བཞིན་ཉེ་གནས་དྲི་མ་༢མེད། །ཞིང་ནི་འོད་༣བྱེད་ཤེས་པར་བྱ། །ཉེ་བའི་ཞིང་ནི་འོད་འཕྲོ་༤ཅན། །ཚནྡོ་མངོན་དུ་གྱུར་༥པ་སྟེ། །ཤིན་ཏུ་ཚནྡོ་སྦྱང་དཀའ་༦བ། །འདུ་བ་རིང་དུ་སོང་བ

༧སྐྱེ། །ཉི་བའི་འདུ་བ་མི་༢གཡོ་བ། །དྲུག་པ་ལེགས་པའི་བློ་གྲོས་ཉིད(༩། །ཉི་བའི་དུར་ཁྲོད་ཆོས་ཀྱི་སྤྲིན)༡༠། །ཅེས་སློབ་ལམ་ས་བཅུར་གསུངས་པ་ནི་ཕར་ཕྱིན་དང་ལུང་སྒོ་བསྟུན་པ་ཡིན་ལ་ས་བཅུ་གཅིག་པ་དང་བཅུ་གཉིས་པའང་སློབ་པའི་ས་ཡིན་པས་དེ་གཉིས་ཀྱི་མིང་{སོ་བུ་ཏའི་ནང་ན་མེད་པས་}གང་ཞེ་ན། བདེ་མཆོག་གི་བཤད་རྒྱུད་ཨ་ཧི་དྷ་ན་ལས། འཐུང་གཅོད་དཔེ་མེད་དེ་བཞིན་དུ། །ཉེ་བའི་འཐུང་བཅོད་ཡེ་ཤེས་ཆེ། །ཞེས་གསུངས་པ་རྣམས་ཡིན་ནོ། །

དེ་ལྟ་བུ་བགྲོད་བྱ་སློམ་ལམ་ས་བཅུ་གཉིས་པོ་དེ་ཉིད་བགྲོད་བྱེད་ཡུལ་ཆེན་གྱི་གྲངས་ནི་ཀྱེ་རྡོ་རྗེའི། རྩ་བའི་རྒྱུད་བརྟག་པ་གཉིས་པ་བཤད་པའི་རྒྱུད་སཾ་བུ་ཊ་གཉིས་སྟེང་པ་ལྟར་ན་བགྲོད་བྱའི་ས་དང་པོ་གནས་དང་ཉེ་བའི་གནས་གཉིས་ལ། བགྲོད་བྱེད་ཕྱིའི་ཡུལ་པུལླི་ར་མ་ལ་ཡ་ཕྱི་ནང་གི་ཡུལ་ཆེན་བཞི་བཞི་ཡོད་པ་དང་། བགྲོད་བྱ་ས་གསུམ་པ་ཞིང་ནས་ནི་ས་བཅུ་པ་ཉེ་བའི་དུར་གྱི་བར་ས་བརྒྱད་ལ་བགྲོད་བྱེད། ཕྱིའི་ཡུལ་ཀ་མ་རུ་པ་དང་། ནང་གི་ཡུལ་མཆན་ཁུང་གཉིས་ཕྱིའི་ཡུལ་ཨོ་ཊེ་དང་། ནང་གི་ཡུལ་ནུ་མ་གཉིས་ལ་སོགས་པ་ས་རེ་རེ་ལ་ཕྱི་ནང་གི་ཡུལ་གཉིས་གཉིས་འབྱུང་ཞིང་བགྲོད་བྱ་ས་བཅུ་གཅིག་པ་འཐུང་གཅོད་དང་ས་བཅུ་གཉིས་པ་ཉེ་བའི་མཐུང་གཅོད་གཉིས་ཀར། བཞི་བཞི་སྦྱར་བའི་ཕྱི་ནང་གི་ཡུལ་ཆེན་སུམ་ཅུ་རྩ་གཉིས་རེ་གསུངས་པ་ཡིན་ཏེ། ཀུན་མཁྱེན་བསོད་ནམས་སེང་གེས་བདུད་རྩི་ཉིང་ཁུ་ལས། དེ་ཚེ་ཕྱི་ནང་ཡུལ་ཆེན་ནི། །སུམ་ཅུ་རྩ་གཉིས་འདུས་པ་ལས། །གནས་)ནས་ཉེ་བའི་མཐུང་)༢གཅོད་བར། །བཅུ་གཉིས་པ་རྣམས་འགྲུབ་པར་གསུངས། །ཞེས་གསུངས་པའི་ཕྱིར་རོ། །ས་སུམ་ཅུ་སོ་གཉིས་པོ་དེའི་སྟེང་དུ་བགྲོད་བྱ་ས་བཅུ་གསུམ་པ་དེའི་བགྲོད་བྱེད་ཀྱི་ཡུལ་ཆེན་སྤྲུབ་པ་པོ་དེ་ཉིད་གནས་གང་དུ་མངོན་པར་རྫོགས་པ་འཚང་རྒྱ་བའི། གནས་དེའི་ཕྱོགས་ཤར་ཕྱོགས་ཀྱི་འཇིག་རྟེན་གྱི་ཁམས་ཐམས་ཅད་ལྟ་བུ་བཞི་སྐལ་བཟང་སངས་རྒྱས་སྟོང་གི་སྤྲུལ་སྐུ་ནི་རྒྱ་གར་རྡོ་རྗེ་གདན་དང་། དེ་རྣམས་ཀྱི་ལོངས་སྐུ་ནི་འོག་མིན་སྟུག་པོ་བཀོད་པར་སངས་རྒྱས་པ་ནི་དབུས་དང་ལྔ་བསྣན་པས་ཡུལ་ཆེན་སུམ་ཅུ་སོ་བདུན་ཡོད་པ་ཡིན་ནོ། །བགྲོད་བྱ་ས་བཅུ་གསུམ་ལ་བགྲོད་བྱེད་ཀྱི་ཡུལ་སུམ་ཅུ་སོ་བདུན་གྱིས་ཇི་ལྟར་བགྲོད་ཚུལ་གྱི་མངོན་རྟོགས་ནི་པུལླི་ར་མ་དང་ཛ་ལནྡྷ་ར་སོགས་ཕྱི་རོལ་གྱི་ཡུལ་ཆེན་སུམ་ཅུ་སོ་གཉིས་ཀྱི། གནས་རྣམས་ལ་བཞུགས་པའི་གང་ཟག་ངོ་བོ་སངས་རྒྱས་ཡིན་ཀྱང་རྣམ་པ་ས་དང་པོ་ཐོབ་པ་ལ་སོགས་པའི་ཚུལ་འཛིན་པའི། མཁའ་འགྲོ་སྐྱེ་ཡུལ་པུལླི་ར་{ནང་གི་ཡུལ་སྤྱི་བོ་}མ་ལ་ཡ་ན་ཁཎྜ་{དཔའ་བོ་}ཀ་པ་ལི་དང་{དཔའ་མོ་}རབ་ཏུ་གཏུམ་མོ། {སྤྱི་གཙུག་}ཡུལ་ཛ་ལནྡྷ་ར་ན་མ་ཧ་ཀཾ་ལ་དང་གཏུམ་པའི་མིང་ཅན་མ། ཡུལ་{རྣ་བ་གཡས་}ཨོ་ཡན་ན་ཀཾ་ལ་དང་འོད་ལྡན་མ། ཡུལ་{ནང་གི་ཡུལ་ལྤག་པ་}ཨ་བི་ད་ར་ན་མཆེ་བ་རྣམ་

པར་གཙིགས་པ་དང་སྣ་ཆེན་མ་སྟེ་ས་དང་པོ་གནས་ལ་བཞུགས་པའི་འཕགས་པས་དེ་དག་དབང་དུ་འདུས་ཤིང་། ཡུལ་གོ་དྷ་ན་{རྣ་བ་གཡོན་པ་}ན་ཤ་རི་སུ་དང་ཞུ་རི་ཡུལ་ར་མེ་ཤྭ་རི་ན་{སླིན་མའི་དབུས་}འོད་དཔག་མེད་དང་མིའུ་ཐུང་མ། ཡུལ་དེ་བི་{མིག་གཉིས་}ཀོ་ཊ་ན་རྡོ་རྗེའི་འོད་དང་ལྷན་འི་དབང་ཕྱུག་མ། ཡུལ་{ཕྲག་པ་གཉིས་}མ་ལ་ཝ་ན་རྡོ་རྗེའི་སྐུ་དང་ཕྱིན་དྲུག་མ་སྟེ་ས་གཉིས་པ་ཉེ་བའི་གནས་ན་བཞུགས་པའི་འཕགས་པས་དེ་དག་དབང་དུ་འདུས་ལ། {མཆན་ཁུང་གཉིས་}ཡུལ་ཀ་མ་རུ་པ་ན་ཨཱཀྐུ་རི་དང་ཨེ་ར་ཝ་ཏི། ཡུལ་{ནུ་མ་གཉིས་}ཨོ་ཏེ་ན་རྡོ་རྗེ་རལ་པ་ཅན་དང་འཇིགས་བྱེད་ཆེན་མོ་སྟེ་ས་གསུམ་པ་ཞིང་ན་གནས་པའི་འཕགས་པས་དེ་དག་དབང་དུ་བྱེད་ལ། ཡུལ་ལྟེ་བ་ཏྲི་ཤ་ཀུ་ནེ་ན་དཔའ་བོ་ཆེན་པོ་དང་རླུང་གི་ཤུགས་ཅན་མ་ལ་སོགས་དཔའ་བོ་དང་རྣལ་འབྱོར་མ་རྣམས་དབང་དུ་འདུས་ཤིང་ནང་དུ་ནི། དཔའ་བོ་དང་རྣལ་འབྱོར་མ་དེ་དག་གི་**རང་བཞིན་སྤྱི་བོ**་དང་སྤྱི་གཙུག་དང་རྣ་བ་གཡས་པ་དང་ལྟག་པ་སོགས་ལུས་ཀྱི་**རྩ་ཡིག་**གོ་རིམ་བཞིན་པུ་ཛ་ཨོ་ཨ་ལ་སོགས་པ་**སོ་གཉིས་**ཀྱི་རྣམ་པ་གནས་པ་རྣམས་**ཀྱི། རླུང་སེམས་རྩ་དབུ་མར་ཐིམ་པའི་རྟེན་འབྲེལ་གྱིས། བགྲོད་བྱ་སློབ་**ལམ་གནས་དང་ཉེ་བའི་གནས་ཞིང་དང་ཉེ་བའི་ཞིང་ལ་སོགས་པ་**བཅུ་གཉིས་**ཀྱི་གྲངས་ཀྱི་**ས་ཡི་སྤང་བྱ་མཐོང་**སྤང་མ་ལུས་པ་{ས་དང་པོ་ཐོབ་པ་ཙམ་གྱིས་}དང་སྒོམ་སྤང་ཅི་རིགས་ཏེ་སྤང་ཞིང་། རྟོགས་བྱ་{གང་ཟག་གི་བདག་མེད་པ་དང་། ཆོས་ཀྱི་བདག་མེད་པ་གཉིས་རེ་རེ་ལའང་། རང་བཞིན་རྣམ་དག་གི་ཆོས་དབྱིངས་དང་། གློ་བུར་དྲི་བྲལ་གྱི་ཆོས་དབྱིངས་ཏེ་གཉིས་གཉིས་རེ་ཡོད་པ་ལས་}རང་བཞིན་རྣམ་དག་གི་ཆོས་དབྱིངས་ཡོངས་རྫོགས་{ས་དང་པོ་ནས་}དང་། གློ་བུར་དྲི་བྲལ་གྱི་ཆོས་དབྱིངས་ཅི་རིགས་ཏེ་རྟོགས་པའི་**སྤང་རྟོགས་བསྐྱེད་**པ་ཡིན་ནོ། །ས་བགྲོད་ཚུལ་གྱི་མངོན་རྟོགས་**འདི་ནི་**རྩ་རྒྱུད་བརྟག་པ་གཉིས་པའི་**དགོངས་**པ་བཤད་རྒྱུད་**སམ་བུ་**ཊ་ནས། ཁ་སྐོང་བའི་**ལུགས་ཡིན་**ལ་ཡང་ན་རྩ་རྒྱུད་བརྟག་པ་གཉིས་པའི་དགོངས་པ་ཕྱག་བུ་མེད་ཀྱི་རྒྱུད་ཆེན་**ཐིག་ལེ་ཡིས་**ཕྱག་ཆེན་ཐིག་ལེ་འདི་ཀྱེ་རྡོར་ཕྱི་མའི་རྒྱུད་ཡིན་པ་ཚར་ཆེན་གྱི་ཉི་ཟེར་ལས་གསུངས་སོ། །ཁ་སྐོང་**བའང་ཡོད་དེ་**སྔ་མ་བརྟག་གཉིས་ལ་སཾ་བུ་ཊས་ཁ་སྐོང་བའི་ལུགས་ནི། ཀླུ་སྒྲུབ་ཀྱིས་མཛད་པ་**བདག་མེད་མའི་བསྟོད་པ་དང་།** ཕྱི་མ་བརྟག་གཉིས་ཀྱི་དགོངས་པ་ཕྱག་ཆེན་ཐིག་ལེས་ཁ་སྐོང་བ་ནི་བརྟག་གཉིས་ལ་ཆོས་རྒྱལ་**འཕགས་པ་རིན་པོ་ཆེས་མཆན་**བཏབ་པ་ལས་གསུངས་པའི་**ལུགས་སུ་**ཡིན་པར་པཎ་ཆེན་ངག་ཆོས་ཀྱིས་སྡོམ་གསུམ་རབ་དབྱེའི་སྤྱི་དོན་ལས་གསུངས་པ་ལྟར་**རིམ་པ་བཞིན་དུ་རྟོགས་པར་བྱ་**ཞིང་། **བདེ་མཆོག་ཉུང་ངུ་སྟེ་**འཁོར་ལོ་བདེ་མཆོག་གི་རྩ་རྒྱུད་ལེའུ་ལྔ་བཅུ་རྩ་གཅིག་པ་དང་**མངོན་བརྗོད་བླ་མ་སྟེ་**འཁོར་ལོ་བདེ་མཆོག་གི་བཤད་རྒྱུད་ཨ་བྷི་དྷ་ན་**གཉིས།** ཕྱོགས་གཅིག་ཏུ་**སྡེབས་**པའི་དགོངས་པ**ས་**གོང་དུ་སྨོས་མ་ཐག་པའི་ཀྱེ་རྡོར་རྩ་

བཤད་སྟེབས་པས་ས་ལམ་བགྲོད་ཚུལ་གྱི་མངོན་རྟོགས་ཇི་ལྟར་འབྱུང་བ་དེ་བཞིན་དུ་འཁོར་ལོ་བདེ་མཆོག་གི་རྩ་བཤད་ཀྱི་རྒྱུད་དག་ལས་ཀྱང་འབྱུང་བའི་ཕྱིར་ཀྱི་རྡོར་དང་བདེ་མཆོག་དགོངས་པ་མཐུན་པར་ཡིན་ཞིང་། ཀྱི་རྡོར་རྩ་རྒྱུད་ལས་རྡོ་རྗེའི་ས་ནི་བཅུ་གསུམ་པ་ཞེས་གསུངས་པའི་བགྲོད་བྱ་ས་བཅུ་གསུམ་པ་དེ། བགྲོད་བྱེད་ཡུལ་ཆེན་ནི་སྒྲུབ་པ་པོ་གང་དུ་འཚང་རྒྱ་བའི་གནས་དེའི་ཕྱི་ཡི་ཕྱོགས་བཞི་དང་དབུས་སམ་ཡང་ན་དབུས་རི་རབ་དང་ཕྱོགས་ཤར་ལྷོ་ནུབ་བྱང་གི་གླིང་སྟེ་ཕྱི་རོལ་གྱི་ཡུལ་ལྔ་ལ་གནས་པའི། དཔའ་བོ་དང་མཁའ་འགྲོ་མ་རྣམས་དབང་དུ་འདུས་ཤིང་ནང་དུ་ཡང་དེ་དག་གི་རང་བཞིན་སྙིང་དབུས་ཀྱི་རྩ་དབུ་མ་ལ་བརྟེན་པའི་གཙོ་བོ། སྤྲས་པའི་རྩ་ལྔ་དང་ཡན་ལག་གི་རྩ། སྤྲས་པའི་རྩ་ལྔ་ནི། སཾ་བུ་ཊི་ལས། ལུས་ཅན་སྙིང་གི་ནང་དུ་ཡང་། །རྩ་རྣམས་ལྔ་ནི་ཡང་དག་གནས། །ཞེས་གསུངས་པ་ལྟར་ནུ་མ་གཉིས་ཀྱི་བར་སྙིང་ཁའི་དཀྱིལ་ན་རྩ་དབུ་མ་ཅུང་ཟད་སྦོམ་པའི་ནང་དུ་ཡི་གེ་ཧཱུྃ་གི་རྣམ་པ་ཅན་གྱི་རྩ་དང་། དབུ་མ་ཕྱོགས་བཞིར་གྱེས་པའི། ཡི་གེ་ཧྲཱུྃ་ཨཾ་ཛྲཱིཾ་ཁཾ་གི་རྣམ་པ་ཅན་གྱི་རྩ་བཞི་སྟེ་ལྔའོ། །བདུད་འབྲལ་ཆ་དང་བཅས་པའི་རྩ་རྣམས་སྔགས་ལམ་ལ་མ་ཞུགས་པའི་དུས་སུ་ཁ་ཐུར་དུ་བསྟན་པ་དང་། སྔགས་ལ་ཞུགས་པའི་ཆེན་ཁ་འཕྲེད་དུ་བསྟན་པ་དང་། འཚང་རྒྱ་བའི་དུས་སུ་ཁ་གྱེན་དུ་བསྟན་ཏེ། དེ་རྣམས་ཀྱི་ནང་གི་རླུང་སེམས་རྣམས་སྤྱི་གཙུག་གི་དབུ་མའི་ཡས་སྣེར་ཐིམ་པ་ལས་འབྲས་བུ་ཐོབ་པའི་ཕྱིར་སློབ་མི་དགོས་པས་མི་སློབ་པའི་ལམ། ཆོས་སྐུ་རྡོ་རྗེ་འཆང་གི་གོ་འཕང་བཅུ་གསུམ་རྡོ་རྗེ་འཛིན་པའི་ས་དེ་ཉིད་མངོན་དུ་འགྱུར་པ་ཡིན་ཏེ་འཛམ་དབྱངས་བླ་མས། ས་རྣམས་བགྲོད་པར་བྱ་བ་དང་། །ཡུལ་རྣམས་དབང་དུ་བསྡུ་བའི་ཕྱིར། །གནས་དང་ཉེ་བའི་གནས་ལ་སོགས། །ཡུལ་ཆེན་སུམ་ཅུ་སོ་བདུན་དུ། །རིག་པ་བརྟུལ་ཞུགས་སྤྱོད་ཕྱིར་རྒྱུ། །ཞེས་དང་། ཀུན་མཁྱེན་ཆེན་པོས། ནང་དུ་སྤྲས་པའི་རྩ་ལྔ་དང་། །ཕྱི་རོལ་ཡུལ་ཆེན་ལྷག་མ་{དབུས་དང་ཕྱོགས་བཞི་}ལྔ། །འདུས་པས་བཅུ་གསུམ་པས་བསྐྱེད་པར། །རྣལ་འབྱོར་ཆེན་པོའི་{བླ་མེད་ཐམས་ཅད་}རྒྱུད་ལས་གསུངས། །ཞེས་གསུངས་སོ། །སྦྱོར་བཏང་གི་དབང་དུ་བྱས་ན་ཚོགས་ལམ་དང་སྦྱོར་ལམ་གཉིས་རྒྱུ་ཕ་རོལ་ཏུ་ཕྱིན་པའི་ལམ་གྱིས། བགྲོད་ནས་དེ་མ་ཐག་ཏུ་འབྲས་བུ་སྔགས་བླ་མེད་ཀྱི་ལམ་དུ་ཞུགས་པ་དང་བླ་མེད་ཀྱི་ས་དང་པོ་གནས་ཐོབ་པ་གཉིས་དུས་མཉམ་ལ་ས་དང་པོ་དེ་ཡན་ཆད་ནས་བཅུ་གསུམ་རྡོ་རྗེ་འཛིན་པའི་ས་མངོན་དུ་མ་གྱུར་གྱི་བར། བླ་མེད་ལམ་གྱིས་བགྲོད་པ་དང་གང་ཟག་ཁ་ཅིག་ས་དང་པོ། ཚོགས་སྦྱོར་གཉིས་མན་ཆད་ཕར་ཕྱིན་གྱིས་བགྲོད་ནས་དེ་མ་ཐག་ཏུ་རྡོ་རྗེ་ཐེག་པ་ལ་ཞུགས་ནས་ས་གཉིས་པ་ཐོབ་ནས། དེ་ཡན་ཆད་སྔགས་ཀྱིས་བགྲོད་པ་དང་། ཡང་གང་ཟག་ཁ་ཅིག་པ། དྲུག་པ་མན་ཆད་ཕར་ཕྱིན་གྱིས་བགྲོད་པ་ནས། ས་བདུན་པ་ནས་སྔགས་ལ་ཞུགས་ཏེ། དེ་མན་ཆད་ནི་སྔགས་ཀྱིས་བགྲོད་པ་དང་།

གང་ཟག་ཁ་ཅིག་ནི་ས་བཅུ་པ་མན་ཆད་ཕར་ཕྱིན་གྱི་ལམ་གྱིས་ཐོབ་ནས་ས་བཅུ་གཅིག་པ་ནས་སྔགས་ལ་འཇུག་པའང་ཡོད་ལ་ས་བཅུ་གཅིག་པ་ཡན་ཆད་ནི་སྔགས་བླ་མེད་ཀྱི་ལམ་ཁོ་ནས་བགྲོད་པ་ལས། རྒྱུད་སྡེ་འོག་མ་གསུམ་དང་ཕ་རོལ་ཏུ་ཕྱིན་པའི་ལམ་གཞན་གྱིས་བགྲོད་པ་མིན་ཏེ། ཀུན་མཁྱེན་རིན་པོ་ཆེས། སྡོམ་གསུམ་རབ་དབྱེའི་རྣམ་བཤད་གསུང་རབ་དགོངས་གསལ་ལས། ས་ལྷག་མ་གསུམ་ནི་རྡོ་རྗེ་ཐེག་པའི་ལམ་ཁོ་ནས་བགྲོད་པར་བྱ་བ་ཡིན་པ་ལས། ཕ་རོལ་ཏུ་ཕྱིན་པའི་ལམ་གྱིས་བགྲོད་མི་ནུས་སོ། །ཞེས་གསུངས་པའི་ཕྱིར་དང་། ས་བཅུ་གཅིག་པ་ཡན་ཆད་སྦས་པའི་ས་ཡིན་པའི་ཕྱིར་རོ། །

སྦས་པའི་ཚུལ་དེ་ཡང་། ཕར་ཕྱིན་ལ་སློབ་ལམ་ས་བཅུ་གཅིག་པ་ཞེས་པའི་དོན་མ་གྲགས་པས་ཕར་ཕྱིན་གྱིས་ས་བཅུ་གཅིག་པ་དེ་འབྲས་བུ་མཐར་ཐུག་པ་མི་སློབ་ལམ་ཡིན་པའི་ཕྱིར་སློབ་ལམ་ཞེས་པའི་དོན་སྦས་པའོ། །དོན་སྦས་ལ་ས་བཅུ་གཅིག་པ་ཀུན་ཏུ་འོད་ཅེས་བརྗོད་པས་མིང་མ་སྦས་པའི་ས་དང་ཕར་ཕྱིན་ལ་སློབ་ལམ་ས་བཅུ་གཉིས་པ་ཞེས་པའི་དོན་དང་། དེའི་མིང་ཡང་མ་གྲགས་པས། མིང་དོན་གཉིས་ཀ་སྦས་པའི་ས་དང་། ཕར་ཕྱིན་ལ་ས་བཅུ་གསུམ་པའི་མིང་མ་གྲགས་པས། མིང་སྦས་ལ་སྣང་རྟོགས་ཡོངས་སུ་རྫོགས་པ་ལ་མངོན་པར་རྫོགས་པ་སངས་རྒྱས་པར་འདོད་པས་དོན་མ་སྦས་པའི་ས་སྟེ་དེ་དག་ཀྱང་རིམ་བཞིན་དུ་ས་བཅུ་གཅིག་བཅུ་གཉིས་བཅུ་གསུམ་པ་རྣམས་ལ་འཇུག་སྟེ་ཕར་ཕྱིན་གྱི་ལུགས་ལ་ནི་ས་གསུམ་པོ་དེ་དག་སྦས་པ་ཡིན་ཞིང་། སྦས་མ་སྦས་ཀྱང་ཕར་ཕྱིན་ལ་གྲགས་མ་གྲགས་ཡིན་ནོ། །ཐེག་པ་ཆེན་པོ། ཕར་ཕྱིན་གྱི་བཀའ་དང་བསྟན་བཅོས་ཀྱི་གཞུང་རྣམས་ལས་ས་བཅུ་གཅིག་པ་ཀུན་ཏུ་འོད་ཀྱི་ས་དེ། འབྲས་བུ་སངས་རྒྱས་སུ་བཤད་དེ་རྒྱུ་མཚན་འདི་ལྟར་ཕར་ཕྱིན་རང་ལུགས་ཀྱི་ཐོབ་བྱ་མཐར་ཐུག་པ་འདོད་པའི་ཕྱིར་རོ། །ཕར་ཕྱིན་ལུགས་ཀྱི་སངས་རྒྱས་ཀྱི་མཚན་གཞི་ས་བཅུ་གཅིག་པ་ལ་བཞེད་པ་དང་། གསང་སྔགས་ལུགས་ཀྱི་སངས་རྒྱས་ཀྱི་མཚན་གཞི་ས་བཅུ་གསུམ་པ་ལ་བཞེད་པའི་ཕྱིར། མདོ་ཕར་ཕྱིན་དང་སྔགས་རྡོ་རྗེ་ཐེག་པ་གཉིས་སངས་རྒྱས་ཀྱི་མཚན་གཞི་མ་མཐུན་ཀྱང་། སྤང་བྱ་སྒྲིབ་གཉིས་བག་ཆགས་དང་བཅས་པ་མ་ལུས་པ་སྤངས་ཞིང་རྟོགས་བྱ་ཇི་ལྟ་བ་དང་ཇི་སྙེད་པའི་ཆོས་ཐམས་ཅད་མངོན་སུམ་དུ་རྟོགས་པའི་སྤངས་རྟོགས་མཐར་ཐུག་བརྙེས་པ་ཞིག་ལ་མདོ་སྔགས་གཉིས་ཀས་སངས་རྒྱས་སུ་འཇོག་སྟེ་དེའི་མཚན་ཉིད་མདོར་བསྡུ་ན་དངོས་པོའི་གནས་ལུགས་ཕྱིན་ཅི་མ་ལོག་པ་རྟོགས་པ། ཟག་པ་མེད་པའི་བདེ་བ་ཕུན་སུམ་ཚོགས་པ་དང་ལྡན་པ། སྒྲིབ་པའི་དྲི་མ་མ་ལུས་པ་སྤངས་པའོ། །ཞེས་བློ་བཟང་ཆོས་ཀྱི་ཉི་མའི་ཆོས་འབྱུང་ལས་སོ། །འཇོག་པའི་ཕྱིར་སངས་རྒྱས་ཀྱི་མཚན་ཉིད་ནི་དུས་དང་རྣམ་པ་ཀུན་ཏུ་མཐུན་ཏེ་དེའི། རྒྱུ་མཚན་ཉན་ཐོས་བྱེ་བྲག་ཏུ་སྨྲ་བའི་གཞུང་ལུགས་ནས་མདོ་སེམས

དབུ་གསུམ་བྱ་སྤྱོད་རྣལ་འབྱོར་རྣམས། གསང་སྔགས་བླ་མེད་ཀྱི་བར་དུ། རྟེན་སངས་རྒྱས་ཀྱི་སྐུ་དང་བརྟེན་པ་ཡེ་ཤེས་ཀྱི་འབྲས་བུའི་རྣམ་པར་བཞག་པ་བཤད་ཚད་ཀུན། ཉན་ཐོས་ཀྱི་རིགས་ལ་སོགས་པ་གདུལ་བྱ་སོ་སོའི་བློ་ངོར་དེ་དང་མཚམས་པའི་སྐུ་དང་ཡེ་ཤེས་ཀྱི་ཡོན་ཏན་གྱི་ལྡོག་པའི་ཆ། སྐུ་གཉིས་དང་གསུམ་དང་། བཞི་ལ་སོགས་པ་དང་། ཡེ་ཤེས་ཇི་ལྟ་ཇི་སྙེད་གཉིས་དང་། ཆོས་དབྱིངས་ཡེ་ཤེས་མ་གཏོགས་པ་བཞི་དང་། དེ་དང་བཅས་པའི་ལྔ་སྟེ་རྣམ་གཞག་མི་འདྲ་བ་ཐ་དད་པ་ཞིག །སློབ་པ་ཙམ་ལས་ཐོབ་བྱར་སྤང་རྟོགས་མཐར་ཕྱུག་བརྙེས་པ་ཞིག་ལ་སངས་རྒྱས་སུ་འཇོག་པ་བྱེ་སྨྲ་ནས་བླ་མེད་ཀྱི་བར་ཐམས་ཅད་བཞེད་པ་མཚུངས་པར་གྲུབ་ཀྱང་། བྱེ་མདོ་གཉིས་ལ་སོགས་པ་དེ་དེའི་ལམ་གྱིས་སོ་སོའི་གཞུང་ནས་བཤད་པའི་སྤང་རྟོགས་མཐར་ཕྱུག་བརྙེས་པའི་སངས་རྒྱས་ཀྱི་སྐུ་དང་ཡེ་ཤེས་ཀྱི་འབྲས་བུ་ཐོབ་པའི་སྤང་རྟོགས་མཐར་ཕྱུག་ནི་བླ་མེད་རྡོ་རྗེ་ཐེག་པ་ཁོ་ན་ལ་བརྟེན་དགོས་པའི་ཕྱིར་ངེས་པ་ཅི་ཞིག་ཡོད་དེ་མེད་དོ། །དེ་སྐད་དུའང་ཀུན་མཁྱེན་རིན་པོ་ཆེས་མདོར་ན་ཉན་ཐོས་ཐེག་པ་ནས། །གསང་ཆེན་བླ་ན་མེད་པའི་བར། །འབྲས་བུ་དོན་གཅིག་བཤད་པའི་ཚུལ། །{ཉན་ཐོས་ཀྱི་རིགས་ཅན་སོགས་གདུལ་བྱ་}ཐ་དད་སྤྲོ་བ་བསྐྱེད་ཕྱིར་ཡིན། །ཞེས་སོ། །བྱེ་བྲག་ཏུ་སྨྲ་བས་རྣམ་པར་གྲོལ་བ་{དཔེར་ན་ཤཱཀྱ་ཐུབ་པའི་སྤང་རྟོགས་ཀྱི་ཡོན་ཏན་ནི་}ཆོས་ཀྱི་སྐུ་དང་རྣམ་པར་སྨིན་པ་{ཤཱཀ་ཐུབ་ཀྱི་སྐུ་ལུས་ནི་}གཟུགས་ཀྱི་སྐུ་གཉིས་སུ་ཕྱེ་བ་ལས་གཞན་པའི་ལོངས་སྤྲུལ་གྱི་དོན་དང་ཐ་སྙད་གཉིས་ཀ་མི་འདོད་ཅིང་། མདོ་སྡེ་པ་དང་སེམས་ཙམ་པ་དང་དབུ་མ་པ་གསུམ་ཀ་མཐུན་པར་གོ་རིམ་ལྟར་ཚད་མ་རྣམ་འགྲེལ་དང་མདོ་སྡེ་རྒྱན་དང་། དབུ་མ་འཇུག་པ་སྟེ། དེ་དག་ལས་གསུངས་པའི་ཆོས་སྐུ་ལོངས་སྐུ་སྤྲུལ་སྐུ་སྟེ་སྐུ་གསུམ་དུ་འདོད་པ་དང་། ཟག་མེད་ཀྱི་ཆོས་རྣམས་གཟུགས་བརྙན་གྱི་ཚུལ་དུ་སྣང་བ་མེ་ལོང་ཡེ་ཤེས་དང་། སྲིད་ཞི་མཉམ་ཉིད་དུ་རྟོགས་པ་མཉམ་ཉིད་ཡེ་ཤེས་དང་། ཤེས་བྱ་ཐམས་ཅད་མ་འདྲེས་པར་མཁྱེན་པ་སོར་རྟོག་ཡེ་ཤེས། འཇིག་རྟེན་གྱི་ཁམས་ཐམས་ཅད་དུ་སྤྲུལ་པ་དཔག་ཏུ་མེད་པས་སེམས་ཅན་གྱི་དོན་མཛད་པ་བྱ་གྲུབ་ཡེ་ཤེས་ཏེ། ཡེ་ཤེས་བཞི་འདོད་ལ་བྱ་སྤྱོད་ཀྱི་རྒྱུད་སྡེ་དག་ལས། སྐུ་གསུམ་འདོད་ཚུལ་གྱི་ངོ་བོ་བླ་མ་མདོ་སེམས་དབུ་གསུམ་དེ་རྣམས་དང་མཚུངས་ཀྱང་རྣམ་པ་འདོད་ཚུལ་མི་འདྲ་བ་སོ་སོར་ཡོད། དེ་རིགས་གསུམ་{མགོན་པོ་སོགས་ལ་སྐུ་གསུམ་}གྱི་རྣམ་པ་གསུངས་པའི་ཕྱིར་རོ། །ཡོ་གར་ཏེ་རྣལ་འབྱོར་རྒྱུད་ལས་གཟུགས་ཀྱི་སྐུ་གཅིག་ལ་མི་བསྐྱོད་པ་ལ་སོགས་པ་རིགས་ལྔའི་དབྱེ་བར་འདོད་པའི་ཚེ། ཡེ་ཤེས་ལའང་མེ་ལོང་ལ་སོགས་པ་ལྔར་བཞེད་དེ་དག་བྱེད་ཡེ་ཤེས་དེ་རྣམས་དང་དག་བྱ་ས་ལ་སོགས་པ་འབྱུང་བ་ལྔ་པོ་དེ་དག་སྦྱར་ཏེ་གསུངས་པའི་དབང་གིས་སོ། །རྣལ་འབྱོར་ཆེན་པོ་བླ་ན་མེད་པའི་རྒྱུ་སྟེར་འབྲས་བུ་སྐུ་བཞི་འགྲུབ་པའི་{རྒྱུ་ཡུམ་དབང་

ལ་སོགས་པའི་}དབང་བཞི་དང་། ལམ་བསྐྱེད་པའི་རིམ་པ་དང་ལམ་ཙཎྜ་ལི་ལ་སོགས་པའི་ལམ་བཞི་ཡང་ནས་ཡང་དུ་གོམས་ཤིང་བརྟན་པ་ཡི། རྟེན་འབྲེལ་ཉིད་ལ་བརྟེན་ནས་གོ་རིམ་ལྟར་འབྲས་བུ་སྤྲུལ་སྐུ་ལོངས་སྐུ་ཆོས་སྐུ་ངོ་བོ་ཉིད་སྐུ་སྟེ་སྐུ་བཞི་འབྱུང་བར་བཞེད་ཅིང་། གསུང་ངག་རིན་པོ་ཆེ་ལམ་འབྲས་ཀྱི་དགོངས་པ་ལྟར་གྱི་སྐུ་བཞི་པོ་དེའི་སྟེང་དུ་ཤིན་ཏུ་ངོ་བོ་ཉིད་སྐུ་བསྟན་པས་སྐུ་ལྔར་བཞེད་པ་དང་། མདོ་སྔགས་ཐུན་མོང་གི་གཞུང་འཇམ་དཔལ་རང་གི་ལྟ་བར་འདོད་པ་མདོར་བསྟན་པའི། མདོ་ལས་སྐུ་གཅིག་ནས་ནི་སྐུ་ལྔའི་བར་ཞེས། གསུངས་པའི་དང་པོ་ནི། ཡེ་ཤེས་མིག་གཅིག་དྲི་མ་མེད་ཅེས་གསུངས་པའི་ཕྱིར་དང་།

གཉིས་པ་ནི། དོན་དམ་པའི་{རང་དོན་ཆོས་སྐུ་}སྐུ་དང་{གཞན་དོན་གཟུགས་ཀྱི་སྐུ་ལོངས་སྤྲུལ་གཉིས་}ཀུན་རྫོབ་ཀྱི་སྐུ་གཉིས་གསུངས་པའི་ཕྱིར་དང་། གསུམ་པ་ནི། ཆོས་ལོངས་སྤྲུལ་པ་སྟེ་གསུམ་གསུངས་པའི་ཕྱིར་དང་། བཞི་པ་ནི། ངོ་བོ་ཉིད་ལོངས་རྫོགས་བཅས་དང་། །དེ་བཞིན་གཞན་པ་སྤྲུལ་པ་དང་། །ཆོས་སྐུ། ཞེས་གསུངས་པའི་ཕྱིར་དང་། ལྔ་པ་ནི། སངས་རྒྱས་སྐུ་ལྔའི་བདག་ཉིད་ཅན། །ཞེས་གསུངས་པའི་ཕྱིར་རོ། །འོན་ཀྱང་སྐུ་བཞི་བཤད་པའི་ལུང་དེའི་ཚིག་གཞན་རྣམས་འདྲ་བ་ལས། མངོན་རྟོགས་རྒྱན་ལས། ངོ་བོ་ཉིད་ལོངས་རྫོགས་བཅས་དང་། །དེ་བཞིན་གཞན་པ་སྤྲུལ་པ་ནི། །ཞེས་དག་གི་སྒྲར་ཚིག་གི་ནུས་པས་སྐུ་གསུམ་དུ་བཞེད་པ་དང་འཇམ་དཔལ་རང་གི་བལྟ་འདོད་མདོར་བསྟན་པའི་མདོ་འདིར། དེ་བཞིན་གཞན་པ་སྤྲུལ་པ་དང་། །ཞེས་འབྱེད་ཚིག་གི་ནུས་པས་སྐུ་བཞིར་བཞེད་པའི་ཕྱིར་མངོན་རྒྱན་སྐུ་གསུམ་དང་མདོ་འདིར་སྐུ་བཞིར་འདོད་པ་སྟེ་ལུགས་གཉིས་སུ། འབྱུང་བས་ཕར་ཕྱིན་གྱི་ལུགས་ལ་སྐུ་གསུམ་དུ་བཞེད་པ་ཉིད་འཐད། དེའི་རྒྱུ་མཚན། ཕྱིར་ཕར་ཕྱིན་གྱི་ལུགས་ལ་སྐུ་གསུམ་དུ་གསུངས་པའི་ཕྱིར་དང་བྱེ་བྲག་ཏུ་བྱམས་ཆོས་སྡེ་ལྔ་ལས་སྐུ་གསུམ་དུ་བཤད་པའི་ཕྱིར་དང་། ཁྱད་པར་དུ་ཡང་རྗེ་བཙུན་བསོད་ནམས་རྩེ་མོ་དང་། ཆོས་རྗེ་ས་པཎ། ཤེར་ཕྱིན་ལ་དབང་འབྱོར་བའི་གཡག་རོང་རྣམ་གཉིས། ཀུན་མཁྱེན་བླ་མ་སོགས་རང་ལུགས་ཀྱི་མཁས་པ་རྣམས་ཀྱིས་ཕར་ཕྱིན་ལ་སྐུ་གསུམ་དུ་བཞེད་པའི་ཕྱིར་རོ། །རྣལ་འབྱོར་བླ་མེད་ཀྱི་ལ་སློབ་དཔོན་གང་གྲགས་པས། ལོངས་སྤྱོད་རྫོགས་དང་ཁ་སྦྱོར་བདེ་ཆེན་རང་བཞིན་མེད། །སྙིང་རྗེས་ཡོངས་གང་རྒྱུན་མི་འཆད་དང་འགོག་པ་མེད། །ཡན་ལག་བདུན་དང་ལྡན་པའི་སངས་རྒྱས་དེ་ཉིད་ཀྱི། །བདག་འདོད་ཚད་མས་ཡོངས་བགོས་བློ་ཅན་རྣམས་ཀྱང་འདོད། །ཅེས་གསུངས་པ་ལྟར། སངས་རྒྱས་གཅིག་ལ་ལོངས་སྐུ་ལ་སོགས་པའི་གོང་གི་འགྲེལ་པ་མདོར་བསྡུས་ནི་མངོན་རྟོགས་རྒྱན་གྱི་སྐབས་བརྒྱད་པར། ཐེག་ཆེན་ཉེ་བར་ལོངས་སྤྱོད་ཕྱིར། །ཐུབ་པའི་ལོངས་སྤྱོད་རྫོགས་སྐུ་བཞེད། །ཅེས་གསུངས་པ་ལྟར་ཟབ་པ་དང་རྒྱ་ཆེ་བའི་ཐེག་ཆེན་གྱི་ཆོས་ལ་ལོངས་སྤྱོད་ཅིང་ས

བཅུ་པ་ལ་གནས་པའི་འཕགས་པ་རྣམས་ལ་དེ་ཉིད་བཤད་པས་ན་ལོངས་སྤྱོད་རྫོགས་སྐུ་༡)དང་། ཁ་སྦྱོར་སྦྱང་པའི་ལོངས་སྐུ་ཙམ་ཞིག་ནི་ཕར་ཕྱིན་གྱི་ཐེག་པར་མ་བཤད་ལ། དེ་ལས་ཁྱད་པར་དུ་བྱ་བའི་ཕྱིར་དང་སྐྱེ་བོ་འདོད་ཆགས་ཅན་རྣམས་རྗེས་སུ་གཟུང་བའི་ཕྱིར། མཚན་དང་དཔེ་བྱད་ཀྱིས་སྤྲས་པའི་ཡེ་ཤེས་ཀྱི་བཙུན་མོ་དང་ཞལ་སྦྱོར་བས་ཁ་སྦྱོར་༢གྱི་སྒྲ་དང་། བདེ་ཆེན་ནི། སྒྱུ་མ་མཁའ་གྱི་སྐྱེས་བུས་སྤྲུལ་པའི་སྐྱེས་པ་དང་བུད་མེད་ཁ་སྦྱོར་བ་ལྟར་མ་ཡིན་པར། ཁ་སྦྱོར་ལ་བརྟེན་ནས་ཟག་པ་མེད་པའི་བདེ་བས་ཐུགས་རྒྱུད་གང་བས་བདེ་ཆེན་༣གྱི་སྒྲ་དང་། དེ་ཡང་ཆེན་པོ་ཞེས་པ་ནི། རྒྱ་ཆེ་བ་དང་། ཟག་པ་མེད་པ་དང་། ཀུ་ནོམ་པ་དང་། འཁོར་བ་མ་སྟོང་གི་བར་དུ་གནས་པའི་ཕྱིར་རོ། །རང་བཞིན་མེད་པ་ནི། མདོ་ལས། སངས་རྒྱས་ཀུང་སྒྱི་ལམ་ལྟ་བུ་སྒྱུ་མ་ལྟ་བུ། མྱ་ངན་འདས་པ་ཡང་རྨི་ལམ་ལྟ་བུ་སྒྱུ་མ་ལྟ་བུ་ཞེས་གསུངས་པ་ལྟར། སྤྲོས་པའི་མཚན་མ་དང་བྲལ་བས་རང་བཞིན་༤མེད་པའི་སྒྲ་སྟེ། དེ་ཡང་རྣམ་པ་ཐམས་ཅད་ཀྱི་མཆོག་དང་ལྡན་པའི་སྟོང་པ་ཉིད་ཡིན་གྱི། རི་བོང་གི་རྭ་ལྟ་བུའི་སྟོང་པ་ཉིད་དུ་མི་བཟུང་ངོ་། །སྙིང་༥རྗེའི་ཡོངས་གང་ནི། དབུ་མ་འཇུག་པའི་སེམས་བསྐྱེད་པ་དྲུག་པའི་ཐེག་ཆེན་ཐུན་མོང་མ་ཡིན་པའི་རྟོགས་བྱའི་ཆོས་སྟོང་ཉིད་བཅུ་དྲུག་ལས། མཚན་ཉིད་མེད་པའི་སྟོང་པ་ཉིད་ཀྱི་སྐབས་སུ། སྡུག་བསྔལ་ཅན་རྣམས་ཡོངས་སྐྱོབ་པར། །སྙིང་རྗེ་ཆེན་པོའོ། །ཞེས་གསུངས་པ་ལྟར། ཇི་ལྟར་ལུས་ཀྱི་རྣམ་པ་མེད་ན་སེམས་ཅན་གྱི་དོན་མི་འགྲུབ་པ་བཞིན། སྙིང་རྗེ་ཆེན་པོ་མེད་ན་སེམས་ཅན་གྱི་དོན་བསྒྲུབ་མི་ནུས་པས། རྙིང་རྗེ་ལའང་གསུམ་ལས། འདིར་དམིགས་པ་མེད་པའི་སྙིང་རྗེ་ཡིད་བཞིན་གྱི་ནོར་བུ་ལྟར་རྣམ་པར་མི་རྟོག་བཞིན་དུ་སྡུག་བསྔལ་ཅན་གྱི་སེམས་ཅན་རྣམས་ཡོངས་སུ་སྐྱོབ་པའི་རང་བཞིན་ཅན་སྙིང་རྗེ་ཆེན་པོའི་རོ་དང་ཡོངས་སུ་གང་བ་ནི་སྙིང་རྗེའི་ཡོངས་སུ་གང་བའི་སྒྲ་དང་། རྒྱུན་མི་༦འཆད་པ་ནི། མངོན་རྟོགས་རྒྱན་གྱི་སྐབས་བརྒྱད་པའི་ཆོས་སྐུ་མཛོན་བྱེད་ཀྱི་ཆོས་གསུམ་པར། གང་གི་སྲིད་པ་ཇི་སྲིད་པར། །འགྲོ་ལ་ཕན་པ་སྣ་ཚོགས་དག མཉམ་དུ་མཛད་པའི་སྐུ་དེ་ནི། །ཐུབ་པའི་སྤྲུལ་སྐུ་རྒྱུན་མི་འཆད། །ཅེས་གསུངས་པ་ལྟར། སྐབས་ཁ་ཅིག་ཏུ་འཇུག་པ་དང་། ལ་ལར་ལྡོག་པའི་མཚན་ཉིད་ཅན་མིན་པར་ནམ་མཁའ་མ་ཞིག་འཁོར་བ་མ་སྟོང་གི་བར་དུ་མཛད་པ་རྒྱུན་མི་འཆད་པས་རྒྱུན་མི་འཆད་པའི་སྒྲ་དང་། འགོག་པ་༧མེད་པ་ནི། མངོན་རྟོགས་རྒྱན་གྱི་ལུས་མདོར་བསྟན་ལས། སྙིང་རྗེས་ཞི་ལ་མི་གནས་དང་། །ཞེས་པ་དང་། དེའི་དོན་ཡན་ལག་རྒྱས་བཤད་ཀྱི་སྐབས་གསུམ་པའི་མཚོན་བྱེད་ཀྱི་ཆོས་གཉིས་པར། ཕ་རོལ་མཐའ་ལ་མིན། ཞེས་གསུངས་པ་ལྟར། དུས་རེ་ཞིག་བཞུགས་ནས་མི་བཏྲན་པ་མ་ཡིན་གྱི། ཞི་བའི་མཐའ་ལ་མི་གནས་ཤིང་། །འཁོར་བ་ཇི་སྲིད་དུ་སེམས་ཅན་གྱི་དོན་འགག་པ་མེད་པས་འགག་པ་མེད་པའི་སྒྲ་སྟེ། སྙིང་རྗེའི་གཞན་དབང་དུ་གྱུར་པའི་ཕྱིར

དང་། སེམས་ཅན་ཡང་རྒྱུན་མི་འཆད་པའི་ཕྱིར་རོ། །ཡན་ལག་བདུན་དང་ལྡན་པའི་སངས་རྒྱས་དེ་{ལྷ་བུ་}ཉིད་ཀྱི་{རང་བཞིན་ཅན་ནི་}། {སློབ་དཔོན་ངག་དབང་གྲགས་པ་}བདག་འདོད་{ཅིང་དེ་ར་མ་ཟད་འཁྲུལ་པ་མེད་པའི་}ཚད་མས་ཡོངས་{སུ་}བགོས་{པའི་}བློ་{གྲོས་}ཅན་{གྱི་གང་ཟག་གཞན་}རྣམས་ཀྱང་འདོད་དོ། །ཡན་ལག་བདུན་ལྡན་ཅན་དུ། བཞེད་པ་དང་སློབ་དཔོན་ངག་དབང་གྲགས་པའི་རྗེས་འབྲང་འགའ་ཞིག་གིས་བསྡུ་བྱ་ཡན་ལག་བདུན་པོ་དེ་ཡང་བསྡུ་བྱེད་ཆོས་ལོངས་སྤྲུལ་པ་སྟེ་སྐུ་གསུམ་གྱིས་བསྡུས་པ་ཡིན་ཏེ་ལོངས་སྤྱོད་རྫོགས་པ་ཁ་སྦྱོར་བདེ་ཆེན་གསུམ་ནི་ལོངས་སྐུས་དང་། རང་བཞིན་མེད་པ་ནི་ཆོས་སྐུས་དང་། སྙིང་རྗེས་ཡོངས་གང་རྒྱུན་མི་འཆད་པ་འགོག་པ་མེད་པ་གསུམ་ནི་སྤྲུལ་སྐུས་བསྡུས་པར་འདོད་དོ། །ཡང་ན་རྒྱུ་བླ་མར། རང་དོན་གཞན་དོན་དོན་དམ་སྐུ་དང་ནི། །དེ་ལ་བརྟེན་པའི་ཀུན་རྫོབ་ཀུན་ཉིད་དེ། །ཞེས་གསུངས་པ་ལྟར། རང་དོན་དོན་དམ་པའི་སྐུ་དང་ནི་གཞན་དོན་ཀུན་རྫོབ་ཀྱི་སྐུ་འདི་ཡང་ངག་དབང་གྲགས་པའི་རྗེས་འབྲང་གཉིས་སུ་དབྱེ་བར་མཛད་དོ། །དོན་དམ་པ་དང་ཀུན་རྫོབ་ཀྱི་སྐུ་གཉིས་པོ་རེ་རེའང་ཆོས་སྐུ་སོགས་སྐུ་གསུམ་གསུམ་དང་ལྡན་ཞིང་། སྐུ་གསུམ་པོ་དེ་རེ་རེ་ལའང་ཁ་སྦྱོར་ཡན་ལག་བདུན་བདུན་ལྡན་པས་བསྡུས་པར་འདོད་པ་ཡང་ཡོད་དོ། །ཁྱད་པར་དུ་ཀྱེ་རྡོར་རྩ་བའི་རྒྱུད་བརྟག་པ་གཉིས་པ་ལས་རྡོ་རྗེ་སེམས་དཔའ་དང་། སེམས་དཔའ་ཆེན་པོ་དང་། དམ་ཚིག་སེམས་དཔའ་དང་། སྙིང་པོ་ཀྱེ་རྡོ་རྗེ་ཞེས་བྱ་བ་གསུངས་པས། དེ་རྣམས་གོ་རིམ་ལྟར་ཆོས་སྐུ་ལོངས་སྐུ་སྤྲུལ་སྐུ་ངོ་བོ་ཉིད་སྐུ་སྟེ་ཡོན་ཏན་གྱི་ཁྱད་པར་གཞན་ཤེས་པའི་ཆེད་དུ་མིང་གཞན་གྱིས་སྐུ་བཞི་པོ། དངོས་སུ་བསྟན་ཅིང་བཞི་པོ་དེའི་སྟེང་དུ་ཤིན་ཏུ་རྣམ་པར་དག་པའི། ངོ་བོ་ཉིད་ཀྱི་སྐུ་བསྣན་པས་སྐུ་ལྔ་དང་། ལྔ་པོ་དེ་ཡང་རྡོ་རྗེ་གུར་ལས་ཕྱག་ན་རྡོ་རྗེས་གསོལ་བ། ཅི་བཅོམ་ལྡན་འདས་བེམས་པོ་ལགས་སམ། བཀའ་སྩལ་པ། ང་ཉིད་མེ་ལོང་ལྟ་བུའི་ཡེ་ཤེས། ང་ཉིད་མཉམ་པར་ཉིད་ཀྱི་ཡེ་ཤེས། ང་ཉིད་བྱ་བ་ནན་ཏན་གྱི་ཡེ་ཤེས། ང་ཉིད་སོ་སོར་རྟོག་པའི་ཡེ་ཤེས། དེ་ལྟར་ཆོས་ཀྱི་དབྱིངས་ཀྱི་ཡེ་ཤེས་ཤིན་ཏུ་རྣམ་པར་དག་པའོ། །ཞེས་ཡེ་ཤེས་ལྔས་བསྡུས་པར་གསུངས་སོ་དེ་ལྟར་སྐུ་དང་ཡེ་ཤེས་ནི་བཤད་པའི་གཞི་སྟེ་དེ་དག་འཆད་བྱེད་ཀྱི་ཡན་ལག་ནི་{གཞི་དུས་སེམས་ཅན་གྱི་གནས་སྐབས་ཀྱི་སེམས་གསལ་སྟོང་ཟུང་འཇུག་གི་རང་བཞིན་དེ། འབྲས་བུ་སངས་རྒྱས་ཀྱི་ཐུགས་རྣམ་པར་མི་རྟོག་པའི་ཡེ་ཤེས་སུ་གནས་འགྱུར་བས་}གནས་ཡོངས་འགྱུར་༡དང་། {ལོངས་སྐུ་ལ་སོགས་པ་ཡེ་ཤེས་ཀྱི་རང་བཞིན་ཡིན་པས་}ཡེ་ཤེས་ཀྱི་སྐུ་༢དང་། {སྲིད་ཞི་གཉིས་ལ་མི་གནས་པས་}མི་གནས་པའི་མྱ་ངན་ལས་འདས་༣པ་དང་། {གཟུང་འཛིན་སོགས་མཐའ་གཉིས་སུ་མ་ལྷུང་བའི་རང་བཞིན་ཡིན་པས་}གཉིས་སུ་མེད་པ་༤དང་། {འཁོར་བ་མ་སྟོང་གི་བར་དུ་མཛད་པ་རྒྱུན་མི་འཆད་པས་}རྒྱུན་མི་

འཆད་པ་༤སྟེ་ལྔུས་བསྡུས་སོ། །

བཤད་གཞི་སྐུ་དང་འཆད་བྱེད་ཡན་ལག་དག་བསྟེ་བའི་ཚུལ་རྣམས་ནི་རྒྱུད་ཀྱི་མངོན་པར་རྟོགས་པ་རིན་པོ་ཆེའི་ལྗོན་ཤིང་སོགས་སུ་གསལ་བར་བཞུགས་པས་དེར་ལྟོས་ཤིག གོང་དུ་ཇི་ལྟར་སྨོས་པ་རྣམས་མདོར་བསྡུ་ན་ཐོབ་བྱ་འབྲས་བུ་དང་ཐོབ་བྱེད་ཀྱི་ལམ་དག་མཐར་ཐུག་པ་ནི། ངེས་གསང་རྡོ་རྗེ་ཐེག་པའི་ཐབས་ཚུལ་ཁོ་ན་ལས་གཞན་དུ་གང་ཟག་སུ་ཞིག་གིས་ཚོལ་བར་བྱེད་དེ། བྲིས་པའི་མར་མེ་ལ་འོད་ཀྱི་རེ་བ་མེད་པ་བཞིན་ནོ། །འོན་ཀྱང་རྡོ་རྗེ་ཐེག་པའི་ཐབས་ཚུལ་ཟབ་མོ་དེ་ཡོངས་སུ་རྫོགས་པ་ལ་ཐུབ་བསྟན་གྱི་བཞི་པ་མ་ཉམས་པར། ཉམས་སུ་ལེན་པར་བྱེད་པའི་སྐལ་བཟང་རྣམས་བཅུ་གསུམ་རྡོ་རྗེ་འཛིན་པའི་གོ་འཕང་ཐོབ་པ་ལ་དཀའ་ཚེགས་ཅི་ཡང་མེད་པར་འགྲུབ་པའི་ཟབ་ཆོས་ངོ་མཚར་རྨད་ཀྱི་ཆོས་ཡིན་ནོ། །ཞེས་ཡོངས་རྫོགས་བསྟན་པའི་ཉམས་ལེན་སྡོམ་པ་གསུམ་གདན་ལ་འབེབས་པ་འཇམ་དབྱངས་བླ་མའི་དགོངས་རྒྱན་ལས་སྡོམ་གསུམ་གནས་གྱུར་སོགས་བཤད་པའི་ལེའུ་སྟེ་ལྔ་པའོ།། །།

སྤྱིའི་དོན་གསུམ་པ་རྫོམ་པ་མཐར་ཕྱིན་པ་མཇུག་གི་དོན་ལ་གསུམ་སྟེ། གང་བརྩམ་པའི་རྒྱུ། ཇི་ལྟར་བརྩམ་པའི་ཚུལ། དེ་ལྟར་བརྩམས་པའི་དགེ་བ་བསྔོ་བའོ། །དེའི་དང་པོ་ལ་འང་གཉིས་ཏེ། མཁས་པས་མ་བཤད་པའི་སྐྱོན་དང་། བཤད་པའི་ཕན་ཡོན་ནོ། །དང་པོ་ནི། མཁས་པའི་ཉི་མ་རྣམས་ནི་ཞིང་གཞན་བཞུད། །འགའ་ཙམ་བཞུགས་པའང་ལེགས་བཤད་འོད་མི་འགྱེད། །བློ་གསལ་ཟླ་བ་གཞན་དབང་ཆེ་འདིའི་ཁེ་གྲགས་གཏམ་གསུམ་རྐྱེན་བཀུར་སོགས་གཟའ་ཡིས་ཟིན། །དགེ་འདུན་སྐར་ཕྲེང་ཚོང་རྩིས་སོ་ནམ་སོགས་འདུ་འཛིའི་སྤྲིན་གྱིས་སྒྲིབ། །རྒྱུ་དེས་སངས་རྒྱས་བསྟན་པ་མཚན་མོར་གྱུར། །འཛིག་རྟེན་ལོང་བ་དམིགས་བུ་བྲལ་བཞིན་འཁྱམས། །འགྲོར་ལྡན་རྣམས་ནི་བླུན་པོའི་རྐང་པ་འདེགས། །མ་བསླབས་མ་སྦྱངས་དགེ་སྦྱོང་ཁས་འཆེ་བས། །འདུལ་བར་མི་སྣང་མདོ་སྡེ་ལ་མི་འཇུག ཆོས་ཉིད་དང་འགལ་བཏུལ་ཞུགས་འཆོ་བ་ཉམས། །ཏིང་འཛིན་ཤེས་རབ་ཚུལ་བཞིན་མ་ཡིན་པ་ལོག་པའི་ཕྱོགས་སུ་སྤྱད། ཆོས་རྣམས་ཀྱི་མཚན་ཉིད་སྤྲོས་པའི་མཐའ་ཐམས་ཅད་བྲལ་ཡང་སྟོང་ཉིད་རྐྱང་འདེད་བླ་མ་ཚད་ལྡན་ལས་སླེན་གྲོལ་མ་ཐོབ་པར་སྨྲགས་ལ་རང་དགར་འཇུག །ཇི་བཞིན་ཞེས་པ་རྩ་བ་བཞི་སོགས་སོ་བྱང་སྔགས་གསུམ་ནས་གསུངས་པའི་སྡོམ་པ་རྣམས་སོ་སོ་སྐྱེ་བོས་སྲུང་བླང་ནུས་ཚད་མི་ཤྲུང་བར། དུས་མཚམས་ལས་སླེབ་པ་དང་བག་མེད་སྤྱོད་པ། སྒྲ་མིན་པ་སྦྱར་ནས་སྦྱོར་སྒྲོལ་སོགས་ལ་འཇུག་སྟེ་འཚོལ་སྤྱོད་སྣ་ཚོགས་བྱེད་པའོ། །སྒྲ་དང་སྒྲ་མིན་རྣམ་པར་འཚོལ། །དགོངས་དང་དགོངས་པ་མིན་པའི་ཆ་མ་རྟོགས། །དྲང་དང་ངེས་པའི་དོན་གྱི་ཤན་མ་ཕྱེད། །བསྟན་པ་དཀྲུགས་འདི་

བཙོས་སུ་ཅང་ཡོད་དམ། །གཉིས་པ་བཤད་པའི་ཕན་ཡོན་ནི་འོན་ཏང་མཁས་པ་ཅི་ཡོད་དཔྱུང་བསྒྲིལ་ཏེ། །ཚུལ་བཞིན་བཤད་ན་དཀར་ཕྱོགས་དབུགས་འབྱིན་ཅིང་། །བདུད་སྡེ་དཔུང་བཅས་མྱ་ངན་ཁུང་བུར་འཛུད། །ཐུབ་བསྟན་སྐྱ་རེངས་གསར་པ་འཆར་ཡང་སྲིད། །

གཉིས་པ་ཇི་ལྟར་བརྩམས་པའི་ཚུལ་ལ་གསུམ་སྟེ། བཤད་སྒྲོལ་གང་གི་རྗེས་སུ་འབྲངས་ཏེ་བརྩམས་པ། ནོངས་པའི་ཆ་བཟོད་པར་གསོལ་བ། །ལེགས་པའི་ཆ་ནས་གཞན་སྤྲོ་བ་སྐྱེད་པའོ། །དང་པོ་ནི། དེ་ཕྱིར་ས་སྐྱའི་འཇམ་དབྱངས་བླ་མ་ཞེས། །གྲགས་པའི་མེ་ཏོག་རྣམ་པར་རྒྱས་དེ་དང་། །སྒྲོལ་འབྱེད་ཉི་མ་འགྲན་བྲལ་གོ་རམས་ཆེའི། །ལེགས་བཤད་ལ་བརྟེན་ཚུལ་འདི་འབད་པས་སྦྱར། །

གཉིས་པ་ནོངས་པའི་ཆ་བཟོད་པ་གསོལ་བ་ནི། བདག་བློ་དམན་ཞིང་སྦྱངས་པའི་མཐུ་ཆུང་བས། །ནོངས་པར་གྱུར་གང་མཁས་པའི་མདུན་སར་བཤགས། །ལེགས་པའི་ཆས་གཞན་སྤྲོ་བ་སྐྱེད་པ་ནི། ལྷག་བསམ་ཟླ་བའི་མ་མའི་ཀུན་ཕན་གྱིས། །སྙིང་ལ་སིམ་པ་སྟེར་རོ་སྐལ་བཟང་རྣམས། །

གསུམ་པ་བརྩམས་པའི་དགེ་བ་བསྔོ་བ་ལ་གསུམ་སྟེ། མཐར་ཐུག་བྱང་ཆུབ་ཀྱི་དོན་དུ་བསྔོ་བ། གནས་སྐབས་བསྟན་པ་རྒྱས་པ་སོགས་སུ་བསྔོ་བ་དང་། སྒྲོལ་འབྱེད་ཤིང་རྟའི་ཕྲིན་ལས་ལས་བརྩམས་པའི་ཤིས་པ་བརྗོད་པའོ། །དང་པོ་ནི། བསོད་ནམས་དུང་ལྟར་དཀར་ཞིང་ག་བུར་ལྟར། །བསིལ་བ་དེས་ནི་འགྲོ་ཀུན་འདུལ་བ་གསུམ། །འགལ་མེད་སྤྱོད་ལས་ཆོས་ཀུན་བདེ་བ་ཆེར། །སྡོམ་པའི་ཕྱག་རྒྱ་ཆེན་པོ་གྲུབ་གྱུར་ཅིག །

གཉིས་པ་བསྟན་པ་རྒྱས་པ་སོགས་སུ་བསྔོ་བ་ནི། འགྲོ་བའི་སྡུག་བསྔལ་སྨན་གཅིག་རྒྱལ་བའི་བསྟན། །ཡུན་རིང་གནས་ཤིང་གཙུག་ལག་ཁང་པ་རྣམས། །ཀློག་སོགས་འཁོར་ལོ་གསུམ་ལྡན་དགེ་འདུན་གྱིས། །གང་ཞིང་རྒྱལ་ཁམས་བདེ་བར་འཚོ་གྱུར་ཅིག །

གསུམ་པ་སྒྲོལ་འབྱེད་ཤིང་རྟ་རྣམ་གཉིས་ཀྱི་ཕྲིན་ལས་བརྩམ་པའི་ཤིས་པ་བརྗོད་པ་ནི། སྲིད་པ་གསུམ་ན་འཇམ་དབྱངས་བླ་མ་ཞེས། །མཚན་སྙན་གསེར་གྱི་འཁོར་ལོས་སྒྱུར་བའི་མོད། །ཡིག་སྐྱའི་སྡེ་དཔུང་སྟོབས་ཤུགས་རང་ཉམས་པ། །ཆོས་ཀྱི་རྒྱལ་པོའི་ཤིས་པར་རྒྱས་གྱུར་ཅིག ། བསོད་ནམས་བྱེ་བའི་གངས་རིར་གནས་བཅས་ཤིང་། །ཐུབ་བསྟན་མ་སྨད་སེང་གེའི་སྒྲ་དབྱངས་ཅན། །བྱང་ཕྱོགས་འདི་ན་གོ་རམས་ཆེན་པོར་གྲགས། །བསྟན་པའི་ཉི་མའི་ཤིས་པ་འབར་གྱུར་ཅིག །

རྩོམ་པའི་ཚུལ་འཕྲོས་པའི་སྦྱར་བྱང་ལ་གསུམ་སྟེ། གང་ཟག་གང་གིས་བརྩམས་པ། དུས་ནམ་གྱི་ཚེ་བརྩམས་པ། གནས་གང་དུ་སྦྱར་བའོ། །དང་པོ་ནི། དེ་ལྟར་ཡོངས་རྫོགས་བསྟན་པའི་ཉམས་ལེན་སྡོམ་པ་

གསུམ་གདན་ལ་འབེབས་པ་འཇམ་དབྱངས་བླ་མའི་དགོངས་རྒྱན་ཞེས་བྱ་བ་འདི་ནི། ཁྱབ་བདག་འཇམ་པའི་རྡོ་རྗེ་དངར་སྒྲིག་འཆང་བའི་སྐྱུ་འཕྲུལ་མཁན་ཆེན་དཔལ་ལྡན་ཆོས་ཀྱི་རྒྱལ་མཚན་དྲི་མེད་ལེགས་པའི་བློ་གྲོས་དཔལ་བཟང་པོའི་ཞལ་སྔ་ནས་སྡོམ་པ་གསུམ་གྱི་བཀའ་དྲིན་ནོས་པས་ཐོག་དྲངས་ཡོངས་འཛིན་ཆོས་བཞིན་དུ་འདོམས་པ་མང་པོའི་ཞལ་གྱི་བདུད་རྩི་ཐོབ་ཅིང་། ཁྱད་པར་ལུང་རིགས་སྨྲ་བའི་གཙུག་རྒྱན་མཁན་ཆེན་མི་ཕམ་སེང་གེ་རབ་རྒྱས་དཔལ་བཟང་པོའི་དྲུང་དུ་ལུགས་སྲོལ་དྲི་མ་མེད་པ་འདི་ཉིད་ཕྱོགས་ཙམ་ཐོས་པའི་སྐལ་བཟང་ཅན། རྒྱལ་ཁམས་པ་ངག་དབང་བློ་གྲོས་སྙིང་པོ་གཞན་ཕན་མཐའ་ཡས་པའི་འོད་ཟེར་རམ། ཐ་སྙད་རིག་པའི་བཏགས་མིང་དུ། འཇམ་དབྱངས་སྨྲ་བའི་ཉི་མ་ཚངས་སྲས་དགྱེས་པའི་ལང་ཚོ་ཞེས་པོད་པས།

གཉིས་པ་དུས་ནམ་གྱི་ཚེ་བརྩམས་པ་ནི། ཁམས་གསུམ་ཆོས་ཀྱི་རྒྱལ་པོ་འཇམ་དབྱངས་བླ་མ་ས་སྐྱ་པཎྜི་ཏ་ཆེན་པོ་དགོངས་པ་ཆོས་དབྱིངས་སུ་མཉམ་པར་བཞག་པའི་ཚུལ་བསྟན་ནས་ལོ་དྲུག་བརྒྱ་དང་བདུན་ཅུ་རྩ་གཉིས་བརྒལ་ཞིང་། བྱང་ཕྱོགས་ཐུབ་པའི་རྒྱལ་ཚབ་བྱམས་མགོན་གཉིས་པ་གོ་རམས་བསྟན་པའི་ཉི་མ་བསོད་ནམས་སེང་གེ་ཞིང་ཁམས་གཞན་གྱི་གདུལ་བྱ་ལ་གཟིགས་ནས་ལོ་སུམ་བརྒྱ་དང་དྲུག་ཅུ་རེ་དགུ་སོང་དུ་འདས་པ་འཕགས་པའི་ཡུལ་ན་རཀྟ་ས་སྐྱེ་སྤྲིན་པོ་ཞེས་པ་ཤིང་མོ་ཡོས་ཀྱི་ལོ། གྲོ་ཞུན་ཟླ་བའི་དཀར་ཕྱོགས་ཀྱི་རྒྱལ་བ་དང་པོའི་ཚེས་ལ་གསུམ་པ་གནས་གང་དུ་སྦྱར་བ་ནི་མདོ་སྨད་སའི་ཐིག་ལེ་སྡེ་དགེ་ལྷུན་གྲུབ་སྟེང་དུ་གྲུབ་པར་བགྱིས་པའོ།། །།

༄༅། །སྦྱོར་གསུམ་དགོངས་རྒྱན་གྱི་ལེའུ་ལྔ་པ་གནས་འགྱུར་གྱི་ སྐབས་མངོན་པར་རྟོགས་པ་ལྔ་བཅུ་རྩ་ བདུན་གྱི་རྣམ་གཞག །

ཨ་འཛི་ནོར་བུ་དབང་རྒྱལ།

ཨོཾ་པྲཛྙཱ་ཕཛྙཱཏྟུ། ཚོགས་གཉིས་ཉིན་མོའི་འོད་རིས་ཀྱིས་ཕྱེ་བའི། །མཚན་དཔེའི་འདབས་སྟོང་རྫོགས་པའི་གདེང་ཀ་ནས། །ས་གསུམ་ཞིམ་པའི་དྲི་བསུང་རབ་འཕྲོ་བ། །སྟོན་མཆོག་གུར་གུམ་གཞོན་ནུས་འགྲོ་འདི་སྐྱོངས། །ལྷག་བསམ་བཅུ་གཉིས་ཁྲིམ་ལམ་ནས། །འཕོས་པའི་ལེགས་བཤད་ཉི་མ་འདི། །བློ་གསལ་དགྱེས་པའི་རྣ་རྒྱན་དུ། །ཨུཏྤལ་དར་མའི་ཚོ་ག་སྒྲུབ། །ཞེས་སྨོས་ཏེ། སྐབས་སུ་བབས་པའི་དོན་ནི། དེའང་སྦྱོར་གསུམ་འཇམ་དབྱངས་བླ་མའི་དགོངས་རྒྱན་གྱི་ལེའུ་ལྔ་པ་གནས་འགྱུར་གྱི་སྐབས་མངོན་རྟོགས་ཀྱི་རིམ་པ་ཕྱེ་བ་ལས། དེ་བཞིན་བིནྡྷའི་རྗེས་འབྲང་ནག་པོ་པའི། །ཞེས་པ་ནས། རིན་ཆེན་ལྗོན་ཤིང་ཉིད་ལས་རྟོགས་པར་བྱ། །ཞེས་པའི་བར་གྱི་དོན་སློབ་དཔོན་ནག་པོ་པའི་ཀྱེ་རྡོར་མན་ངག་ལུགས་ཀྱི་མངོན་པར་རྟོགས་པ་ལྔ་བཅུ་རྩ་བདུན་གྱི་རྣམ་གཞག་ཅུང་ཟད་བཤད་པ་ནི། ལྗོན་ཤིང་མཛེས་རྒྱན་ལས། རྒྱུ་རིག་སྔགས་བྱ་རྐྱེན་ལས་ལྡོས་པ་བཞི། །སྐྱབས་འགྲོ་གསོ་སྦྱོང་གཏན་ཁྲིམས་སེམས་བསྐྱེད་བཞི། །བྱེ་མདོ་རྣལ་འབྱོར་སྤྱོད་དང་དབུ་མ་བཞི། །བྱ་སྤྱོད་རྣལ་འབྱོར་རྒྱུད་དང་བླ་མེད་བཞི། །བཞི་བཞི་བཅུ་དྲུག་རྒྱུ་དང་རིམ་འཇུག་ལམ། །དེ་རྗེས་ཐུགས་ལམ་ཐོགས་མ་སྨིན་བྱེད་དབང་། །ལམ་ལ་རྟོགས་པའི་ལྟ་བ་བསྐྱེད་རྫོགས་གཉིས། །སྤྱོད་དང་ཉེ་རྒྱུ་མཆོག་གི་མངོན་རྟོགས་ལྔ། །བརླབས་དང་གཏོར་མ་སྦྱིན་སྲེག་རབ་གནས་དང་། །ལས་ཚོགས་རབ་འབྱམས་ཞེས་བྱ་ཡན་ལག་ལྔ། །གཉིས་ཀའི་ཐུན་མོང་དམ་ཚིག་སྡོམ་པ་སྟེ། །ཐབས་རྒྱུད་མངོན་པར་རྟོགས་པ་བཅུ་གཅིག་གོ། །གནས་སྐབས་འབྲས་བུ་སློབ་ལམ་ས་བཅུ་གཉིས། །མཐར་ཐུག་གནས་ཡོངས་འགྱུར་དང་ཡེ་ཤེས་སྐུ། །མི་གནས་མྱ་ངན་འདས་དང་གཉིས་སུ་མེད། །མཛད་པ་རྒྱུན་མི་འཆད་དང་རྣམ་ལྔའོ། །

དེ་ལྟར་མངོན་རྟོགས་བཞི་བཅུ་རྩ་ལྔ་ལས། །གཏན་ཁྲིམས་བདུན་དང་དབང་གི་མངོན་རྟོགས་བདུན། །སོ་སོར་ཕྱེ་བས་ལྔ་བཅུ་བདུན་དུ་འགྱུར། །དེ་ཚེ་བཞི་དང་བཅུ་དང་བཞི་དང་བཞི། །དེ་བཞིན་བདུན་དང་ལྔ་

དང་ལྔ་དང་གཅིག །བཅུ་གཉིས་ལྔ་སྟེ་ལྔ་བཅུ་རྩ་བདུན་ནི། །བཤད་བྱ་མངོན་པར་རྟོགས་པའི་ལུས་ཡིན་ནོ། ། ཞེས་གསུངས་པ་ལྟར་མངོན་རྟོགས་ལྔ་བཅུ་རྩ་བདུན་པོ་ཐམས་ཅད་བསྟན་ན། རྟེན་གྱི་གང་ཟག་ནི་རྒྱུ་རྒྱུད་ཀྱི་མངོན་པར་རྟོགས་པ་དང་། དེས་ཉམས་སུ་བླངས་པའི་ཐབས་ནི་ཐབས་རྒྱུད་ཀྱི་མངོན་པར་རྟོགས་པ་དང་། དེ་ཉམས་སུ་བླངས་པ་ལས་བྱུང་བའི་འབྲས་བུ་ནི་འབྲས་བུའི་རྒྱུད་ཀྱི་མངོན་པར་རྟོགས་པ་སྟེ་གསུམ་གྱི་ནང་དུ་འདུས་པ་ལས། དང་པོ་རྒྱུ་རྒྱུད་ཀྱི་མངོན་རྟོགས་བཞི་ནི། སློབ་དཔོན་གཙྪ་རི་པའི་རྒྱུད་ལ་འཇུག་པ་ལས། རྒྱུ་རིགས་སྤྱང་བྱ་རྐྱེན་ལ་ལྟོས། །གང་ཟག་རྣམ་པ་བཞིར་ནི་བཤད། །ཅེས་གསུངས་པ་ལྟར། རྒྱུ་ལ་ལྟོས་པའི་གང་ཟག་དང་། རིགས་ལ་ལྟོས་པའི་གང་ཟག་དང་། སྤྱང་བྱ་ལ་ལྟོས་པའི་གང་ཟག་དང་། རྐྱེན་ལ་ལྟོས་པའི་གང་ཟག་སྟེ་བཞི་ལས། དང་པོ་རྒྱུ་རྒྱུད་ཀྱི་མངོན་པར་རྟོགས་པ་ནི། རྩ་རྒྱུད་བརྟག་གཉིས་ཀྱི་ཕྱི་མའི་བཞི་པར། སངས་རྒྱས་མ་ཡིན་སེམས་ཅན་ནི། །གཅིག་ཀྱང་ཡོད་པ་མ་ཡིན་ཏེ། །ཞེས་དང་། ཟླ་བ་སྒྲོན་མས་ཞུས་པའི་མདོ་ལས། བདེ་གཤེགས་སྙིང་པོས་འགྲོ་ཀུན་ཡོངས་ལ་ཁྱབ། །སེམས་ནི་རྒྱ་ཆེན་མཆོག་ཏུ་རབ་བསྐྱེད་དེ། །འགྲོ་བ་འདི་དག་མ་ལུས་སངས་རྒྱས་རྒྱུ། །འདི་ལ་སྣོད་མིན་སེམས་ཅན་གང་ཡང་མེད། །ཅེས་དང་། རྒྱུད་བླ་མ་ལས། སེམས་ཅན་ཐམས་ཅད་ལ་རྫོགས་པའི་སངས་རྒྱས་ཀྱི་ཆོས་ཀྱི་སྐུ་ནི་འཕྲོ་བར་འགྱུར་བའི་ཕྱིར་དང་། དེ་བཞིན་གཤེགས་པའི་དེ་བཞིན་ཉིད་དབྱེར་མེད་པའི་ཕྱིར་དང་། དེ་བཞིན་གཤེགས་པའི་རིགས་ཡོད་པའི་ཕྱིར་ན་ལུས་ཅན་ཀུན། དུས་རྟག་ཏུ་སངས་རྒྱས་ཀྱི་སྙིང་པོ་ཅན་ཡིན་ནོ། །ཞེས་གསུངས་པ་ལྟར་རིགས་དྲུག་པར་དོ་དང་བཅས་པའི་སེམས་ཅན་ཐམས་ཅད་ཀྱི་རྡོ་རྗེའི་རྒྱུད་འདིར་འཇུག་པའི་སྐལ་བ་དང་ལྡན་པ། སངས་རྒྱས་ཀྱི་སྙིང་པོ་ཅན་རྣམས་ནི་རྒྱུ་ལ་ལྟོས་པའི་གང་ཟག་གི་མངོན་རྟོགས་ཡིན་ནོ། །གཉིས་པ་རིགས་ལ་ལྟོས་པའི་གང་ཟག་གི་མངོན་པར་རྟོགས་པ་ནི། རྩ་རྒྱུད་ཕྱི་མའི་བཅུ་གཅིག་པ་ལས། གང་གི་སྲིན་ལག་རྩ་བ་ལ། །རྡོ་རྗེ་རྩེ་དགུ་པར་གནས་པ། །མི་བསྐྱོད་པ་ཡི་རིགས་མཆོག་ཉིད། །ཅེས་སོགས་དང་། རྣལ་འབྱོར་པ་གང་ནག་པོ་ཆེ། །དེ་ཡི་ལྷ་ནི་མི་བསྐྱོད་པ། །ཞེས་སོགས་ལྷ་གང་གི་མཚན་མའམ། ཁ་དོག་ཤས་ཆེ་བས་ལྷ་དེ་དང་དེའི་རིགས་སུ་མཚོན་པ་རྣམས་ནི་རིགས་ལ་ལྟོས་པའི་གང་ཟག་གི་མངོན་རྟོགས་ཡིན་ནོ། །གསུམ་པ་སྤྱང་བྱ་ལ་ལྟོས་པའི་གང་ཟག་གི་མངོན་པར་རྟོགས་པ་ནི། གུར་ལེའུ་དང་པོ་ལས། འདོད་ཆགས་ཞེ་སྡང་གཏི་མུག་དང་། །ང་རྒྱལ་སེར་སྣའི་སྐྱེ་བོ་རྣམས། །གདུལ་ཕྱིར་ཀྱེ་རྡོ་རྗེ་རང་གི་འཁོར་ལོ་གཅིག་ལ་འང་། འདོད་ཆགས་ཅན་ལ་འོད་དཔག་མེད་སོགས་རྡོ་རྗེའི་གཟུགས་ནི་དུ་མ་འཛིན། ། ཞེས་གསུངས་པ་ལྟར། སྤྱང་གཞི་ཉོན་མོངས་པ་ཞེ་སྡང་སོགས་ཤས་ཆེ་བ་ན། དེ་སྦྱོང་བྱེད་ཀྱི་ལྷ་མི་བསྐྱོད་པ་སོགས་བསྒྲུབ་ན་མྱུར་དུ་འགྲུབ་པ་རྣམས་ནི་སྤྱང་བྱ་ལ་ལྟོས་པའི་གང་ཟག་གི་མངོན་རྟོགས་ཡིན་ནོ། །

བཞི་པ་རྐྱེན་ལ་ལྟོས་པའི་གང་ཟག་གི་མངོན་པར་རྟོགས་པ་ནི། རྩ་རྒྱུད་ཕྱི་མའི་གཉིས་པར། མཚམས་མེད་ལྔ་ནི་སྤྱོད་པ་དང་། །སྲོག་ཆགས་གསོད་ལ་དགའ་བ་དང་། །གཞན་ཡང་སྐྱེ་བ་དམན་གང་དང་། །རྨོངས་དང་མ་རུང་ལས་བྱེད་དེ། །དེ་རྣམས་ཀྱིས་ཀྱང་འགྲུབ་པར་འགྱུར། །ཞེས་གསུངས་པ་ལྟར། ཐེག་དམན་གྱི་ལམ་དང་། མཚམས་མེད་པ་ལྔ་བྱས་པ་ལྟ་བུའི་སེམས་ཅན་རྣམས་ཀྱང་རྒྱུད་འདིར་འཇུག་ཏུ་རུང་བ་ནི་རྐྱེན་ལ་ལྟོས་པའི་གང་ཟག་གི་མངོན་རྟོགས་སོ། །དེ་ལྟར་རྒྱུའི་རྒྱུད་སྟོན་དུ་འགྲོ་བའི་རྟེན་གྱི་གང་ཟག་གི་མངོན་རྟོགས་རྣམས་བསྟན་ཟིན་ཏོ། །

གཉིས་པ་ནི། གང་ཟག་བཞི་པོ་དཔེ་ཉམས་སུ་བླང་བའི་ཐབས་རྒྱུད་ཀྱི་མངོན་པར་རྟོགས་པ་ནི། རྗེ་དཀོན་མཆོག་ལྷུན་གྲུབ་ཀྱི་ཞལ་ནས། སྐྱབས་འགྲོ་གསོ་སྦྱོང་གཏན་ཁྲིམས་སེམས་བསྐྱེད་བཞི། །ཞེས་པ་ནས་རྒྱུད་ཀྱི་མངོན་པར་རྟོགས་པ་བཅུ་གཅིག་གོ། ཞེས་པའི་བར་གྱིས་བསྟན་པ་ལྟར་སྐལ་དམན་རིམ་འཇུག་གི་མངོན་རྟོགས་བཅོ་བརྒྱད་དང་། སྐལ་ལྡན་ཅིག་ཅར་པའི་མངོན་རྟོགས་བཅོ་བརྒྱད་དེ་སུམ་ཅུ་སོ་དྲུག་ཡོད་པ་ལས། འདི་ནས་གཟུང་བཅོ་བརྒྱད་ཀྱི་བར་སྐལ་དམན་རིམ་འཇུག་གི་མངོན་རྟོགས་ཡིན་ནོ། །དང་པོ་སྐྱབས་འགྲོའི་མངོན་པར་རྟོགས་པ་ནི། དཀོན་མཆོག་གསུམ་ལས། སངས་རྒྱས་ལ་ལམ་སྟོན་པ་པོ་དང་། ཆོས་ལ་བསྒྲུབ་པ་བྱ་བའི་ལམ་དང་། དགེ་འདུན་ལ་ལམ་སྒྲུབ་པའི་གྲོགས་སུ་འཛིན་པའི་སྒོ་ནས། ཕྱིར་འཁོར་བ་དང་། བྱེ་བྲག་ངན་སོང་གི་འཇིགས་པ་ལས་སྐྱོབ་པའི་ཐབས་བསྟན་པ་ནི་སྐྱབས་འགྲོའི་མངོན་རྟོགས་སོ། །

གཉིས་པ་གསོ་སྦྱོང་གི་མངོན་པར་རྟོགས་པ་ནི། མཛོད་ལས། ཚུལ་ཁྲིམས་ཡན་ལག་བག་ཡོད་པའི། །ཡན་ལག་བརྟུལ་ཞུགས་ཡན་ལག་སྟེ། །བཞི་གཅིག་དེ་བཞིན་གསུམ་རིམ་བཞིན། །ཞེས་གསུངས་པ་ལྟར་ཚུལ་ཁྲིམས་ཀྱི་བསླབ་པ་ལ་བཞི། བག་ཡོད་ཀྱི་བསླབ་པ་ལ་གཅིགབརྟུལ་ཞུགས་ཀྱི་བསླབ་པ་ལ་གསུམ་སྟེ་ཡན་ལག་བརྒྱད་པོ་བསྲུང་བའི་སྒོ་ནས་དགེ་བ་གསོ་ཞིང་། སྡིག་པ་སྦྱོང་བར་བྱེད་པའི་ཐབས་བསྟན་པ་རྣམས་ཡིན་ནོ། །གསུམ་པ་དང་བཞི་པ། དགེ་བསྙེན་ཕ་མ་གཉིས་ཀྱི་མངོན་པར་རྟོགས་པ་ནི། རྩ་བཞི་ཆང་ལྔ་སྤངས་པ་རྣམས་ཡིན་ནོ། །

ལྔ་པ་དང་དྲུག་པ། དགེ་ཚུལ་ཕ་མ་གཉིས་ཀྱི་མངོན་པར་རྟོགས་པ་ནི། ཀཱ་རི་ཀ་ལྔ་བཅུ་པ་ལས། ཡན་ལག་བཅུ་ནི་དགེ་ཚུལ་སྡོམ་པ་ཡིན། །ཞེས་གསུངས་པ་ལྟར། རགས་སྡོམ་བཅུ་བསྲུང་བ་བསྟན་པ་རྣམས་ཡིན་ནོ། །

བདུན་པ་དགེ་སློབ་མའི་མངོན་པར་རྟོགས་པ་ནི། རྩ་བའི་ཆོས་དྲུག་དང་རྗེས་མཐུན་གྱི་ཆོས་དྲུག་སྟེ་བཅུ་གཉིས་སྲུང་བ་བསྟན་པ་རྣམས་ཡིན་ནོ། །བརྒྱད་པ་དང་དགུ་པ་དགེ་སློང་ཕ་མ་གཉིས་ཀྱི་མངོན་པར་རྟོགས

པ་ནི། དགེ་སློང་གི་ཁྲིམས་ཉིས་བརྒྱ་ལྔ་བཅུ་རྩ་གསུམ། དགེ་སློང་མའི་ཁྲིམས་སུམ་བརྒྱ་དྲུག་ཅུ་རྩ་བཞི་རྣམས་བསྟན་པ་དག་གོ། །བཅུ་པ་སེམས་བསྐྱེད་ཀྱི་མངོན་པར་རྟོགས་པ་ནི། མངོན་རྟོགས་རྒྱན་ལས། སེམས་བསྐྱེད་པ་ནི་གཞན་དོན་ཕྱིར། །ཡང་དག་རྫོགས་པའི་བྱང་ཆུབ་འདོད། །ཅེས་གསུངས་པ་ལྟར། གཞན་དོན་དུ་རྫོགས་པའི་བྱང་ཆུབ་ཐོབ་པར་འདོད་པ་སྨོན་པ་དང་འཇུག་པའི་བདག་ཉིད་ཅན་གྱི་བྱང་ཆུབ་ཀྱི་སེམས་རིན་པོ་ཆེ་སྒོམ་པ་བསྟན་པ་རྣམས་འདི་ཡན་གྱི་མངོན་རྟོགས་བཅུ་པོ་ནི་སྤྱོད་པ་རིམ་ཅན་ལ་བསླབ་པའི་ཚུལ་ལོ་སོ། །

བཅུ་གཅིག་པ་བྱེ་བྲག་སྨྲ་བའི་མངོན་པར་རྟོགས་པ་ནི། ཤེས་བྱ་གཟུགས་ཀྱི་གཞི། གཙོ་སེམས་ཀྱི་གཞི། འཁོར་སེམས་བྱུང་གི་གཞི། ལྡན་མིན་འདུ་བྱེད་ཀྱི་གཞི། འདུས་མ་བྱས་རྟག་པའི་གཞི་རྣམས་རྫས་སུ་གྲུབ་པ་དང་། ཕྱི་རོལ་རྡུལ་ཕྲན་ཆ་མེད་དང་། ནང་ཤེས་པ་སྐད་ཅིག་ཆ་མེད་དག་རྫས་སུ་གྲུབ་པར་འདོད་པ་རྣམས་ཡིན་ནོ། །བཅུ་གཉིས་པ་མདོ་སྡེ་པའི་མངོན་པར་རྟོགས་པ་ནི། ཤེས་བྱ་གཞི་ལྔ་ལས་ལྡན་མིན་འདུ་བྱེད་དང་། འདུས་མ་བྱས་རྟག་པའི་གཞི་མ་གཏོགས་པ་གཞན་གསུམ་དང་། རྡུལ་ཕྲན་ཆ་མེད་དང་། སྐད་ཅིག་ཆ་མེད་རྣམས་རྫས་སུ་གྲུབ་པ་བསྟན་པ་རྣམས་ཡིན་ནོ། །བཅུ་གསུམ་པ་སེམས་ཙམ་པའི་མངོན་པར་རྟོགས་པ་ནི། མདོ་ལས། ཕྱི་རོལ་སྣང་བ་ཡང་མེད་དེ། །སེམས་ནི་སྣ་ཚོགས་རྣམས་སུ་སྣང་། །ལུས་དང་ལོངས་སྤྱོད་ཟས་གོས་སོགས་གནས་ཁང་པ་སོགས་ཕྱི་སྣོད་ཀྱི་འཇིག་རྟེན་འདྲ་བ། །སེམས་ཙམ་དུ་ནི་ངས་བཤད་དོ། །ཞེས་དང་། མདོ་སྡེ་ས་བཅུ་པ་ལས། ཀྱེ་རྒྱལ་བའི་སྲས་དག་ཁམས་གསུམ་པོ་འདི་དག་ནི་སེམས་ཙམ་མོ། །ཞེས་དང་། ཆོས་ཉིད་རྣམ་འབྱེད་ལས། རྣམ་པར་ཤེས་ལས་ཕྱི་རོལ་དུ། །གྲུར་བའི་དོན་ཡོད་མ་ཡིན་ཏེ། །ཞེས་དང་། སྤྱོད་འཇུག་ལས། གལ་ཏེ་དེ་ཉིད་དུ་གཞན་ཡོད། །རྣམ་པ་དེ་ནི་སེམས་ཉིད་ཡིན། །ཞེས་གསུངས་པ་ལྟར། ཕྱི་རོལ་གྱི་ཡུལ་ཡོད་པ་མ་ཡིན་པ་གཟུང་འཛིན་གཉིས་སྟོང་གི་ཤེས་པ་རང་རིག་རང་གསལ་འབའ་ཞིག་རྫས་སུ་གྲུབ་པར་བསྟན་པ་རྣམས་ཡིན་ནོ། །བཅུ་བཞི་པ་དབུ་མ་པའི་མངོན་པར་རྟོགས་པ་ནི། གཟུགས་ནས་རྣམ་མཁྱེན་གྱི་བར་གྱིས་བསྡུས་པའི་ཆོས་ཐམས་ཅད་སྐྱེ་བ་མེད་པ་སྟོང་པ་ཉིད་འབའ་ཞིག་བསྟན་པ་རྣམས་ཡིན་ནོ། །

བཅོ་ལྔ་པ་བྱ་རྒྱུད་དང་། བཅུ་དྲུག་པ་སྤྱོད་རྒྱུད་དང་། བཅུ་བདུན་པ་རྣལ་འབྱོར་རྒྱུད་དང་། བཅོ་བརྒྱད་པ་རྣལ་འབྱོར་བླ་མེད་ཀྱི་རྒྱུད་རྣམས་ཀྱི་མངོན་པར་རྟོགས་པ་ནི་རང་རང་གི་སྨིན་བྱེད་ཀྱི་དབང་དང་གྲོལ་བྱེད་ཀྱི་ལམ་སྐྱེ་གཉིས་ཀྱི་སྒོ་ནས་བསྟན་པ་རྣམས་ཡིན་ནོ། །བཅུ་དགུ་པ་བསྙེན་པའི་མངོན་པར་རྟོགས་པ་ནི། དུས་བསྙེན། གྲངས་བསྙེན། མཚན་མའི་བསྙེན་པ་སྟེ་གསུམ་པོ་རེ་རེ་ལའང་རབ་འབྲིང་ཐ་གསུམ་དུས་ཀྱི་བསྙེན་པ་རབ་ལོ་དྲུག་འབྲིང་ཟླ་བ་དྲུག་ཐ་མ་ཞག་བདུན་ནོ། །གྲངས་ཀྱི་བསྙེན་པ་རབ་ནི་ཇི་སྲིད་དུས་ཀྱི་དབང་དུ་བྱས་ན་གཙོ་བོ་ལ་བཞི་འབུམ་དང་།

འཁོར་ལོ་བཞི་ཁྲི། འཁྲིང་ལ་གཙོ་བོ་ལ་བཞི་ཁྲི་དང་། འཁོར་ལོ་བཞི་སྟོང་། ཐ་མ་ནི་གཙོ་བོ་ལ་བཞི་སྟོང་དང་། འཁོར་ལོ་བཞི་བརྒྱའོ། །མཚན་མའི་བསྙེན་པ་རབ་ནི་ཡི་དམ་གྱིས་དངོས་སུ་གནང་བ་བྱིན་པ་འབྲིང་རྡོ་རྗེ་དྲིལ་བུ་ནམ་མཁའ་ལ་འཛོག་པ། ཐ་མ་རྨི་ལམ་དུ་གནང་བ་བྱིན་པའོ། །བསོད་ནམས་རྩེ་མོས་དབང་ཆུར་གཞན་འདྲ་བ་ལས། རྡོ་རྗེ་དྲིལ་བུ་ནམ་མཁར་འཛོག་པ་རབ་ཀྱི་ནང་དུ་བསྡུས་ནས། འབྲིང་རྨི་ལམ་དུ་གནང་བ་ཐོབ་པ། ཐ་མ་ཉམས་སྣང་སྐྱེ་བ་དང་། དུས་བསྙེན་ལ་རབ་ཟླ་བ་དྲུག་འབྲིང་ཟླ་བ་གསུམ་ཞེས་གསུངས་སོ། །དུ་བསྟན་པ་ཡིན་ནོ། །

ཉི་ཤུ་པ། ས་ཆོག་གི་མངོན་པར་རྟོགས་པ་ནི། ས་བརྟག་དབྱེབས་དང་ཁ་དོག་སོགས་པ་དང་། བླང་སྣང་བ་ལས་བླང་བ་དང་། མི་སྣང་བ་ལས་བླང་བ་གཉིས་སོ། །དང་པོ་ནི་རྒྱལ་པོ་སོགས་པའི་བདག་པོ་ལ་རིན་སྤེར་བའི་སྒོ་ནས་དང་། གཉིས་པ་ནི་ལྷ་འདྲེ་ལ་ས་ཆོག་གི་སྒོ་ནས་སོ། །བ་དང་། སྦྱང་བ་ལས་དང་པོ་བས་<ལྟོ་འཕྱེ་བརྟག་པ་སོགས>སྐྱོན་སྦྱང་བ། ཏིང་ངེ་འཛིན་<རང་ལྷར་གསལ་བ་སོགས>གྱི་འགེགས་སྦྱང་བ་སྟེ་གཉིས་སོ། །དང་། བཟུང་བ་བློས་བདག་ཏུ་བཟུང་བ་དང་། བསྲུང་བ་བསྲུང་འཁོར་སྒོམ་པ་སོགས་བསྟན་པ་རྣམས་ཡིན་ནོ། །ཉེར་གཅིག་པ་སྟ་གོན་གྱི་མངོན་པར་རྟོགས་པ་ནི། ལྷ་སྟ་གོན། ས་ལྷ་སྟ་གོན། བུམ་པ་སྟ་གོན། སློབ་མ་སྟ་གོན་སོགས་བསྟན་པ་རྣམས་ཡིན་ནོ། །

ཉེར་གཉིས་པ། བྲི་ཞིང་རྒྱན་དཀྲམ་པའི་མངོན་པར་རྟོགས་པ་ནི། ཐིག་གི་བྲི་བ། ཚོན་གྱི་བྲི་བ། མཚན་མ་ལྷ་སོ་སོའི་ཕྱག་མཚན་ཚོན་ཕུང་དགོད་པ། རྒྱན་ཡོ་བྱད་དང་སྒྲི་དགོས་ཀྱི་མཆོད་པ་སོགས་བཤམས་པའམ་དཀྲམ་པ་རྣམས་བསྟན་པ་དག་ཡིན་ནོ། །ཉེར་གསུམ་པ། སྒྲུབ་ཅིང་མཆོད་པའི་མངོན་པར་རྟོགས་པ་ནི། བདག་མདུན་གཉིས་དབྱེར་མེད་དུ་བསྒྲུབ་པ་དང་། ཐ་དད་དུ་བསྒྲུབ་པ་དག་དང་། ཕྱིའི་མཆོད་པ། ནང་གི་མཆོད་པ། གསང་བའི་མཆོད་པ། ཡིད་བྱུང་གི་མཆོད་པ། དེ་ཁོ་ན་ཉིད་ཀྱི་མཆོད་པ་སོགས་བསྟན་པ་རྣམས་ཡིན་ནོ། །

ཉེར་བཞི་པ། འཇུག་ཅིང་སློབ་མ་ལ་དབང་བསྐུར་བའི་མངོན་པར་རྟོགས་པ་ནི། བདག་ཉིད་དཀྱིལ་འཁོར་ལ་འཇུག་ཅིང་དབང་བླངས་པ་དང་། སློབ་མ་ལ་བུམ་དབང་གསང་དབང་ཤེར་དབང་དབང་བཞི་པ་རྣམས་བསྐུར་བའི་ཚུལ་གསུངས་པ་རྣམས་སོ། །

ཉེར་ལྔ་པ་མཇུག་གི་བྱ་བའི་མངོན་པར་རྟོགས་པ་ནི། བླ་མ་ལ་ཡོན་འབུལ་བ་དང་། དཀྱིལ་འཁོར་རྗེས་ཆོག་མཆོད་པ། བཟོད་པ་གསོལ་ཏེ་གཤེགས་སུ་གསོལ་བ། ལས་ཀྱི་རྗེས་བསྡུ་བ། དགའ་སྟོན་བྱ་བ་གསུངས་པ་རྣམས་འདི་ཡན་གྱི་མངོན་རྟོགས་བདུན་པོ་རྣམས་ནི་སྨིན་བྱེད་དབང་གི་མངོན་པར་རྟོགས་པ་ཡིན་ནོ། །ཉེར་དྲུག་པ་གྲོལ་བྱེད་ཀྱི་མངོན་པར་རྟོགས་པ་ལྟ་ནི་ལྟ་བའི་མངོན་པར་རྟོགས་པ་ནི། དཔལ་བརྩེ་བ་ཆེན་པོའི་ཞལ་ནས། བསྐྱེད་རིམ་རྣམ་རྟོག་ཡིན་མོད་ཀྱི། །རྣམ་རྟོག་སེམས་ལས་གཞན་མ་ཡིན། །སེམས་ཀྱི་མཚན་ཉིད་གསལ་རིག་སྟེ། །གསལ་

བ་གདོད་ནས་སྟོང་པ་ཉིད། །སྟོང་པ་ཆོས་ཀྱི་དབྱིངས་ཉིད་དུ། །ཤེས་པས་རྟོག་པ་ཐམས་ཅད་ཀྱང་། །ཇི་ལྟར་སྒོམ་ཀྱང་མི་རྟོག་ཉིད། །བཙལ་ཡང་འཁྲུལ་བ་ག་ལ་སྲིད། །ཅེས་གསུངས་པ་ལྟར་ལམ་ཐམས་ཅད་དེ་དང་དེའི་རྣམ་པར་སྣང་ཡང་རང་གི་ངོ་བོ་ནི་སེམས་ཉིད་ལྷན་ཅིག་སྐྱེས་པའི་ཡེ་ཤེས་སུ་ཤེས་པར་བྱ་བའི་ཕྱིར་དུ་བསྟན་པ་རྣམས་ཡིན་ནོ། །

ཉེར་བདུན་པ་བསྐྱེད་རིམ་གྱི་མངོན་པར་རྟོགས་པ་ནི། རྫོགས་པའི་རིམ་པའི་རྟེན་ཡིན་པས། རང་ཉིད་ལྷར་བསྐྱེད་པ་སྒྲུབ་རིགས་བདག་གི་རྒྱས་འདེབས། ཆེན། བསྙེན་ཡེ་ཤེས་པ་སྤྱན་དྲངས་པ། ཉེ་བའི་དམ་ཡེ་དབྱེར་མེད་དུ་བསྲེ་བ་བསྙེན་པ་སྟེ་ཡན་ལག་བཞི་རྫོགས་ཀྱིས་རྟེན་དང་བརྟེན་པ་བཅས་པ་སྒོམ་པའི་ཚུལ་བསྟན་པ་རྣམས་ཡིན་ནོ། །ཉེར་བརྒྱད་པ། རྫོགས་རིམ་གྱི་མངོན་པར་རྟོགས་པ་ནི། བསྐྱེད་རིམ་གྱི་ལྷ་དང་གནས་ཁང་རྣམས་ཡེ་ཤེས་སུ་རྟོགས་པར་བྱ་བའི་ཕྱིར་དབང་གོང་མ་གསུམ་བསྟན་པ་རྣམས་ཡིན་ནོ། །ཉེར་དགུ་པ། སྤྱོད་པའི་མངོན་པར་རྟོགས་པ་ནི། རིམ་པ་གཉིས་ཀྱི་ཏིང་ངེ་འཛིན་ལ་གནས་ནས་དྲོད་ཐོབ་པས་རང་གི་སེམས་ཀྱི་བརྟན་གཡོ་བརྟག་པ་སོགས་ཀྱི་ཕྱིར་ཏུ་ཀུན་འདར་གསང་སྤྱོད་དང་། མངོན་སྤྱོད་དང་། ཕྱོགས་ལས་རྣམ་རྒྱལ་གྱི་སྤྱོད་པ་རྣམས་བསྟན་པའི་ཚུལ་བསྟན་པ་གསུངས་པ་དག་གོ། །སུམ་ཅུ་པ། ཉེ་རྒྱུའི་མངོན་པར་རྟོགས་པ་ནི། བརྟུལ་ཞུགས་ཀྱི་སྤྱོད་པ་ལ་གནས་པ་དེས་མཆོག་གི་དངོས་གྲུབ་ཀྱི་ཉེ་རྒྱུ་མཚན་ཉིད་དང་ལྡན་པའི་རིག་མ་ལ་བརྟེན་པའི་ཚུལ་གསུངས་པ་རྣམས་འདི་ཡན་ལྔ་པོ་ནི་མཆོག་གི་དངོས་གྲུབ་སྒྲུབ་པར་བྱེད་པའི་མངོན་པར་རྟོགས་པ་ཡིན་ནོ། །

སོ་གཅིག་པ། བཟླས་པའི་མངོན་པར་རྟོགས་པ་ནི། ཡི་དམ་གང་དང་གང་ཡིན་པ་དེའི་ཐུགས་ཀྱི་སྙིང་པོ་ནས་བསྐུལ་བའི་ཕྱིར་རྩ་སྔགས་སྙིང་པོ་ཉེ་སྙིང་སོགས་བསྟན་པ་རྣམས་ཡིན་ནོ། །སོ་གསུམ་པ། སྦྱིན་སྲེག་གི་མངོན་པར་རྟོགས་པ་ནི། ལས་མཐའ་དག་བསྒྲུབ་པའི་ཕྱིར་ཞི་རྒྱས་དབང་དྲག་གི་སྦྱིན་སྲེག་བསྟན་པ་རྣམས་ཡིན་ནོ། །སོ་བཞི་པ། རབ་གནས་ཀྱི་མངོན་པར་རྟོགས་པ་ནི། སྐུ་གཟུགས་ལ་སོགས་བྱིན་གྱིས་བརླབས་པའི་ཕྱིར་སྐུ་གསུང་ཐུགས་རྟེན་ལ་རབ་གནས་བྱེད་པར་བསྟན་པ་རྣམས་ཡིན་ནོ། །སོ་ལྔ་པ། ལས་ཚོགས་ཀྱི་མངོན་པར་རྟོགས་པ་ནི། དམན་པ་ལ་མོས་པའི་རྟེན་གྱི་གང་ཟག་བཟུང་བར་བྱ་བའི་ཕྱིར་དུ། རལ་གྲི་རལ་གྲི་ཁར་བཅུག་ན་ནམ་མཁའ་ལ་བྱ་བཞིན་དུ་འགྲོ། མིག་མིག་སྨན་མིག་ལ་ཐུག་ན་འཇིག་རྟེན་གསུམ་མཐོང་། སྨན། བུམ་པ་ས་འོག་གི་གཏེར་རམ་བུམ་པ་ཆེན་པོ་བཏོན་ནས་སེམས་ཅན་རྣམས་ལ་ཅི་འདོད་པ་སྦྱིན་པ་སོགས་དང་། གཞན་ཡང་ནད་ཡམས་བཟློག་པ་དང་། སད་སེར་བཀག་པའི་ཐབས་བསྟན་འདི་ཡན་ཆད་ལྔ་པོ་ནི་མཆོག་ཐུན་གྱི་དངོས་གྲུབ་གཉིས་ཀ་བསྒྲུབ་པའི་མངོན་རྟོགས་ཡིན་ནོ། །པ་རྣམས་ཡིན་ནོ། །སོ་དྲུག་པ། དམ་ཚིག་དང་སྡོམ་པའི་མངོན་པར་རྟོགས་པ་ནི། སྔགས་ཀྱི་རྩ

ལྟུང་བཅུ་བཞི་དང་། ཡན་ལག་གི་ཉེས་པ་བརྒྱད་སོགས་བསྟན་པ་རྣམས་ཡིན་ནོ། །དེ་ལྟར་ཐབས་རྒྱུད་ཀྱི་མངོན་པར་རྟོགས་པ་སུམ་ཅུ་སོ་དྲུག་འདི་ནི་མཆོག་དང་ཐུན་མོང་གཉིས་ཀ་ལ་དགོས་པའི་མངོན་རྟོགས་ཡིན་ནོ། །གོ། །གསུམ་པ་འབྲས་རྒྱུད་ཀྱི་མངོན་པར་རྟོགས་པ་ནི། ཡོན་ཤིང་མཛེས་རྒྱན་ལས། གནས་སྐབས་འབྲས་བུ་སློབ་ལམ་ས་བཅུ་གཉིས། །མཐར་ཐུག་གི་འབྲས་བུ་གནས་ཡོངས་འགྱུར་༡དང་ཡེ་ཤེས་སྐུ་༢། །མི་གནས་མྱ་ངན་འདས་༣དང་གཉིས་སུ་༤མེད། །མཛད་པ་རྒྱུན་མི་ཆད་༥དང་རྣམ་ལྔའོ། །ཞེས་གསུངས་པ་ལྟར་གནས་སྐབས་ཀྱི་འབྲས་བུ་ས་བཅུ་གཉིས་དང་། མཐར་ཐུག་གི་འབྲས་བུ་ལ་ལྔ་སྟེ་བཅུ་བདུན་ཡོད་པ་ལས། དང་པོ་གནས་སྐབས་ཀྱི་འབྲས་བུ་ས་དང་པོའི་མངོན་པར་རྟོགས་པ་ནི། རྟོགས་པའི་ཁྱད་པར་ཆོས་གཅིག་གི་ཟླ་བ་ལྟས་པ་ལྟར་ཆོས་ཆོས་ཐམས་ཅད་ཀྱི་གནས་ལུགས་སྤྲོས་པའི་མཐའ་ཐམས་ཅད་དང་བྲལ་བ་དེ་ཁོ་ན་ཉིད་ཀྱི་དོན། ཀྱི་དབྱིངས་དེ་ཉིད་མངོན་སུམ་དུ་མཐོང་བ་དང་། ས་དང་པོ་ཐོབ་པའི་རྟགས་ཡོན་ཏན་བརྒྱ་ཕྲག་བཅུ་གཉིས་དུས་སྐད་ཅིག་གཅིག་ལ། སངས་རྒྱས་མཐོང་༡བ་དང་། དེ་རྣམས་ཀྱིས་བྱིན་གྱིས་བརླབས་༢པ་དང་། ཏིང་ངེ་འཛིན་གྱིས་འཇིག་རྟེན་གྱི་ཁམས་བརྒྱ་༣ས་རྣམ་པ་དྲུག་ཏུ་གཡོ། ཞིང་ཁམས་བརྒྱར་༤འགྲོ། འཇིག་རྟེན་གྱི་ཁམས་བརྒྱ་སྣང་བར་༥བྱེད། སེམས་ཅན་བརྒྱ་༦སྨིན། བསྐལ་པ་བརྒྱར་༧གནས། དེ་དག་གི་སྔོན་༨དང་ཕྱི་མཐའ་༩ལ་འཇུག། ཆོས་ཀྱི་སྒོ་བརྒྱར་༡༠འབྱེད། ལུས་བརྒྱ་༡༡སྟོན། ལུས་རེ་རེ་ལ་འཁོར་བརྒྱ་ཕྲག་རེ་རེས་བསྐོར་༡༢བ་སྟོན་པས་ཏིང་ངེ་འཛིན་གྱི་ཡོན་ཏན་བརྒྱ་ཕྲག་བཅུ་གཉིས་ཐོབ་པོ། །ཐོབ་པ་དང་། མདོ་སྡེ་རྒྱན་ལས་བྱང་ཆུབ་ལ་ནི་ཉེ་བ་དང་། སེམས་ཅན་དོན་སྒྲུབ་མཐོང་བ་ལ། །རབ་ཏུ་དགའ་བ་སྐྱེ་འགྱུར་ཏེ། །དེ་ཕྱིར་རབ་དགའ་ཞེ་བརྗོད་དོ། །ཞེས་གསུངས་པ་ལྟར་ས་དང་པོའི་ངེས་ཚིག་དང་བཅས་སྟེ་བསྟན་པ་རྣམས་ཡིན་ནོ། །

ས་གཉིས་པའི་མངོན་པར་རྟོགས་པ་ནི། རྟོགས་པའི་ཁྱད་པར་ཆོས་གཉིས་ཀྱི་ཟླ་བ་ལ་བལྟས་པ་བཞིན་ཆོས་ཀྱི་དབྱིངས་མངོན་སུམ་དུ་མཐོང་བ་དང་། ས་གཉིས་པ་གྲུབ་པའི་རྟགས་སུ་ཡོན་ཏན་སྟོང་ཕྲག་བཅུ་གཉིས་ཐོབ་པ་དང་། ལུང་སྡེ་མའི་འགྲེར། འཆལ་ཚུལ་གྱི་དྲི་མ་དང་ལམ་སྒྲུབ་པའི་རྩོལ་བའི་དྲི་བྲལ་ཕྱིར། །དྲི་མ་མེད་པའི་ས་ཞེས་བརྗོད། །ཞེས་གསུངས་པ་ལྟར་ས་གཉིས་པའི་ངེས་ཚིག་དང་བཅས་ཏེ་བསྟན་པ་རྣམས་ཡིན་ནོ། །ས་གསུམ་པའི་མངོན་པར་རྟོགས་པ་ནི། རྟོགས་པའི་ཁྱད་པར་ཆོས་གསུམ་གྱི་ཟླ་བ་ལ་བལྟས་པ་ལྟར་ཆོས་ཀྱི་དབྱིངས་མངོན་སུམ་དུ་མཐོང་བ་དང་། ས་གསུམ་པ་ཐོབ་པའི་རྟགས་ཡོན་ཏན་འབུམ་ཕྲག་བཅུ་གཉིས་ཐོབ་པ་དང་། ཆོས་འདི་མན་གྱི་ས་སོ་སོའི་ངེས་ཚིག་བཤད་པའི་ཚིགས་བཅད་རྣམས་ཀྱི་ལུང་ཁུངས་ནི་མདོ་སྡེ་རྒྱན་ཡིན་པར་ཤེས་དགོས། །ཀྱི་སྣང་བ་ཆེན་པོ་ནི། །བྱེད་པའི་ཕྱིར་ན་འོད་བྱེད་པའོ། །ཞེས་གསུངས་པ་ལྟར་ས་གསུམ་པའི་ངེས་ཚིག་དང་བཅས་ཏེ་བསྟན་པ་རྣམས་ཡིན་ནོ། །

ས་བཞི་པའི་མངོན་པར་རྟོགས་པ་ནི། རྟོགས་པའི་ཁྱད་པར་ཆོས་བཞིའི་བླ་བ་ལ་བལྟོས་པ་ལྟར་ཆོས་ཀྱི་དབྱིངས་མངོན་སུམ་དུ་མཐོང་བས་དང་། ས་བཞི་པ་གྲུབ་པའི་རྟགས་ཡོན་ཏན་བྱེ་བ་བརྒྱ་ཕྲག་བཅུ་གཉིས་ཐོབ་པ་དང་། འདི་ལྟར་བྱང་ཆུབ་ཀྱི་ཕྱོགས་དང་མཐུན་པའི་ཆོས་རྣམས་ཀྱིས་ཉོན་མོངས་པ། རབ་ཏུ་སྲེག་བྱེད་འོད་ལྟ་བུ། །དེ་དང་ལྡན་ཕྱིར་ས་དེ་ནི། ཉོན་མོངས་པ་དང་ཤེས་བྱའི་སྒྲིབ་པ་གཉིས་པོ་སྲེག་པས་འོད་འཕྲོ་ཅན། །ཞེས་གསུངས་པ་ལྟར། ས་བཞི་པའི་ངེས་ཚིག་དང་བཅས་ཏེ་བསྟན་པ་རྣམས་སོ། །ས་ལྔ་པའི་མངོན་པར་རྟོགས་པ་ནི། རྟོགས་པའི་ཁྱད་པར་ཆོས་ལྔའི་བླ་བ་ལ་བལྟོས་པ་ལྟར་ཆོས་ཀྱི་དབྱིངས་མངོན་སུམ་དུ་མཐོང་བ་དང་། ས་ལྔ་པ་ཐོབ་པའི་རྟགས་ཡོན་ཏན་བྱེ་བ་སྟོང་ཕྲག་བཅུ་གཉིས་ཐོབ་པ་དང་། སེམས་ཅན་རྣམས་ཡོངས་སྨིན་བྱེད་ཅིང་། །རང་གི་སེམས་ཀྱང་སྲུང་བའི་ཕྱིར། །བློ་ལྡན་རྣམས་ཀྱིས་སྦྱང་དཀའ་བ། །དེ་ཕྱིར་སྦྱང་དཀའ་སེམས་ཅན་རྣམས་སྨིན་པར་བྱས་ཀྱང་། དེ་རྣམས་ཀྱིས་ལོག་སྒྲུབ་བྱེད་པའི་ཚེ་ས་ལྔ་པ་ལ་གནས་པའི་བྱང་ཆུབ་སེམས་དཔའ་དེའི་རང་གི་སེམས་མི་འཁྲུགས་པར་སྲུང་ནུས་པའི་ཕྱིར་ན་སྦྱང་དཀའ་བའམ་བྱ་དཀའ་བའི་ལས་ལ་འཇུག་པ་ཡིན་པ་དེའི་ཕྱིར་ཞེས་བྱའོ། །ཞེས་གསུངས་པ་ལྟར་ས་ལྔ་པའི་ངེས་ཚིག་དང་བཅས་ཏེ་བསྟན་པ་རྣམས་ཡིན་ནོ། །

ས་དྲུག་པའི་མངོན་པར་རྟོགས་པ་ནི། རྟོགས་པའི་ཁྱད་པར་ཆོས་དྲུག་གི་བླ་བ་བལྟོས་པ་ལྟར་ཆོས་ཀྱི་དབྱིངས་མངོན་སུམ་དུ་མཐོང་བ་དང་། ས་དྲུག་པ་ཐོབ་པའི་རྟགས་ཡོན་ཏན་བྱེ་བ་འབུམ་ཕྲག་བཅུ་གཉིས་ཐོབ་པ་དང་། ཤེས་རབ་ཕ་རོལ་ཕྱིན་བརྟེན་ནས། །འཁོར་བ་དང་ནི་མྱ་ངན་འདས། །གཉིས་པོ་མངོན་དུ་འགྱུར་བའི་ཕྱིར། །མངོན་དུ་གྱུར་བའི་སར་བཤད་དོ། །ཞེས་གསུངས་པ་ལྟར་ས་དྲུག་པའི་ངེས་ཚིག་དང་བཅས་ཏེ་བསྟན་པ་རྣམས་ཡིན་ནོ། །ས་བདུན་པའི་མངོན་པར་རྟོགས་པ་ནི། རྟོགས་པའི་ཁྱད་པར་ཆོས་བདུན་གྱི་བླ་བ་བལྟོས་པ་ལྟར་ཆོས་ཀྱི་དབྱིངས་མངོན་སུམ་དུ་མཐོང་བ་དང་། ས་བདུན་པ་གྲུབ་པའི་ཡོན་ཏན་བྱེ་བ་ཕྲག་ཁྲིག་འབུམ་ཕྲག་བཅུ་གཉིས་ཐོབ་པ་དང་། བགྲོད་གཅིག་ལམ་དང་འབྲེལ་ས་བརྒྱད་པ་དང་། བའི་ཕྱིར། །མཚན་འཛིན་གྱི་རྟོགས་པ་ལས་རིང་དུ་སོང་བའི་སར་འདོད་དོ། །ཞེས་གསུངས་པ་ལྟར་ས་བདུན་པའི་ངེས་ཚིག་དང་བཅས་ཏེ་བསྟན་པ་རྣམས་ཡིན་ནོ། །ས་བརྒྱད་པའི་མངོན་པར་རྟོགས་པ་ནི། རྟོགས་པའི་ཁྱད་པར་ཆོས་བརྒྱད་ཀྱི་བླ་བ་ལ་བལྟོས་པ་ལྟར་ཆོས་ཀྱི་དབྱིངས་མངོན་སུམ་དུ་མཐོང་བ་དང་། ས་བརྒྱད་པ་ཐོབ་པའི་རྟགས་ཡོན་ཏན་སྟོང་གསུམ་གྱི་རྡུལ་ཕྲ་རབ་ཀྱི་གྲངས་དང་མཉམ་པ་བཅུ་གཉིས་ཐོབ་པ་དང་། མཚན་མ་འཛིན་པའི་འདུ་ཤེས་དང་མཚན་མེད་ལ་རྩོལ་བའི་འདུ་ཤེས་ཏེ་འདུ་ཤེས་གཉིས་ཀྱིས་མི་གཡོ་ཕྱིར། །མི་གཡོ་བ་ཞེས་ངེས་པར་བརྗོད། །ཅེས་གསུངས་པ་ལྟར་ས་བརྒྱད་པའི་ངེས་ཚིག་དང་བཅས་ཏེ་བསྟན་པ་རྣམས་ཡིན་ནོ། །ས་དགུ་པའི་མངོན་པར་རྟོགས

པ་ནི། རྟོགས་པའི་ཁྱད་པར་ཆོས་དགུའི་ཟླ་བ་ལ་བལྟས་པ་ལྟར་ཆོས་ཀྱི་དབྱིངས་མངོན་སུམ་དུ་མཐོང་བ་དང་། ས་དགུ་པ་ཐུབ་པའི་རྟགས་ཡོན་ཏན་སྟོང་གསུམ་གྲངས་མེད་པ་འབུམ་ཕྲག་བཅུའི་རྡུལ་ཕྲ་རབ་ཀྱི་རྡུལ་སྙེད་བཅུ་གཉིས་ཐོབ་པ་དང་། ཆོས་དོན་ངེས་ཚིག་སྤོབ་པ་སྟེ་སོ་སོ་ཡང་དག་རིག་པ་བཞི་བརྙེས་པས་བློ་ཤིན་ཏུ་བཟང་བས་ན། ས་དེ་ལེགས་པའི་བློ་གྲོས་ཡིན། །ཞེས་གསུངས་པ་ལྟར་ས་དགུ་པའི་ངེས་ཚིག་དང་བཅས་ཏེ་བསྟན་པ་རྣམས་ཡིན་ནོ། །

ས་བཅུ་པའི་མངོན་པར་རྟོགས་པ་ནི། རྟོགས་པའི་ཁྱད་པར་ཆོས་བཅུའི་ཟླ་བ་ལ་བལྟས་པ་ལྟར་ཆོས་ཀྱི་དབྱིངས་མངོན་སུམ་དུ་མཐོང་བ་དང་། ས་བཅུ་པ་ཐོབ་པའི་རྟགས་ཡོན་ཏན་སངས་རྒྱས་ཀྱི་ཞིང་བརྗོད་དུ་མེད་པའི་རྡུལ་ཕྲ་རབ་ཀྱི་རྡུལ་སྙེད་བཅུ་གཉིས་ཐོབ་པ་དང་། སྤྲིན་གྱི་ནམ་མཁའ་ལ་ཁྱབ་པ་བཞིན་གཟུངས་དང་ཏིང་ངེ་འཛིན་གཉིས་ཀྱིས་ནམ་མཁའ་ལྟ་བུའི་ཆོས་ཐམས་ཅད་ལ་ཁྱབ་པའི་ཕྱིར་ན་ཆོས་ཀྱི་སྤྲིན། ཞེས་གསུངས་པ་ལྟར་ས་བཅུ་པའི་ངེས་ཚིག་དང་བཅས་ཏེ་བསྟན་པ་རྣམས་ཡིན་ནོ། །ས་བཅུ་གཅིག་པའི་མངོན་པར་རྟོགས་པ་ནི། རྟོགས་པའི་ཁྱད་པར་ཆོས་བཅུ་གཅིག་གི་ཟླ་བ་ལ་བལྟས་པ་ལྟར་ཆོས་ཀྱི་དབྱིངས་མངོན་སུམ་དུ་མཐོང་བ་དང་། ས་བཅུ་གཅིག་པ་ཐུབ་པའི་རྟགས་སུ་ཡོན་ཏན་གྱི་ཁྱད་པར་ས་བཅུ་པ་དེས་ཀྱང་དཔེར་བྱ་བ་མི་བཟོད་པ་ཐོབ་པ་དང་། ས་བཅུ་གཅིག་པ་དང་བཅུ་གཉིས་པ་གཉིས་ཀྱི་ངེས་ཚིག་མདོ་སྡེ་རྒྱན་གྱི་ནང་ན་མེད་པས་མངོན་བརྗོད་བླ་མ་ལས་འབྱུང་གཙོད་དཔེ་མེད་དེ་བཞིན་དུ། །ཞེས་གསུངས་པ་ལྟར། སྔར་གྱི་ས་རྣམས་ཀྱིས་དཔེ་ཙམ་ཡང་བྱ་བ་དཀའ་བས་དཔེ་མེད་ཀྱི་ཡེ་ཤེས་ཞེས་ངེས་ཚིག་དང་བཅས་ཏེ་བསྟན་པ་རྣམས་ཡིན་ནོ། །ས་བཅུ་གཉིས་པའི་མངོན་པར་རྟོགས་པ་ནི། རྟོགས་པའི་ཁྱད་པར་ཆོས་བཅུ་གཉིས་ཀྱི་ཟླ་བ་ལ་བལྟས་པ་ལྟར་ཆོས་ཀྱི་དབྱིངས་མངོན་སུམ་དུ་མཐོང་བ་དང་། ས་བཅུ་གཉིས་པ་ཐོབ་པའི་རྟགས་སུ་སྔོན་པ་སྔ་མ་ལས་ཆེས་ཆེ་བ་ཉིད་ཐོབ་པ་དང་། ལུང་སྔར་གྱི་འཕྲོར། ཉེ་བའི་འབྱུང་གཙོད་ཡེ་ཤེས་ཆེ། །ཞེས་གསུངས་པས་ས་བཅུ་གཅིག་པ་དེ་བས་ཀྱང་ཆེས་མཆོག་ཏུ་གྱུར་པ། སངས་རྒྱས་ཀྱི་ཡེ་ཤེས་དང་ཆ་འདྲ་བ་བརྙེས་པ་ན་ཡེ་ཤེས་ཆེན་པོ་ཞེས་ངེས་ཚིག་དང་བཅས་ཏེ་བསྟན་པ་རྣམས་ཡིན་ནོ། །

མཐར་ཐུག་གི་འབྲས་བུ་ནི། རྗེ་བཙུན་རིན་པོ་ཆེས་མངོན་རྟོགས་ལྗོན་ཤིང་གི་བར་སྐབས་ཀྱི་ཚིགས་སུ་བཅད་པ་ལས། གནས་ཡོངས་གྱུར་དང་ཡེ་ཤེས་སྐུ། །མི་གནས་མྱ་ངན་འདས་ཉིད་དང་། །གཉིས་སུ་མེད་པ་ཉིད་དང་ནི། །མཛད་པ་རྒྱུན་མི་འཆད་པར་འདུས། །ཞེས་གསུངས་པ་ལྟར་རོ། །ས་བཅུ་གསུམ་པ། གནས་ཡོངས་སུ་འགྱུར་བའི་མངོན་པར་རྟོགས་པ་ནི། ཀུན་གཞིའི་སྟོང་པའི་ཆ་དྲི་བཅས་དེ་བཞིན་ཉིད་ནི་ཆོས་དབྱིངས་

ཡེ་ཤེས་དང་། གསལ་ཆ་ནི་མེ་ལོང་ཡེ་ཤེས་དང་། ངོ་སྐམ་པའི་ཉོན་ཡིད་ནི་མཉམ་ཉིད་ཡེ་ཤེས་དང་། ཡིད་ཀ་བ་དང་བུམ་པ་སོགས་ཕྱི་རོལ་གྱི་ཡུལ་ལ་ལྟ་བའི་ཤེས་ནི་སོར་རྟོག་ཡེ་ཤེས་དང་། མིག་གི་སྒོ་ཤེས་སོགས་སྒོ་ལྔ་རྣམ་ཤེས་ནི་བྱ་གྲུབ་ཡེ་ཤེས་སུ་གནས་འགྱུར་བ་སྟེ། མདོར་ན་གཞི་དུས་སེམས་ཅན་གྱི་སེམས་དེ་འབྲས་བུ་སངས་རྒྱས་ཀྱི་གཉིས་སུ་མེད་པའི་ཡེ་ཤེས་སུ་གནས་འགྱུར་བའི་ཚུལ་གསུངས་པ་རྣམས་ཡིན་ནོ། །བཅུ་བཞི་པ། ཡེ་ཤེས་ཀྱི་སྐུའི་མངོན་པར་རྟོགས་པ་ནི། མེ་ལོང་ལྟ་བུའི་ཡེ་ཤེས་སོགས་ཡེ་ཤེས་ལྔ་མཚན་ཉིད། ཆོས་སྐུ་སོགས་སྐུ་ལྔའི་དབྱེ་བ་དང་སྐུ་དེ་དག་ཀུང་ཡེ་ཤེས་ཀྱི་ངོ་བོ་ཡིན་པར་བསྟན་པ་རྣམས་ཡིན་ནོ། །བཅོ་ལྔ་པ་མི་གནས་པ་མྱ་ངན་ལས་འདས་པའི་མངོན་པར་རྟོགས་པ་ནི། མངོན་རྟོགས་རྒྱན་ལས། ཤེས་པས་སྲིད་ལ་མི་གནས་ཤིང་། །སྙིང་རྗེས་ཞི་ལ་མི་གནས་དང་། །ཞེས་གསུངས་པ་ལྟར་ཤེས་རབ་ཆེན་པོས་སྲིད་པ་འཁོར་བ་ལ་མི་གནས་ཤིང་། སྙིང་རྗེ་ཆེན་པོས་ཞི་བ་མྱ་ངན་ལས་འདས་པའི་མཐའ་ལ་མི་གནས་པའི་ཚུལ་བསྟན་པ་རྣམས་ཡིན་ནོ། །བཅུ་དྲུག་པ། གཉིས་སུ་མེད་པའི་མངོན་པར་རྟོགས་པ་ནི། བཟུང་བ་དང་འཛིན་པ། ཡོད་པ་དང་མེད་པ། རྟག་པ་དང་ཆད་པ་སོགས་མཐའ་གང་ལ་ཡང་མི་འཛིན་པ་བསྟན་པ་རྣམས་ཡིན་ནོ། །བཅུ་བདུན་པ། མཛད་པ་རྒྱུན་མི་ཆད་པའི་མངོན་པར་རྟོགས་པ་ནི། རྒྱལ་ཚབ་ཆེན་པོས་གང་གི་སྲིད་པ་ཇི་སྲིད་པ། །འགྲོ་ལ་ཕན་པ་སྣ་ཚོགས་དག །མཉམ་དུ་མཛད་པའི་སྐུ་དེ་ནི། ཐུབ་པའི་སྤྲུལ་སྐུ་རྒྱུན་མི་ཆད། །ཅེས་གསུངས་པ་ལྟར། ནམ་མཁའ་མ་ཞིག་འཁོར་བ་མ་སྟོང་གི་བར་དུ་སྙིང་རྗེ་ཆེན་པོས་གཞན་སེམས་ཅན་གྱི་དོན་མཛད་པའི་ཚུལ་བསྟན་པ་རྣམས་ཏེ། འབྲས་རྒྱུད་ཀྱི་མངོན་པར་རྟོགས་པ་རྣམས་སོ། །དེ་ལྟར་རྒྱུ་རྒྱུད་ཀྱི་མངོན་པར་རྟོགས་པ་བཞི། ཐབས་རྒྱུད་ཀྱི་མངོན་པར་རྟོགས་པ་སོ་དྲུག་འབྲས་རྒྱུད་ཀྱི་མངོན་པར་རྟོགས་པ་བཅུ་བདུན་ཏེ། མངོན་རྟོགས་ལྔ་བཅུ་རྩ་བདུན་གྱི་རྣམ་གཞག་མདོར་བསྡུས་པའི་སྒོ་ནས་བསྟན་ཟིན་ཏོ། རྒྱས་པར་ཤེས་པར་འདོད་ན་རྒྱུད་ཀྱི་མངོན་པར་རྟོགས་པ་རིན་པོ་ཆེའི་ལྗོན་ཤིང་དང་། དེ་ཉིད་ཀྱི་དོན་བསྡུས་ལྗོན་ཤིང་མཛེས་རྒྱན་དང་། ཊཱི་ཀ་མདོ་སྔགས་ཀུན་ཁྱབ་སོགས་ལེགས་བཤད་སྨད་དུ་བྱུང་བ་རྣམས་ལ་ལྟ་བར་བྱའོ། །སླར་སྨྲས་པ། གདེངས་ཅན་བསྟི་གནས་མ་བསྒྲུབས་ཤིང་། །ལེགས་བྲིས་ཚལ་ནས་མ་འོང་ཀྱང་། །ལེགས་བཤད་ལང་ཚོའི་མཚར་སྡུག་གིས། །བློ་གསལ་སྙིང་ལ་བདུད་རྩིར་བྱས། །ཆེན་པོ་བདུན་གྱི་དཀྱིལ་འཁོར་རྫོགས་པ་ལ། །ཁྱད་འཕགས་རྣམ་བཞིའི་འོད་དཀར་རབ་འཕྲོ་བ། །གསང་ཆེན་ཟླ་བའི་འཛུམ་དཀར་ལ་བརྟེན་ནས། །ཐར་པ་མཆོག་གི་ཀུ་མུད་བཞད་གྱུར་ཅིག །ཅེས་པ་འདིའང་སྡོམ་གསུམ་འཇམ་དབྱངས་བླ་མའི་དགོངས་རྒྱན་ལ་འཆད་ཉན་བྱེད་པའི་སྐབས་སུ་རང་བཞན་ལ་ཉེ་བར་མཁོ་ཕྱིར་བརྟེན་ནོར་བུ་དབང་རྒྱལ་གྱིས་དཔལ་དོན་གྲུབ་གླིང་གི་ཆོས་གྲྭར་བྲིས་པ་པེ་ཛ་ཡནྟུ།། །།བཀྲ་ཤིས།

༄༅། །སྡོམ་གསུམ་དགོངས་རྒྱན་གྱི་ལེའུ་ལྔ་པའི་སྐབས་བགྲོད་བྱ་ས་བཅུ་གསུམ་པོ་བགྲོད་བྱེད་ཕྱི་ནང་གི་ཡུལ་ཆེན་སོ་བདུན་གྱི་རྣམ་གཞག་མདོར་བསྡུས་ཏེ་བསྟན་པའི་དོན་སོ་སོར་རྣམ་པར་ཕྱེ་སྟེ་བཤད་པ།

ཨ་འཛིན་ནོར་བུ་དབང་རྒྱལ།

ཨོཾ་པྲ་ཛྙཱ་ཕ་རྣཏྟི། བྲལ་སྨིན་ཡོན་ཏན་རྒྱ་མཚོ་རྫོགས་པའི་སྐུ། །སྒྲིབ་གཉིས་སྤོང་བྱེད་ཆོས་ཕུང་བརྒྱད་ཁྲིའི་གསུང་། །རྟག་ཆད་མཐའ་སྤོང་སྤྲོས་བྲལ་དབུ་མའི་ཐུགས། །སྟོན་མཆོག་འགྲོ་བའི་བླ་མས་དགེ་ལེགས་སྩོལ། །གང་ཚེ་ཉི་གཞོན་རིག་པ་དང་། །དཔྱོད་ཀྱི་དཔལ་མོ་མ་ཡིན་ཡང་། །བློ་གསལ་དགྱེས་པའི་ཨུཏྤལ་ལ། །མངོན་པར་འབྱེད་པའི་དགའ་སྟོན་སྐྱུབ། །ཅེས་མཆོད་པ་བརྗོད་པ་དམ་པའི་མེ་ཏོག་ཀུང་དུ་སྟོན་དུ་གཏོར་ནས་འདིར་སྐབས་སུ་བབས་པའི་དོན་ལ་འཇུག་པ་ནི། དེ་ཡང་སྡོམ་གསུམ་འཇམ་དབྱངས་བླ་མའི་དགོངས་རྒྱན་གྱི་ལེའུ་ལྔ་པར། འཕགས་པའི་ས་ཐོབ་དེ་ཡི་རྣམ་གཞག་ནི། །ཞེས་པ་ནས། བཅུ་གསུམ་རྡོ་རྗེ་འཛིན་པ་མངོན་དུ་འགྱུར། །ཞེས་པའི་བར་གྱིས་བགྲོད་བྱ་ས་བཅུ་གསུམ་པོ་བགྲོད་བྱེད་ཕྱི་ནང་གི་ཡུལ་ཆེན་པོ་བདུན་གྱི་རྣམ་གཞག་མདོར་བསྡུས་ཏེ་བསྟན་པའི་དོན་སོ་སོར་རྣམ་པར་ཕྱེ་སྟེ་བཤད་པ་ནི། དེ་ལ་དབང་དང་རིམ་གཉིས་བསྒོམས་པ་ལས་བྱུང་བའི་ཕྱག་རྒྱ་ཆེན་པོའི་དཔེ་དོན་གྱི་ཡེ་ཤེས་རིམ་གྱིས་སྐྱེས་ནས་འཕགས་པའི་ས་བགྲོད་ཚུལ་ལ་སློབ་པ་དང་མི་སློབ་པའི་ས་གཉིས་ལས། དང་པོ་སློབ་པའི་ས་ནི། རྩ་རྒྱུད་བརྟག་པ་གཉིས་པ་དང་། བཤད་རྒྱུད་སཾ་བུ་ཊ་གཉིས་ལས་གནས་ནི་རབ་ཏུ་དགའ་བ་དང་། །དེ་བཞིན་ཉེ་གནས་དྲི་མ་མེད། །ཞིང་ནི་འོད་བྱེད་ཤེས་པར་བྱ། །ཉེ་བའི་ཞིང་ནི་འོད་འཕྲོ་ཅན། །ཚནྡོ་མངོན་དུ་གྱུར་པ་སྟེ། །ཉེ་བའི་ཚནྡོ་སྦྱང་དཀའ་བ། ། འདུ་བ་རིང་དུ་སོང་བ་སྟེ། །ཉེ་བའི་འདུ་བ་མི་གཡོ་བ། །དུར་ཁྲོད་ལེགས་པའི་བློ་གྲོས་ཉིད། །ཉེ་བའི་དུར་ཁྲོད་ཆོས་ཀྱི་སྤྲིན། །ཞེས་སློབ་ལམ་ས་བཅུའི་མིང་གསུངས་པ་ནི་ཕར་ཕྱིན་དང་སྒོ་བསྟུན་པ་ཡིན་ལ། ས་བཅུ་གཅིག་པ་དང་བཅུ་གཉིས་པ་གཉིས་ཀྱང་སློབ་པའི་ས་ཡིན་པས་དེ་གཉིས་ཀྱི་མིང་གང་ཞེ་ན། གོང་གི་རྩ་བཤད་ཀྱི་རྒྱུད་གཉིས་ཀྱི་ནང་ན་མེད་པས། བདེ་མཆོག་གི་བཤད་རྒྱུད་ཨ་བྷི་དྷཱ་ན་ལས། འཐུང་གཅོད་དཔེ་མེད་དེ་བཞིན་དུ། །ཉེ་བའི་འཐུང་གཅོད་ཡེ་ཤེས་ཆེ། །ཞེས་གསུངས་པ་ལྟར་ས་གཉིས་ཀྱི་མིང་བསྟན་ནས་བགྲོད་བྱ་

སྦྱོབ་ལམ་ས་བཅུ་གཉིས་པོ་དེ་ལ། བགྲོད་བྱེད་ཕྱིའི་ཡུལ་ཆེན་སུམ་ཅུ་སོ་གཉིས་དང་ནང་གི་ཡུལ་སུམ་ཅུ་སོ་གཉིས་པོ་རྣམས་ཀྱི་རྣམ་གཞག་ཅུང་ཟད་འཆད་པ་ལ། ཕྱིའི་ཡུལ་ངོས་བཟུང་བ་དང་། ནང་གི་ཡུལ་ངོས་བཟུང་བ་དང་། དེ་དག་ལ་གནས་པའི་དཔའ་བོ་དང་རྣལ་འབྱོར་མ་ཱཧེ་ལྷར་ཡོད་པའི་ཚུལ་དང་། ཕྱི་ནང་གི་ཡུལ་དེ་དག་གནས་ལ་སོགས་པའི་ས་དང་སྦྱར་བ་སྟེ་བཞི་བཞིའི་སྒོ་ནས་རྟོགས་པར་བྱ་དགོས་ཏེ། དེ་ཡང་ཕྱིའི་ཡུལ་རྣམས་ནི་སྤྱིར་ཚངས་པའི་འཇིག་རྟེན་ནས་འོག་གཞི་རླུང་གི་དཀྱིལ་འཁོར་ཡན་གྲུབ་པ་དང་ཡུལ་སུམ་ཅུ་སོ་གཉིས་གྲུབ་ཅིང་། བྱེ་བྲག་ཏུ་འཛམ་བུ་གླིང་གྲུབ་པ་དང་དུས་མཉམ་དུ་གྲུབ་པས་དེ་ཉིད་འདིར་བཤད་ན། ཡུལ་དང་པོ། ཕྱི་རོལ་གྱི་ཡུལ་པུལླི་ར་མ་ལ་ཡ་ཞེས་བོད་སྐད་དུ་གྲུས་པའི་རི་སྟེ་འདི་ནི། རྡོ་རྗེ་གདན་ལྟེ་བར་བྱས་པ་དེའི་ལྷོ་ནུབ་ཀྱི་ཕྱོགས་དང་། ཛྷནྡྷ་ལའི་ལྷོར་རྟོགས་པ། མཚོ་མ་ལ་ཡའི་ཆུ་ཀླུང་གི་གནས་ཊ་ཀི་འདུ་བའི་སྒྲུབ་གནས་རྡོའི་ལིངྒ་མགོ་བོ་ལྟ་བུས་མཚན་པ་ཡོད་པའི་གནས་དེར་ཡིན་ནོ། །ནང་གི་གནས་སྤྱི་གཙུག་ནས་སྐྲ་མཚམས་ཀྱི་བར་མཚན་མ་བྱས་པའི་དཀྱིལ་སྤྱི་བོའོ། །

ཕྱི་ནང་གི་ཡུལ་དེ་དག་ལ་གནས་པའི་དཔའ་བོ་ཁཎྜ་ཀ་པཱ་ལི་སྟེ་བོད་སྐད་དུ་ཐོད་པའི་དུམ་བུ་དང་། དཔའ་མོ་པྲ་ཙཎྜི་སྟེ། བོད་སྐད་དུ། རབ་ཏུ་གཏུམ་མོའོ། །དེ་དག་ངོ་བོ་སངས་རྒྱས་ཡིན་ཀྱང་རྣམ་པ་ནི། ཕྱི་རོལ་དུ་སྤྲུལ་པའི་སྐུ་ས་དང་པོ་ཐོབ་པའི་ཚུལ་བཟུང་བ་དངོས་སུ་བཞུགས་ལ། ནང་དུ་ནི་དཔའ་མོ་ཕྱིའི་རྩ་མི་མིག་འབྱེད་པ་ཤུན་ཡི་གེ་པུའི་རྣམ་པ་དང་། དཔའ་བོ་རྩའི་ནང་གི་སོ་དང་སེན་མོ་བསྐྱེད་པའི་ཁམས་ཀྱི་རྣམ་པར་བཞུགས་སོ། །ཡུལ་གཉིས་པ། ཕྱི་རོལ་གྱི་ཡུལ་ཛཱ་ལནྡྷ་ར་སྟེ་འབར་བ་འཛིན་ནི། རྡོ་རྗེ་གདན་གྱི་ནུབ་བྱང་ན་རྡོ་ལ་མེ་འབར་ཞེས་བྱ་བའི་སྒྲུབ་གནས་ཞིག་ཡོད་པ་དེ་ཡིན་ནོ། །ནང་གི་གནས་ནི་སྤྱི་གཙུག་ཚངས་པའི་བུ་གའོ། །ཕྱི་ནང་གི་གནས་དེ་དག་ན་བཞུགས་པའི་དཔའ་བོ་མ་ཧཱ་ཀཾ་ཀཱ་ལ་སྟེ་ཀེང་རུས་ཆེན་པོ་དང་། དཔའ་མོ་ཙཎྜཱཀྵི་སྟེ་གཏུམ་པའི་མིང་ཅན་མའོ། །དེ་དག་ཕྱིའི་ཡུལ་ན་སྤྲུལ་པའི་སྐུ་ས་དང་པོ་ཐོབ་པའི་ཚུལ་བཟུང་བ་དངོས་སུ་བཞུགས་ལ་ནང་དུ་མིང་ཕྲ་གཟུགས་མ་རྩ་ཡི་གེ་ཛའི་རྣམ་པ་ཁམས་སྐྲ་དང་བ་སྤུ་བསྐྱེད་ཀྱི་ཚུལ་དུ་གནས་སོ། །

ཡུལ་གསུམ་པ། ཕྱི་རོལ་གྱི་ཡུལ་ཨོཌྜི་ཡ་ནར་ཆགས་པས་ཨུ་རྒྱན་ཞེས་གྲགས་པ་རྒྱལ་པོ་ཨིནྡྲ་བྷཱུ་ཏི་བྱོན་པའི་ཡུལ་དེའོ། །སྟེ་འཕུར་འགྲོ་ནི། རྡོ་རྗེ་གདན་གྱི་ནུབ་ཕྱོགས་ན་ཡོད་པའི་ཨོ་རྒྱན་མཁའ་འགྲོའི་གནས་སོ། །ནང་གི་གནས་རྣ་བ་གཡས་པའི་བུ་གའི་ནང་ངོ་། །དེ་དག་ལ་གནས་པའི་དཔའ་བོ་ཀང་ཀ་ལ་སྟེ་ཀེང་རུས་དང་། དཔའ་མོ་པྲ་བྷཱ་ཝ་ཏི་སྟེ་འོད་ལྡན་མའོ། །དེ་དག་ཕྱི་རོལ་གྱི་ཡུལ་ན་སྤྲུལ་པའི་སྐུ་ས་དང་པོ་ཐོབ་པའི་ཚུལ་བཟུང་བ་དངོས་སུ་བཞུགས་ལ། ནང་དུ་ནི་ཡི་གེ་ཨོའི་རྣམ་པ་རྩ་མིང་བཅེ་བ་མ་ཁམས་ལྤགས་པ་དང་དྲི་མ་བསྐྱེད་ཀྱི་རྣམ་པ་གནས་སོ། །

ཡུལ་བཞི་པ། ཕྱི་རོལ་གྱི་ཡུལ་ཨཊྚ་ད་སྟེ་མཚོད་འོས་ནི་རྒྱ་གར་གྱི་ལྷོ་ནུབ་ན་རི་དབུས་མཐོ་ཞིང་མཐའ་འཁྲང་རྒྱས་འདྲ་བ་ནགས་ཚལ་སྟུག་པོས་བསྐོར་བ་སྒྲུབ་གནས་ཉམས་དགའ་བ་ཞིག་ཡོད་པ་ཡིན་ནོ། །ནང་གི་གནས་ལྟག་པོའོ། །དེ་དག་ན་བཞུགས་པའི་དཔའ་བོ་བི་ཀ་ཊ་དཾཥྚི་ཎ་སྟེ་མཆེ་བ་རྣམ་པར་གཙིགས་པ་དང་། དཔའ་མོ་མ་ཧཱ་ནཱ་སཱི་སྟེ་སྣ་ཆེན་མའོ། །དེ་དག་ཕྱི་རོལ་དུ་སྤྲུལ་པའི་སྐུ་ས་དང་པོ་ཐོབ་པའི་ཚུལ་བཟུང་བ་དངོས་སུ་བཞུགས་ལ། ནང་དུ་ནི་ཡི་གེ་ཨའི་རྣམ་པ་རྩ་མིང་གཡོན་པ་མ་ཁམས་ཤ་དང་ཆུ་སེར་བསྐྱེད་ཀྱི་རྣམ་པར་གནས་སོ། །བགྲོད་བྱེད་ཡུལ་བཞི་པོ་དེས་བགྲོད་བྱ་ས་དང་པོ་གནས་ཀྱི་སྣང་རྟོགས་བསྐྱེད་དོ། །ཡུལ་ལྔ་པ། ཕྱི་རོལ་གྱི་ཡུལ་གོ་དཱ་ཝ་རཱི་ནི་བའི་མཆོག་སྦྱིན་སྟེ། རྒྱ་གར་ལྷོ་ཕྱོགས་དཔལ་གྱི་རིའི་རྩ་བ་ན། ཆུ་བོ་གོ་དཱ་ཝ་རི་འབབ་པའི་འགྲམ་རྡོ་རྗེ་གདན་ནས་ཟླ་བ་ཕྱེད་ཙམ་ཕྱིན་པའི་སར་ཡོད་དོ། །ནང་གི་གནས་རྣ་བ་གཡོན་པའི་བུ་གའི་ནང་ངོ་། །དེ་དག་ལ་བཞུགས་པའི་དཔའ་བོ་སུ་ར་བཻ་རི་སྟེ། སུ་ར་ལྷ་འམ་ཆང་ལ་འཇུག །བཻ་རི་ལྷ་སྦྲའམ་ཆང་སྦྲ་ལ་འཇུག་གོ། །དཔལ་མོ་ཝཱི་ར་མ་ཏི་སྟེ་དཔའ་བོའི་བློ་ཅན་མའམ་བརྟན་པའི་བློ་ཅན་མའོ། །དེ་དག་ཕྱི་རོལ་དུ་སྤྲུལ་པའི་སྐུ་ས་གཉིས་པ་ཐོབ་པའི་ཚུལ་བཟུང་བ་དངོས་སུ་བཞུགས་ལ། ནང་དུ་ནི་ཡི་གེ་གོའི་རྣམ་པ་རྩ་མིང་ཐུང་ངུར་མ་ཁམས་རྩ་ནང་རྒྱུ་བའམ་བསྐྱེད་ཀྱི་རྣམ་པར་གནས་སོ། །ཡུལ་དྲུག་པ། ཕྱི་རོལ་གྱི་ཡུལ་ར་མེ་ཤྭ་ར་སྟེ་དགའ་བྱེད་དབང་ཕྱུག་གམ་དགའ་བའི་དབང་ཕྱུག་ནི། རྡོ་རྗེ་གདན་གྱི་ལྷོ་ནུབ་ན་རྒྱལ་པོ་དགའ་བའི་དབང་ཕྱུག་གི་གྲོང་ཁྱེར་ཡོད་ལ། དེ་ན་དགའ་བྱེད་དབང་ཕྱུག་གིས་བྱས་པའི་དབང་ཕྱུག་གི་རྟེན་ཡོད་པ་དེའོ། །ནང་གི་གནས་སྨིན་མའི་མཚམས་སོ། །དེ་དག་ལ་གནས་པའི་དཔའ་བོ་ཨ་མི་ཏཱ་བྷ་སྟེ་འོད་དཔག་མེད་དང་། དཔའ་མོ་ཁཎྜ་རྷི་སྟེ་མི་འུ་ཐུང་མའོ། །དེ་དག་ཕྱི་རོལ་གྱི་ཡུལ་ན་སྤྲུལ་པའི་སྐུ་ས་གཉིས་པ་ཐོབ་པའི་ཚུལ་བཟུང་བ་དངོས་སུ་བཞུགས་ལ། ནང་དུ་ནི་ཡི་གེ་རའི་རྣམ་པ་རྩ་མིང་རུས་སྦལ་སྐྱེས་མ་དང་ཁམས་ནུས་པ་བསྐྱེད་ཀྱི་རྣམ་པར་གནས་སོ། །ཡུལ་བདུན་པ། ཕྱི་རོལ་གྱི་ཡུལ་དེ་ཝཱི་ཀོ་ཊ་སྟེ་ལྷ་མོའི་མཁར་ནི། རྡོ་རྗེ་གདན་གྱི་ཤར་ཕྱོགས་ན་ལེནྡྲའི་ས་ཕྱོགས་གྲོ་མོའི་ལྷོ་ཐད་ན་གྲོང་ཁྱེར་པཎྜུས་ཞེས་བྱ་བའི་ཕ་རོལ་རྒྱང་གྲགས་བཞིའི་སར་ཡོད་པའི་ལྷ་མོའི་འཁོར། ནང་གི་གནས་མིག་གཉིས་སོ། །དེ་དག་ལ་བཞུགས་པའི་དཔའ་བོ་བཛྲ་པྲ་བྷ་སྟེ་རྡོ་རྗེའི་འོད་དང་། དཔའ་མོ་ལངྐ་ཤྭ་རི་སྟེ་ལང་ཀའི་དབང་ཕྱུག་མའོ། །དེ་དག་ཕྱི་རོལ་གྱི་ཡུལ་ན་སྤྲུལ་པའི་སྐུ་ས་གཉིས་པ་ཐོབ་པའི་ཚུལ་བཟུང་བ་དངོས་སུ་བཞུགས་ལ། ནང་དུ་ནི་ཡི་གེ་དེའི་རྣམ་པ་རྩ་མིང་སྒོམ་པ་མ་ཁམས་མཁལ་མ་དང་མཆེར་པ་ཀྱི་རྣམ་པར་གནས་སོ། །བརྒྱད་པ། ཕྱི་རོལ་གྱི་ཡུལ་མ་ལ་ཝ་སྟེ་ཕྲེང་བ་ཅན་ནི། རྡོ་རྗེ་གདན་གྱི་ལྷོ་ཞུ་ཆེན་གྱིས་ནུབ་ཕྱོགས་སུ་བཤད་ཕྱོགས་ཕྲེང་བ་ཅན་ཞེས་བྱ་བའི་ཡུལ་ན་སྒྲུབ་གནས་རི་གཡས་གཡོན་གཉིས་མཐོ་བ་ཕྲག་པ་ལྟ་བུའི་གནས་ཞིག་ཡོད་པ་དེ་ཡིན་ནོ། །ནང་གི་

གནས་ལུས་ཀྱི་ཕྲག་པ་གཉིས་སོ། །དེ་དག་ལ་བཞུགས་པའི་དཔའ་བོ་བཛྲ་དེ་ཧ་སྟེ་རྡོ་རྗེའི་སྐུ་དང་། དཔའ་མོ་དྲུ་མ་རྡྷཱ་ཡཱ་སྟེ་ཤིང་གྲིབ་མའོ། །དེ་དག་ཕྱི་རོལ་གྱི་ཡུལ་ན་སྤྲུལ་པའི་སྐུ་ས་གཉིས་པ་ཐོབ་པའི་ཚུལ་བཟུང་བ་དངོས་སུ་བཞུགས་ལ། ནང་དུ་ནི་ཡི་གེ་མཱའི་རྣམ་པ་རྩ་མིང་དབང་མ་ཁམས་སྙིང་བསྐྱེད་ཀྱི་རྣམ་པར་གནས་སོ། །བགྲོད་བྱེད་ཡུལ་བཞི་པོ་དེས་བགྲོད་བྱ་ས་གཉིས་པ་ཉེ་བའི་གནས་ཀྱི་སྤྱང་རྟོགས་བསྐྱེད་དོ། །

དགུ་པ། ཕྱི་རོལ་གྱི་ཡུལ་ཀཱ་མ་རཱུ་པ་སྟེ་འདོད་པའི་གཟུགས་ནི། རྡོ་རྗེ་གདན་གྱི་ལྷོ་ཕྱོགས་དང་། གཉལ་གྱི་ལྷོ་ཐད་ན་ཆགས་པ་ཤས་ཆེ་བའི་ཡུལ་གྲོང་ཁྱེར་ཆེན་པོ་ཞིག་ཡོད་ཅིང་དེའི་ཕྱོགས་གཅིག་ན་རྡོ་རྗེའི་ཆོས་འབྱུང་མི་གང་ཙམ་གྱིས་མཐོ་བ་ཞིག་ཡོད་པ་དེ་ཡིན་པར་གསུངས་སོ། །ནང་གི་གནས་མཚན་ཁུང་གཉིས་སོ། །དེ་དག་ན་བཞུགས་པའི་དཔའ་བོ་ཨཾ་ཀུ་རི་སྟེ་མྱུ་གུ་ཅན་དང་། དཔལ་མོ་ཨེ་ར་ཝ་ཏཱི་ཧེ་ས་སྲུང་མའོ། །དེ་དག་ཕྱི་རོལ་གྱི་ཡུལ་ན་སྤྲུལ་པའི་སྐུ་ས་གསུམ་པ་ཐོབ་པའི་ཚུལ་བཟུང་བ་དངོས་སུ་བཞུགས་ལ། །ནང་དུ་ནི་ཡི་གེ་ཀཱའི་རྣམ་པ་རྩ་མིང་སྐྱོན་མ་དང་ཁམས་མིག་གཉིས་བསྐྱེད་ཀྱི་རྣམ་པར་གནས་སོ། །

བཅུ་པ། ཕྱི་རོལ་གྱི་ཡུལ་ཨོ་ཏྲེ་བི་ཤ་ནི་རོལ་བ་ཅན་ཏེ། རྡོ་རྗེ་གདན་གྱི་ཤར་ཕྱོགས་རྒྱལ་པོ་ཤིང་རྟ་བཅུ་པའི་གནས་ན་ཡོད་དོ། །ནང་གི་གནས་ནུ་མ་གཉིས་སོ། །དེ་དག་ལ་བཞུགས་པའི་དཔའ་བོ་བཛྲ་ཛ་ཊི་སྟེ་རྡོ་རྗེ་རལ་པ་ཅན་དང་། དཔའ་མོ་མ་ཧཱ་བྷཻ་ར་ཝ་སྟེ་འཇིགས་བྱེད་ཆེན་མོའོ། །དེ་དག་ཕྱི་རོལ་གྱི་ཡུལ་ན་སྤྲུལ་པའི་སྐུ་ས་གསུམ་པ་ཐོབ་པའི་ཚུལ་བཟུང་བ་དངོས་སུ་བཞུགས་ལ། ནང་དུ་ཡི་གེ་ཨོའི་རྣམ་པ་རྩ་མིང་འཇུག་མ་དང་ཁམས་མཆིན་པ་བསྐྱེད་ཀྱི་རྣམ་པར་གནས་སོ། །བགྲོད་བྱེད་ཡུལ་གཉིས་པོ་དེས་བགྲོད་བྱ་ས་གསུམ་པ་ཞིང་གི་སྤྱང་རྟོགས་བསྐྱེད་དོ། །བཅུ་གཅིག་པ་ཕྱི་རོལ་གྱི་ཡུལ་ཏྲི་ཤ་ཀུ་ནི་སྟེ་དགེ་མཚན་གསུམ་པ་ནི། རྡོ་རྗེ་གདན་གྱི་ལྷོ་ནུབ་ཏ་ཟིག་གི་ཡུལ་ན་ཆུ་བོ་གངྒཱ་དང་། ཀ་ན་ཏི་དང་། ས་རཱུ་པ་གསུམ་འདུས་པའི་མདོ་ན་ངང་པ་ལ་སོགས་པའི་བྱ་སྐད་སྙན་པར་སྒྲོག་པའི་སྒྲུབ་གནས་ཞིག་ཡོད་པ་དེའོ། །ནང་གི་གནས་ལུས་ཀྱི་ལྟེ་བའོ། །དེ་དག་ན་བཞུགས་པའི་དཔའ་བོ་མ་ཧཱ་བཱི་ར་སྟེ་དཔའ་བོ་ཆེན་པོ་དང་། དཔའ་མོ་བཱ་ཡུ་བེ་ག་སྟེ་རླུང་གི་ཤུགས་ཅན་མའོ། །དེ་དག་ཕྱི་རོལ་གྱི་ཡུལ་ན་སྤྲུལ་པའི་སྐུ་ས་བཞི་པ་ཐོབ་པའི་ཚུལ་བཟུང་བ་དངོས་སུ་བཞུགས་ལ། ནང་དུ་ནི་ཡི་གེ་ཏྲིའི་རྣམ་པ་རྩ་མིང་མ་མོ་ཁམས་གློ་བ་བསྐྱེད་ཀྱི་རྣམ་པར་གནས་སོ། །བཅུ་གཉིས་པ། ཕྱི་རོལ་གྱི་ཡུལ་ཀོ་ས་ལ་སྟེ་དགེ་བ་སྟོན་ཁྱིམ་བདག་དགེ་བ་ཞེས་བྱ་བས་བརྩེགས་པའི་ཕྱིར་ཅན་ནམ་མཛོད་ལྡན་ནི་རྒྱལ་པོ་གསལ་རྒྱལ་གྱི་ཡུལ་ཏེ་དེ་ནས་རྒྱང་གྲགས་གཅིག་གི་ཕ་རོལ་ན་རྡོའི་ལིངྒ་སྣ་ལྔ་བུས་མཚན་པའི་གནས་དེའོ། །ནང་གི་གནས་ལུས་ཀྱི་སྣ་རྩེའོ། །དེ་དག་ལ་གནས་པའི་དཔའ་བོ་བཛྲ་ཧཱུྃ་ཀ་ར་སྟེ་རྡོ་རྗེ་ཧཱུྃ་མཛད་དང་། དཔའ་མོ་

སུ་ར་བྷ་ཀྵི་སྟེ་ཆང་འཐུང་མའོ། །དེ་དག་ཕྱི་རོལ་གྱི་ཡུལ་ན་སྤྲུལ་པའི་སྐུ་ས་བཞི་པ་ཐོབ་པའི་ཚུལ་བཟུང་བ་དངོས་སུ་བཞུགས་ལ། ནང་དུ་ནི་ཡི་གེ་གོའི་རྣམ་པ་རྩ་མིང་མཚན་མོ་མ་ཁམས་རྒྱུ་མ་བསྐྱེད་ཀྱི་རྣམ་པར་གནས་སོ། །བགྲོད་བྱེད་ཡུལ་གཉིས་པོ་དེས་བགྲོད་བྱ་ས་བཞི་པ་ཉེ་བའི་ཞིང་གི་སྤྱང་རྟོགས་བསྐྱེད་དོ། །བཅུ་གསུམ་པ་ཕྱི་རོལ་གྱི་ཡུལ་ཀ་ལིངྒ་ཀ་སྟེ་ཅི་མཚན་ནམ་སླ་བའི་རྟགས་ནི། རྡོ་རྗེ་གདན་གྱི་ལྷོ་ཕྱོགས་རྒྱལ་པོ་གཟུགས་ཅན་སྙིང་པོའི་ཡུལ་རྒྱལ་པོའི་ཁབ་ན་གླང་པོ་འཛིན་པ་ཞེས་བྱ་བའི་སྐྱབ་རྡོ་རྗེ་གདན་ནས་དཔག་ཚད་གཅིག་གི་མཚམས་སོ། །ཡང་འགའ་ཞིག་ལས་རྡོ་རྗེ་གདན་ནས་དཔག་ཚད་དྲུག་ཅུ་ལྷོ་ནུབ་ཏུ་ཕྱིན་པའི་ས་ཐམས་ཅད་སྒྲོལ་གྱི་ཡུལ་ན་ཡོད་པར་ཡང་བཤད་དོ། །ཅེས་ཞུ་ཆེན་གྱིས་གསུངས་སོ། །གནས་ཡོད་པ་དེའོ། །ནང་ལུས་ཀྱི་གནས་ནི་ལྟེའི་རྩ་བའོ། །དེ་དག་ལ་གནས་པའི་དཔའ་བོ་སུ་བྷ་དྲ་སྟེ་རབ་ཏུ་བཟང་པོ་དང་། དཔལ་མོ་ཤྱཱ་མ་དེ་ཝི་སྟེ་སྔོ་བསངས་ལྷ་མོའམ། ལྗང་ལྷ་མོའོ། ། དེ་དག་ཕྱི་རོལ་གྱི་ཡུལ་ན་སྤྲུལ་པའི་སྐུ་ས་ལྔ་པ་ཐོབ་པའི་ཚུལ་བཟུང་བ་དངོས་སུ་བཞུགས་ལ། ནང་དུ་ནི་ཡི་གེ་ཀའི་རྣམ་པ་རྩ་མིང་བསིལ་སྦྱིན་མ་ཁམས་གཉེར་མ་བསྐྱེད་ཀྱི་རྣམ་པར་གནས་སོ། །བཅུ་བཞི་པ། ཕྱི་རོལ་གྱི་ཡུལ་ལཾ་པ་ཀ་སྟེ་འཕྲུང་བ་ཅན་ནི་རྡོ་རྗེ་གདན་གྱི་ལྷོ་ཕྱོགས། གར་ལོག་གི་རྒྱབ་བྲག་དང་ཆུ་འཐབ་པའི་འགྲམ་ན་སྐྱབ་གནས་ཤིན་ཏུ་དབེན་པ་ཞིག་ཡོད་པ་དེའོ། །ནང་གི་གནས་ལུས་ཀྱི་མགྲིན་པའོ། །དེ་དག་ལ་བཞུགས་པའི་དཔའ་བོ་བཛྲ་བྷ་དྲ་སྟེ་རྡོ་རྗེ་བཟང་པོ་དང་། རྣལ་འབྱོར་མ་སུ་བྷ་དྲ་སྟེ་ཤིན་ཏུ་བཟང་མོའོ། །དེ་དག་ཕྱི་རོལ་གྱི་ཡུལ་ན་སྤྲུལ་པའི་སྐུ་ས་ལྔ་པ་ཐོབ་པའི་ཚུལ་བཟུང་བ་དངོས་སུ་བཞུགས་ལ། ནང་དུ་ནི་ཡི་གེ་ལཾ་གྱི་རྣམ་པ་རྩ་མིང་ཚ་བ་མ་ཁམས་ལྷོ་བ་བསྐྱེད་ཀྱི་རྣམ་པར་གནས་སོ། །བགྲོད་བྱེད་ཡུལ་གཉིས་པོ་དེས་བགྲོད་བྱ་ས་ལྔ་པ་ཚནྡྷོ་ཧའི་སྤྱང་རྟོགས་བསྐྱེད་དོ། །བཅོ་ལྔ་པ། ཕྱི་རོལ་གྱི་ཡུལ་ཀཉྩ་ཀ་སྟེ། སྐྱུར་བག་ཅན་ནི། རྡོ་རྗེ་གདན་གྱི་ལྷོ་ཕྱོགས་ཆོས་ཀྱི་གྲགས་པའི་ཡུལ་དང་ཉེ་བ་ན་གྲོང་ཁྱེར་གྱི་མཆོག་ཅེས་བྱ་བ་སྟོན་ཧ་རི་ཀ་པས་གྲུབ་པ་བརྙེས་པའི་སྐྱབ་གནས་དེ་ཡིན་ནོ། །ནང་གི་གནས་ནི་སྙིང་གའོ། །དེ་དག་ལ་བཞུགས་པའི་དཔའ་བོ་མ་ཧཱ་བྷཻ་ར་ཝ་སྟེ་འཇིགས་བྱེད་ཆེན་པོ་དང་། དཔའ་མོ་མ་ཧ་ཡ་ཀརྞེ་སྟེ་རྟ་རྣ་མའོ། །དེ་དག་ཕྱི་རོལ་གྱི་ཡུལ་ན་སྤྲུལ་པའི་སྐུ་ས་དྲུག་པ་ཐོབ་པའི་ཚུལ་བཟུང་བ་དངོས་སུ་བཞུགས་ལ། ནང་དུ་ནི་ཡི་གེ་ཀཱིའི་རྣམ་པ་རྩ་མིང་གཞོལ་མ་ཁམས་ཕྲང་པ་བསྐྱེད་ཀྱི་རྣམ་པར་གནས་སོ། །བཅུ་དྲུག་པ། ཕྱི་རོལ་གྱི་ཡུལ་ཧི་མ་ལ་ཡ་སྟེ་གངས་ཅན་ནི། རྡོ་རྗེ་གདན་གྱི་བྱང་ཕྱོགས་ན་ཡོད་པའི་གངས་རི་འདི་ལ་ཁ་ཅིག་ཏི་སེ་ན་རྡོའི་ལིངྒ་ཁྲུ་གང་ཙམ་གྱི་དབུས་ན་ཆུ་འབབ་པ་དེ་ལ་ངོས་འཛིན། འགའ་ཞིག་གིས་བོད་སྤྱི་ལ་ངོས་འཛིན་པ་དག་ཡོད་ཀྱང་། དཔལ་ལྡན་བླ་མ་དམ་པ་བསོད་ནམས་རྒྱ་མཚན་གྱིས་བརྟག་གཉིས་ཀྱི་རྣམ་བཤད་དུ་ཧི་མ་ལ་ཡ་གངས་ཅན་ལ། །ཞེས་གསུངས་པ་ལྟར་འཐད་པར་ཞུ་ཆེན་གྱིས་ཤེས་བྱའི་ལྟད་མོ་རྫོགས་པའི་མེ་ལོང་དུ་བཤད་ལ།

ཀུན་མཁྱེན་རིན་པོ་ཆེས་ལྷུ་ཧི་ལྡོན་ཤིང་ལས་ཀྱང་གངས་རི་ཡིན་པར་གསུངས་སོ། །ནང་གི་གནས་ནི་མདོམས་ཀྱི་བར་ཏེ་ཕོའི་འབྲས་བུ་གཉིས་སོ། །

དེ་དག་ལ་བཞུགས་པའི་དཔའ་བོ་བི་དྷུ་པཀྵ་སྐྱེ་མིག་མི་བཟང་དང་། རྣལ་འབྱོར་མ་ཁ་ག་ན་ནྣི་སྐྱེ་བྱ་གདོང་མའོ། །དེ་དག་ཕྱི་རོལ་གྱི་ཡུལ་ན་སྤྲུལ་པའི་སྐུ་ས་དྲུག་པ་ཐོབ་པའི་ཚུལ་བཟུང་བ་དངོས་སུ་བཞུགས་ལ། ནང་དུ་ནི་ཡི་གེ་ཧཱིའི་རྣམ་པ་རྩ་མིང་རངས་མ་ཁམས་བུད་མེད་ཀྱི་ཐིའུ་འབྲུ་སྐྱེས་པའི་འབྲས་བུ་བསྐྱེད་ཀྱི་རྣམ་པར་གནས་སོ། །བགྲོད་བྱེད་ཡུལ་གཉིས་པོ་དེས་བགྲོད་བྱ་ས་དྲུག་པ་ཉེ་བའི་ཚནྡོ་ཧའི་སྤྱང་རྟོགས་བསྐྱེད་དོ། །བཅུ་བདུན་པ། ཕྱི་རོལ་གྱི་ཡུལ་པྲེ་ཏ་པུ་རི་ནི་ཡི་དྭགས་ཀྱི་གྲོང་ཁྱེར་ཏེ། རྡོ་རྗེ་གདན་གྱི་བྱང་ཕྱོགས་ཡི་ཞུ་ཆེན་རིན་པོ་ཆེས། ཕུ་རང་ན་ཡུང་བ་ཞིག་གི་དབུས་ན་རྡོའི་ཕོ་མཚན་མི་གཟུགས་ཆེ་བ་ཙམ། དེའི་དཀྱིལ་ནས་ཡར་ཆུ་ཚན་འཕྱུར་ནས་འོང་བའི་གནས་དེ་ཡིན་པར་གསུངས་སོ། །དྭགས་ཀྱི་གྲོང་ཞེས་བྱ་བའི་གནས་དེའོ། །ནང་གི་གནས་ནི་མཚན་མའི་རྩ་བའོ། །དེ་དག་ལ་གནས་པའི་དཔའ་བོ་མ་ཧཱ་བ་ལ་སྐྱེ་སྟོབས་པོ་ཆེ་དང་། དཔའ་མོ་ཙཀྲ་ཝརྨི་ར་སྐྱེ་འཁོར་ལོའི་ཤུགས་ཅན་མའོ། །དེ་དག་ཕྱི་རོལ་གྱི་ཡུལ་ན་སྤྲུལ་པའི་སྐུ་ས་བདུན་པ་ཐོབ་པའི་ཚུལ་བཟུང་བ་དངོས་སུ་བཞུགས་ལ། ནང་དུ་ནི་ཡི་གེ་པྲེའི་རྣམ་པ་རྩ་མིང་ཤིན་ཏུ་གཟུགས་ཅན་མ་དང་ཁམས་བད་ཀན་བསྐྱེད་ཀྱི་རྣམ་པར་གནས་སོ། །བཅོ་བརྒྱད་པ། ཕྱི་རོལ་གྱི་ཡུལ་གྲི་ཧ་དེ་ཝ་སྟེ་ཁྱིམ་གྱི་ལྷ་ནི། རྡོ་རྗེ་གདན་གྱི་ལྷོ་ཕྱོགས་ལི་ཡུལ་ལྷུང་ར་སླུག་པོ་ན་རྡོའི་ལིངྒ་སྒྲིང་ལྷ་བུས་མཚན་པའི་སྒྲུབ་གནས་ཡོད་པ་དེའོ། །ནང་གི་གནས་ནི་བཤང་ལམ་མོ། །དེ་དག་ལ་བཞུགས་པའི་དཔའ་བོ་རཏྣ་བཛྲ་སྐྱེ་རིན་ཆེན་རྡོ་རྗེ་དང་། དཔའ་མོ་ཁཎྜ་རོ་ཧ་སྐྱེ་དུམ་སྐྱེས་མའོ། །དེ་དག་ཕྱི་རོལ་གྱི་ཡུལ་ན་སྤྲུལ་པའི་སྐུ་ས་བདུན་པ་ཐོབ་པའི་ཚུལ་བཟུང་བ་དངོས་སུ་བཞུགས་ལ། ནང་དུ་ནི་ཡི་གེ་གྲིའི་རྣམ་པ་རྩ་མིང་སྤྱི་ལ་དང་ཁམས་རྣག་བསྐྱེད་ཀྱི་རྣམ་པར་གནས་སོ། །བགྲོད་བྱེད་ཡུལ་གཉིས་པོ་དེས་བགྲོད་བྱ་ས་བདུན་པའི་འདུ་བའི་སྤྱང་རྟོགས་བསྐྱེད་དོ། །བཅུ་དགུ་པ། ཕྱི་རོལ་གྱི་ཡུལ། སཽ་རཥྚ་སྐྱེ་ཡུལ་འཁོར་བཟང་པོ་ནི། རྡོ་རྗེ་གདན་གྱི་ལྷོ་ནུབ་ཕྱོགས་སུ་ཟླ་བ་ཕྱེད་གསུམ་ཕྱིན་པ་ན་སུ་ཝ་ན་ཐའི་རྟེན་ཡོད་པའི་གནས་དེའོ། །ནང་ལུས་ཀྱི་གནས་ནི་བརླ་གཉིས་སོ། །

དེ་དག་ལ་བཞུགས་པའི་དཔའ་བོ་ཧ་ཡ་གྲཱི་ཝ་སྐྱེ་རྟ་མགྲིན་དང་། དཔའ་མོ་ཤཽཎྜི་ནི་སྐྱེ་ཆང་ཚོང་མའོ། །དེ་དག་ཕྱི་རོལ་གྱི་ཡུལ་ན་སྤྲུལ་པའི་སྐུ་ས་བརྒྱད་པ་ཐོབ་པའི་ཚུལ་བཟུང་བ་དངོས་སུ་བཞུགས་ལ། ལུས་ཀྱི་ནང་དུ་ནི་ཡི་གེ་ཨོཾའི་རྣམ་པ་རྩ་མིང་སྒྲིན་མ་ཁམས་ཁྲག་བསྐྱེད་ཀྱི་རྣམ་པར་གནས་སོ། །ཉི་ཤུ་པ། ཕྱི་རོལ་གྱི་ཡུལ་སུ་ཝརྞ་སྐྱེ་གསེར་གླིང་ནི་རྡོ་རྗེ་གདན་གྱི་ལྷོ་ནུབ་ན་སྲིན་པོས་བཟུང་བའི་གནས་གསེར་གྱིས་གང་བའི་རྒྱ་མཚོའི་

གླིང་ཕྲན་དེའོ། །ནང་ལུས་ཀྱི་གནས་ནི་བྱིན་པ་ཀཱ་ཡུ་གཉིས་སོ། །དེ་དག་ལ་བཞུགས་པའི་དཔའ་བོ་ཨཱ་ཀཱ་ཤ་གརྦྷ་སྟེ་ནམ་མཁའི་སྙིང་པོ་དང་། དཔལ་མོ་ཙཀྲ་ཝརྨི་ཎི་སྟེ་འཁོར་ལོའི་གོ་ཆ་མའོ། །དེ་དག་ཕྱི་རོལ་གྱི་ཡུལ་ན་སྤྲུལ་པའི་སྐུ་ས་བརྒྱད་པ་ཐོབ་པའི་ཚུལ་བཟུང་བ་དངོས་སུ་བཞུགས་ལ། ལུས་ཀྱི་ནང་དུ་ནི་ཡི་གེ་སྲུའི་རྣམ་པ་རྩ་མིང་སྦྱོར་བྲལ་མ་ཁམས་རྡུལ་བསྐྱེད་ཀྱི་རྣམ་པར་གནས་སོ། །བགྲོད་བྱེད་ཡུལ་གཉིས་པོ་དེས། བགྲོད་བྱ་ས་བརྒྱད་པ་ཉེ་བའི་འདུ་བའི་སྤང་རྟོགས་བསྐྱེད་དོ། །ཉི་གཅིག་པ། ཕྱི་རོལ་གྱི་ཡུལ་ན་ག་ར་སྟེ་གྲོང་ཁྱེར་ཞེས་པ་ནི། རྡོ་རྗེ་གདན་གྱི་ལྷོ་ཕྱོགས་ན་ས་ཏྲ་མ་ར་ལ་སོགས་པ་ཡུལ་ན་ག་རའི་ཡི་གེ་འབྱུང་བའི་ཡུལ་དེའོ། །ཆེན་པོ་བཅུ་དྲུག་ཡོད་པ་རྣམས་སོ། །ནང་གི་གནས་ནི་རྐང་ལག་གི་མཐེ་བོང་བཞི་མ་གཏོགས་པའི་སོར་མོ་བཅུ་དྲུག་གོ། །དེ་དག་ལ་གནས་པའི་དཔའ་བོ་ཤྲཱི་ཧེ་རུ་ཀ་སྟེ་ཁྲག་འཐུང་དང་། རྣལ་འབྱོར་མ་སུ་ཝཱི་རྻ་སྟེ་ཤིན་ཏུ་དཔའ་མོའོ། །དེ་དག་ཕྱི་རོལ་གྱི་ཡུལ་ན་སྤྲུལ་པའི་སྐུ་ས་དགུ་པ་ཐོབ་པའི་ཚུལ་བཟུང་བ་དངོས་སུ་བཞུགས་ལ། ནང་དུ་ནི་ཡི་གེ་ནའི་རྣམ་པ་རྩ་མིང་སྨུག་གུ་མ་ཁམས་ཚིལ་དང་རྐང་གི་རྣམ་པར་གནས་སོ། །ཉེར་གཉིས་པ། ཕྱི་རོལ་གྱི་ཡུལ་སིནྡྷུ་ནི། རྡོ་རྗེ་གདན་གྱི་ལྷོ་ཕྱོགས་ཆུ་བོ་ཆེན་པོ་སིནྡྷུ་འབབ་པའི་མགྲམ་མོ། །ནང་གི་གནས་ནི་ལུས་ཀྱི་རྐང་པའི་བོལ་ཚིག་གཉིས་སོ། །དེ་དག་ལ་བཞུགས་པའི་དཔའ་བོ་པདྨ་ནི་ཏི་ཤྭ་ར་སྟེ་པདྨ་གར་གྱི་དབང་ཕྱུག་དང་། དཔལ་མོ་མ་ཧཱ་བ་ལ་སྟེ་སྟོབས་ཆེན་མའོ། །དེ་དག་ཕྱི་རོལ་གྱི་ཡུལ་ན་སྤྲུལ་པའི་སྐུ་ས་དགུ་པ་ཐོབ་པའི་ཚུལ་བཟུང་བ་དངོས་སུ་བཞུགས་ལ། ནང་དུ་ནི་ཡི་གེ་སིའི་རྣམ་པ་རྩ་མིང་གྲུབ་མ་ཁམས་མིག་གི་མཆི་མ་བསྐྱེད་ཀྱི་རྣམ་པར་གནས་སོ། །

བགྲོད་བྱེད་ཡུལ་གཉིས་པོ་དེས་བགྲོད་བྱ་ས་དགུ་པ་དུར་ཁྲོད་ཀྱི་སྤང་རྟོགས་བསྐྱེད་དོ། །ཉེར་གསུམ་པ། ཕྱི་རོལ་གྱི་ཡུལ་མ་རུ་ནི་མྱ་ངམ་གྱི་ཐང་རམ་ཆུ་མེད་པའི་ཐང་སྟེ། རྡོ་རྗེ་གདན་གྱི་ལྷོ་ཕྱོགས་མྱ་ངམ་གྱི་གྲོང་ཁྱེར་ཞེས་ཀྱང་ཟེར། བུད་མེད་གཞོན་ནུ་མ་གཟུགས་བཟང་བ་ཡོད་པས་ན་གཞོན་ནུ་མའི་གྲོང་ཁྱེར་ཞེས་ཀྱང་ཟེར་བའི་གནས། ཛཱ་ལེནྡྷ་ར་དང་ཉེ་བའི་བྱང་ཕྱོགས་ཀྱི་བྲག་ཕུག་ཞིག་ན་དོའི་མཚན་མ་རྐང་པའི་མཐེ་བོང་ལྟ་བུ་འཕྱུལ་བ། བརྟན་པས་མི་ཐོན་པ་ཤིན་ཏུ་འཇིགས་པའི་གནས་ཞིག་ཡོད་པ་དེའོ། །ནང་གི་གནས་རྐང་ལག་གི་མཐེ་བོང་བཞིའོ། །དེ་དག་ལ་བཞུགས་པའི་དཔའ་བོ་བཻ་རོ་ཙ་ན་སྟེ་རྣམ་པར་སྣང་མཛད་དང་། དཔའ་མོ་ཙཀྲ་ཝརྟི་སྟེ་འཁོར་ལོས་བསྒྱུར་མའོ། །དེ་དག་ཕྱི་རོལ་གྱི་ཡུལ་ན་སྤྲུལ་པའི་སྐུ་ས་བཅུ་པ་ཐོབ་པའི་ཚུལ་བཟུང་བ་དངོས་སུ་བཞུགས་ལ། ལུས་ཀྱི་ནང་དུ་ནི་ཡི་གེ་མའི་རྣམ་པ་རྩ་མིང་འཆེད་མ་ཁམས་ལུད་པ་དང་མཆིལ་མ་བསྐྱེད་ཀྱི་རྣམ་པར་གནས་སོ། །ཉེར་བཞི་པ། ཕྱི་རོལ་གྱི་ཡུལ་ཀུ་ལ་ཏ་ནི་རིགས་ལྡན་ཞེས་བྱ་སྟེ། རྡོ་རྗེ་གདན་གྱི་ལྷོ་ནུབ། གར་ཤའི་རྒྱབ། ཞུང་རའི་ཕུག་ན་དོའི་ལིངྒ་ཕུས་མོ་འདྲ་བ་ཡོད་པའི་སྒྲུབ་གནས་ཕུག་མཐུར་དུ་བསྐོས

པའི་རིང་པོ་ཞིག་ཡོད་པ་དེ་ཡིན་ནོ། །ནང་གི་གནས་ནི་ཕུས་མོ་གཉིས་སོ། །དེ་དག་ལ་གནས་པའི་དཔའ་བོ་བཛྲ་ས་ཏྭ་སྟེ་རྡོ་རྗེ་སེམས་དཔའ་དང་། དཔའ་མོ་མ་ཏྲྀ་བྷིཏྟ་སྟེ་བརྟོན་འགྲུས་ཆེན་མོའོ། །དེ་དག་ཕྱི་རོལ་གྱི་ཡུལ་ན་སྤྲུལ་པའི་སྐུ་ས་བཅུ་པ་ཐོབ་པའི་ཚུལ་བཟུང་བ་དངོས་སུ་བཞུགས་ལ། ནང་དུ་ནི་ཡི་གེ་ཀུའི་རྣམ་པ་རྩ་མིང་ཡིད་བཟང་མ་ཁམས་སྣབས་བསྐྱེད་ཀྱི་རྣམ་པར་གནས་སོ། །བགྲོད་བྱེད་ཡུལ་གཉིས་པོ་དེས། བགྲོད་བྱ་ས་བཅུ་པ་ཉེ་བའི་དུར་ཁྲོད་ཀྱི་སྤང་རྟོགས་བསྐྱེད་དོ། །ཉེར་ལྔ་པ། ཕྱི་རོལ་གྱི་ཡུལ་ནི་ཤར་གྱི་དུར་ཁྲོད་གཏུམ་དྲག་དང་། ནང་གི་གནས་ནི་འདི་མན་ལུས་ཀྱི་བུ་ག་དགུ་ལས་ཁའོ་རྩ་ཧཱུྃ་གི་རྣམ་པ་མིང་མཛེས་མ་ཁམས་ཀུན་གཞིའི་རྣམ་ཤེས་བསྐྱེད། ཉེར་དྲུག་པ། ཕྱི་རོལ་གྱི་ཡུལ་ནི། ལྷའི་དུར་ཁྲོད་འཇིགས་བྱེད་ཐོད་པ་ཅན་དང་། ནང་གི་གནས་ནི་སྣའོ་རྩ་ཧཱུྃ་གི་རྣམ་པ་མིང་རོ་བཅུད་མ་ཁམས་ཉོན་ཡིད་བསྐྱེད་དོ། །ཉེར་བདུན་པ། ཕྱི་རོལ་ཡུལ་ནི་ནུབ་ཀྱི་དུར་ཁྲོད་འབར་བའི་ཕྲེང་བ་ཅན་དང་། ནང་གི་གནས་ནི་རྐུ་ལམ་མོ་རྩ་ཧཱུྃ་གི་རྣམ་པ་མིང་ཀུན་ཁྱབ་མ་ཁམས་ཡིད་ཤེས་བསྐྱེད་དོ། །ཉེར་བརྒྱད་པ། ཕྱི་རོལ་གྱི་ཡུལ་ནི། བྱང་གི་དུར་ཁྲོད་ཚང་ཚིང་འཁྲིགས་པ་དང་ནང་གི་གནས་བཤང་ལམ་མོ་རྩ་ཧཱུྃ་གི་རྣམ་པ་མིང་རོ་བཅུད་མ། ཁམས་ཉོན་ཡིད་བསྐྱེད་དོ། །བགྲོད་བྱེད་ཡུལ་བཞི་པོ་དེས། བགྲོད་བྱ་ས་བཅུ་གཅིག་པ་འཐོང་གཅོད་ཀྱི་སྤང་རྟོགས་བསྐྱེད་དོ། །ཉེར་དགུ་པ། ཕྱི་རོལ་གྱི་ཡུལ་ནི། བྱང་ཤར་གྱི་དུར་ཁྲོད་དྲག་ཏུ་དགོད་པ་དང་། ནང་གི་གནས་ནི་རྣ་བ་གཡས་པའོ་རྩའི་དབྱིབས་ཡི་གེ་ཧཱུྃ་གི་རྣམ་པ་མིང་འདོད་མ་ཁམས་རྣ་བའི་རྣམ་ཤེས་བསྐྱེད་དོ། །སུམ་ཅུ་པ། ཕྱི་རོལ་གྱི་ཡུལ་ནི། ཤར་ལྷོའི་དུར་ཁྲོད་དབང་ཕྱུག་ནགས་ཚལ་དང་། ནང་གི་གནས་ནི་རྣ་བ་གཡོན་པའོ་རྩ་ཧཱུྃ་གི་རྣམ་པ་མིང་ཁྲིམ་མ་ཁམས་སྣའི་རྣམ་ཤེས་བསྐྱེད་དོ། །སོ་གཅིག་པ། ཕྱི་རོལ་གྱི་ཡུལ་ནི། ལྷོ་ནུབ་ཀྱི་དུར་ཁྲོད་འཇིགས་བྱེད་མུན་པ་དང་། ནང་གི་གནས་ནི་མིག་གཡས་པའོ། །སོ་གཉིས་པ། ཕྱི་རོལ་གྱི་ཡུལ་ནི། ནུབ་བྱང་གི་དུར་ཁྲོད་ཀི་ལི་ཀི་ལའི་སྒྲ་སྒྲོགས་པ་དང་། ནང་གི་གནས་ནི་མིག་གཡོན་པའོ་རྩ་ཧཱུྃ་གི་རྣམ་པ་མིང་བདུད་བྲལ་མ་ཁམས་ཀྱི་རྣམ་ཤེས་རེག་བྱ་བཟང་ངན་འཛིན་པའི་ཡུལ་ཅན། །བགྲོད་བྱེད་ཡུལ་བཞི་པོ་དེས། བགྲོད་བྱ་ས་བཅུ་གཉིས་པ་ཉེ་བའི་མཐུང་གཅོད་ཀྱི་སྤང་རྟོགས་བསྐྱེད་དོ། །དེ་ཡན་ཆད་ནི་སློབ་པའི་ལམ་གྱི་སའི་བགྲོད་ཚུལ་ལོ། །

གཉིས་པ་མི་སློབ་པའི་ས་ནི། མངོན་བརྗོད་བླ་མ་ལས། རྡོ་རྗེའི་ས་ནི་བཅུ་གསུམ་པ། །ཞེས་དང་། དགོངས་པ་ལུང་སྟོན་པ་ལས། སངས་རྒྱས་རྣམས་ཀྱིས་གང་བརྟེན་པའི། །སར་གྱུར་དེ་ནི་བཅུ་གསུམ་པ། །ཞེས་གསུངས་པས། བགྲོད་བྱ་མི་སློབ་པའི་ས་བཅུ་གསུམ་དེ། བགྲོད་བྱེད་ཕྱི་ནང་གི་ཡུལ་ལྔ་ལྔ་ཡོད་པ་ལས། ཕྱི་རོལ་གྱི་ཡུལ་ལྔ་ནི། སྒྲུབ་པ་པོ་ཉིད་གང་དུ་འཚང་རྒྱ་བའི་གནས་དེའི་ཕྱོགས་བཞི་དབུས་དང་བཅས་པར

ལྷ་འམ། གླིང་བཞི་རི་རབ་སྟེ་ལྷུར་གནས་སོ། །ནང་གི་གནས་ལྷ་ནི། སྙིང་གའི་ནང་དུ་རྩ་དབུ་མ་ལ་བརྟེན་པའི་སྤྲས་པའི་རྩ་ལས་དབུས་སུ། ཡི་གེ་ཧཱུྃ་གི་རྣམ་པ་མིང་ནམ་མཁའི་རླུང་<རྒྱུ>བའི་རྩ་ཁམས་དྲི་ཆུ་<དབུས་སུ་ཧཱུྃ་ལས་དྲི་ཆུ་ཞེས་སོ། །>བསྐྱེད། ཤར་དུ་རྩ་ཡི་གེ་ཧྲཱུྃ་གྱི་རྣམ་པ། མིང་ཆུ་རླུང་རྒྱུ་བའི་རྩ། ཁམས་དྲི་ཆེན་བསྐྱེད། ལྷོར་ཡི་གེ་ཨྃ་གི་རྣམ་པའི་རྩ་མིང་ས་རླུང་རྒྱུ་བའི་རྩ། ཁམས་རཀྟ་བསྐྱེད། ནུབ་ཏུ་ཡི་གེ་ཧྲཱིྃ་གི་རྣམ་པ་ཅན་གྱི་རྩ་མིང་མེ་རླུང་རྒྱུ་བའི་རྩ། ཁམས་བྱང་སེམས་བསྐྱེད། བྱང་དུ་ཡི་གེ་ཁྃ་གི་རྣམ་པ་ཅན་གྱི་རྩ། མིང་གི་རླུང་གི་རླུང་རྒྱུ་བའི་རྩ། ཁམས་ཤ་ཆེན་གྱི་དྭངས་མ་<ཀང་དང་ཀླད་པ་>བསྐྱེད་པ་ལྟོའོ། །

བགྲོད་བྱེད་ཡུལ་ལྷ་པོ་དེས། བགྲོད་བྱ་ས་བཅུ་གསུམ་པའི་སྤང་རྟོགས་བསྐྱེད་དོ། །དེས་མི་སླབ་པའི་ལམ་གྱི་སའི་བགྲོད་ཚུལ་བསྟན་ཟིན་ནས། དེ་ལྟར་བགྲོད་བྱ་ས་བཅུ་གསུམ་ལ་བགྲོད་བྱེད་ཕྱི་ནང་གི་ཡུལ་སུམ་ཅུ་སོ་བདུན་གྱི་རླུང་སེམས་རྣམས་དབུ་མར་ཞུགས་པས་ས་དེ་དང་དེའི་སྤང་རྟོགས་ཡོངས་སུ་རྫོགས་ནས་སོ་སོའི་འབྲས་བུ་རྣམས་ཐོབ་བོ། །སླར་སྨྲས་པ། དེ་ལྟར་ཡུལ་ཆེན་སོ་བདུན་གྱི། །ནགས་ཚལ་མཛེས་པར་བྱེད་པའི་གཏམ། །གཞན་གསོས་མགྲིན་པའི་རོལ་མོ་ཡིས། །རྣ་བའི་བཅུད་ལེན་རྒྱས་པར་བྱས། །རྣམ་དཔྱོད་བདེ་འབྱུང་རལ་རྩེར་མ་འཁོད་ཀྱང་། །ལྷག་བསམ་ཟླ་བའི་མ་མས་ཉེར་བཟུང་བའི། །ལེགས་བཤད་ཟླ་གཞོན་གསར་པའི་འོད་རིས་འདི། །བློ་གསལ་རྒྱ་མཚོའི་དཔྱིད་དུ་འབར་གྱུར་ཅིག །

ཅེས་ཕྱི་ནང་གི་ཡུལ་གྱི་རྣམ་གཞག་ཉུང་དུའི་ངག་གིས་འདོམས་པ་འདི་ཡང་སྡོམ་གསུམ་འཇམ་དབྱངས་བླ་མའི་དགོངས་རྒྱན་ལ་འཆད་ཉན་བྱེད་པའི་སྐབས་སུ་རང་གཞན་ལ་ཉེ་བར་མཁོ་ཕྱིར་མཁས་གྲུབ་གོང་མའི་གསུང་སྒྲོས་ལ་བརྟེན་ནས་བརྩེ་ནོར་བུ་དབང་རྒྱལ་གྱིས་སྐྱི་དགུ་དོན་གྲུབ་གླིང་དུ་བྲིས་པ་པེ་ཛ་ཡནྟུ།། ||